AF831945

Strafgesetzbuch

für das deutsche Reich.

Mit Kommentar

von

Dr. Hans Rüdorff.

Vierte, mit besonderer Berücksichtigung der Praxis des Reichsgerichts neu bearbeitete Auflage,

herausgegeben

von

M. Stenglein.
Reichsgerichtsrath in Leipzig.

Berlin.
J. Guttentag, Verlagsbuchhandlung.
1892.

Vorrede zur zweiten Auflage.

Die Novelle vom 26. Februar 1876 veranlaßte die Verlagshandlung zu dem Wunsche nach einer neuen Auflage dieses seit längerer Zeit im Buchhandel vergriffenen Kommentars. Der Verfasser konnte sich, trotz seiner veränderten Berufsstellung und der geringen ihm in derselben verbliebenen Muße, nicht entschließen, einem ihm liebgewordenen Gesetzgebungswerk sich zu entfremden, an dessen Vorbereitung er unter der Führung des um das Zustandekommen dieser ersten größeren Kodifikation des Reiches hochverdienten jetzigen Chefs der Reichsjustizverwaltung mitzuwirken die Ehre gehabt hat. Er hat sich deshalb der Umarbeitung unterzogen, wobei er sich für die Nachtragung der Judikatur der Hülfe eines bewährten Praktikers zu erfreuen hatte. In der vorliegenden Gestalt enthält der Kommentar den jetzigen Gesetzestext mit Beifügung des älteren, von dem gesammten Gesetzgebungs-Material das Wesentliche möglichst in ursprünglicher Form, das Uebrige in — wie Verf. glaubt — vollständigen Quellennachweisen, sowie die wichtigeren Resultate der Wissenschaft und Rechtsprechung. Bei Ausführung der Arbeit schwebten dem Verf. die Bemerkungen vor, welche Savigny in der Vorrede zu seinem „System des heutigen Römischen Rechts" über das Verhältniß der Theorie zur Praxis gibt. Nach beiden Richtungen möge man der Worte dieses Meisters eingedenk sein, daß die richtig aufgefaßte Rechtswissenschaft nichts Anderes ist, als die Zusammenfassung desjenigen, was der praktische Jurist im Einzelnen sich zum Bewußtsein bringen und anwenden soll. Ob es dieser Arbeit gelungen ist, zur Herstellung jenes richtigen Verhältnisses etwas beizutragen, wird wohlwollender Beurtheilung überlassen.

Die Kommentirung des Einführungsgesetzes für Elsaß-Lothringen ist auf den Wunsch des Verf. von den Herren Landgerichtsräthen Förtsch und Leoni freundlichst übernommen.

Berlin im März 1877. H. R.

Vorrede zur dritten Auflage.

Die weite Verbreitung, welche der verdienstvolle Kommentar des Herrn H. Rüdorff gefunden hat, zeigt, daß dessen Anlage und Ausführung einem Bedürfnisse der Praxis entsprochen hat. Dies würde auf's tiefste bedauern lassen, wenn nicht durch Nachtrag dessen, was seit Erscheinen der zweiten Auflage Theorie und Praxis gebracht hat, dem Werke seine volle Brauchbarkeit erhalten bliebe. Wenn deshalb an eine neue Auflage des Buches gedacht wurde, so bedarf dies um so weniger einer Rechtfertigung, als in die Zwischenzeit das Inkrafttreten der Reichsgesetze über das Verfahren und die Errichtung des Reichsgerichts fällt, dessen Rechtsprüche naturgemäß in die erste Reihe der Interpretationsmittel für das Strafgesetzbuch traten und die vollste Aufmerksamkeit der Praktiker auf sich zogen. Ein Buch, welches der Praxis des Strafrechts dienen soll, muß als veraltet gelten, wenn es die bisherigen Ergebnisse der reichsgerichtlichen Rechtsprechung nicht aufgenommen hätte.

Am naturgemäßesten wäre es nun freilich gewesen, wenn der Autor des Werks auch dessen neues Erscheinen herbeigeführt, wenn derselbe diejenigen Nachträge selbst bearbeitet hätte, welche er nothwendig fand. Die Berufsarbeiten des Verfassers machten dies unmöglich und eine langjährige literarische Verbindung ließ ihn an den Unterzeichneten herantreten mit dem Wunsche, derselbe möge die neue Auflage besorgen. Es wäre schwer gewesen, das Vertrauen abzulehnen, mit welchem ein Verfasser sein Werk in fremde Hand legt. Unmöglich war dies, nachdem alle dienstlichen und wissenschaftlichen Interessen des Unterzeichneten damit verflochten sind, ein so verdienstvolles Werk nicht veraltet zu sehen, und nachdem es ihm mitten in der Praxis des Reichsgerichts stehend jedenfalls leichter wurde, gerade diesen Theil der nöthigen Neubearbeitung einzufügen, als jedem Anderen. Ist die Rechtsprechung des Reichsgerichts nach noch nicht zweijährigem Bestehen desselben auch noch nicht zu derjenigen Abrundung gediehen, welche für alle Fragen eine Antwort hat, so ist doch schon ein so reiches Material gesammelt, daß es verdient der Praxis in einer Form zugeführt zu werden, welche für den Praktiker die geeignetste ist, in der Form des Kommentars. Dies in vollständigster und übersichtlichster Weise zu thun, war das Bestreben des Herausgebers. Ob es gelungen ist, mögen diejenigen entscheiden, die das Buch benutzen.

Der Kommentar zum Einführungsgesetze für Elsaß-Lothringen blieb in der dritten Auflage weg, weil für denselben nur wenig neues Material geboten war und der Wunsch sich geltend machte, das Buch durch Beifügung eines nur beschränkte Kreise interessirenden Gesetzes nicht zu allzu großem Umfange anwachsen zu lassen.

Leipzig im August 1881.

M. St.

Vorrede zur vierten Auflage.

Nach fast elf Jahren trat der Herr Verleger dieses Kommentars mit dem Wunsche an mich heran, eine neue Auflage desselben zu veranstalten. Er glaubte wahrgenommen zu haben, daß neben dem verdienstvollen Werke von Olshausen noch ein kleinerer Kommentar der Praxis von Nutzen sein und Aufnahme beim juridischen Publikum finden werde. Ich wollte mich der Aufgabe nicht entziehen, obgleich gehäufte Berufsgeschäfte und das in elf Jahren stark angewachsene Material die Arbeit als eine besonders erschwerte erscheinen ließen. Ich hoffe, bei der Neubearbeitung, welche ziemlich tief eingreifen mußte, die Vorzüge nicht verwischt zu haben, welche dem Rüdorff'schen Kommentar so viele Freunde gewonnen haben und die Früchte der Judikatur und Literatur so kurz und doch so vollständig eingefügt zu haben, daß die Praxis einen vollständigen Ueberblick über beide gewinnt und Nutzen von dem Buche ziehen kann. Trotz der starken Vermehrung des Stoffs ist es gelungen, dem Buche fast die gleiche Seitenzahl zu erhalten, wie in der dritten Auflage. Möglich war dies allerdings nur durch Vergrößerung des Formats und möglichste Ausnützung des Raums.

Aus der älteren Praxis glaubte ich Manches beseitigen zu sollen. Dafür dürfte die Praxis des Reichsgerichts eine Lücke nicht zeigen.

Möge die Arbeit keine vergebliche gewesen sein.

Leipzig im Februar 1892.

St.

Inhalt.

Erklärung der hauptsächlichsten Abkürzungen.

A. = Absatz.
Ann. = Annalen des Reichsgerichts v. Dr. Karl Braun und Dr. Hans Blum. Leipzig 1880 ff.
B.G.Bl. = Bundesgesetzblatt.
Berner = Berner, Lehrbuch des Deutschen Strafrechts. 15. Aufl.
Binding = Binding, die Normen und ihre Uebertretung. I, 2. Aufl. Leipzig 1890. II. Bd. 1877.
Blum = Das Strafgesetzbuch u. s. w. erläutert durch Dr. H. Blum. Zürich 1870.
C.Bl. = Centralblatt für das Deutsche Reich.
E. I. = Entwurf eines Strafgesetzbuchs für den Nordd. Bund. Berlin (Juli) 1869.
E. II. = Entwurf eines Strafgesetzbuchs u. s. w. Berlin (Dezember) 1869 und der dem Reichstag (im Januar 1870) vorgelegte Entwurf*).
E.G. = Einführungsgesetz.
E. = Entscheidungen des Reichsgerichts in Strafsachen.
G.S. = Der Gerichtssaal. Zeitschrift für Strafrecht u. Strafprozeß.
Goltd. = Goltdamer, Archiv für Preuß. u. Deutsches Strafrecht.
Hälschner, pr. Str.R. = Hälschner, System des Preußischen Strafrechts. Bonn 1855.
Hälschner = H. das gemeine Deutsche Strafrecht.
H.H. = v. Holtzendorff, Handb. des Deutsch. Strafrechts. Berlin 1871 ff.
J.M.Bl. = Preuß. Justizministerialblatt.
v. Kirchmann = Das Strafgesetzbuch u. s. w. bearbeitet von J. H. v. Kirchmann. Elberfeld 1870.
Meyer = Das Strafgesetzbuch u. s. w erläutert von Dr. F. Meyer.
H. Meyer = Lehrbuch des Deutschen Strafrechts von Dr. H. Meyer. 4. Aufl.
M.St.G.B. = Militärstrafgesetzbuch für das Deutsche Reich v. 20. Juni 1872.
Olshausen = Dr. Just. Olshausen, Kommentar zum Strafgesetzbuch f. d. Deutsche Reich. 3. Aufl.
Oppenhoff = Oppenhoff, das Strafgesetzbuch u. s. w. erläutert durch Dr. F. C. Oppenhoff. 11. Ausgabe.
O.R. = Die Rechtsprechung des Preußischen Obertribunals in Strafsachen von Dr. F. C. Oppenhoff.
Otto = Otto, Aphorismen zu dem Allg. Theile des St.G.B. Dresden 1873.
R. = Rechtsprechung des Deutschen Reichsgerichts in Strafsachen.
R.G.Bl. = Reichsgesetzblatt.
Rubo = Rubo, Kommentar über das St.G.B. Berlin 1870 ff.
R.V. = Verfassung des Deutschen Reiches.
Schütze = Lehrb. des Deutschen Strafrechts. 2. Aufl.
v. Schwarze = v. Schwarze, Kommentar z. d. St.G.B. 5. Ausg.
St. = Stenglein, Zeitschr. f. Gerichtspraxis in Deutschland. München 1872 ff.
St.B. = Stenographische Berichte des Reichstags.
St.G.B. = Strafgesetzbuch f. d. Deutsche Reich.
S.G.Z. = v. Schwarze, Gerichtszeitung f. d. Königreich Sachsen.

Die Namen der einzelnen Bundesstaaten z. B. Bayern, Sachsen beziehen sich auf das von dem betr. Staat erlassene Einf.-Ges. zum St.G.B.; die Namen: Berlin, München, Dresden, Stuttgart u. s. w. auf die Urtheile der obersten Gerichtshöfe. München mit einem Datum nach 1. Oktober 1879 auf die Urtheile des dortigen Oberlandesgerichts. Leipzig auf die Entscheidungen des Reichsoberhandelsgerichts. Die Namen: Celle, Königsberg u. s. w. auf die in Goltd. Arch. publicirten Urtheile der dortigen Oberlandesgerichte.

---

*) Diese beiden Entwürfe sind fast gleichlautend (vgl. S. 15).

Zur Geschichte und zum System des deutschen Strafgesetzbuchs.

Das Strafgesetzbuch für das Deutsche Reich bildet in der deutschen Rechtsentwickelung einen so bedeutsamen Abschnitt, daß es auch für den Praktiker von Wichtigkeit sein muß, sich stets die Stellung gegenwärtig zu halten, welche dieses endlich errungene gemeinsame Gesetz in der Geschichte des deutschen Strafrechts einnimmt. Außerdem bringt der Umstand, daß das Gesetzbuch für einen Bundesstaat gegeben ist [1]), eigenthümliche Verhältnisse mit sich, deren Vergegenwärtigung sich auch für die alltägliche Anwendung empfiehlt. Neben dem Strafgesetzbuch bestehen — abgesehen von einzelnen besonderen Reichsstrafgesetzen — die Landesstrafgesetze insofern weiter, als sie nicht Materien betreffen, welche Gegenstand des Reichsgesetzes geworden sind. Mit gleicher Beschränkung kann die Landesgesetzgebung auch fernerhin Strafgesetze erlassen. Durch dieses Nebeneinanderbestehen des Reichs- und des Landesstrafrechts, der Reichs- und Landesgesetzgebung ist die Möglichkeit von Kollisionen gegeben, welchen vorzubeugen die Wissenschaft und Praxis gleich sehr berufen sind. Es ist selbstverständlich, daß das Reichsstrafrecht als die Quelle zu betrachten ist, welche den partikularen Rechtsstoff befruchten und gestalten muß. Von diesen Gesichtspunkten aus erschien es wünschenswerth, den Erläuterungen zu dem Text des Gesetzbuchs die nachfolgenden allgemeinen Erörterungen zur Geschichte und zum System desselben vorauszuschicken.

1. Geschichtlicher Rückblick.

1. „Es ist eine oft schon wiederholte und ausgemachte Wahrheit, daß der Charakter eines Volkes in seinen Gesetzen und in dem Verhältniß derselben zum Leben besteht, daß ein Volk nur in dem Maße eine Einheit bildet, in welchem gemeinsame Gesetzgebung es verbindet, und daß ein Volk, welches mit seinem eigenen Rechte nicht vertraut, im eigenen Hause fremd und zersplittert ist. — — Das Bedürfniß nach innerer Einheit des Rechts reicht so weit als die Geschichte

---

[1]) In dieser Beziehung ist das Reichsstrafgesetzbuch ohne jeden Vorgang in der Geschichte des Strafrechts. Weder die Schweiz noch Nordamerika haben ein gemeinsames Strafgesetzbuch für die verbündeten Staaten. In der Schweiz hat selbst die revidirte Bundesverfassung vom 29. Mai 1874 den Erlaß gemeinsamer strafrechtlicher Bestimmungen noch nicht zu einem Gegenstand der Bundesgesetzgebung erklärt. Die in neuerer Zeit vom Bundesrath der Eidgenossenschaft aufgenommenen Bemühungen um ein gemeinsames St.G.B. sind noch nicht über die ersten Vorbereitungen hinaus gediehen (vgl. C. Stooß, Die schweizerischen Strafgesetzbücher zur Vergleichung zusammengestellt und im Auftrag des Bundesrathes herausgegeben. Basel und Genf in Kommission von H. Georg. 1890). Die Konstitution der Vereinigten Staaten von Amerika vom 17. September 1787 gibt (vgl. Art. I Nr. 8 bis 10) dem Kongreß nur eine beschränkte Gesetzgebungsbefugniß auf strafrechtlichem Gebiete.

Deutschlands; und wenn diese Einheit durch unglückliche Zeitereignisse auch vielfach beeinträchtigt und gehemmt wurde, so ist das Bewußtsein der Nothwendigkeit doch niemals verschwunden", — so spricht sich der Ausschuß des ehemaligen Deutschen Bundestages in seinem Bericht vom 12. August 1861 zur Begründung seiner Ansicht über die Nothwendigkeit einer gemeinsamen Civil- und Kriminalgesetzgebung aus, um hinterdrein den Antrag daran zu knüpfen, die auf die gemeinsame Gesetzgebung gerichteten Bestrebungen, unter Ausschluß des Strafrechts, auf einige Theile des Civilrechts und des Civilprozeßverfahrens zu beschränken [1]).

Jene Worte und dieser Antrag bezeichnen für das Gebiet des Strafrechts den Rechtszustand Deutschlands, soweit eben dessen Geschichte reicht: er war und blieb stets ein Zustand des Hoffens.

Verständigt man sich über den Begriff des Gemeinen Deutschen Strafrechts und versteht man darunter nichts Weiteres, als das Recht, welches dem Belieben des partikularen Anderswollens entzogen ist, — das sog. absolut gemeine Recht — so gab es, von Einzelbestimmungen abgesehen, ein solches niemals in Deutschland, wenn man nicht etwa in den spärlichen Vorschriften der Karolingischen Kapitularien eine solche formelle und bindende Rechtsgemeinschaft für die deutsche Strafrechtsgeschichte retten will [2]).

2. Die Peinliche Gerichtsordnung Kaiser Karl's V. von 1532, welche den endlosen, seit 1498 auf den Reichstagen beständig wiederkehrenden Klagen über Willkür und Rechtsungleichheit in den verschiedenen Territorien ein Ende zu machen bestimmt war, gab mit ihrer durch die Reichsstände erzwungenen salvatorischen Klausel:

> „doch wöllen wir durch diese gnedige erinnerung Churfürsten, Fürsten und Stenden, an irn alten Wohlhergebrachten rechtmäßigen und billigen Gebräuchen nichts benommen haben"

nur sog. subsidiäres Recht. Sie ließ das Partikularrecht nicht bloß bestehen, sondern erhielt den Partikulargesetzgebungen auch die Befugniß, das Reichsgesetz durch Einführung abweichender Bestimmungen zu beseitigen. Die Reichsgesetzgebung galt mithin nur insoweit, als die Thätigkeit der Sondergesetzgebung es gestattete. Nur wenige Artikel der Carolina [3]) und einzelne Vorschriften der späteren Reichsgesetze, z. B. über die Fälschung von Münzen, können als solche bezeichnet werden, welche auf absolute Geltung Anspruch hatten und durch die Landesgesetzgebung nicht berührt werden konnten. Andererseits hat man von der Aufnahme solcher Vorschriften, welche die Einheit des Reiches und die Unterordnung unter den Kaiser sicher stellen sollten, Abstand genommen. Die auf den Hochverrath an Kaiser und Reich bezüglichen Strafbestimmungen der von dem Freiherrn Johann von Schwarzenberg und Hohenlandsberg verfaßten Bambergischen Halsgerichts-Ordnung von 1507, bekanntlich die Mutter der Carolina, gingen in die letztere nicht über.

Die Carolina war anerkannt ein tüchtiges Gesetzgebungswerk; dieselbe faßte mit glücklichem Griff in einfacher, klarer Sprache die in Deutschland geltenden Statuten und Gewohnheiten zusammen, und ließ dem Gerichtsgebrauch und der

---

[1]) von Linde, Archiv f. d. öffentliche Recht des Deutschen Bundes Bd. IV Heft 3. Gießen 1863. „Ueber gemeinnützige Anordnungen nach Grundsätzen des Deutschen Bundesrechts." 217 Seiten. — Vgl. S. 14, 27, 44.

[2]) Vgl. Köstlin, Geschichte des deutschen Strafrechts im Umriß. Tübingen 1859 S. 249. v. Bar, Geschichte des deutschen Strafrechts und der Strafrechtstheorieen. Göttingen 1882.

[3]) Wächter, Gemeines Recht Deutschlands, Leipzig 1844, S. 31 Note 24 bezeichnet als solche die Art. 61, 104, 105, 135, 140, 204, 218.

Wissenschaft den erforderlichen Spielraum zur Fortbildung. Es braucht deshalb kaum hervorgehoben zu werden, daß dieselbe thatsächlich einen großen Einfluß auf die Erhaltung einer gemeinsamen Rechtsüberzeugung und die Herstellung eines übereinstimmenden Rechtszustandes in den verschiedenen deutschen Territorien ausgeübt hat. Und dennoch läßt sich das Urtheil über die Carolina kaum in bezeichnenderen Worten zusammenfassen, als in dem Ausspruche eines unserer gefeiertsten Kriminalisten, der sonst geneigt schien, derselben als Reichsgesetz eine größere Bedeutung beizumessen, als sie in Wirklichkeit gehabt hat. „Die Carolina" — sagte Wächter[4]) — „hatte ein eigenes Schicksal; in der Zeit, für welche sie Tüchtiges hätte wirken können, wurde sie nicht gehörig begriffen und verstanden; später, als man sie zu begreifen und zu verstehen anfing, war sie nicht mehr recht zeitgemäß; noch später, in den Zeiten, in welchen man sie am gründlichsten und tüchtigsten bearbeitete, galt sie großentheils in Deutschland gar nicht mehr, und war man auch da, wo sie noch galt, darauf bedacht, sie vollends abzuschaffen."

Es mag sein, daß dieses Schicksal des vielleicht besten und volksthümlichsten deutschen Reichsgesetzes in Wissenschaft und Praxis durch Mangel an allgemeiner Bildung und an Sinn für nationales Recht, sowie durch den überwiegenden Einfluß des Römischen Rechts bewirkt wurde[5]), wie umgekehrt es der Carolina zu danken ist, daß jene Verhältnisse nicht eine noch nachtheiligere Wirkung auf die Entwickelung des deutschen Strafrechts ausgeübt haben.

Als Hauptursache aber, durch welche der Erhaltung und Fortbildung eines wirklich gemeinsamen deutschen Strafrechts der sichere gesetzliche Boden entzogen wurde, ist das Verhältniß zu betrachten, in welchem die Landesgesetzgebung zur Reichsgesetzgebung, wenn auch nicht rechtlich, so doch thatsächlich stand, und jene Centrifugalität, welche so oft mit einem Anschein geschichtlicher Nothwendigkeit als Eigenthümlichkeit der deutschen Rechtsentwickelung bezeichnet ist.

3. Die Carolina forderte allerdings dadurch, daß sie keine vollständige und erschöpfende Kodifikation gab, die fortdauernde Thätigkeit der Sondergesetzgebungen heraus. Dadurch aber, daß sie durch die salvatorische Klausel den Fortbestand des abweichenden Partikularstrafrechts sicherte, gab sie sogar formell ihren Charakter als bindendes Reichsgesetz auf. Beim Mangel formeller Einheit der Rechtsquelle — das ergibt die Geschichte des deutschen Strafrechts unwiderleglich — kann die materielle Uebereinstimmung des Rechts nicht gewahrt bleiben.

Es ist zuzugeben, daß die Landesgesetzgebungen in den ersten Zeiten nach der Carolina sich vielfach unmittelbar an dieselbe anschlossen oder auf dieselbe als geltendes Reichsgesetz verwiesen, und daß Theorie und Praxis das Bestreben zeigten, das Strafrecht auf der Grundlage der Carolina und des Gemeinen Rechts überhaupt zu fördern[6]). Allein hauptsächlich hatte jenes seinen Grund in der Unfähigkeit der Landesgesetzgebungen, etwas Besseres als das Werk Schwarzenberg's hervorzubringen. Sodann aber erlaubten sich selbst diejenigen Gesetzgebungen, welche sich wie z. B. die Hamburger Statuten von 1603, im Ganzen an die Carolina anschlossen, die willkürlichsten Abweichungen, während andere Gesetzgebungen die Carolina überhaupt bei Seite setzen.

Inzwischen erlahmte die Reichsgesetzgebung, welche allein im Stande war, die allmählich mit dem Rechtsbewußtsein in Widerspruch tretenden

---

[4]) Wächter a. a. O. S. 109. S. auch Hälschner, Das gemeine deutsche Strafrecht S. 38 f.; ferner C. Güterbock, Die Entstehungsgeschichte der Carolina. Würzburg 1876.

[5]) Berner, Lehrbuch des deutschen Strafrechts, 5. Aufl. S. 13; Wächter, G.R. S. 66 ff.

[6]) Wächter a. a. O. S. 38 ff., 110 ff.; Hälschner, Preuß. Strafrecht S. 115 ff. Ders., Das gemeine deutsche Strafrecht S. 42 fg.

grausamen Strafbestimmungen der Carolina zu reformiren, vollständig. Die Territorialgewalt emanzipirte sich von der Reichsgewalt immer mehr. Strafrechtlich neigte sich Theorie und Praxis zu der Annahme, daß das ganze Kapitel von den Staatsverbrechen, insbesondere dem Hochverrath, nicht bloß auf Kaiser und Reich, sondern auch auf die selbstständigen Theile des Deutschen Reiches Anwendung finde[7]). Aber auch die Territorialgesetzgebung erfüllte auf ihrem Gebiete die Aufgabe der Reichsgesetzgebung nicht. Dieselbe war, mit dem Verfall der alten landständischen Verfassungen, ausschließlich in die Hände der Landesherren und deren Beamten übergegangen. Unfähig, den Rechtsstoff zu übersehen und zu gestalten, erließen diese die Gesetze nach den Eingebungen des Augenblicks. „Eine wahre Sündfluth von zum Theil sehr unreifen Gesetzen brach über Deutschland ein," Willkür trat an Stelle des gesetzgeberischen Gedankens und für das Strafrecht insbesondere kam die Zeit der treffend sog. Gelegenheitsgesetze, welche an Grausamkeit der Strafen die Carolina oft noch übertrafen[8]).

Bei diesem Stande der Gesetzgebung blieb das Meiste der Praxis überlassen. Diese Praxis, welche nicht durch die Autorität der Reichsgerichte beherrscht wurde, gestaltete sich in den einzelnen Territorien verschieden. Anfangs durch das Ansehen hervorragender Männer, wie Carpzow, im Sinne des Gemeinen Rechts zusammengehalten, verlor sich dieselbe im 18. Jahrhundert in den Zustand der Willkürlichkeit. Die gesetzlich bestimmten Strafen kamen fast ganz in Wegfall. Das System der willkürlichen Strafen fand immer mehr Eingang und bot in dem Gerichtsgebrauch der einzelnen Territorien ein Bild vollständiger Zerfahrenheit[9]).

Von der Mitte des 18. Jahrhunderts an begannen die mächtigeren Reichsstände die Reichsgesetze gänzlich und formell aufzuheben[10]). 1751 erhielt Bayern (codex juris Bavarici criminalis), 1768 Oesterreich (constitutio criminalis Theresiana)[11]) und 1794 Preußen (Th. II Tit. 20 des Allg. Preuß. Landrechts) ein kodifizirtes Strafgesetz, wodurch die Geltung des Gemeinen Rechts ausdrücklich ausgeschlossen wurde. Mehr als die Hälfte von Deutschland war somit schon aus dem Verbande des Gemeinen Rechts hinausgetreten, als im Jahre 1806 mit der Auflösung des Deutschen Reichs das Gemeine Strafrecht als solches seinen formellen Bestand überhaupt verlor — dasselbe gehörte von da ab der Geschichte an, und diese lehrt: daß in einer Gemeinschaft von Staaten ein übereinstimmender

---

[7]) Zachariä, Archiv des Krim.Rechts 1852 S. 42 ff. und derselbe im Gerichtssaal 1868 S. 205.

[8]) Wächter S. 144 ff.; Beseler, Volksrecht und Juristenrecht S. 232 ff.

[9]) Zur Charakteristik über die Auffassung des Strafgesetzes im vorigen Jahrhundert ein Beispiel: Friedrich der Große bestimmte durch Kabinetsordre vom 27. Juli 1743, daß der Diebstahl nicht mehr mit der Todesstrafe belegt werden sollte, wofern nicht der Dieb zugleich etwas „Mörderliches" mit verübt habe. Dennoch erlaubte er 1768, als die Diebstähle in Berlin zunahmen, daß einmal zur Abschreckung drei Diebe gehängt wurden. („Interim cum furta Berolini ingravescerent et Justitia proprie sit Clementia temperata per sapientiam, Serenissimus sapientissime anno 1768 permisit, ut tres fures insignes famosi laqueo fuerint puniti, etiamsi homicidii attentati simul rei non fuerint." Behmer, Novum jus controv. Observ. VI p. 154.) — Für die Auffassung der Praxis ist die Mittheilung über einen hervorragenden Kriminalisten des vorigen Jahrhunderts bezeichnend: „Der verstorbene Meister zeigte in seinen peinlichen Erkenntnissen überall das menschenfreundlichste Herz und besaß im hohen Grade die Stärke, seine überaus gelinden Gesinnungen mit den Gesetzen so schicklich zu vereinigen, daß man niemals eine gewaltsame Abweichung davon bemerkte und er doch überall seinen Endzweck erreichte." (Malblank, Geschichte der Peinl. Ger.Ordn., Nürnberg 1783, S. 249.) Das Gesetz mußte, da es mit dem Bewußtsein und der Ueberzeugung des Richters in entschiedenem Widerspruch stand, nach Wächter's treffendem Ausdruck: den Kürzern ziehen.

[10]) Berner, Strafgesetzgebung in Deutschland vom Jahre 1751 bis zur Gegenwart. 1867.

[11]) Die in ihren Strafbestimmungen sehr harte Theresiana wurde 1787 unter Josef II. durch ein neues Gesetzbuch, und letzteres 1803 unter Kaiser Franz durch ein anderweitiges ersetzt.

Rechtszustand auf die Dauer nur durch einheitliche gesetzgeberische Organe aufrecht erhalten werden kann.

4. Mit der Auflösung des Reiches wurde die Partikulargesetzgebung völlig selbstständig. Es blieb der „freien Vereinbarung" unter den verschiedenen Regierungen anheimgegeben, inwieweit sie wenigstens ein thatsächlich übereinstimmendes Recht errichten oder aufrecht erhalten wollten. In letzterer Beziehung blieben die Resultate äußerst gering.

Der bodenlose Zustand des Strafrechts, in Folge dessen die höchsten Interessen der Bürger dem subjektiven Ermessen der Richter und dem Wechsel schwankender Lehrmeinungen anheim gegeben waren, zwang die Partikulargesetzgebung bald zum Eingreifen.

Das bayerische Strafgesetzbuch vom 16. Mai 1813 — im Wesentlichen das Werk Feuerbach's — ist vielfach das Muster der nachfolgenden Gesetzgebungsarbeiten geworden [12]).

Nach längeren Vorbereitungen wurden in den meisten deutschen Ländern Strafgesetzbücher erlassen, deren Reihe durch das unterm 30. März 1838 publiz. Krim.G.B. f. d. Königr. Sachsen eröffnet und durch das unterm 30. April 1869 publiz. Krim.G.B. f. d. freie Stadt Hamburg abgeschlossen wird [13]). Nur in den beiden Mecklenburg, Lippe-Schaumburg und der freien Stadt Bremen [14]) erhielt sich das ehemalige sog. Gemeine Recht.

In politischer Hinsicht bringen diese Gesetzbücher den Begriff der Souveränität und der staatlichen Selbstständigkeit zum vollsten Ausdruck. Nur die in dem engsten Staatsverbande begangenen Handlungen unterliegen der Regel nach der Strafe. Die übrigen deutschen Staaten gehören dem Auslande an und werden, wo es auf den strafrechtlichen Schutz ihrer staatlichen Einrichtungen ankommt, nur als befreundete Staaten betrachtet [15]).

Ihrem juristischen Inhalte nach bieten die Gesetzbücher ein Bild der buntesten Mannigfaltigkeit und Verschiedenheit, welches, von dem wissenschaftlichen Werthe abgesehen, weniger auf berechtigte Unterschiede in Sitte, Gewohnheit und Bildung,

---

[12]) Wie die französische Strafgesetzgebung von 1791, 1795 und 1810, so zeigt auch das bayerische Strafgesetzbuch die natürliche, aber übertriebene Reaktion der positiven Gesetzgebung gegen das vorherige System der Willkürlichkeit. Feuerbach's Gesetzbuch zeichnet sich aus durch klare Systematik und scharfe Begriffsbestimmungen. Seine Fehler beruhen nach der treffenden Charakteristik Berner's vor Allem „in der Abweisung der Doktrin, die durch den Koran der amtlich herausgegebenen Anmerkungen ersetzt werden sollte, und in der ungebührlichen Einengung des richterlichen Ermessens, das den Forderungen des Lebens nicht gerecht werden konnte, weil es oft auf absolut bestimmte Strafen stieß, innerhalb des Maximum und Minimum der relativ angedrohten Strafen keinen hinreichend weiten Spielraum fand, auch durch die starren Gradationen der Strafe innerhalb der Verbrechensarten und durch die viel zu weit gehende Kasuistik des Gesetzgebers beengt wurde". Berner, Strafgesetzg. i. D. S. 91.

[13]) Eine Uebersicht der im Jahre 1870 geltenden Gesetzbücher vgl. in den Amtl. Motiven z. St.G.B. (Drucks. d. Reichst. 1870 Nr. 5; Motive S. 3 ff.) sowie in der 1. Aufl. dieses Kommentars S. 72.

Eine wohl vollständige Zusammenstellung der seit Mitte des 18. Jahrhunderts hervorgetretenen Entwürfe und Strafgesetzbücher vgl. bei Binding: die Gemeinen deutschen Strafgesetzbücher. Leipzig 1874, S. 3 ff.

[14]) Jedoch hatte auch Bremen bereits einen gut gearbeiteten Entwurf vorbereitet, als der Umschwung eintrat.

[15]) Vgl. die „Zusammenstellung strafrechtlicher Bestimmungen" Anlage 1 z. Entw. des St.G.B. für d. Nordd. B. Nr. II. — Das dringende Bedürfniß der Rechtspflege rief zwar bald sog. Jurisdiktionsverträge hervor. Dieselben berühren das Gebiet des materiellen Strafrechts weniger als das Strafverfahren, und bieten in ihrer großen Zahl und Verschiedenheit ein Bild größter Verwirrung. Vgl. Krug, Das Internationalrecht der Deutschen. Uebersichtliche (?) Zusammenstellung der zwischen deutschen Staaten getroffenen Verabredungen über die Leistung gegenseitiger Rechtshülfe. Leipzig 1851.

als auf gesetzgeberische Willkür und doktrinäres Belieben zurückzuführen ist. Eine Vergleichung des allgemeinen Theils dieser Strafgesetzbücher mußte nach Köstlin's Ausspruch „den Ausdruck des Erstaunens darüber machen, daß selbst in den allgemeinsten Grundlagen eine so große, großentheils sehr wesentliche Abweichung der verschiedenen Gesetzgebungen möglich sei". Aber auch in den Bestimmungen des besonderen Theils findet man bei genauerem Nachsehen, „daß die neueren Gesetzgebungen das Gegentheil des variatio delectat kaum in viel geringerem Grade zu schmecken geben, als im allgemeinen Theile" [16]).

Einzelne kleinere Staaten schlossen sich zwar an bereits bestehende Gesetzbücher an, erlaubten sich indessen ohne Noth die mannigfachsten Abweichungen. Wie wenig die Partikulargesetzgebungen geneigt waren, ihrer Selbstständigkeit zu entsagen, ergibt die Geschichte des sog. Thüringischen Strafgesetzbuchs. Dasselbe war vornehmlich in Folge der Bemühungen Sachsen-Weimars durch gemeinschaftliche Berathungen der thüringischen Staaten im Jahre 1849 zu Stande gekommen. Aber nicht bloß, daß bei der Einführung in den einzelnen Staaten die willkürlichsten, selbst redaktionellen Abänderungen beliebt wurden [17]), sondern nicht einmal alle der betheiligten Staaten, wie z. B. Altenburg, führten dasselbe überhaupt ein. Das Beispiel Weimars, welches in seinem Einführungsgesetze das ganze gegenwärtige und zukünftige Geltungsgebiet des Thüringischen Strafgesetzbuchs als Inland erklärte, fand fast gar keine Nachahmung [18]).

Diesem Zustande der positiven Gesetzgebung gegenüber war die Wissenschaft, welche aus historischen und philosophischen Gründen den Fortbestand eines Gemeinen deutschen Strafrechts lange festhalten zu können geglaubt hatte, schließlich zu dem Geständniß gedrängt, daß das Gemeine Recht nur noch ein Traum sei. Auch die mehrfach wiederholten Versuche einzelner Männer, durch Aufstellung von Entwürfen die Regierungen zur Ausarbeitung eines gemeinsamen Strafgesetzbuchs zu veranlassen, blieben ohne sichtbaren Erfolg [19]). Der vom ersten deutschen Juristentage im Jahre 1860 einstimmig gefaßte Beschluß: „ein allgemeines deutsches Strafgesetzbuch sei für ein dringendes Bedürfniß zu erklären", hatte wiederum nur eine weitere Privatarbeit zur Folge [20]).

Somit erschienen alle Anstrengungen der Wissenschaft vergeblich. Der ehemalige Deutsche Bund aber erwies sich — wie noch näher mitzutheilen — als unfähig zur Herbeiführung eines gemeinsamen Rechtszustandes.

5. Dem ehemaligen Deutschen Bunde fehlte zum Erlaß von Strafgesetzen die Kompetenz. Derselbe war ein völkerrechtlicher Verein selbstständiger Staaten ohne gesetzgebende Gewalt über die letzteren. Seine Beschlüsse wurden nur insoweit verbindlich, als die gesetzgebende Gewalt der Einzelstaaten den Inhalt derselben

---

[16]) Köstlin in Goltdammer's Archiv. Bd. 4 S. 48.

[17]) Vgl. dieselben bei Stenglein, Sammlung der deutschen Strafgesetzbücher. München 1858.

[18]) Wächter, Sächs. u. Thüring. Strafrecht, Stuttgart 1857, S. 134. — Nur die Einf.Ges. der beiden Fürstenthümer Schwarzburg enthalten eine ähnliche Bestimmung.

[19]) Als solche Versuche sind zu erwähnen: ein Strafgesetzentwurf von Karl Salomo Zachariä, 1826; der „Entwurf eines Strafgesetzbuchs für ein norddeutsches Staatsgebiet, namentlich für das Herzogthum Braunschweig und die Fürstenthümer Waldeck, Pyrmont, Lippe und Schaumburg-Lippe". 1829 (in 2. Aufl. 1834 als „Entwurf für Staatsgebiete des Deutschen Bundes" erschienen), von Friedrich Karl von Strombeck. Vgl. hierüber Dr. Rubo, Kommentar zum Nordd. Str.G.B. S. 1 ff.; ferner: „Ideen zu einer gemeinsamen Strafgesetzgebung für Deutschland" von Dr. A. O. Krug, Erlangen 1857, mit einem Entwurf in 137 Artikeln.

[20]) Verhandlungen des ersten deutschen Juristentages, Berlin 1860, S. 37, 226 ff. — Im Jahre 1862 erschien: v. Kräwel, „Entw. nebst Gründen zu dem allgemeinen Theile eines für ganz Deutschland geltenden Strafgesetzbuchs".

anerkannte und als Landesgesetz publizirte. Aber selbst zur Fassung solcher Beschlüsse war die Kompetenz der Bundesversammlung für das Gebiet der allgemeinen Civil- und Kriminalgesetzgebung eine vage und unbestimmte. Dieselbe ließ sich höchstens auf den Artikel 64 der Wiener Schlußakte stützen, wonach die Bundesversammlung Vorschläge zu „gemeinnützigen Anordnungen, deren Zweck vollständig nur durch die zusammenwirkende Theilnahme aller Bundesstaaten erreicht werden kann", rücksichtlich ihrer Zweckmäßigkeit und Ausführbarkeit zu prüfen und bejahenden Falls ihr Bestreben dahin zu richten hatte, um die zur Ausführung erforderliche „freiwillige Vereinbarung unter den sämmtlichen Bundesgliedern zu bewirken", — so daß also ohne Einstimmigkeit nicht einmal ein endgültiger Bundesbeschluß zu Stande kommen konnte.

Der Bundesbeschlüsse strafrechtlichen Inhalts sind deshalb nur wenige [21]). Von denjenigen Beschlüssen, welche in den meisten Bundesstaaten mit größern oder geringern Abänderungen gesetzliche Anerkennung fanden, sind hervorzuheben: der Beschluß vom 18. August 1836 (Bundesverrath), vom 19. Juni 1845 (Verbot des Negerhandels) und vom 6. Juli 1854 (das sog. Bundespreßgesetz). Charakteristisch für die rechtliche Stellung des Bundes zu den Einzelstaaten ist der erstgenannte Beschluß, welcher im Art. 1 lautet:

„Da nicht nur der Zweck des Deutschen Bundes in der Erhaltung der Unabhängigkeit und Unverletzbarkeit der deutschen Staaten, sowie in jener der äußern und innern Ruhe und Sicherheit Deutschlands besteht, sondern auch die Verfassung des Bundes wegen ihres wesentlichen Zusammenhanges mit den Verfassungen der einzelnen Bundesstaaten als ein nothwendiger Bestandtheil der letztern anzusehen ist, mithin ein gegen den Bund oder dessen Verfassung gerichteter Angriff zugleich einen Angriff gegen jeden einzelnen Bundesstaat in sich begreift; so ist jedes Unternehmen gegen die Existenz, Integrität, die Sicherheit oder die Verfassung des Deutschen Bundes in den einzelnen Bundesstaaten nach Maßgabe der in den letzteren bestehenden oder künftig in Wirksamkeit tretenden Gesetze, nach welchen eine gleiche, gegen den einzelnen Bundesstaat begangene Handlung als Hochverrath, Landesverrath oder unter einer andern Benennung zu richten wäre, zu beurtheilen und zu bestrafen." (Vgl. Preuß. Ges.-Sammlg. 1836 S. 309.)

Der Schlußsatz dieses Artikels ist, ohne Anerkennung der vorhergehenden Motive, als provisorische Strafbestimmung in den Artikel 74 der Norddeutschen Bundesverfassung, jetzt Art. 74 der Reichsverfassung, übergegangen. Es bedarf kaum des Hinweises auf die bei Berathung des Art. 74 stattgehabten Verhandlungen, daß derselbe nur eine vorläufige Bestimmung geben und der künftigen Bundesstrafgesetzgebung selbst in keiner Weise präjudiziren wollte [22]).

Auf einem beschränkteren Gebiete brachte — was wenig beachtet worden ist — der deutsche Zollverein eine Gemeinschaftlichkeit des Strafrechts zu Wege [23]). Die Vereinsregierungen stellten in gemeinsamen Berathungen die leitenden Grundsätze eines Zollstrafgesetzbuchs fest, wodurch eine wesentliche Uebereinstimmung in den demnächst von den Vereinsstaaten erlassenen Zollstrafgesetzen erzielt wurde. Dieser legislative Vorgang ist um so beachtenswerther, als die früheren Vereinbarungen in dem erneuerten Zollvereinsvertrage vom 8. Juli 1867 aufrecht erhalten und die früher festgestellten strafrechtlichen Grundsätze im Wesentlichen in das Vereinszollgesetz des Norddeutschen Bundes vom 1. Juli 1869 (B.G.Bl. S. 355) übergegangen sind.

Die von der Frankfurter Nationalversammlung beschlossenen Grundrechte des deutschen Volkes haben für die Geschichte des Strafrechts insofern Interesse, als im §. 9 — übereinstimmend mit §. 129 der Reichsverfassung vom 28. März 1849 — gewisse Strafarten verboten wurden, indem jener Paragraph vorschrieb:

---

[21]) Eine kurze Uebersicht derselben gibt Zachariä im Gerichtssaal 1868 S. 212 ff.
[22]) Vgl. Stenographische Berichte des I. Norddeutschen Reichstages S. 659 ff.
[23]) Wächter, Gem.Recht S. 227.

„Die Todesstrafe, ausgenommen wo das Kriegsrecht sie vorschreibt, oder das Seerecht im Fall von Meutereien sie zuläßt, sowie die Strafen des Prangers, der Brandmarkung und der körperlichen Züchtigung sind abgeschafft."

In vielen Staaten hat diese Bestimmung gesetzliche Geltung gewonnen.

Nachdem der §. 64 jener Reichsverfassung bestimmt hatte:

„Der Reichsgewalt liegt es ob, durch die Erlassung allgemeiner Gesetzbücher über bürgerliches Recht, Handels= und Wechselrecht, Strafrecht und gerichtliches Verfahren die Rechtseinheit im deutschen Volke zu begründen[24]),"

und die Zeitumstände eine baldige Konsolidirung der Reichsgewalt hoffen ließen, entstand aus den Berathungen einer Kommission des preußischen Justizministeriums der im Anfange des Jahres 1849 im Verlage von Decker zu Berlin erschienene, aber nicht publizirte:

„Entwurf eines allgemeinen Deutschen Strafgesetzbuchs".

Dieser Entwurf brachte im Gegensatz zu den bisherigen, nur auf Herbeiführung eines thatsächlich übereinstimmenden Rechtszustandes gerichteten Bestrebungen, der Reichsverfassung entsprechend, die Rechtseinheit in Deutschland zum Ausdruck. Derselbe betrachtet Deutschland strafrechtlich als ein einheitliches Gebiet und beseitigt innerhalb der deutschen Grenzen die Unterscheidung von Inland und Ausland[25]). Das Scheitern der Reichsverfassung vereitelte das Inslebentreten des Entwurfs.

Die Macht der thatsächlichen Verhältnisse und insbesondere die Entwickelung des Handels und Verkehrs drängten indessen unablässig auf Anbahnung eines gemeinsamen Rechtszustandes.

Auf die bereits im Reichsgesetzblatt vom 27. November 1848 publizirte Allgemeine Deutsche Wechselordnung folgte auf Grund des Bundesbeschlusses vom 17. April 1856 die Aufstellung eines Allgemeinen Deutschen Handelsgesetzbuches, welche im März 1861 in dritter Lesung beendet wurde.

Inzwischen stellte Bayern in Verbindung mit mehreren andern Regierungen auf Grund des Art. 64 der Wiener Schlußakte unterm 17. Dezember 1859 den Antrag, durch einen Ausschuß die Frage zu erörtern: „ob und inwieweit die Herbeiführung einer gemeinsamen Civil= und Kriminalgesetzgebung wünschenswerth und ausführbar sein werde?" Der bereits oben erwähnte Ausschußbericht[26]) vom 12. August 1861 bemerkte:

„Der hohe Aufschwung der Landwirthschaft, der Industrie und des Handels, die Ausbreitung des Zollvereins und die Erleichterungen seines Handelsverkehrs mit Oesterreich, die unverkennbare Entwickelung der Gewerbefreiheit und Freizügigkeit, die fast wunderbare Entwickelung aller Verkehrsmittel führen das gesammte wirthschaftliche und geistige Leben der deutschen Nation mit unabweisbarem Bedürfnisse zur Ausgleichung der bisherigen Gegensätze und zu fortschreitender Gemeinschaft und Einigung. Hiermit mußte aber offenbar eine Zersplitterung der Gesetzgebung und ein Aufgeben aller gemeinschaftlichen Grundlagen der formellen Rechtsbildung in unauflösbaren Widerspruch treten, dessen hemmende und verderbliche Wirkungen sich sehr bald herausstellen würden."

Deßohngeachtet wurde das Bedürfniß eines allgemeinen deutschen Strafgesetzbuches verneint, indem hierüber angeführt wird:

„Es würde keinen besonderen Schwierigkeiten unterliegen, aus den neuesten Strafgesetzbüchern einiger deutschen Staaten und den eben in der Berathung der Gesetzgebungsorgane einiger andern begriffenen Entwürfen ein allgemeines deutsches Strafgesetzbuch aufzustellen. Dagegen wird nicht behauptet werden können, daß hierfür ein sehr dringendes Bedürfniß besteht. Denn die vorhandenen Differenzen bestehen viel weniger in den Grundsätzen darüber, welche Handlungen

---

[24]) Gleichlautend §. 61 des Erfurter Entwurfs einer Reichsverfassung.

[25]) Im Uebrigen beruht der Entwurf (264 Artikel) nach dem Vorwort auf dem preußischen Entwurf von 1847 und den Verhandlungen des ständischen Ausschusses von 1848; er enthält im Ganzen das spätere preußische Strafgesetzbuch von 1851. Die Todesstrafe ist durch lebenslängliche Freiheitsstrafe ersetzt, was die Verfasser durch Hinweisung auf die in den deutschen Grundrechten enthaltene Abschaffung der Todesstrafe begründen.

[26]) Vgl. Linde, Archiv a. a. O. S. 18, 24.

strafbar sind, als vielmehr in den Bestimmungen des Grades der Strafbarkeit, und hier ist nicht bloß der Mangel völliger Gleichheit unschädlich, sondern es mag sogar manche Ungleichheit in dem Charakter, den Sitten, der Lebensweise und den besonderen Verhältnissen einzelner Volksstämme und Landestheile wohl begründet sein."

Sonach beantragte die Mehrheit des Ausschusses den Beschluß:

„Die allmähliche Herbeiführung einer gemeinsamen Civil- und Kriminalgesetzgebung für Deutschland sei allerdings wünschenswerth, jedoch seien die darauf zu richtenden Bestrebungen zunächst auf einige Theile des Civilrechtes und auf das gerichtliche Verfahren in bürgerlichen Rechtsstreitigkeiten zu beschränken,"

und demgemäß die Niedersetzung von Kommissionen zur Ausarbeitung und Vorlage von Entwürfen einer Civilprozeßordnung und eines Gesetzes über Obligationenrecht.

Der Antrag führte zu weitläufigen Erörterungen über die Kompetenz des Bundes, indem die Minderheit die Civil- und Kriminalgesetzgebung überall von dieser Kompetenz ausgeschlossen ansah und die Subsumtion derselben unter den Begriff „gemeinnützige Anordnungen" überall nicht anerkannte, — während die Mehrheit wenigstens die vorbereitenden Beschlüsse zu gemeinnützigen Anordnungen als der Stimmeneinhelligkeit nicht unterworfen erachtete. Der Antrag erlangte am 6. August 1862 nur eine Mehrheit und führte zu den Kommissionen von Hannover und Dresden, an denen sich die Minderheit, insbesondere Preußen, bekanntlich nicht betheiligte.

So schien die frühere Klage Wächter's [27]): „Die Wissenschaft, so groß auch ihre Macht ist, kann diese Sache für sich allein, ohne Hülfe der Gesetzgebung nicht ändern; die Gesetzgebung aber, welche hier helfen könnte, scheint noch in ungewisser Ferne zu liegen" — noch auf lange begründet, als die Schöpfung des Norddeutschen Bundes in wirksamer Weise Abhülfe schaffte.

---

2. Die Norddeutsche Bundesverfassung.

1. Nachden dargestellten Vorgängen war es auffallend, daß der dem Konstituirenden Reichstage 1867 vorgelegte Entwurf einer Norddeutschen Bundesverfassung im Art. 4 Nr. 13 nur „die gemeinsame Civilprozeßordnung und das gemeinsame Konkursverfahren, Wechsel- und Handelsrecht" der gemeinsamen Gesetzgebung unterstellte. Mit Recht bemerkte bei der Berathung [1]) der Abgeordnete von Gerber:

„Ich habe mich gefragt, wie kommt der Entwurf einer deutschen Bundesverfassung dazu, kein weiteres Wort zur Befriedigung der alten Sehnsucht unserer deutschen Juristen nach einem gemeinsamen deutschen Recht zu sagen? Es ist das eine alte und, wie ich glaube, berechtigte Sehnsucht, aber ich denke, sie bezieht sich nicht bloß auf das bürgerliche Recht, sondern vor Allem auch auf das Strafrecht.... Es bedarf in der That keiner Ausführung, warum diese Sehnsucht nach einem gemeinsamen Recht besteht und was ihre Grundlage ist. Es sind dies die zwei Gedanken: einmal, daß die Einheit des Rechtes auf die Zusammenfassung des sittlichen Geistes des geeinten Volkes zurückwirkt, und dann der Gedanke, daß die Wissenschaft in dem Ausbau dieses einheitlichen Rechtes sich konzentrirt und es vermeidet, ihre Kräfte zu vergeuden, indem sie sich auf eine Reihe von Partikularrechten zersplittert.... Ich würde gar kein Bedenken haben, in Bezug auf den Prozeß und in Bezug auf das Strafrecht sofort zu einer gemeinsamen Kodifikation, zu einer Gesammtkodifikation zu schreiten."

Ein Amendement des Abgeordneten Lasker half dem Mangel ab, indem es den Artikel 4 Nr. 13 auf das Strafrecht und das gesammte gerichtliche Verfahren ausdehnte. Der Antragsteller wies darauf hin, daß die Frage: ob das Strafrecht

---

[27]) Wächter, Gem.R. S. 269.

[1]) St.B. Bd. I S. 284—292.

ein gemeinsames sein müsse, bereits durch das im Art. 3. angenommene gemeinsame Indigenat entschieden sei, und setzte hinzu:

„Da jeder Bürger eines Einzelstaates dadurch zum Bürger aller Staaten Norddeutschlands wird, so ist es nothwendig, daß er die Gesetze seines Landes kenne. Wenn nun schon die Fiktion, daß jeder einzelne Bürger den ganzen Inhalt eines Gesetzbuches kenne, an sich eine sehr weit greifende, zur Ordnung des Staates aber unentbehrlich ist, so würde das heißen, die Fiktion außerordentlich vervielfältigen, wenn jedem einzelnen Bürger zugemuthet würde, daß er nicht nur das Strafgesetzbuch eines Landes, sondern daß er die Strafgesetzbücher von 22 Ländern kenne. Ein solcher Zustand würde ganz und gar unerträglich sein. . . . In der ersten Linie zähle ich sogar zu den Merkmalen der Nationalität gerade die gemeinsame Rechtsüberzeugung, und diese hat sich Bahn gebrochen, ehe noch der Anfang der Bewegung für die politische Einigung eingetreten war. . . . Aus der innern Natur der Sache folgt, daß, wenn irgendwo, so auch auf dem Gebiete des Strafrechts und der Strafbarkeit eine gemeinsame Ueberzeugung in Ländern sich bilden müsse, welche durch die Sprache, den Verkehr und das sonstige geistige Leben vollständige Gemeinsamkeit haben."

Bereits in der vorhergehenden Generaldebatte hatte der Abgeordnete Schwarze [2]) den gegentheiligen Standpunkt dahin geltend gemacht:

„Wenn wir diejenigen Rechtsgewohnheiten und Rechtsanschauungen im Volke, die gewissermaßen sich fortgeerbt haben auf Vater und Enkel, und in ihnen lebendige Quellen des Rechts erhalten, — nicht schützen wollen, greifen wir in das hinein, was dem Volke fast eben so lieb ist, wie seine Religion, eben so lieb, wie der Boden, auf dem es lebt. . . . Eine Gleichmachung in dieser Richtung tödtet das Rechtsleben . . . wir machen ein Recht, aber es ist kein nationales Recht. . . . Es ist nach meiner Ansicht gegenwärtig und auf lange Zeit hinaus eine Unmöglichkeit, ein gemeinsames Strafgesetzbuch zu erlassen. Wir werden uns allerdings einigen über die Definition der einzelnen Verbrechen, aber wir sind nicht im Stande, die Anschauungen im Volke, die von religiösen und politischen Momenten beeinflußt sind, gleichsam unter die Schablone zu zwängen.

Wir werden die Grenze zwischen dem Kriminal- und polizeilichen Strafrechte nicht leicht feststellen können. Es kommt aber noch hinzu, daß die Frage über die Todesstrafe uns zur Entscheidung immer näher rückt und ihrer Lösung entgegenharrt; wir können ein Gesetzbuch nicht machen, wenn nicht diese Frage erledigt ist; wir können ein Gesetzbuch nicht machen, wo nicht die in der neuern Zeit so lebhaft angeregte Frage über die Art der Vollstreckung der Freiheitsstrafe und über die verschiedenen Systeme derselben bestimmt gelöst sein wird."

Diese Bedenken zu widerlegen, war einem unserer ersten Kriminalisten, dem um deutsches Recht hochverdienten Abgeordneten von Wächter vorbehalten.

„Es hat vielleicht Jeder von uns" — sagte derselbe — „bei der nahen Berührung der vielen deutschen Staaten mit einander das unendlich Lästige und Unheimliche gefühlt, daß, wenn er ein paar Stunden auf der Eisenbahn sitzt, er durch die verschiedensten Rechtskreise fährt und eigentlich, wenn er auf seiner Reise sich in der gehörigen Vorsicht halten will, ein halbes Dutzend Gesetzbücher mit sich führen müßte. . . . Wie unendlich wichtig wäre es — ich will nicht sagen, für die Theorie, denn Gesetze macht man nicht für die Theorie, sondern für die Praxis und für das Leben — wie unendlich wichtig wäre es für das Leben, wenn alle Staaten des Norddeutschen Bundes ein und dasselbe Gesetzbuch hätten, in welchem die ganze geistige und wissenschaftliche Kraft der Theoretiker und Praktiker aller dieser Staaten sich konzentrirte, während jetzt unsere Kraft und die praktische Ausbildung unseres Rechtes sich in die verschiedensten Legislationen zersplittert und zum Theil verdumpft. . . . Ist es nicht eine Erscheinung, die auf das Rechtsgefühl unseres Volkes auf das Nachtheiligste einwirken muß, daß in dem einen Staate nach seinem Gesetzbuche eine Handlung von der Praxis mit dem Tode bestraft wird, während sie in dem andern Staate mit einigen Monaten Gefängniß, im höchsten Grade mit einigen Jahren Freiheitsstrafe bestraft wird? Eine solche Differenz in wichtigen Fragen existirt z. B. in Preußen und Sachsen (Tödtung eines Einwilligenden) . . . Nun sagt man zwar, es ist nicht möglich, bei der Verschiedenheit der Volksstämme ein gemeinsames Strafgesetzbuch aufzustellen. Meine Herren, wenn es in Preußen möglich ist, daß in Posen und in Köln, in Trier und in Berlin dasselbe Strafgesetzbuch gilt, sollte es nicht auch bei den übrigen 21 Staaten des Norddeutschen Bundes möglich sein? Ist denn da eine größere Differenz als zwischen Posen und Köln? Und ich glaube, gerade beim Strafrecht sind die maßgebenden Differenzen für die Legislationen gar nicht so sehr große."

Im Uebrigen ist der Inhalt der Verhandlungen von geringem Belang. Die Regierungen gaben über das Lasker'sche Amendement eine Erklärung nicht ab. Dasselbe wurde angenommen, und lautete demgemäß der Art. 4 Nr. 13 der Bundesverfassung dahin:

---

[2]) St.B. Bd. I S. 233 ff.

„Der Beaufsichtigung Seitens des Bundes und der Gesetzgebung desselben unterliegen die nachstehenden Angelegenheiten:

13) Die gemeinsame Gesetzgebung über das Obligationenrecht, Strafrecht, Handels- und Wechselrecht und das gerichtliche Verfahren."

2. Auf Grund dieser Bestimmung stellten die Abgeorgneten Wagner (Altenburg) und Planck bereits in der Sitzung des Reichstages vom 30. März 1868 den Antrag:

„Den Bundeskanzler aufzufordern, Entwürfe eines gemeinsamen Strafrechts und eines gemeinsamen Strafprozesses, sowie der dadurch bedingten Vorschriften der Gerichtsorganisation baldthunlichst vorbereiten und dem Reichstage vorlegen zu lassen" [3]).

Ueber den Antrag wurde durch die bestellten Referenten, die Abgeordneten von Bernuth und Becker (Oldenburg), in der Sitzung vom 18. April 1868 mündlicher Bericht erstattet. Die Referenten sowohl, wie die andern auftretenden Redner, mit Ausnahme des mecklenburgischen Abgeordneten Grafen Bassewitz, befürworteten den Antrag auf's Dringlichste. Namentlich der Antragsteller Wagner rief die schleunige Hülfe des Bundes für die kleinen Staaten an, in denen noch das gemeine Recht und Verfahren bestehe, und bezeichnete es unter besonderem Hinweis auf die zu Anfang 1868 im Königreich Sachsen begonnene Strafgesetz-Revision als eine Pflicht der Selbsterhaltung für den Bund, daß er in den ihm überwiesenen Kompetenzen sich nicht von den Partikulargesetzgebungen überholen lasse.

Nachdem sich der Vertreter des Bundeskanzlers zustimmend erklärt und insbesondere angeführt hatte, daß das Bedürfniß eines gemeinsamen Strafrechts und einer gemeinsamen Strafprozeßordnung sich seit der Errichtung des Bundes nicht bloß aus allgemeinen Gesichtspunkten, sondern auch bereits aus der praktischen Erfahrung uns fühlbar gemacht habe, wurde der Antrag mit großer Majorität angenommen [4]).

Der Bundesrath überwies durch Beschluß vom 29. April 1868 den Antrag dem Ausschuß für Justizwesen zum Bericht, welcher unterm 25. Mai erstattet wurde (vgl. Drucks. des Bundesraths 1866 Nr. 56) und mit dem Antrage des Ausschlusses schloß:

„Der Bundesrath wolle beschließen:
den Bundeskanzler zu ersuchen, den Entwurf
1. eines gemeinsamen Strafgesetzbuchs,
2. einer gemeinsamen Strafprozeßordnung
für die Staaten des Norddeutschen Bundes, und zwar zunächst den Entwurf eines gemeinsamen Strafgesetzbuchs ausarbeiten zu lassen und dem Bundesrathe zur weitern Beschlußfassung vorzulegen."

Der Bundesrath trat in der Sitzung vom 5. Juni diesem Antrage des Ausschusses bei. Durch Schreiben vom 17. Juni stellte demnächst der Bundeskanzler an den preußischen Justizminister Dr. Leonhardt das Ansuchen:

„die Ausarbeitung des Entwurfes eines Strafgesetzbuches für den Norddeutschen Bund veranlassen und den Entwurf demnächst ihm zugehen lassen zu wollen."

---

3. Der erste und der zweite Entwurf.

1. (Der erste Entwurf.) Der Justizminister Dr. Leonhardt beauftragte mit der Ausarbeitung des Entwurfs den Geheimen Oberjustizrath, später

---

[3]) St.B. S. 27 ff.; Drucks. Nr. 24.
[4]) St.B. S. 124 ff.

Staatsminister der Justiz Dr. Friedberg[1]), welcher das Werk unverzüglich in Angriff nahm.

Bei dem entschiedenen Einfluß, welchen der erste Entwurf mit seinen Vorarbeiten auf das schließlich zu Stande gekommene Strafgesetzbuch ausgeübt hat, hat es nicht bloß historisches Interesse, die Art und Weise zu kennen, in welcher der Gesetzentwurf vorbereitet worden ist. Hierüber findet sich eine ausführliche Darstellung im Eingange der später veröffentlichten Motive sowohl des ersten wie des zweiten Entwurfs. Diese Motive geben im Wesentlichen den Inhalt einer dem Bundesrath unterm 21. Novbr. 1868 eingereichten Denkschrift Friedberg's wieder[2]), in welcher unter Anderm bemerkt wird:

„An diese ... Sammlung des Materials schloß sich die zweite, schwierigere Aufgabe an: den gesammelten Stoff einer Durchforschung und vergleichenden Prüfung zu unterwerfen.

Erst nachdem auch diese insoweit gelöst worden war, daß man glauben durfte, eine Einsicht in die einzelnen Gesetzbücher und ein vergleichendes Urtheil über die Gesammtheit derselben gewonnen zu haben, durfte man sich an die Erörterung der für das unternommene Gesetzgebungswerk vielleicht entscheidendsten Fragen wenden,

welcher Weg zu dem Ziele, einen für Norddeutschland gemeinsamen Strafgesetzentwurf zu schaffen,

einzuschlagen sei.

Zwei Wege boten sich hierfür dar. Man konnte sich die Aufgabe stellen:

einen ganz neuen, von den bestehenden Strafgesetzgebungen durchaus unabhängigen Entwurf zu schaffen,

oder man konnte die Lösung der Aufgabe auf dem Wege des Anschlusses an ein bereits bestehendes Strafgesetzbuch und des Ausbaues eines solchen für den neuen Zweck versuchen.

Es ist dieser zweite Weg eingeschlagen worden. Bestimmend hierfür war einmal die Erwägung, daß der Gesetzgeber sich überhaupt nur in ganz seltenen und Ausnahmefällen die Aufgabe werde stellen dürfen, absolut Neues zu schaffen, daß er vielmehr der Regel nach einem Gebote gesunder Gesetzgebungspolitik folge, wenn er sich die bescheidenere Aufgabe stelle, sein Werk an vorhandenes Gute anzuschließen, dieses auszubauen, zu verbessern, und so dem neu hervorgetretenen Bedürfnisse anzupassen, sowie ferner die Rücksicht auf die im eminentesten Sinne praktischen Vortheile, welche für die Förderung des unternommenen Gesetzgebungswerkes vom Anschlusse an ein bereits vorhandenes Gesetzbuch zu hoffen stehen.

Aus diesen Gründen ist, wie bemerkt, die Entscheidung dahin ausgefallen,

von der Aufstellung eines neuen Gesetzbuches abzusehen, den herzustellenden Entwurf vielmehr an ein bereits vorhandenes Strafgesetzbuch anzuschließen.

Als das für diesen Zweck geeignetste ist das Strafgesetzbuch für die preußischen Staaten vom 14. April 1851 gewählt worden. ...

Dieses Strafgesetzbuch besteht seit fast zwei Jahrzehnten in dem größten Staate des Norddeutschen Bundes, es liegt ferner den Strafgesetzbüchern einer Reihe anderer deutschen Staaten zum Grunde. Kein anderes ist somit auch nur annähernd einer gleich großen Anzahl norddeutscher Juristen und Laien in gleichem Maße bekannt und geläufig, keins ist in einem auch nur annähernd gleichen territorialen Umfange von Juristen und Geschworenen praktisch gehandhabt worden und keins hat auf diesem Wege eine gleiche Durcharbeitung, Klärung und Läuterung erfahren.

Dasselbe hat sich in dieser Erprobung durch Rechtsübung und Rechtswissenschaft als ein im Ganzen tüchtiges, jedenfalls von keiner anderen Gesetzgebung übertroffenes Werk bewährt, und es bietet sich somit Jedem, dem Preußen wie Nichtpreußen, dem die Aufgabe gestellt wird,

einen Strafgesetzentwurf für den Norddeutschen Bund zu schaffen,

von selbst und ungesucht, als Vorbild und Grundlage für das neu zu schaffende Werk dar.

Als Vorbild und Grundlage aber natürlich nur in dem Sinne, daß das anerkannte Gute, wie namentlich seine systematische Anordnung im Ganzen und seine treffliche Oekonomie in den einzelnen Abschnitten, in das neue Werk zu übertragen, das weniger Gute dagegen und das von der Wissenschaft und der Rechtsübung Reprobirte auszuscheiden und durch das in anderen Gesetzgebungen Bessere zu ersetzen sein wird.

So wird beispielsweise der für den Norddeutschen Bund aufzustellende Gesetzentwurf die Lehren des Strafgesetzbuchs von dem „Versuche" und der „Theilnahme" aufgeben und nach dem

---

[1]) Demselben wurden als Hülfsarbeiter der Gerichtsassessor Dr. Rubo und der Kreisrichter Rüdorff zugeordnet.

[2]) Vgl. Prot. des Bundesraths vom 30. Nov. 1868 nebst Anlage.

Vorgange anderer norddeutschen Gesetzgebungen zu denen des deutschen Rechtes zurückkehren, er wird ferner die dem preußischen Gesetzbuche vorgeworfenen Härten vielfach mildern und noch überdies dem System der mildernden Umstände einen weiteren Spielraum einräumen müssen.

Er will ferner die Todesstrafe, auch wenn er nicht ihre Aufhebung in Vorschlag bringt, auf ein äußerstes Maß der todeswürdigen Verbrechen beschränken, die viel angefochtenen Bestimmungen über die „Verbrechen und Vergehen gegen die Sittlichkeit“ einer Läuterung unterwerfen und überhaupt die bessernde Hand überall da anlegen, wo eine solche von der Praxis und Wissenschaft als wünschenswerth oder nothwendig bezeichnet worden ist.

Von diesen Grundanschauungen aus ist an die Umgestaltung und Erweiterung des preußischen Strafgesetzbuchs zu einem Strafgesetzbuche für die Staaten des Norddeutschen Bundes herangegangen worden.“ ...

Außer dem nach den in dieser Denkschrift angegebenen Gesichtspunkten gesammelten und sorgfältig geordneten Material, welches in den Akten des königlichen Justizministeriums niedergelegt ist, boten sich verschiedene aus den Kreisen der Wissenschaft und Praxis gelieferte Beiträge, insbesondere mehrfache, mit besonderem Hinblick auf das gemeinsame Strafgesetzbuch verfaßte Abhandlungen in dem um das preußische Strafrecht so verdienten Archiv von Goltdammer, und namentlich der im Herbst 1868 erschienene Entwurf mit Motiven zu einem Strafgesetzbuche für den Norddeutschen Bund von Dr. John als schätzenswerthe Hülfsmittel dar.

Besondere Aufmerksamkeit wandte sich den während der Bearbeitung aus den Kreisen der norddeutschen parlamentarischen Körperschaften, namentlich des Reichstages, laut gewordenen Ansichten und Wünschen zu. Solche traten vornehmlich bei den Vorberathungen des Gesetzes v. 21. Juni 1869, betreffend die Gewährung der Rechtshülfe (B.G.Bl. S. 305 ff.), zu Tage. Bereits in den vorbereitenden Stadien dieses Gesetzes wurde anerkannt, daß der Artikel 3 der Bundesverfassung (Bundesindigenat) zur Begründung eines nicht bloß thatsächlich übereinstimmenden, sondern einheitlichen Strafrechts und Prozeßrechts führen müsse[3]). Jenes Gesetz adoptirte (vgl. §§. 20 ff. desselben) den Grundsatz vollständiger gegenseitiger Rechtshülfe in Strafsachen innerhalb des Bundesgebiets, namentlich auch der Pflicht zu Auslieferung eigener Unterthanen. Der vom Abgeordneten Dr. Schwarze Namens der Kommission dem Reichstage erstattete Bericht enthielt die Darlegung vielfacher, für die Einheitlichkeit des Strafrechts bedeutsamer Gesichtspunkte, welche selbstverständlich bei Aufstellung des Entwurfs in Berücksichtigung zu ziehen waren[4]).

Inzwischen wurde im Reichstage bei einer vom Abg. v. Bernuth am 12. April 1869 gestellten Interpellation das Ersuchen um möglichst rasche Vorlage des Strafgesetzentwurfs mit dem Hinweis auf die „eminent politische Bedeutung“ dieses Gesetzes wiederholt, und von dem Vertreter des Bundeskanzlers unter Darlegung des Standes der Arbeiten zusagend geantwortet[5]).

In der That gelang es der unablässigen Thätigkeit Friedberg's, den Entwurf im Juli 1869 fertig zu stellen. Derselbe wurde mittels Schreibens des Justizministers vom 31. Juli dem Bundeskanzler gedruckt überreicht und gleichzeitig der Oeffentlichkeit und der allgemeinen Beurtheilung übergeben, auch hervorragenden Männern der Wissenschaft und Praxis besonders mitgetheilt.

Das ganze im Verlage von Decker erschienene Werk bestand aus sechs Druckheften in Folio, nämlich:

---

[3]) Vgl. den Antrag Genast-Fries, Drucks. d. Reichst. Nr. 130 von 1868 u. St.B. S. 579 ff., und den Bericht des Justizausschusses des Bundesraths vom 12. Dezember 1868 über einen von Sachsen-Weimar bezüglich Auslegung des Art. 3 der Bundesverfassung gestellten Antrag, Beilage z. Preuß. Staatsanz. Nr. 11 und 12 von 1869.

[4]) Drucks. 1869 Nr. 125 S. 6, vgl. auch die Motive des I. Entw. S. 3.

[5]) St.B. 1869 S. 310 ff.

a. Entwurf eines Strafgesetzbuchs für den Norddeutschen Bund — 108 Seiten und 356 Paragraphen — nebst dem Entwurf eines Einführungsgesetzes in sechs Artikeln. S. 109—112.
b. Motive zu dem Entw. e. St.G.B. f. d. N. B. 200 Seiten. Nebst folgenden 4 Anlagen:
c. Vergleichende Zusammenstellung strafrechtlicher Bestimmungen aus deutschen und außerdeutschen Gesetzgebungen. (Synoptisch nach Materien geordnet.) 234 Seiten.
d. Ueber die Todesstrafe. 114 Seiten.
e. Erläuterungen strafrechtlicher Fragen aus dem Gebiete der gerichtlichen Medizin. 36 Seiten (namentlich ein Gutachten der k. preuß. wissenschaftlichen Deputation enthaltend).
f. Ueber die höchste Dauer zeitiger Zuchthausstrafe. 71 Seiten (enthaltend Gutachten erfahrener Strafanstaltsbeamten).

Zur Charakterisirung des Entwurfs ist hervorzuheben: daß derselbe zwar auf dem preußischen Strafgesetzbuch fußt, aber so zahlreiche und einschneidende Aenderungen[6]), namentlich rücksichtlich der allgemeinen, bei der Bestrafung der Verbrechen zur Anwendung kommenden Grundsätze vorgenommen hat, daß derselbe als ein selbstständiges Werk anzuerkennen ist.

Als die durchgreifendste Aenderung erscheint: die Erweiterung des bisher bloß auf einen Einzelstaat berechneten Gesetzbuchs zu einem Gesetzbuche für die zu einem Bunde politisch vereinigten Staaten, zufolge dessen der Begriff des „Auslandes" und des „Ausländers" im Gebiete und für die Angehörigen des Bundes aufhört und die Strafrechtseinheit geschaffen wird[7]).

Dieser Theil der Aufgabe war der weitaus schwierigste. Es galt, aus dem in der Bundesverfassung in allgemeinen Umrissen vorgezeichneten Staatsgebilde des Norddeutschen Bundes, welches, wie in dem konstituirenden Reichstage einem bekannten Theoretiker schlagend entgegnet wurde, dem hergebrachten doktrinären „Begriff des Bundesstaates" nicht entsprach, die richtigen Folgerungen zu ziehen.

So unfertig sich nun auch staatsrechtlich das Verhältniß der verschiedenen Bundesstaaten zum Bunde darstellte, die Ueberzeugung mußte sich bald aufdrängen: daß ein in bestimmter Rücksicht einer gesetzgebenden Gewalt unterworfenes Gebiet nur als ein einheitliches behandelt werden konnte, und daß die neben oder unter dieser Gewalt bestehen bleibenden gesetzgebenden Gewalten zur Aufrechthaltung eines gemeinsamen Rechtszustandes gewissen Beschränkungen unterworfen werden müßten. Ferner war zwar nicht zu übersehen, daß das Strafrecht gewissermaßen einen accessorischen Charakter an sich trägt, indem es zum Schutz anderer Lebens- und Rechtsverhältnisse bestimmt ist, — und daß der Art. 4 der B.V. keineswegs sämmtliche Angelegenheiten der Kompetenz des Bundes unterwirft. Indessen mußte die Erwägung durchschlagen, daß es auf eine fruchtbringende Kodifikation verzichten hieße, wenn man jenem nur allgemeinen Zusammenhang des Strafrechts und des übrigen Rechts insoweit Rechnung tragen wollte, um das Gesetz auf die ausdrücklich als gemeinsam erklärten Angelegenheiten, d. h. deren strafrechtlichen Schutz zu beschränken. Nicht bloß die den Bund direkt, sondern auch die alle Bundesangehörigen oder die Einzelstaaten gemeinsam berührenden oder überall sich gleichmäßig wiederholenden Verhältnisse öffentlicher und privater Natur mußten deshalb in den Kreis der Strafsatzungen gezogen werden. Aus dieser Auffassung, welche in den hier vorher mitgetheilten näheren und entfernteren Vorgängen im Reichstage ihre Unterstützung findet, sind die be-

[6]) Vgl. wegen derselben die Motive zum I. u. II. Entw. S. 4 bez. S. 10.
[7]) Vgl. Motive zum I. Entw. S. 3.

züglichen Bestimmungen des Entwurfs und des Einführungsgesetzes zu demselben hervorgegangen [8]).

2. (Der zweite Entwurf.) Bereits vor Beendigung des ersten Entwurfs benachrichtigte der Bundeskanzler durch Schreiben vom 25. Juni 1869 den Bundesrath von dem bevorstehenden Abschluß des Werkes und stellte den Antrag: zur Berathung des Entwurfs eine Kommission von mindestens 5 und höchstens 7 Personen, welche aus hervorragenden Juristen Norddeutschlands zusammenzusetzen sei, nach Berlin einzuberufen. Unterm 30. Juni erstattete der Ausschuß für Justizwesen über diesen Antrag Bericht, indem er gleichzeitig Vorschläge bezüglich der zu erwählenden Kommissionsmitglieder machte.

Der Bundesrath stimmte in der Sitzung vom 3. Juli 1869 diesen Anträgen zu und erwählte zu Mitgliedern:

1) den Preußischen Staats- und Justizminister Dr. Leonhardt,
2) den Geheimen Ober-Justizrath Dr. Friedberg zu Berlin,
3) den General-Staats-Anwalt Dr. Schwarze zu Dresden,
4) den Senator Dr. Donandt zu Bremen,
5) den Rechtsanwalt Justizrath Dorn zu Berlin,
6) den Appellations-Gerichts-Rath Bürgers zu Köln,
7) den Ober-Appellations-Gerichts-Rath Dr. Budde zu Rostock.

Mit Rücksicht darauf, daß der Wissenschaft durch die Veröffentlichung des Entwurfs die nothwendige Betheiligung bei der Arbeit gesichert worden, und daß von den maßgebenden Seiten, dem Bundesrathe und dem Reichstage, der möglichst rasche Abschluß des Werkes erwartet wurde, hatte sich der Blick solchen Praktikern zugewandt, deren Leistungen für das Kriminalrecht auf legislativem, literarischem oder forensischem Gebiete in weiteren Kreisen Anerkennung gefunden hatten [1]).

Die Kommission trat am 1. Oktober 1869 im Bundeskanzleramt zu Berlin zusammen. Zum Vorsitzenden derselben war von dem Bundeskanzler der Justizminister Dr. Leonhardt, zu dessen Stellvertreter der General-Staats-Anwalt Dr. Schwarze, und zu Schriftführern die bereits zur Aufstellung des I. Ent- Entwurfs zugezogenen Hülfsarbeiter, der Gerichts-Assessor Dr. Rubo und Kreisrichter Rüdorff, ernannt worden.

Eröffnet wurde die Sitzung durch Verlesung eines Schreibens des Bundeskanzlers vom 24. September, in welchem es unter Andern heißt: „Der Erlaß eines Strafgesetzbuchs für den Norddeutschen Bund ist ein so bedeutungsvoller Schritt zur Herstellung eines gemeinsamen öffentlichen Rechts im gesammten Bundesgebiete und bildet eine so nothwendige Ergänzung anderer Bundeseinrichtungen, daß Jeder, dem die organische Entwickelung des Bundes am Herzen liegt, die Berathungen der Kommission nur mit seinen lebhaftesten Wünschen begleiten kann," und die Hoffnung ausgesprochen wurde: „daß es der ersten Legislatur-Periode des Bundes (1867—1870) vorbehalten sein wird, ein gemeinsames Strafgesetzbuch zu Stande zu bringen."

---

[8]) Die gerade gegen die oben dargestellte Auffassung des I. Entwurfs gerichtete Weissagung Heinze's (Staatsrechtl. und strafrechtliche Erörterungen, Leipzig 1870, S. 80):

„Ich denke, die Zeit wird noch kommen, wo man es unerklärlich findet, daß man den Zuschnitt, der für den Preußischen Einheitsstaat der zutreffende sein mag, ohne Weiteres auf den Norddeutschen Bund übertragen zu können meinte. Möglich ist freilich viel, das Papier ist geduldig, selbst wenn es mit den Paragraphen eines Gesetzbuches bedruckt wird, so kann auch dieser Entwurf ohne einschneidende Aenderungen im Bauriß Gesetz werden, aber man wird bald genug die Hände zusammenschlagen ob der Unwohnlichkeit eines solchen Baues."

ist durch die Thatsachen widerlegt. Die Vorschläge des I. Entwurfs sind im Großen und Ganzen in das geltende Gesetzbuch übergegangen. Die im Winter 1875/76 stattgefundenen Reichstagsverhandlungen haben die Befürchtung Heinze's auch nicht im Entferntesten bestätigt.

[1]) Vgl. Dr. Rubo, Kommentar S. 28 ff.

Auf Vorschlag des Vorsitzenden wurde der Geheime Ober-Justizrath Dr. Friedberg zum Referenten ernannt, von der Aufstellung einer eigentlichen Geschäftsordnung aber mit Rücksicht auf die geringe Zahl der Mitglieder Abstand genommen. Um indessen den Gang der Berathungen in feste Grenzen einzuschließen, insbesondere dieselben nicht zu einem Austausch von Lehrmeinungen werden zu lassen, einigte man sich darüber: daß eine Debatte nur über schriftliche, an den Entwurf sich anschließende und in Gesetzesform gebrachte Anträge stattfinden solle. Um ferner das Resultat der Berathungen unbeschadet des Fortganges derselben sofort zu fixiren und die erneuerten Debatten bei der spätern Redaktion zu vermeiden, wurde die Redaktion der Beschlüsse dem Referenten allein übertragen und von Einsetzung eines eigentlichen Redaktionsausschusses Abstand genommen. Nur die Beachtung dieser Beschlüsse hat der angestrengtesten Thätigkeit der Kommission den Erfolg nicht fehlen lassen und dieselbe vor dem Schicksal mancher legislativen Kommissionen bewahrt, deren Resultate mit dem stattgehabten Aufwand von Zeit und Mühe nicht gleichen Schritt hielten.

Die unter dem unausgesetzten und bewährten Vorsitze des Justizministers Leonhardt erfolgte Berathung nahm 43 [2]) Sitzungen, von denen die letzte am 31. Dezember stattfand, in Anspruch und erfolgte in drei Lesungen. In diesen Sitzungen kamen im Ganzen 692 schriftliche Anträge der Kommissionsmitglieder zur Erörterung und Abstimmung. Ueber die Gründe fand in der Regel eine Abstimmung nicht statt. Bei Abfassung der Protokolle glaubte man deshalb den richtigen Weg einzuschlagen, wenn man sich, von einzelnen Materien abgesehen, auf eine Darstellung des Ganges der Berathungen und des Resultates der über die einzelnen Vorschriften des Entwurfes und die Abänderungsvorschläge der Mitglieder stattgefundenen Abstimmungen beschränkte, ohne durch vollständige Wiedergabe der von einzelnen Mitglieder vorgebrachten Erwägungsgründe ein Interpretationsmaterial von zweifelhaftem Werthe zu schaffen, und dieses um so mehr, als hier wie anderwärts selbst die jeweilige Majorität keineswegs immer von denselben Motiven geleitet war.

Die Redaktion der Beschlüsse erfolgte durch den Referenten Dr. Friedberg und Dr. Schwarze unter Zuziehung der Schriftführer meist noch am Sitzungstage. Die redigirten Beschlüsse wurden den Mitgliedern zugestellt und gelangten, mit den etwaigen schriftlichen Monitis derselben versehen, an die Redaktoren zurück, welche nach nochmaliger Durchsicht und nöthigenfalls eingeholter Beschlußnahme durch die Kommission dieselben — als das Resultat der betreffenden Lesung — ungesäumt zum Druck beförderten.

Die Kommission war in der Lage, bei ihren Berathungen zahlreiche Gutachten und Kritiken über den I. Entwurf, zu deren Abgabe der Vorsitzende selbst noch öffentlich [3]) aufforderte, zu benutzen. Diese theils durch den Druck veröffentlichten, theils handschriftlich eingegangenen Gutachten wurden unter die Mitglieder vertheilt und am betreffenden Orte vorgetragen. Die große Zahl dieser Gutachten [4]) widerlegte thatsächlich den aus den verschiedensten Motiven laut ge-

---

[2]) Eine 44. Sitzung war unter dem Vorsitze des Dr. Schwarze der Begutachtung des Entwurfes zu dem ersten vom Norddeutschen Bunde mit einer ausländischen Macht geschlossenen Auslieferungsvertrage — dem deutsch-belgischen Vertrage vom 9. Februar 1870 (B.G.Bl. 1870 S. 53 ff.) gewidmet.

[3]) Vgl. Nr. 245 des Preuß. Staatsanzeigers von 1869.

[4]) Die dem Reichstage mitgetheilten Motive enthalten S. 9 u. 10 eine Mittheilung dieser Gutachten, soweit sie der Bundes-Kommission zugesandt worden. Von diesen und den sonst erschienenen sind als die wichtigsten hervorzuheben:

1. Handschriftliche Mittheilungen von:

Professor Dr. Anschütz in Halle; Stadtgericht in Berlin; Ober-Staatsanwalt Berninger

wordenen Vorwurf, daß das Werk mit zu großer Hast betrieben und den interessirten Kreisen nicht Zeit und Muße zu sachgemäßer Beurtheilung gelassen werde. Eine von dem ehemaligen preußischen Justizminister Grafen zur Lippe dem preußischen Herrenhause in dieser Beziehung eingereichte und hauptsächlich durch angebliche Verletzung preußischer Interessen unterstützte Petition gab dem Vorsitzenden der Kommission in seiner Eigenschaft als preußischem Justizminister Gelegenheit, das beobachtete Verfahren zu rechtfertigen [5]).

Die Arbeiten der Kommission wurden am 31. Dezember 1869, nachdem der Bundeskanzler derselben schriftlich seinen Dank ausgesprochen, geschlossen und noch am selbigen Tage dem Bundeskanzler der aus der 3. Lesung hervorgegangene gedruckte

„Entwurf eines Strafgesetzbuches für den Norddeutschen Bund.
Berlin, 31. Dezember 1869. Folio."

überreicht. Der Entwurf besteht aus 366 Paragraphen und das angehängte Einführungsgesetz aus 8 Paragraphen. Motive waren dem Entwurf nicht beigegeben. (Vgl. den folgenden Abschnitt.)

Der Entwurf unterschied sich schon äußerlich von dem I. Entwurf dadurch, daß derselbe statt dreier Theile nur zwei enthielt, indem die allgemeinen Grundsätze über die Bestrafung der Uebertretungen mit denen über die Bestrafung der Verbrechen und Vergehen verbunden und die einzelnen Uebertretungen in einen Abschnitt verwiesen wurden [6]).

Von den überaus zahlreichen und tief eingreifenden Aenderungen des I. Entwurfs durch die Kommission sei hier nur erwähnt: daß in den Abschnitten 2 und

---

zu Eisenach; Professor Dr. Beseler in Berlin; Präsident Frhr. v. Groß zu Eisenach; Appellationsgericht zu Frankfurt a. O.; Ober-Appellationsgericht zu Jena; Appellationsgerichts-Rath v. Kräwel in Naumburg; Obergericht Lübeck; Präsident Sidow zu Münster; Obertribunalsrath v. Tippelskirch zu Berlin; Obertribunals-Rath Voitus zu Berlin.

2. Druckschriften:

A. F. Berner (Prof. in Berlin). Kritik des Entwurfs u. s. w. Leipzig 1869.
C. Binding (Prof. in Basel). Der Entwurf rc. in seinen Grundsätzen. Leipzig 1869.
Geyer (Prof. in Innsbruck). Bemerkungen z. d. Entw. in der Kritischen Vierteljahrsschrift Bd. XII H. 2 von 1870 S. 161—227.
Frhr. v. Groß (Präs.) in der Allg. Deutsch. Strafrechts-Ztg. 1869 S. 466 ff.
Häberlin (Prof. in Greifswald). Kritische Bemerkungen zu dem Entwurf. Erlangen 1869.
H. Hälschner (Prof. in Bonn). Beiträge zu Beurtheilung des Entwurfs. Bonn 1870.
H. G. Held (Justizrath im K. Sächs. Justizm.). Bemerkungen z. d. Entw. Dresden 1870.
C. F. R. Heinze (Prof. in Leipzig). Staatsrechtliche und strafrechtliche Erörterungen z. d. Entw. Leipzig 1870.
R. E. John (Prof. in Göttingen). Das Strafrecht in Norddeutschland. (In Form eines revid. Entwurfs.) Göttingen 1870.
v. Kräwel (App.-Rath in Naumburg) in der Allg. D. Strafr. Ztg. 1869 S. 583 ff.
H. Meyer (Prof. in Halle). Das Norddeutsche Strafrecht. Beurtheilung rc. Halle 1869.
A. Vollert (App.-Ger.-Rath in Eisenach). Kritik des Entwurfs rc. Jena 1870.

Außerdem enthalten die: Verhandlungen des Neunten Deutschen Juristentages Bd. I. Berlin 1870, wichtige Gutachten von Stenglein (App.-G.-Rath in München), Ad. Merkel (Prof. in Prag), v. Geßler (Kanzler und Professor in Tübingen) und Seeger (Prof. in Tübingen).

[5]) Vergl. die Rede des Dr. Leonhardt in der Sitzung des preußischen Herrenhauses vom 16. Dezbr. 1869 und die Lippe'sche Petition nebst eingehendem Kommissionsbericht, letztere in den Drucksachen des preuß. Herrenhauses Nr. 46 1869/70.

[6]) Ueber den II. Entwurf sind besonders zu vergleichen:

Heinze. Zum Revidirten Entwurf eines Strafgesetzbuches für den Norddeutschen Bund. Leipzig 1870.
Vollert. Der revidirte Entwurf rc. Jena 1870, und vorzüglich:
C. G. v. Wächter. Beitrag zur Geschichte und Kritik der Entwürfe eines Strafgesetzbuchs für den Norddeutschen Bund. Leipzig 1870.

3 des besondern Theils bezüglich der Beleidigung von Bundesfürsten die in das St.G.B. übergegangene Unterscheidung zwischen dem Landesherrn und den sonstigen Bundesfürsten gemacht wurde.

---

4. Verhandlungen des Bundesraths und des Reichstags.

1. Durch Anschreiben vom 1. Januar 1870 theilt der Bundeskanzler den Entwurf den Bundesregierungen und außerdem allen Denjenigen mit, welche sich durch Einreichung von Gutachten an dem Gesetzeswerke betheiligt hatten. In der Sitzung des Bundesraths vom 4. Februar kam der Entwurf zur Berathung. Vor dieser Berathung erklärten die Bevollmächtigten des Großherzogthums Sachsen und der großherzoglich Mecklenburgischen Regierungen: „sie hätten gewünscht, den Entwurf noch nicht in der bevorstehenden Session dem Reichstage vorgelegt zu sehen, da es im Interesse der Sache zu liegen scheine, der wissenschaftlichen Kritik, sowie der öffentlichen Meinung hinreichend Zeit zu lassen, sich vorher ein erschöpfendes Urtheil über den Entwurf zu bilden." Diesem Wunsche wurde indessen keine Folge gegeben. Dadurch fand ein ähnlich lautender am 7. Januar 1870 [1]) von der königlich sächsischen Ersten Kammer gefaßter Beschluß, sowie der am 18. Dezember 1869 von dem preußischen Herrenhause „mit schwacher Majorität" angenommene Antrag des Grafen zur Lippe (vgl. oben): „die preußischen Obergerichte zur gutachtlichen Aeußerung über den Entwurf aufzufordern", thatsächlich die Erledigung.

In der Sitzung vom 4. Februar wurden von verschiedenen Staaten noch Abänderungsvorschläge eingebracht, welche dem Justizausschuß zur Berichterstattung überwiesen wurden. Nachdem dieser Bericht erstattet worden, erfolgte die schließliche Abstimmung in der Sitzung v. 11. Februar. Bezüglich des Strafgesetzbuchs gelangten nur zwei Abänderungsanträge zur Annahme, nämlich:

a. Zu §. 31 E. (St.G.B. §. 34) wurde der Antrag des Ausschusses, unter den Folgen der Aberkennung der Ehrenrechte die Nr. 4, „den Adel zu führen," zu streichen, angenommen und der entgegengesetzte Antrag Preußens, unter jene Folgen in §§. 30, 31 E. (St.G.B. §§. 33, 34) „den Verlust des Adels" aufzunehmen, abgelehnt.

b. Zu §. 209 E. (St.G.B. §. 214: vorsätzliche Tödtung eines Menschen bei Verübung einer strafbaren Handlung) wurde der Antrag Preußens, der lebenslänglichen Zuchthausstrafe die Todesstrafe zu substituiren, angenommen.

Bezüglich des Einführungsgesetzes wurde der Antrag Preußens, die im §. 2 des Entwurfs enthaltene formelle Aufhebung aller kodifizirten und der gemeinen deutschen Kriminalgesetze, nach Maßgabe des Art. 2 der Bundesverfassung, durch die Bestimmung:

> „Das Bundes- und Landesstrafrecht, insoweit dasselbe Materien betrifft, welche Gegenstand des Strafgesetzbuchs für den Norddeutschen Bund sind, tritt außer Kraft,"

zu ersetzen, und einzelne hiermit in Verbindung stehende Aenderungen des Einf.-Gesetzes angenommen.

Alle übrigen Anträge wurden abgelehnt. Von prinzipieller Bedeutung war unter denselben der Antrag Hessens und beider Mecklenburg: auf Ausschließung der Uebertretungen (des sog. Polizeistrafrechts) aus dem Bundesstrafgesetzbuch,

---

[1]) Der Antrag war von Professor Heinze gestellt. Vgl. v. Wächter, Beiträge S. 25.

weil solche der Landesgesetzgebung vorzubehalten seien, und der Antrag des Königreichs Sachsen und Oldenburgs: im Einführungsgesetz denjenigen Staaten, welche die Todesstrafe aufgehoben haben, die Befugniß vorzubehalten, an Stelle derselben lebenslängliche Zuchthausstrafe zu setzen.

Bei der Schlußabstimmung wurden beide Gesetzentwürfe mit allen gegen die drei Stimmen Mecklenburgs angenommen, nachdem der Vertreter des Königreichs Sachsen erklärt hatte, daß Sachsen, obwohl zu seinem lebhaften Bedauern keine einzige der von ihm in Interesse der Sache vorgebrachten Einwendungen gegen den Entwurf Beachtung gefunden habe, doch „in Berücksichtigung des nationalen Zweckes und in der Voraussicht, daß eine Abstimmung gegen den Entwurf ohne Erfolg sein würde", nicht abfällig stimmen wolle.

2. Bei Eröffnung des Reichstages, am 14. Februar 1870 erwähnte die Thronrede den Entwurf mit den Worten:

> „Zu Meiner lebhaften Befriedigung ist es der hingebenden Thätigkeit der zur Vorbereitung eines Strafgesetzbuchs für den Norddeutschen Bund berufenen Männer gelungen, den Abschluß dieses umfangreichen Werkes dergestalt zu fördern, daß dasselbe, vom Bundesrathe genehmigt, Ihnen schon heute vorgelegt werden kann. Indem dieses Gesetzbuch auf einem der wichtigsten Gebiete des öffentlichen Rechtes die nationale Einheit im Norddeutschen Bunde zum Abschluß bringen will, enthält es zugleich eine, den Forderungen der Wissenschaft und den Ergebnissen reicher Erfahrungen entsprechende Fortbildung des im Bundesgebiete bestehenden Strafrechtes."

Durch Schreiben des Bundeskanzlers vom selbigen Tage wurde der Entwurf dem Reichstage vorgelegt. Dem Entwurf waren Motive beigegeben, welche im Auftrage des Bundeskanzlers im Monat Januar durch die Kommissionsmitglieder Dr. Friedberg und Dr. Schwarze unter Hülfeleistung der Schriftführer und Benutzung der Motive des 1. Entwurfs ausgearbeitet worden waren. Die Motive haben dem Bundesrathe vor Mittheilung an den Reichstag nicht vorgelegen, was für ihre formelle Bedeutung nicht außer Betracht zu lassen sein dürfte. Als Anlagen waren den Motiven gleichfalls die bereits oben (S. 14) bezeichneten Anlagen zu den Motiven des I. Entwurfs beigefügt [2]).

Bei den Berathungen im Reichstage wurde die Vorlage des Bundesraths vorzugsweise durch den Justizminister Dr. Leonhardt, als Bevollmächtigten zum Bundesrathe, und durch den Präsidenten Dr. Friedberg, als besonders bestellten Bundeskommissar, vertreten.

3. Die erste Lesung fand am 22. Februar statt [3]). Dieselbe erstreckte sich nur auf die geschäftliche Behandlung der Gesetzvorlage.

Leider und, wie die nachfolgenden Berathungen ergaben, vielleicht zur Schädigung des Entwurfs war eine bei Gelegenheit des Planck-Wagner'schen Antrages aus dem Schooße des Reichstages hervorgegangene Anregung: die Einsetzung von Reichstagskommissionen zur Vorbereitung umfangreicher Gesetzentwürfe für den Reichstag in's Auge zu fassen, unbeachtet geblieben [4]) Die Majorität des Hauses, geleitet von dem Wunsche, das Gesetz in der laufenden Session zu Stande zu bringen, lehnte einen Antrag des Abgeordneten Dr. Schwarze: den Entwurf ungetheilt einer Kommission von 21 Mitgliedern zu überweisen, ab und nahm den Antrag des

---

[2]) Vgl. Drucksachen Nr. 5 des Reichstages nebst Anlagen.

[3]) Vgl. St.B. S. 41—55.

[4]) Vgl. St.B. 1868 S. 127. — Erst das Gesetz betr. die geschäftliche Behandlung der Entwürfe eines Gerichtsverfassungsgesetzes u. s. w. vom 23. Dezbr. 1874 (R.G.Bl. S. 194), hat der Anregung Folge gegeben.

Abgeordneten Albrecht an: den Allgemeinen Theil und die sieben ersten Abschnitte (hauptsächlich die politischen Verbrechen betreffend) des besondern Theils der sofortigen Berathung im Plenum zu unterziehen, die Abschnitte 8 bis 29 dagegen einer Kommission von 21 Mitgliedern zu überweisen. Zu Mitgliedern dieser Kommission wurden erwählt die Abgeordneten Dr. Schwarze (Vorsitzender), v. Bernuth (stellvertretender Vorsitzender), Hosius (Schriftführer), Graf v. Kleist (stellvertretender Schriftführer), Dr. Aegidi, Graf Bassewitz, v. Brauchitsch (Genthin), v. Einsiedel, Dr. Endemann, Evelt, Eysoldt, Genast, Frhr. v. Hoverbeck, v. Kirchmann, Koch, v. Levetzow, v. Luck, zur Megede, Dr. Meyer (Thorn), Tobias, Dr. Wagner (Altenburg). Den Sitzungen der Kommission wohnten ständig der Präsident des Reichstages Dr. Simson und der Präsident Dr. Friedberg als Vertreter des Bundesraths bei. Ein schriftlicher Bericht ist von der Kommission nicht erstattet: die von derselben beschlossenen Abänderungsvorschläge sind in den Drucksachen des Reichstages Nr. 85, 92 und 105 enthalten und wurden in der Plenarberathung durch einzelne Referenten vertreten [5]).

4. Die zweite Lesung begann am 28. Februar und wurde fortgesetzt in den Sitzungen vom 1., 2., 4., 5., 8., 9., 10., 15., 16., 17., 18., 19., 21., 23. März und — für die der Kommission überwiesenen Abschnitte — vom 2., 4., 5., 7., 8. April, — zusammen in zwanzig Sitzungen [6]).

Die beiden ersten Sitzungen wurden von der Debatte über die Todesstrafe ausgefüllt, welche mit dem am 1. März mit 118 gegen 81 Stimmen erfolgten Beschluß auf Abschaffung der Todesstrafe endigte. Dieser trotz des bestimmten Widerspruches des Bundeskanzlers gefaßte Beschluß schien die Weiterberathung des Gesetzes zu gefährden. Dieselbe erlitt jedoch keine Unterbrechung, nachdem der Bundeskanzler in der Sitzung vom 10. März [7]) die Erklärung abgegeben hatte, daß vor der vollständigen Durchberathung des Gesetzes die Hoffnung auf eine endliche Verständigung Seitens des Bundesraths nicht aufgegeben werde.

Die Berathung wurde wesentlich dadurch erleichtert, daß die in der Regel die Majorität bildenden Fraktionen sich zu gemeinschaftlichen Amendements vereinigten, welche meistens zur Annahme gelangten [8]).

Nachdem die in 2. Lesung gefaßten Beschlüsse übersichtlich zusammengestellt worden (vgl. Nr. 132 Drucks.), machte sich der Bundesrath in der Sitzung vom 20. Mai über die Annahme derselben schlüssig. Als Bedingungen, von denen die Annahme des Entwurfs abhängig zu machen, wurden beschlossen:

a. die Wiederherstellung der Todesstrafe gegen den Mord und den schwersten Fall des Hochverraths, nämlich Mordversuch gegen das Bundesoberhaupt, den eigenen Landesherrn oder denjenigen Bundesfürsten, in dessen Staaten die That verübt ist [9]);

b. die Beseitigung der für die schwersten Fälle des Landesverraths (§§ 88 u. 90 E., vgl. §§ 90 u. 92 St.G.B.) neben der Zuchthausstrafe wahlweise zugelassenen Festungshaft;

c. die Beseitigung des zum Einführungsgesetz gefaßten Beschlusses des Reichstages, wonach aufgehoben werden sollten: „die Bestimmungen der Landes-

---

5) Vgl. über die geschäftliche Behandlung des Entwurfs auch von Wächter, Beiträge S. 30 ff.

6) Vgl. St.B. S. 95 ff.

7) St.B. S. 250.

8) Vgl. sämmtliche im Reichstage gestellte Amendements in den Drucksachen: Nr. 27, **28**, 31, 34, 39, **42**, 44, 55, **58**, 59, 62, 63, 64, **65**, 66, 68, 69, 70, 71, 76 (85, 92, 105, Komm.), **106**, 113, **114**, 117, **119**, **124**, 126, **129**.

9) Gegen die Todesstrafe erklärten sich die Vertreter von Sachsen, Oldenburg, Weimar, Meiningen, Anhalt, Sondershausen, Lübeck und Bremen.

gesetze, welche die in Theil II Abschn. 1—5 enthaltenen (politischen) Verbrechen einem besonderen Gerichtshofe zuweisen" [10]).

Einige andere Beschlüsse sollten wenigstens als nicht erwünscht bezeichnet werden.

Von diesen Beschlüssen gab der Justizminister Dr. Leonhardt dem Reichstage in der für den Beginn der 3. Lesung angesetzten Sitzung vom 21. Mai Kenntniß, indem er einleitend hervorhob: „die verbündeten Regierungen seien bei der Prüfung nicht allein von Erwägungen juristischer Kritik ausgegangen, sondern auch, und zwar vorzugsweise, von höheren Rücksichten, indem dieselben davon durchdrungen gewesen, daß es sich hier um ein großes nationales Werk handele, die verbündeten Regierungen auch anerkennen müßten, daß dem Reichstage in Förderung des großen Werkes die volle Hingebung zuzuschreiben sei" [11]).

Inzwischen war in parlamentarischen, wie in weitern Kreisen auf's Lebhafteste die Frage erörtert worden: ob von der Beibehaltung oder Abschaffung der Todesstrafe das Schicksal des Gesetzes abhängig zu machen sei. Die zwischen der 2. und 3. Lesung stattgehabte Einberufung des Zollparlaments gab Gelegenheit, auch die kompetenten Stimmen Süddeutschlands über diese Frage zu vernehmen. Schließlich gewann die Ansicht die Oberhand, daß das Zustandekommen des Gesetzbuches von der Frage der Todesstrafe nicht abhängig zu machen sei [12]). Nur ein Bedenken hiergegen schien manchen prinzipiellen Gegnern der Todesstrafe zu gewichtig: die Wiedereinführung der Todesstrafe in denjenigen Bundesstaaten, in welchen sie nicht mehr bestand, nämlich in Sachsen, Oldenburg, Anhalt und Bremen. Dieses Bedenken fand seinen Ausdruck in einem am 21. Mai eingebrachten Amendement des Abgeordneten Planck (Drucks. Nr. 199), dahin gehend:

> „In denjenigen Bundesländern, in welchen die Todesstrafe gesetzlich bereits abgeschafft ist, bewendet es hierbei, und es tritt für diese Länder in denjenigen Fällen, für welche das gegenwärtige Gesetz die Todesstrafe bestimmt, an die Stelle derselben die lebenslängliche Zuchthausstrafe."

Dieses Amendement gab, um eine Beschlußfassung des Bundesraths zu ermöglichen, Anlaß zu einer Vertagung. Der Bundesrath, welcher einen ähnlichen Antrag Sachsens (s. oben S. 19) bereits am 11. Februar abgelehnt hatte, erklärte in seiner Sitzung vom 22. Mai mit allen gegen die Stimme des Königreichs Sachsen das Amendement für unannehmbar, „weil durch dasselbe die einheitliche Rechtsbildung innerhalb des Norddeutschen Bundes in einem der wichtigsten Punkte beeinträchtigt werden würde".

5. Die dritte Lesung fand statt in den Sitzungen vom 23., 24. und 25. Mai [13]).

Das Hauptinteresse der Verhandlung drehte sich um die Todesstrafe. Nach längeren Debatten und nachdem der Bundeskanzler in einer denkwürdigen Rede den Standpunkt des Bundesraths klar gelegt und der Abgeordnete Planck sein Amendement zurückgezogen hatte, wurde der von den Abgeordneten Luck und Genossen gestellte Antrag (Drucks. Nr. 175, I. 1): in den §. 1 die Worte „mit dem Tode" wieder aufzunehmen, mit 127 gegen 119 Stimmen angenommen. Ein Gleiches geschah, und zwar mit 128 gegen 107 Stimmen, bezüglich des von dem

---

[10]) Der Beschluß, vornehmlich gegen den preußischen Staatsgerichtshof gerichtet, war in der Sitzung vom 8. April mit 82 gegen 80 Stimmen gefaßt. St.B. S. 775.

[11]) St.B. S. 1091.

[12]) Ueber diese für die Geschichte des Gesetzbuchs wichtige Zwischenzeit sind zwei eingehende Abhandlungen in den Preußischen Jahrbüchern von v. Treitschke und Wehrenpfennig, Aprilheft (v. Treitschke) und Maiheft 1870, zu vergleichen. In dem letztern Aufsatz ist in großen Zügen die Bedeutung des Gesetzbuchs in rechtlicher und politischer Beziehung dargestellt.

[13]) St.=B. S. 1119 ff.

Abgeordneten v. Kardorff gestellten Amendements [14]) auf Fassung des § 78 (II. Entw. jetzt § 80) dahin:

„Der Mord und der Versuch des Mordes, welche gegen das Bundesoberhaupt oder den eigenen Landesherrn, oder während des Aufenthaltes in einem Bundesstaate gegen den Landesherrn dieses Staates geübt worden sind, werden als Hochverrath mit dem Tode bestraft."

wonächst auch die übrigen von dem Bundesrath verlangten Abänderungen beschlossen wurden.

Im Uebrigen gelangten auch in der 3. Lesung noch zahlreiche Amendements [15]) zur Berathung. Die Mehrzahl derselben (Nr. 182 der Drucks.) war aus gemeinsamen Besprechungen von Abgeordneten aller Parteien hervorgegangen. Diese Anträge der sog. „Vertrauensmäner" [16]), welche besonders auch der durch die Beschlüsse 2. Lesung mannigfach gefährdeten juristischen Technik des Gesetzes Rechnung trugen, wurden fast sämmtlich angenommen.

Nachdem in einer Nachtsitzung vom 24./25. Mai die Schlußredaktion des Entwurfs durch das Bureau des Reichstages, den Präsidenten und die Schriftführer, unter Zuziehung der obengedachten Vertrauensmänner und des Präsidenten Dr. Friedberg, nach Maßgabe der Beschlüsse 3. Lesung erfolgt war, wurde der Entwurf — Nr. 212 der Drucks. — am 25. Mai mit „sehr großer Majorität" angenommen [17]).

6. Prüft man die Beschlüsse des Reichstages [18]), so sind dieselben zwar zahlreich, jedoch nur wenige von einschneidender Bedeutung. Viele der Beschlüsse ordnen sich folgenden Grundsätzen unter:

a. Absolute Strafen sind — mit Ausnahme der beiden Fälle der Todesstrafe §§. 80 und 211 — verworfen. Wo der Entwurf solche in Fällen der lebenslänglichen Zuchthausstrafe noch kannte, ist zeitiges Zuchthaus von erhöhter Dauer (10 Jahre) daneben für zulässig erklärt, nämlich in den §§. 178, 214, 215, 220 A. 2, 229 A. 2, 251, 307, 312, 315, 322, 323, 324 St.G.B. [19]).

b. Die Strafen sind in vielen Fällen erheblich herabgesetzt, namentlich die erhöhten Mindestbeträge beseitigt, z. B. bei Diebstahl.

c. Der Kreis der Antragsverbrechen ist erweitert, nämlich in den §§. 172, 194, 232, 236, 237, 247, 263, 288, 289, 300 und 301 St.G.B.

d. In mehreren Fällen sind mildernde Umstände zugelassen, nämlich in den §§. 87, 88, 90, 92, 146, 189, 213, 250, 264, 308, 351 St.G.B.

Von den übrigen Beschlüssen sind diejenigen die wichtigsten, welche einen politischen Inhalt haben. Hervorzuheben ist hier die Aufnahme der §§. 11 und 12 welche in Ausdehnung der für den Reichstag maßgebenden Artikel 30 und 22 der Bundesverfassung — die Straflosigkeit von Aeußerungen der Abgeordneten in den Kammern der einzelnen Bundesstaaten und von Berichten über Verhandlungen solcher Kammern — aussprechen [20]).

---

[14]) Drucks. Nr. 204 (später modifizirt St.B. S. 1119).

[15]) Vgl. dieselben in Nr. 175, 182, 193, 198, 199, 201, 204 der Drucks.

[16]) An der Spitze der Unterzeichner standen die Namen Lasker, v. Hoverbeck, v. Luck, v. Bernuth, v. Kardorff und Dr. Schwarze.

[17]) St.B. S. 1187.

[18]) Vgl. hierüber auch Binding, die Gemeinen deutschen Strafgesetzbücher, Leipzig 1874, S. 42 ff.

[19]) In den schwersten Fällen des Hoch- und Landesverraths, sowie der Majestätsbeleidigung ist wahlweise lebenslängliche Festungshaft angedroht. §§. 81, 88, 94. Nur in den §§. 87 und 90 findet sich die lebenslängliche Zuchthausstrafe als absolute, jedoch verbunden mit der Zulässigkeit mildernder Umstände.

[20]) St.B. S. 226 ff. und 1147. Bereits am 3. April 1868 hatte der Reichstag einen die

Längere Debatten betrafen die Anwendung der Zuchthausstrafe bei politischen Verbrechen. Die Rücksicht darauf, daß die Majorität die Bestimmung des §. 31 des St.G.B. aufrecht erhalten hatte [21]), wonach jede Verurtheilung zu Zuchthaus die Unfähigkeit zum Wehrdienst und Staatsdienst nach sich zieht, während der Eintritt der übrigen Ehrenfolgen von dem jedesmaligen Ermessen des Richters abhängt, führte zu verschiedenen Beschlüssen, welche bei den politischen Verbrechen (Thl. II Abschn. 1—5) mit der Zuchthausstrafe wahlweise Festungshaft verbanden, und zur Aufnahme des §. 20, wonach hierbei auf Zuchthaus nur dann erkannt werden darf, wenn festgestellt ist, daß die Handlung aus einer ehrlosen Gesinnung entsprungen ist. Letzterer Beschluß durchlöchert in bedenklicher Weise das im Entwurf durchgeführte Prinzip, daß die That und nicht die Strafart entehrende Folgen nach sich zieht [22]). Ebenso haben jene Beschlüsse zur Folge gehabt, daß das St.G.B. die Festungshaft nicht bloß, wie der Entwurf, als zeitige, sondern auch als lebenslängliche enthält.

So prinzipiell wichtig diese Beschlüsse auch waren, von vielleicht größerer praktischer Bedeutung erscheint eine Reihe anderer Beschlüsse, welche in den Paragraphen, die von der Anreizung zum Ungehorsam gegen Gesetze und Verordnungen, von dem Widerstand gegen die Organe der Verwaltung und der Gerichte, gegen Forst- und Jagdbeamte handeln, den Grundsatz aufnahmen, daß die Verordnung „rechtsgültig" sein, der von der Obrigkeit ausgegangene Befehl „innerhalb ihrer Zuständigkeit" sich bewegen, daß der Beamte in der „rechtmäßigen" Ausübung seines Amts begriffen sein muß, wenn die Aufforderung zum Ungehorsam oder der Widerstand straffällig sein soll. (Vgl. §§. 110, 113, 117 St.-G.B.) [23])

Nimmt man zu diesen Beschlüssen noch einzelne zum Abschnitt 28 „Verbrechen und Vergehen im Amte" gefaßte, z. B. die Aufnahme der §§. 331 und 342, so dürfte die Thätigkeit des Reichstags bezüglich des Strafgesetzbuches hinreichend charakterisirt sein [24]).

7. Der Bundesrath ertheilte dem Gesetzentwurf in der vom Reichstage ihm gegebenen Fassung in der Sitzung vom 25. Mai einstimmig seine Genehmigung.

Nachdem die Thronrede beim Schluß des Reichstages am 26. Mai des Strafgesetzbuchs noch mit den Worten gedacht hatte:

> „Die erste Stelle in dieser Reihe wichtiger Gesetze nimmt aber das gestern von Ihnen und vom Bundesrathe genehmigte Strafgesetzbuch ein. Die Vereinbarung dieses Gesetzes, durch welche uns das große Ziel deutscher Rechtseinheit so wesentlich genähert ist, konnte nur gelingen, wenn von Ihnen, wie von den verbündeten Regierungen, der Vollendung eines großen nationalen Werkes Opfer an Ueberzeugungen gebracht wurden, welche um so schwerer, aber auch um so fruchtbarer waren, je tiefer die Fragen, um deren Lösung es sich handelte, das Rechtsbewußtsein ergriffen. Ich danke Ihnen, daß Sie in der Bereitwilligkeit, diese Opfer zu bringen, den verbündeten Regierungen entgegengekommen sind."

wurde dasselbe nebst dem Einführungsgesetz von dem Bundesoberhaupte am 31. Mai

---

Redefreiheit in den Einzellandtagen betreffenden Beschluß — jedoch ohne weiteren Erfolg — angenommen. St.B. von 1868 Bd. I S. 77 ff. Vgl. Zachariä im Gerichtssaal 1869 S. 407.

[21]) St.B. S. 205 ff.

[22]) St.B. S. 298 ff., vgl. namentlich die Rede des Abg. Miquél S. 333.

[23]) St.B. S. 389 ff., 1169.

[24]) Wegen der übrigen zu beachtenden Beschlüsse wird auf die Bemerkungen zu den betr. Paragraphen verwiesen.

vollzogen und in der am 8. Juni zu Berlin ausgegebenen Nr. 16 des Bundesgesetzblattes publizirt.

---

5. Das Bundesstrafgesetzbuch wird Reichsstrafgesetzbuch.

Die der Verkündung des Bundesstrafgesetzbuchs unmittelbar folgenden geschichtlichen Ereignisse begründeten wie auf politischem so auch auf strafrechtlichem Gebiete das geeinte Deutschland. Das Bundesstrafgesetzbuch wurde zum Reichsstrafgesetzbuch. Die Art und Weise, wie dieses formell bewirkt worden, ist keineswegs einfach und in den Einzelheiten umsomehr zu beachten, als dieselben für die Anwendung des Gesetzbuchs nicht ohne praktische Bedeutung waren und noch sein können.

Der als Uebergangsbestimmung bezeichnete Art. 80 der zunächst mit Hessen und Baden vereinbarten Verfassung des Deutschen Bundes enthielt eine Aufzählung derjenigen Norddeutschen Gesetze, welche als Gesetze des Deutschen Bundes in Kraft treten sollten. Der bezügliche Passus lautet (B.G.Bl. 1870 S. 647—649):

Art. 80. Die nachstehend genannten, im Norddeutschen Bunde ergangenen Gesetze werden zu Gesetzen des Deutschen Bundes erklärt und als solche von den nachstehend genannten Zeitpunkten an in das gesammte Bundesgebiet mit der Wirkung eingeführt, daß, wo in diesen Gesetzen von dem Norddeutschen Bunde, dessen Verfassung, Gebiet, Mitgliedern oder Staaten, Indigenat, verfassungsmäßigen Organen, Angehörigen, Beamten, Flagge u. s. w. die Rede ist, der Deutsche Bund und dessen entsprechende Beziehungen zu verstehen sind, nämlich:

II. Vom 1. Januar 1872 an, jedoch unbeschadet der frühern Geltung im Gebiete des Norddeutschen Bundes

1. —
und

mit Ausschluß von Hessen südlich des Main.

2. Das Einführungsgesetz zum Strafgesetzbuch für den Norddeutschen Bund vom 31. Mai 1870.

3. Das Strafgesetzbuch für den Norddeutschen Bund vom 31. Mai 1870 .....

In Hessen südlich des Main werden als Bundesgesetze eingeführt, und zwar: vom Tage der Wirksamkeit dieser Verfassung an

— —

Das Einführungsgesetz zum Strafgesetzbuch für den Norddeutschen Bund vom 31. Mai 1870 und

Das Strafgesetzbuch für den Nordd. Bund vom 31. Mai 1870. —

In Hessen s. d. M. ist mithin das St.G.B. nebst E.G. vertragsmäßig am 1. Januar 1871 und nicht nach Maßgabe des Art. 2 der Verf. erst am 14. Januar in Kraft getreten.

Durch den mit Württemberg abgeschlossenen Vertrag vom 25. Novbr. 1870 nebst Protokoll vom selbigen Tage wurden die vorgedachten Bestimmungen des Art. 80 auch auf Württemberg ausgedehnt (B.G.Bl. S. 656, 657).

Auch der mit Bayern abgeschlossene Vertrag vom 23. November 1870 (I §. 26) enthielt die fraglichen Bestimmungen des Art. 80 (unter der veränderten Zahl 79) — nur mit Ausschluß der obigen auf Hessen südlich des Main bezüglichen Vorschrift — bestimmte jedoch unter III. §. 8 einschränkend, daß die Erklärung der betreffenden Gesetze des Norddeutschen Bundes zu Bundesgesetzen für das Königreich Bayern der Bundesgesetzgebung vorbehalten werde (B.G.Bl. 1871 S. 16, 21). — Dieser Vorbehalt ist später durch das Gesetz vom 22. April 1871 (B.G.Bl. S. 87), betr. die Einführung Nordd. Bundesgesetze (als Reichsgesetze) in Bayern, eingelöst, indem es bestimmt:

§. 7. „Das Strafgesetzbuch vom 31. Mai 1870 und das Einführungsgesetz zu demselben treten am 1. Januar 1872 in Geltung.

An Stelle der Vorschriften des § 4. des gedachten Einführungsgesetzes hat es für Bayern bis auf Weiteres bei den einschlägigen Bestimmungen des Militärstrafrechts, sowie bei den sonstigen gesetzlichen Vorschriften über das Standrecht sein Bewenden."

Inzwischen hatte das Reichsgesetz vom 16. April 1871, betreffend die Verfassung des Deutschen Reichs (B.G.Bl. S. 63), bereits bestimmt:

§. 2. „Die Bestimmungen in Artikel 80 der in §. 1 gedachten Verfassung des Deutschen Bundes (Bundesgesetzbl. vom Jahre 1870 S. 647), unter III. §. 8 des Vertrages mit Bayern vom 23. November 1870 (Bundesgesetzbl. vom Jahre 1871 S. 21 ff.), in Artikel 2 Nr. 6 des Vertrages mit Württemberg vom 25. November 1870 (Bundesgesetzbl. vom Jahre 1870. S. 656.), über die Einführung der im Norddeutschen Bunde ergangenen Gesetze in diesen Staaten bleiben in Kraft.

Die dort bezeichneten Gesetze **sind** Reichsgesetze. Wo in denselben von dem Norddeutschen Bunde, dessen Verfassung, Gebiet, Mitgliedern oder Staaten, Indigenat, verfassungsmäßigen Organen, Angehörigen, Beamten, Flagge u. s. w. die Rede ist, sind das Deutsche Reich und dessen entsprechende Beziehungen zu verstehen."

Bei diesem Paragraphen sind die Bestimmungen des Abs. 1 und des Abs. 2 wohl zu unterscheiden.

Abs. 1 bestätigt die vorerwähnten Bestimmungen der Vorträge u. s. w. namentlich also die Einführung des Strafgesetzbuchs nebst E.G. zu den dort angegebenen Zeitpunkten.

Abs. 2 dagegen verallgemeinert die Wirkung der Erklärung zum Reichsgesetz, indem danach das B.St.G.B. nebst E.G. schon mit der am 4. Mai 1871 eingetretenen Geltung des Gesetzes vom 16. April 1871 für das ehemalige Norddeutsche Bundesgebiet einschließl. Hessen südlich des Main als Reichsgesetz galt. Mit dem 1. Januar 1872 hörte jede Verschiedenheit auf, und das ganze Reich wurde ein strafrechtlich geeinigtes Gebiet, ebenso wie es vorher der Norddeutsche Bund war.

Es liegt, zumal bei dem dargestellten verwickelten Gang der Gesetzgebung, auf der Hand, daß schon aus Gründen der Allgemeinverständlichkeit es geboten schien, von jenem Zeitpunkt an eine neue Redaktion nach Maßgabe des §. 2 des Gesetzes vom 16. April 1871 eintreten zu lassen, welche die dem Norddeutschen Bundesverhältnisse angepaßten Ausdrücke durch die dem Reichsorganismus entsprechenden ersetzte. Für Bayern, wo bei Verkündung von Strafurtheilen nach der damals bestehenden Strafprozeß-Gesetzgebung alle angewendeten Gesetzesstellen vorgelesen werden mußten, bestand diese Nothwendigkeit doppelt. (Vgl. Art. 206 Abs. 2, Art. 231 Ziff. 13, Art. 303 des bayr. Ges. v. 10. November 1848 und für die Gegenwart §. 266 Abs. 3 der R.Strafproz.Ordnung.)

Diese Nothwendigkeit wurde jedoch nur für das St.G.B. selbst, nicht für das Einf.-Ges. anerkannt. Bezüglich des letztern bleibt die Anwendung nach Maßgabe des §. 2 cit. der Praxis überlassen. Bezüglich des St.G.B. dagegen erschienen bei 36 Paragraphen Aenderungen nothwendig, indem gleichzeitig die Bezeichnung als „Strafgesetzbuch für das Deutsche Reich" angenommen wurde [1]).

Demgemäß erging das in Nr. 24 des R.G.Bl. — ausgegeben zu Berlin am 14. Juni 1871 — publizirte Gesetz, betr. die Redaktion des Strafgesetzbuchs für den Norddeutschen Bund als Strafgesetzbuch für das Deutsche Reich. Vom 15. Mai 1871 (R.G.Bl. S. 127), dessen einziger Paragraph lautet:

„Das Strafgesetzbuch für den Norddeutschen Bund vom 31. Mai 1870 erhält unter der Bezeichnung als „Strafgesetzbuch für das Deutsche Reich" vom 1. Januar 1872 an die beiliegende Fassung." [2])

---

[1]) Vgl. Motive zum Ges. v. 15. Mai 1871, Druckf. Nr. 89; St.B. S. 556, 571, 599.

[2]) Die Motive zu dem Gesetz vom 15. Mai 1871 (Drucks. 1871 Nr. 89 S. 14) bemerken rücksichtlich der Terminologie:

Die Bezeichnung des Gesetzes als bloßes Redaktionsgesetz ist in einem Punkte nicht ganz korrekt. Eine sachliche Aenderung enthalten nämlich die §§. 102 und 103 insofern, als die beiden Absätze der entsprechenden §§. 102 und 103 des Bundesstrafgesetzbuchs verschmolzen und die Bestimmungen desselben nur noch auf „nicht zum Deutschen Reiche gehörende Staaten" erstreckt sind, während früher die nicht zum Norddeutschen Bunde gehörenden deutschen Staaten in erster Linie erwähnt waren. Damit ist entschieden, daß die zum ehemaligen Deutschen Bunde gehörigen Staaten Oesterreich und Liechtenstein keine besondere Stellung mehr einnehmen. (Vgl. Bemerkung zu § 102.)

In Elsaß-Lothringen wurde das Strafgesetzbuch mittels besonderen Gesetzes vom 30. August 1871, welches jedoch im Allgemeinen von denselben Grundsätzen wie das E.G. v. 31. Mai 1870 ausgeht, mit dem 1. Oktober 1871 eingeführt. (G.Bl. f. E.-L. Nr. 14 S. 255.)[3]) Eine Abänderung des letztern Gesetzes enthält das Gesetz v. 14. Juli 1873 (G.Bl. S. 166); vgl. unten.

---

6. Die Reichsjustizgesetze.

Wie oben S. 9 angeführt, hatte schon der 1867 vorgelegte Entwurf einer Verfassung des Norddeutschen Bundes in Art. 4 Ziff. 15 die gemeinsame Civilprozeßordnung und das gemeinsame Konkursverfahren als Aufgabe der Bundesgesetzgebung aufgenommen. Der konstituirende Reichstag hatte aber die Bestimmung auf das Strafrecht und das (gesammte) gerichtliche Verfahren ausgedehnt, und wurde hierdurch Ziff. 13 des Art. 4 in folgender Form verfassungsmäßiges Recht:

„13) Die gemeinsame Gesetzgebung über das Obligationenrecht, Strafrecht, Handels- und Wechselrecht und das gerichtliche Verfahren."

Um dieser Aufgabe der Gesetzgebung gerecht zu werden (von den auf Schaffung eines gemeinsamen Civilrechts und Verfahrens gerichteten Bestrebungen kann hier abgesehen werden), ersuchte am 12. Juli 1869 der Bundeskanzler den preußischen Justizminister Dr. Leonhardt, die Aufstellung eines Entwurfs der Strafprozeßordnung zu veranlassen. Der Entwurf kam unter Leitung des späteren Justizministers, damaligen geheimen Ober-Justizrathes im preußischen Justizministerium Dr. Friedberg bis zum Mai 1871 zu Stande, wurde im Sommer 1871 weiteren Berathungen unterzogen und anfangs 1873 mit Motiven und Anlagen durch den Druck veröffentlicht.

Am 13. März 1873 beschloß der Bundesrath, dem der Entwurf durch den Reichskanzler vorgelegt worden war, nachdem mittlerweile der Norddeutsche Bund sich zum Deutschen Reiche erweitert und dieses Art. 4 Ziffer 13 der Verfassung in unveränderter Form übernommen hatte, eine Kommission von elf Mitgliedern zur Vorberathung des Entwurfs niederzusetzen. Diese Kommission erledigte bis zum 3. Juli 1873 in 39 Sitzungen ihre Aufgabe.

Auch ein, nicht veröffentlicher, Entwurf zu einem Gerichtsverfassungsgesetz war hergestellt worden, hauptsächlich beruhend auf den Beschlüssen von Konferenzen der Justizminister der größeren deutschen Bundesstaaten.

· „Wenn statt des Ausdruckes „Norddeutscher Bund" in der Vorlage bald die Fassung: „Deutsches Reich", bald bloß das Wort „Reich" gewählt wird, so beruht solches auf einer absichtlichen Unterscheidung. Der Ausdruck „Deutsches Reich" ist nämlich überall da gebraucht, wo ein bestimmter Gegensatz zum Auslande hervortritt, oder sonst das Wort „Deutsches" zu betonen ist, während in den übrigen Fällen nur vom „Reiche" gesprochen wird."

[3]) Vgl. Strafgesetzbuch für das Deutsche Reich. Amtliche Ausgabe mit französischer Uebersetzung. Straßburg, Verlag von F. Wolff 1871.

Im Frühjahr 1874 gelangten beide Entwürfe an den Bundesrath, in welchen die thatsächlich zur Annahme gelangte Organisation der Strafgerichte, nämlich Schwurgerichte, Strafgerichte mittlerer Ordnung ohne Zuziehung von Laien, und Schöffengerichte, in dem Entwurfe eingesetzt und durch eine Subkommission die erforderliche Abänderung der Entwürfe vorgenommen wurde.

Die auf diese Weise gewonnenen Entwürfe der Strafprozeßordnung und des Gerichtsverfassungsgesetzes wurden am 29. Oktober 1874 mit dem Entwurfe einer Civilprozeßordnung dem Reichstage vorgelegt, die ersten Lesungen fanden am 24. bis 26. November desselben Jahres statt, und der Reichstag überwies sodann die drei Entwürfe einer Kommission von 28 Mitgliedern, die in Gemäßheit der Reichsgesetze vom 23. Dezember 1874 (R.G.Bl S. 194) und 1. Februar 1876 (R.G.Bl. S. 15) ihre Berathungen auch nach dem Schlusse der laufenden Sessionen fortsetzte und in 160 Sitzungen bis 3. Juli 1876 beendete.

Dem am 30. Oktober 1876 zusammengetretenen Reichstage wurden die vom Bundesrathe über die Resultate der Justizkommission gefaßten Beschlüsse mitgetheilt, vom Reichstage einer besonders gewählten, aus den 28 Mitgliedern der früheren Kommission bestehenden Justizkommission überwiesen, von dieser vom 8. bis 14. November berathen, und am 14. November 1876 mit Bericht wieder vorgelegt.

Am 17. November begann im Reichstage die zweite Lesung der Entwürfe, und zwar zuerst die des Gerichtsverfassungsgesetzes, welche am 26. November, sodann die der Strafprozeßordnung, welche am 2. Dezember beendet wurde.

Die dritte Lesung begann am 18. Dezember und wurde am 21. Dezember 1876 beendet, wobei durch Annahme der zwischen zweiter und dritter Lesung vorbereiteten Kompromißanträge die erwünschte Einigung zwischen der Reichsregierung und dem Reichstage erzielt wurde, so daß unter dem 27. Jauuar 1877 das Gerichtsverfassungsgesetz nebst Einführungsgesetz (R.G.Bl. S. 41 und 77), unter dem 1. Februar 1877 die Strafprozeßordnung nebst Einführungsgesetz (R.G.Bl. S. 253, 346) publizirt werden konten.

Mit dem Inkrafttreten der vier großen Justizgesetze, außer den obengenannten noch der Civilprozeßordnung und der Konkursordnung nebst Einführungsgesetzen, war der wichtigste Schritt zur Rechtseinheit in Deutschland geschehen. Für das Strafrecht haben aber diese Gesetze nur mittelbare Bedeutung. Abgesehen von der mehr formalen Aenderung, daß die §§. 281—283 des Strafgesetzbuchs und einige daneben noch fortbestehende landesrechtliche Bestimmungen in Wegfall kamen und durch die §§. 209—214 der Konkursordnung ersetzt wurden, ist die Bedeutung der Einheit der Prozeßgesetze und der auf ihrer Grundlage in's Leben gerufenen einheitlichen Justizorganisation in Deutschland für das Strafrecht vor Allem in der Schaffung eines Deutschen Reichsgerichts zu suchen. An die Stelle der zwölf obersten Gerichtshöfe in Deutschland trat hiermit ein Organ der Rechtseinheit, dessen Urtheile die Grundlage einer einheitlichen Rechtsausbildung zu gewähren im Stande sind. Bis dahin nur auf wissenschaftliche Publikationen zur Kenntnißnahme der Urtheile der anderen obersten Gerichtshöfe angewiesen, konnte die sorgfältigste Rücksichtnahme auf die Judikate der anderen Gerichte von Seite jedes der vielen obersten Gerichte es nicht verhindern, daß in der Interpretation des einheitlichen Strafrechts Verschiedenheiten auftraten, welche mit der Idee der Rechtseinheit im entschiedensten Widerspruche standen.

Diesem Zustande der Vielheit in Deutschland ist durch die Bestellung des Reichsgerichts eine Schranke gesetzt. Wenn sich auch nicht verkennen läßt, daß die beschränkte Zuständigkeit des Reichsgerichts (vgl. §. 123 Ziff. 2 und 5 des Gerichtsverfassungsgesetzes), ja sogar kleine nicht abzuhaltende Differenzen zwischen den verschiedenen Strafsenaten des Reichsgerichts trotz der Bestimmung des §. 137

des G.V.G., (Fassung des Ges. v. 17. März 1886) Differenzen, welche sich bei Erweiterung der reichsgerichtlichen Zuständigkeit nothwendigerweise noch vermehren würden, einen idealen Zustand der Rechtseinheit nicht eintreten lassen, so ist doch so viel erreicht, als menschliche Einrichtungen überhaupt zulassen. Damit ist aber auch der wissenschaftlichen Bearbeitung des Strafgesetzbuchs eine bisher vermißte Grundlage geboten.

Der partikularen Gesetzgebung gaben die Justizgesetze zwar sehr schwierige Aufgaben, allein mehr auf dem Gebiete der Ergänzung auf den der Landesgesetzgebung überlassenen Gebieten, der Organisation und der Ueberleitung. Das Strafrecht ist von dieser partikularen Gesetzgebung fast gar nicht berührt. Nur Bayern nahm Gelegenheit, das später zu erwähnende Einführungsgesetz vom 26. Dezember 1871 umzuarbeiten und so seine gesammte, von den Justizgesetzen berührte Gesetzgebung den neuen Gesichtspunkten anzupassen, Derogirtes zu beseitigen, Anderes neu beizufügen.*)

Die gesammte partikulare Gesetzgebung bedarf deshalb hier keiner weiteren Erwähnung.

7. Charakteristik des Reichsstrafgesetzbuchs [1]).

1. Das Reichsstrafgesetzbuch hat — wie aus der vorhergehenden Darstellung sich ergibt — auf den zweifelhaften Vorzug, etwas durchaus Neues schaffen zu wollen, verzichtet. Völlig neu ist dasselbe nur insoweit, als es für den Bund bestimmt ist. (Vgl. oben S. 14 ff. und unten Abschnitt: „Reichsstrafrecht und Landesstrafrecht".) Im Uebrigen ruht es zwar auf der Grundlage des preußischen Strafgesetzbuchs von 1851. Daneben aber sind in umfassender Weise die übrigen deutschen Gesetzbücher und die in neuester Zeit an's Licht getretenen Entwürfe zur Benutzung gekommen. Wenn dem preußischen Strafgesetzbuche der vielfach übertriebene Vorwurf zu starker Hinneigung an das französische Recht gemacht wurde, so war es für die Herstellung eines nationalen Gesetzbuchs natürlich, den in dieser Hinsicht wirklich begründeten Klagen Abhülfe zu schaffen. Nach dieser Richtung darf auf die völlig veränderten Abschnitte des allgemeinen Theiles über den Versuch, die Theilnahme und über das Zusammentreffen mehrerer strafbarer Handlungen verwiesen werden. Für den besondern Theil ist oftmals ein Tadel daraus entnommen, daß das preußische Strafgesetzbuch bei der Begrenzung des Thatbestandes der einzelnen Verbrechen mehr die äußere Handlung und den Erfolg derselben, als den schuldbaren Willen und die verbrecherische Absicht für den Eintritt der Strafe entscheiden lasse. In dieser Rücksicht sind die einzelnen Verbrechensbegriffe vielfach verändert. Beispiele bieten die Bestimmungen über den Begriff der Münzfälschung (§. 146), der Verleumdung (§. 187), der schweren Köperverletzung (§§. 224 und 225), des betrügerischen Bankerutts (§. 281).

Dagegen bildet es — in Uebereinstimmung mit dem Code pénal und dem preußischen Strafgesetzbuch — einen Vorzug des Reichsstrafgesetzbuches: in einfacher Anordnung und in der klaren Sprache des Lebens zunächst die allgemeinen Grundsätze über die Bestrafung von Verbrechen in möglichster Beschränkung und frei von hergebrachten Schulbegriffen aufzustellen, bei den einzelnen Verbrechen aber die Bestimmungen über den Thatbestand von ängstlichen Einzelvorschriften

*) Ges. v. 18. August 1879 zur Ausführung der Reichsstrafprozeßordnung (Ges. u. Verord.Bl. 1879 S. 781).

[1]) Eine Angabe der Ausgaben und Literatur des Strafgesetzbuchs s. bei Binding, die Gemeinen deutschen Strafgesetzbücher S. 146 ff. Die wichtigern Notizen hierüber gibt: Rüdorff, Textausgabe des St.G.B. Zehnte Auflage. S. XX.

zu befreien und somit den Richtern, Geschworenen und Schöffen die Möglichkeit nicht zu benehmen, bei der Rechtsanwendung aus der unmittelbaren Volksüberzeugung, der schließlichen Quelle alles positiven Rechtes, dem geschriebenen Gesetze den Zusammenhang mit dem Leben zu bewahren. Diesen Vorzug des Gesetzbuchs, welches es nicht für seine erste Aufgabe hielt, wissenschaftlichen Streitfragen vorzubeugen oder solche zu lösen, wird auch die Wissenschaft anzuerkennen haben, da derselben dasselbe gewährt ist, wie der Praxis: die freie Bewegung für die Fortentwickelung der Grundsätze des Gesetzes und für den Einfluß ihrer Resultate auf die praktische Anwendung. Daß sich das Strafgesetzbuch in seiner Systematik und namentlich in seiner Ausdrucksweise hiernach wesentlich von einem Lehrbuch des Strafrechts unterscheidet, ist befremdlicherweise gerade von einzelnen Theoretikern vielfach verkannt worden, welche geneigt scheinen, in diesem oder jenem Paragraphen oder Worte des Gesetzes den bestimmten Ausdruck für irgend eine Lehrmeinung zu finden, und das Gesetzbuch der Inkonsequenz zu zeihen, wenn ein Satz desselben einer solchen Meinung anscheinend widerspricht.

Die Möglichkeit freier Bewegung findet sich im Reichsstrafgesetzbuch in noch gesteigertem Grade bei Festsetzung der Strafmaße. Während die im vorigen Jahrhundert — nicht bloß in Deutschland — herrschende Willkür bei Verhängung der Strafen dazu führte, daß die epochemachenden neuen Strafgesetze, der französische Code pénal von 1810 [2]) und das b a y e r i s c h e (Feuerbach'sche) Strafgesetzbuch von 1813, in leicht begreiflicher Reaktion das richterliche Ermessen möglichst beschränkten und vielfach absolut bestimmte Strafen aufstellten oder innerhalb des festgesetzten Strafrahmens nur einen geringen Spielraum zuließen, — haben die Anforderungen der Wissenschaft und die Erfahrungen der Praxis gebieterisch verlangt, daß das Reichsstrafgesetzbuch jenes Ermessen wieder erweiterte, und zwar noch mehr als bereits das preußische Strafgesetzbuch von 1851. Die absoluten Strafen sind aus demselben so gut wie verschwunden. Selbst bei den schwersten Verbrechen hat der Reichstag schließlich noch neben der in den Entwürfen festgehaltenen lebenslänglichen Zuchthausstrafe auch zeitiges Zuchthaus für zulässig erklärt.

Im Uebrigen wird zur a l l g e m e i n e n Charakterisirung des Reichsstrafgesetzbuchs auf die vorhergehende Darstellung Bezug genommen.

2. In den dem Reichstage mitgetheilten Motiven (S. 10 ff.) finden sich einzelne b e s o n d e r e Punkte aufgeführt, in denen das Reichsstrafgesetzbuch sich von dem preußischen Strafgesetzbuch unterscheidet. Aus denselben ist Folgendes hervorzuheben:

a. Während das preußische St.G.B. in d r e i Theile zerfällt, enthält der Entwurf nur noch zwei Theile, weil den Uebertretungen [3]) nicht mehr ein eigener Theil gewidmet ist, die a l l g e m e i n e n Bestimmungen über die Bestrafung der Uebertretungen vielmehr mit den allgemeinen Bestimmungen über die Bestrafung der Verbrechen und Vergehen verbunden sind.

Diese zunächst äußerliche Aenderung wird die in der Rechtsprechung hervorgetretenen, unerträglichen Zweifel darüber: ob und inwieweit die allgemeinen Grundsätze über die Bestrafung auch auf die Uebertretungen Anwendung leiden,

---

[2]) Noch strenger waren die aus der ersten Revolutionszeit stammenden Gesetzbücher vom 25. September 1791 und vom 25 Oktober 1795 (3 **Brumaire an VI**).

[3]) Für die Aufnahme der Uebertretungen (Polizeivergehen) in das Gesetzbuch, und zwar in dem Umfange des preußischen Strafgesetzbuchs, erklärte sich bereits bei Aufstellung des I. Entwurfs die weit überwiegende Mehrzahl der Regierungen. Eine den Motiven beigegebene Abhandlung (A n h a n g I S. 155 ff.) gibt über „die Aufnahme der Uebertretungen und deren Behandlung im Entwurf" nähern Aufschluß.

z. B. die Voraussetzung von Vorsatz oder Fahrlässigkeit [4]) beseitigen. Daß bei einzelnen Punkten z. B. bei dem Versuche und der Beihülfe, für die Uebertretungen besondere Grundsätze vorgeschrieben oder Ausnahmen gemacht sind, erscheint selbstverständlich.

b. Die Dauer der zeitigen Zuchthausstrafe ist in ihrem Mindestbetrage von 2 Jahren auf 1 Jahr, und in ihrem Höchstbetrage [5]) von 20 auf 15 Jahre (§. 14), ebenso der Höchstbetrag der Festungshaft (Einschließung) von 20 Jahren auf 15 Jahre (§. 17) herabgesetzt.

Dagegen ist (durch Beschluß des Reichstages) die lebenslängliche Festungshaft eingeführt.

c. Die Zuchthausstrafe und Gefängnißstrafe können in Einzelhaft vollstreckt werden, welche ohne die Zustimmung des Gefangenen die Dauer von drei Jahren nicht übersteigen soll. (§. 22.)

Dadurch ist die namentlich in den preußischen Kammern oft bestrittene Zulässigkeit der Einzelhaft ausgesprochen. Von näheren, die Vollstreckung der Einzelhaft regelnden Bestimmungen, wie sie das badische Gesetz vom 6. März 1845 und das bayerische Gesetz vom 10. November 1861 enthalten, hat man Abstand genommen, weil die Akten über die Reform der Strafanstalten noch nicht geschlossen sind, und finanzielle Rücksichten der erheblichsten Art in Betracht kommen.

d. Die zu einer längeren Zuchthaus- oder Gefängnißstrafe Verurtheilten können, wenn sie drei Viertheile, mindestens aber ein Jahr der Strafe verbüßt haben, mit ihrer Zustimmung vorläufig entlassen werden und sich durch gute Führung in der Freiheit den Erlaß des Strafrestes erwerben [6]). (Beurlaubung §§. 23—26.)

e. Rücksichtlich der Ehrenstrafen gilt:

1) das R.St.G.B. kennt den Verlust der bürgerlichen Ehre nicht mehr, sondern nur den Verlust einzelner Ehrenrechte, unter denen der Verlust des Adels und der Fähigkeit zur Ablegung eines Zeugnisses nicht mehr vorkommt;

2) die Verurtheilung zur Zuchthausstrafe zieht nicht mehr den Verlust der bürgerlichen Ehrenrechte überhaupt, vielmehr nur die dauernde Unfähigkeit zum Wehrdienste, sowie zur Bekleidung öffentlicher Aemter von Rechtswegen nach sich;

3) neben der Todesstrafe, der Zuchthausstrafe und in den besonders zulässigen Fällen neben einer auf mindestens drei Monate erkannten Gefängnißstrafe hat der Richter nach der Individualität der strafbaren Handlung zu ermessen: ob der Verlust der bürgerlichen Ehrenrechte eintreten soll; unbedingt eintreten muß er bei den Verbrechen des Meineides und der schweren Kuppelei;

4) der Verlust der bürgerlichen Ehrenrechte tritt bei zeitiger Freiheitsstrafe nie auf Lebenszeit, sondern bei Zuchthausstrafe auf eine Zeit von zwei bis zu zehn Jahren, bei Gefängnißstrafe auf die Zeit von einem bis zu fünf Jahren ein.

---

[4]) Ueber die in dieser Beziehung in der Rechtsprechung des Preuß. Obertribunals hervorgetretenen Ansichten vgl. den Aufsatz von Loos: Ueber den dolus bei Uebertretungen u. s. w. in der Allg. Deutsch. Strafr.-Ztg. 1870 Sp. 323 ff.

[5]) Vgl. über die Zulässigkeit dieser Herabsetzung die höchst lehrreichen Gutachten der Sachverständigen v. Valentini, Patzke, Schück, v. Götzen, Dr. Delbrück, d'Alinge und Eckert in Anlage 4 zu den Motiven.

[6]) Im Königr. Sachsen bestand bereits bisher ein im Gnadenwege eingeführtes System der Beurlaubung. Die zur Regelung desselben gegebenen Administrativ-Vorschriften finden sich in dem Anhang II zu den Motiven S. 165 ff.

Vgl. §§. 31—36, 161, 181.

f. Hinsichtlich der Polizeiaufsicht ist [7]):

1) die Zahl der strafbaren Handlungen, bei welchen sie zulässig, beschränkt (vgl. die Anmerkung zu §. 38);
2) wo sie eintritt, die Zulässigkeit eines Verbotes des Verlassens der Wohnung zur Nachtzeit beseitigt;
3) überhaupt der Bestimmung des Richters anheimgegeben, nach Maßgabe des individuell vorliegenden Falles zu erkennen: ob Polizeiaufsicht solle stattfinden können;
4) wenn der Richter die Zulässigkeit ausgesprochen hat, erhält die Landes-Polizeibehörde die Ermächtigung, nach verbüßter Strafe jene Polizeiaufsicht eintreten zu lassen.

Vgl. §§. 38, 39.

g. Die Begriffsbestimmung des Versuchs ist vereinfacht, die Strafe desselben milder, als die des vollendeten Verbrechens und Vergehens bestimmt.

§§. 43—46.

h. Der Abschnitt über die Theilnahme unterscheidet zwischen: Mitthätern, Anstiftern und Gehülfen.

Die Strafe des Gehülfen soll milder sein als die des Thäters.

§§. 47—50.

i. Die strafrechtliche Verfolgbarkeit beginnt erst mit der Vollendung des zwölften Lebensjahres. (§. 55.)

k. Zwischen dem vollendeten zwölften und achtzehnten Lebensjahre ist festzustellen:

1) ob die Angeschuldigten bei Begehung der strafbaren Handlung die zur Erkenntniß ihrer Strafbarkeit erforderliche Einsicht besaßen;
2) es gilt, wird dieses festgestellt, jenes Alter als Milderungsgrund. Bei Vergehen und Uebertretungen kann in besonders leichten Fällen gegen solche Angeschuldigte auf einen Verweis erkannt werden, der als neue Strafart eingeführt ist.

§§. 56, 57.

l. Die Strafminima sind in einer Reihe von Fällen aufgehoben, und die Zulässigkeit mildernder Umstände ist erweitert.

Mildernde Umstände [8]). Ueber die Behandlung der mildernden Umstände in dem Strafgesetzbuch verbreitet sich ein in Anhang IV zu den Motiven gegebener Exkurs S. 202 ff., auf dessen eingehende, durch zahlreiche Belege aus den Gesetzgebungen verschiedener Staaten unterstützte Erörterungen hier Bezug genommen wird. Bei den vielfachen irrigen Ansichten, welche über das Wesen der mildernden Umstände bestehen, mögen folgende Bemerkungen hier Platz finden.

Mildernde Umstände im Sinne des Reichsstrafgesetzbuchs sind nichts Anderes als (mildernde) Strafzumessungsgründe. So wenig das Gesetz die letztern näher angibt, eben so wenig geschieht es bei den erstern. Treffend bemerkte bei Gelegenheit der Frage nach der Aufnahme bestimmter

---

[7]) Ueber die Polizeiaufsicht vgl. den gründlichen Exkurs in den Motiven (Anhang III S. 179—206). — Die meisten der bereits vor Aufstellung des I. Entwurfs befragten Regierungen hatten sich für die Beibehaltung des Institutes der Polizeiaufsicht entschieden.

[8]) Ueber mildernde Umstände vgl. Hälschner II 1 S. 485 d. gem. deutsche Str.R. I S. 645 fg., Berner, Lehrbuch 15. Aufl. S. 274 fg., John, Kritik S. 63 und Entwurf mit Motiven S. 167, sowie Entscheidungen des Obertribunals in G.A. V S. 222 ff., dessen Gründe jedoch nicht überall zutreffend sind. Jetzt auch: H. Meyer, Lehrbuch, Erlangen 1888, S. 463, 467. Merkel in der Strafrechtszeitung v. Holtzendorff 1864 S. 345 fg., 1865 S. 129 fg., auch Juristentag 1870 Gutachten S. 47 fg., v. Liszt, Lehrb. 4. Aufl. S. 287, Morris, Geschichte und System der mildernden Umstände im deutschen Strafrecht 1887.

Milderungsgründe die Revision des preußischen Entwurfs von 1843: „Was darin gesagt werden soll, läßt sich nicht recht definiren, und was gesagt ist, hilft nicht weit“ [9]).

Bei der Frage: ob mildernde Umstände anzunehmen, sind deshalb sämmtliche den objektiven Thatbestand und die Persönlichkeit des Angeschuldigten berührenden thatsächlichen Momente, und zwar selbst solche, welche, wie z. B. Reue, Geständniß, erst der That nachfolgen, in's Auge zu fassen. Der Unterschied der gewöhnlichen Strafzumessung und der Annahme mildernder Umstände ist sachlich nur ein gradueller. Durch die Zulassung mildernder Umstände wird den richterlichen Organen nur die Anwendung besonderer Aufmerksamkeit auf die Strafminderungsgründe anempfohlen. Sind nach der Ueberzeugung des Richters strafmindernde Umstände in überwiegender Stärke oder von außerordentlicher Art vorhanden, so kommt die mildere, d. h. für den Fall des Vorhandenseins mildernder Umstände bestimmte Strafsatzung zur Anwendung. Für dieses Milderungsrecht ertheilt das Gesetz dem zuständigen richterlichen Organ gewissermaßen ein Mandat, für dessen Ausführung dasselbe an eine gewissenhafte Erwägung der konkreten Umstände gewiesen ist. Der Sache nach bezeichnet das System der mildernden Umstände dasselbe, was andere Gesetzgebungen mit dem „leichterer Fälle“ erreichen wollen, oder was in einzelnen Gesetzbüchern durch die Uebertragung eines allgemeinen Milderungsrechts in gewissen Grenzen auf den Richter bezweckt wurde [10]).

Von einer oft verlangten Verallgemeinerung der mildernden Umstände auf alle Verbrechen und Vergehen ist Abstand genommen. In allen den zahlreichen Fällen, in denen das Reichsstrafgesetzbuch die Strafminima beseitigt hat, lag kein Bedürfniß dazu vor. Wollte man nun nicht — wogegen die schwersten Bedenken sprachen — dazu übergehen, für den Fall mildernder Umstände überall, namentlich bei allen Verbrechen, die Anwendung des überhaupt zulässigen geringsten Maßes der Freiheitsstrafen, z. B. statt Zuchthaus (von mindestens 1 Jahr) Gefängniß von 1 Tag für zulässig zu erklären, mußte man vielmehr, selbst beim Vorhandensein mildernder Umstände, in den meisten Fällen eine erhöhte Freiheitsstrafe als Mindestbetrag festsetzen, dann schien es der natürlichen Gradation der Schwere der verschiedenen Verbrechen auch zu entsprechen, bei einzelnen, und zwar den schwersten, die Zuchthausstrafe als ausschließliche Strafe beizubehalten. Nur ganz ausnahmsweise geht die an Stelle des Zuchthauses tretende Gefängnißstrafe auf das geringste Maß von 1 Tag hinab — im §. 146 — und eben so ausnahmsweise gestattet der §. 282 den Sprung von Zuchthaus sogar zu Geldstrafe.

Die Schwierigkeiten, welche das System der mildernden Umstände hervorrufen kann, liegen hauptsächlich auf prozessualischem Gebiete. Es wird in dieser Beziehung auf die scharfsinnigen, aber wohl zu subtilen Ausführungen John's (Kritik S. 63 ff. und Entw. m. Mot. S. 167) und von anderer Seite auf Berner (Strafgesetzgebung i. D. S. 253 und Lehrb. 15. Aufl. S. 277) verwiesen.

Hervorzuheben ist der im Reichsstrafgesetzbuch gemachte Unterschied der Behandlung der mildernden Umstände bei Verbrechen und bei Vergehen. Bei erstern — der großen Mehrzahl — ist der Richter durch die Formel: „Sind mildernde Umstände vorhanden, so tritt... ein“, verpflichtet, die mildere Strafe anzuwenden, während bei Vergehen (es sind die Fälle der §§. 187, 246, 263, 333, 340) der Richter für berechtigt erklärt ist, die außerordentliche Strafe eintreten zu lassen. Diese Art der Formulirung schließt sich an den Art. 463 des Code pénal und die durch die neuern französischen Gesetze vom 28. April 1832 und 13. Mai 1863 erfolgten Abänderungen dieses Art. an. Bei crimes spricht dieser Art. die Verpflichtung, bei délits nur die Autorisation zur Herabsetzung der Strafe aus. Der Grund dieser Unterscheidung dürfte lediglich ein prozessualischer sein. Bei den Verbrechen (crimes) stellen nämlich die Geschworenen das Vorhandensein mildernder Umstände fest. Es ist selbstverständlich, daß bei Verschiedenheit des Richters der That- und Rechtsfrage der letztere an den Ausspruch des erstern gebunden sein muß. Daß bei den délits eine solche Verpflichtung nicht ausgesprochen ist, ist korrekt [11]) und beruht augenscheinlich auf dem Zusammenhang der Strafzumessung mit den mildernden Umständen. Für die Strafzumessung gilt die — auch im Reichsstrafgesetzbuch nicht allgemein ausgesprochene — Regel, daß der Richter für die milderen Fälle die niedrigere oder mildere Strafe anzuwenden hat. Bei der Strafzumessung und bei den mildernden Umständen handelt es sich nun aber qualitativ um dasselbe richterliche Ermessen. Die Frage nach mildernden Umständen läßt sich von einer Prüfung und Vergleichung des ordentlichen und des außerordentlichen Strafrahmens nicht trennen. Hält der Richter nach dieser Prüfung eine

---

[9]) Vgl. die unten S. 34 erwähnte Savigny'sche Revision Bd. I S. 205 und Beseler, Kommentar S. 29 ff.

[10]) Vgl. früher Braunschweig §. 62; Oesterreich (1852) §. 54 und Strafprozeßordnung von 1853 §§. 286, 305, 306, 311; Hamburg Art. 60, und überhaupt den Exkurs in den Motiven zu Drucks. Nr. 5 des Reichstags v. 1870.

[11]) Vgl. auch H. Meyer, Lehrbuch des deutschen Strafrechts, 4. Aufl. S. 467 fg., 2. Aufl. S. 327 fg.

innerhalb des ordentlichen Strafrahmens abzumessende Strafe für angemessen und die Umstände nicht für so mildernd, um den außerordentlichen Strafrahmen in Anwendung zu bringen, so wird er die formelle Feststellung mildernder Umstände aus diesem Grunde unterlassen. Nur wenn das Gesetz selbst die thatsächliche Voraussetzung der außerordentlichen Strafe durch Aufstellung bestimmter Milderungsgründe an die Hand gäbe, würde jene Verpflichtung des Richters zur Stelle sein.

Hiernach bedeuten die mildernden Umstände für den Richter der That- und Rechtsfrage nur eine Erweiterung des Strafrahmens. Soweit es sich dabei um dieselbe Strafart handelt, haben die mildernden Umstände nur den Sinn, daß eine Ermäßigung entweder auf ein bestimmtes Zeitmaß oder auf den für die Strafart bestehenden absoluten Mindestbetrag (z. B. 1 Tag Gefängniß vgl. §. 16) für zulässig erklärt wird. Beim Vorhandensein mildernder Umstände in allen Fällen, in denen derselbe Richter entscheidet, auch noch einen den Mindestbetrag der ordentlichen Strafe übersteigenden Höchstbetrag festzusetzen, scheint sinnlos. Von diesen Gesichtspunkten aus enthalten die vom Reichstage bei Berathung der Novelle vom 26. Februar 1876 beschlossenen Zusätze zu den §§. 113, 114, 117 einen Verstoß gegen die Sprach- und Ausdrucksweise des Strafgesetzbuchs. Es springt dieses am meisten in die Augen, wenn man die entsprechenden Bestimmungen im §. 113 und im §. 187 vergleicht. Der §. 187 sagt richtig: „Sind mildernde Umstände vorhanden, so kann die Strafe bis auf Einen Tag Gefängniß ermäßigt, oder auf Geldstrafe bis zu neunhundert Mark erkannt werden"; während der §. 113 sagt: „Sind mildernde Umstände vorhanden, so tritt Gefängnißstrafe bis zu Einem Jahre oder Geldstrafe bis zu viertausend Mark ein".

Schließlich sei bemerkt, daß der belgische **Code pénal** von 1867 Art. 79—85 die **circonstances atténuantes** in ähnlicher Weise, wie der französische **Code pénal** Art. 463 behandelt. Deßohngeachtet weist ein provisorisches belgisches Gesetz vom 4. Oktober 1867 die Beurtheilung der mildernden Umstände ausschließlich den Gerichtshöfen zu[12]).

m. Der Kreis der nur auf Antrag zu verfolgenden strafbaren Handlungen ist erweitert. (s. jedoch S. 35 über die Novelle v. 1876.)

Vgl. die §§. 61—65 und die — namentlich durch die Beschlüsse des Reichstages noch vermehrten — einzelnen Fälle in der Anmerkung zu §. 61.

n. Beim Zusammentreffen mehrerer Verbrechen und Vergehen ist auf eine Gesammtstrafe zu erkennen. (§. 74.)

o. Es findet nicht bloß eine Verjährung der Strafverfolgung, sondern auch der erkannten Strafe statt. (§§. 66, 70—72.)

p. Der Rückfall ist kein allgemeiner Straffschärfungsgrund.

Nur bei einzelnen Verbrechen und Vergehen zieht die wiederholte Bestrafung wegen desselben oder eines ähnlichen Verbrechens oder Vergehens eine Straferhöhung nach sich. [Vgl. insbesondere §§. 244 (Diebstahl), 250 Nr. 5 (Raub), 261 (Hehlerei), 264 (Betrug).]

Rückfall. Das Reichsstrafgesetzbuch hat sich dem bayrischen Gesetzbuch von 1861 darin angeschlossen, daß es den Rückfall als allgemeinen Strafschärfungsgrund hat fallen gelassen. Nur bei den oben angeführten einzelnen Verbrechen und Vergehen, bei denen, wie die Motive zu §. 244 (239 E.) bemerken, „erfahrungsmäßig die Wiederholung auf einer eingewurzelten Neigung zu Eingriffen in fremdes Eigenthum beruht", ist derselbe beibehalten. Maßgebend hierfür war wesentlich die Erwägung, daß die für die Strafmaße aufgestellten Grenzen genügend erscheinen, um auch den Rückfälligen mit der gerechten Strafe zu treffen, und weil nach den statistischen Nachrichten sich — außer beim Diebstahl und den verwandten Verbrechen — kaum Fälle nachweisen lassen, in denen, wenigstens in Preußen, von den erhöhten Rückfallsstrafen Gebrauch gemacht worden wäre. Zur näheren Rechtfertigung kann auf die Ausführungen John's, Entwurf mit Motiven u. s. w., Berlin 1868, S. 306 u. f. verwiesen werden. Bereits der I. Entwurf wurde wegen seiner Behandlung des Rückfalls Gegenstand lebhafter Angriffe, besonders in Berner's Kritik S. 30 ff. Die von Berner angeführten Gründe sind eingehend widerlegt von Hellweg im Gerichtssaal 1870 S. 54 ff.

---

[12]) Das prinzipiell beachtenswerthe belgische: „**loi du 4 octobre 1867 portant attribution aux cours et aux tribunaux de l'appréciation des circonstances atténuantes**" ist abgedruckt in den Motiven S. 219. Daselbst S. 209 ff. finden sich auch die einschlägigen Bestimmungen von Oesterreich, Braunschweig, Bayern, Hamburg, Frankreich. Das neue italienische Strafgesetzbuch kennt neben speziell normirten Milderungsgründen auch allgemeine (Art. 59), jedoch ohne wesentliche Bedeutung für das System.

Weniger glücklich, wenngleich in Uebereinstimmung mit vielen deutschen Gesetzgebungen, scheint es, daß als Voraussetzung des Rückfalls nicht mehr „die rechtskräftige Verurtheilung“, sondern die gänzliche oder theilweise „Abbüßung der Strafe“ hingestellt ist. Die Motive zu §. 245 (240 E.) bemerken hierüber: „Der Entwurf geht hierbei davon aus, daß die Verurtheilung des Schuldigen nur erst in der wirklichen Verbüßung der Strafe ihre volle praktische Bedeutung für ihn erhält und die Verbüßung ihn über die Nachtheile, welche das Gesetz über ihn bei Verletzungen desselben verhängt, in einer ihm fühlbaren Weise belehrt, sonach auch der Satz, daß der Rückfällige darthue, wie die früheren Bestrafungen ihm nicht zur Warnung und Besserung gereicht hätten, nur dann, wenn er die Strafe ganz oder theilweise erlitten, eine volle Wahrheit sei.

Der Erlaß der Strafe war der wirklichen Verbüßung gleichzustellen, weil auch in den übrigen strafrechtlichen Beziehungen der Erlaß der Strafe und die Verbüßung derselben auf gleicher Stufe stehen.“ Uns scheint diese Aenderung eine zu weit gehende Konzession an das Besserungsprinzip.

q. Der Richter hat bei der qualifizirten und der verleumderischen Beleidignng, sowie bei der Körperverletzung die Befugniß, neben der zu erkennenden Strafe dem Verletzten auf dessen Antrag ein Privatbuße bis zu zweitausend Thalern zuzusprechen. (Vgl. §§. 188 und 231.)

3. Trotz dieser vielfachen Aenderungen wird man die bis zum Jahre 1826 zurückreichenden Vorarbeiten (Materialien) zu dem preußischen Strafgesetzbuch von 1851 [13]), die demselben zugewendeten hervorragenden wissenschaftlichen Bearbeitungen [14]) und die auf Grund desselben gefällten Urtheilssprüche der Gerichtshöfe [15]) nicht zu jenem „schätzbaren“ Material des Reichsstrafgesetzbuchs rechnen dürfen, welches nur noch für die Geschichte und die Wissenschaft des deutschen Strafrechts von Wichtigkeit wäre. Schon deswegen, — um nur auf Eins hinzuweisen, — weil das Reichsstrafgesetzbuch manche Kasuistik und manche sog. Legaldefinition, z. B. beim Diebstahl die Begriffe von „Einbruch“ und „Einsteigen“, bei Beleidigungen den Begriff der „Oeffentlichkeit“ beseitigt hat, wird es für den Praktiker ein Gewinn sein, den frühern Rechtszustand zu vergleichen, um von dem ihm gegenwärtig gewährten freien Ermessen den richtigen und sichern Gebrauch zu machen, sei es auch nur, indem die aus den frühern engen Gesetzesworten entstandenen Uebelstände vermieden werden.

---

[13]) Aus diesen zahlreiche Druckbände bildenden, übrigens nicht veröffentlichten Vorarbeiten ist die unter spezieller Leitung Savigny's bearbeitete: Revision des Strafgesetzentwurfs von 1843, Berlin 1845, 3 Bände in 4., und der sich daran schließende Entwurf von 1845 nebst Motiven hervorzuheben. Die Motive und Kammerberichte zu dem Strafgesetzbuch von 1851 bieten weniger Ausbeute. Sämmtliche Materialien sind im Anschluß an den Gesetzestext bearbeitet in dem verdienstlichen Werke von Goltdammer: Materialien zum Strafgesetzbuch u. s. w. Berlin 1851, 52. 2 Bände.

[14]) Hervorzuheben sind: Dr. Beseler, Kommentar u. s. w., Leipzig 1851; Dr. Temme, Glossen u. s. w., Breslau 1852, und Dess. Lehrbuch, Berlin 1853, und besonders: Dr. Oppenhoff, das Strafgesetzbuch u. s. w. erläutert, Dr. Hälschner, das preußische Strafrecht, Bonn 1855, 58, 68 (unvollendet), und Dr. Berner, Grundsätze des preußischen Strafrechts. Berlin 1861. — Außerdem enthält das seit 1853 in Monatsheften erscheinende Archiv f. preuß. Strafrecht von Dr. Goltdammer neben den Mittheilungen aus der Praxis eine Fülle tüchtiger Abhandlungen.

[15]) Die Entscheidungen des Obertribunals (Oberapp.=Gerichts) sind — außer in dem vorher (Note 14) genannten Archiv — enthalten in: Dr. Oppenhoff, Rechtsprechung des Obertribunals (Zeitschrift in Heften von 1861 bis 1879 in 20 Bänden.) Vgl. auch Dr. John, Kritik strafrechtlicher Entscheidungen des Obertribunals. Berlin 1866. (Eine durch scharfsinnige Dialektik hervorragende Schrift.)

8. Die Novelle vom 26. Februar 1876*).

1. Nachdem das Reichsstrafgesetzbuch bereits durch das Gesetz vom 10. Dezember 1871, betreffend die Ergänzung des Strafgesetzbuchs für das Deutsche Reich, in dem §. 130ᵃ, dem sog. Kanzelparagraphen[1]), einen Zusatz erhalten hatte, brachte das Gesetz vom 26. Februar 1876, „betreffend die Abänderung von Bestimmungen des Strafgesetzbuchs für das Deutsche Reich vom 15. Mai 1871 und die Ergänzung desselben", eine umfassendere, wenn auch nicht vollständige Revision des Gesetzbuchs.

Die Ursachen, welche schon nach verhältnißmäßig kurzer Zeit zu dieser Revision führten, sind theils auf wirkliche Mängel des Gesetzbuchs, theils auf besondere Zeitverhältnisse, theils aber auch auf eine den gesetzgeberischen Voraussetzungen wenig entsprechende Praxis der Gerichte zurückzuführen. In letzterer Beziehung ist zu bemerken, daß dem neuen Gesetzbuch allerdings schon bei den legislativen Berathungen der Vorwurf übertriebener Milde gemacht wurde. Besondere Nahrung erhielten diese Beschwerden durch die Auffassung mancher Gerichtshöfe, als ob der Mindestbetrag der angedrohten Strafe regelmäßig dann zur Anwendung zu bringen sei, wenn keine besonderen Erschwerungsgründe vorlägen[2]). Da das Strafgesetzbuch die erhöhten Strafminima in den meisten Fällen beseitigt, auch in vielen Fällen von wahlweiser Androhung von Freiheitsstrafe und Geldstrafe Gebrauch gemacht hatte, so führte jene Auffassung allerdings vielfach zur Verhängung von unverhältnißmäßig niedrigen Strafen. Namentlich wurde dieses bezüglich der Strafbestimmungen fühlbar, welche die öffentliche Ordnung und die Sicherheit der Person sicher zu stellen bestimmt sind. Man wollte die Beobachtung gemacht haben, daß — vielleicht unter Einwirkung der Zeitverhältnisse — Roheit und Neigung zu Gewaltthätigkeiten in hohem Grade um sich gegriffen hätten. Das Heilmittel hiergegen wurde namentlich in einer das richterliche Ermessen mehr einschränkenden Aufstellung der Strafrahmen, insbesondere einer Erhöhung der Strafminima erblickt. Wenn es oben (S. 29) als ein Vorzug des neuen Gesetzbuchs bezeichnet werden durfte, dem richterlichen Ermessen einen weitern Spielraum verschafft zu haben, so wird in der vorangedeuteten Tendenz ein Rückschritt zu erblicken sein. Von diesem Standpunkt aus ist es nicht zu beklagen, daß das Strafgesetzbuch in der bezeichneten Richtung nur wenige Abänderungen erfahren hat[3]).

---

*) Vgl. Schwarze, die Strafrechtsnovelle und der Reichstag, im Ger.Saal XXVIII S. 367 ff., Meves, die Strafgesetz-Novelle v. 26. Febr. 1876, kommentirt, Erlangen 1876. Sep.-Abdr. aus der Gesetzgebung des D.St. von Bezold, III. Th. Bd. 1.

[1]) Ueber die Materialien zu diesem Paragraphen vgl. die Bemerkungen zu demselben.

[2]) Will man überhaupt die Frage aufwerfen, welches Strafmaß für den sog. „gewöhnlichen Fall" bestimmt anzusehen sei, so scheint die auch von Köstlin (System des deutschen Strafrechts, Tübingen 1855, S. 616 ff.) vertretene Ansicht das Meiste für sich zu haben, daß jenes Strafmaß in dem arithmetischen Mittel der Straffkala zu finden sei. Die oben gerügte Praxis war übrigens in Preußen wohl nur die natürliche Folge der übertrieben hohen Strafbestimmungen des Strafgesetzbuchs von 1851.

[3]) Es ist oben (S. 29) darauf hingewiesen, daß die in der Revolutionszeit (1791 und 1795) erlassenen französischen Gesetze in der Ausschließung des richterlichen Ermessens am strengsten waren. Bei der großen prinzipiellen Wichtigkeit der Frage sei es gestattet, hier zur Vergleichung darauf hinzuweisen, daß die englischen sog. Konsolidationsgesetze vom 6. August 1861 (24, 25 Victoria Cap. 94—100) dem richterlichen Ermessen den weitesten Spielraum gewähren. So lautet z. B. die Strafdrohung bei einem der schwersten Verbrechen, bei welchem erfahrungsmäßig alle Milderungsgründe der mannigfachsten Art vorkommen können, nämlich dem Todtschlag (**manslaughter**):

„**Whosoever shall be convicted of Manslaughter shall be liable, at the Discretion of the Court, to be kept in Penal Servitude for Life or for any Term not less than three Years, — or to be imprisoned for any Term not exceeding**

Von den sonstigen Punkten, in denen sich das Bedürfniß einer Revision herausstellte, sind zwei hervorzuheben, da sie mit den vom Reichsstrafgesetzbuch, in Abweichung vom Preuß. St.G.B. von 1851, neu aufgestellten Grundsätzen zusammenhängen. Der eine betrifft die Antragsdelikte. Die vom Reichstag beschlossene Ausdehnung dieser Delikte drohte in Verbindung mit der vom Gesetz zugelassenen Möglichkeit, daß der Strafantrag auch nach eröffnetem Verfahren ohne einen Nachtheil für den Antragsteller zurückgenommen werden konnte, die Gewißheit und Sicherheit der Strafrechtspflege zu gefährden. Namentlich bei einzelnen Verbrechen gegen die Sittlichkeit (§§. 176, 177) führte das Erforderniß des Antrags zu argen Mißständen [4]).

Mit Rücksicht auf den §. 55 des St.G.B., welcher die strafrechtliche Verfolgung von Kindern unter 12 Jahren ausschließt, wollte man außerdem die Beobachtung gemacht haben, daß einerseits die Eigenthumsverletzungen durch Kinder zugenommen hätten und andererseits Erwachsene durch jene Vorschrift veranlaßt seien, Kinder zu Gesetzesverletzungen zu benutzen. Diese Beobachtung schien die Zulässigkeit von Zuchtmaßregeln gegen die Kinder und Strafbestimmungen gegen die Eltern u. s. w. für den Fall mangelnder Beaufsichtigung der Kinder erforderlich zu machen [5]).

2. Nachdem bereits in Folge Bundesrathsbeschlusses vom 21. Februar 1874 die deutschen Regierungen zu nähern Aeußerungen über die Revision des Strafgesetzbuchs aufgefordert waren, wurde dem Bundesrathe unterm 28. September 1875 ein entsprechender Gesetzentwurf nebst Motiven vorgelegt [6]). Dieser Entwurf erfuhr auf Grund der Berichterstattung des Justizausschusses durch Beschluß des Bundesraths vom 17. November 1875 mehrfache Abänderungen [7]), und gelangte mittels Schreibens des Reichskanzlers vom 23. November zur Vorlage an den Reichstag [8]). Der Entwurf bestand aus 4 Artikeln, von denen der erste die §§. des St.G.B. enthielt, zu welchen Abänderungen vorgeschlagen wurden, der zweite einzelne neue §§., der dritte die Reichswährung in dem Gesetzbuch zum Ausdruck brachte und der vierte den Reichskanzler zur Zusammenstellung eines übersichtlichen Textes nach Maßgabe der Aenderungen ermächtigte.

Ueber die Veranlassung der Revision sprechen sich die Motive wie folgt aus:

„An einige Bestimmungen des Strafgesetzbuchs haben sich so grelle Uebelstände geknüpft, daß bis zu einem gewissen Grade nicht nur Wissenschaft und Richterstand, sondern beinahe die gesammte öffentliche Meinung eine Abänderung des Bestehenden fordern. Wenn auch zuzugeben ist, daß der Zeitpunkt für eine prinzipielle und durchgreifende Revision des Strafgesetzbuchs noch

---

Two Years, with or without hard labour, or to pay such Fine as the Court shall award, in addition to or without any such other discretionary Punishment as afore said.“

Der Gerichtshof hat also lebenslängliches, zeitiges (nicht unter 3 Jahren) Zuchthaus, Gefängniß von einem Tage bis zu 2 Jahren (mit oder ohne schwere Arbeit) und Geldstrafe, letztere allein oder zusätzlich zu einer der anderen Strafen, zu seiner Auswahl. — Man wird auch zu dem bewährten deutschen Richterstande das Vertrauen haben können, daß er im Vollgefühl der Verantwortlichkeit nicht bloß für das Wohl des Verbrechers, sondern auch der Verletzten und der Gesellschaft von dem ihm durch das Reichsstrafgesetzbuch eingeräumten Ermessen den richtigen Gebrauch und damit fernere Versuche, die zu verhängenden Strafen möglichst schon im Gesetz zu bestimmen, überflüssig machen wird.

[4]) Vgl. Motive zu dem G. vom 26. Febr. 1876 (Drucks. Nr. 54 S. 28 ff.) und Dr. Fuchs, zur Revision des deutschen Strafgesetzbuchs, Breslau 1876, S. 3 ff.

[5]) Vgl. Motive zu dem Ges. v. 26. Febr. 1876. (Drucks. Nr. 54 S. 24 ff.)

[6]) Vgl. über diese Vorlage Fuchs, zur Revision u. s. w.

[7]) Unter den Aenderungen ist namentlich die Beseitigung des von dem Entwurf in weitem Umfange aufgenommenen Institutes der Friedensbürgschaft hervorzuheben.

[8]) Drucks. Nr. 54.

nicht gekommen ist, so läßt sich doch nicht verkennen, daß ein dringendes Bedürfniß partieller Revision besteht. Für deren Umfang muß die Bedürfnißfrage maßgebend sein. Auf diesem Standpunkte steht der Entwurf, indem er eine Revision vorschlägt, derselben aber Schranken setzt.

Er beabsichtigt zunächst, die Mißstände zu beseitigen, welche sich in Betreff einer Anzahl von Bestimmungen des Strafgesetzbuchs nach den in der Praxis gemachten Erfahrungen herausgestellt haben.

Er ist ferner bemüht, Lücken auszufüllen, die in der Praxis sehr fühlbar empfunden worden sind.

Er erachtet es endlich für angemessen, einzelne Versehen, welche bei der Redaktion des Gesetzbuchs sich eingeschlichen haben, zu berichtigen.

Dagegen wurde von solchen Aenderungen abgesehen, welche sich nicht auf ein in der Praxis hervorgetretenes Bedürfniß, sondern lediglich auf theoretische Abwägung der einzelnen Bestimmungen und ihrer Konsequenzen stützen, oder welche nur von geringer praktischer Tragweite sein würden.

Ebenso konnten vereinzelte in der Praxis beobachtete eigenartige Vorfälle, rücksichtlich deren einzelne Bestimmungen des Strafgesetzbuchs sich als unangemessen oder unzulänglich erwiesen haben sollen, nicht als ausreichend erachtet werden, um ein Bedürfniß zur Abänderung oder Ergänzung des Gesetzes zu begründen.

Ferner wurde es nicht für die Aufgabe der Revision erachtet, alle hervorgetretenen Zweifel über das Verständniß der einzelnen Vorschriften des Gesetzes zu heben, da es an sich nicht Sache der Gesetzgebung sein kann, allen derartigen Bedenken zu begegnen, die Auslegung des Gesetzes vielmehr in die Aufgabe der von der Wissenschaft unterstützten Rechtsprechung fällt, deren Einheit durch die in Aussicht stehende Errichtung eines höchsten Gerichtshofes für das Reich wesentlich gefördert werden wird."

3. Die erste Lesung des Entwurfs im Reichstage fand am 3. Dezember 1875 statt [9]). Die Majorität des Reichstags, deren Auffassung der Abg. Lasker Ausdruck gab, entschied sich dafür, die Revision des Gesetzbuchs möglichst auf das Bedürfniß zu beschränken. Von diesem Gesichtspunkt aus wurde der Beschluß gefaßt:

I. a. aus dem Artikel I die §§. 64, 102f., 176, 177, 178, 194, 223, 228, 232, 240, 241, 247, 263, 292, 296 und 310,

b. aus dem Artikel II den §. 496

einer Kommission zur Vorberathung zu überweisen;

II. über die übrigen Vorschläge des Entwurfs in die zweite Berathung einzutreten.

Seitens des Reichskanzlers waren die Bestimmungen des Entwurfs betreffend den Widerstand gegen die Exekutivbeamten, sowie die (neuen) Vorschriften über Dienstvergehen von Beamten des auswärtigen Amts als besonders dringlich bezeichnet.

Die erwählte Kommission bestand aus den Abgeordneten Simson (Vorsitzender), v. Schwarze, Grosmann, Banks, Becker, Bär, v. Brauchitsch, Erhard, v. Forcade de Biaix, Haarmann, Hauck, A. Reichensperger, Stenglein und Wagner. Dieselbe hielt 14 Sitzungen und erstattete über ihre Beschlüsse [10]) durch den Referenten v. Schwarze dem Plenum mündlichen Bericht.

Die Plenarberathungen in zweiter Lesung fanden statt am 14. Dezember 1875 [11]) und 20., 21., 22., 24., 27., 28., 29. Januar 1876 [12]). Die Regierungsvorlage wurde nur erheblich verkürzt und beschränkt angenommen [13]).

---

9) Vgl. St.B. S. 385 ff.

10) Vgl. dieselben zusammengestellt in Nr. 145 der Drucks.

11) St.B. S. 621.

12) St.B. S. 781 ff. und die gestellten Amendements in Nr. 91, 102, 109, 110, 114, 118, 120, 131, 150, 155, 156, 157, 159, 160, 162, 168, 171, 175, 177 der Drucks.

13) Die Zusammenstellung der Beschlüsse vgl. in Nr. 181 der Drucks.

Die dritte Lesung fand am 9. und 10. Februar 1876 statt[14]), und führte zu einzelnen weiteren Aenderungen und Ergänzungen[15]). Aus den Berathungen dritter Lesung ist als — vom Gesichtspunkte der allgemeinen und Gesetzgebungs-Politik bemerkenswerth — die Rede des Reichskanzlers in der Sitzung vom 9. Februar 1876 hervorzuheben. — Die so hergestellten Reichstagsbeschlüsse erhielten demnächst die Genehmigung des Bundesraths. Das Gesetz wurde unterm 26. Februar 1876 vom Kaiser vollzogen und in der am 6. März 1876 ausgegebenen Nr. 6 des Reichsgesetzblattes publizirt. Nach Artikel 2 der Reichsverfassung ist das Gesetz am 20. März 1876 in Kraft getreten. Gleichzeitig mit der Publikation des Gesetzes erfolgte seitens des Reichskanzlers auf Grund der ihm im Artikel V desselben ertheilten Ermächtigung die Bekanntmachung des neuen Textes des Strafgesetzbuchs (vgl. R.G.Bl. S. 39 ff.).

4. Faßt man die Resultate der legislativen Berathung kurz zusammen, so sind namentlich die Vorschläge der verbündeten Regierungen, welche eine verschärfte Ahndung einzelner Vergehen gegen die öffentliche Ordnung betrafen, vom Reichstag nicht angenommen. Ferner wurden die vorgeschlagenen Aenderungen betreffend die Strafbarkeit der im Ausland begangenen strafbaren Handlungen (mit einer Ausnahme bezüglich der Amtsverbrechen), sowie betreffend besondere Bestimmuugen über den sog. beendigten Versuch abgelehnt. Dagegen ist namentlich den im Eingang hervorgehobenen Mängeln bezüglich der Antragsverbrechen und der von Kindern begangenen strafbaren Handlungen (vgl. §. 55 Abs. 2 und §. 361 Nr. 9), nicht minder den Wünschen der Regierung auf Verschärfung der zum Schutz der Exekutivbeamten bestehenden Strafbestimmungen (vgl. §§. 113, 114, 117) Rechnung getragen.

Besonders zu bemerken sind zwei neue Paragraphen, deren Entstehung auf bestimmte Vorkommnisse zurückzuführen ist, welche die bestehenden Vorschriften als lückenhaft erscheinen ließen. Es sind dieses der §. 49a, welcher die Aufforderung oder das Erbieten zur Begehung von Verbrechen, ohne Rücksicht darauf, ob ein Erfolg eingetreten ist, unter Strafe stellt, und der §. 353a, welcher die Disziplin im Dienste des auswärtigen Amts zu sichern bestimmt ist[16]).

---

14) Vgl. St.B. S. 1301 ff. und die in 3. Lesung gestellten Amendements in Nr. 196, 210, 211, 226, 227, 228, 230, 232, 235, 237 der Drucks.

15) Vgl. die Zusammenstellung der Beschlüsse 3. Lesung in Nr. 238 der Drucks.

16) Außer durch das Reichsgesetz v. 10. Dezember 1871, wie oben S. 35 bemerkt, und der Novelle v. 26. Februar 1876 hat das Reichsstrafgesetzbuch noch Abänderungen erlitten:

a) durch das R.G. vom 30. November 1874 (R.G.Bl. S. 143,) welcher den § 287,

b) durch das R.G. vom 6. Februar 1875 über die Beurkundung des Personenstands und die Eheschließung (R.G.Bl. S. 23), dessen §. 67 den §. 337,

c) die Reichs-Konkurs-Ordnung v. 10. Februar 1877, deren §§. 209—214 die §§. 281 bis 283 des St.G.B. ersetzte,

d) durch das R.G. vom 24. Mai 1880 betr. den Wucher, welches die §§. 302a—d einschaltete, endlich

e) durch das R.G. vom 5. April 1888 betr. die unter Ausschluß der Oeffentlichkeit stattfindenden Gerichtsverhandlungen, dessen Art. IV. dem §. 184 St.G.B. einen zweiten Absatz beifügte,

f) durch das Reichsgesetz vom 13. Mai 1891, durch welches die §§. 276, 317, 318, 360 Ziff. 4, 364, 367 Ziff. 5 Abänderungen erlitten und §. 318a neu beigefügt wurde.

Alle diese Aenderungen sind an den treffenden Stellen eingeschaltet, und daselbst auch die Materialien angegeben, da diese Abänderungen nur ganz vereinzelte Materien zum Gegenstand haben.

9. Reichsstrafrecht und Landesstrafrecht[1]).

1. Aus Art. 2 der R.=V.:

„Innerhalb dieses Bundesgebietes übt das Reich das Recht der Gesetzgebung nach Maßgabe des Inhalts dieser Verfassung und mit der Wirkung aus, daß die Reichsgesetze den Landesgesetzen vorgehen. Die Reichsgesetze erhalten ihre verbindliche Kraft durch ihre Verkündigung von Reichswegen, welche vermittelst eines Reichsgesetzblattes geschieht."

folgt für die Reichsstrafgesetze die allgemeine Wirkung: daß alle Landesstrafgesetze, welche und insoweit sie entweder sich auf die von der Reichsgesetzgebung ergriffenen Gegenstände beziehen oder solche Vorschriften enthalten, welche von den Bestimmungen des Reichsgesetzes abweichen, außer Kraft treten. Es folgt ferner daraus: daß in dem angegebenen Umfange die Landesgesetzgebung auch künftighin sich jeder Thätigkeit zu enthalten hat.

Diese derogirende Kraft erstreckt sich, worauf besonders aufmerksam zu machen ist, nicht bloß darauf: welche Handlungen und in welchem Maße dieselben strafbar sind, sondern auch darauf: welche Handlungen straflos sind[2]). Ein Beispiel der letztern Art bietet das der gegenwärtigen Kodifikation bereits vorhergegangene Bundesgesetz vom 14. November 1867[3]), welches die Straflosigkeit des Wuchers ausspricht. Von vornherein muß aber darauf hingewiesen werden, daß, soll die Landesgesetzgebung in letzterer Hinsicht einer verbindlichen Beschränkung unterliegen, irgend ein direkter oder indirekter Ausspruch der Reichsgesetzgebung darüber, daß eine Handlung nicht unter Strafe zu stellen sei, vorliegen muß. Beispiele direkter Art geben das vorangeführte Bundesgesetz und die §§. 11 und 12 des St.G.B., durch welche die Freiheit der Rede und der Abstimmung in allen parlamentarischen Versammlungen der Bundesstaaten, sowie die Freiheit der Berichterstattung über parlamentarische Verhandlungen gewährleistet wird. Letzteres Beispiel ist insofern von hervorragendster Bedeutung, als durch dasselbe die Kompetenz der Reichsstrafgesetzgebung auch den Landesverfassungs-Gesetzen gegenüber von den maßgebenden Faktoren, dem Bundesrath und dem Reichstag, klar festgestellt ist[4]). Beispiele indirekter Art geben die Vorschriften

---

[1]) Heinze, das Verhältniß des Reichsstrafrechts zum Landesstrafrecht, Leipzig 1871, und in v. Holtzendorff's Handb. II S. 3 ff. — v. Holtzendorff, Strafrechtszeitung 1871 S. 19. — Schwarze, Gerichtssaal 1870 S. 381 ff. — Otto in den Sächs. Annalen. N. F. VIII u. X. — H. Meyer, 4. Aufl. Lehrb. S. 144.

[2]) Vgl. namentlich Heinze, Reichsstrafrecht und Landesstrafrecht S. 21 u. 30 ff.

[3]) B.G.Bl. S. 159.

[4]) Ueber die opportunitas loci der durch Reichstagsbeschluß (vgl. oben S. 22) aufgenommenen §§. 11 und 12 in das Reichsstrafgesetzbuch läßt sich streiten. Die formelle Kompetenz des Reiches ist nicht zu bezweifeln, und materiell hatte das Reich, bei der in den einzelnen Verfassungsgesetzen herrschenden Verschiedenheit, vollkommene Veranlassung, um ein für das Reichverfassungsrecht durch die Artikel 30 und 22 der Reichsverfassung anerkanntes Axiom auf das Landesverfassungsrecht zu übertragen. Die besonderen gesetzgebenden Gewalten, welche unter und neben der Reichsgewalt theils ergänzend, theils selbstständig fortwirken, bedürfen derselben elementaren Voraussetzung, der gleichen Freiheit der Bewegung, wie sie die Reichsgewalt für den einen ihrer Faktoren, den Reichstag, beansprucht. Die §§. 11 und 12 erfüllten deshalb nur eins der ersten Postulate der nothwendigen Uebereinstimmung von Haupt und Gliedern in einem Staatsgebilde, welches — mag man es Bundesstaat, Staatenbund oder anders nennen — einen durch das Ineinandergreifen lebendig wirkender Kräfte sich kennzeichnenden Organismus darstellt. Die Herstellung der Konformität in dieser Richtung nicht von dem zögerlichen Vorgehen der Landesgesetzgebungen abhängig zu machen, hatte die Reichsgesetzgebung wohl Recht. Vgl. über die in Frage kommenden Gesichtspunkte die gründlichen Ausführungen von Heinze, Erörterungen S. 1, 6. Zum Revid. Entw. S. 4, 16 ff. und Reichsstrafrecht und Landesstrafrecht S. 134 ff., und außerdem Zachariä im Gerichtssaal 1869 S. 406, welcher letztere die Kompetenz des Bundes für ausgeschlossen erachtet, weil das Verfassungsrecht, dem die strafrechtliche Vorschrift dienen soll, der Bundeskompetenz nicht unterliegt und weil die norddeutsche Bundesverfassung nicht — wie der ehemalige Deutsche Bund, besonders

des Allgemeinen Theils über den Versuch und die Theilnahme. Es muß angenommen werden, daß die Reichsgesetzgebung erschöpfende Vorschriften über diese allgemeinen strafrechtlichen Begriffe hat geben wollen. Die besonderen Vorschriften der Landesgesetzgebungen über die Bestrafung vorbereitender Handlungen, des Versuches mit untauglichen Mitteln, des Komplotts, sind dadurch, jedenfalls insofern sie auf alle strafbaren Handlungen Anwendung leiden wollen, aufgehoben, und es ist ebenso verboten, künftighin solche Vorschriften allgemein[5]) aufzustellen. Fernere Beispiele derselben Art gewähren die Vorschriften des 2. Theils über besondere Verbrechenskategorien, wie über Diebstahl, Unterschlagung u. s. w. Danach kann es der Landesgesetzgebung nicht freistehen, besonders ausgezeichnete Arten dieser Verbrechen, wie z. B. die im §. 217 des preuß. St.G.B. von 1851 aufgezählten, in das St.G.B. nicht aufgenommenen Fälle, wieder mit einer besondern Strafe zu bedrohen.

Für die Beurtheilung darüber: welche Landesstrafgesetze für aufgehoben zu erachten und welche Gegenstände der Landesgesetzgebung entzogen sind, ist hiernach die Erwägung maßgebend[6]):

> daß die Landesgesetzgebung nicht Bestimmungen enthalten darf, welche mit einzelnen reichsgesetzlichen Vorschriften oder mit dem System und Zusammenhang des Reichsstrafgesetzes im Widerspruche stehen würden.

Darüber: ob ein Landesgesetz hiernach mit dem Reichsgesetz im Widerspruche steht, haben die Gerichtshöfe zu urtheilen. Ein bemerkenswerthes und lehrreiches Beispiel hierzu bietet die mit der Einführung des Reichsstrafgesetzbuchs erlassene Sächsische (Königreich) Verordnung vom 10. Dezember 1870, die Bestrafung der wahrheitswidrigen (nichteidlichen) Aussage vor öffentlichen Behörden betreffend[7]). Der sächsische oberste Gerichtshof erachtete diese Verordnung, welche auch das nichteidliche falsche Zeugniß für strafbar erklärte, als mit dem Geist und Zusammenhang des Reichsstrafgesetzbuchs in Widerspruch stehend, und deshalb für die sächsischen Gerichtshöfe mit Rücksicht auf Artikel 2 der Reichsverfassung als unverbindlich[8]). In Folge dessen wurde die gedachte Verordnung durch Königliches Dekret aufgehoben[9]).

Wenn dagegen das Reichsstrafgesetz lediglich schweigt, so ist die landesgesetzliche Kompetenz nicht ausgeschlossen. Dieses muß selbst für diejenigen Fälle eingeräumt werden, welche nach den gesetzgeberischen Verhandlungen absichtlich nicht in das St.G.B. aufgenommen sind. Dem Schweigen des Reichsgesetzes kann als Motiv entweder Straflosigkeit oder die Absicht dienen, irgend eine Handlung

---

in der Wiener Schlußakte von 1820 Art. 53—62 — für das Verfassungsrecht der Einzelstaaten positive oder negative Direktivnormen aufstelle. Seitdem die Strafprozeßordnung Reichsgesetz geworden ist, kann die Frage nicht mehr controvers sein, da, wenn nicht auch die §§. 11, 12 reichsgesetzliche Kraft hätten, §. 152 Abs. 2 St.P.O. die Strafverfolgung unter Derogation der Landesgesetze vorschreiben würde.

[5]) Dagegen wird es der Landesgesetzgebung nicht benommen sein, für die in Geltung bleibenden besonderen Landesgesetze je nach Bedürfniß Abweichungen von den allgemeinen Grundsätzen festzusetzen, ebenso wie solche Abweichungen auch in einzelnen besonderen Bundesgesetzen vorkommen.

[6]) Heinze, Erörterungen S. 32 und Ders.: Reichsstrafrecht und Landesstrafrecht S. 21 ff. Wir berufen uns auf die Ausführungen dieses Kriminalisten um so lieber, als derselbe, wenngleich er die umfassende Kompetenz des Bundes auf dem Gebiete des Strafrechts anerkennt, doch geneigt ist, die Ausübung dieser Kompetenz zu beschränken.

[7]) Sächs. Ges. u. Verordn.Bl. S. 358 ff.

[8]) Erk. des Ob.App.Gerichts zu Dresden vom 27. September 1872 (Goltd. A. XX, S. 97 ff., St. II, 33). Die Motivirung dieser Entscheidung ist besonders vom Standpunkte der dogmatischen Auslegung für den Begriff „Materie" im §. 2 des Einf.-Gesetzes beachtenswerth.

[9]) Königliches Dekret an die Stände, die Aufhebung einer nach §. 88 der Verfassungsurkunde erlassenen Verordnung betreffend, vom 15. November 1872.

der landesgesetzlichen Kompetenz zu überlassen. Hierin ist mit Recht[10]) eine der einflußreichsten Verschiedenheiten zwischen dem St.G.B. für das Reich und einem St.G.B. für einen völlig einheitlichen Staat zu finden.

Selbst wenn bei der Feststellung des Reichsstrafgesetzbuchs durch die berufenen Faktoren irgend eine in sich begrenzte Handlung mit dem ausgesprochenen Willen, dieselbe straflos zu lassen, in das Gesetz nicht aufgenommen wäre, würde die Landesgesetzgebung formell nicht verpflichtet, auf dieses Motiv Rücksicht zu nehmen. Wie mit Recht bei den Reichstagsverhandlungen darauf hingewiesen wurde, daß die Gerichte für die Beurtheilung, welche Landesgesetze für aufgehoben zu erachten seien, nicht an die Meinungen gebunden seien, welche der Reichstag mit der Annahme des Strafgesetzbuchs verbände[11]), eben so wenig ist die Landesgesetzgebung an die Motive gebunden, welche für den Bundesrath oder Reichstag bei einem Beschlusse maßgebend waren, ohne daß dieser Beschluß durch eine besondere Vorschrift oder wenigstens durch den Zusammenhang der wirklich gegebenen Bestimmungen zum **gesetzlichen Ausdruck** gekommen ist. So hat der Reichstag z. B. aus dem gewissermaßen eine clausula generalis, einen Sammeltitel der verschiedenartigsten Vergehen bildenden Abschnitt 25: „Strafbarer Eigennutz und Verletzung fremder Geheimnisse" den in den §. 283 des Entw. übergegangenen §. 270 des preuß. St.G.B., die Bestrafung des Abhaltens von Bietern bei öffentlichen Versteigerungen u. s. w. betreffend, gestrichen, weil die bezüglichen Handlungen als straflos angesehen werden sollen[12]). Aus dieser Thatsache folgt weder, daß der §. 270 des preuß. St.G.B. oder ähnliche Bestimmungen anderer Gesetzgebungen aufgehoben sind, noch daß die Landesgesetzgebungen unbedingt verhindert sind, eine ähnliche Vorschrift in der Zukunft zu erlassen[13]). In letzterer

---

[10]) Heinze a. a. O. S. 24 und Ders.: Reichsstrafrecht und Landesstrafrecht S. 30 ff.

[11]) Rede des Abg. Lasker, St.B. S. 1177.

[12]) St.B. S. 724 ff.

[13]) Die für die oben erweiterten Prinzipien hervorragend wichtige Frage: ob der §. 270 des Pr. St.G.B. noch in Kraft sei, hat zu mannigfachen Erörterungen Veranlassung gegeben. In der Praxis hat sich das Bedürfniß für das Fortbestehen der Vorschrift herausgestellt. Eine Verfügung des Pr. Justizministers v. 28. Febr. 1874 ist der obigen Ansicht auch beigetreten. Das O.Tr. war jedoch der Ansicht, daß der §. 270 aufgehoben sei. Vgl. Beschluß vom 25. Juni 1874, 11. Sept. 1874 und 19. Nov. 1874 (Goltd. XXII, 490, O.R. XV, 448, 555, 801). Die Motivirung der Beschlüsse ist widersprechend, indem der erste und dritte die vage Ueberschrift „strafbarer Eigennutz" für eine Materie im Sinne des §. 2 des Einf.Ges. erachtet, während der zweite dieses ausdrücklich verneint und als Entscheidungsgrund anführt, daß nach den Reichstagsverhandlungen kein Zweifel darüber bestehen könne, daß der entsprechende §. 283 des Entwurfs eines Strafgesetzbuchs für den Norddeutschen Bund als „veraltete" Strafbestimmung überhaupt hat beseitigt werden sollen. Auf letzteres Moment legt auch der Beschluß v. 19. Nov. 1874 das Hauptgewicht. Dem gegenüber sei die Bemerkung gestattet, daß unseres Dafürhaltens der juristischen Hermeneutik nur noch ein geringer Werth beiwohnt, wenn legislativen Verhandlungen, zumal in der Jetztzeit, wo oftmals die Gründlichkeit der Erwägung mit der Nothwendigkeit des Fertigwerdens im Kampf steht, gesetzliche Kraft beigelegt wird, während erfahrungsmäßig die Gründe einzelner Redner keineswegs immer für die Majorität der Beschließenden maßgebend sind. Die Argumentation des O.Tr. in dem Beschluß v. 25. Juni 1874, es handele sich allerdings um eine Materie im Sinne des Einf.Ges., wird nach unserer Ansicht hinfällig werden, wenn eins der anderen, formell nicht beseitigten Strafgesetzbücher eine ähnliche Bestimmung, aber etwa unter einer anderen Rubrik enthalten hätte. (Die fortdauernde Geltung des §. 270 erkannte an R.G. IV. 6. März 1888, Entsch. XVII. 202.) Für Elsaß-Lothringen ist jene Erwägung völlig zutreffend. Im Code pénal findet sich die entsprechende Vorschrift des Art. 412 im Kapitel II: **„Crimes et délits contre les propriétés"**, unter der Sektion II: **„Banqueroutes, escroqueries et autres espèces de fraude"** und unter §. 4 mit der Ueberschrift **„Entraves apportées à la liberté des enchères"**. Sieht man die letztere Ueberschrift als maßgebend an, so liegt ein **delictum sui generis** vor, welches augenfällig im R.St.G.B. keine Analogie hat. Daß aber **„crimes et délits contre les propriétés"** oder **„autres espèces**

Hinsicht ließen sich sogar gute Gründe dafür beibringen, daß die Landesgesetzgebungen zur Steuerung von auffallenden Mißbräuchen in bestimmten Gegenden wohl befugt wären, durch das Strafgesetz einzugreifen. Gegen den Geist der Reichsgesetzgebung würde ein solches Vorgehen aber sicherlich verstoßen, wenn nicht ganz konkrete, von den im Großen als gleichartig vorauszusetzenden Verhältnissen innerhalb des Reichs augenscheinlich abweichende Umstände eine partikuläre Vorschrift rechtfertigten oder deren Aufrechthaltung geböten.

Inwieweit nun in Fällen der letztgeschilderten Art die Landesgesetzgebung verpflichtet ist, sowohl bestehende, von der Reichsgesetzgebung nicht formell abgeschaffte Strafbestimmungen ihrerseits aufzuheben, als auch sich jedes ferneren legislativen Vorgehens zu enthalten, ist nach den maßgebenden Rücksichten der Loyalität, welche aus dem allgemeinen Verhältnisse der Reichsgesetzgebung zur Landesgesetzgebung fließend, für jedes besondere Verhältniß von vornherein schwer zu definiren und deshalb von den Landesgesetzgebungen zur Geltung zu bringen sind, zu bemessen. „Die Bundesgesetzgebung muß" — so sagen die Motive zum I. Entwurf [14]) — „vertrauen, daß die Landesgesetzgebungen sich der ihnen überlassenen Aufgabe überall im Sinne der Artikel 2 und 4 der Verfassung, und im Einklange mit den dem Norddeutschen Strafgesetzbuche zu Grunde liegenden allgemeinen Prinzipien entledigen werden."

Sollte diese Voraussetzung in einzelnen Fällen nicht eintreffen, dann würde es für die Reichsgesetzgebung im Interesse der Rechtseinheit allerdings geboten sein, auf dem zweifelhaften Gebiete durch einen formellen Ausspruch den unverrückbaren Grenzstein zwischen der Reichs- und Landesgesetzgebung aufzustellen. Ueber die reichsgesetzliche Kompetenz hierzu s. unten S. 44 ff., besonders Note 19.

2. Unter der Voraussetzung der nach dem Vorhergehenden den Reichsgesetzen innewohnenden derogirenden Kraft, ruht das Reichsstrafgesetzbuch auf dem im §. 3 desselben ausgesprochenen Fundamentalsatz:

> „Die Strafgesetze des Deutschen Reichs finden Anwendung auf alle im Gebiete desselben begangenen strafbaren Handlungen, auch wenn der Thäter ein Ausländer ist."

Wie bereits das Gesetz über die Gewährung der Rechtshülfe vom 21. Juni 1869

---

de fraudes" keine Materie im Sinne des §. 2 des Einf.Ges. (Art. II des Einf.Ges. für E.-L.) sind, wird einer Ausführung nicht bedürfen. Vgl. hierüber auch: Förtsch, der Code pénal in E.-L., Straßb. 1873. Die Praxis der Elsaß-Lothringenschen Gerichtshöfe (vgl. Förtsch und Leoni: Sammlung der in E.-L. neben dem St.G.B. in Geltung gebliebenen Gesetze, Straßburg 1875, S. 125) scheint den Art. 412 des **Code pénal** als fortbestehend anzusehen.

An dieser Ausführung ändert der Umstand nichts, daß die verbündeten Regierungen, von der Nothwendigkeit einer entsprechenden Strafbestimmung überzeugt, wegen des Schwankens der Judikatur in dem Entwurf der Strafgesetznovelle die Annahme einer dem §. 270 des Pr. St.G.B. nachgebildeten Bestimmung (§. 287a des Entwurfs) vorschlugen, während der Reichstag bei wiederholter Berathung, obschon das Bedürfniß zum Theil anerkannt wurde, bei seinem ablehnenden Beschluß beharrte (St.B. von 1875/76 S. 1011 u. 1356). Vgl. übrigens auch die zutreffenden Ausführungen von Meves, Goltd. A. XXIII, 25. Das Reichsgericht hat denn auch die fortdauernde Geltung des **art. 412 Code pén.** gebilligt durch Urth. v. 27. März 1884 Entscheidungen X, 221. Rechtspr. VI. 227.

Eine ähnliche Controverse hatte bestanden bezüglich des Fortbestehens des Art. 8 des franz. Ges. v. 25. März 1822 betr, die Bestrafung und Verfolgung von Vergehen, welche durch die Presse oder auf anderem Wege öffentlich begangen worden sind. Das R.G. hatte durch Urth. v. 17. Nov. 1887 (Entsch. XVI, 340, Rechtspr. X, 161) und 20. Febr. 1888 (Entsch. XVII, 134, Rechtspr. X, 160) die fortdauernde Geltung neben Art. II Abs. 2 des Ges. v. 30. August 1871 betr. die Einführung des St.G.B. f. d. D. R. in Elsaß-Lothringen verneint, das Ges. v. 29. März 1888 über die Auslegung des Art. II u. s. w. durch authentische Interpretation bejaht. Vgl. auch Urth. des R.G. v. 23. Dez. 1889, Entsch. XX, 146.

[14]) Vgl. Motive z. I. Entw. S. 200. S. auch Rede des Abg. Miquel, St.B. S. 1178.

das gesammte Bundesgebiet prozessualisch als Einheit behandelt und von diesem Prinzip vornehmlich aus dem Grunde der Verschiedenheit der einzelnen Strafgesetzgebungen Ausnahmebestimmungen zuläßt, so stellt der §. 3 diese Einheit für das materielle Strafrecht her. Es gibt damit dem Prinzip der sog. Territorialität des Strafrechts innerhalb des ganzen Reichs wieder Ausdruck, welches Prinzip in Deutschland ehemals, zufolge des Zusammenhangs der einzelnen Staaten mit Kaiser und Reich anerkannt, allmählich durch die Sondergesetzgebung und Praxis verkümmert, nach Auflösung des Deutschen Reichs gänzlich verschwunden war und in den Landesstrafgesetzbüchern zu der vollständigen Unterscheidung aller Einzelstaaten nach den Begriffen: Inland und Ausland geführt hatte [15]). Die hieraus sich ergebende, für das Strafrecht wie für den Strafprozeß gleich schwer wiegende Folge ist die:

Jede im Reiche, einerlei in welchem Bundesstaate, begangene Verletzung der Reichsstrafgesetze ist überall zu verfolgen und zu bestrafen [16]).

Diesem Gedanken der Rechtseinheit hatte bereits der Abgeordnete Schwarze als Berichterstatter der Kommission für das Rechtshülfegesetz Worte verliehen:

„Wir sind" — sagt er — „der Meinung gewesen, daß wir nicht wünschen können, daß ein Strafgesetzbuch im Norddeutschen Bunde für jedes einzelne Bundesland in einem besonderen Einführungsgesetze in's Leben trete, daß vielmehr ein einheitlicher Strafkodex mit einem Einführungsgesetze für das gesammte Gebiet des Norddeutschen Bundes erlassen werde" [17]).

In Uebereinstimmung mit dieser Auffassung der Reichstagskommission, welche auch bereits von dem erwähnten (S. 8) „Entwurf eines allgemeinen deutschen Strafgesetzbuchs von 1849" getheilt worden war, mußte von dem Gedanken Abstand genommen werden, etwa nach dem Vorbilde des thüringischen Strafgesetzbuchs ein abstraktes Gesetzbuch zu schaffen und dieses durch die Publikation im Bundesgesetzblatt in jeden der 22 Bundesstaaten einzuführen. Vielmehr sind die Motive [18]) zum §. 3 gewiß zu billigen, indem sie besagen:

„Die Ausführung der die Strafgesetzgebungsbefugniß des Bundes begründenden Vorschriften der Verfassung (Artikel 4 Nr. 13 in Verbindung mit Artikel 2) gebietet es, da, wo der Bund von jener Befugniß Gebrauch macht, das Bundesgebiet als ein einheitliches Ganzes aufzufassen. Die Unterscheidung zwischen Inland und Ausland, zwischen Inländern und Ausländern, wie solche in den deutschen Strafgesetzen bisher bestand, kann für die norddeutsche Strafgesetzgebung in dem Verhältniß der einzelnen Bundesstaaten und deren Angehörigen zu einander keine Anwendung mehr finden. Die durch jene Unterscheidung für die Anwendbarkeit der Gesetze geschaffenen, der vielfach verschlungenen Abgrenzung der Staatsgebiete parallel gehenden Grenzen und die hieraus für die Rechtsverfolgung entstandenen Schwierigkeiten und Verwickelungen müssen vor der durch die Bundesverfassung vorgezeichneten Gemeinschaftlichkeit des Rechtes verschwinden.

Dieser in der Bundesverfassung begründeten Auffassung gemäß regeln die §§. 3 und 4 des Entwurfes die räumliche Herrschaft der Bundesstrafgesetze im Sinne des Territorialitätsprinzips, und zwar in der Weise, wie solches in dem preußischen Strafgesetzbuche Anerkennung gefunden hat.

---

[15]) Vgl. Zachariä im Gerichtssaal 1868 S. 206 ff., die Abhandlung: das Strafgesetzbuch und die Todesstrafe in den Preuß. Jahrbüchern (Maiheft) 1870 und oben S. 14.

[16]) Damit ist die Frage nicht ausgeschlossen: ob die prozessualische Kompetenz nicht nach bestimmten Rücksichten zu regeln, namentlich für die Zuständigkeit des Gerichts das Hauptgewicht auf den Ort der begangenen Handlung zu legen, also dem sog. **forum delicti commissi** in der Regel der Vorzug einzuräumen sei, wie dieses in der deutschen Strafprozeßordnung (§§. 7 ff.) auch geschieht. Vgl. von Bar: Bemerkungen über die internationalen und staatsrechtlichen Bestimmungen des Entwurfs eines Strafgesetzbuchs f. d. Nordd. Bund in Goltdammer's Archiv 1870 S. 89 ff.

[17]) Vgl. die Reichstagsverhandlungen auch in Goltdammer's Archiv 1869 S. 382, 451 ff.

[18]) Motive zu §§. 3 und 4 St.G.B.

Auch im Einzelnen entspricht der Inhalt der §§. 3 und 4 des Entwurfs den Vorschriften der §§. 3 und 4 des preußischen Strafgesetzbuchs mit den sich aus der Eigenschaft eines für den Bund bestimmten Gesetzes von selbst als nothwendig ergebenden Abänderungen."

3. Das Reichsstrafgesetzbuch selbst beschränkt sich darauf, auf den Grundlagen, wie sie vorher in Anknüpfung an den §. 3 des St.G.B. und den Artikel 2 der Reichsverfassung entwickelt sind, diejenigen strafrechtlichen Materien zu behandeln, welche usuell in den kodifizirten Strafgesetzen der neueren Zeit enthalten sind. Es ist dabei jedoch auf eine möglichste Vervollständigung des ganzen Systems, was sich schon aus bloßen Gründen der Uebersichtlichkeit empfahl, Rücksicht genommen [19]).

---

[19]) Die Frage: ob das Reich zum Erlaß aller strafrechtlichen Bestimmungen kompetent sei, namentlich auch, was vielfach ventilirt worden, auf dem Gebiete des sog. Polizeistrafrechts, kann und braucht hier nicht weiter erörtert zu werden. Dieselbe ist zu bejahen. Es wird für die nähere Begründung auf die schon mehrfach angezogenen „Erörterungen" von Heinze verwiesen, welcher S. 12 sich dahin zusammengefaßt: „Auf dem ganzen Gebiete der, gleichviel aus welchem Grunde, in welcher Art und unter welcher Form, strafenden Thätigkeit des Staats ist demnach kein einziges Stück, welches der Gesetzgebung des Bundes nicht zur Verfügung gestellt wurde." — Eben so wenig wird sich dem Reiche das Recht bestreiten lassen, — wie es von Heinze a. a. O. S. 18 gegen Dr. H. Meyer, das Nordd. Strafrecht S. 7 (Lehrb. 2. Aufl. S. 81), geschieht, — Bestimmungen mit lokaler Begrenzung, also namentlich für einen einzelnen Bundesstaat zu erlassen. Voraussetzung dazu wird lediglich ein das Reich berührendes Interesse sein können, welches eine nähere Regulirung des Verhältnisses zwischen Haupt und Glied erheischt. Augenscheinlich irrig dürfte die entgegenstehende Ausführung Heinze's überall da sein, wo der von ihm selbst so betonte accessorische Charakter des Strafrechts im Verhältniß zu denjenigen „Angelegenheiten" in Betracht kommt, welche Art. 4 der Reichsverfassung — außer der Nr. 13 — dem Reiche überweist. Denn die rechtliche Regulirung dieser Angelegenheiten begreift auch ohne die Bestimmung in Nr. 13 das Strafrecht rücksichtlich derselben in sich, und auf diesen Gebieten ist es weder durch den Wortlaut, noch den denkbaren Zweck der Verfassung verboten, für besondere Theile des Reiches besondere Vorschriften zu treffen, z. B. für die Seestädte, — ja sogar die Landesstrafgesetzgebung ist hier geradezu ausgeschlossen. Bereits vorhandene Beispiele dieser Art vgl. oben im Text und Note 13. — Wollte man nun aber das Wort „gemeinsame Gesetzgebung" in Art. 4 Nr. 13 der Reichsverfassung **nur** von solchen gesetzlichen Bestimmungen verstehen, welche wirklich für das ganze Reich promulgirt werden, so würde dieses geradezu zur Absurdität führen. Als solche müßte es bezeichnet werden, wenn es dem Reiche nicht bestritten wird, die nur auf lokale Bedürfnisse berechneten Bestimmungen, um die Kompetenz zu retten, formell für das ganze Reich zu erlassen. Fast unmöglich aber würde es sein, für bestimmte Bundesstaaten oder Theile Ausnahmen von der durch das Reichsgesetz gegebenen Regel festzusetzen. Zu Ausnahmen in räumlicher Hinsicht würde das Reich dann eben so wenig als berechtigt angesehen werden können. Die Landesgesetzgebung aber könnte solche Ausnahmen gegenüber der Reichsgesetzgebung nicht aufstellen. Noch weniger würde sie dieses einem bereits bestehenden Reichsgesetze gegenüber durch Aufstellung abweichender Vorschriften thun dürfen. Wollte man die Konsequenz zur Spitze treiben, so würde in diesen Fällen nichts übrig bleiben, als daß die Reichsgesetzgebung die etwaigen Ausnahmen näher bezeichnete und dem einzelnen betreffenden Staat das formulirte und begrenzte Mandat ertheilte: solche Ausnahmen durch ein Landesgesetz entweder aufrecht zu erhalten oder neu festzustellen. Unter Umständen mag die Reichsgesetzgebung in dieser Weise verfahren. Das unbedingte Verbot eines direkten Eingreifens in partikulare, das Reichsinteresse aber berührende Verhältnisse würde zu künstlichen Zuständen führen, für welche das praktische Leben kaum ein Verständniß hat. Die entgegenstehende Ansicht würdigt unsers Erachtens nicht genügend die Weiterentwickelung, welche der Artikel 4 Nr. 13 der Verfassung durch das im §. 3 des St.G.B. anerkannte Prinzip (s. oben) erfahren hat, wodurch mehr die Einheitlichkeit als die Gemeinschaftlichkeit des deutschen Strafrechts begründet ist. Darüber: ob eine strafrechtliche Vorschrift mit räumlicher Beschränkung für das Reich ein Interesse hat, wird immer nur die Reichsgesetzgebung befinden dürfen und bejahenden Falls dieselbe kraft eigener Gesetzgebungsbefugniß erlassen. Der Unterschied solcher reichsgesetzlicher Vorschriften von der bloßen Duldung des Fortbestandes abweichender partikularrechtlicher Vorschriften, wie sie z. B. die §§. 3, 4 des Bundesgesetzes v. 5. Juni 1869 (B.G.Bl. 379) enthalten, ist, worauf Heinze (Reichsstrafrecht u. s. w. S. 143) zutreffend hindeutet, insofern begründet, als in Fällen der letzteren Art die Landesgesetzgebung freie Hand hat, die partikularrechtlichen Vorschriften aufzuheben. Wenn Heinze aber die Reichsgesetzgebung für nicht berechtigt erklärt, einzelne Landes-

Damit ist keineswegs ausgeschlossen, daß die Reichstrafgesetzgebung auf gewissen abgegrenzten Gebieten selbstständige Strafgesetze erläßt. Solches ist bereits geschehen: in den Strafbestimmungen der Gewerbeordnung vom 21. Juni 1869 §§. 143 ff., der Gesetze betr. das Urheberrecht an Schriftwerken u. s. w. v. 11. Juni 1870 §§. 18 ff., das Postwesen v. 28. Oktbr. 1871, Seemannsordnung v. 27. Dez. 1872, Gesetz über die Presse v. 7. Mai 1874 u. s. w., namentlich aber als besondere Kodifikation in dem Militärstrafgesetzbuch v. 20. Juni 1872. Zerstreute Strafvorschriften des Bundes finden sich in einzelnen Gesetzen [20]), namentlich auch solche Strafvorschriften, welche nur für einzelne Staaten oder bestimmte Gebietstheile derselben gegeben sind [21]).

---

10. Einführungsgesetz zum Reichsstrafgesetzbuch *).

1. Wie man sich bei Aufnahme des Art. 4 Nr. 13 in die Bundesverfassung das künftige Verhältniß der Bundes- zur Landesgesetzgebung gedacht hat, ist nicht ersichtlich. Die Reichstagsverhandlungen gewähren dafür keine Ausbeute. Nur der Abgeordnete Miquél [1]) erinnert daran:

> „daß der Entwurf . . . die Gesetzgebung der einzelnen Staaten in jenen Materien, welche der Kompetenz des Bundes überwiesen sind, keineswegs todt macht", sondern daß er nur, insofern die Gesetzgebung der einzelnen Staaten mit der Gesetzgebung des Bundes in Konflikt geräth, die derogirende Kraft der Gesetzgebung des Bundes festhält. Es ist also keineswegs eine lokale, eine provinziale Rechtsentwickelung in den einzelnen Staaten dadurch ausgeschlossen oder gefährdet, daß die Kompetenz über allgemeine Interessen in derselben Richtung dem Bunde übertragen wird."

Unter diesen Umständen mußten sich bei Berathung und Aufstellung der Entwürfe bald schwere Bedenken darüber erheben: ob eine ersprießliche Entwickelung des Bundes- (Reichs-) und der Landesgesetzgebung in ihrem Verhältniß lediglich der allgemeinen Bestimmung des Art. 2 der Bundesverfassung anheimgegeben bleibe. Sprach sich die Bundesgesetzgebung selbst nicht weiter aus, so war es was die bestehenden und in Geltung bleibenden Landesgesetze betrifft, zunächst der Praxis, und was die künftige Gesetzgebung betrifft, einer jeden der 22 Landesgesetzgebungen überlassen, in welcher Weise darüber zu entscheiden sei: ob ein Landesgesetz mit

---

gesetze in formeller Weise aufzuheben, so kann dem nach obigen Ausführungen eben so wenig beigestimmt werden, wie unsers Wissens die maßgebenden Faktoren die desfallsige Kompetenz des Reiches nie in Zweifel gezogen haben. Ein dem Gebiete des Strafrechts nicht angehöriges Beispiel bietet das Gesetz betreffend die Aufhebung einzelner Bestimmungen des Lübischen Rechts und des Rostocker Stadtrechts vom 4. November 1874 (R.G.Bl. S. 128), vgl. die Motive zu diesem Gesetz in den Drucks. des Reichst. 1874/75 Nr. 12, wonach die Aufhebung jener partikularrechtlichen Vorschriften, welche in Schleswig-Holstein und in Mecklenburg noch formelle Geltung hatten, erfolgte, weil sie mit den Grundsätzen der Reichs-Gewerbeordnung nicht vereinbar erachtet wurden.

[20]) Z. B. in dem Gesetz betreffend die privatrechtliche Stellung der Erwerbs- und Wirthschaftsgenossenschaften v. 4. Juli 1868 §. 27 (B.G.Bl. S. 422).

[21]) Vgl. z. B. das Gesetz wegen Besteuerung des Braumalzes in verschiedenen zum Nordd. Bunde gehörenden Staaten und Gebietstheilen vom 4. Juli 1868 §§. 23 ff. und das Gesetz betr. die Besteuerung des Branntweins in verschiedenen u. s. w. vom 8. Juli 1868 §§. 50 ff., sowie einzelne mit diesen Gesetzen in Verbindung stehende Gesetze vom 8. Juli (B.G.Bl. 1868 S. 375—406).

*) Vgl. Heinze, Reichsstrafrecht und Landesstrafrecht; Otto, in den Sächs. Annalen N. F. VIII und X und Aphorismen zum Allg. Theil des St.G.B., Leipzig 1873, S. 1 ff.; Rubo, Kommentar S. 119 u. 179.

[1]) St.B. 1867 Bd. I, S. 284 ff.

dem Bundesgesetz in Widerspruch stehe. Es mußte deshalb in Frage kommen, ob es nicht gerathen sei, daß die Bundesgesetzgebung sich selbst darüber ausspreche: welche Landesgesetze formell als aufgehoben zu bezeichnen, und welche derselben als noch fortbestehend zu erachten, oder welche Gegenstände als der Kompetenz der Landesgesetzgebung entzogen anzusehen seien. Die formelle Kompetenz der Reichs-(Bundes-) Gesetzgebung zu diesem Verfahren ist in keinem Stadium der legislativen Berathungen bezweifelt.

Aus der geschichtlichen Erfahrung, daß kaum etwas mehr das bunte Bild des deutschen Strafrechts hervorgerufen und die Verschiedenheit der Strafsysteme dem Auge vorgeführt hat, als die Mannigfaltigkeit der in den einzelnen Staaten zur Anwendung gebrachten Strafarten, sowie wegen des in dem Rechtshülfegesetz vom 21. Juni 1869 zur Geltung gekommenen Prinzips der Vollstreckbarkeit der Strafurtheile im ganzen Bundesgebiet mußte namentlich zur Erwägung kommen: ob es nicht nothwendig, die Gesetzgebung und Rechtspflege der Einzelstaaten an die Strafarten des Bundesstrafgesetzbuchs zu binden und alle andern auszuschließen. Hatten doch bereits die Grundrechte der Frankfurter Reichsverfassung (§. 9 und §. 46) gewisse Strafarten für unzulässig erklärt (S. 7 u. 8).

Endlich mußte sich die Frage aufdrängen: ob es nicht geboten sei, die Landesgesetzgebung selbst in der Weise zu beschränken, daß es ihr fernerhin nicht gestattet werde, von den schwersten Strafmitteln Gebrauch zu machen, weil, wie die Motive zum I. Entwurf [2]) besagen, „diese Strafen nur bei solchen schweren Rechtsverletzungen vorkommen können, die ihrer strafrechtlichen Bedeutung nach in die Bundes- und nicht in eine Landesgesetzgebung gehören."

Diese Erwägungen sind für die Abfassung des Einführungsgesetzes leitend gewesen.

2. Die dem I. und dem II. Entwurf beigegebenen Entwürfe zu einem Einführungsgesetze waren davon ausgegangen, daß, weil das Bundesstrafgesetzbuch als Kodifikation an Stelle der einzelnen Landesstrafgesetzbücher träte, letztere der formellen Aufhebung unterliegen müßten. Man fürchtete die Rechtsunsicherheit, welche daraus entstehen könne, daß der Rechtspflege die Untersuchung obliege: welche Bestimmungen des Landesstrafgesetzbuchs nicht im Widerspruch mit dem Bundesstrafgesetzbuch ständen. Außerdem glaubte man diejenigen Vorschriften der Landesgesetzbücher, welche in das Bundesstrafgesetzbuch aus dem Grunde, um die in denselben mit Strafe bedrohten Handlungen nunmehr straflos zu lassen, nicht aufgenommen waren, formell aufheben zu müssen, da diese Wirkung sonst nicht von selbst eintreten würde (s. oben S 41). Aus diesem Grunde zählen jene Entwürfe sämmtliche in Geltung stehende Strafcodices auf und verfügen deren Aufhebung. Allerdings wurden dadurch manche Strafvorschriften aufgehoben, welche — nach der Bestimmung des Art. 2 der Bundesverfassung — nicht aufgehoben sein würden, da in manchen Strafgesetzbüchern Vorschriften Aufnahme gefunden hatten, welche namentlich in Preußen in besonderen Gesetzen niedergelegt waren und bei Aufstellung der Entwürfe nicht als zur Aufnahme in das gemeinsame Strafgesetzbuch geeignet befunden wurden. Man ging nun davon aus, daß es Sache der Landesgesetzgebung sein würde, solche Vorschriften, soweit sie nicht zu entbehren, mit der Einführung des Bundesstrafgesetzbuchs übersichtlich zu sammeln und aufrecht zu erhalten. Gerade aus diesem Umstande wurden andererseits bei den eingehenden Berathungen, welche im Schooße der Bundeskommission über die Frage gepflogen wurden, die Gründe für die gegentheilige Meinung entlehnt. Es wurde darauf hingewiesen, daß nach dem im Art. 2 der Bundesverfassung vor-

[2]) Vgl. jene Motive S. 199.

gezeichneten Prinzip es nicht angezeigt sein könne, die Landesgesetzbücher in totum aufzuheben, vielmehr könne eine solche Aufhebung nur in tantum stattfinden. Der zufällige Umstand, daß in einzelne Landesgesetzbücher solche Vorschriften, denen materiell durch die Bundesgesetzgebung nicht derogirt werde, Aufnahme gefunden, dürfe nicht die Veranlassung werden, daß dieselben nun formell für aufgehoben erklärt würden. Auch ohne den durch eine solche Aufhebung auf die Landesgesetzgebung ausgeübten Zwang, sofort eine Revision ihrer Strafgesetze vorzunehmen, werde die Landesgesetzgebung im Interesse der Uebersichtlichkeit und Rechtssicherheit nicht umhin können, eine solche Revision eintreten zu lassen.

Die Gründe scheinen denn auch für den Bundesrath (vgl. oben S. 18) bestimmend gewesen zu sein, von der formellen Aufhebung der Landesstrafgesetzbücher abzustehen [3]). Der zum Gesetz gewordene §. 2 des dem Reichstage vorgelegten Entwurfes bestimmt vielmehr:

„Mit diesem Tage (d. h. der Geltung des Strafgesetzbuchs) tritt das Reichs- (Bundes-) und Landesstrafrecht, insoweit dasselbe Materien betrifft, welche Gegenstand des Strafgesetzbuchs für das Deutsche Reich (den Norddeutschen Bund) sind, außer Kraft.

In Kraft bleiben die besonderen Vorschriften des Reichs- (Bundes-) und Landesstrafrechts, namentlich über strafbare Verletzungen der Preßpolizei-, Post-, Steuer-, Zoll-, Fischerei-, Jagd-, Forst- und Feldpolizei-Gesetze, über Mißbrauch des Vereins- und Versammlungsrechts und über den Holz- (Forst-) Diebstahl.

Bis zum Erlasse eines Reichs- (Bundes-)gesetzes über den Konkurs bleiben ferner diejenigen Strafvorschriften in Kraft, welche rücksichtlich des Konkurses in Landesgesetzen enthalten sind, insoweit dieselben sich auf Handlungen beziehen, über welche das Strafgesetzbuch für das Deutsche Reich (den Norddeutschen Bund) nichts bestimmt."

In vorstehender Fassung enthält der §. 2 des Einführungsgesetzes an sich in seinen Hauptsätzen (Abs. 1. u. 2.) nichts Neues, sondern nur eine Umschreibung der wissenschaftlich anerkannten Sätze: lex posterior derogat priori und lex posterior generalis non derogat priori speciali. Das Verhältniß der Reichsgesetzgebung zur Landesgesetzgebung tritt dabei zurück, da der Paragraph sich ebensowohl auf das ältere Landesstrafrecht bezieht. Auch im Absatz 2 enthält die Aufzählung der besondern Gesetze sowohl Vorschriften aus dem Gebiet des Reichsstrafrechts (Post, Zoll u. s. w.) als des Landesstrafrechts. Es erscheint deshalb als ein unrichtiger Ausgangspunkt, wenn, was vielfach geschieht, die Erörterung über das Verhältniß des Reichsstrafrechts zum Landesstrafrecht sich an den §. 2 des Einführungsgesetzes knüpft. Der Paragraph sagt weiter nichts, als daß die ältern (d. h. die vor dem Tage der Geltung des Reichsstrafgesetzbuchs erlassenen) denselben Gegenstand betreffenden Gesetze — mögen sie Reichs- (Bundes-) oder Landesgesetze sein, — außer Kraft treten, daß jedoch die ältern Spezialgesetze — seien sie Reichs- (Bundes-) oder Landesgesetze — in Kraft bleiben. Die Worte: „Materien, welche Gegenstand des Strafgesetzbuchs für das Deutsche Reich sind", wollen hierbei nur das bezeichnen, was nach allgemeinen wissenschaftlichen Grundsätzen als der wesentliche Inhalt der Einzelbestimmungen des Gesetzbuchs nach ihrem Umfang und ihrem kriminalistischen Charakter, kurz: als ihr legislativer Gehalt anzusehen ist. Diese Prüfung der legislativen Identität hat allerdings auch dann statt zu finden, wenn es sich um die nicht nach § 2 des Einf.Ges., sondern nach Art. 2 der Reichsverfassung zu beurtheilende Frage handelt, ob das Reichsgesetz den Landesgesetzen vorgeht. Das Nähere hierüber ist in dem vorhergehenden Abschnitt erörtert worden. Im

---

[3]) Daß dieses deswegen geschehen sei, weil die formelle Befugniß der Reichsgesetzgebung, die Landesgesetzbücher aufzuheben, nicht angenommen wurde, wie Heinze (Reichsstrafr. u. Landesstrafr. S. 143) vorauszusetzen scheint, dafür liegt kein Anhalt vor; vgl. oben S. 44, besonders Note 19.

Uebrigen wird wegen des Ausdrucks „Materie" auf die Erläuterungen zu §. 2 des Einführungsgesetzes Bezug genommen.

3. Bei den Berathungen des §. 2 des Einführungsgesetzes im Reichstage wurden keine Abänderungsvorschläge gemacht. Man verkannte die Schwierigkeiten nicht, welche die Fassung des §. 2 in beiden der angedeuteten Richtungen habe. Es wurde jedoch der Wunsch ausgesprochen, daß von den einzelnen Bundesregierungen Zusammenstellungen erfordert werden möchten, in denen die Materien gesammelt seien, welche nach ihrem Gutachten und den Meinungen ihrer Juristen jetzt noch gültig seien. Es wurde diese Zusammenstellung als außerordentlich erwünscht bezeichnet, um eine positive Grundlage für die Prüfung zu haben, ob zwischen den gesetzgebenden Faktoren des Bundes, und den Gerichten und den gesetzgebenden Faktoren der einzelnen Länder ein Widerspruch vorhanden sei oder nicht. Wenn nach dem Ausspruch der Juristen einzelner Länder gewisse Materien noch in Gültigkeit sein sollten, die der Reichstag als abgeschafft betrachte, so werde derselbe vielleicht in seiner nächsten Session in der Lage sein, ein deklaratorisches Gesetz zu Stande zu bringen. Der Bundeskanzler anwortete zusagend [4]). In der Folge sind auch entsprechende Aufforderungen an die einzelnen Bundesregierungen ergangen. Bei der Ausführung stellten sich aber derartige Bedenken ein, daß die Angelegenheit auf sich beruhen geblieben ist [5]).

Die übrigen Bestimmungen des Einführungsgesetzes tragen den oben dargelegten Erwägungen Rechnung [6]). Der §. 8 gibt der Landesgesetzgebung ein Mandat, welches jedenfalls für den Uebergangszustand nicht als entbehrlich zu erachten ist [7]).

Eine Lücke enthält das Einführungsgesetz insofern, als nicht ausdrücklich ausgesprochen ist, daß die Grundsätze des Allgemeinen Theiles auch auf diejenigen besondern (Reichs- und) Landesgesetze Anwendung finden, welche neben dem Reichsstrafgesetzbuch bestehen, *insoweit diese* (Reichs- oder) Landesgesetze *selbst nicht abweichende Bestimmungen enthalten* [8]). Der Deutlichkeit und Sicherheit wegen würde eine solche Bestimmung erwünscht gewesen sein. Dieses um so mehr, als durch die jetzt gewählte Form des §. 2 nicht einmal die ausdrückliche Aufhebung der allgemeinen Theile der verschiedenen Strafgesetzbücher ausgesprochen ist und sich allerdings Gründe dafür beibringen ließen, daß die Vorschriften dieser allgemeinen Theile insofern noch in Geltung wären, als sie auf *fortbestehende* partikularrechtliche Bestimmungen zur Anwendung gebracht werden können. Indessen muß man sich doch der Ansicht anschließen, daß jene „allgemeinen Theile" durch den allgemeinen Theil des Reichsstrafgesetzbuchs ersetzt sind. (Vgl. die Erläuterungen zu §. 3 des Einführungsgesetzes.) Einzelne der demnächst erlassenen Landeseinführungsgesetze, z. B. das *bayerische* v. 26. Dezember 1871 Art. 4, haben die Lücke im Sinne der hier vertretenen Auffassung ausgefüllt [9]).

4. Das Einführungsgesetz vom 31. Mai 1870 ist, wie schon oben S. 25. ff. näher angegeben, ebenso wie das Strafgesetzbuch von demselben Tage zum Reichsgesetze erhoben, es hat aber nicht wie das letztere durch das Gesetz vom 15. Mai 1871 eine redaktionelle Umänderung erfahren.

---

[4]) Vgl. diese Antwort auf die Rede des Abgeordneten *Lasker* St.B. S. 1177, 1178.

[5]) Vgl. *Rubo*, Kommentar S. 238.

[6]) Nur die §§. 4 und 7 betreffen besondere Punkte.

[7]) Vgl. die Bemerkung zu §. 8 des Einf.Ges. Vgl. *Heinze*, Reichsstrafrecht und Landesstrafrecht S. 109 ff.; *von Bar* in *Goltd.* Archiv 1870 S. 87.

[8]) Vgl. *Heinze*, Reichsstrafrecht und Landesstrafrecht S. 38 ff.

[9]) Vgl. auch für *Elsaß-Lothringen*: Entscheidung des Reichsoberhandelsgerichts vom 20. September 1872 (*Goltd.* A. XXI, 102).

11. Die in den einzelnen Bundesstaaten erlassenen Einführungs- und Uebergangsgesetze*).

Im §. 8 des Einführungsgesetzes ist der Landesgesetzgebung vorbehalten, Uebergangsbestimmungen zu treffen, um die in Kraft bleibenden Landesstrafgesetze mit den Vorschriften des Strafgesetzbuchs für das Deutsche Reich in Uebereinstimmung zu bringen. Erforderlich war diese Bestimmung schon deshalb, weil nach §. 6 des Einf.Gesetzes künftig auch bei Anwendung der neben dem Reichsstrafgesetzbuch in Geltung bleibenden Landesgesetze nur auf die Strafarten des Reichsstrafgesetzbuchs erkannt werden durfte. Hieraus ergab sich die Nothwendigkeit, die alten Strafarten für den Geltungsbereich jener Landesgesetze in die neuen Strafarten zu übertragen. Sofern diese legislative Arbeit nicht vor dem Geltungstermin des Reichsstrafgesetzbuchs beendigt war, würde einem entsprechenden Vorgehen der Landesgesetzgebung die Bestimmung im §. 5 des Einführungsgesetzes entgegen gestanden haben, wonach der Landesgesetzgebung die Androhung gewisser Strafarten gänzlich, die Androhung anderer (der Gefängnißstrafen) bis auf ein gewisses Maß entzogen worden war [1]).

In richtigem Verständniß des durch Emanation des Reichsstrafgesetzbuchs veränderten strafgesetzlichen Zustandes benutzten die meisten Landesgesetzgebungen diese Gelegenheit, um eine Sichtung der in Geltung belassenen Strafgesetze vorzunehmen und den partikularen Rechtsstoff den Grundsätzen des neuen Gesetzbuchs möglichst anzupassen. Insbesondere sollten die erlassenen Einführungsgesetze das nachholen, was die Reichsgesetzgebung nur unterlassen hatte, um nicht auf einmal zu tief in die rechtlichen Zustände der Einzelstaaten einzugreifen, nämlich die formelle Aufhebung der älteren Kodifikationen und allgemeinen Gesetze. Die Berechtigung hierzu konnte nach allgemeinen Grundsätzen nicht zweifelhaft erscheinen und entspricht der namentlich im §. 8 des Einführungsgesetzes zum Ausdruck gebrachten Voraussetzung der Reichsgesetzgebung, welche im Vertrauen auf die Loyalität der Landesgesetzgebungen die Thätigkeit derselben nicht durch formelle Kompetenzbedenken gelähmt wissen wollte. Einer materiellen Prüfung der zu erwartenden landesgesetzlichen Bestimmungen, in Bezug auf ihre Uebereinstimmung mit der Reichsgesetzgebung, war dadurch in keiner Weise präjudizirt. Es war ein selbstverständlicher Vorbehalt, daß die Gerichte über etwaige Kollisionen der Reichs- und Landesgesetzgebung nach Artikel 2 der Reichsverfassung zu befinden haben würden, und daß andererseits die Reichsgewalt nicht auf das ihr im Eingange des Artikel 4 der Reichsverfassung übertragene Recht „der Beaufsichtigung und der Gesetzgebung" auch nur theilweise verzichtete.

Von diesen Gesichtspunkten aus kann es nur als ein den Intentionen der Reichsgesetzgebung entsprechendes Verfahren bezeichnet werden, wenn in den Landeseinführungsgesetzen die bisher in Geltung gewesenen Gesetzbücher formell aufgehoben

---

*) Der Verfasser beabsichtigte früher die Herausgabe sämmtlicher Landeseinführungsgesetze. Die hohen Justizchefs der verschiedenen Bundesstaaten, an welche derselbe sich zu wenden so frei war, haben ihm seiner Zeit in der entgegenkommendsten Weise die Materialien jener Gesetze zur Verfügung gestellt, wofür er nachträglich noch seinen verbindlichsten Dank abzustatten nicht ermangelt, wenngleich die Ausführung jenes Planes in Folge der veränderten Berufsstellung des Verfassers unterbleiben mußte. Soweit thunlich ist auf diese Gesetze in dem vorliegenden Kommentar Rücksicht genommen.

[1]) Die entgegengesetzten Ausführungen Heinze's (Reichsstrafrecht und Landesstrafrecht S. 91 ff. und 109 ff.) und in von Holtzendorff, Handb. S. 13 beruhen auf irrigen Voraussetzungen, worüber auf die Erläuterungen zu den §§. 2, 5 und 6 des Einführungsgesetzes, sowie zu §. 2 des St.G.B. verwiesen wird.

sind. So ist es in der Mehrzahl der Bundesstaaten geschehen [2]). In Bremen ist durch Gesetz vom 2. Januar 1871 zutreffenderweise selbst „das gemeine Deutsche Strafrecht, wie es, durch die Praxis ausgebildet, bisher in Bremen gegolten hat", für aufgehoben erklärt. Nur Sachsen, sowie die Länder des thüringischen Rechtsverbandes mit Ausnahme von Anhalt sind abweichend verfahren, indem diese Staaten die früheren Gesetzbücher formell unberührt gelassen haben. Auch verdient es nur Billigung, daß einzelne jener Gesetze die allgemeinen Grundsätze (allgemeiner Theil) des Reichsstrafgesetzbuchs auch auf die neben diesem in Kraft stehenden Landesgesetze insoweit anwendbar erklären, als diese Gesetze nichts Abweichendes bestimmen [3]). Am durchgreifendsten ist Bayern verfahren, welches bis auf bestimmte Ausnahmen tabula rasa gemacht hat. Die betreffenden Bestimmungen des besonders beachtenswerthen bayerischen Gesetzes vom 26. Dezember 1871 sind unten mitgetheilt [4]).

In Preußen, wo zwischen dem neuen und dem alten Strafgesetzbuch sachlich die größte Uebereinstimmung bestand, hat man von jedem legislativen Eingreifen abgesehen.

---

[2]) Ob dieses mit dem Zusatz „soweit das Landesstrafgesetz nicht bereits durch das Reichsgesetz außer Kraft gesetzt ist", — wie es Heinze für nöthig erachtet, — oder mit einer ähnlichen Klausel geschehen ist oder nicht, scheint nebensächlich. Die desfallsigen Ausführungen Heinze's (Reichsstrafrecht u. s. w. S. 141 und 21, 27 ff.) entspringen einer zu weit gehenden Subtilität.

[3]) Vgl. Bayern Art. 4; Bremen §. 5; Braunschweig (Nr. 121 des Ges.Bl.) §. 1; Anhalt §. 3.

[4]) Von hervorragender Bedeutung sind außer Bayern auch die betreffenden Gesetze und die vorausgegangenen legislativen Verhandlungen in Braunschweig, Oldenburg, Mecklenburg und Anhalt, sowie in Württemberg, Baden und Hessen.

Das sachgemäße und technisch wohl mustergültige Verfahren des bayerischen Einführungsgesetzes vom 26. Dezember 1871 (s. Rüdorff, Textausgabe für Bayern. Berlin 1872) kennzeichnet sich in folgenden Bestimmungen:

„Art. 1. Vom 1. Januar 1872 an gelten im Königreiche Bayern neben den Strafbestimmungen der Reichsgesetze sowie der in Bayern verkündeten Zollvereinsgesetze von den noch in Kraft stehenden Bestimmungen des Landesstrafrechts fernerhin nur mehr diejenigen, welche in dem gegenwärtigen Gesetze oder in dem Polizeistrafgesetzbuche für Bayern enthalten oder als fortbestehend bezeichnet sind.

Alle übrigen Bestimmungen des bayerischen Landesstrafrechts, welche nicht bereits durch die am 1. Januar 1872 zur Einführung kommenden Reichsgesetze aufgehoben werden, treten von demselben Tage an kraft des gegenwärtigen Gesetzes außer Geltung.

Art. 2. Insbesondere treten, vorbehaltlich der in dem gegenwärtigen Gesetze enthaltenen Uebergangsbestimmungen, außer Kraft:

1) das Strafgesetzbuch vom 10. November 1861;
2) das Polzeistrafgesetzbuch vom 10. November 1861; u. s. w.

Art. 3. Von dem bisher gesetzlich geltenden Landesstrafrechte bleiben mit den in dem gegenwärtigen Gesetze enthaltenen Abänderungen und Zusätzen auch vom 1. Januar 1872 ab in Kraft:

1) alle Disziplinarstrafbestimmungen, dann die Bestimmungen über die Verhängung von Ordnungs- und Ungehorsamsstrafen, sowie alle in den Gesetzen über das Civil- und Strafverfahren enthaltenen Strafbestimmungen;
2) u. s. w.

Art. 4. Auf diejenigen Handlungen, welche nach besonderen neben dem Strafgesetzbuche für das Deutsche Reich bestehenden Landesgesetzen mit Strafe bedroht sind, kommen die in der Einleitung und dem ersten Theile dieses Gesetzbuches enthaltenen Vorschriften insoweit zur Anwendung, als nicht nach dem Inhalte der einschlägigen Landesgesetze anders bestimmt ist.

Insbesondere sind die bezeichneten Vorschriften des Strafgesetzbuchs für das Deutsche Reich auch dann anzuwenden, wenn in einem Landesgesetze auf die allgemeinen Bestimmungen des Polizei-Strafgesetzbuchs verwiesen ist."

Einführungs-Gesetz

zum

Strafgesetzbuch für den Norddeutschen Bund*).

Vom 31. Mai 1870.

*) Jetzt Reichsgesetz vgl. (oben) S. 24 ff. und die Bemerkungen zur Ueberschrift des Gesetzes (unten) S. 53.

Einführungsgesetz*)

zum Strafgesetzbuch für den Norddeutschen Bund.

Vom 31. Mai 1870.

Gesetzeskraft im Nordd. Bundesgebiet einschließl. Südhessen mit dem 1. Januar 1871. — Gesetzeskraft im ganzen Reiche (mit Ausnahme von Elsaß-Lothringen) mit dem 1. Januar 1872. B.G.Bl. 1870 Nr. 16 S. 195 ff.

---

§. 1. Das Strafgesetzbuch für das Deutsche Reich (den Norddeutschen Bund) tritt im ganzen Umfange des Bundesgebietes mit dem 1. Januar 1872 (1871) in Kraft.

E. I. Art. I.; E. II. §. 1; St.B. S. 772, 1177 †).

Wegen des Einführungstermins des St.G.B. für die verschiedenen Theile des Reiches vgl. oben S. 24 ff.

§. 2. Mit diesem Tage tritt das Reichs- (Bundes-) und Landesstrafrecht, insoweit dasselbe Materien betrifft, welche Gegenstand des Strafgesetzbuchs für das Deutsche Reich (den Norddeutschen Bund) sind, außer Kraft.

In Kraft bleiben die besonderen Vorschriften des Reichs- (Bundes-) und Landesstrafrechts, namentlich über strafbare Verletzungen der Preßpolizei-, Post-, Steuer-, Zoll-, Fischerei-, Jagd-, Forst- und Feldpolizei-Gesetze, über Mißbrauch des Vereins- und Versammlungsrechts und über den Holz- (Forst-) Diebstahl.

Bis zum Erlasse eines Reichs-(Bundes-)gesetzes über den Konkurs bleiben ferner diejenigen Strafvorschriften in Kraft, welche rücksichtlich des Konkurses in Landesgesetzen enthalten sind, insoweit dieselben sich auf Handlungen beziehen, über welche das Strafgesetzbuch für das Deutsche Reich (den Norddeutschen Bund) nichts bestimmt.

E. I. Art. II., III.; E. II. §§. 2, 3 (Regierungs-Entw. §. 2). St.B. S. 772, 1177.

Vgl. St.G.B. §§. 281—283; pr. Einf.Ges. v. 14. April 1851 Art. II.; Verordn. v. 25. Juni 1867 Art. VI.

---

*) **Einführungsgesetz.** 1. Motive waren dem Entwurf nicht beigegeben. Der wesentlich anders lautende I. Entwurf war von solchen begleitet.

2. Wegen der Erklärung des Einf.Gesetzes vom 31. Mai 1870 zum Reichsgesetz vgl. oben S. 24 ff. Die hierdurch gegebenen redaktionellen Abänderungen sind im obigen Text gesperrt gedruckt, der ursprüngliche Wortlaut ist in Klammern vermerkt.

3. Bezüglich Elsaß-Lothringens vgl. das in der zweiten Auflage dieses Werkes S. 569 ff. abgedruckte Einführungsgesetz vom 30. August 1871. Obiges Einführungsgesetz vom 31. Mai 1870 gilt in E.-L. nicht, weil bei Erklärung desselben zum Reichsgesetz durch das Reichsgesetz vom 26. April 1871 (Art. 2 Abs. 2) die Reichsverfassung, insbesondere der die Gültigkeit der Reichsgesetze betreffende Artikel 2 derselben, in Elsaß-Lothringen noch nicht eingeführt war.

†) Wo nichts anders vermerkt ist, sind die Stenographischen Berichte des Reichstags von 1870 gemeint.

§. 2.

1. Ueber das Verhältniß des Reichsstrafrechts zum Landesstrafrecht im Allgemeinen vgl. oben S. 39 ff.

2. Der §. 2 wiederholt nicht lediglich — wie vielfach angenommen wird — die allgemeine Vorschrift des Artikels 2 der Reichsverfassung: Reichsrecht bricht Landesrecht. Der Paragraph hat (in seiner gegenwärtigen Fassung, vgl. weiter unter Nr. 3) überhaupt zunächst das Verhältniß des Reichsstrafrechts zum Landesstrafrecht nicht im Auge, sondern er drückt nur den Grundsatz: daß das neuere Gesetz dem älteren vorgeht (**lex posterior derogat priori**), für das Reichs- und Landesstrafrecht näher aus. Daß das Reichsstrafrecht dem Landesstrafrecht gegenüber überhaupt derogatorische Kraft hat und auch der künftigen Aenderung durch die Landesgesetzgebung entzogen ist, erscheint hierbei nur als eine auf Art. 2 der R.-V. gestützte stillschweigende Voraussetzung.

Bezüglich des älteren Reichs-(Bundes)strafrechts hat der Paragraph kaum eine Bedeutung. Vor Geltung des Reichsstrafgesetzbuchs waren nur einzelne Bundesstrafgesetze (vgl. oben S. 45) ergangen, und diese betrafen fast durchweg Materien, auf die sich das Reichsstrafgesetzbuch nicht bezieht und die deshalb bestehen bleiben. Ein Beispiel für die Aufhebung auch des älteren Bundesstrafrechts bietet der §. 23 des Wechselstempelgesetzes vom 10. Juni 1869 (B.G.Bl. S. 193), welcher durch die §§. 275, 276 für aufgehoben zu erachten ist.

3. Der §. 2 ist, ohne seine Entstehungsgeschichte zu kennen, schwer verständlich; er enthält eine der wenigen im Schooße des Bundesraths beschlossenen Aenderungen des II. Entwurfs (vgl. S. 18 u. 47).

Sowohl der I. wie der II. Entwurf hielten es für nothwendig, über den allgemeinen Satz: daß das neuere Gesetz dem älteren vorgeht, und über die mit diesem Satze der Wirkung nach zusammenfallende allgemeine Vorschrift des Art. 2 der RV. hinauszugehen. Die Bedenken, welche sich in der Rechtsprechung darüber ergeben mußten, ob ein älteres Strafgesetz und namentlich ob ein Landesgesetz durch das R.St.G.B. aufgehoben sei, sprangen in die Augen und dieses umsomehr, als es sich um die älteren Strafgesetze von 22 verschiedenen Staaten handelte.

In Anknüpfung an den Art. II des preußischen Einführungsgesetzes v. 14. April 1851 stellte deshalb der I. Entw. jenen allgemeinen Satz **explicite** an die Spitze, indem man denselben dahin ausdrückte: Das bestehende Strafrecht werde aufgehoben:

> „insoweit es Gegenstände (das Pr. EG. sagt: „Materien") betreffe, auf welche das R.St.G.B. sich beziehe."

An diesen allgemeinen Satz knüpfte man dann aber, von der Voraussetzung ausgehend, daß das R.St.G.B. an Stelle der bisher bestandenen Kodifikationen bez. Rechtssysteme treten müsse, die formelle Aufhebung dieser allgemeinen Strafgesetzgebungen, insbesondere der sämmtlichen Strafgesetzbücher, welche einzeln aufgeführt wurden. Man fand es dem Begriff der Kodifikation widersprechend, eine andere Kodifikation oder ein anderes allgemeines Rechtssystem auch nur formell daneben bestehen zu lassen. Man nahm an, daß, wenn in einer dieser Kodifikationen Vorschriften Aufnahme gefunden, welche in dem B.St.G.B. nicht enthalten, dennoch aber für den Rechtszustand des Einzelstaates nicht entbehrlich seien, es der Landesgesetzgebung freistehe, solche Vorschriften ohne Beschränkung wieder einzuführen. Dieses Recht sollte den Einzelstaaten nicht aus dem zufälligen Grunde genommen werden, weil sie solche Bestimmungen in dem Gesetzbuche und nicht, wie vielleicht einzelne dieser Staaten, in besondern Gesetzen behandelt hatten. Deshalb machte der §. 6 Absatz 2 des Kommissionsentwurfs für Vorschriften vorstehender Art eine aus Rücksichten der gleichen Behandlung aller Einzelgesetzgebungen sich ergebende Ausnahme von der diesen Gesetzgebungen im §. 6 Abs. 1 auferlegten Beschränkung rücksichtlich der Anwendung einzelner Strafarten. Der §. 6 jenes Entwurfs lautete:

> „Abs. 1 (wesentlich gleichlautend wie §. 5 des Einf.G.). Abs. 2: Diese Beschränkung findet jedoch auf den Erlaß solcher Strafvorschriften keine Anwendung, welche bestimmt sind, die durch den §. 2 aufgehobenen Strafvorschriften insoweit zu ersetzen, als sie Materien betreffen, welche nicht Gegenstand des Strafgesetzbuchs für den Nordd. Bund sind."

Da, wie mit jeder Kodifikation, eine Veränderung des Umfanges verbunden zu sein pflegt, so auch das St.G.B. manche Gesetze ganz oder theilweise in sich aufgenommen hatte, welche in den bisherigen Landesstrafgesetzgebungen neben den Strafgesetzbüchern, namentlich auch neben dem nächsten Vorbilde des St.G.B., dem preuß. gegolten hatten, so schien es ferner rathsam, die von diesen besonderen Strafgesetzen noch in Geltung bleibenden aufzuzählen. Bei der

Verschiedenartigkeit und großen Zahl dieser in den einzelnen Bundesstaaten vorhandenen Gesetze mußte man indessen bald auf Vollständigkeit verzichten und sich deshalb begnügen, auszusprechen:

daß diese besonderen Strafgesetze in Kraft bleiben, soweit sie Gegenstände betreffen, rücksichtlich deren das St.G.B. nichts bestimmt,

und hieran die Aufzählung einer Reihe der wichtigern dieser in Geltung bleibenden Gesetze zu knüpfen. Aus dieser Grundauffassung entsprangen die nachfolgenden Bestimmungen, wobei zu bemerken, daß die Abweichungen des II. Entwurfs vom I. Entwurf nur redaktioneller Natur sind:

I. Entwurf.	II. Entwurf.
Artikel II.	§. 2.
Mit diesem Zeitpunkte werden außer Wirksamkeit gesetzt: alle Strafbestimmungen, welche Gegenstände betreffen, auf welche das gegenwärtige Strafgesetzbuch sich bezieht, insbesondere	Mit diesem Zeitpunkte werden außer Wirksamkeit gesetzt:
1) für das Königreich Preußen das Strafgesetzbuch vom 14. April 1851	1) für das Königreich Preußen u. s. w. (wie nebenstehend).
4) für das Großherzogthum Mecklenburg-Schwerin die Gemeinen Deutschen Kriminalgesetze .... u. s. w.	
Mitaufgehoben werden zugleich alle, jene Gesetze ergänzenden, abändernden und erläuternden Bestimmungen.	
Artikel III.	§. 3.
Dagegen bleiben in Kraft die besondern Bundes- und Landesstrafgesetze, insoweit sie Gegenstände betreffen, rücksichtlich derer das gegenwärtige Strafgesetzbuch nichts bestimmt, namentlich die Vorschriften über die Bestrafung von Personen, welche den Preß-, Post-, Steuer- und Zollgesetzen zuwider handeln, die Gesetze über den Mißbrauch des Vereins- und Versammlungsrechtes, sowie über die Bestrafung des Holzdiebstahls.	In Kraft bleiben die besonderen Bundes- und Landesstrafgesetze über Materien, welche nicht Gegenstand des Strafgesetzbuchs für den Nordd. Bund sind, namentlich die Vorschriften über strafbare Verletzungen der Preßpolizei-, Post-, Steuer-, Zoll-, Fischerei-, Jagd- und Feldpolizeigesetze, über Mißbrauch des Vereins- und Versammlungsrechtes und über den Holzdiebstahl.

Die gegenwärtige im Bundesrath beschlossene Fassung des §. 2 hat die vorstehende Auffassung gänzlich verlassen. Indem die Vorschrift formell gar nicht mehr in die Landesgesetzgebung eingreift, entbehrt dieselbe (s. S. 56) jedes selbstständigen legislativen Inhalts und gibt nur eine allgemein anerkannte Regel der juristischen Wissenschaft über das Verhältniß neuerer Gesetze zu älteren in konkreter Beziehung wieder. (Vgl. oben S. 47.)

Der Abs. 1 setzt das „Bundes- und Landes*strafrecht*", d. h. sämmtliche kodifizirten *und* besonderen Strafgesetze nur insoweit außer Kraft,

als dieselben *Materien* betreffen, welche Gegenstand des Strafgesetzbuchs für den Nordd. Bund sind.

Soweit mithin die Landesstrafgesetzbücher oder die neben denselben bestehenden *besonderen* Strafgesetze nicht solche Materien betreffen, bleiben dieselben in Geltung.

Was neben dem so formulirten Abs. 1 noch die „*besondern Vorschriften*" des Absatzes 2 bedeuten sollen, ist nicht klar ausgedrückt. Dieselben entsprechen jedenfalls nicht den in den Entwürfen (Artikel 3 bez. §. 3) erwähnten „besondern *Strafgesetzen*", welche dort den Gegensatz zu den kodifizirten Gesetzen bildeten. Der Gesetzgeber hat augenscheinlich die Regel: **lex posterior generalis vel communis non derogat priori speciali vel singulari** im Auge gehabt und sagen wollen: daß im Zweifel solche Spezial- oder Singularvorschriften nicht als Materien im Sinne des Absatzes 1 anzusehen sind. Der Absatz 2 beschränkt den Grundsatz des Absatzes 1 nicht, sondern gibt nur einen Anhalt für die Beurtheilung des Begriffs „Materie, welche nicht Gegenstand des Strafgesetzbuchs ist", und will keineswegs *alle besondern* Gesetze aufrecht erhalten. Dieses ist deshalb selbstverständlich, weil der Inhalt manches besondern Gesetzes in das St.G.B. aufgenommen ist, die betreffenden Vorschriften dadurch aber gewiß aufgehoben sind. Ein Beispiel bieten die §§. 117—119, welche das preußische Gesetz über die Strafe der Widersetzlichkeit bei Forst- und Jagdverbrechen vom 31. März 1837 absorbiren. Absatz 2 bildet demnach nur den redaktionellen Gegensatz zu Absatz 1, indem es mit den besondern Vorschriften diejenigen bezeichnen will, welche nach Absatz 1 in Kraft geblieben sind, weil sie Materien betreffen, welche (und soweit sie) **nicht** Gegenstand des St.G.B. sind. Daran werden dann einzelne Beispiele solcher Gesetze geknüpft, von denen, vorbehaltlich der Prüfung des Inhalts im Einzelnen, anzunehmen ist, daß sie nicht Gegenstand des St.G.B. geworden sind. Ein interessantes Beispiel hierfür bietet die Frage: ob §. 23 Abs. 1 des (Reichs-)Wechselstempelgesetzes vom 10. Juni 1869 (vgl. oben unter Nr. 2) aufgehoben ist, worüber auf die Erläuterungen zu §. 276 des St.G.B. verwiesen wird. Ob es sich um ein besonderes Reichsgesetz oder ein besonderes Landesgesetz handelt, ist hierbei im Prinzip gleichgültig.

Nur der Absatz 3 enthielt eine wirkliche Ausnahme von dem im Abs. 1 ausgesprochenen Grundsatz (s. unter 14).

Aus allem diesem ergibt sich als Resultat, daß der jetzige §. 2 (Abs. 1 und 2) von der (oben mitgetheilten) unzweifelhaften Fassung der Entwürfe sachlich nur insofern abweicht, als die kodifizirten Gesetze formell nicht aufgehehoben sind.

4. Aus dem unter 3 Gesagten folgt, daß bei der Frage: welche der bisher bestandenen (allgemeinen und besondern) Strafgesetze aufgehoben sind oder nicht, es sich lediglich darum handelt, ob und inwieweit diese Gesetze Materien betreffen, über welche das St.G.B. Bestimmung trifft.

Was als solche Materie anzusehen ist, kann kaum unter einem bestimmten Prinzip zusammengefaßt werden. Wie es für den Umfang einer Kodifikation überhaupt keinen prinzipiellen Maßstab gibt, so enthält auch das St.G.B. Bestimmungen aus dem Gebiete des sog. **jus generale** wie **speciale**, des **jus commune** wie **singulare**. Allerdings läßt sich, wie es auch bereits in der preußischen Rechtssprechung der Fall war, wohl eine sachliche Regel aufstellen. Es springt aber bald in die Augen, daß diese Regel aus dem historischen Verhältniß, aus der Entstehung der einzelnen Vorschriften des St.G.B. und aus der Absicht des Gesetzgebers ihre Ergänzungen erfahren muß.

Als meist zutreffende Regel darf mit Hälschner, preuß. Str.R. II, 1, S. 24 aufgestellt werden:

> „Es kann nicht darauf ankommen, ob eine einzelne Handlung, welche in ältern (besondern) Gesetzen mit Strafe bedroht war, im Strafgesetzbuch erwähnt ist oder nicht, sondern darauf: ob sie, abgesehen von der Form ihrer Begehung, den allgemeinen Thatbestand einer im Strafgesetzbuch mit Strafe bedrohten Handlung enthält oder nicht. Nur im letztern Falle sind die betreffenden Strafbestimmungen als fortbestehend zu betrachten, im erstern nicht."

Von dieser Regel müssen Ausnahmen eintreten, wenn ein früheres Gesetz von dem allgemeinen Thatbestande eines Verbrechens bereits einen speziellen Thatbestand (**jus speciale, singulare**) ausgesondert, mit besondern Strafen bedroht und dadurch ausgesprochen hatte, daß dieser spezielle Thatbestand nicht nach den allgemeinen Vorschriften, sondern in anderer Weise geahndet werden solle. Liegen dann keine Gründe dafür vor: daß das St.G.B. einen solchen besondern Thatbestand wieder hat beseitigen und der allgemeinen Regel hat unterwerfen wollen, so ist jene besondere Vorschrift als fortbestehend zu erachten, einerlei, ob sie in einem ältern Reichsgesetze oder in einem der kodifizirten oder besondern Landesstrafgesetze enthalten ist. Hierbei wird sich allerdings aus der unterlassenen Aufhebung der Landeskodifikationen manche Schwierigkeit ergeben.

Ein Beispiel wird das Vorgesagte vielleicht nach allen Seiten verdeutlichen.

Das St.G.B. enthält in den §§. 242 ff. Bestimmungen über den Diebstahl und einzelne Arten desselben. Nach der angegebenen Regel ist der Diebstahl als eine Materie im Sinne des §. 2 aufzufassen. Somit sind alle Strafvorschriften, welche den Diebstahl oder einzelne Arten desselben betreffen, aufgehoben. Nun enthalten wohl alle Landesstrafgesetzgebungen, neben den allgemeinen Vorschriften über den Diebstahl, besondere Vorschriften (und zwar, soweit bekannt, überall nicht in den Gesetzbüchern, was jedoch unerheblich ist) über den Holz- (Forst-) Diebstahl, wie sie z. B. in den preußischen Gesetzen vom 2. Juni 1852 und 15. April 1878 gegeben sind. Schon der Umstand, daß in Preußen jenes Gesetz nach dem Erlaß des pr. St.G.B. von 1851 gegeben war, rechtfertigt die Annahme, daß es sich um eine aus dem allgemeinen Gesetzbuch ausgesonderte Materie handelt. Konnte ein Zweifel entstehen, ob jene Vorschriften über den Holzdiebstahl, mochten sie in den Gesetzbüchern oder in einzelnen Gesetzen enthalten sein, aufgehoben seien, so würde derselbe dadurch, daß der Gesetzgeber dieselben unter die namentlich angeführten Beispiele aufnahm, ausgeschlossen.

Dagegen kann ein Fortbestehen derjenigen besonderen Vorschriften, welche — außer den im §. 243 enthaltenen Fällen des sog. schweren Diebstahls — noch weitere besondere Arten des Diebstahls mit Rücksicht auf die gestohlene Sache, die bestohlene Person oder die Umstände des Diebstahls einer besonderen Strafe unterwerfen, in keiner Weise angenommen werden. Ein Zweifel könnte in dieser Hinsicht besonders in denjenigen Gebieten erhoben werden, welche, wie beide Mecklenburg, Schaumburg-Lippe und Bremen, keine kodifizirten Gesetzbücher besaßen. Nun ergibt aber die Entstehungsgeschichte des St.G.B., daß dasselbe die sonst noch unter dem Begriff des qualifizirten oder des ausgezeichneten Diebstahls zusammengefaßten Fälle hat beseitigen wollen. Namentlich sind die in dem frühern §. 217 des preuß. St.G.B. mit erhöhter Strafe bedrohten Diebstähle als solche aufgehoben und der allgemeinen Vorschrift über die Bestrafung des Diebstahls (§. 242 St.G.B.) unterworfen. (Motive zu §§. 237—243 E.) Gewisse Handlungen endlich, — um dieses noch hervorzuheben — welche nach einzelnen bestehenden Gesetzen oder nach der Praxis als Diebstähle betrachtet werden, haben eine abgesonderte Behandlung erfahren, z. B. die Wegnahme von Munition (§. 291), die Entwendung von Eßwaaren (§. 370 Nr. 5), der sog. Futterdiebstahl (§. 370 Nr. 6). Es bedarf nicht der Ausführung, daß diese Vorschriften den etwaigen Gesetzen derogiren, welche die betreffenden Handlungen als Diebstahl qualifiziren.

5. Als Materien, welche Gegenstand des St.G.B. sind, können nicht die für einzelne Abschnitte gegebenen vagen Ueberschriften, z. B. „Verbrechen und Vergehen wider die öffentliche Ordnung" (II, 7), „Strafbarer Eigennutz und Verletzung fremder Geheimnisse" (II, 25) betrachtet werden. Sic.: Berlin 11. Sept. 74 (O.R. XV, 555, Goltd. XXII, S. 491), R.G. I, v. 27. März 84, **E. X**, 220, **R. VI**, 227, auch vom 3. Januar 87, **E. XV**, 140. Der gesetzliche Inhalt dieser Abschnitte gibt keine Begriffsbestimmung der in den Ueberschriften enthaltenen Kategorien, sondern nur Vorschriften über einzelne Handlungen, welche nach dem wissenschaftlichen Sprachgebrauch darunter begriffen werden können. Ebenso gibt der Abschnitt 29 „Uebertretungen" nur die Thatbestände einzelner strafbarer Handlungen und hebt deshalb die sog. Polizeigesetze nur insoweit auf, als sie dieselben strafbaren Handlungen enthalten.

Ebensowenig sind als Materien, welche Gegenstand des St.G.B. sind, die Strafvorschriften über solche Handlungen zu betrachten, welche sich einem allgemeinern, im St.G.B. aufgestellten Verbrechensbegriff nicht unterordnen lassen, jedoch in den legislativen Berathungen als nicht strafbar bezeichnet oder gar in den Entwürfen aus diesem Grunde gestrichen sind. Vgl. namentlich über den §. 270 des preuß. St.G.B. betreffend das Abhalten vom Bieten bei öffentlichen Versteigerungen die Ausführungen oben S. 41 Note 13. Vgl. Olshausen S. 12, Binding, Lehrb. I, 281. Mehr Gewicht will den legislativen Verhandlungen beilegen v. Liszt, Lehrb. 3. Aufl. S. 85.

Eine Entscheidung von Jena v. 25. Sept. 71 (St. I, 161), wonach als Materien diejenigen Theile des Strafsystems anzusehen wären, welche die betreffenden älteren Strafgesetzbücher behandelt hatten und welche nicht wieder Gegenstand des R.St.G.B. geworden sind, ist nach dem Vorhergehenden haltlos.

6. Rubo, Comment. S. 132 fg. macht den Versuch, §. 2 Abs. 1. auch als ein Verbot für die Landesgesetzgebungen aufzufassen, in Zukunft Strafbestimmungen in Bezug auf die im St.G.B. behandelten Materien zu erlassen, indem er die Worte: „Mit diesem Tage" als „Von diesem Tage ab", verstanden wissen will. Mit Recht erklärt sich Olshausen S. 9 gegen diesen, den Worten angethanen Zwang, der unnöthig ist, weil Art. 2 der Reichs-Verf. den gleichen Zweck erfüllt. Danach kommen Landesgesetze, welche geeignet sind, Reichsgesetze abzuändern, nicht zur Geltung. Vgl. Heinze a. a. O. S. 87 fg. Binding I, 236, R.G. III, 1. Mai 80, **E. II**, 34.

7. Auch indirekt können Materien als im Strafgesetzbuch geordnet gelten, wenn dieses durch Einzelbestimmungen mit denselben sich befaßt hat und dadurch erkennen läßt, daß es die That nur in bestimmten begrenzten Umrissen bestraft sehen will. Bemerkenswerth sind in diesen Beziehungen folgende in der Judikatur vorgekommene Entscheidungen der obersten Gerichtshöfe und des Reichsgerichts, wonach außer Kraft getreten sind: Strafvorschriften der Landesgesetze gegen Selbsthülfe: R.G. II, 3. Okt. 82, **E. VII**, 63. Jena 25. Okt. 71 (St. I, 162) in der Begründung zu weit gehend, vgl. auch Heinze, Reichsstrafr. S. 36, v. Liszt S. 97,

H. Meyer S. 892, Mandry Civ. R.-Inh. des R.Ges. S. 231. A. M., Binding I, 318; gegen widerrechtliche Benutzung fremden Eigenthums: Dresden 17. März 71 (S.Z. XV, 86); gegen wahrheitswidrige nicht eidliche Zeugenaussagen (vgl. oben S. 40): Dresden 27. Sept. 72 (St. II, 33); gegen das Ausklagen oder Cediren von Forderungen, auf welche keine Valuta gezahlt ist, (§. 740 Tit. 11 Th. I des Preuß. A.L.R.): Berlin 10. Juli 73 (O.R. XIV, 492). Die Bestimmungen der älteren Landesgesetze über Theilnahme und Begünstigung in ihrer Beziehung auf die Zollstrafgesetze R.G. IV, 12. Okt. 88, E. XVIII, 191, R. X, 567. Aeltere Bestimmungen über Aneignung von Fallwild RG. III, 4. Febr. 89, E. XIX, 49; — in Kraft geblieben sind: die Strafbestimmungen gegen Querulanten (§§. 30, 31 Tit. 1 Th. III der Preuß. A.G.O.): Berlin 22. Sept. 74, 3. Okt. 76. (Goltd. XXII, 695, XXIV, 485, O.R. XV, 578, XVII, 633). R.G. II, 28. Dez. 83, E. IX, 357, R. V, 806; gegen Spielen in auswärtigen Lotterien und Beförderung dieses Spiels und zwar sowohl die für die älteren preußischen Provinzen geltende V.O. v. 5. Juli 47, Berlin 6. Okt. und 12. Dez. 76, 26. April 78 (O.R. XVII, 644, 816, XIX, 234), R.G. 24. Febr. 80 (R. I, 380, E. I, 219), als die für die neuen Provinzen geltende V.O. v. 25. Juni 67 Art. IV. Berlin 24. Jan. 72, 15. März 76 (O.R. XIII, 75, XVII, 200, Goltd. XX, 129), R.G. III 13. März 80 (R. I, 460, E. I, 274); gegen Verletzung der Vorschriften für Auswanderungs-Unternehmer: Berlin 6. Juni 74, 30. März 74, 20. Mai 74 (Goltd. XXII, 514, 516, 717, O.R. XV, 368); fremdenpolizeiliche u. wasserpolizeiliche Vorschriften: Berlin 15. Nov. 73 (Goltd. XXI, 639, O.R. XIV, 725) u. 6. Juni 74 (Goltd. XXII, 557); Polizeiverbote gegen Kollektiren ohne Genehmigung: Berlin 24. Juni 75 (Goltd. XXIII, 625 O.R. XVI, 490); Strafbestimmungen, welche in Deichordnungen enthalten sind: Berlin 31. Juli 77 (O.R. XVIII, 89, Goltd. XXV, 141). Das preuß. Pfand- und Leihreglement vom 13. März 87: Berlin 23. Mai 79 (O.R. XX, 278). Die Bestimmungen über das Feilhalten und Führen verbotener Waffen: Berlin 28. Febr. 79 (O.R. XX, 110, Goltd. XXVII, 102). Die Bestimmungen über das Blaumontagmachen: München 15. Mai 75. (St. V, 214.)

Die Bestimmungen über ungebührliche Aeußerungen in Eingaben an öffentliche Behörden, welche nicht als Beleidigungen oder nach anderen Bestimmungen strafbar sind, im hannov. Pol. St.G.B. v. 25. Mai 47 §. 72. R.G. III, 17./24. Sept. 88, R. X, 490. Die Bestimmung des §. 418 Code pén. für Elsaß-Lothringen über Verletzung von Fabrikgeheimnissen. R.G. I 3. Januar 1807, E. XV, 140.

8. Insofern ältere Strafbestimmungen, welche Materien betreffen, die im R.St.G.B. behandelt sind, welche als Strafnormen also außer Kraft treten, noch andere Vorschriften enthalten, bleiben diese in Wirksamkeit; z. B. das Verbot des Tragens verborgener Waffen in §. 345 Ziff. 7 des preuß. St.G.B. neben § 367 Ziff. 9 des R.St.G.B. Oppenh. Rechtspr. XX, 110, O.Tr. v. 28. Febr. 79, Olshausen S. 13, Binding I, 323.

9. Diejenigen Materien, welche Abs. 2 der Landesgesetzgebung überläßt, fallen dieser in derjenigen Abgrenzung anheim, welche ihnen das Landesrecht bestimmt und insofern kann das Landesrecht einengend auf das Reichsrecht einwirken. Z. B. reicht der Forstdiebstahl soweit als das landesrechtliche Forstdiebstahlsgesetz bestimmt und greift das St.G.B. nur da Platz, wo eine solche landesrechtliche Bestimmung über Diebstahl nicht anwendbar ist, ebenso verhält es sich zwischen Feldfrevel und Sachbeschädigung. R.G. I 3. Juli 84, R. VI, 497. S. auch Ziegner-Gnüchtel in Zeitschrift f. ges. St.W. VIII, 229.

10. **Zu Abs. 2.** Für die in Kraft gebliebenen Landesgesetze gelten, soweit sie nicht Abweichungen von den Grundsätzen des allgemeinen Theils des St.G.B. enthalten, die Bestimmungen des letzteren; vgl. unten Bemerkungen Nr. 3 zu §. 3 des Einf.-Ges.: Leipzig 20. Sept. 72 (St. II, 17) u. Berlin 28. Okt. 74 (O.R. XV, 719). Enthalten aber die Landesgesetze besondere Bestimmungen über allgemeine Grundsätze, so gehen dieselben dem St.G.B. vor: Berlin 7. Juni 71, 16. Mai 79 (O.R. XII, 314, XX, 269), z. B. die Spezialbestimmungen über die Verjährung bei Steuervergehen: Berlin 7. Juni 71, 16. Mai 79 (s. vorst.), R.G. III, 1. Mai 80, E. II, 33, R. I, 713; über die Verjährung von Feldpolizeiübertretungen: Berlin 29. Juni 76 (O.R. XVII, 476, Goltd. XXIV, 541); die Umwandlung von Geldstrafen: Berlin 11. Mai 72 (Goltd. XX, 245, O.R. XIII, 301) u. 3. Dez. 72 (Goltd. XXI, 183); den Rückfall: Berlin 30. Jan. 73 und 5. Jan. 75 (Goltd. XXI, 261 u. XXIII, 156, O.R. XIV, 94, XVI, 12). Die Bestimmungen über Hehlerei in Bezug auf Forstdiebstähle, wenn die Landesgesetze über letztere solche enthalten. R.G. IV, 24. Jan. 90, E. XX, 209.

Schon diese Beispiele zeigen, daß die oben aufgestellte Theorie die anerkannte ist. Derselben hatte zugestimmt v. Liszt S. 96, Anmerk. 1, Ziegner-Gnüchtel in Zeitschr. f. ges. St.W. VIII, 230 fg., auch Oppenhoff N. 2 u. Schwarze N. 1, 2, s. auch R.G. I, 19. Mai 84, **E. X**, 392, **R.** VI, 161. Abweichende Ansichten wie die der unbedingten Geltung der allgemeinen Bestimmungen des St.G.B. Rubo S. 190, oder solche, die nach dem Charakter der Bestimmung unterscheiden wollen, Heinze, Lb. u. R.St.R. S. 83, Kayser in H. H. IV, 46, Hälschner preuß. R. I, 102, 111. Anders wie es scheint: deutsches St.R. I, 102, Olshausen S. 15 Nr. 12 spricht sich nicht deutlich aus, sondern referirt nur.

11. Darüber, ob die disziplinarische Bestrafung der Studenten-Duelle durch die akademischen Gerichte noch in Kraft stehen, herrschte langer Widerstreit. Anfänglich entschieden sich die Gerichte für das in Kraftstehen der Disziplinarbestimmungen: Berlin 9. Nov. 72, 7. Febr. 73 (O.R. XIII, 587, XIV, 121, Goltd. XXI, 182, 183). Es erfolgte jedoch bald ein Umschlag, und wurden auch Studentenduelle nach den Bestimmungen des St.G.B. beurtheilt. St. II, 49. Dresden 6. März 76 (St. VI, 280). Berlin 6. Juni 77 (O.R. XVIII, 366, Goltd. XXV, 334, St. VII, 295). Hierfür hat sich nun auch das Reichsgericht entschieden. III. 2. Juni 80 (**R.** II, 14, **E.** I, 443). S. unten zu §. 201 St.G.B.

12. Insoweit landesgesetzliche Strafbestimmungen neben dem R.St.G.B. in Kraft bleiben, steht der Landesgesetzgebung auch das Recht zu, diese Strafbestimmungen abzuändern, sogar im Widerspruche mit den allgemeinen Bestimmungen des St.G.B.: Berlin 5. Juli 77 (O.R. XVIII, 504, Goltd. XXV, 491). Es handelt sich dort um eine mit §. 2 Abs. 2 St.G.B. in Widerspruch stehende Bestimmung. S. ferner R.G. III 1. Mai 80, **E.** II, 33.

13. Zufolge des Vorbehalts in Absatz 2, daß die besonderen Bestimmungen der Reichsgesetze in den nachfolgend benannten Materien in Kraft bleiben, kommen u. A. die besonderen Bestimmungen in §. 158 des Vereins-Zoll-Ges. v. 1. Juli 69 über Zusammenfluß (Cumulirung der Strafen) abweichend von §§. 73, 74 St.G.B. zur Anwendung, wenn Verfehlungen gegen das Zollgesetz mit andern strafbaren Handlungen zusammentreffen. R.G. IV, 3. Mai 87, **E.** XVI, 58, **R.** IX, 296.

In entgegengesetzter Richtung erkennt R. G. I 19. Nov. 88, **E.** VIII, 242, **R.** X, 669, an, daß durch §. 4 St.G.B. Bestimmungen über Errichtung von Zollstätten auf schweizerischem Gebiete, welche für Elsaß-Lothringen vor Einführung der Reichsverfassung, getroffen waren, auch jetzt nicht alterirt sind.

14. **Zu Abs. 3.** Der Vorbehalt des Abs. 3 für fortdauernde Geltung derjenigen Strafvorschriften, welche rücksichtlich des Konkurses in Landesgesetzen enthalten waren, und welcher sich auf alle Handlungen bezog, für welche das Strafgesetzbuch nicht in den §§. 281—283 einen gleichgelagerten Thatbestand normirte, hat mit dem am 1. Oktober 79 erfolgten in Krafttreten der Reichs-Konkursordnung vom 10. Februar 77 insbes. §. 4 des E.G. zur Konk.-O. seine Wirksamkeit verloren. Es sei jedoch bemerkt, daß den Grundsatz, daß Handlungen, auch von Kaufleuten, welche in Landesgesetzen, z. B. §. 308 der preuß. Konkurs-Ordnung von 55, mit Strafe bedroht waren, ohne daß das St.G.B. eine entsprechende Bestimmung enthält, strafbar geblieben waren, das R.G. anerkannt hat in einem Urtheile v. 23. Okt. 80; daß ferner, wenn die den strafbaren Thatbestand bildenden Handlungen theils vor, theils nach dem 1. Oktober 1879 fallen, die Konkurs-Ordnung zur Anwendung zu kommen hat, auch wenn das frühere Gesetz, z. B. das sächs. Ges. v. 20. April 73, das mildere war, weil nur eine einheitliche That vorliegt, welche erst nach dem 1. Oktober 79 ihren Abschluß erlangt hat. R.G. 7. Sept. 80 (**R.** II, 210), 29. Sept. 80 (**R.** II, 277). Handlungen, welche vor 1. Oktober 79 strafbar waren, es nach diesem Tage aber nicht mehr sind, z. B. nach §. 307 preuß. Konk.-O. v. 55, können, wenn nach diesem Tage noch ein Instanzgericht zu urtheilen hat, nicht mehr bestraft werden, wie mit Bezugnahme auf Berlin 18. Febr. 69 (O.R. X, 98) behauptet werden wollte. R.G. 20. Okt. 80. Die Berücksichtigung früherer Strafgesetze fällt selbstverständlich hinweg, wenn dieselben schon am 1. Oktober 1879 ihre Geltung verloren hatten, wie die Schleswig'sche V.O. v. 16. Okt. 63, Berlin 29. Jan. 79 (O.R. XX, 47, Goltd. XXVII, 105, R.G. 13. Dez. 79), oder das Holst. Ges. v. 17. Juni 59 (R.G. 13. Dez. 79).

§. 3. Wenn in Landesgesetzen auf strafrechtliche Vorschriften, welche durch das Strafgesetzbuch für das Deutsche Reich (den Norddeutschen Bund) **außer Kraft**

gesetzt sind, verwiesen wird, so treten die entsprechenden Vorschriften des letzteren an die Stelle der ersteren.

E. I. —; E. II. §. 4 (Reg.-E. §. 3); St.B. S. 772, 1092, 1178.

Vgl. pr. Einf.-G. Art. III; Verordn. v. 25. Juni 1867 Art. VII.

1. Der von der Bundeskommission auf Antrag ihres Vorsitzenden Dr. Leonhardt aufgenommene §. 3 gibt eine Interpretationsregel, die nach allgemeinen Grundsätzen als selbstverständlich angesehen werden kann, jedenfalls aber etwaige Zweifel beseitigt (vgl. die Reden des Bundeskommissars Dr. Leonhardt, St.B. S. 772, 1178 und 1179). Seinem Wortlaut nach erstreckt er sich nur auf Landesgesetze, er muß aber auf Reichsgesetze ebensogut Anwendung finden, z. B. auf den Artikel 74 der Reichsverfassung selbst.

2. Ob und inwieweit sich die Vorschriften „entsprechen", kann nur im einzelnen Fall beurtheilt werden. (Vgl. Berlin 26. März 79, Goltd. XXVII, 201, OR. XX, 161.) Die Frage wurde im Reichstage mit Rücksicht auf das preußische Gesetz vom 25. Apr. 53, welches im §. 1 für „die in dem ersten Titel des 2. Theils und in den §§. 74, 76 und 78 des (preußischen) St.G.B. vorgesehenen Verbrechen mit Einschluß des Versuchs und der Theilnahme" einen besonderen Gerichtshof, den sog. Staatsgerichtshof, eingesetzt hatte, weitläufig erörtert. Vgl. St.B. S. 298 ff. insbesondere die Reden von Lasker, Dr. Meyer und Dr. Leonhardt, sowie St.B. S. 772, 1178 ff. Die konkrete Frage hat durch die Bestimmungen über die Zuständigkeit des R.G. (vgl. §. 136 G.B.G.) ihre Bedeutung verloren.

3. Eine sehr wichtige Frage knüpft sich an den §. 3 insofern: als Zweifel darüber entstehen können, inwieweit die Vorschriften des Allgemeinen Theiles des St.G.B. auf die in Geltung bleibenden oder tretenden Landesgesetze Anwendung finden. Vgl. oben S. 48. 49. 57—59. Zunächst scheidet hier der Fall aus, wenn diese Landesgesetze besondere, von den allgemeinen Rechtsgrundsätzen abweichende Bestimmungen, z. B. bezüglich des Rückfalls, Verjährung, Konfiskation (vgl. §§. 7, 17, 20 des preuß. Holzdiebstahlsgesetzes vom 2. Juni 1852) enthalten. Solche mit Rücksicht auf den besondern Charakter der betr. strafbaren Handlungen gegebenen Bestimmungen bleiben in Kraft und können bez. ferner erlassen werden.

Enthalten dagegen jene Gesetze keine abweichenden Bestimmungen, so kann es sein, daß sie eine ausdrückliche Verweisung auf das bisherige Strafrecht enthalten oder nicht. In beiden Fällen treten die allgemeinen Vorschriften des St.G.B. in Wirksamkeit (Leipzig 20. Septbr. 72, St. II, 17, Entsch. VII, 141); jedoch muß dieses dann eine Einschränkung erleiden, wenn im ersten Falle nicht auf das bisherige Strafrecht insgesammt, sondern speziell und mit Rücksicht auf den besondern Charakter der betreffenden Materie auf solche allgemeine Bestimmungen verwiesen wird, welche in das St.G.B. nicht übergegangen sind, oder wenn in beiden Fällen aus jenem besondern Charakter der behandelten Materie eine innere Beziehung zu den frühern allgemeinen Grundsätzen gefolgert werden muß. In solchen Fällen liegen keine entsprechenden Vorschriften des St.G.B. vor und die älteren Vorschriften bleiben anwendbar. Dieses folgt unseres Erachtens aus der Bedeutung, welche dem sog. „Allgemeinen Theile" überhaupt beizulegen ist. Derselbe gibt in übersichtlicher Weise die bei allen oder den meisten einzelnen strafbaren Handlungen gleichmäßig zur Anwendung kommenden Grundsätze, ohne bei einzelnen strafbaren Handlungen Modifikationen auszuschließen. Mit Rücksicht auf Art. 2 der Bundesverfassung kann eine solche Ausschließung nur da angenommen werden, wo die Bundesgesetzgebung, so zu sagen, eine Kriminal-Verfassungs-Bestimmung gibt, welche eine stillschweigende oder ausdrückliche Beschränkung der Landesgesetzgebung enthält. Solcher Bestimmungen sind nur wenige, z. B. §§. 5 und 6 dieses Einf.-Ges. und das im §. 2 des St.G.B. gegebene Verbot des Erlasses von Strafgesetzen mit rückwirkender Kraft.

Die vorstehend dargelegte Auffassung über die Anwendung des Allgemeinen Theils auf die Landesgesetze hat sowohl durch die Rechtsprechung (vgl. die bezüglichen Entscheidungen oben zu §. 2 E.G. Nr. 10) als durch die ausdrückliche Bestimmung einzelner Bundesgesetze eine Bestätigung erfahren. Rücksichtlich letzterer wird namentlich auf Bayern Art. 4 (vgl. oben S. 50) Bezug genommen.

4. Eine Anwendung vorstehender Grundsätze findet sich im Urth. des O.Tr. vom 26. Sept. 77 (O.R. XVIII, 591, Goltd. XXV, 498), wonach die durch §. 57 Ziffer 4 St.G.B. für jugendliche Thäter zugelassene Strafe des Verweises auch für die preußischen Steuergesetze, über-

haupt auf die fortbestehenden Landesgesetze Anwendung findet, ferner im Urth. des O.Tr. vom 1. November 78 (O.R. XIX, 510, Goltd. XXVI, 503), wonach die Bestimmungen des St.G.B. über Antragstellung auch auf Landesgesetze Anwendung finden, welche die Verfolgung von einem Antrage abhängig machen, ohne besondere Bestimmungen darüber zu enthalten. S. auch im RG. IV v. 12. Okt. 88, E. XVIII, 191, R. X, 567.

5. Das unter 3 Ausgeführte kommt auch analog auf die besondern Reichsgesetze zur Anwendung. Auch für diese kommen die Vorschriften des Allg. Theils des St.G.B. zur Anwendung, soweit dieselben nicht besondere Abweichungen enthalten, wie solche z. B. in dem Reichsgesetz betreffend die Wechselstempelsteuer vom 10. Juni 69 (B.G.Bl. S. 196) §. 15 (Nichtverwandlung von Geldbuße in Gefängniß, vgl. §. 28 St.G.B.), sowie in dem Postgesetz vom 28. Okt. 71 §§. 28, 31 (R.G.Bl. S. 347) enthalten sind. Im §. 2 des R.Mil.St.G.B. v. 20. Juni 72 ist dieser Grundsatz ausdrücklich ausgesprochen. Gl. M. Olshausen Nr. 5, Binding I, 282, Heinze S. 87 fg., A. M. Rubo Nr. 4.

§. 4. Bis zum Erlasse der in den Artikeln 61. und 68. der Verfassung des Deutschen Reichs (Norddeutschen Bundes) vorbehaltenen Reichs- (Bundes-)gesetze sind die in den §§. 81. 88. 90. 307. 311. 312. 315. 322. 323 und 324 des Strafgesetzbuchs für das Deutsche Reich (den Norddeutschen Bund) mit lebenslänglichem Zuchthaus bedrohten Verbrechen mit dem Tode zu bestrafen, wenn sie in einem Theile des Bundesgebietes, welchen der Kaiser (Bundesfeldherr) in Kriegszustand (Art. 68. der Verfassung) erklärt hat, oder während eines gegen das Deutsche Reich (den Norddeutschen Bund) ausgebrochenen Krieges auf dem Kriegsschauplatze begangen werden.

E. I. —; E. II. §. 5 (Reg.-E. §. 4); St.B. S. 775, 1178.

Vgl. R.G. v. 22. April 1871 §. 7. Mil.St.G.B. §§. 92, 57—59, 160, 161; Reichs-Militär-G. v. 2. Mai 1874.

1. Die angezogenen Artikel der R.V. bestimmen:

Art. 61 Abs. 2: „Nach gleichmäßiger Durchführung der Kriegsorganisation des Deutschen Heeres wird ein umfassendes Reichs-Militärgesetz dem Reichstage und dem Bundesrathe zur verfassungsmäßigen Beschlußfassung vorgelegt werden."

Art. 68: „Der Kaiser kann, wenn die öffentliche Sicherheit in dem Bundesgebiete bedroht ist, einen jeden Theil desselben in Kriegszustand erklären. Bis zum Erlaß eines die Voraussetzungen, die Form der Verkündigung und die Wirkungen einer solchen Erklärung regelnden Reichsgesetzes gelten dafür die Vorschriften des Preußischen Gesetzes vom 4. Juni 1851." (Gesetz-Samml. für 1851 S. 451 ff.)

2. Der von der Bundeskommission aufgenommene §. 4 war im System nicht zu entbehren, weil das gedachte Gesetz vom 4. Juni 1851 die Verhängung der Todesstrafe gegen die einzelnen Verbrechen nach Maßgabe des Preuß. St.G.B. vorausgesetzt und außerdem noch im §. 8 andere und zwar weniger schwere Verbrechen, als die nach dem Preuß. St.G.B. mit dem Tode bedrohten, z. B. Brandstiftung, Widerstand mit Waffen u. s. w., außerdem mit dem Tode bedroht. Die nach dem St.G.B. nunmehr nicht mehr mit der Todesstrafe bedrohten Verbrechen des Preuß. St.G.B. mußten deshalb aufrecht erhalten werden. Beseitigt sind die in den §§. 178, 179 des Preuß. St.G.B. (vgl. §§. 214 und 215 des St.G.B.) enthaltenen Fälle der Todesstrafe. Die am Schlusse des §. 4 aufgestellte Alternative hat nicht die Bedeutung, daß die Bestimmung erst wegfällt, wenn beide Alternativen erfüllt sind.

3. Die in dem G. v. 4. Juni 51 vorgeschriebene Verkündung des Kriegszustandes „bei Trommelschlag oder Trompetenschall" ist als erfolgt anzusehen, wenn diese Form nur am Sitze des obersten Befehlshabers des in Kriegszustand erklärten Bezirks beobachtet worden ist. (?) Berlin 19. April 71 (O.R. XII, 215).

Der §. 8 des Gesetzes v. 4. Juni 51 (Widerstand gegen ein Mitglied der bewaffneten Macht während des Kriegszustandes) gilt noch jetzt, Berlin 10. Febr. 71 (Goltd. XIX, 258, O.R. XII, 89). Vgl. auch Otto S. 7.

4. Eine Anwendung hat der Art. 68 der R.V. in der beim Ausbruch des Krieges mit Frankreich erlassenen Verordnung des Bundesfeldherrn vom 21. Juli 70 (B.G.Bl. S. 503) gefunden. Die Befugniß zur Erklärung des Kriegszustandes steht übrigens nur dem Bundesfeldherrn, nicht, wie nach dem preuß. Ges. bezüglich des Belagerungszustandes der Fall ist, auch den Festungskommandanten oder Generalen zu.

5. Ob die in Art. 4 aufgeführten §§. des Strafgesetzbuchs absolut oder nur elektiv lebenslängliche Zuchthausstrafe androhen, begründet keinen Unterschied; ebenso wenig, ob bei elektiver Androhung das Gericht ohne die Voraussetzungen des §. 4 auf lebenslängliche oder zeitige Zuchthausstrafe erkannt haben würde. Gl. M. Olshausen, N. 9, Otto, N. 1, Rubo N. 9, Hälschner preuß. St. R. II, 763, v. Kirchmann, N. 1, A. M. John H. H. III, 58. v. Liszt 4. Aufl. S. 262, Oppenhoff N. 7. Bei Vorliegen mildernder Umstände gelten die hierfür besonders angedrohten Strafmaße. Gl. M. Olshausen N. 9, v. Liszt a. a. O.

6. Was unter Kriegsschauplatz zu verstehen, ist Sache der thatsächlichen Prüfung. Ob derselbe im Inlande oder Auslande belegen ist, ist gleichgültig, vgl. St.G.B. § 4 u. M.St.G.B. §§. 160, 161.

7. Wegen Kriegsverraths (M.St.G.B. §. 57) kommen, sofern er während eines gegen das Deutsche Reich ausgebrochenen Krieges auf dem Kriegsschauplatze begangen wird (gegen Inländer und Ausländer) nicht mehr der obige §. 4 bez. §§. 88—92 St.G.B., sondern die §§. 160, 57—59 M.St.G.B. zur Anwendung. Gegen den Kriegsverrath der Militärpersonen (d. h. nach §. 57 M.St.G.B. der **im Felde** — (§. 9 M.St.G.B.) — begangene Landesverrath) gelten die §§. 57—59 M.St.G.B. ebenfalls ausschließlich. Vgl. auch Rubo, Komm. S. 204, dessen Unterscheidung zwischen Militärpersonen und Nichtmilitärpersonen bezüglich des Hochverraths und einfachen Landesverrats jedoch nicht begründet scheint.

8. In Bayern gilt der §. 4 nicht, indem das R.G. vom 22. April 71 §. 7 A. 2 bestimmt:

> „An Stelle der Vorschriften des §. 4 des (gedachten) Einführungsgesetzes hat es für Bayern bis auf Weiteres bei den einschlägigen Bestimmungen des Militärstrafrechts, sowie bei den sonstigen gesetzlichen Vorschriften über das Standrecht sein Bewenden."

Die hier erwähnten „einschlägigen Bestimmungen des Militärstrafrechts" sind jetzt auch für Bayern durch die entsprechenden Bestimmungen des R.M.St.G.B. ersetzt. (Vgl. §. 2 des Einf.Ges. zum M.St.G.B.) Dagegen sind „die sonstigen gesetzlichen Vorschriften über das Standrecht" in Bayern noch in Kraft; es sind dieses die Artikel 441—456 des St.G.B. vom 16. Mai 13 Th. II. Letztere sind durch Artikel 3 Nr. 12 des Bayerischen Einführungsgesetzes vom 26. Dezember 71 besonders aufrechterhalten. Vgl. Staudinger S. 8, 10 u. 47, und die ausführlichen Erörterungen von Rubo, Komm. zu obigem §. 4 unter 3 u. 8.

§. 5. In landesgesetzlichen Vorschriften über Materien, welche nicht Gegenstand des Strafgesetzbuchs für das Deutsche Reich (den Norddeutschen Bund) **sind, darf nur Gefängniß bis zu zwei Jahren, Haft, Geldstrafe, Einziehung einzelner Gegenstände und die Entziehung öffentlicher Aemter angedroht werden.**

E. I. Art. IV.; E. II. §. 6 (Reg.-E. §. 5); St.B. S. 776, 1178.

1. Vgl. die Erörterungen oben S. 46 ff.

2. Der E. enthielt unter den der Landesgesetzgebung überlassenen Strafarten noch die Polizeiaufsicht, dagegen fehlte die Entziehung öffentlicher Aemter. Die Streichung bez. Aufnahme erfolgte im Reichstage auf Antrag des Abg. Lasker, welcher (St.B. S. 776) erstere dahin motivirte: „Mit der Zulässigkeit der Polizeiaufsicht hängt die Ausweisung zusammen, und wir würden den einzelnen Staaten eine Modifikation des Freizügigkeitsgesetzes gestatten." (Vgl. §. 3. des G. über die Freizügigkeit vom 1. November 67, B.G.Bl. S. 55.) Rücksichtlich der letzteren bemerkte derselbe: „Der Antrag bezieht sich auf die Ministerverantwortlichkeitsgesetze der einzelnen Staaten, welche namentlich als Strafe für Verletzung der Verfassung die Entlassung aus dem Amte vorschreiben. Außerdem scheint es angemessen, daß die einzelnen Staaten die besondern Bedingungen, nach denen sie ihre Beamten aufnehmen oder entlassen wollen, selbst vorzuschreiben berechtigt sein sollen."

3. Der I. E. bestimmt in negativer Form: Art. IV. „Wo eine Landesgesetzgebung fortan über Gegenstände, rücksichtlich derer in dem gegenwärtigen Strafgesetzbuche keine Bestimmungen enthalten sind, Strafvorschriften erläßt, sind keine andern als die in dem gegenwärtigen Strafgesetzbuche enthaltenen Strafarten zulässig. — Die Androhung von Todesstrafe, Zuchthaus, Verlust der bürgerlichen Ehrenrechte und Polizeiaufsicht bleibt ausgeschlossen.“ Die — auch für den gegenwärtigen §. 5 beachtenswerthen — Motive des I. E. berufen sich für diesen und den folgenden Artikel auf die Berathungen des Rechtshülfegesetzes (s. oben S. 13 u. 42. 43), in denen die Verschiedenheit der Strafarten als ein Haupthinderniß der gleichmäßigen Rechtshülfe bezeichnet wurde, und bemerken: „Das Einführungsgesetz mußte daher Vorkehrung treffen: daß mit dem Tage seiner Publikation eine derartige Verschiedenheit der Strafarten in Norddeutschland aufhört, — und eine solche auch nicht wieder auf dem Wege der Partikulargesetzgebung jemals wieder entstehen kann.“ Außerdem hätten, so sagen diese Motive weiter, die in Abs. 2 erwähnten schwersten Strafen der landesgesetzlichen Kompetenz entzogen werden müssen (s. oben S. 46), und setzen dazu: „Sollte sich im Laufe der Zeit in einem einzelnen Staate oder in mehreren das Bedürfniß nach dem Erlasse einer solchen schweren, neuen strafgesetzlichen Bestimmung geltend machen, so wird die Ergänzung und Ausfüllung dieser im Allgemeinen Strafgesetzbuche hervorgetretenen Lücke bei der Bundesgesetzgebung nachzusuchen und von dieser, nicht aber von einer Partikulargesetzgebung zu gewähren sein.“

4. Die Frage: ob die den Landesgesetzen im §. 5 auferlegte Beschränkung nach Maßgabe des Art. 2 R.V. (Schlußsatz) oder erst mit dem St.G.B. selbst am 1. Januar 1871 (1872) in Kraft getreten ist, ist unseres Erachtens im Sinne der letzteren Alternative zu entscheiden. „Gegenstand des St.G.B. f. d. N.B.“ kann etwas erst dann sein, wenn das St.G.B. gesetzliche Geltung hat. A. M. Olshausen S. 23 Nr. 3. Die Frage hat keine Bedeutung mehr.

5. Das Verbot des §. 5 bezieht sich nur auf die künftige Landesgesetzgebung und zwar vorbehaltlich der im §. 8 E.G. der Landesgesetzgebung gegebenen Befugniß. Mithin bleiben ältere Strafgesetze, selbst wenn sie höhere oder strengere Strafandrohungen enthalten, als §. 5 gestattet, in Kraft. (Es ist nicht wohl begreiflich, wie Olshausen S. 22 sagen kann, Rüdorff-Stenglein lehre, es könnten aufgehobene Landesgesetze mit höheren Strafandrohungen von der Landesgesetzgebung wieder hergestellt werden. Er verwechselt offenbar die Angabe eines Vorgangs bei Berathung der Entwürfe mit einer Ansicht über das geltende Recht.) Gl. M. v. Liszt S. 98, Meves in H.H. III, 930, H. Meyer S. 146, Oppenh. Nr. 1, v. Schwarze Nr. 3, A. M. Binding I, 298, Kaiser H.H. IV, 52 v. Wächter, Beil. S. 246, Rubo Nr. 1, v. Buri G.S. XXIII, 162, Heinze R.L.St.R. S. 87, 91, H.H. II, 16 u. G.S. XXX, 561 fg. Bemerkenswerthe Beispiele hierfür bieten das Preuß. Gesetz vom 31. März 41 betr. die Mannszucht auf Seeschiffen (§. 8), sowie die Preuß. Verordnung vom 8. Juli 44 betreffend die Bestrafung des Handels mit Negersklaven. Beide Gesetze sind von allgemeinster Bedeutung und enthalten demgemäß strenge Strafandrohungen (z. B. §. 3 des letzteren Gesetzes Zuchthaus bis zu 20 Jahren). Das Fortbestehen dieser Strafandrohungen kann nicht bezweifelt werden (vgl. auch Art. IX des Einführungsgesetzes vom 14. April 51); es wäre widersinnig, dieselben, ohne Rücksicht auf die kriminelle Natur der einzelnen Thatbestände, auf das im §. 5 des E.G. nachgelassene Maß (und welches?) reduziren zu wollen. Bei diesen Gesetzen war es auch nicht unbedingt erforderlich, nach Maßgabe des §. 8 E.G. und mit Rücksicht auf das Verbot im §. 6 E.G. Ueberleitungsbestimmungen zu treffen, da die Strafarten des Preußischen Rechts mit denen des Reichsstrafgesetzbuchs im Wesentlichen übereinstimmten. Sollte nicht bloß eine solche Ueberleitung, sondern eine wirkliche Abänderung jener Gesetze bewirkt werden, so mußte — und das entsprach der Ansicht des Gesetzgebers, vgl. die Motive oben unter Nr. 3 — die Reichsgesetzgebung eintreten, insofern auch bei den veränderten Bestimmungen höhere oder strengere Strafandrohungen als die im §. 5 E.G. nachgelassenen zur Anwendung kommen sollten. Bezüglich des Gesetzes vom 31. März 41 ist dieses auch schon geschehen, indem die Deutsche Seemannsordnung vom 27. Dezember 72 die Vorschriften desselben absorbirt hat (vgl. namentl. §. 91 Seem.O.). Es ergibt sich somit als die gewiß korrekte Auffassung des Gesetzgebers: daß die aus irgend welchen Gründen nicht in den Umfang der Kodifikation gezogenen Landesgesetze, sofern sie höhere Strafandrohungen als §. 5 enthielten, vorläufig, um keine Lücke entstehen zu lassen, aufrecht erhalten bleiben sollten, daß wegen der stringenten Vorschrift des §. 6 die Landesgesetzgebung nach Maßgabe des §. 8 sogar nach dem Inslebentreten des St.G.B. die Befugniß haben sollte, die Strafarten des R.St.G.B. für jene höhern Strafandrohungen anwendbar zu machen,

daß jedoch, falls weitere Aenderungen dieser Gesetze vorzunehmen sein würden, für die Zukunft die Reichsgesetzgebung eintreten sollte.

Weitere Beispiele enthalten das Einführungsgesetz für Bayern und das Bremische Gesetz vom 26. April 71, vgl. unten zu §. 8 E.G. Im Uebrigen wird auf die frühern Ausführungen (s. oben S. 49) Bezug genommen. Vgl. auch Schütze bei Goltd. **XX**, 358.

6. Die Kompetenz der Landesgesetzgebung zum Erlaß von Strafvorschriften mit der Beschränkung des §. 5 E.G. erstreckt sich nur auf Materien, welche nicht Gegenstand des St.G.B. (bez. der Reichsgesetze überhaupt) sind; vgl. hierüber oben S. 54 ff.

7. An die §§. 5 und 6 des Einf.Ges. knüpft sich die praktisch bedeutsame Frage: ob durch dieselben die Disziplinargesetzgebung für die Beamten berührt werde, ob also die in den bestehenden Disziplinargesetzen angedrohten Strafarten nach §. 6 zu verändern sind und nach §. 5 nicht mehr angedroht werden dürfen, wie diese Strafarten z. B. in den preußischen Gesetzen vom 7. Mai 51 und 21. Juli 52 als: Mahnung, Warnung, zeitweise Suspension, Dienstentlassung enthalten sind. Vgl. Heinze, Erörterungen S. 22 und Ders., z. Revid. Entw. S. 9, welcher die Frage im Wesentlichen bejaht; ebenso Rubo S. 214 ff. Es ist hierzu zu bemerken: daß dem Wortlaut des Einf.Ges. gegenüber allerdings ein Zweifel erhoben werden kann, daß aber die Entwicklungsgeschichte der Disziplinargesetzgebung in Preußen und deren Verhältniß zum Strafgesetzbuch, welches Verhältniß deswegen, weil der strafrechtliche Inhalt des St.G.B. dem des preuß. St.G.B. im Großen und Ganzen korrespondirt, auch für das erstere von Bedeutung ist, nicht den geringsten Zweifel darüber bestehen läßt, daß das Gebiet der Disziplinargesetzgebung als ein von dem übrigen oder eigentlich strafrechtlichen Gebiete abgesondertes betrachtet worden ist. Es kann hierbei auf das verwiesen werden, was oben über die Bedeutung des Begriffs: Materie, welche nicht Gegenstand des St.G.B. ist, — mit Rücksicht auf den historischen Gang der Gesetzgebung gesagt ist, nur daß hier eine Materie vorliegt, welche nach der historischen Lage der Gesetzgebung überhaupt nicht als Gegenstand des Strafrechts (im Sinne des St.G.B.) angesehen werden kann. Deshalb ist auch die Anwendbarkeit des §. 5 bez. 6 auf das Gebiet der Disziplinargesetzgebung ausgeschlossen. — Die Berathungen des St.G.B. haben sich in keinem Stadium eingehend mit dieser Frage beschäftigt. Aber darüber ist niemals ein Zweifel auch nur angerührt, daß die bestehenden Disziplinargesetze durch das St.G.B. nicht verändert werden sollten. Ein direkter Ausspruch hierüber findet sich nur in den Motiven zum I. Entw. S. 58) bei Erörterung der Frage, inwieweit die Unfähigkeit zur Bekleidung öffentlicher Aemter als Nebenstrafe in den Entwurf aufzunehmen sei: die dort enthaltene Bezugnahme auf die preußischen Disziplinargesetze läßt unzweideutig erkennen, daß man dieselben als ein gerade auf dem Gebiete der Strafarten ganz abgesondertes Feld betrachtet hat. Eben dafür spricht auch die oben (unter Nr. 2) angeführte Aeußerung des Abg. Lasker. Vgl. Berner S. 40. Binding I, 274, Meves in H.H. III, 930, Oppenh. N. 10 und Schwarze N. 4, v. Wächter Beil. S. 245. — Wegen der Geschichte der Disziplinargesetzgebung und deren Verhältniß zum preuß. St.G.B. wird auf Goltdammer, Materialien I, S. 137 ff., 169, II, S. 666 und Beseler S. 542 verwiesen.

Eine andere Frage ist: ob Sinn und Geist des St.G.B., namentlich die neuen Bestimmungen in des §§. 31—36, der Landesgesetzgebung nicht die loyale Pflicht zur Abänderung der betr. Disziplinargesetze auferlegen. In dieser Beziehung dürfte der §. 6 des preuß. Gesetzes vom 7. Mai 51 namentlich zu Bedenken Veranlassung geben.

Daß übrigens diejenigen einzelnen disziplinarrechtlichen Bestimmungen der Einzelstaaten, welche thatsächlich in das St.G.B. aufgenommen sind, aufgehoben sind, bedarf kaum der Erwähnung. In Bezug auf solche Vorschriften kann nur gefragt werden, ob eine Materie vorliegt, welche Gegenstand des St.G.B. ist. In solchen Fällen handelt es sich nicht um die Disziplinargesetze an sich, sondern um die Grenze zwischen dem strafrechtlichen und disziplinarischen Gebiet, und für diese Grenzbestimmung ist der Inhalt des St.G.B. maßgebend. Der hier vertretenen Auffassung haben sich auch die Landesgesetzgebungen meines Wissens ohne Ausnahme angeschlossen, vgl. namentlich Bayern Art. 3 Nr. 1 u. die Verhandlungen des Ausschusses der II. (Bayerischen) Kammer v. 1871 Bd. II, S. 147 ff.

8. Haftstrafe kann auch in Landesgesetzen nur bis zu 6 Wochen angedroht werden, da das St.G.B. keine längere Dauer im Princip zuläßt und Ausnahmen hiervon nur der Reichsgesetzgebung, nicht der Landesgesetzgebung zustehen. Gl. M. Olshausen S. 101, Binding I, 296, Rubo N. 5 u. Schwarze N. 2.

Für Geldstrafe ist im St.G.B. ein Maximum nicht bestimmt, sondern ist dies Sache der Einzelstrafandrohungen.

9. Nur Einziehung einzelner Gegenstände kann angedroht werden, nicht Einziehung des Vermögens oder von Rechten. Gl. M. Binding I, 301, Olshausen Nr. 4a. Oppenhoff §. 40, Nr. 6. A. M. Heinze R.L.St.R. S. 98, in H.H. II, 14, Rubo Nr. 8.

10. „Entziehung öffentlicher Aemter" ist die (inkorrekte) Bezeichnung für die in den §§. 81, 83, 87—90 erwähnte Strafart des „Verlustes" öffentlicher Aemter. Daß mit jener Entziehung auch der Verlust der aus öffentlichen Wahlen hervorgegangenen Rechte verbunden sein müsse, wie Oppenhoff annimmt, ist ohne Grund.

Was unter „öffentlichen Aemtern" zu verstehen, ist nach §. 31 A. 2 zu beurtheilen. — Die Landesgesetzgebung hat nicht das Recht, etwa noch weitere Aemter als öffentliche zu bezeichnen. Ueberhaupt muß der im St.G.B. gegebene Inhalt der Strafarten für die Landesgesetzgebung unbedingt maßgebend sein. Unfähigkeit zur Bekleidung öffentl. Aemter darf nicht angedroht werden.

11. Die Strafe des Verweises führt §. 5 nicht auf, obgleich in Anwendung des §. 57 Ziff. 4 St.G.B. auch nach Landesgesetz darauf erkannt werden kann. Also ist die Androhung als selbständige Strafe ausgeschlossen. Gl. M. Olshausen Nr. 5, Heinze R.Bl.St.R. S. 99, Binding I, 303. Droht ein älteres Gesetz diese Strafe an, so hat es dabei sein Verbleiben.

12. Ob landesgesetzlich Buße angedroht werden kann, ist streitig. Bejahend Olshausen Nr. 7, s. auch Binding I, 325. A. M. Rubo Nr. 7. Der Charakter der Buße ist bekanntlich streitig und kann der Streit auch auf Grund des gebotenen Materials nicht entschieden werden. Allein faßt man die Buße als Entschädigung auf, so wird sie durch §. 5 nicht berührt; faßt man sie als Strafe auf, so würde sie den Charakter einer Geldstrafe haben, also zulässig sein.

§. 6. Vom 1. Januar 1872 (1871) **ab darf nur auf die im Strafgesetzbuche für das Deutsche Reich** (den Norddeutschen Bund) **enthaltenen Strafarten erkannt werden.**

Wenn in Landesgesetzen anstatt der Gefängniß- oder Geldstrafe Forst- oder Gemeinde-Arbeit angedroht oder nachgelassen ist, so behält es hierbei sein Bewenden.

E. I. Art. V.; E. II. §. 7 (Reg.-E. §. 6); St.B. S. 777, 1178.

Vgl. pr. Einf.-G. v. 14. April 1851 Art. X.; Verordn. v. 25. Juni 1867 Art. X.

1. Vgl. die Erörterungen oben S. 45 ff.

Durch diesen Paragraphen sind alle in den bestehen bleibenden Landesgesetzen enthaltenen abweichenden Strafarten, z. B. die noch in Mecklenburg (vgl. Anlage I zu den Motiven Nr. III) sowie in Lübeck nach dem Regulativ vom 20. März 1861 für polizeiliche Untersuchungen zulässige Strafe der körperlichen Züchtigung aufgehoben. — Auch der Verweis ist allgemein als beseitigt anzusehen. Das St.G.B. kennt denselben im §. 57 Nr. 4 nur bei „Vergehen" oder „Uebertretungen" von Personen unter 18 Jahren in besonders leichten Fällen. Aus dieser beschränkten Anwendung folgt, daß das St.G.B. den Verweis als Strafmittel in weiterer Ausdehnung verwirft. Bei den Berathungen der Bundeskommission sind denn auch weitergehende Anträge ausdrücklich abgelehnt. — Polizeiliche Gefängnißstrafe besteht nicht mehr; an die Stelle derselben ist Haft getreten: Berlin 10. Mai 71 (Goltd. XIX, 529, O.R. XII, 260, Jena 4. Dez. 73 St. III 147; R.G. IV, 27. Nov. 85, E. XIII, 93, R. VII. 704. Ordnungsstrafen, welche in Steuergesetzen vorkommen, oder Geldbußen oder die Geldsumme, auf welche nach dem bayr. Ges. v. 16. Nov. 69 die Erhebung einer Abgabe von Salz betr. §§. 11. 16 zu erkennen ist, bleiben als Geldstrafen in Wirksamkeit. R.G. I. 9. Okt. 84, E. XI. 139, R. VI. 608). Ob die in Landesgesetzen angedrohte Untersagung des Gewerbebetriebs eine noch zulässige Strafart sei, verneint: Berlin (Ob.App.G.) 14. Sept. 72 (Goltd. XX, 439), bejaht dagegen: Berlin (O.Tr.) 28. Apr. 71, 7. Dez. 71, u. 27. Mai 73 (Goltd. XIX, 453 u. 798, XXI, 489, O.R. XII, 242, 632). In Betreff der Preßdelikte ist die Frage nach der Zulässigkeit der Untersagung des Gewerbebetriebs durch §. 1 des Preß-G. v. 7. Mai 74 beseitigt; sie ist daher nur noch in Betreff der Steuervergehen praktisch. Auf Entsetzung vom geistlichen Amte darf der Strafrichter nicht mehr erkennen: Berlin 17. Juni 74 (Goltd. XXII, 491, O.R. XV, 422, St. IV, 97; vgl. auch St. II, 229) es sei denn, daß das geistliche Amt nach dem Staatsrecht eines Bundesstaats als öffentliches Amt erscheinen sollte. — Schadensersatz, sowie Wiederherstellung eines polizeiwidrig geänderten Zustandes sind nicht Strafen: Berlin 4. Febr. 75 (Goltd. XXIII, 189, O.R. XVI, 103); ebensowenig die Schließung von Vereinen, wenn die Vereinsgesetzgebung dies dem Gericht bei Verhängung einer Strafe einräumt. R.G. II, 18. Febr. 87, E. XV, 305, R. IX, 142.

Die vor Geltung des St.G.B. rechtskräftig erkannten Strafen bleiben in ihren Wirkungen bestehen, so die Wirkungen der Untersagung der Ausübung der bürgerlichen Ehrenrechte (Preuß. St.G.B.) in Betreff der Zeugnißfähigkeit: Berlin Pl. 16. Sept. 72 (Goltd. XX, 481—501, O.R. XIII, 451, Entsch. d. O.Tr. Bd. 68 S. 1, Leipzig 2. Febr. 75, XVI, 27, Löwe Komment. §. 56 Note 10b, Holtzendorff St.P.O. I, S. 285). Dies erkannte auch an R.G. 10. Nov. 80 und bezüglich der gleichen aus Verurtheilungen zu **travaux forcés** und **reclusion** nach **Code pén.** fließenden Unfähigkeit zum Zeugniß R.G. 26. Jan. 80. Mehrere Einführungs-Ges. haben übrigens die Folgen der früheren Verurtheilungen, welche mit dem St.G.B. nicht in Einklang standen, beseitigt (vgl. Bayern Art. 46 ff.); vgl. für Preußen den Allerh. Erlaß v. 28. Feb. 1872 (Preuß. Gesetz-Samml. S. 259).

3. Wegen der Disziplinarstrafgesetzgebung vgl. S. 64 f. zu §. 5 E.G. Nr. 7.

4. Der §. 6 findet Anwendung sowohl auf die neben dem St.G.B. in Geltung bleibenden als auf die durch dasselbe aufgehobenen Gesetze, insofern letztere noch wegen der vor Geltung des St.G.B. begangenen Handlungen als die mildern (§. 2 St.G.B.) zur Anwendung kommen. Gl. M. Olshausen Nr. 1, Binding I, 297.

Auf die gegen Kinder unter 12 Jahren zugelassenen Maßregeln findet §. 6 keine Anwendung, weil dieselben nicht die Eigenschaft vom Strafen an sich tragen. Gl. M. Olshausen Nr. 1. Binding I 324, Heinze R.L.St.R. S. 105.

Für die in Geltung bleibenden Landesgesetze erfordert dieses, daß die früheren Strafarten in diejenigen des St.G.B. umgewandelt werden. Entbehrlich ist solches nur da, wo wie z. B. für Preußen, die neuen mit den alten Strafarten übereinstimmen. Soweit es sich um Strafandrohungen handelt, welche das im §. 5 E.G. bestimmte Maß überschreiten, gewährt der §. 8 des E.G. den Landesgesetzgebungen die Kompetenz, die erforderlichen Umänderungen auch noch nach dem Inslebentreten des St.G.B. zu treffen, ohne an die Beschränkung des §. 5 gebunden zu sein; vgl. oben Anmerkung zu §. 5 unter 5 und unten zu §. 8.

Für die aufgehobenen Landesgesetze, welche nach §. 2 Abs. 2 des St.G.B. aber noch als mildere anzuwenden sind, war nothwendig, daß ein gesetzlich bestimmtes Geltungsverhältniß der in dem aufgehobenen Gesetze angedrohten und der zur Anwendung zu bringenden Strafarten des St.G.B. gegeben wurde. Der Praxis konnte dieses, ebenso wie in dem vorerwähnten Falle, allenfalls da überlassen werden, wo wie in Preußen die sachliche Uebereinstimmung der Strafarten im Wesentlichen bereits vorhanden war.

In beiden Richtungen enthält sachgemäße Bestimmungen Bayern Art. 5. u. 6.

5. Forst- oder Gemeindearbeit findet sich namentlich in den Holzdiebstahls- bez. Forstgesetzen, z. B. in dem preuß. Gesetz vom 2. Juni 52, sowie in Sachsen und Thüringen.

Dem Wortlaut des Abs. 2 nach, in Verbindung mit §. 5 Einf.Ges., scheint es zweifelhaft, ob der Landesgesetzgebung für den Fall einer etwaigen Umänderung der betreffenden Gesetze die Androhung von Forst- 2c. Arbeit nach dem Inslebentreten des St.G.B. verboten ist. Nähere Erörterungen finden sich in dieser Richtung in den Materialien nirgends; der Abs. 2 wurde von der Bundeskommission namentlich auf den geäußerten Wunsch einzelner thüringischer Regierungen aufgenommen. Der ganzen Bedeutung der — übrigens auch in Art. X des preuß. E.G. von 51 und Verordnung vom 25. Juni 67 Art. X enthaltenen — Vorschrift, welche keineswegs aus temporären Rücksichten aufgenommen ist, würde eine solche Beschränkung widersprechen, und dürfte es deshalb der Landesgesetzgebung unbenommen sein, bei einer Reform der bezüglichen, nach §. 2 des E.G. ihrer Kompetenz unterliegenden Gesetze von jenen Strafarten Gebrauch zu machen. Darnach wäre der Absatz 2 als eine Modifikation ebenso zu §. 5 wie zu §. 6 aufzufassen. Gl. M. Olshausen Nr. 6, Binding I, 304, Hälschner, deutsches Str.R. I, 105, Heinze R.L.St.R. S. 106. A. M. Rubo Nr. 6.

Unter „Androhen“ ist zu verstehen, wenn das Gesetz Arbeit als einzige Strafart androht, unter „nachlassen“ die Androhung wahlweise mit Gefängniß, d. h. Freiheitsstrafe oder Geldstrafe.

§. 7. Vom 1. Januar 1872 (1871) ab verjähren Zuwiderhandlungen gegen die Vorschriften über die Entrichtung der Branntweinsteuer, der Biersteuer und der Postgefälle in drei Jahren.

E. I. —; E. II. —; St.B. S. 777, 1178.

1. Der §. 7 ist in der 2 Lesung des Reichstages aufgenommen (St.B. S. 777). Für Preußen setzt er die nach Art. V des Ges. vom 22. Mai 1852 bez. Art. XI der Verordn. vom 25. Juni 67:

„Vergehen und Uebertretungen, welche durch Zuwiderhandlung gegen die Vorschriften über die Entrichtung der Steuern, Zölle, Postgefälle, Kommunikationsabgaben und aller übrigen öffentlichen Abgaben und Gefälle begangen werden, verjähren in fünf Jahren."

festgesetzte fünfjährige Verjährungsfrist in der angegebenen Beschränkung auf 3 Jahre herab. Das Postgesetz vom 28. Oktober 71 enthält, abweichend von dem Norddeutschen Postgesetz vom 2. Nov. 67, keine besondern Bestimmungen über die Verjährung.

2. Als Zuwiderhandlungen gegen die Vorschriften über Entrichtung der Branntweinsteuer sind alle Vorschriften anzusehen, welche zum Schutze und zur Sicherung des Ertrages dieser Steuer gegeben sind und die Hinterziehung auch nur mittelbar verhindern sollen: Berlin 1. Juli 75 (Goltd. XXIII, 486, O.R. XVI, 504). Nach diesem Urtheil verjähren Ordnungswidrigkeiten, welche nach dem auch auf die Branntweinsteuergesetze anwendbar erklärten Zollgesetze in einem Jahre verjährten, nunmehr erst in drei Jahren.

3. Ein Urtheil des O.A.G. zu Jena 9. Dez. 75 (St. VI, 90, Goltd. XXIV, 635) nahm an, daß sich §. 7 nur auf die in die Reichskasse fließenden Abgaben beziehe, daß also gleiche Abgaben, wenn sie für andere Kassen erhoben werden, z. B. als Kommunalabgaben, natürlich insofern die treffenden Bestimmungen nichts Anderes enthalten, nach den allgemeinen Bestimmungen des St.G.B., wenn sie Uebertretungen sind also in drei Monaten, verjähren (§. 67 Abs. 3 St.G.B.).

§. 8. Der Landesgesetzgebung bleibt vorbehalten, Uebergangsbestimmungen zu treffen, um die in Kraft bleibenden Landesstrafgesetze mit den Vorschriften des Strafgesetzbuchs für das Deutsche Reich (den Norddeutschen Bund) in Uebereinstimmung zu bringen.

E. I. Art. VI.; E. II. §. 8 (Reg.-E. §. 7); St.B. S. 777, 1178.

1. Vgl. die Bemerkungen zu §§. 5 und 6 des Einf.Ges.

2. Eine Uebersicht und Kritik der Uebergangsgesetze, soweit sie sich auf das Norddeutsche St.G.B. bezogen, gibt die schon mehrfach erwähnte Schrift von Heinze, Reichsstrafrecht und Landesstrafrecht, Leipzig 1871.

Eine Uebersicht über sämmtliche in den einzelnen Bundesstaaten erlassenen Gesetze s. 2. Auflage dieses Werkes S. 63 ff., eine solche der auf die neuesten Reichsjustizgesetze bezüglichen v. Holtzendorff, Handbuch des Deutschen Strafrechts, Berlin 1877, 4. (Suppl.) Bd. S. 5 ff.

3. Nothwendig war der Vorbehalt des §. 8 deshalb, um der Landesgesetzgebung auch unter der Herrschaft des St.G.B. die Möglichkeit zu bewahren, die nach §. 2 des E.G. in Geltung bleibenden Landesgesetze bezüglich der Strafarten mit dem St.G.B. in Uebereinstimmung zu bringen, insofern es sich um Strafen handeln konnte, welche die landesgesetzliche Kompetenz nach §. 5 des E.G. überschritten. Vgl. zu §. 5 unter 5 und §. 6 unter 4. Im Uebrigen dient die Bestimmmung des §. 8 dazu, um unnöthige Zweifel an der landesgesetzlichen Kompetenz auszuschließen.

4. Von dem vorstehend (Nr. 3) angedeuteten Gesichtspunkte aus sind die Bestimmungen einzelner Einführungsverordnungen u. s. w. nicht zu beanstanden, welche höhere Strafen androhen, als die im §. 5 E.G. der Landesgesetzgebung nachgelassenen.

So bestimmt z. B. das Bayerische Gesetz vom 26. Dez. 1871:

„Wer, ohne Kaufmann zu sein, seine Gläubiger dadurch benachtheiligt, daß er entweder Ueberschuldung vorspiegelt oder nach eingetretener Ueberschuldung widerrechtlich Vermögenstheile seinen Gläubigern entzieht oder Schulden oder Rechtsgeschäfte anerkennt oder aufstellt, welche ganz oder theilweise erdichtet sind, oder aus eigennütziger Absicht einzelne Gläubiger vor den andern begünstigt, ist mit Gefängniß nicht unter einem Monat zu bestrafen.

Der Versuch ist strafbar."

Diese Bestimmung — nach welcher Gefängniß bis zu 5 Jahren zulässig ist — bezweckt die Aufrechthaltung des Art. 327 des Bayerischen St.G.B. vom 10. November 1861, welcher nach §. 2 Absatz 3 des Einf.Ges. zum Reichsstrafgesetzbuch in Kraft blieb. Die neue Formulirung entspricht dem richtigen Verhältniß zur Reichsgesetzgebung. Vgl. Verhandlungen des Ausschusses der Bayer. II. Kammer Bd. II, S. 104 ff. u. Staudinger zu Art. 12 des E.G. Auf ähnlichem Standpunkt steht das Hamburgische Gesetz vom 21. Dezember 1870, welches sub I die betreffenden Artikel 195—197 des Kriminalgesetzbuchs vom 30. April 69 mit der aus §. 2 Abs. 3 des Einf.Ges. sich ergebenden Beschränkung aufrecht erhält. Vgl. auch das Altenburgische Gesetz vom 23. Dezember 1870 §. 3. — Am weitesten geht das Bremische Gesetz vom 26. April 1871 über den strafbaren Bankerutt. Der Eingang dieses Gesetzes charakterisirt das Verhältniß zur Reichsgesetzgebung zutreffend, indem es heißt:

„Nachdem die strafrechtlichen Bestimmungen der Verordnung für Debit- und Nachlaßsachen vom 5. Juni 1843 §§. 251—261 einer Revision unterzogen und diejenigen Vorschriften über den strafbaren Bankerutt, welche an Stelle derselben auf Grund des §. 2 des Einführungsgesetzes zum Deutschen Strafgesetzbuch, neben dem vierundzwanzigsten Abschnitt dieses Gesetzbuchs (§§. 281—283) als Partikularrecht in Kraft bleiben sollen, festgestellt worden sind, bringt der Senat das nachstehende, mit der Bürgerschaft vereinbarte Gesetz hierdurch zur öffentlichen Kunde."

Das Gesetz gibt dann Strafvorschriften gegen Nichtkaufleute und gegen Kaufleute, und zwar gegen letztere wegen solcher Handlungen, welche im St.G.B. nicht erwähnt sind, enthält auch Strafandrohungen bis zu 5 Jahren Gefängniß oder Zuchthaus. Nach dem oben (S. 59, 63 ff.) Gesagten ist dies nicht als unzulässig zu erachten. Bedenklich aber, wenn auch formell nicht unzulässig, ist es, daß der §. 5 dieses Gesetzes Strafvorschriften gegen Bankeruttirer enthält, welche nach eingetretener Ueberschuldung noch gewisse Kreditgeschäfte u. s. w. gemacht haben. Der Reichstag hatte eine entsprechende Vorschrift des Entwurfs (§. 261 Nr. 4 des Preuß. St.G.B. von 1851) gestrichen. Die Beibehaltung der Vorschrift wird schwerlich durch besondere bremische Verhältnisse begründet werden können.

Die Novelle

zum

Strafgesetzbuch

vom 26. Februar 1876.

Gesetz,

betreffend die Abänderung von Bestimmungen des Strafgesetzbuchs für das Deutsche Reich vom 15. Mai 1871 und die Ergänzung desselben.

Vom 26. Februar 1876*).

Ausgegeben Berlin den 6. März 1876. Gesetzeskraft mit dem 20. März 1876.
R.G.Bl. Nr. 6 S. 25.

Art. I. Die §§. 4, 55, 64, 70 Nr. 2 und 3, 88, 95, 102, 103, 104, 113, 114, 117, 130ª, 135, 140, 144, 145, 176, 177, 178, 183, 194, 200, 208, 223, 228, 232, 240, 241, 247, 263, 275 Nr. 2, 292, 296, 303, 319, 321, 360 Nr. 3, 4, 7 und 12, 361 Nr. 6, 363, 366 Nr. 3, 8, 9 und 10, 367 Nr. 5, 8 und 10, 369 und 370 des Strafgesetzbuchs in der durch die Gesetze v. 15. Mai 1871 und 10. Dezember 1871 festgestellten Fassung werden durch nachstehende, den bisherigen Zifferzahlen entsprechende Bestimmungen ersetzt:

(Die abgeänderten §§. sind in der neuen Fassung an betreffender Stelle im St.G.B. eingeschaltet und mit einem Stern (*) bezeichnet; die alte Fassung der §§. findet sich bei jedem derselben untergedruckt.)

Ueber die Gesetze vom 15. Mai 71 und 10. Dezember 71 vgl. oben S. 25, 35 und unten zu §. 130ª.

II. Hinter die §§. 49, 103, 223, 296, 353 und 366 des Strafgesetzbuchs werden die folgenden neuen §§. 49ª, 103ª, 223ª, 296ª, 353ª und 366ª, hinter die Nr. 8 des §. 361 wird die neue Nr. 9 eingestellt.

(Die neuen §§. sind an betreffender Stelle im St.G.B. eingeschaltet und mit einem Stern (*) bezeichnet.)

III. Bei den Handlungen, welche vor dem Inkrafttreten dieses Gesetzes begangen sind, wird das Erforderniß des Antrages auf Verfolgung, sowie die Zulässigkeit der Zurücknahme nach den bisherigen Gesetzen beurtheilt.

Dieser Artikel ist von der Reichstagskommission in die Novelle aufgenommen. Derselbe entscheidet eine Kontroverse, welche sich an den §. 2 Abs. 2 des St.G.B. knüpfte, in dem Sinne,

---

*) **Zur Ueberschrift.**

1. Ueber die Entstehung dieses Gesetzes, die Reichstagsverhandlungen u. s. w. vgl. oben S. 35 ff. S. auch Berner, Anhang zur 8. Aufl. des Lehrbuchs; v. Schwarze, Ergänzungen zum Kommentar. Heft 1. Leipzig 1876; Meves, die Strafgesetznovelle vom 26. Februar 76, Erlangen 1876.

2. Einen besondern Geltungstermin enthält das Gesetz nicht. Für das Inkrafttreten desselben gilt mithin die im Artikel 2 der Reichsverfassung ausgesprochene Regel, wonach die verbindliche Kraft der Gesetze mit dem vierzehnten Tage nach dem Ablauf desjenigen Tages beginnt, an welchem das betreffende Stück des Reichsgesetzblattes in Berlin ausgegeben ist. Die betreffende Nr. 6 des R.G.Bl. ist am 6. März 76 ausgegeben, die Novelle also mit dem 20. März 76 in Kraft getreten.

daß bezüglich des Antrages die früheren Bestimmungen maßgebend sein sollen. Da die Novelle das Erforderniß des Antrags nicht vermehrt, sondern vielmehr in einer Mehrzahl von Fällen beseitigt hat, so liegt dem Art. III die Auffassung zu Grunde, daß das ältere, den Antrag erfordernde Gesetz als das mildere anzusehen ist. Vgl. Drucks. des Reichstages 1875/6 Nr. 145 und die Bemerkung des Referenten v. Schwarze, St.B. S. 877.

IV. Wo in dem Strafgesetzbuche der Betrag einer Geldstrafe oder einer Buße in der Thalerwährung ausgedrückt ist, tritt der entsprechende Betrag in Reichswährung an die Stelle.

Nachdem durch die Kaiserliche Verordnung vom 22. September 75 (R.G.Bl. S. 303) vom 1. Januar 1876 ab die Reichswährung eingeführt worden, mußten in den richterlichen Entscheidungen in Gemäßheit des Artikels 14 §. 4 des Münzgesetzes v. 9. Juli 1873 (R.G.Bl. S. 233) die Geldstrafen in Reichswährung ausgedrückt werden; der vorliegende Artikel ändert demgemäß auch den Text des Gesetzbuchs.

V. Der Reichskanzler wird ermächtigt, den Text des Strafgesetzbuchs, wie er sich aus den in den Artikeln I., II. und IV. festgestellten Aenderungen der Fassung ergibt, unter Weglassung der §§. 287 und 337 durch das Reichs-Gesetzblatt bekannt zu machen.

Die Bekanntmachung des neuen Textes ist erfolgt mittels Erlasses des Reichskanzlers vom 26. Febr. 1876 (R.G.Bl. S. 39 ff.).

Das

Reichs-Strafgesetzbuch

vom 15. Mai 1871*).

*) Ueber das Datum des Gesetzbuchs vgl. oben S. 25.

Inhalt*).

Erster Theil.

Von der Bestrafung der Verbrechen, Vergehen und Uebertretungen im Allgemeinen.

Zweiter Theil.

Von den einzelnen Verbrechen, Vergehen und Uebertretungen und deren Bestrafung.

---

*) Dieser „Inhalt“ bildet eine dem Abdruck des R.St.G.B. im R.G.Bl. beigefügte amtliche Zugabe (R.G.Bl. 1876 S. 119).

Strafgesetzbuch

für das Deutsche Reich.

Vom 15. Mai 1871*).

(In der Fassung des Reichsgesetzes vom 26. Febr. 1876 Art. V bez. der Bek. des Reichskanzlers vom selbigen Tage. R.G.Bl. S. 25 u. 39.)

Einleitende Bestimmungen.

§. 1. Eine mit dem Tode, mit Zuchthaus, oder mit Festungshaft von mehr als fünf Jahren bedrohte Handlung ist ein Verbrechen.

Eine mit Festungshaft bis zu fünf Jahren, mit Gefängniß oder mit Geldstrafe von mehr als einhundertfünfzig Mark bedrohte Handlung ist ein Vergehen.

Eine mit Haft oder mit Geldstrafe bis zu einhundertfunfzig Mark bedrohte Handlung ist eine Uebertretung.

Pr. §. 1; E. I. §. 1; E. II. §. 1; St.B. S. 135, 151, 771, 1122, 1127, 1140. Vgl. Elf.-Lothr. E.G. v. 30. Aug. 1871 Art. XI; M.St.G.B. §. 1.

1. Den Grund der Dreitheilung bilden die im Gesetz angedrohten Strafen. Bei der Eintheilung im §. 1 ist folgendes System maßgebend gewesen:

Verbrechen — Zuchthaus
Vergehen — Gefängniß
Uebertretungen — Haft.

Bei Verbrechen tritt nur die seltene Todesstrafe hinzu. Im Wesentlichen entscheidet hiernach die angedrohte Strafart.

Dieses System ist für Verbrechen und Vergehen durch die singuläre Strafart der Festungshaft, und für Vergehen und Uebertretungen durch die untergeordnetere Geldstrafe modifizirt. Rücksichtlich dieser beiden Strafarten ist die Höhe der angedrohten Strafe für maßgebend erklärt.

2. Das St.G.B. bindet sich bei seinen Strafandrohungen im Einzelnen selten an eine Strafart. Es droht entweder wahlweise ein gewisses Maß verschiedener Strafarten, z. B. sogar Zuchthaus oder Festunghaft (vgl. §§. 81 ff., 106), Zuchthaus oder Gefängniß (§§. 224, 226) und Gefängniß oder Haft (vgl. §§. 185, 186) oder — und das ist bei Zuchthaus die Regel — es läßt beim Vorhandensein mildernder Umstände eine leichtere Strafart eintreten. Außerdem treten wegen gewisser allgemeiner und spezieller Gründe Ermäßigungen der Strafe ein, z. B. beim

---

*) **Zur Ueberschrift.**

1. Ueber die Entstehungsgeschichte des St.G.B., insbesondere die Erklärung des St.G.B. für den Norddeutschen Bund vom 31. Mai 1870 zum Reichsgesetz und die durch das R.G. vom 26. Febr. 76 erfolgten Aenderungen vgl. oben S. 24 ff., 35 ff.

2. Ueber die Einheit des Reichsgebiets in strafrechtlicher Beziehung vgl. oben S. 7, 42 ff. und über die Bedeutung der Bestimmungen des St.G.B. für die neben demselben geltenden besonderen Reichs- und Landesstrafgesetze vgl. oben S. 39 ff. u. Bemerkungen zu §. 2 u. 3 des Einf.Ges. u. zu §. 3 St.G.B.

Versuch (§. 44), Beihülfe (§. 49), Jugend (§. 57), thätige Reue (§. 158). Alle diese Möglichkeiten der Verhängung einer niedrigeren oder milderen Strafe kommen bei der Frage: ob ein Verbrechen oder ein Vergehen u. s. w. vorliegt, nicht in Betracht. (Vgl. München, 17. Febr. 72, Bayr. Entsch. II, 35, St. XI, 246.) Im Princip abweichend Olshausen Nr. 8a. Es entscheidet nach dem Wortlaut des §. 1 lediglich die angedrohte, also die schwerste Strafart, und bei Festungshaft und Geldstrafe der Höchstbetrag der angedrohten Strafe. (Vgl. Motive zu §. 1 und Oppenhoff Nr. 3: Schwarze Abs. 2.) Z. B. wenn neben Haft eine Geldstrafe von mehr als 150 Mark angedroht ist: Berlin 13. Nov. 78 (O.R. XIX, 529). Verhängt das Urtheil eine mildere oder niedrigere Strafe, so bleibt dieses einflußlos. So entschied auch R.G. I, 22. Nov. 80, E. III. 52 R. II, 547. Das Vorliegen mildernder Umstände ändert nichts an der Qualifikation R.G. v. 22. Nov. 80, s. oben IV. v. 28. Sept. 86, R. VIII, 571. Anders bestimmte das Bayerische St.G.B. vom 10. November 61 Artikel 2, nämlich:

„Gestattet das Gesetz, statt der angedrohten Verbrechens- eine Vergehensstrafe, oder statt der angedrohten Vergehens- eine Uebertretungsstrafe ausnahmsweise auszusprechen, so nimmt die also bestrafte Handlung mit dem Urtheile, und zwar im ersten Falle die Natur eines Vergehens, im zweiten die einer Uebertretung an."

In letzterm Sinne hat auch die Praxis in Belgien die Bestimmung des code pénal §. 1 aufgefaßt. Vgl. Nypels zu §. 1 des C. p. Belge 1868.

Die etwaigen Nebenstrafen werden in Betreff der Dreitheilung nicht berücksichtigt, so z. B. die Einziehung, die Ueberweisung zur Detention im Arbeitshause: Berlin 30. April 73 u. 20. Sept. 73 (O.R. XIV, 315 u. 565 St. III, 51).

Bei Steuer- und Zolldefraudationen, wenn die Strafe in einem mehrfachen Betrag des Defraudirten besteht, ist die Frage: ob Vergehen oder Uebertretung? nach der im Einzelfalle eintretenden Strafe zu entscheiden: R.G. I, 26. Sept. 81, E. V, 23, R. III, 536, Berlin, 12. Febr., 30. April 73 u. 5. Mai 74 (Goltd. XXI, 105; XXII, 411, O.R. XIV, 130, 315; XV, 178) und München 16. Dezbr. 73 (St. III, 148), ebenso bei andern in Spezialgesetzen enthaltenen Strafandrohungen s. ein Beispiel Berlin 6. Dezbr. 76 (O.R. XVII, 793.) Seemanns-Ordnung §§. 83, 84 A. M. Binding I, 516.

Die im §. 147 der Gewerbe-O. mit Strafe bedrohten Handlungen sind Vergehen: Berlin 6. Mai 74, 13. Nov. 78 (O.R. XV, 283; XIX, 529), desgl. die Delikte gegen Art. 206, 249 u. 249a des R.G. v. 11. Juni 70 (Aktien-G.): Dresden 11. Mai 74 (St. IV, 244).

Bei mehreren real konkurrirenden Strafthaten entscheidet die zu verhängende Gesammtstrafe nicht über den strafrechtlichen Charakter der einzelnen Delikte, sondern die zu arbitrirende Einzelstrafe.

3. Schon aus dem zu 2 Gesagten ergibt sich, daß der oft gehörte Vorwurf: die Dreitheilung ziehe für die einzelnen strafbaren Handlungen starre Strafandrohungen und namentlich zu hohe Strafminima nach sich, gegenüber der Durchführung derselben im St.G.B. auf einem fehlsamen: post hoc ergo propter hoc beruhen würde. Die Strafandrohungen sind nach der Natur der strafbaren Handlungen gewählt. Die Eintheilung derselben in drei Kategorien wäre im System des St.G.B. sachlich entbehrlich. Sie ist (vgl. die Motive und die Rede des Bundeskommissars Dr. Friedberg St.B.! S. 1127) einmal als redaktionelles Hülfsmittel beibehalten, um die Formulirung des Gesetzes, namentlich im Allg. Theil, klarer und einfacher gestalten zu können, und sodann um für die prozessualische Regulirung der Kompetenz eine bequeme Handhabe zu schaffen.

Die Grundsätze, nach welchen die vielfach angefochtene Dreitheilung getroffen wurde, liegen nicht völlig klar vor.

Die Doktrin unterscheidet häufig zwischen peinlichem und polizeilichem Unrecht und definirt das erstere als Verletzung oder Gefährdung bestimmter Rechtsgüter, das polizeiliche als Ungehorsam gegen Verbote oder Gebote. Vgl. Olshausen S. 39. Jedoch wird von Anderen diese Unterscheidung entschieden verworfen und hat für das geltende Recht ohnehin keine Bedeutung, s. v. Liszt S. 125. Insbesondere wurde nach Anh. I der Motive das Gebiet der Uebertretungen im Th. II Abschnitt 29 des St.G.Buchs nicht nach solchen Erwägungen abgegrenzt.

4. Die Dreitheilung, namentlich die Unterscheidung von Verbrechen und Vergehen ist, wie die Motive hervorheben, äußerlich nicht vollständig durchgeführt. Es geschah dieses deshalb, um die „gesetzlichen Bestimmungen möglichst einfach zu gestalten und die, ihrer innern Natur nach zusammengehörigen strafbaren Handlungen thunlichst zusammenzustellen."

Es ist zu bedauern, daß man nicht noch einen Schritt weiter ging und aus dem Abschnitt „Uebertretungen" diejenigen Handlungen, welche ihrer Natur nach mit einzelnen Verbrechen oder Vergehen zusammenhängen, ausgesondert und mit letztern vereinigt hat. Wir rechnen dahin diejenigen Uebertretungen, welche, um den Ausdruck zu gebrauchen, „wirkliche Rechtsverletzungen" in sich schließen, namentlich z. B. die Fälle des §. 370 Nr. 4 (unberechtigtes Fischen und Krebsen), Nr. 5 (Entwendung von Eßwaaren), Nr. 6 (der sog. Futterdiebstahl) u. s. w. In der Beibehaltung dieser Trennung finden wir einen begründeten Vorwurf gegen die Dreitheilung des St.G.B. Mit Recht bemerkt Merkel in seiner Kritik des I. Entwurfs (Verhandlungen des 9. deutschen Juristentages Bd. I, S. 19, 20): „Gehen wir bei der Abgrenzung der Uebertretungen z. B. von materiellen strafrechtlichen Gesichtspunkten aus, so wird es durchaus gefordert sein, sie auf polizeiliches Unrecht und die reinen Omissivdelikte zu beschränken, nicht beliebige Arten kriminellen Unrechts, insofern sie in geringeren Maßverhältnissen auftreten, mit ihnen zusammenzuwerfen."

„Gehen wir dagegen von prozessualischen Gesichtspunkten aus, so werden wir konsequent zur entgegengesetzten Entscheidung, d. i. zur Vereinigung kleiner Betrügereien und Diebstähle u. s. w. mit dem polizeilichen Unrechte gelangen."

Wenn man jene Uebertretungen mit den verwandten Vergehen verbunden und neben der regelmäßigen Strafe der Vergehen, der Gefängnißstrafe, wahlweise Haft oder Geldstrafe angedroht hätte, so würde einer innerlich begründeten Systematik sowohl, wie der geringern Strafbarkeit dieser Handlungen Rechnung getragen sein. Die gegenwärtige Behandlung dieser Art der Uebertretungen hat zur Folge, daß dieselben z. B. rücksichtlich des Versuchs und der Beihülfe ganz wie die übrigen Uebertretungen zu beurtheilen sind, während innere Gründe dieses nicht rechtfertigen. Rücksichtlich des Versuchs entspricht solches allerdings dem bisherigen preuß. St.G.B. §. 336, während rücksichtlich der Theilnahme (Beihülfe) wenigstens die Rechtsprechung (vgl. Oppenhoff, R. III, S. 551) die Anwendbarkeit der Grundsätze über die Strafbarkeit der Verbrechen und Vergehen auch auf Uebertretungen der fraglichen Art angenommen hatte. Nach §. 49 ist gegenwärtig die Beihülfe zu allen Uebertretungen straflos.

Sachgemäßer ist die Frage in dem bayerischen St.G.B. von 1861, vgl. z. B. Art. 271, 284, 285, 289, behandelt. Daß das bayerische St.G.B., welches die sog. Polizeiübertretungen nicht enthält, eine besondere Art der Uebertretungen aus jenen leichtern „Rechtsverletzungen" macht, ist nebensächlich. (S. übrigens hierüber auch Berner: Strafgesetzgebung in Deutschland S. 329.)

5. Ueber die Verbindung des Allg. Theils bezüglich der Uebertretungen mit dem sonstigen allgemeinen Theil vgl. oben S. 29 u. unten n. 1 allg. Bemerkungen zum ersten Theil.

6. Unter „Handlungen sind auch Unterlassungen*) zu verstehen (vgl. Motive zu §. 1 am Schluß). — Der Ausdruck „strafbare Handlung" begreift im St.G.B. Verbrechen, Vergehen und Uebertretungen in sich. Vgl. z. B. §. 48 im Gegensatz zu §. 49.

7. Für die in Geltung bleibenden besonderen Gesetze entscheiden über die zu verhängenden Strafarten (Einf.Ges. §. 6) zunächst die in den einzelnen Bundesstaaten erlassenen Einführungsgesetze. Fehlen entsprechende Bestimmungen, so hat der Richter auf Grund einer Vergleichung des Gesammtinhalts der Strafarten zu entscheiden, wie die betreffende Handlung nach Maßgabe des §. 1 zu klassifiziren ist. Wenn z. B. in Landesgesetzen „Gefängniß" angedroht ist, so ist nach dem präsumtiven Willen des Gesetzgebers zu prüfen, ob die angedrohte Strafe mit der Gefängnißstrafe oder mit der Haft des St.G.B. auf gleicher Linie stehe: Jena 4. Dezbr. 1873 (St. III, 147).

Die als „fiskalische" bezeichneten Strafen der älteren preuß. Gesetze sind nicht auf das Maß der Uebertretungsstrafen beschränkt: Berlin 8. Juli 72 (Goltd. XX, 421, O.R. XIII, 398, E. LXVII, 41). Vgl. Berlin 6. März 73 (Goltd. XXI, 260, OR. XIV, 194).

---

*) Vgl. Die Kommissivdelikte durch Unterlassung und die Ommissivdelikte v. Sturm 1882. Ueber die Kausalität der Unterlassung v. Buri Zeitschr. f. d. ges. St.W. I, 400 u. G.S. Bd. 27, S. 25. Die eigentl. Unterlassungsdelikte v. Seligsohn Goltd. XXVIII, S. 210. Zur Lehre von Unterlassungsdelikten v. Haupt, Z. f. ges. Str.R.W. II, 533. Zur Lehre von den echten Unterlassungsdel. v. Schwalbach G.S. Bd. 31, S. 539, 603, Bd. 33, S. 386, Ortmann in G.S. Bd. 32, S. 173, Glaser in G.S. Bd. 34, S. 146. Aldosser, Inwiefern können durch Unterlassungen rc., Landsberg, Die sog. Kommissivdelikte durch Unterlassung 1890. Die strafbare Unterlassung von Rohland, Dorpat 1887.

Auch in Bayern wurde verschiedenen strafbaren Handlungen, deren Strafe das oben in Abs. 3 bezeichnete Maß überschreitet, die Eigenschaft als Uebertretung gewahrt. Vgl. Art. 5 des bayr. Ges. v. 18. Aug. 79, betr. die Ausführung der St.P.O. und in anderen nach 1. Januar 72 erlassenen Gesetzen geschah dies durch ausdrückliche Bestimmung. Ist dies nicht der Fall, so finden die Unterscheidungen des §. 1 Anwendung. Vgl. R.G. I v. 28. Juni 86, Entsch. XIV, 247.

8. Mit Rücksicht auf die Umänderung der „Gefängnißstrafe" in „Haft" besteht namentlich die Frage, ob die in besonderen Gesetzen, welche in Kraft bleiben, angedrohte Gefängnißstrafe von höchstens 6 Wochen (polizeiliche Gefängnißstrafe des §. 334 des preuß. St.G.B.) sich von selbst in die „Haft" des R.St.G.B. verwandelt. Die Verfügung des preuß. Justizministers vom 28. Dezember 70 (J.M.Bl. S. 380) Nr. 2 hat die Frage bejaht, was auch unbedenklich ist. — Dieselbe Frage entsteht bezüglich der ältern Reichsgesetze, z. B. der Gewerbeordnung. Das Einf.G. schweigt hierüber. Der richtigen Ansicht nach wird auf „Haft" zu erkennen sein. Vgl. zum E.G. §. 6 und zu §. 2 des St.G.B.

9. Die gleiche Frage bezüglich der Vergleichung der Strafarten liegt vor bei Anwendung der nach dem Militär-St.G.B. in Berechnung zu ziehende Arreststrafe. R.G. II v. 1. April 87 E. XV, 396, R. IX, 218 stellt den Arrest der Haftstrafe gleich.

§. 2. Eine Handlung*) kann nur dann mit einer Strafe belegt werden, wenn diese Strafe gesetzlich bestimmt war, bevor die Handlung begangen wurde.

Bei Verschiedenheit der Gesetze von der Zeit der begangenen Handlung bis zu deren Aburtheilung ist das mildeste Gesetz anzuwenden.

Pr. §. 2; E. I. §. 2; E. II. §. 2; St.B. S. 152—157.

Vgl. (zu Abs. 2) E.G. §. 6; R.G. v. 26. Febr. 1876 Art. III.

1. Die Motive zu §. 2 sagen:

Der Paragraph stellt den anerkannten Rechtsgrundsatz auf, daß nur diejenige Handlung als eine strafbare gelten könne, die bereits zur Zeit der Begehung mit Strafe bedroht war, sowie den ferneren Grundsatz, daß dem milderen Strafgesetze eine rückwirkende Kraft beiwohnen soll.

Er trifft dabei zugleich für den Fall Vorkehrung daß während der Zeit von Begehung der That an bis zur Fällung des Endurtels nicht bloß zwei, sondern mehrere Strafgesetze in Geltung gewesen sind.

In einem solchen Falle kann nämlich der Zweifel entstehen, ob lediglich von den zur Zeit der That und der Urtelsfällung geltenden Gesetzen das mildere maßgebend sein solle, oder ob bei der Prüfung, welches das mildere Gesetz sei, auch die Zwischengesetze in Betracht gezogen werden müßten.

Die Entscheidung dieser Frage ist in der Wissenschaft nicht unbestritten.

Für ihre Bejahung wird angeführt, daß durch den Erlaß eines milderen Strafgesetzes der Schuldige ein Recht auf die mildere Bestrafung aus diesem Gesetze erwerbe, während die Gegner behaupten, daß nur dann auf eine andere, als die zur Zeit der That in Geltung gewesene Strafe erkannt werden dürfe, wenn zur Zeit der Verurtheilung oder Bestrafung ein milderes Gesetz gegolten habe.

Der Gesetzentwurf wendet in Uebereinstimmung mit dem Vorgange anderer Gesetzgebungen, z. B. dem Württembergischen Gesetze vom 17. Juni 53 Artikel 13 — Regierungsblatt 17, S. 170 — dem Straffälligen die Wohlthat auch des mildernden Zwischengesetzes zu.

Selbstverständlich werden hiernach bei der Aburtheilung von Handlungen, welche vor dem Erlasse des Reichsstrafgesetzbuchs begangen worden sind, diejenigen Partikulargesetze mit zu berücksichtigen sein, unter deren Herrschaft die Handlung begangen wurde, beziehungsweise, welche bis zu dem Erlasse des Gesetzbuchs in dem betreffenden Bundesstaate in Geltung sich befanden.

---

*) Vgl. Die strafbaren Handlungen v. Ortloff, 1883. Der allgemeine Thatbestand des Verbrechens v. Kircher G.S. Bd. 34, S. 149. Ueber Handeln u. Handlungseinheit von Bünger Z. f. ges. St.R.W. Bd. VIII, S. 520, 661. Ferner: Rechtsgut oder rechtlich geschätztes Interesse oder subjektives Recht? von R. Keßler G.S. Bd. 39, S. 94, Bd. 40, S. 580. Rechtsgut oder rechtlich geschätztes Interesse? von Dr. Finger G.S. Bd. 40, S. 139. Die Lehre von der Rechtssphäre der verletzten Partei, Dr. Balogh Budapest 1887. Der Begriff des Rechtsguts im Strafrecht v. v. Liszt, Z. f. ges. St.R.W. VIII, 133.

Auf bereits rechtskräftig feststehende — nur noch nicht verbüßte — Strafen soll dagegen die rückwirkende Kraft des milderen Gesetzes nicht ausgedehnt werden.

Denn es ist ein Recht, oder auch nur ein Billigkeitsanspruch des rechtskräftig Verurtheilten auf die Wohlthat eines nach seiner Verurtheilung ergangenen, milderen Gesetzes nicht anzuerkennen, und überdies würde es praktisch nicht ausführbar sein, sämmtliche noch nicht vollstreckten Straferkenntnisse an der Hand des neuen Gesetzbuchs einer nochmaligen Prüfung zu unterwerfen. Endlich würde mit gleichem Rechte auch der Verurtheilte, welcher nur erst einen Theil der Strafe, diese nicht aber völlig verbüßt hat, die nachträgliche Anwendung des milderen Strafgesetzes in Bezug auf den Strafrest beanspruchen können.

Der Entwurf hat daher eine Bestimmung über die rückwirkende Kraft milderer Strafgesetze auf bereits rechtskräftig feststehende Strafen nicht aufgenommen.

2. Im Abs. 1 ist der in manchen Staatsgrundgesetzen, z. B. der preuß. Verf. Art. 8 gegebene Grundsatz: „Strafen können nur in Gemäßheit des Gesetzes angedroht oder verhängt werden“ (**nulla poena sine lege**) zu dem Verbot: einem Gesetze rückwirkende Kraft beizulegen, erweitert. Vgl. hierüber Zachariä, rückwirk. Kraft, Göttingen 1834, Abegg, Archiv 1832, Berner, Wirkungskreis des Strafgesetzes, Berlin 1853, Seeger, Abhandl. II, 1, Tübingen 1862, Gutachten für den IX. Juristent. S. 89 fg., v. Schwarze in H.H. II, 25. Pulvermacher bei Goltd. Bd. 19 S. 5, v. Bar ebendas. S. 73, v. Specht ebendas. S. 235, Hälschner ebendas. S. 366, Spinola S. 373, v. Rönne S. 435, Franke bei Goltd. Bd. 20 S. 14, v. Buri, G.S. Bd. 23 S. 99.

Im Abs. 2 wird von diesem Grundsatze zu Gunsten des Schuldigen eine Ausnahme dahin gemacht, daß das mildere Gesetz zur Anwendung kommt. Durch die Fassung: „das mildeste Gesetz“, wird in Uebereinstimmung mit dem Vorgange anderer Gesetzgebungen dem Straffälligen auch die Wohlthat des mildern Zwischengesetzes zugewandt, wie solches auch bereits in der Praxis des preuß. Obertribunals geschah. Die Bestimmung ist mit Rücksicht auf die vielen Strafgesetze, welche durch das St.G.B. aufgehoben werden, von erheblicher Tragweite. Ein Beispiel bietet die durch das Rev. Sächs. St.G.B. v. 1. Oktober. 1868 erfolgte Aufhebung der Todesstrafe und deren durch das St.G.B. erfolgten Wiedereinführung. Danach kann ein noch vor der Geltung des Rev. Sächs. St.G.B. begangener Mord, wenn er unter der Herrschaft des St.G.B. zur Aburtheilung kommt, nicht mit dem Tode, sondern nach dem Rev. Sächs. St.G.B. nur mit lebenslänglichem Zuchthaus bestraft werden.

3. Die Vorschrift des §. 2 lautet ganz allgemein; sie erkennt ein gesetzgeberisches Axiom an, welches ebenso auf die Reichsgesetzgebung, wie auf die Landesgesetzgebung Anwendung findet. Für beide gilt mithin das Verbot: Gesetze mit rückwirkender Kraft zu erlassen, — ein Verbot, von welchem die souveräne Reichsgesetzgebung formell allerdings wieder abweichen könnte, keineswegs aber nach Art. 2 der R.V. die Landesgesetzgebung. Gl. M. Binding I, 205, abweichend Olshausen N. 2.

Eine ähnliche Bestimmung enthält die Konstitution der Vereinigten Staaten von Amerika vom 17. September. 1787, indem der Art. I Nr. 8 u. 10 dem Kongreß, wie den Einzelstaaten verbietet, „Gesetze **ex post facto** zu geben“. S. oben zu §. 3 E.G. Nr. 3.

4. Der Grundsatz: „**nulla poena sine lege**“ in der speziellen Bedeutung, daß nach einer verfassungsmäßigen Norm Strafbestimmungen nur in wirklichen Gesetzen erlassen werden können, findet eine Modifikation darin, daß auf Grund eines wirksamen Gesetzes Strafbestimmungen im Verordnungswege erlassen werden können, und hierdurch gleichsam unter der Sanktion des Gesetzes enthalten sind. S. ein Beispiel Leipzig 2. Juni 76 (St. VI, 140, Goltd. XXIV, 635), s. auch Binding I, 267, Olshausen N. 6.

5. Eine Ausnahme von dem Grundsatz des Abs. 1 gibt der §. 6 des Einf.Ges., wonach nach dem 1. Januar 1871 auch bei Aburtheilung der vor diesem Tage begangenen Handlungen nur auf die nach dem Strafgesetzbuch zulässigen Strafarten erkannt werden darf. Diese Ausnahme erstreckt sich sowohl auf die in Zukunft aufgehobenen, wie auf die noch in Geltung gebliebenen Landesstrafgesetze. (Vgl. Anm. zu §. 6 E.G.)

Bezüglich der künftig aufgehobenen Gesetze, unter deren Herrschaft eine Handlung begangen ist, hat der Richter nach der Vorschrift in Abs. 2 zu prüfen, welches Gesetz das mildere ist. Für diese Prüfung können dem Richter durch die Landesgesetzgebung Vorschriften gegeben werden. Vgl. z B. Bayern Art. 6; Sachsen §§. 40 ff. und besonders Braunschweig §§. 8 ff. Mögen nun solche landesgesetzliche Uebergangsbestimmungen erlassen sein oder nicht, — findet der Richter, daß das aufgehobene Gesetz das mildere ist (welche Meinung auch darauf gestützt werden kann, daß die ältere Strafart milder ist, s. unter 7 u. 8), so kann er dennoch nicht die ältere, für milder befundene Strafart anwenden, sondern er muß auf eine der im St.G.B. enthaltenen Strafarten erkennen. Berlin 10. Mai 71 (O.R. XII, 200, St. I, 10). Die Möglichkeit hierzu ist — zumal bei materieller Verschiedenheit der Strafarten — in zweifelloser Weise durch einen Akt der Landesgesetzgebung zu geben, welcher das Geltungsverhältniß der in Frage kommenden Strafarten bestimmt. Bereits nach dem frühern preuß. Recht bildete es eine der größten Schwierigkeiten, bei Ungleichartigkeit der Strafarten zu bestimmen, welches Gesetz das mildere sei. (Vgl. Hälschner, preuß. St.R. II, 1 S. 44.) Während aber dann, wenn die ältere Strafart als die mildere befunden worden, nach Art. IV des Einf.Ges. von 1851 (Art. XVIII Verordn. v. 25. Juni 1867) auf diese zu erkennen war, muß jetzt dennoch auf eine der Strafarten des St.G.B. erkannt werden. Sachgemäß wird dieses auf Grund eines Ausspruches der Landesgesetzgebung zu geschehen haben, durch welchen ebenso, wie es im Art. VIII und IX des erwähnten preuß. Gesetzes v. 1851 bezüglich der in Geltung bleibenden besonderen Gesetze geschehen ist, das Verhältniß der ältern Strafarten zu den neuern festgestellt wird. Nur für Preußen und für diejenigen Staaten, welche sich wie Oldenburg dem preuß. St.G.B. angeschlossen haben, kann man aus dem Grunde, weil das frühere Strafensystem mit dem des St.G.B. im Wesentlichen übereinstimmt, thatsächlich zu der Annahme gelangen, daß die gleichnamigen Strafarten auch rechtlich als gleichwiegende zu erachten sind. Vgl. die oben angeführten Landeseinführungsgesetze und außerdem Württemberg Art. 2 ff., Weimar §. 1, Anhalt §§. 8, 9. Vgl. auch Sachsen §§. 39 ff.

6. Unter „Verschiedenheit der Gesetze“ ist nur die Verschiedenheit der Strafgesetze gemeint. Gl. M. Oppenhoff N. 5, Olshausen N. 14. Der §. findet daher nicht Anwendung, wenn in Bezug auf Voraussetzungen des Thatbestandes, welche nicht der Strafgesetzgebung angehören, ein Wechsel stattgefunden hat, z. B. eine Aenderung der Formalien bei Kassirung der Wechselstempelmarken: Berlin 11. Juni 74 (Goltd. XXII, 493, O.R. XV, 396, St. IV, 90), Aufhebung einer Steuerabgabe: Berlin 19. Febr. u. 1. Juni 75 (Goltd. XXIII, 115, 424, O.R. XVI, 141, 402, St. V, 1), Aufhebung eines Staatsvertrages zum Schutze der Waarenbezeichnungen: Berlin 12. Jan. 72 (Goltd. XX, 79, O.R. XIII, 36, St. I, 203), Suspendirung einer wegepolizeilichen Vorschrift: München 30. Dez. 1873 und 22. April 74 (St. III, 149, IV, 5). Vgl. dagegen Berlin 28. Sept. 72 (Goltd. XX, 502, O.R. XIII, 486). Aufhebung eines Ausfuhrverbots oder Ablauf der Zeit, für welche dasselbe gegeben war. Berlin 22. Juni 76, 26. März 79 (O.R. XVII, 449, XX, 158, Goltd. XXIV, 622), ebenso bei Einfuhrverboten: Berlin 26. Febr. 79 (O.R. XX, 100) oder Aufhebung einer Kontrollmaßregel für den Transport von Vieh, durch deren Verletzung die Strafe des §. 328 Str.G.B. verwirkt worden war. R.G. IV, 14. Juni 87, E. XVI, 171. Auch die Anwendung des Sozialistengesetzes auf Fälle, welche vor dem Erlöschen desselben begangen, nach demselben abgeurtheilt sind, wurde gebilligt. Kammergericht 3. Nov. 90, Goltd. Bd. 38, S. 361.

Auch die Anwendung eines älteren strengeren Gesetzes über Steuerdefraudation wurde für zulässig erklärt, weil die Anwendung der strengeren Bestimmung auf frühere Fälle ausdrücklich in dem neuen Gesetz vorbehalten war. Berlin 8. Febr. u. 5. Juli 77, 4. April 78 O.R. XVIII, 114, 504, XIX, 195. Dagegen erkannte R.G. II 20. Mai 90 E. XX, 407, daß §. 34 des Reichsstempelges. in der Fassung vom 3. Juni 1885, welcher anordnet, daß mehrere eine Partei vertretende Personen (Vorsteher von Aktiengesellschaften u. dgl.) nur zum einmaligen Betrag der Stempelstrafe, jedoch solidarisch, verurtheilt werden sollen auch auf Verfehlungen Anwendung zu finden habe, welche vor dem Inkraftreten des Gesetzes begangen sind. (Durch Urth. v. 12. Jan. 86 E. XIII, 250, R. VIII, 36 hatte derselbe Senat die entgegengesetzte Ansicht adoptirt.)

7. Die Frage: welches Gesetz das mildere sei, kann nur im konkreten Falle nach Maßgabe der gerade verwirkten Strafe beurtheilt werden. So z. B. kann, wenn das Minimum der neueren Strafe niedriger, das Maximum aber höher ist, als die entsprechenden Sätze der ältern Strafe, in abstracto nicht gesagt werden, das eine Gesetz sei milder, als das andere. (Berlin 8. Mai 72 — O.R. XIII, 297 —, München 9. April 72, 4. März 73 — Bayr. E. II, 17 u. 64 —, ferner Berlin 28 Feb. 72 — O.R. XIII, 183 —.)

Für die Entscheidung jener Frage ist die Strafe, welche nach dem einen Gesetze den Thäter unter Berücksichtigung aller Umstände getroffen haben würde, mit der Strafe, welche den Thäter nach dem anderen Gesetze unter gleicher Berücksichtigung getroffen haben würde, zu vergleichen.

Hierbei sind auch die **allgemeinen** Bestimmungen über Versuch, Theilnahme, Rückfall, Verjährung, Erforderniß des Antrags, Strafausschließungs- und Milderungsgründe, und überhaupt alle solche Bestimmungen, welche für die Feststellung des Thatbestandes und das Maß der Schuld, nach dem einen wie nach dem andern Gesetze, von Einfluß sein können, in Betracht zu ziehen. Vgl. Hälschner, preuß. Str.R. II, 1 S. 44, 45; v. Schwarze zu §. 2; Berlin 17. März 71 (Goltd. **XIX**, 315, O.R. **XII**, 169), Mannheim 30. Juli 72 (Annal. **XXXIX**, 117) u. Stuttgart 17. April 72 (St. **I**, 251).

Für die Beurtheilung: welche Strafe als die mildere anzusehen, lassen sich schwerlich bestimmte Regeln aufstellen. Es wird sich dieses nur entscheiden lassen, wenn man — selbst bei Uebereinstimmung der Namen der Strafen — den gesetzlichen Inhalt derselben vergleicht. Ferner ist Rücksicht darauf zu nehmen, ob bei der einen oder andern Strafe noch Nebenstrafen in Betracht kommen, ob z. B. neben der Gefängnißstrafe noch Verlust der Ehrenrechte eintritt; Freiheitsstrafe wird immer für strenger gelten als Geldstrafe. Vgl. die vorstehend allegirten Erkenntnisse und Jena 4. Dezbr. 73 (St. **III**, 147).

8. Aus dem zu 6 Gesagten ergibt sich, daß der gesammte Thatbestand sowohl nach Maßgabe des einen wie des andern Gesetzes festzustellen, und deshalb die Formulirung der Anklage und (bei Geschworenen) die Fragestellung eine doppelte sein muß. Vgl. Berlin 22. Sept. 71 (O.R. **XII**, 512), 23. April 73 (O.R. **XIV**, 294). Auf Grund dieser Feststellung hat der Richter das Maß der verwirkten Strafen nach beiden Gesetzen zu bestimmen und demnächst unter Vergleichung beider Strafen das eine oder das andere Gesetz zur Anwendung zu bringen, wobei indessen immer (nach Maßgabe des unter 3 Ausgeführten) nur eine der im St.G.B. vorgesehenen Strafarten zur Anwendung kommen kann. Vgl. Hälschner S. 45, D.St.R. S. 125, Berner S. 246, v. Liszt S. 102; ferner Berlin 17. März 71 (Goltd. **XIX**, 315, O.R. **XII**, 169), 5. Juli 72 (Goltd. **XX**, 374), Dresden 22. Sept. 71 (S.G.Z. **XV**, 314), Stuttgart 17. April 72 (St. **I**, 251) und Mannheim 29. März 73 (Annal. **XXXIX**, 222). R.G. **II**, 6. Febr. 80 **E. I.** 191.

Eine Vermengung der in Frage stehenden Strafgesetze, um dadurch zum mildesten Resultat zu gelangen, ist nicht zulässig. Es soll nur jenes Gesetz gesucht werden, welches an sich das mildeste Resultat ergibt. Stuttgart 17. April 72, Mannheim 29. März 73 St. **I**, 251, **III**, 149, Berlin 29. Sept. 75 O.R. **XVI**, 617, R.G. **II**, 6. Febr. 80, **E. I**, 191.

Nicht strafrechtliche Folgen der That, wie polizeiliche Maßregeln, Privatgenugthuung, Buße kommen bei der Vergleichung nicht in Betracht, können aber nur dann Platz greifen, wenn die Gesetzgebung, welche sie zuläßt, zur Anwendung kommt. Vgl. Olshausen Nr. 21.

Als Voraussetzung der Beurtheilung ist immer die Feststellung des Zeitpunktes der begangenen Handlung erforderlich. Dieselbe hat sich darauf zu erstrecken: ob die Handlung vor oder nach der Geltung des neueren Strafgesetzes (also insbesondere vor oder nach dem 1. Januar 1872) begangen ist. Der Eintritt eines bestimmten Erfolges ist hierbei nicht entscheidend. (Vgl. §. 67 Schlußsatz.)

Streitig ist, wann die Handlung als begangen anzusehen sei. Rubo Nr. 5 nimmt an, daß der Beginn der Handlung schon genüge, die Strafe auszuschließen, wenn bis zu demselben diese noch nicht bestimmt gewesen sei. Olshausen Nr. 8 bekämpft dies, weil das Gesetz von der begangenen, nicht von der begonnenen That spreche. Er erklärt den Abschluß des letzten Thätigkeitsaktes als maßgebend. H. Meyer S. 176 erklärt jede Ausführungshandlung für gleich maßgebend. Binding I, 246 legt das entscheidende Gewicht auf Vollendung der That, bez. wenn diese fehlt, auf den Abbruch der unvollendet gebliebenen That. Letzterer Ansicht muß beigetreten werden: §. 2 spricht nur von strafbaren Handlungen. Eine solche ist aber eine Handlung nur dann, wenn sie einen gesetzlichen Thatbestand erfüllt. Der Beginn einer solchen Handlung ist, insofern nicht wenigstens Versuch vorliegt, strafrechtlich indifferent. Der Versuch setzt aber voraus, daß der Thatbestand einer vollendeten strafbaren Handlung im Gesetze definirt ist.

Sog. Dauerverbrechen, d. h. die Herstellung eines vom Gesetze verbotenen Zustandes, von dem angenommen werden muß, daß die Handlung so lange fortdauert, als der Zustand besteht, sind begangen, sobald der Zustand hergestellt ist; denn hiermit sind sie auch vollendet. Hatte das ältere Gesetz keine Strafbestimmung, so beginnt das Begehen mit dem Inkrafttreten des Gesetzes, welches den Zustand verbietet. Andere strafbare Handlungen, welche zwar einzeln den Thatbestand einer strafbaren Handlung enthalten, von denen aber eine Mehrheit juridisch als Einheit betrachtet wird, wie fortgesetzte Delikte oder sog. Kollectiv-Delikte (gewerbsmäßige, gewohnheitsmäßige), deren Einzelhandlungen theils vor, theils nach dem Inkrafttreten des neuen Gesetzes begangen sind, können erst mit dem Inkrafttreten als begangen betrachtet werden, wenn vorher die That gar nicht strafbar war, R.G. II, 24. Jan. 82, E. V, 370, R. IV, 66. Dieses Urtheil nimmt zwar einen Unterschied an zwischen gewohnheitsmäßigen und gewerbsmäßigen Delikten, aber nur insofern, als bei letzteren die vor dem Gesetz begangenen Handlungen zum Beweis der Gewerbsmäßigkeit benutzt werden können. Die Gewohnheits-Delikte werden dagegen begangen durch die gewohnheitsmäßige Hinneigung zur Begehung strafbarer Handlungen. Die Begehung nicht strafbarer Handlungen zeigt aber keine solche Neigung. Dies widerlegt die Bemerkungen von Olshausen Nr. 9b gegen obiges Urtheil.

Wird eine der oben bemerkten, aus einer größeren Anzahl von Einzelakten zusammengesetzten Thaten theils unter Herrschaft eines früheren milderen, theils unter der eines späteren strengeren Gesetzes begangen, und bildet jede oder doch die vor und nach dem Inkrafttreten des späteren Gesetzes begangenen je den vollen Thatbestand des Delikts, so kommt, wenn das neuere Gesetz das strengere ist, dieses zur Anwendung, nicht das mildere. R.G., F.S. u. III, 7. u. 29. Sept. 80 (R. II. 210, 277, E. II. 337). Gl. M. Binding I. 246. A. M. Olshausen Nr. 10, der nicht genügend berücksichtigt, daß nur die abgeschlossene Handlung zur Beurtheilung kommt, diese ist aber nicht unter Herrschaft des früheren Gesetzes begangen, sondern nur ein nicht als That zur Aburtheilung kommender Theil derselben. Vgl. auch v. Wächter u. Goltdammer in Goltd. Arch. Bd. 8 S. 1 fg.

9. Rücksichtlich der Frage, ob eine Handlung nach dem St.G.B. straflos geworden, vgl. oben S. 39 ff.

10. Wenn das neuere Gesetz einen Antrag erfordert, während ein solcher nach dem ältern Gesetz nicht erforderlich war, und umgekehrt — so ist zur Aburtheilung in beiden Fällen ein Antrag zu erfordern. Dieser Grundsatz ist in dem besondern Falle des §. 5 Nr. 3 ausdrücklich anerkannt. Ebenso von Braunschweig §§. 10, 11; Sachsen (K.) §. 48. Vgl. auch v. Schwarze zu §. 2, welcher bezeugt, daß die sächs. Jurisprudenz diesen Satz stets festgehalten hatte; ferner München 12. Febr. 72 (St. I, 162) u. 4. März 72 (Goltd. XX, 480), Mannheim 6. April 72 (St. I, 249), s. auch H. Meyer S. 151, dagegen aber Berlin 24. März, 27. April 71, 6. Juni 72, 19. Okt. 76 u. 21. März 77 (Goltd. XIX, 263, 314, XX, 381, XXIV, 531, O.R. XII, 180, 239, XVII, 682, XVIII, 241, St. I, 84), welche annehmen, daß der Antrag nur eine prozessualische Voraussetzung der Strafverfolgung und daher entbehrlich sei, wenn erst nach begonnener Strafverfolgung das Erforderniß des Antrags vom Gesetze eingeführt worden ist. Aehnlich Binding Normen II. Aufl. S. 184, Franke Goltd. Bd. 20 S. 12.

Für die Aenderungen der Novelle vom 26. Febr. 1876 ist durch Art. III derselben Bestimmung getroffen und zwar im Sinne der hier vertretenen Auffassung, womit die Frage überhaupt gesetzlich entschieden sein dürfte.

11. Aus den Worten „bis zu deren Aburtheilung" folgt, daß das neuere mildere Gesetz auch in bereits schwebenden Untersuchungen, die noch nicht rechtskräftig entschieden sind, zur Anwendung kommen muß, vorausgesetzt, daß nach den geltenden Prozeßregeln noch eine Aburtheilung herbeigeführt werden kann. So in Betreff der Anwendbarkeit des §. 157 Nr. 1 des St.G.B. auf einen vor Geltung des St.G.B. geleisteten falschen Zeugeneid: Berlin 15. April 71 (O.R. XII, 210).

Dies setzt voraus, daß ein Urtheil in Frage steht, in welchem eine Bemessung der Strafe enthalten sein muß. Dies ist nach den geltenden Prozeßgesetzen auch noch beim Berufungs-, nicht aber beim Revisionsgericht der Fall, welch' letzteres nur zu prüfen hat, ob der **judex a quo** den Fall richtig entschied, so wie er ihm vorlag. Gl. M. Binding I, 252, Hälschner, D.Str.R. I, S. 126, von Schwarze §. 2 Nr. 14, Oppenhoff Nr. 10, Olshausen Nr. 12[b], v. Liszt S. 153. A. M. Berner S. 245, Rubo Nr. 10, v. Kirchmann S. 24. Selbstverständlich ändert sich obiges, wenn das Strafurtheil aufgehoben wird und eine neue Aburtheilung erfolgt, die eine Strafbemessung zuläßt.

Auf rechtskräftig feststehende Strafen ist die Regel des §. 2 ohne Einfluß.

Ist die Handlung straflos geworden, so muß die Freisprechung erfolgen oder, wenn es auch prozessualisch zulässig, die Untersuchung eingestellt werden, s. ein Beispiel bez. §. 307 der preuß. Konk.Ord. R.G. III, 20. Okt. 80 (E. II, 402).

Ist ein Antrag erforderlich, so tritt dasselbe ein, jedoch wird in diesem Fall von der verfolgenden Behörde (Staatsanwaltschaft) zu erwägen sein, ob dem Antragsberechtigten nicht Gelegenheit zu geben, von seinem Rechte, den Antrag zu stellen, Gebrauch zu machen.

Die Anrechnung der Untersuchungshaft ist zulässig, auch wenn die Strafe nach einem älteren Gesetze erkannt wird: München 1. Juni 74 (St. IV, 99).

In Betreff der Verjährung ist zu prüfen, ob das frühere Gesetz in seiner Totalität, einschließlich der Vorschriften über die Verjährung, oder in gleicher Weise das neuere Gesetz zu einem dem Angeklagten günstigeren Resultate führe. Vgl. Sachsen (K.) §. 45 — und München 21. März 72 (Bayr. Entsch. II, 88), H. Meyer S. 152, Wächter Str.R. S. 123, v. Liszt S. 102, abweichend Hälschner D.Str.R. I S. 127.

12. Im Reichstage wurden zwei Anträge, welche den Grundsatz des §. 2 auch auf rechtskräftig erkannte, aber noch nicht völlig vollstreckte Strafen ausdehnen wollten, gestellt. Der eine Antrag (Fries) bezweckte: die Nichtvollstreckung der Strafe, wenn die betreffende Handlung straflos geworden, der andere Antrag (Schweitzer) bezweckte: die Umwandlung der Strafe, wenn solche milder geworden. Die Anträge wurden mit Rücksicht auf die großen praktischen Schwierigkeiten abgelehnt (vgl. St.B. S. 152—157).

13. Wenn die Gesetze gleich sind oder es sich nicht bestimmen läßt, welches von mehreren Gesetzen das mildere oder mildeste ist, so liegt der Fall des §. 2 überhaupt nicht vor und hat nach der Regel das zur Zeit der Aburtheilung geltende zur Anwendung zu kommen; denn die Strafe war in diesem Fall immerhin vor Begehung der That bestimmt. Gl. M. H. Meyer S. 151, von Schwarze H.H. II, 27. A. M. Olshausen Nr. 11, Binding I, 251, 265, Geyer I, 90, v. Liszt S. 103. R.G. III, 21. April 1880, R. I, 628 erklärt die Anwendung des einen oder anderen Gesetzes für rechtlich indifferent, hat aber dabei wohl nur die prozessualen Folgen im Auge. (Es lag ein Fall des Bankerutts von Kaufleuten vor.)

14. Was die Verjährung der Strafvollstreckung betrifft, so ist die Anwendung des §. 2 hierauf sehr kontrovers. Binding I, 266 spricht mit guten Gründen für Anwendung des §. 2 auch für die Frage der Verjährung des Vollzugs älterer Strafurtheile. G. M. Berner S. 317, Nr. 4, Oppenhoff N. 21, Rubo S. 158, Francke bei Goltd. XX, 58. Dagegen wollen die Verjährung nur zulassen nach dem früheren Gesetz oder gar nicht: Olshausen N. 13, Hälschner, pr. Str.R. I, 126, 129, D.Str.R. S. 128, 129, Heinze H.H. II, 21, Otto, Aphorismen zu §. 70, Bem. 2, München 17. Aug. 72 u. 20. April 77, bayr. E. II, 208, VII, 160. St. VII, 24. Hierzu noch mehrere nur theilweise verschiedene Ansichten. Das Richtige dürfte sein, §. 2 auf feststehende Strafen überhaupt nicht anzuwenden, was, wie anerkannt, allein dem Wortlaut entspricht. Allein §. 66 Str.G.B. spricht unbedingt und ohne Unterscheidung das Prinzip der Verjährung noch nicht vollstreckter Strafen aus. Diese findet also auch statt, wenn das ältere Recht keine Strafenverjährung kannte, und zwar nach §. 70 Abs. 2 vom Tage der Rechtskraft des Urtheils. Dies ist auch der Fall, wenn das frühere Gesetz milder oder strenger ist; denn die Nichtvollziehbarkeit eines Urtheils kann nur nach positiver Gesetzesbestimmung stattfinden und das Urtheil war bei Eintritt der Gesetzeskraft noch vollziehbar. Bruchtheile der Vollziehbarkeit nach Ablauf von Theilfristen sind undenkbar. War das Urtheil bereits verjährt, als das St.G.B. in Kraft trat, so konnte die etwa längere Frist des §. 70 nichts mehr daran ändern.

15. An die Worte des §. 2 Abs. 1: „wenn die Strafe gesetzlich bestimmt war," läßt sich die Frage nach der Auslegung und der Zulässigkeit einer analogen Anwendung der Strafgesetze knüpfen. Die Motive erklären sich hierüber nicht, nur die Motive zum I. Entwurf heben hervor, daß die analoge Anwendung ausgeschlossen sei. Wir bekennen uns vollständig zu der Auffassung Hälschner's, preuß. Str.*) I, 1 S. 78 ff., welcher insbesondere (S. 80) bemerkt:

> „Nur der in den Worten ausgesprochene und aus ihnen erkennbare Gedanke ist Gesetz, da der Rechtsgrundsatz eben nur durch seine wörtliche Fassung und Publikation Gesetz wird. So wichtig es also auch für die Auslegung sein mag, wenn es durch die zu Gebote stehenden Mittel gelingt, den Gedanken, von welchem der Gesetzgeber bei Abfassung des Gesetzes ausging, vollkommen und unzweifelhaft zu rekonstruiren, so ist doch dieser Gedanke nicht als das Gesetz zu betrachten und damit die Aufgabe der Auslegung nicht vollendet. Vielmehr bleibt weiter zu untersuchen, inwieweit dieser Gedanke in den Worten seine Verkörperung und gesetzliche Kraft erlangt hat. Nicht bloß der Gedanke des Gesetzgebers, sondern der dem Gesetze innewohnende Gedanke desselben ist durch die Auslegung zu rekonstruiren . . . . und gerade diesem, aber auch nur diesem Gedanken entsprechend, ist dann zugleich der Wortlaut des Gesetzes ausdehnend, einschränkend oder sonst wie modifizirend zu verbessern."

*) Aehnlich Olshausen S. 45.

§. 3. **Die Strafgesetze des Deutschen Reichs finden Anwendung auf alle im Gebiete desselben begangenen strafbaren Handlungen, auch wenn der Thäter ein Ausländer ist.**

Pr. §. 3; E. I. §. 3; E. II. §. 3; St.B. S. 157.

Mil.St.G.B. v. 20. Juni 1872 §§. 7, 160, 161.

Seem.Ordng. v. 27. Dezbr. 1872 §. 100.

§§. 3 und 4*).

Die Motive zu diesen §§. 3 u. 4 sagen:

„Die Ausführung der die Strafgesetzgebungsbefugniß des Bundes begründenden Vorschriften der Verfassung (Art. 4 Nr. 13 in Verbindung mit Artikel 2) gebietet es, da, wo der Bund von jener Befugniß Gebrauch macht, das Bundesgebiet als ein einheitliches Ganzes aufzufassen. Die Unterscheidung zwischen Inland und Ausland, zwischen Inländern und Ausländern, wie solche in den Deutschen Strafgesetzen bisher bestand, kann für die Norddeutsche Strafgesetzgebung in dem Verhältniß der einzelnen Bundesstaaten und deren Angehörigen zu einander keine Anwendung mehr finden. Die durch jene Unterscheidung für die Anwendbarkeit der Gesetze geschaffenen, der vielfach verschlungenen Abgrenzung der Staatsgebiete parallel gehenden Grenzen und die hieraus für die Rechtsverfolgung entstandenen Schwierigkeiten und Verwicklungen müssen vor der durch die Bundesverfassung vorgezeichneten Gemeinschaftlichkeit des Rechtes verschwinden.

Dieser in der Bundesverfassung begründeten Auffassung gemäß, regeln die §§. 3 und 4 des Entwurfes die räumliche Herrschaft der Bundesstrafgesetze im Sinne des Territorialitätsprinzips, und zwar in der Weise, wie solches in dem Preußischen Strafgesetzbuche Anerkennung gefunden hat.

Auch im Einzelnen entspricht der Inhalt der §§. 3 und 4 des Entwurfes den Vorschriften der §§. 3 und 4 des Preußischen Strafgesetzbuches mit den sich aus der Eigenschaft eines für den Bund bestimmten Gesetzes von selbst als nothwendig ergebenden Abänderungen.

Das Territorialitätsprinzip an sich, und abgesehen von der in besonderen Rücksichten des Völkerrechts wurzelnden Ausnahme für die sogenannten Exterritorialen, ist in der Bedeutung:

> daß jede innerhalb eines bestimmten Rechtsgebietes begangene strafbare Handlung ohne Rücksicht auf die Staatsangehörigkeit des Thäters der Beurtheilung nach den Strafgesetzen dieses Gebietes unterliegt und deshalb auch der Ausländer wegen der im Inlande begangenen strafbaren Handlungen den inländischen Strafgesetzen unterworfen ist, von den neueren Strafgesetzgebungen sowohl wie von der Doktrin so allgemein anerkannt, daß dasselbe einer weitern Rechtfertigung nicht bedarf.

Die Bedenken, zu welchen einzelne Fragen rücksichtlich der Bestimmung des Strafortes, z. B. bei Versuchs- und Theilnahmehandlungen Veranlassung geben können, zu lösen, schien nicht Sache des Entwurfes. Es ist deshalb beispielsweise eine dem Artikel 3 des Hessischen Strafgesetzbuches**) entsprechende Vorschrift über die Beurtheilung von Versuchshandlungen nicht aufgenommen.

Auch rücksichtlich der auf Norddeutschen Kriegs- oder Handelsschiffen begangenen strafbaren Handlungen nähere Vorschriften aufzustellen, glaubte der Entwurf sich enthalten zu dürfen. Die in dieser Hinsicht anerkannten Grundsätze des Völkerrechts sind in der Regel ausreichend. Soweit die Verhältnisse der Schiffsleute weiter gehende Normen erforderlich machen, sind solche der besonderen Gesetzgebung vorzubehalten.

Die von der Regel der ausschließlichen Geltung des Territorialprinzips nachzulassenden Ausnahmen sind in §. 4 unter 1—3 zusammengefaßt; auch sie entsprechen in der Hauptsache den diesfallsigen Vorschriften des Preußischen Strafgesetzbuchs, unter Berücksichtigung der aus der Rechtsgemeinsamkeit fließenden Konsequenzen.

Der Entwurf hat davon abgesehen, in den Ausnahmefällen unter 1—3 wieder Unterscheidungen zu treffen, je nachdem im einzelnen Falle die Verfolgung nothwendig eintreten müsse oder sie nur nachgelassen sei; vielmehr hat er geglaubt, bei der Verschieden-

---

*) Wegen der Aenderungen des §. 4 durch die Novelle von 1876 vgl. die Bemerkungen zu §. 4 unter 1.

**) Hessisches St.G.B. von 1841 Art. 3: „Strafbare Handlungen, welche außerhalb der Grenzen des Großherzogthums angefangen, aber innerhalb derselben vollendet, oder innerhalb angefangen, aber außerhalb vollendet worden sind, werden ebenso betrachtet, als wären sie im Großherzogthum angefangen und vollendet worden."

heit der hier möglichen Fälle und ihrer besonderen Natur die Verfolgung in jedem Falle in das Ermessen der verfolgenden Behörde stellen zu sollen. Die nähere Begrenzung dieses Ermessens wird bei der Strafprozeßordnung zu bestimmen sein. Bis zu dem Erlasse derselben muß es der Partikulargesetzgebung anheimgestellt bleiben, das Verfahren der verfolgenden Behörde zu ordnen.

Die Berechtigung des Verletzten in den Fällen, in denen das Gesetz die Verfolgung von dem Antrage des Verletzten abhängig macht, wird von den obigen Bestimmungen nicht berührt. (Vgl. auch noch §. 5.) Ebensowenig soll mit ihnen der Frage präjudizirt werden, ob und inwieweit in der künftigen Strafprozeßordnung dem Verletzten für den Fall der Ablehnung der von ihm eingebrachten Denunziation seitens des Staatsanwalts auch bei den von Amtswegen zu untersuchenden Verbrechen und Vergehen die Erhebung einer Privatanklage nachzulassen sei.

Das Preußische Strafgesetzbuch bestimmt in §. 4: „Wegen der im Auslande begangenen Verbrechen und Vergehen findet in der Regel keine Verfolgung und Bestrafung statt. Jedoch kann nach 2c. verfolgt und bestraft werden: 2c." Der Entwurf hat die Worte: „und die Bestrafung" „und bestraft" nicht wieder aufgenommen, da in dem Falle, daß von der Staatsanwaltschaft der Antrag auf gerichtliche Verfolgung gestellt wird, das Gericht mit der Sache befaßt wird, ohne daß auch ihm nunmehr ein gleiches Ermessen, wie der Staatsanwaltschaft, nachgelassen ist, darüber zu urtheilen, ob die Aufrechthaltung der Rechtsordnung die Ahndung einer irgendwo im Auslande begangenen strafbaren Handlung erheischt.

Die in §. 4 unter Nr. 1 und 3 gegebenen Vorschriften sind durch die nothwendige Rücksichtnahme auf die Erhaltung und Sicherung der Existenz und Integrität des Bundes, wie der einzelnen Bundesstaaten als solche, bedingt. Denn die einzelnen Bundesstaaten müssen hier denseben strafgesetzlichen Schutz finden wie der Bund selbst. Dieser Gesichtspunkt rechtfertigt es auch, daß in den Fällen unter 1 und 2 die Verfolgbarkeit der That nicht zugleich, wie in den Fällen unter Nr. 3, davon abhängig gemacht worden ist, daß die That auch nach den Gesetzen des Auslands, woselbst sie begangen wurde, mit Strafe bedroht ist. In den Fällen unter Nr. 2 tritt noch die dem Inländer gegen das Inland obliegende besondere Verpflichtung hinzu, von welcher er nicht dadurch befreit wird, daß er sich zeitweilig im Auslande aufhält; vielmehr ist diese Verpflichtung des Inländers von dem Orte seines Aufenthalts völlig unabhängig.

Wenn übrigens unter Nr. 2 auch der Landesverrath mit aufgenommen worden, während er in Nr. 1 nicht erwähnt worden, so beruht dies einfach auf der Erwägung, daß der Landesverrath seinem Thatbestande nach, indem er die Verletzung der obgedachten besonderen Verpflichtung des Inländers vorzugsweise in das Auge faßt, von einem Ausländer nur begangen werden kann, wenn er sich innerhalb des Bundesgebiets unter dem Schutze des Norddeutschen Bundes oder eines Bundesstaats aufhält.

In Bezug auf das „Münzverbrechen" in Nr. 1 und 2 ist noch zu bemerken, daß die Verfolgbarkeit dieses Verbrechens sich nicht auf die gegen den Norddeutschen Bund oder einen Bundesstaat begangenen Münzverbrechen beschränkt, vielmehr die Allgemeinheit wie die kommerzielle und juristische Bedeutung des Geldverkehrs und Geldgebrauchs mit einem, in die Landesgrenzen der einzelnen Staaten gelegten Unterschiede nicht zu vereinigen sein würde.

Für die unter Nr. 3 gegebene Bestimmung über die von Norddeutschen im Auslande begangenen strafbaren Handlungen konnte es in Frage kommen, ob dieselbe nicht, nach dem Vorgange anderer deutscher und außerdeutscher Gesetzgebungen, auch auf die von Ausländern im Auslande gegen einen Norddeutschen begangenen Verbrechen und Vergehen auszudehnen sei. Indessen mußten die bereits für das Preußische Strafgesetzbuch maßgebend gewesenen Gründe die Aufnahme einer solchen Bestimmung ausschließen. In allen Kulturstaaten bleiben gemeine Verbrechen nicht unbestraft, einerlei ob das Verbrechen gegen einen Inländer oder einen Ausländer begangen ist. Läßt sich der etwa unbestraft gebliebene Ausländer im Inlande betreffen, so kann die Ausweisung oder Auslieferung desselben eintreten. Außerdem ist der Begriff eines gegen eine Privatperson begangenen Verbrechens keineswegs bestimmt; z. B. beim Zweikampf, Inzest, wie es auch häufig erheblichen Schwierigkeiten unterliegen wird, zu entscheiden, wer der durch ein Verbrechen Verletzte sei.

Indem die Verfolgbarkeit in diesen Fällen, wie bemerkt, davon abhängig gemacht wurde, daß die Handlung in dem Gesetze des Auslandes mit Strafe bedroht sei, mußte andererseits eine Bestimmung ausgeschlossen bleiben, daß bei einer Verschiedenheit der Strafgesetze das etwa mildere ausländische zur Anwendung zu bringen sei, einmal wegen der auf der Hand liegenden damit verknüpften praktischen Schwierigkeiten, hauptsächlich aber deshalb, weil derjenige, der etwas Strafbares begeht, das Bewußtsein des Unrechts hat, dieses allein aber entscheidet, während die Höhe der Strafe selbst, gegenüber der Frage wegen der strafrechtlichen Verantwortlichkeit für eine Handlung, nur nebensächlich ist."

§. 3.

1. Die Motive zu §. 3 siehe vorstehend S. 86.

2. Der §. 3 enthält das sog. Prinzip der Territorialität der Strafgesetze*) (vgl. oben S. 42). Dasselbe erstreckt sich auf alle Strafgesetze des Reiches, nicht bloß auf das St.G.B. S. auch Olshausen Nr. 1.

3. Thäter ist in der Terminologie des Strafgesetzbuchs der physische Urheber, d. h. derjenige, der die zum Thatbestand erforderlichen Handlungen vornimmt. Die entgegengesetzten Ansichten dürften die Ausdrucksweise des Gesetzgebers mit der Frage verwechseln, ob und inwieweit der Grundsatz des §. 3 auch noch auf andere Personen (Anstifter und Gehülfen) Anwendung zu finden hat. Vgl. hierüber die allgemeinen Bemerkungen zum Abschnitt 3 „Theilnahme". Wie auch die (oben abgedruckten) Motive bestätigen, enthält sich das St.G.B. der Entscheidung von Kontroversen und der Wiedergabe von Lehrmeinungen. Was Rubo, Komm. §. 3 unter 6 über den Gebrauch von Kunstausdrücken bei der Redaktion des St.G.B. gegen vorstehende Ansicht anführt, beweist gerade für dieselbe. Das St.G.B. vermeidet allerdings das sog. Vorcitiren von Kunstausdrücken, eine Definition des Ausdrucks: „Thäter" wird aber nirgends gegeben, namentlich nicht im Abschnitt „Theilnahme". Wenn dort der „Theilnehmer" definirt wird, so würde daraus folgen, daß derselbe unter dem vorher schon genannten „Thäter" (in der Terminologie des Gesetzbuchs) nicht begriffen war. Die Frage der Anwendbarkeit des im §. 3 enthaltenen Grundsatzes auf andere Personen, als diejenigen, an welche der Gesetzgeber zunächst denkt und denken muß, ist Sache der juristischen Konsequenz und fällt somit der Wissenschaft und Praxis anheim. Vgl. auch unter 4.

4. Ueber die Bestimmung des Strafortes entscheidet in der Regel der Ort, an welchem der Thäter zur Ausführung der Handlung thätig war, nicht der Ort des eingetretenen Erfolges. Bei getrennten Handlungen des Thäters wird die letzte den Thatbestand der strafbaren Handlungen herbeiführende Thätigkeit entscheidend sein müssen, insofern dieselbe den zum Thatbestand erforderlichen Erfolg noch verursachte. Gl. M. Hälschner D.St.R. I, 153, v. Schwarze S. 46, v. Buri G.S. Bd. 28, S. 163 fg., s. R.G. I, 25. Sept. 84, E. XI, 245. Es ist dies jedoch kontrovers. Manche wollen einen Ort der That überall annehmen, wo eine Einzelhandlung vorgenommen wurde und dehnen dies selbstverständlich auch auf Dauer- und Kollektivdelikte aus. H. Meyer S. 176, Olshausen Nr. 3. Endlich faßt Berner S. 248 auch den Ort des Erfolgs als Thatort auf. Ob eine Thätigkeit, als im Inlande vorgenommen, angesehen werden kann, ist Thatfrage. Vgl. v. Bar, Internat. Strafr. S. 544 ff., Hälschner, preuß. St.R. I, 1 S. 45 ff. und namentlich über die zweifelhaften Fälle, in denen eine strafbare Handlung durch einen Vertragsabschluß begangen wird, Goltdammer im Archiv 1870 S. 248 ff. und Wächter ebendas. S. 521 ff. — Wegen der Judikatur, wonach der Ort der Handlung, nicht des eingetretenen Erfolges maßgebend ist, vgl. Berlin 18. April 73 (Goltd. XXI, 449, O.R. XIV, 291, St. II, 342) u. 14. Nov. 73 (Goltd. XXI, 529, O.R. XIV, 722), München 18. Febr. 73, St. II, 234, R.G. IV, 25. Jan. 87 E. XV, 232, R. IX, 93, letzteres Urtheil unterscheidet danach, ob verschiedene Thatbestandsmerkmale an verschiedenen Orten vorgekommen sind, und will an allen diesen die That als begangen ansehen, im Uebrigen aber die gesammte Thätigkeit da zusammenfassen, wo sie ihren Abschluß erhalten hat.

Unterlassungsdelikte sind da begangen, wo die unterlassene Handlung hätte vorgenommen werden sollen. Gl. M. v. Liszt S. 131, Olshausen Nr. 4, Oppenhoff Nr. 6, Schwalbach im G.S. Bd. 31, S. 615, Seligsohn bei Goltd. Bd. 28, S. 219. Unter gewissen Umständen will Binding I, 423 auch den Aufenthaltsort des Thäters als Begehungsort ansehen.

Wenn der Thatbestand eines Delikts in der Versendung von Druckschriften, Briefen 2c., die vom Auslande herkommen, gefunden wird, so kann die Einhändigung an den inländischen Adressaten als Vollendung des Delikts angesehen werden: Berlin 24. Jan. 72, 17. Febr. 76, 14. Juni 77 (Goltd. XX, 129; XXIV, 220; XXV, 441 ff.; O.R. XIII, 75; XVII, 118; XVIII, 416; St. I, 195); vgl. Darmstadt 1. Juli 72 u. 23. Febr. 73 (Goltd. XXI, 202, 300, St. II, 13), Mannheim 18. Mai 77, 15. Juni 78 (St. VIII, 63, 65), dagegen München 29. Aug. 72 (St. II, 12).

---

*) Vgl. hierüber v. Schwarze, G.S. 1860, H.H. II, 30 fg., IV, 69 fg., R. Schmid, Die Herrschaft der Gesetze S. 149 fg., Bremer, G.S. 1865, Harburger, Der strafr. Begriff des Inlands. Nördlingen 1882, Hälschner, D.St.R. Bd. I, 129, H. Meyer, S. 154 fg.

Entsprechend hat das R.G. das Anerbieten von Loosen der in Preußen nicht zugelassenen Lotterien mittels an Personen in Preußen verschickter Briefe von Orten aus, wo die Lotterien erlaubt waren, als in Preußen verübt angesehen, obwohl die Absendeorte im Deutschen Reich lagen. R.G. III, 13. März 80 (R. I, 460, E. I, 274), und R.G. II, 24. Febr. 80 (R. I, 350, E. I, 219), spricht sogar aus, daß für die Landesstrafgesetzgebung Bundesstaaten, in welchen dieselbe nicht gilt, als Ausland anzusehen seien. (Vgl. auch Goltd. XXV, S. 1 ff., XXVI, 314.)

Bankerott ist im Inlande begangen anzusehen, wenn auch nur die Konkurs-Eröffnung im Inlande stattgefunden hat, denn diese oder die Zahlungseinstellung ist Bestandtheil der Handlung, nicht bloß Vorbedingung der Strafbarkeit R.G. II, 20. Sept. 87, E. XVI, 188, R. IX, 445. Vgl auch v. Kleinfeller Gerichtss. Bd. 43, S. 161.

Wenn Zweifel entstehen, ob die That im Inlande oder Auslande begangen ist, muß darüber eine ausdrückliche Feststellung getroffen werden. Berlin 4. Jan. 75 (O.R. XVI, 3), s. ein Beispiel, wo bei Anklage wegen Hehlerei, nachdem der Ankauf gestohlener Werthpapiere in Paris, der Verkauf in Frankfurt a. M. stattgefunden hatte, die That als im Ausland verübt festgestellt wurde. R.G. I, 15. März 80 (R. I, 471, E. I, 279, Goltd. XXVIII, 269). Gehören zum Thatbestand der That mehrere Handlungen, so gilt als Ort der Begehung derjenige, wo die That vollendet wurde, bez. die Beschädigung eingetreten ist, auch wenn der Beginn der That im Auslande stattfand: Berlin 18. April 73 (O.R. XIV, 291, St. II, 342). Vgl. Goltd. XXV, 432.

5. Versuchs- und Theilnahmehandlungen, welche im Inlande begangen sind, können, wenn die Strafthat als im Auslande begangen anzusehen ist, selbstständig bestraft werden. Vgl. Oppenhoff zu §. 3 unter 11. R.G. III, 14. Juni 83, E. IX, 10, R. V, 434.

Dagegen ist eine im Auslande begangene Theilnahmehandlung, wenn die Hauptthat im Inlande begangen ist, als im Inlande verübt, anzusehen. R.G. IV, 24. Juni 84, E. XI, 20, R. VI, 473; III, 18. März 89, E. XIX, 147. Anstiftung ist da begangen, wo die anstiftende Thätigkeit entwickelt wurde, sowie da, wo diese ihre Wirkung that. Gl. M. Olshausen Nr. 9.

6. Das Reichsgesetz über die Rechtshülfe vom 21. Juni 1869 bestimmt wegen Preßvergehen:

> §. 21 Abs. 2: „Bei Anwendung dieser Vorschrift (d. h. der im Absatz 1 bestimmten Pflicht der Auslieferung) wird angenommen, daß eine mittels der Presse verübte strafbare Handlung nur an dem Orte verübt sei, an welchem das Preßerzeugniß erschienen ist."

Eine ähnliche Bestimmung wollte die Justizkommission des R.T. dem §. 8 der St.P.O. beifügen; dieselbe wurde aber in der dritten Lesung auf Verlangen des Bundesraths durch den R.T. wieder gestrichen. (St.B. S. 951—956.) Als Ort der Verübung gilt der Ausgabeort.

7. Rücksichtlich der auf Schiffen begangenen strafbaren Handlungen vgl. die oben abgedruckten Motive, sowie in letzterer Beziehung die oben allegirte Seemannsordnung. Im Uebr. vgl. über die Grundsätze des Völkerrechts: Berner Wirkungskreis S. 170; v. Bar, Internat. Strafr. S. 574; Th. Ortolan, Règles internationales et diplomatie de la mer 4. ed. 1864 I. p. 257 und Goltd. III, S. 651 ff., VII, S. 344 ff. Danach sind Schiffe **auf hoher See** als Grund und Boden des Heimathsstaates zu betrachten. R.G. II, 18. Juni 89, Goltd. XXXVII, S. 288. Befinden sich die Schiffe in fremden Häfen, Flußmündungen oder auf Kanonenschußweite von fremden Küsten, so wird zwischen Kriegsschiffen und Handelsschiffen unterschieden. Kriegsschiffe gelten (vgl. bes. Ortolan a. a. O.) auch in fremden Häfen als „wandelnde Festungen" des Heimathsstaats. Handelsschiffe dagegen unterliegen in der Regel den Gesetzen des Hafenstaats. §. 10 der St.P.O. erklärt jedoch Handlungen, welche auf einem deutschen Schiffe im Auslande oder in offener See begangen wurden, als zur Zuständigkeit des Heimathshafens oder des nach der That zuerst erreichten deutschen Hafens gehörig. Bei Annahme dieser Bestimmung in der R.J.K. wurde davon ausgegangen, daß völkerrechtlich Kriegsschiffe zwar überhaupt, Handelsschiffe aber nur auf offener See unbestritten als im Inland befindlich gelten; daß dagegen Handelsschiffe in einem fremden Hafen oder in fremden Gewässern (auf Kanonenschußweite vom Ufer) nach den Ansichten mehrerer Staaten nur dann der fremden Jurisdiktion unterliegen, wenn die auf solchen Schiffen begangenen Handlungen gegen die Hafenordnung oder gegen nicht zur Schiffsmannschaft gehörige Personen

gerichtet sind. Für Fälle, in welchen nach diesen Grundsätzen kein Forum begründet wäre, wollte ein solches bestimmt werden, gilt also das Schiff als Inland (vgl. Prot. der R.J.K. S. 784). S. auch Schwarze, Komment. z. St.P.O. S. 133, Stenglein, Komment. z. St.P.O. §. 10, Löwe ebendas. Einen Fall dieser Art s. R.G. I, 27. Sept. 80 (R. II, 261), dagegen hat das R.G. die Exterritorialität eines Bodensee-Dampfschiffes nicht anerkannt: R.G. I, 22. April 80 (R. I, 642, E. II, 17).

8. Truppen und überhaupt Militärpersonen in Feindesland unterliegen den heimischen Strafgesetzen. §. 2 des Ges. v. 15. April 1852, B.G.Bl. 1867 S. 302. Vgl. Dresden 15. Nov. 72 (St. II, 145) und — wegen des Beutemachens —: Berlin 19. Juli 72 (Goltd. XX, 475, O.R. XIII, 432). v. Bar a. a. O.; Milit.-St.G.B. §§. 7, 160, 161.

9. Deutsche, welche in einem der deutschen Konsulargerichtsbarkeit unterworfenen Bezirke des Auslandes eine Strafthat begehen, werden so angesehen, als ob sie im Inlande gehandelt hätten: Leipzig 29. Juni 77 (St. VII, 249, Goltd. XVI, 145).

10. Die vorstehenden Grundsätze über Anwendung des §. 3 finden nicht nur auf die Reichsgesetze, sondern auch auf alle noch in Kraft stehenden Landesstrafgesetze Anwendung, sofern dieselben keine entgegenstehenden Bestimmungen enthalten: Berlin 4. Sept. 79 (O.R. XIX, 345, Goltd. XXVII, 521).

11. Der §. 3 kann auf die vor dem 1. Jan. 1872 begangenen strafbaren Handlungen keine Anwendung finden. Da die Vereinigung der zum Reiche gehörigen Gebietstheile zu einem einheitlichen strafrechtlichen Gebiet erst durch diesen Paragraphen begründet wird, weder das St.G.B. noch das E.G. in dieser Beziehung Uebergangsbestimmungen enthalten, so werden die früher in einem Bundesstaat begangenen Strafthaten in einem andern als im Auslande verübt betrachtet werden müssen. Eben deshalb kann die strafrechtliche Kompetenz des andern Bundesstaats nur nach Maßgabe der früher über Bestrafung im Auslande verübten strafb. Hdlgn. (preuß. §. 4) oder für spezielle Fälle auf §. 27 des Rechtshülfegesetzes v. 21. Juni 1869 gestützt werden. Eine Modifikation tritt jedoch ein bezüglich des Rückfalls, vgl. zu §. 244.

12. Durch §§. 3 und 4 wurde der Begriff eines deutschen Inlands geschaffen, welcher die prozessuale Kompetenz der Einzelstaaten erheblich erweiterte, indem für jeden derselben eine in einem andern Bundesstaate verübte That als im Inlande begangen erscheinen, und eine im Auslande begangene That vor das Forum irgend eines Einzelstaates gezogen werden konnte, bei welchem eines der zulässigen Gerichtsstände, z. B. das **forum deprehensionis** in Verbindung mit einem der Ausnahmsfälle des §. 4 Abs. 2 begründet war. Der Begriff dieses deutschen Inlands in strafrechtlicher Beziehung erhielt seinen Abschluß durch die Bestimmungen des G.V.G., insbesondere des 13. Titels desselben, und des zweiten Abschnitts der St.P.O. Die Angehörigkeit des Thäters zu einem der Bundesstaaten wirkt nunmehr für die Zuständigkeit der Gerichte bezüglich einer im Reichsgebiete begangenen That nicht mehr entscheidend, sondern lediglich das **forum delicti commissi** (St.P.O. §. 7) oder der Gerichtsstand des Wohnsitzes bez. Aufenthaltsorts (§. 8 l. c.), welche jedoch auch in einem andern Bundesstaate begründet sein können als in demjenigen, in welchem der Thäter die Staatsangehörigkeit besitzt. Das **forum deprehensionis** besteht nur noch subsidiär. Zugleich ist der Begriff der Auslieferung unter den Bundesstaaten verschwunden und auf die Beziehungen zu nicht deutschen Staaten beschränkt. Vermöge der Bestimmungen des G.V.G. über Rechtshülfe handelt es sich im Inlande nur noch um die Ablieferung eines Deutschen an das requirirende kompetente deutsche Gericht oder die Vollstreckung einer Maßregel auf Ersuchen des zuständigen Gerichts, gleichviel ob derjenige, gegen welchen die Maßregel gerichtet ist, dem Staate des ersuchenden oder des ersuchten Gerichts oder einem dritten Bundesstaate angehört. Es kann sich also auch nicht mehr darum handeln, ob die That, wegen welcher Strafverfolgung eingetreten, im Lande des ersuchten Gerichts strafbar ist oder nicht (in Fällen des noch wirksamen Landesstrafrechts), wenn nur das ersuchende Gericht innerhalb seiner Zuständigkeit handelte und nicht gegen ein gesetzliches Verbot verstößt. Vgl. hierüber Löwe, Kommentar zur St.P.O. S. 132 fg., 204 fg.; Stenglein, Kommentar z. St.P.O. S. 74 fg., S. 121 fg., H. Meyer S. 158.

Ueber die Rechte der sog. Exterritorialen (fremde Souveräne, Gesandte u. s. w.) vgl. Berner, Wirkungskreis S. 296 ff. und v. Bar, Intern. Strafr. S. 572 ff.

S. oben zu §. 3 unter 4.

§. 4*). Wegen der im Auslande begangenen Verbrechen**) und Vergehen findet in der Regel keine Verfolgung statt.

Jedoch kann nach den Strafgesetzen des Deutschen Reichs verfolgt werden:

1) ein Deutscher oder ein Ausländer, welcher im Auslande eine hochverrätherische Handlung gegen das Deutsche Reich oder einen Bundesstaat, oder ein Münzverbrechen, oder als Beamter des Deutschen Reichs oder eines Bundesstaats eine Handlung begangen hat, die nach den Gesetzen des Deutschen Reichs als Verbrechen oder Vergehen im Amte anzusehen ist;

2) ein Deutscher, welcher im Auslande eine landesverrätherische Handlung gegen das Deutsche Reich oder einen Bundesstaat, oder eine Beleidigung gegen einen Bundesfürsten begangen hat;

3) ein Deutscher, welcher im Auslande eine Handlung begangen hat, die nach den Gesetzen des Deutschen Reichs als Verbrechen oder Vergehen anzusehen und durch die Gesetze des Orts, an welchem sie begangen wurde, mit Strafe bedroht ist.

Die Verfolgung ist auch zulässig, wenn der Thäter bei Begehung der Handlung noch nicht Deutscher war. In diesem Falle bedarf es jedoch eines Antrages der zuständigen Behörde des Landes, in welchem die strafbare Handlung begangen worden, und das ausländische Strafgesetz ist anzuwenden, soweit dieses milder ist.

Pr. §. 4; E. I. §. 4; E. II. §. 4; St.B. (1870) S. 157 ff., 175, 1140; G. v. 26. Febr. 1876 Art. I; Drucks. Nr. 54, 226—228, 235; St.B. (1876) S. 622, 1307.

Vgl. §§. 3, 5—8, 37, 102, 298; G. v. 21. Juni 1869 (Rechtshülfe); G. v. 1. Juli 1870 (Reichsangehörigkeit); M.St.G.B. §§. 7, 56—61, 160, 161; Seem.-O. §§. 100, 81—99.

1. Wegen der Motive zu dem ursprünglichen §. 4 vgl. oben S. 86 ff. — Die Aenderung, welche der §. 4 durch die Novelle erfahren hat, besteht sachlich nur in der Aufnahme der Worte in Nr. 1:

„oder als Beamter des Deutschen Reichs u. s. w."

Die Redaktion ist (in nicht glücklicher Weise) insofern geändert, als in Nr. 1 und 2 die Trennung

---

*) Neue Fassung des G. v. 26. Febr. 1876; die alte Fassung lautete:

§. 4. Wegen der im Auslande begangenen Verbrechen und Vergehen findet in der Regel keine Verfolgung Statt. Jedoch kann nach den Strafgesetzen des Deutschen Reichs verfolgt werden:

1) ein Ausländer, welcher im Auslande eine hochverrätherische Handlung gegen das Deutsche Reich oder einen Bundesstaat, oder ein Münzverbrechen begangen hat;

2) ein Deutscher, welcher im Auslande eine hochverrätherische oder landesverrätherische Handlung gegen das Deutsche Reich oder einen Bundesstaat, eine Beleidigung gegen einen Bundesfürsten oder ein Münzverbrechen begangen hat;

3) ein Deutscher, welcher im Auslande eine Handlung begangen hat, die nach den Gesetzen des Deutschen Reichs als Verbrechen oder Vergehen anzusehen und durch die Gesetze des Orts, an welchem sie begangen wurde, mit Strafe bedroht ist.

Die Verfolgung ist auch zulässig, wenn der Thäter bei Begehung der Handlung noch nicht Deutscher war. In diesem Falle bedarf es jedoch eines Antrages der zuständigen Behörde des Landes, in welchem die strafbare Handlung begangen worden, und das ausländische Strafgesetz ist anzuwenden, soweit dieses milder ist.

**) Vgl. hierzu Berner, Wirkungskreis des Strafgesetzes, Berlin 1853, Krug, Internationalrecht der Deutschen, Leipzig 1851, Abegg, Bestrafung der im Auslande begangenen Verbrechen, Landshut 1879, v. Bar, Internationales Privat- und Strafrecht, Hannover 1862. Goltd. XVIII, S. 83, G.S. Bd. 28 S. 441, Bd. 35 S. 561, v. Schwarze H.H. II, 30, IV, 69, R. Schmid, Die Herrschaft der Gesetze, v. Rohland, Das internationale Strafrecht, Leipzig 1877, Lammasch, Auslieferungspflicht und Asylrecht 1887, G.S. Bd. 41 S. 1, v. Martitz, Beiträge zur Theorie des positiven Völkerrechts, Leipzig 1888.

zwischen Ausländern und Inländern, wie sie der alte Text hatte, beseitigt ist und aus Nr. 2 deshalb die Handlungen, welche gegen Deutsche und Ausländer verfolgbar sind (Hochverrath, Münzverbrechen), unter Nr. 1 versetzt sind. — Die weiter gehenden Aenderungsvorschläge des Regierungsentwurfs wurden vom Reichstage abgelehnt.

2. Ueber den Begriff „Ausland" vgl. §. 8 und über die Kompetenz der Einzelstaaten zur Bestrafung von Reichsangehörigen zu §. 3 Nr. 9 u. 10.

3. Abs. 1 spricht aus: es finde bei im Auslande begangenen Verbrechen und Vergehen (Uebertretungen vgl. §. 6) „in der Regel" keine Verfolgung statt. Die Ausnahmen bestimmt der Abs. 2.

Weitere Ausnahmen sind in den §§. 102 und 298, in dem Gesetz betreffend die Organisation der Bundeskonsulate u. s. w. v. 8. Nov. 1867 §. 24 (B.G.Bl. S. 142), im §. 25 des Nachdrucksgesetzes vom 11. Juni 1870 (B.G.Bl. S. 345), im Mil.St.G.B. vom 20. Juni 1872 §§. 7, 160, 161 (gegen Militärpersonen, gegen Nicht-Militärpersonen auf dem Kriegsschauplatz oder in okkupirtem Gebiet), sowie in der Seemannsordnung vom 27. Dez. 1872 §. 100 enthalten.

Es fragt sich: ob die von den einzelnen Bundesstaaten mit ausländischen Staaten abgeschlossenen Jurisdiktionsverträge, sofern dieselben noch weitere Ausnahmen festsetzen, aufgehoben sind. Soweit diese Jurisdiktionsverträge Materien betreffen, auf welche sich die Reichsgesetze nicht beziehen, sind dieselben jedenfalls nicht aufgehoben, denn dann handelt es sich nicht um Verbrechen und Vergehen gegen die Strafgesetze des Reiches. Aber auch soweit sich diese Verträge auf Verbrechen oder Vergehen gegen die Reichsgesetze beziehen, kann die Aufhebung nicht behauptet werden. Denn der §. 4 Abs. 1 sagt nur: „in der Regel", und weder der Wortlaut noch der Sinn des §. 2 gibt einen bestimmten Inhalt dafür, daß nur die durch die Reichsgesetzgebung vorgesehenen Ausnahmen Gültigkeit haben sollen. Die Materialien geben keine Auskunft. Nur die Motive zum I. Entwurf bemerken zur Begründung des Art. VI (jetzt 8) des Einf.Ges., daß das St.G.B. nicht erschöpfende Vorschriften darüber geben könne, um die Partikulargesetze mit den Vorschriften des Strafgesetzbuchs in Einklang zu bringen, und fahren dann fort:

> „Schon die von vielen jener Staaten mit anderen nicht zum Nordd. Bunde gehörigen Regierungen geschlossenen Jurisdiktionsverträge, und die dadurch geschaffenen und mit Schonung zu behandelnden Rechtsverhältnisse würden ein solches Unterfangen verbieten."

Sonach wird anzunehmen sein, daß jene Jurisdiktionsverträge nicht beseitigt sind. Gl. M. Oppenhoff Nr. 4, 15, v. Schwarze Nr. 2. Harburger, Begr. des Inl. S. 95, Binding I, 405, Nr. 10, Hälschner I, 182. In Bezug auf die Landesgesetzgebung abweichend Olshausen Nr. 2. Unbedingte Aufhebung behauptet Rubo Nr. 1. Vgl. auch den Abg. Buff (St.B. 1870 S. 630), dessen Meinung jedoch zu weit geht, und unten die Anm. zu §. 9.

Allerdings erscheint dieser Zustand nicht haltbar. Mit Recht bemerkt Endemann, Rechtshülfe S. 166: „Gerade nach außen hin müssen Jurisdiktionsverträge des Bundes alle einzelstaatlichen Konventionen ersetzen", und die Motive zu §. 6 weisen darauf hin, „daß die Regelung der internationalen Beziehungen auch auf dem Gebiete der Rechtspflege vorzugsweise dem Bunde zufallen wird."

4. Abs. 2 „kann". Die Befugniß über den Eintritt der Verfolgung zu entscheiden steht dem Ermessen der Staatsanwaltschaft, nicht dem des Gerichts zu. Vgl. §§. 151, 152 St.P.O. Dieses bestätigen die oben mitgetheilten Motive ausdrücklich. Aus diesem Grunde wurden von der Bundeskommission aus dem entsprechenden Passus des preuß. St.G.B. „kann . . . verfolgt und bestraft werden" die gesperrten beiden Worte fortgelassen. Gl. M. Olshausen N. 6, Binding I, 426, H. Meyer S. 163, Oppenhoff N. 10.

5. Zu Nr. 1. Die hochverrätherischen Handlungen umfassen die §§. 80—86 St.G.B., nicht bloß den Hochverrath i. e. S. R.G. II u. III, 13./18. Juni 87. **E. XVI**, 165, **R. IX**, 423.

6. Ueber die Eigenschaft als „Deutscher" entscheidet jetzt das Reichs-(Bundes-)gesetz über die Erwerbung und den Verlust der Bundes- und Staatsangehörigkeit vom 1. Juni 1870 (B.G.Bl. S. 355). (Vgl. einen Fall Bayr. Entsch. V, 341.) Als Ausländer wird jeder Nichtdeutsche, abgesehen von seiner fremden Staatsangehörigkeit, anzusehen sein, ebenso wie Ausland nach §. 8 jedes nicht zum Deutschen Reiche gehörige Gebiet ist. Vgl. einen Fall, in welchem der Verlust der Staatsangehörigkeit wegen Unterbrechung der in §. 21 Abs. 3 des Ges. v. 1. Juni 1870, betr. den Erwerb und den Verlust der Bundes- und Staatsangehörigkeit, vorgesehenen 5jährigen Frist zweifelhaft war. R.G. I, 2. Juni 81, **E. IV**. 271, **R. III**, 362.

7. Nr. 1. Daß das Münzverbrechen (nicht Münzvergehen z. B. §. 148) gegen das Reich oder einen Bundesstaat begangen worden, ist nicht erforderlich, weil „die Allgemeinheit, wie die kommerzielle und juristische Bedeutung des Geldverkehrs und Geldgebrauchs mit einem in die Landesgrenzen der einzelnen Staaten gelegten Unterschiede nicht zu vereinigen sein würde." (Vgl. die Motive.) Hier übt das Reich also Weltrechtspflege.

8. Nr. 1. Unter „Verbrechen und Vergehen im Amte" sind nicht bloß die im St.G.B. aufgeführten Strafthaten, sondern auch die in besonderen Reichsgesetzen etwa vorkommenden Verletzungen der Amtspflichten zu verstehen. G. M. Olshausen Nr. 10[c], Binding I, 432, Hälschner II, 1035. A. M. Meves zu §. 4 S. 88. Ihrer Entstehungsgeschichte nach (vgl. die oben angeführten Reichstagsverhandlungen) steht die durch die Novelle von 1876 erfolgte Aufnahme der Amtsverbrechen in den §. 4 mit dem neuen §. 353[a] in Verbindung. Ueber den Begriff „Beamter" entscheidet der §. 359. Ob der Beamte Inländer oder Ausländer ist, erscheint gleichgültig. In einem zwar an sich unter Ziff. 3 fallenden Straffall (Bestechung eines preußischen Beamten, der dienstlich im Auslande stationirt war) entschied R.G. IV, 14. Jan. 87, **E. XV**, 221, **R. IX**, 52 dahin, daß es ohne Einfluß sei, daß der Beamte in gleicher Stellung am Orte der That nicht Beamter gewesen sein würde. Es genüge, daß er faktisch preußischer Beamter war.

9. Nr. 2. Betrifft die Beleidigung gegen einen Bundesfürsten den eigenen Landesherrn, so wird nicht die Strafe des §. 98, sondern die des §. 94 eintreten müssen.

Unter „Beleidigung gegen einen Bundesfürsten" ist die Beleidigung von Mitgliedern bundesfürstlicher Häuser nicht mitbegriffen. Vgl. die Bemerkungen zu Abschnitt 2 (§§. 94 ff.) des „besonderen Theils". Gl. M. Olshausen Nr. 11[b], Rubo Nr. 9.

10. Nr. 3. Die Handlung muß durch die Gesetze des Orts, wo sie begangen wurde, mit Strafe, einerlei mit welcher (vgl. München 1. Juni 74 in Goltd. **XXII**, 654, St. IV, 99, R.G. I, 9. Jan. 82, **E. V**, 424) bedroht sein und nach diesseitigen Gesetzen ein Verbrechen oder ein Vergehen darstellen.*) Um hierbei zu einem Resultate zu kommen, ist es erforderlich, daß der gesammte Thatbestand des inkriminirten Vorfalls festgestellt und dessen Strafbarkeit zur Zeit der Begehung der That durch Subsumtion unter konkrete Strafgesetze nachgewiesen wird. Es genügt nicht, daß eine Handlung von gleicher technischer Bezeichnung wie im Inlande auch im ausländischen Strafgesetz vorkommt. Vgl. R.G. 14. Jan. 87, **E. XV**, 221, **R. IX**, 52, Olshausen Nr. 14, Binding I, 435 fg., H. Meyer S. 350, Rubo N. 18. Wie das Gericht sich die Kenntniß des auswärtigen Rechts verschafft, darüber besteht keine Vorschrift. Das Resultat ist durch Revision anfechtbar. R.G. III, 21. Febr. 84, **E. X**, 285, **R. VI**, 142. Die Begehung in uncivilisirten Gegenden, wo kein Recht besteht, kann nicht nach Ziff. 3 behandelt werden. Gl. M. Olshausen N. 15, Hälschner I, 167, N. 1, H. Meyer S. 161, Oppenhoff N. 24[a], v. Schwarze in H.H. IV, 69, v. Bar S. 482, Lammasch, Auslief. S. 53. A. M. Binding I, 436, v. Liszt S. 109, Fuld. im G.S. Bd. 42, 37, Meves, Nov. S. 92 fg.

11. Bezieht sich die im Inlande verübte That (Hehlerei) auf eine im Auslande verübte Strafthat, so ist nach inländischem Gesetze zu beurtheilen, ob die im Auslande begangene Hauptthat als Verbrechen oder Vergehen anzusehen war. R.G. I, 17. Dez. 88, **E. XVIII**, 298, **R. X**, 722. Dies trifft hauptsächlich auf Hehlerei zu. Die Strafbestimmungen zum Schutze von inländischen Behörden, Beamten u. s. w. des Reiches oder eines Bundesstaates sind nicht auf Verletzungen ausländischer Behörden, Beamten u. s. w. auszudehnen, welche von einem Deutschen im Auslande verübt werden. So z. B. kann ein einem auswärtigen Beamten im Auslande geleisteter Widerstand im Inlande nicht nach §. 113 St.G.B. bestraft werden. Der entgegenstehenden Auffassung des preuß. Obertribunals schloß sich jedoch an R.G. III, 15. Febr. 83, **E. VIII**, 53, **R. V**, 114. S. dagegen Heinze in Goltd. **XVII**, S. 556 ff.; dess. Erörterungen S. 120, und v. Bar, Internationales Privat- u. Strafrecht S. 94.

12. Dresden 18. Sept. 74 (St. V, 3) nahm an, die Feststellung, daß eine im Auslande begangene, im Inlande verfolgbare That auch nach ausländischem Gesetze strafbar sei, gehöre nicht zu den Thatbestandsmerkmalen, deren Nichtfeststellung das Urtheil hinfällig mache, sondern die Frage könne als Vorbedingung der Verfolgung auch ohne Feststellung in der Nichtigkeits-

---

*) Unternehmungen, welche ausschließlich im Auslande gegen die inländischen Einfuhr-Zollgesetze gemacht sind, können in Deutschland nicht bestraft werden. R.G. III, 29. April 89, **E. XIX**, 192.

(Revisions-)Instanz rechtlich geprüft werden. Ebenso: Dresden 5. Febr. 77 (St. VII, 348). Ferner Olshausen Nr. 13, H. Meyer in H.H. II, 143 (obgleich derselbe im Prinzip die Frage als Thatfrage betrachtet). Abweichend Oppenhoff Nr. 26 unter Anführung älterer Judikatur, am weitesten gehend Waag G.S. Bd. 37, S. 644, welcher sogar die Strafbarkeit im Auslande durch die Geschworenen festgestellt wissen will. Ebenso Löwe, Komment. §. 293, Nr. 11, Dalcke, Fragestellung S. 45, v. Schwarze S. 458, Stenglein, Komment. z. Str.Pr.O. §. 293, Nr. 13, wobei unter den Prozessualisten nur die Frage übrig bleibt, ob der Thatbestand in zwei Hauptfragen nach inländischem und ausländischem Recht, oder in einer Frage festgestellt werden muß. Stenglein für eine Frage. Seit dem Urth. des R.G. III, 21. Febr. 84, E. X, 285, R. VI, 142 und I 14. Jan. 86, E. III, 229, R. VIII, 51 kann als geltendes Recht betrachtet werden, daß die Geschworenen die Merkmale des Gesetzes für das ausländische Recht in gleicher Weise festzustellen haben, wie für das inländische und in gleicher Weise Revision zulässig ist. Das zweite Urtheil erklärt getrennte Fragestellung für zulässig.

Darüber, daß bei Vergleichung der in- und ausländischen Gesetzgebung nichts darauf ankommt, unter welchem Gesichtspunkte die That nach ausländischem Rechte strafbar ist, führt ein Urth. des R.G. 13. Okt. 80 c. Helbig (1854/80) aus, daß die That, welche nach R.St.G.B. als Gebrauch einer gefälschten Urkunde (§. 270) strafbar war, nach österreichischem Rechte, unter dessen Herrschaft die That begangen wurde, als Betrugsversuch erscheine, und dies genüge zur Anwendung des Gesetzes.

Zollabfertigungsstellen, welche auf Grund Staatsvertrags im Auslande fungiren, gelten auch dann als Inland, wenn keine reichsgesetzliche Regelung erfolgt ist. R.G. I, 19. Nov. 88, E. XVIII, 242, R. X, 669.

Ueber die allgemeine Frage: ob und inwieweit die Strafbestimmungen des besonderen Theils, welche den Schutz der Staatsgewalt u. s. w. zum Gegenstand haben, auch zum Schutz ausländischer Institutionen gegeben sind, vgl. die Bemerkung zum Abschnitt 6 (§§. 110 ff.) des besondern Theils.

13. Der 2. Absatz von Nr. 3 ist in seinem ersten Satze durch Beschluß der Bundeskommission aufgenommen, weil derselbe durch das im §. 9 enthaltene Verbot der Auslieferung von Norddeutschen erforderlich wurde. Der zweite Satz wurde — trotz der entgegenstehenden Auffassung der Motive (s. oben) — durch Beschluß des Reichstages beigefügt (St.B. S. 163, 164, 175 — und vgl. v. Bar a. a. O. S. 88, 89). Ob das ausländische Gesetz milder ist, vgl. zu §. 2 Abs. 2. In entgegengesetzter Richtung erkannte Berlin 20. Sept. 77 (O.R. XVIII, 577, Goltd. XXV, 291, St. VII, 250), daß im Inlande eine von einem Deutschen im Auslande begangene, auch dort strafbare That im Inlande bestraft werden könne, wenn auch der Thäter mittlerweile seine Eigenschaft als Deutscher verloren habe.

14. Auf eine von einem Deutschen in Elsaß-Lothringen unter Herrschaft des französischen Rechts begangene That ist §. 4 anwendbar, weil damals das Reichsland als Ausland anzusehen war. Berlin 13. Dez. 77 (O.R. XVIII, 782, Goltd. XXV, 544, St. VIII, 200). Vgl. dagegen G.S. Bd. 30, S. 161, jedoch auch Goltd. XXVI, 422. Ueberhaupt entscheidet die Eigenschaft des Thäters als Deutscher zur Zeit der That Berlin 20. Sept. 77, O.R. XVIII, 577. Gl. M. Binding I, 414, v. Liszt S. 109, H. Meyer S. 159, Oppenhoff N. 16, v. Schwarze S. 182.

15. Unter der zuständigen Behörde des Landes, in welchem die strafbare Handlung begangen wurde, ist nicht die Verfolgungsbehörde jenes Landes, sondern die Vertretung des auswärtigen Staates zu verstehen und fällt der hier normirte Antrag nicht unter die Bestimmungen des §. 61 St.G.B. fg., R.G. IV, 30. Sept. 87, E. XVI, 216, R. IX, 481.

16. Theilnahmehandlungen eines Ausländers an den in Ziff. 2 bezeichneten Delikten, im Auslande begangen, sind im Inlande nicht strafbar, wohl aber die der in Ziff. 3 bezeichneten Art. Gl. M. v. Kries in Z. f. ges. Str.W. VII, 522 fg., insbes. 588 und 563.

§. 5. **Im Falle des §. 4 Nr. 3 bleibt die Verfolgung ausgeschlossen, wenn**

1) von den Gerichten des Auslandes über die Handlung rechtskräftig erkannt und entweder eine Freisprechung erfolgt oder die ausgesprochene Strafe vollzogen,

2) die Strafverfolgung oder die Strafvollstreckung nach den Gesetzen des Auslandes verjährt oder die Strafe erlassen, oder

3) der nach den Gesetzen des Auslandes zur Verfolgbarkeit der Handlung erforderliche Antrag des Verletzten nicht gestellt worden ist.

Pr. §. 4 Nr. 3; E. I. §. 4 Nr. 3; E. II. §. 5; St.B. S. 176, 1141, sowie die Allegate zu §. 4.

1. Die Verfolgung ist ausgeschlossen, d. h. jede Verfolgung, nicht nur deren Beginn, so daß auch der Eintritt der Ausschlußbedingungen nach Beginn der Verfolgung im Inland deren Fortsetzung ausschließt und zwar so lange, bis Rechtskraft des Urtheils eingetreten ist, nöthigen Falls im Wege der Revision, wenn die Bedingung vor dem angefochtenen Urtheil eingetreten war. Gl. M. Olshausen Nr. 1, Binding I, 444, Rubo N. 12, 13. Dagegen wollen Oppenhoff N. 5, 14, 15 u. Hälschner I, 168 nach den Bedingungen des §. 5 unterscheiden und insbesondere bezüglich der Verjährung annehmen, es müsse diese vor Beginn der Verfolgung im Inlande vollendet sein. Dies erscheint nicht als konsequent.

2. Nr. 1. Als Gericht des Auslands wollen Olshausen Nr. 2, Binding I, 444, Oppenhoff Nr. 1, 7 nur das Gericht des Thatortes anerkennen. A. M. Rubo Nr. 3 und Lammasch G.S. Bd. 41 S. 14, gewiß mit Recht. Das Gesetz unterscheidet nicht. Gelegentliche Aeußerungen in den Vorverhandlungen haben Ausdruck im Gesetz nicht gefunden und sind natürlich mit Rücksicht auf das gewöhnliche Einschreiten am Thatort. Das inländische Gericht kann aber die Zuständigkeit des ausländischen nicht prüfen und wenn man einmal durch Urtheile ausländischer Gerichte die Verfolgung der inländischen ausschließen läßt, so ist nicht wohl begreiflich, weshalb ein Zuständigkeitsgrund beim ausländischen Gericht wirksamer sein soll als der andere. Deshalb ist beim Zusammentreffen mehrerer ausländischer Gerichte die Prävention jedes urtheilenden anzuerkennen.

3. Weil Ziff. 1 von den Gerichten des Auslands spricht, wollen Binding I, 444, N. 11, Olshausen N. 3a, Rubo N. 2 die Entscheidungen von Polizei- oder Verwaltungsbehörden ausschließen. Oppenhoff N. 6 unterscheidet zwischen vorläufigen Strafbescheiden dieser Behörden und regelmäßiger Zuständigkeit. Auch diese Unterscheidung ist nicht gerechtfertigt. Wenn auswärtige Behörden nach den Begriffen deutschrechtlicher Auffassung unterschieden werden sollen, so hat dies keinen Boden. Man kann nicht deutsche Strafrechtsnormen auf fremde Verhältnisse anwenden. Wem der auswärtige Staat Strafgewalt übertragen hat, muß als Gericht im Sinne des §. 5 angesehen werden. (Vgl. §. 453 Abs. 4, §. 259 Abs. 1 St.P.O.)

4. Nr. 1. Zur Anwendung dieser Vorschrift ist entweder rechtskräftige Freisprechung oder eine auf Grund einer rechtskräftigen Verurtheilung erfolgte vollständige Vollstreckung der Strafe erforderlich. Ist die Strafe nur theilweise vollzogen, so kann nur der §. 7 zur Anwendung kommen. RG. II, 15. Nov. 87, **E. XVI**, 319, **R. IX**, 608; es sei denn, daß der Rest erlassen ist.

Um den Grundsatz: **ne bis in idem** nach Maßgabe des §. 5 Nr. 1 für durchgreifend zu erachten, ist erforderlich: „daß dieselben früher behaupteten Thatsachen, deren Inbegriff die That ausmacht, in neuer Anschuldigung zur Begründung einer Anklage benutzt werden sollen.“ Ist dieses der Fall, so wird es nicht darauf ankommen können, ob sämmtliche Umstände der That, z. B. erschwerende Momente, welche die That zu einer qualifizirten machen würden, dem ausländischen Richter vorgelegen haben. Wäre z. B. ein Ausländer schlechthin wegen Diebstahls freigesprochen, so würde eine neue Anklage auf den nicht zur Sprache gekommenen Umstand, es sei unter Anwendung falscher Schlüssel gestohlen, also ein schwerer Diebstahl (§. 243 Nr. 3) verübt, nicht gestützt werden können. (A. M. ist v. Schwarze zu §. 5). Ebensowenig kann es darauf ankommen, in welcher Weise die Thatsachen im Auslande rechtlich qualifizirt sind, ob z. B. als Unterschlagung, während nach diesseitigen Gesetzen Betrug vorliegt.

Dagegen ist ein Einwand zu Gunsten des Angeklagten aus Nr. 1 nicht begründet, wenn die Freisprechung im Auslande nur vorläufig (**absolutio ab instantia**) erfolgt ist, oder wenn eine neue Anklage wegen eines in dem Urtheil gemachten Vorbehalts oder aus sonstigen prozessualischen Gründen nach den Gesetzen des Auslandes zulässig ist. In diesen Fällen ist im Sinne des §. 5 Nr. 1 nicht „rechtskräftig“ erkannt. Binding I, 445.

Vgl. Planck, Deutsch. Strafverfahren S. 131 ff. und Oppenhoff, Strafv. S. 13, 14. Löwe, Komment. S. 435 fg., Stenglein, Komment. §. 151 Nr. 8. Die bloße Zulässigkeit einer Wiederaufnahme des Verfahrens, ähnlich der der St.P.O., schließt die Rechtskraft des Urtheils nicht aus; wohl aber die erfolgte Wiederaufnahme. Gl. M. Olshausen Nr. 5.

Eine Ausnahme von Nr. 1 enthält §. 37.

5. Nr. 2 und 3 enthalten — abgesehen von dem Erlaß der Strafe — die Entscheidung zweier bisher in Preußen bestandener Kontroversen, indem jetzt die im Auslande eingetretene Verjährung der Strafverfolgung und der Strafvollstreckung, sowie der Mangel eines im Auslande erforderlichen Antrages des Verletzten die diesseitige Verfolgung ausschließen soll. Die Verjährung der Strafverfolgung wurde vom Reichstage aufgenommen.

Die Worte in Nr. 2 „oder die Strafe erlassen" beziehen sich auf Begnadigung, Abolition und Amnestie nach Maßgabe des Staatsrechts des auswärtigen Staats. Auch der Erlaß nach erfolgter vorläufiger Entlassung (Beurlaubung) ist dahin zu rechnen. Nach dem Wortlaut „die Strafe" ist zweifelhaft: ob eine vor rechtskräftiger Entscheidung erfolgte Abolition oder Amnestie dieselbe Wirkung hat. Nach der ausdrücklichen Motivirung des Amendementstellers im Reichstage (St.B. S. 176) sollte dies allerdings der Fall sein, und der einzige dagegen aufgetretene Redner erklärte sich mit der Motivirung einverstanden. Auch ist immerhin die Strafe erlassen, wenn auch ohne Verfahren. Gl. M. Binding I, 445.

6. Die Bestimmung des §. 5 Nr. 3 ist auch anwendbar auf Strafthaten, welche vor dem Inkrafttreten des R.St.G.B. begangen waren, aber erst nach demselben verfolgt werden, und auch solche, welche in andern deutschen Staaten vor dem Inkrafttreten des R.St.G.B. begangen wurden. Berlin 8. Febr. 72 (Goltd. XX, 179, O.R. XIII, 126, St. I, 253), s. ferner zu §. 4 Note 11. Verzicht auf Strafverfolgung Seitens Berechtigter wirkt wie Nichtstellung des Antrags. Gl. M. Oppenhoff N. 16. — Ziff. 3 ist nach ausländischem Rechte zu beurtheilen. Binding I, 445, Olshausen N. 8.

§. 6. Im Auslande begangene Uebertretungen sind nur dann zu bestrafen, wenn dies durch besondere Gesetze oder durch Verträge angeordnet ist.

Pr. §. 4 Schl.; E. I. §. 4 Schl.; E. II. §. 6; St.B. S. 176. Vgl. M.St.G.B. §. 7.

1. Zunächst geht der Sinn des Paragraphen unzweifelhaft dahin, daß die durch Reichsgesetze vorgesehenen Uebertretungen, wenn sie im Ausland begangen werden, dann zur Bestrafung zu ziehen sind, wenn besondere Reichsgesetze oder vom Reiche abgeschlossene Verträge dieses vorschreiben. Ein solcher Vertrag war in dem §. 27 (vgl. §. 23) des mit Baden abgeschlossenen Vertrages über die Rechtshülfe vom 14. Jan. 1870 enthalten, welcher jetzt durch die Zugehörigkeit Badens zum Deutschen Reich erledigt ist.

2. Zweifelhaft ist, ob im Auslande begangene Uebertretungen nur in diesem Umfange (n. 1) im Bundesgebiete zu bestrafen sind, und insbesondere, welche Wirkung der Paragraph auf die bestehenden Landesgesetze und die von einzelnen Bundesstaaten mit fremden Staaten abgeschlossenen Staatsverträge hat; vgl. auch zu §. 4 unter 3.

Wäre der §. 6 in jener Beschränkung zu nehmen, so wäre er im Grunde ganz überflüssig. Eine eigentliche Bedeutung gewinnt er nur, wenn man davon ausgeht, daß derselbe auch eine Regel für das Reichsstrafrecht im Verhältniß zum Landesstrafrecht enthalten soll.

3. Die Materialien geben über diese Frage keine sichere Auskunft. Der I. Entw. §. 4 a. E. bestimmte:

„Uebertretungen, die im Auslande begangen werden, sollen im Gebiete des Norddeutschen Bundes nur dann bestraft werden, wenn dieses durch besondere Bundesgesetze oder Verträge angeordnet ist."

Man ging hierbei wohl — die Motive schweigen darüber — von der Auffassung aus, daß die Vorschrift sich nur auf die in den Bundesstrafgesetzen vorgesehenen Uebertretungen beziehen solle.

Der II. Entwurf gab der Vorschrift die im §. 6 enthaltene Fassung.

Die Motive des I. und II. Entwurfs lauten übereinstimmend dahin:

„Rücksichtlich der im Auslande begangenen Uebertretungen wiederholt der Entwurf die preuß. Bestimmung, daß ihre Bestrafung durch besondere Gesetze oder durch Staatsverträge bedingt werde. Es wird hierbei davon ausgegangen, daß nicht bloß die allgemeinen Grundsätze über die Bestrafung von Uebertretungen, sondern auch gewisse, überall vorkommende oder weiter tragende Interessen verletzende Zuwiderhandlungen aus diesem Gebiete, der Strafgesetzgebung des Bundes nicht entzogen bleiben können. Es tritt dazu, daß die Regelung der internationalen Beziehungen auch auf dem Gebiete der Rechtspflege vorzugsweise dem Bunde zufallen wird. Dieses gilt namentlich von dem Erlaß solcher

Gesetze oder dem Abschluß solcher Verträge, deren Bestehen z. B. nach dem französischen Gesetz vom 27. Juni 1866*) für die Bestrafung von Zoll-, Forst-, Feldpolizei- und Fischerei-Uebertretungen die Voraussetzung der Reciprozität ist."

4. Für die Auslegung des §. 6 — welcher übrigens zweckmäßiger im Einf.Ges. seine Stelle gefunden hätte — geht man am richtigsten auf das allgemeine Verhältniß des Reichs- zum Landesstrafrecht (vgl. S. 39 ff. u. Anm. zu §. 2 und 3 des Einf.Ges.) zurück.

Zunächst ergibt sich hieraus, daß im Auslande begangene Uebertretungen nur dann im ganzen Bundesgebiet zur Bestrafung gezogen werden können, wenn dieselben in Reichsgesetzen vorgesehen sind und die Bestrafung in Reichsgesetzen oder Reichsverträgen für zulässig erklärt ist. Vgl. den Fall R.G. 19. Nov. 88, E. XVIII, 242, R. X, 669.

Fraglich bleibt: ob und unter welchen Voraussetzungen eine im Auslande begangene Uebertretung — mag sie in Reichs- oder in Landesgesetzen vorgesehen sein — in einem bestimmten Bundesstaate bestraft werden kann.

Es würde nun viel zu weit gehen, wenn man (wie Kirchmann zu §. 6 anzunehmen scheint) der Ansicht sein wollte, es seien alle Landesgesetze und alle von einzelnen Bundesstaaten mit dem Auslande abgeschlossenen Verträge, welche die Bestrafung im Auslande begangener Uebertretungen in dem Gebiete des einzelnen Bundesstaates für zulässig erklären, schon jetzt aufgehoben. Allerdings ergibt sich aus dem Geiste der Reichsgesetzgebung und aus den oben mitgetheilten Motiven, daß die Regelung des internationalen Strafrechts und damit auch der Verfolgung von Uebertretungen, und zwar sowohl der im Reichsstrafrecht, wie der im Landesstrafrecht enthaltenen, künftig Sache des Reiches werden muß. Nach außen hin kann jeder Theil des Reiches nicht als besonderer Staat, sondern nur als Glied des Ganzen erscheinen (vgl. Endemann a. a. O. S. 166). Aber diese Tendenz ist noch nicht zum gesetzlichen Ausdruck gekommen.

Geht man hiervon aus, so läßt sich aus §. 6 zunächst nur die Beschränkung folgern, daß diejenigen Landesgesetze, welche allgemein einen vom §. 6 abweichenden Grundsatz für sämmtliche Uebertretungen feststellen, aufgehoben wären. Solche Landesgesetze bestehen aber unsers Wissens nirgends.

Sodann erscheint fraglich: ob die besondern für bestimmte Arten von Uebertretungen gegebenen Landesgesetze, welche die Frage behandeln, insofern außer Kraft gesetzt sind, als sie sich auf Uebertretungen erstrecken, die in den Reichsgesetzen enthalten sind. Erwägt man nun, daß die Reichsgesetzgebung auf diesem Gebiete bisher noch fast gar nicht thätig gewesen ist und daß keine Andeutung dafür vorliegt, daß dieselbe durch den §. 6 in die internationalen Beziehungen der Einzelstaaten hat eingreifen wollen, so wird man zu der Annahme gelangen müssen, daß der §. 6 unter dem Ausdruck „besondere Gesetze" auch die besonderen Landesgesetze selbst dann begreift, wenn sie sich auf reichsgesetzliche Uebertretungen beziehen. Dieses trifft noch mehr zu, wenn es sich lediglich um landesgesetzliche Uebertretungen handelt. Dagegen sind der Ansicht, daß §. 6 sich nur auf Uebertretungen der Landesgesetze erstrecke, die durch diese Gesetze oder durch Verträge auch für strafbar erklärt sind, wenn sie im Auslande begangen wurden: Binding I, 437, H. Meyer S. 103, Rubo N. 4, und diesen schließt sich Olshausen N. 2 an.

Rücksichtlich der bestehenden Verträge ist bereits oben (zu §. 4 n. 3) ausgeführt, daß dieselben zur Zeit von der Reichsgesetzgebung nicht berührt werden. Der Inhalt dieser Verträge bleibt deshalb völlig bestehen, selbst wenn dieselben — was aber nirgends der Fall sein dürfte — allgemein die Bestrafung der im Auslande begangenen Uebertretungen zusicherten. Dafür spricht auch der Wortlaut des §. 6, welcher zwischen „besonderen Gesetzen" und „Verträgen (im Allgemeinen)" unterscheidet.

Es dürfte einleuchtend sein, daß bei der Unerträglichkeit dieses Rechtszustandes die Reichsgewalt durch Gesetze, wie sie das oben gedachte französische Gesetz enthält, oder durch Abschluß von Verträgen eingreifen muß.

---

*) Loi concernant les crimes, les délits et les contraventions commis à l'étranger du 27 Juin 1866 (Bull. des lois p. 917):

Art. II. Tout Français qui s'est rendu coupable de délits et contraventions en matière forestière, rurale, de pêche, de douanes ou de contributions indirectes sur le territoire de l'un des Etats limitrophes peut être poursuivi et jugé en France, d'après la loi française, si cet Etat autorise la poursuite de ses regnicoles pour les mêmes faits commis en France.

La réciprocité sera légalement constatée par des conventions internationales ou par un décret publié au Bulletin des lois.

§. 7. Eine im Auslande vollzogene Strafe ist, wenn wegen derselben Handlung im Gebiete des Deutschen Reichs abermals eine Verurtheilung erfolgt, auf die zu erkennende Strafe in Anrechnung zu bringen.

Pr. —; E. I. —; E. II. §. 7; St.B. S. 176.

Vgl. §§. 3—8, 37, 79.

1. Der §. 7 füllt nach dem Vorgange des bayerischen St.G.B. von 1861 Art. 13 Abs. 2: „Erfolgt .... von dem zuständigen bayerischen Gerichte ein verurtheilendes Erkenntniß, so ist hierbei auf die Strafe, welche der Schuldige wegen der nämlichen Handlung bereits im Auslande erlitten hat, in der Art Rücksicht zu nehmen, daß die nach den bayerischen Gesetzen verwirkte Strafe zwar im Urtheil ausgesprochen, aber nach Umständen für theilweise oder gänzlich erstanden erklärt wird."

eine im Pr. St.G.B. von 1851 enthaltene Lücke aus.

Im Sinne des bayer. Gesetzes ist auch die Vorschrift des St.G.B. auszulegen. Vgl. übrigens den ähnlichen Fall des §. 60 (Anrechnung der Untersuchungshaft).

Die Art der Anrechnung ist — was bei der Verschiedenheit der Strafarten nothwendig war — lediglich dem vernünftigen Ermessen des Richters überlassen. Das im St.G.B. festgesetzte Verhältniß der Strafen (§§. 21, 29) kann nur als Erwägungsgrund in Betracht kommen. Auch auf eine hier zu erkennende Geldstrafe kann eine im Auslande verbüßte Freiheitsstrafe angerechnet werden. Gl. M. Olshausen N. 5, Hälschner I, 168, Oppenhoff N. 7, v. Schwarze N. 4, Binding I, 442. Nach ganz willkürlichen Proportionen wollen abrechnen Berner S. 254 G.S. Bd. 18, S. 33, Lammasch im G.S. Bd. 41, S. 7 fg, Rubo N. 7.

Die in früheren Ausgaben angeregte Frage, wie es sich verhält, wenn durch die Anrechnung die Dauer der neuen Strafe unter den Mindestbetrag der verhängten Strafart herabzugehen hätte, existiert in Wirklichkeit nicht; denn die Strafzumessung muß nach allen Regeln des deutschen Strafrechts stattfinden; davon wird aber ein Theil oder die ganze Strafe und Urtheil als bereits erstanden oder vollzogen erklärt. Der Fall, daß ein unter dem Minimum der Strafart fallender Strafrest zu vollziehen ist, kommt auch in anderen Kombinationen vor. Gl. M. Olshausen N. 5, Hälschner I, 168, Binding I, 443, Oppenhoff N. 8.

2. Die Vorschrift des §. 7 erstreckt sich übrigens ebenso wohl auf Landes- als auf Reichsstrafrecht. Gl. M. Olshausen N. 4, Hälschner, D.Str.R. I, 179. A. M. Binding I, 401.

Auf die Aburtheilung in verschiedenen Bundesstaaten kann §. 7 nicht zur Anwendung kommen, weil das ganze Reich Inland und einheitliches Justizgebiet ist, in welchem erneute Aburtheilung nur unter der Beschränkung des ne bis in idem oder in Folge Wiederaufnahme des Verfahrens vorkommen kann. Abweichend aber ganz verfehlt Hälschner I, 180, und ohne Begründung Oppenhoff N. 10. Gl. M. Olshausen N. 4. Selbst wenn eine nach Landesrecht strafbare Handlung in einem anderen Bundesstaat unter irgend einem Gesichtspunkt mit Strafe belegt sein sollte, könnte das Urtheil nicht als im Auslande ergangen behandelt werden.

3. Ist im Inlande eine Strafe erkannt, welche eine Abrechnung nicht gestattet (Todesstrafe, lebenslängliches Zuchthaus), so tritt §. 7 außer Anwendung; denn die ausländische Strafe kann die inländische nicht in ihrer Art beeinflussen. Gl. M. Olshausen N. 6, Binding I, 443, Rubo N. 8.

Die Minderung der Strafe kann auf die Ehren- und übrigen Folgen nicht von Einfluß sein (vgl. §§. 37, 45, 76), z. B. können die Ehrenfolgen ausgesprochen werden, wenn eine Gefängnißstrafe auf eine Dauer von weniger als drei Monaten (§. 32) ermäßigt wird.

4. Der §. 7 bezieht sich auf den §. 3 ebensogut, wie auf §. 4 N. 1—3. Ein Beispiel zu §. 3 ist folgendes:

Ein Franzose begeht im Bundesgebiet ein Verbrechen oder Vergehen, flüchtet nach Frankreich und wird dort (was bei Verbrechen allgemein, bei Vergehen auf Antrag des Verletzten oder der diesseitigen Behörde zulässig ist — Art. V des franz. Ges. v. 27. Juni 1866) bestraft. Kehrt derselbe später in das Bundesgebiet zurück, so muß er auf Grund des §. 3 auch hier zur Bestrafung gezogen werden. — Daß im Falle des §. 4 Ziff. 3 der §. 7 bei nur theilweiser Vollstreckung der Strafe im Auslande zur Anwendung kommt, ist bereits oben S. 95 N. 4 bemerkt. Gl. M. Binding I, 440 fg., Olshausen N. 1.

5. Der Ausdruck „im Auslande vollzogen" umfaßt den Fall nicht, daß ein inländisches Urtheil in Folge Staatsvertrags im Auslande vollzogen werden konnte. Der Fall der Wieder-

aufnahme des Verfahrens, den Rubo Nr. 3 hiebei anregt, bedarf keiner Entscheidung nach §. 7, da die Anrechnung der bereits erlittenen Strafe auf ein neues inländisches Urtheil sich von selbst versteht. Dagegen ist §. 7 auf den Fall auszudehnen, daß auf Requisition ein ausländisches Urtheil im Inlande vollzogen wird. Gl. M. Olshausen N. 2.

§. 8. Ausland im Sinne dieses Strafgesetzes ist jedes nicht zum Deutschen Reiche gehörige Gebiet.

Pr. —; E. I. §. 5; E. II. §. 8; St.B. S. 176.

Vgl. §§. 3—7, 37; G. v. 21. Juni 1869 §. 39 (Rechtshülfe); G. v. 1. Juni 1870 (Reichsangehörigkeit).

1. Ausland im Sinne dieses Strafgesetzes — mit diesen Worten gibt der §. 8 eine aus §. 3 sich ergebende Interpretationsregel. (Vgl. die Bemerkung von Dr. Leonhardt, St.B. S. 163, s. ferner R.G. II, 6. Febr. 80, R. I, 322.) S. jedoch eine Modifikation bezüglich Deutscher Schiffe und bezüglich der unter Konsulargerichtsbarkeit begangenen Handlungen oben S. 89 N. 7, S. 90 N. 9.

In Bezug auf Delikte, welche auf Grenzbrücken oder Gewässern geschehen sind, gilt in der Regel die Mitte als Grenze, jedoch vorbehaltlich besonderer Verträge oder Besitzverhältnisse. R.G. I, 3. Jan. 84, E. IX, 370.

Entsprechend der Definition des §. 8 ist Ausländer jeder Nichtdeutsche, d. h. Jeder, dem die Reichsangehörigkeit mangelt. S. Olshausen N. 3ª, Binding, I, 413.

2. Im Sinne der in Kraft gebliebenen Landesgesetze gelten auch die deutschen Bundesstaaten in ihrem gegenseitigen Verhältnisse als Ausland, daher ist das landesrechtliche Verbot des Spielens in ausländischen Lotterien auch wirksam in Betreff der in einem anderen Bundesstaate bestehenden Lotterie. Berlin 24. Jan. u. 14. Okt. 72, 21. Febr. 74 (Goltd. XX, 129, 504; XXII, 112, O.R. XIII, 75, 521; XV, 112, St. I, 195); s. auch Dresden 19. Juli 72 (S.Z. XVI, 350). Ueber die gleiche Praxis des R.G. s. oben S. 88 Note 4 zu §. 3.

Als Ausland ist auch ein anderer deutscher Bundesstaat anzusehen, in welchem zur Zeit der Verübung der That das R.St.G.B noch nicht Geltung hatte. Berlin 8. Febr. 72 (Goltd. XX, 179, O.R. XIII, 126, St. I, 253); s. aber Dresden 21. Juni 72 (St. II, 108). S. hierüber ferner §. 4 Note 11 und §. 5 Note 3.

3. Auch in Bezug auf in Kraft gebliebene Landesgesetze wirken nach der Regel des §. 8 Handlungen der Gerichte anderer Bundesstaaten wie die der eigenen Gerichte, z. B. in Bezug auf Verjährung. Berlin 29. Mai 77 (O.R. XVIII, 348, Goltd. XXV, 318). Diese vor dem 1. Okt. 79 anerkannte Folge des §. 8 hat selbstverständlich eine unanfechtbare Basis in der mit jenem Tage eingetretenen judiziellen Einheit des Deutschen Reiches gefunden.

§. 9. Ein Deutscher darf einer ausländischen Regierung zur Verfolgung oder Bestrafung nicht überliefert werden.

Pr. —; E. I. §. 6; E. II. §. 9; St.B. S. 176.

Vgl. G. v. 21. Juni 1869 §§. 21—32 (Rechtshülfe) u. die vom D. Reich geschlossenen Auslieferungsverträge unten in der Note 1.

1. Dieser Grundsatz ist staatsrechtlich fast von allen Staaten — mit Ausnahme von England und Nordamerika, welche für die Anwendung der Strafgesetze streng an dem Territorialitätsprinzip festhalten — anerkannt. (Vgl. v. Bar, Intern. Strafrecht S. 600.) Auch in dem mit Nordamerika abgeschlossenen Vertrage vom $\frac{\text{16. Juni 1852}}{\text{22. Febr. 1868}}$ (B.G.Bl. 1868 S. 231 im Eingange und S. 234 Art. III) haben sich die Vereinigten Staaten dem Grundsatz unterworfen. Vgl. außerdem die Bundesverträge mit Belgien vom 9. Febr. 1870 Art. II (B.G.Bl. S. 57) u. v. 24. Dez. 1874 (B.G.Bl. 1875 S. 73), mit Italien v. 31. Oktbr. 1871 (B.G.Bl. S. 446, 458), mit Großbritannien v. 14. Mai 1872 (R.G.Bl. S. 229), mit der Schweiz v. 24. Jan. 1874 (R.G.Bl. S. 113).

2. Innerhalb des Deutschen Reichs regelte bis zum 1. Okt. 1879 das Rechtshülfegesetz vom 21. Juni 1869 die Frage der Auslieferung. In Folge der durch das Gerichtsverf.Ges. und die R.St.P.O. hergestellten judiziellen Einheit des Deutschen Reiches ist nicht mehr von Auslieferung

die Rede, sondern handelt es sich nur noch um Ablieferung eines Deutschen an das zuständige deutsche Gericht oder um Vollzug der von dem zuständigen deutschen Gerichte requirirten Handlungen. Auch die Ausnahmen des §. 25 des Rechtshülfegesetzes haben somit jede Bedeutung verloren. S. oben S. 90 N. 12.

3. Der Grundsatz des §. 9 findet nicht nur für das Deutsche Reich, sondern auch für die Landesgesetzgebung Anwendung. Ein Auslieferungs- oder sonstiger Vertrag zwischen einem Bundesstaat und einer auswärtigen Regierung, der dagegen verstoßen sollte, wäre rechtlich unwirksam (Reichs-Verf. Art. 2).

§. 10*). Auf Deutsche Militärpersonen finden die allgemeinen Strafgesetze des Reichs insoweit Anwendung, als nicht die Militärgesetze ein Anderes bestimmen.

Pr. §. 5; E. I. §. 7; E. II. §. 10; St.B. S. 176.

Vgl. R.V. Art. 61; G. v. 9. Nov. 1867 (Verpfl. zum Kriegsdienst); M.St.G.B. §§. 1—3, 6, 42, und Einf.G. zu dems. v. 20. Juni 1872 §. 2; R.Mil.G. v. 2. Mai 1874.

1. Die Motive bemerken:

„Die in §. 10 ausgesprochene Einschränkung der Anwendbarkeit der allgemeinen Strafgesetze des Bundes auf Norddeutsche Militärpersonen wird durch die §§. 1, 2 der Einleitung des im Bundesgebiete eingeführten preußischen Militär-Strafgesetzbuches vom 3. April 1845 in Verbindung mit dem Gesetze vom 15. April 1852,

Verordnung vom 29. Dez. 1867 (B.G.Bl. S. 185 ff.),

bedingt.

Wer unter dem Ausdrucke: „Militärpersonen“ zu verstehen sei, bestimmen die Militär-Strafgesetze. Die derzeitigen Kategorien ergeben sich insbesondere aus der als Beilage Lit. **A** mit dem Militär-Strafgesetzbuche durch das Bundesgesetzblatt veröffentlichten Klassifikation der zum preußischen Heere und zur Marine gehörenden Militärpersonen nach ihren verschiedenen Dienst- und Rangverhältnissen (B.G.Bl. 1867 S. 283).“ Vgl. K. Hecker bei Goltd. **XXXI**, 80 fg.

2. Wer zu den Militärpersonen zu rechnen ist, bestimmt sich gegenwärtig nach dem Mil.St.G.B. v. 20. Juni 1872 (§. 4) und dem diesem Gesetze beigegebenen „Verzeichniß der zum deutschen Heere und zur Kaiserlichen Marine gehörenden Militärpersonen“ (R.G.Bl. S. 175, 204) in Verbindung mit dem Wehrgesetz v. 9. Nov. 1867 (B.G.Bl. S. 131) und dem Reichsmilitärgesetz vom 2. Mai 1874 (R.G.Bl. S. 45), besonders §. 56. — Personen des Beurlaubtenstandes (Reserve, Landwehr, Seewehr) werden nach den Vorschriften des M.St.G.B. nur in der Zeit beurtheilt, in der sie sich im Dienst befinden; vgl. Ges. v. 9. Nov. 1867 §. 15 und Mil.Ges. v. 2. Mai 1874 §. 56. — Die Gendarmen gehören nicht mehr zu den Militärpersonen, vgl. E.G. zum M.St.G.B. §. 2.

3. Der §. 3 des M.St.G.B. bestimmt:

§. 3. „Strafbare Handlungen der Militärpersonen, welche nicht militärische Verbrechen oder Vergehen sind, werden nach den allgemeinen Strafgesetzen beurtheilt.“

Der Ausdruck „allgemeine Strafgesetze“ umfaßt auch die neben den Reichsgesetzen geltenden Landesgesetze, welche Strafbestimmungen enthalten. Gl. M. Olshausen N. 1. Vgl. K. Hecker in Goltd. **XXX**, 103 fg., insbes. S. 114.

Vgl. auch die Kriegsartikel für das Heer vom 31. Okt. 1872 (Armee-Verordnungsbl. S. 323) und die Kriegsartikel für die Kaiserliche Marine v. 23. Nov. 1872 (Beiheft zu Nr. 22 des Marine-Verordnungsbl. von 1872). S. ferner die Disziplinar-Strafordnung für das Heer v. 31. Okt. 1872 u. für die Marine v. 23. Nov. 1872, sowie die Vorschriften über die Vollstreckung der Freiheitsstrafen im Heere v. 26. Sept. 1872 (Armee-Verordnungsbl. S. 289) und in der Kaiserl. Marine am Lande v. 12. Okt. 1872 (Marine-Verordnungsbl. S. 211), auch die Allerh. Kab.O. v. 23. Nov. 1872, betr. die Vollstreckung von Arreststrafen auf den in Dienst gestellten Schiffen und Fahrzeugen der Kaiserlichen Marine.

4. Nach Reichsmilit.Ges. v. 2. Mai 1874 §. 38 beginnt die Eigenschaft der zum aktiven Heere Ausgehobenen mit dem Beginn der Verpflegung durch die Militärverwaltung und nach §§. 1, 5, Ziff. 1 der Milit.Str.G.Anlage vom 3. April 1845 im §. 1 der Einleitung hierzu mit

---

*) S. Karl Hecker, Ueber das Verhältniß des Civilstrafv. zum Militärstrafv. Berlin 1885 und Lehrbuch des D. Militärstrafrechts, Stuttgart 1887.

der Uebergabe von Seiten der Ersatzbehörden an das zum Empfang beauftragte Kommando behufs Einstellung in einen bestimmten Truppentheil. R.G. IV, 10. März 1885, **E. XII**, 86. Die Militärgerichtsbarkeit endet in Bezug auf die vor dem Ausscheiden des Thäters aus den Militärverhältnissen begangenen strafbaren Handlungen mit dem Ausscheiden nur dann, wenn sie vorher nicht zur Sprache gekommen sind und zwar bei der Militärbehörde. R.G. II, 22./23. Mai 85, **E. XII**, 232, **R.** VII, 326, 21. Sept. 86, **E. XIV**, 328, **R.** VIII, 548, I, 20. Febr. 90, **E. XX**, 309.

Die zu Kontrollversammlungen einberufenen Personen des Beurlaubtenstandes sind den Militärgesetzen bis zum Ablauf des Tages der Kontrollversammlung unterworfen, selbst wenn sie bei derselben zum Landsturm überführt worden waren. R.G. II, 30. Juni 85, **E. XII**, 319, **R.** VII, 441.

5. Wegen der von Militärpersonen im Auslande begangenen Verbrechen vgl. M.St.G.B. §. 7, 160, 161 und oben §. 3 unter n. 8.

§. 11. **Kein Mitglied eines Landtags*) oder einer Kammer eines zum Reich gehörigen Staats darf außerhalb der Versammlung, zu welcher das Mitglied gehört, wegen seiner Abstimmung oder wegen der in Ausübung seines Berufes gethanen Aeußerung zur Verantwortung gezogen werden**).**

Pr. Verfassung Art. 84; E. I. —; E. II. —; St.B. S. 226 ff., 1128, 1141.
Vgl. §. 193 u. R.V. Art. 30.

1. Der Art. 30 der R.V.:

„Kein Mitglied des Reichstages darf zu irgend einer Zeit wegen seiner Abstimmung oder wegen der in Ausübung seines Berufes gethanen Aeußerungen gerichtlich oder disziplinarisch verfolgt oder sonst außerhalb der Versammlung zur Verantwortung gezogen werden“

ist durch die in Folge Reichstagsbeschlusses erfolgte Aufnahme des §. 11 auf alle Einzel-Landtage ausgedehnt. Ein Amendement Graf Kleist: „als berufsmäßige Aeußerungen gelten nur solche, welche innerhalb der für die Versammlungen eines Landtags oder einer Kammer bestimmten Räume gefallen sind“, ward abgelehnt. Danach bleibt es richterlicher Beurtheilung vorbehalten, ob eine berufsmäßige Aeußerung vorliegt. Im Allgemeinen sind als solche nicht bloß die in öffentlicher Sitzung gehaltenen Reden, sondern auch mündliche oder schriftliche Aeußerungen in Kommissionen, Ausschüssen u. s. w. zu erachten. Insoweit ist die verwandte Vorschrift des Art. 84 der preuß. Verfassung ausgedehnt.

Es ist allgemein anerkannt, daß §. 11 auf alle einen Bundesstaat repräsentirende Versammlungen sich bezieht, wenn dieselbe auch eine andere Bezeichnung hat, als Kammer oder Landtag. Mithin auch auf den durch Kaiserl. Erlaß v. 2. Mai 1874 u. 4. Juli 1879 eingesetzten Landesausschuß für Elsaß-Lothringen. Dagegen bezieht sich §. 11 nicht auf Provinziallandtage, Kreistage u. dgl. Ob er sich auf die Bürgerschaften der freien Hansestädte bezieht, ist streitig, weil diese an der Souveränetät Theil nehmen. Verneinend Binding I, 674, v. Schwarze Nr. 2, A. 1, Heinze a. a. O., S. 8. Daß die Stellung dieser Versammlungen einen weiter gehenden Charakter hat, als nur den gesetzgebender Versammlungen, kann jedoch daran nichts ändern. Die Mitglieder des Bundesraths sind nicht geschützt. Auch dürfte es zu weit gehen, wenn Binding I, 674 auch den Ministern und anderen Vertretern der Bundesregierungen die Immunität wahren will, wenn sie zugleich Abgeordnete sind. Es ist nicht abzusehen, weshalb zwischen beiden Stellungen nicht sollte unterschieden werden können. Gl. M. Heinze N. 9, Olshausen N. 3, Oppenhoff N. 2, Rubo N. 3, v. Schwarze N. 22.

Daß sich die Vorschrift nicht auf Berichte der Abgeordneten an ihre Wähler u. s. w. erstrecke, wurde anerkannt. Diese fallen auch nicht unter §. 12. S. die Noten zu diesem §.

2. Durch §. 11 ist die disziplinäre Einschreitung gegen den Abgeordneten nicht ausgeschlossen, insofern sie innerhalb der Versammlung geübt wird, der er angehört. Dagegen kann auch eine disziplinäre Einschreitung nicht stattfinden, welcher der Abgeordnete aus Verhältnissen, in welchen

---

*) Vgl. Haager in G.S. Bd. 25 S. 267 fg.

**) Vgl. Zachariä, Art. 84 der preuß. Verf.Urk., Leipzig 1866, v. Bar, Redefreiheit, Leipzig 1868, Schleiden, Die Disziplinargewalt parlament. Verf., Berlin 1879, Heinze, Straflosigkeit parlament. Rechtsverletzungen, Stuttgart 79, Fuld im G.S. Bd. 15 S. 529 fg.

er abgesehen von seiner Eigenschaft als Abgeordneter steht, ausgesetzt wäre; denn §. 11 spricht nicht von Strafverfolgung, sondern von „zur Verantwortung ziehen". Auf eine Civilklage läßt sich dieser Ausdruck nicht beziehen. Gl. M. Oppenhoff N. 6. A. M. Binding I, 676, welcher auch Civilklagen und Olshausen N. 4, welcher nur Strafverfolgung ausschließt.

3. R.G. III, 20. Okt. 80, **E. II**, 365, Ann. II, 401, 11. Okt. 68, **R. VIII**, 611 erkannte die, übrigens kaum bestreitbaren Sätze an, daß §. 11 und Art. 30 der Reichs-Verf. nicht hindern, daß Reichstagsreden zur Ueberführung eines Abgeordneten wegen außerhalb der parlamentarischen Thätigkeit begangenen Handlungen benutzt werden, und daß die Wiederholung des Inhalts einer in der parlamentarischen Versammlung gehaltenen Rede außerhalb derselben durch den Abgeordneten zur Strafe gezogen werden darf.

Ebenso wenig ist es rechtsirrig, wenn ein Gericht eine beleidigende Aeußerung gegen einen Abgeordneten deshalb straflos läßt, weil dieselbe eine Erwiderung auf eine von dem beleidigten Abgeordneten in Ausübung seines Berufs gethane Aeußerung bilde und zur Wahrung berechtigter Interessen ohne Absicht zu beleidigen gedient habe. R.G. III, 22. Febr. 82, **R. IV**, 183.

Dagegen kann eine von einem Abgeordneten in Ausübung seines Berufs verübte Beleidigung nicht zur Compensation mit einer gegen den Abgeordneten verübten Beleidigung benützt werden, weil die Compensation eine Cognition des Gerichts über die Handlung des Abgeordneten voraussetzt, welche §. 11 ausschließt. R.G. III, 5. März 81, **E. IV**, 15, **R. III**, 107. S. dagegen Zimmermann bei Goltd. **XXXI**, S. 197.

4. Auf den Zeugnißzwang kann die Ausnahmebestimmung des §. 11 nicht ausgedehnt werden. A. M. nur Fuld a. a. O., S. 536.

5. Theilnehmern an den in der Person des Abgeordneten straflos zu lassenden Handlungen unterliegen der Strafverfolgung, da §. 11 nur für den Abgeordneten persönlich ein prozeßhinderndes Verhältniß begründet. Gl. M. Olshausen N. 6, v. Liszt S. 116. Deshalb bedarf auch jenes Verhältniß keiner Beweisführung und Feststellung im Verfahren, sondern es muß von den Gerichten in allen Stadien des Verfahrens von Amtswegen gewürdigt werden.

§. 12. Wahrheitsgetreue Berichte über Verhandlungen eines Landtags oder einer Kammer eines zum Reich gehörigen Staats bleiben von jeder Verantwortlichkeit frei.

Pr. Preßgesetz v. 12. Mai 1851 §. 38; E. I. —; E. II. —; St.B. S. 1147. Vgl. R.V. Art. 22.

1. Der §. 12 ist in 3. Lesung des Reichstags aufgenommen. Er geht über den Wortlaut des entsprechenden Art. 22 Abs. 2 der Bundesverfassung:

„Wahrheitsgetreue Berichte über Verhandlungen in den öffentlichen Sitzungen des Reichstages bleiben von jeder Verantwortlichkeit frei."

ebenso, wie über den nunmehr aufgehobenen §. 38 des preußischen Preßgesetzes vom 12. Mai 1851:

„Berichte von den öffentlichen Sitzungen beider Kammern, insofern sie wahrheitsgetreu erstattet werden, bleiben von jeder Verantwortlichkeit frei."

seinem Wortlaut nach hinaus, indem die Straflosigkeit nicht auf Verhandlungen in öffentlicher Sitzung beschränkt ist. Die Reichstagsverhandlungen St.B. S. 1147 geben keine Auskunft über die Abweichung. Da nicht anzunehmen ist, daß man über die für die Veröffentlichung der Reichstagsverhandlungen geltende Vorschrift des Art. 22 wesentlich hat hinausgehen und den Berichten in gleichem Umfange wie den Aeußerungen der Abgeordneten Straflosigkeit hat zusichern wollen, so werden unter „Verhandlungen eines Landtags u. s. w." nur die Verhandlungen des Plenums verstanden werden können. Der Zusammenhang mit den für den Reichstag geltenden Vorschriften und die ratio legis deuten auch nur auf öffentliche Sitzungen hin. Da das Gesetz die Bestimmung aber nicht auf „öffentliche Verhandlungen" beschränkt, so werden auch Berichte über nichtöffentliche Verhandlungen, sofern nichtöffentliche Sitzungen der Landtage im Plenum überhaupt zulässig sind, straffrei bleiben müssen. Gl. M. Olshausen N. 4, Oppenhoff N. 5, v. Schwarze N. 2, Hälschner II, 184.

2. Wahrheitsgetreue Berichte u. s. w. sind nicht identisch mit dem wortgetreuen Abdruck einzelner Reden. Vielmehr kann der tendenziöse Abdruck solcher einzelner, aus dem Zusammenhange gerissener Reden als strafbar erachtet werden. Berlin 28. Juni 76 (O.R. **XXVII**, 469, Goltd. **XXIV**, 534).

Hierzu gibt ein Urth. des R.G. IV, 6. Nov. 88, **E.** XVIII, 208, **R.** X, 627 folgende Erläuterungen: Die Berichte dürfen nicht blos einzelne Reden oder Theile der Verhandlung geben, sondern müssen diese zwar nicht wortgetreu wiedergeben, aber nach thatsächlicher Beurtheilung dem wirklichen Vorgang entsprechend. Bericht sei die erzählende Darstellung eines historischen Vorgangs in seinem wesentlichen Verlauf ohne eigene Betrachtungen des Berichterstatters.*) Die Verhandlung begreife die gesammten Debatten einschließlich der Abstimmung.

3. Die wahrheitsgetreue Berichterstattung ist gemäß §. 12 unter allen Umständen straffrei; Mangels einer strafbaren Handlung also auch Theilnahme im strafrechtlichen Sinne nicht möglich. Auch die Landesgesetze können nicht anders bestimmen. Gl. M. Olshausen N. 2, v. Liszt S. 159. A. M. Binding I, 684, der nur ein persönliches Privilegium der Berichterstatter anerkennen will, dies aber eifrig bekämpft.

4. Die Berichte, welche Landtagsmitglieder außerhalb des Landtags über die in demselben vorgekommenen Aeußerungen ꝛc. machen, sind an und für sich nicht straflos. Mannheim 31. Dezbr. 72 u. 26. April 73 (St. III, 154, Goltd. XXII, 654), Berlin 23. Febr. 75 (O.R. XVI, 147).

4. In Bezug auf wahrheitsgetreue Berichte ist auch ein Verfahren nach §. 42 St.G.B. unzulässig. Berlin 16. April 75 (Goltd. XXIII, 190, O.R. XVI. 297, St. V, 8).

Erster Theil.

Von der Bestrafung der Verbrechen, Vergehen und Uebertretungen im Allgemeinen.**)

Erster Abschnitt.

Strafen.

§. 13. Die Todesstrafe ist durch Enthauptung zu vollstrecken.

Pr. §§. 7—9; E. I. §. 9; E. II. §. 11; St.B. S. 95—136, 1119 bis 1140. Vgl. §§. 32, 44, 49, 57 Nr. 1; 67, 70 Nr. 1; 80, 211 uud E.G. §. 4; M.St.G.B. §. 14.

Erster Theil.

1. Der erste Theil hat, abweichend vom Pr. St.G.B., auch die allgemeinen Bestimmungen über die Uebertretungen aufgenommen. (S. oben S. 29 und zu §. 1 **n.** 4.) Die Motive (S. 156, 157) bemerken darüber:

„Indem der Entwurf die „Uebertretungen“ in den Kreis der Handlungen aufnahm, deren Bestrafung im Strafgesetzbuche vorzusehen sei, wollte er dem Gedanken, daß hierbei nicht ein von dem übrigen Strafrechte generisch sich unterscheidendes Gebiet behandelt werde,

---

*) Vgl. hierzu R.G. II, 5. Nov. 86, **E.** XV, 32, **R.** VIII, 676. — Olshausen N. 6, Binding I, 682, Kayser in H.H. IV, 565 sind der Ansicht, Berichte über abgeschlossene Theile einer Sitzung ständen unter dem Schutz des §. 12.

**) Vgl. hiezu v. Bar, Die Grundlagen des Strafrechts Lpz. 1869, Berling, Zur Kritik der juristischen Grundbegriffe, Gotha 1877 u. 1883, Binding, Die Normen und ihre Uebertretung I, Lpz. 1890, 2. Aufl., v. Buri, der Zweckgedanke im Strafrecht, Zeitschr. f. ges. Str.W. IV, 169, Hertz, Das Unrecht und die allgemeinen Lehren des Strafrechts, Hamburg 1880, Jhering, Der Zweck im Recht, Lpz. 1884—1886, Laistner, Das Recht in der Strafe, München 1872, Lammasch, Ueber Zweck und Mittel der Strafe Z. f. d. ges. Str.R. III S. 423, v. Liszt, Der Zweckgedanke im Strafrecht, Zeitschr. f. d. ges. Str.W. III, 1, Merkel, Kriminal. Abhandlungen, Lpz. 1867, H. Meyer, Die Gerechtigkeit im Strafrecht, G.S. Bd. 33, S. 101 fg., Ullmann, Zur Lehre von der Strafe, G.S. Bd. 34 S. 29, Zucker, Einige Bemerkungen über Norm u. Strafgesetz, Zeitschr. f. d. ges. Str.R.W. IX, 270.

noch dadurch einen schärferen und entschiedeneren Ausdruck geben, daß er die allgemeinen Bestimmungen, welche in Bezug auf die Verbrechen und Vergehen aufzustellen waren, und in dem preußischen Gesetzbuche in dem allgemeinen Theile zusammengefaßt sind, auch auf die Uebertretungen ausdehnt und demgemäß jenen „allgemeinen Theil“ auf alle strafbaren Handlungen, sonach auf Verbrechen, Vergehen und Uebertretungen erstreckt. Nur wo die Natur der geringer strafbaren Handlung Ausnahmen von den sonstigen allgemeinen Bestimmungen nöthig macht, ist dies an den einschlägigen Stellen berücksichtigt worden, z. B. bei den Bestimmungen über die Beihülfe, über den Versuch, über das Zusammentreffen mehrerer strafbaren Handlungen. Der Entwurf hat demgemäß auch die Vorschriften des preußischen Strafgesetzbuchs über die Uebertretungen in §§. 332 bis 339 in den allgemeinen Theil des Strafgesetzbuchs selbst aufgenommen und hierbei zugleich die in der Praxis hervorgetretenen Lücken und Zweifel ergänzt und berichtigt, auch den dritten Theil des preußischen Gesetzbuchs, welcher von den Uebertretungen handelt, mit seinen einzelnen Titeln, als einem besonderen Theil, gestrichen und die in diesen einzelnen Titeln enthaltenen Strafbestimmungen in einem Abschnitte des besonderen Theils unter der Ueberschrift „Uebertretungen“ zusammengefaßt.“

2. Die Bestimmungen dieses ersten (allgemeinen) Theils finden auch auf die besonderen Reichs- und Landesstrafgesetze Anwendung, sofern dieselben keine abweichenden Vorschriften enthalten. Vgl. hierüber zu §. 3 E.G. N. 3. Namentlich gilt dieses auch für militärische Verbrechen und Vergehen, M.St.G.B. §. 2.

Erster Abschnitt. Strafen.

Das St.G.B. kennt in seinem Strafsystem folgende Strafarten:

1. Todesstrafe (§§. 80, 211).
2. Zuchthaus (§§. 14, 15).
3. Gefängniß (§. 16).
4. Festungshaft (§. 17).
5. Haft (§. 18).
6. Verweis der jugendlichen Personen (§. 57 Nr. 4).
7. Unterbringung in eine Erziehungs- oder Besserungsanstalt (§. 56).
8. Einsperrung in ein Arbeitshaus (§. 362).
9. Geldstrafe (§. 27).
10. Einziehung einzelner Gegenstände bez. Unbrauchbarmachung von solchen (§§. 40, 41).
11. Verlust der bürgerlichen Ehrenrechte (§§. 31 ff.).
12. Unfähigkeit zur Bekleidung öffentlicher Aemter (§. 35).
13. Verlust der bekleideten öffentlichen Aemter, und der aus öffentlichen Wahlen hervorgegangenen Rechte (§. 81 u. s. w.).
14. Stellung unter Polizeiaufsicht (§. 39).
15. Verweisung aus dem Bundesgebiete (§§. 284 A. 2, 362 A. 3; vgl. §. 39 Nr. 2).

Dazu treten noch gewisse spezielle Strafübel:

Unbrauchbarmachung von Schriften, Platten und Formen (§. 41); Unfähigkeit als Zeuge oder Sachverständiger eidlich vernommen zu werden (§. 161); Bekanntmachung des Strafurtels (§. 200); Unfähigkeit zur Beschäftigung im Eisenbahn- oder Telegraphendienst oder in bestimmten Zweigen dieser Dienste (§. 319).

3. Abgesehen davon, daß nach §. 6 Einf. Ges. auf keine anderen Strafarten erkannt werden darf, als auf die hier angegebenen, ist es der Landesgesetzgebung innerhalb der hierdurch gezogenen Grenzen und insoweit nicht der Charakter der Strafart geändert wird, unbenommen, besondere Bestimmungen über die Strafen in den der Landesgesetzgebung überlassenen Materien zu treffen. Auch der Strafvollzug ist vorläufig noch landesrechtlicher Regelung überlassen, jedoch dürfen die vereinzelten Bestimmungen hierüber, welche das St.G.B, und vor allem die St.P.O. enthalten, nicht abgeändert werden.

§. 13.

1. Vgl. die Denkschrift „Ueber die Todesstrafe“. Anl. 2 zu den Motiven.

2. Die Reichstagsverhandlungen über die Todesstrafe vgl. oben S. 20 ff. und die Schrift von Hetzel, Rückblick auf die Verhandlungen u. s. w. Berlin 1870.

3. Die näheren Vorschriften über die Vollstreckung der Todesstrafe sind als dem Strafverfahren angehörig nicht aufgenommen. S. hierzu §§. 485, 486 St.P.O.

4. Ueber den Verlust der Ehrenrechte neben der Todesstrafe vgl. zu §. 32.

§. 14. Die Zuchthausstrafe ist eine lebenslängliche oder eine zeitige.

Der Höchstbetrag der zeitigen Zuchthausstrafe ist funfzehn Jahre, ihr Mindestbetrag Ein Jahr.

Wo das Gesetz die Zuchthausstrafe nicht ausdrücklich als eine lebenslängliche androht, ist dieselbe eine zeitige.

Pr. §. 10; E. I. §. 11; E. II. §. 12; St.B. S. 177.

Vgl. §§. 15, 19—26, 28, 31, 32, 44, 49, 57 Nr. 1, 3; 70, 157, 158.

1. Vgl. über die höchste (und niedrigste) Dauer der zeitigen Zuchthausstrafe die Anlage 4 zu den Motiven (s. oben S. 30).

2. Der Höchstbetrag von 15 Jahren und der Mindestbetrag von 1 Jahr sind mit Rücksicht auf die Natur und den Inhalt der Strafart des Zuchthauses festgesetzt. Jener darf nie überschritten und unter diesen nicht hinabgegangen werden. Auf einen oder einige Monat Zuchthaus zu erkennen, wäre im Sinne des Gesetzes ein innerer Widerspruch. Es ist dieses nur zulässig, wenn zu einer schon erkannten Zuchthausstrafe nach §. 79 noch eine Zusatzstrafe auszusprechen (vgl. R.G. II, 5. April 81, E. IV, 54, R. III, 196) oder die Umwandlung einer andern Strafe neben einer anderweitig verhängten Zuchthausstrafe in Frage kommt. (Vgl. §. 28 und Art. 131 des preußischen Gesetzes vom 3. Mai 1852, §. 434 der St.P.O. von 1867.) Ueber die Frage, ob in diesen Fällen auf Zuchthausstrafe unter Einem Monate erkannt werden darf, s. unten zu §. 19 N. 2.

Wo nach besonderen Bestimmungen das Maß der Strafe auf weniger als ein Jahr hinabsinkt, schreibt deshalb das Strafgesetzbuch die Umwandlung in Gefängniß vor (§§. 44, 49, 157, 158)*). Es dürfte konsequent und dem System des St.G.B. entsprechend sein, das Gleiche anzunehmen in den Fällen der §§. 7 (Anrechnung einer im Auslande erkannten Strafe) und 60 (Anrechnung der Untersuchungshaft). Die entgegenstehende Ansicht (z. B. v. Schwarze, Komm. S. 237) beruht auf der u. E. irrigen Annahme, daß das Erkenntniß, welches auch im Falle des §. 60, Zuchthaus von mindestens 1 Jahr auszusprechen, alsdann aber die Herabsetzung auf etwa einige Monate Zuchthaus festzusetzen hätte, der Vorschrift des §. 14 genüge, während das Gesetz wesentlich die Vollstreckung der Strafe im Auge hat und mit Rücksicht hierauf den Mindestbetrag von 1 Jahr festsetzt. Uebrigens würde die Konsequenz jener Ansicht dahin führen, bei Gefängniß, Festungshaft und Haft auch die Herabsetzung auf einige Stunden für zulässig zu erklären. Die herrschende Praxis hat sich jedoch dieser Ansicht nicht angeschlossen, und nimmt an, daß die durch Anrechnung der Untersuchungshaft unter die Dauer eines Jahres sinkende Zuchthausstrafe nicht in Gefängniß umzuwandeln ist. Vgl. Oppenhoff, §. 7 N. 8, §. 14 N. 2, §. 60 N. 13, Olshausen N. 4, v. Schwarze §. 14 N. 2, §. 60 N. 4.

3. Wo das Reichsstrafgesetzbuch, was vielfach der Fall ist, schlechthin „Zuchthaus" androht, z. B. §§. 249, 281, 306, ist zeitiges Zuchthaus von 1—15 Jahren zu verhängen. Dieses folgt unmittelbar aus §. 14 Absatz 3.

§. 15. Die zur Zuchthausstrafe Verurtheilten sind in der Strafanstalt zu den eingeführten Arbeiten anzuhalten.

Sie können auch zu Arbeiten außerhalb der Anstalt, insbesondere zu öffentlichen oder von einer Staatsbehörde beaufsichtigten Arbeiten verwendet werden. Diese Art der Beschäftigung ist nur dann zulässig, wenn die Gefangenen dabei von anderen freien Arbeitern getrennt gehalten werden.

Pr. §. 11 und Ges. v. 11. April 1854 §§. 1, 2, 4; E. I. §. 12; E. II. §. 13; St.B. S. 177.

Vgl. M.St.G.B. §. 15.

---

*) Das bayerische Strafgesetzbuch von 1861, in dem der Mindestbetrag des Zuchthauses vier Jahre war, bestimmte:

Art. 16 A. 2. „Wo Zuchthausstrafe von weniger als vier Jahren zuzuerkennen, ist auf Gefängnißstrafe von gleicher Dauer zu sprechen."

1. Das unterscheidende Merkmal des Zuchthauses von den anderen Freiheitsstrafen ist der Arbeitszwang, und zwar der Zwang zu den in der Anstalt eingeführten Arbeiten, wodurch jedoch das Ermessen der Anstaltsverwaltung, nach Berücksichtigung der individuellen Verhältnisse, gewisse Arbeiten aufzuerlegen, nicht ausgeschlossen ist.

2. Abs. 2 ist im Wesentlichen aus dem preußischen Gesetz vom 11. April 1854, welches nunmehr für aufgehoben zu erachten ist, entnommen. (Pr. G.S. S. 143.)

3. Ueber den Beginn der Strafzeit bestimmt die Reichsstrafprozeßordnung §. 482:

„Auf die zu vollstreckende Freiheitsstrafe ist unverkürzt diejenige Untersuchungshaft anzurechnen, welche der Angeklagte erlitten hat, seit er auf Einlegung eines Rechtsmittels verzichtet oder das eingelegte Rechtsmittel zurückgenommen hat, oder seitdem die Einlegungsfrist abgelaufen ist, ohne daß er eine Erklärung abgegeben hat."

Hiernach beginnt bei dem verhafteten Angeklagten die Strafzeit mit der Rechtskraft des Urtheils, insbesondere wenn der Angeklagte den Eintritt der Rechtskraft des Urtheils durch gänzliche oder theilweise Benutzung der Ueberlegungsfrist oder durch Einlegung eines Rechtsmittels, also durch eigene Schuld, verzögert hat. Hat er ein Rechtsmittel eingelegt und durchgeführt, so tritt das auf das Rechtsmittel ergangene Urtheil bezüglich des Eintritts der Rechtskraft und hierdurch bezüglich des Beginns der Strafzeit an Stelle des ursprünglichen Strafurtheils. Ist dieses Urtheil nicht weiter anfechtbar, so beginnt die Strafzeit mit Verkündung des auf das Rechtsmittel ergangenen Urtheils, bez. mit dem das Rechtsmittel als unzulässig verwerfenden Beschluß. Wird dieser Beschluß vom Gericht I. Instanz gefaßt (§§. 360, 386 St.P.O.), so muß konsequent von Fassung dieses Beschlusses an der Beginn der Strafzeit berechnet werden. Provocirt jedoch der Angeklagte den Beschluß des Berufungs- bez. Revisionsgerichts, so beginnt die Strafzeit erst mit Fassung dieses Beschlusses, wenn der Angeklagte den Antrag nicht früher zurücknimmt.

Hat das vom Angeklagten eingelegte Rechtsmittel Erfolg, so tritt das neue Strafurtheil auch bezüglich des Beginns der Strafzeit an Stelle des ursprünglichen Urtheils, wobei zur Ausgleichung etwaiger Härten in Folge der verlängerten Haft der dies neue Strafurtheil erlassende Richter auf §. 60 St.G.B. angewiesen ist.

Ergreift der Staatsanwalt (bez. Privatkläger oder Nebenkläger) ein Rechtsmittel und hat dasselbe Erfolg, so tritt das neue Strafurtheil an Stelle des früheren, wobei gleichfalls Härten nur durch Anwendung des §. 60 St.G.B. ausgeglichen werden können. Hat das Rechtsmittel keinen Erfolg, so beginnt die Strafzeit von jenem Zeitpunkte an, von welchem sie zu berechnen gewesen wäre, wenn das Rechtsmittel nicht eingelegt worden wäre. In keinem Falle kann die Untersuchungshaft, welche auf die Strafzeit nach §. 482 St.P.O. auf die Strafe anzurechnen ist, nach §. 21 St.G.B. reduzirt werden. Die Zuchthausstrafe ist auch dann nicht in Gefängnißstrafe umzuwandeln, wenn der nach Eintritt in den Strafort noch zu verbüßende Strafrest unter die Dauer eines Jahres sinkt. Die in der Untersuchungshaft zugebrachte, auf die Strafe anzurechnende Zeit gilt als im Zuchthause verbüßt.

Wegen der sonstigen Behandlung des Zuchthaussträflings im Zuchthause ist, abgesehen von den Bestimmungen des St.G.B., bis zum Erlasse eines Reichs-Strafvollzugsgesetzes die Landesgesetzgebung maßgebend, welche selbstverständlich mit Reichsgesetzen nicht im Widerspruche stehen darf.

Vgl. übrigens die Anmerkung 4 zu §. 19.

4. Die Beschränkung der Dispositionsfähigkeit der Zuchthaussträflinge und die damit verbundene Nothwendigkeit einer Vormundschaft sind beseitigt, weil sie über den Strafzweck hinausgehen und in der Praxis meist nur zu einer nutzlosen Vermehrung des Schreibwerks geführt haben. Vgl. Motive. Die Aufhebung der auf Grund der bisher bestandenen Vorschriften eingeleiteten Vormundschaften bleibt der Landesgesetzgebung überlassen.

§. 16. **Der Höchstbetrag der Gefängnißstrafe ist fünf Jahre, ihr Mindestbetrag Ein Tag.**

Die zur Gefängnißstrafe Verurtheilten können in einer Gefangenanstalt auf eine ihren Fähigkeiten und Verhältnissen angemessene Weise beschäftigt werden; auf ihr Verlangen sind sie in dieser Weise zu beschäftigen.

Eine Beschäftigung außerhalb der Anstalt (§. 15) ist nur mit ihrer Zustimmung zulässig.

Pr. §. 14 und Ges. v. 11. April 1854 §§. 3, 4; E. I. §. 14; E. II. §. 14; St.B. S. 177, 771, 1142 (Drucks. Nr. 182 b.).

Vgl. §§. 19, 21—26, 28, 29, 31—37, 44, 57 Nr. 1, 3; 67, 70 Nr. 3—5; 157, 158; E.G. §. 5; M.St.G.B. §. 15.

1. Ueber den regelmäßigen Höchstbetrag der Gefängnißstrafe von 5 Jahren kann nur im Falle der Konkurrenz (§. 74) und bei der Bestrafung jugendlicher Personen (§. 57 Nr. 1 und 3), in welchem letztern Falle Zuchthaus grundsätzlich ausgeschlossen ist, erkannt werden. Wegen Rückfalls findet eine solche Erhöhung nicht mehr statt. Auch auf Grund eines in Kraft gebliebenen älteren Landesgesetzes kann auf eine höhere Gefängnißstrafe als 5 Jahre nicht erkannt werden.

2. Ueber den Vollzug der Gefängnißstrafe und der Haft ist für Preußen die allg. Verf. der Minister des Innern und der Justiz vom 19. Februar 1876 (J.M.Bl. 1876 S. 38) ergangen.

3. Der E. II bestimmte in §. 14 Abs. 2:

„Die zur Gefängnißstrafe Verurtheilten *sind* in der Gefangenanstalt auf eine ihren Fähigkeiten und Verhältnissen entsprechende Weise zu beschäftigen."

Die gegenwärtige Fassung des §. 16 Abs. 2 beruht auf einem in 3. Lesung des Reichstags ohne Diskussion angenommenen Antrage (St.B. S. 1142). Damit ist im Wesentlichen das preußische Strafgesetzbuch wieder hergestellt, jedoch mit der Abänderung, daß den Sträflingen auf ihr *Verlangen* angemessene Beschäftigung zu gewähren sei. Die Auswahl der angemessenen Arbeit steht dem Gefängnißvorstand, nicht dem Sträfling zu. Vgl. auch die vorstehend unter 2 erwähnte Preuß. Ministerial-Verfügung §. 4. Der Sträfling hat aber das Recht der Beschwerde nach Maßgabe der den Strafvollzug regelnden Gesetze. Ueber Beginn der Strafzeit s. zu §. 15 Note 3.

4. Unter Gefangenanstalt ist keine besonders in ihrer Beschaffenheit bestimmte Strafanstalt zu verstehen, sondern diejenige Anstalt, in welcher nach landesrechtlicher Bestimmung die Gefängnißstrafe zu vollziehen ist; so daß für Studirende unter Umständen auch der akademische Karzer als Gefangenanstalt erscheint. Gl. M. H. Meyer S. 414, Oppenhoff N. 4, Olshausen 3. Aufl. N. 4. A. M. v. Liszt S. 271, Ortloff in G.S. XXXI, 215.

5. Wird ein Verurtheilter während der Verbüßung einer Freiheitsstrafe wegen anderer Vergehen in ein Untersuchungsgefängniß versetzt, so läuft während dieser Untersuchungshaft die Strafzeit weiter. *München* 23. Sept. 73 (St. III, 84). Dasselbe gilt, wenn ein Strafgefangener wegen Krankheit auf Anordnung der Strafvollzugs-Behörde in eine Heilanstalt gebracht wird. *Stuttgart* 25. Febr. 72 (Württemb. Gerichtsbl. VI, 257). In diesem Sinne entscheidet auch die Reichsstrafprozeßordnung §. 493, s. unten zu §. 19 Note 4.

Dagegen entschied das R.G. III, 6. Nov. 80 (R. II, 456), daß die Versetzung eines Strafgefangenen in Untersuchungshaft wegen eines andern Delikts die Strafhaft unterbreche, wenn nicht die mit dem Strafvollzug betrauten Behörden eine Willenserklärung abgegeben hätten, wonach die Strafvollstreckung im Untersuchungsgefängniß habe fortdauern sollen.

§. 17. **Die Festungshaft*) ist eine lebenslängliche oder eine zeitige.**

Der Höchstbetrag der zeitigen Festungshaft ist funfzehn Jahre, ihr Mindestbetrag Ein Tag.

Wo das Gesetz die Festungshaft nicht ausdrücklich als eine lebenslängliche androht, ist dieselbe eine zeitige.

Die Strafe der Festungshaft besteht in Freiheitsentziehung mit Beaufsichtigung der Beschäftigung und Lebensweise der Gefangenen; sie wird in Festungen oder in anderen dazu bestimmten Räumen vollzogen.

Pr. §. 13; E. I. §. 13; E. II. §. 15; St.B. S. 177, 771, 1142.

Vgl. §§. 19—21, 44, 49, 57 Nr. 2; 67, 70 Nr. 1, 3—5; 75.

---

*) Vgl. die Schrift von *Sonntag*, Die Festungshaft. Leipzig und Heidelberg 1872.

1. Durch die vom Reichstag gefaßten Beschlüsse, wodurch bei vielen politischen Verbrechen Festungshaft wahlweise neben Zuchthaus angedroht wurde, wurde die Nothwendigkeit, lebenslängliche Festungshaft nachzulassen und den Höchstbetrag der zeitigen Festungshaft auf 15 Jahre zu erhöhen, gegeben. Die gegenwärtige Fassung des Paragraphen wurde in 3. Lesung beschlossen (St.B. S. 1142). Die entsprechende Bestimmung des E. lautete im §. 15 A. 1 dahin:

„Der Höchstbetrag der Festungshaft ist 10 Jahre, ihr Mindestbetrag Ein Tag."

Die abändernden Beschlüsse des Reichstages haben im System des Gesetzbuchs für die einzelnen Strafandrohungen manche Ungenauigkeiten herbeigeführt. Dieselben sind durch die Novelle größtentheils beseitigt. Vgl. §. 70 Nr. 2 u. 3, 88, 102, 208.

2. Die Motive bemerken:

„Der Entwurf hat die Festungshaft als Freiheitsstrafart mit aufgenommen. Sie ist die Strafe, welche das preußische Gesetzbuch als Einschließung kennt, die jedoch der Entwurf wiederum mit dem in Deutschland geläufigeren Ausdrucke „Festungsstrafe" bezeichnet. Es wird allseitig das Bedürfniß anerkannt, für gewisse Verbrechen neben der Strafe des Zuchthauses und selbst ausschließlich eine Strafart anwenden zu können, welche ihrer ganzen Natur nach zwar als eine Strafe und hierdurch als eine Sühne der begangenen Rechtsverletzung sich darstellt, die aber in Bezug auf die durch die Strafe gebotenen Beschränkungen in der persönlichen Freiheit des Verurtheilten auf das geringste Maß zurückgeht und in der öffentlichen Meinung nicht mit den Folgen für den guten Ruf des Bestraften verbunden ist, wie die übrigen Freiheitsstrafen.

Daß der Strafe der Charakter einer **custodia honesta** beiwohnen solle, sucht der Paragraph dadurch erkennbar zu machen, daß er den Gefangenen außer der durch die Natur der Sache bedingten Entziehung der Freiheit selbst keine anderen Beschränkungen als die einer „Beaufsichtigung in ihrer Beschäftigung und Lebensweise" auferlegt."

3. Die Vollstreckung findet regelmäßig in Festungen statt. Da die Aufsicht über die Festungen dem Reiche (Art. 8 Nr. 1 und 63 am E. der R.V.) zusteht, so werden darüber, welche Festungen zur Vollstreckung benutzt werden sollen, von demselben, nöthigenfalls nach Vereinbarung mit den Einzelstaaten, Anordnungen zu treffen sein. Auf Bayern würde dieses jedoch nach dem Versailler Bündnißvertrag vom 23. Nov. 1870 Nr. 3 §. 5 keine Anwendung finden können. Für Bayern hat eine V.O. vom 19. Okt. 1875 (G. u. V.Bl. S. 632, J.M.Bl. 1875 S. 201) die Festung Oberhaus zur Vollziehung der Festungshaft bestimmt. (Vgl. Bayern Art. 29.) Auch für die übrigen Bundesstaaten sind seither die betr. Anordnungen nicht vom Reich erlassen. Für Sachsen (vgl. Verordn. vom 11. April 1874) ist der Königstein der Vollstreckungsort; für Württemberg (Min.Verf. vom 28. Dez. 1871, Reg.Bl. S. 421) der Hohenasperg; für Baden (V.O. v. 23. Dez. 1871, G. u. V.O.Bl. S. 483) die Festung Rastatt u. s. w. Andere Staaten, welche keine Festung haben, lassen die Festungshaft in fremden Festungen vollziehen, z. B. Gotha u. Schwarzburg-Sondershausen in Magdeburg. (Vgl. f. Gotha Min.Bek. v. 12. Dez. 1870, G.S. S. 108 u. Schw.S. V.O. v. 13. Mai 1872, G.S. S. 93.) Für Preußen sind die Kriegsmin.Verf. v. 31. Mai 1852 und Justizmin.Verf. v. 2. Juni 1852 und jetzt das Reglement v. 2. Juli 1873 bez. die Allg. Verfügung des Just.Min. vom 2. Nov. 1873 (J.M.Bl. S. 302) zu beachten.

Mit Rücksicht auf die Unverhältnißmäßigkeit der Kosten der Reise und des Transports bei geringeren Strafen sowohl, wie auf die Möglichkeit des Mangels passender Räume in den Festungen, ist die Vollstreckung auch in „anderen dazu bestimmten Räumen" nachgelassen. Für die Vollstreckung anderer Freiheitsstrafen dürfen also die Räume nicht bestimmt sein. Dagegen dürfte es nicht verboten sein, die Festungshaft in abgesonderten Räumen einer andern Strafanstalt zu vollstrecken.

4. Wegen Beginn der Strafzeit vgl. zu §. 15 Note 3.

§. 18. Der Höchstbetrag der Haft ist sechs Wochen, ihr Mindestbetrag Ein Tag. Die Strafe der Haft besteht in einfacher Freiheitsentziehung.

Pr. §§. 333, 334; E. I. §§. 338, 339; E. II. §. 16; St.B. 177, 771, 1142. Vgl. §§. 19. 28, 29, 66, 70 Nr. 6; 77, 185, 186, 360 ff.; E.G. §. 5.

1. Die Motive bemerken (S. 157):

„Dem Ausdrucke „polizeiliche Gefängnißstrafe" ist ein anderer substituirt worden, um auch hierdurch darauf hinzuweisen, daß der Entwurf einen generischen Unterschied zwischen der Verletzung von kriminalrechtlichen und der von polizeistrafrechtlichen Vorschriften nicht kennt.

Der Ausdruck: „Haft" ist gewählt worden, um schon durch diese andere Bezeichnung äußerlich erkennbar zu machen, daß diese Art der Strafe einen leichteren, und zwar einen solchen Charakter an sich trage, durch welchen der Leumund des wegen einer Uebertretung zu einer kurzdauernden Entziehung seiner Freiheit verurtheilt Gewesenen in keiner Weise berührt werde. Derselbe Grund ist dafür maßgebend gewesen, mit der Haft keine Pflicht zur Arbeit des Detinirten zu verbinden, vielmehr sie einfach als Freiheitsentziehung zu behandeln."

2. Die Beschäftigung der zu „Haft" Verurtheilten außerhalb der Anstalt (vgl. §§. 15 und 16) ist nicht gestattet worden. Der §. 7 des betreffenden preußischen Gesetzes vom 11. April 1854, welcher eine solche Beschäftigung bei Gefangenen, die sich auf ihre Kosten zu verpflegen außer Stande sind, gestattete, ist dadurch aufgehoben. Für die in Geltung bleibenden besonderen Landesstrafgesetze gilt jedoch die im §. 6 des E.G. bestimmte Ausnahme bezüglich der Gemeinde- oder Forstarbeit. Gl. M. Hälschner 1, 600, Olshausen Nr. 5. A. M. ist Oppenhoff zu §. 18 unter 3, welcher die Außen-Beschäftigung mit Zustimmung des Sträflings für zulässig erachtet.

3. Nach dem E. war Haft nur bei Uebertretungen zulässig. Durch die Beschlüsse des Reichstags ist dieselbe auch bei dem Vergehen der Beleidigung (§§. 185 und 186) wahlweise neben Gefängniß und Geldstrafe angedroht. Sie darf auch in diesen letztern Fällen den Höchstbetrag von 6 Wochen nicht überschreiten. Dieses ist nur in den Fällen des Zusammtreffens mehrerer Uebertretungen (§§. 77, 78) zulässig.

4. Eine folgerichtige Anwendung des im §. 6 des E.G. ausgesprochenen Grundsatzes erfordert: daß bei Anwendung aller bisher ergangenen Reichsstrafgesetze (Postgesetz, Gewerbeordnung u. s. w.) und der in Geltung bleibenden Landesstrafgesetze, sofern in denselben Gefängniß von höchstens 6 Wochen angedroht ist und die betreffenden strafb. Hdlgn. somit nur als Uebertretungen im Sinne des St.G.B. angesehen werden können, künftig auf Haft zu erkennen ist. Ein Ausspruch der Gesetzgebung hierüber ist aber jedenfalls wünschenswerth (vgl. zu §. 6 E.G. und §§. 1, 2 St.G.B.), wie ihn z. B. Bayern Art. 5 enthält.

5. Wenn Civilgerichte auf Grund des Milit.Str.G.B. gegen aus dem Militärverbande Entlassene auf gelinden Arrest zu erkennen hätten, müssen sie statt dessen auf Haft erkennen R.G. III, 5. Dez. 87, **E. XVI**, 433, **R. IX**, 690.

§. 19. **Bei Freiheitsstrafen wird der Tag zu vierundzwanzig Stunden, die Woche zu sieben Tagen, der Monat und das Jahr nach der Kalenderzeit gerechnet.**

Die Dauer einer Zuchthausstrafe darf nur nach vollen Monaten, die Dauer einer anderen Freiheitsstrafe nur nach vollen Tagen bemessen werden.

Pr. §. 15; E. I. §. 15; E. II. §. 17; St.B. 177.

Vgl. Gew.O. §. 145.

1. Die Berechnung des Monats nach der Kalenderzeit, nicht wie im preuß. St.G.B. nach 30 Tagen, ist vorzugsweise eingeführt, um die Berechnung der Strafzeit zu erleichtern. Der Gefangene ist demnach an dem Tage des Monats, in dem die Strafzeit endigt, zu entlassen, an welchem er eingeliefert ist. Ist er am letzten Tage eines Monats, z. B. am 31., eingeliefert, so ist er am letzten Tage des Monats, in dem seine Strafzeit endigt, zu entlassen, auch wenn dieser Monat nur 30 oder 28 Tage zählt. Damit erledigen sich auch etwaige Bedenken wegen des Schalttages. — Das Gleiche gilt bei Berechnung einer nach Jahren bemessenen Strafzeit.

2. Rücksichtlich des Abs. 2 bemerken die Motive:

„Der Schlußsatz des Paragraphen, nach welchem die Dauer einer Zuchthausstrafe nur nach vollen Monaten, die Dauer einer anderen Freiheitstrafe nur nach vollen Tagen bemessen werden darf, soll Vorkehrung dagegen treffen, daß bei der Zuchthausstrafe nicht auf Bruchtheile eines Monats und bei den übrigen Freiheitsstrafen nicht auf Bruchtheile eines Tages erkannt werde, da auch hier sonst Schwierigkeiten bei der Vollstreckung der Strafe, insbesondere bei der Verwaltung der Strafanstalten eintreten und mit diesen selbst Nachtheile für den Verurtheilten verbunden sein können. Es wird die Bestimmung des Schlußparagraphen, namentlich auch bei der Umwandlung einer Geldstrafe in Freiheitsstrafe und bei der Berechnung der Strafe im Falle des Zusammentreffens mehrerer strafbaren Handlungen zur Anwendung zu bringen sein."

3. Für die Zuchthausstrafe ist mit der Vorschrift des Abs. 2 die Regel des §. 14, wonach der Mindestbetrag ein Jahr ist, keineswegs abgeändert. Die Vorschrift betrifft nur die Fälle, in denen mehr als ein Jahr Zuchthaus erkannt wird, oder überhaupt eine Zuchthausstrafe vom

Richter frei zu bemessen ist, wenn auch als Zusatzstrafe nach §§. 74 79. Streitig war jedoch lange, ob auch in denjenigen Fällen, in welchen es sich um Zurückführung einer andern Freiheitsstrafe auf Zuchthaus handelt, letzere nur nach Monaten bemessen werden darf, also eine kürzere Dauer in Wegfall kommen, oder auf ein Monat erhöht werden muß. Für die Bemessung nur nach Monaten und Wegfall von Bruchtheilen sprach sich aus:

Dresden 19. April 72 u. 18. April 73 (S.Z. **XVI**, 276 u. **XVII**, 120, St. **I**, 370 u. **III**, 51), Mannheim 3. April 75 (St. **V**, 6) u. Berlin 24. Febr. 71 u. 2. Juni 71 (Goltd. **XIX**, 266 607, O.R. **XII**, 106, 300). Dagegen ließen Berlin 22. Jan. 72, 20. u. 28. Febr. 72, (Goltd. **XX**, 10 u. 196, O.R. **XIII**, 61, 157, 183, St. **I**, 196, **II**, 22) und München 24. Aug. 74 St. St. **IV**, 100, 130), Braunschweig 11. Juni 75 (St. **V**, 249, in jenen Fällen auch eine nach Tagen bemessene Zuchthausstrafe zu, wobei Berlin 24. Jan. 6. März 72 (Goltd. **XX**, 181, 182, O.R. **XIII**, 72) den Monat zu 30 Tagen rechnet und nur überschießende Bruchtheile eines Tages wegfallen läßt. Für die letzere Ansicht entschied sich auch R.G. **III**, 13. April u. 18. Juni 81, **E. IV**, 161, **R. III**, 232, 415, während die freie Bemessung einer Erhöhung der Einsatzstrafe Behufs Bildung einer Gesammtstrafe aus mehreren Zuchthausstrafen nur nach Monaten billigte. R.G. **I**, 29. Jan. 83, **E. VIII** 26, **R. V.** 63

Die Zuchthausstrafe darf auch nicht nach Jahresquoten (1/4 Jahr, 1/2 Jahr) bestimmt werden. Berlin 2. Okt. 72, 20. Jan. 76 (Goltd. **XX**, 504, O.R. **XIII**, 490, **XVII**, 39, St. **II**, 104). Ebenso wenig Zuchthaus- oder Gefängnisstrafe nach Bruchtheilen von Monaten R.G. **III**, 18. Juni 81, **R. III**, 415 **I**, 21. Dez. 83, **E. X**, 22, **R. V**, 799.

München 24. Jan. 73 (St. **II**, 214) reprobirte, daß ein Gericht eine auf 90 Tage bestimmte, aus Geldstrafe umgewandelte Gefängnißstrafe auf 3 Monate verhängte.

4. Entsprechend obiger Regel, daß frei zuzumessende Zuchthausstrafen nur nach Monaten bemessen werden können, darf eine wegen Versuchs oder Beihülfe zu reduzirende Strafe nur nach Monaten bemessen werden, ebenso wenig können in diesen Fällen Gefängnißstrafen anders als nach vollen Tagen bemessen werden. R.G. **I**, 13. Febr. 82, **E. V**, 442, **R. IV**, 163.

5. Wenn eine Gesammtstrafe zu erkennen ist, wobei neben der Einsatzstrafe nur ein Tag Gefängniß als Einzelstrafe bemessen ist, besteht ein nicht lösbarer Widerspruch mit §. 74 und muß der Bruchtheil eines Tags, welcher allein zu erkennen wäre in Wegfall kommen. Gl. M. Dresden 5. Jan. 72, St. **I**, 266, v. Schwarze §. 74 Nr. 19, Olshausen S. 6.

6. Ist in Folge eines Spezialgesetzes auf Geldstrafe unter einer Mark erkannt, so kann dieselbe in Freiheitsstrafe nicht umgewandelt werden, weil unter einem vollen Tag nicht erkannt werden kann, ein Tag Haft aber nur einer vollen Mark entspricht. (§ 29.) R.G. **III**, 9. Juni 87, **E. XVI**, 159, **R. IX**, 369.

7. Ueber den Beginn der Strafzeit s. oben §. 15 Note 3. Ueber Aufschub der Strafvollstreckung s. §§. 487, 488 St.P.O.

Außerdem enthält die St.P.O. folgende, die Berechnung der Strafzeit berührende Bestimmungen:

§. 490. „Wenn über die Auslegung eines Strafurtheils oder über die Berechnung der erkannten Strafe Zweifel entstehen, oder wenn Einwendungen gegen die Zulässigkeit der Strafvollstreckung erhoben werden, so ist die Entscheidung des Gerichts herbeizuführen.

Dasselbe gilt, wenn nach Maßgabe des §. 487 Einwendungen gegen die Ablehnung eines Antrags auf Aufschub der Strafvollstreckung erhoben werden.

Der Fortgang der Vollstreckung wird hierdurch nicht gehemmt; das Gericht kann jedoch einen Aufschub oder eine Unterbrechung der Vollstreckung anordnen."

§. 493. „Ist der Verurtheilte nach Beginn der Strafvollstreckung wegen Krankheit in eine von der Strafanstalt getrennte Krankenanstalt gebracht worden, so ist die Dauer des Aufenthalts in der Krankenanstalt in die Strafzeit einzurechnen, wenn nicht der Verurtheilte mit der Absicht, die Strafvollstreckung zu unterbrechen, die Krankheit herbeigeführt hat.

Die Staatsanwaltschaft hat im letzteren Falle eine Entscheidung des Gerichts herbeizuführen."

Alle übrigen Bestimmungen über den Vollzug von Freiheitsstrafen sind bis zum Erlaß eines Strafvollzuggesetzes durch das Reich der Landesgesetzgebung überlassen. S. auch zu §. 16 Note 4.

Daß der Aufenthalt in einer zur Strafanstalt gehörigen Krankenanstalt in die Strafzeit einzurechnen sei, ist als selbstverständlich vorausgesetzt (Löwe, Komment. zu §. 493). Derselbe nimmt an, daß im Falle einer Geisteskrankheit, wenn dieselbe festgestellt und die Heilung überhaupt nicht oder doch nicht in Kürze zu erwarten stehe, die Strafvollstreckung aufgehoben bez. unterbrochen werden müsse. Gegenüber der bestimmten Vorschrift des §. 493 dürfte dies nicht ohne Zweifel sein.

§. 20. Wo das Gesetz die Wahl zwischen Zuchthaus und Festungshaft gestattet, darf auf Zuchthaus nur dann erkannt werden, wenn festgestellt wird, daß die strafbar befundene Handlung aus einer ehrlosen Gesinnung entsprungen ist.

Pr. —; E. I. —; E. II. —; St.B. S. 298—312, 1142—1145.

Vgl. §§. 81, 83—86, 88, 89, 94, 96, 98, 100, 105, 106.

1. Zuchthaus und Festungshaft sind wahlweise bei mehreren politischen Verbrechen angedroht, nämlich in den §§. 81, 83—86, 88, 89, 94, 96, 98, 100, 105, 106. — Der Begriff der ehrlosen Gesinnung ist thatsächlicher Natur, und bedarf deshalb der Feststellung durch die Geschwornen, was die Majorität des Reichstags, welcher die Aufnahme des Paragraphen in das Gesetz beschloß, hauptsächlich beabsichtigte. Es setzt dieses jedoch die prozessualische Zulässigkeit einer darauf zu richtenden Fragstellung voraus, wie sie nach Art. 84 des preuß. Ges. vom 3. Mai 1852 und §. 321 der St.P.O. von 1867 allerdings gegeben war. Nach den Bestimmungen der R.St.P.O. §. 295 in Verbindung mit §. 262 könnte es zweifelhaft erscheinen, ob die Feststellung der ehrlosen Gesinnnng als Theil der Strafzumessung dem Gerichte, oder als Theil der Schuldfrage den Geschwornen anheimfällt. Da jedoch dem St.G.B. die mit ehrloser Gesinnnng begangene That als eine strafbarere erscheint, als die ohne eine solche begangene, und da das Vorliegen ehrloser Gesinnung ein Thatumstand ist, welcher straferhöhend wirkt, so ist den Geschwornen hierüber eine Nebenfrage vorzulegen, und zwar auch ohne jeden darauf gerichteten Antrag, weil nur dadurch dem Gerichte die Unterlage zur Strafzumessung geboten wird. Von dieser Anschauung ging auch die R.T.K. aus (Prot. S. 259). S. auch Löwe, Komment. Note 7 zu §. 295: Stenglein, Kommt. z. St.Pr.O. §. 295 N. 5, v. Holtzendorff, Handb. Bd. II, S. 41; v. Schwarze, Komment. S. 462 Note 9; Keller, Komment. S. 384 Note 4; Bomhardt, Komment. S. 221 Note 5; Olshausen, N. 2. Oppenhoff, Komment. §. 20 Note 1. In denjenigen Fällen, welche zur Zuständigkeit des R.G. in I. Instanz gehören (§. 136 Ziff. 1 G.V.G., hat das Gericht das Vorliegen ehrloser Gesinnung festzustellen, um Zumessung der Zuchthausstrafe zu rechtfertigen.

2. Die Fassung des vom Reichstag in 2. Lesung aufgenommenen §. 20 ist bedenklich. Aus den Worten „darf nur" folgt nichts Weiteres, als daß die Feststellung der ehrlosen Gesinnung nur die Möglichkeit, nicht aber die Pflicht zur Anwendung von Zuchthaus gibt. Hierauf wurde von den Vertretern des Bundesraths (Dr. Leonhardt, St.B. S. 303 und Dr. Friedberg, S. 1144) hingewiesen. Ein gerade aus diesem Grunde in 3. Lesung gestelltes Amendement Bethusy-Huc, dem Paragraphen eine andere Fassung zu geben, wurde abgelehnt, ohne daß jener Grund Widerlegung fand. (S. 1144.) Die Möglichkeit, daß der Richter trotz jener Feststellung doch auch Festungshaft (die custodia honesta) erkenne, ist hiernach nicht ausgeschlossen. Aus der Absicht der Antragsteller, als maßgebenden Sinn des Paragraphen abzuleiten, es müsse im Fall jener Feststellung auf Zuchthaus erkannt werden, wie es von Blum S. 35 geschieht, dürfte den zulässigen Regeln der Auslegung um so mehr widerstreben, als jene Absicht gar nicht vorhanden, vielmehr jene Inkonsequenz bezweckt war, um „die Erwägung der angemessenen Strafart durch ein doppeltes Sieb gehen zu lassen". (St.B. S. 299.) Vgl. Meyer zu §. 20 N. 4; Kirchmann zu §. 20; Oppenhoff zu §. 20 N. 2; Olshausen N. 2.

3. Der §. 20 widerspricht der Auffassung des Entwurfs (vgl. §. 32 und Anm. zu demselben), daß die Strafe des Zuchthauses an sich nicht entehren und daß überhaupt auf Verlust der „Ehre" seitens des Strafrichters nicht erkannt werden soll. Aus diesem Grunde wurde der Paragraph, als dem Gedanken des Gesetzes widersprechend, von den Vertretern des Bundesraths auf das Entschiedenste bekämpft und bei Beginn der 3. Lesung als einer derjenigen Paragraphen bezeichnet, deren Beseitigung die Regierungen als dringend wünschenswerth erachteten (St.B. S. 1092 u. 1143).

„Ich gehe davon aus" — bemerkte der Justizminister Dr. Leonhardt — „daß das, was der §. 67 (jetzt §. 20) sagt, ganz selbstverständlich ist; denn wenn eine Strafandrohung alternativ lautet auf Zuchthaus und Festungshaft, so versteht es sich ganz von selbst, daß in denjenigen Fällen, wo ehrlose Gesinnung nicht vorhanden ist, auf Festungsstrafe zu erkennen ist.

Besonders anstößig ist bei dem Paragraphen, daß er durchaus nicht in dieses Strafgesetzbuch paßt; er widerspricht dem ganzen System desselben. Ein solcher Paragraph mochte in den Strafgesetzbüchern des vorigen Jahrhunderts einen angemessenen Platz finden, in diesem Strafgesetzbuch sicherlich nicht." (St.B. S. 1143.)

Daß dieses, von der materiellen Rechtfertigung des Paragraphen abgesehen, durchaus zutreffend ist, ergibt sich auch daraus, daß, selbst wenn der Richter, der Feststellung der Geschwornen folgend, auf Zuchthaus erkennt, er es nun dennoch zufolge der Vorschrift des §. 32 in seiner Hand hat, den Verlust der bürgerlichen Ehrenrechte eintreten zu lassen oder nicht. Entscheidend für die Aufnahme des §. 20 war der Majorität die Vorschrift des §. 31, wonach die Verurtheilung zu Zuchthausstrafe die Unfähigkeit zum Wehrdienst und zu öffentlichen Aemtern von Rechtswegen nach sich zieht.

4. Ist dem Richter zwischen Zuchthaus und Gefängniß die Wahl gelassen, so ist die Wahl der Zuchthausstrafe nicht durch die im §. 20 erforderte Feststellung bedingt. Berlin 8. Mai u. 30. Sept. 74 (O.R. XV, 301, 598).

§. 21. **Achtmonatliche Zuchthausstrafe ist einer einjährigen Gefängnißstrafe, achtmonatliche Gefängnißstrafe einer einjährigen Festungshaft gleich zu achten.**

Pr. §. 16; E. I. §. 16; E. §. 18; St.B. S. 177.

Vgl. §§. 28, 44, 74 ff.; Gew.O. §. 145.

1. Der §. 21 gibt lediglich das Geltungsverhältniß der einzelnen Freiheitsstrafen an. Die Vorschriften, wonach der Mindestbetrag bei Zuchthaus 1 Jahr (§. 14), bei anderen Freiheitsstrafen 1 Tag (§§. 16, 17, 18) betragen soll, wird hiervon nicht berührt. Ebenso wenig ertheilt der §. eine Vorschrift, wann die Umwandlung einzutreten hat. Insbesondere kennt das Strafgesetzbuch die Regel nicht, daß, wenn vor Vollzug einer rechtskräftig verhängten Zuchthausstrafe der Thäter von Neuem delinquirt, die hierfür verwirkte Gefängniß- oder Haftstrafe in Zuchthaus umzuwandeln ist; wie das bayr. St.G.B. von 1861. S. hierüber R.G. 12. Mai 80 (R. I, 761).

Die Regel findet Anwendung bei der Umwandlung (§§. 28, 44, 49, 157), bei Abmessung der Gesammtstrafe (§§. 74 A. 3, 79) und wenn bei der Strafvollstreckung eine Umwandlung in Frage kommt.

2. Der I. Entw. (§. 16) enthielt den Zusatz:

„Ergeben sich bei der Umwandlung Bruchtheile eines Tages, so sind dieselben nicht in Anrechnung zu bringen."

Der II. Entw. ließ diesen Zusatz weg, weil er sich lediglich auf Festsetzung des Geltungsverhältnisses beschränkte und der Anwendung desselben bei der Umwandlung hier nicht mehr erwähnte. Der Grundsatz selbst ist nicht bestritten. Bruchtheile eines Tages und bei Zuchthaus eines Monats (vgl. §. 19 Note 3) werden deshalb außer Ansatz bleiben müssen; dieselben können nicht für voll gerechnet werden, wie es das preuß. O.Tr. und der bayer. Kass.H. (vgl. §. 19 A. 2) annahmen. Vgl. auch §. 28 und bayerisch. St.G.B. von 1861 Art. 22, 27, 86. Ebenso v. Schwarze zu §. 21; Oppenhoff §. 19 Note 6.

3. Bei Bestimmung des Strafmaßes für Versuch und Beihülfe (§§. 44, Abs. 4 und §. 49) kann sich, wenn für das vollendete Delikt zeitige Freiheitsstrafe angedroht ist, bei Bestimmung der mindesten Strafe der Bruchtheil eines Tages ergeben. R.G. I, 13. Febr. 82, E. V, 442, R. IV, 163 nimmt an, daß in solchen Fällen der volle Tag nach oben abzurunden ist, also z. B. statt $7^1/_2$ Tag 8 Tage.

4. Bei Anrechnung der Untersuchungshaft auf Zuchthaus gemäß §. 60 findet keine Umrechnung gemäß §. 21 statt. R.G. I, 3. Jan. 87, E. XV, 143.

§. 22. **Die Zuchthaus- und Gefängnißstrafe können sowohl für die ganze Dauer, wie für einen Theil der erkannten Strafzeit in der Weise in Einzelhaft vollzogen werden, daß der Gefangene unausgesetzt von anderen Gefangenen gesondert gehalten wird.**

Die Einzelhaft darf ohne Zustimmung des Gefangenen die Dauer von drei Jahren nicht übersteigen.

Pr. —; E. I. §§. 17, 18; E. II. §. 19; St.B. S. 177—189, 1145.

1. Der §. 22 beschränkt sich darauf, die Zulässigkeit der Vollstreckung von Zuchthaus und Gefängniß in Einzelhaft auszusprechen. Die Anwendung hängt von dem Ermessen der Justizverwaltung ab, keineswegs hat der Richter darauf zu erkennen. Denn nach dem Wortlaut handelt es sich nur um den Strafvollzug, und die Motive betrachten die Einzelhaft nicht als eine generisch härtere Strafe, sondern als einen Strafvollstreckungsmodus. Das Weitere ist auch vom Reichstage einem künftigen Reichsgesetz betr. Vollstreckung der Freiheitsstrafen vorbehalten. Vgl. die in der Sitzung vom 4. März 1870 über eine Vorlage betr. den Vollzug der Freiheitsstrafen gefaßte Resolution (St.B. S. 189). Einstweilen blieben die landesgesetzlichen Bestimmungen über Vollzug von Strafen in Einzelhaft in Geltung, insoweit dieselben nicht durch §. 22 beschränkt sind.

2. Der Entwurf setzte das ohne Zustimmung des Gefangenen zulässige Maximum auf sechs Jahre fest, welches der Reichstag auf drei Jahre herabsetzte. Die Aufnahme einer Reduktionsskala rücksichtlich des Verhältnisses der Einzelhaft zur gemeinsamen Haft erachten die Motive nicht für zulässig. — Vgl. oben S. 30, und die dort angeführten badischen und bayerischen Gesetze, sowie Verhandlungen des deutschen Juristentages (1869) Bd. II S. 176, 346 ff.

3. Festungshaft und Haft können nicht in Einzelhaft vollzogen werden; auch wenn dies die Landesgesetzgebung zugelassen haben sollte. Gl. M. Olshausen N. 1, Binding I, 297, v. Liszt S. 270 A. 4, H. Meyer S. 418 A. 54, v. Holtzendorff, Hdb. des Gef. I, 422, Oppenhoff N. 7, Rubo N. 1.

§. 23. Die zu einer längeren Zuchthaus- oder Gefängnißstrafe Verurtheilten können, wenn sie drei Viertheile, mindestens aber Ein Jahr der ihnen auferlegten Strafe verbüßt, sich auch während dieser Zeit gut geführt haben, mit ihrer Zustimmung vorläufig entlassen werden.*)

Pr. —; E. I. §. 19; E. II. §. 20; St.B. S. 189—192.

1. Die Motive zu §§. 23—26 (§§. 20—23 E.) lauten vollständig dahin:

„Die §§. 20—23 wollen die Möglichkeit gewähren, Strafgefangene, welche drei Viertheile ihrer Strafzeit verbüßt und in dieser sich gut geführt haben, vorläufig entlassen zu dürfen, damit sie sich durch eine fernere gute Führung während der ihnen mit der Bedingung des Wohlverhaltens gewährten vorläufigen Freiheit den Erlaß der noch nicht verbüßten übrigen Strafe, und damit die volle Freiheit sollen erwerben können.

Diese allerdings mit keinem ganz glücklich gewählten Namen als „Beurlaubungs-System" bezeichnete Einrichtung hat sich in andern Ländern, insbesondere im Königreich Sachsen, wo sie seit 1862 als eine auf dem landesherrlichen Gnadenrechte beruhende Administrativ-Maßregel heimisch ist, bewährt und bietet sich als ein vorzugsweise geeignetes Durchgangs-Stadium dar, um den Uebergang aus dem Zustande voller Unfreiheit zu dem der vollen Freiheit durch einen Zwischenzustand beschränkter Freiheit zu vermitteln.

Freilich wird der in der Hoffnung guter Führung nur vorläufig Entlassene sich während dieses Zustandes der Minderfreiheit nicht der Rechte eines durchaus freien Menschen zu erfreuen haben, sich namentlich nicht gegen die nothwendig über ihn auszuübende polizeiliche Ueberwachung auf die zum Schutze der persönlichen Freiheit gegebenen Gesetze, beispielsweise in Preußen auf das Gesetz vom 12. Febr. 1850 — Gesetz-Samml. S. 45—48 — berufen dürfen. Immerhin aber wird der vorläufig Entlassene schon in diesem Zwischenzustande sich frei genug bewegen dürfen, um seinen redlichen Erwerb finden und sich durch Wohlverhalten die Rückkehr in die volle Freiheit verdienen zu können.

In's Einzelne gehende Bestimmungen über die Formen der Entlassung, die Bedingungen über die Beaufsichtigung der Entlassenen, über den Widerruf der gewährten Wohlthat und endlich über den vollen Straferlaß im Falle guter Führung des Beurlaubten, glaubte der Gesetzentwurf vermeiden zu müssen.

Denn schon die in dem Gebiete des Bundes bestehende Verschiedenheit in der Organisation der Gerichte, mehr aber noch die der Strafanstalten, würde die im Gesetze ausgesprochene Gleichheit der Vorschriften in ihrer praktischen Ausführung dennoch, und zwar mit Nothwendigkeit, verschiedenartig zum Ausdrucke bringen, und es erscheint deshalb richtiger, wenn der Gesetzgeber die Einzelbestimmungen über die Ausführung des Systems einer vorläufigen Entlassung der Sträflinge der Anordnung der Einzelstaaten vorbehält.

---

*) Vgl. hierzu v. Holtzendorff, Hdb. des Gefängnißwesens I, 440, Berner, Lehrb., S. 297 fg., Ortloff bei St. I, 225, 241, G.S. Bd. 26 S. 58 fg., Tauffer G.S. Bd. 32 S. 507 fg., v. Holtzendorff, Die Kürzungsfähigkeit der Freiheitsstr., Berlin 1861.

Ausführliche Vorschriften sind darüber in Sachsen, wo das System vorläufiger Entlassung schon seit dem Jahre 1862 besteht, ergangen, und da sie sich als geeignet zur Nachahmung auch für andere Theile des Bundesgebietes erweisen möchten, so erscheint es nicht unangebracht, sie in ihrem unverkürzten Wortlaute mitzutheilen. Dieselben sind im Anhang II (Vgl. Motive S. 165—178) zusammengestellt.

Es wird nicht verkannt, daß die von den Gegnern des Systems der vorläufigen Entlassung vorgebrachten Gründe viel Beachtenswerthes enthalten. Nichtsdestoweniger hat der Gesetzentwurf geglaubt, die Einführung des Systems in Vorschlag bringen zu sollen, da er den hauptsächlichsten dagegen vorgebrachten Einwürfen durch die angenommene hohe Quote der zu verbüßenden Strafe und dadurch begegnet, daß die Entscheidung über die vorläufige Entlassung, sowie ein etwaiger Widerruf in die Hand der obersten Justizaufsichtsbehörde gelegt ist."

Für Preußen vgl. die allg. Verf. der Min. des Inn. u. der Justiz v. 21. Jan. 1871 u. 23. Dez. 1871 (J.M.Bl. 1871 S. 35 u. 1872 S. 7); für Bayern: Minist.-Entschließung vom 1. Jan. 1872 (J.M.Bl. S. 2 ff.).

S. auch die Abh. v. Schwarze in Goltd. Arch. XIX, S. 145 ff. u. St. I, 225, 241. Ueber Berechnung der drei Viertheile der Strafzeit s. Erört. St. III, 97. Es hat sich die Streitfrage ergeben, ob drei Viertheile der erkannten Strafe oder der noch zu erstehenden (nach Abrechnung gemäß §. 7 oder §. 60) verbüßt sein muß. Im ersteren Sinn: Olshausen N. 2b, Oppenhoff N. 5, v. Schwarze N. 1, Wirth, Verh. des 18. D. J.-T. I, 45. A. M. Binding, Grundr. N. 148, H. Meyer S. 422, N. 74, Rubo Nr. 4, St. III, 97. Wenn man in Betracht zieht, daß zweifellos die längere Verbüßung der Strafe bei guter Führung eine Garantie für Wirkung der Strafe bilden soll, so kann man nur der ersteren Ansicht beipflichten.

2. Zur Ausführung der §§. 23—26 sind in den meisten Bundesstaaten besondere Anordnungen erlassen.

3. Bei lebenslänglichem Zuchthaus findet der §. 23 keine Anwendung. Hier bleibt nur der Gnadenweg.

4. Der E. enthielt hinter „geführt" noch die Worte: „und Beweise der Besserung gegeben", welche vom Reichstage, um etwaigem Scheinwesen vorzubeugen, gestrichen wurden.

5. Das Institut der „vorläufigen Entlassung" findet auch auf die vor Geltung des R.St.G.B. erkannte Strafe Anwendung. Es dürfte hierzu jedoch eine gesetzliche Vorschrift erforderlich sein, wie sie Bayern Art. 41 enthält. Für Preußen vgl. die Minist.Verf. vom 21. Jan. 1871.

§. 24. **Die vorläufige Entlassung kann bei schlechter Führung des Entlassenen oder, wenn derselbe den ihm bei der Entlassung auferlegten Verpflichtungen zuwiderhandelt, jederzeit widerrufen werden.**

Der Widerruf hat die Wirkung, daß die seit der vorläufigen Entlassung bis zur Wiedereinlieferung verflossene Zeit auf die festgesetzte Strafdauer nicht angerechnet wird.

Pr. — ; E. I. §. 20; E. II. §. 21; St.B. S. 192.

1. Einzelne der in den Bundesstaaten erlassenen Einführungsbestimmungen nehmen an, daß im Fall des Widerrufs die Transporttage in allen Fällen auf die Strafzeit in Anrechnung zu bringen. So nach dem Vorgang Preußens (Verf. v. 21. Dez. 1871 §. 16): Baden (V.O. v. 29. Dez. 1871 §. 14, G. u. V.O.Bl. S. 491), Mecklenburg, Oldenburg u. s. w. Bayern (Min.Entschl. v. 1. Jan. 1872 §. 15) enthält die Bestimmung nicht. Aus den Worten „bis zur Wiedereinlieferung" wird zu folgern sein, daß die Berechnung so anzulegen ist, als ob es sich um die erste Einlieferung handelte. Danach wären die Transporttage nicht anzurechnen.

2. Es können den Entlassenen besondere Verpflichtungen auferlegt werden. In Bestimmung derselben hat die Justizverwaltung freie Hand. Bei der nach §. 23 zu erholenden Zustimmung des zu Entlassenden müssen demselben diese Verpflichtungen bekannt gegeben werden.

§. 25. **Der Beschluß über die vorläufige Entlassung, sowie über einen Widerruf ergeht von der obersten Justiz-Aufsichtsbehörde. Vor dem Beschluß über die Entlassung ist die Gefängnißverwaltung zu hören.**

Die einstweilige Festnahme vorläufig Entlassener kann aus dringenden Gründen des öffentlichen Wohls von der Polizeibehörde des Orts, an welchem der Entlassene

sich aufhält, verfügt werden. Der Beschluß über den endgültigen Widerruf ist sofort nachzusuchen.

Führt die einstweilige Festnahme zu einem Widerrufe, so gilt dieser als am Tage der Festnahme erfolgt.

Pr. —; E. I. §§. 21, 22 A. 2; E. II. §§. 22, 23 A. 2; St.B. S. 192, 193, 1145 (Drucks. Nr. 182, 8a—c).

1. Bei den Berathungen der Bundeskommission kam die Auffassung zur Geltung, daß die „vorläufige Entlassung" als eine durch das Gesetz festgestellte Delegation des Gnadenrechts zu betrachten sei. Als entscheidende Behörde wurde deshalb auch die oberste Justizaufsichtsbehörde (Justizminister) an Stelle der im I. Entwurf aufgenommenen „vorgesetzten Aufsichtsbehörde der Strafanstaltsverwaltung" bestimmt. Daß die Ausübung des Gnadenrechts durch die vorliegenden Bestimmungen übrigens nicht beschränkt ist, bedarf kaum der Erwähnung. Im Schooße der Bundeskommission wurde gerade darauf hingewiesen, daß durch das System der bedingten Entlassung auch für das Begnadigungsrecht insofern eine Lücke ausgefüllt werde, als der Träger des Gnadenrechts eine bedingte Entlassung nunmehr auch unbedenklich eintreten lassen könne, ohne jedoch selbstverständlich an die hier im Gesetz gegebenen Beschränkungen gebunden zu sein.

Zuständig ist die oberste Justiz-Aufsichtsbehörde, in deren Bereich das zu vollziehende Urtheil erlassen wurde, nicht diejenige, in deren Bereich auf Requisition wirklich vollzogen wird. Olshausen Nr. 1, Rubo Nr. 1.

2. „Einstweilige Festnahme" vgl. zu §. 26.

§. 26. **Ist die festgesetzte Strafzeit abgelaufen, ohne daß ein Widerruf der vorläufigen Entlassung erfolgt ist, so gilt die Freiheitsstrafe als verbüßt.**

Pr. —; E. I. §. 22; E. II. §. 23; St.B. S. 193, 194, 1145.

1. Ueber den Beginn und die Berechnung der Strafzeit vgl. oben zu §. 15 Note 3 u. §. 19.

2. Die in §. 26 festgesetzte Wirkung: daß die Strafe für verbüßt zu erachten, wird nur beseitigt entweder durch einen vor Ablauf der Strafzeit durch die oberste Justizaufsichtsbehörde erklärten Widerruf, oder durch eine vor jenem Ablauf erfolgte einstweilige Festnahme, vorausgesetzt, daß letztere einen, wenn auch nach Ablauf der Strafzeit erfolgten, Widerruf zur Folge hat (§. 25 A. 3). Handlungen des vorläufig Entlassenen, die erst nach Ablauf der Strafzeit begangen oder entdeckt werden, bleiben ohne Einfluß. Der Widerruf ist wirksam, sobald er von der obersten Justiz-Aufsichtsbehörde verfügt ist, gleichviel, wenn er dem vorläufig Entlassenen eröffnet werden kann. Gl. M. Oppenhoff Nr. 1, v. Schwarze Nr. 1, Olshausen Nr. 1. A. M. Rubo Nr. 2, welche den Widerruf erst von der Bekanntmachung an den Entlassenen an als wirksam anerkennen, die Art der Bekanntmachung aber der Landesgesetzgebung überlassen will. Eine gesetzliche Grundlage hat diese Ansicht nicht und dieselbe ist bei Personen unbekannten Aufenthalts undurchführbar und läuft auf eine Formalität hinaus.

§. 27. **Der Mindestbetrag der Geldstrafe*) ist bei Verbrechen und Vergehen drei Mark, bei Uebertretungen Eine Mark.**

Pr. §§. 17, 335; E. I. §. 23; E. II. §. 24; St.B. S. 194, 1145.
Vgl. G. v. 26. Febr. 1876 Art. IV; E.G. §. 5.

1. Die Motive zu diesem Paragraphen lauten:

„Als den Mindestbetrag einer Geldstrafe hat der Entwurf bei Uebertretungen ein Drittheil Thaler, bei Verbrechen und Vergehen Einen Thaler angenommen. In seinen Einzelbestimmungen kennt derselbe als Höchstbetrag einer Geldstrafe die Summe von Zweitausend Thalern. Unberührt bleibt aber dabei die Höhe derjenigen Geldstrafen, welche in Gesetzen angedroht sind, welche, wie beispielsweise die Steuergesetze, neben dem Strafgesetzbuche bestehen bleiben.

Auf den mehrfach vertheidigten Vorschlag: bei Androhung von Geldstrafen überhaupt keine bestimmte Summe als Höchstbetrag festzustellen, den Richter vielmehr zu ermächtigen,

---

*) Vgl. über Geldstrafe: Stooß, Zur Natur der Vermögensstr., Berlin 1878, v. Buri, G.S. XXX, 241 fg., Kronecker bei Goltd. XXVII S. 81 fg., XXVIII S. 9 fg.

den Angeklagten zur Zahlung eines gewissen Theiles seines ganzen Vermögens zu verurtheilen, konnte schon um deshalb nicht eingegangen werden, weil die zu verhängende Geldstrafe hiermit den Charakter einer Vermögens-Konfiskation annehmen würde."

2. Einen Höchstbetrag der Geldstrafe setzt hiernach das St.G.B. nicht fest, wohl aber einen Mindestbetrag. Letzterer ist auch für die neben dem St.G.B. in Geltung bleibenden oder in Geltung tretenden Gesetze maßgebend. Daß die Landesgesetzgebung hieran gebunden ist, folgt aus E.G. Bezüglich der Strafarten und deren Modalitäten kann dieselbe die Vorschriften des §. 6 St.G.B. nicht beseitigen oder verändern. Das O.Tr. zu Berlin hat angenommen, daß der Mindestbetrag von Einer Mark nicht für Spezialgesetze gilt, welche ein geringeres Minimum zulassen, z. B. nicht für das Vereinszollgesetz, nach welchem (§. 135) die Strafe nach dem vierfachen Betrage der vorenthaltenen Abgabe berechnet wird. Berlin 11. Juni 74 (Goltd. **XXII**, 504, O.R. **XV**, 382, St. **IV**, 92). Für diese Entscheidung läßt sich der Grund anführen, daß das betr. Steuergesetz die Höhe der Strafe nicht nach einer bestimmten Summe, sondern nach dem Verhältniß der defraudirten Abgabe festsetzt. Auf die in den Entscheidungsgründen angezogenen Motive (oben Abs. 1) läßt sich dieselbe aber nicht stützen, weil §. 26 einen Höchstbetrag nicht, wohl aber einen Mindestbetrag enthält. Nach R.G. III, 9. Juni 87, **E. XVI**, 159, **R. IX**, 369 ist dieses der Ansicht des O.Tr. beigetreten.

3. Das Mindestmaß von 3 M. Geldstrafe greift auch Platz bei Versuch von Vergehen, welche mit Geldstrafe bedroht sind. R.G. III, 28. Juni 88, **E. XVIII**, 125, **R. X**, 454.

4. Die Geldstrafe ist die mildeste der Hauptstrafen des St.G.B. Der §. 18 des Pr. St.G.B.:

„Läßt das Gesetz zwischen Freiheitsstrafe und Geldbuße die Wahl, so ist auf die Geldbuße in den milderen Fällen zu erkennen. Im Fall des Unvermögens tritt Freiheitsstrafe nach den Grundsätzen über die Strafverwandlung ein."

ist, als lediglich eine Regel der Strafzumessung enthaltend, welche auch ohne ausdrückliche Anerkennung für maßgebend zu erachten ist, fortgelassen. (Vgl. Goltdammer, Materialien I, S. 193, 194.) Als Hauptstrafe erscheint die Geldstrafe in allen Fällen, in welchen sie obligatorisch neben Freiheitsstrafe angedroht oder in welchen dem Richter die Wahl zwischen Freiheits- und Geldstrafe gelassen ist. Als Nebenstrafe wollen sie dagegen Viele betrachten, wenn sie neben Freiheitsstrafe fakultativ angedroht ist. Die Ansichten hierüber sind sehr verschiedene. Die Frage hat nur Bedeutung bei Bemessung der Strafe für Versuch oder Beihülfe. In Bezug hierauf hat R.G. II, 14. Mai 89, **E. XIX**, 234 entschieden, daß die in §. 263 St.G.B. fakultativ neben Freiheitsstrafe angedrohte Geldstrafe gleichfalls Hauptstrafe sei, also auch wegen Versuchs verhängt werden könne.

5. Auf Bruchtheile einer Mark kann auch bei Uebertretungen (abgesehen von Spezialgesetzen) nicht erkannt werden. A. M. nur Oppenhoff Nr. 3.

§. 28. **Eine nicht beizutreibende Geldstrafe ist in Gefängniß und, wenn sie wegen einer Uebertretung erkannt worden ist, in Haft umzuwandeln.**

Ist bei einem Vergehen Geldstrafe allein oder an erster Stelle, oder wahlweise neben Haft angedroht, so kann die Geldstrafe in Haft umgewandelt werden, wenn die erkannte Strafe nicht den Betrag von sechshundert Mark und die an ihre Stelle tretende Freiheitsstrafe nicht die Dauer von sechs Wochen übersteigt.

War neben der Geldstrafe auf Zuchthaus erkannt, so ist die an deren Stelle tretende Gefängnißstrafe nach Maßgabe des §. 21 in Zuchthausstrafe umzuwandeln.

Der Verurtheilte kann sich durch Erlegung des Strafbetrages, soweit dieser durch die erstandene Freiheitsstrafe noch nicht getilgt ist, von der letzteren frei machen.

Pr. §§. 17, 335; E. I. §. 23; E. II. §. 25; St.B. S. 195, 771, 772, 1145, 1146.

Vgl. §§. 78; G. v. 12. Okt. 1867 §. 17 (Salzsteuer); G. v. 4. Juli 1868 §. 37 (Braumalz); G. v. 8. Juli 1868 §. 68 (Branntwein); G. v. 10. Juni 1869 §. 15 (Wechselstemp.); Gew.O. §§. 145, 147 bis 150; V.Zoll.G. v.

1. Juli 1869 §§. 153, 162; G. v. 11. Juni 1870 §. 24 (Nachdruck); R.PostG. v. 28. Okt. 1871 §. 31; G. v. 31. Mai 1872 §. 39 (Brausteuer).

1. Abs. 1. Durch die Worte „eine nicht beizutreibende" sind die Vorschriften der Landesgesetze, wodurch die Anwendung von Exekutionsmaßregeln von dem Ermessen des Richters abhängig war, z. B. Art. 28 des Rev. Sächs. St.G.B., aufgehoben. Die Beitreibung muß erfolgen. Ueber die Art und Weise derselben bestimmt §. 495 der St.P.O.:

„Die Vollstreckung der über eine Vermögensstrafe oder eine Buße ergangenen Entscheidung erfolgt nach den Vorschriften über die Vollstreckung der Urtheile der Civilgerichte."

Hierzu §. 481:

„Strafurtheile sind nicht vollstreckbar, bevor sie rechtskräftig geworden sind."

§. 662 Abs. 1 C.P.O.:

Die Zwangsvollstreckung erfolgt auf Grund einer mit der Vollstreckbarkeitsklausel versehenen Ausfertigung des Urtheils (vollstreckbare Ausfertigung).

§. 674 Abs. 1 C.P.O.:

Die Zwangsvollstreckung erfolgt, soweit sie nicht den Gerichten zugewiesen ist, durch Gerichtsvollzieher, welche dieselbe im Auftrag des Gläubigers zu bewirken haben. (In Strafsachen also im Auftrage der zur Strafvollstreckung zuständigen Staatsanwaltschaft auf Grund einer von dem Gerichtsschreiber zu ertheilenden, mit der Bescheinigung der Vollstreckbarkeit versehenen, beglaubigten Abschrift der Urtheilsformel. §. 483 St.P.O.)

Ferner bestimmt §. 491 St.P.O.:

„Kann eine verhängte Geldstrafe nicht beigetrieben werden und ist die Festsetzung der für diesen Fall eintretenden Freiheitsstrafe unterlassen worden, so ist die Geldstrafe nachträglich von dem Gericht in die entsprechende Freiheitsstrafe umzuwandeln."

Vgl. hierzu noch §. 463 St.P.O.

Vgl. die zweckmäßige Bestimmung von Bayern Art. 44 (unter der folgenden Nr. 2). Daß auch die Bestimmung des St.G.B. bei theilweiser Uneinziehbarkeit Platz greift, ist unbedenklich.

Da jede Strafe eine persönliche Leistung ist, gilt die Bezahlung durch Dritte nicht als Leistung der Strafe. Die Zahlung durch Beauftragte ist zulässig. Gl. M. Berlin 28. Juli 74, St. IV, 249, Berner S. 222, Hälschner I, 644, N. 2, H. Meyer S. 426, Oppenhoff N. 15, Kronecker bei Goltd. **XXVIII** S. 11. A. M. v. Schwarze N. 8, v. Buri G.S. **XXX** S. 243, welcher sich jedoch dagegen ausspricht, daß die Zahlung einer Geldstrafe für einen Andern als Begünstigung bestraft werden könne.

2. Treffen mehrere uneinbringliche Geldstrafen zusammen, so ist jede einzeln umzuwandeln, und zwar in die entsprechende Freiheitsstrafe R.G. II, 27. Jan. 82, **E. V**, 372, **R. IV**, 79. **IV**, 24. Febr. 85, **R. VII**, 144. III, 26. Sept. 87, **R. IX**, 466.

3. Abs. 1. — Die Geldstrafe ist in dem Erkenntniß ohne Rücksicht auf die Zahlungsfähigkeit des Schuldigen auszusprechen. (Vgl. Bayern Artikel 27 A. 1.) Das Erkenntniß kann die für den Fall der Nichtbeitreibung eintretende Freiheitsstrafe sofort bestimmen, wie solches zweckmäßigerweise in Preußen ausdrücklich (Ges. v. 3. Mai 1852 Art. 132; St.P.O. v. 1867 Art. 435) vorgeschrieben war. Beachtenswerth ist Bayern Art. 44, 45, welche lauten:

Art. 44. Vorbehaltlich besonderer Bestimmungen sind die Geldstrafen ohne Rücksicht auf die Zahlungsfähigkeit des Schuldigen auszusprechen.

Jedoch hat das Gericht, sofern nicht gesetzlich etwas anderes bestimmt ist, sofort für den Fall der Uneinbringlichkeit der ausgesprochenen Geldstrafe auch die Dauer der an ihre Stelle tretenden Freiheitsstrafe im Urtheile festzusetzen. Diese wird nach eingetretener Rechtskraft des Urtheiles auf staatsanwaltschaftlichen Antrag durch das zum Strafvollzuge berufene Gericht vollzogen, sobald die gänzliche oder theilweise Uneinbringlichkeit der Geldstrafe durch ein Zeugniß des Erhebungsbeamten festgestellt ist.

Art. 45. In den von den Einzelgerichten zu verhandelnden Strafsachen kann außerdem der Richter, soweit nicht gesetzlich etwas anderes bestimmt ist, die im Strafurtheile auszusprechende Geldstrafe sogleich in die entsprechende Freiheitsstrafe umwandeln, wenn es gerichtsbekannt ist, daß die Geldstrafe von dem Zahlungspflichtigen nicht beigetrieben werden kann.

4. Abs. 1. — Dieser Grundsatz gilt auch für die besondern Reichs- oder Landesgesetze, soweit dieselben nicht abweichende Bestimmungen enthalten. Solche abweichende Bestimmungen, wonach eine Umwandlung von Geldstrafen in Freiheitsstrafen nicht erfolgen darf, enthält das

Reichswechselstempelges. v. 10. Juni 1869 §. 15, das Reichsnachdrucksges. v. 11. Juni 1870 §. 24. Nach §. 31 des Reichspostges. v. 28. Okt. 1871 tritt stets Haft an Stelle der nach jenem Gesetz erkannten Geldstrafen. — In Preußen findet bei Stempelstrafen in der Regel eine Umwandlung in Freiheitsstrafen nicht statt. Kabinetsordre vom 24. Mai 1844 (G.S. S. 238). Vgl. O.R. III, S. 492. Nach §. 13 des preuß. Ges. v. 15. April 1878 betr. den Forstdiebstahl, tritt an Stelle der Geldstrafe immer Gefängnißstrafe.

5. Abs. 1. — Etwaige Bruchtheile sind außer Ansatz zu lassen. (Vgl. oben §§. 19 u. 21, sowie bayer. St.G.B. von 1861 Art. 27.)

6. Abs. 2. — ist vom Reichstage in dritter Lesung aufgenommen (St.B. S. 1146). Danach hat der Richter die Wahl, in den angegebenen Fällen auch bei Vergehen Haft zu substituiren. Namentlich findet diese Befugniß in den Fällen der §§. 185 und 186 (Beleidigungen) Anwendung. Die Beschränkung auf 200 Thlr. (jetzt 600 Mk.) und 6 Wochen Freiheitsstrafe ist festgesetzt, weil der Höchstbetrag der Haft (§. 18) auch hier nicht überschritten werden sollte und das Werthverhältniß von 6 Wochen Haft nach dem Grundsatz des §. 29 sich höchstens auf 42 zu 200 (rund statt 5 $\times$ 42 = 210) stellt.

Die Worte „oder an erster Stelle" (d. h. wahlweise an erster Stelle neben Gefängniß) entsprechen insofern dem System nicht, als die wahlweise Androhung von Geldstrafe und Gefängniß (vgl. zu §. 27) bei der Geldstrafe die milderen Fälle im Auge hat, einerlei, ob die speziellen Strafandrohungen Geld oder Gefängniß an erster Stelle enthalten. Weshalb z. B. in den Fällen der §§. 110, 111, 130, 131 diese Befugniß stattfindet, während sie in den Fällen der §§. 113, 121 A. 2, 123 A. 1, 132, 240, 241, 286 ausgeschlossen ist, ist in der That nicht abzusehen, — **sed ita lex scripta.**

7. Abs. 2. — Läßt das Gesetz zwischen Geld- und Freiheitsstrafe die Wahl, so steht diese Wahl nur dem Richter, nicht dem Verurtheilten zu. Ersterer hat deshalb auf eine Strafe zu erkennen und einer etwa erkannten Geldstrafe nur im Falle der Nichtbeitreibung Freiheitsstrafe zu substituiren.

8. Auch auf Spezialgesetze findet §. 28 und speziell dessen Absatz 2 Anwendung, vorbehaltlich jedoch besonderer Bestimmungen im Spezialgesetz selbst. So schließt R.G. II, 3. Jan. 88, **E. XVII**, 39, **R. X**, 9 daraus, daß in §. 146 Gew.O. der Geldstrafe im Unvermögensfall Gefängniß, in andern §§. Haft substituirt ist, daß nur die substituirte Freiheitsstrafe, in den Fällen des §. 146 also Gefängniß im Falle der Uneinbringlichkeit an Stelle der Geldstrafe gesetzt werden darf. In landesrechtlichen Strafbestimmungen kann eine abweichende Umwandlungsart oder ein Verbot der Umwandlung Platz finden. R.G. III, 1. Mai 80, **E. II**, 34, **R. I**, 713. Merkel in H.H. S. 82 Nr. 4. A. M. Binding I, 301.

9. Abs. 3. — Die Umwandlung in Zuchthaus findet Statt, wenn die Geldstrafe neben einem Verbrechen kumulativ oder, wenn sie wegen Zusammentreffens eines Verbrechens oder Vergehens (reale Konkurrenz) verhängt war. Muß dagegen die Geldstrafe in Haft (Abs. 1 u. 2) verwandelt werden, so erfolgt keine Umwandlung in Zuchthaus. Die in Folge der Umwandlung eintretende Haft ist ganz selbstständig zu verhängen und muß selbst für den im §. 78 bestimmten Höchstbetrag der zu substituirenden Gefängnißstrafe von 2 Jahren (bez. 16 Monaten Zuchthaus, §. 21) außer Betracht bleiben, weil nach §. 77 die Haft überhaupt ihren eigenen Weg geht. A. M. in letzterer Beziehung Oppenhoff.

Bei Umwandlung einer wegen Vergehens verwirkten Geldstrafe in Haft sind drei bis fünfzehn Mark einem Tage Haft gleich zu achten. Berlin 27. Sept. 72 (Goltd. **XX**, 505, O.R. **XIII**, 483, St. **II**, 46).

Die Wahl des Maßstabes innerhalb der gesetzlichen Grenzen ist dem Ermessen des Richters überlassen. Berlin 27. Sept. 72 (Goltd. **XX**, 505, O.R. **XIII**, 483). Sind die gesetzlichen Grenzen beobachtet, so ist nicht unerläßlich, daß der gewählte Maßstab in dem Urtel angegeben sei. München 5. April 73 (Bayer. **E. III**, 146).

Wird nach der Umwandlung einer Geldstrafe in Gefängniß eine weitere Umwandlung in Zuchthaus nothwendig, so ist hierbei nicht wiederum die Geldstrafe, sondern die Gefängnißstrafe zu Grunde zu legen. Berlin 12. Febr. 73 (O.R. **XIV**, 131).

10. Abs. 4 schließt sich — nach den Motiven — an die St.G.B. von Bayern §. 27, Sachsen Art. 28 und den Bremischen Entwurf §. 34 an. — Für die Berechnung des für getilgt zu erachtenden Theiles der Geldstrafe ist das bei der Umwandlung festgesetzte Verhältniß der Geldstrafe zur Freiheitsstrafe maßgebend. Etwaige Bruchtheile werden auch hier außer An-

satz bleiben bez. ein theilweise verbüßter Tag für voll gerechnet werden müssen. Dagegen ist der ganze Rest der erkannten Geldstrafe selbst dann zu erlegen, wenn die Freiheitsstrafe auf den im §. 29 Abs. 2 bez. im §. 78 festgesetzten Höchstbetrag herabgesetzt werden mußte. Vgl. Oppenhoff zu §. 28 St.G.B. und besonders Hocheder, Strafgesetzbuch für Bayern S. 140 ff.

Ist der Fall der Nichtbeitreibung einmal festgestellt und deshalb die Freiheitsstrafe zur Vollstreckung gekommen, so kann ein Zurückgehen auf die Geldstrafe nur auf Veranlassung des Verurtheilten eintreten. Nur diesem giebt Abs. 4 die Befugniß. (Vgl. Hocheder a. a. O. S. 141.) Die gegentheilige Meinung — so Oppenhoff zu §. 28 Note 3 — ist mit der Bestimmung, daß vor dem Strafantritt die Uneinziehbarkeit festgestellt werden muß, und der hieraus sich ergebenden Nothwendigkeit der Vollstreckung der Freiheitsstrafe schwerlich zu vereinigen. Ein solches Schwanken dürfte dem §. 28 widersprechen. Nur dann würde ein solches für zulässig zu erachten sein, wenn das St.G.B. den Eintritt der Freiheitsstrafe lediglich an den Ablauf einer für Zahlung der Geldstrafe bestimmten Frist oder ausdrücklich an das richterliche Ermessen gebunden hätte, wie z. B. im Rev. Sächs. St.G.B. Art. 28 oder im Bremischen Entwurf §. 34. — Hierfür spricht auch der Umstand, daß der §. 28 eine Milderung des früher in Preußen (§. 435 Abs. 2 St.P.O. v. 1867 und Motive zu §. 28) geltenden Grundsatzes, wonach die ganze Geldstrafe zu bezahlen war, zu Gunsten des Schuldigen enthält, — nach jenem Grundsatz aber von einer solchen Befugniß des Richters nicht die Rede sein kann. Gl. M. Olshausen Nr. 11, Berner S. 182, Hälschner I, 644.

11. Abs. 4. — Eine abweichende Bestimmung enthielt der §. 53 des Bundespostgesetzes vom 2. Nov. 1867, wonach nur Zahlung der ganzen Geldstrafe frei macht. (Vgl. E.G. §. 3.) Das R.Postges. v. 28. Okt. 1871 enthält eine solche Bestimmung nicht. Ebenso ist der dasselbe bestimmende §. 55 des ehemaligen Zollstrafgesetzes durch §. 162 des Vereinszollgesetzes vom 1. Juli 1869, welcher auf die Landesgesetze (also jetzt das St.G.B.) verweist, aufgehoben.

12. Abs. 4. Nur der Verurtheilte selbst kann sich befreien; die von einem Anderen für ihn geleistete Zahlung befreit nicht. Berlin 28. Juli 74 (Goltd. XXII, 406, O.R. XV, 514, St. IV. 249).

Ist bei der Umwandlung einer verhängten Geldstrafe in Freiheitsstrafe der Maßstab des §. 29 Abs. 1 nicht festgehalten, sondern der Höchstbetrag von einem (zwei) Jahre bestimmt und demnächst theilweise verbüßt worden, so ist, wenn es weiter in Frage kommt, welcher Geldbetrag nunmehr als noch verschuldet anzusehen sei, die verbüßte Freiheitsstrafe nach dem Maßstabe des §. 29 Abs. 1 rückwärts in Geld umzuwandeln und der so gefundene Betrag von der ursprünglichen Gesammtsumme abzuziehen. Ist der bei der ersten Umwandlung gewählte Maßstab nicht ersichtlich, so ist nach dem Ermessen des Richters zwischen drei Mark (einer Mark) bis zu fünfzehn Mark zu wählen. Berlin 29. Okt. 74 (Goltd. XXII, 573, O.R. XV, 723, St. IV, 274).

13. Wenn eine Geld- mit einer Freiheitsstrafe konkurrirt, so darf nicht für den Fall der Umwandlung der Geldstrafe eine Gesammtfreiheitsstrafe erkannt werden, sondern es ist ohne Rücksicht auf die Freiheitsstrafe das Aequivalent für die Geldstrafe zu bestimmen. München 4. Dez. 72 (St. II, 173). Ebenso wenig darf bei der Umwandlung konkurrirender Geldstrafen eine gemäß §. 74 reduzirte Gesammtfreiheitsstrafe ausgesprochen werden. Stuttgart 20. März 78 (St. VIII, 102, Goltd. XXVI, 546).

§. 29. **Bei Umwandlung einer wegen eines Verbrechens oder Vergehens erkannten Geldstrafe ist der Betrag von drei bis zu funfzehn Mark, bei Umwandlung einer wegen einer Uebertretung erkannten Geldstrafe der Betrag von Einer bis zu funfzehn Mark einer eintägigen Freiheitsstrafe gleich zu achten.**

Der Mindestbetrag der an Stelle einer Geldstrafe tretenden Freiheitsstrafe ist Ein Tag, ihr Höchstbetrag bei Haft sechs Wochen, bei Gefängniß Ein Jahr. Wenn jedoch eine neben der Geldstrafe wahlweise angedrohte Freiheitsstrafe ihrer Dauer nach den vorgedachten Höchstbetrag nicht erreicht, so darf die an Stelle der Geldstrafe tretende Freiheitsstrafe den angedrohten Höchstbetrag jener Freiheitsstrafe nicht übersteigen.

Pr. §§. 17, 335; E. I. §. 23; E. II. §. 26; St.B. S. 195, 200, 201, 771.
Vgl. §§. 28, 78 A. 2.

1. In der Bundeskommission sowohl wie im Reichstag wurden weitergehende Anträge, welche für die Umwandlung dem richterlichen Ermessen einen noch weitern Spielraum gewähren, namentlich den Höchstbetrag der einer eintägigen Freiheitsstrafe gleich zu achtenden Geldstrafe auf 10 Thlr. festsetzen wollten, abgelehnt. Der Bundeskommissar Friedberg bemerkte, er wolle nicht behaupten, „daß Freiheit und Geld kommensurable Größen seien, die gegen einander richtig abgewogen werden könnten; der Gesetzgeber müsse aber doch da, wo ein Verhältniß zwischen Geld und Freiheit von ihm ausgesprochen werden müsse, das Maß so nehmen, wie es für die große Mehrzahl der Fälle passend sein werde." (St.B. S. 200.)

2. Abs. 1. — Der Richter kann hiernach bei Verbrechen und Vergehen irgend einen Betrag von 3 bis 15 Mark, — bei Uebertretungen von 1 bis 15 Mark einer eintägigen Freiheitsstrafe gleich setzen. Handelt es sich z. B. um eine Geldstrafe von 45 Mark, so kann dieselbe im erstern Fall in 15 Tage oder in 5 Tage oder in 3 Tage, im zweiten Fall in 45 Tage, 15 Tage, 5 Tage oder 3 Tage umgewandelt werden. Da bei Vergehen 3 Mark das geringste Maß ist, so darf eine Geldstrafe von 90 Mark nicht in einen Monat Gefängniß umgewandelt werden, da nach §. 19 der Monat nach der Kalenderzeit zu berechnen ist; also möglicher Weise 31 Tage statt 30 Tage Strafzeit resultiren kann. Berlin 14. Febr. 73 (O.R. **XIV**, 140, St. **II**, 242). Tritt diese Rücksicht nicht ein, so kann die substituirte Freiheitsstrafe auch nach Monaten bemessen werden. Stuttgart 20. März 78 (St. **VIII**, 102, Goltd. **XXVI**, 546, R.G. **I**, 27. Nov. 84, **E. XI**, 272, **R. VI**, 764). Bei Vergehen tritt ferner nach §. 28 A. 1 Gefängniß, jedoch in den Fällen des §. 28 A. 2 mit den dort angegebenen Beschränkungen auch Haft ein, bei Uebertretungen ist die Geldstrafe in Haft umzuwandeln. Dies gilt bei den Steuerdelikten, welche sich als Uebertretungen qualifiziren. Berlin 24. Sept. 74 (Goltd. **XXII**, 697, O.R. **XV**, 589). Die Geldstrafen des Preuß. Ges. betr. den Forstdiebstahl v. 15. April sind nach §. 13 in Gefängniß, nicht in Haft umzuwandeln.

In welcher Weise der Richter von diesem Maß Gebrauch machen will, ist lediglich von seinem vernünftigen Ermessen abhängig. (Berlin 27. Sept. 72 Goltd. **XX**, 505, O.R. **XIII**, 483, St. **II**, 46.) Namentlich werden die Persönlichkeit und die Erwerbsverhältnisse des Schuldigen in Betracht kommen müssen, obschon keineswegs anzuerkennen ist, daß bei Schuldigen aus der arbeitenden Klasse der Richter den Maßstab lediglich aus dem durchschnittlichen täglichen Verdienste dieser Leute zu nehmen habe. Vielmehr kann aus anderweitigen Rücksichten einem solchen auch ein höherer oder der höchste Satz zu Gute gerechnet werden.

Nach der überraschenden Ansicht Rubo's (Komm. S. 342) würde immer der Höchstbetrag von 15 Mark den Divisor bestimmen, während die Erwähnung des Mindestbetrags im §. 29 überhaupt keine Bedeutung haben würde. Die Ansicht, welche zur Folge hätte, daß an die Stelle eines sachgemäßen richterlichen Ermessens eine bloße Rechnungsoperation träte, findet in dem Gesetze keine Stütze.

Es ist auch nicht erforderlich, daß der Umwandlungsmaßstab im Urtheil angegeben ist, sondern nur daß die substituirte Strafe innerhalb der gesetzlichen Grenzen fällt. R.G. 27. Nov. 84 s. oben.

3. Abs. 2. — Der Mindestbetrag der zu substituirenden Freiheitsstrafe ist ein Tag. Etwaige Bruchtheile, welche in der Praxis wegen des dem Richter gegebenen weiten Ermessens schwerlich vorkommen werden, müssen nach §. 19 (vgl. §. 21 n. 2) außer Ansatz bleiben. (Vgl. Bayern St.G.B. v. 1861 Art. 27 A. 4, auch Goltd. Arch. Bd. 37 S. 446.)

Muß nach §. 28 A. 3 eine Umwandluug der substituirten Gefängnißstrafe in Zuchthausstrafe eintreten, so kann ein geringerer Zeitraum als ein Monat substituirt werden (s. oben zu §. 19.) Wo landesrechtlich im Gnadenwege für Freiheits- eine Geldstrafe substituirt werden kann, ist der Maßstab des §. 29 analog anzuwenden. R.G. **III**, 7. Febr. 80, Ann. **I**, 338.

4. Abs. 2 ist auch anwendbar auf den Fall, daß als ordentliche Strafe Gefängniß, und für den Fall des Vorliegens mildernder Umstände Geldstrafe angedroht ist. Werden unter dieser Voraussetzung mildernde Umstände festgestellt, so kann die der Geldstrafe substituirte Freiheitsstrafe keines Falls die ordentliche Strafe übersteigen R.G. **II**, 3. Okt. 84, **E. XI**, 132, **R. VI**, 591.

5. Ist nur ein Theil der Geldstrafe beigetrieben, so daß der Rest nach dem im Urtheil im Voraus festgestellten oder gemäß §. 491 Str.Pr.O. nachträglich bestimmten Umwandlungsmodus als Freiheitsstrafe verbüßt werden muß, so ist nicht dieser Rest umzuwandeln, insofern das Maximum der zulässigen Freiheitsstrafe durch Umwandlung der ganzen oder der Reststrafe erreicht würde, sondern es ist nach Verhältniß des gezahlten Theils zur ganzen Geldstrafe der

aliquote Theil vom Maximum der substituirten Freiheitsstrafe abzuziehen. R.G. 3. Okt. 84 s. oben u. III, 2. Jan. 88, R. X, 4.

6. Abs. 2. — Der festgesetzte Höchstbetrag von 6 Wochen Haft bez. 1 Jahr Gefängniß ist maßgebend, wenn es sich um die Umwandlung einer Geldstrafe handelt. Im Falle realer Konkurrenz gilt die Vorschrift des §. 78, wonach der Höchstbetrag 3 Monate Haft bez. 2 Jahre Gefängniß beträgt. (S. Note 13, zu §. 28.)

7. Abs. 2. — Der Schlußsatz läßt nicht den Rückschluß zu, als ob bei wahlweise (alternativ) angedrohter Freiheits- und Geldstrafe das Verhältniß der betreffenden Strafsätze nach dem im §. 29 A. 1 gegebenen Maßstab bemessen sei (vgl. zu §. 27 n. 4 und §. 28 n. 6). Die Geldstrafe ist vielmehr lediglich für die leichtern Fälle bestimmt. Im Sinne dieser Auffassung beugt der Schlußsatz des §. 29 der Unbilligkeit vor, daß die Anwendung jenes Umwandlungsmaßstabes die Verhängung einer' Freiheitsstrafe herbeiführt, welche den Höchstbetrag der für die schwersten Fälle der betr. Handlung angedrohten Freiheitsstrafe übersteigt. So z. B. kann eine, nach den §§. 286 u. 287 verhängte Geldstrafe von 3000 Mark höchstens in Gefängniß von 2 Jahren bez. 6 Monaten umgewandelt werden. (Weitere Beispiele vgl. §§. 292, 293, 296, 299, 300—302.) Dagegen gilt der Schlußsatz für den Mindestbetrag der wahlweise angedrohten Freiheitsstrafe nicht, vielmehr kann unter diesen bei der Umwandlung hinabgegangen werden. Praktisch ist dieses mit Rücksicht auf die Strafsätze des R.St.G.B. nur im Falle des §. 140, wonach z. B. eine Geldstrafe von 300 Mark in 20 Tage Gefängniß verwandelt werden kann, während das Minimum der angedrohten Freiheitsstrafe Einen Monat beträgt. In allen übrigen Fällen gehen die Androhungen der Freiheitsstrafe auf 1 Tag hinab.

Ueber die Berechnung, welche der Rückumwandelung in dem Falle zum Grunde zu legen ist, wenn die höchste zulässige Freiheitsstrafe substituirt und theilweise verbüßt ist, vgl. Berlin 29. Okt. 74 (Goltd. XXII, 573, O.R. XV, 723, St. IV, 274).

8. Der §. 29 findet (vgl. S. 50 u. z. E.G. §. 3) auch auf die besondern Reichs- und Landesgesetze Anwendung, sofern dieselben nicht abweichende Bestimmungen enthalten. (Darmstadt 9. Okt. 71 Hess. E. LXXI, 35 und Berlin 11. Mai 72, 17. Juni 73 O.R. XIII, 301, XIV, 439, St. XI, 326.) Bestimmungen letzterer Art enthielt z. B. §. 12 des preuß. Holzdiebstahlsgesetzes vom 2. Juni 1852, — während die Gew.Ordn. §. 145, das Salzst.Ges. v. 12. Okt. 1867 §. 17 und das Vereinszollges. v. 1. Juli 1869 §. 162 auf die Landesgesetze — jetzt das St.G.B. — verweisen. Der letztgedachte §. 162 enthält nur rücksichtlich des Höchstbetrages der zu substituirenden Freiheitsstrafe abweichende Bestimmungen. Nach §. 31 des R. Postges. v. 28. Okt. 1871 tritt stets Haft von höchstens 6 Wochen an Stelle der Geldstrafen. Kann nach einem Spezialgesetz eine Geldstrafe von weniger als einer Mark verhängt werden, so ist diese nicht umwandelbar, weil sie nicht einmal einen Tag entspricht, sondern sie kommt, wenn nicht einbringlich in Wegfall, R.G. III, 9. Juni 87 E. XVI, 159, R. IX, 369, s. auch §. 28 n. 8.

§. 30. In den Nachlaß kann eine Geldstrafe nur dann vollstreckt werden, wenn das Urtheil bei Lebzeiten des Verurtheilten rechtskräftig geworden war.

Pr. §. 20; E. I. §. 32; E. II. §. 27; St.B. 201—205.

1. Der §. 30 wurde vom Reichstage nach eingehender Diskussion eines auf Beseitigung gestellten Antrages beibehalten.

2. Rechtskräftig ist das Urtheil, wenn es nicht mehr durch ein ordentliches Rechtsmittel (Berufung, Revision) angefochten werden kann. — Das außerordentliche Rechtsmittel der Wiederaufnahme des Verfahrens zu Gunsten eines Verurtheilten bleibt ohne Einfluß. Der nach §. 401 der R.St.P.O. auch nach dem Tode eines Verurtheilten zulässige Antrag auf Wiederaufnahme des Verfahrens hemmt, wie §. 400 ausdrücklich ausspricht, die Vollstreckung des Urtheils nicht, sondern zieht, wenn der Antrag Erfolg hat, Rückzahlung der Strafe nach sich.

Ein Urtheil kann nach dem Tode des Verurtheilten nicht mehr rechtskräftig werden, also ist auch die Geldstrafe gegen seinen Nachlaß nicht zu vollstrecken, wenn bei seinem Tode eine Rechtsmittelfrist noch im Laufe war. Gl. M. Olshausen N. 1, Berner S. 307, Binding I, 813. A. M. Rubo N. 1.

3. Amtsrichterliche Strafverfügungen (§. 450 St.P.O.), gegen welche nicht rechtzeitig Einspruch erhoben worden ist, erlangen die Wirkung rechtskräftiger Urtheile, also auch in Bezug auf §. 30. Dagegen spricht dies die St.P.O. nicht aus in Bezug auf polizeiliche Strafverfügungen und Strafbescheide der Verwaltungsbehörden. Es kann ihnen also auch nicht die gleiche Wirkung eingeräumt werden. A. M. Olshausen Nr. 2, Oppenhoff Nr. 6, Binding I, 813.

4. Die Motive zu §. 30 sagen:

„Der Paragraph stellt die auch im Civilrechte unangefochtene Bestimmung auf, daß für Zahlung einer Geldstrafe, die bei Lebzeiten des Verurtheilten rechtskräftig geworden ist, der Nachlaß des Letzteren verhaftet sei. Denn eine Geldschuld, die aus einem Verbrechen entsprungen ist, darf vor andern Geldschulden nicht privilegirt sein."

Hieraus, sowie aus den im Reichstage geäußerten Meinungen folgt, daß die Worte „kann nur dann" die Vollstreckung nicht vom Ermessen der Behörden abhängig machen. Die Vollstreckung ist vielmehr hier wie anderwärts geboten. (Gl. M. Oppenhoff N. 2, Binding I, 813, Olshausen N. 3.)

5. Die Beitreibung einer noch nicht rechtskräftig erkannten Geldstrafe, wenn dieselbe nach fortgeltenden, besonderen Landesgesetzen in den Nachlaß des Thäters vollstreckt werden darf, ist durch §. 30 nicht ausgeschlossen. Berlin 20. Nov. 73 (Goltd. XXI, 487, O.R. XIV, 735, Olshausen N. 5.)

Dagegen ist eine Strafverfolgung gegen die Erben oder gegen den Verstorbenen auch nach landesgesetzlichen Bestimmungen unzulässig. R.G. I, 19. April 88, E. XVIII, 14, R. X, 309.

6. Den gleichen Grundsatz spricht §. 497 Abs. 2 der R.St.P.O. bezüglich der Kosten des Verfahrens aus. Er muß jedoch auch auf die Buße Anwendung finden, denn mag man dieselbe als Nebenstrafe oder als Entschädigung betrachten, so kann doch keines Falls das Verfahren, mit dem das Verlangen der Buße untrennbar verbunden ist, gegen den nicht rechtskräftig Verurtheilten nach dessen Tod Fortsetzung finden. Gl. M. Oppenhoff N. 3, Binding I, 813, Olshausen N. 4. A. M. Rubo S. 346.

§§. 31, 32.*)

Zu diesen Paragraphen, welche in hervorragendster Weise einen der Grundzüge des St.G.B. — das Streben nach Individualisirung — kennzeichnen, seien uns folgende allgemeine Vorbemerkungen deshalb gestattet, weil wenige Bestimmungen desselben so verschieden beurtheilt sind, wie diese:

1. Die leitenden Gesichtspunkte, welche das St.G.B. bezüglich der Ehrenstrafen aufstellt, sind oben S. 30 kurz angegeben.

2. Das St.G.B. geht von der Auffassung aus:

daß nicht die Strafe (Strafart), sondern die That mit ihren Beweggründen es ist, welche über die Ehrlosigkeit des Thäters entscheidet. **(Le crime fait la honte et non pas l'échafaud.)**

Hieraus folgte zunächst, daß die Ehrenfolgen nicht mehr von Rechtswegen als Nebenwirkung einer anderen Strafe eintreten, sondern die Verhängung etwaiger Ehrenstrafen dem richterlichen Ermessen und Urtheil vorzubehalten war.

3. Das St.G.B. nimmt ferner an, daß ein Verlust der Ehre niemals verhängt werden kann, vielmehr nur der Verlust bestimmter Rechte (Ehrenrechte), weil die „Ehre" von der Meinung des Volkes getragen wird und durch einen formellen richterlichen Ausspruch weder gegeben noch genommen werden kann.

Eben deshalb verbot es sich auch, irgend eine Strafart als entehrende oder, wie es im österreichischen Entwurf von 1867 §. 67 geschieht, als den Verlust bestimmter Ehrenrechte nach sich ziehend hinzustellen. Achtung und Ehre resultiren aus den allerverschiedensten, in keine Regel einzuzwängenden Verhältnissen. Aus diesem Grunde ist es unzulässig, aber auch unthunlich, daß das Gesetz eine Strafart ihrem Inhalt und ihrer Intensität nach für solche, welche vom Richter mit dem Verlust bestimmter Ehrenrechte belegt sind, einrichtet.**) Nur eine individuali-

*) Vgl. Hälschner I, 605, v. Buri im G.S. Bd. 27 S. 155, Berner S. 230, v. Schwarze, Komment., S. 70, H. Meyer S. 436, Groß, Ueber die Ehrenfolgen der strafgerichtl. Verurtheilungen 1874.

**) Nach dem österreichischen Entwurf von 1867, der dem theoretischen Verlangen nach Trennung der entehrenden und nicht entehrenden Strafen Rechnung trägt, sind die Freiheitsstrafen für:

Verbrechen { 1. Zuchthaus, 2. Gefängniß;

Vergehen { 3. Arrest, 4. Einschließung.

Zuchthaus und Arrest sind entehrend, Gefängniß und Einschließung nicht entehrend. Die Hauptunterschiede zwischen beiden Arten bestehen darin, daß die Sträflinge bei der letzteren täg-

sirende Behandlung ist für solche Verurtheilte angezeigt. Eine solche, namentlich auch eine zur Schonung des Ehrgefühls Anderer etwa gebotene Trennung von Gefangenen eintreten zu lassen, muß dem Strafvollzuge, und die Festsetzung der hierbei zulässigen Formen und Garantien dem Strafvollzugsgesetze überlassen bleiben, dessen Vorbereitung im Reichstage durch die zu §. 22 gefaßte Resolution beim Bundeskanzler beantragt wurde.

4. Dem scheinbar berechtigten Einwand, daß das Volk mit der Strafanstalt, dem Strafort, namentlich dem Zuchthaus, den Begriff der Ehrlosigkeit verbinde, folgte man nicht, einmal weil zahlreiche Beispiele, besonders der politischen Zuchthaussträflinge, den direkten Gegenbeweis dieses Einwandes liefern, und aus dem allgemeinern Grunde, weil der Gesetzgeber diese Volksansicht, wenn und insoweit sie wirklich besteht, beim Mangel innerer Berechtigung nicht zur Grundlage seiner zwingenden Satzungen machen darf. „Ein Anderes ist es, ein Faktisches, das sich nicht ändern läßt, eben deshalb bestehen zu lassen, ein Anderes, es mit dem Schein einer höheren Berechtigung zu bekleiden; ein Anderes, das bestehende Vorurtheil im gesellschaftlichen Leben seine Wirkungen äußern zu lassen, ein Anderes, es in Gesetzesparagraphen zu redigiren."

Von der entgegenstehenden Ansicht ausgehend (so namentlich v. Schwarze, Kommentar 5. Aufl. S. 68), verlangt man die Androhung alternativer Strafarten (vgl. die unten in der Note angeführten Bestimmungen des österreichischen Entwurfs von 1867), und für die schwerste dieser Strafarten die Verbindung derselben mit dem Verlust der Ehrenrechte Kraft des Gesetzes. In der Verhängung der schwersten Strafe, meint man, erkenne das Volk den Ausspruch, daß der Verurtheilte sich der bürgerlichen Ehrenrechte unwürdig gezeigt habe. Mit dem Orte, wo die zur Verbüßung der schwereren Strafart bestimmte Strafanstalt sich befinde, verbinde das Volk die Erklärung, daß daselbst die schwersten Verbrecher detinirt seien, und es sei bekannt, daß das Volk wie die Sträflinge selbst häufig nicht davon sprächen, daß X. Zuchthausstrafe verbüße, sondern daß er in Y (Moabit, Spandau, Waldheim, Bruchsal) gesessen habe.

Solchen Argumenten gegenüber hat die Ansicht, welche in der Einsperrung eines Verurtheilten an einem angeblich im schlechten Rufe stehenden Ort nur eine verfeinerte Form des Schandpfahls und Prangers erblickt, gewiß ihre Berechtigung. Sodann hat aber unseres Wissens das Volk, und zwar nicht bloß der sog. gebildete Theil, sondern auch der schlichte Verstand wohl einen Unterschied gemacht, ob ein Dichter und Philosoph, den ein vermeintliches Ideal gegen die positive Strafgesetzgebung verstoßen ließ, oder ein Betrüger aus Habsucht in Spandau oder Bruchsal gesessen hat, — ob ein Vater, der in der Noth für die Erhaltung seiner Familie fremdes Eigenthum angriff, oder ein Müßiggänger, der aus Liederlichkeit gestohlen, in Moabit eingekerkert war. Wo es darauf ankommt, geht also auch das Volk auf die Beweggründe der Handlung und richtet danach die Frage der Ehrlosigkeit.

Wenn — man verzeihe uns an diesem Orte den Hinweis auf ein oft genanntes Beispiel — Recht und Gesetz den Crispinismus mit Einkerkerung bestrafen, so hat sich, ist die Sage wahr, die Kirche doch nicht abhalten lassen, Crispinum, der für die Armen den Reichen das Leder stahl, als verehrungswürdig hinzustellen. Die positive Gesetzgebung, mag sie sich drehen und wenden wie sie will, wird mit ihren Strafsatzungen und Strafarten sich vielfach in gewissem Grade im Konflikt mit dem allgemeinen sittlichen Urtheil befinden, und wie es ihr bis jetzt nicht gelungen ist, so wird es ihr schwerlich jemals gelingen, eine oder mehrere Strafarten von vornherein so zu gestalten, daß sie ausschließlich für diejenigen passen, welche nach der Ansicht des Gesetzes und seiner Organe, der Gerichte, der bürgerlichen Ehrenrechte für verlustig zu erklären sind (vgl. den österr. Entwurf oben in der Note** S. 122). Ueberdies geräth der Gesetzgeber, der nur den Verlust bestimmter Ehrenrechte kennt, mit sich selbst in Widerspruch, wenn er

---

lich zweimal, bei ersterer nur einmal warme Suppe erhalten (§. 46), daß bei jener die Sträflinge sich selbst beköstigen dürfen, der mäßige Genuß geistiger Getränke und des Schnupf- und Rauchtabaks (im Freien), Lesen, Lichtbrennen und Spazierengehen in ausgedehnterem Maße erlaubt (§. 47), während bei dieser solche Begünstigungen nur ausnahmsweise gestattet sind (§. 48). Man fragt doch wohl mit Recht: was alles dieses mit den Ehrenrechten zu schaffen hat und ob etwa durch jene Uebel das Ehrgefühl wieder rege gemacht wird.

Das richterliche Ermessen ist übrigens ähnlich wie im §. 20 des St.G.B. in dem §. 90 jenes Entwurfs dahin bestimmt:

§. 90. „Das Gericht kann die im Gesetz angedrohte Strafe des Zuchthauses in Gefängniß, und jene des Arrestes in Einschließung von gleicher Dauer umwandeln, wenn es findet, daß im einzelnen Falle die strafbare Handlung nicht aus verächtlicher Gesinnung hervorgegangen ist."

Strafarten aufnimmt, für welche der Verlust der Ehre den Bestimmungsgrund bildet. Es verbietet sich deshalb überhaupt, gewisse Strafarten und Straforte als entehrende zu bezeichnen.

Selbst wenn der Richter, nach bester Erwägung der Beweggründe des Verbrechers, denselben für entehrt hält und deshalb auf Verlust der Ehrenrechte erkennt, behält sich der Mund und der Sinn des Volkes sein Urtheil über die Entehrung vor. Nur unter der Voraussetzung einer steten Uebereinstimmung dieser Urtheile würde man dazu kommen können, entehrende Strafarten aufzustellen. Wäre diese Voraussetzung überhaupt möglich, so würde dem Prinzip abstrakter Gerechtigkeit mit solchen Strafarten vielleicht gedient sein, — dem Erziehungs- und Besserungszweck der Strafe würde es aber auch dann noch widerstreiten, Jemanden an einem Orte einzusperren, an welchem ihn und alle Andern die umgebenden Mauern nach der Meinung des Gesetzes bis zum Augenblick der Entlassung an den Verlust seiner Ehre erinnern sollen, eine Erinnerung, welche den angeblich Gebesserten sodann noch in die Freiheit begleitet. Da jene Voraussetzung aber nicht möglich ist, so beschränkte sich der Gesetzgeber darauf, im St.G.B. gewisse Kategorien von strafbaren Handlungen zu bezeichnen, bei denen neben der Hauptstrafe auf den Verlust gewisser Rechte erkannt werden kann.

5. Die ausführlichen Motive bemerken zur Rechtfertigung der Auffassung der §§. 31, 32 u. A.:

„Der Ausspruch Köstlin's darf hier angeführt werden:

„daß das System, welches eine für die Ehre nachtheilige Rechtsverminderung mit einer bestimmten Strafart verbinde, zwar, weil auf einer eingewurzelten Volksansicht beruhend, noch immer das herrschende, aber in seiner abstrakten Durchführung das verwerflichste sei."

Eine solche abstrakte Durchführung jenes Systems enthält aber das preußische Strafgesetzbuch in vollster Schärfe. Tritt man der Frage näher, in welcher Weise dasselbe zu modifiziren sei, so würde die Modifikation:

diejenigen Verbrechen, bei welchen nicht nothwendig eine unehrenhafte Gesinnung vorausgesetzt werden müsse, nicht unbedingt mit Zuchthaus, vielmehr bloß mit Gefängniß zu bedrohen,

einentheils zu weit gehen, anderntheils den vorgesteckten Zweck nicht genügend erreichen. Die im preußischen Strafgesetzbuche mit Zuchthaus bedrohten Handlungen sind nämlich ihrer überwiegenden Mehrzahl nach solche, daß sie selbst in denjenigen Fällen, in welchen sie nicht aus entehrenden Motiven hervorgegangen sind, und darum auch in der Strafe nicht mit entehrenden Folgen verbunden sein sollten, ihrer Gefährlichkeit nach und im Hinblicke auf ihre Folgen als so schwere Rechtsverletzungen erscheinen, für welche die leichtere Repression durch Gefängniß nicht die adäquate Ahndung sein würde, eine solche vielmehr nur in der schwereren Repression des Zuchthauses gefunden werden kann. Eine alternative Androhung von Zuchthaus als der entehrenden oder Gefängniß als der nicht entehrenden Freiheitsstrafe hätte aber das Bedenken gegen sich, daß es gesetzgeberisch nicht empfohlen werden kann, dem richterlichen Ermessen einen so weit ausgedehnten Spielraum zu geben. Auch das preußische Strafgesetzbuch hat ein solches Ermessen nur in sehr wenigen bestimmt ausgezeichneten Fällen, nämlich beim schweren Diebstahl und der schweren Hehlerei im wiederholten Rückfall (§§. 219 Nr. 2; 240 Nr. 2), und auch hier nur beim Vorhandensein mildernder Umstände als zulässig angenommen.

Ueberdies würde, wenn man dem Zuchthaus in der einen oder in der anderen vorangegebenen Weise die Gefängnißstrafe substituiren wollte, weil die Schwere des Verbrechens keineswegs der Ehrlosigkeit desselben parallel gehe, die Folgerichtigkeit dahin führen, den von dem Entwurf auf ein Jahr festgesetzten Mindestbetrag der Zuchthausstrafe noch mehr herabzusetzen uud den Höchstbetrag der Gefängnißstrafe über fünf Jahre zu erhöhen. Solches ist denn auch in einzelnen Gesetzgebungen geschehen; z. B. in Lübeck und Hamburg, woselbst der Mindestbetrag der Zuchthausstrafe drei beziehungsweise sechs Monate beträgt, und der Höchstbetrag der Gefängnißstrafe dem Höchstbetrag der Zuchthausstrafe von zwanzig beziehungsweise fünfundzwanzig Jahren gleichgestellt ist. Diese Herabsetzung und Erhöhung ist aber mit dem Charakter und dem Zwecke beider Strafarten schwer in Einklang zu bringen, ganz abgesehen von den praktischen Bedenken, welche sich aus der gegenwärtigen Einrichtung der Gefängnißanstalten gegen eine so wesentliche Erhöhung der Gefängnißstrafen ergeben.

Muß man deshalb eine solche Herabsetzung und Erhöhung für unzulässig halten, so ist andererseits daran festzuhalten, daß für viele Fälle die Verbindung der Ehrenstrafen mit einer niedrigeren als einjährigen Freiheitsstrafe nicht zu entbehren ist. Führt dieses dazu, auch mit der Gefängnißstrafe fakultativ den Verlust der Ehrenrechte zu verbinden, so ist die nothwendige Folge, daß die Gefängnißstrafe, wenigstens ihrer äußeren Erscheinung nach, theils einen entehrenden, theils einen nicht entehrenden Charakter hat. Hiermit würde aber der Hauptgrund der Unterscheidung zwischen der Zuchthausstrafe, als der entehrenden, und der Gefängnißstrafe, als der nicht entehrenden Freiheitsstrafe, wieder hinwegfallen.

Erwägt man ferner, daß nach einer vielfach verbreiteten Auffassung auch der Gefängnißstrafe eine entehrende Wirkung beigelegt wird, und daß andererseits, im Gegensatz zu der Auffassung des Gesetzes, die gewöhnliche Meinung bei manchen mit Zuchthaus bestraften Verbrechen dennoch wenig geneigt erscheint, die Verurtheilten für entehrt zu erachten, so wird die Gesetzgebung überhaupt Bedenken tragen müssen, die schwankende Volksansicht über die Wirkung einer Strafart zur alleinigen Richtschnur ihrer Satzungen zu machen und mit der äußerlichen Anwendung eines bestimmten Strafmittels unabänderlich gewisse Ehrenfolgen zu verbinden. Dieselbe wird vielmehr auf den oben ausgesprochenen, an sich unbestrittenen Satz zurück gehen müssen:

daß es die That mit ihren Beweggründen ist, welche über die Ehrlosigkeit des Thäters entscheidet.

Die Anerkennung dieses Grundsatzes erscheint übrigens auch als eine folgerichtige Erweiterung der bereits im preußischen Strafgesetzbuch gegebenen Bestimmung: daß nicht die Verbüßung der Strafe, sondern die Verurtheilung zur Zuchthausstrafe den Verlust der Ehrenrechte nach sich zieht. Der Entwurf beseitigt nur die dieser Bestimmung zu Grunde liegende, oben als unzulässig bezeichnete Rechtsvermuthung, daß jeder zu Zuchthaus Verurtheilte aus ehrlosen Beweggründen gehandelt habe.

Aus allen diesen Gründen ist der Entwurf in dem §. 29 (St.G.B. §. 32) zu dem Vorschlage gelangt:

sowohl bei der Zuchthausstrafe wie bei der Gefängnißstrafe es dem richterlichen Ermessen zu überlassen, den Verlust der Ehrenrechte zu verhängen."

6. An diese Begründung der Motive sei zum Schluß dieser allgemeinen Bemerkungen noch die theilweise Mittheilung des von der Kommission der Zweiten badischen Kammer durch den Abg. Beck erstatteten, in Form und Inhalt gleich ausgezeichneten Berichts zu dem badischen Gesetz vom 2. Okt. 1863, betreffend den Vollzug der Arbeitshausstrafe in Einzelhaft, geknüpft. Bei der Berathung jenes Gesetzes handelte es sich darum, ob es gesetzlich zuzulassen, daß die (für geringe Vergehen bestimmte) Arbeitshausstrafe in der Einzelhaft des Zuchthauses namentlich in Bruchsal verbüßt werde. Der Bericht erörtert die Frage: ob Zuchthausstrafe und jene Arbeitshausstrafe in derselben Anstalt verbüßt werden könne, und bemerkt:

„Man meint, das Volk könne dadurch leicht in seinen sittlichen und Rechtsbegriffen hinsichtlich des verschiedenen Grades der Schwere der Verbrechen und ihrer Strafbarkeit beirrt und verwirrt werden. . . . Mit der Berufung auf das Urtheil des Volkes hat es überall eine eigenthümliche Bewandtniß. Was man selbst meint, ist man gern geneigt, für ein Volksurtheil zu halten; oder man hält die Stimmung eines Bruchtheils sofort als allgemeinen Ausdruck des Volksbewußtseins. . . . Es ist Thatsache, die auf vielen konkreten Fällen beruht, daß das Volk oft ganz anders und menschlich gerechter, bald strenger, bald milder urtheilt, als unser Strafsystem. Es beklagt z. B. oft einen Menschen, der im Affekt eine That begeht, worauf die Gesetze eine schwere Strafe, die des Zuchthauses, setzen und nach der Beschaffenheit der That setzen müssen; es nimmt einen solchen, hat er seine Strafe erstanden, wieder in seine Mitte auf, ganz unbekümmert um die vom Gesetz verhängten Ehrenfolgen, dagegen wendet es sich von der zahlreichen Klasse der Arbeitshaussträflinge, von den moralischen Lumpen und Gaunern mit Scheu ab, und gestattet ihnen nie einen Anspruch auf rechtliche Ebenbürtigkeit. Bei einer ganzen Klasse von Vergehen, den politischen, namentlich aber den Preßvergehen, befindet sich das Urtheil des Volkes nicht selten im Widerspruch mit dem Urtheil der positiven Gesetze. Der Grund ist stets ein und derselbe. Das Volk mißkennt nicht die Bedeutung, noch die größere oder mindere Schwere einer verbrecherischen That; aber den Thäter selbst beurtheilt es nach den Motiven, überhaupt nach dem Werth seiner individuellen Persönlichkeit. Kurz, das Volk bewahrt gewissermaßen heute noch in seinen Urtheilen die altpersische Rechtssitte, nach der bekanntlich, wenn Jemand wegen eines Vergehens vor Gericht angeklagt ward, in seinem ganzen Leben nachgeforscht wurde, ob er mehr des Guten oder des Bösen gethan, worauf dann je nach Befund ein verdammendes oder lossprechendes Urtheil erfolgte.

Indeß auch angenommen, die sog. öffentliche Meinung knüpfe Grad und Beschaffenheit der Schuld an den Strafort und nicht an die That oder Beschaffenheit des Verbrechens, so kann dies auf legislativem Standpunkt kein Grund sein, ein Vorurtheil maßgebend sein zu lassen, vielmehr wird der Gesetzgeber der Meinung zum Siege verhelfen müssen: daß überall das Entehrende in der verbrecherischen Handlung und in der ihr zu Grunde liegenden Gesinnung, nicht aber in der vom Gesetz verhängten Strafe oder gar in der Strafart zu suchen und zu finden sei."

Im Uebrigen vgl. Motive S. 51 ff., Rede des Abg. Miquél in den stenogr. Ber. des Reichstags S. 333 und besonders die Ausführungen Merkel's in seiner Kritik des I. Entwurfs (Verhandlungen des 9. Deutsch. Juristentages Bd. I, S. 32 ff.).

§. 31. Die Verurtheilung zur Zuchthausstrafe hat die dauernde Unfähigkeit zum Dienste in dem Deutschen Heere und der Kaiserlichen Marine, sowie die dauernde Unfähigkeit zur Bekleidung öffentlicher Aemter von Rechtswegen zur Folge.

Unter öffentlichen Aemtern im Sinne dieses Strafgesetzes sind die Advokatur, die Anwaltschaft und das Notariat, sowie der Geschworenen- und Schöffendienst mitbegriffen.

Pr. §. 12 Nr. 2, 6; E. I. §. 30 A. 1; E. II. §. 28; St.B. S. 205 bis 213. Vgl. §§. 20, 33, 35, 359; V.O. v. 29. Febr. 1867 u. Pr. G. v. 15. April 1852 (B.G.Bl. 1867 S. 185, 302 G.S. 1852 S. 115); M.St.G.B. §§. 30 ff.

1. Vgl. die allgemeinen Vorbemerkungen zu §§. 31, 32 oben S. 122 ff.

2. Das St.G.B. hat die vorher begründete Auffassung nicht mit voller Konsequenz durchgeführt. Der §. 31 läßt einzelne Folgen der Verurtheilung zu Zuchthaus von Rechtswegen bestehen. Bei einzelnen Verbrechen legt es außerdem die Verpflichtung auf, den Verlust der Ehrenrechte auszusprechen.

Die Motive bemerken hierüber:

Indem der Entwurf darauf verzichtete, von vornherein den Eintritt der Ehrenfolgen kategorisch mit der Freiheitsstrafe zu verbinden, glaubte er dennoch das Prinzip des richterlichen Ermessens nicht bis zu den äußersten Folgen führen zu müssen.

Zunächst nämlich verbindet der §. 28 (jetzt §. 31) mit jeder Verurtheilung zur Zuchthausstrafe die dauernde Unfähigkeit zum Dienste im Bundesheere und in der Bundesmarine, sowie zur Bekleidung öffentlicher Aemter von Rechtswegen. Diese Wirkung der Zuchthausstrafe stellte sich als eine nothwendige heraus. Die Unfähigkeit der zu Zuchthausstrafe Verurtheilten zum Wehrdienst entspricht nicht nur der bestehenden Militärgesetzgebung*), sondern auch einer allgemeineren Auffassung.

Nicht minder gerechtfertigt ist es, sowohl die Befugniß wie die Berechtigung zur Anstellung im öffentlichen Dienste als mit einer Verurtheilung zu Zuchthausstrafe unverträglich zu erklären. Denn die Bekleidung öffentlicher Aemter setzt ein besonderes Vertrauen und ein nach jeder Seite ungeschwächtes Ansehen in der Person ihrer Träger voraus. Der zur Aufrechthaltung der Gesetze öffentlich Angestellte hat die erhöhte Pflicht, seine Handlungen dem Gesetze gemäß einzurichten, und wenn der Entwurf die Verletzungen dieser Pflicht im Abschnitt 28 unter besondere Strafbestimmungen stellt, so ist der Gesetzgeber ebenso berechtigt wie verpflichtet, es für sich in Anspruch zu nehmen, die Unfähigkeit zu öffentlichen Aemtern abweichend von den übrigen Ehrenfolgen zu behandeln und die Rückwirkung einer erkannten Zuchthausstrafe auf die Fähigkeit, öffentliche Aemter zu bekleiden, im Voraus zu bestimmen.

Unter öffentlichen Aemtern im strafrechtlichen Sinne begreift der Abs. 2 des §. 28 des Entwurfs (jetzt §. 31) die Advokatur, die Anwaltschaft und das Notariat, sowie den Geschworenen- und Schöffendienst, weil auf diese Funktionen, von denen die Träger der erstern in einzelnen Bundesstaaten übrigens zu den Beamten gezählt werden, die vorangeführten Gründe ebenso, wie auf eigentliche Beamte Anwendung finden. Daß es, von dieser Rücksicht abgesehen, dem Entwurf fern liegt, die Geschworenen und Schöffen den Beamten gleich zu stellen, bedarf kaum der Erwähnung, wird auch durch die Bestimmung im §. 355 (jetzt §. 359) des Entwurfs ausdrücklich widerlegt.

Die andere Ausnahme des angegebenen Grundsatzes ist die, daß der Entwurf bei einzelnen Verbrechen und Vergehen vorschreibt, daß mit der zu erkennenden Freiheitsstrafe der Verlust der Ehrenrechte verbunden werden müsse. Dies ist der Fall: in den §§. 151—153, 158 (jetzt 153—155, 161) (Meineid), §. 179 (jetzt 181) (qualifizirte Kuppelei).

Diese Ausnahme erscheint mit Rücksicht auf die besondere Natur der bezeichneten strafbaren Handlungen gerechtfertigt, wie sich denn auch die beim Meineide (§. 161) ausgesprochene Unfähigkeit des Verurtheilten, als Zeuge oder Sachverständiger eidlich vernommen zu werden, aus dem Charakter dieses Verbrechens von selbst erklärt.

---

*) Vgl. das Gesetz vom 15. April 1852 (B.G.Bl. 1867 S. 303), jetzt M.St.G.B. §§. 15, 31, 42.

3. Die Bestimmungen des §. 31 erfuhren insofern, als die Unfähigkeit zum Wehrdienst mit der Zuchthausstrafe verknüpft bleibt, im Reichstage starken Widerspruch, welcher durch Mehrheitsbeschluß zwar beseitigt wurde, aber zur Folge hatte, daß bei den politischen Verbrechen Festungshaft und bei der Körperverletzung (§§. 224, 226) Gefängniß neben der Zuchthausstrafe alternativ angedroht und außerdem der §. 20 aufgenommen wurde.

4. Der Begriff „öffentliches Amt im Sinne dieses Strafgesetzes" ist weiter als der des Beamten (§. 359). Derselbe umfaßt zunächst die Stellungen der im §. 359 bezeichneten Personen, für deren Qualifizirung als Beamte das Verfassungsrecht des Bundes bez. der Bundesstaaten maßgebend ist. Außerdem soll nach §. 31 die Stellung der Advokaten und Anwalte, der Geschworenen- und Schöffendienst strafgesetzlich als öffentliches Amt angesehen werden. (Vgl. §§. 33, 34 Nr. 3, 35—37, 128, 129, 358.)

Als öffentliches Amt im Sinne des St.G.B. ist das geistliche Amt nicht anzusehen, daher kann dasselbe nicht durch strafrichterliches Erkenntniß entzogen werden. Berlin 28. Mai, 17. Juni, 12. Nov. 74, 4. Febr. und 1. Nov. 76 (Goltd. **XXII**, 735, 491, 589, **XXIV**, 222, 556, O.R. **XV**, 335, 422, 768, **XVII**, 89, St. **IV**, 118, 97, 295, **VI**, 217). R.G. **I**, 13. März 84, **E. X**, 199. Dagegen übt der Geistliche, welcher den Religionsunterricht in einer öffentlichen Schule ertheilt, ein öffentliches Amt aus. Berlin 12. Okt. 74 (O.R. **XV**, 655, Goltd. **XXII**, 555). Auch insoweit der Pfarrer durch Staatsgesetze mit der Verwaltung des Kirchenvermögens betraut ist. Berlin 30. April 73 (O.R. **XIV**, 318, Goltd. **XXI**, 358, St. **III**, 41), 16. Nov. 76 (O.R. **XVII**, 743, Goltd. **XXIV**, 558). A. M. Wolfenbüttel 14. Sept. 75 (St. **VI**, 58), welches das Pfarramt zu den öffentlichen Aemtern zählte.

5. Die rechtskräftige Verurtheilung zieht die dauernde Unfähigkeit zu öffentlichen Aemtern, also auch den Verlust der bekleideten Aemter nebst dem Anspruch auf Gehalt und eine künftig zu bewilligende Pension, von Rechtswegen, also ohne einen darauf gerichteten Ausspruch im Urtheile, nach sich. Ausgeschiedene Beamte dagegen behalten ihre Ruhegehalte ebenso, wie diejenigen Beamten, deren Pensionsbezug wegen erfolgter Wiederanstellung nur geruht hat. Vgl. auch M.St.G.B. §. 32 und M.Pensionsgesetz v. 27. Juni 1871 (R.G.Bl. S. 275) §§. 32, 100.

6. Die einmal verhängte Zuchthausstrafe zieht die Unfähigkeit zum Amte und damit den Verlust des bekleideten Amtes nach sich, wenn dieselbe auch nicht zum Vollzuge kommt, wie wegen Anrechnung der Untersuchungshaft, Verjährung des Strafvollzugs, Begnadigung. Die Wiedererlangung der Fähigkeit, ein öffentliches Amt zu bekleiden, würde Rehabilitation erfordern, deren Zulässigkeit und Bedingungen nach dem Staatsrechte des treffenden Bundesstaates zu beurtheilen sind. Die Wiedererlangung des verlorenen Amtes könnte aber auch in diesem Falle nur durch eine neue Verleihung erfolgen.

7. Würden und Titel sind nicht unter die öffentlichen Aemter zu rechnen, sondern gehen nur mit der Aberkennung der Ehrenrechte (§§. 32, 33) verloren.

§. 32. **Neben der Todesstrafe und der Zuchthausstrafe kann auf den Verlust der bürgerlichen Ehrenrechte erkannt werden, neben der Gefängnißstrafe nur, wenn die Dauer der erkannten Strafe drei Monate erreicht und entweder das Gesetz den Verlust der bürgerlichen Ehrenrechte ausdrücklich zuläßt oder die Gefängnißstrafe wegen Annahme mildernder Umstände an Stelle von Zuchthausstrafe ausgesprochen wird.**

Die Dauer dieses Verlustes beträgt bei zeitiger Zuchthausstrafe mindestens zwei und höchstens zehn Jahre, bei Gefängnißstrafe mindestens Ein Jahr und höchstens fünf Jahre.

Pr. §§. 7, 11, 21; E. I. §. 25; E. II. §. 29; St.B. S. 213 u. 1146 (Druckf. 182 Nr. 10).

Vgl. §§. 20, 45, 76, 161, 181; M.St.G.B. §§. 30 ff.

1. Vgl. die allgemeinen Vorbemerkungen zu §§. 31—32 oben S. 122 ff.

2. Der §. 32 gibt dem Richter die Befugniß, auf den Verlust der b. E. zu erkennen. Die Verpflichtung hierzu hat er nur bei Meineid (§. 161), schwerer Kuppelei (§. 181), und gewohnheits- oder gewerbsmäßigen Wucher (§. 302^{d}). Vgl. oben die Motive zu §. 31 a. E.

Neben der Todesstrafe und lebenslänglichen Zuchthausstrafe ist der Verlust von selbst dauernd (vgl. R.G. I, 10. März 1887, R. IX, 175), neben der zeitigen Zuchthausstrafe und neben Gefängniß ist die Dauer (auch bei Meineid, schwerer Kuppelei und Wucher) auf eine bestimmte, in Gemäßheit des Abs. 2 festzusetzende Zeit zu verhängen.

Neben Gefängnißstrafe läßt das St.G.B. diesen Verlust ausdrücklich zu in den §§. 49a, 108, 109, 133, 142, 143, 150, 160, 161, 164, 168, 173, 175, 180, 183, 248, 256, 262, 263, 266, 280, 284, 289, 294, 302, 302a, b, d, 304, 329, 333, 350.

Wegen Annahme mildernder Umstände kann an Stelle von Zuchthausstrafe Gefängnißstrafe ausgesprochen, also nach Abs. 1 der Verlust der bürgerlichen Ehrenrechte auf Zeit (Abs. 2) erkannt werden: in den Fällen des §. 115 Abs. 2, 116 Abs. 2, 118, 125 Abs. 2, 146, 147, 171, 174, 176, 177, 179, 213, 217, 218, 239 Abs. 2 u. 3, 243, 244, 249, 250, 252, 255, 258, 261 Abs. 1 u. 2, 264, 265, 268, 270, 272, 273, 308, 311, 332, 334 Abs. 2, 340 Abs. 2, 346, 347 Abs. 1, 351.

Nicht gehören hierher diejenigen Fälle, in welchen auch ohne Annahme mildernder Umstände Gefängnißstrafe die regelmäßige Strafe ist, oder wenn diese in Zuchthaus oder einer anderen Strafe alternativ besteht. A. M. Rubo N. 3b.

Es ist nicht ausdrücklich vorgeschrieben, aber üblich, die Ehrenrechte nur nach vollen Jahren abzuerkennen.

3. Bei der Todesstrafe ist die Möglichkeit der Verhängung des Verlustes der b. E. mit Rücksicht auf die Zeit bis zur Vollstreckung und auf den Fall der Begnadigung gegeben. (Vgl. Anlage II zu den Motiven „über die Todesstrafe" S. 34.) Ist nicht auf Ehrverlust erkannt, so kann die Begnadigung zu Zuchthaus diesen Ehrverlust nicht von selbst zur Folge haben. Dies ergibt sich daraus, daß die Zuchthausstrafe jenen Verlust nicht mehr von Rechtswegen zur Folge hat. Dagegen müssen die im §. 31 festgesetzten Folgen eintreten. Hälschner preuß. Str.R. II, 1 S. 453. D.Str.R. I, 622, Olshausen §. 31 N. 3 und §. 32 N. 2, Oppenhoff N. 2.

4. Wegen der Ehrenfolgen beim Versuch, der Theilnahme und der realen Konkurrenz vgl. §§. 45, 48 Abs. 2, 49 Abs. 2, 76, bei Jugend §. 57 Ziff. 5.

5. Neben der Gefängnißstrafe kann der V. d. b. E. nur dann verhängt werden, wenn der Richter auf eine Strafe von mindestens 3 Monaten erkennt. — Bei realkonkurrirenden Delikten darf nur dann auf V. d. b. E. erkannt werden, wenn die Einzelstrafe des betreffenden Delikts auf mindestens 3 Monate bestimmt wird. Berlin 30. April 74 (Goltd. XXII, 412, O.R. XV, 265), München 30. Nov. 74 (St. IV, 250), Stuttgart 6. Nov. 72 (St. II, 140). R.G. I, 5. Febr. 80, R. I, 321. Dagegen kann auch bei Erkennung einer Gesammtstrafe, sei es gemäß §. 74, sei es gemäß §. 79, der V. d. b. E. auf länger als 10 Jahre nicht erkannt werden, aus welchen Einzelstrafen auch die Gesammtstrafe gebildet ist. R.G. II, 12. Mai 82, R. IV, 479.

6. Will der Richter den Verlust der b. E. nicht aussprechen, so hat er nach §. 35 die Befugniß, nur die Unfähigkeit zu Bekleidung öffentlicher Aemter zu verhängen.

7. Bei einer zweiten Verurtheilung kann und muß geeignetenfalls auf V. d. b. E. erkannt werden, selbst wenn die in dem früheren Urtheil bestimmte Dauer noch nicht beendigt wäre.

8. Die meisten Einführungsgesetze haben die vor Geltung des St.G.B. auf Lebenszeit erkannten oder von Rechtswegen an die Verurtheilung geknüpften Ehrenstrafen nach Maßgabe des §. 32 auf 10 bez. 5 Jahre herabgesetzt. Vgl. Bayern Art. 46 ff. Für Preußen vgl. den generellen Gnadenerlaß v. 28. Februar 1872 (Pr. G.S. S. 259), welcher sich auch auf die nach den älteren Strafgesetzen (vor dem St.G.B. v. 14. April 1851) erstreckt; vgl. Reskr. des Min. d. Innern v. 4. Jan. 1873 (Min.Bl. f. d. inn. V. S. 11).

9. Sollte das rechtskräftig gewordene Urtheil verabsäumt haben, die Dauer des Verlusts der bürgerlichen Ehrenrechte zu bestimmen, so will Berlin 12. Jan. 70 (O.R. XI, 16) einem solchen Urtheile die Wirksamkeit in Bezug auf die Ehrenrechte überhaupt versagen, Rubo S. 355, 356 nimmt an, es sei das Minimum der Dauer als erkannt anzunehmen, während Oppenhoff Note 10 zu §. 32 die Wirkung auf die ganze Lebensdauer erstrecken will. Es dürfte der Ansicht Rubo's beizustimmen sein, da das Urtheil weder zu ignoriren, noch eine über das Minimum sich erstreckende Dauer, noch weniger die ungesetzliche Dauer auf Lebenszeit zu vermuthen ist.

Eine nicht ganz klare Mittelmeinung vertritt Puchelt §. 32 N. 10 und dieser tritt scheinbar Olshausen N. 12 bei. Die Aberkennung der Ehrenrechte auf eine gesetzlich nicht zulässige Zeit, z. B. unter zwei Jahren, oder unter nicht gesetzlichen Voraussetzungen; z. B. ohne daß die Gefängnißstrafe drei Monate erreicht, würde, wenn das Urtheil die Rechtskraft erlangt, wirksam sein.

10. Bei dem Aberkennen der bürgerlichen Ehrenrechte ist auf die praktischen Folgen, wie bei Verurtheilung von Ausländern, eine Rücksicht nicht zu nehmen. Berlin 2. Mai 76 (O.R. XVII, 297).

11. §. 358 begründet eine Ausnahme von §§. 32, 35, so daß in den dort bezeichneten Fällen die Aberkennung der Fähigkeit zur Bekleidung öffentlicher Aemter auch mit Gefängnißstrafen unter drei Monaten verbunden werden kann. Berlin 15. Febr. 77 (O.R. XVIII, 130, Goltd. XXV, 58, St. VII, 203).

§§. 33—36.

1. Vgl. die allgemeinen Vorbemerkungen zu §§. 31, 32 oben S. 122 ff.

2. Die §§. 33—36 bestimmen die Wirkungen, welche der erkannte „Verlust der bürgerlichen Ehrenrechte", d. h. die Aberkennung der b. E. haben soll.

Der §. 33 bezeichnet diejenigen bereits erworbenen Rechte, welche dauernd verloren gehen, — der §. 34 bezeichnet diejenigen Rechte, welche zu erwerben der Verurtheilte für die bestimmte Zeit unfähig werden soll.

3. Bezüglich der öffentlichen Aemter (§. 31 A. 2) ist insbesondere zu merken:

a. Bei einer Verurtheilung zu Zuchthausstrafe tritt bezüglich der öffentlichen Aemter die Wirkung der §§. 33 und 34, auch ohne daß auf V. d. b. E. erkannt wird, nach §. 31 schon von Rechtswegen und nach beiden Richtungen auf Lebenszeit ein.

b. Hält es der Richter bei einer Verurtheilung zu Gefängnißstrafe nach Lage der Sache nicht für angemessen, allgemein auf V. d. b. E. zu erkennen, so gibt ihm der §. 35 die Möglichkeit, die Wirkungen der §§. 33, 34 auf die öffentlichen Aemter zu beschränken. ((Vgl. zu §. 35.)

c. In dem speziellen Theil kennt das St.G.B. zufolge der Reichstagsbeschlüsse noch neben der Festungshaft und Gefängnißstrafe den (dauernden) Verlust der bekleideten öffentlichen Aemter (sowie der aus öffentlichen Wahlen hervorgegangenen Rechte), auf welchen Verlust der Richter erkennen kann. Es handelt sich dabei also um eine vereinzelte Wirkung des §. 33. Dieses sind die Fälle der §§. 81, 83, 84, 87—91, 94, 95.

d. Die vorstehend zu b ausgedrückte richterliche Befugniß findet sich im speziellen Theil bei einzelnen Vergehen der Beamten besonders hervorgehoben, nämlich in den §§. 128, 129, 358. Auch in diesen Fällen tritt mit der Unfähigkeit der Verlust der bekleideten Aemter ein. (§. 35 A. 2.)

e. Das Einf.-G. §. 5 beschränkt die Kompetenz der Landesgesetzgebung auf „Entziehung öffentlicher Aemter", also auf die sub c erwähnte Nebenstrafe und zwar ohne den Verlust der aus öffentlichen Wahlen hervorgegangenen Rechte. (Vgl. St.B. S. 776.)

4. Der Kompetenz der Landesgesetzgebung ist die Festsetzung von Ehrenfolgen als Wirkung einer strafrechtlichen Verurtheilung, und zwar sowohl der einzelnen, wie der sämmtlichen im St.G.B. vorgesehenen, für die Zukunft gänzlich entzogen, mit der alleinigen unter 3 e vorher erwähnten Ausnahme. (Vgl. E.G. §. 5.)

5. Eine schwierigere Frage ist es: welchen Einfluß die vorliegenden Bestimmungen des St.G.B. auf die bestehenden (Reichs- und) Landesgesetze haben. Zunächst ist hier auf die Entstehungsgeschichte zurückzugehen. An Stelle der entsprechenden Vorschrift des preuß. St.G.B. §. 12 Schlußsatz:

> „Insofern nach den bestehenden besondern Vorschriften in Folge der Begehung von strafbaren Handlungen der Verlust noch anderer als der vorstehend erwähnten Rechte, namentlich der Mitgliedschaft an kaufmännischen und anderen Korporationen eintritt, behält es bei diesen Bestimmungen sein Bewenden." (Vgl. Beseler S. 111, Goltdammer Mat. I S. 176.)

bestimmte der II. E. §. 34:

> „Besondere zur Zeit des Erlasses dieses Gesetzes bestehende Vorschriften, welche den Verlust noch anderer als der in den §§. 30 u. 31 (jetzt 33, 34) bezeichneten Ehrenrechte an

die Verurtheilung wegen einer strafbaren Handlung knüpfen, werden durch die Bestimmungen der §§. 28—33 (jetzt 31—36) nicht berührt."

und die Motive bemerken dazu:

„Der Entwurf geht davon aus, daß in den §§. 33, 34 sämmtliche Ehrenfolgen enthalten sind, welche sich an die Verurtheilung wegen einer strafbaren Handlung knüpfen. Dieselben treten überall an Stelle derjenigen Folgen, welche in den Landesgesetzen, sofern dieselben überhaupt neben dem Bundesstrafgesetzbuche in Kraft bleiben, allgemein mit einer strafrechtlichen Verurtheilung bezüglich der Ausübung bürgerlicher Ehrenrechte durch den Verurtheilten verbunden sind. Der Kreis dieser Folgen kann durch die Landesgesetzgebung weder erweitert noch verengt werden. Die Mannigfaltigkeit des Rechtszustandes in den einzelnen Bundesstaaten machte es indessen unmöglich, festzustellen, inwieweit in den bestehenden besondern Vorschriften, namentlich solchen, welche nicht zu den eigentlichen Strafgesetzen zu zählen sind, gewisse Ehrenfolgen als Wirkungen einer strafrechtlichen Verurtheilung enthalten sind. Eben deshalb verbot sich auch ein Eingreifen in diese Spezialgesetze, und wenn es sich auch rechtfertigen mußte, die Einführung solcher Folgen für die Zukunft nicht zuzulassen, dieselbe vielmehr der Bundesgesetzgebung zu vindiziren, so war es doch andererseits geboten, dieselben, soweit sie beim Erlaß des Bundes-Strafgesetzbuchs bestehen, formell aufrecht zu erhalten, und es der Landesgesetzgebung zu überlassen, diese Sonderbestimmungen mit dem Sinn und Zweck des Bundesgesetzes in Uebereinstimmung zu bringen.

In die Autonomie von Korporationen, insbesondere in die Befugniß derselben, die Bedingungen der Mitgliedschaft in ihren Statuten festzusetzen, hat der Entwurf überhaupt nicht eingreifen wollen. Aus diesem Grunde sind auch die im §. 12 des preußischen Strafgesetzbuchs enthaltenen Worte: „namentlich der Mitgliedschaft an kaufmännischen und anderen Korporationen" in den Entwurf nicht aufgenommen."

Der Reichstag hat den Paragraphen gestrichen, in der von den auftretenden Rednern (Lasker, Graf Schwerin) erklärten Absicht, daß strafgesetzlich keine andern, als die in dem St.G.B. enthaltenen Ehrenfolgen zulässig sein sollen. Anerkannt wurde jedoch, daß in das autonomische Recht von Korporationen nicht eingegriffen werden solle.

Es folgt hieraus in Verbindung mit §. 6 des Einf.-Ges.: daß **andere** Folgen als die im R.St.G.B. festgesetzten als Wirkung strafrechtlicher Verurtheilung nicht mehr eintreten können, mögen sie in älteren Reichs- oder älteren Landes-, Straf- oder anderen Gesetzen enthalten sein. (Vgl. über die in einzelnen Ländern vorkommenden Ehrenstrafen: Teichmann in v. Holtzendorff's Rechtslexikon S. 315.)

Danach muß z. B. die Bestimmung in §. 3 Ziff. 4 Abs. 2 des Reichs-Wahlgesetzes vom 31. Mai 1869 (B.G.Bl. S. 145):

„Ist der Vollgenuß der staatsbürgerlichen Rechte wegen politischer Vergehen oder Verbrechen entzogen, so tritt die Berechtigung zum Wählen wieder ein, sobald die außerdem erkannte Strafe vollstreckt oder durch Begnadigung erlassen ist." (Vgl. §. 36.)

für beseitigt erachtet werden. Auch scheint es konsequent, den §. 3 Ziff. 4 Abs. 1 in denjenigen Fällen nicht anzuwenden, in denen Zuchthausstrafe ohne den Verlust der Ehrenrechte ausgesprochen ist, obwohl der Fall kaum praktisch sein dürfte.

Aufgehoben sind ferner die Bestimmungen der Landesgesetze, welche den Verlust des Adels an eine strafrechtliche Verurtheilung knüpfen. Ein Gleiches gilt bezüglich der Unfähigkeit, als Zeuge oder Sachverständiger eidlich vernommen zu werden, vorbehaltlich der Rückwirkung früherer Verurtheilungen, insofern dieselben nicht durch Ablauf der Zeit oder besondere gesetzliche Bestimmungen beseitigt sind (vgl. als Beispiel Bayern Einf.Vollz.Ges. v. 1871 Art. 48); selbst beim Meineide (§. 161) hängt die letztere Folge von einer ausdrücklichen Verurtheilung ab.

Aufgehoben endlich sind alle Bestimmungen, welche (vgl. den vorangeführten §. 3 Ziff. 4 Abs. 2 des Reichswahlgesetzes) den Eintritt der Wirkung des Verlustes d. b. E. anders, als in den §§. 32, 36 geschehen, bestimmen.

6. Die vorher unter N. 4 erwähnte Ausschließung der Kompetenz der Landesgesetzgebung bezieht sich nicht auf die neben dem St.G.B. in Kraft bleibenden Landesgesetze.

Zunächst sind diese — wie aus dem zu 5 Gesagten folgt — insoweit aufgehoben, als dieselben weitere Ehrenfolgen als das St.G.B. festsetzen.

Soweit letzteres nicht der Fall ist, namentlich soweit sie geringere Folgen eintreten lassen, treten nunmehr nicht ohne Weiteres nach §. 6 Einf.-Ges. die Bestimmungen des St.G.B. ein. Vielmehr muß für diese Fälle nach §. 8 des Einf.-Ges. die Landesgesetzgebung die nähern Vorschriften treffen. (Vgl. zum Einf.-Ges. §. 6 und §. 8.)

7. Das unter 6 Gesagte muß auch bezüglich derjenigen künftig aufgehobenen Landesgesetze gelten, welche deswegen, weil sie im Ganzen milder sind, als die entsprechenden Bestimmungen des St.G.B., vorläufig noch zur Anwendung kommen. (Vgl. zu §§. 2 und 4 des Einf.G.)

8. Gegen Angeschuldigte unter 18 Jahren darf niemals auf Verlust der Ehrenrechte erkannt werden. (§. 57 Nr. 5.)

9. Nicht aufgehoben sind diejenigen Bestimmungen der Landesgesetze, welche den Verlust der in den §§. 33, 34 bezeichneten Rechte bez. die Unfähigkeit zu deren Ausübung an andere Voraussetzungen als eine strafrechtliche Verurtheilung knüpfen. Deshalb bleiben z. B. die im §. 3 Ziff. 1—3 des Reichswahlgesetzes vom 31. Mai 1869 gedachten Ausschließungsgründe vom Wahlrecht bestehen.

Ebenso werden diejenigen Folgen einer strafrechtlichen Verurtheilung, welche sich nicht als eine Schmälerung der Ehrenrechte charakterisiren, in Kraft bleiben, z. B. §. 255 II 2 des preuß. Landrechts, wonach in Folge der Verurtheilung zu harter und schmählicher Zuchthausstrafe die väterliche Gewalt aufhört. (Vgl. Oppenhoff zu §. 34 N. 12.) — Nach §. 858 R.Civ.Pr.O. können Personen, welchen die b. E. aberkannt sind, als Schiedsrichter abgelehnt werden.

§. 33. **Die Aberkennung der bürgerlichen Ehrenrechte bewirkt den dauernden Verlust der aus öffentlichen Wahlen für den Verurtheilten hervorgegangenen Rechte, ingleichen den dauernden Verlust der öffentlichen Aemter, Würden, Titel, Orden und Ehrenzeichen.**

Pr. §§. 12 Nr. 2, 22; E. I. §. 26; E. II. §. 30; St.B. S. 213—215.

Vgl. §§. 20, 161; Genossensch.G. v. 4. Juli 1868 §. 38; Kaiserl. Erl. v. 20. Mai 1871 Nr. 5 (Kriegsdenkmünzen); Gew.O. §§. 83, 86; Wahlges. f. d. Reichstag v. 31. Mai 1869 §. 3 (B.G.Bl. S. 145; jetzt Reichsgesetz).

1. Vgl. die allgemeinen Vorbemerkungen zu §§. 33—36 (oben S. 129 ff.) und zu §§. 31, 32 oben S. 122 ff.

2. Unter den Rechten, welche verloren gehen, fehlt der Verlust des Adels. Der II. E. hatte (§. 31 Ziff. 4) noch die Unfähigkeit „den Adel zu führen" beibehalten. Dieses wurde im Bundesrath gestrichen. (Vgl. oben S. 18.)

Ebenso fehlt der Verlust von Ruhe- und Gnadengehalten der entlassenen Beamten. Der II. E. enthielt denselben noch, er wurde aber im Reichstag beseitigt (St.B. S. 215), weil man in einer gewährten Pension wesentlich nur ein Aequivalent für geleistete Dienste erblickte; vgl. auch oben zu §. 31 N. 5. Daß übrigens der Verlust des Amtes auch den Verlust des Gehaltes oder Wartegeldes für einen Beamten zur Folge hat, ist selbstverständlich.

Bezüglich des Verlustes von Würden, Titel, Orden und Ehrenzeichen ist ein Unterschied zwischen inländischen und ausländischen nicht gemacht. (Vgl. Hälschner, Preuß. Str.R. II, 1 S. 460 d. Str.R. I, 605 und Oppenhoff n. 11; Goltdammer, Mat. I, S. 144, 169, Berner S. 233.) Streitig ist, ob Würden ausländischer Universitäten hierher gehören. Dies verneint Olshausen N. 8, ebenso bei ausländischen Orden, bei denen er nur die ertheilte Genehmigung zur Anlegung als aufgehoben erachtet. Letzteres ist inconsequent; entweder fallen diese Orden u. s. w. unter §. 33, dann sind sie entzogen, oder sie fallen nicht unter §. 33, obgleich dieser nicht unterscheidet; dann sind sie überhaupt durch §. 33 nicht berührt. Von Entziehung einer Genehmigung spricht §. 33 nicht.

3. Wer nach eingetretenem Verlust, also unbefugt, Würden oder Titel gebraucht, oder Orden und Ehrenzeichen trägt, wird nach §. 360 Ziff. 8 bestraft.

4. Zu den Würden gehört auch der akademische Grad eines Licentiaten und Doktors. (Hälschner preuß. Str.R. II, 1 S. 461 d. Str.R. I, 609, Olshausen N. 7, v. Liszt S. 260 N. 1, H. Meyer S. 438 N. 14, auch Ehrenbürgerrechte gehören hierher. Gl. M. Olshausen N. 7, Hälschner I, 609.)

5. Als Rechte, die aus öffentlichen Wahlen hervorgegangen sind, sind nicht nur die Stellen zu betrachten, die durch die Wahlen vergeben sind, sondern auch alle diejenigen Ehrenrechte und Vortheile, welche mit jenen Stellen verknüpft sind; selbstverständlich aber auch alle Pflichten. Als öffentliche Wahlen sind diejenigen zu betrachten, welche in öffentlichen Angelegenheiten erfolgen, gleichviel wie der Wahlmodus ist. Als solche sind auch die Angelegenheiten gesetzlich an-

erkannter Religionsgesellschaften zu betrachten. (Gl. M. Goltd., Mat. I, 173, John in H. H. III, 85, v. Schwarze N. 4, ähnlich Berner S. 233, H. Meyer S. 437 N. 9, A. M. und nur Staats- und Gemeindewahlen als öffentliche betrachtend, Binding, Grundr. S. 153, ferner Hälschner I, 607, welche nur solche kirchlichen Wahlen als öffentliche anerkennt, die auf Grund staatlicher Gesetze erfolgen.) — Die Wahlen von Korporationen, z. B. kaufmännischer, sind öffentliche, wenn denselben die Ausübung öffentlicher Rechte eingeräumt ist, z. B. eine Standesvertretung gegenüber dem Staat, mithin dieser die Wahlen als zur Vertretung öffentlicher Funktionen legitimirend anerkennt.

6. Der Name „Arzt" dagegen bezeichnet weder eine Würde, noch einen Titel, sondern ein Gewerbe, welches nach §. 143 der Reichs-Gew.-Ordn. durch eine strafrechtliche Verurtheilung nicht mehr entzogen werden kann. — S. auch oben zu §. 32 N. 9.

§. 34. **Die Aberkennung der bürgerlichen Ehrenrechte bewirkt ferner die Unfähigkeit, während der im Urtheile bestimmten Zeit**

1) die Landeskokarde zu tragen;

2) in das Deutsche Heer oder in die Kaiserliche Marine einzutreten;

3) öffentliche Aemter, Würden, Titel, Orden und Ehrenzeichen zu erlangen;

4) in öffentlichen Angelegenheiten zu stimmen, zu wählen oder gewählt zu werden oder andere politische Rechte auszuüben;

5) Zeuge bei Aufnahmen von Urkunden zu sein;

6) Vormund, Nebenvormund, Kurator, gerichtlicher Beistand oder Mitglied eines Familienraths zu sein, es sei denn, daß es sich um Verwandte absteigender Linie handele und die obervormundschaftliche Behörde oder der Familienrath die Genehmigung ertheile.

Pr. §§. 12, 21; E. I. §. 27; E. II. §. 31; St.B. S. 215.

Vgl. §§. 20, 161; die Citate zu §. 33.

1. Vgl. die allgemeinen Vorbemerkungen zu §§. 33—36 oben S. 129 ff. und zu §§. 31, 32 oben S. 122 ff.

2. Die Motive zu §. 34 (§. 31 E. II) sagen:

„Der §. 34 zählt diejenigen Rechte auf, zu deren Ausübung der Verurtheilte während der im Urtheil bestimmten Zeit unfähig wird. Im Allgemeinen schließt sich derselbe gleichfalls an das preußische Strafgesetzbuch an.

Der Kreis der in dem preußischen Strafgesetzbuch ausgesprochenen Wirkungen des Verlustes der bürgerlichen Ehrenrechte ist jedoch dadurch enger gezogen, daß zu jenen Wirkungen nicht mehr der Verlust des Adels (vgl. zu §. 33 N. 2) und die Unfähigkeit gehören soll, als Zeuge oder Sachverständiger eidlich vernommen zu werden. Was insbesondere die Zeugnißfähigkeit betrifft, so gehört diese, wie dies auch bereits andere Strafgesetzgebungen, beispielsweise von Sachsen, Hessen, Oldenburg und Lübeck, anerkannt haben, gar nicht zu den politischen Ehrenrechten, und ihre Untersagung erscheint daher nur da an ihrer Stelle, wo die Natur eines begangenen Verbrechens den Beweis geliefert hat, daß der dieserhalb Verurtheilte derjenigen Zuverlässigkeit entbehrt, die im Interesse der allgemeinen Rechtssicherheit Jeder besitzen soll, den die Gesetze zur Ablegung eines Zeugnisses verstatten.

Einer solchen Zuverlässigkeit entbehrt jedenfalls ein wegen Meineides Verurtheilter, und ihn will daher der Entwurf, wie bereits erwähnt, für zeugnißunfähig erklären."

3. Die auf Grund der frühern Gesetze eingetretenen Verurtheilungen bez. rechtlichen Ehrenfolgen sind nicht ohne Weiteres nach Maßgabe des St.G.B. modifizirt. Sie bleiben vielmehr bis zu einer Abänderung im Wege des Gesetzes oder der Gnade bestehen. Namentlich hat ein früher Verurtheilter die Fähigkeit, als Zeuge oder Sachverständiger vernommen zu werden, durch Einführung des St.G.B. nicht wieder gewonnen; Berlin (Pl.Beschl.) 16. Sept. 72 (J.M.Bl. S. 271, O.R. XIII, 457, Goltd. XX, 480). Wieweit die Rehabilitation sich erstreckt, ist nach dem Inhalt der betr. Gesetze oder Gnadenerlasse zu beurtheilen. Vgl. namentlich Bayern Art. 46 ff.; die oben zu §. 32 N. 8 citirten Gnadenerlasse.

4. Ziff. 1. Das Verbot, „die Landeskokarde zu tragen", erstreckt sich auf alle Landeskokarden, zu deren Tragung der Verurtheilte während der betreffenden Frist berechtigt ist. — Da bis jetzt nur Landeskokarden bestehen (R.V. Art. 63), so kann das Gesetz auch nur solche im Auge haben. Auf eine etwa künftig eingeführte Reichskokarde kann die Vorschrift nicht ohne Weiteres ausgedehnt werden. (Vgl. §. 2.) A. M. ist Oppenhoff zu §. 34 N. 1.

5. Ziff. 3. Wegen des Verfahrens beim Verlust von Orden und Ehrenzeichen vgl. für Preußen Allg. Verf. des Justizministers vom 23. April 1875.

Unter Titel sind nur durch Verleihung zu erwerbende, mit Rangstellung verbundene Benennungen zu verstehen, nicht auch anderweit zu erwerbende, wie der Titel eines Handwerksmeisters. Dresden 6. März 76, S.G.Zeit. XXI, 43. Der akademische Doktortitel gehört unter die in §. 34 verstandenen Titel, Oppenhoff §. 33 N. 8. A. M. Rubo S. 359.

6. Ziff. 3 u. 4. Zu den öffentlichen Aemtern (vgl. §. 31 A. 2) und den öffentlichen Angelegenheiten gehören geistliche Stellungen und kirchliche Angelegenheiten nicht. (Vgl. Oppenhoff zu §. 32| N. 15 und §. 34 N. 5; Hälschner, Preuß. Str.R. II, 1 S. 460 und N. 4 zu §. 31.) Die Angelegenheiten von staatlich nicht geordneten Korporationen, wie kaufmännische, oder die von Aktiengesellschaften gehören nicht unter die öffentlichen Angelegenheiten (s. oben §. 33 N. 5.)

7. Ziff. 5. Hierzu gehören Zeugen bei Aufnahme von Notariats-, Personenstands-, Gerichtsvollzieher-Urkunden, dagegen nicht die kirchlichen Trauzeugen.

Ob der Ehrenrechte Verlustige Trauungszeugen sein können, ist sehr bestritten. Bejahend Olshausen N. 6, Völk, Das Personenst.Ges. 3. Ausg. S. 175, Stiegele, Personenst.Ges. S. 157, weil dieselben nur Solennitätszeugen, keine Beweiszeugen seien. Dagegen Oppenhoff N. 6, Mandry, Civilr. Inh. der R.Ges. S. 80, Hinschius, Personenst.Ges. §. 53 N. 84. Eine Mittelmeinung vertritt Stobbe, D. Privatr. IV, §. 212. Da §. 53 des Ges. vom 6. Febr. 1875 davon schweigt, daß die Zeugen im Besitz der Ehrenrechte sein müssen, und §. 54 deren Unterschrift im Heirathsregister nicht vorschreibt, dürften Interdicirte als Trauzeugen zuzulassen sein.

8. Ziff. 6. Unter diese Ziffer gehören auch amtlich bestellte Vermögens-Verwalter, Nachlaß- oder Konkurs-Verwalter. Oppenhoff N. 8, v. Wilmowski, Konk.O. §. 70 N. 1, Olshausen N. 7a. A. M. v. Schwarze N. 4.

9. Olshausen N. 7b definirt als gerichtlichen Beistand jede Person, die auf Grund gesetzlicher Bestimmungen vom Gerichte bestellt ist, um eine andere Person bei ihrem Auftreten vor Gericht zu unterstützen und rechnet auch den nothwendigen Vertheidiger (§. 144 Str.P.O.) hieher. Letzteres verstößt gegen den Sprachgebrauch und dagegen, daß Ziff. 6 die Genehmigung der obervormundschaftlichen Behörde oder des Familienraths fordert. Dies zeigt, daß nur solche Verhältnisse gemeint sind, in welchen auf Grund der Minderjährigkeit oder Geschlechtsvormundschaft ein gerichtlicher Beistand erforderlich ist.

10. §. 106 der Gew.Ordn. (nach Fassung des Ges. v. 17. Juli 1878, R.G.Bl. S. 199) bestimmt:

„Gewerbetreibende, welchen die bürgerlichen Ehrenrechte aberkannt sind, dürfen, so lange ihnen diese Rechte entzogen bleiben, mit der Anleitung von Arbeitern unter achtzehn Jahren sich nicht befassen."

G.V.G. §. 176:

„Der Zutritt zu öffentlichen Verhandlungen kann unerwachsenen und solchen Personen, versagt werden, welche sich nicht im Besitze der bürgerlichen Ehrenrechte befinden, oder u. s. w."

§. 35. Neben einer Gefängnißstrafe, mit welcher die Aberkennung der bürgerlichen Ehrenrechte überhaupt hätte verbunden werden können, kann auf die Unfähigkeit zur Bekleidung öffentlicher Aemter auf die Dauer von Einem bis zu fünf Jahren erkannt werden.

Die Aberkennung der Fähigkeit zur Bekleidung öffentlicher Aemter hat den dauernden Verlust der bekleideten Aemter von Rechtswegen zur Folge.

Pr. §. 25; E. I. §. 30 A. 2; E. II. §. 32; St.B. S. 215.

Vgl. §§. 31, 33, 34, 35; E.G. §. 5; M.St.G.B. §. 42.

1. Vgl. die allgemeinen Vorbemerkungen zu §§. 33—36, besonders N. 3 oben S. 129 ff. u. zu §§. 31, 32 oben S. 122 ff., s. auch §. 32 N. 11.

2. Die **Motive** bemerken:

„In der Regel wird die Bestimmung ihre Wirksamkeit auf Beamte finden. Indessen ist die Anwendung derselben auch gegen Nichtbeamte, z. B. gegen Amtsbewerber, leicht möglich, und wird dasselbe vermöge des im §. 31 erweiterten Begriffs des öffentlichen Amtes, auch gegen diejenigen Verurtheilten stattfinden müssen, welche in der Lage sind, zum Geschwornen- oder Schöffendienst herangezogen zu werden.

Die Dauer der Unfähigkeit ist in Uebereinstimmung mit der im §. 32 (a. E.) genommenen Frist auf mindestens ein und höchstens fünf Jahre festgesetzt. Diese Begrenzung der Zeitdauer erschien hier um so mehr begründet, als es sich für den Verurtheilten um die Wiedererlangung nur dieses einen Rechtes handelt, für welches er die Voraussetzungen viel leichter wird erfüllen können."

3. Wenn auf Verlust der bürgerlichen Ehrenrechte erkannt wird, so darf nicht neben dieser Strafe noch auf Unfähigkeit zur Bekleidung öffentlicher Aemter erkannt werden. **Berlin** 18. Febr. 74 (Goltd. **XXII**, 46, O.R. **XV**, 86), R.G. **IV**, 12. Dez. 90, **E. XXI**, 264.

4. §. 6 der Rechtsanwaltsordnung v. 1. Juli 1878 bestimmt:

„Die Zulassung kann versagt werden: . . . . . . 2) wenn der Antragsteller in Folge strafgerichtlichen Urtheils die Fähigkeit zur Bekleidung öffentlicher Aemter auf Zeit verloren hatte."

§. 36. Die Wirkung der Aberkennung der bürgerlichen Ehrenrechte überhaupt, sowie der Fähigkeit zur Bekleidung öffentlicher Aemter insbesondere, tritt mit der Rechtskraft des Urtheils ein; die Zeitdauer wird von dem Tage berechnet, an dem die Freiheitsstrafe, neben welcher jene Aberkennung ausgesprochen wurde, verbüßt, verjährt oder erlassen ist.

Pr. §§. 12, 21; E. I. §§. 25 A. 3, 30 A. 4; E. II. §. 33; St.B. S. 215. Vgl. §§. 34, 70.

1. Vgl. die allgemeinen Vorbemerkungen zu §§. 33—36 oben S. 129 ff.

2. Die **Motive** sagen:

„Der §. 36 setzt den Eintritt der Wirkung der Aberkennung der bürgerlichen Ehrenrechte, sowie der Fähigkeit zur Bekleidung öffentlicher Aemter auf den Zeitpunkt der Rechtskraft des Urtheils fest, läßt jedoch in Uebereinstimmung mit dem preußischen Strafgesetzbuche die Frist erst von dem Tage beginnen, an welchem die Freiheitsstrafe verbüßt, verjährt oder erlassen ist. Daß letzteres insbesondere auch bezüglich des Zeitpunktes der vollendeten Strafverjährung der Fall ist, rechtfertigt sich daraus, daß der Entwurf den Eintritt der Ehrenstrafen nicht an die Verbüßung der Freiheitsstrafe, sondern an die rechtskräftige Verurtheilung knüpft, und weil derjenige, zu Gunsten dessen die Freiheitsstrafe verjährt ist, nicht besser gestellt sein kann, wie derjenige, welcher die Strafe wirklich verbüßt hat."

3. Diese Motivirung enthält bezüglich der Straf**verjährung** die Gründe der Majorität der Bundeskommission. Die Minorität hielt es mit der die Strafverfügung begründenden **oblivio temporis** unvereinbar, daß nach Verjährung der Hauptstrafe noch von dem Eintritt der Nebenfolgen die Rede sein könne. Für letztere im Gesetz nicht gebilligte Ansicht dürften auch die meisten innern Gründe sprechen. (Vgl. **Köstlin**, System S. 512.)

Die ähnliche Bestimmung findet sich bezüglich der Polizeiaufsicht im §. 38 A. 3, während — im Widerspruch mit den obigen Motiven — die Strafverjährung die Rückfallsstrafen ausschließt (§§. 245, 250, 261, 264).

4. Den Verlust sämmtlicher oder einzelner Ehrenrechte kennt das St.G.B. grundsätzlich nur außer der Todesstrafe neben Freiheitsstrafen, niemals neben einer Geldstrafe. Vgl. §§. 32, 35 und 81, 128, 280, 358 u. s. w.) Die Freiheitsstrafe, von deren Verbüßung u. s. w. nach §. 36 der Beginn der Ehrenfolgen abhängt, kann deshalb die einer Geldstrafe **substituirte** Freiheitsstrafe nicht sein. Der von F. **Meyer** zu §. 36 N. 2 erwähnte erste Fall (prinzipale Geldstrafe) kommt überhaupt nicht vor, und auch in dem Falle, wo Geldstrafe kumulativ, z. B. §. 263, oder in realer Konkurrenz (§. 78) mit einer Freiheitsstrafe verhängt wird, kann nach dem Wortlaut der betreffenden Gesetzesstellen ein Zweifel darüber nicht obwalten, daß die Geldstrafe und die im Unvermögensfalle eintretende Freiheitsstrafe außer jedem Betracht bleiben.

5. Wegen des Falles der realen Konkurrenz vgl. §. 76.

6. Die vorläufige Entlassung (§§. 23—26) gilt nicht als Verbüßung der Strafe, sondern erst der nach §. 26 zu bemessende Ablauf der Strafzeit. Durch den Widerruf (§. 24) wird auch die Frist des Nichtbesitzes der Ehrenrechte verlängert.

7. Was hier von dem Verluste der bürgerlichen Ehrenrechte im Allgemeinen gesagt ist, gilt auch von dem zulässigen Verluste einzelner Ehrenrechte, wie die Unfähigkeit zur Bekleidung öffentlicher Aemter (§. 35).

8. Die Zeitdauer wird: „von dem Tage" berechnet, beginnt also am Tage, nachdem die bedingende Thatsache eingetreten ist. Gl. M. Olshausen N. 4, Oppenhoff N. 3, Geyer I, 166. A. M. Rubo N. 7. Ist diese Thatsache die Verbüßung der Freiheitsstrafe, so kann in diese eine umgewandelte Geldstrafe nicht eingerechnet werden, welche neben der Freiheitsstrafe erkannt war. Waren die Ehrenrechte neben einer Gesammtstrafe aberkannt (§. 76), so beginnt die Frist vom Tage der Verbüßung der Gesammtstrafe an, da die Einzelstrafe, welche die Aberkennung gestattete, keine selbstständige Bedeutung mehr hat, möglicherweise stehen auch mehrere solche Einzelstrafen in Rede.

9. Der Erlaß der Freiheitsstrafe erstreckt sich nicht von selbst auf die Nebenstrafe. Ein Erlaß dieser, insoweit er staatsrechtlich zulässig ist, kann nur für die Zukunft wirken, nicht vom Augenblicke der Rechtskraft des Urtheils an; und kann, was die verlorenen Rechte angeht, nur als Wiedereinsetzung in dieselben wirken. Ist durch Gnadenerlaß nur die Freiheitsstrafe gekürzt, so ist das Ende der gekürzten Strafzeit der Zeitpunkt, von dem ab die Frist zu berechnen ist.

§. 37. Ist ein Deutscher im Auslande wegen eines Verbrechens oder Vergehens bestraft worden, welches nach den Gesetzen des Deutschen Reichs den Verlust der bürgerlichen Ehrenrechte überhaupt oder einzelner bürgerlichen Ehrenrechte zur Folge hat oder zur Folge haben kann, so ist ein neues Strafverfahren zulässig, um gegen den in diesem Verfahren für schuldig Erklärten auf jene Folge zu erkennen.

Pr. §. 24; E. I. §. 29; E. II. §. 35; St.B. S. 216.
Vgl. §§. 5 Nr. 1, 31, 33, 35; M.St.G.B. §. 42.

1. Der §. 37 enthält eine Ausnahme von dem im §. 5 anerkannten Grundsatz: **ne bis in idem.** Er findet nur in denjenigen Fällen Anwendung, in denen nach §. 5 Ziff. 1 u. 2 eine Strafverfolgung im Inlande ausgeschlossen ist, weil im Auslande auf Strafe erkannt und diese Strafe verbüßt, verjährt oder erlassen ist. Eine im Auslande erfolgte Freisprechung schließt, wie aus §. 5 Ziff. 1 und den Worten des §. 37: „bestraft worden" folgt, jede Verfolgung aus §. 37 aus. Findet dagegen die Verfolgung im Inlande allgemein statt (aus §. 3 oder §. 4 Ziff. 1 und 2), so bleibt §. 37 außer Anwendung. Gl. M. Olshausen N. 1, 3, Oppenhoff N. 6, H. Meyer S. 441, N. 28. Dagegen glaubt Binding I, 448 schon theilweiser Vollzug der Strafe im Auslande schließe das neue Verfahren aus und Rubo N. 1 will es zulassen, wenn auch im Inlande die Strafverfolgung ohnehin zulässig ist. Dies hat jedoch keinen Grund.

2. Der §. 37 entscheidet eine bisher in Preußen bestandene Streitfrage dahin: daß das neue Verfahren sich überhaupt auf die Schuldfrage zu erstrecken hat. Daraus folgt, daß abweichend von dem §. 5 Ziff. 1 Ausgeführten, hier der inländische Richter an die Feststellungen des ausländischen Richters in keiner Weise gebunden, vielmehr die ganze That seiner Entscheidung unterworfen ist. Olshausen N. 8, Binding I, 449.

Es folgt ferner daraus, daß nur die Verjährung der Strafverfolgung nach Maßgabe des St.G.B. die Verfolgung aus §. 37 ausschließt, wobei die Bestrafung im Ausland nicht als Unterbrechung wirkt.

Als selbstverständlich erscheint, daß die That nach inländischem Rechte Verbrechen oder Vergehen sein muß, und daß sie die Aberkennung der bürgerlichen Rechte zur Folge haben kann. Dies ist bei jugendlichen Personen (§. 57 Ziff. 5) ausgeschlossen.

3. Die Verfolgung aus §. 37 tritt durch Erhebung der Klage seitens der Staatsanwaltschaft ein, welche gemäß §. 152 Abs. 2 St.P.O. in der Regel verpflichtet ist, die öffentliche Klage zu erheben, sofern zureichende thatsächliche Anhaltspunkte vorliegen, jedoch ist dies streitig. Vgl. Stenglein, Komment. z. Str.Pr.O. §. 152 N. 6. Bei Antragsdelikten (§§. 247, 263, 289, 302 St.G.B.) ist die Staatsanwaltschaft an Stellung des Antrags gebunden. Die Zuständigkeit des

Gerichts ist die regelmäßige gemäß §§. 8, 9, 10 der St.P.O. Zweifelhaft könnte es sein, ob in Fällen, welche an sich zur Zuständigkeit der Schwurgerichte gehören, die Geschwornen das „Schuldig" zu sprechen haben. Die Frage wird zu bejahen sein, weil §. 80 G.V.G. die Verbrechen überhaupt der Zuständigkeit der Schwurgerichte zuweist, soweit keine andere Zuständigkeit besteht, und der Entscheidung über die Ehrenrechte eine selbstständige Würdigung der Schuldfrage vorausgehen muß, in den Fällen des §. 20 auch die Frage der ehrlosen Gesinnung des Thäters zur Zuständigkeit der Geschwornen gehört. (Vgl. Binding I, 448, Olshausen N. 12.) Wird die Schuldfrage bejaht, so muß der Richter die nothwendig eintretenden Folgen (§§. 31, 161, 181) verhängen, auch die Frage entscheiden, ob Zuchthausstrafe angemessen wäre. Im Uebrigen hat der Richter trotz der Schuldigerklärung nach freiem Emessen über die Ehrenfolgen zu entscheiden.

4. Die Frage, ob die Verhängung der Ehrenfolgen nach §. 37 als Vorstrafe zur Begründung der Rückfallstrafen wirken kann, ist äußerst bestritten. Dieselbe war in den früheren Auflagen dieses Kommentars verneint, weil es an der Verbüßung einer im Inlande erkannten Strafe fehle und die Ehrenfolgen sich lediglich an die Verurtheilung knüpfen, von der Verbüßung der Strafe aber unabhängig seien. Aehnlich v. Schwarze S. 90 N. f. Otto, Aphorismen zu §. 37 N. 4. Eine nochmalige Prüfung der Frage ließ zum gegentheiligen Resultat gelangen; denn es spricht §. 244 (ebenso §§. 245, 250, 261, 264) nicht von Verbüßung einer Strafe, sondern von Bestrafung des Thäters. Mag man nun auch, insoweit Freiheitsstrafe in Rede steht, den Thäter erst nach theilweisem Vollzug als bestraft erachten, und nur in diesem Sinne gebraucht §. 245 den Ausdruck „verbüßt", so schließt dies doch nicht aus, daß die Aberkennung der Ehrenrechte eine im Inland verhängte Strafe ist, und daß, wenn dieselbe nach Rechtskraft des Urtheils eo ipso wirksam wird, der Thäter als bestraft erscheint. Ebenso gilt als bestraft derjenige, dessen Strafe wegen Anrechnung von Haft (§. 60) oder einer ausländischen Strafe (§. 7) als voll verbüßt erklärt wird, oder der jugendliche Thäter, der mit Verweis bestraft wird (Vgl. R.G. I, 14. Okt. 86, E. XIV, 421, R. VIII, 612). Man kann hingegen nicht einwenden, daß die neben einer Freiheitsstrafe erkannten Ehrenfolgen nach Rechtskraft des Urtheils die gleiche Wirkung haben müßten; denn §. 37 nimmt darin eine ausnahmsweise Stellung ein, daß er die sonst nur als Nebenstrafe figurirende Aberkennung der Ehrenrechte zur selbstständigen Strafe in einem nur darauf gerichteten Verfahren macht. Zu demselben Resultate gelangen: Olshausen, Komment. N. 10, Oppenhoff N. 14, Puchelt N. 8, Rubo N. 13, Merkel in HH. IV, 411, Teichmann in H. Rechtslex. s. u. Ehrenstrafen. Dagegen hat sich R.G. III, 7. Juli 90, E. XXI, 35 entgegengesetzt ausgesprochen und angenommen, daß die Verhängung der Ehrenfolgen nach §. 37 Rückfall nicht begründe.

5. Die Bestimmung des §. 37 bezieht sich nur auf solche, welche zur Zeit ihrer Bestrafung im Auslande Deutsche waren, nicht auch auf solche, die es erst nach ihrer Bestrafung wurden. Oppenhoff N. 3, Olshausen N. 3, v. Schwarze S. 91, lit. k, Binding I, 447, Rubo N. 2.

6. Oppenhoff N. 4 nimmt an, daß auch der in Landesgesetzen angedrohte Verlust der bürgerlichen Ehrenrecht auf diese Weise verhängt werden kann. A. M. Rubo N. 7, Olshausen N. 4b. Die Oppenhoff'sche Ansicht dürfte gerechtfertigt sein; denn wenn auch die gleiche ratio legis bei Strafgesetzen die analoge Anwendung nicht rechtfertigt, so ist doch auch das Landesgesetz ein im Deutschen Reich geltendes Gesetz und wird in dem treffenden Geltungsbereich mit gleicher Wirksamkeit angewendet. Der technische Ausdruck für die von den gesetzgeberischen Faktoren des Reichs erlassenen Gesetze ist „Reichsgesetz", nicht „Gesetz des Deutschen Reichs" (Art. 2, 17 R.V.). Binding I, 447 will die direkte Anwendung auf Landesgesetz ausschließen, diesem aber die Möglichkeit gewähren, das Gleiche zu bestimmen. Dies ist ein zweifelhafter Umweg. Ebenso Olshausen a. a. O.

7. Die Wirkung der Aberkennung der Ehrenrechte gemäß §. 37 tritt mit Rechtskraft des Urtheils ein, in welchem auch die sonst ipso jure eintretenden Ehrenrechtsverluste ausdrücklich verhängt werden müssen. Gl. M. Olshausen N. 9, Oppenhoff N. 13, Rubo N. 12. A. M. v. Schwarze.

§. 38. Neben einer Freiheitsstrafe kann in den durch das Gesetz vorgesehenen Fällen auf die Zulässigkeit von Polizei-Aufsicht*) erkannt werden.

---

*) Vgl. Dr. Fuhr, Die Polizeiaufsicht nach dem R.Str.G.B. 1888, Berner in G.S. Bd. 33, S. 321 fg.

Die höhere Landespolizeibehörde erhält durch ein solches Erkenntniß die Befugniß, nach Anhörung der Gefängnißverwaltung den Verurtheilten auf die Zeit von höchstens fünf Jahren unter Polizei-Aufsicht zu stellen.

Diese Zeit wird von dem Tage berechnet, an welchem die Freiheitsstrafe verbüßt, verjährt oder erlassen ist.

Pr. §. 26; E. I. §. 33; E. II. §. 36; St.B. S. 216—218, 1146, 1147 (Drucks. 182 Nr. 11).

Vgl. §§. 44 A. 2, 45, 57 Nr. 5, 76, 262, 361, 362; Bundesrathsbeschluß v. 16. Juni 1872. (S. unten.)

1. Die Vorschriften über die Polizeiaufsicht sind gegenüber den Bestimmungen des preuß. St.G.B. gänzlich umgestaltet. Das St.G.B. folgt im Wesentlichen der bereits im bayerischen St.G.B. von 1861 (Art. 36 ff.) vertretenen Auffassung. Ueber die Polizeiaufsicht verbreitet sich ein gründlicher Exkurs in den Motiven Anhang III S. 179—201. Danach (S. 193) liegen den Vorschriften des St.G.B. folgende Sätze zu Grunde:

„I. Die Stellung unter Polizeiaufsicht nach verbüßter Strafe ist für bestimmte Kategorien besonders gemeingefährlicher Verbrecher fakultativ als Präventivmittel beizubehalten.

II. Um ihr den Charakter eines solchen Präventivmittels erkennbar beizulegen, und um gleichzeitig einer Anwendung über das Bedürfniß hinaus, also namentlich für alle diejenigen Fälle vorzubeugen, in denen der Bestrafte durch sein Verhalten während der Haft, sowie durch die Verhältnisse, in welche er nach der Entlassung eintritt, Garantien für sein künftiges Wohlergehen bietet, ist von dem Richter auf Grund der aus den Verhandlungen geschöpften Kenntniß der Individualität des Verbrechers nur die Zulässigkeit der Stellung unter Polizeiaufsicht in dem Straferkenntnisse auszusprechen, der wirkliche Eintritt derselben aber von der Entscheidung der Landespolizeibehörde nach verbüßter Strafe abhängig zu machen, wobei dieselbe die gutachtliche Ansicht der Gefängnißverwaltung einzuholen hat.

III. Die Maximaldauer der Polizeiaufsicht ist auf fünf Jahre herabzusetzen.

IV. Die Wirkungen der Stellung unter Polizeiaufsicht sind zu beschränken auf die Befugniß der Landespolizeibehörde, dem betreffenden Inländer den Aufenthalt an einzelnen bestimmten Orten zu untersagen, und auf die Zulässigkeit der Vornahme von Haussuchungen ohne Rücksicht auf die Zeit. Die Beschränkung der Observaten hinsichtlich des Verlassens des Wohnorts und der Wohnung während der Nachtzeit findet fernerhin nicht statt."

2. Polizeiaufsicht ist zulässig in den Fällen der §§. 44 A. 2, 49a, 115, 116, 122, 125, 146, 147, 180, 181, 248, 256, 262, 294, 325. In fast allen diesen Fällen handelt es sich um schwere, mit Zuchthaus bedrohte Verbrechen; neben Gefängniß ist sie bloß in den Fällen der §§. 180 (Kuppelei), 262 (Hehlerei), 294 (gewerbsmäßige Wilddieberei) zulässig. Das Gesetz drückt die Zulässigkeit durch die Worte aus: „kann auf Zulässigkeit von Polizeiaufsicht erkannt werden", nur in den §§. 146, 147 heißt es, ohne daß hierdurch etwas Anderes bestimmt ist, „auch ist Polizeiaufsicht zulässig". Gegen Personen unter 18 Jahren findet sie nicht Statt. (§. 57 Nr. 5.) — Bei Versuch und realer Konkurrenz vgl. §§. 45, 76. R.G. I, 22. Dez. 87, **E. XVII**, 193, **R. IX**, 727 hat erkannt, daß bei der Bestimmung, welches im Falle ideellen Zusammenflusses die schwerere Strafe sei, die Zulässigkeit der Polizeiaufsicht nicht in das Gewicht falle, weil sie von der Verw.-Behörde zu bestimmen sei.

3. Der Strafrichter darf die Zulässigkeit der Polizeiaufsicht nicht auf eine bestimmte Dauer beschränken; ist dies gleichwohl geschehen, so ist die Landespolizeibehörde durch eine solche Beschränkung nicht gebunden; Berlin 25. Jan. 76 (Goltd. **XXIV**, 23, O.R. **XVII**, 41, St. VI, 147).

Von einer Minimaldauer der erkannten Freiheitsstrafe wie in §. 32 oder von einer gleichzeitigen Aberkennung der Ehrenrechte ist die Erklärung der Zulässigkeit der Polizeiaufsicht nicht abhängig. R.G. I, 28. Juni 80 (**R. II**, 132). Ebensowenig begründet es einen Unterschied, ob die Strafe durch Untersuchungshaft oder dergleichen schon als getilgt gilt.

4. Ueber die Handhabung der Polizeiaufsicht sind in einzelnen Bundesstaaten besondere Ausführungsbestimmungen ergangen; in Preußen: Instruktion des Min. d. Inn. v. 12. April 1871 (J.M.Bl. S. 127 ff.); Bayern, V.O. v. 4. Jan. 1872, Min.Entschl. v. 25. Febr. 1872 (vgl. Staudinger S. 636 ff.) u. s. w.

5. Unter Landespolizeibehörde ist die höhere Polizeibehörde im Gegensatz zur Ortspolizeibehörde gemeint (Motive S. 196). Um dieses schärfer auszudrücken und um eine Gleichmäßigkeit der Gesetzessprache herbeizuführen (vgl. R.Gew.O. namentlich §. 155), ist in 3. Lesung des Reichstags das Wort „höhere" eingeschaltet (St.B. S. 1147). In Preußen ist die Regierung die zuständige Behörde. Letztere kann ihre Befugnisse, selbst im einzelnen Fall, nicht auf eine niedere Behörde übertragen. A.M. v. Schwarze S. 79.

6. Für die Beziehung der Bundesstaaten zu einander hat der Bundesrath unterm 16. Juni 1872 folgenden Beschluß gefaßt:

> „Bezüglich solcher Personen, gegen welche in einem Bundesstaate auf Zulässigkeit von Polizeiaufsicht erkannt worden ist, kann, falls sie sich in einen andern Bundesstaat begeben, die Stellung unter Polizeiaufsicht auch von derjenigen Landespolizeibehörde ausgesprochen werden, in deren Bezirke sie Aufenthalt nehmen.
>
> Jede Landespolizeibehörde, von welcher die Stellung eines Verurtheilten unter Polizeiaufsicht angeordnet wird, hat hiervon, sofern derselbe in einem andern Bundesstaat verurtheilt worden, oder heimathsangehörig ist, oder seinen Aufenthalt hat, jeder der hierbei betheiligten Landespolizeibehörden des andern Staates Mittheilung zu machen."

7. Die Befugniß der Landespolizeibehörde dauert fünf Jahre nach Verbüßung u. s. w. der Strafe. Dieselbe braucht die Maßregel weder sofort eintreten zu lassen, noch ist sie verhindert, die auf eine kürzere Frist verhängte Maßregel später innerhalb der fünf Jahre zu verlängern oder die bestimmte Dauer zu verkürzen. An eine bestimmte Frist (innerhalb der fünf Jahre) ist die Polizeibehörde nicht gebunden, sie braucht sogar keine bestimmte Frist anzugeben. Mit Ablauf von fünf Jahren endigt dieselbe aber kraft des Gesetzes.

Die Gefängnißverwaltung, welche gehört werden soll, ist diejenige, durch welche die Freiheitsstrafe vollzogen wurde. Dieselbe fällt hinweg, wenn die Strafe als verbüßt erklärt wurde, und deshalb erscheint das Gehör der Gefängnißverwaltung nicht als wesentliche Voraussetzung der Verhängung der P. A. Gl. M. Olshausen N. 11, Oppenhoff N. 13. A. M. Hälschner I, 627 N. 2, Rubo N. 11, Fuhr S. 48.

8. Bezüglich der Strafverjährung vgl. zu §. 36 N. 2.

9. Ist innerhalb der fünf Jahre nochmals auf Zulässigkeit von Polizeiaufsicht zu erkennen, so laufen die Fristen nebeneinander; sie sind nicht zu addiren. — Glaubt sich der Verurtheilte seitens der Polizeibehörde in der Weise beschwert, daß das Urtheil oder die strafgesetzlichen Bestimmungen nicht richtig angewendet sind, so geht seine Beschwerde (§§. 490, 494 St.P.O.) an dasjenige Gericht, welches über die Vollstreckung der erkannten Strafe zu beschließen hat. — Dagegen sind für etwaige Beschwerden über Ueberschreitungen bezüglich der Handhabung der Polizeiaufsicht die Verwaltungsbehörden zuständig. Gl. M. Oppenhoff N. 19. Nur Beschwerde an die obere Verw.Beh. wollen zulassen Olshausen N. 14, Fuhr S. 92.

10. Die Frist des Abs. 3 ist so zu berechnen, daß sie mit dem ersten Tage nach Verbüßung, Verjährung oder Erlaß der Freiheitsstrafe beginnt; auch wenn letztere eine Gesammtstrafe ist und nur eine Einzelstrafe die Zulässigkeitserklärung rechtfertigt; oder die Gesammtstrafe auf Grund des §. 492 St.P.O. erkannt ist. Anders wenn mehrere selbstständige Strafen zu vollziehen sind. Olshausen N. 12, 13, Rubo N. 17, v. Schwarze S. 78, Fuhr S. 55, Otto, Aphorismen N. 9.

11. Die Androhung von Polizeiaufsicht ist nach §. 5 E.G. der Zuständigkeit der Landesgesetzgebung entzogen. — Dagegen ist dieselbe, wo sie bei in Kraft bleibenden Landesgesetzen angedroht ist, nicht aufgehoben, jedoch nur mit den Wirkungen der §§. 38. 39.

12. Die im Falle „vorläufiger Entlassung" eintretende polizeiliche Ueberwachung (vgl. zu §. 23) ist keine Polizeiaufsicht im Sinne der §§. 38, 39. Ist gegen einen solchen Entlassenen auf Zulässigkeit von Polizeiaufsicht erkannt, so würde die Befugniß, solche eintreten zu lassen, seit dem Tage der nach §. 26 verbüßt zu erachtenden Strafe bestehen bleiben.

13. Da ein richterliches Urtheil vorliegen muß, welches die Polizeiaufsicht für zulässig erklärt, so kann nicht angenommen werden, daß bei Begnadigung wegen einer Strafe, mit welcher die Zulässigkeitserklärung nicht verknüpft war, dieselbe im Begnadigungsakt erfolgen kann. Vgl. Rubo N. 10, Otto, Aphorismen zu §. 38 N. 1, Olshausen N. 7. A. M. Oppenhoff N. 9, Puchelt N. 3, Fuhr S. 37. Dagegen kann durch Begnadigung die Zulässigkeit der P.O. beseitigt werden, weil sie immerhin Nebenstrafe ist; jedoch liegt nicht, in dem Erlaß der Freiheitsstrafe auch der der Nebenstrafe. Wie die Natur der P.A. als Strafe bestreitet Zulässigkeit der Begnadigung Binding I, 873, Fuhr S. 95.

§. 39. Die Polizei-Aufsicht hat folgende Wirkungen:

1) dem Verurtheilten kann der Aufenthalt an einzelnen bestimmten Orten von der höheren Landespolizeibehörde untersagt werden;

2) die höhere Landespolizeibehörde ist befugt, den Ausländer aus dem Bundesgebiete zu verweisen;

3) Haussuchungen unterliegen keiner Beschränkung hinsichtlich der Zeit, zu welcher sie stattfinden dürfen.

Pr. §§. 27—29; E. I. §§. 34, 35; E. II. §. 37; St.B. S. 216—218, 1146, 1147 (Drucks. 182 Nr. 11).

Vgl. §§. 38, 361 Nr. 1 u. 2; G. v. 1. Nov. 1867 §§. 3 u. 12 (Freizügigkeit); Gew.O. §. 57 Nr. 3; Bundesrathsbeschluß v. 16. Juni 1872. (S. zu §. 38 Note 6.)

1. Ziff. 1. Aufenthalt an einzelnen bestimmten Orten. Um zu bezeichnen, daß das Verbot sich nicht auf einzelne Plätze, Gebäude ꝛc. beziehe, wählte der I. Entw. den Ausdruck Ortschaft. Auf Veranlassung der in einem der Bundeskommission zugegangenen Berichte (Stadtgericht in Berlin) enthaltenen Bemerkungen: daß namentlich in größeren Städten die Befugniß eintreten müsse, den betreffenden Personen auch den Aufenthalt in bestimmten Stadttheilen, Plätzen, Straßen u. s. w. zu untersagen, — wurde von der Kommission beschlossen, die Fassung des preuß. St.G.B. wieder herzustellen. Ob der vorübergehende Aufenthalt in Wirthshäusern, Theatern ꝛc. verboten werden kann, war bereits nach der bisherigen preuß. Praxis zweifelhaft. Der Wortlaut des Gesetzes dürfte für die Bejahung der Frage sprechen. Dagegen ist die Konfinirung auf bestimmte Orte in Ziff. 1 nicht enthalten. Gl. M. Oppenhoff N. 3, v. Schwarze N. 2, Rubo N. 3, Olshausen N. 1, Berner S. 218 G.S. Bd. 33, S. 350, H. Meyer S. 434, Otto, Aphorismen N. 1, Fuhr N. 60.

2. Ziff. 1. Auf den Heimathsort des Verurtheilten ist das Verbot nicht zu erstrecken. Die preußische Praxis hat dieses anerkannt. Das Bayerische St.G.B. von 1861 Art. 38 nahm die Heimathsgemeinde ausdrücklich aus. A. M. allein Olshausen N. 2.

3. Ziff. 1. Zuwiderhandlungen gegen die nach Ziff. 1 auferlegten Beschränkungen werden nach §. 361 Ziff. 1 bestraft.

4. Ziff. 2. Aus der Ziffer 2 geht hervor, daß auch gegen Ausländer nur auf Zulässigkeit der Polizeiaufsicht zu erkennen ist, gleichviel welche praktische Wirkung die Maßregel hat. Berlin 2. Mai 1876 (O.R. XVII, 297). Die Verweisung des Ausländers erfolgt aus dem ganzen Bundesgebiete. Die Polizeibehörden anderer Bundesstaaten haben den an sie zu diesem Zweck ergehenden Requisitionen Folge zu leisten. (Motive S. 59.) Da diese Ausweisung als Wirkung der Polizeiaufsicht bezeichnet ist, so verliert dieselbe auch mit Ablauf der im §. 38 festgesetzten fünfjährigen Frist ihre Verbindlichkeit. (Vgl. übrigens die Strafbestimmung in §. 361 Ziff. 2.) Ein Erlaß des Reichskanzleramts vom 8. Okt. 1873 (J.M.Bl. S. 282) spricht sich dahin aus, daß die Ausweisung nicht auf Zeit erfolge, die Landespolizeibehörde aber die Befugniß habe, die Erlaubniß zur Rückkehr zu geben.

5. Ein Deutscher unterliegt der Ausweisung aus einem Bundesstaate nicht mehr. Nur dann, wenn ihm bereits in einem andern Bundesstaate zufolge des §. 39 Ziff. 1 der Aufenthalt an bestimmten Orten verboten war, kann ihm nach §. 3 des Freizügigk.-Ges. v. 1. Nov. 1867 der Aufenthalt in einem Bundesstaat versagt werden.

6. Wie die Motive (S. 59) ausdrücklich anerkennen, bleibt die staatsrechtlich begründete Befugniß der Polizeibehörden, Ausländer (vgl. §. 8) aus einem bestimmten Bundesstaate zu weisen, unberührt.

Nach dem Beschluß des Bundesraths vom 27. April 1873 sind sämmtliche auf Grund der §§. 39, 284 und 362 des St.G.B. erfolgenden Ausweisungen eines Ausländers aus dem Reichsgebiet seitens der ausweisenden Behörden unter abschriftlicher Beifügung des Tenors des rechtskräftigen gerichtlichen Urtels dem Reichskanzleramt zum Zweck der Veröffentlichung durch das Centralblatt für das Deutsche Reich anzuzeigen. (Vgl. Cirk. des Preuß. Min. d. J. v. 28. Mai 1873, Min.Bl. S. 221.) Auf polizeiliche Ausweisungen bezieht sich diese Anordnung nicht (Preuß. Min. d. Inn. v. 31. Okt. 1873, Min.-Bl. S. 335.)

7. Ziff. 3 bestimmt eine Ausnahme von den zum Schutz der persönlichen Freiheit gegebenen Gesetzen, z. B. §. 12 Ziff. 1 des preuß. Gesetzes vom 12. Februar 1850, und ist bestätigt in §§. 103—106 R.St.P.O. §. 113 ebendaselbst fügt als Folge der Polizeiaufsicht noch bei, daß gegen Personen, welche unter Polizeiaufsicht stehen, und welche fluchtverdächtig sind, Untersuchungshaft auch wegen Handlungen verhängt werden darf, welche nur mit Haft oder mit Geldstrafe bedroht sind.

8. Auf die vor der Geltung des St.G.B. verhängte Polizeiaufsicht erstreckt sich der §. 39 an sich nicht. Vgl. Bayern Art. 49, wo die Wirkungen des §. 39 auf die früher verhängte Polizeiaufsicht in sachgemäßer Weise übertragen worden.

§. 40.*) Gegenstände, welche durch ein vorsätzliches Verbrechen oder Vergehen hervorgebracht, oder welche zur Begehung eines vorsätzlichen Verbrechens oder Vergehens gebraucht oder bestimmt sind, können, sofern sie dem Thäter oder einem Theilnehmer gehören, eingezogen werden.

Die Einziehung ist im Urtheile auszusprechen.

Pr. §. 19; E. I. §. 31; E. II. §. 38; St.B. S. 218. 219, 1147 (Druckf. 182 Nr. 12).

Vgl. §§. 42, 152, 295, 335, 360, 367, 369; E.G. §. 5; G. v. 12. Okt. 1867 §§. 11 ff. (Salzabgabe); G. v. 25. Oktober 1867 §. 13 (Bundesflagge); V.Zollges. v. 1. Juli 1869 §§. 134, 154—157; G. v. 11. Juni 1870 §§. 21, 26, 36 (Nachdruck); G. v. 30. Nov. 1874 §. 17 (Markenschutz); G.G. v. 9., 10., 11. Januar 1876 §. 16 bez. 9 bez. 14 (Musterschutz) rc.

1. Während der II. Entwurf bestimmte:

> Gegenstände, welche als Mittel oder Werkzeuge zur Begehung einer strafbaren vorsätzlichen Handlung gebraucht oder bestimmt worden sind und dem Thäter oder einem Theilnehmer gehören, können eingezogen werden. (— **instrumenta sceleris.**)
>
> Gegenstände, welche durch eine strafbare vorsätzliche Handlung hervorgebracht sind, sollen eingezogen werden. (— **scelere producta.**)"

hat der Reichstag die jetzige Fassung des §. 40 beschlossen und die Einziehung in beiden Fällen in das richterliche Ermessen gestellt, unter Beschränkung auf Verbrechen und Vergehen.

2. Bei fahrlässigen Vergehen sowie bei Uebertretungen findet mit den zu N. 3 u. 4 erwähnten Ausnahmen der §. 40 keine Anwendung. München 16. Febr. 77 (St. VII, 2). Dagegen auf versuchte vorsätzliche Delikte, ebenso wie auf vollendete; auch auf die von Gehülfen oder Begünstigern gebrauchten rc. Mittel. — Ist aber bei einer Uebertretung die Einziehung zugelassen, so ist §. 40 anwendbar. München 6. Jan. 74 (St. IV, 73).

3. Die Motive sagen:

> „Die Einziehung (Konfiskation) findet nur rücksichtlich einzelner Gegenstände statt. Dieses besonders auszusprechen, hat der Entwurf jedoch für nicht erforderlich erachtet. Dagegen ist die Einziehung ausdrücklich auf vorsätzlich begangene strafbare Handlungen beschränkt, sofern nicht in dem besonderen Theile, wie z. B. bei einzelnen Uebertretungen, etwas Anderes bestimmt ist.
>
> Die Einziehung ist nicht als eine Vermögensstrafe aufgefaßt, vielmehr als eine Nebenstrafe, welche zur Sicherung des Strafzweckes dienen und insbesondere zur Verhütung fernerer strafbarer Handlungen mitwirken soll."

4. Die Einziehung ist eine das Vermögen treffende Nebenstrafe, woran der präventive Zweck, den dieselbe unter Umständen an sich trägt, nichts ändert. Der Vollzug findet nach den Vorschriften über die Vollstreckung der Urtheile der Civilgerichte statt (§. 495 St.P.O.) Vgl. Löwe, Komment. §. 495 N. 1, Stenglein N. 1, v. Schwarze St.P.O. §. 495 N. 1, Jastrow bei Goltd. Bd. 33 S. 29 fg., Olshausen N. 1, 2. Abweichend über den Charakter der Einziehung v. Liszt

---

*) S. über Einziehung Heinze bei Goltd. Bd. 5 S. 166, Goltd. das. Bd. 9 S. 730, Bd. 14 S. 96, Bd. 18 S. 604, v. Buri in G.S. Bd. 30 S. 241, Stooß, Zur Natur der Vermögensstr. S. 32 fg., Dochow, H. Rechtslex. „Einziehung", Nissen, Die Einziehung 1887.

S. 252, Berner S. 225, Stooß S. 50. Auf Rechte erstreckt sich die Einziehung nicht. Olshausen N. 6, Oppenhoff N. 6, Binding, Grundr. S. 158. A. M. Heinze in H.H. II, 14, Rubo N. 6.

Besondere Fälle der Einziehung finden sich in den §§. 152, 295, 360 (a. E.), 367 (a. E.), 369 (a. E). Bei diesen Fällen ist es nicht erforderlich, daß die Gegenstände einem Thäter oder Theilnehmer gehören. — In den Fällen der §§. 152, 295, 369 **muß** die Einziehung erfolgen.

5. Eine besondere Art der Einziehung ist das Verfallen von Geschenken u. s. w. in §. 335. In diesem Falle erstreckt sich die Einziehung auch auf den Werth, während dieser in den Fällen des §. 40 nicht Gegenstand der Einziehung sein kann. Dagegen kann auch in den Fällen des §. 335 ein angebotenes Geschenk auf Grund des §. 40 eingezogen werden. R.G. III, 29. Sept. 80 (R. II, 276).

6. Die Einziehung einzelner Gegenstände kann auch in Folge der Landesgesetzgebung verhängt werden (E.G. §. 5) und kommt in Spezialgesetzen vor, auf welche in Ermangelung besonderer Bestimmungen §. 40 anzuwenden ist. Berlin 1. Nov. 78 (O.R. XIX, 511, Goltd. XXVI, 503, s. auch St. VIII, 42), R.G. I, 7. Dez. 82, E. VII, 311, R. IV, 873. Die abweichenden Bestimmungen neuerer Reichsgesetze schließen die damit Kollidirenden des §. 40 aus. z. B. Nahrungsmittelgesetz vom 14. Mai 1879 §. 15. Vgl. R.G. I, 11. Mai 82, III, 5. April 83, E. VI, 296, VIII, 238, R. IV, 473, V, 215.

7. Die Einziehung kann auch nach dem Tode eines Schuldigen ausgesprochen werden gemäß §. 42. Ist dieselbe zu Lebzeiten rechtskräftig erkannt, so erfolgt die Vollstreckung gegen den Nachlaß. Der Zeitpunkt, in welchem das einzuziehende Objekt, welches auch eine Schrift strafbaren Inhalts, oder eine Schrift sein kann, deren Verbreitung verboten ist, dem Thäter oder einem der Theilnehmer*) gehören muß, wenn die Einziehung zulässig sein soll, ist der des Urtheils, nicht der der Begehung der That. R.G. II, 24. Mai 87, E. XVI, 114, R. IX, 335. Das Eigenthum an den einzuziehenden Sachen geht aber regelmäßig, so auch nach §. 295 St.G.B. in Bezug auf das vom unbefugt Jagenden mit sich geführten Jagdgeräthes, mit der Rechskraft des Urtheils auf den Fiskus über, wie daraus zu entnehmen ist, daß nach der Regel der Richter fakultativ die Einziehung erkennen kann. R.G. II, 7. Jan. 87, E. XV, 164, R. IX, 10. Ob auch noch die Besitzergreifung hinzutreten muß, ist nach den Bestimmungen des einschlägigen Civilrechts zu beurtheilen. Nach preuß. Landrecht ist dies der Fall R.G. IV, 8. Juli 90, E. XXI, 54.

8. Auf Einziehung von Gegenständen, welche nur zu strafbaren Handlungen bestimmt waren, ohne daß ein objektiv strafbarer Thatbestand festgestellt werden kann, erstreckt sich die Vorschrift des Gesetzes nicht. München 19. Okt. 74, 23. Dez. 75 St. IV, 197, V, 253, R.G. IV, 7. Okt. 87, E. XVI, 268. Auch auf die durch Mittel, welche der Thäter sich durch ein Verbrechen oder Vergehen verschafft hatte, angeschafften Gegenstände ist §. 40 nicht zu beziehen. Ebenso wenig auf Gegenstände, welche nur zur Vorbereitung des Delikts dienten, wie die Feilen, mittels welcher sich ein Dieb falsche Schlüssel anfertigte, oder auf Gegenstände, an welchen ein Delikt verübt wurde, wie der Gegenstand einer Beschädigung. Dagegen ist es gleichgültig, in welchem Stadium der That der Gegenstand zur Begehung der That benutzt wurde, umsomehr, da Begünstigung und Hehlerei gleichfalls strafbare Handlungen sind. Von diesem Gesichtspunkt aus hat R.E. II, 19. Juni 85, E. XII, 305, R. VII, 416 einen Handschlitten, der zum Wegschaffen unbefugt erlegten Wildes benutzt wurde, für einziehbar erklärt.

9. Die Einziehung ist ohne Rücksicht auf den Vollzug auszusprechen, also auch dann, wenn die einzuziehenden Gegenstände nicht zu Gerichtshänden gebracht wurden. Dagegen tritt der Werth der Gegenstände in der Regel nicht an die Stelle der einzuziehenden, abgesehen von den Bestimmungen einzelner Spezialgesetze, wie des Zollgesetzes.

10. Ueber die Verwendung der eingezogenen Gegenstände, sowie über Vorkehrung bei beschlagnahmten, dem Verderben ausgesetzten Gegenständen ist im Verwaltungswege zu verfügen.

11. Die Einziehung ist im Urtheile auszusprechen und kann nur nach Rechtskraft desselben, dann auch gegen den Nachlaß vollzogen werden. Ist die Verfügung im Urtheile übersehen, so

---

*) Es wurde streitig, ob der Eigenthümer in dem gleichen Verfahren verurtheilt sein müsse. Bejahend Olshausen N. 13, v. Schwarze S. 85. Dagegen Rubo N. 12 (H. Meyer S. 444 entscheidet diese Frage nicht). Richtig ist, daß das Eigenthum des Thäters oder Theilnehmers festgestellt sein muß. Dies kann in einem früheren Urtheile geschehen sein. Dagegen ist es nicht denkbar, daß Thäterschaft und Eigenthum gegen einen nicht Angeklagten, also nicht Gehörten festgestellt wird.

ist ein Nachtragsverfahren nicht zulässig, auch nicht nach §. 42. R.G. II, 25. Mai 83 und 28. Mai 86, E. VIII, 349, XIV, 161, R. V, 389, VIII, 400.

12. Die Anwendung der §§. 40, 41 schließen sich gegenseitig nicht aus, gehen aber von wesentlich verschiedenen Gesichtspunkten aus: §. 40 ist fakultativ, §. 41 obligatorisch anzuwenden; der erstere setzt ein vorsätzliches Delikt voraus; §. 41 ist auch auf Fahrlässigkeitsdelikte anwendbar, und auf den Nichteigenthümer, während §. 40 nur den Thäter oder Theilnehmer trifft, so daß §. 40 eine Nebenstrafe, §. 41 eine polizeiliche Präventivmaßregel anordnet. Der Gebrauch oder die Bestimmung des Gegenstands zur Begehung eines Delikts ist für §. 41 nicht entscheidend, sondern nur der strafbare Inhalt. Die Maßregel des §. 41 ist gegen Personen (Abs. 2) gerichtet, welche nicht nothwendig Thäter oder Theilnehmer sein müssen. Es kann jedoch auch §. 40 auf Schriften, Abbildungen oder Darstellungen angewendet werden und, insofern die Voraussetzungen beider §§. zutreffen, können beide nebeneinander angewendet werden. R.G. II, 20. April 88, E. XVII, 311, R. X, 323, s. auch 28. Mai 86, E. XIV, 161, R. VIII, 400 u. 24. Mai 87, E. XVI, 114, R. IX, 335. Dagegen legt R.G. II v. 30. Sept. 81, E. V, 101, R. III, 563, insoweit die Maßregel des §. 41 den Angeklagten betrifft, derselben zugleich den Charakter einer Nebenstrafe bei; und R.G. I., 25. Sept. 82, E. XI, 119, R. VI, 559 sagt: Die Unbrauchbarmachung einer Schrift auf Grund des §. 41 sei unzweifelhaft als Nebenstrafe anzusehen. Für den Charakter der Präventivmaßregel sprechen sich aus: Hälschner I, 632, v. Liszt S. 252, Olshausen §. 42, N. 1. Dagegen für den Charakter als Nebenstrafe: Meyer S. 445, Oppenhoff N. 1, Binding, Grundr. S. 159. Es muß vor allem anerkannt werden, daß der Charakter einer solchen Maßregel nur ein einheitlicher sein kann. Dieser kann aber bei §. 41 nur der einer Präventivmaßregel sein, weil sie auch Nichtschuldige trifft. Ist dies zufällig auch der Schuldige, so knüpft doch §. 41 an diese Eigenschaft nicht an und ändert dies nicht den Rechtsgrund der Maßregel. Daß diese den Gerichten übertragen ist, hat seinen Grund in der Voraussetzung der Beurtheilung objektiver Strafbarkeit und in der Sicherung des Eigenthums, welches nicht ohne Richterspruch verletzt werden soll.

§. 41. **Wenn der Inhalt einer Schrift, Abbildung oder Darstellung strafbar ist, so ist im Urtheile auszusprechen, daß alle Exemplare, sowie die zu ihrer Herstellung bestimmten Platten und Formen unbrauchbar zu machen sind.**

Diese Vorschrift bezieht sich jedoch nur auf die im Besitze des Verfassers, Druckers, Herausgebers, Verlegers oder Buchhändlers befindlichen und auf die öffentlich ausgelegten oder öffentlich angebotenen Exemplare.

Ist nur ein Theil der Schrift, Abbildung oder Darstellung strafbar, so ist, insofern eine Ausscheidung möglich ist, auszusprechen, daß nur die strafbaren Stellen und derjenige Theil der Platten und Formen, auf welchem sich diese Stellen befinden, unbrauchbar zu machen sind.

Pr. §. 19; E. I. §. 31; E. II. §. 39; St.B. S. 219.

Vgl. §. 42; G. v. 21. Juni 1869 §. 31 (Rechtshülfe), vgl. die Citate zu §. 40, außerdem G. v. 7. Mai 1874 über die Presse §§. 14, 18, 23 ff.

1. Die Motive lauten:

„Besondere Bestimmungen sind im §. 41 für strafbare Schriften, Abbildungen und Darstellungen getroffen.

In weiterer Anerkennung des Grundsatzes, daß die Einziehung keine Vermögensstrafe, vielmehr in der Hauptsache eine Präventivmaßregel sein soll, ist, in Abweichung von dem preuß. St.G.B. vorgeschrieben, daß nicht die Vernichtung, sondern nur die Unbrauchbarmachung der Exemplare und der zu ihrer Herstellung bestimmten Platten und Formen im Urtheil ausgesprochen werden soll. In welcher Weise dieses auszuführen, ist dem Ermessen des Richters zu überlassen. Bei strafbaren Erzeugnissen der Tagespresse wird beispielsweise dem Gesetze dadurch vollkommen genügt sein, wenn der Drucksatz auseinander genommen wird.

Rücksichtlich der Exemplare ist die Einziehung auf diejenigen beschränkt, welche sich im Besitze des Verfassers, Druckers, Herausgebers, Verlegers oder Buchhändlers befinden, oder welche öffentlich ausgelegt oder öffentlich, z. B. durch Kolporteure, angeboten sind.

Die Schlußbestimmung des §. 41 endlich trifft Vorsorge, daß die Präventivmaßregel die Grenzen ihres Zweckes nicht überschreitet. Sind nur einzelne Theile einer Schrift, Abbildung oder Darstellung strafbar, so erscheint es ausreichend, wenn diese ausgeschieden werden. Die Unbrauchbarmachung ist deshalb im Urtheil nur auf diese zu erstrecken, falls eine solche Ausscheidung mit Rücksicht auf die Art und Beschaffenheit des Werkes und unbeschadet des Zweckes der Strafvorschrift erfolgen kann."

2. Auf Nachdrucks-Exemplare findet §. 40 nach näherer Bestimmung der §§. 21, 26, 36 des Reichsges. vom 11. Juni 1870 Anwendung. Ueber Anwendung der §§. 40, 41 neben einander und die Verschiedenheiten beider s. §. 40 N. 12.

3. Die Maßregel des §. 41 muß erfolgen, wenn gegen irgend Einen eine Verurtheilung erfolgt. Die Verurtheilung einer bestimmten Person wird vorausgesetzt, andernfalls findet §. 42 Anwendung. Außerdem beschränkt sich die Maßregel nicht auf die dem Thäter oder Theilnehmer gehörigen Exemplare, sondern erstreckt sich auf alle im Abs. 2 erwähnten. Berlin 20. Sept. 76 (O.R. **XVII**, 573, Goltd. **XXIV**, 536, St. **VI**, 149), 7. Febr. 77 (O.R. **XVIII**, 103, St. **VII**, 3).

4. Im Besitze einer der im Abs. 2 benannten Personen befinden sich auch solche Exemplare, welche sich in dem von ihm abgeleiteten Besitze Dritter, z. B. als Depositum, Faustpfand u. dgl., befinden. Vgl. Oppenhoff, N. 15, v. Schwarze N. 4, Otto N. 6, Puchelt N. 8, A. M. Rubo S. 401, Olshausen N. 9, welche Besitz gleich Gewahrsam verstehen und daher Deposita oder Faustpfänder, die sich beim Verfasser rc. befinden, unter Absatz 2 subsumiren, nicht aber die oben bezeichneten. Da aber Absatz 2 offenbar den Zweck hat, Rechte Unbetheiligter zu wahren, der bloße Gewahrsam aber hiermit nichts zu thun hat, kann die Ansicht nicht getheilt werden. Hiernach ist auch die vorzugsweise praktische Frage zu entscheiden, ob Exemplare, die sich noch im Gewahrsam der Post befinden, unbrauchbar gemacht werden können. Da die Post bis zur Abgabe an den Adressaten im Auftrage des Versenders handelt, ist entscheidend, ob dieser zu der in Absatz 2 benannten Person gehört.

Zur Anwendung des §. 41 ist erforderlich, daß eine strafbare Handlung vorliegt, daß also die Schrift rc. ausgegeben, dem Publikum zugänglich gemacht, nicht noch im ausschließlichen Besitze des Urhebers ist. Berlin 20. Sept 76, St. **VI**, 149, s. bayr. Entsch. **IV**, 17, R.G. **IV**, 7. Okt. 87, **E. XVI**, 268, s. v. Buri im G.S. Bd. 30, 262 ff.

5. Der Inhalt der Schrift muß strafbar sein. Handelt es sich nur um die Zuwiderhandlung gegen eine formale Vorschrift des Preßgesetzes, z. B. gegen §. 6 desselben (Nennung des Druckers, Verlegers, Verfassers u. s. w. auf der Druckschrift), so findet §. 41 keine Anwendung. R.G. **III**, 8. März 82, **R. IV**, 235.

6. Es ist streitig, ob unter den Begriff des „Herausgebers" auch der Redakteur fällt. Bejahend: Oppenhoff N. 13, Puchelt N. 9, Olshausen N. 10a. Verneint von Anderen auf Grund der §§. 6, 7 Preßges. Gerade diese §§. zeigen aber, daß Redakteur der Herausgeber einer periodischen Druckschrift also doch Herausgeber ist. Vgl. Kayser in H.H. **IV**, 580.

7. Oeffentlich ausgelegt oder angeboten. Was unter „öffentlich" zu verstehen, ist Sache thatsächlicher Beurtheilung. Es können dahin auch die in Lesegesellschaften, Klubs rc. ausliegenden Schriften gerechnet werden, wenn dadurch die Schrift einem nicht abgeschlossenen Kreis von Personen zugänglich gemacht wird. A. M. Oppenhoff N. 16, v. Schwarze N. 4, Puchelt N. 11, Otto N. 7. Leihbibliotheken bieten Bücher öffentlich an, Oppenhoff N. 17, Olshausen N. 11. Ueber den Begriff „öffentlich" vgl. die Bemerkungen zum Abschnitt 6 des besondern Theils (§§. 110 ff.).

8. Die Preßpolizeigesetze der Einzelstaaten blieben nach §. 2 E.G. bestehen. S. aber jetzt §. 1 des Reichs-Preß-G. v. 7. Mai 1874.

9. Der Richter spricht die Anwendung der Maßregel aus und kann dabei auch die Art und Weise der Ausführung bestimmen. Thut er es nicht, so ist letztere lediglich Sache der vollstreckenden Behörde. Die theilweise Unbrauchbarmachung erfordert eine Verfügung im Urtheil. Jedoch ist die Frage, ob und inwieweit die Beschränkung auf einzelne Theile statthaft und ausführbar ist, Sache der thatsächlichen Beurtheilung, also mittels Revision nicht anfechtbar. R.G. **II**, 10. Jan. 82, **R. IV**, 29, **III**, 16. Febr. 81, **E. IV**, 87, **R. III**, 60.

10. Der §. 41 entscheidet nur über die Unbrauchbarmachung, nicht über die Zulässigkeit einer Beschlagnahme; diese ist nach dem Preß-Gesetz zu befinden. Berlin 16. April 75 (Goltd. **XXIII**, 191).

11. §. 41 findet nicht nur auf Preßerzeugnisse, sondern auf Darstellungen aller Art Anwendung. Berlin 26. Sept. 78 (Goltd. **XXVI**, 426, O.R. **XIX**, 431).

12. Auch auf Stellen einer Druckschrift strafbaren Inhalts, welche an sich keiner Beanstandung unterliegen, kann wegen des innigen Zusammenhanges mit dem strafbaren Inhalt die Maßregel des §. 41, Abs. 3 ausgedehnt oder deshalb die ganze Schrift unterdrückt werden. Bayr. E. V, 67.

13. Die Unbrauchbarmachung muß im Urtheil ausgesprochen werden, und zwar in demjenigen Urtheile, welches über den strafbaren Inhalt ergeht und in welchem daher die Strafbarkeit des Inhalts festgestellt ist, nicht in einem Nachtragsurtheil. Daß Strafe in dem Urtheil verhängt ist, ist nicht erforderlich, die Maßregel kann vielmehr auch neben Freisprechung aus subjektiven Gründen oder Straffreiheitserklärung verhängt werden. R.G. II, 10. Jan. 82, R. IV, 29. Handelt es sich um ein Antragsdelikt, so kann, wenn Mangels des erforderlichen Strafantrags Einstellung erfolgt, die Unbrauchbarmachung nicht verfügt werden. Zwar ist der Antrag nur prozessuale Voraussetzung, berührt also die Strafbarkeit weder in subjektiver noch objektiver Richtung; aber der Mangel desselben schließt jedes Verfahren aus und läßt deshalb auch eine Verfügung aus §. 41 als unzulässig erscheinen. Abweichend in der Begründung Olshausen N. 6.

§. 42. **Ist in den Fällen der §§. 40 und 41 die Verfolgung oder die Verurtheilung einer bestimmten Person nicht ausführbar, so können die daselbst vorgeschriebenen Maßnahmen selbstständig erkannt werden.**

Pr. §. 20 A. 2; E. I. §. 32 A. 2; E. II. §. 40; St.B. S. 219, 1147 (Drucks. 182 Nr. 13).

Vgl. §. 152 und die Citate zu §§. 40, 41.

1. Die Motive lauten:

„Der §. 42 dehnt die im §. 20 des preußischen Strafgesetzbuchs enthaltene Vorschrift, wonach

> die Konfiskation einzelner Gegenstände nach dem Tode des Angeschuldigten in dessen Nachlaß geltend gemacht werden kann, selbst wenn zu seinen Lebzeiten noch kein Urtheil ergangen ist,

aus.

Die in den §§. 40 u. 41 angeordneten Maßnahmen können danach zur Anwendung gebracht werden, wenn aus irgend einem Grunde die Verfolgung einer bestimmten Person oder der Erlaß eines Urtheils, z. B. wegen Todes, Abwesenheit oder Unbekanntschaft des Thäters nicht ausführbar erscheint. Der Strafgewalt ist hierdurch die nothwendige Handhabe gewährt, namentlich zur Verhütung fernerer Verbrechen, dem Gesetze selbst dann Genüge zu verschaffen, wenn aus zufälligen Umständen die Verfolgung oder Verurtheilung einer bestimmten Person nicht erfolgen kann.

Die gleiche Befugniß findet auch in den Fällen statt, in denen eine Einziehung einzelner Gegenstände, z. B. bei gewissen Uebertretungen, besonders vorgeschrieben ist."

2. Die Bestimmung ist fakultativ; ihre Anwendung hängt zunächst von der Staatsanwaltschaft ab, welche zu prüfen hat, ob genügende Anhaltspunkte vorliegen, öffentliche Klage gegen eine bestimmte Person zu erheben. R.G. III, 5. April 83, E. VIII, 238, R. V, 215, II, 7. Jan. 87, R. IX, 15. Der Richter kann bez. muß auf die Maßregel erkennen, je nachdem er nach dem Gesetz die Befugniß (§§. 40) oder die Pflicht (§. 41 u. 40 N. 4) dazu hat. Nur dieser Sinn wird den Worten „können — erkannt werden" beizulegen sein. (Vgl. die ähnliche Ausdrucksweise im §. 30.) Vgl. Olshausen N. 9, Buri G.S. Bd. 30, 264. Berlin 20. Sept. 76 (O.R. XVII, 573, Goltd. XXIV, 537, St. VI, 149) A. M. und nehmen nur Zulässigkeit an: Oppenhoff N. 9, Rubo N. 2, Puchelt N. 3. — Für den Fall des §. 40 wird es der Feststellung bedürfen, ob die Gegenstände einem Thäter oder Theilnehmer gehören. Danach kann auch in diesem Fall nicht die Rede davon sein, daß das objektive Verfahren bestimmt ist, eine Strafe oder eine Straffolge zu erkennen, da die erstere eine strafbare Person, die letztere eine Hauptstrafe voraussetzt. Gl. M. Olshausen N. 1, Binding I, 497, Hälschner I, 633, H. Meyer N. 7, S. 18, Oppenhoff N. 1.

3. Das Verfahren nach §. 42 ist zulässig, wenn überhaupt die Verfolgung einer bestimmten Person nicht eintreten kann, gleichviel ob dies aus rechtlichen oder aus thatsächlichen Gründen der Fall ist, obgleich zunächst an letztere zu denken ist, so wurde das Verfahren zugelassen, weil der Thäter einen wesentlichen, zum Thatbestand gehörigen Umstand nicht kannte. Berlin 7. Febr. 77, St. VII, 3.—26. Sept. 78, O.R. XIX, 431. R.G. III, 16. Febr. 81, E. IV, 87, R. III,

52, II, 10. Jan. 82, R. IV, 29, 28. Jan. 87, E. XV, 235, R. IX, 96, weil dem Thäter die Zurechnungsfähigkeit mangelte. Berlin 20. Sept. 76, St. VI, 149, R.G. IV, 8.—15. Okt. 86, E. XIV, 382, R. VIII, 617. A. M. Hälschner I, 634. Ausgeschlossen ist das objektive Verfahren, nachdem eine Person wegen der strafbaren That verurtheilt ist. R.G. II, 25. Mai 83, E. VIII, 349, R. V, 389, welches Urtheil es dahingestellt sein ließ, ob das Verfahren zulässig ist, nach einer Freisprechung. Zugleich mit einer solchen ist dies zweifellos der Fall.

4. Zulässig ist das Verfahren, wenn die Strafverfolgung gegen einen bekannten Thäter verjährt ist. Berlin 20. Sept. 76, St. VI, 149, O.R. XVII, 573, Goltd. XXIV, 536, 15. Mai 79, O.R. XX, 261, Goltd. XXVII, 521, R.G. IV, 8.—15. Okt. 86 s. oben II, 24. Mai 87, E. XVI, 114, R. IX, 335 u. 7. Jan. 87, R. IX, 15. A. M. Binding I, 834, N. 4, Hälschner I, 634, H. Meyer S. 447, Puchelt N. 3, Rubo N. 3, wie es scheint auch Olshausen N. 6c meist deshalb, weil kein staatlicher Strafanspruch mehr bestehe. Allein die Maßregel des §. 42 ist keine Strafe, sondern eine Präventivmaßregel; wird also auch durch Erlöschen des Strafanspruchs nicht ausgeschlossen. — Vgl. auch Leipzig 18. Okt. 78, E. Bd. 24, S. 131, Berlin K.G. Jahrb. Bd. 4, S. 232, Oppenhoff N. 6, v. Schwarze S. 87.

5. Sehr bestritten ist, ob das objektive Verfahren stattfinden kann, wenn ein Antragsdelikt vorliegt und der Strafantrag nicht oder nicht rechtzeitig gestellt ist. Die Zulässigkeit verneint Leipzig 18. Juni 75, E. XVIII, 123, Berlin 23. Nov. 76, O.R. XVII, 759, St. VII, 3, Goltd. XXIV, 537, 1. Nov. 78, O.R. XIX, 511, Goltd. XXVI, 593, auch R.G. I, 25. Sept. 84, E. XI, 119, R. VI, 559. — Die Zulässigkeit hatten bejaht Berlin 6. März 72, Goltd. XX, 182, O.R. XIII, 192, St. I, 257, 9. Juli 73, O.R. XIV, 487, 23. April 74, Goltd. XXII, 254, O.R. XV, 252, 15. Mai 79, O.R. XX, 260, Goltd. XXVII, 521, München 21. März 74, St. III, 279, Goltd. XXII, 654. Man wird sich gegen die Zulässigkeit entscheiden müssen, da auch das Verfahren gemäß §. 42 ein Strafverfahren ist, und das Gesetz kein Verfahren ohne Antrag zulassen will, obgleich der Ausdruck „Ist die Verfolgung nicht ausführbar" für die Zulässigkeit zu sprechen scheint.

6. „Ist die Verfolgung oder Verurtheilung auch nur eines von mehreren Schuldigen ausführbar, ist das objektive Verfahren unzulässig. Ob die Verfolgung oder Verurtheilung oder beides nicht ausführbar ist, macht keinen Unterschied. Es kann deshalb das objektive Verfahren sogleich beantragt werden, wobei die Nichtverfolgbarkeit einer Person nachgewiesen werden muß, oder es kann dies Verfahren neben einer außer Verfolgung Setzung, Einstellung oder Freisprechung eintreten.

7. Sehr bestritten ist auch die Frage, ob das Verfahren zulässig ist, wenn eine Uebertretung in Rede steht, und die Maßregeln des §. 40 erkannt werden sollen. Die Motive, welche jedoch keinen Ausdruck im Gesetze gefunden haben, bejahten dies für die Fälle, in welchen Einziehung auch bei Uebertretungen angeordnet ist: Berlin 20. Febr. 77, O.R. XVIII, 177, Goltd. XXV, 49, St. VII, 4, München 1. Aug. 89 Bayr. Entsch. V, 368, Berlin K.G. 20. März 84, Jahrb. IV, 332, 29. Sept. 90, Goltd. XXX, S. 362. Verneinend dagegen R.G. III, 11. Febr. 89, E. XIX, 45, IV, 7. Okt. 87, E. XVI, 269. Gl. M. Olshausen S. 3a, Hälschner I, 633, welche Ansicht die allein richtige sein dürfte.

8. Unzulässig ist das Verfahren in Bezug auf wahrheitsgetreue Berichte über Kammerverhandlungen (§. 12). Berlin 16. April 75 (Goltd. XXIII, 190, O.R. XVI, 298, St. V, 8).

9. Ueber das einzuschlagende Verfahren gibt die Reichsprozeßordn. (§§. 477 bis 480) entsprechende Vorschriften. In denjenigen Ländern, in welchen über Preßdelikte die Geschworenen urtheilen (§. 6 Einf.Ges. z. G.V.G. vgl. Stenglein Komment. N. 1 zu §. 6 cit.) oder wenn eine Sache wegen Zusammenhangs vor die Geschworenen gekommen sein sollte, kann die Richterbank die Strafbarkeit des Inhalts feststellen, nachdem die Geschworenen die Schuldfrage verneint haben. R.G. I, 12. Juli 80 u. 4. Juli 89, E. II, 220, XIX, 371, R. II, 191. Vgl. auch Berlin 26. Sept. 76, O.R. XIX, 433, Goltd. XXVI, 426.

10. Die Regel „**ne bis in idem**" findet auch Anwendung auf das objektive Verfahren. Jedoch hindert die Freisprechung wegen Verbreitung einer (**in concr.** unzüchtigen) Schrift nicht die erneute Anklage wegen späterer Verbreitungshandlungen, also auch nicht die Einleitung des objektiven Verfahren. R.G. II, 30. Sept. 81, E. V, 101, R. III, 563. S. auch 28. Mai 86, E. XIV, 161, R. VIII, 400.

11. Auf Spezialgesetze, welche abweichende Bestimmungen enthalten, findet §. 42 keine Anwendung, so ist dies der Fall bei §. 15 der Nahrungsmittel-Ges. v. 14. Mai 79. R.G. I, 11. Mai 82, E. VI, 296, R. IV, 473.

12. Zuständig für das objektive Verfahren ist dasjenige Gericht, welches zuständig sein würde, wenn ein verfolgbarer Thäter vorhanden wäre, also der Ort, wo die objektiv strafbare, wenn auch subjektiv nicht verfolgbare That begangen wurde. R.G. II, 28. Jan. 87, E. XV, 235, R. IX, 96.

13. Das objektive Verfahren unterbricht die Verjährung der Strafverfolgung des Thäters nicht.

Zweiter Abschnitt.

Versuch*)

§. 43. Wer den Entschluß, ein Verbrechen oder Vergehen zu verüben, durch Handlungen, welche einen Anfang der Ausführung dieses Verbrechens oder Vergehens enthalten, bethätigt hat, ist, wenn das beabsichtigte Verbrechen oder Vergehen nicht zur Vollendung gekommen ist, wegen Versuches zu bestrafen.

Der Versuch eines Vergehens wird jedoch nur in den Fällen bestraft, in welchen das Gesetz dies ausdrücklich bestimmt.

Pr. §§. 31, 33, 336; E. I. §§. 37—39, 341; E. II. §. 31; St.B. S. 222—225. Vgl. G. v. 11. Juni 1870 §. 22 (Nachdruck); M.St.G.B. §§. 46, 116, 117.

Zweiter Abschnitt.

Versuch.

Die Motive zu den §§. 43— 46 bemerken:

„Während die älteren deutschen Rechtsquellen den Versuch eines Verbrechens überhaupt noch nicht als solchen, vielmehr unter Umständen als ein selbständiges Verbrechen straften, welches die Vorbereitung zu einem andern gewesen, stellte die peinliche Gerichtsordnung Art. 178 bereits eine Trennung zwischen dem versuchten und vollendeten Verbrechen auf.

In Uebereinstimmung mit dieser Rechtsquelle nehmen fast alle neueren Strafgesetzbücher die Strafbarkeit von Versuchshandlungen erst dann an, wenn diese Handlungen bereits einen Anfang der Ausführung des Verbrechens enthalten. Dieses Merkmal für Unterscheidung strafbarer und straffreier Versuchshandlungen ist zumeist auch in der Wissenschaft als ein richtiges anerkannt worden, und der Entwurf hat sich darum den bestehenden Gesetzgebungen hierbei angeschlossen.

In Abweichung von dem preußischen Strafgesetzbuche §. 31, zugleich aber in Anschluß an die Mehrzahl der anderen deutschen Strafgesetzgebungen hat sich der Entwurf darauf beschränkt, den Anfang der Ausführung eines Verbrechens oder Vergehens für strafbaren Versuch zu erklären. Die Vorschrift des preußischen Strafgesetzbuchs, daß behufs Annahme eines strafbaren Versuchs auch festgestellt werden müsse, es sei die Vollendung des Verbrechens oder Vergehens nur durch äußere, von dem Willen des Thäters unabhängige Umstände gehindert worden, hat der Entwurf nicht aufgenommen. In Uebereinstimmung mit den meisten anderen deutschen Strafgesetzbüchern befindet sich derselbe, wenn er in §. 46 bestimmt, daß es nur für einen Ausschließungsgrund rücksichtlich der an und für sich verwirkten Strafe zu erachten sei, wenn der Thäter die Ausführung

---

*) Vgl. hierzu außer den Kommentaren und Lehrbüchern: Ueber die Strafbarkeit von Vorbereitungshandlungen Zimmermann im G.S.Bd. 33 S. 260. Thatbestand des Versuchs Waag im G.S.Bd. 32 S. 111, Kürcher G.S.Bd. 34 S. 43, v. Buri G.S.Bd. 40 S. 503, Kroschel G.S.Bd. 41 S. 273, Bd. 43 S. 216, v. Buri G.S.Bd. 44 S. 321, Zimmermann in Goltd. Arch. Bd. 29 S. 182, Bd. 30, S. 140, Villnow, Goltd. Bd. 35, S. 98, Zucker, Goltd. Bd. 36, S. 370, Bd. 37, S. 275, Havenstein das. Bd. 36 S. 33, 197, Bd. 37 S. 130, Rosenblatt Bd. 36 S. 67, Huther S. 433, ferner in Zeitschr. f. d. ges. St.W. Geyer I, 30, v. Liszt I, 93, v. Buri I, 185, Bünger VI, 290—352, Goldfeld über den Versuch mit untauglichen Mitteln u. s. w. Berlin 1882, v. Wächter, Vorlesungen 1881, S. 211. Die Lehre v. Versuch v. Baumgarten, Stuttgart 1888, Goldschmidt, Krit. Beleuchtung, Berlin 1886, Kürcher, Bad. Ann. 1886, S. 205 fg., Cohn, Die Grundsätze, Breslau 1889.

der beabsichtigten Handlung aufgegeben hat, ohne daß er an dieser Ausführung durch Umstände gehindert worden ist, welche von seinem Willen unabhängig waren.

Auf kriminal-politischen Gründen beruht die fernere Bestimmung des §. 46, daß der Versuch als solcher straflos bleiben solle, wenn der Thäter zu einer Zeit, zu welcher die Handlung noch nicht entdeckt war, den Eintritt des zur Vollendung des Verbrechens oder Vergehens gehörigen Erfolges durch eigene Thätigkeit abgewendet hat.

In Anschluß an das preußische Strafgesetzbuch (§§. 32, 33, 336) ist die Frage geregelt worden, bei welchen Handlungen ein strafbarer Versuch überhaupt anzunehmen sei. Die Beibehaltung der Vorschrift, daß der Versuch eines „Verbrechens" stets, der eines „Vergehens" nur in besonders vorgesehenen Fällen zu bestrafen, der Versuch einer „Uebertretung" aber niemals mit Strafe zu bedrohen sei, findet ihre Begründung darin, daß durch den Versuch einer strafbaren Handlung die staatliche Rechtsordnung um so weniger berührt werde, je weniger schwer die vollendete strafbare Handlung selbst sein würde, und daß insbesondere durch den Versuch einer Uebertretung die staatliche Rechtsordnung nicht als verletzt gelten könne.

Die in der peinlichen Gerichtsordnung Karl's V. gegebene Vorschrift über Strafbarkeit von Versuchshandlungen suchte die Doktrin in der Art fortzubilden, daß sie für die verschiedenen Abstufungen der Versuchshandlungen im Voraus abgemessene Grade des Versuchs aufzustellen und zwischen den einzelnen Graden scharfgegliederte Grenzlinien zu finden bemüht war. In Verfolg dessen stellten die Gesetzgebungen allmählich den Versuch strafbarer Handlungen unter verschiedene Strafen, je nachdem sich dieser Versuch der Vollendung der That mehr oder weniger genähert hatte.

Dabei aber wurde in der Praxis des gemeinen deutschen Rechtes stets der Versuch *milder* als das vollendete Verbrechen selbst bestraft.

— —

Der für den Norddeutschen Bund bestimmte Gesetzentwurf macht nur einen Schritt nothwendiger Rechtsentwickelung, wenn er die dem preußischen Strafgesetzbuche eingeimpfte fremde Lehre vom Versuche gleichfalls ausscheidet und zu der deutschen, sachlich allein begründeten Rechtsauffassung zurückkehrt, daß das versuchte Verbrechen *milder* zu beurtheilen und demgemäß auch mit einer geringeren Strafe als das vollendete Verbrechen zu treffen sei.

Auf dieser Annahme beruht denn auch die Vorschrift in §. 44 über die gegen den Versuch zu verhängenden Hauptstrafen.

Die Bestimmung des §. 45 indessen, daß, wenn neben der Strafe des vollendeten Verbrechens oder Vergehens die Aberkennung der bürgerlichen Ehrenrechte zulässig oder geboten ist, oder auf Zulässigkeit von Polizeiaufsicht erkannt werden kann, Gleiches auch bei der Versuchsstrafe gelte, hielt der Entwurf darum für nothwendig, weil die sittliche Verschuldung und die Gefährlichkeit des Thäters zumeist unabhängig davon ist, ob die von ihm angefangene Ausführung einer strafbaren Handlung auch zur Vollendung des Verbrechens oder Vergehens gediehen ist. Eine Unterscheidung des Versuchs nach Graden, wie sie sich in einzelnen Strafgesetzbüchern findet, glaubte man nicht aufstellen zu sollen. Denn einerseits lassen sich zwischen den Abstufungen des Versuchs scharfe Grenzlinien überhaupt nicht ziehen, und es besteht überdies in der Wissenschaft sowohl, wie in der Gesetzgebung keinerlei Uebereinstimmung darüber, in welche verschiedene Grade die Eintheilung zu erfolgen habe.

Ebenso mußte die in mehreren Strafgesetzbüchern

> Sachsen Art. 42 und 43, Hessen Art. 67, Thüringische Staaten Art. 23 und 25, Braunschweig §. 36 und Altenburg Art. 26 u. 27; vgl. auch Mecklenburg-Schwerinsche Verordnung vom 1. Februar 1861 (Reg.-Bl. Nr. 6) und Mecklenburg-Strelitzsche Verordnung vom 18. November 1861 (Offizieller Anzeiger für Gesetzgebung und Staatsverwaltung Nr. 18)

unternommene Regelung der Streitfrage,

> ob oder inwieweit der Versuch mit *untauglichen Mitteln* oder an *untauglichen Objekten* strafbar sei?

unterbleiben. Denn weder in der Gesetzgebung noch in der Wissenschaft ist man darüber bereits zu einem Abschluß gelangt, und es erschien um so weniger gerathen, diese Kontroverse hier regeln zu wollen, da sogar noch die Vorfrage: was überhaupt unter Tauglichkeit und Untauglichkeit von Mitteln oder Gegenständen zu verstehen sei, streitig ist."

§. 43.

1. Vgl. die *Motive* oben zum Eingang dieses Abschnitts S. 146.

Preußen (St.G.B. von 1851) §. 31: „Der Versuch ist nur dann strafbar, wenn derselbe durch Handlungen, welche einen Anfang der Ausführung enthalten, an den Tag gelegt und nur durch äußere, von dem Willen des Thäters unabhängige Umstände gehindert worden oder ohne Erfolg geblieben ist."

Sachsen (St.G.B. von 1868) Art. 39: „Handlungen und Unterlassungen, wodurch die Ausführung eines unvollendet gebliebenen vorsätzlichen Verbrechens angefangen worden, sind als Versuch desselben zu bestrafen." (Aehnlich Hessen Art. 64).

Bayern (St.G.B. von 1861) Art. 47: „Der Versuch eines Verbrechens ist vorhanden, wenn Jemand in der Absicht, ein Verbrechen zu verüben, eine Handlung vorgenommen hat, welche schon den Anfang der Ausführung des Verbrechens enthält, und die Vollendung des letzteren nur wegen äußerer, vom Willen des Thäters unabhängiger Umstände unterblieben ist."

Code pénal franç. (Redaktion von 1832) Art. 2: „**Toute tentative de crime qui aura été manifestée par un commencement d'exécution si elle n'a été suspendue ou si elle n'a manqué son effet que par des circonstances indépendantes de la volonté de son auteur, est considérée comme le crime même.**"

2. Der wesentliche Unterschied des §. 43 und des mit dem **code pénal** übereinstimmenden §. 31 des preuß. St.G.B. von 1851 besteht darin: daß der Schlußsatz des §. 31 aus dem Thatbestande des Versuches entfernt und als Strafausschließungsgrund in den §. 46 verwiesen ist. Hiernach gestaltet sich namentlich die Fragestellung an die Geschworenen deutlicher und richtiger. Bejahte z. B., wie es vorgekommen ist, eine Minderheit der Geschworenen die über die Vollendung des Verbrechens gestellte Frage, so war dieselbe schwerlich in der Lage, die eventuell auf den Versuch gerichtete Frage zu bejahen.

Uebrigens ist durch die Aenderung keineswegs dem Angeschuldigten eine Beweislast auferlegt, vielmehr ist hier, wie bei den anderen Strafausschließungsgründen, das Vorhandensein eines solchen von Amtswegen durch das Gericht (nöthigenfalls durch Fragestellung an die Geschworenen) zu berücksichtigen, wenn die besondere Lage des einzelnen Falles Anhaltspunkte für jenes Vorhandensein gibt. (v. Bar, Recht und Beweis im Geschwornengericht, S. 191—200). Die Nothwendigkeit und Zulässigkeit der Fragestellung ist nach dem Prozeßgesetze zu beurtheilen.

Die R.St.P.O. bestimmt in §. 294 Abs. 1:

„Hat die Verhandlung Umstände ergeben, nach welchen eine von dem Beschlusse über die Eröffnung des Hauptverfahrens abweichende Beurtheilung der dem Angeklagten zur Last gelegten That in Betracht kommt, so ist eine hierauf gerichtete Frage zu stellen" (Hülfsfrage).

§. 295. Ueber solche vom Strafgesetze besonders vorgesehene Umstände, welche die Strafbarkeit vermindern oder erhöhen, sind geeignetenfalls den Geschwornen besondere Fragen vorzulegen (Nebenfragen).

Eine Nebenfrage kann auch auf solche vom Strafgesetze besonders vorgesehene Umstände gerichtet werden, durch welche die Strafbarkeit wieder aufgehoben wird.

§. 296. Wird die Vorlegung von Hülfs- oder Nebenfragen beantragt, so kann sie nur aus Rechtsgründen abgelehnt werden.

Hiernach ist eine Hülfsfrage auf Versuch zu stellen, wenn die Verhandlung in einer Sache, in welcher das Hauptverfahren wegen eines vollendeten Delikts eröffnet war, die Möglichkeit ergibt, daß die Geschwornen nur Versuch annehmen. Liegt die Möglichkeit vor, daß der Versuch aus einem der Gründe des §. 46 St.G.B. straflos ist, so ist hierauf eine Nebenfrage zu stellen. Durch §. 296 ist aber die Frage, ob solche Thatumstände vorliegen, welche die Hülfsfrage wegen Versuchs oder die Nebenfrage wegen Straflosigkeit des Versuchs veranlassen, dem Richterkollegium, welches nach den meisten älteren Strafprozeßgesetzen hierüber zu entscheiden hatte, entzogen. Die Frage muß, wenn sie beantragt ist und nicht Rechtsgründe sie verhindern, gestellt werden, und nur die Geschwornen haben zu entscheiden, ob die Fragen zu bejahen sind. Vgl. R.G. II, 26. Nov. 80 (**R.** II, 569, **E.** III, 67).

3. Die Frage, ob die Handlungen einen Anfang der Ausführung enthalten, ist Beweisfrage; sie kann bejaht werden, wenn auch durch die Handlungen die beabsichtigte That noch nicht unmittelbar begonnen worden ist, z. B. Einsteigen, Eindringen in eine Wohnung als Anfang der Ausführung eines Diebstahlsversuchs. Berlin 20. Febr. 74, 26. April 76 (O.R. **XV**, 106, **XVII**, 283), Dresden 15. März 72, 7. Juni 72 u. 12. Jan. 74 (S.G.Z. **XVI**, 204, 269, St. I, 326: II, 71; IV, 161). S. auch R.G. II, 9. Juli 80 (R. II, 179). Eine prinzipielle Abgrenzung zwischen Vorbereitungshandlungen, welche das St.G.B. in der Regel straflos läßt, und Handlungen, welche einen Anfang der Ausführung enthalten, ist bis jetzt nicht gelungen.

In negativer Weise bestimmt R.G. III, 17. Dez. 85, E. XIII, 213 jene Grenze dahin, daß Anfang der Ausführung nicht vorliege, wenn die Handlung des Thäters einen weiteren Erfolg noch nicht gehabt habe, als die Herbeischaffung der Mittel oder Werkzeuge zur Begehung der Strafthat selbst oder zur Realisirung einzelner Thatbestandsmomente. (Im concr. Fall hatte der eine Urkundenfälschung Beabsichtigende nur den hierzu zu verwendenden Holzstock beschafft und einen Probedruck angefertigt.) Es genügt jedoch, wenn die Ausführungshandlung begonnen ist, und bedarf es weder eines vorgerückteren Stadiums noch eines Erfolges derselben R.G. III, 20. Nov. 80, 15. Febr. 82, E. III, 136, VI, 46, R. II, 528. Näheres s. bei den einzelnen Delikten.

4. Die Frage, ob ein strafbarer Versuch an einem untauglichen Objekt oder an einem nicht existirenden Objekte, oder mittels eines absolut untauglichen Mittels begangen werden könne, war in der deutschen Doktrin und Praxis stets streitig. Bezüglich des Objektes verneinten die Strafbarkeit: München 8. Jan. 73 (St. II, 141) u. 12. Juni 74 (Goltd. XXII, 654, St. IV, 101), Berlin 8. Jan. 74 (Goltd. XXII, 47, O.R. XV, 7). Dagegen Stuttgart 26. Nov. 73 (St. III, 157) und Hagemann bei Goltd. Bd. XXXII, 221.

Einen Mordversuch nahm an durch einen Schuß auf einen Ort, wo der zu Tödtende irrthümlich vermuthet wurde: München 15. Nov. 72 (St. II, 140). Ein Urtheil des R.G. I v. 10. Juni 80 nahm strafbaren Versuch an untauglichem Objekt an (R. II, 56, E. I, 451), s. auch R.G. III, 7. Juni 82, R. IV, 543, 30. März 83, E. VIII, 198. Mit dem Falle des untauglichen Objektes steht jener des gänzlich mangelnden Objektes (hauptsächlich bei Kindesabtreibung vorkommend) völlig auf gleicher Stufe, da bei beiden Fällen der Irrthum des Handelnden vorliegt, vermöge dessen er eine strafbare Handlung begehen zu können glaubt und begehen will, ohne wegen Beschaffenheit des Objektes einen Erfolg erzielen zu können. Ferner nahm R.G. I, 9. Juli 1888, E. XVIII, 82, R. X, 467 an, es sei nicht erforderlich, daß das zu beschädigende Objekt (die durch Betrug zu beschädigende Genossenschaft) z. Z. der den Anfang der Ausführung bildenden That schon existire oder in der Lage gewesen sei, von der strafbaren That betroffen zu werden.

In der Anwendung eines relativ untauglichen Mittels wurde ein Anfang der Ausführung gefunden (so beim Diebstahlsversuch in dem Suchen von Gegenständen an Orten, wo sich solche nicht finden, beim Mordversuch in der Beibringung von Gift in zu kleiner Quantität). Berlin 15. Nov. 71 u. 3. Nov. 75, 20. Juni 79 (Goltd. XIX, 800; XXIII, 562; XXVII, 536, O.R. XII, 585; XVI, 706; XX, 307, St. I, 87; V, 343), München 15. Nov. 72 (St. II, 140), Dresden 30. März 74 (S.G.Z. XVIII, 278), Wolfenbüttel 1. Dez. 77 (St. VIII, 70). Dagegen sprach sich für Strafbarkeit des Versuchs mit untauglichen Mitteln aus: Stuttgart 12. Nov. 73, 27. März 78, St. III, 156; VIII, 67. S. auch Wolfenbüttel 13. Okt. 71 (St. I, 89), München 12. Juni 74 (St. IV, 101). Das R.G. entschied sich endlich in dem Urtheil der vereinigten Strafsenate v. 24. Mai 80 für Strafbarkeit des Versuchs mit untauglichen Mitteln (R. I, 819, E. I, 439, Ann. II, 107, Goltd. XXVIII, 304). Vgl. auch für Strafbarkeit des Versuchs mit untauglichen Mitteln R.G. I, 27. Febr. 1888, E. XVII, 158, v. Buri in Goltd. Arch. XXV, 265 ff., auch Gerichtss. XXXII, S. 321 ff., ferner G.S. Bd. 37, S. 313, Walther in der krit. Vierteljahrschr. V, 26 ff., v. Schwarze, Kommentar S. 102 ff. u. in H.H. II, 290, John, St.Z. 72, S. 92, Hertz, Der Versuch mit untaugl. Mitteln, Köstlin, Neue Rev. S. 358, Stenglein (St. I. Folge) S. 81, 97, Rubo, Komment. S. 113, 411. Dagegen Hahn, Komment. S. 46, Kirchmann, Komment. S. 46, Puchelt, Komment. S. 79, Otto, Der Versuch.

Die Frage des Versuchs bildet das Hauptfeld für den Kampf zwischen objektiver und subjektiver Richtung, der z. Zt. gekämpft wird. Letzterer, der sich das R.G. durch die angegebenen Entscheidungen angeschlossen hat, erblickt die Strafbarkeit der That in der Auflehnung gegen das gesetzliche Gebot oder Verbot, also den Versuch in einer auf die Begehung der That abzielenden thatsächlichen Manifestirung des Willens, sich jener Auflehnung schuldig zu machen; während die objektive Richtung die Strafbarkeit in der Verletzung der Rechte eines Anderen, in dem Eingriff in eine fremde Rechtssphäre erblickt, und im Versuch wenigstens eine Gefährdung der durch die Vollendung zu beschädigenden Rechtssphäre verlangt. In der Unvereinbarkeit dieser Grundanschauungen über das Wesen der Strafbarkeit liegt auch die Unmöglichkeit, die dadurch entstehenden Fragen, insbesondere bezüglich des Versuchs, anders als auf gesetzlichem Wege zum Austrag zu bringen.

5. Die Worte „wenn das beabsichtigte Verbrechen oder Vergehen nicht zur Vollendung gekommen ist“ enthalten keine Bedingung der Strafbarkeit des Versuchs, sondern nur eine Abgrenzung gegen das vollendete Verbrechen behufs Begründung einer mindern Strafbarkeit. R.G. I, 27. Febr. 88, **E. XVII**, 158. Dieselben sind deshalb nicht in die Fragestellung oder Feststellung aufzunehmen. (Vgl. N. 2 und Oppenhoff zu §. 43 N. 18, 19, 23.)

6. Ein fahrlässiger Versuch ist ebenso, wie der Versuch eines fahrlässigen Vergehens durch die Begriffsstimmung des §. 43 ausgeschlossen.

Ebenso wenig ist der Versuch einer Anstiftung oder einer Beihülfe als solcher strafbar. R.G. IV, 13. Dez. 87, **R. IX**, 724. Wohl aber kennt das Gesetz einzelne bestimmte Fälle erfolgloser Anstiftung als selbständige Verbrechen oder Vergehen. (Vgl. zu §§. 48, 49a.) — Auch ist die Anstiftung sowohl, wie die Beihülfe zu einem sonst strafbaren Versuch sehr wohl denkbar. (Vgl. zu §§. 48, 49.) Endlich ist auch die ideelle Konkurrenz einer vollendeten und einer versuchten Strafthat möglich und der Versuch auch anzunehmen, wenn auf denselben nur ein eventueller **dolus** gerichtet war. R.G. II u. III, 15.—22. Dez. 84, **E. XII**, 64, **R. VI**, 840. Beihülfe zu einem strafbaren Versuch durch mehrere selbständige Handlungen, während der Versuch, obgleich fortgesetzt, als einheitliche That beurtheilt ist, kann nicht angenommen werden. R.G. III, 7. Juli 84, **E. XI**, 37, **R. VI**, 523. Versuch des schweren Diebstahls in idealem Zusammenflusse mit einem vollendeten einfachen Diebstahl kann vorkommen. R.G. III, 13. Jan. 87, **E. XV**, 281.

7. Der Versuch eines Verbrechens (vgl. §. 1, N. 2) wird immer, der Versuch eines Vergehens nur in den besonders vom Gesetz hervorgehobenen Fällen bestraft; letztere sind enthalten in den §§. 107, 120, 140, 141, 148, 150, 160, 169, 240, 242, 246, 253, 263, 289, 303—305, 339, 350, 352.

8. Der Versuch einer Uebertretung ist straflos, da er im Gesetz nicht genannt ist.

9. Einzelne Verbrechen und Vergehen, welche in einer strafbaren Einwirkung auf den Willen eines Andern, ohne Rücksicht auf den Erfolg dieser Einwirkung, bestehen, werden mit dem Ausdruck: „Wer es unternimmt“ u. s. w. unter Strafe gestellt. Diese Ausdrucksweise, an deren Stelle das preuß. St.G.B. die Worte: „versucht, sucht“ gebrauchte (vgl. preuß. St.G.B. §§. 36, 90, 94, 96, 130, 212, 234, 311—313, 324, 330), umfaßt zwar den Versuch und die Vollendung, dieselbe (— das Unternehmen —) ist jedoch selbständig zu interpretiren und bedarf es keineswegs der Feststellung der Begriffsmerkmale des §. 43, wie andererseits die Strafausschließungsgründe des §. 46 in jenen Fällen nicht Platz greifen (vgl. die §§. 81, 82, 102, 105, 114, 122, 159, 357 St.G.B.). Einzelne jener Fälle des preuß. St.G.B. sind jedoch im St.G.B. als eigentliche Fälle des Versuchs bezeichnet. (Pr. §§. 84, 212, 234, vgl. St.G.B. §§. 107, 240, 253.) Beide Fälle finden sich nebeneinander in den §§. 159, 160 St.G.B. — Der Ausdruck „wer es unternimmt“ findet sich auch in dem Vereinszollges. vom 1. Juli 1869 §. 134. — (Vgl. übrigens auch Oppenhoff zu §. 43, N. 27 und Meyer N. 4.)

10. Wenn zur Ausführung eines Delikts zwei successive in einander greifende Handlungen verschiedener Personen erforderlich sind, kann schon in der Vornahme einer dieser Handlungen ein strafbarer Versuch gefunden werden, auch steht der Bestrafung desselben der Umstand nicht entgegen, daß die andere Person, ohne deren Handlung das Delikt nicht zur Ausführung gelangen konnte, nur zum Schein ihre Mitwirkung zugesagt und schon, bevor Ersterer seine Handlung vornahm, Schritte gethan hatte, welche das beabsichtigte Delikt unausführbar machten. Berlin 12. Okt. 76 (O.R. XVII, 651, Goltd. **XXIV**, 453, St. **IV**, 329).

11. Zum Begriffe des Versuchs bedarf es nicht des Anfangs der Ausführung aller zum Thatbestande erforderlichen Handlungen, sondern genügt der Anfang eines Theils derselben, in der Absicht, alle auszuführen. München 5. Aug. 76 (St. IV, 343).

12. Die Vornahme eines Versuchs ist auch bei Vorliegen von eventuellem **dolus** strafbar. R.G. II u. III, 15.—22. Dez. 840 s. oben N. 6, I, 28. März 87, **E. XVI**, 28, II, 29. März 89, **E. XIX**, 90. Auch dann liegt strafbarer Versuch vor, wenn der Entschluß eine strafbare That zu begehen, für den Fall des Eintritts einer bestimmten Eventualität gefaßt wurde. R.G. IV, 27. Mai 87, **E. XVI**, 133, **R. IX**, 353. Der Wille, die That zu begehen, muß auf Handlungen gerichtet sein, welche objektiv den Thatbestand eines Verbrechens oder Vergehens enthalten; es ist jedoch nicht erforderlich, daß der Handelnde die Strafbarkeit oder deren Maß kannte.

13. Wegen Anstiftung oder Beihülfe zu einem strafbaren Versuche kann derjenige nicht gestraft werden, der sich bei seinen Handlungen bewußt war, daß die angestiftete oder unterstützte That

nicht zur Vollendung kommen könne wegen Untauglichkeit des angewendeten Mittels. R.G. I, 17. Febr. 87, E. XV, 315, R. IX, 139, 28. März 87, E. XVI, 25, II, 29. Mai 88, E. XVII, 377.

§. 44. **Das versuchte Verbrechen oder Vergehen ist milder zu bestrafen, als das vollendete.**

Ist das vollendete Verbrechen mit dem Tode oder mit lebenslänglichem Zuchthaus bedroht, so tritt Zuchthausstrafe nicht unter drei Jahren ein, neben welcher auf Zulässigkeit von Polizei-Aufsicht erkannt werden kann.

Ist das vollendete Verbrechen mit lebenslänglicher Festungshaft bedroht, so tritt Festungshaft nicht unter drei Jahren ein.

In den übrigen Fällen kann die Strafe bis auf ein Viertheil des Mindestbetrages der auf das vollendete Verbrechen oder Vergehen angedrohten Freiheits- und Geldstrafe ermäßigt werden. Ist hiernach Zuchthausstrafe unter Einem Jahre verwirkt, so ist dieselbe nach Maßgabe des §. 21 in Gefängniß zu verwandeln.

Pr. §. 32; E. I. §§. 38, 39; E. II. §. 42; St.B. S. 225, 226, 1147 (Druckf. 182 Nr. 14).

1. Vgl. die Motive (oben zum Eingange dieses Abschnitts S. 146). Der Regierungsentwurf zu der Novelle v. 26. Febr. 1876 schlug unter theilweiser Abänderung des §. 44 besondere Strafbestimmungen gegen den beendigten Versuch vor (vgl. Drucks. d. Reichst. N. 54). Der Reichstag lehnte den Vorschlag aber ab.

2. Der §. 44 geht von der — nicht ausgesprochenen — Voraussetzung aus, daß die auf das vollendete Verbrechen und Vergehen angedrohten Strafen den Maßstab für die Versuchsstrafe bilden. Zunächst ist also die (**in thesi**) angedrohte, nicht die (**in hypothesi**) im Fall der Vollendung verwirkte Strafe maßgebend*). Der theoretisirende Absatz 1 (vgl. unter 3) enthält ein Prinzip ohne bestimmten Inhalt, der erst in den Absätzen 2—4 gegeben wird. Der von Rubo (S. 413) als Inhalt des §. vertheidigte Satz: es sei auf eine niedrigere Strafe zu erkennen, als erkannt sein würde, wenn das Verbrechen oder Vergehen vollendet worden wäre — enthält im Allgemeinen einfach eine Unmöglichkeit. Nur gegenüber einer absolut bestimmten Straffatzung wird der Richter ermessen können, welche Strafe im Fall der Vollendung verhängt sein würde. Wie soll in allen anderen Fällen der Richter die thatsächlichen Umstände wissen, welche die nicht eingetretene Vollendung begleitet haben würden, während von diesen gerade das Maß der Strafe abhängt? Vgl. übrigens auch die zutreffenden Ausführungen John's (Entwurf z. e. St.G.B. f. d. Nordd. Bund. Berlin 68 S. 224 ff.).

3. Abs. 1 enthält im Wesentlichen nur eine Regel der Strafzumessung, die entscheidenden Vorschriften für die Strafmilderung geben die Absätze 2—4. Abs. 1 ist augenscheinlich nicht so zu verstehen, daß die auf das vollendete Verbrechen angedrohte Strafe überhaupt nicht zur Anwendung komme, sondern nur dahin, daß der Richter den Versuch nicht so strenge, wie das vollendete Verbrechen zu bestrafen haben soll. Eine sichere Folge hat danach Abs. 1 nur insofern, als der Richter niemals den Höchstbetrag der auf das vollendete Verbrechen angedrohten Strafe verhängen kann. Dieser Vorschrift genügt der Richter, wenn er bei Zuchthaus einen Monat, bei Gefängniß einen Tag (vgl. §. 19) weniger als den Höchstbetrag verhängt.

Letztere Beträge bilden nach oben die äußerste Grenze der Versuchsstrafe, während nach unten Abs. 2—4 maßgebend sind.

In diesen Grenzen kann der Richter die Strafe abwägen. Der I. Entwurf gab hierfür die Regel:

„Für die Strafzumessung ist der Grad maßgebend, in welchem sich der Versuch der Vollendung genähert hat."

---

*) Der 1. Entwurf drückte sich korrekter so aus:
„Der Versuch eines Verbrechens ist mit einer niedrigeren, als der auf das vollendete Verbrechen gesetzten Strafe nach Maßgabe folgender Bestimmungen zu bestrafen:" u. s. w.

Diese Regel ist selbstverständlich. — Bei alternativen Strafandrohungen hat sich der Richter aus den sämmtlichen sonstigen Umständen der Handlung für eine Strafart zu entscheiden.

4. Bestimmt das Gesetz für den Fall „mildernder Umstände" oder aus sonstigen Gründen eine mildere oder niedrigere Strafe, so hat der Richter zu prüfen, ob solche Umstände oder Gründe auch beim Versuch vorhanden sind. Ist solches der Fall, so finden die Grundsätze des §. 44 auch auf die ermäßigten Strafsatzungen Anwendung. Berlin 17. Sept. 73 (Goltd. XXI, 490, O.R. XIV, 538, St. III, 81); Mannheim 11. Okt. 73 (St. III, 200). Dieses wird selbst in Fällen eintreten müssen, wo die Versuchsstrafe den äußerlichen Maßstab der Strafermäßigung bildet, wie im §. 49 bei der Strafe der Beihülfe. Die Annahme mildernder Umstände darf hierbei aber nicht auf die Nichtvollendung der Handlung gestützt werden, weil sonst wegen bloß vorhandenen Versuchs eine doppelte Strafermäßigung eintreten würde. Eisenach 30. Sept. 71; München 5. Juni 75 (St. I, 166, V, 19); Dresden 27. Okt. 71 (St. I, 167).

Droht das Gesetz wahlweise lebenslängliche und zeitige Zuchthausstrafe an, wie in §. 214, so steht dem Richter die Wahl zwischen den Strafen des Abs. 2 und 4 frei, wobei auf Polizeiaufsicht nur erkannt werden kann, wenn die Strafe nach Abs. 2 gewählt wird. R.G. III, 24. Nov. 87, **E. XVI**, 400, **R. IX**, 641. A. M., Berlin 22. Juni 78, O.R. **XIX**, 325, Goltd. **XXVI**, 428, St. VIII, 156. Die in §. 263 neben Gefängnißstrafe fakultativ angedrohte Geldstrafe ist Hauptstrafe wie jene und kommt daher auch bei Versuch des Betrugs in Betracht R.G. II, 14. Mai 89, **E. XIX**, 235.

5. Bei Einfluß der Jugend des Thäters ist zuerst die Strafe des vollendeten Verbrechens unter der durch §. 57 gebotenen Reduktion zu bemessen, doch nicht auszumessen, sondern in ihrem Mindest- und Höchstbetrage zu ermitteln und diese Strafe nach §. 44 wiederholt zu reduziren. Berlin 4. April 73 (O.R, VIII, 251, St. II, 306, Goltd. XXII, 264). A. M. München 25. April 74 (St. IV, 9), Dresden 24. Juli 71 (St. I, 115), welche zuerst die Reduktion wegen Versuchs, dann die aus §. 57 eintreten lassen wollen. S. übrigens zu §. 57.

Auch bei Rückfall ist von der für den Rückfall **in abstracto** angedrohten Strafe auszugehen und diese nach §. 44 zu reduziren. Stuttgart 31. Dez. 74 (St. IV, 51).

6. Bei Zusammenfluß von versuchten Verbrechen und Vergehen kann bei Anwendung des §. 44 Abs. 4 nicht auf Zuchthausstrafe erkannt werden, wenn die Einsatzstrafe für das versuchte Verbrechen unter ein Jahr zu bemessen ist, die Gesammtstrafe aber die Dauer von einem Jahre erreicht oder übersteigt. Berlin 4. Jan. 75 (O.R. XVI, 4, Goltd. XXIII, 116, St. IV, 251).

In Anwendung des Abs. 4 ist sofort auf Gefängniß, nicht auf Zuchthaus zu erkennen und dieses in Gefängnißstrafe umzuwandeln. Die richtige Berechnung muß aus den Gründen sich erkennen lassen. Berlin 15. März 77 (O.R. XVIII, 215).

Die zu erkennende Gefängnißstrafe muß aus der Berechnung (§. 21) nach einer in einer bestimmten Zahl von Monaten abgemessenen Zuchthausstrafe hervorgehen. Dresden 8. Nov. 72 (Goltd. XXI, 228, St. II, 146).

Ist das Mindestmaß einer Gefängnißstrafe für das vollendete Delikt ein Monat, so kann bei Versuch auf 8, nicht auf 7 Tage herabgegangen werden. R.G. I, 13. Febr. 82, **E. V**, 442, **R. IV**, 163. Geldstrafe von 3 Mark für ein Vergehen kann nicht abgemindert werden R.G. 28. Juni 88. **E. XVIII**, 125, **R. X**, 454. A. M. Olshausen N. 6, Geyer I, 133.

7. Der §. 44 findet auch auf die besonderen, neben dem St.G.B. in Kraft bleibenden Reichs- und Landesgesetze Anwendung, wenn diese keine abweichenden Bestimmungen enthalten (vgl. oben zu §. 3 E.G.), wie das preuß. Gesetz betr. den Forstdiebstahl v. 15. April 1878, welches für Versuch und Theilnahme am Versuch des Forstdiebstahls die volle Strafe des Forstdiebstahls androht.

8. Wegen der angedrohten Nebenstrafen vgl. §. 45.

§. 45. **Wenn neben der Strafe des vollendeten Verbrechens oder Vergehens die Aberkennung der bürgerlichen Ehrenrechte zulässig oder geboten ist, oder auf Zulässigkeit von Polizei-Aufsicht erkannt werden kann, so gilt Gleiches bei der Versuchsstrafe.**

Pr. —; E. I. §. 38 A. 4; E. II. §. 43; St.B. S. 226.

Vgl. M.St.G.B. §. 46.

1. Vgl. die **Motive** (oben zum Eingange dieses Abschnitts S. 146, s. auch §. 44 N. 4).

2. Die §§. 31 und 32 sind auch für die Versuchsstrafe maßgebend. — Ebenso §. 35, so daß auch im Falle des Versuchs **allein** auf „Unfähigkeit zu öffentlichen Aemtern" erkannt werden kann. Letzteres folgt aus dem Wortlaut des §. 35.

Dagegen kann der §. 45 auf diejenigen Fälle (vgl. dieselben oben S. 129 zu §§. 33—36 N. 3 unter c und d), in denen Unfähigkeit zu öffentlichen Aemtern oder Verlust derselben **allein** angedroht ist, nicht ausgedehnt werden. Gl. M. Oppenhoff N. 4, Olshausen N. 4, Otto N. 2, Puchelt N. 4, Rubo N. 2, Baumgarten S. 451. Ueberhaupt können die bei den einzelnen Delikten für den Fall der Vollendung angedrohten Nebenstrafen nur auf Grund bestimmter gesetzlicher Anordnungen auf den Fall des Versuchs angewendet werden. R.G. III, 12. Nov. 85, **E.** VIII, 76, **R.** VII, 660.

3. Wird gemäß §. 44 Abs. 4 Zuchthausstrafe u. Gefängniß umgewandelt, so kann die Zulässigkeit von Polizeiaufsicht nicht erkannt werden, wenn bei Vorliegen der vollendeten That dieses nur beim Erkennen einer Zuchthausstrafe geschehen konnte, so z. B. §. 248. R.G. III, 30. Okt. 84, **E.** XI, 159, **R.** VI, 677.

4. Die Dauer der in §. 45 zugelassenen Nebenstrafen ist bei versuchten Delikten dieselbe wie bei den vollendeten.

§. 46. Der Versuch als solcher bleibt straflos*), wenn der Thäter

1) die Ausführung der beabsichtigten Handlung aufgegeben hat, ohne daß er an dieser Ausführung durch Umstände gehindert worden ist, welche von seinem Willen unabhängig waren, oder

2) zu einer Zeit, zu welcher die Handlung noch nicht entdeckt war, den Eintritt des zur Vollendung des Verbrechens oder Vergehens gehörigen Erfolges durch eigene Thätigkeit abgewendet hat.

Pr. §. 31; E. I. §. 37; E. II. §. 44; St.B. S. 222—226.

1. Vgl. die **Motive** (oben zum Eingange dieses Abschnitts S. 146).

2. Der §. 46 enthält Strafausschließungsgründe, deren Vorhandensein je nach Lage des besonderen Falles festzustellen ist. Eine Beweislast ist dadurch dem Angeschuldigten nicht auferlegt. (Vgl. oben zu §. 43 N. 2 und 3.) S. auch Goltd. **XXV**, 267 ff.

3. „Der Versuch **als solcher**" — d. h. die Straflosigkeit tritt nicht ein, wenn die Versuchshandlungen ein selbständiges Verbrechen bilden, z. B. Körperverletzung, Beibringung von Gift, während ein Mord beabsichtigt war. **Berlin** 24. Jan. 77 (O.R. **XVIII**, 70, Goltd. **XXV**, 50, St. VII, 88); oder Sachbeschädigung durch Einbruch bei freiwillig aufgegebenem Diebstahl R.G. IV, 29. Okt. 86, **E.** XV, 12, **R.** VIII, 652. Dies ist insbesondere auch dann der Fall, wenn das Unternehmen einer bestimmten That (§§. 81, 82, 105, 114, 159) den Gegenstand einer selbständigen Strafandrohung bildet. Ebenso wenig ist dies der Fall, wenn Vorbereitungshandlungen zum selbständigen Delikt gemacht sind (§. 86). A. M. in letzterer Beziehung John in H. H. III, 30, H. Meyer S. 267, Olshausen N. 4, Baumgarten S. 47 richtig, v. Liszt S. 558. Der Grund, es könne die Vorbereitung nicht schlechter gestellt sein als der Versuch, schlägt nicht an, weil die §§. 80—84 den Versuch der Vollendung gleich stellen.

4. Die Bestimmungen unter N. 1 u. 2 begründen nur eine **persönliche** Straflosigkeit. Sind mehrere **Theilnehmer** (Mitthäter, Anstifter, Gehülfen) vorhanden, so ist nur derjenige straflos, bei welchem einer der Gründe des §. 46 vorliegt. (Vgl. §. 50.) So **Mannheim** 9. Mai 74 (St. IV, 7), **Berlin**, 5. März 75, 15. Juni 76 (Goltd. **XXIII**, 191, O.R. **XVI**, 186, **XVII**, 437, St. V, 9). R.G. I, 13. Jan. 81, **E.** III, 249, **R.** II, 722, II, 6. Juni 82, **E.** VI, 341, **R.** IV, 533, IV, 5. Jan. 86, **R.** VIII, 12., 13. Dez. 87, **R.** IX, 724, bayr. Entsch. IV, 565. Der Ausdruck „der **Versuch** bleibt straflos", ist deshalb, wie **Oppenhoff** mit Recht hervorhebt, nicht ganz korrekt. Vgl. auch R.G. II, 25. Nov. 87, **E.** XVI, 347, **R.** IX, 650. A. M. wegen obiger Regel **Wolfenbüttel** 1. Dez. 77 (St. VIII, 69), **Berner** S. 146, 160,

---

*) Vgl. **Herzog**, Rücktritt vom Versuch und thätige Reue, Würzburg 1889, **Meves** in Goltd. Arch. Bd. 37 S. 397, auch **Herbst** das. Bd. 32, S. 109.

H. Meyer S. 264, 279, Schütze S. 141, Rubo N. 3, Olshausen N. 2. Richtig Binding, Grundr. S. 120, Hälschner I, 362, v. Liszt S. 218, Oppenhoff N. 117, Otto N. 6, v. Schwarze S. 108, Geyer I, 134, Meves in G.S. Bd. 24 S. 173.

5. Ziff. 1. — Der Thäter muß aus freiem Entschluß zurückgetreten sein, die Gründe, die ihn dazu bringen, sind unerheblich. Dieses gilt selbst dann, wenn z. B. der Dieb, welcher eingebrochen ist, aus Rücksicht auf die zu Tage tretende Armuth des Eigenthümers absteht. Dagegen liegt kein Abstand vor, wenn der Dieb das Gesuchte nicht findet. Dresden 9. Sept. 72 (St. II, 74), Berlin 20. Juni 79 (O.R. XX, 307, Goltd. XXII, 536). Der Anstifter bleibt jedoch straflos, wenn er den Eintritt des Erfolgs vor der Vollendung der That und vor der Entdeckung hinderte. Oppenhoff N. 17. In solchen Fällen kann es sich nur fragen: ob ein Anfang der Ausführung vorliegt, und dieses ist, in dem vorangegebenen Beispiel, zu bejahen.

Die Freiwilligkeit des Entschlusses wurde verneint in einem Fall, in welchem der Dieb einen Diebstahl aufgegeben hatte, weil ein Dritter an den Ort der That kam. R.G. IV, 8. Juli 87, E. XVI, 182, auch II, 15. März 89, Goltd. Bd. 37, S. 181. Dagegen wurde Versuch des Meineids und freiwilliger Abstand angenommen bei einem Zeugen, der anfänglich die Unwahrheit trotz erfolgter Beeidigung angab, später aber die Aussage wahrheitsgemäß berichtete. In Folge dessen blieb die Anstiftung strafbar. R.G. III, 15. März 86, E. XIV, 19, R. VIII, 170, vgl. auch IV, 9. Okt. 88, R. X, 555. Das Aufgeben des Versuchs wegen Wirkungslosigkeit des Mittels zur Abtreibung wurde nicht als freiwillig erachtet R.G. III, 4. Juni 81, R. III, 375.

6. Ziff. 1. — „Durch Umstände". Das preuß. St.G.B. sagte: „äußere Umstände". Die Beseitigung des Wortes „äußere" unterstützt die schon in der preußischen Praxis vertretene Auffassung, daß nicht bloß „äußerliche Thatsachen", sondern auch sog. **facta interna**, wie Irrthum, Unkenntniß des Thäters, die Anwendung des §. 46 N. 1 ausschließen können. (Vgl. Oppenhoff N. 6.) So kann derjenige, der in diebischer Absicht einbricht und, weil er Sachen findet, die nach seiner Meinung werthlos sind (z. B. er findet bei einem Chemiker statt Gold Platina, welches er für gewöhnliches Blech hält), oder weil er etwa vorhandene Gegenstände nicht wahrnimmt, — den Diebstahl aufgibt, — nicht straflos werden. — Ebenso wenig kann von freiwilligem Abstand die Rede sein, wenn der Thäter glaubt, der gewollte Erfolg sei eingetreten, z. B. bei Tödtung, während es nicht der Fall ist, und wenn der Thäter nur durch diesen Irrthum veranlaßt, weitere Versuchshandlungen unterläßt. Er muß sich bewußt sein, die That nur versucht zu haben und den Versuch nicht zur Vollendung gelangen zu lassen. R.G. II, 17. Juni 81, E. IV, 290. Ferner macht der Glaube nicht straflos, die That nicht durchführen zu können, wenn er Abstand von weiteren Versuchshandlungen zur Folge hat. R.G. III, 7. Juni 82, R. IV, 543. Das Vorliegen einer allgemeinen Denunziation wurde als hindernder Umstand erkannt. R.G. II, 12. Nov. 86, E. XV, 44. Auf den beendigten Versuch findet Ziff. 1 nicht Anwendung, sondern Ziff. 2. Berlin 17. Mai, 13. Nov. 73 u. 21. Sept. 75 (Goltd. XXI, 448, O.R. XIV, 379, 714; XVI, 592, St. III, 68, 211). Vgl. die folgende Note.

7. Die Ausführung der beabsichtigten Handlung aufgegeben hat der Thäter dann, wenn derselbe auf die konkrete Gestaltung der That, welche er gewollt hatte, endgültig verzichtet hat, ohne dieselbe sofort in einer neuen Form zu unternehmen, so daß der damalige Versuch als abgeschlossen erscheint. Dies setzt nicht voraus, daß der Thäter darauf verzichtet hat, den Versuch wieder aufzunehmen; ebenso wenig kann aber als aufgegeben derjenige Versuch gelten, welcher z. B. zwar nicht fortgesetzt, jedoch die Fortsetzung nach einiger Zeit sogleich geplant wird. Auch hier kann die Grenze nur nach den Umständen des einzelnen Falls gefunden werden. Gl. M. Berner S. 144, v. Liszt S. 218, H. Meyer S. 267, Hälschner I, 361, Oppenhoff N. 5, v. Schwarze S. 110 und in H. H. II, 306, Olshausen N. 12.

8. Ziff. 2 hat den sog. beendigten Versuch im Auge, in dem der Thäter Alles gethan hatte, was von seiner Seite zur Herbeiführung der Vollendung erforderlich war, und derselbe alsdann mit glücklichem Erfolge bemüht ist, den Eintritt der Vollendung zu verhindern, z. B. er vereitelt den Giftmord durch Gegengift. Es handelt sich also um eine Art thätiger Reue, welche sich jedoch von dem gewöhnlichen Begriff der „thätigen Reue" dadurch unterscheidet, daß es sich bei letzterer in der Regel um das Wiedergutmachen eines vollendeten Verbrechens (z. B. Rückgabe des Gestohlenen) oder um Beseitigung schlimmerer Folgen eines solchen Verbrechens handelt. Letztere Art thätiger Reue kennt das St.G.B. nur in drei Fällen: einmal als

Grund einer Strafermäßigung (beim Meineid §. 158), und zweimal als Grund der Straflosigkeit (bei fahrlässigem falschen Eid §. 163 und bei Brandstiftung §. 310).

9. Als entdeckt muß die That gelten, wenn andere Personen Kenntniß von derselben erhielten. Berlin 11. Okt. 71 (O.R. XII, 505, St. I, 56). R.G. III, 8. Dez. 80, E. III, 93, R. II, 618.

Ebenso wenn der Verletzte auch nur in dem Maße eines die nähere Feststellung erheischenden Verdachtes Kenntniß erlangt hat. Berlin 31. März 71, 21. Sept. 75 (O.R. XII, 190, XVI, 592). Jedoch genügt auch nicht ein ganz vager Verdacht, ein gewisser Zweifel bezüglich der Rechtswidrigkeit des Versuchs, ebenso wenig bedarf es aber auch der Aufdeckung aller Modalitäten der Verübung. Die Grenze hierbei ist thatsächlicher Natur und nach den Umständen des Falls zu beurtheilen. R.G. III, 11. Jan. 83, R. IV, 37.

Strafbare Handlungen, welche nach ihrer Natur durch die Begehung zur Kenntniß des Verletzten kommen, bei welchen also die Kenntniß zum Thatbestande des beendeten Versuchs gehört, können überhaupt nicht entdeckt werden. Auf solche ist §. 46 Ziff. 2 nicht anwendbar; z. B. auf Erpressung. R.G. II, 12. März 80, E. I, 307, R. I, 453.

10. R.G. III, 8. Dez. 80 (R. II, 618, E. III, 93) hob das Urtheil auf, weil statt „Handlung" in der Nebenfrage gesetzt war: „ . . zu einer Zeit, zu welcher seine Handlungen (Brandstiftung) noch nicht entdeckt waren, indem es erwog, daß das Wort „Handlung" in §. 46² = That ist und diese als entdeckt gilt, wenn die Wirkungen des Verbrechens zur Kenntniß eines unbetheiligten Dritten gelangt sind, und [illegible] auf Verübung eines Verbrechens zurückschließen kann, selbst wenn er diesen Schluß noch ni[illegible] gezogen hat, ihm die Person des Thäters oder die Art der Begehung noch unbekannt war, während das Wort „Handlungen" auf die Modalitäten der Ausführung hinweise, und zwar mit Unrecht.

11. Das Herbeirufen einer dritten Person durch den Thäter selbst zum Zweck der Löschung eines von ihm verursachten Brandes schließt Abstand vom Versuch nicht aus. R.G. I, 3. Mai 80 (E. I, 375, R. I, 720), s. auch Oppenhoff N. 11. Ebenso wenig die Thätigkeit eines vom Thäter mit der Beseitigung der Wirkung der That beauftragten Dritten, vorausgesetzt, daß beendeter Versuch vorliegt, was z. B. bei Betrug mit der Vorspiegelung allein noch nicht der Fall ist. R.G. II, 12. Nov. 86, R. XV, 44.

12. Sobald Vollendung eingetreten ist, bewirkt Vernichtung des eingetretenen Erfolgs, z. B. einer den strafbaren Thatbestand enthaltenden Urkunde, nicht mehr Straflosigkeit. Berlin 18. März 79 (O.R. XX, 144, Goltd. XXVII, 380), auch 11. Okt. 71 (O.R. XII, 505, St. I, 56).

Wurde die Vollendung der That (Gebrauch einer gefälschten Urkunde) nur deshalb unterlassen, weil der beabsichtigte Zweck ohnedies erreicht wurde, so liegt kein strafloser Versuch vor. Dresden 1. Nov. 75 (St. XVI, 359).

13. Mißlingt die Abwendung des Erfolgs, so bleibt die Strafbarkeit bestehen. Oppenhoff N. 12. Ebenso wenig nützt es dem Thäter, wenn die That zur Zeit seines Abstandes ohne sein Wissen entdeckt war.

Dritter Abschnitt.

Theilnahme.*)

1. Der von dem Reichstage völlig unverändert gelassene dritte Abschnitt enthält sehr wesentliche Abweichungen vom preuß. St.G.B.

Die Motive bemerken hierüber:

„Die Bestimmungen des preuß. Strafgesetzbuchs über die Theilnahme sind mehrfach verändert.

*) Bezüglich der allgemeinen Grundsätze des St.G.B. über die Theilnahme wird außer den Kommentaren und Handbüchern namentlich verwiesen auf: Schütze, Studien zum Deutschen Strafgesetzbuch (Goltd. XXI, 153 ff.) und die Untersuchungen von Herzog: Allg. Deutsche Strafrechtszeitung 1871 S. 259 ff.. 1872 S. 220 ff. und im Gerichtssaal XXIV, 435 ff., XXVI, 28 ff., XXVIII, 322 ff., XXXIV, 81 ff., Berner, Theilnahme 1847, v. Bar, Zur Lehre vom Versuche und von der Theilnahme, Hannover 1859, v. Buri, Zur Lehre von der Theilnahme, Gießen 1860, Langenbeck, Lehre von der Theilnahme, Jena 1867, Geyer in H.H. II, 321, v. Buri in G.S. Bd. XXIV, S. 237, Bd. XXV, S. 237, Bd. XXVIII, S. 296 fg., Kärcher in G.S. Bd. XXXVI, 617 fg., Borchert, Die strafrechtliche Verantwortlichkeit u. s. w. Berlin 1888, Stutte, Komplott u. Bande, Tübingen, v. Kries, in Z. f. ges. Str.W. VII, 521 ff.

Der Entwurf begreift unter dem „Theilnehmer“ den Thäter und Mitthäter, sowie den Anstifter und den Gehülfen. Er schließt den „Begünstiger“ von der „Theilnahme“ aus, da die Thätigkeit des Begünstigers erst der vollendeten That nachfolgt, mit ihr selbst daher unmittelbar nicht in Verbindung steht, auf sie in ihrer Ausführung nicht einwirkt und daher in der Hauptsache nur entweder die Person des Thäters und dessen Vortheil oder auch den eigenen Vortheil im Auge hat. Die neuere Doktrin hat auch wiederholt darauf hingewiesen, daß die Begünstigung als ein selbständiges Vergehen zu behandeln und von der Verbindung mit der „Theilnahme am Verbrechen“ loszulösen sei. Allerdings wird der Charakter der Begünstigung als ein verschiedener sich wieder zeigen, wenn die Begünstigung nicht sowohl in der Absicht geleistet wird, um den schuldigen Thäter der Strafverfolgung zu entziehen oder um ihm die Vortheile des Verbrechens zu sichern, sondern vielmehr nur deshalb, um aus dem Verbrechen des Thäters für sich selbst einen Vortheil zu ziehen. In letzterer Hinsicht tritt das Verhältniß der Begünstigung zu dem Hauptverbrechen noch entfernter in den Hintergrund, und es stellt sich die Begünstigung als ein eigenes Vergehen dar, dessen Strafbarkeit, nach Befinden, von der Strafbarkeit der Hauptthat mit beeinflußt werden kann, dessen Thatbestand selbst aber von dem der letzteren in keiner Weise abhängig zu machen ist.

Der Entwurf hat daher die „Begünstigung“ als ein besonderes Vergehen aufgefaßt und mit der „Hehlerei“ in Verbindung gebracht, auch beide strafbaren Handlungen in den speziellen Theil eingereiht“*). (Vgl. §§. 257 ff.)

2. Die Terminologie des St.G.B. bezeichnet, wie schon oben zu §. 3 N. 3 bemerkt worden, konsequent als „Thäter“ denjenigen, der die zum Thatbestande erforderlichen Handlungen vornimmt, d. h. den physischen Urheber, mag er gleichzeitig intellektueller Urheber sein oder nicht, mag er einen Gehülfen gehabt haben oder nicht. (Vgl. auch §. 51.)

Als Theilnehmer dagegen werden bezeichnet: mehrere Thäter (Mitthäter), der Anstifter und der Gehülfe. Der Einzelthäter (Thäter), selbst wenn er einen Anstifter oder Gehülfen neben sich hat, wird nie als Theilnehmer bezeichnet, vielmehr faßt das Gesetz, wo es den Thäter, Mitthäter, Anstifter und Gehülfen bezeichnen will, dieselben unter dem Ausdruck „Betheiligte“ (vgl. §. 63) oder als „Mitwirkende“ (§§. 243 N. 6, 250 N. 2) zusammen. (Vgl. hinsichtlich dieser Terminologie die §§. 49, 50, 51, 63, 243 Nr. 5, 247, 250 Nr. 1, 257.)

In den §§. 115, 116, 124, 125, 128, 129 hat der Ausdruck „Theilnehmen, Theilnahme“ mehr eine faktische Bedeutung. In §. 143 ist unter Theilnehmer nur der (Anstifter und) Gehülfe zu verstehen. — —

Die Auffassung, daß das St.G.B. unter „Thäter“ stets den physischen Urheber verstehe, ist vielfach auf Widerspruch gestoßen. Ich glaube dieselbe aufrecht halten zu müssen. Meines Dafürhaltens wird die Frage nach der Terminologie mit der materiellen Frage verwechselt, in welchem Umfange die Satzungen des St.G.B. auf die verschiedenen Personen Anwendung finden, welche bei der Begehung einer Strafthat mitwirken. Es wird dabei in der Regel übersehen, daß der Gesetzgeber trotz einer gewissen systematischen Anordnung in seiner Ausdrucksweise und Gliederung sich immer wesentlich von der eines Lehrbuchs unterscheidet. Nun ist soviel unzweifelhaft, daß überall, wo der Ausdruck Thäter im St.G.B. vorkommt, der physische Urheber jedenfalls gemeint ist. Ebenso wird zugegeben, daß an einzelnen Stellen unter „Thäter“ ausschließlich der physische Urheber zu verstehen ist, z. B. im §. 47, 49, 50 (vgl. Schütze bei Goltd. XXI, 167). Was nöthigt nun dazu, dem Gesetzgeber die Inkonsequenz zu imputiren, unter einem der allerwichtigsten Ausdrücke in einem Falle Dieses, im andern Jenes verstanden zu haben? Gewiß nicht die Nothwendigkeit des Satzes: daß auf die Nebenpersonen bei der Begehung strafbarer Handlungen die Gesammtheit des Strafgesetzes Anwendung findet, soweit nicht besondere Vorschriften Platz greifen oder aus der Natur der Sache sich etwas Abweichendes ergibt. Dieser Satz ist trotz seiner Nothwendigkeit in seiner Allgemeinheit nirgends im Gesetz direkt ausgesprochen, und es dürfte zur Gewinnung desselben nicht viel Gewicht darauf zu legen sein, wenn behauptet wird, daß an einzelnen Stellen des Gesetzbuchs, wo vom Thäter die Rede ist, darunter Thäter und Theilnehmer begriffen seien.

Der Haupttheil des St.G.B. ist der die Thatbestände der einzelnen strafbaren Handlungen enthaltende besondere Theil. Dieser enthält die Hauptstrafgesetze und der sog. allge=

*) Diese Behandlung der Begünstigung wurde von der Bundeskommission wesentlich in Anerkennung der von Hälschner, Beiträge zur Beurtheilung des Entwurfs u. s. w. S. 67, 68 und System III S. 556, entwickelten Gründe gewählt.

meine Theil, welcher nur eine Abstraktion der bei den einzelnen Bestimmungen sich wiederholenden Umstände gibt, sollte eigentlich nachfolgen. Will der Gesetzgeber klar sein, so faßt er in seinen Satzungen denjenigen ins Auge, der die zur Erfüllung des Thatbestandes erforderlichen Handlungen vornimmt, d. h. den physischen Urheber. So wird denn in der Regel formulirt: „Wer das oder das thut, wird wegen u. s. w. bestraft." Dem entspricht es, daß der Gesetzgeber in dem allgemeinen Theil sich gegen den wendet, welcher den Thatbestand irgend einer im besondern Theil erwähnten Handlung erfüllt. Der „wer" des besondern Theils ist der „Thäter" des allgemeinen Theils. Spräche der Gesetzgeber anders, so würde ihn mit Recht der Vorwurf der Unklarheit treffen. Erst wo es darauf ankommt, sich über die Strafbarkeit derjenigen Personen auszusprechen, welche nicht den Thatbestand der einzelnen Handlungen erfüllen, bedarf es einer besonderen Terminologie. Danach scheint es z. B. verfehlt, wenn Schütze (Goltd. XXI, 169) in der Annahme, im §. 3 des St.G.B. bedeute „Thäter" ausschließlich den physischen Urheber, die Entscheidung der Streitfrage findet, ob die im Inlande begangene Theilnahme-Handlung im Inland strafbar ist, wenn die Hauptthat im Ausland begangen ist. Meines Dafürhaltens hat es der Gesetzgeber der wissenschaftlichen Auslegung zu überlassen, den Umfang der Anwendbarkeit der Bestimmungen des besondern und des allgemeinen Theils in allen Konsequenzen auf die Nebenpersonen der Strafthaten zu begrenzen, sich selbst aber darauf zu beschränken, dieser wissenschaftlichen Operation durch einzelne Bestimmungen, wie sie namentlich der Abschnitt „Theilnahme" enthält, die nothwendigen Grundlagen zu schaffen. Eine weitere Ausführung dieser Ansicht würde die Grenzen dieser Erläuterungen überschreiten. In den Erörterungen Herzog's (namentlich Gerichtssaal XXIV, 435) glaube ich, wenngleich die Schlußfolgerungen desselben entgegengesetzt sind, eine Unterstützung der vorstehend vertretenen Auffassung finden zu können.

3. Eine juristische Person*) kann nicht Thäter sein und unterliegt nicht der Strafverfolgung, diese kann vielmehr nur gegen die physischen Personen, denen die That zur Last fällt, gerichtet werden. Berlin 20. Nov. 73, 14. Okt. 74, 12. Mai u. 22. Sept. 75 (Goltd. XXI, 487, XXIII, 311, 635, O.R. XIV, 735, XV, 672, XVI, 366, 599, St. IV, 252), München 3. Mai 72 u. 4. Febr. 73 (Bayr. Entsch. II, 125, III, 43), Leipzig 29. Mai 77 (Entsch. XIII, 291). Auch Firmen können nicht delinquiren. Berlin 30. Okt. 72 (O.R. XIII, 562, St. II, 69, Goltd. XX, 569). Auch nicht Aktiengesellschaften R.G. III, 26. Mai 87, E. XVI, R. IX, 344. Dies gilt auch von Kollegialbehörden bez. Beamten. Berlin 9. April 73 (Goltd. XXI, 196, O.R. XIV, 269).

4. Mitthäterschaft erfordert nicht Betheiligung an allen Thatbestandshandlungen bis zur Vollendung. Berlin 1. Okt. 72, 5. Febr. 74 u. 11. Nov. 75 (Goltd. XXI, 112, XXII, 236, O.R. XV, 54, XVI, 718), Dresden 17. Nov. 73, 10. April u. 19. Okt. 74 (St. III, 375, IV, 315, V, 11), Stuttgart 15. April 74 (St. IV, 49), München 23. April 75 (St. V, 13).

In Einzelheiten weichen vorstehende Urtheile von einander ab, z. B. darin, ob derjenige, welcher den Eigenthümer beschäftigt, um seine Aufmerksamkeit vom Dieb abzulenken, Mitthäter oder Gehülfe ist. Das R.G. III, 12. Mai 80 nahm Mitthäterschaft an in einem Fall, bei welchem nach vorhergegangener Verabredung und Vertheilung der Rollen zwei Personen einen Diebstahl in der Art verübten, daß die eine einstieg und den Diebstahl verübte, die andere Spähe stand, vor Entdeckung warnte und die gestohlenen Sachen entgegennahm und wegtrug (R. I, 764, E. II, 160**). Es ist dies die Folge des Standpunktes, welchen das R.G. überhaupt in diesen Fragen eingenommen hat, und welcher als der subjektive bezeichnet werden kann (s. bez. des Versuchs oben S. 149 a. E.). Da das Reichsgericht das Strafbare der That in der Manifestation des verbrecherischen, auf Ungehorsam gegen die Gesetze gerichteten Willens erblickt, mußte es auch in der Beurtheilung der Mitthäterschaft weitergehen, als die bisherige Theorie. Es fordert für Mitthäter den gemeinschaftlichen Willen, die That als eigene auszuführen und Manifestation dieses Willens durch eine auf die Ausführung der That gerichtete Wirksamkeit, welche jenem gemeinschaftlichen Willen, bez. dem Thäterwillen jedes Einzelnen entspricht. Dagegen verlangt es nicht die Ausführung einer That, welche Bestandtheil des gesetzlichen Thatbestandes ist. Die gemeinschaftliche Ausführung kann vielmehr in einer Mitwirksamkeit einzelner der zur Ausführung

---

*) Zur Deliktsfähigkeit von Körperschaften oder Kollektivpersönlichkeiten vgl. v. Liszt, S. 126, v. Kirchenhain in G.S. Bd. 37, S. 421, Bd. 40, S. 251.

**) S. hierzu Fuchs in Goltd. XXIX, 170.

entschlossenen Mitthäter bestehen, welche an sich nur Beihülfehandlung sein könnte, wenn sie nur mit dem Willen vorgenommen worden sein würde, die That eines Anderen zu unterstützen. Der Hauptunterschied zwischen Mitthäter und Gehülfen liegt also in dem auf Ausführung der That, als einer eigenen oder als einer fremden, gerichteten Willen. Unter besonderen Umständen kann diese Mitwirkung sogar in einem Unterlassen, in einem Nichthindern bestehen, wenn der Unterlassende die That hätte hindern können und müssen, jedoch versprochen hatte, sie ungestört geschehen zu lassen.

Auch bei Versuch ist Mitthäterschaft möglich und kann bei diesem sogar der Fall vorkommen, daß die versprochene Mitwirkung noch nicht zur Bethätigung kam, sondern während der eine Mitthäter die im Plane liegende Versuchshandlung vornahm, der andere sich erst zum Eingreifen im gegebenen Momente bereit hielt, so daß das Verhalten, wenn der Wille nicht auf Ausführung der That gerichtet gewesen wäre, sogar bei Vollendung derselben straflos geblieben wäre. Vgl. hierüber R.G. 7. Mai 83, E. IX, 3, R. V, 335. Unter solchen Umständen kann auch eine bloße Vorbereitungshandlung als Mitthäterschaft bestraft werden, z. B. bei Erpressung, wenn der eine Komplottant Material zu Drohbriefen beischafft, die der andere schreibt, wobei aber die Erpressung von beiden als eigene That gewollt ist, und beide am Erfolg Theil nehmen. R.G. II, 16. Okt. 83, E. IX, 76. Bezüglich des Mitthäter= und Gehülfen=Willens vgl. R.G. I, 7. Jan. 81, E. III, 181 u. III, 18. März 86, E. XIV, 28, R. VIII, 190. Vgl. auch Bayr. Entsch. III, 546, IV, 230, woraus hervorgeht, daß sich das bayr. O.L.G. zu München als Revisions=Gericht für Bayern der Theorie des R.G. anschließt.

5. Der Mitthäter kann nicht zugleich als Anstifter, Hehler oder Begünstiger gestraft werden. Berlin 5. Jan. 71, 12. April 77 (O.R. XII, 10, XVIII, 266, Goltd. XXV, 320, St. XVII, 5), Dresden 29. Jan. 71 (St. I, 327), München 23. Sept. 73 (St. III, 84), s. auch St. I, 65, 81.

6. Der Anstifter, welcher auch Beihülfe leistet, wird dadurch nicht zum Mitthäter. Berlin 24. Febr. 75 (O.R. XVI, 147, St. V, 17, Goltd. XXIII, 195).

7. Wer sich zur Verübung einer strafbaren Handlung einer strafrechtlich nicht verantwortlichen Person bedient, ist Thäter. Berlin 27. Jan. 71, 23. Sept. 73, 3. Nov. 74 (O.R. XII, 55, XIV, 568, XV, 734, St. IV, 257), 3. Nov. 77 (O.R. XVIII, 690, Goltd. XXVI, 51), Dresden 18. April 73 (St. III, 2), Mannheim 22. Mai 75, Ann. Bd. 41, S. 360. Ebenso R.G. 12. Juli 80 (Ann. II, 321). Das Reichsgericht erklärt aber auch denjenigen als Thäter, der sich eines bewußt widerrechtlich Handelnden bedient, um für eine von ihm als eigene gewollte That die wesentlichen Handlungen vorzunehmen, während der Handelnde diesen Willen nicht hat, sondern nur die des Thäters unterstützen will. R.G. 10. Juni 84, R. VI, 416. Vgl. v. Liszt S. 223. Olshausen S. 192, N. 5. Die objektive Richtung erklärt in diesem Fall den Handelnden als Thäter, den Andern als Anstifter, wobei es aber nach den Feststellungen an Anstiftungshandlungen fehlt. Vgl. Birkmeyer, Die Lehre v. der Theilnahme und die Rechtsprechung des deutschen Reichsgerichts, Berlin 1890; auch v. Buri, G.S. Bd. 45 S. 1 f. und Bayr. Entsch. V, 440.

8. Theilnahme (Mitthäterschaft, Anstiftung, Beihülfe) erfordern ihrerseits **dolus**. Der zur Anstiftung und Beihülfe erforderliche **dolus** wird durch die §§. 48 und 49 bestimmt, nicht durch denjenigen **dolus**, welchen die strafbare Handlung selbst erfordert, z. B. braucht der Anstifter zu einem Betruge nicht die Absicht zu haben, sich oder einem Andern einen rechtswidrigen Vortheil zu verschaffen. Vgl. Berlin 28. Nov. 74 (O.R. XV, 821).

9. Es entspricht der meist gebilligten Ansicht, die Theilnahme (Mitthäterschaft, Anstiftung, Beihülfe) nur an dolosen Strafthaten als möglich anzusehen (vgl. Meyer, Lehrb. S. 224, Geyer in H.H. S. 241). Ebenso spricht sich z. B. Berlin 26. Jan. 75, O.R. XVI, 76 aus. Bezüglich der Mitthäterschaft ist dieses auch zweifellos. Bezüglich der Anstiftung und Beihülfe dagegen wird die Möglichkeit, daß sie auch bei Fahrlässigkeitshandlungen vorkommen können, nicht zu leugnen sein. Der Thäter braucht nicht zu wissen, daß er angestiftet ist oder daß Jemand ihm Beihülfe leistet (vgl. §. 48 N. 4 u. §. 49 N. 6). Ist somit eine vollkommene und wissenschaftliche Uebereinstimmung der Willensrichtungen des Anstifters oder Gehülfen und des Thäters nicht erforderlich, so ist nicht abzusehen, weshalb die (dolose) Anstiftung oder Beihülfe zu einer vom Thäter fahrlässig begangenen Handlung nicht möglich sein sollte. Nur von diesem Gesichtspunkt scheint mir die Entscheidung von Berlin 20. Nov. 73, O.R. XIV, 739 gerechtfertigt. (Jemand veranlaßte einen Andern durch Irrthumserregung, eine steuerpflichtige Sache in den Steuerbezirk ohne Deklaration einzubringen, ohne daß der Thäter die steuerpflichtige

Qualität kannte, und wurde als Anstifter bestraft.) Vgl. die beachtenswerthen Ausführungen von Herzog, Gerichtssaal XXIV, 435 ff. u. XXVIII, 321 ff. Das R.G. III, 17. Jan. 80 (E. I, 146, Goltd. XXVIII, 67) billigte die Bestrafung des Auftraggebers bezüglich einer verbotenen Vieheinfuhr als Thäter, neben der Bestrafung des als Werkzeug betrachteten Vermittlers der Einfuhr wegen fahrlässiger Unkenntniß des Verbots.

10. Der Charakter einer strafbaren Handlung (Verbrechen, Vergehen, Uebertretung), bleibt derselbe, einerlei, ob dieselbe vollendet oder nur versucht ist. (Vgl. zu § 1 N. 2.) Mithin sind Anstiftung und Beihülfe auch beim Versuch strafbar. Jedoch bleibt die Anstiftung zum Versuch einer Uebertretung straflos, da letzterer selbst nicht gestraft wird (vgl. zu §. 43), wie (andererseits) die Beihülfe zu einer Uebertretung (Vollendung und Versuch) nach §. 49 gleichfalls straflos bleibt.

11. Auf den Theilnehmer, namentlich den Anstifter und Gehülfen, finden die Gesetze des Ortes Anwendung, an welchem derselbe seine Thätigkeit vorgenommen hat, nicht desjenigen, wo die Hauptthat verübt ist. Die Hauptthat erscheint als ein durch die Handlung des Theilnehmers herbeigeführter oder mitherbeigeführter Erfolg. Jedoch muß Straflosigkeit am Ort der Hauptthat auch Straflosigkeit der Theilnahme nach sich ziehen, da in diesem Falle eine strafbare Handlung gar nicht vorliegt. Sonach kann namentlich der inländische Theilnehmer an einer im Ausland, von einem Ausländer verübten That, welche nach §. 4 N. 3 im Inlande nicht zu verfolgen wäre, im Inlande bestraft werden. (Vgl. v. Bar, Internationales Recht, S. 558; Oppenhoff zu §. 47 N. 15.)

12. Gleichzeitige Bestrafung des Thäters und aller Theilnehmer ist nicht geboten, vielmehr ist die Verfolgung und Bestrafung eines Betheiligten allein zulässig. (Hälschner, preuß. St.R. II, 1, S. 334.)

13. Besondere Vorschriften über die Theilnahme finden sich in dem preuß. Forstdiebstahlsges. §. 4, indem dieselbe mit der vollen Strafe des Delikts bedroht ist, sowie in verschiedenen Spezialgesetzen, welche durch §. 2 des Einf.-Ges. in Kraft verblieben sind. Diese haben fortdauernde Geltung; im Uebrigen ist die Materie der Theilnahme im St.G.B. so geordnet, daß die treffenden Bestimmungen des St.G.B. auch auf Spezialgesetze Anwendung finden. Vgl. z. B. bezüglich der Theilnahme an militärischen Verbrechen und Vergehen R.G. II, 1. April 87, E. XV, 396 R. IX, 218.

§. 47. **Wenn Mehrere eine strafbare Handlung gemeinschaftlich ausführen, so wird Jeder als Thäter bestraft.**

Pr. —; E. I. —; E. II. §. 45; St.B. S. 226.

Vgl. §§. 63, 123 A. 3, 243 Nr. 6, 250 Nr. 2; G. v. 21. Juni 1869 §§. 22—24; G. v. 1. Juli 1869 §§. 146, 147 V.Zoll-G.); G. v. 31. Mai 1872 §. 37 (Brausteuer); M.St.G.B. §. 47.

1. Vgl. die allgemeinen Bemerkungen zu diesem Abschnitt S. 155 ff.

2. Der §. 47 macht nicht den Anspruch, eine erschöpfende Definition der Mitthäterschaft*) zu geben. Indem er das Hauptkriterium der Mitthäterschaft „die gemeinsame Ausführung" hervorhebt, will er einen Fingerzeig für die Unterscheidung des Mitthäters und Gehülfen geben. Ob eine gemeinsame Ausführung vorliegt, ist Sache der Prüfung im einzelnen Falle. (So ist es Sache der thatsächlichen Prüfung, zu entscheiden, ob die Billigung der Handlungen des Geschäftsführers durch den Geschäftsherrn eine als thätige Mitwirkung anzusehende Anordnung darstellen. Berlin 17. Okt. 72, 26. Febr. 75 u. 8. Okt. 75 in Goltd. XXIII, 193, 490, O.R. XIII, 534, XVI, 161, 645, St. II, 142, V, 12.) Voraussetzung derselben ist immer, daß der Mitthäter die That als eigene, wenn auch in Gemeinschaft mit Andern auszuführende, gewollt und nicht bloß eine fremde That unterstützt hat. (So Berlin 24. Juni und 26. Nov. 74, 22. Dez. 75 in O.R. XV, 441, 812, XVI, 812, St. IV, 103.) Liegt diese Voraussetzung vor,

---

*) Vgl. hierüber v. Buri in G.S. Bd. 25, S. 237, Bd. 28, S. 191, Ruhstrat in G.S. Bd. 32, 182, Hirsch, Ueber den Unterschied zwischen Mitthäterschaft und Beihülfe 1881, Schmidt, Die Mitthäterschaft 1882, Fuchs in Goltd. XXIX, S. 170, Hälschner in G.S. Bd. 25, S. 81.

so kommt es nicht darauf an, welche Thätigkeit gerade der Einzelne bei der Ausführung entwickelt hat. Hiernach kann eine äußere Thätigkeit, je nach Verschiedenheit des strafbaren Willens, sich als Mitthäterschaft oder als Beihülfe charakterisiren, z. B. das Wachestehen bei einem Diebstahl, Forttragen gestohlener Gegenstände.

Von diesen Gesichtspunkten aus wurde die Benutzung einer von einem Andern bewirkten Täuschung als Mitthäterschaft des Betrugs beurtheilt. Berlin 31. Okt. 76 (O.R. XVII, 701).

Mitthäterschaft wurde nicht angenommen bei Benutzung eines durch einen Andern bewirkten Einbruchs zum Diebstahl, wobei der schon beim Einbruch vorhandene gemeinschaftliche Wille nicht festgestellt war. Berlin 24. Okt. 78 (O.R. XIX, 477, Goltd. XXVI, 497).

Dagegen lehnte das R.G. I, 15. Jan. 80 (R. I, 229, E. I, 145) die Annahme der Mitthäterschaft in einem Falle ab, in welchem gegen den Ehemann, dessen Frau aus §. 288 bestraft war, nur Einverständniß und Zustimmung konstatirt war, billigte jedoch (R.G. III, 6. Nov. 80, R. II, 458) Annahme der Mitthäterschaft (Kuppelei) bei einem Ehemann, der die von seiner Ehefrau mit Prostituirten über Räumlichkeiten seines Hauses geschlossenen Miethverträge mit Kenntniß des Zwecks gebilligt und die hohen Miethen genossen hatte.

3. Uebrigens schließt der Begriff der Mitthäterschaft nicht aus, daß gewisse straferhöhende oder strafmindernde Umstände persönlicher Art einem Mitthäter allein zuzurechnen sind (§. 50) Berlin 13. Juli 75 in O.R. XVI, 543, St. V, 257; oder daß solche Umstände, welche der eine Mitthäter nicht kannte, ihm nicht zur Last fallen (§. 59). In letzterer Hinsicht haftet namentlich ein Mitthäter nicht für einen Exzeß des Andern, welcher von jenem nicht gewollt war. Berlin 13. Nov. 78 (O.R. XIX, 532, Goltd. XXVI, 499, R.G. II, 13. Febr. 85, E. XII, 8, R. VII, 102). Ob dieser Wille vorhanden war oder nicht, ist Thatfrage, z. B. ob bei Ausführung eines Diebstahls dem einen Mitthäter zuzurechnen ist, daß der andere eine Handlung vornahm, welche den Diebstahl zu einem schweren (§. 243) machte. Um jene Haftbarkeit anzunehmen, muß es genügen, wenn der Mitthäter wußte, daß der Andere jene erschwerende Handlung, falls sie zur Ausübung erforderlich sein würde, vornehmen werde. Bei Körperverletzung haften alle Mitthäter für den Gebrauch gefährlicher Mittel durch einen Einzelnen, wenn derselbe nicht gegen ihren Willen stattfand. R.G. IV, 7. Mai 86, E. XIV, 119, R. VIII, 346, II, 1. Okt. 86, R. VIII, 577.

4. Daß die gemeinsame Ausführung auf vorheriger Verabredung (Komplott) beruhe, ist nicht unbedingt nöthig. R.G. III, 11. Jan. 83, R. VIII, 42.

So genügt ein einverständliches Zusammenwirken auch ohne ausdrückliche Verabredung, z. B. bei Hausfriedensbruch: Berlin 11. Jan. 76 (O.R. XVII, 21), Körperverletzung: Mannheim 30. Sept. 76 (St. VII, 109), Dresden 26. Okt. 78 (St. VIII, 167), R.G. III, 8. Mai 80 (R. I, 742), 6. Okt. 80 (Ann. II, 519), 17. Dez. 81, E. XV, 306, 1. Juli 85, R. VII, 453. Das Zusammenwirken zur Erreichung eines gemeinschaftlichen Zieles ohne alle Betheiligung bei Vollführung der Thatbestandsmerkmale dagegen genügt nicht. Berlin 6. März 77 (O.R. XVIII, 180, Goltd. XXV, 210). Ebenso wenig ein gleiches Handeln für den gleichen Zweck, aber ohne Einverständniß. Es ist ein bewußtes und gewolltes Zusammenwirken erforderlich. R.G., 11. Jan. 83, s. oben. Bei einem beleidigenden Gespräche wurde Mitthäterschaft angenommen, nachdem nur die Aeußerungen in ihrem Zusammenhange, nicht die einzelne Aeußerung selbständig beleidigenden Charakter hatte. Berlin 5. Dez. 77 (O.R. XVIII, 770, Goltd. XXV, 495). Selbst bei vorliegendem Komplott wurde Mitthäterschaft nicht angenommen, wenn es an der Gemeinschaftlichkeit der Ausführung (Mord) fehlte und der eine Komplottant nur Beihülfe durch Spähestehen und Abhalten von Hülfe leistete. München 13. Nov. 75 (St. V, 339). So auch bei Diebstahl. München 7. Juli 77 (St. VIII, 70). S. dagegen R.G. III, 12. Mai 80 (R. I, 764, E. II, 160), welches, wie oben S. 157 a. E. bemerkt, weitergeht, als die frühere Praxis. Immerhin fordert auch das R.G. eine Mitwirkung des Mitthäters bei Ausführung der That und hat deshalb die Freisprechung von Personen gebilligt, welche zwar mit einem Andern über Ausführung eines Diebstahls Verabredungen getroffen hatten, bezüglich dessen dieser durch Einbruch schon zum Versuch vorgeschritten war, welche aber vor Beginn des Diebstahls durch Hinzukommen Anderer an der That gehindert wurden. R.G. II, 2. Juni 85, R. VII, 341. Auch bei Betrug wurde Mitthäterschaft nicht angenommen in einem Fall, in welchem zwar zwei Personen die Verübung verabredet hatten, jedoch nur die eine bei Ausführung des im Versuchsstadium gebliebenen Betrugs durch Unternehmen der Vorspiegelung wirksam geworden ist. R.G. II 17. Mai 81, E. IV, 177, R. III, 309. Es wurde ferner prinzipiell anerkannt, daß eine vor der That geleistete intellektuelle Beihülfe als Mitthäterschaft erscheinen könne, wenn sie verabredungsgemäß mit dem Thäterwillen geleistet wurde, daß aber in der Regel eine vor der That oder nach beendeter That, wenn auch in Folge vorher gegebener Zusage geleistete Beihülfe als Mitwirkung bei der Ausführung nicht erscheine. R.G. III, 10. Jan. 87, R. XV, 295, R. IX, 17.

Verfasser und Redakteur können bezüglich eines strafbaren in einer Zeitung erschienenen Artikels als Mitthäter bestraft werden. München, 7. Juni 78 (St. VIII, 59), R.G. I, 15. Nov. 83, E. IX, 186, R. V, 688.

Vgl. auch O.R. IX, 555. R.G. I, 6. Dez. 80 (E. III, 144, R. II, 610).

In der Praxis hat sich keineswegs eine Uebereinstimmung in der Beurtheilung der Begriffe: Mitthäterschaft und Beihülfe herausgebildet. (Vgl. übrigens John, Kritik strafr. Entsch. S. 1—49, dessen Ausführungen jedoch für das St.G.B. nicht mehr überall zutreffend sind.)

5. Die Nothwendigkeit eines Einverständnisses von Mitthätern ergibt, daß Mitthäterschaft nur bei vorsätzlich verübten Strafthaten denkbar ist, nicht auch bei fahrlässigen. Dagegen ist es möglich, daß mehrere Einzelthäter wegen des gleichen, fahrlässig bewirkten Erfolgs zu bestrafen sind. R.G. I, 5. Dez. 83, E. X, 8. Ferner ist es erforderlich, daß jeder von mehreren Mitthätern die gleiche Absicht verfolgt, wenn diese zum Thatbestand des gemeinschaftlich geplanten Delikts gehört; außerdem nicht. In der Person einzelner Mitthäter vorhandene Umstände können es bewirken, daß die Handlungen derselben unter verschiedene Strafgesetze fallen, z. B. Mord und Todtschlag. R.G. III, 26. April 83, R. V, 287, unter §. 224 und §. 223a, R.G. II, 9. Jan. 91, E. XXI, 267.

6. Die Motive bemerken:

„Es erschien zweckmäßig, den allgemeinen Gesichtspunkt, auf welchen die Schuld des Mitthäters zurückzuführen ist und in welchem sie ihre Begründung, insbesondere auch die gleichmäßige Beurtheilung der Mitthäter ihre Berechtigung findet, in dem Gesetze selbst festzustellen, zugleich aber auch die Gesetzesbestimmung so zu fassen, daß die erwähnte Vermischung der Kriterien der Mitthäterschaft und der Beihülfe abgewendet wird. Der Entwurf hat geglaubt, daß der wesentliche Charakter der Mitthäterschaft in der „gemeinschaftlichen Ausführung der That“ seinen vollen Ausdruck findet, indem hierbei nicht sowohl lediglich das rein äußerliche Moment der gemeinschaftlichen Thätigkeit bei der Ausführung der That, sondern auch und vorzugsweise der Charakter der Mitwirkung des Einzelnen bei der Ausführung in das Auge gefaßt und hiernach bestimmt wird, ob die That selbst in ihrer Ausführung als eine gemeinschaftliche sich darstellt. Während die Mitwirkung des Gehülfen sich dadurch kennzeichnet, daß sie die That selbst als die eines Dritten behandelt, zu welcher die Hülfe geleistet wird, ist die Mitwirkung des Mitthäters aus der Absicht entsprungen, die That als seine eigene, beziehentlich als die seiner Komplicen zu unterstützen und zur Vollendung zu bringen. Nicht sowohl das Maß und die Bedeutung der Mitwirkung zu der That, als vielmehr die Absicht, aus welcher sie entsprungen, wird, nach wie vor, das wesentlich entscheidende Moment bilden.

Dagegen konnte davon abgesehen werden, in den Entwurf besondere Bestimmungen über die zufällige Miturheberschaft, über den strafrechtlichen Begriff der „Bande“ im Gegensatze zu dem „Komplotte“, über die Beurtheilungen derjenigen, welche an dem Beschlusse zur Ausführung einer That, nicht aber an letzterer selbst Theil genommen haben, aufzunehmen. Ebenso waren darüber keine Bestimmungen aufzunehmen, ob und inwieweit die Mitwirkung eines Komplottanten zu der That vor deren unmittelbarer Ausführung als eine Mitthäterschaft aufzufassen sei. Im einzelnen Falle wird die richterliche Prüfung sich darauf zu richten haben, ob nach Lage der Sache diese Thätigkeit als eine solche aufzufassen sei, daß sie sich als einen Theil gemeinschaftlicher Ausführung und die That selbst hierdurch zugleich als eine gemeinschaftliche darstelle. Endlich bedurfte es hiernach auch keiner besonderen Bestimmung über den Rücktritt des Komplottanten von der Verbindung und den Einfluß des Rücktritts auf die strafrechtliche Würdigung der Schuld des Komplottanten.“

§. 48. Als Anstifter*) wird bestraft, wer einen Anderen zu der von demselben begangenen strafbaren Handlung durch Geschenke oder Versprechen, durch Drohung, durch Mißbrauch des Ansehens oder der Gewalt, durch absichtliche

---

*) Vgl. Glaser, Ges. kleinere Schriften I, S. 95 fg., Gamp in G.S. Bd. 27, S. 34 fg., Herbst, G.S. Bd. 29, S. 379 fg., Zimmermann, G.S. Bd. 32, S. 130 fg.

Herbeiführung oder Beförderung eines Irrthums oder durch andere Mittel vorsätzlich bestimmt hat.

Die Strafe des Anstifters ist nach demjenigen Gesetze festzusetzen, welches auf die Handlung Anwendung findet, zu welcher er wissentlich angestiftet hat.

Pr. §§. 34, 35; E. I. §§. 40, 41, 342; E. II. §. 46; St.B.S. 226.

Vgl. §§. 47, 63, 85, 110—112, 141, 159, 160; G. v. 1. Juli 1869 §. 149 (V.Zoll=G.); G. v. 31. Mai 1872 §. 37 (Brausteuer); M.St.G.B. §§. 47, 115.

1. Vgl. die allgemeinen Bemerkungen zu diesem Abschnitt S. 155 ff.

2. Die Motive bemerken, namentlich auch betreffs der Abweichung vom preuß. St.G.B.: „Die Rücksicht darauf, daß die in dem preuß. St.G.B. enthaltene Exemplifikation der Mittel, durch welche eine Anstiftung bewirkt werden kann, in der Praxis sich im Allgemeinen gut bewährt hat, wie ferner der Umstand, daß in anderen Gesetzbüchern gleiche Exemplifikationen sich vorfinden, waren für den Entwurf bestimmend, diese Exemplifikation beizubehalten. Die Praxis wird bei Anwendung dieses Paragraphen den strafrechtlichen Grundgedanken der Anstiftung vor allen Dingen im Auge behalten. Der Entwurf hat geglaubt, diesen Grundgedanken durch die Beschränkung auf „bestimmt hat" schärfer auszudrücken, als dies im preuß. Gesetzbuche geschehen, woselbst die noch beigefügten Worte: „angereizt oder verleitet", . . . welches schon an sich nicht völlig entschieden, die Schärfe des in dem Worte: „bestimmt" ausgedrückten Gedankens wieder einigermaßen verwischen.

Die Beifügung des Worts: „vorsätzlich" soll der Annahme einer strafbaren, kulposen Anstiftung und die Einschaltung der Worte: „zu der von demselben begangenen strafbaren Handlung" der Annahme einer strafbaren erfolglosen Anstiftung entgegentreten.

In dem zweiten Satz des §. 46 ist die Strafe des Anstifters bestimmt. Die Ansicht, daß jeder Theilnehmer an einer strafbaren Handlung gleich dem Thäter selbst bestraft werden soll, hat weder in der Wissenschaft, noch in der Praxis Beifall gefunden, wohl aber entspricht die Gleichstellung des Anstifters mit dem Thäter der fast einstimmigen Auffassung der neueren Gesetzbücher, wie sie auch in dem Gerechtigkeitsgefühle begründet ist. Die That des Angestifteten ist die Folge der vorsätzlichen Einwirkung des Anstifters auf den Willen des Angestifteten und sonach die That des Anstifters selbst. Hierbei geht der Entwurf davon aus, daß es sich nicht um Festsetzung der in concreto gegen den Thäter und den Anstifter auszusprechenden Strafe, sondern nur darum handelt, festzusetzen, daß die Strafe beider nach dem Gesetze bemessen werde, welches auf die That selbst Anwendung leidet, wogegen das Maß der Strafe innerhalb des in dem Gesetze nachgelassenen Strafrahmens nach dem Grade der Verschuldung des Einzelnen zu bestimmen ist. Der Entwurf hat sonach die Abmessung der Strafe lediglich dem richterlichen Urtheile überlassen und dasselbe in keiner Weise, wie dies anderwärts geschehen, näher regeln wollen; es wird daher der Anstifter, je nach Befinden, härter oder geringer als der Angestiftete beurtheilt werden. In den Fällen, in denen eine absolute Strafe angedroht ist, bleibt dagegen das Ermessen bei der Bestrafung des Anstifters ebenso wie bei der des Angestifteten ausgeschlossen, dagegen kann da, wo mildernde Umstände nachgelassen sind, auf sie auch bei der Beurtheilung des Anstifters Rücksicht genommen werden. Ebenso sind die Bestimmungen über den Verlust der Ehrenrechte, soweit solche bei der Aburtheilung des Thäters in Betracht kommen, auch bei der des Anstifters zu berücksichtigen.

Eine Ausnahme von dieser Regel wird eintreten, wenn die Anstiftung sich auf eine geringere Handlung beschränkt, als diejenige ist, welche von dem Thäter begangen worden, bei dem sogenannten Exzesse des Angestifteten. Insoweit hierbei den Anstifter eine Verschuldung nicht trifft, kann er auch nur nach dem Gesetze beurtheilt werden, welches auf diejenige Handlung Anwendung findet, zu welcher er „wissentlich" angestiftet hat. Dieser Fall ist in dem Schlußsatze des §. 46 berücksichtigt worden."

3. Das Wort „wissentlich" im Abs. 2 (vgl. die vorstehenden Motive a. E.) folgt, wie Oppenhoff mit Recht hervorhebt, bereits aus der Begriffsbestimmung des Abs. 1. Es bedarf also außer den Kriterien des Abs. 2 nicht noch der besonderen Feststellung der Wissentlichkeit. Fahrlässige Anstiftung ist nicht wohl denkbar, keinesfalls aber mit Strafe bedroht. Hälschner I, 394, H. Meyer S. 289, Olshausen S. 208, v. Liszt S. 227 N. 2, 3. Ob fahrlässige Anstiftung als fahrlässige Verursachung des Erfolgs strafbar ist, hängt von den Umständen ab; erscheint aber dann keines Falls als Theilnahme. Geyer in H.H. II, 341.

4. Daß umgekehrt der Thäter wissen müsse, daß ihn Jemand anstiften wolle, ist für die Strafbarkeit des Anstifters nicht erforderlich, z. B. X erregt in Y durch falsche Er-

zählungen Haß gegen Z, in der Absicht, daß Y den Z durchprügle. Gl. M. Olshausen N. 13, Oppenhoff N. 38, Geyer in H.H. IV, 151.

5. Aus dem Worte „strafbare Handlung" folgt, daß — im Gegensatz zu der Beihülfe (§. 49) — die Anstiftung auch bei Uebertretungen strafbar ist.

Auch bei Vergehen ꝛc. gegen die Steuergesetze ist Anstiftung nicht ausgeschlossen. Berlin 20. Nov. 73 u. 30. März 74 (Goltd. XXI, 650; XXII, 413, O.R. XIV, 740; XV, 203).

6. Der §. 48 gibt eine Exemplifikation der Mittel der Anstiftung, schließt jedoch durch den Zusatz „oder andere Mittel" nicht aus, daß noch weitere zu berücksichtigen sind. Entscheidend ist: ob der Thäter durch das Mittel zur Begehung der Handlung bestimmt ist. Berlin 14. Juni 71 (O.R. XII, 328), 8. Sept. 74 (O.R. XV, 536, St. IV, 104), Dresden 24. Okt. 73 (St. III, 269) 18. April 73 (S.G.Z. XVII, 121, St. III, 2) Mannheim 29. Sept. 77 (Bad. Ann. Bd. 43 S. 297). — Durch welches Mittel angestiftet worden ist, muß speziell festgestellt werden. Die frühere Praxis schwankte darüber, in welcher Form dies zu geschehen habe. Auf Grund der R.Str.Pr.O. §. 293 nimmt das R.G. nunmehr, nachdem anfänglich die Praxis keine völlig klare war, an, daß in die Frage an die Geschworenen mindestens ein in §. 48 speziell angeführtes Mittel neben der generellen Klausel „oder durch andere Mittel" aufgeführt sein müsse, weil, wenn eines der im Gesetze benannten Mittel nicht benannt sei, der Vorschrift nicht genügt sei, daß die gesetzlichen Merkmale der That aufzunehmen seien, während beim Fehlen der generellen Klausel die Verneinung der Frage den Zweifel zuließe, ob nicht blos das speziell benannte Mittel verneint sei. Alternativ kann aber auch ein im Gesetz nicht benanntes Mittel, welches besonders indicirt ist, erwähnt werden. Vgl. R.G. III, 25. Juni und 2. Juli 83, E. IX, 22, 38, R. V, 463, 481, IV, 21. Dez. 86, R. VIII, 780, III, 10. Jan. 87, E. XV, 304, R. IX, 25. Aufhebung des Urtheils könnte wohl kaum erfolgen, wenn ein im Gesetz benanntes Mittel ohne die generelle Klausel bejaht wäre. Vgl. R.G. III, 2. März 87, R. III, 93. Die Judikatur des R.G. dürfte aber überhaupt in dieser Frage eine allzu formalistische sein. Auf Urtheile der Strafkammern hat sie keinen Bezug, da §. 293 Str.Pr.O. auf diese keine Anwendung findet, die Entscheidungsgründe dieser Urtheile aber die Garantie ergeben müssen, daß das Gericht von keinem Rechtsirrthum ausgeht. Wäre dies nicht der Fall, so würde die Aufhebung wegen Verletzung des §. 266 Str.Pr.O. gerechtfertigt sein.

7. Speziell wurden anerkannt als taugliche Mittel der Anstiftung:

Auftrag: Berlin 14. Juni 71 (O.R. XII, 328).

Aufforderung: Berlin 8. Sept. 74, 12. Juni 76 (O.R. XV, 536; XVII, 415, St. IV, 103), Dresden 24. Okt. 73 (St. III, 269).

Ueberredung: Mannheim 6. April 72 (St. I, 259).

Bitte: Mannheim 5. Okt. 78 (bad. Ann. Bd. 44 S. 252).

Anleitung: Berlin 29. Jan. 79 (O.R. XX, 55).

Rath, wenn er bestimmend wirkt, wenn nur helfend, ist er Beihülfe: Berlin 8. Dez. 75 (O.R. XVI, 778, Goltd. XXIII, 547, St. VI, 34), Dresden 21. Juli 76 (S.G.Z. XXI, 216).

Durch Irrthum kann Anstiftung nur verübt werden, wenn der getäuschte Thäter sich der Strafbarkeit seines Thuns bewußt bleibt, außerdem ist er nur Werkzeug und der Täuschende nicht Anstifter, sondern Thäter. Berlin 20. Nov. 73 (O.R. XIV, 741), 3. Nov. 77 (O.R. XVIII, 690, Goltd. XXVI, 51), R.G. II, 5. März 80 (R. I, 429, Goltd. XXVIII, 258, auch R.G. III, 17. Jan. 80 (E. I, 146, Goltd. XXVIII, 67).

Die bloße Bestärkung im Entschluß genügt nicht zur Anstiftung. Mannheim 1. Juni 78 (St. VIII, 71, bad. Ann. Bd. 44 S. 155).

8. Die Anstiftung setzt voraus, daß nach der Absicht des Anstifters eine bestimmte einzelne Handlung von einem bestimmten Thäter begangen werden soll. München 20. April 78, St. VIII, 74, R.G. III, 29. Nov. 79 (E. I, 110). Auch muß die Anstiftung an eine individuell bestimmte Person gerichtet sein. Berlin 17. Okt. 78 (O.R. XIX, 468, Goltd. XXVI, 501). Hat eine öffentliche Aufforderung eine strafbare Handlung zur Folge gehabt, ohne daß eigentliche Anstiftung angenommen werden kann, so findet §. 111 A. 1 Anwendung. Dagegen nimmt Olshausen N. 8, Geyer H.H. IV, 151, Rubo N. 2 an, es bedürfe keiner individuell unterscheidbaren Person, der Thatbestand liege auch vor, wenn die Anstiftung an einen nicht festbegrenzten Kreis von Personen gerichtet und eine dieser Personen zur That bestimmt werde. S. dagegen R.G. II, 21. Dez. 80, E. III, 145, R. II, 656, v. Liszt S. 581, 583, Oppenhoff N. 22a.

Zweifellos kann die Anstiftung gleichzeitig an mehrere gerichtet sein, ohne daß es an der nöthigen individuellen Abgrenzung gebricht, und wird die That jedes Einzelnen als angestiftete That zu betrachten sein, wenn derselbe als bestimmt anzusehen ist; dagegen ist es zu dem erforderlichen Vorsatz nothwendig, daß der Anstifter sich bewußt ist, auf wen er bestimmend einwirkt und hat deshalb das Str.G.B. für die Einwirkung auf einen unbestimmten Personenkreis selbstständige Strafbestimmungen gegeben.

9. Wird die That von einer andern Person begangen, als diejenige, an welche die bestimmende Einwirkung ergangen war, oder an einem andern Objekt, oder in einer strafrechtlich sich anders qualifizirenden Form, so ist es zunächst Thatfrage, ob der Anstifter die veränderte That in seinen Vorsatz aufgenommen hatte oder nicht. Hat er sich z. B. an eine bestimmte Person gewendet, aber mit dem Bewußtsein, daß die Anstiftung auch auf Andere einwirken kann und, wenn sie dies thut, auch die Verübung durch irgend einen dieser Anderen seinem Willen entspricht; oder richtete sich die Anstiftung auf einen größeren Kreis strafbarer Handlungen, z. B. auf Täuschung eines Andern gleichviel ob durch Betrug oder Urkundenfälschung, oder war das Objekt bestimmt, wenn auch durch einen Irrthum des Anstifters die That gegen einen Andern gerichtet wird, als gegen welchen die Motive des Anstifters gingen, so liegt Anstiftung vor. Geschah dagegen eine andere That als die, welche der Anstifter bewirkt sehen wollte, so ist die Anstiftung erfolglos geblieben. Vgl. über Verschiedenheiten im Einzelnen Olshausen N. 15, Rubo N. 10, v. Schwarze S. 134, H. Meyer S. 293, Berner S. 160, Hälschner I, 418.

10. Einer Einwirkung auf die einzelnen Umstände der Ausführung bedarf es bei der Anstiftung nicht, sondern es genügt eine generelle Willensbeeinflussung des Thäters. B e r l i n, 17. Okt. 78 (O.R. **XIX**, 469, Goltd. **XXVI**, 501). Aber doch nur in der Richtung auf eine bestimmte That, nicht blos zu einer verbrecherischer Gesinnung oder Willensrichtung. R.G. III, 29. Nov. 79, **II**, 1. Febr. 87, **E. I**, 110, **R. IX**, 107. Wenn hier und a. O. von ursächlichem Zusammenhang zwischen Anstiftung und That die Rede ist, so ist doch nichts anderes gemeint, als die bestimmende Wirsamkeit auf den Willen des Thäters. Vgl. hierüber Binding, Grundr. S. 185, v. Liszt S. 228, v. Buri G.S. Bd. 37, Beil. H. S. 44, Olshausen N. 4. Diese kann auch vorhanden sein bei einem, der zur That bereit ist, aber noch den Anstoß zur That, z. B. durch Lohn, erwartet. Eine bloße Mitwirksamkeit zum Entschluß genügt nicht, sondern fällt in das Bereich der Beihülfe.

11. Hinzukommen muß, daß die Handlung wirlich begangen oder wenigstens ein V e r s u c h stattgefunden hat. (**Arg.** §. 111 A. 1.) M a n n h e i m 30. März 72 (St. I, 295), B e r l i n 14. Nov. 77 (O.R. **XVIII**, 712, Goltd. **XXV**, 496) und dies muß Feststellung finden. R.G. **IV**, 4. Jan. 87, **E. XV**, 178. Es genügt nicht, wenn die Angestifteten in einem früheren Urtheile schuldig befunden werden. Die Verübung der Hauptthat muß gegen den Anstifter festgestellt werden. R.G. **IV**, 25. Okt. 89, **E. XX**, 12. S. auch Berlin K.G. 21. Nov. 87, Goltd. Bd. 37, S. 61. Das Gleiche findet statt im schwurgerichtlichen Verfahren, in welchem die Verübung der Hauptthat durch Geschwornenspruch festgestellt sein muß. Handelt es sich dabei um eine bestimmte Absicht oder ein den **dolus** beeinflussendes Motiv der That, wie Eigennutz bei Kuppelei, so muß dieses gegen den Hauptthäter, nicht gegen den Anstifter festgestellt werden. R.G. **IV** v. 15. Febr. 87 u. 25. Okt. 89, **R. IX**, 137, Goltd. **XXXIV**, 61 — **E. XX**, 12.

E r f o l g l o s e Anstiftung (Versuch der Anstiftung) ist in der Regel straflos. D r e s d e n 28. Mai 75 (S.G.Z. **XX**, 19); jedoch hat das St.G.B. gewisse Fälle derselben als s e l b s t s t ä n d i g e strafbare Handlungen unter Strafe gestellt, nämlich in den Fällen der §§. 85, 110, 111, 112, 159, 160 A. 2 (Versuch der Verleitung), 361 Nr. 4. — S. ferner die Zusatzbestimmung §. 49 **a**.

12. Anstiftung zu einem bloßen Versuch ist nicht denkbar. B e r l i n 30. Juni 71 (O.R. **XII**, 353, Goltd. **XIX**, 608). Insbesondere nicht in der Art, daß der Anstifter mit dem Bewußtsein, die That könne, z. B. wegen Untauglichkeit der Mittel, nicht zur Vollendung gelangen, den Thäter bestimmt, einen vergeblichen Versuch zu machen. R.G. I, 17. Febr. 87, **E. XV**, 315, **R. IX**, 139. Abweichend Olshausen N. 21, welcher den Fall setzt, daß der Anstifter den Angestifteten in Strafe bringen will und es in der Gewalt hat, die Vollendung zu hindern, so daß auch nicht **dolus event.** vorliege. Immerhin wird verlangt werden müssen, daß der Anstifter die That, d. h. die Vollendung wollte. Außerdem mag ein anderes Delikt vorliegen, aber keine Anstiftung. Ist jedoch die That des Angestifteten gegen den Willen des Anstifters nur im Stadium des Versuchs geblieben, so wird hierdurch die Strafbarkeit des Anstifters nicht beseitigt. B e r l i n 30. Juni 71 (Goltd. **XIX**, 608, O.R. **XII**, 353).

13. Der Wortlaut des Abs. 1: „Wer einer Andern zu der von demselben begangenen strafbaren Handlung“ schließt, abweichend vom pr. St.G.B., welches sagte: „wer den Thäter“, die Strafbarkeit der Anstiftung zur Anstiftung (indirekte Anstiftung) oder die Anstiftung zur Beihülfe nicht aus, wie jetzt auch Oppenhoff N. 6 (abweichend von seiner früheren Ansicht) annimmt. Dagegen kann gegen die Annahme einer Beihülfe zur Anstiftung angeführt werden, daß §. 49 nur die „dem Thäter“ gewordene Hülfeleistung mit Strafe bedroht. Will man jedoch auf die Verschiedenartigkeit des Ausdrucks im §. 48 u. 49 kein Gewicht legen, da sie auf eine zufällige Ursache zurückgeführt werden kann (worauf Rubo S. 436 aufmerksam macht), so würde (im Sinne des Strafgesetzbuchs) die Anstiftung zur Anstiftung oder zur Beihülfe ebensowohl wie die Beihülfe zur Anstiftung oder zur Beihülfe nur dann und nur insoweit für strafbar zu erachten sein, als nach Lage des Falles eine Anstiftung bez. Beihülfe zur Hauptthat angenommen werden kann. Von letzterer Auffassung geht eine Entscheidung von Berlin 17. April 74 (Goltd. **XXII**, 237, O.R. **XV**, 239, St. **IV**, 9) aus, welche nach den konkreten Umständen völlig zutreffend die Beihülfe zur Anstiftung als Beihülfe zur Hauptthat qualifizirt. Auch ohne daß eine solche Beihülfe zur Hauptthat vorliegt, weil das Erforderniß der Wissentlichkeit in Bezug auf die Hauptthat verneint war, nahm (R.G. I, 8. Juli 86, **E. XIV**, 318) die Möglichkeit einer Beihülfe zur Anstiftung an, und bestätigte eine Verurtheilung deshalb. Eine praktische Bedeutung wird die Frage hauptsächlich bezüglich der Möglichkeit einer Beihülfe zur Beihülfe haben, da sich für den bejahenden Fall die Nothwendigkeit einer doppelten Reduktion der Strafe nach §. 49 Absatz 2 ergäbe; vgl. hierüber zu §. 49; im Uebrigen s. Otto S. 89; Herzog, Strafrechtszeitung **XI**, 265; Geyer in H.H. **II**, S. 387; H. Meyer, S. 282, Oppenhoff N. 6, Rubo N. 7, v. Schwarze S. 140.

Uebrigens wird die Anstiftung des Anstifters oder des Gehülfen und die Beihülfe zur Anstiftung bez. zur Beihülfe unter Umständen, wie vorangedeutet, auch als Anstiftung oder als Beihülfe zu der Hauptthat betrachtet werden können.

14. Der Anstifter kann nicht zugleich als Mitthäter gestraft werden, es sei denn, daß ein neuer Entschluß, die That selbst zu begehen, hinzugetreten ist. Berlin 24. Febr. 75 (Goltd. **XXIII**, 195, O.R. **XVI**, 147). Ueber mittelbare Thäterschaft vgl. oben S. 163, N. 7. Dieselbe ist von Anstiftung wesentlich unterschieden.

15. Der Anstifter kann sich der idealkonkurrirenden Hehlerei schuldig machen. Dresden 3. Nov. 71 (S.G.Z. **XVI**, 82), R.G. II, 30. Dez. 81, **E. V**, 282, **R. III** bejaht sogar die Möglichkeit realer Konkurrenz. Ebenso R.G. II, 25. März 84, **R. VI**, 220 u. I, 4. Juli 89, **E. XIX**, 354. Daß der Anstifter nicht zugleich als Gehülfe, Hehler oder Begünstiger zu strafen sei, nahm an: Berlin 5. Jan. 71 (O.R. **XII**, 10), 12. April 77 (O.R. **XVIII**, 267, Goltd. **XXV**, 320, St. **VII**, 5), Dresden 29. Jan. 72 (St. **I**, 327), München 23. Sept. 73 (St. **III**, 84), Stuttgart 4. Sept. 74, 20. Dez. 76 (St. **IV**, 182; **VII**, 6). — R.G. III, 1. Mai 80, **R. I**, 707, **E. II**, 145, verneinte die Möglichkeit real konkurrirender Anstiftung und Beihülfe zu derselben That; während R.G. II, 20. April 86, 22. Nov. 87, **R. VIII**, 303, **IX**, 631 die Möglichkeit idealer Konkurrenz beider bejahte. A. M. war und nahm reale Konkurrenz von Anstiftung und Begünstigung an: Berlin 27. Sept. 76 (O.R. **XVII**, 596, 601, St. **VI**, 298), 15. Jan. 79 (O.R. **XX**, 30, Goltd. **XXVII**, 210). Ebenso eine Konkurrenz der Thäterschaft und der Anstiftung zur Begünstigung. Berlin 14. Nov. 77 (O.R. **XVIII**, 712, Goltd. **XXV**, 496, St. **VII**, 216). Selbstverständlich ist diese Konkurrenz nicht ausgeschlossen, wenn die Handlung, zu der angestiftet wird, nicht Begünstigung des Anstiftenden im technischen Sinne, sondern eine selbstständige Strafthat bildet; wie bei Anstiftung zur Kuppelei zu Gunsten des Anstifters. R.G. II, 14. Juni 81, **E. IV**, 252, **R. III**, 391. Aber auch die Konkurrenz von Anstiftung und Begünstigung nahm das R.G. III, 3. Nov. 87, **E. XVI**, 374, **R. IX**, 553 als möglich an, schloß sie jedoch aus, wenn die Anstiftung durch vorhergegangenes Versprechen der Begünstigung erfolgt sei, weil letztere als Beihülfe strafbar sei (§. 257 Abs. 3) und Anstiftung und eine andere Art der Theilnahne nicht konkurriren könne. Dagegen ließ R.G. IV, 22. Nov. 87, **R. IX**, 631 die Annahme idealen Zusammenflusses von Anstiftung und Beihülfe durch Rath-Ertheilen zu.

16. Mitthäterschaft bei der Anstiftung, d. h. ein bewußtes und gewolltes Zusammenwirken Mehrerer zum Zwecke der Anstiftung, wobei Jeder die Anstiftung als eigene That will, ist möglich auch in successiver Bethätigung. Dagegen ist logisch die successive Anstiftung durch Mehrere, die nicht Mitthäter, d. h. nicht im Einverständnisse sind, ausgeschlossen; da als Anstifter

nur derjenige erscheint, der bestimmend auf den Thäter eingewirkt hat, die vorher Einwirkenden aber erfolglos waren, die späteren den bereits zur That Entschlossenen nicht mehr bestimmt haben können. R.G. I, 7. Dez. 85, II, 16. April 86, **E. XIII**, 121, **XIV**, 92, **R. VII**, 720, VIII, 286. Das Urth. v. 16. April 86 nimmt jedoch an, daß dann die selbständige Anstiftung Mehrerer denkbar wäre, wenn nur die Einwirkung Aller in ihrer Gesammtwirkung den bestimmenden Einfluß gehabt hat. Allein abgesehen von dieser künstlichen, kaum vorkommenden Konstruktion kann die Mitwirksamkeit des Einen, ohne welche der Erfolg nicht eingetreten wäre, nur dann dem Andern zugerechnet werden, wenn er sie kannte und in seinen Vorsatz aufgenommen hatte, dann liegt aber das bewußte und gewollte Zusammenwirken vor.

17. Abs. 2. Für die Strafe des Anstifters ist das Gesetz (**in thesi**) maßgebend, welches auf die That des Angestifteten — den Thäter (vgl. die allgemeinen Bemerkungen zu diesem Abschn. N. 2) — Anwendung findet. Daraus folgt, daß bei Festsetzung der Strafe des Anstifters auch die für die Bestrafung des Angestifteten maßgebenden allgemeinen und besonderen Vorschriften über den Versuch (wenn der Angestiftete nur einen solchen beging), über die (allgemein oder besonders festgesetzten) Strafausschließungsgründe, die straferhöhenden und strafmildernden Umstände, soweit sie auf den Anstifter Anwendung finden können, zu beachten sind.

Soweit diese Gründe und Umstände nur eine persönliche Beziehung entweder auf den Thäter oder auf den Anstifter haben, können dieselben die Strafe des Andern nicht beeinflussen. (Vgl. auch §. 50.) So befreit es den Anstifter nicht von Strafe, wenn der Thäter wegen Abstands vom Versuch straflos wird. Berlin 5. März 75 (O.R. **XVI**, 186, Goltd. **XXIII**, 191), Mannheim 9. Mai 74 (St. **IV**, 7, bad. Ann. Bd. 40 S. 155). Der Anstifter eines Kindsmords ist als Anstifter eines Mordes strafbar. Berlin 8. Sept. 75 (O.R. **XVI**, 566, St. **V**, 257). — Ein Nichtbeamter, welcher einen Beamten zu einem Amtsverbrechen ꝛc. anstiftet, unterliegt demselben Strafgesetze wie dieser, wenn nicht die Beamtenqualität nur ein Straferhöhungs-Moment bildet. Berlin 21. Febr. 72 (Goltd. **XX**, 184, O.R. XIII, 159, St. **I**, 210). Stuttgart 12. Juli 73 (St. **III**, 37), R.G. **I**, 22. Juni 82, **E. VI**, 414, **R. IV**, 599.

Außerdem haftet der Anstifter nicht für einen Exzeß des Angestifteten. (Vgl. oben die Motive.) R.G. **II**, 23. Sept. 81, **E. V**, 17, **R. III**, 524.

Nimmt ein in der Person des Angestifteten vorhandener Strafausschließungsgrund (z. B. Unzurechnungsfähigkeit [§. 51]) der Handlung den strafbaren Charakter, so ist der Anstifter auch straflos, sofern der Angestiftete nicht lediglich als Werkzeug in der Hand des Anstifters und deshalb letzterer als Thäter anzusehen ist.

18. Abs. 2. Innerhalb der aus den unter N. 10 Ausgeführten sich ergebenden Grenzen ist die Strafe des Anstifters zuzumessen. **In hypothesi** kann sie höher oder niedriger ausfallen, als die Strafe des Thäters. (Vgl. auch oben die Motive u. R.G. **I**, 25. Okt. 80, **R. II**, 386.)

19. Stiftet Jemand gleichzeitig zwei Personen zur Begehung des gleichen, von beiden jedoch getrennt vorzunehmenden Verbrechens an, z. B. durch einen gleichzeitigen Befehl, so ist dies eine reale Konkurrenz von Anstiftungen. Berlin 13. Sept. 71 (O.R. **XII**, 648, St. **I**, 113). Um so mehr ist dies der Fall, wenn durch eine Anstiftungshandlung zu mehreren verschiedenen Delikten angestiftet wurde. Berlin 8. April u. 22. Juni 75, Goltd. **XXIII**, 432, 499, O.R. **XVI**, 78, R.G. **II**, 9. Dez. 81, **E. V**, 227, **R. III**, 782; in welchem Urtheile auch dargethan wird, daß die Anstiftung einer Person zu mehreren selbständigen Strafthaten mittels einer Anstiftungshandlung auch Realkonkurrenz von Anstiftungen bildet, während die Anstiftung einer Person zu einer Strafthat mittels mehrerer Anstiftungshandlungen nur eine Strafthat bildet.

20. Die Verjährung der Strafverfolgung für Anstiftung beginnt erst mit der Verübung der That, zu welcher angestiftet wurde. R.G. **II**, 30. Dez. 81, **E. V**, 282, **R. III**, 837.

21. Der Widerruf der Anstiftung hebt dieselbe an sich noch nicht auf, wenn dennoch die angestiftete That als Folge der Anstiftung geschieht. R.G. **III**, 20. Febr. 90, **E. XX**, 259. Nur Verhinderung der That hebt die Strafbarkeit auf.

§. 49. Als Gehülfe wird bestraft, wer dem Thäter zur Begehung des Verbrechens oder Vergehens durch Rath oder That wissentlich Hülfe geleistet hat.

Die Strafe des Gehülfen ist nach demjenigen Gesetze festzusetzen, welches auf die Handlung Anwendung findet, zu welcher er wissentlich Hülfe geleistet hat,

jedoch nach den über die Bestrafung des Versuches aufgestellten Grundsätzen zu ermäßigen.

Pr. §§. 34, 35; E. I. §§. 40, 41, 342; E. II. §. 47; St.B. S. 226.

Vgl. §§. 47, 50, 63, 143 A. 2, 218 A. 3; G. v. 1. Juli 1869 §. 149 (V.Zoll=G.); G. v. 31. Mai 1872 §. 37 (Brausteuer).

1. Vgl. die allgem. Bemerkungen zu diesem Abschnitt oben S. 155 ff. u. zu §. 47 N. 2.

2. Die Motive sagen:

„Es erschien angemessen, den Thatbestand der Beihülfe auf das wesentliche und charakteristische Moment derselben, die Unterstützung der fremden That, zurückzuführen und die Bestimmung über sie von den Exemplifikationen, in denen das preuß. Gesetzbuch den Begriff der Beihülfe zu erschöpfen bemüht gewesen, zu befreien.

Der Entwurf hat zwar auch rücksichtlich des Gehülfen dasjenige Strafgesetz für anwendbar erklärt, welches auf die That selbst Anwendung findet, jedoch unbedingt vorgeschrieben, daß die Strafe, welche auf Grund dieses Gesetzes wider den Gehülfen ausgesprochen wird, geringer sein soll, als die auf die That angedrohte. Man hat bei der Frage, inwieweit der Richter bei dieser Ermäßigung der Strafe für den Gehülfen herabzugehen befugt sei, in den Bestimmungen über die Strafe des Versuchs, gegenüber der Strafe des vollendeten Verbrechens, ein passendes Analogon gefunden. Die Grundsätze, welche über die Bestrafung des Versuchs Anwendung finden, leiden auch auf die Bestrafung des Gehülfen Anwendung; hierzu gehört insbesondere auch die Bestimmung in §. 45.

Der Entwurf hat es hierbei vermieden, die richterliche Würdigung der Strafbarkeit des Gehülfen noch durch besondere Vorschriften für die Fälle näher regeln zu wollen, in denen die Beihülfe als eine wesentliche, insbesondere als eine solche sich darstellt, daß ohne sie die That nicht hätte begangen werden können. Es haben derartige Bestimmungen in der Praxis häufig zu Zweifeln Anlaß gegeben, weil es an einer sichern Grundlage dafür gebricht, was im Allgemeinen als wesentlich zu betrachten sei, sowie auch die Frage, ob die That in Wahrheit erst durch die geleistete Hülfe möglich geworden oder ob sie unter anderen Umständen auch ohne diese Beihülfe hätte begangen werden können, nicht selten zu weitläufigen Erörterungen und zu Schwierigkeiten in der Feststellung der hierher gehörigen Umstände geführt hat.

Endlich hat auch in §. 49 Al. 2 das Wort „wissentlich" darauf hinweisen sollen, daß die verbrecherische Willensrichtung des Gehülfen ebenfalls in Bezug auf die Frage maßgebend ist, welche Handlung als diejenige anzusehen, zu der er die Beihülfe geleistet hat. Die Strafe soll auch hier nicht weiter reichen, als die Willensrichtung geht. Der Gehülfe, welcher überzeugt ist, daß er seine Hülfe nur zu einem „einfachen" Diebstahle leistet, während derselbe in einer Weise ausgeführt wird, daß er als ein „schwerer" sich darstellt, wird, wenn ihm dieser Umstand zur Zeit der Hülfeleistung völlig unbekannt war, nur wegen Beihülfe zu einem einfachen Diebstahle bestraft werden können."

3. Die Beihülfe (das Wort findet sich als technisch in §. 257) ist nur bei Verbrechen und Vergehen, nicht bei Uebertretungen strafbar. Berlin 12. Febr. 73 (Goltd. XXI, 105, O.R. XIV, 130, St. II, 215).

4. Beihülfe zur Anstiftung oder zur Beihülfe ist als solche, sofern man die Möglichkeit derselben rechtsbegrifflich überhaupt zugibt, nicht strafbar. (Vgl. oben zu §. 48 N. 13.) Das Wort „Thäter" im §. 49 bezeichnet unzweifelhaft nur den physischen Urheber. Daraus ergibt sich, daß der Gesetzgeber den Fall der Beihülfe zur Anstiftung oder zur Beihülfe nicht ins Auge gefaßt hat. Es entspricht dieses jener im St.G.B. befolgten gesunden Gesetzgebungspolitik, wonach die Strafbarkeit nicht ins Minutiöse ausgedehnt und künstliche Strafandrohungen möglichst vermieden sind. (Vgl. auch Berner, Lehrb. S. 162.) Sofern sich also Beihülfe zur Anstiftung oder zur Beihülfe nicht als Beihülfe zur Hauptthat charakterisiert, — wie es in dem der Entscheidung Berlin 17. April 74 (vgl. zu §. 48 N. 13) zu Grunde liegenden Fall angenommen werden konnte — so liegt überhaupt ein Akt strafbarer Theilnahme nicht vor. Andernfalls müßte für die strafbare Beihülfe zur Beihülfe nach §. 49 Abs. 2 eine doppelte, und bei einem bloßen Versuch (s. weiter unten N. 10) eine dreifache Reduktion eintreten. Es würde sogar — statuirt man einmal im Sinne des positiven Gesetzes den Begriff der Beihülfe zur Beihülfe — die theoretische Konsequenz es erfordern, wiederum eine Beihülfe zu jenen sekundären Hülfshandlungen u. s. w. zuzulassen, und somit eine endlose Kette des Strafbaren anzunehmen. Im Uebrigen vgl. bezüglich der Frage in ihrer Allgemeinheit die zu §. 48 N. 13 citirten Schriftsteller. Einen Fall mittelbarer Hülfeleistung durch Verschaffung eines Gehülfen s. Dresden 20. Sept. 75 (St. VI,

332). Gl. M. Hälschner I, 383, Berner, S. 162, v. Liszt S. 232, H. Meyer, S. 282, v. Wächter S. 257, Otto N. 9, Oppenhoff §. 48, N. 6, Herzog Str.R.Z. XI, 264. R.G. I, 7. April 81, E. IV, 60, R. III, 211. A. M. Olshausen S. 22, Geyer in H.H. II, 387, Rubo N. 8, v. Schwarze S. 140, Borchert Theilnahme S. 82.

5. Beihülfe setzt wie die Anstiftung zu ihrer Strafbarkeit die vollendete That oder einen strafbaren Versuch aus. Fehlt ein Begriffsmerkmal der Hauptthat, z. B. beim Wucher das Bewußtsein, die Nothlage eines Anderen auszubeuten, so kann der Gehülfe auch dann nicht bestraft werden, wenn er die Nothlage kannte. R.G. III, 28. Jan. 89, E. XVIII, 419. Versuchte Beihülfe ist nicht strafbar. R.G. III, 9.—16. Juni 84, E. XI, 56, R. VI, 408, 7. Juli 84, E. XI, 37, R. VI, 523, IV, 13. Dez. 87, R. IX, 724. (Vgl. Mannheim 30. März 72, St. I, 295.) München 24. April 76 (bayr. Entsch. VI, 206), Mannheim 13. Nov. 75 (Ann. Bd. 42 S. 10), Dresden 20. Sept. 75 (St. VI, 332). Mitthäterschaft bei Beihülfe ist denkbar, d. h. das bewußte und gewollte Zusammenwirken mehrerer zu einer Handlung, die die That eines Anderen fördert. Dagegen ist es nicht nothwendig, daß die Beihülfe sich auf einen Theil des Thatbestandes bezieht, auch eine vorbereitende Förderung der That fällt unter den Begriff der Beihülfe. Berlin 12. Juni 77 (O.R. XVIII, 399, Goltd. XXV, 450), insbesondere dann, wenn sie den Entschluß des Thäters förderte R.G. I, 10. Mai 83, R. V, 350, II, 5. Juli 81, R. III, 464, 25. Nov. 87, E. XVI, 350, R. IX, 648.

6. Beihülfe durch Rath oder That setzt in der Regel ein positives Handeln des Gehülfen voraus, doch kann dieselbe unter Umständen auch in dem Unterlassen einer rechtlich gebotenen Thätigkeit gefunden werden, welche die That förderte, z. B. in dem Unterlassen des Verhinderns und Anzeigens von Seite eines bestellten Wächters. R.G. IV, 21. Okt. 84, E. XI, 153, R. VI, 643, Bayr. Entsch. III, 345.

7. Nach dem Wortlaut des Gesetzes wurde angenommen, daß ein wirkliches Hülfeleisten stattgefunden, also die gewährten Mittel der Unterstützung wirklich zur Förderung der That gedient haben müßten, so soll z. B. die Strafbarkeit entfallen, wenn man einem Dieb ein Brecheisen leiht, welches dieser auch zur Begehung eines Einbruchs mitnimmt, aber zufällig nicht gebraucht. Berlin 12. Juni 77 (O.R. XVIII, 400, Goltd. XXV, 450), Stuttgart 22. März 76 (St. VI, 363), München 3. Juli 76 (bayr. Entsch. VI, 356). Das R.G. dagegen nahm in Folge der von ihm adoptirten subjektiven Richtung, nach welcher auf den verbrecherischen Willen das Hauptgewicht gelegt wird, an, daß es nur auf den an den Tag gelegten Förderungswillen, nicht darauf ankomme, ob die Beihülfe-Handlung wirklich fördernd gewirkt habe oder wesentlich war. Für diese Annahme spricht die subjektive Ausdrucksweise des Gesetzes (Hilfe geleistet hat) R.G. II, 23. Sept. 80, E. II, 261, R. II, 243, 5. Juli 81, R. III, 464, I, 20. April 82, E. VI, 169, R. IV, 363, IV, 13. Dez. 87, R. IX, 724. Vgl. auch G.S. Bd. 32 S. 548.

8. In dem Worte „wissentlich" ist der dolus des Gehülfen bezeichnet. Dies ist der kriminelle Vorsatz, modifizirt nur dadurch, daß er auf die Förderung der That eines Andern gerichtet ist. Es ist nicht der auf Selbstbegehung der Hauptthat gerichtete Thäterwille, und liegt hierin die Hauptunterscheidung, vom Mitthäter, s. oben §. 47 N. 4. Jedoch genügt, wie bei allen strafbaren Handlungen auch Eventualdolus, d. h. das zwar nicht bestimmte Bewußtsein, die strafbare Handlung eines Andern zu fördern, verbunden mit den Willen dies zu thun, wenn die als möglich gedachte Voraussetzung zutreffe. Deshalb genügt es nicht, wenn nur das Bewußtsein der Möglichkeit, nicht aber der eventuelle Wille der Förderung festgestellt ist. S. R.G. III, 14. Juni 88, Goltd. Bd. 36, S. 315.

9. Durch Rath wird Beihülfe geleistet, durch jede intellektuelle Einwirkung auf den Thäter, welche denselben im Entschlusse bestärkt, die That zu begehen; nicht aber erst den Entschluß hervorruft, da dies Anstiftung sein würde. Diese Einwirkung kann auch eine thätliche sein, wodurch die Grenze zwischen Rath und That einigermaßen verwischt wird. Ferner liegt Beihülfe durch Rath in jeder Belehrung, welche den Thäter befähigt, die That besser zu planen und auszuführen (Rath i. w. S.). Beihülfe durch That liegt in jeder Handlung, welche objektiv bessere Bedingungen für Ausführung der That schafft. Die Beihülfe durch vorher versprochene Begünstigung ist Beihülfe durch Rath, weil im Entschluß bestärkend. Gl. M. Hälschner I, 382, Olshausen N. 11.

10. Die Beihülfe muß wissentlich, d. h. mit dem Bewußtsein, daß man die That fördere, geleistet sein. Der Gehülfe muß also die Begriffsmerkmale der That gekannt oder doch vorausgesetzt haben, daß sie eintreten müßten oder eintreten könnten. Wer z. B. bei einem Dieb-

stahl — ohne Mitthäter sein zu wollen -- auf der Wache steht und weiß oder voraussetzt, daß der Thäter im Innern eines Gebäudes nöthigenfalls Schränke aufbrechen werde, ist Gehülfe zu einem schweren Diebstahl. (Vgl. §. 47 N. 2, R.G. I. 6. Nov. 79, R. I, 38.) — Eines weiteren dolus bedarf es nicht. (Vgl. allg. Bem. zu diesem Abschn. N. 3.) Auch die Bestärkung im Entschluß, durch Zuruf u. dgl., kann als Hülfeleistung durch Rath beurtheilt werden. München 24 April 76 (St. VI, 150, bayr. Entsch. VI, 207).

Einer eingehenderen Kenntniß der Umstände, unter welchen die That verübt wird, bedarf es auf Seite des Gehülfen nicht; so nahm R.G. III, 26. Juni 84, E. XI, 87 als bedeutungslos an, daß die durch eine Mittelsperson ein Abortivmittel verabreichende Person nicht wußte, wer die Schwangere sei, für welche das Mittel bestimmt war; oder daß der Gehülfe nur im Allgemeinen wußte, daß er Betrügereien unterstütze, ohne die Modalitäten der Einzelnen zu kennen. R.G. III, 9. April 81, E. IV, 95, vgl. auch R.G. II, 13. März 88, R. X, 242.

Umgekehrt braucht der Thäter nicht zu wissen, daß jemand ihm durch eine Handlung Hülfe leisten wolle. R.G. I, 23. Sept. 80 (E. II, 261, R. II, 243). (Vgl. übrigens §. 50 und v. Schwarze in G.Z. XXII, 201.)

11. Die Absicht des Gehülfen muß darauf gerichtet sein, die That zu fördern, d. h. die Vollendung derselben herbeizuführen. Die Beihülfe zu einem Versuch in der Art, daß der Gehülfe weiß, die That könne nur bis zum Versuch gelangen, z. B. dadurch, daß er dem Thäter ein zur Vollendung untaugliches Mittel verschafft, ist als Beihülfe nicht strafbar. Dagegen genügt es, wenn der Gehülfe annimmt, das Mittel könne möglicher Weise zur Vollendung der That führen oder dieselbe sonst fördern, und dies will. R.G. I, 17. Febr. u. 28. März 87, E. XV, 315, XVI, 25, R. IX, 139, auch II, 29. Mai 88, E. XVII, 377.

12. Dem Gehülfen kommt nur diejenige That zur Anrechnung, welche zu fördern er sich bewußt war. Es kommt ihm also nicht nur ein Exzeß des Thäters über die ursprünglich beabsichtigte That, welche der Gehülfe kannte, nicht zur Anrechnung, sondern auch Irrthum über die That zu statten, z. B. kann der Thäter aus §. 187, der Gehülfe, der an die Wahrheit der Nachrede glaubte, aus §. 186 strafbar sei. R.G. I, 7. Juli 84, E. XI, 118, ja es kann sogar dadurch, daß die Identität des Falles entfällt, Straflosigkeit des Gehülfen eintreten*). Vgl. R.G. III, 19. Sept. 87, R. IX, 436, IV, 7. Okt. 90, E. XXI, 93, s. auch Goltd. XXXVIII, 67. Diese Rechtsregel findet eine besondere Anwendung bei fortgesetzten Delikten. Es kommt hierbei lediglich auf die thatsächliche Gestaltung des Einzelfalls an und ist demnach möglich, daß die Theilnahme sich nur auf eine dem Hauptthäter zur Last fallende Einzelhandlung bezieht, jedoch auch, daß der Theilnehmer sich dem einheitlichen Entschluß zu fortgesetztem Handeln des Hauptthäters anschloß und seine That deshalb selbst als fortgesetzte Theilnahme erscheint. Ist ersteres der Fall, so kann die Theilnahme an der Einzelhandlung mit anderen Theilnahmehandlungen ideell oder real konkurriren, sie kann auch in Bezug auf verschiedene Einzelhandlungen, wenn der Theilnehmer in Folge selbständiger Entschlüsse handelte, successive die verschiedenen Formen der Theilnahme, Mitthäterschaft, Anstiftung, Beihülfe, auch die der Begünstigung oder Hehlerei annehmen. Vgl. R.G. III, 5. März 88, E. XVII, 227, R. X, 207.

13. Eine bis zum Eintritt des Erfolgs geleistete Beihülfe ist als solche -- nicht als Begünstigung — zu strafen. Dresden 1. Sept. 73 (St. III, 273), R.G. II, 13. April 80, R. I, 589. S. dagegen R.G. I, 25. Jan. 83, E. VIII, 177, wo alles nach Vollendung der That Geschehene als zur Begünstigung gehörig beurtheilt wird. Noch weiter geht Olshausen N. 5, indem er Beihülfe schon ausgeschlossen wissen will, wenn lediglich der zum Thatbestande gehörige Erfolg bez. eine objektive Voraussetzung der Strafbarkeit aussteht. Dies kann aber unmöglich dann der Fall sein, wenn die Beihülfehandlung gerade den Eintritt des Erfolgs oder der objektiven Voraussetzung fördert. Eine im Voraus zugesagte Begünstigung ist als Beihülfe strafbar. Mannheim 3. Febr. 77 (St. VII, 142), s. hierüber zu §. 257.

14. Abs. 2 spricht aus, daß objektiv (**in thesi**) für die Bestrafung des Gehülfen das Gesetz maßgebend sei, welches auf die Hauptthat Anwendung findet, — daß jedoch die Strafe nach den über die Bestrafung des Versuchs aufgestellten Grundsätzen zu ermäßigen sei. (Vgl. zu §. 44 N. 2—6.)

---

*) Dies ist jedoch nicht schon dann der Fall, wenn der Thäter die dem Gehülfen bewußte That gegen eine andere Person beging, als dieser glaubte. R.G. II, 1. Nov. 90, Goltd. XXXVIII, 432.

Abgesehen von dieser Ermäßigung gilt auch für die Bestrafung des Gehülfen das bezüglich des Anstifters zu §. 48 N. 14 u. 17 Bemerkte, s. auch R.G. I, 25. Okt. 80, E. II, 383, R. II, 386.

Es ist festzuhalten, daß — abgesehen von dem verschiedenen Thatbestande der Handlung des Thäters und der des Gehülfen — für die Bestrafung des Gehülfen dieselben allgemeinen und besonderen Grundsätze zur Anwendung zu bringen sind, wie für die Bestrafung des Thäters. Daraus ergibt sich, daß auch für den Gehülfen die Vorschriften über den Versuch, über die Gründe, welche die Strafe ausschließen und mildern, sowie die besonderen straferhöhenden oder strafmildernden Umstände (auch eigentlich mildernde Umstände) maßgebend sind. (Vgl. jedoch §. 50.) Alle diese Vorschriften sind auf Jeden — den Thäter und den Gehülfen — besonders anzuwenden. Inwieweit hierbei die Straflosigkeit oder geringere Strafbarkeit des Einen für den Andern Einfluß hat, ist nach Maßgabe dieser Vorschriften zu erwägen. (Vgl. z. B. §. 51.)

Mit Rücksicht auf das Vorgesagte bedurfte es nicht, wie §. 34 preuß. St.G.B. es ausspricht, der ausdrücklichen Bemerkung, daß auch die Beihülfe zu dem Versuch eines Verbrechens oder Vergehens strafbar sei.

15. Die Thatsache, daß der Thäter wegen Strafunmündigkeit nicht verfolgt werden kann, schließt die Strafbarkeit des Gehülfen nicht aus. Dresden 20. März 71 (St. I, 27), Berlin 3. Mai 72, 14. Juni 77 (Goltd. XX, 249, XXV, 448, O.R. XIII, 293, XVIII, 416, St. I, 327), München 21. Febr. 73 (bayr. Entsch. III, 68, R.G. III, 12. April 82, E. VI, 186, R. IV, 308). Einen Fall der Beihülfe, in welchem der Thäter für seine Person als exterritorialer Souverän straflos war, s. Berlin 14. Juni 77 (O.R. XVIII, 416, Goltd. XXV, 441). Einen solchen, in welchem der Gehülfe bestraft wurde, obwohl der Thäter wegen Irrthums über ein Begriffsmerkmal des Thatbestands straflos war, R.G. III, 2. Juli 80 R. II, 151, bayr. Entsch. IV, 588. Fälle, in welchen der Gehülfe bestraft wurde, obgleich der Thäter wegen Abstand vom Versuch (§. 46) freigesprochen wurde s.: R.G. I, 13. Jan. 81, E. III, 249, R. II, 722, IV, 13. Dez. 87, R. IX, 724. Endlich Fälle, in welchen Beihülfe zur That einer wegen Unzurechnungsfähigkeit straflosen Person verneint wurde, ohne daß wesentliches Gewicht darauf gelegt wurde, ob der Gehülfe die Unzurechnungsfähigkeit kannte oder nicht. R.G. III, 9./16. Juni 84 und II, 10. Juni 90, E. XI, 56, XXI, 14, R. VI, 408. So wenig jedoch dem Gehülfen die in der Person des Thäters liegenden Strafausschließungs, bez. -Milderungsgründe zu statten kommen, so wenig fallen ihm die erschwerenden zur Last, z. B. das gewohnheitsmäßige Thun des Thäters, wenn er nicht selbst gewohnheitsmäßig handelt. R.G. IV, 6. Dez. 87, R. IX, 708.

16. Die Abhängigkeit der Strafbarkeit der Beihülfe von einer verübten Hauptthat bringt es mit sich, daß, wenn der Gehülfe durch ein und dieselbe Handlung mehrere selbständige Strafthaten wissentlich unterstützt, er nicht selbst wegen einer Strafthat, sondern wegen so vieler strafbar ist, als er wissentlich gefördert hat. R.G. III, 9. April 81, E. IV, 95, I, 3. Nov. 81, R. III, 684.

17. Abs. 2. — In den zu N. 8 bemerkten Grenzen ist die Strafe des Gehülfen abzumessen. Für diese Abmessung gilt das zu §. 44 N. 3 Gesagte. Dagegen ist keineswegs ausgeschlossen, daß (**in hypothesi**) den Gehülfen eine schwerere Strafe trifft, als den Thäter. So Berlin 11. Sept. 74 (O.R. XV, 556), R.G. I, 25. Okt. 80 (E. II, 383, R. II, 386). Mildernde Umstände, welche beim Thäter vorliegen, kommen dem Gehülfen nicht zu Statten. Berlin 1. Febr. 78 (O.R. XIX, 51, St. XVIII, 74).

18. Abs. 2. — Liegt blos Beihülfe zu einem Versuch vor, so tritt für den Gehülfen eine doppelte Strafermäßigung (**in thesi**) ein, d. h. die Versuchsstrafen (§. 44) sind nach denselben Grundsätzen (vgl. §. 44 N. 3) nochmals zu ermäßigen.

Namentlich also ist bei Todesstrafe oder lebenslänglicher Zuchthausstrafe die für den Versuch bestimmte 3—15jährige Zuchthausstrafe nach Maßgabe des §. 44 Abs. 4 zu ermäßigen. Auf 15 Jahre kann gegen den Gehülfen mithin niemals, vielmehr höchstens auf 14 Jahre 11 Monate erkannt, dagegen die Strafe bis auf ein Jahr Zuchthaus, da ein Viertheil von 3 Jahren nach §. 14 — vgl. §. 14 N. 2 — also 3/4 Jahre Zuchthaus nicht zuläßig ist, ermäßigt werden. Wird im letzteren Falle 3/4 Jahr als das Minimum für angemessen erachtet, so muß Umwandlung in Gefängniß eintreten. Das Viertheil des §. 44 A. 4 verwandelt sich also in ein Sechszehntel. Die Motive zum I. E. (S. 94 zu §. 41 des I. E.) erkennen die Nothwendigkeit dieser doppelten Reduktion ausdrücklich an. Anders bestimmte Bayern (St.G.B.

v. 1861) Art. 55: „Im Falle der Theilnahme an einem strafbaren Versuch darf die Strafe nur nach Maßgabe der auf die Vollendung gesetzten Strafe gemildert werden." (Vgl. Hocheder, St.G.B. für Bayern Art. 55.)

19. Nach §. 4 des preuß. Forstdiebstahlsges. v. 15. April 78 ist die Beihülfe (Theilnahme) ebenso wie die Thäterschaft zu bestrafen.

20. Wiederholte Beihülfehandlungen zu derselben That begründen nur eine Strafe, keine Realkonkurrenz. Berlin 22. Okt. 74 (O.R. XV, 706, St. IV, 257).

21. Gehülfen von Beamten=Verbrechen sind nach der dem Thäter gedrohten Strafe zu bestrafen, wenn die That nicht zugleich ein gemeines Delikt bildet, so daß die Beamteneigenschaft nur als Straferhöhungsgrund wirkt. Berlin 21. Febr. 72 (O.R. XIII, 159, Goltd. XX, 184, St. I, 210).

22. Begünstigung derselben That ist gegen den Gehülfen nicht strafbar. München 28. April 76, 20. April 77 (bayr. Entsch. VI, 212, VII, 189), Stuttgart 20.—28. Dez. 76 (St. VII, 6), Mannheim 3. Febr. 77 (Ann. Bd. 43 S. 121, St. VII, 142). A. M. Berlin 3. Dez. 75, 27. Sept. 76 (O.R. XVI, 771, XVII, 601, Goltd. XXIV, 539, St. VI, 22, 316).

23. Ein Redakteur, welcher einen Artikel strafbaren Inhalts aus einer andern Zeitung abdrucken läßt, ist nicht Gehülfe des Redakteurs dieser Zeitung, sondern selbständiger Thäter. Berlin 15. Mai 79 (O.R. XX, 261, Goltd. XXVII, 521).

24. Der Anstifter einer That kann nicht auch als Gehülfe derselben That bestraft werden. Berlin 12. April 77 (O.R. XVIII, 266, Goltd. XXV, 320, St. VII, 5). R.G. III, 1. Mai 80, E. II, 145, R. I, 707.

Dagegen kann der Gehülfe, so gut wie der Anstifter (s. §. 48 N. 15), sich der real konkurrirenden Hehlerei schuldig machen. R.G. IV, 13. Jan. 88, E. XVII, 59, R. X, 33.

25. Zur Feststellung der Beihülfe genügt es, wenn in die Fragestellung an die Geschworenen aufgenommen ist, daß „durch Rath oder That" Hülfe geleistet wurde. R.G. I, 22. April 80 (E. I, 391, R. I, 645). Dagegen reprobirte R.G. II, 25. Nov. 87, E. XVI, 350, R. IX, 648 den Ausdruck in der Fragestellung: „Beihülfe bei der That, statt zur That."

26. Die Bestimmungen über Beihülfe finden auf alle reichsgesetzlichen Spezialgesetze, sowie auf die der Landesgesetzgebung vorbehaltenen Materien Anwendung, insoweit dieselben keine abweichenden Bestimmungen enthalten, so z. B. auch auf die Strafbestimmungen der Konkurs=O. R.G. I, 27. Jan. 81, E. IV, 1, R. II, 762 oder die militär. Delikte R.G. III, 1. Febr. 82, II, 1. April 87, E. VI, 7, XV, 396, R. IV, 110, IX, 218.

27. Beihülfe zu Fahrlässigkeits=Delikten ist wegen des Erfordernisses der Wissentlichkeit logisch nicht konstruirbar. R.G. I, 5. Dez. 83, E. X, 8, bayr. Entsch. IV, 456. Deshalb ist Beihülfe zum einfachen Bankerutt nur unter der Voraussetzung möglich, daß der insolvente Schuldner die ihm zur Last fallenden Handlungen vorsätzlich begangen hat. R.G. IV, 1. Nov. 87, E. XVI, 277, R. IX, 549, 13. Juli 88, Goltd. XXXVI, 401.

28. Rücktritt von der Beihülfe macht diese straflos; jedoch gilt als wirksamer Rücktritt nicht die bloße Aenderung des Entschlusses zur Beihülfe, sondern, wenn die Hauptthat das Versuchsstadium noch nicht überschritten hat, die Hinderung des Eintritts des Erfolgs oder doch die Beseitigung der Wirkung der vorgenommenen Beihülfehandlung. R.G. IV, 15. Dez. 87, R. IX, 724. Gl. M. H. Meyer S. 279, Rubo N. 17, v. Schwarze S. 150, Olshausen N. 30.

§. 49a. **Wer einen Anderen zur Begehung eines Verbrechens oder zur Theilnahme an einem Verbrechen auffordert, oder wer eine solche Aufforderung annimmt, wird, soweit nicht das Gesetz eine andere Strafe androht, wenn das Verbrechen mit dem Tode oder mit lebenslänglicher Zuchthausstrafe bedroht ist, mit Gefängniß nicht unter drei Monaten, wenn das Verbrechen mit einer geringeren Strafe bedroht ist, mit Gefängniß bis zu zwei Jahren oder mit Festungshaft von gleicher Dauer bestraft.**

Die gleiche Strafe trifft denjenigen, welcher sich zur Begehung eines Verbrechens oder zur Theilnahme an einem Verbrechen erbietet, sowie denjenigen, welcher ein solches Erbieten annimmt.

Es wird jedoch das lediglich mündlich ausgedrückte Auffordern oder Erbieten, sowie die Annahme eines solchen nur dann bestraft, wenn die Aufforderung oder das Erbieten an die Gewährung von Vortheilen irgend welcher Art geknüpft worden ist.

Neben der Gefängnißstrafe kann auf Verlust der bürgerlichen Ehrenrechte und auf Zulässigkeit von Polizei-Aufsicht erkannt werden.*)

G. v. 26. Febr. 1876 Art. II; Drucks. Nr. 54, 145, 156, 157, 160, 162, 181, 211, 230, 232; St.B. (1876) S. 835—877, 1350—1356.

Vgl. §§. 85, 110—112, 159, 160; M.St.G.B. §§. 78, 99, 100; Seemanns-Ordnung v. 27. Dez. 1872 §. 88.

1. Der Entwurf (Drucks. Nr. 54) lautete:

§. 49a. „Wer es unternimmt, einen Anderen zur Begehung eines Verbrechens oder zur Theilnahme an einem Verbrechen zu verleiten, wird, soweit nicht das Gesetz eine andere Strafe androht, mit Gefängniß nicht unter drei Monaten oder mit Geldstrafe von Einhundert bis zu Eintausend Mark bestraft.

Gleiche Strafe trifft Denjenigen, welcher einem Anderen gegenüber zur Begehung eines Verbrechens oder zur Theilnahme an einem Verbrechen sich erbietet, sowie Denjenigen, welcher ein solches Erbieten annimmt.

Neben der Gefängnißstrafe kann auf den Verlust der bürgerlichen Ehrenrechte und auf Zulässigkeit von Polizeiaufsicht erkannt werden."

und war von folgenden Motiven begleitet:

„Nach den Bestimmungen des Strafgesetzbuchs ist weder die erfolglos gebliebene, noch die mißlungene Anstiftung strafbar. Vgl. St.G.B. §§. 48, 111 Absatz 1, Motive zu dem Entwurfe eines Strafgesetzbuchs für den Norddeutschen Bund S. 65.

Von dieser Regel macht das Strafgesetzbuch folgende Ausnahmen:

1. der §. 111 bedroht allgemein die erfolglose öffentliche Aufforderung zu einer strafbaren Handlung;
2. der §. 85 bedroht öffentliche Aufforderung zu einem hochverrätherischen Unternehmen und
3. der §. 110 die öffentliche Aufforderung zum Ungehorsam;
4. die Aufforderung von Personen des Soldatenstandes zum Ungehorsam gegen Befehle ihrer Oberen wird durch §. 112 und
5. die versuchte Verleitung zum Meineide oder zum falschen Eide durch die §§. 159, 160 mit Strafe bedroht.

Außerdem bieten das Militärstrafgesetzbuch in den §§. 78, 99, 100 und die Seemannsordnung §. 88 eine Reihe von Fällen dar, in denen die Anstiftung als solche mit Strafe belegt ist.

Rechnet man auch hinzu, daß das Strafgesetzbuch das Komplott zum Hochverrath (§. 83) und neben der öffentlichen Aufforderung zu einem hochverrätherischen Unternehmen jede andere ein solches Unternehmen vorbereitende Handlung (§. 86) und daß ferner das Militärstrafgesetzbuch einzelne Fälle des Komplotts (§§. 59, 103) unter Strafe stellt, so kann es doch keinem begründeten Zweifel unterliegen, daß die beregten Ausnahmebestimmungen das Bedürfniß nicht decken und den Anforderungen nicht entsprechen, welche an die Strafgesetzgebung gemacht werden müssen. Die Ausnahmebestimmungen kommen gewissen staatlichen und militärischen Interessen entgegen. Für die übrigen Interessen der Gesellschaft in ihrer Gesammtheit und das Interesse der Rechtssicherheit des Einzelnen gewähren sie sehr geringen Schutz. In Rücksicht hierauf muß es als ein entschiedener Mißstand bezeichnet werden, daß das Unternehmen, Thäter, Mitthäter oder Gehülfen für die Ausführung eines Verbrechens zu werben, straflos ist. Es liegt auf der Hand, daß die Ausführung von Verbrechen erschwert und in Folge dessen wahrscheinlich minder häufig werden wird, wenn schon ein derartiges Unternehmen vom Gesetze für strafbar erklärt ist. Und nicht minder groß ist der weitere Mißstand, daß es nach dem Strafgesetzbuche erlaubt ist, sich als Meuchelmörder für Geld successive mehreren Unternehmern anzubieten, bis man denjenigen findet, welcher auf das Anerbieten eingeht. Wenn es zu den Aufgaben der Strafgesetzgebung

*) Vgl. über §. 49a: v. Wächter, Sächs. Ger.Zeitg. 1876 S. 1 ff.; v. Stemann, G.S. Bd. 28 S. 267 ff., Reiffel in G.S. Bd. 42, S. 175 fg.

gehört, die Sicherheit der Staatsangehörigen, soweit es durch Strafen thunlich ist, zu verbürgen, so erscheint es geboten, den Gefahren entgegenzutreten, welche dem Einzelnen für seine Person und sein Eigenthum die Straflosigkeit der mißlungenen Anstiftung und des Erbietens zur Begehung von Verbrechen bereitet.

Bis zur Erlassung des Strafgesetzbuches war die Frage, ob die Anstiftung als solche strafbar sei, allerdings außerordentlich bestritten. Eine Reihe der namhaftesten Kriminalisten vertheidigte indessen die Strafbarkeit der erfolglos gebliebenen und der mißlungenen Anstiftung (vgl. Heffter, Lehrb. des gemeinen deutschen Kriminalrechts 6. Aufl. §. 82 Note 6, Köstlin, System des deutschen Strafrechts I S. 320 ff., Hälschner, System des preußischen Strafrechts I S. 358 ff., Geib, Lehrb. des deutschen Strafrechts II S. 347), und dieselbe Anschauung fand in größerem oder geringerem Umfange Eingang in eine Anzahl der deutschen Gesetzgebungen (vgl. die Strafgesetzbücher für Württemberg Art. 74, 77, 80, für Braunschweig §. 37, für Altenburg Art. 30, 36, für Baden §§. 122, 128, unter der Voraussetzung, daß der Antrag angenommen war, für Thüringen Art. 28, 34 und für Sachsen Art. 64 Abs. 2, sowie die Mecklenburger Verordnung zur Ergänzung des Strafrechts vom 31. Mai 1853 §§. 1—4). Daneben waren vielfach die Eingehung eines Komplotts (vgl. z. B. Sachsen Art. 58 und die Nachweise bei Geib a. a. O. S. 363) und die Vornahme von Vorbereitungshandlungen (zu gewissen schweren Delikten Baden §. 280) mit Strafe belegt. Daß in der früheren deutschen Strafgesetzgebung nicht allgemein die Ansicht von der Strafbarkeit der Anstiftung als solcher durchgedrungen ist, wird vorwiegend dem Einflusse des französischen Rechts zuzuschreiben sein. Dem letzteren folgte das preußische Strafgesetzbuch und bedrohte dementsprechend nur öffentliche Aufforderungen zu strafbaren Handlungen ohne Rücksicht auf den Erfolg mit Strafe (§§. 34, 36). Ihm schloß sich ferner das bayerische Strafgesetzbuch an (Art. 54, 57), dasselbe sah sich jedoch genöthigt, neben der öffentlichen Aufforderung (Art. 57) auch das Dingen zur Verübung eines Verbrechens oder Vergehens gegen Lohn ohne Rücksicht darauf, ob der Gedungene sich eines strafbaren Versuchs schuldig gemacht, für strafbar zu erklären Art. 56 (vgl. Stenglein, Kommentar über das Strafgesetzbuch für das Königreich Bayern I S. 507 ff., Hocheder, Kommentar I S. 277 ff., Dollmann, Kommentar I S. 328 ff.).

Von den außerdeutschen Gesetzgebungen straft die Anstiftung als solche das österreichische Strafgesetz §§. 9, 239 (vgl. Hye, Kommentar S. 266 ff., 337 ff.). Diese Strafbestimmung ist in ihrer Allgemeinheit in den neuesten österreichischen Entwurf (1874) nicht aufgenommen worden. „Nur bei einzelnen, besonders schweren Delikten", führen die allgemeinen Bemerkungen zu dem Entwurfe S. 44 aus, „ist im Interesse der allgemeinen Rechtssicherheit die Bestrafung selbst der versuchten Anstiftung wünschenswerth; bei anderen ist die Gefahr, daß die gelungene Anstiftung thatsächlich straflos bleibe, so groß, daß es wichtig ist, schon dem Versuche entgegenzutreten; solche Fälle sind daher im speziellen Theile des Entwurfs insbesondere mit einer Strafe bedroht, so beim Meineid (§. 173), Mord (§. 226)." Mit vollem Rechte hat bereits Binding in Grünhut's Zeitschrift für das Privat- und öffentliche Recht der Gegenwart II S. 681 darauf hingewiesen, daß es inkonsequent sei, die erfolglose Anstiftung, wenn man glaube, sie in irgend welchen Fällen strafen zu sollen, nur in den Fällen des Meineids und des Mordes, beziehungsweise des Todtschlags zu strafen. „Und so schien es mir nöthig", schließt er seine Argumentation, „entweder den §. 226 mit einigen Genossen gleichen Charakters zu streichen oder die erfolglose Anstiftung in allen schweren Fällen mit gleichem Maße der Gerechtigkeit zu messen." Ebenso greift das englische Recht in der Strafbarkeit von Vorbereitungshandlungen viel weiter zurück, als das Reichsrecht; es bedroht z. B. denjenigen, welcher einen Anderen auffordert, ermuntert, überredet oder zu überreden versucht, oder Anderen den Vorschlag macht, Jemand, möge der Letztere englischer Unterthan sein oder nicht, sich in England oder im Auslande aufhalten, zu ermorden, nach Bewandtniß der Umstände mit 5 bis 10 Jahren **penal servitude** oder mit Gefängniß bis zu 2 Jahren mit oder ohne schwere Arbeit. Die Verabredung, etwas Gesetzwidriges zu bewirken oder etwas Gleichgültiges oder gesetzlich Erlaubtes durch gesetzlich unerlaubte Mittel zu bewirken, bildet nach englischem Rechte ein selbstständiges Delikt, und dasselbe ist konsumirt, sobald die Verabredung stattgefunden hat. Vgl. **Herbert Brown and Edward A. Hadley, Commentaries on the laws of England. London** 1869 **Vol. IV, pag.** 236.

Mit dem Prinzipe der Straflosigkeit der erfolglosen Anstiftung haben das dänische Strafgesetzbuch von 1866 §§. 52, 53 und der neueste italienische Entwurf Art. 252 vollständig gebrochen. — — —

Denselben Standpunkt wie die vorstehend aufgeführten Gesetze und Entwürfe vertritt das belgische Gesetz vom 7. Juli 1875 (**loi contenant des dispositions pénales contre les offres ou propositions de commettre certains crimes**) Art. 1. (**Moniteur Belge No.** 190.) Dasselbe bedroht:

1. die erfolglose Anstiftung zur Begehung bestimmter Kategorien von Verbrechen (**crimes**) mit Strafe und füllt
2. eine in der Praxis und in der öffentlichen Meinung schwer empfundene Lücke aus, indem es neben der erfolglosen Anstiftung auch das Erbieten zur Begehung von Verbrechen unter Strafe stellt.

Der Wortlaut des Art. 1 geht dahin:

„**Quiconque aura offert ou proposé directement, de commettre un crime punissable de la peine de mort ou de celle des travaux forcés ou de participer à un tel crime, quiconque aura accepté semblable offre ou proposition, sera puni d'emprisonnement de trois mois à cinq ans et d'une amende de 50 francs à 500 francs, sauf l'application de l'article 85 du code pénal, s'il existe des circonstances atténuantes.**

Le coupable pourra de plus être condamné à l'interdiction, conformément à l'article 33 du code pénal et mis sous la surveillance de la police pendant cinq ans au moins et dix au plus.

Toutefois ne seront point punis l'offre ou la proposition simplement verbale, quand elle n'est pas accompagnée de dons ou promesses ou subordonnée à des dons ou promesses ni l'acceptation de semblable offre ou proposition."

(Eine Anlage enthält den Entwurf zu dem belgischen Gesetze nebst Motiven, den Bericht der Kommission der belgischen II. Kammer (Berichterstatter: **Thonissen**) und das Gesetz selbst in vollständigem Abdrucke.)

Innere und äußere Gründe fordern gebieterisch, dem Vorgange Belgiens zu folgen.

Der Entwurf faßt die in §. 49**a** aufgeführten Handlungen als ein **delictum sui generis**. Diese Auffassung entspricht dem Systeme des Strafgesetzbuchs und wird dazu beitragen, das richtige Verständniß und die richtige Anwendung in der Rechtsprechung zu sichern.

Die Vorschrift des §. 49**a** greift nur Platz, wenn die Verleitung zur Begehung eines Verbrechens oder zur Theilnahme an einem Verbrechen mißlungen oder erfolglos geblieben ist. Sie cessirt daher, wenn der Verleitete das Verbrechen versucht oder vollendet hat oder wenn die Beihülfe zu dem (versuchten oder vollendeten) Verbrechen geleistet ist. In diesem Falle kommen die Bestimmungen des Strafgesetzbuchs über die Bestrafung der Theilnahme zur Anwendung. In gleicher Weise verhält es sich, wenn das Erbieten zur Begehung eines Verbrechens und die Annahme dieses Erbietens zum Versuche oder zur Vollendung des Verbrechens geführt haben. Auch hier treten die Bestimmungen über Bestrafung der Theilnahme ein.

Die Beschränkung der Strafandrohung in §. 49**a** auf Verbrechen rechtfertigt sich durch die Erwägung, daß sich zur Zeit ein weitergehendes Bedürfniß nicht herausgestellt hat.

Das in §. 49**a** vorgeschlagene Strafmaß ist derartig fixirt, daß die Möglichkeit gewährt wird, die größere oder geringere Schwere des Verbrechens, um welches es sich handelt, entsprechend berücksichtigen zu können.

Daß der Charakter des Delikts die Zulässigkeit der in dem dritten Absatze des §. 49**a** bezeichneten Nebenstrafen fordert, wird einer weiteren Begründung nicht bedürfen.

Die Reichstagskommission, welche die Bestimmung zunächst berieth, gab dem §. eine Fassung, welche denselben in der Hauptsache als einen Fall „erfolgloser Anstiftung" hinstellte (vgl. Drucks. Nr. 181). In der dritten Lesung (St.B. S. 1350 ff.) wurde auf Antrag des Abg. Marquardsen die gegenwärtige Fassung gewählt, welche sich möglichst eng an das belgische Gesetz vom 7. Juli 1875 (s. dasselbe vorstehend in den „Motiven") anschließt.

2. Der §. 49**a** mit seinen vier Kategorien:

Aufforderung zur Begehung eines Verbrechens
Annahme solcher Aufforderung
Erbieten zur Begehung eines Verbrechens
Annahme solchen Erbietens

wurde als ein besonderer Fall der Theilnahme behandelt. Als ein **delict sui generis** erklären die Handlungen des §. 49**a**: Berner S. 168, H. Meyer S. 292, Oppenhoff N. 2, Olshausen N. 2 und sind zweifellos im Recht, da eine selbständige Strafandrohung vorliegt, dies nicht vom Begehen einer Hauptthat bedingt ist. Hat das strafbare Gebahren das Verbrechen oder einen strafbaren Versuch zur Folge gehabt, so kommen die allgemeinen Grundsätze zur Anwendung. Die Strafthat des §. 49**a** selbst ist mit dem Geschehen der Aufforderung, bezw. der Annahme u. s. w. vollendet. Es ist also nicht erforderlich, daß der Aufgeforderte Willens oder geneigt war, der Aufforderung zu entsprechen, um diese strafbar erscheinen zu lassen. R.G. I, 16. April 83, **E.** VIII, 229, **R.** V, 246.

3. Die bereits vor Aufnahme des §. 49a vorhanden gewesenen besonderen Fälle strafbarer Aufforderung (§§. 85, 110—112) bleiben mit ihren Strafsatzungen bestehen. Ebenso §§. 159, 160 (versuchte Verleitung zum Meineid). Dresden 9. Okt. 1876 (St. VII, 9, S.G.Z. XXI, 113), und schließen wegen vorliegender Gesetzeskonkurrenz die Anwendbarkeit des §. 49a aus, welchem durch die Worte: „soweit nicht das Gesetz eine andere Strafe androht" ein nur subsidiärer Charakter gegeben ist. Das Gleiche ist der Fall, wenn andere Reichs- oder Landesgesetze die erfolglose Aufforderung zur Begehung einer strafbaren Handlung mit Strafe bedrohen, gleichviel ob dieselbe leichter oder schwerer ist, als die Strafe des §. 49a. Dies setzt jedoch Gleichheit des Thatbestands voraus. Liegt ein solcher nicht vor, sondern ergeben sich nur zufällig in einer Handlung die Merkmale des §. 49a und die anderen Strafthaten, so konkurriren beide ideell. R.G. I, 3. Dez. 83, E. IX, 261, R. V, 749. Vgl. auch Olshausen N. 19, H. Meyer S. 292, Oppenhoff N. 2.

4. Das Gesetz beschränkt sich auf die Aufforderung u. s. w. zur Begehung von Verbrechen (im Sinne des §. 1 St.G.B.). Die im Reichstage gemachten Versuche, die neue Strafvorschrift auf einzelne bestimmte Verbrechen zu beschränken, blieben ohne Erfolg. Das Bewußtsein, daß dasjenige, wozu der Thäter auffordert, ein Verbrechen bilde, ist auf Seite des Thäters nicht erforderlich und würde ein Irrthum hierüber einen nicht zu Statten kommenden Irrthum über das Strafgesetz bilden. R.G. II, 31. Jan. 90, E. XX, 198.

Wie bei den Verhandlungen über das belgische Gesetz, so war man auch bei den Verhandlungen im Reichstage besonders bemüht, dem Gesetz eine Fassung zu geben, welche die Strafbarkeit nicht ernstlich gemeinter, mündlicher Aeußerungen ausschloß. In der dritten Lesung wurde deshalb der Absatz 3 des §. 49a aufgenommen. Aus diesem Zusatz folgt nicht, daß alle schriftlichen oder mit dem Versprechen von Vortheilen verknüpften Aeußerungen fraglicher Art unbedingt strafbar sind; auch bei schriftlichen Aeußerungen u. s. w. hat der Richter nach den Umständen zu erwägen, ob eine ernsthaft gemeinte Aufforderung u. s. w. vorliegt.

5. Eine erfolglose Aufforderung zur Verübung eines Verbrechens ist auch dann nach §. 49a strafbar, wenn die That auch nur wegen besonderer (dem Auffordernden bekannter) Umstände ein Verbrechen wäre, z. B. wegen Rückfall, wegen der Beamten-Eigenschaft des Aufgeforderten. Vgl. Oppenhoff N. 9. Analog auch beim Erbieten und dessen Annahme, wenn der sich Erbietende ein Verbrechen verüben würde.

6. Ob der Auffordernde am Verbrechen selbst Theil nehmen wollte oder nicht, begründet keinen Unterschied. Konstanz 23. Aug. 76 (bad. Ann. Bd. 43 S. 32). Es liegt also insbesondere auch dann der Thatbestand des §. 49a vor, wenn der Auffordernde selbst ein Verbrechen begehen will und dazu einen Gehülfen sucht; ohne daß es von Einfluß ist, ob das vermeintliche Objekt dieses Verbrechens wirklich vorhanden, z. B. die vermeintlich Schwangere, für welche ein Abtreibungsmittel gesucht wird, nicht schwanger ist. R.G. II, 11. Juli 84, R. VI, 535.

7. Auch die Aufforderung zu einem im Auslande zu verübenden Verbrechen ist strafbar, wenn die That im Auslande strafbar wäre. Oppenhoff N. 10 findet erforderlich, daß die That auch im Auslande Verbrechen wäre; dies ist bei der Verschiedenheit der Gesetzgebungen, und da auch §. 4 Ziff. 3 St.G.B. diesen Unterschied nicht macht, sondern nur Strafbarkeit der That überhaupt verlangt, nicht festzuhalten.

8. Die Aufforderung und deren Annahme, das sich Erbieten und dessen Annahme bilden keine Mitthäterschaft bei einem Delikte, sondern es sind selbständige Strafthaten, deren Thatbestand getrennt untersucht werden muß und deren Strafbarkeit nicht von einander abhängt, also nicht durch den Mangel der Zurechnungsfähigkeit oder aus anderen Gründen ausgeschlossener Strafbarkeit des Gegentheils aufgehoben wird. A. M. v. Liszt S. 585, Olshausen N. 10. Jedoch kann Aufforderung und Erbieten nur dann angenommen werden, wenn sie zur Kenntniß des Gegentheils gelangt sind und zwar durch die Thätigkeit des Auffordernden oder sich Erbietenden. Fehlt es hieran oder ist die Kausalität unterbrochen, etwa durch Entdeckung des treffenden Briefes, so liegt nur Versuch vor, der mit Strafe nicht bedroht ist (§. 43 Abs. 2). Hat der Thäter selbst es verhindert, daß die Aufforderung oder das Erbieten den Gegentheil erreicht, so findet Straflosigkeit nach § 46 Ziff. 2 statt. Die Kenntnißnahme durch den Gegentheil vollendet das Delikt. Berner S. 168, Geyer in H.H. IV, 153, Oppenhoff N. 15, Olshausen N. 6, Hälschner I, 408, H. Meyer S. 292, v. Liszt S. 585.

9. Ist das Erbieten nicht ernstlich gemeint, so ist auch die Annahme nicht strafbar, selbst wenn die Ernstlichkeit dabei vorausgesetzt ist. R.G. III, 31. März 80 (R. I, 515, E. I, 338, Goltd. XXVIII, 286).

Ebenso wenig liegt der Thatbestand des §. 49a vor, wenn eine Aufforderung nicht ernstlich gemeint war, auch wenn sie der Aufgeforderte dafür hielt. Dagegen liegt er vor, wenn sie ernstlich gemeint war, der Aufgeforderte sie aber für keine ernstliche ansah. R.G. IV, 20. Dez. 87, R. IX, 743.

10. Abs. 3. Auch das Versprechen von Vortheilen*) genügt zur Strafbarkeit mündlicher Aufforderung (vgl. bayr. Entsch. IV, 111). Der Vortheil muß aber ein anderer sein, als ein Antheil am Resultate des Verbrechens selbst; wie an zu stehlenden Gegenständen. Dresden 9. Okt. 76 (S.G.Z. XXI, 115, St. VII, 9, Goltd. XXV, 602). Ebenso wenig kann es als ein Vortheil im Sinne des Gesetzes angesehen werden, wenn der Auffordernde die Mittel zur Begehung eines Versprechens liefert, z. B. falsches Geld, welches als echtes verausgabt werden soll. R.G. III, 24. Jan. 84, E. X, 3, R. VI, 45.

11. Die in Aussicht gestellten Vortheile müssen weder ihrem Umfange nach genau bestimmt, noch von dem Auffordernden selbst zu leisten sein. R.G. III, 2. Juli 80 (R. II, 153). Der in Aussicht gestellte Vortheil ist überhaupt nur als Gewähr für die Ernstlichkeit der Aufforderung zu verstehen, erschöpft also seine Bedeutung in der Person des Auffordernden. Dagegen ist nicht erforderlich, daß der Aufgeforderte an die Realisirung glaubte, oder daß eine Sicherheit dafür geboten war, oder daß der Versprechende das Versprechen halten wollte, oder daß das Versprechen geeignet war, auf den Aufgeforderten zu wirken. Jedoch ist erforderlich, daß der Auffordernde den Vortheil in Aussicht stellte oder gab, um mittels desselben auf die Entschließung des Aufgeforderten zu wirken. R.G. I, 24. März 87, E. XV, 359, R. IX, 191. Vgl. auch 2. Jan. u. 23. Febr. 82, E. VI, 267, R. IV, 191. Es ist streitig geworden, ob der Begriff des „lediglich mündlich Ausgedrückten" wörtlich zu nehmen, oder auch auf Zeichen und symbolische Handlungen auszudehnen sei, insbesondere dann, wenn eine gleichzeitige Handlung, wie die Uebergabe eines Mittels zur Begehung der That, die Ernstlichkeit der mündlichen Aufforderung ꝛc. gewährleistet. In diesem Sinne sprachen sich aus: Hälschner I, 411, Geyer in H.H. IV, 157, Meves S. 339, v. Liszt S. 584. Da aber die Mündlichkeit allein hervorgehoben ist und Zeichen auch leichter mißverstanden werden können, als gesprochene Worte, so muß man zu dem Resultate gelangen, daß nicht durch bleibende Zeichen fixirte Handlungen nur dann Strafe nach sich ziehen, wenn sie mit Vortheilen verknüpft sind. R.G. II, 12. Nov. 80, E. III, 30, R. II, 499. Gl. M. Olshausen N. 11, H. Meyer S. 291, Oppenhoff N. 12. Hiernach ist das „lediglich" dahin zu deuten, daß eine theils mündliche, theils schriftliche Aufforderung u. s. w. jedenfalls strafbar ist.

12. Auch eine in Aussicht gestellte Heirath bei einer an eine Weibsperson gerichteten Aufforderung kann als ein Vortheil im Sinne des Abs. 3 betrachtet werden. R.G. I, 25. Nov. 80 (R. II, 564, E. III, 63).

13. Eine nur mündlich ausgedrückte Aufforderung oder ein solches Erbieten, ohne Anknüpfung von Vortheilen, ist straflos, selbst wenn noch andere Umstände hinzutreten, welche auf die Ernstlichkeit schließen lassen, wie die Verabreichung von Mitteln zur Verübung des Verbrechens. R.G. 12. Nov. 80 (R. I, 499, E. III, 30).

14. Wird die Aufforderung unter Anbieten, Versprechen oder Gewähren von Vortheilen an einen Beamten gerichtet, so kann das Delikt des §. 49a mit Bestechung (§. 333) ideell konkurriren. R.G. I, 3. Dez. 83, E. IX, 261, R. V, 749.

15. Es ist Mitthäterschaft, Anstiftung und Beihülfe zu dem Delikt des §. 49a denkbar und strafbar. Gl. M. Olshausen N. 18, v. Schwarze N. 4, 10, Binding, Grundr. S. 129, Geyer in H.H. IV, 160, H. Meyer S. 292 N. 19, v. Liszt S. 585.

§. 50. Wenn das Gesetz die Strafbarkeit einer Handlung nach den persönlichen Eigenschaften oder Verhältnissen desjenigen, welcher dieselbe begangen hat, erhöht oder vermindert, so sind diese besonderen Thatumstände dem Thäter oder demjenigen Theilnehmer (Mitthäter, Anstifter, Gehülfe) zuzurechnen, bei welchem sie vorliegen.

Pr. —; E. I. §. 41 A. 3; E. II. §. 48; St.B. S. 226.

Vgl. §§. 47, 59, 215, 217.

---

*) Ueber den Begriff des Vortheils vgl. Simonsohn: Der Begriff des Vortheils und seine Stellung im deutschen Strafrecht, Berlin 1889.

1. Der §. 50 entscheidet eine bisher im preuß. Recht verschieden beantwortete Frage dahin, daß bei mehreren Theilnehmern an einer strafbaren Handlung die persönlichen Verhältnisse und Eigenschaften des Einen für den Andern, soweit es sich um die anzuwendende Strafbestimmung (nicht die zuzumessende Strafe) handelt, ohne Einfluß sind. Während nach der bisherigen preußischen Praxis z. B. bei Tödtungen oder Körperverletzungen von Verwandten aufsteigender Linie auch den dritten Theilnehmer die (im Gesetz bestimmte) schwerere Strafvorschrift traf, und umgekehrt, wenn ein Dritter der Thäter und ein Kind nur Theilnehmer (Anstifter, Gehülfe) war, letzteres nur von der gewöhnlichen Strafvorschrift betroffen wurde, findet jetzt in beiden Fällen das Gegentheil statt.

Die Motive sagen:

„Die strafbare Handlung, an welcher mehrere Personen Theil genommen, kann gegenüber den einzelnen Theilnehmern in Bezug auf ihren rechtlichen Charakter und die durch ihn bedingte Schwere derselben eine verschiedenartige sein, je nach den persönlichen Eigenschaften oder Verhältnissen, in denen der Thäter sich befindet, z. B. bei der Theilnahme eines Dritten an einem, von Jemandem gegen einen Verwandten aufsteigender Linie begangenen Todtschlag; die That ist gegenüber dem Dritten ein einfacher Todtschlag, gegenüber dem Thäter ein qualifizirter. Der Entwurf hat angenommen, daß in einem solchen Falle jeder Theilnehmer nach dem Gesetze bestraft werden soll, welches auf seine That, ohne Rücksicht auf die besonderen persönlichen Eigenschaften und Verhältnisse der übrigen Theilnehmer, Anwendung leidet, und auch hierdurch den allgemeinen Satz zur Geltung bringen wollen, daß ein Jeder lediglich nach dem Grade seiner Verschuldung, wie sie sich nach seiner Thätigkeit und seinen Verhältnissen gestattet, bestraft werden soll."

2. Aus den Worten: „Wenn das Gesetz die Strafbarkeit einer Handlung . . . erhöht oder vermindert" folgt, daß der §. 50 nur solche Fälle im Auge hat, welche einen sog. qualifizirten Thatbestand in sich schließen, dessen Qualifikation auf einer persönlichen Eigenschaft oder einem persönlichen Verhältniß des Thäters beruht.

Als Hauptfälle dieser Art sind anzuführen: §. 80 (vgl. §. 221) [Mordversuch an dem eigenen Landesherrn]; §. 215 (vgl. §. 212) [Elterntodtschlag]; §. 217 (vgl. §§. 211, 212) [Kindermord bez. =todtschlag]; §. 221 A. 2 (vgl. A. 1) [Aussetzung]; §. 223 A. 2 (vgl. A. 1 und §. 228 A. 2) [Körperverletzung gegen Eltern], sowie einzelne Verbrechen und Vergehen der Beamten, nämlich: §. 347 (vgl. §. 121) [Gefangenenbefreiung]; §. 342 (vgl. §. 123) [Hausfriedensbruch]; §§. 348, 349 (vgl. §. 133) [Beschädigung von Urkunden]; §. 340 (vgl. 223, 224) [Körperverletzung]; §. 341 (vgl. §. 239) [Freiheitsberaubung]; §§. 350, 351 (vgl. §. 246) [Unterschlagung]. Außerdem gehören hierher die im St.G.B. hervorgehobenen Strafschärfungs= bez. =milderungsgründe, nämlich: jugendliches Alter (§. 57), thätige Reue (§§. 157, 158), Rückfall (§. 244). S. einen Fall des Kindesmords, in welchem die Angeklagte nur als Theilnehmerin eines Todtschlags verurtheilt, ihr dennoch aber die Milderung des §. 217 zugebilligt wurde, R.G. III, 8. Mai 80 (E. II, 153, s. auch 2. März 81, R. III, 93), einen Fall, in welchem der Rückfall eines Theilnehmers als unter §. 50 fallend anerkannt wurde, R.G. I, 23. Sept. 80 (R. II, 243, E. II, 261). Auch die Gewohnheits= oder Gewerbsmäßigkeit bei der Verübung eines Delikts, welche eine strengere Bestrafung nach sich zieht, wie bei Hehlerei (§. 260) R.G. IV, 6. Dez. 87, R. IX, 708, oder Jagdvergehen (§. 294); oder bei welchen eine solche Verübung zum Thatbestande gehört, wie bei Kuppelei (§. 180) ist eine persönliche Eigenschaft desjenigen Thäters, bei welchem sie vorliegen, R.G. II, 20. Mai 81, E. IV, 185, R. III, 312; das Gleiche ist der Fall bei den Strafminderungsgründen des §. 157 für meineidige Zeugen oder Sachverständige, welche dem Anstifter bez. der Strafe und der Nebenstrafen nicht zu Statten kommen, R.G. F. S.10. Aug. 81. E. IV, 377.

Daß die allgemeinen mildernden Umstände nur auf denjenigen Anwendung finden, welchem sie zugebilligt wurden, ist selbstverständlich. Berlin 1. Febr. 78 (O.R. XIX, 51, St. VIII, 74).

In allen diesen Fällen findet die strengere bez. mildere Strafbestimmung nur auf denjenigen Betheiligten (Thäter oder Theilnehmer) Anwendung, bei welchem jene persönliche Eigenschaft oder das Verhältniß vorliegt. So z. B. wird der Sohn, der einen Dritten zu einem Todtschlage seines Vaters angestiftet hat, nach §. 215, der Thäter nur nach §. 212 bestraft. Der Anstifter einer Begünstigung zu Gunsten eines Angehörigen (§. 257 Abs. 2) bleibt straflos. R.G. I, 29. April 86, E. XIV, 102, R. VIII, 313. Inwieweit bezüglich des Anderen bei der Strafzumessung auf jene persönlichen Umstände des Einen Rücksicht zu nehmen, bleibt der thatsächlichen Prüfung überlassen.

3. Auf Strafausschließungsgründe erstreckt sich der §. 50 nicht. Es kann aber bezüglich dieser (Unzurechnungsfähigkeit [§. 51], Jugend [§§. 55, 56], Nothstand, Nothwehr, Ver=

jährung) auch kaum ein Zweifel bestehen, daß dieselben nur eine persönliche Beziehung haben, — es sei denn, daß wegen eines solchen Grundes in der Person des Thäters (physischen Urhebers) das Vorhandensein einer strafbaren Handlung überhaupt beseitigt wird. S. R.G., 29 April 86, oben

4. Auf den verbrecherischen Willen (dolus) bezieht sich der §. 50 nicht; so bedarf der Gehülfe zu einem Worte nicht der Ueberlegung, zu einem Betruge nicht der gewinnsüchtigen Absicht, wenn er nur von dem Vorhandensein dieses Willens beim Thäter Kenntniß hatte.

5. Ebenso wenig bezieht sich §. 50 auf das Erforderniß des Antrags. Im Allgemeinen ist hier durch die Vorschrift des §. 63 jeder Zweifel ausgeschlossen, da hiernach der Antrag immer gegen sämmtliche Betheiligte zu richten ist.

Besondere Bestimmungen dagegen, welche der Tendenz des §. 50 entsprechen, finden sich bei einzelnen strafbaren Handlungen, bei denen die Bestrafung dann von einem Antrage abhängig gemacht ist bez. Straflosigkeit eintritt, wenn der Thäter in einer bestimmten persönlichen Beziehung zu dem Verletzten steht. Diese Bestimmungen sollen auf dritte Theilnehmer keine Anwendung finden (vgl. §§. 247, 289); bei dem vom Reichstage eingeschobenen Abs. 4 §. 263 scheint eine entsprechende Vorschrift vergessen zu sein.

6. Keine Anwendung findet §. 50 auf diejenigen strafbaren Handlungen, bei denen persönliche Eigenschaften und Verhältnisse die Strafbarkeit der That an sich bedingen (nicht erhöhen oder vermindern). Hier ist der Theilnehmer selbst dann strafbar, wenn er selbst nicht Thäter sein kann. Hierher gehören zunächst die Fälle der sog. nothwendigen Theilnahme, wie Doppelehe, Ehebruch, Blutschande. Der dritte Theilnehmer (Anstifter, Gehülfe) ist hier strafbar.

Dasselbe gilt von der Theilnahme an strafbaren Handlungen der Beamten, sofern nicht Handlungen derselben in Frage sind, bei denen die Beamtenqualität als qualifizirendes (straferhöhendes) Moment in Betracht kommt. Vgl. oben N. 2 und Berlin 21. Febr. 72, Goltd. XX, 184, O.R. XIII, 160, St. I, 210, Mannheim 5. Okt. 78, bad. Ann. Bd. 44 S. 251.) Die Ansicht v. Schwarze's (Komm. S. 141), wonach Anstiftung und Beihülfe bei Amtsverbrechen oder Vergehen straflos sein sollen, entbehrt jeder Begründung und kann gewiß nicht durch §. 50 gestützt werden.

Vierter Abschnitt.

Gründe, welche die Strafe ausschließen oder mildern.

1. Die im Abschnitt IV aufgeführten Strafausschließungs- und Milderungsgründe sind verschiedener Natur:

a) In den §§. 51 (Unzurechnungsfähigkeit), 52 (Zwang), 53 (Nothwehr), 54 (Nothstand) bedient sich das St.G.B. des Ausdrucks: „Eine strafbare Handlung ist nicht vorhanden." Nach der herrschenden Meinung wird angenommen, daß, wenn bei dem Thäter (physischen Urheber) einer dieser Strafausschließungsgründe vorliegt, ein Anderer als Theilnehmer (Mitthäter, Anstifter, Gehülfe) an dieser Handlung nicht strafbar sei. Es hat dann aber die Erwägung Platz zu greifen: ob nicht ein Anderer sich des Thäters als Werkzeug bedient und deshalb selbst als Thäter anzusehen sei. Letzteres ist bei Verleitung eines Geistesgestörten oder eines (nicht total, aber doch im Sinne des §. 51) Bewußtlosen, sowie bei dem auf den Thäter ausgeübten Zwang (§. 52) sehr wohl denkbar. Auch kann die Beihülfe zu einer solchen Handlung sich als strafbarer Versuch charakterisiren. (Vgl. Hälschner, Preuß. Str.R. I, 334; Geyer in v. H.H. II, 363, 395; Oppenhoff zu §§. 47, 50 und zum „Vierten Abschnitt".) Unseres Erachtens wird für die Entscheidung der Frage auf die obige Ausdrucksweise des St.G.B. ein zu großes Gewicht nicht zu legen sein, da derselben füglich eine bloß subjektive Beziehung (Eine strafbare Handlung ist „für den Thäter" nicht vorhanden, welcher u. s. w.) beigelegt werden kann. Köstlin, System S. 283 ff., weist darauf hin, daß schon die alten italienischen Kriminalisten zwischen den Fällen unterschieden, in denen angenommen worden, **nullum delictum esse commissum**, von denjenigen, in denen nur der **principalis** für **non culpabilis** erklärt sei, und in den letzteren die Strafbarkeit des Gehülfen als solchen annahmen. Es ist nicht zu verkennen, daß die Ansicht, wonach der Theilnehmer eventuell als Thäter anzusehen sein soll, in concreto zu einem wenig befriedigenden Resultat führen kann. Nach richtiger Ansicht wird das Hauptgewicht darauf zu legen sein, ob derjenige, welcher die That durch eine dritte nicht strafbare Person herbeiführte, den zur Thäterschaft erforderlichen **dolus** hatte, so daß der physische Urheber nur als Mittelsperson für den eigentlichen Thäter erscheint, selbst aber den auf die That gerichteten Willen oder das Bewußtsein der Strafbarkeit, insoweit dieses erforderlich ist (Irrthum, Geisteskrankheit oder Geistesabwesenheit im Gegensatz zur Gesetzesunkenntniß), nicht hatte. Auf das Nähere ist hier nicht einzugehen. Es wird auf die abweichenden Ausführungen von Schütze, Goltd. XXI, 161 ff. und von Herzog, G.S. Bd. XXV, 435 ff., XXVIII, 321 ff. verwiesen, welche sehr Beachtenswerthes enthalten.

b) In dem §. 55 (Kinder unter 12 Jahren) ist die Strafverfolgung ausgeschlossen und in den §§. 56, 57 (Personen von 12—18 Jahren) und 58 (Taubstummheit) findet wohl die Verfolgung, aber keine Verurtheilung statt, wenn dem Angeschuldigten die nöthige Einsicht fehlte. In diesen Fällen sind die Theilnehmer als solche nicht straflos. So Berlin 3. Mai 72 (O.R. XIII, 293), München 21. Febr. 73 (bayr. Entsch. III, 68). A. M. H. Meyer, Lehrb. S. 224, Otto zu §. 48 N. 2, §. 55 N. 1. — Das jugendliche Alter von 12—18 Jahren, nicht die Taubstummheit erscheint, wenn eine Verurtheilung stattfindet, außerdem als Milderungsgrund (§. 57).

c) §. 59 behandelt den Einfluß des Irrthums und die Unwissenheit von Thatsachen auf die Strafbarkeit.

d) §. 60 (Anrechnung der Untersuchungshaft) statuirt einen besonderen Milderungsgrund.

e) Die §§. 61—65 behandeln die Ausschließung der Strafverfolgung durch Mangel des erforderlichen Antrags und die §§. 65—72 den Ausschluß der Strafverfolgung und der Strafvollstreckung durch Verjährung.

2. Außerdem kommen noch besondere Strafausschließungs- bezw. Milderungsgründe vor, z. B. gilt thätige Reue in den §§. 46 Ziff. 2, 163, 310 als Strafausschließungsgrund, in dem §. 158 als Strafmilderungsgrund.

3. Ueber „mildernde Umstände" vgl. oben S. 31 ff.

4. Bezüglich der Strafausschließungs-, bez. Milderungsgründe liegt dem Angeschuldigten keineswegs eine Beweislast ob. (Vgl. auch oben zu §. 46 N. 2.) Gibt der besondere Fall dazu Veranlassung, so muß der Richter von Amtswegen gerade so, wie bei den engeren Begriffsmerkmalen der That, feststellen, ob ein solcher Grund vorhanden ist oder nicht. Dieses gilt namentlich von dem Falle der Unzurechnungsfähigkeit (§. 51). Stuttgart 22. Dez. 76 (St. VI, 15, Goltd. XXV, 602) hob ein Urtheil auf, weil in demselben nur festgestellt war, die Behauptung eines die freie Willensbestimmung ausschließenden Zustandes könne nicht verworfen werden. Dies dürfte aber der Standpunkt eines geforderten Einredebeweises sein.

Inwieweit (bei Geschwornen) von Amtswegen oder auf Antrag besondere Fragen über das Vorhandensein dieser Gründe zu stellen sind, entscheiden die Prozeßgesetze. Vgl. Reichsstrafprozeßordnung §. 295 Abs. 2. Rücksichtlich der eigentlichen Strafausschließungsgründe, d. h. der die Strafbarkeit ausschließenden Gründe (§§. 51—54, 56) kann es übrigens einem Bedenken nicht unterliegen, daß der Ausspruch „nicht schuldig" bezüglich der Hauptfrage auch auf die Annahme eines sochen Grundes gestützt werden kann, und daß, streng genommen, eine Schuldigerklärung neben dem Vorhandensein eines solchen Grundes nicht denkbar. (Vgl. hierüber, jedoch auch über die Zweckmäßigkeit besonderer Fragen v. Bar, Recht und Beweis im Geschwornengericht S. 191—200.)

5. Ergeben sich Strafausschließungsgründe bereits in dem vorbereitenden Verfahren oder in der Voruntersuchung, so ist das Verfahren einzustellen. Es ist dann gerade so gut, als ob ein Begriffsmerkmal der strafbaren Handlung fehle. Vgl. §§. 152, 201, 203 St.P.O.

§. 51. Eine strafbare Handlung ist nicht vorhanden, wenn der Thäter zur Zeit der Begehung der Handlung sich in einem Zustande von Bewußtlosigkeit oder krankhafter Störung der Geistesthätigkeit befand, durch welchen seine freie Willensbestimmung*) ausgeschlossen war.

Pr. §. 40; E. I. §. 46; E. II. §. 49; St.B. S. 233, 1147, 1148 (Drucks. 175 II).

---

*) An Literatur vgl. im Allgemeinen Berner, Grundlinien der krim. Imputationslehre 1843, Köstlin, Neue Revision der Grundbegriffe des Kriminalrechts 1845, Schilling, Die Zurechnungsfähigkeit u. s. w. 1866, v. Rönne, Die kriminalistische Zurechnungsfähigkeit 1870,

1. Vgl. die allg. Bemerkungen zu diesem Abschnitte. Unter Thäter ist hier wie überall im St.G.B. der physische (unmittelbare) Urheber zu verstehen. Die Anwendbarkeit der im §. 51 und überhaupt dem Abschnitt IV enthaltenen allgemeinen Grundsätze auf den Theilnehmer (Anstifter, Gehülfen) folgt aus den Schlußbestimmungen der §§. 48, 49 von selbst.

2. Der §. 51 ist das Resultat sehr eingehender Erwägungen gewesen, über welche sich die Motive S. 66 ff. verbreiten, vgl. namentlich auch das Gutachten der preuß. Wissenschaftlichen Deputation in der besonderen Anlage III zu den Motiven „Erörterung strafrechtlicher Fragen aus dem Gebiete der gerichtlichen Medizin" S. 5—8 und 17—23.

Zur besonderen Rechtfertigung des §. 51 wird in den Motiven S. 69, 70 bemerkt:

„Eine wiederholte eingehende Prüfung der Frage und die verschiedenen vorgeschlagenen und sich darbietenden Möglichkeiten der Lösung derselben haben zunächst dahin geführt, die Bedenken für durchschlagend und entscheidend zu erachten, welche gegen die beabsichtigte ganz allgemeine Fassung geltend gemacht worden sind. Das Gesetz kann sich nicht, ohne große Gefahren für die Handhabung des Strafrechts herbeizuführen, darauf beschränken, zu erklären, daß ein Verbrechen oder Vergehen nicht vorhanden sei, wenn die freie Willensbestimmung zur Zeit der That ausgeschlossen gewesen. Es muß dazu vorschreiten, die Gründe zu präcisiren, in welchen bei Entscheidung des einzelnen Falles die Ausschließung der freien Willensbestimmung zu suchen ist.

Einen großen Vorzug für die Rechtsprechung würde es nun unverkennbar darbieten, wenn es möglich wäre, diese Ausschließungsgründe in einem so fest umschriebenen Thatbestande hinzustellen, daß der Richter im einzelnen Falle nur das Vorhandensein dieses Thatbestandes zu ermitteln hätte, von denen das Gesetz selbst im Voraus und ganz allgemein entschieden hätte, daß dadurch die Zurechnungsfähigkeit und folgeweise die Strafbarkeit ausgeschlossen sei.

Ein solcher fester Thatbestand läßt sich auch in der That, nach dem Vorgang fast aller neueren Gesetzgebungen, für die durch äußeren Zwang begründete Ausschließung der Zurechnungsfähigkeit hinstellen, indem die Ausdrücke: „unwiderstehliche Gewalt" und „Drohung, die mit einer gegenwärtigen, auf andere Weise nicht abwendbaren Gefahr für Leib oder Leben u. s. w." dem Richter hinlänglich bestimmt und anschaulich den Zustand bezeichnen, in welchem, nach der Auffassung des Gesetzes, ein strafrechtlich verantwortliches Handeln nicht stattfinden kann.

In gleicher Weise auch in Betreff desjenigen Falles der Unzurechnungsfähigkeit vorzugehen, welcher durch die sog. Geisteskrankheiten begründet wird, erscheint dagegen nicht möglich oder wenigstens nicht rathsam. Die psychologischen Thatsachen, welche hier als

---

Hoppe, Die Zurechnungsfähigkeit 1877, Bruck, Zur Lehre von der kriminalistischen Zurechnungsfähigkeit 1878, Spitta, Die Willensbestimmungen 1881, Jessen, Ueber Zurechnungsfähigkeit 1870, Göring, Die menschliche Freiheit und Zurechnungsfähigkeit 1876, Schaper in H.H. II, 157, Geyer in H.H. IV, 99 fg., Röder, G.S. Bd. 26 S. 181, Zimmermann, G.S. Bd. 32 S. 481 fg., Fuchs, G.S. Bd. 36 S. 1 fg., 401, Lukas bei Goltd. Bd. 31 S. 301 u. G.S. Bd. 36 S. 401, Kraus, G.S. Bd. 36 S. 638, v. Buri, G.S. Bd. 43 S. 241, Bünger in der Zeitschr. f. ges. St.R.W. Bd. VI, S. 291, VII, S. 80. Wie ist Verantwortung und Zurechnung ohne Annahme der Willensfreiheit möglich von Druskowitz, Heidelberg 1887, Dieffenbach, Der menschliche Wille, Darmstadt 1886, Herzog in G.S. Bd. 38 S. 342, Lombroso, Der Verbrecher, deutsch von Dr. Fränkel, Hamburg 1887, II. Bd. 1890, Müller, Psychopathologie des Bewußtseins, Leipzig 1889, Sander und Richter, Die Beziehungen zwischen Geistesstörung und Verbrechen, Berlin 1886, Mach, Die Willensfreiheit des Menschen, Paderborn 1887, Cullerré, Die Grenzen des Irrsinns, deutsch von Dornblüth, Hamburg 1890, v. Krafft-Ebing, Psychopathia sexualis, 4. Aufl., Stuttgart 1889, Klippel, Determinismus und Strafe, Z. f. ges. Str.R.W. X, 534, Frank, Vorstellung und Wille ebendas. X, 168.

Vgl. ferner über Hypnotismus: Der Hypnotismus und die menschliche Willensfreiheit von Naville, G.S. Bd. 39, S. 596, Der Hypnotismus und die verwandten Zustände von Dr. Gilles de la Tourette, deutsch von J. M. Charcot, Hamburg 1889, Dr. Forel in Zürich, Der Hypnotismus, seine Bedeutung und Handhabung, Stuttgart 1889, 2. Aufl. 1891, v. Lilienthal, Der Hypnotismus und das Strafrecht in Z. f. ges. St.R.W. VII, 281, Rieger, Ueber die strafrechtl. Bedeutung des sog. Hypnotismus ebendas. VIII, 315, Forel ebendas. IX, 131, Krafft-Ebing, Eine experimentelle Studie auf dem Gebiet des Hypnotismus, Stuttgart 1889, Maack, Zur Einführung in das Studium des Hypnotismus, Berlin 1888, Moll, Der Hypnotismus, Berlin 1889, Bentivegni, Die Hypnose, Leipzig 1890, Ronne, Ueber Hypnotismus, Sammlung klinischer Vorträge Nr. 346.

Ursachen der Unzurechnungsfähigkeit in Betracht kommen, lassen schon deshalb, weil sie im Innern des Menschen vor sich gehen, keine so anschauliche und gemeinverständliche Bezeichnung zu, wie die in der Außenwelt sich bewegenden Fälle der Gewalt oder Drohung. Es gibt daher im Sprachgebrauch des gemeinen Lebens und außerhalb des engen Kreises der eigentlich technischen Sachverständigen kein allgemein geläufiges Wort, durch welches die, die Zurechnungsfähigkeit absolut ausschließenden Geisteskrankheiten in ihren verschiedenen Formen mit ausreichender Bestimmtheit zusammengefaßt und zugleich von anderen Krankheitsformen deutlich getrennt werden. Die früher gebräuchlichen Ausdrücke, namentlich „Blödsinn und Wahnsinn" sind nach der gründlicheren Erforschung der Geistesstörungen nicht mehr ausreichend, um alle Formen zu umfassen, und die neuere Wissenschaft hat zur Zeit, wenigstens in Deutschland keine Bezeichnung geliefert, welche als Namen für die fraglichen Zustände in den Sprachgebrauch des gemeinen Lebens aufgenommen worden und außerhalb des Kreises der Sachverständigen geläufig geworden wären. Dazu kommt, daß man selbst innerhalb des engeren Kreises der Sachverständigen noch nicht zu einer völligen Uebereinstimmung darüber gekommen ist, welches die richtige, allgemein gleichverstandene Bezeichnung der die Zurechnungsfähigkeit ausschließenden Geisteszustände sei.

Unter diesen Umständen scheint es für die Gesetzgebung zur Zeit noch geboten, einestheils zwar die in Betracht kommenden krankhaften Zustände in der sich am meisten empfehlenden Bezeichnung in das Gesetz aufzunehmen, andererseits aber gleichzeitig die Nothwendigkeit der Beziehung derselben auf den Ausschluß der freien Willensbestimmung ausdrücklich hervorzuheben.

Wird von dieser Grundlage ausgegangen, so erscheint zunächst von den vielen für die Geistesstörung in Vorschlag gebrachten Bezeichnungen die von der Wissenschaftlichen Deputation angenommene und von der Leipziger Fakultät empfohlene Bezeichnung „krankhafte Störung der Geistesthätigkeit" aus den von diesen Autoritäten beigebrachten Gründen die passendste. Namentlich wird dadurch die gerichtsärztliche Aufgabe scharf präcisirt, „indem", wie die Leipziger Fakultät sagt, „der Gerichtsarzt zunächst zu untersuchen hat, ob Krankheit vorhanden war oder nicht, in welch' letzterem Falle er sich aller weiteren Erörterungen zu enthalten hat".

Neben dieser krankhaften Störung sind dann, nach dem Gutachten vieler Autoritäten, diejenigen auf die Willensfreiheit störend einwirkenden Zustände, welche gewöhnlich nicht als Krankheit aufgefaßt zu werden pflegen, noch besonders zu nennen, und hierfür ergibt sich die Anwendung des Ausdrucks „Bewußtlosigkeit", den auch das sächsische Gesetzbuch gebraucht, als der gemeinverständlichste und richtigste.

Was sodann die Beziehung dieser Zustände zur Zurechnungsfähigkeit betrifft, so muß dabei beharrt werden, die Formel „Ausschließung der freien Willensbestimmung" mindestens als die relativ beste zu bezeichnen. Das Recht des Staates, gegen den Verbrecher nicht bloß Sicherheitsmaßregeln zu ergreifen, sondern ihn zu *strafen*, beruht auf dem allgemein menschlichen Urtheile, daß der gereifte und geistig gesunde Mensch ausreichende Willenskraft habe, um die Antriebe zu strafbaren Handlungen niederzuhalten und dem allgemeinen Rechtsbewußtsein gemäß zu handeln. Es kann daher nicht bedenklich sein, diesem allgemeinen Urtheile, in welchem die strafrechtliche wie die sittliche Zurechnung ihren Grund hat, in dem Strafgesetzbuch Ausdruck zu geben, wenn es sich darum handelt, die Zurechnungsfähigkeit oder ihre Ausschließung näher zu normiren. Es darf namentlich nicht befürchtet werden, daß dadurch die verschiedenen metaphysischen Auffassungen über die Freiheit des Willens im philosophischen Sinne in die Kriminalverhandlungen gezogen werden, denn es ist damit klar ausgesprochen, daß im einzelnen Falle nur untersucht werden soll, ob derjenige normale Zustand geistiger Gesundheit vorhanden sei, dem die Rechtsanschauung des Volkes die strafrechtliche Verantwortlichkeit thatsächlich zuschreibt, während diese letztere Thatsache selbst durch das Gesetz festgestellt und jeder weiteren Erörterung im einzelnen Falle entzogen ist. Sache des leitenden Richters ist es, die hierdurch gezogene feste Grenze nicht überschreiten zu lassen."

3. Der §. 51 stimmt mit dem II. Entwurf überein, nur hat der Reichstag die hinter „*Willensbestimmung*" befindlich gewesenen Worte, „*in Beziehung auf die Handlung*" in 3. Lesung gestrichen (St.B. S. 1148), um *nicht*, wie der Antragsteller v. *Saltzwedell* bemerkte, den Richter zu zwingen, „vom Sachverständigen den *Nachweis* zu verlangen, daß der Verbrecher durch die Geisteskrankheit an der freien Willensbestimmung *in Beziehung auf die Handlung* gehindert war".

Aufgenommen waren jene Worte in den II. Entwurf auf Grund eines Gutachtens der Leipz. mediz. Fakultät übrigens nicht etwa, um die Annahme der Unzurechnungsfähigkeit zu erschweren, sondern umgekehrt, weil jenes Gutachten darauf hindeutete, „daß der Thäter einer verbrecherischen Handlung nach vielen Beziehnngen auch im Momente seiner That eine freie Willensbestimmung zeigen und doch die That selbst unfrei begehen könne."

Von medizinischer Seite wurde jedoch die Fassung des Entwurfs als bedenklich angesehen, weil sich der ursachliche Zusammenhang zwischen Geistesstörung und That oft nicht nachweisen lasse, während man doch niemals behaupten könne, daß eine bestehende Geisteskrankheit auf eine bestimmte Handlung eine Wirkung nicht ausgeübt habe.

Der Reichstag strich deshalb jene Worte, wenn schon die Motive sich deutlich darüber aussprechen, daß die frühere Fassung dasselbe Resultat bezweckte. Die Motive (S. 71) sagen nämlich:

> „Es erscheint um so weniger bedenklich, den Ausdruck dieser speziellen Beziehung auf die vorliegende That in das Gesetz aufzunehmen, als dadurch unmittelbar nur ausgesprochen wird, daß der Beweis des Ausschlusses der freien Willensbestimmung nur in Beziehung auf die dem Thäter zur Last gelegte That zu erbringen sei, nicht aber der Beweis dafür zu fordern sei, daß die freie Willensbestimmung nach allen Richtungen hin ausgeschlossen sei. Der Wissenschaft wird dadurch bezüglich der Frage der Möglichkeit einer partiellen Unfreiheit in keiner Weise präjudizirt. Wird von dem Arzte im einzelnen Falle festgestellt, daß die Wahnidee des Thäters, obschon sie nicht in unmittelbar ursachlichem Zusammenhange mit der That selbst und ihrem Zwecke stehe, das geistige Bewußtsein des Thäters im Allgemeinen so gestört habe, daß er auch über die Grenzen dieser Wahnidee hinaus als geistig gesund nicht anzusehen sei, so wird hierdurch zugleich festgestellt, daß die freie Willensbestimmung auch bezüglich der einzelnen That ausgeschlossen gewesen sei."

Hieraus ergibt sich, daß es der rechtlichen Bedeutung nach nur darauf ankommt, ob mit Rücksicht auf die That die Unzurechnungsfähigkeit vorlag, daß diese aber dann anzunehmen ist, wenn nach der Erfahrung des Lebens und der Wissenschaft zur Zeit der Begehung der That eine solche Geistesstörung vorlag, daß dadurch die freie Willensbestimmung als ausgeschlossen anzusehen war. (Vgl. oben die Motive.) Die Gefahr mißbräuchlicher Ausdehnung der Vorschrift seitens der medizinischen Sachverständigen erhält dadurch ihr Korrektiv, daß der Richter nicht unbedingt an das Gutachten gebunden ist. Es ist nicht erforderlich, daß die freie Willensbestimmung des Thäters nach allen Richtungen als ausgeschlossen anzusehen ist, sondern es genügt, wenn dies der Fall ist in Beziehung auf die der Aburtheilung unterstellte That. R.G. I, 16. Jan. 82, E. V, 338.

4. Unter Zuständen der Bewußtlosigkeit sind die vorübergehenden Zustände, z. B. Trunkenheit*), Delirium, Schlaftrunkenheit, Affekte u. s. w., zu verstehen, einerlei ob dieser Zustand verschuldet war oder nicht, wenn nur in Folge dieses Zustandes „die freie Willensbestimmung ausgeschlossen war". Auch Aberglauben kann als ein Grund der Ausschließung der freien Willensbestimmung angesehen werden. (Berlin 15. Mai 72, Goltd. XX, 247.) Versetzt sich der Thäter in den bewußtlosen Zustand, in der Absicht, eine bestimmte strafbare Handlung zu begehen, so kann hierin ein eventueller dolus liegen. Dahin gehört das bekannte Beispiel, daß eine Mutter das Kind zu sich ins Bett nimmt, um es im Schlafe zu erdrücken.

Ueber das Maß der Strafbarkeit in solchen Zuständen bestehen sehr verschiedene Ansichten. Insbesondere wird für ein sich Versetzen in den Zustand der Bewußtlosigkeit, wobei der Handelnde die Folgen voraussehen konnte, Fahrlässigkeit angenommen. Berner S. 85, H. Meyer S. 190, Binding, Grundr. S. 98, Normen II, 196, Geyer in H.H. IV, 106, v. Liszt S. 163, v. Wächter S. 137. Nur Fahrlässigkeit nimmt an v. Schwarze N. 10.

5. Die Willensbestimmung muß ausgeschlossen gewesen sein. Einen Zustand „verminderter Zurechnungsfähigkeit", wie ihn der I. Entw. §. 47 als besondern Strafmilderungsgrund aufstellte, kennt das St.G.B. nicht. Ein solcher Zustand kann nur bei der Strafzumessung oder in besondern Fällen als „mildernder Umstand" ins Gewicht fallen. (Vgl. d. Abg. v. Schwarze in den St.B. S. 233.) Berlin 12. April 73 (Goltd. XXI, 501, s. auch St. V, 260).

6. Mit den Gründen des §. 51 ist die Materie des Ausschlusses freier Willensbestimmung abgeschlossen und sind dieselben einer analogen Ausdehnung nicht fähig. Versuche der Ausdehnung treffen theils Fälle, welche eigentlich unter §. 51 zu rechnen sind, welche nur verschieden klassifizirt werden; oder es sind Fälle, in welchen Ausschluß der Straffälligkeit aus andern Gründen eintritt, z. B. wegen mangelnder Erkenntniß der Rechtswidrigkeit, jedoch aus andern Gründen, als den unter §. 51 fallenden, oder es muß die Wirkung des §. 51 versagt werden. Eine eingehendere Behandlung verbietet sich hier schon mit Rücksicht auf die wenig feststehende Terminologie für die hier in Rede stehenden geistigen Zustände. Vgl. R.G. II, 14. Dez. 86, E. XV, 97. Gegen

*) S. hierüber v. Schwarze in G.S. Bd. 33 S. 430.

analoge Ausdehnung der Willensunfreiheit Olshausen N. 10, Geyer I, 103, Merkel in H.H. II, 82, Lehrb. §. 23, Rubo N. 4, v. Schwarze N. 5a. Für dieselbe Binding 1, 221, H. Meyer S. 188, Hälschner I, 211, 224, v. Wächter S. 133, v. Liszt S. 163, v. Schwarze in G.S. Bd. 33 S. 457.

7. Geisteskranke sind in lichten Intervallen, in welchen die Krankheit überhaupt nicht einwirkt, zurechnungsfähig. A. M. v. Schwarze N. 3, Anm. 1.

Der Strafrichter hat über die Frage der Zurechnungsfähigkeit selbständig zu entscheiden. (S. oben N. 3.) Er ist unbedingt weder an das Gutachten Sachverständiger, noch an ein früheres Urtheil des Civilrichters, durch welches der Thäter für geistesschwach (blödsinnig, wahnsinnig) erklärt ist, gebunden. Vgl. Goltd. XV, 448, III, 528, O.R. IX, 546, ferner Berlin 24. April 73 (Goltd. XXI, 341). Die Beweislast über die Zurechnungsfähigkeit ist dieselbe, wie bei jedem andern Begriffs-Erforderniß der That. Es muß demnach der Strafrichter, wenn die Zurechnungsfähigkeit in Zweifel gezogen ist, erwägen, ob sich bei ihm die feste Ueberzeugung begründet, daß der Schuldige im Stande der Zurechnungsfähigkeit handelte. Ein Zweifel hieran würde zur Freisprechung führen müssen. Vgl. hiezu R.G. I, 23. Okt. 90, E. XXI, 131. Die gegentheilige Meinung, wonach der Thäter seine Unzurechnungsfähigkeit beweisen müßte, kann nicht gebilligt werden und steht in Widerspruch mit allen Beweisregeln. Gl. M. Binding, Normen II, 608, H. Meyer S. 185, Rubo N. 10, Olshausen N. 7, v. Liszt S. 163, Anmerk. 4. Dagegen Oppenhoff N. 9, Herzog, G.S. Bd. 24, S. 435, Bd. 30, S. 294, v. Tippelskirch G.S. Bd. 27, S. 249, Berlin 23. Febr. 55, Goltd. III, 528, Stuttgart 22. Dez. 76, St. VI, 151, Goltd. XXV, 602, München 9. Dez. 85, bayr. Entsch. III, 554. Es ist jedoch nicht erforderlich, daß sich das Gericht in allen Fällen über das Vorliegen der Zurechnungsfähigkeit ausspricht, sondern nur dann, wenn dieselbe von irgend einer Seite bestritten wird.

Im schwurgerichtlichen Verfahren wird keine Frage aus §. 51 gestellt, sondern durch Verneinung der Schuldfrage die Frage nach Gründen des §. 51 erledigt.

8. Zu §§. 51 u. 58 nahm der Reichstag folgende Resolution an:

„den Bundeskanzler aufzufordern, im Wege einer Vorlage die Regelung eines Verfahrens herbeizuführen, durch welches Personen, die wegen ihres Geisteszustandes oder als Taubstumme für straflos erklärt worden sind, im Falle der Gemeingefährlichkeit einer wirksamen Beaufsichtigung überwiesen werden können." (St.B. S. 234, Drucks. Nr. 42.)

§. 52. **Eine strafbare Handlung ist nicht vorhanden, wenn der Thäter durch unwiderstehliche Gewalt oder durch eine Drohung, welche mit einer gegenwärtigen, auf andere Weise nicht abwendbaren Gefahr für Leib oder Leben seiner selbst oder eines Angehörigen verbunden war, zu der Handlung genöthigt worden ist*).**

Als Angehörige im Sinne dieses Strafgesetzes sind anzusehen Verwandte und Verschwägerte auf- und absteigender Linie, Adoptiv- und Pflege-Eltern und -Kinder, Ehegatten, Geschwister und deren Ehegatten, und Verlobte.

Pr. §. 40; E. I. §. 46; E. II. §. 50; St.B. S. 233.

Vgl. §§. 54, 213, 247, 257, 258, 263, 292, 303.

1. Vgl. die allgem. Bemerkungen zu diesem Abschnitt und die Motive §. 51 N. 2.

2. Nach den Motiven:

„unterscheidet sich dieser Fall von dem des §. 51 dadurch, daß hier das Bewußtsein des Thäters von der Gesetzwidrigkeit seiner Handlung nicht ausgeschlossen ist, dagegen statt der eigenen freien Willensbestimmung dem Thäter ein fremder Wille aufgenöthigt wird, und der Thäter in dessen Folge nur als das nicht verantwortliche Werkzeug des fremden Willens erscheint."

3. Unter Gewalt ist der auf den Thäter durch Anwendung physischer Kraft ausgeübte (kompulsive) Zwang zu verstehen. Ob die Gewalt unwiderstehlich (**vis quae et in hominem constantem cadere potest**) war, ist nach den Umständen zu beurtheilen. War die Gewalt derartig, daß sie den Willen vollständig aufhob, so ist der Gezwungene überhaupt nicht Thäter,

---

*) Vgl. Groth, Der Begriff der **vis major** Berlin 1890, Schnabel, Ueber nöthigende Gewalt, Zürich 1889, Hälschner, Der Begriff der Gewalt G.S. Bd. 35, S. 1 fg., Rotering bei Goltd. **XXXI**, 266.

sondern ein bloßes Mittel in der Hand eines Andern. Oppenhoff N. 4. A. M. Olshausen N. 3, Berner S. 100, Olshausen N. 3, Binding I, 769, Hälschner I, 274 u. G.S. a. a. O. S. 5, H. Meyer S. 341, welche **vis absoluta** fordern. Psychische Gewalt wie persönliches oder amtliches Ansehen ist nicht hierher zu rechnen. Vgl. einen Fall R.G. II, 4. Juli 82, **E. VI**, 433, **R. IV**, 672. Gl. M. Berner S. 97, Hälschner I, 401, Olshausen N. 12b.

4. Drohung. Die Worte: „welche — verbunden war" beziehen sich bloß auf Drohung, nicht auf Gewalt. Drohung setzt das in Aussichtstellen einer nicht bloß möglichen, sondern in naher Aussicht stehenden, wie berechtigte Beunruhigung des Bedrohten hervorrufende Gefahr voraus. Vgl. Rotering bei Goltd. **XXXI**, 268, Olshausen N. 7, v. Liszt S. 130.

Die Gefahr für den Leib liegt vor, wenn eine erhebliche Körperverletzung in Aussicht steht. Den Grad der Erheblichkeit gegen die Erheblichkeit der zu bewirkenden Rechtsverletzung abzuwägen, ist Sache des richterlichen Ermessens. Es würde zu weit gehen, unter allen Umständen eine schwere Körperverletzung (§. 224) zu verlangen, wie dies Olshausen N. 9, Stammler, Nothstand S. 52 und nicht ganz klar v. Schwarze §. 54 N. 1 thun; ebenso aber auch, jede Körperverletzung genügen zu lassen, wie dies Binding I, 770, v. Liszt S. 153, Rubo N. 8, Hälschner II, 370, H. Meyer S. 341 annehmen. Richtig: Berner S. 101, Rotering G.S. Bd. 31, S. 259. Man wird eine geringe, leicht zu ersetzende Sachbeschädigung entschuldigt finden müssen, wenn eine geringe Mißhandlung droht; aber nicht eine Menschenleben bedrohende Zerstörung, welche entschuldigt sein kann, wenn das Leben in Gefahr ist. Vgl. Binding I, 766, N. 3. Nach gleichen Gesichtspunkten kann thätliche Beleidigung, Angriff auf den Körper in geschlechtlicher Beziehung, auch Bedrohung der Freiheit als Bedrohung des Leibes betrachtet werden. Die einzelnen Autoren differiren hierüber sehr.

5. Nicht abwendbar auf eine andere Weise ist die Gefahr, wenn der Bedrohte nur die Wahl hat, die Gefahr zu bestehen oder die rechtsverletzende Handlung vorzunehmen. Konnte ohne Rechtsverletzung oder mit geringerer die Gefahr abgewendet werden, so liegt die Entschuldigung des §. 52 nicht vor. Gl. M. Olshausen, H. Meyer S. 345, Berner S. 101. Der Richter wird sich jedoch bei Entscheidung dieser Frage in die Lage des Bedrohten versetzen und vom Standpunkt des Letzteren aus urtheilen müssen, um nicht ungerecht zu werden. Auch hierin spricht sich aus, daß die Gefahr als eine relative beurtheilt werden muß.

6. Gewalt und Drohung müssen von einem andern Menschen ausgegangen sein. Sonst ist die Einwirkung auf den Willen des Thäters (Nöthigung) nicht denkbar. War der Zwang durch ein Ereigniß oder ein Thier verursacht, so kann nur ein Nothstand (§. 54) vorliegen. Oppenhoff N. 3, Olshausen N. 2, Rubo N. 4. A. M. v. Schwarze N. 3.

7. Olshausen und, wenn auch nicht unbedingt, Binding I, 785 erklären den Strafausschließungsgrund des §. 52 als einen höchst persönlichen, welcher einen Theilnehmer nicht entschuldigt, da außerdem der Nöthiger selbst entschuldigt wäre. Der Fall, daß ein Dritter den Genöthigten, nicht den Nöthiger unterstützt, ist schwer zu konstruiren. Keinesfalls kann sich die Entschuldigung auf eine Person erstrecken, welche die vom Nöthiger gewollte That als eigene oder fremde fördern will. Dagegen kann sich §. 52 auf eine dritte Person insofern erstrecken, als diese lediglich eine Beihülfe zu der That leistet, zu der der Genöthigte genöthigt ist, wenn die Gewalt oder Drohung sich auch auf ihn unmittelbar oder mittelbar als Angehörigen erstreckt.

8. Abs. 2 gibt eine Begriffsbestimmung von Angehörigen, welche überall, wo das St.G.B. das Wort gebraucht, Anwendung findet, nämlich in den §§. 54, 213, 247, 257, 258, 263, 303.

Unter „Verwandten auf- und absteigender Linie" sind leibliche Verwandte, auch uneheliche, soweit solche von dem Civilrecht anerkannt werden, zu verstehen. — Das Wort „leibliche" wurde von der Bundeskommission als überflüssig nicht aufgenommen. (Vgl. preuß. St.G.B. §. 37 A. 2 [jetzt St.G.B. §. 257 A. 2].)

Verschwägerte auf- und absteigender Linie sind Schwiegereltern (bez. weitere Ascendenten) und Schwiegerkinder, sowie Stiefeltern und Stiefkinder (bez. weitere Descendenten). Die Seitenlinie bleibt hier außer Betracht; es ist nur das Verhältnis des einen Ehegatten zu den Ascendenten bez. zu den Descendenten des Andern gemeint. Vgl. Berlin 2. Febr. 91, Goltd. **XXXIX**, 72. Diese Personen sind dem feststehenden juristischen Sprachgebrauch entsprechend Verschwägerte. Die Worte „auf- und absteigender Linie" sind bei Verschwägerten weniger gebräuchlich, jedoch von der Bundeskommission in Uebereinstimmung mit dem I. Entw. §. 43 A. 2 gewählt, um das Verhältniß der vorgedachten Personen zu bezeichnen.

Geschwister sind voll- und halbbürtige (s. bayr. Entsch. IV, 588), nicht Stiefgeschwister; letztere gelten nach dem juristischen Sprachgebrauch nur als Verschwägerte. Berlin 12. März 79 (O.R. XX, 135, Goltd. XXVII, 373). — „Geschwister und deren Ehegatten" — es ist mit Recht angenommen, daß die Ehefrau des Schwagers zu den Angehörigen nicht zu rechnen sei. Berlin 13. Nov. 72 (Goltd. XX, 505, O.R. XIII, 591). R.G. I, 13. Dez. 86, E. XV, 78. Ungültige, z. B. bigamische Ehen kommen bei Begründung ehelicher Angehörigkeits-Verhältnisse nicht in Betracht RG. I, 19. März 83, R. V, 188.

Siehe übrigens dieselbe Terminologie im §. 173 St.G.B. im Vergleich mit §. 141 preuß. St.G.B.

Pflege-Eltern sind diejenigen, welche thatsächlich die Pflege und Erziehung eines fremden Kindes besorgen. Vgl. Dresden 3. Dez. 77 (s. G.Z. XXII, 214). R.G. II, 17. Dez. 80 (R. II, 646, E. III, 124) hat sich jedoch dahin entschieden, daß über den Begriff „Pflege-Eltern" das jeweilige Civilrecht (in Preußen A.L.R. II 2 §§. 753—773) entscheide, damit aber eine bedauerliche Rechtsungleichheit geschaffen. S. auch R.G. I, 18. Nov. 86, R. VIII, 715. Der dermalige Stand der Judikatur des R.G. geht dahin, daß da, wo das Civilrecht das Verhältniß von Pflegeeltern regelt, dies maßgebend ist, daß aber da, wo das Civilrecht jenes Verhältniß nicht kennt, ein dauerndes Pflege- und Erziehungsverhältniß, welches, wenn auch nur faktisch, dem elterlichen Verhältniß nachgebildet ist, als Pflegeverhältniß anerkannt wird. S. insbes. R.G. III, 28. Okt. 82, R. IV, 773 (Sachsen) vgl. auch I, 11. Febr. 84, E. X, 95, R. VI, 101, IV, 11. Dez. 85, E. XIII, 148, II, 13. Juli 88, R. X, 483.

Unter Ehegatten sind vom Bande Geschiedene nicht zu verstehen. Berlin 7. Mai 78 (Goltd. XXVI, 315). Ob die nur von Tisch und Bett Getrennten noch darunter zu rechnen, wird nach dem bürgerlichen Recht zu beurtheilen sein. Nach dem preuß. A.L.R. II 1 §. 734 hat die Trennung von Tisch und Bett bei katholischen Ehegatten alle bürgerlichen Wirkungen einer gänzlichen Ehescheidung. Anders in Bayern, vgl. Hocheder zu Art. 61 des bayer. St.G.B. von 1861 S. 295 und Weiß zu dems. Art. I S. 178. — Nach §§. 77, 78 des Reichsgesetzes vom 6. Febr. 75, betr. den Personenstand und die Eheschließung (R.G.Bl. S. 23 ff.), findet im Reiche künftig die Trennung von Tisch und Bett überhaupt nicht mehr statt. Gl. M. Binding I, 787, Oppenhoff N. 18, Schaper in H.H. II, 171, Rubo N. 17. Bezüglich des Schwägerschafts-Verhältnisses gilt das Gleiche. Dagegen löst der Tod eines Gatten die Angehörigkeit des Ueberlebenden mit den Blutsverwandten des Verstorbenen nicht. R.G. I, 1. Dez. 81, E. V, 200, R. III, 758. A. M. bezüglich Trennung der Ehe, Meves §. 247 N. 2, Rubo N. 15.

Als Verlobte sind diejenigen Personen verschiedenen Geschlechts zu betrachten, welche sich ein ernstliches, auf Schließung einer Ehe abzielendes Eheversprechen gegeben haben, wenn dasselbe auch nicht in den Formen gegeben ist, welche rechtlich für ein Eheverlöbniß vorgeschrieben sind. R.G. III, 28. Jan. 84, E. X, 117, R. VI, 54. Mit Lösung der Verlobung hört das Angehörigkeits-Verhältniß auf. Bestehende, den Betheiligten bekannte Ehehindernisse schließen die Annahme bestehender Verlobung aus. R.G. I, 1. April 86, E. XIV, 7.

§. 53. Eine strafbare Handlung ist nicht vorhanden, wenn die Handlung durch Nothwehr*) geboten war.

Nothwehr ist diejenige Vertheidigung, welche erforderlich ist, um einen gegenwärtigen, rechtswidrigen Angriff von sich oder einem Anderen abzuwenden.

Die Ueberschreitung der Nothwehr ist nicht strafbar, wenn der Thäter in Bestürzung, Furcht oder Schrecken über die Grenzen der Vertheidigung hinausgegangen ist.

Pr. §. 41; E. I. §. 48; E. II. §. 51; St.B. S. 233.

Vgl. §. 213; M.St.G.B. §. 124.

1. Vgl. die allgemeinen Bemerkungen zu diesem Abschnitt. — Der §. 53 entspricht, von unbedeutenden Fassungsänderungen abgesehen, dem §. 41 des preuß. St.G.B.

---

*) Ueber Nothwehr vgl. Geyer, Lehre von der Nothwehr. Jena 1857; Glaser, Gesammelte Schriften. Wien 1868 S. 195 ff.; Levita, Recht der Nothwehr. Gießen 1856;

2. Die Nothwehr (§. 53) charakterisirt Berner, S. 102, im Gegensatz zum Nothstande (§. 54) treffend dahin:

„Im Nothstande steht dem Rechte ein anderes Recht, in der Nothwehr aber das Unrecht gegenüber. Es ist im Nothstande ein höheres Recht, vorzugsweise das Leben, das sich auf Kosten eines geringeren Rechts zu erhalten sucht. Es ist in der Nothwehr das angegriffene Recht, welches sich gegen das angreifende Unrecht behaupten will."

Diese Begründung der Nothwehr paßt auf jedes Recht. Die Nothwehr kann deshalb gegen jeden gegenwärtigen rechtswidrigen Angriff nicht bloß auf Leib oder Leben, sondern auch auf Ehre (vgl. R.G. I, 24. Nov. 90, E. XXI, 168), Familienrechte, Eigenthum und Besitz stattfinden, mag es sich um eigene Rechte des Vertheidigers oder die eines Anderen, welcher kein Angehöriger (§. 52 A. 2) zu sein braucht, handeln. (Vgl. die Worte: „von sich oder einem Anderen".) Vgl. R.G. 4. Dez. 1879 (Ann. I, 113). Es entspricht dem Begriff der Nothwehr, daß die Staatshülfe rechtzeitig nicht zu erreichen ist; vgl. Geyer, Nothwehr N. 33. R.G. IV, 15. März 89, E. XIX, 75. Von diesen Grundsätzen ausgehend, nahm R.G. II, 10. April 83, E. VIII, 210 Nothwehr als möglicher Weise vorliegend an in einem Falle, in welchem eine Frau, welche ihren Mann verlassen hatte, gegen dessen Willen ihr gehörige Sachen aus der Wohnung holen wollte, wobei eine mit der Aufsicht beauftragte Dienstmagd dies durch Einsperrung zu verhindern suchte.

3. Auf den größeren oder geringeren Werth des vertheidigten Rechts kommt es nicht, vielmehr nur darauf an, ob die Handlung zum Zweck der Vertheidigung geboten war. Ob wegen offenbaren Mißverhältnisses zwischen der Vertheidigung und dem Werth des vertheidigten Rechts ein solches „Gebot" nicht anzunehmen, ist Sache der thatsächlichen Beurtheilung.

4. Sobald die Vertheidigung nicht „erforderlich" war, ist der Begriff der Nothwehr ausgeschlossen. Dresden 7. Juli 73 (St. III, 82. S. G.Z. XII, 215). Erforderlich ist aber die Vertheidigung insbesondere dann nicht, wenn noch andere Mittel zur Abwehr des Angriffs vorhanden waren. München 10. Mai 78 (St. VIII, 76). Die Flucht vor dem Angriff, insoweit dieselbe überhaupt möglich ist, ist jedoch kein Rechtsgebot, dessen Nichtbeachtung Nothwehr ausschließt. Berlin 20. Nov. 78 (O.R. XIX, 540, Goltd. XXVI, 502). Etwas abweichend München 18. Juni 77 (E. VII, 239). R.G. II, 13. Mai 87, E. XVI, 69, R. IX, 314.

5. Die Nothwehr ist bezüglich der Mittel der Abwehr in keiner Weise beschränkt. Sie kann mit allen Mitteln geübt werden, welche geeignet sind oder vom Angegriffenen für geeignet gehalten werden, den Angriff zu verhindern oder abzuwehren oder sonst im Erfolg zu vereiteln oder auch nur abzuschwächen. So durch Einsperrung R.G. 10. April 83 s. oben, auch 27. Sept. 87, R. IX, 471, auch durch angriffweises Zuvorkommen R.G. II, 30. Sept. 84, R. VI, 576, 13. Mai 87, E. XVI, 69.

6. Gegenwärtiger Angriff. Die bloße Befürchtung, daß ein rechtswidriger Angriff beabsichtigt werde, genügt nicht. Berlin 3. Dez. 74 (Goltd. XXII, 561, O.R. XV, 839). — Hat der Angreifer selbst den Angriff bereits aufgegeben und die Flucht ergriffen, so kann von Nothwehr nicht mehr die Rede sein. Berlin 1. Juni 75 (O.R. XVI, 409). Vgl. unten Note 7.

Daß eine Verletzung stattgefunden habe, ist zum Begriff des gegenwärtigen Angriffs nicht erforderlich, es genügt deren unmittelbares Drohen. Berlin 20. Nov. 78 (O.R. XIX, 540, Goltd. XXVI, 502). Also unter Umständen auch eine Drohung. Bayr. Entsch. V, 42. Der Angriff kann auch durch ein Thier (einen Hund) unternommen werden. Berlin 19. Dez. 77 (Goltd. XXV, 565, O.R. XVIII, 804), R.G. 24. Sept. 1880 (Ann. II, 289) erkennt an, daß auch ein unmittelbar bevorstehender Angriff zur Nothwehr berechtigt.

7. Ein Angriff kann nicht gefunden werden in einer Nichterfüllung civilrechtlicher Verpflichtungen, in einem Bestehenlassen nicht zu Recht bestehender Verhältnisse oder in Unterlassen. Die gewaltsame Beseitigung solcher Zustände fällt unter den Begriff der Selbsthilfe. R.G. III, 6. Juni 89, E. IX, 298. Gl. M. Binding I, 736, Hälschner I, 485 N. 1, Olshausen N. 5.

8. Rechtswidrig. Gegen die Anwendung berechtigter Gewalt gibt es keine Nothwehr. Sie kann indessen zulässig sein, wenn eine Ueberschreitung dieser berechtigten Gewalt

---

Janka, Der strafrechtl. Nothstand. Erlangen 1878; Schaper, in H.H. II, 137; Sommerlad, bei Goltd. Bd. 34, S. 329 u. G.S. Bd. 39, S. 359; Rotering bei Gold. Bd. 30, S. 415; v. Buri, G.S. Bd. 27, S. 117, Bd. 30, S. 434.

stattfindet, also z. B. wenn ein Beamter eine Amtshandlung nicht rechtsmäßig ausübt. (Vgl. zu §. 113 Berlin 27. Mai 75, Goltd. XXIII, 425, O.R. XVI, 391.)

Die berechtigte Amtshandlung eines Beamten, das Recht der Züchtigung, erlaubte Selbsthilfe können also nie Nothwehr rechtfertigen.

9. Die erlaubte Nothwehr bildet nicht den Strafausschließungsgrund für eine an sich rechtswidrige Handlung, sondern dieselbe bewirkt, daß der in Nothwehr Befindliche, weil er ein Recht ausübt, überhaupt keine strafbare Handlung vornimmt*). v. Wächter S. 174 erklärt sie für erlaubte Selbsthilfe.

10. Es ist nicht erforderlich, daß der Angriff den Thatbestand einer strafbaren Handlung bildet; vielmehr genügt es, daß der Angegriffene den Eingriff in seine Rechtssphäre zu dulden nicht verpflichtet ist. Binding I, 735, v. Liszt S. 148, Rubo N. 7, Sommerlad a. a. O. S. 364, Olshausen S. 261. Es ist also nicht nothwendig, daß der Angreifer zurechnungsfähig ist, und es ist möglich, daß er durch Irrthum, Gewalt, Nothstand entschuldigt ist. Auch daß der Angriff den Angreifer gänzlich unverschuldet trifft, daß er ihn nicht provocirt habe, ist nicht erforderlich. R.G. II, 30. Sept. 82, R. VI, 576. Die Doktrin geht sogar soweit, einen Angriff als zur Nothwehr berechtigend anzuerkennen, welcher provozirt wurde, um Gewalthandlungen gegen den Angreifer unter dem Schutz der Nothwehr vornehmen zu können. Hälschner I, 480 N. 2, H. Meyer S. 312, Binding, Normen II, 204, Olshausen N. 7. Dagegen Oppenhoff N. 7, der sich auf **„volenti non fit injuria"** beruft. Dies Argument dürfte zwar nicht anschlagen, die Strafbarkeit aber durch den wirksamen Vorsatz des Angegriffenen begründet sein, der die Nothwehr nur scheinbar zur Umgehung des Rechts herbeiführt. S. v. Buri im Gerichtss. Bd. 29, Beil. H. S. 106.

11. Das Recht zur Nothwehr beginnt bei dem unmittelbar drohenden Angriff und endigt mit dem Augenblick, in welchem das bedrohte Recht nicht mehr bedroht ist, also wenn der Angreifer vom Angriff vollständig abgestanden ist, oder wenn der Angriff ohne Gefahr alsbaldiger Erneuerung erfolgreich abgewiesen ist, oder wenn der Angriff zu einem unmittelbar nicht mehr zu beseitigenden Erfolg geführt hat. Der letztere Fall ist nicht mit Vollendung der strafbaren Handlung gegeben, welche in dem Angriff liegen kann; sondern er kann nur nach den Umständen beurtheilt werden. Ist die Wiederherstellung des verletzten Rechtes nicht mehr möglich und erscheint eine Gewalthandlung gegen den Angreifer nur als Racheakt, so ist diese durch Nothwehr nicht mehr entschuldigt. Bei Diebstahl ist also die Nothwehr durch Vollendung des Diebstahls nicht ausgeschlossen; sie ist sogar noch gerechtfertigt, wenn durch alsbaldige Verfolgung des Diebs demselben das Objekt wieder abgenommen werden kann. Es kann aber nicht mehr von Nothwehr die Rede sein, wenn der Dieb das Objekt in Sicherheit gebracht hat. A. M. v. Liszt S. 149, vielleicht jedoch nur scheinbar.

12. Vorkehrungen gegen einen eventuellen Angriff (z. B. Selbstgeschosse) müssen so eingerichtet werden, daß Unschuldige dadurch nicht beschädigt werden. Eine solche Beschädigung wäre durch Nothwehr nicht entschuldigt, sondern unter Umständen wegen Fahrlässigkeit oder eventuellen Vorsatz oder auf Grund polizeilicher Verbote strafbar. Einem rechtswidrigen Angriff gegenüber könnte eine Strafthat gegen den Angreifer nicht darin erblickt werden. So Sommerlad, G.S. S. 390. A. M. Rotering a. a. O. S. 418. Im Wesentlichen Gl. M. Binding I, 748, v. Liszt S. 149, Olshausen N. 12c, H. Meyer S. 332.

13. Die Vertheidigung ist erforderlich, welche hinreicht, die drohende Rechtsverletzung hintanzuhalten. Man kann dabei nicht auf ein Verhältniß zwischen dem bedrohten Rechtsgut und der zum Schutz desselben erforderlichen Verletzung des Angreifers Rücksicht nehmen. Wie der Staat unbedingten Schutz des Rechts schuldet, so kann ihn der Angegriffene handhaben, wenn ihm der Rechtschutz des Staates fehlt. Man kann nicht verlangen, daß z. B. Jemand eine Mißhandlung erdulde, wenn ihn nur eine gefährliche Verletzung des Angreifers schützen kann. Ob andere Mittel der Abwehr geboten waren, insbesondere ob der Angegriffene nicht selbst den Zweck mit weniger gefährlichen Mitteln erreichen konnte, ist Sache der thatsächlichen Abwägung, wobei allerdings der Richter leicht in den Fehler verfällt, von seiner gesicherten Stellung aus und nach ruhiger Abwägung aller Eventualitäten den Angreifer als weniger bedroht anzusehen, als er in Wirklichkeit war oder zu sein glaubte. Es muß nämlich auch die subjektive Richtung des An-

---

*) Hamburg 30. Juli 84, Goltd. **XXXVII**, 67 spricht davon, die durch Nothwehr oder Nothstand straflose Handlung sei rechtswidrig. Das ist ein Widerspruch in sich. Was rechtswidrig ist, ist auch strafbar.

gegriffenen in Rechnung gezogen werden. Abwehrmittel, die ihm unbekannt blieben, oder die er in der kritischen Situation, in die ihn der Angriff versetzte, übersah, können nicht gegen ihn in die Wagschale fallen. Das Entscheidende ist der Wille des in Nothwehr Befindlichen. Wollte er nur sein Recht schützen, so ist er in Nothwehr. Wollte er überhaupt oder gelegentlich eine Verletzung des Gegners als Selbstzweck, so ist Nothwehr ausgeschlossen.

14. Ein Irrthum über das Vorhandensein der Bedingungen der Nothwehr schließt die Annahme einer rechtmäßigen Nothwehr nicht aus. Z. B. Jemand glaubt irrthümlich in der Nacht einen Dieb zu ertappen, und schlägt auf ihn ein. In solchen Fällen kann aber strafbare Fahrlässigkeit vorliegen.

Der irrige Glaube an einen gegenwärtigen rechtswidrigen Angriff begründet Nothwehr. München 30. Okt. 74 (St. IV, 258). Auf abweichender Auffassung beruht die Annahme in Berlin 29. Jan. 72 (Goltd. XX, 83, O.R. XIII, 95, Entsch. LXVI, 77, St. IV, 258), wonach in solchem Falle eine besondere Frage über die irrige Meinung des Angeklagten den Geschwornen nicht zu stellen ist, weil diese irrige Meinung nicht einen Strafausschließungsgrund bilde, sondern nur auf den Mangel des dolus wirken könne. Vgl. auch München 10. Mai 78 (St. VIII, 76), Berlin 15. Nov. 76 (O.R. XVII, 738, Goltd. XXIV, 540, St. VII, 11) will die angewendeten Vertheidigungsmittel durch Nothwehr nur entschuldigen, wenn sie zur Nothwehr objektiv erforderlich waren, während doch Absatz 3 direkt auf den subjektiven Standpunkt hinweist und nöthigenfalls auf dem Umweg des §. 59 dasselbe Resultat erzielt wird. Auf einen ähnlichen objektiven Standpunkt wie das O.Tr. steht auch ein Urth. des R.G. II, 28. Okt. 79 (R. I, 23), gelangt jedoch durch Ausschluß des dolus bei irrthümlicher Annahme der Nothwehr zum gleichen Resultate, wie ja überhaupt der Strafausschließungsgrund bei Nothwehr auf Mangel eines rechtswidrigen Willens beruht. S. auch R.G. III, 4. Dez. 90, E. XXI, 189, welches auf die Möglichkeit des Vorliegens fahrlässiger Körperverletzung bei putativer Nothwehr hinweist, im Falle die Annahme eines rechtswidrigen Angriffs auf Fahrlässigkeit beruht.

15. Abs. 3. — Der I. Entwurf (§. 48) erwähnte neben Bestürzung, Furcht, Schrecken allgemein: „oder ähnliche Geisteszustände". Der II. Entwurf strich letztere Worte, indem die Motive sagen:

> „Eine weitere Ausdehnung der Gründe, aus denen die Ueberschreitung der Grenzen der Nothwehr straflos sein soll, insbesondere durch die in anderen Gesetzgebungen beigefügte allgemeine Klausel: „oder ähnlichen Geisteszuständen" erschien im Hinblick auf die umfassende Bedeutung der aufgenommenen Arten der Geisteszustände, sowie auf die Erfahrung, welche eine Ausdehnung nicht als nöthig bezeichnet, nicht geboten."

16. Der Exzeß der Nothwehr setzt das Vorliegen eines gegenwärtigen rechtswidrigen Angriffs voraus, sowie die Anwendung von Abwehrmitteln*), welche objektiv nicht als erforderlich gelten können und auch vom Angegriffenen als nicht erforderlich erkannt worden sein würden, wenn er nicht durch den Angriff in einen die ruhige Ueberlegung hindernden Geisteszustand versetzt gewesen wäre. Der Exzeß der Nothwehr kann stattfinden, so lange Nothwehr überhaupt möglich ist, und kann sich auch richtige Nothwehr erst allmählich zu demselben steigern. Gl. M. Berner S. 107, Binding I, 752, v. Wächter S. 180, Oppenhoff N. 4, Olshausen N. 15. Es ist ein Fall geminderter Zurechnung, bezüglich dessen Gründe zwar keine Analogie angewendet werden kann. Die Ausdrücke des Gesetzes sind jedoch so allgemein, daß auch ein Bedürfniß nach Ausdehnung sich kaum zeigen kann. Binding I, 783, Hälschner I, 483 N. 2, v. Liszt S. 150, Merkel in H.H. IV, 85, Lehrb. S. 185, Oppenhoff N. 17, Rubo N. 12, v. Schwarze N. 14. A. M. H. Meyer S. 336, 337, welcher Ausdehnung auf gleichartige Affekte zuläßt.

Der entschuldigte Exceß der Nothwehr ist ein persönlicher Strafausschließungsgrund. Theilnehmer können also strafbar sein. Gl. M. Olshausen N. 18, v. Liszt S. 150, H. Meyer S. 337, Oppenhoff N. 14.

17. Ein Irrthum über die Person des Angreifers, in Folge dessen die Abwehr gegen einen Anderen, als den wirklichen Angreifer gerichtet wird, schließt die Straflosigkeit wegen Nothwehr nicht aus. Berlin 26. Jan. 75 (Goltd. XXIII, 118, O.R. XVI, 80). Vgl. oben Note 14.

---

*) v. Liszt subsumirt auch die irrige Annahme eines Nothwehrfalls hieher. Mit Unrecht. Diese setzt keine Bestürzung ꝛc. voraus, sondern ist lediglich Irrthum über einen Thatumstand (§. 59). Vgl. Merkel, Lehrb. S. 164.

18. Eine Beweislast liegt bei der Nothwehr, ebenso wie bei den übrigen Strafausschließungsgründen dem Angeschuldigten nicht ob. München 18. Juni 77 (bayr. Entsch. VII, 239), Stuttgart 31. Dez. 75 (St. VI, 151); R.G. IV, 13. Nov. 85, R. VII, 664.

19. Ueber die Fragestellung bei Exceß der Nothwehr s. R.G. III, 1. Dez. 84, E. XI, 277, R. VI, 773, wo die Zulässigkeit der Stellung einer besonderen Frage sowohl für Nothwehr als deren Exceß verneint ist.

§. 54*). Eine strafbare Handlung ist nicht vorhanden, wenn die Handlung außer dem Falle der Nothwehr in einem unverschuldeten, auf andere Weise nicht zu beseitigenden Nothstande zur Rettung aus einer gegenwärtigen Gefahr für Leib oder Leben des Thäters oder eines Angehörigen begangen worden ist.

Pr. §. 40; E. I. §. 46; E. II. §. 52; St.B. S. 233.

Vgl. §§. 52 A. 2, 213; M.St.G.B. §. 124.

1. Vgl. die allgem. Bemerkungen zu diesem Abschnitt oben S. 178 ff.

2. Ueber den Unterschied von Nothwehr und Nothstand vgl. §. 53 N. 2. Aus dem dort Gesagten ergibt sich, daß die Worte des §. 54 „außer dem Falle der Nothwehr" ohne Bedeutung sind.

Die Motive charakterisiren den Nothstand dahin:

> „Während die Nothwehr sich als die Vertheidigung eines Rechts gegen einen ungerechten Angriff darstellt, ist der Nothstand die Kollision zwischen zwei Rechten, bei welcher das geringere Recht dem größeren weichen muß."

Der Ausbruch eines Krieges ist nicht ein Nothstand, welcher die Matrosen berechtigte, den Heuervertrag wegen der durch den Krieg drohenden Gefahr für Leib oder Leben aufzulösen. Berlin 5. Juli 71 (Goltd. XIX, 470, O.R. XII, 253).

3. Nur Gefahr für „Leib oder Leben des Thäters oder eines Angehörigen", nicht für „andere Rechte" dieser oder für Leib oder Leben anderer Personen begründen einen Nothstand Irrthum über die Existenz eines Nothstands schließt gleichfalls Strafbarkeit aus, weil es an dem rechtswidrigen Willen fehlt. Berlin 6. April 76 (O.R. XVII, 262, Goltd. XXIV, 369).

4. Der Nothstand des §. 54 gibt nicht ein Recht, fremde Rechte zu verletzen, sondern er erkennt nur das Recht an, Leib und Leben, sei es das eigene, sei es das eines Angehörigen, zu schützen, auch wenn durch diesen Schutz die Rechte Dritter beschädigt werden. Der Schutz des Angehörigen ist ein Recht des Thäters selbst, sein Nothstand also nicht bloß ein mittelbarer. A. M. Binding I, 786. Da derjenige, gegen welchen sich die Nothstandshandlung richtete das gleiche Recht des Interessenschutzes hat, kann Nothwehr gegen die Nothstandshandlung vorkommen. Gl. M. Olshausen N. 5, Berner S. 99 fg., Binding I, 766, Hälschner I, 492, H. Meyer S. 345. A. M. Liszt S. 153, welcher einen zweiten Nothstand begründet sieht.

5. Berner S. 102, Oppenhoff N. 7, Otto N. 1 wollen den Motiven folgend, nur den Schutz eines höheren Rechtes gegen ein geringeres zulassen. Dies hat keinen Ausdruck im Gesetze gefunden und ist nicht durchführbar, weil es keinen Maßstab für Abwägung der Rechte gibt. Den Handelnden ist sein eigenes Recht stets das höhere, das fremde das geringere. Zu gleichem Resultate kommen: Olshausen S. 6, H. Meyer S. 344, Hälschner I, 500, Rubo N. 13.

6. Der Nothstand muß auf Seite desjenigen ein unverschuldeter sein, welcher die nur durch Nothstand entschuldigte Handlung begeht. Es ist also nicht erforderlich, daß die Gefahr des Angehörigen eine unverschuldete war. Gl. M. Olshausen N. 6. A. M. Binding Hdb. I, 785, Normen II, 203, Oppenhoff N. 4. Dagegen entschuldigt die unverschuldete Gefahr des Angehörigen den Handelnden nicht, wenn dieser sie verschuldet hat. Gl. M. Hälschner I, 497, Olshausen N. 7a, H. Meyer S. 343, v. Schwarze N. 3, Rotering a. a. O. S. 265. A. M. Binding I, 788, Normen II, 203.

7. Verschuldet ist eine Gefahr nicht dann, wenn sie vom Handelnden verursacht ist, sondern nur dann, wenn sie von ihm mit Wissen oder doch fahrlässiger Weise herbeigeführt ist. Was außer diesem Verschulden liegt, ist kasuell und kann dem Handelnden nicht zugerechnet

---

*) Die eigene Gefahr als Strafausschließungsgrund v. Rotering Goltd. XXXI, 247, **Moriaud, Du délit nécessaire et de l'état de nécessité.** Genéve 1889, Stammler, Der strafrechtl. Nothstand, Erlangen 1878, Janka, Der strafrechtl. Nothstand, Erlangen 1878, Buri G.S. Bd. 30 S. 434.

werden. Gl. M. Olshausen N. 7. Einen Grund, zwischen mittelbaren und unmittelbaren Verschulden zu unterscheiden, wie Rubo N. 8, thun will, besteht nicht; es kann sich nur fragen, ob der Eintritt der Gefahr, sei es mittelbar oder unmittelbar dem Handelnden bewußt war, oder doch von ihm vorhergesehen werden konnte.

8. Der Nothstand entschuldigt nicht, wenn eine Pflicht besteht, sich ihm zu unterziehen wie unter Umständen beim Militär oder bei der Schiffsmannschaft.

9. Angehöriger — vgl. §. 52 N. 8.

10. Der Nothstand schließt jede Schuld aus; es kann also auch die Theilnahme an der durch Nothstand gerechtfertigten rechtsverletzenden Handlung nicht strafbar sein. Die irrthümliche Annahme des Nothstands ist straffrei nach §. 59.

§. 55.*) Wer bei Begehung der Handlung das zwölfte Lebensjahr nicht vollendet hat, kann wegen derselben nicht strafrechtlich verfolgt werden.)**

Gegen denselben können jedoch nach Maßgabe der landesgesetzlichen Vorschriften die zur Besserung und Beaufsichtigung geeigneten Maßregeln getroffen werden. Insbesondere kann die Unterbringung in eine Erziehungs- oder Besserungsanstalt*) erfolgen, nachdem durch Beschluß der Vormundschaftsbehörde die Begehung der Handlung festgestellt und die Unterbringung für zulässig erklärt ist.**

Pr. §§. 42, 43; E. I. §. 49; E. II. §. 53; St.B. S. 233.

G. v. 26. Febr. 1876 Art. I; Drucks. Nr. 54, 118; St.B. (1876) S. 631.

Vgl. §. 361 Nr. 9.

1. In Uebereinstimmung mit der Mehrzahl der deutscher Gesetzgebungen schließt der §. 55 die strafrechtliche Verfolgung gegen Kinder unter 12 Jahren aus und überweist die Ahndung der von denselben begangenen an sich unrechtlichen Handlungen der Erziehung und der Zucht. Danach ist die Anwendung der staatlichen Strafgesetze und der Apparat des strafgerichtlichen Verfahrens gegen Kinder ausgeschlossen.†)

Nicht ausgeschlossen ist dagegen eine anderweitige Ahndung (Bestrafung im weiteren Sinne) oder die Anwendung von Erziehungs- und Besserungsmaßregeln, sei es durch die Eltern, sei es durch die sonstigen Organe der öffentlichen Autorität (Vormundschafts- oder Polizeibehörden). In dieser Hinsicht ist das Weitere der Landesgesetzgebung vorbehalten, wie sich aus den ursprünglichen Motiven zu §. 55 ergibt. Zur Beseitigung aller Zweifel in dieser Beziehung ist durch die Novelle v. 26. Febr. 1876 der 2. Absatz des §. 55 aufgenommen. Bei der prinzipiellen Bedeutung der Aenderung mögen hier die amtlichen Motive folgen, welche lauten:

> „Die in neuerer Zeit beobachtete Zunahme der Eigenthumsverletzungen durch Kinder hat man mit der Vorschrift des §. 55, nach welcher die strafrechtliche Verfolgung von Kindern unter zwölf Jahren unzulässig ist, in ursachliche Verbindung bringen wollen. (Vgl. die Petitionen in Nr. 40 der Drucksachen des Reichstages 1874 I. Session.) Diese Auffassung ist jedoch nur in beschränktem Umfange berechtigt. — — — —
>
> Sollte aber auch ein solcher Kausalnexus in dem behaupteten weitern Umfange existiren, so würde doch damit noch keineswegs die Nothwendigkeit oder Zweckmäßigkeit der Aufhebung der Vorschrift des §. 55 dargethan sein.
>
> Gegen die Aufhebung spricht vor allem der Umstand, daß unbestreitbar im Kindesalter bis zu einer gewissen, wenn auch je nach der Individualität wechselnden Altersgrenze die strafrechtliche Zurechnungsfähigkeit vollständig mangelt. Sonach handelt es sich im Wesentlichen nur darum, ob diese Grenze generell mit mehr oder weniger Zuverlässigkeit bestimmt werden kann.

---

*) Die alte Fassung des §. 55 enthielt nur den Absatz 1.

**) S. Baumert, Die Zurechnungsfähigkeit jugendlicher Personen, Breslau 1877, v. Holtzendorff in G.S. Bd. 26 S. 401, Ullmann in G.S. Bd. 31 S. 616, Lombroso in Goltd. XXXII, 1 fg., Drill, Die jugendlichen Verbrecher, Moskau 1884.

***) S. hierüber Krohne über Zwangserziehungsanstalten f. Jugendliche Bl. f. Gefängnißkunde XX, 257, Thümmel, Die Unterbringung Strafunmündiger G.S. Bd. 40 S. 41.

†) Vgl. das Gutachten der Wissenschaftlichen Deputation Anlage III zu den Motiven S. 8, 9, 25—30.

Nach reiflichster Erwägung hatte man sich bei der Berathung des Strafgesetzbuchs für das 12. Lebensjahr als allgemein maßgebende Grenze jeder Strafverfolgung entschieden. Daß hierin geirrt worden, daß diese Grenze zu weit gegriffen sei, wird zwar theilweise durch Hinweisung auf einzelne Arten strafbarer Handlungen geltend zu machen gesucht; allein dabei wird übersehen, daß, wenn auch bezüglich einzelner Kategorien von Handlungen schon beim Kindesalter unter 12 Jahren ein gewisses Begriffs- und Unterscheidungsvermögen vorausgesetzt werden darf, dies doch noch nicht mit strafrechtlicher Zurechnungsfähigkeit auf gleiche Stufe gestellt werden kann.

Wenn durch eine generell bestimmte Altersgrenze die strafrechtliche Verfolgung an sich nicht ausgeschlossen, und ohne Unterschied Prüfung des einzelnen Falles verlangt wird, so sind die erheblichsten Inkonvenienzen unvermeidlich. (v. Schwarze a. a. O. S. 489, 490.)

Den Klagen, welche unter der Herrschaft des preußischen Strafgesetzbuchs darüber geführt wurden, daß das Gesetz die gerichtliche Verfolgung von Kindern bis in das zarteste Alter hinein gestatte, pflegte man mit dem Hinweise auf das diskretionäre Ermessen der Staatsanwaltschaft zu begegnen. Allein auch dieser auf fakultativer Befugniß beruhende und deshalb an sich nicht genügende Ausweg wird sehr beschränkt, sobald für die staatsanwaltschaftliche Verfolgung das Legalitätsprinzip sanktionirt wird, wie dies im Entwurfe der Strafprozeßordnung (§. 146) angestrebt ist*).

Der Zunahme der von Kindern begangenen Uebertretungen der Strafgesetze kann daher nicht durch die Aufhebung oder Herabsetzung des Alterstermins für die kriminelle Zurechnung entgegen getreten werden. Die Abhülfemittel sind in anderer Richtung zu suchen.

Häufig liegt die nächste Ursache der Verletzung der Strafgesetze durch Kinder auf Seite der Eltern und jener Personen, in deren Gewalt und Aufsicht die Kinder stehen, indem diese, wenn nicht durch Anstiftung im eigentlichen Sinne, so doch durch präsumtives Einverständniß, durch schuldhaftes Geschehenlassen an den Handlungen betheiligt erscheinen. Dies wird namentlich für jene Arten von strafbaren Handlungen zutreffen, über deren gesteigertes Verüben durch Kinder hauptsächlich Klage geführt wird, wie Entwendungen von Feldfrüchten und Walderzeugnissen, Uebertretungen der Steuergesetze und dergleichen. Hier muß sich die Ahndung folgerichtig gegen Jene richten, deren Schuld mehr oder weniger die strafbaren Handlungen veranlaßt hat. In dieser Beziehung soll, soweit nicht die allgemeinen Bestimmungen über Thäterschaft und Theilnahme ausreichen, durch §. 361 N. 9 des Entwurfs die nöthige Ergänzung geboten werden, und zwar im Einklange mit den erhobenen Beschwerden, welche im Wesentlichen ein Ausbeuten der Bestimmung des §. 55 durch gewissenlose Eltern und Pfleger behaupten.

Wo die Ursache des Uebels in der eigenen fehlerhaften Willensrichtung des jugendlichen Uebelthäters liegt, ist fast immer ein Zusammenhang mit verwahrloster Erziehung, Mangel an der erforderlichen Zucht und Aufsicht nachweisbar. Es erhellt von selbst, daß eine Repression durch eigentliche Strafmittel nicht die erforderliche Abhülfe gewähren kann, sondern daß die Anwendung von Korrektivmitteln erfolgen, daß auf die Erziehung selbst eingewirkt werden muß.

Unzweifelhaft bedarf es hierzu nicht einer strafrechtlichen Verfolgung, nicht einer Mitwirkung des Richters und des Aufwandes eines gerichtlichen Verfahrens. Solche Maßregeln fallen ihrer Natur nach ganz in die Sphäre der Verwaltung, und es kann wie ihre Durchführung, so auch ihre Anordnung da, wo nicht aus anderen Rücksichten ein gerichtliches Strafverfahren Platz greift, der Verwaltungsbehörde überlassen bleiben, und es wird Sache der Landesgesetzgebung sein, nach Maßgabe ihrer administrativen Einrichtungen die erforderlichen Bestimmungen zu treffen.

Auf diesen Weg weisen schon die Motive des Entwurfs des Strafgesetzbuchs (S. 73) in den Worten:

„Als richtig muß es anerkannt werden, daß, wie das Gutachten der Wissenschaftlichen Deputation hervorhebt, an sich straffällige Handlungen eines Menschen, im Kindesalter begangen, zunächst aus dem Einflusse einer schlechten Erziehung herzuleiten, daß deshalb jugendliche Uebelthäter nicht vor den Strafrichter zu verweisen, obgleich sie nach Befinden der Umstände in eine Erziehungs- oder Besserungsanstalt unterzubringen seien.

Man hat jedoch über das in diesen Fällen einzuschlagende Verfahren besondere Vorschriften in den Entwurf nicht aufgenommen, weil die Verschiedenheit der Behördenorganisation und der Kompetenz der Behörden in den einzelnen Bundesstaaten eine gleichmäßige Ordnung des Verfahrens nicht zuläßt."

Inzwischen sind nur in Württemberg und in Anhalt unterm 27. Dez. 1871 und bez. 29. Dez. 1873 (Regierungsblatt für Württemberg S. 391 und G.S. für Anhalt N. 336)

*) §. 152 Abs. 2 R.St.P.O.

Gesetze erlassen, welche die Einstellung sittlich verwahrloster und verbrecherischer Kinder in eine Erziehungs- und Besserungsanstalt selbst wider den Willen der Eltern u. s. w. ermöglichen.

Einzelne ältere Landesgesetze enthielten schon früher Bestimmungen nach derselben Richtung hin, so Nr. XIV des sächsischen Einführungsgesetzes vom 1. Okt. 1868, sowie die Strafgesetzbücher für Oldenburg (Art. 105), Württemberg (Art. 95), Braunschweig (§. 30), Baden (§. 78), Thüringen (Art. 61) und Hessen (Art. 37). Nach den vorliegenden Berichten ist jedoch theilweise die fernere Geltung solcher Bestimmungen in Zweifel gezogen, oder es ist deren Anwendung von einer vorgängigen Feststellung des Strafrichters, daß eine strafbare Handlung durch das Kind begangen, abhängig gemacht worden. Deshalb erscheint es angezeigt, im Gesetz selbst auszusprechen, daß nur die strafrechtliche Verfolgung von Kindern unter 12 Jahren ausgeschlossen ist, die Regelung aber der sonstigen Maßnahmen behufs Besserung und Beaufsichtigung derselben in den Kreis der der Landesgesetzgebung vorbehaltenen Aufgaben fällt.

Die vorgeschlagene Fassung läßt keinen Zweifel, daß die Unterbringung der verwahrlosten Kinder auch in geeigneten Privathäusern erfolgen kann.

Es bedarf keiner Ausführung, daß durch den Zusatz diejenigen landesgesetzlichen Bestimmungen nicht berührt werden, welche Schul-, Polizei- oder Vormundschaftsbehörden zu Korrektivmaßregeln gegen Kinder im Alter von über 12 Jahren ermächtigen.

Vgl. weiter Note 5.

2. Der §. 55 spricht nicht aus, daß Kinder unter 12 Jahren unzurechnungsfähig seien, wenngleich die Motive bemerken, das Gesetz „kehre dadurch, daß es annehme, der Mensch ermangele bis zu einem gewissen Lebensalter einer strafrechtlichen Fähigkeit überhaupt, zu der deutschrechtlichen Auffassung zurück." — Schon deshalb ist Theilnahme an der strafbaren Handlung eines solchen Kindes wohl denkbar, ohne daß das Kind lediglich Mittel in der Hand des Theilnehmers gewesen zu sein braucht. Berlin 3. Mai 72 (Goltd. XX, 348, O.R. XIII, 293, St. I, 327). R.G. III, 12. April und II, 6. Juni 82, E. VI, 186, 336, R. IV, 308, 531. Das Alter unter 12 Jahren begründet nur einen persönlichen Strafausschließungsgrund.

Wegen der Anstiftung eines Kindes unter 12 Jahren zu einer an sich strafbaren That gingen die Urtheile auseinander. Anstiftung nahmen an Dresden 20. März 71 (St. I, 27), Berlin 3. Mai 72 (O.R. XIII, 293, Goltd. XX, 248, St. I, 327), München 21. Febr. 73 (bayr. Entsch. III, 68, St.R.Z. III, 283). Nach der richtigeren Ansicht wird das Kind nur als Werkzeug des Anstifters, dieser also als Thäter zu betrachten sein. Berlin 3. Nov. 74 (O.R. XV, 734.) Vgl. §. 48 N. 10. (Vgl. oben allgem. Bemerkungen N. 1a.)

3. Stellt sich erst nach eingetretener Strafverfolgung heraus, daß ein Angeschuldigter bei Begehung der Handlung das 12. Lebensjahr noch nicht vollendet hatte, so ist derselbe durch Beschluß außer Verfolgung zu setzen. War die förmliche Untersuchung bereits eröffnet, so hat der erkennende Richter, nachdem jenes Alter (event. durch die Geschworenen) festgestellt worden, im Urtheil auszusprechen, daß der Angeklagte „außer Verfolgung zu setzen".

4. Der Grundsatz des §. 55 muß nach dem oben S. 39 und zum E.G. §. 3 N. 3 Ausgeführten auch auf die neben dem St.G.B. in Kraft bleibenden Landesgesetze Anwendung finden. Zweifelhaft könnte hierbei sein, ob diejenigen Bestimmungen solcher besonderen Gesetze, welche bezüglich der Bestrafung von Kindern abweichende Regeln aufstellen, für aufgehoben zu erachten sind. Die Frage ist zu bejahen, weil der §. 55 ganz allgemein die strafrechtliche Verfolgung von Kindern unter 12 Jahren verbietet. (So: Berlin 6. Okt. 71, Goltd. XIX, 768, O.R. XIII, 293)*). A. M. Olshausen N. 2, Oppenhoff N. 7, Otto N. 3.

Praktisch ist diese Frage namentlich für die Holzdiebstahlsgesetze, bei denen die Haftbarkeit dritter Personen in Frage kommt.

5. Entscheidend ist, ob der Thäter im Augenblicke der That das 12. Jahr zurückgelegt hatte. Dies ist beim Versuch dann anzunehmen, wenn die letzte Handlung, welche den Erfolg herbeiführen sollte, nach Vollendung des 12. Lebensjahres vom Thäter vorgenommen wurde, wenn auch andere Handlungen früher erfolgten. Bei vollendeten Delikten entscheidet diejenige Handlung, welche den strafbaren Erfolg herbeigeführt oder die That vollendet hat, sei es, daß der Erfolg erst später eingetreten ist; es sei denn, daß auch bei diesem noch eine Mitwirkung des Thäters

*) Auch Bruck (Zur Lehre von der kriminalistischen Zurechnungsfähigkeit, Breslau 1878) S. 73. Dagegen läßt München 7. Sept. 72, bayr. Entsch. II, 224, welches Olshausen für obige Ansicht citirt, die Frage offen und urtheilt nur nach der gegebenen bayr. Gesetzgebung.

stattfand, wie die Empfangnahme des durch Vorspiegelungen betrüglich Entlockten, wenn auch die kausale Vorspiegelung schon früher geschehen war.

6. Absatz 2. — Aus dem Wortlaut der Bestimmung und den oben mitgetheilten Motiven folgt: daß das Weitere der Landesgesetzgebung mit der Beschränkung vorbehalten ist, daß die Unterbringung in eine Anstalt von einem vorherigen Beschluß der Vormundschaftsbehörde abhängig bleibt. Diese Beschränkung ist von dem Reichstag zugefügt, weil es für bedenklich erachtet wurde, den Polizeibehörden die Befugniß zu geben, die Kinder den Eltern gegen deren Willen aus dem Hause zu nehmen. — Vormundschaftsbehörde ist diejenige Behörde — gleichviel ob Gericht oder nicht —, welcher landesgesetzlich die Vormundschaftssachen zugewiesen sind. Die Art des Verfahrens ist durch besondere Ausführungsvorschriften der Landesgesetzgebung zu regeln, welche namentlich auch über die Feststellung der Schuldfrage, Zulässigkeit der Beschwerde u. s. w. Bestimmung zu treffen haben. Berlin (Rhein. Civilsen.) 30. Jan. 77 (O.R. **XVIII**, 82) sprach aus, daß ein auf Grund des §. 55 ergangener Beschluß der Vormundschaftsbehörde, durch welchen gegen Kinder unter 12 Jahren die Begehung einer strafbaren Handlung festgestellt und deren Unterbringung in eine Erziehungs- oder Besserungsanstalt für zulässig erklärt wird, auch soweit er Kinder betrifft, deren Eltern noch leben und über die eine Vormundschaft nicht besteht, als eine Anordnung des Vormundschftsgerichts im Sinne der preuß. Vormundschaftsordnung v. 5. Juli 1875 anzusehen sei, gegen welche Beschwerde zulässig sei. Die Unterbringung in einer Erziehungs- oder Besserungsanstalt ist keine Strafe und die Anstalt keine Gefangenanstalt, R.G. I, 8. Nov. 86, **E. XV**, 39, **R.** VIII, 687. Für Preußen gilt für Alle, welche nach Vollendung des sechsten und vor Vollendung des zwölften Lebensjahres eine strafbare Handlung begehen, das Gesetz vom 13. März 1876 betr. die Unterbringung verwahrloster Kinder G.S. S. 132.

7. §. 268 St.P.O. bestimmt:

„Urtheile, durch welche die Unterbringung des Angeklagten in eine Erziehungs- oder Besserungsanstalt angeordnet wird, sind auch dessen gesetzlichem Vertreter zuzustellen, sofern nicht der letztere in der Hauptverhandlung als Beistand des Angeklagten aufgetreten und bei Verkündung des Urtheils gegenwärtig gewesen ist."

Demselben läuft die Rechtsmittelfrist im Falle nothwendiger Zustellung erst von dieser an. Es kann dies nur vorkommen im Falle des §. 56 Abs. 2 oder wenn das Alter des Angeklagten erst in der Hauptverhandlung festgestellt wird, da es außerdem gemäß §. 55 Abs. 1 zu einer Verhandlung bez. einem Urtheil nicht kommen kann.

8. Das 12. bez. 18. Lebensjahr gilt erst mit Ablauf des 12. bez. 18. Geburtstages als vollendet. Stuttgart 12. Mai 75 (St. V, 18). Im Zweifel über das Alter ist die Verfolgung unstatthaft. Gl. M. Olshausen N. 3, Oppenhoff N. 3, Rubo N. 4, v. Schwarze N. 3.

§. 56. **Ein Angeschuldigter, welcher zu einer Zeit, als er das zwölfte, aber nicht das achtzehnte Lebensjahr vollendet hatte, eine strafbare Handlung begangen hat, ist freizusprechen, wenn er bei Begehung derselben die zur Erkenntniß ihrer Strafbarkeit erforderliche Einsicht nicht besaß.**

In dem Urtheile ist zu bestimmen, ob der Angeschuldigte seiner Familie überwiesen oder in eine Erziehungs- oder Besserungsanstalt gebracht werden soll. In der Anstalt ist er so lange zu behalten, als die der Anstalt vorgesetzte Verwaltungsbehörde solches für erforderlich erachtet, jedoch nicht über das vollendete zwanzigste Lebensjahr.

Pr. §. 42; E. I. §. 51; E. II. §. 54; St.B. S. 233.
Vgl. M.St.G.B. §. 50.

1. Die Motive zu diesem Paragraphen lauten:

„Der Entwurf hat zunächst das achtzehnte Altersjahr als die Grenze angenommen, bis zu welcher die Jugend, nach Befinden, als Strafausschließungs-, jedenfalls aber als Strafmilderungsgrund gelten soll. Derselbe ist hierzu theils durch die Erfahrungen, welche man in Bezug auf die geistige Entwickelung der meisten Verbrecher in diesem Lebensalter gemacht hat, theils durch die Rücksicht auf die gleiche Bestimmung in den Gesetzbüchern anderer deutschen Staaten bestimmt worden.

Weiter hat der Entwurf eine Aenderung in Bezug auf die Vorschrift angenommen, daß der jugendliche Thäter nur dann strafbar sei, wenn er erweislich mit Unterscheidungsvermögen gehandelt habe. Es ist nämlich dem „Unterscheidungsvermögen" „die zur Erkenntniß der Strafbarkeit der Handlung erforderliche Einsicht" substituirt. Diese Aenderung ist jedoch nicht sowohl eine materielle, als sie vielmehr nur bezweckt, einen dem Laien nicht geläufigen, überdies aber mehrfacher Deutung fähigen und in der Praxis auch verschieden ausgelegten Ausdruck mit einer deutlicheren und bestimmteren Bezeichnung zu vertauschen. Man hat hier denjenigen Grad der Verstandsentwickelung im Auge gehabt, welcher nöthig ist, um die Strafbarkeit der konkret begangenen Handlung und der sie als eine strafbare charakterisirenden Merkmale zu erkennen; der Thäter muß zu erkennen im Stande gewesen sein, daß seine Pflicht die Unterlassung jener speziellen Handlung fordere und er durch Begehung der letzteren sich einer Kriminalstrafe aussetze. Es kann daher bei einer jugendlichen Person diese Erkenntniß wohl bezüglich der einen an sich straffälligen Handlung, nicht aber bezüglich einer anderen solchen Handlung angenommen werden, je nachdem die Strafbarkeit derselben für ein jugendliches Gemüth oder auch für den Thäter selbst nach Maßgabe seiner Persönlichkeit erkennbar gewesen oder nicht. Mit der „zur Erkenntniß der Strafbarkeit erforderlichen Einsicht" ist man zu der Ausdrucksweise des gemeinen Rechts zurückgekehrt, welche gleichfalls die volle Zurechnung der That bei dem jugendlichen Verbrecher von dem **plenus intellectus** in Bezug auf die Strafbarkeit der That abhängig macht.

Die Vorschrift, daß der Richter ermächtigt sein solle, solche jugendliche Angeklagte, welche freigesprochen worden sind, in eine Erziehungs- oder Besserungs-Anstalt unterzubringen, findet in der schon zu §. 55 hervorgehobenen Erwägung ihre Rechtfertigung, daß erfahrungsmäßig derartige jugendliche Uebelthäter meistentheils gerade in der eigenen Familie und in dem schlechten Beispiele, welches sie dort finden, zum Verbrechen verleitet werden."

2. Aus den Worten: „ist freizusprechen" folgt, daß eine Einstellung des Verfahrens nicht lediglich wegen des Mangels der Einsicht erfolgen kann, zumal in Abs. 2 die Anwendung der dort vorgesehenen Maßregeln dem Urtheil überlassen ist, mithin in einem Einstellungsbeschluß nicht erfolgen kann. Da das St.G.B. dem Richter nicht die Befugniß gibt, im Falle der Einstellung jene Unterbringung in eine Erziehungsanstalt anzuordnen, so muß die förmliche Untersuchung stattfinden und der erkennende Richter sich darüber aussprechen: „ob der Angeschuldigte die strafbare Handlung begangen hat." So: München 3. Dez. 72 (St. II, 148, bayr. Entsch. II, 296), auch 25. Juni 87, Entsch. d. O.L.G., München IV, 469. Gl. M. Olshausen N. 18. A. M. v. Schwarze N. 8.

Die Unterbringung in eine Anstalt setzt völlige Freisprechung voraus; sie ist unzulässig, wenn Idealkonkurrenz vorliegt und die Freisprechung wegen mangelnder Einsicht nur in Betreff des einen Delikts erfolgt. München 27. Sept. 73 (St. III, 82).

3. Das Reichs-Gerichtsverfassungs-Gesetz §. 73 Ziff. 3 weist die Aburtheilung der Verbrechen der Personen unter 18 Jahren den Strafkammern zu. In Folge Zusammenhangs der That jugendlicher Personen mit der von Personen über 18 Jahren kann jedoch die Aburtheilung vor das Schwurgericht gelangen (Löwe, Komment. G.V.G. §. 73 N. 6, Stenglein das. N. 2. Die Kompetenz des Reichsgerichts in den Fällen des §. 136 Ziff. 1 G.V.G. wird durch §. 73 Ziff. 3 nicht beschränkt (Löwe, G.V.G. §. 136 N. 3b, v. Schwarze S. 74, Stenglein N. 1). Kommt die Aburtheilung vor das Schwurgericht, so muß die zur Erkenntniß der Strafbarkeit erforderliche Einsicht durch eine Nebenfrage festgestellt bez. verneint werden.

4. Die Aufgabe, welche dem Richter gestellt ist, ist die, festzustellen, ob der Verstand des jugendlichen Angeklagten so weit entwickelt ist, um beurtheilen zu können, daß seine That eine verbotene und mit krimineller Strafe bedrohte ist. Dagegen kommt es nicht darauf an, daß auch das sittliche Bewußtsein, die Fähigkeit, Handlungen und Begehren nach ihrem sittlichen Werthe zu schätzen, ausgebildet sei, oder daß der Angeklagte die Strafbarkeit wirklich erkannt habe, oder daß er deren Maß oder die Höhe der Strafe u. s. w. kenne. Die erforderliche Einsicht muß sich auf die konkrete That beziehen, so daß sie bezüglich der einen That vorliegen, bezüglich der andern, sogar ideell konkurrirenden, fehlen kann, oder daß sie bezüglich der That im Allgemeinen vorhanden sein, bezüglich der konkreten That in ihrer besonderen, modifizirten Gestalt fehlen kann. Hat der Thäter die Strafbarkeit, z. B. eines Diebstahls eingesehen, so kann nicht Verurtheilung wegen einfachen Diebstahls erfolgen, die wegen des begangenen schweren Diebstahls wegen mangelnder Einsicht unterbleiben. R.G. III, 18. Jan. 82, II, 14. Dez. 86, **E. V**, 394, **XV**, 97, **R. IV**, 50, **VIII**, 760. Vgl. auch II, 10. Juli 83, **R. V**, 512, III, 9. Juni 87, **R. IX**, 367. A. M. Binding, Normen II, 458, 467, Geyer I, 103, Hälschner I, 222. Nicht ohne Grund bemerkt Olshausen N. 5, daß in vorstehender, der Jurisprudenz des R.G. ent-

nommenen Darstellung eine Inkonsequenz insofern liege, als die Möglichkeit angenommen wird, bei Idealkonkurrenz die Strafbarkeit der einen Strafthat zu erkennen, die der anderen nicht, wenn nur erforderlich ist, daß der Thäter die Strafbarkeit der konkreten That an sich erkenne, nicht aber die näheren Modalitäten der Bestrafung. S. auch R.G. I, 18. Dez. 84, **E. XI**, 387.

5. Trotz genügender Einsicht kann dem jugendlichen Angeschuldigten im konkreten Falle die Zurechnungsfähigkeit gefehlt haben, so insbesondere in einem der Fälle der §§. 51—54. Ebenso kann neben der Einsicht der **dolus** fehlen oder umgekehrt. R.G. III, 12. Jan. 81, **E.** III, 198, **R.** II, 714.

6. Der Mangel der Einsicht ist ein rein persönlicher Strafausschließungsgrund der jugendlichen Person, welche daneben mit Vorsatz gehandelt haben kann. Theilnehmer bleiben deshalb strafbar, auch wenn die jugendliche Person die Hauptthat verübte. R.G. III, 20. Sept. 82, **R. IV**, 700 (Anstiftung einer jugendlichen Person zum Meineid). A. M. Hälschner I, 223. v. Liszt S. 167, H. Meyer S. 290 N. 9, Geyer I, 137.

7. Der Richter **muß** sich darüber aussprechen, ob nach Abs. 2 Ueberweisung an die Familie oder Unterbringung in einer Erziehungs- oder Besserungsanstalt stattfinden soll. (Berlin 21. Jan. 75, Goltd. **XXIII**, 47, O.R. **XVI**, 69, St. IV, 259.) Er ist hierbei nur an sein Ermessen gebunden. Die Vollstreckung gebührt den Verwaltungsbehörden in dem Maße, daß dem Gerichte auch keine Entscheidung darüber zusteht, ob Unterbringung in einer Erziehungs- oder in einer Besserungsanstalt einzutreten habe. R.G. III, 30. Sept. 82, **E.** VII, 180, **R.** IV, 720. Die Anstalt muß jedenfalls eine unter staatlicher Aufsicht stehende sein (**verbis** „vorgesetzte Verwaltungsbehörde"). Die nähere Regelung des Verfahrens steht der Landesgesetzgebung zu, so auch die Frage der Beurlaubung oder vorläufigen Entlassung. A. M. Oppenhoff N. 10, welcher die Verwaltungsbehörde für kompetent hierzu hält.

Diese Bestimmung des Urtheils ist auch dann nicht entbehrlich, wenn das Delikt erst nach dem vollendeten achtzehnten Lebensjahre des Thäters zur Aburtheilung gelangt, und selbst dann nicht, wenn gleichzeitig wegen solcher Delikte, die nach jenem Zeitpunkte verübt sind, auf eine Freiheitsstrafe erkannt wird, deren Vollstreckung nicht über das 20. Lebensjahr des Angeklagten hinausreicht. Berlin 21. Jan. 75 (s. oben).

8. R.G. I, 15. Jan. 80, **R.** I, 234 billigte, daß die Ueberweisung an die Familie nicht im Tenor ausgesprochen, sondern nur in den Gründen erklärt war, es bestehe kein Grund, den Angeklagten in eine Erziehungs- oder Besserungsanstalt zu bringen, da letzteres die Ueberweisung an die Familie nothwendig nach sich ziehe. Aehnlich R.G. III, 30. Sept. 82, **E.** VII, 180, **R.** IV, 720. Es dürfte sich aber vor Allem fragen, ob die Landesgesetzgebung, welche über die Maßregeln des §. 56 Abs. 2 das Nähere zu bestimmen hat, nicht an die Ueberweisung an die Familie Folgen knüpft, welche einen deutlichen Ausspruch nothwendig machen. Der Wortlaut des Gesetzes: „In dem Urtheile ist zu bestimmen" weist gleichfalls auf einen deutlichen Ausspruch hin und ebenso die alternative Gleichstellung von Familie und Anstalt, welch' letztere jedenfalls nur in Folge eines Urtheilsspruchs in Frage kommen kann, schon der Rechtsmittel halber. Gl. M. Berner S. 80. Immerhin ist weder das eine noch das andere eine Strafe und begründet keinen Rückfall.

9. Gegen das die Unterbringung in eine Anstalt anordnende Urtheil stehen, schon weil es über die Begehung der That entscheidet, dem Angeschuldigten die ordentlichen Rechtsmittel zu. S. R.G. III, 30. Sept. 82 oben N. 8. Ist das Rechtsmittel das der Revision und hat das Instanzgericht das Alter des Angeklagten irrthümlich angenommen, so kann nur durch Wiederaufnahme des Verfahrens abgeholfen werden, da jene Annahme thatsächlicher Natur ist. R.G. III, 23. März 82, **R. IV**, 273. Vgl. St.P.O. §. 268 (oben §. 55 N. 7) u. §. 340.

10. Ob die neben dem St.G.B. in Kraft bleibenden Landesgesetze, welche über jugendliche Angeschuldigte besondere Vorschriften enthalten, bestehen bleiben, ist für den Fall der §§. 56 und 57 zweifelhafter als im Fall des §. 55, weil dieselben nicht allgemein auf das ganze Gebiet des Strafrechts lauten. Nach dem zum E.G. §. 3 N. 3 Ausgeführten ist die Aufhebung der besonderen Vorschriften nicht ohne Weiteres anzunehmen. Jedenfalls jedoch sind diejenigen besonderen Bestimmungen, welche nur als eine Wiederholung der früher bestandenen allgemeinen Bestimmungen erscheinen, für aufgehoben zu erachten. Die preußische Gesetzgebung hat sich auf den Standpunkt gestellt, daß auf den der Landesgesetzgebung eingeräumten Gebieten derselben auch in Beziehung auf die Jugend des Thäters zwischen 12—18 Jahren volle Freiheit gewährt ist, indem sie in §. 10 des Forstdiebstahlges. vom 15. April 1878 bestimmte, daß bei solchen Personen eine Strafermäßigung nicht eintreten soll.

§. 57. Wenn ein Angeschuldigter, welcher zu einer Zeit, als er das zwölfte, aber nicht das achtzehnte Lebensjahr vollendet hatte, eine strafbare Handlung begangen hat, bei Begehung derselben die zur Erkenntniß ihrer Strafbarkeit erforderliche Einsicht besaß, so kommen gegen ihn folgende Bestimmungen zur Anwendung:

1) ist die Handlung mit dem Tode oder mit lebenslänglichem Zuchthaus bedroht, so ist auf Gefängniß von drei bis zu funfzehn Jahren zu erkennen;
2) ist die Handlung mit lebenslänglicher Festungshaft bedroht, so ist auf Festungshaft von drei bis zu funfzehn Jahren zu erkennen;
3) ist die Handlung mit Zuchthaus oder mit einer anderen Strafart bedroht, so ist die Strafe zwischen dem gesetzlichen Mindestbetrage der angedrohten Strafart und der Hälfte des Höchstbetrages der angedrohten Strafe zu bestimmen.

   Ist die so bestimmte Strafe Zuchthaus, so tritt Gefängnißstrafe von gleicher Dauer an ihre Stelle;
4) ist die Handlung ein Vergehen oder eine Uebertretung, so kann in besonders leichten Fällen auf Verweis erkannt werden;
5) auf Verlust der bürgerlichen Ehrenrechte überhaupt oder einzelner bürgerlicher Ehrenrechte, sowie auf Zulässigkeit von Polizei-Aufsicht ist nicht zu erkennen.

Die Freiheitsstrafe ist in besonderen, zur Verbüßung von Strafen jugendlicher Personen bestimmten Anstalten oder Räumen zu vollziehen.

Pr. §. 43; E. I. §. 50; E. II. §. 55; St.B. S. 233, 234, 1149 (Druckf. 182 Nr. 15).

1. Die Bestrafung nach §. 57 kann nur erfolgen, wenn thatsächlich festgestellt ist, „daß der Angeschuldigte die zur Erkenntniß der Strafbarkeit erforderliche Einsicht besaß." (Stuttgart 13. März 72, St. I, 259; Berlin 19. März 74, Goltd. XXII, 239, O.R. XV, 161.) R.G. III, 12. Jan. 81, E. III, 198, R. II, 714. Es genügt hiernach nicht, wenn die Anführung der §§. 56, 57 oder sonstige Aeußerungen des Urtheils ersehen lassen, daß das Gericht jene §§. nicht unerwogen gelassen hat. Ebenso R.G. III, 12. Febr. 81, R. III, 44. Ueberhaupt muß das Gericht, so wie ein Angeklagter im Alter zwischen 12 und 18 Jahren in Frage steht, sich über die erforderliche Einsicht aussprechen, da ohne einen solchen Ausspruch auch eine Freisprechung nicht genügend begründet wäre. Ist die Feststellung erfolgt, so bildet das jugendliche Alter einen Milderungsgrund, welcher die in den Nr. 1—5 bezeichneten Strafherabsetzungen zur Folge hat. — Tod, lebenslängliche Freiheitsstrafe (Zuchthaus oder Festungshaft) und Zuchthaus bleiben bei jugendlichen Verbrechern ausgeschlossen.

2. Bei fortgesetzten oder sog. Collektiv- (gewerbs- oder gewohnheitsmäßigen) Delikten ist das Gesetz anzuwenden, unter welches die letzte Einzelhandlung fällt; hatte der Angeklagte zur Zeit dieser letzten Handlung das 18. Lebensjahr vollendet, so ist §. 57 ausgeschlossen. Dresden 17. Nov. 73 (St. III, 273, Goltd. XII, 655). Bei realkonkurrirenden Delikten ist §. 57 auf die Bestimmung der Einzelstrafen anzuwenden; auf die Gesammtstrafe (§§. 74, 79) hat er keinen weiteren Einfluß. München 6. April 72 (St. I, 260, bayr. Entsch. II, 99). Erreicht aber schon eine Einzelstrafe das höchste Maß von 15 Jahren Gefängniß, so kann auch wegen vorliegender Realkonkurrenz nicht höher gegangen werden. R.G. I, 10. Nov. 87, E. XVI, 282, R. IX, 574.

3. Läßt das Gesetz allgemein mildernde Umstände zu, so findet die Herabsetzung der Strafe aus §. 57 auch bezüglich der milderen Strafe Anwendung, wenn mildernde Umstände bei dem jugendlichen Thäter vorhanden sind. (So Darmstadt 8. Juli 72, St. II, 76.) Die Jugend

allein kann aber nicht als „mildernder Umstand“ in Betracht kommen, da das Gesetz hierüber besondere Festsetzungen trifft. (Vgl. auch Ziff. 4 „besonders leichte Fälle“.) So erkannt Dresden 27. Okt. 71 und 18. Aug. 73 (S.G.Z. **XVI**, 14; **XVII**, 276, St. I, 167), Darmstadt 8. Juli 72 (St. II, 76), München 5. Juni 75 (St. V, 19, Goltd. **XXIII**, 577). R.G. I, 20. März 82, **E. VI**, 98, **R. IV**, 262.

Die Autoren differiren sehr über die Frage. Der oben vertretenen Ansicht sind: Geyer I, 172 in H.H. IV, 104, Merkel in H.H. IV, 220, v. Schwarze N. 10, — Hälschner I, 536 und Oppenhoff N. 10 wollen §. 57 oder mildernde Umstände anwenden, je nachdem das eine oder andere günstiger ist. Mildernde Umstände auch durch Jugend wollen zulassen: Berner S. 274, Binding, Grundr. S. 163, H. Meyer S. 455, v. Wächter S. 278, Rubo N. 6, Baumert, Die Zurechnungsf. S. 48.

4. Die Strafmilderungen des §. 57 lassen den Charakter der strafbaren Handlungen als Verbrechen und Vergehen unberührt. So München 17. Febr. 72 (St. I, 246, bayr. Entsch. II, 35). R.G. I, 22. Nov. 80 (**E. III**, 52, **R. II**, 547, **IV**, 28. Sept. 86, **R. VIII**, 572). (Vgl. zu §. 1 N. 2.) Namentlich bei Verbrechen ist deshalb für die Strafverjährung der §. 67 Abs. 1 maßgebend.

5. Ziff. 1. Hier darf ausnahmsweise der regelmäßige Höchstbetrag der Gefängnißstrafe von 5 Jahren (§. 16) überschritten werden, s. auch N. 2.

Ziff. 1 muß auch Anwendung finden, wenn lebenslängliches Zuchthaus nicht absolut, sondern in Verbindung mit zeitigem Zuchthaus angedroht ist. Für die Anwendung von Ziff. 3 würde sonst die Hälfte des Höchstbetrages überhaupt nicht zu berechnen sein.

6. Nr. 3. Der Mindestbetrag der angedrohten Strafart ist lediglich aus dem allgemeinen Theil zu entnehmen, nicht aus den Strafandrohungen des besonderen Theils. Dresden 24. Juli 71 und 27. Okt. 71 (S.G.Z. **XV**, 244; **XVI**, 14, St. I, 167), Berlin 19. Juni 72, 4. April 73 und 10. Juni 74 (Goltd. **XX**, 376; **XXI**, 264; **XXII**, 416, O.R. **XIII**, 364; **XIV**, 251; **XV**, 375, St. I, 328; II, 306), Darmstadt 8. Juli 72 (St. II, 23).

Die Mindestbeträge sind: Zuchthaus 1 Jahr (§. 14), Gefängniß, Festungshaft, Haft 1 Tag (§§. 16—18), Geldstrafe 3 Mark und bei Uebertretungen 1 Mark (§. 27). Unter diese Beträge kann der Richter nicht hinabgehen. Abweichend vom preuß. St.G.B. ist derselbe daher an den Mindestbetrag von 1 Jahr Zuchthaus der Dauer nach gebunden, nur daß an Stelle des Zuchthauses Gefängniß von gleicher Dauer tritt, ohne daß hier eine Umwandlung stattfindet. (Vgl. §§. 44, 157.)

Bei Geldstrafen, die nach dem Betrage hinterzogener Abgaben zu verhängen sind (das Vierfache), ist dieselbe gegen jugendliche, jedoch zu bestrafende Thäter zwischen dem Mindestbetrage der Strafart (1 bez. 3 Mark) und der Hälfte der nach dem festen Maßstabe ermittelten Strafe (dem Doppelten der Abgabe) zu bemessen. R.G. III 24. März 80 (**E. I**, 336, Goltd. **XXVIII**, 284), 5. Dez. 87, **E. XVI**, 417, **R. IX**, 693.

7. Der Höchstbetrag der angedrohten Strafe, welche gemäß Ziff. 3 mit der Hälfte als **maximum** in Betracht zu ziehen ist, ist nicht wie beim Mindestbetrag der der angedrohten Strafart, sondern die Hälfte der Strafe, welche dem Thäter, wenn er das 18. Lebensjahr vollendet hätte, zugemessen werden könnte. R.G. I, 29. Juni 82, **E. VI**, 416, **R. IV**, 638.

8. In den Fällen der Ziff. 3, insbesondere wenn ein Verbrechen in Frage steht, kann nicht auf Verweis erkannt werden, selbst wenn durch Milderungsgründe die Strafe sehr zu reduziren ist oder ein leichterer Fall vorliegt. R.G. I, 20. März 82 u. IV, 28. Sept. 86, **E. VI**, 98, **R. IV**, 262, **VIII**, 572.

9. Im Falle mehrerer realkonkurrirender, mit Zuchthaus bedrohter Verbrechen kann die Gesammtstrafe 10 Jahre Gefängniß überschreiten. München 17. Febr. u. 6. April 72 (St. I, 246, 260, bayr. Entsch. II, 35, 100, Goltd. **XX**, 431). Wenn in Folge der Jugend des Thäters an die Stelle einer Zuchthausstrafe Gefängnißstrafe tritt, und damit ein anderes mit Gefängniß bedrohtes Delikt konkurrirt, so ist nicht die Gesammtstrafe so zu bemessen, als ob Zuchthausstrafe angedroht wäre, sondern es ist die Gesammtstrafe durch Erhöhung der schwereren Gefängnißstrafe zu finden. R.G. III, 3. Jan. 80 (**R. I**, 187). Bei einer Strafermäßigung wegen Versuchs auf Grund des §. 44 ist (wie das Obertribunal in Berlin annahm) die „angedrohte Strafart“ immer die für das vollendete Verbrechen 2c. angedrohte; die Strafe ist demnach in der Art zu finden, daß zuerst die für das vollendete Verbrechen 2c. angedrohte Strafe nach §. 57, dann die so ermittelte Strafe nach §. 44 reduzirt wird. Berlin 4. April 73

(Goltd. XXI, 264, O.R. XIV, 251, St. II, 306). Umgekehrt reduzirte Dresden 24. Juli 71 (St. I, 115, s. G.Z. XV, 214) und München 25. April 74 (St. IV, 9, bayr. Entsch. IV, 192) zuerst nach §. 44, dann nach §. 57. Der letzteren Ansicht trat auch bei R.G. I, 12. Juni 82, E. VII, 1, R. IV, 560, s. dag. Reiffel in G.S. Bd. 34, S. 513.

10. Ziff. 4. Die Jugend ist der Grund, den „Verweis" zu verhängen. Daß ein „besonders leichter Fall" vorliege, wird deshalb nicht wiederum auf die Jugend gestützt werden können. Gl. M. Hälschner 1, 536, Oppenhoff N. 18, v. Schwarze N. 11.

11. Die Frage, ob ein leichterer Fall vorliege, ist lediglich Strafzumessungs-Erwägung. Deshalb muß sich das Gericht auch dann nicht darüber aussprechen, wenn die Annahme eines leichteren Falls ausdrücklich behauptet wurde. R.G. II, 10. Febr. 82, E. VI, 25, R. IV, 147. An die Geschworenen ist eine Frage wegen Vorliegens eines leichten Falles nicht zu stellen.

12. Wie die Strafe des „Verweises", welche allein hier im §. 57 vorkommt, zu vollstrecken, ist nicht gesagt. In Preußen existiren darüber keine Vorschriften. Bis zum Erlaß solcher ist die Art der Vollstreckung in das richterliche Ermessen gestellt. Berlin 9. Juni 71 (Goltd. XIX, 609, O.R. XII, 320). Die Ansicht, daß der Verweis nach eingetretener Rechtskraft zu Protokoll ertheilt werden müsse, ist ohne Grund. Er kann vielmehr auch schriftlich ertheilt werden, und dürfte hierzu die Zufertigung einer Urtheils-Ausfertigung (Tenor) mit der Bescheinigung der Rechtskraft genügen. Die Verkündigung des Strafurtheils selbst aber kann nicht zugleich die Vollstreckung ersetzen. Berlin 9. Juni 71 (Goltd. XIX, 609, O.R. XII, 320). Uebrigens bleiben die in den Landstrafgesetzbüchern, welche Verweis bereits als Strafart kannten, bestehenden Vorschriften über die Vollstreckung in Kraft, z. B. Sachsen Art. 31, Thüringen Art. 17. Die in beiden Gesetzen zugelassene Schärfung des Verweises durch Zuziehung des Verletzten, bez. Betheiligten ist dagegen beseitigt. Das Einf.-Gesetz für Elsaß-Lothringen vom 31. August 1870 Art. XII überläßt es dem richterlichen Ermessen, ob ein Verweis schriftlich oder mündlich zu ertheilen sei. Die R.St.P.O. enthält keine Bestimmung über den Vollzug der Strafe des Verweises. Löwe, S. 883 N. 3b, ist der Ansicht, daß für die Landesgesetzgebung kein Raum mehr sei, was vorstehenden Ausführungen widerspricht. Der Vorgang des Einf.-Ges. f. Elsaß-Lothringen steht entgegen. Die Reichsgesetzgebung ist jedenfalls zuständig. So lange sie von ihrem Rechte keinen Gebrauch macht, kann aber ein Landesgesetz nicht als aufgehoben gelten, so wenig wie bezüglich anderer Bestimmungen über den Strafvollzug. A. M. Olshausen N. 14, v. Schwarze N. 11.

13. Da der Verweis eine Strafe ist, kann er erst nach Rechtskraft des Urtheils ertheilt werden (§. 481 St.P.O). Deshalb kann weder die Verkündung des Urtheils als Vollzug gelten, noch die Ertheilung mit der Verkündung verbunden werden, wenn nicht sofort von allen Betheiligten auf die Rechtsmittel verzichtet wird. R.G. I, 14. Okt. 86, E. XIV, 421, welches annahm, daß ein vor Eintritt der Rechtskraft ertheilter Verweis (für die Rückfallstrafe) wirksam sei, wenn die Rechtskraft wirklich eintrete.

14. Wenn Fälle, die mit Verweis zu ahnden sind, in Realkonkurrenz mit Fällen stehen, die mit Freiheits- oder Geldstrafe zu belegen sind, so kann auch neben den letzten Strafen auf Verweis erkannt werden. Dresden 27. Mai 72 (Goltd. XX, 607, S.G.Z. XVI, 279, St. I, 369).

15. Auch bei Anwendung von Landesgesetzen kann auf Verweis erkannt werden, wenn das Gesetz keine entgegenstehende Bestimmung enthält. Berlin 26. Sept. 77 (O.R. XVIII, 591, Goltd. XXV, 498, St. VII, 252).

16. Zu Ziff. 5. Die Unfähigkeit, als Zeuge oder Sachverständiger eidlich vernommen zu werden, ist in Meineidsfällen auch einer jugendlichen Person abzuerkennen. R.G. I, 29. Juni 82, E. VI, 416, R. IV, 638.

§. 58. Ein Taubstummer, welcher die zur Erkenntniß der Strafbarkeit einer von ihm begangenen Handlung erforderliche Einsicht nicht besaß, ist freizusprechen.

Pr. —; E. I. —; E. II. §. 56; St.B. S. 234.

Vgl. §. 56.

1. Als „Taubstumm" wollen nur denjenigen gelten lassen, der von Geburt oder doch von früher Kindheit an der Sprache und des Gehörs beraubt ist: Olshausen N. 1, H. Meyer S. 188, v. Liszt S. 168, Anm. 6, Oppenhoff N. 1. A. M. v. Schwarze N. 2, Anmerk. 4, gewiß mit Recht. Es kann kein Sprachgebrauch behauptet werden, der den Wortsinn

in der angegebenen Weise beschränke und man denke sich den Fall, daß das Gericht die Einsicht verneine, trotzdem aber wegen jener Unterscheidung verurtheilen wolle!

2. Für die Verurtheilung eines Taubstummen ist die Feststellung, daß er die erforderliche Einsicht besaß, erforderlich, wie nach §. 57 bei jugendlichen Personen. Hierfür spricht auch die Bestimmung des §. 298 Str.P.O., da kein Grund besteht, in schwurgerichtlichen Fällen anders zu verfahren, als in den von anderen Gerichten verhandelten. Gl. M. Berner S. 80, H. Meyer S. 140, Hälschner I, 224, v. Liszt S. 167, Olshausen N. 2, Rubo N. 2. A. M. Oppenhoff N. 2, v. Schwarze N. 3, Löwe St.P.O. §. 298 N. 5. (Vgl. allgem. Bemerk. zu diesem Abschn. N. 4.) Gegen den erwachsenen Taubstummen findet, wenn er die rc. Einsicht besaß, die regelmäßige Strafe Anwendung.

3. Wenn mit einem taubstummen Angeklagten, weil derselbe keine verständliche Zeichensprache hat, eine Verhandlung nicht möglich ist, so kann nur die einstweilige Einstellung des Verfahrens beschlossen, nicht aber durch Urtheil auf definitive Einstellung erkannt werden. R.G. III, 10. Nov. 80 (**E. III**, 29 **R. II**, 487).

4. Vgl. die zu §. 58 gefaßte Resolution des Reichstags zu §. 51 N. 8 oben S. 183.

§. 59*). Wenn Jemand bei Begehung einer strafbaren Handlung das Vorhandensein von Thatumständen nicht kannte, welche zum gesetzlichen Thatbestande gehören oder die Strafbarkeit erhöhen, so sind ihm diese Umstände nicht zuzurechnen.

Bei der Bestrafung fahrlässig begangener Handlungen gilt diese Bestimmung nur insoweit, als die Unkenntniß selbst nicht durch Fahrlässigkeit verschuldet ist.

Pr. §. 44; E. I. §. 52; E. II. §. 57; St.B. S. 234.

Vgl. §. 50.

1. Das St.G.B. gibt keine allgemeinen Vorschriften über den verbrecherischen Vorsatz (**dolus****) und die Fahrlässigkeit (vgl. unten N. 1 a. E. u. N. 16). Aus den einzelnen Strafbestimmungen ist zu entnehmen, welcher Art der Wille des Thäters gewesen sein muß, um die Anwendung des Strafgesetzes zu begründen.

In der Regel setzen die einzelnen Strafbestimmungen mindestens das Bewußtsein des Thäters von denjenigen äußeren Umständen voraus, welche das Gesetz als die Merkmale der strafbaren Handlung hinstellt. Dieses Bewußtsein ist die stillschweigende Voraussetzung der Anwendung des Strafgesetzes. Nur in einzelnen Fällen wird das Erforderniß der Wissentlichkeit besonders hervorgehoben. (Vgl. z. B. §§. 131, 153, 171, 187.) Nicht zu verwechseln mit diesem Bewußtsein des Thäters ist die Kenntniß der Normwidrigkeit oder der der staatlichen Strafandrohung. R.G. I, 17. Jan. 87, **E. XV**, 158, **R. IX**, 57, **IV**, 13. Mai 90, **E. XX**, 393. In vielen Fällen wird sodann neben jenem Bewußtsein durch das Wort „vorsätzlich" oder durch Aufnahme einer gewissen Absicht (vgl. z. B. §§. 133, 169, 266) die zur Strafbarkeit erforderliche Willensbestimmung des Thäters näher bezeichnet.

Ausnahmen erleidet jene Regel in doppelter Richtung.

In manchen Fällen nämlich bestimmt das Gesetz, daß die Strafbarkeit einer Handlung oder eine Strafschärfung von dem Eintreten eines gewissen Erfolges abhängig sein soll. Ein

---

*) S. Ortmann zu §. 59 in G.S. Bd. 30, S. 31 fg. Zur Lehre vom Rechtsirrthum im Strafrecht v. Bar, G.S. Bd. 38, S. 252 fg. Der Einfluß des Rechtsirrthums auf die Bestrafung v. Hammerer, München 1890. Unkenntniß des Strafges. v. Simon, G.S. Bd. 32 S. 416.

) Vgl. die subjektive Verschuldung im heut. deutschen Strafrecht v. Lukas, Berlin 1883. Ueber die Begriffe des Vorsatzes und der Handlung v. Buri in G.S. Bd. 41, S. 408. Vorstellung und Wille in der modernen Doluslehre von Dr. Frank in d. Zeitschr. f. ges. Str.R.W. **X, 169. Dagegen unter gleicher Ueberschrift v. Buri in G.S. Bd. 43, S. 241 und Abhandlungen Beil. z. G.S. Bd. 29, III. Vorsatz u. Fahrl. S. 143 fg. Das Wesen des Vorsatzes v. Heitz, Straßburg 1885. Ferner v. Buri, Ueber Causalität und deren Verantwortung, Leipzig 1873. v. Bar, Die Lehre vom Causalzusammenhange im Rechte, Leipzig 1871, ferner v. Buri in G.S. Bd. 29 Beil.-Heft S. 93 fg. Ueber Ursachenbegriff und Causalzusammenhang im Strafrecht von Birkmeyer G.S. Bd. 37 S. 257 u. Rostock 1885. Zur Causalitätsfrage v. Janka in d. Zeitschr. f. ges. Str.R.W. **IX**, 499. Lammasch, Handlung und Erfolg, Wien 1882.

Beispiel ersterer Art bietet §. 172, Beispiele letzterer Art (Strafschärfung) die §§. 178, 206, 224 (vgl. 225), 226, 227, 307 Nr. 1, 312, 314, 315, 316, 321—324, 326—328. Hier kommt es auf die Kenntniß des Thäters von dem Eintritt des Erfolges nicht an.

Die andere Ausnahme ist die, daß in manchen Fällen ausdrücklich oder nach dem augenscheinlichen Zweck des Gesetzes nicht bloß der bewußte verbrecherische Wille, sondern auch der Mangel an Aufmerksamkeit, die Fahrlässigkeit, gestraft wird. Welcher Art diese Fahrlässigkeit sein muß, ist dann gleichfalls nach der besonderen Natur der strafbaren Handlung zu beurtheilen. Fahrlässigkeit ist strafbar bei einzelnen Vergehen, z. B. §§. 121, 163, 222, 230, 309, 311, 314, 316, 318, 326, 329, 345, 347 und bei den meisten Uebertretungen (Polizeiübertretungen); vgl. weiter unten Note 16.

2. Wie nach dem Vorhergesagten das strafbare Bewußtsein in den speziellen Gesetzesvorschriften nicht überall ausgedrückt ist, vielmehr als stillschweigende Voraussetzung gilt, ebenso wenig bedarf es prozessualisch stets der ausdrücklichen formellen Feststellung dieses Bewußtseins. Das Vorhandensein dieses Bewußtseins erscheint vielmehr regelmäßig als eine aus der Feststellung der übrigen Thatumstände — der Erklärung des „Schuldig" — sich ergebende selbstverständliche Folge, es sei denn, daß dasselbe ausdrücklich bestritten ist. R.G. II, 24. Okt. 79, R. I, 16. Die Umstände der zur Beurtheilung vorliegenden Handlung können es indessen gerade als besonders zweifelhaft erscheinen lassen, ob der Angeschuldigte jenes Bewußtsein bezüglich irgend eines die Strafbarkeit bedingenden oder schärfenden Moments hatte. In Fällen dieser Art liegt in der Schuldigerklärung auch die Verneinung der im §. 59 als Strafausschließungsgrund bezeichneten Unkenntniß. Jedoch erscheint es, namentlich im schwurgerichtlichen Verfahren, wünschenswerth, es erkennbar zu machen, daß sich die Prüfung der Schuld auch auf jenes Moment erstreckt hat.

Dieses bezweckt der — an sich überflüssige — §. 59. Er hat vorzugsweise eine prozessuale Bedeutung, insofern er den Mangel eines als selbstverständlich vorausgesetzten Momentes des Thatbestandes als Strafausschließungsgrund bezeichnet und dadurch für die prozessualische Feststellung (Fragestellung) eine Grundlage schafft. Ueber die Art und Weise dieser Feststellung entscheiden die prozessualischen Vorschriften. (Vgl. preuß. Ges. vom 3. Mai 1852 Art. 81; St.P.O. von 1867 §. 319 und Reichsstrafprozeßordnung §. 295.) Eine Beweislast liegt dem Angeschuldigten nicht ob. Es gilt in dieser Beziehung das oben S. 180 Nr. 4 Gesagte. (Vgl. v. Bar, Recht u. Bew. im Geschw.-Gericht, S. 194 ff.)

3. Die Abweichung des §. 59 von dem §. 44 des preuß. St.G.B. von 1851:

> Preußen §. 44: „Wenn die Strafbarkeit einer Handlung abhängig ist, entweder von besonderen Eigenschaften in der Person des Thäters oder desjenigen, auf welchen sich die That bezog, oder von den besonderen Umständen, unter welchen die Handlung begangen wurde, so ist eine solche Handlung demjenigen als Verbrechen oder Vergehen nicht zuzurechnen, welchem jene Verhältnisse oder Umstände zur Zeit der That unbekannt waren.
>
> Wenn durch solche besondere, dem Thäter unbekannt gebliebene Verhältnisse oder Umstände die Strafbarkeit der von ihm begangenen Handlung erhöht wird, so sollen ihm diese erschwerenden Umstände der That nicht zugerechnet werden."

ist wesentlich nur eine redaktionelle, jedoch umfaßt der §. 59 auch die Uebertretungen (verbis „strafbare Handlung") ausdrücklich. Das St.G.B. hat sich in der Redaktion mehr dem bayerischen St.G.B. von 1861 angeschlossen, welches bestimmte:

> Bayern Art. 69: „Wenn Jemand bei seiner Handlung einen Thatumstand nicht kannte, durch dessen Dasein die Strafbarkeit jener Handlung bedingt ist, so ist die letztere straflos. — Waren dem Handelnden solche Thatumstände unbekannt, durch deren Dasein die Strafbarkeit der Handlung erhöht wird, so werden diese Umstände bei der Bestrafung außer Berücksichtigung gelassen. — Inwiefern in dem einen oder anderen Falle eine Bestrafung wegen Fahrlässigkeit einzutreten habe, ist nach den in der zweiten Abtheilung des Gesetzbuches enthaltenen Vorschriften zu bemessen."

Die fernere Vorschrift des bayerischen St.G.B. von 1861:

> Bayern Art. 70: „Die Unwissenheit über das Bestehen eines Strafgesetzes überhaupt oder über Art und Größe der Strafe, die Meinung, als ob die durch das Gesetz verbotene Handlung nach dem Gewissen oder der Religion erlaubt gewesen sei, endlich die Beschaffenheit des Endzweckes oder Beweggrundes, um dessen willen der Entschluß zur That gefaßt wurde, schließen die Strafbarkeit nicht aus,"

ist zwar nicht ausdrücklich aufgenommen, jedoch auch für das St.G.B. als maßgebend anzuerkennen, weil sie der richtigen Auffassung von der Natur des Strafgesetzes entspricht.

Die Motive zu §. 59 sagen:

„Der strafrechtliche Grundsatz, daß eine Handlung dem Thäter nur insofern zur Schuld und Strafe anzurechnen sei, als der Wille und die Handlung einander entsprechen, findet im §. 59 seine Anerkennung.

Die redaktionellen Aenderungen, welche er dem §. 44 des preußischen Strafgesetzbuches gegenüber erfahren, haben den sachlichen Grundsatz selbst nicht ändern, sondern nur Zweifel, zu welchen die Fassung Veranlassung gegeben hat, beseitigen wollen.

Der Wortlaut des Paragraphen könnte zwar Veranlassung für die Annahme bieten, daß, wenn ein Angeklagter behauptet, die in Rede stehenden Umstände oder Eigenschaften nicht gekannt zu haben, ihm auch der Beweis für die Unkenntniß obliegt.

Der §. 59 geht aber davon aus, daß in einem solchen Falle der Angeklagte nicht seine Unkenntniß zu beweisen habe, sondern gegen den Angeklagten der Beweis zu erbringen sei, insofern nach Lage der Sache der erhobene Einwand überhaupt in Frage kommen kann.

Die Schlußbestimmung soll gegen die falsche Anschauung sichern, als ob dadurch, daß die Zurechnung dieser Umstände zum **dolus** ausgeschlossen ist, auch eine Zurechnung zur **culpa** nicht stattfinde, vorausgesetzt, daß die Handlung selbst zu denjenigen gehört, welche im Gesetzbuche auch dann, wenn sie nur aus Fahrlässigkeit begangen worden sind, mit Strafe bedroht werden."

4. Aus dem vorher Ausgeführten (Nr. 1—3) ergibt sich, daß die Kenntniß des Angeschuldigten zur Herbeiführung eines „Schuldig" feststehen muß. Diese Kenntniß wird entweder stillschweigend (mit den übrigen Merkmalen) oder ausdrücklich festgestellt. Diese ausdrückliche Feststellung, kann in positiver Form („dem N. sind die Umstände bekannt gewesen") oder in negativer Form („dem N. sind die Umstände nicht bekannt gewesen") erfolgen. Berlin 10. Dez. 75 (Goltd. **XXIII**, 491). Die erstere Form muß zur Anwendung kommen, wenn das Moment der Wissentlichkeit ausdrücklich in der Begriffsbestimmung enthalten ist (vgl. oben unter Nr. 1). Ob im Uebrigen die eine oder die andere Form, namentlich bei Fragestellungen an die Geschwornen, zur Anwendung zu bringen, ist nach den Prozeßgesetzen zu beurtheilen. Jedenfalls aber muß bei Anwendung der negativen Form die Beantwortung der Frage keinen Zweifel darüber lassen, daß die Kenntniß als vorhanden (oder die behauptete Unkenntniß als nicht vorhanden) angenommen wird. Als durchaus unzulässig muß es betrachtet werden, wenn aus der Feststellung (dem Wahrspruch) sich nur ergibt: daß die Unkenntniß nicht erwiesen sei, oder — daß der Angeschuldigte den fraglichen Umstand wissen konnte. Denn in diesen letzteren Fällen kann möglicherweise die Kenntniß nicht vorhanden gewesen sein, und würde dann eine verbotene Präsumtion der Strafbarkeit vorliegen.

Dagegen genügt die Feststellung: „der Umstand ist dem N. nicht unbekannt gewesen", denn daraus folgt nothwendig: die Kenntniß. Die letztere negative Form („ist dem Angeklagten der Umstand ꝛc. nicht unbekannt gewesen?") empfiehlt sich, um die Fälle des sog. eventuellen Dolus besser zu berücksichtigen. War nämlich die Kenntniß des Thäters keine bestimmte, sondern nur eine Vermuthung und von ihm vorausgesetzte Möglichkeit, so muß es für die Anwendung des Strafgesetzes einerlei sein, wenn er die Handlung auch nur mit dem Bewußtsein begangen hat, daß er wahrscheinlich oder möglicherweise gegen das Strafgesetz verstoße, dieselbe aber dennoch und auch für diesen Fall will. R.G. III, 15, April 87, **E. XV**, 419, **R. IX**, 236, IV, 7. Juni 87, **R. IX**, 361, auch II, 21. Nov. 82, **E. VII**, 279, **R. IV**, 832, 8. Jan. 84, **E. IX**, 417, III, 6. Juni 85, **E. XII**, 297, **R. VII**, 352, I, 24. Nov. 87, **E. XVI**, 363, **R. IX**, 638. In diesem Falle würde aber die Stellung einer Frage: „hat der Angeklagte den Umstand ꝛc. gekannt", leicht zu einer ungerechtfertigten Freisprechung führen. (Vgl. N. 5.) Welcher Art der Fragestellung der Vorzug zu geben, ist nach den Umständen des konkreten Falles zu beurtheilen.

5. Die vorher erörterten Fragen sind namentlich bei Anwendung der Strafvorschriften über die Bestrafung von unzüchtigen Handlungen mit Kindern unter 14 Jahren (vgl. St.G.B. §. 176 N. 3) in der Praxis zur Sprache gekommen. Es ist unverkennbar, daß bei diesen und ähnlichen Strafvorschriften, bei denen es sich um die Kenntniß von dem Alter der betreffenden Person handelt, die positive Feststellung der Kenntniß erhebliche Bedenken hat. Häufig wird hier der Schuldige die bestimmte Kenntniß von dem Alter nicht haben. Und dennoch muß die Kenntniß vorhanden sein. Dazu muß es aber genügen und ist mindestens erforderlich, daß sich der Thäter bewußt war, er habe es wahrscheinlich oder möglich mit einem Kinde

unter 14 Jahren zu thun. Hat er dieses z. B. aus der Größe, der Leibesbeschaffenheit u. s. w. geschlossen und die Handlung dennoch vorgenommen (**dolus eventualis**), so ist er dem Strafgesetz verfallen, wenn die schlimmere Voraussetzung sich als wirklich vorhanden herausstellt. Die etwa anzunehmende geringere Strafbarkeit kann dann nur bei der Strafzumessung oder durch Zulassung mildernder Umstände berücksichtigt werden. In Fällen der letzteren Art empfiehlt sich die negative Form der Fragestellung. (Vgl. N. 4.) S. einen Fall des **dolus eventualis** bei Untreue. Berlin 20. Dez. 76 (O.R. XVII, 830).

Die — von Oppenhoff §. 59 St.G.B. N. 6 noch jetzt vertheidigte — Praxis des preuß. Obertribunals hatte es für genügend angenommen, wenn die Geschwornen die Frage nach der „Unbekanntschaft" mit dem Alter des gemißbrauchten Kindes dahin beantworten: „Nein, es konnte dem Angeklagten bekannt sein." Diese Praxis scheint unhaltbar. (Vgl. die bei Goltd. III, 55 citirte Entscheidung des Kassationshofes zu Wien.)

Bayern Art. 227 ging den Schwierigkeiten dadurch aus dem Wege, daß es bestimmte:

> Art. 227. „In den Fällen der Art. 205 u. s. w. ist die Unkenntniß des Thäters über das Alter der mißbrauchten Person ohne Einfluß auf seine Strafbarkeit."

Dieses Beispiel erschien dem St.G.B., weil eine Ausnahme von den allgemeinen strafrechtlichen Grundsätzen enthaltend, nicht nachahmungswerth.

6. Der §. 59 begreift den thatsächlichen Irrthum und die Unwissenheit von Thatsachen, mögen diese Thatsachen die Strafbarkeit an sich bedingen („Jemand konkumbirt mit einer Frauensperson, ohne zu wissen, daß sie ihm nahe verwandt ist" — §. 173) oder erhöhen („Jemand erschlägt einen Anderen, ohne zu wissen, daß er sein Vater ist" — §. 215 —, oder „Jemand stiehlt aus einem Gebäude Sachen, ohne zu wissen, daß Gebäude und Sachen zum Gottesdienste bestimmt sind" — §. 243 N. 1). Zu letzteren Fällen gehört namentlich auch der Fall, daß der Theilnehmer an einer strafbaren Handlung nicht weiß, daß der Thäter (Mitthäter) Handlungen vornimmt, welche die Strafe erhöhen. (Vgl. §. 47 N. 3 S. 160 und §. 49 N. 10, 12.) Berlin 13. Nov. 78 (O.R. XIX, 532, Goltd. XXVI, 499). Bedingt die Thatsache die Strafbarkeit, so liegt keine Schuld vor und ist von den Geschworenen die Hauptfrage zu verneinen. Erhöht dieselbe die Schuld, so ist wegen der Unwissenheit eine Nebenfrage zu stellen. R.G. III, 28. Jan. 82, R. IV, 86.

7. Irrthum oder die Unkenntniß bezüglich des Strafgesetzes entschuldigt nicht; ebenso wenig die persönliche Ansicht des Thäters über das Strafgesetz. Vgl. den bayerischen Art. 70 (oben unter N. 3). Berlin 30. Okt. 72, 8. Juli 74, 9. April 75 (Goltd. XX, 559; XXII, 563; O.R. XV, 479; XVI, 279); Stuttgart 28. April 73 (St. II, 309), München 16. April 73, 11. Mai 77 (bayr. Entsch. III, 183; VII, 159), Leipzig 8. Okt. 75 (Entsch. XVIII, 244), R.G. I, 2. Mai 87, E. XVI, 83, R. IX, 294. So wurde dem Unternehmer einer nicht gestatteten Lotterie nicht als Entschuldigung angerechnet, daß er das Unternehmen nicht für strafbar hielt. R.G. III, 25. Sept. 80, 16. April 86, E. II, 268, R. II, 256, VIII, 295; ebenso bei einer Ausspielung R.G. III, 30. April 89, E. XIX, 257; ein Förster, der die Aneignung des ihm zugewiesenen Besoldungsholzes durch Verkauf für nur disciplinär strafbar hielt, R.G. II, 11. Jan. 81, E. III, 184, ein Zeitungsversender, der die Spedition auf einem vom Postgesetz verbotenen Wege für erlaubt hielt, R.G. I, 27. Jan. 81, E. III, 300, R. II, 759, ein Angeklagter, der gegen das Verbot des Salzsteuergesetzes Viehsalz für Speisezwecke verwendete, ohne Kenntniß des Verbots, R.G. IV, 3. Febr. 85, E. XII, 103, Theilnehmer an einem strafbaren Verein, welche denselben nicht als Verein, R.G. II, 2. Nov. 88, R. X, 612, Spieler, welche das betriebene Spiel wegen der Geringfügigkeit von Gewinn und Verlust nicht als Glücksspiel wollten gelten lassen, R.G. IV, 28. Mai 89, E. XIX, 253, Vermiether, welche Selbsthülfe gegen einen renitenten Miether für erlaubt hielten, R.G. III, 6. Juni 89, E. XIX, 298, Angeklagte, welche die That zu der sie aufforderten (§. 49a), nicht für ein Verbrechen hielten, R.G. II, 31. Jan. 90, E. XX, 198, wurden strafbar befunden, ebenso solche, die irrigerweise glaubten, ein Züchtigungsrecht zu haben, R.G. III, 9. April 81, E. IV, 98, R. III, 217, bayr. Entsch. III, 166, oder solche, welche glauben, nicht geistige Getränke ohne Concession gewerbsmäßig ausschenken zu können, bayr. Entsch. IV, 372.

8. Dagegen kann ein Rechtsirrthum über bürgerliche Rechte unter den §. 59 fallen. R.G. III, 15. April 87, E. XV, 419, R. IX, 236. Dem Strafgesetz gegenüber charakterisirt sich ein solcher Irrthum als ein thatsächlicher. Z. B. der Dieb hält die Sache nicht für eine fremde. (Berlin 11. Juni 74, Goltd. XXII, 495, O.R. XV, 386.) In einem solchen Falle kann der Dieb selbst dann entschuldbar sein, wenn ein Civilerkenntniß die Eigenthumsfrage bereits zu seinen

Ungunsten entschieden hat. Dann steht allerdings für den Strafrichter fest, daß die Sache eine fremde war. Nichtsdestoweniger muß, wenn der Dieb sich trotz des Urtheils in gutem Glauben an sein Eigenthum befand, was bei materiell unrichtigen Erkenntnissen wohl denkbar ist, wegen Mangels des verbrecherischen Bewußtseins die Freisprechung erfolgen. So wurde auch entschieden bezüglich des Rechtsirrthums eines Vermiethers, der sich auf seine Unwissenheit berief, daß er an Illaten des Miethers, die nicht dessen Eigenthum waren, kein Retentionsrecht habe. Berlin 5. Juni 79 (Goltd. XXVII, 523).

Aehnlich ist entschieden bezüglich des Irrthums über die Pertinenzqualität von Sachen, welche zu einem sequestrirten Grundstücke gehören bei Beseitigung aus der Verstrickung (§. 137). Berlin 15. Okt. 74 (Goltd. XXII, 593, O.R. XV, 676, St. IV, 298), R.G. II, 16. April 80, E. II, 368, R. I, 610, 25. Jan. 81, R. II, 755; bezüglich eines Irrthums über die Vorschriftsmäßigkeit der durch den Vormann erfolgten Stempelung eines Wechsels. Berlin 26. Okt. 75 (Goltd. XXIII, 492, O.R. XVI, 690); bezüglich des Irrthums über die — für die Frage nach dem Orte des Aufgebots bei der Trauung in Betracht kommenden — Gesetze über den Erwerb eines Wohnsitzes. Berlin 15. Dez. 74 (Goltd. XXII, 562, O.R. XV, 872); bezüglich des Irrthums über die Berechtigung, von einem insolventen Schuldner Zahlung anzunehmen, oder bezüglich eines Irrthums des Schuldners über die Existenz und Fälligkeit einer Forderung R.G. III, 27. Febr. 88, E. XVII, 220. Berlin 4. Juli 77 (O.R. XVIII, 494, Goltd. XXV, 503); bezüglich irriger Annahme der Berechtigung zur Jagdausübung. Berlin 14. Nov. 77 (O.R. XVIII, 709, Goltd. XXV, 563); bezüglich der Berechtigung zur Selbsthülfe gegen die eine Weggerechtigkeit hindernde Vorrichtung. Berlin 28. Juni 77 (O.R. XVIII, 490, Goltd. XXV, 564); bezüglich der Unkenntniß des Kirchenrechts und der daraus fließenden Befugnisse des Thäters. Berlin 11. Mai 76 (Goltd. XXIV, 338); bezüglich der Berechtigung, einen ärztlichen Titel zu führen. Berlin 13. März 79 (O.R. XIX, 136, Goltd. XXVII, 221); bezüglich der Zuständigkeit eines Beamten zur Ertheilung einer Erlaubniß. R.G. I, 22. Nov. 80 (E. III, 49, R. II, 546). Bezüglich des Irrthums, zur Benutzung eines fremden Namens bei Verlautbarung einer Erklärung zum gerichtlichen Protokoll für einen Andern berechtigt zu sein R.G. IV, 20. Sept. 87, R. IX, 451; bezüglich der Annahme zum Entfernen von Alleebäumen berechtigt zu sein bei Vorliegen eines polizeilichen Verbots R.G. II, 12. März 89, E. IX, 87; bezüglich des Irrthums eines Jagdpächters zum Tödten eines im Revier mit seinem Herrn laufenden Hundes berechtigt zu sein R.G. IV, 26. März 89, E. XIX, 209. Schon diese Beispiele zeigen, daß nicht bloß Irrthum über civilrechtliche Regel im engeren Sinne entschuldbar ist, sondern überhaupt der Irrthum über Rechtsätze, welche nicht als Bestandtheile des Strafgesetzes zu betrachten sind, welche keinen Irrthum über Sinn und Tragweite des Strafgesetzes in sich schließen, mögen sie außerdem gleichgültig welchem Rechtsgebiete angehören.

Der Umstand, daß eine That oder ähnliche Handlungen früher straflos geblieben waren, entschuldigt nicht. Berlin 12. Juni 77 (O.R. XVIII, 401, Goltd. XXV, 458), R.G. III, 25. Sept. 80 (E. II, 268, R. II, 256).

9. Die Unkenntniß des Thatumstands muß obgewaltet haben „bei Begehung einer strafbaren Handlung"; d. h. bei Bethätigung des auf Hervorbringung des Thatbestands einer strafbaren Handlung gerichteten Willens. Ein vorher oder nachher stattgehabter Irrthum schließt also die Strafbarkeit nicht aus, mag im letzteren Fall auch die Entstehung des Irrthums zwischen Handlung und Erfolg liegen. Dagegen entschuldigt ein vor der That entstandener Irrthum, der eine frühere Kenntniß des Thatumstandes aufhob. Handelt es sich um mehrere, den gleichen Zweck verfolgende Handlungen, so muß der Irrthum in demjenigen Zeitpunkt stattgefunden haben, in welchem die die That abschließende, entscheidende Handlung stattgefunden hat.

10. Den Theilnehmern kommt der eigene Irrthum zu statten. Die umgekehrte Frage: ob dem Theilnehmer der Irrthum des Thäters zu statten komme, wird in der Regel zu verneinen sein.*) Z. B. es nimmt Jemand unzüchtige Handlungen mit einem Kinde unter 14 Jahren vor, ohne das Alter zu kennen. In einem solchen Falle wird z. B. der Gehülfe, welcher das Alter kannte, als solcher zu strafen sein. Vgl. Otto zu §. 59 N. 6 u. Herzog, G.S. Bd. 24, S. 454; sowie Berlin 20. Mai 68 (O.R. IX, 339). Das R.G. billigte die Bestrafung eines Theilnehmers, während der Thäter durch Unkenntniß eines Thatumstandes (Unkenntniß,

*) Nur scheinbar steht entgegen R.G. III, 28. Jan. 89, E. XVIII, 419, denn bei der dort in Frage stehenden Kenntniß der Nothlage des Schuldners bei Wucher, handelt es sich nicht um die subjektive Seite des Thäters, sondern um ein Thatbestandsmerkmal.

daß zu einer öffentlichen Ausspielung die polizeiliche Genehmigung nicht ertheilt war) straflos blieb. R.G. III, 2. Juli 80 (R. II, 151).

11. Die sog. Verwechselungsfälle (A. erschlägt statt des B. im Dunkel den ähnlich gekleideten C., vgl. Goltd. VIII, 157, Abh. betr. den Prozeß Rose Rosal), sowie die sog. **aberratio ictus jactusve** fallen nicht unter den §. 59. R.G. I, 25. April 89, **E. XIX**, 179.

12. Ein thatsächlicher Irrthum befreit nur dann von der Strafe, wenn er sich auf Thatumstände bezieht, welche zum gesetzlichen Thatbestande gehören, nicht wenn er nur ein Moment betrifft, welches die Strafverfolgung prozessualisch bedingt. Daher bewirkt die irrige Meinung des Diebes, daß er einen Angehörigen bestehle (§. 247), nicht die Nothwendigkeit eines Antrags. Berlin 20. Jan. 75 (Goltd. XXIII, 57, O.R. XVI, 63); Dresden 16. März 74 (St. IV, 178); Stuttgart 23./30. Juli 75, Württ. G.Bl. X, 230, 19. Nov. 73, St. III, 210. Vgl. v. Bar (Goltd. XIX, 650; Hälschner II, 453; Merkel in v. H.H. III, 711). Im Fall des §. 247 Abs. 2. begründet der Irrthum über die Person des Bestohlenen die Straflosigkeit nicht; vgl. hierüber §. 247 N. 3.

Der Irrthum über einen nothwendigen Thatumstand schließt die Strafbarkeit selbst dann aus, wenn der Irrthum ein selbstverschuldeter war, vorausgesetzt, daß die That nicht als fahrlässige in Frage kommt. Berlin 4. Jan. 79 (O.R. XX, 8).

Auf den Grund der Unkenntniß kommt es hierbei nicht an. R.G. II, 30. Juni 82, **E.** VI, 406, **R.** IV, 648, III, 15. März 82, **E.** VI, 83, **R.** IV, 247.

13. Der thatsächliche Irrthum ist nicht zu berücksichtigen, wenn eine positive gesetzliche Bestimmung die Pflicht begründet, gewisse Thatsachen der Behörde genau anzuzeigen. Der §. ist deshalb für ausgeschlossen erachtet bei einer durch falsche Vermessung herbeigeführten unrichtigen Anzeige über die Größe eines mit Taback bebauten Feldes behufs der Steuerberechnung. Berlin 10. Febr. 75 (Goltd. XXIII, 49, O.R. XVI, 120). R.G. III, 22. Sept. 80, **R.** II, 236. In ähnlicher Weise wurde Defraudation von Pflaster und Brückengeld nicht für entschuldigt gehalten durch die Meinung, nicht verpflichtet zu sein. Berlin 4. Juli 79 (O.R. XIX, 325, Goltd. XXVII, 524). Die Bekanntmachung im Reichsgesetzblatt, daß in einem fremden Lande die deutschen Waarenzeichen u. s. w. Schutz genießen, bildet eine Ergänzung der strafrechtlichen Bestimmungen und entschuldigte ihre Unkenntniß den Thäter nicht. Berlin 7. März 79 (O.R. XIX, 130, Goltd. XXVII, 389, St. VIII, 377).

14. Ferner schließt der Irrthum die Strafbarkeit nicht aus, wenn es sich um einen zum Thatbestand gehörigen Umstand handelt, bezüglich dessen das Gesetz nur das objektive Vorliegen fordert. Ein Beispiel dieser Art ist die Rechtmäßigkeit der Amtsausübung bei Widerstand, bei welchem der Thäter wissen muß, daß er auf eigene Wag und Gefahr handelt, wenn er von der irrthümlichen Ansicht ausgeht, der Beamte befinde sich nicht in rechtmäßiger Ausübung seines Amtes. R.G. III, 30. Okt. u. II, 5. Nov. 80, **E.** II, 423, III, 14, **R.** II, 409, 453, IV, 27. Juni 84, **R.** VI, 478. Anders verhält sich dies bei Widerstand gegen einen Privatforstaufseher, wenn der Thäter darüber im Irrthum ist, daß der Aufseher auf das Forstdiebstahlsgesetz beeidigt ist. R.G. IV, 24. Juni 87, **R.** IX, 382 oder darüber, daß der Aufseher in demjenigen Waldbezirk als Aufseher bestellt ist, in welchem er Aufsichtsrechte ausübt. R.G. IV, 27. Sept. 87, **R.** IX, 474. Dagegen ist die Rechtmäßigkeit einer Pfändung ein Akt, bei welchem es sich nur um die objektive Rechtmäßigkeit handelt, R.G. I, 27. Mai 89, **E. XIX**, 287.

15. Die Unkenntniß strafvermindernder Umstände hindert nicht deren Anrechnung. Gl. M. Binding, Grundr. S. 102, Olshausen N. 24. A. M. Hälschner I, 272. Bei strafausschließenden Umständen muß unterschieden werden, ob der Mangel des Vorsatzes die Ausschließung bewirkt, oder ob es ein objektiver Mangel des Thatbestandes ist. Z. B. kann nicht von Nothwehr die Rede sein, wenn der Thäter vom Angriff nichts weiß, sondern selbst angreifen will; denn er will keinen Angriff abwenden. Dagegen begeht keinen Mord derjenige, welcher eine Waffe gegen einen Leichnam gebraucht, welchen er schlafend wähnt, jedoch Versuch. Aehnlich Hälschner I, 271, v. Buri in G.S. Bd. 29, Beil. S. 107. A. M. Olshausen N. 24, Binding I, 695, v. Liszt 180. Straflos ist das Putativverbrechen, d. h. eine nicht verbotene Handlung, welche der Thäter irrthümlich für verboten und strafbar hält.

16. Der §. 59 erwähnt am Schlusse der Fahrlässigkeits-Delikte,*) deren im allge-

---

*) Vgl. Bruck, Zur Lehre von der F., Breslau 85, v. Buri, Kausalität S. 27 fg., v. Bar in Grünhuts Zeitschr. 1876, S. 21, v. Prittwitz in Goltd. **XXX**, 145, Rotering ebend. **XXXI**, 350.

meinen Theil an keiner andern Stelle gedacht ist. Im besonderen Theil sind zu vergleichen die §§. 121, 163, 222, 230, 232, 309, 311, 314, 318, 319, 326, 329, 345 u. 347, sowie im Allgemeinen der Abschn. 29 „Uebertretungen".

Fahrlässigkeit ist das Unterlassen der gehörigen Aufmerksamkeit, durch welches das Eintreten eines vorauszusehenden unglücklichen Erfolges herbeigeführt oder doch gefördert worden ist. R.G. III, 15. Febr. 82, E. VI, 41, R. IV, 165, II, 30. Juni 85, E. XII, 317, III, 14. Febr. 87, E. XV, 345, IV, 18. u. 25. Jan. 87, R. IX, 63, 64, Olshausen N. 17 u. Löning, Grundr. S. 39 rechnen mit Recht zur F. auch das fahrlässige Nichterkennen der Rechtswidrigkeit des Erfolges, welches sogar mit Voraussichtlichkeit des Erfolges verbunden sein kann. Jedoch muß dies dahin beschränkt werden, daß das Nichterkennen der Rechtswidrigkeit nicht auf irriger Auffassung des Strafgesetzes beruhen darf. Das Vorhandensein einer strafbaren Fahrlässigkeit wird dadurch nicht ausgeschlossen, daß zu dem Eintreten des Erfolges andere Ursachen, sei es selbst die eigene Fahrlässigkeit oder Unvorsichtigkeit des Verletzten oder die Fahrlässigkeit anderer Personen mitgewirkt haben. Berlin 1. Febr., 14. März, 18. Sept. u. 18. Novbr. 72, 9. Jan. 73, 30. Juni, 23. Okt. u. 3. Dez. 74 (O.R. XIII, 110, 209; XIV, 35; XV, 458, 712, 843, Goltd. XXI, 205, 539, 540). Die Fahrlässigkeit kann auch in der Unterlassung einer gebotenen Pflicht (z. B. der mikroskopischen Untersuchung von Fleisch) gefunden werden. Berlin 10. März 75 u. 3. Nov. 75 (O.R. XVI, 219, 708, Goltd. XXIII, 523); ebenso in der Uebernahme einer Thätigkeit, eines Amtes ohne die dafür vorausgesetzte und nothwendige Befähigung. Berlin 2. Nov. 75 und 4. Febr. 76 (Goltd. XXIII, 523; XXIV, 32, O.R. XVI, 705), oder in der Unkenntniß einer Vorschrift, deren Kenntniß Pflicht war. Berlin 25. Okt. 72 (O.R. XIII, 556, Goltd. XX, 506). Aus diesem Grunde ist ein Beamter aus §. 345 strafbar, wenn er gesetzwidrig eine Strafe vollstreckt, ohne sich über die Grenzen seiner Befugniß unterrichtet zu haben. Berlin 4. Febr. 76 (Goltd. XXIV, 32).

Die Thatsache, daß die Handlung an sich eine vorsätzliche war, schließt nicht aus, daß dieselbe in Beziehung auf eine nicht beabsichtigte Folge derselben als eine fahrlässige angesehen werden kann. Berlin 19. März 73 (O.R. XIV, 212). Ebenso wenig schließt der Ausschluß des Vorsatzes durch Unkenntniß über privatrechtliche Verhältnisse die Fahrlässigkeit bezüglich dieser Unkenntniß aus. München 4. Dez. 76 (St. VII, 11).

17. Grade der Fahrlässigkeit kennt das deutsche St.G.B. nicht und umfaßt ebenso wohl jene Handlungen, bei welchen der Thäter die Möglichkeit des rechtswidrigen Erfolges voraussieht, aber in der Hoffnung, er werde nicht eintreten oder er werde ihn vermeiden können, dennoch handelt (**luxuria**), als die Handlungen, bei welchen der Thäter den Erfolg schuldhaft nicht vorhersieht. Die Vernachlässigung der Aufmerksamkeit, zu welcher der Thäter vermöge seines Amtes, Berufes oder Gewerbes besonders verpflichtet (§. 222 Abs. 2, §. 230 Abs. 2), begründet keinen höheren Grad von Fahrlässigkeit, sondern wegen Verletzung einer besonderen Pflicht zur Aufmerksamkeit nur höhere Strafe.

18. Nach R.G. IV, 6. Nov. 89, E. XVIII, 208, R. X, 627 kann sich der verantwortliche Redakteur einer periodischen Druckschrift, in welcher ein Bericht eines Landtags oder einer Kammer enthalten ist, den er irrigerweise für wahrheitsgetreu hält, nicht auf §. 59 berufen, sondern gilt er nach §. 20 Preß-Ges. als Thäter, wenn nicht besondere Umstände vorliegen, die dies ausschließen. Diese dürfen auch nicht fahrlässiger Weise herbeigeführt sein. S. jedoch Urth. der ver. Str.Sen. v. 6. Juni 91.

19. Der §. findet auch auf die Landesgesetze Anwendung. Berlin 13. Nov. 74 (Goltd. XXII, 746, O.R. XV, 777).

20. Auch bei Uebertretungen ist §. 59 anwendbar. Leipzig (in Bezug auf die Nichtkenntniß des Termins der Schließung der Jagd) 20. Septbr. 72 (Goltd. XXI, 102, St. II, 17), Berlin 15. Jan. 74 (Goltd. XXII, 48, 57, O.R. XV, 30, St. IV, 74), München 3. Nov. 73 (St. III, 237, bayr. Entsch. III, 499). Ueberhaupt besteht in Betreff der subjektiven Erfordernisse der Strafbarkeit kein grundsätzlicher Unterschied zwischen Uebertretungen und Vergehen; auch entschuldigt Irrthum über die Bedeutung des Strafgesetzes bei keinem dieser Strafthaten R.G. IV, 8. Dez. 85 und I, 10. Juni 86, R. VII, 722, VIII, 446. Vgl. auch Berlin 22. Dez. 84, Goltd. XXXIII, 449, Jahrb. V, 404. R.G. IV, 13. Okt. 85, E. XII, 431, R. VII, 579.

Dagegen nützt bei den meist polizeilichen oder fiskalischen Strafvorschriften, bei welchen das Gesetz einer Person die unbedingte Haftbarkeit für die Befolgung der Vorschrift überbürdet, dieser die Unkenntniß nicht, weil diese ihr entweder zur Fahrlässigkeit anzurechnen ist oder die Haftbarkeit ihr objektiv anheimfällt. Ein Beispiel R.G. II, 12. Okt. 80, E. II, 321, R. II, 326.

§. 60. Eine erlittene Untersuchungshaft kann bei Fällung des Urtheils auf die erkannte Strafe ganz oder theilweise angerechnet werden.

Pr. —; E. I. §. 53; E. II. §. 58; St.B. S. 234.

1. Vgl. die Bemerkungen zu §§. 7 und 14.

2. Die Untersuchungshaft kann auch dann angerechnet werden, wenn sie nur eine polizeiliche gewesen ist. Berlin 4. Jan. 73 (Goltd. XXI, 110, O.R. XIV, 21, St. II, 149); s. auch St. II, 23, vorausgesetzt, daß sich die Haft als eine durch die Strafsache veranlaßte zeigt. Bloße Festnahme durch eine Privatperson (§. 127 St.P.O.) fällt nicht unter den Begriff „Haft". Gl. M. Olshausen N. 1, Oppenhoff N. 1.

Eine zur Verbüßung einer Strafe erlittene Haft kann nicht angerechnet werden, wenn auch der Sträfling zur weiteren Aburtheilung der neuen Sache in ein Untersuchungsgefängniß gebracht worden war. München 23. Sept. 73 (St. III, 84, bayr. Entsch. III, 386), es sei denn, daß die Strafhaft förmlich unterbrochen war. R.G. III, 6. Nov. 80, R. II, 456.

Ueberhaupt ist die Anrechnung der Untersuchungshaft als solche unstatthaft, wenn und insoweit während des Aufenthalts des Verurtheilten im Untersuchungsgefängniß eine Freiheitsstrafe gegen ihn vollzogen wurde. R.G. III, 23. Okt. 80 (R. II, 380).

3. Die in einer anderen Sache erlittene Untersuchungshaft ist nicht anzurechnen. Berlin 19. Juni 72 (O.R. XIII, 363). Ausgenommen ist der Fall, daß die Untersuchungshaft wegen eines realkonkurrirenden Delikts verhängt war; in diesem Falle ist Anrechnung auf die Strafe zulässig, auch wenn der Angeklagte wegen des Delikts, welches zu der Untersuchungshaft Anlaß gegeben hat, freigesprochen wird. Berlin 16. Juli 75 (Goltd. XXIII, 425, O.R. XVI, 550 St. V, 261), R.G. II, 21. Jan. 81, E. III, 264, R. II, 751. Umsomehr ist dies der Fall, wenn wegen zweier konkurrirender Delikte Haft verhängt war, jedoch wegen desjenigen Freisprechung oder nicht Eröffnung des Hauptverfahrens eintrat, wegen dessen die Haft zuerst und hauptsächlich veranlaßt war. R.G. II, 28. Nov. 82, R. IV, 850, III, 9. März 81, R. III, 126.

4. Aus den Worten: „bei Fällung des Urtheils auf die erkannte Strafe" folgt, daß der Richter die an sich verwirkte Strafe auszusprechen und dann zu erklären hat, ob dieselbe theilweise oder ganz für vollzogen zu erachten ist. Die Anrechnung kann auf alle Freiheitsstrafen (mit Ausnahme der lebenslänglichen) und auf Geldstrafen erfolgen. Die Anrechnung muß jedoch im Urtheil erfolgen. In einem nachträglichen Beschluß oder beim Strafvollzug ist dies nicht mehr zulässig. Anders, wenn das Urtheil nur unvollständig publicirt, die Anrechnung aber mit dem Urtheil beschlossen war. R.G. II, 22. Nov. 81, E. V, 173, R. III, 723.

Die Anrechnung ist übrigens kein Strafmilderungsgrund im eigentlichen Sinne, sondern bildet einen erweiterten Akt der Strafzumessung. Die Geschworenen haben deshalb über die Anwendung des §. 60 nicht zu entscheiden.

5. Ob und in welchem Maße die Anrechnung stattfinden soll, ist lediglich in das Ermessen des Richters gestellt. Berlin 27. Okt. 76 (O.R. XVII, 701). Er kann einen Theil der Untersuchungshaft oder dieselbe ganz anrechnen, er kann die ganze Strafe oder einen Theil für verbüßt erklären. Das Erforderniß der „unverschuldet erlittenen Untersuchungshaft" ist wegen zu großer Unbestimmtheit aufgegeben, — wozu die in Bayern (vgl. Art. 83 des St.G.B. von 1861 und die dortige Novelle vom 16. Mai 1868) gemachten Erfahrungen Veranlassung boten. Jedoch gewährt für die Frage, ob die Anrechnung eintreten soll, der Umstand, daß die Untersuchungshaft ohne eigenes Verschulden des Verurtheilten verhängt oder verlängert worden, ein wesentliches Moment der Erwägung, und gibt hierfür die Bestimmung des gedachten bayerischen Gesetzes: „als unverschuldet erlitten ist insbesondere auch diejenige Untersuchungshaft zu erachten, deren Verhängung unzulässig gewesen sein würde, wenn zur Zeit dieser Verhängung die Umstände, auf deren Annahme das Endurtheil gebaut ist, bereits festgestellt gewesen wären" einen brauchbaren Anhalt.

6. Einer Motivirung der Anrechnung bedarf es nicht. Berlin 10. Febr. 75 (O.R. XVI, 115). S. auch R.G. II, 21. März 82, R. IV, 264, wo auch ausgesprochen ist, daß nichts im Wege steht, erlittene Untersuchungshaft zwar nicht in Anrechnung zu bringen, wohl aber bei Bemessung der Strafe zu berücksichtigen.

7. Rücksichtlich des Maßes der Anrechnung ist das im St.G.B. festgesetzte Geltungsverhältniß der Freiheitsstrafen unter sich und zur Geldstrafe (§§. 21, 29) nicht entscheidend, insbesondere kann die Untersuchungshaft auch auf Zuchthaus in ihrer vollen Dauer angerechnet werden. So

Berlin 8. April 72 (Goltd. XX, 243, O.R. XIII, 244, St. I, 261). R.G. I, 3. Jan. 87, E. XV, 143. Bei Geldstrafen läßt sich keineswegs aufstellen, daß erst eine Umwandlung derselben nach §. 29 zu erfolgen und auf die so gefundene Freiheitsstrafe die Anrechnung zu bewirken sei. Es ist beim Mangel einer ausdrücklichen Vorschrift, wie sie Bayern (St.G.B. v. 1861) Art. 83 allerdings enthielt, unverboten, bei Anrechnung der Untersuchungshaft einen andern Maßstab bezüglich des Verhältnisses der Untersuchungshaft zu Geld zu Grunde zu legen, als ihn §. 29 enthält, obgleich dieser Paragraph die natürliche Grundlage des richterlichen Ermessens bildet. Dagegen erscheint es als unstatthaft, die Anrechnung auf mehr als gleiche Dauer zu bestimmen: Berlin 3. März 76 (O.R. XVII, 165, Goltd. XXIV, 217) und 16. April 78 (O.R. XIX, 227). R.G. 7. Sept. 80 (Ann. II, 290). Ferner sprach R.G. II, 9. Nov. 80 (R. II, 479) aus, daß die irrthümliche Annahme, es habe Untersuchungshaft stattgefunden, und deren Anrechnung keine Verletzung einer Rechtsnorm enthalte und mit Revision nicht anzufechten sei; ebenso bei Irrthum über die Dauer der Haft R.G. I, 29. Sept. 81 und 12. Nov. 83, R. III, 561, E. IX, 244, auch 3. Jan. 87, s. oben.

8. Wenngleich der Richter bei der Anrechnung nicht an die im St.G.B. festgesetzten Geltungsverhältnisse der Strafen gebunden ist, so ergeben doch die Worte: „kann angerechnet werden", daß die Strafermäßigung nur da eintreten kann, wo eine solche (theilweise und gänzliche) Anrechnung, also eine Theilbarkeit, möglich ist. Dieses findet nur bei zeitigen Freiheits- und bei Geldstrafen statt, bei dem Verweise (§. 57 Nr. 4) ist es nicht der Fall.

Berlin 13. Juli 72 nimmt an, daß die Anrechnung auf eine Geldstrafe zwar zulässig, die ausschließliche Anrechnung auf die eventuell substituirte Freiheitsstrafe aber unzulässig sei. (Goltd. XX, 377, O.R. XIII, 417, St. II, 24.)

Dasselbe trifft bezüglich der Nebenstrafen — Verlust der Ehrenrechte, Polizeiaufsicht, Einziehung (Konfiskation) — zu. Diese Nebenstrafen bleiben von der Bestimmung des §. 60 ganz unberührt. Weder sprachlich noch sachlich läßt sich von einer Anrechnung der Untersuchungshaft auf diese Nebenstrafen reden. Dieselben sind von der Verbüßung der Strafe, als welche die angerechnete Untersuchungshaft anzusehen, unabhängig. (Vgl. besonders §§. 36, 38 A. 3 u. 40.) Eine ausdrückliche Einschränkung der Maßregel auf Freiheits- und Geldstrafen, wie andere Gesetzgebungen, z. B. die früheren Strafgesetzbücher von Bayern Art. 83, Sachsen Art. 30, Oldenburg Art. 51 (nur bei Freiheitsstrafe), Hamburg Art. 16, Württemberg Art. 114, Baden §§. 156, 157 sie enthielten, hat deshalb das St.G.B. für überflüssig erachtet. Danach sind die Nebenstrafen ohne Rücksicht auf die Anrechnung der Untersuchungshaft festzusetzen. Die Ehrenfolgen können also auch verhängt werden, wenn z. B. in Folge der Anrechnung die Gefängnißstrafe unter 3 Monate hinabgeht. (Vgl. §. 32.) Der Ansicht, daß auch auf die Einziehung als Nebenstrafe, insofern das Einzuziehende einen schätzbaren Geldwerth hat, Untersuchungshaft angerechnet werden könne (so Olshausen N. 8), kann nicht beigepflichtet werden (Gl. M. v. Liszt S. 290, Mayer in G.S. Bd. 20 S. 241); ebenso wenig ist Abrechnung auf polizeiliche Vorkehrungen, Privatgenugthuung, Buße zulässig. Gl. M. Olshausen N. 9, Oppenhoff N. 10, v. Schwarze N. 3. A. M. bezüglich des Verweises Oppenhoff N. 8, v. Schwarze N. 3, H. Meyer S. 474, Berner S. 285, Otto N. 3.

9. München 19. Mai 83 u. 4. Juni 84 (bayr. Entsch. II, 115, III, 136) nahm an, daß, wenn die Untersuchungshaft im Urtheile abgerechnet ist, diejenige Haftzeit nicht einzurechnen sei, welche zwischen Publikation und Rechtskraft des Urtheils verläuft. Es wird dies nicht als ungesetzlich bezeichnet werden können, da das Gesetz schweigt. Praktisch dürfte es sich erweisen, wenn das Urtheil die abzurechnende Zeit genau bestimmt. Dies scheint in dem einen Fall insofern vorgelegen zu haben, da verfügt war, die bis zur Urtheilsfällung verlaufene Zeit sei abzurechnen. Wenn aber eine solche Beschränkung nicht verfügt ist, dürfte es richtiger sein, auch die Haft nach dem Urtheil abzurechnen; denn auch diese ist Untersuchungshaft. A. M. Olshausen N. 3.

10. Falls die erkannte Strafe nicht für völlig verbüßt erklärt wird, entsteht die Frage, ob der Richter an die Mindestbeträge der Strafarten (Zuchthaus 1 Jahr, Gefängniß, Festungshaft und Haft 1 Tag [vgl. §§. 14, 16—18], Geld 3 Mark bez. 1 Mark) gebunden ist. Bei Geld wird die Frage kaum praktisch werden. Bei Freiheitsstrafen dagegen wird zunächst die Vorschrift des §. 19 A. 2, wonach die Dauer einer Zuchthausstrafe nur nach Monaten und einer anderen Freiheitsstrafe nur nach vollen Tagen bemessen werden darf, maßgebend sein müssen. Denn diese Vorschrift gibt für die Theilbarkeit der Strafen die Grenze. Vgl. Braunschweig

(St.G.B. v. 1840) §. 61. Damit erledigt sich die Frage auch für Gefängniß, Festungshaft und Haft, so daß bei diesen Strafarten mindestens Ein Tag als zu verbüßen übrig bleiben muß.

Praktisch ist die Frage also nur beim Zuchthaus. (Vgl. hierbei die Bemerkungen zu §§. 7 und 14.) Ich glaube die dort vertheidigte Meinung, daß die Verhängung von weniger als 1 Jahr Zuchthaus unzulässig ist, auch hier aufrecht erhalten zu müssen. Bei den Berathungen ist diese Frage nirgends eingehend erörtert. Erwägt man aber, daß die Vorschrift, wonach der Mindestbetrag des Zuchthauses 1 Jahr ist, aus der Natur, dem Charakter und der Intensität dieser Strafe entsprungen ist, mithin Rücksichten der Strafvollstreckung hierfür maßgebend waren, so erscheint es als Widerspruch, wenn man es für genügend erklärt, daß der Richter zwar mindestens auf ein Jahr erkenne, hiervon aber einen Theil für verbüßt erachte. (A. M. Berlin 8. April 72, Goltd. XX, 243, O.R. XIII, 244, St. I, 261.) Der Rest ist dann eben kein Zuchthaus im Sinne des Gesetzes mehr. Wollte der Gesetzgeber diese Inkonsequenz, so mußte er es aussprechen, wie es allerdings viele frühere Gesetzgebungen, z. B. Sachsen Art. 30, Hessen Art. 34, Thüringen Art. 60, Braunschweig §. 61, Baden §. 156 thun. Deshalb wird — in den seltenen Fällen, in denen dem Richter kein anderer Ausweg bleibt — nach demselben Grundsatz zu verfahren sein, den das Gesetz in den §§. 44. u. 157 an die Hand gibt, und also Zuchthaus in Gefängniß umzuwandeln sein; der Wirkung nach ist die Strafermäßigung des §. 60 dieselbe, wie in jenen Paragraphen, wenn gleich es sich bei letzteren um die Milderung der zu erkennenden, bei §. 60 dagegen um die Herabsetzung der erkannten Strafe handelt*).

Jedenfalls aber kann die Zuchthausstrafe nach §. 19 A. 2 nicht unter einen Monat hinabgehen, vielmehr müßte sonst die Strafe für völlig verbüßt erkannt werden.

11. Wie in allen Fragen, deren Entscheidung in das Ermessen des Gerichts gelegt ist, kann wegen Nichtanrechnung der Untersuchungshaft in der Regel Revision nicht erhoben werden. Dies ist aber dann der Fall, wenn das Gericht bei der Entscheidung von einer irrigen Rechtsansicht ausgeht, z. B. die Anrechnung ohne Grund für gesetzlich ausgeschlossen ansieht. R.G. II, 28. Nov. 82, R. IV, 850.

12. Auch in den der Landesgesetzgebung vorbehaltenen Materien findet §. 60 Anwendung, insofern die Landesgesetze nichts abweichendes bestimmen.

§. 61.) Eine Handlung, deren Verfolgung nur auf Antrag eintritt, ist nicht zu verfolgen, wenn der zum Antrage Berechtigte es unterläßt, den Antrag binnen drei Monaten zu stellen. Diese Frist beginnt mit dem Tage, seit welchem der zum Antrage Berechtigte von der Handlung und von der Person des Thäters Kenntniß gehabt hat.**

Pr. §. 50; E. I. §. 54; E. II. §. 59; St.B. S. 234, 1149 (Drucks. 182 Nr. 16).
Vgl. G. v. 11. Juni 1870 §§. 27 ff. (Nachdruck); M.St.G.B. §. 51; Seem.Ordn. v. 27. Dezember 1872 §§. 81, 84; G. v. 7. Mai 1874 §. 19 (Presse); G. v. 30. November 1874 §. 14 (Markenschutz); G. v. 26. Februar 1876 Art. III.

1. Die Motive sagen:

„Strafhandlungen, deren Bestrafung nur auf Antrag einer Privatperson erfolgen kann, berühren das öffentliche Interesse meistens nur in zweiter Linie; gerade daraus ergibt sich aber auch die Nothwendigkeit, für die Stellung des Antrages eine kurze Frist zu bestimmen.

---

*) Der Herausgeber der 4. Aufl. kann dieser Ansicht nicht beipflichten, da die Anrechnung nur die Erklärung ist, daß ein Theil der Strafe als bereits verbüßt zu betrachten sei und keine Gesetzesnorm die Umwandlung gestattet. Auch die Berechnung der Zuchthausstrafe nach Monaten findet bei Abrechnung der Untersuchungshaft keine Anwendung, da es sich bei dieser überhaupt um keine Strafzumessung handelt. Gl. M. Olshausen N. 10, H. Meyer S. 415, 474, Rubo N. 5, v. Schwarze N. 4, v. Liszt S. 290.

**) Ueber Antragsdelikte vgl. Fuchs, Anklage und Antragsdelikte, Breslau 1873; Reber, Die Antragsdelikte, München 1873; Neßler, Die Antragsberechtigung, Berlin 1873; v. Bar in Goltd. XIX, 641, 713. Die Lehre der Antragsdelikte v. Balogh, Budapest 1887. Zur Lehre von den Antragsdelikten v. Samuely, G.S. Bd. 32, S. 1. Die rechtl. Natur der Antragsdelikte v. Kirchenheim, Tübingen 1877; Lehmann, Zur Lehre vom Strafantrag, Leipzig 1881, v. Schwarze in G.S. XXV, 170, 256, v. Tippelskirch G.S. XXV, 299, Medem G.S. XXIX, 509, 561, Fuchs, Goltd. XIX, 82; XX, 433, Koch, Goltd. XIX, 161, 728.

Im Anschluß an das Preußische Strafgesetzbuch — §. 50 — hat demgemäß §. 54 die Bestimmung beibehalten, daß die Bestrafung lediglich innerhalb dreier Monate von dem Tage an beantragt werden dürfe, an welchem der Antragsberechtigte Kenntniß von der strafbaren That und dem Thäter erhalten hat. Es ist bei dieser Vorschrift als selbstverständlich vorausgesetzt worden, daß die dreimonatliche Frist nach dem Kalender zu berechnen sei, und daß die Bestrafung nur dann erfolgen dürfe, wenn sie innerhalb der gesetzlichen Frist bei der zuständigen Behörde oder deren Organen beantragt worden ist."

2. Das St.G.B. hatte den Kreis der nur auf Antrag zu verfolgenden strafbaren Handlungen im Vergleich mit dem früheren Preuß. St.G.B. erheblich erweitert. Es war hierbei namentlich der sächsischen Gesetzgebung gefolgt, weshalb in diesem Punkte auch besonders auf die Praxis der sächsischen Gerichtshöfe zu verweisen ist. — Durch die Novelle vom 26. Febr. 1876 ist der Kreis der Antragsdelikte wieder beschränkt; insbesondere ist das Erforderniß des Antrags beseitigt in den §§. 176, 177, 240, 241, 296 und 370 Nr. 4. Bei der Körperletzung (§. 232) ist die durch den neuen §. 223a geschaffene qualifizirte Körperverletzung ohne Antrag zu verfolgen. —

Der Antrag wird demnach erfordert bei den Verbrechen der §§. 102, 179, 236, den Vergehen der §§. 103, 104, 123 Al. 1, 170, 172, 182, 189, 194—196, 232, 236, 237, 247, 263, 288, 289, 292, 299, 300—303 und den Uebertretungen des §. 370 Nr. 5 u. 6.

3. Der Mangel des Strafantrags ist weder ein Schuldausschließungs- noch ein Strafaufhebungsgrund, sondern die prozessuale Vorbedingung für die Erhebung der öffentlichen Klage. Der zur Erhebung der Strafklage zuständige Staatsanwalt kann dieselbe ohne Antrag des Verletzten nicht erheben, er muß sie jedoch, auch wenn der Antrag gestellt ist, nicht erheben; sondern hat dann in gleicher Weise zu erwägen, ob Grund zur Erhebung der öffentlichen Klage gegeben sei oder nicht, wie in anderen Fällen. Weil die Strafbarkeit der That in abstracto bestehen bleibt, auch wenn die Verfolgbarkeit Mangels des erforderlichen Strafantrags ausgeschlossen ist, schreibt §. 259 Abs. 2 St.P.O. vor, daß, wenn sich erst bei der Hauptverhandlung herausstellt, daß ein Strafantrag erforderlich, aber nicht gestellt ist, nicht Freisprechung, sondern Einstellung des Verfahrens einzutreten habe. Diese läßt Wiederaufnahme des Verfahrens zu, wenn der Antrag noch rechtzeitig gestellt wird, und bezeichnet durch die Form, daß nur ein formeller Mangel der Verurtheilung entgegensteht. Vgl. auch Berlin 6. Nov. 73, O.R. XIV, 703, Goltd. XXI, 497. Eine Konsequenz der prozessualen Natur des Antrages ist es, daß gemäß §. 380 St.P.O. Entscheidungen der Berufungsinstanz über die Wirksamkeit eines gestellten Antrages durch Revision nicht anfechtbar sind. Bayr. Entsch. III, 267, 533, 546.

Die Autoren sind über die Natur des Strafantrags sehr verschiedener Meinung. Am weitesten geht v. Bar, der das Bestehen eines staatlichen Strafanspruchs vor Stellung des Antrags verneint und die Schuld im juristischen Sinn wenigstens für zweifelhaft erklärt. (Goltd. XIX, 645.) Dem materiellen Rechte angehörig betrachten das Institut Rubo S. 60, v. Kirchenheim S. 65. Eine gemischte Natur behaupten Binding I, 85, Normen I, 19, Geyer I, 203, Olshausen N. 1, Hälschner I, 711, Franke bei Goltd. XX, 22, v. Risch G.S. XXXVI, 251. Der vom R.G. adoptirten Ansicht sind: Heinze, Reichs- u. Ld.St.R. S. 67, Dochow in H.H. IV, 242, v. Liszt S. 198, Nessel S. 9, Oppenhoff N. 2.

4. Ob ein in Frage stehendes Delikt zu den Antragsdelikten gehöre, ist nach der schließlich im Urtheil erfolgenden Qualifikation desselben zu beurtheilen. Berlin 31. Mai 72, 14. Juni u. 29. Okt. 73, 7. Febr. 74 (Goltd. XX, 252, XXI, 493, O.R. XIII, 324, XIV, 436, St. I, 329, II, 235, III, 52, 276). Die vom Preuß. O.Tr. früher aufgestellte Ansicht, daß, wenn erst nach eingeleiteter Verfolgung die Nothwendigkeit eines Antrages sich herausstellt, die Verfolgung auch ohne Antrag fortgesetzt werden könne, wird als vom O.Tr. selbst verlassen und von der Praxis beseitigt zu gelten haben. (Vgl. O.R. XII, 257, 658, Goltd. XIX, 455, 574, 802, St. I, 118.)

Obiger Regel entsprechend, daß die Schlußfeststellung über das begangene Delikt auch maßgebend für die Frage ist, ob Verurtheilung oder Einstellung des Verfahrens einzutreten hat, ist hierfür auch in schwurgerichtlichen Fällen der Spruch der Geschwornen entscheidend. Berlin 19. Sept. 77 (O.R. XVIII, 571). Die Frage jedoch, ob bei dem festgestellten Thatbestand ein Strafantrag erforderlich sei, und ob ein wirksamer Antrag vorliege, bez. ob derselbe zurückgenommen sei, liegt dem Gerichtshofe, nicht den Geschworenen ob, weil der Antrag eine prozessuale Vorbedingung der Verfolgung ist. Berlin 11. Jan. 76 (O.R. XVII, 19, Goltd. XXIV, 24). Mannheim 15. Juni 78 (Bad. Ann. Bd. 44, S. 176). Braunschweig 7. Juni 72

(Braunschw. Z. XX, 25). R.G. I, 12. Juli 80 (R. II, 188, E. II, 221). Hiervon ist jedoch die Frage zu unterscheiden, ob Thatumstände, von welchen die Nothwendigkeit des Antrags abhängt, in die Fragestellung aufzunehmen seien, oder nicht. Diese Frage stellte Berlin 11. Jan. 76 (O.R. XVII, 19, Goltd. XXIV, 24), der damaligen Prozeßordnung entsprechend, gleichfalls dem Richterkollegium anheim. Die R.St.P.O. hat jedoch bezüglich der Fragestellung ein anderes System aufgestellt und in §. 296 angeordnet, daß, wenn die Vorlegung von Hülfs- oder Nebenfragen beantragt wird, dieselbe nur aus Rechtsgründen abgelehnt werden könne. Der Berlin 11. Jan. 76 vorgelegene Fall des §. 247 St.G.B. ist durch die Nov. v. 26. Febr. 1876 beseitigt. Er liegt aber noch vor, wenn es sich darum handelt, ob der Bestohlene Erzieher des Diebes war oder dieser zum Gesinde des Bestohlenen gehörte, oder ob bei fahrlässiger Körperverletzung der Thäter die durch sein Amt ꝛc. gebotene Aufmerksamkeit verletzte u. s. w. In diesen Fällen darf, wenn eine Frage beantragt wird, weil die Entscheidung thatsächlicher Natur ist, den Geschworenen die Entscheidung nicht entzogen werden. Vgl. hierüber R.G. I, 27. April 80 (R. I, 674, E. I, 423), II, 26. Nov. 80 (R. II, 569); s. bezüglich Feststellung des Antrags auch N. 6.

5. Im Falle der Idealkonkurrenz eines Antragsdelikts mit einem Offizialdelikt ist die Verfolgung nur in Betreff des letzteren statthaft, wenn bezüglich des ersteren der Antrag fehlt. Dresden 3. April 71 (Goltd. XIX, 612, S.G.Z. XV, 147, St. I, 13), Berlin 22. Jan. 72 (Goltd. XX, 87, O.R. XIII, 55, St. I, 169), 6. Juni 72, 29. März, 5. Juli 73, 23. März 75, 17. Febr. 76 (O.R. XIII, 339, XIV, 237, 486, XVI, 255, Goltd. XX, 409, XXI, 274, 499, XXIV, 457, St. II, 61, 263, III, 43), Mannheim 26. Okt. 72 (St. II, 372), München 29. Juli 72, 19. Juni 74 (bayer. Entsch. II, 200, IV, 264, St. IV, 135).

Auch in dieser Frage befolgte das preuß. O.Tr. anfänglich eine die Antragsberechtigung einschränkende Ansicht, indem es bei Konkurrenz eines Antrags- und eines Offizialdelikts auch ohne Antrag die Verfolgbarkeit des Antragdelikts annahm. (Vgl. O.R. XII, 187, 413, Goltd. XIX, 306.)

Ist eine solche strafbare Handlung unter dem Gesichtspunkte, bezüglich dessen ein Strafantrag nicht erforderlich war, rechtskräftig abgeurtheilt, so steht einer neuen Strafklage wegen des Antragsdelikts, welches früher Mangels des Strafantrags nicht verfolgt werden konnte, auch nach Stellung des Antrags die Rechtsregel **„ne bis in idem"** entgegen. R.G. I, 3. März 81, E. III, 385, R. III, 100.

6. Der Antragsberechtigte ist der Verletzte („der unmittelbar Verletzte", Berlin 24. Jan. 72, Goltd. XX, 86, O.R. XIII, 70), bez. dessen Vertreter (vgl. §. 65). In einzelnen Paragraphen finden sich besondere Bestimmungen über die Person des Antragsberechtigten (vgl. z. B. die §§. 102, 182, 189, 288).

Verletzter ist Jeder, der durch die That in seinen Rechten angegriffen ist, also nicht nur der Eigenthümer der Sache, welche Gegenstand des Delikts ist, sondern auch unter Umständen der Pächter, München 18. Aug. 76 (St. VI, 370), der Miether, R.G. II, 3. Nov. 79 (R. I, 33, Goltd. XXVIII, 29) und neben dem berechtigten oder unberechtigten Inhaber auch der Eigenthümer R.G. III, 29. Mai 80, E. II, 73, R. I, 839. In verschiedenen reichsgerichtlichen Urtheilen wird der Verletzte als der Träger des angegriffenen Rechtsguts bezeichnet, so: R.G. III, 11. Nov. 86, R. VIII, 703, I, 8. Dez. 90, E. XXI, 231. Nicht ganz im Einklang mit der sonstigen ausdehnenden Anschauung über die Person des Verletzten verneinte R.G. IV, 16. April 89, E. XIX, 250, daß der Ehemann einer von einem Dritten durch Erregung oder Benutzung eines Irrthums zur Gestattung des Beischlafs verleiteten Ehefrau, vermöge dessen diese den Beischlaf für einen ehelichen hielt (§. 179 St.G.B.) nicht antragsberechtigt sei.

7. Der Tod des Antragsberechtigten hebt die Wirksamkeit des von ihm gestellten Antrags nicht auf. Dresden 13. Aug. 75, 11. Febr. 76 (S.G.Z. XX, 118, XXI, 49). Wird dagegen ein schriftlich gestellter Antrag erst nach dem Tode des Berechtigten bei der zur Verfolgung berufenen Behörde eingereicht, so ist er unwirksam. Berlin 12. Dez. 77 (O.R. XVIII, 780, Goltd. XXV, 505, St. VIII, 77). Auf die Erben geht die Antragsberechtigung nicht über. Braunschweig 25. Jan. 71 (St. I, 129), Berlin 12. Dez. 77 (O.R. XVIII, 780, Goltd. XXV, 505, St. VIII, 77), Dresden 13. Aug. 75, 11. Febr. 76 (S.G.Z. XX, 119, XXI, 49). Dies ist selbst dann der Fall, wenn der Antragsberechtigte im Laufe der Antragsfrist stirbt, und nun die Ehefrau wegen eines auch sie berührenden Delikts (Hausfriedensbruch in der von ihr getheilten Wohnung) als Berechtigte oder während des Restes der Frist Strafantrag stellen will. R.G. III, 9. Juni 84, E. XI, 54, R. VI, 406. Die gestellte Privatklage kann unter Umständen von den Erben fortgesetzt werden (§. 433 St.P.O.).

8. Ist eine kollektive Personeneinheit in einer Weise verletzt, daß jedes einzelne Mitglied als verletzt erscheint, so ist auch jedes antragsberechtigt. Berlin 3. April 78 (Goltd. XXVI, 202), R.G. I, 25. Okt. 80 (R. II, 388); s. auch Berlin 10. Jan. 72, 18. Febr. 74 (O.R. XIII, 21, XV, 91, St. I, 159), Dresden 9. Juni 74 (St. III, 101, S.G.Z. XVII, 183, XXII, 144), A. M. München 3. Okt. 73 (St. III, 106). Für einen angegriffenen Beamten ist dessen Stellvertreter nicht antragsberechtigt. Berlin 27. Nov. 74 (O.R. XV, 817). So auch nicht der Ministerialdirektor für den beleidigten Minister, R.G. I, 8. Dez. 90, E. XXI, 231. Ist eine politische Partei angegriffen, so ist nicht jedes Parteimitglied antragsberechtigt. Dresden 27. Jan. 73 (St. II, 257, S.G.Z. XVIII, 54).

9. Der Umstand, daß der Antragsberechtigte die Zeugschaft verweigern kann, und von diesem Rechte Gebrauch macht, hindert nicht, den gestellten Antrag oder dessen Zurücknahme aus den Akten zu konstatiren. München 18. Juni 77 (bayr. Entsch. VII, 237).

10. Der Antrag unterscheidet sich von der in einzelnen Paragraphen, z. B. 99, 101, 197, erforderten Ermächtigung dadurch, daß letztere von der verfolgenden Behörde nachgesucht werden kann. Die Bestimmungen über den Strafantrag finden auf die Ermächtigung keine Anwendung, z. B. die über die Antragsfrist.

11. Die dreimonatliche Frist ist nach der Kalenderzeit zu berechnen (vgl. oben die Motive und §. 19). Sie beginnt mit dem Tage der erlangten Kenntniß von der Handlung und der Person des Thäters; jener Tag ist also mitzurechnen. Berlin 3. Dez. 73 (Goltd. XXI, 496, O.R. XIV, 769, St. III, 275), Stuttgart 16. April 79, München 2. Juni 76 (St. VI, 156, bayr. Entsch. VI, 278), Dresden 19. April 75 (S.G.Z. XIX, 364), München 15. Febr. 78 (St. VIII, 82), R.G. I, 22. Dez. 79 (E. I, 40, III, 16. Nov. 81, R. III, 716). Abwesenheit des Thäters im Kriegsdienst hindert nicht die Antragstellung, hemmt daher nicht den Lauf der Frist. Berlin 7. März 73 (Goltd. XXI, 269). Daß der Antrag verspätet sei, wird nicht vermuthet, eine Beweislast trifft in dieser Hinsicht den Antragsberechtigten nicht. (Vgl. Berlin 7. Juli 75, O.R. XVI, 521.) Ergibt sich aber im Laufe der Untersuchung oder weist der Angeklagte nach, daß der Antragsberechtigte länger als 3 Monate jene Kenntniß hatte, so findet die Bestrafung nicht statt. Berlin 29. März 76 (O.R. XVII, 229). Sind Mehrere bei der strafbaren That betheiligt, so genügt die Einhaltung der Antragsfrist gegenüber von Einzelnen, auch andern Betheiligten gegenüber. Berlin 18. Febr. 74 (O.R. XV, 91).

Eine Modifikation der Regel, daß die Antragsfrist von der Kenntniß der That an läuft, hat die Praxis bei Ehebruch adoptirt. S. hierüber zu §. 172.

12. Ob ein Antrag erforderlich ist, ob er vorliegt und ob er rechtzeitig gestellt ist, muß der Richter sowohl im Laufe des Verfahrens, als spätestens bei der Aburtheilung prüfen. Berlin 27. Okt. 71, 20. Febr., 25. Juni 73, 11. Febr. 74 (O.R. XII, 541; XIV, 151, 409, 458; XV, 65, St. II, 235), Dresden 12. Mai 73 (S.G.Z. XVIII, 49), Stuttgart 8. Juli 74 (St. IV, 12). Auch in der Revisionsinstanz kann die Prüfung nachgeholt werden. R.G. III, 17. April, II, 2. Nov. 80, III, 23. Febr. 88 (R. I, 615, II, 430, X, 187). Findet der Richter, daß es an einem Antrage fehlt, oder der gestellte Antrag rechtzeitig zurückgenommen ist, so spricht er Einstellung des Verfahrens aus (§. 259 St.P.O.). Auf Freisprechung ist nicht zu erkennen. R.G. II, 2. Nov. 80 (R. II, 432).

Ein Grund zur Aufhebung des Urtheils kann dem Umstande nicht entnommen werden, daß der Richter über die Stellung des Antrags keine Beweiserhebung gepflogen und dieselbe im Urtheile nicht thatsächlich wie die Schuldfrage festgestellt hat, weil die Stellung des Antrags nur ein prozessualer Vorgang ist, der in jeder Instanz nach den Akten geprüft werden kann. Es bildet also nur das faktische Nichtvorliegen eines wirksamen Strafantrags in Fällen, in denen er zur Erfolgung erforderlich ist, einen Revisionsgrund. R.G. II, 14. April 82, E. VI, 162, R. IV, 324. R.G. III, 21. April 80 (R. I, 637), vgl. auch R.G. III, 31. Dez. 79 (E. I, 43).

13. Bezüglich der Stellung des Antrags schreibt §. 156 der R.St.P.O. vor:

„Anzeigen strafbarer Handlungen oder Anträge auf Strafverfolgung können bei der Staatsanwaltschaft, den Behörden und Beamten des Polizei- und Sicherheitsdienstes und den Amtsgerichten mündlich oder schriftlich angebracht werden. Die mündliche Anzeige ist zu beurkunden.

Bei strafbaren Handlungen, deren Verfolgung nur auf Antrag eintritt, muß der Antrag bei einem Gericht oder der Staatsanwaltschaft schriftlich oder zu Protokoll, bei einer andern Behörde schriftlich angebracht werden."

Das Gesetz unterscheidet also zwischen der Staatsanwaltschaft und den Behörden des Polizei- und Sicherheitsdienstes und können bei letzteren, selbst wenn sie Hülfsbeamte der Staatsanwaltschaft sind, Anträge auf Strafverfolgung im Sinne des §. 61 St.G.B. nur schriftlich angebracht werden. R.G. II, 23. Nov. 80 (R. II, 556, E. III, 55). Als schriftlicher Antrag gilt aber jeder vom Antragsberechtigten unterschriebener Antrag, ohne daß die Unterschrift einer Beglaubigung bedarf. R.G. II, 3. Juli 85, R. VII, 465. Als schriftlicher Antrag gilt auch ein von einem Organe der Sicherheitspolizei geschriebener, oder von einem Polizeibeamten in Form eines Protokolls aufgenommener Antrag. R.G. I, 28. Juni 80, R. II, 128, 133, E. II, 125, 253, III, 2. Febr. 81, R. III, 3. Das erste dieser Urtheile vom 28. Juni 1880 ließ deshalb sogar einen vom Antragsberechtigten in blanco unterschriebenen Antrag zu, den der Gendarm, bei welchem der Antrag gestellt war, dann im Sinne des Antragstellers ausgefüllt hatte; das zweite spricht positiv aus, daß als zu Protokoll im Sinne des §. 156 gestellter Antrag nur derjenige erscheine, welcher mündlich bei einer der im Gesetze genannten Behörden gestellt und von derselben ohne Unterschrift des Antragstellers registrirt werde. S. auch R.G. III, 30. April 85, E. XII, 173, R. VII, 259. Diese Interpretation dürfte auch allein den Anforderungen der Praxis entsprechen, ohne die Sicherheit über die Intentionen des Antragstellers zu gefährden. Solche Anträge, welche nur durch eine Gendarmerie-Anzeige oder die vom Antragsteller nicht unterschriebene Registratur eines Beamten oder Bediensteten des Sicherheitsdienstes konstatirt sind, erscheinen also als unwirksam. Die gerichtlichen Protokolle sind, wie alle bei Gericht zu Protokoll zu nehmenden Erklärungen, vom Gerichtsschreiber aufzunehmen.

Nicht unterschriebene schriftliche Anträge sind unwirksam, R.G. II, 29. März 81, E. III, 442, R. III, 172, Unterkreuzung gilt jedoch als Unterschrift, wenigstens bis der Beweis erbracht ist, daß der unterkreuzte Antrag dem Willen des Antragstellers nicht entspricht, R.G. II, 6. Mai 81, R. III, 281, auch die Unterkreuzung durch einen Dritten in Folge Auftrags des Antragstellers R.G. II, 3. Febr. 88, R. X, 92. Auch Antragstellung durch Telegramm ist zulässig und als schriftlich gestellt zu betrachten R.G. I, 16. Okt. 84, R. VI, 624.

14. Der Antrag auf Strafverfolgung kann auch von einem Dritten auf Grund schriftlicher oder selbst mündlicher Vollmacht gestellt werden. (Vgl. Berlin 23. Febr., 5. Juli, 31. Okt. 72, Goltd. XX, 187, 381; XXI, 112, O.R. XIII, 179, 572, St. II, 25, München, 19. April u. 19. Juli 73, St. II, 309, 369, Berlin 24. März 76, 12. Dez. 77 (O.R. XVII, 217; XVIII, 780, Goltd. XXV, 506, St. VIII, 77). R.G. II, 10. Dez. 80 (R. II, 625), 21. März 81, E. III, 425, R. III, 156. Es genügt, wenn die Vollmacht nachträglich dargethan wird, wenn sie nur innerhalb der Frist ertheilt und der Antrag innerhalb derselben gestellt war*). Berlin 23. Febr. u. 21. Sept. 72, 30. Sept. 73, 24. Jan. 74 (O.R. XIII, 179, 572; XIV, 590, Goltd. XX, 187, 440; XXI, 112, St. II, 25, 26, 177; III, 297). A. M. München 2. Juni 76, 29. Aug. 77 (St. VI, 156, bayr. Entsch. VI, 279; VII, 404), welches verlangte, daß auch die Vollmacht innerhalb der Frist nachgewiesen sei.

Auch Verwalter Berlin 28. Mai u. 30. Sept. 73, 8. Jan. 79 (O.R. XIV, 406, 590, Goltd. XXI, 437, XXVII, 107; R.G. II, 7. Dez. 81, R. III, 770) jedoch a. M. Dresden 15. Mai 71 (S.G.Z. XV, 180, St. I, 49), Beamte**) Berlin 6. Nov. 73, 3. Nov. 74 (O.R. XIV, 696; XV, 737, Goltd. XXI, 565; XXII, 564, St. III, 231), Bedienstete von Eisenbahngesellschaften Berlin 11. Febr. 74 (O.R. XV, 68, Goltd. XXII, 115) können ohne Spezialvollmacht kraft ihres Amtes als zur Stellung des Antrages ermächtigt erscheinen. Bei Prokuristen wurde dies verneint. Berlin 3. Mai 73 (O.R. XIX, 241, Goltd. XXVI, 325). Dagegen machte es R.G. III, 13. Dez. 86, E. XV, 144, R. VIII, 754 vom Umfang der Vollmacht und dem muthmaßlichen Willen des Vollmachtgebers abhängig. Die Ehefrau hat in Abwesenheit ihres Mannes Präsumtivvollmacht. Berlin 30. Jan. 78 (Goltd. XXVI, 54). Ist die Ehefrau selbst die Verletzte, so bedarf sie zur Stellung des Antrages der Mitwirkung des Ehemanns nicht. Berlin 8. März 71 (O.R. XII, 148). Sonst genügt Präsumtivvollmacht nicht. R.G. III, 17. Juni 82, E. VII, 4, R. IV, 573.

---

*) S. einen Fall, in welchem ein Dritter die Vollmacht geschrieben und mit dem Namen des Vollmachtgebers unterschrieben hatte, der übereinstimmende Wille des Letzteren aber nachgewiesen war. R.G. II, 24. Febr. 82, E. VI, 69.

**) S. einen Fall dieser Art. R.G. IV, 18. Mai 88, R. X, 412, Goltd. Bd. 36, S. 193, in welchem der Kassencurator als Antragsberechtigter für den Fiskus wegen einer Gerichtskostenschuld erklärt wurde.

Auch Generalbevollmächtigte erscheinen unter Umständen als zur Stellung des Antrags kraft ihrer Generalvollmacht berechtigt. R.G. II, 20. April u. III, 1. Mai 80 (R. I, 620, 707, E. I, 387, II, 145). Ebenso Nachlaßpfleger in Beziehung auf den ihrer Verwaltung unterstellten Nachlaß. R.G. II, 16. Febr. 83, E. VIII, 112, R. V, 125 und Gutsadministratoren nach Maßgabe ihrer Vollmacht R.G. IV, 14. Nov. 84, R. VI, 735. Hierbei kommt es aber nicht auf die civilrechtliche Gültigkeit oder eine bestimmte Form der Vollmacht an, auch ein mündlicher, genügend nachgewiesener Auftrag oder die generelle Uebertragung eines gewissen Umfangs von Befugnissen genügt für das strafrechtliche Gebiet. R.G. II, 21. März 81, E. III, 425, R. III, 156 und bezüglich eines Generalbevollmächtigten R.G. IV, 22. Febr. 89, E. XIX, 7.

Es ist nicht erforderlich, daß der Beauftragte den Strafantrag ausdrücklich im Auftrage des Verletzten stellt. R.G. II, 19. Dez. 79 (R. I, 163).

Vorstehenden Entscheidungen liegen aber folgende Sätze zu Grunde: Die Vertretung des Antragsberechtigten bei der Erklärung des Antrags auf Grund einer hierauf gerichteten Spezialvollmacht, ist nicht zu beanstanden, da in diesem Falle der Antragsberechtigte nur durch Vermittelung eines Andern den Antrag stellt. Dagegen kann eine Vertretung im Willen, wobei also der Bevollmächtigte entscheidet, ob Antrag zu stellen sei oder nicht, in der Regel nicht stattfinden. Nur ausnahmsweise wurde es zugelassen in Fällen, in welchen dem Bevollmächtigten eine Verwaltungsbefugniß in gewissem Umfange übertragen war; das Delikt, wegen dessen Strafantrag zu stellen war, in den Kreis dieser Befugnisse fiel und anzunehmen war, daß der Antrag dem Willen des Auftraggebers entspreche. S. hierüber Bolze in G.S. Bd. 32, S. 433 fg. Dagegen theilweise Herzog G.S. Bd. 33, S. 389 fg. Vorstehende Darstellung entspricht der Judikatur des R.G.

15. Ob der Absicht nach ein wirklicher Antrag auf Bestrafung vorliegt, ist Sache der Auslegung. Das Entscheidende ist, daß der Wille des Antragsberechtigten hervortritt, die Strafverfolgung eingeleitet zu sehen, aber bestimmt und unzweideutig und bedingungslos. Berlin 6. Dez. 71, 6. Febr., 24. Mai 73, 18. Sept. 74, 3. März, 5. April, 3. Mai, 76, 23. Okt. 78 (O.R. XII, 623; XIV, 114, 402; XV, 574; XVII, 163, 253, 306; XIX, 474, Goltd. XIX, 802; XXII, 565; St. I, 99; II, 234; IV, 105), Leipzig 7. Febr. 73 (Entsch. IX, 37, Goltd. XXI, 268, St. II, 210), München 11. Jan. 75, 28. Jan. u. 30. Mai 76 (bayr. Entsch. V, 4; VI, 31, 276), Stuttgart 22. Dez. 75 (St. VI, 156). Es kann daher je nach dem Inhalte auch in einer bloßen Anzeige ein Strafantrag erblickt werden und bedarf es keines formellen Antrags. Berlin 6. Dez. 71, 3. Mai 76, 23. Okt. 78 (O.R. XII, 623; XVII, 305; XIX, 474, Goltd. XIX, 802, St. I, 99), Stuttgart 22. Dez. 75 (St. VI, 156, Goltd. XXV, 603). R.G. III, 17. April 80, 5. März 81 (R. I, 615; III, 115). Es genügt die Bitte, das Weitere zu veranlassen, oder den Angezeigten zur Verantwortung zu ziehen. Berlin 6. Febr. 73, 5. April u. 3. März 76, 23. Okt. 78 (O.R. XIV, 114; XVII, 163, 253; XIX, 474, Goltd. XXI, 273, St. II, 234), München 16. Febr. 72 (bayr. Entsch. II, 33). R.G. III, 30. April 85, E. XII, 173, R. VII, 259. Auch in dem Anschluß als Nebenkläger wurde die Stellung des Strafantrags erblickt. R.G. III, 29. Okt. 88, R. X, 608, 18. Nov. 89, Goltd. Bd. 37, S. 427.

16. In der Erhebung der Privatklage ist zugleich der Strafantrag enthalten, mithin die Frist hierfür gewahrt, wenn die Klage innerhalb derselben gestellt war. Dies hat zur Folge, daß nicht nur der Staatsanwalt die durch die Klage eingeleitete Verfolgung übernehmen (§. 417 Abs. 2 Str.Pr.O.), sondern auch selbständig Klage stellen kann, wenn der Privatkläger die Klage nicht weiter verfolgt, ohne daß es eines weiteren Antrags bedarf. Kann der Strafantrag zurückgenommen werden, und erfolgt eine Zurücknahme der Privatklage in der Weise, daß auch der Antrag zurückgenommen erscheint, so ist auch Verfolgung durch den Staatsanwalt ausgeschlossen. R.G. II, 20. April 83, E. VIII, 207, R. V, 272. Daß die erfolglos versuchte Sühne nicht genügend nachgewiesen ist, nimmt der Privatklage nicht die Bedeutung eines Strafantrags. R.G. II, 4. März 81, E. III, 373.

17. Die Bezeichnung der rechtlichen Qualifikation der That ist für den Antrag nicht erforderlich, und wenn sie hinzugefügt worden, ist eine irrthümliche Bezeichnung des Delikts ohne Einfluß auf die Wirksamkeit des Antrags. Berlin 13. u. 24. März, 17. u. 24. Mai, 26. Sept. u. 22. Nov. 73, 6. Mai 74, 22. Nov. 76 (O.R. XIV, 202, 374, 402, 584; XV, 280; XVII, 757, Goltd. XXI, 267, St. II, 258, 343; III, 168), Stuttgart 18. Dez. 73 (St. IV, 11),

Mannheim 14. April 77 (St. VII, 253). R.G. II, 2. Nov. 80 (R. II, 433, III, 8. Okt. 81, E. V, 97, R. III, 608. Das Gericht ist demgemäß befugt, die mit Antrag zur Kenntniß der verfolgenden Behörde gebrachten Thatsachen unter alle sich darbietende rechtliche Gesichtspunkte zu bringen, auch die Beurtheilung auf die ideale und reale Konkurrenz von strafbaren Handlungen zu erstrecken, insofern nicht erkennbar ist, daß der Antragsteller wegen einer erwähnten strafbaren Handlung, für deren Verfolgung die Antragstellung Vorbedingung ist, Strafantrag nicht gestellt haben wollte. Berlin 31. Okt. 72, 13. u. 21. März 73, 16. April 78 (O.R. XIII, 576; XIV, 203; XIX, 223, Goltd. XX, 509; XXI, 267, 268, St. II, 150, 170, 258; VIII, 90). Selbst dann ist ein Strafantrag wirksam, wenn er wegen eines ohne Antrag verfolgbaren Delikts gestellt ist, sich aber ein nur auf Antrag verfolgbares herausstellt. Berlin 18. Sept. 74, O.R. XV, 574, R.G. III, 9. März 81, R. III, 130 oder wenn ein vom Antragsteller nicht erwähnter Erfolg der That bei dem veränderten rechtlichen Gesichtspunkt in Anrechnung kommt. R.G. III, 22. April 82, E. VI, 310. Ueberhaupt ist das Gericht, wenn einmal der Antrag als gestellt zu gelten hat, in allen seinen Maßnahmen vom Antragsteller völlig unabhängig. Berlin 22. Nov. 76 (O.R. XII, 757), München 13. April 77 (St. VII, 77, bayr. Entsch. VII, 148), Mannheim 14. April 77 (St. VII, 253, bad. Ann. Bd. 43 S. 155). Nach obiger Regel kann ein wegen des Inhalts einer Druckschrift gestellter Strafantrag, in welchem keine bestimmte Stelle derselben bezeichnet ist, bezüglich aller Theile der Schrift richterliche Kognition veranlassen. Berlin 21. Juni 73 (St. III, 10).

18. Ist dem Antrage eine Bedingung beigefügt, so ist derselbe ohne Wirkung, wenn die Bedingung erkennen läßt, daß der Antragsteller den Antrag nicht gestellt haben wolle, wenn die Bedingung nicht erfüllt sein sollte. R.G. III, 1. April 82, E. VI, 152, R. IV, 303. Dies ist stets der Fall, wenn dem Antrag eine Resolutivbedingung beigefügt sein sollte. Bei Suspensivbedingungen wird dies meist der Fall sein, insbesondere dann, wenn dadurch der eigentliche Wille des Angeklagten auf längere Zeit im Ungewissen bleibt. Dagegen ist ein Strafantrag wirksam, der nur eine bestimmte, bereits entschiedene, nur dem Antragsteller unbekannte Voraussetzung aufstellt; s. ein Beispiel R.G. II, 16. April 86, E. XIV, 96, R. VIII, 291. Bedingungen, deren Eintritt bereits feststeht, oder deren künftiger Eintritt notorisch ist, gelten als nicht geschrieben. Allerdings erklärt R.G. 16. April 86 Resultivbedingungen für unwirksam, weil sie das durch den Antrag entstandene Strafverfolgungsrecht wieder beseitigen könnten (Gl. M. Olshausen N. 45b). Allein dadurch, daß der Antragsteller, dessen Wille allein entscheidet, erklärt, er wolle für einen bestimmten, künftig eintretenden Fall den Antrag nicht gestellt haben, entsteht eine Ungewißheit über den Willen, welche das Strafverfolgungsrecht überhaupt nicht zum Entstehen gelangen läßt. Vorbehalte, wie der der Zurücknahme des Antrags, sind ohne alle Wirkung. R.G. II, 7. Dez. 80, E. III, 89. Dagegen ist die Beifügung oder Ermittelung des Motivs gleichgültig und daher selbst der Umstand, daß der Verletzte geglaubt hat, zur Stellung des Antrags verpflichtet zu sein, nicht geeignet, den Antrag wirkungslos zu machen. Berlin 27. März u. 11. Juli 73 (Goltd. XXI, 435, O.R. XIV, 220, 506, St. II, 342; Mannheim 15. Juli 76 (St. VI, 153).

19. Nach den Motiven (s. oben N. 1) wird als selbstverständlich vorausgesetzt, „daß die Bestrafung nur dann erfolgen dürfe, wenn sie innerhalb der gesetzlichen Frist bei der zuständigen Behörde oder deren Organen beantragt worden ist“. — Wer diese Behörden sind, ist nach der Reichsstrafprozeßordnung zu beurtheilen; s. oben N. 7.

Der Antrag kann hiernach bei jeder Behörde gestellt werden, welche die Pflicht hat, im konkreten Falle die Strafverfolgung zu veranlassen. Berlin 5. Okt. 72 u. 19. Dez. 77 (Goltd. XX, 506, O.R. XIII, 506; XVIII, 805, St. II, 76), München 19. April 73 (St. II, 309), Dresden 10. April 74 (S.G.Z. XVIII, 250) u. 24. Juli 74 (S.G.Z. XIX, 25). Insbesondere kann derselbe auch bei niederen Polizeibeamten, sowie bei den Gendarmen wirksam angebracht werden. Berlin 24. Mai 72 u. 5. Okt. 72 (Goltd. XX, 250, 506, O.R. XIII, 316, 506, St. I, 330; II, 76), München 19. April 73 (St. II, 309), Dresden 10. April 74 (S.G.Z. XVIII, 250). R.G. I, 28. Juni 80, 5. Jan. 82, E. II, 125, R. II, 128; IV, 17.

Ist die Staatsanwaltschaft selbst verletzt, so kann der dieselbe vertretende Beamte zu seinen Akten den Antrag stellen. R.G. I, 16. Juni 81, E. IV, 264, R. III, 407. Auch ein beleidigtes Gericht ist zuständig, den deshalb gestellten Strafantrag entgegenzunehmen, und gelten die dasselbe bildenden Richter nur dann als betheiligt, wenn nicht das Gericht als Behörde, sondern die einzelnen Richter als beleidigt erscheinen. Löwe St.P.O. S. 231 N. 3b, Stenglein St.P.O.

§. 22 N. 6. Dagegen kann die öffentliche Klage des Staatsanwalts nie als Strafantrag gelten, auch wenn er der persönlich oder in Beziehung auf sein Amt Beleidigte ist.

Im Uebrigen muß die bisherige Praxis, sowie landesrechtliche Bestimmungen über die Form des Antrags und dessen Beurkundung, obgleich dieselben, so lange die strafprozessualen Bestimmungen der Landesgesetzgebung überlassen waren, Gültigkeit hatten, als durch die Reichsstrafprozeßordnung derogirt betrachtet werden. Wenn in den Noten 11—15 auf die bisherige Praxis Rücksicht genommen wurde, so geschah es, weil diese Regeln auf die Erforschnng des Willens des Antragsstellers Bezug haben, nicht auf die formelle Behandlung des Antrags. Ein schriftlicher Antrag, welcher der Unterschrift ermangelt, aus dem aber erkennbar ist, von wem er herrührt, wurde bisher als wirksam anerkannt. Berlin 3. Dez. 75 u. 6. Juli 77 (O.R. XVI, 773; XVIII, 508, St. VII, 254).

20. Der an eine unzuständige Behörde gerichtete, von dieser an die zuständige Behörde abgegebene Antrag ist wirksam, wenn er bei der Letzteren rechtzeitig eingegangen ist. Berlin 5. Okt. 72 u. 26. Sept. 73 (Goltd. XX, 506, O.R. XIII, 506, 584, St. II, 76). Vgl. auch R.G. II, 20. Sept. 87, R. IX, 446.

Gleiches gilt, wenn der Antragsteller sich der Vermittelung seiner vorgesetzten Dienstesbehörde bedient. Berlin 1. Mai 77 (O.R. XVIII, 301).

Als wirksam wurden Anträge erachtet, welche bei der generell zur Verfolgung zuständigen Behörde (Staatsanwaltschaft) gestellt waren, welche jedoch für den konkreten Fall nicht zuständig war, obwohl die Frist beim Einlauf des Antrags bei der zuständigen Behörde abgelaufen war. Berlin 4. März 79 (St. VIII, 374, O.R. XIX, 120), Dresden 30. April 75 (S.G.Z. XX, 12, St. V, 261). Wenn die Staatsbehörde wegen Beleidigung oder Körperverletzung öffentliche Klage erheben will, obgleich dieselben mit der Privatklage verfolgt werden können und nur auf Antrag verfolgbar sind (§. 416 St.P.O.), ist sie an den Antrag des Verletzten gebunden, kann also bei rechtzeitiger Zurücknahme des Antrags die Verfolgung nicht fortsetzen. R.G. III, 14. April 80 (R. I, 601).

21. Der Antrag auf Sühneversuch bei dem kompetenten Schiedsmann gilt für Privatklagen wegen Beleidigung nicht als Antrag. R.G. 14. Juli 80 (Ann. II, 291). A. M. Berlin 13. Okt. 72 u. 3. Juli 73 (Goltd. XX, 507; XXI, 499), 6. Febr. 76 (O.R. XVII, 117). Auch Medem in G.S. Bd. 33 S. 497 will ihn als Antrag betrachtet haben.

22. Der Antragsberechtigte muß, damit die dreimonatliche Frist zu laufen beginnt, von der Handlung Kenntniß haben. Dazu ist erforderlich, daß er weiß, daß die Handlung gegen ihn gerichtet ist, daß er Verletzter und Antragsberechtigter ist. Berlin 4. März 75 (O.R. XVI, 193, Goltd. XXIII, 316). Den ad hoc gestellten Kuratoren läuft deshalb die Frist erst von ihrer Bestellung an. Berlin 14. Febr. u. 7. März 72 (O.R. XIII, 146, 196, Goltd. XX, 188, 189, St. I, 215, 263). Schriftlich oder mündlich verübte Delikte kennt der Verletzte nicht durch eine allgemeine Mittheilung, sondern erst von Kenntniß des Wortlautes an. Berlin 11. Juli 78 (Goltd. XXVI, 431).

Ueberhaupt muß der Verletzte die Handlung nicht in allen ihren Einzelheiten kennen, damit die Frist in den Lauf komme, es genügt aber auch nicht eine bloße Vermuthung, daß sie geschehen sei, oder eine unbestimmte Mittheilung. Es ist vielmehr unter Kenntniß der Handlung das Wissen solcher Thatsachen verstanden, welche einen Schluß auf die Beschaffenheit der That in ihren wesentlichen rechtlichen und thatsächlichen Beziehungen, insbesondere auch darauf gestatten, daß die Verfolgung der That die Stellung eines Strafantrags zur Voraussetzung habe. R.G. I, 7. Febr. 84, E. X, 141.

23. Die Identität der Handlung kommt beim Strafantrag in gleicher Weise in Frage, wie zwischen Eröffnung des Hauptverfahrens und Urtheil. Es kann keine andere That, insofern sie Antragsdelikt ist, zur Aburtheilung gelangen, als diejenige, wegen welcher Strafantrag gestellt ist. Vgl. Stenglein, St.P.O. S. 304 N. 8e und §. 263 N. 1, 2, Löwe, St.P.O. S. 438 N. 3a §. 263 N. 2. Hiernach muß der Strafantrag denjenigen thatsächlichen Vorgang bezeichnen, in welchem die Merkmale einer gegen den Antragsteller gerichteten strafbaren Handlung zu finden sind, ohne daß die rechtliche Qualifikation der That oder die Aenderung in einzelnen thatsächlichen Momenten entscheidend wirkt. So können selbst Folgen der That, auf welche der Antragsteller kein Gewicht legte, welche dieselbe aber rechtlich anders qualifiziren, erst nachträglich in die Verfolgung einbezogen werden. R.G. III, 22. April 82, E. VI, 309.

24. Die Antragsfrist beginnt nicht, ohne daß der Antragsberechtigte auch die Person des Thäters kannte. Deshalb ist jedoch ein Antrag nicht unwirksam, welcher ohne Kenntniß und Bezeichnung des Thäters nur auf den objektiven Sachverhalt hin gestellt wird. Berlin 26. Juni 73, 11. Juli u. 21. Febr. 74, 7. Okt. 75 (O.R. XIV, 471; XV, 401; XVI, 642, Goltd. XXIII, 496, St. III, 86, 276), München 30. Okt. 74 (bayr. Entsch. IV, 294), R.G. III, 17. April 80 (R. I, 615), 26. Febr. 81, R. III, 84, auch ist der Antragsteller zu einer Thätigkeit, den Thäter zu erforschen, nicht verpflichtet. Berlin 11. Juli u. 20. Sept. 78 (Goltd. XXVI, 430, 431). Hat der Antragsteller in Folge eines persönlichen Verhältnisses zum Thäter das Recht der Antragstellung, so präjudizirt ihm ein ohne Kenntniß des Thäters gestellter Antrag nicht (vgl. §§. 247, 263 St.G.B.). Art. 105 des sächs. St.G.B. schrieb sogar eine nachträgliche Befragung des Antragsberechtigten vor.

Zur Kenntniß des Thäters genügt nicht ein allgemeiner Verdacht, Berlin 15. Dez. 74 (O.R. XV, 864, Goltd. XX, 567, St. IV, 260), Dresden 6. Nov. 76 (St. VII, 17, sondern es müssen Thatsachen vorliegen, welche den Schluß auf die Thäterschaft zulassen und bewirken, daß der Antragsberechtigte den Verdächtigen für den Thäter hält. Mannheim 15. Juni 72 (bad. Ann. Bd. 38 S. 262). Handelt es sich um ein von einer Firma ausgegangenes Delikt, so genügt nicht die Kenntniß von den Inhabern der Firma, sondern nur die des speziellen Thäters zur Eröffnung der Antragsfrist. Berlin 21. Sept. 80 (Goltd. XXVI, 429).

Durch die Kenntniß einzelner Thäter und Ablauf der Frist gegen diese verliert der Antragsberechtigte nicht das Recht, gegen später bekannt gewordene Thäter den Antrag zu stellen und wirkt dieser gegen alle Betheiligte (§. 63) R.G. 17. April 80 s. oben. Ist der Strafantrag gegen eine bestimmte Person gestellt und es stellt sich heraus, daß nicht diese, sondern eine andere Thäter ist, so kann auch die letztere ohne neuen Antrag verfolgt werden, wenn nicht der Wille des Antragsberechtigten hervorgetreten ist, nur gegen die benannte Person Strafantrag stellen zu wollen. Im Zweifel trifft der Antrag die strafbare Handlung, nicht die Person des Thäters mit ausschließender Wirkung, R.G. II, 19. Sept. 82, E. VII, 35.

25. Durch Stellung des Strafantrags bei einer zur Entgegennahme desselben zuständigen Behörde wird die Frist auch dann gewahrt, wenn der Staatsanwalt die Erhebung der öffentlichen Klage ablehnt. In denjenigen Fällen, in welchen Privatklage zulässig ist, kann sodann diese gestellt werden, ohne daß hierfür eine besondere Frist läuft. R.G. II, 4. März 81, E. III, 373.

26. Bei fortgesetzten Delikten, bei welchen strafrechtlich eine Einheit der That angenommen wird, beginnt die Antragsfrist erst mit der letzten Fortsetzungshandlung, obgleich jede einzelne derselben den vollen Thatbestand des Delikts umfaßt und der Antragsberechtigte von einzelnen Fortsetzungshandlungen schon länger als 3 Monate vor jenem Endtermine genügende Kenntniß erhalten hatte. R.G. IV, 18. März 87, E. XV, 370, R. IX, 183, A. M. III, 29. Jan. 81, E. III, 326, R. II, 770; jedoch dag. 3. März 84, E. X, 204. Gleiches muß bei sog. Kollektiv-Delikten, den gewerbsmäßig oder gewohnheitsmäßig verübten, angenommen werden. Gl. M. Olshausen N. 34, Binding I, 631, Oppenhoff §. 236 N. 9.

27. Die Verjährung der nur auf Antrag zu verfolgenden strafbaren Handlungen läuft neben der dreimonatlichen Rügefrist ganz unabhängig. R.G. IV, 22. April 84, R. VI, 291. Ebenso wenig ist diese Rügefrist nach den Grundsätzen von der Verjährung zu beurtheilen. Wegen einer verjährten That kann ein wirksamer Antrag nicht gestellt werden, auch wenn die Antragsfrist wegen späterer Kenntniß des Thäters noch läuft. Dresden 15. Juni 74, 8. März 75 (S.G.Z. XIX, 28, 293, St. IV, 262). Ein einmal gestellter Antrag verliert seine Wirkung nicht, wenn auch zunächst nichts darauf veranlaßt wird.

28. Wegen Zurücknahme des Antrags und Verzicht auf denselben vgl. zu §. 64.

29. Sehr bestritten ist die Frage, ob die Folge der Unterlassung des Antrags nur von der Thatsache abhängt, oder ob die Folge des Ablaufs der unbenutzten Frist nur dann eintritt, wenn der Antragsberechtigte die Möglichkeit hatte, den Antrag zu stellen, wie aus den Worten: „unterlassen", „versäumt" (§. 62) gefolgert wird. (Vgl. Celle 14. Juli 88, Goltd. XXXVII, 209). Weiter gehende Ansichten, wonach eine schuldhafte Versäumniß erforderlich wäre (Fuchs, Anklage rc. S. 25, s. Bl. I, Nessel S. 43, Medem S. 581) haben weder Boden im Gesetz noch in der gemeinen Meinung. Die Mittelmeinung nimmt Ruhen der Frist an bei Unmöglichkeit der Antragstellung (so Olshausen N. 50, Lehmann S. 41, H. Meyer S. 364, Heinze Rchs.- u. Ld.St.R. S. 73, Reber S. 473). Als Gründe der Unmöglichkeit werden aufgeführt: Gerichtsstillstand, Wechsel der Gesetzgebung, vermöge welcher Offizialdelikte zu Antrags-

delikten werden, Reisen über See, Geisteskrankheit oder Taubstummheit u. s. w. Die beiden ersten rechtlichen Hindernisse sind wenig praktisch. Die thatsächlichen erfordern eine Cognition. Dies führt zur weiteren Frage, welcher Art die Frist ist. Mit Recht wird angenommen: es sei keine Prozeßfrist, da der Antrag Bedingung der Verfolgung ist, auch keine Verjährung, also nicht Unterbrechung zulassend. Sie ist ein selbständiges Institut: nicht prozessuale Rügefrist, befristetes Recht (vgl. Binding I, 641, H. Meyer S. 362, Olshausen N. 54 II). Daraus geht aber hervor, daß beim Schweigen des Gesetzes, mag dies auch eine Lücke enthalten, mangels jeder Norm über das Verfahren eine Cognition nicht möglich ist, also auch keine Wiedereinsetzung in den vorigen Stand, sondern daß, wie §. 61 deutlich ausspricht, der Ablauf der Frist allein über den Ausschluß entscheidet. Bei Seefahrern, Geisteskranken u. s. w. wird man ohnehin kaum von Kenntniß der Handlung und des Thäters sprechen können.

30. Liegt ein Antrag nicht vor und wurde dies im Vorverfahren übersehen, oder ist das erkennende Gericht der Ansicht, daß dasjenige, was bisher als Antrag betrachtet wurde, kein wirksamer Antrag sei, oder wird der Antrag in der Hauptverhandlung noch wirksam zurückgenommen, oder stellt sich erst in der Hauptverhandlung der Thatbestand eines Antragdeliktes heraus, so kann der Antrag innerhalb laufender Frist noch nachgeholt werden. Ist derselbe aber nicht sofort zu beschaffen, etwa durch Anwesenheit des Berechtigten, so kann oder ist die Frist abgelaufen, so muß Einstellung des Verfahrens erfolgen (§. 259 Abs. 2 St.P.O.), jedoch erst nach durchverhandelter Sache, da außerdem der Thatbestand nicht genügend beurtheilt werden kann, und möglicherweise ein Offizialdelikt vorliegen könnte.*) R.G. I, 12. Jan. 88, **R. X**, 32. Die Zustimmung des Staatsanwalts ist nebensächlich und könnte nicht einmal dessen Revision hindern. Wenn die Frist noch läuft, kann Aussetzung der Verhandlung behufs Beibringung des Antrags beschlossen werden. Nothwendig ist dies nicht, da die Einstellung (E. zur Zeit ist der St.P.O. unbekannt) die spätere Aburtheilung nicht hindert, R.G. II, 31. Mai 81, **E. IV**, 211, **R. III**, 351. Mit Einstellungsurtheil ist jedenfalls ein zur Hauptverhandlung ohne Antrag gediehenes Antragsdelikt zu erledigen (R.G. II, 2. Nov. 1880, **R. II**, 432); dies durch Beschluß zu thun, wenn auch die Gründe klar vorliegen, ist nach Eröffnung des Hauptverfahrens unzulässig. (A. M. Olshausen N. 57 a. E.)

31. Das St.G.B. drückt das Erforderniß des Antrags dahin aus: „Die Verfolgung tritt nur auf Antrag ein." Also die Handlung soll strafrechtlich ohne einen Antrag nicht verfolgt werden. Daraus folgt mit Nothwendigkeit, daß auch die in den §§. 40, 41 angeordneten Maßregeln, die Einziehung und Unbrauchbarmachung von Preßerzeugnissen, ohne einen Antrag nicht in Gemäßheit des §. 42 selbständig erkannt werden können. Die Ausnahmevorschrift des §. 42 bezieht sich nur auf den Fall, wenn diese Verfolgung einer bestimmten Person aus thatsächlichen Gründen nicht ausführbar erscheint, nicht auf den Fall, wo diese Verfolgung aus rechtlichen Gründen verboten ist. Das dem Erforderniß des Antrags zu Grunde liegende Motiv erstreckt sich auch auf jene Maßregeln. Ist die dreimonatliche Frist verstrichen, der Antragsberechtigte verstorben, oder unterläßt er den Antrag, so findet das Verfahren nach §. 42 weder auf einen verspäteten Antrag noch von Amtswegen statt. Vgl. oben zu §. 42 N. 2 und Leipzig 18. Juni 75, Entsch. des R.O.H.G. **XVIII**, 123. Die abweichende Praxis des preuß. O.Tr. und des bayr. Kass.-Hofes (s. Berlin 6. März 72, 9. Juli 73 u. 23. April 74, Goltd. **XX**, 182; **XXII**, 254, O.R. **XIII**, 192; **XIV**, 487; **XV**, 252, München 21. März 74, St. III, 279) entbehrt der ausreichenden Begründung. Die zur Rechtfertigung dieser Praxis gemachte Unterscheidung zwischen Verfolgung der „Handlung" des Thäters und dem bloßen Erkenntniß auf Einziehung oder Unbrauchbarmachung beruht auf einer zu weit gehenden Subtilität. (A. M. Oppenhoff §. 61 N. 4.)

32. Ob und inwieweit ohne einen Antrag schleunige Sicherungsmaßregeln (Beschlagnahme, vorläufige Festnahme) zulässig sind, ist nach den Prozeßgesetzen zu beurtheilen. Die Reichsstrafprozeßordnung §. 127 Abs. 3, §. 130 erklären die vorläufige Festnahme und Verhaftung auch vor Stellung eines Antrags für zulässig. Olshausen N. 56 erklärt dies für Ausnahmen, ebenso R.G. I, 13. Febr. 82, **E. VI**, 38. Maßregeln, bei denen Gefahr auf Verzug steht, dürften dennoch zulässig sein.

---

*) R.G. I, 12. Juli 80, **E. II**, 221, **R. II**, 188 scheint gegen obige Ansicht zu sprechen. Diese muß aber auch für schwurgerichtliche Fälle festgehalten werden, weil die Richterbank nicht zuständig ist, den Thatbestand eines Antragsdelikts festzustellen.

33. Die in den Landesgesetzen bestehenden Vorschriften über die Antragsdelikte, welche sich, abgesehen von Materien, die der Landesgesetzgebung auch materiell überlassen blieben, nur auf die Form des Antrags beziehen konnten, sind mit dem Inkrafttreten der R.St.P.O. außer Wirksamkeit getreten. A. M. Olshausen N. 3, der annimmt, daß nur diejenigen landesrechtlichen Bestimmungen außer Kraft getreten sind, welche mit denen des St.G.B. in Widerspruch stehen. Gl. M. wie oben Binding I, 313, Nessel S. 16, Reber S. 113.

Landesgesetze, welche zur Strafverfolgung einen Antrag fordern, ohne nähere Bestimmungen zu geben, sind aus dem St.G.B. zu ergänzen. Berlin 1. Nov. 78 (O.R. XIX, 511, Goltd. XXVI, 503). Gl. M. Olshausen N. 7, Binding I 285, Hälschner I, 714.

§. 62. Wenn von mehreren zum Antrage Berechtigten einer die dreimonatliche Frist versäumt, so wird hierdurch das Recht der übrigen nicht ausgeschlossen.

Pr. §. 51; E. I. §. 55; E. II. §. 60; St.B. S. 234.

1. Wie die Motive zu diesem Paragraph hervorheben, ist beim Vorhandensein mehrerer Antragsberechtigten „das Recht eines jeden Einzelnen von ihnen ein selbständiges und unabhängig von dem Rechte des Andern". Ablauf der dreimonatlichen Frist, Tod, Zurücknahme des Antrags, Verzeihung seitens des Einen berühren deshalb das Recht des Andern nicht.

2. Sind durch „ein und dieselbe Handlung" mehrere Personen verletzt, so kann nur eine einmalige Bestrafung stattfinden. Vgl. v. Bar, Goltd. XIX, 718. So bestimmt auch die Reichsstrafprozeßordnung.

> §. 415: „Sind wegen derselben strafbaren Handlung mehrere Personen zur Privatklage berechtigt, so ist bei Ausübung dieses Rechts ein Jeder von dem Andern unabhängig. Hat jedoch einer der Berechtigten die Privatklage erhoben, so steht den übrigen nur der Beitritt zu dem eingeleiteten Verfahren, und zwar in der Lage zu, in welcher sich dasselbe zur Zeit der Beitrittserklärung befindet.
>
> Jede in der Sache selbst ergangene Entscheidung äußert zu Gunsten des Beschuldigten ihre Wirkung auch gegenüber solchen Berechtigten, welche die Privatklage nicht erhoben haben."

Ist in concreto nicht ein und dieselbe Handlung (§. 73) anzunehmen, sondern (im Sinne des Strafgesetzes) eine Mehrheit selbständiger Handlungen, z. B. bei der Beleidigung mehrerer Personen durch eine Schrift oder Aeußerung, so kann eine mehrfache Bestrafung erfolgen. v. Schwarze, Komm. S. 495; Dresden 9. Juni 73, St. III, 101, sowie die zu §. 73 N. 5 citirten Entscheidungen.

3. Wird für einen gesetzlichen Vertreter wegen Pflichtversäumniß oder eigener Betheiligung desselben ein Spezialcurator aufgestellt, so ist letzterer nur der Nachfolger des ersteren und kann deshalb keine neue Frist in Anspruch nehmen, sondern muß die Sache in ihrer thatsächlichen Lage übernehmen. Eine Konkurrenz von Antragsberechtigten besteht in diesem Falle nicht. R.G. III, 7. Dez. 81, E. V, 191, R. III, 771.

4. Berlin 10. April 78 (O.R. XIX, 211, Goltd. XXVI, 332) billigte die Verfolgung wegen einer als einheitliche That aufgefaßten (?) Mißhandlung zweier Personen, obwohl nur bezüglich der einen der erforderliche Antrag bez. die Berechtigung hierzu sicher festgestellt war, und hob in den Gründen hervor, daß nicht ersichtlich sei, daß die Mehrzahl der Verletzten und Antragsberechtigten auf die Strafzumessung von Einfluß gewesen sei. Nach der R.St.P.O. würde hierauf keine Revision gestützt werden können, da nach §. 62 Verfolgung eintreten mußte und die That nach ihrer objektiven Gestaltung Gegenstand der Strafzumessung war. (Vgl. §. 263 St.P.O.)

§. 63. Der Antrag kann nicht getheilt werden. Das gerichtliche Verfahren findet gegen sämmtliche an der Handlung Betheiligte (Thäter und Theilnehmer), sowie gegen den Begünstiger statt, auch wenn nur gegen eine dieser Personen auf Bestrafung angetragen worden ist.

Pr. §. 52; E. I. §. 56; E. II. §. 61; St.B. S. 234.

Vgl. §§. 47—49, 247, 257, 289.

1. Nach Vorschrift des 2. Satzes dieses Paragraphen zieht der gegen den Einen gestellte Antrag die Verfolgung des Andern von selbst nach sich. Berlin 2. Jan. 73 (O.R. XIV, 10, Goltd. XXI, 185), R.G. III, 28. März 85, R. VII, 201. Sollte dagegen nur die Bestrafung des Einen und ausdrücklich die Nichtbestrafung der Andern verlangt werden, so würde dieses als ein überhaupt ungenügender Antrag erscheinen, wenn aus dem Antrage hervorgeht, daß derselbe als überhaupt nicht gestellt gelten soll, wenn auch gegen den eingeschritten werden müßte, gegen welchen der Antragsteller eine Strafverfolgung nicht will. Ist die Beschränkung in dieser Weise nicht aufzufassen, so muß der Antrag auch gegen denjenigen wirksam sein, gegen welchen er nicht gestellt ist. R.G. III, 1. April 82, E. VI, 152, R. IV, 303. Die Untheilbarkeit des Antrags kommt nicht in Frage, wenn die Handlung der Mehreren je ein selbständiges Delikt darstellt, sei es auch, daß die Verfolgung verbunden stattfindet, z. B. bei successiver Mißhandlung, oder gleichzeitiger Beleidigung einer Person durch Mehrere. Berlin 17. Febr. 75 (O.R. XVI, 128.)

2. Bei fortgesetzten Delikten umfaßt der gegen den Hauptthäter gestellte Strafantrag alle Theilnehmer, mögen sie auch nur bei einzelnen Fortsetzungshandlungen, gleichviel in welcher Weise, betheiligt gewesen sein. R.G. III, 5. März 88, E. XVII, 227, R. X, 207. Vgl. §. 49 N. 12.

3. Der §. 63 setzt voraus, daß gegen sämmtliche Betheiligte der Antrag erforderlich ist Beruht aber das Erforderniß des Antrags auf einem persönlichen Verhältniß, so kann gegen die nicht in einem solchen Verhältniß stehenden Betheiligten die Verfolgung von Amtswegen erfolgen. Ein Antrag des Verletzten gegen einen der Letzteren gilt daher nur als Denunziation und zieht nicht von selbst die Bestrafung eines in jenem persönlichen Verhältniß Stehenden nach sich. Vgl. §§. 247 u. 289 A. 5, welche die Zulässigkeit der Verfolgung gegen dritte Theilnehmer ausdrücklich aussprechen. Gleiches wird für §. 263 gelten müssen. (Vgl. oben zu §. 50 N. 5.) Berlin 17. Dez. 73, 7. Mai 78, 9. Jan. 79 (O.R. XIV, 803; XIX, 244; XX, 25, Goltd. XXI, 501; XXVI, 317; XXVII, 202, St. III, 348; VIII, 84), Dresden 24. März 73 S.G.Z. XVII, 109, St. III, 53, Goltd. XXI, 599). RG. I, 19. Dez. 81, E. V, 274.

Stehen die mehreren Theilnehmer in einem persönlichen Verhältniß zu dem Antragsberechtigten, so ist angenommen, daß auch hier der Grundsatz von der Untheilbarkeit des Antrags gelte. Der Antragsberechtigte kann nicht die Verfolgung auf Einen oder den Andern beschränken. Berlin 17. Dez. 73 (Goltd. XXI, 501, O.R. XIV, 803, St. III, 347). R.G. IV, 17. Jan. 88, E. XVII, 246, R. X, 38. Vgl. aber Dresden 24. März 73 (S.G.Z. XVII, 109, St. III, 53). A. M. Oppenhoff N. 4.

4. Ueber den Ausdruck „Betheiligte" vgl. oben S. 156 N. 2. Der Begriff des „Begünstigers" ist aus §. 257 zu entnehmen. — Hehler gehören nicht zu den „Betheiligten" beim Diebstahl. Dresden 23. Okt. 74 (S.G.Z. XIX, 139), Berlin 9. Jan. 79 (O.R. XX, 25). Der Hehler kann jedoch verfolgt werden, auch ohne Antrag, wenn gegen den Dieb nur wegen eines persönlichen Verhältnisses der Strafantrag erforderlich gewesen wäre, s. oben N. 2. Berlin 15. Febr. 72, 2. Mai 73, 13. März 74 (O.R. XIII, 154; XIV, 332; XV, 151, Goltd. XX, 191), Dresden 20. März 71 (St. I, 27).

5. Die Bestimmung des §. 63 bezieht sich nicht bloß auf vorsätzliche, sondern auf alle strafbaren Handlungen. Die Folge hiervon ist, daß, wenn mehrere Personen durch ihre gemeinsame Thätigkeit (oder auch Unterlassung) einen strafbaren Erfolg verursacht haben, der denselben zur Fahrlässigkeit anzurechnen ist, z. B. bei fahrlässiger Körperverletzung, der gegen einen der Betheiligten gestellte Antrag auch gegen die Andern wirkt, wenn auch deren Verhältniß unter sich technisch nicht als Theilnahme bezeichnet werden kann. R.G. II, 19. Nov. 89, E. XX, 54.

6. Die Bestimmung des §. ermächtigt die Gerichte nicht, ohne Anklage der Staatsanwaltschaft gegen Theilnehmer vorzugehen (§. 151 R.St.P.O.). Im Falle der Privatanklage ist das Gericht befugt, das Verfahren so lange zu beanstanden, bis dasselbe gegen alle Betheiligte gerichtet wird. Berlin 6. Okt. 75 (Goltd. XXIII, 496, O.R. XVI, 635). Anders Dresden 27. März 74 (St. IV, 106). Dies kann selbstverständlich nur für den Fall gelten, daß schon der Klagevortrag die Betheiligung Mehrerer ergibt. Stellt sich dies erst in der Hauptverhandlung heraus, so kann Verurtheilung erfolgen, da dem Kläger ein Recht der Beschränkung nicht zusteht, aber vorher müßte Aussetzung der Verhandlung und Vorladung der Betheiligten stattfinden, da diese nicht ohne Gehör verurtheilt werden können. Der Fall wird allerdings nicht wohl vorkommen und nöthigenfalls der Staatsanwalt die Verfolgung übernehmen, um dem Gesetz Folge zu verschaffen. A. M. nach sehr verschiedenen Richtungen, Olshausen N. 4 b, Oppenhoff N. 5, Höppner G.S. Bd. 38, S. 386, Dochow in H.H. IV, 276.

7. Ist der Antrag nur gegen eine Person gerichtet, welche von der Anklage freigesprochen wird, so kann der Antrag gegen diesen vermeintlich Betheiligten nicht ermächtigen, gegen die wirklich Betheiligten einzuschreiten. So Berlin 8. Jan. 73 (Goltd. **XXI**, 186, O.R. **XIV**, 32, St. **II**, 215). Dagegen ist es für die Verfolgung anderer Betheiligter ohne Einfluß, wenn der Antrag gegen Einzelne, gegen welche er ursprünglich gleichfalls gerichtet war, wegen angenommenen Irrthums über deren Betheiligung zurückgezogen wird. So Berlin 12. Dez. 76 (O.R. **XVII**, 817, St. **VII**, 18). Richtig dürften diese Entscheidungen nicht sein, und die Antragstellung in einer zu persönlichen Bedeutung auffassen. Der Antrag trifft zunächst die That. Wäre anzunehmen, daß der Antrag nur gegen einen bestimmten, wie sich später herausstellt irrig Beschuldigten gerichtet gewesen, so wäre, wie in N. 1 erwähnt, der Antrag überhaupt unzulässig gewesen. Wurde er aber unbeschränkt aufgefaßt, so berechtigt er auch zur Einschreitung gegen Andere, und müßte eine später verursachte Einschränkung unter den Gesichtspunkt der Zurücknahme behandelt werden. Was aber die Zurückziehung des Antrags wegen angeblichen Irrthums betrifft, so ist dieselbe, wenn Zurücknahme überhaupt zulässig ist, nur dann von Bedeutung, wenn es sich wirklich bestätigt, daß die Beschuldigung irrthümlich war. Darüber hat aber das Gericht zu entscheiden, nicht der Antragsteller. Vgl. Höppner im G.S. Bd. 38, S. 384 fg.

8. Vom gleichen Gesichtspunkt ist die Frage zu entscheiden, wie die Frist zu berechnen sei, wenn nach und nach mehrere Betheiligte bekannt werden. Da der Antrag die Verfolgung der That gestattet, muß gegen den erst bekannten innerhalb dreier Monate der Antrag gestellt werden. Derselbe erstreckt sich aber auf die später bekannt gewordenen. R.G.Pl. 2. Jan. 84 **E. IX**, 390, **R. VI**, 3. Gl. M. Olshausen N. 2, v. Liszt S. 200, Reber S. 461, Oppenhoff N. 3 (anders in den früheren Auflagen). Getrennte Fristen für jeden Betheiligten nahmen früher an v. Schwarze, nicht in 5. Aufl. und Nessel S. 41.

9. Die Untheilbarkeit des Antrags zieht nicht nach sich, daß der Strafantrag eines wegen Mißhandlung Angeklagten gegen seinen Gegner gleichzeitig oder überhaupt zur Verhandlung kommen muß. Berlin 23. Nov. 77 (O.R. **XVIII**, 740).

§. 64*). Die Zurücknahme des Antrages ist nur in den gesetzlich besonders vorgesehenen Fällen und nur bis zur Verkündung eines auf Strafe lautenden Urtheils zulässig.

Die rechtzeitige Zurücknahme des Antrages gegen eine der vorbezeichneten Personen hat die Einstellung des Verfahrens auch gegen die anderen zur Folge.

Pr §. 53; E. I. §. 57; E. II. §. 62; St.B. S. 234—236.

G. v. 26. Februar 1876 Art. I; Drucks. N. 54, 145; St.B. (1876) S. 787.

Vgl. §§. 194, 232; G. v. 11. Juni 1870 §. 27 (Nachdruck).

1. Nach der ursprünglichen Fassung des Abs. 1 galt die Zulässigkeit der Zurücknahme des Antrags als Regel. In der Praxis knüpften sich hieran vielfache Mißstände und Beschwerden, durch die jetzige Fassung ist deshalb umgekehrt die Unzulässigkeit der Zurücknahme des Antrags als Regel hingestellt. Die Motive zur Novelle bemerken hierüber:

— — — „Um den Grund des Uebels zu treffen und wirksame Abhülfe zu gewähren, erscheint es daher geboten, als Regel aufzustellen, daß der Antrag nicht zurückgenommen werden kann, eine Regel, welche auch der neueste Entwurf eines Strafgesetzes für Oesterreich (1874) §. 82 in Vorschlag gebracht hat.

Eine Ausnahme enthält der §. 194 des Entwurfs. Die allgemeinen Vorschriften des Strafgesetzbuchs erstrecken aber ihre Herrschaft über den Rahmen des letzteren hinaus und greifen ergänzend ein in andere Strafgesetze, soweit dieselben nicht besondere Dispositionen treffen. Es wird daher die Regel, daß der gestellte Strafantrag nicht zurückgenommen werden könne, auch für diese Gesetze, beispielsweise für das Gesetz über Markenschutz vom 30. Novbr. 1874 (R.G.Bl. S. 143) zur Geltung kommen, nicht aber für solche, welche, wie das Gesetz, betreffend das Urheberrecht vom 11. Juni 1870 (R.G.Bl. S. 339) die

---

*) Neue Fassung des G. v. 26. Febr. 1876; die alte Fassung lautete:

§. 64. Nach Verkündung eines auf Strafe lautenden Erkenntnisses kann der Antrag nicht zurückgenommen werden.

Die rechtzeitige Zurücknahme des Antrages gegen eine der vorbezeichneten Personen hat die Einstellung des Verfahrens auch gegen die anderen zur Folge.

Zulässigkeit der Zurücknahme ausdrücklich etabliren, woran etwas zu ändern durch das Bedürfniß nicht geboten erscheint. Für solche Fälle, in welchen die Zurücknahme des Antrags noch fernerhin zulässig bleiben soll, muß die Bestimmung im Absatz 2 des §. 64 ihre Geltung behalten, die ihr, wenn sie nicht ausdrücklich aufrecht erhalten würde, nicht aus dem Gesichtspunkte einer selbstverständlichen Konsequenz des im §. 63 aufgestellten Grundsatzes der Untheilbarkeit des Antrags gesichert erscheint. Es bedarf ferner für solche Fälle der Festsetzung eines Präklusivtermins für die zulässige Zurücknahme des Antrags. Es ist hierbei die vom Strafgesetzbuche aufgestellte Regel, daß die Zurücknahme nur bis zur Verkündung eines auf Strafe lautenden Urtheils zulässig ist, festgehalten, zugleich aber auch die im §. 194 für Beleidigungen bei deren Verfolgung im Wege der Privatklage oder Privatanklage gemachte Ausnahme fallen gelassen. Mit der Stellung und der Aufgabe der Justiz dürfte es wenig vereinbar erscheinen, nicht nur die Verfolgung eines Rechts vom Willen des Verletzten abhängig zu machen, sondern sogar eine vom Richter ausgesprochene Strafe seinem Belieben preiszugeben."

Somit ist die Zurücknahme nur in den gesetzlich vorgesehenen Fällen zulässig. Im St.G.B. finden sich diese Fälle in den §§. 102—104, 194, 232, 247, 263, 292, 303, 370 (Schluß).

2. Ist das Erkenntniß verkündet, so kann der Antrag nicht mehr zurückgenommen werden, auch wenn demnächst das Erkenntniß vernichtet und die Sache in die Instanz zurückgewiesen wird. R.G. II, 12. Nov. 80 (**R. II**, 503, **E. II**, 420). Auch wenn das verkündete Strafurtheil in Folge eines Wiederaufnahmegesuchs aufgehoben wird, lebt das Recht zur Zurücknahme des Strafantrags nicht wieder auf. R.G. I, 4. Dez. 82, **E. VIII**, 175. Das Gleiche ist der Fall, wenn das Urtheil wegen Unzuständigkeit des Gerichts der Aufhebung unterliegt. Gl. M. Olshausen N. 4, A. M. Otto N. 1. Wenn gegen einen Angeklagten ein Strafmandat erlassen war, durch Einspruch aber dasselbe außer Wirksamkeit gesetzt wurde, ist die Zurücknahme des Antrags zulässig, selbst wenn gegen Mitschuldige das Strafmandat rechtskräftig geworden war. München 14. Nov. 74 (St. IV, 266). — Es genügt, wenn das Erkenntniß auch nur Einem der mehreren Angeklagten verkündet worden ist. Dresden 23. Juni 71, 13. März 74 (S.G.Z. **XVI**, 64, **XVIII**, 247, Goltd. **XX**, 224, St. IV, 108), Berlin 20. Jan. u. 3. März 75 (Goltd. **XXIII**, 168, 169, O.R. **XVI**, 54, 178). Daß das Urtheil rechtskräftig wurde, ist nicht Vorbedingung dafür, daß das Recht auf Zurücknahme des Antrags erlischt, es genügt hierzu die Verkündung des Urtheils. Berlin 10. Juli 78 (O.R. **XIX**, 364).

Dagegen dürfte die Begründung eines Urtheils mit Recht bestritten werden, welches die Zurücknahme des Antrags nach Verkündung eines Strafurtheils selbst dann ausschloß, wenn das Urtheil auf Grund eines Antrags erfolgte, der von einem irrig für antragsberechtigt Gehaltenen gestellt war. Berlin 6. Dez. 76 (O.R. **XVII**, 796). Das Urtheil müßte der Revision unterliegen und könnte ein wirsames Urtheil nach Aufhebung des ersten nur auf Antrag des Berechtigten ergehen, dieser aber vor Verkündung des Urtheils den Antrag zurücknehmen. Die Rechtskraft des ersten Urtheils würde allerdings jede weitere Verfolgung ausschließen.

3. Als entscheidenden Moment wird man im Zweifelsfall den Anfang, nicht den Schluß der Urtheilsverkündung betrachten müssen, da das Gesetz sagt: „bis zur Verkündung." Daß dies, wie Olshausen N. 5 meint, als „einschließlich" zu verstehen sei, kann nicht zugegeben werden. Gl. M. Binding I, 649, Berner S. 330, N. 1, Dochow in H.H. IV, 282, Geyer I, 212, H. Meyer S. 371, v. Schwarze N. 6, A. M. mit Olshausen Oppenhoff N. 12, 13. Rubo N. 7.

4. Eine bedingte Zurücknahme läßt das Gesetz nicht zu. Liegt eine solche vor, so muß sie als wirkungslos angesehen werden, weil dann ein bestimmter Wille des Berechtigten nicht ersichtlich ist (Rev. sächs. St.G.B. Art. 106); vgl. Berlin 20. Okt. 71, 7. Nov. 73, 4. April 79 (Goltd. **XXI**, 500, O.R. **XII**, 524, **XX**, 198, St. I, 213), München 18. Mai 72 u. 21. April 73 (St. II, 264, 310, bayr. Entsch. II, 147, III, 199), Dresden 9. Dez. 72 u. 28. Aug. 74 (St. II, 259, S.G.Z. **XVIII**, 363), Leipzig 19. Sept. 73 (**E. XI**, 114, St. III, 86). Wegen Unbestimmtheit der Willenserklärung kann auch die Erklärung, dem Antragsteller liege nichts an der Bestrafung, oder Aehnliches, nicht als Zurücknahme gelten. Berlin 26. Juni 73 (Goltd. **XXI**, 438, O.R. **XIV**, 471, St. III, 86).

5. Nachdem die R.St.P.O. bestimmte Formen für Stellung des Antrags gegeben hat, wird man annehmen müssen, daß auch die Zurücknahme des Antrags in den gleichen Formen erfolgen muß und daß sie erst wirksam ist, wenn sie in dieser Form an das Gericht oder die Staatsanwaltschaft gelangt. S. auch §. 61 N. 16, A. M. R.G. II, 26. Jan. 83, **E. VIII**, 79, **R. V**, 62, nach welchem Urtheile §. 156 St.P.O. sich nur auf die Stellung des Antrags beziehen soll,

und jede beglaubigte Form, also auch z. B. das Protokoll einer anderen als der in §. 156 genannten Behörden zum Beweis genügen soll. Nimmt man dies an, so kann man um so weniger darauf Gewicht legen, wo die Zurücknahme erfolgt ist, da die aufnehmende Behörde die Erklärung jedenfalls an die zuständige abzugeben hat. Dies ist die Staatsanwaltschaft in jedem Stadium des Verfahrens, da ihr der Betrieb der Sache und die Vorlage aller für den Fortgang erheblichen Einläufe an das Gericht obliegt. Eine andere Frage ist es, was zu geschehen hat, wenn die wirksame Zurücknahme erst nach Verkündung des Urtheils zur Kenntniß des Gerichts kam. Die in früheren Auflagen dieses Buches aufgestellte Ansicht, daß das Erkenntniß wirkungslos werde, ist nicht haltbar. Ein Urtheil kann nicht einfach faktisch, sondern nur im Rechtswege beseitigt werden. Ist gegen dasselbe Berufung zulässig, so kann hierdurch geholfen werden. Zweifelhafter ist es, ob durch Revision Abhülfe möglich ist. Die Frage dürfte aber zu bejahen sein. Das Gericht hat objektiv unrichtig geurtheilt, ohne daß ein Strafverfolgungsrecht vorlag. Das Urtheil beruht also auf einem Rechtsirrthum. Daß dieser Rechtsirrthum ein entschuldbarer war, macht keinen Unterschied, wie z. B. wenn ein eidesunfähiger Zeuge beeidet wurde. R.G. III, 24. Mai 84, R. VI, 370. Die frühere Praxis kann in allen diesen Fragen nicht mehr herangezogen werden, da dieselben meistentheils prozessualer Natur sind, also mit dem Inkrafttreten der St.P.O. eine andere Gestalt angenommen haben.

6. Die Zurücknahme kann auch durch einen besonders hierzu Bevollmächtigten erfolgen. Hat der Vertreter im Willen den Antrag gestellt, so wird man ihn in der Regel auch zur Zurücknahme ermächtigt ansehen müssen, doch ist nach Art der Vollmacht oder dem Landesgesetz auch das Gegentheil denkbar, s. einen Fall Berlin 9. Sept. 75, O.R. XVI, 569.

7. Aussöhnung der Parteien, Privatvergleich, auch Vergleich vor einem Vermittelungsamte (Bayern) oder Schiedsmann (Preußen) haben nicht die Wirkung der Zurücknahme, wenn die Erklärungen nicht an das Gericht gebracht worden sind. Berlin 21. März 73, 9. Nov. 76, 20. April 77 (Goltd. XXI, 273, XXV, 318, O.R. XVII, 728), München 18. Mai 72 u. 21. April 73 (St. I, 264, II, 310, bayr. Entsch. II, 147, III, 196), Stuttgart 3. Mai 76 (St. VI, 164). Ebenso wenig haben solche Transaktionen, mögen sie wie immer abgeschlossen sein, und welchen Namen sie auch tragen, die Wirkung, einen noch nicht gestellten Strafantrag auszuschließen. Selbst der gerichtlich erklärte Wille, eine Bestrafung nicht zu verlangen, hat nicht die Wirkung eines Verzichtes. R.G. II, 1. April 81, R. III, 181. Es kann also weder mit dem Nachweise eines Verzichtes noch dem der Verzeihung oder eines Vergleichs ein später gestellter Strafantrag unwirksam machen. Vielmehr hat ein solches Uebereinkommen der Parteien nur dann eine Wirkung, wenn der Verletzte in Folge dessen innerhalb laufender Frist einen Strafantrag nicht stellt, oder den gestellten Antrag zurücknimmt. R.G. I, 13. Jan. 81, E. III, 221, R. II, 721.

8. Selbstverständlich ist, daß die Zurücknahme des Antrags auf die weitere Verfolgung eines idealkonkurrirenden Offizialdelikts keinen Einfluß haben kann. Berlin 5. Mai 73 und 10. Nov. 75, 17. Febr. 76 (O.R. XIV, 486, XVI, 717, XVII, 124, St. V, 22, Goltd. XXIV, 457). Bei realkonkurrirenden Delikten wird die weitere Verfolgung nur desjenigen Delikts ausgeschlossen, auf welches sich die Zurücknahme bezieht. Berlin 5. Juni 74 (Goltd. XXII, 568, O.R. XV, 364).

9. Das Recht der Zurücknahme eines Strafantrags geht auf die Erben nicht über; denn wenn einmal die Strafverfolgung in Bewegung gesetzt ist, unterscheidet sich dieselbe in keiner Weise von der eines Offizialdelikts; ausdrücklich räumt aber das Gesetz den Erben nirgends das Recht der Zurücknahme ein. St.P.O. §. 433 bestimmt sogar, daß der Tod des Privatklägers die Einstellung des Verfahrens zur Folge hat, also gleichviel ob die Erben die Klage fortsetzen wollen oder nicht, und ist eine Ausnahme nur im Falle der Verleumdung (§. 187 St.G.B.) mit Ausschluß der Kreditgefährdung gemacht. Vgl. auch Dresden 13. Aug. 75, 11. Febr. 76 (S.G.Z. XX, 119, XXI, 49, St. V, 263.

10. Ein Vormund, der mit obervormundschaftlicher Genehmigung Antrag gestellt hatte, kann ihn nicht ohne diese Genehmigung wieder zurücknehmen. Berlin 27. Okt. 71, 9. April und 4. Sept. 74 (O.R. XII, 540, XV, 219, 524, Goltd. XXII, 417, 419). A. M. Berlin 19. Jan. 77 (O.R. XVIII, 46, Goltd. XXV, 142). Dagegen glaubt Olshausen N. 8, das Recht der Zurücknahme könne nicht einmal durch landesgesetzliche Vormundschafts-Ordnungen beschränkt werden. Es ist schwer zu errathen, warum ein nur kraft einer Vormundschafts-Ordnung übertragenes Recht nach dieser nicht auch beschränkt sollte übertragen werden können. Ebenso ist aber

auch die Obervormundschaftsbehörde stets befugt, dem Vormund Weisungen zu ertheilen, die beschränkend wirken. Weshalb hier ein nicht zu beschränkendes Recht des Vormunds vorliegen soll, ist nicht ersichtlich. A. M. H. Meyer S. 359 N. 35, v. Schwarze § 65 N. 11, Nessel S. 64, Reber S. 514.

11. Ueber die Form, in welcher die Einstellung des Verfahrens bei erfolgender Rücknahme geschieht, entscheidet das Prozeßgesetz, insbesondere ob dieselbe durch Beschluß oder Urtheil erfolgt. Nach der R.St.P.O. §§. 201 ff. hat das Gericht zu beschließen, daß das Hauptverfahren nicht zu eröffnen, bez. der Angeschuldigte außer Verfolgung zu setzen sei, wenn die Zurücknahme des Antrags nach Erhebung der öffentlichen Klage, jedoch vor Eröffnung des Hauptverfahrens erfolgt ist. War dieses eröffnet, so muß durch Urtheil (§. 259) das Verfahren eingestellt werden. Aehnlich ist es in den Fällen der Privatanklage (§§. 423, 429). In beiden Fällen liegt eine förmliche Anklage vor, welche durch einen bloßen Einstellungsbeschluß nicht mehr beseitigt werden kann. Ueberdies bedarf es aber einer Feststellung des Thatbestands, um zu erkennen, ob Mangels eines Strafantrags Bestrafung unter einem andern rechtlichen Gesichtspunkt veranlaßt sei. Deshalb nahm R.G. I, 12. Jan. 88, R. X, 32 an, es dürfe, wenn der Antragsteller in zulässiger Weise bei Beginn der Hauptverhandlung den Strafantrag zurücknehme, die Verhandlung nicht ohne Zustimmung des St.A. abgebrochen werden. Mindestens muß dies dahin ausgedehnt werden, daß das Gericht von Amtswegen die Verhandlung bis zum Urtheil fortzusetzen habe, wenn die Möglichkeit einer Verurtheilung unter dem Gesichtspunkt eines Offizialdelikts übrig bleibt, denn in diesem Stadium des Verfahrens ist das Gericht von den Anträgen des St.A. völlig unabhängig. A. M. Löwe §. 259 N. 11 und Olshausen N. 12, welche auch nach Eröffnung des Hauptverfahrens bei Einverständniß des St.A. noch einen Beschluß zulassen wollen.

11. Uebernimmt der St.A. eine durch Privatklage eingeleitete Verfolgung, so kann er dies, da Beleidigung und Körperverletzung, welche Privatklage zulassen, nur auf Antrag verfolgt werden, nur thun, wenn ein Strafantrag vorliegt, der jedoch auch in der Privatklage enthalten ist. Nimmt deshalb der Privatkläger den Antrag oder die Klage sammt Antrag zurück, so fehlt dem St.A. die Berechtigung zu weiterer Verfolgung R.G. III, 14. April 80, R. I, 601, Goltd. XXVIII, 439. A. M. v. Schwarze, Erörterung praktisch wichtiger Materien I, 41. Jedoch muß die Zurücknahme erfolgen in einer Zeit, in welcher sie noch wirksam ist. Dies ist regelmäßig der Fall nur bis zur Verkündung eines Strafurtheils in erster Instanz. Nur ausnahmsweise gestattet §. 411 Abs. 1 im Falle eingelegter Berufung die Zurücknahme der Privatklage bis zur Verkündung des Urtheils zweiter Instanz. Dies kann nicht auch auf die Zurücknahme des in der Privatklage enthaltenen Strafantrags ausgedehnt werden, sobald das Urtheil erster Instanz verkündet ist. Deshalb kann der St.A. noch öffentliche Klage erheben, wenn die Zurücknahme der Privatklage zwischen den Urtheilen erster und zweiter Instanz erfolgt war. R.G. IV, 21. Mai 89, E. XIX, 284, s. auch R.G. II, 20. April 83, E. VIII, 207, R. V, 272.

12. Ob die Erneuerung eines zurückgenommenen Antrags zulässig ist, muß gleichfalls nach den Prozeßgesetzen beurtheilt werden. §. 432 der St.P.O. verbietet diese Erneuerung bei der Privatanklage. Die Praxis hat sich dahin entschieden, daß eine Erneuerung des Antrags nicht zugelassen sei, weil ein solches Schwanken ohne bestimmte Grenzen dem Gedanken der öffentlichen Strafrechtspflege widerspricht. Gl. M. Olshausen S. 12, Binding 1, 651, Hälschner I, 721, Berner S. 330, v. Liszt S. 201, H. Meyer S. 373, Oppenhoff N. 26, Otto N. 6, Dochow in H.H. IV, 280. Ein Widerruf der Zurücknahme ist unwirksam. Leipzig 19. Sept. 73 (St. III, 86, E. XI, 114), Berlin 14. April, 14. Juli 71 u. 3. Okt. 73 (O.R. XII, 202, 413; XIV, 598, Goltd. XIX, 460; XXI, 503), Dresden 29. Sept. 71 (S.G.Z. XV, 317, St. I, 70), Stuttgart 23. Mai 77 (St. VII, 258).

13. Die Reichsstrafprozeßordnung §. 502 legt dem Antragsteller für den Fall der Zurücknahme die Kosten zur Last.

14. Abs. 2. Die Motive bemerken:

„Die Zurücknahme des Antrags gegen eine der vorbezeichneten (d. h. die zu §. 63 genannten) Personen hat die Einstellung des Verfahrens auch gegen die anderen zur Folge, weil sonst die Vorschrift, daß der Antrag nicht getheilt werden dürfe, umgangen werden könnte."

Selbstverständlich sind die anderen, gegen welche gleichfalls auf Einstellung des Verfahrens zu erkennen ist, nur solche, gegen welche ein Strafantrag erforderlich ist. Eine Möglichkeit, daß solche, gegen welche ein Strafantrag nicht erforderlich ist, mit solchen zusammentreffen, bei welchen er erforderlich ist, bieten die sog. relativen Antragsdelikte, d. h. diejenigen, bei welchen das Erforderniß des Antrags auf einem persönlichen Verhältniß zwischen Thäter und Verletzten beruht. Diejenigen, welche in einem solchen Verhältnisse nicht stehen, sind also zu verfolgen. R.G. I, 19. Dez. 81, E. V, 274.

15. Die Folge der Untheilbarkeit des Strafantrags auch bei der Zurücknahme ist, daß letztere die Stellung des Strafantrags gegen weitere Betheiligte als unzulässig erscheinen läßt; ferner daß, wenn durch Verkündung des Urtheils gegen einen Betheiligten die Zurücknahme ausgeschlossen ist, diese auch gegen Andere noch nicht Abgeurtheilte nicht mehr erfolgen kann. Gl. M. Olshausen N. 17, Binding I, 649 N. 9, Oppenhoff N. 11, v. Schwarze N. 6, Otto N. 3, Reber S. 519.

16. R.G. I, 15. Nov. 83, E. IX, 186, R. V, 688 erklärte Verfasser und Redakteur bezüglich eines inkriminirten Artikels als Mitthäter und legte deshalb der Zurücknahme des erforderlichen Strafantrags gegen den einen die Folge der Einstellung auch gegen den andern bei.

§. 65. **Der Verletzte, welcher das achtzehnte Lebensjahr vollendet hat, ist selbständig zu dem Antrage auf Bestrafung berechtigt.**

So lange der Verletzte minderjährig ist, hat der gesetzliche Vertreter desselben, unabhängig von der eigenen Befugniß des Verletzten, das Recht, den Antrag zu stellen.

Bei bevormundeten Geisteskranken und Taubstummen ist der Vormund der zur Stellung des Antrages Berechtigte.

Pr. §. 54; E. I. §. 58; E. II. §. 63; St.B. S. 236.

Vgl. §§. 195, 232.

1. Aus Absatz 1 folgt, daß der Regel nach „der Verletzte" der zum Antrag Berechtigte ist. Wer der Verletzte ist, kann namentlich bei Verbrechen gegen das Eigenthum und Vermögen zweifelhaft werden. Die Verletzung wird jedoch eine unmittelbare sein müssen, wie dieses auch Art. 98 des Rev. sächs. St.G.B.*) aussprach. Leipzig 7. Febr. 73 (St. II, 219), Dresden 15. Mai 71, 12. April, 17. Juni 72 u. 23. Juni 73 (St. I, 49, 332; II, 113; III, 118, S.G.Z. XVI, 311), Berlin 14. Dez. 71, 24. Jan. 72 (O.R. XII, 655; XIII, 70, Goltd. XX, 86, St. I, 115, 168), Stuttgart 17. Sept. u. 19. Nov. 73 (St. III, 210, 250), München 1. Sept. 73, 15. Juli u. 27. Nov. 74 (St. IV, 180, bayr. Entsch. III, 334; IV, 258, 544). Ein solches unmittelbares Interesse kann für Mehrere vorliegen, z. B. nicht bloß für den Eigenthümer, sondern auch für den Besitzer, Miether; so bei Diebstahl: Berlin Pl. 30. April 77 (O.R. XVIII, 297), bei Sachbeschädigung: München 18. Aug. 76 (St. VI, 370), R.G. II, 12. März 80 (E. I, 306), 28. Nov. 84, R. VI, 766, bei Beleidigung einer Behörde für jedes Mitglied derselben Berlin 10. Jan. 72, 18. Febr. 74, O.R. XIII, 21; XV, 91; s. dagegen München 3. Okt. 73, St. III, 106). Die Antragsberechtigung wurde ferner zugestanden der transportirenden Eisenbahnverwaltung bei strafbaren Handlungen an Transportgütern, und zwar die Verwaltung vertreten durch das dem verdächtigen Bediensteten disziplinär vorgesetzte Betriebsamt R.G. I, 23. Sept. 89, E. IX, 378.

Bei einem Versuch ist der im Fall der Vollendung Verletzte der Antragsberechtigte.

2. Ob der Ehemann für seine Ehefrau den Antrag zu stellen berechtigt sei, wenn ihm nicht das Gesetz dieses Recht ausdrücklich beilegt wie im §. 195, war bisher kontrovers; (vgl. Berlin 24. Jan. 72, O.R. XIII, 70, Goltd. XX, 86, St. I, 168, Dresden 20. Juni 73, 7. Jan. 76 (St. II, 118, S.G.Z. XX, 311). §§. 149, 340 R.St.P.O. scheinen für eine Berechtigung des Ehemanns zu sprechen, da aber der Ehemann in einzelnen Fällen des St.G.B. ausdrücklich erwähnt ist, wird man in den übrigen Fällen ihm das Recht der Antragstellung ohne Vollmacht absprechen müssen.

Ob der Ehemann durch Beleidigung seiner Ehefrau mittelbar beleidigt ist, ist Thatfrage.

---

*) Sachsen (St.G.B. v. 1868) Art. 98. „In Fällen, wo nach den Bestimmungen dieses Gesetzbuchs ein Strafverfahren nur auf Antrag einzuleiten ist, steht das Recht zu solchem Antrage, wo nicht etwas Anderes besonders festgesetzt ist, nur demjenigen zu, der durch das Verbrechen unmittelbar in seinem Rechte verletzt ist."

3. Sind mehrere Antragsberechtigte (vgl. auch N. 2) vorhanden, so ist das Recht eines jeden ein selbständiges. (Berlin 17. März 75, Goltd. XXIII, 200, O.R. XVI, 229, Dresden 9. Juni 74, St. III, 101, S.G.Z. XVII, 183.) Die in Bayern (St.G.B. v. 1861) Art. 89 ausdrücklich ausgesprochenen Grundsätze sind auch für das St.G.B. als maßgebend anzuerkennen. S. über vorstehende Fragen §. 61 N. 3, 5, 11, §. 62 N. 1.

4. Der Ausdruck in Abs. 2 „der gesetzliche Vertreter" ist vom Reichstag in Uebereinstimmung mit den Motiven an Stelle der Worte „der Vater oder Vormund" aufgenommen, wonach „insbesondere auch da, wo die Mutter, ohne eigentliche Vormünderin zu sein, als gesetzliche Vertreterin minderjähriger Kinder erscheint, dieselbe als zur Antragstellung berechtigt anzusehen ist." Hierüber entscheidet das einschlägige Civilrecht. — In Preußen ist angenommen, daß die Mutter, wenn sie nicht Vormünderin ist, kein Antragsrecht habe. Berlin 21. Nov. 72 (Goltd. XX, 511, O.R. XIII, 619, St. II, 151). Für Bayern vgl. München 29. März 73, 28. Nov. 77 u. 7. Juni 78 (St. II, 260; VIII, 83, bayr. Entsch. VII, 432, welche jedoch sehr weit gingen). Vgl. jetzt R.G. I, 5. Febr. 91, E. XXI, 314 u. 8. Okt. 85, E. XII, 415, welche der Mutter nach bayr. Rechte eine gesetzliche Vertretung zusprechen, für Sachsen: Dresden 29. Mai 74 (St. IV, 261, S.G.Z. XVIII, 338). Auch das preuß. O.Tr., welches in der Beschränkung der Mutter am weitesten ging, ließ den in Abwesenheit und Auftrag des Vaters gestellten Strafantrag der Mutter zu. Berlin 10. April 78 (O.R. XIX, 210), oder sogar nur auf Grund vermutheter Vollmacht, 30. Jan. 78 (O.R. XIX, 41, Goltd. XXVI, 54, St. VIII, 86). Der Stiefvater hat als solcher das Antragsrecht nicht. Berlin 8. Febr. 78 (O.R. XIX, 67), München 30. Nov. 77 (bayr. Entsch. VII, 497), Stuttgart 5. April 76 (St. VI, 269). R.G. I, 5. Jan. 82, R. IV, 17. Das R.G. trat der preußischen Auffassung bei und negirte die Antragsberechtigung der unehelichen Mutter. R.G. II, 16. April 80 (R. I, 607, E. I, 370, Goltd. XXVIII, 439), I, 7. Juni 80 (R. II, 36). Für Bremen stellt R.G. III, 28. Juni 88, E. XVIII, 65 fest, daß eine mütterliche Gewalt, bez. eine gesetzliche Vertretung durch die Mutter nicht bestehe.

6. Wer der gesetzliche Vertreter ist, muß nach den Civilgesetzen beurtheilt werden. (München 29. März 73, Goltd. XXI, 600, St. II, 260.) Der Vater eines durch nachfolgende Ehe legitimirten, unehelichen Kindes erwirbt durch die Legitimation alle Rechte des ehelichen Vaters, wird also gesetzlicher Vertreter. So lange aber die Frage der Legitimation nicht außer Zweifel gestellt ist, dauert die frühere Vormundschaft auch gegenüber dem Vater fort. R.G. II, 14. Jan. 87 E. XV, 176, R. IX, 47. — Ist der Verletzte über 18 Jahre alt, so ist sein Recht sowohl, wie das seines gesetzlichen Vertreters ein selbständiges und als solches von einer Versäumniß, einem Verzicht u. s. w. des Andern unabhängig. Berlin 24. Jan. 77 (O.R. XVIII, 70).

7. Ist die That während der Minderjährigkeit des Verletzten verübt, der Antrag aber nicht vor der Volljährigkeit gestellt, so hat demnächst nur der Verletzte selbst das Antragsrecht. Stuttgart 8. Nov. 72 (St. II, 52). Gl. M. Binding I, 627, Ressel S. 58, Reber S. 465, v. Schwarze N. 4. Streitig ist jedoch, wie die Frist zu berechnen sei. Mit Recht wird angenommen, daß dem Minderjährigen eine Frist nicht mehr laufe, wenn sie für den Vertreter (Vormund 2c.) bereits unbenützt abgelaufen war; denn die Vertretung des Minderjährigen ist eine seine Persönlichkeit völlig ersetzende, es findet keine Konkurrenz des Vormunds kraft eigenen Rechts statt, während etwa die Berechtigung des Minderjährigen nur ruht. Gl. M. Olshausen N. 20a, H. Meyer S. 361 N. 44, Oppenhoff N. 17. A. M. Binding I, 628 N. 11. Ist die Antragsfrist noch nicht abgelaufen, so beginnt dem Minderjährigen eine neue dreimonatliche Frist von Beginn seiner Kenntniß bez., wenn diese früher fällt, von Vollendung des 18. Lebensjahres an. S. auch v. Schwarze N. 4, Reber S. 465, Ressel S. 581.

8. Ist der gesetzliche Vertreter selbst der Thäter (oder Theilnehmer), so muß dem Verletzten ein Vertreter für diese Sache (ad hoc) bestellt werden. Vgl. Berlin 14. Febr. u. 7. März 72, 9. Dez. 74, 14. März 77 (Goltd. XX, 188, 189; XXII, 568, O.R. XIII, 146, 196; XV, 846; XVIII, 208, St. I, 214, 263; IV, 268); über den Fall der Abwesenheit des gesetzlichen Vertreters im Auslande oder dessen sonstiger Verhinderung Berlin 10. Juni 74 (Goltd. XXII, 416, O.R. XV, 374), R.G. II, 3. Mai 81, E. IV, 145, R. III, 264. Nach preuß. Recht ist auch die Stellung des Vertreters durch ein unzuständiges Gericht wirksam. Auch für Geisteskranke kann ad hoc ein Kurator bestellt werden, auch ohne Durchführung des Entmündigungsverfahrens. Stuttgart 8. Nov. 72 (St. II, 152), Berlin 25. April u. 3. Okt. 78 (O.R. XIX, 233, Goltd. XXVI, 318, 503). Auch dem Vater wurde das Antragsrecht für

sein geistesschwaches, volljähriges Hauskind eingeräumt. Stuttgart 11. Febr. 74 (württ. G.Bl. VIII, 221). Unterläßt es der Vater pflichtwidrig, die Verfolgung zu beantragen, oder ist derselbe abwesend, so kann gleichfalls ein curator ad hoc bestellt werden. Berlin 14. Febr. 72 10. Juni 74 (O.R. XIII, 146; XV, 374, Goltd. XX, 188; XXII, 416, St. I, 114).

9. Durch den Tod des Bevormundeten erlischt das Recht des Vertreters zur Antragstellung. R.G. 3. Mai 81, s. oben. A. M. Binding I, 630.

10. Die Frist läuft für den gesetzlichen Vertreter, da er den Antrag kraft eigenen Rechts stellt, vom Tage seiner eigenen Kenntniß der That und des Thäters an. Muß für den an sich vorhandenen gesetzlichen Vertreter ein Spezialkurator bestellt werden, so läuft nach R.G. III v. 7. Dez. 81, E. V, 191, R. III, 791 demselben nur noch der Rest derjenigen Frist, welcher dem gesetzlichen Vertreter eröffnet war; während dem Vertreter des bis dahin nicht Vertretenen, oder wenn der gesetzliche Vertreter selbst der Thäter ist, dem Spezialkurator die Frist erst von der eigenen Kenntniß an laufen soll; jedoch wurde dies nicht darauf ausgedehnt, daß die Ehefrau des gesetzlichen Vertreters die Thäterin war. Konsequent dürften diese feinen Unterscheidungen nicht sein. Der Spezialkurator ist nicht Rechtsnachfolger des früheren gesetzlichen Vertreters, so daß dessen Unterlassungen jenem präjudiziren können. Das Urtheil des R.G. spricht davon, daß ein prozessualer Strafausschließungsgrund bereits präjudizirt habe, oder die erloschene Strafverfolgbarkeit nicht wieder aufleben könne. Dies wäre nur dann begründet, wenn der Ablauf der Antragsfrist ein fix begrenzter wäre, etwa 3 Monate nach Verübung der That. Dies ist beseitigt durch §. 61, zweiter Satz. Beginnt der Kurator eines nicht Vertretenen die Frist mit dem Tag der Kenntniß, wenn auch Jahre lang nach der That, so liegt kein Grund vor, es mit dem Kurator eines unwirksam Vertretenen anders zu halten und bei diesem noch Unterscheidungen zu treffen, die außer Zusammenhang mit dem Recht des Kurators stehen. Auch auf den Fall successiv mehrfacher Antragsberechtigter sollte §. 62 Anwendung finden. Gl. M. Binding I, 629, Rubo N. 9. A. M. H. Meyer S. 364, Reber S. 463, Oppenhoff N. 16, Olshausen N. 20b, welcher aber wenigstens konsequent in allen Fällen nur den Rest der Frist einräumt, aber für den nun eintretenden Vertreter ein Ruhen der Frist annimmt, bis derselbe Kenntniß erhält. Ein Ruhen der Frist kennt aber das Gesetz nicht.

11. Oeffentliche Behörden werden von dem Vorsitzenden vertreten. Berlin 11. Okt. 78 (O.R. XIX, 459). Ob auch jedes einzelne Mitglied antragsberechtigt ist, ist streitig, aber zunächst Thatfrage, ob nur das Kollegium als solches oder die einzelnen Mitglieder verletzt sind. Berlin 10. Jan. 72, 18. Febr. u. 19. Juni 74 (O.R. XIII, 21; XV, 91, 432, St. I, 159), R.G. I, 25. Okt. 80 (R. II, 388, E. III, 12). — A. M. München 3. Okt. 73 (St. III, 106) wollte das Antragsrecht nur dem Ganzen einräumen. — Der von der Behörde als solcher gestellte Antrag kann nicht als Antrag ihrer einzelnen Mitglieder betrachtet werden. Berlin 29. März 76, 24. Jan. 78 (O.R. XVII, 228; XIX, 35, Goltd. XXIV, 340; XXVI, 61, St. VI, 152; VIII, 148).

12. Auch durch einen Bevollmächtigten kann der Antrag gestellt werden. Vgl. hierüber §. 61 N. 11.

Die verletzte Ehefrau kann den Antrag ohne Beitritt ihres Ehemannes stellen. Berlin 8. März 71, O.R. XII, 148.

13. Antragsberechtigung und Berechtigung zur Privatklage fallen nicht zusammen. Ob der Antragsberechtigte auch Privatklage erheben kann, ist nach den Prozeßgesetzen zu beurtheilen.

§. 414 der R.St.P.O. lautet:

„Beleidigungen und Körperverletzungen können, soweit die Verfolgung nur auf Antrag eintritt, von dem Verletzten im Wege der Privatklage verfolgt werden, ohne daß es einer vorgängigen Anrufung der Staatsanwaltschaft bedarf.

Die gleiche Befugniß steht denjenigen zu, welchen in den Strafgesetzen das Recht, selbständig auf Bestrafung anzutragen, beigelegt ist.

Hat der Verletzte einen gesetzlichen Vertreter, so wird die Befugniß zur Erhebung der Privatklage durch diesen und, wenn Korporationen, Gesellschaften und andere Personenvereine, welche als solche in bürgerlichen Rechtsstreitigkeiten klagen können, die Verletzten sind, durch dieselben Personen wahrgenommen, durch welche sie in bürgerlichen Rechtsstreitigkeiten vertreten werden.

§. 415 s. oben S. 218 §. 62 N. 2.

§. 435. Wer nach Maßgabe der Bestimmung des §. 414 als Privatkläger aufzutreten berechtigt ist, kann sich der erhobenen öffentlichen Klage in jeder Lage des Verfahrens als Nebenkläger anschließen. Der Anschluß kann behufs Einlegung von Rechtsmitteln auch nach ergangenem Urtheile geschehen.

Die gleiche Befugniß steht demjenigen zu, welcher durch einen Antrag auf gerichtliche Entscheidung (§. 170) die Erhebung der öffentlichen Klage herbeigeführt hat, wenn die strafbare Handlung gegen sein Leben, seine Gesundheit, seine Freiheit, seinen Personenstand oder seine Vermögensrechte gerichtet war."

Nach den Motiven S. 221 wollte das Recht der Privatklage seitens Minderjähriger, welche das achtzehnte Lebensjahr vollendet haben, beschränkt werden. Es liegt also in dieser Bestimmung der St.P.O. eine Einschränkung des §. 65 Abs. 1, insofern der Antrag die Form der Privatklage anzunehmen hätte. S. auch R.G. 31. Dez. 79, (Ann. I, 226).

14. Ob Vereine und Gesellschaften die **persona standi in judicio** haben, also durch die Organe Privatklage erheben können, ist nach Landesrecht zu beurtheilen. Vgl. z. B. das bayr. Gesetz v. 29. April 69, die privatrechtliche Stellung von Vereinen betreffend (G.Bl. 1869 S. 1197).

15. Die Berechtigung zum Antrage geht auf die Erben nicht über. Vgl. §. 61 N. 4.

16. Taubstumme und Geisteskranke werden durch Absatz 3 nicht als Personen bezeichnet, welche zur Stellung eines Strafantrags überhaupt nicht befähigt sind. Vielmehr kommt es darauf an, ob Taubstumme in der geistigen Entwickelung so weit zurückgeblieben sind, daß die zuständigen Behörden deren Stellung unter Vormundschaft nöthig befunden haben. Ist dies der Fall, so kann nur der Vormund den Antrag für den Taubstummen stellen. Ist es nicht der Fall, so bewirkt die Eigenschaft der Taubstummheit (s. hierüber §. 58 N. 1, 2) keine Besonderheit in Bezug auf die Antragstellung. R.G. II, 3. Juli 85, R. VII, 465. Aehnlich ist das Verhältniß bei Geisteskranken. Leiden dieselben nur an partiellen Geistes- oder Sinnesstörungen, welche nicht hindern, ihre Rechtsverhältnisse richtig aufzufassen, so daß die Stellung unter Vormundschaft nicht veranlaßt ist, so können dieselben auch selbständig Strafantrag stellen. R.G. III, 26. Febr. 81, R. III, 84. Auf solche Verhältnisse bezieht sich auch R.G. III, 9. Jan. 90, Goltd. XXXVII, 438, wonach der in formell gültiger Weise bestellte Pfleger auch dann wirksam Strafantrag stellen kann, wenn sich aus der Sachlage nicht ergibt, daß die Bestellung gerechtfertigt war.

17. Verschwender behalten ihre Antragsberechtigung auch dann, wenn es sich um Buße handelt, da bezüglich derselben nirgends eine Ausnahmebestimmung getroffen ist.

18. Die §§. 65 und 195 stehen sich nicht einander ausschließend gegenüber, sondern ergänzen sich gegenseitig. Der §. 65 handelt ausschließlich von minderjährigen Antragsberechtigten, denen §. 195 kein Antragsrecht über die Grenzen des §. 65 beilegt; während §. 195 das Recht der Ehemänner und Väter für volljährige oder an sich antragsberechtigte Ehefrauen und Hauskinder erweitert. R.G. I, 8. Okt. 85, E. XII, 415.

§. 66*). Durch Verjährung wird die Strafverfolgung und die Strafvollstreckung ausgeschlossen.

Pr. §§. 45, 49; E. I. §. 59; E. II. §. 64; St.B. S. 237.

1. Vgl. die allgem. Bemerkungen zu diesem Abschnitt. S. 178. — Die Verjährung ist von Amtswegen zu berücksichtigen, eine Beweislast trifft den Angeschuldigten nicht. München 26. März 77 (bayr. Entsch. VII, 117, St. VII, 22). Dies gilt auch von der Revisions-Instanz, insoweit im Laufe der Instanzen oder während der Instruktion des Rechtsmittels die Verjährung eingetreten ist. Berlin 26. Novbr. u. 4. Dez. 73, O.R. XVI, 757, 771. Das St.G.B. hat abweichend vom preuß. St.G.B. auch die Verjährung der erkannten Strafen (Strafvollstreckung) zugelassen. Die neuen Vorschriften finden nach Maßgabe des §. 2 auch auf die früher begangenen strafbaren Handlungen Anwendung. Jedoch findet eine Verjährung der früher bereits erkannten Strafen nicht statt (vgl. zu §. 70).

---

*) Ueber Verjährung vgl. Dambach, Beitr. z. Lehre von der Krim. Verjährung. Berlin 1860; v. Schwarze, Bemerkungen zur Lehre von der Verjährung. Erlangen 1807; Heinze in H.H. II, 594 ff.; Risch in G.S. Bd. 36, S. 241, Würzburg 1888 u. Z. f. ges. St.R.W. IX, 235; Arndt in Goltd. XVIII, 730, Pulvermacher ebendas. S. 145, 301, 394.

2. Das Institut der Verjährung gehört eigentlich dem Prozeßrechte an und könnte auch in der Strafprozeß-Ordnung behandelt werden, da sie einerseits von prozessualen Vorfragen der Nichtverfolgung bez. des Nichtvollzugs, d. h. von prozessualen Unterlassungen abhängt und ausschließlich prozessual wirkt, indem sie die Strafverfolgung ausschließt bez. den Strafvollzug, sowohl die Schuld als die erkannte Strafe aber unangetastet läßt. Gl. M. Oppenhoff N. 1. Die Ansicht ist jedoch sehr bestritten. Heinze in H.H. II, 601, v. Liszt S. 302 u. A. nehmen einen materiellen Charakter, eine Strafausschließung, für die Verjährung in Anspruch. Gemischten Charakter (materielles Recht in prozessualer Einkleidung) behaupten u. A. Olshausen N. 2, v. Risch G.S. Bd. 36, S. 247, Verj. S. 4, Hälschner I, 695, Bindung I, 85, R.G. III, 8. Okt. 85, E. XII, 434, R. VII, 560, spricht sich fast unbedingt für materiell-rechtliche Bedeutung der Verjährung aus, legt sich jedoch die selbständige Prüfung der die Unterbrechung der Verjährung bedingenden prozessualen Vorgänge bei. Für gemischte Natur München 31. Dez. 84, bayr. Entsch. III, 286.

3. Die in den Landesgesetzen enthaltenen Bestimmungen über die Verjährung, soweit sie auf allgemeine Anwendbarkeit Anspruch machen, sind aufgehoben, da das St.G.B. über dieses Institut erschöpfende Vorschriften enthält. Gl. M. Bindung I, 313. In Kraft dagegen bleiben die in den neben dem St.G.B. bestehen bleibenden Reichs- und Landes-Gesetzen über die Verjährung enthaltenen abweichenden Vorschriften. Vgl. über das hierfür maßgebende Prinzip oben (S. 56 ff.) und E.G. §. 3 N. 3 und als Beispiele: R.-Wechselstempelges. v. 10. Juni 1869 §. 17 und preuß. Forstdiebst.-G. v. 15. April 1878, §. 18. Soweit diese Gesetze keine besonderen Vorschriften enthalten, z. B. über die Verjährung der Strafvollstreckung, kommt dagegen das St.G.B. zur Anwendung. Gl. M. Olshausen N. 3. A. M. Bindung a. a. O. Vgl. auch R.G. I, 24. März 81, E. IV, 216.

4. Strafverfolgung. — Da die Verjährung nicht die „Strafbarkeit“, sondern nur die Verfolgung ausschließt, so kann dieselbe nie zu einem Nichtschuldig oder einer Freisprechung, sondern nur dazu führen, „die Strafverfolgung für ausgeschlossen zu erklären“. In diesem Sinne ist die Wirkung der Verjährung zu bestimmen, mag es durch einen ablehnenden Bescheid der Staatsanwaltschaft, durch Beschluß des Gerichts oder durch Urtheil geschehen. Welche dieser Formen zur Anwendung zu bringen, entscheidet sich nach dem Prozeßgesetze. Jedoch wird es überall keinem Zweifel unterliegen, daß die Staatsanwaltschaft, falls die Voraussetzungen der Verjährung, namentlich Ablauf der Frist, von vornherein feststeht, die Einleitung jedes Verfahrens ablehnen darf. — Die R.St.P.O. gibt keine Vorschriften darüber, wie das Urtheil zu lauten hat, wenn die Schuld des Angeklagten zwar angenommen, aber die Strafe durch Verjährung ausgeschlossen erachtet wird. Löwe, Kommentar, S. 596, N. 4 u. Stenglein, §. 259, N. 2 sind der Ansicht, es sei Unzulässigkeit der Verfolgung auszusprechen. Andere bevorworten andere Formeln. Vgl. a. a. O. Dies dürfte auch ganz entsprechend sein. Wird durch Erkenntniß über die Verjährung befunden, so muß die That in allen ihren Merkmalen, namentlich auch bezüglich des Zeitpunkts der Verübung, festgestellt und nach Maßgabe dieser Feststellung über das Vorhandensein der Verjährung entschieden werden. Diese Entscheidung gehört wesentlich zur rechtlichen Beurtheilung. Die Geschworenen haben darüber: ob eine Unterbrechung der Verjährung stattgefunden, nicht zu entscheiden. Vgl. v. Bar, Recht u. Bew. S. 256; Reichsstrafprozeßordnung §§. 295, 262, Abs. 3. Jedoch ist es nicht zulässig, daß, wenn eine Feststellung der Thatbestandsmerkmale durch die Geschworenen erfolgt ist, die Richterbank abweichende Feststellung, z. B. bezüglich des Zeitpunkts der That, trifft. R.G. IV, 7. Dez. 86, E. XV, 107.

5. Wenn die Voraussetzungen der Verjährung sich schon im Vorverfahren ergeben, so ist der Angeklagte durch Beschluß außer Verfolgung zu setzen, wenn Voruntersuchung stattgefunden hat, oder die Nichteröffnung des Hauptverfahrens zu beschließen. (§. 202 St.Pr.O.) Ist dagegen die Eröffnung des Hauptverfahrens erfolgt, so muß Hauptverhandlung stattfinden. Es kann nicht zugegeben werden, daß zwischen Eröffnungsbeschluß und Hauptverhandlung noch eine Erledigung durch Beschluß zulässig ist, wie Olshausen N. 8 u. A. annehmen. Ueber die Form des zu erlassenden Urtheils s. vorige N.

6. Ein Schuld-Ausspruch oder Freisprechung hat hiernach nicht zu erfolgen. (R.G. III, 21. Juni 82, R. IV, 595 verlangt zwar gelegentlich Freisprechung.) Dagegen muß, wie schon zu N. 4 erwähnt, eine genaue Bestimmung der That erfolgen; da, wenn diese die Merkmale einer strafbaren Schuld nicht enthält, nicht von Verjährung die Rede sein kann, und die Verjährung hauptsächlich durch den Zeitpunkt der Verübung der That bestimmt wird. Auch dies

bedingt, daß, wenn Eröffnung des Hauptverfahrens stattgefunden hatte, nur der Thatrichter mittels Urtheil die weitere Erledigung anbahnen kann. Gegen die Annahme einer Schuld, wenn auch nur in den Entscheidungsgründen, steht dem Angeklagten das gegen die Art des Urtheils zulässige Rechtsmittel zu R.G. III, 11. Juni 81, E. IV, 355, R. III, 38.

7. Das Berufungsgericht kann die Verjährungsfrage prüfen, wenn es nicht durch beschränkte Aufstellung von Beschwerden gehindert ist. Das Revisionsgericht kann nach Ansicht des R.G. (s. oben N. 2.) dies thun, sowie Beschwerde wegen nicht anerkannter Verjährung oder allgemeine materiell=rechtliche Beschwerde erhoben ist. Dabei ist aber das Revisionsgericht an diejenigen thatsächlichen Feststellungen gebunden, welche die Schuldfrage betreffen, so wegen Zeit der Thatbestandsmomente, welche die Verjährungsfrist bedingen u. s. w. R.G. III, 8. Okt. 85 (s. N. 1).

8. Wird Vorliegen der Verjährung der Strafvollstreckung behauptet, so hat das Gericht, welches nach §. 490 St.Pr.O. über Zulässigkeit der Strafvollstreckung zu entscheiden hat, hierüber zu befinden. Daß hiermit die Frage gänzlich auf das prozessuale Gebiet gelangt, geben auch diejenigen zu, welche den rein materiellen Charakter der Strafvollstreckungs=Verjährung behaupten.

9. Die Verjährung der „Verfolgung" schließt selbstverständlich den Eintritt der an eine Strafe geknüpften Folgen (Ehrverlust, Polizeiaufsicht) aus. — Als Moment der Strafzumessung dagegen kann das verjährte Verbrechen ebenso wie das ganze sittliche Verhalten in Betracht kommen. Bezüglich der Maßregel des §. 42 auf verjährte Delikte s. zu §. 42, N. 4.

§. 67. Die Strafverfolgung von Verbrechen verjährt,
wenn sie mit dem Tode oder mit lebenslänglichem Zuchthaus bedroht sind, in zwanzig Jahren;
wenn sie im Höchstbetrage mit einer Freiheitsstrafe von einer längeren als zehnjährigen Dauer bedroht sind, in funfzehn Jahren;
wenn sie mit einer geringeren Freiheitsstrafe bedroht sind, in zehn Jahren.

Die Strafverfolgung von Vergehen, die im Höchstbetrage mit einer längeren als dreimonatlichen Gefängnißstrafe bedroht sind, verjährt in fünf Jahren, von anderen Vergehen in drei Jahren.

Die Strafverfolgung von Uebertretungen verjährt in drei Monaten.

Die Verjährung beginnt mit dem Tage, an welchem die Handlung begangen ist, ohne Rücksicht auf den Zeitpunkt des eingetretenen Erfolges.

Pr. §§. 46, 339, 343; E. I. §§. 60, 346; E. II. §. 65; St.B. S. 237.

Vgl. §. 69; E.G. §. 7; Gew.=O. v. 21. Juni 1869 §. 145; G. v. 1. Juli 1869 §. 164 (V.Zoll=G.); G. v. 11. Juni 1870 §§. 33 ff., 43, 45; G. v. 31 Mai 1872 §. 40 (Brausteuer); M.St.G.B. §§. 52, 76; Seem.=O. v. 27. Dezember 1872 §. 100; G. v. 7. Mai 1874 §. 22 (Presse).

1. Die Verjährungsfrist ist nach dem Höchstbetrage der (in thesi) angedrohten Strafe festgesetzt. — Für die Qualifikation der Handlung ist die endliche Feststellung durch den Richter der That maßgebend, falls nicht vor Eröffnung des Hauptverfahrens die Einstellung der Untersuchung erfolgt. Berlin 20. Juni 77 (O.R. XVIII, 453). Wenn hiernach die That als eine leichtere erscheint, wie von vornherein angenommen war (z. B. beim Diebstahl wird das erschwerende Moment verneint), so ist, falls die für die leichtere That bestimmte Frist verstrichen war, im Urtheil die Verfolgung für ausgeschlossen zu erklären. (Vgl. zu §. 66 N. 4.) Dagegen ist, wenn das Gesetz dem Richter verschiedene Strafarten zur Verfügung stellt, nicht die gewählte maßgebend, sondern die schwerste angedrohte; z. B. Beleidigung verjährt in fünf Jahren, wenn auch der Richter nur Haft angemessen findet oder nur solche beantragt ist. München 13. April 77 (bayr. Entsch. VII, 147, St. VII, 76). Die Strafverfolgung von Vergehen, welche nur mit Geldstrafe bedroht sind, verjährt in drei Jahren. R.G. II, 27. Jan. 80, R. I, 280, E. I, 67. Ist ein Vergehen mit Gefängnißstrafe von nicht über drei Monaten und daneben mit Geldstrafe bedroht, so gilt die dreijährige Verjährungsfrist, auch wenn bei Umwandlung eine drei Monate übersteigende Gefängnißstrafe sich berechnet. Das Gleiche ist der Fall bei allen mit Festungshaft bedrohten Vergehen.

2. Mildernde Umstände und Milderungsgrund, z. B. Jugend §. 57, thätige Reue §. 158, sind ohne Einfluß, weil diese Gründe die angedrohte Strafe nicht ändern. Dem entsprechend war die preußische Praxis. (Vgl. O.R. I, S. 199.) Bezüglich des Milderungsgrundes der Jugend bestehen Zweifel, weil hier (§. 57) niemals auf bestimmte Strafen — Tod und Zuchthaus — erkannt werden kann. Der Wortlaut „bedroht" (§. 67, vgl. §. 57) deutet aber an, daß das Gesetz nur die objektive Seite des Verbrechens im Auge gehabt hat. So erkannte denn auch R.G. I 22. Nov. 80 (R. II, 547, E. III, 52). (Vgl. für die gegentheilige Meinung Breidenbach, Komm. I, 2, 683; v. Schwarze, Verjährung S. 70; Komment. N. 3, Berner, S. 312.)

3. Beim Versuch und Beihülfe (§§. 44, 49) dagegen berühren die Strafermäßigungen die objektive Strafbarkeit. Die Verjährungsfrist berechnet sich also nach Maßgabe des im §. 44 angedrohten Höchstbetrages. Die nähere Vergleichung der dort aufgestellten Strafsätze ergibt hierbei, daß, wo Tod und lebenslängliches Zuchthaus auf die vollendete That gesetzt sind, für den Versuch nach §. 67 Abs. 1 nicht 20 Jahre, sondern 15 Jahre (z. B. Mordversuch) die Frist bilden, im Uebrigen aber die Verjährungsfristen für den Versuch unverändert bleiben. (Vgl. auch Breidenbach I, 2 S. 681.) — Auf die Qualifikation des Versuchs als „Verbrechen" u. s. w. (vgl. §. 1 N. 2) hat, wie eine nähere Vergleichung der Strafsätze bestätigt, die Strafermäßigung keinen Einfluß. Bei Rückfall ist die erhöhte Strafe für die Verjährung maßgebend, wenn eine solche angedroht ist. A. M. Hälschner I, 697.

4. Ueber den Schlußsatz bemerken die Motive:

„Ueber den Lauf der Verjährung ist nur angeordnet, daß derselbe mit dem Tage der begangenen That anfängt. Die besondere Bestimmung, daß hierbei der Zeitpunkt nicht maßgebend sei, an welchem der zur Vollendung des Verbrechens erforderliche Erfolg eingetreten ist, erledigt einen Zweifel.

Durch die Anordnung, daß mit dem Tage des begangenen Verbrechens die Verjährung beginne, sollte einer Streitfrage über den Endpunkt der Verjährung vorgebeugt werden. Denn es ist nunmehr von selbst gegeben, daß die Verjährung mit dem Beginne des dem Anfange der Verjährung entsprechenden Kalendertages ihr Ende erreicht."

Die Berechnung der Fristen erfolgt nach Kalender-Jahren und Monaten. (Vgl. auch §. 19.) Vgl. hierüber München 26. März 77 (bayr. Entsch. VII, 117, St. VII, 21), Stuttgart 7. Juni 76 (St. VI, 100). Sie beginnt mit dem Tag der Begehung der That R.G. IV, 25. Juni 86, R. VIII, 493.

5. Ist die strafbare Thätigkeit eine fortgesetzte, fortdauernde (z. B. Freiheitsberaubung), eine gewohnheits- oder gewerbsmäßige, so beginnt die Verjährung erst mit der Beendigung oder dem gänzlichen Aufgeben der Thätigkeit. R.G. 11. Febr. 80 (Ann. I, 341), III, 3. März 84, E. X, 203 u. 23. April 85, R. VII, 247, II, 25. Mai 86, E. XIV, 145, R. VIII, 385. Zur Feststellung der Gewerbsmäßigkeit eines Delikts können auch solche Handlungen benutzt werden, deren Strafbarkeit an sich verjährt wäre. Berlin 18. April 77, 2. Mai 79 (O.R. XVIII, 278, XX, 244, Goltd. XXVII, 525).

6. Bei fortgesetzten Unterlassungen beginnt die Verjährung mit dem Zeitpunkte, in welchem die versäumte Pflicht oder die Unterlassung aufhörte. Berlin 6. Juli und 6. Nov. 77, 16. Jan., 7. u. 14. März 78, 14. Mai 79 (O.R. XVIII, 507, 691, XIX, 25, 119, 137, XX, 257, Goltd. XXV, 501, 506, 507, XXVI, 120, 318, 226, XXVII, 575), München 14. Juli 77 (bayr. Entsch. VII, 316), 21. Juli 88, bayr. Entsch. V, 328, Dresden 3. Dez. 77 (S.G.Z. XXII, 219, St. VII, 378), R.G. I, 16. Sept. 80 (R. II, 212, 4. Juni 83, E. VIII, 390). Bei der Errichtung gewerblicher Anlagen ohne die erforderliche polizeiliche Genehmigung mit dem Anfange des Betriebs: Berlin 22. Okt. 74 u. 30. Sept. 75 (O.R. XV, 709, XVI, 620, Goltd. XXIII, 569), München 24. Nov. 73 (St. III, 248); — Berlin 2. Juni 74, 14. März 78 (Goltd. XXII, 647, XXVI, 227, O.R. XV, 344, XIX, 137, St. IV, 82) erkannte dagegen, daß die Verjährung so lange nicht beginnt, als die Anlage besteht. Bei Herstellung eines gesetzwidrigen, gefahrdrohenden Zustands tritt die Verjährung erst mit Beseitigung des Zustands ein. Bayr. Entsch. III, 12, IV, 96, 491, V, 76, 123. R.G. III, 5. März 81, R. III, 117. Jedoch muß unterschieden werden, ob die That oder der Zustand unter Strafe gestellt ist, R.G. I, 14. Febr. 81, E. III, 382, R. III, 45. Im Falle des unerlaubten Auswanderns von Reservisten 2c. läuft die Verjährung nicht, so lange sich der Reservist seiner Wehrpflicht entzieht; Berlin 1. Juni 72, 19. Juli 72, 21. Juni 73 u. 17. Okt. 77 (Goltd. XX, 407, 408, XXI, 456, O.R. XIII, 333, 436, XIV, 265, XVIII, 656, St. VIII, 306), München 21. März 73 (bayr. Entsch. III, 115). R.G. 16. Sept. 80, s. oben.

Bigamie und Ehebruch vgl. §§. 171, 172. Bei idealer Konkurrenz von Delikten schließt die Verjährung in der einen Richtung die Verfolgbarkeit der Handlung in der andern nicht aus. Berlin 4. März, 5. Juli 73 (O.R. XIV, 187, 486, Goltd. XXI, 274, 499, St. III, 44). Pl. Urth. 11. Juni 77 (O.R. XVIII, 381, Goltd. XXV, 508).

7. Unter Handlung im Sinne des Abs. 4 ist nicht jede Bethätigung des Willens zu verstehen, auch wenn dieselbe noch keinen strafrechtlichen Charakter angenommen hat, sondern die Handlung mit allen denjenigen Umständen, welche sie zu einer strafbaren machen. So kann die Anstiftung und die vor Begehung der That geleistete Beihülfe nicht verjähren, so lange die Hauptthat nicht begangen ist, da beide in der Regel straflos sind, wenn die Hauptthat nicht begangen wird und demnach beide Theilnahmehandlungen, obgleich sie in diesem Abschnitte noch keine Strafbarkeit begründen, verjährt sein könnten, ehe sie durch Begehung der Hauptthat strafbar werden. Bankerutt verjährt nicht bei unterlassener Bilanzziehung oder unordentlicher Buchführung, sondern erst wenn diese mit Zahlungseinstellung oder Konkurs-Eröffnung zusammentreffen. R.G. II, 30. Dez. 81, E. V, 282, R. III, 837, u. bez. des Bankerutts R.G. II, 15. Febr. 81, E. III, 350, R. III, 49. Fahrlässige Brandstiftung durch fehlerhafte Bauführung verjährt nicht von letzterer an, sondern erst mit Eintritt des Brandes, der durch jene veursacht ist. R.G. II, 2. Nov. 83, E. IX, 152, R. V, 604. Intellektuelle Urkundenfälschung verjährt nicht mit Abgabe der falschen Erklärungen, sondern erst mit deren Beurkundung, R.G. II, 5. Dez. 90, E. XXI, 228. Demgemäß bleibt als Erfolg, von welchem Abs. 4 spricht, nur derjenige übrig, welcher eine versuchte That zur vollendeten macht, oder welcher bei einer an sich strafbaren That einen höheren Grad der Strafbarkeit erzeugt, wie die Folgen, welche gemäß §. 224 eine Körperverletzung zum Verbrechen machen, oder der Tod von Menschen, welche Folgen gemeingefährlicher Verbrechen sind. Jedoch dürfen diese einen höheren Grad der Strafbarkeit erzeugenden Umstände nicht in der eigenen Thätigkeit des Handelnden liegen. Die mehreren Einzelakte, aus welchen das Delikt in seiner konkreten Gestaltung durch den Thäter herbeigeführt wird, sind in Bezug auf Verjährung als eine That zu rechnen, z. B. die falsche Rechnungsführung eines Beamten, der amtliche Gelder unterschlagen hatte. R.G. I, 11. Mai 82, E. VI, 294, R. IV, 477 oder fortgesetztes Aufbewahren des Gestohlenen durch Hehler, R.G. I, 19. Juni 82, E. IX, 412, R. IV, 879.

8. Die in besonderen (Reichs- oder Landes-) Gesetzen enthaltenen Verjährungsfristen bestehen selbständig (vgl. zu §. 66 N. 2), z. B. §. 145 R.G.O. und §. 22 des Reichspreßgesetzes vom 7. Mai 1874, wonach die Strafverfolgung sämmtlicher durch die Verbreitung von Druckschriften begangenen Verbrechen und Vergehen — nicht bloß die Preßvergehen im engern Sinn — in 6 Monaten verjährt. Berlin 29. Juni 76, 29. Mai 77, 16. Mai 79 (O.R. XVII, 477, XVIII, 348, XX, 269, Goltd. XXIV, 541), Dresden 8. Jan, 75, 27. Nov. 76, 17. Dez. 77 (S.G.Z. XXI, 281, XXII, 220, St. V, 241), s. auch das bayr. Forstges. v. 28. März 1852 (neue Fassung) §. 72 und hierzu München 5. Okt. 88, bayr. Entsch. V, 178. Ueber das Verhältniß von Verjährung und Strafantrag s. zu §. 61 N. 24.

§. 68. **Jede Handlung des Richters, welche wegen der begangenen That gegen den Thäter gerichtet ist, unterbricht die Verjährung.**

Die Unterbrechung findet nur rücksichtlich desjenigen statt, auf welchen die Handlung sich bezieht.

Nach der Unterbrechung beginnt eine neue Verjährung.

Pr. §§. 47, 48, 339; E. I. §. 61; E. II. §. 66; St.B. S. 237, 238, 1149 (Druckſ. 182 Nr. 17).

Vgl. §. 67; G. v. 11. Juni 1870 §. 38 (Nachdruck).

1. Die Motive zu diesem Paragraphen bieten nichts Bemerkenswerthes. — Der (1. u. 2.) Entwurf sagte in wesentlicher Uebereinstimmung mit §. 49 des preuß. St.G.B.: „Jede Handlung des Staatsanwalts oder des Richters u. s. w." Der Reichstag beschloß (vgl. St.B. S. 237, 238) die gesperrten Worte zu streichen, so daß also die Verjährung nur durch richterliche Thätigkeit unterbrochen wird. Der Bundeskommissar (Dr. Leonhardt) wies darauf hin, daß die Frage befriedigend nur im Zusammenhang mit der Strafprozeßordnung, wohin die Lehre von der Verjährung überhaupt gehöre, zu lösen sei, erklärte sich jedoch mit der amendirten Fassung einver-

standen, wenn nicht aus dem verschiedenen Landesrecht Bedenken vorgebracht werden sollten. Letzteres geschah nicht, obgleich nicht zu verkennen war, daß bei der Verschiedenheit der Stellung des Staatsanwalts und des Richters in den einzelnen Bundesstaaten — bis zum Erlaß der Strafprozeßordnung — große Verschiedenheiten zu Tage treten würden.

Der Entwurf zur Strafgesetznovelle vom 26. Febr. 1876 wollte die gestrichenen Worte wieder herstellen, der Reichstag lehnte den Vorschlag jedoch ab. (Vgl. Drucks. des Reichst. Nr. 54 §. 68, St.B. v. 1875/76 S. 635 ff.)

2. Unter „Richter" ist der Strafrichter zu verstehen. Derselbe braucht nicht nothwendig der sachlich oder örtlich zuständige (kompetente) zu sein, wenn er nur überhaupt zur strafrechtlichen Verfolgung von strafbaren Handlungen und zur Vornahme der betr. Handlung zuständig ist. So die preuß. Praxis. (Vgl. Berlin 20. Juni 72, O.R. XIII, 369 u. 25. Febr. 76, 4. März 79, O.R. XVII, 144, XX, 120, St. V, 165, VIII, 374, Goltd. XXIV, 125, XXVII, 366), Dresden 27. Nov. 76 (S.G.Z. XXI, 285), Hälschner, Preuß. St.R. I, 540, d. Str.R. I, 701, Heffter, Lehrb. §. 189, Berner S. 314, v. Schwarze N. 8. Sachsen Rev. St.G.B. Art. 114 bestimmte ausdrücklich: „Die Unzuständigkeit des Gerichts, dafern es nur überhaupt mit der Strafgerichtsbarkeit beauftragt ist, ist in diesen Fällen ohne Einfluß." — Berlin 21. März 72 (O.R. XIII, 220, Goltd. XX, 193, St. I, 265) nimmt an, daß auch die Verfügung, durch welche der Richter die beantragte Eröffnung der Untersuchung wegen vermeintlicher Inkompetenz ablehnt, die Verjährung unterbreche. Auch die Handlung eines Richters, der gesetzlich eine Handlung vornehmen mußte, um den zuständigen Richter mit der Sache zu befassen, unterbricht die Verjährung. Berlin 20. Sept. 77 (O.R. XVIII, 817).

So nahm R.G. III, 12. Jan. 85, E. XI, 364, R. VII, 28 an, daß die Handlung eines in unförmlicher Weise (mittels eines nur von einem Referendar unterzeichneten Schreibens) requirirten Richters, welche nur auf die Fortschaffung gerichtlicher Asservate abzielte, die Verjährung unterbrach. Das Gleiche wurde angenommen, bezüglich einer richterlichen Vernehmung, die auf Antrag einer Verwaltungsbehörde vorgenommen worden war. R.G. I, 14. Jan. 89, E. XVIII, 402 und von einer Vernehmung, die auf Antrag des Staatsanwalts ein dem Amtsrichter zur Beschäftigung überwiesenen Gerichtsassessor vorgenommen hatte. R.G. III, 11. März 86, E. XIII, 409.

3. Durch Handlungen, welche nichtrichterliche Behörden vornehmen, wird die Verjährung nicht unterbrochen. Dies hat die preuß. Praxis für die Fälle angenommen, wenn, den Verwaltungsbehörden bei Zoll- und Steuervergehen eine Art der Strafverfolgung und Entscheidung übertragen ist, da jene Behörden dadurch nicht zu Richtern werden. Goltd. IV, 345 und Berlin 16. Okt. 74, 1. Juni 77, Goltd. XXII, 569, O.R. XV, 683, XVIII, 364. Dieser Praxis entgegen weist Hälschner, Preuß. Str.R. I, S. 540 mit Recht darauf hin, daß es nicht darauf ankommen könne, ob der Beamte den Namen „Richter" führe, sondern nur darauf, ob er die wesentlichen Befugnisse des Richters: das Recht der Untersuchung und Entscheidung habe. Dieses Argument, dem wir uns anschließen, trifft auch gegenüber dem §. 68 St.G.B. zu. Die Motive des Reichstags stehen dem keineswegs entgegen (vgl. unter N. 6), ferner Dresden 19. Juni u. 25. Aug. 76, 3. Juni 78 (S.G.Z. XXI, 164, 241, XXII, 347). Jedenfalls aber bleiben etwa abweichende ausdrückliche Vorschriften solcher Spezialgesetze bestehen. (Vgl. N. 4, 5.)

Auch Handlungen, die der Richter durch die ihm untergeordneten Organe bewirken läßt, sind als richterliche Handlungen anzusehen (so die Vorladung zur mündlichen Verhandlung, welche bewirkt, daß bis zum Termin die Verjährung nicht ablaufen kann). Berlin 4. Dez. 73, 11. Febr. 74 (Goltd. XXII, 48, 114, O.R. XIV, 771, XV, 68, St. III, 285). Gl. M. Binding I, 850, Otto N. 6, v. Schwarze N. 9, Olshausen N. 6. A. M. H. Meyer S. 387, welcher nicht einmal die Handlung eines ersuchten Richters als richterliche will gelten lassen, Oppenhoff N. 15.

Die bloße Erhebung einer Anklage durch die Staatsanwaltschaft, die bloße Einreichung einer Privatklage (z. B. bei Injurien) oder die Anbringung eines Strafantrags durch den Verletzten unterbrechen nach dem Vorhergehenden die Verjährung nicht. Ebenso wenig der Einlauf einer Anzeige. Dresden 27. Nov. 76 (S.G.Z. XXI, 285). Auch nicht die Vorladung des Polizei-(Amts-) Anwalts zu einer regelmäßigen Gerichtssitzung. Berlin 16. März 76 (O.R. XVII, 214).

4. Ausnahmen erleidet der Grundsatz (N. 2) zunächst, wenn in bestehen bleibenden (Reichs- oder Landes-) Gesetzen abweichende Vorschriften gegeben sind, z. B. §. 17 des R.-Wechselstempelsteuer-Ges. v. 10. Juni 69 (B.G.Bl. S. 196), wonach die fünfjährige Ver-

jährungsfrist bei Wechselstempelhinterziehungen durch jede auf Verfolgung der Hinterziehung gegen den Angeschuldigten gerichtete amtliche Handlung unterbrochen wird.

Vgl. oben zu §§. 2 u. 3 des E.G.

5. Dasselbe (N. 4) muß gelten, wenn auch nur in besonderen, in Geltung bleibenden Prozeßgesetzen abweichende Vorschriften vorhanden sind. Dieses folgt aus der allgemeinen Stellung des Reichs= zum Landesstrafrecht. (Vgl. oben S. 39, 55.)

Die Vorschriften über die Verjährung gehören an sich dem Prozeß an. (Vgl. Dr. Leonhardt oben N. 1.) Das St.G.B. §. 68 stellt bezüglich der Unterbrechung der Verjährung die Regel auf und beseitigt damit die bisher im Landes(prozeß)recht vorgeschriebenen allgemeinen Bestimmungen, also namentlich den §. 48 des preuß. St.G.B. Dagegen müssen diejenigen besonderen prozessualischen Vorschriften, welche der Gesetzgeber bereits vorher als Ausnahmen von der allgemeinen Regel aufgestellt hatte, auch fernerhin bestehen bleiben, wenn nicht aus besonderen Gründen ersichtlich ist, daß er, d. h. das St.G.B., die bisherigen Ausnahmen wieder der allgemeinen Regel hat unterwerfen wollen. In dieser Beziehung gelten für das Prozeßrecht dieselben Grundsätze wie für das materielle Strafrecht. Das Neue und von dem bisherigen preuß. Recht Abweichende des St.G.B. besteht nur darin, daß im Laufe des gewöhnlichen Strafverfahrens nicht mehr irgend eine Handlung der Staatsanwaltschaft, sondern nur der Richter die Verjährung unterbrechen kann. Der Abg. Lasker (St.B. S. 237) bemerkte zur Motivirung:

> „In dem größten Theile des Bundesgebietes, sicher für Preußen kann ich das sagen, gibt es kein Verfahren, in welchem nicht der Staatsanwalt in der Lage wäre, eine richterliche Handlung herbeizuführen, wie sie der §. 68 erfordert. Und nun verlangt der Antrag . . ., daß der Staatsanwalt nicht mit einer bloßen Verfügung sich begnüge, sondern es müssen die Momente mindestens soweit gediehen sein, daß er einen Antrag an den Richter zu stellen im Stande ist, und daß er den Richter veranlassen kann, in Folge des Antrages irgend etwas gegen den Thäter zu unternehmen."

Auch aus dieser Motivirung ergibt sich, daß man nur die im Entwurf (und dem preuß. St.G.B.) den Handlungen der Staatsanwaltschaft allgemein beigelegte Wirkung hat aufheben wollen, diejenigen besonderen Gesetze, welche eine Thätigkeit der Staatsanwaltschaft zunächst gar nicht erforderten, aber gänzlich außer Betracht gelassen hat.

Daraus folgt, daß, wenn in Landesprozeßgesetzen mit Rücksicht auf die besondere Natur gewisser strafbarer Handlungen schon bisher auch bezüglich der Unterbrechung der Verjährung ausdrücklich abweichende Vorschriften gegeben sind, solche, jedenfalls bis dahin, daß die Reichsgesetzgebung über die prozessualische Verfolgung dieser strafbaren Handlungen selbst Bestimmung trifft, in Geltung bleiben. So in Bezug auf die Feldpolizeigesetze. Berlin 29. Juni 76 (Goltd. XXIV, 541. O.R. XVII, 477).

6. Die Reichsstrafprozeßordnung (§. 453) legt der polizeilichen Strafverfügung betreffs der Unterbrechung der Verjährung ausdrücklich die Wirkung einer richterlichen Handlung bei, ebenso §. 459 dem Strafbescheide der Verwaltungsbehörden. Die Verjährung läuft auch zwischen den Urtheilen verschiedener Instanzen, auch wenn das Verfahren aus Zweckmäßigkeitsgründen ruht. München 26. März 77 (St. VII, 21, Goltd. XXV, 603).

7. Wo zur Verfolgung ein Antrag oder eine Ermächtigung des Verletzten erforderlich ist, muß zur Zeit der Vornahme der Handlung diese Voraussetzung der Verfolgung vorhanden sein. Andernfalls ist die Verjährung nicht unterbrochen, da es an einer Vorbedingung des richterlichen Einschreitens fehlt. Dresden 29. April 78 (St. VIII, 87), Berlin 15. Mai 79 (O.R. XX, 261, Goltd. XXVII, 521). R.G. I, 13. Febr. 82, E. VI, 38. Vorstehende Ansicht dürfte trotz der dafür sprechenden Autoritäten verfehlt sein. Nichts berechtigt zu der Unterscheidung, daß eine Handlung des Richters, wenn gesetzlich berechtigt (§. 127 Abs. 3, §. 128 fg St.P.O) wegen Mangels des Strafantrags die Folge der Unterbrechung nicht haben sollte, obgleich Abs. 1 §. 68 beginnt: „Jede Handlung des Richters u. s. w." Ueberdies wird hierdurch die Schwierigkeit, daß die eingeleitete Verfolgung wegen irriger Annahme eines Offizialdelikts ex post unwirksam werden soll, wenn ein Antragsdelikt festgestellt wird, obgleich gerade jene Annahme und Verfolgung geeignet ist, den Antragsberechtigten von Stellung des Antrags abzuhalten, bis zur Unerträglichkeit gesteigert. A. M. Olshausen N. 16, Binding I, 852, Oppenhoff N. 11.

8. Der §. 68 legt als Reichsgesetz den Handlungen aller inländischen Richter die Wirkung der Unterbrechung der Verjährung bei. Ob eine solche Handlung vorliegt, ist nach dem Gerichtsverfassungsgesetz und dem Prozeßgesetze zu beurtheilen. Liegt sie aber vor, so unterbricht

sie die Verjährung, mag die Aburtheilung später auch in einem anderen Bundesstaate erfolgen. Dieses ist eine nothwendige Folge der Gemeinschaftlichkeit des Rechts. (Vgl. §. 3, 8 u. 9 und oben S. 43.) Die abweichende Meinung übersieht u. E., daß das St.G.B. strafrechtlich das ganze Bundesgebiet als ein einheitliches auffaßt. S. auch Berlin 29. Mai 77 (O.R. XVIII, 348, Goltd. XXV, 318, St. VII, 23). Jede Handlung eines Richters, welche im gesetzlich geregelten Verfahren erforderlich war, um den strafbaren Thatbestand zu ermitteln und zur Bestrafung des Schuldigen zu gelangen unterbricht die V. Berlin 20. Dez. 77 (O.R. XVIII, 818). Jedoch betrachtete Stuttgart 7. Juni 76 (St. VI, 100) die Aufforderung des Richters zu polizeilichen Nachforschungen noch nicht als gegen einen bestimmten Thäter gerichtet.

9. In den Worten „wegen der begangenen That gegen den Thäter" folgt das St.G.B., abweichend vom preuß. St.G.B., dem deutschrechtlichen Grundsatz, daß die Handlung gegen eine bestimmte Person gerichtet sein muß, um die Wirkung der Unterbrechung zu begründen. (Vgl. Hälschner, Preuß. Str.R. S. 539; Berner, Lehrb. S. 320.) Erkundigungen, welche ohne Wissen des Thäters geschehen, informatorische Zeugenvernehmungen u. dgl., unterbrechen nicht. Jena 20. Dez. 71 (St. I, 265). Die richterliche Entschließung, gegen den unbekannten Verfasser eines Artikels Untersuchung einzuleiten, ist nicht eine Handlung, welche gegen einen bestimmten Thäter gerichtet ist. Dresden 15. Febr. 78 (S.G.Z. XXIII, 22). R.G. I, 27. April 82, E. VI, 212, R. IV, 398. Die Einleitung einer Untersuchung unterbricht die Verjährung in Bezug auf jede andere, ideell konkurrirende That oder in Bezug auf alle mit der That in Verbindung stehenden Fortsetzungshandlungen. Dresden 29. April 78 (St. VIII, 87). Dagegen wirkt die Unterbrechung nicht in Bezug auf eine That, welche sich nur gelegentlich der Verfolgung einer andern herausstellt, mit derselben aber weder identisch ist noch ideell konkurrirt. S. einen Fall der weiteren Verfolgung wegen Beiseiteschaffen eines Leichnams, während die ursprüngliche Verfolgung wegen Kindstödtung stattfand. R.G. IV, 7. Dez. 86, E. XV, 107. Die Unterbrechung findet aber nur gegen denjenigen Theilnehmer statt, gegen welchen die Handlung gerichtet ist, nicht auch gegen die übrigen Theilnehmer. Dresden 27. Nov. 76 S.G.Z. XXI, 284, R.G. I, 24. März 81, E. IV, 216. Ist aber die Untersuchung einmal gegen mehrere Theilnehmer gerichtet, so unterbricht jede Untersuchungshandlung die Verjährung gegen alle, gegen die die Untersuchung gerichtet ist, wenn die Handlung auch nur einzelne im Auge hat. R.G. III, 19. Okt. 85, E. XIII, 57, R. VII, 594.

10. Zunächst muß die Handlung einen Akt der Strafverfolgung („wegen der begangenen That") darstellen. Bloße den Geschäftsbetrieb betreffende Handlungen z. B. Reproduktionsverfügungen, Excitatorien u. s. w., genügen nicht. Goltd. X, 365 und Dresden 10. Juli 74, S.G.Z. XVIII, 365, St. IV, 269. R.G. II, 6. Febr. 91, E. XXI, 308. Im Uebrigen aber muß es einerlei sein, ob jener Akt die Belastung oder die Entlastung des Angeschuldigten oder Verdächtigen, die Fortsetzung oder die (einstweilige) Einstellung des Verfahrens betrifft. Berlin 21. März 72 (Goltd. XX, 193, O.R. XIII, 220, St. I, 265). Gl. M. Olshausen N. 9, Binding I, 852, Oppenhoff N. 29. Die Vernehmung einer Person als Zeuge unterbricht die Verjährung nicht, wenn auch der Zeuge die That gesteht und deshalb unbeeidet vernommen wird. R.G. I, 24. Nov. 79 (R. I, 94, E. I, 231).

11. Ob die Handlung gegen einen bestimmten Thäter gerichtet war, ist Thatfrage. Liegt ein Antrag der Staatsanwaltschaft auf Vornahme von Untersuchungshandlungen gegen eine bestimmte Person vor (Strafklage, Antrag auf Voruntersuchung oder vorläufige Ermittelungen), so werden alle Handlungen, die in Folge dessen vorgenommen werden, als gegen den Angeschuldigten gerichtet angesehen werden müssen, selbst wenn sie zunächst nur den objektiven Thatbestand zum Gegenstand haben. Wird bei diesen Untersuchungshandlungen ein Verdacht gegen eine andere bestimmte Person ermittelt und festgestellt, so wird gegen diese schon hierdurch die Verjährung unterbrochen. Jedenfalls kann eine richterliche Verfügung nicht bloß nach ihrem Wortlaut, sondern nur nach dem Zusammenhange, in welchem sie erlassen wurde, darauf geprüft werden, ob sie gegen eine bestimmte Person gerichtet ist oder nicht. R.G. II, 28. Nov. 84, R. VI, 768.

12. Die begangene That verjährt, nicht die rechtliche Qualifikation derselben. Letztere kann nur für die Verjährungsfrist von Bedeutung sein. Dagegen bewirkt es keinen Unterschied, wenn die öffentliche Klage oder der Eröffnungsbeschluß denselben strafrechtlichen Vorgang rechtlich anders beurtheilt hat, als dies das Urtheil thut. R.G. I, 12. Jan. 88, R. X, 31. Vgl. auch IV. 26. Sept. 90, Goltd. XXXVIII, 357. München 17. Mai 84, 25. Jan. 87, bayr. Entsch. III, 131, IV, 319.

13. Unter „Thäter" ist (vgl. S. 156 N. 2 und 180 N. 1), der Sprachweise des St.G.B. entsprechend, zunächst der physische Urheber zu verstehen. Daß der gleiche Grundsatz auch auf den Anstifter und Gehülfen Anwendung findet, folgt aus den Schlußbestimmungen der §§. 48 u. 49 von selbst. Die vom Reichstag in 2. Lesung eingeschalteten Worte „oder Theilnehmer" wurden deshalb in dritter Lesung als überflüssig gestrichen. (St.B. S. 238.) Sogar auf subsidiär Haftbare wurde die Bezeichnung angewendet. R.G. III, 7. Juni 83, E. VIII, 362, R. V, 410.

Ist der Thäter irrthümlicherweise mit einem unrichtigen Namen bezeichnet worden, so hindert dies nicht die Unterbrechung. Berlin 10. Jan. 72 (O.R. XIII, 16, St. I, 145).

14. Der Abs. 2 beseitigt eine bisher in Preußen bestandene Kontroverse. Es ist lediglich Thatfrage, auf wen sich eine Handlung bezieht. (Vgl. N. 8.) Handlungen, welche bloß auf Feststellung des objektiven Thatbestandes gerichtet sind, bewirken gegen keinen Betheiligten (Thäter, Theilnehmer) eine Unterbrechung. Ist aber schon gegen dieselben eine Anschuldigung erhoben und in Folge dessen die Handlung vorgenommen, so kann die Unterbrechung gegen alle eintreten. Im Uebrigen bewirkt die nur gegen einen Betheiligten gerichtete Handlung keine Unterbrechung gegen den andern. S. einen Unterbrechungsfall dieser Art R.G. III, 19. Okt. 85, E. XIII, 57, R. VII, 594.

15. Die Flucht des Angeschuldigten unterbricht die Verjährung nicht. Die desfallsige in den I. Entwurf übergegangene Bestimmung des preuß. St.G.B. wurde von der Bundeskommission gestrichen.

16. Die Handlung des Richters unterbricht die Verjährung, nicht deren Wirkung, so daß alsbald nach der Handlung eine neue Verjährungsfrist beginnt und möglicher Weise abgelaufen sein kann, bis die Handlung ihre Wirkung äußert, z. B. wenn der Richter den Verhandlungstermin wegen einer Uebertretung über drei Monate hinaussetzt und in die Zwischenzeit keine weitere Unterbrechungshandlung fällt. R.G. II, 25. Mai 83, E. VIII, 310, R. V, 385, s. auch München 28. Dez. 86, bayr. Entsch. IV, 271.

17. Nach Abs. 3 beginnt nach jeder Unterbrechung eine neue Verjährung und zwar beginnt die neue Frist, entsprechend der ersten (§. 67 Abs. 4) mit dem Tage der richterlichen Handlung, durch welche die Verjährung unterbrochen worden war, nicht erst am folgenden. R.G. III, 19. Okt. 85, E. XIII, 57, R. VII, 594.

18. Die Praxis hat bezüglich einzelner Handlungen, welche Unterbrechung der Verjährung bewirken oder nicht bewirken, folgende Kasuistik ergeben:

a. Die Beischaffung von als Beweismittel dienenden Schriftstücken aus Civilakten unterbricht die Verjährung. Dresden 6. Febr. 71 (S.G.Z. XVI, 79).

b. Militärgerichtliche Verfügungen, durch welche Abgabe der Sache an das Civilgericht angeordnet und Erkundigungen nach dem Aufenthalte des Beschuldigten veranlaßt werden, unterbrechen die Verjährung. Berlin 6. Juli 72 (O.R. XIII, 391, Goltd. XX, 384).

c. Wenn ein Urtheil durch ein Rechtsmittel angefochten ist, läuft eine neue Verjährungsfrist. Dieselbe wird aber schon durch Ernennung eines Referenten unterbrochen. Berlin 14. Juli u. 30. Sept. 73 (O.R. XIV, 504, 589, Goltd. XXI, 507).

d. Die Abgabe der Akten von Verwaltungsbehörden an den Richter zur Entschließung über die Strafverfolgung unterbricht die Verjährung nicht. Dresden 3. Juni 78 (S.G.Z. XXII, 347).

e. Nicht schon die Abfassung eines Urtheils unterbricht d. Verjährung, sondern erst dessen Verkündung. Dresden 31. Mai 78 (St. VIII, 89).

f. Auch im Laufe einer Voruntersuchung wird die Verjährung nur durch die einzelnen Handlungen des Richters, nicht aber dadurch fortgesetzt unterbrochen, daß das Gericht zu einer Entscheidung berufen ist. Berlin 4. Juni 78 (O.R. XIX, 300, Goltd. XXVI, 431, St. VIII, 90). München 26. März 77 (bayr. Entsch. VII, 117, St. VII, 21).

g. Anfragen des Richters über den Stand einer Sache, von welcher der Fortgang des Verfahrens abhängt, unterbricht die Verjährung. R.G. II, 16. Dez. 79 (Goltd. XXVII, 452).

h. Eine richterliche Handlung in einer Sache, in welcher keine Verjährung läuft, weil die That in einer Unterlassung besteht, und die Pflicht fortbesteht (Verletzung der Wehrpflicht) (s. oben §. 67 N. 2), bewirkt nicht den Anfang einer Verjährung. R.G. I, 16. Sept. 80, R. II, 212.

i. Der Einstellungsbeschluß der Strafkammer wegen Abwesenheit des Angeklagten unterbricht die Verjährung. R.G. II, 6. Febr. 91, E. XXI, 308.

k. Beschlüsse des Gerichts, das Verfahren auszusetzen, damit Angeklagter ein Civilverfahren durchführen könne, unterbrechen die Verjährung. Kammerg. 1. Mai 90, Goltd. XXXVIII, 213.

l. Die Ablehnung des staatsanwaltschaftlichen Antrags auf Erlassung eines amtsrichterlichen Strafbefehls unterbricht die Verjährung. München 27. Juni 85, bayr. Entsch. III, 425.

m. Die Anordnung von Erhebungen über den Aufenthalt des Angeklagten Seitens des Vorsitzenden unterbricht die Verjährung. München 22. Juli 85, bayr. Entsch. III, 583.

19. Die Verjährung und deren Unterbrechung ist in allen Stadien des Verfahrens von Amtswegen zu berücksichtigen, ohne daß einen Prozeßbetheiligten eine Beweislast trifft. Auch das Revisionsgericht kann nach den Akten feststellen, ob eine Unterbrechung der Verjährung erfolgt sei. R.G. III, 8. u. 19. Okt. 85, E. XII, 434, XIII, 57, R. VII, 560, 596.

§. 69*). Ist der Beginn oder die Fortsetzung eines Strafverfahrens von einer Vorfrage abhängig, deren Entscheidung in einem anderen Verfahren erfolgen muß, so ruht die Verjährung bis zu dessen Beendigung.

Pr. —; E. I. —; E. II. §. 67; St.B. S. 238, 239.

Vgl. §§. 171, 191; Seem.=O. v. 27. Dezember 1872 §. 100.

1. Der §. 69 läßt die Verjährung ruhen, wenn der Beginn oder die Fortsetzung des Strafverfahrens von der Entscheidung einer Vorfrage in einem andern Verfahren abhängig ist — mag dieses andere Verfahren ein administratives oder richterliches, Civil= oder ein Kriminal=Verfahren sein.

Als solche Vorfragen gelten nur jene, welche gesetzlicher Vorschrift gemäß entschieden sein müssen, ehe die Strafverfolgung begonnen oder fortgesetzt werden darf, nicht aber auch jene, welche ein Ruhenlassen der Verfolgung aus Zweckmäßigkeitsgründen veranlassen, wie die Einleitung einer Untersuchung gegen einen Zeugen wegen Meineids. München 26. März 77 (bayr. Entsch. VII, 117, St. VII, 21). R.G. III, 25. Mai 82, E. VI, 381. Hieraus folgt, daß, soweit der Beginn des Strafverfahrens in Betracht kommt, die Verjährung nicht beginnen kann, vielmehr erst mit dem Zeitpunkt der Beendigung dieses Verfahrens zu laufen anfängt.

Soweit dagegen nur die Fortsetzung des Strafverfahrens in Betracht kommt, beginnt die Verjährung, nach Maßgabe des §. 67 Schluß, mit dem Tage der begangenen Handlung; die Zeit dagegen, mit welcher die Nothwendigkeit des andern Verfahrens gegeben ist, bis zur Beendigung desselben, wird in der Verjährungsfrist nicht mit eingerechnet.

2. Im Reichstag hielt man die Worte „der Beginn" für überflüssig; ein dieserhalb gestelltes Amendement wurde aber zurückgezogen, nachdem seitens des Abg. Bürgers — der als Mitglied der Bundeskommission die Aufnahme des Paragraphen in der vorliegenden Fassung beantragt hatte — darauf aufmerksam gemacht war, die Fassung sei mit Rücksicht darauf gewählt, daß einzelne Gesetze vorschreiben, die Verfolgung dürfe nicht eher eintreten, ehe nicht im Civilwege eine gewisse Vorfrage entschieden sei, z. B. nach dem rheinischen Gesetzbuch (code civil) Art. 327 bei der Unterdrückung des Personenstandes die Frage, welches der wahre Personenstand sei.

Bei der allgemeinen Fassung des Paragraphen muß dasselbe auch dann gelten, wenn die „Entscheidung der Vorfrage" über eine Bedingung der Strafbarkeit einer Handlung ergeht. Dieses ist der Fall beim Ehebruch §. 172. (Vgl. zu diesem Paragraphen R.G. IV, 8. Febr. 87, E. XV, 261, R. IX, 121.

3. Fälle, wo die Fortsetzung des Strafverfahrens von einer Vorfrage abhängig werden kann, sind im St.G.B. selbst §. 164 (falsche Anschuldigung) und §. 191 (Verleumdung) (vgl. R.G. II, 16. Dez. 79, Goltd. XXVII, 452) und im Gebiete des preußischen Rechts: die Erhebung des Kompetenzkonflikts (Ges. v. 8. April 1847 §. 19 und v. 19. Febr. 1854 §. 1); Entscheidung über die Stempelpflichtigkeit einer Urkunde (Ges. v. 24. Mai 1861 §. 14).

Die Entscheidung privatrechtlicher Zwischenpunkte, die durch keine besondere Vorschrift dem Strafrichter entzogen sind, hat dieser bei Feststellung des Thatbestandes selbst zu treffen. Hierüber bestimmt §. 261 der R.St.P.O.:

„Hängt die Strafbarkeit einer Handlung von der Beurtheilung eines bürgerlichen Rechtsverhältnisses ab, so entscheidet das Strafgericht auch über dieses nach den für das Verfahren und den Beweis in Strafsachen geltenden Vorschriften.

*) Vgl. hierzu Altona im G.S. Bd. 43, S. 205.

Das Gericht ist jedoch befugt, die Untersuchung auszusetzen und einem der Betheiligten zur Erhebung der Civilklage eine Frist zu bestimmen oder das Urtheil des Civilgerichts abzuwarten."

An das Urtheil des Civilrichters ist der Strafrichter nicht gebunden, sondern er kann eine vom Civilurtheile abweichende thatsächliche Feststellung treffen. Hiervon verschieden ist jedoch die Frage, ob das civilrechtliche Urtheil nicht einen Rechtszustand geschaffen hat, welcher eine dagegen vorgenommene Handlung als rechtswidrig erscheinen läßt. Macht der Strafrichter von der ihm in Abs. 2 des §. 261 St.P.O. eingeräumten Befugniß Gebrauch, so ist dies, wenn ihn nicht eine die Kompetenz des Strafrichters ausschließende gesetzliche Bestimmung dazu zwingt (vgl. N. 1), nur durch Zweckmäßigkeitsgründe bedingt, und ruht deshalb in solchen Fällen die Verjährung nicht, sondern haben die Verfolgungsbehörden dafür Sorge zu tragen, daß die Verjährung rechtzeitig unterbrochen wird, was schon durch die Anfrage des Richters über den Stand der Sache erfolgen kann, insofern hierin eine Verfolgungshandlung zu erblicken ist. (S. zu §. 68 N. 12 b.) Vgl. über die einschlägigen Fragen Löwe, Komment., Stenglein, Komment. zu §. 261 Str.P.O., ferner Goltd. XXXVII, 62.

4. Die Bestimmungen des §. 7 Nr. 1, 2 u. des §. 13 der Strafgerichts-Ordnung v. 3. April 1845, nach denen bezüglich der Personen des Beurlaubtenstandes, welche zum Kriege, zu einer außerordentlichen Zusammenziehung der Truppen oder zur größeren Uebung einberufen werden, die bei den Civilgerichten einzuleitenden oder eingeleiteten Untersuchungen für die Dauer der militärischen Dienstleistungen (abgesehen von dem Falle der Verhaftung) suspendirt bleiben, bewirken, daß während der Zeit der Einziehung die Verjährung ruht. Berlin 20. März 73 (Goltd. XXI, 431, O.R. XIV, 215). A. M. Oppenhoff N. 12. Olshausen N. 9 c., Hälschner I, 702, Heinze in H.H. II, 614.

5. Die Seemannsordnung v. 27. Dezbr. 1872 (R.G.Bl. S. 409) bestimmt in §. 100, daß, wenn Uebertretungen der §§. 81—99 außerhalb des Bundesgebiets begangen sind, die Verjährung der Strafverfolgung erst mit dem Tage beginnt, an welchem das Schiff, dem der Thäter zur Zeit der Begehung angehörte, zuerst ein Seemannsamt erreicht.

§. 70*). Die Vollstreckung rechtskräftig erkannter Strafen verjährt, wenn

1) auf Tod oder auf lebenslängliches Zuchthaus oder auf lebenslängliche Festungshaft erkannt ist, in dreißig Jahren;

2) auf Zuchthaus oder Festungshaft von mehr als zehn Jahren erkannt ist, in zwanzig Jahren;

3) auf Zuchthaus bis zu zehn Jahren oder auf Festungshaft von fünf bis zu zehn Jahren oder Gefängniß von mehr als fünf Jahren erkannt ist, in funfzehn Jahren;

4) auf Festungshaft oder Gefängniß von zwei bis zu fünf Jahren oder auf Geldstrafe von mehr als sechstausend Mark erkannt ist, in zehn Jahren;

5) auf Festungshaft oder Gefängniß bis zu zwei Jahren oder auf Geldstrafe von mehr als einhundertfunfzig bis zu sechstausend Mark erkannt ist, in fünf Jahren;

6) auf Haft oder auf Geldstrafe bis zu einhundertfunfzig Mark erkannt ist, in zwei Jahren;

Die Verjährung beginnt mit dem Tage, an welchem das Urtheil rechtskräftig geworden ist.

---

*) Neue Fassung des G. v. 26. Febr. 1876; die im Uebrigen unveränderte, alte Fassung lautete:

2) auf Zuchthaus von mehr als zehn Jahren erkannt ist, in zwanzig Jahren;
3) auf Zuchthaus bis zu zehn Jahren oder auf Festungshaft oder Gefängniß von mehr als fünf Jahren erkannt ist, in funfzehn Jahren;

Pr. —; E. I. §§. 63, 347; E. II. §. 68; St.B. S. 239, 1149 (Druckf. 182 Nr. 18).

Wegen Nr. 2 u. 3 vgl. Druckf. (1875/76) Nr. 54; St.B. S. 640.

1. Die durch die Novelle vom 26. Februar 1876 in Nr. 2 und 3 bewirkten Aenderungen bezwecken lediglich die Gleichstellung einer auf Festungshaft von mehr als zehn Jahren lautenden Strafe mit der entsprechenden Zuchthausstrafe. Damit ist eine Inkongruenz beseitigt, welche durch die vom Reichstage (1870) beschlossene Erhöhung des Maximums der Festungshaft von 10 auf 15 Jahre entstanden war.

2. Die Fristen sind nach der Kalenderzeit zu berechnen (vgl. § 67 N. 2 u. §. 19).

3. Der §. 70 findet auch auf die neben dem St.G.B. geltenden Gesetze Anwendung, sofern dieselben nicht besondere Bestimmungen enthalten. Dieses ergibt sich auch daraus, daß in Nr. 4 Geldstrafen von mehr als 6000 Mark erwähnt sind, die das St.G.B. gar nicht kennt. Man hat dabei besonders die Steuervergehen im Auge gehabt. S. nunmehr auch Reichsges. vom 24. Mai 1880, betr. den Wucher.

4. Dagegen kann der §. 70 auf die vor der Geltung des St.G.B. (1. Jan. 1871) rechtskräftig erkannten Strafen keine Anwendung finden. (Vgl. Berlin 21. Febr. u. 13. Juli 72, 3. Jan. 74, Goltd. XX, 193, 382, O.R. XIII, 171; XV, 5, St. I, 216. München 20. April 77) (St. VII, 24, Goltd. XXV, 604). Die entgegenstehende Meinung hat zunächst den Wortlaut des §. 2 gegen sich. Nach diesem ist das Verbot rückwirkender Kraft der Strafgesetze nur rücksichtlich der Verhängung der Strafe für den Fall modifizirt, daß bis zur Aburtheilung ein milderndes Gesetz in Kraft getreten ist. Nur bei der Verjährung der Strafverfolgung kann sonach dieser Grundsatz Anwendung finden.

Im Uebrigen sind bei Berathung des §. 2 alle Anträge, welche die Ausdehnung desselben auf früher (d. h. vor dem 1. Jan. 1871) erkannte, aber noch nicht vollstreckte Strafen bezweckten, abgelehnt (vgl. §. 2 N. 12). Wenn danach die neuerdings eingetretene Straflosigkeit oder die neuere mildere Strafbestimmung auf rechtskräftig erkannte Strafen ohne Einfluß sein soll, so muß dieses noch mehr von der (nach dem neuen Gesetz zulässigen) Verjährung der Strafvollstreckung gelten. Es würde hierbei auch an jedem Maßstab der Vergleichung fehlen, da die Strafarten, nach denen die Fristen der Verjährung festgesetzt sind, selbst bei einer Uebereinstimmung der Namen sich keineswegs decken. (Vgl. §. 2 N. 5 und E.G. § 6 N. 2.) Es ist deshalb auch gleichgültig, ob die frühere Landesgesetzgebung das Institut der Verjährung der Strafvollstreckung kannte, es kommen dann die früheren Vorschriften zur Anwendung, wenn nicht die Landesgesetzgebung besondere Bestimmungen trifft, wie z. B. §. 45 des k. sächs. Ges. v. 15. April 1873.

5. Die Nebenfolgen — Ehrverlust und Polizeiaufsicht (§§. 31, 36, 38) — verjähren nicht mit der Hauptstrafe, was formell insofern konsequent ist, als jene Folgen an die Verurtheilung geknüpft sind. (Vgl. die Anmerk. zu §. 36 N. 1, 2 und die dort mitgetheilten Motive.) Die Bundeskommission lehnte einen diese Verjährung aussprechenden Antrag ab und folgte Bayern (St.G.B. v. 1861) Art. 99: „Die Verjährung der erkannten Strafe hebt nur den Vollzug der letzteren, nicht aber die mit der Strafe gesetzlich oder nach richterlichem Ausspruch verbundenen Folgen auf." Die Rückfallsstrafen dagegen werden durch die Strafverjährung inkonsequenterweise ausgeschlossen (vgl. §. 245 und die Motive §. 36 N. 2 am Schluß). Einziehung (§. 40) und die Unbrauchbarmachung von Preßerzeugnissen (§. 41) dagegen, soweit sie als Nebenstrafen verhängt sind, müssen mit der Hauptstrafe verjähren, da der Eingang des Paragraphen („Vollstreckung rechtskräftig erkannter Strafen") die ganze Strafe im Auge hat (vgl. auch §. 71), und zwar ohne daß dann noch das in §. 42 vorgesehene Verfahren zulässig ist. Vgl. §. 66 N. 4.) Gl. M. Olshausen N. 5, Berner S. 306, Binding I, 854, Oppenhoff N. 5.

Ob die Ueberweisung an die Landesbehörde verjährt, ist streitig, weil ihr Charakter als Strafe bestritten wird. Für Verjährung Olshausen N. 5, dagegen Binding I, 854. Letzterer dürfte im Rechte sein.

Die Buße verjährt nicht. Gl. M. Olshausen N. 6, Binding I, 854, Hälschner I, 704. A. M. v. Liszt, S. 281, welcher sie nach Civilrecht verjähren lassen will, ebenso Oppenhoff, N. 2.

Die Strafe des Verweises hat in §. 70 keine Erwähnung gefunden. Da aber nach §. 66 jede Strafe verjährt, so muß die kürzeste in §. 70 vorgesehene Frist (zwei Jahre) darauf Anwendung finden. Gl. M. Olshausen N. 4, v. Liszt S. 307 N. 1. A. M. Rubo N. 3.

6. Gesammtstrafen verjähren als solche, auch im Falle des §. 492 St.P.O. Cumulirte Strafen verjähren nach ihrem Maße jede für sich. Gl. M. Olshausen N. 7, Rubo N. 1, v. Schwarze N. 4, Binding I, 885, A. M. Hälschner I, 703, Oppenhoff N. 5, 6, welche die Verjährung nach der schwersten Strafe berechnen wollen.

7. Die Verjährung findet in gleicher Weise statt, wenn auch ein Theil der Strafe durch Gnade erlassen ist. Gl. M. Olshausen N. 8, Oppenhoff N. 13, Heinze in H.H. II, 616, Geyer I, 201. A. M. Binding I, 856 u. Rubo N. 7. Das Gleiche ist der Fall bei Abrechnung eines Theils der Strafe wegen erlittener Untersuchungshaft.

8. Nach dem Schlußsatz („beginnt mit dem Tage“) ist der erste Tag der Rechtskraft der erste Tag der Verjährungsfrist.

§. 71. Die Vollstreckung einer wegen derselben Handlung neben einer Freiheitsstrafe erkannten Geldstrafe verjährt nicht früher, als die Vollstreckung der Freiheitsstrafe.

Pr. —; E. I. —; E. II. §. 69; St.B. S. 239.

1. Aus den Worten „wegen derselben Handlung“ folgt, daß das Gesetz nur den Fall im Auge hat, wo wegen derselben strafbaren Handlung zugleich auf eine Freiheits- und Geldstrafe erkannt wird. Auf den Fall realer Konkurrenz, wo in einem Urtheil wegen der einen Handlung auf Freiheitsstrafe, wegen der andern auf Geldstrafe erkannt wird, bezieht sich der Paragraph nicht. Gl. M. Olshausen N. 2, Binding I, 855.

2. Wenn die Geldstrafe in der längeren Frist verjähren würde, so muß auch die Freiheitsstrafe in gleicher Frist verjähren. Gl. M. Olshausen N. 1, Binding I, 855. A. M. v. Schwarze N. 4.

3. Sind mehrere Freiheitsstrafen neben einander erkannt, so kann nicht angenommen werden, daß die eine verjährt, während die andere vollzogen wird. Binding I, 855.

§. 72. Jede auf Vollstreckung der Strafe gerichtete Handlung derjenigen Behörde, welcher die Vollstreckung obliegt, sowie die zum Zwecke der Vollstreckung erfolgende Festnahme des Verurtheilten unterbricht die Verjährung.

Nach der Unterbrechung der Vollstreckung der Strafe beginnt eine neue Verjährung.

Pr. —; E. I. —; E. II. §. 70; St.B. S. 238.

1. Die gegenwärtige Fassung des §. 72 Abs. 1 wurde vom Reichstag anstatt derjenigen des Entwurfs:

> „Jede Handlung der Staatsanwaltschaft oder des Richters, welche auf die Vollstreckung der Strafe gerichtet ist, sowie die Festnahme des Verurtheilten unterbricht die Verjährung“

gewählt, um bei der Verschiedenheit der Strafprozeßordnungen die zuständige Behörde durch einen allgemeinen Ausdruck zu bezeichnen und die betreffende Handlung als Akt der Vollstreckung bestimmter zu bezeichnen. Da §. 483 der R.St.P.O. sagt: „Die Strafvollstreckung erfolgt durch die Staatsanwaltschaft u. s. w.“, so sind vor Allem die Handlungen der Staatsanwaltschaft, welche die Strafvollstreckung zum Zwecke haben, geeignet, die Verjährung der Strafvollstreckung zu unterbrechen. Jedoch kann auch den im Gange der Strafvollstreckung veranlaßten Beschlüssen der Gerichte (vgl. §. 489 Abs. 3, §§. 490, 491, 492, 493 Abs. 2, §. 494 R.St.P.O.) die Wirkung der Unterbrechung der Verjährung nicht versagt werden. A. M. Olshausen N. 1, v. Schwarze N. 1, H. Meyer S. 388. Bestritten ist, ob auch die Handlungen requirirter Behörden oder beauftragter Organe die Verjährung unterbrechen. Verneinend H. Meyer S. 388 N. 60, Rubo N. 3, Oppenhoff N. 7—9, jedoch mit Unterscheidungen, z. B. bezüglich der requirirten Behörden, je nachdem diese zum Strafvollzuge berufen sind. Bejahend Binding I, 858, v. Schwarze N. 1, Olshausen N. 3. Bestritten ist ferner, ob Handlungen der zuständigen Behörde zur Unterbrechung erforderlich sind. Bejahend Olshausen N. 2, v. Schwarze N. 1, Hälschner I, 704, Heinze in H.H. II, 623. Es handelt sich um Durchführung des Strafanspruchs des Staats. Hiermit ist nach §. 483 St.P.O. die Staatsanwaltschaft betraut, alle anderen Behörden, abgesehen von dem gemäß §. 490 entscheidenden Gericht, sind nur Vertreter der Staatsanwaltschaft, oder leiten ihre

Befugnisse im Strafvollzug von dieser ab. Die Staatsanwaltschaft ist aber die einheitliche Vertretung des Staates bezüglich dessen Strafanspruch. Handlungen der Staatsanwaltschaft oder in dem hierfür maßgebenden Kreis von Delikten des Amtsrichters unterbrechen unbedingt, ohne Rücksicht auf die örtliche Zuständigkeit, nicht aber Handlungen anderer mit dem Strafvollzug nicht betrauter Behörden. Im gesammten Strafverfahren bleiben die Handlungen derjenigen Staatsanwaltschaft wirksam, welche sich für zuständig hält, wenn vielleicht auch eine andere die Sache später an sich nimmt. Es besteht kein Grund in Fragen des Strafvollzugs einen Unterschied zu machen und man würde sicher eine von der unzuständigen Staatsanwaltschaft vollzogene Strafe nicht für unvollzogen erklären wollen. Auch besteht in dieser Beziehung kein erkennbarer Unterschied zwischen §. 72 u. §. 68. Keine Behörde kann aber ihren Obliegenheiten gerecht werden, ohne die Hülfe anderer. Was mittelbar geschieht, gilt stets dem unmittelbar Gethanen gleich.

2. Auf Vollstreckung gerichtet ist jede Handlung der Behörde, welche die Vollstreckung herbeiführen oder sichern soll, also auch Ueberwachungsmaßregeln, Strafaufschub insofern, als er die spätere Vollstreckung anordnet; Handlungen, welche die Modalitäten der Vollstreckung zu ordnen bestimmt sind u. s. w.

Nicht zur Vollstreckung gehören die Maßregeln, welche bestimmt sind, Nebenstrafen, die mit dem Urtheil ipso jure eintreten, zu vollziehen, z. B. Abnahme von Orden wegen Aberkennung der Ehrenrechte, oder die Vollstreckung einer Buße, Beitreibung von Kosten bezielen.

3. Zur Festnahme, welche eine Unterbrechnng der Verjährung zu bewirken geeignet ist, sind Private nicht zuständig. Gl. M. Berner S. 318, Oppenhoff N. 12, Olshausen N. 7, H. Meyer S. 388 N. 61, Binding I, 858. A. M. v. Schwarze N. 2, v. Wächter S. 312. Dagegen kann jede Behörde, welche von der Vollstreckungsbehörde ersucht oder beauftragt ist, oder welche in Folge eines Steckbriefs handelt, oder selbst in eigener Zuständigkeit die Unterbrechung bewirken, wenn sie weiß, daß ein Verurtheilter sich der Vollstreckung entziehen will, und sie ihn deshalb festnimmt.

4. Eine Unterbrechungshandlung wirkt nur bezüglich derjenigen Strafe, auf deren Vollstreckung die Handlung gerichtet ist, wobei jedoch alle wegen einer Handlung erkannten Haupt- und Nebenstrafen eine Einheit bilden. Liegen jedoch wegen real konkurrirender Strafthaten mehrere selbständige Strafthaten vor, so können trotz Unterbrechung in einer Richtung andere Strafen verjähren.

5. Abs. 2 schließt nach den Motiven den Zweifel, ob die Vollstreckung nur ein Ruhen (so in der französischen Praxis) oder eine Unterbrechung der Verjährung bewirke, zu Gunsten der letzteren Annahme aus. Die neue Verjährung beginnt mit dem Tag, an welchem die Unterbrechung aufhört und unterliegt denselben Bedingungen wie die frühere. Handelt es sich nur noch um Vollzug eines Strafrestes, so bleiben dennoch die nach der erkannten Strafe bemessenen Fristen. A. M. Binding S. 859, 860.

Fünfter Abschnitt.

Zusammentreffen mehrerer strafbarer Handlungen.

Fünfter Abschnitt.*)

1. Dieser Abschnitt behandelt die sog. Konkurrenz der Verbrechen, und zwar die ideale im §. 73, die reale in §§. 74—79.

2. Die §§. 74—79 ordnen sich dem doppelten Gesichtspunkt des Zusammentreffens mehrerer „strafbarer Handlungen“ und des Zusammentreffens mehrerer „Strafen“ unter, was

*) Literatur: Köstlin, System S. 533 ff., Hälschner, System des preuß. Str.R. I, 489 ff., Merkel in H.H. II, 573 u. Ders., Lehre v. fortges. Verb. Darmstadt 1862, v. Buri, Abhandlungen aus dem Strafrecht. Gießen 1862 S. 219 ff, Einheit und Mehrheit der Verbrechen. Stuttgart 1879, John, Lehre vom fortges. Verbr. und von der Verbrechenskonkurrenz. Berlin 1860, Löwenstein, Die Verbrechenskonkurrenz. Stuttgart 1883. Herzog in G.S. Bd. 30 S. 367, Thomsen in G.S. Bd. 31 S. 327, Hiller in G.S. Bd. 32 S. 195, Bd. 38, S. 398, Teichmann in G.S. B. 32, S. 401, 546, v. Schwarze in G.S. Bd. 34, S. 575, Kärcher in G.S. Bd. 35, S. 481, v. Buri das. S. 517, Ortloff in Goltd. XXXII, 395, Ortmann das. Bd. 35 S. 26, Reiffel in G.S. Bd. 39 S. 498, Stelling in G.S. Bd. 42 S. 121.

einzelne Gesetzgebungen, wie die früheren Strafgesetzbücher von Thüringen Art. 52, 53 und Art. 54 ff., Braunschweig §. 55 und §. 25 (Ges. v. 4. Aug. 1864 §. 11), theoretisch richtig trennen.

Rücksichtlich des Zusammentreffens mehrerer strafbarer Handlungen, welche gleichzeitig zur Aburtheilung gelangen, — das denkt sich das Gesetz als Regel (§. 74) — oder, allgemeiner ausgedrückt, welche vor der Verurtheilung wegen irgend einer strafbaren Handlung von derselben Person begangen sind (vgl. §. 79), verwirft das St.G.B. eben so sehr das sog. Absorptionsprinzip des **code pénal** („die schwerste Strafe kommt zur Anwendung" [vgl. auch Bayern (St.G.B. v. 1861 Art. 84)], wie das im preuß. St.G.B. und vielen andern befolgte Kumulationsprinzip „sämmtliche Strafen kommen zur Anwendung") und nimmt den Gedanken der Gesammtstrafe an. Man geht bei der Gesammtstrafe davon aus, daß es der Gerechtigkeit sowohl wie dem Strafzweck, der Strafjustiz wie der Strafpolitik entspreche, Jemanden, der mehrfach gegen die Strafgesetze verstoßen hat, gleichzeitig und möglichst durch ein Strafübel mit der staatlichen Strafgewalt abzufinden. Dazu tritt, daß mehrere Strafen in ihrem Zusammentreffen schärfer werden, als einzeln genommen, wodurch sich eine Ermäßigung der mehreren Strafen rechtfertigt. (Vgl. die zu §. 74 mitgetheilten Motive.)

Dieser Gedanke der Gesammtstrafe erhält seine nähere Ausführung und Abänderung durch die Rücksichtnahme auf die Bestimmungen über die Natur und den Charakter der einzelnen Strafarten. (Zusammentreffen mehrerer Strafen.)

Zunächst nämlich ist die Zulässigkeit der Gesammtstrafe überhaupt nur bei Verbrechen und Vergehen und auch bei diesen nur dann, wenn mehrere zeitige Freiheitsstrafen verwirkt sind, anerkannt. Die Todes- und lebenslängliche Zuchthausstrafe bleiben also außer Betracht (Berlin 22. Jan. 73 und 8. Jan. 74, Goltd. **XXI**, 187; **XXII**, 50, O.R. **XIV**, 74, **XV**, 9, St. **II**, 263, München 22. Aug. 73 u. 29. Jan. 74, bayr. Entsch. **III**, 457, **IV**, 29); die neben denselben verwirkten Strafen fallen für das Urtheil nicht weg, wie solches z. B. in dem Thüringischen St.G.B. Art. 5 vorgeschrieben war.

Ebenso wenig ist der Gedanke der Gesammtstrafe rücksichtlich der Geldstrafe (§. 78) anerkannt. Hier gilt das Kumulationsprinzip, und zwar ohne Festsetzung eines Höchstbetrages.

Aber auch rücksichtlich der zeitigen Freiheitsstrafen sind Ausnahmen bestimmt. Die Haft wird in §. 77 von der Gesammtstrafe gänzlich ausgeschlossen und gleichfalls, jedoch unter Festsetzung eines Höchstbetrages von 3 Monaten, dem Kumulationsprinzip unterworfen, und zwar nicht weil die Haft die Strafe der Uebertretungen ist, sondern mit Rücksicht auf die Strafart. Soweit also Haft bei Vergehen (§§. 185, 186) zulässig ist, findet der §. 74 keine Anwendung. (Stuttgart 4. Dez. 72, St. **II**, 152.)

Eine fernere Ausnahme bestimmt der §. 75 für das Zusammentreffen von Festungshaft und Gefängniß. Die Festungshaft ist als **custodia honesta** von besonderem Charakter. Diesen muß sie aber (vgl. die Motive) verlieren, wenn sie mit Zuchthaus zusammentrifft, weil eine gleichzeitige Verhängung und noch mehr die unmittelbar fortgesetzte Vollstreckung so völlig verschiedener Strafübel der Idee und dem Zweck der Strafe zuwiderlaufen würde. Mit Gefängniß dagegen schien die Festungshaft nicht unverträglich, aus diesem Grunde ist derselben hier ihr Charakter bewahrt.

Der Verweis ist besonders auszusprechen, da er gar nicht erwähnt ist. (Vgl. auch Sachsen Rev. St.G.B. von 1868 Art. 78.)

Aus den Bestimmungen über die Festungshaft, Haft und Geldstrafe ergibt sich, daß hierbei weniger an ein Zusammentreffen von Handlungen, als vielmehr von Strafen zu denken ist, was namentlich dann, wenn gegen dieselbe Handlung Gefängniß neben Festungshaft oder Geldstrafe oder Haft wahlweise angedroht ist, klar zu Tage tritt.

Der §. 76 spricht aus, daß die Nebenstrafen von der Gesammtstrafe nicht berührt werden.

Der §. 79 endlich erklärt die §§. 74—78 auch dann für anwendbar, wenn wegen Unkenntniß des Richters bei der ersten Verurtheilung oder wegen prozessualischer Rücksichten die Aburtheilung der einen Handlung später erfolgt, sobald sie nur vor der früheren Verurtheilung begangen war. Daraus folgt, daß §. 74 zunächst nur den Fall im Auge hat, daß die Gesammtstrafe in einem Urtheil zu verhängen ist. Vgl. zu §. 79 namentlich auch den Fall, daß die verschiedenen Urtheile ohne Rücksicht auf einander schon ergangen sind.

3. Der Begriff des „fortgesetzten Verbrechens" ist vom St.G.B. nicht aufgenommen, weil dasselbe allgemein vermeidet, wissenschaftliche Abstraktionen, namentlich wenn sie wie jener Begriff von so zweifelhaftem Werthe sind, in Gesetzesparagraphen zu kleiden. Daraus folgt nicht, daß das St.G.B. jenen Begriff, wenn er überhaupt eine Wirklichkeit hat, beseitigt hat oder hat beseitigen wollen. Es hat in dieser Beziehung der Wissenschaft und Praxis freie Hand gelassen und nur alle Bestimmungen vermieden, welche jenen Begriff als feststehend voraussetzen. Demgemäß hebt der §. 73 nur den Fall hervor, wenn „ein und dieselbe Handlung" mehrere Strafgesetze verletzt, und der §. 74, wenn durch „mehrere selbständige Handlungen" mehrere Verbrechen oder Vergehen, oder dasselbe Verbrechen oder Vergehen mehrmals begangen wird. Hiernach hat der Richter, will er im Sinne des St.G.B. verfahren, sich lediglich auf die Prüfung und Entscheidung der Frage zu beschränken: ob eine selbständige Handlung vorliegt oder ob mehrere vorhanden sind. Diese Frage ist und kann nur mit jedesmaligem Hinblick auf den besondern strafgesetzlichen Begriff, um den es sich handelt, gelöst werden.

Hiernach stellen sich zunächst überall da, wo das Gesetz selbst ein längeres, mehrmaliges Handeln, z. B. Gewerbs- oder Gewohnheitsmäßigkeit, als besonderes Begriffsmerkmal aufstellt (vgl. §. 284, 294), die verschiedenen Handlungen nur als eine dar.

Die Zweifel entstehen: wenn mehrere Handlungen vorliegen, welche, jede für sich betrachtet, den Thatbestand des Verbrechens u. s. w. erfüllen, namentlich wenn dasselbe an mehreren Gegenständen oder Personen verübt worden ist. Hier spricht man von fortgesetztem Verbrechen und nimmt dasselbe an: „wenn mehrere Akte, deren jeder für sich allein schon den Thatbestand desselben Verbrechens erfüllt, als fortschreitende Ausführung desselben verbrecherischen Entschlusses erscheinen und deshalb als Eine Handlung aufzufassen sind". So früher Berner, Lehrb. 4. Aufl. S. 239, welcher neuerdings (s. weiter unten) seine Ansicht modifizirt hat.

Für das St.G.B. ist diese Begriffsbestimmung nicht verwendbar. Auf Kosten der nur nach den konkreten Umständen zu beurtheilenden Einheit der Handlung legt dieselbe das Hauptgewicht auf die Einheit „des verbrecherischen Entschlusses", ein unbestimmtes Moment, welches im Gesetze keinen Anhalt hat und, wird es festgehalten, zu einer zu weiten oder zu engen Anwendung führen kann.

Ein zahlungsunfähiger Kaufmann z. B., der heute gegen den §. 281 bez. §. 209 Konk.Ordn. dadurch verstößt, daß er Vermögensstücke bei Seite schafft (§. 209 N. 1), aber die ernste Absicht hat, bei bessern Konjunkturen dieselben wieder herbeizuschaffen, vier Wochen später aber, weil sich die Umstände noch mehr verschlechtern, seine Handelsbücher vernichtet (§. 209 N. 4), müßte, da eine Einheit des Entschlusses schwerlich vorliegt, wegen mehrfachen betrüglichen Bankerutts bestraft werden, was dem Begriff des betrüglichen Bankerutts aber augenscheinlich widerspricht. — Umgekehrt müßten diejenigen, welche sich zur fortgesetzten Verübung von Diebstählen verbunden haben, nur wegen eines fortgesetzten Diebstahls bestraft werden, mögen sie stehlen, so viel und so oft sie wollen. Vgl. München 21. Nov. 74 (bayr. Entsch. IV, 542).

Die Praxis des preußischen Obertribunals hat nach anfänglichem Schwanken sich dahin festgestellt, daß es lediglich darauf ankomme, festzustellen: ob „mehrere selbständige Handlungen" vorliegen. (Vgl. die Erkenntnisse im preuß. Just.Min.Bl. 1855 S. 383, O.R. I, 148: IV, 245, 285, 339.) Das letztere Erkenntniß vom 3. Febr. 1864 faßt sich dahin zusammen:

> „damit ein „fortgesetztes Vergehen" (Verbrechen) angenommen werden könne, muß objektiv die Kontinuität der einzelnen strafbaren Handlungen und subjektiv ein und derselbe strafbare Vorsatz beim Thäter festgestellt sein."

Dieser im Wesentlichen richtige Satz entspricht auch den, soweit es hier darauf ankommt, gleichlautenden Bestimmungen des Reichsstrafgesetzbuchs. (Vgl. zu §. 74.)

Danach ergibt es sich leicht, daß es z. B. nicht mehrere Diebstähle sind, wenn der Dieb Sachen aus mehreren Zimmern oder Behältnissen oder verschiedenen Personen gehörige Sachen wegnimmt. — Dagegen werden manche Fälle, welche man mit Vorliebe als „fortgesetzte Verbrechen" bezeichnete, nach dem St.G.B. völlig wegfallen, z. B. der Kommis bestiehlt jahrelang die Ladenkasse des Prinzipals, oder der Dienstbote lange Zeit hindurch die Herrschaft. Hier liegt im Sinne des St.G.B. kein „fortgesetztes" Verbrechen vor. Der Grundsatz des thüringischen St.G.B. Art. 51: „Wurde von dem Verbrecher dasselbe Verbrechen mehrfach in Beziehung auf ein dauerndes Verhältniß begangen, ... so sind die mehrfachen Uebertretungen nur als ein einziges Verbrechen zu bestrafen," ist mit dem St.G.B. unverträglich. Das Bedürfniß zu solchen und ähnlichen Bestimmungen ist übrigens durch das Aufgeben des Kumulationsprinzips bei Freiheitsstrafen und durch das weite richterliche Ermessen bei Geldstrafen verschwunden.

Fassen wir uns zusammen: ob eine selbständige Handlung anzunehmen, ist im Sinne des St.G.B. davon abhängig, daß eine zusammenhängende von demselben strafbaren Wollen getragene Thätigkeit vorhanden ist. Liegt diese vor, so kommt es nicht darauf an, daß jene Thätigkeit aus einer Mehrzahl von Einzelhandlungen besteht, welche schon für sich den Thatbestand der strafbaren Handlung erfüllen. Will man Fälle der letzteren Art zum Unterschiede von solchen Fällen, in denen nur ein einzelner Akt solcher strafbaren Thätigkeit vorliegt, als fortgesetztes Verbrechen u. s. w. bezeichnen, so kann man dieses thun, obgleich damit schwerlich etwas gewonnen ist. So definirt jetzt Berner 11. Aufl., S. 299 (auch noch 15. Aufl., S. 297) das fortgesetzte Verbrechen dahin: „wenn mehrere Akte, deren jeder für sich allein schon den Thatbestand desselben Verbrechens erfüllt, als Eine Handlung aufzufassen sind.“ Es ist dies aber offenbar nur eine Tautologie, welche die Worte: „als eine Handlung aufzufassen“ an die Stelle der zu definirenden aber nicht definirten: „fortgesetztes Verbrechen“ setzt, ohne die Voraussetzungen anzugeben, bei deren Vorliegen die mehreren Akte als eine Handlung aufgefaßt werden dürften. Dagegen kommen die oben bezeichneten Definitionen durch Aufnahme eines und desselben strafbaren Vorsatzes oder der von demselben Willen getragenen Thätigkeit so ziemlich wieder auf die successive Ausführung eines und desselben Entschlusses hinaus. Der Praxis und Wissenschaft ist es eben noch nicht gelungen, eine allseitig befriedigende und allseitig acceptirte Definition aufzustellen. Zuzugeben ist nur, daß für gewisse strafbare Verhältnisse, wie andauernder Ehebruch, Blutschande u. s. w. der Begriff nicht wohl entbehrt werden kann, ohne ungerecht zu werden, während derselbe bei anderen strafbaren Handlungen, wie bei den Eigenthumsdelikten, eine nichts weniger als glückliche, meist, begnadigende Rolle spielt, indem der einheitliche Entschluß mit dem Wunsche verwechselt wird sich möglichst viel anzueignen, dagegen der für jede einzelne Strafthat gefaßte Entschluß ignorirt wird. Unter solchen Umständen wäre zu wünschen, daß der dem Strafgesetzbuch gänzlich fremde Begriff der Fortsetzung in der Praxis beseitigt oder doch sehr beschränkt würde.

Besonders gestalten sich diejenigen Fälle, in denen das Gesetz entweder ausdrücklich eine Mehrheit von nicht zusammenhängenden Einzelhandlungen erfordert (Gewohnheits-, Gewerbsmäßigkeit), oder stillschweigend, d. h. aus dem Begriff folgend, es für irrelevant erklärt, ob nur eine oder mehrere solcher Einzelhandlungen vorliegen, z. B. beim Bankerutt. In solchen Fällen liegt in der Mehrheit jener Einzelhandlungen eine „selbständige Handlung“ im Sinne des §. 74 Danach z. B. kann ein Kaufmann nur dann wegen mehrfachen betrüglichen Bankerutts bestraft werden, wenn er zu wiederholten Malen (innerhalb der Verjährungsfrist) seine Zahlungen eingestellt und bei oder vor jeder Zahlungseinstellung eine oder mehrere der Nr. 1—4 des §. 281 (§. 209 Konk.Ordn.) bezeichneten Handlungen vorgenommen hat.

In der neueren Praxis ist angenommen, daß der Begriff des fortgesetzten Delikts dem R.St.G.B. fremd, hierdurch aber nicht ausgeschlossen sei, daß — auch abgesehen von gewohnheitsmäßigen und gewerbsmäßigen Delikten — nach den konkreten Umständen eine Mehrzahl von Handlungen als ein Ganzes betrachtet werden könne. Berlin 8. Sept. 74, 27. Sept. 77, 15. Jan. 79 (Goltd. **XXII**, 570; **XXIV**, 458, O.R. XV, 540; **XVII**, 595; **XX**, 20, St. **IV**, 107; **VI**, 298), Wolfenbüttel 23. Juni 74 (St. **IV**, 153), Dresden 17. Nov. 73, 29. April 76 (St. **III**, 273; **VIII**, 87), München 28. April 73, 4. Febr. 76 (bayr. Entsch. III, 212, 214; VI, 37), Stuttgart 3. April 72 (St. I, 281), Mannheim 6. Juli 72 (bad. Ann. Bd. 38, S. 349). Auch das Reichsgericht hat sich zu dem Begriff duldend verhalten, ohne einen entschiedenen Versuch zu machen, ihn näher zu definiren und abzugrenzen; so daß die Annahme der Fortsetzung als eine thatsächliche Feststellung behandelt wird, welche einer Nachprüfung durch das Revisionsgericht meist nicht unterliegt. Von diesem Gesichtspunkt ausgehend hob R.G. I, 17. Jan. 84, **E. IX**, 426, **R. VI**, 36, ein Urtheil auf, welches prinzipiell die Annahme von Fortsetzung abgelehnt hatte. Dabei handelte es sich aber um fortgesetzte Thätigkeit, um einen bestimmten Erfolg zu erreichen, wobei möglicherweise die Gesammtheit der Thätigkeit in ihrem Zusammenwirken das fragliche Thatbestandsmoment bewirkten (lebensgefährliche Behandlung durch fortgesetzte Mißhandlung eines Pflegekindes). R.G. III, 28. Okt. publ. 4. Nov. 86, **E. XV**, 23, **R. VIII**, 643, legte bei fortgesetzter Unterschlagung das entscheidende Gewicht auf Einheitlichkeit des Vorsatzes, Gleichartigkeit und äußere Kontinuität der Handlungen, vermöge deren keine derselben als eine selbständige, sondern jede derselben als eine Fortsetzung der vorausgehenden erscheint, und Einheitlichkeit des verletzten Rechtsguts; unterscheidet aber dabei zwischen dem einheitlichen Entschluß, eine Strafthat in fortgesetzter Ausführung, und dem im Voraus gefaßten Entschluß, zu bestimmten Zeiten oder bei sich bietender Gelegenheit mehrere selbständige Strafthaten zu begehen. Vgl. auch Urth. III. 10. Dez. 83, E. IX, 344, R. V, 766, I, 17. Jan. 84, E. IX, 344, R. VI, 36, III, 28. Jan. u. 3. März 84, E. X, 53, 204, III, 21. Jan. 86, E. XIII, 285 (291), Ver. II. u. III. Sen. 19. Dez. 87, E, XVII, 103, R. IX, 731, auch III, 17. Febr. 90, Goltd. XXXVIII, 48; welche sämmtlich wenigstens den Satz festhalten, daß Einheitlichkeit des Entschlusses allein nicht genügt, um Fortsetzung anzunehmen.

Immerhin hat das R.G. die Annahme fortgesetzter Delikte so weit als in unserem Systeme des Strafrechts liegend anerkannt, daß es nach Annahme der Fortsetzung die Verfolgung anderer vor der Aburtheilung des fortgesetzten Delikts verübter Fortsetzungshandlungen als durch Konsumtion der Strafklage (ne bis in idem) ausgeschlossen erklärte, wenn auch das Gericht diese weiteren Fortsetzungshandlungen nicht kannte, und dieselben mindestens für die Strafzumessung von Bedeutung gewesen wären. Hierbei ist selbstverständlich vorausgesetzt, daß auch die später zur Kenntniß des Gerichts gekommenen Handlungen den Charakter von Fortsetzungshandlungen (Einheit des Entschlusses u. s. w.) nach Urtheil des über dieselben entscheidenden Richters an sich tragen. R.G. III, 10. Dez. 83, E. IX, 344, R. V, 766. Auch hierbei ist aber die Rechtskraft früherer Urtheile zu beachten. Es kann also z. B. nicht, wenn ein früheres Urtheil Selbständigkeit der einzelnen Strafthaten angenommen hat, bei Aburtheilung weiterer gleich gelagerter Strafthaten desselben Angeklagten Fortsetzung angenommen, die früher abgeurtheilten in diese Einheitsthat einbezogen, und Bestrafung der neuen deshalb abgelehnt werden. R.G. 28. Okt., 4. Nov. 1886 s. oben. Ein ähnlicher Fall bezüglich Brausteuerdefraudation lag vor R.G. I, 17. März 1890, E. XIX, 316.

Bezüglich der Theilnahme an fortgesetzten Delikten s. §. 49, N. 12.

§. 73. **Wenn eine und dieselbe Handlung mehrere Strafgesetze verletzt, so kommt nur dasjenige Gesetz, welches die schwerste Strafe, und bei ungleichen Strafarten dasjenige Gesetz, welches die schwerste Strafart androht, zur Anwendung.**

Pr. §§. 55, 337; E. I. §§. 64, 344; E. II. §. 71; St.B. S. 239.

Vgl. G. v. 4. Juli 1868 §. 35 (Braumalzsteuer); G. v. 8. Juli 1868 §. 67 (Branntweinsteuer); Gew.O. v. 21. Juni 1869 §§. 147, 148 a. E.; G. v. 1. Juli 1869 §§. 158, 159 (V.Zoll=G.); G. v. 31. Mai 1872 §. 37 (Brausteuer).

1. Vgl. die allgemeinen Bemerkungen zu diesem Abschnitt, namentlich über den Ausdruck „ein und dieselbe Handlung" oben S. 240 ff.

2. Der §. 73 behandelt die sog. ideale Konkurrenz.*) — Derselbe bezieht sich auf alle strafbaren Handlungen; §. 74 dagegen nur auf Verbrechen und Vergehen.

3. Der §. 73 legt für das Vorhandensein der idealen Konkurrenz das entscheidende Gewicht auf die Einheit der Handlung („ein und dieselbe Handlung") in ihrer Beziehung zu mehreren Strafgesetzen. Unter diesem Ausdruck ist dasselbe zu verstehen, was der §. 74 als „selbständige" Handlung bezeichnet. Derselbe bezeichnet diejenige zusammenhängende Thätigkeit, welche von einem verbrecherischen Willen getragen wird. (Vgl. oben allg. Bem. S. 242 N. 3.) Die Einheit des Entschlusses und des Zweckes genügen nicht, um zwei verschiedene, wenn auch in unmittelbarer Aufeinanderfolge verübte Handlungen als eine einzige Strafthat erscheinen zu lassen (Beispiele: Sachbeschädigung zum Zwecke des Hausfriedensbruchs und des Arrestbruchs, Hausfriedensbruch zum Zwecke des Diebstahls oder einer Mißhandlung). Berlin 20. u. 29. März 73, 2. u. 29. April 75 (Goltd. XXI, 439, 441; XXIII, 196, 321, O.R. XIV, 216, 237; XVI, 264, 322, St. II, 262). R.G. III, 21. Mai 81, E. IV, 188. Urkundenfälschung zum Zwecke einer beabsichtigten Unterschlagung. R.G. IV, 14. Dez. 86, R. VIII, 762. Hausfriedensbruch zum Zwecke der Nöthigung. R.G. II, 3. Okt. 82, E. VII, 60. Der Entschluß, an verschiedenen Personen zu verschiedenen Zeiten und Orten gleichartige strafbare Handlungen zu verüben, macht diese Handlungen nicht zu einer und derselben Strafthat.

---

*) S. Hiller in Grünhuts Zeitschr. XIII, 126, Bünger in Z. f. ges. St.R.Wiss. VIII, S. 520, 661, Waag in G.S., Bd. 32, S. 111, Habermaas. Die ideelle Konkurrenz, Stuttg. 1882.

München 21. Nov. 74 (bayr. Entsch. IV, 542). Dagegen ist es unerheblich, ob jene einheitliche Thätigkeit aus einer Reihe von Akten besteht, von denen jeder, wenn man ihn herausgreift, bereits den Thatbestand des einen oder des andern Verbrechens erfüllt, z. B. Jemand stiehlt mehrere Sachen. Liegt jedoch nur ein Thätigkeitsakt vor, so kann in diesem nie eine Mehrheit selbständiger Delikte gefunden werden, z. B. nicht in einem Messerstich eine Körperverletzung und Sachbeschädigung an den durchbohrten Kleidern. R.G. IV, 11. Juli 80, **E. XXI**, 63.

4. Thatbestände, die einander gegenseitig ausschließen, können nicht in Konkurrenz vorliegen. (Aussetzung eines Menschen und versuchter Todtschlag). Berlin 22. Nov. 73 (Goltd. **XXI**, 507, O.R. **XIV**, 748). Die bewußte Beihülfe zu mehreren selbständigen Strafthaten durch eine Handlung begründet keine ideale Konkurrenz. Ob die Strafthaten, welche in einem Preßerzeugniß oder in einem Schriftstücke begangen sind, durch eine einheitliche Handlung begangen sind, oder ob sie verschiedene selbständige Strafthaten darstellen, gehört zu der, nach den konkreten Umständen festzustellenden Thatfrage. R.G. IV, 20. April u. 21. Mai 86, **R. VIII**, 305, 377. S. auch bayr. Entsch. III, 207. Ueber ideale Konkurrenz von Anstiftung und Beihülfe s. §. 48, N. 15.

5. Bezüglich des fortgesetzten Verbrechens u. s. w. vgl. die allgem. Bemerkungen zu diesem Abschnitt N. 3. Der Begriff des fortgesetzten Verbrechens kann unter §. 73 niemals subsumirt werden. Denn §. 73 hat nur den Fall der Verletzung mehrerer Strafgesetze durch eine verbrecherische Thätigkeit im Auge. Er setzt (**verbis** „wenn ein und dieselbe Handlung") thatsächlich voraus, daß es sich um ein und dieselbe Handlung handelt. Ob und wann eine solche anzunehmen, sagt §. 73 ebenso wenig, wie §. 74 sagt, was eine selbständige Handlung sei. Die Entscheidung hierüber ist vielmehr nach den jedesmaligen thatsächlichen Umständen zu treffen. Auch will §. 73 keineswegs eine Bestimmung darüber geben, ob durch ein und dieselbe Handlung dasselbe Gesetz mehrmals verletzt werden könne. Diese Frage in formulirter Weise zu entscheiden, wurde zwar im Schooße der Bundeskommission angeregt, aber nicht weiter verfolgt, und zwar weder bei §. 73 noch bei §. 74. (Vgl. N. 5 und zu §. 74 N. 4.) R.G. I, 1. Juli 80, **E. II**, 255, **R. II**, 143 nahm jedoch bei Tödtung mehrerer Personen durch den Zusammensturz eines Baugerüstes, welcher zur Fahrlässigkeit angerechnet wurde, idealen Zusammenfluß an, ebenso München 6. Dez. 84, 31. Dez. 85 und 24. Sept. 86, bayr. Entsch. III, 267, 562 **IV**, 176 bei Beleidigung mehrerer Personen durch eine Aeußerung. Es würde auch Realkonkurrenz nicht angenommen werden können, weil §. 74 mehrere selbständige Handlungen erfordert. Olshausen N. 15, 16 nimmt denn auch bei dieser der sg. gleichartigen Idealkonkurrenz analoge Anwendung des §. 73 an. Gl. M. Berner, S. 292, welcher die gleichartige Idealkonkurrenz als vom Gesetz stillschweigend vorausgesetzt annimmt, Binding I, 221, 578, Geyer I, 188, Hälschner I, 683, Merkel in H.H. II, 581, H. Meyer, S. 489, Hiller in G.S. Bd. 32, S. 207, Bünger, Z. f. ges. St.R.W. **VIII**, 716. A. M. v. Liszt, S. 244, A. 1, Rubo N. 9, Ortloff bei Goltd. **XXXII**, 425, v. Schwarze, G.S. Bd. 34, S. 589, v. Buri, Einh. u. Mehrh. S. 108 und die ziemlich gleichartige Praxis.

6. Hat eine strafbare Fahrlässigkeit mehrere Erfolge, welche unter verschiedene Strafgesetze fallen (z. B. fahrlässige Tödtung und fahrlässige Körperverletzung durch eine und dieselbe Regelwidrigkeit eines Baues), so liegt Idealkonkurrenz vor. Berlin 26. Juni 72 (O.R. **XIII**, 373), München 5. April 78 (St. **VIII**, 91, Goltd. **XXVI**, 546).

7. Mehrere Strafgesetze sind auch dann vorhanden, wenn es sich um den einfachen und um den qualifizirten Thatbestand eines Verbrechens handelt. Ideale Konkurrenz kann deshalb auch vorliegen, wenn Jemand gleichzeitig einen einfachen und schweren Diebstahl begeht, z. B. X. nimmt in demselben Zimmer und gleichzeitig das Geld aus dem offenen Geldkorb, außerdem aus dem von ihm erbrochenen Geldschrank, sowie aus der von ihm mittels Nachschlüssels eröffneten Schieblade. Oder ein Thäter wendet erfolglos Mittel an, welche die That als eine schwerere qualifiziren, und vollendet dann die That ohne Anwendung dieser Mittel. In diesem Fall kann ideale Konkurrenz von Versuch und Vollendung angenommen werden. R.G. III, 13. Jan. 87, **E. XV**, 281. Dagegen ist die Verübung eines qualifizirten Verbrechens u. s. w. nicht zugleich auch die Verübung des einfachen. Hierbei ist es gleichgültig, ob die Aussonderung eines besondern Thatbestandes (die Qualifizirung) eine schwerere oder mildere Strafe begründet. Wer z. B. mittels Einsteigens stiehlt, begeht nicht deshalb gleichzeitig einen schweren und einfachen Diebstahl. Andererseits — wer z. B. eine Urkundenfälschung des §. 363 (Fälschung von Wanderbüchern u. s. w.) verübt, begeht nur eine Uebertretung und verstößt nicht gleichzeitig gegen §. 267. Verletzungen der **lex specialis** begründen keine ideale Konkurrenz bezüglich der **lex generalis**. (Vgl. O.R. V, 280). S. auch Mannheim 17. Febr. 77 (St. **VII**, 73).

Deshalb kann gegen einen Beamten, welcher sich gegen §. 348 Abs. 2 verfehlt, nicht ideelle Konkurrenz aus §. 133 angenommen werden. R.G. I, 8. Nov. 80 (R. II, 574, E. II, 425). Ebenso wenig ideelle Konkurrenz von §§. 350, 351. R.G. I, 30. Sept. 80 (R. II, 283, E. II, 279).

8. Ideale Konkurrenz setzt voraus, daß die äußere That sowohl, wie der verbrecherische Wille (dolus) gegen die mehreren Strafgesetze verstößt. Deshalb kann Mordversuch und Körperverletzung an einer Person mittels einer Handlung in der Regel nicht idealiter konkurriren. (A. will den B. erstechen, bringt ihm aber nur eine schwere Körperverletzung bei; — dieses ist nur Mordversuch.)

Anders liegt die Frage, wenn der Mordversuch nach §. 46 Ziff. 2 straflos ist, jedoch eine Verletzung vorliegt. Berlin 24. Jan. 77 (Goltd. XXV, 56, O.R. XVIII, 70). Vgl. ferner Berlin 27. Sept. u. 14. Dez. 76 (O.R. XVII, 596, 824, Goltd. XXIV, 458, St. VI, 298), München 16. März 77 u. 5. April 78 (bayr. Entsch. VII, 89, St. VII, 26; VIII, 91). Einheit des Zwecks begründet keinen idealen Zusammenfluß. Berlin 10. Mai 78 (O.R. XIX, 259, Goltd. XXVI, 319). Deshalb ist die Entscheidung München 25. Okt. 75 (St. V, 268, Goltd. XXIV, 238, 636), wonach ideale Konkurrenz von fascher Anschuldigung und deren späterer eidlicher Bekräftigung angenommen wurde, unrichtig. Es liegt keine Einheit der Handlung, sondern nur Einheit des Zwecks vor. Falsche Anschuldigung und verleumderische Beleidigung können ideell konkurriren. München 15. April 76 (St. VI, 235, Goltd. XXV, 357).

9. Dieser Grundsatz (N. 6) gilt auch, wenn das Gesetz selbst die Merkmale zweier strafbarer Handlungen zum Thatbestand einer dritten vereinigt und somit statt der im §. 73 gegebenen Bestimmung selbst die Strafe der idealen Konkurrenz für einen besonderen Fall feststellt, z. B. der Einbruchsdiebstahl ist nicht zugleich Sachbeschädigung. Es sei denn, daß der Diebstahl aus irgend einem Grunde nicht strafbar ist, und der Einbruch den vollen Thatbestand einer Sachbeschädigung enthält. R.G. IV, 29. Okt. 86, E. XV, 12, R. VIII, 652.

10. Wenn ein Delikt mehrere selbständige Voraussetzungen hat, welche nur in ihrem Zusammentreffen den Thatbestand bilden, wie dies der Fall ist bei Bankerutt bezüglich der Handlungen des §. 210 Konk.O. und der Zahlungseinstellung oder Konkurs-Eröffnung oder bei Urkundenfälschung und den Gebrauch der Urkunden zur Täuschung, so liegt bei Einheitlichkeit der den vollen Thatbestand begründenden Handlung weder ideale noch reale Konkurrenz, sondern Einheitsthat vor, wenn auch die vorhergehenden Thatbestandserfordernisse mehrfache waren; z. B. es gibt der Thäter mehrere gefälschte Wechsel mittels einer einheitlichen Handlung zum Diskontiren, R.G. III, 11. Nov. 86, E. XV, 290, R. VIII, 700, s. jedoch III, 24. Sept. 88, R. X, 515 (thatsächlich motivirt).

11. Nicht zu verwechseln mit idealer Konkurrenz ist die sog. Gesetzeskonkurrenz, bei welcher zwar auch die Voraussetzungen mehrerer Strafgesetze auf eine einheitliche Handlung zutreffen, wobei jedoch nach erkennbarer Intention des Gesetzgebers nur ein Strafgesetz mit der die anderen Strafgesetze ausschließenden Wirkung zur Anwendung kommen soll. Der hauptsächlichste Fall der Gesetzeskonkurrenz ist der des spezielleren Gesetzes, welches das allgemeinere ausschließt. S. Olshausen N. 12, Binding I, 334, 357. R.G. IV, 15. Okt. 86, E. XIV, 384, R. VIII, 624 definirt dies etwas zu eng, indem es denselben Thatbestand fordert, wobei eines oder mehrere der Begriffsmerkmale in engerer Begrenzung und speziellerer Gestaltung enthalten seien, verneint aber mit Recht Gesetzeskonkurrenz bei dem unbefugten Verkauf von Waaren im Umherziehen mittels unerlaubter Ausspielung. Ferner liegt Gesetzeskonkurrenz vor in Fällen, in welchen eine Strafe für den Fall angedroht ist, daß keine andere, höhere oder geringere Strafe Anwendung zu finden hat (vgl. §. 49a). Die Frage, ob man die höhere Qualifikation der That als in Gesetzeskonkurrenz mit der geringeren Qualifikation, die Vollendung als in Gesetzeskonkurrenz mit dem Versuch befindlich betrachten will, ist Sache der logischen Konstruktion, ohne praktischen Werth. Dagegen liegt ein wirklicher Fall der Gesetzeskonkurrenz vor, wenn der Thatbestand einer strafbaren Handlung als Qualifikationsgrund einer anderen That Verwendung gefunden hat. Selbstverständlich kann in einem solchen Fall, wenn die Hauptthat nur auf Antrag verfolgt werden kann, die bloße Qualifikation nicht selbständig verfolgt werden. Olshausen N. 14a, Ruhstrat, G.S. Bd. 24 S. 153, v. Bar bei Goltd. XIX, 651. A. M. Merkel in H.H. IV, 225. In gewissem Sinne kann man auch Gesetzeskonkurrenz erblicken in dem Verhältnisse zwischen Kollektivdelikt und Einzelthat. R.G. III, 18. Juni 81; II, 23. Jan. 83, R. III, 415, E. VIII, 16 (gewerbsm. Jagdvergehen), 13. Juli 81, E. IV, 391 (gewerbsm. Wucher).

12. Die Frage: welche Strafe die schwerste sei, ist nach ähnlichen Grundsätzen zu entscheiden, wie zu §. 2 bemerkt worden. Da es sich im Wesentlichen um einen Akt richterlicher Strafzumessung handelt, so ist zunächst der Thatbestand der verschiedenen konkurrirenden Verbrechen u. s. w. (gegebenen Falls durch die Geschwornen) festzustellen. Berlin 26. Nov. 73, 8. Jan. 74, 8. Sept. 74 u. 21. Nov. 78 (Goltd. XXII, 50, 570, O.R. XIV, 755; XV, 9, 540; XIX, 545), München 15. April 72 (bayr. Entsch. III, 180, St. II, 293), Mannheim 18. Okt. u. 6. Nov. 75 (bad. Ann. Bd. 42, S. 7, 91, St. VII, 163), 17. Febr. 77 (bad. Ann. Bd. 43, S. 99).

Welche Strafe bei gleichartigen Strafen als die schwerste anzusehen ist, entscheidet sich nicht unbedingt nach dem angedrohten Höchstbetrage. Auch der etwa höhere Mindestbetrag, der Verlust der Ehrenrechte u. s. w. kommt in Betracht. Berlin 30. Mai 76 (O.R. XVII, 388, Goltd. XXIV, 535). Die zu verhängenden Ehrenstrafen lassen sogar in der Regel die an sich geringeren Freiheitsstrafen als die schwereren erscheinen. Dies ist aber nicht der Fall bei anderen Nebenstrafen und wurde z. B. verneint und die schwerere Strafe nach der Höhe der Freiheitsstrafe bestimmt in einem Fall, in welchem die geringere Gefängnißstrafe mit Unfähigkeit zum Eisenbahndienst verbunden war. R.G. I, 5. Jan. 82, E. V, 420, R. IV, 19. Ebenso ließ R.G. I, 22. Dez. 87, E. XVII, 193, R. IX, 747, die Aufenthaltsbeschränkung nach dem Sozialisten=Ges. außer Erwägung wegen Mangels eines Maßstabs zur Vergleichung. Auch die Befugniß zur Bekanntmachung des Urtels (§. 200) kann nicht in Betracht gezogen werden. Berlin 16. Juni 75 (Goltd. XXIII, 426, O.R. XVI, 449). Im Zweifel ist die Strafe nach beiden Gesetzen abzumessen und die Strafandrohung für die schwerste zu halten, die zu den schwersten Resultaten führt, z. B. zwei Verbrechen sind mit Zuchthaus bedroht, das eine ohne, das andere mit Zulassung mildernder Umstände.

13. Bei ungleichartigen Strafen ist die schwerste Strafart maßgebend, „ohne Rücksicht auf die Dauer, in welcher die letztere angedroht ist" (Motive). Bei alternativen Androhungen kommt die schwerste Alternative in Betracht.

Geldstrafe gilt stets als mildere Strafe gegenüber den Freiheitsstrafen. R.G. I, 10. Nov. 87, E. XVI, 302, R. IX, 576. Dies dehnte R.G. II, 5. Mai 85, R. VII, 276 dahin aus, daß bei Konkurrenz von §. 14 Nahrungsmittelges. und fahrl. Körperverletzung die Strafe aus §. 14 erkannt werden müsse, weil derselbe Gefängnißstrafe allein androhe, während §. 230 Geldstrafe in erster Linie zulasse, obgleich das Maximum der in §. 230 alternativ angedrohten Gefängnißstrafe zwei, und nach Abs. 2 drei Jahre beträgt, nach §. 14 nur ein Jahr. Festungshaft ist gemäß §. 21 als die mildere Strafart gegenüber von Gefängniß anzusehen. Nach dem Wortlaute des §. 73 müßte demnach bei idealem Zusammenfluß die geringste Gefängnißstrafe erkannt werden, wenn damit Festungshaft in längster Dauer, ja sogar lebenslänglich zusammentrifft. So Olshausen N. 27b, Geyer I, 189, Hälschner I, 685, Rubo N. 7, v. Schwarze N. 6, Thomsen in G.S. Bd. 31 S. 35. A. M. Oppenhoff N. 16, welcher eine Dauer der Festungshaft von 5 Jahren als die schwerere Strafe ansieht, und H. Meyer S. 495, Habermaas S. 33, welche das Verhältniß des §. 21 zur Vergleichung beiziehen wollen. Da das erst bezeichnete Resultat vom Gesetzgeber nicht gewollt sein kann, muß der letzteren Ansicht beigetreten werden.

14. Diejenige Strafe, welche als die schwerste befunden wird, ist allein und in ihrem ganzen Umfange anzuwenden. Es kann also, wenn dieselbe ein geringeres Minimum zuläßt, als die als leichter befundene, bis zu diesem Minimum herabgegangen werden. R.G. IV, 24. April 85; I, 5. Juni 85, R. VII, 256, 382; III, 8. Febr. 83, E. VIII, 84, R. V, 92; I, 10. Nov. 87, E. XVI, 302, R. IX, 576. A. M. war R.G. I, 3. März 81, E. III, 390, R. III, 104.

15. Folge des Grundsatzes, daß nur die schwerste Strafe anzuwenden sei, ist auch, daß Nebenstrafen, welche in dem milderen Gesetze angedroht sind, nicht neben der Strafe aus dem Gesetze, welche die schwerste Strafe androht, erkannt werden dürfen. So kann, wenn bei Beleidigung auf Strafe wegen eines ideell konkurrirenden Delikts erkannt ist, nicht die sonst veranlaßte Publikationsbefugniß nach §. 200 St.G.B. zuerkannt werden. R.G. I, 7. April 81, E. IV, 218, R. III, 203, Pl. 17. April 82, E. VI, 180, R. IV, 333. Unfähigkeit zum Eisenbahndienst nach §. 316 darf nicht neben der Strafe aus §. 230 St.G.B. erkannt werden. R.G. I, 5. Jan. 82, E. V, 420, R. IV, 19. Dies erstreckt sich jedoch nicht auf Maßregeln, welche den Charakter von Strafen nicht an sich tragen, wie die Buße, welche auch aus einem

für die Strafe nicht zur Anwendung gelangten Gesetze erkannt werden kann. R.G. II, 22. Mai 85, E. XII, 224, E. VII, 321; auch München 5. Okt. 88, bayr. Entsch. V, 174, Goltd. XXXVII, 209. Dies ist auch der Fall bezüglich der Einziehung, insofern dieselbe als polizeiliche Maßregel, nicht als Strafe erkannt wird, z. B. gemäß §. 295 St.G.B.

16. Es ist nicht ausgeschlossen, daß das Vorliegen eines zweiten Delikts als Strafausmessungsgrund berücksichtigt und deshalb die Strafe höher bemessen wird. München 13. Juni 74, St. IV, 133, Goltd. XXIII, 67, Dresden 6. Juli 74 u. 16. April 75, S.G.Z. XVIII, 364, St. VII, 5, Darmstadt 11. Dez. 71, St. II, 145.

17. Die Regel des §. 73 wird zwar als Absorption (**poena major absorbet minorem**) bezeichnet. Dies bezieht sich aber nur auf die äußere Gestaltung der Strafe und deren Maß. Die Regel reicht aber nicht so weit, daß das geringere strafbare Delikt als nicht bestraft zu gelten hätte. Idealkonkurrenz ist kein Strafaufhebungsgrund; vielmehr gilt die Strafe des geringer strafbaren Delikts als in der des höher strafbaren enthalten, oder m. a. W.: Die Regel des §. 73 ist eine Strafzumessungsregel wie die des §. 74. Gl. M. Olshausen N. 34, Herzog in G.S. Bd. 27 S. 197, Binding, Grundr., 4. Aufl. S. 189. Es stellen zwar Olshausen u. Binding a. a. O., Hälschner I, 686, H. Meyer S. 496, v. Wächter S. 292 die Ansicht auf, es liege in der idealen Konkurrenz ein obligatorischer Zumessungsgrund. Dieser ist aber dem St.G.B. fremd und durch eine obligatorische Erhöhung der schwersten Strafe würde der offenbar sanktionirte Gegensatz von §. 73 und §. 74 nahezu verwischt. Jedenfalls hätte der Gesetzgeber gegenüber §. 74 die Regel aussprechen müssen. Gl. M. Oppenhoff N. 17, v. Schwarze N. 7 und G.S. Bd. 34 S. 600. Habermaas S. 28, Geyer I, 188. Auch das R.G. hat diese Freiheit des Richters anerkannt, indem es ihn für berechtigt erklärte, bis zum Minimum der schwersten Strafe herabzugehen, außerdem in R.G. III, 15. Okt. 88, E. XVIII, 193, R. X, 570.

18. Im Schuldausspruch muß auch dasjenige Delikt Erwähnung finden, aus dem auf Strafe nicht erkannt ist. R.G. II, 17. Mai 81, E. IV, 179, R. III, 307 und kommt bei Rückfall diese Strafe in Anrechnung. R.G. III, 15. Okt. 88, E. XVIII, 193. Die letztere Ansicht ist bestritten. Gl. M. Binding, Grundr., 4. Aufl. S. 189, H. Meyer S. 496, Oppenhoff N. 13, Olshausen N. 24b. A. M. Hälschner I, 633, der keinen Schuldausspruch aus dem milderen Gesetz will, v. Schwarze N. 7, v. Buri, Einh. u. Mehrh. S. 110, Merkel in H.H. IV, 229; auch Geyer I, 189, v. Liszt S. 247, Habermaas S. 28, weil Rückfall frühere Bestrafung voraussetze. Die Strafe trifft aber die Handlung und die Handlung ist bestraft, wenn auch das Strafmaß einer anderen Bestimmung entnommen ist, s. oben N. 17.

19. Die Bestrafung durch polizeiliche Strafverfügung (§. 453 St.P.O.), welche vollstreckbar wurde, steht einer nochmaligen Aburtheilung durch den Strafrichter unter dem Gesichtspunkte eines Verbrechens oder Vergehens nicht entgegen. R.G. III, 2. Juni 80 (E. II, 212, R. II, 18; II, 2. Okt. 83, R. V, 570; IV, 5. Febr. 89, Goltd. XXXVII, 59). Das Gleiche ist der Fall bei Strafbescheiden der Verwaltungsbehörde (§. 459 fg., St.P.O.) und selbst bei amtsrichterlichen Strafbefehlen (§. 447 fg., St.P.O.), weil bei letzteren der Richter nicht in der Lage ist, den Thatbestand nach allen Richtungen, insbesondere wegen ideal konkurrirender schwererer Delikte zu prüfen. R.G. I, 2. Juni 81 u. II, 21. Dez. 83, E. IV, 243, IX, 321, R. III, 367; V, 804; IV, 14. Dez. 86, E. XV, 112, auch bayr. Entsch. III, 128, 586; IV, 117. Nochmalige Verfolgung unter gleicher Qualifikation wie im Strafbefehl ist ausgeschlossen, R.G. IV, 8. Okt. 86, E. XIV, 358, R. VIII, 606. Dagegen kann, wenn bei ideeller Konkurrenz die That in Bezug auf eins der konkurrirenden Delikte gerichtlich bestraft ist, eine neue Verfolgung auf Grund der konkurrirenden Strafgesetze nicht stattfinden, auch wenn die Zuständigkeit von Gerichten verschiedener Ordnung begründet war. R.G. I, 23. Dez. 80, E. III, 211, R. II, 671, 12. März 83, E. VIII, 135 (140); II, 27. Mai 81, R. III, 343; einen besonders gelagerten Fall s. R.G. IV, 28. Sept. 86, E. XV, 9.

20. Die Reichsgesetzgebung, auch wenn sie vor dem Strafgesetzbuch publizirt war, blieb, insofern sie abweichende Bestimmungen über Zusammentreffen enthält, in Kraft und dies sogar dann, wenn das Zusammentreffen von durch Spezialgesetze mit Strafe bedrohten Handlungen mit solchen des St.G.B. stattfindet. Es ist dies hauptsächlich in Steuergesetzen der Fall, z. B. §. 158 Vereins-Zoll-Ges. v. 1. Juli 1869, R.G. IV, 3. Mai 87, E. XVI, 58, R. IX, 296. Auch das Landesrecht ist durch die Bestimmungen des §. 73 fg. nicht derogirt, und gelten die Bestimmungen des St.G.B. über Zusammentreffen nur als subsidiäres Recht gemäß §. 3 Einf.-Ges. z. St.G.B. Binding I, 314, Heinze R.Ld.Str.R. S. 85.

21. Bei der Fragestellung an die Geschworenen ist im Falle der Idealkonkurrenz die Frage nach mildernden Umständen nur einmal zu stellen, auch wenn die verschiedenen, zu vergleichenden Strafgesetze beim Vorliegen mildernder Umstände niedere Strafandrohungen enthalten. R.G. II, 8. Nov. 81 u. 30. März 86, E. V, 155, XIV, 9, R. III, 694, VIII, 240, IV, 17. Febr. 88, R. X, 158. Bei der Vergleichung der Strafgesetze ist die wegen Vorliegens mildernder Umstände geminderte Strafe mit in Betracht zu ziehen. Gl. M. Olshausen N. 23. Anscheinend abweichend R.G. 17. Febr. 88, s. oben.

22. Ist eines der konkurrirenden Delikte Antragsdelikt, so kann die That unter dem entsprechenden, rechtlichen Gesichtspunkt nur dann verfolgt werden, wenn der Antrag rechtzeitig gestellt ist. Ist dies nicht der Fall, so kann auch kein Schuldausspruch erfolgen, aber auch keine Einstellung des Verfahrens, wenn die That unter einem andern rechtlichen Gesichtspunkt verfolgt wird. R.G. III, 25. Febr. 82, R. IV, 210.

23. Jedes der ideell konkurrirenden Delikte verjährt selbständig nach der Natur des Delikts bezüglich der Dauer der Verjährungsfrist und des Beginns derselben. Gl. M. Oppenhoff §. 67 N. 21, Olshausen N. 36b, v. Schwarze §. 67 N. 4, v. Wächter N. 308. Ein Urtheil R.G. II, 2. Nov. 83, E. IX, 152, R. V, 604, welches die Verjährung fahrlässiger Brandstiftung deshalb in Frage zieht, weil die That auch gegen §. 330 St.G.B. verstoßen hat, kann deshalb nicht als richtig anerkannt werden.

§. 74. **Gegen denjenigen, welcher durch mehrere selbständige Handlungen mehrere Verbrechen oder Vergehen, oder dasselbe Verbrechen oder Vergehen mehrmals begangen und dadurch mehrere zeitige Freiheitsstrafen verwirkt hat, ist auf eine Gesammtstrafe zu erkennen, welche in einer Erhöhung der verwirkten schwersten Strafe besteht.**

Bei dem Zusammentreffen ungleichartiger Freiheitsstrafen tritt diese Erhöhung bei der ihrer Art nach schwersten Strafe ein.

Das Maß der Gesammtstrafe darf den Betrag der verwirkten Einzelstrafen nicht erreichen und funfzehnjähriges Zuchthaus, zehnjähriges Gefängniß oder funfzehnjährige Festungshaft nicht übersteigen.

Pr. §§. 56, 57, 338; E. I. §§. 65, 345; E. II. §. 72; St.B. S. 239, 772.
Vgl. die Citate zu §. 73 u. M.St.G.B. §. 54.

1. Vgl. die allgemeinen Bemerkungen zu diesem Abschnitt, namentlich über den Ausdruck „selbständige Handlung" oben S. 240 ff.

2. Der §. 74 behandelt die sog. reale Konkurrenz;*) er bezieht sich, insofern abweichend von §. 73, nur auf Verbrechen und Vergehen. Ferner bezieht sich die Vorschrift des §. 74 nur auf die für Verbrechen und Vergehen verwirkten zeitigen Freiheitsstrafen. Es ist deshalb die Todesstrafe und eine daneben verwirkte Freiheitsstrafe kumulativ zu erkennen; ebenso unter Umständen mehrfache Todesstrafe.

3. Die Motive dieses Paragraphen lauten:

„Die Wissenschaft, wie die Mehrzahl der neuen Gesetzbücher haben anerkannt, daß bei dem Zusammentreffen mehrerer mit Freiheitsstrafe bedrohter Handlungen eine vollständige Verbüßung sämmtlicher, durch sie verwirkter Strafen eine ungerechtfertigte Verschärfung der Strafen selbst enthalten würde, da die Schwere der Strafe intensiv härter wirkt, je länger sie andauert. Darum wird eine Ermäßigung des Gesammtbetrags der durch die einzelnen Verbrechen u. s. w. verwirkten Strafen für erforderlich erachtet. Ueber die Höhe dieser Ermäßigung, wie überhaupt über das bei derselben einzuschlagende Verfahren herrscht jedoch zur Zeit noch in der Wissenschaft wie in der Gesetzgebung eine große Meinungsverschiedenheit.

Der Entwurf ist, in Uebereinstimmung mit mehreren deutschen Gesetzbüchern, davon ausgegangen, daß diejenige Strafe zu Grunde zu legen sei, welche durch das schwerste der

*) Kärcher, Die Realkonkurrenz in G.S. Bd. 36, S. 431, Kratz, Das Verhältniß der Einzelstrafe zur Gesammtstrafe das. S. 575, Zur Lehre von der Gesammtstrafe Reiffel in G.S. Bd. 37 S. 470, Bd, 40, S. 217.

zusammentreffenden Verbrechen und Vergehen verwirkt worden, und diese sodann mit Rücksicht auf die übrigen Verbrechen und Vergehen und deren Schwere angemessen zu erhöhen sei.

Bei der Frage, welches der im einzelnen Falle zusammentreffenden Verbrechen und Vergehen das schwerste sei, hat der Entwurf den Grundsatz angenommen, daß, wenn sie mit ungleichartigen Freiheitsstrafen bedroht sind, dasjenige als das schwerste zu betrachten sei, bei welchem die ihrer Art nach schwerste Strafe verwirkt ist. Es ist daher, wenn bei einem der zusammentreffenden Verbrechen oder Vergehen eine Zuchthausstrafe, bei den übrigen aber Gefängnißstrafe verwirkt ist, die verwirkte Zuchthausstrafe selbst dann zu Grunde zu legen, wenn sie ihrer Dauer nach kürzer ist, als die durch die übrigen Handlungen verwirkten einzelnen Gefängnißstrafen.

Die Erhöhung der zu Grunde gelegten Strafe (Einsatzstrafe) war im Allgemeinen dem richterlichen Ermessen anheimzugeben, welches hierbei die Zahl und die Schwere der übrigen Verbrechen und Vergehen in Berücksichtigung zu ziehen haben wird; dieses Ermessen findet jedoch darin seine Beschränkung, daß es nicht zu einer, die Tendenz dieser Erhöhung verneinenden Ausschreitung führen darf. Eine solche würde aber allerdings vorliegen, wenn die Erhöhung das Gesammtmaß der verwirkten Einzelstrafen erreichte und dadurch thatsächlich die Kumulation derselben, welche vermieden werden soll, wieder einführte. Es war daher zu bestimmen, daß dieses Gesammtmaß nicht erreicht werden darf; dasselbe ist bei ungleichartigen Freiheitsstrafen durch Anwendung des in §. 21 bestimmten Geltungsverhältnisses festzustellen. Durch die Bezeichnung „selbständige" im Eingange des Paragraphen soll eine anerkannte Voraussetzung der realen Konkurrenz noch besonders hervorgehoben werden."

4. Wegen der Frage des „fortgesetzten Verbrechens u. s. w." vgl. die allg. Bemerkungen zu diesem Abschnitt oben S. 242 u. §. 73 N. 5.

Die Annahme v. Schwarze's (H.A. S. 119): Die Bezeichnung der real konkurrirenden Strafthaten als „selbständige" sei im Gegensatze zu dem „fortgesetzten Verbrechen" erfolgt, — findet weder im Wortlaut noch irgendwo in den Materialien und Berathungen eine thatsächliche Stütze. Der Ausdruck „mehrere selbständige Handlungen" im §. 74 bedeutet vielmehr dasselbe, wie der Ausdruck „eine und dieselbe (d. h. eine selbständige) Handlung" in §. 73, nur mit der aus der Anwendung des Plurals nothwendig folgenden Aenderung.

5. Ob mehrere selbständige Handlungen oder ob nur eine solche vorliegt, ist lediglich Sache der thatsächlichen Beurtheilung und Feststellung, Berlin 29. Juni und 14. Nov. 77 (O.R. XVIII, 712, Goltd. XXV, 496, 514), München 15. April 76 (bayr. Entsch. VI, 187), und muß in Zweifelsfällen die Selbständigkeit thatsächliche Feststellung finden, Berlin 4. Febr., 21. Juni u. 8. Nov. 76 (O.R. XVII, 93, 445, XIX, 518, Goltd. XXIV, 25, St. VI, 167), welche in schwurgerichtlichen Fällen den Geschworenen zusteht. Berlin 11. April 77 (O.R. XVI, 258). Danach kann sehr wohl eine Mehrheit von Akten, die für sich genommen ein jeder den Thatbestand desselben Verbrechens erfüllen und deshalb als fortgesetztes Verbrechen bezeichnet werden, als eine selbständige Handlung angesehen werden. So z. B. mehrere Meineide in derselben Angelegenheit. (München 19. Jan. 74, St. III, 301.) Ebenso kann Hehlerei sich auf mehrere strafbare Handlungen beziehen, ohne daß deshalb eine Mehrheit von Hehlereidelikten eintritt. Berlin 13. Juli 76 (O.R. XVII, 516). Auch das R.G. I, 10. Juni 80 (R. II, 53, E. I, 450) erkannte, daß die Feststellung, mehrere Handlungen seien wegen Einheitlichkeit des Willens und der äußeren Erscheinung als selbständige nicht zu betrachten, als thatsächlicher Natur sich der Revision entziehe und hob R.G. II, 10. Jan. 82, R. IV, 29 ein Urtheil auf, welches die Versendung einer strafbaren Schrift an 84 Abnehmer als Verübung von 84 Strafthaten beurtheilte, weil die Selbständigkeit nur durch die Mehrheit der Abnehmer motivirt war, obgleich dies Einheitlichkeit der Handlung nicht ausschließe, wenn die Versendung demselben Entschlusse entspringe und eine kontinuirliche Thätigkeit vorliege. Ebenso wenig ist Realkonkurrenz ausgeschlossen, wenn der Entschluß des Thäters im Voraus auf gelegentliche Wiederholung der That gerichtet war. R.G. I, 8. Dez. 87, R. IX, 710.

6. Andererseits kann z. B. in einer schriftlichen oder mündlichen Aeußerung eine Mehrheit selbständiger Beleidigungen gegen verschiedene Personen gefunden werden, in einem Briefe eine Mehrheit verschiedener Delikte (Herausforderung zum Zweikampf und Beleidigung) R.G. II, 13. Jan. 82, R. IV, 46, ebenso in einem Zeitungsartikel (Majestätsbeleidigung und Beleidigung einer Behörde) R.G. 16. März 81, E. III, 434, wenn die verschiedenen Strafthaten auf selbständigen Entschlüssen beruhen. Ebenso kann in der Verbreitung von Druckschriften strafbaren Inhalts an verschiedenen Orten Einheit oder Mehrheit von Handlungen liegen, je nachdem fortschreitende Ausführung eines oder die Ausführung mehrerer Entschlüsse vorliegt, R.G. III,

29. März 82, **R.** IV, 287. S. auch München 9. Sept. 84, bayr. Entsch. III, 207. Ferner ist die Möglichkeit geboten, daß mehrere derselben Fahrlässigkeit entspringende schädliche Erfolge als eine Mehrheit fahrlässiger Delikte beurtheilt wird. Dies ist insbesondere dann der Fall, wenn Jemand einen gefährlichen Zustand bestehen läßt, und in Folge dessen successive mehrere ihm zur Fahrlässigkeit zuzurechnenden Erfolge entstehen, denen er in den dazwischen liegenden Zeitabschnitten hätte vorbeugen können. R.G. II, 1. Nov. 87, **E.** XVI, 290, **R.** IX, 545.

7. Der Umstand, daß die eine Handlung zum Zwecke der Verübung der andern vorgenommen worden ist, ist ohne Einfluß auf die Selbständigkeit beider Handlungen. (So beim Hausfriedensbruch zum Zwecke des Diebstahls: Berlin 2. April 75, Goltd. XXIII, 196, O.R. XVI, 264, R.G. II, 3. Okt. 82, **E.** VII, 60, vgl. §. 73 N. 3.)

8. Bei fortdauernden Delikten ist die nach Verkündung des verurtheilenden Erkenntnisses erster Instanz ferner geübte strafbare Thätigkeit als ein selbständiges Delikt anzusehen. Berlin 8. Jan. 73 u. 14. Okt. 74 (Goltd. XXI, 234, O.R. XIV, 30, XV, 670). Ebenso bei fortgesetzten. Mannheim 18. März 75 (bad. Ann. Bd. 41 S. 139).

Auch bei gewerbsmäßigen und gewohnheitsmäßigen Delikten können mehrere Akte als selbständige angesehen werden. (So bei gewerbsmäßiger Hehlerei Berlin 23. April 1875, O.R. XVI, 308.) Bei Diebstählen Solcher, die sich zu fortgesetzter Verübung von Diebstahl oder Raub verbunden haben, ist jede in Folge dieser Verabredung verübte That eine selbständige. Berlin 23. Okt. 72 (Goltd. XX, 549, O.R. XIII, 540). Nur ein Delikt wurde angenommen. Berlin 18. April 77 u. 16. Mai 78 (O.R. XVIII, 279, XIX, 267, Goltd. XXVI, 321, St. VIII, 133).

9. Die Festsetzung der Gesammtstrafe erfolgt nicht, wie bei den Einzelstrafen, innerhalb eines im Gesetze angedrohten festen Rahmens. Dieselbe setzt sich vielmehr aus Faktoren zusammen, welche erst durch das richterliche Ermessen gefunden und festgesetzt werden müssen. In diesem Mangel eines objektiven Maßstabes, d. h. bestimmter, aus dem Gesetze ersichtlicher Strafgrenzen liegt eine wesentliche Abweichung sowohl von dem bisherigen preußischen Recht, als auch von der Art und Weise, wie das St.G.B. selbst seine Strafsatzungen aufstellt. Sie findet sich nur — außer im §. 74 — an zwei Stellen, nämlich in den §§. 157 bez. 158 und 208. In diesen Fällen bildet nicht die (in **thesi**) angedrohte, sondern die (**in hypothesi**) verwirkte Strafe die Grundlage der weiteren Strafabmessung.

Es ist nicht dasjenige Gesetz maßgebend, welches die schwerste Strafe androht, sondern die verwirkte schwerste Strafe, und nach Abs. 2 bei ungleichartigen Freiheitsstrafen die der Art nach schwerste. Diese bildet die in den Motiven sog. Einsatzstrafe. Die an diese Einsatzstrafe zu knüpfende Gesammtstrafe soll nach Abs. 3 „den Betrag der verwirkten Einzelstrafen" nicht erreichen. Also: die Einsatzstrafe und die Summe der Einzelstrafen bilden die Grenzen der Gesammtstrafe in der Weise, daß erstere um etwas überschritten werden muß und letztere nicht ganz erreicht werden darf. Als äußerste absolute Grenze des Höchstbetrages der Gesammtstrafe sind außerdem die Höchstbeträge der Strafarten (§§. 14, 16, 17) mit der Aenderung bezeichnet, daß bei Gefängniß der regelmäßige Höchstbetrag von 5 Jahren auf 10 Jahre erhöht ist. Vgl. hierüber München Pl. 8. Juli 75 (bayr. Entsch. V, 331, St. V, 273).

10. Aus dem vorher Ausgeführten folgt: der Richter hat nach jedem der verschiedenen Strafgesetze die Einzelstrafen festzusetzen und in dem Urtel anzugeben. Berlin 27. März u. 26. Juli 72, 30. April 75, 26. Jan. 76 (Goltd. XX, 195; XXIII, 116, O.R. XIII, 225, 373, XVI, 332, St. II, 27, 29; IV, 283.), München 6. April 72 und 3. Oktbr. 73 (St. I, 261; III, 106), Dresden 6. Mai 72 (S.G.Z. XVI, 254). Die schwerste dieser Strafen ist die Einsatzstrafe. Bei ungleichartigen Strafen — die indessen nur bei Zuchthaus neben Festungshaft und Gefängniß oder neben einer der letzteren Strafen (§§. 75, 77) vorkommen können — entscheidet hierbei die Schwere der Strafart. — Diese Einsatzstrafe braucht keineswegs die — wie §. 56 preuß. St.G.B. sagte — „für das schwerste Verbrechen oder Vergehen bestimmte Freiheitsstrafe" zu sein, z. B. Raub §. 49 (verwirkte Strafe: 1 J. Zuchthaus) konkurrirt mit schwerem Diebstahl §. 243 (verwirkte Strafe: 2 J. Zuchthaus), oder — Raub (Strafe unter Annahme mildernder Umstände: 8 Mon. Gef.) konkurrirt mit einfachem Diebstahl §. 242 (Strafe: 1 J. Gef.) In diesen Fällen ist die Strafe des (schweren bez. einfachen) Diebstahls die Einsatzstrafe, obschon die Strafdrohung beim Raub die schwerere ist. Vgl. Berlin 1. März 76 (Goltd. XXIV, 126, O.R. XVII, 150, St. VI, 169). Wenn die wegen Versuchs eines Verbrechens verwirkte Zuchthausstrafe von weniger als einem Jahr in Gefängniß umgewandelt ist und neben derselben eine andere, der Dauer nach längere Gefängniß-

strafe festgesetzt ist, so ist die letztere die Einsatzstrafe. So ist, wenn in Folge der Jugend des Thäters an die Stelle einer Zuchthausstrafe Gefängnißstrafe tritt, und damit ein anderes mit Gefängniß bedrohtes Delikt konkurrirt, die frühere Gefängnißstrafe als Einsatzstrafe der Gesammtstrafe zu Grunde zu legen, nicht die angedrohte Zuchthausstrafe. R.G. III, 3. Jan. 80 (R. I, 187). Andere Beispiele finden sich leicht.

Die so gefundene Einsatzstrafe ist sodann mit Rücksicht auf die andern Einzelstrafen zu erhöhen. Es muß die Freiheitsstrafe erhöht werden, Berlin 12. Juli 72, 30. April 73 (O.R. XIII, 416, XVI, 332); die Hinzufügung einer für den einen der Fälle zulässigen Ehrenstrafe ist als Erhöhung nicht anzusehen, Berlin 23. Oktbr. 72 (Goltd. XX, 550, O.R. XIII, 540, St. II, 106). An eine Umwandlung ist hierbei nicht zu denken, im Gegentheil: die Summe der Strafen, welche bei ungleichartigen Strafen durch Umwandlung nach §. 21 gefunden wird, bildet nach Absatz 3 diejenige Grenze, welche die Gesammtstrafe nicht ganz erreichen darf. (Berlin 6. Juli 72 und 28. Juli 75, O.R. XIII, 394; XVI, 321, Goltd. XX, 386, St. II, 29, R.G. IV, 30. Mai 84, R. VI, 388.) Der Vorschrift des Gesetzes ist aber schon genügt, wenn die Einsatzstrafe um etwas überschritten wird.

Die Erhöhung der Einsatzstrafe erfolgt, wenn Zuchthausstrafe in Rede steht, nach Monaten, bei der Gefängnißstrafe nach Tagen (§. 19).

11. Aus dem zu 6 Gesagten folgt mit Nothwendigkeit, daß der Richter nicht eine Strafe in Bausch und Bogen festsetzen darf, sondern daß er die einzelnen Faktoren — die Einzelstrafen —, aus denen die Gesammtstrafe resultirt, zunächst bestimmen muß.

Es ist in dieser Hinsicht bereits oben in den allgem. Bemerkungen zu diesem Abschnitt darauf hingewiesen, daß der vorliegende Abschnitt und insbesondere der §. 74 ebenso so sehr das Zusammentreffen mehrerer Strafen als das Zusammentreffen mehrerer strafbarer Handlungen im Auge hat. Abs. 2 spricht geradezu von dem „Zusammentreffen ungleichartiger Freiheitsstrafen", und aus den Worten des Abs. 1: „mehrere zeitige Freiheitsstrafen verwirkt hat", in Verbindung mit den Worten: „der verwirkten schwersten Strafe", sowie den Worten in Abs. 3: „der verwirkten Einzelstrafen" geht zur Evidenz hervor, daß der Gesetzgeber für die Arbitrirung der Gesammtstrafe bestimmte, von dem Richter vorher bereits arbitrirte Einzelstrafen voraussetzt. Eine juristische Subtilität liegt hierin keineswegs, vielmehr entspricht dieses Verfahren allein der im St.G.B. adoptirten Idee der Gesammtstrafe im Gegensatz namentlich zu dem Absorptionsprinzip.

Aus dem Gesagten folgt, daß, da der Richter Gründe für sein Urtheil zu geben hat, er auch die von ihm nothwendig zu arbitrirenden Einzelstrafen angeben muß. Andernfalls ist die Beurtheilung, ob die Gesammtstrafe richtig bemessen, nicht möglich. Das Gesetz überläßt eben bei der Gesammtstrafe dem Richter die Limitirung des Strafrahmens, innerhalb dessen er die Gesammtstrafe festsetzen soll. Die Mittheilung dieses Strafrahmens gehört deshalb eben so gut in das Urtheil, wie bei einer Einzelstrafe (stillschweigend oder ausdrücklich) erhellen muß, welchen im Gesetz selbst enthaltenen Strafrahmen der Richter angewendet hat. Die Praxis hat sich jetzt auch für die Nothwendigkeit der Angabe der Einzelstrafen entschieden. R.G. II, 28. Nov. 79 (R. I, 103), I, 20. Sept. 80 (R. II, 222, E. II, 235). Die Einzelstrafen dürfen nicht unter dem gesetzlichen Minimum für die betreffende That arbitrirt werden. Berlin 24. Jan. 77 (O.R. XVIII, 64); s. auch R.G. oben. Tritt bei successiver Aburtheilung zu einer Gesammtstrafe eine Mehrheit zu bestrafender Delikte hinzu, so muß auf die früheren Einzelstrafen, nicht auf die Gesammtstrafe zur Bildung der neuen Gesammtstrafe zurückgegangen werden. Berlin 26. Jan. 76, 5. Juli 78 (O.R. XVII, 54; XIX, 360, Goltd. XXIV, 26).

12. Die Gesammtstrafe begründet die Strafe des Rückfalls wegen eines der Verbrechen oder Vergehen, soweit das St.G.B. einen solchen überhaupt anerkennt (z. B. §. 244), da in jener Strafe, mögen die konkurrirenden Verbrechen sein, welche sie wollen, auch die Strafe wegen des ersteren steckt.

Im Uebrigen ist die Gesammtstrafe eine selbständige einheitliche Strafe, in welcher die Elemente, aus denen sie zusammengesetzt ist, die Einzelstrafen, aufgehen. Daher ist die Einzelstrafe nicht der relativen Rechtskraft fähig, weder an sich, noch in einem proportionalen Theil der Gesammtstrafe. Berlin 7. Sept. 74, 11. Juni u. 11. Nov. 75, 28. Sept., 15. Dez. 76 u. 8. Nov. 78 (Goltd. XXIII, 428, O.R. XV, 528; XVI, 437; XVII, 619, 718, 827; XIX, 520). Wird ein Urtheil auf Revision des Angeklagten aufgehoben, so darf in dem neuen Urtheile zwar keine höhere als die frühere Gesammtstrafe erkannt werden, in Bezug auf die Einzelstrafen ist aber der Richter in keiner Weise gebunden. R.G. II, 12. Juli 80, E. II, 202 (R. II, 186). In gleicher Weise ist der Richter durch die relative Rechtskraft nicht gehindert, Aenderungen in der rechtlichen Qualifikation vorzunehmen, z. B. zwei selbständige Delikte anzunehmen, wo früher eine einheitliche Handlung angenommen war, wenn nur die Gesammtstrafe die frühere Einheitsstrafe nicht übersteigt. R.G. I, 17. Okt. 81; IV, 20. Sept. 87, R. III, 628, IX, 449.

Wird ein Urtheil auf Revision aufgehoben, durch welches wegen Zusammentreffens mehrerer Delikte eine Gesammtstrafe erkannt war, und das Gericht, an welches die Sache zurückverwiesen wurde, spricht wegen einzelner Delikte frei, so bewirkt die relative Rechtskraft nur, daß keine höhere Gesammtstrafe erkannt werden darf. Der Wegfall einzelner Delikte zieht aber nicht nach sich, daß entsprechend dem frühern Urtheile eine abgeminderte Gesammtstrafe erkannt wird. R.G. II, 12. Juli 80, E. II, 202, R. II, 186, III, 22. Sept. 80, R. II, 239, IV, 12. Juni 85, R. VII, 278.

Die in Bezug auf eins der konkurrirenden Delikte auszusprechende Aufhebung des Urtheils muß sich auch auf die Gesammtstrafe erstrecken. München 3. Okt. 73 (St. III, 106, bayr. Entsch. III, 459.

13. Zu Abs. 3. Die Dauer von 15 Jahren darf auch dann durch eine Gesammtstrafe nicht überschritten werden, wenn schon eine Einzelstrafe diese Dauer erreicht. In diesem Falle kommt die in Abs. 1 vorgeschriebene Erhöhung der schwersten Strafe in Wegfall. Bei jugendlichen Personen (§. 57) kann als Gesammtstrafe bis zu 15 Jahren Gefängniß erkannt werden. R.G. I, 10. Nov. 87, E. XVI, 282, R. IX, 574. Gleiches ist übrigens der Fall, wenn gegen jugendliche Personen auf Zuchthaus von 15 Jahren zu erkennen wäre. Gl. M. Binding, Grundr. S. 190, H. Meyer S. 501 N. 17, Olshausen N. 18, Oppenhoff N. 27.

14. Der §. 74 bezieht sich nicht auf diejenigen Freiheitsstrafen, welche der zunächst verwirkten Geldstrafe substituirt werden. (Vgl. §. 78 A. 2.) Stuttgart 20. März 78 (St. VIII, 102). Es kann sogar, wenn Geldstrafen, welche neben Freiheitsstrafen erkannt sind, in Freiheitsstrafen umgewandelt werden müssen und neben den ursprünglichen Freiheitsstrafen zu vollziehen sind, ein Ueberschreiten des Maximums der Strafart stattfinden. Gl. M. Olshausen N. 17, Oppenhoff N. 30, v. Schwarze §. 78 N. 6. A. M. Puchelt §. 74 N. 4, Rubo N. 10.

15. Wegen der Ehrenstrafen u. s. w. vgl. §. 76. Ueber Konkurrenz verschiedenartiger Theilnahme an einem Delikt, s. oben §. 48 N. 14, 15, 16, §. 49 N. 5, 20, 22, 24.

16. Die kasuistische Litteratur hat in Bezug auf bestimmte konkurrirende Delikte folgende Fälle ergeben:

a. Anstiftung von zwei durch verschiedene Personen begangenen, selbständigen Delikten durch eine und dieselbe Handlung begründet für den Anstifter reale Konkurrenz. Berlin 13. Dez. 71 (O.R. XII, 648, Goltd. XIX, 803, St. I, 113).

b. In der gleichzeitigen vorsätzlichen Ermordung mehrerer Personen (durch Vergiftung einer Speise) wurde reale Konkurrenz gefunden. München 16. März 77 (bayr. Entsch. VII, 89, St. VII, 26, Goltd. XXV, 604), 5. April 78 (St. VIII, 92).

c. Ist eine an sich erlaubte Handlung von mehreren strafbaren Umständen begleitet, wie das Befahren eines öffentlichen Wegs durch mehrfache Uebertretung polizeilicher Vorschriften, so liegt Realkonkurrenz vor. München 4. Febr. 76 (bayr. Entsch. VI, 38).

d. Falsche Anschuldigung gegen mehrere Personen in einer Anzeige begründet Realkonkurrenz. München 15. April 76 (bayr. Entsch. VI, 186, St. VI, 235.

e. Die Verletzung mehrerer Personen in einem Streite begründet Realkonkurrenz. Mannheim 3. Febr. 77 (bad. Ann. Bd. 43 S. 127, St. VII, 297).

f. Reale Konkurrenz von Betrugsversuch und vollendetem Betrug ist möglich in Bezug auf eine und dieselbe Vermögensbeschädigung. Stuttgart 29. Sept. 75 (St. V, 269).

g. Betrüglicher und einfacher Bankerutt können in Bezug auf eine Zahlungseinstellung real konkurriren. Berlin 16. Febr. 77 u. 14. März 78 (Goltd. XXV, 225; XXVI, 220, St. VIII, 254).

h. Widerstand und Beleidigung bei einem Vorfall stehen in Realkonkurrenz. Stuttgart 10./17. Nov. 75 (St. VI, 179). R.G. III, 15. Mai 80 (R. I, 789).

i. In der mehrmaligen Verausgabung falschen Geldes, welches sich der Thäter zu diesem Zweck auf einmal verschafft hatte, liegt keine Realkonkurrenz mehrerer Delikte. R.G. I, 4. Dez. 79 (R. I, 114, E. I, 25, Goltd. XXVIII, 40).

k. Bei Betrug mittels einer gefälschten Urkunde liegt Idealkonkurrenz vor. R.G. III, 3. Dez. 79 (R. I, 111, E. I, 111), I, 3. Mai 80 (R. I, 716, E. II, 42), 6. Dez. 80, E. III, 142 (R. II, 610).

l. In der unwahren Angabe des Vaters vor dem Standesamte, die Mutter des in die Standesregister einzutragenden Kindes sei seine Ehefrau, liegt ideelle Konkurrenz der §§. 169, 271. R.G. III, 8. Mai 80 (R. I, 746), Goltd. XXIX, 64.

m. Bei Zusammentreffen von Zolldefraudationen mit andern Delikten tritt in Folge §. 158 V.Zollges. v. 1. Juli 1869 Kumulation der Strafen ein. R.G. IV, 3. Mai 87, E. XVI, 58, R. IX, 296.

n. Brandstiftung an eigenen Sachen und die Erhebung der Brandentschädigungsgelder durch den Versicherten unter Verschweigung der Thatsache, daß derselbe den Brand selbst verursacht und deshalb keinen Anspruch auf Entschädigung habe, strafbar als Betrug, stehen in realem Zusammenfluß. R.G. II, 21. Jan. 88, E. XVII, 62, R. X, 51, IV, 11. Juli 90, Goltd. XXXVIII, 345.

o. In der Vernichtung einer Sache, nachdem der Thäter dieselbe vorher durch Manifestirung des auf Zueignung gerichteten Willens unterschlagen hatte, kann eine neue selbständige Strafthat nicht gefunden werden. R.G. Fer.S. 12. Sept. 88, R. X, 488.

p. Täuschung und Drohung, welche in Verbindung angewendet werden, um von einer Person einen und denselben rechtswidrigen Vermögensvortheil zu erlangen, begründet Betrug und Erpressung in idealem, nicht in realem Zusammenfluß. R.G. III, 17. März 90, E. XX, 326.

q. Das Eindringen in die verschlossenen Räume eines Anderen, um daselbst einen Mundraub (§. 370 Ziff. 5 St.G.B.) zu begehen, ist als Uebertretung aus dem allegirten Paragraphen in realem Zusammenfluß mit Hausfriedensbruch zu bestrafen. R.G. II, 29. Mai 88, Goltd. XXXVI, 308.

r. Wenn Jemand nach vollendeter Unterschlagung, um sich den Besitz der unterschlagenen Sache zu sichern, zum Zwecke der Täuschung unrichtig geführte Bücher vorlegt, begeht er Betrug in realem Zusammenfluß mit Unterschlagung. R.G. IV, 3. Juni 90, Goltd. XXXVIII, 202.

s. In der wiederholten Wegnahme eines einem Andern gehörigen Sparkassenbuchs, um Theilsummen darauf zu erheben und sodann das Buch wieder in den Gewahrsam des Berechtigten zu bringen, kann wiederholter Diebstahl in realem Zusammenflusse gefunden werden. R.G. IV, 3. Okt. 90, Goltd. XXXVIII, 424.

17. Wenn ein Gericht auf Anklage wegen einer Handlung, durch welche das Strafgesetz mehrfach verletzt wird, realen Zusammenfluß mehrerer Strafthaten annehmen will, muß es den Angeklagten vorerst nach §. 264 St.P.O. über den veränderten rechtlichen Gesichtspunkt belehren. R.G. I, 22. Dez. 87, E. XVI, 437.

18. Die Fragestellung an die Geschworenen, ob der Angeklagte sich wiederholt des Diebstahls schuldig gemacht habe, ohne daß ersichtlich wäre, ob eine Mehrzahl selbständiger oder fortgesetzter Diebstähle gemeint sind, ist ungenügend. R.G. IV, 25. Nov. 87, R. IX, 654.

§. 75. Trifft Festungshaft nur mit Gefängniß zusammen, so ist auf jede dieser Strafarten gesondert zu erkennen.

Ist Festungshaft oder Gefängniß mehrfach verwirkt, so ist hinsichtlich der mehreren Strafen gleicher Art so zu verfahren, als wenn dieselben allein verwirkt wären.

Die Gesammtdauer der Strafen darf in diesen Fällen funfzehn Jahre nicht übersteigen.

Pr. —; E. I. §. 65; E. II. §. 73; St.B. S. 239, 1149 (Drucks. 182 Nr. 19).

1. Vgl. die allgemeinen Bemerkungen zu diesem Abschnitt oben S. 240 ff.

2. Nach Abs. 2 ist bezüglich jeder einzelnen Strafart eine Gesammtstrafe nach §. 74 auszusprechen. München Pl. 8. Juli 75 (bayr. Entsch. V, 331).

3. Abs. 3 ist vom Reichstage eingeschoben. Die Gesammtdauer bestimmt sich dem Wortlaut nach lediglich durch Addition, ohne Umwandlung nach §. 21. Uebersteigt die Summe 15 Jahre,

so muß eine Reduktion eintreten, obschon das Gesetz keinen Maßstab hierfür gibt. Zunächst die Festungshaft zu ermäßigen, dazu liegt ein Grund nicht vor. Die Reduktion wird daher verhältnißmäßig (§. 21) stattzufinden haben. Gl. M. Hälschner I, 690, Otto N. 3, v. Schwarze N. 3. A. M. Olshausen N. 4, Rubo N. 3, Puchelt N. 3, welche die Reduktion dem Ermessen des Instanzrichters überlassen wollen.

§. 76. **Die Verurtheilung zu einer Gesammtstrafe schließt die Aberkennung der bürgerlichen Ehrenrechte nicht aus, wenn diese auch nur neben einer der verwirkten Einzelstrafen zulässig oder geboten ist.**

Ingleichen kann neben der Gesammtstrafe auf Zulässigkeit von Polizei-Aufsicht erkannt werden, wenn dieses auch nur wegen einer der mehreren strafbaren Handlungen statthaft ist.

Pr. —; E. I. —; E. II. §. 74; St.B. S. 239.

Vgl. M.St.G.B. §. 54.

1. Die Frage des Verlustes der Ehrenrechte bleibt von der Gesammtstrafe unberührt. Sie ist bei jeder Einzelstrafe zu entscheiden. (Daher ist die Angabe der arbitrirten Einzelstrafen im Urtel bei Nichtigkeit nothwendig. S. Anm. 9. 10 zu §. 74.) Wird Ehrverlust mehrfach verhängt, so ergibt sich aus §. 76, daß die Fristen nicht zu summiren sind, sondern nebeneinander laufen.

2. Die Bestimmung des §. 32, daß mit Gefängnißstrafe die Aberkennung der bürgerlichen Ehrenrechte nur verbunden werden darf, wenn die Strafe drei Monate erreicht, gilt auch für eine Gesammtstrafe in der Art, daß diejenige Einzelstrafe, auf Grund deren die Ehrenfolgen verhängt werden wollen, jene Dauer erreichen muß. Die Dauer der Gesammtstrafe ist nicht maßgebend. Vgl. zu §. 32 N. 5, ferner Dresden 13. Okt. 71 (S.G.Z. XVI, 17). Berlin 25. Juni 73, 30. Mai 76 (O.R. XIV, 458, XVII, 389), 14. Jan. 75 (O.R. XVI, 50). Endlich R.G. I, 5. Febr. 80 (R. I, 321). Dies ist auch der Fall bei successiver Aburtheilung gemäß §. 79, in welchem Falle eine Verlängerung der Aberkennung bis zu dem in §. 32 Abs. 2 bestimmten Maximum eintreten kann. Berlin 24. Mai 72, 23. Mai u. 5. Juli 78 (O.R. XIII, 312, XIX, 278, 360, Goltd. XXVI, 432, St. VIII, 103). Die Aberkennung hat im Falle einer Gesammtstrafe stets als eine einheitliche einzutreten, auch wenn sie durch mehrere der Einzelstrafen gerechtfertigt wäre. Kumulation findet nicht statt, sondern nur Berücksichtigung der mehrmaligen Veranlassung beim Ausmessen der Dauer. Berlin 12. Dez. 77 u. 23. Mai 78 (O.R. XVIII, 775; XIX, 278, Goltd. XXV, 493, St. VIII, 101).

3. Die Aberkennung der bürgerlichen Ehrenrechte darf auch bei Erkennen einer Gesammtstrafe nicht für eine längere Dauer als 10 Jahre erfolgen. R.G. II, 12. Mai 82, R. IV, 479.

4. Wenn die Gesammtstrafe successiv erkannt wird (§. 79), so darf auf Verlängerung der Frist für Aberkennung der Ehrenrechte erkannt werden, auch wenn keiner der später abgeurtheilten Fälle die Aberkennung rechtfertigt. Gl. M. Olshausen N. 2, v. Schwarze §. 79 N. 7. A. M. München 30. Nov. 74, St. IV, 250.

5. Bei Vorliegen von Idealkonkurrenz darf nicht die Aberkennung der b. E. eintreten, weil sie mit der angewandten Strafe hätte verbunden werden können, während dieselbe unter drei Monaten verhängt wird, die nicht angewandte Strafe aber drei Monate in minimo beträgt. Berlin 30. Mai 76 (Goltd. XXIV, 535, O.R. XVII, 388).

6. Gleiches gilt von der Polizeiaufsicht und muß auch von den übrigen Nebenstrafen, z. B. Unfähigkeit zu öffentlichen Aemtern, Einziehung (Konfiskation) u. s. w. gelten.

§. 77. **Tritt Haft mit einer anderen Freiheitsstrafe zusammen, so ist auf die erstere gesondert zu erkennen.**

Auf eine mehrfach verwirkte Haft ist ihrem Gesammtbetrage nach, jedoch nicht über die Dauer von drei Monaten zu erkennen.

Pr. §. 338; E. I. §. 345; E. II. §. 75; St.B. S. 239, 772.

1. Vgl. die allgemeinen Bemerkungen zu diesem Abschnitt oben S. 240 ff.

2. Wenn die Motive sagen: „Es ist durch den Charakter der Uebertretungen ge-

boten, ... dieselben abgesondert zu behandeln und bez. die einzelnen Haftstrafen zusammen zu rechnen", so widerspricht das eigentlich dem Gesetz. Es handelt sich um die Konkurrenz der Haftstrafen, nicht der Uebertretungen, und die Rücksicht auf die Natur dieser Strafe ist es hier gerade so, wie bei der Festungshaft und der Geldstrafe gewesen, um die Gesammtstrafe auszuschließen. Dieses tritt noch mehr hervor, seit durch Reichstagsbeschluß Haft auch bei dem Vergehen der „Beleidigung" §§. 185, 186 zulässig ist. Auch hier ist auf die Haft gesondert zu erkennen. (Stuttgart 4. Dez. 72, St. II, 152.)

3. Der gewöhnliche Höchstbetrag der Haft von 6 Wochen (§. 18) erhöht sich hier auf 3 Monate, wobei die an Stelle von Geldstrafe tretende Haft nicht einzurechnen ist.

4. Auf Idealkonkurrenz bezieht sich §. 77 nicht, sondern nur auf Realkonkurrenz. Berlin 21. Juni 76 (O.R. XVII, 445), Mannheim 17. Febr. 77 (bad. Ann. Bd. 43 S. 101, St. VII, 103).

5. Auch neben Todes- oder lebenslänglicher Zuchthausstrafe ist auf Haft zu erkennen. München Pl. 8. Juli 75 (bayr. Entsch. V, 332).

§. 78. **Auf Geldstrafen, welche wegen mehrerer strafbarer Handlungen allein oder neben einer Freiheitsstrafe verwirkt sind, ist ihrem vollen Betrage nach zu erkennen.**

Bei Umwandlung mehrerer Geldstrafen ist der Höchstbetrag der an die Stelle derselben tretenden Freiheitsstrafe zwei Jahre Gefängniß und, wenn die mehreren Geldstrafen nur wegen Uebertretungen erkannt worden sind, drei Monate Haft.

Pr. §. 56; E. I. §§. 65, 345; E. II. §. 76; St.B. S. 239.

Vgl. §. 29; G. v. 31. Mai 1872 §. 37 (Brausteuer); M.St.G.B. §. 54.

1. Vgl. die allgemeinen Bemerkungen zu diesem Abschnitt (oben S. 240 ff.). Eine Gesammtstrafe ist beim Zusammentreffen mehrerer Geldstrafen unzulässig. Berlin 18. Okt. 74 (O.R. XV, 674).

Auch ist bei der Umwandlung der Geld- in Freiheitsstrafe nicht der Gesammtbetrag der Geldstrafen zu Grunde zu legen, sondern jede Einzelgeldstrafe umzuwandeln. R.G. III, 26. Sept. 87, R. IX, 466.

Wird die Geldstrafe für mehrere konkurrirende Delikte in einer Summe erkannt, so müssen die Entscheidungsgründe ersehen lassen, welcher Betrag für jedes einzelne Delikt erkannt ist, um bemessen zu können, ob der erkannte Betrag den addirten Einzelstrafen entspricht. München 4. Dez. 75 (bayr. Entsch. VI, 14) und welche Maximaldauer die substituirte Freiheitsstrafe haben darf. R.G. IV, 24. Febr. 85, R. VII, 144.

2. Die Worte „neben einer Freiheitsstrafe" beziehen sich ebenso wohl auf den Fall, wo die mehreren Geldstrafen wegen anderer strafbarer Handlungen als die Freiheitsstrafe, als auch auf den Fall, wo dieselben neben einer Freiheitsstrafe kumulativ verwirkt sind. Liegen im letzteren Falle, z. B. beim Betrug, mehrere selbständige Vergehen vor, so ist rücksichtlich der Freiheitsstrafe auf eine Gesammtstrafe zu erkennen, während für die Geldstrafen das Kumulationsprinzip gilt. Auch neben Todesstrafe kann auf Geldstrafe erkannt werden. München Pl. 8. Juli 75 (bayr. Entsch. V, 332). Wird die Geldstrafe, welche neben Zuchthausstrafe erkannt ist, in Gefängniß umgewandelt, so ist diese auf Zuchthausstrafe umzurechnen (§. 21).

3. Ein Höchstbetrag der Geldstrafe ist hier ebenso wenig wie im §. 27 festgesetzt.

Dagegen bestimmt Abs. 2 den Höchstbetrag (und nur diesen, nicht die Art) der zu substituirenden Freiheitsstrafe. Diese Bestimmung ist in engster Verbindung mit §. 28 A. 1 und §. 29 A. 2 auszulegen. Danach bezieht sich der Höchstbetrag von 2 Jahren Gefängniß auf die wegen Verbrechen oder Vergehen, und der Höchstbetrag von 3 Monaten Haft auf die wegen Uebertretung erkannten Geldstrafen. Beide gehen ihren gesonderten Weg, gerade so, wie die Haft nach §. 77 neben den anderen Freiheitsstrafen. Wie die Haft selbst neben den in §. 74 A. 3 genannten Höchstbeträgen zu erkennen ist, ebenso auch hier event. neben den 2 Jahren Gefängniß. Die 2 Jahre Gefängniß können den Höchstbetrag mehrerer theils in Gefängniß, theils in Haft zu verwandelnder Geldstrafen deshalb nicht umfassen, weil es für Haft und Gefängniß an jedem Vergleichungsmaßstab fehlt, und weil der Ausdruck: „zwei Jahre Gefängniß" (eine benannte Zahl, mit der man nicht rechnet) nicht gleichbedeutend ist „mit 2 Jahren". A. M. Oppenhoff N. 3, Puchelt N. 5, v. Schwarze N. 2, Rubo N. 1.

Daß dieses die Ansicht der Bundeskommission war, aus deren, in dieser Frage sehr eingehenden Berathungen die vorliegenden Paragraphen hervorgingen, kann bei Vergleichung der §§. 28, 77 und 78 einem Zweifel nicht unterliegen, namentlich wenn man an dem im §. 77 ausgesprochenen Prinzip, daß die Haft ihren eigenen Weg geht, und ferner daran festhält, daß es sich im §. 78 wesentlich um die Konkurrenz von Strafen handelt. Der Satz, „wenn die mehreren Geldstrafen nur wegen Uebertretungen erkannt worden sind", schließt sich an die Fassung im §. 28 A. 1 und war im Entwurf insofern völlig zutreffend, als nach demselben eine Verwandlung von Geldstrafen in Haft allein bei Uebertretungen vorkommen konnte. Korrekter wäre es schon vom Entwurf gewesen, zu sagen, „wenn die mehreren Geldstrafen in Haft umzuwandeln sind" — da §. 78 lediglich die Konkurrenz umzuwandelnder Geldstrafen im Auge hat.

Letztere Fassung mit dem Zusatz: „oder umgewandelt werden", war aber in Folge der Reichstagsbeschlüsse, welche die Haft auch bei Vergehen (§§. 185, 186) und außerdem die Umwandlung von Geldstrafen in Haft bei gewissen Kategorien von Vergehen (vgl. §. 28 Abs. 2) zulassen, geboten, und daß es unterblieben, beruht lediglich auf einem Vergehen gegen die Technik des Gesetzbuchs. Daß das Gesetz in diesem Sinne ausgelegt werden muß, folgt aus dem oben Angeführten von selbst. Die entgegenstehende Meinung von v. Schwarze N. 2 versteht das „nur" irrthümlich im Sinne von „ausschließlich", während es den Gegensatz zu Verbrechen und Vergehen andeutet. Gl. M. nunmehr auch Oppenhoff N. 5 und Olshausen N. 3. Vgl. auch R.G. II, 27. Jan. 82, E. V, 372, R. IV, 79; I, 2. Jan. 83, E. VII, 368, R. V, 3.

4. Eine Gesammtstrafe gemäß §. 74 ist bei Umwandlung mehrerer Geldstrafen in Gefängniß nicht zu erkennen, sondern die Gefängnißstrafen sind in diesem Falle bis zu dem in Abs. 2 angegebenen Höchstbetrage zu kumuliren. Stuttgart 20. März 78 (St. VIII, 102, Goltd. XXVI, 546). R.G. III, 9. Juli 81, E. IV, 368, 15. April 82, R. IV, 326.

Liegen mehrere Steuervergehen vor, von deren Einzelstrafen keine 600 M. event. 6 Wochen Haft übersteigt, so kann die gesammte zu substituirende Freiheitsstrafe Haft von dreimonatlicher Dauer nicht übersteigen. RG. II, 27. Jan. 82, E. V, 372, R. IV, 79.

5. Die Bestimmung des A. 2 ist auch bei der Konkurrenz mehrerer selbständiger Zolldefraudationen anzuwenden. Berlin 30. April 75 (Goltd. XXIII, 451, O.R. XVI, 329), und kann hierbei für mehrere Strafen bis zu zwei Jahren Gefängniß erkannt werden, ohne Rücksicht auf §. 162 V.Zollges. v. 1. Juli 1869, welcher nur für den Einzelfall eine Maximalgrenze von einem Jahr bestimmt. R.G. III, 3. Juli 90, E. XXI, 44.

§. 79*). Die Vorschriften der §§. 74 bis 78 finden auch Anwendung, wenn, bevor eine erkannte Strafe verbüßt, verjährt oder erlassen ist, die Verurtheilung wegen einer strafbaren Handlung erfolgt, welche vor der früheren Verurtheilung begangen war.

Pr. —; E. I. §. 66; E. II. §. 77; St.B. S. 239, 240, 1149 (Druckſ. 182 Nr. 20).

1. Vgl. die allgemeinen Bemerkungen zu diesem Abschnitt, oben S. 240 ff.

2. Die §§. 74 ff. haben nur den Fall im Auge, daß die Aburtheilung der mehreren Anklagen in demselben Verfahren erfolgt. Der §. 79 dehnt die Grundsätze der vorhergehenden Paragraphen aber auf den Fall aus, daß sich erst später herausstelle, daß der Schuldige vor der ersten Verurtheilung bereits eine andere strafbare Handlung begangen hat. Eine Einschränkung erfährt dieses nur insofern, daß §. 79 keine Anwendung findet, wenn die ersterkannte Strafe bereits (vollständig) verbüßt, verjährt oder erlassen ist. (Bei nur theilweise erfolgter Verbüßung ist die Anwendbarkeit des §. mit Recht angenommen von Berlin 15. Juni 72 und 23. Septbr. 1873, O.R. XIII, 361, XIV, 568, St. I, 338, Dresden 20. Dezbr. 72, S.G.Z. XVII, 77, St. II, 265 und München 19. Jan. 74 [bayr. Entsch. IV, 29], St. III, 301.) Ein im Reichstag gestellter Antrag, den Paragraphen auch auf den Fall der Verbüßung der Strafe auszudehnen, wurde abgelehnt. (St.B. S. 239.)

---

*) Vgl. Olshausen: Einfluß von Vorbestrafungen auf später zur Aburtheilung kommende Strafthaten. Berlin 1876. Harseim in G.S. Bd. 27, S. 466.

3. Daß §. 79 auch auf Strafen Anwendung findet, welche nach reichs- oder landesgesetzlichen Spezialgesetzen erkannt sind, steht außer allem Zweifel. Es würde dies auch zu bejahen sein, wenn die Vorbestrafung auf Grund eines älteren, durch das R.St.G.B. außer Kraft gesetzten Strafgesetzes erfolgt sein würde, doch kann dieser Fall kaum mehr vorkommen. Gl. M. Olshausen, Vorbestr. S. 33 fg., Komment. N, 3, H. Meyer, S. 504, Merkel in H.H. IV, 234, Oppenhoff, N. 12, A. M. v. Schwarze, N. 10, Otto, N. 5.

4. Die Motive lauten:

„Die Bestimmung dieses Paragraphen leidet sowohl auf den Fall Anwendung, wenn während der Verbüßung einer Gesammtstrafe nachträglich noch andere, jedoch vor der Verurtheilung begangene strafbare Handlungen derselben Person zur Anzeige und Aburtheilung gelangen, als wenn dies während der Verbüßung einer wegen einer einzelnen Handlung erkannten Strafe erfolgt und daher nunmehr erst eine Realkonkurrenz sich herausstellt.

Dabei schien es aus praktischen Gründen geboten, die Ertheilung des Nachtrags-Erkenntnisses auf den Fall zu beschränken, wenn die früher erkannte Strafe durch Verbüßung, Verjährung oder Erlaß noch nicht erledigt ist, so daß, sobald dieser Zeitpunkt eingetreten, später angezeigte, jedoch früher verübte strafbare Handlungen des Verurtheilten zur besonderen Aburtheilung und Bestrafung, bei welcher ein Zusammenrechnen der früher erkannten und der jetzt zu erkennenden Strafe, wie beim Nachtrags-Erkenntnisse, nicht stattfindet, zu verweisen sein werden.“

5. Die frühere Verurtheilung muß eine inländische sein. Es kann nicht die Rede davon sein, eine ausländische Verurtheilung durch Bildung einer Gesammtstrafe sich anzueignen, selbst wenn die erkannte Strafe sich in ein Verhältniß zu den Strafen des St.G.B. bringen ließe. Gl. M. Olshausen, Vorbestr. S. 42, Komment. N. 4, Oppenhoff N. 16, Hälschner I, 692, Merkel in H.H. IV, 233, Binding Grundr. S. 192, N. 3.

6. Ob unter der früheren Verurtheilung eine rechtskräftige Verurtheilung zu verstehen sei, ist streitig; für die Bejahung der Frage: Berlin 16. Oktbr. 72, 11. Juli 73, 4. April u. 21. Sept. 76, 9. Mai und 5. Sept. 77 (Goltd. XX, 512; XXI, 508; XXIV, 342, 460, O.R. XIII, 529; XIV, 500; XVII, 244, 581; XVIII, 320, 546, St. II, 77; VI, 170, 171); dagegen nehmen Dresden und München an, daß nur die Verkündung des früheren Urtheils an irgend einen der Betheiligten, sei es auch nur an den Staatsanwalt, erfordert werde. Dresden 4. März 72, 1. u. 8. Aug. 73, 13. März 74 und 15. Juni 74 (St. I, 338; III, 87; IV, 108, S.G.Z. XVII, 270; XVIII, 247, 342), München 1. Febr., 1. März 73, 16. März 74 (St. II, 220, 266, bayr. Entsch. III, 49; IV, 149), ferner München 11. Sept. u. 30. Dez. 75, 27. Juni 76, 9. April 77, 26. April 78 (bayr. Entsch. V, 442, 580; VII, 144, St. VI, 172; VII, 29; VIII, 97), Dresden 29. Mai u. 2. Juni 76 (S.G.Z. XXI, 90, 143), Mannheim 27. April 78 (bad. Ann. Bd. 44, S. 123, St. VIII, 100), Darmstadt 5. April 75 (hess. Entsch. 1876 II, 19). In der Frage steht danach das vormalige preuß. O.Tr. gegen die Mehrzahl der früheren obersten Gerichtshöfe, für deren Anschauung auch der Wortlaut des Gesetzes und die Einfachheit der Praxis spricht. Auch das R.G. hat sich für die zweite Auffassung entschieden. R.G. I, 10. Jan., III, 12. Jan. 81, R. II, 709, E. III, 213.

7. Hiervon verschieden ist die Frage, ob der Richter, welcher das spätere Urtheil zu fällen hat, nicht die Rechtskraft des früheren Urtheils abwarten muß, um eine sichere Basis zu haben. Dies bejahten Dresden 1. Aug. 73, 15. Juni 74 (S.G Z. XVII, 271; XVIII, 342, St. III, 87, Goltd. XXI, 600; XXII, 656), München 9. April 77, 26. April 78 (St. VII, 29; VIII, 97, Goltd. XXV, 604; XXVI, 546). Man suchte sich, da die längere Frist bei Einlegung von Rechtsmitteln Schwierigkeiten hervorrief, durch hypothetisch, für den Fall des Eintritts der Rechtskraft gefaßte Urtheile zu helfen; s. Berlin 26. April u. 8. Nov. 71 (O.R. XII, 234, 569). Dies reprobirten mit Recht, da sich nie alle Eventualitäten voraussehen lassen und bedingte Urtheile unzulässig sind, Berlin 21. Sept. 76, 5. Sept. 77 (O.R. XVII, 581; XVIII, 546, Goltd. XXIV, 460, St. VI, 170), München 26. April 78 (St. VIII, 98), Mannheim 18. März 75 (bad. Ann. Bd. 41 S. 189) forderten Rechtskraft des früheren Urtheils vor Erlaß des neuen. Die preuß. Praxis half sich deshalb durch Verhängung der Einzelstrafe und Bemessung der Gesammtstrafe in einem Nachtragsurtheil. R.G. II, 31. Jan. 82, R. IV, 102 mißbilligte es, daß ein Urtheil ein früheres, noch nicht rechtskräftiges zur Bildung einer Gesammtstrafe benutzte, weil keine Vorsorge für den Fall getroffen sei, daß das frühere Urtheil die Rechtskraft nicht erlange; hob das neue Urtheil jedoch nicht auf, weil das frühere

Urtheil mittlerweile rechtskräftig geworden war. Das Verfahren ist nunmehr durch §. 492 der R.St.P.O. für ganz Deutschland gesetzlich geregelt (s. unten N. 7). Liegen bei Anwendung des §. 79 mehrere frühere Verurtheilungen vor, so ist bezüglich derjenigen Straffälle, für welche die Voraussetzungen des §. 79, insbesondere die Begehung der That vor der früheren Verurtheilung, gegeben sind, eine Gesammtstrafe zu bilden, R.G. IV, 24. Okt. 84, **R.** VI, 652, I, 1. Nov. 86, **E.** XV, 29, **R.** VIII, 657; für später begangene Strafthaten ist die Strafe zu kumuliren, wobei jedoch auch mehrere spätere Straffälle die Bildung einer Gesammtstrafe rechtfertigen können. Vgl. München 11. Sept. 75 (bayr. Entsch. V, 442) u. 18. Juli 84 (bayr. Entsch. III, 158 u. 1. Juni 87 das. IV 465), Mannheim 27. April 78 (St. VIII, 100), R.G. I, 24. April 84, **R.** VI, 292.

8. Streitig ist die Frage, ob eine frühere Verurtheilung im Sinne des §. 79 Wirkung hat, wenn dieselbe im Wege der Berufung (§. 369 Abs. 2, 3) oder der Revision aufgehoben und die Sache zur erneuten Aburtheilung verwiesen wurde; oder wenn die Wiederaufnahme des Verfahrens in Mitte lag. Olshausen, Vorbestr. S. 53, Komment. N. 6, v. Schwarze N. 5, Merkel in H.H. IV, 235, N. 7, Otto N. 3, wollen in allen diesen Fällen das erste Urtheil I. Instanz für später begangene Delikte die Wirkung des §. 79 ausschließen lassen. Es dürfte jedoch zu unterscheiden sein. Findet im Wege des gewöhnlichen Rechtsmittels eine wenn auch veränderte Verurtheilung oder deren Bestätigung statt, so findet §. 79 keine Anwendung, wenn die neue That nach der Verurtheilung I. Instanz liegt. Das Gleiche ist der Fall, wenn die Wiederaufnahme des Strafverfahrens nur zur Bestätigung des ersten Urtheils führt (s. einen Fall dieser Art R.G. I, 5. April 86, **R.** IX, 253, wo jedoch auf die Bestätigung ein besonderer Nachdruck gelegt ist); denn es liegt, wie im allg. Urth. gesagt ist, nur ein Versuch der Beseitigung vor. Es muß aber meist das Gleiche der Fall sein, wenn die Wiederaufnahme Erfolg hat. Führt dieser zu einer minderen Verurtheilung, so tritt diese an die Stelle der früheren. Führt sie zur theilweisen Freisprechung, so besteht der bestätigte oder nicht angegriffene Theil des früheren Urtheils fort. Führt sie zur völligen Freisprechung, so bestehen zwei Möglichkeiten: Die Erkennung der Gesammtstrafe liegt vor dem auf Wiederaufnahme ergangenen Urtheil, dann kann dieses nur gegen das die Gesammtstrafe erkennende Urtheil gerichtet sein und muß dieses in geeigneter Weise korrigiren; oder das Wiederaufnahme-Urtheil liegt vorher, dann ist, wenn später ein Urtheil ergeht, wegen einer That, die vor der ersten Verurtheilung liegt, von einer auf Grund des §. 79 zu erkennenden Gesammtstrafe nicht mehr die Rede. Es liegen endlich die Fälle vor, in welchen im Wege der Berufung oder Revision völlige Aufhebung erfolgt ist. Dann ist die ganze Verurtheilung außer Wirksamkeit gesetzt und kann unmöglich fingirt werden, ein vielleicht erkanntes neues Schuldig sei schon zur Zeit der früheren, jedoch beseitigten Verurtheilung erfolgt; vielmehr ist das neue, zur Rechtskraft führende Urtheil für §. 79 maßgebend.

9. Der Richter hat bei Anwendung des §. 79 auf eine Zusatzstrafe zu erkennen oder eine Gesammtstrafe zu bemessen. Hierbei ist es aber auch nicht ausgeschlossen, daß es der Richter ungeachtet des Hinzutretens eines neuen Delikts bei der früheren Gesammtstrafe beläßt, wenn er hierin die entsprechende Strafe findet. R.G. III, 13. Mai 82, **E.** VI, 283, **R.** IV, 480. — Ist die neuere Strafe milder als die frühere, so ist sie in jene umzuwandeln, wobei Zuchthaus bis zum Betrage von einem Monat (§. 19 A. 2) zulässig ist. A. M. und will im Falle des §. 79 auch Zuchthaus unter einem Monate zulassen: Wolfenbüttel 11. Juni 75 (St. V, 249, Goltd. XXIV, 635). Ist sie dagegen strenger, z. B. es ist früher auf Gefängniß und später wird auf Zuchthaus erkannt, so ist auf eine Gesammtstrafe zu erkennen und dadurch die frühere Strafe als erledigt zu erklären. Vgl. Berlin 15. Juni u. 14. Sept. 72, 10. Juli u. 23. Sept. 73, 5. Juli 78 (Goltd. XX, 441; XXVI, 432, O.R. XIII, 361, 455; XIV, 495, 568; XIX, 360, St. II, 29; VIII, 103). Bei dieser Festsetzung einer Gesammtstrafe ist die früher rechtskräftig erkannte Strafe des ersten Delikts als bereits feststehende Einzelstrafe zu behandeln. Dresden 20. Dez. 72 (St. II, 265), München 8. Nov. 73 (bayr. Entsch. III, 513), Berlin 6. Sept. 72, 23. Sept. 73 (Goltd. XX, 442, O.R. XIII, 438, XIV, 569). R.G. II, 22. Juni 80, **E.** II, 198. War früher bereits eine Gesammtstrafe erkannt und es tritt noch ein Fall hinzu, so ist die neue Gesammtstrafe auf Grund der früheren Einzelstrafen in Verbindung mit der neuen festzusetzen; die frühere Gesammtstrafe kommt dabei nicht in Betracht. Berlin 26. Jan. 76 (Goltd. XXIV, 26, O.R. XVII, 54). — War die frühere Strafe schon zum Theil verbüßt, so ist ein entsprechender (§. 21) Theil der Gesammtstrafe für verbüßt zu erklären, wobei indessen unter 1 Jahr Zuchthaus nicht hinabgegangen werden kann, weil dieses jedenfalls die Einsatzstrafe (§. 74) gebildet haben würde; so: die oben unter N. 2 citirten Erkenntnisse.

10. Letzteres, d. h. die Berücksichtigung der früheren Strafe, muß auch eintreten, wenn die erste Strafe in einem anderen Bundesstaate verhängt war. (Dresden 9. März 72, St. II, 265 und München 24. Jan. u. 28. Mai 74, bayr. Entsch. IV, 63, 223.) Zwar haben sich die einzelnen Bundesstaaten nicht formell der Justizhoheit zu Gunsten des Bundes entäußert. Aber der §. 79 stellt eine für das ganze Bundesgebiet gültige und alle innerhalb desselben thätigen Gerichte bindende Regel auf, und da das Gesetz selbst nicht unterscheidet, dürfen auch wir nicht unterscheiden. Vielmehr ist jedes Gericht — sei es das frühere oder spätere — verpflichtet, dem Reichsgesetz unverkümmerte Geltung zu verschaffen. Dies ist um so mehr der Fall, nachdem nunmehr das Deutsche Reich auch in prozessualer Hinsicht ein Rechtsgebiet bildet. Vgl. Olshausen S. 44. A. M. früher Oppenhoff §. 79 N. 17. Auch die später erkannte Strafe muß als Einzelstrafe normirt, und darf nicht bloß als Zusatzstrafe bezeichnet werden. Berlin 26. Jan. u. 4. Okt. 76 (O.R. XVII, 54, 641).

11. Ist die weitere That erst nach der Verurtheilung wegen der ersten begangen worden, so findet §. 79 keine Anwendung, auch wenn die Vollstreckung der früheren Strafe noch nicht begonnen hatte. Berlin 11. Juli u. 23. Okt. 73 (O.R. XIV, 500, 654, Goltd. XXI, 508), Dresden 29. Mai u. 2. Juni 76 (S.G.Z. XXI, 90, 143), Mannheim 27. April 78 (St. VIII, 100). Es ist auch rechtsirrthümlich, wenn im Falle der Begehung der That nach der früheren Verurtheilung zu Zuchthausstrafe die neue in Gefängniß zu erkennende Strafe in Zuchthaus umgewandelt wird. R.G. III, 12. Mai 80 (R. I, 762).

12. Vorbedingung der Anwendung des §. 79 ist der Umstand, daß die früher erkannte Strafe nicht verbüßt, verjährt oder erlassen war. Dieser Umstand muß also im Urtheile festgestellt werden. Dresden 24. März 73 (S.G.Z. XVIII, 46, Goltd. XXII, 140), Berlin 16. Okt. 72 (O.R. XIII, 529, Goltd. XX, 512). R.G. II, 28. Nov. 79 (R. I, 103). Theilweise Verbüßung der Strafe steht der Anwendung des §. 79 nicht entgegen. Berlin 23. Sept. 73 u. 15. Juni 72 (O.R. XIV, 568, XIII, 361, St. I, 338), Dresden 20. Dez. 72 (S.G.Z. XVII, 77, St. II, 265, Goltd. XXI, 600), München 19. Jan. 74 (St. III, 301, Goltd. XXI, 659). Liegen die Vorbedingungen des §. 79 nicht vor, so müssen die Strafen kumulirt werden, auch wenn hierbei das höchste zulässige Maß der Strafart überschritten wird. R.G. II, 5. April 81, E. IV, 53, R. III, 196, I, 29. Okt. 88, E. XVIII, 333, R. X, 600.

13. Die Reichsstrafprozeßordnung §. 492 bestimmt sachgemäß:

> „Ist Jemand durch verschiedene rechtskräftige Urtheile zu Strafen verurtheilt worden, und sind dabei die Vorschriften über die Zuerkennung einer Gesammtstrafe (§. 79 des Strafgesetzbuchs) außer Betracht geblieben, so sind die erkannten Strafen durch eine nachträgliche gerichtliche Entscheidung auf eine Gesammtstrafe zurückzuführen."

Diese Bestimmung hält nicht ab, daß der später erkennende Richter die zur Bildung einer Gesammtstrafe vorzunehmende Umwandlung der früheren Gefängnißstrafe in Zuchthaus selbst vornimmt. Ein Urtheil, welches dies einem Nachtragsurtheil vorbehält, verstößt gegen §. 492 St.P.O., denn dieser bezieht sich nur auf rechtskräftige Urtheile, bei denen übersehen wurde oder durch Unkenntniß der früheren Urtheile veranlaßt war, die Bildung der Gesammtstrafe nicht vorzunehmen. R.G. II, 22. Juni 80 (E. II, 198). Die Aufhebung des Urtheils wurde unterlassen, weil der Angeklagte nicht beschwert und Anwendung des §. 492 noch möglich war. Auch R.G. I, 6. Okt. 81, R. III, 603 hob ein Urtheil auf, bei dessen Fällung das frühere Urtheil bekannt war, wobei jedoch bezüglich der Zurückführung auf eine Gesammtstrafe auf §. 492 St.P.O. verwiesen war, weil hierdurch §. 79 verletzt sei. Dagegen billigten R.G. III, 6. Juli 81 u. II, 4. Okt. 81, E. V, 1, R. III, 468, 592 es, daß die späteren Urtheile wegen Mangels der Rechtskraft des ersten Urtheils die Bildung der Gesammtstrafe einem Nachtragsurtheil überließen, R.G. II, 20. Febr. 83, E. VIII, 63, R. V, 130 hob wieder ein Urtheil auf, welches die Bildung der Gesammtstrafe deshalb unterlassen hatte, weil sich nicht überblicken lasse, wie viel der im Vollzug begriffenen früheren Gefängnißstrafe bis zur Rechtskraft des neuen Urtheils vollzogen sein werde, so daß die Umwandlung in Zuchthausstrafe, auf die das neue Urtheil lautete, unsicher sei. Das Urtheil erklärte für solche Fälle als richtig, die Gefängnißstrafe im Ganzen umzuwandeln und die Gesammtstrafe zu bemessen, es aber einem Beschlusse des Vollstreckungsgerichts zu überlassen, wie viel von der Gesammtstrafe als vollzogen zu gelten habe. Aehnlich auch R.G. I, 17. Mai 83, E. VIII, 385, R. V, 365 u. IV, 2./5. Jan. 86, R. VIII, 3. Endlich erklärte R.G. Fer.S. 27. Juli 83, R. V, 522 es für zulässig, daß nicht nur dann, wenn das frühere Urtheil unbekannt war, sondern auch dann, wenn es noch nicht rechtskräftig ist, die Bildung der Gesammtstrafe einem Nachtragsurtheil gemäß §. 492 überlassen werde. Ebenso R.G. III, 14. März 87, **R. IX**, 177. Hiernach ist als Praxis des Reichsgerichts zu betrachten, daß die Anwendung des §. 492 gebilligt wird, wenn die urtheilenden Gerichte die verschiedenen anhängigen Fälle nicht kannten, oder wenn der Mangel der Rechtskraft des früheren Urtheils die Bildung einer Gesammtstrafe erschwerte; daß diese Billigung aber verweigert wird, wenn das frühere Urtheil bekannt und rechtskräftig ist. Dieses Bedenken dürfte unbegründet sein, denn §. 492 ist nicht verletzt, weil eben die Rechtskraft aller Urtheile abgewartet werden soll, §. 79 nicht, weil es für das Strafrecht gleichgültig ist, ob dieser § in einem primären oder in einem Nachtragsurtheil zur Anwendung kommt. Es dürfte also angemessen sein, den §. 492 in allen Fällen anzuwenden, in welchen die sofortige Bildung der Gesammtstrafe Schwierigkeiten begegnet.

14. Bezüglich der Zuständigkeit bei Anwendung des §. 492 St.P.O. bestimmt §. 494 Abs. 3 u. 4 das.:

> „Kommt es auf die Festsetzung einer Gesammtstrafe an (§. 492), und waren die verschiedenen hierdurch abzuändernden Urtheile von verschiedenen Gerichten erlassen, so steht die Entscheidung demjenigen Gerichte zu, welches die schwerste Strafart oder bei Strafen gleicher Art die höchste Strafe erkannt hat, falls hiernach aber mehrere Gerichte zuständig sein würden, demjenigen, dessen Urtheil zuletzt ergangen ist. War das hiernach maßgebende Urtheil von einem Gerichte höherer Instanz erlassen, so setzt das Gericht erster Instanz, und war eines der Strafurtheile von dem Reichsgericht in erster Instanz erlassen, das Reichsgericht die Gesammtstrafe fest.
>
> Gegen diese Entscheidungen findet, insofern sie nicht von dem Reichsgericht ergangen sind, sofortige Beschwerde statt."

Vorstehende Bestimmungen finden keine Anwendung, wenn das später erkennende Gericht sofort die Gesammtstrafe ausspricht. Für den später abzuurtheilenden Fall findet vielmehr die regelmäßige Zuständigkeit statt. Dies kann zwar auch das Schöffengericht sein, wenn der später abzuurtheilende Straffall ein zur Zuständigkeit des Schöffengerichts gehöriges (§. 27) oder demselben überwiesenes (§. 75 G.V.G.) Vergehen ist. Jedoch gibt §. 27 Ziff. 2 und §. 75 den Fingerzeig, daß dies nur geschehen soll, wenn anzunehmen ist, daß es sich nur um Freiheitsstrafen von höchstens 3 Monaten handelt.

Liegt aber der Fall des §. 492 St.P.O. vor, so urtheilen entweder sämmtliche Gerichte innerhalb ihrer Zuständigkeit, ohne von einander zu wissen, und es findet sich erst beim Strafvollzug, daß auf Gesammtstrafe zu erkennen gewesen wäre. Dann gibt die Strafvollzugsbehörde, welche dies entdeckt, oder das von ihr angerufene Vollstreckungsgericht (§. 490 St.P.O.) die Sache an dasjenige Gericht zur Entscheidung über die Gesammtstrafe ab, welches die Einsatzstrafe (§. 74) erkannt hat oder bei gleichen Strafen, welches zuletzt erkannt hat, oder unter den gegebenen Voraussetzungen an das Reichsgericht.

Erkennt dagegen ein Gericht mit dem Bewußtsein, daß ältere Strafurtheile vorliegen, welche Anwendung des §. 79 rechtfertigen, nur auf die Einzelstrafe mit Vorbehalt einer Nachtragsentscheidung, etwa wegen mangelnder Rechtskraft der früheren Urtheile, so läßt es das eigene Urtheil rechtskräftig werden, unter Mittheilung an die anderen Gerichte und verfährt dann wie im andern Fall.

Das nach §. 492 St.P.O. verfahrende Gericht faßt Beschluß in seiner beschließenden Abtheilung, nicht im erkennenden Gericht, wie zwar nicht aus §. 492, wohl aber aus §. 494 Abs. 4 hervorgeht, da gegen die Entscheidung sofortige Beschwerde stattfindet. Es beschließt also keine Strafkammer von fünf Richtern, nicht die Richterbank des Schwurgerichts, sondern die Strafkammer des Landgerichts, bei welchem das Schwurgericht für die That zu bilden gewesen wäre; nicht der ver. II. u. III. Strafsenat des Reichsgerichts, sondern der I. (§. 138 G.V.G.).

15. Die früher verfügte Anrechnung von Untersuchungshaft auf die Strafe geht auch in das später verhängte Gesammturtheil über. Dresden 20. Dez. 72 (S.G.Z. **XVII**, 77, St. II, 265.), München 8. Nov. 73 (bayr. Entsch. III, 513).

16. Bezüglich Behandlung der Ehrenfolgen bei Anwendung des §. 79 s. oben zu §. 76 N. 2.

Zweiter Theil.

Von den einzelnen Verbrechen, Vergehen und Uebertretungen und deren Bestrafung.

Erster Abschnitt.

Hochverrath*) und Landesverrath.

1. Der Artikel 74 der Reichsverfassung — eine Reminiscenz an den ehemaligen deutschen Bundestag (vgl. oben S. 7) —

„Jedes Unternehmen gegen die Existenz, die Integrität, die Sicherheit oder die Verfassung des Deutschen Reichs, endlich die Beleidigung des Bundesrathes, des Reichstages, eines Mitgliedes des Bundesrathes oder des Reichstages, einer Behörde oder eines öffentlichen Beamten des Reichs, während dieselben in der Ausübung ihres Berufes begriffen sind oder in Beziehung auf ihren Beruf, durch Wort, Schrift, Druck, Zeichen, bildliche oder andere Darstellung, werden in den einzelnen Bundesstaaten beurtheilt und bestraft nach Maßgabe der in den letzteren bestehenden oder künftig in Wirksamkeit tretenden Gesetze, nach welchen eine gleiche gegen den einzelnen Bundesstaat, seine Verfassung, seine Kammern oder Stände, seine Kammer- oder Ständemitglieder, seine Behörden und Beamten begangene Handlung zu richten wäre."

ist durch die besonderen Bestimmungen des St.G.B., welche die Einrichtungen u. s. w. des Reichs zu schützen bestimmt sind, gegenstandslos geworden.

2. Nach Art. 75 der Reichsverfassung war für diejenigen in Art. 74 bezeichneten Unternehmungen gegen das Deutsche Reich, welche, wenn gegen einen der einzelnen Bundesstaaten gerichtet, als Hochverrath und Landesverrath zu qualifiziren wären, das Oberappellationsgericht in Lübeck die zuständige Spruchbehörde in erster und letzter Instanz, jedoch ist es bis zum Erlaß eines das Verfahren regelnden Bundesgesetzes vorläufig bei der seitherigen Zuständigkeit der Gerichte in den einzelnen Bundesstaaten verblieben.

Das Reichs-Gerichtsverfassungs-Gesetz §. 136 Ziff. 1 überweist die Entscheidung über den gegen Kaiser oder Reich begangenen Hoch- und Landesverrath dem Reichsgericht, — wogegen Sondergerichte, wie der Preuß. Staatsgerichtshof, nach den Bestimmungen jenes Gesetzes der Aufhebung unterliegen und bezüglich der denselben überwiesenen strafbaren Handlungen die gewöhnliche Kompetenz des Gerichtes eintritt.

3. Ueber das vom Reichstag beschlossene Requisit der ehrlosen Gesinnung bei der Verhängung von Zuchthaus gegen einzelne politische Verbrechen vgl. §. 20.

4. Ueber den bei einzelnen Verbrechen dieses und des 2. Abschn. vom Reichstag eingeführten Verlust der Aemter u. s. w., welcher die Unfähigkeit zur Erlangung solcher nicht mit sich bringt, vgl. zu §§. 33—36 N. 2c. Die Voraussetzungen des §. 32, namentlich eine dreimonatliche Freiheitsstrafe, sind zur Anwendung jener Nebenstrafe nicht erforderlich.

§. 80. **Der Mord und der Versuch des Mordes, welche an dem Kaiser, an dem eigenen Landesherrn, oder während des Aufenthalts in einem Bundesstaate an dem Landesherrn dieses Staats verübt worden sind, werden als Hochverrath mit dem Tode bestraft.**

Pr. §. 61; E. I. §. 67; E. II. §. 78; St.B. S. 313, 328, 1156 bis 1165.
Vgl. §§. 4 Nr. 1. 2, 93, 94, 98, 211; M.St.G.B. §. 56.

1. Vgl. die allgemeinen Bemerkungen zu diesem Abschnitt.

2. Der §. 80 ist in 3. Lesung des Reichstages aufgenommen. Er ist einer der Kompromißbestimmungen zwischen Bundesrath und Reichstag. (Vgl. S. 20 unter a.) Das betreffende Amendement (v. Kardoff) wurde mit 128 gegen 107 Stimmen angenommen. In dem Amendement fehlten ursprünglich die Worte „der Mord und". Der Antragsteller bezeichnete die Aufnahme der Worte lediglich als redaktionelle Aenderung. St.B. S. 1119.

---

*) Vgl. Knitschky, Das Verbrechen des Hochverraths, Jena 1874; Thomsen, Magaz. f. Deutsches Recht III, 125 fg.; Löwenfeld in Z. f. ges. Str.R.W. V, 46 fg.

3. Mord und Mordversuch am Kaiser verübt, fällt unter §. 80, mag die That wo immer begangen sein und von wem auch immer (vgl. §. 4 Ziff. 1). An dem Landesherrn kann die That nur von einem Deutschen verübt werden, da der Begriff des Landesherrn die Staatsangehörigkeit des Thäters in einem deutschen Bundesstaat zur Voraussetzung hat. Der Ort der That ist ohne Belang. Dagegen kann die dritte Alternative der That von einem Deutschen oder einem Ausländer begangen werden, jedoch nur wenn der Thäter z. B. der That sich in demjenigen Bundesstaat aufhält, gegen dessen Regenten die That gerichtet ist.

4. Der Kaiser erscheint in Elsaß-Lothringen nicht als Landesherr. Leipzig 15. Mai 74, Entsch. XIII, 255, R.G. I, 17. April 84, E. X, 312, R. VI, 282.

5. Der §. 46 findet auch auf §. 80 Anwendung, insofern nur Mordversuch vorliegt. Gl. M. Berner S. 352, Geyer II, 127, Hälschner II, 734, H. Meyer N. 796, Olshausen N. 6, Oppenhoff N. 2, Rubo N. 4, v. Schwarze N. 2. A. M. v. Liszt S. 556, Puchelt N. 1, Thomsen a. a. O. S. 197.

6. Die Strafmilderung der §§. 49, 44 findet bei Beihülfe zum Hochverrath nach §. 80 Anwendung. R.G. II u. III v. 15./22. Dez. 84, E. XII, 64, R. VI, 840.

7. Die §§. 50, 59 finden auch bei §. 80 Anwendung, vorbehaltlich der Idealkonkurrenz von §. 81 Ziff. 1. Gl. M. Hälschner II, 735, v. Liszt S. 556, H. Meyer S. 796, Olshausen N. 7, Oppenhoff N. 8, Thomsen S. 210.

Ideale Konkurrenz von §. 80 mit §. 211 findet nicht statt, sondern Gesetzkonkurrenz. A. M. Olshausen N. 8.

§. 81. Wer außer den Fällen des §. 80 es unternimmt,

1) einen Bundesfürsten zu tödten, gefangen zu nehmen, in Feindes Gewalt zu liefern oder zur Regierung unfähig zu machen,

2) die Verfassung des Deutschen Reichs oder eines Bundesstaats oder die in demselben bestehende Thronfolge gewaltsam zu ändern,

3) das Bundesgebiet ganz oder theilweise einem fremden Staate gewaltsam einzuverleiben oder einen Theil desselben vom Ganzen loszureißen, oder

4) das Gebiet eines Bundesstaats ganz oder theilweise einem anderen Bundesstaate gewaltsam einzuverleiben oder einen Theil desselben vom Ganzen loszureißen,

wird wegen Hochverraths mit lebenslänglichem Zuchthaus oder lebenslänglicher Festungshaft bestraft.

Sind mildernde Umstände vorhanden, so tritt Festungshaft nicht unter fünf Jahren ein.

Neben der Festungshaft kann auf Verlust der bekleideten öffentlichen Aemter, sowie der aus öffentlichen Wahlen hervorgegangenen Rechte erkannt werden.

Pr. §. 61; E. I. §. 68; E. II. §. 79; St.B. S. 340.

Vgl. §§. 4 Nr. 1. 2, 20, 93, 94, 98, 102; E.G. §. 4; M.St.G.B. §. 56.

1. Vgl. die allgem. Bemerkungen zu diesem Abschnitt.

2. „Wer es — — unternimmt". (Vgl. §. 43 N. 9 und §. 82.)

3. Zu Ziff. 1. Bundesfürst ist der Landesherr irgend eines Bundesstaats, also auch der Kaiser.

4. Unter Tödtung ist sowohl Mord als Todtschlag zu verstehen, und zwar vollendete ebenso wie versuchte, im Falle der Vollendung eines Mordes, der nicht unter §. 80 fällt, dürfte aber Gesetzeskonkurrenz mit §. 211 anzunehmen, und letzterer als das strengere Gesetz anzuwenden sein.

5. Zu Ziff. 2. Es ist die Ansicht aufgestellt, daß unter Verfassung nicht der Inhalt der Verfassungsurkunde, sondern die Fundamentaleinrichtungen des Reichs oder eines Bundesstaats gemeint seien. Ein Grund, dies anzunehmen, besteht nicht, da die Fundamentaleinrichtungen in der Verf.-Urk. garantirt zu sein pflegen, und jener allgemeiner Begriff der Abgrenzung völlig

entbehrt. Gl. M. Rubo N. 3, 4. A. M. Geyer II, 127, Hälschner II, 736, v. Liszt S. 556, H. Meyer S. 797, Oppenhoff N. 8, v. Schwarze N. 5, Knitschky a. a. O. S. 147. Mit noch weniger Begründung verlangt John in H.H. III, 12 Beseitigung einer Verfassung durch eine andere.

6. Wegen der Wahl zwischen Zuchthaus und Festungshaft vgl. §. 20 — und wegen des Verlustes der Aemter u. s. w. vgl. S. 129 unter c.

§. 82. **Als ein Unternehmen, durch welches das Verbrechen des Hochverraths vollendet wird, ist jede Handlung anzusehen, durch welche das Vorhaben unmittelbar zur Ausführung gebracht werden soll.**

Pr. §. 62; E. I. §. 69; E. II. §. 80; St.B. S. 343.

Vgl. §§. 4 Nr. 1. 2, 20, 43, 93, 105; M.St.G.B. §. 56.

1. Das Unternehmen (vgl. §. 43 N. 9) umfaßt den Versuch und die Vollendung und setzt voraus („unmittelbar"), daß die Ausführung begonnen hat. Deshalb ist ein Versuch des Unternehmens nicht denkbar. — Vorbereitende Handlungen sind nur nach §§. 83—86 strafbar. Olshausen macht den Versuch, die Worte: „durch welche das Vorhaben unmittelbar zur Ausführung gebracht werden soll" zu einer einschränkenden Interpretation zu benutzen, indem er zwischen „Anfang der Ausführung" und „unmittelbar zur Ausführung" unterscheidet und beruft sich hierfür auf R.G. II u. III, 13./18. Juni 87, E. XVI, 165, R. IX, 423. Mit Unrecht. Auch jenes Urtheil setzt nur „unmittelbar zur Ausführung bringen" und Vorbereitung in Gegensatz, begreift also unter ersterem jeden Anfang der Ausführung. Es wird sich auch kaum ein solcher Anfang konstruiren lassen, der die Ausführung nicht unmittelbar bezielt. Olshausen findet ferner in der Definition des §. 43 ein objektives, in §. 82 ein subjektives Erforderniß. Es fällt dies mit der subjektiven oder objektiven Versuchstheorie zusammen. Gl. M. Thomsen a. a. O. S. 127 fg., 175, auch Berner S. 352, Binding, Grundr. S. 105, Oppenhoff N. 2, Knitschky S. 160. Dagegen will v. Liszt S. 557 sogar Vorbereitungshandlungen unter §. 82 bringen.

2. Da es keinen Versuch des §. 82 gibt, der als solcher strafbar ist, gibt es auch keinen Rücktritt mit der Wirkung der Straflosigkeit.

3. Die nähere Bezeichnung von hochverrätherischen „Unternehmen" ist nicht bestimmt, eine analog anzuwendende Definition für andere, im St.G.B. als „Unternehmen" bezeichnete Handlungen, z. B. für das Unternehmen der Verleitung zum Meineid, zu geben. R.G II, 9. Nov. 80 (R. II, 483 a. E., E. III, 26).

§. 83. **Haben Mehrere die Ausführung eines hochverrätherischen Unternehmens verabredet, ohne daß es zum Beginn einer nach §. 82 strafbaren Handlung gekommen ist, so werden dieselben mit Zuchthaus nicht unter fünf Jahren oder mit Festungshaft von gleicher Dauer bestraft.**

Sind mildernde Umstände vorhanden, so tritt Festungshaft nicht unter zwei Jahren ein.

Neben der Festungshaft kann auf Verlust der bekleideten öffentlichen Aemter, sowie der aus öffentlichen Wahlen hervorgegangenen Rechte erkannt werden.

Pr. §. 63; E. I. §. 70; E. II. §. 81; St.B. S. 343—346.

Vgl. §§. 4 Nr. 1, 2, 20, 93, 102; M.St.G.B. §. 56.

1. „Mehrere" — in der Ausdrucksweise des preuß. St.G.B. (§. 63) und des I. Entwurfs (§. 70) „zwei oder mehrere" sind — hier und an anderen Stellen — vom II. Entwurf die ersten beiden Worte als überflüssig gestrichen, weil zwei ebenfalls mehrere sind. (Vgl. auch St.G.B. §§. 243 N. 6, 250 N. 2 und preuß. St.G.B. von 1851 §§. 218 N. 8 und 232 N. 2.) Wo das St.G.B. eine größere Zahl von Menschen meint, gebraucht es den Ausdruck „Menschenmenge". (§§. 85, 110, 111.) S. auch Berlin 27. Nov. 78 (O.R. XIX, 551).

2. Hälschner II, 752, John in H.H. III, 30, Knitschky S. 169, Olshausen N. 2 nehmen an, die That des §. 83 sei kein selbständiges Delikt, sondern eben nur unter Strafe gestellte Vorbereitungshandlung zum Hochverrath und folgern hieraus, daß es keinen strafbaren Versuch,

des §. 83 gebe, und daß Rücktritt Straflosigkeit bewirke. Letzteres dürfte unter allen Umständen zu verneinen sein, da §. 46 nur von Versuch spricht, die in §. 83 unter Strafe gestellten Handlungen aber kein Versuch sind. Das **Arg. a majore ad minus** ist im Strafrecht nicht immer gerechtfertigt. Auch die Prämisse ist irrig; denn §. 83 spricht nicht von Vorbereitung, sondern stellt einen ganz bestimmten Thatbestand unter Strafe, ergibt also ein selbständiges Delikt. Deshalb sind auch die Folgerungen irrig. Versuch der That ist aber nicht denkbar, weil ein Beginn der Ausführung einer Verabredung, die noch nicht Verabredung ist, nicht konstruirt werden kann. Die Verabredung muß nicht ein bestimmtes Stadium erreicht haben.

3. Die Verabredung muß auf eine unter §§. 80, 81 fallende That gerichtet sein; und jedenfalls ein bestimmtes Unternehmen im Auge haben.

4. Theilnahme an der That des §. 83 ist denkbar, z. B. Beihülfe durch Vermittelung, auch Anstiftung.

§. 84. Die Strafvorschriften des §. 83 finden auch gegen denjenigen Anwendung, welcher zur Vorbereitung eines Hochverraths entweder sich mit einer auswärtigen Regierung einläßt oder die ihm von dem Reich oder einem Bundesstaate anvertraute Macht mißbraucht oder Mannschaften anwirbt oder in den Waffen einübt.

Pr. §. 64; E. I. §. 71; E. II. §. 82; St.B. S. 346.

Vgl. §§. 4 Nr. 1, 2, 93, 102; M.St.G.B. §. 56.

1. Es wurde bisher angenommen, der Paragraph finde auch bezüglich des einen Bundesstaats im Verhältniß zum andern Anwendung und auswärtige (nicht ausländische) Regierung könne auch die eines andern Bundesstaats sein. Diese Ansicht ist gegenüber den Bestimmungen der Reichsverfassung nicht mehr haltbar. Ein Unternehmen, welches den Charakter des bereits bestimmte Umrisse annehmenden Hochverraths an sich trägt, kann nicht geplant werden, ohne die Verfassung des Deutschen Reiches zu berühren und deshalb über die Grenzen der Verhältnisse zwischen einzelnen Bundesstaaten hinauszugehen. Auch die früher gemachte Unterscheidung von auswärtig und ausländisch ist nicht haltbar, zumal wenn in einem Gesetz für ein einheitliches Rechtsgebiet bildendes Staatenganze die Ausdrücke gebraucht werden. So auch Rubo N. 2 Olshausen N. 3.

2. Anvertraute Macht kann auch eine nicht militärische sein. A. M. Rubo N. 3. Gl. M. Berner S. 353, Hälschner II, 749, H. Meyer S. 799, Oppenhoff N. 4, Olshausen N. 4, v. Schwarze N. 3.

3. Mit einer auswärtigen Regierung läßt sich ein nur derjenige, der eine Antwort von derselben erhält, oder auf ein Anerbieten antwortet. Ein Resultat ist nicht erforderlich, dagegen genügt auch nicht ein einseitiges Anerbieten oder Ansinnen. Gl. M. Olshausen N. 2, Oppenhoff N. 2. A. M. Rubo N. 4.

§. 85. Wer öffentlich vor einer Menschenmenge, oder wer durch Verbreitung oder öffentlichen Anschlag oder öffentliche Ausstellung von Schriften oder anderen Darstellungen zur Ausführung einer nach §. 82 strafbaren Handlung auffordert, wird mit Zuchthaus bis zu zehn Jahren oder Festungshaft von gleicher Dauer bestraft.

Sind mildernde Umstände vorhanden, so tritt Festungshaft von Einem bis zu fünf Jahren ein.

Pr. §. 65; E. I. §. 72; E. II. §. 83; St.B. S. 346—350.

Vgl. §§. 4 Nr. 1, 2, 20, 93, 102, 110, 111; M.St.G.B. §. 56; G. v. 7. Mai 1874 §. 23 Nr. 3 (Presse).

1. Ueber den Begriff „öffentlich" und „Menschenmenge" sowie Verbreitung u. s. w. von Schriften u. s. w. vgl. zu Abschnitt 6. (§§. 110, 111.) Unter Verbreitung von Schriften ist nicht nothwendig eine öffentliche Verbreitung zu verstehen, es genügt eine solche an einen größeren, wenn auch individuell genau bestimmten Personenkreis, z. B. die Arbeiter

einer Fabrik. Das Wort „öffentlich“ bezieht sich nur auf „vor einer Menschenmenge“. Immerhin muß das Verbreiten ein Zugänglichmachen für das Publikum enthalten und genügt nicht die vertrauliche Mittheilung an Einzelne. Ist die Verbreitung gewollt, so genügt die faktische Mittheilung an einen Einzelnen als Beginn der Verbreitung, so insbesondere das unbeschränkte zur Verfügung stellen an einen Einzelnen zum Zwecke der Verbreitung. R.G. II u. III, 5. Okt. 82, E. VII, 113. Vgl. auch II u. III, 10. Okt. 87, E. XVI, 245, R. IX, 490.

2. Der §. 85 enthält ein Beispiel erfolgloser Anstiftung und zwar einen besonderen Fall des in §. 111 A. 2 enthaltenen Delikts. — Hat die Aufforderung Erfolg gehabt, so wird auch im Falle des §. 85 der Thäter nach Maßgabe des §. 111 Abs. 1 gleich dem Anstifter gestraft. (Vgl. §§. 111 u. 48.)

3. Die Aufforderung muß sich auf ein bestimmtes hochverrätherisches Unternehmen beziehen. Dresden 6. Mai 72 (Goltd. XX, 442, S.G.Z. XVI, 225), Wolfenbüttel 16. Febr. 72 (St. I, 217). R.G. Beschl. 10. Juli 80 (Ann. II, 210), d. h. auf eine der in den §§. 80 bis 82 bezeichneten Handlungen, ohne daß es auf die Bezeichnung des Wie? der Zeit, des Ortes der That oder der Mittel der Ausführung ankommt. Es genügt also z. B. die Aufforderung zum Mord des deutschen Kaisers oder deutscher Bundesfürsten. R.G. II u. III, 5. Dez. 81, E. V, 215.

4. Die Handlungen des §. 111 und §. 85 stehen in Gesetzeskonkurrenz. Die letztere enthält eine Aufforderung zu einer speziellen That, §. 111 ist der allgemeine; §. 85 schließt also die Anwendung des §. 111 aus.

5. Ein Versuch des Verbrechens aus §. 85 ist denkbar und bei der Selbständigkeit des normirten Thatbestands rechtlich möglich. Gl. M. v. Liszt S. 859, Olshausen N. 4. Ebenso ist Theilnahme möglich.

§. 86. **Jede andere, ein hochverrätherisches Unternehmen vorbereitende Handlung wird mit Zuchthaus bis zu drei Jahren oder Festungshaft von gleicher Dauer bestraft.**

Sind mildernde Umstände vorhanden, so tritt Festungshaft von sechs Monaten bis zu drei Jahren ein.

Pr. §. 66; E. I. §. 73; E. II. §. 84; St.B. S. 350.
Vgl. §§. 4 Nr. 1, 2, 20, 93, 102; M.St.G.B. §. 56.

1. Zur Strafbarkeit wird ein bestimmtes Hochverrathsunternehmen (§. 82) vorausgesetzt. Vgl. Anm. 3 zu §. 85 u. R.G. Beschl. 10. Aug. 80 (Ann. II. 294). — Die vom Reichstage wahlweise zugelassene Festungshaft beläuft sich im Mindestbetrage (ebenso wie das Zuchthaus) auf Ein Jahr.

2. Der Thatbestand des §. 86 wurde gefunden in der in der Absicht der Verbreitung erfolgten Herstellung eines die Aufforderung zur gewaltsamen Aenderung der Verfassung des Deutschen Reichs und der Bundesstaaten enthaltenden Plakats. R.G. II u. III, 30. Okt. 86, R. VIII, 653.

3. Es ist nicht erforderlich, daß durch die Handlung die Vorbereitung zum Abschluß gelangen sollte, sondern es genügt, wenn die Förderung einer weiteren Vorbereitungshandlung bezweckt war. Es ist auch nicht erforderlich, daß das vorbereitete hochverrätherische Unternehmen schon nach Zeit, Ort und Mitteln bestimmt war. R.G. II u. III, 10./21. Okt. 81, E. V, 60.

4. Eine ausländische Verbindung, welche bezweckt, einen Theil des Gebiets des Deutschen Reichs von demselben loszureißen und einem fremden Staate einzuverleiben, und zwar mittels eines Angriffskrieges, und welche ihre Thätigkeit darauf richtet, den Ausbruch des Kriegs herbeizuführen, hat, wenn dieselbe im Inlande Mitglieder hat, auch im Inlande Bestand und Dasein. Die Betheiligung an einem solchen Verein durch Leistung und Sammlung von Beiträgen fällt unter §. 86. R.G. II u. III, 13./18. Juni 87, E. XVI, 165, R. IX, 423.

§. 87. **Ein Deutscher, welcher sich mit einer ausländischen Regierung einläßt, um dieselbe zu einem Kriege gegen das Deutsche Reich zu veranlassen, wird**

wegen Landesverraths*) mit Zuchthaus nicht unter fünf Jahren und, wenn der Krieg ausgebrochen ist, mit lebenslänglichem Zuchthaus bestraft.

Sind mildernde Umstände vorhanden, so tritt Festungshaft von sechs Monaten bis zu fünf Jahren und, wenn der Krieg ausgebrochen ist, Festungshaft nicht unter fünf Jahren ein.

Neben der Festungshaft kann auf Verlust der bekleideten öffentlichen Aemter, sowie der aus öffentlichen Wahlen hervorgegangenen Rechte erkannt werden.

Pr. §. 67; E. I. §. 74; E. II. §. 85; St.B. S. 350—359, 1165, 1166.

Vgl. §§. 4 Nr. 2, 91; MSt.G.B. §§. 56, 57, 61, 160.

1. Vgl. die allgem. Bemerkungen zu diesem Abschnitt und zu §. 84.

2. Der Landesverrath (§§. 87—90) kann nur von Inländern (auch im Auslande) oder von sog. **subditis temporariis** (§. 91 A. 2) begangen werden. (Vgl. auch §. 4 N. 1 u. 2.)

3. Der Ausbruch des Krieges (Abs. 1 Schl.) braucht nicht nachweislich die Folge der Handlung zu sein, um die strengere Strafe zu begründen. Vgl. Olshausen N. 4, 5, Oppenhoff N. 6. A. M. v. Schwarze N. 3. Die Erregung von Krieg gegen das Deutsche Reich fällt an sich unter den Begriff des Landesverraths. Geschieht es aber zum Zwecke der Vorbereitung oder Durchführung eines hochverrätherischen Unternehmens, so liegt Landesverrath und Hochverrath in idealem Zusammenfluß, nicht Gesetzeskonkurrenz vor. R.G. II u. III, 13./18. Juni 87, E. XVI, 165, R. IX, 423. Mit Recht macht Olshausen N. 5 darauf aufmerksam, daß zwischen der landesverrätherischen Handlung und dem Krieg ein zeitlicher Zusammenhang bestehen müsse, da erstere nicht während der ganzen Verjährungsfrist fortwirken könne.

4. Versuch des Landesverraths ist möglich und würde z. B. in einem von der ausländischen Regierung abgelehnten Anerbieten liegen. Gl. M. Hälschner II, 736, John in H.H. III, 50, Olshausen N. 6.

§. 88).** Ein Deutscher, welcher während eines gegen das Deutsche Reich ausgebrochenen Krieges in der feindlichen Kriegsmacht Dienste nimmt oder die Waffen gegen das Deutsche Reich oder dessen Bundesgenossen trägt, wird wegen Landesverraths mit lebenslänglichem Zuchthaus oder lebenslänglicher Festungshaft bestraft.

Sind mildernde Umstände vorhunden, so tritt Festungshaft nicht unter fünf Jahren ein.

Ein Deutscher, welcher schon früher in fremden Kriegsdiensten stand, wird, wenn er nach Ausbruch des Krieges in der feindlichen Kriegsmacht verbleibt oder die Waffen gegen das Deutsche Reich oder dessen Bundesgenossen trägt, wegen Landesverraths mit Zuchthaus von zwei bis zu zehn Jahren oder mit Festungshaft von gleicher Dauer bestraft. Sind mildernde Umstände vorhanden, so tritt Festungshaft bis zu zehn Jahren ein.

---

*) S. v. Kries, Bemerkungen über das Verbrechen des Landesverraths, Z. f. ges. St.R.W. VII, 597.

**) Neue Fassung des Ges. v. 26. Febr. 1876. Die alte Fassung lautete:

§. 88. Ein Deutscher, welcher während eines gegen das Deutsche Reich ausgebrochenen Krieges im feindlichen Heere Dienste nimmt und die Waffen gegen das Deutsche Reich oder dessen Bundesgenossen trägt, wird wegen Landesverraths mit lebenslänglichem Zuchthaus oder lebenslänglicher Festungshaft bestraft.

Sind mildernde Umstände vorhanden, so tritt Festungshaft nicht unter fünf Jahren ein.

Ein Deutscher, welcher schon früher in fremden Kriegsdiensten stand, wird, wenn er nach Ausbruch des Krieges in denselben verbleibt und die Waffen gegen das Deutsche Reich oder dessen Bundesgenossen trägt, wegen Landesverraths mit Zuchthaus von zwei bis zu zehn Jahren oder mit Festungshaft von gleicher Dauer bestraft. Sind mildernde Umstände vorhanden, so tritt Festungshaft ein.

Neben der Festungshaft kann auf Verlust der bekleideten öffentlichen Aemter, sowie der aus öffentlichen Wahlen hervorgegangenen Rechte erkannt werden.

Neben der Festungshaft kann auf Verlust der bekleideten öffentlichen Aemter, sowie der aus öffentlichen Wahlen hervorgegangenen Rechte erkannt werden.

Pr. §. 68; E. I. §. 75; E. II. §. 86; St.B. S. 363, 1166.

G. v. 26. Februar 1876 Art. I; Drucks. (1876) Nr. 118 II; St.B. S. 642 ff.

Vgl. §§. 4 Nr. 2, 20; E.G. §. 4; G. v. 1. Juni 1870 §§. 22, 23 (Reichs- u. Staatsangehörigkeit); M.St.G.B. §§. 56—61, 160.

1. Die Aenderungen, welche der Text in der neuen Fassung erfahren hat, bestehen darin, daß der Ausdruck „feindliches Heer" durch „feindliche Kriegsmacht" ersetzt ist, daß durch Einschub des Wortes „oder" statt „und" in Abs. 1 u. 3 das Dienen bez. Verbleiben im Dienst und das Waffentragen schon jedes allein den Thatbestand des Verbrechens erfüllt (— so daß auch Nicht-Kombattanten wie Aerzte, Militärbeamte u. s. w. strafbar werden —), und daß endlich im Absatz 3 die Dauer der Festungshaft für den Fall mildernder Umstände im Höchstbetrage der ordentlichen Strafe gleichgestellt ist, wodurch ein Redaktionsversehen beseitigt wurde.

2. Vgl. §. 87 N. 1 u. 2.

3. Zur „Kriegsmacht" gehören u. a. Trainkolonnen, Feldgendarmerie, Feld-Post und Telegraphie, Feldgeistlichkeit, Sanitätskorps, Intendantur.

4. Abs. 3. Das Reichsgesetz über den Erwerb und Verlust der Reichs- und Staatsangehörigkeit v. 1. Juni 1870 bestimmt: §. 23. „Wenn ein (Nord-)Deutscher mit Erlaubniß seiner Regierung bei einer fremden Macht dient, so verbleibt ihm seine Staatsangehörigkeit." (B.G.Bl. S. 359.) Die Strafbestimmung trifft auch einen solchen Deutschen, wenigstens muß er dem Feinde seinen Abschied einreichen. Im Uebrigen trifft ihn die Strafe nur, wenn er freiwillig im feindlichen Heere verbleibt. Dieses ausdrücklich auszusprechen, hielt die Bundeskommission mit dem preuß. St.G.B. nicht für erforderlich. John in H.H. III, S. 52 will die Straflosigkeit nur von den Voraussetzungen des §. 52 St.G.B. abhängig machen. Ebenso Schütze, Lehrb. — Die für den Fall mildernder Umstände eintretende Festungshaft kann auch nur bis zu 10 Jahren gehen.

5. Wegen Eintritts der Todesstrafe vgl. E.G. §. 4.

6. Abs. 4 findet auch im Falle des Abs. 3 und bei Annahme mildernder Umstände Anwendung. Oppenhoff N. 7, 10, auch G.S. XXIX, 321.

§. 89. Ein Deutscher, welcher vorsätzlich während eines gegen das Deutsche Reich ausgebrochenen Krieges einer feindlichen Macht Vorschub leistet oder den Truppen des Deutschen Reichs oder den Bundesgenossen desselben Nachtheil zufügt, wird wegen Landesverraths mit Zuchthaus bis zu zehn Jahren oder mit Festungshaft von gleicher Dauer bestraft. Sind mildernde Umstände vorhanden, so tritt Festungshaft bis zu zehn Jahren ein.

Neben der Festungshaft kann auf Verlust der bekleideten öffentlichen Aemter, sowie der aus öffentlichen Wahlen hervorgegangenen Rechte erkannt werden.

Pr. §. 69; E. I. §. 76; E. II. §. 87; St.B. S. 364, 1167.

Vgl. §. 4 Nr. 2; M.St.G.B. §§. 56—61, 160.

1. Statt „vorsätzlich" enthält das preuß. St.G.B. „wissentlich". Beides ist als gleichbedeutend zu nehmen. Es braucht nicht die Absicht gewesen zu sein, Vorschub zu leisten — aber das Bewußtsein, daß solches die unmittelbare Wirkung der Handlung sei, muß vorliegen. Daher ist z. B. auch die Betheiligung an einer feindlichen Kriegsanleihe nach §. 89 strafbar, wenn die Absicht auch nur auf Geldgewinn ging. Berlin 3. April 71 (Goltd. XIX, 407, O.R. XII, 196). Abs. 2 findet auch bei Annahme mildernder Umstände Anwendung, s. oben §. 88 N. 6.

2. Die Vollendung des Delikts erfordert, daß Vorschub geleistet oder Nachtheil zugefügt ist, also die feindliche Macht in eine bessere Lage gebracht ist oder die Truppen des Deutschen Reichs in eine schlimmere. Dies hat zur Folge, daß auch ein Versuch des Verbrechens möglich ist. Gl. M. Hälschner II, 758, John in H.H. III, 52, v. Liszt S. 562, Olshausen N. 3, Oppenhoff N. 5, Rubo N. 5.

§. 90. Lebenslängliche Zuchthausstrafe trifft einen Deutschen, welcher vorsätzlich während eines gegen das Deutsche Reich ausgebrochenen Krieges

1) Festungen, Pässe, besetzte Plätze oder andere Vertheidigungsposten, ingleichen Deutsche oder verbündete Truppen oder einzelne Offiziere oder Soldaten in feindliche Gewalt bringt;

2) Festungswerke, Schiffe oder andere Fahrzeuge der Kriegsmarine, Kassen, Zeughäuser, Magazine oder andere Vorräthe von Waffen, Schießbedarf oder anderen Kriegsbedürfnissen in feindliche Gewalt bringt oder dieselben, sowie Brücken und Eisenbahnen zum Vortheile des Feindes zerstört oder unbrauchbar macht;

3) dem Feinde Mannschaften zuführt oder Soldaten des Deutschen oder verbündeten Heeres verleitet, zum Feinde überzugehen;

4) Operationspläne oder Pläne von Festungen oder festen Stellungen dem Feinde mittheilt;

5) dem Feinde als Spion dient oder feindliche Spione aufnimmt, verbirgt oder ihnen Beistand leistet, oder

6) einen Aufstand unter den Deutschen oder verbündeten Truppen erregt.

Sind mildernde Umstände vorhanden, so tritt Festungshaft nicht unter fünf Jahren ein.

Neben der Festungshaft kann auf Verlust der bekleideten öffentlichen Aemter, sowie der aus öffentlichen Wahlen hervorgegangenen Rechte erkannt werden.

Pr. §. 69; E. I. §. 76; E. II. §. 88; St.B. S. 365—368, 1167.

Vgl. §. 4 Nr. 2; E.G. §. 4; M.St.G.B. §§. 56—61, 160.

1. Der §. 90 bildete im preuß. St.G.B. und in dem I. Entwurf den 2. Absatz des §. 89 und wurde im I. Entwurf mit den Worten eingeleitet:

„Lebenslängliches Zuchthaus tritt ein, wenn der Thäter:

1. u. s. w."

Die Bundeskommission trennte beide Theile aus redaktionellen Rücksichten, ohne sachlich den Zusammenhang mit dem in §. 89 behandelten Fall des Landesverraths aufheben zu wollen. Das „vorsätzlich" ist also in gleichem Sinne wie dort zu nehmen. (§. 89 N. 1.) Vgl. auch die Rede des Bundeskommissars Dr. Leonhardt (St.B. S. 368), der (wohl zu weit gehend) das „vorsätzlich" mit „landesverrätherischer Absicht" identisch nimmt.

2. Der Reichstag wollte neben lebenslänglichem Zuchthaus noch wahlweise: lebenslängliche Festungshaft zulassen. Der dahin in 2. Lesung gefaßte Beschluß wurde auf ausdrückliches Verlangen des Bundesraths in 3. Lesung (St.B. S. 1167) beseitigt. Vgl. oben S. 20.

3. In Ziff. 2 sind die Worte „Brücken und Eisenbahnen" alternativ zu verstehen Zu letzteren gehören Pferdebahnen nicht. Berlin 14. Juni 73, St. III, 36, O.R. XIV, 427, Goltd. XXI, 453, R.G. II, 19. Mai 85, E. XII, 205, R. VII, 306, wohl aber Straßenbahnen mit Lokomotivbetrieb, R.G. I, 3. Juli und 1. Dez. 84, E. XI, 33, R. VI, 500, 771. Letzteres kann auch hier nicht beanstandet werden, da ein vorsätzliches Handeln zum Vortheil des Feindes erfordert wird. Meves im G.S. XXVI, 256, betont mit Recht, daß auch ein Unbrauchbarmachen der Eisenbahnen durch Zerstörung der Transportmittel den Zweck erfüllen kann und deshalb hierher zu rechnen ist.

4. Zu Ziff. 3. Soldaten des Heeres bezieht sich auch auf die in der Marine Dienst thuenden Wehrpflichtigen. Die That erfordert ein Uebergehen zum Feind. Vgl. bezüglich des gleichlautenden §. 141, R.G. I, 10. Nov. 81, E. V, 126, R. III, 704.

5. Zu Ziff. 5. Das Aufnehmen feindlicher Spione ist strafbar, wenn es vorsätzlich geschieht, d. h. mit dem Bewußtsein, dadurch die Spionage zu fördern. Die Absicht, dies zu bewirken, ist nicht erforderlich. Ebenso genügt beim Verbergen das Bewußtsein, den Spion der

Bestrafung zu entziehen oder die Spionage zu befördern. Das Beistandleisten umfaßt sowohl Beihülfe als Begünstigung und erfordert gleichfalls nur Vorsatz. Den §§. 49, 257 gegenüber bietet §. 90, Ziff. 5 eine speziellere Bestimmung, welche die Anwendung jener §§. ausschließt.

§. 91. **Gegen Ausländer ist wegen der in den §§. 87, 89, 90 bezeichneten Handlungen nach dem Kriegsgebrauche zu verfahren.**

Begehen sie aber solche Handlungen, während sie unter dem Schutze des Deutschen Reichs oder eines Bundesstaats sich innerhalb des Bundesgebiets aufhalten, so kommen die in den §§. 87, 89 und 90 bestimmten Strafen zur Anwendung.

Pr. §. 70; E. I. §. 77; E. II. §. 89; St.B. S. 371.

Vgl. M.St.G.B. §§. 56—61, 160.

Vgl. die Bemerkungen zu §. 87. — Ausländer vgl. §. 8.

Unter dem Schutze des Deutschen Reichs rc. befindet sich der Ausländer, sobald er sich im Inlande aufhält und den allgemeinen Schutz der inländischen Gesetze genießt. Berlin 3. April 71 (Goltd. XIX, 396 ff., O.R. XII, 195).

Auch auf Versuch der in § 91 bezeichneten strafbaren Handlungen und Theilnahme daran bezieht sich dieser §. Gl. M. Olshausen N. 3, v. Schwarze N. 1.

§. 92*). **Wer vorsätzlich**

1) **Staatsgeheimnisse oder Festungspläne, oder solche Urkunden, Aktenstücke oder Nachrichten, von denen er weiß, daß ihre Geheimhaltung einer anderen Regierung gegenüber für das Wohl des Deutschen Reichs oder eines Bundesstaats erforderlich ist, dieser Regierung mittheilt oder öffentlich bekannt macht;**

2) **zur Gefährdung der Rechte des Deutschen Reichs oder eines Bundesstaats im Verhältniß zu einer anderen Regierung die über solche Rechte sprechenden Urkunden oder Beweismittel vernichtet, verfälscht oder unterdrückt, oder**

3) **ein ihm von Seiten des Deutschen Reichs oder von einem Bundesstaate aufgetragenes Staatsgeschäft mit einer andern Regierung zum Nachtheil dessen führt, der ihm den Auftrag ertheilt hat,**

wird mit Zuchthaus nicht unter zwei Jahren bestraft.

Sind mildernde Umstände vorhanden, so tritt Festungshaft nicht unter sechs Monaten ein.

Pr. §. 71; E. I. §. 78; E. II. §. 90; St.B. S. 373, 374, 1168.

Vgl. §§. 4 Nr. 2, 133, 274 Nr. 1; M.St.G.B. §§. 56—61, 160.

1. Dieser Paragraph enthält den sog. diplomatischen Landesverrath; bezüglich des Thäters wird ein Unterschied zwischen In- und Ausländern hier nicht gemacht. (Vgl. §. 87.) Ist das Verbrechen aber im Auslande begangen, so kann nur der Inländer verfolgt werden. (§. 4 N. 2.) Gl. M. Berner, S. 411, Hälschner II, 760, v. Liszt, S. 563, Olshausen N. 2, Oppenhoff N. 2. Besteht die strafbare Handlung aus einer länger andauernden, nicht auf einen bestimmten Ort beschränkten Thätigkeit, so ist dieselbe als im Inlande begangen zu erachten, sobald ein Theil dieser Thätigkeit innerhalb des Deutschen Reichs in die äußere Erscheinung getreten ist. R.G. II u. III, 11. Febr. 86, **E. XIII**, 337, **R. VIII**, 113.

2. Vorsätzlich — hier im ähnlichen Sinne zu nehmen wie §. 89 N. 1. (Vgl. Goltd. V, 93.) Es bedarf keiner auf Gefährdung oder Schädigung des Deutschen Reichs oder eines Bundesstaats gerichteten Absicht. R.G. II u. III, 12./19. Mai 84, **E. X**, 420.

---

*) S. Müller in G.S. Bd. 40, S. 204 fg.; v. Bar, Das Verbrechen des Landesverrathes Nation, VI. Jahrg., S. 77 fg.

3. Nr. 1 „einer andern Regierung" — diese kann auch die Regierung eines Bundesstaats sein. Das preuß. St.G.B. sagte „fremden". Theoretisch richtig erörtern Hälschner II, 761, Puchelt N. 3 u. Olshausen N. 3, daß die That sogar für und gegen die Reichsregierung, gegen und für die Regierung eines Bundesstaats begangen werden kann. Praktisch erscheint die Frage bei der Stellung des Bundesrathes kaum.

4. Die Geheimhaltung ist der andern Regierung gegenüber erforderlich. Es kommt also weniger darauf an, ob das Geheimzuhaltende im Inlande einem größeren oder kleineren Kreise von Personen bekannt ist, als darauf, daß es der andern Regierung nicht bekannt ist. Es kommt auch darauf nichts an, ob das Geheimzuhaltende offiziell als sekret oder dgl. bezeichnet. Das Bewußtsein des Thäters muß sich auch darauf erstrecken, daß die Geheimhaltung für das Wohl des Deutschen Reiches erforderlich ist. R.G. II u. III, 12./19. Mai 84, E. X, 420.

5. Die Doktrin hat sich vielfach bemüht, eine genauere Definition für den Begriff der Urkunden zu finden. Diese Bemühungen sind für §. 92 zwecklos, wo Aktenstücke und Nachrichten alternativ neben Urkunden genannt sind. Es kommt vielmehr nur darauf an, daß der Inhalt eines Schriftstückes die Geheimhaltung erfordert. Aehnlich Hälschner II, 522. So ist es auch bei Ziff. 2, wo Urkunde oder Beweismittel neben einander genannt sind, nach dem Zusammenhang es aber nur darauf ankommt, daß der Gegenstand einen Aufschluß über die bezeichneten Rechte gibt und daß diese Rechte durch Vernichtung, Verfälschung oder Unterdrückung des Gegenstands gefährdet werden können.

6. Auch die That der Ziff. 2 bedarf keiner besonderen, auf Gefährdung gerichteten Absicht, wohl aber des Bewußtseins der Gefährdung. Deshalb kann nicht mit Olshausen N. 4 u. Oppenhoff N. 8 von einem objektiven Erforderniß gesprochen werden.

§. 93. Wenn in den Fällen der §§. 80, 81, 83, 84, 87 bis 92 die Untersuchung eröffnet wird, so kann bis zu deren rechtskräftigen Beendigung das Vermögen, welches der Angeschuldigte besitzt, oder welches ihm später anfällt, mit Beschlag*) belegt werden.

Pr. §. 73; E. I. §. 79; E. II. §. 91; St B. S. 274—378.

Vgl. M.St.G.B. §§. 56—61, 160.

1. Die Beschlagnahme ist nur eine Sicherungsmaßregel und auch als solche nur fakultativ („kann"). Es wird die Eröffnung einer förmlichen Untersuchung (Voruntersuchung) vorausgesetzt. (§§. 177, 178 St.P.O.) Die Beschlagnahme wird durch gerichtlichen Beschluß ausgesprochen, wofür im Nähern die Prozeßgesetze maßgebend sind, R.St.P.O. §§. 480, 333—335. Die Reichsstrafprozeßordnung §. 480 mit §§. 325, 326 ordnet die Bekanntmachung des Beschlusses, bez. dessen Wiederaufhebung in dem Reichsanzeiger und die Einleitung einer Güterpflege an, indem der Beschuldigte das Recht, über das beschlagnahmte Vermögen zu verfügen, mit dem Zeitpunkt der Bekanntmachung verliert.

2. Nach der rechtskräftigen Beendigung der Untersuchung — mag dieselbe durch Einstellung des Verfahrens oder durch Urtheil erfolgen — oder sonst bei Wegfall der Gründe ist die Beschlagnahme aufzuheben (§. 335 St.P.O.).

Zweiter Abschnitt.

Beleidigung des Landesherrn.**)

Zweiter Abschnitt.

1. Der I. Entwurf faßte den Abschn. 2 und 3 unter der Ueberschrift „Beleidigung von Bundesfürsten und von Mitgliedern bundesfürstlicher Häuser" zusammen und berücksichtigte den Unterschied des Landesherrn (landesherrliches Haus) und Bundesfürst (bundesfürstliches Haus) nur durch Aufstellung erweiterter Strafmaße. Veranlaßt durch die hiergegen gerichteten Kritiken glaubte die Bundeskommission den bestehenden staatlichen Verhältnissen innerhalb des Bundes dadurch Rechnung zu tragen, daß sie auf Grund jener Unterscheidung zwei getrennte Abschnitte (2 u. 3) aufstellte.

---

*) S. Delius, Die Beschlagnahme des Vermögens in Goltd. XXXVII, 117 fg.
**) S. Zimmermann in Goltd. XXXI, 337, Gertschen das. XXXII, 53.

Der Reichstag fügte dem Abschnitt 2 noch den Träger der Präsidialgewalt unter dem neu erfundenen Namen „Bundesoberhaupt" bei und stellte dasselbe dem Landesherrn gleich. (Amendement v. Levetzow, St.B. S. 378.) Vgl. auch §. 80. An Stelle des Bundesoberhaupts ist jetzt der Kaiser getreten.

2. Die Ueberschrift ist von der Bundeskommission — von dem nachträglich aufgenommenen Bundesoberhaupt abgesehen — nur „a potiori" gewählt, ohne daß die gegen die Mitglieder der landesherrlichen Häuser gerichteten Handlungen (§§. 96, 97) deswegen als „Beleidigung des Landesherrn" zu rubriziren sind. Aehnlich verhält es sich in Abschnitt 3.

3. Abschnitt 2 macht insofern eine Aenderung von dem Territorialitätsprinzip (§. 3), daß nur der eigene Landesherr des Thäters im ganzen Bundesgebiet, dagegen jeder andere Bundesfürst nur innerhalb seines Landes Gegenstand der That sein können. Dasselbe gilt von den Mitgliedern des Hauses des Landesherrn bez. Bundesfürsten.

Der Ausländer kann, wenn er eine Handlung fraglicher Art im Auslande begeht, nicht verfolgt werden. (§. 4 Nr. 1.) — Der Inländer (Deutsche) dagegen unter gleicher Voraussetzung nur in den Fällen der §§. 94, 95, 98, 99. (Vgl. §. 4 Nr. 2 u. N. 8.) Der Ausdruck „Beleidigung von Bundesfürsten" in §. 4 N. 2 ist seit der Trennung der Materie in Abschn. 2 u. 3 durch die Bundeskommission nicht mehr ganz korrekt. Dieser Ausdruck wurde aus dem I. Entwurf, wo er lediglich eine Ausdehnung des Begriffs „Majestätsbeleidigung" auf sämmtliche Bundesfürsten war, wie ihn §. 4 Nr. 2 des preuß. St.G.B. enthielt, in den II. Entwurf übernommen. So wenig sich im preuß. St.G.B. die Majestätsbeleidigung auf die Mitglieder des Königl. Hauses bezog, ebenso wenig bezog sich im I. Entwurf die Beleidigung von Bundesfürsten auf die Mitglieder bundesfürstlicher Häuser. Hieran ist durch die Bundeskommision nichts geändert. Die Meinung (Oppenhoff zu §. 4 N. 22), wonach sämmtliche Straffälle des Abschn. 2 u. 3 unter den §. 4 Nr. 2 fallen, ist danach unbegründet.

§. 94. Wer einer Thätlichkeit gegen den Kaiser, gegen seinen Landesherrn oder während seines Aufenthalts in einem Bundesstaate einer Thätlichkeit gegen den Landesherrn dieses Staats sich schuldig macht, wird mit lebenslänglichem Zuchthaus oder lebenslänglicher Festungshaft, in minder schweren Fällen mit Zuchthaus nicht unter fünf Jahren oder mit Festungshaft von gleicher Dauer bestraft. Neben der Festungshaft kann auf Verlust der bekleideten öffentlichen Aemter, sowie der aus öffentlichen Wahlen hervorgegangenen Rechte erkannt werden.

Sind mildernde Umstände vorhanden, so tritt Festungshaft nicht unter fünf Jahren ein.

Pr. §. 74; E. I. §. 88; E. II. §. 92; St.B. S. 378–380.

Vgl. §§. 4 Nr. 2, 20, 80, 81, 95, 98, 185, 223 ff.

1. Vgl. die allg. Bemerkungen zu Abschn. 1 u. 2.

2. Aus der Ueberschrift des Abschnitts folgt nicht, daß die Thätlichkeit in beleidigender Absicht erfolgt sein müsse, vielmehr ist unter Thätlichkeit jeder Angriff auf die Person, den Körper zu verstehen. Soweit ein solcher Angriff nicht schon unter die §§. 80, 81 fällt, kommt §. 94 zur Anwendung. Ebenso Berner S. 363, Binding I, 351, Hälschner II, 765, Olshausen N. 2, Oppenhoff N. 1, Puchelt N. 2. Dagegen rechnet v. Liszt S. 566 auch einen fehlgeschlagenen Angriff, v. Schwarze N. 1. Thätlichkeiten, welche den Körper nicht berühren, Baumgarten, Versuch S. 411, die versuchte körperliche Einwirkung hierher. Nach der richtigen Meinung, daß Thätlichkeit eine Einwirkung auf den Körper voraussetzt, ist auch Versuch einer solchen möglich.

3. Zum Thatbestand gehört hier, wie überhaupt in den §§. 94—101, Vorsätzlichkeit und insbesondere das Bewußtsein, daß die Person, gegen welche die Handlung begangen wird, eine der in diesen Paragraphen genannten sei. Vgl. auch §. 59.

4. Der Ausdruck „minder schwere Fälle" kommt allein hier und im §. 96 vor. Er entstammt dem preuß. Allg. Landrecht (II, 20, §. 197) und findet sich im §. 74 preuß. St.G.B. — da der Paragraph gleichzeitig mildernde Umstände (vgl. S. 32) zuläßt, so muß unter

einem minder schweren Fall eine „objektiv“ weniger bedeutsame Thätlichkeit verstanden werden. Ob eine solche vorliegt, ist Frage der Strafzumessung und vom Gericht, nicht durch die Geschworenen, festzustellen. R.G. II, 10. Febr. 82, E. VI, 25, R. IV, 147. Bezüglich der Feststellung mildernder Umstände s. §. 297 St.P.O.

§. 95*). Wer den Kaiser, seinen Landesherrn oder während seines Aufenthalts in einem Bundesstaate dessen Landesherrn beleidigt, wird mit Gefängniß nicht unter zwei Monaten oder mit Festungshaft von zwei Monaten bis zu fünf Jahren bestraft.

Neben der Gefängnißstrafe kann auf Verlust der bekleideten öffentlichen Aemter, sowie der aus öffentlichen Wahlen hervorgegangenen Rechte erkannt werden.

Pr. §. 75; E. I. §. 81; E. II. §. 93; St.B. S. 380, 1168.

G. v. 26. Februar 1876 Art. I; Drucks. 1876 Nr. 118, 196; St.B. S. 646, 1322.

Vgl. §§. 4 Nr. 2, 99, 185; G. v. 7. Mai 1874 §. 23 Nr. 3 (Presse).

1. Der Regent ist nicht Landesherr. (Vgl. §§. 96, 97.)

2. Der Begriff „Verletzung der Ehrfurcht“ im preuß. St.G.B. ist durch Beleidigung ersetzt; es wurde hierbei erwogen, daß Handlungen, die gegen einen Landesherrn vorgenommen werden, Beleidigungen desselben sein können, wenn sie es gegen andere Personen auch nicht sind. (So Dresden 13. Nov. 71, 29. Juni 74 u. 14. Mai 75, S.G.Z. XVI, 80, XVIII, 346; XX, 18, St. I, 172, Goltd. XX, 223; XXII, 656; XXIV, 637, Mannheim 3. Jan. 74, St. IV, 13, Goltd. XXII, 656, Berlin 22. Okt. 74 (Goltd. XXII, 577). R.G. III, 16. März 81, E. III, 434. Majestätsbeleidigung kann auch in der geflissentlichen Verweigerung der gebührenden Ehrenbenennungen liegen. München 9. Jan. 74 (St. III, 289). Immer muß aber Beleidigung festgestellt sein; die Feststellung einer gröblichen Verletzung der Ehrfurcht genügt nicht. Berlin 19. März, 2. Juni u. 22. Okt. 74 (O.R. XV, 157, 350, Goltd. XXII, 243, 577, 578). Gegen Annahme mittelbarer Majestätsbeleidigung spricht sich aus R.G. IV, 13. Juli 88, Goltd. XXXVI, 249.

3. Ob sich die Beleidigung auf eine Regierungs- oder auf eine persönliche Handlung, ob sie sich auf eine Handlung vor oder nach dem Regierungsantritt bezieht, begründet keinen Unterschied. R.G. III, 23. Juni 80, E. II, 213, u. 21. Mai 83, E. VIII, 338.

4. Die Absicht zu beleidigen ist nicht erforderlich, vielmehr genügt das Bewußtsein des ehrenkränkenden Charakters der Aeußerung und der Person, welche sie trifft. Dresden 13. Nov. 71, 29. Juni 74 (S.G.Z. XVI, 80; XVIII, 346, St. I, 172), Berlin 9. Jan. u. 5. Juli 73, 8. Mai 74 (Goltd. XXI, 189; XXII, 420, O.R. XV, 299, St. III, 53); 27. Sept. 76, 25. Okt. 78. u. 29. Jan. 79 (O.R. XVII, 600; XIX, 483; XX, 56, St. VI, 102). Der §. 193 findet keine (unmittelbare) Anwendung, Berlin 2. u. 6. Juni 74 u. 27. Sept. 76, (Goltd. XXII, 496, 578, O.R. XV, 350; XVII, 598, St. VI, 102), R.G. II, 4. Okt. 81, E. V, 46, R. III, 580, u. 21. Mai 83, E. VIII, 338, u. 17. Dez. 88, R. X, 724. In den beiden letzten Urtheilen ist ausgeführt, daß zwar §. 193 nicht unmittelbare Anwendung finde, daß jedoch die ausschließliche Absicht, sein Recht zu wahren, den erforderlichen Vorsatz ausschließe, also wie §. 193 wirke. Ebenso wenig ist §. 194 anwendbar. Berlin 6. Juni 74 (Goltd. XXII, 496), R.G. II, 4. Okt. 81, s. oben. Der Beweis der Wahrheit ist im Falle des §. 95 ausgeschlossen. München 9. Jan. 74 (St. III, 289). R.G. III, 23. Juni 80 (E. II, 213**).

5. Zur Vollendung der That gehört, daß andere Personen Kenntniß derselben erhalten haben; die bloße Möglichkeit derselben, wie die Hingabe eines eine Majestätsbeleidigung ent-

---

*) Neue Fassung des G. v. 26. Febr. 1876; die alte Fassung lautete:

§. 95. Wer den Kaiser, seinen Landesherrn oder während seines Aufenthalts in einem Bundesstaate dessen Landesherrn beleidigt, wird mit Gefängniß nicht unter zwei Monaten oder mit Festungshaft bis zu 5 Jahren bestraft.

Neben der Gefängnißstrafe kann auf Verlust der bekleideten öffentlichen Aemter, sowie der aus öffentlichen Wahlen hervorgegangenen Rechte erkannt werden.

**) Vgl. hierzu Zimmermann in Goltd. XXXI, 193 und Gertschen das. XXXII, 53, ersteren gegen letzteren für jenes Urtheil.

haltenden Manuskripts in die Druckerei, genügt nicht. Berlin 16. Okt. 77 (O.R. XVIII, 675, St. VII, 374). Auch in dem Referiren einer anderwärts gehörten Majestätsbeleidigung kann unter Umständen die That gefunden werden. Berlin 29 Jan. 79 (O.R. XX, 56), so auch in einem Zeitungsbericht über eine Gerichtsverhandlung. Berlin 27. Sept. 76 (O.R. XVII, 598, Goltd. XXIV, 632, St. VI, 102), R.G. II, 4. Okt. 81, s. oben. S. einen Fall symbolischer Majestätsbeleidigung, Berlin 26. Sept. 78 (O.R. XIX, 431, Goltd. XXVI, 426). In dem bloßen Hingeben eines eine Majestätsbeleidigung enthaltenden Zeitungsblattes an einen Andern, um einer Verpflichtung zu genügen, ohne selbständigen Vorsatz der Beleidigung wurde eine Majestätsbeleidigung nicht gefunden. R.G. III, 17. März 80 (R. I, 485, E. I, 321, Goltd. XXVIII, 275).

6. Aus den Worten „während seines Aufenthalts" folgt, daß der Nichtunterthan sich in dem betr. Bundesstaat bei Begehung der Beleidigung befinden muß. Brieflich oder durch die Presse innerhalb jenes Bundesstaats veröffentlichte Beleidigungen genügen somit nicht, vielmehr ist dann nur §. 99 anwendbar. (Vgl. § 21 A. 2 des Rechtshülfegesetzes.)

7. Durch die neue Fassung ist der Zweifel beseitigt, ob das Minimum der Festungshaft auch 2 Monate beträgt.

8. Der Verlust der Aemter u. s. w. kann verhängt werden, auch wenn die erkannte Gefängnißstrafe 3 Monate nicht erreicht. Der §. 32 ist in dieser Hinsicht nicht maßgebend.

9. Die Beleidignng verstorbener Landesherren als solcher ist nicht strafbar. (Vgl. §. 189.) Gl. M. Berner S. 365, Geyer II, 130, H. Meyer S. 808, Olshausen N. 1.

§. 96. Wer einer Thätlichkeit gegen ein Mitglied des landesherrlichen Hauses seines Staats oder gegen den Regenten seines Staats oder während seines Aufenthalts in einem Bundesstaate einer Thätlichkeit gegen ein Mitglied des landesherrlichen Hauses dieses Staats oder gegen den Regenten dieses Staats sich schuldig macht, wird mit Zuchthaus nicht unter fünf Jahren oder mit Festungshaft von gleicher Dauer, in minder schweren Fällen mit Zuchthaus bis zu fünf Jahren oder mit Festungshaft von gleicher Dauer bestraft.

Sind mildernde Umstände vorhanden, so tritt Festungshaft von Einem bis zu fünf Jahren ein.

Pr. §. 76; E. I. §. 82; E. II. §. 94; St.B. S. 380.

Vgl. §§. 20, 100, 185.

§. 97. Wer ein Mitglied des landesherrlichen Hauses seines Staats oder den Regenten seines Staats oder während seines Aufenthalts in einem Bundesstaate ein Mitglied des landesherrlichen Hauses dieses Staats oder den Regenten dieses Staats beleidigt, wird mit Gefängniß von Einem Monat bis zu drei Jahren oder mit Festungshaft von gleicher Dauer bestraft.

Pr. §. 77; E. I. §. 83; E. II. §. 95; St.B. S. 381.

Vgl. §§. 101, 185.

1. Vgl. die allgemeinen Bemerkungen zu diesem Abschnitt u. zu §§. 94, 95. — Auf die §§. 96, 97 erstreckt sich die Vorschrift des §. 4 Nr. 2 nicht.

2. Wer als Mitglied eines landesherrlichen Hauses gilt, ist nach den Haus- bez. Verfassungsgesetzen zu beurtheilen. Oppenhoff zu §. 96 N. 2 bemerkt zutreffend: „Mitglieder eines landesherrlichen Hauses sind alle nachweislich vom Stammvater des Hauses durch ebenbürtige Ehen abstammenden Blutsverwandten beiderlei Geschlechts mit Ausnahme derjenigen weiblichen Glieder, welche durch Verheirathung Mitglieder eines andern Fürstenhauses geworden sind, und der Abkömmlinge der letzteren. Es treten außerdem hinzu die ebenbürtigen Gemahlinen der männlichen Mitglieder."

Die Beleidigung eines Mitgliedes des Kaiserlichen und Königl. Preuß. Hauses durch einen Angehörigen des Reichslandes Elsaß-Lothringen ist nicht nach §. 97 zu strafen. Leipzig 25. Mai 74 (Goltd. XXII, 657, St. III, 290). R.G. I, 17. April 84, E. X, 312. R. VI, 282 u. 26. April 88, E. XVII, 334, R. X, 335.

Dritter Abschnitt.

Beleidigung von Bundesfürsten.

§. 98. Wer außer dem Falle des §. 94 sich einer Thätlichkeit gegen einen Bundesfürsten schuldig macht, wird mit Zuchthaus von zwei bis zu zehn Jahren oder mit Festungshaft von gleicher Dauer bestraft.

Sind mildernde Umstände vorhanden, so tritt Festungshaft von sechs Monaten bis zu zehn Jahren ein.

Pr. —; E. I. §. 80; E. II. §. 96; St.B. S. 381, 1168.

Vgl. §§. 4 Nr. 2, 20, 80, 81, 94, 223 ff.

§. 99. Wer außer dem Falle des §. 95 einen Bundesfürsten beleidigt, wird mit Gefängniß von Einem Monat bis zu drei Jahren oder mit Festungshaft von gleicher Dauer bestraft.

Die Verfolgung tritt nur mit Ermächtigung des Beleidigten ein.

Pr. —; E. I. §. 81; E. II. §. 97; St.B. S. 381, 382.

Vgl. §§. 4 Nr. 2, 95, 185.

§. 100. Wer außer dem Falle des §. 96 sich einer Thätlichkeit gegen ein Mitglied eines bundesfürstlichen Hauses oder den Regenten eines Bundesstaats schuldig macht, wird mit Zuchthaus bis zu fünf Jahren oder mit Festungshaft von gleicher Dauer bestraft.

Sind mildernde Umstände vorhanden, so tritt Festungshaft von Einem Monat bis zu drei Jahren ein.

Pr. —; E. I. §. 82; E. II. §. 98; St.B. S. 382.

Vgl. §§. 20, 96.

§. 101. Wer außer dem Falle des §. 97 den Regenten eines Bundesstaats beleidigt, wird mit Gefängniß von Einer Woche bis zu zwei Jahren oder mit Festungshaft von gleicher Dauer bestraft.

Die Verfolgung tritt nur mit Ermächtigung des Beleidigten ein.

Pr. —; E. I. §. 83; E. II. §. 99; St.B. S. 382, 383, 1168.

Vgl. §§. 97, 185.

1. Vgl. die sämmtlichen Bemerkungen zu Abschn. 2. — Auf die §§. 100, 101 erstreckt sich die Bestimmung im §. 4 Nr. 2 nicht. Vgl. auch Puchelt N. 3.

2. Auf die in den §§. 99 u. 101 erwähnte Ermächtigung finden die Vorschriften über das Erforderniß des Antrags (§. 61 ff.) nicht Anwendung (vgl. §. 61 N. 7); ebenso wenig die Bestimmungen über Zurücknahme des Antrags; eine Zurücknahme der Ermächtigung findet nicht statt. Stuttgart 27. Mai 74 (Württ. Gerichtsbl. VIII, 224). Vorläufige Maßregeln, z. B. Beschlagnahmen, sind hier unbedenklich zulässig.

3. Eine Form ist für die Ermächtigung nicht vorgeschrieben; es ist also lediglich eine prozessuale Frage, ob eine Ermächtigung vorliegt, welche in allen Instanzen der Prüfung unterliegt, ohne einer besonderen Feststellung zu bedürfen. Berlin 9. Nov. 76 u. 7. Sept. 77 (O.R. XVII, 728; XVIII, 549, Goltd. XXIV, 540). R.G. II, 25. Jan. 89, E. XVIII, 382. Die Ermächtigung kann durch den Bericht des Gesandten, welcher an dem zur Ermächtigung veranlaßten Hofe akkreditirt ist, nachgewiesen werden. Vgl. a. a. O.

4. Die Ermächtigung kann aus eigener Initiative des Beleidigten gegeben werden, aber auch auf Antrag des verfolgenden Staatsanwalts. Sie kann auch im Laufe des Verfahrens noch nachgeholt werden und es ist nur Erforderniß, daß sie im Augenblicke der Aburtheilung vorliegt. Die Gerichte aller Instanzen haben das Vorliegen zu prüfen. Einer richterlichen Fest-

stellung bedarf die Ermächtigung so wenig wie der Antrag. Beim Fehlen der Ermächtigung muß Einstellung des Verfahrens erfolgen. Gl. M. Binding I, 613, Oppenhoff N. 2, v. Liszt S. 196.

5. Die Bestimmungen über Beleidigung im 14. Abschnitt, insbesondere §. 193, finden auf die Beleidigung von Bundesfürsten keine Anwendung. R.G. II, v. 25. Jan. 89 s. oben, auch München 30. März 89, bayr. Entsch. V, 338.

Vierter Abschnitt.

Feindliche Handlungen gegen befreundete Staaten*).

Als befreundet gilt jeder Staat, mit welchem das Deutsche Reich in diplomatischen Beziehungen und Friedensstand sich befindet. Goltdammer Mat. II, 96, Oppenhoff S. 262, N. 1, Meves in H.H. IV, 290. A. M. Hälschner II, 774, H. Meyer S. 801, Olshausen N. 4, v. Schwarze N. 4, welche auf diplomatischen Verkehr bei civilisirten Staaten kein Gewicht legen. Krieg unterbricht die Gegenseitigkeit. Gl. M. Binding I, 594 N. 17, Olshausen N. 4, Hälschner II, 774.

§. 102). Ein Deutscher, welcher im Inlande oder Auslande, oder ein Ausländer, welcher während seines Aufenthalts im Inlande gegen einen nicht zum Deutschen Reich gehörenden Staat oder dessen Landesherrn eine Handlung vornimmt, die, wenn er sie gegen einen Bundesstaat oder einen Bundesfürsten begangen hätte, nach Vorschrift der §§. 81 bis 86 zu bestrafen sein würde, wird in den Fällen der §§. 81 bis 84 mit Festungshaft von Einem bis zu zehn Jahren oder, wenn mildernde Umstände vorhanden sind, mit Festungshaft von sechs Monaten bis zu zehn Jahren, in den Fällen der §§. 85 und 86 mit Festungshaft von Einem Monat bis zu drei Jahren bestraft, sofern in dem anderen Staate dem Deutschen Reich die Gegenseitigkeit verbürgt ist.**

Die Verfolgung tritt nur auf Antrag der auswärtigen Regierung ein. Die Zurücknahme des Antrages ist zulässig.

Pr. §. 78; E. I. §. 84; E. II. §. 100; St.B. S. 383.

G. v. 26. Febr. 1876 Art. I; Druckf. (1876) Nr. 54, 145, 196, 235; St.B. S. 647, 790, 1323.

Vgl. §. 4.

1. Die neue Fassung hat zunächst zwei Redaktionsversehen beseitigt, indem die Bezugnahme auf den §. 80 gestrichen und der Höchstbetrag der Festungshaft im Falle des Vorhandenseins mildernder Umstände auf 10 Jahre beschränkt wurde.

Außerdem ist die Einschränkung beseitigt, daß in dem andern Staat „nach veröffentlichten Staatsverträgen oder nach Gesetzen“ die Gegenseitigkeit verbürgt ist, während der Vorschlag des Regierungsentwurfs, auch das Erforderniß des Antrags der auswärtigen Regierung zu streichen, vom Reichstage abgelehnt wurde.

Die Motive bemerken hierzu:

„Der §. 102 macht die Strafbarkeit davon abhängig, daß „in dem andern Staate nach veröffentlichten Staatsverträgen oder nach Gesetzen dem Deutschen Reiche die Gegenseitigkeit

---

*) S. Lammasch, Ueber polit. Verbrechen gegen fremde Staaten, Zeitschr. f. d. ges. Str.R.W. III, 376.

**) Neue Fassung des G. v. 26. Febr. 1876; die alte Fassung lautete:

§. 102. Ein Deutscher, welcher im Inlande oder Auslande, oder ein Ausländer, welcher während seines Aufenthalts im Inlande gegen einen nicht zum Deutschen Reiche gehörenden Staat oder dessen Landesherrn eine Handlung vornimmt, die, wenn er sie gegen einen Bundesstaat oder einen Bundesfürsten begangen hätte, nach Vorschrift der §§. 80 bis 86 zu bestrafen sein würde, wird in den Fällen der §§. 80 bis 84 mit Festungshaft von Einem bis zu zehn Jahren oder, wenn mildernde Umstände vorhanden sind, mit Festungshaft nicht unter sechs Monaten, in den Fällen der §§. 85 und 86 mit Festungshaft von Einem Monat bis zu drei Jahren bestraft, sofern in dem andern Staate nach veröffentlichten Staatsverträgen oder nach Gesetzen dem Deutschen Reiche die Gegenseitigkeit verbürgt ist.

Die Verfolgung tritt nur auf Antrag der auswärtigen Regierung ein.

verbürgt ist" und daß die „Verfolgung" von der „auswärtigen Regierung" beantragt wird. Diese Einschränkungen entsprechen nicht dem politischen Bedürfnisse und den Anforderungen des Völkerrechts. Jeder Staat hat ein Interesse und ist völkerrechtlich verpflichtet, Unternehmungen seiner Angehörigen gegen die äußere Sicherheit oder die innere Ruhe anderer Staaten nach Möglichkeit zu hindern und eventuell zu bestrafen. Die Regierung eines jeden Staates muß nach der Gesetzgebung in der Lage sein, dieses Interesse selbständig verwirklichen und diese Verpflichtung selbständig erfüllen zu können. Die Gegenseitigkeit wird, selbst wo sie beabsichtigt ist, häufig nur schwer für den Richter zu konstatiren sein. Es muß aber auch, wo sie nicht beabsichtigt ist, die Regierung die Möglichkeit haben, gegen Unternehmungen der bezeichneten Art im eigenen Lande einzuschreiten, und sie darf niemals an den Antrag der gefährdeten Regierung gebunden sein, denn die letztere mag oft ein wichtiges politisches Interesse haben, den Antrag nicht zu stellen, wo die inländische Regierung nicht bloß aus Rücksichten, die sie dem befreundeten Staate schuldet, sondern auch im eigenen Interesse die Verfolgung für wünschenswerth erachtet.

Die in neuerer Zeit in anderen Staaten gegen die Unterstützung von Aufständen und Kriegen, sowie zur Wahrung der Neutralität erlassenen Bestimmungen entbehren der Einschränkungen, deren Wegfall in Vorschlag gebracht wird."

2. Der Paragraph macht eine doppelte Ausnahme von dem Territorialitätsprinzip. Erstens wird der Deutsche, der im Auslande gegen §. 102 fehlt, bestraft, ohne Rücksicht darauf, ob die Voraussetzung des §. 4 N. 3 vorliegt; es ist dieses also ein weiterer Fall des §. 4 N. 2. Zweitens wird der Ausländer, der gegen §. 102 fehlt, nur dann bestraft, wenn er die Handlung während seines Aufenthalts im Inlande begeht; vgl. §. 95 N. 3.

3. Für den Begriff „Ausland" und „Inland" ist strafrechtlich §. 8 maßgebend.

4. Deutsch-Oesterreich und Liechtenstein nehmen keine besondere Stellung mehr ein, was schon nach der Fassung des §. 102, welche derselbe durch das Gesetz vom 15. Mai 1871 erhielt (R.G.Bl. S. 127), klar gestellt wurde (vgl. oben S. 26). In der ursprünglichen Fassung des §. 102 waren die nicht zum Norddeutschen Bunde gehörenden deutschen Staaten besonders erwähnt und war bei denselben das Erforderniß der verbürgten Gegenseitigkeit nicht besonders hervorgehoben.

5. Ob die Gegenseitigkeit verbürgt ist, bedarf der Feststellung im einzelnen Falle. Die beiden Formen: Gesetz und veröffentlichte Staatsverträge sind nach der jetzigen Fassung (vgl. oben zu 1) nicht mehr allein maßgebend. Uebrigens sind die von den einzelnen Staaten mit anderen abgeschlossenen Jurisdiktionsverträge nicht aufgehoben. So lange diese Verträge nicht durch Bundesverträge ersetzt sind, können dieselben die Anwendbarkeit des §. 102 A. 2 begründen. (Vgl. oben zu §. 4 N. 3.

6. Die Gegenseitigkeit ist nicht Bedingung der Strafverfolgung, sondern Bedingung der Strafbarkeit. Sie muß also wie jedes Thatbestandsmerkmal festgestellt werden, wenn es sich fragt, ob §. 102 anwendbar sei. R.G. III, 2. Juli 81, **R.** III, 457. Es genügt hierfür nicht, daß die That strafbar sei, weil sie auch gegen Privatpersonen verübt strafbar ist, sondern es muß eine dem §. 102 ähnliche Bestimmung vorliegen. Gl. M. Hälschner II, 774, Olshausen N. 2, Oppenhoff N. 9, größtentheils auch Binding I, 593, der nur ein größeres Gewicht auf die annähernde Gleichheit der Repressivmittel, also der Strafe legt. Dies würde jedenfalls nur bei relativer Gleichheit im Verhältniß zum gesammten Strafensystem angenommen werden können, nicht bei absoluter Gleichheit. Aber auch die von Binding N. 13 ausdrücklich abgelehnte Meinung, daß die Strafe strenger sein müßte, als gegen Privatpersonen verübt, muß festgehalten werden, da sonst in Bezug auf das internationale Verhältniß kein die Gegenseitigkeit verbürgender Schutz besteht, wie Binding selbst betont.

Mit Recht hebt Binding ferner hervor, daß, wenn das auswärtige Gesetz nur die Verübung im Inlande bedroht, mindestens keine volle Gegenseitigkeit besteht und der im Auslande delinquirende Inländer vernunftgemäß nicht bestraft werden kann.

7. Gegenseitigkeit kann nur angenommen werden, wenn im Auslande z. B. der That ein, wenn auch nicht völlig gleiche, sondern doch annähernd auf gleichen Normen beruhendes Strafgesetz besteht, welches Deutschland den beiläufig gleichen Schutz gewährt. Die Zusicherung der auswärtigen Regierung im einzelnen Fall genügt nicht, auch nicht eine nachträglich verbürgte Gegenseitigkeit. Gl. M. Binding **I**, 594.

Daraus folgt, daß die Feststellung der Gegenseitigkeit im Urtheil keine thatsächliche, sondern eine rechtliche ist, welche den Geschworenen nicht zusteht, mittels Revision angefochten und vom Revisionsrichter geprüft werden kann, wenn dieser das Vorliegen des gesetzlichen Thatbestands zu prüfen hat. A. M. Olshausen N. 3 darüber, ob die Gegenseitigkeit zum Thatbestand gehört. Gl. M. Meyer S. 350 N. 11.

Die Annahme, daß die Praxis ausländischer Gerichte, oder die Spezialzusicherung der ausländischen Behörde nicht genüge (wie Olshausen N. 4b, Geyer II, 131, v. Liszt S. 571, Meves in H.H. IV, 291, Oppenhoff N. 7, v. Schwarze zu §. 102 lehren), folgt daraus, daß jede Gerichtspraxis der Bürgschaft entbehrt und die Zusicherung, wenn sie nicht den Charakter eines internationalen Vertrags hat und dieser nach dem Staatsrecht des ausländischen Staats nicht den sofortigen Vollzug sichert, nur ein ungelöstes Versprechen bildet.

§. 103*). Wer sich gegen den Landesherrn oder den Regenten eines nicht zum Deutschen Reich gehörenden Staats einer Beleidigung schuldig macht, wird mit Gefängniß von Einer Woche bis zu zwei Jahren oder mit Festungshaft von gleicher Dauer bestraft, sofern in diesem Staate dem Deutschen Reich die Gegenseitigkeit verbürgt ist.

Die Verfolgung tritt nur auf Antrag der auswärtigen Regierung ein. Die Zurücknahme des Antrages ist zulässig.

Pr. §. 79; E. I. §. 85; E. II. §. 101; St.B. S. 383.

G. v. 26. Febr. 1876 Art. I; Drucks. (1876) Nr. 54, 185, 181, 235; St.B. S. 647, 798, 1325.

Vgl. §§. 95, 99, 185.

1. Vgl. die Bemerkungen zu Abschn. 2 und zu §. 102. Depossedirte Landesherren sowie der Papst gehören nicht unter die Landesherren eines Staates. Olshausen N. 1.

2. Der Begriff der „Beleidigung“ entspricht hier dem des §. 185. Körperverletzungen und überhaupt Thätlichkeiten, welche nicht als Realinjurien erscheinen, sind nur nach §. 223 ff. zu bestrafen.

3. Obgleich der Landesherr oder Regent der Beleidigte ist, wird doch in Abs. 2 der auswärtigen Regierung das Antragsrecht beigelegt. Hieraus folgert Olshausen N. 2, Binding I, 618 mit Recht, daß mit dem Tod des Beleidigten das Antragsrecht nicht erlischt. Auch die Strafbarkeit der That erlischt nicht, vorausgesetzt, daß dieselbe zu Lebzeiten des Landesherrn begangen war. Außerdem schlägt nur §. 189 an.

4. Privatklage ist in den Fällen des §. 103 zulässig. Stenglein in G.S. Bd. 35 S. 274, Olshausen N. 5.

§. 103a. Wer ein öffentliches Zeichen der Autorität eines nicht zum Deutschen Reich gehörenden Staats oder ein Hoheitszeichen eines solchen Staats böswillig wegnimmt, zerstört oder beschädigt oder beschimpfenden Unfug daran verübt, wird mit Geldstrafe bis zu sechshundert Mark oder mit Gefängniß bis zu zwei Jahren bestraft.

G. v. 26. Febr. 1876 Art. II; Drucks. Nr. 54; St.B. (1876) S. 1011.

Vgl. §. 135.

1. Die Motive zu diesem durch die Novelle vom 26. Febr. 1876 ohne Diskussion im Reichstag aufgenommenen Paragraph lauten:

> „Der durch die Vorschrift des §. 103a den nicht zum Deutschen Reich gehörenden befreundeten Staaten gewährte Schutz gegen Mißachtung der staatlichen Autorität entspricht den herrschenden Anschauungen über die gegenseitige Achtung der Nationen. Die Grenzen des Thatbestandes sind dieselben, welche der §. 135 in der neuvorgeschlagenen Fassung in Betreff der gegen das Reich oder einen Bundesstaat vorgenommenen Handlung feststellt.“

---

*) Neue Fassung des Ges. v. 26. Febr. 1876; die alte Fassung lautete:

§. 103. Wer sich gegen den Landesherrn oder den Regenten eines nicht zum Deutschen Reiche gehörenden Staats einer Beleidigung schuldig macht, wird mit Gefängniß von Einem Monat bis zu zwei Jahren oder mit Festungshaft von gleicher Dauer bestraft, sofern in diesem Staate nach veröffentlichten Staatsverträgen oder nach Gesetzen dem Deutschen Reiche die Gegenseitigkeit verbürgt ist.

Die Verfolgung tritt nur auf Antrag der auswärtigen Regierung ein.

2. Vgl. die Bemerkungen zu §. 135. Die That kann nur im Inlande an im Inlande befindlichen Zeichen der angegebenen Art verübt werden. Es ist auch der Unterschied nicht gemacht, daß es Zeichen einer befreundeten Macht sein müssen; denn selbst die einer mit dem Deutschen Reiche in Krieg befindlichen Macht sind nicht Gegenstand der Beschimpfung oder des Angriffs Einzelner, sondern nur von der Landesregierung zu entfernen. Gl. M. H. Meyer, S. 843, Hälschner II, 776 (welcher jedoch auch Verübung im Auslande als strafbar ansieht). A. M. Oppenhoff, N. 1, 2.

§. 104*). Wer sich gegen einen bei dem Reich, einem bundesfürstlichen Hofe oder bei dem Senate einer der freien Hansestädte beglaubigten Gesandten oder Geschäftsträger einer Beleidigung schuldig macht, wird mit Gefängniß bis zu Einem Jahre oder mit Festungshaft von gleicher Dauer bestraft.

Die Verfolgung tritt nur auf Antrag des Beleidigten ein. Die Zurücknahme des Antrages ist zulässig.

Pr. §. 80; E. I. §. 86; E. II. §. 102; St.B. S. 383.

G. v. 26. Febr. 1876 Art. I; Drucks. (1876) Nr. 145; St.B. S. 800.

1. Beleidigung vgl. §. 185.

2. Der §. 104 schärft mit Rücksicht auf die Person des Beleidigten die Strafe der gewöhnlichen Beleidigung (§. 185 Geldstrafe bis zu 600 Mark, Haft oder Gefängniß bis zu 1 Jahr) dadurch, daß Geldstrafe und Haft gänzlich ausgeschlossen ist. Es liegt also eine qualifizirte Beleidigung vor. Gegenüber von §. 185 ist Gesetzeskonkurrenz gegeben. Liegt eine thätliche Beleidigung vor, so kann niemals auf Geldstrafe erkannt werden; dagegen ist Festungshaft nicht unbedingt ausgeschlossen. (Vgl. §. 73 N. 5 u. 8.) A. M. Oppenhoff, welcher Gefängniß (bis zu 2 J.) nach Maßgabe des Schlußsatzes im §. 185 für nothwendig erachtet.

3. Die auswärtige Regierung ist nicht antragsberechtigt, da §. 196 nicht hierher bezogen werden kann. Gl. M. Olshausen N. 3, auch Reber, Antragsdelikt S. 360.

4. Der durch die Novelle gemachte Zusatz war wegen der revidirten Fassung des §. 64 nöthig.

Fünfter Abschnitt.

Verbrechen und Vergehen in Beziehung auf die Ausübung staatsbürgerlicher Rechte.

Die Motive zu diesem Abschnitt lauten:

„Der Schutz, welchen die Sondergesetzgebung des Einzelstaates seinen gesetzgebenden Körpern als solchen und den einzelnen Mitgliedern derselben in dieser ihrer Eigenschaft, sowie allen Staatsangehörigen bei Ausübung ihrer politischen Rechte zu gewähren hat, mußte auf den Senat und die Bürgerschaft der freien Städte, auf die gesetzgebenden Körperschaften des Bundes und des Zollvereins ausgedehnt werden. Hierauf aber ist auch dieser Schutz zu beschränken und nicht etwa als über das Bundesgebiet hinaus sich erstreckend anzusehen."

Hieraus ergibt sich, daß eine gegen eine gesetzgebende Versammlung u. s. w. des Auslandes (im Inland oder Ausland) begangene Handlung der vorliegenden Art im Inlande nie (auch nicht auf Grund des §. 4 N. 3) zur Bestrafung gezogen werden kann.

§. 105. Wer es unternimmt, den Senat oder die Bürgerschaft einer der freien Hansestädte, eine gesetzgebende Versammlung des Reichs oder eines Bundesstaates auseinander zu sprengen, zur Fassung oder Unterlassung von Beschlüssen zu nöthigen oder Mitglieder aus ihnen gewaltsam zu entfernen, wird mit Zuchthaus nicht unter fünf Jahren oder mit Festungshaft von gleicher Dauer bestraft.

---

*) Neue Fassung des Ges. v. 26. Febr. 1876; in der alten Fassung fehlten im Abs. 2 die Worte: „die Zurücknahme des Antrages ist zulässig".

Sind mildernde Umstände vorhanden, so tritt Festungshaft nicht unter Einem Jahre ein.

Pr. §. 82; E. I. §. 87; E. II. §. 103; St.B. S. 383.

Vgl. §§. 106, 107, 20.

1. „Wer es unternimmt" vgl. §§. 43 N. 9, 82 und 114.

2. Gesetzgebende Versammlung, also nicht: bloß berathende Versammlungen wie Provinziallandtage u. s. w., selbst wenn denselben durch die Gesetzgebung beschließende Gewalt in den von ihnen zu erledigenden öffentlichen Angelegenheiten eingeräumt ist, da es immerhin keine gesetzgebende Versammlung ist. Der Bundesrath ist gesetzgebende Versammlung, R.G. III 14. Dez. 82, E. VII, 382; auch der Landesausschuß für Elsaß-Lothringen. (Vgl. Reichsges. v. 2. Mai 1877 u. 4. Juli 1879). Laband, Staatsr. I, 713, Hälschner II, 780, v. Liszt, S. 568, H. Meyer, S. 873, Olshausen N. 1, v. Schwarze N. 1.

3. Nur die gegen die Versammlungen der in §. 105 bezeichneten Art im Ganzen verübten Handlungen sind mit der hier bestimmten Strafe bedroht, nicht auch die gegen Abtheilungen, Kommissionen oder einzelne Mitglieder gerichteten. Hälschner II, 780, H. Meyer, S. 813, Olshausen N. 4, Oppenhoff N. 3, v. Schwarze N. 1. A. M. John in H.H. III, 79.

§. 106. Wer ein Mitglied einer der vorbezeichneten Versammlungen durch Gewalt oder durch Bedrohung mit einer strafbaren Handlung verhindert, sich an den Ort der Versammlung zu begeben oder zu stimmen, wird mit Zuchthaus bis zu fünf Jahren oder mit Festungshaft von gleicher Dauer bestraft.

Sind mildernde Umstände vorhanden, so tritt Festungshaft bis zu zwei Jahren ein.

Pr. §. 83; E. I. §. 88; E. II. §. 104; St.B. S. 383.

Vgl. §§. 105, 107, 20, 240, 339.

1. Vgl. zu §§. 106 ff. Drenkmann in Goltd. XVII, 168 ff.

2. „Strafbare Handlung" d. h. Verbrechen, Vergehen oder Uebertretung. Ob die Bedrohung mit einer solchen (also namentlich auch mit einer Uebertretung) wirklich die Verhinderung bewirkt hat (oder — für den Fall des Versuchs — bewirken konnte, d. h. als ein Anfang der Ausführung sich darstellt), ist Sache der thatsächlichen Prüfung.

3. Die thatsächliche Feststellung muß die bestimmte strafbare Handlung (z. B. Mißhandlung, Brandstiftung u. s. w.) durch Hervorhebung entweder des allgemeinen Begriffs oder der speziellen Thatsachen näher erkennbar machen. (O.R. IV, 164; V, 424; VI, 221; VIII, 360.)

4. Ob die strafbare Handlung gegen die zu Nöthigenden oder einen Dritten begangen werden sollte, ist einerlei, wenn nur die Bedrohung gegen jenen gerichtet war. (Vgl. auch §§. 240, 249, 253 ff.)

5. Der entscheidende Moment ist, daß die Versammlung einberufen war und ein Mitglied verhindert wurde, sich an den Ort der Versammlung zu begeben, gleichviel, was dort vorzunehmen war und ob die Verhinderung so lange andauerte, daß das Mitglied dadurch eine Sitzung oder sonstige Funktion versäumte. Hälschner II, 781, H. Meyer S. 813 N. 9, Olshausen N. 2a.

6. Das Recht, zu stimmen, ist geschützt, gleichviel, ob die Abstimmung im Plenum, in einer Abtheilung oder Kommission zu erfolgen hatte. Geyer II, 133, Hälschner II, 782, John in H.H. III, 83, H. Meyer, S. 813, Olshausen N. 2b, Rubo N. 5, v. Schwarze N. 2.

7. Gewalt oder Drohung bei Verlassen des Versammlungsortes kann nur dann unter §. 106 fallen, wenn dadurch die weitere Theilnahme verhindert werden soll. Olshausen N. 3, Oppenhoff N. 6. Zwang in Bezug auf die Art der Abstimmung fällt nicht unter §. 106. v. Liszt, S. 568.

8. Wegen der Beamten vgl. §. 339 N. 3.

§. 107*). Wer einen Deutschen durch Gewalt oder durch Bedrohung mit einer strafbaren Handlung verhindert, in Ausübung seiner staatsbürgerlichen Rechte

---

*) Vgl. Drenkmann in Goltd. XVII, 168, Schneidler in G.S., Bd. 40, S. 1.

zu wählen oder zu stimmen, wird mit Gefängniß nicht unter sechs Monaten oder mit Festungshaft bis zu fünf Jahren bestraft.

Der Versuch ist strafbar.

Pr. §. 84; E. I. §. 89; E. II. §. 105; St.B. S. 383—388.

Vgl. §§. 108, 240, 339.

1. Der Paragraph (in Ausübung seiner staatsbürgerlichen Rechte) beschränkt sich nicht auf Wahlen zu gesetzgebenden Versammlungen (§§. 105, 106), sondern erstreckt sich auf die Wahlen zu Gemeinde=, Kreis=, Bezirks= und Provinzialvertretungen, da die Berechtigung zu diesen als Ausfluß der Eigenschaft eines Staatsbürgers erscheinen. Wahlen für bloß gemeinnützige oder Erwerbsgesellschaften, Genossenschaften u. s. w., auch kirchliche Wahlen, gehören nicht hierher. So nach Oppenhoff, v. Schwarze, v. Kirchmann, Meyer. A. M. ist für das preuß. St.G.B. v. 1851 Goltdammer, Mat. S. 103 aus Art. 3, 12 der preuß. Verfassung. R.G. I, 9. Nov. 82, **E. VII,** 223, **R. IV,** 792 weist jedoch aus der historischen Entwickelung der §§. 107—109 und aus §§. 84—86 preuß. St.G.B. nach, daß das geschützte Objekt in jenen drei §§. das Gleiche ist, und daß der Ausdruck „staatsbürgerliche Rechte" in einem weiteren Sinne gleich politischer Rechte gebraucht ist und nicht aus einer einschränkenden Tendenz der Einzelverfassungen (in concr. Bayern) interpretirt werden darf. Das gemeindliche Wahlrecht ist also durch §. 107—109 geschützt. Gl. M. Berner, S. 372, Geyer **II,** 133, v. Liszt, S. 568, H. Meyer, S. 829. Kirchliche Wahlen wollen einbeziehen: Oppenhoff N. 2, Puchelt N. 1, Schneidler a. a. O., v. Schwarze N. 1, Hälschner II, 784. Einengend interpretirt Olshausen N. 2.

2. Auch der Zwang in einem bestimmten Sinne, d. h. eine Beeinträchtigung der Wahlfreiheit, gehört hierher und zunächst nicht unter §. 240. Das preuß. O.Tr. faßte den entsprechenden §. 84 preuß. St.G.B. ebenso auf; vgl. O.R. IV, 146 („Jemand äußerte unter Drohungen: wer nicht den X. wählt, bekommt Prügel u. s. w.") Ebenso wenn die Wahl einer bestimmten Person verhindert werden soll, da die Ausübung der staatsbürgerlichen Rechte durch die Wahlfreiheit bedingt ist. R.G. II, 21. März 82, **R. IV,** 266. (Vgl. auch Oppenhoff, Meyer, sowie **Code pénal art.** 109, dessen Nachbildung der §. 107 ist.) A. M. Schwarze, v. Kirchmann.

3. Die Wahlhandlung verliert ihren Charakter als solche dadurch nicht, daß Verstöße dabei vorgekommen sind, welche zur Ungültigkeits=Erklärung derselben führen könnten. R.G. II, 23. Juni 82, **R. IV,** 610, auch I, 23. Juni 82, **E. VI,** 351, **R. IV,** 610.

4. Die Strafe der für geringere Fälle angedrohten Festungshaft ist nach unten nicht beschränkt. Gl. M. Hälschner II, 785, Olshausen N. 6, Oppenhoff N. 6, Rubo N. 7, v. Schwarze N. 7, Schneidler a. a. O. S. 14.

§. 108. Wer in einer öffentlichen Angelegenheit mit der Sammlung von Wahl= oder Stimm=Zetteln oder =Zeichen oder mit der Führung der Beurkundungsverhandlung beauftragt, ein unrichtiges Ergebniß der Wahlhandlung vorsätzlich herbeiführt oder das Ergebniß verfälscht, wird mit Gefängniß von Einer Woche bis zu drei Jahren bestraft.

Wird die Handlung von Jemand begangen, welcher nicht mit der Sammlung der Zettel oder Zeichen oder einer anderen Verrichtung bei dem Wahlgeschäfte beauftragt ist, so tritt Gefängnißstrafe bis zu zwei Jahren ein.

Auch kann auf Verlust der bürgerlichen Ehrenrechte erkannt werden.

Pr. §. 85; E. I. §. 90; E. II. §. 106; St.B. S. 388.

1. Der Ausdruck „öffentliche Angelegenheit" ist in den §§. 108, 109 vom I. Entw. aufgenommen, um die nach dem preuß. St.G.B. möglichen Zweifel auszuschließen. (Vgl. auch §. 34 N. 4 und §. 107 N. 1.) — Ebenso ersetzte der I. Entwurf die Kasuistik des preuß. §. 85 durch den allg. Begriff der Fälschung des Wahlergebnisses. (Vgl. auch Drenkmann in Goltd. XVII, 173), s. §. 107 N. 1—3.

2. Als Ergebniß der Wahlhandlung ist nicht bloß das Ergebniß der Wahl in sämmtlichen Wahlbezirken, das Endergebniß, sondern auch das in einem einzelnen Wahlbezirk zu verstehen. Dresden

3. Dez. 77 (S.G.Z. XXII, 241, St. VIII, 104, Goltd. XXVI, 547). Das Herbeiführen eines unrichtigen Stimmverhältnisses fällt unter §. 108; auch wenn keine Folge für das Wahlergebniß herbeigeführt wird. R.G. I, 6. Okt. 81, E. V, 49, R. III, 604. Dies ist auch dann der Fall, wenn ein Wähler, der sein Stimmrecht benutzt hat, durch Rückgabe des Wahlzettels in die Lage versetzt wird, anders zu stimmen. R.G. II, 20. Okt. 82, E. VII, 144. Auch die Abgabe eines Stimmzettels für einen Andern unter Mißbrauch seines Namens fällt unter §. 108, selbst dann, wenn der Berechtigte die gleiche Stimme abgegeben hätte, weil ein ungültiger Stimmzettel als gültiger figurirt. R.G. III, 12. März 85, R. VII, 168. Besondere Absicht ist nicht erforderlich. (S. R.G. 5. März 80, Ann. I, 458.) Unter die Handlung des Abs. 2 fallen auch solche, welche nicht beim Wahlakt vorgehen, aber geeignet sind, ein unrichtiges Wahlergebniß herbeizuführen. So die Fälschung der Wählerliste oder die Bewirkung der Zulassung eines Unberechtigten zur Wahl auf Grund einer falschen Deklaration, wenn der Unberechtigte wirklich wählt. R.G. I, 31. Jan. 84, E. X, 60, R. VI, 70. Zu weit geht v. Liszt, S. 569, wenn er die That schon dann gegeben findet, wenn die thatsächliche Ausübung des Wahlrechts dem Gesetze nicht entspricht. Falls der Mangel an Berechtigung sofort erkannt, die unberechtigte Stimme also von Anfang an als ungiltig behandelt wird, kann nicht von Herbeiführung eines unrichtigen Ergebnisses gesprochen werden, sondern höchstens von Versuch, der mit Strafe nicht bedroht ist. A. M. auch H. Meyer S. 830. Gl. M. Olshausen N. 2a.

3. Die schwerere Strafe des Abs. 1. trifft nicht jeden bei Durchführung des Wahlakts mit einer Funktion Betrauten, sondern nur die speziell Bezeichneten. Alle andern, welche fälschend auf das Ergebniß der Wahlhandlung einwirken, trifft die Strafe des Abs. 2. A. M. und will alle mit dem Wahlgeschäft beauftragten Personen, auch Beisitzer, nach Abs. 1 bestraft wissen Berner S. 373, Drenkmann a. a. O. S. 177, John in H.H. III, 87, 88, Hälschner II, 785 Schneidler a. a. O. S. 19. Wie oben Olshausen N. 5. Der Beauftragte muß als solcher wirklich fungirt haben, wenn auch nur in Folge mündlichen Auftrags des Wahlvorstehers. Einer Verpflichtung desselben bedarf es nicht.

4. Um von Wahlfälschung zu sprechen, bedarf es nicht des Abschlusses des gesammten Wahlgeschäfts, sondern die That ist vollendet mit der fälschenden oder verfälschenden Handlung. Wird diese vor Abschluß des Wahlgeschäfts entdeckt, so ist deshalb doch nicht bloß Versuch gegeben. R.G. III, 2. Juni 90, E. XX, 420.

5. Der den Verlust der bürgerlichen Ehrenrechte betr. Schluß bezieht sich, wie schon nach der im Gesetzbuch überall beobachteten Oekonomie des Druckes nicht zweifelhaft sein kann, auf Abs. 1 und 2. Gl. M. Olshausen N. 6, Berner S. 373, v. Liszt S. 570.

§. 109. Wer in einer öffentlichen Angelegenheit eine Wahlstimme kauft oder verkauft, wird mit Gefängniß von Einem Monat bis zu zwei Jahren bestraft; auch kann auf Verlust der bürgerlichen Ehrenrechte erkannt werden.

Pr. §. 86; E. I. §. 91; E. II. §. 107; St.B. S. 388.

1. Oeffentliche Angelegenheiten — vgl. §. 107, N. 1, 108, N. 1.

2. „Kauft oder verkauft“ entspricht dem gemeinen Sprachgebrauch (Wahlbestechung) und nicht dem zivilrechtlichen Begriff des Kaufs. R.G. I, 3. April 82, E. VI, 194, 15. Nov. 83, E. IX, 198, III, 9. Jan. 88, E. XVII, 101, R. X, 18. (Das Geben und Nehmen von Geld, um den Empfänger zu bestimmen, nach dem Willen des Gebers zu stimmen, ist strafbar, wenn auch der zu Wählende dabei noch nicht bezeichnet, sondern nur die spätere Bezeichnung desselben vorausgesetzt worden ist.) Berlin 16. Jan. 73, Goltd. XXII, 191, O.R. XIV, 53, St. II, 221, München 22. Jan. 77 (bayr. Entsch. VII, 38, St. VII, 36). Der I. Entwurf schaltete ein: „für Geld oder andere Vortheile“, der II. Entwurf beseitigte dieses wieder als unnöthig, weil auch schon die Praxis die Worte in diesem Sinne auslegt (O.R. V, 274). Auch unentgeltliche Bewirthung zum Zwecke der Stimmengewinnung, wenn sie sich nicht als bloße Gastlichkeit bei Gelegenheit von Parteizusammenkünften darstellt, kann unter §. 109 fallen. Es genügt hierbei, wenn alle Wahlberechtigte einer bestimmten Parteirichtung als Bestochene festgestellt werden. München a. a. O.

Ein Anbieten der Stimme gegen Entgeld, oder ein Angebot für die Abstimmung in gewisser Richtung, welche kein Gehör fanden, würden nur Versuch des Vergehens bilden, der nicht mit Strafe bedroht ist. R.G. 3. April 82, s. oben. Gl. M. Hälschner II, 787, v. Liszt S. 570, H. Meyer, S. 831, Olshausen N. 2, v. Schwarze N. 5.

3. Der Vortheil, welchen der Kaufende dem Verkaufenden zuwendet, muß für die Stimmabgabe gegeben sein. Ob er übrigens in der Form einer Entschädigung für Auslagen oder entgangenen Verdienst gegeben oder dazu verwendet wurde, ist gleichgültig. R.G. I, 6. Nov. 84, **E. XI**, 218. Auch das Versprechen, für einen Wähler bei einem Dritten sich verwenden zu wollen, genügt als Vortheil. R.G. I, 9. April 88, **E. XVII**, 296, **R. X**, 289.

4. Gleichgültig ist, ob der zu Wählende oder ein Dritter die Stimme kauft und ob der Wähler auch ohne die Bestechung seine Stimme in dem beabsichtigten Sinne abgegeben haben würde, ebenso ob der Bestochene wirklich wählt und ob er im Sinne des Bestechenden wählt. München 22. Jan. 77 (bayr. Entsch. **VII**, 41, St. **VII**, 36), Dresden 22. Okt. 77 (S.G.Z. **XXII**, 211, St. **III**, 105, s. oben). R.G. 3. April 82, 9. April 88, 15. Nov. 83. Hälschner II, 787 und Olshausen N. 3 nehmen an, Wahlbestechung liege nicht vor, wenn der Stimmverkäufer von vornherein entschlossen gewesen wäre, nach eigener Ueberzeugung zu wählen, dann seien beide Theile straflos. Dies dürfte irrig sein. Der Verkauf liegt bei Uebereinkunft darüber vor, daß der Eine nach Bestimmung des Andern, der den Vortheil bietet, stimmen solle, so gut, wie der Verkauf einer Mobilie vorliegt, wenn auch der Verkäufer entschlossen ist, den Käufer um das Objekt zu betrügen.

5. Bestechung zum Zweck der Enthaltung von der Wahl ist nach dem Wortlaut des §. 109 nicht strafbar (v. Schwarze), obgleich die **ratio legis** auch hierfür zutrifft, wie Bayern (St.G.B. von 1861) Art. 152 anerkennt. Gl. M. Hälschner II, 787, v. Liszt S. 570.

6. Käufer und Verkäufer sind Theilnehmer von einer That und auch prozessual so zu behandeln. R.G. III, 9. Jan. 88, s. oben.

Sechster Abschnitt.

Widerstand gegen die Staatsgewalt.

1. Fraglich ist: ob unter der Staatsgewalt, zu deren Schutze die Strafbestimmungen dieses Abschnitts gegeben sind, die Staatsgewalt **in abstracto** — also auch die jedes andern Staates — oder nur die inländische (d. h. des Reiches oder eines Bundesstaates) gemeint ist. Eine praktische Folge hat dieses insofern, als im ersteren Falle nicht bloß die im Inlande (soweit dieses möglich ist), sondern auch die im Auslande gegen die ausländische Staatsgewalt begangenen Handlungen der fraglichen Art nach den Strafbestimmungen dieses Abschnitts (vgl. §. 4 Nr. 3) zu strafen wären, während im letzteren Fall Straflosigkeit eintreten würde, sofern nicht eine andere strafbare Handlung als vorliegend zu erachten wäre. Die letztere Ansicht ist die richtige, obschon bekanntlich das preuß. O.Tr. für das preuß. St.G.B. wiederholt in anderm Sinne entschieden hat, z. B. bei Widerstand, Beleidigung gegen ausländische Beamte. (Vgl. diese Entscheidungen bei Oppenhoff [S. 273], welcher selbst diese Praxis billigt.) — Die richtige Ansicht vertritt ein Urtheil des Kassationshofes zu Darmstadt vom 25. Juli 49 (Temme, Archiv IV S. 73). Wenn auch nicht geleugnet werden kann, daß bei einzelnen Handlungen im Abschnitt 6 und 7 auch der diesseitige Staat ein Interesse an der Bestrafung hat, wenn sie gegen einen auswärtigen begangen worden, so würde hieraus doch nur die Aufstellung bestimmter Strafvorschriften (und zwar mit geringeren Strafen) gegen solche Handlungen sich ergeben, die gegen auswärtige Staaten oder deren Beamte begangen werden, wie z. B. in Bayern (St.G.B. von 1861) Art. 132, 133. Im Uebrigen hat das Deutsche Reich kein Interesse daran, die Staatsordnung in sämmtlichen Staaten des Erdenrunds, und zwar, von den barbarischen abgesehen, selbst nicht in denjenigen aufrecht zu erhalten, mit denen es in die Lage kommt, Handels-, Schifffahrts- und Freundschaftsverträge abzuschließen.

Daß das St.G.B. nur die inländischen Staatsinstitutionen, Beamten u. s. w. im Auge haben kann, folgt daraus:

daß die Abschnitte 1—3, welche die schwersten Staatsverbrechen enthalten, sich ausdrücklich nur auf das Reich und die Bundesstaaten beziehen,

daß nur gegen diese schwersten Verbrechen zu Gunsten befreundeter Staaten in Abschnitt 4 Strafbestimmungen, und zwar mildere, erlassen werden,

daß Abschnitt 5 nach dem Wortlaut der §§. 105, 106 und nach der ausdrücklichen

Hinweisung der Motive sich gleichfalls nicht über das Bundesgebiet erstreckt (vgl. oben S. 270).

daß deshalb auch die Abschnitte 6, 7, soweit die Einzelbestimmungen auf den Staat und die staatliche Ordnung Bezug haben, in jener Beschränkung zu nehmen sind, weil ein Grund dafür, diese Beschränkung bei den schwersten Staatsverbrechen zuzulassen, bei den leichteren aber auszuschließen, nicht vorliegt, vielmehr Abschnitt 4 die alleinige Ausnahme statuirt und gegenüber dieser Ausnahme es jeder Folgerichtigkeit entbehren würde, die Angriffe gegen fremde (aber befreundete) Landesherren mit einer im Vergleich zu den die inländischen Fürsten schützenden Strafvorschriften milderen Strafe zu belegen, die Angriffe gegen fremde einfache Beamte aber (noch dazu ohne Unterschied, ob befreundeten oder nicht befreundeten Staaten angehörig) den Angriffen gegen einheimische Beamte gleichzustellen,

daß endlich der Zusammenhang einzelner Vorschriften, z. B. §. 111 mit innerer Nothwendigkeit auf das inländische Rechtssystem hinweist, während andererseits z. B. §. 112 ausdrücklich auf das Inland (Bundesheer, Bundesmarine) verweist.

Im Uebrigen wird auf die bereits in §. 4 N. 9 citirten gründlichen Ausführungen Heinze's verwiesen. (Vgl. außerdem für dieselbe Meinung Dockhorn in Goltd. XII, 97, sowie v. Kirchmann S. 81, H. Meyer S. 24, Blum S. 12 u. 13, John in H.H. III, S. 90 ff.) Olshausen zum Abschn. 6 N. 1 u. 2, Geyer II, 137, v. Liszt S. 573, Schultz, Der Widerstand gegen die auswärtige Staatsgewalt, Magdeburg 1881.

Bemerkt sei nur noch, daß Oppenhoff (zu Abschnitt VI N. 1) die vorstehend erörterten Bedenken gegen die von ihm vertretene Meinung durch die Annahme widerlegt erachtet: daß die Abschnitte 6 u. 7 nur auf solche Uebelthaten Anwendung finden, welche gegen die am Ort der That bestehende Staatsgewalt gerichtet seien. Diese Annahme aber ist ganz willkürlich und führt zu unannehmbaren Konsequenzen. Danach würde z. B. ein Preuße, der in Frankreich eine Handlung gegen die französische Staatsgewalt begeht, im Reich zu strafen sein, während er, wenn er die Handlung in Frankreich gegen das Reich oder einen Bundesstaat begeht, innerhalb des Reichs nicht gestraft werden könnte.

Uebrigens ist es unbedenklich, daß die im Ausland begangene Handlung — dann auch im Inland zu bestrafen ist, wenn die Voraussetzungen einer andern Strafbestimmung vorliegen; z. B. könnte bei einem Angriff auf einen ausländischen Forstbeamten (statt des §. 117) der §. 223 zur Anwendung zu bringen sein.

Gegen die vorstehend vertretene Meinung wendet sich in ausführlicher Begründung R.G. III, 15. Febr. 83, **E. VIII**, 53, **R. V**, 114, und billigt die preußische Rechtsprechung, wenn auch nicht den Grund, daß durch die Uebernahme der preuß. Strafbestimmungen in das D.St.G.B. die Reichsgesetzgebung auch die preußische Praxis gebilligt habe. Das Urtheil vermißt aber den Beweis dafür, daß bezüglich der sog. Staatsdelikte des St.G.B. prinzipiell nur den Schutz des Reichs, der deutschen Bundesstaaten, des deutschen Kaisers und der deutschen Bundesfürsten u. s. w. im Auge habe. Die oben hervorgehobenen Incongruenzen werden damit erledigt, die Ausgleichung sei in der Strafzumessung zu suchen; die speziellere Wortfassung des §. 112 wird als Ausnahme, also die Regel bestätigend verwerthet, und die Folgerung aus §. 359 abgelehnt.

Als überzeugend kann die Beweisführung nicht anerkannt werden und dürfte auch nicht völlig im Einklang stehen mit R.G. III, 12. April 86, **E. XIV**, 125, **R. VIII**, 281.

Daß auch in Beziehung auf Widerstand das Deutsche Reich ein Rechtsgebiet bildet, so daß zwischen der Staatsgewalt der einzelnen Bundesstaaten nicht unterschieden werden kann, steht außer Zweifel.

2. Darüber, ob der 6. Abschnitt eine Materie im Sinne des §. 2 Einf.Ges. z. St.G.B. sei, bestehen verschiedene Ansichten. Verneinend Binding I, 322, Olshausen S. 471 N. 3. Landesrechtliche Ergänzung hält für zulässig, Hälschner I, 114. Bejahend hat sich entschieden R.G. I, 17. Nov. 87 u. 20. Febr. 88, **E. XVI**, 340; **XVII**, 134, **R. X**, 160, 161, betr. das Fortbestehen von französischen Gesetzen in Elsaß-Lothringen, welche in die Materie des 6. Abschnittes eingreifen, worauf durch Ges. v. 29. März 1888 (R.G.Bl. S. 127) deren Fortbestehen deklarirt wurde. Daß hierbei die Gesetzgebung von der Anschauung ausgegangen ist, der sechste Abschnitt erschöpfe die Materie nicht, sondern sei der Ergänzung durch Landesgesetze zugänglich, dürfte außer Zweifel sein.

3. Ueber den im St.G.B. allgemein zur Anwendung gebrachten Begriff der „Oeffent-

lichkeit", sowie über die durch Schriften u. s. w. (Preßerzeugnisse) begangenen strafbaren Handlungen enthalten die Motive zu dem Abschnitt 7 folgende beachtenswerthe Bemerkungen:

„Der Motivirung der einzelnen Paragraphen dieses Abschnitts ist die allgemeine Bemerkung vorauszuschicken, daß der Entwurf hier sowohl, wie bei seinen übrigen Bestimmungen, bei denen er von dem Merkmal der Oeffentlichkeit Gebrauch macht, z. B. vorher in den §§. 85, 110 und 111, sich einer Begriffsbestimmung darüber, was unter Oeffentlichkeit zu verstehen sei, enthalten hat.

Der Entwurf schließt sich hierbei der im bayerischen Strafgesetzbuch (Art. 57 und Art. 8) vertretenen Auffassung an und überläßt es der Beurtheilung des Richters, nach der Art des Verbrechens oder der Umstände, unter denen es begangen wurde, zu entscheiden, ob die Oeffentlichkeit als vorhanden anzunehmen. Hierbei wird davon auszugehen sein, daß, dem Strafgebrauche gemäß, eine Handlung nur dann als öffentlich geschehen zu betrachten ist, wenn sie in einer Art und Weise vorgenommen wurde, daß sie, unbestimmt von welchen oder wie vielen Personen, wahrgenommen werden konnte. Wurde dagegen die Handlung so vorgenommen, daß sie nur für die Wahrnehmung gewisser Personen bestimmt war und, von Zufälligkeiten abgesehen, auch nur von diesen bemerkt werden konnte, so wird keine Oeffentlichkeit anzunehmen sein.

Das Merkmal des „öffentlichen Ortes, der öffentlichen Zusammenkunft" soll für den Begriff der Oeffentlichkeit einer Handlung nicht mehr entscheidend sein. Denn, so berechtigt und unentbehrlich dieses Merkmal in anderer rein örtlicher Beziehung für die Festsetzung des Thatbestandes einzelner bestimmter Verbrechen sein mag, so hat doch da, wo für die strafrechtliche Würdigung der That mehr die Beziehung derselben auf Personen, als auf den Ort in Frage kommt, die rein objektive Charakterisirung des Begriffes der Oeffentlichkeit vielfach — z. B. bei der öffentlichen Beleidigung, §. 152 preuß. St.G.B. — zu einer Auslegung geführt, welche der natürlichen Auffassung des Begriffs der Oeffentlichkeit widerstrebt.

Indem der Entwurf somit eine Begriffsbestimmung der Oeffentlichkeit nicht aufgenommen hat, ist nicht verkannt worden, daß hierdurch für die Rechtsprechung die Möglichkeit einer größeren Ausdehnung dieses Begriffs bei einzelnen strafbaren Handlungen entsteht. Soweit aber hierin eine eigentliche Gefahr mißbräuchlicher Anwendung liegen könnte, mußte es die Aufgabe des Gesetzes sein, mit Rücksicht auf den Charakter jeder einzelnen strafbaren Handlung den Thatbestand anderweitig zu begrenzen, wie es z. B. in den §§. 85, 110 und 111 im Anschluß an das bayerische Strafgesetzbuch durch den Zusatz „vor einer Menschenmenge" geschehen ist. Im Allgemeinen aber darf der Gesetzgeber nicht besorgen, daß angesichts eines konkreten Falles die richterliche Würdigung von der Absicht des Gesetzes abweichen möchte. Der Ausdruck „öffentlich" kommt überhaupt in dem Entwurfe, wie in dem preußischen Strafgesetzbuche*), in so mancherlei und in so verschiedenen Beziehungen vor, daß es schon wegen der Unmöglichkeit einer allgemeinen, erschöpfenden Begriffsbestimmung gerathen war, auch da, wo es nur auf die nähere Bezeichnung der Begehungsart gewisser Handlungen, namentlich bei Aeußerungen oder Mittheilungen, ankommt, von einer solchen ganz abzusehen. Es ist deshalb auch von einer mehr negativen Bestimmung, wie sie der Art. 125 des Revidirten sächsischen Strafgesetzbuches gibt:

Art. 125.

„Eine Mittheilung ist für eine öffentliche zu achten, wenn sie nicht an eine einzelne, durch geschäftliche, häusliche oder freundschaftliche Verhältnisse verbundene Person gerichtet ist und sich nicht mit Hinsicht auf diese Verhältnisse, sowie auf Ort, Zeit und Art und Weise der Mittheilung als eine vertrauliche und private darstellt."

Abstand genommen, so zutreffend dieselbe auch an sich sein mag. Das richterliche Ermessen wird einer solchen Belehrung nicht bedürfen.

Zu Bedenken gab ferner die Frage Veranlassung, ob nicht für diejenigen Handlungen, welche durch ein Erzeugniß der Presse oder eine dem Preßerzeugniß ähnliche Darstellung begangen worden, besondere Bestimmungen zu treffen seien. Die Mittheilung von Preßerzeugnissen an Andere oder die Verbreitung derselben kann in einer Art und Weise erfolgen, welche der Wirkung nach einer Veröffentlichung gleich steht, ohne daß dieselbe als eine im eigentlichen Sinne öffentliche bezeichnet werden kann. Indessen nimmt der Entwurf an, daß der Ausdruck „öffentlich" in der Regel ausreichen wird, um auch die durch die Presse begangenen strafbaren Handlungen zu treffen. Nur ausnahmsweise, nämlich in den Paragraphen, welche die öffentliche Aufforderung zur Begehung einer strafbaren Handlung im Allgemeinen und eines Hochverraths insbesondere, ferner die gleiche Aufforderung zum Ungehorsam gegen die Gesetze im Allgemeinen mit Strafe bedrohen, sowie

*) Vgl. Abegg in Goltd. VIII, 577; IX, 3, 80.

außerdem bei Verleumdungen, ist der Preßerzeugnisse und ähnlicher Darstellungen besonders Erwähnung gethan."

In letzterer Beziehung ist zu erwähnen, daß die Preßerzeugnisse u. s. w. nur in den §§. 85, 110, 111, 186, 187 hervorgehoben werden. Der Entwurf enthielt in den §§. 85, 110, 111 (E. 83, 108, 109) folgende Fassung:

„wer durch Schriften oder andere Darstellungen, welche verbreitet oder öffentlich angeschlagen oder öffentlich ausgestellt werden".

Der Reichstag nahm die gegenwärtige, im §. 186 auch schon im Entwurf ähnlich lautende Fassung an: um die bloße Abfassung solcher Schriften nicht für strafbar zu erklären (vgl. den Abg. Lasker St.B. S. 391), während doch der kriminalrechtliche Gesichtspunkt durch dieselbe insofern verschoben wird, als sie mehr den Buchhändler, Kolporteur und Ankleber als den Verfasser ins Auge faßt und letzterer häufig nur als Theilnehmer erscheinen, wenn nicht gar straflos sein wird.

Als Requisit der Oeffentlichkeit erscheint es, daß die Aufforderung nicht auf bestimmte Personen beschränkt, sondern an eine unbestimmte Menge gerichtet, also in ihrer Tragweite unberechenbar ist, ohne daß untersucht zu werden braucht, ob unter den Zuhörern sich Personen befinden, welchen die angegriffenen Gesetze u. s. w. bestimmte Pflichten auferlegen. Berlin 9. Nov. 76 (O.R. XVII, 727, Goltd. XXIV, 544). Das Entscheidende ist, daß die Aufforderung von einer unbegrenzten Menge gehört oder wahrgenommen, gelesen werden konnte. Dagegen kommt es gar nicht auf den Ort der That an. Es kann von einer Privatwohnung aus öffentlich gesprochen, öffentlich sichtbar ausgestellt oder angeschlagen werden.

§. 110. **Wer öffentlich vor einer Menschenmenge, oder wer durch Verbreitung oder öffentlichen Anschlag oder öffentliche Ausstellung von Schriften oder anderen Darstellungen zum Ungehorsam gegen Gesetze oder rechtsgültige Verordnungen oder gegen die von der Obrigkeit innerhalb ihrer Zuständigkeit getroffenen Anordnungen auffordert, wird mit Geldstrafe bis zu sechshundert Mark oder mit Gefängniß bis zu zwei Jahren bestraft.**

Pr. §. 87; E. I. §. 92; E. II. §. 108; St.B. S. 388 ff., 399—413, 1168.

Vgl. §§. 48, 85, 111, 112; M.St.G.B. §. 99; Seem.-O. v. 27. Dez. 1872 §§. 87, 88.

1. Vgl. die allg. Bemerkungen zu diesem Abschnitt, namentlich über Oeffentlichkeit und Preßerzeugnisse. — Der Regierungsentwurf zur Novelle vom 26. Juni 1876 schlug eine Erweiterung des Thatbestandes der §§. 110, 111 (die Bestrafung der sog. Glorifikation rechtswidriger oder strafbarer Handlungen), sowie eine Strafverschärfung vor, der Reichstag lehnte den Vorschlag aber ab. Vgl. Drucks. N. 54 (1875/76) und St.B. S. 640 ff.

2. Die Aufforderung vor einer Menschenmenge bedingt nicht, daß die Aufforderung an die Menge in ihrer Gesammtheit gerichtet sei; auch eine an Einzelne gerichtete Aufforderung genügt, wenn nur die Beziehung zur Anwesenheit einer Menschenmenge und eine hierdurch herbeigeführte Gefährlichkeit der Aufforderung feststeht. Dresden 4. Dez. 71 (St. I, 267, S.G.Z. XVI, 242). R.G. II, 25. Jan. 87, R. IX, 92. Ebenso wenig ist es erforderlich, daß die Aufforderung bestimmte Personen als aufgefordert oder eine hervorgehobene Bestimmung bezeichnet. Berlin 4. Mai 76 (Goltd. XXIV, 543). Deshalb erscheinen bei Aufforderung durch die Presse alle Leser der Schrift als aufgefordert.

3. Der Begriff „Verbreitung" setzt nur die Hingabe von Schriften oder Darstellungen an eine oder mehrere Personen mit der Absicht voraus, den Inhalt unbestimmt welchen und wie vielen (öffentliche V.) oder doch einer größeren Anzahl von Personen, wenn auch in einem begrenzten Umfange, zugänglich zu machen. Den Gegensatz bildet die vertrauliche Mittheilung an Einzelne, mit der Absicht, die Mittheilung auf diese zu beschränken. Die Größe des Personenkreises, welchem die Schrift zugänglich gemacht wird, kann nur nach den konkreten Umständen bemessen werden; und ändert dabei nichts, wenn bei der Hingabe Geheimhaltung anempfohlen wird. Liegen diese Voraussetzungen vor, so ist die Verbreitung schon mit der Hingabe an eine Person begonnen. Auch ist es nicht erforderlich, daß die zu verbreitenden Exemplare von der

ersten Hand ausgehen. Es genügt z. B., wenn ein Exemplar fortgegeben wird, um durch Abschriften vervielfältigt zu werden, oder so daß jeder Empfänger sich eine Abschrift zurückbehält.

Zum Begriff der Verbreitung ist auch nur Zugänglichmachen des Inhalts, nicht die Thatsache erforderlich, daß die Empfänger Kenntniß vom Inhalte der Schrift nehmen. R.G. II u. III, 5. Okt. 82, E. VII, 113; II, 28. Sept. 83, E. IX, 71. Deshalb wurde auch Verbreitung durch Versendung mittels der Post angenommen, wobei die verschickten Schriften nicht in die Hände des Adressaten gelangten, da angenommen wurde, daß die Schriften nicht bloß vom Adressaten gelesen, sondern weiter verbreitet werden sollten. R.G. II u. III, 10. Okt. 87, E. XVI, 245, R. IX, 490. Ebenso R.G. II u. III, 10./21. Okt. 81, E. V, 60. Olshausen N. 4 bekämpft dies, und folgert aus dem Begriff der Aufforderung, daß diese zur Kenntniß dessen gelangt sein müsse, an den sie gerichtet ist. Dies liegt aber nicht darin, da nicht der Erfolg, sondern die Bestrebung zur Verleitung bestraft wird.

4. Unter rechtsgültigen Verordnungen sind die mit Gesetzeskraft versehenen Erlasse des Landesherrn und der Behörden, insoweit dieselben verfassungsmäßig die Befugniß zu solchen Erlassen haben, z. B. in Preußen die auf Grund der Art. 63, 106 erlassenen Verordnungen des Königs oder die auf Grund des Gesetzes vom 11. März 50, betr. die Polizeiverwaltung (preuß. G.S. S. 265), erlassenen Verordnungen der Verwaltungsbehörden zu verstehen.

Aus dem in der 3. Lesung des Reichstags ohne Debatte*) aufgenommenen Worte „rechtsgültig“ kann keineswegs gefolgert werden, der Richter habe bei Anwendung des §. 110 die Rechtsgültigkeit zu prüfen, selbst wenn die gesetzlich verbindliche Kraft feststeht. Es würde ein Widerspruch sein, wenn der Richter im Allgemeinen die Verordnung selbst anzuwenden, im Fall des §. 110 aber der Strafrichter die Ungültigkeit derselben auszusprechen das Recht haben sollte. Dieses Prüfungsrecht kann kein weiteres sein, als es der Richter überhaupt hat, also z. B. in Preußen, wenn eine königliche Verordnung von den Kammern nicht genehmigt ist (Art. 63, 106 preuß. Verf.), oder bezüglich der Polizeiverordnungen nach §. 17 Ges. v. 11. März 1850. — Dafür, daß der Reichstag bei Aufnahme jenes Wortes auch nur entfernt an die Entscheidung dieser im eminentesten Sinne politischen Frage gedacht hat, spricht keine Silbe. Bei den „Anordnungen“ (vgl. N. 5, 6) hat der Reichstag im Gegentheil die Prüfung der Rechtmäßigkeit (im weiteren Sinne) ausgeschlossen. So: Oppenhoff N. 2, Puchelt N. 1. A. M. sind Hälschner II, 797, John in H.H. III, 104, H. Meyer S. 835, F. Meyer N. 4, Olshausen N. 17, Rubo N. 11.

Gesetze und rechtsgültige Verordnungen, zu deren Nichtbefolgung aufgefordert wird, müssen bereits bestehende sein. Es genügt nicht, wenn unbestimmte Eventualitäten in's Auge gefaßt werden und nur zu eventuellem Ungehorsam aufgefordert wird. Dresden 5. Febr. 72 (St. I, 345), Wolfenbüttel 16. Febr. 72 (St. I, 216).

5. Die Gesetze und Verordnungen sind keineswegs bloß strafrechtliche Vorschriften, sondern umfassen allgemein Gebots- und Verbots-Gesetze u. s. w. Ist die Aufforderung zum Ungehorsam gegen Strafgesetze so bestimmt, daß in derselben eine Aufforderung zur Begehung einer einzelnen strafbaren Handlung zu finden ist, so findet §. 111 Anwendung. (Vgl. §. 111.) Dresden 4. Dez. 71 (S.G.Z. XVI, 240, St. I, 267). Landesgesetze sind durch §. 110 eben so geschützt wie Reichsgesetze. Berlin 17. Febr. 78 (O.R. XVII, 119, Goltd. XXIV, 219); auch die vom Standpunkte der obersten Kirchengewalt erlassenen Gesetze. Berlin 4. Dez. 78 (O.R. XIX, 566, Goltd. XXVI, 506). Auch der allgemeine oder spezielle Inhalt des Gesetzes oder der Umfang der Personen, welche das Gesetz trifft, oder deren dispositives Gebot begründet keinen Unterschied, auch nicht, ob die zu verletzende Pflicht auf einem Gesetze oder auf einer Mehrheit von solchen beruht. Berlin 26. Jan. 76 (O.R. XVII, 55). Jedoch muß aus der Aufforderung die Handlung klar hervorgehen, zu welcher aufgefordert wird. Deshalb hat R.G. II, 16. Juni 84, R. VI, 434, das Ausstecken einer Fahne mit der Inschrift: „Wir trotzen dem Belagerungszustande“, worin das Instanzgericht eine Aufforderung zum Ungehorsam erblickte, nicht als unter §. 110 fallend beurtheilt, weil nur die Akten ergeben hatten, daß damit die auf Grund des Sozialisten-Gesetzes von der zuständigen Obrigkeit für zulässig

*) Das Einzige, was darüber geäußert ist, ist eine kurze Bemerkung des Abg. Lasker, lautend: „Diese Einschaltung hat nur den Zweck, ein Mißverständniß zu beseitigen. Nach unserm Staatsrecht gibt es Verordnungen, die zwar formell als solche erlassen werden, aber in Wahrheit keine Rechtsgültigkeit haben. Um den Schutz solcher Verordnungen auszuschließen, haben wir beantragt, „rechtsgültig“ einzuschalten.“

erklärten Aufenthaltsbeschränkungen gemeint seien, und hat das R.G. angenommen, daß erst die auf Grund jener Verordnungen gegen einzelne Personen getroffenen Maßregeln solche Anordnungen seien, welche Gegenstand des Ungehorsams zu werden geeignet seien.

6. Unter „Anordnungen“ der Obrigkeit hat schon die preußische Praxis nur generell verpflichtende Anordnungen, welche Ausfluß der gesetzgebenden Gewalt sind, verstanden. (Goltd. XXV, 519, O.R. IX, 16.) Doch fallen hierunter auch solche Anordnungen, die nur für einen bestimmten Kreis berechnet sind. (Dresden 4. Dez. 71. S.G.Z. XVI, 240, St. I, 267.) Z. B. die von dem Polizeipräsidium in einer Stadt den Hausbesitzern auferlegte Pflicht, den Bürgersteig (Trottoir) zu granuliren, oder bei Glatteis Asche zu streuen; oder das Verbot eines Amtsvorstehers, an einer von ihm verbotenen Belustigung Theil zu nehmen. R.G. II, 29. Mai 83, **E. VIII**, 321, **R. V**, 390. Den Gegensatz bilden solche Anordnungen, die sich nur auf einzelne Personen beziehen. (Dresden a. a. O.) Das R.G. I, 30. Sept. 80 (**R. II**, 282, **E. II**, 281) hat jedoch auch spezielle Anordnungen von Behörden, wie Vorladungen der Polizeibehörde, als unter dem Schutz des §. 110 stehend erkannt und die Bestrafung der Aufforderung zum Ungehorsam gegen solche Anordnungen gebilligt. Dagegen fallen die Anordnungen einzelner Beamter oder Polizeibediensteter bei Vollzug ihrer Funktionen nicht unter den Begriff der von der Obrigkeit getroffenen Anordnungen, R.G. III, 13./15. März 84, **E. X**, 296, wo es sich um Ankündigung der Polizeistunde durch einen Polizeidiener handelte. Ebenso R.G. I, 9. Okt. 84, **R. VI**, 605. Aufforderung eines Polizeibeamten, sich ruhig zu entfernen. Ebenso wenig fällt die Aufforderung unter §. 110, Arbeiten zu unterlassen, zu welchen sich Handwerker kontraktlich der Gemeindebehörde verpflichtet hatten. R.G. II, 7. Juni 89, **E. XIX**, 308.

Bei den Gesetzen ist die generelle Verpflichtung aus denselben selbstverständlich. Berlin 25. Jan. 76 (O.R. XVII, 53). —

7. Obrigkeit ist ein Organ der Staatsgewalt. (Der evangelische Oberkirchenrath in Preußen ist ein solches. Berlin 28. Jan. 76, Goltd. XXIV, 127, O.R. XVII, 76.) Auch der Minister der geistlichen Angelegenheiten. Berlin 5. Juli 77 (O.R. XVIII, 506, Goltd. XXV, 519). Unter Obrigkeit sind alle Behörden und Beamte zu verstehen, welche zur Erlassung allgemein verbindlicher, zur Ausführung von Gesetzen dienender Anordnungen berufen sind. Berlin 5. Juli 77 (O.R. XVIII, 506, Goltd. XXV, 518). Welche dies sind, ist nach der Landesgesetzgebung zu entscheiden. Berlin 28. Jan. u. 4. Febr. 76 (O.R. XVII, 76, 99, Goltd. XXIV, 127, 223). Ein vom Oberpräsidenten auf Grund des preuß. Ges. v. 21. Mai 1874 ernannter Kommissar ist keine Obrigkeit. Berlin 26. Jan. 77 (O.R. XVIII, 80).

8. „Innerhalb ihrer Zuständigkeit“ — die Worte sind das Resultat längerer Debatten des Reichstags und nach der Motivirung des Antragstellers Planck (St.B. S. 390) dahin zu verstehen, daß der Richter zu prüfen hat, ob die Obrigkeit überhaupt die gesetzliche Befugniß zu der Anordnung hatte, nicht ob die materiellen Voraussetzungen, deren Prüfung das Gesetz dem Ermessen der Obrigkeit überläßt, vorhanden sind. Der weitergehende Antrag Fries auf Aufnahme der Worte „die gesetzlich gerechtfertigten Anordnungen der zuständigen Obrigkeit“ wurde abgelehnt.

9. Der Ungehorsam umfaßt auch den sog. passiven Widerstand einem Gebotsgesetze gegenüber, z. B. die Aufforderung zur Steuerverweigerung, die Kinder nicht zur Schule zu schicken. (Berlin 13. Mai 74, 4. Mai u. 9. Nov. 76, Goltd. XXII, 421; XXIV, 544, 445, O.R. XV, 303. St. IV, 11 und Wolfenbüttel 16. Febr. 72, St. I, 217. Die Aufforderung zur Nichtbeachtung mit gesetzlicher Wirksamkeit erlassener Polizei-Verordnungen. R.G. II, 19. April 81, **E. IV**, 106, **R. III**, 235. Vgl. auch Oppenhoff, v. Schwarze, Meyer, S. 93.) Dagegen erstreckt er sich nicht auf die Unterlassung der Ausübung von Rechten, z. B. Nichtausübung des Wahlrechts. (Vgl. die Entscheidungen in O.R. I, 565; III, 126; VII, 536.)

10. Ob die Aufforderung mit ausdrücklichen Worten den Ungehorsam fordert, ist gleichgültig. Berlin 26. Jan. 76 (O.R. XVII, 55). Zur Aufforderung ist nicht erforderlich, daß diese direkt an die Aufgeforderten gerichtet wird, es genügt jede Kundgebung, welche eine Einwirkung auf den Willen anderer bezweckt, kann also auch in einem Rath mit Darlegung sonst drohender Nachtheile liegen. R.G. II, 19. April 81 s. oben, oder in der Hingabe einer Schrift mit dem Bewußtsein, daß deren Inhalt geeignet ist, den Willen zur Verübung einer unter §. 110 fallenden Handlungen in den Personen, in deren Hände die Schrift gelangen soll, hervorzurufen. R.G. II u. III, 5. Okt. 82, **E. VII**, 113, II, 28. Sept. 83, **E. IX**, 71. Gleichgültig ist auch, ob die Aufforderung Erfolg hatte oder nicht. (Vgl. §. 111.) R.G. II u. III, 10./21. Okt. 81, **E. V**, 60 (71).

Eine Entscheidung von Berlin 5. Okt. 75 (Goltd. III, 504, O.R. XVI, 631), welche angenommen hat, daß die Verbreitung der von einem Andern ausgegangenen Aufforderung unter §. 110 fällt, selbst wenn der Verbreiter seinerseits nicht den Willen hatte, zum Ungehorsam aufzufordern, sondern die Verbreitung aus anderen Rücksichten (z. B. aus der Rücksicht eines Zeitungs-Redakteurs für seine Leser) erfolgt ist, — scheint zu weit zu gehen, insofern mindestens ein dolus indirectus, d. h. das Bewußtsein, daß die Verbreitung einer Aufforderung gleich wirken könne oder werde, und die deßungeachtet erfolgte Vornahme derselben — erforderlich sein, aber auch genügen wird. Dies nahm denn auch an Berlin 14. Juni 77 (O.R. XVIII, 27, Goltd. XXV, 518).

11. Die Strikebewegungen der Neuzeit haben eine Controverse hervorgerufen, welche schon sehr eingehend behandelt ist, einen Abschluß aber noch nicht gefunden hat; es ist die Frage, ob die Aufforderung, privatrechtliche Verbindlichkeiten unbeachtet zu lassen, wenn die übrigen Voraussetzungen des §. 110 gegeben sind, unter diesen fallen könne. Verneinend ohne eingehende Behandlung v. Liszt S. 582, ferner Löning, Handwörterbuch der St.Wiss. I, 751, Dietz, Der Vertragsbruch, Berlin 1890.

R.G. IV, 3. Dez. 89, E. XX, 63 erkennt an, daß §. 110 nicht oder nicht einmal vorzugsweise Strafgesetze im Auge habe, es solle die Autorität des Gesetzes an sich geschützt werden. Ein Unterschied unter den Gesetzen könne nicht gemacht werden. Auch die öffentliche Aufforderung, civilrechtliche Pflichten nicht zu erfüllen, untergrabe das Ansehen der gesetzgebenden Gewalt. Der Ungehorsam müsse aber gegen das Gesetz selbst bewußt und gewollt gerichtetet sein. Civilrechtliche Verletzung des Gesetzes genüge nicht. Die Koalitionsfreiheit der Arbeiter stehe der Anwendung des §. 110 nicht entgegen. Es wird hierbei auch Gewicht auf Pr.Ld.R. §. 270 I, 5 gelegt. Aehnlich R.G. IV, 28. Nov./3. Dez. 89, E. XX, 150, welches betont, die Aufforderung müsse gegen das Gesetz schlechthin, auf eine vollständige Mißachtung des Gesetzes gerichtet sein. R.G. II, 28. Jan. 91, E. XXI, 299 schließt sich den beiden vorstehenden an. Etwas weiter scheint R.G. I, 3./15. Jan. 91, E. XXI, 304 zu gehen, indem es ein entscheidendes Gewicht darauf legt, daß dem Angeklagten die Vorschrift des Gesetzes, welches 14 Tage Kündigung verlange, bekannt gewesen sei; also das Bewußtsein stattgefunden habe, zum Ungehorsam gegen das Gesetz aufzufordern. Es kann ein Gewicht darauf nicht gelegt werden, ob das Civilrecht zufällig einen Satz enthält, welcher Einhaltung der Verträge gebietet, wie dies das Preuß. L.R. thut. Mindestens implicite geht hiervon jedes Civilrecht aus. Ebenso wenig kann aber der abstrakte Satz Billigung finden: Die Aufforderung müsse gegen das Gesetz an sich gerichtet sein. Praktisch wird stets an die konkreten Verhältnisse angeknüpft werden, selbst wenn der Auffordernde sich klar sein sollte, daß die Befolgung die Autorität des Gesetzes untergraben würde. (Vgl. R.G. III, 13./15. März 84, E. X, 296.) Die Gefahr liegt in der öffentlichen Anreizung; und die Aufforderung an eine Menschenmenge oder an das Publikum durch Schrift, Anschlag u. s. w., in Masse, nicht bloß einzeln, sich über die Vertragstreue wegzusetzen, welche das Gesetz gebietet, bietet von selbst jene Mißachtung der Gesetze, gegen welche §. 110 gerichtet ist. Es dürfte also das Bewußtsein genügen, daß die Aufforderung gegen die Befolgung eines Gesetzes gerichtet sei. Vgl. dag. noch R.G. III, 2. Febr. 91, E. XXI, 355, welches mit Recht die Strafbarkeit der Aufforderung, bei einem Strike zu beharren, nachdem die Kündigungsfrist abgelaufen war, verneint.

12. Das Delikt erfordert einfachen Vorsatz, also lediglich das Bewußtsein, daß die Handlung geeignet sei, in Anderen den Willen zum Ungehorsam hervorzurufen. Berlin 14. Juni 77 (Goltd. XXV, 448). Dieses wird nicht dadurch beseitigt, daß der Thäter Zweifel über die Auslegung des Gesetzes hatte, oder daß diese bestritten war. Berlin 31. Okt. 78 (O.R. XIX, 499, Goltd. XXVI, 508). Die Kenntniß des Inhalts eines zum Ungehorsam gegen Gesetze auffordernden Artikels genügt zur Herstellung der Strafbarkeit eines Redakteurs. Die Absicht, ein historisches Dokument mitzutheilen, entschuldigt nicht. Berlin 12. Dez. 76 (O.R. XVII, 815). Vgl. auch Berlin 15. Febr. 76 (O.R. XVII, 141, St. VI, 177). Daß diejenigen Anordnungen der Obrigkeit, gegen welche die Aufforderung gerichtet war, innerhalb der Zuständigkeit der anordnenden Behörde gelegen hatte, muß dem Thäter nicht zum Bewußtsein gekommen sein. Es ist dies ein objektives Erforderniß der That, bezüglich dessen ein Irrthum den Thäter nicht entschuldigt. R.G. II, 10. Febr. 85, E. XII, 6, R. VII, 95. A. M. v. Liszt S. 582, H. Meyer S. 836, Olshausen N. 23.

13. Ueber die (vom Reichstag aufgenommenen) Worte „rechtsgültig" „innerhalb ihrer Zuständigkeit" vgl. außerdem zu §. 113 N. 4—9.

14. R.G. II, 19. April 81, E. VI, 106, R. III, 235 nimmt Gesetzeskonkurrenz zwischen §. 110 u. §. 111 an; weil ersterer den Thatbestand des §. 111 mit umfasse, und letzterer nur der speziellere sei, weil er die Strafbarkeit der Handlung verlange, zu welcher aufgefordert werde. Dies dürfte aber irrig sein. Der §. 110 enthält nichts von Strafbarkeit der That, aber es kann auch nicht jede Aufforderung, eine einzelne strafbare That zu begehen, als die Aufforderung zum Ungehorsam gegen Gesetze u. s. w. bezeichnet werden. Es dürfte in Fällen, in welchen der Thatbestand zusammenfällt, Idealkonkurrenz anzunehmen sein. Vgl. R.G. III, 13./15. März 84, E. X, 296 u. 4. Dez. 90, E. XXI, 1890, welcher die Strafbarkeit nach §. 110 bei einem Falle der Aufforderung zu einer strafbaren Handlung verneint, jene nach §. 111 noch offen läßt, also das Vorliegen von Gesetzeskonkurrenz ausschließt. Gl. M. Olshausen §. 111 N. 2, 10, v. Liszt S. 583, Hälschner II, 797.

§. 111. **Wer auf die vorbezeichnete Weise zur Begehung einer strafbaren Handlung auffordert, ist gleich dem Anstifter zu bestrafen, wenn die Aufforderung die strafbare Handlung oder einen strafbaren Versuch derselben zur Folge gehabt hat.**

Ist die Aufforderung ohne Erfolg geblieben, so tritt Geldstrafe bis zu sechshundert Mark oder Gefängnißstrafe bis zu Einem Jahre ein. Die Strafe darf jedoch, der Art oder dem Maße nach, keine schwerere sein, als die auf die Handlung selbst angedrohte.

Pr. §. 36; E. I. §. 42; E. II. §. 109; St.B. S. 423—426.

Vgl. §§. 48, 85, 110, 112; M.St.G.B. §§. 99—102; Seem.O. v. 27. Dezbr. 72 §§. 87, 88; G. v. 7. Mai 1874 §. 23 Nr. 3 (Presse).

1. Vgl. die allgem. Bemerkungen zu Abschnitt VI und zu §. 110 N. 1—3.

Einen besondern Fall des §. 111 bildet der §. 85 (Aufforderung zum Hochverrath).

2. Abs. 1 erweitert den Begriff der Anstiftung („gleich dem Anstifter") insofern, als hier eine bestimmte Person, auf welche eingewirkt wird, nicht vorausgesetzt ist. R.G. II, 21. Dez. 80, E. III, 145, R. II, 656. Es muß nur ein ursachlicher Zusammenhang zwischen der Aufforderung und der Begehung der Handlung vorhanden sein. Es würde z. B. genügen, wenn Jemand, der die Aufforderung nicht direkt gehört hat, die Handlung in Folge der Mittheilung anwesend Gewesener vornahm. München 14. März 74, bayr. Entsch. IV, 137, Goltd. XXII, 282. Gl. M. Olshausen N. 5, Oppenhoff N. 4, Rubo N. 4.

3. Unter „strafbarer Handlung" kann nur eine nach inländischen Gesetzen strafbare Handlung verstanden werden. Ergeht eine „Aufforderung" im Inlande und soll die strafbare Handlung im Ausland begangen werden, so muß noch die Strafbarkeit der Handlung im Ausland hinzutreten. Hiernach und aus den allgemeinen Bemerkungen zu Abschnitt 6 ergibt sich, daß eine im Inlande erfolgte Aufforderung zu politischen Angriffen auf einen ausländischen Staat, wenn dieser Staat kein befreundeter ist und nicht eine der im Abschnitt 4 erwähnten Handlungen vorliegt, straflos bleiben muß, sofern nicht eine anderweitige Strafe verwirkt ist. (Vgl. die abweichende Praxis des Obertribunals in Goltd. XI, 500 und O.R. V, 138, VI, 73.)

Ergeht dagegen die „Aufforderung" im Auslande, so ist zu seiner Bestrafung aus §. 4 N. 3 erforderlich, sowohl daß die Handlung auch im Auslande strafbar ist, als auch daß dort eine dem §. 111 entsprechende Strafvorschrift besteht.

4. Die Aufforderung muß auf Vornahme einer gerichtlich verfolgbaren Handlung gerichtet sein. Hälschner II, 799, v. Liszt S. 582, H. Meyer S. 836, Olshausen N. 3, Oppenhoff N. 3, fordern Aufforderung zu kriminell strafbaren Handlungen, Verbrechen, Vergehen oder Uebertretungen, sei es in Reichs- oder Landesgesetzen mit Strafe bedroht, nicht aber zu Disziplinarübertretungen, oder mit Ordnungsstrafen bedrohten Handlungen. Hiergegen erklärt sich R.G. I, 30. April 85, E. XII, 161, wobei die Differenz auf Mißverständniß zu beruhen scheint.

5. Eine Verurtheilung aus §. 111 setzt die Feststellung der strafbaren Handlung voraus, zu welcher aufgefordert wurde, da sonst nicht entschieden werden kann, ob der Auffordernde gleich dem Anstifter oder nach Abs. 2 strafbar ist. Gl. M. Hälschner II, 799, F. Meyer N. 1, Olshausen N. 4b, Oppenhoff N. 5.

6. §. 111 setzt voraus, daß, wenn auch nicht gerade die Absicht, einen Andern zur Begehung einer strafbaren Handlung zu veranlassen, doch wenigstens das Bewußtsein des Auf-

fordernden stattfinde, daß dies die mögliche Folge der Aufforderung sei. Berlin 14. Juni u. 13. Juli 77 (O.R. XVIII, 426, Goltd. XXV, 518).

7. Wenn Jemand eine Menschenmenge theils mit theils ohne Erfolg zur Begehung einer strafbaren Handlung auffordert (ein Wirth forderte seine Gäste zur Uebertretung der Polizeistunde trotz polizeilichen Gebotes auf), so verwirkt er die treffende Strafe nur einmal. R.G. II, 21. Dez. 80 (R. II, 656, E. III, 145).

8. Durch den Schlußsatz des Abs. 2 wird die eigenthümliche Folge herbeigeführt, daß die That Vergehen, aber auch Uebetretung sein kann. Ist zu einem Vergehen oder einer Uebertretung aufgefordert, so muß der Richter die Strafe der That bemessen, zu der aufgefordert ist. Diese bildet das Höchstmaaß der Strafe für den Auffordernden.

§. 112. **Wer eine Person des Soldatenstandes, es sei des Deutschen Heeres oder der Kaiserlichen Marine, auffordert oder anreizt, dem Befehle des Oberen nicht Gehorsam zu leisten, wer insbesondere eine Person, welche zum Beurlaubtenstande gehört, auffordert oder anreizt, der Einberufung zum Dienste nicht zu folgen, wird mit Gefängniß bis zu zwei Jahren bestraft.**

Pr. §. 88; E. I. §. 93; E. II. §. 110; St.B. S. 426–428.

Vgl. §§. 48, 85, 110, 111; R.B. Art. 68; G. v. 9. Novbr. 1867 (Kriegsdienst); M.St.G.B. §§. 99—102.

1. Welche Personen zum Soldatenstande, insbesondere zum Beurlaubtenstande gehören? — vgl. das Bundesgesetz betr. die Verpflichtung zum Kriegsdienst v. 9. Nov. 1867, B.G.Bl. S. 131 ff.; und namentlich Mil.St.G.B. v. 20. Juni 1872 §§. 4, 5 und Anhang zu demselben. Auf Militärbeamte (vgl. §. 4 M.St.G.B.) bezieht sich §. 112 nicht.

2. Es ist nicht erforderlich, daß die Aufforderung Erfolg hatte; jedoch muß ein Erfolg möglich gewesen sein; die Aufforderung muß vom Aufgeforderten aufgefaßt werden können, Berlin 19. Febr. 78 (O.R. XIX, 75, Goltd. XXVI, 55). (In concr. hatte der Angeklagte mit Erfolg eingewendet, der Aufgeforderte habe wegen Taubheit und Sprachunkenntniß die Aufforderung nicht hören können.) R.G. II u. III, 10./21. Okt. 81, E. V, 60 (71) verlangte sogar, daß die durch ein Flugblatt begangene Aufforderung in die Hände der Soldaten hätte gelangt sein müssen, um aus §. 112 strafen zu können.

3. Es genügt auch keine allgemein an Militärpersonen gerichtete Aufforderung zum Thatbestand des §. 112, sondern nur eine an erkennbar bestimmte Personen des Soldatenstandes gerichtete, wenn dieselben auch nicht individuell bezeichnet werden müssen. R.G. I, 8. Jan. 80 (R. I, 201). Ann. I, 117.

4. Die Aufforderung an Soldaten, eine strafbare Handlung zu begehen, fällt nicht unter §. 112, sondern nur die Aufforderung, dem Befehle dienstlich Vorgesetzter, eine bestimmte Handlung vorzunehmen oder etwas zu unterlassen, nicht Gehorsam zu leisten. R.G. III, 24. Juni 82, R. IV, 616.

5. Die Aufforderung oder Anreizung, der Einberufung zum Dienste nicht zu folgen, setzt eine erfolgte Einberufung voraus. Dresden 5. Febr. 72 (St. I, 346). Ist diese Ansicht schon etwas gewagt, so würde jedenfalls die Aufforderung an Militärpersonen, einer eventuellen Einberufung nicht Folge zu leisten, unter die Anreizung zum Ungehorsam fallen. Im konkreten Fall handelte es sich allerdings um eine allzu allgemeine Phrase.

§. 113*). **Wer einem Beamten, welcher zur Vollstreckung von Gesetzen, von Befehlen und Anordnungen der Verwaltungsbehörden oder von Urtheilen und Verfügungen der Gerichte berufen ist, in der rechtmäßigen Ausübung seines Amtes**

---

*) Neue Fassung des Ges. v. 26. Febr. 1876; die alte Fassung lautete:

§. 113. Wer einen Beamten, welcher zur Vollstreckung von Gesetzen, von Befehlen und Anordnungen der Verwaltungsbehörden oder von Urtheilen und Verfügungen der Gerichte berufen ist, in der rechtmäßigen Ausübung seines Amtes durch Gewalt oder durch Bedrohung mit Gewalt Widerstand leistet, oder wer einen solchen Beamten während der rechtmäßigen Ausübung seines Amtes thätlich angreift, wird mit Gefängniß bis zu zwei Jahren oder mit Geldstrafe bis zu fünfhundert Thalern bestraft.

Dieselbe Strafe tritt ein, wenn die Handlung gegen Personen, welche zur Unterstützung des Beamten zugezogen waren, oder gegen Mannschaften der bewaffneten Macht oder gegen Mannschaften einer Gemeinde-, Schutz- oder Bürgerwehr in Ausübung des Dienstes begangen wird.

durch Gewalt oder durch Bedrohung mit Gewalt Widerstand leistet, oder wer einen solchen Beamten während der rechtmäßigen Ausübung seines Amtes thätlich angreift, wird mit Gefängniß von vierzehn Tagen bis zu zwei Jahren bestraft.

Sind mildernde Umstände vorhanden, so tritt Gefängnißstrafe bis zu Einem Jahre oder Geldstrafe bis zu eintausend Mark ein.

Dieselben Strafvorschriften treten ein, wenn die Handlung gegen Personen, welche zur Unterstützung des Beamten zugezogen waren, oder gegen Mannschaften der bewaffneten Macht, oder gegen Mannschaften einer Gemeinde-, Schutz- oder Bürgerwehr in Ausübung des Dienstes begangen wird.*)

Pr. §. 89; E. I. §. 94; E. II. §. 111; St.B. S. 428—431, 1168.

G. v. 26. Febr. 1876 Art. I; Druckſ. (1876) Nr. 54, 109, 114, 181, 196 II; St.B. S. 401, 647, 1325.

Vgl. §§. 114—119; G. v. 12. Oktbr. 1867 §. 17 (Salzsteuer); G. v. 4. Juli u. v. 8. Juli 1868 §. 37 bez. 68 (Braumalz- bez. Branntweinsteuer); G. v. 31. Mai 1872 §. 36 Nr. 2 (Brausteuer); Seem.O. v. 27. Dezbr. 1872 §. 87; V.Z.G. v. 1. Juli 1869 §§. 148 u. 161.

1. Ueber den Begriff des Beamten s. §. 359.

Der §. 113 bezieht sich jedoch nicht auf alle Beamten, sondern nur auf diejenigen, welche zur Vollstreckung von Gesetzen u. s. w. berufen sind. Auch muß die Amtshandlung, gegen welche der Widerstand geleistet wird, eine Vollstreckungshandlung sein. Stuttgart 3./7. Dez. 73 (St. III, 170). Allerdings ist letztere Unterscheidung nicht von großer Bedeutung, da auch die Gewalt während der Amtsthätigkeit, welche sicher keine Vollstreckungshandlung sein muß, unter das gleiche Strafgesetz fällt.

2. Zu den Beamten, auf welche sich §. 113 bezieht, gehören Richter, welche eine beschlossene, prozessuale Maßregel zur Ausführung bringen, Berlin 14. März 79 (O.R. XX, 143, Goltd. XXVII, 366), jedoch nur dann, wenn eine durch den Richter ausgeführte zwangsweise Verwirklichung des vom Staate nach Umfang und Inhalt durch dessen zuständiges Organ genau festgestellten und kundgegebenen Willens in Frage steht. Deshalb verneinte R.G. I, 24. Juni 86, E. XIV, 259, daß eine amtsgerichtliche Kommission, welche sich zum Zwecke einer strafprozessualen Vernehmung über Land begab, in die Kategorie der Vollstreckungsbeamten im Sinne des §. 113 gehören. Als solche Beamte wurden aber anerkannt: Richter, welche eine in Ausübung der Sitzungspolizei getroffenen Verfügung selbst zu vollstrecken, sich veranlaßt sehen. R.G. III, 10./17. Juli 87, E. XV, 227, R. IX, 26. Ferner: Bürgermeister in den östlichen Provinzen Preußens, in Städten, in welchen die Ortspolizei nicht königlichen Behörden übertragen ist. R.G. II, 26. Nov. 80 (R. II, 575); die Polizeibeamten, auch die vereideten Eisenbahnpolizeibeamten, Berlin 5. Febr. 73, 17. Jan. 77 (Goltd. XXI, 192; XXV, 143, O.R. XIV, 107; XVIII, 39, St. II, 223; VII, 45); die im Kommunaldienst angestellten Nachtwächter, Berlin 19. Sept. 72, 1. April 73 und 11. Sept. 74 (Gold. XX, 515; XXI, 277; XXII, 638, O.R. XIII, 466; XV, 554), Stuttgart 22. Jan. 79 (württ. G.Bl. XV, 310); die Chausseegeld-Einnehmer und Pächter, Berlin 16. Mai u. 16. Okt. 73 (O.R. XIV, 364, 644, Goltd. XXI, 510), München 18. Mai 74 (St. IV; 17, bayr. Entsch. IV, 212); die Gemeindevorsteher bei den im Auftrage einer Gerichtsbehörde vorgenommenen Amtshandlungen (z. B. Inventarisirung: Berlin 22. Juni 75, O.R. XVI, 473); Gemeindevorsteher und deren Vertreter auch als Polizeibeamte, Berlin 15. März u. 6. Juli 76, 2. April 78, 19. u. 21. Febr. 79 (O.R. XVII, 202; XX, 90, Goltd. XXIV, 551; XXVI, 202; XXVII 108, 204); Amtsdiener, Berlin 21. Febr. 79 (O.R XX, 98, Goltd. XXVII, 108).

---

*) Literatur: Hiller, Die Rechtmäßigkeit der Amtsausübung im Begriff des Vergehens der Widersetzlichkeit (§. 113 R.St.G.B.). Würzburg 1873. Bolze in Goltd. XXIII, 389, Freudenstein, Die Rechte und Pflichten der Polizei, Freund in Arch. f. öffentl. Recht I, 108, 355, v. Kirchenheim im G.S. XXX, 172.

Besonders zur Aufsicht einer Anstalt (eines Wasserwerks) bestellte Beamte, Berlin 2. März 77 (O.R. XVIII, 178, St. VII, 42); Feldhüter, auch wenn sie nicht beeidet sind, Berlin 29. Nov. 76, 21. Mai 79 (O.R. XVII, 767, XX, 270) und nicht bloß, wenn sie ihre Funktion in Bezug auf Acker, Wiesen u. s. w., sondern auch wenn sie dieselbe in Bezug auf andere Grundstücke, wie Sandgruben, ausüben. R.G. 27. Mai 81, E. IV, 208, R. III, 341. Gemeindediener in Preußen nur nach Bestätigung durch den Landrath R.G. II, 8. Okt. 86, E. XIV, 350, R. VIII, 604; vgl. auch Königsberg, 16. Dez. 86, Goltd. XXXVII, 209. Von der Gemeinde bestellte Exekutoren, Berlin 23. April 79 (O.R. XX, 225, Goltd. XXVII, 529); die Eisenbahn-Stationsvorsteher, Berlin 8. April 75 (Goltd. XXIII, 323); Briefträger, München 17. Aug. 74 (bayr. Entsch. IV, 341; Bahnwärter, R.G. 7. Mai 80 (Ann. II, 7). München 4. März 84, bayr. Entsch. III, 41.

Dagegen sind Gefangenen-Transporteure als solche nicht Beamte, Berlin 7. Mai 75 (Goltd. XXIII, 551, O.R. XVI, 536). Die Beamteneigenschaft wurde ferner verneint bei: Bürgermeistern, in Bezug auf Handlungen, bei denen sie lediglich privatrechtliche Interessen der Gemeinden wahrten, München 20. April 74 (St. III, 292, bayr. Entsch. IV, 183, s. auch R.G. 24. April 83, R, V, 279); bei Personen, die von einer Stadtgemeinde außerhalb des Gemeindebezirks zum Schutze des Privateigenthums aufgestellt waren. R.G. II, 27. Jan. 80 (R. I, 279, Goltd. XXVIII, 71). Ferner wurde die Eigenschaft eines Vollstreckungsbeamten abgesprochen: den auf Grund des preuß. Ges. vom 2. April 1872 über die Zusammenlegung von Grundstücken von der Generalkommission für das Theilungsverfahren aufgestellten Kommissarien. R.G. I, 10. März 84, R. VI, 178.

3. Wegen Nichtanwendbarkeit des Paragraphen auf Widersetzlichkeit im Ausland gegen ausländische Beamte vgl. die allgem. Bemerkungen zu Abschn. 6 N. 1. — Auf den in einem Bundesstaate geübten Widerstand gegen einen daselbst in rechtmäßiger Ausübung seines Amtes begriffenen Beamten eines andern Bundesstaates ist der Paragraph anwendbar. Berlin 6. Febr. 73 (Goltd. XXI, 279).

4. „In (während) der rechtmäßigen Ausübung seines Amtes" — diese Worte wurden in 3. Lesung aufgenommen und dieses lediglich durch Hinweisung auf §. 161 des Vereinszollgesetzes v. 1. Juli 1869 (B.G.Bl. S. 363) begründet (St.B. S. 1169). In 2. Lesung waren an Stelle derselben die Worte: „während einer innerhalb seiner Zuständigkeit vorgenommenen Amtshandlung" nach längeren Debatten aufgenommen.

Für die Beurtheilung dessen, was unter „rechtmäßiger Ausübung des Amts" zu verstehen, kann auf das oben zu §. 110 bezüglich der „Rechtsgültigkeit" und „Zuständigkeit" Gesagte verwiesen werden, welches hier analog zur Anwendung kommt. Für die Beurtheilung kann auch Landesrecht von Bedeutung sein, wenn dieses die für den Beamten maßgebende Vorschrift enthält. Stuttgart 19. Juni 72 (St. I, 349, Goltd. XX, 478). Für die Anwendung des §. 113 insbesondere ergibt sich, daß zunächst der Beamte zur Vornahme der Amtshandlung sachlich und örtlich zuständig gewesen sein muß und daß die formalen Voraussetzungen, an welche das Gesetz ausdrücklich die Zulässigkeit der Handlung geknüpft hat, vorhanden gewesen sein müssen. Berlin 4. u. 31. Jan. 72, 14. Okt. 73 (Goltd. XX, 89, 98, O.R. XIII, 4, 103; XIV, 627, St. I, 340, Stuttgart 2. Dez. 74 (württ. Gerichtsbl. IX, 172), München 19. Juni 74, St. IV, 109 (bayr. Entsch. IV, 239), Wolfenbüttel 29. Sept. 71 (St. I, 132). Der irrige Glaube des Beamten an seine Zuständigkeit genügt nicht, Berlin 17. Nov. 71, Goltd. XIX, 806, O.R. XII, 587, St. I. 71 und 28. Febr. 72 (Goltd. XX, 198, O.R. XIII, 181, St. I, 221), Dresden 12. März 77 (St. VII, 261). Dagegen bleibt die Amtshandlung eine rechtmäßige, wenn sich der Beamte nur im Irrthum über die seiner Befugniß zu Grunde liegenden thatsächlichen Voraussetzungen befindet; z. B. wenn ein Gerichtsvollzieher sich bei der Exekution im Irrthum darüber befindet, daß die zu pfändenden Sachen im Gewahrsame oder Eigenthum des Schuldners seien, R.G. I, 20. April 85, R. VII, 238, III, 5. Nov. 81, E. V, 296, oder daß die Voraussetzungen der Pfändbarkeit bestimmten Gegenstände vorlägen. R.G. III, 19. Nov. 81, E. V, 208, IV, 16. April 89, E. XIX, 164, oder wenn ein Beamter sich in der Person des zu Verhaftenden täuscht. Berlin 28. Nov. 74, Goltd. XX, 582, O.R. XV, 819, St. IV, 278, München 29. Jan. 74, bayr. Entsch. IV, 34. Noch weniger fällt selbstverständlich die Nothwendigkeit oder Zweckmäßigkeit einer innerhalb der Zuständigkeit getroffenen Verfügung für die Strafbarkeit in das Gewicht. Berlin 8. März 76, 20. März 79 (O.R. XVII, 189; XX, 151, Goltd. XXIV, 222; XXVII, 367), Dresden 12. März 77 (St. VII, 260. Ob der Beamte bei der Amtshandlung von der Voraussetzung ausging, dieselbe auf

Grund einer bestimmten Vorschrift vorzunehmen, und ob er sich über diese überhaupt klar war, ist nicht entscheidend, wenn er nur eine Amtshandlung vornehmen wollte und diese objektiv in seiner Befugniß lag. R.G. III, 13. Nov. 84, R. VI, 731.

Irrte der Beamte über die rechtlichen Voraussetzungen seiner Amtshandlung, z. B. darüber, ob die That einer Person, welche er verhaften will, unter ein Strafgesetz fällt, so ist dies geeignet, die Rechtmäßigkeit der Amtsausübung auszuschließen. R.G. IV, 17. Jan. 88, R. X, 40.

5. Ist die Amtshandlung eine rechtmäßige, so ist durch dieselbe Alles gedeckt, was der Beamte zu ihrer Durchführung vornimmt; es kann nicht der Schutz des Gesetzes auf die Zeit der Vornahme der Amtshandlung im engeren Sinne beschränkt werden. Widerstand, welcher vor Aufnahme eines gesetzlich vorgeschriebenen Protokolls geleistet wird, ist also strafbar, wenn die Exekutionshandlung rechtmäßig ist. Berlin 16. Okt. 75, Goltd. XXIII, 507, O.R. XVI, 661. Ebenso wenig entbehrt die Handlung eines Gerichtsvollziehers, welche auf Grund eines erhaltenen Arrestbefehls eine Pfändung bezielt, des Schutzes des §. 113, weil dem Exequenden der Arrestbefehl noch nicht ausgehändigt oder vorgelesen ist. R.G. II, 31. Jan. 82, R. IV, 97.

6. In Betreff der sachlichen Zuständigkeit knüpft sich eine reiche Judikatur an die Frage nach den Grenzen der Befugnisse der unteren Polizeibeamten und der Gendarmen. Dieselben sind nur für befugt zu erachten, gegen Störungen der öffentlichen Ordnung amtlich vorzugehen, haben aber nicht bei Privatstreitigkeiten einzuschreiten. Berlin 26. Juni 72, 9. Okt. 74 u. 29. Sept. 76 (Goltd. XX, 387; XXIV, 546, O.R. XIII, 375; XV, 647; XVII, 627, St. II, 38). R.G. II, 23. Okt. 88, R. X, 585. Rechtmäßig ist ihre Amtsübung, wenn sie (unter Beobachtung der Vorschriften zum Schutze der persönlichen Freiheit, in Preußen des Gesetzes v. 12. Febr. 1850) zu Verhaftungen oder vorläufigen Festnehmungen oder zu einer Zwangsgestellung schreiten, R.G. II, 11. Jan. 81, E. III, 186, IV, 12. Dez. 84, R. VI, 806, selbst wenn dabei ein Irrthum bezüglich der Person des Festzunehmenden stattgefunden hat, Berlin 28. Nov. 74 (Goltd. XXII, 582, O.R. XV, 819, St. IV, 279). Auch zur Sistirung von Personen auf dem Polizeibureau wurden Beamte des Polizeidienstes für befugt erklärt, wenn es sich darum handelt, die Persönlichkeit des Zeugen einer strafbaren Handlung festzustellen. R.G. II, 25. Mai 86, R. VIII, 390; ferner bei Beschlagnahme von Sachen (Ueberführungsstücke, gestohlene Sachen u. dergl.), selbst im Wege der Haussuchung, jedoch nur unter Beobachtung der prozessualen Bestimmungen (§§. 98, 105 St.P.O.). Der dringende Verdacht, eine strafbare Handlung werde begangen werden, berechtigt nicht zur Durchsuchung der Person. R.G. I, 1. Mai 82, R. IV, 415. Als Haussuchung erscheint nicht ohne Weiteres das Betreten einer Wohnung Seitens eines hierzu von zuständiger Stelle beauftragten Polizeibeamten zum Zwecke der Ermittelung, ob sich in derselben eine Person aufhalte, die der Verübung einer strafbaren Handlung verdächtig ist. R.G. II, 22. Febr. 81, R. III, 63. Ebenso sind diese Organe der Polizeiverwaltung zum selbständigen, nöthigenfalls gewaltsamen Einschreiten zur Aufrechthaltung oder Herstellung der öffentlichen Ordnung befugt. Dresden 22. Juli 72, S.G.Z. XVI, 342, Berlin 3. Dez. 72 u. 3. Mai 73, O.R. XIII, 638, St. II, 312, 24. Febr. u. 6. März 90, Goltd. XXXVIII, 69, R.G. I, 29. Sept. 84, E. XI, 101, und dabei ist selbst das Einschreiten auf Privatgrundstücken nicht ausgeschlossen, wenn die dort vorkommende Störung der öffentlichen Ruhe dazu nöthigt. Berlin 20. Nov. 72 (Goltd. XX, 516, O.R. XIII, 608). Unter gleicher Voraussetzung ist auch ein Nachtwächter zum Betreten eines Schanklokals befugt. Berlin 1. April 73 (Goltd. XXI, 277).

7. Handelt es sich um die Vollstreckung von Gesetzen, so ist die Rechtmäßigkeit nach dem Inhalt des Gesetzes zu beurtheilen. Berlin 31. Jan. 72 (Goltd. XX, 98, O.R. XIII, 104, St. I, 340), München 19. Juni 74 (St. IV, 109); Stuttgart 2. Dez. 74 (württ. Gerichtsbl. IX, 172). Daher ist eine ohne Beobachtung der gesetzlichen Vorschriften erfolgende Exekutionsvollstreckung, namentlich eine mittels Eindringens in eine Wohnung zur Nachtzeit erfolgende, unrechtmäßig, Berlin 31. Jan. 72 u. 11. Sept. 78 (Goltd. XX, 98; XXVI, 509, O.R. XIII, 103; XIX, 400, St. I, 340), ebenso eine solche, welche ohne die Zuziehung vorgeschriebener Zeugen erfolgt, Berlin 4. April 78 (O.R. XIX, 198, Goltd. XXVI, 322). Der Ansicht, wonach die Nichtzuziehung vorgeschriebener Zeugen der Amtsausübung die Rechtmäßigkeit nicht benimmt, schloß sich an: R.G. II, 27. Jan. 80 (R. I, 282, E. I, 165), in einem Fall, in welchem die Vorschrift, Zeugen zuzuziehen, nur reglementärer Natur erschien. Dagegen erkannte das R.G. in allen Fällen, in welchen die Civilprozeßordnung (z. B. die §§. 619, 682) bestimmt vor-

schreibt, der Vollziehungsbeamte habe Zeugen zuzuziehen, daß die Unterlassung der Zuziehung die Rechtmäßigkeit der Amtsausübung aufhebe. So R.G. II, v. 2. Jan. 83 u. 9. Mai 84, **E. VII**, 370, **R.** V, 4, VI, 359, 24. Mai 87, **R.** IX, 340, wobei R.G. III, 30. Okt. 84, **R.** VI, 670, noch beifügt, daß die zugezogenen Zeugen diese Eigenschaft nicht verlieren, wenn sie auch zur Hülfeleistung bei der Zwangsvollstreckung beigezogen sind. Die Nichtbeachtung bloß reglementärer Vorschriften bei einer Exekution, welche für die Rechtsgültigkeit derselben ohne Einfluß ist, hindert auch nicht, daß sich der Exekutionsbeamte in rechter Ausübung des Amtes befindet. R.G. I. 6. Febr. 88, **E.** XVII, 122, **R.** X, 97. Dagegen ist der Vollstreckungsbeamte nicht in rechter Ausübung des Amtes, wenn er sich gegen das Gesetz verfehlt, also z. B. im Gewahrsam eines zur Herausgabe nicht bereiten Dritten (nicht des Schuldners) befindliche Sache durch Besitznahme pfändet. R.G. I, 11. März 89, **E.** XIX, 69. Einer Haussuchung, welche ein Amtsdiener im Auftrage des Amtsvorstehers ohne Mitwirkung eines Richters, Beamten der gerichtlichen Polizei oder eines Amts- oder Gemeindevorstehers vorgenommen hatte, wurde die Rechtmäßigkeit abgesprochen, R.G. II, 5. Dez. 79 (**R.** I, 116, **E.** I, 26, Ann. I, 118); ebenso einer A d m i n i s t r a t i v - E x e k u t i o n, bei welcher die gesetzlich vorgeschriebene Zuziehung von Gemeindebeamten oder von Zeugen oder die Aufnahme eines Pfändungsprotokolls versäumt wird. B e r l i n 1. Dez. 71 (Goltd. XIX, 808; O.R. XII, 609; St. I, 99), M ü n c h e n 9. Juni 74 (St. IV, 108, bayr. Entsch. IV, 239. Bei Vornahme einer Durchsuchung nach entwendetem Holz hat der Gemeindevorsteher zu prüfen, ob die Zuziehung von Zeugen möglich sei und befindet sich auch dann noch in rechtm. Ausübung des Amts, wenn er dies aus Irrthum verneint. R.G. II, 24. Mai 84, **R.** VI, 366. Auch der Mangel des vorgeschriebenen schriftlichen Exekutionsbefehls kann die rechtmäßige Ausübung des Amts ausschließen. B e r l i n 22. Febr. u. 17. Okt. 78 (O.R. XIX, 97, 468, Goltd. XXVI, 121). Abweichend B e r l i n 13. Juli 76 (O.R. XVII, 514, Goltd. XXIV, 549). Dagegen benimmt die Verletzung unwesentlicher Formvorschriften auf Seite des Vollstreckungsbeamten der Amtshandlung nicht die Eigenschaft rechtmäßiger Ausübung: so die Verletzung der Vorschrift, im Dienste die Dienstmütze zu tragen. R.G. I, 20. Sept. 86, **R.** VIII, 546.

8. Bei der Vollstreckung von B e f e h l e n u. s. w. der Behörden ist erforderlich, daß die Befehle u. s. w. so beschaffen sind, den vollstreckenden Beamten zu einer Zwangsvollstreckung zu ermächtigen, d. h. die Behörden selbst müssen zur Ertheilung des Befehls örtlich und sachlich zuständig gewesen sein. Ist dies der Fall, so hat der Beamte, welchem der Befehl ertheilt ist, nicht weiter zu prüfen, ob der Befehl nach Lage der Sache gerechtfertigt ist; die Rechtmäßigkeit der Amtsausübung des Beauftragten ist durch den ihm ertheilten Befehl begründet, auf das Meinen des Beamten oder des Dritten (des sich Widersetzenden) kommt es nicht an. Voraussetzung ist aber, daß der Befehl selbst nichts Gesetzwidriges enthält und daß die Ausführung dem Befehle entspricht. R.G. II, 18. Nov. 79, Goltd. XXVII, 452; 1. u. 23. Nov. 80, **E.** II, 411, **R.** II, 424, 559. Ebenso wenig ist der beauftragte Beamte verpflichtet, die Richtigkeit des dem Befehle zu Grunde liegenden Verfahrens zu prüfen, z. B. die Gültigkeit und Rechtsbeständigkeit der von dem zuständigen Beamten ertheilten Vollstreckungsklausel, R.G. I, 1. Mai 82, **R.** IV, 418, oder die Zulässigkeit eines Vorführungsbefehls, R.G. III, 7. Mai 85, **R.** VII, 280 20. Juni 89, Goltd. XXXVII, 291. In diesem Falle ist die Strafbarkeit des Widerstandes nicht dadurch bedingt, daß der Widerstandleistende von dem Befehle Kenntniß gehabt hat. A. M. (nicht mit Unrecht) B e r l i n 8. Nov. 71 (O.R. XII, 569) und S t u t t g a r t 25. Febr. 75 (württemb. Gerichtsbl. IX, 371). Die Rechtmäßigkeit der Amtsausübung des Exekutors bei einer ihm aufgetragenen Z w a n g s v o l l s t r e c k u n g soll, wie angenommen worden, nicht davon abhängig sein, daß das vorschriftsmäßige Mahnverfahren stattgefunden hat, B e r l i n 7. März 73, 6. Febr. u. 11. Sept. 78 (Goltd. XXI, 276, O.R. XIV, 197; XIX, 58, 400, St. VIII, 106), A. M. (mit Recht) B e r l i n 18. Sept. 72 (Goltd. XX, 518, O.R. XIII, 457). Die Exekution wird auch nicht aufgehalten durch Einwendungen des Schuldners, zu deren Prüfung der Exekutor nicht berechtigt ist, B e r l i n 20. April 75 (O.R. XVI, 301); oder durch Einwendungen Dritter, die Ansprüche an den Exekutionsobjekten erheben. B e r l i n 12. Okt. 77 (O.R XVIII, 647). Geht der Exekutor über seinen Auftrag hinaus, so befindet er sich nicht in rechtmäßiger Ausübung des Amts. B e r l i n 18. Jan. 77 (O.R. XVIII, 42, Goltd. XXV, 52). R.G. I, 8. Nov. 86, **R.** VIII, 688. Deshalb ist der Widerstand gegen einen Exekutor nicht strafbar, welcher wissentlich oder ohne die erforderliche Prüfung unpfändbare Gegenstände in Exekutionswege abpfändet. Berlin 5. Dez. 87, Goltd. XXXVII, 62, auch B e r l i n 20. Okt. 71, O.R. XII, 525. Die V o r f ü h r u n g eines A n g e s c h u l d i g t e n ist rechtmäßig, auch wenn der Auftrag zu der-

selben von dem berechtigten Beamten nur mündlich ertheilt ist. Stuttgart 17. Sept. 73 (württemb. Gerichtsbl. VII, 314).]

9. Die Rechtmäßigkeit der Amtshandlung hängt nicht von einer Prüfung der materiellen Voraussetzungen ab. Ueberläßt das Gesetz die Vornahme einer Amtshandlung dem Ermessen des Beamten, so steht es Niemandem zu, diesem Ermessen sein besseres Ermessen entgegenzustellen. (Vgl. hierüber die Rede des Abg. Planck, St.B. S. 428; v. Schwarze, Komm. S. 357; Oppenhoff zu §. 113 N. 14 ff.; Meyer zu §. 113.) Binding I, 742, Geyer II, 138, v. Liszt S. 574, Olshausen N. 14. S. auch R.G. IV, 12. Dez. 84, R. VI, 807. Der Grundsatz, daß der Auftrag der zuständigen Behörde den Unterbeamten deckt, wurde in einem Falle als nicht zutreffend erkannt, in welchem der Unterbeamte selbst schuldhaft eine irrige Verfügung veranlaßt hatte. Berlin 15. Jan. 79 (O.R. XX, 37, Goltd. XXVII, 204). Ebenso wurde Gewicht darauf gelegt, ob sich der Exekutor eines ungesetzlichen Befehls in gutem Glauben befand. Berlin 23. Mai 79 (O.R. XX, 280, Goltd. XXVII, 527).

10.*) Es ist selbstverständlich und folgt auch aus §. 59, daß der Angeschuldigte die Beamteneigenschaft gekannt und gewußt haben muß, daß derselbe in Ausübung des Amtes begriffen war. Berlin 6. Dez. 71 (O.R. XII, 622, St. I, 99). Dieses Bewußtsein muß dem Angeklagten bewiesen werden. Einer ausdrücklichen Feststellung bedarf es nur dann, wenn es bestritten ist. R.G. III, 3. Dez. 79 (E. I, 169). Hatte er diese Kenntniß, so kann es dann weiter nicht darauf ankommen, welche Meinung der Angeklagte von der „Rechtmäßigkeit" gehabt hat. Berlin 21. Jan. 76 u. 4. Juli 78 (Goltd. XXVI, 433, O.R. XVII, 40). Es springt in die Augen, daß die bloße subjektive Auffassung des Einzelnen nicht über die Anwendbarkeit des §. 113 entscheiden darf. Dieses Moment, wohl das wichtigste, welches sich den Forderungen des Reichstages bei Aufnahme der Worte „rechtsgültig", „Zuständigkeit" und „rechtmäßige Ausübung" (§§. 110, 113) mit juristischem Grunde entgegenstellte, wurde nur beiläufig von dem Abg. v. Schwarze geltend gemacht, welcher u. A. bemerkte:

> „Der betreffende Mann, der sich widersetzt hat, war ganz und gar nicht der Meinung, daß er sich einer gesetzlichen Anordnung einer Behörde widersetze; wie wollen Sie den Mann bestrafen? Wenn er sich in einem Irrthum befunden hat, so fehlt ihm ja der Dolus der Widersetzlichkeit. Ich rede dabei, wie gesagt, weder vom Polizei- noch vom Rechtsstaat; aber ich komme mit meinem juristischen Gewissen bei all diesen Anträgen gar nicht ins Reine und in Ordnung." (St.B. S. 409.)

Bedenken in dieser Beziehung sind mit Rücksicht auf §. 59 (vgl. §. 59 N. 6) gewiß nicht unbegründet. Nach Zweck und Absicht des Gesetzes muß aber die Prüfung der Legalität der Amtshandlung ausschließlich dem Richter vorbehalten werden, so daß dem Irrthum eines wissentlich einem Beamten Widerstand Leistenden, der Beamte befinde sich nicht in rechtmäßiger Ausübung des Amtes eine entschuldigende Wirkung nicht beigelegt werden kann. Dahin entschied sich denn auch die Praxis. Vgl. Berlin 28. Febr. 72, 9. Juli u. 7. Nov. 73 (Goltd. XX, 198; XXI, 511, 514, O.R. XIII, 180; XIV, 488, 708, St. I, 220; III, 4), München 9. Juni 74 (bayr. Entsch. IV, 240, St. IV, 109). Auch R.G. III, 30. Okt. u. II, 5. Nov. 80 (R. II, 409, 453, E. II, 423; III, 14, II, 7. Febr. 82, R. IV, 132, III, 20. Juni 89, Goltd. XXXVII, 291). Andererseits genügt es aber auch nicht, daß der Thäter irrigerweise glaubte, der Beamte handle in rechtmäßiger Ausübung, um eine Gewalthandlung gegen denselben als Widerstand erscheinen zu lassen. Berlin 18. Jan. 77 (O.R. XVIII, 43, Goltd. XXV, 52).

11. Ausschreitungen des Beamten können die Ausübung des Amts zu einer nicht rechtmäßigen und den Widerstand dagegen straflos machen. (Berlin 28. Nov. 74 nimmt an, daß der Widerstand, welcher lediglich der Ausschreitung entgegengesetzt wird, straflos sei, führt aber in dem Erk. v. 19. Febr. 74 aus, daß durch Exzesse des Beamten und Angetrunkenheit desselben bei der Amtshandlung diese selbst nicht zu einer unrechtmäßigen werde, Goltd. XXII, 243, 582, O.R. XV, 819, St. IV, 278.) Ob dann aber der Widerstand nicht anderweitig zu bestrafen (z. B. als Mißhandlung), ist Thatfrage. Ob hierbei Nothwehr anzunehmen, ist nach den allgemeinen Voraussetzungen des §. 53 zu beurtheilen. (Vgl. §. 53 N. 8 u. Berlin 4. Jan. u. 10. Aug. 72, O.R. XIII, 4, 249.) Auch als Widerstand kann die Handlung gegen den exzedirenden Beamten bestraft werden, wenn sie gegen die berechtigte Amtshandlung, nicht gegen die Ausschreitung gerichtet war. Berlin 4. März 79 (O.R. XX, 119). Vgl. R.G. II, 10. Nov. 82, R. IV, 804.

---

*) Vgl. über die Frage des Irrthums bei Widerstand, Hiller im G.S. XXVII, 1, Guggenheimer, München 1883.

12. Es ist nicht erforderlich, daß der Thäter derjenige ist, gegen welchen die Amtshandlung des Beamten gerichtet war: es kann dies auch ein Dritter sein, welcher ein Interesse hat, die Amtshandlung zu verhindern, oder Thätlichkeiten vorzunehmen. Dresden 17 Juni 78 (S.G.Z. XXIII, 14).

13. Hat die Amtshandlung, gegen welche der Widerstand gerichtet ist, bereits begonnen, so ist §. 113, nicht §. 114 anzuwenden. Berlin 20. März 79, 20. Febr. 77 (OR. XVIII, 141; XX, 151, Goltd. XXV, 213; XXVII, 367, St. VII, 42.) (A. M. Berlin 6. Juli 76, Goltd. XXIV, 551.) Im Uebrigen unterscheidet sich §. 114 von §. 113 nicht nur dadurch, daß §. 114 nicht bloß von Vollstreckungsbeamten spricht, sondern vor Allem auch darin, daß §. 114 die allgemeinen, §. 113 eine speziellere Regel gibt, so daß §. 114 da nicht anzuwenden ist, wo §. 113 anschlägt und es sich um Nöthigung handelt, eine Amtshandlung zu unterlassen. R.G. II, 4. Febr. 81, E. III, 334, R. III, 10, I, 12. Mai 81, E. IV, 143; IV, 21. Okt. 87, R. IX, 525, III, 21. Nov. 89, Goltd. XXXVII, 427. Dagegen kommt §. 114 in Anwendung, wenn die Amtshandlung, zu deren Unterlassung der Beamte genöthigt werden soll, nicht begonnen oder unmittelbar bevorstehend, sondern erst für die Zukunft in Aussicht gestellt ist. R.G. III, 23. Febr. 88, R. X, 179, IV, 8. Nov. 89, E. XX, 35.

14. Widerstand durch Gewalt erfordert nicht eine Gewalt an der Person des Beamten, wohl aber muß sie gegen die Person gerichtet sein, eine Einwirkung auf die Person bezwecken; das Entgegenstellen eines nur sachlichen Hindernisses, ein bloß passives Verhalten, ist dazu nicht ausreichend. Dresden 30. Dez. 72 n. 16. Nov. 74, S.G.Z. XVII, 77; XIX, 151; Berlin, 6. Jan. 75 u. 26. Jan. 76, Goltd. XXIV, 26, O.R. XVI, 25; XVII, 51, St. IV, 279. RG. III, 5. Febr. 85, R. VII, 85 erklärt die hier in Frage stehende Gewalt als: körperliche Kraftäußerungen, welche sich gegen eine Kraftäußerung des Beamten derartig wenden, daß dadurch dessen berechtigtes Vorgehen beschränkt oder aufgehoben wird, und RG. III, 5. Febr. 81, 11. Jan. 83, R. III, 12, V, 24, schließt den Begriff der Gewalt da aus, wo nur die Bereitung sachlicher Hindernisse gegen Vornahme der Amtshandlung in Frage steht. Das Festhalten einer abzupfändenden Sache, das Entgegenstemmen mit dem eigenen Körper bei Vornahme einer Verhaftung kann als Gewalt angesehen werden, Dresden a. a. O., und Berlin, 28. Jan. 75 (O.R. XVI, 93), 26. Jan. 76 (O.R. XVII, 51, Goltd. XXIV, 26, St. VI, 180), 24. Juni 79 (O.R. XX 312), R.G. I, 1. Nov. 80 (R. II, 424, E. II, 411). In dem Erheben eines Messers wurde ein thätlicher Angriff nicht erblickt, Schwerin, G.S. XXIV, 313. — A. M. Wolfenbüttel 3. Oktbr. 76 (St. VII, 39), wohl aber in einem nach dem Beamten geführten Schlag, obwohl derselbe verhindert wurde. Wolfenbüttel 4. Dezbr. 74 (St. IV, 341.) R.G. I, 18. Nov. 82, R. IV, 818, E. VII, 301. Im gewaltsamen Entreißen eines Gegenstandes wurde Gewalt erblickt. Dresden 17. Juni 78 (S.G.Z. XXIII, 15). In dem sich zu Boden Werfen und um sich Schlagen nur unter Umständen eine Bedrohung mit Gewalt. Stuttgart 24. Mai 76 (St. VI, 181). Widerstand und Körperverletzung können ideal konkurriren. Dresden 4. März 74 (S.G.Z. XVI, 211.) München 15. Juli 76 (bayr. Entsch. VI, 382). Widerstand und Beleidigung konkurriren gegebenen Falls real. Stuttgart 17. Nov. 75 (St. VI, 179). R.G. III, 15. Mai 80 (R. I, 789).

15. Eine Bedrohung mit Gewalt kann auch durch Handlungen geschehen und aus dem ganzen Verhalten des Widerstandleistenden entnommen werden. Berlin 6. Dezbr. 72 (O.R. XIII, 647) u. 16. Juli 73 (Goltd. XXI, 509). Die Drohung muß nicht ernstlich gemeint, sondern nur geeignet sein, vom Beamten ernstlich aufgefaßt zu werden, und zu diesem Zweck angewendet werden. R.G. 14. Febr. 80 (Ann. I, 459). Als Bedrohen mit Gewalt ist auch das in Aussichtstellen einer Gewalt anzusehen, welche nicht unmittelbar vom Drohenden ausgeht, wie die von einem starken Hund ausgehende. R.G. III, 21. Jan. 89, Goltd. XXXVII, 158. S. auch München 6. Juni 89, bayr. Entsch. V, 316.

16. Widerstandleisten setzt die Absicht voraus, die Amtsthätigkeit zu vereiteln; bloßer Ungehorsam steht dem nicht gleich. (Berlin 1 Oktbr. 74, O.R. XV, 607.) Auch in Vernichtung eines abzupfändenden Gegenstands wurde Widerstand nicht gefunden. Dresden 30. Dez. 72 (S.G.Z. XVII, 77, St. II, 266). Auch nicht in Einsperrung eines Beamten (vorbehaltlich anderweiter Bestrafung). Dresden 16. Nov. 74 (S.G.Z. XIX, 150).

Ein Erfolg des Widerstands ist nicht erforderlich. (Berlin 6. Dez. 72 (O.R. XIII, 647), Wolfenbüttel 4. Dez. 74 (G.S. XXVII, 319). Widerstand gegen mehrere Beamte, welche dieselbe Amtshandlung vornehmen wollen, ist nicht mehrfach zu bestrafen. München 19. Okt. 74 (bayr. Entsch. IV, 475, St. IV, 278).

17. Der thätliche Angriff gegen einen Beamten während der Vornahme einer Amtshandlung ist strafbar, auch wenn der Zweck nicht auf Widerstandleistung gerichtet war. (Dresden 8. Nov. 72 u. 24. Juli 77 [St. II, 153, Goltd. XXI, 229], München 22. April 73 [bayr. Entsch. III, 202].) Wolfenbüttel 4. Dez. 74 (St. IV, 341). Berlin 18. April 77 (O.R. XVIII, 277), 3. April 79 (O.R. XX, 182), R.G. 11. Mai 80, Ann. II, 7. Der thätliche Angriff muß in einer gewissen Beziehung, insbesondere auch zeitlich im Zusammenhange mit einer Amtshandlung oder amtlichen Thätigkeit stehen, es genügt also, wenn derselbe gegen einen sich vom Orte seiner Thätigkeit entfernenden Beamten gerichtet ist. Dresden, 18. Dezbr. 71 (S.G.Z. XVI, 192, St. I, 269), Stuttgart 18. Febr. 74 (St. IV, 18). Die Absicht, sich Genugthuung für eine Beleidigung zu verschaffen. schließt den thätlichen Angriff nicht aus. Dresden 24. Juli 77 (S.G.Z. XXI, 206, St. VII, 38).

18. Im Falle des Absatzes 3 ist die Rechtmäßigkeit der Amtsausübung ebenfalls Erforderniß der Strafbarkeit, wenn es sich um die erste Alternative des §. 113 des Widerstands gegen Vollstreckung von Gesetzen, von Befehlen u. s. w. handelt. Steht die zweite Alternative des Angriffs in Rede, so bietet Abs. 3 einen selbständigen Schutz der in Ausübung des Dienstes begriffenen Mannschaft der bewaffneten Macht, der Gemeinde-Schutz- oder Bürgerwehr. R.G. I, 2. Nov. 85, R. VII, 632, E. XIII, 105. Gleiche Unterscheidung ist erforderlich bei Gewalthandlungen gegen Gendarmen, welche in eigener Zuständigkeit über Vornahme einer Amtshandlung entscheiden. R.G. II, 24. Oktbr. 84, E. XI, 175.

19. Die Zuziehung von Personen zur Unterstützung muß durch den Beamten selbst oder dessen Vorgesetzten veranlaßt worden sein (Berlin 10. Juli 72, Goltd. XX, 391, O.R. XIII, 402). Es kann also §. 113 nicht Anwendung finden auf Widerstand gegen Personen, welche freiwillig einen Beamten unterstützen, oder gegen solche, welche zwar zur Vollstreckung von Gesetzen u. s. w. berufen, aber nicht Beamte sind. Gl. M. Hälschner II, 804, John in H.H. III, 116, Olshausen N. 8, Oppenhoff N. 45, v. Schwarze N. 21.

Eine besondere Form der Zuziehung ist nicht vorgesehen. Es findet also §. 113 Anwendung, wenn ein Gendarm, dem gewaltsam Widerstand geleistet wird, die Hülfe Anderer anruft und erhält.

Die Anwesenheit eines Beamten ist vorausgesetzt. (Stuttgart 20. Jan. 75, württ. Gerichtsbl. IX, 220.) Gefangenen-Transporteure sind als zugezogene Personen nur dann anzusehen, wenn ein Beamter bei dem Transport mitwirkt. (Berlin 7. Mai 75, Gold. XXIII, 551, OR. XVI, 356.)

20. Ein Wachtposten, der einen Beleidiger festnimmt, befindet sich in rechtmäßiger Ausübung des Amts. Berlin 24. Sept. 73 (O.R. XIV, 575).

21. Mannschaften einer Gemeinde-, Schutz- oder Bürgerwehr stehen unter dem Schutz des §. 113, wenn sie im ausdrücklichen Auftrage oder in Folge allgemeiner Ermächtigung der Staatsgewalt handeln; hierzu gehören auch Mitglieder einer staatlich autorisirten, wenn auch aus Freiwilligen bestehenden Feuerwehr. Dresden 19. Jan. 77 (St. VII, 261). Ferner erkannte R.G. I, 2. Febr. 80 (R. I, 305, Goltd. XXVIII, 139) an, daß Wachtmannschaften die Befugniß haben, Ruhestörer zu verhaften und zu diesem Zweck sogar in Häuser einzudringen.

22. Die besonderen Gesetze über die Widersetzlichkeit gegen Zoll- und Steuerbeamte u. s. w., z. B. §. 161 des Vereinszollgesetzes vom 1. Juli 1869, bleiben in Kraft. (§. 2 E.G.) Zoll-Beamte gehören übrigens unzweifelhaft zu denjenigen Beamten, die auch unter dem Schutz des §. 113 stehen. Berlin 19. Sept. 77 (O.R. XVIII, 572, St. VII, 377), Dresden 17. Juni 78 (S.G.Z. XXIII, 15).

23. Durch die Novelle vom 26. Febr. 1876 sind die Strafandrohungen im §. 113 (sowie §§. 114, 117) verschärft. Die Motive (Drucks. Nr. 54) bemerken hierbei:

„Der Strafschutz, welchen die Vorschriften der §§. 113, 114 und 117 den Exekutiv-Beamten im Allgemeinen und den Jagd- und Forstbeamten im Besonderen gewähren sollen, hat in der Rechtsübung sich als unzureichend erwiesen.

Es werden seitens der Verwaltungsbehörden mannigfache Klagen darüber geführt, daß die von den Gerichten verhängten Strafen in zahlreichen Fällen der Bedeutung nicht entsprechen, welche jenen Strafbestimmungen für die Wahrung der Autorität der Staatsgewalt beiwohnt.

In Folge davon ist in der Amtsthätigkeit der Exekutivbeamten, namentlich der unteren Polizeibeamten, eine Zaghaftigkeit fühlbar geworden, welche, je weiter sie um sich greift, destomehr die öffentliche Sicherheit in Gefahr bringt und desto dringender auf die Nothwendigkeit einer Beseitigung der Ursache jener Erscheinung hinweist.

Da die niedrigen Strafen in den Urtheilen der Gerichte einerseits darauf zurückgeführt werden dürfen, daß die fraglichen Strafbestimmungen kein absolutes Mindestmaß der Strafe vorschreiben, andererseits darauf, daß der §. 113 dem Richter die Wahl zwischen der Gefängnißstrafe und der Geldstrafe gestattet, so erscheint in beiden Richtungen eine Aenderung der Strafsatzungen geboten.

Der Antrag greift im Wesentlichen auf die Strafnormen zurück, welche vor dem Erlasse des deutschen Strafgesetzbuchs in Preußen gegolten haben."

Der Reichstag nahm die Vorschläge im Wesentlichen an, fügte jedoch für den Fall mildernder Umstände niedrigere bez. mildere Strafen hinzu. Daß dieses in einer inkorrekten Fassung geschehen, ist bereits oben S. 33 ausgeführt worden. Im Uebrigen vgl. die Bemerkungen S. 35, 36.

24. Die Praxis bietet noch folgende Einzelfälle:

a. Der Umstand, daß ein zu vollziehender Gemeindeausschußbeschluß nicht richtig protokollirt war, fand keine Beachtung. München 20. April 74 (St. III, 293, bayr. Entsch. IV, 183).

b. Ein Unterbeamter, der mit Zustellung eines Erlasses der ihm vorgesetzten Behörde beauftragt ist, befindet sich in rechtmäßiger Ausübung des Amtes, wenn er die Ungesetzlichkeit des Erlasses oder die Unzuständigkeit der Behörde nicht kannte. Berlin 8. Dez. 76 (O.R. XVII, 813, Goltd. XXIV, 550, St. VII, 41). Das Urtheil läßt unklar, ob der Angeklagte straflos gehalten worden sein würde, wenn der Zustellungsbeamte den Mangel gekannt hätte. Dies wäre irrig, da jedenfalls die Zustellung gesetzlich war, und der Inhalt des Erlasses Widerstand gegen die bloße Zustellung nicht rechtfertigen konnte.

c. Die Befugniß des Exekutors, die Wohnung des Exequenden nöthigenfalls mit Gewalt zu öffnen, schützt ihn auch gegen den dritten Hausbesitzer, der ihm den Eintritt verwehren will. Berlin 30. Jan. 79 (O.R. XX, 57, Goltd. XXVII, 110).

d. Das dem Vermiether zustehende Retentionsrecht berechtigt ihn nicht zum Widerstande gegen den Exekutor. Berlin 7. Sept. 76 (O.R. XVII, 550, Goltd. XXIV, 548).

e. Auch Widerstand gegen die dem Exekutor obliegende Versteigerung fällt unter §. 113. Berlin 20. Dez. 77 (O.R. XVIII, 813).

f. Der erste Exekutionsbefehl rechtfertigt keine wiederholte Auspfändung, wenn die früheren Pfandobjekte sich nicht mehr vorfinden. Berlin 18. Jan. 77 (O.R. XVIII, 42, Goltd. XXV, 51).

g. Hat ein Vorgesetzter seinen Untergebenen über den Umfang seiner Befugnisse falsch instruirt, so wird die rechtmäßige Amtsausübung des Untergebenen durch die Anfechtbarkeit dieser Instruktion nicht beeinträchtigt. Berlin 14. Juni 76 (O.R. XVII, 418, Goltd. XXIX, 546. St. VI, 185).

h. Ein beauftragter Exekutor, der nach vorgelegtem Nachweise darüber, daß die Schuld gezahlt ist, wegen der Exekutionsgebühren pfändet, ist in rechtmäßiger Ausübung des Amtes. R.G. I, 8. Jan. 80 (R. I, 202).

i. Die Polizeibehörde befindet sich in rechtmäßiger Ausübung des Amts, wenn sie zur Nachtzeit eine Wohnung betritt, um den Inhaber wegen Lärmens, oder auf Ansuchen eines Mitbewohners zu dessen Schutz gegen Mißhandlungen festzunehmen. R.G. II, 3. Febr. 80 (R. I, 312, E. I, 94, Goltd. XXVIII, 141).

k. Die von der Polizeibehörde angeordnete Sistirung einer Person ist weder Verhaftung noch vorläufige Ergreifung oder Festnahme. Der hiermit beauftragte Beamte ist in rechtmäßiger Ausübung des Amts, wenn er zur Ausführung des Befehls bei Tag die Wohnung eines Dritten betritt. R.G. II, 23. März u. 24. Sept. 80 (R. I, 502; II, 249, E. I, 331; II, 263, Goltd. XXVIII, 280).

l. Die Bodenseedampfschiffe genießen in Häfen des Deutschen Reichs nicht die Rechte der Exterritorialität und sind deutsche Vollzugsbeamte auch auf solchen Schiffen in rechtmäßiger Amtsausübung. R.G. I, 22. April 80 (R. I, 642, E. II, 17).

m. Epiphanias ist kein allgemeiner Feiertag und steht die Vornahme einer Amtshandlung an diesem Tage durch einen Gerichtsvollzieher der rechtmäßigen Ausübung des Amts nicht entgegen. R.G. II, 2. Nov. 80 (R. II, 433, E. II, 398).

n. Wenn in Preußen der im Verwaltungszwangsverfahren eine Zwangsvollstreckung vornehmende Beamte Sachen abpfändet, bei denen die Prüfung der Pfändbarkeit in sein Ermessen gestellt ist, befindet er sich in rechtmäßiger Ausübung des Amtes und dem Gepfändeten steht nur der Beschwerdeweg wegen Nichtpfändbarkeit der Sachen offen. R.G. II, 12. April 81, R. III, 228.

o. Der Gerichtsvollzieher, der in Folge der Vermuthung, ein Schuldner trage Werthgegenstände bei sich, zum Zwecke einer Pfändung die Taschen an den Kleidern am Leibe des Schuldners zwangsweise durchsucht, befindet sich in rechtmäßiger Ausübung des Amtes. R.G. II, 15. Okt. 87, E. XVI, 218, R. IX, 503.

p. Grenzaufsichtsbeamte sind befugt, zu Zwecken der Ausübung des Grenzaufsichtsdienstes ungeschlossene Privatgrundstücke auch wider Willen des Eigenthümers zu betreten, befinden sich also hierbei in rechtmäßiger Ausübung des Amtes. R.G. IV, 14. Okt. 87, E. XVI, 248, R. IX, 496.

q. Eine von dem Prozeßbevollmächtigten an den des Gegners erfolgte Urtheilszustellung genügt, um mit der Zwangsvollstreckung zu beginnen (§. 671 C.P.O.), der Exekutor befindet sich also bei der sodann vorgenommenen Pfändung in rechtmäßiger Ausübung des Amtes. R.G. I, 20./24. Okt. 87, E. XVI, 275, R. IX, 519.

r. München 24. März 84, bayr. Entsch. III, 123 gab dem §. 113 Anwendung auf einen Schüler, welcher den Anordnungen des Lehrers in Bezug auf Schuldisziplin gewaltsamen Widerstand entgegenstellte. S. auch München 9. Febr. 87, bayr. Entsch. IV, 444.

§. 114*). Wer es unternimmt, durch Gewalt oder Drohung eine Behörde oder einen Beamten zur Vornahme oder Unterlassung einer Amtshandlung zu nöthigen, wird mit Gefängniß nicht unter drei Monaten bestraft.

Sind mildernde Umstände vorhanden, so tritt Gefängnißstrafe bis zu zwei Jahren ein.

Pr. §. 90; E. I. §. 95; E. II. §. 112; St.B. S. 431, 432.

G. v. 26. Febr. 1876 Art. I; Drucks. (1876) Nr. 54, 109, 114, 181, 196 II; St.B. S. 410, 647, 1325.

Vgl. Seem.O. v. 27. Febr. 1872 §§. 89 ff.

1. „Wer es unternimmt" vgl. §. 43 N. 9 und §. 82. Der Reichstag lehnte einen Antrag statt „unternimmt" zu sagen „versucht" ab. Zur Interpretation des Wortes „unternimmt" bemerkte der Abg. Bürgers (Mitglied der Bundeskommission):

„Wenn es beim Hochverrath (§. 82) heißt, daß unter Unternehmen nur diejenigen Handlungen verstanden werden, welche unmittelbar den hochverrätherischen Zweck herbeiführen, so wird das Unternehmen auch in allen anderen Artikeln nur so verstanden werden können: wer diejenige Handlung vornimmt, welche geeignet ist, den Zweck herbeizuführen, der ins Auge gefaßt wird." (St.B. S. 431.)

Das Unternehmen umfaßt somit Vollendung und Versuch.

2. Unter „Behörde" ist nach der Auffassung des preußischen Obertribunals zu verstehen: „jedes Organ der Staatsregierung, welches von derselben berufen ist, unter öffentlicher Autorität die Herbeiführung der Zwecke des Staats zu ermöglichen". Kollegialische Zusammensetzung ist nicht erforderlich. (Berlin 19. Okt. 75, Goltd. XXIII, 518, O.R. XVI, 665.) Der Ehrenrath der Rechtsanwälte ist eine Behörde. (Berlin 7. Sept. 75, Goltd. XXIII, 515, O.R. XVI, 559.) R.G. III, 20. Febr. 88, R. X, 168. Auch Vollstreckungsbeamte stehen unter dem Schutz des §. 114. Berlin 20. Febr. 77 (O.R. XVIII, 141, Goltd. XXV, 213, St. VII, 42). Eine Militärperson, welche das Führungsattest für einen in die Reserve übertretenden Soldaten auszufertigen hat, ist eine Behörde im Sinne des §. 114. Dresden 19. März 77 (S.G.Z. XXII, 33, St. VII, 262). Auch ein Gemeinderath in Beziehung auf die Armenpflege (Baden). R.G. I, 13. Mai 80 (R. I, 770; III, 8. Febr. 82, R. IV, 135). Eine preußische Gerichtskasse R.G. II, 10. Jan. 88, R. X, 23. Eine städtische Sparkassenverwaltung in Preußen R.G. I, 1. Mai 82, E. VI, 247, R. IV, 425. Universitäten und deren Organe, insbesondere die einzelnen Fakultäten, nach Maßgabe ihrer Statuten R.G. II, 9. März 88, E. XVII, 208, R. X, 227.

---

*) Neue Fassung des G. v. 26. Febr. 1876; die alte Fassung lautete:

§. 114. Wer es unternimmt, durch Gewalt oder Drohung eine Behörde oder einen Beamten zur Vornahme oder Unterlassung einer Amtshandlung zu nöthigen, wird mit Gefängniß bestraft.

3. Die Nöthigung zur Unterlassung der Amtshandlung ist auch dann strafbar, wenn der Beamte bei derselben seine örtliche Kompetenz (z. B. durch Aufnahme eines Testaments außerhalb des Gerichtssprengels) überschreitet. (Berlin 25. Sept. 72, Goltd. XX, 443, O.R. XIII, 472, St. II, 81.) Der Thatbestand des §. 114 ist dadurch nicht ausgeschlossen, daß die Nöthigung auf Vornahme einer gesetzlichen oder doch in der Zuständigkeit des Beamten liegenden Amtshandlung oder auf Unterlassung einer ungerechtfertigten oder unrechtmäßigen Amtshandlung gerichtet war; §. 114 trifft jede widerrechtliche Beugung des Willens eines Beamten unter den des Nöthigenden. Berlin 21. Juni 76, 20. Febr. 77 u. 19. März 79 (O.R. XVII, 444; XVIII, 141, Goltd. XXV, 212; XXVII, 368, St. VII, 42). R.G. I, 13. Mai 80, s. oben 29. Okt. 79 (Ann. I, 30).

Immerhin muß die Handlung des Beamten eine amtliche, nicht bloß eine solche sein, die mit dem Amte in irgend einem Zusammenhange steht, wie die Zeugenaussage eines Beamten, auch wenn dieselbe das Ergebniß amtlicher Recherchen zum Gegenstand hat. R.G. I, 24. Sept. 88, E. XVIII, 350.

4. Bezüglich des Begriffs Gewalt vgl. §. 113 N. 14. Nicht nur **vis compulsiva**, sondern auch **vis absoluta** fällt unter diesen Begriff. Allerdings ist das Delikt des §. 114 ein zunächst gegen den Willen gerichtetes; allein auch **vis absoluta** hebt die freie Willensäußerung des Beamten oder der Behörde auf, insoweit es sich um Zwang zur Unterlassung handelt. Anders, wenn es sich Nöthigen zum Handeln in Frage steht. Gl. M. H. Meyer S. 820 N. 27, Olshausen N. 3a. A. M. bezüglich des Zwangs zur Unterlassung Hälschner II, 821 u. in G.S. Bd. 35 S. 11, Oppenhoff N. 5, v. Schwarze N. 6.

5. Eine Drohung kann anch darin gefunden werden, daß die Veröffentlichung des Verfahrens in Aussicht gestellt wird. Berlin 21. Juni 76 s. oben; überhaupt in jeder Handlung oder Aeußerung, welche ein Uebel in Aussicht stellt, mag die Handlung im Allgemeinen nicht strafbar oder sogar berechtigt sein, wenn sie nur geeignet ist, durch Erregung einer Besorgniß auf den Willen der Behörde oder des Beamten einzuwirken. R.G. III, 21. Mai 81, IV, 6. Mai 84, R. III, 318, VI, 358, s. auch München 7. Juni 88, bayr. Entsch. V, 108. Die Drohung mit Beschwerde ist nicht ohne Weiteres als eine Drohung im Sinne des §. 114 aufzufassen, R.G. IV, 23. Sept. 90, Goltd. XXXVIII, 352. Ueber Drohung vgl. auch N. 15 zu §. 113.

6. Beamter vgl. 359.

7. Der Thäter muß mit der Absicht handeln, auf den Willen der Behörde oder des Beamten einzuwirken. Ob das Mittel geeignet ist oder nicht, begründet keinen Unterschied, wenn der Thäter es nur für geeignet hält, da das Unternehmen die That enthält und dieselbe keines Erfolgs bedarf.

8. Wegen der durch die Novelle v. 26. Febr. 76 veränderten Strafandrohung vgl. §. 113 N. 23, wegen des Verhältnisses von §. 114 zu §. 113 s. §. 113 N. 13. Amtshandlungen, welche nicht Vollstreckungshandlungen sind, stehen zwar nicht unter dem Schutz des §. 113, wohl aber unter dem des §. 114. Stuttgart 3./7. Dez. 73 (württ. Gesetzbl. VII, 380, St. III, 170).

§. 115. **Wer an einer öffentlichen Zusammenrottung, bei welcher eine der in den §§. 113 und 114 bezeichneten Handlungen mit vereinten Kräften begangen wird, Theil nimmt, wird wegen Aufruhrs mit Gefängniß nicht unter sechs Monaten bestraft.**

Die Rädelsführer, sowie diejenigen Aufrührer, welche eine der in den §§. 113 und 114 bezeichneten Handlungen begehen, werden mit Zuchthaus bis zu zehn Jahren bestraft; auch kann auf Zulässigkeit von Polizei-Aufsicht erkannt werden. Sind mildernde Umstände vorhanden, so tritt Gefängnißstrafe nicht unter sechs Monaten ein.

Pr. §. 91; E. I. §. 96; E. II. §. 113; St.B. S. 432, 433.

Vgl. §§. 116, 125; R.V. Art. 68 (Pr. Ges. über den Belagerungszustand v. 4. Juni 1851 §. 9); M.St.G.B. §§. 9 Nr. 3, 103, 106—110; Seem.O. v. 27. Dezbr. 1872 §§. 89—92.

1. Oeffentlich vgl. allg. Bemerk. zu Absch. 6 N. 2.

2. Unter „Zusammenrotten" verstand das preuß. Obertribunal „eine Vereinigung Mehrerer zu einem gemeinschaftlichen ungesetzlichen Handeln" (Goltd. XI, 340, Oppenhoff, R.O. III, 365; ebenso Dresden 4. Jan. 75, S.G.Z. XIX, 212, Goltd. XXIII, 578; XXIV, 637, St. V, 282.) Eine vorherige räumliche Trennung der Personen, ein Zusammenkommen derselben von verschiedenen Punkten ist nicht erforderlich, vielmehr kann eine Zusammenrottung auch dann angenommen werden, wenn die verschiedenen Personen schon zu einem gemeinsamen Zwecke vereinigt waren und sich demnächst in erkennbarer Weise, wenn auch nur stillschweigend, zu strafbaren Handlungen gegen §§. 113, 114 verbunden haben. (Berlin 10. Mai 75, Goltd. XXIII, 429, O.R. XVI, 363.) R.G. II, 1. Juni 80, E. II, 80, R. II, 5, III, 29. April 86, R. VIII, 322.

3. Anwendung von Gewalt durch jeden Einzelnen der Zusammengerotteten ist nicht erforderlich, vielmehr genügt es, wenn dem Willen der Zusammengerotteten durch die Thätigkeit Einzelner von ihnen Ausdruck gegeben wird. Dresden 4. Jan. 75 (S.G.Z. XIX, 214, St. V, 282). R.G. I, 1. Juli 80 (R. II, 150). Hiernach ist allerdings keine Mitthäterschaft der Zusammengerotteten zu den Handlungen der in §§. 113 u. 114 bezeichneten Handlungen erforderlich; zu weit geht aber Olshausen N. 3, wenn er die Begehung einer dieser Handlungen gelegentlich einer Zusammenrottung für genügend erklärt. Es ist erforderlich, daß der einzelne Theilnehmer sich bewußt ist, an der Zusammenrottung theilzunehmen (daß er nicht zufällig dazu kommend wider seinen Willen in den Haufen gezogen wird) und daß er sich bewußt ist, daß die Zusammenrottung eine der Handlungen des §§. 113 oder 114 zum Zwecke hat. Liegen diese Voraussetzungen vor, so kann wegen Theilnahme am Aufruhr gestraft werden, wenn der Theilnehmer sich an der Begehung dieser Handlungen nicht weiter betheiligte. Vgl. R.G. I, 1. Juli 80. Den Willen der einzelnen Theilnehmer, die §§. 113 u. 114 zu verletzen verlangen John in H.H. III, 132 N. 3, Hälschner II, 825, v. Schwarze N. 6. An der wirklichen Verübung müssen wenigstens zwei sich betheiligen „mit vereinten Kräften".

4. Zur Zusammenrottung gehört eine Menschenmenge (vgl. §§. 116, 124, 125), — wie viele, ist thatsächlicher Würdigung überlassen. (Vgl. das bekannte **fr. 4 §. 3 D. de vi. bon. rapt.**; mindestens 10 Personen?) Die Feststellung, daß die Zusammenrottung durch „mehrere Menschen" erfolgt sei, genügt nicht. Berlin 2. April 75 (Goltd. XXIII, 197, O.R. XVI, 265). Vgl. auch Dresden 27. Juli 74 (St. IV, 284). Eine Mehrheit von Personen fand genügend Berlin 24. Mai 76 (O.R. XVII, 381, St. VI, 183). Den Gegensatz der Zusammenrottung bildet das zufällige oder das zu gleichgültigen Zwecken erfolgende Zusammentreten von Menschen, wie es §. 116 im Auge hat. Jedoch ist im §. 115 nicht erforderlich, daß die Absicht gleich anfangs auf Verübung der in den §§. 113, 114 bezeichneten Handlungen ging, ein Auflauf (§. 116) kann vielmehr in einen Aufruhr übergehen, was durch den Begriff „Zusammenrotten" nicht ausgeschlossen ist. Bedingung der Strafbarkeit ist aber in jedem Falle, daß eine der Handlungen der §§. 113, 114 wirklich begangen worden. (Vgl. Bayern [St.G.B. v. 1861]) Art. 134 und Berlin 10. Mai 75 oben Note 2.) Berlin 11. April 77 (O.R. XVIII, 259, 261, Goltd. XV, 324) fordert zum Begriff der Zusammenrottung, daß eine bewußte, äußerlich erkennbar gewordene, räumliche Verbindung einer Mehrheit von Personen stattgefunden habe, welche zu einem sofortigen gewaltsamen unerlaubten Handeln erfolgte. Die Kürze der Begründung läßt aber nicht erkennen, ob damit das Uebergehen einer zu andern Zwecken erfolgten Ansammlung von Menschen zum Aufruhr ausgeschlossen werden wollte. R.G. IV, 14. März 90 führt endlich aus, daß unter „öffentlicher Zusammenrottung" nicht eine solche an einem öffentlichen Ort oder eine Zusammenrottung zu verstehen sei, welche von einer unbegrenzten Menge von Menschen bemerkt werden könne, sondern eine Zusammenrottung, an welcher eine unbegrenzte Anzahl von Menschen Theil nehmen könne, wobei es auf die Anzahl der gemeinsam handelnden Personen weniger ankomme. Dieses Erforderniß führt allerdings dahin, daß die Zusammenrottung auf öffentlichen Straßen, Wegen oder Plätzen regelmäßig stattfinden wird, ohne daß aber der Ort entscheidend für den Begriff ist. Durch eine räumliche Trennung der Theilnehmer ist aber der Begriff der Zusammenrottung ausgeschlossen. R.G. III, 25. Sept. 80, E. III, 1, R. II, 257. Vgl. auch R.G. III, 19. Febr. 91, E. XXI, 370.

5. „Theil nimmt" — dieser Ausdruck ist hier und in einigen folgenden Paragraphen (§§. 116, 124, 125, 128, 129) nicht in dem technischen Sinne von Th. I Abschn. 3 zu nehmen. (Vgl. S. 156 N. 2.) Theilnehmer heißt hier soviel wie Mitglied, Betheiligter. Letzteren

Ausdruck gebrauchte in Uebereinstimmung mit Bayern (St.G.B. v. 1861) Art. 139 der I. Entwurf (vgl. §. 96), die Bundeskommission stellte aber, weil ein Mißverständniß nicht zu befürchten, den Ausdruck „Theil nehmen" wieder her. (Hiermit übereinstimmend Dresden 4. Jan. 75, S.G.Z. XIX, 213, St. V, 285.)

6. Der Dolus besteht in dem Bewußtsein, sich in einer zusammengerotteten Menge zu befinden, welche unerlaubte Handlungen begeht oder unternimmt, verbunden mit dem Willen, in dieser Mehrheit und als ein Theil derselben zu verbleiben. Berlin 10. Mai 75 (Goltd. XXIII, 429, O.R. XVI, 364).

Auf eine der unter §§. 113, 114 fallenden Handlungen braucht der dolus nicht gerichtet gewesen zu sein, sondern nur auf ein unerlaubtes, gewaltthätiges Handeln. Es muß aber eine unter jene §§. fallende Handlung objektiv vorliegen. Berlin 24. Mai 76 (O.R. XVII, 381, St. VI, 183). Dies billigte auch R.G. 1. Juli 80, s. oben N. 3.

7. Rädelsführer. Dieser Ausdruck kommt im preuß. St.G.B. nicht vor. Aus §. 8 des preußischen Gesetzes vom 31. März 1841, die Mannszucht auf Seeschiffen betr., ging er zunächst in den §. 106 des I. Entw., welcher in Abschn. VII jenes Gesetzes mit aufnahm, über, die Bundeskommission schied jenen Abschn. jedoch wieder aus, um ihn der deutschen Seemannsordnung zu überlassen. Vgl. Seemannsordn. v. 27. Dez. 1872 §. 91. Gegenwärtig ist der Ausdruck im Anschluß an die Bestimmungen des bremischen Entwurfs von 1868 über den „Aufruhr" in §. 161 gewählt.

Die Motive bemerken, der Ausdruck Rädelsführer sei dem gemeinen Sprachgebrauch entnommen und bedürfte deshalb keiner Erklärung. Jedoch ist für die Auslegung auf folgende Sätze der bremischen Motive (S. 95) zu verweisen:

> „Eine Straferhöhung für Anstifter als solche war . . . überflüssig; dagegen war der Rädelsführer zu gedenken, die nicht nothwendig Anstifter des Aufruhrs zu sein brauchen, die das Feuer anfachen, wenn sie es auch nicht angelegt haben, und die seine Verbreitung und zerstörende Wirkung im Allgemeinen fördern, ohne daß ihnen immer die direkte Anstiftung dieser oder jener besonderen Gewalthandlung nachgewiesen werden kann. Es sind mit anderen Worten nicht bloß Anstifter, sondern auch Anführer, und zwar die letzteren auch dann darunter begriffen, wenn sie nicht den aufrührerischen Haufen im Ganzen, sondern auch wenn sie Theile desselben anführen und aufstacheln, selbst wenn sie nicht gerade selbst zu den von ihnen provozirten oder geleiteten Handlungen Hand angelegt haben sollten."

Ob Jemand Rädelsführer sei, verbleibt sonach der thatsächlichen Würdigung. Jedenfalls muß der Rädelsführer Theilnehmer am Aufruhr sein und denselben veranlaßt haben oder leiten. Ein bloßes Aufhetzen durch Geschrei reicht nicht aus. Olshausen N. 6, Oppenhoff N. 12, 13, Rubo N. 6.

8. Versuch des Aufruhrs ist denkbar und liegt insbesondere in jedem Zusammenrotten zum Zwecke des Aufruhrs, bei welchem der Widerstand als Zielpunkt erkennbar hervortritt. Bestraft kann der Versuch mangels weitergehender Strafandrohung nur an den Rädelsführern werden. Gl. M. Olshausen N. 7. A. M. Hälschner II, 827, H. Meyer S. 824 N. 56, Oppenhoff N. 16, v. Schwarze N. 14.

9. Ob ein Inländer wegen Aufruhrs im Auslande nach inländischen Gesetzen strafbar ist, vgl. allg. Bemerk. zu diesem Abschnitt N. 1.

Aufruhr während des Belagerungszustandes vgl. Art. 68 R.V. und §§. 8—10 des preuß. Ges. v. 4. Juni 1851.

§. 116. Wird eine auf öffentlichen Wegen, Straßen oder Plätzen versammelte Menschenmenge von dem zuständigen Beamten oder Befehlshaber der bewaffneten Macht aufgefordert, sich zu entfernen, so wird jeder der Versammelten, welcher nach der dritten Aufforderung sich nicht entfernt, wegen Auflaufs mit Gefängniß bis zu drei Monaten oder mit Geldstrafe bis zu eintausendfünfhundert Mark bestraft.

Ist bei einem Auflaufe gegen die Beamten oder die bewaffnete Macht mit vereinten Kräften thätlicher Widerstand geleistet oder Gewalt verübt worden, so

treten gegen diejenigen, welche an diesen Handlungen Theil genommen haben, die Strafen des Aufruhrs ein.

Pr. §. 92; E. I. §. 97; E. II. §. 114; St.B. S. 434, 435.

1. Oeffentliche (Wege, Straßen, Plätze) vgl. allg. Bemerk. zu Abschn. 6 N. 2. Das „öffentlich" in §. 115 ist nicht nach §. 116 auszulegen. Unter öffentlichen Wegen u. s. w. sind alle Orte zu verstehen, welche geeignet sind, eine Menschenmenge aufzunehmen und faktisch dem allgemeinen Zutritt freigegeben sind, mögen dieselben auch in der Regel in Privatbesitz stehen und dem allgemeinen Zutritt verschlossen sein; denn durch den allgemeinen Zutritt wird die Möglichkeit beseitigt, daß der Eigenthümer oder Besitzer selbst Polizei übe, und wird überhaupt die öffentliche Ordnung in Mitleidenschaft gezogen. R.G. IV, 17. Juni 90, III, 19. Febr. 91, **E.** XXI, 13, 370, vgl. auch III, 25. Febr. 84, **R.** VI, 149. Es kann sogar der Fall sein, daß der Eigenthümer, der den allgemeinen Zutritt wehren will, die Hülfe der öffentlichen Gewalt in Anspruch nimmt, ohne daß hiervon die Anwendbarkeit des §. 116 abhängig gemacht werden kann.

2. Menschenmenge vgl. §. 115 N. 4 und §§. 83, 85, 115 N. 2, 3. Ob die Menschenmenge zufällig versammelt ist, oder zu erlaubten Zwecken, begründet keinen Unterschied. Auch eine zusammengerottete Menge kann zum Thatbestand des §. 116 genügen, wenn dieselbe auch keine aufrührerischen Zwecke an den Tag gelegt hat. Gl. M. Hälschner II, 828, v. Liszt S. 576, Olshausen N. 1, Oppenhoff N. 2.

3. Das „zuständig" bezieht sich auch auf Befehlshaber der bewaffneten Macht. Im Entw. standen vor „Befehlshaber" die Worte „von einem", welche vom Reichstag gestrichen wurden, um jenes Erforderniß bestimmt auszudrücken. (St.B. S. 434.) — Als zuständiger Beamter ist der die Polizei verwaltende Beamte anzusehen. (Preußen §. 92 sagte: „Beamte der gerichtlichen oder Verwaltungspolizei".) Bloß vollstreckenden Unterbeamten wird in der Regel, wenn sie nicht aus speziellem Auftrag handeln, die Zuständigkeit nicht zu vindiziren sein. Es ist angenommen, daß Gendarmen als Mitglieder der bewaffneten Macht und Beamte (vgl. §. 12 der Preuß. Verordn. v. 30. Dez. 1820 über die Organisation der Gendarmerie unter II, 1) zuständig sind, die Aufforderung an die Menge auch ohne Auftrag eines Vorgesetzten und selbst dann, wenn sie mit höheren Polizeibeamten zusammenwirken, selbständig zu richten. Berlin 4. Okt. 73 u. 1. Juni 75 (Goltd. XXI, 512; XXIII, 429, O.R. XIV, 600; XVI, 407, St. III, 76). Auch andere Polizeibedienstete (Polizeisergeanten u. dgl.) sind zuständig, die Aufforderungen zu erlassen, wenn sie die zur Aufrechthaltung der Ordnung erforderlichen Anordnungen unter eigener Verantwortlichkeit zu treffen haben. Die subalterne Stellung ist hiebei nicht maßgebend. R.G. III, 15. März 82, **E.** VI, 91, **R.** IV, 248. — Die Befehlshaber der bewaffneten Macht sind nur dann zuständig, wenn sie entweder von der Polizei requirirt oder in besonderer Weise im Sicherheitsdienste (z. B. bei Wachen, Patrouillen) militärisch thätig sind. Vgl. das preuß. Gesetz über den Waffengebrauch des Militärs vom 20. März 1837, welches über die Zuständigkeit im Sinne des St.G.B. jedoch nicht unbedingt entscheidet.

4. Die Aufforderung muß an die Menge gerichtet sein. (Vgl. Berlin 4. Okt. 73, Goltd. XXI, 512, O.R. XIV, 600, St. III, 76.) Es genügt aber, wenn der Einzelne Kunde von der erfolgten Aufforderung bekam, wenn er sie auch nicht direkt gehört hat. R.G. III, 6. Nov. 90, **E.** XXI, 154.

Die dreimalige Aufforderung ist nur Erforderniß für den Thatbestand des Auflaufs, nicht der amtlichen Einschreitung überhaupt. Berlin 10. Mai 75 (O.R. XVI, 364, Goltd. XXIII, 429). Der Thatrichter hat zu prüfen, ob die dreimalige Aufforderung mit solchen Pausen erfolgt ist, daß sie befolgt werden konnte, und kann sie nur für eine einmalige erachten, wenn die Aufforderungen sich zu rasch folgten. Berlin 11. Juli 76 (O.R. XVII, 501, Goltd. XXIV, 552). Eine besondere Form für die Aufforderung ist nicht vorgeschrieben. Landesrechtliche Vorschriften hierfür haben Geltung. Gl. M. Oppenhoff N. 7. A. M. Olshausen N. 5. Die Aufforderung muß jedenfalls an die Menge gerichtet sein, in solcher Weise, daß sie auch von der Menge vernommen werden kann.

5. Dies sich entfernen bedeutet ein Auseinandergehen der Menschenmenge, so daß ein sich an einen anderen Ort begeben der geschlossenen Menge den Thatbestand des §. 116 nicht ausschließt. Gl. M. Hälschner II, 829, Olshausen N. 5, Oppenhoff N. 3, v. Schwarze N. 6 Anm. 9. A. M. John in H.H. III, 135.

6. „Theil genommen" vgl. §. 115 N. 5.

7. Der Vorsatz setzt ein bewußtes und freiwilliges Verharren in der Menschenmenge nach den drei Aufforderungen voraus. Der unfreiwillig Festgehaltene ist nicht strafbar. Gl. M. Hälschner II, 829, Olshausen N. 7, Oppenhoff N. 10, v. Schwarze N. 6.

8. Zu Abs. 2. Daß die Beamten (also nicht bloß niedere Polizeibeamte) oder die bewaffnete Macht mit Gewalt einzuschreiten Veranlassung hatten, stellt als Erforderniß auf: Berlin 22. Febr. 77 (O.R. **XVIII**, 163, Goltd. **XXV**, 213). Die Ansicht dürfte insofern unrichtig sein, als ein Unterschied bezüglich der Beamten gemacht ist, welchen Widerstand geleistet wurde. Bezüglich der Anordnungen, welchen Widerstand geleistet werden kann, fällt der Begriff zusammen mit dem des zuständigen Beamten in Abs. 1. Bezüglich des Widerstands kann aber überhaupt kein Unterschied gemacht werden und genügt es auch, wenn ein Beamter Polizeibedienstete beauftragt hat, die Menge auseinander zu treiben und diese thatsächlichen Widerstand finden. Wie schon der Plural: „Die Beamten" sagt, ist es eine objektive Voraussetzung des Abs. 2, daß Beamte, gleichviel ob leitende oder vollziehende, in dem allgemeinen Sinne in dem das St.G.B. überhaupt von Beamten spricht, Widerstand finden. Gl. M. Hälschner II, 829, Olshausen N. 9, v. Schwarze N. 10.

9. Bedrohung mit Gewalt ist in Abs. 2 nicht erwähnt; thätlicher Widerstand kann auch ein bloßer abwehrender sein. Die Gewalt muß gegen die Beamten oder die bewaffnete Macht geübt sein. Ein Erfolg ist nicht erforderlich.

10. Die Strafen des Aufruhrs treten mit der Unterscheidung zwischen Theilnehmern und Rädelsführern ein. Es ist aber nicht erforderlich, daß Handlungen der §§. 113, 114 vorgekommen sind, vielmehr ist nur die Strafe gleichgestellt.

§. 117*). Wer einen Forst- oder Jagdbeamten, einem Waldeigenthümer, Forst- oder Jagdberechtigten, oder einem von diesen bestellten Aufseher in der rechtmäßigen Ausübung seines Amtes oder Rechtes durch Gewalt oder durch Bedrohung mit Gewalt Widerstand leistet, oder wer eine dieser Personen während der Ausübung ihres Amtes oder Rechtes thätlich angreift, wird mit Gefängniß von vierzehn Tagen bis zu drei Jahren bestraft.

Ist der Widerstand oder der Angriff unter Drohung mit Schießgewehr, Aexten oder anderen gefährlichen Werkzeugen erfolgt, oder mit Gewalt an der Person begangen worden, so tritt Gefängnißstrafe nicht unter drei Monaten ein.

Sind mildernde Umstände vorhanden, so tritt in den Fällen des Absatz 1 Gefängnißstrafe bis zu Einem Jahre, in den Fällen des Absatz 2 Gefängnißstrafe nicht unter Einem Monat ein.

Pr. (Ges. v. 31. März 1837); E. I. §. 102; E. II. §. 115; St.B. S. 435, 436, 1169.

G. v. 26. Febr. 1876 Art. I; Drucks. (1876) Nr. 54, 109, 114, 181; St.B. S. 401, 647, 1325, 1369.

1. Die §§. 117—119 sind, jedoch unter wesentlichen Abänderungen, dem preuß. Gesetz v. 31. März 1837 über die Strafe der Widersetzlichkeiten bei Forst- und Jagdverbrechen v. 31. März 1837 entlehnt. Die Motive lauten:

„In den meisten Gesetzgebungen werden die dem Gebiete der sog. Forst- und Jagdfrevel angehörigen Rechtsverletzungen in besonderen, von dem gemeinen Strafrechte abgetrennten Gesetzen behandelt. Solche Sondervorschriften werden voraussichtlich auch nach dem Erlasse eines allgemeinen Strafgesetzbuches für den Norddeutschen Bund in den einzelnen Staaten desselben nicht zu entbehren sein.

---

*) Neue Fassung des G. v. 26. Febr. 1876; die alte Fassung lautete:

§. 117. Wer einem Forst- oder Jagdbeamten, einem Waldeigenthümer, Forst- oder Jagdberechtigten, oder einem von diesen bestellten Aufseher, in der rechtmäßigen Ausübung seines Amtes oder Rechtes durch Gewalt oder durch Bedrohung mit Gewalt Widerstand leistet, oder wer eine dieser Personen während der Ausübung ihres Amtes oder Rechtes thätlich angreift, wird mit Gefängniß bis zu drei Jahren bestraft.

Ist der Widerstand oder der Angriff unter Drohung mit Schießgewehr, Aexten oder anderen gefährlichen Werkzeugen erfolgt, oder mit Gewalt an der Person begangen worden, so tritt Gefängnißstrafe nicht unter Einem Monat ein.

Der Entwurf glaubte jedoch sich der Aufgabe nicht entziehen zu dürfen, diejenigen strafbaren Handlungen, welche bei Forst- und Jagdfreveln, durch Widerstand gegen Beamte begangen, einen so schweren Charakter an sich tragen, daß sie mit harten und eigentlich peinlichen Strafen geahndet werden müssen, in den Kreis seiner Satzungen aufzunehmen, weil jene Vorschriften dem Gebiete des gemeinen Strafrechts angehören und somit auch in einem Strafgesetzbuche, welches sich die Aufgabe stellt, das eigentlich gemeine Strafrecht zu geben, nicht wohl wegbleiben können.

Im Einzelnen sind die gegebenen Bestimmungen dem preußischen Gesetze über Strafe der Widersetzlichkeit gegen Forst- und Jagdbeamte vom 31. März 1837 nachgebildet worden. Die allerdings nicht wegzuleugnende Härte der Strafvorschriften findet darin ihre Erläuterung und Rechtfertigung, daß der Gesetzgeber bemüht sein muß, den Gefahren, welchen die den Angriffen der Forst- und Jagdfrevler preisgegebenen Schutzbeamten in höherem Maße als die meisten anderen Beamten, ausgesetzt sind, soweit dies durch Strenge der Strafvorschriften geschehen kann, möglichst vorzubeugen."

2. Der §. 117 ist, insoweit es sich um Forst- und Jagdbeamte handelt, ein spezieller Fall des §. 113. Die Worte „in der rechtmäßigen Ausübung" sind in 3. Lesung (St.B. S. 1169) eingeschoben und ist unbedenklich das Wort „rechtmäßig" auch in dem 2. Falle (thätlicher Angriff) zu ergänzen. Berlin 19. Sept. 72 (O.R. XIII, 461, Goltd. XX, 519, St. II, 83), 20. Febr. 73 (O.R. XIV, 157, Goltd. XXI, 278, St. II, 216), Stuttgart 18. April 74 (württ. Ger.Bl. VIII, 195, St. IV, 19). Vgl. N. 6. Uebrigens bezieht sich §. 117 nicht auf alle Amtshandlungen der Forst- oder Jagdbeamten, sondern nur auf diejenigen, welche im Forst- oder Jagdschutze vorgenommen sind. Amtshandlungen, welche z. B. im Verwaltungsdienste, wie von Forstbeamten bei Forstkulturen vorgenommen sind, fallen nach Umständen unter §. 113. R.G. I, 1. Nov. 81, E. V, 413, 25. Okt. 88, R. X, 590, II, 19. Sept. 90, Goltd. XXXVIII, 349. Einem preuß. Forstreferendar sprach R.G. III, 21./23. Dez. 85, E. XIII, 215 den Schutz des §. 117 nur deshalb ab, weil er nicht im Forstschutz, sondern nur bei der Betriebs-Regulirung verwendet war.

3. Der §. 117 bezieht sich auch auf Waldeigenthümer, Forst- und Jagdberechtigte. Insofern paßt die Ueberschrift des Abschnitts „Widerstand gegen die Staatsgewalt" nicht. Die Bundeskommission, welche die betreffenden im I. Entw. unter einen besondern Abschnitt zusammengefaßten Vorschriften (vgl. I. Entw. Abschn. 6) hier herüber trug, verfuhr hier ähnlich, wie bereits oben S. 272 N. 2 der allgem. Bemerkungen erwähnt ist. — Der Bundeskommissar Dr. Friedberg äußerte in dieser Hinsichtim Reichstag (St.B. S. 436):

„Die Regel ist, daß der Forst- und Jagdberechtigte, namentlich in kleineren Bezirken, den Schutz seiner Forst und Jagd allein ausübt, und nur, wo der Bezirk des Forstes ein größerer ist, nimmt er sich zu seiner Unterstützung Beamte, und das, was für die Beamten, die Förster gilt, das gilt auch von dem Eigenthümer der Forst, das gilt von dem sonstigen Forstberechtigten; denn ein solcher ist den Frevlern gegenüber eben so gefährdet wie der Beamte. Das ist der Grund der Gleichstellung des Forstberechtigten mit dem Forstbeamten."

4. Waldeigenthümer ist z. B. auch derjenige, welcher einen Wald zur Abholzung gekauft hat. (Berlin 31. Okt. 60, Goltd. VIII, 817.) — Forst- und Jagdberechtigte können Nutznießer, Pächter, aber auch Servitutberechtigte sein. (Vgl. v. Schwarze, Komm. S. 347.) Forst- und Jagdberechtigte stehen jedoch unter dem Schutze des §. 117 nur insofern, als sie die Jagd- oder Forstpolizei gegen Jagd- oder Forstfrevler ausüben, nicht auch dann, wenn nur die Ausübung ihres Rechtes verhindert werden will, z. B. vom Eigenthümer des Grund und Bodens. R.G. III, 29. Mai 80 (R. I, 835, E. II, 170), IV, 21. Okt. 84, R. VIII, 641, oder wenn es sich um Streitigkeiten privatrechtlicher Natur handelt, wenn auch dieselben mit dem Walde im Zusammenhange stehen. R.G. II, 7. Jan. 90, E. XX, 156. Aus demselben Grunde können die Eigenthümer gefällter Bäume nicht unter die in §. 117 bezeichneten Waldeigenthümer gerechnet werden. Gl. M. Olshausen N. 2b*a*. A. M. Oppenhoff N. 5. Wenn zwei Jagdpachtverträge abgeschlossen sind, so kann vom Standpunkte des Strafrichters nicht ohne Weiteres angenommen werden, daß nur der ältere Vertrag wirksam und nur der Pächter, welchem in diesem die Jagd übertragen ist, Jagdberechtigter sei. Berlin 16. Juni 75 (Goltd. XXIII, 430, O.R. XVI, 447).

5. Die Worte „von diesen" beziehen sich nicht nur auf den Jagdberechtigten, sondern auf alle vorher bezeichneten Personen, also auch auf die Forst- und Jagdbeamten. Dresden 13. Okt. 71 (S.G.Z. XV, 365, St. I, 116), auch Hälschner II, 816, v. Schwarze N. 6. A. M.

Berlin 19. Sept. 72 (O.R. XIII, 461, Goltd. XX, 519, St. II, 83), welches „von diesen" nur auf Wald-Eigenthümer, Forst- oder Jagdberechtigte beziehen wollte, nicht auf Forst- oder Jagdbeamte. Ebenso Meves N. 6, Olshausen N. 2c, Oppenhoff N. 7. Sprachlich und nach der Entstehung des Gesetzes liegt hierzu kein Grund vor, nur wird man so viel zugeben müssen, daß die Berechtigung des Forst- oder Jagdbeamten festgestellt sein muß, einen Aufseher zu bestellen. — Die Anstellung durch eine der genannten Personen ist von keiner Form, insbesondere nicht von einer Vereidigung abhängig. (Berlin 30. Juni u. 26. Nov. 73, O.R. XIV, 480, Goltd. XXI, 514; Dresden 13. Okt. 71, S.G.Z. XV, 365, St. I, 116), s. auch R.G. II, 25. April 84, E. X, 334, R. VI, 300, III, 15. Jan. 85, E. XI, 422, auch 22. Jan. 81, R. II, 753. Dabei macht es keinen Unterschied, ob die Bestellung nur für kurze Zeit oder für bestimmte Gelegenheiten erfolgt ist. R.G. II, 25. April 84, E. X, 334, R. VI, 300. Die Anstellung muß ausdrücklich festgestellt werden. Berlin 19. Sept. 72, 21. April 76 (Goltd. XX, 519; XXIV, 343, R.O. XIII, 462, St. II, 83). — Die Person des Angestellten ist gleichgültig; ist ein Forstlehrling zum Aufseher bestellt, so ist §. 117 anwendbar (Dresden 13. Okt. 71, S.G.Z. XV, 365, St. I, 116; Berlin 26. Nov. 73, Goltd. XXI, 514), auch wenn der Waldeigenthümer einen Gemeinde-Flurwächter mit der Aufsicht über seinen Wald beauftragt München 12. April 75 (bayr. Entsch. V, 129). Polizeibediensteten, welchen der Auftrag ertheilt ist, bei Wahrnehmung ihrer Amtspflichten auch auf Jagddelikte zu achten, wurde die Eigenschaft von Jagdbeamten abgesprochen. Berlin 28. April 76 (O.R. XVII, 292, Goltd. XXIV, 344, St. VI, 184). Einen wichtigen Unterschied zwischen Beamten und den von Privaten aufgestellten Aufsehern statuirte R.G. III, 3. Dez. 79 (E. I, 112), indem es bei letzteren ausdrückliche Feststellung verlangte, ob die Handlung innerhalb ihrer Befugnisse lag. Von Beamten zugezogene Personen, wie §. 113 Abs. 3 erwähnt §. 117 nicht. Der solchen geleistete Widerstand fällt also nur unter §. 113. R.G. III, 22. Jan. 81, R. II, 753.

6. Ueber die rechtmäßige Ausübung des Amtes vgl. §. 113 N. 4—9. Ob überhaupt eine Ausübung des Amtes oder Rechtes vorliegt, ist nach den, die Befugnisse regelnden, bestehenden besonderen Gesetzen und den Umständen zu beurtheilen. Stuttgart 5/19. Juni 72 (württ. Ger.Bl. VI, 109, St. I, 341, Goltd. XX, 478). In Beziehung auf §. 117 tritt noch mehr als bei §. 113 die Wichtigkeit des Satzes hervor, daß der Forst- oder Jagdbeamte sich in rechtmäßiger Ausübung des Amtes befindet, wenn er sich auch über die faktischen Voraussetzungen täuscht, wie wenn er Beschlagnahmen, Durchsuchungen u. s. w. vornimmt, in der irrigen Meinung, es sei ein Forstdiebstahl oder ein Jagdvergehen begangen worden. Berlin 9. Febr. u. 14. Juni 76, 30. Nov. 77, 5. März u. 8. Juli 79 (O.R. XVII, 104, 417; XVIII, 755, Goltd. XXVII, 368, 530, St. VI, 180, 185), R.G. II, 4. Okt. 81, I, 13. Okt. 81, R. III, 582, 624. Den Beamten in dieser wie in andern Beziehungen völlig gleichgestellt sind die beeidigten Jagd- oder Forstaufseher, welche von Privaten bestellt, durch die Beeidigung aber in eine den Beamten ähnliche Stellung gelangen. Dagegen finden Waldeigenthümer, Forst- oder Jagdberechtigte, oder die von diesen Personen bestellten Aufseher, welche nicht beeidigt sind, den Schutz des §. 117 nur insoweit, als sie innerhalb ihrer Berechtigung handeln. Ein Irrthum über dieselbe kommt ihnen in Beziehung auf §. 117 nicht zu statten. R.G. II, 23. Juni 82 u. 23. Mai 83, E. VI, 400, R. IV, 605, V, 377. So wurde einem Privatjagdaufseher die rechtliche Ausübung des Amtes abgesprochen, weil er von einem vermeintlichen Jagdpächter aufgestellt war, der aber sein Recht auf keinen rechtsgültigen Pachtvertrag (wegen Abschlusses nur mit dem Gemeindevorsteher, nicht mit der Gemeindebehörde) stützen konnte. R.G. IV, 18. Juni 89, E. XIX, 327.

7. Durch wiederholte Entscheidungen des Pr.O.Tr. ist angenommen, daß der einem Forstbeamten auch außerhalb des Forstreviers geleistete Widerstand zu strafen ist, wenn der Vorfall im Zusammenhang mit einer innerhalb des Reviers begonnenen Thätigkeit steht, z. B. bei der Verfolgung von Holzdieben. Berlin 13. Sept. 72, 30. Juni 73, 30. Jan. 74 u. 6. Jan. 75 (Goltd. XX, 445; O.R. XIII, 449; XIV, 481; XV, 47; XVI, 26; St. IV, 279; Dresden 23. Sept. 72 (S.G.Z. XVII, 23, St. II, 82); München 12. April 75 (bayr. Entsch. V, 127). Vgl. Stuttgart 18. Febr. u. 29. April 74 (St. IV, 18, 19), welches zur Nachforschung ꝛc. in Bezug auf Forstfrevel die Forstbeamten auch außerhalb des Waldes befugt erklärt. Die preußische Praxis dehnte den Begriff des Forstes auch auf die denselben durchschneidenden Kommunikationswege aus. Berlin 17. Juli 76 (O.R. XVII, 531). Noch weiter ging jedoch R.G. III, 15. Mai 80, E. II, 167, R. I, 789 (gleichmäßig R.G. I, 21. Febr. u. 13. Okt. 81 u. 20. Mai 86, R. III, 62, 367, 624; II, 1. Okt. 80, 4. Okt. 81, 8. Dez. 82, 23. Mai 83,

19. Febr. 84, R. II, 288; III, 582; V, 377, VI, 131, E. II. 306; VII, 272; X, 106; IV, 29. Jan. 86 u. 6. Juni 90, R. VIII, 103, Goltd. XXXVIII, 205), indem es alle im §. 117 aufgeführten Kategorien für alle Handlungen des berechtigten Forst- oder Jagdschutzes in- und außerhalb des Schutzbezirks und gleichviel, ob im Zusammenhang mit einer in diesem begonnenen Thätigkeit stehend, als unter dem Schutze des §. 117 stehend erklärte. Ebenso für das ehemals kurfürstl. hess. Gebiet, R.G. I, 17. März 90, E. XX, 344.

Hiermit dürfte die Frage, die eigentlich nur für Preußen und auf dem Boden der preußischen Gesetzgebung erwachsen war, in einer für alle Bundesstaaten gültigen, die örtliche Zuständigkeit bei Handhabung des Forst- oder Jagdschutzes regelnden Weise entschieden sein.

Ist der Widerstand, weil die Voraussetzungen des §. 117 nicht vorliegen, nicht nach diesem §. zu strafen, so kann gleichwohl der Thatbestand des §. 113 vorliegen. Berlin 17. Jan. 72, 6. Jan. 74 (Goltd. XX, 95, O.R. XIII, 48; XVI, 27); Dresden 23. Sept. 72 (S.G.Z. XVII, 24, St. II, 82); Mannheim 28. Juni 73 (St. III, 171); München 12. April 75 (bayr. Entsch. V, 127).

Auch entscheidet R.G. I, 3. Juni 80 (R. II, 24, E. II, 80), daß ein Forstbeamter, der gegen eine gesetzliche Bestimmung (in Bayern unter dem gesetzlichen Alter) angestellt worden sei, so lange er in Funktion sich befinde, nicht bezüglich der Rechtmäßigkeit der Amtsausübung beanstandet werden könne.

8. Für die sachliche Zuständigkeit und die danach zu bemessende rechtmäßige Ausübung des Amtes ergeben sich folgende Regeln: Die sachliche Zuständigkeit der Forst- und Jagdschutzbeamten ist theils allgemein nach deutschen Reichsgesetzen, theils nach den Gesetzen der einzelnen Bundesstaaten zu bemessen. Als Reichsgesetz steht in Frage ausschließlich die deutsche Strafprozeß-Ordnung, und zwar ist die Frage, ob Festnahme eines wirklichen oder vermeintlichen Forst- oder Jagdfrevlers erfolgen darf, nach §. 127, 128 St.P.O. zu beurtheilen. Es kann also jede der in §. 117 benannten Personen einen auf frischer That betroffenen Uebelthäter, welcher der Flucht verdächtig oder unbekannt ist, festnehmen oder verfolgen, und wenn er ihn festgenommen hat, der Behörde vorführen. R.G. IV, 29. Jan. 86, R. VIII, 103; I, 19. Juni 90, E. XXI, 10. Das Recht zur Festnahme schließt das Recht in sich, die Sachen, welche der Festzunehmende bei sich führt, mit der Person, oder, wenn diese sich der Festnahme entzieht, ohne diese in Verwahrung zu nehmen. Auch dies ist eine durch §. 117 geschützte Handlung. R.G. II, 20. März 83, E. VIII, 289, R. V, 195, 23. Mai 83, R. V, 377; IV, 5. Okt. 86, R. VIII, 598. Außerdem ordnet die St.P.O. in den §§. 98, 102 fg. die Voraussetzungen der Beschlagnahme und der Durchsuchung. Bezüglich ersterer ist in das Auge zu fassen, daß nur die Beschlagnahme, welche bestimmt ist, Beweise für die Strafverfolgung herbeizuschaffen und festzuhalten, unter die Bestimmung der St.P.O. fällt. Nach §§. 98, 105 kommen von den Jagd- und Forstschutzbeamten hier nur diejenigen in Frage, welche nach den landesgesetzlichen Bestimmungen gemäß §. 153 G.V.G. als Hilfsbeamte der Staatsanwaltschaft erklärt sind. In der Regel sind dies die im Dienste des Staates stehenden Jagd- und Forstschutzbeamten. Denselben sind in Preußen die beeideten Privatförster und Jagdaufseher gleichgestellt und sind dieselben noch besonders verpflichtet, in- und außerhalb der ihrer Aufsicht unterstellten Reviere die Befolgung der Forst- und Jagdgesetze zu überwachen. R.G. I, 13. Okt. 81, R. III, 624; II, 1. Okt. 80, 4. Febr. 81, 8. Dez. 82 u. 19. Febr. 84, E. II, 306; III, 336; VII, 272; X, 106, R. II, 288; VI, 131; IV, 27. Juni 84, R. VI, 478. Aehnliche Bestimmungen bestehen wohl für alle Bundesländer. S. für Württemberg R.G. I, 23. Jan. 88, E. XVII, 69, R. IX, 57, für Braunschweig R.G. III, 15. Jan. 85, E. XI, 422. Außerdem kommt noch das Recht der Pfändung in Frage, welches gleichfalls nach den einzelnen Landesrechten verschieden, im Resultate aber doch ziemlich einheitlich geordnet ist, für Preußen durch Ld.R.Th. I Tit. 14 §. 413 fg. zur Sicherung des Beweises und wegen der verwirkten Strafe. Vgl. R.G. I, 26. April 80, R. I, 670; II, 31. Mai 81, R. III, 352. Nach §. 16 des preuß. Forstdiebstahls-Gesetzes sind alle Beamte, Berechtigten und deren Aufseher zur Beschlagnahme der zu Freveln benützten Werkzeuge am Orte der That befugt. R.G. III, 20. Nov. 84, E. XI, 321, R. VI, 743. Das Recht, Durchsuchungen vorzunehmen, ist hierdurch aber nicht eingeräumt und steht dies nur denjenigen Forstschutzbeamten zu, welche Hilfsbeamte der Staatsanwaltschaft sind. R.G. IV, 29. Jan. 86, E. XIII, 270, R. VIII, 105. In Bezug auf Jagdfrevel ist die Wegnahme des Gewehrs und der Jagdgeräthschaften nicht nur den Beamten, sondern auch den Jagdberechtigten und den Privatförstern eingeräumt, insofern Veranlassung zur Festnahme oder Pfändung, oder Ver-

hinderung der Fortsetzung des Delikts geboten ist; auch ist eine Verfolgung und Eindringen in Wohnungen zur Feststellung der Persönlichkeit des Verfolgten gestattet, nicht aber eine förmliche Beschlagnahme. Auch dies ist den Förstern gestattet, R.G. I, 26. April 80, R. I, 670; II, 20. März 83, 4. Nov. 87, E. VIII, 288, R. V, 194; IX, 556, IV, 5. Okt. 86, R. VIII, 598; III, 16. Okt. 90, E. XXI, 203.

Jagdaufseher, welche nicht Hilfsbeamte der Staatsanwaltschaft sind, müssen für Haussuchungen die Hilfe der Polizeibehörde in Anspruch nehmen. R.G. IV, 29. Jan. 86, E. XIII, 270, R. VIII, 105. Beamte, welche Haussuchungen vornehmen wollen und zu denselben berechtigt sind, müssen erwägen, ob die Zuziehung von Gemeindebeamten oder Zeugen ohne Gefährdung des Zweckes möglich ist. Ein hierbei untergelaufener Irrthum beseitigt nicht die rechte Ausübung des Amtes. R.G. II, 24. Mai 84, IV, 29. Sept. 85, R. VI, 366, VII, 544

9. Die Diensthandlung, gegen welche der Widerstand gerichtet ist, umfaßt alle Handlungen. des Beamten zum Zwecke der Einschreitung, also auch die Vorkehrungen, um Gefährdung fern zu halten, wie Entfernung von Werkzeugen oder Gewehren vor dem Einschreiten im engeren Sinn. R.G. II, 12. Juli 85, E. IV, 375.

10. Ist der Widerstand u. s. w. die Folge einer Verhinderung des Widerstand Leistenden an einer Handlung, zu welcher er ein Recht zu haben behauptet, z. B. bei Grenzstreitigkeiten, bei Ausübung von Servituten, so kommt es darauf an, ob er die Ueberzeugung von dem Vorhandensein seines Rechtes haben konnte und hatte. Hatte er diese Ueberzeugung — wenngleich dieselbe irrig war — so wird Mangels des Vorsatzes eine Verurtheilung nicht erfolgen können; vgl. §. 59 N. 6 fg. Das O.Tr. hat indessen wiederholt das Gegentheil angenommen. (Vgl. Oppenhoff R.O. IV, 241; VII, 355, ferner 7. Nov. 73, Goltd. XXI, 514, O.R. XIV, 708.) Unverkennbar hat die Frage ihre Zweifel. (Vgl. auch St.B. S. 436.) Auch wird, sofern es sich um Beamte handelt, immer noch in Frage kommen, ob nicht der §. 113 zur Anwendung zu bringen sei. Jedenfalls muß aber der Thäter, um bestraft zu werden, das Bewußtsein gehabt haben, daß er sich einem Beamten oder Berechtigten gegenüber befindet, und kann nur die Beurtheilung ihm entzogen sein, ob derselbe sein Amt oder seine Berechtigung rechtmäßig ausübte. So entschied auch R.G. III, 30. Okt. 80 (R. II, 409, E. III, 14), welches dem Jagdberechtigten die Befugniß absprach, einem Forstschutzbeamten das Betreten des Reviers mit geladenem Gewehr zu untersagen, den Irrthum hierüber für einflußlos auf die Annahme rechtmäßiger Amtsausübung seitens des Beamten erklärte und den geleisteten Widerstand bez. Thätlichkeiten bei Ausübung des Amts unter §. 117 subsumirte. (Vgl. §. 113 N. 4 u. vorstehend N. 6.) Bei den beeideten Forst- oder Jagdaufsehern, welchen nur die Beeidigung eine dem Beamten ähnliche Stellung gibt, muß eben deshalb der Thäter wissen, daß er einen beeideten Privatbeamten sich gegenüber hat, wenn gegen eine Amtshandlung Widerstand geübt wird, zu welcher der Aufseher nur durch die Beeidigung zuständig wird. R.G. IV, 24. Juni 87, R. IX, 382. Gleiches ist selbstverständlich der Fall, wenn der Thäter in Unkenntniß darüber ist, daß der Privatbeamte für denjenigen Bezirk bestellt ist, in welchem er Aufsichtshandlungen vornimmt. R.G. IV, 27. Sept. 87, R. IX, 474.

11. Ueber den Begriff der Gewalt s. Note 14 zu §. 113. — Gewalt an der Person ist nicht erforderlich; es genügt, ein aktives Verhalten, durch welches eine Nöthigung zu erhöhter Kraftaufwendung herbeigeführt wird. Berlin 6. Jan. 75 (O.R. XVI, 25, St. IV, 279). München 19. Juli 75 (bayr. Entsch. V, 363, St. VI, 26). §. 117 wurde auch in einem Falle angewendet, in welchem der Angriff dem Einschreiten des Beamten vorangegangen war Berlin 9. Mai 78 (Goltd. XXVI, 509). R.G. II, 28. Juni 87, E. XVI, 172, unterscheidet zwischen Gewalt „an der Person" und Gewalt „gegen die Person", (Abs. 2) findet nur letztere in einem Falle gegeben, in welchem der Thäter erfolglos zwei Schüsse auf den Beamten abgegeben hatte, und stellt dieselbe der Drohung gleich, die jedenfalls vorlag, verlangte aber für den Begriff der Gewalt an der Person eine Einwirkung auf diese, welche in concr. höchstens in dem Gefühl des Luftdrucks gefunden wurde.

12. Die Drohung braucht nicht mit Worten ausgedrückt zu sein; Anlegen des Gewehrs ist eine Drohung. Berlin 6. Dez. 72 (O.R. XIII, 647), selbst mit einem ungeladenen. R.G. III, 25. Okt. 83, E. IX, 176, R. V, 643; s. auch II, 28. Juni 87, oben.

13. Auch bei dem thätlichen Angriff während der Ausübung des Amts u. s. w. ist Rechtmäßigkeit dieser Ausübung vorausgesetzt. Stuttgart 18. Febr. 74 (St. IV, 18), R.G. III, 30. Okt. 80, E. III, 14, R. II, 409. Immerhin hat die bei der zweiten Alternative

des Abs. 1 durch Redaktionsversehen geschehene Auslassung des Wortes „rechtmäßigen" die Folge, daß es der Feststellung nur bedarf, wenn das Vorliegen bestritten ist, und daß bei der Fragestellung an die Geschworenen das Wort keine Aufnahme zu finden hat. R.G. I, 22. Dez. 81, R. III, 819.

Ein thätlicher Angriff wurde erblickt in dem Schießen in der Richtung gegen einen Beamten, der dadurch von einem pflichtgemäßen Dienstgang abgehalten werden sollte. R.G. II, 26. Sept. 90, Goltd. XXXVIII, 359.

14. Der von einem Inländer im Auslande einem dortigen Forstbeamten 2c. geleistete Widerstand ist im Inlande nicht auf Grund §. 4 N. 3, zu verfolgen (vgl. allg. Bemerk. zu Abschn. 6), wenngleich die Frage hier, wo das Staatsinteresse nur indirekt zur Sprache kommt ihre Zweifel hat. Das O.Tr. hat auch hier eine abweichende Praxis. (Vgl. preuß. J.M.Bl. 55 S. 184.) Die Strafbarkeit bejahen Olshausen N. 1, Oppenhoff N. 8.

Jedenfalls eignet sich diese Frage zur Berücksichtigung beim Abschluß der Staatsverträge zum Schutz der Grenzforsten u. s. w. Soweit die in dieser Hinsicht bestehenden Verträge nähere Bestimmung treffen, um Reciprozität zu sichern, findet selbstredend die Verfolgung im Inlande statt. Die von einzelnen Bundesstaaten etwa abgeschlossenen Verträge sind nicht aufgehoben. (Vgl. oben zu §. 4 N. 2 und §. 6 N. 4.)

15. Abs. 2. „Gefährliche Werkzeuge" — auch ein Holzknittel kann dazu gehören.

16. Wegen der durch die Novelle vom 26. Febr. 1876 bewirkten Aenderung in den Strafdrohungen vgl. oben zu §. 113 N. 23.

§. 118. **Ist durch den Widerstand oder den Angriff eine Körperverletzung dessen, gegen welchen die Handlung begangen ist, verursacht worden, so ist auf Zuchthaus bis zu zehn Jahren zu erkennen.**

Sind mildernde Umstände vorhanden, so tritt Gefängnißstrafe nicht unter drei Monaten ein.

Pr. (Ges. v. 31. März 1837); E. I. §. 103; E. II. §. 116; St.B. S. 437. Vgl. §. 223.

Körperverletzung vgl. §. 223 fg. Es genügt, jede einfache Mißhandlung auch ohne Gesundheitsbeschädigung oder Verletzung. R.G. II, 1. Juli 84, E. XI, 24, R. VI, 489. Die Absicht (Vorsatz), eine Körperverletzung zuzufügen, ist nicht erforderlich. (Vgl. z. B. §§. 226. 227, 229; ferner Berlin 25. Juni 75, 1. Dez. 76; Goltd. XXIII, 431; XXIV, 552, O.R. XVI, 495; XVII, 783, Dresden 19. Aug. 72, S.G.Z. XVII, 26, St. II, 83 und Jena 27. Nov. 72, St. III, 5.) Gl. M. Geyer II, 143, Olshausen N. 4, Oppenhoff N. 3, Rubo N. 3, v. Schwarze N. 2. — Die Zulassung mildernder Umstände bietet übrigens Veranlassung zu einer richtigen Strafzumessung. Die Körperverletzung erscheint als erschwerender Umstand des Delikts aus §. 117 und ist bei der Fragestellung als solcher zu behandeln. Berlin 1. Dez. 76 (O.R. XVII, 783; Goltd. XXIV, 552).

§. 119. **Wenn eine der in den §§. 117 und 118 bezeichneten Handlungen von Mehreren gemeinschaftlich begangen worden ist, so kann die Strafe bis um die Hälfte des angedrohten Höchstbetrages, die Gefängnißstrafe jedoch nicht über fünf Jahre erhöht werden.**

Pr. (Ges. v. 31. März 1837); E. I. §. 104; E. II. §. 117; St.B. S. 437. Vgl. §. 47.

1. „Mehrere" sind auch zwei. (Vgl. §. 83.) Berlin 27. Nov. 78 (O.R. XIX, 551). Die Mehreren müssen im Verhältniß von Mitthätern stehen. Dresden 19. März 77 (S.G.Z. XXII, 38, vgl. auch XX, 104).

2. Mildernde Umstände sind auch im Falle des §. 119 zu berücksichtigen. Berlin 1. Juni 75; (Goltd. XXIII, 431, O.R. XVI, 404, St. V, 35).

3. Es ist nicht entscheidend, wer von den Mehreren die Körperverletzung zugefügt hat, um für Alle den Thatbestand des §. 118 mit der Schärfung des §. 119 zu begründen. Eine in einem gemeinschaftlichen Widerstand oder Angriff zugefügte Körperverletzung ist allen Theil-

nehmern anzurechnen. Berlin 1. Dez. 76 (O.R. XVII, 782; Goltd. XXIV, 552). Es können dabei Einzelne sich nur durch Bedrohung betheiligt haben und ist der Nachweis einer Verabredung nicht erforderlich. R.G. III, 1. Juli 85, R. VII, 453.

§. 120. Wer einen Gefangenen aus der Gefangenanstalt oder aus der Gewalt der bewaffneten Macht, des Beamten oder desjenigen, unter dessen Beaufsichtigung, Begleitung oder Bewachung er sich befindet, vorsätzlich befreit oder ihm zur Selbstbefreiung vorsätzlich behülflich ist, wird mit Gefängniß bis zu drei Jahren bestraft.

Der Versuch ist strafbar.

Pr. §. 94; E. I. §. 99; E. II. §. 118; St.B. S. 437.

Vgl. §§. 121, 122, 347; M.St.G.B. §§. 58 Nr. 11, 79, 80, 144, 159.

1. Gefangener ist jeder rechtmäßig Verhaftete, auch der Festgenommene und derjenige, welcher in civilrechtlichen Sicherheits-Arrest (Bundes- — jetzt Reichs- — gesetz vom 29. Mai 68, §. 2, B.G.Bl. S. 237) genommen ist. Es ist die ausdrücklich erklärte oder aus den Umständen zu entnehmende Absicht erforderlich, die Person festzunehmen, wenngleich die Absicht der Abführung derselben in ein Gefängniß nicht nothwendig vorliegen muß. Dresden 6. Juli 74 (S.G.Z. XVIII, 364). S. auch Dresden 12. Dez. 73 u. 12. Febr. 75 (S.G.Z. XVIII, 113, XIX, 241, St. III, 294, München 18. Juli 85, bayr. Entsch. III, 478. R.G. III, 19. April 82, R. IV, 356. — Auf Kriegsgefangene ist der §. ebenfalls anzuwenden. Berlin 15. Juli 71; (Goltd. XIX, 676, O.R. XII, 416). — In einer Anstalt braucht der Gefangene sich nicht zu befinden. Er muß sich aber in der Gewalt eines Organes der Staatsgewalt befinden, es genügt also nicht die Ergreifung durch Gemeindebeamte, die gesetzlich nicht zur Ausübung der Polizeigewalt berufen sind. Dresden 15. Okt. 77 (S.G.Z. XXII, 208). Personen, welche von Polizeimannschaft festgenommen und zur Ermittelung ihres Namens u. s. w. vorläufig vorgeführt werden, sind Gefangene im Sinne des §. 120. R.G. I, 12. Okt. 85, E. XII, 426, R. VII, 571; auch die zu einem Termine Vorgeführten. R.G. IV, 1. Mai 85, E. XII, 162, R. VII, 273. Unter obiger Voraussetzung kann §. 120 aber auch auf Befreiung eines Wahnsinnigen, der von der Behörde einer Irrenanstalt überwiesen ist, Anwendung finden. Berlin 30. Nov. 77 (O.R. XVIII, 755; Goltd. XXV, 520, St. VIII, 106). Besserungs-Anstalten für Kinder sind keine Gefangen-Anstalten, auch nicht für die zur Zwangserziehung Untergebrachten. Sollten aber auch besondere Zwangseinrichtungen den Charakter ändern, so sind keinesfalls die Pfleglinge, die ohne Beaufsichtigung, aber mit Erlaubniß sich außerhalb der Anstalt befinden, Gefangene. R.G. I, 8. Nov. 86, E. XV, 39, R. VIII, 687. Schulkinder, die sich im Schul-Arrest befinden, sind Gefangene. München 3. Sept. 87, bayr. Entsch. IV, 573; nicht aber Kinder, die zur Strafe während des Unterrichts Anderer in der Schule zurückbehalten werden. München 15. Sept. 84; bayr. Entsch. III, 304. A. M. Olshausen N. 2a, Oppenhoff N. 1, Puchelt N. 2. Studenten im Karzer rechnet zu den Gefangenen Olshausen a. a. O.

Auch im Arbeitshaus Detinirte sind Gefangene. R.G. III, 18. Dez. 86, E. XV, 217, R. VIII, 764. Von Privaten auf Grund des §. 127, St.P.O. Festgenommene sind es nicht. R.G. IV, 19. Jan. 86, E. XIII, 254, R. VIII, 64.

Die Haft beginnt nicht vom Augenblicke der Ankündigung der Haft an, sondern erst, wenn der Gefangene faktisch in der Gewalt des verhaftenden Beamten sich befindet. Dresden 19. April 75 (S.G.Z. XX, 14; Gold. XXIV, 637). Ob die Haft materiell gerechtfertigt ist, begründet keinen Unterschied. Berlin 30. Nov. 77 (Goltd. XXV, 520).

2. Als Beamte können Gefangenen-Transporteure als solche nicht angesehen werden. Berlin 7. Mai 75 (Goltd. XXIII, 551, O.R. XVI, 356). Vgl. die folgende Note.

3. Im preuß. St.G.B. fehlten die Worte „oder desjenigen“. Dieselben wurden von der Bundeskommission eingeschoben, um auch den unter die Aufsicht u. s. w. eines Nichtbeamten (z. B. Transporteure und die bei der Außenarbeit [§§. 15, 16] mit der Bewachung Beauftragten) gestellten Gefangenen einzubegreifen. (Vgl. §§. 121 u. 347.) Der Nichtbeamte muß aber jedenfalls amtlich beauftragt sein. S. einen Fall, in welchem ein Gefangener dem Transporteur ordnungsmäßig übergeben war, und, nachdem dieser jenem mehrere Tage Ausstand gegeben, ihn dann aber wieder ergriffen hatte, der Gefangene befreit wurde. R.G. IV, 17. Dez. 89, Goltd. XXXVII, 433 nahm Strafbarkeit an.

4. Selbstbefreiung von Gefangenen ist straflos, wenn nicht eine andere strafbare Handlung konkurrirt, z. B. Meuterei (§. 122) oder Sachbeschädigung (§. 303). (Vgl. Berlin 1. Okt. 74, Goltd. XXII, 583, O.R. XV, 602, St. IV, 281.) Nur Beihülfe, nicht auch Anstiftung zur Selbstbefreiung ist strafbar. Berlin 1. Okt. 74 f. vor. Mannheim 13. Nov. 75 (bad. Ann. Bd. 42 S. 9, St. VI, 187). Die Beihülfe muß die Merkmale des §. 49 an sich tragen. Mannheim a. a. O. Dagegen ist die Anstiftung eines Anderen zur Befreiung durch den Gefangenen auch an diesem nach §§. 120, 48 strafbar. R.G. I, 29. Nov. 80 (R. II, 580, E. III, 140)*).

5. Ob zwischen §§. 120 und 257 (Begünstigung durch Befreiung aus der Strafthat, um einen Schuldigen der Bestrafung zu entziehen) Gesetzeskonkurrenz oder ideeller Zusammenfluß stattfindet, ist streitig. R.G. III, 20. Nov. 82, E. VII, 244, R. IV, 829 nahmen ideelle Konkurrenz als möglich an. Vgl. hiezu Stenglein in Zeitschr. f. d. ges. St.R.W. IV, 487.

§. 121. Wer vorsätzlich einen Gefangenen, mit dessen Beaufsichtigung oder Begleitung er beauftragt ist, entweichen läßt oder dessen Befreiung befördert, wird mit Gefängniß bis zu drei Jahren bestraft.

Ist die Entweichung durch Fahrlässigkeit befördert worden, so tritt Gefängnißstrafe bis zu drei Monaten oder Geldstrafe bis zu dreihundert Mark ein.

Pr. §. 95; E. I. §. 100; E. II. §. 119; St.B. S. 437.

Vgl. §§. 120, 122, 347; M.St.G.B. §§. 58 Nr. 11, 144, 159.

1. Vgl. zu §. 120 N. 1 u. 2. Auch Kranke, welche aus der Untersuchungshaft in eine Heilanstalt gebracht und dort verwahrt waren, wurden noch als Gefangene im Sinne des §. 121 und der Krankenwärter als mit der Bewachung betraut angesehen. R.G. I, 20. Juni 89, E. XIX, 230. Das R.G. entschied hier nicht, ob der Krankenwärter zur Uebernahme des Auftrags verpflichtet war, sondern nahm an, derselbe habe den Antrag stillschweigend angenommen. Jedenfalls muß aber ein Auftrag von der zuständigen Behörde vorliegen und erhält hiedurch der Treffende zugleich die Ermächtigung, die erforderlichen Sicherheitsmaßregeln zu ergreifen. R.G. I, 25. Sept. 82, E. VII, 103, R. IV, 711.

2. Der §. 121 bezieht sich nur auf Nichtbeamte (§. 120 N. 2). Ist ein Beamter der Schuldige, so kommt §. 347 zur Anwendung. Der Gefangene, der eine mit seiner Beaufsichtigung oder Begleitung beauftragte Person anstiftet, ihn entweichen zu lassen, ist aus §§. 121, 48 strafbar. R.G. III, 13. Nov. 82, R. IV, 812.

3. Unter „entweichen lassen" ist die unterlassene Verhinderung der Selbstbefreiung, unter „befördern der Befreiung" eine Unterstützung der Selbstbefreiung durch positive Thätigkeit zu verstehen. Der letzteren macht sich auch derjenige schuldig, welcher in der fahrlässigen Annahme, die Strafzeit des Gefangenen sei abgelaufen, denselben vor der Zeit aus der Haft entläßt. R.G. I, 2. Jan. 82, E. V, 324, R. IV, 1. Auch darin wurde ein Entweichenlassen gefunden, daß der Transporteur einem Gefangenen gestattete, sich freiwillig und ohne Begleitung an den Ort seiner Bestimmung zu begeben, obgleich letzterer sein Versprechen erfüllte. R.G. IV, 8. März 89, Goltd. XXXVII, 172.

§. 122. Gefangene, welche sich zusammenrotten und mit vereinten Kräften die Anstaltsbeamten oder die mit der Beaufsichtigung Beauftragten angreifen, denselben Widerstand leisten oder es unternehmen, sie zu Handlungen oder Unterlassungen zu nöthigen, werden wegen Meuterei mit Gefängniß nicht unter sechs Monaten bestraft.

Gleiche Strafe tritt ein, wenn Gefangene sich zusammenrotten und mit vereinten Kräften einen gewaltsamen Ausbruch unternehmen.

Diejenigen Meuterer, welche Gewaltthätigkeiten gegen die Anstaltsbeamten oder die mit der Beaufsichtigung Beauftragten verüben, werden mit Zuchthaus

---

*) Vgl. hierzu Herzog und v. Kräwell im G.S. Bd. 34 S. 81 fg., 205.

bis zu zehn Jahren bestraft; auch kann auf Zulässigkeit von Polizei-Aufsicht erkannt werden.

Pr. §. 96; E. I. §. 101; E. II. §. 120; St.B. S. 437, 438.

Vgl. R.V. Art. 68 (Pr. G. über den Belagerungszustand v. 4. Juni 1851 §. 10); M.St.G.B. §§. 103—105; Seem.O. v. 27. Dezbr. 1872 §§. 87, 91.

1. Gefangene — vgl. §. 120 N. 1, 121 N. 1.

2. Der §. 122 unterscheidet sich in Abs. 1 von dem preuß. St.G.B. dadurch, daß er keine Anstalt voraussetzt. Der — nunmehr aufgehobene — §. 5 des preuß. Gesetzes vom 11. April 1854 (Wentzel'sches Gesetz betr. die Beschäftigung der Strafgefangenen außerhalb der Anstalt [vgl. §§. 15, 16]) ist von der Bundeskommission mit dem §. 96 Preuß. St.G.B. verschmolzen. Das Zusammenrotten bloß zum Zweck des Entfliehens ist aber nicht mehr strafbar.

3. Zusammenrotten ist auch hier ein thatsächlicher Begriff. (Vgl. §. 115 N. 2.) Eine Menschenmenge erfordert hier das Gesetz zwar nicht (vgl. §§. 124, 125), ebenso wenig „mehrere", aber die Praxis, welche schon zwei Personen zu einem Zusammenrotten für ausreichend erachtet (Berlin 24. Okt. 72, O.S. XIII, 555; Mannheim 9. Jan. 73, bad. Ann. Bd. 39, S. 81, 187, St. III, 88); München 26. Juni 76 (bayr. Entsch. VI, 310, St. VI, 195 u. 28. Dez. 88, bayr. Entsch. V, 261). Dresden 30. Juli 75 (S.G.Z. XX, 78, St. V, 286); Stuttgart 21. Nov. 77 (württ. Ger.Bl. XIV, 53, St. VIII, 107); R.G. II, 1. Juni 80 R. II, 5, E. II, 80; I, 22. Okt. 85, E. XIII, 17, R. VII, 606, III, 29. April 86, R. VIII, 322, unterliegt, wie v. Schwarze N. 3 mit Recht hervorhebt, großen Bedenken. (Vgl. auch St. III, 296.) Jedenfalls ist das Vorhandensein des Zusammenrottens Sache der thatsächlichen Beurtheilung. Das Zusammenrotten erfordert eine ausdrückliche Verabredung oder die stillschweigende Uebereinkunft zu einem sofortigen Angriff. Dresden 30. Juli 75 (S.G.Z. XX, 78). Es ist nicht erforderlich, daß die sich Zusammenrottenden vorher räumlich getrennt waren. München 26. Juni 76 (bayr. Entsch. VI, 309, St. V, 195). Stuttgart 21. Nov. 77 (württ. Ger.Bl. XIV, 53, St. VIII, 107). R.G. 1. Juni 80, s. oben. So lange Gefangene durch Verschlußmittel von einander getrennt sind, kann keine Zusammenrottung angenommen werden. R.G. III, 25. Sept. 80 (E. III, 1, R. II, 257).

4. Es ist nicht erforderlich, daß von den Zusammengerotteten jeder Einzelne Widerstands-, Nöthigungs- oder Ausbruchshandlungen vornimmt, sondern es genügt für die Strafbarkeit jedes Einzelnen die Betheiligung an der Zusammenrottung mit dem Bewußtsein, daß die Gesammtheit jene Handlungen unternehme. Berlin 8. März 76 (O.R. XVII, 185, Goltd. XXIV, 128, St. VI, 193). Auch ist außer dem mit vereinten Kräften unternommenen Zusammenwirken zum Widerstand, zur Nöthigung oder zum Ausbruch eine weitere die Zusammenrottung dokumentirende Handlung nicht erforderlich. R.G. III, 29. April, s. oben.

5. Der Widerstand braucht nicht nothwendig mit Gewalt oder Bedrohung mit Gewalt geleistet zu sein. Gl. M. John in H.H. III, 143, Oppenhoff N. 8, Puchelt N. 1. Dagegen Hälschner II, 965, H. Meyer S. 850.

6. „Es unternehmen" umfaßt auch den Versuch. (Vgl. §. 43 N. 9 und 114 N. 1.)

7. Abs. 2. Unter diesen fällt die Zusammenrottung zum Zwecke eines gewaltsamen, d. h. unter gewaltsamer Zerstörung von Verschlußmitteln oder Gewalt an Personen zu bewerkstelligenden, d. h. versuchten oder vollendeten Ausbruchs aus dem Gefängnisse. München 26. Juni 76 (bayr. Entsch. VI, 309, St. V, 195). „Mit vereinten Kräften", d. h. es genügt die Anwesenheit und Bereitschaft, und ist keineswegs erforderlich, daß jeder Meuterer einen zur Gewaltsamkeit gehörigen Akt vornehme. — Zur Strafbarkeit des Einzelnen ist die Feststellung seiner Betheiligung an der Zusammenrottung mit dem Bewußtsein, daß die Gesammtheit mit vereinten Kräften einen Angriff 2c. gegen die Anstaltsbeamten unternehme, genügend. Berlin 8. März 76 (Goltd. XXIV, 128). R.G. III, 18. Dez. 86, E. XV, 217, R. VIII, 764; II, 20. Jan. 88, E. XVII, 47, R. XX, 47.

8. Abs. 3. „Die mit der Beaufsichtigung Beauftragten" — der Ausdruck umfaßt Beamte und Nichtbeamte. (Vgl. §. 120 N. 2.) Hälschner II, 967, John in H.H. III, 149, Olshausen N. 9a, Oppenhoff N. 14 beziehen Abs. 3 nur auf Abs. 1, da sie den Ausbruch auf Gewalt an den Abschließungsvorrichtungen der Gefangenanstalt beschränken wollen und bei Gewalt an Personen stets Abs. 1 erfüllt glauben. Durch letzteren nicht unrichtigen Grund verliert die Kontro-

verse wohl die wesentlichste Bedeutung, aber es bleibt doch ein Ausbruch zum Zwecke der Selbstbefreiung, wenn dabei Aufseher oder Wachen überwältigt werden, und die Konkurrenz von Abs. 1 u. 2 erhöht die Strafe.

Siebenter Abschnitt.

Verbrechen und Vergehen wider die öffentliche Ordnung.

Auch für diesen Abschnitt ist die zu Abschn. 6 erörterte Frage von Bedeutung: ob die Strafbestimmungen zur Anwendung kommen, wenn die Handlungen gegen eine ausländische Staatsordnung gerichtet sind. Es ist dort bereits (S. 283 f.) darauf hingewiesen, daß es darauf ankomme: ob die Einzelbestimmungen auf den Staat und die staatliche Ordnung Bezug haben. Nur soweit solches der Fall ist, lassen diese Bestimmungen eine Ausdehnung auf das Ausland nicht zu, namentlich dann, wenn die Handlungen noch dazu im Auslande begangen werden. Diese Bemerkung ist für den Abschn. 7 noch mehr zu beachten, weil derselbe gewissermaßen einen Sammeltitel verschiedener strafbarer Handlungen bildet, über deren systematische Stellung man sehr zweifelhaft sein kann, wie auch daraus hervorgeht, daß dieselben zum Theil wie §§. 123—125, 137 im preuß. St.G.B. in der That eine andere Stelle einnahmen und mehr vom Gesichtspunkte der verletzten Privatperson angesehen wurden. In Bezug auf diese Vergehen rechtfertigt sich die Beschränkung auf den eigenen Staat und das Inland nicht. Welche noch sonst dahin zu zählen, ist für jede einzelne Vorschrift nach den angegebenen Rücksichten zu beurtheilen.

§. 123. **Wer in die Wohnung, in die Geschäftsräume oder in das befriedete Besitzthum eines Anderen oder in abgeschlossene Räume, welche zum öffentlichen Dienst bestimmt sind, widerrechtlich eindringt, oder wer, wenn er ohne Befugniß darin verweilt, auf die Aufforderung des Berechtigten sich nicht entfernt, wird wegen Hausfriedensbruches mit Gefängniß bis zu drei Monaten oder mit Geldstrafe bis zu dreihundert Mark bestraft.**

Die Verfolgung tritt nur auf Antrag ein.

Ist die Handlung von einer mit Waffen versehenen Person oder von Mehreren gemeinschaftlich begangen worden, so tritt Gefängnißstrafe von Einer Woche bis zu Einem Jahre ein.

Pr. §§. 346 Nr. 1, 214; E. I. §. 214; E. II. §. 121; St.B. S. 438.

Vgl. §§. 124, 342.

1. Die Motive sagen:

„Der Hausfriedensbruch (§§. 123, 124), welchen das Preußische Strafgesetzbuch im §. 346 unter die Uebertretungen und, falls er von Mehreren begangen wurde, im §. 214 unter die Vergehen gegen die persönliche Freiheit gestellt hatte, findet bei der großen Bedeutung, welche der Schutz des Hausfriedens für die öffentliche Sicherheit und Ordnung hat, zweckmäßig hier seine Stelle. Außerdem nimmt das Vergehen dann, wenn es, wie Beispiele vielfach vorkommen, von mehreren Personen begangen wird, eigentlich den Charakter einer Verletzung der öffentlichen Ordnung an. Der Entwurf hat die Fälle der letzteren Art, welchen wegen seiner Gefährlichkeit der Fall beizuzählen war, wenn die Handlung von einer mit Waffen versehenen Person verübt wird, mit einer erhöhten Strafe bedroht, und dem privaten Charakter des einfachen Hausfriedensbruchs dadurch Rechnung getragen, daß die Verfolgung desselben nur auf den Antrag des Verletzten eintritt."

2. Als Wohnung sind die von einer Familie oder einer einzelnen Person zum Bewohnen benutzten Räume zu betrachten. Es gehören auch die Nebenräume wie der Flur u. s. w. dazu. Berlin 29. März 76 (Goltd. XXIV, 131 und — in Betreff eines Stalles — 10. Dez. 74, O.R. XV, 860, St. IV, 282); bezüglich einer Waschküche s. München 7. Febr. 89, bayr. Entsch. V, 279. Im Uebrigen kann der Hausfriedensbruch auch von dem Vermiether, dem Aftermiether gegen Miether u. s. w., von dem Mitbewohner eines Hauses gegen den andern begangen werden. Berlin 27. April 76 (O.R. XVII, 286, Goltd. XXIV, 347, St. VI, 198) räumt zwar Wohnungswägen, wie jenen von herumziehenden Gauklern, oder denjenigen ländlichen Fuhrwerken,

welche als Verkaufsstellen benutzt werden, nachdem auf denselben Landesprodukte zu Markt gebracht worden waren, den Schutz des §. 123 ein; nicht aber den lediglich zum Transport benutzten Wagen, wie Postwagen. Ein lediglich durch einen Vorhang abgegrenzter Theil eines Zimmers wurde als Wohnung anerkannt. Berlin 21. März 79 (Goltd. XXVII, 370). Auch alle Theile eines bewohnten Kahns. R.G. 31. Mai 80 (Ann. II, 116). Ein unbewohntes Schiff ist weder Wohnung noch befriedetes Besitzthum, kann aber Geschäftsraum in den für Geschäfte bestimmten Theilen sein. R.G. III, 22. Jan. 86, E. XIII, 312, R. VIII, 82. Dieses Urtheil unterscheidet von Wohnung Räumlichkeiten, die nur zeitweise zum Aufenthalt von Menschen dienen und erkennen in Schlafvorrichtungen ein wichtiges, aber nicht unbedingt entscheidendes Kennzeichen für Wohnungen; v. Liszt S. 415 erklärt die Räume für Nachtruhe als das entscheidende Merkmal.

3. Geschäftsräume bilden den Gegensatz zur Wohnung. Inhaber solcher Räume, welche in der Regel dem Publikum geöffnet sind (z. B. ein Schanklokal), können gewissen Personen oder zeitweise den Eintritt verbieten. Thun sie dieses, so ist das Eindringen oder Verweilen nach §. 123 strafbar. (Vgl. Berlin 11. Mai 72, 19. Juni 72, 27. Nov. 74, O.R. XIII, 300, 363; XV, 816, Goltd. XX, 394, St. I, 343, 344; R.G. III, 18. Juni 81, E. IV, 323; dagegen nahm Dresden 10. Nov. 71, 2. Aug. 72 u. 24. April 74 — S.G.Z. XVI, 87; XVIII, 279, St. I, 171; II, 84 — an, daß ein Wirth den Zutritt nur aus Gründen versagen dürfe, welche in dem Benehmen des Gastes liegen.) Die Erklärung eines Wirths, wegen Eintritt der Polizeistunde nicht mehr einschänken zu wollen, wurde als Aufforderung aufgefaßt, das Lokal zu verlassen. Dresden 24. April 74 (S.G.Z. XVIII, 279).

4. Befriedetes Besitzthum ist nicht gleichbedeutend mit umschlossener Raum (§. 243 Ziff. 2, 3). Ein vollständiger Verschluß ist namentlich nicht erforderlich. Es genügt eine solche Umfriedigung, welche erkennbar macht, daß der Raum zu besonderen Zwecken bestimmt ist. Dreden 11. Juni 75 (S.G.Z. XX, 27), woselbst auch ausgeführt ist, daß das vorübergehende Ueberlassen einer Lokalität zu einem bestimmten Zweck, wie eines Saales zu einer Versammlung, dem Vorsitzenden der Versammlung nicht das Hausrecht verleihe. Selbstverständlich behält dies der Ueberlassende. Wie die angeführten Urtheile zeigen, herrscht über den Begriff des befriedeten Besitzthums mannigfache Differenz. Berlin 29. März 76 (O.R. XVII, 221, Goltd. XXIV, 131, St. VI, 197) verlangt keinerlei Abschluß und räumt deshalb der offenen Hausflur eines von Mehreren bewohnten Hauses die Eigenschaft eines befriedeten Besitzthums ein. Berlin 27. April 76 (O.R. XVII, 286, Goltd. XXIV, 348, St. VI, 198) definirt dasselbe als einen in äußerlich erkennbarer Weise umgrenzten Theil der Erdoberfläche. Berlin 20. April 76 (Goltd. XXIV, 346) erklärt eine offene, zur Aufbewahrung von Handwerksgeräthen dienende Hütte für ein befriedetes Besitzthum. Auch ein zu einer Wohnung gehöriger, auf dem Hofe gelegener Stall wurde als befriedetes Besitzthum erklärt. Berlin 10. Dez. 74 (O.R. XV, 860, St. IV, 182).

Von der Frage, ob das Besitzthum bewohnbar oder bewohnt ist, hängt die Eigenschaft als befriedetes Besitzthum nicht ab. Auch ein Neubau, ein unbewohntes und unverschlossenes Haus, sowie eine Wohnung, welche der Miether verlassen und ausgeräumt hat, ist ein befriedetes Besitzthum, wenn es erkennbar und genügend gegen beliebiges Betreten Fremder geschützt ist. R.G. III, 12. Nov. 88, R. X, 638. Will man sich jedoch nicht in's Schrankenlose verlieren und die Grenzen der verschiedenen, durch §. 123 geschützten Räumlichkeiten völlig verwischen, so wird man nicht bloß kasuistisch vorgehen können. Als befriedetes Besitzthum erscheint ein erkennbar abgegrenzter, wenn auch nicht eingefriedigter, oder in einer den Eintritt wehrenden Weise umschlossener Raum der Erdoberfläche, welcher dermaßen den häuslichen Bedürfnissen dient, daß er den Hausfrieden theilt. Er muß also mit bewohnten Räumen in Verbindung stehen, aber nicht selbst bewohnt sein, weil dies Erforderniß durch „Wohnung" bereits gedeckt ist. Vgl. R.G. II, 6. April 80 (R. I, 547, Goltd. XXVIII, 297); III, 16. März 81, R. III, 143. Die Hausflur ist hiernach nicht befriedetes Besitzthum im Sinne des Gesetzes, sondern wie der Keller oder gemeinschaftliche Speicher, die Treppe (Dresden 12. März 77 [St. VII, 263]; Berlin 21. Mai 79 [O.R. XX, 277]), ein in der gemeinschaftlichen Innehabung der Hausbewohner stehender Theil der Wohnung. Eine Arbeitshütte mag Geschäftsraum sein, sie ist aber kein befriedetes Besitzthum an sich. Der unbewohnte Stall ist befriedetes Besitzthum, wenn er auf einem befriedeten Hofe steht. Unbewohnte Häuser verlieren dadurch noch nicht die Eigenschaft der Wohnung. A. M. R.G. II, 12. Dez. 84, E. XI, 293, welches Urtheil auf die Verbindung mit einer Wohnung kein Gewicht legt, sondern auf zusammenhängende Schutzwehren gegen beliebiges Betreten. Es erklärt deshalb eine Scheune, die auf einem nicht bewohnten Grundstück sich befand, für befriedetes Besitzthum. S. auch oben R.G. III, 12. Nov. 88. Diese anscheinend divergirirenden Urtheile vermittelt R.G. IV, 28. Nov./3. Dez. 89, E. XX, 150 dahin, daß keine den Zutritt verhindernde oder erschwerende Einhegung oder sonstige Schutzwehr (Zäune, Gräben u. dgl.), sondern nur eine sichtbare Abgrenzung (in concr. eine gepflasterte Rinne) erforderlich sei, wenn ein Besitzthum in erkennbarem Zusammenhang mit der Wohnung oder Geschäftsräumen stehe; daß es aber einer den Zutritt verhindernden Einhegung bedürfe, wenn ein solcher Zusammenhang nicht bestehe.

Diese Lösung kann nicht als befriedigend anerkannt werden; denn im Gesetz ist für den einfachen Begriff „befriedetes Besitzthum" nirgends eine Andeutung solcher feiner Unterscheidungen gegeben und es wird sich kaum behaupten lassen, daß sie das allgemeine Bewußtsein für sich haben.

5. Unter den zum öffentlichen Dienste bestimmten, abgeschlossenen Räumen sind solche zu verstehen, welche von den zuständigen öffentlichen Behörden für den Dienst bestimmt sind. Der Wille des Beamten, welcher das Hausrecht in denselben zu wahren hat, entscheidet nicht an erster Stelle. Berlin 11. Dez. 78 (O.R. XIX, 574, Goltd. XXVI, 509). Daß das Publikum ausgeschlossen ist, ist nicht erforderlich. Es können also auch die zu öffentlichen Sitzungen bestimmten Lokalitäten unter die fraglichen Räume gerechnet werden. Berlin 17. Jan. 73 (Goltd. XXI, 196, O.R, XIV, 60, St. II, 226). Unter diesen Begriff fallen unter Umständen auch Bahnwärterhäuschen, Dresden 19. März 77 (S.G.Z. XXI, 38, St. VII, 264); Bahn-Postwägen, Berlin 27. April 76 (O.R. XVII, 286, Goltd. XXIV, 347, St. VI, 198); Warte- und Restaurationszimmer in Bahnhöfen, Berlin 17. Jan. 77 (O.R. XVIII, 39, Goltd. XXV, 143, St. VII, 45); Lokale in Gasthäusern, welche zeitweilig von Forstbeamten zu Holzauktionen benutzt werden, Berlin 23. Jan. 78 (O.R. XIX, 30). Das R.G. erkannte auch Eisenbahn-Perrons als solche Räume an. Auch Beamten gegenüber kann §. 123 zur Anwendung kommen, wenn sie dienstlich das Amtslokal eines anderen Beamten betreten, dessen Aufforderung, sich zu entfernen, aber keine Folge leisten. Berlin 20. Mai 74 (O.R. XV, 323, Goltd. XXII, 422).

Zur Wahrung des Hausrechts ist zunächst der Vorstand des Amts oder der Behörde berufen. Berlin 28. Juni 76 u. 21. Nov. 77 (O.R. XVII, 470; XVIII, 724, Goltd. XXV, 520, St. VIII, 108). Doch findet dabei auch Stellvertretung statt, so daß auch Bureauvorsteher in die Lage kommen können, das Hausrecht zu wahren, auch ihnen nicht untergebenen Bureaubeamten gegenüber. Berlin 21. Nov. 77 (O.R. XVIII, 725, Goltd. XXV, 520, St. VIII, 108).

6. Schullokale sind sowohl zu den Geschäftsräumen als zu den zum öffentlichen Dienst bestimmten Räumen zu rechnen (vgl. Goltdammer, Mat. II, S. 455); insbesondere zu letzteren Berlin 26. März und 9. Nov. 76, 6. März 77, 11. Dez. 78 (O.R. XVII, 222; XVIII, 180; XIX, 574, Goltd. XXIV, 554; XXV, 210; XXVI, 509).

7. Die Widerrechtlichkeit ist nach den besonderen Verhältnissen, namentlich nach den zwischen den betr. Personen etwa bestehenden Verträgen zu beurtheilen. (Vgl. N. 2, 3.) Der Eigenthümer kann sich des Vergehens gegen den rechtlichen Inhaber schuldig machen. Berlin 8. März 72 (O.R. XIII, 199), 16. April 78 (O.R. XIX, 224, Goltd. XXVI, 331). — Der Vermiether ist nicht befugt, die Wohnung des Miethers nach Belieben zu betreten, auch nicht zum Zwecke anderweitiger Vermiethung oder zur Kontrolle vermutheter Mißbräuche, und auch dann nicht, wenn über die Frage, ob das Recht des Miethers noch fortdauert, Streit besteht. Berlin 18. Febr. u. 18. Dez. 72, 30. Jan. 73, 6. Jan. 75, 31. März 76, 7. Febr. 79 (O.R. XIII, 673; XIV, 96; XVI, 18; XVII, 235; XX, 74, Goltd. XX, 520; XXI, 280; XXIV, 345, St. II, 155, 228, 268; VI, 198); Dresden 29. Dez. 73 (S.G.Z. XVIII, 117, St. IV, 114). — Selbst in die von dem Miether verlassene und ausgeräumte, aber noch in seinem Miethbesitz befindliche Wohnung darf der Vermiether nicht eindringen. Dresden 2. Jan. 74 (S.G.Z. XVIII, 20, St. IV, 114). Zu weit dürfte es gehen, wenn Wolfenbüttel 27. Febr. 77 (St. VII, 43) schon dem faktischen Wohnen den Schutz des Hausrechtes einräumen will, da hierdurch sogar dem Berechtigten die Vertheidigung gegen einen widerrechtlichen Eindringling abgeschnitten werden könnte. Dagegen ist nichts einzuwenden, wenn dasselbe Urtheil und das vom 23. März 1877 (St. VII, 44) dem faktischen Innehaber einen Schutz einräumt für den Fall, daß divergirende civilrechtliche Ansprüche bestehen, da gewaltsame Selbst-

hülfe nicht gestattet sein kann. Ebenso Berlin 13. Sept. 77 (O.R. XVIII, 557, Goltd. XXV, 520). — Berlin 7. Febr. 79 (O.R. XX, 74) nahm Hausfriedensbruch bei einem Vermiether an, welcher die Wohnung gegen den Willen des Miethers zum Zweck der Ausübung seines Retentionsrechts betrat, weil er dieses Recht auch ohne den Eintritt ausüben konnte. Ebenso R.G. IV, 29. März 87, E. XV, 391. Auch der Ablauf der Kündigungsfrist gibt dem Vermiether kein Recht zum Eintritt in die noch in der Innehabung des Miethers befindliche Wohnung. Berlin 20. April 76 (Goltd. XXIV, 346), 28. März 78 (O.R. XIX, 174, Goltd. XXVI, 203), 28. Mai 79 (O.R. XX, 286, Goltd. XXVII, 369).

Hat sich der Vermiether das Recht vorbehalten, vermiethete Räume zu betreten, so kann er dies Recht nur persönlich und nach Umständen mit seinen Angehörigen benutzen, nicht aber auf Dritte ausdehnen oder zur Besitzstörung mißbrauchen. R.G. II, 6. Mai 81, E. IV, 124, R. III, 283.

Aus gleichen Gründen hob das R.G. II, 24. Febr. 80 (E. I, 222) die Verurtheilung eines Bediensteten auf, der das Amtslokal zugleich bewohnte, und auf Aufforderung seines Vorgesetzten, der ihm die Entlassung erklärte, das Lokal nicht verließ. Dresden 29. Dez. 73 (S.G.Z. XVIII, 117, St. IV, 114) billigte jedoch die Freisprechung eines Hausverwalters, welcher trotz Aufforderung des Inhabers die Wohnung nicht verließ, weil es Irrthum über die Berechtigung und deshalb Mangel des Dolus annahm.

8. Der Ehemann ist befugt, in die Wohnung seiner von ihm getrennt lebenden Ehefrau zu kommen; selbst die Widerrechtlichkeit des Zweckes (unerlaubte Selbsthülfe) macht das Eindringen nicht zu einem widerrechtlichen. Berlin 16. Sept. 74 (Goltd. XXII, 584, O.R. XV, 567, St. IV, 116). Dagegen ist das Eindringen des Ehemannes in die Wohnung eines Dritten, bei welchem die Ehefrau sich aufhält, strafbar. Berlin 19. Febr. 75 (O.R. XVI, 143). Aehnlich R.G. II, 25. Nov. 79, (R. I, 95, Goltd. XXVIII, 36). Die Straflosigkeit der unerlaubten Selbsthülfe schließt die Strafbarkeit eines konkurrirenden Hausfriedensbruchs nicht aus. Berlin 29. April 75 (Goltd. XXIII, 323, O.R. XVI, 324). R.G. III, 6. Juni 89, E. XIX, 298. Ist die Befugniß zum Eintreten nur eine auf gewisse Zwecke beschränkte, so ist das zu anderen Zwecken erfolgende Eintreten ein widerrechtliches. Berlin 30. Okt. u. 5. Nov. 73 (Goltd. XXI, 516, 517, O.R. XIV, 674, 684). So billigte das preuß. O.Tr. die Verurtheilung, weil die Thäter nicht als Gäste, sondern mit der Absicht, das Eigenthum zu zerstören, in eine Schanklokalität eingetreten waren. Berlin 12. Juni 72 (O.R. XIII, 349, Goltd. XX, 393). Auch die Verurtheilung einer Person, welche ein auf einen bestimmten Zweck beschränktes Recht des Eintritts hatte, jedoch andere Zwecke verfolgte, wurde gebilligt. R.G. I, 24. Nov. 79, (R. I, 92, E. I, 21, Goltd. XXVIII, 36); 16. April 85, E. XII, 132. Dagegen wurde ein verurtheilendes Urtheil durch R.G. I, 20. Okt. 87, E. XVI, 226 aufgehoben, weil der Eintritt für einen bestimmten Zweck Uebereinkommens gemäß gestattet war und die Angeklagten zwar auf Aufforderung des Berechtigten den Wohnraum nicht verließen, aber nicht festgestellt war, daß sie dabei die zur Erreichung des vertragsmäßigen Zwecks erforderliche Zeit überschritten hatten.

9. Besteht kein Recht zum Eintritt, so ist derselbe widerrechtlich, wenn er gegen den erkennbaren Willen des Inhabers geschieht. Berlin 10. Okt. 73, O.R. XIV, 627, St. III, 91). Auch wenn dieser Wille erst nachträglich erklärt wird. Berlin 31. März 76 (O.R. XVII, 236). Dies ist auch dann der Fall, wenn der Eintretende Anlaß hat anzunehmen und diese Annahme auch zutrifft, daß der zum Verbot des Eintritts Berechtigte den Eintritt nicht will. Aehnlich Hälschner, II, 148, Olshausen N. 9. Wenn John in H.H. III, 155 die Regeln des gewöhnlichen Verkehrs will entscheiden lassen, so liegt dies dem Strafrecht ferne, bei dem es sich nur um den Schutz des Rechts handelt. — Nach Obigem kann auch ein Einschleichen als Eindringen erscheinen. Gl. M. Berner S. 387, Hälschner II, 148, Olshausen N. 9. A. M. v. Schwarze, N. 12.

Dem ausdrücklichen Verbote des Inhabers der Wohnung entgegen wird die Widerrechtlichkeit des Eintretens nicht dadurch beseitigt, daß ein Hausgenosse die Erlaubniß gegeben hat. Berlin 6. März 74 u. 1. Juni 78 (Goltd. XXII, 245; XXVI, 324, O.R. XV, 133, St. III, 296). Jedoch kann selbst der Stellvertreter das Verbleiben in der Wohnung untersagen, wenn nach einem mit Bewilligung des Hausherrn (Inhabers) erfolgten Eintritt die Sachlage, z. B. durch ungeeignetes Benehmen des Eingetretenen, sich geändert hat. Berlin 9. Juli 78 (O.R. XIX, 361, Goltd. XXVI, 434). Dem Eigenthümer, welcher ein persönliches Wohnungsrecht eingeräumt hat, bleibt im Uebrigen sein Hausrecht gewahrt und macht die Aufnahme durch den persönlich Berechtigten gegen das Verbot des Hausherrn einen Aufenthalt nicht zu einem berechtigten. Berlin 12. Febr. 79 (O.R. XX, 76). Ueberhaupt ist der Eigenthümer in Ausübung seines Hausrechts nicht weiter beschränkt, als er Dritten ein Recht eingeräumt hat. Berlin 6. Mai 79 (O.R. XX, 247; Goltd. XXVII, 532). Von gemeinschaftlich eine Wohnung Bewohnenden hat Dritten gegenüber jeder die Befugniß, das Hausrecht zu wahren. Berlin 16. April 77 (O.R. XIX, 225, Goltd. XXVI, 332). Ebenso Miethwohner bezüglich der ihnen zur Mitbenutzung eingeräumten Räumlichkeiten. R.G. II, 3. Nov. 79 (R. I, 33, Goltd. XXVIII, 29), III; 10. Dez. 79, (R. I, 138, E. I, 121).

10. Ist das Eintreten widerrechtlich, so ist der Zweck desselben gleichgültig; auch ein erlaubter Zweck (Mahnung eines Schuldners) macht den Eintritt nicht zu einem rechtmäßigen. Dresden 8. Dez. 71 (S.G.Z. XVI, 188; Berlin 17. Okt. 76 (O.R. XVII, 663; Goltd. XXIV, 554, St. VI, 199). Ebenso wenig wird die Strafbarkeit des Hausfriedensbruchs dadurch beseitigt, daß derselbe zu einem unerlaubten Zwecke erfolgt; derselbe wird daher nicht dadurch straflos, daß er behufs der Entwendung von Gartenfrüchten geschehen, eine solche aber nicht ausgeführt ist. Berlin 2. April 75 u. 22. Okt. 75 (Goltd. XXIII, 196, 497, O.R. XVI, 264, 688, St. V, 36). Wenn das Eindringen zum Zwecke eines Diebstahls erfolgt, dieser ist aber aus irgend einem Grunde nicht strafbar; z. B. wegen Versuchs einer Entwendung nach §. 370 Ziffer 5 St.G.B., so kann bei Vorliegen aller Thatbestands-Erfordernisse aus §. 123 gestraft werden, R.G. I, 1. Mai 84, E. XI, 166, R. VI, 326. Auch bei vollendetem Mundraub ist Verurtheilung aus §. 123 gerechtfertigt, wenn Eindringen vorliegt. R.G. II, 29. Mai 88, R. II, 418.

11. Der Richter, welcher eine fremde Wohnung ohne Genehmigung des Inhabers, aber auf Antrag eines in der Wohnung befindlichen Dritten zu einer amtlichen Verhandlung — Testaments-Aufnahme — betritt, dringt nicht widerrechtlich ein. Berlin 25. Sept. 72 (Goltd. XX, 444, O.R. XIII, 472, St. II, 81). Jedoch kann ein Beamter, welcher berechtigt eingetreten ist, sich eines Hausfriedensbruchs schuldig machen, wenn er einen anderen Gegenstand als denjenigen, welcher sein amtliches Eintreten veranlaßt hat, behandelt und so die Amtsthätigkeit unterbricht. Berlin 21. Sept. 72 (Goltd. XX, 446, O.R. XIII, 470, St. II, 45).

12. Ein Dienstbote, der sich weigert, die Gesindestube zur bestimmten Zeit zu verlassen, begeht keinen Hausfriedensbruch. Berlin 7. Jan. 76 (Goltd. XXIV, 27, O.R. XVII, 11). Dienstboten, denen sofortige Dienstentlassung erklärt wird, begehen, wenn eine solche gesetzlich zulässig und dies ihnen bewußt ist, durch längeres Verweilen, trotz Aufforderung sich zu entfernen, Hausfriedensbruch. R.G. II, 3. Nov. 79, s. oben. Steht dagegen die gesetzliche Zulässigkeit der sofortigen Entlassung nicht fest, so bewirkt auch die Aufforderung des Dienstherrn, das dem Diener zur Wohnung eingeräumte Lokal zu verlassen, bei Nichtbefolgung keine Strafbarkeit. R.G. II, 27. April, 80.*) (E. I, 398). Um so weniger, wenn eine Entlassung nicht erfolgt. R.G. IV, 22. Dez. 85, E. XIII, 189.

13. Zum Eindringen ist ein wirkliches Betreten des betreffenden Raumes erforderlich. Berlin 10. Okt. 73 (Goltd. XXI, 492, O.R. XIV, 625, St. III, 172); Dresden 1. Juni 74 (S.G.Z. XVIII, 343, Goltd. XXII, 657).

14. Eine Absicht, den Hausfrieden zu stören, ist nicht Voraussetzung der Strafbarkeit, vielmehr besteht der Dolus in dem Bewußtsein, gegen den erklärten oder erkennbaren oder zu vermuthenden Willen des Hausherrn einzudringen oder zu verweilen. Berlin 23. Okt. 72, 24. Jan. 74, 29. April 75, 31. März 76 (Goltd. XX, 520; XXII, 114; XXIV, 345, O.R. XIII, 552; XVI. 322; XVII, 234, St. II, 85, III, 297; V, 24); Dresden 29. Dez. 73 u. 2. Jan. 74 (St. IV, 114, 116, S.G.Z. XVIII, 18, 23). München 7. Febr. u. 18. März 85, bayr. Entsch. III, 330, 345. Auch die Absicht, Selbsthülfe zu üben, und die irrige Meinung, diese sei rechtlich gestattet, kann die Bestrafung wegen Hausfriedensbruchs nicht ausschließen, zumal sich diese als Rechtsirrthum darstellt. R.G. III, 6. Juni 89, E. XIX, 298. In dem zweiten Falle des §. 123, dem des unbefugten Verweilens, muß auch das Bewußtsein hinzutreten, daß der die Entfernung Verlangende zu diesem Verlangen berechtigt ist. — Ob ein Verschluß vorhanden oder sonst materieller Widerstand zu überwinden, ist für den Begriff nicht entscheidend. Berlin 15. Jan. 79, O.R. XX, 32; Dresden 2. Aug. u. 27. Sept. 72 (St. II, 84, 85, S.G.Z. XVI, 363). Das letztbezeichnete Urtheil verlangt zwar anscheinend berechtigten Widerspruch des Wohnungsinhabers oder Hinwegräumung von Hindernissen, hatte aber offenbar mit dem präsumtiven Verbot des Eintritts nichts zu thun. — Gewalt an der Person ist kein

*) S. hierzu Fuchs in Goltd. XXIX, 178.

Begriffsmerkmal des Hausfriedensbruchs. Berlin 1. Juni 78 (Goltd. XXVI, 324). Erfolgt der Eintritt in die Wohnung mit der Absicht eines Angriffs auf den Inhaber oder dessen Angehörige, so erscheint er stets als Eindringen. Berlin 30. Juni 76 (O.R. XVII, 478).

15. Die Berechtigung zum Eintritt hebt zwar nicht den Begriff des Eindringens, wohl aber den der Widerrechtlichkeit desselben auf, so bei Beamten das Recht zur Vornahme einer Amtshandlung, Wolfenbüttel 23. März 77 (St. VII, 44), bei der Ehefrau, welche die Wohnung des Mannes gegen dessen Willen betritt. Berlin 15. Jan. 79 (O.R. XX, 32, Goltd. XVII, 110), wobei jedoch trotzdem Eindringen angenommen wurde, weil es in Begleitung eines Dritten zum Zwecke widerrechtlicher Wegnahme von Mobilien erfolgte. Ebenso R.G. III, 4. Febr. 82, E. VI, 14, R. IV, 121. Auch der Eintritt des minderjährigen Sohnes in die Wohnung der Mutter gegen deren Verbot wurde nicht bestraft. Berlin 17. Juli 79 (O.R. XX, 336, Goltd. XXVII, 532).

16. Als Berechtigter, die Aufforderung zu erlassen (2 Alternative), kann auch der Stellvertreter des Inhabers der Wohnung, z. B. die Ehefrau, Dienstboten ꝛc. erachtet werden. S. Berlin 18. März 74, 21. Okt. 75 u. 9. Juli 78 (Goltd. XXII, 115; XXIII, 508; XXVI, 434, O.R. XV, 153; XVI, 686; XIX, 362, St. VIII, 110); Dresden 9. Juni u. 29. Dez. 73, 24. April 74 (S.G.Z. XVII, 186; XVIII, 117, 203, 279, St. III, 90; IV, 113). Der Hauswirth hat in der Regel nicht das Recht, in der Wohnung der Miether gegen deren Willen das Hausrecht auszuüben. Berlin 1. April 75 (Goltd. XXIII, 323). Auch der precario modo in eine Wohnung Aufgenommene kann Dritten gegenüber das Hausrecht wahren. Berlin 16. April 78 (O.R. XIX, 225, Goltd. XXVI, 331). Ebenso derjenige, dem eine Dienstwohnung auf bestimmte Zeit eingeräumt ist, gegen den Dienstherrn. R.G. II, 2. Mai 84, R. VI, 332. Ebenso III, 12. Nov. 81, E. V, 235, wobei jedoch dem Dienstherrn das Recht zugesprochen wird, dem Bediensteten den Zutritt zu den Arbeitsräumen zu versagen. Der Prokurist ist an Stelle des abwesenden Prinzipals zur Wahrung des H. R's berechtigt. Berlin 3. Mai 78 (O.R. XIX, 241, Goltd. XXVI, 325, St. VIII, 109).

17. Der Aufforderung, sich zu entfernen, muß auch Derjenige Folge leisten, der zwar nicht widerrechtlich, aber ohne Befugniß eingetreten ist, Berlin 11. Dez. 72 (Goltd. XX, 522, O.R. XIII, 650, St. II, 155), oder Derjenige, welcher zu einem berechtigten Zweck eintrat, diesen Zweck aber erfüllt hat. Berlin 20. Nov. 72 (O.R. VIII, 611, Goltd. XX, 521, St. II, 155). Eine mehrmalige Aufforderung ist auch gegenüber Demjenigen, welcher nicht widerrechtlich eingetreten ist, nicht nothwendig. Berlin 20. Nov. 72, 11. Dez. 72, 27. Nov. 74 (Goltd. XX, 521, 522, O.R. XIII, 611, 650; XV, 816; St. II, 155). R.G. III, 7. Jan. 84, R. VI, 25, II, 30. Sept. 81, E. V, 110.

Die Aufforderung des Vermiethers an den Miether, dessen Kontrakt abgelaufen ist, die Wohnung zu verlassen, begründet bei der Weigerung des Miethers gegen diesen nicht den Thatbestand des Hausfriedensbruchs. München 30. Mai 73 (St. II, 345, bayr. Entsch. III, 265). Dagegen bildet das eigenmächtige Wiederbeziehen einer Wohnung nach erfolgter Exmission ein widerrechtliches Eindringen, Berlin 1. März 72 u. 7. Febr. 78 (O.R. XIII, 190; XIX, 64, Goltd. XX, 177; XXVI, 121, St. II, 41; VIII, 108), jedoch das weitere Verweilen in dieser Wohnung keine Fortsetzung des Eindringens (in Bezug auf die Antragsfrist).

Ob ein kurzes Zögern in der Befolgung der Aufforderung so zu beurtheilen ist, daß sich der Aufgeforderte in Widerspruch mit dem Rechte des Auffordernden setzt und dadurch Hausfriedensbruch begeht, ist Sache thatsächlicher Beurtheilung. R.G. III, 28. April 80 (R. I, 689).

Die gewaltsame Ausübung des Hausrechts ist nicht ohne Weiteres strafbar, wenn sie das zur Erreichung des Zwecks erforderliche Maß nicht überschreitet. Berlin 16. April 78 (O.R. XIX, 225, Goltd. XXVI, 331).

18. Antragsberechtigter ist der zur Verfügung über die betreffende Räumlichkeit Berechtigte. (S. Berlin 14. Dez. 71, 11. Mai u. 6. Juni 72, O.R. XII, 655; XIII, 300, 344, St. I, 115, 343, 344.) Auch wenn die Aufforderung (Note 8) von einem Vertreter desselben ausgegangen ist, kann den Antrag nur das Haupt der Familie, ein Haussohn nur dann, wenn er durch ein Stellvertretungsverhältniß dazu legitimirt ist, stellen. (Berlin 14. April 75 und 3. Mai 78, Goltd. XXII, 115; XXIII, 324; XXVI, 325, O.R. XVI, 281; XIX, 241, St. V, 37; VIII, 109; Dresden 9. Juni 73 u. 23. Jan. 74, St. III, 90, S.G.Z. XVII, 186; XVIII, 203.) Die Ehefrau kann den Antrag stellen, wenn in Abwesenheit des Mannes das Hausrecht in ihrer Person verletzt worden ist: München 24. Juni 71 (St. II, 42), Darmstadt 24. Juni 71 (St. II, 42); dagegen ist Berlin 21. Okt. 75 — Goltd. XXIII, 508, O.R.

XVI, 686 — angenommen, daß in diesem Falle die Ehefrau zwar den Antrag stellen könne, doch nur in Vertretung des Ehemannes und vorbehaltlich seines Widerspruchs. Auch nicht nach seinem Tode, kraft eines dann auflebenden eigenen Rechts, R.G. III, 9. Juni 84, E. XI, 54, R. VI, 406. Selbständige Verwalter sind antragsberechtigt. Berlin 8. Jan. 79 (O.R. XX, 18).

Ist der Hausfriedensbuch in einem Dienstlokal gegen den dort fungirenden Beamten verübt, so ist dieser antragsberechtigt. Berlin 17. Jan. 73, 28. Juni 76 (Goltd. XXI, 196, O.R. XIV, 60; XVII, 470, St. II, 226). Der Eisenbahnbetriebs-Inspektor ist in Betreff der in den Bahnhofsgebäuden vorkommenden Hausrechtsverletzungen antragsberechtigt. Berlin 11. Febr. 74 (Goltd. XXII, 115, O.R. XV, 68). Wegen Hausfriedensbruch in Schulen ist der Lehrer antragsberechtigt, Berlin 26. März 76 (O.R. XVII, 222); doch wurde auch dem Schulvorstand, Berlin 9. Nov. 76, 6. März 77 (Goltd. XXIV, 555; XXV, 210, O.R. XVIII, 180), der Schulaufsichtsbehörde, Berlin 9. Nov. 76 (Goltd. XXIV, 555), dem Kreisamt, Darmstadt 4. Dez. 76 (hess. Entsch. 1878 S. 147), der Regierung, Berlin 6. März 77 (O.R. XVIII, 180, Goltd. XXV, 210) dieses Recht eingeräumt. S. übrigens bezüglich der Antragsberechtigung zu §. 61 N. 3.

18. Thätlichkeiten gegen Personen oder Sachen sind zum Thatbestande des Hausfriedensbruchs nicht erforderlich, konkurriren also, wenn sie strafbar sind, mit dem Hausfriedensbruch real, Berlin 20. März 73 (O.R. XIV, 217, Goltd. XXI, 441, St. II, 261), 10. Jan. 74 (St. III, 298); Berlin 29. März 73 (O.A.G.) (O.R. XIV, 237, Goltd. XXI, 439, St. II, 262) billigte die Annahme idealer Konkurrenz, allein mit Unrecht, da keines der Begriffsmerkmale des Thatbestands zusammenfällt.

19. Abs. 3. Hier ist ein Antrag nicht erforderlich. Hierüber ist die Praxis der verschiedenen obersten Gerichtshöfe völlig einig gegangen. Von den vielen hierüber ergangenen Urtheilen sei hervorgehoben: Jena 14. Aug. 73 (St. III, 33); Stuttgart 9. April 73 u. 10. März 75 (St. II, 312; V, 37); Berlin (A.O.G.) 1. Juni 72 (O.R. XIII, 327); O.Tr. 6. Juni 72 (Goltd. XX, 381, O.R. XIII, 344); Dresden 9. Juni 73 (S.G.Z. XVII, 186, St. III, 90).

20. „Mit Waffen versehene Person." Was unter „Waffe" zu verstehen, ist thatsächlicher Natur und nach den Umständen zu beurtheilen. (Vgl. auch §. 117 „gefährliches Werkzeug".) Jedes gefährliche Werkzeug erscheint unter Umständen als Waffe, nicht bloß eine solche im technischen Sinne. R.G. III, 18. Jan. 83, E. VIII, 44, R. V, 37. Braunschweig (Krim.G.B. v. 1840) §. 80 sagte: „Waffen sind Werkzeuge, deren gewöhnliche Wirkung bei gewaltthätigem Gebrauche lebensgefährlich ist." Das Führen von Waffen wird auch beim Diebstahl und Raub (§. 243 N. 5, 250 N. 1) als Erschwerungsgrund bezeichnet. (Vgl. die Bemerkungen zu §. 243 N. 5 über die vielbestrittene Frage, wann anzunehmen, daß der Thäter mit Waffen versehen gewesen [dieselben geführt habe].) Die Absicht, von der Waffe Gebrauch zu machen, und das Mitnehmen zu diesem Zweck ist nicht erforderlich. Es genügt schon, wenn der Thäter am Orte der That eine Waffe ergreift und den eventuellen Willen, dieselbe zu gebrauchen, kundgibt. R.G. III, 4. Mai 85, E. XII, 183. Jedenfalls ist das Bewußtsein, daß man eine Waffe trage und daß der Dritte auf die Möglichkeit eines Gebrauches derselben schließen könne, dieselbe also äußerlich sichtbar sei, erforderlich. (Vgl. Berlin 31. Jan. 72, Goltd. XX, 99, O.R. XIII, 101, St. I, 342; Hälschner, System des preuß. St.R., II, 2 S. 479; D.St.R. II, 154; v. Schwarze, ausgez. Diebstahl S. 127 ff., Komment. N. 17, Olshausen N. 25, Oppenhoff N. 25, Rubo N. 12.

21. Mehrere sind auch zwei. (Vgl. §§. 83 u. 119; ferner Berlin 6. Juni 72, 14. Febr. 73, 8. Juli 74 u. 27. Nov. 78 (Goltd. XX, 381, O.R. XIII, 344; XIV, 143; XV, 476; XIX, 551, St. I, 344; II, 227.) Es müssen die Mehreren, nicht nur Einer im bewußten Zusammenwirken eingedrungen sein. Berlin 10. Okt. 73 u. 24. Febr. 75 (Goltd. XXI, 492; XXIII, 196, O.R. XIV, 625; XVI, 147, St. III, 172; V, 17); vgl. aber Berlin 11. Jan. 76 (O.R. XVII, 21). — Ein nur zufälliges gleichzeitiges Eindringen begründet nicht die Anwendung des Absatz 3. Stuttgart 9. April 73 (württ. Gerichtsbl. VII, 55); Berlin 11. Jan. 76 (O.R. XVII, 21); Dresden 31. Mai 78 (S.G.Z. XXII, 339). Die Ausführung muß aus einem einverständlichen Zusammenwirken Mehrerer, wenn auch ohne ausdrückliches Verabreden, hervorgehen und müssen Mehrere eingedrungen sein. Berlin 11. Jan. 76 (O.R. XVII, 21); 6. März 77 (O.R. XVIII, 180, Goltd. XXV, 210). Auch ein successives Mitwirken genügt. Berlin 11. Jan. 76 (O.R. XVII, 21), R.G. III, 9. Okt. 80 (R. II, 308, E. III, 7) hat das Erforderniß aufgestellt, daß eine gemeinschaftliche Verübung nur angenommen

werden könne, wenn die mehreren eingedrungenen Betheiligten als Mitthäter erschienen, also dolos handelten. (Der Hauptthäter hatte die Mitwirkenden in Irrthum über die Berechtigung versetzt.) Die Entscheidung ist nicht ohne Zweifel, denn der Eingriff in das Hausrecht ist ein gleich starker und bedrohlicher, gleichviel ob ein Theil der Thäter durch Irrthum entschuldigt ist oder nicht. Dem Urheber kann der nur bei seinen Genossen vorhandene Irrthum nicht zu Gute kommen. Anders ist es auch nicht, wenn die Mitwirkenden Strafunmündige oder Geisteskranke sind, sobald dieselben zum Mitwirken geeignet sind, und dadurch die Gefährlichkeit der That sich steigert; also nicht wie Olshausen N. 26a sagt, sobald sie mit dem erforderlichen dolus handeln. Die objektive Gefährlichkeit, welche im Zusammenwirken Mehrerer liegt, wird nicht erhöht durch die Strafbarkeit der Mitwirkenden und die Strafbarkeit eines Zurechnungsfähigen, der seine Kräfte durch die Wahnsinnigen oder Strafunwürdigen erhöht, wird dadurch nicht vermindert, daß die Mitwirkenden nicht bestraft werden können. Die Mitwirkung von Anstiftern erfüllt das Erforderniß selbstverständlich nicht, die von Gehülfen nicht, insoferne sie bei Ausführung der That, also beim Eindringen oder unbefugten Verweilen nicht mitwirken. In diesem Fall dürfte aber nach der richtigen Auffassung der Mitthäterschaft diese stets vorliegen.

22. Ein von Mehreren begangener Hausfriedensbruch kann auch in der gemeinschaftlichen Nichtbefolgung der Aufforderung zum Fortgehen gefunden werden. Berlin 19. Febr. u. 15. Mai 74, 17. Okt. 76, 17. Jan. 77 (Goltd. XXII, 245, 246; XXIV, 554; O.R. XV, 308; XVII, 663; XVIII, 39, St. IV, 20; VII, 45); Dresden 24. April u. 1. Juni 74 (S.G.Z. XVIII, 279, 347, St. IV, 282, R.G. III, 18. Juni 81, E. IV, 323; I, 6. Nov. 82, E. VII, 395.

23. Von §§. 124, 125 unterscheidet sich §. 123 Abs. 3 durch Hinzutritt der Absicht, Gewaltthätigkeiten gegen Personen oder Sachen mit vereinten Kräften zu begehen, deren Objekt nicht identisch sein darf mit derjenigen Gewalt an Personen oder Sachen, welche zum Eindringen erforderlich ist, wie gewaltsames Eröffnen der Thüre, Wegdrängen der den Eintritt verwehrenden Personen. R.G. IV, 12. März 89, E. XIX, 72.

24. Die Abänderung der Anklage wegen gemeinschaftlichen widerrechtlichen Verweilens Mehrerer in eine solche wegen widerrechtlichen Eindringens macht einen Hinweis auf den veränderten rechtlichen Gesichtspunkt (§. 264 St.P.O.) erforderlich. R.G. II, 11. Okt. 89, E. XIX, 401.

25. Begehen Beamte einen Hausfriedensbruch, so kommt §. 342 zur Anwendung.

§. 124. **Wenn sich eine Menschenmenge öffentlich zusammenrottet und in der Absicht, Gewaltthätigkeiten gegen Personen oder Sachen mit vereinten Kräften zu begehen, in die Wohnung, in die Geschäftsräume oder in das befriedete Besitzthum eines Anderen oder in abgeschlossene Räume, welche zum öffentlichen Dienst bestimmt sind, widerrechtlich eindringt, so wird Jeder, welcher an diesen Handlungen Theil nimmt, mit Gefängniß von Einem Monat bis zu zwei Jahren bestraft.**

Pr. §. 214; E. I. §. 214; E. II. §. 122; St.B. S. 438.

Vgl. §§. 115, 123, 125.

1. Vgl. die allg. Bemerkungen zu Abschn. 6 N. 2, sowie die Bemerkungen zu den §§. 115, 116, 123. — Die Zusammenrottung selbst braucht, wie die Motive (s. dieselben unten §. 125 N. 1) noch ausdrücklich hervorheben, nicht in der Absicht geschehen zu sein, die Gewaltthätigkeiten zu verüben. Werden solche verübt, so kommt in idealer Konkurrenz der §. 125 oder 115 zur Anwendung. Berlin 11. April 77 (O.R. XVIII, 259, Goltd. XXV, 324) erkannte, es gehöre zum Begriffe der Zusammenrottung, daß die äußerlich erkennbar gewordene räumliche Verbindung einer Mehrheit von Personen zu einem sofortigen gewaltsamen unerlaubten Handeln erfolgt sei.

2. Die Gewaltthätigkeit gegen Personen oder Sachen muß eine andere sein als die zum Eindringen in die Wohnung u. s. w. erforderliche. R.G. IV, 12. März 89, E. XIX, 72.

§. 125. **Wenn sich eine Menschenmenge öffentlich zusammenrottet und mit vereinten Kräften gegen Personen oder Sachen Gewaltthätigkeiten begeht, so wird Jeder, welcher an dieser Zusammenrottung Theil nimmt, wegen Landfriedensbruches mit Gefängniß nicht unter drei Monaten bestraft.**

Die Rädelsführer, sowie diejenigen, welche Gewaltthätigkeiten gegen Personen begangen oder Sachen geplündert, vernichtet oder zerstört haben, werden mit Zuchthaus bis zu zehn Jahren bestraft; auch kann auf Zulässigkeit von Polizei-Aufsicht erkannt werden. Sind mildernde Umstände vorhanden, so tritt Gefängnißstrafe nicht unter sechs Monaten ein.

Pr. §. 284; E. I. §. 284; E. II. §. 123; St.B. S. 438.

1. Die Motive lauten:

„Der Landfriedensbruch umfaßt diejenigen Störungen der öffentlichen Ordnung, durch welche eine Menschenmenge in öffentlicher Zusammenrottung und mit vereinten Kräften gegen Personen oder Sachen Gewaltthätigkeiten begeht. Von dem im §. 124 hervorgehobenen Falle des Hausfriedensbruchs unterscheidet sich derselbe dadurch, daß er sich nicht auf ein Eindringen in bestimmte befriedete Räume beschränkt, und außerdem voraussetzt, daß gegen Personen oder Sachen Gewalt wirklich angewendet ist. Uebrigens ist weder hier noch im §. 122 erfordert, daß die Zusammenrottung selbst bereits in der Absicht geschah, die Gewaltthätigkeiten zu verüben.

Die Unterscheidung der Strafbarkeit Derjenigen, welche an einer solchen Zusammenrottung bloß Theil nehmen, und Derjenigen, welche entweder die Ausführung leiten (Rädelsführer) oder die Gewaltthätigkeiten unmittelbar ausführen, liegt in der Natur der Sache begründet. Der Ausdruck „Rädelsführer" ist dem gemeinen Sprachgebrauch entnommen und bedurfte deshalb einer Erklärung nicht. (Vgl. oben zu §. 115 N. 7.)

Das Interesse der öffentlichen Ordnung, welches bei dem Landfriedensbruch hauptsächlich in Betracht kommt, war dafür entscheidend, diese Verbrechen nicht, wie im §. 284 des preußischen Strafgesetzbuchs geschehen, unter die Vorschriften über die „Vermögensbeschädigung" aufzunehmen.

Von dem Aufruhr (§. 115) unterscheidet sich der Landfriedensbruch dadurch, daß für den Thatbestand des ersteren ein Widerstand gegen die einschreitende öffentliche Gewalt erfordert wird.

Eine Verabredung zu gemeinschaftlichem gewaltthätigen Handeln ist nicht erforderlich; es genügt das räumliche, nach außen hin sich erkennbar machende Zusammenhalten und Zusammenwirken der Menschenmenge. Berlin 17. Okt. 73 (Goltd. XXI, 517, O.R. XIV, 647, St. III, 173); Dresden 27. Juli 74 (St. IV, 284). R.G. II, 3. Febr. 82, E. V, 377, R. IV, 113. Der Begriff der Menschenmenge ist in jedem einzelnen Fall nach den Umständen zu beurtheilen. Er erfordert jedenfalls ein Zusammenwirken von mehr als zwei, von einer größeren Anzahl von Menschen, denen sich als Folge der öffentlichen Zusammenrottung eine unbestimmte Anzahl weiterer Theilnehmer anschließen kann, und eine solche Anzahl, daß dadurch der öffentliche Friede bedroht ist. R.G. II, 23. Okt. 83, E. IX, 143, R. V, 632.

2. Es muß den Theilnehmern das Bewußtsein der Störung des Rechtsfriedens innewohnen. Dresden 27. Juli 74 (St. IV, 284). R.G. 23. Dez. 70 (Ann. I, 123). Dies ist nicht ausgeschlossen, wenn Jemand aus Neugierde, als Zuschauer Theil nahm. R.G. IV, 16. Mai 90, E. XX, 403.

Die bloße, passive Anwesenheit, das Mitansehen der von Andern verübten Gewaltthätigkeiten, genügt jedoch nicht; es ist das Zusammenbleiben in der zusammengerotteten Menge trotz des Bewußtseins, daß Gewaltthätigkeiten verübt werden, erforderlich. R.G. IV, 20. Mai 90, E. XX, 405.

3 Auch eine zu anderen Zwecken vereinigte Menschenmenge kann zu Landfriedensbruch übergehen und muß den der Theilnahme Angeklagten nicht auch die Verübung von Gewaltthätigkeiten nachgewiesen werden. Es genügt zur Bestrafung aus Abs. 1 der Nachweis der Theilnahme an der Zusammenrottung und der Verübung von Gewaltthätigkeiten durch irgend welche Theilnehmer. Jena 76 (St. VII, 45, Goltd. XXV, 605); Berlin 9. Mai 78 (Goltd. XXVI, 326), R.G. I, 6. März 90, E. XX, 303.

4. Um Gewaltthätigkeiten gegen Personen anzunehmen, genügt zwar keine bloße Bedrohung, es ist aber auch kein bestimmter Erfolg erforderlich, sondern liegt eine Gewaltthätigkeit gegen, nicht an Personen in jeder Handlung, in deren Vornahme der Wille des Handelnden, von seiner körperlichen Kraft gegen Personen Gebrauch machen zu wollen, einen äußerlich erkennbaren Ausdruck gefunden hat. R.G. 29. Nov. 80 (Ann. III, 7).

5. Es ist nicht erforderlich, daß die Gewaltthätigkeit an Sachen eine rechtswidrige ist. Auch wenn der Eigenthümer zustimmt, kann das Erforderniß vorliegen. R.G. 6. März 90, s. oben

N. 3. Eines Erfolgs bei diesen Gewaltthätigkeiten bedarf es nicht. R.G. III, 3. Febr. 82, E. V, 377, R. VI, 113.

6. Plündern fällt Demjenigen zur Last, der während des Landfriedensbruchs unter Benutzung der verübten Störung der öffentlichen Ordnung von dem Schauplatze der Störung Sachen in der Absicht rechtswidriger Zueignung wegnimmt aus dem Gewahrsam einer Person, gegen die der Landfriedensbruch gerichtet war, gleichviel, ob er sie unmittelbar aus den Räumen des Inhabers wegnimmt, oder ob dieselben vorher durch einen andern Theilnehmer herausgeworfen worden waren. Dresden 1. Dez. 73 (S.G.Z. XVIII, 108, St. III, 298).

7. Im Uebrigen vgl. die Bemerkungen zu §§. 115, 124.

§. 126. Wer durch Androhung eines gemeingefährlichen Verbrechens den öffentlichen Frieden stört, wird mit Gefängniß bis zu Einem Jahre bestraft.

Pr. §. 213; E. I. §. 213; E. II. §. 124; St.B. S. 438.

Vgl. §§. 240, 241, 253—255.

1. Ueber das Vergehen dieses Paragraphen, den sog. Landzwang, sagen die Motive:

„Der Entwurf unterscheidet rücksichtlich der Bedrohung mit Begehung von Verbrechen dahin: ob dieselbe gegen eine Gesammtheit von Personen gerichtet wird, mit der Wirkung, daß dadurch eine Störung des öffentlichen Friedens entsteht, oder ob dieselbe nur gegen eine bestimmte Person erfolgt. Der §. 126 behandelt die erstere und beschränkt sie auf die Androhung gemeingefährlicher Verbrechen, während §. 213 des preußischen Strafgesetzbuchs lediglich die Bedrohung mit Brand und Ueberschwemmung in's Auge gefaßt hatte. Die andere ist im §. 236 des Entwurfs (St.G.B. §. 240) vorgesehen."

2. Gemeingefährliches Verbrechen? vgl. Abschn. 27. Nur die in diesem Abschnitt enthaltenen Verbrechen sind als gemeingefährliche anzusehen; der Mord gehört also nicht zu denselben. Dresden 2. Okt. 74 (S.G.Z. XIX, 117, St. V, 37). Ebenso wenig erstreckt sich §. 126 auf die im Abschnitt 27 enthaltenen gemeingefährlichen Vergehen.

3. Die Drohung, welche nur zur Kunde eines Einzelnen gebracht wird, stört nicht den öffentlichen Frieden. Berlin 5. Juli 71 (O.R. XII, 374). — Der Drohende muß gewollt oder für möglich gehalten haben, daß die Drohung zur Kenntniß der Bedrohten kommen werde. Liegt die Verbreitung der Drohung im Willen und im Bewußtsein des Drohenden, so kann auch die Aeußerung der Drohung gegen einen Einzelnen den Thatbestand des §. 126 erfüllen. Dresden 18. Aug. 73 (S.G.Z. XVII, 308), R.G. I, 2. Okt. 82, E. VII, 394.

4. Das Entstehen einer Besorgniß ist ein zum Thatbestande nothwendiges Erforderniß, gleichviel, ob sie begründet war oder nicht. v. Buri im G.S. XXVII, 228. Deshalb nahm München 23. Nov. 82, bayr. Entsch. II, 261 an, das forum del commissi sei da, wo der öffentliche Friede gestört worden sei. Die Störung des öffentlichen Friedens besteht in der allgemeinen Beunruhigung, welche durch die Annahme eintritt, es könne die Rechtssicherheit durch ein gemeingefährliches Verbrechen gestört werden. Vgl. R.G. I, 16. Febr. 85, R. VII, 108, 22. Dez. 86, E. XV, 116, R. VII, 783. Wenn letzteres Urtheil eine nahe liegende Gefahr verlangt, so ist dies irrig, insofern das Erforderniß objektiv zu verstehen wäre. Es genügt, wenn die öffentliche Meinung die Gefahr für nahe liegend hält.

5. Der Vorsatz besteht in dem Willen, zu drohen mit dem Bewußtsein, daß die Drohung geeignet sei, den öffentlichen Frieden, das allgemeine Sicherheitsgefühl zu stören. R.G. I, 2. Okt. 82 s. oben. Daß der Thäter die Qualifikation der angedrohten That als einer gemeingefährlichen kannte, ist nicht erforderlich.

§. 127. Wer unbefugterweise einen bewaffneten Haufen bildet oder befehligt oder eine Mannschaft, von der er weiß, daß sie ohne gesetzliche Befugniß gesammelt ist, mit Waffen oder Kriegsbedürfnissen versieht, wird mit Gefängniß bis zu zwei Jahren bestraft.

Wer sich einem solchen bewaffneten Haufen anschließt, wird mit Gefängniß bis zu Einem Jahre bestraft.

Pr. §. 97; E. I. §. 109; E. II. §. 125; St.B. S. 438.

1. „Unbefugterweise“ („ohne gesetzliche Befugniß“) — setzt ein Verbot, sich bewaffnet zu versammeln, voraus. (Vgl. z. B. preuß. Verf. Art. 29 und preuß. Gesetz vom 11. März 1850 §. 7.) Ein solches kann auch durch Landesgesetz gegeben sein, da §. 2 Einf.-Ges. die landesrechtlichen Bestimmungen über Mißbrauch des Vereins- und Versammlungsrechts in Kraft erhält. (Vgl. Art. 1 u. 16 des bayr. Ges. v. 26. Febr. 1850, die Versammlungen und Vereine betr.) Gl. M. Oppenhoff N. 1, Olshausen N. 2b. Trotzdem haben die sich mit dem Vereins- und Versammlungsrecht berührenden §§. 127—129 nicht bloß subsidiäre Kraft, wie John in H.H. III, 106, annimmt, sondern kommen, wenn der Thatbestand erfüllt ist, unbedingt zur Anwendung und es fragt sich nur, ob dann die Strafbestimmungen des Landesgesetzes ideell oder real konkurriren, oder vermöge Gesetzeskonkurrenz wegfallen. Aehnlich Olshausen N. 1, Puchelt N. 2.

2. Unter „Bewaffnung“, „Waffen“ sind nur Waffen im technischen Sinn, d. h. zum Angriff oder zur Vertheidigung bestimmte Kampfwerkzeuge zu verstehen, wobei nicht erforderlich ist, daß dieselben den Waffen der stehenden Heere sich anschließen (Sensen, Lanzen), und daß die Mannschaft dieselben trägt, um sie als Waffen zu gebrauchen, nicht des Transports halber (analog R.G. I, 22. Nov. 88, E. XVIII, 367, R. X, 683). Daß die Mannschaft, welche mit Waffen versehen wird, vorher unbewaffnet war, ist nicht erforderlich.

3. Zu Abs. 2. Die Begriffe „Haufen“ und „Mannschaft“ schließen sich nicht dermaßen aus, daß der Anschluß an letztere nicht unter Abs. 2 fiele, vielmehr deutet der erstere Ausdruck nur auf eine erst zu organisirende, letzterer auf eine bereits einigermaßen organisirte bewaffnete Abtheilung hin, ohne daß etwas auf deren Stärke ankommt. Die Natur der Sache bringt es aber mit sich, daß beide Begriffe in einander übergehen und die verschiedenen Deliktsformen neben einander vorkommen. Aehnlich verhält es sich nach Abs. 1 vom Befehligen einer Mannschaft. S. auch Hälschner II, 502, Olshausen N. 4.

4. Wird das Vergehen im Auslande gegen die öffentliche Ordnung des ausländischen Staates begangen, so ist die That im Inlande nach §. 4 N. 3 nicht strafbar. (Vgl. allg. Bemerkungen zu Abschn. 6 u. 7.)

§. 128. Die Theilnahme an einer Verbindung,*) deren Dasein, Verfassung oder Zweck vor der Staatsregierung geheim gehalten werden soll, oder in welcher gegen unbekannte Obere Gehorsam oder gegen bekannte Obere unbedingter Gehorsam versprochen wird, ist an den Mitgliedern mit Gefängniß bis zu sechs Monaten, an den Stiftern und Vorstehern der Verbindung mit Gefängniß von Einem Monat bis zu Einem Jahre zu bestrafen.

Gegen Beamte kann auf Verlust der Fähigkeit zur Bekleidung öffentlicher Aemter auf die Dauer von Einem bis zu fünf Jahren erkannt werden.

Pr. §. 98; E. I. §. 110; E. II. §. 126; St.B. S. 439.

1. Unter Verbindung ist dasselbe zu verstehen, wie unter „Verein, Vereinigung, Gesellschaft“, d. h. eine organisirte Vereinigung von einer gewissen Dauer, welche die Unterordnung ihrer Mitglieder unter den Gesammtwillen behufs des Zusammenwirkens für einen gemeinsamen Zweck für die Dauer der Mitgliedschaft voraussetzt. Es bedarf hierbei keiner ausdrücklichen Unterordnungs-Erklärung, keines schriftlichen Abschlusses, sondern es genügen concludente Handlungen, Erklärung des Beitritts zu einer zu gründenden oder bereits gegründeten Verbindung. Eine politische Partei ist an sich keine Verbindung, kann sich aber als Verbindung organisiren. R.G. III, 21./23. Dez. 85, E. XIII, 273, R. VII, 762. Auch Vereine für die Wahl bestimmter Kandidaten und für die Dauer einer Wahlperiode können unter diesen Begriff fallen. R.G. II, 8. Nov. 87, E. XVI, 294, R. IX, 567.

2. Die Theilnahme an der Verbindung setzt keine solche im Sinne der §§. 47 fg. voraus, sondern ist in jeder Betheiligung an den Thätigkeits-Akten der Verbindung enthalten. Des Nachweises einer besonderen Thätigkeit in Verfolgung der Zwecke der Gesellschaft ist nicht erforderlich.

---

*) Vgl. Fuld in dem Grenzboten 1887 N. 43, IV. Qu., S. 165 fg., Die Geheimbundsprozesse in Deutschland.

R.G. I, 20. Mai 86, R. VIII, 363. Vgl. R.G. I, 22. Dez. 87, E. XVII, 193, R. IX, 747. So wurde die Theilnahme an einer geheimen Verbindung zur Verbreitung verbotener Schriften schon in der Mitwirkung zur Verbreitung gefunden. R.G. I, 26. Sept. 87, R. IX, 464, s. auch I, 1. Mai 82, E. VI, 215, R. IV, 422.

3. Die Geheimhaltung des Daseins einer Verbindung kann in dem Mangel einer gebotenen Anzeige an die Polizeibehörde gefunden werden. R.G. II, 8. Nov. 87, E. XVI, 294, R. IX, 567. Auch schließt der Umstand, daß eine Verbindung im Auslande nicht geheim besteht, nicht aus, daß die Erstreckung derselben auf das Inland geheim bleibt und vor der inländischen Regierung geheim gehalten wird. Die Erstreckung ins Inland liegt darin, daß die Verbindung Mitglieder im Inlande hat. R.G. II u. III, 10./18. Juni 87, E. XVI, 165, R. IX, 423, auch I, 20. Mai 86, R. VIII, 363. Die Geheimhaltung bedarf keiner ausdrücklichen Verabredung, sie kann sich von selbst und durch stillschweigendes Uebereinkommen ergeben. R.G. III, 21./23. Dez. 85, s. oben N. 2.

4. Auf die Freimaurervereine hat die preußische Praxis die Bestimmung nie bezogen. Dieselbe stützte sich hierfür auf eine bei Berathung des preuß. St.G.B. in der Kommission der 2. Kammer abgegebene Erklärung des Regierungskommissars. (Vgl. jenen Kommissionsbericht in den Drucks. der 2. Kammer 1850/51 S. 64.) Für Preußen wurde danach bezüglich der Freimaurervereine die Bestimmung des Edikts vom 20. Oktober 1798 für weiter geltend erachtet. An diesem Zustande ist in den Berathungen des St.G.B. nichts geändert.

5. Auf Studentenverbindungen bezieht sich §. 128 ebenso wenig. Die früher bestandenen, auf den Beschlüssen des deutschen Bundestags vom 20. September 1819 und 14. November 1834 beruhenden Verbote derselben (preuß. Gesetz vom 7. Januar 1838) sind, in Preußen schon durch Art. 29 der Verfassung, beseitigt. Die beiden vorstehenden Bemerkungen sind jedoch nur dahin aufzufassen, daß weder die Freimaurervereine noch die Studentenverbindungen in ihrer dermaligen Beschaffenheit als geheime Verbindungen betrachtet werden. Es schließt dies aber keineswegs aus, daß sich in den Logen eine Richtung geltend machen könnte, oder daß sich Studentenverbindungen bilden könnten, welche nach §. 128 als geheime Verbindungen zu betrachten und zu bestrafen wären. Das Gleiche ist bezüglich der geistlichen Orden der Fall. Gleicher Ansicht dürften sein Hälschner II, 503, Olshausen N. 2 Abs. 3.

6. Stifter einer Verbindung kann auch derjenige sein, der nicht Mitglied oder Theilnehmer derselben ist. R.G. I, 1. Mai 82, s. oben N. 3. Wenn dieses Urtheil auch zwischen Theilnehmern und Mitgliedschaft unterscheidet, so dürfte es wenigstens nicht auf dem Boden des §. 128 stehen, welches die Theilnehmer im Allgemeinen mit Strafe bedroht und bezüglich dieser dann zwischen Mitgliedern einer- und Stiftern und Vorstehern anderseits unterscheidet. S. auch R.G. I, 26. Sept. 87, R. IX, 465. Dagegen ist ebenso unrichtig, wenn v. Liszt S. 629, H. Meyer S. 864 N. 11, Olshausen N. 1 annehmen, Stifter und Vorsteher müßten nothwendig Mitglieder sein. Der einfache Theilnehmer ist Mitglied. Stifter ist der Begründer der Verbindung, welcher Wanderapostel von außen sein kann, ohne sich um die Verbindung, nachdem er sie ins Leben gerufen, weiter zu kümmern. Endlich müssen auch Vorsteher nicht Mitglieder sein, da sogar unbekannte Obere vorgesehen sind. Es können auch auswärtige sein, die die Verbindung von oben leiten, ohne sich an deren Einzelhandlungen irgendwie zu betheiligen. Es werden aber auch stets anwesende Vorsteher, welche Mitglieder sind, vorhanden sein. Der Ausdruck „Theilnahme" umfaßt alle Kategorien.

7. Die Unfähigkeit zur Bekleidung öffentlicher Aemter hat den Verlust der bekleideten von selbst zur Folge. (Vgl. §. 35 A. 2.) Daß eine dreimonatliche Gefängnißstrafe erkannt worden sei, ist zur Anwendung dieser Nebenstrafe nicht erforderlich (vgl. §. 32), da hier und in den anderen Fällen (§§. 129, 358) diese Strafe lediglich für Beamte und nur für bestimmte Vergehen festgesetzt ist. Berlin 15. Febr. 77 (O.R. XVIII, 130, Goltd. XXV, 59, St. VII, 203). (Vgl. übrigens oben S. 129 N. 3.)

§. 129. Die Theilnahme an einer Verbindung, zu deren Zwecken oder Beschäftigungen gehört, Maßregeln der Verwaltung oder die Vollziehung von Gesetzen durch ungesetzliche Mittel zu verhindern oder zu entkräften, ist an den Mitgliedern mit Gefängniß bis zu Einem Jahre, an den Stiftern und Vorstehern der Verbindung mit Gefängniß von drei Monaten bis zu zwei Jahren zu bestrafen.

Gegen Beamte kann auf Verlust der Fähigkeit zur Bekleidung öffentlicher Aemter auf die Dauer von Einem bis zu fünf Jahren erkannt werden.

Pr. §. 99; E. I. §. 111; E. II. §. 127; St.B. S. 439.

1. Bezüglich des Begriffs der Verbindungen, der Theilnahme daran, der Mitglieder und Vorsteher vgl. zu. §. 128 N. 1, 2, 4—6. Wenn Olshausen N. 2 Abs. 1, R.G. III, 21./23. Dez. 85, E. XIII, 273 als abweichend von der Meinung anführt, daß vorstehende Begriffe den §§. 128, 129 gemeinsam sind, und dieselben sich nur dadurch unterscheiden, daß §. 128 die durch ihre Organisation §. 129 die durch ihre Zwecke staatsgefährlichen Verbindungen im Auge hat, so dürfte hierbei ein Mißverständniß zu Grunde liegen.

2. Zweck einer Verbindung sind die nachfolgend hervorgehobenen Bestrebungen, wenn eine Verbindung schon bei der Begründung dieselben sich zur Aufgabe stellt, ohne daß dies in Statuten enthalten sein muß. Es kann auch Einverständniß der Mitglieder obwalten. Die Beschäftigung einer Verbindung ist es, wenn ein zu andern Zwecken, vielleicht auch nur ostensibel, begründete Verbindung daneben die im §. 129 bezeichneten Ziele verfolgt. Ist ersteres der Fall, so fällt die Verbindung unter §. 129, auch wenn dieselbe noch nicht zur Ausführung geschritten ist. Dagegen kann es als Beschäftigung mit dem verbotenen Zweck schon gelten, wenn von der Verbindung oder deren Theilnehmer die Aufforderung ergeht, die gesetzwidrigen Zwecke zu verfolgen. R.G. III, 21./23. Dez. 85, E. XIII, 273 (284), R. VII, 762 (774).

3. Die Verhinderung oder Entkräftung von Maßregeln der Verwaltung darf nicht darin bestehen, die Existenz oder den Zweck einer Verbindung vor der Verwaltung geheim zu halten, und dadurch den möglicher Weise zu erwartenden Ueberwachungsmaßregeln vorzubeugen. Ebensowenig ist der Zweck der Verbindung zu identifiziren mit Endzweck oder ausschließlichem Zweck. R.G. II, 8. Nov. 87, E. XVI, 294, R. IX, 567.

4. Die Bestimmung, daß die Verbindung durch ungesetzliche Mittel zu wirken bestrebt sein müsse, setzt nicht voraus, daß strafbare Mittel angewendet werden. R.G. I, 28. März 89, E. XIX, 99. Der Schluß dieses Urtheils, welcher betont, daß in dem konkreten Fall das Mittel, nämlich die Geheimhaltung des Vereins (§. 128) sogar ein strafbares war, scheint mit dem oben citirten Urtheil v. 8. Nov. 87 in Widerspruch zu stehen. Allein als ungesetzliches Mittel erkennt auch dieses die Geheimhaltung an, es reprobirt nur, daß das Mittel zugleich Zweck der Verbindung sein kann.

§§. 130, 130a, 131.

1. Die §§. 130, 131 sind an Stelle der vielbesprochenen §§. 100 und 101 des preuß. St.G.B. von 1851 getreten, welche letztere lauteten:

> §. 100. „Wer den öffentlichen Frieden dadurch gefährdet, daß er die Angehörigen des Staates zum Hasse oder zur Verachtung gegen einander öffentlich anreizt, wird — bestraft."
>
> §. 101. „Wer durch öffentliche Behauptung oder Verbreitung erdichteter oder entstellter Thatsachen, oder durch öffentliche Schmähungen oder Verhöhnungen die Einrichtungen des Staates oder die Anordnungen der Obrigkeit dem Hasse oder der Verachtung aussetzt, wird — bestraft."

Die nicht zu verkennende Dehnbarkeit mancher in diesen Paragraphen enthaltenen Begriffe führte zu einer vielfach bedenklichen Praxis, und dieses veranlaßte, daß aus dem Art. 74 des Entwurfs der Nordd. Bundesverfassung eine dem §. 101 analoge Strafvorschrift durch die Majorität des konstituirenden Reichstags gestrichen wurde. (St.B. S. 666.) Dieser Vorgang gab bei den Vorarbeiten zum I. Entw. Veranlassung, das historische und gesetzgeberische Material eingehend zu prüfen. Dieses Material ist in einem den Motiven beigegebenen Exkurs erschöpfend niedergelegt. (Motive zum E. I S. 129 ff.; und Anhang V zu den Motiven des E. II S. 22 ff.)

Der hauptsächlichste Inhalt dieses Exkurses ist bei den §§. 130 und 131 (weiter unten) mitgetheilt, hier ist nur hervorzuheben, daß die Paragraphen in engster Verbindung mit der Preßgesetzgebung standen. Dieselben folgten dem Vorgange der französischen und englischen Gesetzgebung und verdankten hier wie dort ihre Entstehung der Auffassung, welche in Strafvorschriften ein nothwendiges Korrelat zu der Freiheit der Presse erblickt. In diesem Sinne werden selbst in England die auf dem common law und einzelnen Statuten beruhenden Strafvorschriften, namentlich gegen strafbare Libelle, vertheidigt (vgl. Blackstone, Commentaries on the laws of England, Ed. 23, by Stewart 1854 IV S. 179, 184, welcher jedoch in der Befugniß der Jury, einen allgemeinen Ausspruch über Schuldig oder Nichtschuldig zu thun, eine sichere Gewähr gegen die Gefahr von Ausschreitungen findet).

In Preußen lehnte man sich bei Berathung der Preßgesetze an die französische Gesetzgebung und zwar zunächst an ein Dekret der Provisorischen Regierung vom 11./12. Aug. 1848 Art. 4 und 7, dehnte jedoch die in Art. 4 enthaltene „**excitation à la haine ou au mépris du Gouvernement de la république**" in der in §. 101 — welcher mit §. 100 aus dem Preßgesetzentwurf in das St.G.B. übernommen wurde — enthaltenen Weise aus. — Später schrieb der Beschluß des deutschen Bundestages vom 6. Juli 1854 den Erlaß ähnlicher Strafvorschriften für sämmtliche Bundesstaaten vor, was auch in den meisten Staaten zur Ausführung kam. In Bayern hatte das St.G.B. von 1861 in Art. 118 Abs. 2 eine dem §. 130 St.G.B. ähnliche Vorschrift; im Uebrigen hat es sich auf Strafen gegen bestimmte Staats- und Rechtsinstitute (Art. 118), gegen die Beleidigung der Staatsregierung (Art. 126) und die öffentliche Aufreizung zur Mißbilligung richterlicher Urtheile (Art. 150) beschränkt.

2. Bei Aufstellung der Entwürfe sowohl, wie im Reichstag — und im letzteren hauptsächlich deshalb, weil man hier dem richterlichen Ermessen keinen erheblichen Spielraum lassen wollte — war man bemüht, durch Aufstellung bestimmter Kriterien den Thatbestand der Paragraphen fest zu umgrenzen. Die Anwendbarkeit der Paragraphen ist hierdurch sehr beschränkt, allein in dieser Beschränkung haben die Paragraphen, namentlich §. 131, nur noch eine geringe praktische Bedeutung, und dieses um so mehr, als dieselben vielfach mit anderen Vorschriften, z. B. den §§. 110, 111, 187 zusammenfallen werden. (Vgl. übrigens Zachariä im G.S. 1869, XXI, S. 421; John, Strafrecht in Norddeutschland, Göttingen 1870 S. 57 ff.)

3. Durch das Reichsgesetz vom 10. Dez. 1871 (R.G.Bl. S. 442) wurde der §. 130a (Abs. 1 des jetzigen §. 130a), der sog. Kanzelparagraph, aufgenommen, durch welchen die Gefährdung des öffentlichen Friedens durch Geistliche oder andere Religionsdiener unter Strafe gestellt wurde (vgl. die Materialien in den Erläuterungen zu §. 130a).

4. In den Motiven des Regierungsentwurfs zu der Novelle vom 26. Februar 1876 (Drucks. Nr. 54) wird bezüglich der §§. 130, 130a und 131 bemerkt, daß sich dieselben als völlig unzureichend herausgestellt hätten (vgl. oben N. 2). Es wurde deshalb theils eine Strafverschärfung, theils eine Erweiterung bez. anderweite Begrenzung des Thatbestandes vorgeschlagen, deshalb sollte nach jenem Entwurf die Fassung von §§. 130 und 131 folgendermaßen lauten:

> §. 130. „Wer in einer den öffentlichen Frieden gefährdenden Weise verschiedene Klassen der Bevölkerung gegeneinander öffentlich aufreizt, oder wer in gleicher Weise die Institute der Ehe, der Familie oder des Eigenthums öffentlich durch Rede oder Schrift angreift, wird mit Gefängniß bestraft."
>
> §. 131. „Wer dadurch, daß er erdichtete oder entstellte Thatsachen öffentlich behauptet oder verbreitet, ingleichen wer durch öffentliche Schmähungen oder Verhöhnungen Staatseinrichtungen oder Anordnungen der Obrigkeit oder das Reich oder einen Bundesstaat selbst verächtlich zu machen sucht, wird mit Geldstrafe bis zu sechshundert Mark oder mit Gefängniß bis zu zwei Jahren bestraft."

während zu §. 130a die Strafbarkeit solcher Kundgebungen, welche durch Verbreitung von Schriften oder Preßerzeugnissen bewerkstelligt werden, durch Aufnahme des (jetzigen) Alinea 2 des §. 130a beantragt wurde.

Der Reichstag lehnte die Vorschläge in den ersten beiden Lesungen gänzlich ab (St.B. S. 385 ff., 940 ff., 971 ff.) und änderte dieses in 3. Lesung (St.B. S. 1326, — woselbst S. 1327 eine besonders beachtenswerthe Rede des Reichskanzlers) nur insofern, als auf den Antrag Völk das vorerwähnte Alinea 2 des §. 130a angenommen wurde. (St.B. S. 1339 ff.)

§. 130. Wer in einer den öffentlichen Frieden gefährdenden Weise verschiedene Klassen der Bevölkerung zu Gewaltthätigkeiten gegen einander öffentlich anreizt, wird mit Geldstrafe bis zu sechshundert Mark oder mit Gefängniß bis zu zwei Jahren bestraft.

Pr. §. 100; E. I. §. 112; E. II. §. 128; St.B. S. 439, 440.

Vgl. Preß-G. v. 7. Mai 1874 §. 23 Nr. 3.

1. Vgl. die allgemeinen Vorbemerkungen zu §§. 130, 130a u. 131 und den Exkurs unten N. 9.

2. Der Entwurf war gleichlautend, nur hat der Reichstag an Stelle von „Feindseligkeiten" den Ausdruck „Gewaltthätigkeiten" gesetzt. Die von der Regierung bei Einbringung der Novelle von 1876 vorgeschlagene Aenderung lehnte der Reichstag ab. (Vgl. oben N. 4.)

3. Der Nachdruck liegt auf „in einer den öffentlichen Frieden gefährdenden Weise" und „öffentlich". (Vgl. über den Begriff „öffentlich" S. 184, 285 ff.) Oeffentlich ist die Anreizung, wenn sie der Allgemeinheit zugänglich ist. Kenntnißnahme durch die angegriffenen Klassen ist nicht erforderlich. Wolfenbüttel 11. April 76 (St. VI, 203); auch nicht, daß die Anreizung an eine der Klassen direkt gerichtet ist.

4. Der Ausdruck „Klassen der Bevölkerung" schließt sich an den französischen „classes de la société" (Ges. v. 9. Sept. 1835 Art. 8). Die Motive sagen hierüber:

„Indem die Worte „die Angehörigen des Staats" durch den ursprünglich im französischen Recht und in der englischen Rechtsübung, sowie in mehreren anderen Gesetzgebungen angewendeten Ausdruck „die verschiedenen Klassen der Bevölkerung" ersetzt sind, glaubt der Entwurf den Thatbestand des Vergehens richtiger begrenzt und einer zu weit gehenden Anwendung vorgebeugt zu haben. In der Anreizung einzelner Personen gegen einander kann die Ursache einer Gefährdung des öffentlichen Friedens nicht wohl gefunden werden. Eine solche ist vielmehr nur dann zu befürchten, wenn eine Mehrheit von Personen, welche wegen gleicher Lebensstellung oder wegen einer Uebereinstimmung der Ansichten, Zwecke oder Interessen als verbunden betrachtet und deshalb unter einer gemeinschaftlichen Bezeichnung zusammengefaßt werden, als Ganzes genommen und in ihrem Gegensatz zu den übrigen Staatsbürgern oder anderen Kategorien von Personen zum Gegenstande öffentlicher Anfeindung gemacht werden. Voraussetzung hierbei ist überall, daß die unter der Mehrheit begriffenen einzelnen Personen bestimmt erkennbar und äußerlich unterscheidbar sind. Vage Abstraktionen, denen eine faßbare äußere Gestaltung nicht entspricht, können nicht genügen. Ob hiernach „eine Klasse der Bevölkerung" als Gegenstand eines den öffentlichen Frieden gefährdenden Angriffs anzusehen ist, muß der thatsächlichen Würdigung im besonderen Falle ebenso überlassen bleiben, wie die Frage: ob nicht bloß eine berechtigte Kritik, sondern eine Aufreizung zu Feindseligkeiten und damit die Gefährdung des öffentlichen Friedens vorliegt, zu dessen Schutz die Gesetze berufen sind."

Hieraus ergibt sich, daß die Praxis des preuß. Obertribunals (zum §. 100 des preuß. St.G.B.), wonach Ausdrücke wie: die Reaktion, die Junkerpartei, die Bourgeoisie, die Ungebildeten des Volks, — Klassen bezeichnen sollen, erheblichen Bedenken unterliegt; vgl. dagegen die Auffassung des französischen Kassationshofes (vgl. oben N. 1). S. auch v. Schwarze N. 2. Die neuere Praxis des preuß. Obertribunals hat den Begriff der Klassen der Bevölkerung zwar übereinstimmend mit den vorstehend mitgetheilten Motiven definirt. S. Berlin 19. Febr. u. 19. März 73 (Goltd. XXI, 280, 476, O.R. XIV, 210, St. II, 346). Ferner ist angenommen, daß der Begriff auch auf die durch konfessionelle Uebereinstimmung verbundenen Personenmehrheiten — Protestanten, Infallibilisten, Nichtkatholiken — Anwendung finden könne; Berlin 19. Febr., 21. Mai u. 20. Juni 73 (Goltd. XXI, 345, 476, 519, O.R. XIV, 386, St. III, 54); Mannheim 10. Juni 75 (St. VI, 201), aber auch weiter — daß es nicht rechtsirrthümlich sei, wenn der Instanzrichter „die besitzende Klasse", „die Bourgeoisie" zu den Klassen der Bevölkerung rechne; Berlin 19. März 73 u. 12. Juni 74, Goltd. XXI, 280; XXII, 422, O.R. XIV, 210; XV, 398, St. II, 346; IV, 21); Kiel 14. Mai 76 (St. VI, 210). Gleiches nimmt Wolfenbüttel 18. Okt. 72 — St. II, 156 — in Betreff der „Sozialdemokraten", „Proletarier", „Nordpatrioten" an. Der Thatbestand ist nicht erfüllt, wenn die Anreizung nur an Einzelne, an eine der Klasse angehörende Person, etwa in einem Wirthshaus Versammelte, gerichtet wird. R.G. II, 23. Sept. 87, R. IX, 458.

Es wird sich dieser Kasuistik gegenüber empfehlen, bei der thatsächlichen Würdigung des Einzelfalles die leitenden Gesichtspunkte, wie sie die oben mitgetheilten Motive darlegen, sich stets gegenwärtig zu halten. Wenn es demnach z. B. bedenklich scheint, den Ausdruck „Nordpatrioten" in abstracto als Bezeichnung einer Bevölkerungsklasse im Gegensatz etwa zum Proletariat anzusehen, so ist andererseits nicht zu verkennen, daß nach den konkreten Umständen durch jenen Ausdruck auf Klassen der Bevölkerung hingewiesen werden kann, welche füglich Subjekt oder Objekt von Gewaltthätigkeiten sein können.

5. Die Gefährdung des öffentlichen Friedens muß speziell festgestellt werden. München 17. Mai 73 (bayr. Entsch. III, 252). Ein wirkliches Eintreten einer Störung ist nicht erforderlich; es genügt die naheliegende Möglichkeit. Berlin 19. März 73 (Goltd. XXI, 280, O.R. XIV, 210, St. II, 346). Die Erregung feindseliger Stimmung oder Verachtung genügt nicht; es muß

eine Störung des öffentlichen Friedens zu besorgen sein. Wolfenbüttel 18. Okt. 72 u. 8. Jan. 75 (St. II, 156; IV, 289), München 17. Mai 73 (bayr. Entsch. III, 252). Es ist kein Erfolg wirklicher Friedensstörung nothwendig, es genügt vielmehr, daß eine Einwirkung stattgefunden hat, welche objektiv geeignet ist, eine Störung des öffentlichen Friedens herbeizuführen. München 24. März 76 (bayr. Entsch. VI, 129, St. VI, 209), Mannheim 10. Juni 75 (St. VI, 201). Vgl. St. VI, 210, auch Wolfenbüttel 11. April 76 (St. VI, 203). Es genügt die Möglichkeit, daß die Anreizung zu einer Störung des öffentlichen Friedens führt. Berlin 17. Mai 76 (O.R. XVII, 353, Goltd. XXIV, 349). Auch das R.G. III, 10. Nov. 80 (E. II, 431) nimmt an, daß die That mit der Absicht, zu Gewaltthätigkeiten anzureizen, geschehen sein müsse, und in einer Weise, daß sie objektiv geeignet war, den Zweck zu erreichen, gleichviel ob ein Zustand der Gereiztheit oder eine Gefahr der Störung eingetreten sei. Auch R.G. I, 24. Okt. 81, R. III, 632.

6. Es ist nicht erforderlich, daß zu bestimmten oder sofort auszuführenden Gewaltthätigkeiten angereizt wird. R.G. IV, 9. Febr. 86, R. VIII, 110. Ebenso wenig kommt darauf an, ob die Gewaltthätigkeiten, zu welchen gereizt wird, gegen Personen oder Sachen gerichtet sein sollen. Von diesen Grundsätzen ausgehend, jedoch betonend, daß eine nahe liegende Möglichkeit, die begründete Besorgniß der Verübung von Gewaltthätigkeiten in Folge des Anreizes vorliegen müsse, hat R.G. II, 17. April 88, E. XVII, 309, R. X, 302 in der Erregung des polnischen Nationalbewußtseins unter Ausfällen gegen die Unterjocher unter Hinweis, daß die Wiederherstellung Polens nur durch Thaten und auf blutigem Wege geschehen könne, den Thatbestand des §. 130 erfüllt gesehen. Das Erforderniß einer nahe liegenden Möglichkeit verneint dagegen R.G. I, 22. Dez. 86, E. XV, 116, R. VIII, 783.

7. Als dolus ist nicht die Absicht des Thäters erforderlich, Gewaltthätigkeiten herbeizuführen, sondern es genügt das Bewußtsein der objektiven Gefährdung des öffentlichen Friedens. München 24. März 76 (bayr. Entsch. VI, 129, St. VI, 209), Wolfenbüttel 8. Jan. 75 (G.S. Bd. XXVII, S. 474), s. auch R.G. 10. Nov. 80 oben N. 5; II, 8. Jan. 84, E. IX, 417.

8. Enthält eine Druckschrift den Thatbestand des §. 130, so ist nach §. 23 Nr. 3 des R.-Preßges. v. 7. Mai 1874 vorläufige polizeiliche (oder staatsanwaltliche) Beschlagnahme zulässig.

9. Der oben N. 1 erwähnte Exkurs zu den amtlichen Motiven*) bemerkt zu §. 130:

„Der Strafrechtstitel des Preußischen Allgemeinen Landrechts kannte eine Vorschrift, wie sie in dem §. 100 des Strafgesetzbuches von 1851 enthalten ist, nicht.

Die Vorsorge gegen eine Gefährdung des öffentlichen Friedens durch Anreizung oder Verhetzung der Angehörigen des Staates gegen einander war wesentlich der Censur und den gegen den Mißbrauch der Presse sonst zulässigen Maßnahmen der Regierung vorbehalten.

Nachdem aber im Jahre 1848 die Censur aufgehoben und mit ihr das System der Präventivmaßregeln gegen die Presse überhaupt verlassen war, machte sich das Bedürfniß geltend, der durch die Verfassungsurkunde gewährleisteten Freiheit der Meinungsäußerung gegenüber, in korrelaten Strafbestimmungen Garantien gegen den Mißbrauch dieser Freiheit zu schaffen.

Die oktroyirte Verordnung v. 30. Juni 1849 (G.S. S. 226) nahm deshalb — §. 17 — die Bestimmung auf:

„Wer den öffentlichen Frieden dadurch zu stören sucht, daß er die Angehörigen des Staates zum Hasse und zur Verachtung gegen einander öffentlich anreizt, wird mit Geldbuße von 20 bis 200 Thalern oder mit Gefängniß von vier Wochen bis zu zwei Jahren bestraft."

Aus dieser oktroyirten Verordnung ging die Bestimmung in den mittelst Allerhöchster Ermächtigung v. 4. Dezember 1850 der I. Kammer vorgelegten Entwurf eines Preßgesetzes (Drucksachen I. Kammer 1850—51 Nr. 28 u. 88) und, nachdem beschlossen worden war, alle allgemeinen Strafbestimmungen aus dem Preßgesetze selbst auszuscheiden und in das Strafgesetzbuch zu verweisen, demnächst in den §. 100 des Strafgesetzbuches vom 14. April 1851 über, in welchem ihr sodann die Eingangs bemerkte Fassung gegeben wurde.

Die zur Berathung des Strafgesetzentwurfes und der vorerwähnten Gesetze ernannten Kommissionen des Landtages erkannten die Nothwendigkeit einer Strafbestimmung gegen diejenige Gefährdung des öffentlichen Friedens, welche, namentlich seit dem Auftauchen der

*) Dem Exkurs ist am Schluß (Anlage zu N. 5 der Drucks. des Reichstags 1870 S. 229 ff.) eine Uebersicht der einschlägigen gesetzlichen Bestimmungen des In- und Auslandes beigegeben.

sozialen Fragen, durch Aufreizen der verschiedenen Bevölkerungsklassen gegen einander vorgekommen sei, ausdrücklich an, ohne jedoch die Fassung des Gesetzes selbst auf die Anreizung jener Klassen gegen einander zu beschränken. (Drucksachen der II. Kammer 1849—50 Nr. 524, Drucksachen der I. Kammer 1850—51 Nr. 88 und der II. Kammer 1850—51 Nr. 140.)

Zum Gesetze geworden, hat die Strafbestimmung des §. 100 in ihrer Anwendung, insbesondere durch die Rechtsprechung des höchsten Gerichtshofes, die Auslegung erfahren, daß unter „Angehörigen des Staates":

„eine unter eine allgemeine Bezeichnung fallende und danach erkennbare Mehrheit von Personen"

zu verstehen sei. Dieser Auffassung zufolge sind unter die Strafvorschrift beispielsweise subsumirt:

Angriffe gegen „die Reaktion", „die Junkerpartei", die „Ungebildeten des Volkes" u. s. w. —

Die Bestimmung des §. 100 ist keineswegs lediglich ein Erzeugniß heimischer Rechtsentwickelung, vielmehr eine Nachahmung zunächst der Französischen Gesetzgebung.

Das die Preßgesetze des Jahres 1819 ergänzende Gesetz vom 25. März 1822 bedrohte nämlich im Art. 10:

mit Gefängnißstrafe von 14 Tagen bis zu zwei Jahren oder Geldbuße von 100 bis zu 4000 Franks Denjenigen:

welcher den öffentlichen Frieden dadurch zu gefährden sucht, daß er die Bürger gegen eine oder mehrere Klassen von Personen (classes de personnes) zum Haß oder zur Verachtung öffentlich anreizt,

indem es sowohl dieses, wie die übrigen in ihm vorgesehenen Vergehen der Kognition der Geschwornen entzog und den korrektionellen Gerichten zuwies.

Ein späteres Gesetz vom 9. September 1835 (s. unten) verordnete Art. 8:

— — — Toute provocation à la haine entre les diverses classes de la société, sera punie d'un emprisonnement d'un mois à un an et d'une amende de 16 francs à 500 francs.

Ueber die Bedeutung des Wortes „classes" herrscht in der Französischen Gesetzgebung keine Uebereinstimmung. Während der höchste Gerichtshof z. B. entschied, daß politische Parteien, wie Patrioten, Liberale, Doktrinäre u. s. w., keine Klassen im Sinne des Gesetzes bildeten, wurde andererseits behauptet, das Wort „classe" umfasse: toutes personnes prises collectivement, soit qu'on les désigne par le lieu de leur origine, par la religion qu'elles professent, soit qu'on les indique par les opinions qu'on leur attribue, par le rang qu'elles occupent dans la société, par les fonctions qu'elles remplissent, par la profession qu'elles exercent, ou enfin de toute autre manière.

Vorzugsweise hatte man die hergebrachten Standes- und die Berufsklassen und die religiösen Verbindungen bei dem Worte „classe" im Auge, und wollte solche Anreizungen wie: à bas les prêtres! à bas les nobles! à bas les juifs! à bas les protestantes! à bas les catholiques! à bas les boulangers etc. der Strafe unterwerfen. (cfr. Chassan, Traité des Délits et Contraventions de la parole, de l'écriture et la presse. Ed. 2. Paris 1846. Vol. I. p. 346.)

Ein Dekret der Provisorischen Regierung vom 11./12. Aug. 1848 endlich modifizirte die angegebenen Strafbestimmungen im Artikel 7 dahin:

„Quiconque . . . aura cherché à troubler la paix publique en excitant le mépris ou la haine des citoyens les uns contre les autres, sera puni — d'un emprisonnement de quinze jours à deux ans, et d'une amende de cent francs à quatre mille francs."

Dieses Dekret ist das nächste Vorbild der Preußischen Gesetzgebung geworden.

Vgl. Drucksachen der Nationalversammlung von 1848 Nr. 376 und der II. Kammer 1849 Nr. 28."

§. 130a*). Ein Geistlicher oder anderer Religionsdiener, welcher in Ausübung oder in Veranlassung der Ausübung seines Berufes öffentlich vor einer Menschenmenge, oder welcher in einer Kirche oder an einem anderen zu religiösen Versammlungen bestimmten Orte vor Mehreren Angelegenheiten des Staats in einer den öffentlichen Frieden gefährdenden Weise zum Gegenstande einer Ver-

*) Neue Fassung des G. v. 26. Febr. 1876; die alte Fassung enthält nur den Absatz 1.

kündigung oder Erörterung macht, wird mit Gefängniß oder Festungshaft bis zu zwei Jahren bestraft.

Gleiche Strafe trifft denjenigen Geistlichen oder anderen Religionsdiener, welcher in Ausübung oder in Veranlassung der Ausübung seines Berufes Schriftstücke ausgibt oder verbreitet, in welchen Angelegenheiten des Staats in einer den öffentlichen Frieden gefährdenden Weise zum Gegenstande einer Verkündigung oder Erörterung gemacht sind.

Abs. 1. — G. v. 10. Dezbr. 1871 (R.G.Bl. S. 442); Drucks. (1871/72) Nr. 103, 114, 125, 127; St.B. S. 463 ff., 516—545, 569—589.

Abs. 2. — G. v. 26. Febr. 1876; Drucks. Nr. 54, 210; St.B. S. 971, 1339.

1. Vgl. die Vorbemerkungen zu §§. 130, 130a und 131.

2. Der Absatz 1 des §. 130a ist durch das Reichsgesetz vom 10. Dez. 1871 (R.G.Bl. S. 442), der Abs. 2 durch die Novelle v. 26. Febr. 1876 aufgenommen.

3. Die Motive zu dem G. v. 10. Dez. 1871 (Drucks. Nr. 103) bemerken:

„Der vorgelegte Gesetzentwurf hat den Zweck, eine Lücke des Strafgesetzbuches für das Deutsche Reich zu ergänzen. Dasselbe enthält im 28. Abschnitte Bestimmungen über „Verbrechen und Vergehen im Amte". In Bezug auf Geistliche und Diener der Religion finden sich in §§. 337 und 338 nur zwei Strafvorschriften bezüglich der Einsegnung einer Ehe, zu deren Gültigkeit ein vorangegangener Civilakt nöthig ist, oder einer solchen, welcher das Hinderniß einer bereits vorhandenen Ehe entgegensteht. Vorschriften gegen einen staatsgefährlichen Mißbrauch des geistlichen Amts durch Angriffe auf Staatsgesetze und Staatseinrichtungen finden sich nicht.

Andere Gesetzgebungen enthalten derartige Strafvorschriften*). Es ist in dieser Beziehung anzuführen der Französische Code pénal art. 201—206, das Belgische Strafgesetzbuch von 1867 Artikel 268, das Würtembergische Strafgesetzbuch von 1839 Artikel 447—449 und das Badische Gesetz vom 9. Okt. 1860. Auch in Spanien, Portugal und Italien hat man ähnliche Vorschriften nicht entbehren zu können geglaubt: sie finden sich in dem Spanischen Strafgesetzbuch von 1848 Art. 304—306, dem Portugiesischen von 1852 Art. 136—140, dem Sardinischen von 1859 Art. 268—270, und dem neuen Italienischen Entwurfe von 1870 Art. 186—190.

Der Geistliche steht vermöge seines Amts dem Staate und der Gesellschaft gegenüber in einem besonderen Verhältnisse: er übt, indem er Glauben und Moral pflegt und lehrt, einen Einfluß auf den ganzen sittlichen Zustand, der seine weitere Wirkung nicht bloß auf das innere Leben der Einzelnen, sondern auch auf die praktische Gestaltung der Lebensverhältnisse äußert. Begangene Ungehörigkeiten müssen daher in Folge der besonderen Stellung der Geistlichen als ein vom Staate besonders zu ahndendes delictum proprium aufgefaßt und anders beurtheilt werden, als ähnliche von nicht in gleichen Verhältnissen stehenden Personen begangene Handlungen.

Welche Handlungen auf diese Weise als delicta propria ausgezeichnet werden sollen, ist eine Frage der Strafgesetzgebungspolitik. Der Staat hat die allgemeine Rechtsordnung zu schützen und präventiv oder durch Repressivmaßregeln einzuschreiten, wo dieselbe gefährdet wird. Die unmittelbarste Gefährdung liegt aber in denjenigen Handlungen, welche keine Verletzung der durch Strafgesetze geschützten einzelnen Rechte, sondern direkte Angriffe auf Frieden, auf Achtung vor den Gesetzen und Gehorsam gegen die Gesetze allgemein enthalten, und in den Strafgesetzbüchern als Verbrechen und Vergehen wider die öffentliche Ordnung bezeichnet werden.

Die vorangeführten Gesetze richten sich daher gerade gegen solche Fälle, in welchen die geistliche Amtsgewalt zu Angriffen auf die öffentliche Ordnung mißbraucht wird.

Die Strafsanktionen gegen die gröberen Fälle des Hoch- und Landesverraths und des Widerstandes gegen die Staatsgewalt werden weniger in Betracht kommen: es wird in Bezug auf diese sich regelmäßig um so offenkundige und gewaltsame Exzesse handeln, daß die Repression durch die allgemeine Strafsanktion genügend gesichert erscheint.

Nicht zureichend sind dagegen die allgemeinen Strafbestimmungen gegen Aufreizung zu Gewaltthätigkeiten, oder Verbreitung von Thatsachen zum Zwecke, die Staatseinrichtungen verächtlich zu machen.

---

*) Eine Uebersicht einschlägiger gesetzlicher Bestimmungen wurde in Nr. 114 der Drucks. nachträglich dem Reichstage mitgetheilt.

Das Strafgesetzbuch für das Deutsche Reich bestimmt in dieser Beziehung Folgendes:
§. 130. Wer u. s. w.
§. 131. Wer u. s. w.

Diese Bestimmungen genügen nicht, sobald es auf Fälle ankommt, in denen die verpönte Handlung durch Mißbrauch des geistlichen Amtes begangen wird.

Daß das geistliche Amt in dieser Weise gemißbraucht werden könne, ist unleugbar, da seine Träger Menschen sind: daß es in dieser Weise wirklich mißbraucht sei, läßt sich erfahrungsmäßig nicht leugnen. Nun steht dem Geistlichen in seiner amtlichen Stellung dem Publikum gegenüber eine besonders gewichtige Autorität zur Seite. Er nimmt für seine Urtheile und Behauptungen das ganze Ansehen der Religion zu Hülfe. Man wird nicht die Meinung eines Einzelnen, sondern die Meinung der Kirche aus seinem Munde zu vernehmen glauben. Gerade auf diejenigen, welche Kirche und Religion hochachten, wird er den sichersten und bestimmtesten Einfluß haben. Aufreizungen, welche den Frieden stören, Angriffe auf Gesetze und Staatseinrichtungen gewinnen daher, wenn sie von solcher Seite ausgehen, einen besonders gefährlichen Charakter: ihr Einfluß wird ein weit verbreiteter und tiefer sein und gerade auf denjenigen Theil der Bevölkerung wirken, auf dessen Gesinnung und Verhalten am meisten ankommt. Es wäre ein die wirklichen Verhältnisse leugnender Irrthum, wenn man den Geistlichen, der das Gewicht kirchlichen Ansehens hat, hier mit jedem Andern, die öffentlich ihre Meinungen äußern, auf eine Linie stellen wollte. Der von ihm begangene Mißbrauch ist objektiv gefährlicher und schädlicher, weil er das sittliche Band zwischen Regierung und Volk sicherer und tiefer lockert, er ist subjektiv strafwürdiger, weil dabei das Heilige und Ehrwürdige gemißbraucht wird. Es rechtfertigt sich vollkommen, diesen Mißbrauch als ein delictum proprium zu qualifiziren.

Es kommt bei dem vorgelegten Entwurfe nicht darauf an, die Strafe zu verschärfen, sondern die Sanktion so einzurichten, daß sie die zu verhindernden Ausschreitungen wirklich trifft. Der Staat bedarf zur Erfüllung seiner Aufgaben der Achtung und des Vertrauens seiner Angehörigen: er vermag für Ordnung und Frieden nicht zu sorgen, wenn seine Angelegenheiten und Einrichtungen herabgewürdigt werden. So wenig er in seinem Wirken eine ernste Prüfung zu scheuen hat, so wenig kann er dulden, daß jene Achtung und jenes Vertrauen auf eine Weise, deren Gefährlichkeit oben bezeichnet wurde, untergraben, und damit die friedliche Lösung erschwert, der öffentliche Frieden bedroht werde.

Daß in dieser Beziehung die §§. 130 und 131 des Strafgesetzbuchs nicht genügen, ergibt sich aus deren Inhalt von selbst. Es kommt nicht bloß auf eine böswillige Verbreitung und Behauptung entstellter oder falscher Thatsachen an, und eben so wenig auf den Zweck, Staatseinrichtungen verächtlich zu machen. Jene Gefährdung der Achtung vor Staatseinrichtungen ist sehr wohl möglich ohne Erdichtung und Entstellung von Thatsachen und ohne daß es darauf abgesehen wäre, solche Einrichtungen verächtlich zu machen. Auch ohne diese erschwerenden Umstände kann der Mißbrauch, den der Entwurf bekämpfen soll, seinen gefährlichen Charakter äußern.

Die verbündeten Regierungen haben sich entschlossen, die Ergänzung der in dem Strafgesetzbuch gelassenen Lücke vorzuschlagen, weil sie es anerkannt haben, daß dazu ein wirkliches und dringendes Bedürfniß vorhanden ist.

In seiner Fassung schließt sich der Entwurf der Ausdrucksweise des Strafgesetzbuches so viel als möglich an."

4. Religionsdiener sind die amtlich zur Besorgung von Handlungen, auf welche der Zweck des betreffenden Religionsbekenntnisses wesentlich gerichtet ist, berufenen Personen. Hierzu gehören Lehrer als solche nicht. Dresden 1. Okt. 77 (S.G.Z. XXII, 182).

In Veranlassung der Ausübung des Berufs ist die Verkündigung &c. erfolgt, wenn eine spezielle Berufshandlung die Gelegenheit zu derselben geboten hat; ein ursächlicher Zusammenhang zwischen der Erörterung und der Berufshandlung ist nicht erforderlich. Berlin 14. Juli 73 (Goltd. XXI, 518 O.R. XIV, 502).

5. Bei einer in der Kirche erfolgten Verkündigung &c. braucht ein Handeln des Geistlichen in Ausübung des Berufs nicht nachgewiesen zu sein. Berlin 28. Jan. 75 (Goltd. XXIII, 50, O.R. XVI, 89). Ebenso wenig ist hier Oeffentlichkeit erforderlich. A. M. Hälschner II, 511.

6. Zu den Angelegenheiten des Staats gehören Gesetze desselben. Berlin 26. Okt. 72 (O.R. XIII, 558, St. II, 85), sowie die Vorlegung von Gesetzentwürfen. Berlin 20. Febr. 73 (Goltd. XXI, 282, O.R. XIV, 150). Hierzu gehören ferner politische Akte der Staatsregierung in Bezug auf bestimmte Fragen; daher kann die Erörterung der Stellung des Staats im Kampfe gegen Rom, die Erörterung der Begünstigung der Altkatholiken als Erörterung von Angelegenheiten des Staats angesehen werden. Berlin 28. Jan., 8. April, 10. u. 22. Juni 75

(Goltd. XXIII, 121, 432, O.R. XVI, 433, 478, Mannheim 10. Juni 75, St. VI, 201). Nicht nur Gesetze und Staatseinrichtungen sind Angelegenheiten des Staats, sondern den Gegensatz bilden ausschließlich Privatangelegenheiten. Alle Angelegenheiten, bei denen es sich um Rechte und Pflichten, um Interessen und Aufgaben des Staats, um dessen Verhältniß zu Einzelnen und zu andern Staaten handelt, die Angelegenheiten, die durch die Gesetze, die Institutionen und Verträge des öffentlichen Rechts geordnet und gestaltet werden, gehören zu den Angelegenheiten des Staats R.G. IV, 11. Dez. 85, E. XIII, 169, R. VII, 740; I, 7. Febr. 89, E. XVIII, 406.

7. Ueber Gefährdung des Friedens s. zu §. 130. Eine solche kann in den Klagen über Religionsbeeinträchtigung und Verfolgung gefunden werden. Berlin 8. April 75 (Goltd. XXIII, 432). Gefährdung des Friedens ist das Herbeiführen von Umständen, welche die Aufhebung oder Störung des öffentlichen Friedens nicht wirklich, aber wahrscheinlich machen R.G. IV, 11. Dez. 85 u. 7. Febr. 89 s. oben. Auch Angriffe, welche das Vertrauen zur Dauer der bestehenden Ordnung gefährden, gehören hierher. R.G. III, 17. Dez. 88, E. XVIII, 314.

8. Die Verkündung des Erlasses eines geistlichen Oberen durch einen Geistlichen kann gegen diesen als den Thäter geahndet werden, wenn auf den Erlaß der §. 130a zutrifft; der geistliche Obere kann dabei als Anstifter strafbar sein, und zwar liegt bei der Anstiftung mehrerer Geistlichen Realkonkurrenz vor. Berlin 8. April, 10. u. 22. Juni 75 (Goltd. XXIII, 432, O.R. XVI, 433, 478, Mannheim 10. Juni 75, St. VI, 201).

Wegen Verbreitung von Schriften s. zu §. 85 N. 1.

9. Als dolus genügt das Bewußtsein, daß die Verkündigung oder die Erörterung geeignet ist, den öffentlichen Frieden zu gefährden. Berlin 10. u. 22. Juni 75 (O.R. XVI, 433, 478), d. h. die Staatsangehörigen in ihren berechtigten Interessen zu beunruhigen. Eine hierauf gerichtete Absicht ist nicht erforderlich R.G. I, 16. Febr. 85, R. VII, 108.

10. Mitthäterschaft ist bei einer Person, welche nicht Geistlicher oder Religionsdiener ist, nicht möglich; wohl aber Anstiftung und Beihülfe. Gl. M. Hälschner II, 510, Meves N. 2, Olshausen N. 2.

§. 131. **Wer erdichtete oder entstellte Thatsachen, wissend, daß sie erdichtet oder entstellt sind, öffentlich behauptet oder verbreitet, um dadurch Staatseinrichtungen oder Anordnungen der Obrigkeit verächtlich zu machen, wird mit Geldstrafe bis zu sechshundert Mark oder mit Gefängniß bis zu zwei Jahren bestraft.**

Pr. §. 101; E. I. §. 113; E. II. §. 129; St.B. S. 440 ff., 461 ff.

Vgl. §§. 186, 187.

1. Vgl. die allgemeinen Vorbemerkungen zu §§. 130, 130a u. 131, namentlich auch wegen der Verhandlungen bei Erlaß der Novelle vom 26. Febr. 76, oben S. 327 N. 4, und unten den Exkurs N. 9.

2. Nach den Motiven soll die Kritik vollständig freigegeben werden und nur gegen verleumderische Angriffe (§. 187) Schutz eintreten. Die Motive sagen:

„Der §. 131 schränkt den Thatbestand des §. 101 des preußischen Strafgesetzbuchs auf das Erheblichste ein. Derselbe erfordert, daß derjenige, welcher die erdichteten oder entstellten Thatsachen behauptet oder verbreitet, in der Absicht gehandelt habe, Staatseinrichtungen und Anordnungen der Obrigkeit verächtlich zu machen.

In dieser Einschränkung entspricht der Paragraph dem Bedürfniß und vermeidet die Gefahr von Ueberschreitungen.

Wenn hiergegen behauptet wird, „eine von der Achtung des Volkes getragene Verfassung und Verwaltung bedürfe zur Aufrechthaltung ihres Ansehens keiner Strafbestimmungen, auch sei wegen der bei den Prozeßverhandlungen vorkommenden Aergernisse das Heilmittel fast noch schlimmer als das Uebel", so hat dieser Einwand nur da, wo es sich bloß um Kritik und Urtheil handelt, seine Berechtigung. Man wird zugeben müssen, daß das Wesen der Oeffentlichkeit bei staatlichen Einrichtungen für die Regierung und für die Regierten das Bedürfniß und das Recht öffentlicher Beurtheilung begründet, und je schwieriger es erscheint, die Grenzen zulässiger oder unzulässiger, nützlicher oder schädlicher Kritik nach der einen wie nach der andern Seite zu ziehen, um so mehr wird man es der gesunden Meinung des Volkes überlassen können, der Form nach schrankenlosen Angriffen selbst das Urtheil zu sprechen.

Anders verhält es sich aber mit der Behauptung von Thatsachen.

Werden Maßregeln der Regierung, welche das Wohl und Wehe Aller betreffen, durch

Behauptung bestimmter verwerflicher Thatsachen in ihren Motiven und Zwecken verdächtigt, so wird die Gefährdung der Rechtsordnung sogar in der Regel größer sein, als wenn es sich um irgend welche Verletzungen bestimmter Privatrechte handelt. Beispiele hierfür würden unschwer zu finden sein.

Aus diesen Gründen konnte die im §. 101 des preußischen Strafgesetzbuchs gegebene Strafbestimmung nicht völlig beseitigt werden.

Mit der sich aus dem Vorhergehenden ergebenden Einschränkung auf Angriffe verleumderischer Natur konnten als Gegenstand derselben alle „Einrichtungen des Staates und Anordnungen der Obrigkeit" bezeichnet werden, da solche Angriffe überall strafwürdig erscheinen."

3. Die Worte „wissend, daß sie erdichtet oder entstellt sind" wurden vom Reichstag eingeschoben (St.B. S. 446 u. 464). Damit war dem Paragraph die eigentliche praktische Bedeutung genommen. Es genügt nunmehr nicht die Feststellung, daß der Thäter nicht von der Wahrheit überzeugt war, sondern bedarf es der Feststellung, daß der Thäter die Unwahrheit oder Entstellung kannte. Berlin 17. Jan., 24. Mai 73 (O.R. XIV, 60, St. II, 158, Goltd. XXI, 434); Wolfenbüttel 16. Febr. 72 (St. I, 218).

4. Unter „Thatsache" versteht das preuß. Obertribunal „ein in der Vergangenheit liegendes Ereigniß, ein Geschehenes (factum), welches aus der Allgemeinheit der Ereignisse so weit hervortritt, um von anderen Ereignissen unterschieden werden zu können". (O.R. V, 69.) Ob eine solche Thatsache behauptet oder verbreitet ist, ist Sache der thatsächlichen Auslegung. Es fällt hierunter nicht eine subjektive Meinungsäußerung, eine Kritik, auch fordert §. 131 keine erdichteten oder entstellten Thatsachen, welche objektiv geeignet sind, Staatseinrichtungen oder Anordnungen der Obrigkeit verächtlich zu machen, sondern nur die bewußte Absicht des Thäters, diesen Erfolg herbeizuführen. R.G. III, 8. März 82, R. IV, 233.

Thatsache ist etwas existent Gewordenes, Geschehenes oder Vorhandenes im Gegensatz zu der nur subjektiven Ansicht. Berlin 30. Juni 73 u. 21. Jan. 75 (Goltd. XXI, 442, O.R XIV, 395; XVI, 69); München 29. Sept. 76 (St. VII, 49). Auch auf innere Thatsachen ist der Paragraph anwendbar; der Beweggrund, aus welchem eine Handlung vorgenommen, der mit derselben erstrebte Zweck, die aus derselben entstandenen Folgen fallen in das Gebiet der Thatsachen. Berlin 17. April, 24. Mai u. 20. Juni 73, 5. März u. 20. Okt. 74, 10. März u. 13. Juli 75, 8. Febr. 76 (Goltd. XXI, 347, 519, 520; XXII, 116; XXIII, 197; XXIV, 131, O.R. XIV, 285, 395; XV, 127, 693; XVI, 214, 544); Dresden 7. Aug. 71 (St. I, 73, S.G.Z. XVI, 85); Mannheim 8. Mai 73, 4. Juli 74 (St. II, 370; VI, 212, bad. Ann. Bd. 41 S. 295). Das R.G. III, 14. Juli 80 (R. II, 197) entschied sich aber dahin, daß die Verdächtigung von Zwecken, Motiven oder Absichten der Obrigkeit nicht unter §. 131 falle, wobei jedoch viel Gewicht auf die thatsächliche Feststellung gelegt ist. Jedoch erkannte auch R.G. IV, 9. Febr. 86, R. VIII, 109 die Behauptung von Motiven (blinder Haß gegen alle Polen) R.G. II, 29. Nov. 87, E. XVI, 368, R. IX, 674, die Behauptung der im Innern der Menschen sich vollziehenden Vorgänge wie Beweggründe (Habgier, Neid), Absichten, Ziele als Behauptung von Thatsachen an. Auch Zustandsverhältnisse, wie die Methode der Ausbildung der Soldaten, Berlin 22. Nov. 77 (Goltd. XXV, 521), oder die Art der Handhabung der Beamtendisziplin, Berlin 4. Jan. 78 (O.R. XX, 7), oder das Militärwesen als Ganzes, Berlin 8. Febr. 76 (Goltd. XXIV, 131), können unter den Begriff der Thatsachen fallen. Auch die Behauptung, daß die Kirche eine gewisse Lehre aufstelle, München 29. Sept. 76 (St. VII, 49).

Die Erdichtung oder Entstellung in Betreff behaupteter Unterlassungen der Obrigkeit ist eine Erdichtung von Thatsachen. Berlin 11. Juni 74 (Goltd. XXII, 498, O.R. XV, 385, St. IV, 117). Dagegen fallen Beschimpfungen und Schmähungen nicht unter §. 131; ebenso wenig Aeußerungen, die nur ein Urtheil über gewisse Einrichtungen enthalten. Wolfenbüttel 16. Febr. 72 (St. I, 217); Berlin 10. März 75 (O.R. XVI, 214, Goltd. XXIII, 197); Darmstadt 9. April 77 (Goltd. XXV, 463). Hierzu gehören Ausdrücke wie Säbelherrschaft, Einheit in der preußischen Kaserne. Wolfenbüttel 28. Nov. 71 (St. I, 146).

5. Das Behaupten kann auch in der Form der Aeußerung einer Vermuthung oder eines Verdachts geschehen. Dresden 28. Febr. u. 3. Nov. 73 (S.G.Z. XVI, 84; XVIII, 107, St. III, 8). A. M. München 19. Juli 73 (bayr. Entsch. III, 322, St. II, 374). Auch die Mittheilung von thatsächlichen Vorgängen als Schlußfolgerung aus Thatsachen fällt unter die Behauptungen. Berlin 24. Mai 73, 16. Okt. 74 (O.R. XIV, 395; XV, 685, Goltd. XXI, 520).

Unter den Begriff der Verbreitung fällt auch die Mittheilung von anderweit in Erfahrung Gebrachtem, mit oder ohne Nennung eines Autors, und gleichviel, ob der Empfänger der Mittheilung schon davon wußte, Berlin 4. April u. 17. Dez. 74 (O.R. XIV, 254; XV, 882, Goltd. XXI, 349, St. II, 317); Stuttgart 12. Juli 73 (württ. Ger.Bl. VII, 268), auch Wiederholungen der Aeußerungen Dritter als solcher, Berlin 24. Mai 73 (O.R. XIV, 397, Goltd. XXI, 433). Auf das Verbreiten erstreckt sich das Erforderniß der Oeffentlichkeit nicht. Dresden 18. Okt. 75 (S.G.Z. XX, 176, St. VI, 214).

6. Unter „Staatseinrichtungen" sind die Verfassung, sowie Alles zu verstehen, was einen wesentlichen und dauernden Theil der Staats-(Reichs-)verwaltung bildet. München 15. Juni 78 (St. VIII, 113). Dagegen ist es unzutreffend, auch die allgemeinen Rechtsinstitute der Ehe, Familie, des Eides, des Eigenthums u. s. w. darunter zu begreifen. Vgl. Bayern (St.G.B. von 1861 Art. 118.) Denn einmal widerspricht es dem Strafgebrauch, diese Fundamente jeder Rechtsordnung in den civilisirten Staaten als „Staatseinrichtungen" zu bezeichnen, und andererseits ist nicht einzusehen, wie auf diese Institute als solche verleumderische Angriffe gemacht werden können. Kritische Beurtheilungen derselben — und wären sie noch so scharf — sind nach der gegenwärtigen Fassung straflos. Die regierungsseits vorgeschlagene Erweiterung des Thatbestands des §. 130, welcher Angriffe auf die Institute der Ehe, des Eigenthums und der Familie strafbar machen sollte, wurde vom Reichstag abgelehnt. (Vgl. oben S. 327 N. 4.) Bezüglich der Ehe ist dies übrigens sehr kontrovers. München 25. Febr. u. 29. Sept. 76 (St. VI, 216; VII, 49) nimmt an, daß die Ehe an sich eine staatliche und kirchliche Einrichtung sei; das letztere Urtheil insbesondere in Bezug auf die Civilehe.

Dauernde gesetzgeberische Einrichtungen, welche die Erreichung des Staatszwecks zum Gegenstande haben, sind Staatseinrichtungen. Berlin 20. Okt. 74 (O.R. XV, 693). So z. B. der Erlaß einer strafgesetzlichen Bestimmung: Berlin 20. Okt. 74 (vorstehend), die allgemeine Wehrpflicht: Berlin 17. April 73 (Goltd. XXI, 347, O.R. XIV, 286); Wolfenbüttel 28. Nov. 71 (St. I, 146), die dreijährige Dienstzeit: Berlin 8. Febr. 79 (Goltd. XXIV, 131), die verfassungsmäßige Ordnung der Religionsgesellschaften: München 15. Juni 78 (St. VIII, 113), die bestehenden Schuleinrichtungen: München 26. Mai 77 (bayr. Entsch. VII, 208, St. VII, 266); Berlin 25. Juni 78 (Goltd. XXVI, 434). — Der Reichstag ist eine Staatseinrichtung, Berlin 30. Jan. 73 (Goltd. XXI, 285, O.R. XIV, 102, St. II, 228). Die Schmähung einzelner Beschlüsse des Reichstags kann aber nicht nach §. 131 gestraft werden. Berlin 30. Jan. 73 (vorstehend). A. M. Dresden 7. Aug. 71 (S.G.Z. XVI, 86, St. I, 73).

Der Schutz, welchen §. 131 den Einrichtungen des Staats gewährt, ist auch auf den Staat selbst bez. das Reich anwendbar; Berlin 5. März 74 (Goltd. XXII, 116, O.R. XV, 127) und ist zwischen Staatseinrichtungen und Anordnungen der Obrigkeit des gesammten Deutschen Reiches oder des Bundesstaates, in dessen Bereich die Handlung verübt ist, und denen anderer Bundesstaaten nicht unterschieden. R.G. III, 2. März 91, E. XXI, 395.

7. Der Ausdruck „Anordnungen der Obrigkeit" ist mehrdeutig. Da es sich aber in §. 131 nicht um den Gehorsam gegen solche Anordnungen handelt, so können hier nicht, wie im §. 113 nur generell verpflichtende Anordnungen gemeint sein. Im Allgemeinen wird deshalb mit dem preuß. O.Tr. hier „jede Maßregel der Regierungsgewalt" (d. h. derjenigen Obrigkeit, welche die Befugniß hat, selbständige Anordnungen zu treffen) als Anordnung zu betrachten sein. Berlin 22. Juni 75, (O.R. XVI, 474). Auch R.G. II, 21. Juni 81, R. III, 426 bezog §. 131 nicht bloß auf generell verpflichtende Anordnungen dauernder Natur, sondern auch auf konkrete, einen einzelnen Fall oder eine bestimmte Person betreffende Verwaltungsakte. Ebenso R.G. IV, 9. Febr. 86, R. VIII, 109. Eine Anordnung des Evangelischen Oberkirchenraths in Preußen ist eine Anordnung der Obrigkeit. Berlin 28. Jan. 76 (Goltd. XXIV, 127, O.R. XVII, 76). Ebenso eine Kriegserklärung. Berlin 16. Mai 74 u. 3. Nov. 74 O.R. XV, 313, 735). Als solche ist dagegen eine Gesetzesvorlage nicht anzusehen, auch wenn sie bereits die Zustimmung der Kammern erhalten hat. Berlin 16. Jan. 73 u. 17. März 73 (Goltd. XXI, 284, O.R. XIV, 55; XVI, 231).

Die Anordnungen der Obrigkeit können auch durch Verächtlichmachung von Unterlassungen in einer dem §. 131 entsprechenden Weise getroffen werden. Berlin 11. Juni 74 (Goltd. XXII, 498, O.R. XV, 385, St. IV, 117).

Die Obrigkeit, deren Anordnungen der Gegenstand des verleumderischen Angriffs bildet, muß erkennbar bezeichnet sein. München 4. Mai 74 (bayr. Entsch. IV, 198, St. IV, 22). Ein Angriff auf die die Anordnung zum Vollzug bringenden Beamten fällt nicht unter §. 131. Dresden 5. Febr. 72 (St. I, 345). Es kann jedoch ein Angriff auf einen Kollektiv-Begriff von Beamten als ein Angriff auf die Institution, nicht als ein solcher auf die einzelnen Beamten beurtheilt werden. Berlin 6. Juni 74 (Goltd. XXII, 584). Ob die Angriffe gegen die Anordnung oder die Art ihres Zustandekommens oder ihres Vollzugs gerichtet sind, macht keinen Unterschied. Berlin 21. Juni 76 (O.R. XVII, 448); ebenso wenig, ob die Anordnung bereits durchgeführt ist oder nicht. Mannheim 4. Juli 74 (bad. Ann. Bd. 41 S. 296, St. VI, 212).

Auf Anordnungen der Obrigkeit eines andern Bundesstaats soll, wie München 4. Mai 74 (bayr. Entsch. IV, 196, St. IV, 21) annimmt, der §. nur anzuwenden sein, wenn die Anordnung auf Reichsgesetz beruht, oder von der Reichsgewalt ausgegangen ist. S. dagegen (mit Recht) Wolfenbüttel 28. Nov. 71 (St. I, 146). Die Ausführungen des Münchener Erkenntnisses sind ganz unhaltbar und dem System des St.G.B., insbesondere dem Prinzip des §. 3 widersprechend. R.G. III, 2. März 91, E. XXI, 395. — Richterliche Entscheidungen als solche anzusehen (O.R. V, 163), widerspricht dem Sprachgebrauch. (Vgl. auch v. Schwarze S. 373 und Bayern St.G.B. v. 1861 Art. 150).

Auf Anordnungen einer früheren Regierung, welche zu denen der gegenwärtigen in gar keiner Beziehung stehen, auch nicht fälschlich in eine solche Beziehung gebracht sind, bezieht sich §. 131 nicht. (Es handelte sich um die Aufhebung eines Klosters unter König Friedrich II). R.G. II, 29. Nov. 87, E. XVI, 368, R. IX, 674. Gl. M. v. Liszt S. 586. Dies darf aber nicht dahin ausgedehnt werden, anzunehmen, jede Anordnung oder Maßregel der Regierung, welche bereits ihre volle Erledigung gefunden hat, welche ihre Wirksamkeit oder Verbindlichkeit schon verloren hat, von der Anwendbarkeit des §. 131 auszuschließen. Es soll der Staat in seinen organischen Einrichtungen, die Regierung abstrakt aufgefaßt geschützt werden. Es sind also nur historisch gewordene Vorgänge auszuschließen, alle Angriffe der in §. 131 bezeichneten Art, welche die bestehende Staatsregierung in ihrer Wirkung treffen, als unter §. 131 fallend anzunehmen. Es kann also auch nicht ein inzwischen eingetretener Regierungs- oder Ministeriumswechsel hierbei einen Abschluß bilden, da auch für Regierungsakte eine von dem einen Träger der Staatsregierung auf dem anderen übergehende Verantwortlichkeit besteht und verächtlich gemachte, noch der Neuzeit angehörende Akte sich wiederholen können, oder das monarchische Prinzip u. s. w. zu treffen geeignet sind. Vgl. die cit. Urth. R.G. 21. Juni 81 u. 29. Nov. 87. A. M. Olshausen N. 9 b.

Auf Staatseinrichtungen und Anordnungen außerdeutscher Staaten ist der Schutz des §. 131 nicht auszudehnen. Gl. M. Hälschner II, 835, v. Liszt S. 586, Olshausen N. 10, v. Schwarze S. 50.

8. Die vom Gesetz hervorgehobene Absicht des Thäters „um — verächtlich zu machen“, wird dadurch nicht ausgeschlossen, daß sie gelegentlich einer einen weiteren Zweck verfolgenden Besprechung hervorgetreten ist. Berlin 9. Okt. 77 (O.R. XVIII, 623). Dagegen genügt nicht die Feststellung des Bewußtseins, daß die Thatsachen erdichtet oder entstellt sind, oder daß sie geeignet sind, Staatseinrichtungen oder Anordnungen verächtlich zu machen, sondern ist die Feststellung der direkten Absicht erforderlich. R.G. II, 21. März 81, R. III, 147. Dresden 3. Sept. 75 (St. VI, 214, S.G.Z. XX, 124); München 26. Mai 77 (bayr. Entsch. VII, 209, St. VII, 266). S. auch R.G. II, 8. März 82 oben N. 4. Dagegen verlangen auch die objektive Eigenschaft der Behauptung als geeignet, verächtlich zu machen R.G. II, 23. Jan. 80, E. I, 161 u. 21. März 81, R. III, 147. Es dürfte dies jedoch mit dem Wortlaut des §. 131 nicht in Einklang zn bringen sein und muß auch durch die oben citirten Urtheile als vom II. Senat des R.G. aufgegeben betrachtet werden. In der Sache gl. M. John in H.H. III, 175 fg., v. Liszt S. 586, Rubo N. 6, Olshausen N. 7.

9. Der oben (N. 1) S. 333 erwähnte Exkurs zu den amtlichen Motiven*) bemerkt zu §. 131:

„Das Preußische Allgemeine Landrecht enthielt im §. 151 Theil II. Tit. 20 die Bestimmung:

„Wer durch frechen, unehrerbietigen Tadel, oder Verspottung der Landesgesetze und Anordnungen im Staate, Mißvergnügen und Unzufriedenheit der Bürger gegen die Regierung veranlaßt, der hat Gefängniß- oder Festungsstrafe auf 6 Monate bis 2 Jahre verwirkt.“

Diese Bestimmung wurde durch das Censuredikt vom 18. Okt. 1819 §. XVI Nr. 2 (Ges.-Samml. S. 232) dahin deklarirt und erweitert:

*) Dem Exkurs ist am Schluß (Anlage zu Nr. 5 der Drucks. des Reichst. 1870 S. 229 ff.) eine Uebersicht der einschlägigen gesetzlichen Bestimmungen des In- und Auslandes beigegeben.

„daß es bei frechem und unehrerbietigem Tadel und Verspottung der Landesgesetze und Anordnungen im Staate nicht darauf ankommen solle, ob Mißvergnügen und Unzufriedenheit veranlaßt worden sei, sondern eine Gefängniß- oder Festungsstrafe von sechs Monaten bis zu zwei Jahren wegen solcher strafbarer Aeußerungen — ohne Rücksicht auf den Erfolg — verwirkt würde."

Bei der Revision des Strafrechtes hielt man eine engere Begrenzung des Thatbestandes dieses Vergehens für nothwendig, und der §. 125 des Entwurfes von 1847 faßte dasselbe dahin:

„Wer öffentlich in Worten, Schriften, Abbildungen oder anderen Darstellungen die Landesverfassung, die Gesetze, die Staatseinrichtungen oder die Maßregeln der Verwaltung durch Erdichtung von Thatsachen oder durch Entstellung der Wahrheit, durch Schmähung oder durch Verspottung herabzuwürdigen sucht, ist, ohne Rücksicht auf den Erfolg, mit Gefängnißstrafe nicht unter 2 Monaten zu belegen."

Aus dieser Fassung schied der Vereinigte Ständische Ausschuß noch die Worte: „oder durch Verspottung", sowie die Festsetzung eines Strafminimums aus (Bleich, Verhandlungen Bd. III S. 229 ff.).

Nachdem zwei von der Regierung dem Landtage im Oktober 1848 und März 1849 vorgelegte Gesetzentwürfe, welche, nach Analogie der Privatverleumdungen, die, „durch Erdichtungen oder Entstellungen von Thatsachen" erfolgten Angriffe gegen die Regierung oder die Einrichtungen des Staates mit Strafe bedrohten (Sten. Verhandl. 1848 Bd. II S. 609 ff., Drucks. 1848 Nr. 376, Sten. Verhandl. II. Kammer 1849 S. 113 und Drucks. Nr. 28), nicht zur vollständigen Berathung und Annahme gelangt waren, erging die oktroyirte Verordnung vom 30. Juni 1849, welche im §. 18

Verleumdungen der angeführten Art einer Geldbuße von 20 bis 200 Thalern „oder einer Gefängnißstrafe von 4 Wochen bis zu 2 Jahren unterwarf".

Die zur Prüfung dieser Verordnung ernannte Kommission der II. Kammer billigte nicht nur die Vorschrift des §. 18, sondern dehnte dieselbe noch durch Aufnahme der Worte:

„oder durch öffentliche Schmähungen und Verhöhnungen"

auf Beleidigungen im engeren Sinne aus, um hierdurch „gegen die täglich klar hervortretende Tendenz eines Theiles der öffentlichen Blätter durch wiederkehrende Schmähungen und Verhöhnungen alle gesetzliche Autorität zu vernichten und dadurch jede Grundlage für das Staatsleben und dessen gedeihliche Entwickelung zu entfernen", Schutz zu gewähren, da der häufig gemachte Einwand, jener verderbliche Mißbrauch in der freien Meinungsäußerung werde in der Presse selbst seine genügende Bekämpfung und im Publikum seinen geeignetsten, vor allen üblen Folgen sichernden Richter finden, namentlich bei den vorhandenen Zeitumständen für begründet nicht erachtet werden könne (Drucks. II. Kammer 1849—50 Nr. 524).

Wesentlich in der von dieser Kommission beschlossenen Fassung ging die Bestimmung in den der I. Kammer vorgelegten Entwurf eines Gesetzes über die Presse vom 4. Dez. 1850 §. 66 über (Drucks. der I. Kammer 1850 bis 51 Nr. 28) und wurde von der Kommission dieser Kammer (Drucks. Nr. 88) mit dem Bemerken gut geheißen:

„je mehr die Staatsgewalt als solche und ihre einzelnen Organe es sich gefallen lassen müssen, sich wegen der von ihnen ausgehenden Akte einer Prüfung und Kritik in der Presse unterworfen zu sehen, desto strenger wird die Gesetzgebung dahin wirken müssen, daß die Presse bei diesen ihren Besprechungen nicht erst Thatsachen erfinde, und diese dem Staate oder der Obrigkeit andichte, um auf Grund solcher falschen oder entstellten Thatsachen die Einrichtungen des Staates oder die Anordnungen der Obrigkeit dem Hasse oder der Verachtung preis geben zu können."

Auch diese Bestimmung wurde demnächst wegen der inzwischen erfolgten Annahme des Allgemeinen Strafgesetzbuches aus dem Gesetze über die Presse wiederum ausgeschieden.

Der Strafgesetzentwurf selbst hatte im §. 90 gleichfalls die von der Kommission der II. Kammer (1849/50) vorgeschlagene Fassung adoptirt. Diesem schloß sich auch die Kommission der II. Kammer zur Berathung des Strafgesetzbuches an, indem sie nur für das Strafmaß jedes Minimum beseitigte. Im Uebrigen aber wurde der auf Streichung der Worte „öffentliche Schmähungen oder Verhöhnungen" gestellte und dahin motivirte Antrag:

„es scheine nicht nothwendig, Einrichtungen oder Anordnungen, bei denen von persönlicher Ehre nicht die Rede sein könne, gegen bloße Urtheile, mögen sie eine Form annehmen, welche sie wollen, durch Strafe zu schützen; auch könne dieser Schutz bei der Unbestimmtheit der Ausdrücke eine für die Freiheit der Kritik gefährliche Beschränkung herbeiführen;"

ebenso, wie der fernere Antrag:

das Requisit der Wissenschaft des Thäters von der Unwahrheit der Thatsachen für den Thatbestand aufzustellen, abgelehnt, weil die vom Gesetze gebrauchten Ausdrücke keineswegs als vag zu betrachten seien, und dem zweiten Antrage die Analogie der Privatbeleidigungen und Verleumdungen entgegenstehe. (Vgl. den Bericht der II. Kammer zu §. 90 des Entwurfes [§. 101].)

So entstand der — in der I. Kammer demnächst nicht weiter bemängelte — jetzige §. 101 des Strafgesetzbuches.

Aehnliche Strafbestimmungen wie die des §. 101 des Preußischen Strafgesetzbuches fanden und finden sich in den Strafgesetzen anderer Deutscher Staaten, nur in mehr oder weniger beschränkter Fassung.

Eine Direktive für die Aufstellung solcher Bestimmungen gab der Beschluß des wiederhergestellten Deutschen Bundes vom 6. Juni 1854, welcher im §. 17 festsetzte:

„Die Strafgesetzgebung jedes Bundesstaates hat gegen nachfolgende Angriffe durch die Presse ausreichenden Schutz zu gewähren und solche mit angemessenen Strafen zu bedrohen:

..... Angriffe auf die Grundlagen des Staates und der Staatseinrichtungen, auf die letzteren selbst, auf die Anordnungen der Obrigkeit, auf die zur Handhabung derselben berufenen Personen, die Beleidigungen der letzteren, der Regierungen und des Oberhauptes eines fremden Staates.

Als strafbarer Angriff ist jeder anzusehen, welcher durch Kundgabe erdichteter oder entstellter Thatsachen oder durch die Form der Darstellung den Gegenstand des Angriffes dem Hasse oder der Verachtung auszusetzen geeignet ist."

Dieser Beschluß wurde, zum Theil mit besonderen Ausführungsverordnungen begleitet, in mehreren Bundesstaaten publizirt.

Gegenwärtig bestehen Bestimmungen, welche in größerer oder geringerer Beschränkung rücksichtlich des Thatbestandes und des Strafmaßes das im §. 101 des Preußischen Strafgesetzbuches vorgesehene Vergehen zum Vorwurf haben, beispielsweise: in Sachsen, Mecklenburg, Hessen, Braunschweig, Oldenburg, Lübeck, Hamburg, Oesterreich, Bayern, Württemberg, Baden (vgl. die Anlage*)), sowie in den neueren Strafgesetzentwürfen für Bremen und Oesterreich.

Die Preußische Gesetzgebung hat sich zwar, wie sich aus dem Nachfolgenden ergeben wird, auch bei Aufnahme des §. 101 an das Französische Recht angelehnt. Dieses ist jedoch selbst hierbei kein originales, vielmehr nur eine Nachahmung Englischen Rechtes, weshalb die Grundsätze dieses letzteren hier dem des Französischen vorangeschickt werden sollen.

In England wurde, seitdem im Jahre 1694 die Censur daselbst aufgehoben worden war, der Mißbrauch der Preßfreiheit in ausgedehnter Weise nach den Grundsätzen des common law und daneben durch einzelne Statuten der strafrechtlichen Ahndung unterworfen.

Darnach ist in England die absichtliche und unberufene Veröffentlichung von dem, was unmittelbar der Gesellschaft einen Schaden und Nachtheil zu bringen bezweckt, ein öffentliches Vergehen.

Jede Mittheilung, — so wird angeführt, — sie mag mündlich oder schriftlich sein, welche die Moralität zu untergraben, den König, die Regierung oder die Gesetzgebung, sowie auch das Christenthum als einen Theil derselben, oder die Rechtspflege lächerlich, verhaßt oder verächtlich zu machen sucht, oder welche zu einer gesetzwidrigen Handlung gegen die gesunde Politik oder das Schicklichkeitsgefühl aufzumuntern trachtet, zieht eine Verantwortung vor dem Kriminalgericht nach sich, insofern eine förmliche Anklageschrift eingereicht oder Staatsanklage erhoben wird. (Vgl. Lorbeer, die Grenzlinien der Rede- und Preßfreiheit nach Englischem Recht. Erlangen 1851 S. 149 und über den Begriff des strafbaren Libells: Blackstone, Commentaries on the laws of England Ed. 23. by Stewart 1854 IV p. 179.)

Das Statut Königs Georg III. vom 18. Dezember 1795 (36 Georg III. c. 7 No. 2. An act for the Safety and Preservation of his Majesty's Person and Government against treasonable and seditious Practices and attempts. cfr. Statutes at Large of England etc. London 1811 vol. X p. 2) bestimmte:

„Wenn Jemand in Druck, Schrift, Predigt oder sonstiger mündlicher Aeußerung Worte oder Sätze gebrauchen würde, um das Volk zum Hasse und zur Verachtung gegen den König, dessen Erben oder Nachfolger, oder die Regierung und die Konstitution des Reiches aufzureizen, so soll er die Strafe für schwere Vergehen, nämlich Geldbuße, Gefängniß, Pranger und im Wiederholungsfalle die nämliche Strafe, oder Transportation auf 7 Jahre nach Anordnung des Gerichtshofes erleiden."

Dasselbe Statut (Nr. 4) beschränkte aber das Recht zur Erhebung der Anklage auf die Zeit von 6 Monaten von Begehung der strafbaren Handlung gerechnet.

---

*) Vgl. S. 229 ff. der Motive (Anlage zu Nr. 5 der Drucks. des Reichst. von 1870).

Ein anderes Statut desselben Königs vom 28. Juni 1798 — 38 **Georg III. c.** 78 Nr. 24 (**An act for preventing the Mischiefs arising from the printing and publishing Newspapers and papers of a like Nature, by Persons not known, etc. cfr. Statutes at Large of England etc.** London 1811 p. 347) setzte Gefängnißstrafe von 6 bis 12 Monaten oder solche Strafen, welche für schwere Vergehen (**high misdemeanours**) aufzuerlegen sind, gegen Denjenigen fest, welcher etwas zur Erregung von Haß und Verachtung gegen den König, die Verfassung und Regierung Gereichendes in einer Englischen Zeitung druckt oder veröffentlicht, als ob dasselbe vorher in einem auswärtigen öffentlichen Blatte gedruckt oder veröffentlicht wäre, ohne daß dieses sich so verhält.

Um indessen der Möglichkeit eines Mißbrauches von Seiten der Gerichtshöfe in Fällen eines strafbaren Libells zu begegnen, wurde die von einzelnen Seiten angefochtene Befugniß der Jury, in solchen Prozessen einen allgemeinen Ausspruch über „Schuldig" oder „Nichtschuldig" des Angeklagten abzugeben, ausdrücklich sanktionirt, indem bereits das Statut 32 **Georg III. c.** 60 (die sog. **Fox's Libell-Bill**) verordnete:

> „daß in jedem solchen Libellprozesse die zur Untersuchung beeidigte Jury einen allgemeinen Ausspruch über „Schuldig" oder „Nichtschuldig" wegen der ganzen zum Spruche stehenden Sache abgeben solle und nicht von dem Richter oder dem Gerichtshofe aufgefordert oder angewiesen werden könne, bloß in Beziehung auf den Beweis der Veröffentlichung des als Libell bezeichneten Blattes und auf den Beweis des ihm laut der Klage beigelegten Sinnes den Angeklagten schuldig zu erklären."

Die Fälle, in denen Personen wegen Aufreizung zu Haß und Verachtung gegen die Regierung u. s. w. angeklagt und zu oft erheblichen Strafen verurtheilt wurden, sind in der Kriminalgeschichte Englands nicht selten. Beispielsweise war die Anklage-Akte gegen O'Connel und Genossen, allerdings unter dem Gesichtspunkte des besonders strafbaren Komplottes, auf verschiedene der hier in Rede stehenden Vergehen mit gerichtet, indem dieselbe unter Anderem lautete:

> auf gesetzwidriges und aufrührerisches Komplottiren, um Mißvergnügen und Abgeneigtheit unter den Unterthanen der Königin zu erwecken und zu erzeugen und besagte Unterthanen zu Haß und Verachtung der Regierung und Verfassung anzureizen,
>
> um Eifersucht, Haß und Uebelwollen zwischen den verschiedenen Klassen Ihrer Majestät Unterthanen anzufachen,
>
> um die durch das Gesetz zur Verwaltung der Justiz in Irland eingesetzten Gerichtshöfe in Haß und Mißachtung zu bringen u. s. w.,

eine Anklage, welche gegen den Hauptangeklagten bekanntlich zunächst mit einer Verurtheilung zu 2000 Pfd. und zwölfmonatlichem Gefängniß endigte, vom Oberhause indessen durch Freisprechung erledigt wurde (vgl. Lorbeer a. a. O. S. 217 ff.).

Diesen Englischen Vorgängen folgend, stellte in Frankreich zuerst das obenerwähnte Gesetz vom 25. März 1822 Art. 4 in Nachbildung des Statutes Georgs III. von 1795 die Bestimmung auf:

> **Quiconque ..... aura excité à la haine ou au mépris du Gouvernement du Roi, sera puni d'un emprisonnement d'un mois à quatre ans et d'une amende de 150 francs à 5000 francs.**
>
> **La présente disposition ne peut pas porter atteinte au droit de discussion et de censure des actes des Ministres,**

eine Bestimmung, welche später das gleichfalls erwähnte Dekret der Provisorischen Regierung der Republik vom 11./12. August 1848 Art. 4 hinsichtlich der Angriffe gegen das **„Gouvernement de la République"** wiederholte.

§. 132*). **Wer unbefugt sich mit Ausübung eines öffentlichen Amtes befaßt oder eine Handlung vornimmt, welche nur kraft eines öffentlichen Amtes vorgenommen werden darf, wird mit Gefängniß bis zu Einem Jahre oder mit Geldstrafe bis zu dreihundert Mark bestraft.**

Pr. §. 104; E. I. §. 116; E. II. §. 130; St.B. S. 465.

Vgl. §. 31 A. 2.

1. Der §. 132 umfaßt die beiden Fälle: erstens, daß Jemand (unter richtigem oder fingirtem Namen) sich einen Amtscharakter beilegt und eine in dieses Amt einschlagende Handlung ausübt, — zweitens, daß Jemand als Privatperson eine Handlung vornimmt, die nur

*) S. Zimmermann im G.S. Bd. 30 S. 271 fg.

kraft eines öffentlichen Amtes vorgenommen werden darf; z. B. Jemand stellt Warnungstafeln auf, welche ein polizeiliches Verbot und eine Strafandrohung mit der Unterschrift einer Polizeibehörde enthalten. (Vgl. O.R. II, 291.) Wenn ein Nichtbeamter (oder der nicht kompetente Beamte) eine Anordnung erläßt und ihr dabei den Schein gibt, als sei dieselbe die Anordnung der amtlichen Behörde, oder wenn er zu ihrer Durchführung Zwang anwendet, so ist er nach §. 132 zu strafen. Mannheim 30. Nov. 72 (St. III, 91). R.G. IV, 4. Jan. 87, R. IX, 6.

Die Vornahme einer unbefugten Amtshandlung wurde auch angenommen in einem Falle, in welchem die unter dem Scheine einer Amtshandlung vorgenommene Handlung nicht alle Voraussetzungen ihrer gültigen Vornahme erfüllte. München 18. Juli 74 (bayr. Entsch. IV, 312, St. IV, 119, Goltd. XXII, 658). Das Reichsgericht wendet §. 132 in allen Fällen an, in welchen eine Person sich einen amtlichen Titel beilegt, gleichviel ob derselbe wirklich existirt oder nicht, und unter diesem Scheine eine Handlung als Amtshandlung vornimmt, wenn diese Handlung auch von einer Privatperson als solcher hätte vorgenommen werden können, und wenn auch in der Vornahme eine Kompetenzüberschreitung bezüglich des behaupteten Amtes gelegen gewesen wäre. R.G. III, 7. Juli 80; 12. Jan. 81 (R. II, 167, 716, E. II, 292).

2. Der Ausdruck „unbefugt" weist für den Begriff des öffentlichen Amtes auf die Landesgesetze hin. Sonach kommt der §. 31 A. 2, welcher nur terminologische Bedeutung („im Sinne dieses Strafgesetzes") hat, hier nicht zur Anwendung. Danach sind die Landesgesetze dafür maßgebend, ob z. B. die Advokatur als öffentliches Amt anzusehen ist, wie solches in Preußen nach der Allg. Gerichtsordn. allerdings der Fall war. Berlin 3. Juli 73, 17. Nov. 74 (O.R. XIV, 484, XV, 780, Goltd. XXI, 521; XXII, 585).

Dasselbe ist für das Königreich Sachsen angenommen. Dresden 23. Aug. 72, 19. Dez. 73, 24. April 74, 28. Juli 76 (S.G.Z. XVI, 348; XVIII, 112; XXI, 208, St. II, 86; IV, 293). Nach der Rechtsanwaltsordnung vom 1. Juli 1878 ist die Rechtsanwaltschaft allerdings kein öffentliches Amt mehr, und wurde der Schutz der Rechtsordnung darin gefunden, daß Handlungen, für welche Anwaltszwang besteht, Wirksamkeit nur dann haben, wenn sie von einem Anwalte oder doch mit dessen Beihülfe (vgl. §§. 385, 406, 418, 430 St.P.O.) vorgenommen werden. Das R.G. III, 21. Febr. 80 (R. I, 406) sprach aber aus, daß die Rechtsanwaltsordnung nur für die durch die Reichsjustizgesetze von 1877 begrenzten Rechtsgebiete Geltung habe; in allen anderen Angelegenheiten also z. B. in Verwaltungssachen, die Vertretung Anderer nach den Landesgesetzen zu beurtheilen und, insofern diese das Recht der Vertretung ausschließlich den Anwälten zuweise, die unbefugte Vornahme von solchen Handlungen noch als Amtsanmaßung strafbar sei. In diesem beschränkten Umfang und bis zur Verjährung früher begangener Handlungen verdienen also auch noch folgende Präjudizien Beachtung.

Die Ausübung der Advokatur fällt auch dann unter §. 132, wenn der Thäter auf Grund einer simulirten Cession im eigenen Namen klagt. Berlin 15. April 71, O.R. XII, 209; R.G. II, 18. Nov. 79 (R. I, 100, Ann. I, 124), 11. Mai 80 (Ann. II, 10). Auch ein Prokura-Indossament berechtigt nicht zur Einklagung eines Wechsels im eigenen Namen. Berlin 26. April 78 (Goltd. XXVI, 511). Nicht zu verwechseln mit der Subsumtion der Winkeladvokatur unter §. 132 ist die zu bejahende Frage, ob die landespolizeilichen Vorschriften über gewerbsmäßiges Anfertigen von Schriften für Andere noch zu Recht bestehen. R.G. III, 5. März 81 (R. III, 121).

A. M. war und erklärte die Rechtsanwaltschaft für ein öffentliches Amt. R.G. IV, 5. Febr. 89, Goltd. XXXVII, 58.

3. Auf die unbefugte Vornahme geistlicher oder kirchlicher Amtshandlungen findet der Paragraph keine Anwendung. S. Berlin 28. Mai 74, 4. Febr. u. 1. Nov. 76 (Goltd. XXII, 735; XXIV, 222, 556, O.R. XV, 335; XVII, 89, St. IV, 118; VI, 217). R.G. I, 13. März 84, E. X, 199. Wegen der jetzigen Stellung der Geistlichen bezüglich der Führung der Civilstandsregister u. s. w. vgl. §§. 3, 73 und 75 des Reichsgesetzes über die Beurkundung des Personenstandes u. s. w. v. 6. Febr. 1875 (R.G.Bl. S. 23 ff.).

Die Ertheilung des Religionsunterrichts in der öffentlichen Volksschule ist Ausübung eines öffentlichen Amts, auch wenn der Geistliche den Unterricht in der Kirche ertheilt. Berlin 12. Okt. 74; 6. Jan. u. 12. Okt. 76 (Goltd. XXII, 550; XXIV, 28, O.R. XV, 655; XVII, 10, 650); Mannheim 1. Juli 73 (St. III, 76).

4. Die Handlung muß mit dem Bewußtsein des Thäters vorgenommen sein, daß er sich mit der betreffenden Handlung ein öffentliches Amt anmaßte. Mannheim 22. Mai 74

(St. IV, 23); Berlin 5. Mai 76 (Goltd. XXIV, 350). Unter dieser Voraussetzung kann auch ein Beamter, der wissentlich Amtshandlungen vornimmt, welche nicht in seine, sondern in eine andere Zuständigkeit fallen, sich aus §. 132 strafbar machen. R.G. IV, 19. Febr. 89, E. XVIII, 430.

5. In der Beglaubigung von Privaturkunden wurde die Ausübung eines öffentlichen Amtes erblickt, Berlin 22. Dez. 73 (O.R. XIV, 813, Goltd. XXII, 51, St. III, 299); ebenso in der Ausstellung eines Attestes amtlich befugter Fleischbeschauer, Berlin 6. Febr. 77 (O.R. XVIII, 95, Goltd. XXV, 53). R.G. II, 20. Sept. 81, E. IV, 421, R. III, 506. Dagegen nicht in der Bestellung eines Privaten vor Gericht durch eine Person, die sich als Amtsdiener ausgab, Dresden 3. Aug. 74, S.G.Z. XIX, 27, St. V, 157. Auch nicht in der Einhändigung eines amtlich zuzustellenden Schriftstücks, wenn der Uebergeber sich nicht als Zustellungsbeamter gerirt. R.G. III, 29. Nov. 83, R. V, 738, auch nicht in der Erhebung von Chausseegeld, Berlin 5. Mai 76 (Goltd. XXIV, 350). Das Amt eines Kirchenvorstandes ist ein öffentliches Amt. Berlin 9. Nov. 76 (Goltd. XXIV, 554). Anmaßung eines öffentlichen Amtes wurde gefunden in der Ausstellung einer Sterbeurkunde unter Unterschrift und Siegel des Standesbeamten an Stelle des abwesenden Standesbeamten, jedoch ohne staatliche Ermächtigung R.G. II, 4. Dez. 83, R. V, 755; auch in der Ausstellung eines Zeugnisses aus einem Kirchenbuch durch einen hierzu nicht berechtigten Geistlichen. R.G. III, 22. Jan. 83, R. V, 56. Die Vornahme von Auktionen von Immobilien ist keine Amtshandlung, R.G. I, 28. März 88, E. XVII, 291, R. X, 274, sondern eine gewerbliche Verrichtung.

§. 133. **Wer eine Urkunde, ein Register, Akten oder einen sonstigen Gegenstand, welche sich zur amtlichen Aufbewahrung an einem dazu bestimmten Orte befinden, oder welche einem Beamten oder einem Dritten amtlich übergeben worden sind, vorsätzlich vernichtet, bei Seite schafft oder beschädigt, wird mit Gefängniß bestraft.**

Ist die Handlung in gewinnsüchtiger Absicht begangen, so tritt Gefängnißstrafe nicht unter drei Monaten ein; auch kann auf Verlust der bürgerlichen Ehrenrechte erkannt werden.

Pr. §. 106; E. I. §. 118; E. II. §. 131; St.B. S. 465.

Vgl. §§. 274, 303, 304, 348, 349.

1. Der Paragraph bezweckt die Sicherung der im amtlichen Verwahr befindlichen Urkunden und sonstigen Sachen. Ob die betr. Gegenstände der Behörde oder einem Dritten gehören, ist unerheblich — „einem Dritten amtlich übergeben", z. B. Prozeßakten, welche einem Sachverständigen Behufs seiner Information verabfolgt sind.

Ob das amtliche Inventar dazu gehört, kann mit Recht bestritten werden, weil es zum Gebrauch, nicht zur Aufbewahrung übergeben ist. Dagegen liegt ein Grund zur Unterscheidung nach dem Zweck der Aufbewahrung nicht vor, sondern ist es ausschließlich Sache der Behörden, zu entscheiden, ob Sachen amtlich aufzubewahren oder zu übergeben Veranlassung vorliegt, zumal das Gesetz nicht unterscheidet. R.G. I, 15. Mai 82, E. X, 187.

2. Der Begriff von „Urkunde" beschränkt sich hier nicht bloß auf für Rechte und Rechtsverhältnisse beweisbehelfliche wie nach §§. 267, 268, R.G. I, 8. Nov. 80, R. II, 474, E. II, 425, immerhin müssen Urkunden nach ihrem Begriff beweisbehelflich sein. Doch kann ihnen diese Eigenschaft erst nachträglich beigelegt werden. R.G. II u. III, 19. Dez. 78, E. XVII, 103, R. IX, 731. Ein mit dem Präsentationszeichen versehenes Exekutionsgesuch ist eine solche Urkunde, Berlin 25. März 74 (O.R. XV, 186, Goltd. XXII, 248, St. IV, 70); auch ein dem Exekutor zu seiner Legitimation übergebener Exekutionsbefehl, Berlin 10. Dez. 73 (O.R. XIV, 788, Goltd. XXI, 522). Aktenstücke, welche dem Bediensteten einer Behörde zur Beförderung auf die Post übergeben waren, sind Urkunden im Sinne des §. 133. R.G. III, 17. Nov. 80, R. II, 531. Ein Aktenbund als Ganzes ist an sich noch nicht Urkunde; darüber entscheidet die Beschaffenheit der einzelnen Aktenstücke. Dresden 13. März 76 (St. VI, 219). Der noch nicht unterzeichnete Entwurf einer Zustellungsurkunde ist keine Urkunde. Stuttgart 21. Jan. 74 (württ. Ger.Bl. VIII, 228, St. IV, 24). Ebenso wenig das noch nicht vollzogene Formular eines Postbehändigungsscheins. R.G. III, 21. April 80 (R. I, 640).

3. Die als Civilstandsregister dienenden Kirchenbücher und die Kirchensiegel sind in amtlicher Aufbewahrung des Geistlichen. Berlin 12. Nov. 74, 18. März 75 (O.R. XV, 768; XVI, 243, Goltd. XXII, 589; XXIII, 198, St. IV, 295). Auch Werthpapiere, die sich im Gewahrsam eines Geistlichen als Verwalters des Kirchenvermögens befinden, gehören hierher. Berlin 16. Nov. 79 (O.R. XVII, 743, Goltd. XXIV, 558).

4. Der zur amtlichen Aufbewahrung bestimmte Ort muß nicht durch Gesetz oder Dienstvorschriften als solcher angeordnet sein, er kann sich auch aus dem Zweck und dem Wesen der Urkunden ergeben. Berlin 12. Nov. 74 (O.R. XV, 768, Goltd. XXII, 589, St. IV, 295). In amtlicher Aufbewahrung sind nicht nur solche Urkunden, welche sich im Gewahrsam eines Beamten im Sinne des §. 359 befinden, sondern auch solche, welche sich im Besitze öffentlicher Körperschaften befinden, wie gesetzgebende — oder Stadtverordneten-Versammlungen. Berlin 5. Jan. 77 (O.R. XVIII, 13, Goltd. XXV, 54). Es ist gleichgültig, ob die amtliche Aufbewahrung gerechtfertigt war oder nicht. Berlin 19. Okt. 76 (O.R. XVII, 679, Goltd. XXIV, 559). Ist das Aktenstück in den amtlichen Einlauf gelangt, so kommt darauf nichts an, ob es sodann vorschriftsmäßig behandelt wurde, oder nicht. Berlin 15. Dez. 71 (O.R. XII, 656).

5. Amtlich übergeben ist nicht nur diejenige Urkunde u. s. w., welche zu längerer Aufbewahrung einem Beamten oder einem Dritten anvertraut ist, sondern auch die nur zu einem kurzen Gebrauche, wie zum Durchlesen in die Hände gegebene. Ferner bedarf es keiner Uebergabe durch einen Beamten, sondern nur der Uebergabe in Folge einer amtlichen Verfügung, wenn dieselbe auch vielleicht in nicht regelmäßiger Weise vollzogen wurde. R.G. I, 15. Mai 84, E. X, 387, II, 20. Nov. 88, R. X, 679.

6. Thäter kann ein Beamter sein, wenn nicht §. 348 auf ihn zutrifft; aber auch der Dritte, dem das Objekt der That amtlich übergeben war, oder auch ein bei der Aufbewahrung nicht betheiligter Dritter. Berlin 18. März 75 (Goltd. XXIII, 198, O.R. XVI, 243), 5. Jan. u. 9. Febr. 77 (O.R. XVIII, 13, 122, Goltd. XXV, 54, 214, St. VII, 50). Dresden 9. Aug. 75 (St. VI, 380). R.G. I, 8. Nov. 80, s. oben u. II, 9. Juni 85, E. XII, 247, R. VII, 361.

7. Unter Beiseiteschaffen ist jede Entziehung aus der freien Benutzung zu verstehen, auch wenn sie nur eine zeitweilige war. Berlin 12. Nov. 72 (O.R. XV, 771, Goltd. XXII, 589, St. IV, 295). R.G. I, 8. Nov. 80 s. oben. Es genügt auch ein Verstecken am Aufbewahrungsorte selbst, Berlin 21. Nov. 77 (O.R. XVIII, 725, St. VIII, 114), Dresden 13. März 76 (St. VI, 219) oder in einem zum Privatgebrauche eines Beamten eingeräumten Verwahrungsmittel, Dresden 13. März 76 (St. VI, 219). Das zeitweilige Ableugnen eines amtlichen Aktenstücks, welches einem Dritten durch einen Beamten ohne Vorbehalt übergeben wurde, kann nicht als ein Beiseiteschaffen betrachtet werden. Berlin 23. April 75 (O.R. XVI, 310). Ein Beiseiteschaffen liegt auch dann vor, wenn ein Interessent sich eine Urkunde durch Täuschung des rechtlichen Besitzers verschafft, sie diesem also entzieht und dadurch auch der Behörde. R.G. II, 13. Febr. 85, E. XII, 67, R. VII, 100. In einer fehlerhaft formellen Behandlung eines Aktenstücks, wie unterlassene Eintragung liegt kein Beiseiteschaffen. R.G. I, 28. Febr. 84, E. X, 189. Auch durch Unterlassen kann Beiseiteschaffen verübt werden, indem ein im Besitze befindlicher die rechtzeitige und ordnungsgemäße Rückgabe der Urkunden unterläßt. R.G. II, 9. Juni 85 s. oben.

8. Ein Beschädigen kann nicht in einer Rasur erblickt werden, die eine Fälschung darstellt. Stuttgart 10./22. Dez. 75 (württ. Ger.Bl. XI, 328, St. VI, 218). A. M. R.G. II, 28. Juni 89, E. XIX, 319, welches darlegt, daß Fälschung und Beschädigung sich keineswegs ausschließen, und deshalb die Durchstreichung von zwei Worten als Beschädigung auffaßt. „Ebenso in der Veränderung eines einzelnen Wortes." R.G. III, 15. Juni 89, Goltd. XXXVII, 283.

9. Zur That ist nur einfacher Vorsatz erforderlich. Die Absicht, die öffentliche Ordnung zu verletzen, ist nicht erforderlich, und das Motiv der Handlung ohne Belang. Berlin 15. Dez. 71, 12. Nov. 74, 18. März 75 (O.R. XII, 656; XV, 771, Goltd. XXII, 589; XXIII, 200, St. IV, 297). Stuttgart 10./22. Dez. 75 s. oben.

10. Das Vergehen des §. 133 kann leicht mit anderen idealiter konkurriren, z. B. mit Diebstahl, Unterschlagung.

Beamte, welche Urkunden vernichten u. s. w., sind nach den §§. 348 A. 2 bez. 349 zu bestrafen. Ideelle Konkurrenz von §§. 133, 348 Abs. 2 findet nicht statt, sondern schließt die Anwendbarkeit des §. 348 die des §. 133 aus. R.G. 8. Nov. 80 s. oben.

11. Daß der Ausdruck „gewinnsüchtige Absicht" lediglich einen Vermögensvortheil im Auge habe, folgt nicht nothwendig aus dem Zusammenhang, in welchen man den §. 133 mit den Vorschriften der §§. 263 (Betrug), Urkundenfälschung (§ 268) und dem §. 349

(vorher N. 10) bringen kann. Vielmehr wird jener Ausdruck hier, wie z. B. auch im §. 169 nicht in jener Beschränkung zu nehmen sein. Die Vernichtung von Beweisstücken in einer Untersuchung wird deshalb nach Abs. 2 gestraft werden müssen. (Vgl. Goltd. VII, 387.) Berlin 15. Dez. 76, 9. Febr. 77, 11. Jan. 78 (Goltd. XXIV, 560; XXV, 214; XXVI, 57, O.R. XVIII, 122, St. VII, 50). Doch wurde in der Absicht, das Urtheil in einer Disziplinaruntersuchung zu verzögern, gewinnsüchtige Absicht nicht erblickt. Berlin 11. Jan. 78 (Goltd. XXVI, 57). Es ist jedoch nicht zu verkennen, daß das St.G.B. unter gewinnsüchtiger Absicht in der Regel nur die Absicht versteht, einen Vermögensvortheil zu erlangen. Keinesfalls kann ein rein ideeller Vortheil als Gegenstand der gewinnsüchtigen Absicht gedacht werden. Gl. M. H. Meyer, S. 208, 839. Olshausen N. 8, Oppenhoff N. 11, Rubo N. 8. A. M. und setzen pekuniären Vortheil voraus Hälschner II, 841, auch John in H.H. III, 185, v. Schwarze §. 133 Abs. 2, v. Liszt S. 486.

§. 134. **Wer öffentlich angeschlagene Bekanntmachungen, Verordnungen, Befehle oder Anzeigen von Behörden oder Beamten böswillig abreißt, beschädigt oder verunstaltet, wird mit Geldstrafe bis zu dreihundert Mark oder mit Gefängniß bis zu sechs Monaten bestraft.**

Pr. §. 107; E. I. §. 119; E. II. §. 132; St.B. S. 465—467.

1. Oeffentlich vgl. S. 281 ff. — Die Bekanntmachung muß an einer allgemein zugänglichen Stelle zur allgemeinen Kenntniß gebracht sein. Dresden 21. Juni 71 u. 17. März 73 (S.G.Z. XVII, 110, St. I, 73, III, 5). — Bloßes Anhängen steht dem Anschlagen nicht gleich; das Mitnehmen einer nur angehängten Bekanntmachung ist kein Abreißen. München 25. April 73 (bayr. Entsch. III, 200, St. II, 312), v. Schwarze N. 2. Vgl. dagegen Dresden 17. März 73 (St. III, 5), Olshausen N. 1.

2. „Böswillig“ ist von der Bundeskommission konform mit §. 135 aufgenommen. Es wird also vorausgesetzt, daß die Handlung begangen wurde, um den Zweck des Anschlags zu vereiteln oder der Autorität der Behörde entgegenzutreten. Bloßer Muthwille oder Unbedachtsamkeit genügt nicht. Gl. M. Binding, Grundriß S. 97, Hälschner II, 842, v. Liszt S. 587, Olshausen N. 3.

§. 135*). **Wer ein öffentliches Zeichen der Autorität des Reichs oder eines Bundesfürsten oder ein Hoheitszeichen eines Bundesstaats böswillig wegnimmt, zerstört oder beschädigt, oder beschimpfenden Unfug daran verübt, wird mit Geldstrafe bis zu sechshundert Mark oder mit Gefängniß bis zu zwei Jahren bestraft.**

Pr. §. 93 Nr. 3; E. I. §. 98; E. II. §. 133; St.B. S. 467.
G. v. 26. Febr. 1876 Art. I; Drucks. (1876) Nr. 54; St.B. S. 985.

1. Die Worte „oder beschimpfenden Unfug daran verübt“ sind durch die Novelle v. 26. Febr. 1876 aufgenommen.

2. Zeichen der Autorität u. s. w. sind alle diejenigen Zeichen, welche dazu dienen, um die Ausübung oder territoriale Begrenzung der Staatsgewalt oder ihrer Organe erkennbar zu machen, wohin z. B. Grenzpfähle, Tafeln, worauf die Landeseintheilung u. s. w. vermerkt ist, zu rechnen sind. Schlagbäume z. B. von Staatseisenbahnen gehören nicht dazu.

3. „Böswillig“ vgl. §. 134 N. 2.

§. 136. **Wer unbefugt ein amtliches Siegel, welches von einer Behörde oder einem Beamten angelegt ist, um Sachen zu verschließen, zu bezeichnen oder in Beschlag zu nehmen, vorsätzlich erbricht, ablöst oder beschädigt oder den durch ein solches Siegel bewirkten amtlichen Verschluß aufhebt, wird mit Gefängniß bis zu sechs Monaten bestraft.**

---

*) Neue Fassung des G. v. 26. Febr. 1876; die alte Fassung lautete:

§. 135. Wer ein öffentliches Zeichen der Autorität des Reichs oder eines Bundesfürsten oder ein Hoheitszeichen eines Bundesstaats böswillig wegnimmt, zerstört oder beschädigt, wird mit Geldstrafe bis zu zweihundert Thalern oder mit Gefängniß bis zu zwei Jahren bestraft.

Pr, §. 108; E. 1. §. 120; E. II. §. 134; St.B. S. 467.

Vgl. §§. 299, 354; Vereins-Zoll-G. v. 1. Juli 1869 §§. 42, 43, 94 ff., 144, 151, 159.

1. Die Worte „oder den durch — aufhebt" sind in dem II. Entw. zugesetzt, um anzudeuten, daß eine Verletzung der Siegel selbst nicht unbedingt erforderlich ist. Es genügt jede Handlung, welche die amtliche Sperre aufhebt, wie die Oeffnung eines Fensters, auch ohne Eindringen einer Person. (Berlin 26. Nov. 74, 29. März 76, Goltd. XXII, 591; XXIV, 350, O.R. XV, 813; XVII, 224, St. IV, 285; VI, 220.)

2. Die Behörde oder der Beamte (vgl. §. 359) müssen an sich zur Anlegung des Siegels zuständig sein und dürfen ihre Zuständigkeit auch nicht überschritten haben. Andernfalls wäre das Siegel nicht für ein amtliches zu erachten. (O.R. II, 305; X, 261.) R.G. II, 13. Febr. 83, E. VIII, 35, R. V, 101. Auch Siegelmarken gelten als amtliche Siegel. R.G. III, 22. Dez. 80 (R. II, 663, E. III, 286).

3. Diese Zuständigkeit vorausgesetzt, kann unter den Arten, wie amtliche Siegel zur Verwendung kommen, nicht unterschieden werden, und ist es nicht erforderlich, daß das Siegel so verwendet ist, daß eine Beseitigung desselben die Verletzung derselben erfordert. So billigte R.G. I, 24. Jan. 89, E. XVIII, 388 die Verurtheilung aus §. 136 in einem Fall, in welchem eine sog. Pfändungsanzeige, d. h. ein vom Gerichtsvollzieher unterschriebenes und untersiegeltes Verzeichniß gepfändeter Gegenstände, welches gemäß bayr. Bek. v. 30. Sept. 79 am Verwahrungsorte der Pfandobjekte in concr. der Wohnung des Schuldners, angeschlagen war, beseitigt worden war.

4. Zum dolus gehört das Bewußtsein, zur Siegelabnahme nicht berechtigt zu sein („unbefugt"). (O.R. V, 108.) Gl. M. Hälschner II, 844, Olshausen N. 5, Oppenhoff N. 7, v. Schwarze N. 6.

§. 137. Wer Sachen, welche durch die zuständigen Behörden oder Beamten gepfändet oder in Beschlag genommen worden sind, vorsätzlich bei Seite schafft, zerstört oder in anderer Weise der Verstrickung ganz oder theilweise entzieht, wird mit Gefängniß bis zu Einem Jahre bestraft.

Pr. §. 272; E. I. §. 272; E. II. §. 135; St.B. S. 467.

Vgl. §. 288.

1. Der §. 137 stand im preuß. St.G.B. im Abschnitt „Strafbarer Eigennutz" §. 272. Seine systematische Stellung ist jetzt richtiger, weil das Delikt nicht als eine Verletzung des durch die Beschlagnahme geschützten Rechtes, sondern als eine Nichtachtung der durch die zuständigen Behörden oder Beamten verfügten Vollstreckungshandlungen oder Sicherheitsmaßregeln unter Strafe gestellt ist. Es ist die öffentliche Autorität, welche geschützt werden soll. Deshalb kann auch nicht die Ueberzeugung des eigenen Rechts die Strafbarkeit ausschließen; vielmehr muß, auch wenn die Beschlagnahme irgendwie nach Form oder Rechtsgrund anfechtbar ist, sobald objektiv eine formell wirksame Beschlagnahme vorliegt, Abhülfe bei der hierzu zuständigen Behörde gesucht werden. (Einen zweifelhaften Fall dieser Art s. R.G. IV, 25. Mai 86, E. XIV, 151, R. VIII, 391.) Aus dieser Stellung charakterisiert sich auch besser der zu diesem Vergehen erforderliche dolus. Zu demselben genügt das Bewußtsein und das mit demselben verknüpfte vorsätzliche Handeln, daß man einer amtlichen Beschlagnahme entgegenhandle, eine Verstrickung ganz oder theilweise beseitige (Berlin 4. April 72, O.R. XIII, 228). Privatpfändungen genießen den Schutz des §. 137 nicht, wohl aber die im Privatinteresse vorgenommene Pfändung eines hierzu zuständigen Beamten. Berlin 2. Okt. 78 (O.R. XIX, 444, Goltd. XXVI, 511). Die Absicht, die Sache der Beschlagnahme zu entziehen, oder eine eigennützige Absicht ist nicht erforderlich. Berlin 7. März u. 28. April 76, 26. März 79, Goltd. XXIV, 218, 352, O.R. XVII, 174, 290; XX, 160; Dresden 22. Juli u. 2. Sept. 72, 21. Aug. 74, 12. März 77 (S.G.Z. XVI, 366; XIX, 53; XXII, 34, St. II, 87; VII, 267); Jena 25. Jan. 72 (St. I, 273); R.G. III, 1. Mai 80, (R. I, 705). Die Meinung, die Beschlagnahme sei eine ungerechtfertigte, entschuldigt selbst dann nicht, wenn sie dies wirklich war. Berlin 26. Juni u. 28. Nov. 73, Goltd. XXI, 523, O.R. XIV, 465, 763, St. III, 100, 177, R.G. I, 3. Jan. 81, E. IX, 403. Dieses muß selbst dann gelten, wenn bei einer Exekution die Forderung nach der Beschlagnahme bezahlt und der Exekutions-

sucher in die Aufhebung der Beschlagnahme gewilligt hat. War in letzterem Falle jedoch der Thäter in dem guten Glauben, daß hierdurch eine rechtsgültige Aufhebung der Beschlagnahme erfolgt sei, so muß Straflosigkeit eintreten. Einen Fall des wirksamen guten Glaubens an die Berechtigung s. Berlin 5. Febr. 79 (O.R. XX, 71). R.G. II, 13. Juni 84, E. X, 425, R. VI, 426 führt aus, daß zwar der irrige Glaube des Thäters, der die Beschlagnahme anordnende Beamte sei zu einer solchen Anordnung nicht zuständig, jenen entschuldige; nimmt aber an, daß auch Eventualdolus, also ein Zweifel über die Zuständigkeit verbunden mit dem Willen, auch für den Fall begründeter Zuständigkeit die That zu begehen, zur Strafbarkeit hinreiche.

2. Im Uebrigen muß die Wiederaufhebung durch die zuständige Behörde erfolgen. Die Tilgung der Schuld hat nicht ohne Weiteres die Wiederaufhebung zur Folge (Berlin 19. März 74, O.R. XV, 163.) Auch die durch nothwendige Subhastation erfolgte Verstrickung wird nicht durch Ertheilung des Zuschlags von selbst unwirksam; wird bis zur Zahlung des Preises die Sequestration fortgesetzt oder wegen unterlassener Zahlung die Subhastation erneuert, so dauert die Verstrickung fort (Berlin 13. Dez. 72 u. 22. Jan. 73, Goltd. XX, 525; XXI, 198, O.R. XIII, 666; XIV, 73). Ueberhaupt endet die Verstrickung erst mit dem nach Civilrecht zu beurtheilenden Eigenthumserwerb durch den Exekutionskäufer R.G. I, 10. Nov. 81, R. III, 702, bez. mit der Uebergabe des Objekts an den Erwerber R.G. II, 16. Febr. 83, E. VIII, 113, sowie selbstverständlich durch Aufhebung Seitens der die Beschlagnahme anordnenden Behörde.

3. Die Beschlagnahme muß von einem sachlich und örtlich zuständigen Beamten (bez. Behörde) erfolgt sein. München 29. Mai 76 (bayr. Entsch. VI, 266, St. VI, 225). Ob diese Zuständigkeit vorliegt, ist nach den für den Fall maßgebenden Gesetzen zu beurtheilen. Die Zuständigkeit ist nicht vorhanden, wenn der Beamte seine Befugnisse überschreitet. Handelt er aber innerhalb dieser Befugnisse, so kann es nicht darauf ankommen, ob der Beamte sich in einem thatsächlichen Irrthum befunden oder von dem ihm durch seine Instruktion gegebenen Ermessen den unrichtigen Gebrauch gemacht hat, z. B. er nimmt an, daß sich eine Sache im Besitz des Exequendus befinde, — oder er hält eine Sache für der Exekution unterworfen, die dem Exequendus zu seiner Nothdurft hätte belassen werden sollen. (Berlin 7. Mai 75, O.R. XVI, 358.) R.G. II, 13. April 83, R. V, 245, IV, 16. April 69, E. XIX, 164. München 2. Mai 85 (bayr. Entsch. III, 379). Wegen Mangels der Zuständigkeit wurde die von einem Konkursverwalter bewirkte Beschlagnahme nicht als wirksam anerkannt. R.G. II, 19. März 89, E. XIX, 85.

4. Handelt es sich um eine im civilprozessualen Zwangsvollstreckungsverfahren an körperlichen Sachen vorgenommene Pfändung, so ist es nach den Bestimmungen der Civilprozeß-Ordnung zu beurtheilen, ob die Pfändung zu Recht besteht und deshalb den Schutz des §. 137 genießt. Es muß jedoch hierbei zwischen wesentlichen und unwesentlichen, d. h. solchen Förmlichkeiten unterschieden werden, deren Mangel eine Pfändung als nicht geschehen erscheinen läßt und solchen, deren Unterlassung die Pfändung zu Recht bestehen läßt, wenn dieselbe auch auf Beschwerde der Wiederaufhebung würde unterliegen müssen. R.G. I, 16. Sept. 80, E. II, 230, R. II, 213 u. 3. Jan. 84, E. IX, 403.

Nach §. 712 Civ.Pr.O. wird die Pfändung der im Gewahrsam des Schuldners befindlichen körperlichen Sachen dadurch bewirkt, daß der Gerichtsvollzieher dieselben in Besitz nimmt. Dazu ist eine körperliche Besitzergreifung erforderlich; die bloße Willenserklärung, pfänden oder Besitz ergreifen zu wollen, genügt nicht. R.G. III, 28. Sept. 81, E. V, 35, R. III, 552, IV, 22. Juni 86, R. VIII, 479. Ebenso wenig liegt eine Besitzergreifung in einem Verbot des Gerichtsvollziehers, über eine Sache zu disponiren. R.G. I, 16. Sept. 80, II, 21. April 82, E. II, 230, VI, 227, R. II, 213, IV, 369. Als Besitzergreifung wurde aber angesehen, wenn der Gerichtsvollzieher unter Hinweis auf ein vorhandenes Objekt dessen Besitzergreifung erklärt und Protokoll darüber errichtet. Die sofortige Entfernung, um Vorkehrung zum Wegschaffen des Objekts zu treffen, hebt diese Besitzergreifung in ihrer Wirkung nicht wieder auf. R.G. III, 30. April u. 12. Okt. 85, R. VII, 265, 572, IV, 22. Juni 86, R. VIII, 479.

Läßt der Gerichtsvollzieher die gepfändeten Sachen im Gewahrsam des Schuldners, was nur mit Einwilligung des Gläubigers oder bei erheblichen Schwierigkeiten eines anderen Verfahrens geschehen soll, so ist die Wirksamkeit der Pfändung nach §. 712 Abs. 2, Civ.Pr.O. dadurch bedingt, daß durch Anlegung von Siegeln oder auf sonstige Weise die Pfändung ersichtlich gemacht ist. Dies soll sogar bei Pfändung von Früchten auf dem Halm geschehen (§. 714 Civ.Pr.O.). R.G. I, 11. Okt. 83, R. V, 587. Dies bewirkt eine Schwierigkeit, wenn die gepfändete Sache anfänglich anderweit verwahrt war, dann aber in den Gewahrsam des Schuldners zurückgebracht wird, da Zweifel entstehen kann, ob die Pfändung fortbesteht oder aufgehoben ist. Deshalb muß jene Form beim Zurückbringen gewahrt werden. R.G. III, 17. Okt. 87, E. XVI, 273, R. IX, 515. Hat aber ein Ersichtlichmachen stattgefunden, die Pfandzeichen sind aber später entfernt, ohne daß die Art der Entfernung feststeht, so ändert dies nichts an der Wirksamkeit der Pfändung. R.G. II, 25. Okt. 87, I, 25. Okt. 88, E. XVIII, 163, R. IX, 527; X, 592. Vgl. auch bayr. Entsch. III, 264, IV, 120, 465. Als überhaupt nicht wesentlich erklärt die Anbringung von Pfandzeichen. R.G. I, 16. Sept. 80, E. II, 230, R. II, 213.

5. Ob die Beschlagnahme gesetzlich gerechtfertigt war, hat der Strafrichter nicht zu prüfen. (Berlin 28. Nov. 73 u. 16. Juni 74, Goltd. XXI, 523, O.R. XIV, 763; XV, 406, St. III, 177; IV, 25.)

Selbst die Ueberschreitung des Auftrags der zuständigen Behörde von Seite des beauftragten Beamten schließt die Wirksamkeit der Beschlagnahme nicht aus. Berlin 7. Mai 75 (O.R. XVI, 358). Eine amtliche Notifikation der Beschlagnahme an den Thäter ist nicht erforderlich, es genügt jede Kenntniß desselben von der Beschlagnahme. Berlin 19. Juli 71 u. 22. Jan. 79 (O.R. XII, 422; XX, 45, St. I, 148); Dresden 21. Aug. 74 (S.G.Z. XIX, 53, St. V, 40). Auch die Zustellung des Pfändungsprotokolls an den bei der Pfändung nicht anwesenden Schuldner ist keine Bedingung der Wirksamkeit. R.G. II, 13. Nov. 88, R. X, 648.

6. Die Konkurs-Eröffnung enthält eine Beschlagnahme des der Zwangsvollstreckung unterliegenden Vermögens des Konkursschuldners, auch derjenigen Theile, welche diesem zum Gebrauch überlassen werden; R.G. II, 6. Juli 86, E. XIV, 286, R. VIII, 519, vgl. auch 19. März 89, E. XIX, 85, nicht aber ein allgemeines Veräußerungsverbot nach §. 98 Konk.O. R.G. III, 5. Dez. 89, E. XX, 244.

7. Die von der Polizeibehörde auf Grund einer offenen Ordre des Prozeßgerichts veranlaßte Beschlagnahme ist wirksam (Berlin 13. Mai 74, O.R. XV, 304). Auch die von Polizeibeamten in eigener Zuständigkeit oder als Hülfsbeamte der Staatsanwaltschaft verfügte Beschlagnahme stehen unter dem Schutz des §. 137, R.G. II, 23. Okt. 83, IV, 9. Jan. 85, E. IX, 121, R. V, 637, VII, 25; jedoch nur, wenn im Strafverfahren eine Einziehung gemäß §. 40 fg. St.G.B. oder eine Beschlagnahme nach §. 94 fg. Str.Pr.O., zur Sicherung von Beweismitteln in Frage steht. R.G. II, 9. Dez. 81, R. III, 786. (In dem konkreten Fall war auch die Zuständigkeit des Beamten als Hülfsbeamten der St.A. in Zweifel), oder wenn sich die Zuständigkeit der Polizei zur Erhaltung der öffentlichen Sicherheit begründet (in Preußen auf II, 17 Allg. L.R. §. 10). Aus diesen Gründen wurde das aus sanitätspolizeilichem Grunde erfolgte Vergraben eines Thierkadavers auf Anordnung der Polizeibehörde nicht als Beschlagnahme, das Ausgraben nicht als Entziehung beurtheilt. R.G. IV, 25. März 87, E. XV, 388, R. IX, 197. Die Beschlagnahme von Ueberführungsstücken wird zwar nicht durch bloße Verfügung derselben bewirkt, jedoch ist auch keine Besitzergreifung derselben erforderlich, wie bei einer Zwangsvollstreckung, sondern es genügt, wenn zu der Beschlagnahme-Verfügung noch ein Ausführungsakt hinzutritt, welcher in dem Verbote der Verfügung oder Veränderung an der Sache liegen kann, welches dem Inhaber zugestellt und womit ihm die Aufbewahrung übertragen wird. R.G. IV, 19. Juni 88, E. XVIII, 71, R. X, 443. Auch Gendarmen und Grenzaufseher sind im Interesse der öffentlichen Sicherheit und nach §. 165 Ver.Z.G. befugt, Beschlagnahme von Sachen auszusprechen, welche einem Einfuhrverbot zuwider eingeführt werden sollen. R.G. IV, 4. Juli 90, E. XXI, 48.

8. Die mit einer Prodigalitätserklärung verbundene Entziehung der Vermögens-Verwaltung ist keine Beschlagnahme (Berlin 29. März 73, Goltd. XXI, 442, O.R. XIV, 240, St. II, 268). Die an einen Beamten erlassene Verfügung, den abzugsfähigen Theil seines Einkommens an das Gericht abzuliefern, ist keine Beschlagnahme (Berlin 21. Febr. 72, Goltd. XX, 199, O.R. XIII, 163).

Die durch eine Verwaltungsbehörde (oldenburg.) nach Landes-, d. h. in concr. nach Gewohnheitsrecht angeordnete Beschlagnahme im Wege der Selbstexekution für eine fiskalische Forderung wurde als wirksam, und unter dem Schutz des §. 137 stehend, anerkannt. R.G. III 24./31. Jan. 87, E. XV, 323, R. IX, 85. Ferner die Beschlagnahme des Untersuchungsrichters in einer ehrengerichtlichen Untersuchung gegen einen Rechtsanwalt. R.G. II, 13. Juni 84, E. X, 425, R. VI, 426. Endlich die mündliche Beschlagnahme durch einen Polizeibeamten in,

Ausführung der Lebensmittelpolizei auf dem Markte. R.G. II, 23. Okt. 83, E. IX, 121, R. V, 637.

9. Die Arrestverfügung an eine Person in Betreff von Sachen, über welche zur Zeit der Behändigung der Verfügung der Arrestat jede thatsächliche und rechtliche Disposition verloren hatte, bewirkt keine Beschlagnahme. R.G. II, 18. Nov. 79 (R. I, 81, Goltd. XXVIII, 34).

10. Thäter kann sowohl der Gepfändete als der Eigenthümer, wie auch jeder Dritte sein (Berlin 19. Juli 71, 18. Okt. 72, Goltd. XX, 523; O.R. XII, 422; St. I, 148; Dresden 2. Sept. 72, 1. Aug. 73 u. 21. Aug. 74, S.G.Z. XVI, 366; XVII, 273; XIX, 53, St. III, 99; V, 40.) Der Gepfändete, welcher die bei ihm in Beschlag genommene fremde Sache dem Eigenthümer aushängt, begeht einen Arrestbruch (Berlin 14. Juni 72 u. 17. Juli 74, O.R. XIII, 360; XV, 512); desgl. der Eigenthümer, welcher seine eigene, bei einem Andern gepfändete, Sache wegnimmt (Berlin 8. März 71 u. 6. Febr. 73, Goltd. XXI, 349, O.R. XII, 147; XXI, 116, St. II, 230; München 15. Mai 75, St. V, 41). R.G. 28. Okt. 79, Ann. I, 27, I, 27. Mai 89, E. XIX, 287.

Selbst Personen, welche ihre Befriedigung aus der Masse oder dem beschlagnahmten Objekt, sei es sogar durch Herausgabe desselben **in natura**, zu beanspruchen hätten, begehen Arrestbruch, wenn sie eigenmächtig das Arrestobjekt der Beschlagnahme entziehen. Berlin 6. April 76, 22. Juni u. 4. Juli 77, 29. Jan. 79 (O.R. XVII, 268; XVIII, 467, 499; XX, 49, Goltd. XXV, 453). Dies trifft insbesondere auch bei dem Eigenthümer zu, der seine wegen der Schuld eines Andern beschlagnahmte Sache an sich nimmt, und ließen Berlin 6. April 76 u. 4. Juli 77 a. a. O. nicht einmal Irrthum des Beschuldigten als Entschuldigungsgrund zu. In ähnlicher Weise erkannte R.G. I, 11. März 80 (R. I, 448, E. I, 272), daß die Annahme des Thäters, Eigenthümer zu sein, weshalb er das Bewußtsein der Rechtswidrigkeit nicht gehabt habe, obwohl er wußte, daß die Verstrickung noch bestehe, die Freisprechung nicht rechtfertige. Auch der Gläubiger, zu dessen Gunsten eine Sache mit Beschlag belegt ist, oder ein Dritter, welcher sich im Einverständniß mit dem Gläubiger befindet, kann die That begehen, wenn er z. B. die beschlagnahmte Sache vom Schuldner kauft und ohne Erlaubniß des Gerichts wegschafft. R.G. III, 1. Mai 80 (R. I, 705). Dagegen kann der Eigenthümer, welcher ohne Kenntniß der Beschlagnahme in den Besitz des Exekutionsobjekts gelangt war, nicht bestraft werden, selbst wenn er alsbald darnach von der Beschlagnahme Kenntniß erhält und das Objekt noch vorhanden ist. R.G. I, 27. Mai 89, E. XIX, 287. Selbst Beamte, die zur Beschlagnahme zuständig sind, können das Delikt begehen, z. B. Gerichtsvollzieher, welche bewegliche Gegenstände, welche ein anderer Gerichtsvollzieher gepfändet und in Besitz genommen hat, aus diesem wissentlich entfernen, um sie in einer andern Sache zu pfänden und in Besitz zu nehmen. R.G. III, 12. April 83, E. VIII, 256, R. V, 235.

11. Unter „Sachen" sind auch Immobilien begriffen, und ebenso die Pertinenzien derselben, welche sich zur Zeit der Beschlagnahme im Besitze des Schuldners befinden. (Berlin 8. März u. 2. Nov. 71, 18. Okt. 72, 6. Febr. 73, 15. Okt. 74, O.R. XII, 147, 559; XIV, 115; XV, 675; Goltd. XX, 523; XXI, 349; XXII, 593; XXIV, 561, St. I, 221; II, 229, 232; IV, 296.) R.G. II, 22. Juni 80, E. II, 118, R. II, 97, 9. März 83, E. VIII, 113. Auch Pertinenzien, welche nur vorübergehend vom Gute getrennt waren, sind der Beschlagnahme unterworfen (Berlin 11. Febr. 74 u. 10. März 75, 3. Okt. 76, Goltd. XXII, 121; XXIV, 561; O.R. XV, 67; XVI, 223; XVII, 637). — Bei der Beschlagnahme im Wege der nothwendigen Subhastation ergreift die Verstrickung, wenn Realgläubiger konkurriren, auch die vorhandenen abgesonderten, dem Grundeigenthümer gehörigen Früchte und das Inventar (Berlin 29. April 75, 1. Juni u. 14. Sept. 77, 20. Nov. 78, Goltd. XXIII, 325; XXV, 325, O.R. XVI, 326; XVIII, 565; XIX, 542; vgl. auch wegen der Früchte Berlin 15. Okt. 74, Goltd. XXII, 593, O.R. XV, 675). München 1. April 87, 2. Nov. 89, bayr. Entsch. IV, 359; V, 413.

12. Auf dem Stamme stehende Bäume sind weder Früchte noch Mobilien, sondern gehören zum Grund und Boden. R.G. II, 4. Jan. 81 (R. II, 696, E. III, 174). Der Käufer von Feldfrüchten, die sich noch im Besitz des Verkäufers befinden, darf sie nach erlangter Kenntniß von der erfolgten Beschlagnahme nicht wegnehmen, sondern hat seine Rechte beim Exekutionsgerichte zu verfolgen. Berlin 4. Juli 77 (O.R. XVIII, 499). Ebenso bei sonstigen Pertinenzien. Berlin 19. Mai 76, 9. Jan. 79 (O.R. XVII, 371; XX, 24, Goltd. XXIV, 352). Pertinenzien verlieren diese Eigenschaft dadurch nicht, daß sie außer Gebrauch gesetzt sind, Berlin 29. Sept.

76 (O.R. XVII, 623); wohl aber dadurch, daß sie durch andere ersetzt sind, Berlin 31. Jan. 78 (O.R. XIX, 46, Goltd. XXVI, 58). Die Bestandtheile eines subhastirten, jedoch zerstörten Gebäudes bleiben Pertinenzien des Grundstücks. Berlin 28. April 76 (O.R. XVII, 291, Goltd. XXIV, 352, St. VI, 221). Ein Irrthum über die Pertinenzqualität von Sachen entschuldigt denjenigen, welcher die nur als Pertinenz beschlagnahmte Sache der Beschlagnahme entzieht. R.G. II, 16. April 80 (R. I, 610, E. I, 368, Goltd. XXVIII, 441). Vgl. Berlin 15. Okt. 74 (O.R. XV, 675, Goltd. XXII, 593, St. IV, 296).

Bäume, die auf dem mit Beschlag belegten Grundstücke stehen, werden, auch wenn sie vorher verkauft waren, von der Beschlagnahme ergriffen. Dresden 1. Aug. 73 (S.G.Z. XVII, 273, St. III, 99). Zur wirksamen Beschlagnahme von Immobilien ist die Eintragung im Grundbuche nicht erforderlich. Berlin 20. Nov. 78 (O.R. XIX, 542).

Dampfmaschinen sind Pertinenzien subhastirter Fabrikgebäude, wenn nach ihrer Entfernung das Gebäude für den bisherigen Zweck unverwendbar sein würde. R.G. III, 4. Juli 89, Goltd. XXXVII, 298.

13. Unter „Sachen" müssen auch Forderungen verstanden werden. (Vgl. §. 288 „Bestandtheile des Vermögens".) Soweit dieselben der Beschlagnahme entzogen werden können, sind sie Gegenstand des §. 137. Berlin 3. Juli, 11. u. 27. Okt. 71 (Goltd. XIX, 579, 758, O.R. XII, 360, 507, 542; St. I, 171). Inwieweit ein solches Entziehen bei Forderungen möglich ist, ist nach den Civil- und Prozeßgesetzen zu beurtheilen. Die Möglichkeit ist gegeben, sobald die in §. 730 Abs. 1 Civ.Pr.O. vorgeschriebene Zustellung an den Drittschuldner erfolgt ist, womit die Pfändung als vollzogen gilt, und wenn der Schuldner, gleichviel, wie er Kenntniß von der Pfändung erlangt hat, wenn auch nicht durch Zustellung, noch über die Forderung durch Einziehung oder Session verfügt. Die Frage ist übrigens sehr bestritten. Gl. M. John in H.H. III, 192, Hälschner II, 845, H. Meyer S. 840, Olshausen N. 1, 8, Oppenhoff N. 4, Rubo N. 4. — A. M. Berner S. 400, 401, Geyer II, 148, v. Liszt S. 588, v. Schwarze N. 3, Wyszomirki in Goltd. XXXVII, 1 fg. Auch die Praxis des R.G. differirte: verneinend R.G. I, 8. Dez. 81, E. V, 204, R. III, 777, in welchem Falle übrigens der Schuldner die Zustellung an den Drittschuldner verhindert hatte; bejahend: R.G. II, 8. Nov. 81, R. III, 692 u. 8. Mai 85, E. XII, 184, R. VII, 287.

Das Gleiche wie bei Forderungen ist der Fall bei Beschlagnahme des Anspruchs auf Herausgabe einer Sache. R.G. I, 16. Nov. 82, E. VII, 292, R. IV, 814, in welchem Falle gleichfalls nicht die Pfändung, wohl aber das Verfügungsverbot die Beschlagnahme der Sache bewirkt, auf welche der Anspruch gerichtet ist. Mit der Beschlagnahme einer Hypothekenforderung ist auch das Hypothekendokument verstrickt. R.G. II, 22. Dez. 82, E. VII, 361, R. IV, 893. In der Sequestration wurde nach älterer Praxis eine Beschlagnahme erblickt; nach §. 817 der Civ.Pr.O. liegt darin nur eine einstweilige Verfügung, welche, angewendet auf Immobilien, eine Beschlagnahme dieser mit allen Pertinenzien bewirkt, nicht aber von selbst eine solche von persönlichen Forderungen, wie der Miethzinse; diese muß durch Pfändung oder Beschlagnahme bewirkt werden. R.G. III, 23. Dez. 81, R. III, 833. A. M. Königsberg 31. März 90, Goltd. XXXVIII, 71.

14. Gegenstände, welche dem Retentionsrechte des Vermiethers unterliegen, können darnach Gegenstand einer Zwangsvollstreckung sein und können derselben auch vom Vermiether entzogen werden. Das Bewußtsein desselben, den Gläubiger, der die Zwangsvollstreckung bewirkt hat, nicht zu schädigen, schließt den Vorsatz aus §. 137 nicht aus. R.G. II, 16. März 83, E. VIII, 117, R. V, 184.

15. Auch die zeitweise Entziehung ist strafbar. Berlin 2. Okt. 72, 20. Dez. 76 Goltd. XX, 522, O.R. XVII, 833.

Eine Entziehung kann dadurch bewirkt werden, daß der Beamte, welcher die mit Beschlag belegte Sache abholt, durch Täuschung veranlaßt wird, eine andere Sache mitzunehmen. Berlin 11. Jan. 72 (O.R. XIII, 34). Die Mitnahme der mit Beschlag belegten Sachen aus einer Wohnung in die andere ist an und für sich nicht nothwendig als ein Entziehen aus der Beschlagnahme anzusehen. Berlin 28. Febr. u. 5. Juni 73 (Goltd. XXI, 286, O.R. XIV, 410, St. II, 347); Dresden 22. Juli 72 (S.G.Z. XVI, 341, St. II, 87). S. auch einen Fall des Verbringens an einen andern Ort. Berlin 14. Juni 79 (O.R. XX, 297, Goltd. XXVII, 533). R.G. II, 23. März 88, R. X, 264; s. jedoch Fälle, in welchen Entziehung angenommen wurde. R.G. II, 12. Febr. 89, E. XVIII, 410, München 23. Sept. 87, bayr. Entsch. IV,

490. Auch das bloße Ableugnen des Besitzes bewirkt kein Entziehen. Berlin 10. Juli 72 (Goltd. XX. 394). Entziehung wurde angenommen, obgleich sich die gepfändete Sache in der Wohnung des Exequendus befand, jedoch in eine Lage gebracht worden war, in welcher der Exekutor sie zur Zeit der Pfandvollstreckung nicht erlangen konnte. Berlin 20. Dez. 76 (O.R. XVII, 833). Auch die Entziehung eines Theils der beschlagnahmten Sache erfüllt den ganzen Thatbestand. Berlin 3. Okt. 76 (O.R. XVII, 637, Goltd. XXIV, 561). Selbst in der Veränderung der Sache wurde eine theilweise Entziehung gefunden (im Zuspitzen gestohlener Bohnenstangen, um deren Identifizirung zu hindern). Berlin 3. Mai 77 (O.R. XVIII, 319, Goltd. XXV, 326). Dies kann jedoch nur insoweit gebilligt werden, als die Veränderung in der Absicht geschieht, um die Identifizirung der geänderten Sache mit der beschlagnahmten zu hindern, nicht wenn es, wie in concreto, geschieht, um ein Beweismittel in einer Untersuchung als solches unbrauchbar zu machen. S. einen Fall der ersteren Art. Berlin 28. Mai 79 (O.R. XX, 285). Die Verfütterung abgepfändeten Futters fällt unter den Begriff der Entziehung, selbst wenn die Verfütterung an ein gleichfalls abgepfändetes Thier geschieht. Dresden 12. März 77 (S.G.Z. XXII, 34, St. VII, 267).

16. In dem bloßen Abschluß eines Verkaufs der beschlagnahmten Sache ohne deren Tradition liegt noch keine Entziehung. Dresden 9. April 77 (S.G.Z. XXII, 43). Auch darin wurde eine Entziehung nicht gefunden, daß der Eigenthümer beschlagnahmter Sachen, welche ohne sein Zuthun in die Verwahrung eines Dritten gelangt waren, demselben eine Retention für Kosten gestattete. Berlin 3. Juli 78 (O.R. XIX, 353, Goltd. XXVI, 439). Auch nicht in der Wegnahme einer beschlagnahmten Sache ohne Kenntniß der Beschlagnahme, wenn auch nach erlangter Kenntniß die Sache nicht zurückgegeben wurde. Dresden 4. Juni 77 u. 7. Juni 78 (S.G.Z. XXII, 148, 356, St. VII, 268). Dagegen liegt Entziehung vor, wenn die Erwerbung der Sache vor erlangter Kenntniß, die Wegschaffung aber erst nach dieser Kenntnißerlangung erfolgte. Berlin 22. Jan. 79 (O.R. XX, 45).

17. Im Beschädigen einer beschlagnahmten Sache wurde keine Entziehung erblickt. R.G. III, 12. Okt. 85, R. VII, 572. In der Täuschung eines Gerichtsvollziehers, durch welche er veranlaßt wurde, in gutem Glauben eine andere als die von ihm gepfändete Sache zu versteigern, wurde Arrestbruch in Zusammenfluß mit Betrug gefunden. R.G. IV, 14. Jan. 87, E. XV, 205, R. IX, 49.

18. Die Verfügung eines Subhastaten über von der Beschlagnahme mit betroffene Inventarstücke und Vorräthe ist Entziehung, wenn der Subhastat die Bewirthschaftung erhalten hat, aber nicht bewirthschaften, sondern entziehen wollte. R.G. II, 9. März 83, E. VIII, 113.

19. Die That ist mit der Entziehung aus der Verfügungsgewalt der Behörde vollendet. Ein benachtheiligender Erfolg ist nicht erforderlich. München 29. Mai 76, bayr. Entsch. VI, 269, (St. VI, 225). Die Vollendung tritt aber nicht schon mit der auf Entziehung gerichteten Handlung des Thäters ein. Wenn es sich also z. B. darum handelt, daß Theile oder Pertinenzien einer beschlagnahmten Immobilie abgetrennt werden, um weggeschafft zu werden, so tritt die Vollendung erst mit vollendeter Wegschaffung ein. Der Wegschaffende kann also als Gehülfe strafbar sein. R.G. II, 18. Jan. 81, E. III, 255.

20. Die Entziehung verschiedener beschlagnahmter Sachen durch mehrere selbständige Handlungen begründet realen Zusammenfluß mehrerer Vergehen. Berlin 7. März 76 (Goltd. XXIV, 218). Dagegen findet keine Wiederholung des Delikts statt, wenn die einmal der Beschlagnahme entzogene Sache succeſſive an verschiedene Orte gebracht wird; vorausgesetzt, daß nicht mittlerweile eine neue Beschlagnahme stattfand. Berlin 19. Sept. 78 (O.R. XIX, 423, Goltd. XXVI, 513). Der Dieb, welcher eine beschlagnahmte Sache mit Kenntniß der Beschlagnahme stiehlt, begeht Diebstahl und Arrestbruch in idealer Konkurrenz. Berlin 29. Jan. 79 (O.R. XX, 49). Jedoch fand R.G. I, 11. Okt. 80 (R. II, 312, E. II, 319) nicht nothwendig einen wiederholten Diebstahl darin, daß der Dieb sich der ihm wieder abgenommenen Sache abermals bemächtigte.

21. Auf Beseitigung von Vermögensstücken vor erfolgter Beschlagnahme findet §. 288 Anwendung. Es können jedoch §. 288 und 137 ideell konkurriren, wenn in der einen Sache Beschlagnahme stattgefunden hatte, in der anderen Zwangsvollstreckung noch droht. R.G. II, 10. Jan. 88, E. XVII, 42, R. X, 19.

§. 138. Wer als Zeuge, Geschworener oder Schöffe berufen, eine unwahre Thatsache als Entschuldigung vorschützt, wird mit Gefängniß bis zu zwei Monaten bestraft.

Dasselbe gilt von einem Sachverständigen, welcher zum Erscheinen gesetzlich verpflichtet ist.

Die auf das Nichterscheinen gesetzten Ordnungsstrafen werden durch vorstehende Strafbestimmung nicht ausgeschlossen.

Pr. §. 169; E. I. §. 121; E. II. §. 136; St.B. S. 467.

Vgl. §. 279.

1. Die Motive sagen:

„Die Strafvorschriften über das Vorbringen falscher Entschuldigungs-Ursachen gegen Zeugen, Geschworene, Schöffen und Sachverständige sind beibehalten. Wer es über sich gewinnt, durch Täuschung der Behörden sich der Pflicht, bei der Aufrechthaltung und Wiederherstellung der Rechtsordnung an seinem Theile mitzuwirken, zu entziehen, stellt seinerseits den geordneten Gang der Rechtspflege in Frage. Die Prüfung, ob ein Entschuldigungsgesuch begründet ist oder nicht, kann in der Regel zunächst nur eine ganz summarische sein. Die Behörde wird sich vielfach mit der ernstlichen Versicherung der Wahrheit begnügen müssen und dieses selbst in solchen Fällen, wie sie die häufigen Dispensationsgesuche von Geschworenen vor Beginn der Sitzungsperiode darbieten. Stellt sich nachher dennoch die Unwahrheit heraus, so würde namentlich dann, wenn die Dispensation wirklich ertheilt ist, die Straflosigkeit nicht gerechtfertigt werden können. Die mindere Strafbarkeit Desjenigen, dessen Gesuch ohne seinen Willen keinen Erfolg gehabt hat, ist nur bei der Strafzumessung zu berücksichtigen."

2. Aus den Worten „unwahre" und „vorschützt" folgt, daß die Handlung nur wissentlich begangen werden kann. Vgl. auch §. 59.

3. Ob die wahre Angabe das Nichterscheinen, oder ein Entlassungsgesuch, oder eine Verweigerung der Auslassung entschuldigen soll, ist gleichgültig. Vgl. die Motive unter N. 1 u. Oppenhoff N. 2. Auch die Geltendmachung von unwahren Unfähigkeits- oder Ablehnungsgründen gehört hierher. Jena 1876 (thüring. Bl. IV, 275), Frankfurt a/M. 28. Aug. 89, Goltd. XXXVII, 304 nimmt an, daß auf Zeugen, welche nachträglich ihr Ausbleiben mit unwahren Thatsachen zu entschuldigen suchen, sich §. 138 nicht beziehe. Hälschner II, 853. John in H.H. III, 196, v. Liszt S. 620, Olshausen N. 1 wollen das Delikt auf Entschuldigung bei Nichterscheinen, also auf Anerkennen der Pflicht im Gegensatz zur Weigerung beschränken. Es dürfte dies zu eng sein. Die nackte Weigerung kann allerdings nur die vom Gesetze angeordneten Zwangsmittel nach sich ziehen, wenn die Weigerung nicht als berechtigt anerkannt wird. Im Uebrigen kommt es nicht auf das Motiv und darauf an, ob der Zeuge u. s. w. sich der Pflicht aus Bequemlichkeit, Gewissensscrupeln, Ansicht nicht verpflichtet zu sein und dgl. entziehen will, sondern auf die Form, durch Angabe wissentlich unwahrer Thatsachen sich der Funktion zu entziehen, gleichviel ob diese eine faktische Entschuldigung oder einen Rechtsgrund darbieten sollen, welcher das Nichterfüllen der Pflicht rechtfertigt. Durch das Delikt wird das Recht der Obrigkeit auf Wahrheit verletzt. Gl. M. Oppenhoff N. 4, v. Schwarze N. 2. Auch zwischen vorher oder nachträglich geltend gemachten Thatsachen ist nicht zu unterscheiden.

4. Die Bestimmung findet Anwendung in jedem Verfahren vor einer inländischen Behörde, vor welcher ein Staatsangehöriger gesetzlich verpflichtet ist, in einer der angegebenen Funktionen mitzuwirken. Auch zwischen Landes- und Reichsrecht, auf welchem die Verpflichtung beruht, kann nicht unterschieden werden. Ob die Handlung Erfolg (d. h. Ertheilung der Dispensation) gehabt hat oder nicht, ist nur bei der Strafzumessung zu berücksichtigen. Gl. M. Geyer II, 154, Hälschner II, 853, Olshausen N. 6, Oppenhoff N. 3, v. Schwarze N. 4. A. M. John in H.H. III, 197.

Abs. 2. Ueber die gesetzliche Verpflichtung der Sachverständigen entscheiden die Prozeßgesetze. Vgl. Reichs-Strafprozeßordnung §§. 75, 76.

5. Wegen der Ordnungsstrafen vgl. Reichs-Strafprozeßordnung §. 50 (Zeugen), §. 77 (Sachverständige), G.V.G. §. 56 (Schöffen), §. 96 (Geschworene). Beide Strafen sind unabhängig von aneinander und ohne Rücksicht bei der einen auf die andere zu verhängen. Die §§. 73, 74 finden hierbei keine Anwendung. Gl. M. v. Liszt S. 62, Olshausen N. 7, Oppenhoff N. 8.

§. 139*). Wer von dem Vorhaben eines Hochverraths, Landesverraths, Münzverbrechens, Mordes, Raubes, Menschenraubes oder eines gemeingefährlichen

---

*) Vgl. Wolff in Goltd. XXVII, 299.

Verbrechens zu einer Zeit, in welcher die Verhütung des Verbrechens möglich ist, glaubhafte Kenntniß erhält und es unterläßt, hiervon der Behörde oder der durch das Verbrechen bedrohten Person zur rechten Zeit Anzeige zu machen, ist, wenn das Verbrechen oder ein strafbarer Versuch desselben begangen worden ist, mit Gefängniß zu bestrafen.

Pr. §. 39; E. I. §. 45; E. II. §. 137; St.B. S. 467.

Vgl. §. 299, 300; M.St.G.B. §§. 60, 61, 77, 104, 105.

1. Unter „Münzverbrechen" und „gemeingefährlichen Verbrechen" sind nicht auch die in den Abschnitten VIII und XXVII enthaltenen Vergehen begriffen. Bei Hochverrath ist es bestritten, ob die hochverrätherischen Handlungen der §§. 83—86 darunter zu subsumiren seien oder nicht. Verneinend John in H.H. III, 100, Olshausen N. 1, Rubo N. 2, v. Schwarze N. 7, bejahend Hälschner II, 853, Oppenhoff N. 5. Es dürfte der bejahenden Absicht beizutreten sein, da zur Zeit, in welcher die Anzeige erforderlich ist, nicht bemessen werden kann, wie weit die That gedeiht. Unter Raub ist räuberische Erpressung (§. 255) nicht mitzuverstehen (gleich einem Räuber). Landesgesetze können den Umkreis der Anzeigepflicht nicht ausdehnen.

2. Nur auf das Vorhaben bezieht sich §. 139. Ist die That vollendet, so hört die Anzeigepflicht auf. Die Anzeigepflicht besteht so lange, als der durch die Begehung des Verbrechens herbeigeführte Zustand der Gefahr andauert; sie ist also nicht ausgeschlossen, wenn zum Zwecke der Realisirung des verbrecherischen Vorhabens zwar eine strafbare Handlung begangen ist, jedoch eine weitere verbrecherische Thätigkeit zur Vervollständigung des Thatbestands nicht ausgeschlossen ist, oder der Erfolg der bereits beendigten verbrecherischen Thätigkeit noch nicht eingetreten ist, weil auch in diesem Fall das Vorhaben noch nicht erledigt ist und der verbrecherische Wille fortdauert. Mit einem Versuch der That ist also die Anzeigepflicht noch nicht ausgeschlossen. R.G. I, 7. Juni 86, E. XIV, 214, R. VIII, 425. Anstiftung oder Aufforderung kann unter dem Vorhaben nicht verstanden werden.

3. Streitig ist: ob die Anzeigepflicht nach §. 139 in den Fällen ausgeschlossen ist, in denen die Zeugenpflicht ausgeschlossen ist, also namentlich bei Beichtvätern. Für die Verneinung erklären sich: v. Schwarze N. 2—4, John in H.H. III, S. 200; Berner S. 403, H. Meyer S. 848, Olshausen N. 6b, vgl. auch Goltd. II, 654 ff. Für die Bejahung ist Oppenhoff N. 10, Puchelt N. 2. Die erstere Meinung wird den Vorzug verdienen, zumal — was bei Beichtvätern von Erheblichkeit — die Nennung des Namens des Schuldigen nicht unbedingt erforderlich ist. Auch R.G. III, 15. Mai 80 (R. I, 785, E. II, 57) entschied sich dafür, daß die Befreiung von der Zeugnißpflicht nicht jene von der Anzeigepflicht involvire. Personen, welche an Verabredung der Begehung eines der in §. 139 bezeichneten Verbrechens Theil genommen haben, trifft die Anzeigepflicht nicht, selbst wenn es nicht wirklich zur Theilnahme gekommen ist. R.G. III, 25. Sept. 80 (E. III, 1, R. II, 257). Ebenso sind Theilnehmer an der That, nicht aber solche, die nachträglich Begünstigung verüben, von der Anzeigepflicht frei und die durch die That bedrohten, da deren Kenntniß zum Ausschluß der Strafbarkeit genügt. Gl. M. Hälschner II, 858, Olshausen N. 6, v. Schwarze N. 5, Wolff S. 312.

Streitig ist, ob das Wissen von der Kenntniß der Behörde die Anzeigepflicht aufhebe. Dafür H. Meyer S. 847, Oppenhoff N. 12. Dagegen Olshausen N. 7, v. Schwarze N. 12. Die Entscheidung dürfte eine thatsächliche sein. Weiß der Anzeigepflichtige, daß das Vorhaben angezeigt und die nöthige Gegenmaßregel getroffen ist, so wäre es ohne Sinn, eine formelle Anzeige verlangen zu wollen. Glaubt er aber zur Verhinderung noch beitragen zu können, so ist das vorsätzliche Unterlassen der Anzeige gegeben. Die Verhinderung der That ersetzt die Anzeige.

4. Die Alternative „der Behörde oder der ... bedrohten Person" findet nur Anwendung bei denjenigen Delikten, welche gegen eine bestimmte Person gerichtet sind und nicht eine gemeine Gefahr enthalten, also bei Mord, Raub und Menschenraub. Bei Münzverbrechen, Brandstiftung u. s. w. genügt die Anzeige an den Bedrohten selbst dann nicht, wenn der Verbrecher die That nur gegen diesen richten wollte, durch die That aber auch Andere bedroht waren oder gar nicht gegen Einzelne gerichtet ist, wie Hochverrath oder Landesverrath. Nach §. 139 soll das Verbrechen verhütet werden. R.G. II, 4. Jan. 84, E. IX, 385, s. unten.

Darmstadt 30. Okt. 75 (hess. Entsch. 78 S. 116) fordert, daß nach Erlangung glaubhafter Kenntniß mindestens ein strafbarer Versuch gemacht wurde. Dies gehe aus dem präventiven Charakter der Bestimmung hervor.

5. Der der Theilnahme an einem der genannten Verbrechen Verdächtige kann, wenn er deshalb außer Verfolgung gesetzt ist, noch wegen Nichtanzeige verfolgt werden. Dresden 29. Sept. 73 (S.G.Z. XVIII, 54, St. III, 100). Dagegen erkannte R.G. II, 30. Sept. 90, E. XXI, 79, daß die Freisprechung wegen Nichtanzeige eines beabsichtigten Mordes eine nochmalige Anklage wegen Anstiftung zu demselben Mord ausschließe. Diese Ausdehnung des Verbrauchs der Strafklage ist jedoch mit Recht sehr bestritten.

6. Der Begriff „glaubhafte Kenntniß" ist bestritten. Binding, Normen II, 592 Nr. 872, Geyer II, 154, Hälschner II, 856, John in H.H. III, 199, v. Liszt S. 620, Olshausen N. 3, v. Schwarze N. 11, Wolff S. 303 fassen denselben subjektiv auf, d. h. als eine Kenntniß, welche der Thäter geglaubt hat. Dagegen wollen H. Meyer S. 847, Blum N. 3, Rubo N. 9 einen objektiven Maßstab anlegen (leichtsinnig, nicht daran zu glauben, nach Durchschnittsverstand des Laien, nach vernünftigem Ermessen glaubhaft). Abgesehen von der Mißlichkeit aller solcher Durchschnittsverstandsberechnungen gelangt man dadurch zu einer Art Fahrlässigkeit, während §. 139 offenbar nur ein vorsätzliches Vergehen darstellt, Vorsatz aber hier nur mit Glauben, wie sonst mit Wissen zu konstruiren ist.

7. Die Behörde, welcher Anzeige zu machen ist, wird im Gesetz nicht bezeichnet. Olshausen N. 9a nimmt an, es sei die Polizeibehörde, Oppenhoff N. 6 die zunächst berufene Polizeibehörde, Hälschner II, 858, v. Schwarze N. 13, Wolff S. 311: diejenige Behörde, von der ein verhütendes Einschreiten zu erwarten ist. Letztere Ansicht dürfte allein richtig sein. Man kann nicht strafen, wenn der Anzeigepflichtige zur Verhütung der That gethan hat, was er nach seinem Ermessen als das Richtige erkennen zu müssen glaubte, ohne Rücksicht auf Zuständigkeit u. dergl. nehmen zu können.

8. Die Anzeige muß zur rechten Zeit erfolgen, d. h. so zeitig, daß Gegenmaßregeln ergriffen werden können. Jedenfalls ist aber der Anzeigepflichtige entschuldigt, wenn er die Anzeige so bald als möglich machte; er ist strafbar, wenn er mit Bewußtsein die rechte Zeit versäumt hat. Die Anzeige an den Bedrohten kann nicht genügen, wenn sich der Anzeigepflichtige bewußt ist, daß der Bedrohte nicht in der Lage sei, Gegenmaßregeln vorzunehmen, weil er Kind, körperlich oder geistig handlungsunfähig ist u. s. w.

9. Es ist streitig, ob die That nur vorsätzlich oder auch fahrlässig verübt strafbar ist. Für letztere Alternative Brück, Fahrl. S. 49, Hälschner II, 859, v. Liszt S. 621, H. Meyer S. 847, Oppenhoff N. 12. A. M. mit Recht Binding, Normen II, 499 N. 720, Geyer II, 154, v. Schwarze N. 15, vorausgesetzt, daß man die aus Gleichgültigkeit u. s. w. bei Kenntniß aller die Strafbarkeit bedingenden Umstände unterlassene Anzeige zum Vorsatz rechnet. Anders läßt sich aber der Vorsatz bei Verübung einer gegen eine positive gesetzliche Pflicht begangene Unterlassung nicht konstruiren. Die fahrlässige Unkenntniß dieser Umstände, welche, wenn sie zur Strafbarkeit genügen würde, nicht bloß eine Pflicht zur Anzeige bewußt drohender Verübung, sondern auch die Pflicht zu sorgsamer Untersuchung möglicher Weise drohender auferlegen würde, kann in die Strafbarkeit nicht einbezogen werden. Irgend eine absichtliche Unterlassung fordert §. 139 nicht.

§. 140*). **Wegen Verletzung der Wehrpflicht wird bestraft:**

1) ein Wehrpflichtiger, welcher in der Absicht, sich dem Eintritte in den Dienst des stehenden Heeres oder der Flotte zu entziehen, ohne Erlaubniß entweder das Bundesgebiet verläßt oder nach erreichtem militärpflichtigen Alter sich außerhalb des Bundesgebietes aufhält: mit Geldstrafe von einhundertfunfzig bis zu dreitausend Mark oder mit Gefängniß von Einem Monat bis zu Einem Jahre;

---

*) Neue Fassung des G. v. 26. Febr. 1876; die alte Fassung lautete:

§. 140. Wer dem Eintritte in den Dienst des stehenden Heeres oder der Flotte sich dadurch zu entziehen sucht, daß er ohne Erlaubniß entweder das Bundesgebiet verläßt oder nach erreichtem militärpflichtigen Alter sich außerhalb des Bundesgebietes aufhält, wird mit einer Geldstrafe von funfzig bis zu Eintausend Thalern oder mit Gefängniß von Einem Monat bis zu Einem Jahre bestraft.

Das Vermögen des Angeschuldigten kann, insoweit als es nach dem Ermessen des Richters zur Deckung der den Angeschuldigten möglicherweise treffenden höchsten Geldstrafe und der Kosten des Verfahrens erforderlich ist, mit Beschlag belegt werden.

2) ein Offizier oder im Offizierrange stehender Arzt des Beurlaubtenstandes, welcher ohne Erlaubniß auswandert: mit Geldstrafe bis zu dreitausend Mark oder mit Haft oder mit Gefängniß bis zu sechs Monaten;

3) ein jeder Wehrpflichtige, welcher nach öffentlicher Bekanntmachung einer vom Kaiser für die Zeit eines Krieges oder einer Kriegsgefahr erlassenen besonderen Anordnung in Widerspruch mit derselben auswandert: mit Gefängniß bis zu zwei Jahren, neben welchem auf Geldstrafe bis zu dreitausend Mark erkannt werden kann.

Der Versuch ist strafbar.

Das Vermögen des Angeschuldigten kann, insoweit als es nach dem Ermessen des Richters zur Deckung der den Angeschuldigten möglicherweise treffenden höchsten Geldstrafe und der Kosten des Verfahrens erforderlich ist, mit Beschlag belegt werden.

Pr. §. 110; E. I. §. 122; E. II. §. 138; St.B. S. 468—470.

G. v. 26. Februar 1876 Art. I; Drucks. (1876) Nr. 54, 110 (1 u. 2), 196 III; St.B. S. 985, 1346.

Vgl. §. 360 Nr. 3; R.V. Art. 3, 57, 59; G. v. 9 Novbr. 1867 (Verpflichtung zum Kriegsdienst) §§. 1, 3, 6, 15; M.St.G.B. §§. 64 ff., 81—83; R.Mil.G. v. 2. Mai 1874 §§. 10—12, 34, 56, 60, 69 Nr. 5; Vertr. mit Nordamerika v. 22. Febr. 1868; G. v. 1. Juni 1870 (Reichs- u. Landes-Angehörigkeit); G. v. 15. Febr. 1875 §. 6 (militär. Kontrole rc.).

1. In der neuen Fassung des §. 140 wiederholt Nr. 1 im Wesentlichen den Inhalt des früheren §. 140 Abs. 1. —

Nr. 2 ist wörtlich aus §. 60 Nr. 2 des R.M.G. vom 2. Mai 1874 hierher übernommen, — während der Reichstag den Vorschlag des Entwurfs, wonach auch der Inhalt des §. 360 Nr. 3 hierher übernommen werden sollte — in Uebereinstimmung mit den entsprechenden Beschlüssen des Reichstags von 1870 — ablehnte.

Nr. 3 enthält eine neue Vorschrift, wegen deren Motivirung s. unten.

Ebenso ist neu Absatz 2, wonach in allen Fällen (1—3) der Versuch strafbar ist.

2. Die Delikte des §. 140 kann nur ein Deutscher begehen. Es findet dieser Paragraph deshalb keine Anwendung, wenn der Thäter die Reichsangehörigkeit vor Verübung der unter §. 140 fallenden That verloren hatte. Hierzu gehört nach §. 21 des R.G. v. 1. Juni 1870, betr. die Erwerbung und den Verlust der Bundes- und Staats-Angehörigkeit nicht bloß zehnjähriger, sondern zehnjähriger ununterbrochener Aufenthalt im Ausland. Bei Freisprechung aus diesem Grund muß also der ununterbrochene Aufenthalt festgestellt werden. R.G. IV, 22. Nov. 87, R. IX, 628.

3. Nr. 1. Wehrpflichtig ist jeder Deutsche. (R.V. Art. 57; §. 1 des Ges. v. 9. Nov. 67. B.G.Bl. S. 132.) Ueber die Reichs- und Staatsangehörigkeit (Eigenschaft als „Deutscher") entscheidet das Reichsgesetz vom 1. Juni 1870. — Jeder Wehrpflichtige gehört vom 17. bis 42. Lebensjahre zum Landsturm (§. 3 Abs. 2 des Ges. vom 9. Nov. 1867 und §. 1 des Gesetzes über den Landsturm v. 2. Febr. 1875, R.G.Bl. S. 63) und kann mit vollendetem 17. Lebensjahre (freiwillig) seiner Dienstpflicht durch Eintritt in das stehende Heer genügen. (§§. 10 u. 11 des Ges. vom 9. Nov. 1867.) — Alle Wehrpflichtigen sind, wenn sie nicht freiwillig in den Heeresdienst eintreten, vom 1. Januar des Kalenderjahres an, in welchem sie das 20. Lebensjahr vollenden, der Aushebung unterworfen (militärpflichtig); vgl. §. 10 des R.M.G. vom 2. Mai 1874 und §. 6 des Gesetzes vom 9. Nov. 1867, nach welchem letzteren die Verpflichtung zum Dienst im stehenden Heer („Militärpflicht") 7 Jahre dauert. Der §. 11 des R.M.G. unterwirft außerdem der Aushebung („der Militärpflicht") gewisse Personen, welche das Reichsgebiet verlassen und die Reichsangehörigkeit verloren hatten, und zwar bis zum vollendeten 31. Lebensjahre. Dies ist insbesondere der Fall, wenn sie eine andere Staatsangehörigkeit nicht erworben

oder wieder verloren haben und ihren dauernden Aufenthalt in Deutschland nehmen. Als ein solcher dauernder Aufenthalt kann aber nicht bloß ein solcher angesehen werden, bei welchem der Aufenthalt endgültig für alle Zeiten beabsichtigt ist, sondern es ist jeder, der nach Absicht der betreffenden Person bei Beginn des Aufenthalts nicht ein bloß vorübergehender, zeitweiliger sein soll. R.G. III, 4. Febr. 89, **E. XVIII**, 384.

4. Die Ansicht: es könne nur ein „Militärpflichtiger" sich des Vergehens schuldig machen, ist mit der jetzigen Fassung des Gesetzes um so weniger vereinbar, als nunmehr auch der Versuch strafbar ist. Das durch besondere Gesetze angeordnete Kontumazialverfahren dagegen findet nach Maßgabe jener Gesetze nur auf Militärpflichtige Anwendung; vgl. unten N. 5. Das Verweilen im Auslande nach erreichtem militärpflichtigen Alter ist nur dann strafbar, wenn nicht der Wehrpflichtige vor erreichtem militärpflichtigen Alter die Reichsangehörigkeit verloren hat, da er andernfalls nicht mehr wehrpflichtig war. Ist jener Verlust erst nach eingetretenem militärpflichtigen Alter erfolgt (vgl. §§. 13, 21 Ges. vom 1. Juni 1870), so besteht die Strafbarkeit.

5. Eine Ausnahme macht hierbei Nordamerika. Der Art. I des mit den Vereinigten Staaten von Amerika abgeschlossenen Vertrages vom 22. Febr. 1868 (B.G.Bl. S. 228) bestimmt:

> Art. I. „Angehörige des Norddeutschen Bundes, welche naturalisirte Staatsangehörige der Vereinigten Staaten von Amerika geworden sind und fünf Jahre lang ununterbrochen in den Vereinigten Staaten zugebracht haben, sollen von dem Norddeutschen Bunde als Amerikanische Angehörige erachtet und als solche behandelt werden."

Nach einer Verfügung des preußischen Ministers des Innern vom 6. Juli 1868 (Verw.M.Bl. S. 200) soll von der Verfolgung eines solchen naturalisirten Amerikaners abgesehen und sogar eine rechtskräftig erkannte Strafe unvollstreckt bleiben, da dieses die Absicht bei Abschluß des Vertrages gewesen sei. Diese rechtlich nicht unbedenkliche Auslegung des Vertrages wird zum Theil durch den Art. II des Vertrages:

> Art. II. „Ein naturalisirter Angehöriger des einen Theils soll bei etwaiger Rückkehr in das Gebiet des andern Theils wegen einer nach den dortigen Gesetzen mit Strafe bedrohten Handlung, welche er vor (also nicht durch) seiner Auswanderung verübt hat, zur Untersuchung und Strafe gezogen werden können, sofern nicht nach den bezüglichen Gesetzen seines ursprünglichen Vaterlandes Verjährung eingetreten ist."

unterstützt. S. dagegen München 9. Okt. 88, bayer. Entsch. V, 250.

Die in Amerika erfolgte Naturalisation wird durch die nach erfolgter Rückkehr abgegebene Erklärung, in Deutschland bleiben zu wollen, nicht ohne Weiteres unwirksam und die Wehrpflichtigkeit dadurch nicht begründet. Dresden 30. Jan. 74 (S.G.Z. XVIII, 204, St. IV, 122). Zufolge des mit den Vereinigten Staaten bestehenden Vertrags ist ein Wehrpflichtiger straffrei zu belassen, wenn er auch erst während des Laufs der wegen Verletzung der Wehrpflicht gegen ihn geführten Untersuchung das nordamerikanische Bürgerrecht erworben hat. München 4. Juni 77 (bayr. Entsch. VII, 221, St. VII, 269).

6. Das Vergehen des §. 140 Nr. 1 setzt die Absicht, sich dem Dienst zu entziehen, („entziehen sucht") voraus. Wenn der Richter aus den Umständen diese Absicht als nicht vorhanden annimmt, so muß Freisprechung erfolgen. Dresden 15. Juni u. 7. Juli 74 (S.G.Z. XVIII, 348; **XIX**, 22, St. IV, 299); vgl. auch Dresden 7. Sept. 74 u. 17. Mai 78 (S.G.Z. **XIX**, 109, St. V, 42; VIII, 115). Durch den bloßen Nachweis der ohne Erlaubniß geschehenen Auswanderung nach Amerika ist die Absicht nicht festgestellt. München 22. Juli 76 (bayr. Entsch. VI, 394). Diese Absicht ist nicht identisch mit Vorsatz; dieselbe darf aber auch nicht mit der nächsten Veranlassung zur That, z. B. sich einer Strafe zu entziehen, verwechselt werden. Es kann demnach neben einer anderen Absicht auch die, sich dem Eintritt in den Dienst des Heeres zu entziehen, bestehen. R.G. IV, 1. Nov. 84, **E. XI**, 380, **R. VI**, 680. A. M. Olshausen N. 2. Dagegen identifizirt v. Liszt S. 624 Absicht mit Beweggrund.

7. Die Verjährung des Vergehens beginnt entweder mit der Rückkehr ins Inland, gleichviel ob diese Rückkehr zu bleibendem oder vorübergehendem Aufenthalt erfolgt ist (R.G. III, 21. Juni 82, **R. IV**, 595); oder mit dem Verlust der Eigenschaft eines Deutschen (§. 21 Ges. vom 1. Juni 70), oder mit dem Aufhören der für die Dienstpflicht bestimmten Zeit. (§. 6 Ges. vom 9. Nov. 67.) Vor dieser Zeit kann also auch keine richterliche Handlung die Verjährung unterbrechen und den Beginn einer neuen Verjährung herbeiführen. R.G. I, 16. Sept. 80 (**R. II**, 212).

8. Nr. 2. — Zu den Offizieren und Aerzten des Beurlaubtenstandes gehören unzweifelhaft auch diejenigen der Marine. Ist ein Offizier ꝛc. freigesprochen, so kann er nicht wegen fort-

gesetzten Aufenthalts im Auslande wiederholt verfolgt werden, sondern nur dann, wenn er erst nach der Freisprechung ohne Erlaubniß ausgewandert ist. R.G. II, 25. März 81, **E. III**, 437, **R. III**, 160.

9. Auswandern bedeutet nicht das einfache Verlassen des Bundesgebiets, sondern das Verlassen mit der Absicht, im Auslande seinen dauernden Aufenthalt zu nehmen. Aehnlich Meves N. 10, der nur von einem ständigen Wohnsitz spricht, unter welchem man in der Regel das Beibehalten eines und desselben Wohnsitzes versteht, was nicht zum Begriff gehört. Dagegen ist die Absicht der Lösung des Verhältnisses der Staatsangehörigkeit, auf welche Olshausen N. 8, Oppenhoff N. 19, Herbst in Goltd. **XXII**, 96 das Hauptgewicht legen, nebensächlich. In der Regel tritt jene Lösung von selbst ein, aber nur deshalb, weil die Beibehaltung dem freiwillig Exilirten gleichgültig ist. Die Abwesenheit mit Erlaubniß kann auch nachträglich zum Auswandern werden, wenn jene Absicht hinzutritt und dadurch die Abwesenheit eine unerlaubte wird.

10. Nr. 3. — Die Motive zu dem Entwurf der Novelle vom 26. Febr. 76 bemerken hierüber:

„Die Nr. 3 füllt eine Lücke der bestehenden Gesetzgebung aus. Nach §. 17 des Reichsgesetzes über die Erwerbung und den Verlust der Bundes- und Staatsangehörigkeit vom 1. Juni 1870 kann für die Zeit eines Krieges oder einer Kriegsgefahr die Freiheit der Auswanderung durch besondere Kaiserliche Anordnung beschränkt werden. Die Verletzung eines solchen Verbots von Seiten wehrpflichtiger Personen ist aber nicht besonders unter Strafe gestellt; sie würde daher theils gar keine Bestrafung, theils keine höhere als die in Friedenszeiten eintretende zur Folge haben. Das Erstere ist der Fall bei Ersatzreservisten erster Klasse, welche straffrei bleiben, sobald sie nur nicht die Anzeige ihrer bevorstehenden Auswanderung unterlassen (§. 69 Nr. 8 des Reichs-Militärgesetzes); das Letztere bei Personen des Beurlaubtenstandes (§. 360 Nr. 3 des Strafgesetzbuchs; § 60 Nr. 2 des Militärgesetzes) und bei den Militärpflichtigen im Sinne des §. 140 des Strafgesetzbuchs. Für die Personen des Beurlaubtenstandes und der Ersatzreserve erster Klasse ändert sich dieses Verhältniß erst mit dem Augenblick, in welchem auf sie die militärischen Strafen der unerlaubten Entfernung und der Fahnenflucht gemäß §§. 68 und 69 des Militär-Strafgesetzbuchs und §. 69 Nr. 5 des Reichs-Militärgesetzes anwendbar werden. Dieselben setzen jedoch eine allgemeine oder spezielle Einberufung zum Dienst (welche für den Einzelnen erst nach Ablauf mehrerer Monate seit Ausbruch des Krieges erfolgen kann) und, hiervon abgesehen, eine angeordnete Mobilmachung oder Kriegsbereitschaft voraus. Es liegt nun aber die Gefahr nahe, daß Wehrpflichtige, welche sich einem bevorstehenden Kriege entziehen wollen, gerade die Zwischenzeit bis zu ihrer Unterstellung unter die militärischen Strafgesetze zur Ausführung ihrer Absicht benutzen werden. Es erscheint deshalb geboten, die Verletzung eines zur Zeit eines Krieges oder einer Kriegsgefahr vom Kaiser erlassenen Auswanderungsverbotes und den Versuch derselben zum Gegenstand einer besonderen Strafbestimmung zu machen. Dies geschieht durch die Nr. 3 in Verbindung mit dem vorletzten Absatz des vorgeschlagenen Paragraphen.

Wenn der Auswanderer gleichzeitig die allgemeinen, auch für Friedenszeiten bestehenden Strafbestimmungen verletzt, so wird der Fall nach den Regeln über die ideale Konkurrenz von Vergehen (§. 73) zu entscheiden sein."

11. Für das Verfahren bestehen besondere Vorschriften. §§. 470—476 R.St.P.O. Wegen des nach Maßgabe jener Gesetze auszustellenden Attestes vgl. Verf. des Preuß. Min. d. Inn. v. 10. Aug. 1871 (J.M.Bl. S. 191, Min.-Bl. f. d. inn. V. S. 325). — Ueber die Zuständigkeit s. §. 471 R.St.P.O. Die Präsumtion der Absicht, welche §. 472 St.P.O. aufstellt, wird durch einen der freien Beweiswürdigung unterstehenden Umstand beseitigt, welcher die Absicht ausschließt. R.G. I, 18. Okt. 80 (**E. II**, 351).

12. Abs. 2. Im Verlassen des Wohnorts und Antritts der Reise, welche einen Wehrpflichtigen ohne Unterbrechung über die Grenze des Bundesgebiets führen soll, in der Absicht, sich dem Eintritte in den Dienst des stehenden Heeres zu entziehen, liegt der Versuch des Vergehens. Derselbe ist also schon am Wohnorte, nicht erst am Einschiffungsorte u. dgl. begangen. R.G. III, 20. Nov. 80 (**R. II**, 538, **E. III**, 136).

13. Abs. 3. Die Beschlagnahme ist (abweichend vom preuß. St.G.B.) jetzt fakultativ. Ueber das Verfahren s. §§. 477—480 R.St.P.O. Die Beschlagnahme kann ohne Rücksicht darauf, ob Vermögen nachgewiesen wird oder bekannt ist, erfolgen.

§. 141. Wer einen Deutschen zum Militärdienste einer ausländischen Macht anwirbt oder den Werbern der letzteren zuführt, ingleichen wer einen Deutschen

Soldaten vorsätzlich zum Desertiren verleitet oder die Desertion desselben vorsätzlich befördert, wird mit Gefängniß von drei Monaten bis zu drei Jahren bestraft.

Der Versuch ist strafbar.

Pr. §. 111; E. I. §. 123; E. II. §. 139; St.B. S. 470.

Vgl. §§. 84, 88, 90 Nr. 3; M.St.G.B. §§. 64 ff., 78.

1. Das „Anwerben" kann unter besonderen Umständen auch unter die §§. 84 und 90 Nr. 3 fallen.

2. „Desertion" wird in §. 69 des Militärstrafgesetzbuchs v. 1872 dahin definirt:

„Wer sich einer unerlaubten Entfernung (§§. 64, 65, 68) in der Absicht, sich seiner gesetzlichen oder von ihm übernommenen Verpflichtung zum Dienste dauernd zu entziehen, schuldig macht, ist wegen Fahnenflucht (Desertion) zu bestrafen."

Desertion ist kein Dauerverbrechen, dessen Verübung der Zeit nach mit der Entziehung aus der Dienstpflicht zusammenfällt, sondern dieselbe ist mit der unerlaubten Entfernung vollendet. R.G. III, 1. Febr. 82, E. VI, 7, R. IV, 110. A. M. Olshausen N. 3.

3. Die Desertion eines Soldaten ist nicht nothwendig schon mit der Entfernung desselben aus der Kaserne, in der Absicht, sich der Verpflichtung zum Dienste dauernd zu entziehen, vollendet. Vielmehr ist die Vollendung Sache thatsächlicher Prüfung und kann ohne Rechtsirrthum erst mit der Entfernung in's Ausland angenommen werden. R.G. III, 31. März 80 (R. I, 511, Goltd. XXVIII, 285) u. 1. Febr. 82, s. oben I, 3. Febr. 81, E. III, 375, R. III, 9. Die Beförderung der Desertion kann auch durch Belehrung und Auskunft erfolgen über Schritte, welche der Deserteur erst nach Ausführung der Desertion vorzunehmen hätte. R.G. I, 20. Jan. 81 (R. II, 745, E. III, 280).

4. Die Beförderung der Desertion ist ihrem Wesen nach die zum selbständigen Vergehen erhobene Beihülfe zur Desertion. Sie kann also nicht mehr begangen werden, wenn die Desertion bereits vollendet ist, sondern kann, wenn vorher eingetretene Vollendung der Desertion angenommen wird, auch als Begünstigung strafbar sein. R.G. III, 1. Febr. 82 s. oben.

5. Vorsätzlich bedeutet: mit Bewußtsein von den nothwendigen Folgen der Handlung. Mannheim 24. Okt. 74 (Goltd. XXIII, 580, St. IV, 299).

6. Die Anstiftung und Beförderung versuchter Desertion kann nicht als das vollendete Vergehen aus §. 141, sondern nur als Versuch bestraft werden. Die Vollendung setzt vollendete Desertion voraus. R.G. I, 10. Nov. 81, E. V, 126, R. III, 704. In dem Abschluß eines Auswanderungsvertrags kann auf Seite des Agenten ein Versuch zur Beförderung der Desertion erblickt werden, wenn auch der die Desertion beabsichtigende Soldat noch keine hierauf gerichtete Versuchshandlung vorgenommen hat. R.G. I, 13. April 82, E. VI, 167, R. IV, 318. Durch das zweite Urtheil gab das R.G. die im ersten verweigerte Entscheidung, ob zum Versuch des Vergehens aus §. 141 mindestens ein Versuch der Desertion erforderlich sei, im verneinenden Sinn.

7. Die im Auslande von einem Deutschen vorgenommene Beförderung der Desertion eines deutschen Soldaten ist nicht strafbar. (Berlin 18. Okt. 66, O.R. VIII, 550.)

8. Der Entwurf enthielt nach §. 141 noch einen die Nichtanzeige einer beabsichtigten Desertion bestrafenden Paragraphen. (E. §. 140, preuß. St.G.B. §. 112.) Der Reichstag hat diesen Paragraphen gestrichen.

9. Die Spezialbestimmungen des §. 141 schließen eine Anwendung des Militär-Str.G.B. auf Anstifter und Gehülfen der Desertion aus.

§. 142. Wer sich vorsätzlich durch Selbstverstümmelung oder auf andere Weise zur Erfüllung der Wehrpflicht untauglich macht oder durch einen Anderen untauglich machen läßt, wird mit Gefängniß nicht unter Einem Jahre bestraft; auch kann auf Verlust der bürgerlichen Ehrenrechte erkannt werden.

Dieselbe Strafe trifft denjenigen, welcher einen Anderen auf dessen Verlangen zur Erfüllung der Wehrpflicht untauglich macht.

Pr. §. 113; E. I. §. 125; E. II. §. 141; St.B. S. 471, 472.

Vgl. G. v. 9. Nov. 1867; M.St.G.B. §§. 81—83.

1. Vorsätzlich — ist dahin zu verstehen, daß auch der Zweck der Selbst-Verstümmelung auf Untauglichmachen zum Militärdienst geht.

2. Nach einer Entscheidung des preuß. Obertrib. v. 3. Juli 67 (O.R. VIII, 433) trifft die Strafe Jeden, welcher sich zu demjenigen Militärdienste, zu welchem er nach seiner natürlichen Beschaffenheit fähig war, untauglich macht, sollte er auch zu anderen Diensten als dem eigentlichen Waffendienst tauglich geblieben sein. Ebenso Dresden 5. Okt. 74 (St. V, 42). Dies dehnte R.G. III, 5. April 83, **E. VIII**, 214, **R.** V, 224, dahin aus, daß auch die Zufügung geringer Körperfehler, welche bewirken, daß ein unbedingt Diensttauglicher gemindert diensttauglich und deshalb zur Ersatzreserve (**in concr.** II. Klasse) verwiesen wird, den Thatbestand begründe, gleichviel, ob eine höhere Anforderung an ihn gestellt worden sein würde. Konsequent und weil Jeder dem Staat die volle Dienstleistung schuldet, würden auch Körperfehler, welche die Zuweisung zur Ersatzreserve I. Klasse oder zu einer andern Waffengattung verursachen, hierher gehören. A. M. John in H.H. III, 205 und Rubo N. 2, welche den Thatbestand nur bei verursachter völliger Untauglichkeit und v. Schwarze N. 2, welche denselben bei Untauglichkeit zum Waffendienst gegeben finden. Herbeiführung der Untauglichkeit in nicht den Körper treffender Art, wie durch absichtliche Herbeiführung einer Zuchthausstrafe fällt nicht unter §. 142.

3. Ob die That eines ohnehin Untauglichen strafbar ist (was Olshausen N. 3, Oppenhoff N. 2, v. Schwarze N. 2 verneinen), dürfte zweifelhaft sein, zumal der Versuch nicht strafbar ist. Zugegeben ist, daß eine Minderung der Tauglichkeit strafbar ist. Konsequent muß §. 142 so aufgefaßt werden, als wäre der Wortlaut: Wer sich absichtlich eine Selbstverstümmelung oder eine andere Veränderung des Körpers zufügt oder zufügen läßt, welche die Untauglichkeit zu verursachen geeignet ist, u. s. w.

4. Die Wirkung der That muß in dem Zeitpunkte vorliegen, in welchem definitiv über die Zuweisung der Wehrpflichtigen zum Dienst entschieden wird. Eine Beseitigung des Körperfehlers, nachdem er seine Wirkung für die Erfüllung der Wehrpflicht gethan hat, ist ohne Einfluß. Gl. M. Hälschner II, 995, H. Meyer S. 855, Olshausen N. 3, Oppenhoff N. 3, v. Schwarze N. 2.

5. Als „untauglich machen lassen" ist jedes Thun oder Unterlassen anzusehen, durch welche der Wehrpflichtige die Wirkung an seinen Körper verursachen läßt, gleichviel, ob durch eine andere Person oder durch mechanisch wirkende, ohnehin in Bewegung gesetzte Gewalt (z. B. läßt sich der Thäter durch die Bahn ein Bein abfahren). Ob die andere handelnde Person im Einverständniß handelt, also Mitthäter ist, oder nicht, bewirkt keinen Unterschied. Zu gleichem Resultat gelangt man, wenn man in Abs. 2 „auf Verlangen" ausdehnend als „im Einverständniß" interpretirt. Man wird nicht dahin gelangen können, den Andern milder, etwa wegen Körperverletzung, zu strafen, wenn der Vorschlag von ihm ausgegangen ist und der Wehrpflichtige nur zugestimmt hat. Gl. M. Hälschner II, 996, Olshausen N. 5, Oppenhoff N. 9, Puchelt N. 2. A. M. Rubo N. 7. Die That des Anderen ohne Einverständniß mit dem Wehrpflichtigen, wenn auch mit der Absicht des untauglich Machens, kann nur als Körperverletzung bestraft werden.

6. Die That des Wehrpflichtigen oder an denselben kann nur begangen werden bis zur Ueberweisung desselben an die Militärbehörde zum Dienst. Gehört derselbe dem Militärstande an, so ist die That desselben nach den Militärgesetzen strafbar, die That an ihm, insofern sie im Einverständniß mit ihm begangen wurde, als Theilnahme, außerdem als Körperverletzung.

7. Abs. 2 bezeichnet ein selbständiges Vergehen. Anderweitige Theilnahme an dem Vergehen des Abs. 1 ist dadurch nicht ausgeschlossen.

§. 143. **Wer in der Absicht, sich der Erfüllung der Wehrpflicht ganz oder theilweise zu entziehen, auf Täuschung berechnete Mittel anwendet, wird mit Gefängniß bestraft; auch kann auf Verlust der bürgerlichen Ehrenrechte erkannt werden.**

Dieselbe Strafvorschrift findet auf den Theilnehmer Anwendung.

Pr. §. 113; E. I. §. 126; E. II. §. 142; St.B. S. 473, 474.

Vgl. §. 49 und die Citate zu §. 142.

1. „Theilweise" bezieht sich sowohl auf die Zeit als auf eine etwa leichtere Art des Dienstes. (Vgl. 142 N. 2.) R.G. F.S. 26. Juli 83, **E. IX**, 88.

2. „Auf Täuschung berechnete Mittel" — bloßes Lügen genügt also nicht. Dagegen ist es einerlei, welcher Art die Mittel sind, sofern sie nur geeignet sind, Jemand der Wehrpflicht zu entziehen, z. B. Gebrauch unrichtiger Atteste. So wurde R.G. I, 3. Nov. 84, R. VI, 682, die Anwendung täuschender Mittel in einem Falle als vorliegend befunden, in welchem sich der Wehrpflichtige durch Tragen sehr scharfer Brillen den Anschein hochgradiger Kurzsichtigkeit gab und dadurch die Zutheilung zur Ersatzreserve bewirkte.

3. Von dem Täuschungsmittel muß einer Behörde gegenüber Gebrauch gemacht sein, welche in irgend einer Instanz über die Tauglichkeit des Wehrpflichtigen zu befinden hat. Dies wird dadurch nicht ausgeschlossen, daß der Arzt, welcher Mitglied der Behörde ist, im Einverständnisse mit dem Wehrpflichtigen durch unwahre Begutachtung auf die übrigen Mitglieder der Behörde einwirkt. R.G. F.S. 26. Juli 83, E. IX, 88 u. 10. Sept. 86, R. VIII, 538.

4. Abs. 2 bildet, wenn der Theilnehmer als Gehülfe zu betrachten ist, ein Ausnahme von §. 49.

§. 144*). **Wer es sich zum Geschäfte macht, Deutsche unter Vorspiegelung falscher Thatsachen oder wissentlich mit unbegründeten Angaben oder durch andere auf Täuschung berechnete Mittel zur Auswanderung zu verleiten, wird mit Gefängniß von Einem Monat bis zu zwei Jahren bestraft.**

Pr. §. 114; E. I. §. 127; E. II. §. 143; St.B. S. 474—476.

G. v. 26. Febr. 1876 Art. I; Drucks. (1876) Nr. 34, 102; St.B. S. 397, 991, 1346.

Vgl. R.V. Art. 4 Nr. 1, 59; G. betr. die Verpflichtung zum Kriegsdienst v. 9. Nov. 1867 §. 15; Gew.O. §. 6.

1. Der Reg.-Entw. zur Novelle schlug vor, Jeden zu bestrafen, der es sich zum Geschäft macht, Deutsche zur Auswanderung zu verleiten, und behielt den §. 144 als einen qualifizirten Fall bei. Der Reichstag lehnte den Vorschlag ab und fügte nur die Worte zu: „oder durch andere auf Täuschung berechnete Mittel."

2. „Wer es sich zum Geschäft macht" — über diese Worte entspann sich im Reichstag (1870) eine längere Debatte, die aber eine Uebereinstimmung der Ansichten namentlich darüber, ob ein wiederholtes Handeln nöthig sei, vermissen läßt. Sie wurden an Stelle des vorgeschlagenen „gewerbsmäßig" beibehalten. Es wird genügen, wenn das Verleiten in einer Weise geschieht, welche ersichtlich macht, daß ein fortgesetztes Handeln beabsichtigt werde, was z. B. auch dann der Fall sein kann, wenn eine größere Zahl von Personen zu einem bestimmten Zweck zur Auswanderung verleitet wird. (Vgl. St.B. 474—476 [Abg. v. Kardorff].) Olshausen N. 1 bemerkt zu diesem, begrifflich kaum zu definirenden, Ausdruck, es sei dasselbe wie gewerbsmäßig, nur sei die Absicht der Gewinnziehung nicht wesentlich. Aehnlich Hälschner I, 546; II, 850 und Binding I, 550. Nur John in H.H. III, 210 glaubt die Gewinnsucht als erforderlich bezeichnen zu müssen.

3. Die Worte „unter Vorspiegelung — Angaben" sind vom Reichstag eingeschoben. „Angaben" sind zum Unterschied von „Thatsachen" Anpreisungen und Versicherungen allgemeiner Art.

4. Die Worte: „andere auf Täuschung berechnete Mittel" sollen solche Vorstellungen treffen, welche zwar keine objektiv falschen Thatsachen enthalten, aber — besonders durch Verschweigen des richtigen Sachverhalts — im Ganzen so geartet sind, daß der Auswanderungslustige in eine Täuschung über das Ziel der Auswanderung und die Verhältnisse des betreffenden Landes versetzt werden kann. Allzu fein und kaum von praktischem Werth ist die von H. Meyer S. 786 gemachte und von Olshausen N. 3 gebilligte Unterscheidung, derjenige sei aus §. 144 nicht strafbar, der geschäftsmäßig Deutsche zum Auswandern verleite, jedoch nur in einzelnen Fällen, nicht geschäftsmäßig auf Täuschung berechnete Mittel anwende. S. dag. John in H.H. III, 210, Meves N. 2 A. 2.

---

*) Neue Fassung des G. v. 26. Febr. 1876 Art. I; die alte Fassung lautete:

§. 144. Wer es sich zum Geschäfte macht, Deutsche unter Vorspiegelung falscher Thatsachen oder wissentlich mit unbegründeten Angaben zur Auswanderung zu verleiten, wird mit Gefängniß von Einem Monat bis zu zwei Jahren bestraft.

§. 145*). Wer die vom Kaiser

zur Verhütung des Zusammenstoßens der Schiffe auf See,

über das Verhalten der Schiffer nach einem Zusammenstoße von Schiffen auf See, oder

in Betreff der Noth- und Lootsensignale für Schiffe auf See und auf den Küstengewässern

erlassenen Verordnungen übertritt, wird mit Geldstrafe bis zu eintausendfünfhundert Mark bestraft.

Pr —; E. I. §. 349 Nr. 1; E. II. §. 144; St.B. S. 477.

G. v. 26. Febr. 1876 Art. I; Drucks. (1876) Nr. 54; St.B. S. 996.

Vgl. V.O. v. 23. Dez. 1871 (R.G.Bl. S. 475).

1. Das St.G.B. enthielt in der ursprünglichen Fassung nur den Fall des Absatzes 1 (Zusammenstoßen der Schiffe auf See) und bemerkten dazu die Motive (von 1870) Folgendes:

„Die in den britischen **Regulations for preventing collisions at sea** enthaltenen Vorschriften, welche für Preußen durch das Gesetz vom 22. Febr. 1864 (G.S. S. 97) publizirt sind, haben auch in den übrigen zum Norddeutschen Bunde gehörigen Seestaaten: Mecklenburg-Schwerin, Oldenburg, Lübeck, Bremen und Hamburg, gesetzliche Geltung erlangt, und es sind in den letztgedachten Staaten besondere Verordnungen darüber ergangen. Nach Inhalt und Form weichen diese Verordnungen sowohl untereinander, als auch von dem vorerwähnten preußischen Gesetze in mehrfacher Hinsicht ab. Die durch ein königlich großbritannisches Dekret vom 30. Juni d. J. erlassene Deklaration der Art. 11 und 13 der **Regulations for preventing collisions at sea** ist in Mecklenburg, Bremen und Hamburg, nicht aber in Preußen, Oldenburg und Lübeck bis jetzt publizirt. Das Interesse der deutschen Schifffahrt erheischt aber die vollständigste Uebereinstimmung der in den einzelnen Bundesseestaaten in dieser Materie geltenden Vorschriften. Es mußte deshalb darauf Bedacht genommen werden, die jetzt vorhandenen verschiedenartigen Landesverordnungen resp. Gesetze durch eine für das ganze Bundesgebiet gleichmäßige Vorschrift zu ersetzen. Nur so wird zugleich die Möglichkeit gewährt werden können, etwaige in den britischen **Regulations** fernerhin eintretende und von den übrigen großen Seemächten angenommene Aenderungen auch für sämmtliche norddeutsche Schiffe schleunig in Kraft zu setzen."

Auf Grund jener Deklaration erging die Kaiserl. Verordnung vom 23. Dezember 1871 zur Verhütung des Zusammenstoßens der Schiffe auf See. (R.G.Bl. S. 475.) — Dieselbe ist nunmehr ersetzt durch die Kaiserl. Verordnung vom 7. Januar 1880 (R.G.Bl. S. 1 ff.).

Durch die Novelle vom 26. Febr. 1876 sind noch die beiden anderen Absätze aufgenommen und begründen dieses die Motive dahin:

„In der **section** 16 **of The Merchant Shipping Acts Amendement Acts** 36 **and** 37 **Vict. Chap.** 85 ist in Ergänzung früherer britischer Vorschriften bestimmt worden, daß im Falle des Zusammenstoßens der Schiffe auf See der Führer eines jeden betheiligten Schiffes, sofern es ohne Gefahr für das von ihm geführte Schiff geschehen kann, verpflichtet ist:

1. bei dem anderen Schiffe zu halten, bis er sich darüber Gewißheit verschafft hat, daß es keiner weiteren Hülfe bedarf;
2. demselben den Beistand zu leisten, welcher zum Schutz gegen eine durch den Zusammenstoß herbeigeführte Gefahr erforderlich ist;
3. dem Führer des anderen Schiffes den Namen, sowie den Heimaths-, den Abgangs- und den Bestimmungshafen seines eigenen Schiffes anzugeben.

Die sich häufenden Zusammenstöße von Schiffen auf See und das inhumane Verfahren, das sich einzelne Schiffer bei derartigen Vorfällen haben zu Schulden kommen lassen, begründen auch für Deutschland das Bedürfniß der Abhülfe, welche zweckmäßig nur unter Berücksichtigung des jeweiligen Standes der ausländischen Gesetzgebung und etwaiger Vereinbarungen mit dem Auslande gewährt werden kann.

---

*) Neue Fassung des G. v. 26. Febr. 1876; die alte Fassung lautete:

§. 145. Wer die vom Kaiser zur Verhütung des Zusammenstoßens der Schiffe auf See erlassenen Verordnungen übertritt, wird mit Geldstrafe bis zu fünfhundert Thalern bestraft.

Wegen dieser Beziehungen empfiehlt es sich, die Vorschriften selbst einer Kaiserlichen Verordnung vorzubehalten und nur die Strafandrohung im Voraus zu treffen. Dieser Weg wird auch schon durch den nahen Zusammenhang der zu erlassenden Anordnungen mit den bereits zur Verhütung des Zusammenstoßens der Schiffe auf See erlassenen Bestimmungen angezeigt.

Die vom Bundesrath angenommene Noth- und Lootsen-Signalordnung für Schiffe auf See und auf den Küstengewässern schließt sich an das englische Signalsystem an. Die Feststellung dieses Systems im Wege der Reichsgesetzgebung würde einer etwaigen durch andere Gesetzgebungen oder durch internationale Abmachungen bedingten Aenderung hemmend oder verzögernd in den Weg treten. Deshalb sind auch hier die Einzelheiten der Regelung durch Kaiserliche Verordnung vorbehalten."

Demnächst ist die Verordnung über das Verhalten der Schiffer nach einem Zusammenstoß von Schiffen auf See vom 15. Aug. 1876 (R.G.Bl. S. 189) und die Noth- und Lootsen-Signalordnung für Schiffe auf See und auf den Küstengewässern vom 14. August 1876 (G.S. S. 187) vom Kaiser erlassen. Vgl. ferner Gesetz vom 27. Juli 1877, betr. die Untersuchung von Seeunfällen (R.G.Bl. S. 549), insbesondere §. 4 Nr. 4 und das Gesetz vom 11. Juni 1878, betr. den Gewerbebetrieb der Maschinisten auf Seedampfschiffen (R.G.Bl. S. 109).

2. Die Uebertretung, d. h. Zuwiderhandlung gegen die Verordnungen muß eine schuldhafte, d. h. vorsätzliche oder fahrlässige sein, insofern der speziellen Bestimmung nichts anderes zu entnehmen ist. Gl. M. Hälschner, II, 987, v. Liszt S. 657, Olshausen N. 3, Oppenhoff N. 6.

3. Die That ist zu bestrafen, wenn sie in inländischen Gewässern, gleichviel ob von In- oder Ausländern, oder in nicht inländischen Gewässern von Deutschen begangen wird. So Binding I, 434, Meves N. 5, 6, Olshausen N. 4, Oppenhoff N. 7.

4. Den Verordnungen sind alle auf See gehenden Schiffe unterworfen, auch die nur zum Vergnügen dienenden offenen Segelboote. R.G. II, 21. Sept. 88, **E. XVIII**, 89, **R. X**, 505; auch auf solche, welche keine Segel führen und nur darauf angewiesen sind, im Schlepptau fortbewegt zu werden, wie sog. Prahme. R.G. III, 24. April 90, **E. XX**, 372.

Achter Abschnitt.

Münzverbrechen und Münzvergehen.

Für die Stellung der Münzverbrechen und Münzvergehen im System des St.G.B., in welchem sie sich unmittelbar an die Staatsverbrechen anschließen, ist der Gesichtspunkt maßgebend gewesen, daß es sich hier um eine Verletzung der **publica fides** handelt, welche in dem staatlichen Münzgepräge bez. der unter amtlicher Autorität erfolgenden Herstellung von Papiergeld ihren Ausdruck findet. Vgl. Goltdammer Mat. I, 203, 204. Für die Auslegung ist aber auf diesen Gesichtspunkt allein nicht zu rekurriren. Die Einzelbestimmungen des Abschnittes ergeben deutlich, daß ebenso sehr die Gefährdung von Handel und Wandel den Hintergrund des Abschnitts bildet. Der Landesgesetzgebung ist kein Raum gelassen.

§. 146. **Wer inländisches oder ausländisches Metallgeld oder Papiergeld nachmacht, um das nachgemachte Geld als echtes zu gebrauchen oder sonst in Verkehr zu bringen, oder wer in gleicher Absicht echtem Gelde durch Veränderung an demselben den Schein eines höheren Werths oder verrufenem Gelde durch Veränderung an demselben das Ansehen eines noch geltenden gibt, wird mit Zuchthaus nicht unter zwei Jahren bestraft; auch ist Polizei-Aufsicht zulässig.**

Sind mildernde Umstände vorhanden, so tritt Gefängnißstrafe ein.

Pr. §. 121; E. I. §. 130; E. II. §. 145; St.V. S. 631.

Vgl. §§. 152; 4 Nr. 1, 2; 139, 360 Nr. 5, 6; Reichsges. v. 16. Juni 1870 (Ausgabe v. Papiergeld) u. v. 30. April 1874 (Ausgabe v. Reichskassenscheinen).

1. Die Motive erläutern den Paragraphen dahin:

„Der §. 146 umfaßt gleich seinem Vorbilde, dem §. 121 des preuß. Strafgesetzbuches, beide Arten von Münzverbrechen: die Falschmünzerei im eigentlichen Sinne und die Münzfälschung; auch stellt er rücksichtlich beider das Papiergeld dem Metallgelde gleich.

Das zum Thatbestande des Verbrechens nothwendige Kriterium:
das nachgemachte oder verfälschte Geld als echtes gebrauchen oder sonst in Verkehr bringen zu wollen,
ist (abweichend von dem preußischen Strafgesetzbuche) in die Begriffsbestimmung mit aufgenommen worden, um damit einen Einwand zu beseitigen, der vom Standpunkte der Doktrin der preußischen Vorschrift und insofern nicht mit Unrecht gemacht worden ist, als sich die preußische Rechtsprechung gezwungen gesehen hat, jenes Kriterium in den Paragraphen, als aus der Natur des Verbrechens von selbst folgend, hinein zu legen.

2. „Nachmachen" setzt voraus, daß die falsche Münze der echten dergestalt ähnlich gemacht wird, daß ein Argloser getäuscht werden kann. Ob ein solches vorliege, ist Thatfrage. Aenderungen, die leicht übersehen werden, schließen die Strafbarkeit ebenso wenig aus, als Aenderungen, die leicht entdeckt werden können, dieselbe unbedingt begründen. R.G. I, 27. März 82, E. VI, 142. (In letzterer Beziehung jedoch können leicht zu entdeckende Nachbildungen, welche dem Papiergeld ähnlich sind, den Thatbestand der im §. 360, Nr. 6, vorgesehenen Uebertretung bilden. [Vgl. zu diesem Paragraphen.]) Auf den Gehalt, insbesondere ob derselbe dem echten Gelde gleichstehe, kommt nichts an, da bei dem Münzverbrechen, neben der Gefährdung der Grundlagen des Geldverkehrs, eine Verletzung des Münzregals, d. h. des Rechts des Staates auf die unter seiner Autorität zu bewirkende Münzprägung, in Frage steht. Auch die Veränderung des Aeußeren einer Kupfermünze mittels Quecksilbers, wodurch sie das Aussehen einer Silbermünze erhält, und ohne Aenderung des Gepräges fällt unter §. 146. Berlin 19. Sept. 72 (O.R. XIII, 463, Goltd. XX, 446).

3. „Verrufenes Geld" ist solches, welchem der Staat die Anerkennung als Geld entzogen hat. Soweit dasselbe thatsächlichen Kurs hat, kann auch an ihm das Verbrechen der Falschmünzerei bez. Münzfälschung begangen werden. A. M. Berner S. 412, Hälschner II, 873, H. Meyer S. 951, Olshausen N. 2. Insbesondere gilt dieses von denjenigen Münzen, welche nach dem Reichsmünz-Gesetz vom 9. Juli 1873 (R.G.Bl. S. 233) Art. 8 außer Kurs gesetzt sind (Landesmünzen), oder deren Umlauf nach Art. 13, Nr. 1 a. a. O. sogar gänzlich untersagt ist (fremde Münzen). Vgl. auch Oppenhoff N. 3, Merkel in H.H. III, 220, v. Schwarze N. 4. — Das bayrische St.G.B. von 1861 Art. 169 bezeichnete zutreffend als Gegenstand der Fälschung: „Metall- oder Papiergeld, welches im gemeinen oder Handelsverkehre Geltung hat" und man verstand hierunter die thatsächliche, nicht die gesetzliche Geltung (Weiß, Komm. I, 416).

4. Gebrauchmachen ist nicht identisch mit „in Verkehr bringen." Es genügt also, wenn das Geld als echtes im Verkehr vorgezeigt wurde. R.G. II, 28. Mai 86, E. XIV, 161, R. VIII, 400. Gl. M. Merkel in H.H. III, 222, Blum N. 4, Kirchmann N. 1. A. M., welche Gebrauch machen nur als eine Art des in Verkehrbringens auffassen: Berner S. 412, Hälschner II, 576, H. Meyer S. 951, Olshausen N. 5, Thomsen im G.S. Bd. 30, S. 427.

5. Die That ist mit dem Nachmachen oder Verfälschen vollendet. Einer Verausgabung bez. Gebrauchs bedarf es nicht, da nur die darauf gerichtete Absicht verlangt ist.

6. Münzverbrechen (§§. 146, 147, 149) sind im Inlande strafbar, einerlei ob das Verbrechen im Inlande oder im Auslande von einem Inländer oder einem Ausländer an inländischem oder ausländischem Gelde u. s. w. verübt ist. (Vgl. §. 4 N. 1.) Hier wird also im eigentlichsten Sinne Weltrechtspflege geübt. Es kann auch nicht darauf ankommen, ob ausländisches Geld im Inlande Kurs hat oder nicht. Selbst das Verbot des Umlaufs ausländischer Münzen (vgl. vorher N. 3) läßt ein an solchen Münzen im Inlande begangenes Münzverbrechen nicht straflos erscheinen; ebenso wenig, wenn die Fälschung erfolgte, um das nachgemachte oder verfälschte Geld im Auslande zu verbreiten. R.G. II, 11. Juli 82, E. VI, 441, R. IV, 685.

7. Der Ausdruck „Polizeiaufsicht ist zulässig" bedeutet hier nichts Anderes, als daß auf „Zulässigkeit von Polizeiaufsicht" erkannt werden kann. (Vgl. §. 38 N. 2.)

8. Wegen der Einziehung der Falsifikate vgl. §. 152.

9. Vgl. Bekanntmachung des Reichskanzlers vom 9. Mai 1876 betr. die Bestimmungen über die Behandlung der bei Reichs- und Landeskassen eingehenden nachgemachten, verfälschten u. s. w. Reichsmünzen. (Centr.-Bl. S. 260.) Die Bestimmungen beruhen auf Bundesrathsbeschluß vom 24. März 1876, durch welchen gleichzeitig Bestimmungen über die Behandlung gefälschter rc. Reichskassenscheine gegeben sind. Münzen, deren Echtheit zweifelhaft ist, sind an das Münz-Metall-Depot des Reichs bei der K. Preuß. Münzstätte in Berlin

und dergl. Reichskassenscheine an die Reichsschuldenverwaltung (K. Preuß. Hauptverwaltung der Staatsschulden in Berlin) einzusenden.

10. Für Preußen vgl. wegen Einholung des Gutachtens zur Feststellung der Falsifikate bei Münzen durch die Generalmünzdirektion Verf. des Just.-Min. vom 22. Sept. 1855 (J.M.Bl. S. 310) und wegen Einsendung der falschen Münzen an die Regierung und des falschen Papiergeldes u. s. w. an die Hauptverwaltung der Staatsschulden die Verf. des Just.-Min. vom 31. Jan. 1868 Nr. 13, 14 und vom 11. Jan. 1869 (J.M.Bl. S. 48 bez. S. 15).

§. 147. Dieselben Strafbestimmungen finden auf denjenigen Anwendung, welcher das von ihm auch ohne die vorbezeichnete Absicht nachgemachte oder verfälschte Geld als echtes in Verkehr bringt, sowie auf denjenigen, welcher nachgemachtes oder verfälschtes Geld sich verschafft und solches entweder in Verkehr bringt oder zum Zwecke der Verbreitung aus dem Auslande einführt.

Pr. §. 122; E. I. §. 131; E. II. §. 146; St.B. S. 631.

Vgl. §§. 152; 4 Nr. 1, 2; 139.

1. Ueber den im preuß. St.G.B. nicht besonders hervorgehobenen ersten Fall des §. 147 bemerken die Motive:

„Nachdem in §. 146 zum Thatbestande des Münzverbrechens die Absicht, das nachgemachte oder verfälschte Geld als echtes in Verkehr bringen zu wollen, erfordert worden, bedurfte es einer Bestimmung für den Fall, daß Jemand Geld ohne diese Absicht nachgemacht oder verfälscht hat, und erst später es dennoch als echt ausgibt, sonach diese Absicht gleichsam erst nachträglich zu der Fälschung hinzutritt. Es ist gerechtfertigt, hier dieselben Strafbestimmungen anzuwenden, wie in den Fällen des §. 146."

2. Die Ausdrücke „nachgemachtes" und „verfälschtes" erklären sich aus §. 146.

3. Der Thäter verschafft sich nachgemachtes oder verfälschtes Geld durch jede Handlung, durch welche er dasselbe mit Kenntniß von der Unechtheit des Geldes erwirbt oder sonst an sich bringt. Einer Feststellung dieser Kenntniß bedarf es nur bei ausdrücklichem Bestreiten. Berlin 30. Mai 76 (O.R. XVII, 392, Goltd. XXIV, 562, St. VI, 222). R.G. I, 27. März 82, E. VI, 142. Ueber das erforderliche Maß der Aehnlichkeit s. §. 146 Ziff. 2.

4. Die Verausgabung falschen Geldes durch verschiedene, selbständige Handlungen bildet keine Mehrheit von Delikten, wenn das sich Verschaffen des Geldes durch eine Handlung geschehen war. R.G. I, 4. Dez. 79 (R. I, 114, E. I, 25, Goltd. XXVIII, 40).

5. Nach §. 147 ist auch derjenige strafbar, welcher unechtes Geld sich verschafft und zwar nicht direkt als echtes in den Verkehr bringt, sich aber bewußt ist, daß sein Abnehmer es als echtes in den Verkehr bringen werde. R.G. II, 30. April 80 (R. I, 703, E. I, 408, Goltd. XXVIII, 459).

6. Bei der Einführung aus dem Auslande zum Zweck des Verbreitens ist nicht erforderlich, daß das Geld in den Verkehr gebracht werde. Die Absicht muß dahin gegangen sein, das eingeführte Geld in den Verkehr zu bringen, ohne daß ein prinzipieller Unterschied dadurch begründet wird, ob in- oder ausländisches Geld eingeführt und ob dasselbe bestimmt ist, im In- oder im Auslande in den Verkehr gebracht zu werden. R.G. II, 11. Juli 82, E. VI, 441, R. IV, 685.

7. Ein Versuch des Verbrechens aus §. 147 setzt nachgemachtes Geld und den Anfang der Ausführung der Verbreitung (abgesehen von der letzten Alternative des Einführens) voraus. Will Jemand einen Andern durch Hingabe eines Metallstücks, das nicht nachgemachtes Geld ist, oder sonstwie darüber täuschen, daß er ihm Geld gebe, ohne daß dies der Fall ist, weil er z. B, ihm Spielmarken gibt, so liegt Betrug bez. Versuch desselben vor, nicht aber Versuch der That des §. 147. R.G. IV, 20. Mai 87, E. XVI, 111, s. auch R.G. I, 27. März 82 s. oben.

8. Bei dem sich Verschaffen bedarf es noch nicht der Absicht, das Geld in den Verkehr zu bringen. Ob aber in dem Verschaffen schon Versuch liegt, ist streitig. Hälschner II, 578, H. Meyer S. 953 N. 33, Olshausen N. 2, Oppenhoff N. 9, v. Schwarze N. 7 erklären dies theils als Versuch, theils als Thatfrage. Es dürfte aber nur Vorbereitung darin liegen, da bei Aufgeben der Absicht, es in den Verkehr zu bringen, gar kein Thatbestand vorliegt. Gl. M. Merkel in H.H. III, 224, Rubo N. 4.

Wird das Verbrechen im Auslande an ausländischem Gelde begangen, vgl. §. 146 N. 6.

§. 148. **Wer nachgemachtes oder verfälschtes Geld als echtes empfängt und nach erkannter Unechtheit als echtes in Verkehr bringt, wird mit Gefängniß bis zu drei Monaten oder mit Geldstrafe bis zu dreihundert Mark bestraft.**

Der Versuch ist strafbar.

Pr. §. 123; E. I. §. 132; E. II. §. 147; St.B. S. 631.

Vgl. §. 152.

1. „Als echt empfängt" bildet den Gegensatz zu dem „sich verschafft" im §. 148 und begreift auch den Erwerb durch Schenkung, Fund,. Diebstahl u. s. w. (Vgl Oppenhoff N. 2; v. Schwarze N. 2.) Das Geld, um welches es sich handelt, muß unter Voraussetzung der Echtheit solches sein, welches im In- oder Auslande Kurs hat. München 8. Okt. 75 (bayr. Entsch. V, 470).

2. Die Worte „nach erkannter Unechtheit" erfordern nicht die bestimmte Kenntniß, sondern nur die subjektive Ueberzeugung von der Unechtheit. Dresden 3. Febr. 73 (S.G.Z. XVII, 83). Ein bloßer Zweifel an der Echtheit genügt nicht. Gl. M. Olshausen N. 2, Rubo N. 4, v. Schwarze N. 3. A. M. H. Meyer S. 954, Oppenhoff N. 3. Allein, abgesehen davon, daß eine Grenze zwischen Zweifel, erheblichem Zweifel u. s. w. gar nicht zu finden ist, dürfte, da das Gesetz von erkannter Unechtheit spricht, nicht einmal dolus event. genügen. Man denke nur an den häufigen Fall, daß der Versuch der Verausgabung als Probe dienen soll, ob der Zweifel begründet ist.

3. Das Anbieten zur Zahlung ist, wenn das Geldstück zurückgewiesen wird, ein Versuch des Inverkehrbringens. Stuttgart 18. Dez. 73 (St. IV, 25, württ. Ger.Bl. VIII, 96).

4. In der Regel wird ein Verstoß gegen §. 148 auch den Thatbestand eines Betruges (§. 263) bilden. In solchen Fällen sind die schweren Betrugsstrafen ausgeschlossen, weil §. 148 als das Spezialgesetz zu betrachten ist, welches eine ideale Konkurrenz ausschließt. (Vgl. §. 73 N. 7.) Nur die Bestimmungen über Betrug kommen zur Anwendung, wenn der Thäter Spielmarken als Geld ausgibt, welche die Nachahmung einer im Kurs befindlichen Geldsorte nicht darstellen. München 8. Okt. 75 (bayr. Entsch. V, 471).

5. Wird das Vergehen des §. 148 im Auslande begangen, so kommt nicht §. 4 N. 1 u. 2, sondern lediglich §. 4 N. 3 zur Anwendung.

§. 149. **Dem Papiergelde werden gleich geachtet die auf den Inhaber lautenden Schuldverschreibungen, Banknoten, Aktien oder deren Stelle vertretende Interimsscheine oder Quittungen, sowie die zu diesen Papieren gehörenden Zins-, Gewinnantheils- oder Erneuerungsscheine, welche von dem Reich, dem Norddeutschen Bunde, einem Bundesstaate oder fremden Staate oder von einer zur Ausgabe solcher Papiere berechtigten Gemeinde, Korporation, Gesellschaft oder Privatperson ausgestellt sind.**

Pr. §. 124; E. I. §. 133; E. II. §. 148; St.B. S. 631, 1169.

Vgl. §§. 151, 152, 275, 360 Nr. 4—6.

1. Die Worte „auf den Inhaber lautenden" beziehen sich auf sämmtliche in diesem Paragraphen genannten Werthpapiere. Dieselben müssen auf den Inhaber ausgestellt sein („lauten"), also gehören z. B. auf Namen lautende Aktien oder Wechsel, Anweisungen, Dispositionsscheine, Konnossemente, welche nach Art. 12 A. D. Wechsel-O. und 301, 302 A. D. Handels-G.B. in blanco indossirt oder girirt und deshalb als Inhaberpapiere bezeichnet werden können, nicht dazu. Dasselbe gilt von Bankobligationen (sog. Cheks), im Gegensatz zu Banknoten. Mit diesen Papieren wird nur eine Urkundenfälschung bez. ein Betrug begangen werden können. Ebenso wenig an Inhaberpapieren, welche außer Kurs gesetzt, vinkulirt, auf Namen gestellt sind, da dieselben wenigstens zeitweise nicht auf den Inhaber lauten.

2. Erneuerungsschein ist die vom I. Entwurf aus einem der schweizerischen Strafgesetzbücher entlehnte Verdeutschung von „talon".

3. Das Reich ist erwähnt, weil dasselbe nach Art. 73 R.V. das Recht hat, Anleihen aufzunehmen und demgemäß Schuldverschreibungen auszustellen. — Die Worte „dem Nord-

deutschen Bunde" mußten beibehalten werden, weil es thatsächlich Papiere der in §. 149 erwähnten Art gibt, welche vom Norddeutschen Bunde emittirt wurden und die Natur vom Reiche ausgestellter Papiere auch virtuell nicht erlangt haben, den gesetzlichen Schutz aber nicht verlieren konnten. Vgl. die Motive zum Gesetz vom 15. Mai 1871, Drucks. des Reichstags Nr. 89.

4. Von einer zur Ausgabe solcher Papiere berechtigten — dieser allgemeine Ausdruck wurde in der Kommission des Reichstags (preuß. St.G.B. „unter Autorität des Staats") aufgenommen, um es der rechtlichen Beurtheilung zu überlassen, ob jene Berechtigung vorhanden. Diese Aenderung rechtfertigt sich um so mehr, als es sich, soweit die Verbrechen der §§. 146, 147 in Betracht kommen (vgl. zu §. 146 N. 6), um das gesammte Ausland handelt. — In Preußen bedarf es zur Ausstellung von Inhaberpapieren nach dem Gesetz vom 17. Juni 1833 der landesherrlichen Genehmigung.

5. Wird die Handlung (§§. 146—148) an einem unberechtigt ausgestellten Inhaberpapiere begangen, z. B. an Aktien, die der Vorschrift des Art. 173 A. D. H.G.B. entgegen von einer Kommanditgesellschaft (auf Aktien) auf den Inhaber ausgestellt sind, so liegt ein Münzverbrechen oder -vergehen nicht vor. Bezüglich solcher Papiere ist nur eine Urkundenfälschung möglich.

6. Das Verbrechen (§§. 146, 147) und Vergehen (§. 148) wird immer auch den Charakter einer Urkundenfälschung bez. eines Betruges an sich tragen. Es ist anzunehmen, daß es sich hier gegenüber den letzteren allgemeinen Verbrechensbegriffen um ein Spezialgesetz handelt, welches die Annahme einer idealen Konkurrenz ausschließt. (Vgl. §§. 148 N. 4 und 73 N. 7.)

7. Wegen Stempel-, Brief-, Telegraphenmarken vgl. §§. 275, 276, 364.

§. 150. **Wer echte, zum Umlauf bestimmte Metallgeldstücke durch Beschneiden, Abfeilen oder auf andere Art verringert und als vollgültig in Verkehr bringt, oder wer solche verringerte Münzen gewohnheitsmäßig oder im Einverständnisse mit dem, welcher sie verringert hat, als vollgültig in Verkehr bringt, wird mit Gefängniß bestraft, neben welchem auf Geldstrafe bis zu dreitausend Mark, sowie auf Verlust der bürgerlichen Ehrenrechte erkannt werden kann.**

Der Versuch ist strafbar.

Pr. §. 243 Nr. 3, 4; E. I. §. 239; E. II. §. 149; St.B. S. 631.

1. Der §. 150 behandelt das sog. Kippen und Wippen. Das preuß. St.G.B. v. 1851 hatte das Vergehen im §. 243 unter die Fälle des qualifizirten Betruges aufgenommen.

2. „Gewohnheitsmäßig" bezeichnet öfteres Handeln mit der Neigung der Wiederholung. Ein einmaliger Fall genügt danach nie; wieviel Fälle erforderlich sind, ist Sache thatsächlichen Ermessens. Die verschiedenen Fälle bilden eine Strafthat, kein Zusammentreffen strafbarer Handlungen. Dagegen ist es nicht ausgeschlossen, daß aus einem thatsächlich festgestellten Fall auf die gewohnheitsmäßige öftere Verübung geschlossen wird, z. B. in Folge der vorgefundenen Einrichtungen zur verbotenen Werthverringerung der Münzen.

3. Vgl. wegen Behandlung der bei den Kassen einzusendenden verringerten Münzen Bek. des Reichskanzlers v. 9. Mai 1876 (Centr.Bl. S. 260); s. oben §. 146 N. 9.

§. 151. **Wer Stempel, Siegel, Stiche, Platten oder andere zur Anfertigung von Metallgeld, Papiergeld oder dem letzteren gleich geachteten Papieren dienliche Formen zum Zwecke eines Münzverbrechens angeschafft oder angefertigt hat, wird mit Gefängniß bis zu zwei Jahren bestraft.**

Pr. —; E. I. —; E. II. §. 149; St.B. S. 631.

Vgl. §. 360 Nr. 4, 5, 6.

1. Der Paragraph wurde von der Bundeskommission in Anlehnung an den bremischen Entwurf von 1868 §. 246 (vgl. auch Thüringen 268, Hamburg [1869] Art. 108) aufgenommen.

2. Der Paragraph unterwirft eine sonst (in der Regel) straflose Vorbereitungshandlung zu einem Münzverbrechen einer bestimmten Strafe. So bezeichnete der bremische Entwurf und das Hamburgische St.G.B. das Vergehen ausdrücklich. Für die Anwendung des Paragraphen ist es hiernach zwar gleichgültig, ob von den Formen u. s. w. bereits Gebrauch gemacht ist, ebenso

auch, ob der Verfertiger selbst davon Gebrauch machen will. Charakterisirt sich die That aber als Vorbereitungshandlung zu dem nachher begangenen Versuch eines Münzverbrechens oder zu einem wirklich vollendeten Münzverbrechen, so kann weder eine reale, noch eine ideale Konkurrenz angenommen werden, vielmehr liegt dann nur das Münzverbrechen oder, wenn der Verfertiger ein Dritter war, Theilnahme vor, falls — im letzteren Fall — die sonstigen Erfordernisse der Theilnahme vorhanden sind. (Vgl. §. 73 N. 5—8 u. S. 156 N. 2.)

3. Die Anfertigung der Formen u. s. w. nicht zum Zwecke eines Münzverbrechens ist nur als Uebertretung aus §. 360 Nr. 4 strafbar.

4. Vollendet ist die That mit der vollendeten Anschaffung oder Anfertigung (angeschafft rc. hat); also im ersten Falle mit Erlangung des Gewahrsams, im zweiten mit Vollendung der Stempel u. s. w. Gl. M. Hälschner II, 584.

§. 152. Auf die Einziehung des nachgemachten oder verfälschten Geldes, sowie der im §. 151 bezeichneten Gegenstände ist zu erkennen, auch wenn die Verfolgung oder Verurtheilung einer bestimmten Person nicht stattfindet.

Pr. —; E. I. —; E. II. —; St.B. S. 1170.

Vgl. §§. 40, 42.

1. Der Paragraph wurde in 3. Lesung des Reichstages aufgenommen, weil in 2. Lesung der §. 40 (E. §. 38 [vgl. den Text in §. 40 N. 1]) insofern geändert war, als die Einziehung auch bei den durch ein Verbrechen hervorgebrachten Gegenständen fakultativ und davon abhängig gemacht worden war, daß die Gegenstände dem Thäter oder einem Theilnehmer gehörten, dieses aber bei Münzverbrechen für bedenklich erachtet wurde. (Vgl. §. 40 N. 1.) Es ist deshalb die Einziehung geboten und solches auch auf den Fall des §. 42, wenn die Verfolgung einer bestimmten Person nicht stattfindet, erstreckt; ebenso ist es gleichgültig, ob das Geld u. s. w. dem Thäter oder einem Theilnehmer gehört, da hier eine Spezialbestimmung vorliegt und das Gesetz selbst nicht unterscheidet. Man muß annehmen, daß der Reichstag in 3. Lesung das Prinzip des Entwurfs §. 38 A. 2 (jetzt §. 40), wonach die durch eine strafbare vorsätzliche Handlung hervorgebrachten Gegenstände immer eingezogen werden sollten, für diesen besonderen Fall hat wieder herstellen wollen. (Vgl. §. 40 N. 4.) Aus dem Umstande, daß in den ähnlichen Fällen der §§. 295, 360, 367 die Worte „einerlei ob sie dem Verurtheilten gehören oder nicht" aufgenommen sind, folgt nicht das Gegentheil. (Vgl. indessen Bayern St.G.B. v. 1861 Art. 169 und 175; Weiß I, 421.)

2. Die Schlußworte „auch wenn — stattfindet" enthalten nichts weiter, als eine Ausdehnung des im §. 42 enthaltenen Prinzips auf den Spezialfall des §. 152. Voraussetzung der Anwendbarkeit des §. 152 (wie des §. 42) ist die Feststellung, daß das Geld bez. die Gegenstände das Objekt eines Münzverbrechens oder Vergehens (§§. 146—149, 151) waren, mit anderen Worten, daß wenigstens der objektive Thatbestand eines Verbrechens oder Vergehens vorliegt. Der polizeiliche Gesichtspunkt der Prävention und der Gemeingefährlichkeit der fraglichen Gegenstände, welcher ein Motiv der Bestimmung des §. 152 war, kann nicht dazu führen, die ersten Grundsätze des Strafrechts, welches überall eine schuldbare That verlangt, zu ignoriren. Wenn Oppenhoff §. 152 N. 3 meint: „es werde gar nicht erfordert, daß der Gegenstand durch ein Verbrechen hervorgebracht oder zur Begehung eines solchen gebraucht oder bestimmt gewesen sei, vielmehr entscheide lediglich die Gemeingefährlichkeit," so wird hierbei übersehen, daß die §§. 146, 147, 151 den bloßen Besitz von nachgemachtem oder verfälschtem Gelde bez. der Gegenstände straflos lassen und daß die Worte des §. 52: „des nachgemachten Geldes", sowie „der im §. 151 bezeichneten Gegenstände" mit Nothwendigkeit die Beziehung auf die in den betreffenden Paragraphen angegebene Absicht bez. den strafbaren Zweck in sich schließen. Die entgegenstehende Auslegung ist willkürlich und durch Momente aus den Vorberathungen nicht zu unterstützen. Die Ansicht von Oppenhoff dürfte daher hier ebenso unhaltbar sein, wie seine Auffassung, daß im §. 41 ein sog. strafbarer Inhalt — ohne einen wenigstens denkbaren Thäter — die Unbrauchbarmachung von Schriften nach sich ziehen könne. Auch die Worte „einer bestimmten Person" erweisen, daß das Gesetz das Vorhandensein eines, wenn auch nicht zu ermittelnden, Thäters voraussetzt. Die richtige Meinung vertreten v. Schwarze S. 85 fg., Merkel in H.H. III, 226, v. Buri G.S. Bd. 30 S. 265 und entschied sich dafür auch Berlin 6. Sept. 76 (O.R. XVII, 535, Goltd. XXIV, 562). — R.G. II, 29. Mai 86, E. XIV, 161, R. VIII, 400, entschied dagegen für die Ansicht Oppenhoffs, allerdings in einem Fall, in welchem ein strafbarer Fall

nach Ansicht des R.G. vorlag. S. §. 146 N. 4. Nach diesem Urtheil soll auch die Verurtheilung oder Freisprechung einer bestimmten Person dem nachträglichen objektiven Verfahren nicht entgegenstehen.

3. Ob der §. 152 sich endlich auch nur, wie §. 42, auf den Fall bezieht, daß die Verfolgung des Thäters wegen Unbekanntschaft, Abwesenheit, Tod u. s. w. (thatsächlich) nicht ausführbar, aber nicht auf den Fall, wo sie z. B. wegen Verjährung rechtlich verboten ist (vgl. §§. 66 N. 9 und §. 61 N. 27), ist deshalb zweifelhaft, weil sich weder aus dem Wortlaut noch aus der Entstehungsgeschichte des §. 152 ergibt, daß in gedachter Beziehung etwas von den allgemeinen Grundsätzen Abweichendes hat bestimmt werden sollen. Der §. 152 ist nämlich in dritter Lesung ohne Debatte aufgenommen (vgl. oben N. 1); bemerkt wurde nur, daß das, was im allgemeinen Theil als Befugniß des Richters ausgesprochen worden, in diesem besonderen Fall als Zwangspflicht auferlegt werde. (St.B. S. 1170.) In Erwägung indessen, daß die **ratio legis** — die Gemeingefährlichkeit — auch im Fall eingetretener Verjährung zutrifft, daß die Maßregel als obligatorisch, nicht als bloß fakultativ hingestellt ist und daß der dispositive Wortlaut des §. ein anderer ist, wie im §. 42 „nicht stattfindet" statt „nicht ausführbar ist", — wird die Einziehung nach eingetretener Verjährung der Strafverfolgung geeignetenfalls allein anzuordnen sein. Daß der Artikel ebenso Anwendung findet, wenn rechtliche, als wenn thatsächliche Gründe die Verfolgung oder Verurtheilung einer bestimmten Person hindern, nahm auch an Berlin 6. Sept. 76 s. oben.

Neunter Abschnitt.

Meineid.*)

Die Ueberschrift „Meineid" ist (ähnlich wie bei Abschnitt 2) nach dem Grundsatz gewählt: **a potiori fit denominatio.** Meineid im Sinne des St.G.B. ist der technische Begriff für die in den §§. 153—155 vorgesehene wissentliche Verletzung der Eidespflicht (vgl. §. 157 N. 1). Der Abschnitt **IX** enthält auch Bestimmungen, welche andere Handlungen als den Meineid betreffen, namentlich über fahrlässigen falschen Eid (§. 163), falsche, wissentliche und fahrlässige Versicherung an Eidesstatt (§§. 156, 163), (erfolgloses) Unternehmen der Verleitung eines Andern zum Meineid bez. zur falschen eidesstattlichen Versicherung (§. 159), Verleitung (zum thatsächlich) falschen Eide, bez. zur falschen eidesstattlichen Versicherung (§. 160), Bruch eines eidlichen Versprechens (Eidesbruch §. 162). Die Materie der Aussagen unter eidlicher oder eidesähnlicher Bekräftigung ist in strafrechtlicher Beziehung durch den 9. Abschnitt vollständig geregelt und läßt derselbe landesrechtliche Bestimmungen daneben nicht zu. Bestrittener ist dies bezüglich falscher Aussage von Behörden ohne besondere Bekräftigung. Aber auch in dieser Beziehung muß zum gleichen Resultate gelangt werden. Gl. M. Dresden 27. Sept. 72, St. II, 33, Berner S. 417, Binding I, 317, 321, Dochow in H.H. III, 233, Hälschner II, 905, Heinze in H.H. II, 33 u. R.Ld.St.R. S. 117, v. Liszt S. 605, H. Meyer S. 958, Rubo S. 122. A. M. Oppenhoff, Einf.Ges. §. 2 N. 18, v. Schwarze im G.S. Bd. 22, S. 395.

§. 153. Wer einen ihm zugeschobenen, zurückgeschobenen oder auferlegten Eid wissentlich falsch schwört, wird mit Zuchthaus bis zu zehn Jahren bestraft.

Pr. §. 125; E. I. §. 134; E. II. §. 151; St.B. S. 632—634.

Vgl. §. 161.

1. Der Paragraph behandelt die Parteieneide. Durch die Worte „zugeschobenen, zurückgeschobenen, auferlegten" ist der Privatmeineid ausgeschlossen. Berlin 30. Mai 77 (O.R. **XVIII**, 360, Goltd. **XXV**, 326, St. **VII**, 52), Stuttgart 27. Sept. 76 (württ. G.Bl. **XII**, 286, St. **VII**, 52). Voraussetzung ist, daß der Eid von einer zur Abnahme von Eiden zuständigen Behörde (Beamten) abgenommen wird. Jedoch liegt dies im Begriffe der in §. 153 genannten Eide, bedarf also keiner besonderen Feststellung. R.G. II, 26. Nov. 80, F.S. 9. Sept. 87, **E. III**, 70; **XVI**, 186, **R. II**, 571; **IX**, 420; **III**, 5. Jan. 88, Goltd. **XXXVI**, 157. Auf gerichtliche Eide ist der Paragraph aber nicht beschränkt, vielmehr kann

*) S. die Verleitung zum falschen Eide v. Voigt, Goltd. **XXVIII**, 222, Anstiftung zum Meineid bei Unzurechnungsfähigen v. Zimmermann, G.S. Bd. 32 S. 130. Der Kompromißeid v. Schwarze G.S. Bd. 34 S. 52. Kritische Erörterung von Fuchs, Goltd. **XXX**, 340. Die Eidesdelikte von Lauterburg, Bern 1886, auch v. Jagemann im G.S. Bd. 29 S. 340.

— worüber die verschiedenen Reichs- oder Landesgesetze entscheiden — auch eine Verwaltungsbehörde zuständig sein (vgl. §. 154 N. 1). Der Schiedsrichter ist nicht dahin zu zählen; denn §. 861 der R.C.P.O. schließt die Beeidigung von Zeugen und Sachverständigen, sowie die Abnahme von Parteieiden durch den Schiedsrichter aus. R.G. II, 26. Nov. 80 (R. II, 571, E. III, 70) führt aus, daß auch ein vor einer ausländischen, zuständigen Behörde (in concr. eine in Deutschland akkreditirte ausländische Gesandtschaft) geleisteter Meineid zu bestrafen sei, und daß sich §. 153 nicht auf die im Civilprozeß geleisteten Parteieide beschränke, sondern auf alle Eide beziehe, welche eine Behörde gültig nach dem anzuwendenden Gesetze einer Person auferlegen könne. Zollbehörden sind zur Abnahme von Eiden in Defraudationssachen nicht zuständig. Celle 19. Okt. 89, Goltd. XXXVIII, 72.

2. Ob die Zuschiebung oder Auferlegung des Eides gesetzlich unstatthaft gewesen wäre, ist für die Strafbarkeit gleichgültig. Dresden 17. Juli 71 (St. I, 74, S.G.Z. XV, 240) München 24. Jan. 73 (St. II, 161, bayr. Entsch. III, 27). R.G. I, 1. Nov. 81, E. V, 124, R. III, 676. Ebenso ist es ohne Belang, wenn der unrichtig bezeugte Umstand für die Sache, in welcher die Aussage erfolgte, unerheblich oder unwesentlich war. R.G. II, 29. April und IV, 14. Okt. 84, E. X, 338, R. VI, 317, 619. Auch der Umstand, daß die Angabe der Wahrheit bei einem zugeschobenen Eid den Schwörenden der Bestrafung ausgesetzt hätte, ändert nichts am Thatbestand. R.G. I v. 1. Nov. 81 s. oben. Dagegen ist die Bestrafung ausgeschlossen, wenn der Eid über eine andere Thatsache geleistet ist, als diejenige, über die er zugeschoben war. Berlin 30. Okt. 72 (Goltd. XX, 525, O.R. XIII, 558).

Der zugeschobene Eid verliert diesen Charakter nicht dadurch, daß er mit einer hinzugesetzten Qualifikation abgeleistet worden ist. Berlin 22. April 75 (O.G. XVI, 304).

3. Zu den hier fraglichen Eiden gehört der Manifestationseid (d. h. der assertorische Theil, während der Bruch des promissorischen Theils nach §. 162 strafbar ist; vgl. Berlin 29. Sept. 71, 8. Mai 73, Goltd. XIX, 679; XXI, 352; O.R. XII, 485; XIV, 351; St. II, 358, ferner Berlin 2. Febr. 76 [O.R. XVII, 80, Goltd. XXIV, 226], wonach auch das wissentliche Verschweigen einer noch nicht fälligen Forderung strafbar ist), der Diffessionseid, der Ignoranz-, Glaubens-, Wissenseid.

Wird ein Offenbarungseid wissentlich falsch geleistet und dann auch noch dem eidlich angelobten Versprechen nachträglicher Anzeige zuwidergehandelt, so liegen zwei selbständige Strafthaten vor. R.G. II, 12. April 81, E. IV, 77, R. III, 225. Der vom Schiffer und dessen Mannschaft bei der Verklarung abzuleistende Eid wurde als eine Art des Offenbarungseides und deshalb unter §. 153 fallend erklärt. R.G. III, 29. April 89, E. XIX, 218.

Im Vergleichswege vereinbarte Eide fallen, auch wenn die Vereinbarung unter Mitwirkung des Gerichts zu Stande gekommen ist und der Eid vom Gericht abgenommen wurde, nicht unter den §. 153. Stuttgart 27. Sept. 76 (württ. G.Bl. XII, 286, St. VII, 52), vgl. Berlin 30. Mai 77 (O.R. XVIII, 360, Goltd. XXV, 326, St. VII, 53). R.G. III, 8. Okt. 81, E. V, 94, R. III, 616, München 8. April 85, bayr. Entsch. III, 445. Auch die von einer Behörde verlangten, vor ihr abgeleisteten, auf dienstliche Vorkommnisse sich beziehenden eidlichen Versicherungen gehören nicht hierher, Berlin 30. Mai 77 s. oben.

4. Der Thatbestand des Meineids liegt auch dann vor, wenn in der Eidesnorm nebensächliche und im Urtheil als unwesentlich erklärte Punkte, wie Zeit und Ort einer Lieferung, unrichtig angegeben waren, so daß der Beeidigte scheinbar den Eid mit gutem Gewissen ablegen konnte, oder wenn von mehreren Thatsachen nur eine wissentlich falsch beschworen wurde. Mannheim 8. Jan. 76 (St. VI, 228). Die Frage, in welchen Sinne eine Eidesnorm aufzufassen sei, und ob der Eid richtig oder falsch geleistet wurde, ist thatsächlicher Natur und in der Revisionsinstanz nicht zu prüfen. R.G. III, 30. Juni 80 (R. II, 141).

5. Der Eidesunmündige kann wegen Meineides nicht verfolgt werden. v. Schwarze S. 459; Dochow in H.H. III, 235, R.G. III, 26. März 81, E. IV, 32, R. III, 165. — A. M. H. Meyer S. 961, Olshausen N. 3b. — Dagegen kann der zur Eidesleistung für unfähig Erklärte wohl einen Meineid begehen; vgl. Dochow a. a. O. und Dresden 17. Juni 71 (St. I, 74). R.G. I, 23. Febr. 80, E. I, 217. Ferner ist nicht ausgeschlossen, daß der Anstifter eines Meineids oder Falscheides bestraft wird, wenn auch der Eidesleistende selbst wegen Eidesunmündigkeit oder wegen mangelnder Einsicht der Strafbarkeit freigesprochen wird. R.G. III, 20. Sept. 82, R. IV, 700.

6. Die wesentlichen Förmlichkeiten bei der Eidesleistung müssen beobachtet sein, Was dahin zu rechnen, ist nach den Prozeßgesetzen zu beurtheilen. Das Unterlassen der Ver-

warnung (§. 442 C.P.O., §. 59 St.Pr.O.) ist nicht wesentlich. — Das preuß. O.Tr. hat mit Recht die nach der Konfession verschiedenen äußeren Formen für nicht wesentlich erachtet, als wesentlich nur die Bekräftigung, verbunden mit der Anrufung Gottes.

Nachdem die Reichsprozeßgesetze (Civ.P.O. §. 443) die Eidesformeln in einer konfessionell nicht differirenden Weise regeln, kann es sich nur fragen, ob ein konfessioneller Zusatz zur gesetzlichen Formel unschädlich ist. Die Frage ist zu bejahen. R.G. I, 24. Jan. 86, E. X, 187, R. VI, 44.

7. Der Versuch eines Meineides ist denkbar, selbst wenn das Aussprechen der Eidesworte noch nicht begonnen, vielmehr erst ein bestimmtes Erbieten zur Eidesleistung vorliegt; auch darin kann ein Anfang der Ausführung gefunden werden. Die preuß. Praxis hat in dieser Beziehung jedoch geschwankt. (Vgl. Goltd. I, 702 und Entscheid. d. O.Tr. Bd. 23 S. 213.) Das sächsische Rev. St.G.B. von 1868 bestimmte:

> Art. 224. „Das Verbrechen des Meineids ist für versucht zu achten, sobald der Schwörende das Aussprechen der Eidesworte begonnen hat, für vollendet, wenn er die Betheuerungsformel ausgesprochen hat.
>
> Ist jedoch die Eidesleistung der wahrheitswidrigen Aussage vorausgegangen, so ist der Meineid mit dem Schluß der Anhörung, wobei die wahrheitswidrige Aussage geschehen, für vollendet zu achten. Wegen versuchten Meineides findet in diesem Falle ein Strafverfahren nicht statt."

Selbstverständlich ist dieser Artikel aufgehoben, er enthält aber namentlich im Abs. 2 eine wohl in den meisten Fällen des §. 154 zutreffende Auslegungsregel.

8. Wegen des Ehrverlustes und der Zeugnißunfähigkeit vgl. §. 161.

9. Wegen der Strafermäßigung für den Fall thätiger Reue vgl. §. 158.

§. 154. Gleiche Strafe trifft denjenigen, welcher vor einer zur Abnahme von Eiden zuständigen Behörde wissentlich ein falsches Zeugniß oder ein falsches Gutachten mit einem Eide bekräftigt oder den vor seiner Vernehmung geleisteten Eid wissentlich durch ein falsches Zeugniß oder ein falsches Gutachten verletzt.

Ist das falsche Zeugniß oder Gutachten in einer Strafsache zum Nachtheile eines Angeschuldigten abgegeben und dieser zum Tode, zu Zuchthaus oder zu einer anderen, mehr als fünf Jahre betragenden Freiheitsstrafe verurtheilt worden, so tritt Zuchthausstrafe nicht unter drei Jahren ein.

Pr. §§. 126, 127; E. I. §§. 135, 136; E. II. §. 152, St.B. S. 632—634.
Vgl. §. 161.

1. Zunächst bemerken die Motive:

> „Die Beschränkung der Bestimmung im preußischen Strafgesetzbuche auf den Meineid, welcher in einer bürgerlichen Rechtssache oder in einer Strafsache geleistet worden ist, konnte nicht beibehalten werden, vielmehr war die Bestimmung auf die Fälle auszudehnen, in denen der Eid überhaupt vor einer zur Abnahme von Eiden zuständigen Behörde geleistet worden. Denn wie bereits in der preußischen Rechtsprechung diese Beschränkung zu Zweifeln Anlaß gegeben, so paßt sie auch nicht auf diejenigen Bundesstaaten, in denen noch andere Behörden, als lediglich solche, welche in bürgerlichen Rechtssachen oder in Strafsachen fungiren, zur Abnahme von Eiden befugt sind. Es konnte auch bei den zur Abnahme von Eiden befugten Behörden kein Unterschied bezüglich der Wichtigkeit des Eides und der Schwere der Verletzung des Eides gemacht werden."

Die Zuständigkeit der Behörde zur Abnahme von Eiden im Allgemeinen genügt; es ist nicht erforderlich, daß die Behörde für den konkreten Fall kompetent gewesen sei. Berlin 26. Jan. u. 27. Juni 72 (Goltd. XX, 396, O.R. XIII, 89, 378). R.G. II, 24. Nov. 85, R. VII, 696. In der Fragestellung an die Geschworenen genügt die Aufnahme der Worte: „vor einer zur Abnahme von Eiden zuständigen Behörde, ist aber selbst dann nothwendig, wenn es unzweifelhaft der Fall ist. (Amtsgericht) R.G. I, 9. Febr. 91, E. XXI, 321. — Ein preuß. Steueramt ist zur Abnahme von Eiden nicht zuständig. Berlin 14. April 75 (Goltd. XXIII, 327, O.R. XVI, 282). — Berlin 19. Nov. 73 (O.R. XIV, 732, Goltd. XXI, 525, St. III, 182) stellte das Erforderniß auf, der Zeuge bez. Sachverständige müsse von der Behörde zur Abgabe eines Zeugnisses oder Gutachtens berufen gewesen sein; auf eine aus eigenem Antrieb abgegebene Erklärung finde also §. 154 nicht Anwendung. Zu einer solchen Ansicht gibt jedoch der Wortlaut des §. 154 keine Veranlassung. Vgl. Oppenhoff R. 3 zu §. 154. Disziplinarbehörden sind zur eidlichen Zeugenvernehmung zuständig. München 13. Nov. 84, bayr. Entsch. III, 308.

2. Die alternative Fassung: „wer — bekräftigt" und „wer — verletzt" hatte die Verschiedenheit der Prozeßgesetze im Auge, wonach die Eidesleistung der Vernehmung theils folgte (preuß. A.G.O.), theils voranging (so meistens im Gebiet des französischen und des Gemeinen Rechts).

Für das Gebiet der Reichsjustizgesetzgebung ist die Frage nun allerdings einheitlich geordnet, sowohl die Strafprozeßordnung §§. 60—62 als die Civilprozeßordnung §§. 356, 357 kennt jedoch die assertorische und promissorische Form des Eides, also hat auch abgesehen von landesgesetzlichen Bestimmungen, die noch in Kraft stehen, die alternative Redaktion des §. 154 ihre Bedeutung. Nach §. 65 St.P.O. soll der Zeuge in der Regel erst in der Hauptverhandlung beeidigt werden, Abs. 2 läßt die Beeidigung aber unter gewissen Voraussetzungen auch in der Voruntersuchung und Abs. 3 sogar in dem vorbereitenden Verfahren zu. Erfolgt dieselbe nach diesen Bestimmungen, so zieht eine falsche Aussage auch die Bestrafung nach §. 154 nach sich. Auf die Erheblichkeit der Aussage kommt nichts an. Berlin 29. Febr. 72 (O.R. XIII, 187, St. II, 43), München 28. Dez. 76 (bayr. Entsch. VI, 615, St. VII, 54), 13. April 78 (St. VIII, 117). Die entgegengesetzte, von Oppenhoff früher vertretene Ansicht hat derselbe verlassen (s. 7. Aufl. R. 10). Ist in einer Sache der Zeugenbeweis gesetzlich ausgeschlossen, so hindert dies doch nicht den Zeugenbeweis, um den in der Sache des Meineids Angeklagten zu überführen. Leipzig 1. Sept. 74 (E. XIV, 47).

3. Der Zeuge und Sachverständige hat über Alles, worüber er befragt wird, die Wahrheit zu sagen und zwar die volle Wahrheit, so daß er im Allgemeinen befragt, Alles, was zur Sache dienlich ist, angeben muß, auch ohne speziell befragt zu sein. Handelt er dagegen, so liegt ein falsches Zeugniß vor. Das bezieht sich namentlich auch auf die Generalfragen, Vorbestrafungen u. s. w. Es dient einem Zeugen oder Sachverständigen nicht zur Entschuldidigung, wenn er bestimmte Thatsachen, welche er angeben kann, nach denen er aber gefragt ist, für unerheblich hält. Ist er nicht gefragt, so kann er über vermeintlich Unerhebliches schweigen. Wenn er sich aber auch nur der Möglichkeit bewußt ist, daß der verschwiegene Umstand erheblich sei, wird er durch Verschweigen strafbar. R.G. I, 14. Febr. 84, IV, 8. Juni 86, R. VI, 111, VIII, 23, auch III, 23. Nov. 82, E. VII, 321. — Der Umstand, daß der Zeuge sein Zeugniß hätte verweigern können, oder über Thatsachen vernommen ist, die ihn selbst graviren, ist nur ein Milderungsgrund. (Vgl. §. 157.)

4. Zweifelhaft ist: ob bei Sachverständigen die Beantwortung der Generalfragen eine Verfolgung wegen Meineides begründen kann. Das preuß. Obertribunal hat in einer (bei Oppenhoff §. 154 R. 13 erwähnten, ungedruckten) Entscheidung vom 4. Mai 1853 und ebenso im Urtheil vom 21. Juni 1877 (O.R. XVIII, 461) angenommen: die Verfolgung sei unzulässig, weil sich der Sachverständigeneid nur auf das erforderte Gutachten, nicht auf die Beantwortung von Generalfragen über Thatsachen erstrecke. Oppenhoff bejaht dagegen; Meyer §. 54 R. 6 hält die Ansicht des Obertribunals sogar für wunderlich. Wir können uns dieser Verwunderung nicht anschließen, so befremdlich im ersten Moment die Unterscheidung auch erscheint. Die Frage ist nach dem Prozeßgesetze zu entscheiden. Die Prozeßgesetze unterscheiden — soweit uns bekannt — sämmtlich bei der Eidesformel zwischen Gutachten und Thatsachen. Soll der Sachverständige auch über letztere aussagen, und zwar gleichviel, ob die von ihm bekundeten Thatsachen die Grundlage und Voraussetzung seines Gutachtens sein sollen, oder nicht, so muß er auch mit dem Zeugeneide belegt werden. [Vgl. §. 379 C.P.O., §. 85 St.P.O. und R.G. I, 23. Dez. 80 (R. II, 665, II, 17. Febr. 85, E. XII, 70, R. VII, 118.)] Mit der Beantwortung der Generalfragen steht es in dieser Beziehung nicht anders. Als Meineid kann nun nur das bezeichnet werden, was dem in der Eidesformel — dem Akt des Schwurs — Enthaltenen zuwiderläuft. Hält man daran fest, daß es sich hier um einen formellen und solennen Akt handelt, so ist es unzulässig, denselben aus den begleitenden Umständen oder Motiven zu erklären. Selbst wenn man den Worten Zwang anthut, können die bezüglich der Sachverständigen üblichen Eidesworte nicht auf die Generalfragen bezogen werden. Nach der C.P.O. §. 375 hat der Sachverständige nur zu schwören, daß er das von ihm erforderte Gutachten unparteiisch und nach bestem Wissen und Gewissen erstatten werde. Ebenso nach §. 79 der St.P.O. Der Zeuge dagegen hat überall die Wahrheit des von ihm Ausgesagten, bez. Auszusagenden zu beschwören.

Die Praxis des R.G. über die Frage steht nicht fest. R.G. I, 8. Mai 82, E. VI, 267 hält eine besondere Beeidigung Sachverständiger auf Personal- und Generalfragen nicht für erforderlich, hält vielmehr die Beeidigung durch den Sachverständigeneid auch in diesen Beziehungen für gegeben. R.G. II, 31. März 85, E. XII, 128, R. VII, 212 dagegen verneint dies mit Recht und ist der Ansicht, es bedürfe einer Beeidigung auf Personal- und Generalfragen in der Regel gar nicht. Wo besondere Veranlassung vorliege, müsse es mittels des Zeugeneids geschehen. Dies entspricht der Stellung des Sachverständigen. Als solcher wird keine Person ohne Auswahl gebraucht wie dies bei Zeugen häufig unvermeidlich ist. Es müssen also besondere Gründe vorliegen, welche die Feststellung der Person und des Verhältnisses zur Sache erforderlich machen. Wenn Olshausen N. 7 hieraus die Konsequenz zieht, ein nur mit dem Zeugeneid belegter Sachverständiger könne nicht als beeidet gelten, wie R.G. II, 10. Dez. 80 u. 26. Febr. 84, E. III, 100, R. II, 624, VI, 154 annimmt, so berücksichtigt er nicht den Wortlaut des Zeugeneids, der unbedingte Wahrheit, also auch des Gutachtens, versichert. Gl. M. Hälschner II, 914, N. 3, Oppenhoff N. 13. Wenn Olshausen bei Besprechung dieser Frage dem Herausgeber dieses Kommentars Inkonsequenz imputirt, weil er für die im §. 55 vorgesehene eidliche Versicherung zwar eine formulirte Behauptung verlangt, aber Beziehung auf den geleisteten Zeugeneid zuläßt, so dürfte ein Mißverständniß vorliegen. Warum soll ein bereits beeideter Zeuge nicht erklären: Auf den von mir bereits geleisteten Eid hin erkläre ich, daß die Beantwortung der Frage mir die Gefahr strafgerichtlicher Verfolgung zuziehen würde. Dolmetscher werden mit Recht als Sachverständige in Bezug auf Beeidigung behandelt von: v. Liszt, S. 607, Olshausen N. 1, Oppenhoff N. 7.

5. Der Umstand, daß dem Schwörenden die Fähigkeit, eidlich vernommen zu werden, aberkannt war, begründet keine Straflosigkeit. Vgl. Dresden 17. Juni 71, St. I, 74; Dochow in H.H. III, 235. A. M. Schütze S. 310. R.G. I, 23. Febr. 80 (E. I, 217) nahm dies an in einem Fall, in welchem ein Zeuge wegen einer unter Herrschaft des preuß. St.G.B. erlittenen Zuchthausstrafe eidesunfähig war. S. über die Eidesfähigkeit auch zu §. 153, N. 5. Bei Zeugen in einer Civilprozeßsache kommt es, wenn sie vernommen wurden, nicht darauf an, ob sie nach ihrer Stellung zur Sache zur Zeugschaft oder zur Eidesleistung verpflichtet oder befähigt waren. R.G. I, 30. Jan. 82, R. IV, 95.

6. Ein falsches Zeugniß liegt auch dann vor, wenn die Thatsache zwar objektiv wahr ist, der Zeuge aber wahrheitswidrig seine Kenntniß der Thatsache beschwört. (Vgl. Goltd. VIII, 605, v. Schwarze, Komm. S. 409.)

7. Ueber die wesentlichen Förmlichkeiten vgl. §. 153 N. 6.

8. Ueber den Versuch, der namentlich dann, wenn die Eidesleistung der Vernehmung vorangeht, sehr wohl denkbar ist, — vgl. §. 153 N. 5. — Im Falle der Eidesleistung vor der Vernehmung ist das Verbrechen erst mit dem Schlusse der Vernehmung, beziehungsweise der wiederaufgenommenen Vernehmung vollendet. Mannheim 15. März 73 (St. III, 181), München 13. April 77 (bayr. Entsch. VII, 149, St. VII, 56). Dagegen nahm R.G. IV, 9. Okt. 88, R. X, 555 an, es liege schon ein Versuch dann vor, wenn der Zeuge innerhalb derselben Vernehmung auf Vorhalt des Vorsitzenden seine Aussage richtig stelle. Das Urtheil dürfte nicht richtig sein, da die Aussage eines Zeugen als ein Ganzes aufgefaßt werden muß. Dies that R.G. III, 15. März 86, E. XIV, 19, R. VIII, 171, nahm aber Versuch straflos durch §. 46 bei einer sofort berichtigten Aussage an. Wollte man die Eidesverletzung schon gegeben erachten, sobald ein Zeuge etwas Unwahres wissentlich aussagt, so ist auch in jenem Falle die That nicht versucht, sondern vollendet, wenn auch mit der Strafminderung des §. 158. So erkannte München 2. Dez. 85, bayr. Entsch. III, 610, in einem Falle, in welchem ein Zeuge noch in derselben Verhandlung, jedoch nach einer anderen Aussage, die seinige berichtigt hatte. Straflosigkeit nahm an München 19. Aug. 87, bayr. Entsch. IV, 571. Ebenso R.G. III, 5. Okt. 81, E. V, 92 (R. III, 599).

Als Gehülfe wurde Jemand bestraft, der einem Zeugen durch dessen Vorschlag Gelegenheit zur Ablegung eines falschen eidlichen Zeugnisses geben wollte. München 12. März 72 (bayr. Entsch. II, 83).

9. Abs. 2. Zum Nachtheil eines Angeschuldigten ist eine Aussage abgegeben, wenn entweder die Absicht des Aussagenden dahin geht, einen nachtheiligen Erfolg für einen Angeschuldigten herbeizuführen oder wenn die Aussage einen nachweisbar nachtheiligen Charakter für den Angeschuldigten hatte und der Aussagende sich dessen bewußt war, wenn er auch nicht mit Absicht handelte, z. B. wenn es ihm bei der unwahren Angabe darum zu thun war, den

Verdacht gegen einen Andern abzulenken, gleichviel was die Folgen für den Verdächtigten seien. — Des Nachweises eines Kausalzusammenhangs zwischen Aussage und Verurtheilung bedarf es nicht.

10. Angeschuldigter kann nicht im Sinne des §. 155 St.P.O. verstanden werden, weil §. 155 nur für die St.P.O. die Terminologie schafft und jünger ist als §. 154 St.G.B. Man wird aber auch nicht einmal eine öffentliche Klage u. dergl. als Vorbedingung verlangen können. Es genügt auch eine falsche Anzeige unter Eid, wenn dieselbe ein Verfahren zur Folge hat, welches zur fraglichen schweren Verurtheilung führt, denn durch falsche Anschuldigung (§. 164 St.G.B.) wird eben der Betreffende Angeschuldigter im Sinne des St.G.B. A. M. Olshausen N. 11c. Aehnlich dagegen Hälschner II, 923, Anmerk. 1, v. Schwarze N. 5.

11. Unter Verurtheilung wird eine rechtskräftige, durch ein ordentliches Rechtsmittel (Berufung, Nichtigkeitsbeschwerde) nicht mehr anfechtbare zu verstehen sein, da es hier nur auf den Erfolg, also auf eine definitive Verurtheilung ankommen kann. Gl. M. v. Schwarze N. 5. A. M. Berner S. 422, Olshausen N. 12a; allein ein nicht rechtskräftiges Urtheil ist noch keine Verurtheilung. Eine solche kann auch nicht angenommen werden, wenn nur das in Abs. 2 bezeichnete Strafmaß durch eine Gesammtstrafe erreicht ist. Es muß vielmehr in diesem Fall die Einzelstrafe maßgebend sein.

12. Das falsche Zeugniß oder Gutachten muß in einer Strafsache, also in einem auf kriminelle Bestrafung abzielenden Verfahren abgegeben sein. Die Befragung in einem Disziplinar-Verfahren, oder administrativen Vorverfahren genügt nicht, auch wenn es geeignet ist, zu einem Strafverfahren zu führen. Verfahren von Civil- oder Militärgerichten können nicht unterschieden werden.

13. Vgl. wegen der Strafermäßigung die §§. 157, 158 und wegen des Ehrverlustes und Zeugnißunfähigkeit §. 161.

14. Eine mehrfach wiederholte falsche eidliche Aussage über denselben Gegenstand ist als ein Verbrechen des Meineids aufzufassen. München 19. Jan. 74 (bayr. Entsch. IV, 29, St. III, 301). Vgl. §. 74 N. 4. Bei der eidlichen Bekräftigung einer falschen Anschuldigung liegt reale oder ideale Konkurrenz vor, je nachdem die Willensbestimmung eine einheitliche oder selbständige war. München 31. Jan. u. 24. Aug. 74, 25. Okt. 75, bayr. Entsch. IV, 75, 355, St. IV, 130. Gleiches nahm R.G. IV, 4. Jan. 87, R. IX, 7, bei mehrfacher Verletzung der Eidespflicht innerhalb eines und desselben Verfahrens an.

§. 155. **Der Ableistung eines Eides wird gleich geachtet, wenn**

1) ein Mitglied einer Religionsgesellschaft, welcher das Gesetz den Gebrauch gewisser Betheuerungsformeln an Stelle des Eides gestattet, eine Erklärung unter der Betheuerungsformel seiner Religionsgesellschaft abgibt;

2) derjenige, welcher als Partei, Zeuge oder Sachverständiger einen Eid geleistet hat, in gleicher Eigenschaft eine Versicherung unter Berufung auf den bereits früher in derselben Angelegenheit geleisteten Eid abgibt, oder ein Sachverständiger, welcher als solcher ein- für allemal vereidet ist, eine Versicherung auf den von ihm geleisteten Eid abgibt;

3) ein Beamter eine amtliche Versicherung unter Berufung auf seinen Diensteid abgibt.

Pr. §. 128; E. I. §. 137; E. II. §. 153; St.B. S. 634.

Vgl. §. 161.

1. Der §. 155 enthält nicht eine selbständige Strafvorschrift; er sieht nur die Formen vor, welche der förmlichen Ableistung eines Eides gleichgestellt werden und findet daher in den §§. 153 u. 154, deren Korrelat er ist, seine nothwendige Ergänzung. Daher verwirkt ein Sachverständiger, welcher unter Eid ein unrichtiges Gutachten abgibt, nur dann, wenn dieses Gutachten von einer zuständigen Behörde erfordert war, die Strafe des §. 155. Berlin 19. Nov. 73 (Goltd. XXI, 525, O.R. XIV, 732, St. III, 182). Auch die auf Diensteid abgegebene Versicherung muß an die Stelle besonderer Vereidigung treten. Es fällt also die auf Diensteid abgegebene Erklärung

im dienstlichen Verkehr über Erfüllung einer Obliegenheit nicht unter §. 155. Berlin 30. Mai 77 (O.R. XVIII, 359, Goltd. XXV, 326, St. VII, 52).

2. Nr. 1. Ob eine Betheuerungsformel, welche die Stelle des Eides vertritt, vorliegt, ist nach den Prozeßgesetzen (**verbis** „das Gesetz") zu beurtheilen. Vgl. §. 446 C.P.O., §. 64 St.P.O., welche in Folge des Mangels reichsgesetzlicher Bestimmungen aus den Landesgesetzen zu erklären sind. Insoweit die Beeidigung auf Grund landesgesetzlicher Bestimmungen einzutreten hätte, können auch besondere landesgesetzliche Bestimmungen über die an Stelle des Eides tretenden Versicherungen zur Geltung kommen, da die Prozeßgesetze nicht die Aufgabe haben, die Frage in einer über ihr Gebiet hinausgreifenden Weise zu ordnen. Ob die Versicherung einer Person, welche nur zu der betreffenden Religionsgesellschaft zu gehören vorgibt, als Eid zu betrachten sei, ist streitig Bejahend: Jagemann im G.S. Bd. 29 S. 355, v. Liszt falsche Ausf. S. 145. Verneinend: Olshausen N. 2. Man wird letzterem beipflichten müssen. Der beeidigende Beamte kann einen Nachweis verlangen. Sonst liegt die Sache etwa so, als würde er über ein Eides- oder Zeugschafts-Verweigerungs-Recht getäuscht.

3. Nr. 2. „In derselben Sache." Hier schlägt §. 66 St.P.O. ein, welcher vorschreibt:

> „Wird der Zeuge, nachdem er eidlich vernommen worden ist, in demselben Vorverfahren oder in demselben Hauptverfahren nochmals vernommen, so kann der Richter statt der nochmaligen Beeidigung den Zeugen die Richtigkeit seiner Aussage unter Berufung auf den früher geleisteten Eid versichern lassen."

Aehnlich §. 363 Abs. 3 C.P.O. Vgl. auch §. 375 das. u. §. 79 St.P.O. Die Frage, ob nicht eine nochmalige Vereidigung eintreten soll, ist also in das Ermessen des Gerichts gestellt. Im Strafverfahren sind die Stadien desselben getrennt zu halten, und kann die Versicherung auf Eid nicht in der Hauptverhandlung eintreten, wenn die Beeidigung im Vorverfahren stattfand. R.G. III, 24. April 80 (R. I, 655). Die kommissarische Vernehmung eines Zeugen in Folge eines nach Eröffnung des Hauptverfahrens gefaßten Gerichtsbeschlusses gilt als ein Theil des Hauptverfahrens. R.G. a. a. O. auch I, 24. Sept. 85, E. XII, 373, R. VII, 529. Ebenso gilt die wiederholte Verhandlung nach Aufhebung des früheren Urtheils als ein Theil desselben Hauptverfahrens. R.G. II, 17. Sept. 80 (E. II, 234), 8. Jan. 84, R. VI, 29. War der Zeuge promissorisch beeidigt, so gilt der Eid für alle in derselben Hauptverhandlung abgegebenen Aussagen, auch für die nach wiederholtem Aufrufen und Befragen abgegebenen. R.G. III, 12. Mai 80 (R. I, 756). Bei assertorisch abgegebenem Eid ist die wiederholte Vernehmung durch ausdrückliche Versicherung auf den geleisteten Eid zu bekräftigen, und ist dies auch dann nothwendig, wenn ein promissorisch Beeideter wiederholt vernommen am Schlusse seiner Aussage die Wahrheit auf den geleisteten Eid versichert hatte, dann aber nochmals vorgerufen und befragt wird. R.G. III, 25. Febr. 80 (R. I, 399). Die Hinweisung eines Zeugen oder Sachverständigen auf einen bereits geleisteten Eid genügt nicht, sondern es ist dessen Versicherung der Wahrheit auf den geleisteten Eid erforderlich. R.G. III, 18. Sept. 80 (R. II, 216); II, 10. Dez. 80 (R. II, 624, E. III, 101); III, 16. April 83, R. V, 250. Dagegen bilden die Worte des Gesetzes keine sakramentale Form dieser Versicherung, sondern ist dieselbe in jeder Form wirksam. R.G. III, 8. Jan. 81 (R. II, 704). Uebrigens gilt eine an Eidesstatt abgegebene Versicherung dieser Art als Eid, auch wenn die bloße Versicherung prozessual unzulässig war, und förmliche Beeidigung geboten gewesen wäre. R.G. IV, 15. Mai 88, E. XVII, 409, R. X, 393. Durch die prozessualische Vereinigung verschiedener selbständiger Strafthaten in demselben Verfahren, werden die verschiedenen Fälle nicht zu „derselben Sache". Berlin 7. Febr. 72 (Goltd. XX, 101, O.R. XIII, 120). Vorstehende Entscheidung, welche unter den früheren Prozeßgesetzen erging, hat jetzt nur noch einen sehr fraglichen Werth. St.P.O. §. 66 (s. oben) spricht nur von demselben Vor- oder Hauptverfahren. In einem solchen können aber mehrere zusammenhängende Strafsachen (§§. 2—4 u. 13 St.P.O.), ja nach §. 236 St.P.O. sogar nur aus Zweckmäßigkeitsgründen zu verbindende Sachen in demselben Vor- bez. Hauptverfahren gemeinsam behandelt werden. Da aber die Frage, ob eine Person eine Aussage unter Berufung auf einen früher geleisteten Eid wirksam abgeben kann, nur prozessual entschieden werden kann, so muß auch die Frage, was unter derselben Angelegenheit zu verstehen ist, gleichfalls nach Prozeßgesetz entschieden werden, und ist nach gegenwärtigem Prozeß zweifellos als identisch mit „in derselben gerichtlichen Prozedur" zu verstehen, gleichviel ob dieselbe eine oder mehrere Strafthaten umfaßt.

Die wahrheitswidrige Versicherung der Richtigkeit eines Inventars auf den früher geleisteten Eid als Vormund wurde nicht unter §. 155 subsumirt. Berlin 3. Mai 73 (O.R. XIV, 335, St. II, 314).

4. In Betreff der Voraussetzung, daß der Eid von einer kompetenten Behörde erfordert sein muß, s. Anm. 1.

5. Nr. 3. Das Strafgesetz hat hier die nach den sonstigen Gesetzen geltende Dienstpragmatik im Sinne. Es will die Frage: wer als Beamter anzusehen und die Befugniß hat, eine Versicherung auf den Diensteid mit rechtlicher Wirkung abzugeben, nicht entscheiden. Die lediglich terminologische Bestimmung des §. 359 findet deshalb hier keine Anwendung. Vielmehr können auch Rechtsanwälte hierher gerechnet werden. (So Oppenhoff N. 8, v. Kirchmann N. 1, v. Schwarze N. 4. Vgl. Rechtsanwalts-Ordnung §. 17.) A. M. Hälschner II, 917, Olshausen N. 6, Rubo N. 7.

6. Ob die Versicherung mündlich oder schriftlich erfolgt, ist gleichgültig. Oppenhoff N. 10.

7. Die Strafbarkeit entscheidet sich danach: ob die betr. Behörde (Gericht), vor welcher die Versicherung abgegeben wird, eine amtliche Wahrnehmung für vorhanden und deshalb die Bezugnahme auf den Eid für ausreichend erachtet, selbst wenn diese Annahme nicht zutreffend sein sollte. Hier muß, weil das Gesetz die Beurtheilung: ob eine amtliche Versicherung vorliegt, offen läßt, das Ermessen der Behörde, vor welcher die Versicherung abgegeben wird, entscheiden. Eine Vorschrift, wonach die Bezugnahme auf den Diensteid ignorirt und eine nachträgliche Belegung mit dem Zeugeneide angeordnet werden kann, könnte hiergegen strafrechtlich ebenso wenig in's Gewicht fallen, als der Umstand, daß der Richter befugt ist, die beeidigte Aussage eines verdächtigen Zeugen bei der Entscheidung zu ignoriren.

Die Versicherung muß eine die Stelle des Eides vertretende sein. Berlin 13. Juli 72, 27. März 73 u. 14. April 75 (Goltd. XX, 395; XXIII, 328, O.R. XIII, 427; XIV, 229; XVI, 282, St. II, 347). Die Zuständigkeit der die Versicherung erfordernden Behörde ist auch hier vorausgesetzt. Berlin 14. April 75 (vorstehend).

§. 156. Wer vor einer zur Abnahme einer Versicherung an Eidesstatt zuständigen Behörde eine solche Versicherung wissentlich falsch abgibt oder unter Berufung auf eine solche Versicherung wissentlich falsch aussagt, wird mit Gefängniß von Einem Monat bis zu drei Jahren bestraft.

Pr. §. 129; E. I. §. 138; E. II. §. 154; St.B. S. 635.

Vgl. §. 161 A. 2.

1. An Stelle der Worte des Entwurfs „einer Behörde" schob der Reichstag auf Antrag des Abg. v. Schwarze ein: „vor einer zur Abnahme einer Versicherung an Eidesstatt zuständigen Behörde". Hiernach wurde die Uebereinstimmung mit der Fassung des §. 154 hergestellt und namentlich das Erforderniß der zuständigen Behörde ausgedrückt. So erläutert der Antragsteller den Zweck seines Antrags selbst, v. Schwarze N. 2. Die Auslegung Meyer's, welcher das „vor" gleichbedeutend mit „in Gegenwart" nimmt und deshalb schriftliche Versicherungen ausschließt, ist deshalb irrig. (Komm. S. 432, vgl. auch §. 155, N. 3 [N. 6].) Vielmehr ist die Ansicht v. Schwarze's a. a. O.: es sei gleichgültig, ob die Versicherung schriftlich oder mündlich, gefordert oder freiwillig gegeben sei, dafern das Gesetz diese Modalitäten ꝛc. zulasse, die richtige. (So auch Oppenhoff N. 5, ferner Berlin 19. April 71, 19. März 73, 11. Juni 74, Goltd. XIX, 395; XXI, 287; O.R. XII, 217; XIV, 213; XV, 384; St. II, 269; IV, 129.) Auch wenn die Einreichung einer entsprechenden schriftlichen Erklärung mit Wissen und Willen des Erklärenden durch einen Dritten erfolgt, fällt dies unter das Gesetz. Berlin 12. Sept. 78 u. 8. Jan. 79 (O.R. XIX, 402; XX, 16, Goltd. XXVI, 440). Auf Straflosigkeit einer eidesstattlichen (schriftlichen) Erklärung wurde erkannt, weil dem Gericht die konkrete Zuständigkeit mangelte und nur Beeidigung, nicht eidesstattliche Versicherung zulässig war. R.G. II, 25. Juni 80 (R. II, 110, E. II, 123). Dagegen erkannte das R.G. in folgenden Fällen die Strafbarkeit schriftlich abgegebener, wissentlich falscher eidesstattlicher Versicherungen an: R.G. II, 1./5. Dez. 82, E. VII, 287, R. IV, 861, bei Begründung eines Arrestgesuchs durch Glaubhaftmachung des Anspruchs und des Arrestgrundes mittels solcher Versicherungen durch schriftliche Zeugenaussagen; ebenso R.G. IV, 13. Febr. 85, R. VII, 106; — R.G. III, 24. Mai 86, E. XIV, 170, R. VIII, 380 u. II, 19. Febr. 89, E. XVIII, 414; III, 29. Nov. 90, Goltd. XXXVIII, 446 bei schriftlicher Reklamation gegen Steuer-Veranlagung gegenüber der Bezirkskommission mit freiwillig abge-

gebener eidesstattlicher Versicherung, R.G. I, 13. Nov. 82, E. VII, 275, R. IV, 807 bei einer an das Vormundschaftsgericht eingereichten Versicherung über die Richtigkeit des Inventars Seitens des Vormunds, welche freiwillig an Eidesstatt statt pflichtgemäß abgegeben war; R.G. ver. Str.S. 23. Okt. 89, E. XIX, 411 bei Zeugenaussagen Behufs Glaubhaftmachung thatsächlicher Behauptungen im Sinne des §. 266 C.P.O. S. auch IV, 21. Febr. 90, E. XX, 241.

2. War die eidesstattliche Versicherung unzulässig, so ist sie straflos. Dieses muß auch dann gelten, wenn es eines förmlichen Eides bedurft hätte, es sei denn, daß die Wahl zwischen eidesstattlicher Versicherung und förmlichem Eid nach dem Gesetz oder einem konstanten Gerichtsgebrauch in das Ermessen der Behörde gestellt und diese von dem Ermessen einen, wenn auch unrichtigen und von einer anderen Instanz reprobirten Gebrauch gemacht und an Stelle des Eides eine eidesstattliche Versicherung erfordert hätte. Vgl. die zum Theil abweichenden Ansichten von Oppenhoff R. 3. So R.G. III, 25. Febr. 84, R. VI, 151 bei Auseinandersetzung des Vaters mit seinen Kindern.

3. Eine als eidliche Versicherung wegen Unwirksamkeit des Eides nicht zu betrachtende Versicherung wird deshalb noch nicht zu einer eidesstattlichen. Berlin 19. Nov. 73 (O.R. XIV, 732, Goltd. XXI, 526, St. III, 182).

4. Die eidesstattliche Versicherung ist nicht an eine bestimmte sakramentale Formel gebunden. Sie kann also auch durch gleichbedeutende Ausdrücke ersetzt werden. Das Erbieten zum Eid ist jedoch nicht gleichbedeutend. R.G. II, 28. Dez. 86, E. XV, 126, R. VIII, 790 u. 6. März 88, E. XVII, 183, R. X, 210.

5. Ist die eidesstattliche Versicherung einem an sich für die Sache zuständigen Beamten gegenüber abgegeben worden in einem Fall, in welchem das Gesetz sie als zulässig erklärt hat, kann der Strafrichter nicht prüfen, ob im konkreten Fall die Abgabe der eidesstattlichen Versicherung geboten war. R.G. II, 11. Dez. 86, E. XIII, 161, R. VII, 733.

6. Als zuständig zur Abnahme einer Versicherung an Eidesstatt wurde erklärt: der Standesbeamte zur Glaubhaftmachung der vor ihm abgegebenen Erklärungen über die Wohnung von Personen, welche die Ehe eingehen wollen, behufs Erlassung des Aufgebots. R.G. II, 11. Dez. 86 s. oben; — der Amtsrichter in dem Verfahren nach Pr.L.R., durch welches der Vater sich vor Eingehung einer zweiten Ehe mit seinen minderjährigen Kindern auseinandersetzt. R.G. II, 2. Dez. 87, E. XII, 372, R. IX, 688; Universitätsfakultäten in Preußen und Mecklenburg in denjenigen Angelegenheiten (in concr. Promotionen), in welchen es ihnen durch Gesetz oder auf sonstigem gesetzlichen Wege besonders eingeräumt ist. R.G. II, 9. März 88, E. XVII, 208, R. X, 227. Notare für Erklärungen in Erbschaftsverhandlungen gemäß §. 3 des preußischen Gesetzes v. 12. März 69. R.G. IV, 24. Febr. 88, E. XVII, 342, R. X, 192, ver. St.S. 14. Nov. 88, E. XVIII, 246, R. X, 652. Die sg. Reklamationskommission behufs Feststellung des Einkommens zum Zweck der Besteuerung, auch wenn sie nicht alle Formalitäten erfüllt. R.G. I, 17. April 82, E. VI, 197, R. IV, 330, s. oben R. 1. Verneint wurde die Zuständigkeit bei Standesbeamten bezüglich Erklärungen über die Geburt von Personen, R.G. II, 28. Dez. 88, E. XVIII, 309, bei Organen eines mit Korporationsrechten versehenen Privatvereins, der unter Aufsicht des Staates steht. R.G. III, 20. April 81, R. III, 238.

7. Vollendet wird das Vergehen des §. 156 durch mündliche Abgabe der Versicherung, wenn auch erst nachträglich ein Protokoll darüber aufgenommen wird, oder durch Einlauf der schriftlichen Erklärung bei derjenigen Behörde, an welche sie gerichtet ist. R.G. ver. Str.S., 14. Nov. 88, E. XVIII, 246, R. X, 682.

8. Zur Anstiftung genügt nicht die Verleitung eines Anderen, wissentlich falsch vor Gericht auszusagen, sondern die Verleitung muß direkt auf Aussage unter eidesstattlicher Versicherung gerichtet oder doch mit dem Bewußtsein geschehen sein, daß die Aussage unter einer solchen Versicherung erfolgen würde. München 2. Juli 75 (bayr. Entsch. V, 323).

9. Die Verschweigung werthloser oder nicht realisirbarer Forderungen oder auf Bezahlung von Nachlaßschulden ausgeglichener Nachlaßforderungen in einem Verlassenschaftsverzeichniß oder Inventar, dessen Vollständigkeit und Richtigkeit an Eidesstatt versichert wurde, ist strafbar befunden, R.G. I, 13. Nov. 79 (R. I, 61, E. I, 99).

§. 157. **Hat ein Zeuge oder Sachverständiger sich eines Meineides (§§. 154, 155) oder einer falschen Versicherung an Eidesstatt schuldig gemacht, so ist die an sich verwirkte Strafe auf die Hälfte bis ein Viertheil zu ermäßigen, wenn**

1) die Angabe der Wahrheit gegen ihn selbst eine Verfolgung wegen eines Verbrechens oder Vergehens nach sich ziehen konnte, oder

2) der Aussagende die falsche Aussage zu Gunsten einer Person, rücksichtlich welcher er die Aussage ablehnen durfte, erstattet hat, ohne über sein Recht, die Aussage ablehnen zu dürfen, belehrt worden zu sein.

Ist hiernach Zuchthausstrafe unter Einem Jahre verwirkt, so ist dieselbe nach Maßgabe des §. 21 in Gefängnißstrafe zu verwandeln.

Pr. —; E. I. —; E. II. §. 155; St.B. S. 632, 635.

Vgl. §. 161 A. 2.

1. Die Zahlencitate weisen auf den technischen Begriff des „Meineides" hin, welcher außer §§. 154, 155 jedoch auch den §. 153 umfaßt. Vgl. oben allg. Bemerkungen zu diesem Abschnitt. In den §§. 158, 159, 161 sind die §§. 153—155 zu ergänzen. Die ähnliche Methode, wonach nur in dem zunächst folgenden Paragraphen der Begriff durch das Zahlencitat bezeichnet und dann später stillschweigend vorausgesetzt wird, befolgt das R.St.G.B. z. B. in den §§. 224 (vgl. 227, 229) und 242, 243 (vgl. 244, 258).

2. Die an sich verwirkte Strafe — ist die ohne die Milderungsgründe Nr. 1 u. 2 zugemessene. Jene Strafe ist deshalb im Urtheil auszudrücken. (Vgl. das zu §. 74 N. 4 und 7 Ausgeführte.) Gl. M. Dochow in H.H. III, 246, Hälschner II, 924, v. Liszt S. 611, Olshausen N. 2, v. Schwarze N. 2. Auch R.G. F.S., 28. Juli 84, E. XI, 42 spricht sich im Prinzip für die Regel aus, hob aber das dagegen verstoßende Urtheil nicht auf, weil nach den Entscheidungsgründen ein Zweifel an richtiger Strafzumessung nicht begründet sei.

3. Daß die Verfolgung allein auf die wahrheitsgemäße Aussage gegründet werden könnte, ist nicht Bedingung der Strafermäßigung; es genügt, wenn die Aussage in Verbindung mit anderen Thatsachen zur Strafverfolgung geeignet war. Berlin 13. Juli 72 (Goltd. XX, 396, O.R. XIII, 422). Gl. M. Olshausen N. 9, v. Liszt falsche Ausf., S. 244.

Der Umstand, daß das falsche Zeugniß in einer Untersuchung wegen eines Antragsdelikts abgelegt ist, welche in Folge einer falschen Denunziation des Vernommenen eingeleitet war, und daß die Vornehmung als Zeuge durch Zurücknahme des Antrags hätte vermieden werden können, schließt die Strafermäßigung nach §. 157 nicht aus. München 24. August 74 (St. IV, 130, bayr. Entsch. IV, 355). Vgl. aber München 31. Jan. 74 (bayr. Entsch. IV, 75).

4. Nr. 1 und 2. Ueber die thatsächlichen Voraussetzungen haben die Geschworenen zu entscheiden, denen auf Antrag eine Zusatzfrage vorzulegen ist. R.G. I, 27. April 80 (R. I, 674, E. I, 423).

5. Nr. 1. Verbrechen oder Vergehen, — nicht Uebertretung. München 3. April 76 (bayr. Entsch. VI, 176), insofern der Aussagende selbst Strafe wegen Uebertretung sich zuziehen könnte; anders nach Ziff. 2, wenn der Aussagende in einer Uebertretungssache das Ablehnungsrecht hat. Gl. M. Hälschner II, 924, Olshausen N. 8b, Oppenhoff N. 6 Ziff. 1 findet Anwendung, sowohl wenn der Aussagende irrthümlich die Voraussetzung derselben annahm, als wenn ihm dieselbe unbekannt waren. Gl. M. H. Meyer S. 965, Olshausen N. 9.

6. Nr. 2. Nur die Strafermäßigung, nicht Straflosigkeit tritt auch dann ein, wenn die Vereidigung gesetzlich nicht stattfinden durfte. (Oppenhoff N. 4.) Ebenso wenig kann die Bestimmung auf den Mangel der Belehrung über das Recht, den Eid abzulehnen, ausgedehnt werden (St.P.O. §. 57 Abs. 2), vielmehr muß, da die §§. 52—54 St.P.O. eine Belehrung über das Ablehnungsrecht nicht vorschreiben, ein Recht auf Belehrung vielmehr nur aus §. 51 besteht, auf letzterem §. die Regel der Ziffer 2 beschränkt werden. Vgl. R.G. II, 31. Mai 81, R. III, 350. Ebenso geht es zu weit, wenn Olshausen N. 8b §. 157 Ziff. 2 auch da anwenden zu wollen scheint, wo zwar kein Ablehnungs- oder Belehrungsrecht besteht, weil der Angehörige weder Beschuldigter noch Partei ist, aber doch die Aussage einen solchen einer Gefahr aussetzt.

7. Für den Theilnehmer ist die Strafermäßigung nach dem in §. 50 ausgesprochenen Prinzip nicht wirksam. (Vgl. §. 50 N. 2 und Berlin 20. März 74, 2. Juli u. 15. Okt. 75, Goltd. XXII, 249; XXIII, 514, O.R. XV, 167; XVI, 579). R.G. F.S. 10. August 1881, E. IV, 377. A. M. Binding I, 221, Hälschner II, 295, Olshausen N. 5. Da jedoch darüber Einigkeit besteht, daß die Strafermäßigung nur demjenigen zu statten kommt, in dessen Person sie begründet ist, so verliert die abweichende Meinung der Genannten alle Bedeutung.

8. Bei Anwendung der §§. 157, 158 auf jugendliche Personen (§. 57) ist nicht die Strafe in der Art zu bemessen, daß die ordentliche Strafe unter Reduktion nach §. 57 zu finden und diese nach §§. 157, 158 zu ermäßigen ist, sondern die ordentliche Strafe ist nach den letzteren Paragraphen und dann nach §. 57 zu ermäßigen. R.G. I, 22. Nov. 83, E. IX, 245. Bei Zusammentreffen mehrerer der in §§. 157, 158 aufgeführten Milderungsgründe tritt die Ermäßigung nur einmal ein. R.G. II, 12. Okt. 83, E. IX, 74, R. V, 603.

Zu Absatz 2. Es ist nicht auf Zuchthaus zu erkennen und beim Vollzug die Umwandlung zu bewirken, sondern es muß sofort auf die entsprechende Gefängnißstrafe erkannt werden. R.G. I, 30. Mai 81, E. IV, 267; III, 348.

10. Die Milderungsgründe der §§. 157, 158 begründen keine selbständige Deliktsform, sondern es sind wirkliche Strafmilderungsgründe. Handelt es sich um ein an sich mit Zuchthaus von mehr als 5 Jahren bedrohtes Eidesverbrechen, so bleibt das Schwurgericht zuständig, auch wenn bei Eröffnung des Hauptverfahrens die Anwendung der §§. 157, 158 angezeigt ist. R.G. III, 21. Mai 83, R. V, 372; I, 25. Jan. 83, E. VIII, 177.

§. 158. **Gleiche Strafermäßigung tritt ein, wenn derjenige, welcher sich eines Meineides oder einer falschen Versicherung an Eidesstatt schuldig gemacht hat, bevor eine Anzeige gegen ihn erfolgt oder eine Untersuchung gegen ihn eingeleitet und bevor ein Rechtsnachtheil für einen Anderen aus der falschen Aussage entstanden ist, diese bei derjenigen Behörde, bei welcher er sie abgegeben hat, widerruft.**

Pr. —; E. I. —; E. II. §. 156; St.B. S. 633, 635.

Vgl. §§. 153—157, 161.

1. Vgl. §. 157 N. 1, 2, 4, 7—10.

2. Der Widerruf muß, um rechtzeitig zu sein, bei derjenigen Behörde eingegangen sein, bei der die Aussage abgegeben war*). Es genügt nicht, daß er bei einer anderen Behörde zur Weiterbeförderung erfolgte. Ebenso wenig tritt die Strafermäßigung ein, wenn der Thäter von der Anzeige oder Einleitung der Untersuchung bei dem Widerruf nur noch keine Kenntniß hatte (vgl. O.R. VIII, 13), oder wenn für einen Anderen bereits ein Rechtsnachtheil eingetreten war. Berlin 13. Sept. 71 (O.R. XII, 450). R.G. II, 30. Jan. 83, R. V, 74.

3. Des Ausdrucks „Widerruf" bedarf es nicht; es genügt auch die sachliche Richtigstellung der Aussage. München 29. März 78 (St. VIII, 118). R.G. III, 5. Juli 83, R. V, 505.

Wesentlich ist nur die Anerkennung der Unrichtigkeit der früheren Erklärung. R.G. II, 7. Nov. 82, E. VII, 154, 6. Dez. 87, R. IX, 697; IV, 24. Febr. 88, E. XVII, 342, R. X, 192.

4. Der Widerruf kann wirksam beim Gerichtsschreiber des betreffenden Gerichts abgegeben werden. München 28. Jan. 76 (bayr. Entsch. VI, 19). Auch beim Gerichte selbst, vor dessen Untersuchungsrichter die falsche Aussage erfolgt war, kann der Widerruf abgegeben werden. München 29. März 78 (St. VIII, 118). R.G. I, 15. Nov. 83, E. IX, 333, R. V, 690, oder bei einem andern Beamten derselben Behörde. R.G. III, 5. Juli 83 s. oben. Dagegen wurde die Staatsanwaltschaft nicht als zu demselben Gerichte gehörig anerkannt, bei welchem sie fungirt. R.G. II, 17. Juni 90, E. XXI, 8.

5. Der Meineid ist vollendet mit Abschluß der Vernehmung des Zeugen. Wird daher die Aussage später, wenn auch noch in derselben Gerichtssitzung widerrufen, so findet nur §. 158, nicht §. 46 Anwendung. München 13. April 77 (bayr. Entsch. VII, 149, St. VII, 56). Vgl. §. 154 N. 8.

6. Einleitung der Untersuchung ist weder gleichbedeutend mit Einleitung einer Voruntersuchung oder mit Eröffnung des Hauptverfahrens, noch ist der Begriff überhaupt aus der St.P.O. zu erklären. Vielmehr bedeutet er das amtliche Einschreiten einer zur Verfolgung strafbarer Handlungen zuständigen Behörde. R.G. II, 17. Juni 90, E. XXI, 8. Dasselbe muß

---

*) Der Widerruf kann auch bei dem Notar erklärt werden, welcher die Versicherung nach §. 3 des preuß. Ges. v. 12. März 1869 beurkundet hat. R.G. IV, 24. Febr. 88, E. XVII, 342, R. X, 192.

aber erkennbar gemacht sein und die Ansicht darthun, daß eine strafbare Handlung begangen sei. R.G. II, 7. Nov. 82 s. oben.

7. Als Rechtsnachtheil für einen Andern wurde die Einstellung einer Zwangsvollstreckung anerkannt R.G. II, 6. Dez. 87, R. IX, 697, ferner das Ergehen eines Civilurtheils schon vor dessen Rechtskraft, jedoch auch nicht bloße Vermögensnachtheile R.G. II, 30. Jan. 83, R. V, 74. Es ist eine nachtheilige Aenderung der Rechtsverhältnisse erforderlich R.G. III, 5. Juli 83, R. IV, 505; I, 25. April 87, E. XVI, 29, R. IX, 280.

§. 159*). Wer es unternimmt, einen Anderen zur Begehung eines Meineides zu verleiten, wird mit Zuchthaus bis zu fünf Jahren, und wer es unternimmt, einen Anderen zur wissentlichen Abgabe einer falschen Versicherung an Eidesstatt zu verleiten, mit Gefängniß bis zu Einem Jahre bestraft.

Pr. §. 130; E. I. §. 139; E. II. §. 157; St.B. S. 635.

Vgl. §§. 153—156, 48, 49a.

1. Die Motive lauten:

„Der Entwurf behält die besondere Bestimmung über die versuchte Verleitung zum Meineide in der Fassung des preußischen Gesetzbuchs §. 130 bei, da der dagegen erhobene Einwand,

es sei nicht zu rechtfertigen, daß auch die erfolglos gebliebene Anstiftung zum Meineide strafbar sein solle, während die erfolglos gebliebene Anstiftung zur Begehung irgend eines anderen Verbrechens straflos sei,

nicht als begründet anerkannt werden kann. Denn die Ausnahmenatur des Verbrechens rechtfertigt allerdings eine Ausnahmebestimmung über die Bestrafung einer Verleitung zum Meineide, wie sich ähnliche Bestimmungen im §. 108ff. vorfinden. — Dasselbe gilt von der versuchten Verleitung zur wissenschaftlichen Abgabe einer falschen eidesstattlichen Versicherung. — Das Wort „verleiten" ist beibehalten worden, da es hinreicht, um die einzelnen Fälle der Anstiftung zu erschöpfen."

2. Ueber den Ausdruck „unternimmt" vgl. §§. 43 N. 9, 114 N. 1 und 160 N. 4. Danach umfaßt derselbe zwar den Versuch und die Vollendung der Verleitung zum Meineide. Da es sich hier indessen um die Verleitung zu einem bestimmten Verbrechen bez. Vergehen handelt, so gilt hier das zu den §§. 85 N. 2 und 111 A. 1 Bemerkte. Liegen danach die Voraussetzungen der Anstiftung vor, d. h. kann das Mittel der Anstiftung nach Maßgabe des §. 48 festgestellt werden und ist mindestens der Versuch der Leistung des Meineides von dem Verleiteten begangen, so kommen die Grundsätze der Anstiftung zur Anwendung. R.G. III, 15. März 86, E. XIV, 19, R. VIII, 171; IV, 9. Okt. 88, R. X, 555. Der §. 159 trifft also nur die erfolglose Anstiftung. (Vgl. auch zu §. 48 N. 11.) Berlin 13. Sept. 71 u. 4. Sept. 74 (Goltd. XIX, 677; XXII, 595, O.R. XV, 527), München 31. März u. 15. Mai 76 (bayr. Entsch. VI, 151, 225, St. VI, 229, 230). Es genügt aber jede Handlung, welche bezweckt, einen Andern zur Abgabe einer unwahren eidlichen Aussage zu veranlassen; so die Abgabe eines die Verleitung bezweckenden Briefes an eine Mittelsperson R.G. I, 4. Dez. 84, R. VI, 777; denn, wie R.G. III, 4. Juni 83, E. VIII, 354 (vgl. auch II, 9. Nov. 90, E. III, 26, R. II, 481) ausführt, kann §. 82 nicht als Maßstab dienen und nicht bloß ein solches Unternehmen unter §. 159 subsumirt werden, durch welches die That unmittelbar zur Ausführung gelangen soll. Es bedarf jedoch, da das Delikt des §. 159 mit dem erfolglosen Versuch zur Anstiftung identisch ist, eines Anfangs der Ausführung der Anstiftung, und können bloße Vorbereitungshandlungen nicht beigezogen werden. R.G. III, 11. Okt. 83, R. V, 592. Immerhin kommt es hierbei auf das Wesen, nicht auf die Form an. Es ist nicht erforderlich, daß eine ausdrückliche Aufforderung ergangen ist, eine falsche Bekundung eidlich zu erhärten. Es muß sich nur erkennen lassen, daß der Thäter die Verleitung bezweckte, der Andere solle eine falsche Aussage machen mit dem Bewußtsein, er werde beeidigt werden. R.G. IV, 1. April, 6. u. 17. Mai 87, Goltd. XXXV, 159 fg., III, 21. Jan. 89 das. XXXVIII, 157.

3. Den Auftrag, einen Dritten zu verleiten, ohne daß der Beauftragte einen Versuch der Verleitung machte, subsumirte nicht unter §. 159: München 15. Mai 74 (bayr. Entsch. IV, 210, St. IV, 26). Das Reichsgericht II, 9. Nov. 80 (R. II, 481, E. III, 26**) nahm jedoch

---

*) Vgl die Theilnahme an dem Verbrechen aus §. 159 v. Harburger. München 1887.

**) Vgl. hierzu Geyer in Z. f. ges. St.R.W. II, 310.

auch in diesem Fall ein Unternehmen der Verleitung an. Jedoch muß hierbei schon eine bestimmte zu verleitende Person in Aussicht genommen sein. Das erfolglose Unternehmen, einen Dritten zur Anwerbung falscher Zeugen, unbestimmt welcher, zu verleiten, fällt nicht unter §. 159, sondern nach Umständen unter §. 49a R.G. I, 22. Mai 82, R. IV, 504.

4. Der Grund, weshalb die Anstiftung erfolglos war, ist ohne Belang. München 31. März 76 (bayr. Entsch. VI, 141, St. VI, 129). Es kann in dem Widerstreben der zu verleitenden Person, oder in einer Willensänderung der verleiteten bestehen; ebenso aber auch darin, daß es zu einer Vernehmung, oder wenigstens zur eidlichen Vernehmung der verleiteten Person nicht gekommen ist. R.G. II, 21. März 82, R. IV, 267. Selbst die Unfähigkeit der Person, deren Verleitung unternommen ist, einen Eid zu leisten, kann, wenn die Absicht des Thäters dennoch darauf gerichtet war, den Thatbestand nicht ausschließen. R.G. III, 10. Juni 82, I, 10. Juli 82, R. IV, 559, 684. Ebenso wenig, wenn der zu Verleitende Aussagen mit dem besorgten Erfolg nicht machen konnte, das Verschweigen solcher Aussagen aber bezweckt wurde. R.G. IV, 4. Febr. 87, E. XV, 259, R. IX, 112. — R.G. II, 11. Febr. 90, Goltd. XXXVIII, 45 nimmt sogar an, es könne die That gegenüber einer Person begangen werden, welche zum Meineid bereits entschlossen sei. Der Herausgeber bekämpft dies. Vorausgesetzt, daß der Thäter diesen Entschluß nicht kannte, was nicht festgestellt ist, dürfte das Urtheil im Recht sein; denn das Gesetz fordert keinerlei Erfolg, sondern stellt das „Verleiten", also die That des Verleiters, unter Strafe. Daß der Eid nicht geleistet worden war, ist festgestellt. Richtig ist ferner R.G. II, 20. April 86, R. VIII, 302, welches §. 159 in einem Fall anwendbar fand, in welchem der Verleitete ohne Wissen des Verleiters in gutem Glauben falsch schwor. Endlich fand R.G. I, 15. Okt. 88, R. X, 569 §. 159 mit Recht in einem Falle anwendbar, in welchem der Erfolg deshalb nicht eintrat, weil die Aussage objektiv richtig war, der Thäter dieselbe irrthümlich für falsch hielt.

5. Der Begriff des „Meineides" umfaßt lediglich den Thatbestand der §§. 153, 154, 155. (Vgl. §. 157 N. 1.)

Der Thatbestand des Meineids, zu welchem verleitet werden wollte, muß thatsächlich festgestellt werden, eventuell durch den Wahrspruch der Geschworenen. R.G. III, 12. Nov. 79 (R. I, 58, E. II, 283). Daß die Beeidigung erfolgen werde, muß der Thäter vorausgesetzt haben. R.G. 10. April 80 (Ann. I, 551). Es muß auch festgestellt werden, daß der zu Verleitende die Kenntniß der Falschheit des Eides (Wissentlichkeit) hatte, oder wenigstens nach der Absicht des Verleiters haben sollte. München 15. Mai 76 (bayr. Entsch. VI, 225, St. VI, 230). R.G. IV, 1. März 89, E. IX, 96 reprobirte mit Recht (ohne Aufhebung aus fraglichen prozessualen Gründen), daß in einer Frage an die Geschworenen die Wissentlichkeit des Meineids (aus §. 154) nicht erwähnt war, da es hiermit am Thatbestand des Delikts fehlte, zu dem verleitet werden sollte. War indicirt, daß der Verleiter irrthümlich glaubte, der Verleitete werde wissentlich falsch schwören, so muß die Belehrung den Geschworenen klar machen, daß das Unternehmen dennoch auf Verleitung zum Meineid gerichtet war. So R.G. II, 20. April 86 s. oben.

6. Es ist nicht erforderlich, daß der Inhalt dessen, was der Verleitete aussagen sollte, genau festgestellt wird oder bei der Verleitung genau angegeben war. Es genügt, wenn der Verleiter dem zu Verleitenden die allgemeine Richtung angibt, in welcher er unwahres angeben soll. R.G. III, 15./16. Nov. 83, E. IX, 281, oder daß er sein Wissen verschweigen soll. Mannheim 29. Sept. 77 bad. Ann. Bd. 43, S. 227. In dieser Richtung kann jedoch der Thatbestand dann entfallen, wenn die Aufforderung nur dahin geht, einen Umstand zu verschweigen, wenn nicht darnach gefragt werden sollte. R.G. III, 23. Nov. 82, E. VII, 321. S. zu §. 154, N. 3.

7. Daß die Wissentlichkeit auch bei dem Verleiter vorhanden sein muß, folgt aus dem Worte „verleiten" von selbst. Hierin liegt der Unterschied von dem im §. 160 enthaltenen Vergehen. München a. a. O.

8. Obgleich §. 159 den Thatbestand eines Versuchs enthält, ist doch derselbe, da er zum selbständigen Delikt erhoben ist, nicht als Versuch zu behandeln und können die nur auf diesen bezüglichen Bestimmungen, wie §. 46, auf §. 159 nicht angewendet werden. R.G. II, 29. April 84, E. X, 324, R. VI, 315. Versuch der That des §. 159 ist nicht denkbar. Gl. M. Dochow in. H.H. III, 241, Hälschner II, 927, v. Liszt S. 610, Olshausen N. 6, Oppenhoff N. 8, v. Schwarze N. 9.

9. Der erste Absatz des §. 161 findet im Falle des §. 159 keine Anwendung. Berlin 4. Dez. 71 (Entscheidungen LXVI, 47, Goltd. XIX, 782, O.R. XII, 612, St. I, 101), 6. u. 8. April 72 (Goltd. XX, 255, O.R. XIII, 237, 244, St. I, 261, 274), 14. Mai 77 (Goltd. XXV, 454); Darmstadt 30. Sept. 72 (St. II, 92). R.G. I, 10. Juni 80 (R. II, 49, E. II, 93).

10. Verlust der Ehrenrechte vgl. §. 161 A. 2.

§. 160. Wer einen Anderen zur Ableistung eines falschen Eides verleitet, wird mit Gefängniß bis zu zwei Jahren bestraft, neben welchem auf Verlust der bürgerlichen Ehrenrechte erkannt werden kann, und wer einen Anderen zur Ableistung einer falschen Versicherung an Eidesstatt verleitet, wird mit Gefängniß bis zu sechs Monaten bestraft.

Der Versuch ist strafbar.

Pr. —; E. I. —; E. II. —; St.B. S. 1170 (Drucks. 182 Nr. 28).

1. „Falscher Eid" bildet den Gegensatz zu „Meineid" in §. 159. (Vgl. dort N. 3.) Es fehlt das Moment der Wissentlichkeit bei dem Schwörenden, es handelt sich also um einen fahrlässigen (§. 163) oder einen straflosen Eid. (So Dresden 27. März 74, St. IV, 132.) Berlin 14. März 77 (O.R. XVIII, 205), München 27. April 77 (bayr. Entsch. VII, 166, St. VII, 270, Goltd. XXV, 548). Daß dagegen der Verleiter Kenntniß von der Falschheit haben muß, folgt auch hier aus dem Worte „verleitet". Es genügt jedoch nicht, daß er nur den Anschein hervorruft, als sei die That geschehen. Die Unterzeichnung eines Schriftstücks, in welchem der Unterzeichner eine Versicherung an Eidesstatt falsch abgiebt, ohne den Inhalt zu kennen, in concr. wegen Unkenntniß der Sprache, ist die Versicherung nicht, es fällt also auch nicht unter §. 160 die Herbeiführung der Unterzeichnung, möglicher Weise aber unter §. 263. R.G. IV, 14. Dez. 86, **E.** XV, 148.

2. Dieser Paragraph ist als eine neue strafbare Handlung in der 3. Lesung des Reichstags aufgenommen. Die Reichstagskommission hatte gleichfalls die Aufnahme in der Art beschlossen, daß der §. 159 statt „Meineides" die Worte „falschen Eides" enthielt, so daß jener Paragraph beide Fälle: den (wissentlichen) Meineid und den objektiv falschen Eid umfaßte. (Vgl. Drucks. Nr. 85.) Das Plenum des Reichstags (St.B. S. 1170) schied den letzteren Fall als den leichteren aber aus und verwies ihn unter Milderung der Strafe in einen besonderen Paragraphen. Die nächste Veranlassung zur Aufnahme des Paragraphen gab wohl die zur Zeit der Reichstagsverhandlungen erschienene Schrift: Dr. Schultze, Die Verleitung zum falschen Eide. Berlin 70.

3. Aus dem Zusammenhang der Vorschriften dieses Abschnitts (vgl. auch §. 163) folgt von selbst, daß unter dem falschen Eide nur die in den §§. 153—155 erwähnten Arten von Eiden begriffen sind. Nur das Moment der Wissentlichkeit in der Persondes Schwörenden scheidet aus.

4. Daß in §. 160 abweichend von §. 159 statt „unternimmt" gesagt ist: „der Versuch ist strafbar", hat die praktische Folge, daß erstens die Requisite des Versuches nach §. 43 festzustellen und zweitens der Rücktritt nach §. 46 Nr. 1 Straflosigkeit nach sich zieht. Diese Differenz in der Fassung des §. 160 gegenüber dem §. 159 bewirkt aber ferner, daß die Strafe des Abs. 1 nur eintritt, wenn die Ableistung des Falscheids erfolgt ist; hier ist also eine Anstiftung mit Erfolg zum eigenen Delikt erhoben, wenn auch nicht die Anstiftung zu einer vorsätzlichen Handlung. Wurde der Falscheid nicht geleistet, so liegt Versuch vor. (Abs. 2.) R.G. I, 29. Jan., IV, 5. Juni 85, **E.** XI, 418, XII, 254, **R.** VII, 349, IV, 14. Dez. 86 s. oben.

§. 161. Bei jeder Verurtheilung wegen Meineides, mit Ausnahme der Fälle in den §§. 157 und 158, ist auf Verlust der bürgerlichen Ehrenrechte und außerdem auf die dauernde Unfähigkeit des Verurtheilten, als Zeuge oder Sachverständiger eidlich vernommen zu werden, zu erkennen.

In den Fällen der §§. 156 bis 159 kann neben der Gefängnißstrafe auf Verlust der bürgerlichen Ehrenrechte erkannt werden.

Pr. —; E. I. —; E. II. §. 158; St.B. S. 635. Vgl. §. 32.

1. Die Verurtheilung wegen Meineides umfaßt die Fälle der §§. 153—155, und zwar auch die Anstiftung, R.G. F.S. 10. Aug. 81, **E.** IV, 377, nicht aber das erfolglose Unternehmen der Verleitung zum Meineide. Vgl. Anm. 9 zu §. 159. Auch bei Versuch des Meineids und Beihülfe dazu ist §. 161 Abs. 1 nicht anwendbar. R.G. III, 12. Nov. 85, **E.** XIII, 76, **R.** VII, 660, I, 6. Febr. 88, **R.** X, 100.

2. Abs. 1. Die Aberkennung der Ehrenrechte und die Unfähigkeit u. s. w. ist hier obligatorisch. Beides tritt aber nicht von Rechtswegen ein, das Erkenntniß muß darauf ausdrücklich gerichtet werden. Jena 29. Nov. 71 (St. I, 172). R.G. III, 24. Jan. 80 (R. I, 269 Goltd. XXVIII, 72). Die Bestimmung findet auch auf Frauen Anwendung. Berlin 29. Nov. 78 (O.R. XIX, 562); ebenso bei jugendlichen Verbrechern. R.G. I, 29. Juni 82, E. VI, 416, R. IV, 638

3. Abs. 2. Wird in den Fällen der §§. 157, 158, 159 auf Zuchthaus erkannt, so bewendet es bei der allgemeinen Regel des §. 32. Namentlich ist im Fall der erfolglosen Verleitung zum Meineide (vgl. §. 159 N. 2) weder der Ehrverlust obligatorisch, noch tritt Zeugnißunfähigkeit ein. Vgl. die zu §. 159 N. 9 citirten Entscheidungen. Das Gesetz beschränkt letzteres — worüber der Wortlaut keinen Zweifel läßt — auf die Fälle wirklicher Leistung des Meineides einschließlich des Versuches eines solchen, sowie der Theilnahme daran. R.G. I, 10. Juni 80, E. II, 93, R. II, 49. Was hiergegen F. Meyer zu §. 161 N. 1 aus der ratio legis und der angeblichen Entstehung des §. 161 aus Art. 226 des sächs. St.G.B. anführt, entbehrt des thatsächlichen Grundes. Wie eine Vergleichung der betreffenden Bestimmungen des I. und II. Entwurfes ergibt, verdankt der §. 161 seine Entstehung nur redaktionellen Rücksichten. Der II. Entwurf pflegt in vielen Abschnitten die bei einzelnen Paragraphen zulässigen Nebenfolgen in einem besonderen Paragraphen zusammenzufassen. So ist es auch hier der Fall.

§. 162. Wer vorsätzlich einer durch eidliches Angelöbniß vor Gericht bestellten Sicherheit oder dem in einem Offenbarungseide gegebenen Versprechen zuwiderhandelt, wird mit Gefängniß bis zu zwei Jahren bestraft.

Pr. §. 131; E. I. §. 140; E. II. §. 159; St.B. S. 635.

1. Eidesstattliche Versicherungen bilden kein eidliches Angelöbniß.

2. Der Eid des Vormundes ist kein Offenbarungseid, daher Aufstellung eines unrichtigen Inventars nicht nach §. 162 zu strafen. Berlin 3. Mai 73 (O.R. XIV, 335, St. II, 313). Das eidliche Versprechen muß mit dem Offenbarungseide in einem inneren Zusammenhange stehen und nur ein Bruch des eidlich Versprochenen ist strafbar, nicht auch der von späteren Abänderungen des Versprechens. R.G. III, 20. Mai 82, R. IV, 503.

3. Es ist nicht erforderlich, daß der Offenbarungseid vor Gericht geleistet ist, es genügt jeder vor einer Behörde geleistete zum Thatbestand des §. 162. Gl. M. Hälschner II, 932, Oppenhoff N. 2, Olshausen N. 4.

4. Die falsche Abgabe eines assertorischen Offenbarungseides ist nach §. 153 strafbar. Wenn daher Jemand den assertorischen Offenbarungseid falsch leistet und das in einer Eidesformel mit demselben vereinigte Versprechen bricht, begeht zwei Delikte in realem Zusammenflusse. R.G. II, 12. April 81, E. IV, 77, R. III, 225. Gl. M. Berner S. 427, Dochow in H.H. III, 242, H. Meyer S. 972 N. 96, v. Liszt S. 619, Olshausen N. 7. A. M. Binding I, 559.

§. 163. Wenn eine der in den §§. 153 bis 156 bezeichneten Handlungen aus Fahrlässigkeit begangen worden ist, so tritt Gefängnißstrafe bis zu Einem Jahre ein.

Straflosigkeit tritt ein, wenn der Thäter, bevor eine Anzeige gegen ihn erfolgt oder eine Untersuchung gegen ihn eingeleitet und bevor ein Rechtsnachtheil für einen Anderen aus der falschen Aussage entstanden ist, diese bei derjenigen Behörde, bei welcher er sie abgegeben hat, widerruft.

Pr. §. 132; E. I. §. 141; E. II. §. 160; St.B. S. 635.

1. Die Fahrlässigkeit bei Leistung eines objektiv falschen Eides oder einer objektiv falschen Versicherung an Eidesstatt liegt in einem Mangel der nöthigen Sorgsamkeit und Aufmerksamkeit, deren Anwendung es ermöglicht haben würde, über die Unwahrheit des Beschworenen ins Klare zu kommen. Auch die Unterlassung der Benützung dargebotener Hülfsmittel, welche ein gewissenhafter Mann nicht unbenützt gelassen haben würde, um die Wahrheit zu erforschen oder das Gedächtniß zu berichtigen, kann als Fahrlässigkeit angerechnet werden. R.G. III, 11. Juni 81, E. IV, 341, 16. Febr. 83, E. VIII, 108, R. V, 127, II, 6. März 88, E. XVII, 185, R. X, 210. Ebenso die Unterzeichnung eines Schriftstücks, welches eine objektiv falsche Versicherung an Eidesstatt enthält, ohne dasselbe zu lesen, selbst wenn der Unterschreibende die Versicherung nicht kennt. R.G. II, 5. Dez. 90, E. XXI, 198.

2. Ob Fahrlässigkeit vorhanden sei, ist lediglich Sache der thatsächlichen Beurtheilung. Auch ein Rechtsirrthum kann dieselbe ausschließen. R.G. 7. Jan. 81 (Ann. II, 137). Es muß auch in diesem Fall die Verpflichtung, die nöthige Rechtskenntniß sich zu verschaffen, oder ein anderes Verschulden festgestellt werden. R.G. I, 21. Juni 80 (R. II, 89). Ein besonderer Grad von Verschulden kann nicht verlangt werden. R.G. II, 30. Juni 85, E. XII, 317.

3. Die Fahrlässigkeit muß ausdrücklich festgestellt werden. Dies ist nicht genügend geschehen, wenn lediglich festgestellt ist, daß der Inhalt des Eides unwahr sei, jedoch nicht wissentlich falsch geleistet. Dresden 18. Okt. 75 (S.G.Z. XX, 175). Auch nicht damit, daß der objektiv falsche Eid, wenn auch nicht wider besseres Wissen, doch jedenfalls aus Fahrlässigkeit unrichtig geleistet sei. R.G. I, 24. Juni 80, E. II, 120, R. II, 104. Es bedarf vielmehr der Feststellung, daß der Schwörende bei genügender Sorgfalt sich von der Unwahrheit des Beschwörenden hätte überzeugen können. Stuttgart 10. Juli 78 (württ. Ger.Bl. XV, 22), Berlin 18. Sept. 78 (O.R. XIX, 422). Auch die Frage, in welchem Sinne eine Eidesformel aufzufassen sei, und ob der Eid richtig oder falsch geleistet wurde, ist thatsächlich zu entscheiden und in der Revisions-Instanz nicht zu prüfen. R.G. III, 30. Juni 80 (R. II, 141).

4. Objektiv fallen nur die in §§. 153, 154 St.G.B. bezeichneten Eide unter diejenigen, die fahrlässig falsch geleistet werden können. Berlin 30. Mai 77 (O.R. XVIII, 359, St. VII, 52). Wird auf fahrlässigen Falscheid eine Hülfsfrage gestellt, so kann dieselbe aus der Hauptfrage ergänzt werden. R.G. II, 29. Okt. 80 (E. II, 408).

5. Die Motive bemerken:

„Der angebliche Widerspruch, welcher darin liegen soll, daß beim fahrlässigen Meineide nicht sowohl ein fahrlässiges Handeln, als vielmehr eine fahrlässige Unwissenheit bestraft werde, erledigt sich durch die Erwägung: daß eben der Schwörende es unterlassen hat, sich zuvor genügend über die Thatsachen zu unterrichten oder dieselben in das Gedächtniß sich zurückzurufen, also nicht sowohl eine fahrlässige Unwissenheit, als vielmehr ganz eigentlich seine Fahrlässigkeit in der Unterlassung eines Handelns da, wo ein solches geboten war, gestraft wird."

6. Die fahrlässige falsche Ableistung des assertorischen Theils eines Offenbarungseides ist nach §. 163 zu strafen. Berlin 29. Sept. 71, 8. Mai 73 (Goltd. XIX, 677; XXI, 352; O.R. XII, 485; XIV, 350, St. II, 358). Ein Offenbarungseid ist fahrlässig falsch geleistet, wenn die Annahme der Berechtigung, Vermögensbestandtheile zu verschweigen, eine fahrlässig verschuldete ist. Berlin 8. Mai 73, 18. Sept. 78 (O.R. XIV, 350; XIX, 422; Goltd. XXI, 332; St. II, 358). R.G. 7. Dez. 80 (Ann. III, 12), II, 21. April 82, E. VI, 205, R. IV, 372, IV, 7. Jan. 85, R. VII, 20. Dasselbe gilt von Ignoranz- und Kredulitätseiden. Berlin 7. Sept. 74 (Goltd. XXII, 596, O.R. XV, 535, St. IV, 129); Dresden 5. Jan. 72 (S.G.Z. XVI, 217, St. I, 275). Vgl. auch R.G. I, 13. Nov. 79, R. I, 61, E. I, 99, III, 7. Okt. 82, E. VII, 185, R. IV, 733.

7. Wenn ein Zeuge bei seiner Vernehmung Umstände verschweigt oder falsch angibt, nach welchen er vor einem in promissorischer Form geleisteten Eid gefragt wurde, ohne auch die Wahrheit dieser Umstände nachträglich auf Eid für wahr zu erklären, kann der Eid auf jene Umstände nicht bezogen werden. R.G. III, 9. Okt. 80 (R. II, 307).

8. Anstiftung zum fahrlässigen Falscheid ist nicht denkbar, fällt vielmehr unter §. 160. München 27. April 77 (bayr. Entsch. VII, 166, St. VII, 270).

9. Mehrfache Verletzungen der Eidespflicht innerhalb eines Verfahrens können je nach Beschaffenheit des Entschlusses hierzu ein einheitliches, fortgesetztes oder ein wiederholtes Delikt bilden. Die Frage ist daher thatsächlich zu entscheiden. R.G. IV, 4. Jan. 87, R. IX, 7.

10. Abs. 2. Hierzu vgl. §. 158 N. 2. Auch auf fahrlässig falsch geschworene Parteieide ist Absatz 2 anwendbar. Hierbei bildet die Möglichkeit eines nachtheiligen Urtheils für den Gegner des Schwörenden keinen Rechtsnachtheil, der die Wirkung eines sofortigen Widerrufs ausschließt. R.G. I, 25. April 87, E. XVI, 29, R. IX, 280. Ferner ist Abs. 2 anwendbar auf eidesstattliche Versicherungen vor Steuerkommissionen, deren Widerruf, ehe auf Grund derselben eine geringere Steuerpflicht festgestellt ist, Straflosigkeit bewirkt. R.G. III, 24. Mai 82, R. IV, 510. Auch die über eine erlangte Ueberzeugung geleisteten Eide können unter besonderen Umständen fahrlässig falsch geleistet werden. R.G. II, 27. Febr. 85, E. XII, 58.

11. Der Widerruf bewirkt Straflosigkeit, wenn er erfolgt, ehe gegen den Schwörenden Anzeige erfolgt, oder Untersuchung eingeleitet, oder ein Rechtsnachtheil gegen einen Anderen eingetreten ist. Als Rechtsnachtheil erscheint nicht nur ein Vermögensnachtheil, sondern jede Benach-

theiligung an Rechten oder in der Rechtstellung, also auch z. B. ein verurtheilendes Civilerkenntniß, auch wenn dasselbe die Rechtskraft noch nicht erlangt hat. R.G. II, 30. Jan. 83, R. V, 74. Auch das Erheben einer schwereren Anklage in Folge einer fahrlässig abgegebenen falschen Aussage, als außerdem erhoben worden sein würde. R.G. IV, 13. April 88, E. XVII, 307, R. X, 295. Das Einstellen einer Zwangsvollstreckung in Folge der Aussage R.G. II, 6. Dez. 87, R. IX, 697; nicht aber der freiwillige Abstand eines Gläubigers von der Beitreibung nach Leistung eines unrichtigen Offenbarungseids, obgleich genügende Exekutionsobjekte angegeben waren. R.G. IV, 1. Okt. 89, E. XIX, 408.

12. Als rechtzeitig kann ein Widerruf auch dann noch erscheinen, wenn derselbe, d. h. die Berichtigung der Thatsachen in einem zweiten Rechtsstreite unter dem Zwange einer Beeidigung erfolgt, während der fahrlässige Falscheid in einem ersten Rechtsstreit geleistet war. R.G. II, 6. Dez. 87, R. IX, 697.

Zehnter Abschnitt.

Falsche Anschuldigung*).

§. 164. Wer bei einer Behörde eine Anzeige macht, durch welche er Jemand wider besseres Wissen der Begehung einer strafbaren Handlung oder der Verletzung einer Amtspflicht beschuldigt, wird mit Gefängniß nicht unter Einem Monat bestraft; auch kann gegen denselben auf Verlust der bürgerlichen Ehrenrechte erkannt werden.

So lange ein in Folge der gemachten Anzeige eingeleitetes Verfahren anhängig ist, soll mit dem Verfahren und mit der Entscheidung über die falsche Anschuldigung inne gehalten werden.

Pr. §. 133; E. I. §. 142; E. II. §. 161; St.B. S. 635.

Vgl. §§. 165, 186, 187, 191.

1. Unter „Behörde“ ist nicht bloß die zur Verfolgung der strafbaren Handlung u. s. w. zuständige, sondern jede Behörde und jeder Beamte zu verstehen, welcher obliegt, die Anzeige an die zuständige Behörde weiter zu befördern. S. Berlin 23. April u. 1. Mai 74 (Goltd. XXII, 423, O.R. XV, 258, 270, St. IV, 27). Namentlich genügt es, wenn die Anzeige an einen Unterbeamten der zuständigen Behörde, z. B. Gendarmen, Polizeidiener gemacht ist. München 9. Nov. 77 (bayr. Entsch. VII, 474, St. VIII, 119). Vgl. aber Jena 1. Febr. 72 (St. I, 276), woselbst angenommen ist, daß der Thatbestand des §. nicht vorliege, so lange nicht der Gendarm die Anzeige an die kompetente Behörde erstattet hat. Dieser Ansicht trat R.G. III, 8. Jan. 83, E. VIII, 5 bei, indem es erörterte, daß Polizeibedienstete nicht eine Behörde vertreten, sondern nur zu Vermittelung von Anzeigen zuständig seien. Der Anzeiger muß deshalb die Absicht haben, daß die Anzeige an die Behörde gelange. Deshalb wurde eine Behauptung, welche wider besseres Wissen in Gegenwart eines Polizeibediensteten gemacht wurde, es habe Jemand eine strafbare Handlung begangen, die Eigenschaft einer Anzeige abgesprochen, obgleich es geschah, damit Anzeige erfolge. R.G. III, 2. April 81, R. III, 192. Eine Privat-Eisenbahn-Direktion ist keine Behörde im Sinne des §. 164. Berlin 12. April 77 (O.R. XVIII, 271; Goltd. XXV, 328, St. VII, 58). Ein Amtsvorsteher (preuß.) wurde als Behörde im Sinne des §. 164 anerkannt. R.G. II, 23. Dez. 79 (R. I, 170, Goltd. XXVIII, 59).

2. Auch durch Anbringung einer Privatklage kann eine falsche Anschuldigung begangen werden, wenn durch diesen Weg das Einschreiten der Strafbehörde (Disziplinarbehörde) bezweckt war. Berlin 1. Mai u. 6. Okt. 74 (Goltd. XXII, 423, 596, O.R. XV, 270, 612, St. IV, 27). R.G. II, 7. Nov. 79 (R. I, 44), I, 22. Okt. 83, R. V, 620. S. einen Fall, in welchem falsche Anschuldigung, durch eine Immediat-Eingabe an den Landesherrn verübt, angenommen wurde. Berlin 23. April 74 (O.R. XV, 258).

---

*) v. Buri, Abhandlungen S. 24. Heß, Die Lehre von der falschen Anschuldigung, Ellwangen 1888. Teichmann in Z. f. schweiz. Recht, N. F. IX, 346.

3. Jemand, d. h. ein Anderer, da falsche Selbstanzeige nicht mit Strafe bedroht ist. Es ist nicht erforderlich, daß der Beanzeigte mit Namen bezeichnet ist; es genügt zum Thatbestand, daß derselbe kenntlich oder doch wenigstens so bezeichnet ist, daß die bezeichnete Person in einem durch die Anzeige veranlaßten Verfahren erforscht werden kann. R.G. III, 2. April 91, R. III, 192. Die Anzeige ohne Bezeichnung eines Thäters oder gegen einen Unbekannten, oder gegen eine fingirte Person, fällt nicht unter §. 164. München 17. Okt. 64, bayr. Entsch. IV, 470, St. IV, 306, Dochow in H.H. III, 257, v. Liszt S. 613, Olshausen N. 3, Oppenhoff N. 6, Heß a. a. O. S. 21.

4. Strafbare Handlung = Verbrechen, Vergehen, Uebertretung. Die Handlung muß in der Anzeige so bezeichnet sein, daß der zur Beurtheilung der Strafbarkeit erforderliche Thatbestand erkennbar ist. Auch genügt die Angabe des Gattungsbegriffs des Delikts. Berlin 3. Dez. 73 (O.R. XIV, 769). Daß das angeschuldigte Delikt nicht genau bezeichnet ist, schließt den Thatbestand nicht aus. Die Interpretation der Anzeige ist Sache thatsächlicher Beurtheilung. R.G. III, 16. Okt. 80 (E. III, 228).

5. Ob die „Verletzung einer Amtspflicht" vorliegt, ist nach der dienstlichen Stellung und den Disziplinargesetzen zu beurtheilen. So genügt die Behauptung starker Vernachlässigung der Schule gegen einen Lehrer. Mannheim 30. Sept. 76 (bad. Ann. Bd. 42 S. 338). Der Vorwurf der Trunkenheit im Dienst gegen einen Beamten, Berlin 7. März 78 (Goltd. XXVI, 204). Auch in der Anzeige eines unwürdigen, außeramtlichen Verhaltens kann der Vorwurf einer Verletzung der Amtspflicht liegen. R.G. II, 9. Okt. 88, R. X, 554. Zwischen Amtspflicht und Dienstpflicht eines Offiziers kann nicht unterschieden werden. R.G. II, 21. Febr. 90, E. XX, 268. Jedoch muß sich die Anzeige auf eine bestimmte pflichtwidrige Handlung, nicht auf pflichtwidriges Verhalten im Allgemeinen beziehen. Auch mit der wissentlich falschen Anschuldigung einer strafbaren Handlung, deren Verfolgung bereits verjährt ist, kann das Vergehen des §. 164 begangen werden. R.G. III, 25. Febr. 80 (R. I, 393, E. I, 229, Goltd. XXVIII, 249).

6. Das Erforderniß „wider besseres Wissen" wurde angenommen in einem Fall, in welchem der Anzeiger den Verdacht der That hatte, jedoch behauptete, die That gesehen zu haben. Berlin 31. Okt. 77 (O.R. XVIII, 686).

Wissentlich unwahr ist die Anzeige nicht schon deshalb, weil das Wissen unwahr dargestellt ist, z. B. durch Erfindung eines von dem Beanzeigten abgelegten Geständnisses; sondern nur, wenn die behauptete That objektiv unwahr und dies dem Anzeiger bekannt ist. R.G. III, 21. April 87, E. XVI, 37. Daher genügt auch eine Vermutung, die Anzeige sei richtig oder ein Zweifel, das Erforderniß des „wider besseres Wissen" auszuschließen. R.G. II, 18. Sept. 88, E. XVIII, 88. Nicht zu verwechseln mit „wider besseres Wissen" das Bewußtsein, die Anschuldigung nicht beweisen zu können.

7. Eine direkte Beschuldigung ist nicht erforderlich. Es genügt, wenn die Begehung der strafbaren Handlung durch den Bezichtigten als Schlußfolgerung aus bestimmten Thatsachen hingestellt wird. Auch kann die fälschliche Anzeige eines Verdachts oder Gerüchts genügen. (So auch Berlin 2. Juni 75, Goltd. XXIII, 435, O.R. XVI, 410. R.G. III, 8. Jan. 83, E. VIII, 5.) Eine wissentlich falsche Anzeige, welche neben anderen nicht wider besseres Wissen gemachten Anzeigen zur Begründung dieser vorgebracht wird, erfüllt den Thatbestand des §. 164. Berlin 7. März 78 (Goltd. XXVI, 204).

Auch in Machinationen, welche geeignet sind, den Verdacht und die Verfolgung wegen einer strafbaren Handlung auf eine Person zu lenken, kann eine Anzeige erblickt werden, selbst wenn zugleich Vorkehrungen getroffen werden, einer Verurtheilung vorzubeugen, so durch Briefe, welche als Geständniß erscheinen, und andere, welche Gegenbeweis liefern. R.G. II, 22. Sept. 82, E. VII, 47. Dagegen liegt eine falsche Anschuldigung nicht vor, wenn die behauptete That wirklich begangen, aber übertrieben angezeigt wurde. R.G. II, 16. Okt. 85, E. XIII, 12; ebenso, wenn die Entstellung nicht so weit reicht, um eine straflose Handlung als strafbar erscheinen zu lassen. R.G. I, 2. Nov. 82, IV, 29. März 87, E. VII, 207, XV, 391, R. IV, 778.

8. Als **dolus** genügt das Bewußtsein, daß eine strafbare Handlung bez. die Verletzung einer Amtspflicht vorliegen würde, deren Anzeige ein Straf- oder Disziplinarverfahren zur Folge haben kann. Berlin 11. Juli 72 (Goltd. XX, 397, O.R. XIII, 404, St. II, 43), 9. Jan. 77 (O.R. XVIII, 19, Goltd. XXV, 144, St. VII, 57). R.G. 18. Jan. 81 (Ann. III, 138). Hälschner II, 898, F. Meyer N. 5, Olshausen N. 12, v. Schwarze N. 8 fordern sogar eine auf Herbeiführung der Verfolgung gerichtete Absicht. Dies geht aber zu weit. Es ist sehr wohl denkbar, daß eine falsche Anschuldigung erfolgt, um einen andern Zweck zu verfolgen, wobei die Verfolgung

nebensächlich ist. Die Strafe des §. 164 ist hierdurch nicht ausgeschlossen. Die Absicht müßte im Gesetz Ausdruck gefunden haben. R.G. I, 3. April 81, E. X, 274. Die betr. Thatsachen müssen objektiv falsch sein, was vom Richter zu beurtheilen ist. Wären sie zufällig gegen das Wissen des Anschuldigers wahr, so müßte Straflosigkeit eintreten. Uebrigens wird zur Feststellung der Falschheit in der Regel genügen, wenn die Thatsachen wider besseres Wissen vorgetragen sind. Stellt zwar die beanzeigte Handlung eine strafbare dar, ohne daß behauptete Voraussetzungen der Strafbarkeit wahr sind (Verbot verbreiteter Schriften), so liegt falsche Anschuldigung vor. Ist dagegen Voraussetzung der Strafbarkeit die Gegenseitigkeit mit einem fremden Staat, so erscheint die fälschlich behauptete That nur dann als strafbar, wenn Gegenseitigkeit wirklich besteht. R.G. III, 2. Juli 81, R. III, 457.

9. Eine falsche Anzeige wird dadurch nicht straflos, daß sie gemacht wurde, um sich selbst gegen eine Anschuldigung zu vertheidigen; Berlin 24. Mai u. 11. Juli 72 (Goltd. XX, 397, 399, O.R. 404, St. II, 43), Wolfenbüttel 5. Sept. 73 (St. III, 103), und genügt hierbei auch eine Entstellung der Wahrheit, die den Verdacht auf einen Anderen lenkt, Berlin 22. Dez. 73 (O.R. XIV, 811, St. III, 306). Falsche Anschuldigung liegt auch vor, wenn durch Verschweigung von Umständen eine Handlung als strafbare dargestellt wurde, wie eine Wegnahme zu anderen Zwecken als Diebstahl, Berlin 8. Sept. 76 (Goltd. XXIV, 566), oder bei Anzeige wegen Verleumdung durch Verschweigung des Umstands, daß die behauptete Thatsache wahr ist, Stuttgart 5. Dez. 75 (württ. Ger.Bl. XII, 193, St. VI, 232). R.G. I, 2. Nov. 82, E. VII, 207, R. IV, 778, III, 23. Sept. 89, E. XIX, 386. Falsche Anschuldigung wurde nicht angenommen bei Anzeige einer wirklich begangenen That unter Verschweigung eines Strafausschließungsgrunds. Berlin 19. Nov. 73 (O.R. XIV, 728, Goltd. XXI, 527, St. III, 183). Auch nicht bei Anzeige einer That, deren Straflosigkeit aus der Anzeige hervorgeht (Diebstahl des Gatten) R.G. III, 27. Sept. 90, E. XXI, 101.

10. Anzeige — setzt Freiwilligkeit voraus. Falsche Angaben, die auf Aufforderung einer Behörde oder eines Beamten gemacht werden, sind vom Gesichtspunkt des falschen Zeugnisses oder der (verleumderischen) Beleidigung zu beurtheilen. R.G. III, 15. März 83, E. VIII, 162, R. V, 172, IV, 21. Okt. 84, R. VI, 641. Etwas Anderes ist es aber, wenn Jemand seine Vernehmung als Zeuge selbst herbeigeführt hat, um in dieser Form eine wissentlich falsche Anschuldigung vorbringen zu können. Die Erstatttung einer falschen Anzeige neben anderen wahren Anzeigen ist strafbar. München 20. Sept. 73 (bayr. Entsch. III, 178, St. III, 56).

11. Dresden 4. Juni 75 (S.G.Z. XX, 223) nahm an, daß für die Vollendung des Delikts die Kenntnißnahme durch die Behörde das Entscheidende sei, daß daher bei einer schriftlich durch die Post bewirkten Anzeige der Empfangsort der der begangenen That sei, nicht jener, wo die Anzeige geschrieben wurde. — Der wirklichen Einleitung einer Verfolgung bedarf es zur Vollendung nicht. Mannheim 30. Sept. 76 (bad. Ann. Bd. 42 S. 338). Die Zurücknahme des Strafantrags bei einer wissentlich falschen, mit Strafantrag verbundenen Anzeige hebt die Strafbarkeit nicht auf. Stuttgart 13. März 78 (württ. Ger.Bl. XIV, 273, St. VIII, 120). R.G. I, 19. Jan. 80 (R. I, 245).

12. Wird dem Angeschuldigten nicht nachgewiesen, daß er die Anzeige „wider besseres Wissen" gemacht, so kann er möglicherweise wegen qualifizirter Beleidigung aus §. 186 strafbar sein, sofern nicht der §. 193 Anwendung findet. R.G. I, 8. Dez. 79*), E. I, 233 (R. I, 121), II, 25. Okt. 81, R. III, 639, I, 22. Dez. 86, R. VIII, 785. Auch können falsche Anschuldigungen und verleumderische Beleidigungen in Idealkonkurrenz vorliegen. München 13. Juni 74, 15. April 76 (St. IV, 133; IV, 133; VI, 235, bayr. Entsch. IV, 251; VI, 186), Berlin 9. Nov. 76 (O.R. XVII, 726, Goltd. XXIV, 567). Bei einer Verurtheilung aus §. 186 statt aus §. 164 muß ex. off. geprüft werden, ob die Voraussetzungen des §. 193 vorliegen. R.G. II, 4. Nov. 81, R. III, 685.

13. Abs. 2. Hieraus ist nicht zu folgern, daß eine vorhergegangene oder nachfolgende Freisprechung (oder Verurtheilung) des Bezichtigten die Prüfung des Strafrichters: ob die in der Anzeige enthaltenen Thatsachen unwahr und wider besseres Wissen vorgetragen sind, ausschließt. Vielmehr hat derselbe dieses selbständig zu prüfen und kann namentlich den Beweis der Wahrheit gegen ein freisprechendes Erkenntniß nicht ablehnen. Der §. 190 findet hier keine Anwendung. Gl. M. Hälschner II, 899, Olshausen Nr. 7, v. Schwarze N. 9.

---

*) Vgl. hierzu Herzog im G.S. Bd. 25, S. 479, Bd. 32, S. 81 u. John, Z. f. d. g. St.W. I, 301.

14. Auch das vorbereitende Verfahren des Staatsanwalts ist ein Verfahren im Sinne des Abs. 2, die Einstellung desselben kann aber auch als stillschweigend verfügt angenommen werden, wenn dies aus andern Maßnahmen des Staatsanwalts hervorgeht. R.G. II, 17. April 83, E. VIII, 185, R. V, 264.

15. Wegen der Verjährung vgl. §. 69. Wegen Konkurrenz v. f. A. und falschem Zeugniß vgl. §. 154 N. 11. Ueber Konkurrenz falscher Anschuldigung gegen mehrere Personen in einer Anzeige s. §. 74. §. 193 findet auf §. 164 keine Anwendung. R.G. I, 3. April 84, E. X, 274.

§. 165. **Wird wegen falscher Anschuldigung auf Strafe erkannt, so ist zugleich dem Verletzten die Befugniß zuzusprechen, die Verurtheilung auf Kosten des Schuldigen öffentlich bekannt zu machen. Die Art der Bekanntmachung, sowie die Frist zu derselben, ist in dem Urtheile zu bestimmen.**

Dem Verletzten ist auf Kosten des Schuldigen eine Ausfertigung des Urtheils zu ertheilen.

Pr. §. 134; E. I. §. 143; E. II. §. 162; St.B. S. 635.

Vgl. §§. 164, 200.

1. Die Befugniß muß ohne Antrag immer im Urtheil ausgedrückt werden, und ebenso muß dem Verletzten eine Urtheilsausfertigung, welche das ganze Urtheil einschließlich der Gründe umfaßt, ertheilt werden. Jedoch kann nach dem Tode des Verletzten auf die Befugniß der Bekanntmachung der Verurtheilung nur dann erkannt werden, wenn der Verletzte vor seinem Tod die Ertheilung der Befugniß beantragt hat. R.G. II, 17. Mai 87, E. XVI, 73, R. IX, 324.

2. Die Art der Bekanntmachung muß im Urtheilstenor namentlich auch mit Angabe der betr. Stellen des Urtheils enthalten sein. In der Regel wird es genügen, zu bestimmen: „daß dem Y. die Befugniß zuzusprechen, den Eingang und den entscheidenden Theil (tenor) des Urtheils binnen x Tagen, von der Behändigung der Urtheilsausfertigung an gerechnet, in der Z=Zeitung auf Kosten des F. F. bekannt zu machen.“ (Vgl. auch §. 200.) Der Mangel der Fristbestimmung verstößt gegen das Gesetz und kann Aufhebung des Urtheils in diesem Punkt veranlassen. R.G. II, 12. Okt. 88, R. X, 564.

3. Ueber die Art der Kosteneinziehung von dem Verurtheilten entscheiden die Prozeßgesetze. Vgl. auch §. 501 St.P.O. Unter die vom Schuldigen zu ersetzenden Kosten gehören auch die des Anwalts, dessen sich der Verletzte zur Bekanntmachung bedient hat. München 14. Sept. 86, bayr. Entsch. IV, 292.

Elfter Abschnitt.

Vergehen, welche sich auf die Religion beziehen.*)

§. 166. **Wer dadurch, daß er öffentlich in beschimpfenden Aeußerungen Gott lästert**), ein Aergerniß gibt, oder wer öffentlich eine der christlichen Kirchen oder eine andere mit Korporationsrechten innerhalb des Bundesgebietes bestehende Religionsgesellschaft oder ihre Einrichtungen oder Gebräuche beschimpft, ingleichen wer in einer Kirche oder in einem anderen zu religiösen Versammlungen bestimmten Orte beschimpfenden Unfug verübt, wird mit Gefängniß bis zu drei Jahren bestraft.**

Pr. §. 135; E. I. §. 144; E. II. §. 163; St.B. S. 639—641.

*) Haager, Zur Lehre von den Religionsvergehen. Erlangen 1874. Meves, Das R.St.G.B. in seinem Verhältniß zur Religion. G.S. Bd. 27, S. 321. Villnow, Vergehen, welche sich auf die Religion beziehen. G.S. Bd. 31, S. 509, 578. Bott, Zur Lehre von den Religionsvergehen. Tübingen 1890. v. Lilienthal im Deutschen Wochenblatt 1888, N. 31, 32.

**) Zur Lehre von der Gotteslästerung von Fuld im Magazin f. d. deutsche Recht der Gegenwart, III, 92.

1. Die **Motive** bemerken:

„Der Entwurf hat das in dem Preußischen Strafgesetzbuche vorgesehene Vergehen der Gotteslästerung, der vielen dagegen erhobenen Einwendungen ungeachtet, beibehalten, und dies gethan, obgleich jene schon bei der Redaktion des Strafgesetzbuches geltend gemachten Einwürfe in neuerer Zeit bis zu dem Vorwurfe gesteigert worden sind, „daß eine aufgeklärte Gesetzgebung sich von den abergläubischen und zum Theil kindischen Vorstellungen, welche man bei der Bestrafung dieses Verbrechens in Berücksichtigung gebracht, nicht beeinflussen lassen dürfe."

Denn wie unwiderlegbar es auch ist, daß Gott nicht als durch eine menschliche Handlung verletzbar gedacht werden könne, und darum auch nicht der Sicherung durch menschliche Strafen wie eine beleidigte irdische Person bedürfe, so bleibt doch die nicht wegzuleugnende Thatsache bestehen, daß jede Gotteslästerung eine Verletzung des religiösen Gefühls **Anderer** enthält, und daß dieses Gefühl schon darum auf den Schutz des Gesetzes Anspruch machen darf, um nicht die Meinung aufkommen zu lassen, daß der Staat an der Erhaltung dieses religiösen Gefühls im Volke keinen Antheil nehme, dasselbe vielmehr als etwas Gleichgültiges betrachte.

Um einer solchen Auffassung vorzubeugen, darf das Gesetz sich nicht der Aufgabe entziehen, die Gotteslästerung ausdrücklich als etwas Strafbares zu bezeichnen, und der Entwurf hat darum auch nicht geglaubt, dem von manchen anderen Gesetzgebungen eingeschlagenen Weg folgen zu sollen, die zwar nicht die Gotteslästerung, wohl aber eine Lästerung der „Gegenstände der Verehrung" mit Strafe bedrohen, und darunter die Lästerung der Gottheit stillschweigend subsumiren. Der Entwurf erachtete es dem Gesetzgeber würdiger, das, was die Absicht des Gesetzes sei, klar und mit ausdrücklichen Worten auszusprechen.

Die fernere Bestimmung des Preußischen Gesetzbuches, welche neben den christlichen Kirchen nur die mit Korporationsrechten im Staate bestehenden Religionsgesellschaften gegen Lästerung schützt, hat gleichfalls eine Anfechtung, jedoch nach einer gerade entgegengesetzten Richtung, nämlich dahin erfahren, daß man diese Bestimmung nicht für weit genug gehend, ja für geradezu engherzig erklärt hat, weil jedes, und keineswegs bloß **das vom Staate gebilligte** religiöse Gefühl geschützt werden müsse.

Auch dieser Einwand hat jedoch den Entwurf nicht bestimmt, von dem Preußischen Strafgesetzbuche abzuweichen, und zwar, weil allerdings die schon bei der Berathung des Strafgesetzbuches hervorgehobene Besorgniß nicht für unbegründet gehalten werden kann, daß mit einer Aufhebung jener Beschränkung der Gesetzgeber einen Anspruch auf den Schutz des Strafrichters auch da zugestände, wo jede Gewähr dafür fehlt, ob denn eine diesen Schutz in Anspruch nehmende angeblich religiöse Vereinigung auch wirklich den Charakter einer solchen beanspruchen dürfe, und nicht vielmehr in die Reihe **nicht**-religiöser Vereine zu verweisen sei.

Dahingegen ist die in der Preußischen Strafvorschrift noch überdies enthaltene Bestimmung:

> daß jede Darstellung, die eine Religionsgesellschaft, ihre Lehren, Einrichtungen oder Gebräuche **dem Hasse oder der Verachtung aussetzt**, zu bestrafen sei,

in den Entwurf nicht aufgenommen worden, weil die Unbestimmtheit dieser Ausdrücke allerdings die Gefahr in sich birgt, daß das Einschreiten der Strafgewalt schon gegen eine bloß freie Meinungsäußerung und eine zulässige Kritik über religiöse Gegenstände angerufen werden könnte, das Recht der freien Forschung und der darauf gegründeten Kritik aber nicht gefährdet werden darf."

2. Der **Reichstag** nahm die Worte „**in beschimpfenden Aeußerungen**" auf, um die Unterscheidung von „den leichtfertigen Redensarten, die gäng und gäbe sind, ohne daß der Sprechende Arges dabei denkt, und ohne daß ein kränkender Wille zur Erscheinung kommt" (St.B. S. 640), — festzustellen. Vgl. **Dresden** 15. Dez. 71, 5. April 72, 21. Aug. u. 18. Dez. 74. (St. I, 276, 370; V, 43, S.G.Z. XVI, 280; XIX, 54), **München** 2. Okt. 74 (bayr. Entsch. IV, 413, St. IV, 309). Verspottung, d. h. lächerlich machen, ist nicht mit Beschimpfung, d. h. verächtlich machen, zu verwechseln. **Berlin** 27. Sept. 76 (O.R. XVII, 603), 25. Sept. 77 (Goltd. XXV, 524).

3. Dem Vergehen der Gotteslästerung liegt weder die Unterstellung eines allgemeinen, allen bestehenden positiven Religionen gemeinschaftlichen und von ihnen unabhängigen Begriffs der Gottheit noch die Auffassung Gottes nach dem christlichen Glaubensbekenntnisse zu Grunde, sondern der Gottesbegriff, wie er in den konkreten Bekenntnissen der christlichen Kirchen und der andern mit Korporationsrechten im Deutschen Reiche bestehenden Religionsgesellschaften auch das Judenthum niedergelegt ist. R.G. II, 3. März 82, E. VI, 77, R. IV, 225. Dabei kann aber nicht die Gottheit als der Gegenstand der That betrachtet werden, sondern nur der

bei den Zuhörern vorauszusetzende Gottesglaube. Deshalb kann eine Lästerung auch in Aeußerungen gefunden werden, die nur in einer das religiöse Gefühl Anderer schwer verletzenden Weise das Wesen der Gottheit oder auf dieselbe sich beziehende Lehren besprechen. R.G. II u. III, 10. Okt. 87, E. XVI, 245, R. IX, 490. Gl. M. Hälschner II, 702, v. Liszt S. 409, Fuld a. a. O., S. 92, Olshausen N. 1a.

4. In Betreff der Lästerung Christi und der Lästerung des heiligen Geistes ist angenommen, daß sie unter den Begriff der Gotteslästerung fallen. Berlin 15. Febr. 73, 20. Jan. 75, 27. Sept. u. 16. Nov. 76 (Goltd. XXI, 198; XXIII, 122; XXIV, 567, O.R. XIV, 143; XVI, 60; XVII, 745, 604, St. II, 232; IV, 311; VII, 60), München 12. Okt. 77 (bayr. Entsch. VII, 454, St. VIII, 122). Bezüglich einer Beschimpfung Christi s. auch R.G. III, 13. Dez. 79 (R, I 144. Goltd. XXVIII, 43), auch R.G. I, 8. Nov. 80 (R. II, 477, E. II, 428).

5. Unter „Aergerniß geben" hat die ältere Praxis die objektive Eigenschaft einer Aeußerung verstanden, wodurch dieselbe geeignet ist, Aergerniß zu geben. Entsprechend einer auf §. 183 sich beziehenden Entscheidung (s. §. 183) hat jedoch R.G. II u. III, 10. Okt. 87, E. XVI, 245, R. IX, 490 entschieden, es müsse Aergerniß wirklich gegeben worden sein, mithin die Aeußerung zur Kenntniß mindestens einer Aergerniß nehmenden Person gelangt sein.

6. Oeffentlich vgl. S. 284, 285 ff. Die Anwesenheit einer Menschenmenge ist zum Begriff der Oeffentlichkeit nicht erforderlich. Dresden 21. April 73 (S.G.Z. XVII, 123, St. III, 7). Eine in einem Wirthshause gegenüber von zwei Personen gemachte Aeußerung kann als öffentlich geschehen beurtheilt werden. R.G. III, 13. Dez. 79 s. oben, ebenso die in einem öffentlichen Omnibus gemachte. R.G. III, 26. März 81, R. III, 167, oder in einem größeren Vereine. R.G. III, 5. Jan. 91, E. XXI, 254. In der Aushändigung von Pflichtexemplaren oder geschenkten Exemplaren einer nach §. 166 strafbaren Druckschrift an den Verfasser derselben wurde die Verbreitung der Druckschrift, also deren Oeffentlichkeit erblickt. R.G. II, 28. Sept. 80 (R. II, 270, E. II, 270).

7. Unter den christlichen Kirchen sind nach dem gemeinen und kirchenrechtlichen Sprachgebrauch: die katholische und die evangelische (lutherische, reformirte, unirte) zu verstehen. Die christlichen Sekten (Mennoniten, Irvingianer u. s. w.) haben den strafrechtlichen Schutz nur dann, wenn sie staatliche Korporationsrechte haben. Vgl. oben die Motive. Nach dem Wortlaut des Gesetzes muß es genügen, wenn die Korporationsrechte in irgend einem Bundesstaate ertheilt sind. Vgl. Berlin 26. Okt. 74 (O.R. XV, 687, Goltd. XXII, 597, St. IV, 307), Mannheim 16. Juni 73 u. 15. Jan. 76 (bad. Ann. Bd. 39 S. 215, St. VI, 236). Ein Angriff auf die Gesammtheit der Angehörigen eines christlichen Bekenntnisses kann als ein solcher auf die Kirche betrachtet werden. Mannheim 5. Mai 77 (St. VII, 65). Eine Beschimpfung des Christenthums ist eine solche aller christlichen Kirchen. Stuttgart 29. Jan. 79 (württ. Ger.Bl. XV, 337). Vgl. auch München 12. Okt. 77 (bayr. Entsch. VII, 455, St. VIII, 122), Darmstadt 8. Okt. 77, (St. VIII, 121). Auch partikulare Landeskirchen in Deutschland kommen als christliche in Betracht und können deshalb Objekt des Deliktes sein. R.G. III, 3. Dez. 81, E. V, 188, R. III, 766.

8. Nach der innerhalb der katholischen Kirche eingetretenen Spaltung ist streitig geworden, ob der §. 166 auf einzelne der entgegenstehenden Parteien Anwendung finden könne. München 15. Sept. 73 (bayr. Entsch. III, 366, St. III, 101) hat diese Frage verneint, während Berlin 24. Mai 73, 20. Okt. 74, 19. Febr. u. 12. Juli 75, 25. Sept. 77 (Goltd. XXI, 328; XXII, 597; XXV, 525, O.R. XIV, 399; XV, 687; XVI, 141, 537; XVIII, 587, 653, St. III, 57; IV, 307; VII, 273) und Mannheim 16. Juni 73 und 15. Jan. 76 (bad. Ann. XXXIX, 214, St. VI, 236) die Frage bejahen, indem sie davon ausgehen, daß der Schutz des §. Allen, welche sich als Angehörige der katholischen Kirche bekennen, rücksichtlich ihres dem Ritus derselben entsprechenden Gottesdienstes zukomme, so lange nicht ihre Nichtanerkennung durch den Staat gesetzlich ausgesprochen sei, daß daher jener Schutz sowohl den sogenannten „Altkatholiken" als auch den sogenannten „Infallibilisten" gebühre. Haben die altkatholischen Gemeinschaften die staatliche Anerkennung gefunden, wie es nach dem Preuß. Gesetz vom 4. Juli 75 (G.S. S. 333) der Fall ist, so ist es außer jeden Zweifel gestellt, daß sie den Schutz des §. 166 genießen.

Das Judenthum ist eine mit Korporationsrechten bestehende Religionsgesellschaft. Berlin 11. Okt. 77 (O.R. XVIII, 644, Goltd. XXV, 526). R.G. II, 3. März 83, s. oben N. 3.

9. Als eine gegen die Kirche selbst gerichtete Beschimpfung ist die Beschimpfung der Bibel und der zehn Gebote angesehen. Dresden 21. Aug. u. 4. Sept. 74 (S.G.Z. XIX, 205,

St. V, 44, 45), Berlin 25. Sept. 77 (O.R. XVIII, 584, Goltd. XXV, 523, St. VII, 274). Eine Beschimpfung der Bibel liegt aber nicht in jedem Angriff auf einen Theil derselben. Es muß vielmehr ersichtlich sein, daß dieselbe als Grundlage der christlichen Lehre Gegenstand des Angriffs ist. R.G. III, 12. Nov. 85, R. VII, 659.

10. Der Cölibat gehört zu den Einrichtungen der katholischen Kirche. Berlin 23. Okt. 72 (Goltd. XX, 526, O.R. XIII, 548). Ein Angriff auf den Cölibat aus thatsächlichen Gründen ist straflos, s. R.G. III, 31. März 80 (R. I, 521). Auch beschimpfende Aeußerungen über die Amtstracht der Geistlichen fallen unter den §. Dresden 21. Aug. 74 (S.G.Z. XIX, 54, St. V, 44). R.G. III, 11. März 82, E. VI, 88, R. IV, 236.

Der Ablaß wurde als Einrichtung der katholischen Kirche anerkannt. Berlin 30. Juni 74 (O.R. XV, 462, Goltd. XXII, 500, St. IV, 135). Ebenso die Messe, Berlin 24. Mai 73 u. 3. Jan. 77 (O.R. XIV, 399; XVIII, 7, Goltd. XXI, 329; XXV, 144, St. III, 57), das Papstthum, Darmstadt 13. Dez. 75 (hess. Entsch. 76, II, B. S. 48); auch lokale Gebräuche, wie übliche regelmäßige Umgänge, Berlin 14. Febr. 78 (Goltd. XXVI, 59). Bezüglich eines Angriffs auf das vatikanische Konzil unterschied zwischen einem Angriff auf die Institution der Konzile und einem solchen auf den einzelnen historischen Vorgang R.G. III, 31. März 80 (R. I, 521). Endlich wurde der Marienkultus als Einrichtung der katholischen Kirche anerkannt, deren Beschimpfung unter §. 166 falle, wenn auch das Dogma der unbefleckten Empfängniß als solches der Kritik anheimfalle. R.G. I, 8. Nov. 80, R. II, 477 E. II, 428), 5. Juli 86, R. VIII, 511, wobei zwischen einem Angriff auf den Marienkultus und auf die Mutter Christi unterschieden wird.

Die Priesterehe der evangelischen Kirche im Gegensatze zum Cölibat kann als Einrichtung der Kirche betrachtet werden. Berlin 27. April 76 (O.R. XVII, 286, Goltd. XXIV, 352). Ebenso eine von den kirchlichen Behörden zu Zwecken der evangelischen Kirche angeordnete Hauskollekte. R.G. II, 30. Nov. 80 (R. II, 581). Auch Kirchenlieder R.G. IV, 25. Okt. 89, Goltd. XXXVII, 362. Das Lehramt der evangelischen Kirche, nicht aber Luther als Stifter der Kirche R.G. III, 8. Nov. 83, E. IX, 158, R. V, 676; II, 9. Nov. 86, R. VIII, 692, jedoch kann nach Lage der Umstände auch in einem Angriff auf Luther eine Beschimpfung der Kirche erblickt werden. R.G. IV, 13. Nov. 85, R. VII, 664, auch Confirmationsscheine, wenn der Angriff den Confirmationsakt trifft. R.G. III, 3. Dez. 81, E. V, 189, R. III, 766.

Ferner kann als kirchliche Einrichtung betrachtet werden: die Ehe unter religiösem Gesichtspunkt, München 25. Febr. 76 (St. VI, 215), das christliche Glaubensbekenntniß, Dresden 11. März 78 (S.G.Z. XXII, 257), das apostolische Glaubensbekenntniß, Berlin 6. März 79 (O.R. XX, 129). R.G. III, 30. Nov. 81, R. III, 755.

Das Dogma des kirchlichen Lehramts der Apostel wurde nicht als kirchliche Einrichtung beurtheilt. Dresden 19. Mai 76 (S.G.Z. XXI, 89, St. VII, 59).

11. Der Begriff „beschimpfen" ist nicht identisch mit beleidigen oder herabwürdigen, es ist vielmehr eine verächtliche Kundgebung, eine Rohheit des wörtlichen oder symbolischen Ausdrucks erforderlich wie die Verwandtschaft des Wortes mit „schimpfen" zeigt. R.G. I, 21. Febr. 84, E. X, 146. Eine Beschimpfung kann in der travestirenden Nachahmung kirchlicher Einrichtungen liegen. R.G. s. oben u. München 2. April 86, bayr. Entsch. IV, 128. A. M. Wolfenbüttel 31. März 74, St. III, 309. Vgl. auch R.G. III, 11. März 82, E. VI, 89, R. IV, 236, 8. Nov. 83, E. IX, 158, R. V, 676, 5. Febr. 85, R. VII, 83.

12. Beschimpfender Unfug ist nicht jeder Unfug; es ist eine Beschimpfung gegen den religiösen Versammlungsort selbst und dessen Bestimmung vorausgesetzt; daher fällt das Tabackrauchen in einer Kirche, die daselbst verübte Mißhandlung eines Anderen nicht ohne Weiteres unter den beschimpfenden Unfug. Dresden 5. April 72 (S.G.Z. XVI, 280, St. I, 370); München 2. Okt. 74 (St. IV, 309).

Unter den Begriff des beschimpfenden Unfugs können auch Aeußerungen fallen. Mannheim 10. Juli 75 (bad. Ann. Bd. 41 S. 362, Goltd. XXIV, 375).

Die Anwesenheit von Personen ist nicht erforderlich, ebenso wenig eine Störung der öffentlichen Ordnung (§. 360 Ziff. 11, St.G.B.) oder die Erregung von Aergerniß. Mannheim a. a. O.

Beschimpfender Unfug kann in einer ehebrecherischen Beischlafsvollziehung auf einem Kirchhof als einem zu religiösen Versammlungen bestimmten Orte gefunden werden. R.G. II, 27. März 85, R. VII, 196. Jedenfalls gehört es aber zur Thatfrage, ob der betr. Kirchhof überhaupt zu religiösen Versammlungen benutzt wird und ob dies in einem Maße geschieht, daß dadurch der Ort als religiöser Versammlungsort charakterisirt wird. Gl. M. v. Liszt S. 411.

Aehnlich Olshausen N. 17, Oppenhoff N. 18. Die Eigenschaft verneinen gänzlich Villnow in G.S. Bd. 31, S. 536, Hälschner II, 711. Dagegen will Meves im G.S. Bd. 27, S. 353 die Eigenschaft nur insolange zugeben, als religiöse Akte vorgenommen werden.

13. In der Schlußbestimmung des §. 166 ist nicht erforderlich, daß die betreffende Religionsgesellschaft, deren Versammlungsort in Frage steht, Korporationsrecht habe.

14. Zur Begehung des Delikts in allen seinen verschiedenen Formen ist nicht die Absicht der Beschimpfung erforderlich, sondern genügt das Bewußtsein des beschimpfenden Charakters der Handlung. Berlin 27. Sept. u. 16. Nov. 76 u. 11. Okt. 77 (O.R. XVII, 604, 745, Goltd. XXIV, 461, 567; XXV, 526); München 25. Febr. 76 (St. VI, 215); Mannheim 10. Juli 75 (bad. Ann. Bd. 41 S. 362); Darmstadt 8. Okt. 77 (St. VIII, 121), R.G. III, 12. Nov. 85, R. VII, 659; IV, 25. Okt. 89, Goltd. XXXVII, 362. Die Feststellung dieses Bewußtseins ist nur erforderlich, wenn es bestritten ist. Mannheim 5. Mai 77 (bad. Ann. Bd. 43 S. 298, St. VII, 65).

15. Das Glaubensbekenntniß des Thäters ist gleichgültig, weil die Verletzung des religiösen Gefühls Anderer die Strafbarkeit begründet. Berlin 17. Mai 78 (O.R. XIX, 269, Goltd. XXVI, 328, St. VIII, 123). Vgl. auch Berlin 27. Sept. 76 (O.R. XVII, 604, Goltd. XXIV, 461).

16. Auf die Fälle des §. 166 findet §. 193 keine Anwendung. Berlin 28. Sept. 76, 11. u. 25. Okt. 77 (O.R. XVII, 617, Goltd. XXIV, 568; XXV, 526, 528, St. VII, 59). Jedoch ist hierdurch eine nicht zur Beschimpfung ausartende Kritik oder Polemik gegen kirchliche Einrichtungen Lehren u. s. w. nicht ausgeschlossen. Eine genaue Grenze zwischem Erlaubtem und Nichterlaubtem kann nur in konkreten Fällen, also thatsächlich gezogen werden.

§. 167. **Wer durch eine Thätlichkeit oder Drohung Jemand hindert, den Gottesdienst einer im Staate bestehenden Religionsgesellschaft auszuüben, ingleichen wer in einer Kirche oder in einem anderen zu religiösen Versammlungen bestimmten Orte durch Erregung von Lärm oder Unordnung den Gottesdienst oder einzelne gottesdienstliche Verrichtungen einer im Staate bestehenden Religionsgesellschaft vorsätzlich verhindert oder stört, wird mit Gefängniß bis zu drei Jahren bestraft.**

Pr. §. 136; E. I. §. 145; E. II. §. 164; St.B. S. 641.

1. Die Motive lauten:

> „Das preußische Strafgesetzbuch straft nicht bloß Denjenigen, der einen Andern hindert, den Gottesdienst auszuüben, sondern auch den, der einen Anderen zur Ausübung des Gottesdienstes zwingen will. Dieses letztere positive Moment: den Zwang zu gottesdienstlichen Handlungen hat der Entwurf aus den Bestimmungen des Paragraphen ausgeschieden und ist damit zu den früheren preußischen Strafgesetzentwürfen zurückgekehrt. — Es ist dies geschehen, weil für eine Wiederholung jener, lediglich dem Art. 260 des Code pénal entnommenen positiven Vorschrift in dem Gebiete des Norddeutschen Bundes irgend ein praktisches Bedürfniß nicht zu erkennen ist."

2. Die Hinderung einer Person muß keine vollständige gewesen sein; es genügt eine theilweise Hinderung oder erhebliche Erschwerung durch Thätlichkeiten oder Drohungen. Gl. M. H. Meyer S. 1014, Olshausen N. 3, Oppenhoff N. 2, Puchelt N. 1, Meves in G.G. S. 361. Villnow, das., S. 583. Als Drohung genügt jede, die Zufügung eines Nachtheils in Aussicht stellt. Es bedarf keiner solchen mit strafbaren Handlungen. Gl. M. Hälschner II, 713, v. Liszt N. 412, Oppenhoff N. 1a. A. M. Binding, Normen II, 527.

3. „In einer Kirche". Es genügt, wenn in der Kirche die Wirkung der störenden Handlung eintritt, sollte die Handlung selbst auch außerhalb derselben vorgenommen sein. Darmstadt 7. Okt. 72 (St. II, 92); Berlin 5. Juli 76, 8. Jan. 78 (O.R. XVII, 489; XIX, 8, Goltd. XXIV, 569, St. VI, 241, VIII, 123). So erkannte auch R.G. III, 23. Febr. 81 (R. III, 70); IV, 27. Jan. 85, R. VII, 56; I, 8. Dez. 81, E. V, 258. §. 167 findet auf alle Orte Anwendung, welche regelmäßig, wenn auch nur nach sich bietender Gelegenheit, nicht bloß bei einem zufälligen Bedürfniß, zu religiösen Versammlungen dienen, z. B. ein Kirchhof. Berlin 5. Juli 76 (a. a. O.), s. §. 166 N. 12.

4. Als gottesdienstliche Verrichtung gilt jeder Akt, bei welchem neben dem regelmäßigen Gottesdienst, und an besondere Ereignisse anknüpfend, nach liturgischen Regeln die Verehrung Gottes zum Ausdruck kommt. Berlin 5. Juli 76 (s. vor. A.). Eine solche ist unter allen Umständen die kirchliche Einsegnung einer Ehe, Berlin 18. Febr. 76 (Goltd. XXIV, 226), kirchliche Begräbnisse, Berlin 5. Juli 76 (a. a. O.). Dadurch, daß Betheiligte sich eine gottesdienstliche Verrichtung an einem zu religiösen Versammlungen bestimmten Ort verbeten, und unter dieser Voraussetzung das Kirchenregiment sie untersagt hatte, verliert die trotzdem vorgenommene Verrichtung diese Eigenschaft nicht. R.G. III, 27. Nov. 82, R. IV, 847. Akte, welche dem Unterricht, nicht dem Gottesdienste gewidmet, wenn auch an religiösen Versammlungsorten vorgenommen sind, fallen nicht unter §. 167. R.G. IV, 9. Juni 85, R. VII, 363. Doch ist die Frage hauptsächlich nach den konkreten Umständen und den Verhältnissen der Gemeinde zu entscheiden. (In concr. ob die Vorlesung der Thora zum Gottesdienst jüdischer Gemeinden gehört.) R.G. IV, 9. Juni 85, s. oben III, 7. Jan. 86, R. VIII, 18.

5. Lärmen und Unordnung kann auch durch gewöhnliches Sprechen während des Gottesdienstes entstehen. Berlin 18. Febr. 76 (Goltd. XXIV, 226). Auf die Stärke des Geräusches, die Dauer und die Ausdehnung der Unordnung auf die ganze Gemeinde kommt nichts an. Mannheim 10. Juli 75 (bad. Ann. Bd. 41 S. 362). Auch auffallend lautes Beten kann Unordnung bewirken. R.G. 11. Mai 80 (Ann. II, 13). Auch das Einschreiten eines mit einem kirchlichen Amt Betrauten kann Unordnung bewirken. Irrthum über die Berechtigung hierzu entschuldigt aber. R.G. 6. Dez. 80 (Ann. III, 14). Ob Unordnung entstanden sei, ist thatsächlich zu entscheiden. In dem gleichzeitigen Weggehen einer größeren Anzahl Anwesender liegt nicht nothwendig die Erregung von Unordnung. R.G. III, 6. Mai 82, R. IV, 436.

6. Der Begriff der Störung ist nicht dadurch bedingt, daß im Augenblick des Lärmens oder der Unordnung gerade ein Akt des Geistlichen stattfindet, und daß dieser sich innerhalb der regelmäßigen Formen seiner Funktion hält. R.G. I, 17. Jan. 84, E. X, 42.

7. „Einer im Staate bestehenden Religionsgesellschaft" bildet den Gegensatz zu der „mit Korporationsrechten bestehenden" in §. 166 und umfaßt alle vom Staate geduldeten Religionsparteien.

8. Ein Beamter kann nach §. 339 A. 3 auch durch Amtsmißbrauch das Vergehen des §. 167 verüben.

9. Zum Dolus genügt das Bewußtsein, daß eine Störung veranlaßt werde, wenn auch nicht durch die Handlung allein, sondern in Verbindung mit anderen Umständen. Die Absicht, die Störung herbeizuführen, ist nicht erforderlich. Berlin 1. Mai 72, O.R. XIII, 286, Mannheim 10. Juli 75, bad. Ann. Bd. 41 S. 362, R.G. I, 19. April 88, E. XVII, 316, R. X, 307. Die Berechtigung zur Vornahme einer Handlung schließt sowohl den Begriff der Störung als den Vorsatz aus. R.G. IV, 5. April 87, E. XVI, 15. Hierzu gehört auch die Abwehr gegen Angriffe des Geistlichen in der Predigt, deren Fortsetzung droht. R.G. I, 24. Nov. 90, E. XXI, 168.

§. 168*). Wer unbefugt eine Leiche aus dem Gewahrsam der dazu berechtigten Personen wegnimmt, ingleichen wer unbefugt ein Grab zerstört oder beschädigt, oder wer an einem Grabe beschimpfenden Unfug verübt, wird mit Gefängniß bis zu zwei Jahren bestraft; auch kann auf Verlust der bürgerlichen Ehrenrechte erkannt werden.

Pr. §. 137; E. I. §. 146; E. II. §. 166; St.B. S. 641.

Vgl. §§. 304, 367 Nr. 1.

1. Die Wegnahme von Theilen einer Leiche ist vom Reichstag (in Uebereinstimmung mit dem I. Entw.) als Uebertretung in den §. 367 N. 1 verwiesen. Veranlassung gab ein von der preuß. wissenschaftlichen Deputation in ihrem Gutachten (Anlage 3 der Motive S. 47) gestellter Antrag, welcher es nicht für motivirt erachtete, Studirende und Aerzte, welche zu wissenschaftlichen Zwecken einzelne Leichentheile wegnehmen, ins Gefängniß zu setzen. Dagegen ist jeder Versuch zwischen Leiche und Leichnam unterscheiden zu wollen willkührlich und kann ebenso wenig

*) S. Crusen, Der strafrechtliche Schutz des Rechtsguts der Pietät. Berlin 1890; ferner Mittelstein, Mensch und Leichnam als Rechtsobjekt in Goltd. XXXIV, 172 fg.

zwischen bestatteter und nicht bestatteter Leiche unterschieden werden; ebenso behalten auch Leichen, welchen einzelne Theile fehlen, diese Eigenschaft. Die Asche verbrannter Leichen ist nicht mehr Leiche.

2. An Leichen kann ein Diebstahl nicht begangen werden, weil dieselben in der Regel nicht im Privateigenthum stehen. Nur wenn dieselben ins Privateigenthum übergegangen waren, z. B. die von einer Anatomie erworbenen Leichen können, wenn die diebische Absicht hinzutritt, Gegenstand eines Diebstahls sein. (Vgl. auch O.R. IV, 249.) Dasselbe gilt bezüglich der Hünengräber, der Mumien u. s. w.

3. Der §. 168 trifft auch dann zu, wenn die Leiche sich auf dem Kirchhof befindet. Sie befindet sich dann im Gewahrsam der Gemeinde, bez. des Kirchhofseigenthümers. Werden dagegen die einer Leiche mitgegebenen Sachen weggenommen, so liegt eigentlicher Diebstahl vor. Den Gewahrsam solcher Sachen haben entweder die Hinterbliebenen oder der Besitzer des Kirchhofs. Der Todtengräber ist nur Hüter, er kann deshalb selbst den Diebstahl begehen. Ebenso wenig hat er je den Gewahrsam der Leiche, kann also auch die Delikte des §. 168 begehen. Gl. M. Meves in G.S. S. 368, Villnow das. S. 584, Blum N. 3, Olshausen N. 4b, Oppenhoff N. 2. A. M. v. Liszt S. 413, der einen Gewahrsam desselben für möglich hält. Die Wegnahme einer Leiche, die in Niemandes Gewahrsam sich befindet, wie die eines Selbstmörders oder Ermordeten oder Verunglückten im Freien, eines im Freien plötzlich Verstorbenen fällt nicht unter §. 168. Gl. M. v. Liszt S. 413, H. Meyer S. 1016, Olshausen N. 4. A. M. Hälschner II, 717.

4. Als Grab ist jede als solche erkennbare Ruhestätte einer Leiche anzusehen, wenn das Begräbniß auch unter Vorbehalt der Transferirung der Leiche also nicht dauernd stattgefunden hatte. Zwischen öffntlichen und Privatgrabstätten ist nicht unterschieden, auch die kirchliche Weihe oder die Vornahme kirchlicher Ceremonien beim Begräbniß ist kein Erforderniß des Thatbestandes, da die Ueberschrift des Abschnitts hierauf nicht entscheidend wirkt, und die Stelle im St.G.B. nach dem regelmäßigen Vorkommen gewählt ist. Zum Grabe gehört auch Alles, was herkömmlich oder zur Zierde damit in feste Verbindung gebracht ist, wie der Grabhügel, Pflanzen, Monument. R.G. II, 1. Juli 87, R. IX, 399.

5. Die unbefugte Wiedereröffnung eines Grabes und Herausnahme der Leiche behufs anderweiter Beisetzung fällt unter §. 168. Berlin 15. Nov. 77 (O.R. XVIII, 717, Goltd. XXV, 528, St. VIII, 124). Ebenso die Zerstörung eines Grabhügels, Berlin 20. Sept. 76 (O.R. XVII, 581, Goltd. XXIV, 570), oder eine Zerstörung oder Beschädigung der zum Schmuck eines Grabes verwendeten Gewächse, R.G. II, 1. Juli 87, R. IX, 399, 28. Nov. 90, E. XXI, 178, welches Urtheil jedoch lose angebrachte Kränze nicht als Theil des Grabes betrachtete.

6. Zum Dolus gehört das Bewußtsein der mangelnden Befugniß. Berlin 15. Mai 72 (O.R. XIII, 310, Goltd. XX, 247). Auch Verletzung der Pietät gegen den Todten oder des religiösen Gefühls Anderer fand erforderlich: Dresden 11. Sept. 74 (St. V, 49). Dies dürfte irrig sein. Die That ist denkbar aus Pietät, wenn auch aus irregehender.

Zwölfter Abschnitt.

Verbrechen und Vergehen in Beziehung auf den Personenstand.*)

§. 169. Wer ein Kind unterschiebt oder vorsätzlich verwechselt, oder wer auf andere Weise den Personenstand eines Anderen vorsätzlich verändert oder unterdrückt, wird mit Gefängniß bis zu drei Jahren und, wenn die Handlung in gewinnsüchtiger Absicht begangen wurde, mit Zuchthaus bis zu zehn Jahren bestraft.

Der Versuch ist strafbar.

Pr. §. 138; E. I. §. 147; E. II. §. 167; St.B. S. 641.

1. Kindesunterschiebung (crimen suppositi partus) wird als der Hauptfall der Personenstandsveränderung vorangestellt. Dieselbe ist nur an einem Kinde (infans) möglich, wie solches auch dem gemeinrechtlichen Begriff und den neueren Gesetzbüchern entspricht, von denen

*) Reis, Die Unterdrückung und Veränderung des Personenstandes. Tübingen 1888.

z. B. das frühere St.G.B. von Baden Art. 471 ein Alter von unter 7 Jahren erforderte. (Vgl. Berner, Lehrbuch S. 435.) Die Annahme Meyer's §. 169 N. 2: Kind heiße soviel wie Abkömmling, wonach auch ein Erwachsener untergeschoben werden könnte, ist irrig. Auf Erwachsene bezieht sich vielmehr der allgemeine Ausdruck: „oder wer auf andere Weise u. s. w."

2. Daß das Kind lebensfähig sein müsse, ist nicht erforderlich. Der Personenstand wird durch die Geburt begründet und hat bestimmte rechtliche Folge, z. B. bezüglich des Erbrechts. — Als strafbare Veränderung des Personenstandes ist es anzusehen, wenn bei der Anzeige der Geburt die außereheliche Mutter fälschlich als Ehefrau bezeichnet wird. Berlin 11. Febr. u. 8. März 76 (Goltd. XXIV, 132, 135, O.R. XVII, 108, 181, St. VI, 243, 244); Dresden 31. Mai 72 (St. II, 92). S. auch R.G. I, 10. Nov. 79 (R. I, 55, E. I, 9), III, 8. Mai 80 (R. I, 746), II, 1. Okt. 80 (R. II, 291, E. II, 303). A. M. Berlin 4. Dez. 73 (O.R. XIV, 778, Goltd. XXI, 528, St. III, 312). R.G. III, 29. Nov. 83, R. V, 740 wies darauf hin, daß die fälschliche Anmeldung eines unehelichen Kindes als eines ehelichen zum Civilstandsregister und das fortgesetzte, vorsätzliche Ausgeben des Kindes als eines ehelichen, möglicher Weise als ein fortgesetztes Vergehen gegen §. 169, oder als ein Zustandsdelikt, welches die Verjährung ausschließt, so lange der Zustand dauert, erscheinen könne.

3. Als Unterdrückung gilt jede zur Täuschung über den wahren Personenstand geeignete Handlung, ohne Rücksicht auf die Dauer der Täuschung. Berlin 14. Juni 76 (O.R. XVII, 421, Goltd. XXIV, 570, St. VI, 246). Jede Hingabe eines unehelichen Kindes, um als eheliches zu gelten, fällt, selbst wenn keine Unterschiebung angenommen werden kann, als Veränderung oder Unterdrückung des wahren Personenstandes unter §. 169. Dresden 9. Juli 77 (S.G.Z. XXII, 166, St. VII, 276). Ausführungshandlungen zur thatsächlichen Entziehung des richtigen Personenstandes sind als Versuch der Unterdrückung des Personenstandes strafbar, wenn auch noch keine Handlung bezüglich der Beilegung eines fremden Personenstandes vorgenommen worden war. Unterdrückung und Veränderung des Personenstandes bilden eine That, nicht ideelle Konkurrenz. R.G. I, 7. Febr. 84, E. X, 86, R. VI, 92. Auch in der fälschlichen Angabe eines Vaters, ein uneheliches Kind sei ein ehehliches, und in der Bestätigung dieser Angabe in einem gerichtlichem Protokoll liegt die Veränderung des Personenstandes des Kindes R.G. I, 7. Dez. 85, E. XIII, 129. Ebenso die fälschliche Anerkennung der Vaterschaft und Eintragung in die Geburtsregister durch notariellen Akt. R.G. I, 19. Febr. 91, E. XXI, 411. Dagegen liegt das Delikt nicht vor in der fälschlichen Anzeige zum Geburtsregister, die Mutter eines neugeborenen unehelichen Kindes sei die eheliche Tochter ihrer Mutter. R.G. IV, 27. Sept. 89, E. XIX, 405.

4. Das Delikt ist gegen das öffentliche Recht gerichtet, nicht gegen das Privatrecht desjenigen, dessen Personenstand verändert wird. Deshalb kann die Einwilligung des Letzteren am Thatbestand nichts ändern. Ebenso Binding I, 722, Hälschner II, 463, v. Liszt S. 401, Olshausen N. 2, Oppenhoff N. 5, Reis S. 86. Veränderung des eigenen Personenstandes ist nicht strafbar, da §. 169 nur von dem Personenstande eines Anderen spricht, jedoch kann die Person, um deren Personenstand es sich handelt, Gehülfe sein.

5. Eine landesgesetzliche Aenderung in der in N. 4 angegebenen Richtung ist nicht zulässig, da die Beschränkung der Handlung auf den Personenstand eines Anderen im R.St.G.B. die Aenderung des eigenen für straflos erklärt. Hälschner II, 461 N. 3, Reis S. 87, Olshausen N. 2. A. M. Binding I, 322.

6. Die Aenderung des Personenstandes muß als eine dauernde beabsichtigt sein. Täuschung über den Personenstand einer Person für einen bestimmten Zweck und vorübergehend, kann unter eine andere Strafbestimmung fallen, z. B. die gegen Betrug, nicht unter §. 169. R.G. III, 29. Nov. 83, R. V, 740, I, 7. Febr. 84, E. X, 86.

7. Nach Art. 327 des Code civil muß die Frage der Kindschaft zunächst im Civilverfahren entschieden werden. (Vgl. wegen der Verjährung in diesem Falle §. 69.)

8. Auch in Bezug auf bereits verstorbene Personen kann eine strafbare Unterdrückung ꝛc. des Personenstandes stattfinden. Berlin 8. März 76 (Goltd. XXIV, 132, O.R. XVII, 181, St. VI, 244). Jedoch muß die betreffende Person einen Personenstand jedenfalls gehabt haben. An einer fingirten Person oder einem todtgeborenen Kinde kann die That nicht verübt werden. Hälschner II, 463, v. Schwarze N. 5.

9. Daß die gewinnsüchtige Absicht auf Erlangung eines Vermögensvortheils gerichtet sein müsse, ist hier ebensowenig wie im §. 133 erforderlich. Es ist eine in gewinnsüchtiger Absicht erfolgte Unterdrückung des Personenstandes, wenn, um Pathengeschenke zu erhalten, die noch=

malige Taufe eines bereits getauften Kindes auf einen anderen Namen veranlaßt wird. Dresden 10. Juli 71 (S.G.Z. XV, 240). Ob die That dem Betheiligten zum Vortheil oder Nachtheil gereicht, begründet keinen Unterschied. Berlin 8. März 76 (O.R. XVII, 181, Goltd. XXIV, 132, St. VI, 244).

10. Mit dem Delikte des §. 169 kann jenes des §. 271 ideell konkurriren. Berlin 11. Febr. u. 8. März 76 (O.R. XVII, 108, 181, Goltd. XXIV, 134, 136, St. VI, 243, 244).

§. 170. **Wer bei Eingehung einer Ehe dem anderen Theile ein gesetzliches Ehehinderniß arglistig verschweigt, oder wer den anderen Theil zur Eheschließung arglistig mittels einer solchen Täuschung verleitet, welche den Getäuschten berechtigt, die Gültigkeit der Ehe anzufechten, wird, wenn aus einem dieser Gründe die Ehe aufgelöst worden ist, mit Gefängniß nicht unter drei Monaten bestraft.**

Die Verfolgung tritt nur auf Antrag des getäuschten Theils ein.

Pr. —; E. I. —; E. II. §. 168; St.B. S. 641.

1. Dieser — im Preuß. St.G.B. nicht enthaltene — Paragraph schließt sich an die ähnlichen (oben citirten) Bestimmungen anderer Gesetzbücher an.

Subjekt der That kann nur einer der Gatten sein. Die denkbare Verübung der That durch einen Dritten ist, wenn sie nicht unter ein anderes Strafgesetz fällt, z. B. §. 263, straflos.

2. Arglistig definirt Olshausen N. 3 als ein Ueberlisten mit der Absicht, dem anderen Theile etwas Schlechtes anzuthun; während Binding, Normen II, 605 und nach ihm Oppenhoff N. 3, auch Hälschner II, 467, Arglist dann annehmen, wenn der Vorsatz mit dem Bewußtsein stattfinde, daß der andere Theil die Ehe mit Kenntniß nicht eingehen würde. Binding, Grundriß S. 97: Vorsatz mit Hinterlist; v. Liszt S. 402, Arglist=List. Diese beiden Ansichten laufen auf eine Wortverwechselung hinaus; die erst angeführten fügen ein Erforderniß bei, das nicht im Wortsinn liegt und im Gesetz nicht angedeutet ist. Arglistig handelt derjenige, der vorsätzlich eine That begeht mit dem Bewußtsein, einen rechtlich nicht haltbaren Zustand zu schaffen. Man kann also auch nicht mit Oppenhoff den Thatbestand ausgeschlossen finden, wenn die That aus Lässigkeit oder um den Gegentheil nicht unglücklich zu machen, geschah. Solche Motive können nur Berücksichtigung finden, wenn das Gesetz darauf hinweist. Konsequent würde selbst Eigennutz als Motiv die Strafe ausschließen.

3. Unter „gesetzlichen Ehehindernissen" sind nur **impedimenta dirimentia** zu verstehen, wie die Motive ausdrücklich anerkennen. Ebenso wurden die gleichen Worte in Bayern aufgefaßt. Vgl. §§. 28—40 des R.G. vom 6. Febr. 75 über die Beurkundung des Personenstands.

4. Mittels Täuschung verleitet dürfte zu umschreiben sein: zur Eingehung einer Ehe veranlaßt durch eine zu diesem Zweck hervorgerufene Täuschung oder unter Benutzung eines bereits vorgefundenen, jedoch erkannten Irrthums. Auf das Erforderniß „arglistig" dürfte nicht mehr Gewicht zu legen sein, als bei der ersten Alternative des Thatbestands.

5. Die Entscheidung des Civilgerichts muß der Strafrichter anerkennen, insoweit die Auflösung der Ehe ausgesprochen ist. Im Uebrigen hat er die Begriffsmerkmale des §. 170 selbständig zu prüfen und kann hierbei von der Auffassung und Begründung des Civilerkenntnisses abweichen, jedoch ist daran festzuhalten, daß dies die Ehe auflösende Civilurtheil als Grund der Auflösung das verschwiegene Ehehinderniß oder die Täuschung anführen muß. Es findet also §. 170 keine Anwendung, wenn z. B. eine Scheidung der arglistig herbeigeführten Ehe wegen Ehebruchs erfolgt.

6. Die Antragsfrist sowohl wie die Verjährung beginnen erst mit der Rechtskraft des die Auflösung der Ehe aussprechenden Erkenntnisses. (Vgl. §. 69.) Im Uebrigen finden die allgemeinen Regeln über Antrag und Verjährung Anwendung, und kann als getäuschter Theil nicht bloß der eine Gatte verstanden werden, sondern alle Betheiligte auf Seite des verletzten Gatten, also insbesondere der gesetzliche Vertreter, aber auch diejenigen, welche die Zustimmung zur Ehe zu ertheilen hatten, und diese unter Einfluß der Täuschung ertheilten, oder nicht für erforderlich hielten. Gl. M. Hälschner II, 469, v. Liszt S. 402, Olshausen N. 7a, Oppenhoff N. 10, v. Schwarze N. 6. Vgl. hierüber zu §. 172 N. 11.

Dreizehnter Abschnitt.

Verbrechen und Vergehen wider die Sittlichkeit*).

Die Verletzungen der Sittlichkeit sind als strafrechtliche Materie im 13. Abschnitt erschöpfend behandelt, es können also die Strafvorschriften dieses Abschnitts durch die Landesgesetzgebung nicht erweitert werden. Dies hat zur Streitfrage geführt, ob durch die Landesgesetzgebung der Konkubinat mit Strafe belegt werden kann, wie dies das bayr. Gesetz vom 20. März 1882 die Ergänzung des Polizeistrafgesetzbuchs f. d. K. Bayern v. 26. Dez. 1871 betr. gethan hat. Die Mehrzahl der Schriftsteller verneinen es: So H. Meyer S. 989, v. Liszt S. 379, v. Wächter S. 507, Olshausen N. 2. Dagegen Harburger, Z. f. ges. St.R.W. IV, 501. Die Bestrafung als Uebertretung dürfte nicht zu beanstanden sein, da das St.G.B. Uebertretungen enthält, welche dem Gebiete der Wahrung der Sittlichkeit angehören, ohne daß hiermit eine erschöpfend behandelte Materie geboten wäre, und weil die Einschreitung gegen den Konkubinat auch durch andere staatliche Rücksichten geboten sein kann, als durch die auf Erhaltung der Sittlichkeit.

§. 171. Ein Ehegatte, welcher eine neue Ehe eingeht, bevor seine Ehe aufgelöst, für ungültig oder nichtig erklärt worden ist, ingleichen eine unverheirathete Person, welche mit einem Ehegatten, wissend, daß er verheirathet ist, eine Ehe eingeht, wird mit Zuchthaus bis zu fünf Jahren bestraft.

Sind mildernde Umstände vorhanden, so tritt Gefängnißstrafe nicht unter sechs Monaten ein.

Die Verjährung der Strafverfolgung beginnt mit dem Tage, an welchem eine der beiden Ehen aufgelöst, für ungültig oder nichtig erklärt worden ist.

Pr. §. 139; E. I. §. 148; E. II. §. 169; St.B. S. 641.

Vgl. §. 338; u. G. v. 6. Febr. 1875 §§. 34, 77, 78.

1. Als Ehe im Sinne dieses Paragraphen ist auch diejenige (formell geschlossene) anzusehen, welche als nichtig angefochten werden kann. Das Gleiche gilt, wenn ein zweifelloser Scheidungsgrund vorhanden ist. Dieses folgt aus den Worten „bevor seine Ehe aufgelöst, für ungültig oder nichtig erklärt worden ist." Beides trifft sowohl für die erste, wie für die zweite Ehe zu. Letzteres ergibt sich nothwendig daraus, daß auch die zweite Ehe — mag sie als zweite (und schon deshalb verbotene) Ehe oder aus anderen Gründen nichtig sein oder wegen Nichtigkeit der ersten Ehe aufrecht erhalten werden — zum Thatbestand einer ferneren Doppelehe genügt. So auch die preuß. Praxis. (Vgl. Bayern St.G.B. von 1861 Art. 219.) Ebenso v. Schwarze N. 4, Häschner II, 475, Olshausen N. 1—4. Vollziehung des Beischlafs ist nicht erforderlich, um die zweite Ehe als vollzogene erscheinen zu lassen. Dresden 21. Juli 76 (S.G.Z. XXI, 121).

Nach §. 77 des Reichsgesetzes über die Beurkundung des Personenstandes und die Eheschließung vom 6. Februar 1875 (R.G.Bl. S. 23 ff.) findet die ständige Trennung von Tisch und Bett nicht mehr statt. Auch kann die ständige Trennung von Tisch und Bett (vgl. §§. 77, 78 a. a. O.) auf Grund eines erneuten Prozeßverfahrens in eine Trennung dem Bande nach verwandelt werden.

2. In Uebereinstimmung mit §. 171 verordnet §. 34 des Reichsges. v. 6. Febr. 1875:

„Niemand darf eine neue Ehe schließen, bevor seine frühere Ehe aufgelöst, für ungültig oder für nichtig erklärt ist."

Aufgelöst — durch Tod, Todes- oder Verschollenheits-Erklärung oder Scheidungsurtheil.

Ungültig — d. h. wegen eines nur auf Antrag des Betheiligten geltend zu machenden Ehehindernisses (z. B. Irrthum, Zwang, Betrug) und eines durch Dispensation zu hebenden.

Nichtig — wegen eines von Amtswegen geltend zu machenden sog. öffentlichen (z. B. nahe Verwandtschaft) oder eines nicht dispensabeln Ehehindernisses.

Vgl. Hinschius, Kommentar zum Reichsgesetz v. 6. Febr. 1875. Berlin 1890 zu §. 34.

---

*) Unzüchtige Handlungen und unzüchtige Schriften, Gutachten des Leipziger Spruchkollegs v. Binding Z. f. ges. St.R.W. II, 450; Hälschner im G.S. Bd. 22, S. 424, Billnow im G.S. Bd. 30, S. 106.

Daß die frühere Ehe nicht aufgelöst, ungültig oder nichtig war, gehört zum Thatbestands-Beweis; der Beweis der Auflösung u. s. w. kann also nicht vom Angeklagten verlangt werden, und dieser muß sich, um bestraft werden zu können, der Fortdauer der früheren Ehe bewußt gewesen sein. R.G. I, 31. März 81 (R. III, 180, E. IV, 38).

3. Als dolus ergibt sich für den ersten Fall des §. 171: das Bewußtsein des Ehegatten, daß seine erste Ehe noch nicht aufgelöst u. s. w. sei. Zur Anwendung des Gesetzes ist deshalb korrekter Weise nicht die Feststellung: „der angeschuldigte Ehegatte habe Kenntniß von dem Bestehen seiner Ehe gehabt" erforderlich, dagegen bedarf es der Feststellung der vorbezeichneten Negative. Um die Annahme jenes Bewußtseins zu beseitigen, wird es in der Regel Sache des Angeschuldigten, den übrigens eine Beweislast nicht trifft, sein, Umstände anzuführen, aus denen zu schließen, daß er die sichere Ueberzeugung von der Auflösung der Ehe gewonnen habe. Dieses gilt z. B. namentlich, wenn Umstände vorliegen, nach denen derselbe annehmen konnte, der andere Ehegatte sei gestorben. Aber auch ein Rechtsirrthum über die civilrechtlichen oder prozessualischen Erfordernisse einer gültigen Auflösung kann genügen, z. B. die zweite Ehe wird geschlossen, weil das Scheidungsurtheil für rechtskräftig gehalten wird. Bei letzterem Beispiel ist auch ein faktischer Irrthum (Unwissenheit) leicht denkbar, wenn der Ehegatte von der Einlegung eines Rechtsmittels keine Kenntniß erlangt hat. — Die Praxis des Preuß. Obertribunals ging zu weit, wenn es den Satz aufstellte: „als dolus genügt das Bewußtsein, daß keine Gewißheit über die in gesetzlicher Weise erfolgte Auflösung der früheren Ehe vorhanden ist und ein hierauf bezüglicher Nachweis nicht geführt werden kann", und deshalb die Feststellung, daß der Angeklagte „die Ueberzeugung hatte, seine frühere Ehe sei durch den Tod des früheren Ehegatten aufgelöst", zu einer Freisprechung nicht für ausreichend erachtete. (Vgl. Erk. v. 24. Juni 1864, O.R. V, 20.) Dieses ist nur insofern richtig, als der Ausdruck „Ueberzeugung" zu Bedenken Veranlassung geben kann. War diese Ueberzeugung nach Lage der Umstände nicht so beschaffen, daß sie das volle Bewußtsein von der Auflösung der Ehe gab, sondern noch Zweifel bei dem Angeschuldigten übrig ließ, so könnte auf Grund des eventuellen dolus zu strafen sein. Aber auch hierbei würde man zu weit gehen, wenn man vom Angeschuldigten den Nachweis von Umständen verlangte, die ihm jenes Bewußtsein beibringen mußten. (Vgl. §. 59.) Gl. M. Berner S. 403, Hälschner II, 477, H. Meyer S. 985, Olshausen N. 7, v. Schwarze N. 2 u. in H.H. II, 292, Villnow in G.S. Bd. 30, S. 122.

4. Das unter N. 2 Ausgeführte findet selbstverständlich auch dann Anwendung, wenn beide Ehegatten bereits verheirathet waren.

5. Etwas anders stellt sich die Frage des dolus in dem zweiten Fall des §. 171. Daß der Unverheirathete Kenntniß von dem Bestehen der Ehe des Anderen haben muß, ergibt sich schon aus §. 59. Der Zusatz: „wissend, daß er verheirathet ist," ist aus dem preuß. St.G.B. beibehalten, einmal, um etwaige Zweifel über die Anwendbarkeit des §. 59 zu beseitigen, und sodann, um den Unterschied im Thatbestand des ersten (Nichtauflösung einer bestehenden Ehe) und zweiten (Bestehen einer Ehe) Falles besser hervorzuheben. Im Uebrigen gilt auch hier das vorstehend unter N. 2 Ausgeführte.

6. Das Verbrechen wird mit der Eingehung der Ehe vollendet ohne Rücksicht auf Vollzug der Ehe durch Beischlaf. Die Fortsetzung der Ehe begründet weder an sich, noch bei mala fides superveniens die Strafbarkeit. Ort der That ist der Ort, wo die zweite Ehe eingegangen, nicht wo sie fortgesetzt wurde. Dresden 21. Juli 76 (S.G.Z. XXI, 121).

Die Doppelehe ist ein Zustandsdelikt, wie Abs. 3 zeigt. Gl. M. Hälschner II, 478 im G.S. Bd. 22, S. 450, v. Liszt S. 404, H. Meyer S. 986, Olshausen N. 5, Oppenhoff N. 6. R.G. IV, 8. Febr. 87, E. XV, 261, R. IX, 121.

7. Versuch der Doppelehe liegt noch nicht in Bestellung des ehelichen Aufgebots oder einem anderen Vorbereitungsakt, Berlin 6. Okt. 76 (O.R. XVII, 644, Goltd. XXIV, 571, St. VII, 66), Dresden 30. Juli 75 (S.G.Z. XX, 261, St. VI, 247), wohl aber im Erscheinen vor dem Standesbeamten mit dem Verlangen der Trauung, Berlin 30. Jan. 78 (O.R. XIX, 45, Goltd. XXVI, 122, St. VIII, 125); erst mit Beginn des Trauungsaktes R.G. III, 15. Okt. 83, E. IX, 84, R. V, 610.

Wegen Bestrafung der Geistlichen oder Standesbeamten, die wissentlich die zweite Ehe schließen, vgl. §. 338.

8. Abs. 3 enthält eine Abweichung von den Grundsätzen über die Verjährung. Die Strafverfolgung selbst hängt nicht von dem Ehetrennungsverfahren unbedingt ab.

Als Tag der Auflösung u. s. w. der Ehe kann nur der Tag der Rechtskraft des Scheidungsurtheils betrachtet werden. Bis dahin dauert die Doppelehe fort. Vgl. Berlin 25. Jan. 77 (O.R. XVIII, 75, Goltd. XXV, 212), Dresden 21. Juli 76 (S.G.Z. XXI, 121).

§. 172*). Der Ehebruch wird, wenn wegen desselben die Ehe geschieden ist, an dem schuldigen Ehegatten, sowie dessen Mitschuldigen mit Gefängniß bis zu sechs Monaten bestraft.

Die Verfolgung tritt nur auf Antrag ein.

Pr. §. 140; E. I. §. 149; E. II. §. 170; St.B. S. 641.

1. Der Entwurf wiederholte den §. 140 preuß. St.G.B., nach dessen Abs. 2 die Verfolgung zwar von Amtswegen eintrat, jedoch dem unschuldigen Ehegatten bis zur Abfassung des Straferkenntnisses das Recht zustand, die Nichtbestrafung zu verlangen. — Der Reichstag machte den Ehebruch lediglich zum Antragsvergehen.

2. Eine gültige Ehe wird hier ebenso wenig wie im §. 171 (vgl. dort N. 1) vorausgesetzt, vielmehr wird nur erfordert, daß ein eheliches Verhältniß besteht, welches zu seiner Aufhebung nach dem bürgerlichen Recht eine gerichtliche Auflösung erfordert. R.G. I, 12. April 86, R. VIII, 277. Berner S. 442, Geyer II, 89, Hälschner II, 470 und im G.S. Bd. 22, S. 441, v. Liszt S. 406, Olshausen N. 2, Villnow im G.S. Bd. 30, S. 121, wollen Ehebruch bei einer nichtigen Ehe ausschließen. Allein auch eine nichtige Ehe ist eine als solche bestehende, bis sie als nichtig erklärt ist und die Nichtigkeitserklärung eine Art von Scheidung, neben welcher die Feststellung eines Ehebruchs denkbar ist. Eigenmächtiger Rücktritt von der formell abgeschlossenen Ehe ist nicht gestattet.

3. Die Trennung von Tisch und Bett schließt den Ehebruch der Getrennten nicht aus, wie dieses namentlich auch bei der Berathung des bayrischen St.G.B. (Verhandl. des Gesetzg.Aussch. der Abg.Kamm. 1859/61 Beil. Bd. III S. 59) anerkannt wurde. Eine Ausnahme muß dieses jedoch dann erleiden, wenn das maßgebende bürgerliche Recht eine Wiederverheirathung der getrennten Ehegatten zuläßt wie Thüringen Art. 202 A. 2 dieses ausdrücklich aussprach. Nach preuß. A.L.R. §. 734, II, 1 ist solches der Fall. Nach dem Reichsgesetz vom 6. Febr. 1875 (§§. 77, 78) findet eine ständige Trennung von Tisch und Bett nicht mehr statt; vgl. zu §. 171 N. 1.

4. „Wenn wegen desselben die Ehe geschieden ist" — an diese Worte hat man die Kontroverse geknüpft: ob dieselben einen Theil des Thatbestandes oder eine Bedingung der Strafverfolgung begründen. Die Formulirung des §. 172 kann keinen Zweifel darüber bestehen lassen, daß es sich bei Aufnahme jener Worte zunächst um ein Moment des Thatbestandes handelt. Das Gesetz will nichts anderes sagen als: derjenige Ehebruch, wegen dessen eine Ehe geschieden ist, wird u. s. w. Diese materielle Bedeutung jener Worte ergibt sich nothwendig daraus, daß nur der Ehebruch, auf welchen der Richter das Scheidungsurtheil gestützt hat, zum Gegenstand der Strafverfolgung gemacht werden kann. Die Thatsache des Ehebruchs, selbst wenn er in den Urtheilsgründen festgestellt wird, ohne daß der Richter die Scheidung darauf stützt, ist gleichgültig. So ist es auch konstante Praxis: R.G. I, 1. Juni 82, E. VI, 334, R. IV, 522. Dabei ist es gleichgültig, wenn neben dem Ehebruch noch andere Scheidungsgründe als wirksam anerkannt sind. Das R.G. hat sich jedoch, nachdem es im Urth. vom 1. Juni 1882 die Frage noch unentschieden ließ, R.G. I, 23. März 80, 1. Juni u. 6. Nov. 82, E. II, 62; VI, 334; VII, 298, R. IV, 789; II, 28. Dez. 86, E. XV, 122, R. VIII, 791; III, 7. Juni 86, E. XIV, 202; IV, 8. Febr. 87, E. XV, 261, R. IX, 121 dahin entschieden, die Scheidung sei nur Vorbedingung der Strafverfolgung. So viel sich dafür sagen läßt, müssen doch die obigen Gründe als überwiegend festgehalten werden. Auch scheint es nicht konsequent, den Strafantrag erst nach der Scheidung für zulässig zu erklären (s. unten N. 8), wenn diese nur prozessuale Vorbedingung ist; denn dann ist die Strafbarkeit der That in abstracto schon mit Vollzug des Beischlafs gegeben. In Konsequenz obiger Ansicht hat R.G. II, 28. Dez. 86, E. XV, 122, R. VIII, 791 gebilligt, daß die Scheidung der Ehe in der Frage an die Geschwornen nicht aufzunehmen sei. Mit Unrecht wurde angenommen, daß es der speziellen Feststellung der Identität des der Civilentscheidung zum Grunde liegenden Ehebruchsfalles mit dem vom Strafrichter festgestellten nicht bedürfe. (Berlin 22. Okt. 74, O.R. XV, 708, St. IV,

*) Rosenthal, Die Rechtsfolgen des Ehebruchs 1880. Bennecke, Die strafrechtliche Lehre vom Ehebruch. 1884.

313; vgl. v. Kirchmann zu §. 172 und wegen der Konsequenzen N. 4.) — Eine andere Auffassung und Formulirung hatte Bayern (St.G.B. von 1861) Art. 217, 218; vgl. unten N. 11.

5. Die Worte „wenn wegen desselben die Ehe geschieden ist" umfassen, die Scheidung anlangend, auch die Trennung von Tisch und Bett. Bayern Art. 218 (vgl. folgende N. 11) stellt letztere der Scheidung ausdrücklich gleich. Auch in Oldenburg hielt man bei Aufnahme des preuß. St.G.B. dieses für unzweifelhaft (Oldenb. Ausschußbericht S. 417 [vgl. die Ausgabe des oldenb. St.G.B. von Runde 2. Aufl. S. 58]; vgl. Art. 308 des code civil). — Unzweifelhaft muß dieses dann gelten, wenn die Trennung von Tisch und Bett die anderweitige Verheirathung nach bürgerlichem Recht zuläßt. (Vgl. oben N. 3.) Aber auch in dem anderen Falle muß das Gleiche gelten, weil die Störung des ehelichen Lebens dieselbe ist. Daß der von Tisch und Bett Getrennte demnach einen Ehebruch begehen kann, steht hiermit nicht in Widerspruch. Im deutschen Reich findet die ständige Trennung von Tisch und Bett nicht mehr statt; vgl. oben N. 3.

6. Die Scheidung ist nach Rheinischem Recht erst dann rechtlich wirksam, wenn sie auf Grund des dieselbe zulassenden rechtskräftigen Urtheils von dem Civilstandsbeamten ausgesprochen worden ist. Berlin 6. Nov. 73 (O.R. XIV, 697, St. III, 184).

7. Der Ehebruch ist mit der Beischlafsvollziehung als begangen zu erachten, wenn auch zur Strafverfolgung desselben die Scheidung der Ehe hinzutreten muß. Folge hiervon ist, daß, wenn der Thäter zwischen der That und der Scheidung wegen einer anderen That bestraft wird, wegen des Ehebruchs nach §. 79 eine Gesammtstrafe erkannt werden muß. R.G. I, 6. Nov. 82, **E. VII**, 298, **R. IV**, 787.

8. Die Zustimmung des andern Ehetheils zum Ehebruch macht weder die That straflos, noch benimmt sie dem verletzten Gatten das Antragsrecht; ebenso hat nachträgliche Verzeihung nur insofern Wirkung, als sie, wie jene, den Ausspruch der Scheidung hindern kann. R.G. III, 7. Juni 86, **E. XIV**, 202. Vgl. hierzu Finger, Die strafrechtliche Behandlung des an dem Ehebruch seiner Gattin mitschuldigen Ehegatten, Wien 1887, und bezüglich Unwirksamkeit eines Verzichts auf Strafantrags, der vor der Scheidung erfolgt ist. R.G. II, 1. April 81, **R. III**, 181. Dann wegen Unwirksamkeit der Verzeihung. R.G. II, 21. Juni 89, Goltd. **XXXVII**, 292. In der Theorie ist die Frage sehr bestritten. Für Straflosigkeit des Ehebruchs mit Zustimmung des andern Gatten: Binding **I**, 715, Keßler im G.S. Bd. 38, S. 571, v. Kries in Z. f. ges. Str.W. VII, 532, Olshausen N. 1, v. Schwarze N. 8**a**. Dagegen Geyer II, 89, v. Liszt S. 407, H. Meyer S. 320, 981, Oppenhoff N. 14, Rubo N. 6.

9. Haben beide Gatten sich des Ehebruchs schuldig gemacht, so hängt es vom Ausgang des Scheidungsprozesses ab, ob Strafverfolgung möglich ist. Kompensirt das ehegerichtliche Urtheil ohne zu scheiden, so liegt keine Antragsberechtigung eines Theils vor. Wird dagegen wegen des Ehebruchs beider Theile geschieden, so steht jedem Ehetheil das Antragsrecht zu. S. v. Schwarze N. 8**a**.

10. Aus dem zu 4 Ausgeführten folgt, daß der Lauf der 3monatlichen Antragsfrist (§. 61) sowohl wie der Verjährung erst mit der Rechtskraft des Scheidungsurtheils beginnt*). So ist es bezüglich der Verjährung auch die Praxis. Berlin 22. Okt. 74 u. 25. Jan. 77 (O.R. XV, 708; XVIII, 75, Goltd. XXV, 212, St. VII, 67). Dresden 29. Aug. 73, St. III, 313. Bezüglich der Verjährung folgt dieses auch aus der Bestimmung des §. 69, welcher bei den Gründen, aus denen der Beginn des Strafverfahrens unterbleiben muß, nicht unterscheidet, ob dieselben die Strafverfolgung oder die Strafbarkeit betreffen. Die Scheidung bildet hier nun die Voraussetzung des Vergehens und sie bindet den Strafrichter insofern, als ihm kein Urtheil mehr darüber zusteht, ob die Scheidung aufrecht zu erhalten oder nicht. Die entgegenstehende Meinung übersieht, daß der Lauf der Verjährung nothwendig die Möglichkeit der Unterbrechung durch eine richterliche Handlung (§. 68) voraussetzt, diese Möglichkeit aber nicht eher vorliegt, als der Richter befugt ist, gegen den Thäter einzuschreiten. (Vgl. §. 68 N. 2.) R.G. IV, 8. Febr. 87, **E. XV**, 261, **R. IX**, 121.

11. Bezüglich des Antrags ist die Praxis ebenfalls gleicher Ansicht. S. Berlin 6. Nov. 73 (O.R. XIV, 697, St. III, 184) u. 22. Okt. 74 (Goltd. XXII, 567, O.R. XV, 708, St. IV, 313); Dresden 29. Aug. u. 4. Dez. 73 (S.G.Z. XVII, 307, St. III, 313); Mannheim 26. Juni 77 (bad. Ann. Bd. 43 S. 207, St. VIII, 77); Jena 74 (St. VI, 248). Auch nimmt Berlin 19. Febr. 73 (Goltd. XXI, 272, O.R. XIV, 145, St. II, 233) an, ein vor

*) S. hierzu Fischer im G.S. Bd. 31, S. 54; 32, S. 496, Conrad in Goltd. **XXXV**, 17.

der Rechtskraft gestellter Antrag sei wirksam. München 7. Juli 76 (bayr. Entsch. VI, 366, St. VI, 248) ließ die Antragsfrist sogar erst von Kenntniß der Rechtskraft des Scheidungsurtheils an laufen. Dagegen nimmt Oppenhoff §. 172 N. 15, H. Meyer S. 983 an, daß die Antragsfrist nach Vorschrift des §. 61, also von Kenntniß des Ehebruchs an, laufe, wofür auch sehr gewichtige Gründe sprechen. Ebenso Hälschner II, 473. Dagegen entschied R.G. III, 3. Jan. 80 (R. I, 180, 182, E. I, 44, Goltd. XXVIII, 126) u. 23. März 80 (R. I, 505, E. II, 62), daß die Antragsfrist erst mit Kenntniß von der Rechtskraft des Scheidungsurtheils beginne und ein vorher gestellter Antrag unwirksam sei. Ebenso München 27. Nov. 85, bayr. Entsch. III, 608. Nach dieser Ansicht kann ein Ehebruch, wenn der verletzte Ehegatte vor Rechtskraft des Scheidungsurtheils stirbt, überhaupt nicht verfolgt werden.

Auch Bayern theilte diese Auffassung, nur mit einer aus der verschiedenen Fassung des Thatbestandes sich ergebenden Abweichung. Bayern (St.G.B. von 1861) bestimmte:

> Art. 217. Der Ehebruch einer Ehefrau soll mit . . . der Ehebruch eines Ehemannes mit . . . bestraft werden . . .
>
> Art. 218. Die gerichtliche Verfolgung des Ehebruchs findet nur auf den Antrag des beleidigten Ehetheils statt.
>
> Dieser Antrag kann nur gestellt werden, wenn die Ehe rechtskräftig geschieden oder auf Trennung von Tisch und Bett rechtskräftig erkannt ist. Während des auf Scheidung oder Trennung gerichteten Verfahrens ruht die Verjährung der strafrechtlichen Verfolgung.

Nach diesen Artikeln war nicht erforderlich, daß die Scheidung wegen des zu verfolgenden Ehebruchs erfolgte. Deshalb konnte der Lauf der Verjährung beginnen, er ruhte nur während des Ehescheidungsverfahrens.

12. Der Antrag umfaßt stets den schuldigen Ehegatten und den Mitschuldigen. (Vgl. §§. 63, 64.) Daß der Mitschuldige als solcher im Ehescheidungsurtheil bezeichnet sei, ist nicht erforderlich. R.G. II, 12. Febr. 84, R. VI, 107. Es ist jedoch ein Mitschuldiger nicht nothwendig vorhanden, da auch Nothzucht oder Beischlaf mit einer willens- oder bewußtlosen Frauensperson Ehebruch begründet.

13. Die Entscheidung des Civilrichters bindet den Strafrichter nur insoweit, als er die Scheidung anerkennen muß. Ist die Scheidung wegen des Ehebruchs erfolgt, so hat der Strafrichter nicht zu untersuchen, ob dieselbe begründet war. Eine Einwilligung des Ehegatten zum Ehebruch kann also in diesem Falle nicht Beachtung finden, selbst wenn die Scheidung deshalb nicht hätte ausgesprochen werden sollen. R.G. III, 7. Juni 86, E. XIV, 202. Ob der Ehebruch begangen ist und ob eine Ehe besteht, entscheidet der Strafrichter selbständig. Eine Scheidung wegen Ehebruchs im Sinne des §. 172 ist auch dann anzunehmen, wenn dieselbe nur wegen Verdachts des Ehebruchs, d. h. wegen unerlaubten Umgangs (vgl. §. 673, II, 1 A.L.R.) erfolgt ist, jedoch muß der Strafrichter dann in der Lage sein, festzustellen, daß wirklicher Ehebruch vorliege. So Berlin 9. Juni 71, Goltd. XIX, 611, O.R. XII, 321, St. I, 37, R.G. II, 16. Dez. 81, E. V, 266, R. III, 804; III, 8. Febr. 82, R. IV, 138; II, 8. Okt. 86, E. XIV, 352, R. VIII, 601. Dies nahm auch R.G. IV, 13. Juni 90, E. XXI, 21 in einem Fall an, in welchem ein zweiter Fall unerlaubten Umgangs nur in den Entscheidungsgründen eines die Berufung zurückweisenden zweitinstanziellen Urtheils festgestellt war, was mit den oben N. 3 berührten Regeln im Widerspruch stehen dürfte.

14. Im Geltungsgebiet des franz. Rechts ist Art. 308 des code civil (Ehebruchsstrafe gegen die Frau) durch §. 172 beseitigt.

§. 173. **Der Beischlaf zwischen Verwandten auf- und absteigender Linie wird an den ersteren mit Zuchthaus bis zu fünf Jahren, an den letzteren mit Gefängniß bis zu zwei Jahren bestraft.**

Der Beischlaf zwischen Verschwägerten auf- und absteigender Linie, sowie zwischen Geschwistern wird mit Gefängniß bis zu zwei Jahren bestraft.

Neben der Gefängnißstrafe kann auf Verlust der bürglichen Ehrenrechte erkannt werden.

Verwandte und Verschwägerte absteigender Linie bleiben straflos, wenn sie das achtzehnte Lebensjahr nicht vollendet haben.

Pr. §. 141; E. I. §. 150; E. II. §. 171; St.B. S. 641.
Vgl. §§. 174 Nr. 1, 52 A. 2.

1. Die Motive zu diesem die Blutschande (incestus) behandelnden Paragraphen beschränken sich auf die Bemerkung:

„Der §. 173 will den Begriff der Unzucht zwischen Eltern und Kindern, Schwiegereltern und Schwiegerkindern, Stiefeltern und Stiefkindern, sowie zwischen Geschwistern schärfer, als das preußische Gesetzbuch es thut, und in Uebereinstimmung mit der Mehrzahl der deutschen Gesetzbücher, präzisiren, indem er, der preußischen Rechtsprechung folgend, dem vieldeutigen Ausdrucke: „Unzucht" den konkreteren: „Beischlaf" substituirt."

2. Zum Beischlaf wird erfordert, daß die Geschlechtstheile vereinigt sind, ohne daß es auf weitere Vollendungshandlungen ankommt. (O.R. VI, 46.) Dieses besonders auszusprechen, wie es viele Gesetzgebungen, z. B. Bayern (St.G.B. von 1861) Art. 224, thun, hielt man für nicht erforderlich. R.G. I, 17. März 81, E. IV, 23, R. III, 144.

3. Welche Personen als Verwandte und Verschwägerte auf- und absteigender Linie, sowie als Geschwister zu betrachten, vgl. §. 52 N. 6.

Die Terminologie ist in §. 173 dieselbe wie im §. 52. Eine Abweichung von dem preuß. §. 141 ergibt sich insofern, als jetzt kein Zweifel mehr entstehen kann, daß auch weitere Ascendenten und Descendenten das Verbrechen begehen können. — Geschwister sind auch hier nur voll- und halbbürtige, nicht Stiefgeschwister. Dresden 1. Dez. 71 (S.G.Z. XVI, 127). — Ob innerhalb der hiernach verbotenen Grade die Verwandtschaft (bez. Schwägerschaft) durch eheliche oder außereheliche Geburt vermittelt wird, ist gleichgültig, Berlin 21. Jan. 79 (O.R. XX, 42); Mannheim 15. Juni 78 (St. VIII, 125); R.G. II, 21. Sept. 80 (R. II, 223, E. II, 239); IV, 31, Jan. 90, E. XX, 239 — jedoch ist es, was die außereheliche Geburt betrifft, zweifelhaft, ob der §. 173 die Verwandtschaft (bez. Schwägerschaft) über die Vorschriften des Civilrechts hinaus ausdehnen will, ob z. B. das Verhältniß der unehelichen Kinder zu den Ascendenten des Vaters oder der unehelichen Kinder desselben Vaters unter dem §. 173 begriffen ist. Nach der **ratio legis**, welche die Blutsverwandtschaft im Auge hat, ist die Frage zu bejahen, während die sich an die Terminologie des Civilrechts anlehnende Ausdrucksweise des §. 173 für die Verneinung spricht. Bayern [vgl. St.G.B. von 1861 Art. 208 bis 211 und Art. 7*)] hat ebenfalls bejahend entschieden. Aus den Materialien ist über diese bereits im preuß. Recht sehr bestrittene Frage nichts Sicheres zu entnehmen. (Vgl. Goltdammer, Mat. II, 288; Temme, Lehrb. S. 772, und die Abhandlung in Goltd. II, 521.) Oppenhoff N. 2 will lediglich die natürliche Abstammung entscheiden lassen.

4. Bei Verschwägerten (Schwieger-, Stief-Eltern bez. Kinder) ist es unerheblich, ob die das Verhältniß begründende Ehe noch besteht oder nicht. O.R. VII, 45; preuß. J.M.Bl. 1854 S. 127 und München 6. Juni 74, 3. März 76 (bayr. Entsch. II, 167; VI, 78, St. IV, 135; VI, 249); Berlin 21. Jan. 79 (O.R. XX, 42); Mannheim 15. Juni 78 (St. VIII, 125). R.G. III, 7. April 80 (R. I, 548, Goltd. XXVIII, 298); II, 22. April 84, E. X, 302. Der Glaube der Angeklagten, es sei mit Dispens eine Ehe unter den Konkumbenten zuläßig, ist ohne Erheblichkeit. Berlin 21. Jan. 79 s. oben. (Vgl. auch Reichsgesetz vom 6. Febr. 1875 §. 33, R.G.Bl. S. 23.) R.G. I, 17. Okt. 83, R. V, 613. Ebenso wenig entschuldigt ein Irrthum darüber, das Schwägerschaftsverhältniß setze ein durch eheliche Geburt begründetes Verhältniß voraus, da dies ein Irrthum über das Strafrecht ist. R.G. I, 19. Febr. 85, E. XII, 275, R. VII, 130. Die Unwirksamkeit eines solchen Irrthums erstreckt sich sogar auf ehelichen Beischlaf, wenn troz zu naher Verwandtschaft eine Ehe formell abgeschlossen worden war. R.G. I, 10. Nov. 81, E. V, 159, R. III, 709.

In der thatsächlichen Feststellung genügt die Annahme, daß ein Mann mit der von seiner Ehefrau in die Ehe gebrachten Stieftochter den Beischlaf vollzogen habe. R.G. I, 19. Jan. 80 (R. I, 246, Goltd. XXVIII, 55).

---

*) Bayern (St.G.B. von 1861) Art. 7. „Unter den Verwandten sind in diesem Gesetzbuche nicht nur die ehelichen, sondern auch die außerehelichen begriffen. — Gegenüber dem außerehelichen Vater und dessen Verwandten kommt jedoch die außereheliche Verwandtschaft nur dann in Betracht, wenn sie durch ein rechtsgültiges Anerkenntniß oder durch ein civilrechtliches Urtheil festgestellt ist."

5. Die civilrechtlichen Präsumtionen binden den Strafrichter ebenso wenig wie die civilrechtlichen Entscheidungen über die eheliche bez. außereheliche Geburt. Er hat die Frage selbständig zu prüfen. (Vgl. v. Schwarze N. 2, Oppenhoff N. 2.)

Die Anerkennung eines Kindes als unehelich erzeugtes durch den Vater hat hiernach nur beweisbehelfliche Bedeutung. Vgl. Dresden 2. April 75 (St. V, 311).

6. Abs. 4. Verwandte und Verschwägerte absteigender Linie unter 18 Jahren sind hier nicht auch Geschwister. Materiell ist in dieser Beziehung das preuß. Recht unverändert geblieben. Die Straflosigkeit stützt sich darauf, weil in der Regel ein Mißbrauch der elterlichen Autorität vorliegt. Die Blutschande von Geschwistern (unter 18 Jahren) ist daher nicht straflos, jedoch kommen die §§. 56, 57 zur Anwendung.

7. Zu Abs. 4. Das Alter unter 18 Jahren ist kein Schuldausschließungsgrund, indem die jugendliche Person als willenlos betrachtet wird, sondern es ist Thatbestandsmerkmal. R.G. III, 23. Sept. 89, E. XIX, 391.

8. Zum dolus gehört nur das Bewußtsein des bestehenden Verwandtschafts- oder Schwägerschafts-Verhältnisses. Liegt dieses vor, so gehört die Meinung mangelnder Rechtswidrigkeit in das Gebiet des nicht entschuldigenden Rechtsirrthums.

9. Liegt kein Beischlaf vor, so kann §. 176 Nr. 3 zur Anwendung kommen, welcher eventuell auch mit §. 173 idealiter konkurriren kann. Berlin 29. März 71, O.R. XII, 187, Goltd. XIX, 306, 651; Mannheim 12. Mai 77 (bad. Ann. Bd. 43 S. 158, St. VII, 68). Vgl. auch G.S. Bd. 24, S. 97. Beischlaf eines Stiefvaters mit der Stieftochter, für welche er als Vormund bestellt ist, fällt ideell konkurrirend sowohl unter §. 173 Abs. 2 als unter §. 174 Ziff. 1. R.G. I, 4. Dez. 82, E. VII, 307, ebenso bei einem Pflegschaftsverhältniß R.G. I, 23. Dez. 85, R. VII, 759.

Unter §. 173 fallen unzüchtige Handlungen, die Beischlaf nicht bilden, keinesfalls; sondern sind, wenn andere Strafbestimmungen nicht anschlagen, straflos. R.G. II, 17. Dez. 80 (R. II, 646) s. auch I, 25. Nov. 80 (R. II, 565, E. III, 64). S. zu §. 174 N. 2.

10. Wiederholte Vollziehung des Beischlafs mit derselben Person bildet (in der Regel) einen Fall der Realkonkurrenz. Berlin 17. Mai 73, O.R. XIV, 369, St. III, 59. Vgl. jedoch Dresden 5. Juni 74. S.G.Z. XVIII, 344, wo Fortsetzung deshalb angenommen wurde, weil sich annehmen lasse, daß die wiederholte Vollziehung des Beischlafs Bethätigung des gleichen, auf ein unzüchtiges Verhältniß gerichteten verbrecherischen Willens sei. Die Frage bewegt sich ausschließlich auf thatsächlichem Gebiet.

§. 174. Mit Zuchthaus bis zu fünf Jahren werden bestraft:

1) Vormünder, welche mit ihren Pflegebefohlenen, Adoptiv- und Pflegeeltern, welche mit ihren Kindern, Geistliche, Lehrer und Erzieher, welche mit ihren minderjährigen Schülern oder Zöglingen unzüchtige Handlungen vornehmen;

2) Beamte, die mit Personen, gegen welche sie eine Untersuchung zu führen haben oder welche ihrer Obhut anvertraut sind, unzüchtige Handlungen vornehmen;

3) Beamte, Aerzte oder andere Medizinalpersonen, welche in Gefängnissen oder in öffentlichen, zur Pflege von Kranken, Armen oder anderen Hülflosen bestimmten Anstalten beschäftigt oder angestellt sind, wenn sie mit den in das Gefängniß oder in die Anstalt aufgenommenen Personen unzüchtige Handlungen vornehmen.

Sind mildernde Umstände vorhanden, so tritt Gefängnißstrafe nicht unter sechs Monaten ein.

Pr. §. 142; E. I. §. 151; E. II. §. 172; St.B. S. 641.

Vgl. §§. 176, 177; Gew.O. §. 35.

1. „Unzüchtige Handlungen" bezeichnet nicht bloß den Beischlaf oder eine auf Vollziehung desselben oder auf die Befriedigung des Geschlechtstriebes gerichtete Handlung. R.G. III, 14. Febr. 84, E. X, 159, R. VI, 112. In Bayern, welches in dem St.G.B. von 1861 außer

dem Beischlaf noch zwischen „widernatürlicher Wollust" (Art. 214) und „unzüchtigen Handlungen" (Art. 215 ff.) unterschied, verstand man unter letzteren zutreffend: „solche Handlungen, welche in direkter Beziehung auf geschlechtlichen Mißbrauch stehen, ohne daß sie gerade in der Absicht der Befriedigung der Geschlechtslust vorgenommen sind, oder Handlungen, welche auch ohne die auf Befriedigung des Geschlechtstriebes unmittelbar gerichtete Absicht das Schamgefühl auf freche Weise verletzen, das sittliche Gefühl überhaupt in seinem Keime verderben." Aehnlich Leipzig 16. Febr. 72 (St. I, 230); München 8. März 72 (bayr. Entsch. II, 52). Vgl. auch R.G. III, 28. Febr. 80 (R. I, 404). Es genügt, wenn die Handlung objektiv die vorbezeichnete Beschaffenheit hatte, auf den Eindruck, den sie bei dem Gemißbrauchten hervorruft, kommt es nicht an. Aeußerungen fallen nicht unter §. 174.

Es muß jedoch eine Handlung am Körper der gemißbrauchten Person sein, so daß derselbe berührt oder doch in Mitleidenschaft gezogen wird, wenn auch nicht der nackte Körper oder die Geschlechtstheile. R.G. III, 7. Mai 81, R. III, 287, II, 17. März u. 29. Dez. 82, E. VI, 116, R. IV, 899.

Die Betastung der nicht entblösten Brust einer Frauensperson wurde nicht als unzüchtige Handlung aufgefaßt. Stuttgart 26. Nov. 77 (württ. Ger.Bl. XIV, 55).

2. Die Absicht des Thäters muß auf Erregung der Sinneslust, sei es der eigenen, wie wohl die Regel, sei es auf Seite der gemißbrauchten Person, sei es nach beiden Richtungen, abzielen. R.G. I, 14. Juni 83, R. V, 433. Die Eigenschaft der Handlung als unzüchtige ist also nicht gegeben, wenn die That einen andern Zweck hat, wenn auch derselbe in unanständiger Weise verfolgt wird, z. B. körperliche Untersuchung, Züchtigung u. s. w. Sonst ist zum Vorsatz nur das Bewußtsein der autoritativen Stellung erforderlich.

3. Nur die in §. 174 genannten Autoritätspersonen sind mit Strafe bedroht, nicht aber die durch die Handlung Betroffenen, gleichviel ob diese zu einer Thätigkeit veranlaßt wurden, oder nur eine leidende Rolle spielten, ob auch auf ihrer Seite die Sinnlichkeit rege war oder nicht, oder ob sie gänzlich willenlos waren; ob sie das Strafbare der That erkannt hatten oder nicht. R.G. I, 10. Okt. 81, R. III, 621, Berner S. 448, Olshausen N. 8, 9, Villnow im G.S. Bd. 30, S. 133.

4. Nr. 1. Beim Vormund kommt es nicht darauf an, ob alle civilrechtlichen Vorschriften bei Bestellung desselben erfüllt waren, oder ob der Geisteszustand, wegen dessen die Entmündigung erfolgte, diese rechtfertigte. Es genügt die Bestellung als Vormund durch die zuständige Behörde. Mannheim 9. Febr. 78 (bad. Ann. Bd. 44 S. 45). Vormund ist nur derjenige, dem die Pflicht zur Beaufsichtigung der Person, der persönlichen Pflege und Fürsorge und Autorität über den Pflegebefohlenen eingeräumt ist, nicht der nur für eine bestimmte Rechtshandlung oder die Aufsicht über das Vermögen bestellte Kurator, wenn er auch Vormund benannt wird. R.G. III, 9. Dez. 86, E. XV, 72, R. VIII, 737.

5. Pflegevater*) kann auch der außereheliche Vater sein, der von seiner Vaterschaft keine Kenntniß hat. Berlin 18. Juni 75 (Goltd. XXIII, 515, O.R. XVI, 467).

Bezüglich des Pflegeverhältnisses nahm überhaupt München 31. März 76 u. 30. März 78 (bayr. Entsch. VI, 144, St. VI, 250, VIII, 129) an, daß lediglich das faktische Verhältniß der Uebernahme der Obhut und Erziehung entscheide, gleichviel ob dasselbe auf Vertrag (Einkindschaftung), Gesetz oder freiwilliger Annahme beruhe. Deshalb wurde das Verhältniß auch zwischen Stiefvater und dem in die Ehe gebrachten und in die häusliche Gemeinschaft aufgenommenen, von einem Anderen erzeugten Kind der Ehefrau angenommen. Dagegen nahm Mannheim 12. Mai 77 (bad. Ann. Bd. 43 S. 156, St. VII, 68) an, daß das Pflegschaftsverhältniß zwischen Stiefeltern und Stiefkindern nicht ins Gewicht falle, sondern auf Unzucht zwischen denselben nur §. 173 Abs. 2 Anwendung finde, mithin zum Thatbestand Beischlaf erforderlich sei. Ebenso R.G. I, 25. Nov. 80 (R. II, 565, E. III, 64). Endlich sprach R.G. III, 17. Dez. 80 (R. II, 646, E. III, 125) positiv aus, daß das Pflegschaftsverhältniß nur nach dem geltenden Civilrecht zu beurtheilen sei, daß die faktische Pflegschaft nur unter Herrschaft des gemeinen Rechts oder eines Civilrechts, welches Bestimmungen über Pflegeverhältniß nicht enthalte (R.G. III, 28. Okt. 82, R. IV, 773), so auch nach Code civil, R.G. I, 11. Febr. 84, E. X, 95, R. VI, 101, ins Gewicht falle, nicht unter Herrschaft des preuß. Landrechts, wo nur Th. II, Tit. 2 §§. 753—773 über die Eigenschaft als Pflegevater entscheide, hier vielmehr nur verlassene Kinder Pflegkinder sein könnten, oder solche, die durch Vertrag zur Pflegschaft übernommen seien. R.G. IV, 11. Dez.

*) Fuld, Der strafrechtliche Begriff der Pflegeeltern im G.S. Bd. 35, S. 191.

85, E. XIII, 148, II, 13. Juli 88, R. X, 483. Hierdurch ist nicht nur für die Nichtanwendbarkeit des §. 174 auf Stiefeltern ein Präjudiz geschaffen, sondern ein einengendes für alle Landestheile, in denen preußisches Landrecht gilt, in Bezug auf die Anwendung des §. 174 überhaupt: jedoch ein Präjudiz der bedenklichsten Art; denn es schafft, abgesehen von der Frage, ob §§. 772, 773 a. a. O. genügende Beachtung fanden, eine Rechtsungleichheit in Deutschland, welche für das Strafrecht höchst bedenklich ist und noch R.G. II, 21. Sept. 80 (R. II, 223, E. II, 239) die entsprechende Beachtung fand, indem dort ausgesprochen wurde, daß der Ausdruck in §. 173 „Verwandte auf- und absteigender Linie“ nicht im Sinne des preuß. Landrechts aufzufassen sei, weil die Vorschrift für das deutsche Reich gegeben sei, in welchem sehr verschiedene Civilgesetze bestehen. Die Reinheit des Familienlebens, in welches das Pflegekind begriffsgemäß aufgenommen sein muß, verlangt aber sicher einen Schutz gegen unzüchtige Handlungen. Von obigen Grundsätzen ausgehend, nahm R.G. I, 27. April 82, E. VI, 233, R. IV, 395 an, daß das nach bayr. Landrecht durch Erb- und Ehevertrag begründete Pflegeverhältniß kein solches im Sinne des §. 174 Ziff. 1 sei. S. jedoch dagegen R.G. I, 10. April 90, E. XX, 357.

Selbstverständlich fällt unter den Begriff der Adoptiv- oder Pflegeeltern die Mutter ebensowohl wie der Vater. Dresden 9. April 77 (S.G.Z. XXII, 41, St. VII, 306).

6. Geistliche fallen unter die aufgeführten Kategorien, insofern sie Christenlehre ertheilen. R.G. I, 17. Nov. 84, E. XI, 271. Sonst nur, wenn sie Schülern oder Zöglingen gegenüberstehen, nicht in ihren rein religiösen Verrichtungen. Beichtkinder sind nicht Schüler. v. Liszt S. 387, Olshausen N. 14c.

7. Lehrer sind nicht bloß öffentliche, sondern auch Privatlehrer, auch solche für schöne Künste, z. B. Musik und Malen; auch nicht berufsmäßige, und solche, die unentgeldlich Unterricht geben, vorausgesetzt, daß die Schüler in einer geistigen und sittlichen Unterordnung sich befinden. R.G. III, 31. März 84, E. X, 345, R. VI, 258.

„Lehrer und Erzieher“ bezeichnet ebenso wie „Schüler“ auch das weibliche Geschlecht. Lehrherrn sind nicht eo ipso Erzieher.

8. Die Kenntniß von der Minderjährigkeit muß festgestellt werden, jedoch genügt **dolus eventualis.** Es wird hierfür auf §. 59 N. 5 verwiesen.

9. Ist das gemißbrauchte Kind noch nicht 14 Jahre alt, so liegt Idealkonkurrenz mit §. 176 Nr. 3 vor. Dresden 3. April 71 (St. I, 13, S.G.Z. XV, 147, Mannheim 26. Okt. 72 (St. II, 372). Vgl. auch §. 173 N. 9.

Die Wiederholung unzüchtiger Handlungen mit derselben Person will Dresden 5. Juni u. 15. Juli 74, S.G.Z. XVIII, 344, 367, St. IV, 273) (mit Unrecht) als fortgesetztes Delikt ansehen. Die Annahme würde sich nur rechtfertigen, wenn alle Voraussetzungen der Fortsetzung vorliegen (s. §. 73 N. 242); so auch Olshausen N. 20, Villnow im G.S. Bd. 30, S. 133. Dagegen nimmt Oppenhoff N. 3 stets Realkonkurrenz an.

10. N. 2. Der Begriff „Beamter“ ist aus §. 359 zu entnehmen.

Untersuchung ist nicht bloß eine gerichtliche, sondern jede Verfolgung einer Strafthat.

Ob wegen des Ausdrucks „Obhut“ auch Eisenbahnschaffner, Postillone u. s. w. unter diesen Paragraphen fallen, — ist bezüglich der letzteren von Berlin Beschl. v. 13. Nov. 63 bejaht. (O.R. IV, 202.) — Vgl. über den Begriff der „Obhut“ — unter welcher eine amtlich obliegende zu verstehen — Berlin 9. Nov. 75 (Goltd. XXIII, 575, O.R. XVI, 715).

Krankenwärter in einer unter staatlicher Obhut stehenden Heil- oder Irrenanstalt sind nicht Beamte. R.G. 6./13. Nov. 84, R. VI, 711; wohl kann aber der Hausvater in einer Armenanstalt als solcher erscheinen. R.G. II, 4. Juni 89, E. XIX, 255.

11. Nr. 3. Da hier auch solche „öffentliche Anstalten“, welche nicht dem Staate oder der Gemeinde angehören, sondern auf Privatwohlthätigkeit beruhen, zur Sprache kommen, so ist der Begriff „Beamter“ im Sinne des §. 359 hier nicht vollständig zutreffend. Bei den Vorberathuugen wurde — namentlich in der Bundeskommission — eine anderweitige Redaktion erwogen (Bayern St.G.B. von 1861 Art. 213 sagte: „Beamte oder andere Bedienteste“), schließlich verblieb es jedoch bei der Fassung des preuß. St.G.B. Es wird hiernach der thatsächlichen Erwägung im Einzelfalle vorzubehalten sein, ob Jemand als Beamter der Anstalt im Sinne des §. 174 Nr. 3 anzusehen ist. Die nur vorübergehend zu gewissen Dienstleistungen angenommenen Personen sind nicht dahin zu zählen, z. B. nicht Privatpersonen, welchen Gefangene zum Transport übergeben sind. R.G. I, 22. Dez. 81, E. V, 418, R. III, 821. In Uebereinstimmung hiermit hat die französische Ausgabe des St.G.B. (Amtl. Ausg. Straßburg 1871) übersetzt:

§. 74 Nr. 3. „**Les fonctionnaires, employés, médecins**“ etc.

Unter Gefängnissen sind alle bleibend zur Aufbewahrung von Gefangenen bestimmte Räumlichkeiten zu verstehen, wie polizeiliche Arrestlokale, Korrektionsanstalten, Gefangenanstalten Zuchthäuser u. s. w. Dresden 16. Juni 76 (S.G.Z. XXI, 146).

§. 175. Die widernatürliche Unzucht, welche zwischen Personen männlichen Geschlechts oder von Menschen mit Thieren begangen wird, ist mit Gefängniß zu bestrafen; auch kann auf Verlust der bürgerlichen Ehrenrechte erkannt werden.

Pr. §. 143; E. I. §. 152; E. II. §. 173; St.B. S. 641, 643, 1177.

1. Die Motive sagen:

„Der §. 175 hält die auf Sodomie und Päderastie im Preußischen Strafgesetzbuche angedrohte Strafe aufrecht. Denn selbst, wenn man den Wegfall dieser Strafbestimmungen vom Standpunkte der Medizin, wie durch manche der, gewissen Theorien des Strafrechtes entnommenen Gründe rechtfertigen könnte, das Rechtsbewußtsein im Volke beurtheilt diese Handlungen nicht bloß als Laster, sondern als Verbrechen, und der Gesetzgeber wird billig Bedenken tragen müssen, diesen Rechtsanschauungen entgegen Handlungen für straffrei zu erklären, die in der öffentlichen Meinung als strafwürdige gelten. Die Beurtheilung solcher Personen, welche in dieser Weise gegen das Naturgesetz gesündigt, dem bürgerlichen Strafgesetze zu entziehen und dem Moralgesetze anheim zu geben, würde als ein gesetzgeberischer Mißgriff getadelt werden.“

2. Der Paragraph ist unter Beseitigung des Strafminimums aus dem preuß. St.G.B. übernommen. Die wissenschaftliche Deputation hatte in ihrem Gutachten (Anlage 3 zu den Motiven S. 30, 31) sich nicht für die Beibehaltung des Paragraphen erklärt, der Reichstag lehnte aber die auf Beseitigung des Paragraphen gerichteten Petitionen ab.

3. Der Begriff „widernatürliche Unzucht“ im Sinne dieses Paragraphen ist in der älteren Praxis des preuß. O.Tr. als gleichbedeutend mit **sodomia ratione sexus et generis** genommen und deshalb, soweit erstere zwischen Personen männlichen Geschlechts geschieht, auf die sog. Knabenschändung oder Päderastie beschränkt. Danach scheiden bloße **manustupratio, onania** u. s. w. aus. In den bezüglichen Entscheidungen des O.Tr. (O.R. III, 385; VIII, 356) ist der Satz angenommen: „Als „widernatürliche Unzucht zwischen Personen männlichen Geschlechts“ ist jede Handlung anzusehen, deren Ziel eine widernatürliche **immissio seminis** in einen lebenden Körper (After, Mund) ist.“ Diese Beschränkung findet in der rechtsgeschichtlichen Entwickelung des Vergehens (vgl. namentlich die erste der citirten Entscheidungen) allerdings ihre Begründung und rechtfertigt sich auch im Gegensatz zu den „unzüchtigen Handlungen“ in den §§. 174, 176, 183. Auch die Motive (s. oben N. 1) stimmen damit überein. In ähnlicher Weise wurde auch in Bayern (St.G.B. von 1861) der Gegensatz von „widernatürlicher Wollust“ (Art. 214) und „unzüchtigen Handlungen“ (Art. 215) genommen, indem erstere in einer widernatürlichen Verirrung des Triebes, dessen Befriedigung „in naturgemäßer Weise durch den Beischlaf erreicht wird“ gefunden wird. — Berlin 6. Nov. 73, 5. Juni 74 (O.R. XIV, 707; XV, 363, St. III, 185). Weiter ging München 19. Juni 74 (bayr. Entsch. IV, 264, St. IV, 135), indem es jede beischlafähnliche, unzüchtige Handlung am Körper eines Anderen, welche Befriedigung des Geschlechtstriebes bezielt, unter den Begriff der widernatürlichen Unzucht subsumirt, wenn auch kein Eindringen in einen menschlichen Körper zu diesem Zwecke bewirkt oder beabsichtigt wird und kein Samenerguß erfolgt. Dieser Anschauung schlossen sich an: Berlin 6. Juni u. 24. Okt. 77 (O.R. XVIII, 663, Goltd. XXV, 329, 529), Stuttgart 29. Nov. 76 (württ. Ger.Bl. XII, 412, St. VII, 71), Mannheim 17. Febr. u. 15. Dez. 77 (bad. Ann. Bd. 43 S. 371, Bd. 44 S. 43, St. VIII, 130, 131), Jena 77 (thüring. Bl. V, 275). Dagegen wurden unzüchtige Betastungen oder selbst gegenseitige Manustupration nicht dahin gerechnet. Berlin 24. Okt. 77, Stuttgart 29. Nov. 76, Mannheim 15. Dez. 77 s. oben. Noch weiter wollte Dresden 22. März u. 7. Juni 75, 27. März 76 (S.G.Z. XIX, 304; XX, 21; XXI, 43, St. V, 312) gehen und jede unzüchtige Handlung zur Erregung des Geschlechtstriebes zur Anwendung des §. 175 genügen lassen. Jene Definition des Münchener Urtheils adoptirte auch R.G. II, 23. u. III, 24. April 80 (**R.** I, 652, 662, **E.** I, 395, Goltd. XXVIII, 450, 451), I, 20. Sept. 80 (**R.** II, 220, **E.** II, 237); schloß jedoch gleichfalls gegenseitige Onanie unter Männern vom Begriff der widernatürlichen Unzucht aus. R.G. II, 25. April 82, **E.** VI, 211, III, 17. Mai 82, **R.** IV, 493.

4. Entsprechend ist die widernatürliche Unzucht mit Thieren dahin zu definiren, daß hierzu jede Berührung des thierischen Körpers, auch ohne Eindringen in denselben, zum Zwecke der

Befriedigung des Geschlechtstriebes genügt. Berlin 4. Jan. 71 (O.R. XII, 5), Dresden 17. Juli 74 (S.G.Z. XIX, 15, St. IV, 314). R.G. I, 13. Jan. 81 (R. I, 723, E. III, 200), 30. Okt. 82, R. IV, 775. Nach R.G. III, 5. März 81 (R. III, 113) soll aber schon Wollust-Erregung genügen.

5. Zur Vollendung des Vergehens wird nicht erfordert, daß durch die Handlung der (in N. 3) vorbezeichnete Erfolg erreicht ist. Es genügt vielmehr eine auf Erreichung dieses Erfolges gerichtete unzüchtige beischlafähnliche Handlung. Berlin 10. Febr. 75 (O.R. XVI, 116), München 19. Juni 74 (bayr. Entsch. IV, 265, St. IV, 135); bezüglich Unzucht mit Thieren s. R.G. 13. Jan. 81 oben N. 4; vgl. v. Schwarze N. 2; es muß eine körperliche Berührung stattgefunden haben. So Olshausen N. 2. Versuch wäre wohl konstruirbar, obgleich er nach obigen Definitionen nur geringen Raum hat, ist aber nicht mit Strafe bedroht.

6. Werden die unter N. 3 näher bezeichneten unzüchtigen Handlungen unter Männern vorgenommen, so sind beide Theile strafbar, wenn es mit gegenseitigem Einverständniß geschieht, wenn auch der eine nur eine passive Rolle spielt, und nur die Geschlechtsbefriedigung des einen Theils beabsichtigt ist. Berlin 5. Juni 74 (O.R. XV, 363), Dresden 7. Juni 75 u. 27. März 76 (S.G.Z. XX, 21; XXI, 44), Mannheim 15. Dez. 77 (bad. Ann. Bd. 43 S. 372, St. VIII, 131). Dagegen schließt es auch die Strafbarkeit nur des einen Theils nicht aus, wenn der andere wegen gegen ihn gebrauchter Gewalt (Mannheim 11. Sept. 75, bad. Ann. Bd. 41 S. 323), oder aus anderen Gründen straflos ist. R.G. II, 21. März 81, R. III, 151, III, 28. Mai 88, R. X, 416, I, 3. Febr. 90, E. XX, 225.

§. 176*). Mit Zuchthaus bis zu zehn Jahren wird bestraft, wer

1) mit Gewalt unzüchtige Handlungen an einer Frauensperson vornimmt oder dieselbe durch Drohung mit gegenwärtiger Gefahr für Leib oder Leben zur Duldung unzüchtiger Handlungen nöthigt;

2) eine in einem willenlosen oder bewußtlosen Zustande befindliche oder eine geisteskranke**) Frauensperson zum außerehelichen Beischlafe mißbraucht, oder

3)***) mit Personen unter vierzehn Jahren unzüchtige Handlungen vornimmt oder dieselben zur Verübung oder Duldung unzüchtiger Handlungen verleitet.

Sind mildernde Umstände vorhanden, so tritt Gefängnißstrafe nicht unter sechs Monaten ein.

Pr. §. 144; E. I. §. 153, 154; E. II. §. 174; St.B. S. 641—644, 1171.

Vgl. G. v. 26. Febr. 1876 Art. 1; Drucks. (1876) Nr. 54, 145; St.B. S. 390, 800.

Vgl. §§. 174, 177, 178, 240.

1. Subjekt der Handlung kann Jeder sein, sowohl Manns- als Frauensperson, abgesehen von Ziff. 2, bezüglich deren, weil Beischlaf vorausgesetzt ist, selbstverständlich nur ein Mann Thäter sein kann. Es kommt auch beim Thäter nichts auf Geschlechtsreife an, da immerhin ein sinnlicher Reiz stattfinden kann, der eine Begattung gestattet. Auf **immissio seminis** kommt nichts an, und bloße unzüchtige Handlungen, die nicht in Beischlaf bestehen, kann ohnehin Jeder und Jede begehen. Auch der Ehemann kann solche Handlungen an seiner Ehefrau begehen, da er nur ein Recht auf naturgemäßen Beischlaf hat. Gl. M. Berner S. 450, Geyer II, 30, v. Liszt S. 384, H. Meyer S. 996, Olshausen N. 3, Oppenhoff N. 15. Auch kann der Ehemann strafbar sein, wenn die Ehe von Tisch und Bett getrennt ist. S. unter N. 5.

---

*) Neue Fassung des G. v. 26. Febr. 1876; in der alten Fassung enthielt der §. 176 noch den Zusatz:

„Die Verfolgung tritt nur auf Antrag ein, welcher jedoch, nachdem die förmliche Anklage bei Gericht erhoben worden, nicht mehr zurückgenommen werden kann."

**) S. Jessen im G.S. Bd. 31, S. 221.

***) Villnow im G.S. Bd. 30, S. 137 fg., Bd. 37, S. 152, v. Kries in Z. f. ges. St.R.W. VII, 528 fg.

2. Unzüchtige Handlungen vgl. §. 174 N. 1, 2. In dem entsprechenden §. 144 N. 1 preuß. St.G.B. hieß es abweichend: „eine auf Befriedigung des Geschlechtstriebes gerichtete Handlung.“ Sodann ist §. 176 N. 1 u. 2 abweichend von dem cit. §. 144 N. 1, 2 auf „Frauenspersonen“ beschränkt. N. 3 ist auch anwendbar, wenn die That gegen Knaben unter 14 Jahren verübt wurde. Außerdem ist aus §. 144 der gemeinrechtliche Begriff der Nothzucht ausgesondert und in den §. 177 verwiesen. Letzterer wird anwendbar, wenn die Handlung in N. 1 auf Vollziehung des Beischlafs gerichtet war. Zum Thatbestande keiner dieser Handlungen ist eine Mitwirkung der gemißbrauchten Person erforderlich. R.G. I, 10. Okt. 81, R. III, 621. Es genügt jedoch keine das Scham- oder Sittlichkeitsgefühl gröblich verletzende Handlung, sondern es ist eine in wollüstiger Absicht vorgenommene Handlung geschlechtlichen Charakters erforderlich, R.G. III, 23. März 82, R. IV, 275, II, 16. Nov. 83, R. V, 708.

3. N. 1. Die Gewalt setzt einen ernstlichen Widerstand voraus, es sei denn, daß sie von Anfang an so stark war, daß jeder Widerstand vergeblich erschien, unwiderstehlich (vgl. §. 52) braucht sie nicht gewesen zu sein. Das Entscheidende ist, daß die Gewalt oder Drohung das bestimmende Moment für die Frauensperson war, die unzüchtige Handlung zu dulden. Dresden 2. Juni 76 (St. VII, 72). Berner S. 450, Hälschner II, 223, Olshausen N. 5. Unter §. 176 N. 1 fallen nicht nur gewaltsam vorgenommene, sondern auch erzwungene unzüchtige Handlungen.

4. Drohung gegen einen Dritten, z. B. einen Angehörigen, soll ebenfalls genügen können wie v. Schwarze N. 6 annimmt; ebenso die bremischen Motive 1868 S. 127. — Gegen diese Ausdehnung erklären sich Hälschner preuß. St.R. II, S. 314, Beseler, Komm. S. 315, und mit Recht, weil das Gesetz fehlt. So auch Hälschner II, 224, H. Meyer S. 996, Olshausen N. 7, Oppenhoff N. 13.

5. „An einer Frauensperson“, d. h. an dem Körper derselben. (St. I, 230). Der freiwillig aufgegebene Versuch der Nothzucht ist als solcher straflos, kann aber als gewaltsame Unzucht strafbar sein. Leipzig 16. Febr. 72 (St. I, 230).

Das Alter der Frauensperson begründet keinen Unterschied, weshalb eine That zugleich unter Ziff. 1 u. 2 oder 3 fallen kann. Berlin 23. Febr. 76 (O.R. XVII, 136), Mannheim 11. Sept. 75 (bad. Ann. Bd. 41 S. 321). Eben so wenig macht es einen Unterschied, ob die Frauensperson bescholten, ob sie geschlechtsreif, ob sie verheirathet oder unverheirathet ist. Einen Fall, in welchem die eigene Ehefrau die vergewaltigte war, s. Goltd. XXVI, 417. Auch Konkurrenz von Ziff. 2 u. 3 ist nicht ausgeschlossen. Mannheim 11. Sept. 75 s. oben. Das Vorliegen mehrerer Ziffern des §. 176 bildet aber weder reale noch ideale Konkurrenz, sondern lediglich eine Konkurrenz von Thatbestandsmerkmalen, welche für die Strafzumessung von Einfluß ist.

Theilnahme an der Gewalthandlung begründet Mitthäterschaft. Dresden 10. April 74 (St. IV, 315, S.G.Z. XVIII, 251).

6. Zu Ziff. 2. Es ist nicht vorausgesetzt, daß die geisteskranke Frauensperson in einem willen- oder bewußtlosen Zustand war. Vielmehr genügt die Feststellung der Geisteskrankheit allein zum Thatbestand, gleichviel ob diese dauernd oder vorübergehend war und ob dieselbe eine anscheinende Einwilligung zuläßt oder nicht; da letztere nicht als vorhanden anzunehmen ist. Dies ist jedenfalls dann der Fall, wenn festgestellt ist, daß die Frauensperson die Sittengesetze nicht aufzufassen vermag. R.G. I, 30. Nov. 81, E. VII, 425. Die Frauensperson kann jedoch nicht die Ehefrau des Thäters sein, oder doch nur die vom Bande der Ehe getrennte weil außerehelicher Beischlaf zum Thatbestand gehört.

7. Mißbrauch zum Beischlaf ist jeder Vollzug des Beischlafs ohne Zustimmung der Frauensperson, oder bei nur scheinbarer, weil von einem bewußten Willen nicht getragener Zustimmung. Es kann also aus dem Worte Mißbrauch weder eine einengende Interpretation bezüglich der Handlung abgeleitet werden, noch der Vorsatz durch eine präsumtive Zustimmung ausgeschlossen gelten. R.G. I, 30. Nov. 81, E. VII, 425. Gl. M. Binding, I, 726, Hälschner II, 225, Olshausen N. 13. A. M. H. Meyer S. 998, Rubo N. 8; Jessen G.S. Bd. 31, 222, Villnow G.S. Bd. 30, S. 145.

8. Der Zustand der Frauensperson muß dem Thäter bekannt sein; insbesondere in denjenigen Fällen, in welchen scheinbare Zustimmung vorliegt. In den Fällen der Bewußtlosigkeit, unverkennbarer Willenlosigkeit oder Geisteskrankheit dagegen genügt bei einem Zweifel über den Geisteszustand schon dol. event., da der Beischlaf, soll er straflos sein, die Zustimmung voraussetzt, nicht bloß mangelnden Widerstand.

9. Nr. 3. Der Thäter muß Kenntniß von dem Alter des Kindes haben. (Vgl. zu §. 59, N. 4, 5.) Dazu genügt aber, wie München 8. März 72 mit Recht angenommen hat, das Bewußtsein des Thäters, daß er es wahrscheinlich oder möglicherweise mit einem Kinde unter 14 Jahren zu thun habe (dolus eventualis) (bayr. Entsch. II, 48, Dresden 5. Nov. 75 (S.G.Z. XX, 204, St. VI, 252). R.G. IV, 20. Dezbr. 87, R. IX, 742, I, 13. April 91, E. XXI, 420. Eine ausdrückliche Feststellung der Kenntniß ist jedoch nur dann erforderlich, wenn dieselbe bestritten ist. R.G. I, 2. Jan., III, 4. Jan. 82, R. IV, 5, 9. Auch ist, um die Strafbarkeit auszuschließen, die bestimmte Annahme auf Seite des Thäters erforderlich, das Kind sei über 14 Jahre alt, nicht bloß ein Nichtwissen R.G. I, 28. April 84, E. X, 337, R. VI, 306, 13. April 91 s. oben.

10. Die Verleitung braucht nicht nothwendig von demjenigen, der die Handlungen vornimmt, auszugehen. (Hälschner II, 320 fg. u. v. Schwarze N. 19, v. Liszt S. 386). R.G. III, 21. Okt. 89, E. XX, 30.

Die Verleitung braucht nicht den Erfordernissen der Anstiftung (§. 48) zu entsprechen. Dresden 17. Okt. 73 (St. IV, 314. S.G.Z. XVIII, 85), München 23. Juni 76 (bayr. Entsch. VI, 303, St. VI, 252), R.G. III, 24. Nov. 90, Goltd. XXXVIII, 442.

Die Verleitung ist nicht Anstiftung, sondern Thäterschaft. Es ist also nicht erforderlich, daß die Handlung des Kindes unter ein Strafgesetz fällt. München 23. Juni 76 s. oben.

11. Thäter der Handlung unter Ziff. 3 kann auch eine mehr als 12, weniger als 14 Jahre alte Person sein, wenn sie die Einsicht der Strafbarkeit hat. In Folge dessen ist eine Bestrafung beider Theile denkbar, wenn beide vorstehende Bedingung erfüllen und beide den selbständigen Thäterwillen haben. Es ist Sache thatsächlicher Würdigung, ob der eine Theil nur der Verleitete oder Gemißbrauchte ist. R.G. III, 18. Dez. 82, E. VII, 352, R. IV, 882, I, 23. Jan. 90, E. XX, 181. Dagegen ist, wenn der eine Theil Erwachsener, der andere unter 14 Jahren ist stets letzterer als der Gemißbrauchte zu betrachten. So wurde R.G. III, 14. Febr. 84, E. X, 159, R. VI, 112, die Bestrafung einer Frauensperson gebilligt, welche duldete, daß ein noch nicht 14 Jahre alter Knabe mit ihr den Beischlaf vollzog. Auch Eltern oder eines der im §. 174 genannten Personen können Thäter sein, in welchem Falle ideale Konkurrenz stattfindet.

12. Mildernde Umstände — die Zulassung begründen die Motive dahin:

„Die Nachlassung mildernder Umstände wird durch die Erfahrung gerechtfertigt, daß die angewendete Gewalt oft einer sogenannten vis haud ingrata sich nähert und daß die Verletzte vorher den Thäter, welcher wegen ihres vorherigen Benehmens berechtigt war, einen Widerstand nicht zu erwarten, zur That angereizt hat, oder auch, daß sie durch ihr späteres Benehmen zu erkennen gibt, daß sie die That selbst als eine ihr angethane empfindliche Schmach nicht ansieht."

13. Mehrere selbständige unzüchtige Handlungen mit derselben Person begründen Realkonkurrenz. Berlin 17. Mai 73 (O.R. XIV, 369, St. III, 59), jedoch kann mit Geisteskranken oder Kindern auch fortgesetzte Verübung vorkommen.

14. Antrag. Das — im Reichstag von 1870 schon lebhaft angegriffene — Erforderniß des Antrags stützen die Motive darauf, daß das Interesse der verletzten Person oft eine Geheimhaltung erfordere. In der Praxis ergaben sich gerade bei §. 176 (und 177) wegen des Erfordernisses des Antrages und der Möglichkeit der Zurücknahme desselben die ernstlichsten, eine geordnete Strafrechtspflege bedrohenden Bedenken (vgl. die Motive zur Novelle Drucks. des Reichstags Nr. 54 von 1875/76); durch die Novelle ist deshalb das Erforderniß des Antrags beseitigt.

'§. 177*). Mit Zuchthaus wird bestraft, wer durch Gewalt oder durch Drohung mit gegenwärtiger Gefahr für Leib oder Leben eine Frauensperson zur Duldung des außerehelichen Beischlafs nöthigt, oder wer eine Frauensperson zum außerehelichen Beischlafe mißbraucht, nachdem er sie zu diesem Zwecke in einen willenlosen oder bewußtlosen Zustand versetzt hat.

Sind mildernde Umstände vorhanden, so tritt Gefängnißstrafe nicht unter Einem Jahre ein.

---

*) Neue Fassung des G. v. 26. Febr. 1876; in der alten Fassung hatte der §. 177 noch den Zusatz:

„Die Verfolgung tritt nur auf Antrag ein, welcher jedoch, nachdem die förmliche Anklage bei Gericht erhoben worden, nicht mehr zurückgenommen werden kann."

Pr. —; E. I. —; E. II. §. 175; St.B. S. 641—644, 1171.
Vgl. die Citate zu §. 176.

1. Der §. 177 gibt den gemeinrechtlichen Begriff der Nothzucht wieder; vgl. §. 176 N. 1.

2. Gewalt, Drohung u. s. w. vgl. §. 176 N. 3, 4. Die Gewalt oder Drohung muß das bestimmende Moment für die Frauensperson gewesen sein, den Beischlaf zu dulden. Dresden 2. Juni 76 (St. VII, 72). — Die Strafe trifft auch denjenigen, welcher eine Frauensperson zur Duldung des Beischlafs mit einem Dritten nöthigt. Dresden 10. April 74 (S.G.Z. XVIII, 251, St. IV, 315). Deshalb kann auch eine Mitthäterschaft angenommen werden, wenn der Eine die Gewalthandlung vornimmt, damit der Andere den Beischlaf vollziehen kann. Dresden 19. März 77 (S.G.Z. XXII, 40). Dadurch können auch Frauen Mitthäterinnen werden.

3. Beischlaf vgl. §. 173 N. 2. Auch an einem noch nicht 14 Jahre alten oder sogar an einem völlig geschlechtsunreifen Mädchen kann Nothzucht verübt werden. Mannheim 7. Nov. 74 (bad. Ann. Bd. 40 S. 366). R.G. I, 17. März 81 (E. IV, 23, R. III, 144). Auch an bescholtenen Frauenspersonen.

Jedoch ist diejenige Person, welche vergewaltigt, ohne selbst den Beischlaf zu vollziehen, nicht nothwendig Mitthäter, es kommt vielmehr darauf an, ob er nur dem Thäter Beihülfe leisten oder ob er die That als eigene begehen wollte. R.G. I, 7. Jan. 81, E. III, 181.

4. Die zweite Alternative des §. 177 ist ein schwererer Grad des in §. 176 Ziff. 2 mit Strafe bedrohten Verbrechens. Derselbe wird verübt dadurch, daß eine Frauensperson in einen willenlosen oder bewußtlosen Zustand versetzt wird, um sie in diesem Zustand zum außerehelichen Beischlaf zu mißbrauchen, z. B. durch Trunkenheit, Schlafmittel. Geisteskrankheit ist hiebei nicht genannt. Sollte ein derartiger Fall eintreten, z. B. durch Hypnotisirung, so würde er unter einen der genannten fallen.

5. Ideale Konkurrenz von gewaltsamer Unzucht und Nothzucht findet nicht statt, selbst wenn nicht alle Unzuchtshandlungen zum Zwecke des Beischlafs erforderlich waren. Mannheim 11. Sept. 75 u. 17. Febr. 77 (bad. Ann. Bd. 41 S. 323, Bd. 43 S. 98, St. VII, 73). Dagegen kann Versuch der Nothzucht aus §. 176 Ziff. 1 bestraft werden. Dagegen ist ideale Konkurrenz von Nothzucht und Unzucht gemäß §. 176 Ziff. 3 möglich. Der nicht gewalsame Beischlaf mit einem Mädchen unter 14 Jahren fällt nur unter §. 176 Ziff. 3. Mannheim 11. Sept. 75 (s. vor).

6. Antrag vgl. §. 176 N. 6.

§. 178*). **Ist durch eine der in den §§. 176 und 177 bezeichneten Handlungen der Tod der verletzten Person verursacht worden, so tritt Zuchthausstrafe nicht unter zehn Jahren oder lebenslängliche Zuchthausstrafe ein.**

Pr. §. 144; E. I. §§. 153, 154; E. II. §. 176; St.B. S. 644, 1171.
Vgl. die Citate zu §. 176.

1. Die Handlungen (§§. 176, 177) müssen die Ursache des tödtlichen Erfolges sein. Weiteres wird nicht erfordert, ein darauf gerichteter Vorsatz würde die Handlung zum Todtschlag oder Mord stempeln.

2. Auch für den Theilnehmer gilt die Strafandrohung des §. 178.

3. Wird der Tod durch den Versuch einer Nothzucht verursacht, so findet der §. 178 (in Verbindung mit §§. 43 ff.) Anwendung. Dresden 25. Jan. 75 (S.G.Z. XIX, 254, St. V, 321).

4. Die Streichung des Absatzes 2 durch die Novelle war eine selbstverständliche Folge der Beseitigung des Antragserfordernisses in den §§. 176, 177.

§. 179. **Wer eine Frauensperson zur Gestattung des Beischlafs dadurch verleitet, daß er eine Trauung vorspiegelt, oder einen anderen Irrthum in ihr erregt**

---

*) Neue Fassung des G. v. 26. Febr. 1876; in der alten Fassung hatte der §. 178 noch den Zusatz:

„Eines Antrages auf Verfolgung bedarf es nicht."

oder benutzt, in welchem sie den Beischlaf für einen ehelichen hielt, wird mit Zuchthaus bis zu fünf Jahren bestraft.

Sind mildernde Umstände vorhanden, so tritt Gefängnißstrafe nicht unter sechs Monaten ein.

Die Verfolgung tritt nur auf Antrag ein.

Pr. §. 145; E. I. §. 155; E. II. §. 177; St.B. S. 644.

1. In Anknüpfung an Bayern (St.G.B. von 1861) Art. 207 und den bremischen Entwurf von 1868 §. 288 dehnte die Bundeskommission den §. 145 des preuß. St.G.B. auf die „Benutzung eines Irrthums" aus und nahm das Wort „hielt" statt „halten mußte". Letzteres geschah, um das Bedenken zu beseitigen, als ob die Leichtgläubigkeit der Frau oder subjektive Verstandesschwäche und überhaupt eine culpa derselben die Strafbarkeit ausschließe. (Vgl. Bremische Motive 1868 S. 130 u. v. Schwarze N. 4 in H.H. III, 314, Hälschner II, 233, Olshausen N. 6.)

2. Die That wird nur an einer Frauensperson begangen, ohne daß es erforderlich ist, daß dieselbe ehemündig ist, oder auch nur 14 Jahre alt ist. Ist dies nicht der Fall, so liegt ideale Konkurrenz mit §. 176 Ziff. 3 vor.

3. Thäter kann Jeder sein, auch eine Frauensperson, da diese die Täuschende sein kann, die veranlaßt, daß die Getäuschte glaubt, einen ehelichen Beischlaf mit einem Manne zu vollziehen, der jedoch nicht getäuscht hat. Derselbe ist möglicher Weise nicht einmal Mitschuldiger, wenn er z. B. glaubt, die Frauensperson gebe sich ihm freiwillig hin. Gl. M. Hälschner I, 233, Olshausen N. 1, Oppenhoff N. 3, Puchelt N. 2, Villnow im G.S. Bd. 30, S. 148.

4. Unter Trauung ist nach dem Reichsgesetz v. 6. Febr. 75 über die Beurkundung des Personenstandes und die Eheschließung die Abschließung der Ehe vor dem Civilstandesbeamten zu verstehen. Allein auch eine bloß kirchliche Trauung schließt den Thatbestand nicht aus, wenn die Frauensperson dies für eine genügende Form der Eheschließung betrachtete, und fällt daher auch eine nur fingirte kirchliche Trauung unter dieser Voraussetzung unter §. 179. So Hälschner II, 233, Olshausen N. 2, v. Schwarze in H.H. III, 314, Villnow, G.S. Bd. 30, S. 149. Jedoch wird die Täuschung auch angenommen werden müssen, wenn die Frauensperson zwar wußte, daß die Eheschließung vor dem Standesbeamten hinzutreten solle, aber die kirchliche Trauung doch für eine die Gestattung des Beischlafs als eines ehelichen genügende hielt. Viele wollen unter Trauung nur die kirchliche verstehen, so Hälschner II, 233, v. Schwarze N. 3. Es dürfte dies jedoch irrig sein und der Ausdruck so viel wie Eheschließung durch die hiezu zuständige Person bedeuten. Gl. M. v. Liszt S. 388, H. Meyer S. 987, Oppenhoff N. 2, Villnow S. 149.

5. Vollendung der That tritt erst mit Vollziehung des Beischlafs ein. Dies ist insbesondere auch dann der Fall, wenn der den Beischlaf vollziehende Mann sich als der Ehemann der Frau gerirt und diese ihn für denselben hält. Erkennt sie ihn rechtzeitig, kann Versuch vorliegen.

6. Antragsberechtigt ist nur die Frau, nicht auch deren Ehemann und schließt §. 179, als im Thatbestand identisch mit der Beleidigung durch Beischlafsvollziehung, die Bestrafung wegen Beleidigung aus, so daß, wenn nur der Ehemann Strafantrag gestellt hat, ungeachtet des §. 195 St.G.B. keine Bestrafung eintreten kann. So R.G. IV, 16. April 89, E. XIX, 250. Die Annahme der Identität des Thatbestandes dürfte irrig sein, da die Willensbestimmung des Thäters eine verschiedene ist; auch ist es doch sehr fraglich, ob man annehmen kann, daß die That des §. 179 gegen die Geschlechtsehre der Frau als Objekt gerichtet ist, nachdem sie unter die Sittenverbrechen eingereiht ist.

§. 180. Wer gewohnheitsmäßig oder aus Eigennutz durch seine Vermittelung oder durch Gewährung oder Verschaffung von Gelegenheit der Unzucht Vorschub leistet, wird wegen Kuppelei mit Gefängniß bestraft; auch kann auf Verlust der bürgerlichen Ehrenrechte, sowie auf Zulässigkeit von Polizei-Aufsicht erkannt werden.

Pr. §. 147; E. I. §. 157; E. II. §. 178; St.B. S. 644.

1. Zur „Gewohnheitsmäßigkeit" werden mehrere Fälle erfordert. Es genügt aber, wenn nur einer Person Vorschub geleistet ist. Es ist eine allgemeine Geneigtheit zu Hand-

lungen der im Paragraph bezeichneten Art vorausgesetzt. Dresden 7. Juli 73 (S.G.Z. XVII, 217); Berlin 2. Mai 73 u. 24. April 74 (O.R. XIV, 334; XV, 260, Goltd. XXI, 555); Wolfenbüttel 22. Febr. 76 u. 8. Juni 77 (St. VI, 262; VII, 277); Berlin 16. Mai 78 (O.R. XIX, 267, Goltd. XXVI, 321, St. VIII, 133) definirt die Gewohnheit als eine aus einem Hange hervorgegangene Mehrheit gleichartiger Handlungen. Die Praxis ist darin einverstanden, daß die aus der Gewohnheit hervorgegangenen Handlungen ein Kollektivdelikt bilden, bei dem der konkurrirende Eigennutz nur einen Strafschärfungsgrund bildet. Berlin 16. Mai 78 s. oben. Vgl. Mannheim 1. Aug. 76 u. 23. Juni 77 (bad. Ann. Bd. 42 S. 259; Bd. 43 S. 208, St. VII, 279). Dies adoptirte auch R.G. III, 18. Dez. 80 (R. II, 651). Vgl. auch R.G. 4. Febr. 80 (Ann. I, 344). R.G. I, 21. Dez. 83, E. X, 22 (auch II, 10. Nov. 82, E. VII, 229) führten dagegen aus, es läge eine ideale Konkurrenz mehrerer real konkurrirender Vergehen der Kuppelei aus Eigennutz mit einem Kollektivdelikt gewohnheitsmäßiger Kuppelei vor, wenn mehrere Handlungen gegeben seien, bei denen Eigennutz und Gewohnheitsmäßigkeit vorliegt. Diese Anschauung ist auf den Umstand basirt, daß bei Real-Konkurrenz mehrerer Kuppeleien aus Eigennutz 10 Jahre Gefängniß erkannt werden dürfe, diese Strafe aber sich nicht ermäßigen könne, wenn auch noch Gewohnheitsmäßigkeit hinzutrete. Der Grund ist richtig, dennoch dürfte obige Ansicht eine allzu gekünstelte Abhülfe bieten. Kein Thun kann gleichzeitig eine Einheit und eine Mehrheit strafbarer Handlungen bilden. Die richtige Lösung dürfte darin liegen, das künstliche Gebilde des Kollektivdelictes aufzugeben, welches in vielen Beziehungen zu schiefen Konsequenzen führt. Der Wortlaut des §. 180 zwingt nicht zur Annahme einer einheitlichen That und es ist viel natürlicher, den verbrecherischen Hang, welcher sich durch die Gewohnheitsmäßigkeit zeigt, als subjektives Thatbestandsmoment oder Erschwerungsgrund der Einzelthat aufzufassen, als bei Vorliegen desselben, eine Anzahl selbständiger Delikte zu einem Kollektivbrei zusammenfließen zu lassen. Die Unnatur dieser Jurisprudenz zeigt R.G. I, 7. Juli 81, R. III, 470 u. II, 16. Nov. 82 s. oben, wonach Handlungen, welche vor einer Verurtheilung wegen gewohnheitsmäßiger Kuppelei begangen waren, nicht mehr verfolgt werden können, auch wenn sie dem Richter völlig unbekannt geblieben waren, weil sie durch das Kollektivdelikt implicite mit abgeurtheilt sind. Dagegen sollen gemäß R.G. II, 25. Nov. 81, R. III, 739 Fälle von Kuppelei, welche nach der Aburtheilung wegen gewohnheitsmäßiger Kuppelei in I. Instanz begangen sind, wenn auch vor Rechtskraft dieses Urtheils, eine neue selbständige Strafthat bilden, gleichsam eine neue Gewohnheit. Ferner R.G. III, 1. März 82, E. VI, 132, R. IV, 220, wonach Fälle der Kuppelei nach §. 181, selbst wenn sie aus Gewohnheit verübt wurden, selbständige Thaten bilden sollen, welche unter sich und mit den Fällen des §. 180 real konkurriren.

2. Eigennutz ist nicht identisch mit der Absicht, sich einen Vermögensvortheil zu verschaffen oder mit gewinnsüchtiger Absicht. Es liegt darin nur das Streben nach eigenem Nutzen, das Streben ohne Rücksicht auf die Gebote der Moral, das eigene materielle Interesse, sei es auch nur die Befriedigung von Sinneslust zu befriedigen. R.G. IV, 3. Mai 87, E. XVI, 56, R. IX, 298. Jedoch liegt faktisch das größere Gewicht auf materiellen Nutzen. Er kann daher in dem Erzielen eines hohen Miethspreises, sowie in der Erhöhung der Frequenz eines öffentlichen Lokals gefunden werden. Mannheim 1. März 73 u. 1. Aug. 76 (St. II, 273, bad. Ann. Bd. 42 S. 259); München 27. Okt. 73 (bayr. Entsch. III, 485); Berlin 22. Nov. 72 u. 4. Febr. 74 (O.R. XIII, 626; XV, 53, Goltd. XX, 527), 11. Sept. 77 u. 19. Febr. 79 (Goltd. XXV, 529, O.R. XX, 89); Stuttgart 12. Juni 78 (württ. Ger.Bl. XV, 23); Wolfenbüttel 8. Juni 77 (St. VII, 278). Auch mittelbar kann der Vortheil entstehen, welchen der Eigennutz zum Zweck hat, z. B. in dem Verschaffen von Vortheil für die den Kuppler ernährenden Eltern. Berlin 27. Jan. 71 (O.R. XII, 54). Der Vortheil kann auch darin erblickt wrrden, daß sich der Kuppler die Zahlung einer ausstehenden Schuld verschaffen will. Wolfenbüttel 22. Febr. 76 (St. VI, 258). Es ist nicht erforderlich, daß der Vortheil ein rechtswidriger war. Stuttgart 12. Juni 78 (württ. Ger.Bl. XV, 23); nicht einmal, daß der Vortheil ein außergewöhnlicher war. R.G. II, 28. Mai 80 (R. I, 828), 21. Sept. 80 (Ann. II, 305). Dagegen genügt es nicht, wenn Jemand eine Frauensperson in ein Bordell bringt, um die eigene Unzucht mit ihr zu fördern, ohne sich selbst in der öffentlichen Meinung zu schaden. R.G. 2. Juni 80 (Ann. II, 120). Dagegen R.G. IV, 3. Mai 87, E. XVI, 56, R. IX, 298, wo in dem Vorschubleisten, um selbst mit der Dirne den Beischlaf vollziehen zu können, Eigennutz gesehen wurde. Auch in der Aussicht auf einen künftigen, noch von ungewissen Voraussetzungen abhängigen Vermögensvortheils (Abwälzung der Alimentationspflicht für ein uneheliches, möglicher Weise erzeugtes Kind auf einen andern Konkumbenten) kann Eigennutz gefunden werden. R.G.

I, 27. Okt. 83, E. IX, 129, R. V, 648. Jedoch auch im Suchen nach andern Vortheilen, z. B. nach Erhalten von geistigen Getränken. R.G. III, 13. Nov. 82, R. IV, 810 oder in dem Wunsch, pekuniäre Nachtheile zu vermeiden, z. B. eine Miethérin nicht zu verlieren. R.G. I, 17. Jan. 84, R. VI, 35.

3. Das Wort „Unzucht" ist hier allgemein und ohne jeden Zusatz gebraucht, indem die im preuß. St.G.B. folgenden Worte: „einer oder mehrerer Personen des einen oder anderen Geschlechts" als selbstverständlich gestrichen sind. Es rechtfertigt sich deshalb hier, den Ausdruck gleichbedeutend mit „unzüchtigen Handlungen" (§. 174) zu nehmen, und ist hierin ein Widerspruch mit dem zu §. 175 Ausgeführten nicht zu finden. Auch die Beförderung widernatürlicher Unzucht unter Männern fällt unter §. 180. R.G. 11. Aug. 80 (Ann. II, 305). R.G. I, 29. Mai 84, E. XI, 4 definirt Unzucht als: jedes gegen Zucht und Sitte verstoßende Handeln im Bereiche des geschlechtlichen Umgangs zwischen mehreren Personen und rechnete unzüchtiges Betasten von Kellnerinnen dahin. Aehnlich R.G. III, 10. Jan. 84, R. VI, 33. Auch der Beischlaf unter Verlobten entfällt nicht dem Begriff, R.G. I, 2. Nov. 82, E. VIII, 172, und kann schon in dem Schlafen zweier Personen verschiedenen Geschlechts in einem Bette gefunden werden. R.G. II, 16. Jan. 85, R. VII, 34.

4. Uebrigens setzt das „der Unzucht Vorschub Leisten" keineswegs voraus, daß wirklich Unzucht getrieben ist, vielmehr nur, daß seitens des Kupplers etwas geschehen ist, wodurch der Zweck, für welchen er seine Vermittlung eintreten ließ, hätte erreicht werden können. Dresden 18. Jan. 72 — 15. Juli 74, S.G.Z. XVI, 248; XIX, 20, St. I, 277; IV, 321 —; Berlin 19. Juli 72 — Goltd. XX, 399, O.R. XIII, 437, St. II, 44 — 14. Nov. 73 (Goltd. XXI, 529, O.R. XIV, 722, St. III, 185), 3. April 79 (O.R. XX, 193). München 18. Febr. 73 (bayr. Entsch. III, 66, St. II, 234); Mannheim 11. Mai 78 (bad. Ann. Bd. 44 S. 151, St. VIII, 134); Wolfenbüttel 22. Febr. 76 (St. VI, 258). R.G. I, 23. April 83, E. VIII, 236, R. V, 274, IV, 25. März 87, E. XV, 361.

5. Die Kuppelei ist nicht Theilnahme an einem fremden Vergehen, sondern ein selbständiges. Wo und von wem die Unzucht verübt wird oder werden soll, ist gleichgültig. Die Strafbarkeit des Kupplers ist nicht davon abhängig, daß die getriebene Unzucht strafbar ist. München 27. Okt. 73 (bayr. Entsch. III, 486, St. III, 185); Berlin 9. April 79 (O.R. XX, 199); Stuttgart 12. Juni 78 (württ. Ger.Bl. XV, 24); Mannheim 23. Juni 77 u. 11. Mai 78 (bad. Ann. Bd. 43 S. 208, Bd. 44 S. 151, St. VII, 279; VIII, 134); Wolfenbüttel 8. Juni 77 (St. VII, 278). Die Beförderung von Frauenzimmern in Bordelle (inländische oder ausländische) kann deshalb als Kuppelei strafbar sein. München 18. Febr. 73 (bayr. Entsch. III, 65, St. II, 234); Berlin 14. Nov. 73 (Goltd. XXI, 529, O.R. XIV, 722, St. III, 185); Dresden 15. Juli 74 (St. IV, 321, S.G.Z. XIX, 20). R.G. III, 19. April 86, R. VIII, 300; IV, 25. März 87, E. XV, 361. Das bloße Anbieten des Eintritts in ein Bordell, ohne erfolgte Aufnahme des Mädchens in demselben, oder doch Annahme des Anerbietens, begründet den Thatbestand der Kuppelei noch nicht. Wolfenbüttel 22. Febr. 76 (St. XVI, 258). R.G. III, 15. Mai 80 (R. I, 782, E. II, 164).

Umgekehrt ist der Gekuppelte in der Regel nicht Theilnehmer an der Kuppelei, weil er weder Vorschub leisten, noch die dahin gehende Thätigkeit des Kupplers unterstützen will. (Vgl. Tippelskirch in Goltd. XVIII, 805). S. übrigens N. 10. Gl. M. Binding I, 361, Hälschner II, 691, v. Liszt S. 391, Merkel S. 370, H. Meyer S. 1004, Rubo N. 6, Olshausen N. 14, v. Schwarze N. 2 in H.H. III, 318.

6. Vorschubleisten liegt in jeder Thätigkeit, die der Verübung der Unzucht eine günstigere Gelegenheit bietet, als außerdem vorhanden wäre. Mannheim 3. Febr. 77 (bad. Ann. Bd. 43 S. 99, St. VII, 277); Wolfenbüttel 22. Febr. 76 (St. VI, 258). R.G. 20. Okt. 79 (Ann. I, 23). Darüber, inwiefern ein Unterlassen, passives Verhalten oder Dulden Kuppelei begründen könne, besteht einige Divergenz der Praxis. Mannheim 1. Aug. 76 (bad. Ann. Bd. 42 S. 259), Wolfenbüttel 8. Juni 77 (St. VII, 277) verneinte zwar, daß ein bloßes Nichthindern den Thatbestand des §. 180 erfüllen könne. Es handelt sich aber in der Regel darum, daß ein nicht direktes Fördern der Unzucht als bloßes Nichthindern charakterisirt wird, allein auch eine mittelbare Förderung durch Darbietung von Gelegenheit zu dem übrigens ignorirten unzüchtigen Treiben ist Kuppelei. (Vgl. Berlin 19. Febr. 79, O.R. XX, 89.) Deshalb kann unter den übrigen Voraussetzungen im Vermiethen von Wohnung an Prostituirte mit dem Bewußtsein, dadurch der Ausübung der Unzucht Gelegenheit zu bieten, Kuppelei gefunden werden. Mannheim 23. Juni 77 u. 11. Mai 78 (bad. Ann. Bd. 43 S. 208; Bd. 44 S. 151, St.

VII, 278; VIII, 134); Wolfenbüttel 8. Juni 77 (St. VII, 278). R.G. II, 27. April 80 (R. I, 680, Goltd. XVIII, 455), 28. Mai 80 (R. I, 828). Auch in dem Vermiethen einer Wohnung mit dem Bewußtsein, daß in derselben ein Anderer ein Bordell hält. R.G. III, 28. Febr. 80 (R. 1, 402), 2. Dez. 80 (Ann. III, 18); I, 29. Nov. 88, R. X, 703. Dagegen liegt keine Kuppelei in dem bloßen Vermiethen, ohne daß die Wohnung zur Unzucht benutzt wird und benutzt werden sollte. R.G. III, 20. Okt. 80 (R. II, 362), 10. Nov. 80 (R. II, 488). Jedoch wurde auch im bloßen Vermiethen Kuppelei befunden, in einem Fall, in welchem die Vermietherin die Mietherinnen zur gewerbsmäßigen Unzucht außerhalb der Wohnung anhielt und sich das erhaltene Geld abliefern ließ. R.G. I, 23. April 83, E. VIII, 236, R. V, 274. Nicht aber in dem nicht acceptirten Anerbieten eines Vermiethers mit dem bewußten Zwecke der Benutzung der Miethräume zur Unzucht. R.G. III, 9. Juni 87, R. IX, 371.

7. Kuppelei liegt auch in der vorsätzlichen Nichtverhinderung, wenn eine Pflicht zur Verhinderung besteht. Berlin 4. Jan. 73 (St. II, 162), R.G. I, 15. Jan. 85, R. VII, 33, II, 16. Jan. 85, R. VII, 34; auch in der mittelbaren Beförderung dadurch, daß der Kuppler Andere für sich handeln läßt, unter Zustimmung und Theilnahme am Nutzen, z. B. der Ehemann, der seine Ehefrau zur Haltung eines Bordells benutzt. Dresden 12. Nov. 75 (S.G.Z. XX, 212, St. VI, 257); Mannheim 10. März 77 (bad. Ann. Bd. 43 S. 270, St. VIII, 132). R.G. III, 6. Nov. 80 (R. II, 458), 28. Febr. 81 (Ann. III, 358). In dem Nichteinhaltthun allein liegt keine Kuppelei. R.G. I, 4. Nov. 80 (R. II, 448). R.G. II, 18. Sept. 85, R. VII, 515. Ob in der Fortsetzung der Vermiethung eines als Bordell benutzten Lokals oder in Erneuerung der Miethe Kuppelei liegt, hängt davon ab, ob sie mit dem Vorsatz geschah, der Unzucht Vorschub zu leisten. R.G. 20. Nov. 80 (Ann. III, 19), II, 6. Okt. 85, R. VII, 552.

8. In der Begleitung von Dirnen durch Männer bei Ausübung gewerbsmäßiger Unzucht auf der Straße zum Schutz oder Warnung vor der Polizei u. s. w. (sg. Louis) wurde auf Seite der Männer Kuppelei gefunden. R.G. II, 17. Okt. 81, E. XI, 149, R. VI, 629. München 12. Dez. 85, 17. Juni 86, bayr. Entsch. III, 610, IV, 138.

9. Auch die Vermittelung erfordert die Herbeiführung von Zuständen oder Verhältnissen, durch welche für die Ausführung von Unzuchtshandlungen objektiv günstigere Voraussetzungen als vorher geschaffen sind, so daß z. B. die vergebliche Bemühung, einem Mädchen Aufnahme in ein Bordell zu verschaffen, nicht strafbar ist. R.G. I, 23. Sept. 80 (R. II, 247, E. II, 258). Ebensowenig wurde es in der Aufnahme obdachloser Prostituirten gefunden, welche nach wie vor auswärts ihr Gewerbe trieben, das erlangte Geld aber ablieferten, R.G. II, 10. Febr. 88, R. X, 133.

Dagegen wurde Vermittelung in dem Gewähren von Gelegenheit gefunden, damit sich Personen verschiedenen Geschlechts zum Zwecke der Unzucht sich aufsuchen könnten, ohne daß diese sofort vollzogen wurde. R.G. I, 1. Febr. 90, Entsch. XX, 201.

10. Die Theilnahme an der Kuppelei ist nach Maßgabe der allgemeinen Bestimmungen strafbar. Berlin 18. Jan. 71 (O.R. XII, 37). Insbesondere ist in der Thätigkeit von Dienstboten durch Anweisung von Zimmern und dgl. im Auftrage ihres Dienstherrn Beihülfe zu erblicken. Stuttgart 22. März 76 (württ. Ger.Bl. XI, 303, St. VI, 263). Doch wurde in der bloßen Vereinnahmung der Zimmermiethe keine Beihülfe erblickt. Mannheim 1. Aug. 76 (bad. Ann. Bd. 42 S. 260). Ein Dienstmann, der gewohnheitsgemäß und aus Eigennutz Männer Lohndirnen zuführte, wurde wegen selbständiger Verübung von Kuppelei bestraft. Mannheim 3. Febr. 77 (St. VII, 277, bad. Ann. Bd. 43 S. 98). In einem vereinzelten Fall dieser Art wurde nur strafloser Versuch angenommen. R.G. I, 19. April 86, R. VIII, 296. Dagegen wurde die Schließerin eines Bordells wegen selbständiger Kuppelei bestraft. R.G. 26. Jan. 81 (Ann. III, 249). Ueber Anstiften zur Kuppelei s. §. 48 N. 9 a. E. Daß der Anstifter aus Eigennutz oder Gewohnheit handle, ist nicht erforderlich, jedoch muß beim Angestifteten der volle Thatbestand der Kuppelei vorliegen. R.G. IV, 25. Okt. 89, E. XX, 12. Die Absicht, die Unzucht mit dem verkuppelten Mädchen selbst vorzunehmen, schließt die Strafbarkeit der Anstiftung nicht aus; es müssen aber dem Anstifter alle Thatbestands-Erfordernisse auf Seite des Kupplers bekannt sein. R.G. II, 14. Juni 81, E. IV, 252, R. III, 391.

11. Als dolus ist bei Kuppelei keine besondere, auf Förderung der Unzucht gerichtete Absicht, sondern lediglich das Bewußtsein erforderlich, daß die gewollte Handlung die Unzucht fördere. Stuttgart 12. Juni 78 (württ. Ger.Bl. XV, 23; Mannheim 1. Aug. 76 (bad. Ann. Bd. 42 S. 159). Die polizeiliche Duldung von Bordellen schließt die Strafbarkeit der Kuppelei nicht aus. Mannheim 11. Mai 78 (St. VIII, 134); Berlin 9. April 79 (O.R.

XX, 199). R.G. I, 29. Jan. 80 (R. I, 291, E. I, 88, Goltd. XXVIII, 55), II, 14. Febr. 88, Goltd. XXXVI, 177. Auch das Bewußtsein der Rechtswidrigkeit der Handlung ist nicht erforderlich. R.G. I, 9. Juni 87, R. IX, 363.

12. Auf Zulässigkeit der Polizeiaufsicht kann erkannt werden, wenn auch die Gefängnißstrafe weniger als drei Monate beträgt. R.G. I, 28. Juni 80 (R. II, 132.

13. Das durch Nichtanzeige der Eröffnung einer mit Bordellbetrieb verbundenen Schenkwirthschaft begangene Steuervergehen steht zur Kuppelei in realem Zusammenfluß. R.G. I, 31. Mai 86, E. XIV, 174, R. VIII, 408.

§. 181. **Die Kuppelei ist, selbst wenn sie weder gewohnheitsmäßig noch aus Eigennutz betrieben wird, mit Zuchthaus bis zu fünf Jahren zu bestrafen, wenn**

1) um der Unzucht Vorschub zu leisten, hinterlistige Kunstgriffe angewendet worden sind, oder

2) der Schuldige zu den Personen, mit welchen die Unzucht getrieben worden ist, in dem Verhältniß von Eltern zu Kindern, von Vormündern zu Pflegebefohlenen, von Geistlichen, Lehrern oder Erziehern zu den von ihnen zu unterrichtenden oder zu erziehenden Personen steht.

Neben der Zuchthausstrafe ist der Verlust der bürgerlichen Ehrenrechte auszusprechen; auch kann auf Zulässigkeit von Polizei-Aufsicht erkannt werden.

Pr. §. 148; E. I. §. 158; E. II. §. 179; St.B. S. 644.

Vgl. §§. 180, 174 Nr. 1, 32.

1. Nr. 1. Unter hinterlistigen Kunstgriffen sind alle listigen Vorkehrungeu zu verstehen, wodurch Jemand an den Ort gelockt wird, wo die Unzucht getrieben werden soll; oder Verlockungen, durch welche die verkuppelte Person geneigt gemacht werden soll, sich der Unzucht Preis zu geben oder dieselbe zu treiben, wie Vorspiegelungen glänzender Zukunft, Beibringen aufregender Getränke u. s. w. Dresden 17. Sept. 77 (S.G.Z. XXII, 176, St. VIII, 135). Bewirkte Täuschung ist nicht erforderlich. Gl. M. Hälschner II, 692, Olshausen N. 2, Oppenhoff N. 2, v. Schwarze N. 2.

2. Nr. 2. Die Redaktion ist hier keine glückliche, weil in den Worten „mit welchen die Unzucht getrieben worden ist" eine Abweichung von den für die einfache Kuppelei maßgebenden Grundsätzen liegt. Die Kuppelei, wie sie §. 180 im Auge hat, setzt weder voraus, daß die Unzucht mit einer anderen Person, noch daß dieselbe überhaupt getrieben ist (§. 180 N. 3). Bei dem an sich klaren Wortlaut muß angenommen werden, daß der Gesetzgeber im §. 181 N. 2 jene Einschränkung, die allerdings besser in einem besonderen Paragraphen ihre Stelle gefunden hätte, gewollt hat. Daß Nr. 2 die Beförderung der Unzucht eines Einzelnen (z. B. Onanie) habe treffen wollen, stimmt nicht mit der hergebrachten gemeinrechtlichen Bedeutung der qualifizirten Kuppelei und dem gerade bei dieser scharf hervortretenden Begriffe des „Kuppelns". Dasselbe ergibt sich, wenn man mit den bremischen Motiven (1868 S. 133) in der vorliegenden Art der Kuppelei eine Analogie zu dem strafbaren Mißbrauch gewisser nahestehender Personen zu eigener Unzucht (§§. 173, 174) erblickt. Diese Gesichtspunkte sind auch für Bayern (St.G.B. v. 1861) Art. 220 maßgebend gewesen, nur die Zuführung oder Ueberlassung der betr. Personen an Andere (zum Zweck des Beischlafs oder widernatürlicher Wollust) zu strafen. Daß die Unzucht getrieben sei, erforderte Bayern allerdings nicht, nach dem vorliegenden Paragraphen aber muß dieses erfordert werden, wobei auch nicht zu verkennen, daß die Ausdehnung der Kuppelei auf Unzucht jedweder Art (§. 180 N. 3) dieses wohl rechtfertigen kann. Dabei versteht sich aber von selbst, daß, wenn „ein Anfang der Ausführung des Unzuchttreibens" vorliegt, ein strafbarer Versuch vorhanden ist. R.G. III, 18. Okt. 82, E. VII, 119.

3. Liegt Gewohnheitsmäßigkeit oder Eigennutz vor, so sind diejenigen Fälle, die nach dem zu N. 1 Ausgeführten nicht nach Nr. 2 strafbar sind, aus §. 180 (eventuell §. 181 Nr. 1) zu strafen.

4. Personen, mit welchen die Unzucht getrieben worden ist, sind auch Töchter, welche mit ihrem Verlobten unter Zulassung der Eltern den Beischlaf vollzogen haben. R.G. I, 2. Nov. 82, E. VIII, 172; III, 21. Mai 85, R. VII, 317; II, 29. Okt. 86, R. VIII, 649.

Die Annahme, daß hierin nach Volkssitte keine Unzucht erblickt werde, wies das R.G. als Mißbrauch zurück. Auch wenn die Person Unzucht aktiv getrieben hat, z. B. ein erwachsener Sohn, findet §. 181 Anwendung. R.G. II, 6. Mai 87, E. XVI, 49, R. IX, 301.

5. Unter Eltern (nicht leibliche) sind auch Stiefeltern zu verstehen, da dieses dem gemeinen wie dem juristischen Sprachgebrauch entspricht. Berlin 8. März 77 (O.R. XVIII, 200, Goltd. XXV, 216, St. VII, 75), 4. Juli 79 (O.R. XX, 326). R.G. III, 6. Mai 82, E. VI, 338, R. IV, 440; II, 7. Jan. 91, E. XXI, 257. Auf weitere Ascendenten (Großeltern) ist die Vorschrift nicht auszudehnen, weil dieses der konstanten Sprachweise des Gesetzbuchs (§§. 52 A. 2, 173, 247) widersprechen würde. — Berlin 12. Juni 72 (Goltd. XX, 400) nimmt in Uebereinstimmung mit der älteren Praxis an, daß die uneheliche Tochter der verstorbenen Ehefrau des Angeklagten, wenn sie von ihm nicht erzeugt ist, zu ihm nicht im Verhältnisse eines Kindes steht. Vgl. v. Schwarze N. 3, welcher jedoch auch Groß-, Adoptiv- und Pflegeeltern hierher zählen will. Vater oder Mutter sind gleichmäßig strafbar. Dresden 9. April 77 (S.G.Z. XXII, 41, St. VII, 306).

6. Der Ehrverlust ist hier, wie beim Meineid (§. 161), obligatorisch. Es ist darauf (für eine bestimmte Zeit bis zu 10 Jahren) zu erkennen. (Vgl. §. 32.)

7. Ueber Konkurrenz mit einfacher Kuppelei und das Verhältniß zu §. 180 s. §. 180 N. 1.

§. 182. Wer ein unbescholtenes Mädchen, welches das sechszehnte Lebensjahr nicht vollendet hat, zum Beischlafe verführt, wird mit Gefängniß bis zu Einem Jahre bestraft.

Die Verfolgung tritt nur auf Antrag der Eltern oder des Vormundes der Verführten ein.

Pr. §. 149; E. I. §. 159; E. II. §. 180; St.B. S. 644.

1. Der Begriff „unbescholten" ist lediglich thatsächlicher Natur. Es ist dabei auf Landesbrauch und Sitte, sowie den Unterschied der Stände Rücksicht zu nehmen. Zur Bescholtenheit wird weder gewerbsmäßige Unzucht erfordert, noch ist der Nachweis einmaliger Beischlafsvollziehung unbedingt ausreichend, namentlich wenn solches weder allgemein, noch dem Verführer bekannt war. R.G. III, 10. Mai 82, R. IV, 468. Beispiele von Bescholtenheit, die jedoch für das St.G.B. nicht bindend sind, gibt das preuß. Ges. v. 24. April 1854 §. 9 N. 2. Unbescholten ist jedes Mädchen, gegen dessen guten Ruf in geschlechtlicher Beziehung nichts vorliegt. R.G. III, 26. März 81 (R. III, 168).

2. Preuß. St.G.B. §. 149 hatte nur Mädchen von 14—16 Jahren im Auge, weil bezüglich der Kinder unter 14 Jahren der §. 144 Nr. 3 (St.G.B. §. 176 Nr. 3) zutrifft. Die Bundeskommission änderte dieses, weil der wegen Unbekanntschaft mit dem Alter von 14 Jahren von der Anklage aus §. 176 Nr. 3 Freigesprochene möglicherweise aus §. 182 gestraft werden kann, obschon das Mädchen noch nicht 14 Jahre alt ist. Uebrigens muß der Verführer wissen, daß das Mädchen noch nicht 16 Jahre alt ist. (Vgl. die Ausführungen §. 59 N. 4, 5.)

3. Die Verführung ist gleichbedeutend mit Verleitung zum Beischlaf. Ob die Beischlafvollziehung Folge der Verleitung war, ist thatsächlich zu prüfen, namentlich dann, wenn die Bescholtenheit zweifelhaft scheint. Kunstgriffe u. s. w. sind nicht nöthig. (Vgl. Goltdammer, Mat. II, 312; Beseler S. 318.) Die Thatsache des Vollzugs des Beischlafs genügt nicht, um Verführung anzunehmen. Diese muß besonders festgestellt werden. Dresden 13. Mai 78 (S.G.Z. XXII, 313). Es darf aber auch keine besondere Veranstaltung verlangt werden. Einschüchterung, Verlockung an einen geeigneten Ort, Angebot von Geld genügen, Dresden a. a. O. auch der Mißbrauch eines Autoritätsverhältnisses. Berlin 12. Sept. 78 (O.R. XIX, 411). R.G. 27. April 81 (793/81). Auch eine Veranstaltung ist als Verführung zu betrachten, durch welche das Mädchen den Beischlaf duldete, ohne ihn als solchen zu erkennen. R.G. III, 26. März 81 (R. III, 168). Daß das Mädchen nicht ohne Widerstreben sich hingegeben und daß der Mann die Unerfahrenheit und geringe Widerstandsfähigkeit des Mädchens sich zu Nutze gemacht habe, nahm als erforderlich an Dresden 17. Okt. 73 (St. III, 314, S.G.Z. XVIII, 85). Ersteres ist entschieden irrig, da gerade die Verführung Ursache des mangelnden Widerstands sein kann. Deshalb definirt R.G. II, 13. März 85, R. VII, 172 B. dahin: es sei Geneigtmachen des Mädchens, welches den Willen der Beischlafsvollziehung nicht hatte, zu dieser durch das Verhalten des Mannes, gleichviel, ob das Mädchen größere oder geringere Schwierig-

keit entgegensetzte. R.G. III, 23. März 82, E. VI, 135, R. IV, 269 sagt, es genüge, daß der Mann den Willen des Mädchens zur Befriedigung seiner sinnlichen Begierden dienstbar gemacht habe, endlich R.G. III, 10. Mai 82, R. IV, 468, daß die Anregung zur Beischlafsvollziehung vom Manne ausgegangen sei.

4. Thäter ist der Verführer. Derselbe kann jedoch Mitthäter haben. Einzelthäter kann ein Dritter, der den Beischlaf mit dem Mädchen nicht vollzogen hat, nicht sein, auch wenn er sie zur Duldung des Beischlafs verleitet hat, sondern wenn er zu Gunsten eines Andern handelt, ist er Gehülfe oder Kuppler. Gl. M. Hälschner II, 234, Olshausen N. 2, Oppenhoff N. 7, v. Schwarze N. 4 in H.H. III, 315.

5. Eltern — der Antrag des Vaters ist genügend, weil dieser die Frau vertritt. Leben beide Eltern noch, so kommt es darauf an, welchem von beiden Elterntheilen das Erziehungs- und Aufsichtsrecht zusteht. Auf die gesetzliche Vertretung kommt es nicht an. Dresden 9. April 77 (S.G.Z. XXII, 41, St. VII, 306). R.G. II, 7. Dez. 80 (R. II, 614, E. III, 89). — Die Verführte hat das Antragsrecht nicht. R.G. IV, 25. Sept. 88, E. XX, 101, welches jedem Elterntheil ein selbständiges Antragsrecht zuspricht.

§. 183*). **Wer durch eine unzüchtige Handlung öffentlich ein Aergerniß gibt, wird mit Gefängniß bis zu zwei Jahren oder mit Geldstrafe bis zu fünfhundert Mark bestraft.**

Neben der Gefängnißstrafe kann auf Verlust der bürgerlichen Ehrenrechte erkannt werden.

Pr. §. 150; E. I. §. 160; E. II. §. 181; St.B. S. 644.

G. v. 26. Febr. 1876 Art. I; Druckf. (1876) Nr. 54, 169 (I, 5), 177 (I); St.B. S. 1001.

1. Der Begriff „unzüchtige Handlung" ist hier im Allgemeinen derselbe wie in den §§. 174, 176 (vgl. §. 174 N. 1) mit der Maßgabe, daß ihre öffentliche Vornahme geeignet sein muß, ein Aergerniß zu geben. (Vgl. N. 3.) Dieses wird auch durch die Motive bestätigt, welche sagen:

„Der wegen seiner zu allgemeinen Begriffsbestimmung viel angefochtene §. 150 des preußischen Strafgesetzbuches („Wer durch Verletzung der Schamhaftigkeit ein öffentliches Aergerniß gibt, wird u. s. w.") ist dadurch geändert worden, daß der Entwurf als Kriterium für den Thatbestand einer strafbaren Verletzung der Schamhaftigkeit den Begriff einer „unzüchtigen Handlung" aufstellt.

Hieraus wurde gefolgert, daß schamlose Reden, das Singen solcher Lieder u. s. w., ebenso wie das Verbreiten unzüchtiger Schriften, Abbildungen u. s. w. nicht unter den §. 183 fallen, vielmehr nur noch aus §. 185 (Beleidigung) oder §. 360 Nr. 11 (grober Unfug) bez. §. 184 strafbar sind. Diese Auslegung ist indessen keineswegs allgemein anerkannt. Zur Beseitigung des schwankenden Rechtszustandes schlug der Entwurf der Novelle vor, hinter Handlung einzuschalten „oder Aeußerung". Der Vorschlag wurde abgelehnt, dagegen die veränderte Strafandrohung aufgenommen.

Die Motive zur Novelle bemerkten hierüber:

„Die Frage, ob unter „Handlungen" auch mündliche Aeußerungen, Gesänge u. s. w. zu verstehen, wird mit Rücksicht auf die Fassung der Motive zum Norddeutschen Entwurfe und mit Berufung auf die Bedeutung der Worte „unzüchtige Handlungen" in den §§. 174 und 176 von Rüdorff, Komm. Anm. 1 zu §. 183, Oppenhoff, Komm. (4. Aufl.) Anm. 1 zu §. 183, Schütze, Lehrb. des deutschen Strafrechts 2. Aufl. S. 341 N. 22, Meyer, Lehrb. des deutschen Strafrechts S. 626 N. 30 verneint, dagegen mit Bezug auf die Tendenz den §. 183 und in Anbetracht des Umstandes, daß nach der Ausdrucksweise des Strafgesetzbuchs auch Worte, Reden, Gesänge unter den Begriff der Handlung fallen, v. Schwarze, Komm. 3. Aufl. Anm. zu §. 183, und in v. Holtzendorff's Handbuch des deutschen Strafrechts III, S. 323 bejaht. Der verneinenden Ansicht hat sich das preuß. O.Tr. (Erk. vom 17. Mai 1871 bei Oppenhoff, Rechtsprechung XII, S. 273), der bejahenden Ansicht haben sich die Oberappellationsgerichte zu Jena (Erk. v. 29. Mai 1872 in Vollert's Blättern

*) Neue Fassung des Ges. v. 26. Febr. 1876; die alte Fassung lautete:

§. 183. Wer durch eine unzüchtige Handlung öffentlich ein Aergerniß gibt, wird mit Gefängniß bis zu zwei Jahren bestraft; auch kann auf Verlust der bürgerlichen Ehrenrechte erkannt werden.

für Rechtspflege XIX, S. 249) und zu Dresden (Erk. v. 27. Sept. 1872 in sächs. Gerichtszeitung XVII, S. 15 ff.) angeschlossen.

Bei der Wichtigkeit dieser Kontroverse für die Praxis empfiehlt es sich, eine gesetzliche Entscheidung eintreten zu lassen. Wie bereits v. Schwarze in v. Holtzendorff, Handb. a. a. O. zutreffend hervorgehoben hat, ist es ein durch die Praxis widerlegter Irrthum, daß mündliche Aeußerungen weniger geeignet seien, öffentliches Aergerniß zu geben, als Handlungen im engeren Sinne des Wortes. Es fordert daher schon die Konsequenz, unzüchtige Aeußerungen den unzüchtigen Handlungen im engeren Sinne gleichzustellen, und ist demgemäß im Anschluß an den §. 197 des neuesten österreichischen Entwurfs in den §. 183 der Zusatz:

oder Aeußerung

aufgenommen.

Die Zulassung von Geldstrafen für minder schwere Fälle beruht auf der Erwägung, daß das Vergehen, zumal nachdem der Thatbestand auf Aeußerungen erstreckt worden, in sehr leichten Gestaltungen vorkommen kann."

Bei der Diskussion im Reichstage fand jede der verschiedenen Auffassungen ihre Vertreter (St.B. S. 1001 ff.). Einerseits wurde die Streichung der Worte „oder Aeußerung" beantragt. Andererseits wurde ausgesprochen, daß unter Umständen auch Aeußerungen als Handlungen anzusehen seien. Der Abg. v. Schwarze beantragte deshalb die Ablehnung des Regierungsvorschlags, aber die Aufnahme der alternativen Androhung von Geldstrafe, was namentlich noch dadurch motivirt wurde, weil Geldstrafe gerade bei Aeußerungen die geeignete Strafe sein könne. Der Antrag v. Schwarze wurde angenommen. Trotzdem hiernach sich verschiedene Stimmen für die ausdehnende Auslegung des Wortes „Handlung" ausgesprochen haben, scheint in diesen legislativen Vorgängen kein Grund zu liegen, die einschränkende Auslegung zu verlassen. Es gilt hier das, was bereits früher über den Werth legislativer Verhandlungen für die Auslegung gesagt ist (vgl. oben S. 41, 42). Es ist durchaus unzutreffend, wenn v. Schwarze (als Kommentator, Ergänzungsheft Leipzig 1876) behauptet, der Reichstag habe durch seine Abstimmung die Anwendbarkeit des §. 183 auf mündliche Aeußerungen ausdrücklich anerkannt. Vgl. auch die richtige Bemerkung von Meves (Strafgesetznovelle Erlangen 1876 S. 175). Gerade bei der Natur dieses Vergehens rechtfertigt sich der Satz, daß aus der Abstimmung nicht unbedingt auf die Motive geschlossen werden kann. Unseres Ermessens fehlt dem Wort „Handlung" im §. 183 jede „technische" Bedeutung. Rein sprachlich aber können unter unzüchtigen Handlungen, zumal nach der Entstehungsgeschichte, dergl. Aeußerungen nicht mitbegriffen werden. Es ist jedoch zuzugeben, daß an sich unverfängliche Gesten, Manipulationen u. s. w. durch begleitende Aeußerungen den Charakter einer unzüchtigen Handlung im Sinne des §. 183 erhalten können.

Es entschied sich bisher denn auch die Mehrzahl der obersten deutschen Gerichtshöfe dafür, daß Aeußerungen nicht unter den Begriff „Handlungen" fallen. Berlin 1. Mai 77 (O.R, XVIII, 303, Goltd. XXV, 329); Mannheim 20. Juni 74 (bad. Ann. Bd. 40 S. 216, St. IV. 27); Stuttgart 29. Jan. 77 (württ. Ger.Bl. XIII, 214, St. VII, 279). A. M. Jena 29. Mai 72 u. 75 (St. II, 163; VII, 76; Dresden 26. Juni u. 14. Aug. 76 (S.G.Z. XXI, 149, 209, St. V, 323). Das R.G. II sprach jedoch durch Urth. v. 6. Mai 1881 (R. III, 273, E. VI, 130) aus, daß auch unzüchtige Aeußerungen nach §. 183 strafbar seien. Ebenso München 28. Febr. 82, 6. Sept. 84, bayr. Entsch. II, 119; III, 299. Vgl. auch R.G. II, 30. Okt. 82, E. VII, 168; I, 3. März 84, R. VI, 164.

2. Als unzüchtige Handlungen wurden angenommen solche, durch welche das Schamgefühl in geschlechtlicher Beziehung verletzt wird, welche eine bestimmte Beziehung auf geschlechtliche Verhältnisse, insbesondere auf den geschlechtlichen Umgang erkennen lassen. Dresden 26. Juni 76 (S.G.Z. XXI, 149). Es ist nicht die Vornahme unzüchtiger Handlungen nothwendig, auch die Duldung solcher genügt zum Thatbestand des §. 183. Wolfenbüttel 18. Juni 78 (Ger.S. Bd. 30, S. 529). R.G. I, 25. Nov. 80 (R. II, 565, E. III, 64). Das Entblößen der Geschlechtstheile genügt, auch wenn es nur bei Befriedigung eines natürlichen Bedürfnisses geschieht. Dresden 8. Juni 77 (S. VII, 281). Unzüchtige Handlungen sind alle in geschlechtlicher Beziehung gegen Sitte und Anstand gröblich verstoßenden Handlungen, ohne daß es eines direkten oder indirekten Abzielens auf Befriedigung des Geschlechtstriebes bedarf und ohne daß lokale Anschauungen, welche es mit sich bringen, daß objektiv unzüchtige Handlungen als solche nicht betrachtet werden, von Einfluß sind. R.G. III, 28. Febr. 80 (R. I, 404, Goltd. XXVIII, 251), II, 30. Okt. 82, E. VII, 168, I, 3. März 84, R. VI, 164.

3. Oeffentlich vgl. S. 284, 285 ff. Die Oeffentlichkeit des Orts ist nicht nothwendiges Er=

forderniß; auch von einem nicht öffentlichen Orte aus kann öffentlich ein Aergerniß gegeben werden, wenn die Handlung von anwesenden Personen — unbestimmt, von wie Vielen — wahrgenommen werden konnte. Berlin 10. Nov. 71, 17. Jan. 73 u. 4. Nov. 74 (Goltd. XIX, 416; XXI, 202; XXII, 600, O.R. XII, 576; XIV, 68; XV, 743, St. II, 167); IV, 322); München 27. Jan. 74 (bayr. Entsch. IV, 68, Goltd. XXII, 659, St. III, 316. Die öffentliche Vornahme allein kann eine sonst erlaubte Handlung zu einer unzüchtigen machen, z. B. öffentliche Vollziehung des Beischlafs unter Eheleuten. Doch ist nicht jede an einem öffentlichen Ort vorgenommene Handlung ohne Weiteres als eine öffentlich begangene anzusehen. Berlin 4. Nov. 74 (vorstehend). Die Handlung muß, um als öffentlich geschehen betrachtet zu werden, von einer unbestimmten Anzahl von Personen wahrgenommen werden können. Berlin 22. Juni 76 (Goltd. XXIV, 572). Die Oeffentlichkeit des Orts entscheidet nicht, sondern daß die Handlung in einer Art und Weise vorgenommen wurde, daß sie, unbestimmt von welchen und wie vielen Personen, wahrgenommen werden konnte, daß also Personen, welche von der That selbst nicht umfaßt waren, derselben beiwohnten und solche wahrnahmen oder wahrnehmen konnten. R.G. II, 10. Febr. 80 (R. I, 327, E. I, 199, Goltd. XXVIII, 144); I, 12. Juli 80, (R. II, 183, E. II, 196), 4. Nov. 80 (R. II, 449); II, 22. Febr. 81 (E. III, 361). S. auch unten N. 5. — Eine in einem Eisenbahnwaggon vorgenommene Handlung kann als eine öffentliche vorgenommen sein. München 27. Jan. 74 (bayr. Entsch. IV, 68, St. III, 316), 9. April 86, bayr. Entsch. IV, 64. Auch die in einem Postwagen vorgenommene; Berlin 10. März 76 (O.R. XVII, 196), die in einer geschlossenen Gesellschaft geschehene, Jena 23. Dez. 75 (St. VI, 264). Verneint wurde die Oeffentlichkeit in Bezug auf eine Schule, welche nur den Schülern und Schulbeamten zugänglich ist. R.G. III, 24. Febr. u. IV, 23. Sept. 87, R. IX, 151, 464.

4. „Aergerniß gibt" vgl. §. 166 N. 3. — Es kommt nicht darauf an, ob die Zuschauer aus Mangel an richtigem Schamgefühl bei Begehung derselben kein Aergerniß genommen oder gar Beifall gespendet, oder ob dieselben lediglich aus Uebertreibung solches Aergerniß genommen haben. Die Handlung muß so beschaffen sein, daß ihre öffentliche Begehung nach dem allgemeinen Begriff und Gefühl von guter Sitte geeignet ist, Aergerniß zu erregen. Hierbei sind allerdings die obwaltenden Umstände, Zeit, Ort und Zweck der Handlung, sowie Alter, Geschlecht und Bildungsgrad der anwesenden Personen, mit ins Auge zu fassen. Was z. B. vor Männern ohne Anstoß geschehen kann, kann vor Frauen und Kindern als Verstoß gegen Scham und Sitte erscheinen.

So war die herrschende Praxis. Braunschweig 7. Sept. 72 (St. II, 93), Berlin 22. Juni 76 (O.R. XVII, 453, Goltd. XIV, 572), Jena 23. Dez. 75 (St. VI, 264; VII, 76). Trotzdem nahm R.G. I, 12. Juli 80 (R. II, 183, E. II, 196), III, 29. Sept. 80 (R. II, 273)*) an, es gehöre zum Anklagebeweis, daß Jemand wirklich Aergerniß genommen habe. Scheint dies auch mit dem Wortlaut des Gesetzes im Einklang zu stehen, so läßt doch derselbe auch eine andere Deutung zu, da „Aergerniß gibt" nicht die Voraussetzung eines Erfolgs, sondern nur eine zum Aergernißgeben geeignete Handlungsweise bedeuten kann. Man wird sich aber der Ueberzeugung nicht verschließen können, daß die Ansicht des Reichsgerichts, welche die Strafbarkeit in einen für den Thäter unberechenbaren Erfolg legt, die öffentliche Sittlichkeit gefährdet, da nicht einmal ein **dolus eventualis** des Thäters genügt, und der Beweis der Schuld von Zufälligkeiten abhängig wird, insbesondere wenn die That so öffentlich geschah, daß die Wahrnehmenden gar nicht festgestellt werden können. Eine Aenderung der Praxis oder des Gesetzes wäre daher sehr zu wünschen. Mit dem Urth. III, 28. Febr. 80 (R. I, 404, Goltd. XXVIII, 251) schien das Reichsgericht noch auf einem andern Standpunkt zu stehen, denn dort wurde darauf, daß an der inkriminirten, auf Volkssitte beruhenden Handlung Niemand Aergerniß nahm, kein Gewicht gelegt.

5. Es genügt, wenn auch nur eine Person anwesend war, welche Aergerniß nehmen konnte, bez. Aergerniß nahm; sei es auch, daß dies die von der unzüchtigen Handlung betroffene Person selbst war. R.G. I, 12. Juli 80 (R. II, 183, E. II, 196). A. M. und verlangt die Wahrnehmbarkeit durch eine unbestimmte Anzahl von durch die Strafthat nicht umfaßten Personen, also Dritter: Berlin 4. Nov. 74, 10. März 76 (O.R. XV, 743; XVII, 196, Goltd. XXII, 600, St. IV, 323), Wolfenbüttel 7. Sept. 72 (St. II, 94). Auch R.G. II, 10. Febr. 80 (R. I, 328, E. I, 199) verlangt, daß von der That nicht umfaßte Personen (also eine Mehrheit) anwesend waren und die That bemerkten oder doch bemerken konnten. Aehnlich R.G. I, 4. Nov. 80 (R. II, 449). S. jedoch R.G. II, 22. Nov. 87, E. XVI, 345, R. IX, 627. Die Frage hängt sowohl mit dem Begriffe der „Oeffentlichkeit" als jenem „des Aergernißgebens" zusammen.

---

*) Vgl. Reiffel bei Goltd. XXXIX, 6 fg.

Jener Begriff erfordert die Wahrnehmbarkeit durch eine unbestimmte Anzahl von Personen. Der Schutz der einzelnen Person, ohne Wahrnehmbarkeit durch Andere, liegt, wie das letzte reichsgerichtliche Urtheil richtig bemerkt, auch in §. 176 Ziff. 1, da bei unzüchtigen Handlungen an der Person, wenn keine Gewalt angewendet wurde, voraussichtlich dieser Person auch kein Aergerniß gegeben wurde, oder in §. 175 bez. dessen Versuch, wenn männliche Personen betroffen sind. Stellt man sich auf den Standpunkt, daß Aergerniß entstanden sein muß, so liegt kein Grund vor, dieses Erforderniß auf dritte, von der Strafthat nicht umfaßte, Personen zu beschränken, da das Sittlichkeitsgefühl der betheiligten Person denselben Schutz in Anspruch nehmen kann, wie das anderer Personen, und die That nicht nothwendig mit Gewalt geschehen sein muß, z. B. beim öffentlichen Zeigen der Geschlechtstheile. Dies ist auch der Standpunkt, auf dem das Reichsgericht steht. S. R.G. II, 22. Febr. 81 (E. III, 361), III, 7. Mai u. 17. Sept. 81 (R. III, 287, 499), II, 22. Nov. 87 s. oben. Eine Lücke entsteht nur, wenn durch solche, nicht gewaltsame Handlungen dem Betheiligten Aergerniß bereitet wurde, und das Erforderniß der Oeffentlichkeit fehlt. S. den Fall R.G. II, 10. Febr. 80 (R. I, 327, E. I, 199). S. auch Dresden 26. Juli 72 (St. II, 97), wobei zugleich die Frage angeregt ist, ob die That vorliegt, wenn die wahrnehmenden Personen Kinder sind. Diese Frage ist dort nicht beantwortet, weil das Erforderniß der Oeffentlichkeit fehlte. Ebenso Berlin 22. Juni 76 (Goltd. XXIV, 572), wo jedoch Nachdruck darauf gelegt wird, daß die Kinder nach ihrem Alter und ihrer Reife Anstoß nicht hätten nehmen können. Vgl. auch München 23. Juni 76 (bayr. Entsch. VI, 390), Stuttgart 29. Jan. 77 (württ. Ger.Bl. XIII, 244, St. VII, 280). Mit Recht nimmt aber Darmstadt 27. März 78 (hess. Entsch. 78 S. 59) an, daß auch die Anwesenheit von Kindern genügt, wenn deren Schamgefühl geschädigt werden konnte. A. M. Olshausen N. 9. — Die Handlung selbst muß das Aergerniß geben, nicht erst das spätere Bekanntwerden derselben. Berlin 17. Jan. 73 (Goltd. XXI, 201, O.R. XIV, 68, St. II, 166).

4. Zum dolus gehört das Bewußtsein: öffentlich eine Handlung vorzunehmen, die geeignet ist, Aergerniß zu erregen. Berlin 5. März 79 (O.R. XX, 125), München 1. Febr. 73 (bayr. Entsch. III, 35), Wolfenbüttel 7. Sept. 72 (St. II, 93). Ein hoher Grad sittlicher Verwahrlosung kann unter Umständen geeignet sein, jenes Bewußtsein auszuschließen.

§. 184. **Wer unzüchtige Schriften, Abbildungen oder Darstellungen verkauft, vertheilt oder sonst verbreitet, oder an Orten, welche dem Publikum zugänglich sind, ausstellt oder anschlägt, wird mit Geldstrafe bis zu dreihundert Mark oder mit Gefängniß bis zu sechs Monaten bestraft.**

Gleiche Strafe trifft denjenigen, welcher aus Gerichtsverhandlungen, für welche wegen Gefährdung der Sittlichkeit die Oeffentlichkeit ausgeschlossen war, oder aus den diesen Verhandlungen zu Grunde liegenden amtlichen Schriftstücken öffentlich Mittheilungen macht, welche geeignet sind, Aergerniß zu erregen.

Pr. §. 151; E. I. §. 161; E. II. §. 182; St.B. S. 664.

Vgl. §§. 41, 42; Preß-G. v. 7. Mai 1874 §. 23 Nr. 3.

Abs. 2 ist Zusatz nach Art. IV des R.Ges. v. 5. April 1888, betr. die unter Ausschluß der Oeffentlichkeit stattfindenden Gerichtsverhandlungen. R.G.Bl. S. 133. Entw. mit Motiven Nr. 31 der Drucks. Sten. Ber. S. 163. Bericht Drucks. Nr. 138, 117. Sten. Ber. S. 1135, 1337.

1. Was in §. 174 N. 1 (vgl. §. 180 N. 3) über unzüchtige Handlungen gesagt ist, gilt im Allgemeinen von unzüchtigen Schriften u. s. w. Aus den Erläuterungen zu §. 183 ergibt sich indessen schon, daß in den §§. 183, 184, in denen nicht die Unzüchtigkeit als solche, sondern mehr die Art und Weise ihrer Begehung den Bestimmungsgrund des Strafgesetzes bildet, die Unzüchtigkeit ein mehr relativer Begriff wird. Allerdings gibt es Handlungen, Aeußerungen und Darstellungen, welche unter allen Umständen gegen das sittliche Gefühl verstoßen. Andere dagegen können nur nach den begleitenden Umständen als unzüchtig oder nicht unzüchtig bezeichnet werden. (Vgl. §. 183 N. 1.) Vgl. hierzu R.G. III, 19. Febr. 83, E. VIII, 128. Dieses ist namentlich zu beachten, wenn es sich um Schriften u. s. w. handelt,

welche zu wissenschaftlichen oder künstlerischen Zwecken*) hergestellt sind. Bei solchen kann aus der Art der Herstellung und Verbreitung oder Schaustellung die „Unzüchtigkeit" gefolgert werden. R.G. III, 16. Febr. 81 (R. III, 52, E. IV, 87), I, 15. Jan. 91, E. XXI, 306. Dies gilt insbesondere auch von der plastischen Nachbildung menschlicher Körpertheile. Berlin 19. Juni 74 (Goltd. XXII, 601, O.R. XV, 430, St. IV, 140).

Bei Schriften kann die Unzüchtigkeit auch dann vorhanden sein, wenn die unzüchtige Bedeutung sich nicht unmittelbar aus dem Inhalt ergibt, sondern durch anderweitige, dem betreffenden Leserkreise bekannte Thatumstände vermittelt wird. Berlin 22. Mai 75, 2. Okt. 78 (Goltd. XXIII, 436, O.R. XVI, 374; XIX, 440, St. V, 52).

Dies ist insbesondere auch der Fall bei Annoncen und Ankündigungen von Gegenständen, deren Wortlaut zwar nichts Unzüchtiges enthält, welche aber einen unzüchtigen Zweck oder Zusammenhang erkennen lassen; z. B. Ankündigung von Preservatifs. Berlin 25. Okt. 78 (Goltd. XXVI, 514), R.G. I, 15. Dez. 79, (R. I, 149, Goltd. XXVIII, 47); von bekannten Gummiwaaren. Berlin 8. Nov. 76 (O.R. XVII, 720). Das Suchen unzüchtiger Verbindungen. R.G. III, 26. März 81 (R. III, 165). Auch Darstellungen obscönen Inhalts gehören hierher, welche erst durch eine gewisse Behandlung, z. B. Erwärmen, sichtbar werden. Berlin 15. Febr. 78 (O.R. XIX, 74, Goltd. XXVI, 205). Ferner kann die Unzüchtigkeit in der Verbindung von Abbildungen und Inschriften gefunden werden. R.G. 19. Okt. 80 (Ann. II, 451).

2. Verkauft hat Jemand schon bei Verkauf eines Exemplars. Berlin 8. Nov. 76 (O.R. XVII, 720). München 5. Okt. 86, bayr. Entsch. IV, 294. Jedoch muß die Schrift u. s. w. auch übergeben sein.

3. Oeffentlichkeit der Verbreitung bez. der Ausstellung in dem Sinne, wie dieselbe sonst im St.G.B. vorausgesetzt wird (vgl. S. 284, 285), hat §. 184 nicht im Auge. Deshalb ist auch der Ausdruck „öffentlich" absichtlich vermieden. Aus den Worten „vertheilt oder sonst verbreitet" folgt aber, daß eine größere Anzahl von Exemplaren vorausgesetzt wird und mehreren Personen zugänglich gemacht sein muß. Die vertrauliche Mittheilung lediglich unter zwei Personen kann nicht als Verbreitung aufgefaßt werden. Dresden 14. Jan. 78 (St. VIII, 136). — R.G. III, 22. Okt. 83, E. IX, 292 verneint jedoch, daß eine Mehrheit von Exemplaren in Frage stehen müsse und legt das Hauptgewicht auf die Absicht des Verbreiters, ob derselbe den Inhalt einer Schrift zur Kenntniß einer größeren Anzahl von, wenn auch einem abgegrenzten Kreise angehörigen, Personen oder nur Einzelner oder Mehrerer in vertraulicher Weise habe bringen wollen. Das Hingeben einer unzüchtigen Schrift an Einzelne enthält also dann ein Verbreiten, wenn durch diese die weitere Verbreitung erfolgen sollte. R.G. III, 6. Nov. 84, R. VI, 703, II u. III, 10. Okt, 87, E. XVI, 245, R. IX, 490. Vgl. Dresden 29. Sept. 87, Goltd. XXXVIII, 208. München 15. Jan. 86, bayr. Entsch. IV, 17. Das bloße Feilbieten ist nicht strafbar.

4. Die Ausstellung und der Anschlag an Orten u. s. w. — setzt voraus, daß die Schrift u. s. w., und zwar der unzüchtige Inhalt oder Theil, wahrgenommen werden konnte, nicht daß sie wahrgenommen ist, z. B. weil zufällig Niemand vorbei kam. Auch das Zeichnen einer unzüchtigen Darstellung an eine allgemein sichtbare Wand fällt unter den Begriff des Ausstellens und bedarf weder Ausstellen noch Anschlagen einer Mehrheit von Exemplaren. R.G. III, 24. Nov. 84, E. XI, 282, R. VI, 751. Jedoch muß das Ausstellen in einer Weise geschehen, daß das Publikum durch dasselbe Kenntniß von dem unzüchtigen Inhalt der Schrift oder der Darstellung erhält, das Auslegen einer Schrift in einem verschlossenen Schaufenster, so daß nur der Titel, nicht der unzüchtige Inhalt sichtbar wird, fällt also nicht unter den Begriff R.G. III, 11./18. Okt. 86, E. XIV, 397, R. VIII, 607. Auch in einem Vorzeigen unzüchtiger Bilder an die Gäste in einer Gaststube wurde nicht als Ausstellen erklärt. R.G. III, 24. März 87, R. IX, 196.

5. Der dolus erfordert, daß die Handlung mit dem Bewußtsein der Unzüchtigkeit der Schrift u. s. w. erfolgt. Das bloße Bewußtsein, daß unter einer Mehrheit von Schriften, welche z. B. ein Kommissionär im Auftrag eines Kommittenden verbreitet, sich leicht auch solche unzüchtigen Inhalts befinden könnten, genügt weder zur Thäterschaft noch zur Beihülfe und reicht auch nicht zur Annahme des dolus event. aus, der an sich auch hier genügt. R.G. III, 14. Juni 88, Goltd. XXXVI, 315.

6. Der §. 184, Abs. 1 straft nicht unzüchtige Schriften, auch nicht deren Verfasser, sondern

*) Vgl. hierzu Kohler, Das Sinnliche und das Unsittliche in der Kunst, Z. f. ges. Str.W. VII, 46.

lediglich die Verbreitung u. s. w. Die Unbrauchbarmachung aus §. 41 kann daher selbst dann nicht angeordnet werden, wenn der Inhalt der Schrift objektiv und unter allen Umständen (vgl. N. 1) unzüchtig ist. Dagegen können die verbreiteten, namentlich die ausgestellten Exemplare auf Grund des §. 40 eingezogen werden, sofern sie dem Thäter oder einem Theilnehmer gehören, auch wenn diese nicht strafbar sind. R.G. III, 16. Febr. 81 (R. III, 52, E. IV, 87). — Zu verkennen ist allerdings nicht, daß sich gegen die in der Bundes-Kommission erfolgte Streichung des in dem entsprechenden §. 161 des I. E. (vgl. preuß. St.G.B. §. 151) enthaltenen Zusatzes:

> „In dem Strafurtheile ist zugleich auf Einziehung oder Unbrauchbarmachung der ausgestellten und der zum Verkaufe oder zur Verbreitung vorräthigen Schriften, Abbildungen oder Darstellungen zu erkennen"

erhebliche Bedenken geltend machen lassen, da die allgemeinen Vorschriften §§. 40—42 hier schwerlich ausreichen. Berlin 20. Sept. 76 (O.R. XVII, 573, St. VI, 149) nahm zwar an, Abbildungen unzüchtigen Inhalts (konsequent also auch Schriften) könnten, wenn sie einmal in Verkehr gebracht seien, mit Beschlag belegt werden, auch wenn kein verfolgbarer Thäter gegeben sei. In concr. war aber die Voraussetzung, daß die Gegenstände bei einem Buchhändler zwar für den Verkehr bestimmt, aber noch nicht in denselben gebracht waren. Der Verkauf oder die sonstige Verbreitung ist aber Voraussetzung der Strafbarkeit; es liegt also überhaupt noch kein unter §§. 41, 42 fallendes Objekt vor, wenn jenes Erforderniß nicht gegeben ist, so wünschenswerth auch eine Präventivmaßregel erscheinen mag. München 15. Jan. 86 (bayr. Entsch. IV, 17).

Nach §. 23 N. 3 des Reichspreßgesetzes vom 7. Mai 1874 ist im Falle des §. 184 eine vorläufige Beschlagnahme ohne richterliche Anordnung zulässig.

7. Zu Abs. 2. Nach §. 173 des G.V.G. in der Fassung des R.G. v. 5. April 88 kann die Oeffentlichkeit der Verhandlung durch Gerichtsbeschluß ausgeschlossen werden, wenn die Oeffentlichkeit eine Gefährdung der öffentlichen Ordnung, insbesondere der Staatssicherheit oder der Sittlichkeit besorgen läßt. Nur auf die letzte Alternative hat Abs. 2 des §. 184 Bezug. Ist nur für einen Theil der Verhandlung die Oeffentlichkeit ausgeschlossen, so gilt nur für diesen das Verbot der Veröffentlichung. Eines Schweigegebots bedarf es hierzu nicht. Die amtlichen Schriftstücke, die der Verhandlung zu Grund liegen, sind der Eröffnungsbeschluß und die Anklageschrift. Wenn auch letztere nicht verlesen wird, so liegt sie doch dem Eröffnungsbeschluß zu Grund und gibt das Material viel ausführlicher als dieser.

8. Die strafbare Mittheilung kann eine schriftliche, insbesondere in einer Druckschrift erfolgte, oder eine mündliche sein, z. B. in einer Volksversammlung; überhaupt aber eine solche, die von einer unbegrenzten Anzahl von Personen gehört werden kann.

9. Abweichend von §. 183 hat hier das Gesetz nur die Geeignetheit betont, Aergerniß zu geben; also nicht gefordert, daß der Nachweis geliefert werde, es habe Jemand Aergerniß genommen. Unverfängliche Mittheilungen können also auch selbst aus solchen Verhandlungen gemacht werden. Dabei sind aber keine unzüchtigen Mittheilungen erforderlich, vielmehr kann jede die Sittlichkeit verletzende Mittheilung, welche geeignet ist Aergerniß zu erregen, nach §. 184 Abs. 2 verfolgt werden. R.G. I, 12. März 91, E. XXI, 396.

10. Die Handlung kann nur vorsätzlich verübt werden, setzt also Kenntniß des Ausschlusses der Oeffentlichkeit voraus, gleichviel auf welchem Wege der Thäter diese Kenntniß erlangt hat sowie Kenntniß von dem zum Geben des Aergernisses geeigneten Charakter der Schrift.

Ist der Ausschluß der Oeffentlichkeit für die Verkündigung der Urtheilsgründe nicht oder nur theilweise erfolgt, wie §. 174, Abs. 2 G.VG. vorsieht, so kann über den öffentlich verkündeten Theil Mittheilung erfolgen, selbst wenn die Mittheilung geeignet ist, Aergerniß zu erregen. Hat die Mittheilung wirklich Aergerniß erregt, so findet §. 183 Anwendung. R.G. IV, 28. Okt. 90, E. XXI, 136.

Vierzehnter Abschnitt.

Beleidigung*).

I. Ueber die Grundzüge dieses Abschnitts ist Folgendes voranzuschicken:

1. Mit Ausnahme der in Abschnitt 2—4 mit Rücksicht auf die Person des Angegriffenen besonders hervorgehobenen Beleidigungen behandelt der Abschnitt 14 unter dem hergebrachten

*) Literatur: Dochow in H.H. III, 329; John, Kritiken strafrechtl. Entscheidungen S. 214 ff.; und Ders., Entwurf S. 409 ff.; Hälschner preuß. St.R., VII, 197; Köstlin, Abhand-

Ausdruck „Beleidigung" (vgl. über den Begriff §. 185 N. 1) sämmtliche Angriffe auf die Ehre eines Anderen. Insbesondere ist die einfache Beleidigung des §. 343 preuß. St.G.B. von 1851, sowie die Beleidigung von Beamten, Kammermitgliedern, Zeugen u. s. w. des §. 102 preuß. St.G.B. (vgl. jedoch §. 196) unterscheidungslos in dem §. 185 verschmolzen, welcher nunmehr generell das Vergehen der Beleidigung darstellt.

Nicht aufgenommen in den §. 185 ist ferner der Begriff der öffentlichen und der schriftlichen Beleidigung. Man glaubte, in denjenigen Fällen, wo mehr eine formelle Beleidigung in Frage steht, die Unterscheidung der angewendeten Mittel (mündlich, öffentlich, schriftlich) der Strafzumessung anheimgeben zu können. Nur in den Fällen der §§. 186, 187, in denen der Angriff auf die Ehre durch die Behauptung von Thatsachen erfolgt, welche sich nicht, wie bloße Schimpfworte u. s. w., von selbst der Kritik dritter Personen unterstellen, ist das Moment der Oeffentlichkeit als straferhöhendes Moment aufgenommen.

2. Die thätliche Beleidigung ist als besonderer Fall der Beleidigung aufgenommen und von den Körperverletzungen getrennt. Das St.G.B. hat hiermit den im preuß. St.G.B. von 1851 vertretenen Standpunkt des Code pénal verlassen und sich im Wesentlichen dem Gemeinen Rechte und den früheren preußischen Entwürfen, namentlich dem Entwurf von 1847 wieder angeschlossen, wie es auch bereits das im Uebrigen dem preuß. St.G.B. nachgebildete Lübische St.G.B. von 1863, sowie das bayerische St.G.B. von 1861 gethan hatte.

3. Die vorstehend (1 und 2) erwähnten Umstände führten zu einer Erweiterung des Strafrahmens, um dem Richter die Möglichkeit zu geben, die große Verschiedenheit der Straffälle bei Abwägung des Strafmaßes zu berücksichtigen. Eine Inkongruenz mit einzelnen Straffätzen in Abschnitt 2—4, z. B. §. 104 (Beleidigung von Gesandten), ist deshalb nicht anzuerkennen, zumal die Grundsätze der idealen Konkurrenz mit zu beachten sind.

4. Soweit der Angriff auf die Ehre durch die Behauptung oder Verbreitung von Thatsachen erfolgt, unterscheidet das Gesetz (zufolge der Reichstagsbeschlüsse) die Behauptung von Thatsachen, welche von dem Thäter nicht bewiesen werden können, und nennt dieses auch Beleidigung (§. 186) — und die Behauptung unwahrer Thatsachen wider besseres Wissen des Thäters, und nennt dieses verleumderische Beleidigung (§. 187). Das letztere Vergehen ist sodann — über den Begriff der Ehrenkränkung hinaus — vom Reichstag auch auf solche Thatsachen ausgedehnt, welche den Kredit zu gefährden geeignet sind.

5. Bei der (qualifizirten) Beleidigung des §. 186 und der verleumderischen Beleidigung des §. 187 kann auf eine Privatbuße bis zu 6000 Mark erkannt werden.

6. Die Beschimpfung des Andenkens Verstorbener ist als neues Vergehen aufgenommen (§. 189).

7. Zur Strafverfolgung ist bei allen Beleidigungen ein Antrag erforderlich (§. 194), welcher jedoch bei Beamten, Religionsdienern und Militärs auch von der vorgesetzten Behörde gestellt werden kann (§. 196). Eine Ausnahme hiervon bietet nur die Beleidigung politischer Körperschaften, bei welcher kein Antrag, wohl aber eine Ermächtigung zur Verfolgung erfordert wird (§. 197).

8. Die Kompensation von Beleidigungen findet bei allen Arten derselben statt. In der preußischen Praxis wurde das Gegentheil namentlich bei Konkurrenz von gewöhnlichen Beleidigungen mit Beleidigungen von Beamten angenommen, was mit Rücksicht auf die Verschiedenheit in der systematischen Behandlung nicht ungerechtfertigt erschien.

II. Vor dem Inkrafttreten der Reichsstrafprozeßordnung war die Verfolgung von Beleidigungen im Wege des Civilprozesses bez. der Privatklage theils gestattet, theils geboten.

Für Preußen hatte Art. XVI des Einf.Ges. z. St.G.B. v. 1851 der Staatsanwaltschaft die Einschreitung wegen Ehrverletzung und leichter Mißhandlung (§§. 102, 103, 152—156, 189) gestattet und für diesen Fall das gewöhnliche Verfahren vorgeschrieben. Im Falle des Nichteinschreitens konnte aber der Verletzte die Verfolgung im Wege des Civilprozesses übernehmen. Nur für einfache Beleidigungen (§. 343, jetzt §. 185) war ausschließlich der Weg des Civilprozesses offen gelassen. Dadurch, daß das R.St.G.B. die damals als Uebertretung strafbare

---

lungen, Tübingen 1858 S. 1; v. Buri, Abhandlungen, Gießen 1862, S. 1; Rubo, Zur Lehre von der Verleumdung, Berlin 1861; Freudenstein, System des Rechtes der Ehrenkränkungen, Hannover 1884; Landsberg, Injuria und Beleidigung 1886; Bruhns im G.S. Bd. 27, S. 480; v. Buri im G.S. Bd. 28, S. 233; Bolze in Goltd. XXVI, 1; Eckstein, Die Ehre in Philosophie und Recht, Leipzig 1888; Mittelstädt, Deutsche Revue Bd. XV, S. 351.

einfache Beleidigung mit Vergehensstrafen bedroht hat, fiel die Anwendung jener Bestimmungen insofern hinweg, als nunmehr die Staatsanwaltschaft die Befugniß zur Einschreitung in allen Beleidigungssachen erhielt. Im Uebrigen blieb es in den alten Provinzen Preußens bei den bisherigen Verhältnissen und blieb gemäß der Allgem. Verf. des preuß. Justizminist. v. 28. Dez. 1876 (Preuß. J.M.Bl. S. 381 Nr. 7) auch die Zuständigkeit der Einzelgerichte unberührt.

Für die neuen Provinzen Preußens hatte die St.P.O. vom 25. Juni 1867 für die vorsätzlichen leichten Körperverletzungen oder Mißhandlungen, die Ehrenkränkungen und alle Antragsdelikte die Privatklage eingeführt (§. 487), diese für einfache Beleidigungen (§. 343 preuß. St.G.B.) ausschließlich zugelassen, bei allen anderen Ehrenkränkungen und den Körperverletzungen ein Einschreiten der Staatsanwaltschaft im Interesse der öffentlichen Ordnung gestattet (§. 488); bei den Antragsdelikten die Privatklage aber nur zugelassen, nachdem die Staatsanwaltschaft die Einschreitung abgelehnt hatte, diese konnte aber durch Erhebung der Strafklage, so lange noch kein Urtheil ergangen war, die Verfolgung übernehmen (§. 498) und konnte sich durch Anträge (nicht durch Rechtsmittel) beim Verfahren betheiligen, im Verfahren vor dem obersten Gerichtshofe mußte sie dies thun (§. 502).

In den Landestheilen des französischen Rechts konnte die Civilpartei, der Beschädigte, den Thäter vor das Civilgericht oder Strafgericht laden lassen oder der Staatsbehörde, welche die öffentliche Klage gestellt hatte, adhäriren, und diese mußte bei Ladung vor das Strafgericht die veranlaßten Anträge stellen.

Auch die übrigen Bundesstaaten hatten meistens, wenn auch in verschiedenem Umfange, Privatklagen eingeführt; so Bayern durch Einf.Ges. v. 10. Nov. 1861 Art. 61 ff. für Ehrenkränkungen mit Ausnahme der ohne Antrag des Betheiligten zu verfolgenden (der Berufsbeleidigungen der in öffentlichen oder kirchlichen Funktionen Stehenden), einschlüssig der Verleumdungen, und diese Bestimmungen gingen auch in das Gesetz v. 26. Dez. 1871, den Vollzug der Einführung des St.G.B. f. d. D.R. in Bayern betr., Art. 90 ff. über, jedoch beschränkt auf die Beleidigungen des §. 185, mit Ausnahme derjenigen, auf welche §§. 196, 197 Anwendung finden; Sachsen durch Ges. v. 15. April 73 §. 16 Nr. 4 (mit Ausnahme des im §. 197 gedachten Falls u. s. w.). Die R.St.P.O. läßt für Beleidigungen und Körperverletzungen, soweit die Verfolgung nur auf Antrag eintritt, die Privatklage des Verletzten zu, ohne daß es einer vorgängigen Anrufung der Staatsanwaltschaft bedarf. Auch der selbständig zum Antrag auf Bestrafung Berechtigte hat das Recht der Privatklage (§. 414). Mehrere Antragsberechtigte können aber dem eingeleiteten Verfahren nur beitreten, so daß die einmal durchgeführte Prozedur jede weitere ausschließt; auch die der öffentlichen Klage. (Vgl. R.G. II, 25. Febr. 81, R. III, 74, E. III, 363.) Mit dieser Beschränkung kann die Staatsanwaltschaft im öffentlichen Interesse Klage erheben, die Verfolgung in jeder Lage der Sache übernehmen und sich beim Verfahren betheiligen, auch Rechtsmittel einlegen, wodurch die Uebernahme der Sache bewirkt wird (§§. 416, 417). Außerdem kann der zur Privatklage Berechtigte sich der öffentlichen Klage anschließen. Derjenige, welcher eine Buße verlangt, muß dies thun; und der Privatkläger wird nach Uebernahme der Verfolgung durch die Staatsanwaltschaft von selbst zum Nebenkläger (§. 417 Abs. 3, §§. 435, 443).

Für die Privatklage wegen Beleidigung sind die Schöffengerichte zuständig (§. 27 Ziff. 3 G.V.G.). Bei Erhebung der öffentlichen Klage gelten die allgemeinen Kompetenzbestimmungen. Im Falle des Zusammenhangs können Privatklagen auch vor anderen Gerichten als den Schöffengerichten verhandelt werden, nur für die zum Schwurgerichte gehörigen Sachen ist dies ausgeschlossen (§. 424 Abs. 2), sowohl für den Fall des Zusammenhangs mit anderen schwurgerichtlichen Sachen, als für den Fall, daß landesgesetzlich die Zuständigkeit der Schwurgerichte auf bestimmte Fälle der Privatklage ausgedehnt ist. (Vgl. §§. 3, 6 E.G. z. G.V.G.)

§. 185. **Die Beleidigung wird mit Geldstrafe bis zu sechshundert Mark oder mit Haft oder mit Gefängniß bis zu Einem Jahre und, wenn die Beleidigung mittels einer Thätlichkeit begangen wird, mit Geldstrafe bis zu eintausendfünfhundert Mark oder mit Gefängniß bis zu zwei Jahren bestraft.**

Pr. §§. 343, 102, 152, 187; E. I. §§. 162, 163; E. II. §. 183; St.B. S. 645—651.

Vgl. §§. 94—104; M.St.G.B. §§. 91, 121.

1. Vgl. die allgemeineu Bemerkungen zu diesem Abschnitt.

2. Das St.G.B. gibt keine Definition der Beleidigung, weil, wie die Motive sagen: „die in anderen Gesetzgebungen in dieser Beziehung gemachten Versuche in Wahrheit nie zu etwas Weiterem, als zu einer Umschreibung des Wortes „Beleidigung“ geführt haben. — Man kann mit Berner (Lehrbuch 8. Aufl. S. 439) die Beleidigung bezeichnen als „die unberechtigte Darlegung der Verachtung einer Person“. (Von der 11. Aufl. an richtiger modifizirt in „unberechtigte Darlegung der Mißachtung einer Person“.) Den Gegenstand der Beleidigung bildet die allgemeine menschliche und die bürgerliche Ehre, zu welcher auch die Standesehre zu rechnen ist.*) Berlin 7. Mai 78 u. 17. Jan. 79 (Goltd. XXVI, 328; XXVII, 205).

3. Ob eine Handlung (Aeußerung) als Beleidigung aufzufassen, hängt lediglich von den Umständen ab, nach welchen thatsächlich zu beurtheilen ist, ob sich dieselbe als Ausdruck der Geringschätzung oder Verachtung darstellt. Eine objektive Beleidigung gibt es nicht, da oft bekanntlich Schimpfworte zum Scherz oder als Ausdruck der Zuneigung gebraucht werden. (Vgl. Berlin 6. Nov. 72 — Goltd. XX, 528 — u. Dresden 4. Jan. 71 — S.G.Z. XV, 59, u. dagegen Stuttgart 3. Febr. 75 — württ. Ger.Bl. IX, 253, St. IV, 327. — In dem letzteren Erkenntniß ist angenommen, daß zur Beleidigung eine Aeußerung erfordert werde, die an und für sich geeignet sei, die Ehre zu verletzen, und eine hierzu nicht geeignete Aeußerung durch die Absicht zu beleidigen allein nicht zur Beleidigung werden könnte. Ebenso München 23. Dez. 75 (bayr. Entsch. V, 567, 570). Damit sollte wohl indessen der Begriff einer objektiven Beleidigung nicht aufgestellt, sondern nur gesagt werden, daß eine gänzlich indifferente Aeußerung nicht durch Vorsatz zur Beleidigung werde, wie dies angenommen scheint Darmstadt 15. Jan. 71 (G.S. Bd. 24, S. 296). Auch R.G. I, 22. April 80 (E. I, 390). Letzteres Urtheil sagt aber eigentlich doch nur, daß Handlungen, welche an sich indifferent scheinen, unter besonderen Umständen, unter denen sie dem Willen zu beleidigen Ausdruck geben, beleidigend werden können. Mit Recht sagt Hälschner preuß. St.R. II, S. 259:

> „Die Ehre ist ihrer Natur nach ein Gut, das einer Beschädigung durch irgend welche natürliche Macht absolut entrückt ist, das in allen Fällen nur durch das sittliche Urtheil anderer Menschen berührt werden kann. Die Beleidigung ist daher wesentlich und nothwendig vorsätzliche, ein solches Urtheil kundgebende Handlung, und es kann daher das objektive Erforderniß der Beleidigung, das factum injuriosum überhaupt nur festgestellt werden, indem die beleidigende Handlung, d. h. das objektive in Verbindung mit dem subjektiven Momente des Thatbestandes festgestellt wird. Kann also ein factum

---

*) Es dürfte verfehlt sein, die Beleidigung als ein gegen die Ehre des Menschen gerichtetes Delikt aufzufassen. Die Ehre ist ein inneres Gut, welches durch äußere Angriffe nicht angetastet werden kann. Mit Recht hat daher das R.St.G.B. die Bezeichnung „Ehrenkränkung“, welche viele deutsche Strafgesetzbücher gebrauchten, verlassen. Mit dem Begriffe eines Angriffs auf die Ehre gelangt man zu unhaltbaren Konsequenzen. Danach würden offenbare Beleidigungen, wie Schimpfworte, nicht bestraft werden können, weil sie nur Entrüstung gegen den Schimpfenden zur Folge haben. Andererseits würde das Gesetz Personen gegen Beleidigungen nicht schützen können, welche durch ehrlose Handlungen gezeigt haben, daß sie der Ehre bar sind. Richtig wird man die Beleidigung als eine Handlung, sei es eine thätliche, symbolische oder wörtliche, definiren müssen, durch welche die äußere Achtung verletzt wird, auf welche jeder Mensch Anspruch hat, um das Zusammenleben mit Anderen möglich zu machen. (Vgl. Berner, Lehrb. S. 465, Olshausen N. 2, v. Liszt S. 352, Merkel S. 287, Kronecker im G.S. Bd. 38, S. 482, Dochow in H.H. III, 337). Hiermit ist der Schutz der äußeren Rechtsordnung getroffen, mit welchem Strafgesetze sich allein befassen können. Hiermit ist auch allein die Abstufung denkbar, welche sich bei Beurtheilung von Majestätsbeleidigung, Beamtenbeleidigung, Beleidigung von Privatpersonen nothwendig aufdrängt. Wie der Träger der höchsten Staatsgewalt auf ein höheres Maß äußerer Achtung Anspruch hat, als eine Privatperson u. s. w., so wird man ihm gegenüber auch Handlungen als beleidigend beurtheilen können, welche Anderen gegenüber nicht als beleidigend erscheinen. Damit allein gelangt auch die Versagung vorgeschriebener oder herkömmlicher Achtungsbeweise, welche als Unterlassungen in der Regel nicht als Angriffe bezeichnet werden könnten, in die richtige Stellung. Damit allein wird es auch erklärlich, wenn der viel bestrittene animus injuriandi als der einfache strafrechtliche Vorsatz definirt wird. Viel zu eng greift jedenfalls den Begriff der Beleidigung Stuttgart 23. Mai 77 (württ. Ger.Bl. XIII, 246, St. VII, 282), indem es einen Angriff auf die Rechtlichkeit oder Sittlichkeit eines Anderen fordert. Richtiger München 13. Aug. 75 (bayr. Entsch. V, 396). Weiter von der hier vertretenen Ansicht weichen ab Binding I, 726, Hälschner II, 158, H. Meyer S. 589.

Anmerk. d. Herausg.

injuriosum niemals ohne alle Rücksicht auf den animus injuriandi festgestellt werden, so ist es auch an sich widersinnig, objektiv oder absolut injuriöse Handlungen von den subjektiv oder relativ injuriösen zu unterscheiden."

Vgl. John, Kritik strafrechtl. Entsch. S. 214 ff.; Köstlin, Abhandlungen aus dem Strafrechte S. 29 ff. —

4. Aus dem zu 3 Gesagten ergibt sich, daß es eine Beleidigung ohne animus injuriandi nicht gibt. Dieser animus injuriandi besteht jedoch nicht nothwendig in der Absicht zu beleidigen. (Berlin 26. Juni, 19. Sept. 73. — O.R XIV, 471, 561, Goltd. XXI, 590, St. III, 179 —; München 13. Aug. u. 23. Dez. 75, bayr. Entsch. V, 396, 567; — Dresden 24. Febr. 76 (S.G.Z. XX, 346, St. VI, 265). — Vielmehr genügt zu demselben — und das ist das Wesentliche des zu der Beleidigung erforderlichen dolus —: eine vorsätzliche Handlung (Aeußerung) mit dem Bewußtsein, daß dieselbe rechtswidrig und geeignet sei, die Ehre eines Anderen zu verletzen. So Berlin 7. Mai 78, 17. Jan. u. 12. Febr. 79 (Goltd. XXVI, 328; XXVII, 205, O.R. XX, 84), München 14. Dez. 77 (bayr. Entsch. VII, 516), Darmstadt 18. Jan. 75 (hess. Entsch. 1876 S. 6), Jena 1876 (St. VII, 76). R.G. II, 5. Dez. 1879 (R. I, 116), 1. Mai 1880 (Ann. II, 16). So wurde mit Recht in der Verbreitung beleidigender Schriften mit Kenntniß ihres Inhalts eine Beleidigung erblickt, Berlin 4. Jan. 73 (St. II, 153). Ebenso in der Mittheilung einer solchen Schrift an einen Anderen, Berlin 8. Mai 74 (O.R. XV, 299, Goltd. XXII, 240), jedoch nicht ohne Weiteres in der Weitergabe eines Zeitungsblatts, welche mit dem Bewußtsein geschah, daß in dem Blatte eine Beleidigung enthalten sei. R.G. IV, 13. Febr. 1885, R. VII, 107; — eine Beleidigung kann ferner liegen in dem Wiederabdruck beleidigender Artikel, Berlin 20. April 72 (St. I, 267), oder in dem öffentlichen Auslegen eines beleidigenden Blattes oder Bildes, Berlin 3. Jan. 72 (St. I, 146, O.R. XIII, 3). So kann ferner in der Publikation eines in öffentlicher Sitzung verkündigten Urtheils eine Beleidigung liegen, Berlin 1. März 77 (Goltd. XXV, 220), oder in der Publikation öffentlicher Gerichtsverhandlungen. R.G. I, 20. Nov. 79 (R. I, 89, E. I, 19, Goltd. XXVII, 453), wenn nicht §. 193 anschlägt. R.G. II, 28. Jan. 81 (R. II, 768, E. III, 303). Ob jenes Bewußtsein vorhanden, ist lediglich Sache der thatsächlichen Beurtheilung. Dasselbe muß aber (ausdrücklich oder stillschweigend [vgl. §. 59 N. 2]) festgestellt werden, denn wenn der dolus ein wesentliches Moment des Thatbestandes der Beleidigung ist, und wenn der animus injuriandi (d. h. jenes Bewußtsein) nichts Anderes als die konkrete Form ist, in welcher hier der dolus auftritt, so muß er auch in jedem Falle feststehen. (Hälschner, preuß. St.R. II, S. 256 ff.) Daraus folgt allerdings nicht, daß sich der Richter in allen Fällen darüber ausdrücklich in den Erkenntnißgründen aussprechen muß, ob jener dolus erwiesen sei oder sich aus den Umständen ergebe. Er wird dieses — und über die Nothwendigkeit entscheiden die Prozeßgesetze — nur dann thun, wenn die besonderen Umstände des Falles oder die Behauptungen des Angeschuldigten Veranlassung dazu bieten. (Vgl. N. 6.)

Die Vertraulichkeit einer beleidigenden Aeußerung schließt an sich eine Beleidigung nicht aus, sondern ist nur ein Moment für Beurtheilung des Vorsatzes, Dresden 28. Nov. 73 u. 19. Febr. 75 (S.G.Z. XVIII, 112; XIX, 244); Stuttgart 10. Febr. 75 (St. IV, 326), München 28. Okt. 84, bayr. Entsch. III, 236. Die Feststellung, eine Beleidigung sei nur aus Scherz geschehen, schließt die Beleidigung nicht unbedingt aus, Berlin 1. März 77 (Goltd. XXV, 217), R.G. III, 13. April 85, E. XII, 140, weil auch ein unpassender Scherz eine Beleidigung bilden kann. Wenn jedoch das Bewußtsein des beleidigenden Charakters vom Thäter in Abrede gezogen wird, muß dieses Bewußtsein festgestellt werden, Berlin 26. Juni 78 (O.R. XIX, 340); Stuttgart 17. Nov. 75 (württ. Ger.Bl. XI, 53, St. VI, 264); Jena 76 (St. VII, 76). Mangel des Vorsatzes bez. des Bewußtseins, eine Aeußerung sei beleidigend, schließt die Strafbarkeit aus. München 23. Febr. 87, bayr. Entsch. IV, 343.

Aus diesen Erwägungen wird die namentlich in der Praxis oft gehörte Behauptung: bei Beleidigungen komme es auf die Feststellung des animus injuriandi nicht an, auf das richtige Maß zurückgeführt. (Köstlin, Abhandlungen aus dem Strafrecht S. 53 ff.)

5. Diese Grundsätze sind auch dann zur Anwendung zu bringen, wenn es sich darum handelt, ob die im Auftrage eines Anderen, insbesondere von einem Anwalt Namens seines Klienten gethane Aeußerung als Beleidigung zu strafen sei. Es kommt dabei überall auf das Bewußtsein desjenigen an, welcher die Aeußerung thut; der Anwalt kann sich daher durch das Mandatsverhältniß nicht decken; der Klient kann nur unter den Voraussetzungen der Anstiftung für die Aeußerungen seines Anwalts verantwortlich gemacht werden. Vgl. Dresden 4. Jan.

u. 3. Nov. 71 (St. I, 172, S.G.Z. XV, 58; XVI, 79), Berlin 8. Sept. 73 (O.R. XIV, 520), München 20. Mai 76 (bayr. Entsch. VI, 249).

Wenn ein Urtheil (St. IV, 36) einen Geistlichen, der im Auftrage seiner Vorgesetzten einen beleidigenden Erlaß publizirte, wegen des dienstlichen Gehorsams für straffrei erklärte, so hängt die richtige Beurtheilung von dem thatsächlichen Umstande ab, ob der dienstliche Gehorsam so zwingender Natur war, daß er den Ausführenden nur als Werkzeug erscheinen ließ, oder ob diesem Umstände unbekannt blieben, die das Bewußtsein der Strafbarkeit verhinderten.

6. Die Erfahrung lehrt, — und daß sie es thut, kann nach der besonderen Natur dieser strafbaren Handlung (Beleidigung) nicht auffallend erscheinen, — daß in vielen Fällen wegen der begleitenden Umstände die Feststellung einer Beleidigung insbesondere des zu derselben erforderlichen dolus großen Schwierigkeiten unterliegt. Es giebt eine Reihe von Lebensverhältnissen, in denen die Gebote des Rechtes und der Sitte oder die Verfolgung erlaubter allgemeiner oder besonderer Zwecke es mit sich bringen, über den geistigen oder sittlichen Werth eines Anderen ein Urtheil zu fällen. Es ist das Recht zur Kritik im weiteren Sinne. Wird dieses Recht in den richtigen Schranken und ohne Uebertreibung geübt, so kann eine Beleidigung deshalb nicht vorliegen, weil man sich in Ausübung eines Rechtes befand und des widerrechtlichen Bewußtseins ermangelte. So wenig nun das Gesetz die Kriterien der Beleidigung und damit angegeben hat, wann eine solche vorhanden sei, so wenig bedurfte es der Namhaftmachung derjenigen Fälle, wenn eine Beleidigung nicht vorhanden sei. Aus Gründen praktischer Gesetzgebungspolitik ist aber hiervon abgewichen. Das ist die Veranlassung der im §. 193 enthaltenen Bestimmungen (Vgl. zu §. 193.)

7. Zur Strafbarkeit der Beleidigung ist ferner erforderlich, daß die Person des Beleidigten feststehe. Dazu ist nicht nothwendig, daß derselbe in der Aeußerung ꝛc. namentlich oder ausdrücklich bezeichnet sei, wenn die Bezeichnung nur eine erkennbare ist. Berlin 22. Nov. 73 (St. III, 188); Dresden 9. Okt. 74 (S.G.Z. XIX, 136); München 15. Dez. 74 u. 17. März 77 (bayr. Entsch. VII, 93, St. IV, 242, VII, 78). Vgl. auch Berlin 17. März 75 (Goltd. XXIII, 200, O.R. XVI, 229), oder der beleidigende Inhalt nur in Verbindung mit anderen bekannten Thatsachen erkennbar wird, Berlin 9. Okt. 80 (Goltd. XXV, 530). Auch wenn der nicht bestimmt bezeichnete Beleidigte nur in einem eng begrenzten Kreise zu suchen ist, kann Beleidigung angenommen werden. Berlin 17. März 75 (O.R. XVI, 229). R.G. 1. Nov. 80 (Ann. II, 519). Ebenso, wenn der Beleidigte in irgend einer Weise kenntlich bezeichnet ist, selbst wenn dem Beleidiger die betreffende Persönlichkeit unbekannt ist; z. B. der Verfasser eines Zeitungsartikels. Berlin 6. Juli 72 (O.R. XIII, 390); München 22. Mai u. 15. Dez. 74 (bayr. Entsch. IV, 216, 568). Dresden 30. Dez. 89, Goltd. XXXVIII, 73. Ob die mittelbare Bezeichnung des Beleidigten eine bestimmte Person trifft, z. B. den Redakteur eines getadelten Blattes, ist Thatfrage. Dresden 6. Febr. u. 1. Sept. 71 (S.G.Z. XV, 120, 287). Ein Irrthum in der Person des Beleidigten schließt die Beleidigung nicht unter allen Umständen aus. Dresden 7. Juni 75 (S.G.Z. XX, 24).

8. Daß der Beleidigte bei der Beleidigung gegenwärtig gewesen sei oder von derselben Kenntniß erhalten habe, ist nicht nothwendig. Berlin 18. Sept. 74 (O.R. XV, 575, St. IV, 323). Wenn der Beleidigte selbst Kenntniß erhalten hat, so ist dies genügend; daß Dritte Kenntniß genommen haben, ist nicht erforderlich. Dresden 10. Febr. 71 (S.G.Z. XV, 144). Zur Vollendung der Beleidigung ist erforderlich, daß der Beleidigte oder ein Dritter Kenntniß von der Beleidigung nahm; und diese Kenntnißnahme durch irgend Jemand muß im Willen des Beleidigers gelegen sein. Es würde also z. B. die Aufzeichnung einer beleidigenden Aeußerung in einem Tagebuch, welche gegen den Willen des Schreibenden zur Kenntniß Dritter gelangte, oder eine Aeußerung, welche von Jemand gegen Willen des Sprechenden gehört wurde, keine Beleidigung bilden. München 12. April 78 (St. VIII, 137). Auch Fahrlässigkeit des Thäters bei dieser Kenntnißnahme würde nicht genügen, da die That eine vorsätzliche sein muß und der Thatbestand in der Kundgebung der Beleidigung liegt. A. M. München 17. Sept. 86, welches annahm, daß weder der Wille des Thäters, daß eine dritte Person die Aeußerung höre, noch das sofortige Verständniß des Sinnes und der Beziehung der Aeußerung auf Seite des Hörers zum Thatbestand erforderlich sei (bayr. Entsch. IV, 171).

9. Briefliche Beleidigungen sind da begangen, wo der Brief zur Kenntniß des Adressaten gelangte. Berlin 3. Mai 73 (O.R. XIV, 340, St. II, 315); München 15. Mai 75 (bayr. Entsch. V, 213). Bei offenen Briefen oder Postkarten, bei Telegrammen oder der öffentlichen Auslage von Schriften muß konsequent ebenfalls die Kenntnißnahme von Seite Dritter verlangt

werden, da die Aufgabe zur Post oder Auslage nur die Möglichkeit der Kenntnißnahme, nicht die Thatsache enthält. S. auch Olshausen N. 18. München 15. Mai 75 (bayr. Entsch. V, 213). A. M. Oppenhoff N. 13, Berlin 31. Okt. 78 (O.R. XIX, 503); Dresden 24. Febr. 76 (S.G.Z. XX, 345, St. VI, 265). Bei Telegrammen kann selbstverständlich der Telegraphenbeamte nicht als Maschine betrachtet werden, sondern genügt dessen Kenntnißnahme bei der Aufgabe. Dambach im G.S. Bd. 23, S. 297, 298. Vgl. auch Wolfenbüttel 20. Juni u. 4. Juli 71 (G.S. Bd. 24, S. 301, St. I, 131). Dies führt dahin, daß die Zurücknahme eines Telegramms oder einer sonstigen beleidigenden Schrift, ehe Jemand Kenntniß davon genommen hat, keine strafbare Beleidigung enthält. Es wird ferner verlangt werden müssen, daß bei einer beleidigenden Kundgebung, welche nicht eine schriftliche sein muß, diese auch von dem Kenntnißnehmenden als solche verstanden werden kann. Der bloße Anblick einer in einer für den nächsten Empfänger unverständlichen Schrift oder Sprache abgefaßten Kundgebung, oder sogar Worte, in denen nur ein Kundiger eine Beleidigung finden kann, sind so lange keine Beleidigung, bis sie an eine Person gelangen, die sie als beleidigende Kundgebung aufzufassen in der Lage ist.

10. Die Frage: ob durch eine (schriftliche oder mündliche) Aeußerung eine Mehrheit selbständiger Beleidigungen gegen verschiedene Personen begangen werden kann, ist bereits oben berührt (vgl. §. 73 N. 5 u. zu §. 74 N. 4). Sowohl die Judikatur — Berlin 11. Juli 73, 7. Okt. 74, 4. Nov. 75, 4. Febr. 76 (Goltd. XXII, 571; XXIII, 500; XXIV, 25, O.R. XIV, 500; XV, 627; XVII, 93, St. IV, 323); München 9. Dez. 73, 13. Juni 74 (bayr. Entsch. III, 558, St. IV, 133); Dresden 9. Juni 73 (S.G.Z. XVII, 183, St. III, 101) — wie die Theorie schwankt. (Vgl. Olshausen, Einfluß von Vorbestrafungen, Berlin 1876, S. 143 ff.) Während sich der oberste bayrische Gerichtshof dazu neigte, eine Mehrheit von Vergehen anzunehmen, München 23. Dez. 75, 17. Febr. 77 (bayr. Entsch. V, 568; VII, 72), auch Dresden 8. Sept. 76 (S.G.Z. XXI, 243), spricht sich das preuß. O.Tr. (7. Okt. 74, 5. Okt. 76 — O.R. XV, 627, Goltd. XXIV, 541) für das Gegentheil aus. In dem Erkenntniß vom 4. Nov. 75 (Goltd. XXIII, 500) u. 11. Juni 77 (O.R. XVIII, 392, St. VII, 259) hat das O.Tr. in einer und derselben Aeußerung dagegen mehrere selbständige Beleidigungen (Realkonkurrenz) angenommen. Die Frage ist zunächst als quaestio facti aufzufassen. Demnach wird z. B. ein an eine Mehrheit von Personen (z. B. die in einem Zimmer versammelten Personen) gerichtetes Schimpfwort nur als eine selbständige Handlung, mithin als eine Beleidigung anzusehen sein. R.G. IV, 2. März 86, R. VIII, 149, I, 14. Juli 81, R. III, 485. Anders kann die Sache liegen, wenn z. B. in einem Zeitungsartikel mehrere Personen an verschiedenen Stellen beleidigt werden. R.G. III, 9. Febr. 81 (R. III, 26); 16. März 81 (E. III, 433). Ist eine Mehrheit von Beleidigungen anzunehmen, so ist die Strafverfolgung für jeden Beleidigten eine durchaus selbständige. Ist dagegen nur Eine Beleidigung anzunehmen, so hat jeder Beleidigte das selbständige Recht, die Strafverfolgung zu beantragen (vgl. §. 62). Inwiefern hierbei die Geltendmachung des Antragsrechts bez. die Strafverfolgung Einfluß auf das Recht des Anderen übt, ist nach den Prozeßgesetzen zu beurtheilen. Die Reichs-Strafprozeßordnung (§. 415) enthält hierüber sachgemäße Bestimmungen, s. R.G. II, 25. Febr. 81, E. III, 363, R. III, 74. Insbesondere nahm München 14. Mai 77 (bayr. Entsch. VII, 192, St. VII, 284) u. Dresden 8. Sept. 76 u. 4. Febr. 78 (S.G.Z. XXI, 243; XXIII, 1) Realkonkurrenz bei Beleidigung einer Personeneinheit an. Dagegen München 6. Aug. 75 (St. V, 325). Wenn dagegen Berlin 22. Dez. 73 (St. III, 289) in wiederholten Beleidigungen nur Eine Strafthat gefunden hat, so dürfte dies kaum richtig sein, vorausgesetzt, daß es sich nicht um mehrfache Beleidigung bei einem Vorfall handelt. Vielmehr bildet die Wiederholung einer Beleidigung eine selbständige Strafthat, die verfolgt werden kann, wenn auch die erste abgeurtheilt oder die Antragsfrist wegen derselben abgelaufen ist. Berlin 4. Febr. 75 (O.R. XVI, 105).

Hat eine Beleidigung durch Angriffe auf eine Personenmehrheit stattgefunden, welche durch einen Kollektivausdruck bezeichnet ist, so ist jede zu jener Personenmehrheit gehörige Einzelperson beleidigt, auch wenn der Beleidiger an eine bestimmte Einzelperson nicht gedacht haben oder sich nicht bewußt gewesen sein sollte, daß Andere die Beleidigung auch auf diese Person beziehen; es sei denn, daß die Aeußerung selbst gewisse Grenzen zieht oder nach Intention des Thäters ziehen sollte. R.G. II, 3. Nov. 82, E. VII, 170. S. auch R.G. I, 25. Okt. 80, E. III, 12, R. II, 388, II, 7. Jan. 81, E. III, 246, R. II, 701, 3. Juli 83, E. IX, 1. Etwas abweichend R.G. I, 6. Okt. 81, R. III, 606, auch IV, 26. Okt. 88, E. XVIII, 167, R. X, 597, wo der Mangel des Bewußtseins, daß eine Kollektiväußerung auf eine bestimmte Person bezogen werden könne, als zur Freisprechung genügend erklärt wird.

11. Wegen der mittels einer Thätlichkeit begangenen Beleidigung (Real-Injurie) vgl. oben allgem. Bemerkungen zu diesem Abschnitt. — Was unter Thätlichkeit zu verstehen, sagt das Gesetz nicht. In der Regel ist darunter jeder Angriff auf die Person, den Körper, zu verstehen. Hierauf den Begriff zu beschränken (so Oppenhoff §. 185 N. 6), dürfte aber zu weit gehen. Denn Gegenstand der Beleidigung ist nicht der Körper, sondern die Ehre, und diese kann mittels einer Thätlichkeit auch anders wie durch Angriffe auf den Körper verletzt werden.

Der preußische Entwurf von 1847, an den sich das St.G.B. in diesem Abschnitt mehrfach wieder anschließt, bezeichnete als thätliche Ehrenkränkung im §. 195:

„Wer durch Thätlichkeiten gegen die Person die Ehre eines Anderen kränkt, ist ... zu bestrafen."

Hiermit stimmt denn auch der gemeinrechtliche Begriff der Realinjurie (Feuerbach §. 291; Berner S. 469), worunter diejenige Ehrenkränkung verstanden wird, zu deren Begehung die Verletzung eines anderweitigen Rechtes als Mittel dient, z. B. eine Gewaltthätigkeit, Beeinträchtigung der persönlichen Freiheit, Eigenthumsbeschädigung (z. B. man wirft animo injuriandi Jemandem die Fenster ein). In der Regel (d. h. wenn die als Mittel der Beleidigung angewendete Verletzung eines anderen Rechtes auch strafrechtlich geahndet wird) wird daher eine ideale Konkurrenz der Realinjurie und einer anderen strafbaren Handlung stattfinden. (Vgl. Beseler, Kommentar, S. 322 ff.; Hälschner, preuß. St.R. II, 138 ff.; John, Entwurf mit Motiven, S. 417.) Symbolische Beleidigungen, solche durch Mienen oder Geberden, können zwar von den mündlichen oder schriftlichen, also wörtlichen Beleidigungen unterschieden werden und stehen den thätlichen näher, sind aber doch nicht zu diesen zu rechnen. Vgl. Berlin 5. Dez. 77 (O.R. XVIII, 771, Goltd. XXV, 495).

12. Der Unterschied der Realinjurie von der Körperverletzung des §. 223 (Mißhandlung und Gesundheitsbeschädigung) ergibt sich zum Theil aus dem unter 11 Gesagten. Ferner ist nicht jede Thätlichkeit gegen die Person auch eine Körperverletzung, z. B. kann ein geraubter Kuß wohl eine Realinjurie, aber gewiß keine Körperverletzung darstellen. Fällt dagegen der Begriff der Thätlichkeit mit dem der Körperverletzung zusammen, d. h. liegt eine Mißhandlung oder Gesundheitsbeschädigung vor, so ist ideale Konkurrenz vorhanden und tritt eventuell die schwerste Strafe ein. (Vgl. §. 73.) Die Verschiedenheit beider Vergehen liegt hierbei in der Verschiedenheit des dolus (wenn man will, in einer abweichenden Schattirung desselben), oder wie die Motive sagen: „Es wird für diese Unterscheidung vorzugsweise die Willensrichtung des Thäters maßgebend sein." Bei der Realinjurie wird das Bewußtsein erfordert, daß durch den Angriff auf den Körper eine Ehrenkränkung erfolge, während bei der Körperverletzung der dolus in dem Bewußtsein besteht, daß durch die Handlung die Integrität des Körpers verletzt werde oder verletzt werden könne. Thatsächlich umfaßt also der erstere dolus den letzteren. (Vgl. Dresden 20. Okt. 71, S.G.Z. XVI, 13.) Züchtigung eines Kindes für eine Unart, selbst wenn sie unbefugt ist, kann nicht als Beleidigung aufgefaßt werden. Im Uebrigen kann auch ein Kind beleidigt werden. Dresden 9. Juni 76 (S.G.Z. XXI, 116). R.G. II, 2. Mai 84, E. X, 372, R. VI, 342. Die Frage, ob eine Ohrfeige als thätliche Beleidigung oder als Mißhandlung aufzufassen sei, ist nach der Willensrichtung des Thäters zu entscheiden, d. h. ob dieser ein Zeichen der Mißachtung geben oder ein Schmerzgefühl hervorrufen wollte. Dresden 9. Juni 76 (S.G.Z. XXI, 117); Wolfenbüttel 21. Nov. 76 (St. VII, 194). Oppenhoff N. 17 nimmt Idealkonkurrenz an, und weist darauf hin, daß der dolus der Beleidigung nothwendig den der Körperverletzung umfasse, und außerdem bei schwereren Folgen einer Realinjurie (§§. 224, 226) nicht die entsprechende Bestrafung eintreten könne. Ersteres ist aber nicht richtig, und im letzteren Falle wird kein vernünftiger Richter nur den dolus der Beleidigung annehmen. Daß der Wille auf Realinjurie und Mißhandlung gerichtet sein könne, und dann Idealkonkurrenz vorliegt, soll nicht in Abrede gestellt werden. Vgl. Berner S. 469.

Die Rücksicht auf diese Verwandtschaft beider Vergehen und insbesondere darauf, daß die prozessualische Feststellung des Thatbestandes beider Vergehen, namentlich soweit es auf die Unterscheidung des dolus ankommt, oftmals erheblichen Schwierigkeiten unterliegen wird, mußte bestimmend dafür sein, für die Verfolgbarkeit und überhaupt die prozessualische Behandlung der Beleidigungen und (leichten) Körperverletzungen dieselben Grundsätze aufzustellen. Das St.G.B. that dieses bezüglich des Erfordernisses des Antrages (vgl. die §§. 194—198 mit §. 232) und der Zulässigkeit der Aufrechnung (Kompensation, — vgl. die §§. 199 u. 231) und überließ es — bis zum Erlaß der Reichs-Strafprozeßordnung — der Landesgesetzgebung, im Uebrigen die prozessualischen Normen gleichzugestalten. (S. oben allgem. Bemerkungen Nr. II.) Sachsen überwies (Gesetz v. 15. April 1873, §. 16 Nr. 5) die leichten vorsätzlichen Körperverletzungen ebenfalls der Privatanklage. Auch die Reichs-Strafprozeßordnung (§§. 414, 416) läßt, vorbehaltlich der Erhebung der öffentlichen Klage bei vorliegendem öffentlichen Interesse, bei Körperverletzung die Privatklage zu.

13. Auch juristische Personen (Korporationen) können beleidigt werden (vgl. in Betreff der Behörden §. 196, ferner §. 197); auch kollektive Einheiten von Personen, wie Gesellschaften, wobei aber einzelne Mitglieder als beleidigt gelten. Berlin 5. April 77 u. 3. April 78 (Goltd. XXV, 331; XXVI, 202); München 14. Mai 77 (bayr. Entsch. VII, 191, St. VII, 284); Wolfenbüttel 19. März 78 (St. VIII, 138); Dresden 8. März 75 (St. V, 523). So billigte R.G. I, 29. Jan. 80 (R. I, 292) die Bestrafung wegen eines den preußischen Richterstand beleidigenden Artikels, insofern dadurch die Geringschätzung der einzelnen diesem Stande angehörigen Beamten zum Ausdrucke gebracht worden war. Ebenso nahm R.G. I, 25. Okt. 80 (R. II, 388, E. III, 12) die Strafbarkeit wegen Beleidigung der Mitglieder einer Generalsynode an, obwohl der Angriff gegen diese gerichtet war. S. ferner R.G. II, 7. Jan. 81 (R. II, 701, E. III, 246) bezüglich Beleidigung der Offiziere eines bestimmten Offizierkorps, und R.G. 29. März 81 (Ann. III, 359) wegen Beleidigung der Soldaten einer (der bayerischen) Armee. Jedoch ist dieses auf solche juristische Personen, deren Substrat lediglich Vermögensgegenstände sind, nicht auszudehnen. Darmstadt 20. Dez. 75 (St. VIII, 140). (Vgl. Hälschner preuß. Str.R. II, 2 S. 249 ff.) Noch weniger ist dies bezüglich bloßer Erwerbsgesellschaften (Aktien-Versicherungsgesellschaften) der Fall (vgl. Berlin 30. Sept. 75, 7. Jan. 76, 5. April 77 u. 27. Febr. 79 [Goltd. XXIII, 493; XXV, 218, O.R. XX, 105]) oder Genossenschaften, München 14. Mai 77 (bayr. Entsch. VII, 191, St. VII, 284), Darmstadt 20. Dez. 75 (St. VIII, 140), bezüglich deren jedoch vermöge der veränderten Begriffsbestimmung des §. 187 eine verleumderische Beleidigung möglich ist. (Vgl. §. 187.) Auch kaufmännische Firmen können nicht beleidigt werden. R.G. III, 31. Jan. 80 (R. I, 302, E. I, 178).

Bei der Beleidigung von Behörden ist eine Beziehung auf die amtliche Wirksamkeit vorausgesetzt. Berlin 18. April 72 (O.R. XIII, 263). Die Beleidigung eines Beamten mit Beziehung auf sein Amt wird nicht hierdurch strafbar, sondern nur insofern die Person des Beamten als beleidigt erscheint, da das St.G.B. keine besondere Verletzung der Amtsehre kennt. Berlin 21. April 74 (O.R. XV, 246, Goltd. XXII, 250). Durch ungesetzliche Handlungsweise eines Beamten wird dessen Beleidigung nicht straflos. Berlin 13. Sept. 72 (O.R. XIII, 149). Durch Herabsetzung der Befähigung eines Beamten kann derselbe beleidigt werden. Dresden 12. Nov. 71 (S.G.Z. XVI, 124).

14. Jede Beleidigung muß, um strafbar zu sein, rechtswidrig sein. Eine berechtigte Rüge oder Züchtigung ist keine Beleidigung, auch wenn die gleiche Kundgebung unter anderen Umständen als Beleidigung zu gelten hätte. Ferner geht aus dem Erforderniß der Rechtswidrigkeit hervor, daß die Einwilligung des Beleidigten die Strafbarkeit ausschließt. Vgl. Binding I, 725, H. Meyer S. 319, der dies nur sehr bedingt gelten läßt.

15. Das Vorhandensein einer Beleidigung wird dadurch, daß die Aeußerung u. s. w. in bedingter Form oder unter gewissem Vorbehalt gemacht wird, nicht ausgeschlossen. Vgl. Berlin 10. Juli 73 u. 21. Okt. 74 (O.R. XIV, 499; XV, 703, St. IV, 323) u. Dresden 15. Mai 74 (S.G.Z. XVIII, 337), R.G. III, 15. Nov. 79 u. IV, 22. Juni 86, R. I, 76, VIII, 479. Die Aeußerung eines ehrenrührigen Verdachtes fällt unter §. 185. München 19. Juli 73 (bayr. Entsch. III, 321, St. II, 374). Unter §. 186 subsumirte einen solchen Vorwurf Dresden 3. Nov. 73 (S.G.Z. XVIII, 107).

16. Für die Dauer der Haft sind die allgemeinen Vorschriften §§. 18, 77 maßgebend; die höchste Dauer beträgt daher 6 Wochen bez. 3 Monate. (Vgl. auch St.B. S. 648, 651.) — Die Umwandlung der Geldstrafe kann auch hier in Haft erfolgen. (Vgl. §. 28 A. 2 u. §. 78.)

17. Theilnahme an der Beleidigung findet nach den Bestimmungen des allgemeinen Theils statt. So wurde in der Herbeischaffung des Schreibmaterials oder in der Anfertigung einer beleidigenden Schrift mit dem Bewußtsein dieses Zwecks Beihülfe gefunden. Dresden 15. Sept. 73 (S.G.Z. XVII, 312, Goltd. XXII, 660); München 20. Mai 76 (bayr. Entsch. VI, 239). Auch Mitthäterschaft ist denkbar, wenn die Beleidigung nur durch das Zusammenwirken mehrerer Personen entsteht. Berlin 5. Dez. 77 (O.R. XVIII, 771, Goltd. XXV, 495); Dresden 11. Aug. 76 (S.G.Z. XXI, 217, St. VII, 19).

18. Auch mittelbare Beleidigung ist strafbar, wenn hierauf der Vorsatz gerichtet ist; so die Beleidigung des Ehemannes durch eine solche der Ehefrau. München 21. März u. 10. Aug.

72 (bayr. Entsch. II, 90, St. I, 372). Da jedoch in solchen Fällen der Vorsatz auf die Beleidigung des Ehemannes gerichtet ist, so ist der Ausdruck „mittelbare Beleidigung" ein verfehlter. Vgl. R.G. 23. Jan. 80 (Ann. I, 348). Nicht zu verwechseln mit mittelbarer Beleidigung ist das selbständige Antrags= bez. Klagerecht aus §§. 189, 195. S. zu diesen Paragraphen.

19. Der Beweis der Wahrheit kann eine nach §. 185 strafbare Beleidigung nicht straflos machen, da es sich nur um eine äußere Achtungsverletzung handelt, welche durch die Wahrheit allein nicht zu einer berechtigten wird. Dagegen kann der Wahrheitsbeweis von Bedeutung für die Annahme des Vorsatzes sein, insbesondere in Verbindung mit §. 193. Vgl. München 13. Aug. 75 (bayr. Entsch. V, 397), 6. Nov. 88, bayr. Entsch. IV, 197.

20. Der Unterschied zwischen §. 185 einer §§. 186, 187 anderseits bezüglich der Behauptung beleidigender Natur (abgesehen von Schimpfworten) liegt darin, daß die Behauptung eines konkreten Vorgangs unter §§. 186, 187 fällt, während allgemeine Urtheile und Reflexionen in das Gebiet des §. 185 gehören. R.G. II, 29. Okt. 86, R. VIII, 649. Allein auch Behauptungen, die objektiv unter §§. 186, 187 fallen würden, sind nur nach §. 185 strafbar, wenn es an der Verbreitung mangelt, also z. B. Behauptungen solcher Art in einer Eingabe an eine Behörde, wenn auch dieselbe durch mehrere Beamte besetzt ist, welche Kenntniß erhalten, wenn die weitere Verbreitung weder im Willen des Thäters lag, noch auch erfolgte. R.G. III, 30. Nov. 82, E. VII, 285, R. IV, 857.

21. Auch wenn das Urtheil nur auf Haft lautet, bleibt die Beleidigung Vergehen und verjährt nur in fünf Jahren. München 13. April 77 (St. VII, 76, bayr. Entsch. VII, 147).

22. Aus der Kasuistik ist Folgendes anzuführen: Im Vorwurf der Bosheit wurde nicht ohne Weiteres Beleidigung gefunden, Dresden 4. Jan. 71 (S.G.Z. XV, 59); auch nicht in der Bezeichnung einer einzelnen Handlung als Dummheit, Wolfenbüttel 6. Dez. 72 (G.S. Bd. 35, S. 68). In der Anrede mit „Du" kann Beleidigung gefunden werden. Dresden 8. Mai 74 (S.G.Z. XVIII, 286), Stuttgart 12. Juli 76 (württ. Ger.Bl. XII, 199). Durch Vorhalt eines geistigen oder körperlichen Gebrechens kann eine Beleidigung begangen werden. Berlin 20. Nov. 74 (Goltd. XXII, 602). R.G. IV, 4. Nov. 90, Goltd. XXXVIII, 434. Der Vorwurf einer unerschwinglichen Miethzinssteigerung gegen einen Vermiether ist nicht beleidigend, München 28. Aug. 74 (bayr. Entsch. IV, 372), ebenso wenig ein ungünstiges Urtheil über den Vermögensstand einer Person, Dresden 2. Dez. 72 (S.G.Z. XVII, 53). München 18. Nov. 84, bayr. Entsch. III, 249. A. M. Stuttgart 14. Okt. 74 (St. IV, 145). Die Bezeichnung von Kaufleuten als nicht kreditwürdig wurde als beleidigend beurtheilt, Dresden 9. Juni 73 (St. III, 101), München 13. Mai 87, bayr. Entsch. IV, 406; die Warnung, einem Dritten auf den Namen des Warnenden zu borgen, als nicht beleidigend, Dresden 15. Sept. 73 (S.G.Z. XVIII, 51, St. III, 316). In der öffentlichen Mahnung eines Schuldners wurde nur eine Beleidigung erblickt, wenn aus der Form der Mahnung oder sonstigen Umständen die Absicht zu beleidigen hervorgehe. Dresden 13. April 74 (S.G.Z. XVIII, 285). Die Herabwürdigung des Berufs des deutschen Heeres kann als Beleidigung der einzelnen Mitglieder desselben aufgefaßt werden. Berlin 31. Jan. 77 (O.R. XVIII, 88). Eine Aeußerung, die geeignet ist, den Kredit oder die Kundschaft eines Anderen zu gefährden, ist deshalb noch keine Beleidigung. München 23. Dez. 75 (bayr. Entsch. V, 569); Dresden 3. Nov. 76 (S.G.Z. XXI, 272). Verwünschungen sind an und für sich nicht beleidigend. Stuttgart 30. Mai 77 (württ. Ger.Bl. XIII, 248). Der Vorwurf, nicht in die Kirche gegangen zu sein und nicht gebeichtet zu haben, enthält keine Beleidigung. Stuttgart 23. Mai 77 (württ. Ger.Bl. XIII, 246, St. VII, 282). Das Bedauern, daß Jemand eine zu geringe Strafe erhalten habe, enthält keine Beleidigung. Wolfenbüttel 12. Jan. 77 (St. VII, 81). Die Bezeichnung als „Dickbauch" ist nicht beleidigend. Stuttgart 23. Mai 77 (württ. Ger.Bl. XIII, 246, St. VII, 282). Das Absprechen von Fähigkeiten kann beleidigend sein. Wolfenbüttel 24. April 77 (St. VII, 90). Durch Aeußerungen, welche das Verhalten eines Anderen in seinem Geschäftsbetrieb in ungünstigem Lichte erscheinen läßt, kann Beleidigung begangen werden. München 13. Aug. 75 (bayr. Entsch. V, 395). Eine Zahlungs=Aufforderung mittels offener Postkarte kann eine Beleidigung begründen. Dresden 24. Febr. 76 (S.G.Z. XX, 346, St. VI, 265); Darmstadt 4. Dez. 76 (hess. Entsch. 78 S. 145). München 25. Okt. 87, bayr. Entsch. IV, 524. Zu den thätlichen Beleidigungen gehört das Anspeien. Wolfenbüttel 4. Dez. 74 (G.S. Bd. 27, S. 320). Die Feststellung, einen Anderen bloßgestellt zu haben, genügt nicht zur Annahme einer Beleidigung. Dresden 6. Mai 78 (S.G.Z. XXII, 335). Die Feststellung, der Thäter habe aus Rache gehandelt, genügt nicht zur Feststellung des Vorsatzes. München 14. Dez. 77 (bayr. Entsch. VII, 516). Eine von

einem Beamten in Ausübung seines Berufs, aber mit Ueberschreitung seiner Rechte, verübte Thätlichkeit kann, wenn nicht §. 340 anwendbar ist, als thätliche Beleidigung strafbar sein. Berlin 4. Okt. 78 (Goltd. XXVI, 514). In der Vergleichung einer geistigen Leistung mit einem ehrbaren Gewerbe kann eine Beleidigung liegen. R.G. II, 1. Nov. 79 (R. I, 28). Auch in Bezug auf eine bevorstehende Handlung kann Jemand beleidigt werden, insbesondere wenn feststeht, daß er die Handlung vornehmen werde. R.G. III, 15. Nov. 79 (R. I, 76). Der Umstand, daß eine Aeußerung eine bestimmte Thatsache charakterisirt, rechtfertigt nicht, die darin enthaltene Beleidigung statt unter §. 186, unter §. 185 zu subsumiren. R.G. II, 9. Jan. 80 (E. I, 52).

Die betrügliche Erschleichung des Beischlafs von einer Ehefrau soll nicht als Beleidigung derselben strafbar sein, weil §. 179 vermöge Gesetzeskonkurrenz die Strafe des §. 185 absorbire (?) R.G. IV, 16. April 89, E. XIX, 250. Das Zerreißen des Erlasses einer Behörde und Zurücksendung der Stücke enthält eine Beleidigung der Behörde. München 6. Okt. 85, bayr. Entsch. III, 600. Die Zumuthung, widernatürliche Unzucht vorzunehmen, wurde als Beleidigung anerkannt. R.G. I, 26. Febr. 83, R. V, 143.

§. 186*). Wer in Beziehung auf einen Anderen eine Thatsache behauptet oder verbreitet, welche denselben verächtlich zu machen oder in der öffentlichen Meinung herabzuwürdigen geeignet ist, wird, wenn nicht diese Thatsache erweislich wahr ist, wegen Beleidigung mit Geldstrafe bis zu sechshundert Mark oder mit Haft oder mit Gefängniß bis zu Einem Jahre und, wenn die Beleidigung öffentlich oder durch Verbreitung von Schriften, Abbildungen oder Darstellungen begangen ist, mit Geldstrafe bis zu eintausendfünfhundert Mark oder mit Gefängniß bis zu zwei Jahren bestraft.

Pr. §. 156; E. I. §. 166; E. II. §. 184; St.B. S. 645—652, 1176.

Vgl. §. 185 (und die Citate).

1. Der Entwurf schied aus dem allgemeinen Thatbestande der Beleidigung unter der Bezeichnung „verleumderische Beleidigung“ nur den Fall aus: daß in Beziehung auf einen Anderen Thatsachen behauptet oder verbreitet werden, die denselben verächtlich machen oder in der öffentlichen Meinung herabzuwürdigen geeignet sind, sofern diese Thatsachen nicht als wahr zu erweisen sind. Dabei wurde nicht weiter unterschieden, ob der Angeschuldigte Grund hatte, die Thatsachen für wahr zu halten, ob er aus Leichtsinn u. s. w. die Thatsachen behauptete, oder ob er wider besser Wissen die Thatsachen als wahr behauptete. Für den Fall des Mißlingens jenes Beweises wurde die Würdigung der angeführten Momente lediglich der Strafzumessung überlassen. (Vgl. Motive z. preuß. Entw. v. 1847 S. 74.) „Der Schutz,“ — sagen die Motive S. 104, — „welchen der gute Name des Einzelnen verlangen kann, mußte höher stehen, als die Rücksicht darauf, daß das Mißlingen des Beweises im einzelnen Falle neben der bona fides des Angeschuldigten vorkommen könne.“

Das Plenum des Reichstags, dessen Kommission die Auffassung des Entwurfs im Wesentlichen getheilt hatte, erkannte zwar gleichfalls den Standpunkt, wonach die Behauptung nicht erweislicher Thatsachen strafbar sein soll, als den gesetzgeberisch richtigen an, glaubte aber den Ansichten des Volkes zu entsprechen, wenn angenommen werde, die „Verleumdung“ beginne erst, wenn wider besseres Wissen die unwahre und ehrenrührige Thatsache verbreitet werde. (Abg. Lasker St.B. S. 647.) Deshalb wurde §. 187 unter Erhöhung des Strafmaßes eingeschoben, während für §. 186 das Strafmaß der Beleidigung aus §. 185 entnommen wurde. — Hiernach kann nur das Vergehen gegen §. 187 als verleumderische Beleidigung qualifizirt werden. Berlin 2. Juni 75 (O.R. XVI, 412).

2. Der Unterschied von §. 186 und §. 187 besteht hiernach darin, daß in §. 186 die Straflosigkeit von dem Beweise der Wahrheit der Thatsachen abhängt, während in §. 187 die Strafbarkeit von dem Beweise der Unwahrheit der Thatsachen und des bösen Glaubens des Angeschuldigten bedingt wird. — Uebrigens fällt nicht jede Aeußerung, welche unter der Voraus-

*) Literatur: v. Schwarze, Einrede der Wahrheit im G.S. Bd. 32, S. 561; Herzog, Falsche Anschuldigung und üble Nachrede im G.S. Bd. 32, S. 81, 105; Kronecker im G.S. Bd. 32, S. 62; Bähr in den Jahrb. f. Dogmatik XXVI, 211.

setzung, daß sie wider besseres Wissen gethan worden, nach §. 187 strafbar sein würde, beim Wegfall dieser Voraussetzung nothwendig unter §. 186, vielmehr ist das Vorhandensein der Begriffsmerkmale des letzteren §. selbständig zu prüfen. Dresden 19. April u. 2. Dez. 72 (St. I, 373, S.G.Z. XVI, 275, XVII, 53); Berlin 22. Dez. 73 (St. III, 317). Jedoch nahm R.G. II, 9. Nov. 88, R. X, 635 an, daß bei einer Anklage aus §. 187, bei welcher der Beweis der Wahrheit nicht gelingt, aber auch die Unwahrheit nicht festgestellt werden kann, nicht sofort Freisprechung aus §. 187 zu erfolgen hat, sondern die That aus dem Gesichtspunkt des §. 186 beurtheilt werden muß, auch wenn kein darauf gerichteter Antrag vorliegt. Vgl. übrigens über die Begriffsmerkmale der Beleidigung, insofern die des §. 186 mit jenen des §. 185 zusammenfallen, zu §. 185 N. 2—10, 13—15, 17—20.

3. Auch eine Beleidigung aus §. 186 kann stattfinden, ohne daß der Beleidiger den Beleidigten genau kennt. Dies liegt hier sogar sehr nahe, da die Verbreitung von Schriften u. s. w., welche von einem Anderen herrühren können, eine besondere Form der Begehung bilden. Berlin 15. Jan. 73 (O.R. XIV, 19, Goltd. XXI, 203, St. II, 170).

4. Aus den Worten „in Beziehung auf einen Anderen" folgt, daß die Aeußerung u. s. w. Dritten gegenüber gemacht sein muß. Ist dieselbe nur dem Verletzten gegenüber gemacht, so kann nur eine Beleidigung aus §. 185 vorliegen. So auch die Praxis. Berlin 7. Febr. 77 (O.R. XVIII, 107, St. VII, 85); München 4. Jan. 77 (St. VII, 85); Jena 76 (St. VII, 83). R.G. II, 24. Okt. 79 (R. I, 14, Goltd. XXVII, 454), III, 29. Juni 81, E. IV, 401, R. III, 442. In einer dem Richter überreichten Prozeßschrift ist die Behauptung einem Anderen gegenüber aufgestellt. Berlin 11. Mai 77 (Goltd. XXV, 332). (Vgl. Oppenhoff N. 4; Hälschner preuß. St.R. II, 1 S. 271.)

5. Der Ausdruck Thatsache begreift auch die Willensrichtung, aus welcher die äußere Handlung hervorgegangen ist. Berlin 10. Mai 75 (O.R. XVI, 360), oder deren Motive. Berlin 16. Okt. 74 (Goltd. XXII, 604); Stuttgart 17. Okt. 77 (württ. Ger.Bl. XIV, 56). Behauptungen, welche nur geeignet sind, den Kredit zu gefährden, nicht die sittliche Achtung der Person, fallen nicht unter §. 186. Berlin 8. April 75, 17. Jan. 79 (Goltd. XXIII, 329; XXVII, 205); Dresden 19. April u. 2. Dez. 72, 3. Nov. 76 (S.G.Z. XVI, 275; XVII, 53; XXI, 272, St. I, 373; München 23. Dez. 75 (bayr. Entsch., V, 571), 18. Nov. 84 (bayr. Entsch. III, 249), R.G. II, 1. Okt. 80 (E. II, 309) nahm jedoch an, daß die Nachrede, ein Kaufmann sei zahlungsunfähig geworden, unter §. 186 falle. Ebenso Berlin 22. Dez. 73, St. III, 317; Stuttgart 14. Okt. 74, St. IV, 145, 18./25. Okt. 76, St. VII, 83, württ. Ger.Bl. XII, 408; Berlin 22. Dez. 73 (St. III, 317). Die behauptete Thatsache muß nicht nothwendig eine strafbare sein. Berlin 26. Jan. 76 (O.R. XVII, 61). Auch der Vorwurf einer strafbaren Omissivhandlung fällt unter §. 186. R.G. 8. April 81 (Ann. III, 463).

6. Ein Verbreiten einer einen Anderen herabwürdigen Thatsache liegt auch vor, wenn die Mittheilung erkennen läßt, daß sie Weitererzählung eines Gerüchts ist; ob der Mittheilende an die Wahrheit des Gerüchts geglaubt hat, und ob derjenige, an den die Mittheilung gerichtet war, dasselbe schon kannte, ist gleichgültig. Berlin 4. April 73 (Goltd. XXI, 349, O.R. XIV, 254, St. II, 317), 17. Dez. 74 u. 20. Jan. 75 (St. IV, 326, 329). München 13. März 88, bayr. Entsch. V, 51. Die Vertraulichkeit einer Mittheilung kann den Begriff der Verbreitung ausschließen, dies ist aber nicht die nothwendige Folge, da sie nur zum Schein stattfinden kann oder unter Umständen die trotz der Vertraulichkeit bewirkte Weiterverbreitung dem Mittheilenden zur Schuld anzurechnen ist. Stuttgart 1. März 73 (St. II, 316); München 15. Jan. u. 28. Okt. 84, bayr. Entsch. III, 4, 236. Vgl. Berner S. 474.

Ueber Oeffentlichkeit durch Versendung von offenen Korrespondenzkarten oder Schriften s. oben zu §. 185 N. 9. Vgl. Berlin 23. Okt. 72, 6. Juni 74 u. 31. Okt. 78 (O.R. XIII, 549; XV, 367; XIX, 503, Goltd. XX, 526; XXII, 605); Dresden 24. Febr. 76 (S.G.Z. XX, 346). Wenn diese Urtheile verneinen, daß die versendete Schrift gelesen worden sein muß, so haben sie für sich, daß das Gesetz die bloße Verbreitung genügen läßt; allein ohne Kenntnißnahme giebt es keine Beleidigung und auch keine Verbreitung einer solchen. Vgl. München 4. Jan. 77 (St. VII, 85), R.G. I, 29. Okt. 85, R. VII, 626.

Die Verbreitung einer Schrift setzt voraus, daß deren Inhalt durch Lesen zugänglich gemacht wird. Das Erzählen oder Vorlesen des Inhalts ist so wenig ein Verbreiten, wie die Aufforderung zum Lesen ohne Darbieten der Schrift, oder die Uebergabe an eine einzelne Person zur Abschrift. Berlin 12. Juli 77 (O.R. XVIII, 527, Goltd. XXV, 530). R.G. I, 30. März 82, R. IV, 391.

7. Die Prüfung, ob die Thatsache geeignet sei, verächtlich zu machen u. s. w., gebührt in jedem Falle dem Richter, welcher über die Beleidigung zu entscheiden hat, auch wenn die Behauptung einer strafbaren That oder einer sittlich verwerflichen Handlung (z. B. Lügen) in Frage ist. Berlin 29. Nov. 72 (Goltd. XX, 533); Dresden 24. Sept. 74 (S.G.Z. XIX, 105). Auch das Aussprechen eines Verdachts, daß Jemand eine Handlung begangen habe, die geeignet ist, ihn verächtlich zu machen, kann zur Anwendung des §. 186 genügen, oder die verächtlich machende Schlußfolgerung aus behaupteten Thatsachen, Berlin 16. Okt. 74, 6. Dez. 76 (Goltd. XXII, 604, O.R. XV, 685; XVII, 797). Ebenso das Beilegen schlechter Charaktereigenschaften, namentlich unter Bezugnahme auf Thatsachen, nicht aber ein bloßes Urtheil oder eine Kritik. Berlin 8. Jan. 79 (O.R. XX, 11, Goltd. XXVII, 206). Unter den Begriff von Thatsachen kann auch das Unterschieben schlechter Beweggründe oder Zwecke oder Ansichten fallen. Gl. M. Geyer II, 37, v. Liszt S. 359, H. Meyer S. 608, Olshausen N. 2a. Vgl. jedoch über den Unterschied zwischen Behauptung einer Thatsache und einem bloßen Urtheil R.G. II, 9. Jan. 80 (E. I, 52).

8. Der Ausdruck „wenn nicht diese Thatsache erweislich wahr ist" gibt nur zu erkennen, daß für die Anwendung des §. 186 die Nichterbringung des Beweises, nicht der Nachweis der Unwahrheit, entscheidend sei. „Es stellt sich die Unwahrheit der behaupteten Thatsache nicht eigentlich als ein positives Moment des Thatbestandes, sondern die Wahrheit derselben als ein die Strafbarkeit ausschließendes Moment dar. (Motive.)" Aehnlich v. Liszt S. 360, Olshausen N. 8. — Letzteres ist nicht ganz zutreffend. Eine Beweislast trifft den Angeschuldigten hier so wenig, wie bei den eigentlichen Strafausschließungsgründen. Der Richter ist befugt, auch von Amtswegen den Beweis zu erheben, und hierzu verpflichtet, wenn Umstände und Beweismittel hierfür ihm bekannt sind. Der Angeschuldigte hat aber das Recht, und, will er sich nicht der Gefahr der Verurtheilung aussetzen, auch die Pflicht, dem Richter Beweismittel an die Hand zu geben. (Vgl. Oppenhoff N. 9, Binding, Normen II, 610, Dochow in H.H. III, 350, Hälschner II, 201, H. Meyer S. 612, Olshausen N. 10.) Eine Ausnahme findet hierbei nicht statt, wenn die Verfolgung im Wege und in den Formen der Privatklage erfolgt, da die prozessualischen Vorschriften über den Beweis daneben Geltung haben. (§. 426 St.P.O.)

9. Der Beweis der Wahrheit ist als gelungen zu betrachten, wenn eine zu beweisende Aeußerung zwar nicht wortgetreu, aber dem Sinne nach richtig mitgetheilt wurde. Berlin 19. Sept. 72 (O.R. XIII, 464). Ueberhaupt ist bei Prüfung des Beweises der Wahrheit nicht das Detail, sondern der Gesammtcharakter entscheidend. R.G. III, 7. April 80 (R. I, 551, E. II, 3). Der Beweis der Wahrheit schließt die Bestrafung aus §. 186 auch dann aus, wenn der Beleidiger zur Zeit der Behauptung die Wahrheit nicht kannte. Berlin 6. Dez. 72 (O.R. XIII, 649). Gelingt dieser Beweis nicht, so kommt dem Verbreiter auch nicht zu statten, daß er die Nichtbeweisbarkeit angeführt habe. München 11. Mai 77 (St. VII, 286). Es ist auch nicht erforderlich, daß der Thäter der Unerweislichkeit sich bewußt war; es genügt, daß der Beweis nicht versucht wird oder mißlingt. Berlin 1. Juni 76, 3. April 78 (Goltd. XXIV, 573; St. VI, 266, O.R. XVII, 402; XIX, 187), Dresden 25. Okt. 75 u. 11. Aug. 76 (S.G.Z. XX, 179; XXI, 217, St. VII, 19), Stuttgart 23. April 79 (württ. Ger.Bl. XVI, 44), München 10. Dez. 86, bayr. Entsch. IV, 218, R.G. I, 1. Dez. 79 (R. I, 110), 12. Mai 80 (Ann. II, 17), 4. Jan. 81 (Ann. III, 139), jedoch muß auch in dem Fall, daß der Angeklagte einen Versuch des Wahrheitsbeweises nicht gemacht hat, festgestellt werden, daß die üble Nachrede objektiv nicht erweislich wahr ist. R.G. III, 8. Dez. 84, R. VI, 788. Den Thäter entschuldigt es nicht, wenn er auch geglaubt haben sollte, der Beweis stehe ihm zu Gebote. Berlin 18. Febr. 79 (Goltd. XXVII, 206). Handelt es sich um den Beweis einer strafbaren That, so müssen alle Thatbestandsmerkmale derselben bewiesen werden. Berlin 31. Jan. 79 (O.R. XX, 59). München 3. Jan. 84, bayr. Entsch. III, 1.

Der Beweis der Wahrheit darf einem aus §. 186 Angeklagten nicht dadurch abgeschnitten werden, daß der Richter annimmt, es liege jedenfalls eine nach §. 185 strafbare Beleidigung vor, und daß er deshalb bestraft. R.G. III, 11. Febr. 80 (R. I, 339, E. I, 260).

Ist ein Beweis der Wahrheit nicht zu führen, weil die behauptete Handlung eine unmögliche ist (z. B. Hexerei), so kann §. 186 nicht Anwendung finden. Berlin 18. Febr. 75 (Goltd. XXIII, 201).

Der Beweis eines Irrthums kann den Wahrheitsbeweis nicht ersetzen. Berlin 27. Nov. 72, 15. Jan. 73 (O.R. XIII, 631, St. II, 170); Mannheim 24. Mai 73 (bad. Ann. Bd. 40, S. 76). Ebenso wenig kann es in Betracht kommen, daß die Person, an welche die Mittheilung gerichtet war, von dem wahren Sachverhalt Kenntniß gehabt hat. Dresden 22. Jan. 75 (S.G.Z. XIX, 254). Vgl. auch oben N. 6.

10. Als **dolus** wird nur das Bewußtsein der Behauptung von Thatsachen in Beziehung auf einen Anderen u. s. w. erfordert. Vgl. Berlin 15. Jan. 73 (Goltd. XXI, 203, O.R. XIV, 49, St. II, 170), 10. Febr. 75 (St. V, 59); München 15. Juni 72 (bayr. Entsch. II, 184, St. I, 346), 20. Mai 76, 11. Mai 77 (bayr. Entsch. VI, 239, St. VII, 286, Dresden 7. Juni u. 25. Okt. 75 (S.G.Z. XX, 24, 177), Darmstadt 28. Sept. 77 (St. VIII, 140). Daher fällt auch das leichtsinnige Weitererzählen und auf diesem Wege bewirkte Verbreiten ehrenrühriger Thatsachen unter §. 186. Dresden 25. Aug. 71 (St. I, 76, S.G.Z. XV, 281). Der gute Glaube an die Wahrheit der unerweislichen Thatsachen, selbst auf Grund erheblicher Anhaltspunkte, schließt die Strafbarkeit nicht aus. Mannheim 24. Mai 73 (bad. Ann. Bd. 40 S. 76). R.G. I, 30. Okt. 82, **E. VIII**, 171; **IV**, 10. Okt. 84, **R. VI**, 615; II, 28. Sept. 83, **E. IX**, 150. Ob die Erwähnung ehrenrühriger Gerüchte zum Zwecke der Mißbilligung den Vorsatz ausschließt, ist Thatfrage. Mangelt es dem Thäter am Bewußtsein, daß eine Aeußerung auf eine bestimmte Person bezogen werden könne, so fehlt es am Vorsatz. Doch reicht auch Eventualdolus zur Strafbarkeit aus. R.G. IV, 26. Okt. 80, **E. XVIII**, 167, **R. X**, 597. Auch Mangel des Bewußtseins, daß die behauptete Thatsache geeignet sei, den davon Betroffenen verächtlich zu machen oder in der öffentlichen Meinung herabzuwürdigen, schließt den Vorsatz aus. München 8. Jan. 84 u. 14. Febr. 85, 12. Nov. 86, bayr. Entsch. III, 4, 337; IV, 235.

11. Der §. 193 ist in Fällen des §. 186 nicht ausgeschlossen. Dresden 19. Jan. 72 (St. I, 277); Berlin 26. Sept. 72 (Goltd. XX, 531, O.R. XIII, 480, St. II, 97), insbesondere auch dann nicht, wenn der Beleidiger sich bewußt war, daß er den Beweis der Wahrheit nicht liefern könne. R.G. IV, 7. Juni 87, **E. XVI**, 139, **R. IX**, 361.

Bei Verbreitung einer ehrenrührigen Thatsache, welche in einer Gerichtsverhandlung von einem Berechtigten zur Wahrnehmung seiner Interessen gemacht worden ist, daher diesem gegenüber straflos ist, kann der Verbreiter auf die Straflosigkeit nicht Anspruch machen, wenn nicht auch bei ihm die Voraussetzungen des §. 193 zutreffen. Berlin 15. Okt. 74 (Goltd. XXII, 603, O.R. XV, 678).

12. Wegen der Haft vgl. §. 185 N. 16.

13. Oeffentlichkeit vgl. S. 284, 285 ff. Abweichend von den §§. 85, 110, 111 ist hier neben der Oeffentlichkeit nur noch die Verbreitung, nicht der öffentliche Anschlag bez. Ausstellung von Schriften u. s. w. erwähnt. Die Abweichung rechtfertigt sich deshalb, weil im §. 186 das Moment der Oeffentlichkeit nicht durch den Zusatz „vor einer Menschenmenge" eingeschränkt ist, dieses Moment also schon den öffentlichen Anschlag u. s. w. begreift. Ueber Verbreitung vgl. §. 184 N. 3, 4.

Die Oeffentlichkeit der Beleidigung ist nicht dadurch begründet, daß sie an einem öffentlichen Orte begangen wurde; auch nicht dadurch, daß die Möglichkeit vorhanden war, daß Personen anwesend waren, welche sie hören konnten, sondern dadurch, daß wirklich Personen anwesend waren, welche die Beleidigung hören und ihr eine unbegrenzte Verbreitung geben konnten. Berlin 21. Febr. 73 (Goltd. XXI, 291), 17. Dez. 74 (St. IV, 329), 24. Jan. u. 5. April 77 (O.R. XVIII, 67, Goltd. XXV, 146, 333), München 12. Febr. 72 (St. I, 163), Dresden 7. Juli 76 (S.G.Z. XXI, 169). Daher kann auch eine in einem abgegrenzten Raume verübte Beleidigung eine öffentliche sein, Berlin 29. Mai 77 (O.R. XVIII, 353); während die Feststellung, daß ein größerer Kreis von Personen die Beleidigung gehört habe, nicht genügt, Berlin 11. April 77 (O.R. XVIII, 257, Goltd. XXV, 221, St. VI, 99). Als öffentlich erfolgt ist die Beleidigung jedenfalls dann nicht anzusehen, wenn sie nur in einem bestimmten, durch Geschäfte, Freundschaft oder Kollegialität abgegrenzten Kreise geschehen ist. Berlin 5. April 77 (Goltd. XXV, 333), Dresden 7. Juli 76 (S.G.Z. XXI, 168). München 21. Nov. 84, bayr. Entsch. III, 251. Ebenso wenig gilt die Nachrede als durch Verbreitung von Schriften begangen, wenn die Versendung einer solchen nur an eine begrenzte Anzahl von Adressaten erfolgte, ohne daß auch nur der eventuelle Wille des Versenders dahin gerichtet war, daß durch die Adressaten eine unbegrenzte Anzahl von Personen Kenntniß des Inhalts erhalten solle. R.G. III, 27. Sept. 82, **R. IV**, 716.

14. Die Absicht des Thäters muß nicht auf eine öffentliche Beleidigung gerichtet gewesen sein; aber derjenigen Umstände, welche die Oeffentlichkeit begründen, muß der Thäter sich bewußt gewesen sein. Berlin 3. Febr. 71 (O.R. XII, 78).

Ob eine öffentlich begangene Beleidigung allen Anwesenden als solche erkennbar war, oder nur einem Theil derselben, erklärte für gleichgültig Berlin 13. Juli 77 (O.R. XVIII, 532), während Dresden 3. Mai 78 (St. VIII, 156) ohne allgemeine Erkennbarkeit der Beleidigung das Requisit der Oeffentlichkeit verneinte. Letzteres dürfte richtiger sein, denn eine nicht verständliche Beleidigung kann auch nicht in die Oeffentlichkeit dringen.

15. Wenn bei einer Anklage wegen falscher Anschuldigung das Erforderniß der Anschuldigung wider besseres Wissen nicht festzustellen ist, kann die That aus §. 186 verfolgt werden. R.G. I, 8. Dez. 79 (R. I, 121, E. II, 233), 20. Dez. 79 (Ann. I, 348); II, 25. Okt. 81, R. III, 639, I, 22. Dez. 86, R. VIII, 785).

§. 187. **Wer wider besseres Wissen in Beziehung auf einen Anderen eine unwahre Thatsache behauptet oder verbreitet, welche denselben verächtlich zu machen oder in der öffentlichen Meinung herabzuwürdigen oder dessen Kredit zu gefährden geeignet ist, wird wegen verleumderischer Beleidigung mit Gefängniß bis zu zwei Jahren und, wenn die Verleumdung öffentlich oder durch Verbreitung von Schriften, Abbildungen oder Darstellungen begangen ist, mit Gefängniß nicht unter Einem Monat bestraft.**

Sind mildernde Umstände vorhanden, so kann die Strafe bis auf Einen Tag Gefängniß ermäßigt, oder auf Geldstrafe bis zu neunhundert Mark erkannt werden.

Pr. —; E. I. —; E. II. —; St.B. S. 645—652, 1171, 1176.

Vgl. M.St.G.B. §§. 91, 121.

1. Wegen des Unterschiedes des Thatbestandes des §. 187 von dem des §. 186 vgl. zu §. 186 N. 1, 2. — Es gehört insbesondere zum Thatbestande des §. 187 einmal, daß die Thatsachen unwahr sind, und sodann, daß sie wider besseres Wissen, d. h. mit der Kenntniß der Unwahrheit behauptet oder verbreitet werden. Beide Erfordernisse sind von der Anklage zu beweisen. Berlin 28. Jan. 75 (Goltd. XXIII, 123), München 23. Dez. 75 (bayr. Entsch. V, 569), Dresden 3. Nov. 76 (S.G.Z. XXI, 273), Stuttgart 30. Okt. 78 (württ. Ger.-Bl. XV, 145). Der Beweis der Kenntniß der Unwahrheit ist nicht schon in der Feststellung eines Mangels der Ueberzeugung von der Wahrheit der behaupteten Thatsachen gegeben. Berlin 17. Jan. 73 (O.R. XIV, 60, St. II, 161). Eine weiter gehende Ansicht hat Ausdruck gefunden S.G.Z. XIX, 162. Die Freisprechung von der Schuld, eine strafbare Handlung begangen zu haben, ist nicht geeignet, auf die wissentliche Unwahrheit einer Nachrede einen zwingenden Schluß zu begründen, da der Nachredende immerhin glauben konnte, der Bezichtete sei nur nicht überführt gewesen, aber doch Thäter. So auch Binding, Normen II, 612, Hälschner II, 203, Olshausen N. 2.

Bei Prüfung, ob eine Thatsache wahr oder unwahr ist, soll sich der Richter nicht an die Einzelheiten der Behauptungen, sondern an deren Gesammt-Charakter halten. R.G. III, 7. April 80, (R. I, 551, E. II, 3).

Außerdem weicht der §. 187 durch den vom Reichstag beschlossenen Zusatz „oder dessen Kredit zu gefährden" nicht bloß von dem §. 186, sondern von dem Begriff einer Verletzung der Ehre überhaupt ab. —

2. Der §. 187 ist vom Reichstag eingeschoben und dadurch die Auffassung des Entwurfs auf das Wesentlichste alterirt. Unseres Dafürhaltens hätte derselbe hinter dem §. 193 seine richtigere Stelle gefunden. Denn die sämmtlichen in den §§. 190—193 gegebenen Vorschriften können auf die (dolose) Verleumdung keine Anwendung finden oder sind bezüglich derselben überflüssig. (Die Nichtanwendbarkeit des §. 193 auf §. 187 ist angenommen von Berlin 18. Sept. 72, 13. April 77 u. 3. Mai 78 [Goltd. XX, 449, O.R. XVIII, 274; XIX, 243] u. Wolfenbüttel 5. Sept. 73, St. III, 103. A. M. ist Dresden 19. Jan. 72 u. 18. Juli 73, S.G.Z. XVII, 219, St. I, 277 III, 106.) Auch R.G. I, 10. Okt. 81, E. V, 56, R. III, 619

und danach IV, 7. Juni 87, E. XVI, 139, R. IX, 362 erklärten sich prinzipiell für Anwendbarkeit des §. 193 auf §. 187, ohne daß die Voraussetzungen bezeichnet wären, unter welchen die Anwendung erfolgen könnte. Daß eine wissentlich unwahre üble Nachrede in gerechtfertigter Weise geschehen sollte, ist moralisch und rechtlich undenkbar. So auch R.G. III, 29. Okt. 81, R. III, 662, s. ferner, wenn auch mit unrichtiger Begründung Berlin 21. Nov. 89, Goltd. XXXVII, 446. Vgl. übrigens die Bemerkungen zu §§. 190—193; Rubo, Zur Lehre von der Verleumdung, S. 75 ff. und Hälschner, preuß. St.R. II, 3 S. 275.

3. „In Beziehung auf einen Anderen". — Erfolgt die Aeußerung nur in Gegenwart des Angegriffenen, so liegt keine Verleumdung, sondern höchstens eine Beleidigung vor. (Vgl. zu §. 186 N. 4.) Auch muß wie im Falle des §. 186 (vgl. 4 u. 6) von der Behauptung seitens eines Anderen Kenntniß genommen sein. München 4. Jan. 77 (St. VII, 85). S. zu §. 185 N. 7.

4. „Dessen Kredit zu gefährden." -- „Kredit ist die freiwillig eingeräumte Befugniß, über fremde Güter gegen das bloße Versprechen des Gegenwerthes zu verfügen. Offenbar also muß demjenigen, welcher Kredit haben will, sowohl die Fähigkeit, als auch die Redlichkeit zugetraut werden, sein Versprechen zu erfüllen. Wo dies Vertrauen lediglich auf einer Ansicht über die Person des Schuldners beruht, da sprechen wir von Personalkredit, im Gegensatze des auf Pfandrechte gestützten Realkredits (Faustpfand, Hypothek)" — so Roscher, Nationalökonomie, 9. Aufl. S. 174.

In diesem (wirthschaftlichen) Sinne ist das Wort Kredit in §. 187 zu nehmen, wie auch aus den Reichstagsverhandlungen hervorgeht, nicht etwa in dem Sinne, in dem man auch von dem guten Kredit, der Leistungsfähigkeit eines Gelehrten oder Künstlers in der wissenschaftlichen oder künstlerischen Welt zu sprechen pflegt. Der §. 187 will den Anspruch auf jenes Vertrauen in die Fähigkeit und Redlichkeit der Erfüllung von Verbindlichkeiten unter den Schutz des Strafgesetzes stellen und jede dolose Erschütterung desselben ahnden. Die Kommission des Reichstags wollte dieses auf „Gewerbetreibende oder Kaufleute" und damit auf diejenigen, welche vorzugsweise darauf angewiesen sind, Kredit in Anspruch zu nehmen, beschränken. Diese Beschränkung wurde jedoch im Plenum des Reichstags gestrichen, um hier nicht Privilegien bestimmter Stände zu schaffen. Die Bestimmung findet deshalb auf Jeden Anwendung, der in der Lage ist oder in dieselbe kommen kann, Kredit in Anspruch zu nehmen, was nach den thatsächlichen Verhältnissen zu beurtheilen ist. (St.B. S. 645 ff.) — Uebrigens ist auch hier besonderer Nachdruck auf das „wider besseres Wissen" zu legen, da die im kaufmännischen Leben nothwendigen Erkundigungen (sog. Referenzen) nicht haben beeinträchtigt werden sollen und auf solche auch der §. 186, sofern nicht wirklich ehrenrührige Dinge behauptet werden, keine Anwendung findet. (v. Kirchmann zu §. 187.)

Ein Erkenntniß des Ober-Appellationsgerichts zu Berlin vom 29. Nov. 72 beschränkt den Begriff des Kredits auf den Glauben an die Zahlungsfähigkeit und schließt andere Umstände aus, welche auf das geschäftliche Vertrauen, dessen der Kaufmann bedarf, Einfluß haben. (Goltd. XX, 533.) Aehnlich Olshausen N. 6. Vgl. auch Berlin 17. Jan. 79 (Goltd. XXVII, 205), Dresden 3. Nov. 76 (S.G.Z. XXI, 272). Weiter ging Berlin 10. Nov. 76 (Goltd. XXIV, 574) und billigte die Bestrafung der Herabsetzung gewerblicher Leistungen ohne spezielle Beziehung auf den Kredit aus §. 187. Dies dürfte jedoch zu weit gehen, wenn nicht ein betrügliches Gebahren oder dergleichen behauptet ist, welches geeignet ist, in der öffentlichen Meinung herabzuwürdigen.

5. Aus dem unter 4 entwickelten Gesichtspunkt doloser Kreditgefährdung ist auch eine (verleumderische) Beleidigung gegen Erwerbsgesellschaften, namentlich Aktien-, Versicherungs-Gesellschaften sehr wohl denkbar, wie dieses von dem Referenten der Reichstagskommission (Dr. Meyer) hervorgehoben wurde. (Vgl. St.B. S. 651, 1176; Meyer zu §. 185 N. 46.) Der Frage, ob auch in anderer Weise gegen solche Gesellschaften Beleidigungen möglich sind, ist hierdurch nicht präjudizirt. Dieses hob auch der Vorsitzende jener Kommission (Dr. Schwarze) hervor, indem er bemerkte, „die Kommission sei der Meinung gewesen, daß die Worte, „in Beziehung auf einen Anderen" natürlicherweise auch auf eine Mehrheit von Personen anwendbar seien und daher auch Korporationen und Assoziationen mitbegriffen." (St.B. S. 1176.) S. auch Darmstadt 20. Dez. 75 (St. VIII, 140), 5. April 77 (Goltd. XXV, 218).

6. Eines Erfolges bedarf weder die eigentliche Verleumdung, d. h. wissentlich falsche üble Nachrede in Bezug auf die Ehre, noch die sog. Kreditgefährdung. Es bedarf also insbesondere in letzterer Beziehung nicht des Nachweises eines Nachtheils für den Kredit des Angegriffenen.

Hälschner II, 198. Ebenso wenig ist erforderlich, daß die Kreditgefährdung die Ehre berührt, Nachrede der Insolvenz durch unverschuldete Unglücksfälle erfüllt den Thatbestand.

7. Ideale Konkurrenz von §§. 164, 187 wurde angenommen Berlin 9. Nov. 76 (Goltd. XXIV, 567), München 15. April 66 (St. VI, 235).

§. 188*). **In den Fällen der §§. 186 und 187 kann auf Verlangen des Beleidigten, wenn die Beleidigung nachtheilige Folgen für die Vermögensverhältnisse, den Erwerb oder das Fortkommen des Beleidigten mit sich bringt, neben der Strafe auf eine an den Beleidigten zu erlegende Buße bis zum Betrage von sechstausend Mark erkannt werden.**

Eine erkannte Buße schließt die Geltendmachung eines weiteren Entschädigungsanspruches aus.

Pr. —; E. I. —; E. II. §. 184; St.B. S. 645—652.

Vgl. §. 231 u. G. v. 11. Juni 1870 §§. 18, 19; u. die Ges. v. 9. (§. 16), 10. (§. 9), 11. (§. 14) Jan. 1876 (Musterschutz u. s w.).

1. Das Reichsstrafrecht kennt die Buße in folgenden Fällen:

1) In den §§. 188 (Beleidigung) und 231 (Körperverletzung) des Strafgesetzbuchs.
2) Im §. 18 des Gesetzes v. 11. Juni 1870 betr. das Urheberrecht an Schriftwerken u. s. w. (B.G.Bl. S. 336).
3) Im §. 15 des Gesetzes über Markenschutz v. 30. Nov. 1874 (R.G.Bl. S. 143).
4) In den Gesetzen v. 9. Jan. 1876 betr. das Urheberrecht an Werken der bildenden Künste §. 16 (R.G.Bl. S. 4), v. 10. Jan. 1876 betr. den Schutz der Photographien gegen unbefugte Nachbildung §. 9 (R.G.Bl. S. 8), v. 11. Jan. 1876 betr. das Urheberrecht an Mustern und Modellen §. 14 (R.G.Bl. S. 11).
5) Im Patentgesetz v. 25. Mai 1877 §. 36 (R.G.Bl. S. 501).

2. Der Gedanke einer dem Verletzten zu zahlenden Buße — wie er gegenwärtig vom Reichsstrafrecht aufgenommen ist — hatte bereits in dem preuß. Entwurf von 1843 §. 281 seine Stelle gefunden. Die Revision jenes Entwurfs (Revision, Bd. II, S. 99) wies auf die gegen einen solchen Grundsatz zu erhebenden Bedenken und namentlich darauf hin: daß eine solche Vorschrift nur im Zusammenhang mit den civilrechtlichen Grundsätzen über dolus, culpa, Umfang des Schadens, mittelbaren und unmittelbaren Schaden, den Verlust des Gewinnes erlassen werden könne, — daß das richterliche Ermessen ganz unbestimmt sei und zu Willkürlichkeiten führe, — daß auch mit dem Verfahren im Kriminalprozeß die gründliche Erörterung und Entscheidung des Civilpunktes mit Rücksicht auf die Verschiedenheit der Beweismittel, den Instanzenzug und die Rechtsmittel nicht zu vereinigen sei. Es wurde deshalb die Beseitigung beantragt. — Der Entwurf von 1847 gab diesen Bedenken nicht nach. Der §. 209 jenes Entwurfs bestimmte vielmehr:

„Wenn eine Verletzung der Ehre nach der Ueberzeugung des Richters nachtheilige Folgen für die Vermögensverhältnisse, den Erwerb oder das Fortkommen des Beleidigten mit sich führt, so ist neben den oben vorgeschriebenen Strafen auf Antrag des Beleidigten, auch noch eine an denselben zu entrichtende Geldbuße in dem Erkenntnisse auszusprechen, welche jedoch niemals Eintausend Thaler übersteigen darf. Eine solche Geldbuße hat die Eigenschaft einer Civilentschädigung, und die Entscheidung über den Antrag auf dieselbe schließt eine weitere Entschädigung im Wege des Civilprozesses aus."

Die Motive von 1847 (S. 78) bemerken dazu:

„Insofern diesen (ständischen) Erinnerungen die Voraussetzung zu Grunde liegt, daß die angefochtene Bestimmung eine wirkliche und genaue Abschätzung des erlittenen Schadens bezwecke, beruhen dieselben auf einem Mißverständnisse. Eine an die Stelle der Civilentschädigung tretende Privatstrafe jedoch, nach Art derjenigen, welche durch die actio aestimatoria des gemeinen Rechts verfolgt werden konnte, entspricht durchaus dem privatrechtlichen Charakter der Injurie und erspart in vielen Fällen dem Gekränkten die Nothwendigkeit einer Civilklage."

---

*) Literatur: Dochow, Die Buße im Strafrecht und Strafprozeß. Jena 1875; v. Wächter, Die Buße bei Beleidigungen und Körperverletzungen. Leipzig 1874; Sontag in der Kritischen Vierteljahrsschrift für Gesetzgebung und Rechtswissenschaft XVII, 203 ff. Flesch, Die rechtliche Natur der Buße im G.S. Bd. 28, S. 276. S. auch Stenglein im G.S. Bd. 35, S. 282.

Der I. Entwurf zum St.G.B. und nach ihm der II. Entwurf nahmen den Gedanken der Buße wieder auf, indem der §. 184 A. 3 des letzteren bestimmte:

„Auf Verlangen des Verleumdeten kann zu Gunsten desselben neben der Strafe auf eine Buße bis zum Betrage von Eintausend Thalern erkannt werden."

und die Motive (S. 104) bemerken:

„Der Entwurf hielt es für angezeigt, den Strafrichter zu ermächtigen, neben Auferlegung der öffentlichen Strafe den Verleumder überdies noch zur Zahlung einer Privatbuße an den in seinem Rufe Gekränkten zu verurtheilen. Um indessen auch hierbei das Maß der Strafe dem Grade der Verschuldung anpassen zu können, ist das höchste Maß der Privatbuße überhaupt auf 1000 Thaler festgesetzt worden. Uebrigens sollen die etwaigen civilrechtlichen Entschädigungsansprüche des Verleumdeten dadurch, daß der Verleumder zu einer Privatbuße verurtheilt worden ist, in keinerlei Weise geschmälert werden. Auf (einfache) Beleidigungen leidet die Vorschrift keine Anwendung."

Der Reichstag kehrte, wie ausdrücklich ausgesprochen worden (St.B. S. 646), zu der Auffassung des Entwurfs von 1847 zurück und schloß sich der — vom Plenum des Reichstags veränderte — §. 188 auch unter Beschränkung auf die Fälle der §§. 186, 187 an denselben an. Bei §. 185 ist Buße ausgeschlossen. Berlin 20. März 73, O.R. XIV, 214. Deshalb kann auch auf die oben mitgetheilten Motive verwiesen werden. Dies kann nach den Vorschriften der St.P.O. nur dahin noch Geltung haben, daß, wenn wegen Beleidigung die öffentliche Klage aus §. 185 gestellt ist, eine Nebenklage auf Erkennung einer Buße nicht zugelassen werden kann, ebenso wenig wenn die Privatklage nur auf Erkennung einer Strafe gemäß §. 185 gerichtet ist. Zwar ist das Gericht in dem einen Fall so wenig als im anderen nach richtiger Ansicht an die Qualifikation des Antragstellers gebunden, bis zur Verkündung des Urtheils fehlt es aber an einer Prozedur, in welcher auf Buße erkannt werden könnte. Dagegen steht nichts im Wege, daß einem primären Antrage auf Verurtheilung aus §. 186 oder §. 187 mit Zuerkennung einer Buße ein eventueller auf Bestrafung aus §. 185 angereiht wird.

3. Nach dem Wortlaut in Verbindung mit der vorangegebenen Entstehungsgeschichte des Paragraphen hat die Buße — wie ich in Uebereinstimmung mit der namentlich von Dochow vertretenen Ansicht annehme — in ihrem Grundzuge den Charakter einer Entschädigung des Verletzten. (Vgl. auch die Motive zum §. 367 des Entwurfs einer Reichsstrafprozeßordnung Drucks. Nr. 5, 1874 und Protokoll der Reichstags-Kommission vom 22. Sept. 1875.) Die civilrechtlichen Grundsätze und Voraussetzungen des Schadensersatzes binden den Strafrichter bei Abmessung derselben indessen in keiner Weise und können demselben nur als eine Art von Information dienen. Gerade die Schwierigkeit der Feststellung einer Entschädigung nach jenen Grundsätzen ist als eine der Hauptursachen der „Buße" und des freien richterlichen Ermessens zu betrachten, welches letztere nur in dem Höchstbetrage von 6000 Mark eine absolute Schranke findet. Berlin 8. April 75, Goltd. XXIII, 330, O.R. XVI, 276, St. V, 74, nimmt an, daß die Buße keine Strafe, sondern eine Entschädigung sei, ebenso Berlin 7. Dez. 77, 5. März 78 (Goltd. XXV, 530, XXVI, 206, O.R. XIX, 108), Mannheim 78 (bad. Ann. Bd. 44 S. 172); vgl. aber Berlin 24. Jan. 72 (Goltd. XX, 207, O.R. XIII, 73), München 15. Dez. 76 (bayr. Entsch. VI, 600, St. VII, 115).

Eine andere Frage, als die, ob die Höhe der Buße nach civilrechtlichen Grundsätzen zu bemessen, ist jene, ob civilrechtliche Einreden Platz greifen, z. B. die des Verzichts. Dies dürfte zu bejahen sein. Vgl. St. VIII, 85. Einreden aus dem Civilrecht über Statthaftigkeit einer Entschädigung sind unzulässig. R.G. I, 10. Nov. 79 (R. I, 57). Eine andere Form der Buße als die einer einmal zu leistenden Geldsumme ist unstatthaft. München 15. Dez. 76 (bayr. Entsch. VI, 600, St. VII, 115).

4. Voraussetzung der Verhängung der Buße aus §. 188 ist materiell nur: daß die Beleidigung nachtheilige Folgen für das Vermögen oder das Fortkommen mit sich bringt. Diese Voraussetzung ist thatsächlich festzustellen. Es genügt zu derselben aber, daß die Beleidigung jene Folge nach der Ueberzeugung des Richters mit sich bringt, d. h. nach den Umständen nach sich zu ziehen geeignet ist. (So Berlin 28. Nov. 73, Goltd. XXI, 532.) Das „mit sich bringt" kann nur in diesem Sinne (vgl. den Entwurf von 1847 oben unter N. 2) verstanden werden, nicht dahin, daß es solche Folgen bereits mit sich gebracht hat. Andernfalls würde die Vorschrift meist illusorisch sein, man denke z. B. an Fälle der Kreditgefährdung des §. 187 oder die Verleumdung eines verlobten Mädchens. Bei diesem letzteren Beispiele kann man gewiß nicht verlangen, daß die Verlobung bereits rückgängig gemacht sein muß. — So legt

auch Meyer (Referent im Reichstag) §. 188 N. 2 die Vorschrift aus. Vgl. auch Dochow a. a. O. S. 36; ferner Jena 76 (St. VII, 86). Oppenhoff N. 17.

5. Berechtigt zur Buße ist nur der Beleidigte, wenn auch bei der Verfolgung derselben der gesetzliche Vertreter für ihn handeln kann. Mehrere durch eine und dieselbe Handlung beleidigte Personen haben je einen persönlichen Anspruch auf Buße.

6. Im §. 188 fehlt die im §. 231 enthaltene Bestimmung, daß mehrere zu der Buße Verurtheilte als Gesammtschuldner haften. In der Regel würden allerdings von mehreren an einer Beleidigung Betheiligten ein Jeder eine solche begehen. Indessen muß jener Grundsatz des §. 231 auf die (möglichen) Fälle der Theilnahme, namentlich z. B. Anstiftung, ebenfalls, als aus allgemeinen Grundsätzen folgend, Anwendung finden, da die Privatbuße immerhin ein Surrogat der Entschädigung ist. Selbstredend kann der Richter den Einen der zur Strafe Verurtheilten auch zu der Buße verurtheilen, den Anderen dagegen nicht. Der Letztere haftet dann überhaupt nicht. Gl. M. Berner S. 228; H. Meyer S. 429; Herzog im G.S. Bd. 27 S. 204, Flesch das. Bd. 28 S. 301; Olshausen N. 9. A. M. Hälschner I, 603, N. 5, der Jedem eine gesonderte Buße auferlegt wissen will.

7. Die R.St.P.O. geht bei ihren Bestimmungen über die Buße davon aus, daß dieselbe ihrer rechtlichen Natur nach nicht sowohl als Strafe, denn als Entschädigung aufzufassen sei. (Motive zu §. 367 Drucks. des Reichst. Nr. 5 1874.) R.G. I, 25. April 87, E. XV, 439, R. IX, 279. In den Verhandlungen fand jedoch auch ihr Charakter als Privatstrafe Vertretung (v. Schwarze s. Protokoll vom 22. Sept. 1875). Prozessual ist jedoch diese Unterscheidung von geringem Belang. Die §§. 443—446 St.P.O. bestimmen, daß die Buße nur vom Privatkläger oder in der Form der Nebenklage verlangt werden kann, daß der Antrag auf Zuerkennung einer Buße bis zur Verkündung des Urtheils I. Instanz gestellt und zurückgenommen, ein zurückgenommener Antrag nicht erneuert werden kann; der Antrag kann jedoch stets gestellt werden, wenn die Sache in I. Instanz schwebt, also auch, wenn das Urtheil aufgehoben und die Sache in die I. Instanz zurückverwiesen ist. R.G. I, 25. April 87, s. oben. Freisprechung des Angeklagten, Einstellung des Verfahrens und Erledigung der Sache ohne Urtheil erledigt auch den Antrag. Der Anspruch kann gegen die Erben nicht erhoben oder fortgesetzt werden und darf über den Betrag, welchen der Antragsteller anzugeben hat, nicht erkannt werden. Endlich ist nach §. 495 die erkannte Buße nach den Vorschriften über die Vollstreckung der Urtheile der Civilgerichte zu vollziehen.

Löwe, Komment. z. St.P.O. N. 1, ebenso Stenglein, Komment. z. St.P.O. N. 1 nehmen an, daß der Privat- oder Nebenkläger das Verlangen nach Buße noch mündlich in der Hauptverhandlung stellen könne, ersterer, daß die Zurücknahme des Antrags auch noch in der höheren Instanz erfolgen könne, mit anderen Worten, daß die Worte „des Urtheils“ im zweiten Absatze des §. 444 St.P.O. eine andere Bedeutung als die Worte „des Urtheils erster Instanz“ in Abs. 1 haben. Dies dürfte mit Stenglein N. 5 dahin zu beschränken sein, daß das Definitivurtheil sowohl in I. als II. Instanz gemeint ist; nicht aber das Revisionsurtheil, weil die Revisionsinstanz nur die Legalität des Verfahrens zu prüfen, nicht aber Erklärungen über den Bestand des Instanzurtheils entgegenzunehmen und darnach das Urtheil abzuändern hat.

8. Wenn auch die Buße die Stelle der Entschädigung einnimmt (vgl. München 5. Okt. 88, bayr. Entsch. V, 174), so ist ihre Höhe doch in das Ermessen des Gerichts gestellt und von einem Beweis des verursachten Schadens nicht abhängig, wenn auch, insofern Beweise dargeboten sind, dadurch beeinflußt. Hieraus folgt, daß der Anspruch nicht wegen Mangels eines Nachweises über die Höhe eines Schadens zurückgewiesen werden kann, sondern nach bestem Ermessen des Gerichts zu bestimmen ist. R.G. II, 20. Juni 82, E. VI, 398, R. IV, 590; auch I, 18. März 80, E. I, 328, R. I, 493; III, 1. Juli 82, E. VII, 12, R. IV, 662; II, 9. März 88, E. XVII, 190, R. X, 224. Die Buße soll jedoch als einmal zu zahlende Summe, nicht in Form einer Rente zuerkannt werden. R.G. IV. 24. Febr. 88, E. XVII, 178.

Ueber das Maß, welches der Beleidigte als Buße verlangt, darf der Richter beim Zuerkennen nicht hinausgehen. (§. 445 St.P.O.)

9. Auf Buße kann auch im Falle der Idealkonkurrenz von Beleidigung mit anderen Delikten erkannt werden, wenn die Strafe aus einem Strafgesetze erkannt wird, das Buße nicht zuläßt. R.G. II, 22. Mai 85, E. XII, 224, R. VII, 321.

10. Die relative Rechtskraft eines Urtheils, das nur in Folge eines Rechtsmittels des Beleidigers aufgehoben wurde, steht dem Erkennen einer Buße bei erneuter Aburtheilung nicht entgegen. R.G. I, 25. April 87, E. XV, 439.

§. 189. Wer das Andenken eines Verstorbenen dadurch beschimpft, daß er wider besseres Wissen eine unwahre Thatsache behauptet oder verbreitet, welche denselben bei seinen Lebzeiten verächtlich zu machen oder in der öffentlichen Meinung herabzuwürdigen geeignet gewesen wäre, wird mit Gefängniß bis zu sechs Monaten bestraft.

Sind mildernde Umstände vorhanden, so kann auf Geldstrafe bis zu neunhundert Mark erkannt werden.

Die Verfolgung tritt nur auf Antrag der Eltern, der Kinder oder des Ehegatten des Verstorbenen ein.

Pr. — (preuß. Entw. von 1847 §. 201; Bayern Art. 265; Sachsen Art. 246); E. I. —; E. II. §. 165; St.B. S. 641, 654, 656 (Drucks. Nr. 85).

1. Dieser Paragraph war von dem II. Entwurf in dem Abschnitt XI: „Vergehen, welche sich auf die Religion beziehen", untergebracht und die Motive bemerken:

„Das Recht eines Menschen auf Ehre kann als ein rein persönliches sein Leben nicht überdauern; ein Verstorbener kann somit nicht beleidigt werden, und eine Familienehre kennt das Gesetz nur insoweit, als sie mit der persönlichen Ehre der lebenden Familiengenossen zusammenfällt. Das Strafgesetz aber schützt berechtigte religiöse Gefühle gegen rohe Verletzungen, und wenn es die Störung des Gräberfriedens, den beschimpfenden Unfug an einem Grabe mit Strafe bedroht, so hat es dabei die Pietät der Lebenden im Auge. In demselben Geiste darf es seinen Schutz gegen frevelhafte Verletzung dem reinen und tiefen Gefühle nicht versagen, mit welchem der Ueberlebende seines verstorbenen Vaters, seiner Mutter, seines Kindes oder seines Ehegatten gedenkt. Wer das Andenken der Todten verleumderisch beschimpft, verwundet den Nachgebliebenen tiefer, als es vielleicht eine persönliche Beleidigung vermöchte. Das Gesetz muß daher auch hier einen Weg zu sühnender Genugthuung eröffnen. . . Indem der Paragraph zur Verfolgung der Verunglimpfung einen Antrag erfordert, und den Kreis der Antragsberechtigten auf diejenigen Personen beschränkt, welche durch die nächsten Familienbande dem Verstorbenen verbunden gewesen, ist den Einwendungen begegnet, welche man gewöhnlich gegen eine solche Bestimmung daraus herleitet, daß durch dieselbe die freie Beurtheilung geschichtlicher Personen beeinträchtigt werde."

Der Reichstag verwies den Paragraphen in den Abschnitt „Beleidigung" und änderte den Thatbestand nach Maßgabe der Vorschriften des §. 187 über verleumderische Beleidigung.

2. Unter Eltern sind die unmittelbaren Eltern (eheliche und außereheliche), die Kinder (ersten Grades), also nicht weitere Ascendenten bez. Descendenten zu verstehen. (Vgl. die vorstehenden Motive.) Adoptiv-, Schwieger-, Stiefverwandtschaft begründet keine Berechtigung zur Stellung des Antrags. A. M. nur Rubo N. 10. Jeder Elterntheil und jedes Kind ist selbständig antragsberechtigt; die Wittwe auch nach erfolgter Wiederverheirathung; so auch Olshausen N. 5, Oppenhoff N. 7. A. M. Blum N. 11.

3. Unter beschimpfen ist nicht der Begriff einer groben Schmähung zu verstehen, sondern nur (**verb.** dadurch beschimpft, daß u. s. w.) der Thatbestand der Verleumdung nach §. 187, jedoch angewendet auf den Verstorbenen. R.G. III, 14. Dez. 81, R. III, 798.

4. Die zu 2 erwähnten Personen können auch Privatklage erheben (§. 414 St.P.O.), sowie einer gemäß §. 416 das. erhobenen öffentlichen Klage als Nebenkläger sich anschließen (§. 435).

§. 190. Ist die behauptete oder verbreitete Thatsache eine strafbare Handlung, so ist der Beweis der Wahrheit als erbracht anzusehen, wenn der Beleidigte wegen dieser Handlung rechtskräftig verurtheilt worden ist. Der Beweis der Wahrheit ist dagegen ausgeschlossen, wenn der Beleidigte wegen dieser Handlung vor der Behauptung oder Verbreitung rechtskräftig freigesprochen worden ist.

Pr. §. 157; E. I. §. 171; E. II. §. 185; St.B. S. 655.

Vgl. §. 164.

1. Der Entwurf, welcher als Verleumdung nur den jetzt im §. 186 vorgesehenen Thatbestand der Behauptung nicht erweislicher Thatsachen vor Augen hatte, mußte natürlicher-

weise dazu gelangen, für die Führung des Beweises gewisse Grundsätze aufzustellen. Wie zum Thatbestand des Vergehens nur das formale Merkmal der Nicht-Erweislichkeit gehörte, so war es eine weitere Konsequenz, wenn, sofern strafbare Handlungen in Frage stehen, die Zulässigkeit oder Unzulässigkeit des Beweises von dem Vorhandensein eines Anspruchs, der nach anerkannten Rechtsgrundsätzen über die Wahrheit oder Unwahrheit die formale Entscheidung bringt, abhängig gemacht wurde. Denn für den Thatbestand des §. 186 kommt es auf die materielle Wahrheit und auf den bösen Glauben gar nicht an. Jenen Gesichtspunkt nun hob der Entwurf für verurtheilende und für freisprechende Erkenntnisse scharf hervor und ließ, wenn zur Zeit der Aburtheilung ein rechtskräftiges Erkenntniß ergangen war, dieses maßgebend sein. Diesem formellen, den Charakter des Vergehens berücksichtigenden Standpunkte entsprach es nicht, wenn der Reichstag am Schluß die Worte: „vor der Behauptung oder Verbreitung" einschob. Diese Einschaltung würde nur dann einen Grund für sich haben, wenn der Beleidiger auch Kenntniß von der Freisprechung gehabt hätte. Dieses verlangt der §. 190 aber nicht und es folgt keineswegs aus allgemeinen Grundsätzen. Mit viel größerem Rechte könnte der Beleidigte, dessen Verurtheilung erst nach erfolgter Beleidigung erfolgt, verlangen, den Beweis seiner Unschuld zu führen. Im gegenwärtigen System kann jene Einschaltung nur als ein Mißverständniß bezeichnet werden, welches an ungelegener Stelle der **bona fides** des Beleidigers ein Zugeständniß macht, das sich mit den übrigen Bestimmungen des Gesetzbuches nicht verträgt. Auf **bona fides** kommt es nur bei dem vom Reichstag eingeschobenen §. 187 an, auf diesen aber kann der §. 190 überhaupt keine Anwendung finden. (Vgl. N. 2 und §. 193 N. 13.)

2. Bei der Feststellung des Thatbestandes des §. 187, „verleumderische Beleidigung", kommt es lediglich auf materielle Wahrheit und deshalb darauf an: einmal festzustellen, daß die Thatsachen unwahr sind, und dann, daß der Beleidiger dieses gewußt hat. Solchen Erfordernissen gegenüber ist die sogenannte formale oder juristische Wahrheit und deren Mittel, das rechtskräftige Erkenntniß, ohne Gewicht. Diesem Gedanken würde es widersprecheu, wenn man den §. 190 auch auf den §. 187 beziehen wollte. Einer solchen Annahme steht aber auch der Wortlaut des Gesetzes entgegen. Die Ausdrücke: „der Beweis der Wahrheit ist als erbracht anzusehen," und „der Beweis der Wahrheit ist ausgeschlossen", haben einen natürlichen Sinn nur, soweit es sich um die Erweislichkeit von Thatsachen handelt, sie können sprachlich unmöglich auf den Fall bezogen werden, wo es sich um den Beweis der Wahrheit niemals, sondern lediglich und allein um den Beweis der Unwahrheit handelt. Wollte man es übrigens für möglich halten, den §. 190 auch auf §. 187 zu beziehen, so würde hierbei der unter 1 gedachte, aus der Einschaltung des Reichstags hervorgehende Widerspruch noch viel schärfer hervortreten. Danach würde sich der Beleidiger, auch wenn er sich **in dolo malo** befindet, immer auf ein verurtheilendes Erkenntniß berufen können und dem irgend einem Zufall in dem Untersuchungsverfahren erlegenen Beleidigten kein Mittel offen stehen, seine Unschuld darzuthun, während letzterer auf ein freisprechendes Erkenntniß, welches erst nach der Behauptung u. s. w. ergangen wäre, sich nicht berufen könnte. Hiernach kann (vgl. die Bemerkung zu §. 187 N. 2) die Einschaltung des §. 187, gegen dessen materielle Begründung nichts zu erinnern ist, hinter §. 186 nur als unzulässig und auf einem Versehen beruhend betrachtet werden. Abgesehen von den legislatorischen Gründen, die für die vorstehend vertheidigte Meinung sprechen (vgl. Hälschner, preuß. St.R. II, 1 S. 275 ff.; Rubo S. 60 ff.), ist hiernach der §. 190, ohne dem Sinne und dem Wortlaute des Gesetzes Zwang anzuthun, nicht auf den §. 187 zu beziehen. (Vgl. auch Meyer §. 190 N. 1 und Dochow in H.H. III, 361.)

A. M. und wollen §. 190 auch auf §. 187 und konsequent auch auf §. 189 beziehen: Hälschner II, 202, H. Meyer S. 609, Olshausen N. 4; Puchelt N. 1, v. Wächter S. 392. Auch auf die Ausnahmefälle, in welchen bei Anwendung des §. 185 ein Wahrheitsbeweis vorkommt, wollen §. 190 beziehen: Hälschner II, 204, v. Wächter S. 392, Oppenhoff N. 1; v. Schwarze N. 4, Dochow in H.H. III, 361, v. Liszt S. 362. S. dagegen Olshausen N. 4.

3. Strafbare Handlungen, d. h. nach der konstanten Sprachweise des Entwurfs nur: Verbrechen, Vergehen und Uebertretungen, also namentlich nicht Disziplinarvergehen. Gl. M. H. Meyer S. 609, Olshausen N. 1, v. Schwarze im G.S. Bd. 32, S. 577. (Vgl. §. 164. A. M. v. Kirchmann N. 1, Oppenhoff N. 2, Rubo N. 2.

4. Ist die Freisprechung des Beleidigten erst nach der Behauptung oder Verbreitung verächtlich machender oder herabwürdigender Thatsachen erfolgt, muß der Beweis der Wahrheit zu-

gelassen werden. Berlin 22. Juni 77 (Goltd. XXV, 531). Es hat in diesem Urtheil den Anschein, als ob das Obertribunal §. 190 auch auf §. 187 bezogen haben wolle.

5. Als Freisprechung kann kein das Verfahren nur formell beendender Beschluß oder Urtheil angesehen werden, wie das außer Verfolgung setzen, Einstellen des Verfahrens und dgl. Aber auch ein in der Sache ergangenes Urtheil, welches eine Schuld feststellt, jedoch aus irgend einem Grund nicht auf Strafe erkennt, kann nicht als Freisprechung in dem hier entscheidenden Sinn betrachtet werden, und hierzu muß auch der Fall der Verjährung gerechnet werden. Es muß vielmehr, um die Voraussetzung des letzten Satzes des §. 190 zu erfüllen, eine Schuldlossprechung erfolgt sein. So auch Olshausen N. 3, Rubo N. 5. Zweifelhaft ist es jedoch, wenn Freisprechung wegen Strafunmündigkeit oder mangelnder Einsicht erfolgt ist. In solchen Fällen wird es darauf ankommen, was behauptet worden war. War die nackte That behauptet worden und diese ist festgestellt, wenn auch als eine wegen Jugend nicht strafbare, so ist dadurch der Beweis der Wahrheit geliefert. Ging aber die Behauptung auf ein strafbares Thun der jugendlichen Person, also war z. B. eine Erzählung dahin gerichtet, daß eine noch nicht 18 Jahre alte Person mit Einsicht in die Strafbarkeit ein Delikt begangen habe, so ist durch die Freisprechung wegen mangelnder Einsicht der weitere Beweis der Wahrheit ausgeschlossen.

6. Die Weigerung der Staatsanwaltschaft, öffentliche Klage zu erheben, berechtigt das Gericht nicht, den angebotenen Beweis der Wahrheit abzulehnen. Stuttgart 27. Nov. 78 (württ. Ger.Bl. XV, 310). R.G. I, 22. Dez. 79 (E. I, 40).

§. 191*). **Ist wegen der strafbaren Handlung zum Zwecke der Herbeiführung eines Strafverfahrens bei der Behörde Anzeige gemacht, so ist bis zu dem Beschlusse, daß die Eröffnung der Untersuchung nicht stattfinde, oder bis zur Beendigung der eingeleiteten Untersuchung mit dem Verfahren und der Entscheidung über die Beleidigung inne zu halten.**

Pr. §. 159; E. I. §. 169; E. II. §. 186; St.B. S. 655.

Vgl. §§. 69, 164.

1. In folgerichtiger Anwendung des zu §. 190 N. 1, 2 und §. 187 N. 2 Ausgeführten ist auch der §. 191 nur auf den §. 186 zu beziehen. Namentlich findet der Paragraph auch nicht auf §. 185 Anwendung, selbst wenn es sich um den Beweis von Thatsachen handeln sollte, die als Umstände gegen den animus injuriandi oder als Strafmilderungsgründe in Betracht kommen. Berlin 4. Juli 72, O.R. XIII, 385, welches zweifelhaft läßt, ob es Anwendbarkeit auf §§. 186 und 187 oder nur auf §. 187 annimmt. Ersteres thun Olshausen N. 1, v. Schwarze N. 1. Dagegen: Hälschner II, 205 u. Zimmermann im G.S. Bd. 28, S. 435 nehmen an, daß sich §. 191 auf die §§. 185—187 beziehe.

2. Als „strafbare Handlungen" können hier ebenso wie im §. 190 nur Verbrechen, Vergehen und Uebertretungen verstanden werden. R.G. II, 9. Mai 84, E. X, 381.

Die Bestimmung ist deshalb auch nicht auf die Civilklage gegen einen Richter wegen Pflichtwidrigkeit auszudehnen. Berlin 10. Mai 78 (Goltd. XXVI, 330).

3. Als Anzeige ist eine solche bei der zuständigen Verfolgungsbehörde (vgl. §. 156 St.P.O.), aber auch eine solche bei einer Behörde zu betrachten, welche verpflichtet ist, dieselbe an die zuständige Behörde abzugeben. R.G. I, 26. Febr. 85, E. XII, 53. Auch der Antrag, eine eingestellte Untersuchung wieder aufzunehmen, kann als Anzeige betrachtet werden. Jena 77 (Thüring. Bl. V, 159). Es begründet keinen Unterschied, ob die Anzeige vor oder nach Einleitung des Verfahrens wegen Beleidigung gemacht wurde.

4. So lange das Verfahren schwebt, ruht die Verjährung. (Vgl. §. 69.) R.G. II, 16. Dez. 79 (Goltd. XXVII, 452). Die Verjährung beginnt also wieder, sobald das Verfahren beendet ist, gleichviel, auf welche Art und ob mit oder ohne ein Resultat. Ist dieses Resultat eine rechtskräftige Verurtheilung des Beleidigten, so hat gemäß §. 190 der Wahrheitsbeweis als gelungen zu gelten; ist es eine Freisprechung in dem §. 190 N. 5 erläuterten Sinn, so ist ein weiterer Beweis der Wahrheit ausgeschlossen. In allen anderen Fällen kann der Beleidiger den Beweis der Wahrheit in dem Verfahren wegen Beleidigung durch alle zulässigen Beweismittel zu führen versuchen.

Etwas enger scheinbar Olshausen N. 5.

---

*) S. Zimmermann im G.S. Bd. 28, S. 432.

Als Beschluß, „daß die Eröffnung einer Untersuchung nicht stattfinde", ist auch die Erklärung der Staatsanwaltschaft zu verstehen, daß sie eine Verfolgung nicht eintreten lassen werde. Berlin 31. Jan. 79 (O.R. XX, 59).

5. Der von einem der Verleumdung Angeklagten erbotene Wahrheitsbeweis darf nicht lediglich aus dem Grunde abgelehnt werden, weil der Antrag: mit dem Verfahren bis zu dem Beschlusse, ob gegen den angeblich Verleumdeten die Eröffnung einer Untersuchung stattfinde, inne zu halten, zurückgewiesen worden ist. Berlin 12. September 73 (O.R. XIV, 529, St. III, 59).

6. Das Innehalten mit dem Verfahren über die Beleidigung steht nicht im Ermessen des Gerichts, sondern muß stattfinden, wenn die Vorbedingungen geboten und dem Gericht bekannt sind. Jena 77 (Thüring. Bl. V, 159). R.G. I, 26. Febr. 85, E. XII, 53. Gl. M. Olshausen N. 6, v. Schwarze G.S. Bd. 32, S. 574.

§. 192. Der Beweis der Wahrheit der behaupteten oder verbreiteten Thatsache schließt die Bestrafung nach Vorschrift des §. 185 nicht aus, wenn das Vorhandensein einer Beleidigung aus der Form der Behauptung oder Verbreitung oder aus den Umständen, unter welchen sie geschah, hervorgeht.

Pr. §. 158; E. I. §. 168; E. II. §. 187; St.B. S. 655.

1. Auch der §. 192 bezieht sich nur auf §. 186, wenngleich sachlich der Grundsatz des §. 192 auch auf verleumderische Beleidigungen Anwendung finden muß. Es wiederholen sich jedoch hier die Kontroversen wie bei §. 190 u. §. 191.

2. Ueber den Sinn der Worte „wenn das Vorhandensein einer Beleidigung — hervorgeht," vgl. §. 193 N. 2.

3. Der Beweis der Wahrheit darf nicht bei Seite gesetzt werden, wenn das Gericht findet, daß jedenfalls eine Bestrafung aus §. 185 erfolgen werde. R.G. III, 11. Febr. 80 (R. I, 339, E. I, 260).

4. Aus der Vorschrift des §. 192 (u. 193) ist der Unterschied der §§. 185 und 186 zu entnehmen. Zu §. 186 — den dolus angehend — ist nichts weiter erforderlich, als das Bewußtsein der Behauptung ehrenkränkender Thatsachen, deren Beweis man nicht sicher hat, einerlei, welche Ansicht der Beleidiger über die Wahrheit der Thatsachen hatte oder nicht. Die Motive bemerken hierüber zu §. 190 (E. §. 185) S. 105:

> „Der Beweis der Wahrheit schließt überhaupt den Thatbestand der strafbaren Handlung aus, falls wirklich nicht mehr seitens des Thäters geschah, als daß er wahre Thatsachen kundgegeben. Geht die Handlung des Thäters über diese Grenzen hinaus, so kann sie auch nicht mehr auf den Schutz des Gesetzes rechnen; sie ist sodann geeignet, das Vorhandensein einer Beleidigung zu objektiviren."

und ferner zu §. 192 (E. §. 187) S. 105, 106:

> „Der Beweis der Wahrheit kann den Angeschuldigten nur soweit schützen, als seine Behauptung, daß seine als beleidigend denunzirten Mittheilungen auf wahren Thatsachen beruhen, in Frage kommt. Insoweit der Angeschuldigte ein Mehreres gethan hat, als diese Thatsachen kundgegeben, kann er auch nicht durch den hierauf beschränkten Beweis der Wahrheit geschützt werden. Dasjenige, was hierüber hinausgeht, unterliegt wieder der Würdigung des Richters, welcher festzustellen haben wird, ob nicht hiermit die dem Angeschuldigten beigemessene Handlung nunmehr ihrem ganzen Inhalte nach den Charakter einer ehrverletzenden annimmt; das Beleidigende liegt sodann nicht an sich in den für die Ehre nachtheiligen Thatsachen, sondern in der Art und Weise der Mittheilung und in den Umständen, welche diese Mittheilung begleiteten."

Hiernach erscheint der §. 186 als eine Ausnahme von dem nach §. 185 N. 3—6 allgemein für Beleidigungen maßgebenden Prinzip rücksichtlich des animus injuriandi, der §. 192 unterwirft den Thatbestand des §. 186 aber wieder der Regel des §. 185. Es genügt aber nicht das Bewußtsein, etwas Beleidigendes, wenn auch Wahres ausgesprochen zu haben, um eine Verurtheilung aus §. 185 zu begründen. R.G. III, 29. Jan. 81, E. III, 328.

Ist der Beweis der Wahrheit geführt, so folgt hieraus nicht die Freisprechung, bez. Abweisung der Klage, vielmehr ist zu prüfen, ob das Vorhandensein einer Beleidigung aus der Form der Behauptung u. s. w. hervorgehe. Berlin 19. April 72 (Goltd. XX, 256). Dresden 30. Dez. 89, Goltd. XXXVIII, 73. München 7. Juni 85, bayr. Entsch. III, 406. Hiermit steht nicht im Widerspruch R.G. III, 13. Okt. 80, E. II, 379, wie Olshausen N. 3 annimmt.

Die Pflicht der Prüfung, ob eine strafbare Handlung vorliege, hat der Richter unbedingt. Nur darüber entscheiden die Umstände, insbesondere das Vorbringen der Prozeßbetheiligten, ob er auch die Pflicht habe, das Resultat seiner Prüfung in den Urtheilsgründen zu erörtern. Dies allein betont das Reichsgericht.

5. Uebrigens ist der Beweis der Wahrheit auch bei einfachen Beleidigungen nicht ausgeschlossen, worauf auch die Motive zu §. 190 (S. 105) hinweisen:

„Der Beweis der Wahrheit kann als Strafausschließungsgrund nur bei der Anschuldigung einer Verleumdung, nicht aber bei der (einfachen) Beleidigung in Betracht kommen. Allein geradezu ausgeschlossen ist er bei Beleidigungen insofern nicht, als mit ihm nach Befinden seitens des Angeschuldigten auch bei der einfachen Beleidigung ein geringerer Grad seiner Verschuldung nachgewiesen werden kann."

Vgl. Berlin 8. Okt. 73 (O.R. XIV, 614) und 2. Juli 74 (Goltd. XXII, 500, O.R. XV, 467).

§. 193*). Tadelnde Urtheile über wissenschaftliche, künstlerische oder gewerbliche Leistungen, ingleichen Aeußerungen, welche zur Ausführung oder Vertheidigung von Rechten oder zur Wahrnehmung berechtigter Interessen gemacht werden, sowie Vorhaltungen und Rügen der Vorgesetzten gegen ihre Untergebenen, dienstliche Anzeigen oder Urtheile von Seiten eines Beamten und ähnliche Fälle sind nur insofern strafbar, als das Vorhandensein einer Beleidigung aus der Form der Aeußerung oder aus den Umständen, unter welchen sie geschah, hervorgeht.

Pr. §. 154; E. I. §. 165; E. II. §. 188; St.B. S. 647 ff., 655.

1. Vgl. über die Bedeutung dieses Paragraphen die Bemerkungen zu §. 185 N. 6 u. 19 und §. 187 N. 2.

2. Im preuß. St.G.B. war an Stelle der Worte „das Vorhandensein einer Beleidigung" hier im §. 193 wie in dem §. 192 (vgl. preuß. St.G.B. §§. 154, 158) gesagt: „Die Absicht zu beleidigen". — An diese Worte knüpfte sich in Preußen die Kontroverse: ob nicht in den unter §. 154 zu subsumirenden Fällen zur Feststellung einer Beleidigung ein Mehreres gehöre, als in dem gewöhnlichen Falle der Beleidigung, namentlich: eine auf die Ehrenkränkung gerichtete Absicht. Letzteres wurde namentlich in der Praxis des Obertribunals angenommen. Dagegen vgl. Hälschner preuß. St.R. S. 261—264 und John, Kritik S. 214 ff., von denen der erstere (S. 264) bemerkt:

„Die Bedeutung des §. 154 ist daher nur die, daß bei dem Mangel einer positiven Normirung des Thatbestandes der Ehrverletzung derselbe negativ insoweit normirt wird, als darauf aufmerksam gemacht werden soll, daß nicht eine jede kränkende Aeußerung schon als Ehrenkränkung, nicht jede Kränkung der Ehre als eine rechtswidrige und strafbare anzusehen sei, daß es vielmehr bei der Beleidigung auf die in der Handlung sich kundgebende rechtswidrige Absicht, die Ehre zu verletzen, ankomme. Dagegen ist es durchaus unzulässig, auf Grund des §. 154 zwei Klassen von Beleidigungen unterscheiden zu wollen, solche, bei denen es der Festellung der Absicht zu beleidigen oder auch dieser Absicht selbst nicht bedürfe, und solche, bei denen diese Absicht ein wesentliches Merkmal des Thatbestandes sei und ohne ausdrückliche Feststellung erfordert werde, wobei dann in letzterer Beziehung nicht die formale Absicht, sondern das Motiv des Thäters gemeint ist."

Es wird kaum des Hinweises bedürfen, daß die von der Bundeskommission bei Aufstellung des II. Entwurfs vorgenommene Abänderung den Zweck hatte, es erkennbar zu machen, daß das Vorhandensein einer Beleidigung gesetzlich hier im §. 193 (und in dem vorhergehenden §. 192) von keinen anderen Requisiten abhängig gemacht werden solle, als in dem §. 185. Die Bundeskommission kehrte damit zu der Auffassung des preuß. Entwurfs von 1847 §. 198 zurück und folgte dem Vorgange Oldenburgs, welches (Art. 147) bei Annahme des preuß. St.G.B. diese Aenderung vorgenommen hatte, worüber die Oldenburger Motive (S. 218) bemerken: Die Aenderung sei erfolgt, „um den Zweifeln keinen Raum zu geben, als ob man sonst eine kulpose Injurie annehmen könne oder der animus injuriandi besonders dargethan sein müsse." Die diesseitigen Motive sagen:

---

*) Literatur: John in Z. f. d. ges. St.R. I, 277; v. Buri im G.S. Bd. 33, S. 421; Kronecker im G.S. Bd. 38, S. 481; Frank in Goltd. XXXV, 36; Rump ebendas. S. 370; Wilhelm im G.S. Bd. 45, S. 161.

„In den Fällen dieses Paragraphen ist zwar ein bewußtes vorsätzliches Handeln des Thäters vorhanden, aber entweder ist die Handlung überhaupt mit Rücksicht auf den Gegenstand derselben ungeeignet, den Schluß auf einen rechtswidrigen Willen zu gestatten, oder es ist zwar die Handlung an sich wohl dazu geeignet, aber die Umstände, unter denen sie geschieht, lassen einen solchen Schluß nicht zu. Andererseits ist nicht zu verkennen, daß trotzdem in allen solchen Fällen die Aeußerung unter Umständen oder in einer Form geschehen kann, daß die Absicht zu beleidigen unverkennbar hervortritt und hiermit die Rechtmäßigkeit, ja selbst die Pflichtmäßigkeit der Handlung, durch welche die Annahme einer Beleidigung ausgeschlossen sein würde, nicht mehr als das maßgebende Moment in der Handlung sich darstellt. Werden derartige Umstände 2c. nachgewiesen, so wird auch mit ihnen der Thatbestand der Beleidigung festgestellt sein."

Wenn man sich für die entgegenstehende Meinung auf diese Motive berufen will, so hat dieses für die rechtliche Qualifikation dieser Fälle der Beleidigung keinen Grund. Thatsächlich mag es sich allerdings in vielen Fällen so gestalten, daß, um überhaupt das Vorhandensein einer Beleidigung annehmen zu können, die Absicht zu beleidigen hervortreten muß. Das ist dann aber lediglich quaestio facti. Hiernach erscheint es unzulässig, für die Auslegung des §. 193 auf die sonstige Rechtsprechung insoweit zurückzugreifen, als dieselbe die besondere Feststellung der beleidigenden Absicht für geboten erachtete. Die Feststellung ist jedoch in zahlreichen Entscheidungen für nothwendig erachtet worden, z. B. Berlin 14. Juni 73, 26. Nov. 74, 16. Juli 75 — Goltd. XXI, 533, O.R. XIV, 422; XV, 815; XVI, 551; St. III, 9; IV, 331 —, München 12. Sept. 73, 21. Febr. 74, bayr. Entsch. III, 353 —, St. III, 321; wogegen Stuttgart 8. Okt. 73 (St. III, 186, württ. Ger.Bl. VII, 316), 10. Febr. 75 (St. IV, 326, württ. Ger.Bl. IX, 222), Dresden 18. Juli u. 1. Sept. 73 (S.G.Z. XVII, 218, St. III, 317), Berlin 16. Juli 77 (O.R. XVIII, 539) die Feststellung eines wissentlichen rechtswidrigen Angriffs auf die Ehre des Verletzten für genügend erachtet und Mannheim 18. April 74 (St. IV, 330) die Feststellung besonderer Umstände verlangt, aus denen zu entnehmen sei, daß der Beschuldigte sich bewußt gewesen, die Aeußerung nicht lediglich zur Wahrnehmung von Rechten oder berechtigten Interessen zu thun.

Neigte nach dem Vorhergehenden schon die ältere Praxis vorwiegend dahin, daß die Feststellung der beleidigenden Absicht im Falle des §. 193 nothwendig sei, so thut dies die neuere noch viel entschiedener. Ein Urtheil Berlin 7. Mai 78 (Goltd. XXVI, 328) entwickelte dies sehr richtig dahin, daß die an und für sich jeder Beleidigung anhaftende Rechtswidrigkeit durch ein entgegenstehendes Recht, wozu natürlich auch die Wahrnehmung berechtigter Interessen gehört, aufgehoben werde; es liegt aber der zur Strafbarkeit nöthige dolus dann vor, wenn aus der Form oder den Umständen, unter welchen die beleidigende Aeußerung erfolgte, hervorgehe, daß der Wille des Thäters nicht auf Verwirklichung des Rechts, sondern auf Beleidigung gerichtet gewesen sei. Dieser speziell auf Beleidigung gerichtete Wille ist aber identisch mit der Absicht der Beleidigung, deren Feststellung deshalb in den Fällen des §. 193 erforderlich ist. Es liegt hiermit keine andere Art der Beleidigung vor, als die, welche ohne Vorliegen der Voraussetzungen des §. 193 begangen wird, sondern durch die Feststellung des auf Beleidigung gerichteten Willens wird ein die Strafbarkeit ausschließender Umstand, nämlich die Ausübung eines Rechtes, negirt. S. z. B. Berlin 2. Okt. 78 (O.R. XIX, 442, Goltd. XXVI, 514). Stuttgart 25. April 77 (württ. Ger.Bl. XIII, 248; St. VII, 283). München 13. Mai 77 (St. VII, 289); Dresden 28. Mai 77 (St. VII, 291); Darmstadt 18. Jan. 75 (hess. Entsch. 1876 S. 6). Endlich verlangte auch das Reichsgericht Feststellung der beleidigenden Absicht, so: II, 16. März 80 (R. I, 475, E. I, 317, Goltd. XVIII, 271); III, 29. Jan. 81 (E. III, 328); I, 5. Dez. 89, E. XX, 100. — Endlich nahm II, 30. April 80 (E. I, 406) auch die Feststellung als genügend an, daß das Vorhandensein einer Beleidigung aus der Form der Aeußerung hervorgehe, indem es hierdurch die Absicht zu beleidigen genügend bezeichnet fand. S. auch München 26. Aug. 84, bayr. Entsch. III, 201.

3. Das richtige Verhältniß dürfte Folgendes sein, welches sich zwar im Erfolg mit der herrschenden Jurisprudenz meist deckt, aber doch nicht ganz identisch ist: Der Staat erkennt ein Rügerecht der Vorgesetzten gegen die Untergebenen an, ein dienstliches Recht der Anzeige oder Beurtheilung fremder Angelegenheiten und Verhältnisse Seitens der Beamten, aber auch ein Recht Privater, Kritik zu üben (tadelnde Urtheile über wissenschaftliche, künstlerische, gewerbliche Leistungen abzugeben); endlich das Recht, die eigenen oder fremde Rechte oder berechtigte Interessen zu wahren, sei es vertheidigungsweise gegen Angriffe auf diese Rechte oder Interessen, sei es selbständig, um diese Rechte 2c. durchzuführen. Kann dies Alles nur geschehen unter Verletzung der Anderen

schuldigen Achtung, so entsteht eine Kollision von Rechten oder Interessen, bei welcher der Kriminalgesetzgeber, ähnlich wie bei Nothwehr, es gerechtfertigt findet, die eigenen Interessen zu wahren, sei es auch unter Verletzung fremder Rechte und Interessen. Vgl. R.G. II, 5. Nov. 86, E. XV, 15, R. VIII, 681. Wer dies thut, gebraucht ein Recht. Seine That erscheint also nicht als rechtswidrig, oder mit anderen Worten die objektiv vorliegende Beleidigung ist eine berechtigte, keine strafbare. Es fehlt auch am Vorsatz, in die Rechte Anderer einzugreifen. Dies Recht reicht aber nur so weit, als der Wille ausschließlich auf die Wahrung des eigenen Rechts gerichtet ist. R.G. II, 1. Nov. 87, R. IX, 539. Sobald nur der Schein der Interessenwahrung benutzt ist, um in die fremde Rechtssphäre einzugreifen, oder sobald auch nur neben der Interessenwahrung ein anderer, vom Gesetz nicht geschützter Zweck (R.G. II, 22. Jan. 84, R. VI, 41) herläuft, liegt der Thatbestand der Beleidigung vor. Ob dies der Fall sei, ist Frage der freien, thatsächlichen Beweiswürdigung. Die äußere Erscheinung der Verwirklichung des Willens ist in beiden Fällen die gleiche, nur der subjektive Thatbestand ist ein verschiedener. Deshalb kann in allen Beziehungen, in welchen eine Beleidigung als strafbare Handlung die Voraussetzung bildet, z. B. bei Drohung mit Beleidigung im Falle des §. 240, von einer solchen nur dann die Rede sein, wenn der Schuldausschließungsgrund des §. 193 nicht vorliegt. Die Drohung mit einer nach §. 193 be- rechtigten Beleidigung ist keine solche mit einer strafbaren Handlung. R.G. II, 30. Juni 82, E. VI, 406, R. IV, 648. Ganz korrekt hat R.G. II, 1. Nov. 81, E. V, 121 anerkannt, daß Jemand aus rein ethischen Gründen für Interessen Dritter freiwillig eintreten könne, und hat verlangt, daß geprüft werde, welche Motive den Angeklagten geleitet hätten.

4. Bezüglich der Worte „zur Ausführung oder Vertheidigung von Rechten oder zur Wahrnehmung berechtigter Interessen" ist zunächst zu bemerken, daß die letzteren vom Reichstag aufgenommen sind. Der Antragsteller (Abgeordn. Lasker, St.B. S. 648) bemerkte: „Welcher Art diese Interessen sein können, läßt sich nicht mit Worten ausdrücken; das Leben ist so mannigfaltig, daß man eben nichts anderes thun kann, als diese allgemeinen Regeln aufstellen."

Berechtigte Interessen sind nicht solche, auf welche ein Recht besteht, sondern rechtlich erlaubte Interessen; solche Interessen, deren Verfolgung in der allgemeinen persönlichen Berechtigung liegt. Es geht dies schon aus der Nebeneinanderstellung von „Ausführung und Vertheidigung von Rechten" und „Wahrnehmung berechtigter Interessen" hervor. Unter jenen Begriff fallen sowohl eigene, mittelbare und unmittelbare, Interessen, als fremde, bei deren Wahrnehmung die Praxis allerdings häufig eine besondere Beziehung gefordert hat. Da aber zweifellos es ein Gebot der Menschlichkeit, des Christenthums u. s. w. ist, auch fremde Interessen wahrzunehmen, dürfte die richtige Unterscheidung weniger darin liegen, daß der Handelnde eine konkrete Veranlassung hat, fremde Interessen wahrzunehmen, als darin, daß bei Wahrnehmung fremder Interessen besonders scharf geprüft werden muß, ob die Interessen-Vertretung Ernst oder Vorwand sei.

5. Auch die irrthümliche Meinung eines vorhandenen Rechts kommt in Betracht. Berlin (O.A.G.) 13. Febr. 72 (O.R. XIII, 140, St. I, 277), 6. Febr. 78 (O.R. XIX, 56, Goltd. XXVI, 60, St. VIII, 141), Stuttgart 25. April 77 (württ. Ger.Bl. XIII, 248; St. VII, 283); R.G. II, 17. Dez. 89, Goltd. XXXVII, 434. München 13. Mai 84, bayr. Entsch. III, 77. Dagegen Berlin (O.Tr.) 10. April 74 (Goltd. XXII, 252), woselbst der Schutz des §. 193 nur für wirkliche Rechte und Interessen, nicht für vermeintliche, zugelassen wird. Ebenso Berlin 5. Okt. 76 (Goltd. XXIV, 575) u. 3. April 78 (O.R. XIX, 187). Da bei Anwendung des §. 193 lediglich der dolus zu prüfen ist, kann ein thatsächlicher Irrthum des Handelnden dessen Bestrafung nicht nach sich ziehen. Ob der Irrthum nicht bloß Vorwand ist, muß thatsächlich geprüft werden. S. unten N. 13.

6. Fälle der Wahrnehmung eines Rechts können z. B. sein: Aeußerungen eines Geistlichen über das sittliche Verhalten seiner Beichtkinder gegenüber der Gemeinde oder der interessirten Privatperson. Berlin 12. Sept. 73 u. 7. Febr. 74 (Goltd. XXI, 532; XXII, 122, St. III, 60, 321); Aeußerungen in Eingaben an den König. Berlin 23. April 74 (O.R. XV, 258); Aeußerungen eines Richters zur Aufrechthaltung der Disziplin in der Sitzung. München 21. Febr. 74 (St. III, 321); Behauptungen in Gesuchen an eine Behörde, welche bezwecken, die Anstellung einer Person zu verhindern. Berlin 10. April 74 (Goltd. XXII, 253, O.R. XV, 227, St. IV, 43); Aeußerungen eines Anwalts für seinen Klienten. Berlin 15. Febr. 72 (O.R. XVI, 124), oder eines anderen Vertreters für seinen Machtgeber. Berlin 14. Juni 73 (St. II, 348), R.G. II, 21. Sept. 80 (E. II, 252); Beschwerden über die Ortspolizei. Berlin 25. Nov. 74

(St. IV, 331); Aeußerungen zur Wahrung der Ehre von Korporationsgenossen. Berlin 10. April 74 (Goltd. XXII, 252); Aeußerungen in einer Eingabe an das Gericht zur Beitreibung einer Schuldklage. Stuttgart 30. Okt. 78 (württ. Ger.Bl. XV, 145). Dagegen wurde bestraft die Verkündung der Exkommunikation durch einen Geistlichen auf Befehl des Ordinariats wegen der in beleidigender Absicht beigefügten Aeußerungen. München 27. März 75 (bayr. Entsch. V, 93).

7. Das berechtigte Interesse muß nicht ein Interesse des Aeußernden sein; der §. findet auch Anwendung, wenn die Mittheilung durch das Interesse Desjenigen, an den sie gerichtet wird, veranlaßt ist. Stuttgart 12. Juli 73 (württ. Ger.Bl. VII, 268), Berlin 21. Febr. 77 u. 6. Febr. 78 (O.R. XVIII, 151; XIX, 56, Goltd. XXV, 220; XXVI, 60, St. VII, 87; VIII, 141). R.G. III, 24. Dez. 79 (R. I, 171, E. I, 128); II, 21. Sept. 80; III, 9. Okt. 80, E. II, 252; III, 40; II, 1. Nov. 81, E. V, 121. Die Widerlegung eines in das Publikum gedrungenen Gerüchts kann als Wahrnehmung eines berechtigten Interesses angesehen werden. Berlin 26. Juni 73 (O.R. XIV, 471).

8. Nicht jede bei Gelegenheit einer Rechtsausführung oder bei Gelegenheit der Vertheidigung von Rechten gethane Aeußerung fällt unter §. 193; es ist erforderlich, daß sie zum Zwecke der Vertheidigung von Rechten 2c. geschehen sei. Berlin 7. Jan. 75 (Goltd. XXIII, 53); Dresden 19. Febr. 75 (S.G.Z. XIX, 244); München 13. Okt. 85, bayr. Entsch. III, 126. R.G. II, 15. Juni 81, E. IV, 316, R. III, 405 betont deshalb, daß nicht der Zweck einer Schrift im Allgemeinen entscheidend sei für die Annahme der Wahrung berechtigter Interessen, sondern es müsse die beleidigende Stelle darauf geprüft werden, ob auch diese die Interessenvertretung oder gelegentlich derselben eine Beleidigung zum Zweck habe. Daß Zweck der Interessen-Vertretung ausdrücklich erklärt worden, ist nicht nothwendig. Berlin 12. Okt. 72 (O.R. XIII, 518, St. II, 98). Das Vorhandensein dieses Zweckes wird dadurch nicht ausgeschlossen, daß das Motiv zur Geltendmachung des berechtigten Interesses ein unlauteres (z. B. Rache) ist. Berlin 3. Febr. 75 (O.R. XVI, 100, St. IV, 328), 6. Febr. 78 (O.R. XIX, 56, Goltd. XXVI, 60, St. VIII, 141). R.G. II, 22. Jan. 84, R. VI, 41, 7. Jan. 90, E. XX, 164. Die Feststellung, eine eine Beleidigung enthaltende Anzeige sei lediglich aus Rache geschehen, schließt jedoch die Anwendung des §. 193 aus. R.G. II, 6. Juli 86, R. VIII, 524. Ebenso die Feststellung, daß die Aeußerung nur in der Absicht gemacht sei, den Angegriffenen in seinem Ansehen herabzuwürdigen. München 13. Mai 87, bayr. Entsch. IV, 409. Auch der Vorwurf einer strafbaren Handlung kann zur Wahrung berechtigter Interessen oder zur Vertheidigung von Rechten geschehen, z. B. als Einrede, Berlin 7. März 77 (O.R. XVIII, 191), und selbst bei nicht unmittelbarem Interesse an der Verfolgung. Berlin 2. April 79 (O.R. XX, 174).

9. Für die Frage, ob etwas zum Zweck der Vertheidigung nothwendig oder dienlich sei, ist die subjektive Ansicht des Thäters maßgebend, es kann nicht darauf ankommen, ob objektiv die Zweckdienlichkeit vorlag. So auch Berlin 21. Juni 71 (O.R. XII, 334), 10. April 74 (Goltd. XXII, 252), 21. Mai 79 (O.R. XX, 272); Mannheim 30. Sept. 76 (bad. Ann. Bd. 42 S. 321). R.G. II, 30. Juni 82, E. VI, 406, R. IV, 648, 6. Nov. 85, E. XIII, 38; München 18. Jan. 84, bayr. Entsch. III, 8. Es kann deshalb nicht nach äußeren Momenten unterschieden werden, z. B. ob die Wahrnehmung berechtigter Interessen bei der richtigen Instanz gesucht wurde. Deshalb reprobirte R.G. II, 3. Febr. 82, E. V, 379, R. IV, 116, daß der Schutz des §. 193 ausgeschlossen sein sollte, weil eine Kritik gemeindlicher Verhältnisse in einer Volksversammlung stattgefunden hatte; oder andere Interessen vor dem Leserkreis einer Zeitung vertreten wurden. R.G. II, 6. Nov. 85, E. XIII, 38.

10. Ist eine Aeußerung zur Vertheidigung eines Rechts 2c. geschehen, so folgt hieraus nicht, daß auch ihre Weiterverbreitung unter den §. 193 falle. Berlin 15. Okt. 74 (Goltd. XXII, 603, O.R. XV, 678, St. IV, 325); Dresden 21. Aug. 74 (S.G.Z. XIX, 55).

Selbstverständlich ist die Anwendung des §. 193 ausgeschlossen, wenn eine beleidigende Aeußerung nur zum Scheine zur Wahrnehmung berechtigter Interessen, in Wirklichkeit aber mit der Absicht, zu beleidigen, erfolgte. Wolfenbüttel 5. Sept. 73 (St. III, 104).

11. Eine der vielbestrittenen, in der Praxis häufig vorkommenden Fragen ist, inwiefern die öffentliche Presse den Schutz des §. 193 für sich in Anspruch nehmen könne. Schon die ältere Praxis nahm an, daß dieselbe kein unbedingtes Recht habe, Thatsachen mitzutheilen, die für das Publikum von Interesse sind; auch wenn deren Inhalt für bestimmte Personen beleidigend ist. Vgl. hierüber Berlin 14. Sept. 72 (O.R. XIII, 456, Goltd. XX, 450, St. II, 45), 17. März 75 (Goltd. XXIII, 200, O.R. XVI, 229, St. V, 54), 2. Mai 77 (O.R.

XVIII, 308, Goltd. XXV, 332, St. VII, 87), 14. Febr. u. 18. Dez. 78 (O.R. XIX, 72, 585, Goltd. XXVI, 60); Dresden 6. Mai 78 (S.G.Z. XXII, 333, St. VIII, 145).

Andererseits wird nicht in Abrede gestellt werden können, daß die Presse die Aufgabe hat, allgemeine interessante Thatsachen mitzutheilen und öffentliche Angelegenheiten zu besprechen. Es wurde deshalb auch in vielen Fällen der Tagespresse der Schutz des §. 193 zugebilligt. So Berlin 7. Mai 74 (O.R. XV, 138) bei Vertretung der verfassungsmäßigen Rechte der katholischen Kirche in einer Zeitung; München 15. Dez. 74 (St. IV, 242) bei Mittheilung der Abwehr eines Angriffs durch einen anderen Zeitungsartikel; Dresden 28. Mai 77 (St. VII, 291) bei Mittheilung des Berichts über Verhandlungen einer Aktiengesellschaft, welcher geeignet war, den Kredit und sittlichen Werth eines Anderen anzutasten; Dresden 15. Jan. 77 (S.G.Z. XXI 275) bei Besprechung öffentlicher Wahlen und der Kandidaten hierzu.

Der entscheidende Gesichtspunkt ist, wie überhaupt bei §. 193, so auch bei Veröffentlichungen durch die Presse, daß nach dem Inhalt und der Form der Mittheilung in thatsächlicher Weise zu beurtheilen ist, ob die Mittheilung ein berechtigtes Interesse, wie das der Belehrung, Aufklärung, der Besprechung öffentlicher Angelegenheit im Auge hatte, oder ob die Beleidigung einer Person (bez. Korporation u. s. w.) das leitende Motiv war, oder wenigstens neben der Verfolgung öffentlicher Interessen Platz griff, kurz ob die Absicht zu beleidigen obwaltete. Auf diesen Standpunkt stellte sich auch das R.G. I, 20. Nov. 79 (R. I, 89, E. I, 19, Goltd. XXVII, 453; II, 16. Dez. 81, E. V, 239, R. III, 808; II, 5. Nov. 86, E. XV, 15, R. VIII, 681, IV, 16. Nov. 86, R. VIII, 714; II, 21. Sept. 83, R. V, 541; München 21. Juli u. 23. Okt. 85, bayr. Entsch. III, 490, 533; es erkannte auch II, 28. Jan. 81 (R. II, 768, E. III, 303) an, daß die Veröffentlichung von Urtheilen in Beleidigungssachen den Schutz des §. 193 genießen könne, wenn Belehrung Zweck der Publikation sei; dagegen verneint R.G. II, 24. Mai 89, E. XIX, 238 den Schutz des §. 193, wenn Unterhaltung den Zweck bildet, und gibt ihn beim Zwecke der Belehrung nur bedingt zu. (Die gemachte Unterscheidung dürfte eine schwer abzugrenzende sein.) München 5. Sept. 87 nahm an, die Besprechung einer von einer Privatperson zugegangenen Berichtigung sei ein berechtigtes Interesse des Redakteurs (bayr. Entsch. IV, 487). R.G. II, 16. Dez. s. oben hebt hervor, daß die Vertheidigung von Ansichten nicht mit der Vertheidigung eines Rechts oder der Wahrnehmung berechtigter Interessen verwechselt werden dürfe. Ferner R.G. II, 3. Juli 83, R. V, 490, daß die Tendenz einer Zeitung oder die Konfession des Redakteurs es nicht rechtfertige, wenn in Vertheidigung der Geistlichkeit dieser Konfession ein Anderer beleidigt werde. Ebenso R.G. IV, 10. Okt. 84, R. VI, 615, 17. Jan. 90, Goltd. XXXVII, 443. Sodann R.G. II, 1. Juli 87, R. IX, 395, daß der Redakteur eines Fachblattes nicht die Interessen des Standes, für welchen er schreibt, unter dem Schutz des §. 193 in beleidigender Weise vertreten dürfe, wenn er auch an eine solche Berechtigung glaube. Endlich spricht R.G. III, 17. Dez. 88, R. X, 724 der Tagespresse das Recht ab, beleidigende Aeußerungen des Interesses halber, welches sie für das Publikum haben, zu reproduziren.

12. In ähnlichem Verhältnisse wie die öffentliche Presse steht auch der Einzelne bei Behandlung öffentlicher Interessen zu §. 193. Auch hierbei bildet der Zweck der geschehenen Aeußerung, ob dieselbe zur Vertheidigung bedrohter Rechte, oder Wahrung berechtigter Interessen, oder zum Zwecke der Verunglimpfung eines Andern gemacht ist, den einen, die Form der Aeußerung und die Umstände, unter welchen sie erfolgte, den anderen Faktor der Beurtheilung. Man wird auch dem Einzelnen das Recht nicht absprechen können, öffentliche Interessen zu vertreten, und ihn für straffrei erklären müssen, wenn er nur dies gethan hat, wird ihn aber für strafbar erkennen müssen, wenn er, darüber hinausgehend, die Absicht wahrnehmen ließ, bei der Abwehr den Angegriffenen zu beleidigen. So erkannte Berlin 30. Juni 73 (Goltd. XXI, 535), daß die Unrechtmäßigkeit einer Regierungsmaßregel die dagegen unternommene Abwehr nicht unbedingt schütze; dagegen wurde Bürgern und Stadtverordneten der Schutz des §. 193 bei einer gegen Unordnungen des Bürgermeisters gerichteten Anzeige zugestanden, obwohl sie nach Urtheil des Thatrichters keine genügenden Beweise beigebracht hatten, ohne daß eine Anzeige wider besseres Wissen und in beleidigender Absicht angenommen war. Berlin 21. März 79 (O.R. XX, 154, Goltd. XXVII, 207); ebenso dem Proteste von Amtseingesessenen gegen die Ernennung eines Amtsvorstehers. Berlin 11. Mai 76 (Goltd. XXIV, 353). Auf den angegebenen Standpunkt stellte sich auch R.G. II, 16. Jan. 80 (E. I, 80), welches jedem Staatsangehörigen die Befugniß zusprach, zur Aufrechthaltung der öffentlichen Rechtsordnung von strafbaren Handlungen auch ohne unmittelbare Betheiligung und ohne spezielle Denunziationspflicht, gleichviel aus welchen Motiven, Anzeige zu machen, wenn sich dieselbe auch

als unrichtig erweisen sollte, wenn nur der Anzeigende an die Wahrheit geglaubt hat. Aehnlich R.G. 3. März 80 (Ann. I, 460). R.G. IV, 2. Febr. 86, R. VIII, 108 dehnte dies sogar auf Korrespondenzen aus, welche den Zweck hatten, Material zur Anzeige einer strafbaren Handlung zu erhalten. Doch wurde im R.G. I, 22. Jan. 80 (R. I, 260) immerhin eine konkrete Beziehung zu der vertretenen Sache gefordert, und wurde die Eigenschaft als Katholik nicht als genügend befunden, um polizeiliche Maßregeln gegen einen katholischen Lokalverein in beleidigender Weise besprechen zu können. So wurde eine üble Nachrede gegen den Reichskanzler strafbar befunden, welche in einer Wahlversammlung zu Gunsten des klerikalen Kandidaten erfolgt war, weil ein willkürlich beigelegtes Recht nicht schützen könne. R.G. III, 26. Jan. 88, Goltd. XXXVI, 165.

13. Dem vom Reichstag eingeschobenen §. 187 — verleumderische Beleidigung — gegenüber hat der §. 193 keine Bedeutung. „Wider besseres Wissen unwahre, die Ehre eines Anderen kränkende Thatsachen" vorzubringen, erlaubt weder die Moral noch das Recht. Selbst die Vertheidigung von Rechten (z. B. der Angeklagte verleumdet den Zeugen, um dessen Glaubwürdigkeit in Frage zu ziehen) ist hierbei nicht ausgenommen. Der Zweck kann nie das Mittel heiligen und das Gesetz kann, ohne sich selbst aufzugeben, unmöglich etwas an sich nicht bloß Unsittliches, sondern wirklich Strafbares als ausnahmsweise erlaubt hinstellen. Das Vorhandensein einer Beleidigung folgt bei dem Thatbestande des §. 187 immer aus den Umständen. So z. B. Berlin 8. Mai 73 — Goltd. XXI, 443, O.R. XIV, 347, St. III, 59 —, Mannheim 18. April 74 — St. IV, 331 —, Stuttgart 26. Mai 75 — St. V, 60, württ. Ger.Bl. X, 158. — A. M. Dresden 18. Juli 73 — St. III, 105, S.G.Z. XVII, 218. R.G. I, 10. Okt. 81, E. V, 56, R. III, 619 schloß sich der Ansicht an, daß prinzipiell die Anwendung des §. 193 bei §. 187 nicht ausgeschlossen sei, dürfte aber mit seiner Argumentation aus der formellen Stellung des §. 193 kaum in Einklang mit der sonstigen reichsgerichtlichen Rechtsprechung stehen und kann nicht als richtig anerkannt werden. R.G. IV, 7. Juni 87, E. XVI, 139, R. IX, 361 schloß sich dem I. Sen. an. S. dagegen R.G. III, 29. Okt. 81, R. III, 662, Berlin 21. Nov. 89, Goltd. XXXVII, 446. — Auch auf §. 95 findet §. 193 keine Anwendung. Berlin 27. Sept. 76 (O.R. XVII, 598, St. VI, 102). R.G. II, 4. Okt. 81, E. V, 46, R. III, 580. Etwas modifizirend spricht R.G. III, 17. Dez. 88, R. X, 724 aus, daß, wenn auch §. 193 unmittelbar auf §§. 95, 97 keine Anwendung finde, doch die Absicht, lediglich sein Recht zu wahren, den Vorsatz und hiermit die Strafbarkeit ausschließe. (Es handelte sich um den Abdruck eines beleidigenden Artikels eines Pariser Blattes zum Zwecke der Abwehr.) Auch auf §. 99 findet §. 193 keine Anwendung. R.G. II, 25. Jan. 89, E. XVIII, 382, München 30. März 89, bayr. Entsch. V, 338. Ebensowenig auf §. 166. Berlin 28. Sept. 76 (O.R. XVII, 617, Goltd. XXIV, 568, St. VII, 59). Auch nicht auf die noch bestehenden landesgesetzlichen Bestimmungen über ungebührliche Aeußerungen in Eingaben an öffentliche Behörden. R.G. III, 17./24. Sept. 88, R. X, 490.

Im Falle des §. 186 ist §. 193 anwendbar. Dresden 16. April 77 (S.G.Z. XXII, 46, St. VII, 290), Berlin 26. Sept. 72, 12. u. 26. März 79 (Goltd. XX, 531, O.R. XIII, 480; XX, 134, 163, St. II, 97; Wolfenbüttel 5. Sept. 73 (St. III, 103), Stuttgart 8. Okt. 73 (St. III, 186), München 22. Mai 74 (bayr. Entsch. IV, 216). R.G. I, 8. Dez. 79 (R. I, 121, E. I, 233).

14. Aehnliche Fälle sind z. B. tadelnde Aeußerungen der Dienstherrschaft gegen das Gesinde. Berlin 18. Okt. 72 (Goltd. XX, 530), München 3. Mai 73 (St. II, 315, bayr. Entsch. III, 223), desgleichen in Attesten für Gesinde. Dresden 4. Juli 73 (S.G.Z. XVIII, 76) u. 8. Juni 74 (S.G.Z. XVIII, 340, St. IV, 330), Anzeigen über begangene strafbare Handlungen. München 5. Mai 74 (bayr. Entsch. IV, 202), Aeußerungen bei Zeugenvernehmungen, wenn nicht die Ablegung des Zeugnisses gemißbraucht worden ist, um eine außerhalb des Gegenstandes der Vernehmung liegende ehrverletzende Aeußerung zu thun. Dresden 11. Aug. 71 (S.G.Z. XV, 279), 28. Febr. 73 (S.G.Z. XVII, 83, St. IV, 8), Berlin 25. Jan. 73 (O.R. XIV, 87, St. II, 167), 10. Jan. 78 (O.R. XIX, 21), Aeußerungen des Hausarztes über die Krankheit eines Dienstboten. Berlin 12. Juli 71 (O.R. XII, 392). Die Bezeichnung eines Vortrags als unmoralisch in einem richterlichen Urtheil. Dresden 11. Febr. 78 (S.G.Z. XXIII, 21). Tadelnde Urtheile eines Geistlichen in einer Predigt über tadelnswerthe Vorkommnisse. Dresden 17. Dez. 75 (St. VI, 267). Die Mittheilung eines Gerüchts an Jemand, der an dessen Kenntniß Interesse hat. Dresden 5. April 75 (S.G.Z. XIX, 362). Auch Abwehr von Angriffen kann unter §. 193 subsumirt werden. R.G. III, 16. Juni 80 (E. II, 181), in Form von Berichtigung in der Presse R.G. III, 9. Okt. 80 (E. III, 40).

15. Aus der Form der Aeußerung ergibt sich das Vorhandensein einer Beleidigung vor Allem bei allen Schimpfworten, aber auch abgesehen davon kann sich aus einer gehässigen Form der zur Wahrung berechtigter Interessen gemachten Aeußerung ergeben, daß der Thäter diese Interessen nicht wahren, oder doch wenigstens nicht bloß wahren, sondern auch beleidigen wollte, oder wie die herrschende Meinung es ausdrückt, die Absicht zu beleidigen kann sich aus der Form ergeben R.G. I, 29. Juni 82, E. VI, 420. Ebenso kann aus den Umständen, unter welchen die Beleidigung erfolgte, gefolgert werden, daß der Thäter keine Vertretung berechtigter Interessen, sondern eine Beleidigung wollte. Aus dem Inhalte dagegen darf dies nie gefolgert werden, da der Inhalt der Voraussetzung gemäß ein beleidigender ist, also nicht beweisen kann, ob der Thäter die Absicht hatte, von einem Recht Gebrauch zu machen, oder die eine Beleidigung zu begehen, bez. von keinem Recht Gebrauch zu machen, sondern andere Zwecke zu verfolgen. R.G. III, 15. Juni 81, E. IV, 316, R. III, 405; IV, 20. Mai 85, R. VII, 313; IV, 10. Juni 90, E. XXI. — R.G. II, 7. Nov. 90, E. XXI, 158 will die Umstände, aus welchen das Vorhandensein einer Beleidigung geschlossen werden dürfe, auf die die Beleidigung begleitenden Umstände beschränken, also nachfolgende Umstände ausschließen. Da jedoch die vorhergegangenen und nachfolgenden Umstände doch wieder als beweisend und zur Auslegung geeignet zugelassen sind, so reduzirt sich die Streitfrage auf eine sehr schwierige Formfrage.

16. Der Richter ist auch ohne Antrag verpflichtet zu prüfen, ob die Voraussetzungen des §. vorliegen.

Es ist aber nicht erforderlich, daß sich daß Urtheil über das Vorliegen oder Nichtvorliegen der Voraussetzungen des §. 193 ausspreche, wenn die Verhandlung dazu keine Veranlassung geboten hat.

Ist auch nach vorstehenden Ausführungen die Frage, ob die Voraussetzungen des §. 193 gegeben sind, hauptsächlich auf thatsächlichem Gebiete zu entscheiden, so hat der Revisionsrichter doch immerhin zu prüfen, ob der Thatrichter nicht von einer rechtsirrthümlichen Auffassung ausgegangen ist. Der Thatrichter muß das Interesse, welches der Thäter verfolgt hat, bestimmt feststellen und dasselbe muß sich als ein berechtigtes darstellen. Ob dies genügend geschehen sei, hat auch der Revisionsrichter zu prüfen. R.G. III, 17. Jan. 80 (R. I, 240, E. I, 83).

In der Behauptung, eine beleidigende Eingabe ohne die Absicht zu beleidigen gemacht zu haben, kann eine Berufung auf §. 193 erblickt werden. R.G. II, 21. Sept. 80, E. II, 252.

§. 194*). Die Verfolgung einer Beleidigung tritt nur auf Antrag ein. Die Zurücknahme des Antrages (§§. 185 bis 193) ist zulässig.

Pr. §. 160; E. I. §. 170; E. II. §. 189; St.B. S. 655 (Drucks. Nr. 85). G. v. 26. Febr. 1876 Art. I; Drucks. Nr. 54, 145; St.B. S. 801. Vgl. §§. 61—65.

1. Vgl. die allgemeinen Bemerkungen zu diesem Abschnitt, sowie die allgemeinen Vorschriften über den Antrag in §§. 61—65, welche zur Anwendung kommen, soweit nicht die §§. 195—198 Ausnahmebestimmungen enthalten.

München 17. Aug. 72, St. I, 372 nahm an, daß, wenn der Beleidigte nur Antrag auf Strafverfolgung gemäß §. 185 gestellt hat, das Gericht nicht in Erwägung ziehen dürfe, ob nicht der Thatbestand des §. 186 vorliege. Nach der richtigen Ansicht, die auch das Reichsgericht bis jetzt ausnahmslos adoptirt hat, bindet jedoch die Qualifikation der That im Strafantrag das Gericht bei der Aburtheilung in keiner Weise. Dies muß nach §. 263 St.P.O. auch für Beleidigungen gelten und zwar sowohl, wenn öffentliche Klage erhoben ist, als wenn die Sache im Privatklage-Verfahren verhandelt wird, da der Privatkläger gemäß §. 425 Abs. 1 St.P.O. keine andere Stellung einnimmt, als der Staatsanwalt. Dies wird noch durch §. 429 daselbst bestätigt, da hier für die Aburtheilung nur diejenige Grenze gezogen ist, welche sich aus der Zuständigkeit des Gerichts und aus der Zulässigkeit des Verfahrens auf Privatklage ergeben. Vgl. Darmstadt 3. Juli 76 (hess. Entsch. 1878 S. 95).

---

*) Neue Fassung des G. v. 26. Febr. 1874 die alte Fassung lautete:

§. 194. Die Verfolgung einer Beleidigung tritt nur auf Antrag ein.

Der Antrag kann bis zur Verkündung eines auf Strafe lautenden Urtheils und bei der Verfolgung im Wege der Privatklage oder Privatanklage bis zum Anfange der Vollstreckung des Urtheils zurückgenommen werden.

Sind in einem Schriftstück mehrere Beleidigungen enthalten, welche nicht in untrennbarem Zusammenhange stehen und daher als selbständige aufgefaßt werden, so rechtfertigt der wegen einer derselben gestellte Antrag nicht die Verfolgung wegen der übrigen. Berlin 31. Okt. 72 (Goltd. XX, 508, O.R. XIII, 576, St. II, 150). A. M. Berlin 25. Okt. 76 (O.R. XVII, 696).

Die Anführung der beleidigenden Worte im Strafantrag ist nicht erforderlich, es bedarf nur einer die Identität der That genügend feststellenden Bezeichnung der That nach Zeit und Ort (abgesehen natürlich von den Erfordernissen der Privatklage). Stuttgart 15. Sept. 75 (württ. Ger.Bl. X, 361).

Wird eine und dieselbe Beleidigung wiederholt, so läuft die Antragsfrist für jede Beleidigung selbständig; es kann nicht die Frist für die frühere Beleidigung von der später begangenen an berechnet werden. Berlin 10. Jan. 79 (Goltd. XXVII, 107).

2. Vor dem Gesetz vom 26. Febr. 1876 war in Privatklagesachen die Zurücknahme des Antrages bis zum Anfang der Urtelsvollstreckung zulässig. Gegenwärtig gilt hierfür die Regel des §. 64, wonach die Zurücknahme nur bis zur Verkündung eines auf Strafe lautenden Urtheils zulässig ist.

Dagegen läßt die Reichsstrafprozeßordnung im §. 431 die Zurücknahme der „Privatklage" im Falle der Berufung bis zur Verkündung des Urtheils zweiter Instanz zu, während außerdem die Zurücknahme der Privatklage bis zur Verkündung des Urtheils erster Instanz zulässig erklärt ist, und das Nichterscheinen des Klägers bez. eines Vertreters desselben bei der Verhandlung als Zurücknahme der Klage bez. der Berufung wirkt; vorbehaltlich der Wiedereinsetzung in den vorigen Stand (§§. 44, 45 St.P.O.). Im Falle der Zurücknahme des Antrags in der Hauptverhandlung muß auf Verlangen des Staatsanwalts weiter verhandelt werden, weil in Erwägung gezogen werden muß, ob nicht der Thatbestand eines von Amtswegen zu verfolgenden Delikts vorliegt. R.G. I, 12. Jan. 88, R. X, 32.

3. Aussöhnung der Parteien im Falle der Privatklage ist, wenn nicht Zurücknahme vor Gericht erfolgt, unwirksam. Berlin 21. März 73 (Goltd. XXI, 273); München 18. Mai 72 u. 21. April 73 (St. I, 264, II, 310).

4. Antragstellung wegen Beleidigung eines Beamten ist für denselben keine Amtshandlung, überhaupt keine Pflicht, sondern persönliches Recht. R.G. I, 2. Juni 90, E. XX, 415.

5. Die Wiederaufnahme der zurückgenommenen Privatklage ist unzulässig. §. 432 St.P.O.

Die bedingte oder beschränkte Zurücknahme ist ohne Wirkung. Berlin 7. Nov. 73 (Goltd. XXI, 500).

6. Wird der Antrag durch einen Bevollmächtigten gestellt, so muß nicht nur der Antrag innerhalb der 3monatlichen Frist gestellt, sondern auch die Vollmacht innerhalb dieser Frist nachgewiesen werden. München 2. Juni 76 (bayr. Entsch. VI, 278, St. VI, 256. Richtiger dürfte die Frage dahin zu entscheiden sein, daß der Bevollmächtigte nicht nur den Antrag innerhalb der Frist zu stellen, sondern auch nachzuweisen hat, daß dies in Folge eines Auftrags seitens des Antragsberechtigten geschah. Eine bloße Genehmigung, insofern sie nicht einen selbständigen Antrag enthält, kann nicht beachtet werden, da es bezüglich des Antrags keine **negotiorum gestio** gibt.

7. Die Urtheilsfällung ist von dem Vorliegen eines Antrags bedingt. Wurde im Verfahren das Erforderniß eines Antrags übersehen, oder eine Erklärung irrigerweise als Antrag aufgefaßt, oder tritt das Erforderniß eines Antrags durch eine Aenderung der Anklage (§. 264 St.P.O.) erst in der Hauptverhandlung hervor, so kann dennoch die Aburtheilung eintreten, wenn die Antragsfrist noch läuft und ein Antragsberechtigter vor der Urtheilsfällung, wenn auch erst in der Hauptverhandlung Antrag gestellt hat. R.G. II, 20. April 83, R. V, 270. Außerdem muß Einstellung des Verfahrens eintreten (§. 259 Abs. 2 St.P.O.).

8. Die Erhebung der öffentlichen Klage wegen Beleidigung durch den Staatsanwalt ist durch einen vom Beleidigten bez. durch einen anderen Antragsberechtigten (§. 196) gestellten Strafantrag bedingt. R.G. III, 14. April 80 (R. I, 601, Goltd. XXVIII, 439). Als solcher Antrag gilt jedoch auch die Privatklage, und wirkt diese als Antrag, wenn nach Verkündung des Urtheils I. Instanz, aber vor jener der II. Instanz die Privatklage zurückgenommen wird, da die Rücknahme in diesem Zeitpunkt nur für die Klage, nicht für den Antrag wirksam ist (§. 64 St.G.B. §. 431 St.P.O.). Es kann also dann doch noch der Staatsanwalt wegen derselben Sache öffentliche Klage erheben. R.G. IV, 21. Mai 89, E. XIX, 284.

9. Bei beleidigenden Angriffen auf eine Zeitung ist der Redakteur nicht unbedingt der

Antragsberechtigte. Es kommt hierfür auf die Umstände, insbesondere auf die Art des Angriffs an. R.G. IV, 4. Dez. 85, E. XIII, 126, R. VII, 718.

Bei Beleidigung eines Knappschafts-Vorstands ist nicht der Vorstand als solcher, sondern sind die einzelnen Mitglieder antragsberechtigt. R.G. IV, 15. März 87 (Goltd. XXXV, 64).

§. 195. Sind Ehefrauen oder unter väterlicher Gewalt stehende Kinder beleidigt worden, so haben sowohl die Beleidigten, als deren Ehemänner und Väter das Recht, auf Bestrafung anzutragen.

Pr. §. 162; E. I. §. 172; E. II. §. 190; St.B. S. 656.

Vgl. §§. 65, 232.

1. Das Recht der Ehefrau und des Kindes einerseits, und der Ehemänner bezüglich der Väter andererseits ist ein selbständiges und dessen Ausübung von einer Versäumniß, Verzicht u. s. w. des einen Theils nicht abhängig. (Vgl. §. 65.) S. München 29. Jan. 75 (bayr. Entsch. V, 32, St. IV, 337), Berlin 5. Jan. 72, 13. Jan. 76 (Goltd. XX, 105; XXIV, 29), 4. März 79 (O.R. XX, 118), Dresden 19. Febr. 77 (S.G.Z. XXI, 351, St. VII, 292). Dennoch kann unter den gegebenen Voraussetzungen (§. 199, 233 St.G.B.) Kompensation eintreten, auch wenn der Vater den Strafantrag gestellt hat. München 12. Nov. 86, bayr. Entsch. IV, 235.

2. Das Antragsrecht des Ehemanns bez. Vaters ist nicht als aus mittelbarer Beleidigung fließend anzusehen; es handelt sich daher weder um eine reale noch um eine ideelle Konkurrenz von Delikten; wenn nicht die thatsächlichen Verhältnisse so gelagert sind, daß auch der Ehemann bez. Vater als beleidigt erscheint. In diesem Falle wird meist ideelle Konkurrenz von Beleidigungen vorliegen. Vgl. Berlin 5. Mai 76 (Goltd. XXIV, 353), München 29. Jan. u. 25. Mai 75, 27. März 76 (bayr. Entsch. V, 32, 240; VI, 143). R.G. 23. Jan. 80 (Ann. I, 348). Der Stiefvater als solcher hat das Antragsrecht nicht. Stuttgart 5. April 76 (St. VI, 269). Dagegen wollen Binding I, 629, Hälschner II, 208, Olshausen N. 2, Oppenhoff N. 5, Rubo N. 3 das Antragsrecht jedem beilegen, der die väterliche Gewalt hat, also z. B. dem Adoptivvater, dem Großvater ꝛc. Dies stimmt mit der sonstigen Ausdrucksweise des St.G.B. nicht überein.

Auch nach dem Tode der Ehefrau bez. des Kindes steht dem Ehemann bez. Vater das Antragsrecht zu. R.G. II, 9. Dez. 79 (E. I, 29, Goltd. XXVII, 455; XXVIII, 40), I, 26. Nov. 85, E. XIII, 115. Dagegen besteht kein Antragsrecht des Ehemanns, wenn die Beleidigung erfolgt war, ehe die Beleidigte seine Ehefrau war, wenn die Beleidigung auch erst während bestehender Ehe bekannt wird. Celle 22. Dez. 88, Goltd. XXXVII, 63. Reber, Antragsdel. S. 377, Olshausen N. 2, Oppenhoff N. 3.

3. Ist durch den Eintritt eines großjährigen Sohnes in einen selbständigen Beruf die väterliche Gewalt einmal erloschen, so lebt dieselbe durch die Rückkehr des Sohnes in das Vaterhaus nicht wieder auf. Berlin 5. Mai 57 (Goltd. XXIII, 317, O.R. XVI, 348).

Ob die väterliche Gewalt noch fortbesteht, ist nach Civilrecht zu beurtheilen. Die Großjährigkeit allein macht das väterliche Antragsrecht nicht erlöschen. Berlin 24. Jan. 77 (O.R. XVIII, 70, Goltd. XXV, 50, St. VII, 88). Reber S. 377, Olshausen N. 2, Oppenhoff N. 4.

4. Die Ehefrau bedarf zu dem ihr selbständig zustehenden Antragsrechte keiner Ermächtigung des Ehemanns. Dresden 19. Febr. 77 (S.G.Z. XXI, 351, St. VII, 292). Dem Ehemann sprach R.G. IV, 16. April 89, E. XX, 250 in dem Falle ab, wenn die Ehefrau den Beischlaf irrthümlich als einen ehelichen gestattet hat, weil die Spezialbestimmung des §. 179 die Bestrafung wegen Beleidigung ausschließe und auch eine mittelbare Beleidigung nicht vorliege.

5. Das Recht des gesetzlichen Vertreters und das des Vaters als solchen schließen sich gegenseitig nicht aus. R.G. I, 8. Okt. 85, E. XII, 415.

6. Das Verlangen nach Buße steht dem Ehemann bez. Vater selbständig nicht zu, doch kann er als Vertreter ein solches Verlangen stellen, wenn ihm civilrechtlich eine Vertretungsbefugniß zusteht. Berlin 5. März 78 (O.R. XIX, 108, Goltd. XXVI, 207).

§. 196. Wenn die Beleidigung gegen eine Behörde, einen Beamten, einen Religionsdiener oder ein Mitglied der bewaffneten Macht, während sie in der Ausübung ihres Berufes begriffen sind, oder in Beziehung auf ihren Beruf begangen ist, so haben außer den unmittelbar Betheiligten auch deren amtliche Vorgesetzte das Recht, den Strafantrag zu stellen.

Pr. §. 103 A. 2; E. I. §. 115 A. 2; E. II. §. 191; St.B. S. 656 (Druckf. Nr. 85).

Vgl. §. 232.

1. Auch hier ist das Recht der unmittelbar Betheiligten und der amtlichen Vorgesetzten ein selbständiges. (Vgl. §§. 195 N. 1, 62, 65 N. 2.) S. Berlin 4. Jan. 75 (Goltd. XXIII, 119, O.R. XVI, 6, St. IV, 356), Dresden 7. Dez. 74 (St. V, 61), München 5. März 75 (St. V, 56). R.G. II, 20. April 83, R. V, 270. Das Recht jedes Vorgesetzten ist in der Art selbständig, daß der höhere Vorgesetzte (innerhalb der für ihn von der Kenntniß der Beleidigung beginnenden Frist) Antrag zu stellen berechtigt ist, selbst wenn ein niederer den von ihm gestellten Antrag zurückgenommen hat. Berlin 4. Jan. u. 2. Juni 75, 13. Juli 77 (O.R. XVI, 6, 412; XVIII, 533, Goltd. XXIII, 119; XXV, 454, St. IV, 356), München 14. Nov. 74 (St. IV, 439), Dresden 9. Febr. 74 (St. IV, 148), Mannheim 8. Juli 76 (bad. Ann. Bd. 42 S. 261). R.G. II, 13. Dez. 81, R. III, 793. Hat ein Beamter mehrere Vorgesetzte verschiedener Dienstzweige, so ist derjenige Vorgesetzte antragsberechtigt, in dessen Dienstsphäre die amtliche Handlung fällt, in Bezug auf welche der Beamte beleidigt ist, z. B. ein Garnisonspfarrer, welcher in geistlichen Obliegenheiten der geistlichen Behörde, als Militärbeamter den Militärbehörden untergeben ist. R.G. I, 21. Sept. 82, E. VII, 80. Antragsberechtigt ist diejenige vorgesetzte Behörde eines Beamten, welcher er zur Zeit der gegen ihn begangenen That untergeordnet ist, nicht diejenige, welcher er zu der Zeit untergeordnet war, auf welche sich die Beleidigung bezieht. München 13. Juni 74 (St. IV, 133, bayr. Entsch. IV, 248). Dagegen erkannte R.G. I, 18./25. Febr. 1889, E. XIX, 23, daß bei dem Wechsel der Vorgesetzten nicht jener, der es zur Zeit der Beleidigung war, sondern derjenige antragsberechtigt sei, der es zur Zeit der Antragstellung ist. (S. dagegen Stenglein im G.S. Bd. 42, S. 79.) Das Recht des amtlich Vorgesetzten zur Stellung des Antrags kann nicht generell übertragen werden. Berlin 3. April 79 (O.R. XX, 189, Goltd. XXVII, 370).

2. Den Begriff „Behörde“ definirte München 28. Jan. 76 (bayr. Entsch. VI, 29) dahin, es sei jedes Organ der Staatsgewalt, welches zu einer selbständigen Theilnahme an der Staatsverwaltung in einer gewissen Sphäre berufen sei, gleichviel ob kollegial oder bureaukratisch verwaltet. Aehnlich Dresden 12. Juni 76 (S.G.Z. XXI, 142). Eine Behörde kann nur von Beamten gebildet werden, welche im Dienste des Reichs oder im unmittelbaren oder mittelbaren Dienst eines Bundesstaates stehen. Stuttgart 27. Mai 74 (württ. Ger.Bl. VIII, 225). Die Beleidigung einer Behörde kann nur während der Ausübung des Amtes oder in Bezug auf dasselbe stattfinden. Berlin 18. April 72 (O.R. XIII, 263). Dieselbe setzt voraus, daß eine Geringschätzung der Personen, welche die Behörde bilden, an den Tag gelegt worden sei. Berlin 21. April 74 (Goltd. XXII, 250, O.R. XV, 246) u. 5. Dez. 74 (O.R. XV, 866). Sie ist nur insoweit strafbar, als noch einer derjenigen Beamten, welche bei der angefochtenen Handlung mitgewirkt haben, Mitglied derselben ist. Dresden 9. Febr. 74 (St. IV, 148). Auch die einzelnen Mitglieder einer beleidigten Behörde sind antragsberechtigt. Berlin 13. Juli 77 (O.R. XVIII, 533, Goltd. XXV, 456), Dresden 12. Juli 76 u. 4. Juni 77 (S.G.Z. XXI, 142, XXII, 84), Mannheim 8. Juli 76 (bad. Ann. Bd. 42 S. 261). A. M. München 7. Juli u. 28. Sept. 77 (bayr. Entsch. VII, 304, 134, St. VII, 293). — R.G. II, 12. April 84, E. IV, 75 erklärt es als eine Anomalie, daß Behörden und die in §. 197 bezeichneten Körperschaften vom Gesetz als beleidigungsfähig betrachtet werden, obgleich die Ehre ein Attribut der Persönlichkeit und nur diese einer Ehrenkränkung fähig sei. Die Folge hiervon wäre, daß die im Gesetze genannten Körperschaften ausnahmsweise, also mit engster Begrenzung auf diese beleidigt werden können, andere nicht. Da das Gesetz nirgends die Ausnahme als solche kennzeichnet, ein Personen-Ganzes aber als solches Anspruch auf äußere Geltung hat, die nicht identisch ist mit der äußeren Geltung der einzelnen Mitglieder, wie dies ja auch offenbar die §§. 196, 197 voraussetzen, so wäre die Schlußfolgerung richtig, daß das Gesetz überhaupt Personen-Ganze für beleidigungsfähig hält. Dies könnte nur insofern beschränkt werden, daß man nur vom Staate als juridische Personen anerkannten Körperschaften jene Eigenschaft beilegt, nicht aber ganz freiwillig zusammengetretenen, wie Handelsgesellschaften, Vereinen u. s. w.

3. Als Behörde wurden anerkannt: das Staatsministerium. Berlin 6. Nov. 73, 2. Mai 76 (Goltd. XXI, 537; XXIV, 575, O.R. XIV, 686), München 28. Jan. 76 (bayr. Entsch. VI, 29). R.G. I, 13. Dez. 86, E. XV, 85, R. VIII, 747. Gerichte, einschließlich der Einzelrichter. Berlin 19. Okt. 75 (Goltd. XXIII, 518, O.R. XVI, 665), ebenso der Schwurgerichtshof.

Mannheim 31. Jan. 74 (St. IV, 338), der Gemeinderath, sowie der Gemeinde-Ausschuß in Bayern. München 12. Febr. 72 u. 3. Okt. 73 (bayr. Entsch. II, 24; III, 459, St. I, 166; III, 106), ein preuß. Magistrat R.G. III, 8. Febr. 82, R. IV, 135, die Bergwerks-Inspektionen in Preußen. Berlin 11. Nov. 75 (Goltd. XXIII, 519, O.R. XVI, 721), der evangelische Oberkirchenrath in Preußen. Berlin 28. Jan. 76 (Goltd. XXIV, 127, O.R. XVII, 76), der Vorstand einer Kreissynode. Berlin 24. Jan. 78 (O.R. XIX, 35, Goltd. XXVI, 61, St. VIII, 148), eine statutengemäß organisirte, aus städtischen Beamten gebildete, der staatlichen Aufsicht unterstellte Sparkassenverwaltung. R.G. I, 1. Mai 82, E. VI, 247, R. IV, 425. Die Gerichtskasse in Preußen ist eine Behörde und der Kassenkurator deren Vertreter. R.G. II, 10. Jan. 88, R. X, 23. Ferner das Ehren-Gericht einer Anwaltskammer. R.G. III, 20. Febr. 88, R. X, 168. Das Hofmarschallamt ist keine Staatsbehörde. R.G. II, 13. Jan. 91, E. XXI, 381.

4. Bezüglich der Form des Antrags wurde als wirksam erklärt: ein vom Bürgermeister beglaubigter, dem Staatsanwalt vorgelegter Magistrats-Beschluß R.G. III, 8. Febr. 82, R. IV, 135, ein vom beleidigten Staatsanwalt bei sich selbst gestellter Antrag R.G. I, 16. Juni 81, E. IV, 264, R. III, 407. Dagegen nicht für wirksam bei Beleidigung des Kultusministeriums ein Antrag gezeichnet: Im Auftrage N. (Name des Ministerialdirektors).

5. Bezüglich der Beamten (vgl. §. 359) unterscheidet §. 196 nicht zwischen Verletzung der Amtsehre, d. h. der Würde und des Ansehens des Amtes, dessen Träger der Beamte ist, und der persönlichen Dienstehre des Beamten. (Vgl. Leonhardt in v. Bothmer's Erörterungen I, 237 ff.; Zachariä, Archiv des Kr.-R. 1845 S. 607 ff.) Als Beleidigter (Verletzter) erscheint immer nur die Person des Beamten. Berlin 15. Dez. 74 (O.R. XV, 866). Das den amtlichen Vorgesetzten gegebene Antragsrecht ist aber, wie erwähnt, ein selbständiges. Deshalb muß dasselbe auch nach dem Tode des Beamten, sofern keine Verjährung eingetreten ist, geltend gemacht werden können. Vgl. §§. 62 u. 65 N. 2 und Wolfenbüttel 5. Sept. 73 (St. III, 108). Gl. M. Oppenhoff N. 3, v. Schwarze N. 2. Dagegen R.G. I, 26. Nov. 85, E. XIII, 95, R. VII, 698.

Ob die amtlichen Vorgesetzten auch das Recht zur Privatklage (-anklage) haben, ist nach den Prozeßgesetzen zu beurtheilen. Nach §. 414 Abs. 2 der R.St.P.O. kann nicht zweifelhaft sein, daß die vorgesetzte Behörde auch das Recht zur Stellung der Privatklage hat. Es wird jedoch in einem Falle, in welchem dieselbe Strafantrag stellt, wohl kaum die Staatsanwaltschaft Anstand nehmen, gemäß §. 416 öffentliche Klage zu erheben.

6. Wer Vorgesetzter eines Beamten oder einer Behörde ist, muß nach den allgemeinen organisativen Bestimmungen jedes Bundesstaates beurtheilt werden. Ebenso, wer dessen Stellvertreter ist, der bei Verhinderung des Vorgesetzten für ihn die Geschäfte zu erledigen hat. R.G. III, 25. Febr. 82, R. IV, 207.

Die Eigenschaft als Vorgesetzter hat in Bezug auf Gerichtsbeamte das Justizministerium R.G. I, 27. Okt. 81, R. III, 654, der Direktor (Präsident) des betreffenden Gerichts. Berlin 8. Mai 73 (Goltd. XXI, 443, O.R. XIV, 347), 19. Juni 74 (O.R. XV, 432) u. 11. Okt. 78 (O.R. XIX, 459); München 14. Nov. 74 u. 7. Juli 77 (bayr. Entsch. IV, 527; VII, 304, St. IV, 339; VII, 293). R.G. III, 30. Dez. 80 (R. II, 686), ebenso das vorgesetzte Appellationsgericht, jedoch nicht ein Senat desselben. Berlin 4. Dez. 72 (Goltd. XX, 536, O.R. XIV, 643). — Der Kriegsminister ist Vorgesetzter der zum stehenden Heere gehörigen Offiziere. Berlin 18. Sept. 74 u. 17. März 75 (O.R. XV, 576, Goltd. XXIII, 200), Dresden 11. Dez. 71 (S.G.Z. XVI, 237, St. I, 276). R.G. II, 10. Dez. 86, E. XV, 75, R. VIII, 743. — Der Regierungs-Präsident ist Vorgesetzter des Landraths. R.G. I, 20. April 91, E. XXI, 430. Der Landrath (nicht aber der Amtsvorsteher) ist Vorgesetzter des Gemeindevorstehers oder Schulzen in Preußen. Berlin 15. Okt. 74 u. 12. Nov. 75 (Goltd. XXII, 607; XXIII, 519, O.R. XV, 680). Auch des Bürgermeisters R.G. I, 30. Jan. 88, E. XVII, 81. — Vorgesetzte Behörde des Amtsvorstehers ist der Kreis-Ausschuß. Berlin 23. Sept. 75 u. 11. Mai 76 (Goltd. XXIII, 520; XXIV, 462, O.R. XVI, 607; XVII, 336), auch des Gemeindevorstehers. Berlin 11. Mai 76 s. vor. In Bezug auf die Polizeiverwaltung des Amtsvorstehers ist jedoch der Landrath dessen Vorgesetzter. R.G. I, 7. April 81, E. IV, 220 R. III, 205. — Der Bürgermeister (Bayern) ist nicht der Vorgesetzte des Gemeinde-Ausschusses. München 3. Okt. 73 (St. III, 106). Auch der Vorstand einer Abtheilung, einer Behörde kann als Vorgesetzter in Betracht kommen. Dresden 12. Juni 76 (S.G.Z. XXI, 143). Der Regierungspräsident, nicht die Regierungsabtheilung, ist Vorgesetzter eines Regierungsraths. Berlin 29. Juni 76 (Goltd. XXIV, 575). Die Generalkommission oder deren Präsident ist Vorgesetzter ihrer Kommissäre.

R.G. IV, 28. Mai 86, E. XIV, 182. In Sachsen ist die Amtshauptmannschaft Vorgesetzter des Gemeindevorstands. Dresden 3. Mai 76 (St. VIII, 156). Der Gemeindevorstand jener der Gemeindebediensteten. Dresden 6. Mai 78 (S.G.Z. XXII, 337). Der Schulinspektor Vorgesetzter des Schuldirektors. Dresden 1. Okt. 77 (S.G.Z. XXII, 183). In Bayern ist die Distriktsverwaltungs- (Polizei-) Behörde Vorgesetzter der Stadt- und Marktschreiber. München 18. Juni 77 (bayr. Entsch. VII, 247, St. VII, 359), auch der Volksschullehrer. München 7. April 76 (bayr. Entsch. VI, 183), der in öffentlichen Schulen als Religionslehrer thätigen Geistlichen. München 11. Aug. 77 (bayr. Entsch. VII, 375). Der Vorsitzende eines Steuerausschusses ist für denselben antragsberechtigt. München 28. Sept. 77 (bayr. Entsch. VII, 293). Der mit der allgemeinen Dienstaufsicht bei einem mit mehreren Richtern besetzten Amtsgerichte betraute Amtsrichter ist antragsberechtigt für die übrigen Amtsrichter (Württemberg) R.G. I, 17. März 84, E. XI, 163, ebenso Bayern R.G. I, 20. Jan. 87, E. XV, 213, für Preußen wurde dies negirt wegen einer Beleidigung, welche sich auf einen bestimmten Fall der Rechtspflege bezog. R.G. I, 2. Jan. 83, E. VII, 405; IV, 27. Jan. 88, E. XVII, 88, R. X, 86. Die Schuldeputation des Magistrats (Preußen) kann für die Kommunallehrer R.G. II, 28. Okt. 81, R. III, 655; das Konsistorium in Preußen für die Pfarrer, welche die Sonntagsschule leiten. R.G. II, 27. Mai 81, E. IV, 205, R. III, 333. Der Magistrat für die bei denselben bestehenden Deputationen R.G. IV, 12. Okt. 88, R. X, 565, Goltd. XXXVI, 457. Der Landgerichtspräsident für die Schöffengerichte R.G. III, 16. Mai 89, E. XIX, 260. Der Bürgermeister in Städten der preußischen Rheinprovinz für die Bezirksvorsteher R.G. I, 27. Nov. 90, E. XXI, 202 in Bayern für die gemeindlichen Flurwächter München 19. Aug. 87, bayr. Entsch. IV, 572, zur Antragstellung berechtigt. Die Direktion einer Privateisenbahn ist Vorgesetzter ihrer mit polizeilichen Funktionen betrauten Beamten. Berlin 10. März 76 u. 21. Nov. 77 (Goltd. XXIV, 354, O.R. XVIII, 726); nicht aber für Eisenbahnarbeiter, da diese nicht Beamte sind. Dresden 5. Mai 76 (S.G.Z. XXI, 55).

Die militärischen Vorgesetzten der Gendarmen sind antragsberechtigt. München 10. April 75 (bayr. Entsch. V, 123). R.G. 9. Nov. 80 (Ann. III, 20); III, 5. Juli 86, R. VIII, 512.

Festungskommandanten sind amtliche Vorgesetzte der in der Festung garnisonirenden Offiziere. R.G. II, 7. Jan. 81 (R. II, 701, E. III, 246).

7. Ob Jemand Beamter sei, ist nach §. 359 zu beurtheilen. München 14. Dez. 77 (bayr. Entsch. VII, 516). Ein zugezogener Sachverständiger ist nicht Beamter. München 24. Dez. 75, 11. Mai 77 (bayr. Entsch. V, 571, VII, 184, St. VI, 57, VII, 357). Mitglieder des Schulvorstands sind mittelbare Staatsbeamte. Berlin, 23. Okt. 78 (Goltd. XXVI, 530). Auch Lehrer an Gemeindeschulen. Wolfenbüttel 9. Juni 76 (St. VI, 379). Daß die Bestellung eines Beamten gesetzlichen Bestimmungen zuwider erfolgt ist, hebt dessen Eigenschaft als Beamter nicht auf. R.G. I, 3. Juni 80 (R. II, 24, E. II, 82, II, 19. Febr. 84 R. VI, 134). Auch auf ausländische Beamte und deren Vorgesetzte bezieht sich §. 196. R.G. I, 31. März 81, E. IV, 40.

8. Die Beziehung auf den Beruf liegt nur dann vor, wenn ein Kausalzusammenhang zwischen einer amtlichen Thätigkeit bez. Unterlassung und der Beleidigung besteht. München 5. März 75 (St. V, 56), 29. Dez. 77 (bayr. Entsch. VII, 551). Dieser liegt vor, wenn ein Beamter wegen Vornahme einer Diensthandlung beleidigt wird. Berlin 29. Jan. 74 (O.R. XV, 44, St. III, 323), oder wenn die Beleidigung verübt wird gelegentlich des Ansinnens, eine Amtshandlung vorzunehmen, selbst wenn diese nicht in sein Ressort fällt. München 4. Dez. 74 (bayr. Entsch. IV, 558). Des Zusammenhangs zwischen der Beleidigung und der dienstlichen Wirksamkeit des Beleidigten muß sich der Beleidiger bewußt sein. Mannheim 30. Sept. 76 (bad. Ann. Bd. 42, S. 341). Beleidigende Aeußerungen in Bezug auf außeramtliches Verhalten eines Beamten genügen selbst dann nicht, die Beziehung auf den Beruf herzustellen, wenn daraus die Unwürdigkeit gefolgert wird, das Amt zu bekleiden. R.G. III, 8. Dez. 80 (E. III, 244), I, 13. Juni 81, R. III, 389. Dagegen II, 26. Febr. 84, R. VI, 155.

Auch auf Soldaten findet dies Anwendung, so wurde der Vorwurf, ein Soldat habe außerdienstlich seine Waffe mißbraucht, als eine Beleidigung erkannt, wegen deren der militärische Vorgesetzte zum Strafantrag berechtigt ist. R.G. III, 28. Sept. 88, R. VII, 535, II, 24. Febr. 85, E. XII, 49, R. VII, 140.

Handelt es sich dagegen um ein rein persönliches Verhalten, das mit dem Amte in keine Beziehung gebracht ist, so hat der Vorgesetzte kein Antragsrecht, z. B. steht ein solches dem

Konsistorium nicht zu, wenn einem untergebenen Geistlichen der Vorwurf des Ehebruchs und unsittlichen Verhaltens gemacht wird. R.G. II, 10. April 85, R. VII, 222. Jedoch liegt dann eine Beleidigung in Beziehung auf den Beruf vor, wenn die beleidigende Aeußerung eine Handlung des Beamten mit dem Amte in solche Verbindung bringt, daß durch sie die Integrität des letzteren angegriffen ist. R.G. IV, 6. Febr. 91, Goltd. XXXIX, 64.

9. Die Qualität als Beamter, Religionsdiener u. s. w. ist, was die Bestrafung betrifft, lediglich Strafzumessungsgrund, uud insofern kommt es darauf an, daß der Beleidiger Kenntniß von jener Eigenschaft hatte. Das letztere gilt aber eben so gut für die Anwendung des §. 196. Eine Beleidigung ist nur dann gegen eine Behörde, einen Beamten u. s. w. begangen, wenn der Thäter diese Eigenschaft kannte. (A. M. Oppenhoff N. 15 u. Berlin 21. Nov. 72, Goltd. XXI, 116, O.R. XIII, 620, St. II, 168.)

Der amtliche Charakter des Beleidigten ist nicht Thatbestandsmerkmal der Beleidigung, (s. dagegen N. 13) und die Amtsbeleidigung keine besondere Art derselben. Die Frage, ob ein gemäß §. 196 gestellter Antrag zulässig und wirksam war, ist daher nur Frage der formalen Zulässigkeit der Strafverfolgung, und deshalb ohne Rücksicht auf thatsächliche Feststellungen in allen Instanzen zu prüfen. Vgl. Berlin 22. April 75 (O.R. XVI, 301). R.G. III, 8. Dez. 80 (E. III, 244).

10. Die Frist zur Antragstellung ist auch in den Fällen des §. 196 die dreimonatliche des §. 61, vom Tage der Kenntnißnahme der Beleidigung zu berechnende. Da aber jede vorgesetzte Behörde ihr Antragsrecht selbständig ausübt, präjudizirt ihr auch nicht die Kenntniß einer anderen vorgesetzten Behörde. Vgl. Dresden 24. Mai 72 (St. I, 373). Berlin 9. Juli 74 u. 4. Jan. 75 (O.R. XV, 482; XVI, 6, Goltd. XXII, 606; XXIII, 119, St. IV, 149, 356).

11. Ein gestellter Antrag ist unwirksam, wenn angenommen wird, daß nur eine persönliche Beleidigung, keine Amtsbeleidigung vorliegt, und der Antrag nur Namens der Behörde gestellt ist, sei es auch, daß der Unterzeichner des Antrags der persönlich Beleidigte ist. Berlin 29. März 76 (Goltd. XXIV, 340).

12. Die Unrechtmäßigkeit der Amtsausübung ändert nichts am Thatbestand der Amtsbeleidigung. R.G. II, 11. Jan. 81 (E. III, 185).

13. Sowohl der Umstand, daß eine Behörde oder ein Beamter, als daß sie bez. er in Beziehung auf seinen Beruf beleidigt wurde, gehört zum Thatbestand, muß in die Frage an die Geschworenen aufgenommen werden und steht, wenn bejaht, unanfechtbar fest. R.G. I, 9. Dez. 86, E. XV, 82, R. VIII, 732.

§. 197. **Eines Antrages bedarf es nicht, wenn die Beleidigung gegen eine gesetzgebende Versammlung des Reichs oder eines Bundesstaats, oder gegen eine andere politische Körperschaft begangen worden ist. Dieselbe darf jedoch nur mit Ermächtigung der beleidigten Körperschaft verfolgt werden.**

Pr. §. 103; E. I. §. 115; E. II. §. 191, 192; St.B. S. 656 (Druckf. Nr. 85). Vgl. R.V. Art. 74.

1. Der Ausdruck „politische Körperschaft“ wird im Gegensatz zu den Behörden (§. 196) genommen werden müssen und bezeichnet die Mehrheiten von Personen, welche, ohne ständige Organe der Staatsverwaltung zu sein, verfassungsmäßig für Staatszwecke, namentlich als Vertreter des Volkes, thätig sind. (So München 12. Febr. 72, St. I, 162.) Es sind also: Provinzial-Landtage, Stadtverordneten-Versammlungen, Kreisversammlungen u. s. w. dahin zu rechnen; ebenso der Bürgerausschuß in Württemberg. Stuttgart 24. Mai 74 (württ. Ger.Bl. VIII, 225). Der Bundesrath ist nicht Behörde, sondern politische Körperschaft und bleibt als solche identisch, auch beim Wechsel seiner Mitglieder. In einem konkreten Falle wurde die Ermächtigung genügend konstatirt gefunden durch ein Schreiben des Reichskanzlers, in dessen Vertretung unterzeichnet, welches den Beschluß des Bundesraths mittheilt und mittels eines Schreibens des treffenden bundesstaatlichen Justizministeriums in Abschrift zu den Akten gebracht wurde. R.G. III, 14. Dez. 82, E. VII, 382.

Der Begriff der Behörden und politischer Körperschaften schließt sich gegenseitig aus.

Die dem Bundesrath mit Recht beigelegte Kontinuität muß für jede politische Körperschaft angenommen werden, welche eine bleibende Aufgabe im Staate hat.

Auch Gemeinden wurden als politische Körperschaften aufgefaßt, jedoch nur, wenn die Beleidigung ihre politische Wirksamkeit, nicht den Inbegriff der Einwohner traf. Stuttgart 18. Dez. 78 (württ. Ger.Bl. XV, 314). Ein Offizierkorps gehört nicht unter die Körperschaften, welche §. 197 im Auge hat. R.G. II, 7. Jan. 81 (R. II, 701, E. III, 246).

2. Die für den Antrag gegebenen Vorschriften der §§. 61 ff. finden auf die hier vorgeschriebene Ermächtigung keine Anwendung. Vgl. zu §. 98.

Die Zurücknahme der Ermächtigung ist wirkungslos. Stuttgart 27. Mai 74 (württ. Ger.Bl. VIII, 224).

Wenn eine Ermächtigung erforderlich ist, so kann die Strafverfolgung einstweilen eingeleitet werden und ist die Initiative zur Erlangung der Ermächtigung von der verfolgenden Behörde zu ergreifen. Wird sie verweigert, so muß die weitere Verfolgung eingestellt werden. Ein von der politischen Körperschaft gestellter Strafantrag wird unbedenklich als Ermächtigung aufgefaßt werden können.

§. 198. **Ist bei wechselseitigen Beleidigungen von einem Theile auf Bestrafung angetragen worden, so ist der andere Theil bei Verlust seines Rechts verpflichtet, den Antrag auf Bestrafung spätestens vor Schluß der Verhandlung in erster Instanz zu stellen, hierzu aber auch dann berechtigt, wenn zu jenem Zeitpunkte die dreimonatliche Frist bereits abgelaufen ist.**

Pr. §. 161; E. I. §. 171; E. II. §. 193; St.B. S. 656.

Vgl. §§. 61, 232.

1. Die Motive (S. 107) setzen den Grund dieser Vorschrift darin:

> „Bei wechselseitigen Beleidigungen liegt es im Interesse einer sachgemäßen und erschöpfenden Aburtheilung, daß dieselben in einem Verfahren zur Erörterung und Entscheidung gelangen, wenn überhaupt von jenem Theile die Bestrafung des anderen Theils beantragt wird.“

Aus diesen Motiven folgt nicht, daß die gleichzeitige Verhandlung und Entscheidung unbedingt erfolgen muß, wohl aber aus §. 428 St.P.O. s. unten. Außerdem enthält der §. 198 eine Beschränkung bez. Erweiterung des Antragsrecht und begründet die Zuständigkeit des Prozeßgerichts für die durch Widerklage geltend gemachte Beleidigung, auch wenn sie an sich nicht begründet wäre. Endlich enthält er einen Ausschluß früherer dem Beklagten zugefügten Beleidigungen vor der Verfolgbarkeit. Ueber die Zulässigkeit der gleichzeitigen Verhandlung entscheiden die Prozeßgesetze; jetzt §. 428 St.P.O., welcher bestimmt:

> „Bei wechselseitigen Beleidigungen und Körperverletzungen kann der Beschuldigte bis zur Beendigung der Schlußverträge (§. 257) in erster Instanz mittels einer Widerklage die Bestrafung des Klägers beantragen.“ „Ueber Klage und Widerklage ist gleichzeitig zu erkennen.“ „Die Zurücknahme der Klage ist auf das Verfahren über die Widerklage ohne Einfluß.“

Die ganze Bestimmung gilt nur für das Privatklageverfahren R.G. II, 4. Mai 83, R. V, 317; I, 17. Okt. 81, E. V, 134, R. III, 627. Vgl. Stenglein, Komment. z. St.P.O. §. 428, Löwe das.

2. Der Begriff „wechselseitige Beleidigungen“ wird, weil er abweichend vom preuß. St.G.B. dem §. 199 vorangestellt ist, hier etwas weiter zu nehmen sein. Es sind darunter hier nicht bloß die auf der Stelle erwiderten, sondern überhaupt diejenigen Beleidigungen zwischen denselben Personen (vgl. München 4. März 73 u. 25. Mai 75, St. II, 274; V, 60, bayr. Entsch. III, 94; Dresden 19. Juli 75, S.G.Z. XX, 80, wonach die von dem einen Beleidigten dem Haussohne des Anderen zugefügte Beleidigung nicht die Annahme wechselseitiger Beleidigungen begründet) begriffen, welche in einem ursachlichen äußeren Zusammenhange stehen. So München 7. Nov. 73 u. 1. Juli 76 (St. III, 193, bayr. Entsch. VI, 351), Stuttgart 11. Juni 73 (württ. Ger.Bl. VII, 215, St. III, 11), Dresden 29. Aug. 73 (St. III, 324, S.G.Z. XVIII, 82), Berlin 5. Juli 72 (Goltd. XX, 400). Gl. M. Berner S. 477, Dochow in H.H. III, 365, Olshausen N. 1, Oppenhoff N. 1, Rubo N. 1, v. Schwarze N. 2 und bei Goltd. XXII, 9. Das R.G. II, 4. Juni 80 (E. II, 87) entschied, daß der Begriff der wechselseitigen Beleidigung weder auf den Fall sofortiger Retorsion, noch auf den eines ursachlichen Zusammenhangs beider Beleidigungen beschränkt sei, sondern nur in der Verjährung eine Be-

grenzung finde. So auch Berlin 31. Okt. 73, Goltd. XXI, 539, Geyer II, 39, Hälschner II, 209, v. Liszt S. 331, H. Meyer S. 531, Kronecker bei Goltd. XXXIII, 21.

3. Der Verlust des Rechts kann auch durch eine eventuelle Fassung des Antrags abgewendet werden. Dresden 27. Okt. 73 (St. III, 325).

Eine Klage wegen Beleidigung ist dadurch nicht ausgeschlossen, daß der Beklagte vorher eine grundlose Klage wegen Beleidigung erhoben, und der Kläger hierbei die ihm zugefügte Beleidigung nicht geltend gemacht hatte. München 20. Febr. 74 (St. III, 326).

Ist der wegen Amtsbeleidigung Beschuldigte wegen Zurücknahme des Antrags freigesprochen worden, ohne in dem Verfahren eine ihm von dem Beleidigten zugefügte Beleidigung durch Strafantrag gerügt zu haben, so ist er des Rechts, diese durch Klage zu rügen, verlustig. München 9. Dez. 73 (bayr. Entsch. III, 558).

4. Streitig ist, ob jeder wegen Beleidigung Verfolgte unter den gegebenen Umständen das Recht der Widerklage habe oder nur derjenige, der das 18. bez. 21. Jahr zurückgelegt hat. Da §. 198 vom Antrag auf Bestrafung spricht und erst §. 428 St.P.O. diesem Antrag die Form der Widerklage gibt, so kann man ohne §. 65 Abs. 1 St.G.B. Gewalt anzuthun, allerdings dem noch nicht 18 Jahre Alten das Recht, Widerklage zu stellen, nicht beilegen, so sehr es widerstrebt, daß er verfolgt und bestraft werden kann, bezüglich seiner Vertheidigung aber auf seinen gesetzlichen Vertreter beschränkt sein soll. Vgl. Stenglein, Komment. z. St.P.O. §. 428 N. 1. Dagegen liegt kein Grund vor, ihm auch die Widerklage abzuschneiden, denn §. 65 gibt ihm das Antragsrecht; §. 198 spricht nur von Antrag und wenn auch §. 414 Abs. 3 St.P.O. den gesetzlich Vertretenen bezüglich der Privatklage auf den Vertreter anweist, so gilt das für Angriff Vorgeschriebene doch nicht für die Vertheidigung, die Widerklage. A. M. Löwe §. 428 N. 1, Keller das., Olshausen N. 6.

5. Ueber den Fall, wenn eine Beleidigung mit einer Körperverletzung erwidert wird und umgekehrt, vgl. §. 232, 233.

§. 199*). Wenn eine Beleidigung auf der Stelle erwidert wird, so kann der Richter beide Beleidiger oder einen derselben für straffrei erklären.

Pr. §. 153; E. I. §. 164; E. II. §. 194; St.B. S. 656 (Drucks. Nr. 85). Vgl. §. 233.

1. Die im §. 199 dem Richter gegebene Befugniß zur Aufrechnung erstreckt sich auf alle in diesem Abschnitt behandelte Beleidigungen, also namentlich auch auf verleumderische, Beamten-Beleidigungen u. s. w., jedoch nicht auf §. 189. (Vgl. Motive, Berlin 15. Juni 77 [O.R. XVIII, 434, Goltd. XXV, 538].) Außerdem dehnt der §. 233 diese Befugniß auf die Erwiderung von Beleidigungen mit leichten Körperverletzungen und umgekehrt aus. (Vgl. zu §. 233.) Dagegen kann diese Vorschrift nach der Oekonomie und dem Zusammenhange des Gesetzbuchs nicht auf die in den Abschnitten 2—4 (§§. 94—104) behandelten Beleidigungen bezogen werden. Auch Beleidigungen, welche ein Abgeordneter in einer bei Ausübung seines Berufs gehaltenen Rede gegen eine Privatperson ausspricht, kann nicht mit einer von dieser Privatperson als Entgegnung verübten Beleidigung kompensirt werden, weil nach §. 11 St.G.B. und verschiedenen Verfassungsbestimmungen kein Gericht eine von einem Abgeordneten in seinem Beruf gethane Aeußerung zu seiner Kognition ziehen darf. R.G. III, 5. März 81, E. IV, 15, R. III, 107.

2. Eine wiederholte Erwiderung schließt die Anwendbarkeit des §. 199 nicht aus.

3. Ob eine „Erwiderung auf der Stelle" vorliegt, ist nach den thatsächlichen Umständen zu beurtheilen. Es handelt sich nicht sowohl um eine augenblickliche, oder noch am gleichen Orte erwiderte Beleidigung, als darum, daß ein innerer Zusammenhang beider Beleidigungen, eine innere Kontinuität derselben, daß die Erwiderung unter dem durch die erlittene Beleidigung hervorgerufenen Affekt stattfindet. Berlin 17. Okt. 72 (Goltd. XX, 539), 12. Sept. 73 (Goltd. XXI, 539) und 16. Juni 75 (O.R. XVI, 449); München 22. Nov. 72 u. 1. Juli 76 (bayr. Entsch. II, 281; VI, 351, St. II, 174), 6. Juli 86, bayr. Entsch. IV, 151; Stuttgart 15. Mai 78 (württ. Ger.Bl. XIV, 412). R.G. 17. April 80, Ann. I, 552. Dieselbe ist auch bei schriftlichen oder durch die Presse verübten Beleidigungen möglich, wie dieses die Praxis bereits anerkennt. München 22. Nov. 72, 23. Jan. u. 4. Aug. 74 (bayr. Entsch. IV, 55, 320, St. II, 174; IV, 149).

---

*) S. Kronecker, Die Retorsion u. s. w. im G.S. Bd. 41, S. 192.

4. Der Redakteur eines Blattes, welcher ein beleidigendes Inserat aufnimmt, kann nicht mit einer ihm selbst von dem Beleidigten zugefügten Beleidigung kompensiren, wohl aber kann mit einer dem Inserenten vom Beleidigten zugefügten Beleidigung kompensirt werden. München 15. Dez. 74 (bayr. Entsch. IV, 568, St. IV, 342). Der Kompensation steht nicht entgegen, wenn die zuerst verfolgte Beleidigung von einem Vertreter desselben (Vater oder Ehemanne) verfolgt wird. Dresden 26. Okt. 74 (S.G.Z. XIX, 146). In diesem Fall kann auch keine vom Vertreter gegen den Beleidiger begangene Beleidigung compensando geltend gemacht werden. Dresden 20. Sept. 72 (S.G.Z. XVII, 13, St. II, 99), Berlin 5. Jan. 72 (Goltd. XX, 105). Ebenso wenig kann der Beleidiger eine seinem Hauskinde zugefügte Beleidigung compensando geltend machen. München 1. u. 4. März 73 u. 25. Mai 75 (bayr. Entsch. III, 91, 94; V, 240, St. II, 274), Berlin 27. Juni 72 (Goltd. XX, 404). A. M. und fordert nur, daß sich dieselben Parteien gegenüber stehen, Berlin 4. Mai 75 (Goltd. XXIII, 333), jedoch mit Unrecht. Dasselbe, was vom Vertreter eines Hauskindes gilt, gilt auch vom Ehemann als Vertreter seiner beleidigten Ehefrau. München 6. Nov. 76 (bayr. Entsch. VI, 514).

5. Die Anwendung des Paragraphen hängt lediglich von dem Ermessen des Richters ab. Dieselbe setzt nicht voraus, daß über beide Beleidigungen in demselben Verfahren entschieden wird. (Berlin 10. Okt. 72, Goltd. XX, 538, O.R. XIII, 514, St. II, 99; Dresden 18. Aug. 73, S.G.Z. XVII, 275.) Hat der Angeschuldigte unterlassen, seinerseits einen Strafantrag zu stellen, so kann er dennoch für straffrei erklärt werden. (Vgl. Berlin 10. Okt. 72 [O.R. XIII, 514, Goltd. XX, 538, St. II, 99]; Dresden 18. Aug. 73 [S.G.Z. XVII, 275, St. III, 328]; München 22. März 75 [St. V, 76], 31. Jan. 85, bayr. Entsch. III, 324. Jedoch nimmt Dresden 30. Juli 72 [S.G.Z. XVI, 344, St. II, 98], München 8. Jan. u. 18. Nov. 76, 23. Nov. 77 u. 17. Mai 78 [bayr. Entsch. XI, 9, 548; VII, 484, St. VII, 91; VIII, 149] an, daß die Anwendung des §. 199 nur zulässig sei, wenn die gegnerische Beleidigung zu diesem Zwecke geltend gemacht worden ist.) Dieses gilt selbst dann, wenn der Antrag erst in zweiter Instanz gestellt, München 4. Dez. 72 (St. II, 173), 30. April u. 16. Okt. 72 (bayr. Entsch. II, 118, 301), 18. Nov. 76 (bayr. Entsch. VI, 547), 17. Mai 78 (St. VIII, 149), Dresden 19. Juli 75 (S.G.Z. XX, 80), oder der Angeklagte wegen mangelnden Alters zur Stellung eines Strafantrags überhaupt nicht berechtigt, München 18. Okt. 73 (bayr. Entsch. III, 477, St. III, 168), Berlin 6. Nov. 74 (Goltd. XXII, 610), oder wegen mangelnden Alters des Thäters die eine Beleidigung nicht verfolgbar, Dresden 7. April 76 (S.G.Z. XXI, 50), oder die Antragsfrist versäumt, Berlin 10. Okt. 72 (Goltd. XX, 538, O.R. XIII, 514, St. II, 99), Dresden 18. Aug. 73 (S.G.Z. XVII, 275), oder die Verjährung eingetreten ist, Dresden 30. Juni 76 (S.G.Z. XXI, 167, St. VII, 97). Diese Umstände hindern nur die Strafverfolgung, nicht die Möglichkeit der Aufrechnung nach §. 199. München 4. Dez. 72 (St. II, 173).

Eine Gleichwerthigkeit der erwiderten Beleidigungen ist nicht Voraussetzung des §. 199. Vielmehr ist das Ermessen des Gerichts in dieser Richtung so vollkommen frei, daß es keiner besonderen Begründung bedarf. Vgl. Kronecker a. a. O. S. 222.

6. Die Entgegnung, daß Retorsion stattgefunden habe, steht auch den gesetzlichen Vertretern entgegen. Dresden 20. Sept. 72 (S.G.Z. XVII, 13, St. II, 99, Berlin 17. Jan. 90, Goltd. XXXVIII, 74). Selbst frühere Aburtheilung der einen Beleidigung soll Kompensation nicht ausschließen. Berlin 11. Juli 78 (Goltd. XXVI, 441), München 17. Mai 78 (St. VIII, 149), 6. Dez. 87, bayr. Entsch. IV, 548, auch nicht, wenn der Kläger der Gerichtsbarkeit des angegangenen Gerichts (als Militär) nicht untergeben ist. München 18. Nov. 70 (bayr. Entsch. VI, 548, St. VII, 91).

7. Hat ein Angeklagter oder Beklagter sich auf §. 199 berufen, so muß sich das Urtheil über die Kompensation aussprechen. (§. 266 Abs. 2 St.P.O.) Die Unterlassung führt zur Aufhebung des Urtheils. R.G. II, 1. Mai 88, E. XVII, 346, R. X, 364.

8. Beleidigende Aeußerungen, welche gemäß §. 193 straflos sind, eignen sich nicht zur Kompensation, da sie überhaupt nicht Beleidigungen im strafrechtlichen Sinne sind. Berlin 12. Juli 76 u. 2. Okt. 78 (O.R. XVII, 502; XIX, 442, Goltd. XXIV, 577; XXVI, 514). München 5. Sept. 84, bayr. Entsch. III, 206. R.G. III, 16. Juni 80 (E. II, 181), 23. Sept. 82, E. VII, 100, R. IV, 709. Ferner wollte Dresden 4. Dez. 76 (S.G.Z. XXI, 286, St. VII, 98) die Berufung auf Retorsion ausschließen, wenn der eine Theil (Droschkenkutscher) zu besonderer Höflichkeit verpflichtet ist, als Prinzip jedenfalls unrichtig.

Dadurch wird die Anwendung des §. 199 nicht ausgeschlossen, daß die Erwiderungsbeleidigung nicht zur Kenntniß des Thäters bestimmt war. R.G. II, 21. Dez. 86, R. VIII, 779.

9. Retorquirte Beleidigungen sind eine Art von wechselseitigen Beleidigungen. Will nun die von dem zuerst verfolgten Beleidiger erlittene Beleidigung im Wege der Widerklage zum Zwecke der Bestrafung des Klägers geltend gemacht werden, so ist darauf §. 198 anzuwenden; will sie aber nur zum Zwecke der Aufrechnung, d. h. der gegenseitigen Straffreisprechung benutzt werden, ein Erfolg, der, wie schon oben bemerkt, ausschließlich in das Ermessen des Gerichts gestellt ist, so ist die Geltendmachung nicht an die Beschränkung des §. 198 geknüpft, sondern ausschließlich §. 199 anwendbar. Vgl. München 8. Jan. 76, 23. Nov. 77 u. 17. Mai 78 (bayr. Entsch. VI, 9; VII, 484, St. VIII, 149); Dresden 19. Juli 75 u. 30. Juni 76 (S.G.Z. XX, 80; XXI, 167, St. VII, 97); Berlin 24. Nov. 76 (Goltd. XXIV, 577); Stuttgart 12. Juli 76 (württ. Ger.Bl. XII, 199, St. VI, 269). Auch an die dreimonatliche Antragsfrist ist die einredeweise geltend gemachte Retorsion nicht gebunden. Dresden 19. Juli 75 u. 30. Juni 76 (S.G.Z. XX, 80; XXI, 167, St. VII, 97). Wird von einem der Beleidigung Beschuldigten die Kompensation mit einer Gegenbeleidigung angeregt, so muß das Gericht deren Voraussetzungen prüfen und darüber entscheiden. R.G. III, 3. Dez. 79 (E. I, 112), II, 5. Dez. 79 (R. I, 116.

10. Bezüglich der Kosten bestimmt §. 500 der R.St.P.O.:

„Bei wechselseitigen Beleidigungen oder Körperverletzungen wird die Verurtheilung eines oder beider Theile in die Kosten dadurch nicht ausgeschlossen, daß einer derselben oder beide für straffrei erklärt werden."

§. 200*). Wird wegen einer öffentlich oder durch Verbreitung von Schriften, Darstellungen oder Abbildungen begangenen Beleidigung auf Strafe erkannt, so ist zugleich dem Beleidigten die Befugniß zuzusprechen, die Verurtheilung auf Kosten des Schuldigen öffentlich bekannt zu machen. Die Art der Bekanntmachung, sowie die Frist zu derselben ist in dem Urtheile zu bestimmen.

Erfolgte die Beleidigung in einer Zeitung oder Zeitschrift, so ist der verfügende Theil des Urtheils auf Antrag des Beleidigten durch die öffentlichen Blätter bekannt zu machen, und zwar wenn möglich durch dieselbe Zeitung oder Zeitschrift und in demselben Theile und mit derselben Schrift, wie der Abdruck der Beleidigung geschehen.

Dem Beleidigten ist auf Kosten des Schuldigen eine Ausfertigung des Urtheils zu ertheilen.

Pr. §. 163; E. I. §. 173; E. II. §. 195; St.B. S. 656.
G. v. 26. Febr. 1876 Art. I; Drucks. Nr. 54; St.B. S. 1003.
Vgl. §. 165.

1. Oeffentlich u. s. w. vgl. S. 284, 285 u. §. 186 N. 9. Oeffentlichkeit kann in der Adresse eines zur Post gegebenen Briefes gefunden werden. Berlin 12. Febr. 79 (O.R. XX, 84). Eine Beleidigung wird nicht dadurch eine öffentliche, daß sie an einem öffentlichen Orte verübt ist, sondern dadurch, daß sie von einer unbestimmten Anzahl von Personen gehört werden konnte. R.G. II, 4. Mai 83, I, 7. Mai 83, R. V, 317, 333. München 21. Nov. 84 (bayr. Entsch. III, 251), so in einer Gerichtssitzung, auch wenn Niemand im Zuhörerraum war. R.G. III, 7. Okt. 86, R. VIII, 600.

2. Auf Strafe erkannt. Dies ist nicht der Fall, wenn gemäß §. 199 oder aus anderen Rechtsgründen auf Straffreiheit erkannt ist. Wegen Beleidigung ist nicht bestraft, wenn nach §. 21 des Preßges. eine Fahrlässigkeitsstrafe erkannt ist. R.G. IV, 2. Febr. 86, E. XIII, 319, R. VIII, 107.

3. Die Befugniß muß (ohne Antrag) im Urtheil ausgedrückt werden, und ebenso muß dem Beleidigten eine Urtheilsausfertigung (Abs. 3) einschließlich der Gründe ertheilt werden.

---

*) Neue Fassung des G. v. 26. Febr. 1876; die alte Fassung des Abs. 2 (Abs. 1 u. 3 sind unverändert) lautete:

Erfolgte die Beleidigung in einer Zeitung oder Zeitschrift, so ist der verfügende Theil des Urtheils auf Antrag des Beleidigten durch die öffentlichen Blätter, und zwar wenn möglich durch dieselbe Zeitung oder Zeitschrift bekannt zu machen.

(Vgl. §. 165.) München 2. Nov. 72, 2. April 75 u. 19. Febr. 77 (bayr. Entsch. II, 274; V, 117; VII, 73); Stuttgart 13. Juni 77 (württ. Ger.Bl. XIII, 252); Dresden 27. Okt. 76 (St. VII, 98). R.G. I, 27. Mai 86, E. XIV, 154, R. VIII, 393. Auch im Falle des §. 199 hat der Richter nicht freies Ermessen, ob und welcher der beiden Parteien er die Publikationsbefugniß zusprechen will. München 19. Febr. 77 (bayr. Entsch. VII, 73). Um die Publikationsermächtigung durchzuführen, kann der Beleidigte gerichtliche Hülfe in Anspruch nehmen. Berlin 28. Nov. 78 (O.R. XIX, 553, Goltd. XXVI, 515); Dresden 28. Jan. 78, St. VIII, 151). In diesem Falle nimmt der gerichtliche Auftrag den Charakter einer amtlichen Bekanntmachung gemäß §. 10 des R.P.G. an. Dresden a. a. O.

4. Dem Vater oder Ehemann, welcher auf Grund des §. 195 Strafantrag gestellt hat, ist die Befugniß zur Bekanntmachung nicht zuzusprechen. München 29. Jan. 75 (St. IV, 337, bayr. Entsch. V, 34). A. M. v. Schwarze N. 10.

Dagegen kann sie dem Beleidigten noch nach dessen Tode zuerkannt werden, wenn er vor seinem Tode dies beantragt hat. R.G. II, 17. Mai 87, E. XVI, 73, R. IX, 324. S. hingegen Reiffel in G.S. Bd. 42, S. 68.

5. Die Bestimmung der Art der Bekanntmachung, sowie die Frist, innerhalb deren sie erfolgen soll, sind wesentlich und kann, wenn in einem Urtheil das eine oder das andere fehlt, dasselbe auf Revision aufgehoben und zur Ergänzung zurückverwiesen werden. R.G. II, 12. Okt. 88, R. X, 564.

6. Abs. 2 beschränkt den Abs. 1 nicht, sondern gibt den Beleidigten nur das Recht, eine bestimmte Art der Bekanntmachung — durch die Zeitungen — zu verlangen. Der Richter kann, nach Abs. 1, diese Art auch ohne Antrag zur Anwendung bringen; dieselbe ist auch nicht auf die Fälle des Abs. 2 beschränkt, sondern auch in Fällen des Abs. 1 zulässig (Dresden 22. Sept. 71, S.G.Z. XV, 314; München 29. Jan. 75, St. V, 61; Stuttgart 7. Juli 75, württ. Ger.Bl. X, 245, St. V, 66). R.G. III, 14. April 80 (R. I, 598). Selbst bei Verzicht des Beleidigten München 19. Nov. 86 (bayr. Entsch. IV, 244). Ebenso darf der Richter auch die Bekanntmachung — außer dem verfügenden Theil (tenor) — auf die Entscheidungsgründe mit erstrecken. R.G. III, 17. Okt. 89, E. XX, 1.

7. Um der Vorschrift des Abs. 1 zu genügen, wird es in der Regel ausreichen, wenn im Tenor bestimmt wird:

> „daß dem Y. die Befugniß zuzusprechen, den Eingang und den entscheidenden Theil (tenor) des Urtheils binnen X Tagen, von der Behändigung der Urtheilsausfertigung an gerechnet, in der Z.-Zeitung (durch Anschlag an der Gerichtsstelle, im Gemeindekasten u. s. w.) auf Kosten des FF. bekannt zu machen."

Zur Ausführung muß der Beleidigte nöthigenfalls die gerichtliche Hülfe in Anspruch nehmen. (Berlin 9. Sept. 74, Goltd. XXII, 608, O.R. XV, 543.)

8. Handelt es sich um eine Beleidigung, bei welcher neben dem Beleidigten der Vorgesetzte desselben ein selbständiges Antragsrecht hat (§. 196), so muß die Bekanntmachung auch auf den alleinigen Antrag des Vorgesetzten erfolgen. Berlin 9. Sept. 74 (Goltd. XXII, 608, O.R. XV, 543). R.G. III, 18. Febr. 80 (R. I, 360), II, 24. Sept. 86, E. XIV, 327, R. VIII, 560. Berlin 26. Nov. 88, Goltd. XXXVII, 64. Vgl. dagegen — in Bezug auf §. 195 — München 29. Jan. 75 (St. IV, 337 u. oben Anm. 3). Konsequent wird auch in anderen Fällen über den Begriff des Beleidigten im Wortsinn hinausgegangen werden müssen und dafür Antragsberechtigter zu substituiren sein, so im Falle des §. 189. Gl. M. Hälschner II, 211, Olshausen N. 5a, Oppenhoff N. 1, §. 189 N. 9, v. Schwarze N. 3. Trotzdem unterscheidet R.G. III, 18. Febr. 80, R. I, 360, wenn auch nicht ex professo. Man wird aber den Verstorbenen kaum als den Beleidigten bezeichnen können, das ist vielmehr das Andenken, d. h. die Pietät der Ueberlebenden. Für den gesetzlichen Vertreter (s. oben N. 3) handelt es sich bei der Publikationsbefugniß, wie bei dem Strafantrag nur um Vertretung des Beleidigten.

9. Die Worte „und in demselben Theile und mit derselben Schrift, wie der Abdruck der Beleidigung geschehen" sind durch das Gesetz vom 26. Febr. 1876 in Anlehnung an die ähnliche Bestimmung im §. 11 des Reichspreßgesetzes vom 7. Mai 1874 aufgenommen, weil, wie die Motive bemerken, die Zeitungen vielfach das Bestreben gezeigt haben, den Zweck des Gesetzes dadurch zu vereiteln, daß sie diese Bekanntmachungen im Inseratentheile mitten unter Anzeigen gewerblicher Art abdrucken. Jedoch ist der Richter an die Vorschriften des §. 11 nicht gebunden, sondern kann die Art der Bekanntmachung nach freiem Ermessen bestimmen. Berlin 13. März 78 (O.R. XIX, 133, St. VIII, 155). R.G. II, 3. Febr. 82, E. V, 381, R. IV,

118. Er kann hierbei auch noch andere Blätter zur Veröffentlichung bestimmen, als jene, in welchen die Beleidigung enthalten war. Mannheim 2. Juni 77 (bad. Ann. Bd. 43 S. 209). R.G. II, 24. Sept. 86 s. oben. Er kann auch die mehrmalige Veröffentlichung in demselben Blatte anordnen. R.G. III, 9. Febr. 81 (R. III, 26).

10. Nach dem klaren Wortlaut des Abs. 2 u. 3 (wesentlich mit §. 208 des preuß. Entw. von 1847 übereinstimmend) sind die dem Beleidigten hier gewährten besonderen Rechte nicht von der Entscheidung des Richters abhängig, vielmehr hat derselbe diese Rechte kraft des Gesetzes. Der Antrag (Abs. 2) kann deshalb selbst nach Eintritt der Rechtskraft gestellt werden, und ist es nicht erforderlich, daß die Befugniß zu dieser Art der Bekanntmachung im Tenor ausgesprochen ist. Der Richter hat im Vollstreckungsverfahren die Bekanntmachung auf Antrag zu veranlassen. R.G. 14. April 80 s. oben. Diese Maßregel charakterisirt sich als eine gesetzliche Nebenstrafe, wie sie der in das R.St.G.B. nicht aufgenommene §. 30 des preuß. St.G.B. generell bei allen Verbrechensstrafen im öffentlichen Interesse vorschrieb. Berlin 16. Juni 75 (O.R. XVI, 450) charakterisirt die Publikationsbefugniß nicht als Strafe, sondern als Privat-Genugthuung, und will sie deshalb bei Bestimmung der schwereren Strafe gemäß §. 73 nicht in Berücksichtigung gezogen, dennoch aber bei Idealkonkurrenz in Wegfall gebracht wissen, wenn die Beleidigungsstrafe die mildere ist. Als Strafe betrachten die Bekanntmachung Geyer II, 39, Schütze S. 364, v. Holtzendorff III, 367, Berner S. 484, Oppenhoff §. 73 N. 14, Merkel in H.H. IV, 230. Stuttgart 30. Mai u. 13. Juni 77 (St. VII, 285, württ. Ger.Bl. XIII, 252); Dresden 3. Mai 78 (St. VIII, 156); Berlin 17. Juli 76 (O.R. XVII, 527). Als Privatgenugthuung H. Meyer S. 447, Oppenhoff N. 2, v. Schwarze N. 1, Olshausen N. 2, 4, v. Liszt S. 251, 364. Die Anhänger der letzteren Ansicht müßten konsequent dieselbe im Falle der Idealkonkurrenz unter allen Umständen zulassen, was v. Schwarze N. 4 nicht thut. R.G. I, 7. April 81 u. ver. Str.S. 17. April 82, E. IV, 218, VI, 180, R. III, 203, IV, 333 entschieden sich dahin, die Publikationsbefugniß des §. 200 sei eine Nebenstrafe, könne also nicht erkannt werden, wenn die Hauptstrafe bei ideeller Konkurrenz nicht wegen Beleidigung, sondern aus einem andern schwereren Strafgesetz erkennt werde. Aus dieser Eigenschaft als Strafe folgert R.G. I, 27. Mai 86 E. XIV, 154, R. VIII, 393, daß die Publikationsbefugniß auch im Falle des Abs. 2 stets im Urtheil auszusprechen sei, entgegen der oben ausgesprochenen Ansicht. Gegen die Auffassung des R.G. s. Fuchs in Goltd. XXIX, 422. Im Falle einer Gesammtstrafe ist nur der auf die Beleidigung bezügliche Theil des Urtheils zu publiziren. Berlin 8. Nov. 78 (O.R. XIX, 519). Es kann deshalb auch die Höhe der Gesammtstrafe aus der Bekanntmachung weggelassen werden. R.G. I, 8. Okt. 88, R. X, 548. Der §. 10 des Reichspreßgesetzes vom 7. Mai 1874 bestimmt die Pflicht der Herausgeber von Zeitungen, amtliche Bekanntmachungen aufzunehmen. Ueber die Kosten, die eventuell vom Antragsteller vorzuschießen sind, entscheiden die Prozeßgesetze. Vom Staate sind dieselben nicht zu tragen. München 28. Febr. 73 (bayr. Entsch. III, 139); Berlin 3. Okt. 76 (O.R. XVII, 630, Goltd. XXIV, 577, St. VI, 279).

11. Die Kosten der Bekanntmachung sind, ebenso wie andere der obsiegenden Partei zu erstattende Kosten, von dem Verurtheilten beizutreiben. München 28. Febr. 73 (bayr. Entsch. III, 139).

12. Die Bestimmung des Abs. 3 findet auf alle Fälle der Beleidigung, nicht bloß auf die im Abs. 1 u. 2 erwähnten Anwendung. Berlin 5. April 76 (Goltd. XXIV, 227, O.R. XVII, 254, St. VI, 277), Stuttgart 27. Okt. 75 (württ. Ger.Bl. X, 396). O.L.G. Posen, 14. Dez. 89, Goltd. XXXVII, 368. S. auch Berner S. 485, Olshausen N. 14, v. Liszt S. 364. Anders: München 5. Mai 73 (St. II, 321, bayr. Entsch. III, 227).

Fünfzehnter Abschnitt.

Zweikampf.*)

1. Das St.G.B. gibt, wie die meisten anderen Gesetzbücher, keine Definition des Zweikampfes. Aus den §§. 201 u. 207 kann nur soviel abgeleitet werden: daß das Gesetz unter Zweikampf einen mit gegenseitiger Einwilligung unternommenen Kampf mit

---

*) Die Literatur über den Zweikampf ist sehr reichhaltig, besonders seit das Reichsgericht die studentischen Schlägerduelle als Zweikämpfe erklärt hat. S. Gneist, Zweikampf, Berlin 1848. Hälschner, Duell, Elberfeld 1868. Zimmermann, Der Zweikampf, histor. Taschenbuch 1879,

tödtlichen Waffen nach verabredeten oder hergebrachten Regeln versteht. Fehlen diese Erfordernisse, so ist ein Zweikampf, im Sinne des Gesetzes, nicht anzunehmen. Was im Uebrigen dazu gehört, um einen solchen Kampf als Zweikampf (Duell) anzusehen, ist der thatsächlichen Beurtheilung im Einzelfalle überlassen.

Schon in den Vorberathungen zum preuß. St.G.B. wurde es abgelehnt, die Beilegung eines Ehrenhandels als wesentlichen Theil des Thatbestandes aufzustellen, obschon man darüber einig war, daß nur in Verbindung mit den Ehrverletzungen das Vergehen eine selbständige Bedeutung habe. (Beseler, Komm. S. 340.) Dieser Gesichtspunkt hat auch die systematische Stellung des Vergehens im St.G.B. entschieden, obschon sich bestimmte Folgerungen für den Thatbestand hieraus nicht entnehmen lassen. Aehnlich verfuhren die Strafgesetzbücher von Sachsen Art. 248, Baden §. 326 ff., während Bayern Art. 162 ff. den Zweikampf unter die öffentlichen Vergehen (Hauptstück VI: „Friedensstörung und Eigengewalt") stellt und Hessen Art. 292 ff. denselben an die Tödtung und Körperverletzung anschließt.

Die von einzelnen Gesetzbüchern (z. B. früher Hannover Art. 174, Hessen Art. 292) und in der Wissenschaft (z. B. Berner, Lehrb. 11. Aufl. S. 471.*) „Zweikampf ist der zwischen zwei Personen vereinbarte regelmäßige Kampf mit tödtlichen Waffen, zur Genugthuung für eine Ehrenkränkung") aufgestellten Definitionen, welche das Moment der Ehrenkränkung besonders hervorheben, dienen schwerlich zu einer zutreffenden Umgrenzung des Begriffs, da sie einmal ganz unentschieden lassen, ob nur die Ehre des Duellanten oder auch die eines Anderen (Verwandten, Freundes) in Betracht kommen kann, und da sie ferner unberücksichtigt lassen, daß der Begriff der Ehre hier jedenfalls ein weiterer ist, als bei eigentlichen Beleidigungen, bei welchen z. B. bloß subjektive Empfindlichkeit, gekränkter Ehrgeiz, Selbstüberschätzung nicht ins Gewicht fallen. Die erfahrungsmäßig mehr oder weniger entschuldbaren Motive zu einem Zweikampf können nur bei der Strafzumessung ins Gewicht fallen. (Vgl. Goltdammer, Mat. II, S. 353; ferner München 25. Jan. 73, bayr. Entsch. III, 34, welches annimmt, daß die Ausgleichung einer Beleidigung bei dem Thatbestand des Zweikampfs nicht vorausgesetzt sei.) Einige Schriftsteller glauben, es sei Gleichheit der Waffen nicht erforderlich; dies verstößt aber entschieden gegen die hergebrachten Gewohnheiten, welche auf Gleichheit aller Umstände, unter denen der Kampf vollzogen wird, ein besonderes Gewicht legen.

2. Als besondere Art des Zweikampfes bezeichnet man das Renkontre, d. h. das mit schnellem gegenseitigen Entschluß unternommene Duell, während die sogenannte Attacke, d. h. der einseitige Angriff mit tödtlicher Waffe zum Zweck einer Genugthuung, nur dann als Zweikampf zu betrachten ist, wenn die Gegenwehr sich nicht bloß als Nothwehr, sondern als Einlassen auf die mit dem Angriff ausdrücklich oder stillschweigend verbundene Herausforderung zum Zweikampfe charakterisirt. (Vgl. Berner S. 489, H. Meyer S. 559.)

3. Die Motive zu diesem Abschnitt lauten:

> „Der Versuch der Gesetzgebung, das Duell in eigenen Mandaten zu behandeln und mit exzeptionell harten Strafen zu bedrohen, hat sich eben so unwirksam erwiesen, als der andere: das Duell als ein besonderes Verbrechen ganz zu ignoriren und seine Bestrafung stillschweigend den über den Mord, Todtschlag und Körperverletzung gegebenen Vorschriften zu überlassen.
>
> Die Sitte oder, wenn man lieber will, die Unsitte des Duells hat sich noch immer stärker erwiesen, als das geschriebene Gesetz, und diesem bleibt somit nichts Anderes übrig, als sich gut oder übel mit der Aufgabe abzufinden:
>
> > seine Vorschriften über das Duell so einzurichten, daß sie einerseits mit den Geboten der Gerechtigkeit nicht in allzu schroffen Widerspruch treten, und andererseits dem Bedürfnisse des Lebens ein wenigstens annäherndes Genüge leisten.
>
> Die in dem preußischen Strafgesetzbuche enthaltenen Duell-Vorschriften entsprechen dieser Anforderung, soweit dies eben überhaupt möglich, wenigstens annäherungsweise,

---

S. 263, G.S. Bd. 30, S. 1; Bd. 34, S. 379. Hälschner, G.S. Bd. 34, S. 1; Bd. 35, S. 161. Hausner, Wien 1880. Rödenbeck, Halle 1883. Graf Keyserling, Dorpat 1883. Sontag in Z. f. ges. St.R.W. II, 1. v. Buri im G.S. Bd. 34, S. 343; Bd. 35, S. 327. Kronecker, G.S. Bd. 35, S. 201. Anonym, Goltd. XXXI, 139. Ortloff, Bl. f. R.A. in Thür. X, 1 u. in Goltd. XXXI, 337. Levi, Leipzig 1889. Breslauer, Berlin 1890. Billnow, G.S. Bd. 37, S. 605. v. Zedlitz, Grenzboten 1888, III. Qu. S. 455. v. Ofenheim, Wien 1887. Balan, Duell und Ehre, Berlin 1890.

*) Später gab Berner diese Anschauung auf und definirt in 15. Aufl.: Zweikampf ist der zwischen zwei Personen vereinbarte regelmäßige Kampf, wobei die Motive gleichgültig sind.

und der Gesetzentwurf hat darum nichts Richtigeres thun zu können geglaubt, als sie ihrem wesentlichen Inhalte nach in sich aufzunehmen."

4. Bezüglich der Zweikämpfe der Studenten hat für Preußen eine Entscheidung des O.Tr. vom 20. Okt. 53 (Entsch. Bd. 36 S. 406) angenommen, daß die besonderen Landesgesetze, nämlich Regulativ vom 28. Dez. 1810 und vom 18. Nov. 1818 (G.S. S. 142 bez. 238) neben dem preuß. St.G.B. fortbestehen. Die Gründe jener Entscheidung würden auch neben dem §. 2 des E.G. zum St.G.B. maßgebend sein. (Dies ist — bezüglich der besonderen Landesgesetze für die Universität Göttingen — angenommen in dem Erkenntniß des O.A.G. Berlin vom 9. Nov. 72 u. 7. Febr. 73, Goltd. XXI, 182, 183, O.R. XIII, 587 u. XIV, 121, St. II, 138, 213.) München 25. Jan. 73 (bayr. Entsch. III, 35) nimmt an, daß die akademischen Gesetze neben dem St.G.B. fortbestehen, aber als Disziplinarvorschriften letzteres nicht ausschließen — Für die übrigen Bundesstaaten kann die Frage nur mit Rücksicht auf das besondere Verhältniß etwaiger Ausnahmebestimmungen zu dem allgemeinen Strafrecht gelöst werden. (Vgl. zum E.G. §. 2.) Die neuere Praxis nimmt allgemein an, daß auch das Studentenduell auf Schläger unter die Bestimmungen des St.G.B. fällt. Berlin 6. Juni 77 (O.R. XVIII, 366, Goltd. XXV, 334, St. VII, 295), Darmstadt 27. Aug. 77 (Goltd. XXV, 464), Dresden 6. März 76 (S.G.Z. XXI, 41, St. VI, 280). Hierfür entschied sich auch R.G. III, 2. Juni 80 (R. II, 14, E. I, 443, ver. St.S. 6. März 83, E. VIII, 87, R. V, 156; I, 12. April 83 R. V, 230 u. 10. Juli 82, E. VII, 29, R. VII, 683). Mit der gemeinen Meinung hatte vorher R.G. III, 2. Febr. 82, E. VI, 61, R. IV, 186 angenommen, daß das St.G.B. die Materie des Zweikampfs erschöpfend regle, daß aber, wenn durch die thatsächliche Feststellung, die Waffen seien nicht tödtliche gewesen, die Anwendung der §§. 201 fg. entfalle, die Bestimmungen über Tödtung und Körperverletzung Anwendung fänden. Ebenso R.G. III, 20. Mai 82, R. IV, 501. Dies änderte sich mit dem Urth. der ver. Straffen. v. 6. März 1883. Die hierüber geführte Kontroverse ist nunmehr gegenstandslos.

5. Wegen der Duelle der Militärpersonen vgl. M.St.G.B. §§. 112, 113, und M.St.G.O. §§. 6 Nr. 5 und 16 Nr. 1a (B.G.Bl. 1867 S. 231, 233), sowie die preußische Verordnung über die Ehrengerichte u. s. w. vom 20. Juli 1843, welche durch den Allerh. Erlaß vom 27. Nov. 1866 auf die neupreußischen Landestheile ausgedehnt ist.

§. 201. **Die Herausforderung zum Zweikampf mit tödtlichen Waffen, sowie die Annahme einer solchen Herausforderung wird mit Festungshaft bis zu sechs Monaten bestraft.**

Pr. §. 164; E. I. §. 174; E. II. §. 196; St.B. S. 656.
Vgl. M.St.G.B. §§. 112, 113.

1. Die Herausforderung ist strafbar, auch wenn sie nicht angenommen ist. Kommt es zum Zweikampf, so erscheint die Herausforderung lediglich als vorbereitende Handlung, die neben der Strafe des §. 205 nicht noch besonders geahndet wird. Berner S. 489, v. Schwarze N. 1. Berlin 13. Juli 77 (O.R. XVIII, 536, Goltd. XXV, 533).

2. „Tödtliche Waffen." Die preuß. Entwürfe von 1843 und 1847, welche mit dem preuß. St.G.B. wesentlich übereinstimmen, enthielten den Ausdruck schon. Die Revision des Entwurfs von 1845 (Bd. II, S. 110) bemerkt darüber:

> „daß das Beiwort tödtlich hier nur in abstracto gebraucht wird, ist offenbar, und da beabsichtigt worden ist, dem preuß. allgemeinen Landrecht (vgl. Allgem. L.R. II, 20 §. 690) gegenüber den Zweikampf auf den Stock u. s. w. auszuschließen, so ist der Zusatz auch nicht müßig."

Nach dem Sprachgebrauch sind darunter Schuß-, Hieb-, Stich- oder Stoßwaffen zu verstehen, wozu bloße Messer, Dolche, Knittel u. s. w. nicht zu rechnen sind. (Vgl. Goltd. II, 353; Leonhardt, Komm. z. Hann. Kr.G.B. S. 101.) München 25. Jan. 73 (bayr. Entsch. III, 34) versteht unter tödtlichen Waffen solche, die bestimmungsmäßig zur Beibringung tödtlicher Verletzungen geeignet sind. Es genügt, wenn ein tödtlicher Erfolg beim Gebrauche möglich ist. Berlin 6. Juni 77 (O.R. XVIII, 366, Goltd. XXV, 334), Dresden 6. März 76 (S.G.Z. XXI, 42, St. VI, 280); 7. April 76 (S.G.Z. XXI, 51), Darmstadt 13. Dez. 75 (hess. Entsch. 1876 S. 73); 27. Aug. 77 (Goltd. XXV, 464). R.G. ver. St.S. 6. März 83, E. VIII, 87, R. V, 156 definirte „tödtliche Waffen" dahin: es seien Waffen, welche an sich die Eigenschaft haben, tödtliche Verletzungen beibringen zu können. Berlin 5. Nov. 74

(Goltd. XXII, 610, O.R. XV, 748) nimmt an, daß die Tödtlichkeit der Waffen von den Instanzrichtern mit Rücksicht auf getroffene Schutzvorrichtungen, welche die Möglichkeit eines tödtlichen Erfolges ausschließen, verneint werden könnte. Vgl. auch St. II, 49, 51; ferner Dresden 6. März 76 (S.G.Z. XXI, 42, St. VI, 280); 7. April 76 (S.G.Z. XXI, 51), Berlin 6. Juni 77 (O.R. XVIII, 366, Goltd. XXV, 334, St. VII, 295). Dies verneinte R.G. 6. März 83, s. oben.

R.G. I, 12. April 83, R. V, 230 erweiterte dies noch dahin, daß selbst der gute Glaube, die Möglichkeit einer Tödtung sei durch die Schutzvorrichtungen ausgeschlossen, das Schlägerduell seiner Eigenschaft als Zweikampf nicht entkleide.

Der bloße Ausdruck „Waffen" hatte übrigens in der früheren sächsischen Praxis dazu geführt, auch den Faustkampf — Boxen — nach den Duellvorschriften zu bestrafen.

3. Daß schon bei der Herausforderung die tödtlichen Waffen bestimmt sind, gehört nicht zum Thatbestand des §. 201. Berlin 16. Juli 77 (O.R. XVIII, 539, Goltd. XXV, 532), Darmstadt 19. April 75 (hess. Entsch. 1876 S. 23); jedoch muß aus den Umständen hervorgehen, daß sowohl der Herausfordernde als der Annehmende nur an den Gebrauch tödtlicher Waffen dachten, wenn sie auch die Bestimmung derselben Anderen, z. B. den Kartellträgern überließen. Gl. M. Hälschner II, 956, Olshausen N. 18, Oppenhoff N. 2, Villnow im G.S. Bd. 37, S. 623. Deshalb kann auch die Annahme des Duells an sich, wenn auch unter anderen Bedingungen als die des Fordernden als Annahme bestraft werden. Gl. M. Olshausen N. 19, Oppenhoff N. 3, Levi a. a. O. S. 120.

§. 202. **Festungshaft von zwei Monaten bis zu zwei Jahren tritt ein, wenn bei der Herausforderung die Absicht, daß einer von beiden Theilen das Leben verlieren soll, entweder ausgesprochen ist oder aus der gewählten Art des Zweikampfs erhellt.**

Pr. §. 166; E. I. §. 175; E. II. §. 197; St.B. S. 656.

Vgl. M.St.G.B. §§. 112, 113.

1. S. zu §. 201. Auch unter den Voraussetzungen des §. 202 trifft die Strafe gleichmäßig die Herausforderung wie die Annahme derselben.

2. Das sog. amerikanische Duell kann überhaupt als Zweikampf nicht betrachtet werden, da es keinen Kampf zur Voraussetzung hat. So auch v. Liszt S. 345.

§. 203. **Diejenigen, welche den Auftrag zu einer Herausforderung übernehmen und ausrichten (Kartellträger), werden mit Festungshaft bis zu sechs Monaten bestraft.**

Pr. §. 166; E. I. §. 176; E. II. §. 198; St.B. S. 656.

Vgl. M.St.G.B. §§. 112, 113.

1. Die Kartellträger des Geforderten, welche die Annahme erklären, oder die erforderlichen Verabredungen über die Kampfregeln treffen, sind nicht nach §. 203 strafbar. Oppenhoff N. 3, Teichmann in H.H. III, 399, v. Liszt S. 348, Puchelt N. 3, Levi a. a. O. S. 126.

2. Der Herausfordernde ist nicht als Anstifter des Kartellträgers zu betrachten, sondern seine Strafbarkeit lediglich nach §§. 201, 202 zu bemessen. Seine Straflosigkeit wirkt also nicht auf den Kartellträger und umgekehrt. Die Strafbarkeit des Kartellträgers wird deshalb auch nicht durch Vollzug des Duells beeinflußt. R.G. I, 4. Dez. 84, E. XI, 279, R. VI, 780.

§. 204. **Die Strafe der Herausforderung und der Annahme derselben, sowie die Strafe der Kartellträger fällt weg, wenn die Parteien den Zweikampf vor dessen Beginn freiwillig aufgegeben haben.**

Pr. §. 167; E. I. §. 177; E. II. §. 199; St.B. S. 656.

Vgl. M.St.G.B. §§. 112, 113.

1. Der Rücktritt kann auch dann als ein „freiwilliger Rücktritt" angesehen werden, wenn er deshalb erfolgt ist, weil der Zurücktretende annahm, daß der Gegner den Zweikampf nicht ernstlich wolle und zurückzutreten beabsichtige. Berlin 5. Mai 75 (Goltd. XXIII, 333, O.R. XVI, 344, St. V, 67).

2. Der freiwillige Rücktritt einer Partei bewirkt auch für die andere Partei und für die Kartellträger Straflosigkeit. Berlin 5. Mai 75 (a. a. O.). §. 204 setzt jedoch voraus, daß der Herausgeforderte das Duell angenommen hat, oder der Rücktritt des Fordernden eintritt, ehe jener sich erklärt hat. Lehnt der Herausgeforderte den Zweikampf ab, so ist eine freiwillige Aufgabe des Fordernden ausgeschlossen. Berlin 13. Juli 77 (O.R. XVIII, 536, Goltd. XXV, 532, St. VII, 294). R.G. 26. März 81 (Ann. III, 465). R.G. II, 28. April 81, E. IV, 114, R. III, 252. Auch dann liegt kein freiwilliges Aufgeben des Zweikampfes vor, wenn der Geforderte auf die gestellte Form nicht eingeht, der Herausforderer aber die vorgeschlagenen Abänderungen nicht annehmen will. R.G. IV, 5. Dez. 90, Goltd. XXXVIII, 447. Dies ist um so mehr der Fall, wenn bereits Untersuchung eingeleitet ist. Jena 1875 (St. VII, 100, Goltd. XXV, 610). A. M. Olshausen N. 3. R.G. II, 20. Okt. 85, E. XIII, 1, R. VII, 603 stellte sich jedoch auf die entgegengesetzte Seite und deduzirt in einem Falle, in welchem der Vollzug des Zweikampfs durch einen Polizeibeamten verhindert, dann aber Ausgleich eingetreten war, der konkrete Zweikampf sei verhindert worden, also strafbar. Der spätere Ausgleich könne nicht zurückwirken. Demnach fordert das Urtheil zur Straflosigkeit nicht nur Aufgabe des konkreten Zweikampfs, sondern des Zweikampfs überhaupt.

3. Vor Beginn des Zweikampfs ist derselbe aufgegeben, wenn noch keinerlei Gebrauch der Waffen stattgefunden hatte; und zwar genügt der einseitige Gebrauch, denn ein einseitiger Zweikampf ist eine **contradictio in adjecto**. Wenn sich deshalb R.G. II, 20. Sept. 81, E. IV, 408, R. III, 508 bemüht darzuthun, daß schon die vergebliche Bemühung ein Pistol abzufeuern, Kampf sei, so war dies in concr. nicht veranlaßt, da der andere Theil gefeuert hatte. Gl. M. Geyer II, 15, Merkel S. 305, H. Meyer S. 560, Olshausen N. 2, Oppenhoff N. 3, Ortloff bei Goltd. XXXI, 155, Villnow im G.S. Bd. 37, S. 628.

4. Das Aufgeben des Zweikampfs kann durch ausdrückliche Erklärung, aber auch durch konkludente Handlung erfolgen. Diese in einem bloßen Scheinkampf, d. h. z. B. im Einverständniß Schießen in die Luft finden wollen, dürfte zu weit gehen. Dies nehmen an Geyer II, 15, Puchelt §. 205 N. 1, Olshausen N. 4. Dagegen Teichmann in H.H. III, 400; denn jedenfalls liegt eine Uebertretung des äußeren Verbots vor und die Absicht, den Gegner zu verletzen, ist nicht erforderlich.

5. Auch der Rücktritt der einen Partei bewirkt Straflosigkeit für diese, wie der Rücktritt beider Parteien ohne Einverständniß oder Versöhnung. Die dem Rücktritt widerstrebende Partei bleibt strafbar. Die Kartellträger dürften straflos werden, wenn sie auf den einseitigen Rücktritt eingewirkt haben, nicht aber, wenn die zurücktretende Partei zwar ihre eigene war, jedoch gegen den Willen der Kartellträger.

§. 205. Der Zweikampf wird mit Festungshaft von drei Monaten bis zu fünf Jahren bestraft.

Pr. §. 168; E. I. §. 178; E. II. §. 200; St.B. S. 656.

Vgl. M.St.G.B. §§. 112, 113.

1. Bezüglich der Definition des Zweikampfs s. allgem. Bemerkungen zu diesem Abschnitt N. 1. Aus §. 201 ist zu entnehmen, daß unter Zweikampf nur ein solcher mit tödtlichen Waffen gemeint ist. Zur Vollendung genügt der Beginn des Zweikampfs; bei einem solchen auf Schußwaffen ist also wenigstens das Abfeuern eines Schusses erforderlich, sollte derselbe auch versagt haben (s. zu §. 204 N. 3). Bis zu diesem Moment liegt auch kein strafbarer Versuch vor. Mehrere Schriftsteller wollen das formelle Duell, absichtliches Abfeuern in die Luft, straflos wissen. Allein es kann die Einrede nicht gehört werden, daß ein Duellant nicht auf den Gegner gezielt habe. Auch das sich Stellen mit dem Bewußtsein, der Gegner könne ernstlichen Gebrauch von seiner Waffe machen, ist Zweikampf; und es ist nicht der Vorsatz erforderlich, den Gegner zu verletzen oder zu tödten, sondern es genügt der Vorsatz, einen Zweikampf zu vollziehen. Es müßte also zur Straflosigkeit mindestens Einverständniß verlangt werden. Da aber immerhin die objektive Erscheinung eines Kampfs vorliegt und auch diese verboten ist, dürfte die Straflosigkeit ausgeschlossen sein. S. zu §. 204 N. 4. A. M. bei Einverständniß Olshausen N. 1, v. Liszt S. 345. Schon das einseitige Nichtkämpfen (Schießen in die Luft) wollen berücksichtigen Hälschner II, 953, Oppenhoff N. 1 u. 2, Puchelt N. 1, v. Schwarze N. 1, Teichmann in H.H. III, 400. Ebenso R.G. II, 11. Nov. 90, E. XXI, 146, wo beide Theile ohne Einverständniß fehlschossen.

2. Körperverletzung oder Tödtung im Zweikampf steht nicht in Idealkonkurrenz, sondern ist nach §§. 205, 206 mit bestraft. Gl. M. Binding I, 368, Hälschner II, 953 in G.S. Bd. 35, S. 180, Olshausen N. 2. Auch die Herausforderung konkurrirt nicht, sondern geht als Vorbereitungshandlung in dem Zweikampf auf.

3. Auch der Kartellträger kann Theilnehmer am Zweikampf sein. Begeht er aber keine Theilnahmehandlung, so bleibt er aus §. 203 strafbar, auch wenn der Zweikampf vollzogen wird. R.G. I, 4. Dez. 84, E. XI, 279, R. VI, 780.

In der Theilnahme an einem Ehrengericht, welches den Zweikampf zuließ, wurde Beihilfe gefunden R.G. III, 29. Okt. 81 u. 18. Jan. 86, E. V, 141; XIII, 265, R. III, 667; VIII, 63.

§. 206. Wer seinen Gegner im Zweikampf tödtet, wird mit Festungshaft nicht unter zwei Jahren, und wenn der Zweikampf ein solcher war, welcher den Tod des einen von Beiden herbeiführen sollte, mit Festungshaft nicht unter drei Jahren bestraft.

Pr. §. 168; E. I. §. 179; E. II. §. 201; St.B. S. 656 (Drucks. Nr. 85).
Vgl. M.St.G.B. §§. 112, 113.

1. Der Paragraph setzt in seinem ersten Theile nur voraus, daß der Zweikampf den Tod zur Folge gehabt, d. h. verursacht hat (vgl. letzteren Ausdruck im §. 226); daß der Gegner auf dem Kampfplatz bleibt, ist nicht erfordert. Es bedarf auch im Falle des §. 206 keines auf Tödtung oder Verletzung gerichteten Vorsatzes. S. zu §. 205. Es ist daher auch kein Versuch dieses Deliktes denkbar, selbst wenn ein auf Verletzung oder Tödtung gerichteter Vorsatz festgestellt werden könnte, da §. 206 lediglich den tödtlichen Erfolg im Auge hat. Ein Mangel an dem auf Tödtung gerichteten Vorsatz kommt dagegen auch dem Thäter nicht zu gute. Jedoch muß der Tod des einen Kämpfenden mit dem Duell in ursachlichem Zusammenhange stehen. Ist der Tod z. B. durch Zerspringen der Pistole, Abspringen der Klinge eingetreten, so hat dies nicht Anwendung des §. 206 zur Folge; denn nicht der Kämpfende hat seinen Gegner getödtet. Aehnlich wird zu entscheiden sein, wenn Rikochettiren der Kugel oder ähnliche Zufälle den Tod herbeiführen, obwohl dieselben meist als möglich vorauszusehen sind.

2. Wird im Zweikampf nur eine Körperverletzung zugefügt, so ist dieselbe — vom §. 207 abgesehen — nur aus §. 205 zu bestrafen.

§. 207. Ist eine Tödtung oder Körperverletzung mittels vorsätzlicher Uebertretung der vereinbarten oder hergebrachten Regeln des Zweikampfs bewirkt worden, so ist der Uebertreter, sofern nicht nach den vorhergehenden Bestimmungen eine härtere Strafe verwirkt ist, nach den allgemeinen Vorschriften über das Verbrechen der Tödtung oder der Körperverletzung zu bestrafen.

Pr. §. 171; E. I. §. 180; E. II. §. 202; St.B. S. 656.

1. Der Uebertreter kann auch einer der Sekundanten sein. Ist dieser oder der Duellant bei der Uebertretung der Kampfregeln betheiligt, so finden die Regeln über Theilnahme Anwendung.

2. Die Tödtung oder Körperverletzung muß nicht eine gewollte oder vollends beabsichtigte sein; es genügt daher auch ein fahrlässig herbeigeführter Erfolg und eine Verletzung, die mittelbar den Tod herbeiführt; dagegen muß die Uebertretung der Kampfregeln eine gewollte, mit dem Bewußtsein verübte sein, daß die Kampfregeln etwas anderes vorschreiben als der Thäter thut. Im Falle fahrlässiger Herbeiführung des Erfolgs, z. B. ein Sekundant übergibt einem der Duellanten die geladene Pistole zu früh, letzterer macht aber alsbald irrthümlich, aber gegen Erwarten des Sekundanten davon Gebrauch, wird hauptsächlich der Fall eintreten, daß die Strafe des Zweikampfs die härtere ist. Aehnlich Olshausen N. 2, Rubo N. 3. Es können also auch Vergehensstrafen in Rede stehen. A. M. Thomsen G.S. Bd. 31, S. 38.

3. Oppenhoff N. 1 nimmt im Falle des §. 207 ideelle Konkurrenz von Tödtung bez. Körperverletzung und Zweikampf an. Daß dies nicht die Absicht des Gesetzgebers war, geht aus der Bestimmung: „sofern nicht nach den vorhergehenden Bestimmungen eine härtere Strafe verwirkt ist," hervor, welche bei Anwendung des §. 73 überflüssig wäre. Vielmehr will das Gesetz die That des anständigeren Anscheins eines Zweikampfs entkleiden. Trotzdem wird der Richter

den Thatbestand des Zweikampfs feststellen, und die Nichtanwendung der milderen Bestimmungen über denselben durch Feststellung einer Uebertretung der Kampfregeln rechtfertigen müssen. Gl. M. Olshausen N. 3, Binding I, 356, Hälschner II, 955, v. Schwarze G.S. Bd. 34, S. 598, Teichmann in H.H. III, 401, Villnow G.S. Bd. 37, S. 633. A. M. Rubo N. 1.

4. Die vorhergehenden Bestimmungen sind in Anwendung zu bringen, es ist also die Anwendung des §. 208 ausgeschlossen. Dagegen schließt §. 209 die nach §. 207 verwirkte Strafe nicht aus, wenn die dort genannten Personen durch Theilnahme an der Uebertretung der Kampfregeln Theilnehmer an Tödtung oder Körperverletzung werden. Gl. M. Olshausen N. 5, Oppenhoff N. 2, Puchelt N. 1, v. Schwarze N. 1.

5. Die fahrlässige Uebertretung der Kampfregeln hat die Folgen des §. 207 nicht. Gl. M Binding I, 368, Olshausen N. 6. A. M. Rubo N. 1.

§. 208*). **Hat der Zweikampf ohne Sekundanten stattgefunden, so kann die verwirkte Strafe bis um die Hälfte, jedoch nicht über funfzehn Jahre erhöht werden.**

Pr. §. 170; E. I. §. 181; E. II. §. 203; St.B. S. 656.

G. v. 26. Febr. 1876 Art. I; Drucks. (1876) Nr. 54; St.B. S. 1004.

1. Die verwirkte Strafe ist die vom Richter auf Grund der §§. 205, 206, 207 (letzterer, sofern die Zweikampfsstrafe zur Anwendung kommt) zugemessene, nicht die im Gesetz angedrohte. Die verwirkte Strafe ist, wenn vom §. 208 Gebrauch gemacht wird, im Urtheil anzugeben. Vgl. das zu §. 74 Gesagte. Gl. M. Meves N. 12, Olshausen N. 2, Oppenhoff N. 2, Levi a. a. O. S. 117. A. M. Geyer II, 16, Fuchs in Goltd. XVIII, 461.

2. Nach dem Entwurf war der Höchstbetrag der zeitigen Festungshaft 10 Jahre. Der Reichstag hat denselben auf 15 Jahre erhöht. Dadurch erhöhte sich für §. 206 der Höchstbetrag der Strafe von selbst auf 15 Jahre. Es beruhte nun lediglich auf einem Versehen, daß entweder nicht in den §. 206 eingeschaltet worden war: „bis zu 10 Jahren", oder daß nicht im §. 208 statt „zehn" gesagt wurde: „funfzehn". Die Inkongruenz ist nun im Wege der Gesetzgebung beseitigt. Mit §. 207 kann §. 208 nicht in Zusammenhang gebracht werden, da jener nur von den vorhergehenden Bestimmungen spricht. Die Straferhöhung des §. 208 ist daher auch nicht auf die Strafen der Tödtung oder Körperverletzung anzuwenden, welche gemäß §. 207 verwirkt sein können. Da der Thatbestand und die Strafandrohung des §. 208 selbständig sind, so ist derselbe so zu verstehen, daß der einfache Zweikampf (§. 205), wenn er ohne Sekundanten stattfindet, mit Festungshaft von 3 Monaten bis zu 7½ Jahren bedroht ist, der qualifizirte Zweikampf (§. 206) unter jener Voraussetzung im leichteren Falle mit Festungshaft von 2—15, im schwereren Falle mit Festungshaft von 3—15, er ist also immer Verbrechen und ist Versuch desselben denkbar, denn wollte man auch ein sich Begeben auf den Kampfplatz noch nicht als Anfang der Ausführung betrachten, was richtiger Weise darin erblickt werden muß, so sind dies doch sicher die Vorbereitungen zum Kampfe auf dem Platze selbst bis zu Beginn des Kampfes.

3. In der Zumessung der Strafe ist der Richter jedem Duellanten gegenüber unbeschränkt.

4. Aus den Worten: „Hat der Zweikampf stattgefunden" will Levi S. 117, Meves N. 9, Olshausen N. 5 schließen, daß Versuch nicht stattfinden könne. Allein alle Strafandrohungen des speziellen Theils setzen den vollendeten Thatbestand voraus. Mehr thut auch §. 208 nicht. Der Versuch eines Zweikampfs ohne Sekundanten ist jedenfalls denkbar.

§. 209. **Kartellträger, welche ernstlich bemüht gewesen sind, den Zweikampf zu verhindern, Sekundanten, sowie zum Zweikampf zugezogene Zeugen, Aerzte und Wundärzte sind straflos.**

Pr. §§. 172, 173; E. I. §§. 182, 183; E. II. §. 204; St.B. S. 656.

1. Bemühungen, den Zweikampf zu verhindern, ehe der Beschuldigte Kartellträger war, sind demselben nicht anzurechnen. Mannheim 16. Sept. 76 (bad. Ann. Bd. 42 S. 378). R.G. II, 20. März 88, E. XVII, 244, R. X, 250. Dagegen kommen auch Bemühungen bei einer der Parteien dem Kartellträger zu gute. Mannheim 17. Juni 76 (bad. Ann. Bd. 42 S. 377). Lehnt der Geforderte die Forderung sofort ab, so daß die Absicht der Vermittelung nicht bethätigt

*) Neue Fassung des G. v. 26. Febr. 1876; die alte Fassung lautete:
§. 208. Hat der Zweikampf ohne Sekundanten stattgefunden, so kann die verwirkte Strafe bis um die Hälfte, jedoch nicht über zehn Jahre erhöht werden.

werden kann, so tritt auch die Straflosigkeit nicht ein. Darmstadt 19. April 75 (hess. Entsch. 1876 S. 23). R.G. 26. März 81 (Ann. III, 465). Anders selbstverständlich, wenn die Ablehnung Folge der Thätigkeit des Kartellträgers war, also wenn derselbe sofort vermittelte, z. B. daß der Geforderte eine befriedigende Erklärung abgebe.

Bemühungen, die Fortsetzung des begonnenen Zweikampfes zu hindern, haben die Wirkung des §. 209 nicht. Gl. M. Hälschner II, 958, Olshausen N. 2.

2. Oppenhoff N. 5, auch Hälschner II, 959, Olshausen N. 3 nehmen an, daß andere Beihülfe zum Zweikampf als die in §. 209 bezeichnete, z. B. Hergabe der Waffen oder Anstiftung, nicht straflos sei. In letzterer Beziehung dürfte beizupflichten sein. Dagegen läßt sich die Bestimmung des §. 209 nicht wohl damit vereinigen, daß entferntere Beihülfe strafbar sein soll, während die nächste straflos erklärt ist. Olshausen entgegnet: Dies verkenne den Gedanken des §. 209 und trage eine Unterscheidung in den Begriff der Beihülfe hinein. Beides ohne Grund. Niemand wird begreifen, weshalb derjenige, der Pistolen leiht, mit dem Bewußtsein, daß dieselben zu einem Zweikampf benutzt werden würden, der aber außerdem nichts dazu thut, strafbar sein sollte, während der Sekundant straflos ist. Das faktisch entferntere Verhältniß ist keine rechtliche Abstufung der Beihülfe.

3. Die Wirkung des §. 209 ist eine strafausschließende im Sinne des §. 262 Abs. 2, §. 266 Abs. 2 und eine strafaufhebende im Sinne des §. 295 Abs. 2 St.P.O., muß aber Freisprechung nicht bloß Straffreiheit nach sich ziehen. Olshausen N. 5.

§. 210. Wer einen Anderen zum Zweikampf mit einem Dritten absichtlich, insonderheit durch Bezeigung oder Androhung von Verachtung anreizt, wird, falls der Zweikampf stattgefunden hat, mit Gefängniß nicht unter drei Monaten bestraft.

Pr. §. 174; E. I. §. 184; E. II. §. 205; St.B. S. 656.

Vgl. §. 48.

1. Dieser Paragraph bestraft die sog. Anhetzer und zwar statt mit Festungshaft mit Gefängniß. Voraussetzung ist, daß die Anhetzung zu einem bestimmten Zweikampf stattgefunden hat. Absichtlich soll gleichbedeutend mit vorsätzlich sein, Dresden 25. März 78 (S.G.Z. XXII, 264), v. Liszt S. 350. Dies dürfte irrig und anzunehmen sein, daß der Zweck des Anreizenden die Herbeiführung des Zweikampfs sein muß. Nach R.G. I, 5. Nov. 88, **E. XVIII**, 239, **R. X**, 613 kann in der Mittheilung einer beleidigenden Aeußerung an einen Dritten, von welcher der Ueberbringer weiß, daß sie zum Zweikampf führen müsse, als Anreizung im Sinne des §. 210 beurtheilt werden.

2. Die Merkmale der Anstiftung können mit der Anreizung verbunden sein, es ist dies aber nicht erforderlich. Es kann auch intellektuelle Beihülfe vorliegen. Hälschner II, 960, Levi a. a. O. S. 81, Olshausen N. 3.

3. Die erfolglose Anreizung ist straflos. Nachweis eines Kausalzusammenhanges zwischen Anreizung und stattgehabten Zweikampfs ist nicht erforderlich. Hälschner II, 960, v. Liszt S. 350. Dagegen erblickt Binding I, 590 in der Bedingung: „falls der Zweikampf stattgefunden hat" eine Präsumtion der Ursachlichkeit.

4. Das Anreizen kann mit Kartelltragen oder sonstiger strafbarer oder strafloser Theilnahme am Zweikampf real oder ideal konkurriren. So Olshausen N. 6. A. M. Binding I, 362, Levi S. 130.

Sechszehnter Abschnitt.

Verbrechen und Vergehen wider das Leben.

Die Bestimmungen dieses Abschnitts entsprechen im Ganzen den Vorschriften des preuß. St.G.B. von 1851. Hervorzuheben ist jedoch, daß das St.G.B. es nicht für erforderlich gehalten hat, allgemeine Regeln darüber, wann eine Handlung als die Ursache*) einer Tödtung anzusehen sei, zu geben. Der §. 185 des preuß. St.G.B. ist deshalb nicht aufgenommen, worüber die Motive bemerken:

*) Vgl. Kühner, Die Kunstfehler der Aerzte, Frankfurt a. M. 1887.

„Nicht aufgenommen in den Entwurf sind: die Bestimmungen des §. 185 des preußischen Strafgesetzbuches über die Feststellung des Thatbestandes der Tödtung in Bezug auf den Erfolg, welche lauten:

„Bei Feststellung des Thatbestandes der Tödtung kommt es nicht in Betracht, ob der tödtliche Erfolg einer Verletzung durch zeitige oder zweckmäßige Hülfe hätte verhindert werden können, oder ob eine Verletzung dieser Art in anderen Fällen durch Hülfe der Kunst geheilt worden, ingleichen, ob die Verletzung nur wegen der eigenthümlichen Leibesbeschaffenheit des Getödteten, oder wegen der zufälligen Umstände, unter welchen sie zugefügt wurde, den tödtlichen Erfolg gehabt hat."

Aehnliche Bestimmungen sind in Nachbildung des Artikels 143 des bayerischen Strafgesetzbuches von 1813 in fast alle deutschen Gesetzgebungen, mit Ausnahme des sächsischen Strafgesetzbuches, übergegangen. Letzteres hat nur in seinem allgemeinen Theile die Bestimmung:

„Artikel 38. Als Erfolg ist jede Wirkung anzusehen, welche durch die Handlung oder Unterlassung des Verbrechers verursacht worden ist, gesetzt auch, daß zur Hervorbringung desselben Umstände mitgewirkt haben, welche der Verbrecher nicht vorhergesehen hatte."

Die Richtigkeit dieses früher vielfach bestrittenen Grundsatzes wird in der Rechtsprechung keinem Zweifel begegnen. Wollte der Thäter einen bestimmten Erfolg und war seine verbrecherische Thätigkeit ursachlich zur Herbeiführung des Erfolges geeignet, so kann es nicht darauf ankommen, ob der schließliche Eintritt des beabsichtigten Erfolges durch die Mitwirkung von Umständen geschah, die außer der Berechnung lagen. Die Lösung entstehender Zweifel bleibt jedenfalls am zweckmäßigsten der Entscheidung des besonderen Falles vorbehalten."

§. 211. **Wer vorsätzlich einen Menschen tödtet, wird, wenn er die Tödtung mit Ueberlegung ausgeführt hat, wegen Mordes mit dem Tode bestraft.**

Pr. §. 175; E. I. §. 185; E. II. §. 206; St.B. S. 656–660.

Vgl. §§. 13, 80, 102, 206, 216, 217; E.G. §. 4.

1. An das für den Thatbestand des Mordes erforderte Moment der „Ueberlegung" (vgl. N. 2) knüpft sich mehr in der Theorie als in der Praxis die Streitfrage: ob die Ueberlegung bei Fassung des Entschlusses oder bei der Ausführung vorhanden sein müsse. Das preuß. St.G.B. bestimmte, in Uebereinstimmung mit dem Code pénal:

Pr. §. 175. „Wer vorsätzlich und mit Ueberlegung einen Menschen tödtet, begeht einen Mord."

Code pénal art. 295. „Tout meurtre (i. e. l'homicide commis volontairement) commis avec préméditation ou de guet-apens (Auflauern) est qualifié **assassinat.**"

und erforderte somit das Moment im Ganzen für die That.

Die Praxis hatte diese Begriffsbestimmung richtig dahin ausgelegt, daß ein Mord vorliege, wenn die Ueberlegung auch nur beim Fassen des Entschlusses vorhanden sei, während eine mit Ueberlegung erfolgte Ausführung der Tödtung einen Zweifel nicht übrig lassen konnte; vgl. Goltd. II, 358, Hälschner, preuß. St.R. II, 92, 96, 97 N. 4, wobei letzterer mit Recht den Fall ausschließt, wenn „der Affekt wirklich den Kausalzusammenhang der Tödtung und des früherhin mit Ueberlegung gefaßten Vorsatzes zu tödten aufgehoben haben sollte, so daß die Tödtung lediglich als Ergebniß eines neuen nicht mit Ueberlegung gefaßten Vorsatzes erschiene."

Diese, wie uns scheint, natürliche Auffassung hat das St.G.B. ohne Noth aufgegeben und ist aus der bezeichneten theoretischen Rücksicht dem sächsischen St.G.B. gefolgt, welches bestimmte:

Art. 155. „Wer vorsätzlich und widerrechtlich einen Menschen um das Leben bringt, wird, wenn er die Tödtung mit Ueberlegung ausgeführt hat, als Mörder bestraft."

Es würde nicht gerechtfertigt sein, anzunehmen, daß nun in jedem Moment der Ausführung die Ueberlegung vorhanden sein müsse. Es muß genügen, daß diejenigen Handlungen, welche im Hinblick auf die Vollendung als Versuchshandlungen, d. h. als Anfang der Ausführung erscheinen, mit Ueberlegung vorgenommen sind, einerlei, ob z. B. der letzte, entscheidende Todesstreich im Affekt vorgenommen ist. Nimmt man letzteres nicht an, so würde nach dem St.G.B. ein Mordversuch sich überhaupt nicht mehr denken lassen.

Hieraus ergibt sich, daß die Aenderung schwerlich als eine Verbesserung bezeichnet werden kann. Die thatsächliche Feststellung ist nunmehr dahin zu richten:

„ob X. schuldig ist, den Z. (einen Menschen) vorsätzlich getödtet und diese Tödtung mit Ueberlegung ausgeführt zu haben?"

Es lassen sich Fälle denken, in denen der wohlüberlegte Vorsatz schließlich im Affekt zur Ausführung kommt, Fälle, die nur eine Verkennung des Rechtsgefühls nicht als Mord qualifiziren kann, zumal, wenn der Affekt künstlich erzeugt worden ist. Hiervon abgesehen, werden aber Streitfragen darüber, was nach dem Gesetz, namentlich was im einzelnen Falle als Ausführung anzusehen, nicht ausbleiben. Oppenhoff zu §. 211 sucht nachzuweisen, daß die veränderte Fassung die Bedeutung des Paragraphen nicht geändert habe. Dieses geht offenbar zu weit. Der richtige theoretische Gesichtspunkt dürfte aus dem Vorangeführten sich zur Genüge ergeben, obschon anzuerkennen ist, daß die scharfe juristische Unterscheidung zwischen Vorsatz und Ausführung in der Praxis nur selten Bestätigung finden wird. Berlin 2. Mai 72, O.R. XIII, 292, u. 6. Jan. 76, Goltd. XXIV, 29, O.R. XVII, 9, nehmen an, daß eine der Fassung des §. 175 des Preuß. St.G.B. entsprechende Feststellung auch zur Anwendung des §. 211 des deutschen St.G.B. genüge. S. dagegen R.G. III, 30. April 83, E. VIII, 276, R. V, 297.

2. Die sämmtlichen Thatbestandsmomente des Mords können in eine Frage an die Geschwornen zusammengefaßt werden. R.G. I, 29. Jan. 80 (R. I, 296). S. ferner über Fragestellung bei Versuch des Mords R.G. III, 22. Jan. 81 (E. III, 295); I, 19. März 88, R. X, 256.

Die Feststellung der Ueberlegung kann in der Weise erfolgen, daß der gesammte Thatbestand des Mords in eine Hauptfrage zusammengefaßt und, wenn eventuell Todtschlag in Frage steht, den Geschworenen überlassen wird, das Erforderniß der überlegten Ausführung speziell zu verneinen, oder durch Stellung einer Hülfsfrage wegen Todtschlags, oder dadurch, daß die Hauptfrage nur die Tödtung enthält und eine Nebenfrage beigefügt wird: Hat der Angeklagte diese Tödtung mit Ueberlegung ausgeführt? R.G. IV, 4. Juli 90, Goltd. XXXVIII, 339. Vgl. II, 4. Jan. 84, E. IX, 401.

3. Ueberlegung*) (an sich ein Akt der Verstandesthätigkeit) bezeichnet ein besonnenes, von ruhiger Erwägung begleitetes Wollen. Vgl. Berlin 13. Juli 71 [Goltd. XIX, 681, O.R. XII, 400, St. I, 150]: „Ueberlegung ist die bei Bildung des Entschlusses zur That vorhandene ruhige und besonnene Verstandesthätigkeit, mittels welcher Zweck und Erfolg der That, sowie die Umstände und Modalitäten und die zur Ausführung der That anzuwendenden Mittel vom Thäter erwogen werden"). Eine gewisse Zeitdauer ist für dieselbe immer erforderlich, wenngleich dieselbe keineswegs immer eine lange gewesen zu sein braucht. (Die Dauer des Zeitraums der Ueberlegung ist gleichgültig. Berlin 13. Juli 71 a. a. O.) Nach Hälschner preuß. St.R. (II, 96), Deutsch. St.R. II, 36 bezeichnet das Wort „Ueberlegung"

> „das normale Verhalten des zu seiner That frei sich selbst bestimmenden Menschen, welches, der freien vernünftigen Natur des Menschen entsprechend, erfordert, daß der That selbst eine verständige Reflexion über das Verhältniß der anzuwendenden Mittel zu dem beabsichtigten Erfolge, des Erfolges zum Zwecke der That und der That zur rechtlichen Pflicht des Thäters vorangegangen, und daß die That wirklich das Ergebniß des aus einer solchen verständigen Erwägung erwachsenen Entschlusses sei."

Aehnlich Merkel S. 306, Olshausen N. 6.

Ueber die Beibehaltung des Momentes der Ueberlegung und der sich danach bestimmenden Unterscheidung zwischen Mord und Todtschlag bemerken die Motive:

> „Der Entwurf behält die Unterscheidung zwischen Mord und Todtschlag bei und charakterisirt den ersteren, als die mit dem Tode zu bestrafende vorsätzliche Tödtung, durch das Merkmal der Ueberlegung.
>
> Das Moment der Ueberlegung führt zu der aprioristisch schwer zu beantwortenden Frage: wieviel Zeit die Ueberlegung erfordere**), und wegen der Schwierigkeit dieser Feststellung ist vielfach behauptet worden, daß es sich gesetzgeberisch verbiete, von dem Vorhandensein dieses Momentes den Eintritt der Todesstrafe abhängig zu machen. Desohngeachtet haben fast sämmtliche neueren Strafgesetzgebungen dieses Moment (Ueberlegung, Vorbedacht, **préméditation — deliberately premeditated malice aforethought**) aufgenommen, und noch neuerdings hat die zur Prüfung der Frage der Todesstrafe be-

---

*) Wachenfeld, Die Ueberlegung im Mordbegriff. Hersfeld 1887.

) In Amerika bildete sich die Praxis, mindestens eine halbe Minute zu erfordern; vgl. **Report of the Capital Punishment Commission together with the minutes of Evidence and appendix. London 1866, p. 6.

rufene Englische Parlamentskommission die Tödtung: **deliberately committed with express malice aforethought**, als die mit der Todesstrafe zu belegende Tödtung bezeichnet.

Der Entwurf hat sich diesen Gesetzgebungen angeschlossen, indem er sich dabei nicht nur in Uebereinstimmung mit der herrschenden Rechtsüberzeugung zu befinden, sondern auch annehmen zu dürfen glaubt, daß thatsächlich das Moment der Ueberlegung nur in den seltensten Fällen zu wirklichen Bedenken Veranlassung geben wird. Eine Abänderung der Begriffsbestimmung des preußischen Strafgesetzbuches hat nur insofern stattgefunden, als der Entwurf, in Anlehnung an das königlich sächsische Strafgesetzbuch, die Zeit der Ausführung der That als die entscheidende erachtet und deshalb beim Morde das Erforderniß aufstellt: daß die Tödtung mit Ueberlegung ausgeführt wird.

Dementsprechend ist unter Todtschlag diejenige vorsätzliche Tödtung zu verstehen, rücksichtlich welcher nicht feststeht, daß sie mit Ueberlegung ausgeführt ist."

4. Das Merkmal der Rechtswidrigkeit wird stillschweigend vorausgesetzt, da der Ausnahmsfall einer Berechtigung wie im Krieg, bei einer Hinrichtung, entweder regelmäßig zu deutlich vorliegen wird, um überhaupt eine Verfolgung als denkbar erscheinen zu lassen, oder wie bei Nothwehr einer besonderen Feststellung bedarf, welche sich freilich bei den Geschwornengerichten auch durch Verneinung der Schuldfrage ergeben kann.

Die Theilnahme am Selbstmord ist nicht strafbar; es sei denn, daß ein Unzurechnungsfähiger dazu veranlaßt oder ein Zurechnungsfähiger dazu gezwungen wurde.

5. Das Gesetz sagt: „wer vorsätzlich einen Menschen tödtet". Ein bestimmter, dem Thäter dem Namen u. s. w. nach bekannter Mensch ist hier ebenso wenig wie bei der Körperverletzung erforderlich. Ist der Akt der Tödtung vorsätzlich und mit Ueberlegung zur Ausführung gebracht, so ist es unerheblich, wenn der Getödtete ein Anderer war, als derjenige, den der Thäter zu tödten beabsichtigte. R.G. I, 29. Dez. 88, E. XVIII, 337, R. X, 734. Absicht und Motiv des Thäters sind gleichgültig. Ob X. den Z. mordet, weil er ihm das Geld rauben will, oder weil er den Z. für den Y. hielt, ist unerheblich. Die Strafvorschrift des §. 211 ist eher zum Schutz des **genus**, als der **species** gegeben und die Nichtachtung des Menschenlebens ist in beiden Fällen dieselbe. Sonach schließt eine Personenverwechselung den Begriff des Mordes nicht aus. (Vgl. über den bekannten Fall Rose und Rosahl preuß. J.M.Bl. 1859 S. 223; Hälschner preuß. Str.R. II, 98; Goltd. VII, 433, VIII, 157.) Vgl. auch (für den Fall der Körperverletzung) München 19. Juli 73 (St. II, 375).

6. Als Mensch erscheint eine Leibesfrucht vom Beginne des Geburtsaktes an, also auch das in der Geburt begriffene Kind, und kann von da an, abgesehen von den Bestimmungen des §. 217, Tödtung nach den verschiedenen Qualifikationsarten des 16. Abschnitts an ihm begangen werden. Selbst Beihülfe oder Anstiftung zum Kindesmord erscheint als Beihülfe oder Anstiftung zum Mord für denjenigen, dem nicht das strafmildernde Moment wie der unehelichen Mutter zur Seite steht. S. hierüber zu §. 217. R.G. III, 2. März 81, R. III, 93. Bezüglich des Beginns der Eigenschaft als Mensch*) vgl. R.G. II, 8. Juni 80 (R. II, 41, E. I, 446), I, 29. Sept. 83, E. IX, 131, R. V, 553. Es stehen sich in dieser Beziehung verschiedene Meinungen gegenüber: Obige Urtheile und mit ihnen H. Meyer S. 524, Puchelt §. 217 N. 3, Mittelstein S. 173 nehmen an, daß ein Kind vom Beginn des Geburtsaktes an als Mensch gilt, während Binding I, 220, v. Holtzendorff in H.H. III, 451, Merkel S. 308, Olshausen §. 217, N. 3a das theilweise Verlassen des Mutterleibes, und v. Liszt S. 312 den Beginn der Lungenathmung als Anfangspunkt, v. Holtzendorff in H.H. III, 453 als entscheidend für Kindesmord den Beginn des Lebens außerhalb des Mutterleibs, endlich Rubo N. 3 das gänzliche Verlassen des Mutterleibs annehmen. Vom praktischen Gesichtspunkte kann nur die erste Meinung acceptirt werden, welche ein festes und leicht nachweisbares Kriterium bietet, und auf welche §. 217 hinweist, indem er das Kind als solches, nicht mehr als **fötus** bezeichnet, wenn es in der Geburt begriffen ist, ohne bezüglich diesen zu unterscheiden.

Zwischen normaler und anormaler Gestaltung des Kindes kann so wenig unterschieden werden, wie nach Vitalität des Kindes, wenn es überhaupt lebt, d. h. athmet. Auch der sterbende Mensch ist noch Mensch. RG. I, 21. Okt. 80, E. II, 404, R. II, 370.

7. Der Fall der sog. **aberratio ictus** (A. will den Y. erschießen, trifft aber aus Zufall oder Versehen den Z.) stellt kein vollendetes vorsätzliches Verbrechen, sondern nur einen strafbaren Versuch in ideeller Konkurrenz mit einer vollendeten fahrlässigen Strafthat vor, voraus-

---

*) Vgl. Mittelstein, Mensch und Leichnam als Rechtsobjekt in Goltd. XXXIV, 172, Bütschi, Ueber das Requisit der Vitalität, Zürich 1887.

gesetzt, daß die Momente des Versuchs bez. der Fahrlässigkeit thatsächlich vorliegen. Dieses gilt ebenso für die Körperverletzung. Vgl. R.G. II, 28. Sept. 80 (E. II, 335); I, 14. Febr. 81 (R. III, 46, E. III, 384). — Ein strafbarer Versuch des Mordes liegt auch dann vor, wenn die gegen die zu tödtende Person gerichtete Handlung (z. B. der auf ihr Bett abgefeuerte Schuß) wegen der Abwesenheit der Person erfolglos geblieben ist. München 15. Nov. 72 (St. II, 140, bayr. Entsch. II, 275).

8. Wegen des Kausalzusammenhanges zwischen der That und dem eingetretenen Tode vgl. die allgem. Bemerkungen zu diesem Abschnitt.

9. Der Thatbestand des des §. 211 (Mord) kann mit dem §. 214 (Tödtung bei Unternehmung einer strafbaren Handlung) ideell konkurriren, R.G. III, 17. Sept. 85, E. XII, 364, ebenso der Thatbestand des Mordes mit dem des Raubes. München 4. Jan. 73 (St. II, 146, bayr. Entsch. III, 1); Berlin 4. Sept. 74 (O.R. XV, 518, St. IV, 150), R.G. II, 17. Febr. 85, R. VII, 127, oder dem des Verbrechens aus §. 311, R.G. II u. III, 15./22. Dez. 84, E. XII, 64, R. VI, 840.

Der Vorsatz zu tödten und jener körperlich zu verletzen schließen sich gegenseitig aus. Fragen auf Mord und Körperverletzung können deshalb nur im Eventualverhältniß gestellt werden. Ob bei gleichzeitiger Tödtung mehrerer Personen Real- oder Idealkonkurrenz vorliegt, ist hauptsächlich Thatfrage. S. einen Fall, in welchem bei gleichzeitiger Vergiftung mehrerer Personen (sehr problematisch) Realkonkurrenz angenommen wurde. München 16. März 77 (St. VII, 26).

10. R.G. II, 30. Sept. 90, E. XXI, 78 nahm an, einer Anklage wegen Mordes stehe die Rechtsregel des **ne bis in idem** entgegen, wenn der Angeklagte früher wegen Nichtanzeige desselben Mords rechtskräftig freigesprochen war, auch wenn das frühere Urtheil beide für nicht identisch erklärte. (Die Frage der Identität der That ist mit Recht sehr bestritten.)

§. 212. Wer vorsätzlich einen Menschen tödtet, wird, wenn er die Tödtung nicht mit Ueberlegung ausgeführt hat, wegen Todtschlages mit Zuchtshaus nicht unter fünf Jahren bestraft.

Pr. §. 176; E. I. §. 186; E. II. §. 207; St.B. S. 660 (Drucks. Nr. 85).

1. Vgl. zu §. 211 N. 2—8. Zur Fragestellung R.G. III, 2. Jan. 80, E. XX, 171.

2. Der Begriff des Todtschlags ist im §. 212 lediglich im Gegensatz zu dem Begriff des Mordes definirt. Todtschlag ist danach jede vorsätzliche Tödtung, welche nicht Mord ist. Letzteres wird durch den Satz: „wenn er die Tödtung nicht mit Ueberlegung ausgeführt hat" ausgedrückt. Ein Begriffsmerkmal ist hierin nicht enthalten und bedarf es deshalb nicht der Feststellung jener Negative, vielmehr wird §. 212 immer anwendbar, wenn festgestellt ist, „daß Jemand einen Menschen vorsätzlich getödtet hat." Das positive Moment: ob die Tödtung im Affekt erfolgt ist, ist vom Gesetz nicht weiter berücksichtigt. A. M. Hälschner II, 35, Merkel S. 306.

3. In dieser nur negativen Unterscheidung des Mords und Todtschlags liegt die Möglichkeit, von einer Beihülfe zum Todtschlag zu sprechen. Dadurch wird letzterer, als vorsätzliche Tödtung, das Verbrechen, welches anzunehmen ist, wenn nicht das erschwerende Moment der überlegten Ausführung nachgewiesen werden kann. (S. Oppenhoff N. 3.) Wenn dagegen, wie in mehreren älteren Strafgesetzbüchern (vgl. Altenburg Art. 123, Württemberg Art. 243, Braunschweig §. 146, Hannover Art. 230, Hessen Art. 253, Baden §. 209, Thüringen Art. 123) ein Affekt als Thatbestandsmerkmal des Todtschlags angeführt ist, so erscheint dieser als Strafmilderungsgrund, welcher an sich dem ohne Affekt handelnden Gehülfen nicht angerechnet werden könnte. Vgl. München 24. April 76 (St. VI, 150).

§. 213. War der Todtschläger ohne eigene Schuld durch eine ihm oder einem Angehörigen zugefügte Mißhandlung oder schwere Beleidigung von dem Getödteten zum Zorne gereizt und hierdurch auf der Stelle zur That hingerissen worden, oder sind andere mildernde Umstände vorhanden, so tritt Gefängnißstrafe nicht unter sechs Monaten ein.

Pr. §. 177; E. I. §. 187; E. II. §. 208; St.B. S. 660 (Drucks. Nr. 85).
gl. §. 52 A. 2, 53.

1. Der §. 213 gibt für den Todtschlag des §. 212 zunächst bestimmte Milderungsgründe und ermöglicht sodann durch die (vom Reichstag beschlossene) Zulassung mildernder Umstände überhaupt eine Strafermäßigung bis zum Minimum von 6 Monaten Gefängniß. Wie aus dem Wortlaut und der Stellung des §. 213 folgt, bezieht sich derselbe weder auf den §. 211 (Mord) noch auf die Fälle der §§. 214, 215.

2. Angehöriger? vgl. zu §. 52 N. 6.

3. Schwere Beleidigung. Dieselbe ist nicht nur den §§. 186, 187 zu entnehmen, sondern kann auch eine nach §. 185 zu beurtheilende, ja sogar eine nicht als Beleidigung strafbare, das Ehrgefühl aber tief verletzende Handlung, wie Ehebruch, Nothzucht einer Ehefrau, als schwere Beleidigung thatsächlich beurtheilt werden. Gl. M. Hälschner II, 42, v. Holtzendorff in H.H. III, 437, Olshausen N. 3a, v. Schwarze N. 3. — Olshausen N. 2a, Oppenhoff N. 9, v. Schwarze N. 2 nehmen an, daß eine irrthümlich angenommene Mißhandlung oder schwere Beleidigung die Folge des §. 213 nicht habe. Da es sich um den subjektiven Thatbestand handelt, kann dies nicht als richtig zugegeben werden. Gl. M. v. Buri G.S. Bd. 29, Beil. S. 201, Puchelt N. 6. Da allgemeine mildernde Umstände zugelassen sind, entbehrt die Frage wesentlicher Bedeutung.

4. Auf der Stelle bedeutet wie in §. 199 nicht eine am Orte der Mißhandlung oder Beleidigung sofort verübte Tödtung, sondern eine in innerer Kontinuität stehende, unter dem Einflusse des durch die Mißhandlung bez. Beleidigung hervorgerufenen Affekts verübte Tödtung. Gl. M. Hälschner II, 42, Oppenhoff N. 4, Olshausen N. 4. A. M. v. Holtzendorff H.H. III, 436, H. Meyer S. 519, welche einen zeitlichen Zusammenhang fordern.

5. Löwe §. 262 N. 2c ist der Ansicht, daß die Reizung zum Zorn nach §. 213 zur Schuldfrage gehört und daher unter §. 262 Abs. 2 St.P.O. falle. Durch die Worte „oder andere mildernde Umstände" ist die Reizung aber ausdrücklich als einer der allgemeinen mildernden Umstände erklärt und deshalb nach §. 297 St.P.O. zu behandeln. Vgl. Keller, Komment. zur St.P.O. S. 274. Eine Konsequenz hiervon würde sein, daß keine Aufhebung des Urtheils erfolgen könnte, wenn eine Frage nach mildernden Umständen im Allgemeinen an die Geschworenen gestellt ist, während nur die Reizung zum Zorn gemäß §. 213 in Rede war. A. M. jedoch R.G. IV, 8. Juni 86, E. XIV, 299, R. VIII, 441, Olshausen N. 6, so auch v. Schwarze G.S. Bd. 34, S. 400.

§. 214. Wer bei Unternehmung einer strafbaren Handlung, um ein der Ausführung derselben entgegentretendes Hinderniß zu beseitigen oder um sich der Ergreifung auf frischer That zu entziehen, vorsätzlich einen Menschen tödtet, wird mit Zuchthaus nicht unter zehn Jahren oder mit lebenslänglichem Zuchthaus bestraft.

Pr. §. 178; E I. §. 188; E. II. §. 209; St.B. S. 660.

Vgl. §. 252.

1. Der §. 214 enthält einen besonderen erschwerenden Umstand der vorsätzlichen Tödtung, welcher mit dem den Mord kennzeichnenden erschwerenden Umstand, der Ueberlegung, konkurriren kann. (Berlin 14. Juli 75, O.R. XVI, 546.) Dieses kann dann wohl vorkommen, wenn Jemand vorher den überlegten Vorsatz gefaßt hatte, einen Anderen für den Fall zu tödten, daß er sich der Verübung einer anderen strafbaren Handlung widersetzen würde. (Vgl. Goltd. II, 358.) Dies schließt selbstverständlich nicht aus, daß die Strafandrohung des §. 214 nur die eines straferhöhenden Umstandes für Todtschlag hat. R.G. I, 11. Juni, III, 17. Sept. 85, E. XII, 250, 364, R. VII, 367.

2. Unternehmung umfaßt, wie der Ausdruck „Unternehmen" in §. 82, sowohl die Vollendung als den strafbaren Versuch. Nach überwiegender Ansicht der Doktrin soll das Unternehmen einer strafbaren Handlung schon unter §. 214 fallen, wenn es auch noch nicht zum Anfang der Ausführung gediehen ist. Da dies undenkbar ist, ohne Romankombination, außer am Orte der That, so könnte höchstens damit gemeint sein, daß die Thäter sich zwar an den Ort der That begeben, aber mit der Ausführung noch nicht begonnen haben. Richtiger wird dies als Anfang der Ausführung beurtheilt. Die entfernte Vorbereitung hereinzuziehen, widerstrebt dem System des St.G.B. Gl. M. H. Meyer S. 518, Oppenhoff N. 1. A. M. Geyer II, 6, Hälschner II, 45, v. Holtzendorff in H.H. III, 441, v. Liszt S. 319, Olshausen N. 2, Puchelt N. 1, Rubo N. 1, v. Schwarze N. 1.

Auf fahrlässige Handlungen kann das Unternehmen nicht ausgedehnt werden. So Olshausen N. 2, v. Holtzendorff a. a. O.

3. Strafbare Handlung umfaßt Verbrechen, Vergehen, Uebertretung, während der entsprechende §. 178 des preuß. St.G.B. nur Verbrechen und Vergehen enthielt. — Daß die strafbare Handlung begangen worden, bedarf der thatsächlichen Feststellung. Letztere muß sich auf den gesetzlichen Thatbestand erstrecken, welcher in die Frage an die Geschworenen aufzunehmen ist. R.G. I, 19. Mai 81, E. IV, 231.

4. Frische That setzt das Betreten bei Ausführung der That und eine versuchte Ergreifung oder die Verfolgung unmittelbar vom Orte der That voraus.

§. 214 enthält einen selbständigen Thatbestand, welcher, wenn nur Versuch der Tödtung vorliegt, der Richter aber für das vollendete Verbrechen lebenslängliche Zuchthausstrafe angemessen finden würde, mit Zuchthausstrafe von drei bis funfzehn Jahren; findet er nur zeitige Zuchthausstrafe angemessen, mit Zuchthausstrafe von 2½ Jahren bis 14 Jahren 11 Monaten bedroht ist. Vgl. Oppenhoff §. 44 N. 6. Etwas abweichend, jedoch ohne ersichtlichen Grund, München 17. Febr. 72 (bayr. Entsch. II, 35, St. I, 246, Goltd. XX, 437). S. auch Olshausen, welcher zwar nicht von der hypothetisch für das vollendete Verbrechen angemessenen Strafart ausgehen will, sonst aber zu denselben Resultaten gelangt. Berlin 22. Juni 78 (Goltd. XXVI, 428, O.R. XIX, 325, St. VIII, 156), scheint von der Ansicht auszugehen, daß für eine alternativ angedrohte lebenslängliche und zeitige Zuchthausstrafe §. 44 Abs. 4, nicht §. 44 Abs. 2 St.G.B. maßgebend ist, kommt übrigens zu dem Resultate, daß im gegebenen Fall auf Zulässigkeit der Polizei-Aufsicht nicht erkannt werden kann, weil §. 214 dieselbe nicht androht. Nach obiger Ansicht wäre dies unrichtig, wenn von lebenslänglicher Zuchthausstrafe ausgegangen wird. R.G. III, 24. Nov. 87, E. XVI, 400, R. IX, 641 entschied dahin, es habe das Gericht die Wahl zwischen Anwendung des Abs. 2 u. 4, also auch die Möglichkeit, die Zulässigkeit von Polizeiaufsicht auszusprechen.

5. Die Merkmale des §. 214 und des §. 252 St.G.B. können in einer That zusammentreffen. Vgl. hierüber R.G. III, 20. Dez. 88, E. XIX, 141.

§. 215. Der Todtschlag an einem Verwandten aufsteigender Linie wird mit Zuchthaus nicht unter zehn Jahren oder mit lebenslänglichem Zuchthaus bestraft.

Pr. §. 179; E. I. §. 189; E. II. §. 210; St.B. S. 660.

Vgl. §§. 50, 52 A. 2.

1. Die Milderungsgründe §. 213 finden hier keine Anwendung. Die Motive bemerken hierüber:

„Wenn der Entwurf im §. 215 die Milderungsgründe des §. 213 — entgegen dem Art. 230 des bayerischen Strafgesetzbuches — für den Todtschlag an Verwandten aufsteigender Linie nicht zugelassen hat, so ist hierbei nicht übersehen worden, daß nicht selten zerrüttete Familienverhältnisse die Verschuldung mildern und deshalb im Gnadenwege Herabsetzungen der Strafen bei diesem Verbrechen eintreten. Es schien indessen nicht angemessen, daß der Gesetzgeber schon in seinem geschriebenen Gesetze für das Zuwiderhandeln gegen das erste Grundgebot der Natur und der Sittlichkeit Entschuldigungsgründe aufweist."

2. Verwandte aufsteigender Linie sind leibliche (eheliche und uneheliche). Vgl. §. 52 N. 6 und Motive zum Entwurf von 1847 §. 225.

3. Bezüglich des Theilnehmers kommt der §. 50 zur Anwendung. (Vgl. §. 50 N. 2.) Bezüglich des Versuchs s. §. 214 N. 4.

§. 216. Ist Jemand durch das ausdrückliche und ernstliche Verlangen des Getödteten zur Tödtung bestimmt worden, so ist auf Gefängniß nicht unter drei Jahren zu erkennen.*)

Pr. —; E. I. —; E. II. §. 211; St.B. S. 656—660.

---

*) Vgl. einen Rechtsfall in Goltd. XXXV, 169; ferner Böhlau in Goltd. V, 489, Mittermaier, Goltd. IX, 433, Abegg, Goltd. XIII, 987, Ortmann, Goltd. XXV, 104; XXVI, 195, v. Wächter G.S. Bd. 20, S. 5, Zimmermann, Goltd. XXIX, 435, Breithaupt, Volenti non fit injuria, Berlin 1891; Keßler, Berlin 1884, Rödenbeck im G.S. Bd. 37, S. 124, Keßler im G.S. Bd. 38, S. 561.

1. Der §. 216 ist fast wörtlich dem revid. Sächs. St.G.B. von 1888 Art. 157 entnommen. Die Motive bemerken:

„Es entspricht dem Rechtsgefühl, daß die Tödtung eines Einwilligenden, wie sie der Entwurf näher charakterisirt, nicht mit der Strafe belegt werde, wie die gegen den Willen des Getödteten erfolgte Tödtung. Aber das unbestrittene Sittengesetz: daß das Leben ein nicht veräußerliches Gut ist, läßt weder Straflosigkeit, noch eine niedrig bemessene Strafe zu."

S. auch Goltd. XXV, 402.

2. Zwischen Ausführung der That mit oder ohne Ueberlegung ist kein Unterschied gemacht und der Versuch dieses Delikts straflos. Berlin 28. März 78 (O.R. XIX, 175, Goltd. XXVI, 207, St. VIII, 161). Wie es zu halten ist, wenn der Versuch zu einer Körperverletzung geführt hat, wird nicht berührt. Ein Aufsatz Goltd. XXV, 104 verneint die Strafbarkeit. R.G. I, 15. Nov. 80 (R. II, 521, E. II, 442) bejaht sie jedoch sowohl für den Fall des Versuchs der Tödtung als der beabsichtigten Körperverletzung. A. M. Binding I, 721, Geyer II, 7, Hälschner II, 58 (als Versuch des Mords oder Todtschlags unter dem mildernden Umstand strafbar), Olshausen N. 5, v. Schwarze N. 6, Zimmermann bei Goltd. XXIX, 441.

3. v. Schwarze bezeugt im G.S. Bd. 34, S. 399, daß bei Aufnahme des Artikels aus dem sächs. St.G.B. in das R.St.G.B. die Aufstellung eines selbständigen Deliktsthatbestands beabsichtigt gewesen sei, daß also eine Hülfsfrage, keine Nebenfrage deshalb zu stellen sei. Gl. M. Berlin 28. März 78, John bei Goltd. XXV, 402, v. Liszt S. 323, Merkel S. 307, H. Meyer S. 521, Olshausen N. 1. — A. M. R.G. II, 25. März 84, R. VI, 225, Hälschner II, 58, Oppenhoff N. 6, Löwe, Komment. §. 262 N. 2c. Man wird zugeben müssen, daß die von v. Schwarze bezeugte Absicht nur einen sehr unvollkommenen Ausdruck gefunden hat, aber doch anerkennen müssen, daß der Mangel einer Unterscheidung zwischen Mord und Todtschlag zur Annahme eines selbständigen Delikts zwingt.

4. Das Verlangen muß nicht nur ein ernstliches sein, sondern darf auch mit Zustimmung oder Einwilligung nicht verwechselt werden. Die Initiative muß vom Verlangenden, nicht vom Tödtenden ausgegangen sein. Dagegen ist kein Unterschied zu machen zwischen einem ausdrücklichen und einem durch sprechende Zeichen und unzweideutige Geberden an den Tag gelegtes Verlangen. Gl. M. Binding I, 721, Hälschner II, 55, v. Holtzendorff in H.H. III, 445, Olshausen N. 2, Oppenhoff N. 5. Das Verlangen eines Unzurechnungsfähigen hat keinen Werth, Hälschner II, 56, v. Liszt S. 323, Olshausen N. 2, Oppenhoff N. 4.

Irrthum will nicht als entschuldigend anerkennen v. Liszt S. 323, Binding I, 721. A. M. Geyer II, 7, v. Holtzendorff in H.H. III, 447, Ortmann bei Goltd. XXV, 117, Oppenhoff N. 4, Olshausen N. 4, v. Schwarze N. 5 mit Recht, da der Irrthum über das Verlangen von anderem faktischen Irrthum sich nicht unterscheidet.

5. Das Verlangen muß das die That bestimmende Motiv des Thäters gewesen sein. Nebenrücksichten, z. B. auf die Familie, fallen nicht in das Gewicht. Gl. M. Hälschner II, 56, Olshausen N. 3.

6. Wegen Inkongruenz der Strafen nehmen Binding I, 468, Hälschner II, 58, v. Holtzendorff in H.H. III, 447, Oppenhoff N. 6, Thomsen im G.S. Bd. 30, S. 90 an, die mildernden Umstände des §. 213 kommen nur dann zur Anwendung, wenn §. 216 verneint sei. Dies ist die natürliche Folge, sobald man ein den Thatbestand der §§. 211, 212 ausschließendes Spezialdelikt in §. 216 erblickt.

§. 217*). Eine Mutter, welche ihr uneheliches Kind in oder gleich nach der Geburt vorsätzlich tödtet, wird mit Zuchthaus nicht unter drei Jahren bestraft.

Sind mildernde Umstände vorhanden, so tritt Gefängnißstrafe nicht unter zwei Jahren ein.

Pr. §. 180; E. I. §. 190; E. II. §. 212; St.B. S. 660.

Vgl. §§. 50, 367 Nr. 1.

---

*) Literatur: Jordan, Begriff und Strafe des Kindesmords 1844, Kunze, Der Kindesmord 1860, v. Kleist, Kindestödtung 1862, v. Fabrice 1868, Ortloff 1887, Wehrli, Der Kindesmord 1889.

1. Der Kindesmord (§. 217) ist sowohl dem Mord (§. 211) wie dem Todtschlag (§. 212) gegenüber ein qualifizirtes Verbrechen, und zwar ein solches, bei welchem ein bestimmtes persönliches Verhältniß — die uneheliche Geburt — für die Mutter die Strafbarkeit vermindert. Den Grund der besonderen Vorschrift bilden die meist eigenthümlichen Motive der That und der bei der Thäterin während oder gleich nach der Geburt in der Regel vorhandene geistige und körperliche Zustand. Dritte Theilnehmer sind nach den §§. 211, 212 zu strafen, woraus folgt, daß geeignetenfalls das Moment der Ueberlegung seitens der Mutter als Thäterin, für deren Strafbarkeit selbst dieses Moment nur als Strafzumessungsgrund in Betracht kommt, festzustellen ist. Dies kann auch lediglich in der Frage an die Geschwornen geschehen, welche bezüglich des dritten Theilnehmers (Mitthäter, Anstifter oder Gehülfen) gestellt wird. R.G. III, 2. März 81 (R. III, 93). §. 50 N. 2 u. 4, worüber die Motive bemerken:

„Die Anwendung der ordentlichen Strafe des Mordes gegen die Theilnehmer ist eine Folge des im §. 50 ausgesprochenen allgemeinen Grundsatzes und bedurfte deshalb, in Abweichung von dem Preußischen Strafgesetzbuche, der ausdrücklichen Hervorhebung nicht."

(S. Berlin 8. Sept. 75, Goltd. XXIII, 522, O.R. XVI, 566, s. auch Goltd. XXV, 403.) Der Abs. 2 des §. 180 preuß. St.G.B., welcher die Strafbarkeit der Theilnehmer nach den gewöhnlichen Regeln aussprach, ist demgemäß gestrichen. S. über die Fragestellung in Folge dessen R.G. III, 2. Jan. 90, E. XX, 171.

Die uneheliche Mutter dagegen ist aus §. 217 selbst dann zu bestrafen, wenn sie als Mitthäterin oder Gehülfin eines Anderen bei der Tödtung ihres Kindes strafbar erscheint. R.G. III, 8. Mai 80 (E. II, 153).

2. Als uneheliches Kind gilt auch jedes von der Ehefrau während der Ehe geborene Kind, welches nicht von dem Ehemann erzeugt worden ist, also namentlich das im ehebrecherischen Umgange (nach der Voraussetzung der Mutter) erzeugte Kind. Hälschner, preuß. St.R. II, 108 und Entsch. des O.Tr. im J.M.Bl. von 1857 S. 442. Berlin 23. Jan. 77 (O.R. XVIII, 57, Goltd. XXV, 146). Ferner dürfte auch das in einer nichtigen Ehe erzeugte, nach Trennung der Ehe geborene Kind als uneheliches zu betrachten sein. Doch ist dies controvers. Gl. M. v. Holtzendorff in H.H. III, 219. A. M. Olshausen N. 2. Bestand die Ehe z. Z. der Geburt noch, so ist §. 447 nicht anwendbar. Ein per subsequens matr. legitimirtes Kind ist kein uneheliches. Auch hier entscheidet die Zeit der Geburt. Irrthum der Mutter über Ehelichkeit oder Unehelichkeit des Kindes beeinflußt den Thatbestand, wie jeder thatsächliche Irrthum. A. M. v. Liszt S. 322, Binding, Normen II, 513. Gl. M. wie oben Geyer II, 8, Hälschner II, 60, Wehrli, Kindesmord S. 70.

3. Voraussetzung ist: daß das Kind gelebt habe; ob es geathmet habe oder lebensfähig gewesen sei, ist gleichgültig. Vgl. die Abhandlungen in Goltd. V, 3 und 433 und das Gutachten der wissenschaftlichen Deputation in Casper's Zeitschrift IX, 193. Vgl. §. 211 N. 6.

4. Ob die Tödtung gleich nach der Geburt erfolgt sei, ist Thatfrage. Die Beantwortung wird sich hauptsächlich danach richten, ob der durch die Geburt in der Mutter hervorgerufene geistige oder leibliche Zustand der Aufregung noch andauerte. (O.R. IV, 102; Hälschner II, S. 109, 111.) R.G. 8. Mai 80 s. oben. Da die Zeitbestimmungen „in oder gleich nach der Geburt" völlig gleichgestellt sind und die Grenzen häufig nicht scharf gezogen werden können, ist eine alternative Feststellung mit diesen Worten des Gesetzes zuläßig. Olshausen N. 4, Oppenhoff N. 10. A. M. Rubo N. 5.

5. Verheimlichung der Schwangerschaft oder Niederkunft ist nicht mehr strafbar. Dagegen fällt die Beiseiteschaffung des Leichnams von Kindern unter die allgemeine Vorschrift des §. 367 Nr. 1. S. einen Fall, in welchem Abtreibung des Kindes und Tödtung des Kindes in der Geburt sehr nahe lagen, das R.G. aber die Ablehnung einer eventuellen Fragestellung wegen mangelnder Identität der Anklage billigte R.G. III, 1. Okt. 85, E. XII, 409.

§. 218*). Eine Schwangere, welche ihre Frucht vorsätzlich abtreibt oder im Mutterleibe tödtet, wird mit Zuchthaus bis zu fünf Jahren bestraft.

---

*) Literatur zu §. 218—220. Fabrice, Lehre von der Kindesabtreibung, Erlangen 1868, Wächter, Strafrechtl. Fragen II, Leipzig 1876, G.S. Bd. 29, S. 1, Hälschner, G.S. Bd. 32, S. 583, Freyer, Die Ohnmacht bei der Geburt, Berlin 1887, Horch, Abtreibung 1878.

Sind mildernde Umstände vorhanden, so tritt Gefängnißstrafe nicht unter sechs Monaten ein.

Dieselben Vorschriften finden auf denjenigen Anwendung, welcher mit Einwilligung der Schwangeren die Mittel zu der Abtreibung oder Tödtung bei ihr angewendet oder ihr beigebracht hat.

Pr. §. 181; E. I. §. 191; E. II. §. 213; St.B. S. 661.

1. Das Verbrechen der Abtreibung der Leibesfrucht setzt als **dolus** den Vorsatz, durch die Abtreibung den Tod der Leibesfrucht zu bewirken, voraus (Abs. 1 und 3). Liegt diese Absicht vor, so liegt bei mangelndem Erfolg ein Versuch vor, selbst dann, wenn die Frucht nach der Ausstoßung aus dem Mutterleibe am Leben geblieben ist. (Vgl. Berlin 6. Juni 72 [Goltd. XX, 402, O.R. XIII, 336, St. I, 347] und 2. Dez. 74 [Goltd. XXII, 611, O.R. XV, 826, St. IV, 347]) oder wenn der Tod der Frucht aus anderen Ursachen eintritt. R.G. III, 9. Juli 81, **E. IV**, 380. Auch die Anwendung von Mitteln, um eine irrthümlich angenommene Schwangerschaft durch Abtreibung zu beseitigen, ist als Versuch strafbar. R.G. III, 7. Juni 82, **R. IV**, 543, 30. März 83, **E. VIII**, 198. Der Theilnehmer am Versuche (vgl. N. 2) bleibt strafbar, auch wenn die Thäterin wegen freiwilligen Aufgebens des Versuchs (§. 46 N. 1) straflos ist. Berlin 4. März 75 (Goltd. XXIII, 191, O.R. XVI, 186). Als freiwilliges Aufgeben des Versuchs kann es aber nicht betrachtet werden, wenn die Weibsperson die Fortsetzung der Anwendung von Abtreibungsmitteln deshalb unterläßt, weil sie die Ueberzeugung gewonnen hat, sie werde die Mittel nicht bei sich behalten. R.G. 7. Juni 82 s. oben. Aehnlich R.G. III, 4. Juni 81, **R. III**, 375. Das Verschaffen von absolut untauglichen Mitteln mit dem Bewußtsein, daß dieselben untauglich sind, ist dagegen nicht strafbar, weil es am Willen fehlt, daß die That geschehe. R.G. I, 17. Febr. 87, **E. XV**, 315, **R. IX**, 139, s. auch I, 28. März 87, **E. XV**, 25; II, 29. Mai 88, **E. VII**, 377.

2. Abs. 1 und 3. Subjekt des Verbrechens ist eine (ehelich oder außerehelich) Schwangere, welche die die Abtreibung oder die Tödtung bewirkenden Handlungen vorsätzlich vornimmt oder unter ihrer Einwilligung an sich vornehmen läßt. Daß auch letzteres, die vorsätzliche Duldung, die Schwangere in Gemäßheit des Abs. 1 strafbar macht, folgt aus der Fassung und dem Zusammenhang des Abs. 1 und Abs. 3. Die Schwangere hat in diesem Fall nothwendig das Bewußtsein, daß eine mit ihrem Wollen vorgenommene Handlung die Abtreibung bewirken soll, — wobei übrigens jenes Bewußtsein, auch ohne ausdrückliche Erklärung der Zustimmung, das Erforderniß der Einwilligung mit sich bringt. Der Dritte, der die Handlung unmittelbar vornimmt, erscheint als Werkzeug der Schwangeren, welche nach allgemeinen Grundsätzen (vgl. §. 1 N. 6) das Verbrechen ebenso gut durch eine Unterlassung (Duldung, unterlassene Abwehr), wie durch eine selbstthätige Handlung begehen kann. Es ist deshalb unrichtig (und widerspricht auch der natürlichen Auffassung), im Fall des Abs. 3 die Schwangere als Gehülfin (bez. Anstifterin) des Dritten anzusehen, wie Hälschner, preuß. Str.R. II, 122 und Oppenhoff N. 12 annehmen. Vgl. auch N. 5, ferner R.G. III, 25. Febr. 80 (**R. I, 394, E. I, 263**).

3. Abs. 1. Objekt des Verbrechens ist eine lebende (nicht bereits abgestorbene) Leibesfrucht. Es entspricht dieses der gemeinrechtlichen Anschauung und der Entstehungsgeschichte. Vgl. Goltdammer, Mat. II, 387; Hälschner, preuß. St.R. II, 120. Auch die Fassung des §. spricht dafür, daß es sich bei der Abtreibung um die Vernichtung eines lebenden Wesens handelt, was jedoch nicht ausschließt, daß der Versuch an einer bereits todten Frucht als Versuch des Verbrechens gestraft wird. An einer Mole kann sogar das vollendete Delikt verübt werden.

4. Bei der zweiten Alternative „oder im Mutterleibe tödtet" liegt der Nachdruck auf den Worten „im Mutterleibe". Die Gleichstellung beider Fälle weist darauf hin, daß auch in dem ersteren eine Vernichtung der vitalen Forteristenz der Frucht beabsichtigt sein muß. Vgl. oben N. 1. A. M. v. Wächter, G.S. Bd. 29, S. 1 ff.; H. Meyer, Lehrb. S. 540. Vgl. R.G. II, 15. April 90, **E. XX**, 367.

5. Abs. 1. Die Revision von 1845 II, S. 129 bemerkte:

> „Nach ärztlichen Erfahrungen gibt es keine Mittel, welche dem Zweck der Abtreibungen unter allen Verhältnissen entsprechen, und die wirklich erfolgte Fehlgeburt nach Anwendung der Abtreibungsmittel gibt keinen Beweis, daß die Fehlgeburt Folge des Mittels gewesen ist; wie es denn überhaupt nicht in der Willkür einer Schwangeren liegt, sich in jeder Zeit der Schwangerschaft der Leibesfrucht zu entledigen.

Mit Rücksicht hierauf wird es thatsächlich oft zweifelhaft sein, ob ein taugliches Mittel gewählt, sofern ein Erfolg nicht eingetreten ist, und deshalb höchstens ein Versuch vorliegt. Nur absolute Untauglichkeit des Mittels könnte dahin führen, einen Anfang der Ausführung als nicht vorhanden anzunehmen. Nach R.G. Pl. 24. Mai 80 (R. I, 819, E. I, 439) ist jedoch auch in diesem Fall strafbarer Versuch anzunehmen. Ebenso II, 29. Mai 88, E. XVI, 377.

Als Versuch wurde schon das in den Mund nehmen des Abtreibungsmittels beurtheilt. R.G. III, 1. Dez. 87, R. IX, 687.

6. Es wird darüber kontrovertirt, ob der Selbstmordversuch einer Schwangeren als Abtreibungsversuch strafbar ist, wenn sich dieselbe der Rückwirkung auf die Frucht bewußt ist. Bejahend H. Meyer S. 543, Olshausen N. 3b. Dagegen v. Holtzendorff in H.H. III, 459, v. Liszt S. 339, Oppenhoff N. 5. Logisch richtig ist die bejahende Ansicht. Praktisch wird sie wohl nie verwerthet werden.

7. Abs. 3. Ueber das Verhältniß des Abs. 3 zu Abs. 1 vergl. vorher unter N. 2. Der Dritte soll als Mitthäter angesehen und mit derselben Strafe wie die Schwangere belegt werden. Ist die Schwangere aus persönlichen Gründen, z. B. wegen Unzurechnungsfähigkeit, straflos, so hindert das die Bestrafung des Dritten nicht. (Vgl. Entsch. des O.Tr. J.M.Bl. 1857 S. 170, R.G. I, 13. Jan. 81 (R. II, 722, E. III, 249). — R.G. II, 10. Juni 90, E. XXI, 14 entschied einen Fall, in welchem die einwilligende Schwangere wegen Geisteskrankheit unzurechnungsfähig war, dahin, daß Mangels einer Hauptthäterin §. 218 Abs. 3 nicht zur Anwendung kommen könne, sondern nach Umständen §. 220. S. dagegen R.G. II, 28. Juni 87, R. IX, 387. Uebrigens sind (**verbis** „dieselben Strafvorschriften") auch im Abs. 3 mildernde Umstände zulässig.

8. Hatte das von dem Dritten angewendete Abtreibungsmittel keinen Erfolg, so nahm auch bezüglich des Dritten nur Versuch an Berlin 6. Juni 72 (O.R. XIII, 336, Goltd. XX, 402, St. I, 347), 2. Dez. 74 (O.R. XV, 826, Goltd. XXII, 611, St. IV, 347). Dagegen nimmt R.G. II, 24. Juni 81, E. IV, 302, R. III, 432 an, daß bei Mangel des Erfolgs Abs. 3 keine Anwendung findet, sondern die That des Dritten nur als Beihülfe zur That der Schwangeren zu bestrafen ist. Ebenso R.G. III, 10. April 80, E. I, 350, R. I, 568, 1. Dez. 80, E. III, 163, I, 28. März 87, E. XVI, 25. A. M. Olshausen N. 9. Das bloße Verschaffen von Mitteln fällt nicht unter Abs. 3. Berlin 2. Dez. 74 a. a. O. Die Grundsätze über Beihülfe finden auf die in Abs. 3 zu selbständigen Deliktsformen gemachten Handlungen keine Anwendung. Andere, in Abs. 3 nicht aufgenommene Handlungen können als Beihülfe strafbar sein, Berlin 19. Sept. u. 29. Nov. 78 (O.R. XIX, 424, 559, Goltd. XXVI, 516, 518), so insbesondere das unentgeltliche Verschaffen von Abtreibungsmitteln oder das Verschaffen ohne Entgelt, jedoch auch ohne Erfolg. R.G. I, 9. Febr. 80 (R. I, 326, E. I, 194), 11. März 80 (R. I, 450, E. I, 270, Goltd. XXVIII, 264).

9. Anstiftung der Schwangeren zur Abtreibung ist als solche strafbar, auch wenn die That nur eine versuchte blieb. Dagegen ist Anstiftung eines Dritten zur Abtreibung mit Einwilligung der Schwangeren (Abs. 3) nur im Falle des Erfolgs strafbar. R.G. III, 1. Dez. 80 (E. III, 162), s. oben N. 6.

§. 219. Mit Zuchthaus bis zu zehn Jahren wird bestraft, wer einer Schwangeren, welche ihre Frucht abgetrieben oder getödtet hat, gegen Entgelt die Mittel hierzu verschafft, bei ihr angewendet oder ihr beigebracht hat.

Pr. —; E. I. —; E. II. §. 214; St.B. S. 661.

1. Der §. 219 fügt einmal zu dem Thatbestande des §. 218 Abs. 3 ein straferhöhendes Moment: das Handeln gegen Entgelt, und erweitert denselben außerdem durch Aufnahme des Wortes „verschafft", welches, im Gegensatz zu „angewendet" und „beigebracht", nur voraussetzt, daß der Thäter die Schwangere in den Besitz der Mittel gesetzt hat.

Grund des Paragraphen ist die besondere Schimpflichkeit und Gefährlichkeit des fraglichen Handelns.

2. Gegen Entgelt ist nach den Motiven gleichbedeutend mit: „gegen Gewährung irgend eines Vermögensvortheils." Gl. M. v. Liszt S. 340, v. Schwarze N. 3, Horch, Abtreibung S. 52. Dagegen will Olshausen N. 1b, Rubo N. 3 jeden materiellen Vortheil oder Nutzen hierher rechnen. Gleichgültig ist, ob der Entgelt vorher versprochen war. Dagegen kann eine

weder versprochene noch erwartete Vergütung nicht als Entgelt betrachtet werden. v. Holtzendorff in H.H. III, 463.

3. Der Paragraph setzt voraus, daß die Abtreibung vollendet worden sei. Die Grundsätze von der Beihülfe sind hier nicht anwendbar. Berlin 2. Dez. 74 (Goltd. XXII, 611, O.R. XV, 826. St. IV, 347), 3. Febr. 75 (O.R. XVII, 98, St. IV, 348), 19. Sept. u. 29. Nov. 78 (O.R. XIX, 424, 559, Goltd. XXVI, 516, 518). R.G. I, 9. Febr. 80 (R. I, 326, E. I, 194). Da die That des §. 219 als selbständiges Verbrechen erscheint, kommt auch nichts darauf an, ob gleichzeitig die Schwangere als Thäterin, Gehülfin oder gar nicht schuldig gesprochen ist. R.G. III, 10. April 80 (R. I, 568, E. I, 350, Goltd. XXVIII, 300), I, 13. Juli 87, E. XVI, 184, II, 28. Juni 87, R. IX, 387. Auch die Anstiftung zum Verbrechen des §. 219 setzt voraus, daß die Abtreibung Erfolg hatte. R.G. III, 1. Dez. 80 (E. III, 163).

4. Darüber, ob ein Versuch des Verbrechens aus §. 219 denkbar ist, herrschte Meinungsverschiedenheit. Rüdorff, 2. Aufl. N. 4 und v. Schwarze bejahten die Frage, Berlin 19. Sept. 78 (O.R. XIX, 425, Goltd. XXVI, 518) nahm selbst bei Handeln gegen Entgelt nur Versuch des §. 218 an. Auch R.G. 9. Febr. u. 10. April 80 (s. oben N. 3), II, 24. Juni 81, E. IV, 302 verneinte die Möglichkeit eines Versuchs aus §. 219.

5. Ein Mitwissen und Zustimmung der Schwangeren ist bei §. 219 Voraussetzung. Abtreibung ohne Wissen und Willen derselben fällt nur unter §. 220. Berlin 19. Sept. und 29. Nov. 78 s. oben N. 3.

§. 220. Wer die Leibesfrucht einer Schwangeren ohne deren Wissen oder Willen vorsätzlich abtreibt oder tödtet, wird mit Zuchthaus nicht unter zwei Jahren bestraft.

Ist durch die Handlung der Tod der Schwangeren verursacht worden, so tritt Zuchthausstrafe nicht unter zehn Jahren oder lebenslängliche Zuchthausstrafe ein.

Pr. §. 182; E. I. §. 192; E. II. §. 215; St.B. S. 661 (Drucks. Nr. 85).

1. „Ohne deren Wissen oder Willen" bezeichnen den Gegensatz zu dem „mit Einwilligung" in §. 218 Abs. 3 und bestätigen das dort (N. 2) Ausgeführte, daß das Bewußtsein der Vornahme der betreffenden Handlungen seitens der Schwangeren genügt, um diese selbst sowohl als auch den Dritten nach Maßgabe des §. 218 zu bestrafen. Jene Worte bezeichnen ein nothwendiges Erforderniß des Thatbestandes, und es ist eine durch Gründe nicht zu rechtfertigende, der systematischen Anordnung des Gesetzbuches zuwiderlaufende Annahme, den Fall des vorhergehenden §. 218 („Einwilligung der Schwangeren") als einen Milderungsgrund gegenüber dem Thatbestand des §. 220 zu erklären. Die Motive ergeben unzweideutig, daß die Worte „ohne deren Wissen oder Willen" einen erschwerenden Umstand bezeichnen sollen. Die Ausführungen des Gen.St.A. in O.R. VII, 687 sind jedenfalls für das St.G.B. unzutreffend. R.G. I, 22. Nov. 88, E. XVIII, 229, auch 13. Juli 87, E. XVI, 184.

2. Erfolgt die Abtreibung mit Wissen oder mit Willen der Schwangeren, so tritt der §. 218 in Anwendung. Es genügt also auch, wenn die Schwangere die That weiß, jedoch nicht will; z. B. bei Zwang. Die früher ausgesprochene Ansicht, daß diesen Fall das Gesetz nicht im Auge habe, kann nicht festgehalten werden. Gl. M. Olshausen N. 2, Oppenhoff N. 1. Es genügt, daß die Einwilligung fehlt, eine bestimmte Weigerung, eine ernstlich zu erkennen gegebene Nichteinwilligung ist nicht erforderlich. Die Erlaubniß, eine Frühgeburt zu bewirken, ist keine Einwilligung zur Abtreibung. Ob die Zustimmung einer Unzurechnungsfähigen als Einwilligung anzusehen sei, ist Thatfrage.

3. Der Vorsatz ist der allgemein kriminelle, bewußt auf Abtreibung gerichtete Wille. Irrthum über die Einwilligung schließt die Anwendung des §. 220 aus. v. Buri, G.S. Beil. Bd. 29, S. 201. A. M. Binding, Normen II, 517. Ein Gefährdungsvorsatz gegen die Schwangere ist nicht erforderlich; auch nicht in Bezug auf Abs. 2. Vielmehr zieht der objektive Erfolg allein die erhöhte Strafe nach sich.

4. Versuch der That ist denkbar, wenn z. B. die Mittel nur eine Frühgeburt zur Folge hatten, und des Abs. 2, wenn hierbei der Tod der Mutter eintrat. So v. Liszt S. 341, Olshausen. Dagegen nehmen Hälschner II, 75, Horch, Abtreibung, S. 54, v. Schwarze N. 2 in Verbindung mit Annahme des Thatbestandes auch bei Bewirkung einer Frühgeburt das vollendete

Verbrechen an; H. Meyer S. 544, Oppenhoff N. 5, Versuch in Idealkonkurrenz mit fahrlässiger Tödtung.

Bei vorsätzlicher Tödtung einer Schwangeren nehmen Idealkonkurrenz von §. 211 oder 212 mit §. 220 an: Horch, Abtreibung, S. 54, Oppenhoff N. 5, Puchelt N. 4. A. M. v. Holtzendorff in H.H. III, 459, v. Liszt S. 341, v. Schwarze §. 218 N. 10.

§. 221*). **Wer eine wegen jugendlichen Alters, Gebrechlichkeit oder Krankheit hülflose Person aussetzt, oder wer eine solche Person, wenn dieselbe unter seiner Obhut steht oder wenn er für die Unterbringung, Fortschaffung oder Aufnahme derselben zu sorgen hat, in hülfloser Lage vorsätzlich verläßt, wird mit Gefängniß nicht unter drei Monaten bestraft.**

Wird die Handlung von leiblichen Eltern gegen ihr Kind begangen, so tritt Gefängnißstrafe nicht unter sechs Monaten ein.

Ist durch die Handlung eine schwere Körperverletzung der ausgesetzten oder verlassenen Person verursacht worden, so tritt Zuchthausstrafe bis zu zehn Jahren und, wenn durch die Handlung der Tod verursacht worden ist, Zuchthausstrafe nicht unter drei Jahren ein.

Pr. §. 183; E. I. §. 193; E. II. §. 216; St.B. S. 661 (Drucks. Nr. 85).

1. Die Motive sagen:

„Das Vergehen der Aussetzung oder des Verlassens hülfloser Personen ist, soweit es Kinder betrifft, nicht wie im §. 183 des Preußischen Strafgesetzbuchs auf Kinder unter 7 Jahren beschränkt, vielmehr auf alle wegen jugendlichen Alters hülflosen Personen ausgedehnt, weil die Natur dieses Vergehens eine solche Beschränkung auf ein bestimmtes Alter nicht rechtfertigt.

Eine weitere Ausdehnung liegt darin, daß das Vergehen überhaupt von denjenigen begangen werden kann, denen gesetzlich oder aus irgend einem anderen Grunde die Obsorge für die Unterbringung, Fortschaffung oder Aufnahme hülfloser Personen obliegt.

Die in den Absätzen 2 und 3 festgesetzten erhöhteren Strafen bedürfen einer besonderen Begründung nicht. Was unter einem „erheblichen Nachtheil für die Gesundheit" zu verstehen sei, ist der thatsächlichen Würdigung vorbehalten.

War die Aussetzung oder das Verlassen in hülfloser Lage das Mittel eines beabsichtigten Mordes oder Kindesmordes, so findet die Vorschrift des §. 73 Anwendung, was einer besonderen Hervorhebung nicht bedurfte."

2. Die im preuß. St.G. nicht vorfindlichen Worte: „wenn er für die Unterbringung, Fortschaffung oder Aufnahme derselben zu sorgen hat," beziehen sich auf eine Verletzung der nach *besonderen Gesetzen* obliegenden Pflicht: für hülflose u. s. w. Personen zu sorgen, z. B. auf Beamte, Hebeammen, Gastwirthe, Dienstherrschaften. Die Erweiterung schließt sich an Art. 163 des rev. Sächs. St.G.B. an.

3. Ob das *jugendliche* Alter Hilflosigkeit nach sich zieht, entscheidet sich weniger nach einer gewissen Altersgrenze als nach der körperlichen und geistigen Entwickelung des treffenden Kindes und nach der Lage, in welche es auf Selbsthülfe angewiesen wird.

4. Als *Hülflosigkeit* kann auch eine hochgradige Betrunkenheit angesehen werden. *Dresden* 20. März 71 (S.G.Z. XV, 115, St. I, 51, Goltd. **XIX**, 812). R.G. I, 9. Jan. 82, **E. V**, 393, **R. IV**, 24. Als hülflose Lage ist überhaupt jede Lage anzusehen, in welcher das Leben oder die Gesundheit der treffenden Person gefährdet ist und in welcher dieselbe, außer Stande mit eigenen Kräften die Gefahr abzuhalten, auf die Hülfe Anderer angewiesen ist. *Dresden* 22. Dez. 71 u. 4. Juni 75 (St. I, 279, S.G.Z. XX, 26), *Berlin* 22. Nov. 73 (Goltd. XXI, 508); vgl. auch G.S. Bd. 24, S. 63. Daß die Gefahr eine dringliche war, ist nicht erforderlich; sie kann in der Hülflosigkeit der Person allein gefunden werden; und die Wahrscheinlichkeit baldiger Auffindung oder sonstiger Hülfe schließt den Begriff nicht aus, wenn ein zur Obhut Verpflichteter diese aufgegeben hat. Dagegen kann ein Verlassen nicht angenommen

---

*) Literatur: *Platz*, Geschichte des Verbrechens der Aussetzung, 1876, v. Schwarze in G.S. Bd. 24, 52, v. Buri in G.S. Bd. 27, S. 517.

werden, wenn der zur Obhut Verpflichtete die hülflose Person zeitweise in einer Lage läßt, die keine Gefahr besorgen läßt. Das Einsperren einer hülflosen Person unter Entziehung wesentlicher Bestandtheile der Pflege kann unter §. 221 fallen. Dresden 8. Nov. 75 (S.G.Z. XX, 207, St. VI, 281). S. dagegen Dresden 25. Febr. 76 (S.G.Z. XX, 350). Die Frage, ob die Lage, in welche eine hilflose Person, durch denjenigen, in dessen Obhut sie steht, vorsätzlich gebracht ist, als eine hülflose anzusehen sei, ist wesentlich thatsächlich zu entscheiden. R.G. II, 27. Jan. 82, R. IV, 78. Als eine solche Hülflosigkeit kann nicht die Lage einer gebrechlichen Ehefrau und deren Kinder von einigen Jahren angesehen werden, welche der Mann bez. Vater unter Verlegung seines Aufenthaltsorts, ohne Unterstützung und in Nahrungsnoth läßt. R.G. I, 21. Febr. 84, E. X, 183.

5. Ob die Obhut aus einem dauernden oder einem vorübergehenden Verhältniß hervorgeht, begründet keinen Unterschied. Auch eine lediglich faktische, freiwillige Uebernahme der Obhut kann zur Begehung des Delikts genügen. R.G. II, 17. April 83, E. VIII, 205, R. V, 260. Dagegen kann in der Weigerung diese Obhut zu übernehmen, z. B. in der Weigerung eines Wirths, einen wegen Krankheit Hülflosen aufzunehmen, die That nicht gefunden werden; es sei denn, daß eine Verpflichtung zur Aufnahme bestand. Vgl. v. Schwarze N. 4, 6, Oppenhoff N. 5.

6. Zum Begriffe des Aussetzens ist erforderlich, daß die Person an einen Ort, wo die Erlangung fremder Hülfe nur vom Zufall abhängig ist, gebracht worden sei, und der Thäter sich geflissentlich um dieselbe nicht weiter gekümmert habe. R.G I, 23. Okt. 82, E. VII, 111, R. IV, 755 definirt das Aussetzen als das Versetzen einer hilflosen Person in eine Lage, in welcher dieselbe, wenn nicht ein rettender Zufall eintritt, an Leben oder Gesundheit gefährdet ist; wobei gleichgültig erscheint, ob die Aussetzung an einem verkehrreichen Ort und in Anwesenheit oder bei Annäherung fremder Personen erfolgt.

7. Verlassen in hülfloser Lage bedeutet, daß die Person lediglich sich selbst und dem Zufall überlassen worden sei. Dresden 23. Mai 73 (S.G.Z. XVII, 178, St. III, 113). Dieses Verlassen liegt auch dann vor, wenn ein zur Obhut Verpflichteter die hilflose Person verläßt, nachdem diese sich weigert, die Hülfe anzunehmen. Die Obhut muß nöthigenfalls mit Gewalt durchgeführt werden. R.G. II, 17. April 83 s. oben. Zum Verlassen in hülfloser Lage ist nicht bloß ein passives Verhalten der zur Hülfe verpflichteten Person angethan, sondern es ist eine Thätigkeit erforderlich, welche eine Aenderung der örtlichen Beziehungen zwischen dem Hülflosen und dem zur Hülfe Verpflichteten derart herbeiführt, daß nicht mehr der bloße Wille des Verpflichteten die Möglichkeit der Hülfe ausschließt. R.G. II, 12. Juni 83, E. VIII, 343, R. V, 429.

8. Vollendung des Delikts tritt ein, sobald die hülflose Lage bez. das in solcher Verlassen begonnen hat. Dresden 23. Mai 73 a. a. O. nahm es deshalb nicht als begangen an, wenn eine Mutter ihr Kind aussetzt, sich aber dergestalt in der Nähe hält, daß sie die Obhut behält, bis eine andere Person das Kind gefunden und in Obhut genommen hat. Uebereinstimmend R.G. III, 21. April 80 (R. I, 639, E. II, 15, Goltd. XXVIII, 446); II, 24. April 85, R. VII, 250. Vgl. auch Dresden 8. Nov. 75 u. 25. Febr. 76 (S.G.Z. XX, 209, 351, St. VI, 281).

9. Abs. 3. „Schwere Körperverletzung" ist eine Einschaltung des Reichstags anstatt „erheblicher Nachtheil für die Gesundheit" und setzt den Begriff des §. 224 voraus.

10. Zum dolus genügt das Bewußtsein der Gefahr, in welche durch die That die ausgesetzte oder verlassene Person gebracht wird. Berlin 22. Nov. 73 (O.R. XIV, 748, Goltd. XXI, 508, St. III, 194), Dresden 22. Dez. 71 u. 4. Juni 75 (St. I, 279, S.G.Z. XX, 26). Auch zur Anwendung des Abs. 3 bedarf es keiner auf Körperverletzung oder Tödtung gerichteten Absicht, und würde bei Vorliegen einer solchen Absicht ideelle Konkurrenz vorliegen. Gl. M. Binding, Normen II, 523, v. Liszt S. 334, Olshausen N. 11, Oppenhoff N. 13, v. Schwarze im G.S. Bd. 24, S. 66. A. M. bezüglich der ideellen Konkurrenz. Berlin 22. Nov. 73 (O.R. XIV, 748, Goltd. XXI, 508, St. III, 194), welches bei Vorhandensein tödtlicher Absicht nur Tödtung annimmt, jedoch ohne durchschlagenden Grund, da das Wollen des Erfolgs jedenfalls das Bewußtsein der Gefahr in sich schließt. Binding I, 359, Normen II, 522, Hälschner II, 81, v. Liszt S. 334. Auch §. 234 kann mit §. 221 ideell konkurriren.

§. 222*). Wer durch Fahrlässigkeit den Tod eines Menschen verursacht, wird mit Gefängniß bis zu drei Jahren bestraft.

---

*) Literatur: Eccard, Der Begriff der Fahrlässigkeit. Straßburg 1889, Rotering im G.S. Bd. 34, S. 206.

Wenn der Thäter zu der Aufmerksamkeit, welche er aus den Augen setzte, vermöge seines Amtes, Berufes oder Gewerbes besonders verpflichtet war, so kann die Strafe bis auf fünf Jahre Gefängniß erhöht werden.

Pr. §. 184; E. I. §. 194; E. II. §. 217; St.B. S. 661–663.

Vgl. Gew.O. §§. 18, 107, 143 ff.; M.St.G.B. §. 148.

1. Ueber den Begriff der Fahrlässigkeit, insbesondere auch über die Annahme einer Fahrlässigkeit bei konkurrirendem eigenen Versehen des Getödteten, s. §. 59 N. 16, 17. Fahrlässigkeit setzt nicht nothwendig voraus, daß der Thäter die Möglichkeit eines tödtlichen Erfolges vorhersah und trotzdem die gefährliche Handlung vornahm, sondern es genügt, wenn er die erforderliche Ueberlegung hinterließ, bei genügender Aufmerksamkeit aber die Möglichkeit des Erfolgs hätte erkennen können. Berlin 5. Okt. 77 (O.R. XVIII, 623). Die erste Alternative, welche selbstverständlich einen schwerer strafbaren Grad der Fahrlässigkeit enthält, grenzt nahe an den zum dolus anzurechnenden dolus eventualis und unterscheidet sich von ihm lediglich durch den Willen, welcher bei dolus eventualis auch den möglichen Erfolg umfaßt, während der Fahrlässige den Erfolg nicht will, aber leichtsinniger Weise annimmt, er werde nicht eintreten, oder er werde ihn abwenden können u. s. w. Vgl. Berlin 17. Okt. 77 (O.R. XVIII, 654, Goltd. XXV, 537), v. Buri G.S. Bd. 29, S. 269. R.G. III, 18. Febr. 89, E. XIX, 51.

2. Daß die gefährliche Handlung verboten war, ist nicht erforderlich. Berlin 1. Febr. 72 (Goltd. XIII, 110). Vorsätzliche Handlungen können in Bezug auf nicht gewollte, aber als möglich vorauszusehende Folgen zur Fahrlässigkeit zuzurechnen sein, und kann diese Fahrlässigkeit in einem durch Aufmerksamkeit vermeidbaren Irrthum liegen, z. B. die fahrlässige Annahme, sich in Nothwehr zu befinden. Berlin 19. März 73 (O.R. XIV, 212), oder in einer bewußten Unkenntniß, trotz welcher eine Thätigkeit unternommen wurde, welche eine bestimmte Kenntniß voraussetzt. Berlin 2. Nov. 75 (O.R. XVI, 705). Nicht in jedem leichten Versehen darf Fahrlässigkeit gefunden werden. Die richtigen Grenzen zu bestimmen, liegt dem Thatrichter ob. Mannheim 27. Jan. 73 (bad. Ann. Bd. 39, S. 129, St. II, 276).

3. Als Mensch, an welchem fahrlässige Tödtung begangen werden kann, ist das Kind schon während der Geburt zu betrachten. R.G. II, 8. Juni 80 (R. II, 41, E. I, 446). Feststellung der Lebensfähigkeit des Kindes ist nicht erforderlich. R.G. I, 21. Okt. 80 (R. II, 370, E. II, 404) s. oben §. 211 N. 6.

4. Zur Feststellung der Fahrlässigkeit genügt nicht die Annahme, daß der Thäter polizeilich gebotene Sicherheitsmaßregeln nicht beobachtet, oder daß er die gewöhnliche Sorgfalt außer Acht gelassen habe, es ist vielmehr die Annahme nothwendig, daß er den schädlichen Erfolg als möglich habe voraussehen können. R.G. I, 2. Dez. 80 (R. II, 596, E. III, 208, II, 2. Mai 82, E. VI, 249). Auch bei einem Beamten kann die Nichterfüllung einer Pflicht nicht ohne Weiteres als Fahrlässigkeit angerechnet werden, sondern müssen hierfür die Voraussetzungen vorliegen, und muß bei Kollision von Pflichten erwogen werden, welche den Vorzug hatte. R.G. III, 22. Dez. 80 (R. II, 658).

5. Der Ausdruck „verursacht" ist statt des im §. 184 des preuß. St.G.B. angewendeten Ausdrucks „herbeigeführt" aufgenommen, um besser hervorzuheben, daß es auf den Kausal-Zusammenhang zwischen der Fahrlässigkeit, d. h. dem fahrlässigen Thun und dem erfolgten Tode ankommt. Namentlich kommt es darauf an, festzustellen: ob der Thäter den Eintritt jenes Erfolges als möglich voraussehen konnte oder mußte. Berlin 14. März u. 8. Nov. 72 (O.R. XIII, 209, St. II, 51, Goltd. XX, 539), 7. Juni 77 (O.R. XVIII, 370, Goltd. XXV, 533). Vgl. dagegen Mannheim 14. Dez. 72 (bad. Ann. Bd. 39, S. 17). Ob solches der Fall, ist lediglich Thatfrage. Vgl. über den Unterschied von Ursache und bloßer Veranlassung: Berner, S. 495.

6. Auch in Unterlassung pflichtmäßiger Obsorge kann Fahrlässigkeit liegen, z. B. in Unterlassungen der Mutter bei Geburt eines Kindes. Berlin 10. März 75 (O.R. XVI, 219). Bei hülflosen Personen dauert die einmal begründete Pflicht zur Fürsorge, bis dieselbe auf einen Andern übergegangen ist. R.G. III, 21. März 88, E. XVII, 260. Andere Beispiele solcher Unterlassungen liegen in unterlassener Bedeckung eines Brunnenschachts, Berlin 29. Sept. 71 (O.R. XII, 480, St. I, 174), R.G. 2. Jan. 80 (Ann. I, 236), oder in der unterlassenen Sicherung einer offenen Grube, wenn hierzu eine Verpflichtung besteht. R.G. IV, 8. März 89, Goltd. XXXVII, 169, in unterlassener Reparatur gefahrbringender Vorrichtungen, Dresden 15. Mai 76

(S.G.Z. XXI, 33), in unterlassener Beaufsichtigung der Arbeiter bei einer gefährlichen gewerblichen Arbeit, Berlin 11. Dez. 76 (Goltd. XX, 543), in dem fahrlässigen Unterlassen eines erhaltenen amtlichen Auftrags. R.G. 20. April 81 (Ann. III, 468).

7. Auch in der Nichtverhinderung gefährlicher Handlungen Anderer kann Fahrlässigkeit liegen, z. B. in der Zulassung zu raschen Fahrens durch den eigenen Kutscher. Berlin 2. April 78 (Goltd. XXVI, 331). R.G. IV, 30. Jan. 91, Goltd. XXXIX, 61.

In solchen Fällen ist es möglich, daß der Getödtete selbst die tödtliche Handlung vornimmt, welche durch die unterlassene Fürsorge eines Anderen hätte verhindert werden können. S. einen Fall R.G. I, 12. April 80 (R. I, 578, E. I, 373). Hierher gehört auch der Fall des Selbstmords eines Geisteskranken, welcher den Wärtern als fahrlässige Tödtung zugerechnet werden kann. R.G. III, 18. Dez. 82, E. VII, 332.

8. Auch mittelbare Folgen sind zur Fahrlässigkeit zuzurechnen, wenn sich deren Eintritt vorhersehen ließ. Berlin 1. Febr. 72, 9. Jan. 73 u. 20. Nov. 74 (O.R. XIII, 110; XV, 808, St. I, 233; IV, 348, Goltd. XXI, 205), Mannheim 25. Mai u. 15. Juni 72 (bad. Ann. Bd. 38, S. 201, 203), Dresden 15. Mai 76 (S.G.Z. XXI, 31), R.G. 28. Febr. 81 (Ann. III, 359). Jedoch fehlt es am Kausalzusammenhang, wenn festzustellen ist, daß der schädigende Erfolg ohne eine in Mitte liegende unvorsichtige Handlung in gleicher Weise eingetreten sein würde. R.G. III, 20. Dez. 86, E. XV, 151.

Mittelbarer Erfolg, d. h. das Schlußglied einer Reihe in einander wirkender Ursachen und Folgen pflegt überhaupt jeder Erfolg einer fahrlässigen Thätigkeit zu sein; es darf deshalb weder die Fahrlässigkeit als ausgeschlossen betrachtet werden, wenn der Thäter nicht alle wirkenden Zwischenglieder übersehen konnte, noch dann, wenn er nicht gerade den konkreten Erfolg vorhersehen konnte, wohl aber die generelle Gattung des Erfolgs. Es genügt also, wenn vorhersehbar war, daß durch die fahrlässige Handlung ein Mensch zu Schaden kommen könne, gleich viel, ob vorauszusehen war, welcher Mensch dies sein würde und durch welche Zwischenursachen derselbe veranlaßt sein würde, dorthin zu gelangen, wo er in Folge der fahrlässigen Handlung den Schaden erlitt. Vgl. R.G. III, 29. März 82 u. 18. Febr. 89, E. VI, 146, XIX, 51, I, 23. März 82, R. IV, 271.

9. Die bloße Unkenntniß einer Polizeiverordnung oder das Nichtbefolgen einer solchen bildet noch keine Fahrlässigkeit, wenn sie auch mit selbständiger Strafe bedroht und diese verwirkt ist; vielmehr bildet eine solche Verordnung nur ein Indicium, daß der Thäter dadurch auf die Gefahr aufmerksam gemacht wurde. Berlin 9. April 75 (O.R. XVI, 279).

10. Das St.G.B. hat in vielen Fällen „die Verursachung des Todes" als Straferhöhungsgrund bezeichnet. Dieses kommt vor bei vorsätzlichen und bei fahrlässigen strafbaren Handlungen. Bezüglich der vorsätzlichen Handlungen dieser Art vgl. die §§. 178, 220, 221, 226, 227, 229, 239, 251, 312, 315, 321—324 und bez. der fahrlässigen Handlungen §§. 309, 314, 316, 326. In allen diesen Fällen kommt es lediglich auf den äußeren Kausalzusammenhang zwischen der (vorsätzlichen oder fahrlässigen) Handlung, nicht aber darauf an, daß bez. des Eintritts des Todes den Thäter ein Versehen trifft.

11. Ein Verursachen des Todes erfordert nicht, daß die Handlung des Thäters unmittelbar und für sich allein den Tod herbeigeführt habe und nothwendig herbeiführen mußte. Berlin 14. Sept. 66 u. 9. Jan. 73 (Goltd. XXI, 205, O.R. VII, 477). R.G. II, 25. Okt. 81, R. III, 641. Insbesondere ist strafbare Fahrlässigkeit nicht ausgeschlossen, wenn bei dem Eintritt des tödtlichen Erfolgs die eigene Unvorsichtigkeit des Getödteten oder die eines Dritten mitwirkte; insbesondere dann nicht, wenn in der Unvorsichtigkeit des Thäters eine ausreichende Todesursache liegt und die des Verunglückten als eine Möglichkeit vorauszusehen war. Berlin 14. März 72 (O.R. XIII, 209, St. II, 51), 8. Nov. 72 (Goltd. XX, 539), 30. Juni, 23. Okt., 3. Dez. 74 (O.R. XV, 458, 712, 842), Mannheim 21. Sept. 72 (St. III, 114), Wolfenbüttel 19. Nov. 72 (Goltd. XXI, 604). Ebenso Hälschner II, 24, v. Holtzendorff in H.H. III, 470, Olshausen N. 6, v. Schwarze N. 2.

12. Auch dadurch ist fahrlässige Tödtung nicht ausgeschlossen, daß bei rechtzeitiger oder richtiger Behandlung das Leben des Getödteten hätte gerettet werden können, Berlin 8. Mai, 18. Sept., 7. Nov. 72 u. 23. Okt. 74 (Goltd. XX, 540, 542, O.R. XIII, 297; XV, 712, St. I, 348), München 14. März 73 (St. II, 278), Mannheim 14. Dez. 72 (bad. Ann. Bd. 39 S. 17); wenn nicht die falsche Behandlung die einzige Todesursache bildete, Berlin 9. Febr. 75 (O.R. XVI, 110). Das Gleiche ist überhaupt der Fall bei dem Hinzutreten der Un=

vorsichtigkeit Dritter, bei der immer nur entscheidend die Frage wirkt, ob die Unvorsichtigkeit des Angeklagten eine genügende Todesursache bildet, und ob der Eintritt der Folge vorhergesehen werden konnte, indem dieselbe auch ohne die Unvorsichtigkeit des Dritten hätte eintreten können, oder diese mit in Berechnung gezogen werden mußte. Keinesfalls ist Fahrlässigkeit deshalb ausgeschlossen, weil größere Vorsicht des Verletzten oder eines Dritten den tödtlichen Erfolg hätte verhindern können. Vgl. Mannheim 25. Mai und 15. Juni 72 (bad. Ann. Bd. 37 S. 203, Bd. 40 S. 57), Berlin 23. Juni u. 22. Sept. 71, 23. Okt. 74 (O.R. XII, 346, 461; XV, 712, St. I, 152). R.G. II, 2. Mai 82, E. VI, 249. Ebenso wenig schließt es die Strafbarkeit aus, wenn der schädliche Erfolg auch bei pflichtgemäßer Sorgfalt und Vorsicht hätte eintreten können. R.G. I, 10. Juni 86, R. VIII, 447.

Ist die fahrlässige Handlung oder Unterlassung des Angeklagten die überwiegende Ursache des Todes, so wird die Strafbarkeit nicht dadurch ausgeschlossen, daß zugleich die eigenthümliche Leibesbeschaffenheit des Verstorbenen zu dem unglücklichen Ausgange mitgewirkt hat. Mannheim 20. Dez. 73 (St. III, 328, bad. Ann. Bd. 40 S. 27).

13. Es kann auch die Fahrlässigkeit Mehrerer (z. B. des Bauunternehmers und des Lieferanten des Materials) konkurriren. Vgl. München 14. März 73 (St. II, 278). Kann die Gefährdung von Menschen nur durch besondere Schutzvorrichtungen fern gehalten werden, so ist das Nichtanbringen solcher Vorrichtungen als Fahrlässigkeit zuzurechnen, wenn die Gefahr zum Bewußtsein des Verpflichteten gekommen war, oder bei gehöriger Aufmerksamkeit hätte kommen müssen. Hierbei dient es nicht zur Entschuldigung, daß die Schutzvorrichtungen geeignet sind, den Betrieb zu stören. R.G. I, 5. Dez. 83, E. X, 6 oder daß derjenige, welcher zunächst für Sicherheit des Betriebs verantwortlich ist, gegen den Willen des Eigenthümers handelt. R.G. a. a. O., oder daß bei einem konzessionirten Gewerbe die Pflicht zur Anbringung der Sicherungsmaßregeln nicht in der Konzessionsurkunde auferlegt war. R.G. IV, 3. Juli 88, E. XVIII, 74. Schwankend ist die Judikatur darüber, ob der Hauseigenthümer strafbar ist, der es unterläßt, für Treppen- und Hausbeleuchtung Sorge zu tragen und dadurch den Fall eines Menschen verschuldet. R.G. II, 14. April 85, R. VII, 227 verneinend, dagegen bejahend II, 19. Okt. 86, E. XIV, 362, R. VIII, 629.

14. Abs. 2. Mit Rücksicht darauf, daß der §. 143 der Reichsgewerbeordnung bestimmt, daß „die Berechtigung zum Gewerbebetrieb weder durch richterliche noch durch administrative Entscheidung entzogen werden kann“, hat das St.G.B. die im §. 184 des preuß. St.G.B. noch enthaltene Nebenstrafe: die Unfähigkeitserklärung zur Ausübung eines Gewerbes sowohl wie zur Ausübung eines Amtes oder sonstigen Berufes fallen lassen. Nach den Motiven wurde allerdings erwogen, daß die Freigebung der Gewerbe dieses bedenklich erscheinen lasse. Man glaubte indessen das Prinzip der Gewerbeordnung nicht durchbrechen zu dürfen. Dagegen wurde die Verletzung der besonderen Pflichten eines Amtes, Berufes oder Gewerbes in der Weise als Straferhöhungsgrund angesehen, daß der Höchstbetrag der Strafe bis auf fünf Jahre ansteigen kann.

15. Die Kategorien Amt, Beruf und Gewerbe sind nicht streng zu scheiden, sondern umfassen jede selbstgewählte Lebensstellung. Berlin 13. Juli 71, 24. Okt. 73, 2. Juni 75, 18. Febr. u. 5. April 76 (O.R. XII, 399; XIV, 664; XVI, 412; XVII, 127, 250, St. I, 152; VI, 291, Goltd. XXI, 540; XXIV, 230, 355). Dagegen fällt die vereinzelte Vornahme einer Verrichtung, welche auch als Beruf betrieben werden kann, nicht unter Abs. 2. Berlin 5. April 76 (O.R. XVII, 250, Goltd. XXIV, 355, St. VI, 291). München 5. Dez. 88, bayr. Entsch. V, 260. Ebenso wenig fällt unter Abs. 2 eine ganz allgemeine Verpflichtung, welche den Thäter nicht wegen Ausübung eines Gewerbes ꝛc. trifft. R.G. II, 23. April 80 (R. I, 649), s. auch R.G. III, 11. Febr. 80 (R. I, 341, E. I, 203, Goltd. XXVIII, 150). So kann die Pflicht der Eltern, ihre Kinder zu erziehen, nicht unter die Berufspflichten gerechnet werden. R.G. I, 9. Febr. 82, E. VI, 24, R. IV, 144. Auch der Beruf als Landwirth, der Beruf als Kutscher fallen unter den Paragraph. Berlin 23. April 74 (Goltd. XXII, 426, O.R. XV, 250) und 18. Febr. 76 (O.R. XVII, 127). Ob das Gewerbe, welches der Angeklagte betrieben hat, ein konzessionirtes, ob es gelernt und erlaubterweise ausgeübt worden, ist gleichgültig. Berlin 5. Okt. 71 u. 24. Okt. 73 (Goltd. XIX, 813; XXI, 540, O.R. XII, 498; XIV, 664, St. I, 174; III, 195). Auch ist nicht erforderlich, daß die Handlung, welche den schädlichen Erfolg herbeigeführt hat, nothwendig zur Ausübung des Gewerbes oder Berufs gehört. Es genügt, wenn der Thäter sein Gewerbe oder seinen Beruf unter Zuhülfenahme derjenigen Art von Handlungen ausübte, durch welche er fahrlässiger Weise den schädigenden Erfolg erzielte. So ist z. B. Fahren nicht nur denjenigen als eine Gewerbehandlung, welche zur Aufmerksamkeit

besonders verpflichtet, anzurechnen, welche aus dem Fahren an sich ein Gewerbe machen, wie Kutschern, Fuhrunternehmern u. s. w., sondern auch solchen, welche innerhalb eines anderen Gewerbes ein Fuhrwerk zu benutzen und selbst zu lenken pflegen; also Landwirthe, bei denen dies der Fall ist, R.G. III, 11. Febr. 80, E. I, 203, R. I, 341, Goltd. XXVIII, 150, München 27. Jan. 86, 11. April 89, bayr. Entsch. IV, 114; V, 340 oder Schlächter R.G. II, 13. Jan. 82, R. IV, 39, oder Handarbeiter R.G. I, 2. Dez. 80, E. III, 84, R. II, 594 oder Müller München 25. Juni 89, bayr. Entsch. V, 353 oder Händler München 9. Mai 89, bayr. Entsch. V, 344.

Dies wurde nicht ausgedehnt auf einen Privatmann, der die Gewohnheit hatte, sein Fuhrwerk selbst zu lenken. R.G. III, 7. Juni 83, R. V, 415. Gehört die Aufmerksamkeit auf diese Weise zu den besonderen Berufspflichten, so kommt aber nichts darauf an, ob die schädigende Handlung gerade in Ausübung des Berufs vorgenommen wurde, R.G. II, 1. März 81, R. III, 89; III, 3. Jan. 84, R. VI, 14. Zu aufmerksamem Fahren Verpflichtete unterliegen daher der Bestimmung des Abs. 2 auch dann, wenn sie die fahrlässige Handlung bei Spazierfahrten begehen. R.G. II, 8. Jan. 86, R. VIII, 21. Dagegen entfällt die Pflicht, wenn Gewerbetreibende die treffenden Handlungen nicht selbst vorzunehmen pflegen, sondern durch hierzu Angestellte vornehmen lassen, wie eben das Fahren. R.G. II, 23. Sept. 87, R. IX, 460. Wenn aber ein Gewerbetreibender Arbeiten, welche nur mittelbar zum Gewerbe (Fabrikbetriebe) gehören, nicht aber in seine Berufssphäre fallen, unberufenerweise selbst anordnet, findet Abs. 2 auf ihn Anwendung. R.G. III, 25. Okt. 88, E. XVIII, 204.

16. Die besondere Aufmerksamkeit, zu welcher ein Gewerbetreibender oder Beamter u. s. w. verpflichtet ist, kann auch in Bezug auf solche Pflichten erfordert werden, welche nicht den Gewerbetreibenden, Beamten u. s. w. allein obliegen, sondern auf allgemein verbindlicher Anordnung beruhen. Auf gesetzliche Obliegenheiten ist diese Pflicht nicht beschränkt. Berlin 8. Sept. 73 u. 7. Febr. 74 (Goltd. XXI, 542; XXII, 124, O.R. XIV, 518; XV, 62, St. III, 330), Mannheim 12. Juni 75 (bad. Ann. Bd. 42 S. 12, St. VII, 100), München 20. Febr. 75 (bayr. Entsch. V, 64), Stuttgart 13. Nov. 78 (württ. Ger.Bl. XV, 250). R.G. IV, 16. Mai 85, R. VII, 301, 18. Juni 89, Goltd. XXXVII, 202. Abweichend Dresden 30. Juni 76 (S.G.Z. XXI, 164, St. VII, 113). Dies schließt jedoch nicht aus, daß die Voraussichtlichkeit des Erfolgs durch bestehende Vorschriften beeinflußt wird; z. B. wurde ein Apotheker strafbar befunden, der ein vom Arzt über die Maximaldosis der Pharmakopöe verschriebenes Rezept ohne darauf hinzuweisendes Zeichen und ohne Rücksprache mit dem Arzt angefertigt hatte. R.G. I, 27. Sept. 88, R. X, 519.

17. Ob der Thäter sein Gewerbe in herkömmlicher Weise erlernt hat oder nicht, ist gleichgültig; es genügt die thatsächliche Ausübung. Berlin 30. Mai 76 (O.R. XVII, 395, St. VI, 283). R.G. II, 9. Juni 82, R. IV, 547. Ebenso wenig ist eine besondere Befähigung erforderlich. Berlin 6. Febr. 79 (Goltd. XXVII, 110). Auch Landwirthe können unter §. 222 Abs. 2 fallen, z. B. durch Verkauf kranken, gesundheitsschädlichen Viehs, Dresden 10. Dez. 77 (St. VIII, 162), oder Handhabung landwirthschaftlicher Maschinen, Berlin 23. April 74 (O.R. XV, 250, Goltd. XXII, 426, St. IV, 45). In dem auf Lager Halten und gegen Entgelt Verleihen von Hängegerüsten kann ein besonders verpflichtendes Gewerbe erblickt werden. R.G. II, 4. Mai 80 (R. I, 726, Goltd. XXVIII, 466). Auch andere Geschäfte, welche gewöhnlich nicht zu den gewerblichen gerechnet werden, fallen, wenn sie zum dauernden Erwerbe, also gewerbsmäßig im Sinne des St.G.B. übernommen werden, unter die Aufgaben des Berufs, z. B. die einem Portier übertragene Pflicht, die Treppenbeleuchtung zu besorgen. R.G. II, 6. Nov. 85, R. VII, 639 oder gewerbsmäßiges Vermiethen von Wohnungen R.G. IV, 9. Jan. 91, Goltd. XXXIX, 61.

18. In Betreff der Verpflichtung der Schlächter bez. der Verhütung des Verkaufs trichinosen Fleisches vgl. Berlin 8. Sept. 73 (Goltd. XXI, 542, O.R. XIV, 518), 15. Jan. 74 (Goltd. XXII, 57, O.R. XV, 30), 20. Mai 74 (Goltd. XXII, 613) und 3. Nov. 75 (Goltd. XXIII, 523, O.R. XVI, 708), Dresden 20. Nov. 76 (S.G.Z. XXI, 251, St. VII, 215), R.G. 27. Okt. 80 (Ann. III, 24). Vgl. zu §. 367 Ziff. 7. Durch den Mangel einer polizeilichen Vorschrift über Untersuchung des Schweinefleisches auf Trichinen wird die durch Verkauf von trichinösem Fleisch begangene Fahrlässigkeit nicht ausgeschlossen. R.G. II, 15. Febr. 82, E. VI, 41, R. IV, 165. Ebenso erkennt R.G. I, 1. Dez. 81, R. III, 757 eine Verpflichtung der Händler mit Fleischwaaren an, vor Abgabe der Waare (in concr. amerikanische Schinken) sich durch eigene Prüfung und, wenn diese nicht ausreicht, mittels Untersuchung durch Sachverständige sich zu vergewissern, ob der Genuß der Waare Leben oder Gesundheit gefährdet.

19. Zu den Fällen einer Uebertretung amtlicher Verpflichtung gehört die Vornahme fahrlässiger Handlungen durch Beamte, in deren Verpflichtung die Verhinderung derselben gelegen gewesen wäre, Berlin 1. Mai 72 (O.R. XIII, 288, Goltd. XX, 256), fahrlässige Ueberschreitung des Züchtigungsrechts durch Lehrer, Berlin 25. Okt. 73 (O.R. XIV, 669, Goltd. XXI, 541).

20. Ein besonderer Fall der Fahrlässigkeit (Gefährdung Anderer durch Zuwiderhandeln gegen die allgemein anerkannten Regeln der Baukunst) ist im §. 330 unter Strafe gestellt. Der §. 222 kann mit §. 330 ideell konkurriren. Unter Absatz 2 können aber nicht nur die Bauleiter, Techniker oder Unternehmer fallen, Mannheim 12. Juni 75 (bad. Ann. Bd. 42 S. 12, St. VII, 100), Berlin 19. März 79 (Goltd. XXVII, 371, auch St. VII, 101), sondern auch die Bauhandwerker, Dresden 15. Dez. 76 (St. VII, 115). Gewerbsleute, zu deren Beruf die Leitung von Bauten gehört, fallen aber nicht nur dann unter Abs. 2, wenn ihnen die Bauleitung übertragen war, sondern auch wenn sie eigenmächtig sich derselben annehmen und in Folge ihrer Anordnungen ein Mensch verunglückt. R.G. III, 7. Juni 82, R. IV, 535. Auch hierbei kann die konkurrirende Fahrlässigkeit Mehrerer kausal sein. R.G. I, 7. März 89, E. XIX, 204.

21. Das Delikt des §. 316 Abs. 2 kann mit §. 222 oder 230 in der Art konkurriren, daß, wenn die bei einem Eisenbahnunglück vorgekommene Tödtung oder Verletzung auf die Fahrlässigkeit eines Bediensteten zurückzuführen ist, letztere §§. zur Anwendung kommen. München 6. Sept. 75 (St. VI, 40). R.G. III, 22. Febr. 83, E. VIII, 66.

22. Der §. 222 umfaßt auch die Kunstfehler und sonstigen Fahrlässigkeiten der Aerzte*) (s. N. 5). Trotz des Gutachtens der wissenschaftlichen Deputation (vgl. Anl. III zu den Motiven S. 38) und verschiedener dem Reichstag eingegangener Anträge wurde es abgelehnt, die Strafbarkeit der Aerzte auf den Fall zu beschränken, wenn „gegen die allgemein anerkannten Grundsätze der Heilkunde“ gefehlt worden (St.B. S. 661 ff.), — namentlich mit Rücksicht darauf, daß nach der R.Gew.O. die Ausübung der Heilkunde freigegeben ist. (Vgl. München 20. Febr. 75, St. IV, 353.) „Bei der Beurtheilung eines ärztlichen Kunstfehlers muß man sowohl der Eigenthümlichkeit des Krankheitsfalles, als auch der Eigenthümlichkeit des Arztes, der seinen besonderen medizinischen Standpunkt einnehmen darf, gerecht werden.“ (Vgl. Berner S. 525.) Dabei muß es aber als Fahrlässigkeit betrachtet werden, wenn allgemeine Erfahrungen und die feststehende Kenntniß gewisser Naturgesetze ignorirt werden. R.G. I, 3. Juli 84, R. VI, 505. Uebrigens unterliegen der Bestimmung des §. 222 auch Kurpfuscher, welche die Heilkunde gewerbsmäßig betreiben und bei Heilung einer Krankheit sich gegen die anerkannten Regeln der Heilkunde nach dem damaligen Stand der Wissenschaft verfehlen. R.G. III, 12. April 82, R. IV, 313. Aehnlich in Bezug auf Hebammen, die gelegentlich Kurpfuscherei treiben R.G. II, 25. Okt. 81, E. V, 74, R. III, 636. Fahrlässige Tödtung wurde bei Kurpfuscherei selbst dann angenommen, wenn der tödtliche Ausgang der Krankheit unabwendbar war, der Tod aber beschleunigt wurde R.G. II, 18. Dez. 88, R. X, 493. Ferner gehört hierher die Unterlassung von Hebammen bez. der ihnen obliegenden Zuziehung von Geburtshelfern unter gewissen Voraussetzungen. Berlin 21. Febr. 78 (Goltd. XXVI, 123). Ebenso die fahrlässige Verletzung ärztlicher Regeln. Berlin 17. April 79 (O.R. XX, 215, Goltd. XXVII, 372), R.G. II, 8. Juni 80 (R. II, 41, E. I, 446), 21. Okt. 80 (R. II, 369). Unterlassene Desinfektion R.G. IV, 23. Sept. 90 (Goltd. XXXVIII, 354). Letzters selbst von solchen Personen, die ihre Befähigung nicht durch ordnungsgemäße Prüfung nachgewiesen haben. Berlin 17. Okt. 77 (O.R. XVIII, 654, Goltd. XXV, 537), München 20. Febr. 75 (bayr. Entsch. V, 58), R.G. II, 14. Jan. 87, E. XV, 181, R. IX, 43. Als Fahrlässigkeit erscheint überhaupt die Uebernahme ärztlicher Behandlung ohne genügende Kenntnisse. Berlin 17. Okt. 77 (O.R. XVIII, 654, Goltd. XXV, 537), R.G. 20. Okt. 79, 19. April 81 (Ann. I, 32, III, 466), II, 25. Okt. 81, E. V, 75, R. III, 636.

Bei einem Droguisten, der ohne ärztliche Anordnung Morphium abgab, obgleich er voraussehen konnte, der Empfänger werde es zu schädlichen Injektionen benutzen, wurde nicht nur Fahrlässigkeit, sondern auch Anwendbarkeit des Abs. 2 angenommen R.G. III, 23. Febr. 88, R. X, 187.

23. Mitthäterschaft, Anstiftung oder Theilnahme ist bei den Fahrlässigkeits-Strafen ausgeschlossen, da diese sämmtlichen Formen der Mitwirkung Anderer ein vorsätzliches

---

*) Vgl. Kühner, Die Kunstfehler der Aerzte, Frankfurt a. M. 1886 und Denneke in Eulenburgs Vierteljahrsschr. N.F. Bd. 45, S. 96 fg., Ortloff, Die strafbare Fahrlässigkeit bei Ausübung der Heilkunst, Berlin 1888.

Handeln voraussetzen. Dagegen besteht die Möglichkeit, daß Mehrere selbständig strafbar in Bezug auf einen und denselben schädlichen, fahrlässig bewirkten Erfolg erscheinen, oder daß eine Person, die den Erfolg vorsätzlich wollte, sich des fahrlässig Handelnden als Werkzeug bedient. Vgl. zur ersten Alternative Berlin 9. Jan. 73, 26. Jan. 75 (O.R. XIV, 35; XVI, 76, Goltd. XXI, 205, St. II, 275).

24. Werden durch eine und dieselbe fahrlässige Handlung oder Unterlassung mehrere Menschen getödtet, so liegt ideale, nicht reale Konkurrenz vor. R.G. I, 1. Juli 80 (R. II, 143, E. II, 255), II, 1. Nov. 87, E. XVI, 290, R. IX, 545. Dagegen ist reale Konkurrenz möglich bei Wiederholung derselben fahrlässigen Handlung oder Unterlassung R.G. 1. Nov. 87.

25. Strafbare Fahrlässigkeit (§. 222, 230) kann mit §. 366 Ziff. 8 ideell konkurriren, letzterer aber auch angewendet werden, wo die ersteren nicht Anwendung finden, da die ersteren Delikte eine konkrete, voraussehbare Gefahr voraussetzen, letzterer Paragraph eine allgemeine, vom Gesetz vorausgesetzte Gefahr, gleichviel ob dieselbe voraussehbar war und schlimmen Erfolg hatte. R.G. IV, 17. April 88, E. XVII, 303.

Siebenzehnter Abschnitt.

Körperverletzung*).

1. Ueber den Begriff „Körperverletzung" vgl. zu §. 223 N. 2.

2. Die Motive enthalten folgende allgemeine Bemerkungen:

„Aus dem entsprechenden sechzehnten Titel des preuß. St.G.B. mußten auf Grund der in die norddeutsche Gewerbeordnung aufgenommenen Vorschriften entfernt werden:

1) der §. 199 über die Medizinalpfuscherei;
2) der §. 200 über die zu Unrecht verweigerte ärztliche Hülfe, welcher durch §. 144 Abs. 2 der Gewerbe-Ordnung aufgehoben ist,
3) der §. 201 über die Bestrafung der Hebeammen, welche in wichtigen Fällen die Zuziehung eines approbirten Arztes unterlassen, weil mit der Freigebung der Geburtshülfe für diese Bestimmung im Strafgesetze kein Raum bleibt;
4) der §. 203, welcher die Unfähig-, bezw. Verlustig-Erklärung eines Amtes, Berufes oder Gewerbes ausspricht, aus den vorher zu §. 222 N. 14 angegebenen Gründen.

In den §§. 223—226 sind Strafvorschriften gegeben gegen:

1) die vorsätzliche einfache Körperverletzung, d. h. körperliche Mißhandlung oder Beschädigung der Gesundheit (§. 223);
2) die vorsätzliche Körperverletzung, wenn dieselbe einen schweren Erfolg nach sich gezogen hat (§. 224);
3) die vorsätzliche Körperverletzung, wenn die Absicht auf Herbeiführung des schweren Erfolges gerichtet war (§. 225);
4) die vorsätzliche Körperverletzung, wenn dieselbe den Tod des Verletzten zur Folge gehabt hat (§. 226)."

Hieran schließen sich sodann Vorschriften über Vergiftung (§. 229) und die fahrlässige Körperverletzung (§. 230), sowie einzelne Nebenvorschriften.

3. Durch die Novelle vom 26. Februar 1876 hat der Abschnitt mehrfache Abänderungen erfahren, welche sich dahin zusammenfassen: Aus dem Thatbestand der Körperverletzung, wie ihn der §. 223 definirt, ist außer der schweren Körperverletzung (§. 224), welche durch den Erfolg bedingt wird, die (qualifizirte) Körperverletzung des §. 223a aufgenommen, deren Bestimmungsgrund die Begehungsart bildet. Sonach gruppiren sich die verschiedenen Arten der Körperverletzung folgendermaßen:

I. Vorsätzliche:
a) Leichte (auch wenn gegen Ascendenten begangene) §. 223 vgl. §. 232.
b) Qualifizirte §. 223a.
c) Schwere (§. 224) mit einer Strafverschärfung (§. 226) im Fall des beabsichtigten Erfolges.
d) Körperverletzung mit tödtlichem Erfolge §. 226.

*) Literatur: Geyer im G.S. Bd. 26, S. 272, Herbst bei Goltd. XXVIII, 23, Ortmann im G.S. Bd. 35, S. 371, Rödenbeck im G.S. Bd. 37, S. 125.

II. Fahrlässige §. 230.

Bei den vorsätzlichen Körperverletzungen — mit Ausnahme des Falles des §. 225 — sind, soweit der Mindestbetrag der ordentlichen Strafe ein erhöhter ist, mildernde Umstände zugelassen (§. 228).

Dagegen hat der Reichstag den Vorschlag des Entwurfs, sämmtliche vorsätzliche Körperverletzungen aus der Reihe der Antragsvergehen auszuscheiden, abgelehnt.

§. 223*). Wer vorsätzlich einen Anderen körperlich mißhandelt oder an der Gesundheit beschädigt, wird wegen Körperverletzung mit Gefängniß bis zu drei Jahren oder mit Geldstrafe bis zu eintausend Mark bestraft.

Ist die Handlung gegen Verwandte aufsteigender Linie begangen, so ist auf Gefängniß nicht unter Einem Monat zu erkennen.

Pr. §§. 187, 191; E. I. §§. 195, 196; E. II. §. 218; St.B. S. 666.

G. v. 26. Febr. 1876 Art. I; Drucks. (1876) Nr. 54, 145; St.B. S. 801.

Vgl. §§. 231—233, 340, 366 Nr. 7.

1. Der §. 223 umfaßt die sog. leichten Körperverletzungen, welche in der Regel nur auf Antrag verfolgt werden. (Vgl. §. 232.)

2. Unter „Körperverletzung" begreift die Gesetzgebung die Mißhandlung und die Gesundheitsbeschädigung. Unter Mißhandlung ist die Zufügung körperlichen Schmerzes oder Mißbehagens und unter Gesundheitsbeschädigung auch die Beschädigung der geistigen Gesundheit zu verstehen. R.G. II, 18. Mai 88, R. X, 407. Eine Mißhandlung liegt vor, wenn dieselbe eine Gesundheitsbeschädigung auch nicht mit sich bringt, und umgekehrt braucht die Gesundheitsbeschädigung nicht durch eine körperliche Mißhandlung verursacht zu sein. (Beisp. für letztern Fall: vorsätzliche Ansteckung mit Syphilis.) Vgl. Weiß, Komm. II, S. 64. Von diesen Gesichtspunkten ausgehend erachtete Dresden 25. März 72 (S.G.Z. XVI, 247) auch das Zopfabschneiden als Mißhandlung; auch im bloßen Anspucken kann Mißhandlung liegen, wenn Erregung von Ekel Zweck der That war, Berlin 13. Juni 73 (O.R. XIV, 422, Goltd. XXI, 540, St. II, 353), ferner in der Entziehung der nothwendigen Speise, Kleidung und Pflege, Dresden 25. März 78 (S.G.Z. XXII, 267, Goltd. XXVII, 226, St. VIII, 163). R.G. II, 16. April 89, E. XIX, 136 nahm jedoch an, es sei auch eine Mißhandlung ohne Schmerzgefühl und Störung des körperlichen Wohlbefindens des Mißhandelten möglich. In concr. handelte es sich um einen blödsinnigen Knaben. Auch die Verschlimmerung einer bereits bestehenden Krankheit gilt als Beschädigung der Gesundheit. R.G. I, 20. Mai 69, E. XIX, 226. Auch durch Unterlassung kann Körperverletzung begangen werden, wenn die Unterlassung eine pflichtwidrige war, und der durch die Unterlassung herbeigeführte schädliche Erfolg gewollt war. Dresden 25. März 78 (S.G.Z. XXII, 268, St. VIII, 163, Goltd. XXVII, 226). R.G. I, 14. Febr. 84, E. X, 101.

3. Voraussetzung jeder Art der Körperverletzung ist die Widerrechtlichkeit. Es scheiden daher aus die Fälle des Krieges, der Nothwehr, der ärztlichen Operationen und des Züchtigungsrechts, soweit letzteres nach den besonderen Gesetzen besteht und nicht überschritten wird (Vgl. Dresden 3. Nov. 73, 5. Okt. 74 und 22. März 75, St. III, 330, S.G.Z. XIX, 116, 357; Stuttgart 7. Okt. 1874, württ. Ger.Bl. IX, 31, St. IV, 151). Nach Reichsrecht ist z. B. der Lehrling „der väterlichen Zucht" des Lehrherrn (sowie seines dauernden Stellvertreters, Berlin 15. Dez. 75, Goltd. XXIII, 568) unterworfen. (Vgl. §. 127 R.Gew.=O.)

4. Ueber das dem Lehrer ertheilte Züchtigungsrecht, welches die Rechtswidrigkeit der Mißhandlung ausschließt, entscheiden die Schulordnungen und sonstige landesrechtliche Bestimmungen. R.G.II, 29. März 87, E. XV, S. 376, R. IX, 205. (Provinz Preußen) III, 18. April 87, E. XVI, 34, R. IX, 245 (Schleswig=Holstein, wonach dem Lehrer auch persönlich das Züchtigungsrecht entzogen werden kann) I, 29. Sept. 81, E. V, 129, R. III, 557 (Württemberg), I, 24. Nov. 81, E. V, 193, R. III, 733 (Bayern). Um vermöge des Züchtigungsrechtes die Strafbarkeit einer Mißhandlung auszuschließen, ist erforderlich, daß objektiv ein solches Recht vorliegt, daß

---

*) Neue Fassung des G. v. 26. Febr. 1876; die alte Fassung lautete:

§. 223. Wer vorsätzlich einen Anderen körperlich mißhandelt oder an der Gesundheit beschädigt, wird wegen Körperverletzung mit Gefängniß bis zu drei Jahren oder mit Geldstrafe bis zu dreihundert Thalern bestraft.

der Thäter beabsichtigte, dasselbe auszuüben, und daß er sich innerhalb solcher Thätlichkeiten gehalten hat, welche als Züchtigung gelten können. Ob ein Anlaß zur Züchtigung gegeben war, muß zunächst dem Ermessen desjenigen überlassen bleiben, welcher das Züchtigungsrecht hat. Wird der Mangel eines Anlasses festgestellt, so schließt dies die Absicht zu züchtigen aus. Ergibt sich der Mangel der Absicht zu züchtigen aus anderen Umständen, so wird in der Regel eine nothwendige Schlußfolgerung bestehen, daß die Absicht zu mißhandeln vorlag, und ist dann eine strafbare Mißhandlung gegeben, selbst wenn ein Züchtigungsrecht bestand und die Thätlichkeit sich innerhalb des Maßes einer Züchtigung hielt. Die Beurtheilung liegt größtentheils auf thatsächlichem Gebiet. Die irrthümliche Annahme des Mißhandelnden, es stehe ihm ein Züchtigungsrecht zu, entschuldigt nicht, wenn nicht irrthümlich ein Verhältniß angenommen wird, welches dieses Recht gibt. R.G. III, 9. April 81 (R. III, 217, E. IV, 98), 11. Jan. 82, R. IV, 38. Bei einer Ueberschreitung der Züchtigung dem Maße nach ist die Frage entscheidend, ob der Züchtigende sich dessen bewußt war, weil hierdurch die Absicht der Züchtigung ausgeschlossen ist. Dresden 14. Aug. 77 (S.G.Z. XXI, 213). R.G. III, 14. April 80 (R. I, 593, E. II, 10, Goltd. XXVIII, 436), 2. Jan. 88; Golt. XXXVI, 154. Dieser Schluß wird insbesondere dann gezogen werden müssen, wenn das Maß einer Züchtigung soweit überschritten ist, daß die Absicht zu züchtigen damit unvereinbar ist. Vgl. Mannheim 10. April 75, bad. Ann. Bd. 41 S. 125, Berlin 14. März 77 u. 14. Febr. 78 (O.R. XVIII, 208, Goltd. XXVI, 124). Endlich kann eine Ueberschreitung des Züchtigungsrechtes auch bezüglich der Züchtigungsmittel vorliegen. Wenn die Schulordnung oder andere maßgebende Bestimmungen des öffentlichen Rechts den Lehrer hierin beschränkt, ihm z. B. Schläge an den Kopf, oder Schläge mittels eines Stocks oder über eine gewisse Zahl von Streichen hinaus untersagt, so ist ihm über diese Grenzen hinaus überhaupt ein Züchtigungsrecht nicht eingeräumt, also eine diese Grenzen überschreitende Züchtigung widerrechtlich und eine strafbare Mißhandlung. Den Schulordnungen kommt es nicht zu, beschränkend auf das Strafrecht einzuwirken und Handlungen, die hiernach kriminell strafbar sind, dem Disziplinarstrafrecht vorzubehalten. R.G. II, 18. Dez. 83 E. IX, 302, R. V, 794, III, 14. April s. oben I, 24. Nov. 81, E. V, 193, R. III, 733, III, 3. Juni 89, E. XIX, 265. Vgl. Finger, Das Züchtigungsrecht und dessen Mißbrauch, jurist. Blätter, Wien 1888, Keßler, Das Reichsgericht und das Züchtigungsrecht der Lehrer G.S. Bd. 41, S. 160, dagegen Stenglein G.S. Bd. 42, S. 1. Liegt kein Züchtigungsrecht vor, so ist auch eine faktische Züchtigung als Mißhandlung strafbar, selbst wenn sie sich in den Grenzen einer Züchtigung hält, wenn sie nicht als Abwehr sich rechtfertigt, z. B. gegenüber verübtem Muthwillen. München 5. Febr. 76 (bayr. Entsch. VI, 40, St. VI, 283), 11. Febr. 85, bayr. Entsch. III, 333. Berlin 18. Okt. 78 (Goltd. XXVI, 518), Dresden 26. März 77 (St. VII, 297). Auch bei einem Lehrer, dessen Züchtigungsrecht an bestimmte, nicht beobachtete Voraussetzungen geknüpft ist. Dresden 14. Aug. 76 (S.G.Z. XXI, 213). Die Störung des Wohlbefindens bis zu einem gewissen Maße, z. B. leichte Anschwellungen, erscheint nicht als Mißhandlung, wenn sie in Folge einer berechtigten Züchtigung eingetreten ist. Dresden 18. Sept. 76 (St. VII, 101), 23. April 77 (St. VII, 298), Berlin 16. Febr. 76 (Goltd. XXIV, 230).

5. Ob dem Ehemann ein Züchtigungsrecht zusteht, hängt von den civilrechtlichen Bestimmungen ab. München 17. April 75 (bayr. Entsch. V, 144). Nach preußischem Recht ist dies nicht der Fall, R.G. IV, 18. Sept. 85, E. XII, 368, R. VII, 517.

Einen Fall der disziplinarischen Züchtigung auf einem Schiff s. Berlin 20. März 77 (Golt. XXV, 335).

6. Der Dienstherrschaft steht gegen das Gesinde in Preußen ein Züchtigungsrecht nicht zu; doch ist §. 77 der Gesinde-Ordnung maßgebend, nach welchem das Gesinde, wenn es die Herrschaft durch ungebührliches Betragen zum Zorne reizt, wegen der in demselben zugefügten Scheltworte oder geringen Thätlichkeiten keine gerichtliche Genugthuung fordern kann. Diese Bestimmung gilt aber nur für die Herrschaft selbst, nicht für Familienmitglieder und Hausoffizianten, Berlin 10. März 73 u. 7. Okt. 74 (Goltd. XXII, 365, O.R. XV, 625) schließt aber gegen die Dienstherrschaft jede Verfolgung aus. R.G. I, 12. April 80 (R. I, 573, E. II, 7). Nach anderen Gesinde-Ordnungen ist auch Züchtigung zugelassen und ist dies maßgebend. Bez. Mecklenburg s. Rostock 2. Nov. 89, Goltd. XXXVII, 368, s. auch München 24. Juli 84, 26. Febr. 86 (bayr. Entsch. III, 166, IV, 122).

7. Der dolus bei der Körperverletzung besteht in dem vorsätzlichen Handeln, verbunden mit dem Bewußtsein, daß dasselbe eine Mißhandlung oder Gesundheitsbeschädigung zur Folge haben werde oder haben könne. (Vgl. Berlin 8. Sept. 71 u. 6. Mai 74, Goltd. XIX, 683,

O.R. XII, 436; XV, 281, St. I, 85; München 15. Juli 76, bayr. Entsch. VI, 384.) Ob noch die weitere Absicht, einen Schmerz zuzufügen, vorwaltete, ist unerheblich. (Vgl. Berlin 1. Okt. 73, 20. Nov. 74, O.R. XIV, 593; XV, 806; Dresden 22. März 75, S.G.Z. XIX, 358.) Jedoch kann eine andere hinzutretende Absicht: zu beleidigen, den Geschlechtstrieb zu befriedigen, etwas wegzunehmen u. s. w., eine ideale Konkurrenz begründen. (Berlin 29. März 73 u. 20. Nov. 74, O.R. XIV, 237; XV, 694, St. II, 262.) R.G. II, 31. Jan. 82, R. IV, 97. — Berlin 14. Dez. 76 (O.R. XVII, 824) nahm an, der Vorsatz, zu tödten und jener zu verletzen, schließe sich gegenseitig aus. Dies ist gegenüber der dort vorliegenden Frage, ob Idealkonkurrenz von Tödtungsversuch und Körperverletzung vorliegen könne, richtig; denn wenn auch im Willen Eventualitäten vorliegen können, so ist doch in dem eventuellen Willen, zu tödten, oder in dem Vorsatz, eventuell wenigstens zu verletzen, der auf Tödtung gerichtete Vorsatz enthalten.

8. Der thatsächlich eingetretene Erfolg einer Mißhandlung oder Körperverletzung ist stets dem vorsätzlich Handelnden zuzurechnen, wenn derselbe als möglich vorausgesehen werden konnte, wenn er auch nicht beabsichtigt war. Dresden 26. März 77 (St. VII, 298). Deshalb kann nicht der Erfolg, welcher schwerer ist, als der gewollte, zur Fahrlässigkeit in idealer Konkurrenz mit der beabsichtigten Mißhandlung angenommen werden. R.G. II, 27. Mai 87, E. XVI, 129, R. IX, 348.

Ein auf Grund des §. 46 straflos bleibender Versuch der Tödtung kann wegen des eingetretenen Erfolgs als vollendete Körperverletzung bestraft werden. Berlin 24. Jan. 77 (Goltd. XXV, 50, O.R. XVIII, 70).

9. Ein Irrthum des Thäters darüber, gegen welche Person er die Körperverletzung verübt, schließt die Vorsätzlichkeit derselben nicht aus. München 19. Juli 73 (St. II, 375), vgl. auch zu §. 211 N. 5. Ebenso wenig die Unbestimmtheit der Absicht in Bezug auf die zu treffende Person. Berlin 22. Jan. 75 (Goltd. XXIII, 123, O.R. XVI, 73, St. IV, 348). Vgl. auch R.G. II, 28. Sept. 80 (E. II, 335), wo zugleich der Fall der **aberratio ictus** im Sinne der N. 7 zu §. 211 entschieden ist; ebenso R.G. I, 14. Febr. 81 (R. III, 46, E. III, 384). Einwilligung des Verletzten schließt die Strafbarkeit einer Körperverletzung nicht aus. R.G. I, 15. Nov. 80 (R. II, 521, E. II, 442). (Vgl. die Literatur zu §. 216 auch Ortmann in G.S. Bd. 35, S. 371.)

10. Haben Mehrere gleichzeitig Thätlichkeiten an einer Person verübt, so muß unterschieden werden, ob die Thätlichkeiten der Einzelnen und deren Folgen nachgewiesen werden können, in welchem Falle jedem der Thäter die von ihm verursachten Körperverletzungen zur Last zu legen sind, vorbehaltlich der Bestimmung des §. 223a über gemeinschaftliche Verübung, und der ideellen Konkurrenz aus §. 227 Abs. 1 (s. München 12. Jan. 74, St. III, 330). A. M. Berlin 5. Sept. 73 (O.R. XIV, 512, Goltd. XXI, 621), 5. Febr. 74 (O.R. XV, 54, Goltd. XXII, 236, St. III, 331), wo jedem Mitthäter der Gesammterfolg zugerechnet wird. Hierbei ist aber übersehen, daß die Regel, daß jeder Thäter einer vorsätzlichen Mißhandlung auch für die nicht beabsichtigten schweren Folgen seiner That verantwortlich ist, sich doch nur auf die eigenen Handlungen beschränkt. Richtig Berlin 24. Juni 74 (O.R. XV, 441, St. IV, 103). War freilich die schwerere Folge des §. 224 von allen Mitthätern beabsichtigt, so erscheint jeder als Mitthäter aus §. 225, wenn er auch die That, welche die beabsichtigte Folge nach sich zog, nicht selbst verübte, weil er auch die That des Andern wollte.

War die schwerere Folge Gesammtwirkung sämmtlicher Verletzungen, so tritt Strafe aus §. 227 Abs. 2 ein für Jeden, der eine dieser Verletzungen zufügte, wodurch eben obige Ansicht bestätigt wird. Kann endlich bei einem von Mehreren gemachten Angriff oder einer Schlägerei die von dem Einzelnen verübte Thätlichkeit und deren Folgen nicht nachgewiesen werden, so tritt lediglich Bestrafung aus §. 227 Abs. 1 ein.

Mitthäterschaft kann auch dann nicht angenommen werden, wenn nur einer von mehreren Betheiligten, wenn auch nach vorheriger Verabredung, die Mißhandlung verübte, die anderen ihn nur durch Bedrängung des Angegriffenen unterstützten, also als Gehülfen mitwirkten, jedoch auch hier unter Vorbehalt des §. 227. München 13. Dez. 73 (bayr. Entsch. III, 263, St. III, 195).

Die in einem Streit von Einem bewirkte Verletzung Mehrerer steht in realem Zusammenfluß. Mannheim 3. Febr. 77 (St. VII, 297).

11. Die Bestimmung des §. 113 über die Rechtmäßigkeit der Amtsausübung erleidet keine Ausdehnung auf die gegen einen Beamten während der Ausübung seines Berufs verübte Körper-

verletzung. Berlin 4. Jan. 72 (O.R. XIII, 4). Von der Uebertretung des §. 366 Ziff. 7 (Werfen mit Steinen auf Menschen) unterscheidet sich §. 223 dadurch, daß letzterer einen schädigenden Erfolg der That zur Voraussetzung hat, welcher wenigstens eventuell gewollt war. Berlin 20. Sept. 76 (O.R. XVII, 575).

12. Wegen des Unterschiedes der Körperverletzung und der Realinjurie vgl. §. 185 N. 2, 8, 9.

13. Abs. 2. Verwandte aufsteigender Linie sind nur leibliche. Vgl. §. 52 N. 6. — Wußte der Thäter nicht, daß er einen Verwandten aufsteigender Linie verletze, so folgt aus §. 59 (vgl. §. 59 N. 6), daß die verschärfte Strafvorschrift des §. 223 Abs. 2 nicht Anwendung finden kann.

14. Ueber die Verfolgung leichter Körperverletzungen (§. 223) im Wege der Privatklage (Privatanklage) vgl. Reichsstrafprozeßordnung §§. 414, 416 und oben S. 420, N. II.

§. 223a*). Ist die Körperverletzung mittels einer Waffe, insbesondere eines Messers oder eines anderen gefährlichen Werkzeuges, oder mittels eines hinterlistigen Ueberfalls, oder von Mehreren gemeinschaftlich, oder mittels einer das Leben gefährdenden Behandlung begangen, so tritt Gefängnißstrafe nicht unter zwei Monaten ein.

G. v. 26. Febr. 1876 Art. II; Drucks. (1876) Nr. 145; St.B. S. 801 ff.

Vgl. §. 367 Nr. 10.

1. Dieser §. 223a ist durch die Novelle vom 26. Februar 1876 aufgenommen. Die Motive des durch den Reichstag in der Fassung etwas abgeänderten Entwurfes bemerken hierüber:

> „Eine zweite, nicht minder berechtigte Anforderung betrifft die Erhöhung des Strafmaßes für solche Körperverletzungen, welche zwar dem Gesetze gegenüber leichte sind, sich aber durch Rohheit und Rücksichtslosigkeit auszeichnen. Der Entwurf knüpft auch hier nicht an die Folgen der Mißhandlung an, sondern hat geglaubt, das Mittel, dessen sich der Thäter bedient hat, als das erschwerende Merkmal hinstellen zu müssen, um dadurch insbesondere dem Unfuge der Angriffe mit dem blanken Messer wirksam entgegenzutreten. Wenn nach §. 367 Nr. 10 des Strafgesetzbuchs der bloße Gebrauch einer Schuß-, Stich- oder Hiebwaffe bei einem Angriffe, auch wenn durch denselben ein Schaden nicht zugefügt ist, bestraft wird, so liegt es in der Konsequenz, daß eine vorsätzliche Körperverletzung, welche durch den Gebrauch einer solchen Waffe begangen wird, einer erhöhten Strafbarkeit unterliegen muß. Um jeden möglichen Zweifel abzuschneiden, empfiehlt es sich, neben den Stichwaffen des Messers ausdrücklich zu erwähnen. Außerdem kommt bei der jetzt zu treffenden Regelung in Erwägung, daß die denkbaren gefährlichen Begehungsarten einer Körperverletzung sich nicht in der Anwendung von Instrumenten erschöpfen. Es erscheint daher angemessen, eine jede, das Leben gefährdende Behandlung auf gleiche Linie mit dem Gebrauche der oben bezeichneten gefährlichen Werkzeuge zu setzen, und in gleicher Weise den in der Begehungsweise sich kundgebenden erschwerenden Umstand des heimtückischen Ueberfalls zu berücksichtigen. Anlangend das Maß der an diese Voraussetzungen zu knüpfenden Strafschärfung, so wird dieselbe einerseits in Ausschließung der Geldstrafe und Erhöhung des Mindestbetrages der Gefängnißstrafe und andererseits in einer Steigerung des im §. 223 auf drei Jahre festgesetzten Höchstbetrages der letzteren zum Ausdruck zu bringen sein. Denn es lassen sich Fälle denken, deren Thatbestand sich demjenigen der schweren Körperverletzung (§. 224) dermaßen nähert, daß beim Hinzutritt noch anderer erschwerender Umstände ein Strafmaß von drei Jahren Gefängniß keine hinreichende Sühne darbietet."

Die sog. gefährlichen Körperverletzungen des §. 223a sind nicht leichte Körperverletzungen im Sinne des Gesetzes. Sie bilden vielmehr eine selbständige Klasse von Körperverletzungen, zwischen den leichten des §. 223, in seinem nach der Novelle vom 26. Februar 1876 noch verbliebenen Bestande, und den schweren Körperverletzungen des §. 224. Berlin 27. Nov. 78 (O.R. XIX, 546), München 25. Nov. 76 (bayr. Entsch. VI, 559). Hieraus folgt:

a) daß alle Bestimmungen, welche von leichten Körperverletzungen sprechen, auf die unter §. 223a fallenden nicht anwendbar sind. Beispiele sind:

α) §. 232, wonach die Verfolgung leichter, vorsätzlicher Körperverletzungen nur auf Antrag eintreten soll, s. zu §. 232 sowie dessen Erweiterung aus §§. 194, 196.

---

*) Literatur: v. Buri G.S. Bd. 34, S. 343.

β) Eine Widerklage gemäß §. 198 kann nur bei den leichten Körperverletzungen des §. 223 eintreten, nicht auch bei den gefährlichen des §. 223a, weil §. 232, der in Abs. 3 den §. 198 anwendbar erklärt, nur von leichten vorsätzlichen oder fahrlässigen Körperverletzungen spricht.

γ) Kompensation gemäß §. 233 kann nur bei den Körperverletzungen des §. 223 eintreten, s. zu §. 233.

δ) Die Privatklage findet überhaupt nur bei den leichten Körperverletzungen des §. 223 statt, weil nur diese des Antrags bedürfen, vgl. §. 414 St.P.O.

ε) Aerztliche Atteste über Körperverletzungen des §. 232a können bei der Hauptverhandlung verlesen werden, weil §. 255 der St.P.O. nur die schweren Körperverletzungen ausscheidet. Vgl. R.G. I, 5. Febr. 80 (R. I, 320, E. I, 188, II, 13. April 80 (R. I, 588), III, 21. April 80 (R. I, 633).

b) Bestimmungen über Strafschärfungsgründe finden auf §. 223a nicht Anwendung, wie es der Fall wäre, wenn die Art der Verübung, wie dieser Paragraph sie vorsieht, nur eine Strafschärfung des §. 223 nach sich zöge. Vgl. §§. 262, 295 St.P.O. Es bilden vielmehr die Körperverletzungen eine selbständige Klasse von Delikten, bezüglich deren die Erledigung der Schuldfrage wie bei anderen Delikten erfolgen muß. Ist die Anklage aus §. 223 erhoben, so würde die Verurtheilung aus §. 223a die Hinweisung auf den veränderten rechtlichen Gesichtspunkt gemäß §. 264 St.P.O. zur Voraussetzung haben. R.G. II, 31. März, I, 2. Nov. 82, R. IV, 298, 784, E. VII, 199.

2. Unter „Waffen“ sind nicht bloß die gewöhnlich sog. Hieb-, Stich-, Stoß- oder Schießwaffen begriffen. Ueberhaupt kann zwischen Waffen und gefährlichen Werkzeugen nicht scharf unterschieden werden. Der Begriff derselben beschränkt sich nicht auf von Menschen verfertigte Gegenstände, sondern umfaßt alle Gegenstände, durch deren mechanische Einwirkung auf den Körper eines Anderen eine erhebliche Verletzung zugefügt werden kann. Berlin 20. April 77 u. 22. April 79 (O.R. XVIII, 283; XX, 220, Goltd. XXV, 339, St. VII, 108), Dresden 23. Okt. 76, 11. Mai 77 (S.G.Z. XXI, 116; XXII, 50), Mannheim 17. Febr., 17. März u. 22. Dez. 77 (bad. Ann. Bd. 43 S. 100, 119, 370, St. VII, 103). R.G. III, 10. März 80 (R. I, 442, Goltd. XXVIII, 261), II, 8. Juli 81, E. IV, 397. Die regelmäßige Bestimmung der Werkzeuge ist ohne Bedeutung. Mannheim 17. Febr. 77 (bad. Ann. Bd. 43 S. 100, St. VII, 103. R.G. 10. März s. oben). Ebenso ist es ohne Einfluß, ob im konkreten Fall dadurch eine Lebensgefahr entstanden oder eine erhebliche Verletzung zugefügt worden ist, Dresden 11. Mai 77 (S.G.Z. XXII, 50), oder ob das Werkzeug in gefährlicher Weise gebraucht wurde. R.G. II, 12. Nov. 80 (R. II, 496). A. M. München 15. Sept. 84, bayr. Entsch. III, 304. Dagegen 21. Juni 89, bayr. Entsch. V, 327. Darüber, ob die Art der Verwendung des Werkzeuges ins Gewicht falle, oder ob nur die objektive Beschaffenheit entscheide, besteht viel Streit. Für Berücksichtigung der Art des Gebrauchs v. Liszt S. 328, v. Rohland, Gefahr S. 42, Geyer II, 19. Dagegen Hälschner II, 95, v. Buri G.S. Bd. 34, S. 348. Auch ein geschlossenes Taschenmesser kann nach seiner Beschaffenheit als Waffe angesehen werden. Stuttgart 27. Sept. 76 (württ. Ger.Bl. XII, 312, St. VII, 105). R.G. III, 15. Mai 80 (R. I, 781).

3. Als gefährliche Werkzeuge wurden beurtheilt: ein Bierglas, Dresden 23. Okt. 76 (S.G.Z. XXI, 116), Mannheim 25. Okt. 76 (bad. Ann. Bd. 42 S. 359, St. VII, 106), R.G. 10. März 80 s. oben; eine Flasche, Stuttgart 24. Jan. u. 28. Nov. 77 (württ. Ger.Bl. XII, 415; XIV, 109, St. VII, 299), Mannheim 16. Dez. 76 (bad. Ann. Bd. 43 S. 45); Scherben eines irdenen Topfs, Dresden 12. April 78 (S.G.Z. XXII, 277); ein Stiefel, bez. Fußtritte, Berlin 27. Nov. 78 (O.R. XIX, 546), 5. Juni 79 (Goltd. XXVII, 535), Mannheim 17. Febr. u. 3. Nov. 77 (bad. Ann. Bd. 43 S. 100, 342, St. VII, 102); ein Prügel (Knüttel), Berlin 20. April 77 (O.R. XVIII, 283, Goltd. XXV, 339, St. VII, 108), Mannheim 20. Okt. 77 (bad. Ann. Bd. 43 S. 312, St. VIII, 166); ein Stock, Stuttgart 16. Jan. 78 (württ. Ger.Bl. XIV, 248); ein Peitschenstock, Dresden 11. Mai 77 (S.G.Z. XXVII, 50); je nach der Beschaffenheit eine Latte, Mannheim 17. März 77 (bad. Ann. Bd. 43 S. 102); ein Hammer, Wolfenbüttel 1. Okt. 78 (G.S. Bd. 30, S. 526); ein Stein, Berlin 20. April 77 (St. VII, 108, Goltd. XXV, 338). Eine ätzende Substanz (Vitriol) wurde als gefährliches Werkzeug nicht anerkannt. R.G. II, 31. März 82, R. IV, 298. Auch nicht ein auf einen Menschen gehetzter Hund. R.G. II, 1. Juni 83, E. VIII, 315, R. V, 393. Dagegen erkannte R.G. I, 6. Dez. 86, R. VIII, 724 an, daß möglicher Weise darin eine lebensgefährdende Behandlung liegen könne. Endlich wurde sog. Hitze, d. h. glühende Eisentheilchen, welche von einem

glühend gemachten Stücke Eisen abfallen, als gefährliches Werkzeug beurtheilt. R.G. III, 19. Febr. 91, Goltd. XXXIX, 68. Die Qualifikation eines Werkzeugs als gefährliches kann auch ohne daß dasselbe vorliegt, der Wirkung entnommen werden. Berlin 14. Juni 77 (Goltd. XXV, 456). S. jedoch R.G. II, 8. Juli 81, E. IV, 397.

4. Bei der Anwendung genügt das Bewußtsein, dasjenige Werkzeug zu einer Mißhandlung zu benutzen, welches objektiv als gefährliches sich darstellt. Berlin 24. Okt. 77 (O.R. XVIII, 663, Goltd. XXV, 534); Mannheim 29. Sept. u. 3. Nov. 77 (bad. Ann. Bd. 43 S. 300, 342, St. VIII, 165). R.G. III, 29. Sept. 80 (E. II, 278). Die Absicht, eine schwere Verletzung zuzufügen, ist nicht erforderlich. Stuttgart 24. Jan. 77 (württ. Ger.Bl. XII, 415, St. VII, 299), Mannheim 17. Febr. 77 (bad. Ann. Bd. 43 S. 101, St. VII, 103).

5. „Hinterlistiger Ueberfall" (das französische guet-apens Code pén. art. 310, 311) begreift namentlich das „Auflauern".

Zum Begriff des hinterlistigen Ueberfalls gehört ein plötzlicher, unvermutheter Angriff, der mit einer gewissen List, wie Auflauern oder Heranschleichen in's Werk gesetzt wird, Berlin 24. Okt. 77 (O.R. XVIII, 663, Goltd. XXV, 534), Mannheim 10. März 77 (bad. Ann. Bd. 43 S. 103, St. VII, 300), und wobei die Absicht des Thäters hervortritt, dem Angegriffenen die Möglichkeit der Abwehr zu benehmen. R.G. I, 31. Mai 80 (R. I, 844, E. II, 74), 15. Mai 80 (Ann. II, 21).

6. „Gemeinschaftlich von Mehreren" erfordert keine vorherige Verabredung (St.B. $18^{75}/_{76}$ S. 804), sondern es genügt jedes thatsächliche Zusammenwirken zum Zwecke der Mißhandlung eines Anderen, wobei dieses Zusammenwirken zum Bewußtsein der einzelnen Mitwirkenden gekommen sein muß. Dresden 20. Okt. 77 u. 26. Okt. 78 (S.G.Z. XXII, 210, St. VIII, 167), Berlin 27. März u. 27. Nov. 78 (O.R. XIX, 174, 550). R.G. III, 8. Mai 80 (R. I, 742), 26. Okt. 80 (Ann. II, 519).

Daß die Mehreren im Verhältniß von Mitthätern gestanden sein müssen, wie Dresden 19. März u. 20. Okt. 77 (S.G.Z. XXII, 38, 210), Mannheim 30. Sept. 76 (bad. Ann. Bd. 42 S. 337, St. VII, 108) verlangen, bezeichnet die Erfordernisse nicht genau, weil die Mitthäterschaft ein gewisses Einverständniß voraussetzt, während die gemeinschaftliche Mißhandlung Werk eines zufälligen Zusammentreffens sein kann. Selbst kleine Intervallen von Zeit schließen die Gemeinschaftlichkeit nicht prinzipiell aus. R.G. 19. April 81 (Ann. II, 465). Es hat zwar den Anschein, als ob R.G. III, 17. Dez. 81, E. V, 306 Mitthäterschaft als Voraussetzung betrachte. Dieses Urtheil nimmt aber doch ein stillschweigendes Einverständniß als genügend an und findet dies in dem thatsächlich festgestellten gleichzeitigen Ueberfall hinreichend bewiesen. Es besteht also keine wesentliche Differenz. Vgl. v. Buri G.S. Bd. 34, S. 353. Die Mißhandelten können auch Mehrere sein. Besteht die Gemeinschaftlichkeit, so sind die Mitwirkenden für alle Mißhandlungen strafrechtlich verantwortlich, welche durch die gemeinschaftlich ausgeführte That verursacht sind, gleichviel, was der Einzelne that. R.G. I, 10. Mai 86, R. VIII, 348. Wegen der Anstiftung der Genossen findet jedoch keine besondere Bestrafung statt. R.G. II, 26. Sept. 82, R. IV, 715.

Daß der schädigende Erfolg von einem der Thäter allein bewirkt wurde, schließt die Gemeinschaftlichkeit nicht aus. Mannheim 30. Sept. 76 (bad. Ann. Bd. 42 S. 337, St. VII, 108).

Als Mehrere sind zwei Personen genügend. Berlin 27. Nov. 78 (O.R. XIX, 551).

7. „Eine das Leben gefährdende Behandlung" setzt nicht voraus, daß solche gefährliche Folgen wirklich eingetreten sind. Es kommt nur auf die Art der Behandlung an. Die Art der Behandlung muß geeignet gewesen sein, lebensgefährliche Wirkungen hervorzurufen. Mannheim 22. u. 29. Dez. 77 (bad. Ann. Bd. 43 S. 370, Bd. 44 S. 7, St. VIII, 168). R.G. I, 14. Juni 80 (R. II, 68, E. II, 106; III, 14. Juni 82, E. VI, 396; I, 19. Jan. 84, E. X, 1).

Eine solche Behandlung kann in dem Hinabstoßen von einer Treppe erblickt werden, Mannheim 29. Dez. 77 (bad. Ann. Bd. 44 S. 7, St. VIII, 168), oder in einem In's Wasser stoßen R.G. II, 8. April 84, R. VI, 282, ferner in Entziehung von Speise, Kleidung und Pflege, Dresden 25. März 78 (S.G.Z. XXII, 267, Goltd. XXVII, 226, St. VIII, 163). R.G. I, 14. Febr. 84, E. X, 101.

Das Bewußtsein des Thäters, daß das Leben des Verletzten gefährdet sei, ist nicht erforderlich, es genügt das objektive Vorliegen der Gefahr. R.G. 14. Juni 80 s. oben, ferner 17. Juni 80 (Ann. II, 124, 126), III, 29. Sept. 80 (R. II, 271), 29. Sept. 80 (E. II, 278);

I, 14. Febr. 84, E. X, 101 u. 6. Dez. 86, R. VIII, 724. Dies erläutert R.G. III, 12. März 88, E. XVII, 279, R. X, 237 näher dahin, die That müsse so, wie sie sich objektiv gestaltet habe, im Willen des Thäters gelegen und dieser die Eigenschaften der That gekannt haben, wenn er sich auch der das Leben gefährdenden Wirkung nicht bewußt gewesen sei. (Stoßen gegen einen Treibriemen in einer Fabrik.) Auch die individuellen Verhältnisse der gefährdeten Person müssen Berücksichtigung finden. R.G. I, 14. Febr. 84 s. oben, IV, 23. Sept. 87, R. IX, 464. S. auch München 31. Juli 84, 5. Nov. 86, bayr. Entsch. III, 174; IV, 226.

8. Wegen mildernder Umstände vgl. §. 228.

9. Die Erschwerungsgründe des §. 223a können mit einander konkurriren und bildet diese Konkurrenz einen Strafzumessungsgrund. Mannheim 29. Sept. u. 22. Dez. 77 (bad. Ann. Bd. 43 S. 300, 370, St. VIII, 165). Insbesondere kann in der Anwendung einer Waffe (bez. eines Messers) zugleich eine das Leben gefährdende Behandlung erblickt werden. Mannheim 29. Sept. u. 22. Dez. 77 (bad. Ann. Bd. 43 S. 300, 369, St. VIII, 165). R.G. 17. Juni 80 (Ann. II, 124). Auch mit §. 149 M.St.G.B. kann §. 223a ideell konkurriren R.G. I, 20. Febr. 90, E. XX, 309.

10. Berlin 14. Febr. 78 (Goltd. XXVI, 125) erklärte Mißhandlungen, welche unter §. 223a fallen, wenn sie in Ausübung des Züchtigungsrechtes zugefügt werden, als Ueberschreitung desselben. Dies kann aber nur bedingt als richtig anerkannt werden, z. B. kann ein leichter Schlag mit einem schweren Knüttel sehr wohl noch eine Züchtigung enthalten.

§. 224. Hat die Körperletzung zur Folge, daß der Verletzte ein wichtiges Glied des Körpers, das Sehvermögen auf einem oder beiden Augen, das Gehör, die Sprache oder die Zeugungsfähigkeit verliert, oder in erheblicher Weise dauernd entstellt wird, oder in Siechthum, Lähmung oder Geisteskrankheit verfällt, so ist auf Zuchthaus bis zu fünf Jahren oder Gefängniß nicht unter Einem Jahre zu erkennen.

Pr. §. 192a, 193; E. I. §. 198; E. II. §. 219; St.B. S. 666, 667.

Vgl. §§. 225, 228, 340.

1. Wegen mildernder Umstände vgl. §. 228.

2. Der §. 224 behandelt die Merkmale der schweren Körperverletzung (vgl. das Citat im §. 227) im Gegensatz zu der leichten. (§. 223; vgl. §. 232.)

3. Für die Anwendung des §. 224 kommt es lediglich darauf an: ob zwischen der (vorsätzlich zugefügten) Körperverletzung und dem Eintritt einer der im §. 224 bezeichneten Folgen ein Kausalzusammenhang besteht. Der Ausdruck „hat — zur Folge" statt „verursacht" (vgl. §§. 220, 222) beruht hier auf redaktionellen Rücksichten. Der Kausalzusammenhang ist darum nicht ausgeschlossen, weil die Folgen nicht durch die Körperverletzung allein, sondern durch das Hinzutreten anderer Umstände herbeigeführt worden sind. (Berlin 22. Okt. 74, Goltd. XXII, 614, O.R. XV, 704; vgl. München 8. März 73, bayr. Entsch. III, 107), z. B. Krankheits-Anlagen des Verletzten R.G. III, 28. Sept. 81, E. V, 29, R. III, 546, oder schädigendes Verhalten desselben R.G. III, 4. Juni 83, R. V, 403. Ob der Thäter die Folge vorausgesehen hat oder gar nur voraussehen konnte, ist unerheblich (vgl. §. 59 N. 1; ferner Berlin 8. Sept. 71, Goltd. XIX, 683, O.R. XII, 436). R.G. 28. Sept. 81 s. oben. Insoweit entspricht der §. 224 dem §. 193 des preuß. St.G.B., während der Fall, wo die Absicht auf Herbeiführung einer jener Folgen gerichtet war, unter die besondere Strafbestimmung des §. 225 gestellt ist. Auch im Reichstag wurde diese Auffassung, wonach bezüglich der fraglichen Folgen es auf dolus oder culpa gar nicht ankommt, als die maßgebende bezeichnet. (Vgl. die Rede des Abgeordneten Planck, St.B. S. 666.) Mit Rücksicht hierauf wurde vom Reichstag die alternative Androhung von Gefängniß neben Zuchthaus beschlossen, die sonst im St.G.B. nur noch im §. 226 vorkommt. Mit dieser Auffassung stimmen auch die ähnlichen Bestimmungen in Bayern Art. 234 N. 1 und 235. (Vgl. Weiß II, S. 68.) Vgl. R.G. 17. Juni 80 (Ann. II, 124).

Diese Grundsätze finden auf den Mitthäter Anwendung ohne Unterschied, ob gerade die von ihm verübte Mißhandlung die eingetretenen Folgen herbeigeführt hat. Vgl. Berlin 5. Sept. 73, 5. Febr. u. 24. Juni 74 (Goltd. XXI, 621; XXII, 236, O.R. XIV, 512; XV, 54, 441, St. III, 331; IV, 103).

4. Als Verlust eines Gliedes ist das völlige Steifwerden desselben nicht anzusehen. Dresden 2. Okt. 74 (S.G.Z. XIX, 112, St. V, 69). Auch die völlige Unbrauchbarkeit eines, wenn auch wichtigen Glieds des menschlichen Körpers kann nicht als Verlust desselben betrachtet werden. R.G. I, 23. Febr. 82, E. VI, 65, R. IV, 189.

Die Definition eines wichtigen Gliedes hat zwar R.G. II. 9. Juni 82, E. VI, 346, R. IV, 551 abgelehnt, aber doch die Nichtberücksichtigung der individuellen Verhältnisse des Verletzten, seines Berufs u. dergl. gebilligt, ebenso daß der Verlust zweier Glieder des Zeigefingers der rechten Hand noch kein Verlust eines wichtigen Gliedes sei. Die Entscheidung aber der thatsächlichen Würdigung vorbehalten. Ebenso R.G. III, 4. Juni 83, R. V, 403. Die inneren Organe des Menschen will zum Rumpf im Gegensatz zu den Gliedern rechnen H. Meyer S. 535, Olshausen N. 5. Die Stellung des Menschen will berücksichtigt wissen Olshausen a. a. O. Die Möglichkeit künstlicher Verbergung beseitigt die Entstellung nicht. R.G. II, 1. Okt. 86, E. XIV, 344, R. VIII, 578.

5. Verlust des Sehvermögens liegt vor, wenn das Auge die Empfindung für Licht zwar behalten hat, aber nicht mehr die Fähigkeit besitzt, äußere Gegenstände wahrzunehmen. Berlin 7. Mai 74 (O.R. XV, 288, St. IV, 44). R.G. I, 25. März 86, E. XIV, 4. Eine erhebliche Schwächung des Sehvermögens oder die Untauglichkeit des Auges zu praktischer Arbeit bez. zu bestimmten Arbeiten genügt nicht. R.G. IV, 4. Mai 86, E. XIV, 118, R. VIII, 342.

6. Verlust des Gehörs ist Verlust der Fähigkeit, artikulirte Laute zu vernehmen. Aus dem Mangel des Zusatzes „auf einem oder beiden Ohren“ will Geyer in H.H. III, 538, Hälschner II, 100, v. Liszt S. 329, H. Meyer S. 535, Olshausen N. 6b, Rubo N. 6, v. Schwarze N. 4 schließen, daß das Gehör auf beiden Ohren verloren sein müsse, es sei denn, daß eines derselben schon taub war, d. h. es sei der völlige Verlust des Gehörs erforderlich.

7. Entstellung ist eine auffallende Veränderung in der äußeren Erscheinung des Menschen, welche einen unangenehmen Eindruck bei Anderen hervorruft. Dresden 9. Dez. 72 (S.G.Z. XVII, 56, St. II, 278). — R.G. I, 7. März 81 (R. III, 126, E. III, 391) billigte bei einer Schädelverletzung mit Substanzverlust, wodurch eine trichterförmige Vertiefung an der Stirne entstanden war, Annahme des Verlusts eines Gliedes und einer Entstellung. Jedoch muß nicht bloß eine Entstellung eines einzelnen Körpertheils, sondern die der Gesammterscheinung eingetreten sein. R.G. III, 1. Febr. 82, E. VI, 5, R. IV, 103.

8. Siechthum ist eine allgemeine Erkrankung des Körpers, in Folge deren der Mensch hinfällig und zu gewöhnlicher Arbeit untauglich wird, gleichviel ob dies Folge eines lokalen Krankheitsprozesses oder einer Erkrankung des ganzen Körpers, insbesondere des Ernährungsprozesses, ist. Der Zustand muß ein dauernder, wenn auch nicht unheilbarer sein. Vgl. Dresden 25. März u. 24. Mai 72 (S.G.Z. XVI, 206, 251, St. I, 375, 376). R.G. III, 9. April 85, E. XII, 127, R. VII, 221; II, 13. Jan. 88, R. X, 32. S. auch G.S. Bd. 28, S. 465.

9. Lähmung ist die dauernde, wenn auch nicht unheilbare, Unfähigkeit, den betroffenen Körpertheil zu seinen Funktionen zu gebrauchen, oder doch die wesentliche Beeinträchtigung dieser Fähigkeit. Berlin 15. Mai 74 (Goltd. XXII, 425, O.R. XV, 311), Dresden 25. März 72 (S.G.Z. XVI, 206, St. I, 376).

Verfallensein in Lähmung ist nicht anzunehmen, wenn die Heilung oder doch die Besserung des Zustandes vorauszusehen ist. Berlin 26. Sept. 72 (Goltd. XX, 541). Dresden 2. Okt. 74 (S.G.Z. XIX, 112) nahm Lähmung nicht an bei Lähmung eines Fingers oder partieller Lähmung einer Hand, sondern verlangte, daß der ganze Zustand des Menschen darunter leide. Dies dürfte zu weit gehen, und mit Recht nahm. Berlin 26. Sept. 72 Lähmung schon bei gänzlicher, dauernder Unbrauchbarkeit eines einzelnen wichtigen Gliedes an. Bei Lähmung eines Fingers wird es sich fragen, ob der Gebrauch der Hand dadurch wesentlich gestört ist. Es ist aber auch kein Grund vorhanden, die gänzliche Unbrauchbarkeit eines Gliedes zu verlangen. Das Gesetz unterscheidet keine Grade der Lähmung, beschränkt auch den Begriff nicht durch Beisetzung von „erheblich“ u. dergl. Auch eine Lähmung eines Arms oder Beins oder eines sonstigen wichtigen Gliedes des Körpers, welche dessen Gebrauch erheblich stört, wenn auch nicht völlig aufhebt, wird vom Sprachgebrauch, welcher hier allein maßgebend sein kann, als Lähmung bezeichnet. Nur das dürfte zuzugeben sein, daß ganz unbedeutende Gebrauchsstörungen nicht hierher gerechnet werden können. Vgl. G.S. Bd. 28, S. 511. R.G. I, 15. Nov. 80 (R. II, 514, E. III, 33) verneinte mit Recht, daß die Steifheit von drei Fingern der linken Hand, durch welche die Hand zur Arbeit unbrauchbar wurde, als Verlust eines wichtigen Gliedes aufgefaßt werden können; erörterte aber die Frage nicht, ob eine Lähmung vorliege. Aehnlich R.G. 3. März 81 (Ann. II,

360). Jedoch wendete sich R.G. III, 1. Febr. 82, s. oben N. 6, der engeren Ansicht zu und forderte, daß die Lähmung eine Beeinträchtigung der Bewegungsfähigkeit des Menschen im Ganzen, wenn auch von einem einzelnen Glied ausgehend, bewirken müsse; nicht aber die Lähmung eines einzelnen Glieds genüge. So auch R.G. I, 23. Febr. 82, E. VI, 65, R. IV, 189, 25. Sept. 84, R. VI, 565, 8. Dez. 90, E. XXI, 223.

10. Auch die Geisteskrankheit muß nicht eine unheilbare sein, um unter §. 224 zu fallen. R.G. I, 29. Okt. 83, R. V, 649.

11. Der Thatbestand des §. 224 ist nicht genügend festgestellt, wenn einer der in §. 224 bezeichneten schweren Erfolge als fast vollständig eingetreten oder als nach sicherer Voraussicht künftig eintretend im Urtheile bezeichnet wird. R.G. III, 28. Sept. 81, E. V, 29, R. III, 546, s. auch I, 25. März 86, E. XIV, 4.

12. Ein Versuch dieses Verbrechens ist nicht denkbar, da ein auf den Erfolg abzielender **dolus** nicht erfordert wird. Anders im Falle des §. 225. R.G. F.S. 11. Aug. 83, E. IX, 67.

13. Die Strafe des Anstifters und Gehülfen ist gleichfalls nach §. 224 zu bemessen, wenn auch der Vorsatz nicht auf die Herbeiführung des schweren Erfolges gerichtet war. (Vgl. Hälschner, preuß. St.R. II, 155.)

14. Wird als Strafart Gefängniß gewählt, so kann dasselbe nicht über 5 Jahre erkannt werden (§. 16). Um auf Zuchthaus zu erkennen, ist nicht erforderlich festzustellen, daß die That aus ehrloser Gesinnung entsprungen ist. (Vgl. §. 20.) Berlin 8. Mai u. 30. Sept. 74 (O.R. XV, 301, 509).

§. 225. **War eine der vorbezeichneten Folgen beabsichtigt und eingetreten, so ist auf Zuchthaus von zwei bis zu zehn Jahren zu erkennen.**

Pr. —; E. I. —; E. II. §. 220; St.B. S. 667.

1. Für das Erforderniß der Absicht genügt auch ein **dolus eventualis** oder **indirectus**. Baumgarten, Versuch S. 366, v. Wächter S. 343.

2. Der §. 225 bestimmt, wie es im St.G.B. überall der Fall ist, die Strafe des vollendeten Verbrechens. Daß der volle Thatbestand nicht ausgedrückt ist, beruht auf einer aus dem Zusammenhang mit den §§. 223, 224 gerechtfertigten redaktionellen Abkürzung. In der Bundeskommission gab man dieser Formulirung vor einer anderen den Vorzug, welche dahin ging:

> „Wer vorsätzlich einen Anderen eines wichtigen Gliedes des Körpers, des Sehvermögens auf einem oder beiden Augen, des Gehörs, der Sprache oder der Zeugungsfähigkeit verlustig macht u. s. w. — wird — bestraft."

Es kann hiernach einem Zweifel nicht unterliegen, daß auch ein Versuch dieses Verbrechens strafbar ist. Berlin 20. Febr. 1873 (O.R. XIV, 151), s. §. 224 N. 12.

3. Mildernde Umstände sind hier nicht zulässig. (Vgl. §. 228.)

§. 226. **Ist durch die Körperverletzung der Tod des Verletzten verursacht worden, so ist auf Zuchthaus nicht unter drei Jahren oder Gefängniß nicht unter drei Jahren zu erkennen.**

Pr. §. 194; E. I. §. 199; E. II. §. 221; St.B. S. 667.

1. Wegen mildernder Umstände vgl. §. 228.

2. Der Ausdruck „verursacht" ist gleichbedeutend mit dem „hat — zur Folge" in §. 224 und entspricht dem gewöhnlichen Sprachgebrauch des Gesetzbuches. (Vgl. §. 222 N. 2.)

Selbst der Mangel einer **culpa** in Bezug auf den eingetretenen Erfolg schließt die Anwendung des §. 226 nicht aus, sobald nur eine vorsätzliche als Körperverletzung oder Mißhandlung zu betrachtende That vorliegt. Berlin 8. Sept. 71 (O.R. XII, 437, St. I, 85, Goltd. XIX, 683). Mitwirkende Zwischenursachen, die dem Thäter nicht zur Last fallen, schließen die Anwendung des §. 226 nur dann aus, wenn festgestellt wird, daß ohne dieselben der Tod nicht eingetreten wäre. Berlin 22. Okt. 74 (O.R. XV, 703). Daß der Tod keine nothwendige Folge der That war, ist ohne Erheblichkeit. München 8. März 73 (bayr. Entsch. III, 107).

3. Im Uebrigen vgl. wegen Kausalzusammenhang, Versuch, Theilnahme, die Bemerkungen zu §. 224 N. 3, 11, 12. War die Absicht auf den Tod gerichtet, so würde Mord oder Todtschlag vorliegen.

4. Die That des §. 226 kann in ideellem Zusammenfluß mit Schlägerei, und beide Delikte können in Fortsetzung begangen werden. R.G. III, 10. Dez. 87, R. IX, 716. Deshalb schließt auch die Verurtheilung wegen des einen Delikts die neue Verfolgung wegen des andern aus. München 21. Mai 84 bayr. Entsch. III, 134. Auch mit §. 225 ist Idealkonkurrenz möglich.

§. 227. **Ist durch eine Schlägerei oder durch einen von Mehreren gemachten Angriff der Tod eines Menschen oder eine schwere Körperverletzung (§. 224) verursacht worden, so ist Jeder, welcher sich an der Schlägerei oder dem Angriffe betheiligt hat, schon wegen dieser Betheiligung mit Gefängniß bis zu drei Jahren zu bestrafen, falls er nicht ohne sein Verschulden hineingezogen worden ist.**

Ist eine der vorbezeichneten Folgen mehreren Verletzungen zuzuschreiben, welche dieselbe nicht einzeln, sondern nur durch ihr Zusammentreffen verursacht haben, so ist Jeder, welchem eine dieser Verletzungen zur Last fällt, mit Zuchthaus bis zu fünf Jahren zu bestrafen.

Pr. §. 195; E. I. §. 200; E. II. §. 222; St.B. S. 667, 668, 1173 (Drucks. Nr. 85).

Vgl. §§. 228, 367 Nr. 10.

1. Vgl. Bayern Strafgesetzbuch von 1861 Art. 240 und Weiß II, S. 74 ff.

2. Dieser Paragraph gibt Strafbestimmungen gegen den Raufhandel. Derselbe schließt, besonders mit Rücksicht auf Abs. 2, die Anwendung der Paragraphen über Tödtung und Köperverletzung, sowie der Theilnahme an diesen Verbrechen nicht aus, vielmehr sind eintretenden Falls die Vorschriften über das Zusammentreffen maßgebend. (Vgl. Weiß II, S. 74.) Der §. 195 A. 3 preuß. St.G.B., welcher dieses ausdrücklich aussprach, ist als überflüssig gestrichen.

3. Abs. 1. Schlägerei bezeichnet einen mit Thätlichkeiten verknüpften Streit, bei welchem wenigstens auf einer Seite zwei Personen vorhanden sind. Die gleiche Anzahl wird bei dem Angriff erfordert. (München 3. Juni 73, St. II, 365; Mannheim 21. Nov. 74 u. 23. Okt. 75, bad. Ann. Bd. 41 S. 48, Bd. 42 S. 13.) Im Ganzen werden also mindestens drei Personen erfordert, von welchen indessen nur zwei an der Schlägerei oder dem Angriff (aktiv) betheiligt zu sein brauchen. (Weiß a. a. O.) „Mehrere" bezeichnet also auch im §. 227 „zwei oder mehrere". (Vgl. §. 83.) Berlin 27. Sept. 77 (O.R. XVIII, 601, Goltd. XXV, 536, St. VIII, 169).

Die nicht örtlich und zeitlich genau zusammenfallenden mehreren Angriffe können als ein einheitlicher Angriff aufgefaßt werden, wenn die Mehreren in gegenseitiger Kenntniß von ihren Absichten und Zwecken gehandelt haben. Berlin 3. Nov. 75 (Goltd. XXIII, 524, O.R. XVI, 710), München 16. Jan. 75 (bayr. Entsch. V, 11). R.G. III, 27. Nov. 80 (E. III, 236).

4. „Betheiligt" (vgl. S. 156 N. 2) ist Jeder, welcher bei der Schlägerei oder dem Angriff gegenwärtig und irgendwie dabei thätig gewesen ist. Auch die Parteigänger des Verletzten oder Getödteten werden von der Strafvorschrift betroffen. Berlin 6. Okt. 74, O.R. XV, 616, St. IV, 153), Dresden 2. Okt. 74 (S.G.Z. XIX, 114). R.G. I, 17. Okt. 81, E. V, 170, R. III, 626. Theilnahme im technischen Sinne ist nicht erforderlich zur Strafbarkeit der Betheiligung. R.G. I, 3. Jan. 84, E. IX, 370. Der Nachweis, den eingetretenen schweren Erfolg nicht verursacht zu haben, schließt die Strafe ebenso wenig aus, wie der Umstand, daß ein Angeklagter auf Seite des Getödteten oder schwer Verletzten sich befand. R.G. III, 15. Juni 83, E. VIII, 369, R. V, 447; II, 2. Nov. 83, E. IX, 148. Ja sogar der Nachweis, daß der Getödtete die tödtliche Wunde sich selbst zufügte, schließt den Thatbestand nicht aus. R.G. IV, 4. Nov. 84, E. XI, 237, R. VI, 728.

Auch in aufreizenden Zurufen wurde eine Betheiligung erblickt. Berlin 22. Febr. 71 (O.R. XII, 105), Mannheim 23. Okt. 75 (bad. Ann. Bd. 42 S. 13). — Berlin 7. Juli 70 u. 3. Nov. 75 (O.R. XI, 401; XVI, 711) rechnete nicht unter die Betheiligten diejenigen, welche sich vor der kritischen Verletzung entfernt oder erst, nachdem dieselbe erfolgt war, hinzugekommen waren; ferner Berlin 27. Okt. 70 (O.R. XI, 535) bezeichnete den Verletzten selbst nicht als strafbar, wenn nicht auch noch außerdem eine schwere Verletzung eines Anderen erfolgt war. Alle diese Unterscheidungen haben keinen Boden im Gesetz, welches Jeden, der sich an einer Schlägerei mit den bezeichneten Folgen betheiligt, schon dieser Betheiligung wegen mit Strafe bedroht. Da kein Kausalzusammenhang zwischen Betheiligung und Verletzung gefordert ist, überhaupt das Wesen der Strafbestimmung nicht in einer Rechtsverletzung, sondern in der Gefährlichkeit der That liegt, so kann, wenn überhaupt Identität der Schlägerei gegeben ist, weder die Möglichkeit entscheidend wirken, daß ein Betheiligter die Folgen verursacht hat, noch kann von einem Damnifikaten im gewöhnlichen Sinne die Rede sein. Die schweren Folgen sind ausschließlich objektives Merkmal der Schlägerei, bez. des Angriffs. Vgl. München 16. Jan. 75 (bayr. Entsch. V, 11). R.G. 27. Nov. 80 s. oben. Bezüglich der leichter Verletzten ist die Strafbarkeit anerkannt. Mannheim 23. Okt. 75 (bad. Ann. Bd. 42, S. 14). Vgl. Berner S. 522, v. Liszt S. 342, Olshausen N. 6, Oppenhoff N. 14. Mit Unrecht sieht Binding I, 590 in §. 227 eine Beweis-Präsumtion für die Verursachung der schweren Folgen. Hierdurch würde das Verhältniß nur verschoben.

5. Ob den Betheiligten eine Schuld (Vorsatz oder Fahrlässigkeit) an der Verletzung oder dem Tode zur Last fällt, ist unerheblich, wenn nur die Betheiligung eine vorsätzliche ist (Hälschner preuß. St.R. II, 2 S. 156; Berlin 7. Mai 74, St. IV, 44). Mannheim 21. Nov. 74 (bad. Ann. Bd. 41 S. 48), Dresden 25. Okt. 75 (S.G.Z. XX, 179, St. VI, 289).

Nothwehr bei der Tödtung oder schweren Körperverletzung schließt Bestrafung wegen Betheiligung an der Schlägerei nicht in allen Fällen aus. Mannheim 23. Okt. 75 (bad. Ann. Bd. 42 S. 13). R.G. III, 27. Nov. 80 (E. III, 236), II, 6. Nov. 88, R. X, 627. Jedoch kann die bloße Abwehr als Betheiligung an der Schlägerei nicht beurtheilt werden. R.G. I, 10. Nov. 87, R. IX, 584.

6. Berlin 12. Nov. 73 (O.R. XIV, 711) nahm an, die Thatsache, daß der Betheiligte nicht ohne sein Verschulden in die Schlägerei hineingezogen worden sei, bilde kein Begriffsmoment, dessen Feststellung zur Verurtheilung erforderlich sei, sondern einen Strafausschließungsgrund, der besonders behauptet sein müsse, um Feststellung zu verlangen. Dies dürfte irrig sein. Es ist ein Thatumstand, der die Schuld bedingt, und der ebenso wenig vermuthet werden kann wie das Gegentheil. Es muß also die Anklage den Beweis führen und der Richter eine Feststellung darüber treffen. Gelangt er zu einem non liquet, so kann er nicht verurtheilen. R.G. II, 6 und 16. Nov. 88, R. X, 627, 668. So auch H. Meyer S. 566, Olshausen N. 7, Rubo N. 6.

Die Feststellung, daß der Angeklagte ohne sein Verschulden hineingezogen worden, befreit nur von der Strafe der Betheiligung an der Schlägerei ꝛc. nicht von der Strafe für die von dem Angeklagten selbst verübten Mißhandlungen. Berlin 28. April 75 (Goltd. XXIII, 335, O.R. XVI, 312). Der Umstand, daß Jemand nicht ohne sein Verschulden in die Schlägerei hineingezogen wurde, ist nicht dadurch ausgeschlossen, daß die Gegenpartei auch ein Verschulden oder sogar das Hauptverschulden trifft, wenn nur denjenigen, der sich auf Mangel an Verschulden beruft, solches in irgend einer Weise trifft. R.G. 27. Nov. 80 s. oben.

7. Abs. 2 setzt nicht voraus, daß die mehreren Personen als Mitthäter, welche gemeinschaftlich eine Körperverletzung verüben, nach dem allgemeinen Grundsatz des §. 47 anzusehen sind. Die Strafvorschrift findet Anwendung, mag dieses der Fall sein oder nicht. Ist es der Fall, so liegt ideale Konkurrenz vor. (Vgl. oben N. 2.) Die bloße Betheiligung an einer Schlägerei oder einem gemeinschaftlichen Angriff, bei welchen die in Absatz 2 bezeichneten Körperverletzungen vorkommen, genügt nicht zum Thatbestand. Es muß vielmehr festgestellt werden, daß der aus Abs. 2 Verurtheilte dem Verletzten eine von denjenigen Verletzungen zufügte, deren Zusammentreffen den Tod verursachten. Berlin 27. Sept. 77 (O.R. XVIII, 601, Goltd. XXV, 536, St. VIII, 169).

8. Abs. 2. Unter „Verletzung" ist jede, der Gesundheit nachtheilige thätliche Einwirkung auf den Körper des Mißhandelten zu verstehen. (O.R. II, 331.)

9. Abs. 2. Wegen mildernder Umstände vgl. §. 228.

10. Daß ein aus §. 227 Abs. 2 Angeklagter nicht ohne sein Verschulden hineingezogen sei, ist nicht Voraussetzung der Strafbarkeit. Gl. M. Berlin 28. April 75, St. V, 72; H. Meyer S. 567, Olshausen N. 16, Oppenhoff N. 22. Rubo N. 9, v. Schwarze N. 13.

11. Der §. 367 Ziff. 10 setzt dieselbe äußere Erscheinung der That wie §. 227 voraus und unterscheidet sich nur dadurch von §. 227, daß keine der schweren in §. 227 bezeichneten Folgen bei der Schlägerei oder dem Angriff eingetreten ist. München 18. Okt. 73 (bayr. Entsch. III,

476). Abweichend Leipzig 29. Nov. 72 (Entsch. VIII, 121). Ueber Zusammenfluß mit anderen Delikten s. zu §. 226 N. 4.

§. 228*). Sind mildernde Umstände vorhanden, so ist in den Fällen des §. 223 Absatz 2 und des §. 223a. auf Gefängniß bis zu drei Jahren oder Geldstrafe bis zu eintausend Mark, in den Fällen der §§. 224 und 227 Absatz 2 auf Gefängniß nicht unter Einem Monat, und im Falle des §. 226 auf Gefängniß nicht unter drei Monaten zu erkennen.

Pr. §. 196; E. I. §. 201; E. II. §. 223; St.B. S. 668, 1173 (Drucks. Nr. 85, 132 nebst Berichtigung dazu).

G. v. 26. Febr. 1876 Art. I; Drucks. Nr. 54, 145; St.B. S. 807.

Vgl. §. 367 Nr. 10.

1. Die Fassung des durch die Novelle vom 26. Febr. 1876 aufgenommenen §. 228 ist eine inkorrekte. Der Ausdrucksweise des St.G.B. entsprechend (vgl. hierüber oben die allgemeinen Bemerkungen S. 31 ff.) hätte die Fassung lauten müssen:

„Sind mildernde Umstände vorhanden, so kann in den Fällen des §. 223 Abs. 2 und des §. 223a die Strafe bis auf einen Tag Gefängniß ermäßigt oder auf Geldstrafe bis zu 1000 Mark erkannt werden. In den Fällen der §§. 224 u. s. w. ist auf 2c. zu erkennen."

2. Die Zulassung mildernder Umstände in den Fällen des §. 223 Abs. 2 und in dem §. 223a beruht auf der Erwägung, daß namentlich im Falle einer Provokation sich eine gelinde Strafe rechtfertigen kann. (Motive.) S. auch §. 297 St.P.O.

§. 229. Wer vorsätzlich einem Anderen, um dessen Gesundheit zu beschädigen, Gift oder andere Stoffe beibringt, welche die Gesundheit zu zerstören geeignet sind, wird mit Zuchthaus bis zu zehn Jahren bestraft.

Ist durch die Handlung eine schwere Körperverletzung verursacht worden, so ist auf Zuchthaus nicht unter fünf Jahren und, wenn durch die Handlung der Tod verursacht worden, auf Zuchthaus nicht unter zehn Jahren oder auf lebenslängliches Zuchthaus zu erkennen.

Pr. §. 197; E. I. §. 202; E. II. §. 225; St.B. S. 668.

1. Der §. 229 behandelt die Vergiftung, d. h. die vorsätzliche Beibringung von Gift u. s. w., ohne daß es auf den Eintritt einer nachtheiligen Wirkung auf die Gesundheit ankommt. (Entsch. des O.Tr. Bd. 33 S. 218, O.R. II, 411.)

2. Als dolus genügt das Bewußtsein und der Wille, einem Anderen Gift, also einen schädigenden Stoff, beizubringen; es bedarf nicht außerdem des Bewußtseins der Zulänglichkeit des dargereichten Giftmaßes zur Hervorbringung bestimmter Nachtheile im Gesundheitszustande, und noch weniger der Absicht, solche Nachtheile herbeizuführen. Vgl. die gründlich motivirte Entscheidung des O.Tr. vom 21. Mai 1862 (Goltd. X, 545, O.R. II, 411) und die unten N. 4 allegirten Erkenntnisse.

3. Ueber die Beibehaltung des Wortes „Gift", gegen welche sich das Gutachten der wissenschaftlichen Deputation (Anlage III zu den Motiven S. 39) aussprach, bemerken die Motive:

„Der die Vergiftung behandelnde §. 229 weicht nur insofern vom preuß. St.G.B. ab, als durch die Worte „um die Gesundheit zu beschädigen" die verbrecherische Absicht ausdrücklich näher bezeichnet ist. Durch diesen Zusatz erledigen sich auch die Bedenken, welche gegen die Beibehaltung des Wortes Gift erhoben werden können. Der Ausdruck ist

---

*) Neue Fassung des G. v. 26. Febr. 1876; die alte Fassung lautete:

§. 228. Sind mildernde Umstände vorhanden, so ist in den Fällen der §§. 224 und 227 Absatz 2 auf Gefängniß nicht unter Einem Monat, und im Falle des §. 226 auf Gefängniß nicht unter drei Monaten zu erkennen.

Diese Ermäßigung der Strafe bleibt ausgeschlossen, wenn die Handlung gegen Verwandte aufsteigender Linie begangen ist.

beizubehalten, weil er der hergebrachten Auffassung des gemeinen Lebens entspricht und weil durch den allgemeinen Zusatz: oder andere Stoffe, welche die Gesundheit zu beschädigen geeignet sind", hinreichend angedeutet wird, daß nach der Meinung des Gesetzes auch Gift objektiv dieselbe Eigenschaft besitzen müsse. So richtig es deshalb auch sein mag, daß, wie das Gutachten der wissenschaftlichen Deputation ausführt, die Eigenschaft eines Stoffes als Gift sich nach den Grundsätzen chemischer und medizinischer Wissenschaft allgemein nicht vorher bestimmen lasse, so handelt es sich nach dem Sinne und der Fassung des Entwurfs doch nicht um eine solche abstrakte Feststellung des Begriffes. Das Gesetz hat nicht durchweg Stoffe im Auge, welche unbedingt und unter allen Umständen als gesundheitsschädlich zu betrachten sind. Vielmehr ist im einzelnen Falle mit Rücksicht auf die Qualität und Quantität des beigebrachten Stoffes, auf die körperliche Beschaffenheit desjenigen, dem ein Stoff beigebracht worden ist, überhaupt mit Rücksicht auf die besonderen Umstände zu entscheiden, ob der Stoff als ein gesundheitsschädlicher zu erachten sei. Daß dem Thäter die schädliche Eigenschaft bewußt gewesen sein muß, folgt aus dem allgemeinen Grundsatze des §. 59."

Die Worte „oder andere Stoffe, welche die Gesundheit zu zerstören geeignet sind", bedeuten hiernach nicht den Gegensatz von Gift. Dieselben sind beibehalten, weil sich eine feste Grenze zwischen den Stoffen, welche Gifte sind, und denen, welche es nicht sind, nicht ziehen läßt. Beide Ausdrücke dienen zur gegenseitigen Erläuterung. Zu den „anderen Stoffen" sollen danach nur solche zu rechnen sein, wie Hälschner preuß. Str.R. II, 167 bemerkt, welche wie das Gift eine chemisch-dynamische Wirkung ausüben, nicht diejenigen, welche nur vermöge ihrer Form und Schwere eine mechanische, den Körper und die Gesundheit beschädigende Wirkung hervorbringen. Dies dürfte jedoch irrig sein. Wenn man auch unter Gift nur chemisch wirkende Mittel zu verstehen pflegt, so wollte das Gesetz eben diesen Begriff erweitern und alle Mittel umfassen, welche innerlich beigebracht, geeignet sind, die Gesundheit zu zerstören, z. B. solche, die die organischen Gewebe direkt zerstören, wie Scheidewasser, oder solche, welche mechanisch wirken, wie Glas. Gl. M. Geyer in H.H. III, 562, Hälschner II, 104, v. Liszt S. 336, H. Meyer S. 551, Olshausen N. 2, Puchelt N. 1, v. Wächter S. 345. A. M. Oppenhoff N. 4, v. Schwarze N. 6. — v. Liszt a. a. O, und Olshausen N. 3 rechnen hierher auch Stoffe, welche zwar figürlich auch als Gift bezeichnet werden, aber doch nicht chemisch wirken, wie Cholera, Syphilis, Tuberkulose, Pockengift u. s. w. Da auch das Einimpfen u. s. w. als ein Beibringen betrachtet werden muß, so könnte dies höchstens zu dem unfruchtbaren Streit führen, ob es Gift oder andere Stoffe 2c. sind. (Vgl. übrigens das vorerwähnte Gutachten, sowie Skrzeczka in der deutschen St.R.Z. 1866 S. 258.) Bei der mangelnden Abgrenzung von Gift und andern Stoffen kann auch eine alternative Feststellung erfolgen.

4. Aus dem zu 3. Gesagten folgt, daß eine zu geringe Quantität eines gemeinhin als Gift bezeichneten Stoffes die Annahme einer Vergiftung sowohl, wie eines Versuches ausschließen kann. Vgl. O.R. III, 396. (Ein Lehrjunge hatte drei Schwefelhölzchen in den Bierkrug seines Lehrherrn geworfen.) Vgl. jedoch Hälschner preuß. Str.R. II, 168, Goltd. II, 823; **XI**, 501 und Berlin 3. Nov. 75 (Goltd. **XXIII**, 526, O.R. **XVI**, 706), wo ausgeführt ist, daß ein an sich giftiger Stoff nur bei einer so geringen Quantität, daß die Möglichkeit eines gesundheitsbeschädigenden Einflusses auf irgend welchen menschlichen Organismus (sei es auch der eines neugeborenen Kindes) überhaupt ausgeschlossen bleibe, als „Gift" nicht mehr anzusehen sei, im Uebrigen aber es nicht darauf ankomme, ob nach der körperlichen Beschaffenheit der Person, welcher der Stoff beigebracht worden ist, dieser Stoff seiner Menge nach seinen Zweck zu erfüllen vermochte. R.G. I, 14. Jan. 84, **E. X**, 178 führt aus, daß es Gift im Sinne einer Substanz, welche unter allen Umständen geeignet wäre, die Gesundheit zu zerstören, nicht gebe, sondern daß diese Eigenschaft stets nur eine relative nach Quantität des Stoffs und Beschaffenheit der Person sei, welcher er beigebracht werde. Das Vorliegen von Gift könne also nur im einzelnen Fall entschieden werden. Mit Recht werde also die Eigenschaft von Gift oder eines anderen Stoffs u. s. w. verneint, wenn die Quantität, welche beigebracht wurde oder werden wollte, zu gering sei, um zu schaden. Jedoch nimmt R.G. I, 30. Juni 81, R. III, 449 an, daß die Eigenschaft, die Gesundheit zu zerstören, schon im Begriffe Gift liege, den Relativsatz: „welche die Gesundheit zu zerstören geeignet sind", sich nur auf „andere Stoffe" beziehe; eine Feststellung also, welche das Beibringen von Gift bejahe, genüge.

Nachdem das R.G. die Strafbarkeit eines mit untauglichen Mitteln unternommenen Versuchs angenommen hat, Abs. 1 aber offenbar den der Gefährlichkeit halber zum selbständigen Verbrechen erhobenen Thatbestand eines Versuchs enthält, wird aus der zu geringen Menge eines Giftstoffes Straflosigkeit nicht abgeleitet werden können, wenn der Thäter die Absicht der Gesundheitsbeschädigung hatte, zumal Gift in unzulänglicher Menge höchstens ein relativ untaugliches Mittel bildet. (Abgesehen von der Unhaltbarkeit der Unterscheidung zwischen relativ und absolut untauglichen Mitteln.)

5. Die That ist vollendet mit Beibringung des Stoffs, also Aufnahme desselben in den Körper, des Vergifteten, mag dieser ihn auch noch so rasch wieder entfernen, wie z. B. durch Ausspucken des schlechten Geschmacks halber. A. M. Geyer in H.H. III, 563, Hälschner II, 105, v. Liszt S. 336, Olshausen N. 5, v. Schwarze N. 8, welche eine Verbindung mit dem Körper verlangen, welche für die gesundheitzerstörende Wirkung bedingend ist. Wenn v. Liszt dabei von einem Eintritt in das Blut spricht, so dürfte dies schon physiologisch unzulänglich sein. Aber auch sonst wird hiermit ein kaum beibringbarer Beweis verlangt bei der Immunität gewisser Individuen und der Unmöglichkeit, in manchen Richtungen Untersuchung am Lebenden vorzunehmen. Wer kann z. B. sagen, daß ein sofort ausgespucktes Gift nicht doch in geringen Quantitäten durch den Speichel in den Magen und dadurch in den Stoffwechsel gelangt ist. Man wird sich also mit dem Nachweis einer mechanischen Verbindung mit dem Körper begnügen müssen.

Auch Versuch des in Abs. 1 normirten Verbrechers ist denkbar, nicht aber ein solcher des in Abs. 2 normirten, weil hierzu Vorsatz erforderlich wäre, der erforderliche Erfolg aber nur ein objektiver, nicht ein gewollter ist, da außerdem Versuch einer schweren Körperverletzung bez. des Mordes vorliegen würde. Vgl. Oppenhoff N. 10, Olshausen N. 8, Hälschner II, 106.

Für diesen letzteren Fall nimmt ideelle Konkurrenz an Berlin 22. Juni 75 (O.R. XVI, 481); dem steht aber entgegen, daß der dolus des §. 229 (um dessen Gesundheit zu schädigen) und die Absicht zu tödten sich ausschließen. Was jedoch eine beabsichtigte Körperverletzung betrifft, so ist nach Abs. 1 der Thatbestand des Versuchs, nach Abs. 2 der der Vollendung der gleiche mit §. 225 bez. 226, wobei nur die Verwendung von Gift als Mittel der That einen höheren Strafgrad begründet. Dagegen kann bei straflosem Mordversuch (§. 46) aus §. 229 Abs. 1 oder 2 gestraft werden. Berlin 12. Juli 75 (O.R. XVI, 534). A. M. Binding, Normen II, 520, Olshausen N. 9.

6. Abs. 2. „Verursacht" vgl. §. 222 N. 1, 2, 224 N. 3.

§. 230. Wer durch Fahrlässigkeit die Körperverletzung eines Anderen verursacht, wird mit Geldstrafe bis zu neunhundert Mark oder mit Gefängniß bis zu zwei Jahren bestraft.

War der Thäter zu der Aufmerksamkeit, welche er aus den Augen setzte, vermöge seines Amtes, Berufes oder Gewerbes besonders verpflichtet, so kann die Strafe auf drei Jahre Gefängniß erhöht werden.

Pr. §. 198; E. I. §. 203; E. II. §. 228; St.B. S. 669 (Drucks. Nr. 85).

Vgl. §§. 223, 231, 232, 326, 330; Gew.O. §§. 18, 107, 143 ff.; Impf-G. v. 8. April 1874 §. 17.

1. Ueber den zur Verfolgung erforderlichen Antrag vgl. §. 232.

Ueber die Voraussetzungen der Fahrlässigkeit vgl. §. 222 N. 1—13, 23, 24, da sich die fahrlässige Tödtung von der fahrlässigen Körperverletzung ausschließlich durch den eingetretenen schwereren Erfolg unterscheidet.

2. Ueber den Begriff der Körperverletzung vgl. §. 223 N. 2. Derselbe umfaßt jede Gesundheitsbeschädigung, so daß die Ansteckung mit Syphilis durch Jemand, der wissentlich daran leidet und dennoch den Beischlaf vollzieht, ebenfalls hierher gehört. (Vgl. Weiß, Komm. II, S. 64.) Ebenso fällt die Verschlimmerung eines bestehenden Leidens unter die Körperverletzung, auch wenn der eingetretene schlimme Erfolg vielleicht auch außerdem eingetreten wäre (Erblinden bei einem durch einen Kurpfuscher falsch behandelten Augenleiden) R.G. I, 26. März 88, R. X, 268. Zwischen leichter und schwerer Körperverletzung ist nicht unterschieden. Dies bleibt der Strafzumessung vorbehalten.

3. Abs. 2. Vgl. über die Voraussetzungen des Abs. 2 §. 222 N. 14—22. — Wegen der Fahrlässigkeit bei Bauten vgl. §. 330. Wegen Konkurrenz von vorsätzlicher und fahrlässiger Körperverletzung s. §. 223 N. 8.

§. 231*). In allen Fällen der Körperverletzung kann auf Verlangen des Verletzten neben der Strafe auf eine an denselben zu erlegende Buße bis zum Betrage von sechstausend Mark erkannt werden.

Eine erkannte Buße schließt die Geltendmachung eines weiteren Entschädigungsanspruches aus.

Für diese Buße haften die zu derselben Verurtheilten als Gesammtschuldner.

Pr. —; E. I. —; E. II. §. 225; St.B. S. 668, 669.

Vgl. §. 188.

1. Vgl. §. 188 und die Bemerkungen zu demselben. Die vom Reichstag in den §. 188 aufgenommene Voraussetzung „nachtheiliger Folgen für die Vermögensverhältnisse, Erwerb und Fortkommen" fehlt hier, weil man davon ausging, daß „bei der Körperverletzung der Nachtheil schon in der Verletzung nachgewiesen sei." (St.B. S. 668.) Auf den Versuch einer Körperverletzung würde hiernach der §. 231 nur dann anwendbar sein, wenn, wie es im Fall des §. 225 allerdings der Fall sein kann, die Versuchshandlung eine Verletzung (Beschädigung) mit sich führt. Vgl. Dochow S. 38, Stenglein im G.S. Bd. 24, S. 345. Für die richterliche Würdigung wird immer der Grundcharakter der Buße (vgl. zu §. 188 N. 1), wonach dieselbe eine Entschädigung für eine Verletzung darstellen soll, ins Gewicht fallen müssen, jedoch als Entschädigung nicht bloß für vermögensrechtliche Nachtheile, sondern auch für die durch die Verletzung entstandenen körperlichen oder psychischen Schaden R.G. I, 7. März 87, E. XV, 352, R. IX, 172, München 18. Juni 84, bayr. Entsch. III, 99. Auf die Frage, ob nach civilrechtlichen Normen ein Entschädigungsanspruch begründet sein würde, kommt hierbei nichts an. R.G. I, 10. Nov. 79, R. I, 57, II, 10. April 88, R. X, 293.

2. Bei Bemessung der Buße können Entschädigungsgelder, welche dem Verletzten durch den Thäter oder aus einer Versicherungskasse bezahlt wurden, Berücksichtigung finden. R.G. I, 29. Nov. 83, E. IX, 223, R. V, 734, II, 6. Juli 83, R. V, 507 (wonach ein Vergleich mit einem vom Thäter vorgeschobenen Dritten keine Berücksichtigung verlangen kann).

3. Ob neben dem Entschädigungsanspruch noch ein Anspruch auf Schmerzensgeld — wo ein solcher partikularrechtlich besteht — geltend gemacht werden kann, erscheint bei der allgemeinen Fassung des Gesetzes zweifelhaft. Der ratio legis dürfte die Zuerkennung eines solchen Anspruches nicht entsprechen. So ist auch die Praxis der Mecklenburgischen Gerichte. G.S. Bd. 26, S. 544.

4. Der §. 231 findet in allen Fällen der Körperverletzung, also auch beim Raufhandel (§. 227) (A. M. Hälschner II, 112, v. Liszt S. 343, H. Meyer S. 568, v. Wächter S. 50), der Beibringung von Gift (§. 229) (nur im Falle einer Verletzung nehmen dies an Geyer II, 22 Hälschner II, 112, Merkel S. 302, Olshausen N. 4, Rubo N. 11, v. Schwarze N. 1) und der fahrlässigen Körperverletzung (§. 230) Anwendung. Berlin 28. Sept. 76, 27. Nov. 78 (O.R. XVII, 620; XIX, 546, Goltd. XXIV, 463; XXVI, 519, St. VI, 289). Auch die mehreren wegen einer und derselben fahrlässigen Körperverletzung Verurtheilten können für die Buße solidarisch haftbar erklärt werden R.G. I, 29. Nov. 83, E. IX, 223, R. V, 734. A. M. Olshausen N. 1, Puchelt N. 1, v. Schwarze N. 7.

Auch bei einer nach §. 340 zu bestrafenden Mißhandlung ist das Verlangen einer Buße zulässig. R.G. II, 22. Mai 85, E. XII, 223, R. VII, 321. (S. jedoch II, 16. Jan. 83, R. V, 35.)

5. Es begründet auch keinen Unterschied, wenn der rechtliche Charakter der Betheiligung Mehrerer an einer Körperverletzung ein verschiedener ist, oder wenn bei einem von Mehreren verübten Angriff der spezielle Thäter der Verletzung nicht nachgewiesen ist. Berlin 28. Sept. 76 a. a. O. R.G. III, 1. Juli 82, E. VII, 12, R. IV, 662. In solchen Fällen kann der Richter den Betheiligten die Buße verschieden zumessen, auch Einzelne ganz freilassen.

6. Weil die Buße an Stelle der Entschädigung tritt, nicht aber Strafe ist, kann darauf erkannt werden, auch wenn die Strafe wegen eines anderen ideell konkurrirenden Delikts erfolgt ist, welches Buße nicht zuläßt. München 5. Okt. 88, bayr. Entsch. V, 174.

---

*) Vgl. Dochow, Die Buße u. s. w., Jena 1875, S. 27; v. Wächter, Die Buße u. s. w., Leipzig 1874; Stenglein im G.S. Bd. 24, S. 325 ff.

7. Die Motive bemerken:

„Für die Festsetzung einer Privatbuße zu Gunsten des Verletzten sprechen bei einer vorsätzlichen Körperverletzung und zwar in noch erhöhtem Maße dieselben Gründe, welche für eine solche bei der Verleumdung entscheidend waren.

Die Haftpflicht mehrerer zu einer solchen Buße Verurtheilten regelt sich nach den privatrechtlichen Grundsätzen über die Gesammtschuld. Nach der Fassung des Gesetzes bedarf es übrigens kaum der Hinweisung darauf, daß bei mehreren Theilnehmern an einer Körperverletzung der Richter berechtigt ist, alle oder nur einen oder einzelne derselben zu der Buße zu verurtheilen."

Ein Rückgriff der verurtheilten Gesammtschuldner — mögen dieselben in demselben Verfahren verurtheilt sein oder nicht, findet nicht statt. (Vgl. für Preußen Allgem. Landrecht §. 34, I, 6.)

§. 232*). Die Verfolgung leichter vorsätzlicher, sowie aller durch Fahrlässigkeit verursachter Körperverletzungen (§§. 223, 230) tritt nur auf Antrag ein, insofern nicht die Körperverletzung mit Uebertretung einer Amts-, Berufs- oder Gewerbspflicht begangen worden ist.

Ist das Vergehen gegen einen Angehörigen verübt, so ist die Zurücknahme des Antrages zulässig.

Die in den §§. 195, 196 und 198 enthaltenen Vorschrift finden auch hier Anwendung.

Pr. §§. 189, 198 A. 2, 203; E. I. §. 203; E. II. §. 226; St.B. S. 669, 670 (Drucks. Nr. 85).

G. v. 26. Februar 1876 Art. I; Drucks. (1876) Nr. 54, 145, 155 (II, III), 226 B; St.B. S. 807, 1348.

Vgl. §§. 61—65, 195, 196, 199, 340.

1. Vgl. die Bemerkungen zu §§. 61—65, 185 N. 7 und 195, 196, 198, dann bezüglich der Amts-, Berufs- oder Gewerbspflicht §. 222 N. 14—22. — Unter „leichten Körperverletzungen" sind alle solche zu verstehen, welche dem Begriff des §. 223 entsprechen, ohne zu den gefährlichen (§. 223a) oder den schweren (§. 224) zu gehören. Dafür daß das Erforderniß der Antragstellung auf §. 223a nicht zu beziehen ist, s. Berlin 20. März, 29. u. 30. Mai, 11. Okt. 77, 27. Nov. 78 (O.R. XVIII, 233, 351, 354, 639; XIX, 547, Goltd. XXV, 339, 535, St. VII, 117, 301), München 25. Nov. 76 (bayr. Entsch. VI, 559), Dresden 14. Aug. 76 (S.G.Z. XXI, 212), Mannheim 17. Febr. 77 (bad. Ann. Bd. 43 S. 99), Jena 1878 (thür. Bl. V, 361), Wolfenbüttel 30. Juni 76 (St. VI, 284). Auch die im §. 223 Absatz 2 erwähnten, gegen Verwandte aufsteigender Linie begangenen gehören zu den leichten. Vgl. St.B. 1875/76 S. 807 ff., Berlin 4. Okt. 71 (O.R. XII, 495).

2. Ob das Erforderniß des Antrags auch auf Körperverletzungen von Verwandten aufsteigender Linie auszudehnen, war in der Bundeskommission Gegenstand eingehender Erwägung, welche dahin führte, zur Vermeidung von Eingriffen in Familienverhältnisse bezüglich derselben eine Ausnahme nicht aufzustellen.

3. Ist der Vater der Thäter an einem noch nicht 18 Jahre alten Kinde, so kann ein gesetzlicher Vertreter den Antrag stellen. Berlin 19. Sept. 77 (O.R. XVIII, 572). R.G. II, 3. Mai 80 (R. III, 264, E. IV, 145). Der Antrag des Vormunds eines unehelich geborenen Kindes ist auch dann wirksam, wenn der Thäter später beweist, daß er der uneheliche Vater sei und das Kind durch nachfolgende Ehe legitimirt habe; wenn die Vormundschaft trotzdem fortgedauert hatte. R.G. II, 14. Jan. 87, E. XV, 176, R. IX, 147. Für die Ehefrau kann der Mann den Antrag stellen. Berlin 26. Juni 77 (O.R. XVIII, 473). Ehegatten gelten in Bezug auf Abs. 2 auch nach erfolgter Scheidung als Angehörige. Berlin 21. Nov. 77 (O.R. XVIII, 728, Goltd. XXV, 497, St. VIII, 179).

---

*) Neue Fassung des G. v. 26. Febr. 1876. Die alte Fassung lautete:

§. 232. Die Verfolgung leichter vorsätzlicher, sowie aller durch Fahrlässigkeit verursachter Körperverletzungen (§§. 223, 230) tritt nur auf Antrag ein, insofern nicht die Körperletzung mit Uebertretung einer Amts-, Berufs- oder Gewerbspflicht begangen worden ist.

Die in den §§. 195, 196 und 198 enthaltenen Vorschriften finden auch hier Anwendung.

4. Der Anschluß des Verletzten als Nebenkläger kann im Zweifel als Strafantrag betrachtet werden. R.G. III, 29. Okt. 88, R. X, 606.

5. Abs. 2. Gehören zu den Verletzten Angehörige und Nichtangehörige, so haben letztere, wenn sie Antrag gestellt haben, kein Recht der Zurücknahme.

6. Es ist bereits oben (vgl. §. 185 N. 12) darauf hingewiesen, daß das St.G.B. die Beleidigungen und leichten Körperverletzungen bezüglich der Verfolgbarkeit und überhaupt der prozessualischen Behandlung im Allgemeinen denselben Regeln unterwirft. Insbesondere gilt dieses von dem Erforderniß des Antrags und der Zulässigkeit der Kompensation. Berlin 15. Juni 77 (O.R. XVIII, 433) nahm an, daß die von Beamten und Militärpersonen im Dienste verübten Körperverletzungen durch die besondere Strafandrohung des §. 340 nicht an sich von den leichten Körperverletzungen ausgeschlossen seien und deshalb Abs. 3 auch auf dieselben Anwendung finde.

7. Es dürfte auf einem Redaktionsversehen beruhen, daß die Vorschrift des §. 198 nicht auf den Fall ausgedehnt ist, daß eine Beleidigung mit einer Körperverletzung oder umgekehrt erwidert wird. Dieselben Gründe, welche dafür sprechen, die Kompensation von Beleidigungen und Körperverletzungen (§. 233) bez. eine Widerklage zu gestatten (vgl. §. 428 der St.P.O.), dürften auch für die Anwendung des §. 198 auf den vorliegenden Fall sprechen. Aus dem Wortlaut des Gesetzes läßt sich dieses indessen nicht herleiten.

§. 233. Wenn leichte Körperverletzungen mit solchen, Beleidigungen mit leichten Körperverletzungen oder letztere mit ersteren auf der Stelle erwidert werden, so kann der Richter für beide Angeschuldigte, oder für einen derselben eine der Art oder dem Maße nach mildere oder überhaupt keine Strafe eintreten lassen.

Pr. §. 188; E. I. —; E. II. §. 225; St.B. S. 670 (Drucks. Nr. 85).

Vgl. §. 199.

1. Vgl. die Bemerkungen zu §. 199.

2. Der Ausdruck „leichte Körperverletzungen" findet sich hier ohne den Zusatz „vorsätzlicher". Er begreift deshalb auch solche fahrlässige Körperverletzungen, welche keine der in §§. 224 und 226 gedachten Folgen gehabt haben. Auch der Reichstag, welcher dem im Entwurf am Ende des Abschnitts stehenden §. 230 (fahrlässige Körperverletzung) die jetzige Stelle anwies, beabsichtigte hierdurch das System der Kompensation auch auf fahrlässige Körperverletzungen auszudehnen. (St.B. S. 669.) — Uebrigens folgt aus dem Begriff, daß eine fahrlässige Körperverletzung wohl mit einer vorsätzlichen oder mit einer Beleidigung erwidert werden kann, dagegen kann eine solche nie das Mittel der Erwiderung sein.

3. Bei Anwendung des §. 233 kann auch auf Haft erkannt werden. München 9. Sept. 74 (St. IV, 152, bayr. Entsch. IV, 388).

4. Wegen der Nichtanwendbarkeit des §. 198 auf die Erwiderung einer Körperverletzung mit einer Beleidigung und umgekehrt vgl. §. 232 N. 7. Wird eine leichte Körperverletzung mit einer schweren erwidert, so kann §. 233 auch in Bezug auf die leichte nicht zur Anwendung kommen. Berlin 11. Okt. 70 (Goltd. XIX, 59).

Körperverletzungen oder Beleidigungen, welche Angehörige des Thäters von dessen Gegner erlitten haben, können zur Kompensation nicht benutzt werden. Berlin 27. Juni 72 (Goltd. XX, 404), 29. Juni 77 (O.R. XVIII, 491), Jena 24. Febr. 76 (St. VI, 292).

S. auch zu §. 232 N. 3.

5. Auf §. 223a findet §. 233 keine Anwendung. Berlin 4. u. 30. Mai, 11. Okt., 2. Nov. 77, 27. Nov. 78 (O.R. XVIII, 320, 354, 639, 687; XIX, 546, Goltd. XXV, 339, St. VII, 117). R.G. II, 28. Okt. 79 (R. I, 23, Goltd. XXVIII, 27); IV, 12. Okt. 86, E. XIV, 360, R. VIII, 611. Auch nicht auf §. 340 R.G. II, 4. Juli 82, E. VI, 433, R. IV, 672.

Noch weniger selbstverständlich kann die einem Beamten bei Ausübung seines Amtes zugefügte leichte Körperverletzung mit einer von dem Beamten vorher dem Thäter zugefügten, die Amtsbefugnisse nicht überschreitenden Thätlichkeit kompensirt werden, auch wenn dieser die Beamten-Eigenschaft jenes nicht gekannt hat. R.G. III, 23. Sept. 82, E. VII, 100, R. IV, 709.

6. Bestehen die gegenseitigen Thätlichkeiten aus mehreren solchen von jeder Seite, so sind nicht die einzelnen gegen einander abzuwägen, sondern nur das Gesammtverhalten. Dresden 14. Mai 75 (S.G.Z. XX, 17, St. V, 344).

Dies liegt auch dann vor, wenn einerseits eine leichte Körperverletzung und eine Beleidigung begangen war, andererseits durch eine leichte Körperverletzung erwidert wurde. München 7. Mai 88, bayr. Entsch. V, 80.

7. Darüber, ob es erforderlich sei, daß die gegenseitigen Thätlichkeiten bez. Beleidigungen gleichzeitig zur Aburtheilung kommen, um §. 233 anzuwenden, bestehen verschiedene Ansichten. Berlin 11. Juli 78 (Goltd. XXVI, 440, 441) nimmt Zulässigkeit der Kompensation auch bei successiver Aburtheilung an. München 5. Jan. 78 (St. VIII, 170) verneint dies. Da der Zufall, daß nicht gleichzeitige Aburtheilung eintritt, über Anwendung einer materiellen Rechtsnorm nicht entscheiden kann, wird der ersteren Ansicht der Vorzug zu geben sein, mit dem Vorbehalt, daß der Richter, welcher auf Kompensation erkennt, die stattgehabte Aburtheilung des einen Falles berücksichtigt.

8. Die sg. Kompensation aus §. 233 ist ein strafausschließender Grund im Sinne des §. 266 Abs. 2 St.P.O.; es muß also, wenn eine Partei sich auf die Erwiderung auf der Stelle beruft, das Gericht sich darüber aussprechen. R.G. II, 1. Mai 88, E. XVII, 346, R. X, 364.

Eines Strafantrags bedarf es zur Anwendung des §. 233 nicht. München 24. Febr. 88, bayr. Entsch. V, 37.

9. Bei Ausmessung milderer Strafen ist das Mindestmaß und das höchste Maß der treffenden Strafgattung einzuhalten, und können zulässige Nebenstrafen allein unter Kompensation der Hauptstrafen erkannt werden. So Olshausen N. 3.

Achtzehnter Abschnitt.

Verbrechen und Vergehen wider die persönliche Freiheit*).

1. Das Rechtsgut, welches durch die Strafbestimmungen des achtzehnten Abschnittes geschützt ist, läßt keine genaue Definition zu. Der Versuch, den Merkel Lehrb. S. 310 macht, zu definiren, es sei das Interesse an der freien Bethätigung des individuellen Wollens oder des diesem Interesse entsprechenden Zustands, setzt doch eigentlich nur andere Worte an Stelle des Gesetzes. Es lassen sich also die Einzelheiten nur aus den speziellen Thatbestandsnormen ableiten, zumal viele andere Verbrechen an der Willensfreiheit, wie Raub, Erpressung, Nothzucht, anderweit untergebracht sind und ergibt sich hieraus, daß der achtzehnte Abschnitt keine Materie erschöpfend behandelt. Binding, Normen II, N. 752, Geyer in H.H. III, 568, Hälschner II, 117, H. Meyer S. 569, Oppenhoff N. 1, Olshausen N. 1, v. Schwarze S. 651.

2. Es wird darüber kontrovertirt, ob die Sklaverei nach dem achtzehnten Abschnitt bestraft werden kann und muß anerkannt werden, daß das in Sklaverei halten vom Gesetz dem Wortlaute nach nirgends getroffen wird. Einzelne Handlungen dürften aber dennoch unter diesen Abschnitt zu bringen sein. Abgesehen von der Frage, daß die That im Auslande verübt sein dürfte und zwar an Orten, an welchen überhaupt eine geordnete Staatsgewalt und ein Strafgesetz nicht besteht, was aber eine Aenderung des §. 4 St.G.B. nach sich ziehen müßte (vgl. Fuld im G.S. Bd. 45, S. 241), stellt die Sklavenjagd eine Bemächtigung von Menschen mit Gewalt dar, um sie in Sklaverei zu bringen, auch der Ankauf von Sklaven, insofern er nicht zur Freilassung geschieht, kann unter jene Begriffe gebracht werden, und der Sklavenhandel ist nicht ohne ein nach §. 239 strafbares Festhalten denkbar. Es gebricht also wenigstens nicht an Handhaben, wenn Deutsche sich am Sklavenhandel betheiligen sollten, und die Wirksamkeit des St.G.B. auf die deutschen Kolonien ausgedehnt oder §. 4 umgestaltet wird.

---

*) Literatur: Villnow in Goltd. XXIV, 104, Wächter im G.S. Bd. 27, S. 161, Hälschner im G.S. Bd. 35, S. 1, Fuld, Der Schutz der persönl. Freiheit, Goltd. XXXII, 34, Ders., Die Bestrafung des Sklavenhandels, G.S. Bd. 42, S. 35, Knitzschky, Menschenraub u. Kinderraub, G.S. Bd. 44, S. 249, Fleischmann in Gegenwart Bd. 39, S. 26, Bruck, Verbrechen gegen die Willensfreiheit, Breslau 1875, v. Buri im G.S. Bd. 27, S. 517.

§. 234. **Wer sich eines Menschen durch List, Drohung oder Gewalt bemächtigt, um ihn in hülfloser Lage auszusetzen oder in Sklaverei, Leibeigenschaft oder in auswärtige Kriegs- oder Schiffsdienste zu bringen, wird wegen Menschenraubes mit Zuchthaus bestraft.**

Pr. §. 204; E. I. §. 205; E. II. §. 229; St.B. S. 670.

Vgl. §§. 141, 144, 239.

1. Die That wird begangen an „einem Menschen" ohne Unterschied des Geschlechts oder Alters, der Willensfreiheit oder Unfreiheit.

List, Drohung oder Gewalt muß nicht nothwendig gegen die Person angewendet werden, deren sich der Thäter bemächtigen will. Dresden 24. Jan. 73 (St. II, 279, S.G.Z. XVIII, 56), v. Buri, G.S. Bd. 27, S. 523, Hälschner II, 138, im G.S.Bd. 35, S. 10, Olshausen N. 4, Oppenhoff N. 4, Rubo N. 3, v. Schwarze N. 1. Eine Einwilligung des der Freiheit Beraubten ist denkbar und macht die That nicht straflos. Binding, Normen II, 525, H. Meyer S. 584.

2. R.G. I, 21. Juni 86, R. VIII, 465, definirt List als die Ausführung irgend eines klugen, auf Täuschung berechneten Anschlags, wobei Heimlichkeit allein nicht genüge. Deshalb verneinte es die Anwendung von List bei heimlicher Entfernung, fand sie aber in einer listigen Vereitelung der Zurückerlangung. (Das Urtheil bezieht sich auf §. 235.) R.G. II, 27. Jan. 88, E. XVII, 90, R. IX, 74 findet sie schon im Verbergen.

Betäubung durch narkotische Mittel rechnen zur List: Geyer in H.H. III, 607, Hälschner II, 243, v. Schwarze N. 1, Villnow bei Goltd. XXIV, 113. Dagegen finden darin H. Meyer S. 584 u. v. Lilienthal in Z. f. ges. St.W. VII, 473 Gewalt, Binding, Normen II, 526, vis absoluta, und Oppenhoff N. 6 List oder Gewalt.

3. Auswärtige Kriegs- oder Schiffsdienste sind solche in einem Lande, in welchem der der Freiheit Beraubte nicht zu Hause ist. Die Kriegs- oder Schiffsdienste müssen nicht die eines geordneten Staates sein, vielmehr sind als Kriegsdienste auch die einer aufständischen Partei zu betrachten, die die Rechte Kriegführender nicht erlangt hat, und Schiffsdienste können auch solche auf Privatschiffen sein.

4. In hülfloser Lage auszusetzen, s. hierüber zu §. 221.

5. Vollendet ist das Delikt mit der Bemächtigung. Die Verjährung beginnt erst mit dem Augenblick, in welchem der Thäter die Herrschaft über denjenigen aufgegeben hat, dessen er sich bemächtigte. Vgl. Oppenhoff N. 10, v. Schwarze §. 67 N. 5a.

Eine Entfernung desjenigen, dessen sich der Thäter bemächtigt hat, von seinem Aufenthaltsorte bedarf es nicht unter allen Umständen, insofern die That vollendet sein kann, ehe es sich um Ausführung der vorausgesetzten Absicht handelt und man wohl auch die Worte: „Sklaverei, Leibeigenschaft" nicht im engsten technischen Sinne zu verstehen hat, sondern ein jeder freien Bewegung bares Dienstbarkeitsverhältniß darunter verstehen kann.

Versuch der That ist denkbar in Bezug auf die Bemächtigung mit der in §. 234 bezeichneten Absicht. v. Buri G.S. Bd. 27, S. 522, v. Liszt S. 374, Olshausen N. 9. In Bezug auf die Ausführung der Absicht ist Versuch nicht denkbar, da die Bemächtigung, also die Vollendung der That, vorhergehen muß.

§. 235. **Wer eine minderjährige Person durch List, Drohung oder Gewalt ihren Eltern oder ihrem Vormunde entzieht, wird mit Gefängniß und, wenn die Handlung in der Absicht geschieht, die Person zum Betteln oder zu gewinnsüchtigen oder unsittlichen Zwecken oder Beschäftigungen zu gebrauchen, mit Zuchthaus bis zu zehn Jahren bestraft.**

Pr. §§. 205, 206; E. I. §§. 206, 207; E. II. §. 230; St.B. S. 670.

Vgl. §§. 169, 180, 361 Nr. 4.

1. Zum Begriffe der List genügt nicht schon die Heimlichkeit, vielmehr werden positive Veranstaltungen zur psychischen Vergewaltigung des Entführten erfordert, welche auf das Erkenntnißvermögen desselben durch Vorspiegelungen oder durch Verbergung von Geschehenem einen Zwang ausüben. Doch genügt es auch, wenn die List u. s. w. den Eltern oder Vormund oder Dritten gegenüber angewendet wird und die Entführung mit Zustimmung des Entführten erfolgt.

Berlin 10. März 76 (O.R. XVII, 194, Goltd. XXIV, 356), Dresden 24. Jan. 73 (S.G.Z. XVIII, 56, St. II, 279), s. §. 234, N. 1, 2.

2. Der §. ist auch gegen Vater oder Mutter anwendbar, welche ihr Kind dem Vormunde oder dem allein berechtigten Elterntheile widerrechtlich entziehen oder doch durch die Entziehung die Erziehungs- und Aufsichtsrechte des mitberechtigten Elterntheils beeinträchtigen. Dresden 17. Juli 74 (St. IV, 358), 9. April 77 (S.G.Z. XVII, 40, Goltd. XXVI, 231, St. VII, 305, Stuttgart 22. Jan. 79 (württ. Ger.Bl. XV, 339). R.G. I, 21. Juni 86, R. VIII, 465, II, 27. Jan. 88, E. XVII,90, R. X, 74.

3. Einwilligung der Eltern oder des Vormunds, gegen welche die strafbare Handlung gerichtet ist, schließt die Strafbarkeit aus, selbstverständlich nur jene aus §. 235, da die Anwendung von Drohung oder Gewalt gegen die entzogene Person mit Zustimmung der Eltern oder des Vormunds immerhin noch aus §. 236, 240 oder 241 strafbar sein kann. Vgl. Oppenhoff N. 4, Dresden 9. April 77 (S.G.Z. XXII, 40, St. VII, 305), Darmstadt 23. Sept. 78 (St. VIII, 172). v. Buri im G.S. Bd. 27, S. 525, Geyer in H.H. III, 603, Hälschner II, 143, v. Liszt S. 374, H. Meyer S. 586, Olshausen N. 3.

4. Unter Eltern ist derjenige Elterntheil zu verstehen, dem das Aufsichts- und Erziehungsrecht zusteht, bez. in dessen Obhut sich die entzogene Person befand. Vgl. Oppenhoff N. 5, Dresden 9. April 77, s. oben. Unter Eltern sind nicht Ascendenten im weiteren Grade zu verstehen, dagegen fallen Adoptiv- und Pflegeeltern unter den Begriff, vorausgesetzt, daß letztere ein Recht der Pflege haben, nicht bloß in einem faktischen Pflegeverhältniß stehen. v. Liszt S. 374, Oppenhoff N. 5, Olshausen N. 2, Rubo N. 2.

5. Selbstentziehung aus der Gewalt der Eltern oder des Vormunds, selbst durch List, Drohung oder Gewalt, ist wenigstens aus §. 235 nicht strafbar, deshalb auch nicht die Beihülfe eines Dritten; wohl aber die Mitthäterschaft, d. h. ein unter Einverständniß stattfindendes Zusammenwirken zum Zwecke der Entziehung mit Thätervorsatz. R.G. II, 27./30. Nov. 88, E. XVIII, 273, R. X, 692.

6. Die Absicht dauernder Entziehung ist nicht erforderlich; auch zeitweise Entziehung genügt zum Thatbestand. Darmstadt 23. Sept. 78 (St. VIII, 172). Doch genügt auch nicht ein Entziehen von so kurzer Dauer, daß dadurch ein Entziehen aus der Entziehungsgewalt oder Pflege nicht stattfindet, vorausgesetzt natürlich, daß nicht eine längere Entziehung beabsichtigt war, und nur faktisch es bei der kürzeren blieb. R.G. 27./30. Nov. 88 s. oben.

7. Als Vorsatz genügt überhaupt das Bewußtsein, das Recht der Eltern bez. eines Elterntheils oder des Vormunds auf Obhut eines Minderjährigen zu verletzen; s. die citirten Urtheile. Besteht eine Vormundschaft, so kann die Ansicht des Thäters, sei dies auch eines der Eltern, daß ihm ein besseres Recht zustehe, die That nicht entschuldigen, sondern stehen dem vermeintlich Verletzten nur Beschwerden gegen das Vormundschaftsgericht, nicht Selbsthülfe durch Entziehung aus der Obhut des Vormunds zu. Darmstadt 23. Sept. 78 (St. VIII, 172). R.G. 29. Jan. 80 (Ann. I, 353). R.G. IV, 28. Jan. 87, E. XV, 340, R. IX, 102.

8. Vollendet ist die That mit der Entziehung der minderjährigen Person aus der Gewalt der Eltern oder des Vormunds, ohne daß es der Begründung einer andern Gewalt bedarf, wie bei der Volljährigkeit nahe stehender Personen wohl denkbar ist. R.G. II, 27./30. Nov. 88, s. oben.

Versuch ist denkbar, aber nur bei der qualifizirten That strafbar.

9. Auch die Entziehung aus der Obhut der Eltern oder des Vormunds ist ein Zustandsdelikt, welches so lange nicht verjährt, als die Entziehung andauert. R.G. 28. Jan. 87, s. oben.

10. Bei Konkurrenz von §. 235 mit §. 236 oder 237 findet nicht Gesetzes-Konkurrenz, sondern ideelle Konkurrenz statt. R.G. 27./30. Nov. 88, s. oben.

§. 236. Wer eine Frauensperson wider ihren Willen durch List, Drohung oder Gewalt entführt, um sie zur Unzucht zu bringen, wird mit Zuchthaus bis zu zehn Jahren und, wenn die Entführung begangen wurde, um die Entführte zur Ehe zu bringen, mit Gefängniß bestraft.

Die Verfolgung tritt nur auf Antrag ein.

Pr. §§. 207, 209; E. I. §. 208; E. II. §. 231; St.B. S. 670 (Drucks. Nr. 85). Vgl. §. 238.

§. 237. Wer eine minderjährige, unverehelichte Frauensperson mit ihrem Willen, jedoch ohne Einwilligung ihrer Eltern oder ihres Vormundes, entführt, um sie zur Unzucht oder zur Ehe zu bringen, wird mit Gefängniß bestraft.

Die Verfolgung tritt nur auf Antrag ein.

Pr. §§. 208, 209; E. I. §. 209; E. II. §. 232; St.B. S. 670 (Drucks. Nr. 85).

Vgl. §. 238.

§. 238. Hat der Entführer die Entführte geheirathet, so findet die Verfolgung nur statt, nachdem die Ehe für ungültig erklärt worden ist.

Pr. §. 209; E. I. §. 210; E. II. §. 233; St.B. S. 670, 671, 1173.

Vgl. §§. 236, 237, 69.

1. Diese Paragraphen behandeln die Entführung, indem sie davon ausgehen, daß nach der rechtsgeschichtlichen Entwickelung des Begriffs der Entführung eine solche nur an Frauenspersonen begangen werden kann. Unbescholtenheit der Frauensperson ist nicht Begriffsmerkmal. Hälschner II, 241, Olshausen N. 3. Auch Geisteskranke können entführt werden. Oppenhoff N. 4, Olshausen N. 3, ferner die eigene Braut des Thäters. Goltdammer Mat. II, 443, Hälschner II, 242, Olshausen N. 3, Oppenhoff N. 3, Puchelt N. 1, v. Schwarze N. 1. Die eigene Ehefrau nur unter besonderen Voraussetzungen, z. B. der gestatteten Separation. Olshausen N. 3, Rubo N. 5.

2. Eine Entführung ist dann anzunehmen, „wenn die Entführte in eine Lage gebracht wurde, in welcher sie, entfernt von dem bisherigen Aufenthaltsorte und den Schutzmitteln, welche ihr derselbe darbot, der Macht des Thäters unterworfen und den Einflüssen ausgesetzt ist, durch welche sie bestimmt werden soll, sich der Unzucht Preis zu geben oder eine Ehe zu schließen"; — so Hälschner, preuß. St.R. II, 331, D.St.R. II, 241, R.G. I, 8. Mai 82, E. VI, 292.

3. Der Thäter (Mitthäter) kann sowohl eine Manns= wie eine Frauensperson sein, letzteres z. B. bei der Entführung durch eine Kupplerin, um die Entführte einem Bordell zu überliefern. (Vgl. Hälschner preuß. St.R S. 330.) Ebenso wenig braucht der Thäter den Zweck der Unzucht oder Ehe für sich selbst zu haben.

4. Die Handlung ist in den beiden Fällen des §. 236 und des §. 237 die gleiche: das Entführen. Es wird hierbei festzuhalten sein, daß der Thäter hierbei nicht selbstthätig zu sein braucht, indem er selbst die List oder Drohung oder Gewalt anwendet. Er muß nur die auf Entführung abzielenden Mittel mit dem Thäterwillen in Bewegung gesetzt haben, R.G. I, 6. Mai 89, E. XIX, 159, und in beiden Fällen ist deshalb ein Selbstentziehen denkbar, im Falle des §. 236 wenigstens in Folge von List, indem durch eine Flucht vor wirklichen oder vorgespiegelten Gefahren die Entführte in eine den Zwecken des Entführers entsprechende Lage versetzt wird, im Falle des §. 237 der Entschluß der Entführten zur Selbstentziehung durch Täuschung hervorgerufen wird. Vgl. §. 235 N. 5 und das dort citirte Urtheil, bezüglich der List §. 234 N. 2. Auch ist es nicht erforderlich, daß das Wegbringen der Entführten unmittelbar aus der Obhut der Eltern oder des Vormunds erfolgte. Es kann dies von einem dritten Orte aus, wo die Frauensperson mit oder doch nicht gegen den Willen der Eltern ꝛc. sich befindet, geschehen. R.G. I, 8. Mai 82, E. VI, 292. Auch ist nicht ausgeschlossen, daß mit den vom Entführer hervorgerufenen Motiven zur That im Falle des §. 237 noch andere Motive, wie schlechte Behandlung im elterlichen Hause, konkurriren.

5. Unzucht ist in beiden Fällen in dem weiteren Sinne wie bei §. 180 zu verstehen. Vgl. dort N. 3, Olshausen N. 5a, v. Schwarze N. 2. Nur Beischlaf verstehen darunter v. Liszt S. 381, Blum N. 5, Oppenhoff N. 7.

6. Zu §. 236. Voraussetzung ist, daß die Entführung „wider den Willen" der Entführten geschieht. In diesem Fall fällt die Einwilligung der Eltern oder des Vormundes nicht in das Gewicht. „Wider den Willen" ist nicht identisch mit „ohne Zustimmung." Bei mit Gewalt bewirkter Entführung ist nicht erforderlich, daß auch die bezweckte Unzucht mit Gewalt erfolge; hier genügt Verführung, bez. die bloße Absicht. Antragsberechtigt ist die Entführte; Eltern oder Vormund nicht, da, wenn die That an einer Minderjährigen erfolgt, §. 135 ideell konkurrirt. Aber auch bei Verübung an einer Ehefrau hat der Ehemann kein Recht zur Antragstellung, Mangels einer hierauf gerichteten Bestimmung.

7. Zu §. 237. Die mit ihrer Einwilligung Entführte ist nicht (auch nicht als Theilnehmerin) strafbar. (Hälschner, preuß. St.R. S. 232. — Anders rev. Sächs. St.G.B. Art. 189, 192.) Der Thatbestand kann auch dann angenommen werden, wenn die Entführte freiwillig das elterliche Haus oder die vom Vormund angewiesene Wohnung verlassen hat und mit dem Entführer an einem dritten Orte zusammengetroffen ist. Berlin 22. Juni 77 (Goltd. XXV, 456). Der Zweck, die Entführte zur Unzucht zu bringen, liegt auch dann vor, wenn ein schon bestehendes unzüchtiges Verhältniß nur fortgesetzt werden soll. R.G. III, 17. Nov. 87, E. XVI, 391, R. IX, 617. Der Zweck der Ehe kann vom Entführer auch dadurch verfolgt werden, daß die Eltern sofort in Folge der Entführung zur Einwilligung in die Heirath bestimmt werden sollen, oder doch daß die Einwilligung im weiteren Verlaufe erfolge. — Antragsberechtigte sind hier die Eltern, d. h. diejenigen, welche bezüglich der Eheschließung elterliche Rechte haben, und der Vormund. Auch die Entführte halten für antragsberechtigt F. Meyer §. 238 N. 2, Olshausen N. 7. Dagegen Reber, Antragsdelikt S. 387, Geyer II, 29, v. Liszt S. 382, Oppenhoff N. 8, v. Schwarze N. 4 mit Recht.

8. Die That kann an keiner Franensperson, welche die Volljährigkeit erreicht hat, welche also eine wirksame Zustimmung ertheilen kann, verübt werden; auch nicht an einer verheiratheten Minderjährigen. Ob an einer verwittweten, geschiedenen, oder in nichtiger Ehe lebenden Minderjährigen, ist streitig. Es wollen zwischen unverehelicht und unverheirathet unterscheiden und ersteren Ausdruck nur auf solche beziehen, die nie verehelicht waren: Olshausen N. 3b, Rubo N. 4. Dagegen Blum N. 3, Oppenhoff N. 2, Puchelt N. 3, v. Schwarze N. 1a, Villnow bei Goltd. XXIV, 120. Man wird ersterer Meinung unbedingt zustimmen müssen, bezüglich solcher, welche in nichtiger, aber bestehender Ehe leben. Nach Auflösung der Ehe stehen die Betreffenden den geschiedenen Frauen gleich. Aber auch bezüglich verwittweter oder geschiedener Frauen muß man, wenn auch nicht der behaupteten Differenz des Sprachgebrauchs, doch im Resultate beistimmen, weil der gleiche Rechtsgrund, der für die verheirathete Frau entscheidet, die mangelnde Hauskindschaft oder Bevormundung, auch bei den geschiedenen oder verwittweten Frauen entscheidet.

9. Ohne Einwilligung der Eltern oder des Vormunds ist die That geschehen, wenn sie ohne deren zweifellos festgestellten Zustimmung geschah, es bedarf keiner entgegenstehenden Willenserklärung. Es hebt also nur die Einwilligung zu dem Zweck der That, Unzucht oder Ehe, die Strafbarkeit aus §. 237 auf; nicht schon Einwilligung in die Entfernung, Geyer in H.H. III, 617, Hälschner II, 244, Olshausen N. 4b, Oppenhoff N. 5, v. Schwarze N. 2.

10. Streitig ist, ob die That mit dem Willen der Entführten geschieht, wenn sie selbst der betreibende Theil ist. Verneinend v. Buri in G.S. Bd. 27, S. 527, Villnow bei Goltd. XXIV, 118. Es wird unterschieden werden müssen; und liegt die Frage mehr auf thatsächlichem, als auf prinzipiellem Gebiet, ähnlich wie bei §. 182 St.G.B. Da die Bestimmung die Rechte der Eltern und die Minderjährige (v. Liszt S. 374) schützen soll, kann ihr Verlangen nicht als vollwirksam erachtet werden. Geht die Initiative der Verführung vom Manne aus, so kann darauf nicht das entscheidende Gewicht gelegt werden, daß das Mädchen zuerst den Gedanken einer Entführung aussprach, oder diese vom Liebhaber verlangte.

11. Zu §. 238. — So lange die Ehe nicht für ungültig erklärt ist, ruht die Verjährung. (Vgl. §. 69.) Die dreimonatliche Antragsfrist beginnt für beide Fälle (§§. 236, 237) nach §. 61 mit dem Tage der Kenntniß, dieselbe ist jedoch bei fortdauernder Vergewaltigung von Beendigung der letzteren ab zu berechnen. Hat die Heirath innerhalb der drei Monate stattgefunden, so ist die Frist vom Tage der rechtskräftigen Ungültigkeitserklärung an zu berechnen, falls der Antragsteller auch schon früher Kenntniß von der Entführung erhalten hatte. (Vgl. St.B. S. 670, 671.) Olshausen N. 5a bekämpft diese Ansicht für den Fall, daß die Heirath erst nach Beginn der Antragsfrist stattfinde und behauptet hierfür ein Ruhen der Frist und Weiterlauf derselben nach Ungültigkeitserklärung. Ein solches Ruhen ist dem Gesetz überhaupt fremd; eine dem §. 69 analoge Bestimmung besteht überhaupt nicht. Der Sachverhalt ist vielmehr wie folgt: Erhalten Eltern oder Vormund Kenntniß der That, ehe die Heirath erfolgt, so beginnt die Frist. Dieselbe läuft ab und kann nicht erneuert werden, wenn innerhalb der folgenden drei Monate die Verehelichung nicht erfolgt ist. Erfolgt dagegen die Ehe vor Beginn der Frist oder im Laufe derselben, so bildet sie ein Hinderniß der Verfolgung. Der abgelaufene Theil der Frist äußert keine Wirkung. Nach der Ungültigkeitserklärung beginnt eine neue Frist. Nach Analogie der Jurisprudenz in Beziehung auf Ehebruch (vgl. oben S. 397 N. 11) ist anzunehmen, daß das Reichsgericht einen vor rechtskräftiger Ungültigkeitserklärung der Ehe gestellten Strafantrag für unwirksam erachten würde. Dagegen ist es nicht, wie beim Ehebruch, erforderlich,

daß die Ehe wegen eines in der Entführung liegenden Grundes, wie wegen Zwang, mangelnder Zustimmung Berechtigter u. s. w. für ungültig erklärt wurde, sondern es ist nur die Stellung des Strafantrags während Fortdauer der Ehe ausgeschlossen. Allerdings spricht §. 238 gar nicht vom Antrag, sondern von Unstatthaftigkeit der Verfolgung; allein dieselbe Schlußfolgerung wie beim Ehebruch, daß Unzulässiges nicht beantragt werden kann, greift auch hier Platz.

12. Die Entführung ist vollendet, sobald die Frauensperson in der Gewalt der entführenden Person sich befindet. Die Erreichung der Unzucht bez. der Ehe oder gar des ehelichen Beischlafs ist nicht Begriffsmerkmal, sondern muß nur in der Absicht des Thäters gelegen sein. Geyer in H.H. III, 616, Hälschner II, 243, v. Liszt S. 382, Olshausen N. 1, Puchelt N. 1, v. Schwarze N. 4.

13. Der Thatbestand der §§. 237 und 235 berührt sich unter Umständen sehr nahe. Haben zum Zwecke der Entführung die Mittel des §. 235 (List, Drohung oder Gewalt) — und zwar List möglicher Weise auch gegen die Entführte, bei durch Täuschung erlangter Einwilligung derselben, bei Drohung oder Gewalt nur gegen Andere, da dieselben, gegen die Entführte angewendet, deren Einwilligung ausschließen würde, — Anwendung gefunden und war der Zweck der Entführung Unzucht, also ein unsittlicher (Ehe dürfte an sich nicht als unsittlicher Zweck erscheinen), so liegt ideale Konkurrenz beider Delikte vor und findet die Strafe des §. 235 Anwendung.

§. 239. Wer vorsätzlich und widerrechtlich einen Menschen einsperrt oder auf andere Weise des Gebrauches der persönlichen Freiheit beraubt, wird mit Gefängniß bestraft.

Wenn die Freiheitsentziehung über eine Woche gedauert hat, oder wenn eine schwere Körperverletzung des der Freiheit Beraubten durch die Freiheitsentziehung oder die ihm während derselben widerfahrene Behandlung verursacht worden ist, so ist auf Zuchthaus bis zu zehn Jahren zu erkennen. Sind mildernde Umstände vorhanden, so tritt Gefängnißstrafe nicht unter Einem Monat ein.

Ist der Tod des der Freiheit Beraubten durch die Freiheitsentziehung oder die ihm während derselben widerfahrene Behandlung verursacht worden, so ist auf Zuchthaus nicht unter drei Jahren zu erkennen. Sind mildernde Umstände vorhanden, so tritt Gefängnißstrafe nicht unter drei Monaten ein.

Pr. §§. 210, 211; E. I. §. 211; E. II. § 234; St.B. S. 671.

Vgl. §. 341.

1. Zum Thatbestande gehört die objektive Widerrechtlichkeit. Ob solche vorliegt, ist nach der Landesgesetzgebung zu beurtheilen. (Vgl. preuß. Ges. v. 12. Februar 1850.) Die im preuß. St.G.B. §. 211 enthaltene Belehrung darüber: wann eine Freiheitsberaubung als vorhanden anzunehmen, ist als überflüssig nicht aufgenommen. Absolute Unmöglichkeit der Befreiung ist zur Einsperrung nicht erforderlich; die Instanzrichter haben thatsächlich zu prüfen, ob die Schwierigkeit des Entkommens eine solche ist, daß Einsperrung anzunehmen sei. Berlin 20. März 73, O.R. XIV, 214, St. II, 280; s. auch St. VIII, 171, ferner R.G. 13. Febr. 80 (Ann. I, 354). R.G. III, 18. Juni 84, R. III, 417, II, 10. April 83, E. VIII, 210.

Unter Einsperrung ist zu verstehen: die Verhinderung einer Person durch äußere Vorrichtungen, aus dem Raume, in welchem sie verweilt, sich willkührlich zu entfernen. Auf die Zeitdauer der Einsperrung kommt nichts an, ebenso wenig darauf, ob der Thäter gleichviel aus welchen Motiven die Einsperrung selbst wieder aufhebt. R.G. II, 28. Nov. 82, E. VII, 259. Hierzu fügt jedoch R.G. IV, 10. Nov. 85, R. VII, 657, das weitere Erforderniß, daß das Einsperrungsmittel objektiv ein Hinderniß für die Entfernung biete, nicht bloß scheinbar. Auch der Irrthum des Thäters über die Wirklichkeit der Einsperrung soll diesem zu statten kommen, da Versuch mit Strafe nicht bedroht sei. Ebenso wenig soll ein Irrthum des Eingesperrten über die Verschlußmittel die Einsperrung nicht bewirken, es sei denn, daß die Entdeckung des Irrthums bez. des Mittels zur Beseitigung des scheinbaren Verschlusses für längere Zeit unmöglich gemacht, also die Person faktisch der Freiheit beraubt sei. Dies ist unklar, dürfte aber das allerdings richtige Resultat ergeben, daß ein sofort und offensichtlich leicht zu beseitigender Verschluß kein Verschluß ist. Vgl. das ähnliche Urtheil R.G. IV, 19. Febr. 68, R. VIII, 128.

2. Freiheitsberaubung setzt nicht Abschließung der Ausgänge voraus; sie kann durch gewaltsame Zurückhaltung des Angegriffenen in einem Lokal verübt werden. Berlin 11. Dez. 72 u. 18. März 74 (Goltd. XX, 544; XXII, 256.) Auch durch gewaltsames Festhalten und Fortschleppen kann Freiheitsberaubung eintreten. Stuttgart 27. Nov. 79 (württ. Ger.Bl. XV, 248). — Auch Einsperrungen als Folge des Rechts der erlaubten Selbsthülfe oder der Nothwehr R.G. III, 18. Juni 81, R. III, 417, II, 10. April 83, E. VIII, 210, 27. Sept. 87, R. IX, 471, der Züchtigung oder der Fürsorge für Hülflose oder kranke Personen, z. B. Geisteskranke, sind straflos. Inwieweit Selbsthülfe oder Züchtigungsrecht zulässig ist, muß nach der Landesgesetzgebung beurtheilt werden, z. B. ob dem Dienstherrn gegen Dienstboten wegen Ungehorsams oder gegen unbefugtes Verlassen des Dienstes ein Recht der Einsperrung zusteht. R.G. III, 2. Juni 90, Goltd. XXXVIII, 197. Es können aber hierbei Ueberschreitungen der Nothwehr oder der Züchtigung eintreten, wie bei Körperverletzung, und die That trotz der Berechtigung strafbar erscheinen lassen. Berlin 25. Okt. 77 (O.R. XVIII, 669), s. auch G.S. Bd. 26, S. 468. R.G. II, 28. Nov. 82, E. VII, 259. Dies ist insbesondere dann der Fall, wenn die aus Nothwehr oder Selbsthülfe berechtigte Einsperrung sich auf unbetheiligte Dritte erstreckt R.G. 18. Juni 81 s. oben. Auch in dem Binden von kleinen Knaben, welche auf einem Feldfrevel ertappt wurden, hat R.G. I, 13. Febr. 88, E. XVII, 127, R. IX, 139 zwar Nothwehr, aber eine strafbare Ueberschreitung gefunden. In der vorläufigen Festnahme einer Person zur Konstatirung der Persönlichkeit unter Vorspiegelung amtlicher Berechtigung kann Freiheitsberaubung erblickt werden, wenn auch Möglichkeit der Selbstbefreiung nicht ausgeschlossen war. R.G. III, 7. Juli 80 (R. II, 167, E. II, 292). Ebenso wird man in der durch Täuschung bewirkten Einschaffung und Festhaltung in einem Irrenhaus die mittelbare Bewirkung einer Einsperrung, also die That des §. 239 erblicken müssen. Der psychische Zwang, wie die Wegnahme der Kleider eines Badenden, mit dem Bewußtsein, denselben dadurch am Verlassen des Badeplatzes zu hindern, genügt nicht zur Annahme der Freiheitsentziehung. R.G. III, 26. April 82, E. VI, 231, R. IV, 383.

3. Als Mittel der Freiheitsberaubung dient selbstverständlich vor Allem die unmittelbar oder mittelbar bewirkte Einsperrung. Als Hülfsmittel bei letzterer sowohl, als in anderer Beziehung ist auch die Anwendung von List möglich, aber nicht als ausschließliches Mittel, da die Beeinflussung des Wollens nicht als Freiheitsberaubung angesehen werden kann. Gewalt und Drohung sind zweifellos auch mögliche Mittel, insofern durch letztere eine Bewegung vom Platze verhindert wird. Das Erzwingen sonstiger Unterlassungen durch Drohung fällt unter §. 240. Streitig ist, ob Betäubung unter den Begriff der List oder der Gewalt fällt, wie Betrunkenmachen, Betäubung durch narkotische Mittel, durch Hypnotisiren. Insofern im Hypnotisiren eine Unterwerfung des Wollens gefunden werden kann, was aber wissenschaftlich nicht feststeht, würde man in den gegen den Willen des Hypnotisirten angewendeten Suggestionen allerdings eine Freiheitsberaubung finden müssen, ob durch List oder Gewalt ist bei der Allgemeinheit des Gesetzes „oder auf andere Weise" müßiger Streit. Vgl. v. Lilienthal Z. f. ges. St.W. VII, 281 fg. Dagegen dürften Betäubungen, welche einen Willen des Betäubten ausschließen, nicht als Mittel zum Vergehen oder Verbrechen des §. 239 tauglich erscheinen, da derselbe eine Beugung des Willens unter den Willen eines Andern zur Voraussetzung hat. Außerdem müßte jedes mit Betäubung verbundene Niederschlagen in ideeller Konkurrenz Freiheitsberaubung sein. Es wird auch kaum Betäubung als Selbstzweck, sondern nur als Mittel für andere Zwecke vorkommen, und zwar meist für strafbare Zwecke.

4. Zum dolus wird das Bewußtsein der Widerrechtlichkeit der beabsichtigten Freiheitsentziehung erfordert. (Vgl. §. 59 u. Berlin 25. Febr. 70 u. 18. Sept. 72, Goltd. XX, 540, O.R. XI, 129; XIII, 549; Mannheim 29. Febr. 72, St. I, 309, bad. Ann. Bd. 38, S. 237; Dresden 28. Dez. 77, St. VIII, 295.) R.G. III, 26. April 82, E. VI, 231, R. IV, 383. R.G. IV, 27. Juni 84, R. VI, 481, welches Urtheil jedoch richtig beifügt, die Feststellung, der Angeklagte habe das Bewußtsein der objektiv vorliegenden Widerechtlichkeit nicht gehabt, müsse zugleich erkennen lassen, über welche für die Widerrechtlichkeit erheblichen Umstände der Thäter im thatsächlichen oder rechtlichen Irrthum sich befunden habe. Auf die Motive des Handelnden kommt nichts an.

5. Eine Woche sind sieben volle Tage. (Vgl. §. 19.)

6. Ist der Thäter ein **Beamter**, so kommen die §§. 341, 358 zur Anwendung. Wer eine widerrechtliche Freiheitsberaubung durch Täuschung eines Beamten bewirkt, kann aus §. 239 strafbar sein. Berlin 27. Jan. 71 (O.R. XII, 54), 3. Nov. 77 (O.R. XVIII, 690, Goltd. XXVI, 51). Vgl. hierzu R.G. II, 19. März 86, E. XIII, 426, R. VIII, 204, in welchem das R.G. die durch Täuschung eines Beamten bewirkte Sistirung einer Person zur Polizei, um sich derselben als Zeuge in einer Strafsache zu versichern, nicht widerrechtlich fand. (Die Deduktion ist vom Zweifel nicht frei, vgl. Kronecker bei Goltd. XXXIV, 410.)

7. Die Verjährung der That beginnt mit Wiedererlangung der Freiheit durch den von der That Betroffenen. Vgl. Oppenhoff R. 14, v. Liszt S. 379. Aus gleichem Grunde erscheint ein Gehülfe des Thäters während der Dauer der widerrechtlichen Freiheitsberaubung, wenn auch nach der Zeit der Freiheitsentziehung, nicht als Begünstiger, sondern als Theilnehmer.

8. Zu Abs. 2, 3. Die höheren Grade des Delikts werden nicht durch gewollte oder beabsichtigte Merkmale herbeigeführt, vielmehr würde eine gewollte schwere Körperverletzung oder Tödtung ideellen Zusammenfluß herbeiführen. Es handelt sich nur um objektives Vorliegen der Merkmale, die möglicherweise gegen den Willen des Thäters oder in Folge seiner Fahrlässigkeit eingetreten sein können, z. B. eine nur für kurze Zeit beabsichtigte Einsperrung dauert durch Erkrankung oder Verhaftung des Thäters über eine Woche Binding, Normen, II, 532, v. Buri G.S. Bd. 29, Beil. S. 207, Rubo R. 14.

9. Der **Versuch** des Vergehens ist mit Strafe nicht bedroht. Versuch der Verbrechen ist möglich, vor Allem in Bezug auf die Freiheits-Entziehung, aber auch in Beziehung auf die schweren Folgen, insofern dieselben nach den Umständen als beabsichtigt angenommen werden, oder wenn die Folgen schon bei der versuchten Freiheits-Entziehung eingetreten sind. v. Liszt, S. 373, Merkel S. 312.

10. Die Delikte der §§. 239, 240 können ideell konkurriren. Berlin 18. Sept. 72 (O.R. XIII, 459, Goltd. XX, 450). A. M. Geyer G.S. Bd. 27, S. 397. In der Nöthigung zu einer einzelnen bestimmten Handlung liegt aber noch keine Freiheitsberaubung. R.G. I, 18. Okt. 80. (R. II, 346).

§. 240*). Wer einen Anderen widerrechtlich durch Gewalt oder durch Bedrohung mit einem Verbrechen oder Vergehen zu einer Handlung, Duldung oder Unterlassung nöthigt,**) wird mit Gefängniß bis zu Einem Jahre oder mit Geldstrafe bis zu sechshundert Mark bestraft.

Der Versuch ist strafbar.

Pr. §. 212; E. I. §. 212; E. II. § 235; St.B. S. 671, 672 (Drucks. Nr. 85). G. v. 26. Februar 1876 Art. I; Drucks. Nr. 54, 145; St.B. S. 814.

Vgl. §§. 106, 107, 114, 126, 167, 253—256, 339; Gew.O. §§. 152, 153; M.St.G.B. §§. 89, 96, 117; Seem.O. v. 27. Dezbr. 1872 §§. 89—91.

1. Die gegenwärtige Fassung dieses das sog. crimen vis enthaltenden Paragraphen beruht auf dem Beschluß des Reichstags, während der §. 235 des Entwurfs lautete:

„Wer gegen einen Andern Gewalt anwendet oder ihn mit der Begehung eines Verbrechens bedroht, um ihn zu einer Handlung, Duldung oder Unterlassung zu nöthigen, wird u. s. w."

In letzterer Fassung war auch der **Versuch** mitbegriffen, weil nach der Natur des Vergehens das eigentlich Strafbare **in der Anwendung der Gewalt** u. s. w. zu suchen, nicht im Erfolg. (Hälschner preuß. St.R. II, 2, S. 180. Vgl. auch §. 43 R. 9.)

Durch Aufnahme der Worte „durch Gewalt" nähert sich das St.G.B., abweichend vom preuß. St.G.B., dem gemeinrechtlichen Begriff des crimen vis.

---

*) Neue Fassung des G. v. 26. Febr. 1876; die alte Fassung enthielt noch den Schlußsatz: „Die Verfolgung tritt nur auf Antrag ein."

**) Vgl. Bruck, Lehre von den Verbrechen gegen die Willensfreiheit. Berlin 1875. John in Z. f. ges. St.W. I, 222. Dagegen v. Buri G.S. Bd. 33, S. 409, Zimmermann G.S. Bd. 33, S. 600, Kronecker G.S. Bd. 32, S. 51 in Z. f. ges. St.W. III, 638.

2. Erfolgt die Nöthigung in der Absicht der Verschaffung eines rechtswidrigen Vermögensvortheils, so liegt der Thatbestand der Erpressung (§. 253) vor. Dresden 16. April 77 (St. VII, 306).

3. Die Gewalt oder Bedrohung muß geeignet sein, einen Zwang gegen den Willen zu üben. Ob dieses der Fall ist, muß nach den thatsächlichen Umständen beurtheilt werden. Unter dieser Voraussetzung ist es nicht erforderlich, daß die Drohung mit einem Verbrechen oder Vergehen gegen den zu Nöthigenden oder einen Angehörigen desselben ausgesprochen war, R.G. III, 21. Mai 81, R. III, 318 (Drohung gegen den Staatsanwalt, Dritte zu tödten, wenn er Einschreitung verweigere). S. auch R.G. II, 17. Jan. 88, E. XVII, 82, R. IX, 37. Auch in Beziehung auf einen noch zu fassenden Beschluß kann die That geschehen. R.G. IV, 8. Nov. 89, Goltd. XXXVII, 365. — Ist der körperliche Zwang ein solcher, daß durch denselben der Willen gänzlich aufgehoben und die Vornahme einer gewollten Handlung unmöglich gemacht wird, so liegt eine Nöthigung nicht vor. Berlin 3. Juni 75 (Goltd. XXIII, 531, O.R. XVI, 424; vgl. Berlin 11. Dez. 73 (O.R. XIV, 797. St. III, 337), Wolfenbüttel 19. Dez. 76 (St. VII, 118). Die Unterscheidung zwischen vis compulsiva und vis absoluta hat jedoch nur Bedeutung für den Zwang zu Handlungen. Beim Zwang zur Duldung oder Unterlassung dagegen besteht die Nöthigung eben darin, daß der gegentheilige Wille des Genöthigten sich nicht geltend zu machen vermag. R.G. III, 19. Juni 80 (R. II, 81, E. II, 287), II, 6. Mai u. 23. Sept. 81 (R. III, 283, 526, E. IV, 124, 429).

4. Es ist gleichgültig, ob die Drohung eine ernstliche war oder nicht, wenn nur der Bedrohte die Verwirklichung für möglich hielt. Berlin 20. Jan. 75 (O.R. XVI, 58, Goltd. XXIII, 126), 5. Okt. 76 (Goltd. XXIV, 581). Stuttgart 10. Okt. 77 (württ. Ger.Bl. XIV, 110). R.G. III, 24. Dez. 79, E. II, 286, R. I, 173). Es ist jedoch nicht nothwendig, daß die Drohung eine unmittelbar und sofort zu verwirklichende ist. Darmstadt 8. Febr. 75 (hess. Entsch. 1876, S. 5). Die Drohung kann auch durch konkludente Handlungen geschehen. Berlin 29. Jan. 75 u. 5. Febr. 79 (St. IV, 360, O.R. XX, 73), v. Liszt S. 367, Merkel S. 311, Olshausen N. 6, v. Schwarze N. 7, 9.

Die Drohung muß den Thatbestand eines Verbrechens oder Vergehens enthalten, wenn auch nicht erforderlich ist, daß dasselbe scharf abgegrenzt ist, z. B. Tödtung oder wenigstens Körperverletzung. Vgl. Berlin 29. Jan. 75 (St. IV, 360). Auch mittelbare Drohung reicht aus, wenn dieselbe bestimmt ist, zur Kenntniß des Bedrohten zu kommen und dadurch nöthigend auf ihn einzuwirken. Dresden 3. Dez. 77 (S.G.Z. XXII, 214). Es ist ferner nicht erforderlich, daß das in Aussicht gestellte Verbrechen oder Vergehen vom Drohenden selbst begangen werden soll, so Geyer in H.H. III, 576, Olshausen N. 6, Oppenhoff N. 5, v, Schwarze N. 8; immerhin wird gefordert werden müssen, daß die Begehung des angedrohten Delikts als vom Wollen des Drohenden abhängig oder doch als von demselben abzuwendend bezeichnet werden muß, da außerdem der Begriff der Drohung fehlen würde. R.G. III, 14. Jan. 86, R. VIII, 55.

5. Als Gewalt erscheint nicht nur eine Thätlichkeit oder in Bezug auf Duldungen und Unterlassungen ein Zwang (vis absoluta) s. oben N. 4, sondern überhaupt jede Maßregel, welche geeignet ist, den Widerstand der genöthigten Person zu brechen oder auszuschließen, z. B. Einsperrung R.G. II, 30. Okt. 85, E. XIII, 49; oder gewaltsames Wegreißen aus den Händen. R.G. III, 29. Mai, 3. Juni 89, Goltd. XXXVII, 280. Es wird bekämpft, daß Betäubung Mittel der Nöthigung sein könne, weil sie List sei. Vgl. v. Liszt S. 370, Olshausen N. 2. Dies ist aber nicht richtig; es kann nur List angewendet werden, um die Betäubung zu ermöglichen. Gleiches ist bei Gewalt der Fall. Ob man Jemand bindet, um eine Duldung oder Unterlassung zu erzwingen, oder ob man seine Gegenwehr durch Betäubung verhindert, steht auf einer Stufe. Bei Zwang zu einer Handlung ist selbstverständlich das Bewußtsein erforderlich. Auch bei Kindern unter 14 Jahren besteht übrigens ein bewußter Wille, der die Möglichkeit einer Nöthigung begründet. R.G. I, 18. Dez. 84, E. XI, 387.

6. Ob die Handlung oder Duldung, zu welcher genöthigt wird, eine rechtlich-erlaubte oder gar pflichtmäßige ist, ist gleichgültig. Selbst wenn dem Nöthigenden ein Recht auf die Handlung zusteht, ist die Nöthigung strafbar. (Berlin 14. Jan. u. 18. Nov. 74, Goltd. XXII, 51, O.R. XV, 27, 792, St. III, 338; IV, 349.) R.G. III, 5. Jan. 81, R. II, 698, E. III, 179, 2. Dez. 86, E. XV, 138. Bei einer Unterlassung dagegen kann nur eine strafbare Nöthigung vorliegen, wenn dieselbe sich auf eine erlaubte Handlung bezieht, nicht, wenn das Unterlassen einer Rechtswidrigkeit erzwungen werden soll. (Goltd. IX, 567; Hälschner preuß. St.R. S. 180, D.St.R. II, 126.) R.G. II, 13. Jan. 81

(R. II, 725, E. III, 222). Das strafbare Moment in der Nöthigung liegt in dem Gebrauche eines widerrechtlichen Mittels, nicht in dem Streben nach einem widerrechtlichen Zweck. Um den Begriff der Widerrechtlichkeit aufzuheben, muß also die angewendete Gewalt, oder diejenige Handlung, mit welcher gedroht wurde, eine berechtigte gewesen sein. München 31. Dez. 74 (Pl.), 3. Juni 75 (St. IV, 360, bayr. Entsch. V, 249), Mannheim 5. Juni 75 (bad. Ann. Bd. 41, S. 193), Berlin 14. Jan., 18. Nov. 74 u. 29. Jan. 75 (O.R. XV, 27, 792, Goltd. XXII, 51, St. III, 338; IV, 359, 361). So billigte R.G. II, 21. Okt. 79 (R. I, 9, E. I, 5, die Bestrafung einer Bedrohung mit Schießen gegen einen auf frischer That betroffenen Holzfrevler. S. auch R.G. III, 24. Dez. 79 (R. I, 173, E. II, 286), 26. Juni 80 (R. II, 124)) 5. Jan. 81 (R. II, 699, E. III, 179). A. M. war Jena 25. März 74 (St. VI, 292.) Dagegen liegt der Thatbestand der Nöthigung nicht vor, wenn der Thäter zu der angedrohten oder verübten Gewalt durch erlaubte Selbsthülfe, Nothwehr oder dgl. berechtigt war, oder auf Grund eines gemäß §. 59 entschuldigenden Irrthums berechtigt zu sein glaubte. R.G. III, 22. April u. 11. Okt. 82, R. IV, 379, 743, 18. Juni 85, R. VII, 402. In ähnlicher Weise hob R.G. I, 13. Nov. 82, R. IV, 806 ein Urtheil auf, weil es an der objektiven Widerrechtlichkeit fehle. (Ein Wiesenbesitzer hatte das Betreten seiner Wiese durch bedingte Androhung einer Mißhandlung verhindert.) Diese Ansicht entfernt sich etwas von der früher adoptirten, wenn auch dabei die Bedingung aufgestellt ist, daß der zu verhindernde Akt auf keine andere Weise abzuhalten war; denn auch die Holzfrevler würden ohne Drohung nicht gehalten haben s. oben. Dagegen erkannte R.G. II, 3. Okt. 82, E. VII, 63, das vertragsmäßig eingeräumte Wegnehmen einer Sache sei strafbar, wenn das Mittel, die Gewalt an der Person, widerrechtlich sei (unerlaubte Selbsthilfe). Ferner gehört hierher R.G. I, 11. Mai 85 E. XII, 194, R. VII, 290, welches in einem Fall Straflosigkeit der Drohung annahm, in welchem der Drohende irrthümlicher Weise einen Jagdfrevler festzunehmen glaubte, weshalb er vermeintlich zu Gewaltanwendung, also auch zur Drohung der Gewalt berechtigt gewesen sei. R.G. IV, 31. März 85, R. VII, 216, wo die Strafbarkeit der gewaltsamen Verhinderung des Abmähens einer Wiese, davon abhängig gemacht ist, ob der Verhindernde oder der Auftraggeber der Mäher im Besitz der Wiese war. R.G. IV, 15. März 89, E. XIX, 75, wo die Strafbarkeit gewaltsamer erzwungener Wegschaffung von Sachen aus einer Miethwohnung gegen den Widerspruch des Vermiethers davon abhängig gemacht ist, ob dieser Widerspruch gerechtfertigt war. R.G. IV, 25. April 90, Goltd. XXXVIII, 179, wo die Strafbarkeit der gewaltsamen Verhinderung einer Durchfahrt davon abhängig gemacht ist, ob der Durchfahrende das Recht hatte, oder doch im Besitz desselben war. Diese Theorie objektiver Widerrechtlichkeit dürfte sich kaum durchführen lassen, dagegen löst sich der Zweifel, den Kronecker im G.S. Bd. 32, S. 60 und in Z. f. ges. St.R.W. III, 638 und John in Z. f. ges. St.R.W. I, 225 aufwarfen, man könne von einer nicht widerrechtlichen Drohung mit einem Verbrechen oder Vergehen nicht sprechen, dahin, daß unter Verbrechen und Vergehen der objektive Thatbestand einer in diesem Grade strafbaren Handlung gemeint ist, der, wie die Gewalt rechtlich erlaubt oder auch widerrechtlich verursacht werden kann. Die Drohung ist aber nicht widerrechtlich, wenn das Uebel, welches in Aussicht gestellt ist, ein nicht widerrechtliches sein würde, wenn es verwirklicht wird, wie eine als Züchtigung gestattete Mißhandlung oder eine nach §. 193 nicht strafbare Beleidigung.

7. Gegen Beamte findet der §. 339 Anwendung.

8. Ob in der Bedrohung mit Veröffentlichung eines Schuldverhältnisses Nöthigung liegen kann, ist bestritten. Dresden 10. Febr. 71 (S.G.Z. XV, 143) bejahte es. Mit Recht führt aber Dresden 6. Aug. 72 u. 13. April 74 (St. II, 100, S.G.Z. XVIII, 285) aus, daß Drohung der Veröffentlichung in beleidigender Form erforderlich sei, weil außerdem nicht Drohung mit einem Vergehen vorliegen würde. Die Verneinung bei v. Schwarze N. 6a ist jedenfalls eine zu allgemeine. Es wird darauf ankommen, ob die Bedrohung mit einer Beleidigung deutlich hervortritt, gleichviel ob diese Bedrohung selbst schon beleidigend ist oder nicht. Die Beleidigung, mit welcher gedroht ist, muß jedoch eine strafbare sein, sie darf also z. B. nicht unter dem Schutz des §. 193 stehen. R.G. I, 19. Sept. 81, R. III, 500; II, 30. Juni 82, E. VI, 406, R. IV, 648. S. einen komplizirten Fall dieser Art in Bezug auf ein Schuldeinziehungsbureau R.G. III, 20. März 84, E. X, 361. Mit Recht wurde die durch Drohung bewirkte Duldung des Zopfabschneidens als Nöthigung beurtheilt. Dresden 25. März 72 (S.G.Z. XVI, 247).

9. Daß auch durch Gewalt an Sachen, z. B. durch Entfernung von Fenstern, Oefen u. s. w. Nöthigung verübt werden kann, wenn hierdurch ein Zwang gegen den Willen eines

Anderen verübt wird, nahm an Mannheim 5. Juni 75 (bad. Ann. Bd. 41 S. 193). Dieser Ansicht pflichtete bei R.G. II, 1. Dez. 82, E. VII, 269, R. IV, 858; III, 14./15. Juni 83, E. IX, 58, R. V, 438, 18. März 86, R. VIII, 188. Ueberhaupt stellte das R.G. den Grundsatz auf, daß jede zwar unmittelbar gegen Sachen, mittelbar aber gegen die Person geübte Gewalt als Gewalt an der Person aufzufassen sei; R.G. III, 2. Dez. 86, E. XV, 136; daß aber eine ausschließlich gegen Sachen gerichtete Gewalt den Thatbestand nicht erfülle, z. B. die Wegnahme einer Sache, um sich bezahlt zu machen. R.G. III, 5. Jan. 81, E. III, 179, R. II, 698, auch 2. Dez. 86 s. oben. Etwas zweifelhafte Fälle s. R.G. IV, 11. Febr. 87, Goltd. XXXV, 63 u. II, 9. April 80, E. XX, 354. In der Nöthigung, die Wegnahme von Sachen zu dulden, kann das Delikt des §. 240 gefunden werden. Berlin 22. Juni 78 (O.R. XIX, 328, Goltd. XXVI, 519). Dies ist jedoch nur der Fall bei einem Akte der Selbsthülfe, da außerdem Raub oder Erpressung vorliegen würde. R.G. I, 17. Juni 80 (R. II, 73, E. II, 184); III, 19. Jan. 80 (R. II, 81, E. II, 287). Die Verhinderung eines Jagdberechtigten an der Ausübung seines Rechtes seitens eines Grundbesitzers oder sonstigen Interessenten, nicht eines Jagdfrevlers, fällt unter §. 240, nicht unter §. 117. R.G. III, 29. Mai 80 (R. I, 835, E. II, 170).

10. Die Absicht des Thäters muß darauf gerichtet sein, durch Gewalt oder Drohung bewußt widerrechtlich ein psychologisches Zwangsmittel gegen einen Anderen anzuwenden. Wolfenbüttel 16. Jan. 74 u. 19. Dez. 76 (St. III, 332; VII, 118), Dresden 3. Dez. 77 (St. VIII, 177). Der unbestimmte Glaube, an ein Recht so zu handeln, hebt den Vorsatz nicht auf. R.G. III, 6. Juni 89, E. XIX, 298. Jede in dieser Absicht verübte Gewalt oder ausgesprochene Drohung ist mindestens Versuch der Nöthigung. Berlin 22. Juni 78 (O.R. XIX, 328, Goltd. XXVI, 519). Sobald der Genöthigte einen Anfang mit der vom Thäter bezweckten Handlung, Duldung oder Unterlassung gemacht hat, ist die That vollendet.

11. Das Erforderniß des Antrags ist durch die Novelle vom 26. Febr. 1876 hier — und im §. 241 — beseitigt, weil, wie die Motive bemerken, „die in der Praxis gemachten Erfahrungen ergeben haben, daß die mit Verbrechen bedrohten Personen dadurch, daß sie dauernd in Furcht erhalten worden sind, sich von der Stellung eines Strafantrags haben abschrecken lassen."

12. Zwischen §. 17 Ziff. 2 des preuß. Feld- und Forstpolizei-Gesetzes v. 1. April 80 u. §. 240 liegt unter Umständen Idealkonkurrenz, nicht Gesetzeskonkurrenz vor. R.G. II, 10. Okt. 82, E. VII, 116, R. IV, 739.

Drohungen mit Mißhandlung zum Zweck der Begehung des §. 176 Ziff. 3 begründen Idealkonkurrenz mit §. 240. R.G. I, 18. Dez. 84, E. XI, 387.

Ebenso können §. 153 R.G.O. und §. 240 ideal konkurriren. R.G. II, 2. Nov. 88, R. X, 619.

§. 241*). Wer einen Anderen mit der Begehung eines Verbrechens bedroht, wird mit Gefängniß bis zu sechs Monaten oder mit Geldstrafe bis zu dreihundert Mark bestraft.

Pr. §. 213; E. I. §. 213; E. II. §. 236; St.B. S. 672.

G. v. 26. Febr. 1876 Art. I; Drucks. Nr. 54, 145; St.B. S. 815.

Vgl. §§. 126, 240, 253, 254.

1. Wie der §. 126 die Störung des öffentlichen Friedens durch Bedrohung mit einem gemeingefährlichen Verbrechen straft, so stellt der §. 241 die Störung des rechtlichen Friedens des Einzelnen durch Bedrohung mit einem Verbrechen unter Strafe. (Vgl. §. 126 N. 1.) Es ist daher erforderlich, daß die Drohung in der Voraussetzung ausgesprochen ist, daß sie zur Kenntniß des Bedrohten gelangen werde. München 2. Jan. 74 (bayr. Entsch. IV, 1); 11. Febr. 87, bayr. Entsch. IV, 445, Stuttgart 17. März 75 (St. V, 77). Die Drohung kann auch durch konkludente Handlungen erfolgen. Berlin 5. Febr. 79 (O.R. XX, 73). R.G. III, 15. Nov. 79 (R. I, 73); I, 18. Mai 86, R. VIII, 362. Auch bedingte Drohungen können

---

*) Neue Fassung des G. v. 26. Febr. 1876; die alte Fassung enthielt noch den Schlußabsatz:

„Die Verfolgung tritt nur auf Antrag ein."

unter §. 241 fallen. R.G. 14. Juli 80 (Ann. II, 307), 18. Mai 86 s. oben, I, 23. Jan. 80, E. XX, 180.

Daß der Drohende selbst die Drohung verwirkliche, ist nicht erforderlich, jedoch muß er Einfluß auf die Verwirklichung zu haben scheinen. R.G. III, 30. Nov. 81, E. V, 214, R. III, 756; I, 1. Mai 82, R. IV, 423, E. VI, 215.

2. Ob die Drohung den Erfolg hatte, den Bedrohten zu beunruhigen, und ob dieselbe ernstlich gemeint war, ist gleichgültig. Dieselbe muß nur objektiv geeignet sein, Besorgnisse zu erregen. (München 2. Jan. 74 — bayr. Entsch. IV, 3; 1. Juli 87, bayr. Entsch. IV, 483 —; Stuttgart 17. März 75 — St. V, 77, württ. Ger.Bl. IX, 374 —; Berlin 5. Okt. 76 — Goltd. XXIV, 581 —; R.G. 23. Okt. 79, Ann. I, 24; I, 24. Febr. 81, 21. Sept. 82, R. III, 73; IV, 705, E. IV, 10.) A. M. in Bezug auf die Ernstlichkeit der Drohung: Berlin 15. Dez. 74 (O.R. XV, 869), wobei es übrigens zweifelhaft bleibt, in welchem Sinne die Ernstlichkeit der Drohung als Erforderniß des Thatbestands aufgestellt ist. Wenn gemeint sein sollte, daß Realisirung der Drohung im Willen des Thäters gelegen haben müsse, so wäre dies irrthümlich. Wollte dagegen gesagt werden, die Drohung sei aus erkennbarem Scherz, nicht um als Drohung zu wirken, erfolgt, so wäre die Entscheidung richtig. R.G. III, 15. Nov. 79 (R. I, 73). Es ist nicht erforderlich, daß das angedrohte Uebel den Bedrohten selbst treffen würde, es genügt die Bedrohung eines nahen Angehörigen. v. Liszt S. 423, Olshausen N. 4. A. M. H. Meyer S. 769, — H. Meyer S. 769, Oppenhoff N. 1 (welcher sich auf Olshausen N. 5 beruft, der aber nur referirt) verlangen, der Bedrohte müsse zwar nicht willensfähig sein, aber doch befähigt, die Drohung als solche zu empfinden. Dies fordert aber einen im Gesetz nicht verlangten Erfolg. S. auch R.G. I, 21. Sept. 82, R. IV, 705.

3. Der Vorsatz des Drohenden muß nur darauf gerichtet sein, durch eine Drohung Furcht des Bedrohten zu verursachen. R.G. I, 24. Febr. 81 (R. III, 73, E. IV, 10). Daß der Inhalt der Drohung den Thatbestand eines Verbrechens enthalte, ist objektives Erforderniß, jedoch ist es nicht nothwendig, daß das Verbrechen nach Gattung und Art festgestellt oder schon in der Drohung als Verbrechen bezeichnet ist. Es genügt, daß eine Handlung angedroht wird, welche, wenn verübt, sich als Verbrechen darstellen würde. R.G. III, 22. Juni 81, E. IV, 326. Dabei fällt nicht in das Gewicht, daß der Thäter wegen Verbrechen gestraft werden würde, etwa wegen Rückfalls, sondern daß die That objektiv Verbrechen ist. Hälschner II, 132, H. Meyer S. 769, Olshausen N. 2, Oppenhoff N. 4, v. Schwarze N. 1. A. M. Geyer in H.H. III, 585, Meves N. 2.

4. Die Drohung ist vollendet, sobald der Bedrohte Kenntniß von derselben erhalten hat, sei es dadurch, daß sie unmittelbar gegen den Bedrohten ausgesprochen wurde, sei es dadurch, daß sie Dritten gegenüber ausgesprochen wurde, jedoch mit dem Willen und dem Erfolg, zur Kenntniß des Bedrohten zu gelangen. Berlin 7. Juli 70 (O.R. XI, 583), München 2. Jan. 74 (bayr. Entsch. IV, 1); 27. Juni 85, bayr. Entsch. III, 424. — Dresden 3. Dez. 77 (S.G.Z. XXII, 214) nahm sogar Drohung bei der unbestimmten Absicht an, ob dieselbe zur Kenntniß des Bedrohten komme oder nicht. R.G. III, 15. Nov. 79 (R. I, 73) nimmt dagegen an, die Kenntnißnahme der Drohung durch den Bedrohten sei Erforderniß der That,

5. Wegen des früher erforderlich gewordenen Antrags vgl. §. 240 N. 11.

Neunzehnter Abschnitt.

Diebstahl und Unterschlagung.

Wegen Zulässigkeit des Verlustes der Ehrenrechte und der Stellung unter Polizeiaufsicht vgl. den Schlußparagraphen 248. (S. auch die folgenden Abschnitte.)

§. 242. Wer eine fremde bewegliche Sache einem Anderen in der Absicht wegnimmt, dieselbe sich rechtswidrig zuzueignen, wird wegen Diebstahls mit Gefängniß bestraft.

Der Versuch ist strafbar.

Pr. §§. 215—217; E. I. §§. 215, 216; E. II. §. 237; St.B. S. 672—677. Vgl. §. 370 Nr. 2. 5. 6; M.St.G.B. §§. 127—136, 138, 160, 161.

1. Der §. 242 bildet den Thatbestand des einfachen Diebstahls, welche technische Bezeichnung der §. 244 enthält.

2. Der I. Entwurf definirte den Diebstahl:

§. 215. „Einen Diebstahl begeht, wer eine fremde bewegliche Sache einem Anderen rechtswidrig in der Absicht wegnimmt, durch deren Zueignung sich oder einem Anderen Gewinn zu verschaffen."

Der II. Entwurf dagegen gab, unter Ausscheidung des Erfordernisses der gewinnsüchtigen Absicht, die jetzige Begriffsbestimmung. Die sowohl in der Bundeskommission wie im Reichstage gestellten Anträge (vgl. St.B. S. 674 ff.), die Definition des Diebstahls, als eines allgemein bekannten Begriffs, zu streichen, fanden keine Annahme. Zur Vergleichung und Erläuterung dienen die folgenden Begriffsbestimmungen anderer Gesetzbücher:

Preußen (St.G.B. v. 1851) §. 215: „Einen Diebstahl begeht, wer eine fremde, bewegliche Sache einem Anderen in der Absicht wegnimmt, dieselbe sich rechtswidrig zuzueignen."

Bayern (St.G.B. v. 1861) Art. 271: „Wer ohne Gewalt an einer Person eine fremde bewegliche Sache in der Absicht rechtswidriger Zueignung aus dem Gewahrsam eines Anderen wegnimmt, ist des Diebstahls schuldig.

Der Diebstahl ist vollendet, sobald der Dieb die Sache zu sich genommen oder sonst in seine Gewalt gebracht hat."

Sachsen (Rev. St.G.B. v. 1868) Art. 272: „Des Diebstahls macht sich schuldig, wer eine fremde bewegliche Sache, die einen Schätzungswerth hat, um solche sich zuzueignen und dadurch sich oder einem Anderen einen unrechtmäßigen Gewinn zu verschaffen, aus fremder Inhabung, ohne Einwilligung des Inhabers, an sich nimmt (entwendet). Sind Inhaber und Eigenthümer verschiedene Personen, so schließt schon die Einwilligung des Einen von Beiden den Begriff des Diebstahls aus."

Hessen (St.G.B. v. 1841) Art. 354: „Wer von einer fremden beweglichen Sache, ohne Einwilligung des Eigenthümers oder Inhabers, jedoch ohne Gewalt an einer Person, Besitz ergreift, um dieselbe rechtswidrig zu gewinnen, macht sich des Diebstahls schuldig."

Code pénal. Art. 379: „Quiconque a soustrait frauduleusement une chose qui ne lui appartient pas, est coupable de vol."

3. Sache ist jeder körperliche Gegenstand, ohne Rücksicht darauf, ob er einen Handels- oder Schätzungswerth hat (Dresden 6. Juli 1874, S.G.Z. XIX, 22, St. IV, 364). v. Buri G.S. Bd. 33, S. 420, Binding Normen II, 540, Berner S. 539. Sachen sind insbesondere auch Wasser, R.G. II, 11. Mai 86, E. XIV, 121, R. VIII, 350, Luft (z. B. Gas), sobald sie sich in fremdem Gewahrsam und Eigenthum befinden, Berlin 7. Febr. 78 (O.R. XIX, 62, Goltd. XXVI, 62, St. VIII, 179), bez. des Gases s. R.G. II, 8. Febr. 81 (R. III, 14), I, 2. Okt. 84, E. XI, 117, R. VI, 587; Kassel 19. Jan. 89, Goltd. XXXVII, 64, dagegen nicht die nur in einem Einzelfalle erfolgende Benutzung der Triebkraft des Wassers, Berlin 29. Sept. 70, Goltd. XVIII, 785, O.R. XI, 492. — Ebenso Urkunden, Schriften u. s. w. Berlin 31. Okt. 73, 24. Juni u. 29. Nov. 74, 27. Juni 76 (O.R. XIV, 677; XV, 442, 803; XVII, 459, Goltd. XXII, 501; XXIV, 581, St. IV, 164, 372), R.G. IV, 19. Juni 85, E. XII, 313, R. VII, 420. Vgl. aber §. 274 und Berlin 17. Okt. 73 (Goltd. XXI, 546, O.R. XIV, 648, St. III, 197), wonach die Wegnahme einer Urkunde, um sich der Verpflichtung aus derselben zu entziehen, unter §. 274 fällt. Ebenso Dresden 15. Aug. 73 (S.G.Z. XVII, 306, St. III, 273). Jedoch nahmen R.G. I, 1. Mai 84, E. X, 369, R. VI, 328 u. IV, 3. Okt. 90, Goltd. XXXVIII, 424 Vorliegen eines Diebstahls in Fällen, in welchen ein Sparkassenbuch weggenommen wurde, um einen Theil der Einlage zu erheben und sodann das Buch wieder in den Besitz des Eigenthümers zu bringen, weil die Wegnahme keine bleibende sein müsse, die Erhebung des Geldes aber eine Eigenthumshandlung, die Wegnahme also Aneignung gewesen sei. Ebenso bei Wegnahme eines Schuldscheins, wobei die Möglichkeit idealer Konkurrenz von Diebstahl und Urkundenunterdrückung betont wird. R.G. II, 26. Jan. 83, E. VIII, 79, R. V, 62.

4. Fremde Sache. Ob dieses (objektiv) anzunehmen, ist nach den Regeln des bürgerlichen Rechts über das Eigenthum zu beurtheilen. Daß aber der Thäter die Sache auch (subjektiv) für eine fremde halten mußte, folgt aus dem weitern Erforderniß der Absicht rechtswidriger Zueignung (vgl. unten N. 13). — Auch der Miteigenthümer oder Miterbe kann an der gemeinschaftlichen Sache einen Diebstahl begehen, wenn er nicht den Gewahrsam hat. Berlin 25. April u. 2. Mai 73, 8. Nov. 77 (O.R. XIV, 311 u. 332; XVIII, 696, St. II, 324, Goltd. XXI, 553; XXV, 541), R.G. III, 27. März 84, R. VI, 239. Als solches Mit-

eigenthum wurde erkannt ein Wechsel, der zur Prolongation eines andern dienen sollte, und zwar als Eigenthum des Ausstellers und Acceptanten, deren Unterschrift er trug und ohne Rücksicht auf das Eigenthum am Papiere. R.G. III, 10. Dez. 88, R. X, 715.

5. Die Wegnahme eigener Sachen wird aus §. 289 bestraft bez. aus §. 137, Dresden 7. Juni 78 (S.G.Z. XXII, 360). Doch kann der Eigenthümer eines Grundstücks an den Früchten desselben einen Diebstahl gegen den redlichen Besitzer begehen, der dieselben mit ihrer Entstehung erwirbt. Berlin 16. Okt. 72 u. 20. Juni 73 (Goltd. XXI, 543, 547, O.R. XIII, 528; XIV, 449). Auch Ehefrauen können ihre Männer, selbst wenn sie mit ihnen in Gütergemeinschaft leben, bestehlen; was, da sie gemäß §. 247 Abs. 2 straflos sind, von Einfluß für Theilnehmer ist. R.G. II, 12. April 81 (R. III, 222, E. IV, 83). Dagegen verneinte R.G. II, 18. Dez. 83, R. V, 192 das Vorliegen eines Diebstahls in einem Fall, in welchem ein minderjähriger Haussohn ohne Genehmigung seines Vaters Kaninchen verkauft und dann wieder mittels Einsteigens entwendet hatte, weil der Verkauf nichtig und nicht geeignet gewesen sei, fremdes Eigenthum entstehen zu lassen. (Die Entscheidung dürfte sehr anfechtbar sein.)

Herrenlose Sachen sind nicht Gegenstand eines Diebstahls, s. unten N. 17, woselbst auch die Judikatur über zweifelhafte Fälle.

6. Beweglich ist diejenige Sache, welche von der Stelle bewegt werden kann. Die Vorschriften des bürgerlichen Rechts sind hier nicht maßgebend. Dieses gilt namentlich von Pertinenzen unbeweglicher Sachen. Berlin 26. Sept. 78 (Goltd. XXVI, 442). R.G. I, 27. Sept. 88, E. XVIII, 128, R. X, 521. Dagegen ist es unerheblich: ob die Sache vor dem Wegnehmen mit einer unbeweglichen (z. B. Bäume) oder beweglichen (z. B. die Milch in der Kuh) Sache verbunden war. Berlin 26. Sept. 78 (Goltd. XXVI, 442), Stuttgart 10. Jan. 77 (württ. Ger.Bl. XII, 110). Dresden 25. März 73, S.G.Z. XVI, 247, betrachtet auch das einst vielbesprochene Zopfabschneiden als Diebstahl.

7. Die Wegnahme setzt voraus, daß ein Anderer, der nicht der Eigenthümer zu sein braucht (Berlin 18. März 74, O.R. XV, 154, St. III, 341 u. Dresden 4. März 72, St. I, 153), den (das preuß. Allg. L.R. sagt bekanntlich die) Gewahrsam der Sache hat.*) — Unter Gewahrsam**) ist die thatsächliche Verfügungsgewalt über eine Sache zu verstehen, verbunden mit dem (ausdrücklich erklärten oder aus den Umständen sich ergebenden) Willen, von dieser Gewalt Gebrauch zu machen. Darmstadt 23. Okt. 76 (hess. Entsch. 1878 S. 142). (Vgl. Dresden 4. März 72 — S.G.Z. XVI, 211, St. I, 353 — u. 17. Juni 72 — St. II, 100, S.G.Z. XVI, 311, Goltd. XXI, 227 —, welches Gewahrsam annimmt, auch wenn der Berechtigte von dem Besitze der Sache, z. B. eines bei ihm abgegebenen Briefes, noch gar nicht Kenntniß erlangt hatte.) Der juristische Besitz ist dabei unerheblich. (Vgl. über die den Gewahrsam betreffenden Fragen namentlich Hälschner, preuß. St.R. II, 2 S. 229 ff.) Um Gewahrsam annehmen zu können, ist auch eine zum Gewahrsam fähige Person erforderlich. Wenn der Gewahrsam auch nur ein thatsächliches Verhältniß voraussetzt, so muß doch der den Gewahrsam Ausübende willensfähig sein. Dies ist nicht anzunehmen bei Kindern. Die von diesen benutzten Sachen befinden sich im Gewahrsam derjenigen, in deren Obhut die Kinder stehen. Es ist auch kein Gewahrsam anzunehmen bei Geisteskranken, insofern sie gänzlich oder doch in Bezug auf einen bestimmten Akt als willensunfähig erscheinen. Der Geisteszustand muß aber, selbst wenn der Wille civilrechtlich oder strafrechtlich ausgeschlossen erscheint, nicht nothwendig auch den Eintritt faktischer Zustände wie die Erwerbung oder den Verlust des Gewahrsams ausschließen. Es ist vielmehr Sache thatsächlicher Würdigung, ob die Folgen der Geisteskrankheit sich so weit erstrecken, und nur ein Gewahrsam derjenigen Personen anzunehmen ist, in deren Obhut der Geisteskranke sich befindet. R.G. III, 19. Juni 80 (R. II, 85, E. II, 332, Ann. II, 214).

8. Daß die Sache sich in einer Lage befindet, in welcher sie der Inhaber jeden Augenblick unter seiner unmittelbaren Aufsicht hat, ist nicht erforderlich (Berlin 6. Nov. 73, Goltd. XXI, 544, O.R. XIV, 692, St. III, 198), R.G. I, 24. Mai 80 (R. I, 818, E. II, 64, Goltd. XXIX, 83). Es befinden sich Ackergeräthschaften, Früchte auf dem Felde u. s. w. in dem Gewahrsam des Grundstücksbesitzers. Der Diebstahl solcher (befriedeter) Sachen galt früher (vgl. §. 217 preuß. St.G.B.) sogar als gesetzlicher Straferhöhungsgrund. Nach gleichen Grundsätzen wurde

---

*) Deshalb nahm München 15. Juli 85 an, daß mit der Feststellung, eine Sache sei einem Andern weggenommen, der Gewahrsam des Andern festgestellt sei. Bayr. Entsch. III, 476.

**) Vgl. Rotering G.S. Bd. 35, S. 351; Bd. 38, S. 290.

angenommen, daß Eigenthum, welches sich auf gestrandeten, von der Besatzung verlassenen Schiffen befindet, im Gewahrsam der Eigenthümer bleibe; so lange die Absicht der Bergung auf Seite letzterer fortbestehe, daß eine Wegnahme durch Unberechtigte also als Diebstahl strafbar sei. R.G. III, 7. Febr. 84, E. X, 84.

9. Wer an einem Gebäude Gewahrsam hat, begeht an den Bestandtheilen desselben keinen Diebstahl, sondern eine Unterschlagung. Berlin 20. Mai 73 (Goltd. XXI, 445, O.R. XIV, 384, St. II, 363). So der Miether eines ganzen Gebäudes, selbst an befestigten Brettern, wenn der Vermiether sich nicht besonders den Mitgewahrsam gesichert hat. R.G. III, 24. Sept. publ. 1. Okt. 81, E. V, 43, R. III, 332. — In einem Behältnisse verwahrte Sachen sind im Gewahrsam dessen, der das Behältniß im Gewahrsam hat, selbst wenn dieses verschlossen ist und der Eigenthümer den Schlüssel an sich behielt. R.G. III, 26. Okt. 81, R. III, 642. — Berlin 16. Okt. 72 (O.R. XIII, 528, Goltd. XX, 547, St. II, 101) bestrafte wegen Diebstahls den Eigenthümer einer in Expropriation befindlichen Grundparzelle, welcher die Früchte perzipirte, weil er sich bewußt gewesen sei, daß ihm kein Nutzungsrecht mehr zustehe. Dagegen beanstandete R.G. IV, 3. Juni 90, E. XX, 428 die Bestrafung aus §. 242 in einem Falle, in welchem der Angeklagte die von ihm auf Pachtland gebauten Kartoffeln, welche abgepfändet und versteigert waren, trotz Kenntniß des Zuschlags selbst erntete. — Vom Eigenthümer in Kriegszeiten im Hause versteckte Sachen bleiben in dessen Gewahrsam, auch wenn er das Haus verläßt. München 1. Juni 74 (St. IV, 99, bayr. Entsch. IV, 227). Eine aus Vergeßlichkeit liegen gelassene Sache bleibt im Gewahrsam des Inhabers, so lange er weiß, wo er die Sache gelassen hat. Berlin 5. Febr. 74 (O.R. XV, 56, St. III, 338, Goltd. XXII, 257), München 6. Sept. 72 (St. II, 103, Mannheim 26. Okt. 72 (bad. Ann. Bd. 39 S. 246). Ebenso bei Sachen, die der Inhaber in seiner eigenen Wohnung verlegt hat. Berlin 27. Sept. 77 (O.R. XVIII, 597). R.G. II, 18. Jan. 81, E. III, 201, R. II, 743. Bei verlorenen Sachen fragt es sich, ob die verlorene Sache nicht in einen anderen Gewahrsam übergegangen war (den der Eisenbahnverwaltung bei in einem Eisenbahncoupé verlorenen Sachen) und ob der Finder die Sache schon mit Aneignungsabsicht wegnahm (Diebstahl) oder erst, nachdem er sie im Gewahrsam hatte, die Zueignungsabsicht faßte (Unterschlagung). Dresden 10. Febr. 71 (S.G.Z. XV, 119). — An Sachen, welche ein Kaufmann Kunden zur Besichtigung vorlegt, geht der Gewahrsam nicht verloren, Berlin 30. Juni 70 (O.R. XI, 387), ebenso wenig bei Sachen, die ein Wirth Gästen zur vorübergehenden Benutzung überläßt.

Ein Fuhrmann, der seinem Fahrgast einen Pelz zum Schutz gegen die Kälte gegeben hat, hat den Gewahrsam nicht verloren. Berlin 19. April 71 (Goltd. XIX, 461). Die vorübergehende Uebertragung der Aufsicht oder Bewachung hebt den Gewahrsam nicht auf. Berlin 8. Sept. 74 (O.R. XV, 538, St. IV, 165), 5. Nov. 73 (O.R. XIV, 681), Mannheim 9. Febr. 77 (bad. Ann. Bd. 44 S. 30, St. VIII, 181). Auch bei einem Verstecken von Sachen auf fremdem Eigenthum wurde Verlust des Gewahrsams nicht angenommen, obgleich der Finder und Wegnehmende der Eigenthümer des Versteckortes war. Dresden 4. März 72 (S.G.Z. XVI, 211, St. I, 353).

10. Vgl. bez. des Gewahrsams des Miethers eines möblirten Zimmers an mitvermiethetem Mobiliar R.G. II, 12. Juli 80 (R. II, 184), 18. Febr. 81 (R. III, 56, E. III, 358, Ann. III, 251).

Ueber den Verlust des Gewahrsams bemerkt Hälschner, preuß. St.R. II, 2 S. 430:

„Der Gewahrsam hört auf mit dem Aufhören des Willens, die Sache inne zu haben, der sich als ein Aufgeben, Derelinquiren der Sache oder als Uebertragung des Gewahrsams an eine andere Person äußern wird.“ (Beisp.: der Miether eines möblirten Zimmers begeht durch Aneignung der Möbel eine Unterschlagung, keinen Diebstahl.) — — „Der Gewahrsam hört ohne den Willen des Inhabers auf, wenn die faktische Voraussetzung für die Herrschaft des Willens über die Sache wegfällt, sei es, daß die physische Unmöglichkeit des Verfügens über die Sache eintrat, weil die Sache unterging oder weil die Person nicht mehr an den Ort der Sache zu gelangen vermag, sei es, daß zwischen den bisherigen Inhaber und die Sache der Wille eines anderen Inhabers trat, der nur auf dem Wege der Selbsthülfe oder des rechtlichen Verfahrens beseitigt werden könnte.“

11. Mit dem Tode einer Person geht der Gewahrsam unmittelbar auf die gesetzlichen Erben über. Mannheim 9. Febr. 77 (bad. Ann. Bd. 44 S. 29, St. VIII, 181). An Sachen, welche ein Verstorbener bei sich geführt hat, kann Diebstahl begangen werden, wenn nicht derjenige, welcher die Leiche oder deren Sachen in Gewahrsam genommen hat, selbst die Zu-

eignung begeht, oder wenn ohne Uebernahme eines Gewahrsams die Leiche unmittelbar bestohlen wird. Berlin 16. Mai 76 (O.R. XVII, 347, Goltd. XXIV, 465), R.G. 20. April 81 (Ann. III, 468). R.G. III, 17. März 84, E. X, 257, R. VI, 205 nahm jedoch Unterschlagung, nicht Diebstahl, an in einem Fall, in welchem die Pflegerin nach dem Tode einer Person eine Obligation aus deren Nachlaß weggenommen hatte, indem es annahm, daß die Nachlaßsachen in keinem Gewahrsam gewesen seien, der Erbe aber (nach gemeinem Recht) den Besitz nicht ipso jure, sondern erst durch Ergreifung erlange. Aehnlich R.G. III, 18. Juni 85, R. VII, 407. Ebenso wenig erlangt der Konkursverwalter durch seine Bestellung den Besitz der Nachlaßsachen. R.G. IV, 15. März 89, Goltd. XXXVII, 177.

Auch die Oeffnung von Gräbern und Wegnahme der den Leichen mitgegebenen Sachen ist Diebstahl, da die Relikten event. der Eigenthümer des Begräbnißplatzes als im Gewahrsam befindlich zu betrachten sind. Dresden 24. Aug. 77 (S.G.Z. XXII, 168, St. VII, 307). An den Leichen selbst findet in der Regel kein Gewahrsam statt, kann also auch Diebstahl nicht begangen werden. Die unbefugte Wegnahme von Leichen fällt vielmehr unter §. 168, die von Theilen einer Leiche unter §. 367 Ziff. 1. Wenn ausnahmsweise Leichen Gegenstand des Verkehrs werden, wie Mumien, oder an Anatomien verkaufte Leichen, so kann auch Diebstahl daran begangen werden. Gl. M. Geyer II, 92, Hälschner II, 717, v. Liszt S. 413, 439, H. Meyer S. 620, Oppenhoff §. 168 N. 3, Puchelt §. 168 N. 1, Meves im G.S. Bd. 27, S. 369. Abweichend Merkel in H.H. III, 633, Mittelstein S. 180.

Wegnahme von Pflanzen, mittels welcher Gräber in gartenähnlich angelegten Friedhöfen geschmückt waren, wobei Anwendung des §. 168 nicht in Frage stand, wurde nach dem Feldpolizeigesetz (Preußen) bestraft und dies für nicht rechtsirrthümlich erklärt: R.G. I, 26. Okt. 82, E. VII, 490; III, 15. Jan. 83, R. V, 30. So auch für Bayern München 5. Sept. 87, bayr. Entsch. IV, 574.

12. Nach den zu 10. mitgetheilten Grundsätzen ist die oft zweifelhafte Frage zu entscheiden: ob ein Diebstahl oder eine Unterschlagung vorliegt. Namentlich ist es dann zweifelhaft, wenn Sachen den Gehülfen, Dienstboten, Arbeitern zur Verwahrung, Benutzung, Aufsicht oder Verarbeitung anvertraut werden. In dieser Hinsicht ist in wiederholten Entscheidungen, z. B. Berlin 28. Febr. 72 (St. I, 236) u. 5. Nov. 73 (O.R. XIV, 681), angenommen, daß, wenn eine solche Ueberlassung von Sachen zu jenem Zweck in den Räumen, Grundstücken u. s. w. des Herrn, und nicht deshalb erfolgt, damit der Dienstbote u. s. w. lediglich im eigenen Interesse darüber verfüge, der Gewahrsam dem Herrn nicht verloren geht und eine Zueignung den Thatbestand des Diebstahls bildet. Vgl. bez. der Dienstboten Dresden 2. Juni 71, 12. April 72 (S.G.Z. XV, 186; XVII, 22, St. I, 88), R.G. I, 5. April 80 (R. I, 540, E. II, 1, Goltd. XXVIII, 293); II, 11. Nov. 81, R. III, 711, bez. der Arbeiter R.G. IV, 16. Mai 85, R. VII, 302; s. jedoch Dresden 29. Nov. 75 (St. VI, 294), Bezüglich der Gefangenen, welche sich die zu ihrem Gebrauch überlassenen Gegenstände in der Anstalt aneignen, s. Berlin 7. Mai 78 (O.R. XIX, 245, Goltd. XXVI, 333, St. VIII, 183), Dagegen R.G. IV, 17. Juni 84, R. VI, 443, bez. in anderen Anstalten Untergebrachter. München 16. Jan. 75 (bayr. Entsch. V, 16). Gewahrsam des Herrn ist angenommen bei einer der Obhut des Schäfers anvertrauten Heerde, sogar dann, wenn sie aus den Räumlichkeiten des Herrn entfernt war. Goltd. VII, 837, vgl. dagegen Oppenhoff N. 28.) Auch bei Arbeitern, denen Fällung und Abführung von Holz aufgetragen war, wurde Uebergang des Gewahrsams nicht angenommen, Berlin 20. Jan. 71 u. 13. Nov. 73 (O.R. XII, 45; XIV, 717).

13. Schwierig ist oft die Frage, ob Beamte den Gewahrsam derjenigen Sachen habe, mit welchen sie amtlich zu thun haben, oder nur die Aufsicht, Bewachung u. dgl. Es kann dies nur im einzelnen Fall nach der Stellung des Beamten, dessen Amtsbefugnisse und den Dienstreglements u. s. w. entschieden werden. Es ist erkannt, daß preußische Förster den Gewahrsam des Waldes nicht haben, also an Holz, welches sie fällen lassen, Holzdiebstahl oder Diebstahl begehen, je nachdem sie die Aneignungsabsicht schon beim Fällen oder erst später fassen, Zollbedienstete nicht den Gewahrsam an den Waaren. R.G. II, 18. Jan. 81, E. III, 201, R. II, 743, 24. Sept. 86, E. XIV, 305, R. VIII, 556.

14. Ob der Gewahrsam ein rechtmäßiger war, ist unerheblich; auch an einer gestohlenen Sache kann ein Diebstahl begangen werden. Dresden 4. März 72, St. I, 353, S.G.Z. XVI, 211. Berlin 18. März 74 (O.R. XV, 154, St. III, 341). Ist Gewahrsam und Eigenthum nicht bei derselben Person, so ist der Diebstahl sowohl gegen die eine wie gegen die andere ge-

richtet, weil die rechtswidrige Zueignung beide verletzt. Es fällt dies insbesondere bei Würdigung des Antragserfordernisses in die Wagschale. Berlin (Pl.) 30. April 77 (O.R. XVIII, 297, Goltd. XXV, 191, St. VII, 138). R.G. III, 29. Mai 80 (R. I, 839, E. II, 73, Ann. II, 127), 3. Juli 84, E. XI, 68, R. VI, 513.

Jedoch nahm R.G. III, 2. Febr. 85, E. XI, 439, R. VII, 79 keinen neuen Diebstahl an in einem Fall, in welchen mehrere Mitthäter eine Sache gestohlen und in einen Versteck gebracht hatten, aus dem Einer derselben sodann die Sache für sich allein wegnahm, weil kein Miteigenthum der Diebe entstanden gewesen sei und die Absicht derselben auf das Ganze gerichtet gewesen sei, ohne daß noch eine Theilung eingetreten war (zweifelhaft). Wenn dagegen Diebe, denen die gestohlene Sache von Berechtigten abgenommen war, dieselbe von Neuem an sich nehmen, begehen sie wiederholten Diebstahl. R.G. II, 20. Okt. 85, R. VII, 597. Auch diejenigen, welchen zollpflichtige Waaren mit Beschlag belegt worden, welche dieselben jedoch wieder an sich nahmen, begehen Diebstahl, weil die Beschlagnahme Eigenthumsübergang bewirkt; jedoch müssen die Thäter sich dessen bewußt sein. R.G. II, 4. Mai 86, E. XIV, 112, R. VII, 339.

15. Gegenstände, welche und insoweit sie der freien Okkupation unterliegen, z. B. Wild, Fische, welche nicht in Gehegen bez. Behältern oder Privatteichen sich befinden, begründen nicht den Thatbestand des Diebstahls. (Vgl. Oppenhoff N. 36.) Dasselbe wurde angenommen bei der unbefugten Wegnahme von Perlmuscheln aus Gewässern mit Verletzung des Staatsregals. München 6. Juli 77 (bayr. Entsch. VII, 281, St. VII, 309). Doch liegt Diebstahl vor, wenn schon eine Okkupation stattgefunden hatte, z. B. Wild in einer von einem Anderen gelegten Schlinge, Fische in ausgelegten Reusen sich gefangen haben. Berlin 17. Mai 73, 18. März 74 u. 13. Okt. 75 (O.R. XIV, 377; XV, 154; XVI, 653, St. III, 341; VI, 28). Es ist aber hierzu eine Besitzergreifung des Berechtigten erforderlich. Nach preuß. Rechte (Allg. L.R. I, 9, §. 176) stehen Fische, welche in geschlossenen Gewässern sich befinden, im Eigenthum des Grundherrn. Dies wird durch gelegentliches Abfließen des Wassers bei hohem Wasserstand nicht aufgehoben. Die Wegnahme von Fischen aus solchen Gewässern ist also Diebstahl. R.G. II, 5. Febr. 84, E. X, 78, R. VI, 82. Handlungen, welche zur Besitzergreifung führen konnten, geben den Gewahrsam noch nicht. R.G. II, 24. Okt. 79 (R. I, 14, Ann. I, 24, Goltd. XXVII, 458). Wild in Gehegen ist im Gewahrsam des Besitzers des Geheges. Berlin 6. Nov. 73, 18. Dez. 74, 9. Febr. u. 10. Mai 75, 17. Febr. 76, Goltd. XXI, 544; XXIII, 124; XXIV, 136, O.R. XIV, 692; XV, 885; XVI, 108, 361, St. III, 198; IV, 369; V, 77, 81). R.G. III, 6. Dez. 79 (R. I, 120, Ann. I, 237). Dies beschränkte jedoch R.G. III, 16. April 83, E. VIII, 273, R. V, 254 dahin, es müsse der Wildpark so beschaffen sein, daß die Thiere als im Besitze des Okkupationsberechtigten befindlich, nicht mehr als herrenlos anzusehen seien. Was hierunter zu verstehen sei, wird allerdings dem Jagdverständigen schwer begreiflich sein. Es kann eigentlich nur darunter verstanden werden, daß Parks von einer Ausdehnung, daß sie der freien Jagd ziemlich gleich stehen, einen Gewahrsam ausschließen. Dies wäre eine völlige Abkehr von der bisher geltenden Theorie. — In Betreff des Fallwildes s. zu §. 292.

16. An Hausthieren findet Eigenthum und Gewahrsam wie an anderen Sachen statt. Haben sich dieselben zeitweise aus diesem Gewahrsam entfernt, wie frei laufende Hunde, so wirkt entscheidend, ob die Thiere noch die Gewohnheit der Rückkehr zu ihrem Herrn hatten, in welchem Falle der Gewahrsam in der Regel als nicht verloren gilt. R.G. IV, 1. April 90, Goltd. XXXVIII, 63. Hat das Thier diese Gewohnheit verloren, so ist der Gewahrsam verloren und gilt, wenn individuelles Eigenthumsrecht an demselben besteht, wie bei Hunden, Pferden u. dgl., das Thier als verloren, wenn der Herr es nicht jederzeit zu finden weiß, wie bei Vieh auf der Weide, und kann ein Finden desselben und Fundunterschlagung stattfinden. Unterliegt dagegen das Thier an sich der freien Okkupation, dem Thierfange oder dem Jagdrecht, wie gezähmte wilde Thiere, so sind die treffenden civilrechtlichen Grundsätze auf das Einfangen solcher Thiere anzuwenden. S. bezüglich des Schwans, wenn er sich verflogen hat. R.G. II, 13. Febr. 91, E. XXI, 341. Schwieriger wird die Frage bei freifliegenden Tauben. An sich finden zwar auch jene Grundsätze Anwendung, welche bezüglich der Hausthiere und deren Gewohnheit der Rückkehr bezeichnet wurden. Der Okkupant begeht also Diebstahl, wenn er nicht aus thatsächlich zu prüfenden Gründen die Ueberzeugung hat, daß die Taube die Gewohnheit der Rückkehr verloren habe. Es findet aber vielfach nach Partikularrechten eine Beschränkung der Berechtigung zum Taubenhalten statt (vgl. Allg. Preuß. L.R. Th. I, Tit. 9, §. 111), und ist in diesem Falle erforderlich, daß der Okkupirende sich bewußt war, daß er es mit berechtigt gehaltenen Tauben zu thun habe. Unberechtigt gehaltene unterliegen, wenigstens in Preußen, wenn sie dem

Gewahrsame des Eigenthümers entkommen, dem freien Thierfange. R.G. III, 11. Juni 85, IV, 12. Febr. 86, E. XII, 308, XIII, 341, R. VII, 370, VIII, 416. A. M. Berlin 23. Jan. 57, Goltd. V, 565, jedoch wie oben 7. März 78 (O.R. XIX, 118, Goltd. XXVI, 208). Vgl. auch Dresden 22. Dez. 71, St. I, 281, Berlin 28. Mai 73, O.R. XIV, 408, München 12. Sept. 73, St. III, 61, bayr. Entsch. III, 354.

17. An herrenlosen Sachen oder an Sachen, welche sich extra commercium befinden oder welche Allen gemeinsam sind, ist ein Diebstahl ebenfalls nicht möglich, selbstverständlich also auch dann, wenn der Wegnehmende eine Sache irrthümlich für herrenlos hält, da es dann am dolus fehlt. S. München 16. Sept. 72, 23. Mai 73, 19. Juni 76 (bayr. Entsch. III, 254; VI, 295, St. II, 103). Dazu gehören abgeworfene Hirschgeweihe, deren Aneignung, soweit nicht ein Spezialstrafgesetz besteht, straflos ist. Berlin 17. Juni u. 19. Okt. 75 (Goltd. XXIII, 439, O.R. XVI, 455, 664, St. V, 84). Kassel 19. Dez. 88, Goltd. XXXVII, 211. Bestritten ist, ob die Wegnahme herrenloser Sachen unter den übrigen Voraussetzungen als Diebstahl bestraft werden kann, wenn der Wegnehmende der irrigen Ansicht ist, die weggenommenen Sachen seien im Gewahrsam einer Person. Verneinend: München 23. Mai 73 (bayr. Entsch. III, 254), Oppenhoff N. 8, 16, v. Holtzendorff III, 633, 646. Die gleiche Frage entsteht, wenn der Wegnehmende die eigene Sache nimmt, in der irrigen Meinung, sie sei eine fremde. Bejahend: Hälschner preuß. St.R. II, 424, Holtzendorff III, 654 N. 4. Verneinend: Oppenhoff N. 6, Schütze S. 426. In beiden Richtungen fällt die Entscheidung mit jener über den Versuch am untauglichen Objekt zusammen. Nachdem letztere vom R.G. für die Strafbarkeit entschieden ist (vgl. I, 10. Juni 80, R. II, 56, E. I, 451), muß auch in den vorbezeichneten Fällen strafbarer Versuch angenommen werden.

Thiere, welche wegen Verdachts der Rinderpest getödtet und verscharrt wurden, sind in Niemands Gewahrsam und können deshalb die Kadaver nicht gestohlen werden. R.G. 2. Juli 80 (Ann. II, 307), II, 29. März 81 (R. III, 174).

Weggeschwemmte Sachen sind in der Regel als herrenlos zu betrachten. Dresden 12. März 75, 13. März 76, S.G.Z. XIX, 302, XXI, 40, St. VI, 295, München 19. Juni 76, bayr. Entsch. VI, 295, St. VI, 297, 2. Mai 87, bayr. Entsch. IV, 398.

18. Wegen der rechtswidrigen Aneignung von Mineralien vgl. §. 370 N. 2 u. preuß. Ges. v. 26. März 56, G.S. S. 203. Bez. der Aneignung von Bernstein besteht in Preußen das Gesetz v. 22. Febr. 1867; als Diebstahl ist dieselbe nur strafbar, wenn der Bernstein bereits von dem Berechtigten gewonnen war. Berlin 28. Mai 75 (Goltd. XXIII, 474, O.R. XVI, 396). R.G. IV, 25. Nov. 87, E. XVII, 16, R. IX, 656. Das letztere gilt auch von verpachtetem Straßenkehricht. Berlin 5. Nov. 73 (O.R. XIV, 685). Die Wegnahme von Steinkohlen aus den Halden eines Bergwerks fand jedoch R.G. IV, 2. Okt. 88, E. XVIII, 188, R. X, 543 als nach §. 242 strafbar.

19. Eine Wegnahme im Sinne des §. 242 liegt dann nicht vor, wenn dieselbe mit Einwilligung des Inhabers oder des Eigenthümers geschah. (So Berlin 10. April 74, O.R. XV, 225; Wolfenbüttel 5. Juli 72, St. II, 181; Stuttgart 30. Dez. 74, württ. Ger.Bl. IX, 174, St. IV, 361.) Sachsen Art. 272 (vgl. oben unter N. 1) sprach dieses ausdrücklich aus. (Vgl. jedoch §. 289.) — Jedoch muß der einwilligende Inhaber Dispositionsbefugniß haben. Deshalb wurde Diebstahl angenommen, obwohl ein mit dem Verkauf betrautes Kind Waaren aus dem Laden der Eltern unentgeltlich hingegeben hatte. Berlin 28. Febr. 72 (St. I, 236).

20. Die Wegnahme kann auch durch Vermittelung Dritter als Werkzeuge (Kinder, Unzurechnungsfähige oder Getäuschter) geschehen, in welchem Falle der sie Benutzende als Wegnehmender erscheint. Berlin 15. Nov. 73 (St. III, 197), Dresden 15. April 75 (Goltd. XXIII, 361). Bewirkt der vom Thäter über sein Recht Getäuschte die Wegnahme für sich, so liegt Betrug*) vor. Vgl. Oppenhoff N. 42. Als Diebstahl strafte dies Dresden 5. März 75 (S.G.Z. XIX, 298). S. dagegen R.G. IV, 17. Okt. 90, E. XXI, 110.

Das Geschehenlassen des Wegnehmens durch den Inhaber bewirkt keine Einwilligung, schließt also Diebstahl nicht aus. Berlin 10. April 74 (O.R. XV, 225).

Wegnahme wurde auch angenommen in dem Gebahren eines angeblichen Käufers, welcher nach der in Erwartung der Zahlung erfolgten Uebergabe der Waare sich ohne Zahlung entfernte. R.G. I, 5. Jan. 80 (R. I, 192, E. I, 289).

21. Die Wegnahme (und damit der Diebstahl) ist vollendet, wenn die Sache ans dem fremden in den eigenen Gewahrsam gebracht ist. Wann dieses anzunehmen, ist Thatfrage. R.G.

---

*) Vgl. einen zweifelhaften Fall, beleuchtet durch Hagemann, G.S. Bd. 37, S. 462.

4. Nov. 79 (Goltd. XXVII, 458). Die Vollendung **kann** selbst dann angenommen werden, wenn die Sache in den Räumen des Bestohlenen **versteckt** ist. (A. M. **Hälschner** preuß. St.R. S. 433; vgl. **Dresden** 2. Juni 71, 9. Dez. 72, 24. Juli 74, 24. Mai 75, S.G.Z. XV, 185; XVII, 55; XIX, 16; XX, 18, St. I, 88; II, 181; IV, 362; **Stuttgart** 11. Juni 73, St. III, 11; **Berlin** 5. Nov. 73, 20. u. 28. Okt. 74, O.R. XIV, 681; XV, 692, 717.) R.G. III, 9. Juli 85, E. XII, 353, R. VII, 479. Vollendung wurde angenommen: beim Verbringen der gestohlenen Sache auf ein bereitstehendes Transportmittel, **Berlin** 10. April 74 (O.R. XV, 225), beim Einfüllen von gestohlenem Getreide in einen mitgebrachten Sack, **Dresden** 9. Dez. 72 (S.G.Z. XVII, 55, St. II, 281). R.G. III, 22. Dez. 80 (R. II, 660). Dagegen R.G. II, 29. Sept. 85, R. VII, 539. Die Frage verlegt auf das thatsächliche Gebiet R.G. III, 9. Juli 85 s. oben IV, 22. April 90, Goltd. XXXVIII, 177. Auch bei dem bloßen Ergreifen des Diebstahlsobjektes, **Darmstadt** 23. Okt. 76 (hess. Entsch. 1878 S. 142).

22. **Die Absicht der rechtswidrigen Zueignung***) setzt zunächst das **Bewußtsein** voraus, daß die Sache eine fremde war. (Vgl. §. 59 N. 6 und oben N. 4.) Dieses Bewußtsein kann auch durch einen Rechtsirrthum ausgeschlossen sein, **Berlin** 16. Nov. 77 (O.R. XVIII, 719, Goltd. XXV, 539, St. VII, 308). — Die Absicht rechtswidriger Zueignung kann nicht allein darin gefunden werden, daß die Art der Zueignung eine widerrechtliche z. B. eine an sich nicht rechtswidrige Zueignung durch Einsteigen erfolgt ist. **Berlin** 10. Jan. 74 (Goltd. XXII, 52, O.R. XV, 19, St. III, 338).

„Die **Zueignung** ist einerseits zu unterscheiden vom **Eigenthumserwerbe**, denn ein solcher findet nicht statt, andererseits von der bloßen Besitzergreifung, denn die momentane Besitzergreifung, welche lediglich in der Absicht stattfindet, die fremde Sache zu **beschädigen** oder zu **zerstören**, ist vom Diebstahl ausgeschlossen. (**Dresden** 15. Aug. 73, S.G.Z. XVII, 306; **Berlin** 17. Okt. 73, Goltd. XXI, 546, O.R. XIV, 648, St. III, 197.) R.G. III, 7. Juni 82, R. IV, 537. Die Zueignung erfordert also die Absicht des Diebes, **die fremde Sache in sein Vermögen zu bringen**, gleichviel, ob Habsucht, Gewinnsucht das Motiv des Diebes war, ob er durch Verschenken der gestohlenen Sachen seine Uneigennützigkeit beweist, oder ob er die That selbst im Interesse und Auftrage eines Anderen beging, dem er die gestohlene Sache sofort übergibt." (**Hälschner**, preuß. Str.R. I, 2 S. 439, **Berlin** 10. April 74, O.R. XV, 225.) Es ist überhaupt nicht erforderlich, daß die Zueignung nach Absicht des Thäters eine bleibende sei. Als Zueignung erscheint vielmehr jede Besitzergreifung, um sich der Sache wie der Eigenthümer zu bedienen, wie das Verschenken an einen Andern, oder selbst das beabsichtigte Zurückbringen in den Gewahrsam des Berechtigten nach einer über das bloße Gebrauchen hinausgehenden Benutzung, wie die Erhebung eines Theils der Einlage mittels eines entwendeten Sparkassenbuchs, das sodann zurückgestellt wird. R.G. I, 1. Mai 84, E. X, 369, R. VI, 328. Das bloße **Gebrauchen** einer Sache erscheint an sich nicht als Aneignung, und R.G. I, 7. Jan. 84, E. IX, 382; III, 20. Dez. 83, R. V, 797 ging sogar soweit, auch das Verpfänden der weggenommenen fremden Sache für einen Akt zu erklären, welcher an sich eine Aneignung nicht enthalte; vielmehr legen diese Urtheile das Schwergewicht der Beurtheilung in die Frage, ob der Thäter den ernstlichen Willen hatte, das Pfandobjekt wieder auszulösen und dem Eigenthümer zurückzustellen. Es wurde deshalb die Bestrafung wegen Diebstahls gebilligt in einem Falle, in welchem Jemand seinem Vater Pfandsachen weggenommen und anderweit verpfändet hatte, weil er die Pfandscheine seinem Vater zur Auslösung der Sachen geschickt, dieselben also nicht selbst hatte auslösen wollen. Als Damnifikaten wurden neben dem Vater die Eigenthümer betrachtet. R.G. III, 3. Juli 84, E. XI, 68, R. VI, 513. Dagegen wurde ein bloßer Gebrauch, kein Diebstahl in der Mitnahme von Gefangenenkleidern beim Entspringen Gefangener aus dem Gefängnisse angenommen R.G. IV, 17. Juni 84, R. VI, 443.

Auch in der Wegnahme von Sachen, um sich alsbald selbst wegen Diebstahls anzuzeigen, wurde keine Zueignung, sondern nur ein Scheindiebstahl gefunden. R.G. II, 11. Juli 84, R. VI, 536.

23. Während das preuß. Obertribunal früher (O.R. VIII, 25, 718, 733) trotz der wesentlich gleichlautenden Definition des preuß. St.G.B. erforderte, daß die Absicht der rechtswidrigen Zu-

---

*) Ueber die „diebische Absicht" vgl. H. **Meyer**, Lehrb. S. 651; **Binding**, Die Normen und ihre Uebertretung, Leipzig 1877, II, S. 544; **Ullmann**, Der Dolus beim Diebstahl 1870; **Geyer**, Kleine Schriften, S. 327; **Ruhstrat** in Z. f. d. ges. St.R.W. I, 385; **Rotering**, G.S. Bd. 36, S. 520, 561.

eignung auch noch eine „gewinnsüchtige“ sein müsse, hat dasselbe später in Uebereinstimmung mit dem preuß. O.A.G. die Absicht der rechtswidrigen Zueignung selbst dann für genügend angenommen, wenn das Vorhandensein einer weitergehenden Gewinnsucht fehle. (O.R. X, 5, 484, 626; XI, 212.) Diese neuere Praxis ist auch für das St.G.B. als maßgebend anzuerkennen. Berlin 12. März 74 (O.R. XV, 146), 28. Nov. 76 (O.R. XVII, 763), Wolfenbüttel 14. Nov. 76 (St. VII, 119), München 2. Dez. 87, bayr. Entsch. IV, 546, welches Diebstahl auch annahm in einem Fall, in welchem der Dieb die Sache als werthlos ansah.

Der II. Entwurf hat das im I. Entwurf (vgl. oben unter N. 2) aufgestellte Erforderniß der gewinnsüchtigen Absicht wieder beseitigt und die Motive führen aus, daß es auf dieses Erforderniß auch nicht ankomme, indem dieselben sagen:

„Der Entwurf ist von folgenden Erwägungen ausgegangen. Allerdings werden die meisten Diebstähle in gewinnsüchtiger Absicht begangen, aber letztere ist deshalb kein allenthalben zutreffendes Moment. War schon gemeinrechtlich der sogenannte lucri animus nur deshalb als Requisit des Thatbestandes aufgestellt worden, um von dem Diebstahl den Fall zu unterscheiden, in welchem die Wegnahme nur stattfand, um die ergriffene Sache zum Nachtheile des Berechtigten zu beschädigen oder zu vernichten, so hat das Deutsche Recht in dem Motive des Diebes, wie es in den meisten Fällen vorkommt, nur ein Moment für die sittliche und rechtliche Würdigung des Diebstahls gefunden, ohne daß jedoch hierdurch über den rechtlichen Charakter der übrigen hierher gehörigen Fälle, in denen dieses Motiv nicht zu Tage tritt, entschieden worden.

Die Absicht des Diebes ist zwar dahin gerichtet, die fremde Sache in sein Vermögen zu bringen und hierdurch das des Anderen zu verringern. Allein es ist gleichgültig, ob das Motiv hierbei Habsucht oder Gewinnsucht gewesen, so daß auch derjenige des Diebstahls schuldig ist, welcher lediglich im Interesse oder im Auftrage eines Dritten eine Sache entwendet und sie sofort dem Letzteren übergibt oder aus Mitleiden für einen Dritten eine Sache entwendet und den Erlös derselben dem Letzteren zuwendet. Die Fälle, in denen Jemand eine fremde Sache wegnimmt, um aus ihr sich für eine ihm an dem Anderen zustehende Forderung zu befriedigeu, können um so weniger für die Ansicht angeführt werden, daß zur Unterscheidung von ihnen die Aufnahme der gewinnsüchtigen Absicht in den Thatbestand des Diebstahls nothwendig sei, als auch in diesen Fällen nicht in Abrede zu stellen ist, daß im gewissen Sinne ein Vermögensvortheil dem Thäter erwächst, auf welchen er, mindestens in dieser Form, kein Recht hatte. Vielmehr darf man sagen, daß die Begriffsbestimmung des Diebstahls deshalb nicht Anwendung leide, weil hier der Thäter nicht durch die Thatsache der Wegnahme allein, wie der Dieb, sich die Sache aneignen will, sondern zugleich auf Grund seines Anspruchs auf Befriedigung aus dem Vermögen seines Schuldners, welchem er die Sache eigenmächtig entzogen.

In der „Absicht der rechtswidrigen Zueignung“ liegt die Absicht, sich die fremde Sache ohne Entgelt zuzueignen, ausgedrückt, wobei es sich von selbst versteht, daß der Dieb natürlich die Absicht nicht haben kann, die Sache als sein Eigenthum zu gewinnen, da er ja selbst am besten weiß, wie er dieselbe erworben und daher das Eigenthum nicht erlangen konnte; wohl aber hat er die Absicht, über sie, als ob sie sein Eigenthum sei, zu verfügen. Bedenklich mußte es hierbei erscheinen, darauf Gewicht zu legen, ob die Sache für den Bestohlenen einen Vermögenswerth habe, oder durch den Thäter der Werth der Sache durch Niederlegung desselben (bei der Wegnahme) gedeckt worden sei. Vielmehr kann die Absicht der rechtswidrigen Zueignung in der Wegnahme von Sachen sich äußern, die lediglich für den Bestohlenen einen Werth haben oder auch einen solchen für den Thäter nicht haben, wie andererseits es nicht darauf ankommt, daß der Dieb sich durch die Sache bereichert habe. Ist endlich die Absicht gleich anfänglich auf die Zerstörung der Sache gerichtet, so ist allerdings ein Diebstahl nicht vorhanden, wenn die Wegnahme und die Zerstörung zusammentreffen, weil hier es an der Absicht der Zueignung überhaupt gebricht.

Aus diesen Erwägungen ist der Entwurf zu der Ansicht gelangt, daß die Aufnahme der „gewinnsüchtigen Absicht“ in den Thatbestand des Diebstahls zu Mißverständnissen Anlaß geben werde, wie dies auch die Erfahrung anderwärts nachgewiesen, daß aber anderseits die „Absicht der rechtswidrigen Zueignung“ ausreiche, um auch in zweifelhaften Fällen dem Richter den Gedanken, von welchem das Gesetz bei der Aufstellung der Diebstahls-Definition ausgegangen, zur klaren Anschauung zu bringen.“

Diese Ausführungen der Motive, welche übrigens die nöthige Klarheit vermissen lassen, scheinen diejenigen Fälle von dem Thatbestande des Diebstahls ausscheiden zu wollen, in denen die Zueignung der fremden Sache gegen Entgelt erfolgt, namentlich zum Zweck der Befriedigung aus dem Vermögen des Schuldners wegen einer Forderung, also Eigenmacht oder

Selbsthülfe*) vorliegt. Auch im Reichstag wurden in letzterer Beziehung Bedenken angeregt. (Abgeordneter Baehr, St.B. S. 673.) Man fand indessen zu einer Aenderung keine Veranlassung, indem insbesondere auch darauf hingewiesen wurde, daß in den Fällen, in denen ein persönlicher Anspruch auf eine Sache bestehe, die (eigenmächtige) Zueignung wegen Mangels der Absicht (des Bewußtseins) der rechtswidrigen Zueignung straflos sein werde. (Abgeordn. Meyer, St.B. S. 674.) Vgl. die gründlichen Ausführungen Oppenhoff's N. 44 ff. und H. Meyer, Lehrb. S. 652 ff. Berlin 16. Nov. 77, 3. Jan. 78 (O.R. XVIII, 719, Goltd. XXVI, 63), Stuttgart 26. Jan. 76 (württ. Ger.Bl. XII, 200, St. VI, 292), Darmstadt 1. Febr. 75 (hess. Entsch. 1876 S. 15), München 14. Okt. 87, bayr. Entsch. IV, 515. A. M. Stuttgart 19. Jan. 76 (St. VI, 292). Die Kontroverse über das Erforderniß der gewinnsüchtigen Absicht beim Diebstahl kann sonach als erledigt angenommen werden. Soweit der Inhalt der Motive zu Bedenken Veranlassung gibt, ist, beim Mangel jeglichen Anhalts im Gesetz, darauf hinzuweisen, was oben (S. 19) über die formelle Bedeutung der Motive bemerkt wurde. Auch das Reichsgericht entschied in dem oben entwickelten Sinne, daß die Absicht, sich für eine Forderung bezahlt zu machen, die Absicht rechtswidriger Zueignung nicht ausschließe. R.G. I, 9. Febr. 80 (E. I, 193), 17. Juni 80 (R. II, 73, E. II, 184, Ann. II, 129), in welch' letzterem Urtheil jedoch ein Unterschied gemacht ist zwischen der Wegnahme von Sachen, auf welche kein Anspruch besteht, und der Wegnahme von Geld, um sich für eine Geldforderung bezahlt zu machen. In letzterem Fall wurde eine rechtswidrige Zueignung nicht, wohl aber im Falle von Gewaltanwendung Nöthigung (§. 240) angenommen. Es wird deshalb die Absicht rechtswidriger Zueignung nicht dadurch ausgeschlossen, daß der Diebstahl erfolgte, um die gestohlene Sache sofort einem Anderen zu überlassen. Berlin 10. April 74 (O.R. XV, 225), 5. Juli 76 (O.R. XVII, 493). Dagegen liegt die Absicht rechtswidriger Zueignung nicht vor, wenn nur zeitweiliger Gebrauch der rechtswidrig weggenommenen Sache beabsichtigt ist. Dresden 4. Okt. 72 (S.G.Z. XVII, 44, St. II, 182), Berlin 12. März 74 (O.R. XV, 146). Solchen zeitweiligen Gebrauch fand R.G. IV, 10. März 85, R. VII, 164 noch in der Wegnahme von Schweinen, um sich ein Pfand für eine Geldforderung zu verschaffen, oder dieselben als Exekutionsmittel zu benutzen; nahm aber Diebstahl an, wenn der später erfolgte Verkauf schon ursprünglich, wenigstens für den Fall der Nichtzahlung der Schuld, in der Absicht des Thäters lag.

24. Trotz des vorher (N. 22, 23) Ausgeführten ist anzuerkennen, daß die als zweifelhaft hingestellten Fälle des Diebstahls, namentlich solche, wo der Thäter den vollen Werth der gestohlenen Sache zurückläßt, oder die Zueignung einer Sache, um sich wegen einer Forderung bezahlt zu machen, in der gewöhnlichen Volksanschauung nicht als Diebstahl angesehen zu werden pflegen. Der Grund ist, weil, wie Hälschner, preuß. Str.R. S. 440 mit Recht hervorhebt, die Absicht des Diebes, sich an fremdem Eigenthum zu bereichern, dem Diebstahl den entehrenden Charakter gibt. Dieser Umstand würde den Gesetzgeber haben veranlassen können, diese Arten des Diebstahls auszusondern und einer gelinderen Strafe zu unterwerfen, wie es z. B. auch, zum Theile aus anderer Rücksicht, in dem §. 291 (Munitionsdiebstahl), §. 370 Nr. 2 (Mineralien= 2c. Diebstahl), §. 370 Nr. 5 (Eßdiebstahl) geschehen ist. Jedenfalls aber ermöglicht das vom St.G.B. befolgte System bez. der Ehrenrechte auf jene Motive Rücksicht zu nehmen und die Aberkennung der Ehrenrechte (§. 248) nicht eintreten zu lassen.

25. Ein strafbarer Versuch kann auch dann angenommen werden, wenn das gesuchte Objekt sich nicht vorgefunden hat, ja selbst wenn der Diebstahl wegen Mangels eines Objektes erfolglos geblieben ist. Berlin 15. Nov. 71, 20. Juni 79 (Goltd. XIX, 800; XX, 536, O.R. XII, 584, St. I, 87); Dresden 7. Juni, 9. Sept. 72 u. 12. Juni 74 (S.G.Z. XVI, 260, 271; XVIII, 158, St. II, 73, 74; IV, 161).

Versuch wurde angenommen bei unbefugtem Eintritt in eine fremde Wohnung in der Absicht zu stehlen. Berlin 20. Febr. 74, 26. April 76 (O.R. XV, 106; XVII, 282), Dresden 12. Jan. 74 (S.G.Z. XVIII, 158, St. IV, 161). A. M. Oppenhoff N. 48, Holtzendorff III, 667. R.G. II, 5. Juni 83, R. V, 407, wonach das Betreten eines fremden Grundstückes in diebischer Absicht, ausgerüstet mit Brechinstrumenten und Transportmitteln, noch der Vorbereitung angehören soll; ebenso R.G. II, 19. Okt. 83, E. IX, 81, R. V, 618. Der Gegensatz besteht darin, daß die letztere Meinung verlangt, daß das Gethane bereits einen Theil des Thatbestands des Diebstahls bilden müsse, um als Anfang der Ausführung zu gelten, während die

*) Vgl. hierüber John i. Z. f. d. ges. St.R.W. I, 245. v. Buri, G.S. Bd. 33, S. 418.

in jenen Urtheilen vertretene Anschauung jede Thätigkeit als Anfang der Ausführung betrachtet, welche unmittelbar in die Lage versetzt, die Ausführung vorzunehmen. Letztere Ansicht hat in der Praxis die Mehrzahl für sich. Wenn freilich das Betreten nur geschieht, um eine noch nicht bekannte Gelegenheit zum Stehlen zu erspähen, so kann Vorbereitung darin erblickt werden. Dresden 27. April 77 (S.G.Z. XXII, 49).

Versuch liegt vor in dem Ausstrecken der Hand nach dem Diebstahlsobjekt, selbst wenn vorher noch ein Behältniß geöffnet werden muß. R.G. II, 9. Juli 80 (R. II, 179); in dem Versuch, ein Behältniß zu eröffnen, aus welchem der Thäter Sachen stehlen will, selbst wenn er dasselbe für unverschlossen hält. R.G. II, 13. Jan. 82, R. IV, 44. Dagegen wurde in dem Eintreffen am Orte der That nur Vorbereitung erblickt und vom R.G. IV, 21. Okt. 84, R. VI, 641 als thatsächlich unanfechtbar gebilligt.

26. Realer Zusammenfluß von einfachem Diebstahl und Versuch schweren Diebstahls wurde angenommen, nachdem ein Dieb zuerst aus einer Wohnung freiliegende Gegenstände gestohlen, und sodann Behältnisse zu erbrechen versucht hatte, unter Feststellung selbständiger Handlungen. Dies billigte R.G. III, 15. Mai 80 (R. I, 788). Das Gleiche müßte selbstverständlich bei Annahme selbständiger Handlungen gelten, wenn auch das Erbrechen zu einem vollendeten Diebstahl geführt hat. Zusammenfluß von Diebstahl und Entziehung aus der Beschlagnahme kann stattfinden, je nachdem der Dieb die gerichtlich beschlagnahmten Diebstahlsobjekte nur sich zueignen, oder sie aus der Beschlagnahme entziehen wollte, oder in beiden Richtungen Vorsatz vorlag. R.G. I, 11. Okt. 80 (R. II, 312, E. II, 319).

27. Mitthäterschaft am Diebstahl liegt vor, wenn zwei oder mehrere Personen mit dem Willen, den Diebstahl mit gemeinschaftlichen Kräften auszuführen, sich bei der Ausführung irgendwie betheiligten, sei es auch nur mit Handlungen, welche eine bloße Gehülfenschaft darstellen würde, wenn nicht die Absicht desjenigen, der den Diebsgriff nicht vornimmt, nur darauf gerichtet sein sollte, lediglich die That des Anderen zu unterstützen, nicht sie als eigene mit auszuführen. So handelt es sich nur um den dolus einer Person, die das Wegtragen des Gestohlenen im Voraus zugesagt hat, bei der Frage, ob er Mitthäter oder Gehülfe ist. Dresden 1. Sept. 73, 19. März 77 (S.G.Z. XVII, 308; XXII, 39, St. III, 273), Mannheim 21. März 74 (bad. Ann. Bd. 41 S. 235), Berlin 13. Nov. 78 (O.R. XIX, 532). R.G. III, 9. Febr. 81 (R. III, 28). Mitthäterschaft wurde ferner angenommen, bei der im Voraus verabredeten Theilnahme am Diebstahl dadurch, daß der Eine den zu Bestehlenden weglockte, um dem Anderen den Diebstahl zu ermöglichen, den beide als eigene That wollten. R.G. III, 3. Mai 86, R. VIII, 337 und bei dem im Voraus verabredeten Wachestehen und Wegbringen der entwendeten Sachen R.G. III, 21. Jan. 86, R. VIII, 80. Selbstverständlich kann dem Mitthäter eine beim Diebstahl vorgekommene Qualifikation nur zur Last fallen, wenn auch über die Art der Begehung Einverständniß herrschte (§. 50).

28. Die Kenntniß des Thäters von einer ihm geleisteten Beihülfe ist für den Begriff der Theilnahme ohne Belang; ebenso der Umstand, ob eine nach Verabredung geleistete Beihülfe zu einem Diebstahl für die Ausführung desselben förderlich war. R.G. I, 23. Sept. 80 (R. II, 243).

Die unterlassene Verhinderung eines Diebstahls in Fällen, in welchen die Verhinderung Pflicht des sie Unterlassenden war, wurde als Beihülfe bestraft. R.G. III, 18. Dez. 82, R. IV, 885; IV, 21. Okt. 84, E. XI, 153, R. VI, 643.

29. Auf den Verlust der Ehrenrechte (vgl. §. 248) kann nach der allgemeinen Vorschrift des §. 32 nur dann erkannt werden, wenn die erkannte Gefängnißstrafe mindestens 3 Monate beträgt.

30. Ueber den sog. Futterdiebstahl, der zwar ein Diebstahl im Sinne des §. 242, aber geringer bestraft ist, vgl. §. 370 Nr. 6.

31. Die besonderen Landesgesetze und Verordnungen betreffend die Feld-, Forst-, Holzdiebstähle (Entwendungen) bleiben in Kraft und können diese Delikte durch neue Landesgesetze unter Strafe gestellt werden. (Vgl. E.G. §§. 2, 3, 6 S. 53, 59, 65.) Diese Handlungen tragen zwar alle Merkmale des Diebstahls an sich und Versuche, ihnen einen besonderen strafrechtlichen Charakter zu vindiziren, sind vergeblich. Nachdem aber die Materie dieser Diebstähle von den allgemeinen deutschen Strafgesetzen ausgenommen und dieselben der landesgesetzlichen Regelung überlassen sind (§. 2 E.G. z. St.G.B.), muß der Landesgesetzgebung auch das Recht eingeräumt werden, sie mit entsprechenden (geringeren) Strafen zu belegen, selbst wenn sie unter Umständen begangen sind, welche sie als höher strafbare Diebstähle (§. 243) oder sogar als selbständige Verbrechen (z. B. Raub) erscheinen lassen würden. Die Entscheidung liegt also aus-

schließlich darin, in welchem Umfange die Landesgesetzgebung von ihrem Rechte Gebrauch gemacht und den konkreten Thatbestand unter Strafe gestellt hat. Ist dies nicht der Fall, so macht sich der Charakter der Handlung als Diebstahl geltend. R.G. II, 18. Dez. 83, R. V, 793, 26. April 81, R. III, 249. Nur unter diesen Gesichtspunkten, nicht aber nach einem allgemeinen Prinzip, daß Feld-, Forst- oder Holzdiebstähle nur nach den Landesgesetzen beurtheilt werden dürften, eventuell also sogar straflos wären, kann die Strafbarkeit solcher Handlungen beurtheilt werden. Vgl. z. B. Berlin 26. Sept. 72 (O.R. XIII, 478), Wolfenbüttel 27. Okt. 71 (St. I, 134). Von den richtigen Grundsätzen ausgehend, hat daher Dresden 3. Aug. 74 (St. V, 186) das Abpflücken von Blumen in öffentlichen Anlagen unter der Voraussetzung der Zueignungsabsicht und in Ermangelung anderer Strafbestimmungen unter §. 242 subsumirt. Dagegen wurde durch R.G. I, 3. Juli 84, R. VI, 497 es gebilligt, daß die bayerische Gesetzgebung (Pol. St.G.B. v. 26. Dez. 71 Art. 112) Diebstahl an Pflanzen aus Gärten unter die Feldfrevel subsumirte und als solche nur mit Uebertretungsstrafe bedrohte. Ebenso München 5. Sept. 87, bayr. Entsch. IV, 574. Direkt spricht §. 1 des preuß. Feld- und Forstpolizeiges. vom 1. April 1880 das obige Prinzip aus.

32. Auch Entwendungen, welche im St.G.B. mit anderen als den Diebstahlsstrafen belegt sind, insbesondere der sog. Eßdiebstahl (§. 370 Ziff. 5), sind an sich Diebstähle, R.G. III, 19. März 81 (R. III, 145, Ann. III, 362), 28. Jan. 82, R. IV, 84, E. V, 404, erfordern alle Merkmale derselben, und sind nach §. 242 ff. strafbar, wenn sie eines der in den milderen Bestimmungen aufgestellten Merkmale entbehren. Berlin 10. April 72, 6. Sept. 73, 3. Jan. 77 (O.R. XIII, 247; XIV, 516; XVIII, 3, Goltd. XXV, 147). Die Konsequenz hiervon ist, daß, wenn Jemand in fortgesetzter Weise Diebstähle begeht, welche sich einzeln als Entwendungen nach §. 370 Ziff. 5 darstellen würden, die Gesammtsumme der Diebstähle aber nicht mehr von geringer Menge oder unbedeutendem Werth ist, §. 242 darauf anwendbar ist. Liegt dem Einzelfall nur ein augenblickliches Gelüste zu Grund, so würde dies die Annahme der Fortsetzung ausschließen. R.G. I, 26. April 88, E. XVII, 332, R. X, 333. Eine fernere Konsequenz ist, daß nicht §. 370 Ziff. 5 allein anwendbar ist, wenn festzustellen ist, daß der Dieb andere Sachen suchte, jedoch nur Eß- und Genußmittel von geringem Werthe fand. Zu weit dürfte jedoch München 9. Aug. 87, bayr. Entsch. IV, 570 gehen, indem es in einem solchen Fall vollendeten schweren Diebstahl annahm. Es dürfte Diebstahlsversuch in Konkurrenz mit Entwendung anzunehmen sein. Ebenso die Zueignung verschossener Munition (§. 291), wenn sich die Militärbehörde den Gewahrsam erhalten hat, wie durch Umschließung des Kugelfangs, R.G. III, 10. Nov. 80 (R. II, 490); ist ein Anderer als die Militärbehörde im Gewahrsam, so liegt unter allen Umständen Diebstahl vor. War der Vorsatz des Diebes nur auf sog. Eßdiebstahl (§. 370 Ziff. 5) gerichtet, er stahl aber in Wirklichkeit, z. B. in einem uneröffneten Pack, andere Sachen, so ist er wegen Diebstahls strafbar, wenn er die Sachen behielt, oder, wenn er vor erlangter Kenntniß betreten wurde, wenn sich nicht annehmen läßt, daß er nur Eßwaaren in geringer Menge zum alsbaldigen Genusse stehlen wollte, also andere Sachen zurückgegeben haben würde. R.G. III, 4. Dez. 80 (R. II, 600, E. III, 165); IV, 3. Jan. 90, Goltd. XXXVII, 437.

33. Für Preußen gelten namentlich die besonderen Bestimmungen des Feld- und Forstpolizeiges. vom 1. April 1880 (G.S. S. 230), sowie das Forstdiebstahlsgesetz vom 15. April 1878 (G.S. S. 222).

Nach Erlaß des St.G.B. sind bezüglich der fraglichen Diebstähle in einzelnen Bundesstaaten besondere Bestimmungen erlassen. Vgl. für Bayern die Art. 112 bis 114 des Polizeistrafgesetzbuchs vom 26. Dez. 1871, welche aus dem preuß. Gesetze vom 13. April 1856 entlehnt sind (s. Edel, Das Polizeistrafgesetzbuch für Bayern, Erlangen 1872, zu Art. 112—114 sowie das vielfach abgeänderte Forstgesetz vom 28. März 1852); Sachsen, Forststrafgesetz vom 6. April 1873 (Ger. u. Verordn.Bl. S. 401); Mecklenburg (beide) Verordnung vom 22. Dez. 1870 betreffend die Bestrafung der Forstfrevel (Reg.Bl. für Mecklenburg-Schwerin Nr. 136 S. 1069 ff.); Braunschweig, Gesetze vom 22. Dez. 1870 betreffend Abänderungen des Forststrafgesetzes 2c. (Ges.- u. Verordn.-Samml. Nr. 123), des Jagdstrafgesetzes (Nr. 124), vgl. die in Nr. 121 und 117 enthaltenen Gesetze betreffend die Freiheits- und Geldstrafen, sowie die polizeilichen Maßregeln gegen Kinder.

34. Die Entwendung von Feldfrüchten aus Gruben auf dem Felde, Schobern, Mieten u. dgl., in welchen die Früchte dauernd aufbewahrt werden, ist Diebstahl. Wolfenbüttel 14. April 74 (St. IV, 162). Berlin 29. Mai 74 u. 29. Nov. 77 (Goltd. XXII,

715; XXV, 540, O.R. XV, 338; XVIII, 751, St. IV, 163; VIII, 178). R.G. II, 7. Febr. 82, E. V, 385, R. IV, 127; 18. April 82, R. IV, 351. Felddiebstahl, nicht gewöhnlichen Diebstahl, nahm an Berlin 29. Nov. 77 (O.R. XVIII, 752, Goltd. XXV, 541, St. VIII, 178) bei Wegnehmen von Feldfrüchten aus Haufen und Mieten, weil sie dort nur einstweilen bis zur demnächstigen Abfuhr untergebracht waren. Vgl. München 18. Jan. 75 (bayr. Entsch. V, 17).

35. Dagegen ist das Entwenden von Sträuchern, von Hecken, von Bäumen, die außerhalb eines Forstes stehen, das Wegnehmen von Baumstützen auf dem Felde nur als Felddiebstahl zu strafen. München 27. Juni 72 (bayr. Entsch. II, 187), 12. Mai u. 13. Juni 73, 6. Febr. 74 (St. II, 321, 354; III, 339, bayr. Entsch. III, 83, 237). Ebenso für Preußen R.G. III, 1. Juni 81, E. IV, 268, R. III, 357. Der „Holzdiebstahl" begreift nicht die Entwendung des gefällten Holzes; diese ist, auch wenn das Holz von Frevlern gefällt und zurückgelassen war, als Diebstahl zu strafen. Berlin 22. Sept. 74 (Goltd. XXIII, 439, O.R. XVI, 598). Vgl. preuß. Forstdiebst.Ges. §. 1.

36. Die Wegnahme eingesammelter Streu aus einem fremden Walde ist Diebstahl. Berlin 5. Nov. 73 (O.R. XIV, 717), vgl. Forstdiebst.Ges. §. 1 Ziff. 4. Die Wegnahme bereits zur Saat verwendeter Kartoffeln u. s. w. ist Diebstahl. Berlin 21. Mai 79 (O.R. XX, 276, Goltd. XXVII, 209). Entwendung von Hopfenstangen wurde als Diebstahl beurtheilt, wenn die Wegnahme während der Lagerung, als Felddiebstahl, wenn sie in geringer Menge erfolgte, während die Stange mit der Pflanze verbunden war. München 23. Nov. 75 (bayr. Entsch. V, 525). Dagegen nahm R.G. I, 27. Sept. 88, E. XVIII, 128, R. X, 521 in Widerspruch zu München 6. Febr. 74, bayr. Entsch. IV, 83 die Strafbarkeit des Diebstahls von Weinpfählen aus §. 242 an. An gestochenem Torf wird Diebstahl, nicht Felddiebstahl begangen. München 3. Juli 74 (bayr. Entsch. IV, 288). R.G. III, 7. Juli 80 (R. II, 166). Nach Maßgabe des preuß. Feld- und Forstpolizeiges. v. 1. April 1880 (G.S. S. 230) ist anzunehmen, daß die Entwendung von ungestochenem Torf unter §. 370 Ziff. 2, die von gestochenem Torf unter §. 242 fällt. R.G. II, 27. Juni 90, E. XXI, 27. Die Entwendung von Viehfutter ohne die Umstände des §. 370 Ziff. 6 ist als Diebstahl strafbar. R.G. III, 2. Okt. 80 (R. II, 294). Wegen Diebstahls bez. Hehlerei an Feld- oder Forstprodukten kann nur gestraft werden, wenn aus den thatsächlichen Feststellungen hervorgeht, daß die Anwendung der Forst- oder Felddiebstahlsgesetze ausgeschlossen ist. R.G. II, 26. April 81 (R. III, 249), 23. Sept. 80 (Ann. II, 308); IV, 25. Jan. u. 25. Okt. 89, E. XVIII, 436 (441); XIX, 11. S. auch oben N. 31, 33.

§. 243. Auf Zuchthaus bis zu zehn Jahren ist zu erkennen, wenn

1) aus einem zum Gottesdienste bestimmten Gebäude Gegenstände gestohlen werden, welche dem Gottesdienste gewidmet sind;

2) aus einem Gebäude oder umschlossenen Raume mittels Einbruchs, Einsteigens oder Erbrechens von Behältnissen gestohlen wird;

3)*) der Diebstahl dadurch bewirkt wird, daß zur Eröffnung eines Gebäudes oder der Zugänge eines umschlossenen Raumes, oder zur Eröffnung der im Innern befindlichen Thüren oder Behältnisse falsche Schlüssel oder andere zur ordnungsmäßigen Eröffnung nicht bestimmte Werkzeuge angewendet werden;

4) auf einem öffentlichen Wege, einer Straße, einem öffentlichen Platze, einer Wasserstraße oder einer Eisenbahn, oder in einem Postgebäude oder dem dazu gehörigen Hofraume, oder auf einem Eisenbahnhofe eine zum Reisegepäck oder zu anderen Gegenständen der Beförderung gehörende Sache mittels Abschneidens oder Ablösens der Befestigungs- oder Verwahrungsmittel, oder durch Anwendung falscher Schlüssel oder anderer zur ordnungsmäßigen Eröffnung nicht bestimmter Werkzeuge gestohlen wird;

*) S. Haager im G.S. Bd. 30, S. 481.

5) der Dieb oder einer der Theilnehmer am Diebstahle bei Begehung der That Waffen bei sich führt;

6) zu dem Diebstahle Mehrere mitwirken, welche sich zur fortgesetzten Begehung von Raub oder Diebstahl verbunden haben, oder

7)*) der Diebstahl zur Nachtzeit in einem bewohnten Gebäude, in welches sich der Thäter in diebischer Absicht eingeschlichen, oder in welchem er sich in gleicher Absicht verborgen hatte, begangen wird, auch wenn zur Zeit des Diebstahls Bewohner in dem Gebäude nicht anwesend sind. Einem bewohnten Gebäude werden der zu einem bewohnten Gebäude gehörige umschlossene Raum und die in einem solchen befindlichen Gebäude jeder Art, sowie Schiffe, welche bewohnt werden, gleich geachtet.

Sind mildernde Umstände vorhanden, so tritt Gefängnißstrafe nicht unter drei Monaten ein.

Pr. §§. 218, 217 Nr. 6, 220—224; E. I. §. 218; E. II. §. 238; St.B. S. 677.

Vgl. M.St.G.B. §§. 134, 138, 160.

1. Der §. 243 enthält den Thatbestand des schweren Diebstahls, welche technische Bezeichnung der §. 244 enthält. (Vgl. die Monographie von v. Schwarze, Die Lehre vom ausgezeichneten Diebstahl. Erlangen 1863.) Der §. ist überall anwendbar, wo der Diebstahl unter einem der erschwerenden Umstände ausgeführt ist, ohne Rücksicht darauf, ob er möglicherweise auch ohne dieselben hätte ausgeführt werden können. Dresden 29. Dez. 73 u. 30. Jan. 74 (S.G.Z. XVIII, 157, 202, St. IV, 166); Berlin 4. Nov. 74 (O.R. XV, 746). R.G. II, 27. April 80 (R. I, 685, Ann. I, 555).

2. Die erschwerenden Umstände des Einbruchs, Einsteigens, Erbrechens von Behältnissen, des Eröffnens mittels falscher Sperrwerkzeuge, müssen, wie der des Einschleichens, von dem Diebe in der Absicht begangen sein, auf diese Weise zu stehlen. Hat der Dieb solche Handlungen in unsträflicher oder nach anderer Richtung sträflicher Absicht begangen, und es kam ihm erst nachträglich der Entschluß, die Gelegenheit zum Stehlen zu benutzen, so liegt kein schwerer Diebstahl vor. Berlin 21. März 78 (O.R. XIX, 156, Goltd. XXVI, 210, St. VIII, 184); Dresden 10. Dez. 75 (S.G.Z. XX, 254); Wolfenbüttel 14. Nov. 76 (St. VII, 120). R.G. II, 25. März 81 (R. III, 163, E. III, 440, Ann. II, 362); III, 25. Mai 81, R. III, 327. Hatte der Dieb die Absicht, einen aus §. 370 Ziff. 5 strafbaren Diebstahl zu begehen, entwendete dann aber in Folge eines neuen Entschlusses andere Sachen, so ist der Diebstahl ein schwerer; denn immerhin hatte er das Erschwerungsmoment in diebischer Absicht begangen, und ist auch der sog. Eßdiebstahl ein Diebstahl, wenn auch ein geringer strafbarer. München 26. Okt. 72 (bayr. Entsch. III, 268); Darmstadt 9. Dez. 72 (hess. Entsch. 1872 S. 19); Wolfenbüttel 14. Nov. 76 (St. VII, 120). R.G. III, 19. März 81 (R. III, 145, E. III, 423, Ann. III, 362). A. M. Dresden 10. Dez. 75 (S.G.Z. XX, 254). Auch R.G. Pl. 7. Juli 86, E. XIV, 313, R. VIII, 525 modifizirt die oben mitgetheilte Absicht dahin, daß Strafe wegen schweren Diebstahls nur eintrete, wenn der Diebstahl und der beabsichtigte Eßdiebstahl eine That bilde, außerdem aber nur wegen einfachen Diebstahls; d. h. wenn der Dieb einen weiteren Diebstahl erst nach dem qualifizirenden Moment beschlossen hat. (Die Begründung dieses Urtheils läßt an Klarheit zu wünschen übrig.) R.G. I, 9. April 85, R. VII, 218 billigte nur die Bestrafung wegen einfachen Diebstahls. Handelt es sich jedoch nur um einen Diebstahlsversuch, wenn auch unter einem der erschwerenden Umstände des §. 243, so kann wegen Versuchs des schweren Diebstahls nur gestraft werden, wenn feststeht, daß der Dieb Anderes stehlen wollte, als Nahrungs- oder Genußmittel von geringem Werth oder geringer Menge. R.G. III, 9. Nov. 81, R. III, 701.

---

*) S. Haager im G.S. Bd. 29, S. 297, 363.

3. In der Vornahme der Qualifikationshandlung in diebischer Absicht liegt jedenfalls Versuch eines schweren Diebstahls. Ob schon in dem Hinbegeben an den Ort der That, um die Qualifikationshandlung vorzunehmen, ist streitig und liegt die Entscheidung größtentheils auf thatsächlichem Gebiet. Dresden 7. Juni 72 (S.G.Z. XVI, 269, St. II, 72), 27. April 77 (S.G.Z. XXII, 49). In dem erfolglosen Versuch eines schweren Diebstahls, der dann als einfacher vollendet wird (z. B. durch Auffinden des rechten Schlüssels) liegt ideeller Zusammenfluß der versuchten und vollendeten That. R.G. III, 13. Jan. 87, E. XV, 281.

4. Wenn mehrere Erschwerungsgründe bei einem Diebstahl konkurriren, so fällt dies nur für die Strafzumessung in das Gewicht.

5. Wegen des Ehrverlustes gelten die allgemeinen Grundsätze des §. 32, wonach auch im Fall mildernder Umstände, da die Gefängnißstrafe mindestens drei Monate beträgt (§. 243 Schluß, vgl. §. 248), immer darauf erkannt werden kann.

6. Polizei-Aufsicht ist nur neben Zuchthaus zulässig. (§. 248.)

7. Die Verbrechen der §§. 243 und 252 konkurriren eventuell nicht real mit einander, wenn sie im unmittelbaren Verlaufe verübt wurden, sondern ist nur §. 250 anzuwenden. Berlin 22. Nov. 77 (Goltd. XXV, 514, St. VIII, 93). Vgl. auch §. 242 N. 26. Die sämmtlichen Auszeichnungen des §. 243 bleiben außer Berücksichtigung, wenn es sich nur um einen sog. Eßdiebstahl (§. 370 Ziff. 5) handelt. R.G. 17. Sept. 80 (Ann. II, 317).

8. N. 1. — Es ist gleichgültig, ob das Gebäude zum öffentlichen oder zum Privat-Gottesdienst bestimmt ist, ob dasselbe einer mit Korporationsrechten versehenen oder einer lediglich im Staate bestehenden Religionsgesellschaft (§§. 166, 167) angehört. Gl. M. Olshausen N. 3. — Die Gegenstände müssen zum Gebrauch bei Ausübung der religiösen Rituale bestimmt sein. (Z. B. Kronleuchter, vgl. O.R. V, 28.) Darauf, ob die Gegenstände eine besondere kirchliche Weihe erhalten haben, kommt nichts an. Gl. M. Geyer II, 46, v. Liszt S. 444, H. Meyer S. 662. — Der Thäter muß Kenntniß von der Bestimmung des Gebäudes und der Gegenstände haben. — „Aus einem — Gebäude" z. B. mittels Hineinlangens: Berlin 10. Okt. 53 (Goltd. III, 854); Jena 29. Okt. 73 (St. IV, 167). Auch hier ist zur Vollendung nur die Apprehension durch den Dieb, nicht ein Herausbringen der Diebstahlsobjekte aus dem gottesdienstlichen Gebäude erforderlich. Berlin 27. Sept. 71 und 20. April 72 (O.R. XII, 466; XIII, 271). Hälschner II, 315. Oppenhoff N. 11.

9. Nr. 2. — Das St.G.B. hat es mit Absicht vermieden, einzelne Begriffe — Gebäude, umschlossener Raum, Einbruch, Einsteigen, falscher Schlüssel —, welche als Erschwerungsmomente des Diebstahls bezeichnet sind, zu definiren. Die Feststellung dieser Begriffe soll in jedem einzelnen Falle der Würdigung des Richters der That vorbehalten bleiben. Der Richter der That soll nach dem Willen des Gesetzes darüber entscheiden, ob die in jedem einzelnen Falle hervortretenden thatsächlichen Momente geeignet sind, jene Begriffe zu erfüllen oder nicht. Die Motive bemerken hierüber:

„Der Entwurf hat es nicht für erforderlich gehalten, eine Reihe von Begriffen zu definiren, wie dies das preußische Gesetzbuch allerdings gethan, welche aber, wie beispielsweise die vom „umschlossenen Raume", „falschen Schlüsseln", von „Einsteigen" und „Einbrechen" dem gemeinen Leben angehören, und ohne gesetzgeberische Erklärungen dem Verständnisse des Laien zugänglich und daher in Schwurgerichten auch ohne gesetzliche Erklärung werden richtig aufgefaßt und gehandhabt werden. Es ist zu erwarten, daß sich in der Rechtsprechung so wenig eine Lücke wird fühlbar machen, als sich eine solche in der des gemeinen Rechtes zeigte, so lange sie auf Grund des Art. 159 der Carolina, der gleichfalls keine Begriffsbestimmung für Einsteigen oder Einbrechen enthält, den Diebstahl mittels Einsteigens oder Einbruches bestrafte, auch in den Gesetzbüchern anderer deutscher Staaten derartige Begriffsbestimmungen nicht für nothwendig erachtet worden und die Weglassung derselben daselbst keine Beschwerden in der Praxis hervorgerufen hat."

„In Uebereinstimmung mit der Vorschrift des angeführten Artikels der Carolina nimmt übrigens der Entwurf an, daß für die erhöhte Strafbarkeit des Diebstahls durch Einbruch und Einsteigen vorzugsweise die schwere besondere Geflissentlichkeit und Hartnäckigkeit des Diebes entscheidend sei. Von selbst ergibt es sich hiernach für den Entwurf als unzutreffend, wenn §. 222 des preußischen Strafgesetzbuches durch kasuistische Aufzählung einzelner objektiver Kriterien den Begriff des Einsteigens festzustellen sucht."

10. Nr. 2. — Ueber den im preuß. St.G.B. nicht definirten Begriff „Gebäude" herrscht keine Uebereinstimmung. Das gewöhnlich als charakteristisch bezeichnete Merkmal der Unbeweglichkeit wird, obschon in der Regel zutreffend, für das St.G.B. schon deshalb nicht als unbedingt

maßgebend anzuerkennen sein, als (arg. §. 243 Nr. 7) auch Schiffe (bewohnte und unbewohnte) darunter zu begreifen sind. So Lübeck 20. Juli 72, Goltd. XXI, 119, während Berlin 10. Mai 71, 19. April 72, 31. Jan. 73 u. 11. Juli 78, Goltd. XIX, 534; XX, 258, O.R. XII, 256; XIII, 266; XIV, 105; XIX, 368, St. I, 14; II, 51; VIII, 194 annimmt, daß Schiffe nur für den Fall des §. 243 Nr. 7 den Gebäuden gleichgestellt seien. Dieser Ansicht schloß sich an R.G. III, 24. Sept. 81, E. IV, 433, R. III, 534. Die neuere Mechanik ermöglicht es bekanntlich, größere Bauwerke, Häuser, auf beweglichen Walzen und Rollen herzustellen, und juristisch kann die größere oder geringere Beweglichkeit allein nicht entscheidend sein. Nach Gelegenheit des Falles sind (mit der bisherigen Praxis) auch Windmühlen, Marktbuden, Backöfen dahin zu rechnen; in Betreff der Keller vgl. Berlin 23. Jan. 74 (Goltd. XXII, 124, O.R. XV, 38, St. III, 344).

Sehr weit gehende Anforderungen für den Begriff von Gebäuden in Beziehung auf Fundirung, Umfassungswände, Bedachung, Material und Umfang machen Dresden 20. Dez. 75 u. 17. Aug. 77 (S.G.Z. XX, 259; XXII, 167, St. VI, 305; VII, 313) und schließen daher Strohhütten auf eingerammten Pfählen, oder Bretterhütten von dem Begriffe aus. München 2. Juni 76 (bayr. Entsch. VI, 284) rechnet Bauten wie Marktbuden darunter. R.G. III, 21. Jan. 80 (R. I, 252, Goltd. XXVIII, 229) bezeichnet sie als umschlossenen Raum; auch Kegelhäuschen beurtheilte München 19. Aug. 85, bayr. Entsch. III, 591 als Gebäude. Dagegen spricht R.G. II, 19. Febr. 84, E. X, 103, R. VI, 137 einer zur Aufbewahrung bestimmten, am Boden nicht befestigten Bude diese Eigenschaft ab. Unvollendete Neubauten gehören zu den Gebäuden. Wolfenbüttel 14. März 74 (St. III, 344). Als nicht rechtsirrthümlich bezeichnete Dresden 1. April 78 (S.G.Z. XXII, 275, St. VIII, 189), daß ein Gericht eine einen öffentlichen Durchgang bildende Hausflur zum Innern eines Gebäudes rechnete. Zeitweise bewohnte Wagen sind weder Gebäude noch umschlossene Räume. R.G. III, 23. April 81, E. IV, 164 R. III, 242. Da die Entscheidung fast ausschließlich auf thatsächlichem Gebiete ruht, lassen sich maßgebende Prinzipien nicht aufstellen.

R.G. II, 16. Jan. 83, E. VIII, 102, R. V, 31 erklärte es nicht als irrig, daß die sämmtlichen Räume eines landwirthschaftlichen Gebäudes, welches Wohnung, Stall und Scheune unter einem Dache umschloß und innere Verbindungen hatte, als ein Gebäude angesehen wurde.

11. Als „umschlossener Raum" wird zunächst nur ein Stück der Erdoberfläche (bez. des Wassers) gelten können, welches abgesperrt ist. Berlin 11. Juli 78 (O.R. XIX, 368, St. VIII, 194). Daß die Einfriedigung eine fest mit der Erde verbundene sei, ist nicht erforderlich, wenn sie nur die Umschließung bewirkt. (Hälschner, preuß. St.R. S. 467). R.G. II, 19. Febr. 84, E. X, 103, R. VI, 137, III, 20. Okt. 84, R. VI, 637, I, 8. April 86, E. XIII, 226, R. VIII, 267. Die frühere preuß. Bestimmung §. 221: „Ein Raum ist umschlossen, wenn man in denselben nur durch den Gebrauch von Schlüsseln oder durch Einbrechen oder Einsteigen gelangen kann," war insofern zu eng, als man daraus ableiten konnte, daß die Umschließung eine durchaus vollständige sein müsse, selbst wenn dem Thäter die Mangelhaftigkeit des Verschlusses unbekannt war.

Es wird unter allen Umständen eine durch ihre Konstruktion in sich selbst haltbare, unbewegliche, wenn auch mit dem Boden nicht fest verbundene Einfriedigung gefordert werden müssen, welche den Zweck des Abschlusses und Schutzes erkennen läßt, und diesen Zweck insofern zu erreichen geeignet ist, daß nicht ohne eine gewisse Kraftanstrengung der Abschluß überwunden werden kann. Insbesondere muß die Umschließung vollständig sein. Dresden 20. Dez. 75, 17. Aug. u. 24. Sept. 77 (S.G.Z. XX, 260; XXII, 167, 176, St. VI, 305; VII, 313; VIII, 193), Berlin 12. Nov. 78 (O.R. XIX, 526). R.G. F.S. 29. Aug. 82, R. IV, 696 erkannte dies mit der Erweiterung an, daß ein umschlossener Raum diese Eigenschaft nicht verliere, wenn er durch eine Hausthüre ohne Hinderniß zugänglich ist. Als umschlossener Raum kann demnach wohl eine feste, verschließbare Bretterhütte betrachtet werden, Dresden 17. Aug. 77 (S.G.Z. XXII, 167, St. VII, 313) R.G. II, 19. Febr. 84, E. X, 103, R. VI, 137 (S. auch oben N. 10), ferner alle von Mauern, Gebäuden, Zäunen, nicht überschreitbaren Gräben abgeschlossene Räumlichkeiten. Dresden 10. Mai 75 (S.G.Z. XX, 16), Berlin 12. Nov. 78 (O.R. XIX, 526, Goltd. XXVI, 520). R.G. III, 29. Jan. 83, R. V, 71 fügt das Erforderniß bei, der Raum müsse so groß sein, daß ein Mensch von normaler Größe ihn betreten könne, wenn auch nur durch Einsteigen oder Einbruch. Wegen Mangels dieser Eigenschaft wurde einer Kaninchenhütte die Eigenschaft als umschlossener Raum abgesprochen. Ebenso einem Taubenschlag. R.G. II, 28. Nov. 82, E. VII, 262, R. IV, 852. Daß eine unverschließbare Thür in den Raum führt und der Diebstahl daher auch ohne Qualifikation hätte begangen werden können, hebt den Begriff des umschlossenen Raums nicht auf. R.G. III, 18. Dez. 80 (R. II, 649), II, 19. März 86, E. XIII, 423, R. VIII, 207. Die Umfassung eines umschlossenen Raums kann auch durch natürliche Hindernisse gebildet werden, wie Felswände. So kann auch ein abgeschlossener Schacht als umschlossener Raum beurtheilt werden. R.G. III, 12. März 81 (R. III, 138, E. III, 411, Ann. III, 363).

Daß der umschlossene Raum verschiedenen Eigenthümern gehört, hebt den Begriff nicht auf. Es wurde deshalb Hausgärten, welche in ihrer Gesammtheit nach außen genügend abgeschlossen waren, unter sich aber keine genügende Umfriedung hatten, sondern von einem Garten in den andern Eigenthümern gehörigen freien Zutritt ließen, in ihrer Gesammtheit die Eigenschaft eines umschlossenen Raums zuerkannt. R.G. III, 21. Mai 85, R. VII, 320.

Ob die theilweise Begrenzung durch Wasser zur Umschließung geeignet sei, ob zufällige Lücken oder z. B. das zufällige Unverschlossensein verschließbarer Zugänge einem Raume den Charakter der Umschlossenheit nehmen können, ist Sache der thatsächlichen Würdigung. Vgl. Berlin 20. April 72 u. 23. Sept. 75 (Goltd. XX, 258; XXIII, 530, O.R. XIII, 271; XVI, 609, St. I, 283) und Dresden 5. Mai 71, 27. Mai 72, 6. Okt. 73 u. 30. Jan. 74 (S.G.Z. XVI, 77; XVIII, 84, 157, 202, St. I, 90; II, 105; III, 343; IV, 166). In den letzteren Erkenntnissen ist angenommen, daß es gleichgültig sei, ob der Dieb einen offenen Eingang gekannt hat, wenn er nur nicht durch diesen, sondern an einer anderen Stelle eingedrungen ist, an welcher er auf andere Art nicht eintreten konnte. Daß der Abschluß durch Wasser oder durch einen, das einfache Durchschreiten hindernden Graben stattfinden kann, wurde in der Praxis stets angenommen. Berlin 12. Nov. 78 (O.R. XIX, 526, Goltd. XXVI, 520). Es hört aber das Umschlossensein zeitweise auf, wenn das Abschlußmittel seine Dienste versagt, wie durch Gefrieren des Wassers. Dresden 5. Mai 71 (S.G.Z. XVI, 77, St. I, 90, Goltd. XX, 224), 27. Mai 72 (St. II, 105, Goltd. XXI, 227). Eine durch lose aufeinander gelegte Steine gebildete Mauer bildet keine Umschließung. Berlin 4. Nov. 70 (O.R. XI, 547).

Ein Raum innerhalb eines Gebäudes, ein verschlossenes Zimmer u. dergl. kann nicht als umschlossener Raum angesehen werden. Dresden 1. Dez. 71 (St. I, 179, S.G.Z. XVI, 125), Stuttgart 29. April 74 (württ. Ger.Bl. XIII, 207, St. IV, 50), R.G. I, 23. Febr. 80, E. I, 216, R. I, 379, Ann. I, 355. A. M. ist Jena 30. Okt. 72 (St. II, 181). Ein Schiff oder ein verschlossener Theil desselben (Kajüte) hat nicht die Eigenschaft eines umschlossenen Raums. R.G. III, 7. Juni 83, E. VIII, 364, R. V, 413.

12. Den „Einbruch" definirt das preuß. St.G.B.:

§. 223. „Einbruch ist vorhanden:

> 1. Wenn der Thäter mit Gewalt an den Einfriedigungen oder an Gegenständen oder Vorrichtungen, welche das Eindringen verhindern, einen vorher nicht vorhanden gewesenen oder einen verschlossenen Eingang sich öffnet oder eine schon vorhandene Oeffnung zum Eindringen erweitert, oder sonst eine Oeffnung macht, mittels welcher er den Eingang zum Eindringen sich öffnet, oder auch ohne einzudringen, den Diebstahl vollbringen kann;
> 2. wenn der Thäter im Innern eines Gebäudes in vorstehender Weise Thüren, Wände, Eingänge oder Durchgänge, Schränke, Kisten oder andere Behältnisse eröffnet."

Den Fall unter N. 2 faßt das St.G.B. jetzt unter „Erbrechen von Behältnissen" zusammen. — Aus einem Gebäude kann mittels Einbruchs auch gestohlen werden, wenn der Thäter durch die hergestellte Oeffnung in das Gebäude hineinlangt (Goltd. III, 843, Jena 29. Okt. 73, St. IV, 167); anders beim Einsteigen. — Ob bei dem Einbruch die Substanz der Umschließung verletzt oder nur der verschließende Zusammenhang aufgehoben wird (z. B. durch Ausheben von Thüren oder Fenstern), ist gleichgültig. (S. Berlin 7. Juni 71, Goltd. XIX, 614, O.R. XII, 313, St. I, 37. R.G. I, 23. Juni 87, R. IX, 381, III, 1. Juni 81, R. III, 361. Ein hoher Grad von Gewalt ist nicht erforderlich. Es genügt, wenn die Gewalt stark genug war, eine im gewöhnlichen Leben als Verschlußmittel angesehene Vorrichtung in der Art zu beseitigen, daß der Dieb dadurch nicht mehr gehindert wird, wobei Einbruch und Einsteigen konkurriren können. Dresden 23. Nov. 74 (S.G.Z. XIX, 190). Ob die Gewalt den erforderlichen Grad erlangte, um Einbruch anzunehmen, ist thatsächlich zu beurtheilen. So kann das Zurückbiegen eines Thorflügels, um die so bewirkte Oeffnung als Eingang zu benutzen, je nach der angewendeten Gewalt als Einbruch angesehen werden, oder auch nicht. Berlin 29. Jan. 79 (O.R. XX, 50, Goltd. XXVII, 111). R.G. III, 1. Dez. 80 (R. II, 590. II, 5. Juli 81, E. IV, 353, R. III, 466. Ebenso kann in dem Aufheben eines nur durch seine Schwere festgehaltenen Stroh- oder anderen Dachs und Eindringen durch die hierdurch entstandene Oeffnung Einbruch gefunden werden. R.G. I, 21. Okt. 80 (R. II, 371, E. II, 371). Ob in dem Zerschneiden eines Bindfadens, durch welchen der Verschluß bewirkt war, eine gewaltsame Eröffnung zu finden sei, ist Gegenstand thatsächlicher Würdigung. Stuttgart 20. Jan. 75 (württ. Ger.Bl. IX, 177, St. IV, 365). In dem bloßen Aufbinden eines durch Bindfaden hergestellten Verschlusses kann keinesfalls ein Erbrechen gefunden werden. Berlin 5. Mai 69 (O.R. X, 291). Auch nicht in dem Oeffnen eines Verschlußmittels durch Rütteln. Dresden 12. Jan. 74 (S.G.Z. XVIII, 157). — Dresden 10. Febr. 71 u. 1. Sept. 73 (S.G.Z. XV, 118; XVII, 310) hält das gewaltsame Zurückbiegen eines als Verschluß dienenden Nagels, sowie das Ausziehen der Schloßschrauben für Einbrechen. — Erforderlich aber ist, daß der Einbruch zum Zwecke des Diebstahls vorgenommen sei. München 26. Okt. 72 (bayr. Entsch. II, 268); Dresden 23. Juni u. 1. Aug. 73 (S.G.Z. XVII, 271, St. III, 117), s. oben N. 2.

13. Daß der Einbruch vorgenommen wurde, während der Dieb mit leichteren Mitteln zum Oeffnen des Verschlusses zu kommen glaubte, z. B. durch Rütteln, wobei er das Verschlußmittel erbricht, beseitigt nicht die Strafbarkeit wegen schweren Diebstahls. R.G. I, 19. März 88, R. X, 253.

Ebenso fällt dem Dieb Einbruch bez. Erbrechen zur Last, wenn er ohne dieses Mittel die Eröffnung hätte vornehmen können, aber das gewaltsamere Mittel gewählt hat. Dies wurde z. B. anerkannt in einem Fall, in welchem der Dieb eine Thüre, an welcher der Schlüssel steckte, ohne dies zu beachten, gewaltsam aushob. R.G. II, 25. Mai 83, R. V, 387. Das Gleiche ist der Fall, wenn der Dieb wußte, daß ein Gebäude ohne Hinderniß betreten werden könne, es aber vorzog mittels Einbruchs oder Einsteigens in das Innere zu gelangen. R.G. III, 12. Juli 83, R. V, 516.

14. Die Benutzung einer von einer anderen, mit dem Diebe nicht in Verbindung stehenden Person, sei es sogar zum Zwecke eines Diebstahls, gemachten Oeffnung genügt nicht, um einen Diebstahl als mittels Einbruchs verübt anzusehen. Berlin 21. März 78 (O.R. XIX, 156, Goltd. XXVI, 210, St. VIII, 184). Hat der Dieb selbst eine zum Eintritt benutzte Oeffnung in diebischer Absicht bewirkt, und benutzt dieselbe wiederholt, so kann Fortsetzung vorliegen, wenn die successiven Diebstähle nur die allmähliche Ausführung desselben Entschlusses darstellen. Ist dies nicht der Fall, so ist nur der erste Diebstahl ein schwerer. Vgl. über die Benutzung der von Anderen vorgenommenen Qualifikationshandlungen. Dresden 21. April 76 (S.G.Z. XXI, 53, St. VII, 124), Berlin 24. Okt. 78 (O.R. XIX, 477), welche beide Urtheile jedoch in sehr diffizile, thatsächliche Unterscheidungen eingehen. Wenn Diebe ohne Erschwerung in ein Gebäude gelangt sind, sich aber dort eine Oeffnung (Fenster) zum Einsteigen bereiteten, um dann mittels Einsteigens den Diebstahl fortzusetzen, liegt nur ein erschwerter Diebstahl vor. R.G. III, 12. Juli 83, R. V, 516.

15. Die durch Einbruch verursachte Sachbeschädigung wird nicht selbständig bestraft. Wenn aber zum Zwecke eines Diebstahls eine Sachbeschädigung verübt wird, die im Thatbestande des Diebstahls nicht enthalten ist, so unterliegt sie auch selbständiger Bestrafung. R.G. III, 27. April 81 (R. III, 251). Das Gleiche ist der Fall, wenn der Diebstahl beim Versuch geblieben ist und als solcher aus irgend einem Grunde, z. B. wegen freiwilligen Abstands (§. 46) straflos bleibt. R.G. IV, 29. Okt. 86, E. XV, 12, R. VIII, 652.

16. Einsteigen definirte das preuß. St.G.B.:

> §. 222. „Einsteigen ist vorhanden, wenn der Eintritt in Gebäude oder umschlossene Räume über Dachwerk, Thüren, Mauern, Hecken oder andere Einfriedigungen, oder durch Fenster, Kellerlöcher, oder andere nicht zum Eingang bestimmte, unter oder über der Erde befindliche Oeffnungen bewirkt wird."

Das Einsteigen setzt eine Verwahrung voraus, die den einfachen und gewöhnlichen Eintritt verwehrt. Dazu genügt nicht ein Zaun, dessen Höhe das einfache Ueberschreiten gestattet. Mannheim 1. März 73 (bad. Ann. Bd. 39, S. 136), Dresden 10. Mai 75 (S.G.Z. XX, 16). Das Einsteigen kann auch durch Oeffnungen im Gebäude geschehen, die zufällig oder zu anderen Zwecken als dem des Eintritts belassen wurden R.G. I, 15. Juni 82, E. VI, 350, R. IV, 569; jedoch auch durch die zum regelmäßigen Eintritt bestimmten Oeffnungen, welche durch ein Verwahrungsmittel zum einfachen Eintritt untauglich gemacht sind. Der Eintritt über oder durch oder unter den Verwahrungsmitteln weg, bez. durch jene Oeffnungen muß aber durch eine Körperbewegung geschehen, welche nicht die des gewöhnlichen Eintritts ist, mag diese Körperbewegung auch im gewöhnlichen Leben als Steigen, oder Kriechen oder sonstwie bezeichnet werden. Dresden 22. Febr. 78 (S.G.Z. XXII, 207, St. VIII, 188), R.G. II, 8. Okt. 86, R. VIII, 601. Daß auch der Eigenthümer oder ein sonstiger Berechtigter zuweilen eine Oeffnung zum Eintritt benutzt hat, macht den Eintritt durch dieselbe nicht zu einem berechtigten; es liegt aber kein Einsteigen vor, wenn der Eintritt kein als Steigen zu qualifizirender ist. Berlin 3. Juli 74 (O.R. XV, 425, St. IV, 187), Dresden 11. Juni 75 (S.G.Z. XX, 30).

Es ist kein Gewicht darauf zu legen, daß der umschlossene Raum, in welchen eingestiegen wurde, verschiedenen Eigenthümern gehört, deren einzelne Abtheilungen nicht so abgegrenzt sind, daß sie ein Einsteigen verlangen, und der Dieb zunächst nicht in die Abtheilung des Bestohlenen eingestiegen war. Berlin 4. Okt. 77 (O.R. XVIII, 619, Goltd. XXV, 542, St. VII, 314), R.G. III, 21. Mai 85, R. VII, 320.

17. Ein bloßes Heransteigen und Stehlen mittels Hineinlangens genügt nicht. Vgl. München 25. April 74 (St. IV, 51, bayr. Entsch. IV, 194), Dresden 13. Dez. 72 (S.G.Z. XVII, 57, Goltd. XXI, 605). R.G. III, 14. Mai 81, E. IV, 175, R. III, 302, Ann. III, 579, IV, 2. Jan. 85, R. VII, 10. A. M. Mannheim 20. Sept. 73 (St. III, 115). Ebenso wenig das Uebersteigen im Innern eines Gebäudes aus einem Raum in den anderen. Dresden 1. Dez. 71 (St. I, 179), Stuttgart 24. Dez. 74 (württ. Ger.Bl. IX, 176, St. IV, 164). München 29. Dez. 85, bayr. Entsch. III, 613, R.G. II, 16. Jan. 83, E. VIII, 102, R. V, 31. Anders, wenn von einem selbständigen Gebäude aus in das andere eingestiegen wurde. Dresden 29. Sept. u. 1. Dez. 71 (S.G.Z. XV, 316; XVI, 125, St. I, 119, 179), Berlin 7. Juni 72 (O.R. XIII, 347, Goltd. XX, 404, St. II, 52), München 4. Febr. 78 (St. VIII, 185). R.G. III, 9. Juni 80 (R. II, 46, Ann. II, 218); I, 20. Dez. 80 (R. II, 653, E. II, 173). Vgl. aber Jena 30. Dez. 72 (St. II, 181). Mannheim 7. April 77 (bad. Ann. Bd. 43, S. 212). Zum Einsteigen ist die Ueberwindung einer das Eindringen von Menschen hindernden sachlichen Abschließungsvorrichtung erforderlich. Dresden 10. Mai 75 (S.G.Z. XX, 16), R.G. II, 5. Juni 85, R. VII, 348. — Das Eindringen mittels Kriechens durch ein am Fußboden befindliches Loch kann als Einsteigen angesehen werden. Jena 8. Juni 71 (St. I, 179); Dresden 19. Jan. 72 (St. I, 354). R.G. III, 13. März 80 (R. I, 470), II, 5. Juni 85, R. VII, 348. Dagegen nicht das Einkriechen durch die Oeffnung eines Zauns R.G. III, 12. April 82, E. VI, 186, R. IV, 308, oder eines Gebäudes R.G. III, 21. Jan. 86, E. XIII, 257, da der Thatrichter die Nothwendigkeit ein Hinderniß zu überwinden, verneint hatte. — Ob die Oeffnung, durch welche der Dieb eingedrungen ist, nach der baulichen Einrichtung zum Eingange für Menschen bestimmt war, ist thatsächlich zu prüfen. Dresden 6. Aug. 72, 1. Aug. 73 u. 11. Juni 75 (S.G.Z. XVI, 346; XVII, 271, St. II, 103), Berlin 7. Juni 72, 3. Juli 74 (O.R. XIII, 347; XV, 425, St. IV, 167). Daß das Einsteigen ein an sich unbefugtes ist, ist nicht erforderlich; es wird jedenfalls unbefugt durch den Zweck des Diebstahls; so kann der Dieb in seine eigene Wohnung einsteigen, um dort einen Anderen zu bestehlen. Auch dies würde unter Ziff. 2 fallen. Berlin 7. Sept. 70 (O.R. XI, 436). Wenn der Dieb die gestohlene Sache am Diebstahlsort selbst versteckt und dann mittels Einsteigens abholt, so liegt schwerer Diebstahl vor, wenn durch das Verstecken die Sache dem Gewahrsam des Inhabers nicht entzogen war. Dresden 24. Juli 74 (St. IV, 362).

18. Unter „Behältniß“ ist jede verschließbare Räumlichkeit zu verstehen, welche sich in einem Gebäude oder umschlossenen Raum befindet und zur Sicherung von Gegenständen bestimmt ist. Auch einzelne Zimmer oder Kammern im Innern eines Hauses gehören hierzu R.G. 24. Febr. 82, R. IV, 193. (Vgl. den vorangeführten §. 223 Nr. 2 preuß. St.G.B. und Stuttgart 29. April 74, württ. Ger.Bl. VIII, 207, St. IV, 50, Berlin 1. Nov. 78, O.R. XIX, 510, Goltd. XXVI, 520.) — R.G. I, 23. Febr. 80 (R. I, 379, E. I, 216, Ann. I, 355). München 2. Dez. 72 (St. II, 182) führen aus, daß das Abreißen der versiegelten Umhüllung aus starkem Papier nicht als Erbrechen eines Behältnisses anzusehen sei. Die feste Verpackung eines Ballens mit Leinwand und Stricken erklärte für ein Behältniß Dresden 5. Juni 71 u. 1. April 78, St. I, 90; VIII, 188, S.G.Z. XXII, 276, ebenso die Leinwand-Umhüllung eines Postpacketstücks R.G. F.S. 27. Juli 86, R. VIII, 536. Eine Kartoffelmiete wurde nicht als Behältniß angesehen. Dresden 24. Sept. 77 (S.G.Z. XX, 177, St. VIII, 193). Das Aufschneiden eines Sacks wurde als Erbrechen eines Behältnisses anerkannt. R.G. III, 29. Mai 80 (R. I, 832, Ann. II, 126). Nicht aber ein Bettstück, welches aufgetrennt worden war, um Federn daraus zu stehlen R.G. III, 5. Dez. 89, E. XX, 165. — Wird das ganze Behältniß gestohlen (z. B. ein Geldschrank und draußen erbrochen, so liegt (verbis „aus einem Gebäude mittels Erbrechens

von Behältnissen") ein schwerer Diebstahl nicht vor; vgl. Mannheim 7. Sept. 72 (bad. Ann Bd. 38 S. 306) u. Berlin 2. Okt. 72 (Goltd. XX, 548, O.R. XIII, 490, St. II, 104), 3. Okt 77 (O.R. XVIII, 617), R.G. I, 14. Jan. 83, E. VII, 419. In einem ähnlichen Falle beanstandete jedoch R.G. III, 3. Nov. 84, E. XI, 208, R. VI, 687 die Annahme eines einfachen Diebstahls, nachdem der Dieb eine Sammelbüchse in einem Wirthshause gestohlen und im Hofraume erbrochen hatte, weil er sich noch in dem zum Hause gehörigen umschlossenen Raum befunden habe. Berlin 10. Mai 78 (O.R. XIX, 259) nahm schweren Diebstahl an, nachdem der Dieb zum Zweck des Diebstahls ein Behältniß erbrochen, das dort Gesuchte aber später ohne besondere Verwahrung vorgefunden hatte. Schwerer Diebstahl liegt auch im Erbrechen eines Behältnisses, um zu dem darin verwahrten, sodann zum Diebstahl benutzten Schlüssel zu gelangen. R.G. III, 23. Juni 80 (R. II, 102, Ann. II, 219).

Daß der Dieb schon vor dem Diebstahl in dem Gebäude oder umschlossenen Raum war, in welchem er sodann das Behältniß erbrochen hat, ändert nichts am Thatbestand R.G. I, 11. Jan. 83, E. VII, 419.

Das Behältniß muß nicht vollständig in dem Gebäude oder umschlossenen Raum sich befinden. Es wurde deshalb auch eine Gasleitung, aus welcher Gas durch Anbohren entwendet wurde, als Behältniß beurtheilt R.G. I, 2. Okt. 84, E. XI, 117, R. VI, 587.

19. Nr. 3. — Gebäude, umschlossener Raum, Behältniß vgl. vorher N. 9—11, 18. „Falsche Schlüssel" definirte das preuß. St.G.B. § 224:

„Unter falschen Schlüsseln werden verstanden: nachgemachte, veränderte oder solche Schlüssel, welche für das Schloß, bei welchem der Thäter sie verwendet, nicht bestimmt sind, sowie Dietriche, Haken und andere zum Oeffnen von Schlössern brauchbare Werkzeuge."

Es wird ein durch ein Schloß hergestellter Verschluß vorausgesetzt Berlin 1. Febr. 73 (St. II, 183), d. h. der Verschluß muß in einer Weise bewirkt sein, daß zur ordnungsgemäßen Eröffnung ein Schlüssel oder ein ähnliches Werkzeug erforderlich ist. Eine Schließvorrichtung, deren Oeffnung nur durch die Hand geschieht, genügt nicht R.G. IV, 4. Juli 84, R. VI, 516, dagegen Dresden 23. April u. 1. Nov. 75 — S.G.Z. XIX, 366; XX, 202, St. VI, 300 —, welches annimmt, daß, wenn die Eröffnung nicht durch einen wirklichen Schlüssel, sondern durch ein anderes Werkzeug geschieht, jede Vorrichtung zum Zuschließen genüge. Ob noch ein anderer Eingang möglich war, ist, namentlich wenn ihn der Thäter nicht kannte, gleichgültig. — Als falscher Schlüssel ist auch ein zweiter Schlüssel anzusehen, welchen der Eigenthümer eines Hauses bei einem Diebstahl gegen seinen Miether benutzt. Dresden 13. Sept. 75 (S.G.Z. XX, 122), R.G. II, 30. Jan. 85, E. XI, 436, R. VII, 63, oder zurückbehaltene, dem Miether zur Benutzung nicht übergebene Schlüssel Dresden 13. Sept. 75 (St. VI, 298), oder vom Eigenthümer beim Verkauf zurückbehaltene Schlüssel R.G. III, 21. Sept. 81, E. IV, 414, R. III, 519, R.G. II, 30. Jan. 85, E. XI, 436, R. VI, 63, — R.G. III, 20. Dez. 90, Goltd. XXXIX, 57 erklärte jedoch einen Haupt- oder Generalschlüssel, den der Vermiether in Händen hatte und gegen den Miether zu Diebstahl benutzte für einen zu allen Schlössern bestimmten Schlüssel, also für einen rechten und §. 243 Ziff. 3 nicht anwendbar. Es dürfte doch zum mindesten Gewicht darauf zu legen sein, ob der Miether Kenntniß von dem zweiten Schlüssel hatte, also wußte, daß er gegen den Vermiether nicht geschützt sei. Auch die Eröffnung eines vom Diebe mitbenutzten Behältnisses mittels falscher Schlüssel zum Zwecke des Diebstahls ist schwerer Diebstahl. Dresden 13. Sept. 75 (St. VI, 301).

20. „Andere zur ordnungsmäßigen Eröffnung nicht bestimmte Werkzeuge" — sind Haken, Dietriche u. s. w., welche vom Eigenthümer, Besitzer u. s. w. für die regelmäßige Eröffnung nicht bestimmt sind. Wenn Dresden 1. Nov. 75 (St. VI, 300) sogar das Aufwägen eines Schlosses mittels einer Messerklinge ohne Verletzung des Schlosses hierher rechnet, so dürfte doch der Fall passender unter Erbrechen subsumirt werden. R.G. III, 10. Dez. 85, E. XIII, 200, R. VII, 724 fand jedoch in einem Fall, in welchem ein hölzerner Riegel durch Einführen einer Messerklinge zurückgeschoben worden war, weder Gebrauch eines falschen Schlüssels, noch Einbruch. Sperrhaken können nach Bestimmung der Berechtigten ordentliche Schlüssel ersetzen. Wenn aber eine andere Bestimmung des Berechtigten erfolgt ist, bildet der Sperrhaken auch nicht mehr das ordentliche Sperrwerkzeug und ist sein diebischer Gebrauch nach Ziff. 3 strafbar. R.G. II, 18. Febr. 81 (E. III, 360). Ueberhaupt ist der Berechtigte, und zwar nicht nur der Eigenthümer, sondern auch der berechtigte Inhaber einer Wohnung befugt zu bestimmen, welches das richtige Sperrwerkzeug sein soll, und ist jedes andere ein falsches. Ein ver-

lorener Schlüssel wird also zu einem falschen, wenn er benutzt wird, nachdem er durch einen andern ersetzt ist. R.G. II, 23. Sept. 81, E. V, 17, R. III, 524, III, 27. April 88, R. X, 341. Hat der Eigenthümer zeitweise einen falschen Schlüssel benutzt, so wird dieser hierdurch nicht zum rechten R.G. III, 12. April 82, E. VI, 157, R. IV, 312.

Strafbaren Versuch nimmt Dresden 7. Juni 72 (S.G.Z. XVI, 268, St. II, 71) selbst dann an, wenn der Dieb mit falschem Schlüssel zu öffnen unternommen, das Schloß aber offen gefunden hat.

21. Wenn eine Person, die zu stehlen beabsichtigt, sich zur Eröffnung eines Schlosses einer dritten Person, z. B. eines Schlossers bedient, den er über die Berechtigung das Schloß öffnen zu lassen, getäuscht hat, so fällt ihm der erschwerende Umstand zur Last. R.G. I, 12. Juli 82, R. IV, 689.

22. N. 4. Unter Gegenständen des Transports sind nicht nur Frachtgüter zu verstehen, welche einer Verkehrsanstalt zum Transport übergeben worden sind, sondern auch Gegenstände, die nur durch die von einer Person speziell zu diesem Zwecke benutzten Transportmittel befördert werden. Dresden 11. Nov. 72 (S.G.Z. XVII, 45, St. II, 183), 10. Nov. u. 29. Dez. 73 (S.G.Z. XVIII, 109, 116, St. III, 348; IV, 168). Auch kann nicht unterschieden werden, ob der Transportgegenstand in der gegebenen Weise gewöhnlich transportirt wird. Es wurde z. B. unter Ziff. 4 auch der Diebstahl an Geld subsumirt, welches sich in einem verschlossenen, gewaltsam geöffneten Behältniß eines Milchwagens befand. R.G. F.S. 12. Aug. 82, R. IV, 693. Es bedarf, um einer Sache, die Eigenschaft einer zur Beförderung gehörigen Sache zu geben, nicht einer Uebernahme zum Transport von Seite des Transportirenden, so wurde die Eigenschaft einem Colli zuerkannt, der nach der Annahmezeit auf einen Bahnhof gebracht und Mangels der Annahme einstweilen in einem Güterwagen niedergelegt war. R.G. I, 17. Sept. 85, R. VII, 510, E. XIII, 243. Endlich kommt auch darauf nichts an, ob der Transport Zweck desjenigen ist, der die Sache auf dem Transport mit sich führt. So wurde ein Sack, in welchem ein Fuhrmann das zur Verfütterung bestimmte Pferdefutter mit sich führte, als unter dem Schutze der Ziff. 4 stehend anerkannt. R.G. II, 27. Juni 82, E. VI, 394, R. IV, 630.

23. Unter Abschneiden oder Ablösen ist auch ein Zerreißen, Durchbrechen u. dgl. begriffen. München 30. Nov. 72 (bayr. Entsch. II, 284, St. II, 184). — Dresden 10. Nov. u. 29. Dez. 73 (S.G.Z. XVIII, 109, 116, St. III, 345; IV, 168) hält schon das Aufbinden der eine Wagenplane befestigenden Schleifen für ein Ablösen, ebenso R.G. I, 26. April 83, E. VIII, 287, R. V, 286, ferner das Abstreifen der die Verpackung umschnürenden Bindfäden. R.G. I, 27. April 91, E. XXI, 429, Das Losbinden eines Sacks R.G. III, 25. März 82, E. VI, 179, R. IV, 279. — Als Verwahrungsmittel kann auch eine Wagenplane angesehen werden. Dresden 10. Nov. u. 29. Dez. 73 (S.G.Z. XVIII, 109, 116, St. III, 345; IV, 168). Vgl. München 30. Nov. 72 (St. II, 185). Oder ein Sack, in welchem sich der Transportgegenstand befindet, z. B. Getreide R.G. III, 9. Nov. 81, E. V, 157, R. III, 699. Auch die zum Verschluß dienenden Dinge, sogar eine über die Thüre eines Behältnisses geklebte Gepäckmarke R.G. III, 21. Juni 82, R. IV, 597.

24. Oeffentliche Wege, Plätze sind diejenigen, welche einem Jeden zur Benutzung freistehen. Mögen dieselben auch im Privatbesitze stehen und nur für gewisse Zeit oder einen bestimmten Zweck dem allgemeinen Verkehre überlassen sein. Wie lange in letzterem Falle die Oeffentlichkeit des Platzes dauert, ist Sache der thatsächlichen Feststellung. Allgemeine Zugänglichkeit eines Platzes genügt nicht, ihn zu einem öffentlichen zu machen. Es muß vielmehr der allgemeine Zutritt von den Berechtigten gestattet sein. R.G. III, 25. Febr. 84, R. VI, 149.

Als Wasserstraße ist jedes dem öffentlichen Verkehr dienende Gewässer anzusehen, also schiff- oder floßbare Flüsse oder Kanäle. v. Buri G.S. Bd. 29, Beil. S. 41, Olshausen N. 37b, Oppenhoff N. 61.

Falsche Schlüssel u. s. w. vgl. oben N. 8.

25. N. 5. Theilnehmer sind Mitthäter oder Gehülfen.

26. Waffen? vgl. §. 123 N. 10; auch Messer, Knittel können dahin gerechnet werden. (So Dresden 3. Mai 75, S.G.Z. XX, 13, St. V, 360.) Ueberhaupt alle Werkzeuge, mittels welcher erheblichere Körperverletzungen beigebracht werden können. Dresden 23. Okt. 76 (S.G.Z. XXI, 116). R.G. III, 18. Jan. 83, E. VIII, 44, R. V, 37. Ein Terzerol mit aufgestecktem Zündhütchen ist eine Waffe; es ist nicht der Nachweis erforderlich, daß dasselbe scharf geladen war. München 29. Aug. 75 (Goltd. XXIII, 145, bayr. Entsch. IV, 374, St. IV, 169).

27. „Waffen bei-sich-führt“ setzt zunächst nichts weiter als das thatsächliche bei sich führen, und namentlich nicht unbedingt voraus, daß die Absicht auf den Gebrauch der Waffe gerichtet sei. (S. München 29. Aug. 74, St. IV, 169; Berlin 6. Nov. 73, 18. Dez. 74, 17. Febr. u. 16. Mai 76, Goltd. XXI, 544; XXIV, 136, 466, O.R. XV, 885, St. IV, 369. In den letzteren Erkenntnissen ist angenommen, daß der Diebstahl an Wild aus umzäunten Gehegen nach Nr. 5 ein schwerer sei, wenn der Dieb eine Waffe bei sich geführt hat, gleichviel zu welchem Gebrauche.) Dagegen muß der Thäter sich bewußt sein, daß er eine Waffe bei sich führt, wie das gleiche Bewußtsein auch bei dem etwaigen Theilnehmer bez. des anderen vorhanden sein muß. (Vgl. §. 59 N. 6.) Jenes Bewußtsein wird beim Thäter bez. solcher Werkzeuge, welche nicht als Waffen im technischen Sinne angesehen zu werden pflegen, nur unter besonderen Umständen anzunehmen sein. Grund der Bestimmung ist die objektive Gefährlichkeit und die Rücksicht, daß der Waffenbesitz den Dritten vom Widerstande abhalten kann. Mit Rücksicht hierauf hat man angenommen, daß in Fällen, in denen die Absicht des Diebes nicht auf einen (eventuellen) Gebrauch der Waffe ging, der Erschwerungsgrund nur dann zutreffe, wenn der Besitz der Waffe äußerlich erkennbar und nicht unverfänglich war, d. h. Grund zur Befürchtung eines Gebrauches erwecken konnte. (Vgl. Oppenhoff zu §. 123; und besonders Hälschner, preuß. St.R. S. 477 ff.; Goltdammer, Mat. II, S. 481 ff.) Jedoch verlangte R.G. III, 1. Okt. 83, R. V, 558 neben dem Bewußtsein, eine Waffe bei sich zu führen, den wenigstens eventuellen Vorsatz des Gebrauchs der Waffe gegen Menschen. Es ist jedoch anzunehmen, daß diese Entscheidung nur im Hinblick auf die thatsächlichen Umstände des Falles erging, wo die zum Diebstahl gebrauchten Sicheln und Messer auch als Waffen benutzt wurden. Die Absicht des eventuellen Gebrauchs kann da nicht verlangt werden, wo Waffen im engeren Sinne in Frage stehen und dieselben etwa offen, also als Schreckmittel getragen wurden.

28. Die Erschwerung trifft alle Betheiligte, welche Kenntniß davon haben, daß einer der Genossen Waffen bei sich führe. Berlin 16. Mai 76 (Goltd. XXIV, 466).

29. Bei Begehung der That. Hierbei darf nicht nur an die That im technischen Sinne gedacht werden, also vom Beginn der Ausführung bis zur Vollendung, sondern bei dem gesammten Verlauf der auf Begehung der That gerichteten Thätigkeit. Dies ist insbesondere der Fall bezüglich derjenigen Umstände, mittels welcher auf das Bewußtsein des Thäters, Waffen bei sich zu führen, geschlossen wird. R.G. III, 1. Okt. 83, s. oben. Wegen Mangels dieses Bewußtseins hat R.G. II, 24. Febr. 85, E. XII, 69, R. VII, 145 die Anwendbarkeit der Ziff. 5 in einem Fall verneint, in welchem der Dieb ein Terzerol in der Tasche hatte.

30. Nr. 6. Mehrere sind auch zwei. (Vgl. §. 83 N. 1.) Berlin 27. Nov. 78 (O.R. XIX, 551). R.G. I, 4./11. Juli 87, E. XVI, 173, R. IX, 405.

31. „Mitwirken“ setzt Mitthäterschaft oder Beihülfe durch That voraus. Anstiftung genügt nicht. A. M. und wollen Anstiftung, und sogar intellektuelle Beihülfe unter Mitwirkung subsumiren: Hälschner I, 557 N. 2; II, 330 N. 1, v. Liszt S. 447, Merkel in H.H. III, 638, Olshausen N. 48. Es muß an obiger Ansicht festgehalten werden. Selbstverständlich ist der Anstifter eines Bandenkomplotts als Anstifter nach Ziff. 6 strafbar. Er hat aber keine Bande gestiftet, wenn nur Einer die Diebstähle ausführen soll, sondern mitwirken bedeutet die physische Mitwirkung bei Ausführung der Diebstähle. Der Anstifter wirkt nicht bei der Begehung mit. Wenn sich Olshausen auf R.G. III, 23. Okt. 84, R. VI, 645 beruft, so spricht dies Urtheil von Anstiftung gar nicht, und die Mitwirkung der Gehülfen als Mitthäter war eine größtentheils physische, wobei nach der Ansicht des Reichsgerichts von Mitthäterschaft das Bandenkomplott in Verbindung mit einer Thätigkeit, welche an sich Beihülfe sein konnte, Mitthäterschaft bildet. An gewerbsmäßige Verübung ist bei Bandendiebstahl nicht zu denken R.G. I, 15. Juni 82, R. IV, 567, 4./11 Juli 87, E. XVI, 173, R. IX, 405, ebenso wenig an fortgesetzten Diebstahl im technischen Sinn des Wortes „Fortsetzung“. Berner S. 170, Geyer in H.H. II, 415, Hälschner I, 434, 556, H. Meyer S. 238, Olshausen N. 47. Beihülfe zum Bandendiebstahl ist denkbar, wenn Jemand nicht am Diebstahl selbst mitwirkt, sondern nur eine fördernde Thätigkeit entwickelt, dabei aber auch nicht den Thäterwillen hat, also am Bandenkomplott nicht Theil genommen hat. — Es ist nicht nothwendig, daß sämmtliche Verbundene an sämmtlichen Diebstählen theilgenommen haben. Dresden 16. April 75 (S.G.Z. XIX, 362, St. V, 360). — Die Nr. 6 trifft auch zu, wenn die Verabredung sich nur auf einen einzelnen Jahrmarkt beschränkt hat, aber dahin gegangen ist, bei diesem unter gegenseitiger Mitwirkung möglichst viele Diebstähle zu verüben. München 19. Juni 74, St. IV, 171, bayr. Entsch. IV, 242). R.G. III, 13. Dez. 83, E. IX, 296, R. V, 776; III, 23. Okt. 84, R. VI, 644, II, 6. Mai 90, Goltd. XXXVIII, 187. Dagegen erklärt R.G. I,

4./11. Juli 87, E. XVI, 173, R. IX, 405 die Verbindung Mehrerer zur fortgesetzten Bestehlung einer einzelnen Person nicht für genügend. Vgl. jedoch Dresden 10. Juli 74 (St. IV, 370, S.G.Z. XIX, 13), welches eine nach Art, Zeit und Gegenstand begrenzte Verabredung nicht für ausreichend erachtet.

32. Beim Bandendiebstahl sind die einzelnen Diebstähle als selbständige strafbare Handlungen (§. 74) anzusehen. Berlin 23. Okt. 72 (Goltd. XX, 549, O.R. XIII, 539) u. München 19. Juni 74 (St. IV, 171, bayr. Entsch. IV, 242). Und bedarf es überhaupt zur Annahme des Bandendiebstahls einer Mehrheit von Fällen. Stellen sich daher mehrere Diebstähle durch Fortsetzung als juridische Einheit dar, so kann Bandendiebstahl nicht angenommen werden. R.G. I, 4./11. Juli 87, E. XVI, 173, R. IX, 405. An gewerbsmäßigen Diebstahl darf hierbei nicht gedacht werden. R.G. I, 15. Juni 82, R. IV, 567, 4./11. Juli 87, E. XVI, 173, R. IX, 405.

33. Nr. 7. Behandelt den zur Nachtzeit mittels Einschleichens in ein bewohntes Gebäude begangenen Diebstahl.

„Nachtzeit".*) — Der Begriff ist nach den thatsächlichen Verhältnissen, d. h. nach der Jahreszeit und der Ortsgewohnheit zu beurtheilen. Es ist darunter die in einer bestimmten Gegend (Orte) übliche Nachtschlafenszeit zu verstehen, einerlei ob gerade in einzelnen Häusern die nächtliche Ruhe früher oder später (z. B. in Wirthshäusern) eintritt. Vgl. auch H. Meyer, Lehrb. S. 667, Dresden 15. Dez. 71 (S.G.Z. XVI, 212, St. I, 283), Mannheim 4. April 76 u. 26. Jan. 78 (bad. Ann. Bd. 42 S. 125, Bd. 44 S. 41, St. VII, 129; VIII, 195.

Das Reichsgericht entschied sich jedoch abweichend dafür, daß unter Nachtzeit im Sinne des §. 243 Ziff. 7 die Zeit vom Eintritte der Dunkelheit bis zum Beginn der Morgendämmerung zu verstehen sei. R.G. I, 23. Dez. 80 (R. II, 667, E. III, 209), 5. März 83, R. V, 148.

34. „Einschleichen nahm nicht schon dann als vorhanden an, wenn der Thäter in diebischer Absicht auf eine schleichende (leise und heimliche) Weise in das bewohnte Gebäude gelangt ist, vielmehr als erforderlich, daß zwischen dem Einschleichen in das Gebäude und der Ausführung des Diebstahls ein Zeitraum liegt, welcher hinreiche, um das Einschleichen als eine den Diebstahl vorbereitende besondere Handlung erscheinen zu lassen." Berlin (vereinigte Sen. f. Strafsachen) 22. Jan 72 (E. LXVI, 51*, Goltd. XX, 71, O.R. XIII, 67, St. I, 180). Vgl. Stuttgart 10. Juli 72 (württ. Ger.Bl. VI, 77, St. I, 356) u. dagegen Dresden 14. April u. 15. Dez. 71 (St. I, 15, 283, S.G.Z. XV, 152; XVI, 213), Jena 27. Sept. 71 (St. I, 178), Darmstadt 5. Mai 73 (St. II, 324), Mannheim 2. Okt. 75 (bad. Ann. Bd. 42 S. 102, St. VII, 131). Das Reichsgericht entschied sich für die zweite Ansicht und erklärte es für gleichgültig, ob zwischen Einschleichen und Diebstahl ein Zeitabschnitt gelegen sei, wenn nur überhaupt die beiden Erfordernisse des Einschleichens (d. h. eines heimlichen, mit gewisser Vorsicht unternommenen Eintrittes in das bewohnte Gebäude) und des Stehlens zur Nachtzeit vorliegen. R.G. F.S. 11. Aug. 80 (R. II, 198, E. II, 223, Ann. II, 308), II, 6. Mai 81 (R. III, 279, E. IV, 127).

35. Hiermit erledigt sich auch eine andere Kontroverse, nämlich ob das Einschleichen zur Tageszeit (vgl. Dresden 6. Sept. 72 (St. II, 107), Berlin 22. Jan. 72 (O.R. XIII, 67, Goltd. XX, 71, St. I, 180) erfolgt sein müsse, oder auch noch zur Nachtzeit erfolgen könne, in dem Sinne, daß auch hierauf nichts ankommt.

36. Das Einschleichen muß in diebischer Absicht erfolgt sein. Dies ist aber nicht ausgeschlossen, wenn der Dieb einen berechtigten Zweck des Eintritts hatte, jedoch in diebischer Absicht eingeschlichen ist. S. ein Beispiel R.G. I, 28. Mai 83, E. VIII, 412.

Daß der Dieb besondere vom Eigenthümer zur Verhütung ungemerkten Eintretens getroffene Vorsichtsmaßregeln beseitigt oder vereitelt hat, ist nicht erforderlich, es genügt der heimliche, vorsichtige Eintritt. R.G. III, 25. Jan. 82, E. V, 401, R. IV, 69; III, 4. Okt. 83, R. V, 573; II, 5. Okt. 83, R. V, 581, I, 7. April 84, E. X, 280, R. VI, 274; IV, 16. Mai 85, R. VII, 302.

37. Auch Ställe und sonstige Gebäude, welche als Schlafstelle und sonstiger Aufenthaltsort von Menschen dienen, sind bewohnte Gebäude, nicht bloß eigentliche Wohngebäude; auch die mit einem bewohnten Gebäude innerlich verbundenen Räumlichkeiten, wenn sie auch nicht selbst bewohnt sind. Dresden 15. Dez. 71 (S.G.Z. XVI, 213, St. I, 283). R.G. III, 25. Jan. 82, E. V, 401, R. IV, 69.

*) Vgl. Bl. f. Rechtspflege in Thüringen IX (1882) S. 296 fg.

38. Ueber das Vorliegen erschwerender Momente beim Eßdiebstahl (§. 370 Ziff. 5) s. zu diesem Paragraph und zu §. 242 N. 31. Wenn der zum Zweck von Eßdiebstahl eingeschlichene Dieb Anderes stiehlt, ist er aus Ziff. 7 strafbar. R.G. III, 20. Dez. 83, E. IX, 297.

§. 244.*) Wer im Inlande als Dieb, Räuber oder gleich einem Räuber oder als Hehler bestraft worden ist, darauf abermals eine dieser Handlungen begangen hat, und wegen derselben bestraft worden ist, wird, wenn er einen einfachen Diebstahl (§. 242) begeht, mit Zuchthaus bis zu zehn Jahren, wenn er einen schweren Diebstahl (§. 243) begeht, mit Zuchthaus nicht unter zwei Jahren bestraft.

Sind mildernde Umstände vorhanden, so tritt beim einfachen Diebstahl Gefängnißstrafe nicht unter drei Monaten, beim schweren Diebstahl Gefängnißstrafe nicht unter Einem Jahre ein.

Pr. §. 219; E. I. §. 219; E. II. §. 239; St.B. S. 677.

Vgl. §§. 245, 250 Nr. 5, 252, 255, 261, 264; M.St.G.B. §§. 13, 138.

1. Ueber die Behandlung des Rückfalls im St.G.B. vgl. oben S. 33.

2. Unter „Inland" ist seit dem 1. Januar 72 das ganze deutsche Reich zu verstehen (vgl. §. 8 und oben S. 24 ff.) — Eine im Gebiete des deutschen Reichs erfolgte Vorbestrafung ist als im Inlande erfolgt anzusehen, auch wenn zur Zeit derselben das betreffende Gebiet noch nicht zum deutschen Reiche gehört hat oder in demselben damals das Reichsstrafgesetzbuch noch nicht Geltung hat. Dresden 24. April 71 (S.G.Z. XV, 156, St. I, 23), Jena 24. Mai 71 (St. I, 183), Berlin 4. Juli 73, 15. Nov. 76 (Goltd. XXI, 445, O.R. XIV, 485; XVII, 740, St. III, 12). R.G. III, 12. Juni 90, E. XXI, 19. Auch Urtheile der Militärgerichte begründen Rückfall. Mannheim 12. Juni 75 (bad. Ann. Bd. 41 S. 357). R.G. III, 27. März 84, E. X, 330, R. VI, 242 und zwar auch dann, wenn der Diebstahl unter den Begriff eines militärischen Verbrechens oder Vergehens fällt. R.G. v. 27. März 84.

Als im Inlande erfolgt ist auch die von einem deutschen Kriegsgericht in Frankreich während des Krieges ergangene Verurtheilung anzusehen. Berlin 10. Sept. 73 (Goltd. XXI, 547, O.R. XIV, 524, St. III, 66). Dagegen ist die von einem französischen Gericht in einem jetzt deutschen Gebiete erfolgte Verurtheilung nicht als im Inlande ergangen anzusehen, wenn der Gerichtssitz bei Frankreich verblieben ist. Leipzig 6. Dez. 72 (Goltd. XXI, 605, Strafrechtszeitung III, 344). Auch Ausländer können nach §. 244 nur bestraft werden, wenn sie die Vorstrafen im Inlande erlitten hatten. Berlin 2. Mai 76 (O.R. XVII, 297).

3. Dieb (§§. 242, 243), Räuber (§. 249), gleich einem Räuber (§§. 252, 255), Hehler (§§. 258, 259). —

4. Es muß im Inland kriminelle Bestrafung (d. h. mindestens theilweise Verbüßung oder Erlaß, vgl. §. 245) erfolgt sein. R.G. II, 8. Juli 84, R. VI, 527. Ist dieses der Fall, so kommt es nicht darauf an, ob die Verurtheilung vor oder nach Geltung des St.G.B., auf Grund desselben oder nicht, erfolgt ist. Vgl. N. 2. — Ist die Vollstreckung gesetzlich erfolgt, so ist der Rückfall selbst dann begründet, wenn das vollstreckte Erkenntniß zur Zeit der neuen That noch nicht rechtskräftig war. Berlin 20. März u. 26. April 72 (Goltd. XX, 204, 259, O.R. XIII, 217, 284, St. I, 284). A. M. München 16. Okt. 74 (bayr. Entsch. IV, 462). Auch eine Vorbestrafung mit Verweis genügt. Berlin 14. März 72 (O.R. XIII, 207, St. I, 289). R.G. I, 14. Okt. 86, E. XIV, 421, R. VIII, 612, III, 20. Sept. 88, E. XVIII, 116, R. X, 501.

5. Als theilweise Verbüßung ist auch die erfolgte Anrechnung der Untersuchungshaft anzusehen. Dresden 16. Juni 71 (St. I, 91, S.G.Z. XV, 202), jedoch dann nicht, wenn nur eine vor Rechtskraft des Urtheils erlittene, in die Strafzeit eingerechnete Untersuchungshaft die theilweise Verbüßung der Strafthat begründen würde. Berlin 30. Juli 76 (St. VI, 307, O.R. XVII, 480). R.G. I, 16. Mai 81, E. IV, 230, R. III, 306; IV, 25. Sept. 85, E. XIII, 18.

6. Eine Verurtheilung aus §. 37 kann die Rückfallsstrafe nicht begründen. Vgl. auch Olshausen a. a. O. S. 98. R.G. III, 7. Juli 90, E. XXI, 35.

*) Literatur: v. Stemann im G.S. Bd. 23, S. 413; Olshausen, Einfluß von Vorbestrafungen u. s. w. Berlin 1876 S. 82 ff.) Sichart in Z. f. ges. St.R.W. X, 401; Fuld in Goltd. XXXI, 237.

7. Eine Vorstrafe fällt für den Rückfall nicht in das Gewicht, welche der Dieb verschuldet hat, ehe er für einen früheren Diebstahl wenigstens einen Theil der Strafe verbüßt hat, da nicht die Verurtheilung den Rückfall begründet, sondern die Bestrafung, d. h. die wenigstens theilweise Verbüßung. R.G. II, 8. Juli 84, R. VI, 527.

8. Eine Bestrafung als Dieb setzt voraus, daß dieselbe nicht auf Grund eines besonderen Reichs- oder Landesgesetzes, welche gewisse Arten von Diebstählen (Entwendungen) einer milderen Strafe unterwerfen, erfolgt ist, z. B. des §. 370 Nr. 5, oder wegen Holz- oder Felddiebstahls, sofern für letztere besondere Gesetze bestehen. S. München 24. Febr. 72 (St. II, 282, bayr. Entsch. III, 86), Jena 4. Juli 72 (St. II, 188), Berlin 12. Juni u. 9. April 74 (O.R. XV, 400, 211, Goltd. XXII, 259, St. III, 52), Stuttgart 27. März u. 19. Juni 72 (württ. Ger.Bl. V, 384; VI, 139, St. I, 284; II, 53), Dresden 15. Nov. 72 (S.G.Z. XVII, 51, St. II, 186). Bestrafungen jedoch, welche nach diesen Spezialgesetzen als gewöhnliche Diebstähle qualifizirt sind, führen auch zum Rückfall. R.G. I, 13. Mai 80 (R. I, 772, Ann. II, 46), II, 19. Okt. 80 (R. II, 353, E. II, 355).*) III, 28. Juni 88, R. X, 453, Goltd. XXXVI, 322; IV, 25. Okt. 89, E. XX, 11. — Gleichgültig ist, in welchem Verfahren die frühere Diebstahlsfrage verhängt worden war, daher kommen auch polizeiliche Vorbestrafungen in Anrechnung. Wolfenbüttel 11. April 71 (St. I, 154), Stuttgart 27. März u. 3. Juli 72 (St. I, 284, II, 54, württ. Ger.Bl. V, 384; VI, 133), Berlin 9. April 74 (Goltd. XXII, 259, O.R. XV, 211, St. IV, 52), Dresden 10. Nov. 76 (S.G.Z. XXI, 248), Mannheim 29. Sept. 77 (bad. Ann. Bd. 43 S. 293, St. VII, 315). R.G. III, 12. Jan. 81 (R. II, 718, Ann. III, 142), I, 7. Juni 83, E. VIII, 418.

9. Ist die That, wegen deren die Vorbestrafung erfolgt ist, nach dem früheren Gesetz als Diebstahl bestraft worden, so ist angenommen, daß nicht zu untersuchen sei, ob sie jetzt als solcher zu strafen sein würde. Berlin 14. März 72 (O.R. XIII, 207, St. I, 289), Dresden 15. Nov. 72 (S.G.Z. XVII, 51, St. II, 186), Stuttgart 27. Aug. 73 (St. III, 200, württ. Ger.Bl. VII, 270). Daher kommt auch die auf Grund älterer Gesetze gegen einen zur Zeit der früheren Bestrafung noch nicht Zwölfjährigen erkannte Strafe in Anrechnung. Berlin 14. März 72 (a. a. O.) R.G. III, 20. Sept. 88, E. XVIII, 116, R. X, 501, oder wenn die frühere Bestrafung wegen Versuchs jetzt durch §. 46 ausgeschlossen wäre, Jena 5. April 71 (St. I, 182) oder wenn sie jetzt einen damals nicht gestellten Strafantrag erfordert hätte. Dresden 29. Sept. 71 (S.G.Z. XV, 318), Stuttgart 27. März 72 (württ. Ger.Bl. V, 384, St. I, 284). Auch dann, wenn die That jetzt aus §. 370 Ziff. 5 zu bestrafen wäre. München 12. Jan. 86, bayr. Entsch. IV, 106, oder wenn die Vorstrafe wegen Diebstahlsübertretung nach dem bayr. St.G.B. von 1861 erfolgt war und jetzt aus §. 370 Ziff. 5 zu bestrafen wäre. R.G. I, 15. März 86, R. VIII, 169. München 12. Jan. 66, bayr. Entsch. IV, 106.

Das gleiche ist der Fall, wenn die frühere Gesetzgebung die strafbare Handlung anders bezeichnete, als das R.St.G.B. In solchen Fällen muß der Thatbestand verglichen und darnach entschieden werden, ob die Bezeichnung sachlich den beim Rückfall in's Gewicht fallenden Delikten entspricht. Stuttgart 3. Juli 72, St. II, 54, Berlin 24. Jan. 77, O.R. XVIII, 63, Hälschner II, 335, Olshausen N. 10, Oppenhoff N. 5.

Die Entscheidung Berlin 14. März 72 scheint mit Rücksicht auf die singuläre, nur die Strafverfolgung betreffende Natur des §. 55 Abs. 1 unbedenklich. Im Uebrigen aber ist die Ansicht die richtige, daß die frühere Handlung sich im Sinne des St.G.B. als Diebstahl u. s. w. qualifiziren muß, um die Rückfallsstrafe zu begründen. Vgl. Wolfenbüttel 23. Juni 71 (St. I, 153); Dresden 29. Okt. 77 (S.G.Z. XXII, 212); Merkel in H.H. III, 688; H. Meyer, Lehrb. S. 460. Die entgegengesetzte Ansicht legt, wie das citirte Erkenntniß des braunschweigischen höchsten Gerichtshofs mit Recht ausführt, zu viel Gewicht auf die mit einer materiellen Prüfung der früheren und späteren Strafthat verknüpften „praktischen" Schwierigkeiten; vgl. auch Olshausen, Vorbestrafungen, Berlin 1876, S. 82 ff., 111. Natürlich kann nicht so weit gegangen werden, das frühere Urtheil einer Kritik zu unterziehen. Dresden 15. Nov. 72 (S.G.Z. XVII, 51, St. II, 186), 29. Okt. 77 (S.G.Z. XXII, 212).

10. Ob die Vorbestrafungen sowohl wie der neue Diebstahl nur den Thatbestand der Vollendung oder nur eines Versuches, der Anstiftung oder der Beihülfe zum Gegenstand haben, ist für die Anwendung der Rückfallsstrafe gleichgültig. Es folgt dieses daraus, weil — von bestimmten Ermäßigungen abgesehen — für die Bestrafung des Versuchs, der Anstiftung und

---

*) S. hierzu John in Z. f. d. ges. St.R.W. I, 267.

Beihülfe die für den Thäter selbst maßgebenden (besonderen und allgemeinen) Strafgesetze zur Anwendung kommen. Vgl. §§. 48, 49 und Berlin 11. u. 19. Dez. 72 (Goltd. XXI, 121, O.R. XIII, 655, 678, St. II, 188), 8. Jan. u. 9. April 74 (O.R. XV, 9, 218); Dresden 16. Juni 71 u. 20. Mai 78 (St. I, 92, S.G.Z. XV, 204; XXII, 315); Jena 24. Mai 71 (St. I, 182); Stuttgart 28. Mai u. 31. Dez. 73 (St. III, 13; IV, 51); München 16. Okt. 74 (bayr. Entsch. IV, 462). R.G. I, 23. Sept. 80 (R. II, 243, E. II, 261, Ann. II, 312), II, 13. Jan. 82, R. IV, 40, 3. März 82, R. IV, 223, IV, 18. Nov. 90, Goltd. XXXVIII, 441. Die Begünstigung (§. 257) dagegen begründet als delictum sui generis nicht die Rückfallsstrafe. Dresden 12. Juni 71 (S.G.Z. XV, 201). Es sei denn, daß die Begünstigung im Voraus zugesagt war, also nach §. 257 Abs. 3 als Beihülfe zu bestrafen ist. R.G. II, 8. Juni 83, E. VIII, 317, R. V, 417. — Bei dem Theilnehmer müssen zur Anwendung des §. 244 übrigens die Erfordernisse des Rückfalls selbständig vorliegen. (Vgl. §. 50.)

11. Ist der neu zu bestrafende Diebstahl nur wegen Beihülfe oder Versuch strafbar, so erleidet die aus §. 244 zu bemessende Strafe die entsprechende Ermäßigung. Dresden 17. April u. 17. Juli 71 (S.G.Z. XV, 153, 243, St. I, 21); Berlin 11. Dez. 72 (O.R. XIII, 655, Goltd. XXI, 121, St. II, 188); Stuttgart 21. Dez. 73 (württ. Ger.Bl. VIII, 93, St. IV, 51).

12. Liegt nach zwei Vorbestrafungen wegen Diebstahls eine Konkurrenz von Diebstählen zur Bestrafung vor, so nimmt jeder einzelne Diebstahl den Charakter eines Verbrechens aus §. 244 an, und ist hiernach die Gesammtstrafe zu finden. Dresden 31. Juli 71 (S.G.Z. XV, 244, St. I, 124).

13. Wenn ein rückfälliger Dieb aus §. 252 zu bestrafen ist, ist die Strafe aus §§. 249—251 zu bemessen, nicht aus §. 244. R.G. III, 29. April 82, E. VI, 243, R. IV, 404.

14. Nach §. 262 Abs. 3 St.P.O., welcher lautet:

„Die Schuldfrage begreift nicht die Voraussetzungen des Rückfalls und der Verjährung.“

bildet die Feststellung der Voraussetzungen des Rückfalls eine solche von Umständen, welche die Strafzumessung beeinflussen, sie ist also gemäß §. 198 Abs. 1 G.V.G. und §. 262 Abs. 1 St.P.O. mit einfacher Stimmenmehrheit zu treffen und steht auch in Schwurgerichtssachen der Richterbank zu. Es ist also deshalb eine Frage an die Geschworenen nicht zu stellen. Als thatsächliche Feststellung kann jedoch dieselbe mittels Revision nicht angegriffen werden. R.G. II, 14. April 85, R. VII, 225, und erstreckt sich dies auch auf die etwaige Rückfallsverjährung nach §. 245. Vgl. auch R.G. III, 2. Juni 80, R. II, 97). Jedoch müssen die Vorschriften über Beweiserhebung erfüllt sein. Es darf also der Rückfall nicht auf Grund von Vorakten festgestellt sein, welche in der Hauptverhandlung nicht vorschriftsgemäß erhoben wurden. R.G. III, 17. Nov. 80, R. II, 529. Ebenso müssen die Thatsachen genau festgestellt, nicht bloß mit den Worten des Gesetzes behauptet sein. R.G. I, 24. Okt. 81, R. III, 636, 22. Jan. 83, R. V, 47. S. dagegen Stenglein im G.S. Bd. 46.

§. 245. Die Bestimmungen des §. 244 finden Anwendung, auch wenn die früheren Strafen nur theilweise verbüßt oder ganz oder theilweise erlassen sind, bleiben jedoch ausgeschlossen, wenn seit der Verbüßung oder dem Erlasse der letzten Strafe bis zur Begehung des neuen Diebstahls zehn Jahre verflossen sind.

Pr. §§. 219, 60; E. I. §. 219; E. II. §. 240; St.B. S. 677.

Vgl. §§. 244, 250 Nr. 5, 252, 255, 261, 264.

1. Maßgebend ist die ganze oder theilweise Verbüßung (Erlaß). Ist der Verurtheilte auf dem Transport zur Strafanstalt entsprungen, so ist keine theilweise Strafverbüßung anzunehmen. Berlin 4. Okt. 71 (Goltd. XIX, 764, O.R. XII, 494, St. I, 185). — Strafverjährung schließt auch den Rückfall aus. (Vgl. §. 70 N. 4 u. §. 244 N. 4.) Gl. M. Olshausen N. 2. Die Anrechnung der Untersuchungshaft gilt als theilweise Verbüßung erst nach Rechtskraft des Urtheils. R.G. I, 16. Mai 81, E. IV, 230, R. III, 306.

2. Ob zwischen der ersten und zweiten Vorbestrafung mehr als 10 Jahre liegen, ist gleichgültig. Es kommt nur darauf an, daß seit der Verbüßung oder dem Erlaß der letzten, d. h. der zweiten Strafe, bis zur Begehung des dritten Falles keine 10 Jahre verflossen sind. So auch Oppenhoff, v. Schwarze, ferner Berlin 11. Okt. 71, 10. Jan. 72, 23. April 75 u. s. w. (Goltd. XIX, 763; XX, 109, O.R. XII, 503; XIII, 22; XVI, 308, St. I, 53, 184), Mannheim 15. März 73 (St. III, 201), München 12. Aug. u. 18. Sept. 72 (St. II,

54, 55), Wolfenbüttel 11. April 71 (St. I, 154), Stuttgart 12. Aug., 4., 18. u. 28. Sept., 2. Okt. 72 (württ. Ger.Bl. VI, 136, 137, 169, 336, St. II, 54, 55, 56, 198), Dresden 22. April 72 (S.G.Z. XVI, 275), R.G. I, 4. März 80 (R. I, 425, E. I, 246, Ann. I, 471, Goltd. XXVIII, 256), III, 29. Mai 80 (R. I, 833). Die entgegenstehende, auf die Schlußbestimmung in §. 219 preuß. St.G.B. gestützte Ansicht (Meyer §. 245 N. 2 u. Jena 14. Nov. 72, St. III, 17) ist mit dem Wortlaut des Gesetzes unvereinbar.

3. Die Rückfallsverjährung beginnt mit der Beendigung des Strafvollzugs, gleichgültig ob damit auch die Strafe vollständig verbüßt ist, ob die Strafe eine nur theilweise wegen Diebstahls erkannte Gesammtstrafe (Gl. M. Olshausen, Vorbestr. S. 90, Komment. N. 2, Oppenhoff N. 3) oder ob die letzte Vorstrafe selbst eine Rückfallstrafe war. Ferner kommt hierbei nur die Verbüßung der Freiheitsstrafe in Betracht, nicht aber auch die Fortdauer des Verlustes der bürgerlichen Ehrenrechte über jenen Augenblick hinaus. R.G. I, 23. Sept. 86, E. XIV, 413. Auch die Erlöschungsbestimmungen des älteren Rechtes, unter welchem die letzte Vorstrafe erkannt wurde, äußern für §. 245 keine Wirkung. Stuttgart a. a. O., Mannheim 7. Sept. 72 (St. II, 109, bad. Ann. Bd. 38 S. 305), Berlin 4. Dez. 72 (O.R. XIII, 646).

Streitig ist, ob dann, wenn nach theilweiser Verbüßung der Strafe eine Unterbrechung eingetreten und dann Erlaß der Strafe erfolgt ist, die zehnjährige Frist vom Tage der theilweisen Verbüßung oder von jenem des Erlasses an zu rechnen sei. Für letzteres Olshausen, Vorbestr. S. 118, Komment. N. 4. A. M. Merkel in H.H. IV, 412, Oppenhoff N. 5, Rubo N. 4, v. Schwarze N. 2. Es dürfte Olshausen im Rechte sein, denn, wenn nach der Unterbrechung die weitere Verbüßung eingetreten wäre, würde ein Zweifel kaum bestehen, da „seit der Verbüßung" nothwendig als „seit der vollständigen Verbüßung" aufzufassen ist. Der Erlaß ersetzt aber nur die vollständige Verbüßung.

§. 246.*) Wer eine fremde bewegliche Sache, die er in Besitz oder Gewahrsam hat, sich rechtswidrig zueignet, wird wegen Unterschlagung mit Gefängniß bis zu drei Jahren und, wenn die Sache ihm anvertraut ist, mit Gefängniß bis zu fünf Jahren bestraft.

Sind mildernde Umstände vorhanden, so kann auf Geldstrafe bis zu neunhundert Mark erkannt werden.

Der Versuch ist strafbar.

Pr. §. 225–227; E. I. §§. 223, 224; E. II. §. 241; St.B. S. 677–680.
Vgl. §§. 242, 266 Nr. 2, 350, 351; M.St.G.B. §§. 127, 138.

1. Das Preuß. St.G.B. enthielt über die Unterschlagung folgende Bestimmungen:

§. 225. „Wer eine fremde bewegliche Sache, deren Besitz oder Gewahrsam er mit der Verpflichtung erlangt hat, sie zu verwahren, zu verwalten, zurückzugeben oder abzuliefern, zum Nachtheile des Eigenthümers, Besitzers oder Inhabers veräußert, verpfändet, verbraucht oder bei Seite schafft, macht sich einer Unterschlagung schuldig."

§. 226. „Einer Unterschlagung wird es gleich geachtet, wenn derjenige, welcher eine fremde bewegliche Sache gefunden oder durch Zufall in seinen Gewahrsam bekommen hat, dieselbe zum Nachtheile des Eigenthümers, Besitzers oder Inhabers veräußert, verpfändet, verbraucht oder bei Seite schafft, oder die Gewahrsam derselben der Obrigkeit wider besseres Wissen ableugnet." (Funddiebstahl.)

Der II. Entwurf zog diese beiden Fälle zusammen, beseitigte die in diesen Paragraphen enthaltene Kasuistik und behandelte die Unterschlagung auch äußerlich als ein dem Diebstahl analoges Vergehen. Der Unterschied beider Vergehen beruht darin, daß der Diebstahl die rechtswidrige Zueignung einer fremden beweglichen Sache zum Gegenstand hat, welche man erst aus fremdem Gewahrsam wegnimmt, während die Unterschlagung die rechtswidrige Zueignung einer solchen Sache betrifft, deren Gewahrsam man bereits hat. Ueber die Begriffserfordernisse sind deshalb die Bemerkungen zu §. 242 zu vergleichen. Die größere Strafbarkeit der Unterschlagung anvertrauter Sachen ist durch eine Erhöhung des Strafmaximums zum

*) v. Stemann, Unterschlagung und Untreue 1870, Huber, Die Unterschlagung 1875, Kapff, Die Unterschlagung 1879, Fuchs bei Goltd. XXXII, 161 fg., Kassel bei Goltd. XXXVI, 346, Rotering im G.S. Bd. 36, S. 520, 561, Bd. 38, S. 290.

Ausdruck gebracht. — Die Aenderungen beruhen auf sehr eingehenden Berathungen der Bundeskommission (Motive unten N. 2). Vgl. Hälschner, preuß. St.R. II, S. 494 ff., derselbe in Goltd. XV, 1 ff. und v. Stemann, das Vergehen der Unterschlagung und der Untreue, Kiel 1870.

2. Die Motive, welche über die Aenderungen vollständige Auskunft geben, lauten:

„Der Entwurf weicht hier in sehr wichtigen Beziehungen von dem preußischen Gesetzbuche ab.

Das preußische Gesetzbuch hat den Thatbestand der Unterschlagung in den §§. 225, 226 und hierbei eine besondere Unterscheidung in Bezug auf das rechtliche Verhältniß des Thäters zu der Sache aufgestellt. Zu dieser Unterscheidung, soweit sie sich auf den Besitzerwerb des Thäters bezieht, liegt aber in dem Begriffe der Unterschlagung um so weniger ein hinreichender Grund, als durch sie nur das negative Moment in dem Thatbestande der Unterschlagung, daß der Besitzerwerb kein dieblicher sein dürfe, näher hat bezeichnet werden sollen. Wohl aber ist in der Unterschlagung einer anvertrauten Sache (in der sogenannten Veruntreuung) im Gegensatze zu den übrigen Fällen der Unterschlagung ein Moment enthalten, nach welchem die Strafe des Verbrechens, in Uebereinstimmung mit der gemeinen Rechtsansicht, verschieden abgestuft werden kann.

Der Entwurf hat ferner geglaubt, daß die Aufzählung der in den §§. 225, 226 aufgeführten verschiedenen Arten einer rechtswidrigen Aneignung der fremden Sache mindestens entbehrlich sei, wie sie auch in der Praxis zu Zweifeln in der Richtung Anlaß gegeben hat, ob sie nur als eine Exemplifikation der Aneignung, oder als eine Beschränkung des Thatbestandes auf diese Fälle anzusehen sei. Ebenso ist bezüglich einzelner derselben mit Recht der Zweifel angeregt worden, ob sie in der That unter allen Umständen als eine Unterschlagungshandlung bezeichnet werden können. Insbesondere gilt dies von der Verpfändung, welche, je nach der Willensrichtung des Verpfänders, als Unterschlagung, aber auch nur als unerlaubter Gebrauch einer fremden Sache sich darstellen kann. Gleiche Bedenken ergeben sich in Bezug auf „Beiseiteschaffen", während wiederum das „Ableugnen" oder „Verheimlichen" einer Sache wohl im einzelnen Falle ein Beweisgrund für die Absicht der Unterschlagung sein kann, nicht aber als ein Thatbestandsmoment derselben im Gesetz behandelt werden kann.

Weiter hat der Entwurf die Worte des Gesetzbuchs „zum Nachtheile des Eigenthümers, Besitzers oder Inhabers" nicht wieder aufgenommen. Denn wie an sich schon die besondere Bezeichnung des Beschädigten in dem Thatbestande der Unterschlagung ebenso wenig wie in dem des Diebstahls nöthig ist, so ist auch, wie in der Erfahrung bestätigt worden, diese Bezeichnung selbst eine unvollständige, da die Personen, welche als Beschädigte bei dem Verbrechen der Unterschlagung vorkommen können, auch andere als der Eigenthümer, der Besitzer oder der Inhaber der Sache sein können.

Der Entwurf hat die in der Wissenschaft, wie in der Rechtsanschauung des Volks und in der Natur der Sache begründete Verwandtschaft der Vergehen des Diebstahls und der Unterschlagung festgehalten und den Thatbestand der letzteren einfach als die rechtswidrige Aneignung der fremden beweglichen Sache, in deren Inhabung der Thäter sich bereits befindet, bezeichnet.

Auch hat der Entwurf aus den bereits oben erörterten Gründen die gewinnsüchtige Absicht in den Thatbestand der Unterschlagung nicht aufgenommen, da alle die Bedenken, welche gegen die Aufnahme dieser Absicht in die Begriffsbestimmuug des Diebstahls sprechen, hier wiederkehren und das Bedürfniß, welches durch die Aufnahme dieses Moments gedeckt werden soll, durch die Worte „rechtswidrig aneignet" sich erledigt. Insbesondere sind die verbrecherische Absicht und die bezweckte Vermögensbeschädigung bei beiden Vergehen, dieselben, und es ist nur der Umstand, daß bei der Unterschlagung keine Entziehung der Sache aus dem Gewahrsam einer anderen Person stattgefunden, das unterscheidende Merkmal.

Der Entwurf hat es ferner vermieden, näher zu bestimmen, in welcher Weise der Thäter den Besitz der unterschlagenen Sache erworben habe, insbesondere auch, wie vielfach vorgeschlagen worden, den Besitzerwerb nur negativ als einen solchen zu bezeichnen, welcher nicht in unrechtmäßiger oder wenigstens nicht in dieblicher Weise erlangt worden. Es ist eine solche Bestimmung für unnöthig erachtet worden, weil in den Fällen, in welchen der Besitzerwerb selbst schon den Thatbestand eines anderen Vergehens bildet, die Strafbarkeit der Handlung bereits hierdurch festgestellt ist und der juristische Charakter der letzteren sich nicht nachträglich wieder ändern kann. Ist der Besitz auf eine unrechtmäßige, aber nicht strafbare Art erlangt, so wird durch die spätere rechtswidrige Zueignung der Sache der Thatbestand der Unterschlagung hergestellt.

Die Unterschlagung an sogenannten fungiblen Sachen, insbesondere an Geld, ist in dem Entwurfe nicht besonders behandelt worden.

Der Entwurf ging hierbei von der Ansicht aus, daß das Thatbestandsmoment „rechtswidrig sich aneignet" eine ausreichende Grundlage zur Beurtheilung der hierher gerechneten Fälle darbiete. Insbesondere werden mit ihm alle die Fälle, in denen der Verbrauch der Sache im vermutheten Einverständnisse des Berechtigten erfolgt, zur Genüge gedeckt sein, da mit dieser Annahme von einer rechtswidrigen Zueignung nicht die Rede sein kann. In der Praxis ist insbesondere noch die Frage vielfach erörtert worden, ob der Thatbestand der Unterschlagung auch auf die widerrechtliche Verfügung über fremde Vermögensrechte zum Nachtheile des Berechtigten anwendbar sei. Man hat die Unterschlagung an einem bloßen Forderungsrechte annehmen zu können geglaubt, obschon das Gesetz nur von einer körperlichen beweglichen Sache spricht, welche Gegenstand des Eigenthums eines Anderen ist. Allein der Entwurf hat geglaubt, die hierher gehörigen Fälle unter den Begriff „Untreue" stellen und daher in §. 266 durch Beifügung der Bestimmung unter Nr. 2 erledigen, hierdurch aber einem allerdings in der Praxis hervorgetretenen und auch neuerdings wieder in der Wissenschaft eingehend erörterten Bedürfnisse Abhülfe verschaffen zu sollen.

Die Begriffsbestimmung der Unterschlagung, wie sie in dem Entwurfe aufgestellt worden, umfaßt auch die Unterschlagung an der gefundenen Sache. Selbst in dem Falle, daß die Ansichnahme der verlorenen Sache seitens des Finders sofort in der Absicht erfolgt, sie sich rechtswidrig zuzueignen, wird die Besitzergreifung selbst an sich eine widerrechtliche nicht sein, überdies aber die Absicht der Aneignung erst durch eine nachfolgende Thatsache sich manifestiren müssen und erst mit dieser letzteren der Thatbestand der Unterschlagung erfüllt sein."

3. Wegen der bereits in N. 1 erwähnten Aehnlichkeit von Diebstahl und Unterschlagung sind alle Erläuterungen zu §. 242 über Sachen (N. 3), fremde (N. 4, 5), bewegliche (N. 6), über Gewahrsam (N. 7—18), Absicht der Zueignung und Zueignung (N. 22, 23) auch hierher zu beziehen.

An einer gefundenen Sache kann eine Unterschlagung begangen werden, Berlin 3. Nov. 74 (O.R. XV, 739), München 19. Juli 73 (St. II, 376), Dresden 21. Dez. 74 (S.G.Z. XIX, 235, St. V, 82); ebenso an frei herumlaufenden Thieren, welche die Gewohnheit der Rückkehr haben. Berlin 28. Mai 73 (O.R. XIV, 408). S. hierüber zu §. 242 N. 16.

Der Käufer, welcher eine gefundene Sache vom Finder kauft, ist, wenn er um den Fund weiß, Theilnehmer an der Unterschlagung, nicht Hehler. Berlin 12. Jan. u. 27. Nov. 72 (O.R. XIII, 35, 632, Goltd. XX, 553), weil der Verkauf erst die Aneignung bildet, während die Detention der gefundenen Sache eine berechtigte ist. Die Handlung des Käufers ist also eine Unterstützung der Aneignung, nicht die Erwerbung einer bereits angeeigneten Sache. Gleiches liegt jedoch in allen Fällen der Unterschlagung vor, in welchen der Verkauf der unterschlagenen Sache die Aneignungshandlung bildet.

4. Es ist Begriffs-Erforderniß der Unterschlagung, daß der Thäter den Gewahrsam der angeeigneten Sache schon vor der Aneignung hatte, so daß Unterschlagung nicht angenommen werden kann, wenn Erlangung des Gewahrsams und Aneignung zusammenfällt. In der Theorie ist dies sehr bestritten, und will insbesondere Binding, Normen II, 542 alle widerrechtlichen Aneignungen fremden Eigenthums nach §. 246 bestrafen, welche nicht unter andere Strafbestimmungen fallen. Das Reichsgericht hat aber obige Ansicht entschieden angenommen. Vgl. R.G. III, 17. März 84, E. X, 257, R. VI, 205, 18. Juni 85, R. VII, 407, IV, 13. Jan. 88, E. XVII, 59, R. X, 33, III, 29. Nov. publ. 3. Dez. 88, E. XIX, 38, R. X, 707. Vgl. auch v. Liszt S. 459, Olshausen N. 8a.

5. Wächter oder Aufseher haben nicht den Gewahrsam, können also auch nicht Unterschlagung begehen, sondern nur Diebstahl, Berlin 2. Juli 75 (O.R. XVI, 512, Goltd. XXIII, 442), ebenso Dienstboten an den ihnen Behufs der Arbeit übergebenen Sachen, ebenso Gefangene an den ihnen zum Gebrauche überlassenen Sachen, vgl. §. 242 N. 12, 13. Bei Vermiethung möblirter Zimmer geht der Gewahrsam an die Miether über, s. hierüber zu §. 242 N. 10. In dem Ansichnehmen gefundener Sachen liegt noch keine Zueignung, selbst wenn sie mit der Absicht der Zueignung erfolgt ist, sondern es muß noch ein besonderer Zueignungsakt hinzutreten, s. hierüber N. 6. München 22. Juli 76, 16. Febr. 77 (bayr. Entsch. VI, 392; VII, 68, St. VI, 312; VII, 138), Dresden 13. März 76 (S.G.Z. XXI, 41, St. VI, 297), Stuttgart 24. Dez. 75 (württ. Ger.Bl. XI, 271); Ebenso wenig in der Uebernahme anvertrauter Sachen mit der Absicht der Zueignung ohne Zueignungsakt. Berlin 19. Mai 76 (O.R. XVII, 373, St. VI, 296). Vgl. R.G. 10. Mai 80 (Ann. II, 22), 21. Juni 80 (Ann. II, 221). Angeschwemmte Sachen werden vom Besitzergreifer gefunden. Dresden 13. März 76 (S.G.Z. XXI, 40, St. VI, 295), München 19. Juni 76 (St. VI, 279).

Beamte von Aktiengesellschaften, Genossenschaften u. s. w. üben den Gewahrsam für ihre Auftraggeber aus. R.G. I, 15. Nov. 80, 11. Juli 81, E. III, 35; V, 4, R. II, 515. Ebenso haben Beamte oder Pfarrer, welche den Gewahrsam einer verschlossenen Kasse, eines Behältnisses haben, den Gewahrsam des Inhalts, so daß sie, selbst wenn sie das Behältniß erbrechen und den Inhalt sich aneignen, Unterschlagung begehen. R.G. II, 13. Dez. 81, E. V, 222, R. III, 794. Auch Schiffer haben den Gewahrsam an den ihnen in festen Behältnissen übergebenen Waaren, z. B. in Fässern, unterschlagen also die nach Eröffnung entnommenen Waaren R.G. II, 4. Jan. 89, Goltd. XXXVII, 48.

Einen äußerst zweifelhaften Fall, in welchem in Frage stand, ob der Vorsitzende des Verwaltungsrathes einer Aktiengesellschaft, welcher nach Erledigung der Stelle eines Direktors die Geschäfte besorgt, und Geld hierbei in eigenem Namen vereinnahmt hatte, dadurch als negotiorum gestor der Gesellschaft für diese den Besitz erwarb, daß er das Geld in die Gesellschaftskasse legte. R.G. II, 27. Nov. 83, E. IX, 249. Die Frage wurde verneint. Ebenso wenig kann ein Vormund mit sich selbst über Mündelvermögen ein Geschäft abschließen R.G. I, 22. Nov. 83, E. IX, 337.

Ueber Gewahrsam an den bei einem Todten vorhandenen Sachen s. zu §. 242 N. 11.

6. Als Zueignung ist jede Handlung anzusehen, durch welche sich die Absicht des Inhabers einer fremden Sache ausspricht, dieselbe künftig als eigene zu besitzen; insbesondere also auch jede Verfügung über die Substanz der Sache, zu welcher nur der Eigenthümer befugt ist. München 26. Febr. 76 (bayr. Entsch. VI, 73, St. VI, 308), Berlin 20. Nov. 74, 4. April u. 17. Juli 78 (O.R. XV, 803; XIX, 194, 377, Goltd. XXVI, 214, 442, St. VIII, 211, R.G. II, 6. Mai 81 (R. III, 286, Ann. III, 581); also der Verbrauch einer fremden Sache, Berlin 19. Nov. 74 (Goltd. XXII, 616), Dresden 6. Juli 74 (S.G.Z. XIX, 22), der Verkauf*) einer solchen, Berlin 17. Jan. 76 (O.R. XVII, 68), so auch in einem Fall, in welchem der Thäter das verkaufte und dadurch zugeeignete Werthpapier vorher mit Zustimmung des Eigenthümers verpfändet hatte. R.G. II, 21. März 82, E. VI, 117. Zueignung enthält nicht der bloße Gebrauch ohne Aufbrauchen, Berlin 12. März 74 (O.R. XV, 147, Goltd. XXII, 261, St. IV, 55), München 26. Febr. 76 (bayr. Entsch. VI, 73, St. VI, 308). In dem Verkaufe mit Vorbehalt des Rückkaufs kann eine rechtswidrige Zueignung gefunden werden (Berlin 5. Nov. 73 u. 9. Sept. 74, O.R. XIV, 682; XV, 550), selbst schon in dem Anbieten zum Kaufe (Berlin 16. Juni 74, 4. April 78, Goltd. XXII, 502; XXVI, 215, O.R. XV, 408; XIX, 194, St. IV, 177), München 19. Juli 73 (St. II, 173), Dresden 22. Juni 74 (S.G.Z. XVIII, 349) um so mehr also in dem Abschlusse eines Kaufvertrags, wenn auch die Tradition des Objekts erst später eintrat, was jedoch Bedeutung für Annahme der Hehlerei oder Beihülfe zur Unterschlagung auf Seite des Käufers hat. R.G. IV, 13. Jan. 88, E. XVII, 59, R. X, 33. Ferner liegt Zueignung in dem Vorenthalten mit Abstreiten des Besitzes dem Eigenthümer gegenüber (Dresden 8. Jan. 72, St. I, 290; Berlin 17. Dez. 74, 17. Juli 78, Goltd. XXII, 617; XXVI, 442, O.R. XV, 876; XIX, 377, St. VIII, 211; München 10. Febr. 77 (St. VII, 137), 11. März 87 bayr. Entsch. IV, 352; Stuttgart 24. Dez. 75 (württ. Ger.Bl. XI, 271), R.G. II, 22. Nov. 81, E. V, 252 in dem Beiseiteschaffen einer Sache R.G. IV, 12. Juli 89, Goltd. XXXVII, 300. Auch in dem Schenken einer fremden Sache kann Zueignung liegen oder in der Vermischung einer fremden Sache mit der eigenen, Berlin 17. Dez. 74 (O.R. XV, 876, Goltd. XXII, 617), im Verstecken derselben, Berlin 12. Jan. 72 (O.R. XIII, 35). In dem Verbuchen von Gesellschaftseigenthum als eigene Einlage durch den Direktor einer Aktiengesellschaft in den Büchern dieser liegt Unterschlagung. Darmstadt 29. Mai 76 (hess. Entsch. 1878 S. 79). Auch darin wurde Zueignung erblickt, daß der Liquidator einer in Konkurs gerathenen Genossenschaft Forderungen an dieselbe erwarb und sich befriedigte, ohne das Ergebniß des durch §. 57 des Genossenschaftsgesetzes vorgeschriebenen Verfahrens abzuwarten. R.G. IV, 30. April 89, E. XIX, 184.

Dagegen liegt in der Regel keine Zueignung in dem blosen Behalten einer anvertrauten Sache, wenn auch nach, sogar wiederholter, Aufforderung zur Zurückgabe. R.G. II, 13. Juli 81, E. IV, 404. Ein bloses Behalten liegt aber nicht vor, wenn der Aneignungswille in anderer Art zu Tage getreten ist, wie durch Fälschung einer Quittung, um mit dem Auftrage einer Zahlung erhaltenes Geld behalten zu können. R.G. IV, 22. Juni 86, R. VIII, 481; oder

*) S. jedoch einen besonders gelagerten Fall, in welchem selbst Verkauf die Zueignung nicht bewirkte. R.G. III, 12. Juni 84, E. XI, 17.

wenn eine besondere Rechtspflicht zur Hinausgabe besteht. R.G. III, 17. Juni 89, Goltd. XXXVII, 284.

7. Ob eine Verpfändung den Thatbestand der Unterschlagung enthält, ist nach den Umständen zu beurtheilen, insofern sich daraus die Absicht einer rechtswidrigen Zueignung ergibt oder nicht. Waltete die Absicht vor, die Sache wieder einzulösen und zurückzugeben, so wird nur ein (unbefugter, aber nicht strafbarer) Gebrauch der Sache anzunehmen sein, namentlich wenn die Zustimmung des Eigenthümers vorausgesetzt werden konnte; vgl. unten N. 9 und die Motive oben (N. 2); Hälschner, preuß. St.R. II, 510, 515, H. Meyer, Lehrb. S. 640, Binding, die Normen u. s. w. II, 545 Note 784. A. M. Oppenhoff N. 34, 41, München 26. Febr. u. 22. Juli 76 (bayr. Entsch. VI, 74, 392, St. VI, 308, 311). Das Obertribunal hat früher allgemein angenommen, daß eine Unterschlagung nicht vorliege, wenn der zu Verfügungen über eine fremde Sache Befugte im eigenen Interesse eine auftragswidrige Verfügung vornehme. (O.R. X, 574; XI, 188, 351. Vgl. jedoch unten N. 10, §. 266 Nr. 2.) Neuerdings ist angenommen, daß in der Verpfändung eine rechtswidrige Zueignung gefunden werden könne, selbst wenn Wiedereinlösung beabsichtigt war (Berlin 7. Juni 71, 5. Nov. 73 u. 9. Febr. 77, O.R. XXII, 311; XIV, 682, Goltd. XXI, 552, St. III, 109; VII, 50; vgl. aber Dresden 6. März, 11. Aug. u. 13. Nov. 71, St. I, 23, 119, 185), insbesondere aber dann, wenn die Nichtwiedereinlösung beabsichtigt war, oder bei dem Mangel der erforderlichen Mittel nicht ernstlich beabsichtigt sein konnte, Dresden 7. Juni 78 (S.G.Z. XXII, 355), R.G. III, 24. April 80 (R. I, 659, Ann. I, 556, Goltd. XXVIII, 451), 24. April 80 (R. I, 664, E II, 22), 27. Okt. 80 (R. II, 402), und selbst dann, wenn die Sache dem Thäter zum Zwecke der Verpfändung, jedoch an einen Dritten übergeben war (Berlin 6. Sept. 71, 12. u. 17. April 72, O.R. XII, 430; XIII, 254, 256, Goltd. XX, 260, St. I, 53; Dresden 17. April 72, St. I, 298).

8. Ob die Zueignung fungibler Sachen, namentlich von Geld, rechtswidrig ist, ist im Einzelfalle danach zu entscheiden, ob der Inhaber derselben nur die Verpflichtung der Rückgabe **in genere** hatte, oder ob anzunehmen, daß derselbe bei dem Verbrauch ein Einverständniß des Eigenthümers voraussetzen konnte. Vgl. Berlin 7. Dez. 71 (O.R. XII, 629), 31. Jan. 72 (O.R. XIII, 106, St. I, 236), 9. Febr. 72 (Goltd. XX, 205, O.R. XIII, 136), 3. Okt. 72 (Goltd. XX, 552), 25. Jan. 73 u. 16. Sept. 74 (O.R. XIV, 89, St. II, 236; IV, 177), 21. Mai 79 (O.R. XX, 271, Goltd. XVII, 536); Dresden 1. Nov. 72 (St. II, 189) u. 10. März 73 (St. III, 18), Stuttgart 29. Okt. 74 (St. IV, 371), Mannheim 10. Mai 73 (St. III, 204), Leipzig 4. April 76 (E. XX, 66, St. VI, 310). Dies ist dann, wenn das Geld zu einem bestimmten Zwecke übergeben wurde, selbst dann ausgeschlossen, wenn zwischen beiden Theilen ein Gesellschaftsverhältniß bestanden hat. Das Bestehen einer Forderung des Empfängers an den Geber schließt die Unrechtmäßigkeit der Aneignung nicht aus. München 14. Juni 84, bayr. Entsch. III, 96.

Durch den Umstand, daß der Thäter in der Lage war, unterschlagenes Geld zu ersetzen, z. B. durch Anstrengung seines Kredits, wird Unterschlagung nicht ausgeschlossen. Berlin 11. Juli 79 (Goltd. XXVII, 537). R.G. II, 7. Okt. 81, E. V, 52, III, 12. Febr. 91, E. XXI, 364.

9. Als „Sache" wird, wie beim Diebstahl, eine körperliche Sache vorausgesetzt. Die rechtswidrige Verfügung eines Beauftragten über Forderungen, mag dieselbe im eigenen Interesse oder zu Gunsten eines Dritten geschehen, stellt das Vergehen der Untreue (§. 266 Nr. 2) dar. Dresden 8. Mai 71 (S.G.Z. XV, 175, St. I, 120), 1. April u. 7. Juni 78 (S.G.Z. XXII, 274, 355, St. VIII, 208). Ebenso wenig wie Forderungen eines Anderen unterschlagen werden können, kann an Forderungen des Thäters selbst von diesem eine Unterschlagung begangen werden, mag auch die Forderung dadurch entstanden sein, daß für seine Rechnung an Dritte Geld gezahlt wurde, welches ihm nicht zukam, oder welches er zu Gunsten eines Andern hätte verwenden oder verrechnen sollen, z. B. wenn für Rechnung des Thäters auf Girokonto einer Bank eine Einzahlung erfolgt war. R.G. III, 12. Febr. 91, E. XXI, 364. Dies gilt nicht von der Schuldurkunde; eine solche kann Gegenstand einer Unterschlagung sein, Berlin 29. Okt. 73 (Goltd. XXI, 549); Dresden 7. Juni 78 a. a. O. R.G. II, 11. Febr. 80 (R. III, 35, E. III, 344). IV, 19. Juni 85, E. XII, 313, R. VII, 420; dies findet selbst auf ein noch nicht ausgefülltes, aber unterzeichnetes Wechselformular Anwendung. Berlin 19. Nov. 74 (Goltd. XXII, 616, O.R. XV, 903, St. IV, 372). Auch Wechsel können, abgesehen von ihrer Eigenschaft als Träger der Forderung Gegenstand körperlicher Unterschlagung sein. R.G. I,

11. Juli 81, E. V, 4, III, 10. Dez. 88, R. X, 715. So können auch Lombardscheine, welche Jemand für im Auftrage eines Anderen verpfändete Werthpapiere erhalten hatte, selbst wenn sie auf seinen eigenen Namen lauten, durch Zueignung unterschlagen werden, Berlin 23. Febr. 76 (O.R. XVII, 138). Sparkassenbücher können als Sache Gegenstand der Unterschlagung sein, nicht durch unbefugte Erhebung der Einlagen. Diese kann jedoch unter §. 263 fallen. Ist die Erhebung eine berechtigte, d. h. erhebt der Thäter für den Berechtigten, so empfängt er die Einlage für diesen und ist Unterschlagung des Geldes möglich. Vgl. H. Meyer S. 639, N. 53, Olshausen N. 2. Am literarischen Eigenthum kann Unterschlagung nicht begangen werden, wohl aber an einem Manuskripte. Dresden 1. April 78 (S.G.Z. XXII, 274, St. VIII, 208). Ebenso wenig kann die übermäßige Benutzung eines Kredits als Unterschlagung qualifizirt werden. Berlin 11. April 78 (O.R. XIX, 220, Goltd. XXVI, 213, St. VIII, 203).

10. „Fremde Sache" ist jede, die der Inhaber derselben sich zuzueignen nicht berechtigt ist. Bei nicht fungiblen Sachen sowohl als bei fungiblen muß daher vor Allem gefragt werden, ob der Inhaber derselben sie zur freien Disposition überkommen hat, oder ob er verpflichtet ist, sie **in natura** zu restituiren, wobei jedoch bei fungiblen deren Austausch in ein gleichwerthiges Aequivalent eine Zueignung nicht in sich schließt. Auch ohne sofortigen Austausch kann aber das Bewußtsein der Rechtswidrigkeit fehlen, wenn der fremdes Geld Verbrauchende die Ueberzeugung hat, jeden Augenblick in der Lage zu sein, andere Münzen substituiren zu können. Dies greift selbst dann Platz, wenn später durch verschlechterte Vermögenslage jene Annahme sich als irrig erweist. Aber es müssen wirklich parate Mittel vorhanden gewesen sein, nicht bloß die Hoffnung, sich solche verschaffen zu können, etwa durch Darlehen. R.G. II, 7. Okt. 81, E. V, 52. Dagegen kann Unterschlagung nie begangen werden, wenn der Inhaber nur zur Ersatzleistung oder Rückerstattung des gleichen Werthes verpflichtet ist. Leipzig 4. April 76 (Entsch. XX, 66, St. VI, 311), Berlin 7. Sept. 76, 25. u. 29. Mai, 12. Juni 77, 13. u. 19. März 78, 3. Jan. 79 (O.R. XVII, 545; XVIII, 350, 396; XIX, 134; XX, 6, Goltd. XXIV, 584; XXV, 339; XXVI, 125, 212, St. VII, 318; VIII, 198), München 9. März 76 (bayr. Entsch. VI, 82, St. VI, 309). Daß die Sache einen in Geld anschlagbaren Werth habe, ist nicht erforderlich. Dresden 7. Juni 78 (S.G.Z. XXII, 355). Selbstverständlich ist Unterschlagung dann ausgeschlossen, wenn derjenige, gegen den Unterschlagung in Frage steht, civilrechtlich Eigenthümer der Sache geworden war. R.G. I, 15. Nov. 80 (R. II, 515, E. III, 35). Von diesem Gesichtspunkte aus wirkt bei Kaufverträgen, welche unter dem Vorbehalt des Eigenthums bis zu einem bestimmten Zeitpunkte abgeschlossen wurden, die Entscheidung der civilrechtlichen Frage ein, ob der Erwerber bereits Eigenthum erlangt hatte, oder nicht. R.G. III, 10. Nov. 80 (E. III, 114). So wurde die Frage, ob ein Gutspächter, welchem das Gutsinventar nach einer Taxe mit der Verpflichtung einstiger Rückgabe übergeben war, nach preuß. Civilrecht dahin entschieden, daß selbst die zum Ersatze des Abgangs aus eigenen Mitteln angeschafften Inventarstücke nicht Eigenthum des Pächters geworden waren. Wegen Vorspiegelungen beim Verkauf wurde jedoch Betrug angenommen. R.G. II, 22. Sept. 82, E. VII, 41. Ferner wurde angenommen, daß eine für eine Handlung nach C.P.O. §. 773 im Voraus gezahlte Summe in das Eigenthum der Klägerin übergeht, von dieser also nicht durch anderweite Verwendung unterschlagen wird. R.G. I, 17. Okt. 83, E. IX, 276.

11. Eine fremde Sache ist auch eine im eigenen Namen gekaufte Sache für Denjenigen, welcher im Auftrage eines Anderen den Ankauf bewirkt hat; dies gilt insbesondere auch von Werthpapieren, welche ein Banquier im Auftrage eines Kommittenten angekauft und — selbst ohne dem Kommittenten die Nummer mitzutheilen — in Depot genommen hat. Berlin 27. April 72 (St. I, 357) und 9. April 75 (Goltd. XXIII, 439, O.R. XVI, 280), 3. Juli 78 (O.R. XIX, 350), Goltd. XXVI, 443, St. VIII, 210). In einem Fall dieser Art wurde nach preuß. Rechte **constitutum possessorium** angenommen, weil der Banquier in seinen Büchern die dem Kommittenten zustehenden Nummern der Papiere verzeichnet hatte. R.G. I, 13. Nov. 83, E. IX, 180. Jedoch besteht auch die Möglichkeit, daß nach den obwaltenden Rechtsverhältnissen der im Auftrage eines Anderen und mit dessen Mitteln, jedoch im eigenen Namen Erwerbende Eigenthum an der erworbenen Sache erlangt, sie also nicht unterschlagen kann. In diesem Falle wird er aber, wenn dolos handelnd, in der Regel die empfangenen Mittel sich angeeignet haben und nur in seltenen Fällen ein bloßes Schuldverhältniß resultiren. Berlin 7. Juni 71, 31. Jan. u. 12. April 72 (O.R. XII, 311; XIII, 106, 254).

Einen Fall entgegengesetzter Art, in welcher der Kommissionär im eigenen Namen erworben hatte, das Kommissionsgeschäft aber durch Zahlung seitens des Kommittenten beendet war, und der Kommissionär bez. eine Bank für ihn, für den Kommittenten besaß, also Unterschlagung beging s. R.G. I, 17. Dez. 85, E. XIII, 178.

Aehnliche Verhältnisse bestehen bei dem Verkauf von Sachen für Andere, wobei im Zweifel der Kommissionär den Erlös für den Kommittenten erwirbt. Berlin 11. Febr. 76 (O.R. XVII, 112), 14. Juni 79 (O.R. XX, 295). Wenn er aber gegen den Auftrag für sich erwirbt, wobei auch die Absicht des Käufers, wem er übertragen wollte, wesentlich in's Gewicht fällt, Berlin 25. Jan. 73 (O.R. XIV, 89, St. II, 236), unterschlägt er die verkaufte Sache, da er sie nicht auftragsgemäß für den Kommittenten, sondern für sich verkauft hat. Vgl. R.G. 2. Jan. 80 (Goltd. XXVIII, 56), 25. Juni 80 (Ann. II, 222), 26. Juni 80 (Ann. II, 220), F.S. 7. Sept. 80 (R. II, 206). Jedoch sind diese Verhältnisse vorherrschend nach Maßgabe des abgeschlossenen Vertrags und des einschlägigen Civilrechts zu beurtheilen. R.G. II, 24. Jan. 82, R. IV, 63; III, 7. Okt. 89, E. XIX, 429; II, 15. Juni 88, Goltd. XXXVI, 317. — Für den Verwalter fremder Grundstücke sind die aus dem Erlöse des Ertrages vereinnahmten Gelder fremde Sachen. Berlin 14. April 75 (O.R. XVI, 547). Gelder, die auf ein fremdes Sparkassenbuch für den Eigenthümer desselben erhoben worden, sind für den Beauftragten eine fremde Sache. Berlin 25. Jan. 73 (O.R. XIV, 89, St. II, 236; vgl. 27. Jan. 76, O.R. XVII, 68). Ebenso Gelder, die ein Anwalt als Prozeßmandatar zur Absendung an seinen Mandanten empfängt. R.G. IV, 12. Juli 89, Goltd. XXXVII, 302.

12. Ein Werthpapier, welches einem Anderen in Zahlung gegeben worden, ist für ihn eine fremde Sache, wenn aus Versehen ein Papier von höherem Werthe gegeben worden ist, als beabsichtigt war. Berlin 29. April 75 (O.R. XVI, 323, St. V, 83; vgl. Dresden 25. Jan. 75 (S.G.Z. XIX, 291, St. V, 361). R.G. IV, 12. Jan. 86, R. VIII, 43. S. auch II, 22. Nov. 81, E. V, 252. Abweichend hiervon nahm R.G. I, 24. Mai 80 (R. I, 815, E. II, 65) an, daß ein aus Irrthum über eine Schuldsumme hinaus zu viel empfangener Betrag durch Aneignung nicht unterschlagen werde, weil der Zahlende das Eigenthum verliere. Ebenso R.G. II, 19. Nov. 81, E. V, 165, IV, 8. März 89, Goltd. XXXVII, 169. Dagegen wurde Unterschlagung angenommen bei Aneignung einer Geldrolle mit Gold, die bei Auszahlung eines Darlehens aus Versehen statt einer Rolle mit Silber (880 Mk. statt 50 Mk.) ausgezahlt wurde. R.G. I, 23. Dez. 80 (R. II, 670, E. III, 134).

13. Für den Pfandgläubiger ist der Erlös des im guten Glauben veräußerten Pfandes, wenn er auch den Betrag der Forderung übersteigt, keine fremde Sache. München 9. Mai 73 (St. II, 325).

Droschkenkutscher empfangen das Fahrgeld für ihren Prinzipal und unterschlagen dasselbe durch Zueignung, selbst wenn sie mehr als die Fahrtaxe erhalten haben. Berlin 9. Febr. 76 (O.R. XVII, 102, Goltd. XXIV, 232, St. VI, 307). Durch Quittung legitimirte Bevollmächtigte empfangen nur für den Vollmachtgeber. Berlin 3. März 76 (O.R. XVII, 165). Durch Scheincession zum Zwecke der Legitimation wird Eigenthum nicht übertragen; das in Folge derselben Empfangene kann also unterschlagen werden. Berlin 22. Juni 72 (St. I, 359); dagegen R.G. II, 13. März 83, R. V, 168. Quittungen, welche in Erwartung alsbaldiger Zahlung ausgehändigt wurden, werden, wenn sie ohne Zahlung zurückbehalten werden, nicht unterschlagen; wohl kann aber Betrug vorliegen, wenn sie durch Vorspiegelung der Zahlung erschlichen wurden, oder wenn mittels derselben Zahlung behauptet werden will. Berlin 3. Juni 76 (O.R. XVI, 424, Goltd. XXIII, 531). Holz, welches ein Beamter lediglich zur Beheizung der Dienstwohnung mit dem Verbot des Verkaufs erhält, wird durch Verkauf unterschlagen. Berlin 27. Juni 73 (O.R. XIV, 474, Goltd. XXI, 550, St. III, 19). R.G. II, 16. Jan. 80 (E. I, 75), III, 8. Mai 80 (R. I, 745, Goltd. XXIX, 63), II, 11. Jan. 81 (E. III, 184). Förster, welche die Jagd auszuüben verpflichtet sind, okkupiren für ihren Dienstherrn (den Staat) und begehen deshalb durch Zueignung von erlegtem Wild Unterschlagung. München 12. April 78 (St. VIII, 209).

14. Auch der Inhaber einer gemeinschaftlichen Sache kann an dem Miteigenthume des Anderen Unterschlagung begehen, Berlin 8. Nov. 76 (O.R. XVII, 719); RG. III, 10. Dez. 88, R. X, 715; IV, 10. Juni 90, E. XIX, 436; ebenso der Miterbe, Berlin 8. Nov. 77 (O.R. XVIII, 696, Goltd. XXV, 541); ebenso ein Handelsgesellschafter, der Gesellschaftseigenthum für bestimmte Zwecke der Gesellschaft besitzt, München 4. Aug. 77 (bayr. Entsch. VII, 355, St. VIII, 199), Berlin 1. Nov. 76, 6. März 79 (O.R. XVII, 706, Goltd. XXIV, 582; XXVII, 372). R.G. 26. Febr. 80 (Ann. I, 473). Dies ist selbst dann der Fall, wenn der Gesellschafter, welcher den Gewahrsam hat, der zur Verfügung über die Sache nach dem Gesell-

schaftsvertrage Berechtigte ist, wenn festzustellen ist, daß er nicht nach den Bestimmungen des Vertrags unter Verbuchung verfügen, sondern das Unterschlagungsobjekt sich allein aneignen wollte; und zwar gilt alsdann das Ganze, nicht bloß die dem Thäter nicht zukommenden Antheile als unterschlagen. R.G. III, 5. Juli 82, E. VII, 18. S. auch 4. Okt. 88, E. XVIII, 123.

15. Die Aneignung eines auf fremdem Grund und Boden gefundenen Schatzes durch den Finder ist bezüglich der nach preuß. L.R. dem Eigenthümer gehörigen Hälfte Unterschlagung. R.G. I, 17. Nov. 79 (R. I, 78, E. I, 16, Ann. I, 142, Goltd. XXVIII, 32). Ebenso nach französisch. Rechte R.G. I, 12. Jan. 91, E. XXI, 270. Herrenlose Sachen dagegen werden durch Occupation weder gefunden noch unterschlagen. München 19. Juni 76 bayr. Entsch. VI, 295. Das Gleiche findet, wegen Mangels des Vorsatzes, bei vermeintlich darelinguirten Sachen statt.

16. Berlin 6. Juli 77 (O.R. XVIII, 509, Goltd. XXV, 543, St. VII, 321) nahm an, daß eine in Erwartung sofortiger Zahlung an den Käufer abgelieferte Waare für diesen eine fremde Sache bleibe. — Durch simulirte Geschäfte (in Form von Rückkaufsgeschäften eingekleidete Pfandverträge) geht kein Eigenthum über. Berlin 10. Nov. 76 (O.R. XVII, 731, Goltd. XXIV, 583). — Für den Eigenthümer sind die bei Beendigung des Pachtes stehende Früchte unter preuß. L.R. keine fremden Sachen. Berlin 31. Okt. 78 (O.R. XIX, 507, Goltd. XXVI, 521). Der Mehrerlös einer zum Verkaufe unter Bestimmung eines Minimalpreises erhaltenen Sache ist für den Kommissionär eine fremde Sache. München 9. März 76 (bayr. Entsch. VI, 82, St. VI, 309). Die Handwerksmeistern zur Verarbeitung übergebenen Materialien bleiben für diese fremde Sachen. Berlin 15. Febr. 77 (Goltd. XXV, 222), Dresden 7. Juli 77 (S.G.Z. XXI, 109).

17. Ein zur Sicherheit übergebener Wechsel bleibt für den Empfänger eine fremde Sache bis zum Eintritt des Falls, für welchen die Sicherheit gegeben ist. Berlin 22. Dez. 76 (O.R. XVII, 844). Ebenso ein unter einer aufschiebenden Bedingung übergebener Wechsel, bis zum Eintritt der Bedingung. R.G. III, 17. Jan. 80 (R. I, 244) s. jedoch einen anders gelagerten Fall R.G. II, 13. Okt. 82, E. VII, 93. Der Inhaber eines bezahlten Wechsels begeht, auch wenn er bei Annahme der Wechselsumme die Rückgabe zugesagt hat, durch Weiterbegebung des Wechsels keine Unterschlagung. R.G. II, 2. April 80 (R. I, 530, E. I, 343, Goltd. XXVIII, 290). Diskontirung eines mit dem Verbot der Begebung in Verwahrung erhaltenen Wechsels bildet Unterschlagung, selbst wenn die Absicht der Wiedereinlösung bestand. R.G. I, 20. Mai 80 (R. I, 808). Die Deckung von Wechseln, welche beim Thäter domizilirt sind, wird, wenn dieser dieselbe zum eigenen Nutzen, statt zur Einlösung des Wechsels verwendet, unterschlagen. Bei in blanco zum Zweck des Inkassos girirten Wechsels hängt die Frage, ob das durch den Incasso erhaltene Geld für den Giratar fremdes ist oder nicht, davon ab, ob er als Eigenthümer gehandelt hat oder als Bevollmächtigter, und ob hiernach die Zahlenden ihm oder dem Vollmachtgeber zahlen wollten. R.G. IV, 26. Sept. 84, R. VI, 570.

Nicht nach Wechselrecht, sondern nach dem Civilrecht ist zu entscheiden, ob das Eigenthum an einem Wechsel noch dem Aussteller oder dem Giratar zusteht. So bleibt Ersterem das Eigenthum, wenn er den Wechsel ausgefüllt und mit Giro versehen einem Andern übergibt in der Meinung, es werde ein Geschäft darüber zu Stande kommen, z. B. ein Darlehen, für welches der Wechsel Deckung bieten soll, während dasselbe nicht zu Stande kommt. R.G. I, 15. Nov. 80, 11. Juli 81, E. III, 35, R. II, 515, E. V, 4.

Wechsel, welche zur Prolongation gleich beschaffener Wechsel bestimmt sind, stehen im Miteigenthum des Ausstellers u. Acceptanten und können von Einem derselben unterschlagen werden. R.G. III, 10. Dez. 88, R. X, 715.

18. Anvertraut ist jede Sache, deren Innehabung durch ein vertragsmäßiges Rechtsverhältniß mit der Verpflichtung zur Rückgabe oder Ablieferung an einen Dritten erlangt wurde (vgl. Oppenhoff R. 57), R.G. II, 2. Juli 81, E. IV, 386, R. III, 473, deren Gewahrsam nicht durch Finden oder Zufall erlangt wurde. Mannheim 24. März 77 (bad. Ann. Bd. 43 S. 123, Goltd. XXVII, 233, St. VIII, 204). Auch an solchen Sachen kann das Anvertrautsein stattfinden, welche durch rein faktische Gründe in den Gewahrsam einer Person gelangt, durch Uebereinkommen mit dem Berechtigten in diesem Gewahrsam belassen werden. R.G. III, 26. Okt. 81, R. III, 642. Mit Recht schließt jedoch Merkel in H.H. III, 706 auch jene Vertragsverhältnisse aus, bei welchen die Erlangung des Gewahrsams auf Irrthum beruht. Deshalb kann man das Anvertrautsein auf alle jene Verhältnisse erstrecken, bei welchen eine Aneignung einen Bruch der im Verkehre bestehenden Verpflichtung zu Treue und Glauben in sich schließen würde. Diese erstreckt sich auch auf die Uebernahme fremder Sachen in den Ge-

wahrsam in Folge gewerblicher Verhältnisse, so zum Zwecke des Verkaufs im Wege des Hausirens, oder auf Grund eines Trödelvertrags mit der Verpflichtung zur Rückgabe der Sache oder des erlangten Kaufpreises (vgl. Mannheim 24. März 77 a. a. O.). Bei den vielseitigen Formen des Trödelvertrags sind aber diejenigen Fälle auszuschließen, bei welchen das Eigenthum der Sache gegen festen Anschlag auf den Trödler übergeht, und nur der Kaufpreis kreditirt wird. Den wahren Inhalt des Vertrags festzustellen, ist Sache der, bei der Unklarheit der Betheiligten häufig allerdings schwierigen, thatsächlichen Feststellung. Vgl. R.G. II, 28. Dez. 80 (E. III, 150, Ann. III, 143).

Das Mündelvermögen ist dem Vormund anvertraut. R.G. I, 22. Nov. 83, E. IX, 337. Ebenso sind es verkaufte Sachen, die vorläufig noch zum Gebrauche des Verkäufers in dessen Gewahrsam verbleiben. R.G. I, 7. Mai 83, R. V, 323. Auch solches Geld, welches einem Andern gegeben wird mit dem Auftrage, bestimmte Sachen dafür zu kaufen. R.G. I, 12. Juni 84, R. VI, 419.

19. Der Dolus besteht in dem Bewußtsein der rechtswidrigen Zueignung (vgl. Binding, die Normen 2c. S. 539 ff.); gewinnsüchtige Absicht ist nicht erforderlich. Berlin 1. Nov. 72, 6. Okt. 74 u. 3. März 76 (Goltd. XX, 550; XXII, 617, O.R. XIII, 579; XV, 624; XVII, 170, St. II, 124), Dresden 1. Okt. 77 (S.G.Z. XXII, 207). Dieses Bewußtsein fehlt, wenn die Zustimmung des Eigenthümers zur Aneignung vorausgesetzt werden konnte. Dresden 6. Juni 73 (S.G.Z. XVII, 183), München 26. Febr. 76 (bayr. Entsch. VI, 75, St. VI, 308); oder wenn die Absicht nur auf vorübergehenden Gebrauch und demnächstige Rückgabe gerichtet war. Berlin 12. März 74 (Goltd. XXII, 261, O.R. XV, 147, St. IV, 55). Das Bewußtsein der Rechtswidrigkeit kann auch durch (civilrechtlichen) Rechtsirrthum oder durch den thatsächlichen Irrthum einer Berechtigung ausgeschlossen sein. Mannheim 8. Juli 76 (bad. Ann. Bd. 42 S. 262). R.G. III, 21. Jan. 80 (R. I, 254, E. I, 290); 20. Juni 81, E. IV, 328; nicht aber durch die Meinung des Thäters, die Handlung sei nur disziplinär, nicht kriminell strafbar. R.G. II, 11. Jan. 81, E. III, 184. Die nachfolgende Einwilligung des Berechtigten schließt den Thatbestand nicht aus. München 26. Febr. 76 (bayr. Entsch. VI, 75, St. VI, 308); jedoch kann die begründete Ansicht, der Eigenthümer werde mit der Verwendung einverstanden sein, die Annahme des Vorsatzes ausschließen. R.G. III, 20. Nov. 82, R. IV, 831. Das nachträglich eingetretene Bewußtsein der Rechtswidrigkeit kann nicht zum dolus angerechnet werden. Berlin 14. Juni 79 (O.R. XX, 298). R.G. I, 24. Mai 80 (R. I, 815, E. II, 65).

20. Durch die Absicht, sich für eine dem Thäter an den Eigenthümer der Sache zustehende Forderung bezahlt zu machen, kann der Dolus in der Regel nicht für ausgeschlossen erachtet werden. Berlin 26. Sept. 72 (O.R. XIII, 477) u. 13. Juni 73 (Goltd. XXI, 449, O.R. XIV, 419), 3. März u. 31. Okt. 76 (O.R. XVII, 171, Goltd. XXIV, 584), Dresden 12. Febr. 77 (St. VII, 318); vgl. dagegen Berlin 19. Jan. 72 u. 29. Mai 74 (O.R. XIII, 51; XV, 339, St. I, 186). Anders ist es jedoch, wenn der Verkaufende und sich bezahlt Machende durch faktischen oder civilrechtlichen Irrthum sich in gutem Glauben an seine Berechtigung befand, so zu handeln, wie er handelte, z. B. ein Faustpfandgläubiger, der sich durch Verkauf des Pfandes befriedigt. München 9. Mai 73 (bayr Entsch. III, 236, St. II, 325). Durch Schadensersatz oder die Absicht, denselben zu gewähren, wird der Thatbestand nicht ausgeschlossen. Mannheim 11. Okt. 73, 30. Jan. u. 3. April 75 (St. III, 205, bad. Ann. Bd. 41 S. 123, 124), München 26. Jan. 75 (St. IV, 374), Berlin 22. Jan 78 (Goltd. XXVI, 64). Noch weniger schließt Hingabe eines Wechsels für die durch die Unterschlagung entstandene Schuld Bestrafung aus. R.G. 29. Okt. 80 (Ann. II, 520). Der Kommissionär, der sich beim Verzuge des Kommittenten durch Verwerthung des Kommissionsgutes für seine Gebühren bezahlt macht, begeht keine Unterschlagung, auch wenn er die gesetzlichen Formen nicht erfüllt. Berlin 3. Juli 78 (O.R. XIX, 352, Goltd. XXVI, 443, St. VIII, 210). Auch der Kommissionär begeht Unterschlagung, wenn er zu bestimmten Zwecken erhaltene Gelder in eigenem Nutzen verwendet, Berlin 3. Nov. 77 (O.R. XVIII, 688, Goltd. XXV, 543), sei es auch, daß ihm anderweit eine Forderung gegen den Auftraggeber zustand, R.G. III, 5. Mai 80 (E. II, 48), oder wenn er den Rest eingenommener Gelder nach Abzug seiner Auslagen für sich behält. R.G. I, 30. Sept. 80 (R. II, 281).

21. Aneignung zum Zwecke der Vernichtung oder Beschädigung enthält den zur Unterschlagung erforderlichen Vorsatz nicht. R.G. I, 11. Nov. 84, E. XI, 239, R. VI, 727 (sehr bestreitbar). So nahm F.S. 12. Sept. 88, R. X, 488 Unterschlagung an, obwohl bald Vernichtung erfolgte. Bei demjenigen, der das Recht hat, für den Berechtigten zu jagen, zu fischen

oder zu krebsen, entscheidet der Zeitpunkt, in welchem die Zueignungsabsicht eintritt, über den Charakter der Strafthat. Fand diese schon zur Zeit der Occupation statt, so ist die That nach §§. 292—296 bez. nach §. 370 Ziff. 4 strafbar. Trat sie erst nach der Occupation ein, so ist Unterschlagung anzunehmen, ebenso nach Besitzergreifung durch den Berechtigten, Diebstahl R.G. III, 10. Dez. 85, E. XIII, 195.

22. Die Unterschlagung ist vollendet mit dem Augenblicke der Zueignung, gleichviel wann die Pflicht zur Zurückgabe eintritt. Berlin 12. Okt. 72 (O.R. XIII, 519, Goltd. XX, 533, St. II, 113).

Hatten zwei Personen den gemeinschaftlichen Gewahrsam und beschlossen sie gemeinschaftlich die Zueignung, so sind sie Mitthäter. Dresden 29. Nov. 75 (S.G.Z. XX, 215, St. VI, 294). R.G. I, 13. Jan. 81, E. III, 268. In der Mitwirkung beim Zueignungsakt von Seiten eines Dritten, der den Gewahrsam nicht hatte, z. B. in der Verpfändung oder Veräußerung der Sache im Auftrage des Thäters mit dem Bewußtsein, daß sich derselbe eine fremde Sache zueignet, liegt Beihülfe. München 22. Juli 76 (bayr. Entsch. VI, 393, St. VI, 312). Dieser Beihülfe kann sich sogar derjenige schuldig machen, welcher die Sache wissentlich vom Unterschlagenden erwirbt, wenn die Zueignung erst durch die Veräußerung eintritt. R.G. II, 28. Mai 80 (R. I, 831, E. II, 69). Dies wurde auch angenommen, in einem Fall, in welchem ein Dienstknecht für seinen Dienstherrn Kohlen empfangen und in Gewahrsam hatte, und gestattete, daß ein Dritter Kohlen vom Wagen herabwarf und sich zueignete. Wegen der in Mitte liegenden Disposition wurde der Knecht wegen Unterschlagung, der Dritte wegen Beihülfe verurtheilt. R.G. II, 7. Dez. 81, E. V, 219, ähnlich 7. Febr. 82, R. IV, 129.

23. Versuch der Unterschlagung ist strafbar, vom Gesetzgeber also jedenfalls als möglich gedacht; jedoch ist die Möglichkeit bestritten und ist nur geringer Raum für denselben, da das Behalten einer Sache, die man ohnehin im Gewahrsam hat, in der Regel nicht strafbar ist, die Aeußerung des Aneignungswillens aber meist die Unterschlagung vollendet. Vgl. hierüber Cohn, Versuch I, 457, Baumgarten, Versuch S. 418. Dagegen Hälschner II, 362, v. Liszt S. 460, H. Meyer S. 643, Olshausen N. 24, Rotering im G.S. Bd. 36, S. 532. Man wird Versuch in der erfolglosen Aneignungshandlung erblicken müssen; dies ist inbesondere bei der Aneignung durch Verkauf der Fall, wenn dieser nicht zu Stande kommt; da das Anerbieten zum Kauf (s. oben N. 6) zwar die Aneignung bilden kann, aber nicht bilden muß. Ersteres ist der Fall, wenn der Inhaber die Sache feilbietet, wie nur der Eigenthümer berechtigt ist zu thun, letzteres, wenn es sich nur um einen Verkauf unter bestimmten Modalitäten handelt. Jedenfalls kann von Versuch erst dann gesprochen werden, wenn der Thäter den Gewahrsam bereits hatte, nicht schon, wenn derselbe den Gewahrsam zu erlangen sucht, wenn auch schon in der Absicht der Aneignung. Vgl. Hälschner II, 362, Merkel S. 319 in H.H. III, 708, Oppenhoff N. 60, Olshausen N. 24.

24. Als Untreue ist es zu qualifiziren, wenn der Beauftragte über sonstige Vermögensstücke (nicht Forderungen) des Auftraggebers lediglich zu Gunsten dritter Personen auftragswidrig verfügt, da dann eine Zueignung nicht angenommen werden kann. Der Akt der „Entäußerung“ wird schwerlich zugleich als Akt der Zueignung anzusehen sein. — Handelt es sich dagegen um eine Verfügung im eigenen Interesse, so liegt Unterschlagung und Untreue in idealer Konkurrenz vor. (Oppenhoff N. 10.) Vgl. oben N. 9.

So begeht der Vormund durch die zu eigenem Nutzen erfolgte Verausgabung oder Verwendung vereinnahmter Mündelgelder ohne gleichzeitigen und gleichwerthigen Ersatz derselben — das Bewußtsein der rechtswidrigen Handlungsweise vorausgesetzt — Unterschlagung in ideeller Konkurrenz mit Untreue zum eigenen Vortheil. R.G. I, 26. Jan. 80 (R. I, 273, Ann. I, 360). Ausschließlich Untreue wurde angenommen in einem Fall, in welchem der Thäter ein Werthpapier zum Zwecke der Verpfändung erhalten hatte, um für sich ein Darlehn zu erlangen, später aber das Papier verkauft hat, weil hier der Thäter den Gewahrsam nicht mehr hatte, jedoch als Bevollmächtigter des Eigenthümers erschien. R.G. I, 13. Juli 87, E. XVI, 241.

25. Neben der im Fall mildernder Umstände (fakultativ — „kann“) eintretenden Geldstrafe kann nicht auf den Verlust der Ehrenrechte erkannt werden. (§§. 248, 32.)

26. Beamte, die das Unterschlagene in amtlicher Eigenschaft empfangen haben, werden nach §. 350 bestraft, es sei denn, daß ein bloßes Privatverhältniß obwaltete, wenn auch auf dasselbe das Vertrauen einwirkte, welches ihnen die amtliche Stellung verschaffte. München 7. Juni 72, 24. Aug. 74 (St. I, 358; IV, 211, Goltd. XX, 479). R.G. I, 3. Juni 80 (R. II, 22, E. II,

84). Die Verurtheilung wegen Unterschlagung bei Anklage wegen Amtsunterschlagung setzt aber Belehrung gemäß §. 264 St.P.O. voraus. R.G. III, 9. April 88, E. XVI, 294, R. X, 291.

27. Ideelle Concurrenz von §§. 246, 290 findet nicht statt, weil der Begriff der Aneignung nach §. 246 und der des Gebrauchs (§. 290) sich gegenseitig ausschließen. R.G. III, 13. Dez. 86, E. XV, 147, R. VIII, 751.

Auch nicht Zusammenfluß von Betrug und Unterschlagung, wenn durch ersteren nur der Gewahrsam erlangt wurde, der Thäter dann aber das Objekt sich aneignete. R.G. II, 26. April 87, E. XV, 426.

§. 247*). Wer einen Diebstahl oder eine Unterschlagung gegen Angehörige, Vormünder oder Erzieher begeht, oder wer einer Person, zu der er im Lehrlingsverhältnisse steht, oder in deren häuslicher Gemeinschaft er als Gesinde sich befindet, Sachen von unbedeutendem Werthe stiehlt oder unterschlägt, ist nur auf Antrag zu verfolgen. Die Zurücknahme des Antrages ist zulässig.

Ein Diebstahl oder eine Unterschlagung, welche von Verwandten aufsteigender Linie gegen Verwandte absteigender Linie oder von einem Ehegatten gegen den anderen begangen worden ist, bleibt straflos.

Diese Bestimmungen finden auf Theilnehmer oder Begünstiger, welche nicht in einem der vorbezeichneten persönlichen Verhältnisse stehen, keine Anwendung.

Pr. §. 228; E. I. §. 222; E. II. §. 242; St.B. S. 680.

G. v. 26. Februar 1876 Art. I; Drucks. (1876) Nr. 54, 145, 150; St.B. S. 815 ff.

Vgl. §§. 50, 61—65, 257, 289 A. 5. 370 Nr. 5; M.St.G.B. §. 127.

1. Aus dem Abs. 1 des §. 247 wurden in dem Regierungsentwurf zu der Novelle vom 26. Februar 1876 die Worte „solche Personen, in deren Lohn oder Kost er sich befindet" gestrichen, worüber die Motive bemerken:

„In den neueren Gesetzbüchern wird vielfach der Hausdiebstahl als qualifizirter Diebstahl strenger bestraft als der gemeine (vgl. z. B. württemb. Strafgesetzbuch Art. 328, preuß. Strafgesetzbuch §. 217).

Mit dieser Rechtsentwickelung hat die zur Zeit bestehende Gesetzgebung gebrochen, indem auf Vorschlag der zur Vorberathung des Strafgesetzbuchs eingesetzten Reichstags-Kommission in den §. 247 die Worte:

„solche Personen, in deren Lohn oder Kost er sich befindet"

eingeschaltet sind, und gleicher Weise durch die Schlußbestimmung des §. 263 der Betrug gegen Personen, in deren Lohn oder Kost sich der Thäter befindet, denjenigen Betrügereien gleichgestellt worden ist, welche gegen Angehörige, Vormünder oder Erzieher begangen werden.

Der Kreis der durch diese Bestimmungen begünstigten Personen ist so weit und unbestimmt gezogen, daß hieraus in der Rechtsübung vielfache Zweifel erwachsen sind. (Vgl. Merkel in H.H. des deutschen Strafrechts Bd. III, S. 709 ff.; Meyer, Lehrbuch des deutschen Strafrechts S. 466, 467.) Die vom Reichstage beschlossene Erweiterung ist aber auch eine aus inneren Gründen anfechtbare, weil in der jetzigen Zeit die Personen, „welche sich in Lohn oder Kost befinden", immer weniger zur Familie gerechnet werden und gerechnet werden wollen, und in Folge dessen von einem besonders innigen Verhältnisse dieser Personen zu ihrer Herrschaft und von einer Hauszucht, welche die Strafgewalt des Staates zu ersetzen berufen und im Stande wäre, immer weniger die Rede sein kann. Dabei kommt insbesondere in Erwägung, daß die Vorschrift des Gesetzes auf geringe Veruntreuungen des Gesindes sich nicht beschränkt, sondern auch die erheblichsten, und selbst die durch Einbruch verübten Diebstähle der Verfolgung von Amtswegen entzieht. Die in solchen Fällen gebotene Unverzüglichkeit des strafgerichtlichen Einschreitens wird durch die Nothwendigkeit der vorgängigen Einholung des Strafantrages

---

*) Neue Fassung des G. v. 26. Febr. 1876; die alte Fassung lautete:

§. 247. **Wer einen Diebstahl oder eine Unterschlagung gegen Angehörige, Vormünder, Erzieher oder solche Personen, in deren Lohn oder Kost er sich befindet, begeht, ist nur auf Antrag zu verfolgen.**

(Abs. 2 u. 3 sind unverändert.)

nicht selten vereitelt, ja es wird dadurch sogar, wenn der Bestohlene, ohne einen Strafantrag stellen zu können, gestorben ist, die Möglichkeit einer strafrechtlichen Ahndung überhaupt abgeschnitten, und es sehen sich die Erben dem vielleicht geständigen Diebe gegenüber jedes strafgerichtlichen Schutzes beraubt und lediglich auf den Weg der Civilklage verwiesen. Um für derartige, erfahrungsmäßig vorgekommene Fälle eine Abhülfe zu gewähren, ist der Vorschlag gemacht worden, das Recht zur Stellung des Verfolgungsantrages auf die Erben übergehen zu lassen, falls der Bestohlene vor Ablauf der Antragsfrist verstorben ist. Eine solche Bestimmung würde aber eine anomale und jedenfalls einer Beschränkung für den Fall bedürftig sein, daß der Erblasser dem Thäter Verzeihung gewährt hat. Richtiger erscheint es, mit dem neusten österreichischen Entwurfe (§. 271) ein Prinzip fallen zu lassen, dessen praktische Unzuträglichkeiten sich nicht ohne Hinzufügung derartiger kasuistischer Vorschriften vermeiden lassen."

Der Reichstagskommission erschien indessen die vollständige Beseitigung der Bestimmungen über den Hausdiebstahl bedenklich; das Erforderniß des Antrags wurde deshalb für Lehrlinge und in häuslicher Gemeinschaft lebendes Gesinde, jedoch mit der Einschränkung auf Sachen von untergeordnetem Werth, beibehalten (vgl. Drucks. Nr. 145 de 1876).

2. Der §. 247 Abs. 1 schafft, wie Abs. 3 erkennen läßt, sog. relative Antragsdelikte, d. h. Antragsdelikte, welche nur für besondere persönliche Verhältnisse zwischen Thäter und Beschuldigten den Antrag als Bedingung der Strafverfolgung versehen, und bei denen dies auch nur für die in solchen Verhältnissen stehenden der Fall ist, so daß zugleich eine Beschränkung des Prinzips der Untheilbarkeit des Antrags statuirt ist. Gleichviel ob Antrag gestellt oder zurückgenommen ist, können diejenigen Thäter, Theilnehmer und Begünstiger verfolgt werden, bezüglich welcher ein unter §. 247 fallendes persönliches Verhältniß nicht stattfindet. R.G. I, 19. Dez. 81, E. V, 274.

3. §. 247 findet auf alle Formen und Grade der Strafbarkeit bei Diebstahl und Unterschlagung Anwendung, auch die Rückfallstrafe des §. 244 wird dadurch ausgeschlossen. Gl. M. Hälschner II, 306, 309, Meves N. 1, Nessel, Antragsber. S. 22, Olshausen N. 1, Oppenhoff N. 1, 2, Reber, Antragsdel. S. 267, v. Schwarze N. 5.

4. Abs. 1. Angehörige vgl. §. 52 A. 2. Die Ehefrau des Schwagers ist keine Angehörige. Berlin 13. Nov. 72 (Goltd. XX, 505, O.R. XIII, 591, St. II, 114). Auch nicht in der Ehe zusammengebrachte Kinder, wenn sie auch in häuslicher Gemeinschaft leben. Berlin 12. März 79 (O.R. XX, 135, Goltd. XXVII, 373). Auch nicht der Oheim. R.G. 11. Aug. 80 (Ann. II, 289). Bei Angehörigkeit durch Schwägerschaft kommt darauf nichts an, ob die die Schwägerschaft begründende Ehe noch besteht oder nicht. R.G. I, 1. Dez. 81, E. V, 200, R. III, 758. Eine bigamische Ehe begründet überhaupt keine Angehörigkeit. R.G. I, 19. März 83, R. V, 188.

Auf die Kenntniß des Thäters, daß er einen Angehörigen bestehle u. s. w., kommt nichts an; vgl. §. 59 N. 9.

Die Anwendung des Paragraphen ist ausgeschlossen, wenn der Diebstahl an einer im Miteigenthum eines Angehörigen und eines Nichtangehörigen befindlichen Sache begangen worden ist. Berlin 13. Nov. 72, 27. März 74 u. 20. Jan. 75 (Goltd. XX, 505; XXIII, 57, O.R. XIII, 591; XV, 193; XVI, 62, St. II, 114; V, 82).

5. Der Lehrherr ist nicht ohne Weiteres als Erzieher anzusehen; hierzu bedarf es noch einer besonderen Uebernahme zur Erziehung. Dresden 3. Dez. 77 (S.G.Z. XXII, 213, St. VIII, 212).

6. Ist der Diebstahl eines Dienstboten nicht gegen den Dienstherrn, sondern gegen ein Familienglied gerichtet, so ist, wenn der Bestohlene sich auch in derselben häuslichen Gemeinschaft befindet, §. 247 nicht anwendbar. Berlin 25. Jan. 78 (O.R. XIX, 39, Goltd. XXVI, 64, St. VIII, 213). R.G. IV, 2. Febr. 86, R. VIII, 109.*) Handlungskommis, Buchhalter und solche Bedienstete**) gehören nicht zu den Dienstboten. Berlin 11. Jan. 76 (O.R. XVII, 19), München 8. Okt. 75 (bayr. Entsch. V, 474). Auch nicht Gewerbsgehülfen. R.G. I, 19. Okt. 85, E. XIII, 14, R. VII, 588. Ebenso wenig gehören Kostgänger hierher. Berlin 1. März 76 (O.R. XVII, 149, Goltd. XXIV, 137, St. VI, 313).

Ob Handlungslehrlinge hierher gehören ist streitig. Nur Gewerbelehrlinge wollen unter Lehrlingen verstehen Olshausen N. 6, Oppenhoff N. 7, Rubo N. 9, v. Schwarze N. 10. A. M. Merkel in H.H. IV, 414, Meves N. 4. Es dürfte kein Grund bestehen, Handlungslehrlinge auszuschließen, wenn sie in die häusliche Gemeinschaft aufgenommen sind, wie dies bei Gewerbslehrlingen der Fall in der Regel war. In der Gegenwart, wo dies allmählich verschwindet, und

*) S. gegen diese Entscheidung Voitus im G.S. Bd. 30, S. 317.
**) Dagegen Roßhirt im G.S. Bd. 27 S. 124.

lernende Gehülfen an die Stelle treten, wird nach den thatsächlichen Verhältnissen in beiden Richtungen eine Einschränkung erfolgen müssen. S. auch Roßhirt a. a. O.

7. Die Frage, ob Sachen von unbedeutendem Werthe Gegenstand des Delikts waren, ist ausschließlich thatsächlich zu entscheiden. Stuttgart 31. Dez. 77 (württ. Ger.Bl. XIV, 110), Berlin 9. Mai 79 (Goltd. XXVII, 538). Dabei müssen aber alle bei einem Diebstahle oder einer Unterschlagung weggenommenen bez. angeeigneten Sachen im Werthe zusammengerechnet werden, R.G. IV, 13. Nov. 88, R. X, 649, auch wenn z. B. mehrere Diebe sich sofort verschiedener Sachen bemächtigt und dieselben behalten oder vertheilt haben. Dies ist auch dann der Fall, wenn ein fortgesetzter Diebstahl, also eine einheitliche That angenommen ist, bei welchen die einzelnen Fortsetzungshandlungen nur auf Sachen von unbedeutendem Werthe gerichtet war. Gl. M. H. Meyer S. 514 N. 6, Olshausen N. 2. Dem Werthe ist die objektive Schätzung, der Verkehrswerth zu Grunde zu legen und kann nicht unterschieden werden, ob die Sache für den Dieb oder den Bestohlenen, oder im Verhältnisse zu dem der That sich darbietenden Objekt unbedeutend, ein unbedeutender Bruchtheil war.

8. Als Verletzter ist Derjenige anzusehen, welcher eine Vermögenseinbuße unmittelbar erlitten hat. Leipzig 7. Febr. 73 (Goltd. XXI, 606). Beim Diebstahl ist nur der Eigenthümer, nicht der Verwahrer oder Inhaber antragsberechtigt, selbst wenn Letzterer ersatzpflichtig wäre. Dresden 24. April 74 (St. IV, 376); München 27. Nov. 74 (St. IV, 375); Stuttgart 1. Dez. 75 (württ. Ger.Bl. XI, 330, St. VI, 313. Mit Recht entschied dagegen Berlin Pl. 30. April 77 (O.R. XVIII, 297, Goltd. XXV, 177, St. VII, 138), daß, wenn der unmittelbar Bestohlene (der Inhaber) und der Eigenthümer verschiedene Personen seien, beide als Verletzte erschienen, weil der Diebstahl ebensowohl gegen das Eigenthum als gegen den Besitz der Sache gerichtet sei. Wenn auch nur bei einem von beiden Betheiligten der Antrag nicht Vorbedingung der Strafverfolgung ist, muß der Diebstahl von Amtswegen verfolgt werden. Aehnliche Verhältnisse sind auch bei Unterschlagung denkbar. So entschied auch R.G. III, 29. Mai 80 (R. I, 839, E. II, 73, Ann. II, 127); II, 1. Juli 81, E. IV, 347, R. III, 453. So wurde der Ehefrau das Antragsrecht zugestanden und zwar nicht nur, weil Sachen, die sie in Benutzung hatte, gestohlen waren, sondern auch weil sie, in Gütergemeinschaft mit ihrem Ehemann lebend, an den gestohlenen Sachen Miteigenthum hatte. R.G. I, 20. März 84, E. X, 210. Ferner erkannte R.G. III, 3. Juli 84, E. XI, 68, R. VI, 513, daß bei einem Diebstahl, den der Sohn des Faustpfandbesitzers aus dessen Gewahrsam verübte, Strafantrag nicht erforderlich sei, weil auch der Eigenthümer verletzt sei, obwohl der Dieb die Sachen nur anderweit versetzt hatte, in der Hoffnung, sein Vater werde sie auslösen. A. M. Reber S. 389, Nessel S. 25, Ruhstrat G.S. Bd. 24 S. 144, Herzog G.S. Bd. 26 S. 209, v. Schwarze N. 1, G.S. Bd. 25 S. 183, welche nur den Eigenthümer, und v. Liszt S. 449, Rubo N. 4, welche nur den Inhaber als Verletzten betrachten.

Dieselbe Controverse wiederholt sich bei Unterschlagung. Nur den Eigenthümer betrachten als verletzt Berlin 9. Febr. 72, O.R. XIII, 135, Goltd. XX, 205, München 6. Mai 73, 8. Okt. 75, St. II, 326; V, 363, Stuttgart 19. Nov. 73, 1. Dez. 75, St. III, 210; VI, 313, Leipzig 7. Febr. 73, Entsch. IX, 149, Herzog im G.S. Bd. 26, S. 209, Merkel in H.H. III, 713, v. Liszt S. 461, Olshausen N. 3b. A. M. Schütze S. 446, welcher denjenigen, der anvertraut hat, als Verletzten ansieht. Consequent wird jeder Beschädigte auch hier, wenn er in einem der Verhältnisse des §. 247 steht, als antragsberechtigt zu betrachten und kein Antrag zu verlangen sein, wenn verschiedene Beschädigte vorhanden sind, von denen einer oder der Andere nicht in diesem Verhältnisse steht.

9. Abs. 2. — Der irrige Glaube, man begehe einen Diebstahl gegen einen Descendenten oder Ehegatten, begründet nicht die Straflosigkeit. Schon die Fassung des Gesetzes „ein Diebstahl oder eine Unterschlagung" weist darauf hin, daß es sich nicht um einen Mangel im Thatbestande, sondern lediglich um die Ausschließung der Strafe handelt. Der §. 59 kommt daher nicht zur Anwendung. Vgl. Hälschner, preuß. St.R. II, 452; Binding, Normen II, 476. A. M. Oppenhoff N. 26, Merkel in H.H. III, 711; v. Bar in Goltd. XIX, 650, R.G. II, 1. Juli 81, s. oben.

Auf Verwandte der Seitenlinie ist Absatz 2 nicht zu beziehen; daher ist der Diebstahl des Oheims gegen die Nichte nicht straflos. Berlin 14. Jan. 75 (Goltd. XXIII, 58, O.R. XV, 51, St. IV, 379). Der Diebstahl von Ascendenten oder von Ehegatten unter sich ist an und für sich eine strafbare Handlung und jenes persönliche Verhältniß bildet nur einen persönlichen Straf-Ausschließungsgrund. Die Theilnehmer an solchen Diebstählen oder Unterschlagungen bleiben also strafbar. Berlin 27. Juni 76 (O.R. XVII. 458). R.G. II, 12. April 81 (R. III, 222, E. IV, 83).

10. Abs. 1 u. 2. — Ob der in dem betreffenden persönlichen Verhältniß stehende Thäter, Theilnehmer (Mitthäter, Anstifter, Gehülfe) oder Begünstiger (arg. Abs. 3) ist, ist für die Anwendung des Paragraphen gleichgültig. Auf den Hehler (§. 258) ist er nicht zu beziehen. Um so weniger ist der Hehler straflos, weil der Dieb ein Angehöriger ist, bezüglich dessen es an dem nöthigen Strafantrag gebricht. Berlin 9. Jan. 79 (O.R. XX, 25, Goltd. XXVII, 202).

11. Abs. 1 u. 2. — Ist außer den hier genannten Personen noch eine dritte vorhanden, gegen die der Diebstahl u. s. w. begangen ist — der Verletzte (vgl. §§. 61 N. 3, 65 N. 1), so findet der Paragraph keine Anwendung. (Dresden 17. Juni 72, St. II, 113; Stuttgart 19. Nov. 73, St. III, 210.)

Absatz 2 kann auch dann nicht Platz greifen, wenn ein Vater als Vormund seiner Kinder Untreue begeht, gleichviel ob diese mit Unterschlagung konkurrirt oder nicht. R.G. I, 24. Nov. 87, E. VI, 343, R. IX, 635, so daß nur die Unterschlagung straflos bleibt.

12. Abs. 3 vgl. §. 50 N. 5 u. §. 63 N. 2. Sind bei einer That Mehrere betheiligt, bei welcher die in §. 247 vorausgesetzten persönlichen Verhältnisse stattfinden, so tritt das Prinzip der Untheilbarkeit des Antrags gemäß §§. 63, 65 in Kraft. Der gegen Einen derselben gestellte Antrag wirkt also gegen Alle, die Zurücknahme gegen Einen, ebenso R.G. IV, 17. Jan. 88, E. XVII, 246, R. X, 37.

§. 248. Neben der wegen Diebstahls oder Unterschlagung erkannten Gefängnißstrafe kann auf Verlust der bürgerlichen Ehrenrechte, und neben der wegen Diebstahls erkannten Zuchthausstrafe auf Zulässigkeit von Polizei-Aufsicht erkannt werden.

Pr. §§. 216, 218, 219, 227; E. I. §§. 216, 227; E. II. §. 243; St.B. S. 680. Vgl. §§. 32, 38.

1. Die Nebenstrafen können auch verhängt werden, wenn es sich nur um Versuch oder Theilnahme handelt. (Vgl. §§. 45, 48 N. 2, 49 N. 2.) Auch gegen Ausländer sind die Nebenstrafen zu erkennen, gleichviel ob es praktischen Erfolg hat oder nicht. Berlin 2. Mai 76 (O.R. XVII, 297). Ist aber Gefängnißstrafe wegen Versuchs, Beihülfe u. s. w. statt Zuchthaus erkannt (§. 44 Abs. 4), kann auf Zulässigkeit der Polizeiaufsicht nicht erkannt werden. R.G. III, 30. Okt. 84, E. XI, 159, R. VI, 677.

2. Für den Verlust der bürgerlichen Ehrenrechte ist mindestens dreimonatliche Gefängnißstrafe erforderlich. (§. 32.)

Zwanzigster Abschnitt.

Raub und Erpressung.*)

Wegen Ehrverlust und Polizei-Aufsicht vgl. den Schlußparagraphen 256.

§. 249. Wer mit Gewalt gegen eine Person oder unter Anwendung von Drohungen mit gegenwärtiger Gefahr für Leib oder Leben eine fremde bewegliche Sache einem Anderen in der Absicht wegnimmt, sich dieselbe rechtswidrig zuzueignen, wird wegen Raubes mit Zuchthaus bestraft.

Sind mildernde Umstände vorhanden, so tritt Gefängnißstrafe nicht unter sechs Monaten ein.

Pr. §§. 230, 231; E. I. §. 227; E. II. §. 244; St.B. 682.
Vgl. §§. 242, 244, 256, 139.

1. Die Motive bemerken:

„Das gemeine Recht, mit welchem die Volksansicht übereinstimmt, betrachtet den Raub nicht, wie das Französische Recht (Code pénal §. 381, 5), als einen, durch Gewalt gegen

---

*) Literatur: Villnow, Raub und Erpressung, Begünstigung und Hehlerei. Breslau 1875. v. Buri, G.S. Bd. 29, Beilagenheft, Wanjek bei Goltd. XXVII, 194.

die Person verübten Diebstahl, andererseits auch nicht, wie mehrere deutsche Gesetzbücher, als eine, durch diebische Absicht ausgezeichnete Gewalt gegen die Person, vielmehr behandelt es den Raub als ein besonderes, gegen Person und Eigenthum zugleich begangenes Verbrechen, welches zu seiner Vollendung nicht bloß die Beendigung der Gewaltthat, sondern auch die Wegnahme der Sache voraussetzt.

Von derselben Ansicht geht der Entwurf aus. Wie die angewendete physische oder psychische Gewalt das Mittel gewesen sein muß, durch welches der Thäter den Anderen dazu nöthigte, die Wegnahme der Sache geschehen zu lassen, so wird andererseits zur Vollendung des Verbrechens vorausgesetzt, daß der Thäter die Sache dem Anderen wirklich weggenommen hat. Es kann daher auch die Frage nach dem Versuche des Raubes und nach den Handlungen, in denen er sich manifestire, nicht lediglich danach beantwortet werden, ob die betreffende Handlung als der Versuch eines Diebstahls anzusehen sei.

Sodann erfordert der Thatbestand des Raubes nicht, daß die Person, gegen welche die Gewalt begangen wird, zugleich der Inhaber der Sache sei, deren Wegnahme der Räuber beabsichtigt, sofern nur die gegen eine andere Person gerichtete Gewalt geeignet ist und dazu begangen wird, um den geleisteten oder zu erwartenden Widerstand des Inhabers der Sache zu beseitigen. Der Entwurf stimmt dieser Ansicht bei, indem er durch die Fassung des §. 249 auf die Gewalt als das Mittel des Thäters zur Wegnahme und als den Beweggrund des Beraubten zur Duldung der Wegnahme hinweist."

2. Die Definition des Raubes umfaßt, abgesehen von der Gewalt und der Drohung, auch den vollständigen Thatbestand des Diebstahls, so daß auf die Bemerkungen zu §. 242 zu verweisen ist. Jedoch folgt aus der selbständigen Stellung des Raubes (vgl. oben die Motive), daß die sonstigen den Diebstahl betreffenden Vorschriften (z. B. §. 247) hier keine Anwendung finden. Dieses muß auch bezüglich derjenigen Diebstähle gelten, welche wie z. B. der Eßdiebstahl (§. 370 Nr. 5) oder der Holz-, Felddiebstahl (in besonderen Gesetzen) mit gelinderen Strafen bedroht sind. Hier ist geeigneten Falls Raub anzunehmen. (Vgl. Oppenhoff N. 3, R.G. I, 8. Mai 82, E. VI, 325, R. IV, 449.) Die gewaltsame Verhinderung an der berechtigten Besitznahme einer Geldsumme durch den Schuldner, der das Geld aufgezählt hatte, ist nicht Raub. Berlin 3. Juni 75 (Goltd. XXIII, 531). Die gewaltsame Wegnahme von Geld, um für eine Geldforderung Zahlung zu erhalten, ist nicht Raub, sondern Nöthigung. R.G. I, 17. Juni 80 (R. II, 73, E. II, 184, Ann. II, 129). Die Entscheidung dürfte mit den bei Diebstahl und Betrug aufgestellten Ansichten nicht ganz übereinstimmen.

3. Die Gewalt braucht nicht unwiderstehlich vielmehr nur geeignet zu sein, den Widerstand zu beseitigen. (Wegreißen des Objekts ist Gewalt. Dresden 4. Sept. 74, 4. Juni 75, S.G.Z. XIX, 108; XX, 26.) Ebenso genügt es für die Drohung, daß die Willensfreiheit des Bedrohten aufgehoben wurde. (Vgl. §. 52.)

4. Gewalt und Drohung müssen das Mittel der Wegnahme gewesen sein. (Vgl. Berlin 3. Juni 75, Goltd. XXIII, 531, O.R. XVI, 424, Villnow S. 23, Oppenhoff N. 6. Das erforderliche Maß der Gewalt ist dann erfüllt, wenn dieselbe der den Widerstand des Beschädigten beseitigende Thatumstand war. Unwiderstehliche Gewalt in dem Sinne, daß ein weiterer Widerstand nicht möglich war, ist nicht erforderlich. Auch bei Gewalt kann das Bedrohliche den Mangel weiteren Widerstands begründen (um weiteren und gesteigerten Gewalthandlungen zu entgehen). Auch bei der Drohung ist nur erforderlich, daß die dem Bedrohten vorschwebende Gefahr für ihn das Motiv war, die Wegnahme zu dulden. Wird die Sache, wenn auch in Folge des Zwanges, herausgegeben, so liegt räuberische Erpressung (§. 255) vor. R.G. I, 30. März 82, R. IV, 288. Steigert sich die Gewalt bis zur Tödtung, so liegt ideelle Konkurrenz von Raub und Tödtung (Mord, Todtschlag ꝛc.) vor. Berlin 4. Juli 75 (O.R. XVI, 546). Körperverletzung wird als Gewalt durch den Thatbestand des Raubs absorbirt. Die Anwendung narkotischer oder ähnlicher Mittel (Hypnotismus), um eine Person widerstandsunfähig zu machen, kann nicht als Gewalt an der Person angesehen werden, wohl aber Betäubung durch einen Schlag oder andere Mittel physischer Gewalt. Gl. M. Hälschner II, 369, G.S. Bd. 35 S. 17, v. Liszt S. 368, Olshausen N. 4a. A. M. Geyer II, 56, H. Meyer S. 681, v. Buri G.S. S. 17, v. Lilienthal, Z. f. d. ges. St.R.W. VII, 376. Auch das Entreißen eines Gegenstandes durch Ueberraschung, wobei dem Beschädigten die Möglichkeit eines Widerstandes fehlt, erfüllt nicht die zum Raub erforderliche Gewalt.

5. Die Gewalt braucht nicht, wie die Motive (s. oben N. 1) hervorheben, gegen den Inhaber der Sache begangen zu werden. Ebenso wenig braucht sich die mit der Drohung verbundene Gefahr für Leib oder Leben auf jenen zu beziehen, z. B. man droht, einem Angehörigen ein Leid zu thun. A. M. Olshausen N. 8.

6. Das oben berührte (N. 2) Verhältniß des Raubes zum Diebstahl bewirkt nicht, daß ideelle Konkurrenz von Raub oder dem Verbrechen des §. 252 und Diebstahl besteht, sondern es liegt Gesetzeskonkurrenz vor, welche die Diebstahlsstrafen ausschließt. Dies ist selbst dann der Fall, wenn, wie beim Diebstahlsrückfall (§. 244) die Diebstahlsstrafe die schwerere sein würde (durch höheres Minimum). R.G. III, 29. April 82, E. VI, 243, R. IV, 404.

7. Ferner bewirkt jenes Verhältniß, daß bei der Fragestellung an die Geschworenen ebensowohl die Fragen des Raubs und des Diebstahls mit vollständiger Aufnahme des gesetzlichen Thatbestands in eventuellem Verhältnisse an einander gereiht, oder die Frage wegen Diebstahls an die Spitze gestellt werden kann, und die Fragen wegen Gewalt u. s. w. als straferhöhende Umstände durch Nebenfragen erledigt werden. Die Frage wegen mildernder Umstände ist aber hierbei jedenfalls so zu stellen, daß diese Frage nicht in Bezug auf ein Delikt bejaht, in Bezug auf das andere verneint werden kann. R.G. III, 29. April 82, s. oben F.S. 12. Aug. 90, Goltd. XXXVIII, 347.

8. Wird bei Ausführung eines Diebstahls Gewalt u. s. w. angewendet, so richtet sich die Strafbarkeit eines von mehreren Betheiligten (Thäter, Mitthäter, Gehülfen) danach, ob derselbe Kenntniß davon hatte. (München 21. März 73, St. II, 283.) Mitthäterschaft liegt vor, wenn einer der Thäter Gewalt anwendet, ein Anderer oder Andere die Wegnahme bewirken. München 21. März 73 (bayr. Entsch. III, 124). Hälschner II, 372, Merkel in H.H. III, 724, Olshausen N. 14.

9. Der Versuch des Raubs setzt nicht den Beginn der Ausführung der Wegnahme voraus, sondern bei dem selbständigen Thatbestande des Raubs genügt schon der Beginn der Gewalthandlung oder der Drohung in diebischer Absicht. Gl. M. Hälschner II, 371, Merkel in H.H. III, 723, H. Meyer S. 684, Olshausen N. 13, Oppenhoff N. 14, v. Liszt S. 455.

Vollendung tritt mit der Wegnahme ein, ist also identisch mit der Vollendung des Diebstahls. Binding, Normen II, 454 N. 659, Merkel in H.H. III, 717, Olshausen N. 14.

10. Polizeiaufsicht vgl. §. 256; auf welche im Fall mildernder Umstände nicht erkannt werden darf.

§. 250. Auf Zuchthaus nicht unter fünf Jahren ist zu erkennen, wenn

1) der Räuber oder einer der Theilnehmer am Raube bei Begehung der That Waffen bei sich führt;

2) zu dem Raube Mehrere mitwirken, welche sich zur fortgesetzten Begehung von Raub oder Diebstahl verbunden haben;

3) der Raub auf einem öffentlichen Wege, einer Straße, einer Eisenbahn, einem öffentlichen Platze, auf offener See oder einer Wasserstraße begangen wird;

4) der Raub zur Nachtzeit in einem bewohnten Gebäude (§. 243 Nr. 7) begangen wird, in welches sich der Thäter zur Begehung eines Raubes oder Diebstahls eingeschlichen oder sich gewaltsam Eingang verschafft oder in welchem er sich in gleicher Absicht verborgen hatte, oder

5) der Räuber bereits einmal als Räuber oder gleich einem Räuber im Inlande bestraft worden ist. Die im §. 245 enthaltenen Vorschriften finden auch hier Anwendung.

Sind mildernde Umstände vorhanden, so tritt Gefängnißstrafe nicht unter Einem Jahre ein.

Pr. §. 232; E. I. §. 228; E. II. §. 245; St.B. S. 682—684, 1173.

1. In allen Fällen des §. 250 ist, sofern nicht mildernde Umstände angenommen werden, Polizeiaufsicht zulässig (vgl. §. 256).

2. Nr. 1 vgl. §. 243 Nr. 5.

3. Nr. 2 vgl. §. 243 Nr. 6.

4. Nr. 3. Oeffentlich ist ein Weg, dessen Benutzung Jedermann freisteht, wenn er sich auch im Privateigenthum befindet. — Unter „Eisenbahn" — welches Wort bei der Berathung

im Plenum des Reichstages ohne Debatte aufgenommen wurde, St.B. S. 680 ff. — wird der Bahnkörper in seiner Bedeutung als öffentliche Straße und soweit er der Benutzung offen ist (Schienenweg, Bahnhof, Perron) zu verstehen sein. Gegen einen den Fahrdamm zufällig Passirenden würde danach das Qualifikationsmoment des §. 250 N. 3 nicht zutreffen. (Vgl. Meves, G.S. Bd. 26, S. 264 ff.; Billnow S. 82; Oppenhoff N. 4. Olshausen N. 3 stimmt dieser Ansicht bei, nicht aber derjenigen, welche auch bezüglich der Wasserstraßen aufgestellt wurde, wonach die dieselben nicht als Straßen Benutzenden, also z. B. Badende, Fischende nicht unter dem Schutze des §. 250 Ziff. 3 stehen sollen. Alle solche Unterscheidungen entbehren der Grundlage, da das Gesetz keinen Unterschied macht oder auch nur andeutet. Die Eisenbahn ist dem öffentlichen Wege, der Straße gleichgestellt; es entscheidet also der Ort. Benutzt Jemand den Bahnkörper als Weg oder an einem Orte zum Uebergang, der nicht ohnehin öffentlicher Weg ist, so mag er sich gegen die Bahnvorschriften verfehlen, aber er steht unter dem Schutze, welches dem öffentlichen Communikationsmittel verliehen ist. Noch mehr ist dies bei Wasserstraßen der Fall, allerdings aber nicht wenn Jemand am Ufer von einem Privatgrundstück aus angelt. Unter offener See ist nur das Meer zu verstehen, nicht auch Landseen. Dieselben können jedoch Wasserstraßen sein, wenn sie als Communikationsmittel dienen. Das Gleiche ist auch beim Küstengewässer der Meere der Fall. Man kann die Küstenstrecke auf Kanonenschußweite (durch die Fortschritte der Ballistik sehr erweitert) nach dem Sprachgebrauch nicht zur offnen See rechnen. So v. Buri a. a. O. S. 41, v. Liszt S. 456, Merkel in H.H. III, 720, Olshausen N. 3d, Oppenhoff N. 5. Dagegen kann man den zur Küstenschifffahrt benutzten Theil nicht vom Begriffe der Wasserstraßen ausschließen. S. abweichende, unter sich differirende Ansichten Blum N. 4, Meves St.R.Z. XIII, 421, Billnow a. a. O. S. 33.

Die That muß an den in Ziff. 3 bezeichneten Orten geschehen sein, d. h. entweder die Vergewaltigung oder die Wegnahme. Die bloße Verfolgung des zu Beraubenden auf der Straße genügt nicht zur Erfüllung der Qualifikation.

5. Nr. 4 vgl. §. 243 N. 7. Das sich „gewaltsam Eingang verschaffen" kann durch Gewalt an Personen oder auch an Sachen, wie durch Einbruch geschehen, nicht auch durch Eindringen mittels falscher Schlüssel, oder durch Einsteigen durch eine nicht verwahrte Oeffnung. Die That muß im Gebäude geschehen sein, also mindestens ein strafbarer Versuch. Nicht korrekt drückt dies Olshausen N. 6 dahin aus, der Raub müsse seinem ganzen Thatbestande nach in bewohnten Gebäuden begangen werden. Man wird nicht zweifeln, daß die Qualifikation vorliegt, wenn die vergewaltigte Person aus dem Hause flieht und die Wegnahme beim Verfolgten außerhalb stattfindet. Auch in diesem Falle ist der Schutz des bewahrten Gebäudes verletzt. Darauf, daß das Gebäude auch noch von Anderen bewohnt wird oder regelmäßig bewohnt ist, kann Gewicht nicht gelegt werden. Auch wenn ein Reisender ein nicht regelmäßig bewohntes, aber gehörig verwahrtes Gebäude zum Nachtlager benutzt, ist es zeitweise bewohnt.

Ueber „Nachtzeit" vgl. §. 242 N. 33.

6. Einmaliger Rückfall genügt. — „Gleich einem Räuber" vgl. §§. 252, 255.

§. 251. Mit Zuchthaus nicht unter zehn Jahren oder mit lebenslänglichem Zuchthaus wird der Räuber bestraft, wenn bei dem Raube ein Mensch gemartert oder durch die gegen ihn verübte Gewalt eine schwere Körperverletzung oder der Tod desselben verursacht worden ist.

Pr. §. 233 Nr. 2, 3; E. I. §. 229; E. II. §. 246; St.B. S. 684.

Vgl. §. 256.

1. Vgl. Billnow S. 38 ff. Bezüglich der schweren Körperverletzung vgl. §. 224. Weder die schwere Körperverletzung noch die Tödtung müssen beabsichtigt sein. Sind sie beabsichtigt, so liegt ideelle Konkurrenz von §. 225 bezw. 211 oder 212 vor. R.G. II, 17. Juni 81, E. IV, 287.

2. Bei dem Raube ist die schwerste Qualifikation begangen, wenn sie zum Zwecke des Raubes, wie z. B. zur Ueberwindung des Widerstands, begangen ist; aber auch dann, wenn sie aus Rohheit, aus Zorn über den geleisteten aber überwundenen Widerstand u. s. w. nach Vollendung des Raubs verübt ist. Gl. M. Merckel, Lehrb. S. 324, Oppenhoff N. 3, H. Meyer S. 684, Billnow S. 38. A. M. v. Buri a. a. O. S. 45, Geyer, II, 56, Hälschner II, 375, Olshausen N. 2, v. Schwarze N. 2.

3. Unter Marterung kann nur die Erregung physischer Schmerzen und zwar mit der Absicht einer dauernden Schmerz-Erregung verstanden werden, nicht eine moralische Peinigung. Es kann auch nicht der Schmerz genügen, welcher die natürliche Folge derjenigen Gewaltanwendung ist, die zur Ueberwindung des vom Beraubten geleisteten Widerstands erforderlich war. Daß letzteres nicht unter den Begriff des Marterns fällt, zeigt schon die Zusammenstellung mit schwerer Körperverletzung oder Tödtung durch die gegen den Beraubten verübte Gewalt. Aehnlich Geyer II, 56, Hälschner II, 375, N. 4. Es ist nicht erforderlich, daß letztere Folgen beabsichtigt waren.

4. Die Erregung von Geisteskrankheit durch die That fällt nicht unter §. 251. A. M. nur v. Buri a. a. O. S. 47.

5. Sehr bestritten ist die Frage, inwieweit die Umstände des §. 251 dem Theilnehmer anzurechnen sind. Unzweifelhaft ist Anstifter, Mitthäter und Gehülfe aus §. 251 mit den §§. 47—49 zu bestrafen, insoweit diese Umstände zur Zeit der Theilnahmehandlung in ihrem Bewußtsein lagen. Ebenso steht fest, daß, wenn diese Umstände einen vom Theilnehmer nicht vorhersehbaren Exzeß des Thäters bilden, dieselben dem Theilnehmer nicht zuzurechnen sind, z. B. wenn der Theilnehmer die Gelegenheit zum Raub mittheilt in der Meinung, der Thäter sei dem Beraubten so überlegen, daß es keiner Verletzung bedürfe. Hat der Theilnehmer das Bewußtsein, daß es erforderlichen Falls zu einer Mißhandlung des Beraubten kommen werde, so hat er, wie der Thäter selbst, alle absehbaren Folgen zu tragen, auch die der nicht gewollten schweren Körperverletzung oder Tödtung. Gl. M. Hälschner II, 376. Einer Mitwirksamkeit zum Qualifikationsmoment, wie v. Buri S. 50 will, bedarf es nicht. S. Olshausen N. 7. Vgl. auch R.G. III, 20. Dez 88, E. XIX, 141.

§. 252. Wer, bei einem Diebstahle auf frischer That betroffen, gegen eine Person Gewalt verübt oder Drohungen mit gegenwärtiger Gefahr für Leib oder Leben anwendet, um sich im Besitze des gestohlenen Gutes zu erhalten, ist gleich einem Räuber zu bestrafen.

Pr. §. 230 A. 2; E. I. §. 227; E. II. §. 247; St.B. S. 684.

Vgl. §. 256.

1. Den Paragraph wollte nur beim Diebstahl, nicht bei Holzdiebstahl (Forstdiebstahl) anwenden: Berlin 26. Sept. 72 u. 12. Jan. 76 (Goltd. XX, 453; XXIV, 32, O.R. XIII, 478; XVII, 25, St. II, 114). Oppenhoff N. 2 ist dagegen der Ansicht, daß unter Diebstahl alle Arten von Diebstahl zu verstehen sind. Dieser Ansicht dürfte auch beizutreten sein, da das Gesetz keine Unterscheidung andeutet, auch Forst-, Feld- oder Eßdiebstahl Diebstähle sind und die ratio legis schwer zu verstehen wäre, die dazu führt, Einen, der wenige Pfennige gestohlen hatte, gleich einem Räuber zu strafen, denjenigen aber, der einen werthvollen Baum gestohlen hatte, mit der Forstdiebstahlsstrafe durchkommen zu lassen. Auch die Gleichstellung mit Raub spricht nicht für die Unterscheidung. Bezüglich des Genußdiebstahls (§. 370 Ziff. 5) hat dies ausdrücklich anerkannt R.G. I, 8. Mai 82, E. VI, 325, R. IV, 449. Die gleichen Gründe sprechen auch für Anwendung auf Forstdiebstahl. Für Entwendungen, welche nach §. 18 des preuß. Feld- und Forstpolizeigesetzes v. 1. April 80 strafbar sind, erkennt dies an R.G. IV, 5. März 86, E. XIII, 391, R. VIII, 156.

2. Der Paragraph findet auch Anwendung, wenn der Dieb bei einer sofort nach der That stattfindenden Verfolgung betroffen wird. Zwischen Diebstahl und Betreten des Diebes muß eine ununterbrochene Kontinuität stattfinden. Gewaltanwendung oder Drohung, um sich der persönlichen Festnahme zu entziehen, fällt nicht unter §. 252. Gl. M. Oppenhoff N. 3, Merkel in H.H. S. 723, v. Buri a. a. O. S. 51. A. M. und verlangen ein Betreten am Orte der That, wenn auch nach Vollendung des Diebstahls Olshausen N. 5, Rubo N. 2, Villnow S. 41.

3. Gewalt oder Drohung müssen gegen eine Person verübt werden, welche dem Diebe das Gestohlene entreißen will oder von dem wenigstens der Dieb dies voraussetzt, da es sich um die Absicht des Diebes handelt, sich im Besitze des Gestohlenen zu erhalten. In welchem Verhältniß die vergewaltigte oder bedrohte Person zum Diebstahl steht, ob er Eigenthümer, Detentor, im Dienste eines derselben, Wächter oder Sicherheitsbeamter ist, oder ob er gänzlich unbetheiligt ist und nur der strafbaren Handlung entgegentritt, ist für den erschwerenden Umstand ohne Belang. Wohl ohne Absicht drückt sich Olshausen N. 7 beschränkender aus, indem er Irrthum des Diebes

nicht erwähnt. Dagegen schließt er mit Recht den Fall aus, daß die Gewalt oder Drohung unter den sich um die Beute streitenden Theilnehmern am Diebstahl vorkommt. Ebenso Hälschner II, 378, v. Buri a. a. O. S. 52.

4. Ein Erfolg der Gewalt oder Drohung ist nicht erforderlich; §. 252 findet auch auf den überwältigten Dieb Anwendung. Die Vollendung der That tritt also ein mit jeder Gewalthandlung oder jeder ausgesprochenen oder symbolischen Drohung im angegebenen Umfang nach vollendetem Diebstahl. Ebenso Hälschner II, 378, v. Buri S. 53, Olshausen N. 8, Villnow S. 54.

In Bezug auf Diebstahlsversuch kann die That nicht gedacht werden, da nur bei vollendetem Diebstahl ein Erhalten im Besitz denkbar ist. Die Gewaltanwendung oder Drohung bei versuchtem Diebstahl ist Raubversuch, wenn sie nicht geschieht, um sich der Festnahme zu entziehen.

5. Konkurrenz zwischen Diebstahl und dem Delikte des §. 252 ist nicht möglich, da der ganze Thatbestand des Diebstahls in letzterem Verbrechen aufgeht. Berlin 22. Nov. 77 (O.R. XVIII, 730, Goltd. XXV, 515, St. VIII, 93). S. §. 249 N. 6.

6. Auch die Erschwerungsgründe der §§. 250, 251 finden geeigneten Falls Anwendung, wie die Motive bestätigen. Berlin 22. Nov. 77 a. a. O. Dies ist nur dann ausgeschlossen, wenn die Erschwerungsgründe der §§. 250, 251 lediglich bezüglich des Diebstahls, nicht aber bezüglich der Gewaltanwendung oder Drohung Platz greifen, wenn z. B. die beim Diebstahl geführten Waffen vorher entfernt sind. Die Zusammenziehung der Umstände nach §§. 251, 252 in eine Frage erklärte für zulässig R.G. III, 20. Dez. 88, E. XIX, 141.

§. 253*). Wer, um sich oder einem Dritten einen rechtswidrigen Vermögensvortheil zu verschaffen, einen Anderen durch Gewalt oder Drohung zu einer Handlung, Duldung oder Unterlassung nöthigt, ist wegen Erpressung mit Gefängniß nicht unter Einem Monat zu bestrafen.

Der Versuch ist strafbar.

Pr. §§. 234, 235; E. I. §§. 230, 231; E. II. §. 248; St.B. S. 684.

Vgl. §§. 256, 114, 126, 240, 241, 339.

1. Wegen der Ehrenrechte vgl. §. 256, 32.

2. Die Motive sagen:

„— Es ist auch bei der Erpressung ein Verbrechen gegen das Vermögensrecht in Frage, welches durch einen unmittelbaren Zwang gegen die Willensfreiheit einer Person begangen wird. Die Erpressung setzt hierbei ebenso wie der Raub einen Vermögensvortheil voraus, auf welchen der Thäter kein Recht hat, und unterscheidet sich dadurch insbesondere auch von der Selbsthülfe und insoweit auch von der Nöthigung (§. 235). Andererseits ist die Erpressung keineswegs, wie der Raub, auf die rechtswidrige Aneignung einer körperlichen Sache beschränkt, sondern es besteht das Wesen der Erpressung darin, daß sie den Bedrohten zu einer Handlung, Duldung oder Unterlassung nöthigt, durch welche der Thäter den beabsichtigten Vermögensvortheil erwerben will, so daß die Vollendung des Verbrechens in dieser Handlung ꝛc. sich erfüllt, auch wenn späterhin der durch sie erwartete Vortheil nicht erlangt wird; z. B. die Ausstellung einer Schuldverschreibung, deren Rechtsbeständigkeit später mit der Einrede des Zwanges ꝛc. erfolgreich angefochten wird.

Diese Auffassung der Erpressung führte auch dahin, in der Begriffsbestimmung dieses Verbrechens die Absicht des Thäters im Allgemeinen in ihrer Richtung auf einen rechtswidrigen Vermögensvortheil zu bezeichnen und davon abzusehen, den Thatbestand der Erpressung auf die Wegnahme einer beweglichen Sache zu beschränken, so daß im einzelnen Falle selbst bei einer Abnöthigung der eigenen Sache in Frage kommen kann, ob sie als eine Erpressung sich darstelle.

Während der Thatbestand des Raubes in Bezug auf die psychische Gewalt nur eine Drohung mit gegenwärtiger Gefahr für Leib oder Leben erfordert, hat der Entwurf bei der Erpressung jede Drohung, durch welche ein wirksamer Zwang auf den Anderen ausgeübt wird, für genügend erachtet. Es reicht jeder Zwang hin, sei er durch Gewalt, sei er durch Drohung verübt, sofern durch ihn der Andere wirklich zu der Handlung ꝛc. bestimmt worden ist, und es kann selbst die an sich berechtigte Gewalt nach dem §. 248 beurtheilt werden, wenn nur der Vermögensvortheil, zu dessen Erreichung die Gewalt angewendet wurde, als ein rechtswidriger sich darstellt. Denn mit diesem Momente wird

---

*) Vgl. Villnow, Raub und Erpressung, Breslau 1875; v. Buri im G.S. Beil. Bd. 29; Katz, G.S. Bd. 31, S. 424; v. Wächter, G.S. Bd. 27, S. 161.

die an sich berechtigte Gewalt, da sie zu einem unerlaubten Zwecke angewendet wird, selbst eine widerrechtliche. Insbesondere gilt dies von Drohungen mit Denunziationen wegen wirklich begangener strafbarer Handlungen.

Der Entwurf hat daher die Beschränkung des Thatbestandes der Erpressung auf die Bedrohung mit einem Verbrechen oder Vergehen, wie sie im Preußischen Strafgesetzbuche angenommen worden, beseitigt. Der Entwurf ist hiermit zu dem gemeinen Rechte, zu der Ansicht der neueren deutschen Gesetzbücher und auch der Entwürfe, welche dem Preußischen Gesetzbuche vorausgegangen sind, zurückgekehrt.

Die Vollendung des Vergehens liegt in der Thatsache, daß der Andere zu der verlangten Handlung genöthigt worden, wie oben bereits bemerkt ist. Dagegen ist der Fall, daß der Thäter zwar die Gewalt angewendet, aber den Anderen hierdurch zu der Handlung zu bestimmen nicht vermocht hat, nicht in dem Thatbestande des Vergehens selbst mit berücksichtigt worden, wie es das Preußische Gesetzbuch thut, vielmehr ist dieser Fall durch die Bestimmung, daß der Versuch strafbar sei, mit gedeckt worden."

3. Der Thatbestand der Erpressung (§. 253) unterscheidet sich von dem der Nöthigung (§. 240) dadurch, daß: einmal, außer der Vorsätzlichkeit der Handlung, eine, auf Verschaffung eines rechtswidrigen Vermögensvortheils für den Thäter oder einen Dritten gerichtete Absicht vorausgesetzt wird*), — sodann, daß die Drohung nicht auf Begehung eines Verbrechens oder Vergehens (nicht einmal auf eine überhaupt strafbare Handlung) gerichtet zu sein braucht, vielmehr jede Androhung eines Uebels genügt. (Berlin 30. Jan. 74, 16. Juni 75, 9. Febr. u. 30. Mai 77 (O.R. XV, 46; XVI, 549; XVIII, 120, 355, St. III, 349; VII, 140); Dresden 26. Okt. 74, 15. Dez. 76 (S.G.Z. XIX, 145, St. V, 91; VII, 140). R.G. 9. Juni 80 (Ann. II, 130). Es genügt jede Drohung, welche geeignet ist, bestimmend auf den Willen des Bedrohten einzuwirken. Berlin 9. Febr. 76, 15. März 77 (O.R. XVII, 101; XVIII, 220, Goltd. XXV, 222). Sie muß daher als ernstlich gemeinte gegeben sein und der Bedrohte sie als Bedrohung auffassen, und, daß dies der Fall sein werde, im Bewußtsein des Drohenden liegen oder von ihm beabsichtigt sein. Berlin 30. Mai 77 (O.R. XVIII, 355). Dagegen ist die objektive Ausführbarkeit der Drohung völlig gleichgültig. R.G. II, 21. Jan. 81 (E. III, 262, Ann. III, 149). Daher genügt z. B. die Drohung mit einer begründeten Denunziation. Berlin 13. Nov. 73, 27. März u. 8. Okt. 74, 4. April 76 (E. LXXI, 376, Goltd. XXII, 264, 619, O.R. XIV, 714; XV, 637; XVII, 249, St. III, 211); Dresden 27. Febr. 74 (St. IV, 181). — Eine ernstliche Drohung, d. h. die Absicht der Ausführung ist nicht erforderlich. Mannheim 12. Juli 73 (St. V, 91); Berlin 20. Jan. 1875 (Goltd. XXIII, 126, O.R. XVI, 58), 30. Mai 77 (O.R. XVIII, 355). — Der Thatbestand der Erpressung wird dadurch nicht ausgeschlossen, daß Derjenige, welchen das angedrohte Uebel treffen würde, mit dem Thäter im Einverständniß ist, daher die Nicht-Ernstlichkeit der Drohung kennt. Dresden 27. Febr. 74 (St. IV, 181). Auch nicht dadurch, daß der Vortheil ein mittelbar zu erlangender war und Gewalt oder Drohung eine Handlung, Duldung oder Unterlassung zum Zweck hatte, welche eine dritte Person zur Gewährung eines Vermögensvortheils bestimmen sollte. Berlin 24. Mai 76 (O.R. XVII, 375, Goltd. XXIV, 356, St. VI, 314).

4. In der Absicht, eine an sich begründete aber bestrittene Forderung durch Selbsthülfe zur Geltung zu bringen, ist noch nicht die Absicht enthalten, sich einen rechtswidrigen Vermögensvortheil zu verschaffen. Berlin 29. Jan 75 (Goltd. XXIII, 125, O.R. XVI, 95, St. IV, 360). Dies ist angenommen bei dem Versuche, eine verjährte Forderung beizutreiben. (?) Dresden 1. April 75 (St. V, 365); vgl. jedoch Berlin 20. Jan. 75 (Goltd. XXIII, 126, O.R. XVI, 58); ebenso bei dem Versuche, von einem Nichtverpflichteten Zahlung zu erlangen. Berlin 20. Jan. u. 17. Sept. 75 (O.R. XVI, 58, 585, Goltd. XXIII, 126), Dresden 16. April 77 (St. VII, 306), oder Uebernahme einer Mitverpflichtung, Berlin 19. Juni 78 (O.R. XIX, 313).

5. Fehlt das Bewußtsein der Rechtswidrigkeit des Vermögensvortheils, so ist der Paragraph nicht anwendbar. Berlin 13. Febr. 74 u. 9. Dez. 75 (Goltd. XXII, 125, O.R. XV, 84; XVI, 785), 15. März 77 (O.R. XVIII, 220, Goltd. XXV, 222); Dresden 11. Febr. 78 (St. VIII, 214). Es kann also in dem Wunsche ohne Prozeß zur Erreichung eines für berechtigt gehaltenen Vortheils, z. B. zur Aufhebung eines lästigen Vertrages, zu gelangen, die Absicht einen rechtswidrigen Vortheil zu erlangen nicht erblickt werden. R.G. III, 30. April 81,

*) S. einen Fall, in welchem der Vortheil zweifelhaft war R.G. II, 26. Febr. 86, E. XIII, 371, R. VIII, 139.

E. IV, 167. Dies wird nicht dadurch geändert, daß der Gegner behauptet, das Recht sei auf seiner Seite. R.G. III, 11. Dez. 82, E. VII, 378. Die Drohung mit Denunziation wegen Meineids ist nicht geeignet Erpressung zu begründen, wenn der Drohende von der Unbegründetheit des Anspruchs, bezüglich dessen der Bedrohte einen Eid leisten soll, überzeugt ist. Berlin 15. März 77 (O.R. XVIII, 218, Goltd. XXV, 222). R.G. III, 11. Juni 81, E. IV, 279. Durch die Unlauterkeit des Mittels (die unwahre Behauptung, Beweismittel in Händen zu haben), wird der angestrebte Vortheil kein rechtswidriger. Diesen hat der Strafrichter unabhängig von der Lage eines etwa anhängigen Rechtsstreites zu prüfen. Berlin 14. März 78 (O.R. XIX, 141, Goltd. XXVI, 216). Vgl. Villnow S. 47 ff.; Binding, Normen ꝛc. S. 659 ff., welcher letztere mit Recht die Entsch. von Berlin 4. April 76 (O.R. XVII, 248) für unrichtig hält, wonach Erpressung angenommen ist gegen Jemand, der die Beitreibung einer von ihm durch Meineid erstrittenen Summe durch die Drohung mit einer Denunziation wegen Meineids abwenden wollte. Ebenso R.G. II, 12. Nov. 89, E. XX, 56.

6. Rechtswidrig ist jeder Vermögensvortheil, auf welchen der denselben in Anspruch Nehmende ein Recht nicht hat. Dadurch, daß ein Vortheil mittels eines rechtswidrigen Mittels erstrebt wird, erhält der Vortheil die Eigenschaft eines rechtswidrigen nicht. Drohungen widerrechtlicher Art, z. B. mit Erschießen im Falle der Nichtzahlung, gegen den Schuldner gebraucht, fallen unter §§. 240 oder 241, nicht unter §. 253; vgl. auch R.G. III, 11. Juni 81, E. IV, 279.

7. Rechtswidrigkeit des Vermögensvortheils wurde angenommen bei Forderung eines übemäßigen Schadensersatzes mittels Drohung mit Denunziation wegen einer erlittenen Mißhandlung, obgleich der Höchstbetrag der zulässigen Buße nicht erreicht war. Berlin 9. Febr. 77 (O.R. XVIII, 120, St. VII, 140). Ebenso bei Forderung eines bewußt übermäßigen Schadenersatzes für eine Sachbeschädigung. R.G. IV, 6. Juni 90, Goltd. XXXVIII, 207. Aehnlich München 2. März 87, bayr. Entsch. IV, 448. — Berlin 7. Dez. 76 (O.R. XVII, 797) faßte die Erzielung eines Vergleichs nur dann als rechtswidrigen Vortheil auf, wenn die Forderung unbegründet war. Man wird unbedingt letzterer Ansicht beistimmen müssen. Es geht zu weit, Erpressung anzunehmen, nur weil kein formell begründeter Anspruch vorliegt. Hiermit im Einklang fand Berlin 9. Nov. 77 (O.R. XVIII, 703) nicht genügend zur Annahme der Rechtswidrigkeit, daß der Angeklagte den Beweis der Rechtmäßigkeit seiner Forderung nicht liefern konnte. Gl. M. R.G. I, 5. Jan. 82, R. IV, 18. In gleich strenger Auffassung verlangte R.G. III, 17. März 80 (R. I, 481, E. I, 318, Ann. I, 474, Goltd. XVIII, 273), daß bei der unter Drohung verlangten Zahlung einer Schuld vom Vater des Schuldners erwogen werde, ob der Werth der Forderung ein geringerer war, als der baare Betrag.

8. Rechtswidriger Vermögensvortheil wurde ferner angenommen: bei einem durch Drohung bewirkten, verbotswidrigen Verkauf von Lotterieloosen an einen Aufkäufer, Berlin 6. Juli 77 (O.R. XVIII, 512, Goltd. XXV, 548); in der gegen Entschädigung angestrebten Beseitigung lästiger Rechte eines Anderen, Berlin 12. Juli 77 (Goltd. XXV, 547); in Erlangung eines Schadenersatzes von einem hierzu nicht Verpflichteten, Berlin 13. Sept. 77 (Goltd. XXV, 547); in der Erlangung der Befreiung von einer Geldschuld durch Ueberlassung von Waaren an Zahlungsstatt, ohne Rücksicht auf deren Werth, Berlin 28. März 79 (O.R. XX, 170); in der Leistung einer Geldsumme an die Ortsarmenkasse zur Sühne einer Strafthat, R.G. II, 19. März 80 (R. I, 495, Goltd. XXVIII, 279); in der Bezahlung einer von dritter Seite mit Beschlag belegten Forderung, R.G. II, 12. Okt. 80 (R. II, 325); in der Erlangung einer Beweisurkunde für eine an sich bestehende Forderung, R.G. II, 3. Dez. 80 (R. II, 599); in der grundlosen Rückforderung eines gezahlten Betrags, R.G. 28. Jan. 81 (Ann. III, 252); in der Erlangung der Adresse eines Schuldners, R.G. 20. April 81 (Ann. III, 470). Die Rechtswidrigkeit wurde verneint bei Rückforderung von Geld, welches vermeintlich durch falsches Spiel erlangt war, R.G. II, 10. Nov. 85, R. VII, 653; bei Nöthigung zur Zurücknahme einer Klage für den Fall, daß die Klage unbegründet war, R.G. II, 23. Dez. 87, R. IX, 748.

9. Es ist nicht erforderlich, daß die Drohung eine widerrechtliche oder sogar strafbare Handlung enthält, deshalb genügt eine Drohung mit einer Denunziation bei der Staatsanwaltschaft mit Klagestellung. Es ist nur erforderlich, daß das in Aussicht Gestellte für den Bedrohten ein Uebel enthält, dieses Uebel muß ihn aber nicht einmal unmittelbar treffen; es genügt z. B. die strafrechtliche Verfolgung eines Angehörigen, welche in Aussicht gestellt wird für den Fall, daß der Bedrohte das Verlangen nicht erfüllen würde, während der Drohende hierauf kein Recht hat, R.G. III, 11. Juni 81, E. IV, 279. Es ist Sache thatsächlicher Entscheidung, ob eine Drohung

in diesem Sinne oder eine Darlegung der Verhältnisse zur eigenen Entscheidung vorliegt, R.G. III, 14. Jan. 86, R. VIII, 55.

10. Die Drohung muß geeignet sein, den Willen des Bedrohten in der Richtung der Gewährung des Verlangens zu beeinflussen. Daß die Drohung so beschaffen war, muß wenigstens in zweifelhaften Fällen festgestellt werden. Es muß das in Aussicht gestellte Uebel ersichtlich sein und im Urtheil festgestellt werden, welche Wirkung das Uebel auf den Willen des Bedrohten haben konnte, R.G. II, 22. Nov. 81, E. V, 171, R. III, 725. So wurde die Weigerung eines Droschkenkutschers weiter zu fahren, wenn nicht eine unberechtigte Forderung erfüllt würde, als Drohung erklärt, weil das Versäumen eines Bahnzugs in Aussicht stand, R.G. III, 3. Juli 84, R. VI, 508.

Unter solchen Umständen kann auch die Drohung mit dem Fortbestehenlassen eines Uebels oder mit einer Unterlassung als Drohung wirken, z. B. mit der Nichtzahlung einer Geldschuld bei großer Verlegenheit des Gläubigers, um einen Nachlaß zu erpressen, R.G. IV, 25. Juni 86, E. XIV, 264, R. VIII, 492. A. M. Merkel in H.H. III, 727. Jedenfalls setzt aber die Drohung mit einer Unterlassung die Verpflichtung zum Handeln voraus, R.G. II, 19. Okt. 88, R. X, 582. Eine solche liegt nicht vor, wenn ein Verpflichteter erklärt, nicht thun zu wollen, wozu er verpflichtet ist, wenn das Uebel nicht in besonderen Verhältnissen begründet ist, R.G. III, 31. Jan. 89, E. XIX, 41.

11. Die Drohung muß gegen Denjenigen gerichtet sein, welcher den Vermögensvortheil gewähren soll; doch kommt es nicht darauf an, ob die angedrohte Handlung in ihrer Wirkung den Bedrohten oder einen Anderen getroffen haben würde. Berlin 10. Nov. 75 (O.R. XIV, 716, St. V, 366); vgl. Dresden 18. August 73 (S.G.Z. XVII, 305) u. Berlin 27. Febr. 74 (Goltd. XXIII, 316, St. IV, 181), 15. März u. 13. Sept. 77 (O.R. XVIII, 220, 564, Goltd. XV, 222). Drohung wurde gefunden in der Erklärung, einen Vorfall unter Namensnennung veröffentlichen zu wollen, Dresden 26. März 77 (S.G.Z. XXII, 36), Berlin 27. Juni 76 (O.R. XVII, 459), s. dagegen R.G. II, 22. Nov. 81, E. V, 171, R. III, 725; I, 24. März 84, E. X, 217; in der Drohung sofortiger Exekution liquider Forderungen, um Anerkennung einer Nichtschuld zu erlangen, R.G. I, 12. Febr. 80 (R. I, 345, E. I, 205); in der Drohung, bei einer öffentlichen Submission unterbieten zu wollen, wenn nicht eine Entschädigung gezahlt würde. R.G. III, 9. März 81 (R. III, 128, E. III, 429, Ann. III, 365). Daß in einer Aeußerung die Drohung mit Denunziation liege, ist thatsächliche Feststellung. R.G. II, 12. März 80 (R. I, 453, E. I, 307).

12. Die Gewalt, welche zum Zwecke der Erpressung angewendet wird, kann **vis compulsiva**, eine Einwirkung auf den Willen durch Gewalthandlung sein, es kann aber auch **vis absoluta** stattfinden, R.G. IV, 29. Sept. 85, R. VII, 545. In diesem Falle unterscheidet sich die That vom Raube nur dadurch, daß der angestrebte Vortheil nicht durch die Wegnahme einer Sache erreicht wird, welche der Thäter sich zueignen will, sondern daß der Vortheil mittelbar entsteht, wie in obigem Falle durch Entreißen von Urkunden.

13. Die Anwendung der Gewalt oder Drohung muß als Mittel der Nöthigung mit der Absicht, zu der Handlung zu nöthigen, angewendet worden sein. Berlin 28. Mai 75 (Goltd. XXIII, 545, O.R. XVI, 393) und 3. Juni 75 (Goltd. XXIII, 531, O.R. XVI, 424).

Deshalb muß die Zufügung des Uebels, mit welchem gedroht wird, von der Macht und dem Willen des Drohenden abhängen. R.G. III, 14. Jan. 86, R. VIII, 55. Die bloße Vorstellung, es werde, wenn der angeblich Bedrohte die angesonnene Handlung nicht vornehme, für ihn oder seine Angehörigen ein Uebel ohne Mitwirkung des Vorstellenden eintreten, enthält keine Drohung in diesem Sinne. Es genügt jedoch, wenn der Drohende eine gewisse Einwirkung auf das Uebel hat, oder das Uebel abhalten kann und dies zu unterlassen droht. R.G. III, 25. Febr. 87, E. XV, 133.

14. Vollendet ist die Erpressung, wenn die Handlung u. s. w. erzwungen ist. Ob der Vermögensvortheil wirklich erlangt sei, ist gleichgültig. (Motive oben N. 2.)

Immerhin muß zwischen der durch Gewalt oder Drohung herbeigeführten Handlung u. s. w. und dem angestrebten Vermögensvortheil ein nothwendiger Kausalzusammenhang bestehen. R.G. III, 26. Febr. 81 (R. III, 78, E. III, 426). Dieser fehlt, wenn es sich nur darum handelt, daß derjenige, welcher vergewaltigt wird, einen Dritten zur Gewährung eines Vortheils bestimmen soll, z. B. in der unter Drohung verlangten Verwendung bei einem Dritten, dem Thäter eine lukrative Stelle zu verleihen, R.G. III, 8. Febr. 83, R. V, 94. In der Bedrohung mehrerer

Personen zur Erlangung eines und desselben Vermögensvortheils können mehrere selbständige Erpressungshandlungen gefunden werden. R.G. I, 1. Juli 80 (R. II, 148.)

15. Der Versuch ist dann nicht straflos, wenn derselbe nur darum erfolglos geblieben ist, weil der zu Nöthigende dem Zwange widerstanden hat. Berlin 17. Mai 73 (Goltd. XXI, 448, O.R. XIV, 378, St. III, 68). Zur Anwendung des §. 46 Nr. 1 ist das freiwillige Aufgeben der Nöthigung, nicht nur die Unterlassung der Ausführung der Drohung erforderlich. Berlin 20. Jan. 75 (Goltd. XXIII, 126, O.R. XVI, 58). R.G. III, 23. April 85, R. VII, 248 nimmt Versuch der Erpressung in einem Falle an, in welchem die Rechtswidrigkeit des angestrebten Vortheils nur eine vermeintliche war. Es dürfte dieser Fall geeignet sein, zu zeigen, wie weit die Praxis über das richtige Maß mit Annahme von Erpressung hinausgegangen ist. Die Drohung war die einer Denunziation, also einer Handlung, zu der Jedermann im Staate berechtigt ist, wenn er glaubt, ein Anderer habe eine strafbare Handlung verübt. Die Verwirklichung des Uebels, welches man doch nicht in einer erfolglosen Denunziation, sondern in einer Strafverfolgung erblicken müßte, liegt nicht in der Hand des Denunzianten, sondern in der der Staatsanwaltschaft, welche den Verdacht als begründet erachten mußte, in welchem Falle sie ohnehin zur Einschreitung verpflichtet war. Der angestrebte Vermögensvortheil war ein Wechsel, den der angeblich Bedrohte, unter einer nicht eingetretenen Voraussetzung, also ohne Rechtsgrund in Händen hatte. Der Thäter war formell, aber nicht materiell ans dem Wechsel verpflichtet, es lagen aber Anzeigen vor, daß er sich überhaupt für verpflichtet hielt. Dennoch soll Erpressungsversuch, also wenn der Wechsel herausgegeben worden wäre, was ganz in der Ordnung gewesen wäre, vollendete Erpressung vorliegen. Entsprechend hatte derselbe Senat 11. Juni 81, E. IV, 279 angenommen, es liege kein Erpressungsversuch vor bei Abmahnung von einem zu leistenden Eid unter Androhung einer Denunziation wegen Meineids, weil der Drohende an die Unwahrheit der zu beschwörenden Thatsache glaubte. Vgl. Olshausen N. 15, Binding I, 692, H. Meyer S. 700.

16. R.G. IV, 6. März 88, E. XVII, 202 nimmt zwar an, daß §. 270 des preuß. St.G.B. v. 14. April 51, betr. das Abhalten vom Mit- oder Weiterbieten bei öffentlichen Versteigerungen, noch in Kraft stehe, also auch die Anstiftung hierzu strafbar sei, jedoch keine Gesetzeskonkurrenz mit §. 253 bestehe.

Betrug und Erpressung können ideell konkurriren, wenn die Drohung unwahre, zum Zweck der Täuschung vorgespiegelte Thatsachen zur Grundlage hat. R.G. III, 17. März 90, E. XX, 326.

Der §. 152 Gew.-Ordn. schließt die Bestrafung wegen Erpressung nicht aus, wenn durch Androhung von Strikes in unberechtigter Weise Lohnzahlungen erlangt werden. R.G. III, 6. Okt. 80, E. XXI, 114.

§. 254. Wird die Erpressung durch Bedrohung mit Mord, mit Brandstiftung oder mit Verursachung einer Ueberschwemmung begangen, so ist auf Zuchthaus bis zu fünf Jahren zu erkennen.

Pr. §. 235 A. 2; E. I. §. 231; E. II. §. 249; St.B. S. 685.

Vgl. §§. 256, 126, 240, 241.

1. Die Motive nehmen ideale Konkurrenz mit dem im §. 126 behandelten Vergehen des Landzwangs an. Dieses trifft nur dann zu, wenn im Fall des §. 254 auch eine Störung des öffentlichen Friedens durch Bedrohung mit Brandstiftung oder Ueberschwemmung vorliegt.

2. §. 254 unterscheidet sich von §. 253 nur durch die Besonderheit der gewählten Mittel. Fast alle Bemerkungen zu §. 253 greifen daher auch hier Platz; insbesondere ist es auch bei §. 254 gleichgültig, ob der Thäter die Drohung verwirklichen wollte oder nicht, und ob die Verwirklichung in nächste oder entfernte Aussicht gestellt worden war. R.G. I, 9. Febr. 80 (R. I, 325, Ann. I, 357.)

§. 255. Wird die Erpressung durch Gewalt gegen eine Person oder unter Anwendung von Drohungen mit gegenwärtiger Gefahr für Leib oder Leben begangen, so ist der Thäter gleich einem Räuber zu bestrafen.

Pr. §. 236; E. I. §. 232; E. II. §. 250; St.B. S. 685.

Vgl. §§. 256, 126, 240, 241.

1. Die Motive nennen dieses Verbrechen: „räuberische Erpressung“. Die Gewalt gegen die Person muß ein direktes Vergreifen an derselben sein. Eine kurze Einsperrung genügt nicht. Stuttgart 12. Juli 73 (württ. Ger.Bl. VII, 217, St. III, 20). Gl. M. Olshausen N. 2, Konkurrenz mit einfacher Körperverletzung findet nicht statt.

2. Vgl. §. 249 N. 3—5.

3. Aus den Worten „gleich einem Räuber“ folgt, daß geeigneten Falls auch die Erschwerungsgründe der §§. 250, 251 maßgebend sind. Dieses sprechen die Motive ausdrücklich aus.

4. Polizei-Aufsicht vgl. §. 256. S. ferner §. 249 N. 6.

§. 256. **Neben der wegen Erpressung erkannten Gefängnißstrafe kann auf Verlust der bürgerlichen Ehrenrechte und neben der wegen Raubes oder Erpressung erkannten Zuchthausstrafe auf Zulässigkeit von Polizei-Aufsicht erkannt werden.**

Pr. §§. 235, 231; E. I. §. 231; E. II. §. 251; St.B. S. 685.

Vgl. §§. 249—255, 32, 38.

1. Bei Idealkonkurrenz von Mord und Raub darf auf Polizei-Aufsicht nicht erkannt und der (an sich zulässige) Verlust der bürgerlichen Ehrenrechte nicht auf eine bestimmte Zeit beschränkt werden. Berlin 1. April 75 (Goltd. XXIII, 321); vgl. §. 32 auch §§. 38, 45.

Einundzwanzigster Abschnitt.

Begünstigung und Hehlerei*).

Wegen des Ehrverlustes und Polizei-Aufsicht vgl. den Schlußparagraphen 262.

1. Die Motive schicken diesem Abschnitt folgende Bemerkungen voraus:

„In Anschluß an die in der Wissenschaft vertretene Ansicht (— die Motive haben hier die Ausführungen Hälschner's, System des preuß. St.R. II, S. 556 ff. und Beiträge zur Beurtheilung des Entwurfs u. s. w. (S. 67, 68) im Sinn. Vgl. auch die oben (S. 155 ff.) mitgetheilten Motive zu Abschn. III des Allg. Th. [„Theilnahme“] —), daß es sich bei der Begünstigung nicht um Theilnahme, sondern um ein selbständiges Vergehen (**delictum sui generis**), wenn auch von accessorischer Natur, handele, und es daher angemessen sei, die Begünstigung aus der ihr herkömmlich zugewiesenen Verbindung mit den Bestimmungen über die Theilnahme am Verbrechen loszulösen und sie im besonderen Theile im Zusammenhang mit der Hehlerei zu behandeln, hat der Entwurf in dem vorliegenden Abschnitte die „Begünstigung“ und „Hehlerei“ gemeinsam behandelt und, wie bereits oben hervorgehoben wird, in Abweichung von dem preußischen Strafgesetzbuche die Bestimmungen über die „Begünstigung“ nicht in den allgemeinen Theil aufgenommen. Er glaubte dies um so mehr thun zu sollen, als sich die Begünstigung von der eigentlichen Hehlerei, d. h. der Hehlerei in Betreff von Personen, nur dadurch unterscheidet, daß zwar nicht bei der Begünstigung, wohl aber bei der Hehlerei die Handlung um des eigenen Vortheils wegen geschieht.“

Vgl. über die Natur der Begünstigung als selbständiges Delikt: Berlin 27. Sept. 76 u. 14. Nov. 77 (O.R. XVII, 602; XVIII, 712, Goltd. XXIV, 539; XXV, 496, St. VI, 316); Dresden 1. Juni 77 (S.G.Z. XXII, 79, St. VII, 322). Mehr betont die accessorische Natur der Begünstigung München 28. April 76 (bayr. Entsch. VII, 159). S. auch v. Buri G.S. XXIX, 14.

2. Der Entwurf unterschied:

a) einfache Begünstigung bei Verbrechen oder Vergehen (§. 252);

b) Begünstigung des eigenen Vortheils wegen, jedoch nur bei Diebstahl, Unterschlagung und Raub, welche als Hehlerei bezeichnet wurde (Entwurf §. 253);

---

*) Literatur: Villnow, Raub und Erpressung, Begünstigung und Hehlerei. Breslau 1875. Meves St.R.Z. 1873 S. 479 fg., Geyer G.S. Bd. 27, S. 308, v. Buri G.S. Bd. 29, S. 14, v. Schwarze Bd. 23, S. 368, Gretener, Begünstigung u. Hehlerei. München 1879. Waldthausen bei Goltd. XXIX, 375, Geyer in Z. f. d. ges. St.R.W. II, 315, Stenglein das. IV, 487, Kohler, Studien 1890 S. 154 fg., Herzog bei Goltd. XXIX, 112, Rethwisch, Begünstigung. Berlin 1881. Samuely G.S. Bd. 32, S. 8 fg.

c) das Ansichbringen von Sachen, die aus einer strafbaren Handlung (Verbrechen, Vergehen, Uebertretung) herrühren, des eigenen Vortheils wegen (Entw. §. 254), die sog. Partirerei, welche gleichfalls als Hehlerei bezeichnet wurde.

Der Reichstag (Kommission, Drucksachen Nr. 85) änderte dieses insofern, als jede Begünstigung des eigenen Vortheils wegen unter eine erhöhte Strafe gestellt wurde, indem er in den jetzigen §. 257 die Worte „und wenn er diesen Beistand seines Vortheils wegen leistet, mit Gefängniß“ einschob.

§. 257. Wer nach Begehung eines Verbrechens oder Vergehens dem Thäter oder Theilnehmer wissentlich Beistand leistet, um denselben der Bestrafung zu entziehen oder um ihm die Vortheile des Verbrechens oder Vergehens zu sichern, ist wegen Begünstigung mit Geldstrafe bis zu sechshundert Mark oder mit Gefängniß bis zu Einem Jahre und, wenn er diesen Beistand seines Vortheils wegen leistet, mit Gefängniß zu bestrafen. Die Strafe darf jedoch, der Art oder dem Maße nach, keine schwerere sein, als die auf die Handlung selbst angedrohte.

Die Begünstigung ist straflos, wenn dieselbe dem Thäter oder Theilnehmer von einem Angehörigen gewährt worden ist, um ihn der Bestrafung zu entziehen.

Die Begünstigung ist als Beihülfe zu bestrafen, wenn sie vor Begehung der That zugesagt worden ist. Diese Bestimmung leidet auch auf Angehörige Anwendung.

Pr. §§. 37, 38; E. I. §§. 43, 44; E. II. §. 252; St.B. S. 685, 1173, 1176.
Vgl. §§. 247, 52; G. v. 21. Juni 1869 §. 22 (Rechtshülfe); V.Zoll.G. v. 1. Juli 1869 §. 149.

1. Vgl. die allgemeinen Bemerkungen zu diesem Abschnitt.

2. Abs. 1. Voraussetzung ist, daß ein Verbrechen oder Vergehen oder ein Versuch derselben vorliegt. Es bedarf in dieser Beziehung der Feststellung, welches Verbrechen u. s. w. begangen worden ist. Wolfenbüttel 27. Sept. 72 (St. II, 194). Auch die Begünstigung militärischer Delikte durch Nichtmilitärs ist strafbar aus §. 257, dabei sind militärische Verbrechen und Vergehen als Verbrechen und Vergehen anzusehen. R.G. II, 1. April 87, E. XV, 396, R. IX, 218. Wo das militärische Delikt mit Arrest zu bestrafen ist, muß auf Haft erkannt werden.

3. Bei Antragsdelikten ist es streitig, ob Begünstigung vor Stellung des Antrags begangen werden könne, weil vorher ein Strafanspruch des Staates nicht bestehe. Dies trifft vor Allem nicht zu bei der sachlichen Begünstigung. Die Rechtsordnung ist auch gestört, wenn der Beschädigte auf die Strafverfolgung verzichtet. Es kann also auch eine Handlung begangen werden, welche auf Erhaltung des Zustands der gestörten Rechtsordnung abzielt. Aber auch in Bezug auf die persönliche Begünstigung besteht der Strafanspruch des Staats, gleichviel ob er unter gewissen Bedingungen darauf verzichtet, denselben geltend zu machen. Gl. M. Hälschner II, 874, v. Liszt S. 618, H. Meyer S. 306, Gretener a. a. O. S. 151. Zuzugeben ist jedoch, daß in dem Anerkennen der Hauptthat als einer nur auf Antrag verfolgbaren, die gleiche Anerkennung bezüglich der Begünstigung liegt, vermöge des accessorischen Charakters derselben und weil §. 157 verfügt, daß der Begünstiger nicht härter bestraft werden soll als der Hauptthäter. Gl. M. Hälschner II, 883, v. Liszt S. 618, H. Meyer S. 309, Oppenhoff N. 19, Puchelt N. 3. A. M. Binding I, 637, Norman II, 568. Demgemäß liegt auch Begünstigung dann vor, wenn der Begünstiger durch Einwirkung auf den Antragsberechtigten die Stellung des Strafantrags verhindert und dadurch bewirkt, daß der Strafanspruch des Staats gebunden bleibt, um den Thäter der Bestrafung zu entziehen. Ebenso, wenn der Begünstiger die Zurücknahme des Antrags bewirkt Die Bedingung, unter welcher der Staat auf Geltendmachung des Strafanspruchs verzichtet, ist, daß der Beschädigte aus freiem Entschluß die Strafverfolgung nicht will, nicht aber, daß er in Folge rechtswidriger Einwirkung nicht will. Wenn das Existentwerden des Antrags durch Unterdrückung des schriftlich gestellten Antrags auf dem Wege zur zuständigen Behörde verhindert wurde, so würde Niemand zweifelhaft sein, daß die That als Begünstigung strafbar wäre. Wesentlich anders liegt auch nicht jener Fall. Die entgegengesetzte Ansicht muß konsequent dahin gelangen,

daß eine strafbare Begünstigung überhaupt erst nach Stellung des Antrags begangen werden kann, da Begünstigung einer nicht strafbaren Handlung nicht denkbar ist.

4. Abs. 1. Es genügt, um das Erforderniß der Wissentlichkeit herzustellen, die Feststellung des Bewußtseins bei dem Begünstiger, daß er dem Begünstigten in Betreff „eines (von ihm begangenen) Verbrechens oder Vergehens" Beistand leiste, während die Kenntniß der näheren Umstände der That nur für die Strafzumessung in Betracht kommt. Hälschner, preuß. Str.R. II, 557.) Dresden 23. Aug. 75 (St. VI, 314), 1. Juni 77 (S.G.Z. XXII, 80, St. VII, 322). Es ist nur erforderlich, daß der Begünstiger das Vorliegen derjenigen Merkmale kennt, welche die Hauptthat als Verbrechen und Vergehen erscheinen lassen. R.G. I, 26. Sept. 81, E. V, 23, R. III, 536; II, 15. Okt. 86, R. VIII, 621. Dies ist auch der Fall bei Begünstigung gewerbsmäßig verübter Delikte, wobei es abgesehen davon, ob schon der Einzelfall ein Verbrechen oder Vergehen bilde, genügt, wenn der Begünstiger diejenigen Thatumstände kennt, aus welchen die Gewerbsmäßigkeit hervorgeht. R.G. IV, 29. Okt. 86, R. VIII, 650. Dabei ist es jedoch gleichgültig, ob der Begünstiger die ihm bekannte That für ein Verbrechen, ein Vergehen oder eine Uebertretung im technischen Sinne (§. 1) hält. Es wäre namentlich der irrige Glaube: es liege eine „Uebertretung" vor, ein nicht entschuldigender Rechtsirrthum. Andererseits muß zur Strafbarkeit die — mit den thatsächlichen Umständen übereinstimmende — Voraussetzung, daß der Begünstigte ein Verbrechen oder ein Vergehen begangen habe, selbst dann genügen, wenn der Begünstiger die Beschaffenheit der (das Verbrechen oder Vergehen bildenden) Handlung gar nicht gekannt hat. Vgl. auch Binding, Normen 2c. II, 565 ff. — Ist jenes Bewußtsein festgestellt, so kann selbst der Ersatz des von dem Thäter dem Beschädigten zugefügten Vermögensnachtheils, wenn er lediglich in der Absicht erfolgt, die That (Unterschlagung) zu verdecken, als Begünstigung des Thäters angesehen werden. Berlin 28. Okt. 74 (Goltd. XXII, 619, O.R. XV, 719). R.G. II, 7. Dez. 83, E. IX, 242, R. V, 762.

5. Unter Beistandleistung ist jede Thätigkeit zu verstehen, die durch die Strafthat bewirkte Verletzung der Rechtsordnung zu einer dauernden zu machen. Dresden 1. Juni 77 (S.G.Z. XXII, 79, St. VII, 322) — Dresden 17. Aug. 77 (S.G.Z. XXII, 174, St. VII, 324) betont, daß nicht jede wissentliche, dem Thäter geleistete Hülfe Begünstigung sei, sondern nur jene, die bezweckt, den Thäter der Bestrafung zu entziehen, oder ihm die Vortheile der That zu sichern. Vgl. auch München 3. Juli 76 (bayr. Entsch. VI, 359). Liegt in der Beistandleistung erst die Vollendung der Hauptthat, so liegt Beihülfe, nicht Begünstigung vor, s. bezüglich der Unterschlagung §. 246 N. 3, 22, bezüglich des Pfandbruchs (§. 137) R.G. II, 18. Jan. 81 (E. III, 255). Dies ist insbesondere auch dann der Fall, wenn der Eintritt eines Erfolgs zum Thatbestand der Hauptthat gehört. Es läßt sich hierbei auch nicht die Unterscheidung machen, daß Theilnahme nur dann vorliege, wenn auf den Eintritt oder die Beschleunigung des Erfolgs eingewirkt wurde; Begünstigung dagegen, wenn der erwartete Erfolg durch die Beistandleistung gesichert werden soll (v. Schwarze im G.S. Bd. 24, S. 376, Geyer in H.H. II, 421, Olshausen Nr. 33, Villnow S. 92). Abgesehen von der faktischen Schwierigkeit der Unterscheidung, da eine Sicherung eines noch nicht eingetretenen Erfolgs stets auch eine Beförderung bilden wird, steht entgegen, daß das Gesetz sagt: „nach Begehung eines Verbrechens oder Vergehens". Es muß also der gesammte Thatbestand der That vorliegen, auch der Erfolg, wenn dieser zum Thatbestand gehört, ehe Begünstigung begangen werden kann.

6. Daß die Beistandsleistung im Einverständnisse mit dem Hauptthäter geleistet werde, ist nicht erforderlich. Die That des Begünstigers ist insoweit eine selbständige, daß ein Zusammenwirken nicht erforderlich ist. Die That, um deren Begünstigung es sich handelt, muß eine vollendete sein, auch beim Versuch und bei der Theilnahme. Es kann also der Begünstiger sowohl, um den Thäter der Bestrafung zu entziehen, als um ihm den Vortheil der That zu sichern, seine Thätigkeit unabhängig und ohne Wissen des Begünstigten entfalten. Gl. M. Hälschner II, 876, Olshausen N. 7, Oppenhoff N. 9a, v. Schwarze N. 1. Auch ist nicht erforderlich, daß der Begünstiger den Thäter gekannt habe, z. B. ist ein Begünstigen auf Bitten eines Dritten möglich. Gl. M. Hälschner II, 878, Oppenhoff N. 9a, Olshausen N. 24, v. Buri G.S. Bd. 29, S. 29, v. Schwarze N. 14.

7. Das bloße Behalten von Sachen, welche in gutem Glauben in Verwahrung genommen wurden, ist auch bei nachträglich erlangter Kenntniß von der Strafthat keine Begünstigung. Dresden 28. Juli 73 (S.G.Z. XVII, 280, St. III, 120).

Im Ankauf der durch das Delikt erlangten Sachen wurde zwar Begünstigung, aber nicht Nachweis des eigenen Vortheils erblickt. München 21. Aug. 74 (bayr. Entsch. IV, 347).

A. M. Berlin 15. Dez. 75 (O.R. XVI, 802). Bloßes Erklären des Einverständnisses mit Handlungen, welche bezwecken, den Thäter der Bestrafung zu entziehen, ist keine Begünstigung Berlin 14. Nov. 77 (O.R. XVIII, 712, Goltd. XXV, 496). Auch durch Unterlassungen, zu deren Vornahme eine Verpflichtung besteht, kann Begünstigung begangen werden. München 10. März 76 (bayr. Entsch. VI, 93). Die Absicht, sich für eine Forderung bezahlt zu machen, ist vereinbar mit jener, dem Thäter die Vortheile der That zu sichern, und zwar zum eigenen Vortheil. R.G. II, 18. Jan. 81 (E. III, 255).

8. Abs. 1. „Um denselben der Bestrafung zu entziehen." Als „Bestrafung" ist auch die Vollstreckung der Strafe anzusehen, R.G. I, 7. April 81, E. IV, 60, R. III, 211; IV, 17. Okt. 84, R. VI, 633, so daß z. B. auch der nicht seltene Fall, daß ein Dritter sich unter dem Namen des Verurtheilten zur Abbüßung der Strafe gestellt, als Begünstigung zu betrachten ist. (München 23. Sept. 73, St. III, 84, Berlin 7. März 78, O.R. XIX, 122, Goltd. XXVI, 126, R.G. I, 11. Juni 83, E. VIII, 366, R. V, 421; vgl. über die Bezahlung der Geldstrafe für den Verurtheilten Goltd. XIX, 784 ff. u. XXII, 406 ff., Berlin 7. März 78 a. a. O.) Auch nach der Ergreifung des Thäters zum Strafvollzuge kann Begünstigung noch verübt werden, z. B. durch Befreiung oder Beihülfe zur Selbstbefreiung des Gefangenen, in welchem Falle §. 257 und §. 120 ideell konkurriren können. R.G. III, 20. Nov. 82, E. VII, 244, R. IV, 829; II, 15. Okt. 86, R. VIII, 621. Ebenso durch Beförderung der Auswanderung einer Person, welche ein Verbrechen oder Vergehen begangen hat, R.G. I, 8. Dez. 81; II, 27. Nov. 85, E. XIII, 81, R. III, 778, VII, 700; München 15. Jan. 86, bayr. Entsch. IV, 107. Durch Darreichung der Mittel, den Beschuldigten zu entschädigen, damit die gerichtliche Verfolgung der That unterlassen werde, R.G. II, 7. Dez. 83, E. IX, 242, R. V, 762. Selbst durch Erwirkung eines Strafaufschubs mittels Täuschung der Vollzugsbeamten R.G. I, 9. Juni 87, E. XVI, 204, R. IX, 362. — Auch in Bezug auf den Vollzug von Geldstrafen ist Begünstigung möglich, insbesondere durch Maßregeln mit dem Vermögen.

Eine Begünstigung wurde nicht erblickt in der Verweigerung von Angaben über den Aufenthalt eines Straffälligen gegenüber einem nachforschenden Polizeibeamten, weil diesem gegenüber eine Verpflichtung zur Aussage nicht bestanden habe, R.G. III, 22. Nov. 83, E. IX, 434, R. V, 726; wohl kann aber Begünstigung in einer absichtlich unwahr gemachten Aussage im Ermittelungs-Verfahren liegen, auch wenn sie uneidlich gemacht wurde. R.G. II, 21. März 84, R. VI, 214; auch in der Aufforderung an einen Zeugen, den Thäter nicht zu verrathen, Berlin 1. Nov. 71, O.R. XV, 553, St. I, 54.

9. Es ist kontrovers, ob und inwieweit im Wege gesetzlicher Vertheidigung oder zum Zweck der Begnadigung vorgenommene Handlungen als Begünstigung aufgefaßt werden können. Das Obertribunal hat angenommen, daß auch das Vorbringen unwahrer Thatsachen in einem Begnadigungsgesuche eine strafbare Begünstigung darstelle. (O.R. VIII, 538; XI, 283). S. auch Geyer im G.S. Bd. 27 S. 299 und die dort angegebene Literatur. Diese Praxis wurde in 3. Lesung des Reichstags lebhaft angefochten (St.B. S. 1173, 1176), zu einem Abänderungsvorschlage kam es nicht, vielmehr begnügte sich der betreffende Redner (Lasker) damit, „festgestellt zu haben, daß im ganzen Reichstag nicht eine Stimme sich zu Gunsten der Auslegung, wie sie in der Judikatur festgestellt worden ist, ausgesprochen". Es war von demselben Redner darauf hingewiesen, „es sei ganz unmöglich, die rechtmäßigen Rechtsmittel der Vertheidigung und der Nachsuchung der Gnade abhängig zu machen von dem schwankenden Begriffe, daß die Personen, welche dieses Amt ausgeübt haben, nachträglich als Begünstiger oder als Hehler sollen bestraft werden können". So sehr diese Gründe **de lege ferenda** Billigung verdienen mögen, so läßt sich das Gewicht der von Goltd. XVIII, 394 zur Vertheidigung der Praxis des Obertribunals vorgebrachten Gründe bei der allgemeinen Fassung des Gesetzes nicht verkennen, und zwar um so weniger, als es für die Strafbarkeit der Begünstigung nicht darauf ankommt, ob das Beistandleisten Erfolg gehabt hat oder nicht. Gl. M. Geyer in H.H. IV, 174, Hälschner II, 876 N. 3, Merkel in H.H. III, 740; IV, 427, Villnow S. 83, v. Buri G.S. XXIX, 45, Olshausen N. 19. — Der richtigste Weg scheint der von Bayern Art. 58 (St.G.B. v. 1861) eingeschlagene (ähnlich Sachsen — Rev. St.G.B. von 1868 — Art. 61), wo man, um Fälle der fraglichen Art von der Strafbarkeit auszuschließen, oder dieselben auf das richtige Maß zu beschränken, die einzelnen Mittel (Kategorien) der Begünstigung aufführte. (Hocheder, St.G.B. für Bayern S. 290.) Bayern (St.G.B. v. 1861) bestimmte:

Art. 58. „Der Begünstigung macht sich schuldig, wer ohne vorheriges Versprechen oder Einverständniß erst nach begangener That in Beziehung auf dieselbe dem Thäter oder einem Theilnehmer wissentlich dadurch förderlich ist, daß er:

1. um denselben der Bestrafung zu entziehen, ihn verbirgt oder ihm zur Flucht behülflich ist, oder
2. den Gegenstand oder die Spuren der That oder die Ueberführungsmittel beseitigt, oder sonst eine Handlung zu dem Zwecke begeht, um dieselben der Kenntniß des Gerichts zu entziehen, oder
3. u. s. w."

In dieser Beschränkung wird auch die Strafbarkeit eines Vertheidigers schwerlich einem Bedenken unterliegen können.

10. Es ist nicht erforderlich, daß der Begünstiger die Absicht, den Thäter der Bestrafung zu entziehen u. s. w., auch wirklich erreicht hat. Berlin 28. Okt. 74, 5. Jan. 76 (O.R. XV, 721; XVII, 3, Goltd. XXIV, 32); Dresden 1. Juni 77 (S.G.Z. XXII, 80, St. VII, 322). Die Begünstigung ist vielmehr vollendet, sobald die Handlung vorgenommen ist, mittels welcher dem Thäter Beistand geleistet werden soll. Eine bloße Vorbereitung dieser Beistandsleistung kann dagegen nicht als Begünstigung beurtheilt werden, R.G. I, 9. Juni 87, E. XVI, 157. Vgl. auch R.G. I, 13. Febr. 90, E. XX, 233, welches in der erfolglosen Bemühung auf Zeugenaussagen in einem dem Thäter günstigen Sinne einzuwirken, Begünstigung erblickte. R.G. I, 13. Febr. 90, E. XX, 233, ebenso R.G. IV, 1. April 90, Goltd. XXXVIII, 65, wo in dem Versuche einen Rock der Haussuchung entziehen zu wollen, der jedoch alsbald vereitelt wurde, vollendete Begünstigung gefunden wurde.

11. Der Kreis der Handlungen, durch welche der Begünstiger dem Thäter die Vortheile der That sichert, ist unbegrenzt. So wurde eine Sicherung darin gefunden, daß Jemand falsche Angaben über den Erwerb der Sache bei Befragung durch einen Verfolgungsbeamten machte. R.G. IV, 9. Juni 85, R. VII, 364.

12. Der zur Begünstigung erforderliche Vorsatz setzt das Wissen voraus, daß der Hauptthäter die in Frage stehende That begangen habe. Es genügt also das Wissen der Verurtheilung allein noch nicht, sondern der Begünstiger muß annehmen, oder wenigstens mit Eventualdolus die Beistandleistung auch für den Fall wollen, daß der Begünstigte die That begangen habe. R.G. IV, 17. Okt. 81, R. VI, 633. Dies ist für beide Formen der Begünstigung der Fall, sowohl für die persönliche Begünstigung, weil gegen den Strafanspruch des Staats gerichtet. Binding, Normen II, 565, als für die sachliche Begünstigung, welche in der Erhaltung der gestörten Rechtsordnung liegt. Vgl. Binding S. 468, N. 680, H. Meyer S. 306, Samuely S. 8, Olshausen N. 2.

13. Handelt es sich um einen Diebstahl oder eine Unterschlagung gegen Angehörige u. s. w., so findet — zunächst abgesehen von dem Falle des §. 258, „wenn die Begünstigung des eigenen Vortheils wegen geschah", (vgl. dort N. 6) — auch der §. 247 selbständig auf den Begünstiger, der in einem solchen persönlichen Verhältnisse steht, Anwendung, wenn auch der Thäter ein Fremder ist; vgl. §. 247 N. 4. — Im Fall des §. 247 A. 2 ist er mithin straflos. Steht der Begünstiger dagegen nicht in einem der fraglichen Verhältnisse, so findet §. 247 auf ihn nicht Anwendung; vgl. Villnow u. Meves a. a. O.

14. Die erhöhte Strafbarkeit der Begünstigung tritt ein, wenn der Begünstiger seines eigenen Vortheils wegen begünstigte. Dieser Vortheil muß in irgend einem Verhältniß zur Begünstigungshandlung stehen, braucht aber nicht aus der begünstigten That selbst hervorzugehen. Insbesondere handelt es sich nicht darum, daß letztere zum Vortheil des Begünstigers gereichte. Ob es ein Vermögensvortheil sein muß, ist streitig. Bejahend v. Buri G.S. Bd. 29, S. 47, Gretener S. 179, v. Liszt S. 618, Merkel in H.H. III, 742, Waldthausen bei Goltd. XXIX, 401. Da das Gesetz nicht unterscheidet, liegt kein Grund vor beschränkend zu interpretiren und nicht jeden Vortheil als genügend anzusehen. Gl. M. Geyer II, 153, Hälschner II, 881, H. Meyer S. 308, F. Meyer N. 7, Olshausen N. 39, Oppenhoff N. 21, v. Schwarze N. 20. Keinesfalls ist ein rechtswidriger Vortheil erforderlich. R.G. IV, 21. Sept. 88, R. X, 512. Gl. M. Binding, Normen II, 571 fg., Meves Str.R.Z. XIII, 501.

Eine Begünstigung eigenen Vortheils wegen kann darin gefunden werden, daß die von dem Ehemann gestohlenen Sachen von der Ehefrau in der gemeinschaftlichen Wirthschaft verwendet werden. Berlin 15. Juni 75 (O.R. XVI, 443) München 23. Juni 85, bayr. Entsch. III, 421. Wenn die Begünstigung des Vortheils eines Dritten wegen begangen wird, liegt nur die leichtere Alternative des §. 257 vor. Dresden 16. Juni 71 (S.G.Z. XV, 206, St. I, 122.

15. Es darf keine schwerere Strafe erkannt werden, als die für die Hauptthat in abstracto angedrohte, wohl aber eine schwerere, als die gegen den Hauptthäter in concreto erkannte. Berlin 29. Jan. 73 (O.R. XIV, 92, Goltd. XXI, 207, St. II, 237).

16. Abs. 2. Angehöriger? vgl. §. 52 A. 2. — Ob die Begünstigung des eigenen Vortheils wegen geschah oder nicht, beseitigt die Straflosigkeit nicht, entscheidend ist lediglich die Absicht, „um ihn der Bestrafung zu entziehen". R.G. III, 21. Dez. 81, E. V, 278. Anders im Fall des §. 258. München 10. März 76 (bayr. Entsch. VI, 92) nahm an, daß, wenn die Begünstigung nicht ausschließlich erfolgte, um den Angehörigen der Bestrafung zu entziehen, sondern auch um ihm die Vortheile der That zu sichern, die Straflosigkeit wegfalle. Bei Konkurrenz von Begünstigung Angehöriger und Sachhehlerei nahm dies an Berlin 9. April 74 (O.R. XV, 218). Erstreckt sich die Begünstigung auch auf Nichtangehörige, so liegt Strafbarkeit vor, wenn dies nicht die nothwendige, nicht gewollte Folge der Begünstigung Angehöriger ist.

17. Abs. 3 — ist vom Reichstag (Drucksachen Nr. 85) eingeschoben. Der Entwurf hielt dies für selbstverständlich, lautete jedoch im Eingange des Abs. 1 dahin:

„Wer ohne vorherige Abrede nach Begehung u. s. w."

Es liegt hier wirkliche Beihülfe (Theilnahme im Sinne des §. 49) vor. Mannheim 3. Febr. 77 (bad. Ann. Bd. 43 S. 121, St. VII, 141) R.G. II, 8. Juni 83, E. VIII, 317, R. V, 417. Der §. 247 ist jedoch auch hier anwendbar; vgl. oben N. 5 und §. 247 N. 3.

Fälle solcher im Voraus zugesagter Begünstigung sind: Die vor der That gegebene Zusage des Ankaufs von Vieh, welches trotz Vieheinfuhrverbots eingeschmuggelt werden soll. R.G. I, 23. Sept. 86, R. VIII, 551; oder die Zusage der Aufbewahrung gestohlener Sachen vor der That R.G. III, 3. Nov. 87, E. XVI, 374, R. IX, 553.

Dadurch daß in einer solchen Zusage eine geistige Einwirkung auf den Thäter liegt, welche auch erst den Entschluß zur That hervorrufen kann, kann sich die Zusage auch zur Anstiftung gestalten. Zur Mitthäterschaft jedoch nur dann, wenn noch eine Unterstützung bei Ausführung der That hinzutritt. R.G. III, 10. Jan. 87, E. XV, 295, R. IX, 17, 3. Nov. 87 s. oben. In dieser Zusage aber Anstiftung und Beihülfe in realem Zusammenflusse finden zu wollen, ist rechtsirrig. R.G. 3. Nov. 87 s. oben.

Die Beihülfe nach §. 257 Abs. 3 ist auch Angehörigen gegenüber strafbar, ohne daß auf den Zweck etwas ankommt.

18. Der Anstifter oder Gehülfe kann nicht gleichzeitig als Begünstiger gestraft werden. Dresden 29. Jan. 72 (St. I, 327). Vgl. §. 48 N. 9. Auch kann der Thäter nicht bestraft werden wegen Anstiftung zur Begünstigung der eigenen That. München 23. Sept. 73 (bayr. Entsch. III, 393, St. III, 84); Stuttgart 20. Okt. 75 (württ. Ger.Bl. X, 395). A. M. jedoch Berlin 14. Nov. 77 (O.R. XVIII, 712, St. VIII, 216). Auch R.G. I, 7. April 81 (R. III, 211, E. IV, 60) 11. Juni 83, E. VIII, 366, R. V, 421 nahm an, daß vermöge der selbständigen Deliktsform der Begünstigung der Thäter Theilnehmer an der Begünstigung sein könne. Auch vom Mitthäter wurde angenommen, er könne seinen Mitthäter begünstigen, selbst in der Weise, daß die Begünstigungshandlung ihm selbst zu Statten kommen würde, er aber dabei nicht an sich selbst, sondern nur an eine Beistandsleistung für den Mitthäter gedacht habe. R.G. II, 28. Febr. 91, E. XXI, 375. Dagegen billigte München 15. Juni 86 (bayr. Entsch. IV, 135) die Nichtverfolgung wegen Begünstigung gegen den Anstifter, der mittels Beförderung der Auswanderung der Angestifteten nicht diese begünstigen, sondern durch Beseitigung der Hauptzeugin den Beweis gegen sich vereiteln wollte. Ideale Konkurrenz von Begünstigung und Hehlerei nahm bei dem doppelten Zweck der persönlichen Begünstigung (§. 257) und des an sich Bringens des eigenen Vortheils wegen an: Dresden 3. Nov. 71 (S.G.Z. XVI, 83); Stuttgart 20. Okt. 75 (württ. Ger.Bl. X, 395); s. dagegen Dresden 28. Jan. 76 (St. VI, 315). Mehrfache Begünstigungshandlungen in Bezug auf eine Strafthat sind nur einmal strafbar. Dresden 28. Jan. 76 (St. VI, 315). Die Beihülfe nach Abs. 3 kann nicht mit Begünstigung konkurriren. Stuttgart 28. Dez. 76 (württ. Ger.Bl. XII, 444, St. VII, 6); Mannheim 3. Febr. 77 (bad. Ann. Bd. 43 S. 122, St. VII, 141).

19. Einem fortgesetzten Delikte gegenüber, wirken diejenigen Umstände, welche die Einzelhandlungen des Thäters als Einheitsdelikt erscheinen lassen, nicht auf Theilnehmer oder Begünstiger ein. Es können also, wenn selbständige Entschlüsse dieser vorliegen, dieselben Personen successive als Anstifter, Gehülfen, Mitthäter, Begünstiger der Einzelhandlung strafbar sein. Es können jedoch auch Umstände vorliegen, welche die gleichheitliche Förderung der fremden That als eine fortgesetzte erscheinen lassen. R.G. III, 5. März 88, E. XVII, 227, R. X, 207.

20. Die Konkursbegünstigung nach §. 212 und Begünstigung eines nach der Konkurs-Ordnung Strafbaren nach §. 257 stehen nicht in Gesetzeskonkurrenz, wohl aber ist ideeller Zusammenfluß beider Strafthaten möglich. R.G. IV, 29. Nov. 87, R. IX, 684.

21. Die Begünstigung erstreckt sich auch auf die in besonderen Reichs- oder Landesgesetzen vorgesehenen Vergehen, sofern diese nicht etwa abweichende Bestimmungen enthalten. R.G. IV, 12. Okt. 88, E. XVIII, 191, R. X, 567.

§. 258. Wer seines Vortheils wegen sich einer Begünstigung schuldig macht, wird als Hehler bestraft, wenn der Begünstigte

1) einen einfachen Diebstahl oder eine Unterschlagung begangen hat, mit Gefängniß,
2) einen schweren Diebstahl, einen Raub oder ein dem Raube gleich zu bestrafendes Verbrechen begangen hat, mit Zuchthaus bis zu fünf Jahren.

Sind mildernde Umstände vorhanden, so tritt Gefängnißstrafe nicht unter drei Monaten ein.

Diese Strafvorschriften finden auch dann Anwendung, wenn der Hehler ein Angehöriger ist.

Pr. §§. 237, 238; E. I. §. 234; E. II. §. 253; St.B. S. 685.

Vgl. §§. 262, 244, 245, 247.

1. Vgl. die allgemeinen Bemerkungen zu diesem Abschnitt.

2. Ehrverlust und Polizei-Aufsicht sind zuläßig. (§. 262.)

3. Der §. 258 behandelt den Thatbestand der Hehlerei im engeren Sinne, welche in der Begünstigung von Personen (im Gegensatz zur Partirerei §. 259) besteht, und beschränkt denselben auf Diebstahl, Unterschlagung und Raub, während das preuß. St.G.B. außer dem Diebstahl und der Unterschlagung noch „oder eines ähnlichen Verbrechens oder Vergehens" enthielt. Auch auf Hehlerei zur Fundunterschlagung ist §. 258 anzuwenden; die Angabe des Diebs, die Sache gefunden zu haben, schließt also den dolus nicht aus. Berlin 4. April 78 (O.R. XIX, 194, Goltd. XXVI, 214).

4. Der §. 258 ist ein besonderer Fall der im §. 257 A. 1 definirten Begünstigung des eigenen Vortheils wegen; deshalb sind die dortigen Bemerkungen zu vergleichen. — Rücksichtlich der Wissentlichkeit ist das Bewußtsein erforderlich, daß der Begünstigte eine der unter Nr. 1 oder 2 aufgeführten Handlungen begangen hat. (Vgl. Dresden 28. Juli 73, 21. Sept. 74, S.G.Z. XVII, 280; XIX, 57, St. III, 120 V, 93). Dieses Bewußtsein muß zur Zeit der Verheimlichung, des Ankaufs ꝛc. vorhanden sein; mala fides superveniens begründet nicht die Strafbarkeit. Stuttgart 23. Dez. 74, St. IV, 380 u. Dresden 8. Febr. 75, S.G.Z. XIX, 239.) Im Fall der Nr. 1 sowohl, wie der Nr. 2 kann die alternative Feststellung genügen, der Begünstiger (Hehler) habe gewußt, daß die eine oder die andere (einfacher Diebstahl oder Unterschlagung — schwerer Diebstahl §. 243, Raub §. 249, oder ein dem Raube gleich zu strafendes Verbrechen §§. 252, 255) vom Begünstigten begangen sei. Dagegen muß auch hier die Begehung des fraglichen Verbrechens oder Vergehen in seinen einzelnen Begriffsmerkmalen objektiv festgestellt werden, da dieses die Voraussetzung der Hehlerei ist. Ein Irrthum des Hehlers über den Thatbestand des begangenen Verbrechens oder Vergehens, z. B. über das Vorhandensein oder den Mangel des den schweren Diebstahl begründenden Moments, ist stets zu Gunsten desselben zu berücksichtigen.

Die Annahme eines Vortheils ist auch dann gerechtfertigt, wenn der Ankauf zu dem angemessenen kaufmännischen Einkaufspreise erfolgt ist, um die angekaufte Waare mit Gewinn weiter zu verkaufen. Berlin 1. Mai, 25. Sept. 73 und 5. Jan. 75 (Goltd. XXI, 446, O.R. XIV, 324, 579; XVI, 14, St. III, 69); ebenso wenn die Annahme der Sache in der Absicht erfolgt ist, sich von einem schlecht zahlenden Schuldner Deckung zu verschaffen. Berlin 26. Juni 72 (O.R. XIII, 371).

5. Die Vorschrift des §. 257, wonach die einem Angehörigen, um ihn der Bestrafung zu entziehen, geleistete Begünstigung straflos ist, findet nach dem Schlußabsatz des §. 258 auf die qualifizirte Begünstigung (Hehlerei im Sinne des §. 258) keine Anwendung. Ueber Hehlerei alimentationsberechtigter Angehörigen s. zu §. 259 N. 8.

6. Dagegen fragt es sich; ob der §. 247 auch auf den Hehler (§. 258) Anwendung findet, wenn der Diebstahl u. s. w. gegen Jemand begangen ist, zu dem er selbst in einem der dort angegebenen Verhältnisse steht, auch wenn der Thäter ein Fremder war? Die Frage ist zu bejahen, da der §. 258, zumal nach der Aenderung des §. 257 durch den Reichstag (vgl. allgemeine Bemerkungen zu diesem Abschnitt N. 2), nur eine Art der Begünstigung ist und arg. §. 247 A. 3 sich ergibt, daß auch der Begünstiger geeigneten Falls nur auf Antrag zu verfolgen, bezüglich straflos ist. Derselben Ansicht scheint Oppenhoff §. 258 N. 9. R.G. II, 12. April 81, E. IV, 83, R. III, 122. Anders im Fall des §. 259. (Berlin 9. April 74, O.R. XV, 218.)

7. Liegen die Voraussetzungen sowohl des §. 258 als des §. 259 vor, so nimmt Stuttgart 4. Sept. 74 (württ. Ger.Bl. IX, 62, St. IV, 182) an, daß nur §. 258 zur Anwendung komme, während Oppenhoff §. 259 N. 1 ideelle Konkurrenz annimmt. Es kann wohl keinem Zweifel unterliegen, daß die doppelte Willensrichtung, den eigenen Vortheil durch an sich Bringen gestohlener Sachen zu bewirken und den Dieb der Bestrafung zu entziehen oder ihm Vortheile der That zu sichern, vereinigt vorkommen, daß also ein wahrer Fall der ideellen Konkurrenz vorliegen kann. Daß der Gesetzgeber dies ausschließen wollte, dafür liegt kein Grund vor, zumal mit Rücksicht auf die schweren Fälle der §§. 260, 261. Es wird also Oppenhoff beigepflichtet werden müssen.

Dagegen bildet §. 258 nur einen schwerer strafbaren Fall des §. 257. Ersterer schließt also die Anwendung des §. 257 aus. Berlin 14. Nov. 77 (O.R. XVIII, 713, Goltd. XXV, 496), Dresden 17. Aug. 78 (S.G.Z. XXII, 174, St. VII, 324). Gl. M. Hälschner II, 886, Olshausen N. 2. Konkurrenz von Anstiftung zum Diebstahl und Hehlerei nahm an: Berlin 27. Sept. 76 (O.R. XVII, 596). R.G. II, 30. Dez. 81, E. V, 282, R. III, 837; I, 4. Juli 89, E. XIX, 354. Ebenso Berlin 15. Jan. 79 (O.R. XX, 30) mit der Modifikation, daß bei Einheit des Willens nur eine strafbare That vorliege. Die besonderen Bestimmungen der Holzdiebstahlsgesetze u. s. w., bleiben auch ferner bestehen. Auch auf Jagdvergehen kann §. 258 nicht ausgedehnt werden. R.G. III, 21. Dez. 91, E. V, 278.

8. Versuch der Hehlerei gibt es nicht, da jede Thätigkeit, in der Absicht zu begünstigen, schon vollendete Hehlerei bildet. Dresden 1. Juni 77 (S.G.Z. XXII, 80, St. VII, 3?2). Gl. M. Geyer in H.H. II, 425; IV, 176, Olshausen N. 4, Villnow, Raub S. 77, Waldthausen bei Goltd. XXIX, 398, v. Schwarze §. 257 N. 25 im G.S. XXIV, 388. A. M. H. Meyer S. 307, Oppenhoff N. 8.

9. Verjährung der Hehlerei, begangen durch Aufbewahrung gestohlener Sachen durch den Dieb, beginnt mit Beendigung der Aufbewahrung, z. B. durch Rückgabe. R.G. I, 19. Juni 82, E. VI, 412, R. IV, 579.

§. 259. Wer seines Vortheils wegen Sachen, von denen er weiß oder den Umständen nach annehmen muß, daß sie mittels einer strafbaren Handlung erlangt sind, verheimlicht, ankauft, zum Pfande nimmt oder sonst an sich bringt oder zu deren Absatze bei Anderen mitwirkt, wird als Hehler mit Gefängniß bestraft.

Pr. §§. 237, 238; E. I. §. 233; E. II. §. 254; St.B. S. 685.

Vgl. §. 262.

1. Vgl. die allgemeinen Bemerkungen zu diesem Abschnitt.

Ehrverlust und Polizei-Aufsicht sind zulässig. (§. 262.)

2. Der §. 259 behandelt diejenige Hehlerei, welche sonst als Partirerei bezeichnet zu werden pflegt. Diese Art der Hehlerei bildet ein ganz selbständiges Vergehen und die für die §§. 257, 258 aus der accessorischen Natur der Begünstigung sich ergebenden Folgerungen treffen hier in keiner Weise zu. Für die Verfolgung des Hehlers (im Sinne des §. 259) ist es gleichgültig, ob die Verfolgung der Hauptthat überhaupt oder wegen eines persönlichen Verhältnisses von einem Antrage abhängig (vgl. §§. 63, 247) oder straflos (z. B. §. 247 A. 2) bleibt. Vgl. Dresden 21. März 71, 3. Dez. 75 (St. I, 27, S.G.Z. XX, 252); Berlin 27. Juni 76 (O.R. XVII, 458), 9. Jan. 79 (O.R. XX, 25, Goltd. XXVII, 202); München 19. April 75 (bayr. Entsch. V, 149) und Binding, Normen rc. II, 469. Ebenso wenig finden die in §§. 257, 258 gegebenen besonderen Vorschriften hier Anwendung.

3. Unter Sachen können nur körperliche Sachen verstanden werden. Immobilien sind wenigstens nicht prinzipiell ausgeschlossen, obgleich nur unter besonderen Umständen Hehlerei an

denselben denkbar ist. Es ist nicht erforderlich, daß die Sache vor dem Erlangen durch eine strafbare Handlung in Eigenthum einer Person sich befunden hat, da strafbare Handlungen auch durch unbefugte Occupation begangen werden können. Binding, Normen II, 576, Hälschner II, 889, Olshausen N. 2.

4. Die That muß des eigenen Vortheils des Hehlers wegen geschehen. Der Vortheil eines Anderen reicht nicht aus. Dresden 16. Juni 71 (S.G.Z. XV, 206, St. I, 122). Unter Vortheil ist nicht nur ein Vermögensgewinn zu verstehen; es genügt ein Vortheil irgend einer Art. Auch der herkömmliche Geschäftsgewinn eines Kaufmanns oder Handwerkers genügt. Berlin 1. Mai u. 25. Sept. 73 (O.R. XIV, 324, 579, St. III, 69, Goltd. XXI, 447). R.G. 11. Nov. 79 (Ann. I, 141); II, 28. Mai 80 (R. I, 830, Ann. II, 128). Ob der beabsichtigte Vortheil wirklich erlangt wurde, ist gleichgültig. Berlin 6. Juni 73 (O.R. XIV, 414, St. III, 69, Goltd. XXI, 557). R.G. I, 6. Dez. 80 (R. II, 609, E. II, 167). Die Annahme als Zahlung für eine Forderung schließt den eigenen Vortheil nicht aus, Berlin 26. Juni 72 (O.R. XIII, 371) ebenso die Annahme als Lohn, Berlin 4. Mai 71 (O.R. XII, 245, Goltd. XIX, 628). Die Annahme zum Pfand ließ Dresden 23. April 77 (S.G.Z. XXII, 47, St. VII, 326) nur dann als Vortheil gelten, wenn die Forderung unsicher war und der Darleiher einen Gewinn durch Verwerthung des Pfandes beabsichtigte. Berlin 1. Febr. 77 (Goltd. XXV, 149) verlangte dagegen nicht einmal einen rechnerisch festzustellenden Vortheil, und ließ auch einen Affektionswerth gelten. Berlin 13. Juni 77 (O.R. XVIII, 412, St. VII, 327) nahm keinen Vortheil an, wenn eine gleichwerthige Gegenleistung vorliege. S. dagegen R.G. I, 31. Jan. 80 (R. II, 772). Nach R.G. III, 22. Sept. 80 (R. II, 240); II, 1. April 80 (R. III, 188, E. IV, 48, Ann. III, 472) kann auch in einem sinnlichen Genuß der zur Hehlerei erforderliche Vortheil liegen. Der Vortheil braucht auch nicht an der verhehlten Sache selbst gesucht zu werden; es genügt z. B., wenn der Hehler durch anfänglich gezahlte gute Preise öftere Lieferung von Sachen bewirken will. R.G. I, 6. Dez. 80 (R. II, 609, E. III, 167, Ann. III, 26). In der Feststellung, der Hehler habe eine gestohlene Sache weit unter ihrem Werth gekauft, kann die Feststellung, daß er seines Vortheils wegen gehandelt habe, nicht gefunden werden. R.G. I, 21. Febr. 81 (R. III, 61).

5. Strafbare Handlung bedeutet Verbrechen, Vergehen und Uebertretungen, während das preuß. St.G.B. sich nur auf Verbrechen und Vergehen bezog. Nach den Motiven erschien die Ausdehnung aus kriminal-politischen Gründen rathsam. Es ist gleichgültig, ob die Handlung nach Reichs- oder Landesrecht strafbar ist; nur disziplinär strafbare Handlungen gehören nicht hierher. Wolfenbüttel 27. Sept. 72, St. II, 194. — Dagegen ist die Hehlerei bezüglich bestimmter schwerer Verbrechen (schwerer Diebstahl, Raub) nicht besonders hervorgehoben und nur beim Rückfall (§. 261) ein Straferhöhungsgrund.

Die Feststellung muß ergeben, daß die Sache durch eine strafbare Handlung erlangt war; doch genügt es, wenn aus der Feststellung nur der Gattungsbegriff jener Handlung (z. B. „daß die Sache gestohlen war") hervorgeht. Berlin 2. Mai 73 (Goltd. XXI, 553, O.R. XIV, 332). Vgl. Berlin 23. April 75 (Goltd. XXIII, 441); München 19. April 75 (bayr. Entsch. V, 150). Es muß festgestellt sein, daß und welche strafbare Handlung begangen worden war, zu welcher Hehlerei verübt wurde, und daß sich der Angeklagte bewußt war, daß diese Handlung eine strafbare gewesen sei, wenn er sich auch über deren Einzelheiten keine Rechenschaft zu geben vermag. R.G. I, 26. Sept. u. 4. Okt. 81, E. V, 23, R. III, 536, 589 s. auch R.G. III, 31. Jan. 80 (E. I, 180, Ann. I, 358). Vgl. unten N. 9.

Hehlerei ist begangen, wenn bei Kenntniß des Erwerbers einer Sache von der Zahlungseinstellung des Veräußernden durch die Veräußerung ein Delikt des letzteren gegen die Konkursordnung vorliegt, und kann selbst ein Gläubiger unter solchen Umständen Hehler sein. Berlin 4. Juli 77 (O.R. XVIII, 494, Goltd. XXV, 503).

6. Durch Ankauf von Wild, welches durch unberechtigtes Jagen erlangt ist, kann Hehlerei begangen werden, nicht aber durch Ankauf von Wild, welches der Berechtigte unter Verletzung polizeilicher Vorschriften (Schonzeit ꝛc.) erlegt hat. Berlin 24. Mai 76 (O.R. XVII, 378, Goltd. XXIV, 358, St. VI, 321); München 19. April 75 (bayr. Entsch. V, 150). Aehnlich verneint Berlin 25. Juni 79 (Goltd. XXVII, 538, O.R. XX, 314) Hehlerei beim Ankauf von Beeren, die nur vor der polizeilich bestimmten Sammelzeit gepflückt waren. R.G. II, 27. Sept. 81, E. IV, 440, R. III, 540 nahm zwar Hehlerei an Sachen an, welche durch Bettel erlangt waren, und konsequent auch an solchem Wild, welches unter Uebertretung jagdpolizeilicher Vorschriften erlegt war, s. auch Dresden 23. Okt. 84, S.G.Z. XIX, 137, St. V, 97; allein R.G.

Pl. 17. April 82, E. VI, 218, R. IV, 337 verneinte ersteres, weil die Kontinuität eines vitiosen Besitzes zur Hehlerei erforderlich sei, welcher bei Erlangung durch Bettel fehle. Entsprechend verneinte Hehlerei an zur Schonzeit geschossenem Wild R.G. I, 22. Juni 82, R. IV, 600; 9. Okt. 82, E. VII, 91, oder an durch gewerbsmäßige Unzucht erlangtem Geld R.G. III, 11. Dez. 84, E. XI, 342, R. VI, 793. Auch an solchen Sachen kann Hehlerei nach §. 259 verübt werden, welche mittels einer nach Landesgesetzen strafbaren Handlung erlangt sind, Berlin 24. Mai 76 (O.R. XVII, 378, Goltd. XXIV, 358, St. VI, 321); es sei denn, daß die neben den Reichsgesetzen in Geltung bleibenden Landesgesetze selbst Bestimmungen über Hehlerei enthalten, Berlin 5. Juli 76 (O.R. XVII, 485). R.G. IV, 24. Jan. 90, E. XX, 209.

In Bezug auf Unterschlagung kann Hehlerei nicht begangen werden, wenn die Zueignung des Thäters und das Ansichbringen des Hehlers zusammenfallen würden. In diesem Falle liegt Beihülfe vor. R.G. II, 28. Mai 80 (R. I, 831, E. II, 69, Ann. II, 131); IV, 13. Jan. 88, E. XVII, 59, R. X, 33; s. oben zu §. 246 N. 3, 22. In einem Fall, in welchem eine in einem Ladengeschäft angestellte Person häufig Waaren einer Andern unentgeldlich übergab, wurde angenommen, mit Entnahme der Waaren aus ihrem Aufbewahrungsort sei der Diebstahl vollendet gewesen, der Empfänger also Hehler. R.G. IV, 20. Juni 90, E. XXI, 16.

7. Ein Antragsdelikt bleibt eine strafbare Handlung, wenn auch kein Antrag gestellt ist. Berlin 2. Mai 73 (Goltd. XXI, 553, O.R. XIV, 332); Dresden 23. Okt. 74 (S.G.Z. XIX, 139, St. V, 99); München 19. April 75 (St. V, 98). R.G. II, 12. April 81, E. IV, 83, R. III, 222; I, 17. Dez. 88, E. XVIII, 298, R. X, 722. Vgl. §. 258 N. 6.

Das Gleiche ist der Fall, wenn die Hauptthat wegen Jugend des Thäters straflos bleibt. Dresden 20. März 71 u. 3. Dez. 75 (St. I, 27, S.G.Z. XX, 251), Berlin 3. Mai 72 u. 2. Mai 73 (O.R. XIII, 293; XIV, 333, Goltd. XX, 248; XXI, 553, St. I, 327). R.G. II, 6. Juni 82, E. VI, 336, R. IV, 531; vgl. III, 12. April 82, E. VI, 186, R. IV, 308; I, 17. Dez. 88, E. XVIII, 298, R. X, 722. A. M. Stuttgart 31. Dez. 76 (württ. Ger.Bl. XI, 306, St. VI, 417); ferner, wenn der Hauptthäter nach §. 247 Abs. 2 straflos bleibt. R.G. II, 12. April 81 (R. III, 222, E. IV, 83).

8. Mittels einer strafbaren Handlung ist die Sache erlangt, wenn dieselbe das Mittel war, durch welches Jemand sich die Sache zueignete. Die Handlung mußte deshalb z. Zt. der Hehlerei bereits vollendet sein. R.G. IV, 13. Jan. 88, E. XVII, 59, R. X, 33, Hälschner II, 890, v. Schwarze N. 10 im G.S. Bd. 24, S. 374. An einer gefundenen Sache ist Hehlerei dann möglich, wenn der Finder dieselbe sich schon rechtswidrig zugeeignet hatte. Berlin 9. Okt. 72 (Goltd. XX, 555) u. 4. April 78 (O.R. XIX, 194, Goltd. XXV, 214); München 19. Juli 73 (St. II, 376).

Sachen, die durch eine strafbare Handlung erzeugt sind, z. B. falsche Münzen, sind nicht durch dieselbe erlangt. (Vgl. Bremische Motive 1869, S. 174.)

9. „Weiß oder den Umständen nach annehmen muß" — die letzteren Worte enthalten eine nach den Motiven „aus praktischen Gründen" gebotene Ausdehnung, welche dem Vorgange des Bremischen Entwurfs §. 414 (vgl. auch Sachsen [Rev. St.G.B. von 1868] Art. 292, Hamburg [Krim.G.B. von 1869] Art. 202) folgt. Ob der Thäter annehmen mußte, daß die Sache durch eine strafbare Handlung erlangt war, ist nach der besonderen thatsächlichen Lage des Falles, insbesondere auch nach der Persönlichkeit des Thäters zu beurtheilen. In dem „den Umständen nach annehmen müssen" erblickt Berlin 7. März 78 (O.R. XIX, 116) die objektive Nothwendigkeit des Annehmens, bei deren Vorhandensein das positive Wissen als feststehend betrachtet werde, also eine Art von gesetzlicher Fiktion oder Präsumtion des Wissens, und schließt ein leichtfertiges Nichtwissen als ungenügend aus. Verschiedene Schriftsteller finden dagegen in obigen Worten eine Art des Wissens, den sog. eventuellen oder indirekten Dolus (Fr. Meyer, Komment. S. 218, v. Schwarze, Komment. 4. Aufl. S. 647, Schütze, Lehrb. 1. Ausg. S. 464, Binding, Normen II, 620), eine fernere Richtung findet endlich in obigen Worten ein fahrlässiges Nichtwissen ausgedrückt (H. Meyer, Lehrb. S. 535, Rubo, Komment. S. 866, 867, v. Buri G.S. XXIX, 29, über Kausalität S. 146). Endlich findet R.G. III, 28. April 80 (R. I, 691, E. II, 140) darin eine besondere Art der Fahrlässigkeit, vermöge deren sich der Hehler der Erwägung der ihm bekannten Umstände, nach welcher sich ihm die Ueberzeugung von der Rechtswidrigkeit seiner Handlung hätte aufdringen müssen, entzogen hat. Ebenso II, 30. Sept. 81, R. III, 567. Vgl. auch R.G. 23. Okt. 80 (Ann. II, 521), wo ausgeführt wird, daß bloßes Vermuthen unredlichen Erwerbs der Annahme nicht gleichsteht. Dagegen schloß sich R.G. II, 29. Sept. 82 u. 22. Dez. 85, E. VII, 85, R. IV, 720; VII, 752 der oben er-

wähnten Ansicht des preuß. O.Tr. an und erklärte die Worte: „den Umständen nach annehmen muß", als eine Beweispräsumtion für das direkte Wissen, welche dann eintrete, wenn Umstände vorliegen, welche bei vernünftiger Erwägung zu dem Schlusse zwingen, daß die Sache mittels einer strafbaren Handlung erlangt sei; eine Präsumtion, welche übrigens Gegenbeweis zulasse. Dies kann als die nun allseitig angenommene Jurisprudenz des Reichsgerichts betrachtet werden.

10. Weder das Wissen noch das Annehmen=Müssen setzt voraus, daß der Thäter Kenntniß von den näheren Umständen der strafbaren Handlung (Thäter, Art oder den einzelnen Momenten des Thatbestandes) habe. Es genügt das Bewußtsein (oder die Nothwendigkeit desselben), daß die Sache durch irgend eine strafbare Handlung erlangt sei, selbst wenn der Thäter sich über die Natur derselben täuschte. (Hälschner, preuß. St.R. II, 563.) Dresden 23. Okt. 74, 7. Juli 77 (S.G.Z. XIX, 137; XXI, 111); Berlin 1. April 73 (O.R. XIV, 243, St. II, 327), 6. Sept. u. 8. Okt. 75 (O.R. XVI, 555, Goltd. XXIII, 535); 7. März 78 (O.R. XIX, 116); München 9. u. 19. April 75, St. V, 98, bayr. Entsch. V, 150); R.G. I, 5. u. 8. April 80 (R. I, 537, 538, Ann. I, 475); II, 12. Okt. 80 (R. II, 316, E. II, 323), 4. Okt. 81, R. III, 589. Dabei gehört es indessen objektiv zur Voraussetzung der Hehlerei, daß die Begehung einer bestimmten strafbaren Handlung feststehe. Vgl. auch oben zu §. 257 N. 4.

11. Die alternative Feststellung, daß der Hehler wußte oder den Umständen nach annehmen mußte, daß die Sache mittels einer strafbaren Handlung erlangt sei, genügt zur Anwendung des Gesetzes. Berlin 12. Febr. 73 (O.R. XIV, 128), 8. Nov. 76 (O.R. XVII, 721). R.G. II, 14. Mai 80 (R. I. 777, Goltd. XXIX, 74). Die Feststellung, der Hehler habe gewußt, die Sache sei nicht auf rechtmäßige Art erlangt, genügt nicht. Dresden 29. Jan. 77 (St. VII, 325).

12. Die Wissenschaft (das Annehmen=Müssen) muß im Augenblicke des Erwerbes der Sache vorhanden sein. Später eintretender böser Glaube begründet den Thatbestand der Hehlerei nicht mehr. Dresden 8. Febr. 75 u. 4. Juni 77 (S.G.Z. XIX, 239; XXII, 148); Berlin 17. Mai 76 u. 11. Juli 77 (O.R. XVII, 354; XVIII, 526, Goltd. XXIV, 357, St. VI. 318; VII, 328) R.G. II, 19. Okt. 83, R. V, 616. Gl. M. Binding, Normen II, 572, N. 841, Hälschner II, 894, Olshausen N. 24. A. M. Merkel in H.H. III, 747, Oppenhoff N. 12. Dagegen nimmt an, es genüge, wenn der böse Glaube zur Zeit der Verheimlichung vorhanden sei. Stuttgart 23. Dez. 74, St. IV, 379, württ. Ger.Bl. IX, 178. (Es war dies in einem Falle, in welchem der Hehler eine Uhr gutgläubig in Pfand genommen hatte, bis zur Verheimlichungshandlung aber über den rechtswidrigen Erwerb aufgeklärt war.)

13. Die Hehlerei geschieht durch Verheimlichen, Ansichbringen oder Mitwirken zum Absatz. Die alternative Feststellung „an sich gebracht oder zum Absatz mitgewirkt" genügt R.G. II, 20. Dez. 81, E. V, 241, R. III, 814. — Ein Verheimlichen kann in der Vernichtung der Wiedererkennungszeichen gefunden werden. — Das „Ansichbringen" (die Ausdrücke „ankauft, zum Pfande nimmt" bezeichnen Beispiele jenes generellen Begriffs) setzt voraus, daß man die Sache zu seiner Verfügung haben will. Berlin 26. Juni 73 u. 8. Okt. 74 (Goltd. XXI, 557, O.R. XIV, 472; XV, 642, St. III, 20; IV, 183). R.G. 9. Juni 80 (Ann. II, 131). Hierbei kommt nichts darauf an, ob das Geschäft in der civilistisch richtigen Form abgeschlossen ist, sondern nur darauf, daß der Hehler die Sache in seine Verfügungsgewalt gebracht hat. Es reicht also nicht der bloße Abschluß eines Kaufvertrags hin, sondern es muß Uebergabe der Sache hinzukommen. R.G. II, 20. Mai 81, E. IV, 185, IV, 13. Jan. 88, E. XVII, 59, R. X, 33. Auch nicht für den Ehemann die bloße Genehmigung zu einer seiner Frau gemachten Schenkung. R.G. II, 19. Okt. 83, R. V, 616.

14. Auch die Annahme zum Geschenk ist ein Ansichbringen. Dresden 26. Juni 71 (S.G.Z. XV, 215, St. I, 93); Jena 26. Juni 72 (St. II, 195.) Auch die Annahme an Zahlungsstatt. R.G. IV, 31. Jan. 90, E. XX, 222. Nicht aber die Duldung einer Aufbewahrung seitens des Diebs in einer Räumlichkeit des Duldenden, Berlin 14. Sept. 76 (O.R. XVII, 559). Wohl aber die Annahme von Geld als Darlehen. R.G. 27. Nov. 79 (Ann. I, 141).

15. Eine Mitwirkung zum Absatz kann auch angenommen werden, wenn der versuchte Verkauf nicht zu Stande kam. Berlin 1. März 72 (O.R. XIII, 180, Goltd. XX, 206), 9. April 78 (O.R. XIX, 208, Goltd. XXVI, 217). R.G. II, 20. Dez. 81; IV, 26. Sept. 84, E. V, 241, R. III, 814; VI, 570. A. M. v. Schwarze N. 18. Das Erhalten zum Verkauf ohne eine auf diesen gerichtete Thätigkeit ist noch kein Mitwirken. Berlin 9. April 78 a. a. O. Jedoch nimmt R.G. IV, 9. Juli 86, R. VIII, 531 schon in dem Empfang einer zu veräußernden Waare Mitwirkung zum Absatz an, nachdem der Hehler dieselbe zum Zwecke der Werthsermittelung

einem Andern übergeben hatte. — Im Verpfänden kann Mitwirkung zum Absatz gefunden werden. R.G. II, 15. Mai 88, E. XVII, 392; I, 8. Okt. 88, R. X, 547.

16. Streitig ist, ob die Erwerbung des Hehlers direkt vom Thäter erfolgt sein müsse, oder ob auch eine mittelbare Erwerbung von einem Dritten genüge. Für erstere Ansicht Dresden 8. Febr. 75, S.G.Z. XIX, 238, Oppenhoff R. 8; für letztere Berlin 17. Mai 76, 9. April 78 (O.R. XVII, 354; XIX, 208, Goltd. XIV, 357; XXVI, 217) vgl. auch Binding, Normen II, 575. Dieser Ansicht schloß sich auch an R.G. I, 13. Okt. 81; II, 20. Juni 84, E. V, 58, R. III, 622; VI, 451, und zwar in der Art, daß es annahm, es könne eine ganze Reihe von Hehlern von einander erwerben, wenn sie um den ursprünglichen rechtswidrigen Erwerb wüßten und unterbreche auch ein zwischen liegender gutgläubiger Erwerber diese Kette nur für seine eigene Person, da immerhin die Thätigkeit des bösgläubigen Erwerbers auf eine Fortsetzung des gestörten Rechtszustands gerichtet gewesen sei. Hat die Störung des Rechtszustandes aufgehört, z. B. durch Zurückerlangung der Sache seitens des Berechtigten, oder durch dessen Verzicht, oder durch Ersetzung von Seiten eines gutgläubigen Besitzers, so kann die strafbare Handlung keine weitere Wirkung äußern. Binding, Normen II, 574, v. Buri G.S. Bd. 29, S. 50, Gretener, Begünst. S. 172, Hälschner II, 890, Merkel S. 327, H. Meyer S. 760, Olshausen R. 18. Ferner ob nur an den mittels der strafbaren Handlung unmittelbar erlangten Sachen Hehlerei geübt werden kann, oder ob sich die Hehlerei auch auf den Erlös aus solchen Sachen erstreckt. Letztere Ansicht vertraten Dresden 3. Dez. 75 (S.G.Z. XX, 251), 16. April 77 (St. VII, 325), 7. Juli 77 u. 17. Aug. 78 (S.G.Z. XXI, 111; XXII, 173). Erstere München 18. Jan. 78 (St. VIII, 217). Dagegen nahm Berlin 18. April 79 (O.R. XX, 217, Goltd. XXVII, 466) an, daß Annahme von Sachen, welche mit durch Betrug oder Diebstahl erlangtem Gelde gekauft waren, keine Hehlerei begründe. Ebenso R.G. II, 8. Mai 83, E. VIII, 265; 1, 26. Juni 82, R. IV, 622. — R.G. III, 16. Juni 80 (R. II, 72) nahm Hehlerei an in einem Falle, in welchem mittels gewerbsmäßigen Glücksspiels ein Sparkassenbuch erlangt, und nur zum Behufe der Theilung mit Mitwissern (die Hehler) eine Umwechselung erfolgt war. Aehnlich R.G. III, 15. Juni 81, E. IV, 321. Dagegen nahm R.G. II, 6. Juli 81 (R. II, 164) an, daß auch bei Geld nur an den von der Strafthat unmittelbar herrührenden Stücken Hehlerei begangen werden könne, nicht auch am umgewechselten. Ebenso R.G. II, 29. Juni 83, E. VIII, 433, R. V, 476. München 23. März 87 bayr. Entsch. IV, 454. Um so mehr ist dies der Fall, wo es sich nur um Annahme von Vortheilen handelt, die aus dem Erlöse für durch strafbare Handlungen erlangte Sachen gewährt werden. R.G. I, 15. Nov. 80 (E. II, 443). Bei Ansichbringen eines Pfandscheins, der über eine gestohlene Waare ausgestellt ist, zum sofortigen Auslösen der verpfändeten Waare ist diese der Gegenstand der That, nicht der Pfandschein. R.G. III, 24. April 90, E. XX, 399.

17. Die bloße Theilnahme an den Vortheilen, z. B. das bloße Mitgenießen der gestohlenen Sache durch Angehörige, stellt ein solches Ansichbringen nicht dar. R.G. III, 22. Sept. 80 (R. II, 240); I, 13. Okt. 83, R. V, 609 nimmt an, daß auch bei Mitgenuß der Uebergang in die Verfügungsgewalt des Hehlers stattfinden könne. Die Entscheidung hierüber liege aber auf thatsächlichem Gebiete. Etwas weiter geht in der Verneinung bei bloßem Mitgenuß R.G. II, 20. Nov. 83, E. IX, 199, R. V, 722; III, 9. Juli 85, R. VII, 484, München 9. Dez. 86, bayr. Entsch. IV, 301. Sachsen (Rev. St.G.B. von 1868) Art. 202 schloß die Gewährung des Unterhalts an Frau und Kinder in dieser Beziehung ausdrücklich aus. Vgl. aber Dresden 26. Juni 71, 3. Dez. 75, 7. Juli 77 (S.G.Z. XV, 215; XX, 251; XXI, 3, St. I, 93) u. Jena 26. Juni 72 (St. II, 195); Berlin 26. Juni 72 u. 15. Juni 75 (O.R. XIII, 372; XVI, 443). Dresden 17. Aug. 78 (S.G.Z. XXII, 173, St. VII, 324) nahm an, daß bei der Annahme des Erlöses aus den von dem Ehemann gestohlenen Sachen seitens der Ehefrau zur Bestreitung des Lebensunterhalts doch insoweit Hehlerei vorliege, als sich ein Ueberschuß über das Bedürfniß ergebe. Dagegen fand R.G. III, 25. Sept. 80 (R. II, 259, E. II, 401) in der Annahme gestohlener Eßwaaren durch die Ehefrau des Diebes und deren Verzehren in der Familie keine Hehlerei. Ebenso R.G. III, 15. Jan. 81 (R. II, 728), wo jedoch die Verheimlichung von durch die Strafthat erlangtem Gelde des eigenen Vortheils wegen seitens der Ehefrau als Hehlerei beurtheilt ist. Auch hier wird es sich ausschließlich um die Thatfrage handeln, ob die Ehefrau die Sachen an sich, in die eigene Verfügungsgewalt gebracht, oder ob sie nur mitverzehrt hat. Fälle der Hehlerei, in welchen zwar eine Theilung zum sofortigen Genuß, aber doch ein Ansichbringen auf Seite des Hehlers stattgefunden hat; s. R.G. II, 1. April 81, E. IV, 48, R. III, 188, auch München 23. Juni 85, bayr. Entsch. III, 420.

Das Ansichbringen des Hehlers setzt voraus, daß der Hauptthäter und der Hehler im Einverständniß handelten, daß Ersterer die Verfügungsgewalt über die durch eine strafbare Handlung erlangte Sache auf den Hehler übertrug. Ergriff letzterer selbständig die Detention, so kann ein anderes Delikt, aber nicht Hehlerei vorliegen. R.G. III, 8. Dez. 87, R. IX, 712; IV, 24. Jan. 90, E. XX, 209.

18. Bezog sich die Hehlerei auf mehrere Delikte, z. B. Diebstähle, so kann Konkurrenz nur dann angenommen werden, wenn festgestellt werden kann, daß der Hehler die Mehrheit von Diebstählen kannte. Berlin 13. Juli 76 (O.R. XVII, 516). — Leipzig 20. Nov. 76 (Goltd. XXV, 235) nahm an, ein Theilnehmer an der Hauptthat könne nicht Hehler sein. — Berlin 27. Sept. 76 (O.R. XVII, 601, St. VI, 316 billigte dagegen, daß der Gehülfe auch wegen Hehlerei bestraft werden könne. Ebenso billigte Berlin 15. Jan. 79 (Goltd. XXVII, 210) die Bestrafung des Anstifters zum Diebstahl auch als Hehler. Dieser Meinung schloß sich auch das R.G. an. s. II, 30. Dez. 81, E. V, 282, R. III, 837, 19. Juni 83, E. VIII, 371, R. V, 455, 25. März 84, R. VI, 220; III, 24. März 87, R. IX, 193; I, 4. Juli 89, E. XIX, 354. Dieselbe ist jedoch bestritten. S. v. Liszt S. 508, v. Schwarze N. 19 u. G.S. Bd. 24, S. 391.

Mehrfache Hehlerei oder Begünstigung in Bezug auf dieselbe That ist nicht mehrfach strafbar. Dresden 28. Jan. 76 (St. VI, 315).

19. Hehlerei und Anstiftung zur strafbaren Handlung sind nicht so verschiedene Strafthaten, daß nur gemäß §. 265 St.P.O. gegen den der Hehlerei Angeklagten mit dessen Zustimmung die Anklage auf Anstiftung ausgedehnt werden kann. R.G. IV, 13. Dez. 87, R. IX, 722.

Der Eigenthümer einer Sache kann an derselben Hehlerei verüben, wenn er dieselbe wissentlich von einer Person an sich bringt, welche sie zu seinen Gunsten in rechtswidriger Absicht dem Pfandgläubiger weggenommen hat. R.G. IV, 11. Dez. 88, E. XVIII, 303, R. X, 719. Ebenso ein Gläubiger, der sich auf diesem Wege bezahlt macht. R.G. II, 31. Jan. 90, E. XX, 222.

20. Wenn ein Ausländer im Auslande gestohlene Sachen an sich gebracht hat, und dann im Inlande beim Absatze mitwirkt, ist die That im Inlande nicht verfolgbar. R.G. I, 15. März 80 (R. I, 471, E. I, 279, Ann. I, 449, Goltd. XXVIII, 269). Dagegen ist der Inländer, welcher eine von einem Ausländer im Auslande durch eine strafbare Handlung erlangte Sache im Inlande kauft strafbar; die Hauptthat ist nach inländischem Gesetz zu beurtheilen. R.G. I, 17. Dez. 88, E. XVIII, 298, R. X, 722.

§. 260.*) Wer die Hehlerei gewerbs- oder gewohnheitsmäßig betreibt, wird mit Zuchthaus bis zu zehn Jahren bestraft.

Pr. §. 239; E. I. §. 235; E. II. §. 255; St.B. S. 685.

Vgl. §. 262.

1. Der §. 260 umfaßt beide Fälle der Hehlerei (§. 258, 259).

2. „Gewerbsmäßig" bezeichnet eine fortgesetzte Thätigkeit zum Zweck des Erwerbes. Vgl. Berlin 17. Mai 73 (O.R. XIV, 377) u. 4. März 75 (Goltd. XXIII, 339, O.R. XVI, 182); Dresden 21. Juli 73 (S.G.Z. XVII, 281, St. III, 121). R.G. III, 2. Febr. 81 (R. III, 4). Sofern aus einem Falle entweder auf frühere Fälle oder auf künftige Wiederholung und somit auf eine dauernde Thätigkeit geschlossen werden kann, kann schon die Feststellung eines Falles genügen, um Gewerbsmäßigkeit anzunehmen. Berlin 17. Sept. 75 (O.R. XVI, 585); Dresden 23. Juni u. 7. Juli 73 (S.G.Z. XVII, 188, 218). R.G. III, 25. Jan. 83, R. V, 59. A. M. v. Buri G.S. Bd. 29 S. 55.

Auch kann aus einer Mehrzahl von einfachen Hehlereien auf gewerbsmäßige Verübung geschlossen werden. R.G. II, 1. Nov. 81, R. III, 669.

Vorbestrafung wegen gleichen Vergehens ist nicht erforderlich. Berlin 16. Jan. 73 (O.R. XIV, 52). Auch verjährte abgeurtheilte oder im Auslande begangene Fälle können benutzt werden, um auf Gewerbsmäßigkeit zu schließen. Berlin 11. Sept. 74 (O.R. XV, 556), ebenso früher bereits abgeurtheilte, Berlin 15. Dez. 76 (O.R. XVII, 827).

3. „Gewohnheitsmäßig" bezeichnet eine öftere Thätigkeit, verbunden mit der Neigung zur Wiederholung. Hier müssen also immer mehrere Einzelhandlungen vorliegen. (Doch ist nicht erforderlich, daß der Hehler sich mit mehreren Personen eingelassen habe, und daß die an-

*) S. v. Lilienthal, Beiträge zu der Lehre von den Collektivdelikten, Leipzig 1879.

gekauften ꝛc. Sachen von verschiedenen Strafthaten herrühren, wenn nur mehrere Fälle des Ankaufs, Verheimlichens ꝛc. vorliegen. Berlin 2. Mai 73 u. 24. April 74, O.R. XIV, 333; XV, 260.) So wenig in dem Ansichbringen von Sachen, welche mittels gestohlener Objekte gekauft oder eingetauscht waren, der Thatbestand der Hehlerei liegt, ebenso wenig kann daraus Gewohnheitsmäßigkeit gefolgert werden. R.G. I, 26. Juni 82, R. IV, 622. Frühere Bestrafung (Rückfälligkeit) begründet weder unbedingt die Gewohnheitsmäßigkeit, noch ist dieselbe erforderlich, wie die Motive bestätigen. (Vgl. über Gewerbs- oder Gewohnheitsmäßigkeit: Hälschner, preuß. St.R. I, S. 417, 424.) Die Feststellung, der Thäter habe mit einer fortgesetzt auf Erzielung eines Vermögensvortheils gerichteten Absicht gehandelt, genügt weder zur Annahme der Gewohnheit noch jener der Gewerbsmäßigkeit. R.G. IV, 9. Dez. 87, R. IX, 714. Darüber ist jedoch Streit, ob alle einzelnen, zur Annahme der Gewohnheitsmäßigkeit benutzten Fälle genau festgestellt sein müssen, oder ob aus einzelnen Fällen auf öftere Verübung geschlossen werden dürfe. Diese Ansicht vertritt Oppenhoff §. 150 N. 4, v. Lilienthal S. 49. A. M. Binding I, 550, Hälschner I, 545, Merkel in H.H. III, 225.

4. Die Gewerbs- oder Gewohnheitsmäßigkeit umfaßt alle Einzelhandlungen (selbst die nicht speziell festgestellten), welche nur als Momente des Thatbestandes dieses Verbrechens, nicht als selbständige Fälle der Hehlerei aus den §§. 258, 259 in Betracht kommen können. Vgl. dagegen Berlin 23. April 75 (O.R. XVI, 307). Ideale Konkurrenz ist in dieser Hinsicht nicht anzunehmen. Vgl. die allgemeinen Bemerkungen zum Abschnitt 5 des Allgemeinen Theils (S. 243); Hälschner, preuß. St.R. II, 564. A. M. Oppenhoff N. 6. Der §. 260 enthält eine Qualifizirung der §§. 258, 259, welche — als Fälle der einfachen Hehlerei — derselbe unterschiedslos in sich aufnimmt. Dagegen kann §. 260 mit §. 261 — einer anderen Qualifizirung — idealiter konkurriren. A. M. Binding I, 552, H. Meyer S. 763.

5. Die Strafe des Gehülfen eines gewerbsmäßigen oder gewohnheitsmäßigen Hehlers kann nur dann nach §. 260 bemessen werden, wenn gegen ihn selbst die gewerbs- oder gewohnheitsmäßige Verübung festgestellt ist. R.G. II, 20. Mai 81, E. IV, 185, R. III, 312; IV, 6. Dez. 87, R. IX, 708. Vgl. §. 50, N. 2.

6. Folgen der Einheitlichkeit der gewerbs- oder gewohnheitsmäßig begangenen Delikte ist, daß durch eine Aburtheilung die Strafklage wegen aller vor jener Aburtheilung verübten, an sich in das Collektivreat fallenden Handlungen konsumirt ist, selbst wenn der Richter dieselben nicht berücksichtigen konnte und dieselben wohl geeignet waren, für die Strafe in das Gewicht zu fallen. Auch einer späteren Straferhöhung steht die Rechtsregel: „ne bis in idem" entgegen. Anderseits kann das Gericht, das mit Aburtheilung eines solchen Collektivdelikts befaßt ist, Einzelhandlungen hereinziehen, welche im Eröffnungsbeschluß nicht erwähnt sind. Vgl. zu §. 302d und §. 294.

§. 261. Wer im Inlande wegen Hehlerei einmal und wegen darauf begangener Hehlerei zum zweiten Male bestraft worden ist, wird, wenn sich die abermals begangene Hehlerei auf einen schweren Diebstahl, einen Raub oder ein dem Raube gleich zu bestrafendes Verbrechen bezieht, mit Zuchthaus nicht unter zwei Jahren bestraft. Sind mildernde Umstände vorhanden, so tritt Gefängnißstrafe nicht unter Einem Jahre ein.

Bezieht sich die Hehlerei auf eine andere strafbare Handlung, so ist auf Zuchthaus bis zu zehn Jahren zu erkennen. Sind mildernde Umstände vorhanden, so tritt Gefängnißstrafe nicht unter drei Monaten ein.

Die in dem §. 245 enthaltenen Vorschriften finden auch hier Anwendung.

Pr. §. 240; E. I. §. 236; E. II. §. 256; St.B. S. 685.

Vgl. §§. 262, 244, 245, 250 Nr. 5, 252, 255.

1. Der §. 261 umfaßt — wie §. 260 — die Fälle der §§. 258 und 259.

2. Vgl. die Bemerkungen zu §§. 244, 245. Daß sich die Hehlerei auf einen schweren Diebstahl beziehe, muß dem Hehler bewußt sein, um die Strafe des §. 261 zu erleiden. R.G. IV, 15. März 87, E. XV, 364, R. IX, 180.

§. 262. Neben der wegen Hehlerei erkannten Gefängnißstrafe kann auf Verlust der bürgerlichen Ehrenrechte und neben jeder Verurtheilung wegen Hehlerei auf Zulässigkeit von Polizei-Aufsicht erkannt werden.

Pr. §§. 237—240; E. I. §§. 233, 234; E. II. §. 275; St.B. S. 685.

Vgl. §§. 258—261.

1. Der Verlust der Ehrenrechte setzt auch hier die Verhängung einer mindestens dreimonatlichen Gefängnißstrafe voraus. (§. 32.)

2. Polizei-Aufsicht ist hier (und im §. 180) auch neben der Gefängnißstrafe zulässig.

Zweiundzwanzigster Abschnitt.

Betrug und Untreue.

1. Dieser Abschnitt faßt die Abschnitte XXI (Betrug) und XXII (Untreue) des preuß. St.G.B. von 1851 zusammen. Er unterscheidet sich von ersterem namentlich in Folgendem:

a) Der gegen gewisse Personen verübte Betrug ist nur auf Antrag zu verfolgen. (§. 263 A. 4.)

b) Der Betrug ist mit besondern Rückfallsstrafen bedroht. (§. 264).

c) Der sog. qualifizirte Betrug (preuß. St.G.B. §. 243 Nr. 1—8) ist gänzlich beseitigt.

In letzterer Beziehung bemerken die Motive:

„Den sogenannten qualifizirten Betrug (§. 243 des preußischen Strafgesetzbuchs) hat der Entwurf nicht aufgenommen. Soweit die im preußischen Strafgesetzbuche enthaltenen Fälle den allgemeinen Thatbestand des Betruges voraussetzen (§. 243 Nr. 1 [Gebrauch unrichtiger Maß- oder Wiege-Werkzeuge], 2 [Täuschung beim Verkauf von Gold und Silber], 5 [Täuschung durch Ausgabe von Geldpacketen, deren Inhalt, unter Verschluß mit öffentlichen Siegeln, deklarirt, aber verringert worden]), hielt der Entwurf sie durch den §. 263 für genügend gedeckt.

Andere Fälle, wie das Ausgeben verringerter Münzen (§. 243 Nr. 3 und 4) und die Verrückung von Grenzsteinen (Nr. 7), sowie die Unterdrückung von Urkunden (Nr. 8) sind in die Abschnitte 8 „über die Münzverbrechen und Münzvergehen" (vgl. §. 150) und 23 „Urkundenfälschung" (vgl. §. 274) verwiesen, wie dort näher gerechtfertigt worden ist.

Der besondere Fall der betrügerischen Hinausschiebung einer Zwangsvollstreckung durch falsche Deklarirung einer Postsendung, welcher durch die Novelle vom 14. April 1856 in das preußische Strafgesetzbuch aufgenommen war (vgl. §. 243 Nr. 6), ist wieder ausgeschieden. Es ist nämlich mit Recht darauf hingewiesen worden, daß die Sicherung der Exekutionsvollstreckung Sache der vollstreckenden Behörde ist, welche dem Exekutor bestimmte Instruktionen zu ertheilen hat. Die Einführung der Postanweisungen gewährt überdies dem gutwilligen Schuldner ein Mittel, durch welches er den Beweis der Befriedigung des Gläubigers leicht und sicher führen kann.

2. Der 22. Abschnitt ordnet die Materie des Betrugs erschöpfend, so daß alle Strafbestimmungen der Landesgesetze außer Wirksamkeit treten, welche eine Handlung unter dem Gesichtspunkte des Betrugs unter Strafe stellen, sei es auch nur als Vorbereitung oder Versuch desselben. Ist die Strafe unter einem andern Gesichtspunkt angedroht, bleibt die Strafbestimmung in Kraft, auch wenn sie mit betrüglicher Absicht verübt ist, z. B. der §. 20 des preuß. Ges. v. 8. Mai 1837 über das Mobiliarfeuerversicherungswesen, welcher Ueberversicherung unter Strafe stellt. R.G. III, 7. Febr. 89, E. XIX, 13, s. auch IV, 17. April 85, E. XII, 150, R. VII, 234. Dagegen ist §. 28 jenes Gesetzes wegen Aufstellung zu hoher Brandschadensliquidation außer Kraft getreten. R.G. III, 4. Dez 80, E. III, 84.

§. 263*). Wer in der Absicht, sich oder einem Dritten einen rechtswidrigen Vermögensvortheil zu verschaffen, das Vermögen eines Anderen dadurch beschädigt,

---

*) Neue Fassung des Gesetzes v. 26. Febr. 1876; in der alten Fassung lautete der Schlußsatz des im Uebrigen unveränderten §. 263:

„Wer einen Betrug gegen Angehörige, Vormünder, Erzieher oder gegen solche Personen, in deren Lohn oder Kost er sich befindet, begeht, ist nur auf Antrag zu verfolgen.

daß er durch Vorspiegelung falscher oder durch Entstellung oder Unterdrückung wahrer Thatsachen einen Irrthum erregt oder unterhält, wird wegen Betruges mit Gefängniß bestraft, neben welchem auf Geldstrafe bis zu dreitausend Mark, sowie auf Verlust der bürgerlichen Ehrenrechte erkannt werden kann.

Sind mildernde Umstände vorhanden, so kann ausschließlich auf die Geldstrafe erkannt werden.

Der Versuch ist strafbar.

Wer einen Betrug gegen Angehörige, Vormünder oder Erzieher begeht, ist nur auf Antrag zu verfolgen. Die Zurücknahme des Antrages ist zulässig.

Pr. §§. 241—242; E. I. §§. 237, 238; E. II. §. 258; St.B. S. 685.
G. v. 26. Febr. 1876 Art. I; Drucks. (1876) Nr. 54, 145; St.B. S. 825.
Vgl. §§. 247, 52 A. 2.

1. Die Motive zu diesem Paragraphen bieten nichts Bemerkenswerthes. Die Begriffsbestimmung stimmt mit der des preuß. St.G.B. überein, nur ist ausdrücklich ausgesprochen, daß gewinnsüchtige Absicht auf einen Vermögensvortheil gerichtet sein muß, daß dieser auch für einen Dritten beabsichtigt sein kann, — und daß auch die Unterhaltung eines Irrthums genügt.

Wegen der durch die Novelle vom 26. Febr. 1876 bewirkten Aenderung des Schlußsatzes des §. 203 vgl. §. 247.

2. Die Erfordernisse des Betrugs*) fassen sich dahin zusammen:

a) Eine auf einen rechtswidrigen Vermögensvortheil gerichtete Absicht.
b) Die Vermögensbeschädigung eines Anderen.
c) Erregung (oder Unterhaltung) eines Irrthums durch Vorspiegelung falscher oder durch Entstellung oder Unterdrückung wahrer Thatsachen in Jemandem (welcher nicht der zu Beschädigende (b) zu sein braucht).
d) Ein ursächlicher Zusammenhang (Kausalnexus) zwischen dem Irrthum (c) und der Vermögensbeschädigung (b), vgl. das Wort „dadurch".

3. Vermögensvortheil — bezeichnet jede Verbesserung des Vermögenszustandes, mag dieselbe vorübergehend oder dauernd sein, nicht bloß eine Vermögensvermehrung. Berlin 15. Febr. 78 (O.R. XIX, 73). R.G. I, 10. Nov. 79 (R. I, 49, Ann. I, 32). Die Praxis hat mit Recht als solchen die Erlangung eines Darlehns oder sonstiger Sachen auf Kredit angesehen, Berlin 2. April, 19. Juni 73 und 27. Jan. 75 (Goltd. XXI, 561; XXIII, 127, O.R. XIV, 447, 448; XVI, 86, St. III, 21), Dresden 12. Mai 71, 7. Aug. 76 (Goltd. XIX, 765, S.G.Z. XXI, 211), selbst wenn der Schuldner nicht zahlungsunfähig ist. R.G. 21. Juni 80 (Ann. II, 222). — Auch der erlangte Aufschub einer rechtmäßigen Exekution, namentlich durch falsche Deklarirung einer Postsendung, kann einen Betrug darstellen, sofern sich der Thäter dadurch den vorläufigen Besitz von Exekutionsobjekten gesichert hat (vgl. jedoch N. 10). Die Beseitigung dieses Falles als qualifizirter Betrug (vgl. oben die Motive) nimmt der Handlung nicht den Charakter eines (einfachen) Betruges. Berlin 26. April 71, 12. Jan. 72 u. 8. Juli 74 (Goltd. XIX, 475, O.R. XII, 235; XIII, 40; XV, 478, St. I, 200; IV, 186). — Als Vermögensvortheil ist die Freisprechung in einer Untersuchung nicht aufzufassen, sofern es sich nicht um Befreiung von einer Geldstrafe handelt. Berlin 10. Jan. 73 (O.R. XIV, 42).

4. Ein Vermögensvortheil kann in dem Absatze von Waaren mit dem gewöhnlichen kaufmännischen Gewinne gefunden werden, Berlin 27. Mai 75 (O.R. XVI, 390); ebenso in der

*) Vgl. über den Betrug namentlich: Köstlin, Abhandlungen. Tübingen 1858 S. 119 ff.; Merkel, Die Lehre vom strafbaren Betruge. Leipzig 1867; Hälschner, System das preuß. St.R. II, S. 333 ff.; Gryzięcki, Studien über den strafbaren Betrug. Lemberg 1870; Zimmermann im G.S. Bd. 29, S. 120; Waag das. Bd. 31, S. 241; v. Bar G.S. Bd. 40, S. 481, Stenglein G.S. Bd. 40, S. 81, Bd. 43, S. 470. S. auch G.S. Bd. 43 S. 321 fg.; Feige bei Goltd. XXVI, 303; Pfizer, Betrug beim Spiel G.S. Bd. 41 S. 337; Hagemann, Betrug oder Diebstahl G.S. Bd. 37 S. 462; Simonsohn, Der Begriff des Vortheils. Berlin 1889; Hilse bei Goltd. XXXVIII, 11.

Erlangung der Kundschaft, welche ein Anderer gehabt hatte. Berlin 29. Mai 74 (Goltd. XXII, 427, O.R. XV, 430, St. IV, 185, R.G. II, 28. Febr. 82, E. VI, 76, R. IV, 214.

Bei zweiseitigen Verträgen ist ebenso wie bei der Vermögensbeschädigung (s. unten N. 11) der Vortheil durch Vergleichung zwischen den Leistungen beider Parteien festzustellen. Als Vortheil kann es also nicht betrachtet werden, wenn für die empfangene Sache der volle Werth gezahlt oder im Falle der Solvenz geschuldet wird. Jedoch kann ein Vortheil dadurch entstehen, daß der Besitz angestrebt wurde, ohne entsprechende Gegenleistung. Da jedoch auf den Vortheil nur die Absicht gerichtet sein muß, ohne daß es auf die wirkliche Erlangung desselben ankommt, so kann unter Umständen auch ein nur geglaubter Vortheil zum Thatbestand des Betruges ausreichen, wenigstens zum Versuch. Der Affektionswerth kommt nicht in Betracht. R.G. III, 5. März 88, E. XVII, 233. Bei minderwerthigen Waaren ist auch nicht der Selbstkostenpreis maßgebend, sondern der Verkaufswerth. R.G. IV, 23. Mai 90, Goltd. XXXVIII. 193.

5. Der Vermögensvortheil muß ein rechtswidriger sein. Ein solcher liegt vor, wenn der Betrüger auf den Vermögensvortheil keinen rechtmäßigen Anspruch hat, Berlin 24. Mai, 28. Sept. u. 22. Dez. 76, 13. Sept. 77 (O.R. XVII, 375, 606, 844; XVIII, 564, Goltd. XXIV, 356, 624; XXV, 547, St. VI, 129, 314), München 17. Juli 75 (bayr. Entsch. V, 361), Dresden 30. Okt. 76 (St. VII, 152) R.G. III, 17. Dez. 81, E. V, 352. S. auch Binding, Normen II, 560, Hälschner II, 273, 383, Merkel S. 325 in H.H. III, 733, 772, IV, 434, Olshausen N. 45, wenn man z. B. die Befriedigung eines (an sich berechtigten) Anspruchs durch einen nicht Verpflichteten sucht, Berlin 13. Juli 74 (Goltd. XXII, 622, O.R. XV, 495, St. IV, 185), 26. April 76 (O.R. XVII, 279, St. VI, 322), Stuttgart 2. Dez. 74 (St. IV, 380), oder für einen solchen Anspruch ein besseres Beweismittel, z. B. eine Wechselunterschrift sich verschaffen will (O.R. VII, 677).

6. Auch solche Vortheile, welche im regelmäßigen Verkehr der Uebereinkunft der Parteien überlassen sind, genügen um einen rechtswidrigen Vortheil anzunehmen, wenn sie nur durch Täuschung erlangt sind, z. B. ein höherer Kaufpreis, Berlin 26. Mai u. 27. Sept. 76 (O.R. XVII, 382, 606), Dresden 30. Okt. 76 (St. VII, 152) R.G. I, 6. Juli 82, R. IV, 675 oder der Verkauf einer Sache, wenn auch zu einem angemessenen Preis, Berlin 14. Nov. 77 (O.R. XVIII, 708, Goltd. XXV, 550, St. VII, 337). Auch die Erlangung einer Mitverpflichtung für einen bestehenden Anspruch kann einen rechtswidrigen Vortheil bilden, Berlin 16. Mai und 13. Sept. 77, 19. Juni 78 (O.R. XVIII, 342, 564; XIX, 313, St. VII, 156, Goltd. XXV, 547), Dresden 16. April 77 (S.G.Z. XXII, 48, St. VII, 306); die Erlangung einer Hypothekbestellung, Dresden 5. Nov. 77 (St. VIII, 225); die vorübergehende Benutzung von Geldmitteln. Mannheim 20. Okt. 77 (bad. Ann. Bd. 43 S. 306); ein Kursgewinn, Berlin 21. März 78 (Goltd. XXVI, 334); die Erwerbung eines Anwesens auf Kredit, München 23. Juni 77 (St. VII, 333); ein mittels Täuschung erlangter Auktionserlös, Berlin 28. Sept. 77 (O.R. XVIII, 611); eine Erhöhung des Geschäftsumsatzes, Berlin 21. März 77 (O.R. XVIII, 241); die Erlangung von Lotterieloosen gegen die bestehenden Geschäftsvorschriften, Berlin 6. Juli 77 (O.R. XVIII, 512, Goltd. XXV, 548); eine Belohnung für unerlaubte Mühewaltung. Dresden 9. Juni 76 (St. VII, 147); die Uebertragung einer Dienstleistung gegen Belohnung, Berlin 1. März 77 (D.R. XVIII, 176); Befreiung von der übernommenen Sicherheitsleistung für ein Darlehen, Berlin 5. Mai 76 (O.R. XVII, 331, Goltd. XXIV, 360, St. VI, 328). Auch in der Erlangung von bloßem Besitz kann ein Vortheil bez. eine Beschädigung für den den Besitz Verlierenden erblickt werden. R.G. III, 10. Jan. 80 (E. I, 55, Goltd. XXVIII, 61). Die Erlangung oder Erhaltung von Kundschaft und der geschäftsübliche Gewinn ist, wenn ein Recht darauf nicht besteht und er durch Täuschung erlangt wird, rechtswidriger Vortheil, R.G. I, 7. April 81 (R. III, 202).

7. Dagegen liegt kein rechtswidriger Vermögensvortheil vor, wenn nur die Beibehaltung eines rechtmäßigen Besitzstandes bezweckt wird, Berlin 14. Juni 76 (O.R. XVII, 424), oder die Zahlung einer begründeten Forderung, Berlin 24. Okt. 78 (O R. XIX, 483, Goltd. XXVI, 521). Auch dann liegt ein Vortheil nicht vor, wenn bei Liquidation eines Anspruchs das Zuviel und das Zuwenig sich decken, z. B. bei Liquidation von Brandschaden. R.G. III, 1. Juli 85, R. VII, 450.

Es kann aber ein Vermögensvortheil bez. eine Beschädigung vorliegen, wenn die Forderung nur unter bestimmten, nicht eingetretenen Voraussetzungen geschuldet wurde. R.G. III, 3. Dez. 79 (R. I, 111, Ann. I, 149), oder wenn der Berechtigte verpflichtet war, den erlangten Vortheil sofort an einen Andern hinauszugeben. Dies wurde angenommen in einem Fall, in welchem ein Fabrikant Arbeiter gegen Unfall versichert, dann aber die Versicherungssumme für sich behalten hatte, weil nach Gewohnheitsrecht die Versicherten Anspruch auf die Versicherungssumme gehabt hätten. R.G. III, 15. März 83, E. VIII, 164, R. V, 177, I, 16. Dez. 86, R. VIII, 763.

Auch dann steht kein rechtswidriger Vermögensvortheil in Rede, wenn derselbe vor der Vorspiegelung bereits erlangt war, sei es auch durch eine strafbare Handlung, z. B. eine Unterschlagung, die der Thäter durch Täuschung verdecken will. Dresden 26. Juni 76 (S.G.Z. XXI, 153).

8. Die Erlangung eines an sich nicht rechtswidrigen Vortheils durch das rechtswidrige Mittel der Täuschung macht ersteren nicht zu einem rechtswidrigen. R.G. I, 20. Okt. 81, R. III, 629; III, 17. Dez. 81, E. V, 352; II, 1. Juli 84, R. VI, 493 selbst dann nicht, wenn der Vortheil im Einbringen einer begründeten und fälligen, aber unsicheren Forderung oder darin bestand, daß die gerichtliche Verfolgung vermieden wurde. R.G. II, 26. Jan. 83, R. V, 59. Die anscheinend abweichende Entscheidung R.G. I, 13. Juni 81, R. III, 386 weicht in Wirklichkeit nicht ab, weil die Feststellung die Rechtswidrigkeit implicite entnehmen ließ.

9. Ob in den vorbezeichneten Fällen eines wirklich erlangten Vortheils indessen auf der anderen Seite immer eine Vermögensbeschädigung anzunehmen sei, ist eine andere nicht unbedingt zu bejahende Frage. So nahm R.G. III, 22. Jan. 83, E. VIII, 12, R. V, 48 an, daß die durch Ehe erlangten Vermögensvortheile für den Mann keine rechtswidrigen, für die Frau keine Beschädigung seien, obgleich die Ehe durch den Mann mittels Vorspiegelungen über seinen Vermögensbesitz herbeigeführt wurde. Anders jedoch, wenn die Absicht des Mannes nur dahin geht, das Vermögen der Frau in die Hände zu bekommen, um es nicht für die Zwecke der Ehe, sondern für sich zu verwenden. R.G. II, 21. Mai 86, E. XIV, 137, R. VIII, 370.

10. Vermögensbeschädigung ist jede Verschlimmerung der gesammten Vermögenslage, und zwar nicht erst, wenn ein belastendes Rechtsgeschäft zum Vollzuge gelangt und dadurch eine Verminderung des Vermögens eintritt, sondern schon durch das Eingehen der Verbindlichkeit, Berlin 26. Mai 76 (O.R. XVII, 382), R.G. III, 7. Jan. 80 (R. I, 196), ebenso jede Aenderung in der Vermögenslage, die weniger günstig ist, wie vorher; also die Hingabe von baarem Geld gegen Erwerb einer zweifelhaften Forderung, oder Erwerb eines weniger nützlichen oder weniger sicheren Vermögensobjekts.

11. Besonderen Schwierigkeiten begegnet die Feststellung der Vermögensbeschädigung bei allen durch Täuschung des einen Vertragstheils oder beider herbeigeführten zweiseitigen Verträgen und stehen sich hierbei zwei Richtungen in der Jurisprudenz gegenüber: Die früheren oberstrichterlichen Entscheidungen in Deutschland huldigten meist der subjektiven Richtung, nach welcher sich der Richter bei Beurtheilung der Vermögensbeschädigung auf den Standpunkt des Betrogenen stellen und jede Aufwendung aus dessen Vermögen als eine Beschädigung beurtheilen muß, welche der Betrogene nicht gemacht bez. nicht erlitten hätte, wenn er nicht durch Schuld des Betrügers geglaubt hätte, eine andere Sache oder eine Sache mit anderen Eigenschaften zu erwerben, als er in Wirklichkeit erworben hat (vgl. Berlin 28. Febr. 79, O.R. XX, 146), wenn auch die wirklich erworbene einen gleichen Schätzungswerth hatte, als jene, die er erwerben wollte, oder das dafür hingegebene Aequivalent. Vgl. Berlin 27. März 74, 22. Dez. 76, 16. Mai 77 O.R. XV, 194; XVII, 844; XVIII, 341, St. IV, 159; VII, 156. Mannheim 20. Okt. 77, 9. März u. 1. Juni 78 (bad. Ann. Bd. 43 S. 306, Bd. 44, S. 100, 171). Das Gleiche ist selbstverständlich dann der Fall, wenn der Getäuschte ohne die erlittene Täuschung den Vertrag überhaupt nicht eingegangen sein würde.*) Dagegen verlangt die objektive Richtung, daß die Frage, ob die Beschädigung eines Vertragstheiles vorliege, durch Vergleichung der beiderseitigen Leistungen festgestellt werde, so daß eine Feststellung des objektiven Werthes stattfinden muß, welche durch Schätzung stattfinden kann, aber auch durch alle andern Ueberzeugungsmittel, und bei welcher auch besondere individuelle Verhältnisse der Vertragstheile, welche eine Sache für diese von geringerem Werthe erscheinen lassen, Berücksichtigung finden sollen. Der gehoffte Gewinn dagegen darf nicht in Rechnung gezogen werden. Dieser Auffassung schloß sich das R.G. an. So bei Vorspiegelung über Miethsertrag und Hypothekenverhältnisse bei Tauschverträgen. R.G. II, 29. April 81, E. IV, 117, Ann. III, 582, 5. Okt. u. 6. Nov. 83, R. V, 577, E. IX, 362, 17. Okt. 84, R. VI, 627; IV, 21. Nov. 85, R. VII, 687. Das Urtheil v. 6. Nov. 83 hebt

---

*) Auf diesem Standpunkt scheint R.G. I, 20. April 82, R. IV, 364 zu stehen, vgl. auch III, 21. Juni 86, R. VIII, 470. Von der sonst vertretenen Ansicht scheint auch R.G. II, 20. April 88, R. X, 326 etwas abzuweichen.

auch noch hervor, daß die vom Getäuschten empfangene Gegegenleistung so beschaffen gewesen sein müsse, daß er durch Veräußerung derselben jederzeit den objektiven Gegenwerth seiner Leistung sich verschaffen könne.

Das R.G. nahm die Nothwendigkeit Leistung und Gegenleistung gegen einander abzuwägen sogar in solchen Fällen an, in welchen beide Theile sich Täuschung zu Schulden kommen ließen und dadurch die Ausgleichung*) erfolgte. S. R.G. II, 5. Okt. 83, R. V, 577.

Diese objektive Beurtheilung der Beschädigung wurde sogar festgehalten in den häufig vorkommenden Fällen, in welchen Agenten von Versicherungsgesellschaften sich Täuschungen über die Modalitäten der Versicherung zu Schulden kommen lassen, z. B. behaupten, es werde auf feste Prämie versichert, während die Versicherung auf Gegenseitigkeit lautet, also die Möglichkeit eines Nachschusses offen läßt. R.G. Pl. 20. April 87, E. XVI, 1, R. IX, 253 (s. hierzu G.S. Bd. 43, S. 321, 470, auch Bd. 40 S. 81). Ferner R.G. II, 2. Okt. 85, E. XII, 392, R. VII, 548, jedoch auch I, 29. April 86, E. XIII, 229, R. VIII, 310.

Endlich wendete R.G. III, 9. Juni 87, E. XVI, 161, R. IX, 364 die objektive Theorie auch auf den sonst anders entschiedenen Fall der betrüglich erschlichenen Prolongation von Wechseln an und verlangte die Erwägung, ob zur Zeit der Prolongation der Wechsel einen höheren Werth hatte, als zur Zeit des Verfalls des prolongirten Wechsels, da, wenn schon damals der Schuldner insolvent war, keine Verschlechterung des Vermögensstands durch die Prolongation vorliege. Aehnlich bei Erlangung der Stundung einer Forderung durch Irrthumserregung. R.G. III, 24. Juni 89, Goltd. XXXVII, 293.

Es kann der objektiven Theorie, trotzdem sie die Billigung des Reichsgerichts erlangt hat, die Berechtigung nicht zugestanden werden. Abgesehen von dem Umstande, daß die objektive Abwägung von Leistung und Gegenleistung häufig nicht möglich ist, z. B. ob die Lage einer Versicherungsgesellschaft der unfreiwillig übernommenen Prämie nebst Gefahr des Nachschusses entspricht, kann, wenn der Betrug auch zunächst Vermögensdelikt ist, doch das darin liegende Element der Beeinträchtigung der Willensfreiheit nicht verkannt werden. Endlich wird auch von der objektiven Theorie der Berücksichtigung des individuellen Werthes die Berechtigung zugestanden. Diese kann aber nur consequent berücksichtigt werden, wenn sie der leitende Gesichtspunkt wird, und zwar bestimmt durch den Willen des Handelnden. Vermengt mit der objektiven Theorie, führt sie nur zur Unklarheit, zu Halbheiten und zur Willkür.

12. Es wird regelmäßig angenommen werden können, daß Täuschungen über die Herkunft einer Waare geeignet sei, Betrug zu verüben, da, wenn der Empfänger eine bestimmte Herkunft der Waare stipulirt hat, er damit zu erkennen gibt, daß diese Herkunft für ihn einen besonderen individuellen Werth begründet, so daß, wenn diese Herkunft nicht gegeben ist, er als beschädigt erscheint. R.G. III, 27. Okt. 80, R. II, 399. Dies ist um so mehr der Fall, wenn die stipulirte Herkunft eine bessere Qualität, einen höheren Marktpreis und dgl. bedeutet, z. B. bei Bier einer bestimmten Brauerei R.G. I, 29. Sept. 83, R. V, 555, bei Butter R.G. III, 10. März 80, E. I, 267, R. I, 444, Ann. I, 476, Goltd. XXVIII, 262. Es ist jedoch nicht der Fall, wenn der Empfänger der Waare ein entsprechendes Aequivalent für den gezahlten Preis erlangt hat, und die vorgespiegelte Herkunft weder einen höheren Werth, noch sonst eine den Willen des Empfängers beeinflußende Bedeutung mit sich bringt. S. ein Beispiel dieser Art R.G. I, 20. Sept. 83, E. IX, 171. In den Fällen, in welchen der Täuschung über die Herkunft Gewicht beigelegt wurde, oder bei Betrug durch gefälschte Waaren, hat das R.G. angenommen, daß der Werth der Waare nicht ins Gewicht falle und daß das Nahrungsmittelgesetz die Anwendung des §. 263 nicht ausschließe. S. R.G. I, 29. Sept. 83; III, 11. Dez. 84, R. V, 555; VI, 795, E. XI, 355, auch daß eine Fälschung der Waare im Großen Annahme von Realkonkurrenz mehrerer Betrügereien nicht ausschließe. R.G. I, 8. Dez. 87, R. IX, 710.

In dem verwandten Fall der vertragsmäßigen Lieferung einer Sache in minderwerthiger Beschaffenheit nahm R.G. III, 5. Juli 86, E. XIV, 310 an, daß die bloße Lieferung (es handelte sich um die Beschaffenheit des Mörtels bei einem in Akkord hergestellten Bau) Betrug nicht begründe, weil die Pflicht zur Untersuchung durch den Empfänger gegenüberstehe. Es müsse noch eine besondere täuschende Manipulation des Liefernden hinzutreten, um den Empfänger über die

---

*) Ein ähnlicher Fall liegt dem Urth. R.G. III, 7. Juli 84, E. XI, 72, R. VI, 520 zu Grund. Es hatte ein Käufer die Auflösung eines ihm nachtheiligen Kaufvertrags durch Täuschung des Verkäufers bewirkt. Der Kauf war aber durch exceptio doli anfechtbar. Beim Glauben des Käufers an die Verbindlichkeit des Vertrags nahm R.G. die Möglichkeit eines Versuchs an.

Beschaffenheit zu täuschen. R.G. I, 20. Okt. 81, E. V, 137 nahm jedoch Betrug an bei bloßer Lieferung von Kunstwein statt des bestellten Naturweins. S. auch Mannheim 5. Juni 75 (bad. Ann. Bd. 41 S. 225, St. V, 371) Berlin 28. Febr. 79 (O.R. XX, 117).

In gleicher Weise wurde Betrug angenommen bei Lieferung von durch Zusätze verfälschtem Schmalz, München 27. Juli 77 (bayr. Entsch. VII, 331, St. VIII, 217) oder verfälschter Milch, München 2. Dez. 76 (St. VII, 153) oder nachgeahmten Mineralwasser R.G. I, 26. Jan. 88, R. X, 66 oder durch Steinchen verunreinigten Kaffee München 18. Juni 89 bayr. Entsch. V, 324. In einem Fall, in welchem ein Kunstgetränke als Cider verkauft war, wurde Betrug verneint, weil man lokal unter Cider das Kunstprodukt, nicht Obstwein, verstehe. R.G. II, 30. Okt. 79, R. I, 26, Ann. I, 38.

Der Kauf in Pausch und Bogen schließt die Berechnung einer Beschädigung nicht aus. R.G. I, 20. April 82, R. IV, 364. Die Beschädigung liegt vor mit Empfang der Waare, so daß ein Preisabzug, den der Käufer macht, für den Thatbestand nicht in das Gewicht fällt. R.G. IV, 23. Mai 90, Goltd. XXXVIII, 193.

13. Es ändert nichts am Thatbestand des Betrugs, wenn bei einem durch falsche Vorspiegelung herbeigeführten gewagten Vertrage durch einen glücklichen Zufall die Beschädigung abgewendet wurde. Es genügt, daß der Vertrag unter ungünstigeren Bedingungen abgeschlossen wurde, als der getäuschte Kontrahent glaubte. R.G. I, 7. Juni 80 (R. II, 37, E. II, 89, Ann. II, 132).

14. Vermögensbeschädigung ist Verminderung des Vermögens, sowohl wenn der bereits vorhandene Vermögensstand vermindert, als wenn ein bereits erworbenes Vermögensobjekt entzogen wird (Berlin 12. März 73, Goltd. XXI, 354, O.R. XIV, 199). Ein entgangener Gewinn genügt nicht (O.R. IV, 512; VIII, 20; es sei denn, daß der Gewinn bereits ein völlig gesicherter war. R.G. III, 7. Dez. 81, R. III, 772. Eine Vermögensbeschädigung liegt auch nicht vor, wenn durch die Täuschung nur der Austausch gleicher Vermögenswerthe bewirkt wurde, oder der Getäuschte sich bestimmen ließ, einer rechtlichen Verbindlichkeit zu genügen. (Hälschner, preuß. St.R. S. 356, Merkel S. 103. — Liegt dagegen die Uebernahme einer formell rechtsbeständigen Verbindlichkeit — ohne Gewährung eines vollständigen Aequivalents — vor, so ist es gleichgültig, ob man durch irgend ein Rechtsmittel (z. B. actio oder exceptio doli) sich wieder von der Erfüllung der Verbindlichkeit befreien kann. (Hälschner a. a. O. S. 357 u. Note 3; vgl. Berlin 9. Jan. u. 20. Febr. 73, O.R. XIV, 34, 151.) Dieses ist eben so unerheblich, als ob für ein bereits entzogenes Vermögensobjekt nachträglich vollständiger Ersatz geleistet wird. R.G. I, 20. Juni 81, E. IV, 295, R. III, 424. — Das Bestehen eines zur Kompensation geeigneten Gegenanspruches hebt den Thatbestand des Betruges nicht auf. S. Berlin 7. Febr. 73 u. 29. Mai 74 (O.R. XIV, 125; XV, 339, vgl. mit 13. Juni 73, Goltd. XXI, 449). R.G. III, 25. Okt. 83, R. V, 640 nahm jedoch in einem Fall, in welchem der Thäter einem Schuldner durch Täuschung einen Geldbetrag entlockte, um sofort zu kompensiren, keinen Betrug an. Ebenso wenig ändert die Aufhebung eines beschädigenden Vertrags etwas am Thatbestand, oder das spätere Entstehen eines entsprechenden Anspruchs, Berlin 22. Dez. 76 (O.R. XVII, 844), oder ein nachträglicher Verzicht auf erlangte Vortheile. Mannheim 10. Okt. 75 (bad. Ann. Bd. 41 S. 352), München 9. Juli 75 u. 8. März 78 (bayr. Entsch. V, 348; VIII, 101).

15. Ob in der vorübergehenden Beeinträchtigung oder Gefährdung eines Vermögensrechts eine Beschädigung zu finden, ist Thatfrage. Die Praxis des Obertribunals ist in dieser Beziehung sehr weit gegangen und hat eine solche Beschädigung für vorliegend erachtet z. B. in der zeitweiligen Entziehung der Verfügung über Gelder, der Krediterschleichung, der Verwickelung in einen mit Kosten verknüpften Prozeß u. s. w. Berlin 29. Nov. 71 [O.R. XII, 598], 2. April u. 28. Mai 73 [O.R. XIV, 247, 407], 19. Juni 73 [Goltd. XXI, 561, O.R. XIV, 448], 10. Juni 74 [O.R. XV, 381] und 3. Juni 75 [Goltd. XXIII, 531, O.R. XVI, 424]; München 4. Okt. 73 [St. III, 123]; Dresden 12. Mai 71 [St. I, 56], 7. Aug. 76, 23. März 77 [S.G.Z. XXI, 211; XXII, 36]; Mannheim 20. Okt. 77, 1. Juni 78 [bad. Ann. Bd. 43 S. 307, Bd. 44 S. 171]; wegen Verwickelung in Prozeß Berlin 27. Juni 76 [Goltd. XXIV, 587]; München 8. März 78 [bayr. Entsch. VIII, 101. Das R.G. entschied sich (III, 8. Nov. 83, E. IX, 168) dahin, daß eine bloße Gefährdung, d. h. die Möglichkeit einer Beschädigung, nicht hinreiche, den Begriff der Vermögensbeschädigung zu erfüllen. (Es handelte sich um reglementwidrige Aufgabe von Feuerwerkskörpern zur Post unter falscher

Deklaration, um einen an sich ausgeschlossenen wohlfeilen Transport zu erlangen.) Es wurde jedoch anerkannt, daß eine Gefährdung, welche einen schlechteren Stand des Vermögens herbeiführe, z. B. der Erwerb einer unsicheren Forderung als Vermögensbeschädigung erscheinen könne. Dies ist z. B. der Fall, wenn die Diskontirung von Wechseln durch Täuschung darüber erzielt wird, als lägen Waarenwechsel vor, während nur eine künstliche Kreditoperation (Wechselreiterei) bezweckt ist. In solchen Fällen ist vollendeter Betrug selbst dann gegeben, wenn die Absicht bestand, die Wechsel einzulösen und dieselben auch eingelöst wurden. R.G. III, 25. Juni 85, E. XII, 395, R. VII, 434. Ferner wurde Beschädigung durch Gefährdung gefunden in der Auflassung eines unter der Vorspiegelung, alle Hypothekenzinsen seien gezahlt, verkauften Grundstücks, wodurch der Käufer der Gefahr einer Realexekution ausgesetzt wurde. R.G. II, 20. April 88, R. X, 326.

16. Eine durch Täuschung erlangte Fristbewilligung, insbesondere auch die Hinausschiebung einer Exekution (z. B. durch Produzirung eines falsch deklarirten Postscheins) enthält nicht unter allen Umständen eine Vermögensbeschädigung. S. dagegen Berlin 21. Juni 76 (O.R. XVII, 443), 25. April 78 u. 14. Juni 79 (O.R. XIX, 230; XX, 296, Goltd. XXVI, 336; dann bez. Aufschub der Exekution Berlin 12. Febr. 79 (O.R. XX, 79, Goltd. XXVII, 210), R.G. 8. März 80 (Ann. I, 476); so auch in der durch Täuschung herbeigeführten Freigabe von Exekutionsobjekten und in Prolongation eines Wechsels. R.G. II, 21. Okt. 79 (R. I, 12, Ann. I, 147, Goltd. XXVII, 459), I, 23. Okt. 79 (R. I, 13), II, 23. März 80 (R. I, 499), 16. Febr. 81 (Ann. III, 253), s. jedoch oben N. 12.

17. Vermögensbeschädigung wurde weiter angenommen in der durch Täuschung bewirkten Annahme eines weniger günstigen Schuldbekenntnisses oder einer anderen Urkunde, als nach Verabredung erfolgen sollte, München 13. März 76 u. 8. März 78 (bayr. Entsch. VII, 109; VIII, 100, St. VI, 3); in einer nachtheiligen Verfügung über ein zu einem bestimmten Zweck hingegebenes Vermögensobjekt, Pfandbestellung statt Kaution, Mannheim 15. Nov. 76 (bad. Ann. Bd. 43 S. 47). Eine Vermögensbeschädigung der Gläubiger wurde angenommen in der durch eine Täuschung bewirkten Deckung einer noch nicht fälligen Wechselschuld von Seite des zahlungsunfähigen Schuldners. R.G. IV, 25. Nov. publ. 5. Dez. 90, E. XXI, 237; in der Berechnung einer Tantième für den Direktor einer Aktiengesellschaft, ohne daß der angebliche Gewinn wirklich gemacht war. Dresden 16. April 77 (S.G.Z. XXII, 46); in der Nichtleistung einer versprochenen Sicherstellung für ein Darlehen, Mannheim 17. Mai 76 (bad. Ann. Bd. 42 S. 273) München 12. Juni 85 bayr. Entsch. III, 411 oder Täuschung über den Werth eines Unterpfands, Berlin 3. Febr. 76 (Goltd. XXIV, 137), 3. April 78 (O.R. XIX, 188), R.G. III, 13. März 80 (E. I, 309; Unterdrückung der Thatsache, daß die auf einem verkauften Objekt ruhende Hypothek gekündigt sei, Berlin 14. Nov. 77 (O.R. XVIII, 707, Goltd. XXV, 550, St. VII, 337; VIII, 220) in der Ausstellung eines Wechselblankets; Dresden 16. April 75 (St. VI, 5); bei Vorenthaltung einer zugewendeten, wenn auch noch nicht kontraktlichen Lohnerhöhung, R.G. III, 14. Jan. 80 (E. I, 68). In der Unterschrift durch einen Bevollmächtigten statt des eigentlich Verpflichteten unter Wechsel und Bürgschaftsurkunde, nachdem auf die eigenhändige Unterschrift ein Anspruch bestand. R.G. III, 12. Okt. 85, E. XIII, 6. In der Abgabe eines schlechten Gewehrs statt eines guten, wegen Jagdvergehen eingezogenen. München 21. März 87 bayr. Entsch. IV, 355.

18. Vermögensbeschädigung wurde nicht angenommen bei Ausstellung eines Zahlungsversprechens ohne Schuldgrund, während das einschlägige Civilrecht ein solches Versprechen für unwirksam erklärt, R.G. III, 8. Nov. 79 (R. I, 47, E. I, 97, Ann. I, 144). Ferner verneinte R.G. II, 23. März 80 (R. I, 499) die Vermögensbeschädigung in einem Fall, in welchem der Angeklagte die Exekution mittels eines durch unrichtige Deklaration erschlichenen Postscheins abgewendet, aber Tags darauf das Geld abgeschickt hatte, so daß die Gläubiger früher zum Geld kamen, als im Wege der Exekution. Ebenso in einem Falle, in welchem ein Gläubiger bei Vertheilung einer Subhastationsmasse eine andere Person durch simulirte Cession vorschob, um einen seiner Gläubiger zu hindern, an dem Antheile seine Befriedigung zu suchen. R.G. III, 27. Nov. 80 (R. II, 577). Ferner wurde in der Warnung eines Käufers durch einen Unterhändler, der bei der Verhandlung nicht zugezogen war und bei einem durch ihn vermittelten Verkauf Anspruch auf Mäklerlohn hatte, keine Vermögensbeschädigung gefunden. R.G. III, 12. Okt. 85, E. XIII, 8.

19. Eine sehr bestrittene Frage ist, ob Vermögensbeschädigung vorliegt bei dem Erschleichen einer Eisenbahnfahrt ohne Fahrkarte oder ohne eine gültige Karte (eine gegen das Reglement

übertragene Rundreise- oder Retourkarte u. dgl.), weil das Eisenbahnunternehmen keines Aufwands bedarf, um die einzelne Person auf dem ohnehin verkehrenden Zug zu befördern, und man nicht behaupten kann, daß die Person außerdem gegen Zahlung gefahren wäre. Die Frage wurde jedoch bejaht in der ersteren Richtung durch Berlin 26. Mai 76, 27. Juni 78, O.R. XVII, 383, Goltd. XXIV, 367; XXVI, 524. München 5. Aug. 85 bayr. Entsch. III, 587. R.G. I, 20. Juni 81, E. IV, 295, R. III, 424, weil nach Beginn der Fahrt das Unternehmen schon Anspruch auf das Aequivalent habe. S. dag. Westrum im Magazin für deutsches Recht VII, 222 in der zweiten durch das Kammergericht (Goltd. XXXII, 449) R.G. I, 7. Febr. 87, R. IX, 114. München 10. Febr. 88 (bayr. Entsch. V, 16). S. dagegen Ihering in den Jahrb. f. Dogmatik XXIII, 327, v. Bar, G.S. Bd. 40, S. 481 jedoch auch de Jonge die Unübertragbarkeit der Retourbillets, Freiburg 1888 u. Retourbillets und kein Ende! Berlin 1889 u. dagegen G.S. Bd. 42 S. 150. Im Einklang mit obiger Ansicht führt R.G. II, 13. März 88, E. XVII, 217, R. X, 244 aus, daß, wenn Niemand vom Zugpersonal getäuscht sei, weil z. B. der unberechtigte Besitz einer Fahrkarte sofort entdeckt wird, nur Versuch vorliege, Täuschung liege aber schon im Einsteigen ohne Karte mit der Absicht der Fahrterschleichung. Endlich wurde angenommen, daß in falschen Angaben über die Dauer der erschlichenen Fahrt ein neuer Betrug liege, wenn dieselbe nicht von Anfang an, sondern erst bei Betreten beschlossen worden sei.

20. Die Absicht braucht nicht auf die Vermögensbeschädigung gerichtet zu sein, wohl aber ist das Bewußtsein erforderlich, daß eine solche Beschädigung mit der Handlung verknüpft sei. (Berlin 13. Juli 74, 4. Jan. u. 27. Juni 77, Goltd. XXII, 622; XXV, 552, O.R. XV, 495; XVIII, 10, 474, St. IV, 185. R.G. I, 25. Sept. 84, E. XI, 246; III, 21. Dez. 81, E. V, 278. München 12. Juni 85, 17. Nov. 86 bayr. Entsch. III, 411; IV, 298. Vgl. §. 59.) Die Absicht muß vielmehr nur auf den rechtswidrigen Vortheil gerichtet sein. In dieser Beziehung verlangt aber das Gesetz nicht bloß das Bewußtsein, daß ein Vortheil eintreten werde. Vielmehr ist hier, abweichend von andern Bestimmungen des St.G.B., in welchen der Ausdruck „Absicht" als gleichbedeutend mit „Vorsatz" gebraucht ist, erforderlich, daß der Zweck der That die Erlangung eines Vortheils war. Geschah dieselbe in anderer Absicht, wenn auch mit dem Bewußtsein, der Erfolg der That werde ein Vortheil sein, so liegt kein Betrug vor. Berlin 15. Juni 76 (O.R. XVII, 435, St. VI, 328) R.G. II, 1. Juli 84, R. VI, 493; IV, 28. Sept. 86, E. XV, 9.

Vorstehende Regeln gewinnen besonders Bedeutung, wenn der durch die Täuschung entstandene Nachtheil ein gelegentlich entstandener war, z. B. durch die Bemühungen, denselben abzuwenden, durch Prozeßkosten u. dgl., da solche Nachtheile nicht in der Absicht des Thäters zu liegen pflegen, ihm aber aufzurechnen sind, wenn er sich derselben bewußt war. R.G. II, 24. Juni 84, R. VI, 463.

Sowohl für vollendeten als für versuchten Betrug genügt Vorliegen von Eventualdolus, d. h. die eventuell für einen bewußt möglichen Fall gewollte Beschädigung eines Andern R.G. II, 29. März 89, E. XIX, 90. Auch genügt es; wenn der Thäter etwas objektiv Unwahres vorspiegelt, obgleich er von der Wahrheit oder Unwahrheit nicht überzeugt ist, sondern nur die Wahrheit des Behaupteten nicht weiß. R.G. IV, 22. Okt. 89, E. XX, 3. Durch die Feststellung, daß dem Thäter das Bewußtsein der Rechtswidrigkeit gefehlt habe, ist auch die Absicht, sich einen rechtswidrigen Vortheil zu verschaffen, verneint. Berlin 28. Juni 76 (O.R. XVII, 469).

21. Die Absicht kann auf einen Vortheil für den Thäter selbst, jedoch auch auf einen solchen für einen Dritten gerichtet sein, ohne daß etwas darauf ankommt, ob der Dritte an der That betheiligt ist oder nicht. Es genügt die alternative Feststellung. Der Dritte kann auch eine juristische Person sein. Dieselbe muß aber zum Vermögens-Erwerb befähigt sein; z. B. die Ortsarmenkasse. R.G. II, 19. März 80, R. I, 495, Goltd. XXVIII, 279.

22. Erregung oder Unterhaltung eines Irrthums. Dieser Irrthum muß durch Vorspiegelung falscher oder durch Entstellen oder Unterdrücken wahrer Thatsachen erregt sein.

Unter Thatsache — im Gegensatz zu bloßen Urtheilen, Meinungsäußerungen Anpreisungen des Täuschenden — ist Alles zu verstehen, was entweder wirklich vorhanden oder geschehen ist, oder nach dem Vorgeben des Täuschenden vorhanden oder geschehen sein soll. (Treffen diese Voraussetzungen zu, so kann auch in der Anpreisung von Waaren eine Irrthumserregung liegen. Berlin 23. Febr. 75, Goltd. XXIII, 202; Dresden 8. März 72, St. I, 36.) Auch innere Zustände und Eigenschaften, welche einer Person beigelegt werden (Berlin 23. Okt. 73, Goltd. XXI, 559, O.R. XIV, 659, St. III, 215), Aeußerungen oder Erklärungen

Dritter, das Dasein von Rechten oder Rechtsregeln sind Thatsachen. Berlin 18. Jan. 78 (O.R. XIX, 29, Goltd. XXVI, 66, St. VIII, 226), Dresden 24. April 76 (St. VII, 146). R.G. I, 3. Okt. 81, R. III, 579. In der Vorspiegelung eines Rechtes liegt die einer Thatsache, nämlich die der rechtsbegründenden Thatsache. Berlin 12. Febr. 79 (O.R. XX, 79, Goltd. XXVII, 210). Auch ist es gleichgültig, ob die Sache objektiv möglich ist oder nicht, z. B. Zauberei, Hexerei. Berlin 16. Juli 75, Goltd. XXIII, 535, O.R. XVI, 550.)

23. Dagegen hat die ältere Praxis die Uebernahme einer Verbindlichkeit, welche man von vornherein nicht zu erfüllen willens ist, nicht als Irrthumserregung in Betreff von Thatsachen angesehen. Dresden 8. Mai 71 (St. I, 54); vgl. aber Berlin 27. Nov. 72 u. 19. Nov. 74 (Goltd. XX, 557; XXII, 620, O.R. XV, 795, St. V, 103) und Stuttgart 12. Nov. 73 (St. III, 213) u. 19. Febr. 79 (württ. Ger.Bl. XV, 411). In einem solchen Falle wurde auch kein Kausalzusammenhang zwischen der Beschädigung und der Unterdrückung jener Absicht angenommen, da nicht diese, sondern die später unterlassene Erfüllung die Beschädigung bewirke (Hälschner, preuß. St.R. S. 361; Merkel S. 240). S. jedoch Geyer II, 58; v. Liszt S. 485; Olshausen N. 9; Oppenhoff N. 30, 46. Das Reichsgericht beurtheilte aber auch Fälle dieser Art strenger und fand Betrug dann vorliegend, wenn der Wille, die Verbindlichkeit nicht zu erfüllen, zu der Zeit vorlag, in welcher durch die Zusicherung sie zu erfüllen, der Gegentheil getäuscht und dadurch beschädigt wurde. So nahm R.G. III 11. Mai 81 R III, 294 in einem Falle Betrug an, in welcher ein Bauunternehmer das ihm für Bauzwecke zugesagte Darlehen unter Hinweisung auf den Stand der Bauten erhob, sich jedoch mit dem Gelde entfernte und es für andere Zwecke verwendete.

24. Sehr verwandt mit vorstehender Frage ist jene, ob Vorspiegelung einer Absicht zum Betruge geeignet sei. Es wurde dies früher vielfach in Abrede gestellt, vgl. G.S. Bd. 27, S. 151; Bd. 28, S. 506, München 13. Mai 75 (bayr. Entsch. V, 204), Berlin 3. Nov. 77 O.R. XVIII, 689, Goltd. XXV, 551); Merkel S. 328 in H.H. III, 753; IV, 435, H. Meyer S. 705; von anderer Seite bejaht: Darmstadt 25. Okt. 75 (hess. Entsch. S. 45, St. VIII, 218), Wolfenbüttel 6. März 77 (St. VII, 155), Mannheim 14. Juli 77 (bad. Ann. Bd. 43 S. 217), und so aufgefaßt, es sei eine Vorspiegelung, daß im Augenblick ein auf Realisirung eines Versprechens gerichteter Wille bestehe. Auch Berlin 27. Febr. u. 10. April 78 (Goltd. XXVI, 67, O.R. XIX, 209) fand in der Vorspiegelung, einen Kauf gegen Baarzahlung eingehen zu wollen, eine Vorspiegelung, wobei allerdings auch die Vorspiegelung über die Fähigkeit zur Baarzahlung in's Spiel kommt. Vgl. Mannheim 14. Juli 77 (bad. Ann. Bd. 43 S. 218), München 23. Juni 77, 5. Juni 88, (St. VII, 333, bayr. Entsch. V, 104). R.G. III, 3. April 80 (R. I, 535, Goltd. XXVIII, 292), 7. April 80 (R. I, 558 E. II, 5), 10. April 80 (R. I, 563). Das Reichsgericht schloß sich der Ansicht an, daß auch mittels Vorspiegelung einer Absicht Betrug begangen werden könne. R.G. I, 8. März 80 (E. I, 305, Ann. I, 476) III, 7. April 80 s. oben I, 10. Juni 80, R. II, 54; III, 11. Dez. 80, R. II, 629; I, 3. Jan. 81 R. II, 690; III, 11. Mai 81, R. III, 204 III, 25. Okt. 83 (R. V, 640). Um so mehr ist dies bezüglich Vorspiegelungen über die Absichten eines Dritten der Fall, R.G. I, 24. Sept. 83, R. V, 542.

25. Das „Vorspiegeln" sowohl wie das „Entstellen" oder „Unterdrücken" setzt eine positive Thätigkeit voraus, die sich jedoch sowohl in (mündlichen oder schriftlichen) Erklärungen als in Handlungen (Zeichen) äußern kann, z. B. in den besonderen Veranstaltungen, welche getroffen worden sind, um die Mängel einer zu verkaufenden Waare zu verdecken. Berlin 28. Nov. 72, 5. Mai 74 (O.R. XIII, 635, XV, 272); Dresden 15. Sept. 71 (St. I, 123); 11. Aug. 74 (S.G.Z. XVII, 284). R.G. III, 28. Nov. 89, (E. XX, 144). — Zweifelhaft kann sein, ob in einem passiven Verhalten, einem Verschweigen ein „Unterdrücken" gefunden werden kann. Bloßes Verschweigen der Wahrheit genügt nicht, da es ein Recht auf Wahrheit nicht gibt. Selbst die Verletzung einer bestimmt übernommenen Pflicht, die Wahrheit zu sagen, bildet noch kein strafbares Unterdrücken. Dagegen kann das Schweigen wohl das Moment eines aktiven täuschenden Benehmens bilden, wenn der Getäuschte nach den Erklärungen oder Handlungen des Täuschenden und den Umständen die Mittheilung bestimmter Thatsachen erwarten mußte und dadurch in Irrthum gerieth, dessen Berichtigung der Thäter absichtlich unterließ. R.G. II, 4. Nov. 79 nahm an, daß nur eine Rechtspflicht, nicht auch eine moralische Verpflichtung zur Mittheilung das bloße Schweigen zur Unterdrückung mache. (R. I, 36, Ann. I, 148, Goltd. XXVIII, 37), ferner, daß unter Umständen das Schweigen die Wirkung positiver Bestätigung haben könne. (R.G. III, 13. März 80 (E. I, 309) I, 15. März 80

(E. I, 314). Vgl. auch Hälschner, preuß. St.R. II, S. 363, Merkel S. 147 und die Praxis des Obertribunals, welches annahm, daß ein Verschweigen der Wahrheit gegenüber einer bestimmt übernommenen Pflicht oder den Rücksichten der Redlichkeit und Moral im Verkehr zuwider ein strafbares Unterdrücken darstelle. Berlin 24. Okt. 72, 16. Okt u. 31. Okt. 73, 20. Jan. 75, 16 Mai u. 28. Nov. 77, 27. Juni 78, Goltd. XX, 555; XXI, 559; XXV, 552; XXVI, 525, O.R. XIV, 679; XVI 58; XVIII, 342; XIX, 343; St. II, 117; VII, 156, s. auch München 16. Febr. 78 (St. VIII, 229). Die cit. Entscheidungen selbst erscheinen auch nach den obigen Ausführungen durchweg als gerechtfertigt.

26. Vorspiegelung wurde gefunden in der Eröffnung, eine Erbschaft, selbst wenn sie existirt, könne flüssig gemacht werden, bei bereits begründeter Ueberzeugung, daß dies nicht der Fall sei, Berlin 4. Jan. 77 (Goltd. XXV, 56); in der Angabe eines Verkäufers, die Sache um einen höheren Preis, als in Wirklichkeit der Fall, gekauft zu haben, Dresden 14. Jan. 78 (S.G.Z. XXII, 243, St. VIII, 226); überhaupt in unwahren Behauptungen über den Werth einer Sache, Berlin 15. Nov. 76 (O.R. XVII, 740, St. VII, 152), oder über das Gewicht einer Waare, Berlin 9. Jan. 77 (O.R. XVIII, 18); oder in dem heimlichen Austausch einer geringerwerthigen Waare bei Uebergabe einer gekauften werthvolleren, Dresden 27. Aug. 77 (St. VIII, 334); in der Vorspiegelung, eine im Auftrage gekaufte Sache theurer gekauft zu haben, München 10. März. 76 (bayr. Entsch. VI, 90); in der Abgabe von Scheingeboten bei einer Versteigerung, um einen Mitbieter zur Abgabe höherer Gebote zu veranlassen, Berlin 20. Sept. 78 (O.R. XIX, 425, Goltd. XXVI, 523), R.G. II, 30. Nov. 79 (Ann. I, 146, Goltd. XXVIII, 35); in der zur Täuschung erfolgten Auflassung eines Grundstücks, um sich der Zahlung schuldiger Untersuchungskosten zu entziehen. R.G. II, 4. Dez. 85, E. XIII, 138; R. VII, 712; oder in der Eintragung einer fingirten Hypothek auf ein Grundstück in dessen vollem Werth, um einen oder die Gläubiger zu benachtheiligen. R.G. II, 21. Febr. 88, Goltd. XXXVI, 181; in der Liquidation nicht gehabten Brandschadens gegenüber den Vertretern einer Feuerversicherungs-Gesellschaft, Dresden 20. Sept. 75 (St. VI, 332), Mannheim 5. Okt. 78 (bad. Ann. Bd. 44 S. 248), R.G. III, 4. Dez. 80 (R. II, 605 E. III, 85); im Verschweigen der Absicht, einen Wechsel nach seinem vollen Betrag auszuklagen, und falschen Versicherungen über die Wirkung des Wechsels, Dresden 24. April 76 (St. VII, 146), R.G. III, 7. Jan. 80 (R. I, 196); in der Uebergabe werthloser Gefälligkeitsaccepte statt bedungener Geschäftswechsel, Dresden 23. März 77 (S.G.Z. XXII, 35), Berlin 25. Mai 77 (O.R. XVIII, 346) s. jedoch R.G. III, 14. Mai 91, E. XXII, 20; in der Hingabe von Kellerwechseln als Vorspiegelung über die Kreditfähigkeit der Unterschreibenden, Berlin 7. u. 25. Sept. 77 (O.R. XVIII, 549, 589); in falschen Angaben über die amtliche Stellung einer Person, Berlin 22. Dez. 76 (O.R. XVII, 846); in der Behauptung, ein sicheres Heilmittel für eine Krankheit zu haben, Berlin 13. März 79 (Goltd. XXVII, 373); in der Anpreisung von Mitteln unter dem fälschlich beigelegten Titel einer Sanitätsperson, R.G. III, 16. Mai 87, E. XVI, 93; in der Bestellung von Waaren unter Versprechung von Baarzahlung von Seite eines zahlungsunfähigen Kaufmanns, R.G. III, 24. Jan. 80 (R. I, 272, Ann. I, 359, Goltd. XXVIII, 74).

In Zechprellerei liegt Betrug, und ist ein Verhalten, welches die Annahme herbeiführt, der Gast werde seine Zeche bezahlen, genügende Vorspiegelung. R.G. I, 3. Juni 80 (R. II, 690, Ann. III, 255), 16. Febr. 81 (Ann. III, 256) III, 28. Juni 82, R. IV, 90. In der bei dem Nachsuchen der Prolongation eines Wechsels gegebenen Versicherung des Schuldners, er werde in der Lage sein, den Wechsel einzulösen, liegt eine Vorspiegelung. R.G. III, 2. Febr. 81 (E. III, 332). Ferner wurde Vorspiegelung gefunden in einer Geschicklichkeitsmanipulation, welche als vom Zufall abhängend bezeichnet und zu einem anscheinenden Glücksspiel benutzt wurde. R.G. IV, 10. Okt. 90, E. XXI, 107.

27. Unterdrückung einer Thatsache liegt in der Unterlassung einer durch Amts- oder Rechtspflicht gebotenen Mittheilung. Berlin 8. Mai 78 (O.R. XIX, 248), R.G I, 28. April 81, E. IV, 227, R. III, 254. Ebenso kann aus einem Gesellschaftsverhältniß eine Pflicht zur Mittheilung von Thatsachen entspringen und deren Unterlassung sich als Unterdrückung von Thatsachen darstellen. Berlin 4. Mai 76 u. 10. Okt. 77 (O.R. XVII, 308; XVIII, 625, Goltd. XXIV, 361, St. VI, 323). Die Pflicht zur Angabe der genaueren rechtlichen Beziehungen und civilrechtlichen Verpflichtungen bei Beurkundung einer notariellen Cession statt der pflichtgemäßen Löschung wurde verneint. R.G. II, 3. Okt. 90, E. XXI, 67. Ebenso die Pflicht zur Angabe früheren Verkaufs bei Auflassung eines Grundstücks R.G. IV, 21. Mai 89, Goltd. XXXVII, 196. Als Unterdrückung erscheinen ferner Handlungen, welche die Aufklärung eines Irrthums

durch Dritte zu verhindern den Zweck haben. Berlin 7. Febr. 77 (O.R. XVIII, 99) oder das bloße Verschweigen durch ein aktives, auf Täuschung angelegtes Verhalten des Thäters verstärken. R.G. I, 15. März 80, E. I, 314, IV, 20. Dez. 87, R. IX, 742, auch wenn die Verdeckung schon früher erfolgt war. R.G. III, 28. Nov. 89, E. XX, 144. Die Begebung eines Depotwechsels ohne Mittheiluug des zu Grunde liegenden Rechtsgeschäfts wurde nicht als Unterdrückung von Thatsachen beurtheilt. R.G. I, 15. Nov. 80 (R. II, 515, E. II, 35). In Verschweigung der Absicht, ein Blanket betrüglich als Wechsel auszufüllen und zu gebrauchen, erblickte Unterdrückung einer wahren Thatsache: R.G. I, 6. Dez. 80, (R. II, 610, E. III, 142); ebenso in der arglistigen Verschweigung einer vorgenommenen Cession gegenüber den Schuldnern, um die cedirte Forderung selbst zu vereinahmen. R.G. II, 12. Juli 81, R. III, 477; III, 18. März 89, E. XIX, 161 in mehrfacher Cession von Gehalt wurde jedoch Betrug nicht erblickt wegen der durch §. 163 des Anhangs zur preuß. allgem. Ger.O. I, 24, §. 108 bewirkten Wirkungslosigkeit der Cession. Keine Vorspiegelung bez. Unterdrückung kann erblickt werden im Verschweigen einer rein persönlichen Verbindlichkeit des Käufers bezüglich der verkauften Sache, die den Uebergang des Eigenthumes nicht hindert, Berlin 15. Juli 78 (O.R. XIX, 370, Goltd. XXVI, 445, St. VIII, 230) oder in dem Verschweigen der Absicht, auf Abzahlung gekaufte Gegenstände sofort zu verpfänden, um Geld zu erhalten. R.G. III, 28. Nov. 89, E. XX, 142 oder in dem ohne eigenes Zuthun entstandenen Irrthum eines anderen und Acceptation der vortheilhaften Wirkungen dieses Irrthums, wie bei Fehlern eines verkauften Thieres, München 16. Febr. 78 (bayr. Entsch. VIII, 88, St. VIII, 229). 1. Juni 87, bayr. Entsch. IV, 467, R.G. II, 4. Nov. 79 (R. I, 36, Ann. I, 148, Goltd. XXVIII, 37), 9. Nov. 80 (R. II, 485, E. II, 430) oder in der Benutzung eines bei einem anderen in der Trunkenheit vorgekommenen sich Versprechens. R.G. III, 17 März 90, E. XX, 326, (332). Anders jedoch bei positiven Vorspiegelungen über Eigenschaften eines verkauften Thieres. R.G. I, 22. Jan. 80 (R. I, 261). Ebenso wenig liegt in der bloßen Forderung eines übermäßigen Preises eine Vorspiegelung des Rechtes auf einen solchen. Berlin 23. Mai 79 (O.R. XX, 278, Goltd. XXII, 539).

28. Sehr häufig stellt sich die Erregung eines Irrthums gleichzeitig als Vorspiegelung und Unterdrückung wahrer Thatsachen dar, so z. B. die Versicherung eines Kredit suchenden, ein sicherer Mann zu sein, unter Darlegung günstiger Umstände bei Verschweigen ungünstiger. R.G. II, 1. Juni 83, R. V, 395 oder bei theilweisen Mittheilungen, welche ein falsches Bild ergeben. München 11. Aug. 85, bayr. Entsch. III, 502.

29. Ob die Unterdrückung einer Thatsache auf die rechtliche Wirksamkeit des Rechtsgeschäfts von Einfluß war, ist ohne Belang. Berlin 8. Nov. 76 (O.R. XVII, 721).

Ob der Irrthum ein vermeidlicher, ob Leichtgläubigkeit die Ursache desselben war, ist gleichgültig. Berlin 25. Okt. 72 u. 28. Febr. 73, Goltd. XX, 556, (O.R. XIV, 181).

30. Der Getäuschte und der Beschädigte brauchen nicht eine Person zu sein. Berlin 17. Sept. 73 (O.R. XIV, 540, St. III, 123), 7. Febr. 77 u. 11. Okt. 78 (O.R. XVIII, 90; XIX, 460); Leipzig 25. Sept. 76 (Entsch. XI, 120); München 9. Juli 75 u. 6. Juli 77 (bayr. Entsch. V, 338; VII, 288, St. VII, 329); Dresden 16. Jan. 74, 14. Juli u. 7. Aug. 76, 28. Mai u. 27. Aug. 77 (St. IV, 184; VII, 328, 334, S.G.Z. XXI, 172, 211); Abh. in Goltd. III, 607; Hälschner, preuß. St.R. II, 375; Weiß zu Bayern Art. 314, II, S. 209. Hierher gehört z. B. die Täuschung des Vormunds oder der Obervormundschaft, um im Einverständnisse mit einem unter Kuratel gestellten Verschwender Vermögenstheile desselben zur Verfügung zu erhalten, Dresden 9. Juni 76 (St. VII, 147), die Benutzung einer erloschenen Vollmacht, um für den Vollmachtgeber Gelder zu erheben (z. B. seitens eines Geschäftsreisenden), Mannheim 4. Juli 74 (bad. Ann. Bd. 41 S. 231).

In einem Falle, in welchem der Käufer eines Grundstücks eine auf den Kaufpreis angerechnete Hypothek, die in Folge betrüglicher Vorspiegelungen angenommen worden war, an eine dritte Person cedirt hatte, vermißte R.G. III, 23. Febr. 81 (E. III, 392), die Klarlegung der Rechtsverhältnisse, durch welche der Cessionar, obwohl er keine Gegenleistung gemacht hatte, als beschädigt erschien.

31. In wiederholten Entscheidungen ist mit Recht angenommen, daß auch eine Täuschung des Richters, namentlich durch Vorbringen unrichtiger einseitiger Erklärungen oder falscher Beweismittel und die darauf hin gefällte nachtheilige Entscheidung den Thatbestand eines Betruges herstellen könne. Berlin 11. Juli 72 (O.R. XIII, 413, St. II, 57), 25. Okt. 72 (Goltd. XX, 556), 6. April u. 6 Okt. 75 (Goltd. XXIII, 525, O.R. XVI, 271, 637).

In der Praxis hat sich die Anschauung festgestellt, daß durch einseitige Parteibehauptungen in einem Rechtstreite keine Vorspiegelung begangen werde, weil diese für die richterliche Entscheidung ohne Bedeutung sind, Berlin 22. Nov. u. 14. Dez. 76 (O.R. XVII, 752, 823, Goltd. XXIV, 586); München 6. Juli 77 (bayr. Entsch. VII, 288, St. VII, 329); Dresden 14. Juli 76 (S.G.Z. XXI, 171, St. VII, 148) u. 28. Mai 77 (St. VII, 328); daß dagegen Betrug vorliege, wenn die Parteibehauptung auf erschlichene, simulirte oder gefälschte Beweismittel gestützt wird, oder auf durch Täuschung erlangte Zeugenaussagen oder Gutachten. Berlin 22. Nov. u. 14. Dez. 76, 12. Jan. 77 (O.R. XVII, 752, 823; XVIII, 36, Goltd. XXIV, 586, St. VII, 154); Leipzig 25. Sept. 76 (E. XXI, 120); München 6. Juli 77 (bayr. Entsch. VII, 188, St. VII, 329); Dresden 28. Mai 77 (St. VII, 328); Mannheim 15. Juli 76 (bad. Ann. Bd. 43 S. 6). Dieser Unterscheidung schloß sich auch das Reichsgericht an. R.G. III, 25. Febr. 80 (R. I, 387, E. I, 227, Goltd. XXVIII, 247), 17. März 80 (R. I, 479, Goltd. XXVIII, 272), 22. Mai 80 (R. I, 808), 8. Juni 80 (E. II, 91) u. 4. April 81 (Ann. III, 473). Hieran hielt R.G. III, 30. Dez. 81, E. V, 321, R. III, 843 sogar in einem Falle (Interventionsklage) fest, in dem dem Handelnden Glaubhaftmachung obgelegen hätte, der Richter aber der einseitigen Versicherung Glauben schenkte. S. auch Berlin 12. Febr. 79 O.R. XX, 78, Goltd. XXVII, 210. R.G. II, 28. Dez. 86, E. XV, 126, R. VIII, 790. Ferner nahm das R.G. das Gleiche an, wenn die Prozeßpartei sich auf echte Urkunden stützte, mit welchen Unwahres zu beweisen versucht wurde z. B. durch zur Sicherheit gegebene Wechsel, deren Gebrauch nur für einen bestimmten Fall gestattet war. R.G. I, 1. Nov. 80, R. II, 421, Ann. II, 522, oder durch eine Quittung, welche zum Beweis einer andern Zahlung benützt wurde, als wofür sie ausgestellt war. R.G. I, 26. Sept. 87, E. XVI, 193, oder durch Wechsel, welche durch Zahlung oder Abkommen ihre Gültigkeit verloren haben, aber in der Hand des Inhabers blieben, ohne Rücksicht auf die im Prozesse erhobenen Einwände. R.G. II, 20. Sept. 87, R. IX, 442. Aehnlich verhält es sich mit Erschleichung einer Exekution auf Grund einer echten vollstreckbaren Ausfertigung unter Verschweigen eines in Mitte liegenden Vergleichs. R.G. II, 6. April 88, R. X, 279. Dagegen wurde Betrug verneint in einem Falle, in welchem der Thäter für eine wissentlich unwahre Schuld einen Zahlungsbefehl erwirkt und diesen zur Exekution gebracht hatte, nachdem der angebliche Schuldner Widerspruchs- und Einspruchsfrist unbenützt verstreichen ließ. R.G. I, 12. Mai 80, E. XX, 391.

Auch Berlin 12. Febr. 79 (O.R. XX, 78, Goltd. XXVII, 210) nahm Betrug an bei unwahrer Intervention und dadurch bewirkter Aufhebung der Versteigerung des Exekutionsobjekts, und Mannheim a. a. O., wenn die Partei durch Täuschung zu einer ihr nachtheiligen Handlung im Prozeß verleitet wird. Ferner wurde Betrug angenommen bei einem zur Schädigung eines Dritten durchgeführten simulirten Prozeß. Berlin 11. Okt. 78 (O.R. XIX, 460); München 9. Juli 75 (bayr. Entsch. V, 338); Dresden 14. Juli 78 (S.G.Z. XXI, 171, St. VII, 148). R.G. II, 12. Nov. 80 (E. II, 436), 17. Okt. 82, E. VII, 134. — Berlin 12. April 78 (Goltd. XXVI, 335) nahm keinen Betrug an bei Ausklagung mehrerer Wechsel, welche für eine Schuld ausgestellt waren, weil jeder Wechsel ein selbstständiges Klagerecht erzeuge; allein die formelle Gültigkeit eines Wechsels nach Wechselrecht schließt den Thatbestand des Betrugs nicht aus, sondern hat nur Wirkung für den Wechselprozeß. — Mit Recht dagegen wurde in der Behauptung einer zu exequirenden Person, gewisse Exekutionsobjekte nicht zu besitzen, und die dadurch bewirkte Abstandnahme des Exekutors von der Pfändung Betrug nicht erblickt, weil die einseitige Behauptung (ohne Manifestation) für die Exekution ohne Gewicht sei. Berlin 2. Juli 79 (O.R. XX, 319, Goltd. XXVII, 539). Das Gleiche ist der Fall bei Ableugnung des Besitzes von Sachen, deren Einziehung gerichtlich verhängt ist. R.G. III, 8. Mai 80 (R. I, 744, Goltd. XXIX, 63). Betrugsversuch wurde angenommen in der Vorlage einer gefälschten Urkunde an den Richter, obwohl dieselbe in Folge des Editionsverlangens des Gegners erfolgte. R.G. III, 18. Dez. 80 (E. III, 169).

32. Irrthum und Beschädigung müssen im Kausalzusammenhang stehen („dadurch beschädigt, daß"). Es liegt also kein vollendeter Betrug vor, wenn die Täuschung nicht durch die Versicherungen des Thäters, sondern durch andere ihm nicht zur Last fallende Umstände eingetreten ist (R.G. III, 23. Febr. 81, E. III, 395); wenn der Getäuschte die ihn beschädigende Handlung auch ohne Täuschung vorgenommen hätte. Ob solches der Fall gewesen sein würde, ist aus den Umständen zu entnehmen und wird in concreto oft die aufmerksamste Prüfung erfordern. Das Zeugniß des Beschädigten, welcher meist unter dem Eindruck getäuschter Hoffnung auf Gewinn und erlittenen Schadens steht, wird vielfach von zweifelhaftem Werthe

sein, namentlich wenn er nach längerer Zeit über das **factum internum** aussagen soll, ob er durch die Anpreisungen, Behauptungen, Erzählungen u. s. w. zu der Handlung, insbesondere zum Eingehen eines Rechtsgeschäfts bewogen worden. Es kann jedoch, auch wenn die Täuschung in Bezug auf den Handelnden ohne alle Wirkung geblieben ist, Versuch des Betruges vorliegen und ist die bloße Möglichkeit, daß ein wirklich Getäuschter ebenso gehandelt hätte, wie er in Folge der Täuschung gehandelt hat, ohne Belang für den Thatbestand. Es müssen also, um im letzteren Falle vollendeten Betrug auszuschließen, andere Beweggründe zum Handeln vorliegen. Berlin 20. Dez. 76 (O.R. XVII, 832, St. VII, 154); Mannheim 15. Nov. 76 (bad. Ann. Bd. 43 S. 47). Jedoch ist den oftmals im Handel und Wandel vorkommenden Anpreisungen zur Annahme eines strafbaren Betruges keine zu große Bedeutung beizulegen.

33. Es bedarf keiner besonderen Veranstaltung zur Erregung einer irrigen Annahme. Es genügt, daß der Betrüger eine unwahre Angabe gemacht, daß der Betrogene sie geglaubt hat und dadurch zu Schaden gekommen ist. Berlin 10. Okt. 77 (O.R. XVIII, 629). Der ursächliche Zusammenhang kann auch ein mittelbarer sein. Dresden 28. Mai 77, (St. VII, 329); z. B. die Täuschung einer Person durch eine andere getäuschte. R.G. I, 25. Sept. 84, E. XI, 246. Das Mitwirken anderer Ursachen zur Täuschung schließt den Kausalzusammenhanhang nicht aus. München 15. Juli 85 (bayr. Entsch. III, 474). Daß der Getäuschte sich nicht hätte täuschen lassen sollen, ist ohne Belang. Berlin 21. Juni 76 u. 25. April 78 (O.R. XVII, 443; XIX, 230, Goltd. XXVI, 336). So wird es z. B. als Betrug anzusehen sein, wenn Jemand durch die Täuschung zur Hingabe von Geschenken oder milden Gaben bewogen wird. (Vgl. über die Nothwendigkeit des Kausalzusammenhangs Berlin 21. Mai 73 (Goltd. XXI, 561) u. 27. Jan. 75 (Goltd. XXIII, 127, O.R. XVI, 86); München 17. Juli 75 (bayr. Entsch. V, 361). R.G. I, 26. Juni 80 (R. I, 276), IV, 3. Nov. 85, R. VII, 638. Dahin gehört auch das Betteln unter falschen Vorspiegelungen, sofern die Hingabe des Geschenkes durch den Irrthum bewirkt worden ist. Wolfenbüttel 9. Sept. 73 (St. III, 124), Berlin 6. Sept. 76 (O.R. XVII, 545, Goltd. XXIV, 586); Dresden 10. April 76 (S.G.Z. XXI, 51, St. VII, 145); vgl. Hälschner preuß. St.R. II, 354. R.G. I, 4. Juli 81, E. IV, 352, R. III, 460, III, 26. Mai 82, E. VI, 360.

34. Bei den sogenannten „Gründungen" ist der Kausalzusammenhang zwischen Irrthumserregung und Beschädigung in dem Falle angenommen worden, daß in der Stipulation des Kaufvertrages über Realitäten ꝛc., welche an das Gründerkonsortium verkauft worden, ein Gründergewinn als Theil des Kaufpreises hingestellt, diese Thatsache aber den später hinzutretenden Betheiligten verschwiegen worden ist, Berlin 4. Mai 76 (Goltd. XXIV, 361, O.R. XVII, 307, St. VI, 323), 10. Okt. 77 (O.R. XVIII, 625). Vgl. Berlin 18. Febr. 74 (Goltd. XXII, 126, O.R. XV, 88, St. III, 361). In solchen Fällen kann es vorkommen, daß der Beschädigte, eine zu gründende Gesellschaft, zur Zeit eines Betrugsversuchs noch nicht existirt. R.G. I, 9. Juli 88, E. XVIII, 72, R. X, 467. Vgl. über Gründerprozesse: Möller, Gründerprozesse S. 31, v. Liszt S. 488 N. 6, Merkel in H.H. IV, 439. Verh. des 14. D. Jur.-T. I, 2 S. 98 fg., 2 S. 165, H. Meyer S. 709, Feige Goltd. XXVI, 303.

35. Bezüglich des häufig vorkommenden Falls der Straferstehung durch einen andern als den Verurtheilten, erkannte R.G. III, 21. Dez. 81, E. V, 278 in einem Fall, in welchem die That gegen Belohnung geschehen war, es liege kein Betrug vor, weil die Thäter sich des bewirkten Schadens (doppelte Strafvollzugskosten) nicht bewußt gewesen wären und es am Kausalzusammenhang zwischen Täuschung und Vortheil gebreche. (Letzteres dürfte irrig sein. Der Kausalzusammenhang muß zwischen Irrthum und Schaden stattfinden, nicht zwischen Irrthum und Vortheil. Ersterer lag vor, weil die beschädigte Strafvollzugsbehörde getäuscht war.) Vgl. R.G. II, 24. Juni 84, R. VI, 463.

36. Neben dem §. 263 sind die Bestimmungen über Steuerdefraudationen in Kraft geblieben. Daher wird der §. 263 bei diesen Vergehen nicht schon darum wirksam, weil Beamte in Irrthum versetzt worden sind; vielmehr kann dies nur geschehen, soweit gesetzliche Bestimmungen die Strafe des Betruges androhen. Berlin 20. Nov. 73 (Entsch. LXXI, 451, Goltd. XXI, 651, O.R. XIV, 740). In ähnlicher Weise entschied R.G. I, 28. Okt. 80 (R. II, 403, E. II, 405) bezüglich einer städtischen Miethsteuer. Vgl. III, 26. Juni 80, R. I, 113 bezüglich Einkommensteuer R.G. II, 13. Juli 86 E. XIV, 293, R. VIII, 534; 16. Okt. 88, E. XVIII, 151, R. X, 579; ferner bei Zolldefraudationen R.G. I, 20. März 90, E. XX, 306, s. jedoch R.G. Pl. 4. April, 81 E. IV, 50, R. III, 193, wonach die Täuschung der Steuerbehörde durch

falsche Führung des Brauregisters und dessen Vorlage an die Steuerbehörde Seitens eines unter Vorbehalt der Nachversteuerung fixirten Brauers in der Absicht, die künftige Feststellung der Steuer zu beeinflussen, unter die Bestimmungen des Betrugs fällt, weil hierfür eine Defraudationsstrafe nicht angedroht ist. Vgl. auch Berlin 28. Sept. 76 (O.R. XVII, 607, Goltd. XXIV, 624, St. VI, 129, jedoch auch R.G. III, 26. Juni 80 R. II, 114).

37. Zum Versuch ist weder das Gelingen der Täuschung noch ein Anfang der Vermögensbeschädigung erforderlich, es kann dazu das Vorbringen falscher Thatsachen genügen. (Berlin 15. Nov. 71, O.R. XII, 504, 29. März 73, St. II, 285, 4. Mai 75, O.R. XVI, 342; München 8. Jan. 73, Goltd. XXI, 607.) Doch ist erforderlich, daß die Handlungsweise des Thäters an sich geeignet war, die beabsichtigte Vermögensbeschädigung herbeizuführen. Berlin 4. Mai 75 (O.R. XVI, 342). R.G. II, 1. Dez. 82, E. VII, 266. Betrugsversuch mit zur Irrthumserregung untauglichen Mitteln ist strafbar. R.G. 18. Febr. 81 (Ann. III, 241). Auch in dem Falle wurde Betrugsversuch angenommen, wenn der zu Täuschende unterrichtet war oder den Versuch der Täuschung durchschaute, jedoch den Betrüger gewähren ließ, um ihn zu überführen. R.G. IV, 26. Jan. 86, R. VIII, 98.

38. Zur Vollendung des Betrugs ist nicht die Erlangung des gesuchten Vortheils erforderlich, sondern nur der Eintritt der Beschädigung. Berlin 20. Dez. 73, 4. Jan. 77 (O.R. XIV, 807, XVIII, 11). München 9. Juli 75, 13. März 1876 (bayr. Entsch. V, 347, VI, 109, St. VI, 3). R.G. II, 1. Juli 84, R. VI, 493. Handelt es sich um die betrüglich herbeigeführte Uebernahme einer Verpflichtung, so bedarf es zur Vollendung nicht, daß der Verpflichtung genügt wurde, sondern nur das Eingehen der Verpflichtung durch Abschluß eines Vertrags, Ausstellung einer Urkunde u. s. w. München 8. März 78 (bayr. Entsch. VIII, 100). Jedoch darf diese Verpflichtung nicht noch von anderen Umständen abhängen, um eine schädigende oder doch gefährende Wirkung auf das Vermögen des Verpflichteten zu üben. Deshalb hat R.G. III, 22. Febr. 83 (E. VIII, 68, R V, 140) die Annahme des Eintritts einer Beschädigung also der Vollendung in einem Falle verneint, in welchem der Girant eines Wechsels zur Abgabe eines Blankogiro durch Täuschung veranlaßt worden war, jedoch nur um den Wechsel diskontirbar zu machen. Das Diskontiren des Wechsels gelang jedoch nicht, es lag also der Fall der schädigenden Wirkung und damit Vollendung nicht vor.

39. Die That ist im Inlande auch dann begangen, wenn der Erfolg der Schädigung im Auslande eingetreten ist. Es kommt also auch nicht darauf an, ob der Thäter das Bewußtsein hatte, daß er eine im Inlande befindliche Person beschädige. R.G. I, 25. Sept. 84, E. XI, 246.

40. Als Mitthäter kann derjenige beurtheilt werden, welcher die täuschenden Handlungen durch einen Dritten begehen läßt und sodann den Irrthum zu einem rechtswidrigen Vortheil ausnutzt. Berlin 31. Okt. 76 (O.R. XVII, 701). Durch gleichzeitige Hingabe mehrerer werthlosen Wechsel können, wenn jeder ein selbständiges Täuschungsobjekt bildet, das vom Erwerber einzeln angenommen wird und vermögensrechtliche Folgen nach sich zieht, so viele real konkurrirende Betrügereien begangen werden, als Wechsel in Frage stehen. Berlin 27. Febr. 79 (Goltd. XVII, 203). Betrug und Urkundenfälschung, um sich oder einem Anderen einen Vermögensvortheil zu verschaffen, können ideell konkurriren. München 26. Jan. u. 9. Juli 75, 22. März 78 (bayr. Entsch. V, 30, 343; VIII, 115, St. V, 124); Stuttgart 27. Jan. u. 21. April 75 (württ. Ger.-Bl. XII, 131); Mannheim 1873 u. 6. Nov. 75 (St. VII, 161, 162); Wolfenbüttel 12. März 77 (St. VII, 164). R.G. III, 3. Dez. 79 (R. I, 111, E. I, 111, Ann. I, 149), I, 3. Mai 80 (R. I, 716, E. II, 42, Ann. II, 22, Goltd. XXVIII, 466), 6. Dez. 80 (R. II, 610, E. III, 142), III, 8. Dez. 80 (E. III, 96), 18. Dez. 80 (E. III, 169), IV, 28. Sept. 86 (E. XV, 9).

41. Betrug und Unterschlagung kann in der Art konkurriren, daß wenn der Thäter durch Täuschung den Besitz und dadurch einen rechtswidrigen Vortheil erlangt, er später den Entschluß der Aneignung faßt, und durch Verkauf oder dgl. ausführt. Hatte er aber schon bei Erlangung des Besitzes die Absicht der Aneignung, so liegt nur Betrug vor. R.G. II, 26. April 87, E. XV, 426. S. auch IV, 3. Juni 90, Goltd. XXXVIII, 202. Ferner kann Betrug durch Erhebung von Brandversicherungsgeldern und die betrügliche Brandstiftung nach §. 215 real konkurriren. R.G. II, 21. Jan. 88, E. XVII, 62, R. X, 51.

Der ideale Zusammenfluß der Delikte aus §§. 352 und 263 ist möglich, wenn der bloßen Anforderung nicht berechtigter Gebühren noch eine besondere täuschende Thätigkeit hinzutritt, andernfalls schließt §. 352 die Anwendung des §. 263 aus. R.G. III, 15. Nov. 88, E. XVIII, 219, R. X, 664 vgl. I, 28. April 81, E. IV, 227, R. III, 254.

Auch der ideelle Zusammenfluß von Betrug und Erpressung ist möglich. R.G. III, 17. März 90, E. XX, 326, auch ideeller Zusammenfluß von Betrug und Arrestbruch z. B. durch Täuschung des Gerichtsvollziehers über das beschlagnahmte Objekt. R.G. IV, 14. Jan. 87, E. XV, 205, R. IX, 49. Ueber Concurrenz von Betrug und Uebertretung des Nahrungsmittelgesetzes s. N. 12 über die von Betrug und Urkundenfälschung N. 40.

Die Strafbestimmungen des Eisenbahnbetriebs-Reglements v. 11. Mai 1874 §. 50 für unrichtige Deklaration des Gewichts von Frachtgütern ist keine öffentlich rechtliche Strafe, sondern eine privatrechtliche Konventionalstrafe. Dieselbe schließt also die Betrugsstrafe nicht aus R.G. IV, 11. Febr. 87, E. XV, 266. Vgl. auch Berlin 12. Juni 77, O.R. XVIII, 401, Goltd. XXV, 456, St. VII, 332, R.G. III, 2. Juni 80, R. II, 11, Ann. II, 133.

Nach §. 31 der preuß. Ges.-Ordnung vom 8. Nov. 1810 ist das gleichzeitige Vermiethen bei mehreren Herrschaften unter Strafe gestellt. Diese Bestimmung gilt neben dem §. 263, welcher, sofern seine Voraussetzungen vorliegen, zur Anwendung kommt. (Berlin 27. Juni 78 [O.R. XIX, 341, Goltd. XXVI, 525]; vgl. dagegen München 28. Febr. 73 u. 13. Mai 75 [St. II, 292, 593, bayr. Entsch. V, 203.]) S. auch Berlin 10. März 75 (Goltd. XXIII, 223, O.R. XVI, 220); Dresden 11. Febr. 78 (St. VIII, 228).

42. Bei Vorliegen aller Begriffs-Erfordernisse des Betrugs hat R.G. III, 27. April 89, E. XIX, 186 unter Verneinung des rechtswidrigen Vermögensvortheils bez. der Vermögensbeschädigung den Schutz des Gesetzes verweigert, wenn als Gegenstand der Transaktion, innerhalb deren die Täuschung vorgekommen war, eine unsittliche, unerlaubte oder strafbare Handlung sich darstellt. In dem konkreten Fall waren es Uebereinkommen von Bordellinhabern über Prostituirte und deren Gewerbbetrieb. Ebenso wurde R.G. I, 30. Okt. publ. 6. Nov. 90, E. XXI, 161 in einem Falle entschieden, in welchem die Gegenleistung von vornherein nicht geleistet werden sollte, aber gegen ein Strafgesetz verstoßen haben würde (Lieferung falscher Banknoten). Vgl. Berlin 26. Juni 77, O.R. XVIII, 471, Goltd. XXV, 551.

43. Die in Absatz 1 angedrohte Geldstrafe ist keine Neben-, sondern eine Hauptstrafe, auf welche auch bei Versuch neben Gefängniß erkannt werden kann. R.G. II, 14. Mai 89, E. XIX, 234.

44. Im Fall mildernder Umstände kann auch auf Gefängniß erkannt werden (vgl. oben S. 32). — Neben einer bloßen Geldstrafe ist aber Ehrverlust nicht zulässig (vgl. §. 32).

45. Zu Abs. 4 — sind die Bemerkungen zu §. 247 zu vergleichen. Der Abs. 2 §. 247, wonach der Betrug gegen Eltern oder Ehegatten straflos wäre, gilt hier nicht. Dagegen ist der Abs. 3 §. 247, wonach die Vorschrift auf Theilnehmer oder Begünstiger, welche nicht in einem der fraglichen persönlichen Verhältnisse stehen, keine Anwendung findet, auch hier maßgebend. (Vgl. auch Oppenhoff N. 79.) Berlin 7. Mai 78 (O.R. XIX, 244, Goltd. XXVI, 315, St. VIII, 84) R.G. II, 28. Mai 90, Goltd. XXXVIII, 194.

§. 264. Wer im Inlande wegen Betruges einmal und wegen darauf begangenen Betruges zum zweiten Male bestraft worden ist, wird wegen abermals begangenen Betruges mit Zuchthaus bis zu zehn Jahren und zugleich mit Geldstrafe von einhundertfunfzig bis zu sechstausend Mark bestraft.

Sind mildernde Umstände vorhanden, so tritt Gefängnißstrafe nicht unter drei Monaten ein, neben welcher zugleich auf Geldstrafe bis zu dreitausend Mark erkannt werden kann.

Die im §. 245 enthaltenen Vorschriften finden auch hier Anwendung.

Pr. — ; E. I. —; E. II. §. 259; St.B. S. 685.

Vgl. §§. 244, 245, 252, 255, 261.

1. Vgl. die Bemerkungen zu §§. 244, 245.

Der Betrug ist im Inlande verübt, wenn hier die Vermögensbeschädigung eingetreten ist, sollte auch die Irrthumserregung im Auslande stattgefunden haben. Berlin 18. April 73 (Goltd. XXI, 449, O.R. XIV. 291).

2. Da §. 264 den Rückfall bei Betrug nur von Vorbestrafungen wegen Betrugs abhängig macht, gelten zwar Vorbestrafungen wegen Urkundenfälschung in idealer Konkurrenz mit Betrug (vgl. §. 263 N. 40) als Rückfall begründend. R.G. III, 15. Okt. 88, E. XVIII, 193, R. X, 570.

Ist aber die Vorstrafe unter Herrschaft eines Gesetzes erfolgt, welches die Urkundenfälschung als qualifizirten Betrug auffaßte, so können Vorstrafen wegen solcher Handlungen nicht hierher bezogen werden. Mannheim 12. Juni 75 (bad. Ann. Bd. 41 S. 357). A. M. Dresden 29. Okt. 77 (St. VIII, 232). Eine Bestrafung aus §. 265 begründet nicht Rückfall.

3. Wie bei Diebstahl begründet auch bei Betrug eine wegen Versuchs erlittene Strafe Rückfall, und ist die Rückfallstrafe auch bei bloßem Versuche unter Berücksichtigung des §. 44 zu erkennen. R.G. I, 3. Mai 80 (R. I, 716, E. II, 42, Ann. II, 22, Goltd. XXVIII, 466). Das Gleiche ist bei Beihülfe der Fall. R.G. III, 29. Sept. 80 (R. II, 275).

4. Die Vorschrift des Abs. 1., daß bei Nichtvorliegen mildernder Umstände Geldstrafe neben Zuchthaus zu erkennen ist, ist nicht fakultativ wie in Abs. 2. R.G. 16. Sept. 80 (Ann. II, 314). Die Geldstrafe ist Hauptstrafe, kann also in der §. 44 bestimmten Weise also auch bei Versuch des Betrugs im Rückfall erkannt werden. R.G. II, 14. Mai 89, E. XIX, 234.

5. Strafantrag ist beim Rückfall auch unter den Voraussetzungen des §. 263 Abs. 4 nicht erforderlich. Gl. M. Olshausen N. 2, Reber, Antragsdel. S. 271. A. M. Oppenhoff N. 78.

§. 265.*) Wer in betrügerischer Absicht eine gegen Feuersgefahr versicherte Sache in Brand setzt, oder ein Schiff, welches als solches oder in seiner Ladung oder in seinem Frachtlohn versichert ist, sinken oder stranden macht, wird mit Zuchthaus bis zu zehn Jahren und zugleich mit Geldstrafe von einhundertfunfzig bis zu sechstausend Mark bestraft.

Sind mildernde Umstände vorhanden, so tritt Gefängnißstrafe nicht unter sechs Monaten ein, neben welcher auf Geldstrafe bis zu dreitausend Mark erkannt werden kann.

Pr. §. 244; E. I. §. 288; E. II. §. 260; St.B. S. 685.

Vgl. §§. 304, 305—308, 323.

1. Der I. Entwurf versetzte diesen Paragraphen in den Abschnitt „Gemeingefährliche Verbrechen", während der II. Entwurf in Uebereinstimmung mit dem preuß. St.G.B. ihm wieder beim „Betruge" seine Stelle anwies. Derselbe enthält ein selbständiges Verbrechen, dessen Thatbestand nicht etwa aus dem §. 263 zu ergänzen ist. In Bezug auf Brandschaden kann zwar auch, wie oben §. 263 N. 26 bemerkt wurde, Betrug begangen werden; jedoch nur dann, wenn der Betrüger sich nach stattgehabtem Brand Vorspiegelungen über den erlittenen Schaden zu Schulden kommen läßt. (S. unten N. 5). R.G. II, 21. Jan. 88, E. XVII, 62, R. X, 51. Die Vorschrift des §. 265 bezieht sich ebensowohl auf Brandstiftung an versicherten Immobilien als an versicherten Mobilien.

2. Ob die in Brand gesetzte Sache eine eigene oder fremde war, ist gleichgültig.

3. Nach den Motiven ist unter „betrügerischer Absicht" die Absicht zu verstehen, die Versicherungssumme für sich oder einen Anderen rechtswidrig zu gewinnen. War die Absicht nicht hierauf gerichtet, so findet der §. 265 keine Anwendung. Hälschner II, 278, N. 2, Olshausen N. 3, Speßhardt N. 33.

4. Ein Erfolg der betrügerischen Absicht, die Erlangung der Versicherungssumme, ist nicht erforderlich. Vollendung ist also schon eingetreten, wenn die Sache in Brand gesetzt oder das Schiff gestrandet oder gesunken ist, gleichviel ob der Brand sofort gelöscht, das Schiff wieder abgebracht ist. Versuch ist jedoch denkbar, z. B. durch Anzünden einer Sache, durch welche die versicherte Sache sich entzünden soll, oder des Brandmaterials, ohne daß die Sache ergriffen wird; durch Schiffsbewegungen, welche das Stranden bezwecken.

5. Die Handlung des §. 265 kann idealiter mit der Vermögensbeschädigung (§§. 303 ff.) oder Brandstiftung (§§. 306 ff.) und realiter mit der Aufstellung einer zu hohen Entschädigungsforderung konkurriren. Vgl. Oppenhoff N. 8, 9; Hälschner preuß. Str.R. S. 385; Goltd. III, 58. (John) und ebend. S. 293 (Zachariä). Das preuß. Ges. über das Mobiliar-Feuerversicherungswesen vom 8. Mai 1837 §. 28 wegen Ueberliquidation in böslicher Absicht ist durch das R.St.G.B. außer Kraft gesetzt. R.G. 4. Dez. 80 (R. II, 605, E. III, 85).

*) S. Speßhardt, Der Versicherungsbetrug. Marburg 1885.

6. Da §. 265 keine Art des Betrugs enthält, ist weder ein Antrag erforderlich noch begründet die That den Rückfall des §. 264.

§. 266*). Wegen Untreue werden mit Gefängniß, neben welchem auf Verlust der bürgerlichen Ehrenrechte erkannt werden kann, bestraft:

1) Vormünder, Kuratoren, Güterpfleger, Sequester, Massenverwalter, Vollstrecker letztwilliger Verfügungen und Verwalter von Stiftungen, wenn sie absichtlich zum Nachtheile der ihrer Aufsicht anvertrauten Personen oder Sachen handeln;

2) Bevollmächtigte, welche über Forderungen oder andere Vermögensstücke des Auftraggebers absichtlich zum Nachtheile desselben verfügen;

3) Feldmesser, Versteigerer, Mäkler, Güterbestätiger, Schaffner, Wäger, Messer, Bracker, Schauer, Stauer und andere zur Betreibung ihres Gewerbes von der Obrigkeit verpflichtete Personen, wenn sie bei den ihnen übertragenen Geschäften absichtlich diejenigen benachtheiligen, deren Geschäfte sie besorgen.

Wird die Untreue begangen, um sich oder einem Anderen einen Vermögensvortheil zu verschaffen, so kann neben der Gefängnißstrafe auf Geldstrafe bis zu dreitausend Mark erkannt werden.

Pr. —; E. I. —; E. II §. 261; St.B. S. 685.

Vgl. §. 246; H.G.B. Art. 66; Gew.O. §. 36.

1. Das Vergehen ist nur gegen das Vermögen gerichtet. Das folgt schon aus der systematischen Stellung.

2. In allen Fällen des Paragraphen (Nr. 1—3) wird ein absichtliches Handeln zum Nachtheil erfordert. (Berlin 3. Dez. 72 — O.R. XIII, 659 —, 14. April 75 — O.R XVI, 287, St. V, 109 — u. 7. Mai 75 — O.R. XVI, 337.) Daraus folgt nicht, daß Zweck und Absicht des Handelns auf Herbeiführung eines Schadens gerichtet sein müssen, vielmehr genügt es, daß der Thäter die beschädigende Handlung gewollt hat, d. h. daß er dieselbe mit dem Bewußtsein dieses Erfolges vorgenommen hat. (Berlin 14. Dez. 72, O.R. XIII, 667 — in Bezug auf Nr. 2 —; Mannheim 11. Okt. 73, St. III, 206 u. 6. Juni 74, St. IV, 55 u. dagegen Berlin 7. Mai 75, O.R. XVI, 357). Dieses gilt auch trotz der abweichenden Fassung „absichtlich benachtheiligen" für den Fall Nr. 3. Das „absichtlich" ist deshalb hier im Wesentlichen in dem Sinne zu verstehen, den das St.G.B. sonst mit „vorsätzlich" verbindet. Dieses folgt auch daraus, daß der Absatz 2 in den Worten: „um sich oder einem Anderen einen Vermögensvortheil zu verschaffen" das Vorhandensein der hieraus sich ergebenden (gewinnsüchtigen) Absicht als Strafschärfungsmoment auffaßt und die Voraussetzung, das Gesetz verlange neben der Vorsätzlichkeit der Handlung hier eine doppelte Absicht: die des Vortheils für sich oder einen Dritten und die der Benachtheiligung des Auftraggebers, Mündels u. s. w., der sonstigen Fassungsweise des Gesetzbuchs sowohl wie dem thatsächlichen Vorkommen widersprechen würde. Vgl. auch Dresden 25. März 78 (S.G.Z. XXII, 263, St. VIII, 233); Mannheim 18. Dez. 75, 1. Aug. 76 u. 24. März 77 (bad. Ann. Bd. 42 S. 15, 263, Bd. 43 S. 125 St. VIII, 204. R.G. I, 26. Jan. 80 (R. 1, 273, Ann. I, 360), III, 28. Jan. 80 (R. I, 287, E. I, 172, Ann. I, 479, Goltd. XXVIII, 75), I, 23. März 80 (E. I, 329), II, 2. Juli 80 (R. II, 154), I, 8. Dez. 84; R. VI, 786, IV, 10 Juli 88, Goltd. XXXVI, 400. Auch Eventualdolus genügt. R.G. II, 21. Nov. 82, E. VII, 279, R. IV, 832. Spätere Ersatzleistung schließt die Strafbarkeit nicht aus, Berlin 27. Nov. 78 (O.R. XIX, 548), auch die Absicht des Ersatzes nicht den Vorsatz. Ueberhaupt muß der gewollte Nachtheil nicht ein bleibender Nachtheil sein. S. die cit. Urtheile und R.G. 21. Sept. 80 (Ann. II, 314).

3. Die Untreue kann leicht mit anderen Vergehen, z. B. Diebstahl, Unterschlagung, sofern diese die Mittel der Begehung sind, idealiter konkurriren. Dann kommt §. 73 zur Anwendung.

---

*) Literatur: Ueber das Vergehen der Untreue vgl. Hälschner preuß. St.R. II, S. 385 ff.; Stemann, die Vergehen der Unterschlagung und Untreue, Kiel 1870; Wahlberg, Gesetzgebungsfragen in Betreff der strafbaren Untreue, Wien 1876 (Selbstverlag). Löning, Vertragsbuch Straßburg 1876; Kronecker bei Goltd. XXXIV, 402, Dr. H. A. bei Goltd. XXXVI, 346.

Die Konkurrenz mit Unterschlagung ist häufig sehr zweifelhaft. Sie ist durch die Begriffsbestimmung der Unterschlagung ausgeschlossen bei Immobilien und den diesen gleichzurechnenden Rechten, ferner bei Forderungen und allen unkörperlichen Rechten, an denen ein Gewahrsam nicht bestehen, also auch eine Unterschlagung nicht begangen werden kann. Es bleibt die Berührung von Unterschlagung und Untreue also nur möglich bei beweglichen Vermögensstücken des Bevormundeten bez. Auftraggebers u. s. w., welche sich im Gewahrsam der zur Treue verpflichteten Person befinden. Fehlt der Gewahrsam, so ist wieder nur Untreue denkbar. Liegt aber in der Aneignung solcher beweglicher, im Gewahrsam der Vertrauensperson befindlichen Vermögensstücke die nachtheilige Handlung oder Verfügung, so liegt ideele Konkurrenz vor, Mannheim 24. März, 15. Dez. 77 (bad. Ann. Bd. 43 S. 124, 372, St. VIII, 204), 19. Jan. 78 (bad. Ann. Bd. 44 S. 47), R.G. I, 26. Jan. 80 (R. I, 273, Ann. I, 360), III, 2. Okt. 80 (R. II, 293), wo die Anwendung der Strafe des §. 266 gebilligt ist, obwohl auch Unterschlagung vorlag. R.G. I, 1. März 88, R. X, 201. Wird die Untreue durch Unterschlagung verübt und diese durch Hingabe des Objekts an Andere erst vollendet, so ist der dolose Empfänger Gehülfe, nicht Hehler. R.G. F. S., 12. Sept. 81, R. III, 496, kann jedoch auch Mitthäter sein. R.G. III, 1. Juli 86, R. VIII, 507.

4. Die nachtheiligen Folgen der Untreue müssen nicht nothwendig in einer Vermögensminderung bestehen. Es genügt auch eine minder günstige Vermögenslage, z. B. der Erwerb einer weniger sicheren Forderung an Stelle eines Werthobjekts, wie bei einem widerrechtlich von der Vertrauensperson genommenen Darlehen, Mannheim 9. März 78 (bad. Ann. Bd. 44 S. 99), oder der Entgang eines vertragsmäßig bezogenen Rabatts, obwohl für die Zahlung ein entsprechendes Aequivalent bezogen wurde. R.G. II, 6. Juli 80 (E. II, 215), oder im Eingehen von Verbindlichkeiten, Berlin 14. Nov. 78, O.R. XIX, 535.

Untreue allein kann begangen werden an literarischem Eigenthum (nicht am Manuskript). Dresden 1. April 78 (S.G.Z. XXII, 274, St. VIII, 208).

5. Untreue kann auch am Vermögen juridischer Personen, z. B. Genossenschaften, begangen werden und gehen die als Geschäftsantheile eingezahlten Gelder sofort in das Gesellschaftseigenthum über, so daß auch statutenwidrige Zahlungen an Mitglieder als Untreue erscheinen können. R.G. I, 8. Jan. 83, R. V, 15.

6. Auch durch Unterlassungen kann Untreue begangen werden, z. B. durch unterlassene Hypothekbestellung. Berlin 27. Juni 77 (O.R. XVIII, 474, Goltd. XXV, 552), oder durch Unterlassung der Beitreibung, so daß eine Forderung verjährt, nicht aber durch die Unterlassung rechtzeitiger Ablieferung an den Auftraggeber. R.G. III, 26. Jan. 85, E. XI, 412. Auch in dem unverzinslichen Verwahren von Mündelgeldern kann der Nachtheil liegen. R.G. IV, 10. Juli 88, Goltd. XXXVI, 400.

7. Nr. 1. Die Haftung der in Ziffer 1 benannten Persönlichkeiten dauert so lange, als sie auf das ihnen anvertraute Vermögen einzuwirken in der Lage sind. Dies beginnt in der Regel erst mit der Bestellung zu den in Frage stehenden Obliegenheiten, es sei denn, daß die Berufung kraft des Gesetzes stattfindet und in Folge dessen der Berufene vor der Bestellung oder Bestätigung oder ohne eine solche die ihm obliegenden Geschäfte besorgte. Das Verhältniß schließt mit der Abgabe der zu besorgenden Geschäfte. Die formelle Beendigung kann hierfür nicht als maßgebend betrachtet werden, sondern der Titel, unter welchem der Thäter in der Lage war, auf die Verhältnisse einzuwirken; also z. B. nach der Enthebung eines Vormunds dauert seine Verantwortlichkeit für Mündelvermögen fort, so lange er Vermögensstücke, die er als Vormund erhalten hat, noch in Händen hat. R.G. II, 17. März 88, R. X, 251, E. XVII, 241, durch welches ausdrücklich ein Urth. dess. Sen. 10. Dez. 80, R. II, 623, Ann. VIII, 27, als unhaltbar aufgegeben wird. Hiernach sollte ein Vormund nach dem Tod des Mündels keine Untreue mehr begehen können.

Collidirendes Interesse schließt die Eigenschaft des Vormunds nicht eo ipso aus, sondern die Verpflichtung dauert so lange, bis der Vormund enthoben oder doch für ein bestimmtes Geschäft ein Curator ad hoc bestellt ist. R.G. I, 21. März 89, E. XIX, 80 (bayr. Ld.R.) Ist dies geschehen, so kann eine zu eigenem Nutzen begangene Handlung des Vormunds in einer Sache, in der wegen collidirenden Interesses ein Pfleger bestellt war, ihm nicht als Untreue zur Last gelegt werden. R.G. III, 28. Jan. 86, E. XIII, 333 (preuß. R.).

8. Unter der Herrschaft der preuß. Vormundsch. Ordnung v. 5. Juli 75 können auch Gegenvormünder Untreue begehen. R.G. II, 15. Okt. 80, E. II, 345, I, 30. Okt. 84, R. VI, 166, E. XI, 197. Nach französischem Civilrecht ist der Vater nach dem Tode der Ehe-

frau gesetzlicher Vormund seiner noch minderjährigen Kinder. R.G. I, 17. Jan. 87, E. XV, 211 (bad. R.) 10. Nov. 87, E. XVI, 307, R. IX, 580 (C. civ.). Dagegen ist er es nicht bei bestehender Ehe auf Grund zustehenden Nutznießungsrechtes, wenn die Kinder besonderes Vermögen haben. R.G. I, 30. Okt. 84, s. oben. Hierbei ist auch ein Gegenvormund nicht möglich.

9. Als Massenverwalter ist anerkannt, der Liquidator einer in Konkurs gerathenen Genossenschaft, welcher das Umlageverfahren zu leiten hat. R.G. IV, 30. April 89, E. XIX, 184.

Ueberhaupt fallen unter die Ziffer 1 alle nach öffentlichem Rechte zu bestellenden Personen, welche für fremde Vormögens-Interessen zu sorgen haben. So der Aftererbpfleger nach bad. R. R.G. F. S., 28 Aug. 84, E. XI, 244.

10. Es ist nicht erforderlich, daß der zugefügte Nachtheil ein dauernder war; es genügt sogar die Gefahr des Verlusts und die dadurch herbeigeführte schlechtere Vermögenslage. R.G. I, 21. März 89, E. XIX, 80 (bayr. R.).

Jedoch kann in einer Veruntreuung durch den Vormund kein Dauerdelikt, kein rechtswidriger Zustand in der Art erblickt werden, daß der Thäter für den nicht bewirkten Ersatz oder unterlassene Sicherstellung als dauernd in Untreue versirend beurtheilt wird. R.G. III, 23. Nov. 85, R. VII, 692.

11. Unter Nachtheil kann nur ein vermögensrechtlicher Nachtheil verstanden werden (vgl. R.G. III, 20. Sept. 86, E. XIV, 401), nicht auch die Benachtheiligung rein persönlicher Rechte und Interessen, mag auch die Handlung gegen die Pflichten des Vormunds verstoßen. R.G. III, 21./28. April 87, E. XVI, 77, R. IX, 267. A. M. H. Meyer S. 724, Rubo S. 4.

12. Bildet ein Diebstahl oder eine Unterschlagung das Mittel der Untreue und liegt somit ideale Konkurrenz vor, so kann, wenn Verwandte aufsteigender Linie oder Ehegatten der Untreue gegen Descendenten oder den Ehegatten sich schuldig gemacht haben, nach §. 247 Abs. 2 zwar nicht die Strafe des Diebstahls u. s. w., wohl aber die der Untreue zur Anwendung kommen. R.G. I, 24. Nov. 87, E. XVI, 343, R. IX, 635. Ein im I. Entw. enthaltener Zusatz, welcher in Uebereinstimmung mit einer Entscheidung des Obertrib. (Entsch. des preuß. O.Tr. Bd. 27, 408) die Straflosigkeit aussprach, ist in der Bundeskommission gestrichen.

13. Das Obertrib. hat einen Vormund, der sich beim Verkauf eines Mündelgutes ein Proxenetikum versprechen ließ, der Untreue und den Dritten der Theilnahme für schuldig erklärt; vgl. O.R. XI, 102. Die Entscheidung ist, namentlich bezüglich der Theilnahme zweifelhaft.

14. Die Verfehlung des Vormunds gegen die Vormundschafts-Ordnung erfüllt den Thatbestand noch nicht. Es muß eine objektive Benachtheiligung des Mündels stattfinden, und der Vormund sich dessen bewußt sein. R.G. 21. Sept. 80 (Ann. II, 314). III, 21./28. April 87, E. XVI, 77, R. IX, 267.

15. Nr. 2. Diese — im preuß. St.G.B. nicht enthaltene — Vorschrift ist von der Bundeskommission (auf Antrag des Dr. v. Schwarze) aufgenommen, um diejenigen zweifelhaften Fälle rechtswidriger Verfügung über fremde Sachen zu umfassen, in denen der Begriff der Unterschlagung deswegen nicht zutrifft, weil eine körperliche Sache, die man im Besitz oder Gewahrsam hätte, nicht vorliegt, z. B. bloße Forderungen, oder weil es sich um eine widerrechtliche Verfügung über eine Sache handelt, die man nicht im Besitz oder Gewahrsam hat, z. B. der Generalbevollmächtigte, Prokurist 2c. verfügt über Gegenstände des Prinzipals, die ein Dritter in Besitz hat. Vgl. auch über die Entstehung der Nr. 2 Motive zu §. 246 (s. oben S. 541 fg.). Die Vorschrift ist eine Nachbildung des Sächs. St.G.B. v. 1868, welches bestimmt:

> Art. 287 A. 2. „Der Unterschlagung ist es gleich zu achten, wenn ein Geschäftsführer über Forderungen oder andere Vermögensstücke des Geschäftsherrn, welche er nicht im Besitz hat, in gewinnsüchtiger Absicht zum Nachtheile des Geschäftsherrn verfügt."

Da die Worte: „welche er nicht im Besitz hat" nicht in den §. 266 übernommen sind, so wird in vielen Fällen ideale Konkurrenz der §§. 266 und 246 vorliegen. Vgl. Berlin 2. Nov. 73 (Goltd. XXIII, 537); Mannheim 30. Jan. 75 (St. V, 120). — Die Kontroverse: ob die Verfügung eines Bevollmächtigten über diejenigen Gegenstände, welche er zwar für den Auftraggeber, nach civilrechtlichen Grundsätzen jedoch zunächst selbst als Eigenthümer erwirbt, als Unterschlagung anzusehen sei, wird durch die Vorschrift des §. 266 Nr. 2 nicht entschieden. Die Forderungen bez. Vermögensstücke, welche §. 266 Nr. 2 im Auge hat, müssen dem Auftraggeber eigenthümlich zustehen. Dagegen kann (nach Lage des Falles) an dem zum Erwerb jener Gegenstände hergegebenen Mittel auch die Untreue begangen werden; vgl. Berlin 13. Juni 73

(Goltd. XXI, 449, O.R. XIV, 419, St. III, 22); Mannheim 30. Jan. 75 (St. V, 120). R.G. I, 24. Sept. 83, R. V, 542. München 4. März 87 (bayr. Entsch. IV, 449).

16. Die Pflichten des Bevollmächtigten sind, wenn feststeht, daß nach übereinstimmendem Willen beider Theile ein Vollmachtsverhältniß bestanden hat, nicht von der Beobachtung der civilrechtlichen Vorschriften über die Form der Vollmacht abhängig. Berlin 12. Sept. 73 u. 27. Mai 75 (O.R. XIV, 529, Goltd. XXIII, 441). Ebenso ist für die Beurtheilung dieser Pflichten der Inhalt der schriftlichen Vollmacht allein maßgebend. Berlin 11. Okt. 72 (O.R. XIII, 517). Darüber, daß immerhin ein bestimmter Auftrag und dessen Annahme vorliegen muß, vgl. R.G. III, 15. Dez. 80 (E. III, 283). Es ist nicht erforderlich, daß der Bevollmächtigte über einen Inbegriff oder eine Mehrheit von Vermögensstücken zu verfügen hat; auch ein Einzelauftrag genügt, wie der, Gegenstände zu verkaufen. Mannheim 24. März 77 (bad. Ann. Bd. 43 S. 124, St. VIII, 204); Dresden 12. Juli 75 (St. VI, 7). R.G. 15. Dez. 80 s. oben; oder Werthpapiere zu verpfänden, selbst in eigenem Interesse des Bevollmächtigten und mit ganz bestimmten Grenzen der Befugnisse. R.G. I, 13. Juli 87, E XVI, 241. Deshalb erscheinen Dienstboten, welche mit Zustimmung des Dienstherrn für ausgetragene Waaren die Bezahlung in Empfang nehmen als Bevollmächtigte. R.G. I, 27. April 82, R. IV, 393, 30. Jan. 90, E. XX, 262, jedoch genügt nicht der Auftrag zu einer Handlung, um den Beauftragten als Bevollmächtigten erscheinen zu lassen, sondern nur die Uebertragung von Rechtsgeschäften. Ein Waldaufseher ist daher nicht Bevollmächtigter, R.G. II, 9. Jan. 83, E. VII, 377, R. V, 21. Ebenso wenig ein Aufseher bei Bauten, R.G. I, 14. Juli 84, E. XI, 241, oder angestellte Fischer, R.G. III, 10. Dez. 85, R. XIII, 195.

17. Auch solche Bevollmächtigte gehören hierher, welche nicht in Folge vertragsmäßiger Bestellung, sondern gesetzlich als Bevollmächtigte anzusehen sind: so die Vorstände der Aktiengesellschaften. Dresden 23. Juni 75, 18. Febr. u. 25. März 78 (S.G.Z. XX, 68; XXII, 245, 260, St. VI, 6; VIII, 233); Berlin 30. Nov. 75, 8. März, 14. u. 27. Nov. 78 (St. VI, 8, O.R. XIX, 130, 535, 548, Goltd. XXIVI, 120). R.G. II, 21. Nov. 82, E. VII, 279, R. IV, 832. Die Vorsteher von Genossenschaften R.G. I, 8. Juni 83, R. V, 15, auch während der Liquidation derselben R.G. III, 20. Sept. 86, E. XIV, 401. Die Vorstandsmitglieder von mit Corporationsrechten bestehenden Innungen, und zwar der Innungen, nicht der Innungsgenossen. R.G. II, 1. Okt. 86, R, VIII, 575. Auch Beamte solcher Körperschaften können als Bevollmächtigte derselben erscheinen. R.G. I, 2. Juni 87, R. IX, 356.

Auch Handelsgesellschafter gehören hierher, welche zur Vertretung der Firma befugt sind. Dresden 27. März 76, 18. Febr. u. 25. März 78 (St. VII, 166; VIII, 233, S.G.Z. XXII, 245, 260). R.G. III, 3. Juni 89, E. XIX, 271; auch solche, welche als Liquidatoren einer aufgelösten Handelsgesellschaft, sei es vom Gericht, sei es durch Vereinbarung der Gesellschafter, bestellt sind. R.G. 1. März 88, R. X, 201. Handlungslehrlinge fallen nur unter den Voraussetzungen der Art. 50, 58 H.G.B. unter den Begriff der Bevollmächtigten. Berlin 1. Mai 78 (O.R. XIX, 237, Goltd. XXVI, 320, 338). Faustpfandgläubiger können nicht als Bevollmächtigte betrachtet werden. R.G. I, 15. Nov. 80 (R. II, 515, E. III, 35). Als Bevollmächtigte wurden ferner beurtheilt die Güterexpedienten einer Privateisenbahngesellschaft, R.G. I, 10. Juli 82, R. IV, 683. Auch preußische Bürgermeister in Bezug auf die Verwaltung vom Gemeinde-Vermögen. R.G. IV, 9. Nov. 86, E. XV, 41, R. VIII, 692.

18. Die Minderjährigkeit schließt die Uebernahme einer Vollmacht und deren Verletzung durch Untreue nicht aus. R.G. I, 30. Jan. 90, E. XX, 262.

19. Ueber Vermögensstücke des Auftraggebers kann im Allgemeinen nur verfügt werden, wenn dieselben bereits sich im Vermögen desselben befinden, nicht über noch zu erwerbende. Trotzdem hat R.G. I, 10. Juli 82, R. IV, 683 Untreue bei einem Güterexpedienten angenommen, welcher vorsätzlich zu transportirende Frachtstücke auf Frachtbriefe hin annahm, in welchen das Gewicht zu gering angegeben war, weil darin eine Verfügung über das Betriebsmaterial liege.

20. Ein „Nachtheil" des Auftraggebers ist nicht ohne Weiteres dann als nicht vorhanden anzunehmen, wenn dem Bevollmächtigten eine Gegenforderung an ihn zusteht. Berlin 13. Juni 73 (Goltd. XXI, 449, O.R. XIV, 419, St. III, 22): ferner kann der Nachtheil in unbefugtem Creditgeben durch den Bevollmächtigten bestehen. R.G. I, 30. Jan. 90, E. XX, 262.

21. Berlin 14. Nov. 78 (O.R. XIX, 538) nahm an, daß das Eingehen von Schuldverbindlichkeiten nicht unter den Begriff der Verfügung über Forderungen oder andere Vermögensstücke falle. Ebenso R.G. III, 4. Febr. 84, E. X, 72. A. M. Dresden 27. März 76 (St. VII, 166), welches auch die Acceptirung von Wechseln unter diese Verfügungen rechnete,

und gewiß mit Recht, da das Eingehen von Verbindlichkeiten stets eine Verfügung über die zu ihrer Tilgung erforderlichen Mittel enthält. Ebenso liegt eine Verfügung in der Quittungsleistung für nicht erhaltene Zahlungen, die auf Schulden des Bevollmächtigten verrechnet wurden, selbst bei Ungültigkeit des Abkommens, Berlin 8. März 78 (Goltd. XXVI, 129), in der Hingabe von Sachen gegen werthlose Accepte, gleichviel ob später Deckung verschafft wurde. Berlin 27. Nov. 78 (O.R. XIX, 548).

22. Auch Loose gehören unter die Vermögensstücke, Berlin 3. Nov. 77 (Goltd. XXV, 552), ebenso acceptirte Wechsel, welche sich noch im Besitz des Bevollmächtigten des Acceptanten befinden. Berlin 13. Sept. 78 (O.R. XIX, 414, Goltd. XXVI, 446). R.G. II, 9. Mai 84, E. X, 385, III, 1. März 86, E. XIII, 376, R. VIII, 143. Die Vermögensstücke müssen aber vom Auftraggeber erworben sein. Dies wurde nicht angenommen in einem Falle, in welchem der Beauftragte statt für den Auftraggeber für sich selbst erworben hatte. R.G. II, 25. Juni 80 (E. II, 186, Ann. II, 222). S. ähnliche Fälle R.G. III, 31. März 90, E. XX, 358, 12. Febr. 91, E. XXI, 364. Auch gemeinschaftliches Eigenthum des Thäters mit einem Andern erscheint als ein Vermögensstück des Letzteren, an welchem Untreue begangen werden kann. R.G. IV, 10. Juni 90, E. XX, 436. A. M. Merkel in H.H. III, 783. Ist eine Forderung nur durch Scheincession an den Beauftragten gelangt, so bleibt sie Vermögensstück des Auftraggebers. R.G. IV, 31. Jan. 90, Goltd. XXXVII, 444.

23. Die Haftung eines Bevollmächtigten dauert auch nach Widerruf der Vollmacht noch fort, insbesondere in Bezug auf diejenigen Vermögensstücke, welche er noch in Händen hat und zu restituiren verpflichtet ist. Die nachtheilige Verfügung unter Mißbrauch einer widerrufenen Vollmacht wurde deshalb als Untreue beurtheilt. R.G. II, 4. Juni 86, E. XIV, 184, R. VIII, 423.

24. Nr. 3. Ueber die hier genannten Personen vgl. §. 36 der R.G.O., sowie bezüglich der Mäkler: A. D. H.G.B. Art. 66; preuß. Einf.G. Art. 9.

Die Strafvorschrift des §. 266 Nr. 3 ist insofern enger als jene Civilgesetze, als sie nur die von der Obrigkeit (also Staats- oder Gemeinde-Behörden), nicht die von sonstigen Korporationen verpflichteten Personen im Auge hat. Die von der Behörde vereideten Medizinalpersonen gehören zu den in Nr. 3 gemeinten Personen. Dresden 8. Dez. 71 (S.G.Z. XVI, 189, St. I, 294).

25. Schlußsatz. Als Vermögensvortheil ist nicht nur ein positiver Gewinn anzusehen sondern auch die Abwendung eines Vermögensnachtheils. Berlin 24. März 71 (Goltd. XIX, 322, O.R. XII, 178).

Die Feststellung, daß die That geschah, um sich oder einem Anderen einen Vortheil zu verschaffen, genügt nicht, um qualifizirte Untreue anzunehmen. Berlin 1. Mai 78 (O.R. XIX, 237, Goltd. XXIV, 320, 338).

Daß der Vermögensvortheil ein an sich rechtswidriger war, ist nicht erforderlich. Berlin 27. März 79 (Goltd. XVII, 375).

In der unrichtigen Buchung eines Debetpostens von Seite des Beauftragten gegenüber seinem Auftraggeber zur Ausgleichung einer eigenen Schuld fand keine qualifizirte Untreue Berlin 11. Juli 1879 (Goltd. XXVII, 540, O.R. XX, 331).

26. Die Untreue ist vollendet mit Eintritt einer nachtheiligen Veränderung des bisherigen Vermögensstandes, also unter Umständen eines Vermögensnachtheils durch Verlust eines Vermögensstücks. Zwischen diesem Nachtheil und der That muß ein Causalzusammenhang vorliegen. Der Versuch ist nicht strafbar. R.G. III, 21./28. April 87, E. XVI, 77, R. IX, 267; II, 17. Jan. 88, R. X, 37.

Dreiundzwanzigster Abschnitt.

Urkundenfälschung.*)

Wegen des Ehrverlustes vgl. den Schlußparagraphen 280.

1. Der Inhalt des Abschnitts faßt sich in folgende Sätze zusammen:

a) Eine Begriffsbestimmung der Urkunde wird nicht gegeben. Der Begriff derselben wird als thatsächlich bekannt vorausgesetzt. Auf schriftliche Urkunden ist der Thatbestand nicht beschränkt.

b) Dagegen ist der Thatbestand auf öffentliche und solche Privaturkunden, welche zum Beweise von Rechten oder Rechtsverhältnissen von Erheblichkeit sind, beschränkt. Ob eine dieser Urkunden vorhanden, ist Sache der thatsächlichen Würdigung im Einzelfall.

c) Die Urkundenfälschung (falsche Anfertigung) an sich wird nicht bestraft, sondern wesentliches Erforderniß der Strafbarkeit ist der Gebrauch zum Zwecke der Täuschung (vgl. §§. 267, 270). Es wäre deshalb korrekter, statt von „Urkundenfälschung" von „Gebrauch falscher oder gefälschter Urkunden" zu sprechen.

d) Als allgemeine Form des Vergehens wird die in rechtswidriger Absicht begangene Urkundenfälschung vorausgeschickt. Die Absicht, „sich oder einem Andern einen Vermögensvortheil zu verschaffen oder einem Andern Schaden zuzufügen" bildet (vgl. §§. 267, 268) nur einen Straferhöhungsgrund.

e) Die Fälschung von Legitimationspapieren u. s. w. („zum Zweck besseren Fortkommens") — vgl. preuß. St.G.B. §. 254 — wird nach §. 363 als Uebertretung bestraft.

f) Die §§. 271—273 behandeln die sog. intellektuelle Urkundenfälschung, bei welcher gleichfalls „die Absicht sich oder einem Anderen einen Vermögensvortheil zu verschaffen oder einem Andern Schaden zuzufügen" als Straferhöhungsgrund (§§. 272, 273) behandelt wird.

g) Die §§. 274—279 behandeln besondere Fälle, welche zum Theil mit dem Begriff der Urkundenfälschung (§. 267) nichts gemein haben und nur aus Zweckmäßigkeitsgründen in diesen Abschnitt verwiesen sind.

2. Die Motive enthalten Folgendes:

„Zunächst hat die Bestimmung des preußischen Gesetzbuchs §. 247, Abs. 2 („unter Urkunde ist jede Schrift zu verstehen, welche zum Beweise von Verträgen, Verfügungen, Verpflichtungen, Befreiungen oder überhaupt von Rechten oder Rechtsverhältnissen von Erheblichkeit ist") in der Praxis erhebliche Schwierigkeiten erzeugt. Die hier gegebene Definition der „Urkunde" ist in mehrfacher Beziehung als nicht zutreffend angefochten worden. Demnächst konnte es nicht die Aufgabe eines Gesetzbuchs sein, eine allgemeine Begriffsbestimmung von „Urkunde" zu ertheilen, da dieselbe bereits als bekannt und feststehend vorauszusetzen war, vielmehr erschien es angemessen, diejenigen Urkunden näher zu bezeichnen, an welchen das Verbrechen der Urkundenfälschung begangen werden kann. Denn es herrscht darüber in der Wissenschaft wie in der Gesetzgebung ziemlich Einverständniß, daß keineswegs jede Urkunde, in der weitesten Bedeutung des Worts, Gegenstand einer strafbaren Urkundenfälschung sein kann, und es ist daher auch nicht gerechtfertigt, wenn man jede Beschränkung des Verbrechens der Urkundenfälschung, welche auf den Inhalt der Urkunde sich stützt, als unrichtig bezeichnet hat. Von selbst versteht sich hierbei, daß durch eine solche Beschränkung des Thatbestandes nicht der Beantwortung der Frage im einzelnen Falle vorgegriffen werden soll, ob nicht eine Urkunde, sei sie fälschlich angefertigt oder gefälscht, obschon sie ihrem Inhalte und ihrer Form nach nicht Gegenstand einer Urkundenfälschung sein kann, doch geeignet gewesen, Mittel zu einem anderen Delikte zu sein, z. B. zu einem Betruge.

Die Schwierigkeiten, welche demnächst sich bei der Auflösung des Begriffs „Urkunde" in den Schwurgerichten ergeben haben, beziehen sich nicht sowohl auf den Thatbestand der Fälschung, sondern vielmehr auf die Auflösung des Begriffs selbst insoweit man auch den Inhalt der Urkunde in die, an die Geschworenen zu stellende Frage mit aufgenommen hat. Es berühren diese Schwierigkeiten daher nicht den Charakter des Verbrechens und die Aufstellung des diesem Charakter entsprechenden Thatbestandes.

---

*) Literatur: John in der Z. f. ges. St.R.W. IV, 1; VI, 1. Dagegen v. Buri im G.S. Bd. 36, S. 173, 310; Bd. 39, S. 36. Mommsen im G.S. Bd. 36, S. 34. Riedel im G.S. Bd. 38, S. 534; Bd. 39, S. 161. Börne im G.S. Bd. 41, S. 383. Riedel, Ueber die historische Entwickelung des Urkundenbegriffs. Goltd. XXXIV, 158. Teichmann, Zeitschr. f. schweiz. R. N. F. VII, 317. Weismann, Z. f. ges. St.R.W. XI, 1.

Es erschien zweckmäßig, die Bestimmung in §. 247 Abs. 2 des preußischen Strafgesetzbuchs als eine Beschränkung in den Thatbestand des Delikts, wie ihn der Entwurf in §. 262 (§. 267) aufgestellt hat, mit aufzunehmen, hierbei aber dieselbe einfacher zu fassen und die Beschränkung auf „jede Schrift" zu beseitigen. In letzterer Hinsicht hat die Erfahrung nämlich gezeigt, daß im Verkehr häufig Gegenstände als Beweismittel für Rechte und Rechtsverhältnisse mit allseitigem Einverständnisse der Betheiligten verwendet werden, die nicht als Schriftstücke bezeichnet werden können, und auch in Rechtsstreitigkeiten als Beweismittel zugelassen und bei der richterlichen Entscheidung mit benutzt werden. Bei dieser gerichtlichen wie außergerichtlichen Bedeutung solcher Urkunden war ihre Gleichstellung in der hier fraglichen Hinsicht auszusprechen, die Beschränkung des Thatbestandes der Urkundenfälschung auf schriftliche Urkunden aber demgemäß in Wegfall zu bringen.

Ferner lag kein Grund vor, die Urkundenfälschung, wie mehrseitig verlangt worden, lediglich als einen ausgezeichneten Fall des Betruges zu behandeln und daher sie nur, wenn sie in der Absicht auf einen rechtswidrigen Vermögensvortheil begangen wird, mit den schweren Strafen der Urkundenfälschung zu bedrohen. Vielmehr liegt bereits in der Fälschung einer Urkunde überhaupt die Herstellung eines gefährlichen Mittels zur Täuschung Anderer und in der Anwendung desselben eine in der Regel schwerere Verschuldung, als in der einfachen Unwahrheit, wie sie in dem Thatbestande des Betruges sich darstellt. Dazu kommt, daß das öffentliche Interesse bei der Urkundenfälschung, auch wenn sie nur eine Privaturkunde betrifft, bei der Wichtigkeit der Urkunde und des urkundlichen Beweises viel lebhafter betheiligt ist, als bei den einfachen Täuschungen und Betrügereien. Der Entwurf hat daher die Absicht des Thäters in dem Thatbestande der Urkundenfälschung auf die „rechtswidrige Absicht" beschränkt und die gewinnsüchtige Absicht nur als einen besonderen Straferhöhungsgrund behandelt.

Die Bestimmung in §. 254 des preußischen Strafgesetzbuchs ist hier nicht wieder aufgenommen worden. Das Fälschen von Legitimationspapieren, sobald solches lediglich behufs des „besseren Fortkommens" geschieht, stellt sich vielmehr in Rücksicht auf diesen Zweck als ein milderer Fall der Urkundenfälschung dar und ist daher derselbe in den Abschnitt von den „Uebertretungen" (§. 363) verwiesen worden.

Der Entwurf hat die öffentliche Urkunde der Privaturkunde gegenübergestellt und bei ersterer die Beschränkung auf eine Urkunde, welche zum Beweise von Rechten oder Rechtsverhältnissen von Erheblichkeit ist, nicht aufgenommen. Diese Verschiedenheit wird durch den Charakter, insbesondere die volle Beweiskraft der öffentlichen Urkunde und die ihr dadurch verliehene höhere Bedeutung für den allgemeinen Verkehr gerechtfertigt. Eine Bestimmung darüber, welche Urkunden als öffentliche anzusehen sind, hat der Entwurf nicht für nöthig erachtet; es ist diese Frage nicht im Strafgesetzbuche, sondern nach den allgemeinen Sätzen, welche für die Voraussetzungen der Oeffentlichkeit einer Urkunde bestehen, zu beantworten.

Das Vergehen ist vollendet, sobald von der Urkunde zum Zwecke einer Täuschung Gebrauch gemacht wird, wie dies auch im preußischen Strafgesetzbuche angenommen worden. Daß der Andere wirklich getäuscht worden, ist keine Voraussetzung für die Vollendung. Auch hierin liegt ein wesentlicher Unterschied von dem Thatbestande des Betruges."

§. 267. **Wer in rechtswidriger Absicht eine inländische oder ausländische öffentliche Urkunde oder eine solche Privaturkunde, welche zum Beweise von Rechten oder Rechtsverhältnissen von Erheblichkeit ist, verfälscht oder fälschlich anfertigt und von derselben zum Zwecke einer Täuschung Gebrauch macht, wird wegen Urkundenfälschung mit Gefängniß bestraft.**

Pr. —; E. I. —; E. II. §. 262; St.B. S. 717, 1174.

Vgl. §§. 269, 270, 277, 280, 363; V.Zoll.G. v. 1. Juli 1869 §. 159.

1. Vgl. die allgemeinen Bemerkungen zu diesem Abschnitt.

2. Wegen des Ehrverlustes vgl. §. 280.

3. „Rechtswidrige Absicht" ist jede dem bestehenden Recht zuwiderlaufende Absicht. Eine gewinnsüchtige Absicht wird nicht erfordert, selbst die Absicht, Rechte Anderer zu verletzen, ist nicht erforderlich, Berlin 15. Febr. 78 (O.R. XIX, 73, Goltd. XXVI, 131)) sogar eine bloße Eitelkeit als Motiv der That schließt die rechtswidrige Absicht nicht aus, so bei Uebergabe eines gefälschten Geburtscheins an den Standesbeamten durch die zu trauende Braut. R.G. III, 10. Mai 82, R. IV, 466. Ueberhaupt ist unter „rechtswidriger Absicht" nur

der Vorsatz zu verstehen. R.G. II, 22. Okt. 80 (E. II, 376); IV. 29. April 84, R. VI, 323, also das Bewußtsein und der Wille des Thäters, für eine Thatsache mittels Täuschung ein falsches rechtserhebliches Beweisinstrument sich zu verschaffen. R.G. I, 13. Febr. 88, E. XVII, 200, R. X, 141. Wenn Viele unter rechtswidriger Absicht das Bewußtsein verstehen wollen, das Falsifikat gegen Rechte Dritter anzuwenden (v. Schwarze, N. 27), so mischt dies ein unrichtiges Element ein; da man unter Rechten Dritter nicht den gesammten Rechtszustand verstehen kann. Die Rechte Dritter sind nicht in Rede, wenn der Thäter sich ein Beweismittel für ein vermeintliches Recht, oder gegen einen vermeintlich unbegründeten Anspruch verschaffen will. Es handelt sich vielmehr um ein Delikt gegen Treue und Glauben und ist dazu nur das Bewußtsein erforderlich, im Verkehrsleben die Urkundenform zur Täuschung zu mißbrauchen, rechtswidrig durch ein Beweismittel beglaubigt gegen die Wahrheit zu verstoßen. R.G. I, 13. Febr. 88, E. XVII, 200, R. X. 141. S. Hälschner, II, 531. Binding, Normen II, 507; Richtig auch von Liszt S. 545, der nur Absicht gleich Beweggrund versteht ohne einen solchen zu bezeichnen. Dieses Bewußtsein kann auch vorliegen, wo der Thäter den bestehenden Rechtszustand erhalten, oder nur seine Rechte schützen will, ohne Jemand zu schädigen. Es genügt z. B. die Absicht, ein Verbrechen zu verbergen (vgl. München 19. Juni 75, St. V, 125), oder sich einen Entlastungsbeweis zu verschaffen, Berlin 26. Sept. 77 (O.R. XVIII, 592, Goltd. XXV, 554, St. VIII, 247); München 19. Juni 75 (bayr. Entsch. V, 278), R.G. II, 4. Jan. 84, E. IX, 399, R. VI, 19, selbst im Falle der Unschuld des Thäters R.G. I, 3. Nov. 81, E. V, 149, R. III, 683, s. jedoch R.G. III, 1. Mai 80 (R. I, 713, E. II, 34, Ann. II, 1), wo die rechtswidrige Absicht verneint wurde bei Veränderungen in einem kaufmännischen Buche des Thäters, um dadurch ein gegen ihn sprechendes Beweismittel zu beseitigen, weil keine Pflicht zur Wahrheit bestanden habe; rechtswidrige Absicht wurde ferner angenommen, bei der Absicht; einem Konkurrenten im Gewerbebetriebe die ihm andernfalls gebotene Benutzung eines Geschäftsvortheils zu entziehen, R.G. III, 4. Febr. 80 (E. I. 293), oder einen außerdem durch Polizeivorschriften verhinderten Transport von seuchenverdächtigem Vieh zu ermöglichen, R.G. II, 22. Okt. 76 (E. II, 376), oder sich einer Klage bez. der Bezahlung einer Schuld zu entziehen, R.G. III, 5. Febr. 81 (E. III, 337), oder die Wiederverheirathung eines Geschiedenen zu ermöglichen (Berlin 6. Sept. 75, Goltd. XXIII, 537, O.R. XVI, 556, St. VI, 9), sowie die Absicht, sich über eine kontraktliche Verabredung ein Beweismittel zu verschaffen. (Berlin 15. Juli 75, O.R. XVI, 657. Man findet in allen Lehrbüchern, daß Scherz die rechtswidrige Absicht ausschließe. Dies ist allerdings bis zu einem gewissen Grade richtig. Es kann aber nur dann angenommen werden, daß bloßer Scherz vorliegt, wenn keinerlei Konsequenz für das Rechtsleben aus der Täuschung hervorgeht und ist nicht zu verkennen, daß bei der U.F. die Grenzlinie zwischen Scherz und Ernst die feinste ist. Vgl. Olshausen N. 16b.

4. Die rechtswidrige Absicht muß sowohl bezüglich der Fälschung (fälschliche Anfertigung) als des Gebrauches vorhanden sein. (Berlin 14. Nov. 72, O.R. XIII, 597.) Da aber §. 270 den wissentlichen Gebrauch einer falschen Urkunde der Urkundenfälschung gleichgestellt, so ist virtuell die rechtwidrige Absicht bei dem Gebrauch das Entscheidende. (Vgl. allgemeine Bemerkungen 1c.) Rechtswidrige Absicht darf jedoch nicht mit der Absicht verwechselt werden, sich einen rechtswidrigen Vortheil zu verschaffen. R.G. I, 30. Juni 90, E. XXI, 69.

5. Die rechtswidrige Absicht braucht nicht auf eine Geltendmachung des Inhalts der Urkunde zu gehen. — Daß die rechtswidrige Absicht erreicht wurde, ist für die Vollendung nicht erforderlich. Dresden 21. Aug. u. 12. Nov. 76 (S.G.Z. XXI, 215; XX, 211); Mannheim 6. Nov. 75 (bad. Ann. Bd. 42, S. 6, 89, St. VII, 162); Darmstadt 10. Juli 76 (hess. Entsch. 1878 S. 101); Wolfenbüttel 12. März 77 (St. VII, 164).

6. Rechtswidrige Absicht ist auch dann vorhanden, wenn der Inhalt der Urkunde das Sachverhältniß richtig enthält, die Anfertigung aber von einem Nichtberechtigten erfolgt ist, um ein falsches Beweismitel zu erlangen. Stuttgart 11. März 74 (St. IV, 60); Berlin 15. Okt. 75, 6. u. 15. Febr. 78 u. 30. April 79 (O.R. XVI, 657; XIX, 73; XX, 229, Goltd. XXVI, 68, 131, St. VI, 9; VIII, 250); München 5. Aug. 76 (bayr. Entsch. VI, 425, St. VI, 343). R.G. I, 12. Febr. 80 (R. I, 350, Goltd. XVIII, 155), 17. Jan. 81 (E. III, 324, Ann. III, 150), 7. Febr. 81 (Ann. III, 256), III, 20. Dez. 83, E. X, 11. Auch dann liegt rechtswidrige Absicht vor, wenn dieselbe darauf gerichtet war, ein Recht mittels einer Fälschung zu erlangen, welches dem Thäter ohnehin schon zustand (eine Eisenbahnfahrkarte, welche für eine Route gefälscht wurde, die wahlweise ohnehin benutzt werden konnte). R.G. I, 28. Juni 86, R. VIII, 493, oder wenn eine vermeintliche Richtigstellung unbefugt vorgenommen

wird. R.G. IV, 11. Febr. 90, Goltd. XXXVIII, 46. Die Voraussetzung, der zur Ausstellung der Urkunde Berechtigte, werde den Gebrauch seines Namens genehmigen, schließt den Vorsatz nicht aus, es sei denn, daß der Thäter über die civilrechtliche Wirksamkeit der Unterschrift Anderen gegenüber im Irrthum war. R.G. II, 1. Mai 85, R. VII, 266.

7. Thatsächlicher oder rechtlicher Irrthum über die auf die rechtliche Natur der gefälschten Urkunde bezüglichen Vorschriften des Civilrechts, z. B. die irrthümlich angenommene Berechtigung des Inhabers eines Wechsels, nachträglich einen Domizilvermerk beizufügen, schließt die rechtswidrige Absicht aus. R.G. IV, 29. April 84, R. VI, 324.

8. Rechtswidrig ist auch die Absicht, sich durch die falsche Urkunde ein besseres Fortkommen zu verschaffen; doch findet in solchen Fällen §. 363 Anwendung. Berlin 14. Nov. 73 (Goltd. XXI, 575, O.R. XIV, 723) u. 24. März 76 (Goltd. XXIV, 232, O.R. XVII, 215). Vgl. die Anm. zu §. 363.

9. Die Fälschung einer (inländischen oder ausländischen) öffentlichen Urkunde ist strafbar, einerlei, welchen Inhalt sie hat, dagegen wird bezüglich der Privaturkunde erfordert, daß sie zum Beweise von Rechten oder Rechtsverhältnissen von Erheblichkeit ist.

Der Begriff Urkunde ist der eines gegenständlichen Zeugnisses ohne Rücksicht, ob ihr die Bestimmung, nach Außen hin als Zeugniß zu dienen, schon von vornherein gegeben worden ist.*) Berlin 20. Okt. 75 (Entsch. des O.Tr. LXXV, 387, Goltd. XXIII, 456, O.R. XVI, 668). Der Begriff ist, wie die Motive (s. oben) ausdrücklich bestätigen, nicht auf schriftliche Urkunden beschränkt. Ob eine Urkunde als vorhanden anzunehmen, ist Sache thatsächlicher Feststellung. Dabei wird aber auf die gesetzlichen Vorschriften der Landesgesetze — Civilrecht, Prozeß, öffentliches Recht — Rücksicht zu nehmen sein. Es werden hiernach z. B. auch Kerbhölzer, Grenzsteine, Zeichen des Anschlagens mit dem Waldhammer u. s. w. als Urkunden anzusehen sein. Berlin 13. Dez. 72 (E. LXVIII, 63, O.R. XIII, 662) u. 9. Sept. 74 (Goltd. XXII, 623, O.R. XV, 551, St. IV, 194). — Daß auch Druckschriften (selbst mit gedruckter Unterschrift als Urkunden anzusehen, hat das Obertribunal schon mit Recht nach dem preuß. Recht angenommen. (Berlin 12. Juli 71, Goltd. XIX, 688; Dresden 16. Mai 73 u. 11. Sept. 76, S.G.Z. XVII, 181, St. III, 132; VII, 174, R.G. IV, 11. Dez. 85, E. XIII, 168, R. VII, 738 und — in Betreff der gedruckten Eisenbahn-Fahrkarten — Stuttgart 5. März 74, St. IV, 66.) R.G. I, 21. Mai 83, E. VII, 409, R. V, 369; IV, 19. Sept. 84, R. VI, 553, München 5. Aug. 85 (bayr. Entsch. III, 586). — Ebenso sind Eintritts-, Brot-, Eßmarken u. s. w. dahin zu rechnen, selbst wenn sie nicht mit Schriftzeichen versehen sind. R.G. I, 31. Jan. 81 (E. IV, 3, R. II, 774). — zollamtliche Plomben R.G. I, 23. Dez. 85, E. XIII, 193, R. VII, 758: auch die rechtswidrige Verwendung abgelöster Plomben. R.G. II, 1. Febr. 87, R. IX, 105.

Die unbefugte Abänderung von Kontrollzeichen (an Kontrolluhren u. dgl. Apparaten) ist nicht Urkundenfälschung. R.G. III, 2. April 83, R. V, 210, wohl aber die Abänderung eines Stempels, wodurch auf Grund eines Vertrags die Prüfung einer zu liefernden Waare bestätigt wurde. R.G. III, 19. April 88, R. X, 317, E. XVII, 352; auch die Anfertigung eines Siegels, welches dazu diente, auf zum Transporte übergebenen Fässern zu konstatiren, daß während des Transports eine Eröffnung nicht stattgefunden habe. R.G. II, 4. Jan. 89, Goltd. XXXVII, 48.

10. Oeffentliche Urkunde. Ob eine solche vorhanden, ist Sache der Prüfung im Einzelfall, wobei die Bestimmungen der Landesgesetze (bei ausländischen die Gesetze des betreffenden Landes) zur Berücksichtigung kommen müssen. (Vgl. Berlin 1. Juni 71, Goltd. XIX, 686, O.R. XII, 297 u. 29. Jan. 72, Goltd. XX, 119, O.R. XIII, 91; Dresden 3. Juni 72, 10. März 73 u. 16. Juli 75, St. II, 119; III, 23 u. S.G.Z. XX, 73; München 30. Mai 73, St. III, 327). Im Allgemeinen wird das Kriterium, welches bereits das preuß. St.G.B. §. 251 Nr. 2 enthielt, entscheidend sein: ob die Urkunden auf öffentlichen Glauben Anspruch haben. Nach der Reichs-Prozeß-Ordnung werden in §. 380 als öffentliche Urkunden bezeichnet: „Urkunden, welche von einer öffentlichen Behörde innerhalb der Grenzen ihrer Amtsbefugnisse oder von einer mit öffentlichem Glauben versehenen Person innerhalb des ihr zugewiesenen Geschäftskreises in der vorgeschriebenen Form aufgenommen sind."

---

*) Vgl. über den Begriff der Urkunde, der bis jetzt in erschöpfender Weise nicht aufgestellt ist: Merkel in H.H. III, 789; IV, 443. Hälschner II, 524 fg. v. Liszt S. 540. Berner S. 580. H. Meyer S. 931. Oppenhoff S. 40. Olshausen S. 2, 3. v. Buri im G.S. Bd. 28, S. 29 fg.

Hiermit stimmte auch schon vorher die Praxis überein, vgl. Berlin 18. April 77 (O.R. XVIII, 279, Goltd. XXV, 340); München 26. Jan. 75, 11. März 76 u. 28. Juni 78 (bayr. Entsch. V, 30; VI, 106; VIII, 346); Dresden 7. April 76, 5. Jan. 77 u. 28. Jan. 78 (S.G.Z. XX, 343; XXI, 274; XXII, 244, St. VII, 168); Mannheim 2. Nov. 78 (bad. Ann. Bd. 44, S. 299). Schriftstücke, welche nur für den innern geschäftlichen Verkehr der Behörden bestimmt sind, sind keine öffentlichen Urkunden. München 28. Juni 78 (bayr. Entsch. VIII, 347, St. VIII, 245).

11. Daß nicht alle gesetzlich vorgeschriebenen Formen genau beobachtet sind, und daß die Unechtheit der gefälschten Urkunde leicht erkennbar ist, hebt den Begriff der öffentlichen Urkunde nicht auf. Dresden 24. Juli 76 u. 28. Jan. 78 (S.G.Z. XXI, 208; XXII, 245). Dabei kommt es jedoch auf die speziellen gesetzlichen oder herkömmlichen Formen an, in welchen die einzelnen Behörden, Beamten und Urkundenpersonen Urkunden auszustellen und denselben den öffentlichen Glauben zu verleihen pflegen, so fand R.G. III, 29. März 83 R. V, 199 es nicht rechtsirrthümlich, daß einem pfarramtlichen Zeugniß, bei dem das herkömmlich zur Beglaubigung erforderliche Amtssiegel nicht beigedruckt war, die Eigenschaft als öffentliche Urkunde versagt wurde. Ebenso R.G. II, 4. Nov. 87, R. IX, 555, wo einem von einem Gemeindevorsteher ausgestellten Wildpassirschein die Eigenschaft als öffentliche Urkunde versagt war, weil der Aussteller als Jagdberechtigter gehandelt hatte und das Attest den Vorschriften nicht entsprach. Auch unterkreuzte Protokolle verlieren dadurch nicht die Eigenschaft öffentlicher Urkunden. Berlin 23. März 77 (O.R. XVIII, 248, Goltd. XXV, 226). A. M. in Bezug auf Zustellungsurkunden Dresden 26. Juni 76 (S.G.Z. XXI, 151). Versteigerungsprotokollen wurde deshalb die Eigenschaft öffentlicher Urkunden nicht versagt, weil die Unterschrift der Personen, mit welchen verhandelt war, fehlte, sowie die Bemerkung, weshalb die Unterschriften nicht beschafft waren. R.G. IV, 24. Juni 85, E. XII, 331, R. VII, 431.

12. Der Charakter einer öffentlichen Urkunde als solcher wird nicht dadurch aufgehoben, daß in gewisser Beziehung ein Gegenbeweis zulässig ist. Berlin 26. Febr. 73 (E. 69,37*, O.R. XIV, 168).

Hiernach müssen alle Urkunden geeignet sein, Beweis zu machen. Dieses Geeignetsein charakterisirt aber Urkunden nicht als solche, weil die Beweisbehelflichkeit unter gewissen Umständen allen körperlichen Gegenständen inne wohnt. Es ist vielmehr erforderlich, daß sie zum Beweise bestimmt sind; jedoch müssen sie diese Bestimmung nicht vom Anfang an gehabt haben, es genügt, daß sie diese Bestimmung nachträglich irgendwie erlangt haben. R.G. II u. III, 19. Dez. 88, E. XVII, 103, R. IX, 731.

13. Nach der Rechtsprechung der höchsten Gerichtshöfe sind folgende Schriften als öffentliche Urkunden angesehen worden:

Ein amtlicher Präsentationsvermerk: Berlin 25. März 74 (Goltd. XXII, 248, O.R. XV, 186, St. IV, 70), die Berichte der Exekutoren über eine vollstreckte Exekution: Berlin 31. Mai 76 (Goltd. XXIV, 372, O.R. XVII, 396; die Gerichtsvollzieher-Urkunde, durch welche die Zustellung des Strafantrittsbefehls bestätigt wird: München 7. Mai 72 (St. I, 10) u. 10. Okt. 74 (St. IV, 209), oder durch welche ein Versteigerungstermin bekannt gemacht wird. R.G. II, 10. Okt. 84, R. VI, 613, oder der Datum der Zustellungsurkunde über einen Strafbefehl. R.G. II, 14. März 90, Goltd. XXXVIII, 59; die Gefangenenlisten: Berlin 4. Okt. 71 u. 30. Okt. 72 (O.R. XII, 491; XIII, 561, Goltd. XX, 558), die sog. Kanzleizettel: Berlin 15. Mai 72 (O.R. XIII, 310), die von Referendarien aufgenommenen Registraturen: Dresden 3. Juni 72 (S.G.Z. XVII, 27), die Steuererhebungsjournale der Steuerbeamten: Berlin 21. Febr. 72 (O.R. XIII, 159, St. I, 210), die von einer Steuer-Einschätzungs-Commission aufgestellte Veranlagungsliste R.G. II, 27. Mai 84, R. VI, 379, die von den Standesbeamten aufgenommenen Geburtsurkunden: Berlin 11. Febr. und 8. März 76 (Goltd. XXIV, 132, 135, O.R. XVII, 108, 181), die ortsgerichtlich (Sachsen) ausgestellten Dienstbücher: Dresden 20. Okt. 73 (St. III, 365), das von einem Gemeindevorstand ausgestellte Hülfsbedürftigkeitszeugniß: Dresden 20. Jan. 71 (S.G.Z. XV, 80), die Beurkundung des Gemeinde-Ausschusses über die Prüfung der Gemeinderechnung: München 9. Febr. 74 (St. III, 369), die sog. Kassensturzberichte des Schultheißen (Württemberg) an die vorgesetzte Behörde und Eintragungen darüber in die Gemeindebücher: Stuttgart 19. Jan. 76 (württ. Ger.Bl. XI, 331), die Sparkassenquittungsbücher: Dresden 10. März 73 u. 6. Mai 78 (S.G.Z. XVII, 113; XXII, 336, St. III,

23), die Pfandscheine der öffentlichen Leihanstalten: Berlin 1. Juni 71 (O.R. XII, 294), München 24. Dez. 89 (bayr. Entsch. V, 488), der auf dem Kouvert eines Telegramms befindliche Vermerk über die Höhe des Botenlohns: Dresden 2. Febr. 74 (S.G.Z. XVIII, 218, St. V, 138), die mit amtlicher Beglaubigung zum Zwecke der Zahlung aus einer öffentlichen Kasse versehenen ärztlichen Rezepte: Dresden 12. Mai 73 (St. III, 129), die sog. Holzverabfolgungsscheine einer Behörde: Berlin 20. Mai 71 (Goltd. XIX, 618, O.R. XII, 275, St. I, 39), eine mit dem Quittungsvermerk des Brausteuerhebebeamten versehene Brauanzeige: Berlin 11. Mai 76 (O.R. XVII, 338, Goltd. XXIV, 466), Atteste amtlich bestellter und verpflichteter Fleischbeschauer: Berlin 6. Febr. 1877 (O.R. XVIII, 95, Goltd. XXV, 54), R.G. III, 28. Febr. 80 (R. I, 400, E. I, 230, Goltd. XXVIII, 250), (Anhalt) I, 22. Okt. 83, E. IX, 139, R. V, 621 (Bayern), 2. Mai 89, E. XIX, 197 (Baden), die Führungsatteste für zur Reserve Uebertretende, Dresden 19. März 77 (S.G.Z. XXII, 33), Zeugnisse preußischer Gemeindevorstände über Einberufung eines Kriegsdienstpflichtigen: Berlin 20. Dez. 76 (O.R. XVII, 831, Goltd. XXIV, 592), gerichtliche Depositalquittungen: Dresden 28. Jan. 78 (S.G.Z. XXII, 244), Posteinlieferungsscheine: Mannheim 22. Mai 75 (bad. Ann. Bd. 41, S. 359), die postamtlichen Vermerke auf Postanweisungen über Einzahlung des Betrags: Dresden 22. März 75, S.G.Z. XIX, 305 (St. VI, 11), Quittungen der Finanzbehörden über Bezahlung von Abgaben: Mannheim 6. Sept. 76 (bad. Ann. Bd. 43 S. 86), die Tabellen der Schulversäumnisse und der dafür verhängten Strafen: Mannheim 5. Febr. 76 (bad. Ann. Bd. 43 S. 307), die Ursprungsatteste der mit Führung einer Viehkontrole gegen die Rinderpest betrauten Gemeindevorsteher: Berlin 4. März 79 (O.R. XX, 121, Goltd. XXVII, 376), R.G. II, 22. Okt. 80 (E. II, 376), eine von einem Gemeindevorstande (Hannover) ausgestellte Bescheinigung über erlittenes Brandunglück, R.G. III, 20. Dez. 79 (R. I, 166), ein von einem Gemeindevorstand ausgestelltes Attest behufs Verkaufs eines Pferdes (Preußen) R.G. II, 2. April 86, R. VIII, 247. Die von einem Gemeinderechner in Hessen einem Gemeindeglied für schuldige Leistungen an die Gemeinde ausgestellte Quittung, R.G. I, 10. März 84, E. X, 192, R. VI, 180. Der von einer öffentlichen Behörde gebrauchte Stempel, um damit eine ertheilte Genehmigung zu beurkunden, wobei der widerrechtliche Gebrauch des Stempels als Fälschung beurtheilt wurde. R.G. I, 12. Jan. 85, E. XII, 17. Die Genehmigung des zuständigen Beamten zu einer noch auszufertigenden gemeindlichen Zahlungsanweisung. R.G. I, 23. April 88, E. XVII, 329. Die vom Staatsanwalt ausgefertigte Ladung zur Hauptverhandlung, auch wenn einzelne Bestandtheile derselben fehlen, nicht aber, wenn sie von dem (nicht zuständigen) Vorsitzenden ausgefertigt ist. R.G. IV, 6./13. Juli 88, E. XVIII, 76, R. X, 464.

14. Als öffentliche Urkunden wurden nicht anerkannt: die Zeugnisse preußischer Gemeindevorstände über Wiederaufbau abgebrannter Gebäude zur Erhebung der Feuerkassengelder: Berlin 18. April 77 (O.R. XVIII, 280, Goltd. XXV, 340, R.G. II, 3. Juni 81 (R. III, 368, E. IV, 246), pfarramtliche Zeugnisse über Geburten, welche vor dem Reichsgesetze vom 6. Febr. 75 erfolgten: Mannheim 2. Nov. 78 (bad. Ann. Bd. 44, S. 301), der Abdruck einer amtlichen Bekanntmachung, insoweit dabei die Thätigkeit des Setzers und Druckers in Frage steht: Dresden 7. April 76 (S.G.Z. XX, 343, St. VII, 169). Urkunden, welche der Beamte eines auswärtigen Souveraines, wenn auch eines deutschen, bei Verwaltung des dem letzteren gehörigen Eigenthums im Inlande ausgestellt hat. R.G. II, 26. Juni 83, E. VIII, 372, R. V, 471. Vorbereitete Zustellungsurkunden, denen noch die nöthigen Unterschriften fehlen R.G. IV, 3. Okt. 84, R. VI, 594. Entlastungs-Erklärungen des Rechnungsausschusses einer preuß. Landgemeinde. R.G. II, 13. März 85, E. XII, 91. Quittungen der Gerichtsvollzieher über erhobene Gebühren und Auslagen R.G. I, 20. April 82, R. IV, 361. Die mit dem Portovermerk versehenen Abschnitte von Postpacketadressen R.G. I, 15. Juni 85, E. XII, 323, R. VII, 390. Abschnitte von Postanweisungen je nach ihrem Inhalte R.G. III, 26. Okt. 81, R. III, 649. Die Register über die krankenversicherungspflichtigen Personen in der Gemeinde. München 28. Dez. 85, bayr. Entsch. III, 612. Wegscheine eines gemeindlichen Wegmeisters mangels der gesetzlich besonders vorgeschriebenen eidlichen Verpflichtung des Gemeindebeamten (Bayern) R.G. I, 20. Juni 88, E. XVIII, 37. Weder die Eigenschaft öffentlicher, noch überhaupt von Urkunden wurde zugestanden: der Numerirung der im Walde stehenden Holzhaufen zum Zwecke des Verkaufs und der Ueberweisung an den Käufer R.G. III, 31. Mai 86, E. XIV, 175, R. VIII, 412 der Revisionsvermerke der Steuerbeamten auf den Betriebsplänen der Brennereien R.G. IV, 21. Jan. 89, E. XIX, 352.

15. In Betreff der Telegramme nimmt München 29. Dez. 73 (St. III, 220) an, daß durch Absendung eines Telegramms unter falschem Namen nur Betrug, nicht Urkundenfälschung begangen werden könne. Ebenso R.G. III, 15. Mai 80 (R. I, 793, Ann. II, 135). S. dagegen Dambach im G.S. Bd. 23, S. 291 ff., Leipzig 1. Dez. 76 (Entsch. XXI, 351). Archiv f. Post und Telegraphie 1883, S. 8, Ortloff bei Goltd. XXVIII, 194. Auch das R.G. (Pl. Urth. 6. März 83, E. VIII, 92, R. V, 161) erkannte an, daß die Aufgabe eines Telegramms unter falschem Namen Urkundenfälschung, und die auftraggemäße Einhändigung an den Adressaten, nicht schon die Aufgabe der Depesche, Gebrauch zur Täuschung sei. S. auch Meili, Zürich 1889, ferner Hälschner II, 546, N. 4, v. Liszt S. 544, Merkel in H.H. IV, 449, Scherer im G.S. Bd. 28, S. 605, Olshausen N. 41.

16. Ob eine Privaturkunde zum Beweise von Rechten oder Rechtsverhältnissen (unter denen auch Verhältnisse des öffentlichen, insbesondere des internationalen Rechts begriffen sind: Berlin 20. Okt. 75, Entsch. LXXV, 387, Goltd. XXIII, 456, O.R. XVI, 668; vgl. auch Berlin 24. Juni 74, Goltd. XXII, 623, O.R. XV, 450, St. IV, 193 u. Dresden 12. Mai 73, S.G.Z. XVII, 179, R.G. III, 5./12. März 83, E. VIII, 188, R. V, 149 von Erheblichkeit ist, ist Sache thatsächlicher Prüfung. Die Bezeichnung als Privaturkunde bezeichnet nur den Gegensatz zur öffentlichen; so daß hierin nur ein negatives Begriffserforderniß liegt. R.G. II, 30. Okt. 82, E. VII, 194, R. IV, 775, 4. Nov. 87, R. IX, 555. Maßgebend ist, daß die Beweiserheblichkeit der Urkunde objektiv vorhanden ist (nicht nach der Meinung des Fälschers oder des Getäuschten). R.G. I, 3. Juni 80 (R. II, 26, E. II, 173). Daß der Beweis des Rechts vollständig daraus hervorgehe, ist dagegen nicht erforderlich. (Berlin 14. Febr. 72, O.R. XIII, 145, St. I, 236; Dresden 25. Aug. 73 u. 23. Jan. 74, S.G.Z. XVII, 307; XVIII, 201; München 30. Mai 76, bayr. Entsch. VI, 274, St. VI, 345; Wolfenbüttel 15. Dez. 76, St. VII, 171; R.G. III, 4. Febr. 80, E. I, 293.) Für die Beurtheilung ist auf die sonstigen Gesetze zu rekurriren. Vgl. Wolfenbüttel 27. Juni 76 (St. VI, 337, G.S. Bd. 29, S. 389), Leipzig 1. Dez. 76 (Entsch. XXI, 353).

17. Für den Begriff einer Urkunde ist es nicht erforderlich, daß sie für die Entstehung von Rechten oder Rechtsverhältnissen beweiserheblich ist; auch auf das Erlöschen von solchen kann sie sich beziehen. R.G. I. 15. Jan. 80 (R. I, 233), insbesondere ist nicht erforderlich, daß der angebliche Aussteller durch die Urkunde als verpflichtet erscheint. R.G. IV, 10. April 88, E. XVII, 298, R. X, 293. Es kommt nicht darauf an, ob die gefälschte Urkunde für den Zweck des Thäters beweisbehelflich war, vielmehr genügt es, daß sie im Falle der Echtheit irgend ein Rechtsverhältniß zu beweisen dienlich gewesen wäre. R.G. I, 21. Okt. 80 (R. II, 366), IV, 6. April 86, R. VIII, 262. Die Beweiserheblichkeit muß nicht aus dem Inhalte der Urkunde allein hervorgehen, sondern kann sich auch aus anderen mit dem Inhalte in Verbindung stehenden Beweismomenten ergeben. R.G. I, 31. Jan. 81 (R. II, 774, E. IV, 3).

18. Als rechtserhebliche Privat-Urkunden sind angesehen:

Bestellzettel: Dresden 18. Dez. 71 (S.G.Z. XVI, 190, St. I, 297), Frachtbriefe und die darauf befindlichen Frachtberechnungen der Eisenbahnverwaltungen: Dresden 16. Okt. 74 (S.G.Z. XIX, 141, St. V, 129), R.G. III, 18. Dez. 80 (E. III, 169) II, 8. Mai 80, R. I, 751, München 12. März 86 bayr. Entsch. IV, 126, ein Schuldbekenntniß ohne Verpflichtungsgrund: Berlin 14. Febr. 72 (Goltd. XX, 123, O.R. XIII, 143), eine Quittung, namentlich auch in Betreff ihres Datums: Dresden 13. Okt. 73 (S.G.Z. XVIII, 84); Berlin 27. Juni 76 (O.R. XVII, 461, Goltd. XXIV, 581), R.G. III, 5. Febr. 81 (E. III, 337), die auf einer Postanweisung befindliche Quittung: Mannheim 28. Nov. 74 (St. V, 170), ein Wechselaccept, selbst wenn es nicht auf den Namen des Bezogenen lautet: Dresden 23. Jan. 74 (S.G.Z. XVIII, 200, St. IV, 188), ausgefüllte Wechselformulare, denen noch die Unterschrift des Ausstellers fehlt: Dresden 7. Dez. 74 (S.G.Z. XIX, 207, St. V, 130); Berlin 13. Jan. 76 (O.R. XVII. 29) u. 22. Juni 78 (Goltd. XXVI, 526), insbesondere ein Blankoaccept: Dresden 12. Nov. 76, 17. Sept. 77 u. 3. Juni 78 (S.G.Z. XX, 210; XXII, 175, 358), R.G. I, 3. Mai 80 (R. I, 715, E. II, 42, Ann. II, 22, Goltd. XXVIII, 466), III, 28. Okt. 82, E. VII, 183, ein auf eigene Ordre gestellter trockener Wechsel: Dresden 29. Jan. 75 (S.G.Z. XIX, 292), präjudizirte Wechsel R.G. II, 5. Febr. 84, R. VI, 89, Handelsbücher: Dresden 22. Juni 74 (S.G.Z. XVIII, 345, St. V, 122), R.G. III, 9. Febr. 81 (R. III, 16, E. IV, 4), sog. Gegenbücher R.G. IV, 17. Juni 90, Goltd. XXXVIII, 357, die einzelnen Schriften der Anwälte in ihren Manualakten: Dresden 23. Febr. 74 (S.G.Z. XVIII, 244, St. V, 106), eine Kollektenliste zur Konfrolirung des Sammlers:

Berlin 20. Jan. 75 (Goltd. XXIII, 58, O.R. XVI, 61, St. V, 124), das Attest eines Krankenhausarztes über die von einem Bader zu beanspruchende Vergütung: München 30. Mai 73 (St. II, 327), ein Exekutionsantrag mit Anzeige der cessionsweisen Erwerbung der Forderung: Berlin 4. Jan. 79 (Goltd. XXVII, 112), ein Inkassagiro: München 9. Juli 75 (bayr. Entsch. V, 339), ein Domizilsvermerk auf einem sonst echten Wechsel: München 11. Febr. 78 (bayr. Entsch. VIII, 66, St. VIII, 241), die Widerspruchsschrift gegen einen Zahlbefehl: Berlin 1. Mai 78 (Goltd. XXVI, 526), eine bei Gericht eingereichte schriftliche Klage: R.G. II, 20. Jan. 80 (E. I, 155), eine beim Staatsanwalt eingereichte Anzeige R.G. I, 20. Dez. 86, R. VIII, 770; IV, 15. Mai 88, R. X, 396, 21. Febr. 88, Goltd. XXXVI, 178. Die fälschliche Anfertigung der Einwilligungsurkunde eines Dritten zu Rechtshandlungen, die der Fälscher auch ohne jene Einwilligung vorzunehmen befugt war: R.G. I, 3. Juni 80 (R. II, 26, E. II, 173). Zustellungsurkunden von Briefträgern, welche sie im Auftrage der Postanstalt aufzunehmen haben, in allen ihren Theilen. R.G. II, 7. Febr. 82, E. VI, 17, R. IV, 130, sowie die hierbei übergebene Abschrift, R.G. III, 31. Mai 86, R. VIII, 417, schriftliche geschäftliche Empfehlungen, R.G. I, 19. April 86, R. VIII, 298. Die von einem Translator unterzeichnete und untersiegelte Uebersetzung eines in fremder Sprache abgefaßten Geburtsscheins, R.G. II, 29. Nov. 81, E. V, 255, R. III, 752, die Bescheinigung von Zeugen über ihr Wissen behufs Glaubhaftmachung bei einem Arrestgesuch, R.G. II, 16. Dez. 81, E. V, 262, R. III, 801; ein fälschlich angefertigter Brief, in welchem der Staatsanwaltschaft das Geständniß einer begangenen Strafthat abgelegt wird. R.G. II, 22. Sept. 82, E. VII, 47. Die Werthangabe eines verpfändeten Gegenstands auf dem Pfandschein der Leihanstalt. R.G. I, 19. Okt. 82, E. VII, 422, R. IV, 750. Ein Reklamationsgesuch behufs Zurückstellung vom Militärdienst, R.G. IV, 23. Sept. 84, R. VI, 558. Eine Geldrolle, deren äußerlich angegebener unrichtiger Inhalt durch eine aufgeklebte Firmenstempelmarke beglaubigt war, R.G. III, 26. Okt. 85, E. XIII, 71. Ein Frachtbrief, der der Eisenbahnverwaltung übergeben ist, schon ehe der Frachtvertrag durch diese zum Abschluß gelangt, R.G. I, 11. Jan. 86, E. XIII, 245, R. VIII, 30. Einen von Jagdberechtigten ausgestellten Wildpassirschein, R.G. II, 4. Nov. 87, R. IX, 555. Einem von einem öffentlichen Fleischbeschauer außerhalb seines amtlichen Wirkungskreises ausgestelltem Attest behufs Einfuhr des Fleisches in eine andere Gemeinde, R.G. II, 27. Jan. 88, E. XVII, 94, R. X, 70, eine Rechnung für ärztliche Behandlung, R.G. I, 5. März 88, R. X, 205; ärztliche Recepte R.G. II, 12. Okt. 88, E. XVIII, 149, R. X, 563, auch wenn es nur mit einer Chiffre unterzeichnet ist. R.G. IV, 16. April 89, Goltd. XXXVII, 190; auch Gewerbs-Rechnungen R.G. IV, 9. Juni 91, Goltd. XXXIX, 229. Das Zeugniß des Vaters, daß er in die Dienstmiethe seines minderjährigen Hauskinds einwillige, R.G. II, 8. Juli 90, E. XX, 56. Das Zeugniß der Eltern über Verhinderung eines Kindes die Schule zu besuchen. R.G. IV, 28. Nov. 90, E. XXI, 187.

19. Dagegen sind als beweiserhebliche Urkunden nicht angesehen:

Die durch Gemeindebehörden (in Bayern) erfolgte Beurkundung von Thatsachen, die sich auf Privatrechtsverhältnisse beziehen, besonders nicht die Hypothekenschätzung durch eine Gemeindebehörde: München 11. Okt. 73 (St. III, 134), die Beglaubigung von Unterschriften durch einen Dorfschulzen: Berlin 6. Nov. 73 (O.R. XIV, 689), die kirchlichen Geburts- und Taufregister, soweit es sich um den Nachweis handelt, daß die Eltern mit einander verheirathet gewesen sind: Berlin den 4. Dez. 73 (O.R. XIV, 778, St. III, 312), das nur von dem Küster geführte Register über die angemeldeten Trauungen: Berlin 25. Okt. 71 (O.R. XII, 527), das Tagebuch des Bezirksamts zur Brandversicherungskasse und der hierüber der Regierung vorzulegende Bestandausweis: München 26. Jan. 74 (St. III, 372), das Register des Bezirksamts über die ausgegebenen Hausirpatente: München 26. Jan. 74 (bayr. Entsch. IV, 62), das sog. Beibuch (Kontobuch): Dresden 6. März 71 u. 11. Juli 73 (S.G.Z. XV, 44; XVIII, 78), Abschnitte auf Postpacketbegleitadressen mit falschem Namen. R.G. III, 9. Febr. 88, E. XVII, 141, R. X, 105, die Rollkarten der Eisenbahnverwaltungen: Berlin 5. Juni 71 (Goltd. XIX, 699, O.R. XII, 307), die Viehzählungstabellen: Berlin 7. Sept. 74 (Goltd. XXII, 625, O.R. XV, 530, St. IV, 194), die nicht von dem Forstbeamten oder Jagdberechtigten ausgestellten Wildtransportscheine: Berlin 6. Nov. 73 (Goltd. XXI, 563, O.R. XIV, 689), Unterstützungsgesuche: Dresden 20. Jan. 71 (S.G.Z. XV, 80, St. I, 38), Prüfungsarbeiten in den Schulen: Stuttgart 3. Febr. 76 (württ. Ger.Bl. XI, 329), Anzeigen über Verlobung eines Pflegekinds: Berlin 14. März 78 (Goltd. XXVI, 130), vgl. auch Berlin 26. Juni 77 (Goltd. XXV, 553).

Die Rechtserheblichkeit wurde ferner verneint bei Ermächtigung zum Kauf eines Gegenstands, der nicht existirte (Liebestrank) R.G. II, 1. Juni 83, E VIII, 351 bei einer auf einem Häringsfaß angebrachten Firma des ursprünglichen Verkäufers. R.G. III, 12. März 88, E. XVII, 282, R. X, 239.

20. Ist eine Schrift nicht unterzeichnet, so hängt die Urkundenqualität davon ab, ob aus dem Inhalt die Person des Urhebers für Jedermann ohne Weiteres deutlich erkennbar ist. Dresden 6. März 71 u. 21. Juli 73 (S.G.Z. XV, 84; XVII, 279, St. I, 38), 7. Febr. 76 (S.G.Z. XX, 353), entsprechend ist auch eine unvollkommene unterschriebene Urkunde doch noch Urkunde. Die gleiche Eigenschaft hat R.G. III, 20. März 84, E. X, 304 einer mit Firmenstempel unterzeichneten Urkunde (Quittung) eingeräumt, und hierbei den unbefugten Gebrauch des Stempels der Nachahmung der Unterschrift prinzipiell gleichgestellt. Vgl. Dresden 11. Sept. 76, St. VII, 174, München 7. März 86 (bayr. Entsch. IV, 125).

Nicht minder ist dies der Fall, wenn nur zwischen zwei Parteien übereinkunftsgemäß oder nach Herkommen bestimmte Skripturen die Eigenschaft von Urkunden eingeräumt ist, wenn gleich die Unterschrift mangelt und der Inhalt ohne Nachweise nur den Betheiligten verständlich ist; z. B. Wochenzettel über gelieferte Arbeiten. R.G. II, 29. Okt. 84, E. XI, 184, R. VI, 659. Rechnungen über solche R.G. IV, 8. Juli 84, R. VI, 529 oder auch der bloße Name statt einer vollständigen Quittung. R.G. II, 19. Mai 82, E. VI, 289, R. IV, 498.

Auch unterkreuzte Urkunden R.G. II, 6. Mai 84, R. VI, 356, oder Quittungsvermerke ohne Unterschrift. R.G. III, 1. Juli 82, R. IV, 660. Ferner mit Bleistift durchstrichene Urkunden, wie Quittungen. R.G. I, 16. März 82, R. IV, 249.

Eine bloße Abschrift ist keine Urkunde. Dresden 9. Febr. 74 (S.G.Z. XVIII, 221), 7. April 76 (S.G.Z. XX, 344, St. VII, 169).

21. Die Verfälschung setzt eine echte Urkunde voraus, welche rechtswidrig in irgend einem wesentlichen Punkte abgeändert wird. Sofern es sich um eine Privaturkunde handelt, muß sich die Verfälschung auf einen beweiserheblichen Theil derselben beziehen. R.G. II, 2. April 86, R. VIII, 247. Jedoch wurde keine Verfälschung dann angenommen, wenn derjenige, welcher eine Abänderung vornahm, der Dispositionsberechtigte über die Urkunde ist, wie bei Handelsbüchern, die der sie führende Kaufmann verändert, so behufs Verdeckung einer Steuerhinterziehung. R.G. III, 1. Mai 80, E. II, 34, R. I, 713, zur Begehung eines Betrugs. R.G. I, 23. Jan. 82, E. V, 430, R. IV, 61; III, 21. Juni 86, R. VIII, 470, s. auch IV, 29. Juni 87, R. VIII, 504, 6. März 88, E. XVII, 205, R. X, 218.

Das Verfälschen kann auch durch Wegschneiden eines Theils einer echten Urkunde begangen werden, Stuttgart 27. März 78 (württ. Ger.Bl. XIV, 304, St. VIII, 67); Mannheim 1876 (bad. Ann. Bd. 43, S. 366); Darmstadt 5. April 75 (hess. Entsch. 1876, S. 15) auch durch Radiren, Stuttgart 22. Dez. 75 (württ. Ger.Bl. XI, 326, St. VI, 218). R.G. II, 4. März 81 (E. III, 370). Bezieht sich die Aenderung auf einen gleichgültigen Punkt, so daß die Urkunde keine veränderte Bedeutung als Beweismaterial für Thatsachen erhält, für welche sie überhaupt nicht oder nicht ausschließlich bestimmt war, so liegt wenigstens vollendete Fälschung nicht vor, möglicher Weise Versuch, wenn die Absicht des Handelnden weiter ging, als die That; z. B. bei Abänderung des Datums einer Eisenbahnrückfahrtskarte in einer den Zweck nicht erfüllenden Weise. R.G. IV, 19. Sept. 84, R. VI, 553, vgl. auch oben N. 5. Die Beseitigung der Tageszahl in dem Datum eines über eine Geldeinzahlung ausgestellten Postscheins wurde für erheblich erklärt. R.G. IV, 8. Jan. 89, Goltd. XXXVII, 50;

Als Verfälschung kann die Aenderung einer Ziffer in einer Urkunde auch dann vorgenommen werden, wenn daneben die in Buchstaben angegebene Zahl unverändert bleibt. R.G. II, 20. Dez. 89, Goltd. XXXVII, 435.

22. Als Verfälschung ist auch die rechtswidrige Abänderung in einem erheblichen Punkt einer bereits früher verfälschten ächten Urkunde anzusehen. Berner S. 581, Hälschner II, 536, Merkel in H.H. III, 792, Olshausen N. 25. Abweichend und nehmen falsche Anfertigung an: H. Meyer S. 934, Oppenhoff N. 9. Jedoch ist es erforderlich, daß die frühere Verfälschung der Urkunde nicht den Charakter als solche benahm. Dies ist der Fall, wenn die Beglaubigungszeichen der Urkunde verändert sind, vor allem die Unterschrift als das wesentlichste Beglaubigungszeichen. An einer an sich falschen Urkunde, einer falsch angefertigten, kann Verfälschung nicht begangen werden, sondern höchstens Versuch. R.G. II, 8. April 81, E. IV, 69.

Deshalb machte R.G. IV, 25. Okt. 89, E. XX, 6, die Entscheidung der Frage, ob in der widerrechtlichen Beseitigung des Außerkurssetzungs-Vermerks auf einem Inhaberpapier Urkundenunterdrückung oder Verfälschung liege, davon abhängig, ob jener Vermerk als selbständige Urkunde oder als Theil des Inhaberpapiers zu betrachten sei, entschied sich jedoch für letztere Alternative und nahm Urkundenfälschung an.

23. In dem Beurkunden einer Unwahrheit liegt keine Fälschung, Berlin 13. Sept., 19. Okt. u. 7. Dez. 76 (O.R. XVII, 554, 681, 801, Goltd. XXIV, 588, 608, St. VII, 177); Dresden 26. Juni 76 (S.G.Z. XXI, 153); dies nahm R.G. III. 5./12. März 83, E. VIII, 128, R. V, 149 in einem Falle an, in welchem Jemand mittels pseudonymer Briefe einen Dritten zu verläumden suchte, wobei jedoch nur die einseitige Behauptung, kein urkundlicher Nachweis in das Gewicht fiel. Es liegt auch keine Fälschung in einer falschen an die Steuerbehörde unter falschem Namen gemachten Anzeige einer Steuerhinterziehung. R.G. III, 8. April 89, E. XIX, 174; in der Beurkundung durch einen hierzu Berechtigten, wenn auch in widerrechtlicher Absicht (Mißbrauch der Firma durch einen zu deren Zeichnung Berechtigten), Dresden 27. März 76 (St. VII, 166); — oder wenn der Anfertiger einer Urkunde vorsätzlich Unwahres in diese einträgt, z. B. der mit Anfertigung der Schießliste Beauftragte falsche Schießresultate, gleichviel ob dies unter eine andere Strafbestimmung fällt. R.G. I, 31. März 84, E. X, 273.

Dies trifft jedoch nicht zu, wenn die Urkunde kraft Gesetzes oder einer besonderen Uebereinkunft maßgebend für bestimmte Rechtsverhältnisse sein soll, so daß der Urkunde von vornherein eine rechtserhebliche Bedeutung für die Parteien gegeben ist, zumal, wenn der Ertrag schon die Anerkennung der Gegenpartei erlangt hatte und rechtswidrig von dem Anfertiger der Urkunde abgeändert wurde, z. B. beim Brauregister eines mit Vorbehalt der Nachzahlung fixirten Brauers. R.G. III, 20. Dez. 83, E. X, 11. Aehnlich verhält es sich mit Wechseln, nachdem andere Wechselinteressenten Erklärungen beigefügt hatten. So wurde der Inhaber eines in blanco acceptirten Wechsels, welcher nach erfolgter Ausfüllung den Wechsel hatte protestiren lassen, wegen Urkundenfälschung bestraft, weil er nach dem Protest einen Domizilvermerk beigefügt hatte. R.G. II, 20. Sept. 81, E. IV, 410, R. III, 501. Auch in der Veränderung des Datums in einer stempelpflichtigen Urkunde vor Vorlage derselben an die Stempelsteuerbehörde, um eine Stempelstrafe zu vermeiden, wurde Urkundenfälschung erblickt, R.G. II, 6. Febr. 85, R. VII, 86, sogar dann, wenn die Annahme, die Frist zur Nachbringung des Stempels sei abgelaufen, irrig war. R.G. II, 1. Nov. 87, E. XVI, 262, R. IX, 540, s. auch IV, 6. März 88, E. XVII, 205, R. X, 218. Dagegen wurde die Freisprechung bestätigt in einem Fall, in welchem die Vertragsparteien den früher abgeschlossenen Vertrag aufgehoben, die Urkunde kassirt und einen neuen vom Tage des erneuten Vertragsabschlusses datirten Vertrag abgeschlossen und beurkundet hatten. R.G. III, 13. Jan. 90. Hierbei wurde angenommen, daß die Vertragsfreiheit der Parteien ihre Handlung rechtfertige, und auch Urkundenunterdrückung könne nicht angenommen werden; Fälschung nur, wenn eine Partei die Urkunde eigenmächtig ändere. Jedoch bestehe die Stempeldefraudation aus dem aufgehobenen Vertrage. Vgl. hierfür auch R.G. III, 4. Febr. 80, E. 1, 181, R. I, 317.

Abänderung der Einträge in ein nach Verordnung von den Fleischern zu führendes Fleischbuch sind als Urkundenfälschung strafbar, wenn der Fleischbeschauer seine Vermerke beigefügt hatte. RG. IV, 5. April 89, Goltd. XXXVII, 194. Ist der Beurkundende ein Beamter, so schlägt §. 271 oder §. 348 an, R.G. I., 17. April 82, R. IV, 343. — R.G. II, 8. April 81 (E. IV, 69, Ann. III, 473) sprach aus, daß eine öffentliche Urkunde, die selbst mit Genehmigung des Beamten von einem Anderen unterzeichnet werde, eine falsche sei, daß aber an einer falschen Urkunde keine Verfälschung begangen werden könne.

24. Als „fälschliche Anfertigung", d. h. Herstellung einer Urkunde durch einen Unberechtigten, ist zu betrachten die Herstellung einer Urkunde, welcher der Anschein einer echten gegeben wird. Dies ist nach dem Vorstehenden die anscheinende Anfertigung einer Urkunde von Seite eines Berechtigten, während sie von einem Unberechtigten erfolgt ist. Eine Nachahmung der echten Unterschrift in ihren Zügen ist hierbei nicht erforderlich, da es fraglich ist, ob der Getäuschte die echte Unterschrift kennt, und eine leicht erkennbare Fälschung doch noch Fälschung bleibt. Als fälschliche Anfertigung gilt es auch, wenn Jemand eine solche Urkunde durch einen Dritten, der das Bewußtsein der Falschheit nicht hat, herstellen läßt. (Vgl. Oppenhoff §. 267 N. 17.)

25. In der Regel wird die fälschliche Anfertigung dadurch erfolgen, daß der Verfertiger die Urkunde ohne Zustimmung des zur Ausstellung Berechtigten so herstellt, daß sie scheinbar vom Berechtigten herstammt. Unter Umständen kann sie aber auch mit dessen Zustimmung fälschlich

angefertigt werden, wenn derjenige, dem die Urkunde ausgestellt wird, darüber getäuscht werden soll, daß er keine Originalurkunde, auf welche er Anspruch hat, erhält. Stuttgart 11. Okt. 76 (württ. Ger.Bl. XII, 445, St. VII, 169); Berlin 15. Jan. 79 (O.R. XX, 34, Goltd. XXVII, 212). R.G. II, 8. Nov. 81, E. V, 151, R. III, 696, 20. Dez. 81, R. III, 816, s. auch R.G. I, 14. Nov. 87, E. XVI, 325, R. IX, 602.

Läßt die Urkunde erkennen, daß sie nicht von dem anscheinenden Verfertiger eigenhändig, sondern in dessen Auftrag von einem Dritten, nicht Genannten, geschrieben sei, so liegt keine Urkundenfälschung, möglicher Weise aber Betrug vor R.G. I, 18. Nov. 82, E. VIII, 173.

26. Die Möglichkeit oder Wahrscheinlichkeit, daß der Berechtigte zu der von einem Anderen bethätigten Anfertigung zustimmen werde, ist ohne Erheblichkeit für den Thatbestand. Berlin 15. Jan. 79 a. a. O., es sei denn, daß die in Erwartung der Zustimmung des Berechtigten Unterzeichnende sich über die Rechtswirksamkeit der Unterschrift irrt. R.G. II, 2. Mai 82, E. VI, 251, 1. Mai 85, R. VII, 266.

Der Gebrauch eines falschen Namens als Unterschrift unter einer Urkunde bildet auch dann Fälschung, wenn der Unterschreibende schon vorher den falschen Namen angenommen hatte. Berlin 1. April 79 (O.R. XX, 172, Goltd. XXVII, 375). Eine fälschliche Anfertigung kann auch durch Gebrauch des eigenen Namens begangen werden, wenn derselbe mit den Berechtigten, dessen Namen scheinbar gebraucht ist, gleichlautend ist. R.G. I, 9. Mai 81 (R. III, 289, E. IV, 157); II, 15. Dez. 85, E. XIII, 172, R. VIII, 743. Läßt die Unterschrift die Person des Unterschreibenden erkennen, so wird die Urkunde nicht dadurch eine gefälschte, daß der Unterschreibende sich eine ihm nicht zustehende Eigenschaft beilegt, z. B. die des Vormunds, auch wenn diese Eigenschaft rechtserheblich ist. R.G. III, 14. Dez. 81, E. V, 260, R. III, 798); auch dann nicht, wenn ein Anderer mit Genehmigung des Berechtigten oder vorausgesetzter Genehmigung dessen Unterschrift bewirkte, ohne rechtswidrige Absicht. R.G. III, 6. Juni 89, Goltd. XXXVII, 287.

Eine Urkunde ist auch dann falsch angefertigt, wenn sie auf den Namen einer nicht existenten Person angefertigt wird, z. B. bei Wechseln; dagegen liegt keine falsche Anfertigung vor, wenn der Bezogene eine fingirte Person ist (Kellerwechsel), da erst das Accept derselben dem Beziehen einen urkundlichen Charakter gibt. R.G. I, 26. Jan. 82, R. IV, 74, s. auch 3. Okt. 81, R. III, 578. A. M. Merkel in H.H. III, 795.

27. Die Erschleichung der echten Unterschrift durch Täuschung kann als Betrug strafbar sein, bildet aber nie eine falsche Anfertigung. R.G. III, 1. Febr. 82, E. V, 410, R. IV, 107 (Täuschung über die Höhe des unterschriebenen Wechsels). S. auch R.G. II, 30. Juni 82, R. IV, 655. Ueberhaupt kann von der fälschlichen Anfertigung einer Urkunde nie gesprochen werden, wenn die Unterschriften echt sind; mag auch sonst inhaltlich eine Fälschung vorliegen. R.G. III, 25. Sept. 90, Goltd. XXXVIII, 355. (Ein Jagdpächter hatte nachträglich für eine zurückdatirte Urkunde die Unterschriften der zur Zeit des mündlichen Abschlusses fungirenden Gemeindebeamten erhalten unter Bezeichnung der damals von ihnen bekleideten Aemter.)

28. Der Gebrauch muß zum Zweck der Täuschung über den Inhalt der Urkunde (bei Privaturkunden über den beweiserheblichen Inhalt derselben) erfolgen. Vgl. Berlin 30. Juni 56 (Goltd. IV, 530), 26. Juni 77 u. 14. März 78 (Goltd. XXV, 553; XXVI, 130. R.G. I, 21. Okt. 80 (R. II, 366). Es genügt hierzu jedes Gebahren mit der verfälschten Urkunde, welches darauf gerichtet ist, einen Anderen in den Irrthum zu versetzen, daß die Urkunde unverfälscht sei. Eine besondere Veranstaltung, wie das Aushändigen oder Vorlegen an einen Dritten ist nicht erforderlich. R.G. III, 30. Sept. 82, E. VII, 53. Auch genügt die Ermöglichung einer sinnlichen Wahrnehmung des zu Täuschenden, sei es durch das Gesicht, das Gehör oder durch den Tastsinn, wie bei Kerbhölzern u. dgl. Gl. M. Olshausen, N. 35, Hälschner, II, 546. Abweichend v. Liszt S. 544, H. Meyer S. 938.

Auch ist es keineswegs erforderlich, daß die Täuschung zum Zwecke der Geltendmachung des beurkundeten Rechtsverhältnisses erfolge, oder daß der Getäuschte überhaupt zu dem Inhalt der Urkunde in einem bestimmten, rechtlichen Verhältnisse stehe. München 14. Dez. 77 (bayr. Entsch. VII, 520, St. VIII, 231); Dresden 5. Nov. 77 (St. VIII, 238); Wolfenbüttel 15. Dez. 76 (St. VII, 172). R.G. I, 5. Febr. 80 (E. I, 186, Ann. I, 361), 28. Sept. 82 E. VII, 52, R. IV, 718; 1. April 89, E. XIX, 113. Es ist z. B. Urkundenfälschung, wenn ein Banquier zum Beweise seiner Zahlungsfähigkeit (um Dritte zur Hergabe von Darlehen zu bewegen) falsche Schuldscheine notorisch wohlhabender Personen, welche sich als Schuldner des Banquiers bekennen, vorzeigt. Vgl. den Pl.-Beschluß vom 13. Juli 57, Entsch. des O.-Tr.

Bd. XXXVI, S. 424, R.G. I, 28. Sept. 82, E. VII, 52, R. IV, 718. Der Gebrauch einer Urkunde zur Täuschung wird dadurch nicht ausgeschlossen, daß er nicht das einzige zur Anwendung gebrachte Täuschungsmittel bildet, sondern daß zu diesem Zwecke auch noch mündliche Vorspiegelungen gebraucht wurden. R.G. I, 16. März 82, R. IV, 249.

29. Da die Urkunde als Mittel zur Täuschung dienen soll, ist es erforderlich, daß der Gebrauch der Urkunde einer Person gegenüber erfolgt, welche getäuscht werden soll; jedoch ist es ohne Belang, ob dies diejenige Person ist, von welcher der Thäter in Folge der Täuschung unmittelbar etwas erlangen will oder ob die Täuschung mittelbar weiter wirken soll, wie es stets der Fall ist, wenn der eigentlich Betheiligte durch einen Beauftragten Kenntniß über die Urkunde erlangen will, also getäuscht wird durch Täuschung der beauftragten Mittelsperson.

30. Als Gebrauchmachen von einer gefälschten Urkunde wurde angenommen: die Zustellung durch einen Gerichtsvollzieher, Leipzig 1. Dez. 76 (Entsch. XXI, 353), die Uebergabe eines Wechsels an einen Gerichtsvollzieher zum Zwecke der Klagestellung, München 17. Juli 75 (bayr. Entsch. V, 341), die Uebergabe eines Wechsels an einen Notar zur Protest-Erhebung. Dresden 5. Nov. 77 (St. VIII, 238), in der Uebergabe an den Richter bei der Verhandlung, Dresden 3. Juni 78 (S.G.Z. XXII, 358), R.G. II, 9. März 88, R. X, 233; auch schon in der Bezugnahme auf eine Urkunde, deren Original sich bei der Staatsanwaltschaft befand, in der Verhandlung gleichviel ob der Richter von der Urkunde Gebrauch macht oder nicht. R.G. II, 25. Juni 86, E. XIV, 242, R. VIII, 489; ferner: III, 27. Juni 87, E. XVI, 228, R. IX, 384 (im letzten Falle unter Vorlage einer Abschrift); Mannheim 11. Mai 78 (bad. Ann. Bd. 44, S. 153), in der Uebergabe an den Anwalt zum Zweck des Gebrauchs wollte noch nicht einen Gebrauch finden: München 5. Aug. 76 (bayr. Entsch. VI, 420, St. VI, 343), ob und inwieweit für den durch den Anwalt gemachten Gebrauch die Partei haftbar ist, muß thatsächlich, nicht nach civilprozessualen Regeln beurtheilt werden, Berlin 13. Nov. 78 (O.R. XIX, 530, Goltd. XXVI, 526), — R.G. II, 10. Febr. 82, E. V, 438*) dagegen nahm in der Vorlage einer gefälschten Urkunde an den Anwalt zum Zwecke der Klagestellung eine Gebrauchnahme an, sowohl gegen den Anwalt als gegen den durch die Urkunde Verpflichteten. Hierbei legte R.G. das entscheidende Gewicht darauf, ob die Vorlage zum Zwecke der Täuschung über die Echtheit der Urkunde erfolge. Deshalb wurde kein Gebrauch angenommen in einem Fall, in welchem der Ehemann eine Wechselerklärung mit dem Namen seiner Ehefrau unterschrieb, unter dem Vorgeben, er sei hierzu berechtigt, der Empfänger des Wechsels also nur über die Berechtigung, nicht über die Person des Unterzeichners getäuscht war. R.G. III, 18. April 82, E. VI, 202, R. IV, 344; IV, 9. Okt. 85, R. VII, 568. Die Uebergabe einer gefälschten Urkunde an einen von dem Sachverhalte unterrichteten Boten zum Zwecke, sie dem zu Täuschenden unter Verschweigung des Sachverhalts einzuhändigen, ist noch kein Gebrauch der Urkunde, R.G. III, 28. Febr. 80 (R. I, 400, E. I, 230, Goltd. XXVIII, 250), wohl aber dann, wenn eine dritte im Einverständniß handelnde Person den Gebrauch zur Täuschung vornimmt. R.G. I, 16. März 82, R. IV, 249. Kein Gebrauch wurde angenommen in einem Fall, in welchem gefälschte Urkunden durch Beschlagnahme in die Hände der Staatsanwaltschaft gelangt waren und der Thäter in einem Schreiben an dieselbe die Echtheit behauptet und die Herausgabe genehmigt hatte. R.G. I, 8. April 89, E. XIX, 215. Ebensowenig ist dies der Fall durch die bloße Behauptung, einen Wechsel in Händen zu haben, ohne Produktion desselben, selbst wenn der gefälschte Wechsel wirklich in Händen des Behauptenden ist. R.G. III, 31. März 80 (R. I, 513, Ann. I, 557). Dagegen wurde in dem Vorlesen eines gefälschten Schriftstücks der zu täuschenden Person gegenüber auch ohne Aushändigung ein Gebrauchmachen gefunden. R.G. IV, 10. Dez. 86, E. XV, 110, R. VIII, 746. Das bloße Anerbieten, eine gefälschte Urkunde zur Einsicht vorzulegen, ist noch kein Gebrauch zur Täuschung, wohl aber dann, wenn das Anerbieten den Erfolg hatte, daß der zu Täuschende durch einen Beauftragten Einsicht nehmen ließ und die Urkunde diesem wirklich, wenn auch gleichfalls nur durch einen Beauftragten vorgelegt wird. R.G. III, 29. April 86, R. VIII, 319. Ferner wurde der Gebrauch gefunden in dem bloßen Hinlegen einer Urkunde, eines gefälschten Handlungsbuchs oder Sparkassenbuchs an einen Ort, von dem der Handelnde sich bewußt war, daß der zu Täuschende dort Einsicht nehmen werde. R.G. 30. Sept. 82, E. VII, 53; I, 11. März 89, E. XIX, 71; IV, 5. Juli 89, Goltd. XXXVII, 205, in dem Anschlagen einer Bekanntmachung mit dem gefälschten polizeilichen Genehmigungsstempel. R.G. I, 12. Jan.

*) R.G. III, 9. Jan. 88, Goltd. XXXVI, 158 billigte in einem solchen Fall die Verurtheilung wegen Versuchs.

85, E. XII, 17. In der Vorlage einer gefälschten Urkunde an den Einregistrirungsbeamten zum Zwecke der Einregistrirung liegt Gebrauch der Urkunde. R.G. I, 11. Okt. 80 (R. II, 310), E. II, 320; auch in der Vorlage an die Behörde zum Zweck der Verwendung des Stempels. R.G. IV, 21. Juni 89, Goltd. XXXVII, 205. Wird eine Urkunde nicht als Urkunde, sondern in anderer Weise als Täuschungsmittel benutzt, so liegt kein Gebrauch vor. R.G. III, 5. Febr. 81 (E. III, 337, Ann. III, 257).

31. Ob der Zweck der Täuschung erreicht wird, ist gleichgültig. München 11. Febr. 78 (bayr. Entsch. VIII, 71); Dresden 21. Aug. u. 2. Nov. 76 (S.G.Z. XX, 211; XXI, 215); Darmstadt 10. Juli 76 (hess. Entsch. 78, S. 101). R.G. I, 3. Mai 80, 16. März 82, E. II, 42, R. I, 716; IV, 248.

32. Der Versuch dieses Vergehens ist nicht strafbar. Vollendet ist die That mit dem Gebrauchsakte zum Zwecke der Täuschung. München 9. u. 17. Juli 75, 5. Aug. 76, 14. Dez. 77 u. 11. Febr. 78 (bayr. Entsch. V, 341, 342; VI, 425; VII, 520; VIII, 68, St. VI, 343; VIII, 231); Dresden 21. Aug. u. 12. Nov. 76 (S.G.Z. XX, 211; XXI, 215). Die That setzt sich aus zwei verschiedenen selbständigen Handlungen zusammen, aus der Anfertigung eines zur Täuschung bestimmten Beweismittels und aus dem Gebrauche desselben zum Zwecke der Täuschung. Nur dann, wenn beide Akte zusammentreffen, liegt vollendete Urkundenfälschung vor. R.G. III, 28. Febr. 80, 5. Febr. 81, E. I, 230; III, 337, R. I, 400.

33. In dem Gebrauche mehrerer, jedoch selbständiger gefälschter Urkunden bei einer Gelegenheit fand Realkonkurrenz. München 21. Juli 77 (bayr. Entsch. VII, 327, St. VIII, 248); Dresden 8. Febr. 75 (St. VI, 10), dagegen R.G. III, 11. Nov. 86, E. XV, 290, R. VIII, 700 nur eine Handlung; bedingt ebenso III, 24. Sept. 88, R. X, 515. In dem mehrfachen Gebrauch ein und derselben falschen Urkunde liegt Realkonkurrenz, Dresden 1. Nov. 75 (S.G.Z. XX, 306), R.G. III, 2. Febr. 81 (E. III, 311), wobei jedoch der mehrmalige Gebrauch als unter §. 270 fallend erklärt wurde; doch nahm bei Gebrauch mehrerer Urkunden auch die Möglichkeit einer Fortsetzung an: Dresden 11. Sept. 76 (St. VII, 174). Ueber Zusammenfluß von Betrug und Urkundenfälschung vgl. §. 263, N. 40.

34. Mitthäterschaft kann bei der Urkundenfälschung in der Art vorkommen, daß der eine Thäter die Fälschung, der andere die Gebrauchshandlung vornimmt. R.G. I, 16. März 82, 24. Juni 86, R. IV, 249; VIII, 482.

35. R.G. II, 9. März 88, R. X, 232 nahm an, es müsse der Zweck der Verfälschung mit dem des Gebrauchs übereinstimmen; außerdem falle die That nicht unter §. 267, sondern unter §. 270. Die Frage entbehrt der praktischen Bedeutung, ist aber jedenfalls sehr bestreitbar.

36. Die Feststellung des strafbaren Thatbestandes durch die Geschworenen erfolgt nach §. 293 St.P.O. durch Beantwortung der lediglich nach den gesetzlichen Merkmalen der That und den Unterscheidungsmerkmalen formulirten Fragen. Dies hat bei Fälschung von Privaturkunden in der Art zu geschehen, daß die Worte „Privaturkunden, welche zum Beweise von Rechten oder Rechtsverhältnissen von Erheblichkeit sind" gebraucht werden. Es genügt weder, daß die Urkunde nach ihrer Gattung, z. B. als Wechsel bezeichnet wird, noch daß die Richterbank feststellt, es handle sich um eine rechtserhebliche Urkunde, da dies zur Aufgabe des Thatrichters gehört. R.G. II, 28. Juni 81, E. IV, 342.

37. Die Feststellung kann in alternativer Weise in der Art erfolgen, daß entweder die fälschliche Anfertigung oder die Verfälschung der Urkunde statt gefunden habe. Dies rechtfertigt eine Verurtheilung. R.G. III, 1. Febr. 82, E. V, 410, R. IV, 107.

38. Die Veränderung schon einmal gebrauchter Stempelmarken durch Beseitigung oder Aenderung des Kassationsvermerks und deren Verwendung zu andern stempelpflichtigen Urkunden ist nicht als Urkundenfälschung, sondern aus §. 276 St.G.B. strafbar. R.G. III, 12./19. Nov. 88, E. XVIII, 286, R. X, 642.

§. 268. **Eine Urkundenfälschung, welche in der Absicht begangen wird, sich oder einem Anderen einen Vermögensvortheil zu verschaffen oder einem Anderen Schaden zuzufügen, wird bestraft, wenn**

1) die Urkunde eine Privaturkunde ist, mit Zuchthaus bis zu fünf Jahren, neben welchem auf Geldstrafe bis zu dreitausend Mark erkannt werden kann;

2) die Urkunde eine öffentliche ist, mit Zuchthaus bis zu zehn Jahren, neben welchem auf Geldstrafe von einhundertfunfzig bis zu sechstausend Mark erkannt werden kann.

Sind mildernde Umstände vorhanden, so tritt Gefängnißstrafe ein, welche bei der Fälschung einer Privaturkunde nicht unter Einer Woche, bei der Fälschung einer öffentlichen Urkunde nicht unter drei Monaten betragen soll. Neben der Gefängnißstrafe kann zugleich auf Geldstrafe bis zu dreitausend Mark erkannt werden.

Pr. §§. 247, 251; E. I. §§. 241, 345; E. II. §. 263; St.B. S. 717.

Vgl. §. 363; B.Zoll.G. v. 1. Juli 1869 §. 159.

1. Vgl. die allgem. Bemerkungen zu diesem Abschnitt, insbesondere die dort mitgetheilten Motive, sowie sämmtliche Erläuterungen zu §. 267.

2. Der §. 268 bildet einen qualifizirten Fall des §. 267. Das Qualifikationsmoment ist „die Absicht, sich oder einem Anderen einen Vermögensvortheil zu verschaffen oder einem Anderen Schaden zuzufügen."

3. Durch den Ausdruck „Vermögensvortheil" ist die an das Wort „Gewinn" in §. 247 des preuß. St.G.B. von 1851 sich knüpfende Kontroverse beseitigt. — Der Vermögensvortheil muß ein unberechtigter sein (vgl. München 30. Mai 73 [St. II, 327], oder doch ein solcher, welcher zur Zeit nicht rechtlich erlangt werden konnte. Dresden 2. Mai 73 u. 27. April 74 (S.G.Z. XVII, 177, St. III, 163). Dagegen kann bei einem berechtigten Vermögensvortheil doch noch der Thatbestand des §. 267 (vgl. dort N. 3) vorliegen. A. M. und nimmt auch in diesem Fall §. 268 als anwendbar an: Berlin 6. u. 15. Febr. 78 (Golt. XXVI, 67, 131, O.R. XIX, 73). R.G. I, 5. Febr. u. 3. Mai 80 (R. I, 716, E. I, 186; II, 42). Gl. M. Geyer II, 103, v. Liszt S. 546, Meves in H.H. III, 994, Olshausen N. 1, v. Schwarze N. 2. Jedoch unterschied in einem Falle, in welchem es als nicht widerlegbar erklärt worden war, daß der Thäter nur eine Forderung zu decken suchte. R.G. III, 16. Okt. 84, E. XI, 155, je nachdem er nur aus Bequemlichkeit fälschte (§. 267) oder deshalb, weil er die Forderung nicht liquid stellen konnte, oder Zeit und Geld auf die Liquidstellung nicht verwenden wollte (§. 268). Der Vermögensvortheil braucht nicht in einer materiellen Vergrößerung des Vermögens zu bestehen. Dresden 21. März 73 (S.G.Z. XVII, 115, St. III, 26); Berlin 15. Febr. 78 (O.R. XIX, 73, Goltd. XXVI, 131). Auch ist nicht erforderlich, daß die Beschädigung des Vermögens eines Anderen nachgewiesen sei. Berlin 11. März 74 (O.R XV, 143); München 9. Juli 75 (bayr. Entsch. V, 342); Mannheim 17. Mai 76 (bad. Ann. Bd. 42 S. 273); Wolfenbüttel 12. März 77 (St. VII, 164).

4. Aufschub der Exekution kann ein Vermögensvortheil für den Schuldner sein (vgl. Stuttgart 23. Dez. 74 u. 13. Juli 75 [St. V, 134, 135] und die Allegate zu §. 263 N. 3), auch Stundung einer Forderung, Dresden 8. Juni u. 17. Sept. 77 (S.G.Z. XXII, 84, 175), desgl. in der Erlangung von Kredit. Dresden 6. Juni 73 (S.G.Z. XVII, 185). — Die Absicht, sich durch eine falsche Urkunde Freisprechung in einer strafrechtlichen Untersuchung zu sichern, ist nicht auf Erlangung eines Vermögensvortheils gerichtet, es sei denn, daß die Absicht lediglich auf Befreiung von einer Geldstrafe und von den Kosten geht. Berlin 10. Jan. 73 (Goltd. XXI, 208, O.R. XIV, 41, St. II, 201); Mannheim 6. Sept. 76 (bad. Ann. Bd. 43 S. 56). In der Abwendung einer Konventionalstrafe wurde ein Vermögensvortheil erblickt. R.G. I, 11. Febr. 86, R. VIII, 112 auch in der Sicherung eines rechtswidrig erlangten Vortheils. München 13. April 88, bayr. Entsch. V, 129.

Keinen Vermögensvortheil nahm als bezweckt an in einem Fall, in welchem die Urkunde die Einwilligung eines Dritten zu einer Handlung beweisen sollte, die der Thäter in eigenem Rechte vornehmen konnte. R.G. I, 3. Juni 80 (R. II, 26, E. II, 173).

5. Es bedarf keines Kausalzusammenhangs zwischen dem Gebrauch der gefälschten Urkunde und dem angestrebten Vermögensvortheil. Dieser liegt also auch vor, wenn die That gegen Lohn begangen wurde. R.G. II, 9. Okt. 88, E. XVIII, 145, R. X, 551. A. M. München 19. Juni 75, bayr. Entsch. V, 270, St. V, 137.

Die Fälschung fällt unter §. 268, wenn damit der Vortheil einer Unterschlagung gesichert, oder Ersatzansprüche verhindert oder ein Schaden zugefügt werden soll, unter §. 267, wenn nur die Unterschlagung verdeckt werden soll. R.G. III, 9. Febr. 81 (R. III, 16, E. IV, 4):

I, 3. Juli 82, R. IV, 669; II, 5. Febr. 84, E. X, 76, München 1. Juli 78, bayr. Entsch. VIII, 367.

Als Vermögensvortheil erscheint auch die Abänderung eines ungünstigen Civilurtheils. R.G. I, 5. Febr. 80 (E. I, 186, Ann. I, 361) u. II, 4. März 81 (E. III, 370); die Sicherung eines erlangten Vortheils, R.G. I, 7. Mai 80 (E. II, 53).

6. „einem Anderen Schaden zuzufügen". Daß der Schaden ein Vermögensschaden sein muß, ist weder aus dem Wortlaut noch aus dem Zusammenhang zu folgern. Es wird deshalb mit der bisherigen Praxis des preuß. St.G.B. anzunehmen sein, daß auch ein anderweitiger Schaden z. B. an Ehre, Freiheit u. s. w. genüge. (München 30. Mai 76 [bayr. Entsch. VI, 275, St. VI, 345].) R.G. III, 5./12. März 83, E. VIII, 188, R. V, 149. So auch Berner S. 584, Geyer II, 103, v. Liszt S. 546, H. Meyer S. 937, Oppenhoff N. 5, Rubo N. 4, v. Schwarze N. 3. A. M. Hälschner II, 552, Meyer N. 16a, Merkel in H.H. III, 800, Olshausen N. 3.

7. Die Täuschung muß sich zwar auf den Inhalt der Urkunde beziehen, dagegen ist nicht erforderlich, daß der Täuschende zugleich eine Geltendmachung des beurkundeten Rechtsverhältnisses beabsichtigt oder daß der Getäuschte in Beziehung zu demselben steht. (Vgl. §. 267 N. 28.)

8. Die Urkundenfälschung muß ebenso wie der Gebrauch der gefälschten Urkunde mit der Absicht, sich einen Vermögensvortheil zu verschaffen oder einem Anderen Schaden zuzufügen, begangen sein. Blum N. 2, Merkel in H.H. III, 801, F. Meyer N. 16d, Olshausen N. 4, Oppenhoff N. 6.

Das Delikt läßt alternative Feststellung zu.

9. Die That ist vollendet mit dem Gebrauch der gefälschten Urkunde, gleichviel ob die Absicht der Täuschung oder des Vortheils erreicht ist oder nicht. R.G. I, 12. Febr. 80 (R. I, 350, Goltd. XXVIII, 155), 3. Mai 80 (R. I, 716, E. II, 42). Die Fertigung der falschen oder Fälschung der echten Urkunde in der Absicht, einen dem §. 268 entsprechenden Gebrauch davon zu machen, ist strafbarer Versuch. München 30. Mai 76 (bayr. Entsch. VI, 275, St. VI, 345). R.G. I, 21. Okt. 80 (R. II, 366); 2. Okt. 82, E. VII, 54, R. IV, 723. Dies ist auch dann der Fall, wenn der Entschluß nur für bestimmte, als möglich vorgesehene Eventualitäten gefaßt ist; nicht aber, wenn ein Entschluß zum Gebrauch überhaupt noch nicht vorliegt. R.G. IV, 27. Mai 87, E. XV, 133, R. IX, 353. Ob die Täuschung gelang, ist unerheblich für Annahme der Vollendung. München 17. Juli 75 (bayr. Entsch. V, 362). Auch in der Fälschung zum Gebrauch durch einen Anderen liegt Versuch. Berlin 12. Okt. 76 (O.R. XVII, 651, Goltd. XXIV, 453, St. VI, 330). Jedoch nahm R.G. III, 17. Dez. 85, E. XIII, 213, nur Vorbereitung an in einem Fall, in welchem der gutgläubige Verfertiger zu fälschender Dampfschifffahrtsbillette während der Arbeit Verdacht geschöpft und Anzeige gemacht hatte.

10. Zurückziehung einer einmal produzirten falschen Urkunde beseitigt die Strafbarkeit nicht mehr. Mannheim 11. Mai 78 (bad. Ann. Bd. 44, S. 153), selbst wenn dadurch ein ideell konkurrirender Betrugsversuch wegen Rücktritt straflos würde. München 9. Juli 75 (bayr. Entsch. V, 343). Die Rechtswidrigkeit der Absicht bei Anfertigung der Urkunde muß thatsächlich neben der Absicht, sich einen Vermögensvortheil zu verschaffen, festgestellt sein. R.G. I, 6. Dez. 80 (R. II, 608, E. III, 168).

11. Ueber Konkurrenz von Betrug und Urkundenfälschung s. zu §. 263 N. 40.

Durch Urtheil III, 8. Dezember 80 (E. II, 95) nahm das Reichsgericht an, es könne der Anstifter nach seiner Willensrichtung aus §. 268 strafbar sein, während der Angestiftete nur eine Urkundenfälschung aus §. 267 beging.

12. Wegen des Ehrverlustes vgl. § 32.

§. 269. **Der fälschlichen Anfertigung einer Urkunde wird es gleich geachtet, wenn Jemand einem mit der Unterschrift eines Anderen versehenen Papiere ohne dessen Willen oder dessen Anordnungen zuwider durch Ausfüllung einen urkundlichen Inhalt gibt.**

Pr. §. 248; E. I. §. 242; E. II. §. 264; St.B. S. 717.

Vgl. §. 280.

1. Aus den Worten „oder dessen Anordnungen zuwider" folgt, daß auch die Ueberschreitung des Auftrags zur Ausfüllung strafbar ist. So Dresden 4. Mai und

23. Nov. 74, St. V, 131, 136, S.G.Z. XIX, 189, 27. Aug. 77 u. 3. Juni 78, St. VII, 338, S.G.Z. XXII, 357; Berlin 8. Nov. 76, O.R. XVII, 718, Goltd. XXIV, 589.

Auch die Beifügung eines dem Blankoacceptanten lästigen Domizilvermerks gegen Verabredung ist eine Ueberschreitung. München 11. Febr. 78 (bayr. Entsch. VIII, 67). R.G. II, 20. Sept. 81, E. IV, 410, R. III, 501. Ebenso die Anfertigung eines Wechsels statt einfacher Schuldanerkennung, selbst wenn die Absicht besteht, den Wechsel zu decken oder wieder einzulösen. R.G. 6. Dez. 80 (R. II, 610, E. III, 142). Ebenso fällt unter §. 269 die Ausfüllung des noch offenen Zahlungstages auf einem im Uebrigen ausgefüllten Wechselformular. R.G. III, 9. Dez. 86, E. XV, 68, R. VIII, 740.

Als Unterschrift gilt nicht nur die eigenhändige, sondern es kann auch eine faksimilirte oder sonst durch Vervielfältigung beigefügte Unterschrift ein Schriftstück zum Blankett machen. R.G. III, 13. Nov. 90, E. XXI, 183.

2. Die Worte „einen urkundlichen Inhalt gibt" sollen nach den Motiven (S. 132) ausdrücken: „daß die Ausfüllung in einer Weise erfolgen muß, daß das ausgefüllte Blankett nunmehr als eine Urkunde, wie sie in §. 267 bezeichnet wird, sich darstellt." Dies ist z. B. der Fall, wenn Jemand ein die Unterschrift eines Anderen tragendes Blatt in der Weise ausfüllt, daß er auf die andere Seite einen Wechsel schreibt und dadurch jener Unterschrift die Bedeutung eines Blankogiros gibt. Berlin 11. Jan. 72 (O.R. XIII, 30).

Da die mit Hülfe eines Blanketts angefertigte Urkunde allen Anforderungen des §. 267 entsprechen muß, ist erforderlich, daß der Inhalt beweisbehelflich ist; und handelt es sich nur um einen Theil der Urkunde, so muß dieser beweisbehelflich sein. München 30. Mai 72 (bayr. Entsch. VI, 272, St. VI, 345).

3. Ist das Blankett durch Täuschung erlangt, so liegt hierin Betrug. Dresden 16. April 75 (St. VI, 5).

4. Auch §. 269 erfordert rechtswidrige Absicht, Dresden 17. Sept. 77 (St. VIII, 249), und Gebrauch der Urkunde, nach den Erfordernissen des §. 267 oder §. 268. R.G. II, 18. Jan. 81 (R. II, 742, E. III, 227).

§. 270. **Der Urkundenfälschung wird es gleich geachtet, wenn Jemand von einer falschen oder verfälschten Urkunde, wissend, daß sie falsch oder verfälscht ist, zum Zwecke einer Täuschung Gebrauch macht.**

Pr. §. 249; E. I. §. 243; E. II. §. 265; St.B. S. 717.

Vgl. §§. 280, 363.

1. Der §. 270 umfaßt den §. 267 und 268 (bez. auch §. 269). Er geht jedoch insofern noch weiter, als aus den Worten „von einer falschen und verfälschten" nicht zu folgern ist, daß der Fälscher oder Verfälscher selbst strafbar sein muß. Wer von einer aus Scherz gefälschten oder fälschlich angefertigten Urkunde Gebrauch macht, ist nach §. 270 strafbar. Erforderlich ist nur, daß die Urkunde falsch ist, die Person des Fälschers ist gleichgültig. R.G. II, 8. April 81, E. IV, 69, Ann. III, 273.

Auch der wiederholte Gebrauch einer gefälschten Urkunde, sei es nach erlittener Bestrafung, sei es ohne diese, fällt unter §. 270. Dies trifft also gleichmäßig zu, wenn der Fälscher selbst von der Urkunde wiederholt Gebrauch macht, wie wenn ein Dritter dies thut, der jedoch Kenntniß von der Fälschung der von ihm benutzten Urkunde hat. Dresden 1. Nov. 75 (S.G.Z. XX, 206); Jena 1874 (St. VI, 11). R.G. III, 2. Febr. 81 (E. III, 311). Ein Urtheil Berlin 7. Dez. 76 (O.R. XVII, 801, Goltd. XXIV, 608, St. VII, 177) ließe sich dahin deuten, als ob eine dolos gefälschte Urkunde (§§. 267—269) erforderlich sei. Es dürften aber auch dort nur die objektiven Erfordernisse jener §§. gemeint sein. Vgl. Berlin 22. Juni u. 14. Sept. 76, 20. März 77, 6. März u. 5. Juni 78 (Goltd. XXIV, 589, 591; XXV, 224; XXVI, 447, O.R. XVIII, 234; XIX 109, 302, St. VII, 175).

2. „zum Zweck der Täuschung" vgl. §§. 267 N. 28 und 268 N. 7. Nur der Gebrauch muß zum Zwecke der Täuschung stattgefunden haben, nicht auch schon die Anfertigung. Berlin 20. März 77 u. 6. März 78 (O.R. XVIII, 235; XIX, 109, Goltd. XXV, 224, St. VII, 175); Dresden 1. Nov. 75 (S.G.Z. XX, 206). Gl. M. Hälschner II, 555, Merkel in H.H. III, 802, Olshausen N. 2, v. Buri im G.S. Bd. 36, S. 314. Rechtswidrigkeit des Vermögensvortheils ist nicht erforderlich. Berlin 15. Febr. 78 (St. VII, 250). Die Rechtswidrigkeit der

Absicht muß festgestellt werden. R.G. 26. Juni 80 (Ann. II, 224), II, 20. März 85, E. XII, 112, R. VII, 186.

3. Der Gebrauch einer falschen Beurkundung fällt nur unter §. 273. Berlin 7. Dez. 76 (O.R. XVII, 798, Goltd. XXIV, 607, St. VII, 177). R.G. II, 23. Okt. 86, E. XV, 5, R. VIII, 641. Ueberhaupt fallen unter §. 270 nur solche Urkunden, deren fälschliche Anfertigung oder Verfälschung objektiv unter §§. 267, 268 fallen würde. R.G. II, 1. Febr. 84, E. X, 68. Vgl. auch §. 267, N. 35.

Kann nicht festgestellt werden, ob auf den nicht vollständig aufgeklärten Thatbestand §. 270 oder §. 273 zur Anwendung zu kommen hätte, obgleich feststeht, daß einer von beiden §§. zur Anwendung gelangen müßte, so kann nach der herrschenden Meinung keine alternative Feststellung, sondern müßte Freisprechung erfolgen. R.G. II, 1. Febr. 84, E. X, 68. Nach Ansicht des Herausgebers sollte mit der Zulassung alternativer Feststellungen viel weiter gegangen und dieselbe auf alle verwandten Delikte ausgedehnt werden, da es das Rechtsgefühl verletzt, bei Vorliegen eines zweifellos vorliegenden strafbaren Thatbestandes Strafe nicht verhängen zu können.

§. 271. Wer vorsätzlich bewirkt, daß Erklärungen, Verhandlungen oder Thatsachen, welche für Rechte oder Rechtsverhältnisse von Erheblichkeit sind, in öffentlichen Urkunden, Büchern oder Registern als abgegeben oder geschehen beurkundet werden, während sie überhaupt nicht oder in anderer Weise oder von einer Person in einer ihr nicht zustehenden Eigenschaft oder von einer anderen Person abgegeben oder geschehen sind, wird mit Gefängniß bis zu sechs Monaten oder mit Geldstrafe bis zu dreihundert Mark bestraft.

Pr. §. 255; E. I. §. 250; E. II. §. 266; St.B. S. 717.

Vgl. §§. 272, 273, 348, 349.

§. 272. Wer die vorbezeichnete Handlung in der Absicht begeht, sich oder einem Anderen einen Vermögensvortheil zu verschaffen oder einem Anderen Schaden zuzufügen, wird mit Zuchthaus bis zu zehn Jahren bestraft, neben welchem auf Geldstrafe von einhundertfunfzig bis zu sechstausend Mark erkannt werden kann.

Sind mildernde Umstände vorhanden, so tritt Gefängnißstrafe ein, neben welcher auf Geldstrafe bis zu dreitausend Mark erkannt werden kann.

Pr. §. 252; E. I. §. 246; E. II. §. 267; St.B. S. 717.

Vgl. §. 349.

§. 273. Wer wissentlich von einer falschen Beurkundung der im §. 271 bezeichneten Art zum Zwecke einer Täuschung Gebrauch macht, wird nach Vorschrift jenes Paragraphen und, wenn die Absicht dahin gerichtet war, sich oder einem Anderen einen Vermögensvortheil zu verschaffen oder einem Anderen Schaden zuzufügen, nach Vorschrift des §. 272 bestraft.

Pr. §. 252 A. 2; E. I. §. 246 A. 2; E. II. §. 268; St.B. S. 717.

1. Die §§. 271—273 betreffen die intellektuelle Urkundenfälschung (falsche Beurkundung). Diese Paragraphen stehen äußerlich in demselben Verhältniß wie die §§. 267, 268 u. 270. Der §. 271 gibt die allgemeine Form des Vergehens, der §. 272 die Qualifizirung durch die auf einen Vermögensvortheil oder Zufügung eines Schadens gerichtete Absicht, und der §. 273 umfaßt die §§. 271, 272, indem er den Gebrauch einer falschen Beurkundung der Bewirkung einer solchen gleichstellt. Ein wesentlicher Unterschied der §§. 271, 272 von den §§. 267, 268 besteht jedoch darin, daß erstere nicht auch den Gebrauch zum Zweck der Täuschung erfordern.

2. Die §§. 271—273 beziehen sich nur auf öffentliche Urkunden, Bücher oder Register. Die Bücher eines Lotterieeinnehmers gehören nicht unter diese Urkunden. Berlin 19. Okt. 76 (O.R. XVII, 681, Goltd. XXIV, 588). Es gehören unter dieselben: Die vom

Gefängnißinspektor auf Grund des Reglements vom 16. März 1881 geführten Gefangenenbücher. R.G. II, 5. Jan. 83, E. VII, 373, R. V, 9, 4. Nov. 84, E. XI, 188; IV, 24. Juni 85, E. XII, 315, R. VII, 429. Das in Berlin geführte Melderegister des polizeilichen Einwohnermeldeamts ist kein öffentliches Register im Sinne des §. 271 R.G. II, 2. Juni 85, R. VII, 343; auch nicht das in Bayern vom Gefängnißwärter geführte Verzeichniß der eingelieferten Untersuchungsgefangenen R.G. I, 4. Febr. 86, E. XIII, 334; oder die nach der Bundesrathsverordnung vom 16. Juni 82 von der Staatsanwaltschaft über den Strafvollzug zu führenden Register, oder das in Württemberg vorgeschriebene Gefängnißregister des Gefangenwärters, bei beiden in Bezug auf die Identität der Personen R.G. I, 19. Sept. 87, R. IX, 432, oder das in Bayern vom Gefängnißwärter über die Strafgefangenen zu führende Tagebuch. R.G. I, 3. Mai 88, E. XVII, 402, R. X, 369.

3. Die That ist vollendet mit Abschluß der Beurkundung in den Fällen der §§. 271, 272, mit dem Gebrauch zur Täuschung im Falle des §. 273 v. Liszt S. 548, Olshausen N. 10. Ob die Unterschrift des die Beurkundung Bewirkenden erforderlich ist, hängt von den die Beurkundung beherrschenden Vorschriften ab.

4. Zu §. 271. — Das Strafbare der Handlung liegt darin, daß Jemand in irgend welcher Weise bewirkt, daß eine Beurkundung über eine unrichtige Thatsache u. s. w. hergestellt wird. Hat der Beamte die falsche Beurkundung wissentlich vorgenommen, so finden auf ihn die §§. 348 (349) Anwendung. Berlin 7. Dez. 76 (O.R. XVII, 798, Goltd. XXIV, 609, St. VII, 177). In letzterem Falle scheint es zweifelhaft, ob der Betheiligte lediglich als Theilnehmer (Anstifter, Gehülfe) an dem Amtsverbrechen (oder Vergehen) oder selbständig aus §. 271 zu strafen ist. In der Praxis wurde früher angenommen, daß die Täuschung des Beamten erforderlich sei (O.R. X, 301), und andernfalls der Dritte als Theilnehmer zu strafen sei. Andere nehmen an, daß nach dem St.G.B. der Dritte nach §. 271 zu bestrafen sei. Dieses scheint zutreffend, weil das Gesetz nur die vorsätzliche Herstellung einer objektiv falschen Beurkundung voraussetzt, welche die Gefahr eines Mißbrauchs mit sich führt. Das im §. 50 bezüglich der Theilnehmer enthaltene Prinzip wird auch hier maßgebend sein müssen. Jene Ansicht dürfte namentlich mit Rücksicht auf den §. 272 (vgl. §. 349) die richtige sein. Es ist immerhin denkbar, daß die Absicht, sich oder einem Anderen einen Vermögensvortheil zu verschaffen u. s. w., wohl bei dem die Beurkundung Bewirkenden, nicht aber bei dem Beamten vorliegt. Nach der entgegenstehenden Ansicht würde in diesem Falle der Betheiligte nur als Theilnehmer aus §. 348 (nicht §. 349) zu strafen sein, während nach der ratio legis die Strafbarkeit der Handlung der des §. 272 völlig gleichstehen dürfte. Vgl. in Bezug auf Anwendung des §. 273 Berlin 7. Dez. 76 (O.R. XVII, 798, Goltd. XXIV, 607, St. VII, 177). R.G. III, 19. Okt. 85, E. XIII, 52, R. VII, 590 entschied sich jedoch dafür, daß §. 271 fg. nur anwendbar sei, wenn der Beamte getäuscht ist (vgl. auch IV, 3. März 85, E. XII, 62, R. VII, 156), daß dagegen, wenn der Beamte dolos handelte, der betheiligte Nichtbeamte als Theilnehmer (§§. 48, 49) an dem Beamten-Verbrechen strafbar sei. S. auch R.G. I, 25. Febr. 86, E. XIII, 367, welches auch die Möglichkeit mittelbarer Täuschung des beurkundenden Beamten betont.

5. Der Thäter muß einen auf Entstellung der Wahrheit gerichteten Vorsatz und das Bewußtsein haben, daß er eine falsche Beurkundung rechtlich erheblicher Thatsachen u. s. w. bewirke. München 19. Juni 75 (bayr. Entsch. V, 281). R.G. III, 20. März 85, R. VII, 190. In der Anwesenheit bei der That und Geschehenlassen derselben liegt noch keine Theilnahme. Dresden 20. Aug. 75 (S.G.Z. XX, 121, St. VI, 349). Mangel des Bewußtseins, daß demjenigen, der sich eine falsche Eigenschaft beilegt, diese nicht zusteht, schließt die Schuld aus. Berlin 15. Jan. 79 (O.R. XX, 29); ebenso der Irrthum, als sei der eine Erklärung Abgebende zum Gebrauche eines ihm an sich nicht zustehenden Namens berechtigt. R.G. IV, 20. Sept. 87, R. IX, 451. Es genügt übrigens dolus eventualis zur Begehung der That. R.G. II, 28. Dez. 88, R. XVIII, 309.

6. Es ist nicht erforderlich, daß der Thäter bei der Beurkundung mitwirkte oder auch nur dabei anwesend war. Es genügt vielmehr die künstliche Veranstaltung, in Folge deren die objektiv unwahre Beurkundung zu Stande kam. S. einen Fall dieser Art R.G. I, 7. Mai 83, R. V, 331. Dagegen subsumirte R.G. II, 20. Nov. 83, R. V, 724. Die Täuschung eines Schutzmanns und die hierdurch bewirkte Erstattung einer objektiv falschen Anzeige durch letzteren nicht unter §. 271, weil die Anzeige keine öffentliche Urkunde sei; auch nicht ein Anzeigeprotokoll

bei einer Verwaltungsbehörde, weil das Protokoll nicht dazu bestimmt sei, als Beweismittel zu dienen. R.G. I, 6. Juli 85, R. VII, 469.

7. Vorausgesetzt wird, daß die Beurkundung von Jemandem (dem Beamten) geschieht, der zu der Aufnahme berechtigt ist. (Goltd. VIII, 703 u. oben N. 2.) Deshalb findet §. 271 keine Anwendung, wenn die Eintragung in die Gefangenenliste statt von einem Beamten, von einem auf der Kanzlei beschäftigten Strafgefangenen geschieht. Berlin 26. Mai 75, Goltd. XXIII, 342, O.R. XVI, 387; oder wenn die Erklärung statt vor dem Standesbeamten vor einem Familienangehörigen desselben erfolgt ist und der Standesbeamte nur nachträglich seine Unterschrift beigefügt hat. R.G. IV, 3. März 85, E. XII, 62, R. VII, 154. Auch Justizanwärter in Preußen, welche zur Ausbildung einem Gerichtsschreiber unterstellt sind, wurden nicht ohne weiteres als Urkundspersonen anerkannt. R.G. IV, 23./30. Okt. 88, R. X, 589.

8. Die Erklärungen, Thatsachen u. s. w. müssen für Rechte oder Rechtsverhältnisse von Erheblichkeit sein. Dresden 13. Febr. 77 (St. VII, 339) wollte dies dahin beschränken, daß es nicht genüge, wenn die Erklärungen u. s. w. überhaupt für Rechte oder Rechtsverhältnisse von Erheblichkeit seien, sondern es sei nöthig, daß die Erheblichkeit für das beurkundete Rechtsgeschäft vorliege. — Ebenso muß eine Unrichtigkeit desjenigen vorliegen, was der Beamte als vor ihm geschehen bezeugt. Simulirte Geschäfte gehören nicht hierher (Goltd. III, 845). Dies darf aber nicht dahin ausgedehnt werden, daß richtig beurkundete Rechtshandlungen unter §. 271 fg. deshalb subsumirt werden, weil sie auf Grund einer anfechtbaren Urkunde aufgenommen wurden, z. B. ein Anwalt gerirt sich als Vertreter einer abwesenden Person mit deren Vollmacht, welche jedoch wegen Geisteskrankheit des Vollmachtgebers unwirksam ist. R.G. III, 6. Dez. 83, E. IX, 188, R. V, 760.

9. Namentlich fällt unter den Paragraphen das Auftreten von Personen unter falschem Namen, oder in einer ihnen nicht zukommenden Eigenschaft (z. B. Jemand gibt bei der Anzeige der Geburt eines Kindes vor dem Standesbeamten fälschlich an, daß die Eltern des Kindes verehelicht seien), — Berlin 11. Febr. u. 8. März 76 (Goltd. XXIV, 132, 135, O.R. XVII, 108, 181, St. VI, 243, 244), R.G. I, 10. Nov. 79 (R. I, 55, E. I, 9, Ann. I, 131); III. 8. Mai 80 (R. I, 746, Goltd. XXIX, 64), 10. Jan. 81 (Ann. III, 130), vgl. dagegen Berlin 4. Dez. 73, Goltd. XXI, 528, O.R. XIV, 778, St. III, 312; oder es erfolgt die gleiche fälschliche Erklärung bei Anzeige eines Sterbefalls R.G. IV, 17. Jan. 88, R. X, 42, oder die fälschliche Anerkennung eines unehelichen Kindes durch den Vater vor dem Notar R.G. 19. Febr. 91, E. XXI, 411. Auch die unwahre Erklärung vor dem Standesbeamten, bei einer wirklich stattgehabten Geburt anwesend gewesen zu sein, fällt unter §. 271. R.G. II, 20. Mai 81 (R. III, 314, E. IV, 194); III, 5. Nov. 81, R. III, 686; oder die wissentlich unwahre Angabe des Geburtsortes bei Anmeldung der Geburt zum Standesregister R.G. III, 16. Nov. 81, 12. Juli 87, R. III, 717; IX, 415. Dagegen ist auf die Erklärung einer zu trauenden Person von dem Standesbeamten, volljährig zu sein, §. 271 nicht angewendet, weil die Standesamtsurkunde für das Alter keine Beurkundung enthält. R.G. III, 20. Jan. 87, E. XV, 256, R. IX, 77. Aus demselben Grunde hat R.G. III, 4. April 87, E. XV, 414 die Nichtanwendung des §. 271 gebilligt auf die Anmeldung beschäftigter, versicherungspflichtiger Personen zu einem gemeindlichen Register über Krankenversicherung unter falscher Angabe der Arbeitsdauer, weil diese durch das Register nicht beurkundet werde (s. auch München 28. Dez. 85, bayr. Entsch. III, 612), und R.G. I, 21. Mai 87, E. XVI, 87, R. IX, 328 auf die falsche Angabe des eigenen Familienstands durch eine einen Todesfall anmeldende Frauensperson. Dieselbe hat sich als Wittwe bezeichnet und dadurch bewirkt, daß der von ihr getrennt lebende Vater der verstorbenen Tochter als verstorben bezeichnet wurde. Auch das Handelsregister ist nicht bestimmt, die Richtigkeit der Thatsachen (Führung eines Handelsgeschäfts), sondern nur die Thatsache der Anmeldung zu beurkunden. R.G. I, 5. Nov. 88, E. XVIII, 179, R. X, 625; ebenso fällt bei Anmeldung zum standesamtlichen Aufgebot die fälschliche Bezeichnung eines Ehemanns als Wittwer nicht unter §. 271, R.G. III, 12. Dez. 89, E. XX, 249, oder die Zeit des Todes bei Anmeldung zur Leichenbeschau (Bayern) R.G. I, 30. Nov. 82, E. VII, 335, oder im Schlachtbuch eines öffentlich bestellten Fleischbeschauers der Name des Vorbesitzers des untersuchten Thieres R.G. III, 13. März 90, E. XX, 313, oder im Arbeitsbuch das Alter des Inhabers R.G. III, 30. Juni 90, E. XXI, 31.

Unter §. 271 fällt die Gestellung für einen Anderen zum Militärdienst, zur Ablegung eines Examens, zur Abbüßung einer Freiheitsstrafe (Berlin 30. Okt. 72 u. 4. Mai 75, Goltd. XX, 558; XXIII, 442, O.R. XIII, 561; XVI, 333; München 11. Nov. 73, bayr. Entsch. III, 517,

St. III, 225). — Berlin 29. Juni 77 (O.R. XVIII, 491, Goltd. XXV, 554, St. VII, 340) bezog den Fall nicht hierher, daß Jemand im Laufe einer Untersuchung sich einen falschen Namen beilegte und unter diesem verurtheilt und bestraft wurde. S. dagegen R.G. II, 18. Febr. 81 (R. III, 58, Ann. III, 259), 29. Nov. 81, E. V, 175; II, 5. Jan. 83, E. VII, 373, R. V, 9; 4. Nov. 84, E. XI, 188. München 20. Dez. 84, 1. Febr. 89, bayr. Entsch. III, 311; V, 334. Ebenso wurde das Erscheinen eines Anderen für den geladenen Angeschuldigten und Aussage für diesen unter §. 271 subsumirt. R.G. I, 27. April 80 (R. I, 686); II, 21. Jan. 81 (R. II, 748, E. III, 204, Ann. III, 151. Dagegen nahm R.G. I, 13. März 84, E. X, 243, R. VI, 198 an, es falle nicht unter §. 271, wenn ein Angeklagter bei seinem Verhören einen falschen Namen angebe und unter diesem die Protokollirung veranlasse, weil die Protokolle für die Richtigkeit des Namens kein Beweismittel bilden. Uebereinstimmend R.G. III, 29. Sept. 84, E. XI, 126; II, 4. Nov. 84, E. XI, 188; I, 18. Dez. 84, E. XI, 314, s. auch I, 17. Mai 88, R. X, 397. Die Beurkundung eines Gemeindevorstehers über Einberufung zum Kriegsdienst fällt unter §. 271. Berlin 20. Dez. 76 (O.R. XVII, 831). Vorausgesetzt wird hierbei jedoch das Bewußtsein, daß die falsche Thatsache in eine öffentliche Urkunde, ein öffentliches Buch oder Register eingetragen werde. Berlin 4. Mai 75 (Goltd. XXIII, 442, O.R. XVI, 333).

10. Zu §. 272. — Durch den Hinzutritt der im §. 272 näher bezeichneten Absicht wird das Vergehen des §. 271 zum Verbrechen. Vgl. die Bemerkungen unter N. 4, namentlich auch bezüglich des Falles, wenn der Beamte die falsche Beurkundung wissentlich unternimmt. — Die Gabe, durch welche der Beamte zu der That angestiftet wird, ist nicht ein Vermögensvortheil im Sinne des Paragraphen. München 19. Juni 75 (St. V, 137). Jedoch nahm R.G. II, 9. Okt. 88, E. XVIII, 145, R. X, 551 an, daß die Belohnung, gegen welche eine Person für eine andere ein Examen macht, genüge, um §. 272 anwendbar erscheinen zu lassen. Zwischen der Beurkundung und dem Vermögensvortheil muß ein Kausalzusammenhang bestehen. München 19. Juni 75 (bayr. Entsch. V, 282).

11. Zu §. 273. — Auch hier ist, ähnlich wie im §. 270, die Person desjenigen, welcher die falsche Beurkundung bewirkt, gleichgültig. Ebenso wenig kommt es auf die Absicht an, in welcher die Beurkundung bewirkt wurde. Namentlich ist es, im Falle des §. 273, für die Anwendung der Strafe des §. 272 einerlei, ob jene Bewirkung bereits in gewinnsüchtiger Absicht u. s. w. erfolgte oder nicht. Auch kann aus den Worten: „der im §. 271 bezeichneten Art" nicht gefolgert werden, daß der Thäter das Bewußtsein haben müsse, daß die falsche Beurkundung vorsätzlich bewirkt sei. Auch der wissentliche Gebrauch einer vom Beamten irrthümlich falsch aufgenommenen Urkunde zum Zwecke der Täuschung fällt unter §. 273. R.G. I, 7. Okt. 80 (R. II, 300), Hälschner II, 559, Oppenhoff N. 1, Olshausen N. 1.

12. Bestritten ist, ob der mehrfache Gebrauch einer falschen Beurkundung eine Mehrheit strafbarer Handlungen darstellt. Zweifellos dürfte sein, daß, wenn der Thäter aus §. 271 selbst den bei der That beabsichtigten, wenn auch wiederholten Gebrauch macht, dies als Ausfluß des einen verbrecherischen Willens nur eine That bildet. Entschließt sich dagegen der Thäter selbständig zu einer neuen Benutzung, so bildet dies eine aus §. 273 selbständig strafbare Handlung ebenso, wie wenn ein um die falsche Beurkundung Wissender, der sie jedoch nicht bewirkt hat, von der Beurkundung wiederholt Gebrauch macht. Die Streitfrage ist also auf thatsächlichem Gebiet je nach der Selbständigkeit des der That zu Grund liegenden Entschlusses zu entscheiden. Vgl. die im Einzelnen differirenden. Hälschner II, 559, Merkel in H.H. III, 805, Oppenhoff §. 271, N. 29, Olshausen §. 273, N. 2, v. Schwarze §. 271, N. 15.

§. 274. Mit Gefängniß, neben welchem auf Geldstrafe bis zu dreitausend Mark erkannt werden kann, wird bestraft, wer

1) eine Urkunde, welche ihm entweder überhaupt nicht oder nicht ausschließlich gehört, in der Absicht, einem Anderen Nachtheile zuzufügen, vernichtet, beschädigt oder unterdrückt, oder

2) einen Grenzstein oder ein anderes zur Bezeichnung einer Grenze oder eines Wasserstandes bestimmtes Merkmal in der Absicht, einem Anderen Nachtheil zuzufügen, wegnimmt, vernichtet, unkenntlich macht, verrückt oder fälschlich setzt.

Pr. §. 243 Nr. 8 u. 7; E. I. §. 239 Nr. 7 u. 6; E. II. §. 269; St.B. S. 717. Vgl. §§. 280, 133, 303, 348, 349.

1. Vgl. die allgemeinen Bemerkungen zu diesem Abschnitt. Wegen des Ehrverlustes vgl. §. 280.

2. Die in Nr. 1 und 2 nach dem Beschluß des Reichstags (Kommission, Drucks. Nr. 92) erforderte Absicht, „einem Anderen Nachtheil zuzufügen", ist auf einen Vermögensnachtheil nicht zu beschränken. Vgl. §. 268 N. 4, Berlin 17. Jan. u. 17. Okt. 73, 30. April 74 (Goltd. XXI, 209, 546; XXII, 269, O.R. XIV, 62, 648; XV, 265, St. IX, 67) Geyer II, 106, Hälschner II, 562, v. Liszt S. 549, H. Meyer S. 944, Oppenhoff N. 1, Olshausen N. 7b, Rubo N. 5, v. Schwarze N. 2. A. M. Meyer N. 3, Merkel in H.H. III, 807.

3. Nr. 1. Daß es in Nr. 1 „Nachtheile" statt „Nachtheil" heißt, beruht lediglich auf einem in der dritten Lesung des Reichstags vorgekommenen Druckfehler. (Vgl. Drucks. Nr. 132 und 212.) — Durch die Ausstellung einer vorbehaltlosen Quittung ist bei Beschädigung einer ein Zinsversprechen enthaltenden Darlehensurkunde die Absicht, dem Berechtigten Nachtheil zuzufügen, nicht ausgeschlossen. Berlin 5. Juli 76 (O.R. XVII, 492). Auch dann kann eine Benachtheiligung angenommen werden, wenn das durch die Urkunde bewiesene Recht in Wirklichkeit nicht bestanden hat oder mit rechtlichem Erfolg nicht in Anspruch genommen werden konnte. R.G. II, 3. Dez. 86, R. VIII, 722.

4. Der Begriff „Urkunde" ist hier in weiterem Sinne zu nehmen, wie im §. 267 (vgl. dort N. 9—20), insbesondere fallen nicht bloß öffentliche oder solche Privaturkunden unter §. 274 Ziff. 1, welche zum Beweise von Rechten oder Rechtsverhältnissen von Erheblichkeit sind, sondern gehören alle Urkunden hierher, welche geeignet sind, als beweisbehelflich zu dienen, gleichviel ob sie zu diesem Zweck angefertigt sind. R.G. III, 22. Okt. 83, E. IX, 141, R. V, 625; IV, 28. Okt. 87, R. IX, 537. Hamburg 18. Dez. 88, Goltd. XXXVII, 66. Abweichend hiervon nahm R.G. II, 8. Juli 90, Goltd. XXXVIII, 342 an, die Urkunde müsse bestimmt sein, als Beweismittel zu dienen. Für obige Ansicht: Geyer II, 105, Hälschner II, 560, Merkel in H.H. III, 807, v. Liszt S. 548 (der jedoch Nothwendigkeit der Bestimmung zum Beweis annimmt), Börne im G.S. Bd. 41, S. 396. Dagegen John in H.H. III, 184, Oppenhoff N. 5, Olshausen N. 2a, Rubo N. 3, v. Schwarze N. 4. (Dieser Kommentar in den früheren Auflagen.) — Kann die Urkunde in der Hand Desjenigen, dem sie entzogen wird, nicht zum Beweise dienen, so ist ihre Entziehung nicht nach §. 274 strafbar. Berlin 31. Okt. 73 (Goltd. XXI, 563, O.R. XIV, 677, St. III, 226). Ein in die Wahlurne noch nicht eingelegter Wahlzettel ist nicht Urkunde im Sinne des §. 274. Berlin 4. Jan. 79 (O.R. XX, 10, Goltd. XXVII, 113). Ein zur Herstellung eines Wechsels geeignetes Accept ist eine Urkunde. R.G. I, 24. Mai 80 (R. I, 816).

5. Nicht ausschließlich gehört die Urkunde dem Thäter, wenn sie im Miteigenthum Anderer steht. Dies nehmen an: Hälschner II, 560, Merkel in H.H. III, 807, v. Liszt S. 549, H. Meyer S. 944, Herzog im G.S. Bd. 26, S. 228. Jedenfalls genügt es aber, wenn nur einem Andern ein dingliches Recht auf die Urkunde zusteht. Gl. M. Olshausen N. 2c, Rubo N. 4. Es gehört z. B. eine Urkunde, welche Jemand einem Anderen zum Pfand gegeben hat, dem Ersteren nicht mehr ausschließlich. Dresden 22. Jan. 72 (St. I, 379). Urkunden, welche über ein zweiseitiges Geschäft nur in einem Exemplar errichtet wurden, sind gemeinschaftlich. R.G. II, 21. März 84, E. X, 214. Zu weit geht es, wenn Puchelt N. 2, Oppenhoff N. 6 die Ausschließlichkeit des Gehörens schon bei einer bestehenden Editionspflicht verneinen wollen.

6. Unter Vernichtung ist ebensowohl die völlige Aufhebung der Substanz zu verstehen, auf welcher sich die Urkunde befindet, als die Beseitigung des urkundlichen Inhalts auf der erhaltenen Substanz. So wurde als Vernichtung anerkannt die Löschung eines mit Bleistift bewirkten Eintrags auf einer Sammelliste zum Beweise einer Zahlung. R.G. I, 3. Juli 82, R. IV, 670. In gleicher Weise liegt Beschädigung vor bei jeder Beeinträchtigung des Zwecks, als Beweismittel zu dienen, durch eine an dem Inhalt oder an der Substanz bewirkten Veränderung. R.G. II, 29. Juni 80, R. II, 135, 4. März 81, E. III, 370; I, 19. Jan. 84, E. X, 43; II, 3. Dez. 86, R. VIII, 722. Beschädigung liegt auch vor bei der Möglichkeit der Wiederherstellung. Berlin 20. Sept. 78, O.R. XIX, 427, R.G. I, 19. Jan. 84 s. oben. Ueber den Unterschied von Beschädigung und Verfälschung durch theilweise Vernichtung s. R.G. II, 4. März 81 (E. III, 370), auch zu §. 367 N. 21.

7. Die Unterdrückung kann bei Vorenthaltung der Urkunde angenommen werden. Berlin 10. Jan. 77 (O.R. XVIII, 21). R.G. 6. März 80 (Ann. I, 481). Z. B. in dem Vorenthalten irrthümlich erhaltener Briefe, um dem richtigen Adressaten Kundschaften zu entziehen.

R.G. I, 15. Mai 84, E. X, 391; aber auch in einem nur zeitweisen Vorenthalten, um den Berechtigten dadurch an Vornahme von Rechtshandlungen zu hindern, also in einem zeitweisen Verheimlichen, ohne Beseitigung der Urkunde. R.G. II, 30. Mai 90, E. XX, 413. Sie liegt nicht vor, wenn die Absicht bei Vorenthaltung einer Urkunde die war, sich selbst ein Beweismittel zu verschaffen, nicht dasselbe dem Berechtigten zu entziehen. R.G. I, 22. Jan. 80 (R. I, 258, E. I, 159, Ann. I, 237). Bei Wegnahme, um dem berechtigten Besitzer ein Beweismittel zu entziehen und die Urkunde sich anzueignen, nahm Idealkonkurrenz von §. 242 und §. 274 Ziff 1 an R.G. II, 26. Jan. 83, E. VIII, 519, R. V, 62.

Die Vernichtung einer stempelpflichtigen Urkunde durch deren Inhaber, um sich der Strafe der Stempelhinterziehung zu entziehen, ist nicht aus §. 274 Ziff. 1 strafbar. R.G. III, 4. Febr. 80 (R. I, 317, E. I, 181, Goltd. XXVIII, 77).

8. Absicht ist in §. 274 Ziff. 1 nicht im Sinne „des Zwecks der That" gebraucht, sondern es genügt das Bewußtsein, daß die That einem Andern Nachtheil zufügen werde und insofern die Aufnahme dieses Nachtheils in den Willen des Handelnden. R.G. III, 1. Febr. 83, R. V, 80; II, 24. Juni 87, E. XVI, 150; wenn auch daneben noch andere, den Willen des Thäters mehr beeinflussende Absichten bestehen. Durch die Absicht, Selbsthilfe in den Schranken des Gesetzes zu üben, wird die zur That erforderliche Absicht ausgeschlossen. R.G II, 24. Juni 87, s. oben. Gl. M. Geyer II, 106, Olshausen N. 7a. A. M. v. Liszt S. 549.

9. Nr. 2. Grenzzeichen müssen hierzu geeignet sein und als solche zu dienen die Bestimmung haben. München 22. Nov. 75 (bayr. Entsch. V, 521, St. VI, 12), R.G. I, 10. März 81 (R. III, 133, E. III, 410); auch die bloß faktisch bis zur Feststellung im Rechtswege als Grenzzeichen dienenden Merkmale gehören hierher. Dresden 27. Nov. 76 (St. VII, 179) und ist es nicht erforderlich, daß beim Setzen solcher Grenzzeichen etwa vorhandene civilrechtliche Bestimmungen beobachtet worden sind. R.G. II, 18. April 82, E. VI, 199, auch nur provisorische Grenzzeichen stehen unter dem Schutz des §. 274 Ziff. 2; jedoch nur solche, welche bestimmt sind, Eigenthum oder dingliche Rechte am Grund und Boden abzugrenzen, z. B. Wege*) oder einen Wasserstand, nicht aber solche, welche nur persönliche Rechte näher bestimmen, wie das Recht Feldfrüchte einmal abzuerndten. R.G. III, 16. April 83, R. V, 251; IV, 12. Dez. 84, R. VI, 809; II, 31. Jan. 90, E. XX, 196. Wirkliche Grenzzeichen dürfen aber nicht einseitig gesetzt sein, sondern müssen von Alters her bestehen oder durch Vereinbarung der Interessenten oder in Folge Entscheidung der zuständigen Behörde gesetzt sein. R.G. II, 25. Jan. 84, R. VI, 49; I, 8. Dez. 87, E. XVII, 10 (bayr. Ld.R.); die Vereinbarung kann eine stillschweigende sein. R.G. II, 20. Jan. 88, R. X, 46. Das Erforderniß schriftlicher Vereinbarung bei Erneuerung der Grenzbezeichnung nach preuß. Rechte und der Zustimmung der Frauen verneint R.G. IV, 24. Jan. 90, E. XX, 202, s. auch IV, 20. Sept. 89, Goltd. XXXVII, 355. Auch fälschlich gesetzte Grenzsteine müssen die Eigenschaften wirklicher Grenzzeichen haben. R.G. 10. März 81 a. a. O., und kommt darauf nichts an, ob sie provisorische oder dauernde Bedeutung haben sollen, wenn sie nur als wirkliche Grenzzeichen erscheinen. R.G. I, 5. Nov. 87, E. XVI, 280. Unter den zur Bezeichnung einer Grenze u. s. w. dienenden Merkmalen sind nicht nur dauernde Merkmale zu verstehen. Stuttgart 28. Jan. 74 (St. IV, 68). R.G. III, 22. Mai 80 (R. I, 811, Ann. II, 137).

10. Es ist nicht erforderlich, daß die Grenze durch die Wegnahme, Vernichtung u. s. w. unkenntlich werde, wenn nur dem Betheiligten die Geltendmachung seines Rechtszustandes erschwert wird. Mannheim 12. Okt. 72 (St. II, 297); vgl. auch Dresden 27. Nov. 79 (St. VII, 179). Die Wegnahme u. s. w. ist auch strafbar, wenn die Grenzsteine auf dem eigenen Grund und Boden des Thäters zur Bezeichnung einer Servitut gestanden haben. Dresden 2. Nov. 74 (St. V, 139). Merkmal eines „Wasserstandes" vgl. für Preußen das Vorfluthsedikt vom 15. Nov. 1811 und O.R. VIII, 213.

11. Ein Nachtheil kann darin gefunden werden, daß der Gegner durch die Grenzverrückung zur Klage gezwungen, also in eine nachtheiligere Prozeßlage gebracht wird. Mannheim 12. Okt. 72 (bad. Ann. Bd. 43 S. 304). Die Absicht, sich im Besitz zu schützen, enthält nicht die, einem Andern Nachtheil zuzufügen, wohl aber die Absicht, einem Andern den Besitz zu entziehen. R.G. 9. März 81 (Ann. III, 368), IV, 20. Sept. 89, Goltd. XXXVII, 355, jedoch wurde auch die eigenmächtige Aenderung des Besitzstandes, obgleich das Grenzzeichen nicht die richtige Grenze zeigt, d. h. das dem geordneten Rechtsweg vorgreifende Verfahren als ein Nachtheil anerkannt. R.G. II, 20. Jan. 88, R. X, 46.

---

*) Vgl. hierzu R.G. III, 26. April 83, R. V, 292.

12. Auch bei §. 274 Abs. 2 ist kein auf den Nachtheil eines Andern gerichteter Endzweck erforderlich. Es genügt vielmehr das Bewußtsein, einem Anderen Nachtheil zuzufügen, mag auch der Beweggrund der That Eigennutz u. dgl. gewesen sein. R.G. III, 3. Nov. 87, R. IX, 552.

§. 275. Mit Gefängniß nicht unter drei Monaten wird bestraft, wer

1) wissentlich von falschem oder gefälschtem Stempelpapier, von falschen oder gefälschten Stempelmarken, Stempelblanketten, Stempelabdrücken, Post- oder Telegraphen-Freimarken oder gestempelten Briefkuverts Gebrauch macht,

2)*) unechtes Stempelpapier, unechte Stempelmarken, Stempelblankette oder Stempelabdrücke für Spielkarten, Pässe, oder sonstige Drucksachen oder Schriftstücke, ingleichen wer unechte Post- oder Telegraphen-Freimarken oder gestempelte Briefkuverts in der Absicht anfertigt, sie als echt zu verwenden, oder

G. v. 26. Febr. 1876 Art. I; Drucks. (1876) Nr. 54, 145; St.B. S. 1004.

3) echtes Stempelpapier, echte Stempelmarken, Stempelblankette, Stempelabdrücke, Post- oder Telegraphen-Freimarken oder gestempelte Briefkuverts in der Absicht verfälscht, sie zu einem höheren Werthe zu verwenden.

Pr. §. 253; E. I. §. 247; E. II. §. 270; St.B. S. 717.

E.G. §. 2 A. 2; G. v. 16. Mai 1869 §. 2 (Telegr.-Freimarken); G. v. 28. Okt. 1871 §. 27 Nr. 3 (Postwesen).

Vgl. §§. 276, 280, 364; G. v. 10. Juni 1869 (Wechselstempel) §. 23.

1. Zweifelhaft ist, ob bloß inländische Stempel, Freimarken u. s. w., oder auch ausländische gemeint sind. Beseler, Komm. S. 481 versteht die Vorschriften schon nach dem preuß. St.G.B. von inländischen und ausländischen Stempeln u. s. w.; derselben Ansicht ist für das St.G.B. v. Schwarze, Komm. N. 1, ebenso Dambach, G.S. XXIII, S. 266. — Mit Rücksicht darauf, daß es sich bei den Vergehen dieses Paragraphen lediglich um die Verletzung fiskalischer Interessen handelt, an denen ein fremdes Staatswesen nicht betheiligt ist, wird die Vorschrift auf inländische Stempel u. s. w. zu beschränken sein, um so mehr, als im § 268, sowie bei Münzverbrechen, das Ausland ausdrücklich dem Inlande gleichgestellt ist. Dieses trifft selbst für Postfreimarken zu, da die Verwendung ausländischer Marken im Inlande nicht zulässig ist und nur derjenige Staat verletzt wird, in dessen Gebiet der Brief aufgeben ist. Daß die Rücksichten des internationalen Verkehrs für Post u. s. w. -Marken für die Ausdehnung der Strafvorschriften sprechen, ist indessen anzuerkennen. Ein in dieser Beziehung zu §. 276 gestellter Antrag wurde indessen in der Reichstags-Kommission abgelehnt. Vgl. Meyer zu §. 276 N. 3. Vgl. auch Heinze, Staatsrechtl. Erörterungen u. s. w. S. 131. Hälschner II, 566, v. Liszt S. 550, Rubo N. 3. Im Uebrigen siehe die Erläuterungen zu Abschnitt VI, S. 283. Das R.G. II, 20. Juni 82, E. VI, 387, R. IV, 583, hat sich für Anwendung des §. 275 auch auf ausländische Stempel u. s. w. entschieden. Ebenso R.G. IV, 26. Juni 91, Goltd. XXXIX, 236.

Zu dem Stempelpapier (Nr. 1 des §.) gehören auch gestempelte Spielkarten. Berlin 2. Febr. 72 (Goltd. XX, 112, O.R. XIII, 116). Vgl. R.G. 3. Juli 78, G.Bl. S. 133, betr. den Spielkartenstempel §. 12 Abs. 2. Zur Handlung genügt einfacher Vorsatz. Gewinnsüchtige Absicht ist nicht erforderlich. Berlin 2. Jan. 73 (O.R. XIV, 5, Goltd. XXI, 210).

2. Das Gebrauch Machen liegt nicht nur dann vor, wenn das Stempelpapier u. s. w. seiner Bestimmung gemäß verwendet wird; es liegt auch in der Veräußerung an Andere, und zwar nicht bloß im Gebrauch zur Täuschung, sondern auch im Absatz an solche, welche um die Fälschung wissen und den weiteren Absatz oder die Verwendung beabsichtigen. R.G. II, 20. Juni 82, E. VI, 387, R. IV, 583.

---

*) Neue Fassung des G. v. 26. Febr. 1876; die alte Fassung lautete:

§. 275 Nr. 2: unechtes Stempelpapier, unechte Stempelmarken, Stempelblankette oder Stempelabdrücke für Spielkarten, Kalender, Pässe, Zeitungen oder sonstige Drucksachen oder Schriftstücke, ingleichen wer unechte Post- oder Telegraphen-Freimarken oder gestempelte Briefkuverts in der Absicht anfertigt, sie als echt zu verwenden, oder

3. In der täuschenden Zusammensetzung der Bruchstücke ursprünglich echter und bisher unverwendeter Postfreimarken und in der Verwendung dieser zusammengesetzten Marken zur Frankirung von Postsendungen liegt keine Anfertigung unechter Postwerthzeichen bez. der Gebrauch solcher. R.G. III, 19. April 88, E. XVII, 395, R. X, 311.

4. Falsch ist das Stempelpapier u. s. w., wenn es unbefugt angefertigt, gefälscht, wenn es unbefugt verändert ist. Dabei ist nicht erforderlich, daß es dem echten in allen Punkten gleicht, es genügt vielmehr eine Aehnlichkeit, welche genügt, eine Täuschung über die Echtheit zu bewirken. R.G. IV, 26. Juni 91, Goltd. XXXIX, 236.

5. Wegen §. 23 des Reichs=Wechsel=St.G. vom 10. Juni 1869 vgl. §. 276 N. 3.

Wegen des Ehrverlustes vgl. §. 280.

6. Zu Nr. 2. — Die durch die Novelle vom 26. Februar 1876 bewirkte Aenderung besteht nur darin, daß in Folge des §. 30 Abs. 4 des Reichspreßgesetzes vom 7. Mai 1874 die Worte „Kalender" und „Zeitungen" in Wegfall gebracht sind.

Es ist nicht erforderlich, daß der Anfertiger der hier aufgezählten Stempel u. s. w. die Absicht habe, sie selbst als echte zu verwenden; es genügt, wenn die Absicht vorliegt, daß sie von Andern als echte verwendet werden. R.G. II, 20. Juni 82, s. oben.

§. 276. Wer wissentlich schon einmal zu stempelpflichtigen Urkunden, Schriftstücken oder Formularen verwendetes Stempelpapier oder schon einmal verwendete Stempelmarken oder Stempelblankette, ingleichen Stempelabdrücke, welche zum Zeichen stattgehabter Versteuerung gedient haben, zu stempelpflichtigen Schriftstücken verwendet, wird, außer der Strafe, welche durch die Entziehung der Stempelsteuer begründet ist, mit Geldstrafe bis zu sechshundert Mark bestraft.

Gleiche Strafe trifft denjenigen, welcher wissentlich schon einmal verwendete Post= oder Telegraphenwerthzeichen nach gänzlicher oder theilweiser Entfernung des Entwerthungszeichens zur Frankirung benutzt. Neben dieser Strafe ist die etwa wegen Entziehung der Post= oder Telegraphengebühren begründete Strafe verwirkt.

Pr. —; E. I. §. 248; E. II. §. 271; St.B. S. 717.

Vgl. §§. 275, 280, 364 und die Citate zu §. 275.

Abs. 2 ist Zusatz durch Ges. betr. die Abänderung von Bestimmungen des Strafgesetzbuchs v. 13. Mai 1891. R.G.Bl. Nr. 15 S. 107*). Drucks. Nr. 36, I. Sess. 1890.

1. Wie die Motive bemerken, ist es bei der Strafandrohung nicht unterschieden, ob bei der Wiederverwendung die Entwerthungszeichen beseitigt sind oder nicht. Es ist dieses bei der Strafzumessung zu berücksichtigen. Auch die Beseitigung der Entwerthungszeichen bewirkt jedoch nicht, daß die That als Urkundenfälschung oder nach §. 275 strafbar ist. Es ist vielmehr ausschließlich §. 276 anzuwenden. R.G. III, 12./19. Nov. 88, E. XVIII, 286, R. X, 643.

2. Die Benutzung entwertheter Postfreimarken oder Briefkuverts, sowie von Telegraphenfreimarken, unterliegt den besonderen Strafbestimmungen des §. 27 N. 3 des Reichspostgesetzes vom 28. Okt. 1871 und des R.G. über die Telegraphen=Freimarken vom 16. Mai 1869 §. 2. —

Das Reichspostgesetz bestimmt über erstere:

> §. 27 Nr. 3. „Mit dem vierfachen Betrage des defraudirten Portos, jedoch niemals unter einer Geldstrafe von Einem Thaler, wird bestraft — wer Postwerthzeichen nach ihrer Entwerthung zur Frankirung einer Sendung benutzt; inwiefern in diesem Falle wegen hinzugetretener Vertilgung des Entwerthungszeichens eine härtere Strafe verwirkt ist, wird nach den allgemeinen Strafgesetzen beurtheilt."

Die Unzulänglichkeit dieser Strafbestimmungen, welche auf ein Versehen bei dem Entwurfe des St.G.B. speziell des §. 276 zurückgeführt werden, veranlaßte die Vorlage des Abs. 2 oben in der Novelle vom 13. Mai 1891 und füllte die Lücke aus, welche §. 276 vgl. mit §. 275 in Bezug auf Post= und Telegraphenwerthzeichen bemerken läßt. Darüber, daß die Verwendung

*) Vgl. die Mater. bei Goltd. XXXIX, 29 fg.

bereits einmal verwendeter Postwerthzeichen unter geflissentlicher Beseitigung des Entwerthungszeichens früher weder als Urkundenfälschung noch nach §§. 275, 276 strafbar war. Vgl. R.G. III, 19. April 88, E. XVII, 395, R. X, 311.

3. Der §. 23 des Reichsgesetzes über die Wechselstempelsteuer v. 10. Juni 1869 (B.G.Bl. S. 198) ist durch die Bestimmungen der §§. 275, 276 u. 364 des St.G.B. ersetzt. Diese — in der ersten Auflage dieses Werkes näher motivirte — Ansicht scheint von keiner Seite bezweifelt zu werden. Vgl. Oppenhoff zu §. 275 Nr. 1 und §. 276 Nr. 4; Merkel in H.H. III, 810, 811, Olshausen N. 9.

4. Absatz 2 unterscheidet sich, abgesehen von dem Gegenstande der That dadurch vom Abs. 1, daß in demselben die Entfernung der Entwerthungszeichen hervorgehoben ist, in Abs. 1 nicht. Dagegen kommt nach dem Kommissions-Bericht nichts darauf an, ob der Thäter selbst die Entwerthungszeichen entfernt hat, oder ein Anderer, nur muß er sich der Entfernung bewußt gewesen sein.

§. 277. Wer unter der ihm nicht zustehenden Bezeichnung als Arzt oder als eine andere approbirte Medizinalperson oder unberechtigt unter dem Namen solcher Personen ein Zeugniß über seinen oder eines Anderen Gesundheitszustand ausstellt oder ein derartiges echtes Zeugniß verfälscht, und davon zur Täuschung von Behörden oder Versicherungsgesellschaften Gebrauch macht, wird mit Gefängniß bis zu Einem Jahre bestraft.

Pr. §. 256; E. I. §. 252; E. II. §. 272; St.B. S. 717.

Vgl. §. 280; Gew.O. §§. 29, 30, 147 Nr. 3.

§. 278. Aerzte und andere approbirte Medizinalpersonen, welche ein unrichtiges Zeugniß über den Gesundheitszustand eines Menschen zum Gebrauche bei einer Behörde oder Versicherungsgesellschaft wider besseres Wissen ausstellen, werden mit Gefängniß von Einem Monat bis zu zwei Jahren bestraft.

Pr. §. 257; E. I. §. 253; E. II. §. 273; St.B. S. 717.

Vgl. §§. 277, 280; Gew.O. §§. 29. 30.

§. 279. Wer, um eine Behörde oder eine Versicherungsgesellschaft über seinen oder eines Anderen Gesundheitszustand zu täuschen, von einem Zeugnisse der in den §§. 277 und 278 bezeichneten Art Gebrauch macht, wird mit Gefängniß bis zu Einem Jahre bestraft.

Pr. §. 258; E. I. §. 254; E. II. §. 274; St.B. S. 717.

§. 280. Neben einer nach Vorschrift der §§. 267, 274, 275, 277 bis 279 erkannten Gefängnißstrafe kann auf Verlust der bürgerlichen Ehrenrechte erkannt werden.

Pr. —; E. I. —; E. II. §. 275; St.B. S. 717.

1. Die Beschränkung auf approbirte Medizinalpersonen stützt sich auf §. 29 der Reichs-Gew.O., da die Annahme des Titels „Arzt, Geburtshelfer, Wundarzt“ an die vorgängige Approbation geknüpft ist. Auf Hebammen kann die Vorschrift nicht erstreckt werden. Vgl. §§. 29, 30, 147 Nr. 3 Reichs-Gew.O., R.G. III, 27. März 84, E. X, 341, R. VI, 245, Puchelt N. 1, Meyer N. 1, Rubo N. 1, Olshausen §. 277 N. 1, v. Schwarze N. 2. A. M. Hälschner II, 569 N. 1, Merkel in H.H. III, 811, Oppenhoff N. 2.

In Bayern sind Bader als approbirte Medizinalpersonen zu betrachten. Art. 127 bayr. P.St.G.B. v. 20. Dez. 1871, Kgl. Verordnung v. 11. Aug. 1873 (Reg.-Bl. S. 1313) die Ausübung der Heilkunde betr. Bader-Ordnung v. 25. Juni 1868. R.G. I, 8. Mai 82, E. VI, 260, R. IV, 442, und hängt überhaupt der Begriff der approbirten Medizinalperson neben der Reichs- von der Landesgesetzgebung ab.

2. Es wird nicht erfordert, daß das ausgestellte nach §. 277 strafbare Zeugniß thatsächlich unrichtig sei (A. M. Berlin 13. Okt. 75, Goltd. XXIII, 539); anders im Falle des §. 278.

§. 277 bestraft nur die fälschliche Herstellung eines ärztlichen Zeugnisses unter Mißbrauch der Beglaubigungszeigen, oder die formelle unbefugte Aenderung eines solchen echten Zeugnisses, unter Hinzutreten des Gebrauchs desselben zur Täuschung ohne Rücksicht auf den richtigen oder unrichtigen Inhalt. R.G. III, 28. Nov. 89, E. XX, 138.

3. §. 278. Das Zeugniß kann sowohl in einer den wirklichen Gesundheitszustand besser als in einer denselben schlechter darstellenden Richtung abgefaßt sein; die Medizinalperson muß sich aber bewußt sein, daß sie etwas unrichtiges bestätigt. **Dolus eventualis** reicht also nicht hin. Sollte das Zeugniß objektiv den richtigen Gesundheitszustand angeben, den die Medizinalperson jedoch verkannt hat, so würde ein mit Strafe nicht bedrohter Versuch vorliegen. Blume N. 1, Olshausen N. 1, Oppenhoff N. 1, Puchelt N. 2.

4. §. 279 enthält eine konkurrirende Strafbestimmungen ausschließende Spezialbestimmung, so daß der zum Zwecke der Täuschung vorgenommene Gebrauch eines auf den Namen eines Arztes fälschlich ausgestellten Zeugnisses über den Gesundheitszustand eines Menschen auch dann nach §. 279 strafbar ist, wenn sich jenes Zeugniß als eine zum Beweise von Rechten oder Rechtsverhältnissen erhebliche Privaturkunde darstellt oder wenn der Thäter in der Absicht gehandelt hat, sich oder einem Anderen einen Vermögensvortheil zu verschaffen. R.G. I, 1. Dez. 81, E. VI, 1.

5. Wegen des Ehrverlustes in den Fällen der §§. 277—279 vgl. §. 280. Selbstverständlich ist die Anwendung des §. 280 von den Voraussetzungen des §. 32 abhängig.

6. Idealkonkurrenz zwischen den Delikten der §§. 277—279 ist nicht anzunehmen, vielmehr würde Theilnahme am Vergehen des §. 277 z. B. Anstiftung zu denselben und darauf folgender Gebrauch des so erlangten Zeugnisses die Anwendung des §. 279 ausschließen. Dagegen kann wiederholter Gebrauch eines solchen Zeugnisses, sei es, daß der erste unter §. 277 fällt oder nicht, nach §. 279 strafbar sein.

Vierundzwanzigster Abschnitt.

Bankerutt*).

Vgl. Einf.=Gesetz §. 2 A. 3.

1. Das R.St.G.B. kannte einen strafbaren Bankerutt nur bei Kaufleuten. Der Zusammenhang, in welchem die strafrechtlichen Vorschriften über den Bankerutt mit der Kreditgesetzgebung, insbesondere den civilrechtlichen Gesetzen über den Konkurs stehen, und die große Verschiedenheit der letzteren Gesetze im Bundesgebiet wurden jedoch die Veranlassung, bezüglich des Bankerutts im §. 2 Abs. 3 des Einf.=Ges. besondere Vorschriften zu geben, welche in dieser Materie — dem strafbaren Bankerutt — das Verhältniß des Reichsstrafrechts zum Landesstrafrecht abweichend von der Regel gestalten. Den Standpunkt des St.G.B. kennzeichnen die Motive, welche bemerken:

> „Für die Nichtausdehnung der Bankeruttvorschriften auf Nicht=Kaufleute waren die oftmals und namentlich bei Berathung des preußischen Strafgesetzbuchs vielfach erörterten Gründe entscheidend. Es darf in dieser Beziehung auf die Materialien zu diesem Strafgesetzbuche verwiesen werden.
>
> Der Entwurf theilt die Anschauung, daß durch die Bankeruttvorschriften nicht jede Vermögensbeschädigung, welche durch den Mißbrauch des Kredits verursacht worden, mit Strafe zu bedrohen ist. Die Ursache solcher Beschädigungen liegt oft ebenso sehr im Leichtsinn des Kreditgebers, wie in dem des Kreditnehmers. Die Gesetzgebung genügt dem Recht des Gläubigers, wenn es ihm die Mittel gewährt, möglichst rasch aus dem Vermögen des Schuldners seine Befriedigung zu suchen. Das Strafgesetz kann nur eintreten, sofern es sich bei dem Mißbrauch des Kredits um bestimmte Rechtswidrigkeiten, z. B. einen Betrug handelt.

---

*) Literatur: Kommentare: Meisner, Berlin 1881, Petersen und Kleinfeller, 2. Aufl. Lahr 1890, Sarwey, 2. Aufl. Berlin 1882, Sydow, 4. Aufl. Berlin 1890, v. Völderndorff 2. Aufl. Erlangen 1884, Willenbücher, Berlin 1885, v. Wilmowski, 4. Aufl. Berlin 1889. Lehrbücher: Fitting, Berlin 1881, Kohler, Stuttgart 1891, Rintelen, Das Konkursrecht, Berlin 1890. Ferner: Kleinfeller, Zur Lehre vom strafbaren Bankerutt, G.S. Bd. 43 S. 161. Bauer, Wann ist Bankerott strafbar? Leipzig 1890, Neumeyer, Historische und dogmatische Darstellung des strafbaren Bankerotts, München 1891, Alexander, Konkursgesetze aller Länder der Erde, Berlin 1892.

Eine Sicherung des Kredits durch das Strafgesetz erscheint da geboten, wo ein solcher beansprucht oder gewährt werden muß, ohne daß eine genauere Prüfung der persönlichen Zuverlässigkeit sowohl, wie der Vermögensverhältnisse erfolgen kann. Ein solcher Kredit ist für den Handel nothwendig. Wer denselben mißbraucht, verletzt nicht bloß das Vermögen eines einzelnen bestimmten Gläubigers, sondern die Sicherheit des Handelns, insoweit das Bestehen desselben auf der Nothwendigkeit des Kredits beruht.

Von dieser Auffassung aus rechtfertigt sich die Aufstellung von Bankerutt-Vorschriften nur gegen Kaufleute.

Allerdings dehnen die meisten Norddeutschen Strafgesetzgebungen, wie die Zusammenstellung Nr. **XXX** ergibt, die Bankeruttvorschriften auf Nicht-Kaufleute aus. Eine solche Ausdehnung würde, von den angeführten prinzipiellen Bedenken abgesehen, für die gemeinsame Norddeutsche Strafgesetzgebung füglich aber erst dann erfolgen können, wenn auch die civilrechtliche Konkursgesetzgebung Kaufleute und Nicht-Kaufleute nach denselben Grundsätzen behandelte. Endgültig wird deshalb die Frage nur gleichzeitig mit dem Erlaß einer gemeinsamen Norddeutschen Konkursordnung gelöst werden können."

2. Es ist bereits in den Erläuterungen zu Einf.Ges. §. 2 N. 9 angeführt, daß neben dem vorliegenden Abschnitt die Landesgesetze in Geltung geblieben sind. Die Bedeutung des §. 2 Abs. 3 war Gegenstand lebhafter Kontroversen geworden, zu denen unseres Erachtens der Wortlaut und der Zusammenhang des Gesetzes, unterstützt von der Entstehungsgeschichte des §. 2 Abs. 3, eine Veranlassung nicht boten. Indem gegenüber den entgegenstehenden Ausführungen von Oppenhoff, v. Schwarze, Meyer auf die gründlichen Ausführungen von Haller: Das Verhältniß des D. St.G.B. zu den landesgesetzlichen Strafbestimmungen über den Konkurs, Hamburg 1871, verwiesen wird, ist über die Entstehungsgeschichte noch Folgendes mitzutheilen:

Der I. Entwurf ging davon aus, den in Preußen bezüglich der Bankeruttvorschriften bestehenden Rechtszustand mit einzelnen Abänderungen auf das ganze Bundesgebiet zu übertragen. Demgemäß wurden zunächst die Vorschriften des Titel 24 des Pr. St.G.B., welche nur gegen Kaufleute Strafvorschriften enthalten, in den Entwurf übernommen. Daneben wurden die in Preußen noch geltenden besonderen Strafbestimmungen, welche die Konkursordnung vom 8. Mai 1855 (§§. 307, 309, 340, 341) enthält, aufgenommen. Diese Strafvorschriften betreffen bestimmte Handlungen von Kaufleuten und Nicht-Kaufleuten, sowie von Gläubigern, welche im Hinblick auf eine erfolgte Zahlungseinstellung oder einen Konkurs begangen werden. Hierdurch sollten diejenigen Strafvorschriften, welche die neue Gesetzgebung unter dem weiteren Begriff des strafbaren Bankerutts zu begreifen pflegt, erschöpft und die weitergehenden Landesgesetze beseitigt sein.

Bei den Berathungen der Bundeskommission wurde auf das Bedenkliche dieses Standpunktes und namentlich darauf hingewiesen, daß eine einfache Uebertragung der in der preußischen Konkursordnung wurzelnden Vorschriften des preußischen Konkursstrafrechts die den Interessen des Handelsverkehrs entsprechenden Fallitordnungen, namentlich der Hansestädte, gefährden würde. Es wurde daran der Antrag geknüpft, diesen Abschnitt ganz zu beseitigen und das Konkursstrafrecht gleichzeitig mit der in Aussicht stehenden gemeinsamen Konkursordnung zu reguliren. Die Bundeskommission war darin nicht zweifelhaft, daß das Konkursstrafrecht schließlich Hand in Hand mit dem übrigen Konkursrecht festzusetzen, trug aber Bedenken, in dem auf die Einheit des Rechts berechneten Gesetzbuch eine wichtige Materie fehlen zu lassen. Dieselbe stellte sich deshalb, unter Ausscheidung der in dem I. Entwurf aufgenommenen besonderen Vorschriften der preußischen Konkursordnung mit geringen Abänderungen wieder auf den Standpunkt des preuß. St.G.B., beschloß jedoch die definitive Regelung des Konkursstrafrechts bis zum Erlaß einer gemeinsamen Konkursordnung zu vertagen und bis dahin durch einen besonderen Vorbehalt im Einführungsgesetz die gegenwärtige Gesetzgebung der Einzelstaaten aufrecht zu erhalten, insoweit dieselbe außer den im Abschnitt 24 gegebenen Strafvorschriften noch Bestimmungen rücksichtlich des Konkurses der Kaufleute oder Nicht-Kaufleute enthalten möge.

Bei der Berathung des Einführungsgesetzes wurde in der Bundeskommission darüber kein Zweifel angeregt, daß der „Bankerutt" im Allgemeinen eine vom St.G.B. behandelte Materie sei. Die einzelnen Gesetzbücher sowohl wie die Wissenschaft behandeln unter der Kollektivbezeichnung strafbarer Bankerutt diejenigen strafbaren Handlungen, welche einen Mißbrauch des Kredits mit sich bringen. Nun waren aber die Bestimmungen der Landesgesetze von der größten Verschiedenheit. Die meisten enthielten übereinstimmende Strafvorschriften gegen den Bankerutt der Kaufleute und der Nicht-Kaufleute. Die einen knüpften die Strafe an die Voraussetzung des formellen Konkurses, die anderen an die Thatsache der Zahlungseinstellung. Wo der formelle Konkurs die Vorbedingung der Strafbarkeit war, bestanden außerdem noch vielfach andere Strafvorschriften, die technisch nicht als strafbarer Bankerutt bezeichnet wurden, während dieselben Handlungen nach dem Recht des anderen Landes als Bankerutt zu qualifiziren waren. Eine Uebersicht dieses bunten Rechtszustandes gewährt die Zusammenstellung Nr. XXX (Anlage 1 der Motive). Als Beispiel mag eine Vergleichung des preußischen und braunschweigischen Rechts dienen. Allen diesen Verschiedenheiten gegenüber enthielt nun das St.G.B. unter der Ueberschrift „Bankerutt" und unter der ausdrücklichen Qualifizirung „betrüglicher Bankerutt (§. 281)" und „einfacher Bankerutt (§. 283)" Strafvorschriften gegen bestimmte einzelne Handlungen solcher Kaufleute, welche ihre Zahlungen eingestellt haben. Die Motive (vgl. dieselben oben unter Nr. 1) bemerken dazu, daß überhaupt nach dem St.G.B. Bankeruttvorschriften auch nur in der Einschränkung auf Kaufleute gerechtfertigt seien, ohne auch nur anzudeuten, daß die weitergehenden Landesgesetze salvirt werden sollten. Nach dem, was früher (vgl. namentlich S. 39 ff.) über die derogatorische Kraft des Reichsstrafrechts ausgeführt worden, konnte ohne Aufnahme eines Vorbehalts die Aufhebung sämmtlicher Landesgesetze über den strafbaren Bankerutt keinem Bedenken unterliegen. Namentlich enthielt die Einschränkung der Bankeruttvorschriften auf Kaufleute die negative Wirkung der Beseitigung der Bankeruttstrafgesetze gegen Nicht-Kaufleute. Hierbei ergaben sich dann aber wieder Zweifel: ob die besonderen Strafvorschriften, welche denen der preußischen Konkursordnung entsprechen und neben dem St.G.B., ohne als strafbarer Bankerutt bezeichnet zu sein, gelten, bestehen blieben. Nach preußischem Recht war dieses unbedingt zu bejahen, während es nach anderen Gesetzen, in denen die fraglichen Handlungen unter die Vorschriften über den strafbaren Bankerutt aufgenommen waren, mindestens zweifelhaft war. Den Bankerutt der Kaufleute insbesondere anlangend, so würden andere Handlungen als die in dem Abschnitt 24 bezeichneten nicht strafbar gewesen, damit aber das Motiv, welches für die Ausscheidung der in den I. Entwurf aufgenommenen Vorschriften der preuß. Konk.O. maßgebend gewesen war, nämlich der Zusammenhang des Strafrechts mit dem materiellen und formellen Konkursrecht, gänzlich unberücksichtigt geblieben sein. Unter diesen Umständen blieb nichts übrig, als eine Ausnahme von der regelmäßigen Wirkung des Reichsstrafrechts zu statuiren und das Fortbestehen aller Landesstrafgesetze über solche einzelne Handlungen (von Kaufleuten oder Nicht-Kaufleuten) zu bestimmen, welche das St.G.B. selbst nicht erwähnte. Das Wort „Handlungen" wurde hierbei im Gegensatz zu „Materien" absichtlich gebraucht, und die Meinung, welche beide Ausdrücke für gleichbedeutend nimmt, steht im Widerspruch mit der vorsichtig erwogenen Sprachweise des Gesetzbuches.

Allerdings war man sich des hieraus entstehenden Rechtszustandes wohl bewußt. Einerseits indessen war dieser Zustand mit Rücksicht auf das bevorstehende gemeinsame Konkursgesetz nur ein vorübergehender. Sodann aber durfte man erwarten, daß die in den einzelnen Ländern ergehenden Einführungsverordnungen nach Maßgabe des §. 8 des Einf.Ges. die Landesgesetzgebungen in möglichste Uebereinstimmung bringen würden. Nur mit dieser Maßgabe kann Heinze: das Verhältniß des Reichsstrafrechts u. s. w., Leipzig 1871 S. 82 beigestimmt werden, daß, den Intentionen der Bundesgesetzgebung nach, nur die auf den nichtkaufmännischen Konkurs bezüglichen Partikulargesetze in Kraft geblieben seien.

Im Reichstag (St.B. S. 717 ff.) wurde zwar der Antrag auf gänzliche Beseitigung des Abschnitts 24 und vollständige Aufrechterhaltung der Landesgesetze gestellt, aber nach längerer Debatte abgelehnt. Der §. 2 A. 3 des Einf.Ges. gab zu näheren Erörterungen im Reichstage keine Veranlassung.

3. Die bei Einführung des St.G.B. erlassenen besonderen Verordnungen haben sich nur zum Theil, unter ausdrücklicher Aufhebung der ältern Partikulargesetze, dem St.G.B. angeschlossen. Vollständig, und dem Verhältniß der Reichs- zur Landesgesetzgebung wohl am besten entsprechend, geschah dieses z. B. in den Braunschweigischen Gesetzen vom 22. Dez. 1870 betr. die Einführung des St.G.B. (Ges.- und Verordn.-Sammlung S. 631) und die Bankerutte betr. (ebendas. S. 653 ff.). Vgl. auch das Mecklenburgische Gesetz vom 21. Dez. 1870 (Schwer. Reg.Bl. Nr. 134 S. 1050), welches nur besondere Strafvorschriften für Nicht-Kaufleute gab.

Am weitesten weicht das Bremische Gesetz vom 26. April 1871 vom St.G.B. ab, welches namentlich in §§. 5 und 6 weitere als die in §§. 281 und 283 des St.G.B. erwähnten Handlungen von Kaufleuten und Nicht-Kaufleuten mit Strafe, sogar mit Zuchthaus bedrohte. Der Standpunkt des St.G.B. ist hierbei insofern gewahrt, als bezüglich der Kaufleute die Zahlungseinstellung, bezüglich der Nicht-Kaufleute die Eröffnung des Debitverfahrens die

Voraussetzung der Strafbarkeit war. Der §. 5 gab sogar die vom Reichstag gestrichene Bestimmung des §. 261 Nr. 4 preuß. St.G.B. im Wesentlichen wieder*). (Vgl. oben zu §. 8 Einf.Ges. N. 4.)

Trotz dieser Abweichungen entspricht das Bremische Gesetz der vorstehend unter Nr. 2 dargelegten Auffassung unter der Voraussetzung, daß die Sondervorschriften im Wesentlichen nur eine Aufrechthaltung der früher in Bremen in Geltung gewesenen Vorschriften enthalten. Auf dieses Gesetz mag für die prinzipielle Auffassung der Frage um so mehr hingewiesen werden, als der Entwurf desselben von demjenigen Mitgliede der Bundeskommission herrührt, dessen Anträge für die Gestaltung des Abschnitts 24 wesentlich in's Gewicht fielen.

Auch der Art. 12 des Bayrischen Einf.Ges. vom 26. Dez. 1871 gibt Strafvorschriften gegen den Bankerutt von Nicht-Kaufleuten; vgl. hierüber oben zu §. 8 des Einf.-Ges. N. 4.

4. Allen diesen Rechtsverschiedenheiten in Deutschland und den hieran geknüpften Kontroversen machte die Reichs-Konkurs-Ordnung vom 10. Febr. 1877 ein Ende. Das gesammte Strafrecht über die beim Konkurs und bei der Zahlungseinstellung von Kaufleuten vorkommenden Handlungen ist nun wieder in die Stelle einer vom Reichsrecht geordneten strafrechtlichen Materie (vgl. §. 2 Abs. 1 Einf.-Ges. z. St.G.B.) eingerückt, neben welcher die Landesgesetzgebung keinen Raum mehr hat.

Durch §. 3 Ziff. 3 des Einf.-Ges. zur R.Konk.O. werden die §§. 281—283 des St.G.B., durch §. 4 Abs. 2 ebendas. die Strafvorschriften, welche rücksichtlich des Konkurses in den Landesgesetzen enthalten sind, aufgehoben. Der letztere Satz ist enger gefaßt, als seine Bedeutung ist, da es sich nicht nothwendig dabei um einen Konkurs handeln muß, sondern auch alle mit wirklichem oder scheinbarem Zahlungsunvermögen in Verbindung stehenden landesrechtlichen Strafbestimmungen beseitigt sind. (Vgl. v. Völderndorff, Kommentar z. Konk.O. II, S. 624.)

Den Motiven zur Konkurs-Ordnung S. 460 ff. ist Folgendes zu entnehmen:

> In den §§. 209, 210 werden der betrügliche und der einfache Bankerutt behandelt. Der begriffsmäßige Thatbestand des Bankerutts und das Strafmaß sind in Uebereinstimmung gehalten mit den §§. 281, 283 des St.G.B.; die Aenderungen, welche die letzteren hier erfahren haben, folgen aus der Ausdehnung der Strafbarkeit des Bankerutts auf alle Schuldner. Die Ausdehnung betrifft nur die in §. 209 Nr. 1 und 2, §. 210 Nr. 1 beziehentlich §. 281 Nr. 1 und 2; §. 283 Nr. 1 bezeichneten Handlungen, welche ihrer Natur nach von Jedermann begangen werden können und gegen Jedermann mit Strafe bedroht werden müssen. Betreffs der im §. 209 Nr. 3 u. 4, §. 210 Nr. 2 u. 3 geahndeten Verletzung kaufmännischer Pflichten muß es bei der Beschränkung des Strafgesetzbuchs auf Kaufleute bewenden; insbesondere können „Geschäftsbücher" den Handelsbüchern nicht gleichgestellt werden. Um diese Beschränkung gegenüber dem erweiterten Eingange des §. 210 aufrecht zu erhalten, war die Fassung des St.G.B. §. 283 Nr. 3 in der Weise des §. 210 Nr. 3 zu ändern. Ueber die im Strafgesetzbuch aufgeführten Handlungen hinaus hat der Entwurf den Thatbestand des Bankerutts nicht erweitert. Das Preußische Strafgesetzbuch von 1851 bestraft in §. 261 Nr. 4 Kaufleute wegen ein-

---

*) Das Bremische Gesetz vom 26. April 1871 bestimmte:

§. 5. „Ein Kaufmann, der seine Zahlungen eingestellt hat, wird mit Gefängniß bis zu zwei Jahren bestraft, wenn er, während er bereits seine Ueberschuldung kannte, oder hätte kennen sollen, um sich augenblicklich Geld zu verschaffen,

1) vorbehaltlich des §. 263 des Strafgesetzbuchs, ohne seine Vermögenslage zu offenbaren, Darlehen aufgenommen hat,
2) vorbehaltlich des §. 6 dieses Gesetzes Waaren gekauft und, ohne den vollen Kaufpreis bezahlt oder sichergestellt zu haben, wieder verkauft hatte,
3) Vermögensgegenstände von verhältnißmäßig bedeutendem Werth erheblich unter dem Werthe verkauft hatte.

Dieselbe Strafe trifft in den unter Ziffer 2 und 3 hervorgehobenen Fällen den Nicht-Kaufmann, über dessen Vermögen ein Debitverfahren eröffnet ist.

§. 6. Ein Kaufmann, der seine Zahlungen eingestellt hat, wird mit Gefängniß oder mit Zuchthaus bis zu fünf Jahren bestraft, wenn er, abgesehen von dem Fall des §. 281 unter Ziffer 1 des Strafgesetzbuchs, im Bewußtsein seiner Zahlungsunfähigkeit, seine eigene oder eine in seinem Besitz oder Gewahrsam befindliche fremde bewegliche Sache, an welcher einzelnen Gläubigern ein Separations- oder Vorzugsrecht zustand, durch Veräußerung, Vernichtung, Beiseiteschaffung oder sonst der Geltendmachung jenes Rechts ganz oder theilweise absichtlich entzogen hatte.

Den Nichtkaufmann, über dessen Vermögen ein Debitverfahren eröffnet ist, trifft im gleichen Falle dieselbe Strafe."

fachen Bankerutts; wenn sie, obgleich das Vermögen nach der letzten Bilanz nicht die Hälfte der Schulden deckte, neue Schulden gemacht oder Waaren oder Kreditpapiere unter dem Werthe verkauft haben. Aehnliche Strafbestimmungen enthalten u. a. der Art. 196 Nr. 5 u. 6 des Hamburger Kriminalgesetzbuchs vom 30. April 1869, sowie §§. 4 u. 5 Nr. 3 des Bremer Gesetzes vom 24./26. April 1871; auch sind derartige Strafbestimmungen bei Berathung des Strafgesetzbuchs aus der Mitte des Reichstages vorgeschlagen, von diesem aber abgelehnt worden. In der That sind die Bestimmungen nicht frei von Willkür und ungerechtfertigter Härte. Die Bilanz bietet keinen sicheren Maßstab für den wirklichen Stand des Vermögens, reizt vielmehr den Aufsteller zu dem Versuche, sich der Strafbestimmung zu entziehen; noch weniger greifbar ist an Stelle dieses Merkmals „eine Kenntniß der Ueberschuldung" oder „ein Bewußtsein bevorstehender Zahlungseinstellung" oder „eine Voraussicht, daß in dem Konkursverfahren die Gläubiger nicht einen gewissen (vierten) Theil ihrer Forderungen erlangen würden." Ebenso wenig ist es gerechtfertigt, unter einer dieser Voraussetzungen das Eingehen neuer Verbindlichkeiten oder ein Veräußern unter dem Werthe der Sache unbedingt mit Strafe zu bedrohen; in zahlreichen Fällen wird das Eine wie das Andere durch die Umstände geboten, zum Vortheil der Gläubiger und den strengsten Anforderungen kaufmännischer Geschäftsführung entsprechend erscheinen.

§. 209 Konk.O.*). Schuldner, welche ihre Zahlungen eingestellt haben oder über deren Vermögen das Konkursverfahren eröffnet worden ist, werden wegen betrüglichen Bankerutts mit Zuchthaus bestraft, wenn sie in der Absicht, ihre Gläubiger zu benachtheiligen,

1. Vermögensstücke verheimlicht oder bei Seite geschafft haben,
2. Schulden oder Rechtsgeschäfte anerkannt oder aufgestellt haben, welche ganz oder theilweise erdichtet sind,
3. Handelsbücher zu führen unterlassen haben, deren Führung ihnen gesetzlich oblag, oder
4. ihre Handelsbücher vernichtet oder verheimlicht oder so geführt oder verändert haben, daß dieselben keine Uebersicht des Vermögenszustandes gewähren.

Sind mildernde Umstände vorhanden, so tritt Gefängnißstrafe nicht unter drei Monaten ein.

Zu §. 281 St.G.B.; Pr. §. 259; E. I. §. 255; E. II. §. 276; St.B. S. 717—721.
Zur Konk.O. I. E. §. 257; E. II. §. 209.
Prot. der R.T.Kommiss. S. 125, 200 (ohne Deb.).
Vgl. H.G.B. Art. 4, 10, 28, 40, 314 Nr. 1; E.G. z. H.G.B. v. 5. Juni 1869 §. 2.

1. Vgl. die allgemeinen Bemerkungen zu diesem Abschnitt.

Bezüglich des Ueberganges vgl. Einf.-Ges. §. 2 N. 14 und sei hier nur noch bemerkt, daß, wenn eine Handlung in Bezug auf Konkurs oder Zahlungseinstellung, welche vor 1. Okt. 1879 ebenso wohl wie nach jenem Tage unter Strafe gestellt war, dann das mildere Gesetz zur Anwendung zu bringen ist, wenn die That vor 1. Okt. 1879 abgeschlossen war. Dies ist nicht zu verwechseln mit „vollendet"; denn es können vor 1. Okt. 1879 Handlungen vorgelegen haben, welche den vollständigen Thatbestand der strafbaren Handlung enthalten, wodurch also strafrechtlich das Delikt vollendet ist, welche aber nach 1. Okt. 1879 noch eine Fortsetzung erhalten haben, die gleichfalls zum Thatbestand gehört, dann ist das jetzt geltende Gesetz anzuwenden. R.G. F.S. u. III, 7. u. 29. Sept. 80 (R. II, 210, 277, E. II, 337). Eine vor 1. Okt. 1879 begangene, jetzt unter Strafe gestellte That ist nicht strafbar, wenn sie vor jenem Tage nicht strafbar war, ebenso wenig eine vor 1. Okt. 1879 strafbare That, die jetzt nicht mehr strafbar ist, aber jetzt erst zur Aburtheilung kommt. R.G. II, 12. Nov. 80 (R. II, 494, E. II, 439).

---

*) §. 281 des Strafgesetzbuchs, an dessen Stelle mit 1. Oktober 1879 §. 209 der Konk.O. getreten ist, lautete:

„Kaufleute, welche ihre Zahlungen eingestellt haben, werden wegen betrüglichen Bankerutts, u. s. w. wie oben."

2. Handelt es sich um eine That, auf welche eine Bestimmung der §§. 281—283 St.G.B. anwendbar gewesen wäre und deren Thatbestand ganz oder theilweise schon vor 1. Okt. 1879 begangen war, während er erst nach diesem Tage abgeurtheilt wird, so ist nach vielen reichsgerichtlichen Entscheidungen ein Gewicht darauf nicht zu legen, daß das Instanzgericht sich auf die §§. des Strafgesetzbuchs oder die der Konkursordnung gestützt hat, da beide im Wesentlichen identisch sind. R.G. 21. April 80 (R. I, 628).

3. Schuldner im Sinne des §. 209 ist Jeder, der seine Zahlungen einstellt oder der in Konkurs verfällt, ohne Unterschied der Standes. Die Zahlungseinstellung ist jedoch vorzugsweise ein Kriterium für den kaufmännischen Schuldner, da nur bei diesem „das solvent sein" prägnant hervortritt. Die formelle Konkurseröffnung trifft dagegen jeden Schuldner und kann auch ein Ehepaar als solches treffen, wenn in Folge bestehender Gütergemeinschaft über beide Eheleute zusammen der Konkurs eröffnet wird oder dieselben die Zahlung eingestellt haben. R.G. II, 23. Okt. 83, E. IX, 161.

4. Da Ziff. 3 und 4 ausschließlich auf Kaufleute paßt, welche Handelsbücher zu führen verpflichtet sind, so hat auch noch nach der Konkursordnung der Begriff von Kaufleuten seine Bedeutung.

Der 1. Entwurf des St.G.B. schloß sich, was den Begriff „Kaufmann" betrifft, an das A. D. H.G.G. an, indem es dort §. 255 hieß: „Kaufleute — Art. 4 des Allgemeinen Deutschen Handelsgesetzbuchs —". Für Preußen war dasselbe bereits durch Art. 18 des Einf.Ges. zum H.G.B. vom 24. Juni 1861 festgesetzt. In der Bundeskommission wurde das Citat gestrichen. Es wird hiernach fraglich, ob für die Entscheidung, wer als Kaufmann anzusehen, jener Art. 4:

> „Als Kaufmann im Sinne dieses Gesetzbuches ist anzusehen, wer gewerbemäßig Handelsgeschäfte betreibt."

maßgebend ist. So wünschenswerth, ja nothwendig es erscheinen mag, daß in dieser Beziehung die Vorschriften des Handelsrechts, des Konkursrechts und des Strafrechts übereinstimmen, wie solches auch in Preußen durch die Art. 18 und 31 des Einf.-Ges. zum H.G.B. vom 24. Juni 1861 festgesetzt worden, so wird doch beim Mangel einer positiven Vorschrift nicht aufgestellt werden können, daß gegenwärtig der Strafrichter bei Würdigung des Begriffs „Kaufmann" unbedingt an die Vorschrift jenes Art. 4 gebunden ist. Thatsächlich werden für denselben die handelsrechtlichen Vorschriften allerdings von der wesentlichsten Bedeutung sein müssen. Berlin 12. Febr. 72 (Goltd. XXII, 52, O.R. XV, 70), 21. März 74 (Goltd. XXII, 271, O.R. XV, 175) und München 19. Juni 75 (St. V, 147) nehmen an, daß „Kaufmann" jeder Gewerbetreibende im Sinne des Art. 4 des H.G.B. sei, ohne Rücksicht darauf, ob er zur Führung von Handelsbüchern nach Art. 10 das. verpflichtet ist. In letzterer Beziehung weicht Dresden 17. März 73 u. 16. Nov. 74 (S.G.Z. XVII, 16, St. III, 27; V, 140) ab, indem es die Vorschriften über den Bankerutt der Kaufleute nur auf solche Kaufleute angewendet wissen will, welche zur Buchführung verpflichtet sind. Vgl. auch Wolfenbüttel 27. Juni 73 (St. III, 227). Das R.G. dagegen hat sich stets an die Bestimmungen des Handelsgesetzbuches angeschlossen und nach Art. 4 desselben die Kaufmannseigenschaft beurtheilt. R.G. I, 8. Febr. 83, E. VIII, 147, wonach es auch nicht erforderlich ist, daß Jemand die Handelsgeschäfte als ausschließlichen oder Hauptberuf betreibe. Kaufmann ist nur derjenige, welcher ein Handelsgeschäft auf eigene Rechnung treibt, nicht auch derjenige, welcher im Geschäfte eines Anderen thätig ist, wenn auch als dessen Leiter. Bei Handelsgesellschaften ist Jeder Kaufmann, der das Geschäft nach außen repräsentirt, also die Mitglieder einer offenen Handelsgesellschaft oder der persönlich haftende Gesellschafter einer Kommanditgesellschaft. Berlin 7. Juni 77 (O.R. XVIII, 369, Goltd. XXV, 557). Jedoch kann auch der wirkliche Eigenthümer als Kaufmann verantwortlich gemacht werden, wenn auch ein simulirter Eigenthümer in das Firmenregister eingetragen ist, Berlin 18. Dez. 77 (Goltd. XXV, 555), oder wenn das Geschäft auf den Namen der Ehefrau geführt wurde, während der Ehemann der wirkliche Geschäftsleiter war, Berlin 3. Mai 77 (Goltd. XXV, 556); s. auch Berlin 30. Mai 76 (O.R. XVII, 384, Goltd. XXIV, 592, St. VI, 350). Dagegen R.G. IV, 1. Nov. 87, E. XVI, 277, R. IX, 549.

Ein Minderjähriger, der ohne vormundschaftliche Genehmigung ein Handelsgewerbe betreibt, ist nicht Kaufmann. Berlin 15. Sept. 79 (O.R. XX, 354, Goltd. XXVII, 542).

5. Die Frage, ob Jemand Vollkaufmann, also zur Führung von Handelsbüchern verpflichtet war, ist hauptsächlich eine thatsächlich nach Art und Umfang des Geschäftsbetriebes, der Höhe des Umsatzes u. s. w. zu entscheidende. Bei Handwerkern wird entscheidend einwirken, ob er nur fremdes Material verarbeitet, oder dasselbe zum Wiederverkauf im verarbeiteten Zu-

stand im größeren Umfange selbst ankauft. Berlin 12. April 77 (Goltd. XXV, 225), 21. März 78 (O.R. XIX, 155, Goltd. XXVI, 221), München 19. Juni 75 (bayr. Entsch. V, 283). Auch Wirthe können unter solchen Umständen Vollkaufleute sein. München a. a. O., Berlin 18. Febr. 79 (O.R. XX, 88). Die Eigenschaft als Handelsmann geringeren Gewerbebetriebes und als Vollkaufmann kann in einer Person vereinigt sein. Mannheim 24. März 77 (St. VIII, 259), R.G. IV, 30. Jan. 85, R. VII, 65. In diesem Fall muß aber die Buchführung desjenigen Geschäfts, für welches kaufmännische Buchführung erforderlich ist, die Einwirkung des Geschäftes von geringerem Betrieb auf die gesammte Vermögenslage erkennen lassen. R.G. III, 1. Febr. 82, E. V, 407, R. IV, 104 und ist das Geschäft in seiner Totalität der Beurtheilung zu Grunde zu legen, ob der Schuldner zur Buchführung verpflichtet war, oder nicht. R.G. II, 17. Sept. 86, R. VIII, 541. Der Wein- und Cigarrenhandel, auch mit geringem Geschäftsbetrieb und als Nebengeschäft, verpflichtet zur Führung von Handelsbüchern. R.G. I, 28. März 81 (R. III, 169, E. IV, 281, Ann. III, 374).

6. Die reichsgerichtliche Praxis hält bei Interpretation des Art. 10 Abs. 1 des H.G.B., lautend:

> „Die Bestimmungen, welche dieses Gesetzbuch über die Firmen, die Handelsbücher und die Prokura enthält, finden auf Höker, Trödler, Hausirer und dergleichen Handelsleute von geringem Gewerbebetriebe, ferner auf Wirthe, gewöhnliche Fuhrleute, gewöhnliche Schiffer und Personen, deren Gewerbe nicht über den Umfang des Handwerksbetriebes hinausgeht, keine Anwendung. Den Landesgesetzen bleibt vorbehalten, im Falle es erforderlich erscheint, diese Klassen genauer festzustellen."

daran fest, daß Höker u. s. w. nicht bloß beispielsweise erwähnt sind, sa daß alle Handelsleute von geringem Gewerbebetriebe unter Art. 10 fallen, sondern daß das Geschäft dessen, der durch Art. 10 von der Buchführung als befreit erscheint, das eines Hökers, Trödlers, Hausirers oder ein diesen Geschäften ähnliches sein muß.

Höker sind nicht solche, welche mit Spezereiwaaren, Mehl u. dergl. Handel treiben, sondern solche, die auf Märkten, Straßen, unter Thorwegen u. s. w. Kleinhandel mit solchen Waaren treiben. R.G. IV, 2. Dez. 87, R. IX, 690. Durch das Beziehen von Märkten wird ein Kaufmann nicht zum Hausirer. R.G. I, 30. Dez. 89, E. XX, 168. Ebenso wenig ist ein Viehhändler, der sein Geschäft im Umherziehen betreibt, unter die Hausirer zu rechnen. R.G. I, 8. Mai 80, E. XX, 387.

Die thatsächlichen Grundlagen, auf denen die Eigenschaft als Vollkaufmann oder Handelsmann geringeren Geschäftsbetriebes angenommen wird, bedürfen der Feststellung im Urtheil. Berlin 9. Febr. und 3. März 76 (O.R. XVII, 100, 166, St. VI, 23, 24). Die Entscheidung des Civilrichters ist hierfür nicht maßgebend. Berlin 16. Mai 78 (O.R. XIX, 261, Goltd. XXVI, 339, St. VIII, 263).

7. Sehr bestritten ist die Frage, ob derjenige, der als Kaufmann betrüglichen Bankerutt in den Formen der Ziff. 3, 4 begeht, in welcher nur Kaufleute delinquiren können, sich seiner Eigenschaft als Vollkaufmann bewußt gewesen sein müsse? R.G. III, 11. Juni 83, R. V, 425 verneinte dies, jedoch in Verbindung mit der Annahme, es bedürfe zu dem einfachen Bankerutt weder des Vorsatzes noch der Fahrlässigkeit (S. unten §. 210 N. 1). Es wird dies auch nicht beeinflußt dadurch, daß es sich um Führung von Handelsbüchern handelt, weil auch jeder Handwerker oder Nichtvollkaufmann Handelsbücher führen kann, ohne dazu verpflichtet zu sein.*) Allein dennoch muß man zu dem Resultat gelangen, daß das Wissen der Vollkaufmannseigenschaft nicht erforderlich sei, sondern daß die Frage rein objektiv entschieden werden muß. Dadurch, daß die Verpflichtung zur Führung der Handelsbücher in die Strafbestimmung aufgenommen ist, ist sie ein strafrechtlicher Begriff geworden. Wußte der Angeklagte diejenigen Thatsachen, welche ihn zum Vollkaufmann stempeln, also die Pflicht zur Buchführung auferlegen, so wäre es ein nicht entschuldigender Irrthum über einen Rechtsbegriff, wenn er sich trotzdem der Verpflichtung überhoben glaubte. R.G. I, 8. Febr. 83, E. VIII, 147; IV, 19. Febr.; II, 4. Juni 86, R. VIII, 127, 422. Anders allerdings, wenn er diejenigen Thatsachen nicht kannte, welche ihn zum Vollkaufmann machten, z. B. wenn eine Frau Inhaberin des Geschäfts ist, der Mann es aber allein führt und ohne ihr Wissen zum Handelsbetrieb übergeht. — R.G. III, 28. Jan. 82,

---

*) Dagegen nimmt v. Wilmowski N. 6 bezüglich der Ziff. 4 an, danach könne auch der zur Führung von Büchern nicht Verpflichtete bestraft werden, wenn er solche geführt habe. Es kann dies nicht zugegeben werden.

R. IV, 92 nahm jedoch auch in solchen Fällen entschuldigenden Irrthum nur dann an, wenn derselbe nicht zur Fahrlässigkeit zuzurechnen ist.

8. Schwierig ist auch häufig die Unterscheidung zwischen dem als Vollkaufmann zu beurtheilenden Fabrikanten und dem Handwerker. Dieselbe liegt hauptsächlich auf thatsächlichem Gebiete und können keine durchschlagenden Unterscheidungsmerkmale angegeben werden. R.G. III, 2. Juli 83, R. V, 488 sprach sich dahin aus: Die Größe des Umsatzes könne nicht entscheiden, weil auch das Handwerk schwunghaft betrieben werden könne; die Unterscheidung liege vielmehr in der Art des Betriebs, je nachdem mit Maschinen, Arbeitstheilung, in größeren Arbeitsräumen gearbeitet werde und der Inhaber des Geschäfts nur die Oberleitung führe, oder sich selbst an der Arbeit betheilige u. s. w. Auch auf das Unternehmen von Geschäftsreisen zum Zwecke der Anbahnung von Absatz wurde nur nebensächliches Gewicht gelegt. R.G. I, 12. April 83, R. V, 233. Vgl. auch IV, 19. Febr. 86, R. VIII, 127; III, 24. Juni 89, Goltd. XXXVII, 293.

9. Agenten, welche gewerbsmäßig Handelsgeschäfte vermitteln, sind Vollkaufleute. R.G. III, 30. Okt. 84, R. VI, 674. Auch Handwerker sind es, welche neben dem Handwerk Handel mit angekauften Waaren treiben. R.G. IV, 4. Nov. 84, R. VI, 694; auch I, 8. Febr. 83, E. VIII, 147. Dagegen verlangt R.G. III, 24. Nov. 90, E. XXI, 209 eine spezielle Prüfung im einzelnen Fall, ob ein Handwerker durch Handelsgeschäfte zum Kaufmann werde und will dies nur zugeben, wenn die Handelsgeschäfte andere Verkehrsgegenstände trifft, als das Handwerk, oder wenn letzteres nur nebensächlich betrieben wird.

Bauunternehmer, welche Baumaterialien anschaffen, nicht um sie als solche zu verkaufen, sondern um sie zu im Ganzen zum Bau übernommenen Gebäuden zu verwenden, sind nicht zur Buchführung verpflichtete Kaufleute R.G. IV, 18. Jan. 89, E. XVIII, 363. S. auch Berlin 3. März 76, Goltd. XXIV, 139, O.R. XVII, 167.

10. Als Handelsgeschäfte im Sinne des Art. 4 cit. sind z. B. angesehen: die Annahme von im Handelsverkehr stehenden Werthpapieren zur Weiterveräußerung (München 9. Sept. 73, St. III, 73), der gewerbsmäßige Ankauf von Wechseln zum Wiederverkauf (Berlin 30. Okt. 72, Goltd. XX, 559, O.R. XIII, 559), der Gewerbebetrieb eines Handwerkers, welcher über die Grenzen des Handwerksbetriebs Material einkauft, um dasselbe, wenn auch nur auf Bestellung, zu verarbeiten und zu veräußern (Berlin 21. Jan. 75, Goltd. XXIII, 60). Vgl. R.G. I, 8, Febr. 83, E. VIII, 147. Dagegen nicht: die Spekulation mit Immobilien (München 2. Sept. 73, St. III, 71), auch wenn sie von einem Kaufmann, und zwar an Waldgrundstücken zum Zwecke kaufmännischer Verwerthung des Holzes stattfindet. R.G. II, 24. Febr. 88, R. X, 189, der Abschluß von Differenzgeschäften (München 29. Mai 74, St. IV, 69).

11. Bezüglich der Vorstandsmitglieder einer eingetragenen Genossenschaft [Berlin (verein. Abth. d. Sen. f. Str.S.) 9. Nov. 74 (Entsch. LXXIII, 379, Goltd. XXIII, 43, O.R. XV, 753, St. V, 145)], vgl. §. 214 Konk.O.

Obige Kontroversen über die Eigenschaft als „Kaufleute" haben nunmehr einen großen Theil ihrer Bedeutung verloren. Ziff. 1 u. 2 finden auf alle Kaufleute Anwendung, weil auf alle Schuldner, ohne Unterscheidung zwischen Vollkaufleuten und Handelsleuten geringeren Gewerbsbetriebs (§. 10 H.G.B.). Dagegen kann Ziff. 3 nur Anwendung finden auf Vollkaufleute, welche zur Führung von Handelsbüchern gesetzlich verpflichtet sind. Vgl. München 19. Juni 75 (bayr. Entsch. V, 283); Stuttgart 14. Juli 77 (württ. Ger.Bl. XIII, 253, St. VII, 343); Berlin 9. Febr. u. 3. März 76, 23. Jan. u. 16. Mai 78 (O.R. XVII, 100, 166; XIX, 31, 261, Goltd. XXVI, 68, 338, St. VI, 23, 24; VIII, 261, 263).

12. Ueber das Erforderniß der Zahlungseinstellung bemerken die Motive zum St.G.B.:

„Die Zahlungseinstellung, von deren Vorhandensein die Anwendung der Vorschriften des vorliegenden Abschnitts abhängt, setzt weder Vermögensunzulänglichkeit, d. h. ein Uebersteigen der Aktiva durch die Passiva, noch eigentliche Zahlungsunfähigkeit voraus, obgleich letztere in der Regel die thatsächliche Ursache der Zahlungseinstellung sein wird. Ebenso wenig setzt die Zahlungseinstellung die Eröffnung des formellen Konkursverfahrens voraus. Die Konkurseröffnung kann aus verschiedenen Gründen, z. B. nach der Vorschrift mancher Konkursordnungen wegen Mangels einer hinreichenden Aktivmasse unterbleiben, während dieser zufällige Umstand auf die Strafbarkeit des materiell im Konkurs befindlichen Kaufmanns einen Einfluß nicht äußern kann."

Die Theorie kontrovertirt darüber, ob die Zahlungseinstellung Thatbestandsmerkmal des strafbaren Bankerutts ist oder Bedingung der Strafbarkeit. Die Praxis hat stets die erstere Ansicht adoptirt, die Theorie thut dies in der großen Mehrzahl. Vgl. Binding, Die Normen

II, 480, Hälschner bei Goltd. XVIII, 671, Kleinfeller im G.S. Bd. 43 S. 161, Merkel, Lehrb. S. 333, Meves in Goltd. XXXVI, 383, Neumeyer S. 128, Oppenhoff N. 24, Petersen und Kleinfeller S. 583. A. M. Olshausen §. 73 N. 5, v. Liszt S. 477, v. Schwarze S. 820.

13. Berlin 3. Dez. 1875 (Goltd. XXIII, 501, O.R. XVI, 771) definirt den Begriff der Zahlungseinstellung als den thatsächlichen Zustand eines Kaufmannes, welcher wegen wirklicher, vermeintlicher oder fingirter Zahlungsunfähigkeit seine fälligen Verbindlichkeiten zu erfüllen aufgehört hat, ohne daß eine ausdrückliche Insolvenz-Erklärung stattgefunden haben müßte. Mit Recht macht v. Völderndorff III, 14 darauf aufmerksam, daß die bloße Zahlungsstockung, die Nichteinlösung von Wechseln u. dgl. der Zahlungseinstellung noch nicht gleichstehe. Doch geht er zu weit, wenn er daraus und aus dem I. Entwurf zur Konk.O. folgern will, daß nur diejenige Zahlungseinstellung als solche im Sinne des Gesetzes zu betrachten sei, welche zu einem Konkurs oder zu einem Akkord oder jedenfalls zur Nichtbefriedigung des Gläubigers oder der Gläubiger geführt habe. Im Gegentheil wird ein Akkord ohne Unterbrechung des kaufmännischen oder sonstigen gewerblichen oder geschäftlichen Verkehrs nicht als Zahlungseinstellung betrachtet werden können. Ob nur eine augenblickliche Zahlungsstockung oder Zahlungseinstellung vorliege, kann nur auf thatsächlichem Gebiete festgestellt werden. Theoretische Grenzen lassen sich nicht ziehen. Berlin 3. Dez. 75 (St. VI, 22), 11. Okt. 76 (O.R. XVII, 650), 4. Juli, 29. Mai 77 (Goltd. XXV; 504, 458); Mannheim 25. Nov. 76 (St. VIII, 254). Kassel 22. Juni 89, Goltd. XXXVII, 314. R.G. III, 22. Jan. 81 (E. III, 294). Auch darin wurde Zahlungseinstellung nicht erblickt, daß ein Kaufmann, um solvent zu bleiben, wiederholt zu Kreditoperationen, wie Ausstellung von Wechseln, Lombardirung von Waaren u. s. w. schreiten mußte. R.G. II, 9. Juni 91, Goltd. XXXIX, 230.

Die Feststellung des Civilrichters über die Thatsache oder den Tag der Zahlungseinstellung ist für den Strafrichter nicht bindend. Berlin 15. Sept. u. 11. Okt. 76 u. 3. Mai 77 (O.R. XVII, 564, 649, Goltd. XXV, 557). Gl. M. v. Völderndorff III, 13.

14. Durch eine Eröffnung des Konkurses oder eine Exekutionsvollstreckung ist die Zahlungseinstellung nicht bedingt. Berlin 1. Nov. 72 u. 20. Okt. 74 (Goltd. XX, 559, O.R. XIII, 579; XV, 700). Aus der Insuffizienz des Vermögens folgt nicht nothwendig die Zahlungseinstellung. Berlin 19. Juni 71 u. 20. Okt. 74 (Goltd. XIX, 701, O.R. XII, 419; XV, 700), 20. Sept. u. 12. Okt. 76 (O.R. XVII, 580, 656). München 3. Juli 85, bayr. Entsch. III, 575. Durch einzelne nachherige Zahlungen wird die Zahlungseinstellung nicht beseitigt. Berlin 3. März 72 (O.R. XIII, 383).

15. Der Kaufmann kann seine Zahlungen nur im Ganzen einstellen, nicht in Bezug auf besondere Geschäfte. Berlin 29. Mai 77 (Goltd. XXV, 458), v. Völderndorff III, 15, Oppenhoff N. 22; was jedoch nicht ausschließt, daß Geschäfte, die er nicht unter eigener Firma treibt, sondern bei denen er nur als Gesellschafter, Aktionär oder sonstwie betheiligt ist, fortbestehen; R.G. I, 9. Juni 84, R. IX, 5, R. VI, 395. — So wenig die Zahlungseinstellung durch eine nachfolgende Konkurseröffnung bedingt ist, so wenig erfordert letztere eine vorausgehende Zahlungseinstellung. v. Völderndorff III, 15.

Die Konkurseröffnung muß eine rechtskräftige sein.

16. Der Kaufmann muß, wenn sich der Bankerott auf ein kaufmännisches Geschäft bezieht, als solcher die Zahlungen eingestellt haben; ist dies erst nach Aufgabe des kaufmännischen Geschäfts geschehen, so muß doch die Zahlungseinstellung mit solchen Schulden in Verbindung stehen, welche während jenes Geschäftsbetriebs entstanden sind. Berlin 12. Febr. 74 u. 21. Okt. 75 (Goltd. XXII, 52; XXIII, 540, O.R. XV, 70; XVI, 685) R.G. III, 5. Mai 80, E. II, 50, R. I, 735, Goltd. XXVIII, 467; II, 1. April 81, E. IV, 41; I, 22. Nov. 86, E. XV, 64.

17. Liegen mehrere der unter Nr. 1—4 genannten Einzelhandlungen vor, so begründet dieses nicht die mehrmalige Begehung des Verbrechens, also keine reale Konkurrenz. (Vgl. die allg. Bemerkungen zum Allg. Theil, Abschnitt 5, unter N. 3 S. 243.) Dasselbe hat das preuß. Obertribunal angenommen. Berlin 9. April 74 u. 3. Dez. 75 (Goltd. XXII, 270; XXIII, 501, O.R. XV. 223; XVI, 771, St. IV, 68), 14. März u. 12. Dez. 78, 3. April 79 (O.R. XIX, 139, 577; XX, 193, Goltd. XXVI, 220, 527); Mannheim 28. Jan. 78 (bad. Ann. Bd. 44 S. 58), R.G. III, 15. Nov. 79, E. I, 101, R. I, 77, 29. Sept. 80, E. II, 337, R. II, 277; I, 3. Nov. 84, E. XI, 251, R. VI, 686 (§. 210 K.O.), 9. Nov. 85, E. XIII, 41, R. VII, 642. Die Konsequenz hiervon ist, daß durch die Aburtheilung des Bankerotts in irgend einer Richtung die Strafklage in Bezug auf jeden durch dieselbe Zahlungseinstellung oder Konkurseröffnung begangenen strafbaren Bankerutt konsumirt wird; R.G. III, 22. Jan. 83,

R. V, 52, ferner daß, wenn das Hauptverfahren wegen strafbaren Bankerutts unter einem der Gesichtspunkte eröffnet ist, die Anklage nach Belehrung aus §. 264 St.P.O. auf andere Gesichtspunkte des Verbrechens ausgedehnt werden kann, daß es mithin nicht der Zustimmung des Angeklagten nach §. 265 St.P.O. bedarf. R.G. I, 3. Nov. 84, E. XI, 251, R. VI, 686. Vgl. auch III, 29. Sept. 80, E. II, 337, R. II, 277; ebenso v. Schwarze, Komm. S. 820 N. 4, v. Völderndorff III, 4, v. Wilmowski S. 501, Fitting §. 58 N. 10, Petersen u. Kleinfeller S. 585, v. Liszt S. 477.

18. Die Absicht des Thäters muß auf Benachtheiligung der Gläubiger gerichtet sein, und zwar nicht sowohl durch die Zahlungseinstellung, als vielmehr bei Vornahme der unter 1—4 aufgeführten Handlungen. Jedoch ist hierunter nicht der Wille verstanden, die Gläubiger zu schädigen, sondern es genügt das Bewußtsein, daß dieselben möglicherweise nicht zur Befriedigung gelangen könnten, verbunden mit dem weiteren Bewußtsein, daß die vorgenommene Handlung die Gläubigerschaft in eine schlimmere Lage bringen werde. Einer speziellen Richtung gegen bestimmte Gläubiger bedarf es nicht. Ebenso wenig ist der Erfolg der Benachtheiligung nothwendig. (Gl. M. v. Völderndorff III, 17, Neumeyer S. 169, v. Wilmowski S. 503.) Endlich bedarf es auch nicht der Absicht, einen Gewinn zu machen, obwohl dieser mit Ziff. 1 regelmäßig verbunden sein wird. Mannheim 28. Jan. 78 (bad. Ann. Bd. 44 S. 52).

19. Nr. 1. Unter Vermögensstücken sind auch Immobilien zu verstehen, deren Besitz verheimlicht werden kann. Auch „bei Seite geschafft" können sie werden, z. B. durch simulirten Verkauf oder durch sonstige Veranstaltungen, die die Zuziehung derselben zur Masse zu verhindern geeignet sind, etwa durch Beiseiteschaffen aller Besitzdokumente über den Besitz entfernt liegender Grundstücke. Vgl v. Völderndorff III, 18, Petersen-Kleinfeller S. 591. R.G. II, 22. Juni 80 (R. II, 97, E. II, 118, Ann. II, 225). A. M. Dresden 15. Sept. 73 (S.G.Z. XVIII, 51, St. III, 375), allein mit unzulänglichen Gründen.

Unter Verheimlichen kann auch bloßes Verschweigen fallen.

Unter „bei Seite schaffen" ist jede positive Veranstaltung zu verstehen, welche ein Vermögensstück dem Zugriffe der Gläubiger entzieht, sei es auch nur zeitweilig; v. Völderndorff III, 19. Dieser will auch ein Zerstören hierher rechnen. A. M. Merkel in H.H. III, 817.

Die That kann auch durch Begünstigung eines Gläubigers geschehen, wenn diese nicht der ausschließliche Zweck ist (§. 211), sondern entweder die Absicht konkurrirt, dadurch die übrigen Gläubiger zu schädigen oder für sich selbst etwas zu retten, z. B. durch vorzugsweise Befriedigung der Ehefrau oder anderer naher Verwandter. Dresden 10. Aug. 77 (Goltd. XXVI, 362, St. VII, 342). R.G. III, 12. Juli 83, R. V, 518.

Das Beiseiteschaffen der unentbehrlichen Kleidungsstücke des Kridars, sowie der nach Eröffnung des Konkurses zur Fortführung des Geschäfts unter Haftung eines Dritten angeschafften Waaren ist nicht strafbar. München 28. Dez. 72, bayr. Entsch. II, 308, St. III, 72. Petersen-Kleinfeller S. 591, Hälschner II, 410, v. Völderndorff III, 18, v. Wilmowski S. 478.

20. Nr. 2. Rechtsgeschäfte können auch solche sein, welche nicht Forderungen gegen die Masse begründen, sondern in anderer Weise das Vermögen zum Nachtheile der Gläubiger belasten; v. Völderndorff III, 20. Die Anerkennung kann auch durch konkludente Handlungen erfolgen, wie durch unterlassene Einwendungen in einem Prozeß.

Auch Veranstaltungen, welche mittelbar gleich der Anerkennung wirken, dürften hierher zu rechnen sein, z. B. die Veranstaltung, daß ein Dritter unbegründete Forderungen einklagt, wobei der Schuldner sich ohne Entgegnung verurtheilen läßt, oder Eide verweigert u. dgl. Gl. M. v. Völderndorff III, 20.

21. Erdichtet ist auch eine Forderung, welche bereits erloschen ist, aber, z. B. auf Grund noch existirender Dokumente, als noch bestehend behandelt wird. Dresden 4. Jan. 75 (St. VI, 21). Daß die Aufstellung oder Erdichtung einen die Gläubiger schädigenden Erfolg gehabt habe, ist nicht erforderlich, da es genügt, wenn die Handlung in schädigender Absicht vorgenommen wird. Die erfolgreiche Bestreitung der Aufstellung ändert also nichts am Thatbestande, und ist die That vollendet, wenn z. B. in einem vom Schuldner aufgestellten Passivstatus solche erdichtete Schulden figuriren. Dagegen dürfte es nicht genügen, wenn der Schuldner zwar Schritte zur Aufstellung gethan hat, z. B. Urkunden über erdichtete Forderungen ausgestellt hat, dieselben aber nicht geltend gemacht werden. Gl. M. v. Völderndorff III, 20. Ob strafbarer Versuch vorliegt, dürfte davon abhängen, ob der Schuldner die Nichtgeltendmachung bewirkt hat, oder ob dies durch Unterlassen des fingirten Gläubigers geschah. Im ersten Falle würde man Abstand vom Versuch annehmen müssen (§. 46). Der Anfang der Ausführung könnte nur dann ver-

neint, bez. bloße Vorbereitung angenommen werden, wenn der Schuldner solche erdichtete Dokumente zwar angefertigt aber bei sich behalten hat, so daß Niemand in der Lage war, sie geltend zu machen.

22. Nr. 3 und 4. — Die Motive bemerken:

„In §. 281 Nr. 3 bedurfte der Fall der unterlassenen Führung von Handelsbüchern, obgleich eine solche nach der Beschaffenheit des Geschäftes erforderlich war, keiner besonderen Erwähnung. Der Artikel 28 des Deutschen Handelsgesetzbuchs legt diese Verpflichtung allen Kaufleuten auf. Im Artikel 10 des Handelsgesetzbuchs werden zwar gewisse Personen, deren Gewerbe nicht über den Umfang des Handwerksbetriebes hinausgeht, von der Verpflichtung zur Führung von Handelsbüchern entbunden. Allein wenn diese Personen ihr Gewerbe in größerm Umfange betreiben, so ergibt sich von selbst, daß auch sie die gesetzliche Pflicht zur Führung von Handelsbüchern haben."

Aus diesen Motiven sowohl wie dem Wortlaut folgt, daß bei der Beurtheilung, ob der Angeschuldigte die Pflicht gehabt habe, Handelsbücher zu führen, für seine Qualität als Kaufmann auf das Handelsgesetzbuch zu rekurriren ist. Dabei ist jedoch für die Anwendung von Nr. 4 lediglich die Thatsache der Buchführung in Verbindung mit der Absicht, die Gläubiger zu benachtheiligen, entscheidend. (Vgl. v. Schwarze, Komm. S. 716.)

23. Die Pflicht zur Buchführung liegt jedem persönlich haftenden Gesellschafter ob, abweichende Bestimmungen des Gesellschafts-Vertrages sind nicht zu berücksichtigen. Berlin 1. Nov. 72, 27. Jan. 75 u. 30. Mai 76 (O.R. XIII, 579; XVI, 88; XVII, 393, Goltd. XXIV, 594, St. II, 123; VI, 354); Dresden 11. März 78 (S.G.Z. XXII, 258). R.G. IV, 30. April 86, R. VIII, 331. Gesellschafter, welche an sich für die Buchführung haftbar sind, erscheinen als entschuldigt, wenn außer ihrem Verschulden liegende Umstände, wie hinter ihrem Rücken getroffene Dispositionen anderer Gesellschafter, die Unordnung in der Buchführung verschulden. Berlin 27. Febr. 79 (O.R. XX, 105, Goltd. XXVII, 377). R.G. 7. Jan. 80 a. a. O. Der Austritt eines Handelsgesellschafters aus einem nachher die Zahlung einstellenden Handelsgeschäfte befreit denselben nicht von der strafrechtlichen Haftung für diejenigen Handlungen, welche er vor seinem Austritte mit begangen hat. R.G. III, 21. April 80 (R. I, 628, Goltd. XXVIII, 446). Gesellschafter, welche durch den Gesellschaftsvertrag von der Vertretung der Gesellschaft ausgeschlossen sind, können für die Buchführung (auch Bilanzziehung §. 210) nicht verantwortlich gemacht werden; ebenso wenig Vertreter von Gesellschaftern. Erben von solchen, welche als verantwortliche Vertreter der Gesellschaft fungiren, nachdem der Gesellschaftsvertrag die Fortsetzung der Gesellschaft mit den Erben vorsieht, sind haftbar. R.G. III, 10. Mai 83, R. V, 359.

Die Vereinbarung unter Gesellschaftern, daß ein Theilhaber an einer offenen Handelsgesellschaft von einer bestimmten Zeit an nur noch stiller Gesellschafter sein solle, ist in Beziehung auf die Verpflichtung zur Buchführung wirksam, auch wenn sein Ausscheiden oder die Auflösung der Gesellschaft nicht in das Handelsregister eingetragen ist. R.G. I, 25. Jan. 86, E. XIII, 309.

24. Die Unfähigkeit eines Kaufmanns, selbst seine Bücher zu führen, befreit ihn nicht von der Verpflichtung, sondern erzeugt nur die Pflicht, für Buchführung zu sorgen. Mannheim 10. Nov. 77 (bad. Ann. Bd. 43 S. 346); Berlin 4. Dez. 77 (O.R. XVIII, 765, St. VIII, 260). R.G. III, 7. Jan. 80 (R. I, 197, E. I, 49), 17. Nov. 80 (R. II, 523), 17. Sept. 81, E. IV, 418. v. Völderndorff III, 23, will die Unkenntniß der Buchführung in Bezug auf §. 209 als entschuldigend wirken lassen. Es dürfte aber eine Verwechselung zu Grunde liegen. Wenn Jemand nur aus Unkenntniß die richtige Buchführung unterläßt, handelt er natürlich nicht mit der Absicht, seine Gläubiger zu benachtheiligen, ist also aus §. 209 nicht strafbar. Wer aber jede Buchführung in dieser Absicht unterläßt, oder die geführten Bücher vernichtet, verheimlicht oder verändert, oder absichtlich schlecht führt, kann sich sicher nicht darauf berufen, daß, wenn er es hätte besser machen wollen, er dies aus Unkenntniß nicht hätte bewirken können.

Wie mit der Entschuldigung der Unkenntniß steht es auch mit der Verhinderung durch Krankheit R.G. II, 11. Dez. 85, R. VII, 730.

25. Bei der Entscheidung über die Pflicht zur Buchführung ist der Strafrichter an eine civilgerichtliche Entscheidung über die Eintragung in das Firmenregister nicht gebunden; ebenso wenig ist die Veranlagung zur Steuer entscheidend. Berlin 8. Mai 73 (Goltd. XXI, 355, O.R. XIV, 350, St. II, 358). R.G. III, 30. April 81 (E. IV, 120). Dies erleidet nur dann eine Modifikation, wenn das Einführungsgesetz eines Landes zum Handelsgesetzbuch die Verpflichtung zur Buchführung u. s. w. in zweifelhaften Fällen vom Eintrag in's Firmenregister

abhängig macht, wie dies in den Einführungsgesetzen der thüringschen Staaten der Fall ist. R.G. III, 17. April 80 (E. I, 379), 16. Okt. 80 (R. II, 340).

26. Welche Handelsbücher ein Kaufmann zu führen verpflichtet ist, läßt sich in abstracto nicht bestimmen, da es weder auf den Namen ankommt, welchen er seinen Büchern gibt, noch auf deren Beschaffenheit im Einzelnen. Es kann nur gefordert werden, daß die Buchführung im Ganzen so beschaffen sei, daß sie eine Uebersicht des Vermögensstandes gewährt, und zwar nicht bloß dem Kaufmann selbst, sondern jedem mit kaufmännischer Buchführung Vertrauten. (Art. 28 A. D. H.G.B.) Dresden 20. Dez. 75 (S.G.Z. XX, 257); Berlin 18. März 79 (O.R. XX, 144). R.G. III, 30. Okt. 80 (R. II, 417, Ann. II, 524) (s. unten N. 27). Wenn also auch ein Hauptbuch, Kassabuch, nach Umständen ein Materialbuch, Tagebuch (Kladde, Strazze) nicht wohl entbehrt werden können, so können doch die Erfordernisse derselben auch in anders benannten Büchern gedeckt werden. Unter diesen Voraussetzungen wurde die Führung eines Kopirbuchs nicht erforderlich gefunden, wenn nicht gerade hierdurch die Uebersicht des Vermögensstandes verloren geht. Berlin 23. Jan. 78 (O.R. XIX, 31, Goltd. XXVI, 68, St. VIII, 261), R.G. IV, 3. Okt. 84, E. XI, 142, R. VI, 595; III, 16. Okt. 84, E. XI, 161, R. VI, 625, etwas abweichend hiervon erklärt R.G. II, 23. Okt. 88, R. X, 585 das Kopirbuch für ein gesetzlich gebotenes kaufmännisches Buch, dessen Nichtführung aber als nicht nothwendig geeignet, die Uebersicht des Vermögens auszuschließen. Unbedingt erforderlich ist Inventar und Bilanz. Berlin 8. Febr. 76 u. 16. Mai 78 (O.R. XVII, 96; XIX, 261, Goltd. XXIV, 140; XXVI, 339, St. VI, 355; VIII, 263); Mannheim 4. Nov. 76 (bad. Ann. Bd. 42 S. 344). Eine auf losen Blättern aufgenommene Inventur wurde nicht als Inventurbuch anerkannt. Dresden 11. März 78 (S.G.Z. XXII, 258). Auch nicht die Führung wesentlicher kaufmännischer Bücher auf losen Blättern als eine kaufmännische, obgleich der Angeklagte sich auf einen Handelsgebrauch berief. R.G. I, 16. April 88, E. XVII, 301, R. X, 296. Bloße Notizbücher sind keine Handelsbücher, und ist deshalb ihre Beseitigung u. s. w. nicht strafbar, Eintrag in denselben aber auch nicht entlastend für den Kaufmann. Berlin 26. April 77 (Goltd. XXV, 340). R.G. II, 9. April 80 (R. I, 562, Goltd. XXVIII, 300), III, 14. Mai 81 (R. III, 304). Zu den Handelsbüchern gehört die bei Beginn des Geschäfts aufzunehmende Inventur. Berlin 8. Febr. 76 (O.R. XVII, 96). R.G. III, 30. Okt. 80 (R. II, 417). Die Vernichtung oder Nichtführung einzelner Handelsbücher ist nicht strafbar, wenn die erhaltenen oder geführten die erforderliche Uebersicht des Vermögens gewähren. Berlin 10. Mai 72, Goltd. XX, 261, O.R. XIII, 298, St. II, 59.

27. Die Bücher gewähren nur dann keine Uebersicht des Vermögenszustandes, wenn diese unmöglich ist, nicht schon dann, wenn die Führung die Uebersicht nur erschwert. Berlin 23. Jan. 78 (O.R. XIX, 31, Goltd. XXVI, 68, St. VIII, 261). R.G. III, 23. u. 30. Okt., 17. Nov. 80 (R. II, 376, 417, 523), 30. April 81 (E. IV, 120).

Die unordentliche Buchführung, welche ausschließt, daß sie die Uebersicht des Vermögensstandes gewährt, liegt dann vor, wenn ein mit der kaufmännischen Buchführung Vertrauter aus den geführten Büchern die Uebersicht des Vermögensstandes nicht gewinnen kann, und zwar in selbständiger Weise. Es genügt also nicht, wenn die Buchführung so beschaffen ist, daß der Schuldner oder ein Dritter mit dessen Beihülfe die Uebersicht erlangen kann. R.G. III, 30. April 81, E. IV, 120, s. auch oben N. 26. Dies kann auch durch Vernichtung von Bilanzen oder Inventaren bewirkt werden. R.G. III, 5. April 83, R. V, 226. Sind nur einzelne Modalitäten der verbuchten Geschäfte aus der Handelskorrespondenz zu entnehmen, so macht dies die Buchführung noch nicht zur unordentlichen. R.G. IV, 15. Jan. 86, R. VIII, 60.

28. Alle Handelsgeschäfte, auch Gefälligkeitsaccepte, daraus entstehende Rechte u. s. w. müssen in den Handelsbüchern verbucht sein. Berlin 26. April 77 (Goltd. XXV, 340). R.G. III, 14. Mai 81 (R. III, 304). Eine Buchung, die geeignet war, die Uebersicht des Vermögensstandes zu hindern, und deren Wirkung fortdauert, indem sie die Entwickelung des Geschäfts verdunkelt, genügt zur Bestrafung, auch wenn sie beseitigt ist. R.G. III, 2. April 81 (R. III, 190); I, 21. Nov. 81, E. V, 415, R. III, 720. Die Buchführung muß eine kaufmännisch geordnete sein. Berlin 26. April 77 (Goltd. XXV, 340).

29. Unter Vernichtung ist nicht nur jede Handlung zu verstehen, welche die Existenz der Bücher ganz oder in wesentlichen Theilen aufhebt, sondern auch eine solche, welche ihren Inhalt gänzlich oder in wesentlichen Theilen unleserlich macht. Mit Recht macht v. Völderndorff*) III, 25 darauf aufmerksam, daß Art. 33 H.G.B. nach Ablauf von 10 Jahren die

*) Das Vorliegen der Vernichtung bestreitet v. Völderndorff III, 25 bei Zurückbehaltung einer wortgetreuen Abschrift. (Vgl. Berlin 10. Mai 72, O.R. XIII, 298.) Mit Unrecht; denn

Vernichtung oder Unbrauchbarmachung der Handelsbücher gestattet, unter dieser Voraussetzung also auch keine Strafbarkeit besteht. A. M. Oppenhoff N. 60. Eine Veränderung liegt nur dann vor, wenn dadurch wesentlichen Theilen der Bücher durch eine Aenderung ein falscher Inhalt gegeben wird, also nicht bloße Korrekturen oder unwesentliche Abänderungen, welche noch ein Verständniß der stattgehabten Transaktionen zulassen.

30. Ziff. 3 u. 4 finden sich, abgesehen von der Veränderung der Bücher, gleichlautend auch in §. 210 wieder vor. Der Unterschied beider Delikte in gleicher Form liegt ausschließlich darin, ob die Handlung lediglich aus Leichtsinn, Nachlässigkeit oder Unkenntniß u. s. w. (§. 210), oder ob sie mit der Absicht, die Gläubiger zu benachtheiligen, vorgenommen wurde. Spricht sich jedoch die Absicht, die Gläubiger zu benachtheiligen, nur dadurch aus, daß der Schuldner einen Gläubiger befriedigt, so findet §. 212 mit Ausschluß von §. 209 Anwendung. R.G. II, 17. März 82, E. VI, 94, R. IV, 257; jedoch nahm R.G. III, 12. Juli 83, R. V, 518 die Möglichkeit idealer Konkurrenz an, insbesondere dann, wenn der Schuldner dem begünstigten Gläubiger mehr hingibt, als er zu fordern hat.

31. Betrüglicher und einfacher Bankerutt können real konkurriren, wenn selbständige Handlungen vorliegen, die unter die §§. 209, 210 fallen, z. B. Beiseiteschaffen von Vermögensstücken und unterlassene Bilanzziehung. Berlin*) 16. Febr. 77, 14. März 78 (O.R. XVIII, 141; XIX, 139, Goltd. XXV, 225; XXVI, 220, St. VII, 181; VIII, 254); Dresden 1. Sept. 73 (S.G.Z. XVII, 309, St. III, 376). S. auch R.G. II, 22. Juni 80 (E. II, 198). R.G. II, 17. März 82, E. VI, 94, R. IV, 257; III, 22. Jan. 83, R. V, 52; II, 25. März 87, R. IX, 197 verneinen jedoch die Möglichkeit der Annahme realer Konkurrenz in Bezug auf ein und dieselbe Zahlungseinstellung und nimmt nur idealen Zusammenfluß an. Endlich zog R.G. III, 5. Febr. 83, R. V, 86 die letzte Konsequenz dahin, daß alle in Bezug auf eine Zahlungseinstellung begangenen Delikte (§§. 209—211) in idealem Zusammenflusse stehen. Vgl. auch IV, 26. Sept. u. 17. Okt. 84, R. VI, 570, 633; II, 16. Juni 85, R. VII, 400.

32. Die That ist vollendet, wenn die beiden Bestandtheile derselben, eine oder mehrere der unter Ziff. 1—4 aufgeführten Handlungen mit der Zahlungseinstellung bez. Konkurseröffnung zeitlich zusammentreffen. Ehe die letztere vorliegt, kann von Bankerutt nicht gesprochen werden. S. u. a. R.G. II, 10. Sept. 87, E. XVI, 188, R. IX, 445; I, 21. Nov. 81, E. V, 415, R. III, 720.

Ob das eine oder das andere Element der Handlung zeitlich vorausgeht, ist gleichgültig, das Beiseiteschaffen von Vermögensstücken, Fingirung von Schulden, Beiseiteschaffen der Handelsbücher kann ebenso wohl nach wie vor der Zahlungseinstellung geschehen. R.G. III, 29. Sept. 80, E. II, 338, R. II, 277; I, 21. Juni 86, E. XIV, 221, R. VIII, 463. Schon in dem Erforderniß des gleichzeitigen Vorliegens der Bankerutthandlungen und der Zahlungseinstellung oder Konkurseröffnung liegt, daß, wenn der Konkurs bereits vollständig erledigt ist, eine nachträglich vorgekommene Konkurshandlung den Thatbestand nicht mehr erfüllen kann, z. B. die Vernichtung der Handelsbücher nach Beendigung des Konkurses, sei es durch Ausschüttung der Masse, sei es durch Zwangsvergleich oder dergl. R.G. III, 8./15. Okt. 83, E. IX, 134, R. V, 452; I, 10. Juni 86, R. VIII, 451. S. dagegen I, 8. Dez. 84, R. VI, 787.

Bei betrüglichem Bankerutt wird es in diesen Fällen ohnehin regelmäßig auch an der erforderlichen Absicht fehlen, auch der einfache Bankerutt ist aber in diesem Falle ausgeschlossen.

Des Nachweises eines Kausalzusammenhangs zwischen der Bankerutthandlung und der Zahlungseinstellung bez. Konkurseröffnung bedarf es nicht; diesen Zusammenhang präsumirt vielmehr das Gesetz ebenso in den Fällen des §. 209 als in jenem des §. 210. Vgl. u. a. R.G. I, 26. Juni 82, E. VII, 392, 21. Juni 86, E. XIV, 221, R. VIII, 462.

33. Der Versuch der That ist möglich und liegt unzweifelhaft vor, wenn die Zahlungseinstellung oder Konkurseröffnung bereits erfolgt ist, die Handlungen Ziff. 1—4 aber vor vollständiger Ausführung entdeckt oder verhindert werden. Bestritten ist, ob der Versuch auch vor Eintritt der Zahlungseinstellung oder Konkurseröffnung strafbar begangen werden kann. Ver-

abgesehen von der Beweisfrage, liegt eine Garantie der kaufmännischen Buchführung in der chronologischen Führung, deren Freiheit von Korrekturen u. s. w. Eine Abschrift ersetzt also das Original nicht. Gl. M. R.G. II, 6. Dez. 87, E. XVI, 426, R. IX, 700, Oppenhoff N. 15, Petersen, Kleinfeller S. 605.

*) Vgl. über eine deshalb zwischen dem preuß. Obertribunal und Oberappellationsgericht geführten Kontroverse Seeger bei Goltd. XX, 137.

neinend v. Völderndorff III, 7. Die Frage hängt mit der vom R.G. beim Versuch verfolgten subjektiven Richtung zusammen. Die Handlungen der Ziff. 1—4 gehören zweifellos zur Ausführung der That; denn sie sind Thatbestandserfordernisse, begeht also Jemand dieselben mit der Absicht, demnächst die Zahlungen einzustellen, so begründet dies einen Anfang der Ausführung. Dies wird nicht durch die Annahme widerlegt, daß vielleicht alle Gläubiger befriedigt werden. Dies ist quaestio facti. Aber auch wenn es der Fall sein sollte, so fragte es sich, ob es nicht bloß deshalb eintritt, weil die Beiseiteschaffung von Vermögensstücken verhindert wurde; oder ob die Befriedigungsmittel vom Thäter unterschätzt wurden oder Glücksfälle dazwischentraten, jedenfalls hat der Thäter in dem supponirten Fall den Entschluß, ein Verbrechen zu verüben, durch Handlungen, welche einen Anfang der Ausführung des Verbrechens enthalten, bethätigt. R.G. I, 9. Nov. 85, E. XIII, 41, R. VII, 642. Kassel 22. Juni 89, Goltd. XXXVII, 314.

34. Theilnahme der That kann in allen Formen vorkommen. Mitthäterschaft allerdings nur bei mehreren Mitschuldnern. Anstiftung aber auch auf Seite Nichtbetheiligter. Beihülfe endlich ist allerdings in gewissen Formen durch §. 212 zum selbständigen Delikt gemacht und deshalb nur nach §. 212, nicht nach §. 209 mit §. 49 zu bestrafen. Berlin 24. Nov. 75, St. VI, 22. Jedoch nahm R.G. IV, 13. Jan. 91, E. XXI, 291 mit nicht unbedenklicher Motivirung die Möglichkeit idealer Konkurrenz von §. 209 mit §. 49 St.G.B. und §. 212 an. Ferner kann wohl nicht in der Unterlassung der Führung von Handelsbüchern Beihülfe gefunden werden, da an sich nur der Geschäftsherr die Verpflichtung hat, Bücher zu führen bez. führen zu lassen; der Buchhalter aber, selbst wenn ihm der Prinzipal gebietet, die Buchführung zu unterlassen und er die Absicht durchschaut, mit der Befolgung des Befehls keine rechtswidrige That begeht, dagegen ist Beihülfe in den Formen der Ziff. 4 unbedingt denkbar.

35. Die Verjährung tritt ein mit dem Zusammentreffen aller Elemente der That, also mit Zahlungseinstellung oder Konkurseröffnung, wenn die Handlungen der Ziff. 1—4 vorausgegangen waren, mit dem Abschluß dieser Handlungen, wenn sie nachfolgen. Selbstverständlich kann von Verjährung nicht die Rede sein, so lange der Thäter noch in der That begriffen ist. Gl. M. v. Völderndorff III, 9.

R.G. II, 15. Febr. 81, E. III, 350, R. III, 49, I, 26. Juni 82, E. VII, 392; II, 17. Jan. 82, R. IV, 48; III, 10. Mai 83, R. V, 359; II, 20. Sept. 87, E. XVI, 188, R. IX, 445, sämmtlich zwar sich auf §. 210 beziehend, jedoch auf gleicher rechtlicher Grundlage.

36. Die That ist im Inlande geschehen, wenn die Zahlungseinstellung im Inlande erfolgt ist; selbst wenn die Handlungen Ziff. 1—4 im Auslande erfolgt sein sollten. Sind diese Handlungen im Inlande erfolgt, die Zahlungseinstellung im Auslande, so ist die That im Auslande geschehen, da die Handlungen an sich nicht strafbar sind, sondern erst durch die Zahlungseinstellung strafbar werden. R.G. II, 20. Sept. 87, E. XVI, 188, R. IX, 445. A. M. und nehmen an, daß Begehungsort jeder Ort ist, wo ein Thatbestandsmerkmal verwirklicht ist Petersen-Kleinfeller S. 583.

37. Abs. 2. Wenn das Vorliegen mildernder Umstände nur für einzelne der strafbaren Handlungen angenommen, für andere verneint wird, ist auf Zuchthaus zu erkennen. Berlin 12. Dez. 78 (O.R. XIX, 577, Goltd. XXVI, 527), 3. April 79 (O.R. XX, 194). Nach der Art der Fragestellung, gemäß der St.P.O. wird diese Frage nicht mehr vorkommen können, da nur eine einheitliche Hauptfrage gestellt und zu dieser gleichfalls ungetrennt die Frage nach mildernden Umständen gestellt werden darf.

38. Die verschiedenen Alternativen der §§. 209, 210 sind keine solchen, daß die Anklage auf eine andere als die im Eröffnungsbeschluß bezeichnete erweitert werden kann, ohne vorher den Angeklagten gemäß §. 264 St.P.O. darüber zu belehren. R.G. IV, 23. Jan. 91, E. XXI, 387.

§. 210 Konk.O.*) Schuldner, welche ihre Zahlungen eingestellt haben oder über deren Vermögen das Konkursverfahren eröffnet worden ist, werden

---

*) §. 283 des Strafgesetzbuches, an dessen Stelle mit 1. Oktober 1879 §. 210 Konk.O. getreten ist, lautete:

„Kaufleute, welche ihre Zahlungen eingestellt haben, werden wegen einfachen Bankerutts mit Gefängniß bis zu zwei Jahren bestraft, wenn sie:
1) wie oben,
2) Handelsbücher zu führen unterlassen haben, deren Führung ihnen gesetzlich oblag, oder dieselben verheimlicht, vernichtet oder so unordentlich geführt haben, daß sie keine Uebersicht des Vermögenszustandes gewähren, oder
3) es unterlassen haben, die Bilanz ihres Vermögens in der gesetzlich vorgeschriebenen Zeit zu ziehen."

wegen einfachen Bankerutts*) mit Gefängniß bis zu zwei Jahren bestraft, wenn sie

1. durch Aufwand, Spiel oder Differenzhandel mit Waaren oder Börsenpapieren übermäßige Summen verbraucht haben oder schuldig geworden sind,
2. Handelsbücher zu führen unterlassen haben, deren Führung ihnen gesetzlich oblag, oder dieselben verheimlicht, vernichtet oder so unordentlich geführt haben, daß sie keine Uebersicht ihres Vermögenszustandes gewähren, oder
3. es gegen die Bestimmungen des Handelsgesetzbuchs unterlassen haben, die Bilanz ihres Vermögens in der vorgeschriebenen Zeit zu ziehen.

Zu §. 283 St.G.B.; Pr. §. 261; E. I. §. 257; E. II. §. 278; St.B. S. 717—724, 1174 (Drucks. 182 Nr. 40).

Vgl. H.G.B. Art. 4, 10, 28—40; E.G. f. Els.-Lothr. v. 30. August 1871 Art. VII. VIII.

Zu §. 210 Konk.O. E. I. §. 258; E. II. §. 210.

1. Vgl. die allg. Bemerkungen zu diesem Abschnitt, sowie zu §. 209 N. 1—17.

Während §. 283 nur Kaufleute traf und die Anwendung der Ziff. 2 und 3 nur auf Vollkaufleute paßte, mithin nur Ziff. 1 auf Handelsleute aller Kategorien anwendbar war, ist nach der Konk.O. die erste Beziehung unverändert geblieben, dagegen Ziff. 1 auf alle Schuldner anwendbar, wie denn auch thatsächlich Nicht-Kaufleute sich an Differenzgeschäften betheiligen und Aufwand oder Spiel sie häufig zum Konkurs bringt. Bezüglich des subjektiven Thatbestands schwankt Theorie und Praxis in gleichem Maße. Die ältere Praxis nahm größtentheils an, das Gesetz setze weder dolus noch Fahrlässigkeit voraus, sondern bestrafe den Leichtsinn im Allgemeinen, so daß bei dem formellen Vorliegen der im Gesetze aufgestellten Erfordernisse die Bestrafung ohne Rücksicht auf eine Willensbestimmung des Thäters eintritt. Berlin 11. Okt. 71, 10. Sept. 73, 13. Okt. 76, 4. Dez. 77 u. 12. Febr. 78 (O.R. XII, 509; XIV, 523; XVII, 662; XVIII, 765; XIX, 68, Goltd. XXIV, 595, St. III, 75; VIII, 260, 262); Mannheim 24. März 77 (bad. Ann. Bd. 43 S. 127, St. VIII, 259); ebenso Berner S. 595, Merkel in H.H. III, 824, v. Schwarze N. 1, v. Völderndorff III, 27, 33. Auch das R.G. entschied sich in früheren Urtheilen hierfür: III, 17. Sept. 81, E. IV, 118**), 1. Febr. 82, E. V, 407, R. IV, 105, 11. u. 28. Jan. 82, R. IV, 35, 92, 11. Juni 83, R. V, 425. Dieser Anschauung steht nahe diejenige, welche in §. 210 eine nicht widerlegbare Präsumtion eines Verschuldens enthalten glaubt. Neuere Urtheile des R.G. nehmen dagegen ein besonderes Verschulden als erforderlich an, bestehend in einer Vernachlässigung der dem Schuldner obliegenden Pflichten, insbesondere der kaufmännischen, wobei jedoch alle Richtungen darin übereinstimmen, daß die Zahlungs-Einstellung bez. Konkurs-Eröffnung nur ein objektives, von dem erforderlichen Maß von Schuld nicht umfaßtes Erforderniß bildet. Es handelt sich hierbei nur um die sog. Bankerutthandlungen (§. 210 Ziff. 1—3). Vgl. R.G. Pl. 9. Jan. 86, E. XIII, 236, R. VIII, 24; III, 5. April 86, E. XIV, 80, R. VIII, 257; IV, 1. Nov. 87, E. XVI, 277, R. IX, 549, 4. Jan. 87, R. IX, 5; II, 25. Febr. 87, E. XV, 309, R. IX, 155. S. auch Meves bei Goltd. XXXVI, 389 fg. Schon R.G. I, 18. Febr. 85, E. XIII, 354 scheint aber die regelmäßigen Begriffe von Vorsatz und Fahrlässigkeit im Auge gehabt zu haben und dies dürfte das einzig Richtige sein. Vgl. auch R.G. II, 22. Juni 80, E. II, 198, 17. März 82, E. VI, 94, R. IV, 257. Nichts im Gesetz deutet darauf hin, daß die Konkurs-Ordnung neue Schuldformen begründen wollte. Solche wissenschaftlich aus der Natur des Delikts konstruiren wollen, ist äußerst gefährlich, und hat in der Regel zur Folge, ein fingirtes Gebilde ohne gesetzliche Basis zu konstruiren. Zwischen den längst anerkannten Schuldformen ist aber auch kein Raum für eine neue Schuldform. Richtig dürfte nur sein, daß es nicht genügt, wollte man nur vorsätzliche Begehung strafen (Binding, Normen 2. Aufl. I, 212, v. Liszt S. 479). Dagegen erscheint es dem Stande der Wissenschaft

*) Meves, Studien über das Wesen und den Thatbestand des einfachen Bankerutts. Goltd. XXXVI, 377.

**) Hierbei erkennt das R.G. ausdrücklich an, daß die allgemeinen Schuldausschließungsgründe, insbesondere §. 51, Anwendung finden, obgleich eine Schuld nicht erforderlich sein soll. Vgl. Neumeyer S. 143.

und den praktischen Anforderungen des Kredits zu entsprechen, wenn der einfache Bankerutt bei vorsätzlicher und fahrlässiger Begehung bestraft wird. (S. Hälschner II, 414, H. Meyer S. 739, Petersen-Kleinfeller S. 600) d. h. dann, wenn sich der Schuldner bei Vornahme der Handlungen unter Ziff. 1 u. 2 und bei den Unterlassungen unter Ziff. 2 u. 3 bewußt war oder doch bei pflichtmäßiger Aufmerksamkeit und Ueberlegung hätte bewußt werden müssen, daß er seine ökonomische Existenz, bez. die Interessen seiner Gläubiger gefährde. Es versteht sich von selbst, daß die in §. 210 aufgeführten positiven Bankerutthandlungen nur mit dem Bewußtsein dessen, was sie sind, vorgenommen für den Thatbestand ins Gewicht fallen. Die Vernichtung eines Buches durch Verwechselung mit einem gleichgültigen Notizbuch oder im unzurechnungsfähigen Zustand genügt nicht. Durch die bewußte Vornahme der Handlung wird aber die That keine vorsätzliche, sondern es ist das Bewußtsein des ganzen Thatbestands oder dessen pflichtwidrige Außerachtlassung erforderlich. Vgl. auch Rohland, Gefahr S. 30, Neumeyer S. 147 fg., v. Wilmowski S. 505.

2. Es bedarf keines Nachweises eines Kausalzusammenhangs zwischen den einzelnen Handlungen und der Zahlungseinstellung oder Konkurseröffnung. Berlin 12. Febr. 78 (O.R. XIX, 68, St. VIII, 262); Dresden 20. Dez. 75, (St. VI, 353); Wolfenbüttel 9. Febr. u. 4. Mai 77 (St. VII, 182, 183), R.G. III, 11. u. 17. Jan. 82, R. IV, 35, 48 I, 18. Febr. 85, E. XIII, 354. Auch ein Rechtsirrthum über die Verpflichtungen eines Kaufmanns zur Buchführung, Bilanzziehung u. s. w. entschuldigt denselben in der Regel nicht. Berlin 13. Okt. 76 (O.R. XVII, 662, Goltd. XXIV, 595); Mannheim 24. März 77 (bad. Ann. Bd 43 S. 127, St. VIII, 259). R.G. III, 13. März 80 (R. I, 467, Ann. I, 482; III, 1. Febr. 82, E. V, 407, R. IV, 105). Ueber das Bewußtsein Vollkaufmann zu sein vgl. §. 209 N. 6.

3. Ziff. 1. Unter den Begriff des Aufwands fallen alle übermäßigen Ausgaben, welche der Schuldner macht, und welche mit seinen sonstigen Lebensverhältnissen oder den Verhältnissen seines Geschäfts nicht in Einklang stehen; also nicht nur Ausgaben für persönliche Zwecke oder Zwecke seines Haushalts, sondern unter Umständen auch Geschäftsaufwand. R.G. I, 5. Okt. 82, E. VII, 90; IV, 27. Mai 84, R. VI, 383. Ferner kann es sich möglicher Weise auch nur um eine einmalige Zahlung und um einen der Zahlungseinstellung nachfolgenden Aufwand handeln. R.G. I, 21. Juni 86, E. XIV, 221, R. VIII, 462. Was den Aufwand für den Haushalt betrifft, so spricht sich R.G. IV, 24. Juni 84, R. VI, 470 dahin aus, es bedürfe nicht eines Eingehens auf einzelne, als zu groß zu bezeichnende Ausgaben, sondern es erscheine als übermäßiger Aufwand, wenn dauernd die Ausgaben im Mißverhältniß zu den Einnahmen stünden, ohne daß dies seinen Grund in einer Neigung zum Wohlleben, zum Prunk oder zur Genußsucht seine Quelle zu haben brauche. R.G. II, 25. Febr. 87, E. XV, 309, R. IX, 155. Jedoch genügt auch der Nachweis einzelner übermäßiger Ausgaben. R.G. II, 6. März 88, R. X, 215. Leichtsinnige Handelsspekulationen, die Verluste zur Folge haben, fallen nicht unter den Begriff des Aufwands. R.G. III, 2. Juli 87, E. XVI, 238, R. IX, 400. Es bedarf keinen vorsätzlichen Aufwand, jedoch einen schuldhaften, d. h. leichtsinnigen oder fahrlässigen, wobei sogar Gleichgültigkeit gegen Veruntreuungen unterlaufen können. R.G. II, 25. Febr. 87, s. oben 1. Nov. 87, R. IX, 546. Der Nachweis eines Kausalzusammenhangs zwischen Aufwand und Vermögensverfall ist nicht erforderlich. R.G. II, 6. März 88, R. X, 215.

4. Differenzgeschäft ist ein Handelsgeschäft, bei welchem das Eintreten unbestimmter und unvorherzusehender, insoweit also auch zufälliger Ereignisse mit in Anschlag gebracht wird. Berlin 8. Sept. 71 (Goltd. XIX, 690, O.R. XII, 435). Es ist nicht nothwendig, daß die Absicht nur auf Zahlung der Differenz, nicht auf wirkliche Lieferung gegangen sei. Berlin 17. April 72 (Goltd. XX, 260, O.R. XIII, 255, St. I, 298) und 3. April 79 (Goltd. XXVII, 467). Dagegen nimmt Stuttgart 19. Juni 78 (württ. Ger.Bl. XV, 62, St. VIII, 258), Mannheim 4. Nov. 76 (bad. Ann. Bd. 42 S. 343), Wolfenbüttel 9. Febr. 77 (St. VII, 182) an, es müsse nicht wirkliche Lieferung, sondern nur Zahlung der Differenz bezweckt, darauf spekulirt gewesen sein, was dem Wortlaute allein entspreche. R.G. 20. Okt. 79 (Ann. I, 27), II, 31. März 80 (R. I, 526, E. I, 282, Goltd. XXVIII, 289), III, 10. April 80 (R. I, 563) schließen sich der ersten Ansicht an, wonach nicht bloß Differenzgeschäfte i. e. S., d. h. solche, bei welchen nur die Differenz in Frage steht, sondern alle Geschäfte unter Ziff. 1 fallen, bei welchen erhellt, daß der später seine Zahlungen einstellende Kaufmann nur auf die Differenz spekulirt hat. Dagegen erkannte R.G. III, 25. Mai 82, R. IV, 516, daß unter Differenzhandel nur solche Zeitgeschäfte zu verstehen seien, bei welchen die bloße Begleichung der Kursdifferenzen ausdrückliche Vertragsbestimmung oder thatsächliche, stillschweigende Absicht des Bankeruttirers war; daß aber Spekulationskäufe, welche zur effektiven Lieferung der gehandelten Papiere führten,

nicht darunter fallen, wenn auch der Wiederverkauf im geeigneten Moment beabsichtigt war. Hiermit ging es einigermaßen auf die früher vom R.O.H.G. festgehaltene Ansicht zurück, welches den Begriff des Differenzgeschäfts so lange ausschloß, als ein Kontrahent die effektive Lieferung wählen bez. verlangen konnte. S. Entsch. VI, 224; IX, 201; XIV, 273; XV, 278; XVII, 41. Vgl. auch R.G. III, 13./20. Dez. 86, E. XV, 277, R. VIII, 767, welches zugleich das Börsenspiel nicht unter den Begriff des Spiels nach §. 210 Ziff. 1 subsumirt. So auch v. Völderndorff III, 31, Petersen-Kleinfeller S. 603. Unter den Begriff des **Spiels** fällt dagegen jedes Spiel, nicht bloß Glücksspiele, sondern auch sog. Geschicklichkeitsspiele, da das Entscheidende hierfür nicht das Spielen, sondern der unverhältnißmäßige Geldverbrauch ist. Eine regelmäßige Skatpartie bildet an sich also keine Bankerutthandlung, wohl aber eine solche mit einem übertriebenen Satze, so daß größere Summen umgesetzt und vom Schuldner verloren wurden. Auch **Wetten** sind als Spiel zu betrachten. Petersen-Kleinfeller S. 603, v. Völderndorff III, 30.

5. Nr. 2. Ueber die Pflicht zur Führung von Handelsbüchern u. s. w. vgl. §. 209 N. 22—29.

6. Nr. 3. Für die **Bilanzziehung** sind die Art. 29 ff., 10 A. D. H.G.B. maßgebend. Die Unterlassung der Bilanzziehung in irgend einem der der Zahlungseinstellung vorangehenden Jahre ist strafbar. **Berlin** 13. Okt. 76 u. 12. Febr. 78 (O.R. XVII, 662; XIX, 68, Goltd. XXIV, 595, St. VIII, 262). Die Bilanz muß nicht unterschrieben sein, um wirksam zu sein. R.G. III, 30. Okt. 80 (R. II, 417, Ann. II, 524), I, 5. Okt. 82, E. VII, 87, R. IV, 727 Pl. 20. Juni 83, E. VIII, 424, R. V, 456. A. M. **Berlin** 23. Jan. 78 (O.R. XIX, 31, Goltd. XXVI, 68, St. VIII, 261). R.G. II, 14. Juni 81 (R. III, 403). Die Pflicht zur Bilanzziehung erstreckt sich nicht auf zwei Jahre, wenn auch nach Lage des Geschäfts die Inventur nur alle zwei Jahre aufzunehmen ist. **Berlin** 6. März u. 15. Mai 77 (O.R. XVIII, 182, 332, Goltd. XXV, 225, St. VII, 344; VIII, 257); **Dresden** 18. Sept. 76 (S.G.Z. XXI, 218). R.G. II, 13. Febr. 80 (R. I, 354), III, 13. März 80 (R. I, 467, Ann. I, 482), II, 27. April 80 (E. I, 421). Die Handelsleute geringeren Geschäftsbetriebs sind auch von der Bilanzziehung befreit. **Berlin** 16. Mai 78 (O.R. XIX, 261, Gold. XXVI, 338, St. VIII, 263). Die Bilanz muß nicht in jedem Kalenderjahre, sondern bei Beginn des Geschäfts und in jedem Zeitjahre von Beginn des Geschäfts an aufgestellt werden. R.G. II, 2. Dez. 79 (R. I, 129, Ann. I, 150, Goltd. XXVIII, 40), III, 28. April 80 (E. II, 30, Goltd. XXVIII, 456), 30. Okt. 80 (R. II, 417), 21. Juni 82, R. IV, 592, welches ausspricht, daß das Geschäftsjahr sich nach der Eröffnung des Geschäfts richte, und eine Verlegung des Geschäftsjahrs durch Zwischenbilanzen zu bewirken sei. Die Eröffnungsbilanz ist selbst dann erforderlich, wenn das Handelsgeschäft ein Vermögen nicht besitzt. R.G. IV, 21. Okt. 90, Goltd. XXXIX, 46. Erforderlich ist dieselbe beim thatsächlichen Beginn der Handelsgeschäfte, nicht schon bei Abschluß des Gesellschaftsvertrages, im Falle eine Handelsgesellschaft das Geschäft betreibt. Ebenso R.G. III, 12. April 82, R. IV, 316. Die Uebernahme des Geschäfts einer Gesellschaft durch Einen der Theilnehmer unter neuer Firma ist als Beginn eines neuen Geschäfts zu betrachten und deshalb eine Eröffnungsbilanz nothwendig. R.G. III, 28. Febr. publ. 7. März 87, E. XVI, 55.

7. Die Bilanz muß mit den Handelsbüchern übereinstimmen. Allein auch eine fehlerhafte Bilanz erfüllt das gesetzliche Gebot. Mängel der Bilanz jedoch, welche nicht bloß auf mangelhafter Buchführung oder nachlässiger Aufstellung beruhen, sondern die die Uebersicht des Vermögensstandes nicht ergeben, gestatten die Feststellung, daß überhaupt eine Bilanz nicht vorliege. R.G. III, 21. Juni 82, R. IV, 592; I, 10. Jan. 87, E. XV, 174. Auch eine solche Bilanz erfüllt ihren Zweck nicht, und kann, da die Bilanz ein Theil der kaufmännischen Buchführung ist, als unordentliche Führung der Bücher betrachtet werden, wenn es entgegen den Bestimmungen des H.G.B. an der erforderlichen Abschreibung fehlt, Vermögensstücke also mit fiktiven Werthen in den Rechnungen figuriren. R.G. I, 18. Febr. 85, E. XIII, 354.

8. Auch hier begründet ein **Zusammentreffen** mehrerer der unter Nr. 1—3 bezeichneten Handlungen nicht die Annahme der Realkonkurrenz. **Berlin** 30. Mai 76 (O.R. XVII, 384, Goltd. XXIV, 592, St. VI, 350), 21. Sept. 77 (O.R. XVIII, 582), 14. März u. 2. Mai 78 (O.R. XIX, 139, 241, Goltd. XXVI, 220, St. VIII, 254). R.G. III, 15. Nov. 79 (R. I, 77, E. I, 101, Goltd. XXVIII, 32), II, 20. April 80 (R. I, 627, Ann. I, 558)*). Selbstverständlich ist dies noch weniger der Fall bei mehrfachem Verstoß gegen dieselbe Nummer des §. 210. R.G. III, 5. Juni 80 (R. II, 32). Vgl. §. 209 N. 12.

*) S. auch Meves bei Goltd. XXXVI, 391.

9. Insofern zum Thatbestand des einfachen Bankerutts weder Fahrlässigkeit des Thäters noch doloses Verschulden desselben erfordert wird, kann auch an Theilnahme an der That nicht gedacht werden. Dies ist insbesondere bezüglich der Zahlungseinstellung oder Konkurseröffnung der Fall. Insofern jedoch die Konkurshandlungen vorsätzlich begangen werden können, z. B. das Vernichten oder Verheimlichen der Handelsbücher, die unordentliche Buchführung ist auch Anstiftung oder Beihülfe dazu denkbar, jedoch nur wenn sich der Theilnehmer die Folgen für den Vermögensstand vergegenwärtigt. R.G. II, 1. Nov. 87, E. XVI, 277, R. IX, 549; IV, 13. Juli 88, R. X, 487, Goltd. XXXVI, 401. Vgl. Meves S. 395, Neumeyer S. 159.

10. Die Vollendung der That tritt ein, sobald Zahlungseinstellung oder Konkurseröffnung und eine oder mehrere der Konkurshandlungen zeitlich zusammentreffen. Versuch ist weder strafbar noch bei dem vorherrschend fahrlässigen Charakter des Delikts konstruirbar. Als Thatort erscheint der Ort der Zahlungseinstellung oder Konkurseröffnung, denn die Bankeruttshandlung allein ist strafrechtlich indifferent. Es berührt den Rechtszustand im Deutschen Reiche z. B. nicht, wenn ein Franzose in Baden-Baden stark spielt und dann in Paris insolvent wird, oder wenn er an der Berliner Börse von Paris aus Differenzgeschäfte macht. Die Buchführung kann ohnehin nur am Orte der kaufmännischen Niederlassung in's Gewicht fallen.

11. Die Verjährung beginnt, wenn die Handlungen sub. 1—3 der Zahlungseinstellung vorausgegangen sind, erst mit dem Zeitpunkt der letzteren.. (Vgl. Berlin 6. Dez. 72 [O.R. XIII, 647], 28. Sept. 76 [O.R. XVII, 623], 6. Febr. 77 [O.R. XVIII, 96]) und 20. Mai 79 [O.R. XX, 269].) R.G. II, 15. Febr. 81 (E. III, 350, R. III, 49, Ann. III, 273); II, 17. Jan. 82, (R. IV, 48). Nur die unterlassene Bilanzziehung kann nicht auf eine vorhergegangene Zahlungseinstellung zurückbezogen werden und begründet in diesem Falle überhaupt keine Strafbarkeit. R.G. III, 16. Febr. 81 (R. III, 51, Ann. III, 273).

12. Das preuß. St.G.B. enthielt noch die Vorschrift:

> §. 261 Nr. 4: „wenn sie, obgleich das Vermögen nach der letzten Bilanz nicht die Hälfte der Schulden deckte, neue Schulden gemacht oder Waaren oder Kreditpapiere unter dem Werthe verkauft haben"

welche der Entwurf beseitigt hatte.

Der Reichstag beschloß (auf Antrag seiner Kommission) in 2. Lesung die Wiederherstellung jener Vorschrift in folgender Fassung:

> 4. „obwohl ihnen bekannt war oder bekannt sein mußte, daß ihre Schulden das Vermögen erheblich überschreiten, neue Schulden gemacht, und Waaren erheblich unter dem Werthe verkauft haben."

In 3. Lesung wurde diese Vorschrift wieder gestrichen.

13. Ueber Konkurrenz von betrüglichem und einfachem Bankerutt s. zu §. 209 N. 30, 31.

§. 211 Konk.O. Schuldner, welche ihre Zahlungen eingestellt haben, oder über deren Vermögen das Konkursverfahren eröffnet worden ist, werden mit Gefängniß bis zu zwei Jahren bestraft, wenn sie, obwohl sie ihre Zahlungsunfähigkeit kannten, einem Gläubiger in der Absicht, ihn vor den übrigen Gläubigern zu begünstigen, eine Sicherung oder Befriedigung gewährt haben, welche derselbe nicht oder nicht in der Art oder nicht zu der Zeit zu beanspruchen hatte.

Pr. Konk.O. §§. 308, 340; E. I. Konk.O. §. 259; E. II. §. 211; vgl. §. 23 Nr. 2 Konk.O.

1. Eine Bestimmung dieser Art fand sich im R.St.G.B. nicht vor, sondern war eine von denjenigen, welche der Landesgesetzgebung überlassen waren.

Die Motive zur Konk.O. bemerken hierüber:

> Der §. 211 betrifft das strafbare Verhalten des Schuldners gegen einzelne seiner Gläubiger im Verhältniß zu anderen; die allgemeinen Bestimmungen des Strafrechts über Betrug und Unterschlagung reichen hier nicht aus. Die Vorschrift mußte dem §. 23 Nr. 2 des Entwurfs gemäß gefaßt werden, entspricht im Uebrigen den §§. 308, 340 der Preußischen Konkursordnung, sowie dem §. 195 Nr. 2b des Hamburger Kriminalgesetzbuches.

2. Ueber Schuldner, Zahlungseinstellung und Konkurseröffnung s. zu §. 209 N. 3, 12—16. Eine gewinnsüchtige Absicht des Schuldners ist nicht vorausgesetzt, wohl aber das Bewußtsein,

Rechte anderer Gläubiger zu verletzen R.G. II, 10. Okt. 82, E. VII, 142, R. IV, 737 und der eigenen Zahlungsunfähigkeit. R.G. II, 1. Nov. 81, E. V, 116, R. III, 671.

Es begründet keinen Unterschied, ob die Zahlungseinstellung die Ueberschuldung oder nur die Schwierigkeit zur Voraussetzung hat, die Aktiva zu realisiren. R.G. III, 18. Juni 83, R. V, 449. Da die Zahlungseinstellung ein rein faktischer Zustand ist, kann auch eine eingebildete Ueberschuldung oder Zahlungsunfähigkeit die Zahlungseinstellung herbeiführen.

3. Nicht nur die eigentlichen Konkursgläubiger werden durch §. 211 geschützt, sondern auch solche, welche ihr Recht außer dem Konkurs zur abgesonderten Befriedigung zu bringen haben. R.G. III, 24. Nov. 87, E. XVI, 402, R. IX, 643.

4. Ob die Begünstigungshandlung vor oder nach der Zahlungseinstellung bez. Konkurseröffnung erfolgt ist, darauf ist kein Gewicht zu legen, nur muß es wirklich zur Zahlungseinstellung oder rechtskräftigen Konkurseröffnung gekommen sein. R.G. 10. Mai 81 (Ann. III, 587). Ein Erfolg der Begünstigungshandlung ist nicht erforderlich. Es kann mithin die gewährte Sicherstellung unzulänglich sein, um zur Befriedigung im Konkurs zu führen, oder der begünstigte Gläubiger restituirt das Empfangene alsbald wieder zur Masse, oder es führen gerichtliche Schritte dazu, die Begünstigungshandlung zu hintertreiben, immerhin ist die That vollendet, wenn die Sicherheit oder Befriedigung, auf welche kein Recht besteht, gewährt ist. Oppenhoff N. 7, Petersen-Kleinfeller S. 608, v. Völderndorff III, 40.

5. Die Annahme der Begünstigung, welche §. 309 der preuß. Konk.O. mit Strafe bedrohte, ist nicht mehr strafbar, auch nicht vom Gesichtspunkte der Theilnahme aus. R.G. II, 12. Nov. 80 (R. II, 493, E. II, 439), 10. Febr. 82, E. V, 435, R. IV, 145.

Der begünstigte Gläubiger*) kann aber wegen Theilnahme, insbesondere Anstiftung zu der vom Schuldner verübten widerrechtlichen Begünstigung gestraft werden. R.G. I, 27. Jan. 81 (E. IV, 1, R. II, 762, Ann. III, 271), 21. März 81 (R. III, 153), III, 21. Dez. 81, E. V, 276, R. III, 819. Bezüglich des Widerspruchs zwischen diesen reichsgerichtlichen Urtheilen u. R.G. 10. Mai 81 u. s. w., s. oben N. 4, s. Entsch. IV, 2. Anmerk., wodurch allerdings die Frage nicht gelöst wird. Die Annahme von Sicherung durch einen Bevollmächtigten des Gläubigers ist in gleichem Maße straflos, wie Seitens des Gläubigers selbst. R.G. IV, 31. Jan. 90, E. XX, 214.

6. Als Sicherung gilt jedes Rechtsgeschäft, durch welches der Gläubiger im Konkurs in eine bessere Lage kommt, vor Allem also Hypothekbestellung. Die Verbesserung der Lage müßte aber bei Rechtswirksamkeit der Handlungen eintreten. Hat z. B. die dos der Ehefrau ohnehin Vorzugsrechte und bestellt ihr ihr Ehemann bei bevorstehender Zahlungsunfähigkeit eine Hypothek, die ihr kein besseres Recht gibt, so liegt der Fall des §. 211 nicht vor. R.G. III, 11. Dez. 80 (R. II, 626, Ann. III, 40). Ein Schuldner, welcher seinem Gläubiger durch eine Notariatsurkunde einen vollstreckbaren Titel gewährt, um auf diesem Wege eine Pfändung zu ermöglichen und dadurch ein Vorzugsrecht zu gewähren, ist beim Vorhandensein der übrigen Erfordernisse aus §. 211 strafbar. R.G. II, 8. April 81 (R. III, 212, E. IV, 62). Anders wenn die Urkunde nicht benützt ist. R.G. II, 14. März 90, E. XX, 301.

7. Als Befriedigung gilt jedes Geschäft, welches dem Gläubiger ein Mittel bietet, sich für seine Ansprüche zu decken; also z. B. ein Kaufgeschäft, bei welchem die Kompensation des Kaufpreises oder eines Theils desselben mit der Forderung beabsichtigt ist, so daß der Kauf als datio in solutum wirkt. R.G. II, 31. März 82, E. VI, 149. Dagegen wurde weder Befriedigung noch Sicherung in der Ausstellung von Wechseln für fällige Forderungen erblickt. R.G. II, 9. Juni 91, Goltd. XXXIX, 230.

8. Aus dem Umstande, daß der Schuldner innerhalb zehntägiger Frist vor der Zahlungseinstellung oder dem Antrage auf Konkurseröffnung eine begünstigende Rechtshandlung für einen Gläubiger vorgenommen hatte, auf die dieser keinen Anspruch hatte (§. 23 Ziff. 2 Konk.O.), kann ein Indizium entnommen werden, daß der Schuldner seine Zahlungsunfähigkeit kannte. Die Zahlungsunfähigkeit setzt keine Ueberschuldung voraus, sondern nur Mangel an paraten Mitteln. Der Inhaber oder Indossatar hat gegen den Acceptanten eines Wechsels, auch wenn er noch nicht fällig ist, Anspruch auf Sicherheit und verfehlt sich der Schuldner durch Gewährung solcher Sicherheit, z. B. durch Faustpfand, nicht gegen §. 211. R.G. II, 11. Jan. 81 (E. III, 191, Ann. III 161). Vgl. auch 23. Sept. 80 (Ann. II, 320). Auch der Bürge hat einen bedingten

*) S. hierüber Dalcke in Goltd. XXXVII, 342 u. Zadeck im G.S. Bd. 40, S. 561, Kries in Z. f. ges. St.R.W. VII, 546 fg., Neumeyer S. 189, welche sich sämmtlich gegen die Strafbarkeit des Gläubigers aussprechen.

Regreßanspruch, ist also ein bedingt Forderungsberechtigter und kann in einer nach §. 211 strafbaren Weise begünstigt werden. R.G. II, 14. Dez. 86, E. XV, 90, R. VIII, 757.

9. Die Absicht zu begünstigen bedeutet den den Willen des Thäters bestimmenden Beweggrund, und bildet das wesentlichste Unterscheidungsmerkmal von dem betrüglichen Bankerutt, unter den die That ohne die Spezialbestimmung des §. 211 meist fallen würde (vgl. §. 209 N. 19). Es genügt also nicht das bloße Wissen, daß ein Gläubiger begünstigt sein würde, wenn der Schuldner die Befriedigung schuldet, oder doch zu schulden glaubt. R.G. III, 25. Febr. 82, R. IV, 205, 8. Febr. 83, R. V, 90, 27. Febr. 88, E. XVII, 220 und muß auch das Nichtschulden dem Schuldner bewußt sein. R.G. III, 6. Nov. 84, R. VI, 708. Die Begünstigung liegt nicht vor bei Zahlung einer fälligen Schuld. R.G. III, 7. Juni 82, R. IV, 541.

10. Als Begünstigung ist auch vorzeitige Zahlung zu betrachten. R.G. III, 18. Juni 83, R. V, 449, ferner Sicherung oder Befriedigung mehrerer Gläubiger unter Begünstigung gegenüber nur einem anderen Gläubiger. R.G. III, 14. Okt. 86, R. VIII, 617. Es liegt Begünstigung in dem die alsbaldige Zwangsvollstreckung zulassenden Anerkenntniß einer Schuld vor dem Schiedsmann (preuß. Schiedsmanns-Ord. v. 29. März 70 §§. 20—22). R.G. II, 1. Nov. 81, E. V, 116, R. III, 671. Als Begünstigung wurde nicht betrachtet das passive Verhalten des Schuldners gegenüber einer Klage. R.G. III, 27. Febr. 88, E. XVII, 220.

Die Begünstigung zweier Gläubiger bildet nur eine Strafthat. R.G. III, 20. Okt. 84, R. VI, 640, IV, 18. Sept. 85, R. VII, 517. A. M. Neumeyer S. 188. Ueber Konkurrenz mehrerer Bankeruttformen s. §. 209 N. 31. Die §§. 211 und 288 St.G.B. können ideell konkurriren. R.G. IV, 31. Jan. 90, E. XX, 214.

§. 212 Konk.O.*) Mit Zuchthaus bis zu zehn Jahren wird bestraft, wer

1) im Interesse eines Schuldners, welcher seine Zahlungen eingestellt hat, oder über dessen Vermögen das Konkursverfahren eröffnet worden ist, Vermögensstücke desselben verheimlicht oder bei Seite geschafft hat, oder

2) im Interesse eines solchen Schuldners, oder, um sich oder einem Anderen Vermögensvortheil zu verschaffen, in dem Verfahren erdichtete Forderungen im eigenen Namen oder durch vorgeschobene Personen geltend gemacht hat.

Sind mildernde Umstände vorhanden, so tritt Gefängnißstrafe oder Geldstrafe bis zu sechstausend Mark ein.

Zu §. 282 St.G.B.; Pr. §. 260; E. I. §. 256; E. II. §. 267; St.B. S. 717—721.

Zur Konk.O. E. I. §. 262; E. II. §. 212.

Vgl. die Citate zu §. 209.

1. Die im preuß. St.G.B. §. 260 enthaltene Zusatzbestimmung:

„Hat der Thäter im Einverständnisse mit dem Gemeinschuldner gehandelt, so kommen die allgemeinen Vorschriften über die Theilnahme am Verbrechen zur Anwendung."

ist fortgelassen, „weil" — wie die Motive besagen — „die Anwendung der Vorschriften über die Theilnahme sich nach den allgemeinen Grundsätzen entscheiden muß." Vgl. Berlin 24. Nov. 75 (Goltd. XXIII, 539, O.R. XVI, 751) u. 21. März 74 (Goltd. XXII, 271, O.R. XV, 175).

Die Motive zur Konk.O. bemerken hierzu:

Der §. 212 tritt der Gefährdung des Publikums durch einen Dritten entgegen; er stimmt mit §. 282 des St.G.B. bis auf die zu §§. 209, 210 motivirte Ausdehnung des Bankerutts auf Nicht-Kaufleute völlig überein.

---

*) §. 282 St.G.B., an dessen Stelle §. 212 Konk.O. getreten ist, lautete:

Mit Zuchthaus bis zu zehn Jahren wird bestraft, wer:

1) im Interesse eines Kaufmanns, welcher seine Zahlungen eingestellt hat, Vermögensstücke desselben verheimlicht oder bei Seite geschafft hat, oder

2) im Interesse eines Kaufmanns, welcher seine Zahlungen eingestellt hat oder, um sich oder einem Anderen Vermögensvortheil zu verschaffen, erdichtete Forderungen im eigenen Namen oder durch vorgeschobene Personen geltend gemacht hat.

Sind mildernde Umstände vorhanden, so tritt Gefängnißstrafe oder Geldstrafe bis zu sechstausend Mark ein.

2. Die Worte: „welcher eingestellt hat“ oder „über dessen Vermögen — erkannt ist“ bedeuten nicht, daß die Zahlungseinstellung oder Konkurseröffnung der in Ziff. 1 oder 2 bezeichneten Handlung vorausgegangen sein muß. Auch hier kann die Handlung, wenn sie nur mit Rücksicht auf die bevorstehende Zahlungseinstellung oder Konkurseröffnung begangen ist, den letzteren Momenten vorausgegangen sein. Mannheim 28. Jan. 78 (bad. Ann. Bd. 44, S. 52, St. VIII, 252); Dresden 25. Juni 75 (St. VI, 19), v. Völderndorff III, 47. A. M. Sarnvey S. 884, v. Wilmowski S. 522. S. übrigens zu §. 209 N. 12—15.

3. Die Absicht, die Gläubiger zu benachtheiligen, ist in den Fällen des §. 212 nicht erforderlich. Berlin 10. Jan. 1872 (Goltd. XX, 114, O.R. XIII, 13, 18, St. I, 137) u. 21. März 74 (Goltd. XXII, 271, O.R. XV, 175).

4. Ein Verheimlichen kann auch in dem Ableugnen des Besitzes gegenüber der Konkursbehörde gefunden werden. Dresden 15. Aug. 73 (S.G.Z. XVII, 272).

5. Vermögensvortheil ist auch ein vom Schuldner in irgend einer Form bezogenes Honorar.

6. In dem Verfahren ist vom Konkursverfahren im weitesten Umfang zu verstehen, auch wenn der Konkurs formell noch nicht eröffnet ist; also wenn z. B. ein erdichteter Gläubiger seine Forderung mit dem Antrag auf Konkurseröffnung anmeldet, oder wenn die Anmeldung bei den vom Konkursgericht angeordneten Ermittelungen (§. 67 Konk.O.) erfolgt. Vgl. v. Völderndorff III, 50, Petersen-Kleinfeller S. 613, v. Wilmowski S. 483 N. 4.

6. Erdichtete Forderungen können auch nur theilweise erdichtete, also auch mit simulirten Vorzugsrechten versehene, oder früher bestandene Forderungen sein, welche ganz oder theilweise erloschen sind. Dresden 4. Jan. 75 (St. VI, 21), v. Völderndorff III, 50.

7. Vorgeschobene Personen sind nicht nur solche, welche sich wissentlich als Werkzeuge gebrauchen lassen, sondern auch gutgläubige, wie etwa Giratare erdichteter Wechsel. Handelt die vorgeschobene Person selbst dolos, so kann sie auch aus §. 212 strafbar sein. Petersen-Kleinfeller S. 614.

8. Eine sehr kontroverse Frage ist das Verhältniß des §. 212 zur Beihülfe zum betrüglichen Bankerutt. Da der Thäter meist im Interesse des Schuldners handelt, und nicht wohl denkbar ist, daß er dies ohne Mitwissen des Schuldners thut, so enthält §. 212 sicherlich eine Art der Beihülfe zum betrüglichen Bankerutt, welche aus kriminalpolitischen Gründen zum selbständigen Delikte gemacht ist. Es ist aber nicht wohl denkbar, daß der Gesetzgeber einzelne Beihülfeakte besonders hervorgehoben haben, andere nach den Bestimmungen des Allgemeinen Theils bestraft wissen wollte. Auch die Motive zur Konk.O., s. oben N. 1, deuten darauf hin, daß mit diesen Strafbestimmungen die Betheiligung Dritter erschöpfend geordnet werden sollte. Die Unterscheidungen, welche gemacht werden wollten, danach ob der Dritte die Benachtheiligung der Gläubiger oder den Vortheil des Schuldners beabsichtigt habe, Mannheim 28. Jan. 78 (bad. Ann. Bd. 44 S. 58); Berlin 21. März. 74 u. 24. Nov. 75 (O.R. XV, 175; XVI, 751, Goltd. XX, 271; XXIII, 539), und wobei man sogar zur Annahme ideeller Konkurrenz von Beihülfe aus §. 281 (209) und §. 282 (212) gelangt, sind unhaltbar; denn jede Handlung im Interesse des Schuldners, welche die Masse schmälert, dient zur Benachtheiligung der Gläubiger und ist es nicht denkbar, daß sich der Handelnde hierüber täuscht. Man wird also wohl zum Resultate kommen müssen, daß mit §. 212 die Betheiligung Dritter am betrüglichen Bankerutt erschöpfend geordnet ist. Vgl. v. Völderndorff III, 44, ferner zu §. 281 N. 8. Das scheinbar entgegenstehende Urtheil R.G. I, 27. Jan. 81 (E. IV, 1, R. II, 762, Ann. III, 271) behandelt die Frage nicht ex professo im Verhältniß zu §. 212, sondern zu §. 211 und im Allgemeinen, wo es allerdings kaum zweifelhaft ist. Dagegen hat R.G. I, 17. Jan. 84, E. IX, 430 die Bestrafung wegen Beihülfe gebilligt. Da die Feststellung im schwurgerichtlichen Verfahren, also mit den Worten des Gesetzes, erfolgt war, fehlt es an Angabe des Thatbestands. Ebenso erkannte R.G. IV, 29. Nov. 87, R. IX, 684, daß neben der That des §. 212 Begünstigung des betrüglichen Bankerutts verübt werden könne und fand, wenn die That in den Formen des §. 212 verübt sei, den Hauptunterschied in der accessorischen Eigenschaft der Begünstigung, während §. 212 auch ohne Rücksicht auf eine strafbare Hauptthat begangen werden könne. Petersen-Kleinfeller S. 613. Endlich nahm R.G. IV, 13. Jan. 91, E. XXI, 291 die Möglichkeit idealer Konkurrenz von §. 212 und Beihülfe zum betrüglichen Bankerutt an.

§. 213 Konk.O. Ein Gläubiger, welcher sich von dem Gemeinschuldner oder anderen Personen besondere Vortheile dafür hat gewähren oder versprechen lassen,

daß er bei den Abstimmungen der Konkursgläubiger in einem gewissen Sinne stimme, wird mit Geldstrafe bis zu dreitausend Mark oder mit Gefängniß bis zu einem Jahre bestraft.

Vgl. preuß. Konk.O. §§. 309, 341; E. I. §. 263 Nr. 2; E. II. §. 213.

1. Auch diese Bestimmung hatte kein Vorbild im R.St.G.B. und wurde der preuß. Konk.O. entnommen, wenn auch bei Weitem nicht im gleichen Umfange.

Die Motive zur Konk.O. bemerken hierüber Folgendes:

> Unlauteres Verhalten der Gläubiger im Konkursverfahren trifft §. 213. Derselbe beschränkt sich auf die Strafbarkeit eines sog. Stimmkaufs, welche ein nothwendiges Korrelat ist zu der Möglichkeit, daß ein Gläubiger durch seine Abstimmung auf die Rechte der übrigen Gläubiger zwingend einwirkt; die Vorschrift muß daher, wenngleich sie bei einem Zwangsvergleiche von besonderem Gewicht ist, allgemein jede verbindliche Beschlußfassung der Gläubiger decken. Die preuß. Konk.O. bedroht in §§. 309, 341 die Konkursgläubiger auch dann mit Strafe, wenn sie nach erlangter Kenntniß von der Zahlungseinstellung oder dem Konkursantrage zu ihrer Begünstigung und zum Nachtheil der übrigen Gläubiger einen besonderen Vertrag mit dem Gemeinschuldner oder dessen Erben eingehen, würde also im Falle der Verletzung des §. 23 Nr. 2 des Entwurfs, wie den Gemeinschuldner (§. 211), so auch den Gläubiger strafen. Diese Vorschrift ist mit Recht in der Praxis als zu hart getadelt worden. Der Gläubiger verfolgt sein Recht; verletzt er dabei den Konkursanspruch der Uebrigen, so kann er wohl civilrechtlich unwirksam handeln, aber nicht bestraft werden: dies ist um so einleuchtender, als es in dem einzelnen Falle oft schwierig genug sein wird, zu befinden, ob die Handlung z. B. eine Annahme an Zahlungsstatt, unter den Begriff einer unstatthaften Begünstigung zu bringen ist.

2. Nicht nur Abstimmungen über Zwangsvergleiche sind durch vorstehende Bestimmung geschützt, sondern alle im Konkursverfahren vorkommenden Abstimmungen der Gläubiger.

3. Die That kann nur von dem Gläubiger begangen werden und wird der Schuldner oder der Dritte, der auf diese Weise auf Abstimmungen einzuwirken sucht, auch nicht als Theilnehmer bestraft werden können, weil sein dolus eine ganz andere Richtung hat und die Begehung des Delikts in inniger Verbindung mit der Stellung des Gläubigers als solchem steht. Höchstens könnte man von Anstiftung sprechen. Da aber die Handlung gar nicht ohne die Einwirkung des Schuldners oder Dritten gedacht und, wie die Motive zur Konk.-O. zeigen, die Strafbarkeit des direkt Interessirten vielfach beschränkt ist, wird man Mangels einer ausdrücklichen Bestimmung auch dies verneinen müssen. v. Wilmowski S. 523.

Dagegen dürfte nicht bloß an solche Gläubiger zu denken sein, die rechtlich begründete Forderungen haben, vielmehr können Alle das Delikt begehen, welche als Gläubiger im Konkurse figuriren, sei es auch in Folge von simulirten Forderungen, Cessionen u. s. w. Petersen-Kleinfeller S. 615.

4. *Besondere Vortheile* sind Zuwendungen aller Art, nicht bloß Vermögensvortheile Petersen-Kleinfeller S. 615, v. Völderndorff III, 52.

5. *In einem gewissen Sinne* stimmt ein Gläubiger nur, wenn die Abmachung ein wenigstens generell bezeichnetes Votum im Auge hatte. Allgemeine Abmachungen, wie zu Gunsten des Schuldners zu stimmen, werden nicht leicht vorkommen, noch weniger dafür etwas geboten werden; dieselben würden aber auch die Worte des Gesetzes nicht decken. v. *Völderndorff* III, 51. Kauf zur Stimmenthaltung fällt nicht unter das Gesetz. v. *Völderndorff* III, 53, *Oppenhoff* N. 6.

6. Mit der Annahme des Vortheils oder des Versprechens unter Zusage des Stimmens in einem gewissen Sinne, welche Zusage auch durch konkludente Handlungen erfolgen kann, ist das Delikt vollendet. Ob der Gläubiger dann wirklich in diesem Sinne stimmt, ist gleichgültig; sonst müßte das Gesetz sagen: „Ein Gläubiger, der in einem gewissen Sinne stimmt, nachdem er sich dafür besondere Vortheile hat gewähren oder versprechen lassen." Noch weniger kommt selbstverständlich auf den Erfolg der Abstimmung an. v. Wilmowski S. 523. A. M. Völderndorff III, 51.

7. Der Bestechende kann als *Anstifter* bestraft werden. Petersen-Kleinfeller S. 616, v. Wilmowski S. 511, wollen dies auf den Fall beschränken, daß die Anregung zur That vom Bestechenden ausging. Allein dies ist Thatfrage. Es läßt sich sehr wohl denken, daß die Anregung vom Gläubiger ausging, indem er sich zum Verkauf der Stimme bereit zeigt, daß aber

der feste Entschluß dann doch erst vom Bestechenden veranlaßt wurde. Mit der Zusage des Gläubigers ist die That vollendet. Petersen-Kleinfeller a. a. O., v. Wilmowski S. 510, R.G. IV, 24. März 85, E. XII, 122; R. VII, 193. A. M. v. Völderndorff III, 52.

§. 214 Konk.O. Die Strafvorschriften der §§. 209—211 finden gegen die Mitglieder des Vorstandes einer Aktiengesellschaft oder eingetragenen Genossenschaft und gegen die Liquidatoren einer Handelsgesellschaft oder eingetragenen Genossenschaft, welche ihre Zahlungen eingestellt hat, oder über deren Vermögen das Konkursverfahren eröffnet worden ist, Anwendung, wenn sie in dieser Eigenschaft die mit Strafe bedrohten Handlungen begangen haben.

E. I. §§. 260, 264; E. II. §. 214.

1. Die bisherige Praxis nahm an, daß die in §. 214 genannten Personen für diejenigen Handlungen, welche sie als Vorstände von Gesellschaften vorgenommen hatten, aus den §§. 281 bis 284 St.G.B. nicht haftbar seien. Dadurch wurden, da auch andere haftbare physische Personen nicht vorhanden sind, diese Gesellschaften einigermaßen außerhalb des Gesetzes gestellt.

Die Motive zur Konk.O. sagen hierüber Folgendes:

> Der §. 214 schließt sich den besonderen Bestimmungln über Handelsgesellschaften und Genossenschaften (§§. 193 ff.) an. Die Mitglieder des Vorstandes einer Aktiengesellschaft oder eingetragenen Genossenschaft sind nicht Schuldner oder Gemeinschuldner, vielmehr nur Vertreter derselben. Auf sie könnten daher die gegen Schuldner oder Gemeinschuldner selbst gerichteten Strafvorschriften der §§. 209—211 nicht unmittelbar Anwendung finden. Thatsächlich kann aber die Handlung eines Vorstandsmitgliedes dieselben Merkmale an sich tragen, welche die von einem Schuldner selbst begangene Handlung als betrüglichen oder einfachen Bankerutt kennzeichnen oder unter den Thatbestand des §. 211 stellen würden, und rechtlich kann es dann nach Lage des Falles vielleicht auf das Maß der Strafe, nicht aber auf die Strafbarkeit von Einfluß sein, daß der Thäter die Handlung in seiner Eigenschaft als Vorstandsmitglied begangen hat. Die Handlung straffrei zu lassen, würde sowohl die Gläubiger der Gesellschaft oder Genossenschaft als die Aktionäre und Genossenschafter der Leichtfertigkeit und den Umtrieben der Vorstandsmitglieder Preis geben. Die Strafvorschrift des §. 212 würde nur den §. 209 Nr. 1 und theilweise die Nr. 2 desselben decken. Dasselbe Bedürfniß einer Ausdehnung der §§. 209—211 zeigt sich gegenüber Liquidatoren und zwar nicht bloß einer Aktiengesellschaft oder eingetragenen Genossenschaft, sondern auch einer offenen oder einer Kommanditgesellschaft, sofern bei letzteren die Liquidatoren nicht schon die Schuldner selbst sind. Dagegen waltet ein gleiches Bedürfniß bei anderen Vertretern physischer oder juristischer Personen nicht ob; gegen sie reichen der §. 212 sowie die Bestimmungen des R.St.G.B über Betrug, Unterschlagung, strafbaren Eigennutz u. s. w. aus.
>
> Die letzteren erübrigen auch die Aufnahme sonstiger Strafvorschriften, welche einzelne Landesgesetze außer den erwähnten enthalten.

Selbstverständlich sind diese Personen nach §. 214 nur insoweit strafbar, als sie für ihren Auftraggeber gehandelt haben; daß also die Gesellschaft als solche ihre Zahlungen eingestellt oder in Konkurs gerathen ist, daß Vermögensstücke der Gesellschaft verschleppt, oder Forderungen gegen dieselbe erdichtet oder die Bücher der Gesellschaft vernichtet wurden u. s. w., wobei jedoch nicht ausgeschlossen ist, daß dieselben Personen in Bezug auf ihr Privatvermögen dieselben Handlungen begangen haben und deshalb wegen realer Konkurrenz strafbar sind. v. Völderndorff III, 55.

2. Es fragt sich noch, ob diese Personen durch Beschlüsse des Aufsichtsraths oder der Generalversammlung entschuldigt sind. v. Völderndorff a. a. O. verneint dies mit Recht. Das Gesetz macht nicht nur keinen Vorbehalt, sondern zu Begehung strafbarer Handlungen kann Niemand autorisiren oder Straffreiheit durch Auftrag bewirken. Höchstens könnte es sich fragen, ob in solchen Beschlüssen nicht eine Anstiftung oder Beihülfe liegen würde. Ebenso Petersen-Kleinfeller S. 617, Oppenhoff N. 2, v. Wilmowski S. 484.

Fraglich ist jedoch, in wie weit Mitgliedern kollegial organisirter Körperschaften der in §. 214 angegebenen Art entschuldigt sind, wenn die Handlung der Körperschaft auf Beschlüssen beruht, bei welchen sie in der Minderheit waren. Petersen-Kleinfeller S. 618 nimmt Entschuldigung an. In dieser Allgemeinheit dürfte es jedoch zu verneinen sein. Die Bankerutthandlungen sowohl des §. 209 als die des §. 210 sind solche, welche für den sie vornehmenden Schuldner, den die in §. 214 genannten Personen vertreten, eine Pflichtwidrigkeit enthalten. Im Falle des §. 209 ist sogar die Absicht, die Gläubiger zu benachtheiligen, erforderlich. Ist es den in der Minderheit verbliebenen Mitgliedern zum Bewußtsein gekommen, daß solche Bankerutthandlungen in Frage kommen, so machen sie sich durch Unterwerfung unter den Beschluß mitschuldig; denn sie verursachen hierdurch, daß der Schuldner, die vertretene Gesellschaft, die strafbaren Handlungen begeht, für welche die Vertreter kriminell haftbar erklärt sind. Man muß vielmehr verlangen, daß die überstimmten Mitglieder durch die ihnen zu Gebote stehenden Mittel, sei es innerhalb der Gesellschaft (Berufung einer Generalversammlung) oder durch die Gerichte die That verhindern, mindestens durch Austritt ihre eigene Betheiligung ablehnen. Daß thatsächlicher Irrthum, der die kritische Handlung Vorstands- 2c. Mitgliedern die Handlung nicht im richtigen Lichte erscheinen läßt, oder die andern allgemeinen Strafausschließungsgründe auch in Beziehung auf die in §. 214 genannten Personen wirksam sind, steht außer Zweifel. Gl. M. Petersen-Kleinfeller S. 618.

3. Der Geschäftsvertheilung, welche in Bezug auf persönlich haftende Gesellschafter ohne Einfluß ist, weil dieselben für die gesammte Geschäftsgebahrung haften, kann der Einfluß bei den hier genannten Funktionen nicht abgesprochen werden. Findet eine solche Geschäftsvertheilung in gesetzlich zulässiger Weise statt, z. B. bezüglich eines technischen Fabrik-Direktors, dem ein Einfluß auf die kaufmännische Leitung und Buchführung nicht eingeräumt ist, und war ein Vorstandsmitglied in Folge dessen nicht in der Lage, die Handlung zu verhindern, so kann er auch nicht strafbar befunden werden. Ebensowenig Stellvertreter, die zur wirksamen Stellvertretung nicht gelangt waren. Gl. M. Petersen-Kleinfeller S. 618. R.G. I, 9. März 85, E. XII, 78, R. VII, 156, welches Urtheil noch bemerkt, daß ein Unterschied, wonach Vorstandsmitglieder es nur den Mitgliedern gegenüber, andere es nach außen sein könnten, nicht zulässig sei. Dagegen erklärt R.G. Pl. 9. Jan. 86, E. XIII, 236, R. VIII, 24, den Vorstand einer Aktiengesellschaft, gleichviel ob er aus einer oder mehreren Personen besteht, für unbedingt haftbar für die Buchführung, so daß diese Pflicht weder durch Gesellschaftsvertrag noch durch sonstigen Vertrag u. s. w. einem Beamten, Handelsbevollmächtigten oder einzelnen Vorstandsmitgliedern überbürdet werden könne; nur die in positiven Handlungen bestehenden Bankerutthandlungen fielen dem speziellen Thäter zur Last. Insoweit dies auf ganz getrennte Geschäftssphären, wie technischer und kaufmännischer Betrieb oder verschiedene Zweige eines Geschäfts mit getrennter Buchführung, ausgedehnt werden sollte, dürfte vorstehende Ansicht der ver. Strafsenate zu weit gehen, und mit der Richtung, welche für die Bankerutthandlungen ein Verschulden verlangt, nicht im Einklang stehen.

4. Die Haftung aus §. 214 hängt ausschließlich von der faktischen Funktion als Vorstand u. s. w. ab und wird dadurch nicht alterirt, daß die Wahl als solcher wegen mangelnder Qualifikation anfechtbar war, daß z. B. ein zum Vorstand einer Genossenschaft Gewählter nicht Genossenschaftsmitglied war. R.G. IV, 14. Okt. 87, E. XIII, 269, R. IX, 498. Nur disponirende Personen können sich nach §. 214 haftbar machen. Prokuristen, Handlungsbevollmächtigte Handlungsgehilfen können Theilnehmer der That sein, aber nicht Thäter. v. Wilmowski S. 512, v. Völderndorff a. a. O.

Fünfundzwanzigster Abschnitt.

Strafbarer Eigennutz und Verletzung fremder Geheimnisse.

Strafbarer Eigennutz ist nicht eine abgeschlossene Materie des Strafgesetzbuchs, sondern ein Sammeltitel, dessen einzelne Gegenstände darauf untersucht werden müssen, ob sie eine erschöpfend geordnete Materie des Strafrechts bilden oder nicht. Ebenso wenig kann das Motiv des Eigennutzes zur Gesetzeserklärung benutzt werden. R.G. I, 23. Sept. 86, E. XIV, 419, R. VIII, 555.

§. 284. **Wer aus dem Glücksspiele*) ein Gewerbe macht, wird mit Gefängniß bis zu zwei Jahren bestraft, neben welchem auf Geldstrafe von dreihundert bis**

---

*) Vgl. zu §. 282—286. Schönhardt, Alea, Ueber die Bestrafung des Glückspiels im älteren römischen Recht, Stuttgart 1885; Schuster, Das Spiel, seine Entwickelung und Bedeutung im deutschen Recht, Wien 1878; Bruck, Ueber Spiel und Wette, Greifswald 1868; Krügelstein, Ueber den begrifflichen Unterschied von Spiel und Wette, Leipzig 1869; Neubert,

zu sechstausend Mark, sowie auf Verlust der bürgerlichen Ehrenrechte erkannt werden kann.

Ist der Verurtheilte ein Ausländer, so ist die Landespolizeibehörde befugt, denselben aus dem Bundesgebiete zu verweisen.

Pr. §. 266; E. I. §. 266; E. II. §. 279; St.B. S. 724.

Vgl. §§. 360 Nr. 14, 361 Nr. 2, 39 Nr. 2; G. v. 1. Juli 1868 (Spielbanken).

1. Das Spiel bildet den Gegenstand der strafrechtlichen Regelung durch die §§. 284—286, 360 Ziff. 14 und es fragt sich vor Allem, ob und in wie weit dies eine Materie bildet, die im St.G.B. ihre Erledigung gefunden hat. Mit Recht hat sich R.G. III, 3. Mai 88, E. XVIII, 1, R. X, 376, dahin entschieden, daß nicht das Spiel als solches, sondern nur das Glücksspiel eine solche Materie bilde, welche erschöpfend behandelt ist. Für eine erschöpfende Behandlung des Spiels überhaupt, so daß das Stillschweigen des St.G.B. über Spiele, welche nicht zu den Glücksspielen zählen, dieselben als straffrei erklären würde, ergeben sich im Gesetzesmaterial keine Anhaltspunkte. Es könnte sich also die Landesgesetzgebung damit beschäftigen, wird aber schwerlich Anlaß dazu finden, um so weniger, als die Schlußfolgerung nahe liegt, daß die Reichsgesetzgebung erwogen haben müsse, ob das Spiel im weiteren Umfang unter Strafe zu stellen sei, dies aber verneint haben müsse. A. M. Dresden, 11. Febr. 86, Goltd. XXXVII, 60, welches nur Glücksspiele als Materie anerkennt. Dagegen bilden die Glücksspiele eine strafrechtlich erschöpfte Materie und können dieselben also nur unter den Voraussetzungen bestraft werden, welche das St.G.B. enthält, ohne daß diese landesrechtlich erweitert werden können.

2. Alle Spiele lassen sich, obgleich dies die gemeine Meinung nicht anerkennen will, auf den Begriff der Wette zurückführen. (S. Stenglein a. a. O. Gl. M. v. Liszt S. 499, Geyer II, 72. A. M. Olshausen N. 1.) Jedes Spiel findet seine Lösung darin, daß die Spieler einen fest bestimmten oder nach einem gewissen Maßstabe zu berechnenden Gewinn oder Verlust von der Feststellung einer in der Vergangenheit, Gegenwart oder Zukunft liegenden Thatsache abhängig machen; d. h. sie wetten um jene Thatsachen. Dagegen behauptet die Mehrzahl, die Wette charakterisire sich durch die Erhärtung einer aufgestellten Behauptung. Vgl. R.G. III, 29. April 82, E. VI, 172, R. IV, 407, II, 7. Juli 82, E. VII, 21, R. IV, 676. Es wird aber nicht in Abrede gestellt, daß solche Wetten auch vom Zufall abhängen können. Dadurch scheidet der Triumph, Recht zu haben, aus den Elementen der Wette aus. Dagegen ist es z. B. nur eine Wette, wenn der Spieler verspricht, in einem nach gewissen Regeln gespielten Spiele 60 Points zu machen o. dgl. Je nachdem die Entscheidung der den Gegenstand der Wette bez. des Spiels bildenden Thatsache vom Zufall oder von der Geschicklichkeit, Kombination, dem Wissen, mit anderen Worten von der Thätigkeit des Spielers abhängt, liegt ein Glücksspiel vor oder nicht. Die Wette kann also Glücksspiel sein, sie muß es aber nicht sein. Zwischen den Glücksspielen im strengsten Sinne des Worts und den nur von Aufmerksamkeit und Geschicklichkeit abhängenden Spielen (z. B. dem Schachspiel, aber auch den von körperlicher Tüchtigkeit abhängenden Spielen, welche zur Entscheidung von Gewinn oder Verlust benützt werden) liegt eine Mittelgattung, bei welcher Zufall und Geschicklichkeit zusammenwirken, z. B. alle Kartenspiele, bei welchen die zufällige Vertheilung der Karten einen größeren oder geringeren Einfluß äußert. Berlin 12. Juli 76, O.R. XVII, 503, Goltd. XXIV, 595, St. VI, 356. Dieselben werden theils den Glücksspielen zugerechnet, theils den Nichtglücksspielen, je nachdem der Zufall eine größere oder geringere Rolle bei der Entscheidung spielt, oder je nachdem die Geschicklichkeit ungünstige Spiellagen zu überwinden vermag. Die Entscheidung, ob das eine oder das andere der Fall sei, liegt auf thatsächlichem Gebiet. Vgl. R.G. IV, 15. Febr. 89, Goltd. XXXVII, 159, München 8. April 84, bayr. Entsch. III, 63.

3. Das Glücksspiel im Allgemeinen umfaßt demnach nicht bloß diejenigen Spiele, welche man nach Sprachgebrauch zu denselben rechnet, d. h. Spiele, bei welchen der Zufall allein oder doch überwiegend entscheidet, sondern auch die Lotterie, die Ausspielung, insofern der Gewinn des auszuspielenden Objekts vom Zufall abhängt, z. B. von Losnummern, und unter gleicher Voraussetzung die Wette. Der §. 284 trifft jedoch nur Glücksspiele im gewöhnlichen Sinne des

---

Spiel, Vertrag, Leipzig 1838; Endemann, Beiträge zur Geschichte der Lotterie und zum heutigen Lotterierechte, Bonn 1882; Stenglein, Glücksspiel und Wette, in Z. f. ges. St.R.W., VII, 111.

Sprachgebrauchs, unter die auch unter den bestimmten Voraussetzungen Wetten fallen (Dresden 17. Juni 78, S.G.Z. XXII, 363, St. VIII, 264), während die Lotterie und Ausspielungen nach §. 286 zu beurtheilen sind. R.G. I, 9. Febr. 82, E. V, 432, II, 1. April 84, E. X, 245, R. VI, 261, III, 3. Mai 88, E. XVIII, 1, R. X, 376.

4. Der Gegenstand des Glücksspiels muß einen Vermögenswerth haben. Dies ist nicht anzunehmen, wenn nach den besonderen Umständen des Falles der Werth des Spielgegenstandes für die Spielenden der Art zurücktritt, daß die Absicht derselben wesentlich eine andere ist, als einen Vermögensvortheil zu erlangen. Berlin 7. Juli 71, 8. Juli u. 21. Nov. 72 (Goltd. XIX, 698; XX, 566, O.R. XIII, 396, 617, St. II, 237); München 28. Juli 73 (bayr. Entsch. III, 328); Stuttgart 29. Aug. 77 (württ. Ger.Bl. XIV, 95, St. VIII, 265). R.G. III, 13. Okt. 80 (R. II, 331) u. 25. Aug. 80 (Ann. II, 315); II, 28. Febr. 82, E. VI, 70, R. IV, 215.

5. Eine Vereinbarung der Spieler über die Höhe des Einsatzes und dadurch über die Höhe des möglichen Gewinns schließt den Charakter des Spiels als Glücksspiel nicht aus. Berlin 27. Sept. 76 (O.R. XVII, 605). Gewinnsucht bestimmt ebenso wenig den Charakter eines Spiels als Glücksspiel, wie das Motiv des Zeitvertreibs oder Vergnügens ihn ausschließt. R.G. II, 28. Febr. 82, E. VI, 70, R. IV, 215; IV, 3. Nov. 85, 1. Nov. 87, R. VII, 637; IX, 547. Berner S. 598, Geyer II, 72, Hälschner II, 443, Olshausen N. 2. Es liegt deshalb auch Glücksspiel vor, wenn der Geldumsatz so ist, daß jeder Spieler den Verlust ertragen kann. R.G. II, 28. Febr. 82; IV, 5. Nov. 85, s. oben.

Wer die polizeiliche Erlaubniß hat, Waaren auszuspielen, und dabei auch Geldeinsätze annimmt, ist nicht aus §. 286, sondern aus §. 284 strafbar. R.G. 12. Jan. 81 (Ann. III, 153).

6. Ein Glücksspiel ist gegeben, sobald einer der Mitspielenden einen Einsatz gemacht hat. R.G. III, 10. Dez. 79 (R. I, 139, E. I, 119, Ann. I, 150, Goltd. XXVIII, 42); II, 28. Juni 81, R. III, 442. Gl. M. Geyer II, 73, H. Meyer S. 751. A. M. Hälschner II, 446.

Die Gewohnheit der hauptsächlichsten gewerbsmäßigen Glücksspieler (Kümmelblättchen), zuerst unter sich ein simulirtes Spiel zu spielen, um einen Dritten hineinzuziehen, hat zur Kontroverse geführt, ob schon in dem simulirten Spiele ein Glücksspiel liege. Dresden 20. Sept. 75 (St. VI, 355) hat dies verneint. S. jedoch N. 8.

7. „Die Gewerbsmäßigkeit kann nach Lage der Sache bereits aus den Umständen eines einzelnen Falles hervorgehen." (Motive.) Es gehört jedoch eine fortgesetzte, auf Erzielung von Gewinn gerichtete Beschäftigung zum Begriff der Gewerbsmäßigkeit. (Dresden 30. Okt. 71 u. 23. Juni 73, St. I, 202; III, 136, S.G.Z. XVII, 188; Berlin 23. Okt. 73, O.R. XIV, 660, R.G. III, 10. Dez. 79 s. oben; II, 29. Sept. 85, E. XII, 388, R. VII, 541.) Doch bedarf es nicht der speziellen Feststellung der Gewinnsucht neben der Feststellung der Gewerbsmäßigkeit. Berlin 21. Nov. 72 (Goltd. XX, 566, O.R. XIII, 617, St. II, 237).

Zur Feststellung der Gewerbsmäßigkeit können auch abgeurtheilte Fälle beigezogen werden. Berlin 15. Dez. 76 (O.R. XVII, 827).

Die Gewerbsmäßigkeit ist Thatbestandsmerkmal. R.G. III, 18. März 86, E. XIV, 28, R. VIII, 190. Das Spiel aus Leidenschaft ohne Rücksicht auf Gewinn und Verlust schließt die Gewerbsmäßigkeit aus. R.G. IV, 23. Nov. 86, R. VIII, 720. Ebenso wenig kann ein Halten von Glücksspielen ohne Theilnahme am Spiel oder dessen Gewinn oder Verlustchancen, wobei der Unternehmer nur einen feststehenden Gewinn bezieht, als gewerbsmäßiges Glücksspiel beurtheilt werden. R.G. III, 5. Jan. 85, R. VII, 17.

Die Gewerbsmäßigkeit setzt nicht voraus, daß ein dauernder Erwerb gesucht wird, sondern es genügt eine fortgesetzte, wenn auch nur gelegentliche auf Erwerb gerichtete Thätigkeit. R.G. III, 24. April 80 (R. I, 654, Goltd. XXVIII, 450).

8. Es ist die Frage entstanden, ob der Thatbestand des gewerbsmäßigen Glücksspiels nur dann angenommen werden könne, wenn ein bestimmter Fall von vollendetem Glücksspiel nachgewiesen sei, und wurde dies bejaht. Diese Ansicht dürfte irrig sein. Das Gesetz straft nicht denjenigen, der ein Glücksspiel spielt und zwar gewerbsmäßig, sondern denjenigen, der aus dem Glücksspiel ein Gewerbe macht. So gut nun die Gewerbsmäßigkeit aus den Umständen eines einzelnen Falles geschlossen werden kann (sog. Bauernfänger, die Unerfahrene zu dem betrüglichen Kümmelblättchenspiel zu verleiten suchen, s. R.G. 10. Dez. 79 oben), ebenso gut kann aus den Veranstaltungen (Schleppen eines Unerfahrenen, Beginn eines simulirten Spiels zur Verleitung u. s. w.) geschlossen werden, daß die Angeklagten gewerbsmäßige Glücksspieler sind, auch wenn in dem einzelnen zur Anzeige gelangten Falle das Spiel vorzeitig gestört wurde und es

nicht zu einem ernstlichen Einsatz kam. Der Thatrichter kann in solchen Fällen zur Ueberzeugung gelangen, daß die Angeklagten das Spiel, das Fertigkeit voraussetzt, schon in anderen Fällen getrieben haben und daraus ein Gewerbe machen. Das ist aber der strafbare Thatbestand. A. M. R.G. II, 28. Juni 81 (R. III, 442).

9. Das Reichsgericht erklärte trotz seiner abweichenden Ansicht über den Begriff der Wette, daß gewerbsmäßige Wetten bei Pferderennen als Glücksspiel und zwar sowohl das sog. Buchmachen, weil es hierbei nicht um Aufrechterhaltung einer Behauptung, sondern um Gewinn sich handle. R.G. III, 29. April 82, E. VI, 172, R. IV, 407; II, 30. Juni 82, E. VI, 421, R. IV, 641 als den sog. Totalisator aus gleichen Gründen. R.G. II, 7. Juli 82, E. VII, 21, R. IV, 676.

Als Glücksspiele wurden ferner erklärt: das sog. Kümmelblättchen oder Dreikartspiel R.G. III, 10. Dez. 79, 13. Okt. 80, E. 118, R. II, 331; II, 28. Juni 81, R. III, 442; I, 12. Juli 82, R. IV, 692. Die sog. Kartenlotterie R.G. II, 29. Sept. 85, E. XII, 388, R. VII, 541; das Lottospiel R.G. IV, 11. Jan. 89, E. XVIII, 342; das sog. Mauscheln R.G. IV, 15. Febr. 89, Goltd. XXXVII, 159; s. dagegen auf Grund thatsächlicher Feststellung R.G. IV, 19. Sept. 90, Goltd. XXXVIII, 350.

10. Für die Einziehung (Konfiskation) der Gelder sind die allgemeinen Vorschriften des §. 40 maßgebend. Dieselbe kann also nur insoweit eintreten, als sie dem Thäter oder Theilnehmer gehören. Die weitergehende Vorschrift des §. 360 Nr. 14 und Schlußsatz findet nur in dem dort vorgesehenen Falle Anwendung.

11. Ueber die Ausweisung von Ausländern vgl. §§. 39 Nr. 2 und 361 Nr. 2.

Für Preußen vgl. die Einf.=Verordn. vom 25. Juni 1867 Art. V und Gesetz vom 5. März 1868 (G.S. S. 209).

12. Beihülfe zum Gewerbsspiel kann auch in der Gewährung des Lokals oder von Speise und Trank gefunden werden. Berlin 22. Okt. 73, O.R. XIV, 653.

Mitthäterschaft setzt voraus, daß der Wille aller Mitthäter auf die gewerbsmäßige Ausübung des Glücksspiels gerichtet ist; sowie daß der Vorsatz auf eigene Verübung der That gerichtet ist. Fehlt letzteres Moment, liegt jedoch das Bewußtsein eines Mitwirkenden vor, daß er das gewerbsmäßige Spiel eines Anderen fördere, so kann derselbe nur wegen Beihülfe bestraft werden, selbst wenn er als Bankhalter, der gewerbsmäßige Spieler als Pointeur fungirt. R.G. III, 18. März 86, E. XIV, 28, R. VIII, 190.

§. 285. Der Inhaber eines öffentlichen Versammlungsorts, welcher Glücksspiele daselbst gestattet oder zur Verheimlichung solcher Spiele mitwirkt, wird mit Geldstrafe bis zu eintausendfünfhundert Mark bestraft.

Pr. §. 267; E. I. §. 267; E. II. §. 280; St.B. S. 724.

Vgl. §§. 360 Nr. 14, 365; G. v. 1. Juli 1868 (Spielbanken).

1. Die Motive bemerken:

„Als der Inhaber eines öffentlichen Versammlungsorts kann, nach Befinden, nicht bloß der von dem Eigenthümer eingesetzte Wirth oder Oekonom, sondern, soweit ihn hierbei eine kriminalistische Verschuldung trifft, auch der Eigenthümer selbst und dessen Stellvertreter bei Anwendung dieses Paragraphen angesehen werden."

Bezüglich der Stellvertreter vgl. Berlin 4. Jan. 78 (Goltd. XXVI, 69). Der Ehemann kann wegen Gestattung von Glücksspiel bestraft werden, wenn auch die Ehefrau die Wirthschaftskonzession erhalten hat. Berlin 13. März 79 (O.R. XX, 138, Goltd. XVII, 213, St. XVIII, 349). Die Oekonomen geschlossener Gesellschaften gelten als Inhaber nur dann, wenn ihnen ein Aufsichts= oder Verfügungsrecht über das Lokal zusteht, so daß sie Spiele untersagen können. Berlin 19. Juni 79 (O.R. XX, 305, Goltd. XXVII, 543). R.G. IV, 16. Dez. 90, Goltd. XXXVIII, 448 erklärt denjenigen als Inhaber des öffentlichen Versammlungsorts, der aus irgend welchem Grunde die thatsächliche Herrschaft über denselben ausübt. Gl. M. Hälschner II, 447, Merkel in H.H. III, 829, Olshausen N. 1b, Oppenhoff N. 1. Ob der Inhaber am Spiele theilnimmt, berührt den Thatbestand nicht.

2. Das Gestatten eines Glücksspiels von Seite eines Wirths u. s. w. muß ein ausdrückliches sein oder ein wissentliches Dulden, wenn auch nur mit eventuellem Vorsatz. Ein fahrlässiges Verhalten des Wirths genügt nicht. R.G. III, 29. April 86, R. VIII, 317. Ein

wissentliches Dulden liegt auch vor, wenn der Wirth das ohne sein Wissen begonnene Glücksspiel fortsetzen läßt. R.G. II, 25. Febr. 87, R. IX, 153.

Die Entscheidung, ob der Versammlungsort ein öffentlicher sei, ist thatsächlich; unter Umständen kann auch eine den Spielern geöffnete Privatstube des Wirthes als ein solcher angesehen werden. Berlin 26. Juni 72, 17. Dez. 74 (O.R. XIII, 372; XV, 876) und 4. Jan. 78 (Goltd. XXVI, 69). Dies bestätigt unbedingt R.G. II, 28. Febr. 82, 25. Febr. 87, E. VI, 70, R. IV, 215; IX, 153. Jedenfalls ist als öffentlicher Ort derjenige zu betrachten, zu dem Jedermann ungehinderten Zutritt hat. R.G. II, 7. Juni 82, E. VII, 21, R. IV, 676.

3. Wegen des Begriffs von Glücksspiel s. §. 284 N. 1—3. Gewerbsmäßiges Glücksspiel ist hier nicht Erforderniß. Ebenso wenig Gewinnsucht. Berlin (verein. Abth. d. Sen. f. Straff.) 8. Juli 72 (E. LXVII, 50*, Goltd. XX, 405. O.R. XIII, 396, St. II, 59) u. 21. Nov. 72 (Goltd. XX, 566, O.R. XIII, 617).

Bei einem lediglich zur Unterhaltung unternommenen Spiel ist der §. nicht anwendbar. Berlin 20. Febr. 74 (Goltd. XXII, 128, O.R. XV, 107).

4. „Geschlossene Gesellschaften" sind nicht hierher zu rechnen; vgl. auch v. Schwarze N. 2. Die Lokale geschlossener Gesellschaften sind jedoch öffentliche Versammlungsorte, wenn auch Nichtmitglieder unbeschränkt Zutritt haben. Berlin 19. Juni 79 (O.R. XX, 305, Goltd. XXVII, 543).

5. Gastwirthen u. s. w. kann nach Maßgabe der §§. 53, 54 und 33 der Reichsgewerbeordnung im Verwaltungswege die Konzession versagt bez. entzogen werden.

§. 286. Wer ohne obrigkeitliche Erlaubniß öffentliche Lotterien veranstaltet, wird mit Gefängniß bis zu zwei Jahren oder mit Geldstrafe bis zu dreitausend Mark bestraft.

Den Lotterien sind öffentlich veranstaltete Ausspielungen beweglicher oder unbeweglicher Sachen gleich zu achten.

Pr. §. 268; E. I. §. 268; E. II. §. 281; St.B. S. 724.

1. Vgl. §. 284 N. 1—3. Lotterie bezeichnet eine Verloosung, von deren Ausfall es abhängt, einen Geldgewinn zu erzielen oder den Einsatz zu verlieren. Berlin 8. Okt. 75 (Goltd. XXIII, 540, O.R. XVI, 647). Vom Glücksspiel (§. 284) unterscheidet sich die Lotterie dadurch, daß das Risiko bei letzterer nur auf Seiten der Loosabnehmer, nicht der Unternehmer ist; auch sind bei der Lotterie die Gewinne von vornherein bestimmt, ohne daß fixe Sätze das Glücksspiel ausschließen. R.G. III, 24. April 83, R. V, 283; IV, 11. Jan. 89, E. XVIII, 342. — Von Ausspielungen (§. 286 A. 2) unterscheidet sich die Lotterie dadurch, daß es sich bei letzterer um Geld, bei ersteren um andere Gewinne handelt. Vgl. Berlin 18. Mai 76 (O.R. XVII, 360, Goltd. XXIV, 469, St. VI, 357).

Hierzu gehören auch die sog. Glücksbuden, d. h. Ausspielungen von Waaren auf Jahrmärkten u. dergl. mittels Loosen, Würfeln u. s. w., also mittels Entscheidung durch Zufall R.G. II, 1. April 82, E. X, 245, R. VI, 261.

2. In der Gewährung eines Garantiescheins, wodurch dem Empfänger beim Kauf einer Waare (gewöhnlich Kolportage von Druckschriften u. dgl.) als Prämie ein aliquoter Antheil an einem irgendwo zu ziehenden Loose vom Verkäufer zugesagt wird, liegt unter allen Umständen Veranstaltung einer Lotterie, auch wenn der Verkäufer das Loos wirklich besitzt und nur so viele Antheile verkauft, als er selbst besitzt. Berlin 10. Mai 78 (O.R. XIX, 258, Goltd. XXVI, 340), 16. Mai 79 (Goltd. XXVII, 544). R.G. II, 26. Okt. 80 (R. II, 390, E. II, 390, Ann. II, 527), 17. Dez. 80 (R. II, 639); III, 28. Mai 80 (R. III, 345).

3. Auch in der Ausgabe von Partialscheinen auf Loose, wenn nur persönliche Ansprüche der Inhaber an den Verkäufer bezüglich anfallender Gewinne entstehen, dieser aber Eigenthümer der Originalloose verbleibt. R.G. I, 5. Jan. 80 (R. I, 194, E. I, 133, Ann. I, 361); II, 12. April 81 (E. IV, 80, Ann. III, 477), 2. Okt. 82, E. VII, 161. Mit Bezug auf eine solche durch Ausgabe von solchen Bezugsscheinen veranstaltete Lotterie definirt R.G. I, 6. Nov. 84, E. XI, 211 die Lotterie dahin: „Lotterie ist diejenige Unternehmung, welche auf den Abschluß und die Ausführung einer Anzahl von zusammenhängenden Lotterieverträgen gerichtet ist. Eine solche veranstaltet derjenige, der es unternimmt, mit mehreren Personen in ein Vertragsverhältniß derart zu treten, daß er denselben die Hoffnung auf einen, von einem ungewissen

Ereignisse abhängigen Gewinn verkauft, indem er sich gegen eine ihm zu leistende Zahlung für den Fall des Eintritts dieses Ereignisses zu einer bestimmten Leistung verpflichtet. Das zusammenhängende Unternehmen ist als eine Lotterie anzusehen, mithin der Verkauf derselben Loose, Antheile oder Bezugscheine auch zu verschiedenen Zeiten und an verschiedenen Orten als ein und dieselbe That." Deshalb steht einer wiederholten Verurtheilung die Regel ne bis in idem entgegen, wenn der Verkauf vor der ersten Verurtheilung stattgefunden hatte R.G. a. a. O. und kann der Verkauf von Loosen zu einer nur für einen bestimmten Bezirk genehmigten Lotterie oder Ausspielung außerhalb des Bezirks nicht als Veranstaltung einer neuen Lotterie beurtheilt werden. R.G. I, 29. Sept. 81, E. V, 39, R. III, 560. Darüber, ob Lotterie vorliegt, wenn der Spielplan dem Abnehmer eines Bezugscheines Miteigenthum an einem bestimmten Loose einräumt, oder wenn dies geschieht unter bestimmten Bedingungen, wie nach Zahlung mehrerer Raten, oder wenn unter Umständen der Gewinn dem Verkäufer zufällt, schwanken die Urtheile und differiren nach den thatsächlichen Einzelheiten, mittels welcher die Unternehmer den §. 286 zu umgehen suchen. Vgl. R.G. IV, 20./28. Okt. 85, R. VII, 621; I, 3. Jan. 84, E. IX, 405, R. VI, 9, 13. Juni 81, R. III, 387, 26. Mai 84, R. VI, 372.

4. Das Wesen einer Ausspielung wird dadurch nicht geändert, daß der Einsatz mit einer andern Leistung und Gegenleistung derart in Verbindung gebracht ist, daß die Höhe des Einsatzes sich nicht ausgeschieden bestimmen läßt. R.G. II, 9. Jan. 80 (R. I, 205, E. I, 54, Ann. I, 239, Goltd. XXVIII. 60). Dies ist z. B. der Fall bei Verbindung einer Ausspielung mit einem Zeitungsabonnement, wobei der ein Preisräthsel Lösende Anspruch auf einen durch Zufall bestimmten Gewinn hat. R.G. I, 2. Mai 87, E. XVI, 83, R. IX, 294 oder bei Kolportage eines Romans, wobei die Quote eines vom Kolporteur auf ein zu spielendes Loos gemachten Gewinnes zugesagt wird. R.G. III, 28. Mai 81, R. III, 345. Auch im Ausloosen von Früchten in öffentlichen Wirthschaften, sei es auch nur einem Spieler gegenüber, liegt eine Ausspielung. R.G. I, 7. Mai 80 (R. I, 736, E. I, 414, Goltd. XXVIII, 467), 9. Febr. 82, E. V, 432. Dadurch, daß bei einer obrigkeitlich erlaubten Ausspielung alternativ an die Stelle der auszuspielenden Waaren Geldgewinne angeboten werden, kann aus der Ausspielung ein Lotterieunternehmen werden. R.G. II, 17. Dez. 80 (E. III, 123). Aehnlich 12. Jan. 81 (Ann. III, 153).

Im Auswürfeln von Gegenständen in einem Privathause, wenn auch bei unbeschränktem Zutritt, wobei die Theilnehmer den Gegenstand kaufen und unter sich ausspielen, kann eine Ausspielung nicht gefunden werden. R.G. III, 13. Dez. 83, R. V, 775. Wohl aber dann, wenn die Spieler sicher eine Gegenleistung erhalten, diese aber nach Qualität oder Quantität unsicher ist, so daß der Spieler noch eine gewisse Verlustgefahr trägt. R.G. III, 28. April 84, E. X, 398; II, 18. Mai 88, E. XVII, 379, R. X, 409; I, 25. Febr. 89, E. XIX, 11.

5. Ein Irrthum darüber, was unter öffentlicher Lotterie oder Ausspielung zu verstehen sei, schließt, als Irrthum über das Strafgesetz, dessen Anwendung nicht aus. R.G. IV, 16. April 86, R. VIII, 295, 30. April 89, E. XIX, 257; I, 2. Mai 87, E. XVI, 83, R. IX, 294. Ebenso würde ein Irrthum darüber, daß obrigkeitliche Genehmigung erforderlich ist, die Strafbarkeit nicht ausschließen, wohl aber der Irrthum über die Zuständigkeit eines Beamten R.G. I, 22. Nov. 80, E. III, 49, R. II, 546, der die Genehmigung ertheilt hat, oder ein Irrthum darüber, daß sie ertheilt ist. Hälschner II, 454.

6. Oeffentlich ist die Lotterie (Ausspielung), wenn die Theilnahme Jedem zugänglich ist. (Berlin 11. Okt. 72, O.R. XIII, 515; Stuttgart 9. Juli 73, St. III, 29.) Es muß das Anerbieten an eine Mehrzahl unbestimmter Personen erfolgen, nicht bloß an einen nach individuellen Beziehungen abgegrenzten Personenkreis. Die hierbei gestellte Bedingung künftiger obrigkeitlicher Erlaubniß begründet keinen Unterschied. R.G. III, 21. Mai 81, R. III, 321; II, 15. Febr. 87, E. XV, 274, R. IX, 134. Die früher in Preußen geltende, formell schon durch das St.G.B. aufgehobene A. Kab.O. vom 20. März 1827 bezeichnete als erlaubte Privat-Ausspielungen, im Gegensatze zu verbotenen öffentlichen, zutreffend solche, „welche in Privatzirkeln zum Zweck eines geselligen Vergnügens oder der Mildthätigkeit veranstaltet werden."

Als Veranstalten einer öffentlichen Lotterie ist auch das öffentliche Ausbieten von Antheilen an einer einzelnen Verloosung eines Prämien-Anlehens anzusehen. Berlin 12. Okt. 71 u. 8. Okt. 75 (Goltd. XXI, 847; XXIII, 540, O.R. XII, 510; XVI, 647).

In der ohne Bestellung erfolgten Zusendung eines Looses an eine fremde Person kann der Nachweis der Oeffentlichkeit gefunden werden. Berlin 8. Okt. 74 u. 1. Juli 75 (Goltd. XXII, 714; XXIII, 489).

7. Die Lotterie oder Ausspielung ist veranstaltet, sobald auf Grund eines festgestellten Spielplanes dem Publikum bez. Einzelnen Loose angeboten wurden. Berlin 8. Okt. 74, 1. Juli 75, 1. Dez. 76 (Goltd. XXII, 714; XXIII, 489; XXIV, 595, O.R. XVII, 790) und München 12. Jan. 78 (bayr. Entsch. VIII, 19); sei es auch in deren Privatwohnung. R.G. I, 12. April 80 (R. I, 576, E. I, 357, Goltd. XXVIII, 302). Dies schränkte R.G. I, 22. Nov. 83, E. IX, 202 dahin ein, daß die Loose Anderen zur Erwerbung zugänglich gemacht sein müßten, so daß die That noch nicht begangen ist, wenn zwar das Ausschreiben erfolgt ist, die Loose aber noch nicht zum Verkauf bereit liegen. S. auch R.G. IV, 30. April 89, E. XIX, 257. Ueber die Möglichkeit einer Konkurrenz von Lotterie-Unternehmen s. R.G. 12. April 81 (Ann. III, 479).

Die wissentliche Versendung von Loosen durch das Geschäftspersonal steht der eigenen Versendung gleich. Leipzig 20. März 78 (Goltd. XXVI, 314). R.G. 13. März 80 (R. I, 460, E. I, 274, Ann. I, 450, Goltd. XXVIII, 266).

8. Die Annahme von Geld, Absatz von Loosen für fremde nicht zugelassene Lotterien u. dgl. ist nicht aus §. 286 strafbar, sondern erfordert zur Strafbarkeit besondere landesrechtliche Polizeibestimmungen. München 12. Jan. 78 (bayr. Entsch. VIII, 19, St. VIII, 266); R.G. III, 24. Febr. 80 (R. I, 380, E. I, 219, Ann. I, 337). Ebenso das Spielen in nicht zugelassenen Lotterien. Dresden 12. Jan. 77 (S.G.Z. XXI, 312); s. auch zu N. 11. Ebenso der sog. Promessenverkauf. R.G. III, 10. Jan. 80 (R. I, 209).

9. Die That des §. 286 kann nur vorsätzlich begangen werden, da sich Fahrlässigkeit bei einer Veranstaltung nur konstruiren läßt bei fahrlässiger Unkenntniß darüber, was der Veranstalter thut. Ein solcher Irrthum ist aber entweder ein solcher über das Strafgesetz oder er schließt auch den Vorsatz aus. S. oben N. 5, v. Liszt S. 502. A. M. Merkel in H.H. IV, 456, Olshausen N. 11.

10. Theilnahme an dem Vergehen ist strafbar und kann Beihülfe hauptsächlich durch Vertrieb von Loosen auf Rechnung des Veranstalters begangen werden. R.G. I, 5. Jan. 80, E. I, 133, R. I, 194, Ann. I, 361. Die Spieler sind jedoch nicht als Theilnehmer strafbar, auch wenn sie das Bewußtsein haben, daß der Veranstalter nach §. 286 strafbar ist. Gl. M. v. Liszt S. 501, Merkel, Lehrb. S. 342 Ziff. 4, H. Meyer S. 752, Olshausen N. 12.

11. Die Motive bemerken:

„Die Vorschriften über das Spielen in ausländischen Lotterien und das Kollektiren für dieselben werden durch §. 286 nicht berührt."

Für Preußen bleiben daher die das Spielen in ausländischen Lotterien und den sogenannten Promessenhandel betreffenden Vorschriften, nämlich: die Verordnung vom 5. Juli 1847 (G.S. S. 261) und Art. IV Nr. 1 der Einf.-Verordn. vom 25. Juni 1867, für die neuen Landestheile, bez. die A. Kab.O. v. 27. Juni 1837 (G.S. S. 129) und Art. IV Nr. 2 der vorcit. Einf.-Verordn. in Kraft. Vgl. Berlin 12. Okt. 71 (O.R. XII, 509), 21. Febr. 74 (Goltd. XXII, 112, O.R. XV, 112), 1. Juli, 8. Okt. 75 (O.R. XVI, 507, 647, Goltd. XXIII, 540) u. 15. März, 6. Okt. u. 12. Dez. 76 (O.R. XVII, 200, 644, 816, Goltd. XXIV, 394), 20. März u. 26. April 78 (Goltd. XXVI, 315, O.R. XIX, 234). R.G. II, 24. Febr. 80 (R. I, 380, E. I, 219, Ann. I, 337), III, 13. März 80 (R. I, 460, E. I, 274, Ann. I, 450, Goltd. XXVIII, 266). Vgl. bezüglich des Promessenhandels Dresden 4. März 78 (S.G.Z. XXII, 265). R.G. III, 10. Jan. 80 (R. I, 209).

Ueberhaupt steht jeder Bundesstaat in der Zulassung von Lotterien und öffentlichen Ausspielungen unabhängig und präjudizirt die Zulassung in dem einen Bundesstaate nicht dem andern. Hierdurch entsteht allerdings das Mißverhältniß, daß das, was in dem einen Bundesstaate erlaubt, im andern strafbar ist, und daß sogar vermöge der gegenseitigen Rechtshülfe die Exekutivbehörden einzelner Bundesstaaten gehalten sein können, Strafen zu vollziehen für Handlungen, welche, wenn im eigenen Lande begangen, straflos wären. Dies kann aber überhaupt der Fall sein bei Polizeivorschriften, welche in einem Bundesstaate bestehen, im andern nicht, und rechtfertigt sich dadurch, daß sich Jeder der Gesetzgebung desjenigen Territoriums zu fügen hat, in dem er sich aufhält oder in dem er, wenn auch nur brieflich, Geschäfte machen will. Berlin 20. März 78 (Goltd. XXVI, 314). R.G. 13. März 80. S. oben.

12. Dadurch, daß eine Ausspielung ohne obrigkeitliche Erlaubniß öffentlich veranstaltet ist, wird die Anwendung des Reichsstempelabgabe-Gesetzes nicht ausgeschlossen. R.G. III, 9. Juni 84, E. VI, 9, R. VI, 399. Ideelle Konkurrenz beider Gesetze ist möglich, wobei die strengere Strafe des §. 286 auch unter dem Minimum des Stempelgesetzes verhängt werden kann. R.G. I,

10. Nov. 87, E. XVI, 302, R. IX, 577. — Die Strafbestimmung des §. 148 Ziff. 7b der Reichsgewerbe-Ordnung kann mit §. 286 ideell konkurriren. R.G. IV, 15. Okt. 86, E. XIV, 384, R. VIII, 624. Ob das öffentliche Ausspielen mittels Nichtglücksspiels der obrigkeitlichen Genehmigung bedürfe, will Dresden 11. Febr. 86 u. 15. Okt. 88, Goltd. XXXVII, 60, der Landesgesetzgebung vorbehalten.

§. 287*.) (ist ersetzt durch §. 14 des Gesetzes über den Markenschutz vom 30. November 1874, Reichs-Gesetzbl. S. 143).

Gesetz über Markenschutz.

Vom 30. November 1874. (R.G.Bl. Nr. 28 S. 143 ff.)

§. 1. Gewerbetreibende, deren Firma im Handelsregister eingetragen ist, können Zeichen, welche zur Unterscheidung ihrer Waaren von den Waaren anderer Gewerbetreibenden auf den Waaren selbst oder auf deren Verpackung angebracht werden sollen, zur Eintragung in das Handelsregister des Ortes ihrer Hauptniederlassung bei dem zuständigen Gerichte anmelden.

Drucks. Nr. 20 (1874) Sess. II; St.B. (1874) S. 32 ff.

1. Der Ausdruck „Marke" ist nur in der Ueberschrift, nicht im Text des Gesetzes gebraucht; er umfaßt einerseits die eigentlichen „Waarenzeichen" (Handels- oder Fabrikzeichen), welche nur zu Gunsten der im Handelsregister eingetragenen Firmen Schutz genießen (§. 1), andererseits Namen und Firmen, welche zu Gunsten jedes Produzenten oder Handelstreibenden geschützt sind (§. 14).

2. Die Motive zu §. 1 sagen:

„Für die Waarenzeichen werden nach Maßgabe näherer Ausführungsbestimmungen besondere Zeichenregister anzulegen sein, welche gleich den Firmenregistern, Prokurenregistern, Gesellschaftsregistern eine Abtheilung des Handelsregisters darstellen.

Die Ausführungsbestimmungen sind durch den Bundesrath erlassen: Bekanntmachung des Reichskanzlers vom 8. Febr. 1875, Centr.Bl. für das deutsche Reich S. 123.

3. Der gesetzliche Schutz der Waarenzeichen beginnt mit der Anmeldung, nicht mit Publikation des Eintrags, Berlin 26. Juni 78 (O.R. XIX, 332, Goltd. XXVI, 448), jedoch nur unter der Voraussetzung, daß die Anmeldung vollständig ist, sonst von der Vervollständigung an, Leipzig 12. Sept. 78 (E. XXIV, 74). Der Schutz dauert bis zur Löschung der Firma. Berlin 11. Jan. 77 (O.R. XVIII, 25, St. VII, 244).

§. 14. Wer Waaren oder deren Verpackung wissentlich mit einem nach Maßgabe dieses Gesetzes zu schützenden Waarenzeichen, oder mit dem Namen oder der Firma eines inländischen Produzenten oder Handel-

---

*) Der obige Vermerk im amtlichen Text des St.G.B. zu §. 288, daß §. 287 durch §. 14 des obigen Gesetzes ersetzt sei, ist nicht ganz korrekt, da auch die §§. 18 u. 20 in Betracht kommen. Der aufgehobene §. 287 (vgl. Art. V des Ges. v. 26. Febr. 1876) lautete:

§. 287. „Wer Waaren oder deren Verpackung fälschlich mit dem Namen oder der Firma eines inländischen Fabrikunternehmers, Produzenten oder Kaufmanns bezeichnet oder wissentlich dergleichen fälschlich bezeichnete Waaren in Verkehr bringt, wird mit Geldstrafe von funfzig bis zu Eintausend Thalern oder mit Gefängniß bis zu sechs Monaten bestraft.

Dieselbe Strafe tritt ein, wenn die Handlung gegen Angehörige eines fremden Staats gerichtet ist, in welchem nach veröffentlichten Staatsverträgen oder nach Gesetzen die Gegenseitigkeit verbürgt ist.

Die Strafe wird dadurch nicht ausgeschlossen, daß bei der Waarenbezeichnung der Name oder die Firma mit so geringen Abänderungen wiedergegeben wird, daß die letzteren nur durch Anwendung besonderer Aufmerksamkeit wahrgenommen werden können."

Ueber die sachlichen Verschiedenheiten dieser und der gegenwärtigen Vorschrift vgl. Motive zu §. 13.

Durch §. 287 war Art. 418 Code pénal nicht außer Wirksamkeit gesetzt. R.G. I, 3. Jan. 87, E. XV, 141.

treibenden widerrechtlich bezeichnet, oder wissentlich dergleichen widerrechtlich bezeichnete Waaren in Verkehr bringt oder feilhält, wird mit Geldstrafe von einhundertfünfzig bis dreitausend Mark oder mit Gefängniß bis zu sechs Monaten bestraft und ist dem Verletzten zur Entschädigung verpflichtet.

Die Strafverfolgung tritt nur auf Antrag ein.

St.B. (1874) S. 104 ff.

1. Unter Waarenzeichen sind die beim Handelsgericht angemeldeten Zeichen in ihrer Totalität zu verstehen. Berlin 20. April 77 (O.R. XVIII, 281); Leipzig 29. Mai 76, 29. Jan., 9. März u. 5. Juni 77, 29. Okt. 78 (Entsch. XX, 352; XXI, 410; XXII, 1, 378, XXIV, 231). R.G. 7. März 81 (Ann. III, 373). Läßt ein Fabrikant zu einem bereits geschützten Zeichen ein weiteres für dieselbe Waare eintragen, so bilden beide zusammen das Waarenzeichen, wenn nicht die getrennte Führung vorbehalten ist, wofür hauptsächlich die Eintragung maßgebend ist. R.G. II, 30. April 80 (R. I, 701, Goltd. XXVIII, 458), III, 11. Febr. 82, E. VI, 28, R. IV, 155.

2. Waarenzeichen sind zulässig, welche aus Bestandtheilen kombinirt sind, welche einzeln als solche nicht dienen können, z. B. Preismedaillen mit Inschrift. Leipzig 10. Dez. 78, Entsch. XXIV 292, R.G. II. Civ.S. 21. Dez. 80, E. III, 69, I. St.S. 6. Nov. 82, E. VII, 214. Dagegen können solche Waarenzeichen den Schutz des Gesetzes nicht finden, welche öffentliche Wappen enthalten, wenn auch kombinirt mit anderen figürlichen Bestandtheilen. R.G. III, 28. April 84 E. X, 353, R. VI, 308.

3. Die Firma wird durch den Wortlaut der Eintragung in's Handelsregister bestimmt, und es ist thatsächliche Frage, ob das Domizil Bestandtheil der Firma ist. Berlin 9. Nov. 77 (O.R. XVIII, 693, St. VIII, 267).

Namen oder Firma und Waarenzeichen genießen je einen selbständigen Schutz. Leipzig 29. Okt. 78 (Entsch. XXIV, 228).

Die Führung einer falschen Firma wird durch Beifügung eines unrichtigen Domizils nicht straffrei. Berlin 16. Febr. 71 (O.R. XII, 100), 27. Sept. 73 (O.R. XIV, 586, St. III, 137) und 21. Sept. 76 (O.R. XVII, 586, Goltd. XXIV, 596, St. VI, 121).

4. Die fälschliche Bezeichnung genügt zur Strafbarkeit, auch wenn die Waare nicht in den Verkehr gebracht wurde. Berlin 13. Mai 74 (Goltd. XXII, 428). Die ähnliche Verpackung kann als Indizium dienen, ist aber nicht genügend zum Thatbestand. Leipzig 9. März 77 (Entsch. XXII, 1).

5. Jedes in Verkehr bringen ist strafbar, nicht nur das erste, Berlin 13. Febr. 74 u. 8. Okt. 75 (O.R. XV, 85; XVI, 648, Goltd. XXII, 129, St. III, 378), auch nach erfolgter Bestrafung, München 4. Okt. 73 (St. III, 138). Es kann zwar Fortsetzung angenommen werden, und würde eine Verurtheilung wegen fortgesetzter Verletzung des Markenschutzes die sämmtlichen Fälle bis zur Verurtheilung umfassen, also ein vor der Bestrafung liegender Fall nicht mehr verfolgt werden können. Wird jedoch ein selbständiger Entschluß festgestellt, so ist es nicht rechtsirrig, wenn ein darauf beruhendes in den Verkehr Bringen auch als selbständige That verfolgt wird, wenn es auch vor der ersten Verurtheilung begangen wurde. R.G. II, 30. Sept. 81, E. V, 106. Durch Ausstellung im Geschäftslokal und Feilhalten sind die Waaren in den Verkehr gebracht. Berlin 13. Febr. 74 (O.R. XV, 85, Goltd. XXII, 129. St. III, 178). R.G. 21. April 80 (Ann. II, 31). Ob die falsche Bezeichnung beim Verkaufe sichtbar war, ist gleichgültig. Berlin 3. Nov. 71 (O.R. XII, 568).

6. Als inländischer Produzent erscheint Jeder, dessen Unternehmen im Inlande betrieben wird, auch wenn er nicht Angehöriger des Deutschen Reiches ist, Berlin 10. Okt. 72 u. 23. Jan. 74 (O.R. XIII, 511; XV, 38, St. II, 124, Goltd. XXII, 54); auch wenn er im Inlande nur eine Zweigniederlassung hat, Berlin 21. Sept. 76 (O.R. XVII, 586, Goltd. XXIV, 596, St. IV, 121), 2. März 77 (O.R. XVIII, 172, St. VII, 242).

7. Der Geschäftsführer, unter dessen Billigung die That des §. 14 begangen wird, kann als Mitthäter erscheinen. Berlin 8. Okt. 75 (Goltd. XXIII, 490). Gesellschafter einer den Markenschutz verletzenden Firma sind nicht als solche haftbar, sondern Jedem muß die Wissentlichkeit nachgewiesen sein. R.G. II, 30. Sept. 81, E. V, 106.

8. Die That muß mit dem Bewußtsein geschehen, ein geschütztes Zeichen zu gebrauchen. Berlin 27. Febr. 79 (O.R. XX, 105). R.G. 17. März 80 (Ann. I, 488). Es kann sich

jedoch Niemand auf Unkenntniß der im Reichsanzeiger erfolgten Bekanntmachung der Gegenseitigkeit mit einem ausländischen Staate berufen. Berlin 7. März 79 (O.R. XX, 130). War die Bezeichnung nicht wissentlich widerrechtlich erfolgt, die bezeichnete Waare aber wissentlich widerrechtlich in Verkehr gebracht, so findet Bestrafung nach §. 14 statt. R.G. II, 30. Sept. 81, E. V, 106. Es genügt zur Begehung der That auch Eventualdolus, R.G. III, 18. April 82, E. VI, 273, R. IV, 346.

9. Der Feststellung, daß die geschützten Zeichen vor der Anmeldung nicht im freien Verkehr waren, bedarf es nicht ohne besondere Veranlassung. R.G. III, 24. Dez. 80 (R. I, 175, E. I, 130, Ann. I, 375).

Die Feststellung, daß das geschützte Zeichen schon länger von den Fabrikanten einer bestimmten Waare benutzt wurde, genügt nicht, dasselbe als Freizeichen erscheinen zu lassen, da mißbräuchliche Benutzung denkbar ist. R.G. I, 23. Febr. 80 (R. I, 373, E. I, 218, Ann. I, 377), II, 30. April 80 (R. I, 701).

Darüber, ob ein Zeichen Freizeichen sei, hat im Strafverfahren der Strafrichter zu befinden. R.G. II, 19. Nov. 81, R. III, 719.

10. Eine Generalvollmacht genügt zur Stellung des Antrags, wenn deren Inhalt keinen Zweifel darüber läßt, daß der Strafantrag nach dem Willen des Verletzten gestellt ist. Berlin 7. März 79 (O.R. XX, 130, Goltd. XXVII, 389).

Den Antrag kann nur ein Vertreter oder Bevollmächtigter derjenigen Firma stellen, für welche das Waarenzeichen eingetragen ist, da dieses nicht übertragbar ist. R.G. I, 2. Juli 85, E. XII, 327.

11. Derjenige, welcher die ihm vom Berechtigten übergebenen Schutzmarken für ein bestimmtes Fabrikat für andere Produkte desselben Fabrikanten verwendet, ist strafbar aus §. 14. R.G. II, 13. Mai 81 (R. III, 297, E. IV, 171, Ann. IV, 27).

§. 15. Statt jeder aus diesem Gesetze entspringenden Entschädigung kann auf Verlangen des Beschädigten neben der Strafe auf eine an ihn zu erlegende Buße bis zum Betrage von fünftausend Mark erkannt werden. Für diese Buße haften die zu derselben Verurtheilten als Gesammtschuldner.

Eine erkannte Buße schließt die Geltendmachung eines weiteren Entschädigungsanspruchs aus.

St.B. (1874) S. 107 f.

§. 16. Darüber, ob ein Schaden entstanden ist, und wie hoch sich derselbe beläuft, entscheidet das Gericht unter Würdigung aller Umstände nach freier Ueberzeugung.

1. Vgl. hierzu die Bemerkungen zu §. 188 St.G.B. Vermöge der Bestimmung, daß die Buße an die Stelle der Entschädigung treten soll, liegt es näher, in diesem Falle den Nachweis zu verlangen, daß ein Schaden geschehen sei, und in welcher Höhe. Die Bestimmung des §. 16 schließt es jedoch aus, daß wegen des Mangels eines Nachweises das Verlangen der Buße zurückgewiesen werden kann. Dagegen kann das Verlangen abgewiesen werden, wenn der Thatrichter feststellt, es sei nach richterlicher Ueberzeugung ein Schaden nicht entstanden.

2. Zur Solidarhaftung für die Buße können nur diejenigen Thäter und Theilnehmer verurtheilt werden, welche wegen derselben Zuwiderhandlung verurtheilt sind, nicht auch alle Diejenigen, welche in einem Verfahren wegen verschiedener Verfehlungen verurtheilt sind. R.G. II, 19. Nov. 81, E. V, 251, R. III, 719.

§. 17. Erfolgt eine Verurtheilung auf Grund des §. 14, so ist auf Antrag des Verletzten bezüglich der im Besitze des Verurtheilten befindlichen Waaren auf Vernichtung der Zeichen auf der Verpackung oder den Waaren, oder, wenn die Beseitigung der Zeichen in anderer Weise nicht möglich ist, auf Vernichtung der Verpackung oder der Waaren selbst zu erkennen.

Erfolgt die Verurtheilung im Strafverfahren, so ist dem Verletzten die Befugniß zuzusprechen, die Verurtheilung auf Kosten des Verurtheilten öffentlich bekannt zu machen. Die Art der Bekanntmachung, sowie die Frist zu derselben ist in dem Urtheil zu bestimmen.

St.B. (1874) S. 109 f.

1. Abs. 1 bezieht sich auf alle fälschlich bezeichneten Waaren, die der Schuldige zum Handelsverkehr auf Lager hat. Berlin 8. Okt. 75 (Goltd. XXIII, 489).

2. Vgl. zu Abs. 2 die Bemerkungen zu §. 200.

§. 18. Der dem Inhaber eines Waarenzeichens, eines Namens oder einer Firma nach Inhalt dieses Gesetzes gewährte Schutz wird dadurch nicht ausgeschlossen, daß das Waarenzeichen, der Name oder die Firma mit Abänderungen wiedergegeben sind, welche nur durch Anwendung besonderer Aufmerksamkeit wahrgenommen werden können.

Bei Entscheidung der Frage, ob die Abänderungen eines Waarenzeichens sich nur mit besonderer Aufmerksamkeit wahrnehmen lassen, kann nicht bloß auf das bildliche Zeichen Rücksicht genommen werden, sondern auch auf die darin enthaltene Schrift. Berlin 13. Dez. 77 (O.R XVIII, 782) und 9. April 79 (Goltd. XXVII, 222). Der Zusatz der eigenen Firma oder andere Worte und Zeichen können als wesentliche Abänderung beurtheilt werden, Berlin 9. April 79 (O.R. XX, 200): diese Folgerung tritt aber nicht nothwendig ein. R.G. III, 24. Dez. 79 (R. I, 175, E. I, 130, Ann. I, 375). Ueberhaupt ist die Entscheidung hauptsächlich eine thatsächliche. Allein es wäre rechtsirrthümlich, wenn bei der Vergleichung eine Lage in Betracht gezogen würde, als wenn dem Vergleichenden das ächte und das unächte Waarenzeichen zugleich vorlägen. Auch dürfen nicht dem Waarenzeichen fremde Dinge einbezogen werden, wie die Farbe der Etiquette. Vielmehr muß sich der Richter bei der Feststellung in die Lage des kaufenden Publikums versetzen und den Gesammteindruck, den dieses erhält, in Betracht ziehen, so daß der Wechsel einzelner Worte, oder verschiedene, jedoch ähnliche Figuren nicht nothwendig eine ohne besondere Aufmerksamkeit erkennbare Verschiedenheit begründen. R.G. I, 6. Nov. 82, E. VII, 214 (218).

§. 20. Auf Waarenzeichen von Gewerbetreibenden, welche im Inlande eine Handelsniederlassung nicht besitzen, sowie auf die Namen oder die Firmen ausländischer Produzenten oder Handeltreibenden finden, wenn in dem Staate, wo ihre Niederlassung sich befindet, nach einer in dem Reichs-Gesetzblatt enthaltenen Bekanntmachung deutsche Waarenzeichen, Namen und Firmen einen Schutz genießen, die Bestimmungen dieses Gesetzes Anwendung, jedoch in Ansehung der Waarenzeichen (§. 1) mit folgenden Maßgaben:

1) **die Anmeldung eines Waarenzeichens hat bei dem Handelsgerichte in Leipzig mit der Erklärung zu erfolgen, daß sich der Anmeldende für Klagen auf Grund dieses Gesetzes der Gerichtsbarkeit des genannten Gerichts unterwirft;**
2) **mit der Anmeldung ist der Nachweis zu verbinden, daß in dem fremden Staate die Voraussetzungen erfüllt sind, unter welchen der Anmeldende dort einen Schutz für das Zeichen beanspruchen kann;**
3) **die Anmeldung begründet ein Recht auf das Zeichen nur insofern und auf so lange, als in dem fremden Staate der Anmeldende in der Benutzung des Zeichens geschützt ist.**

1. Die Bekanntmachung in dem Reichsgesetzblatt ist theils durch die einfache Mittheilung, daß ein entsprechendes Abkommen mit einem fremden Staate getroffen sei, theils durch die Veröffentlichung der betreffenden Vereinbarungen selbst erfolgt. Der Bekanntmachung im Reichsgesetzblatt ist diejenige im Bundesgesetzblatt gleich zu achten.

2. Das gegenseitige Schutzverhältniß für Namen, Firmen und Waarenzeichen in Gemäßheit des §. 20 besteht mit: Frankreich*) Art. 28 des Vertr. v. 2. Aug. 1862, Vertr. 12. Okt. 1871, Art. 11 (R.G.Bl. S. 363), Deklar. 8. Okt. 1873 (R.G.Bl. S. 365); Spanien, Vertr. 30. März 1868, Art. 6 (B.G.Bl. S. 325), Handels- u. Schifffahrts-Vertr. v. 12. Juli 1883 Art. 7 (R.G.Bl. S. 307, 312), Schlußprotokoll Art. 7 (S. 226 a. a. O.); Nordamerika, Vertr. 11. Dez. 1871, Art. 17 (R.G.Bl. 1872 S. 106); Portugal, Vertr. 2. März 1872, Art. 10 (R.G.Bl. S. 258); Rußland, Bekanntm. 18. Aug. 1873 (R.G.Bl. S. 337); Schweden-Norwegen, Bekanntm. 11. Juli 1872 (R.G.Bl. S. 293); Schweiz (nur Namen und Firmen), Vertr. 13. Mai 1869, Art. 10 u. Schlußprot. vom 13. Mai 1869 unter X (B.G.Bl. S. 606 u. 614); Oesterreich-Ungarn, für Namen und Firmen, Vertr. 9. März 1868, Art. 19 (B.G.Bl. S. 247), und für Waarenzeichen, Bekanntm. 20. Aug. 1875 (R.G.Bl. S. 259), Vertr. vom 16. Dez. 1878 Art. 20 (R.G.Bl. S. 372) und Schlußprot. ebendas. S. 392; Großbritannien, Deklar. 14. April 1875 (R.G.Bl. S. 199); Italien, Bekanntm. 20. April 1875 (R.G.Bl. S. 200), Handels- u. Schifffahrts-Vertr. v. 4. Mai 1883 Art. 5 (R.G.Bl. S. 109, 112); Belgien, Bekanntm. 13. Sept. 1875 (R.G.Bl. S. 301); Luxemburg, Bekanntm. 14. Juli 1876 u. 2. Aug. 1883 (R.G.Bl. 1876 S. 169, 1883 S. 268); Brasilien, Bekanntm. vom 28. Febr. 1877 (R.G.Bl. S. 406); Dänemark, Bekanntm. vom 4. April 1879 (R.G.Bl. S. 123); die Niederlande, Bekanntm. v. 19. Jan. 1882 (R.G.Bl. S. 5); Rumänien, Bekanntm. v. 27. Jan. 1882 (R.G.Bl. S. 7); der vereinigten Staaten von Venezuela, Bekanntm. v. 8. Dez. 1883 (R.G.Bl. S. 339).

3. Solche Gewerbetreibende, welche im Inlande eine Handelsniederlassung nicht haben, bedürfen keiner Anmeldung und Eintragung in's Firmenregister. Berlin 26. Juni 78 (O.R. XIX, 332, Golttd. XXVI, 448, St. VIII, 378). Hierzu gehören auch juristische Personen, und selbst die Regierung eines fremdeu Staates, wenn sie Fabrik- oder Handelsgeschäfte treiben. Berlin 26. Juni 78 a. a. O.

4. Die Bekanntmachung im Gesetzblatt für den Norddeutschen Bund (wegen Spanien und Cuba) steht der Bekanntmachung im Reichsgesetzblatt gleich. R.G. II, 17. Dez. 80 (R. II, 641, E. III, 127). Bezüglich Nordamerika vgl. R.G. I, 14. Okt. 80 (E. II, 344, Ann. II, 439).

5. Die Gegenseitigkeit, welche §. 20 voraussetzt, soll nicht bedeuten, daß im Auslande der gleiche Schutz wie in Deutschland, oder auch ein strafrechtlicher Schutz bestehe, sondern daß überhaupt ein Schutz bestehe, daß Ausländer oder speziell Deutsche im ausländischen Staate nicht schutzlos seien. R.G. III, 18. April 82, E. VI, 273, R. IV, 346.

§. 288. Wer bei einer ihm drohenden Zwangsvollstreckung in der Absicht, die Befriedigung des Gläubigers zu vereiteln, Bestandtheile seines Vermögens veräußert oder bei Seite schafft, wird mit Gefängniß bis zu zwei Jahren bestraft.

Die Verfolgung tritt nur auf Antrag des Gläubigers ein.

Pr. —; E. I. —; E. II. §. 284; St.B. S. 726, 1174.

Vgl. §§. 137, 289.

1. Dieser Paragraph lehnt sich an das Rev. sächs. St.G.B. v. 1868 Art. 310 an. Eine ähnliche Bestimmung enthielt bereits der preuß. Entwurf von 1847 §. 327.

Die Motive sagen:

„Der Entwurf beruht auf der Erwägung, daß eine Bestimmung sich empfehle, welche die böswillige Vereitelung einer Hülfsvollstreckung mit Strafe bedroht. Ist es nämlich für nöthig befunden, die Sicherung und Durchführung der General-Exekution (d. h. des Konkurses, wenigstens bei den Kaufleuten) unter den Schutz des Strafgesetzes zu stellen, so treffen, wenn auch in vermindertem Maße, dieselben Gründe zu, die Verletzungen

---

*) Vgl. hierzu R.G. I, 15. Jan. 85, E. XI, 398; III, 18. April 82, E. VI, 273, R. IV, 346, nach welchen Namen und Firmen eines französischen Gewerbetreibenden unbedingt den Schutz in Deutschland genießen.

des Kredits und Benachtheiligungen der Gläubiger, welche sich böswillige Schuldner im Hinblick auf eine drohende einzelne Hülfsvollstreckung so vielfach zu Schulden kommen lassen, also die Vereitelung einer Spezial-Exekution nicht straflos zu lassen. Eine Bestimmung dieser Art könnte auch die Lücke, welche immerhin in dem Mangel von Strafvorschriften gegen das Bankeruttiren von Nicht-Kaufleuten gefunden wird, in gewissem Grade ausfüllen.

Außerdem war anzuerkennen, daß die neuerdings erfolgte Aufhebung der Körperhaft an den Gesetzgeber die Anforderung stellen muß, die wirksame Durchführung der nunmehr allein noch zulässigen Real-Exekution möglichst sicher zu stellen. In der Aufstellung von Strafvorschriften gegen böswillige Entziehung von Exekutions-Gegenständen kann man deshalb nicht ohne Grund ein nothwendiges Korrelat für die Befreiung der Person von Zwangsmaßregeln finden.

Bereits der Preußische Entwurf von 1847 enthielt in §. 327 eine hierauf gerichtete Bestimmung, und ebenso ist in anderen Gesetzbüchern (z. B. Königr. Sachsen Art. 310) entsprechende Vorsorge getroffen.

Auch hat es sich als ein praktisches Bedürfniß gezeigt, den vielfachen Hinterziehungen der Hülfsvollstreckung, durch welche böswillige Schuldner die Befriedigung des Gläubigers aus ihrem Vermögen zu vereiteln wissen, mit der Strenge des Gesetzes entgegenzutreten.

Die Entziehung einer bereits abgepfändeten Sache ist im §. 137 mit Strafe bedroht."

2. Die Zwangsvollstreckung umfaßt auch die Subhastation. Berlin 20. Sept. 76 u. 19. März 79 (O.R. XVII, 578, St. IV, 359, Goltd. XXVII, 213). Aus diesem Grunde wurden im Reichstag Petitionen auf Erlaß von Strafbestimmungen, um Grundbesitzer, welche nach behändigter Hypothekenklage Pertinenzstücke oder Früchte des verpfändeten Grundstücks bei Seite schaffen oder zum Nachtheile der Realgläubiger Scheinverträge bezüglich des Pfandobjekts abschließen, nach Analogie der Vorschriften über den Bankerutt mit Zuchthaus zu bestrafen — für erledigt angenommen. (St.B. S. 726, 1177.) Aber nicht nur alle Arten der gerichtlichen Zwangsvollstreckung stehen unter dem Schutz des §. 288, sondern auch die administrative.

3. Ob die Zwangsvollstreckung eine drohende war, ist Thatfrage. Das Vorhandensein einer Klage, eines exekutorischen Titels oder gar eines Exekutionsantrages ist dazu nicht erforderlich. Doch wollte eine drohende Zwangsvollstreckung dann nicht annehmen, wenn der Gläubiger zur rechtlichen Geltendmachung seiner Forderung noch gar keine Schritte gethan hatte: Berlin 26. Febr. 75 (Goltd. XXIII, 129, O.R. XVI, 159). Dagegen nahm mit Recht an, daß es noch gar keiner gerichtlichen Schritte bedarf, um drohende Zwangsvollstreckung anzunehmen, sondern daß es hierzu nur einer Forderung bedarf, die leicht zur Exekution gebracht werden kann, und der begründeten Annahme, der Gläubiger werde bald zur Exekution schreiten: Berlin 5. Juli 77 (O.R. XVIII, 501, Goltd. XXV, 557, St. VII, 345), u. 19. Febr. 79 (O.R. XX, 92). Eine in der Exekutionsinstanz bewilligte Zahlungsfrist schließt drohende Zwangsvollstreckung nicht aus. Berlin 21. Febr. 79 (Goltd. XXVII, 113, O.R. XX, 96). Auch die drohende Exekution einer administrativen Ordnungsstrafe genügt, doch muß letztere bereits verhängt sein. Berlin 1. Dez. 76 (O.R. XVII, 791, Goltd. XXIV, 598) oder die drohende Beitreibung von Untersuchungskosten, auch wenn noch kein Urtheil ergangen ist. R.G. II, 4. Dez. 85, E. XIII, 138, R. VII, 712, unter gleichen Verhältnissen die drohende Einziehung R.G. II, 7. Jan. 87, E. XV, 164, R. IX, 10. Einreden gegen eine Zwangsvollstreckung schließen nicht aus, diese für eine drohende zu halten, so lange nicht mit Erfolg davon Gebrauch gemacht ist. Berlin 30. April 79 (O.R. XX, 232, Goltd. XXVIII, 378). Ebenso wenig ist die That ausgeschlossen, wenn der Titel, auf welchem die Zwangsvollstreckung beruht, nichtig oder anfechtbar ist. R.G. III, 25. Jan. 86, E. XIII, 292.

4. Die Praxis des Reichsgerichts spricht sich in folgenden Sätzen aus: Es ist nicht erforderlich, daß die Exekution schon begonnen hat. R.G. III, 1. Nov. 79 (R, I, 31, Ann. I, 152). Ob die Zwangsvollstreckung droht und der Schuldner sich dessen bewußt war, ist eine thatsächliche Frage, welche nicht voraussetzt, daß bereits Klage erhoben oder Exekution beantragt ist. R.G. I, 6. Nov. 79 (R. I, 38, Ann. I, 47), 22. April 81 (Ann. III, 480); III, 4. Mai 81, R. III, 270; III, 11. Jan. 83, E. VIII, 1, R. V, 24. Zwangsvollstreckung kann als drohend angenommen werden, wenn der Gläubiger nur wegen wirklichen oder vermeintlichen Mangels von Exekutionsobjekten Abstand von der Exekution nahm. R.G. II, 25. Mai 80 (R. I, 824, E. II, 67, Goltd. XXIX, 83). Auch die bloße außergerichtliche Mahnung kann als drohende Zwangsvollstreckung betrachtet werden. R.G. III, 4. Mai 81 (R. III, 270). S. dagegen R.G. II, 16. Dez. 79, R. I, 151, nicht aber die Fälligkeit der Forderung ohne Mahnung

R.G. III, 13. Febr. 90, E. XX, 256. Die während der Deliberationsfrist der Erben verfügte Sequestration eines Immobiles ist verträglich mit der Feststellung, daß Zwangsvollstreckung gedroht habe. R.G. III, 1. Mai 80 (R. I, 707, E. I, 145, Ann. II, 111, Goltd. XXVIII, 460). Die vom Gläubiger zur Sicherung seiner urtheilsmäßig noch nicht festgestellten Forderung erwirkte Arrestanlage begründet die Annahme drohender Zwangsvollstreckung. R.G. I, 22. Dez. 86, E. XV, 114, R. VIII, 781. Auch drohende Einziehung vor Rechtskraft des Urtheils R.G. II, 7. Jan. 87, E. XV, 164, R. IX, 10; IV, 8. Juli 90, E. XXI, 54. Die vorstehenden Urtheile zeigen, daß die Praxis bezüglich Annahme drohender Zwangsvollstreckung eine äußerst schwankende, theilweise sogar sich widersprechende ist. Die Verweisung auf thatsächliche Würdigung des einzelnen Falls ist nur geeignet, diese Unsicherheit, die sich mit geordneter Rechtspflege nur schwer verträgt, weil sie die Entscheidung ausschließlich in die mildere oder strengere Ansicht der verschiedenen Gerichte legt, zu einer ständigen zu machen. Das Richtige dürfte sein, weniger Gewicht auf das formelle Erforderniß drohender Zwangsvollstreckung zu legen. Ist der Schuldner sich bewußt, daß eine Forderung gegen ihn besteht, welche leicht zur Exekution gebracht werden kann, und beseitigt er mit Rücksicht hierauf und um ein mögliches Exekutionsobjekt dem Zugriff zu entziehen, ein zur Exekution geeignetes Vermögensobjekt, so liegt der Thatbestand vor. Das Schwergewicht liegt also viel mehr in der Absicht des Thäters, ein Exekutionsobjekt auf die Seite zu schaffen, als darin, daß die Zwangsvollstreckung noch etwas ferner oder bereits näher lag. Jene Absicht enthält jedenfalls das Bewußtsein, daß sie droht. Hingegen spricht sich allerdings R.G. IV, 1. Juli 90, Goltd. XXXVIII, 334 aus, es müsse eine drohende Zwangsvollstreckung auch objektiv vorliegen und nimmt an, die Vollstreckung müsse in naher Aussicht stehen; diese Entscheidung hat aber gegen sich, daß das Gesetz nicht auf einen höheren Grad von Drohen schließen läßt und daß das Urtheil in Widerspruch steht mit der sonstigen Judikatur des R.G., welche keinen gerichtlichen Schritt des Gläubigers fordert und außergerichtliche Mahnung genügend findet, welche im konkreten Falle vorlag. Auch R.G. III, 27. Sept. 90, Goltd. XXXVIII, 360, welches die Kündigung nicht genügend findet, geht in der Motivirung viel zu weit.

5. Zu dem Bestandtheil des Vermögens gehören auch Forderungen, welche durch Cession veräußert werden können. Der dem Ehemann zustehende Nießbrauch ist ein Vermögensstück desselben. Berlin 19. März 79 (Goltd. XXVII, 213).

6. Daß gerade die bei Seite geschafften Vermögensbestandtheile durch die Zwangsvollstreckung betroffen worden wären, ist nicht erforderlich. Berlin 30. Nov. 77 (O.R. XVIII, 762, Goltd. XXV, 560, St. VIII, 270), R.G. II, 17. Febr. 82, E. VI, 101, R. IV, 169. Es ist gleichgültig, ob außer dem bei Seite geschafften Vermögensstück noch andere Vermögensstücke vorhanden waren, oder nicht. Berlin 20. Sept. 76 u. 19. März 79 (O.R. XVII, 578, St. VI, 359, Goltd. XXVII, 213). R.G. I, 6. Nov. 79 (R. I, 38, Ann. I, 47).

7. Das Beiseiteschaffen kann auch durch Scheinverträge erfolgen. Berlin 19. März 79 (Goltd. XXVII, 213), R.G. II, 4. Dez. 85, E. XIII, 138, R. VII, 712. Jedoch nicht bloß durch Scheinverträge R.G. II, 3. Okt. 82, E. VII, 62; so auch durch Verpachtung R.G. II, 17. Febr. 82, E. VI, 101, R. IV, 169. Auch im Zerstören kann ein Beiseiteschaffen liegen. R.G. II, 26. Febr. 89, E. XIX, 25. Ferner kann ein Beiseiteschaffen dadurch geschehen, daß ein Hypothekschuldner durch Manipulationen die Vorauszahlung von Miethen bewirkt und diese für sich verwendet. R.G. II, 30. Nov. 83, E. IX, 231. Ein passives Verhalten, ja sogar ein Verheimlichen bei Vornahme der Exekution ist kein Beiseiteschaffen. R.G. IV, 15. Jan. 86, R. VIII, 60.

8. Der Dolus ist nicht als einfacher Vorsatz aufzufassen, d. h. als das Bewußtsein, daß eine gewisse Handlung die Zwangsvollstreckung vereitele, sondern diese Vereitelung muß der Zweck der That sein. Vgl. v. Liszt S. 483, Olshausen N. 14, Oppenhoff N. 8. Die Absicht braucht nicht dahin zu gehen, die Befriedigung des Gläubigers überhaupt zu vereiteln, sondern nur dahin, die durch die drohende spezielle Exekution zu erreichende Befriedigung abzuwenden. Berlin 8. Jan. 75 (Goltd. XXIII, 128, O.R. XVI, 36, St. V, 149); Dresden 13. Nov. 76 (S.G.Z. XXI, 245, St. VII, 184). R.G. 26. Nov. 79 (Ann. I, 152) und I, 8. April 80 (R. I, 560, Ann. I, 483, Goltd. XXVIII, 299). Auch in der Vereitelung einer Zwangsverwaltung durch vorher bewirkten Verkauf mit Auflassung (nach preuß. Recht) kann die Absicht erblickt werden, die Zwangsvollstreckung zu vereiteln, selbst wenn nur eine vorläufige Verhinderung eintritt. R.G. II, 9. Dez. 81, E. V, 206, R. III, 785. S. jedoch R.G. III, 4. Jan. 83, E. VIII, 50, welches die Absicht, die Befriedigung des Gläubigers zu vereiteln, in der Veräußerung des vom letzteren ausersehenen Exekutionsobjekts nicht genügend ausgedrückt fand, weil das dafür in das

Vermögen des Schuldners gelangte Aequivalent nicht berücksichtigt war, obgleich andrerseits anerkannt wird, daß es der Absicht gänzlicher und definitiver Vereitelung der Befriedigung nicht bedürfe, sondern eine zeitweise Vereitelung oder Erschwerung genüge. Aehnlich R.G. III, 18. Mai 85, R. VII, 304.

9. Die vorzugsweise Befriedigung eines anderen Gläubigers erfüllt den Thatbestand dann, wenn sie geschehen ist, um die Exekution zu vereiteln. Berlin 5. Juli 77, 17. Mai u. 7. Dez. 78 (O.R. XVIII, 502; XIX, 270, 573, Goltd. XXV, 557; XXVI, 340, St. VII, 345); 19. März 79 (Goltd. XXVII, 213). R.G. III, 5. Nov. 79 (R. I, 37, E. I, 96), I, 6. Nov. 79 (R. I, 38, Ann. I, 47), auch wenn die Befriedigung durch Verkauf von Mobilien erfolgte, an welchen der Käufer ein Pfand- und Retentionsrecht hatte. R.G. II, 3. Okt. 82, E. VII, 62. Auch in einer Uebergabe als Faustpfand kann ein Beiseiteschaffen liegen, jedoch dann nicht, wenn der Schuldner hiermit nur eine früher eingegangene Verpflichtung erfüllt. R.G. IV, 19. Febr. 86, R. VIII, 126; in der Verpfändung von Pertinenzien einer Hypothek (R.G. I, 18. Nov. 82, E. VII, 237, R. IV, 820), sowie in Bestellung einer Hypothek für eine simulirte Forderung (R.G. III, 11. Jan. 83, E. VIII, 1, R. V, 21; II, 14. April 85, E. XII, 129). Vgl. auch München 12. Juni 82, bayr. Entsch. II, 142.

10. Eheleute können das Delikt gemeinsam begehen, jedoch nur dann, wenn sie gemeinsam Schuldner sind. Berlin 19. März 79 (O.R. XX, 146). Bloßes Einverständniß und Zustimmung genügt nicht zur Annahme der Mitthäterschaft. R.G. I, 15. Jan. 80 (R. I, 229, E. I, 145).

Vorstände von Aktiengesellschaften können, wenn sie für die Gesellschaft handeln, das Vergehen des §. 288 nicht begehen, selbst dann nicht, wenn sie Aktionäre sind. R.G. III, 26. Mai 87, E. XVI, 121, R. IX, 344.

11. Die That ist vollendet mit der Veräußerung oder dem Beiseiteschaffen, ohne daß es auf einen Erfolg ankommt. R.G. III, 8. Okt. 81, R. III, 612. S. auch Geyer II, 68, Hälschner II, 426, Olshausen N. 6. Der Versuch ist nicht unter Strafe gestellt.

12. Nur derjenige Gläubiger ist antragsberechtigt, zu dessen Nachtheil die strafbare Handlung begangen wurde, also von dem Zwangsvollstreckung gedroht hatte, nicht auch andere, selbst Hypothekgläubiger, welche keinen Schritt gethan hatten, um zur Befriedigung zu gelangen. R.G. II, 16. Dez. 79 (R. I, 152, E. I, 37, Ann. 1, 153), II, 10. Jan. 88, E. XVII, 42, R. X, 19. Die Antragsfrist beginnt mit der Kenntniß des beschädigten Gläubigers von der ihn beschädigenden Handlung und dem ihn bedrohenden Zweck derselben. R.G. III, 4. Mai 81 (R. III, 270). Dagegen nahm R.G. 4. Dez. 80 (Ann. III, 28) an, die Frist laufe in der Regel erst von erfolgloser Hülfsvollstreckung an.

Gläubiger ist Jeder, von dem dem aus §. 288 Angeklagten eine Exekution droht, gleichviel, ob zwischen demselben und Jenem ein Obligationsverhältniß besteht; also sind Schuldner auch solche, welche erst später in den Besitz des Exekutionsobjekts gelangt waren. R.G. II, 9. Nov. 83, E. IX, 164, R. V, 678. Auch offene Handelsgesellschaften können als Gläubiger Antrag stellen. R.G. III, 8. Okt. 81, R. III, 612.

13. Bei Entziehung von Exekutionsmitteln bei drohender Einziehung ist in Preußen der Regierungs-Präsident zur Stellung des Antrags zuständig, R.G. II, 7. Jan. 87, E. XV, 164, R. IX, 10, wenn die Vollstreckung wegen Gerichtskosten drohte, der Kassenkurator. R.G. IV, 18. Mai 88, R. X, 412, Goltd. XXXVI, 193. Für bayrische Kirchenstiftungen ist nur die Kirchenverwaltung antragsberechtigt. München 7. Juli 84, bayr. Entsch. III, 290.

14. Die Vergehen des §. 137 und §. 288 können unter Umständen ideell konkurriren. R.G. II, 10. Jan. 88, E. XVII, 42, R. X, 19.

§. 289. Wer seine eigene bewegliche Sache, oder eine fremde bewegliche Sache zu Gunsten des Eigenthümers derselben, dem Nutznießer, Pfandgläubiger oder demjenigen, welchem an der Sache ein Gebrauchs- oder Zurückbehaltungsrecht zusteht, in rechtswidriger Absicht wegnimmt, wird mit Gefängniß bis zu drei Jahren oder mit Geldstrafe bis zu neunhundert Mark bestraft.

Neben der Gefängnißstrafe kann auf Verlust der bürgerlichen Ehrenrechte erkannt werden.

Der Versuch ist strafbar.

Die Verfolgung tritt nur auf Antrag ein.

Die Bestimmungen des §. 247 Absatz 2 und 3 finden auch hier Anwendung.

Pr. §. 271; E. I. §. 271; E. II. §. 285; St.B. S. 727, 1174 (Drucks. Nr. 182_{42}).

1. Die Motive lauten:

„Der Begriff des dem Diebstahl verwandten Vergehens, des sogenannten furtum possessionis ist dadurch erweitert, daß die auf dieses Vergehen angedrohte Strafe nicht bloß den Eigenthümer, sondern auch denjenigen treffen soll, der die im Besitze des Nutznießers u. s. w. befindliche Sache nicht in seinem eigenen, sondern im Interesse des Eigenthümers in rechtswidriger Absicht wegnimmt.

Denn rücksichtlich des durch eine solche Handlung in seinem Rechte verletzten Inhabers der Sache macht es keinen Unterschied, ob die Verletzung vom Eigenthümer selbst oder einem Dritten ausgegangen ist, und es ist daher folgerichtig, einen solchen Dritten mit derselben Strafe zu treffen.

Auch schien es angemessen, hierbei nicht nur das Besitzrecht des Nutznießers, Pfandgläubigers und Retentionsberechtigten, sondern auch das jedes anderen Gebrauchsberechtigten zu schützen und demgemäß den letzteren ausdrücklich mit aufzuführen."

2. „Zu Gunsten des Eigenthümers" setzt voraus, daß der Dritte die Wegnahme nicht im eigenen Interesse bewirkt. Ist letzteres der Fall, so bleibt §. 289 ausgeschlossen. R.G. III, 4. Dez. 82, E. VII, 325. Dadurch unterscheidet sich die That des §. 289 vom Diebstahl, daß sie nicht gegen, sondern für den Eigenthümer wirkt, während sie, insbesondere dann wenn sie von einem Dritten zu Gunsten des Eigenthümers verübt wird, den gleichen objektiven Thatbestand hat, wie Diebstahl. R.G. III, 4. Dez. 82, E. VII, 325, Olshausen N. 10, Oppenhoff N. 3, v. Schwarze N. 3.

3. Die rechtswidrige Absicht geht auf Verletzung des Rechts des Nutznießers u. s. w., das Motiv: Eigennutz, Gewinnsucht ist gleichgültig. (Hälschner, preuß. St.R. II, S. 491.) Auch die Absicht einer Vermögensbeschädigung ist nicht erforderlich. Wolfenbüttel 29. Sept. 76 (St. VI, 362). — Ebenso R.G. I, 28. Juni 80 (R. II, 131). Die in §. 289 vorausgesetzte Absicht ist nicht gleichbedeutend mit Vorsatz, sondern erfordert den auf Beeinträchtigung des Berechtigten gerichteten Willen, so daß auch Eventualdolus ausgeschlossen ist. R.G. II, 30. Jan. 91, E. XXI, 312. Gl. M. Olshausen N. 11. A. M. Binding Normen II, 597.

4. „Wegnimmt" vgl. §. 242 N. 19—21. — Es ist Besitz des Berechtigten vorausgesetzt. Berlin 25. Okt. 71 (Goltd. XIX, 820, O.R. XII, 526). Anfechtbarkeit des Rechtsgeschäfts durch welches die Besitzeinräumung erfolgte, schließt den Thatbestand nicht aus. Berlin 22. Sept. 76 (O.R. XVII, 593, Goltd. XXIV, 599). Auch nicht Mitbesitz des Eigenthümers. Mannheim 19. Juni 75 (bad. Ann. Bd. 41 S. 262). Die That kann auch begangen werden zu Gunsten der Ehefrau an den von ihr eingebrachten Mobilien durch Wegnahme aus dem Gewahrsam des Ehemanns, welcher das Gebrauchsrecht hat (Pr. Landr. II Tit. 1 §. 247). Berlin 15. Jan. 79 (O.R. XX, 32, Goltd. XXVII, 110). R.G. II, 1. Juni 86, R. VIII, 419.

Das Wegschaffen inferirter Mobilien aus einer Miethwohnung in eine andere desselben Hauses kann nicht als eine Wegnahme zum Nachtheile des Vermiethers betrachtet werden. R.G. II, 22. April 84, E. X, 321, R. VI, 284; dies ist selbst dann der Fall, wenn mit dem Wegschaffen eine Veräußerung verbunden ist. R.G. II, 9. April 86, R. VIII, 272. In der Zerstörung inferirter Meubles kann ein Wegnehmen im Sinne des §. 289 nicht erblickt werden. R.G. IV, 29. März 87, E. XV, 434, R. IX, 211.

Daß die Illaten nicht pfändbar waren, ändert nichts am Thatbestand. R.G. III, 25. Mai 81 (R. III, 329, E. IV, 198, Ann. IV, 23).

5. Das Vergehen des §. 289 kann namentlich auch an denjenigen Gegenständen begangen werden, an denen der Vermiether nach Maßgabe des §. 395, I, 21 A.L.R. das Zurückbehaltungsrecht ausübt. Als Voraussetzung wurde angenommen, daß der Vermiether von seinem Rechte Gebrauch machen zu wollen erklärt hat. Berlin 22. Dez. 75, 18. Okt. 76 (O.R. XVI, 816, XVII, 674, Goltd. XXIII, 540, XXIV, 599, St. VI, 25, 365). R.G. II, 23. Nov. 80 (R. II, 551, E. III, 58, Ann. III, 29). Das Gleiche genügt nach gemeinem Recht. München 6. April 88, bayr. Entsch. V, 128. R.G. III, 8. Mai 80 (R. I, 749, E. I, 429, Ann. II, 25, Goltd. XXIX, 66) u. 25. Mai 81 (R. III, 329, E. IV, 198, Ann. III, 23). Das bloße sog. „Ausrücken" (heimliche Fortschaffen) ist nicht nach §. 289 (event. jedoch nach §. 288) strafbar. R.G. II, 1. April 81 (R. III, 184, E. III, 43) forderte jedoch nicht einmal ausdrückliche

Geltendmachung des Pfand= bez. Retentionsrechts, sondern erklärte die Wegnahme der Illaten für strafbar, wenn dieselbe gegen den Willen des Vermiethers erfolgte und der Thäter sich dessen bewußt war. S. auch R.G. 6. Mai 81 (Ann. III, 584), III, 5. Juli 86, E. XIV, 321, R. VIII, 514, ferner R.G. III, 29. April 82, E. VI, 321, R. IV, 411 (braunschw. Recht). Auch ein Vergütungsanspruch für über die Zeit hinaus fortgesetzte Benutzung der Wohnung kann als Miethsforderung angesehen werden. Berlin 12. Sept. 77 (O.R. XVIII, 555, Goltd. XXV, 561). R.G. II, 3. Febr. 88, R. X, 91. Auch wegen künftig vorfallender Miethpreise kann unter Herrschaft des Pr. Landr. das Retentionsrecht ausgeübt werden. Berlin 18. April 79 (Goltd. XXVII, 379). R.G. II, 5. Juli 81 (R. III, 461), umsomehr, wenn durch den Miethvertrag die Vorauszahlung des Miethzinses stipulirt ist. R.G. II, 20. Sept. 81, R. III, 512. Anders nach Hamburger Stadtrecht. R.G. III, 6. Nov. 80 (E. III, 24), nach welchem das Retentionsrecht nur für verfallene und bis zum nächsten Termin verfallende Miethbeträge eingeräumt ist; einer besonderen Erklärung Seitens des Vermiethers retiniren zu wollen, bedarf es hierbei nicht. R.G. III, 5. Juli 86, 9. Febr. 88, E. XIV, 321, R. VIII, 514, X, 120, jedoch ist auch das eingebrachte Eigenthum Dritter dem Pfandrecht des gutgläubigen Vermiethers unterworfen, R.G. III, 26. Sept. 87, R. IX, 467, und sind Sachen, welche der Pfändung entzogen sind, nicht ausgenommen. R.G. III, 28. April 90, E. XX, 417. Durch Ges. v. 14. Dez. 1864 ist in der Provinz Hannover das Retentionsrecht aufgehoben und durch §. 40 Konk.O. nicht wieder hergestellt. R.G. III, 19. April 82, E. VI, 301, R. IV, 358. Ebenso in Mecklenburg=Schwerin durch Ausführungs=Verordn. zur Konk.O. v. 26. Mai 1879, R.G. III, 16. April 83, R. V, 256. In dem Bezirk des ehemaligen Justizsenats von Ehrenbreitstein besteht das gesetzliche Pfand= und Zurückbehaltungsrecht des Vermiethers auch ohne ausdrückliche Erklärung. R.G. I, 17. Sept. 91, E. XXII, 126. In Bayern ist zwar das gesetzliche Pfandrecht beseitigt, aber das Zurückbehaltungsrecht an den Illaten des Miethers besteht noch. R.G. I, 6. Nov. 84, E. XII, 227, R. VI, 695. Wenn bei Abschluß der Miethe das Retentionsrecht durch Vertrag eingeräumt wird, gilt es auch dann, wenn das gesetzliche aufgehoben ist. R.G. III, 12. Juni 84, R. VI, 421.

6. Mit Verlassen der Wohnung erlischt das Retentionsrecht und erstreckt sich nicht auf Miethrückstände aus einem früheren Miethvertrag derselben Parteien, selbst nicht durch Vertrag. R.G. III, 26. Febr. 81 (R. III, 82). Auch ein Bevollmächtigter des Vermiethers kann das Retentionsrecht ausüben. Berlin 29. Mai 78 (O.R. XIX, 284, Goltd. XXVI, 340). Schriftlicher Vollmacht bedarf es hierzu nicht. Berlin 31. Jan. 79 (O.R. XX, 57, Goltd. XXVII, 216).

7. Der Verpächter eines ländlichen Grundstücks hat ein gesetzliches Pfandrecht an den auf dem Grundstücke gewachsenen Früchten. Deren Wegnahme kann, auch ohne ausdrückliches Geltendmachen, durch den Verpächter nach §. 289 strafbar sein. (Gem. Recht. Allg. preuß. Ld.R. I, 21, §. 395.) R.G. II, 20. Jan. 82, 21. Febr. 88, R. IV, 56, X, 170, Goltd. XXXVI, 178. Auch das Mitbenutzungsrecht an Mobilien, so daß gemeinschaftlicher Gewahrsam besteht, wird gegen Entziehung (durch den Eigenthümer) durch §. 289 geschützt. R.G. II, 8. Mai 88, E. XVII, 358, R. X, 389.

8. Es ist erforderlich, daß zur Zeit der Wegnahme ein Pfandrecht objektiv noch begründet war, daß also eine Forderung des Pfandberechtigten noch bestand. Kompensation mit einer Forderung des Miethers schließt dies aus. R.G. II, 15. Juni 83, E. VIII, 346, R. V, 440; auch das Bestehen einer vermeintlichen Gegenforderung. R.G. IV, 10. Febr. 88, R. X, 137, nicht aber das Stellen einer Kaution. R.G. II, 18. Jan. 81 (E. III, 277), s. auch III, 6. Nov. 80, E. III, 24. Durch den Verkauf der Illaten ohne Entfernung aus dem Gewahrsam des Miethers wird das Pfandrecht nicht aufgehoben. R.G. III, 14. Jan. 81 (Ann. III, 153), 15. Jan. 81 (E. III, 322) u. 25. Mai 81 (R. III, 329, E. IV, 198). Nach sächs. Rechte besteht ein Retentionsrecht auch an den der Ehefrau gehörigen Illaten bis zum Nachweise dieses Eigenthums. R.G. III, 19. März 81 (E. IV, 30).

9. Dem Handwerker steht für seine Arbeiten ein durch §. 289 geschütztes Retentionsrecht an dem Objekt zu. R.G. II, 12. März 86, E. XIII, 399, R. VIII, 162.

10. Die Wegnahme des durch Private auf Grund des preuß. Feldpolizeigesetzes gepfändeten Viehs durch den Eigenthümer oder zu Gunsten desselben ist nicht nach §. 289, sondern nach §. 17 Ziff. 3 des Ges. v. 1. April 1880 strafbar, R.G. I, 4. Dez. 82, E. VII, 302, R. IV, 865, III, 29. Jan. 83, R. V, 66. Nach Mecklenb. Recht ist dagegen bei Privatpfändung von Vieh die Wegnahme nach §. 289 strafbar. R.G. III, 18. Febr. 86, E. XIII, 405.

11. Die That ist vollendet mit der Wegnahme, so daß das Objekt dem Gebrauche oder der Zurückbehaltung des Berechtigten entrückt ist. Ein Schaden des Berechtigten ist nicht erforderlich, R.G. IV, 16. Dez. 87, R. IX, 730, so daß es auch am Thatbestande nichts ändert, wenn dem Vermiether genügend viele Illaten zurückgelassen wurden, um seine Forderung zu decken. R.G. III, 6. Nov. 80, E. III, 24. — IV, 16. Dez. 87, s. oben. Behält der Vermiether mehr Sachen zurück, als er zur Deckung bedarf, ist der Miether nicht zur Wegnahme berechtigt, sondern nur zur Klagestellung, R.G. II, 18. Jan. 81, E. III, 277, IV, 10. Juli 88, E. XVIII, 80, R. X, 477, wenn nicht Selbsthilfe gerechtfertigt ist. R.G. IV, 15. März 89, E. XIX, 75 (?).

12. Das allmähliche Wegschaffen inserirter Sachen aus einer gemietheten Wohnung kann als fortgesetztes Vergehen beurtheilt werden und umfaßt in einem solchen Fall der gestellte Strafantrag nicht nur alle Theilnehmer und Begünstiger der That, sondern auch die nach dem Antrag noch verübten Fortsetzungshandlungen, R.G. III, 5. März 88, E. XVII, 227, R. X, 207.

13. Das Antragsrecht steht Demjenigen zu, dessen Rechte durch die That beeinträchtigt wurden. Gegen Miether, welche die Illaten dem Pfandrecht des Vermiethers entziehen, räumte jedoch R.G. II, 7. Dez. 81, R. III, 770, auch dem mit Vollmacht zur Verwaltung des Hauses und zum Abschluß und Kündigung der Miethverträge ermächtigten Verwalter das Antragrecht ein. Dem Cessionar einer Miethforderung steht weder ein Pfand- noch das Antragsrecht zu. R.G. II, 16. Sept. 84, E. XI, 81, R. VI, 543.

14. Körperverletzung bei der Wegnahme und das Vergehen des §. 289 können ideell konkurriren und ist die Strafe des letzteren § strenger als die des §. 223. R.G. II, 12. März 86 s. oben. Der Eigenthümer, zu dessen Gunsten die Wegnahme erfolgt ist, kann als Hehler bestraft werden. R.G. IV, 11. Dez. 88, E. XVIII, 303, R. X, 719. — II, 31. Jan. 90, E. XX, 222.

§. 290. Oeffentliche Pfandleiher, welche die von ihnen in Pfand genommenen Gegenstände unbefugt in Gebrauch nehmen, werden mit Gefängniß bis zu Einem Jahre, neben welchem auf Geldstrafe bis zu neunhundert Mark erkannt werden kann, bestraft.

Pr. §. 265; E. I. §. 225; E. II. §. 286; St.B. S. 727.

Vgl. §. 360 Nr. 12; Gew.O. §§. 35, 148 Nr. 4, 38.

1. Oeffentlicher Pfandleiher ist Jeder, der aus dem Pfandleihen ein offenes Gewerbe macht. Nach §. 34 R.Gew.O. (Ges. v. 23. Juli 1879) ist hierzu die Erlaubniß der Obrigkeit erforderlich. Nach §§. 34, 38 das. ist das Gewerbe der Pfandleiher in mehrfachen Beziehungen unter die landesgesetzlichen Bestimmungen gestellt. Gew.O. §. 34 Abs. 2 (Fassung v. 1. Juli 1883) sagt: „Als Pfandleihgewerbe gilt auch der gewerbsmäßige Ankauf beweglicher Sachen mit Gewährung des Rückkaufsrechts.“ Die Anwendbarkeit des §. 290 ist von der obrigkeitlichen Erlaubniß jedoch nicht abhängig zu machen, sondern nur davon, daß faktisch das Gewerbe öffentlich betrieben wird. R.G. II, 8. Mai 83, E. VIII, 253, R. V, 345, III, 2. April 83, E. VIII, 269, R. V. 207. Deshalb kann Jeder Mitthäter des Vergehens sein, auch wenn er nicht konzessionirter Pfandleiher ist.

2. Als Gebrauch ist auch eine Weiterverpfändung der Pfandobjekte anzusehen, nicht bloß der körperliche Gebrauch, R.G. III, 2. April 83, s. oben.

3. Eine ideale Konkurrenz von Unterschlagung und dem Vergehen des §. 290 ist nicht denkbar. R.G. III, 13. Dez. 86, E. XV, 147, R. VIII, 751. A. M. Olshausen N. 6.

4. Der Grund des §. 290 ist nach den Motiven: der Mißbrauch des öffentlichen Vertrauens.

§. 291. Wer die bei den Uebungen der Artillerie verschossene Munition, oder wer Bleikugeln aus den Kugelfängen der Schießstände der Truppen sich widerrechtlich zueignet, wird mit Gefängniß bis zu Einem Jahre oder mit Geldstrafe bis zu neunhundert Mark bestraft.

Pr. §. 349 Nr. 5; E. I. §. 224 A. 2; E. II. §. 287; St.B. S. 727 (Drucks. Nr. 92).

1. Verschossene Munition gilt in der Regel als derelinquirt und deshalb okkupationsfähig. Dieses gilt namentlich, wenn dieselbe nicht auf umfriedigten Schießplätzen gefunden wird. In Preußen schloß die A. Kab.O. v. 23. Juli 1833 (G.S. S. 86) dieses Okkupationsrecht unter Strafdrohungen aus. Das preuß. St.G.B. strafte im §. 349 Nr. 5 ein Zuwiderhandeln als Uebertretung. Der I. Entwurf wich von dieser Auffassung insofern ab, als er im §. 224 A. 2 die Handlung dem Funddiebstahl gleich stellte. Die Erhöhung der Strafe erfolgte mit Rücksicht auf den erhöhten Werth der Geschosse. Der II. Entwurf gab dem Paragraphen die gegenwärtige Stellung. Nach der vorliegenden Fassung wird die Strafe des Diebstahls bez. der Unterschlagung bezüglich der verschossenen Munition u. s. w. durch die Spezialbestimmung des §. 291 ausgeschlossen. Vergl. auch Merkel in H.H. III, 838. A. M. Berlin 4. Juli 60, Goltd. VIII, 710, wo Diebstahl angenommen wird, sofern nach den Umständen des Falles anzunehmen, daß der Militärfiskus Eigenthum und Gewahrsam der in den Kugelfängen befindlichen Kugeln nicht verloren habe. Diese Ansicht billigte R.G. III, 10. Nov. 80 (R. II, 490), welches annahm, daß, wenn die Militärbehörde durch Umschließung des Kugelfangs sich erkennbar den Gewahrsam erhalten habe, nur Diebstahl, nicht Aneignung nach §. 291 begangen werden könne.

2. Die von der Artillerie verschossene Munition steht unter dem Schutze des §. 291, wo immer sie sich vorfindet; die Seitens der Truppen verschossenen Bleikugeln dagegen nur, insofern sie sich in den Kugelfängen der Schießplätze finden. An anderen Orten gelten sie als derelinquirt und deshalb okkupationsfähig. v. Liszt S. 452. Merkel in H.H. III, 838, Olshausen N. 2a.

§. 292*). Wer an Orten, an denen zu jagen er nicht berechtigt ist, die Jagd ausübt, wird mit Geldstrafe bis zu dreihundert Mark oder mit Gefängniß bis zu drei Monaten bestraft.

Ist der Thäter ein Angehöriger des Jagdberechtigten, so tritt die Verfolgung nur auf Antrag ein. Die Zurücknahme des Antrages ist zulässig.

Pr. §. 274; E. I. §. 273; E. II. §. 288; St.B. S. 727, 728.

G. v. 26. Febr. 1876 Art. I; Drucks. (1876) Nr. 54, 145, 157, 235 (II); St.B. S. 825, 1349.

Vgl. §§. 293—295, 368 Nr. 10, 11.

§. 293. Die Strafe kann auf Geldstrafe bis zu sechshundert Mark oder auf Gefängniß bis zu sechs Monaten erhöht werden, wenn dem Wilde nicht mit Schießgewehr oder Hunden, sondern mit Schlingen, Netzen, Fallen oder anderen Vorrichtungen nachgestellt oder, wenn das Vergehen während der gesetzlichen Schonzeit, in Wäldern, zur Nachtzeit oder gemeinschaftlich von Mehreren begangen wird.

Pr. §. 275; E. I. §. 274; E. II. §. 289; St.B. S. 728.

Vgl. §§. 294, 295, 368 Nr. 10, 11.

1. Durch die Novelle vom 26. Februar 1876 ist das Erforderniß des Antrags auf Angehörige (vgl. §. 52 Abs. 2) beschränkt. Wegen des Antrags im Falle des §. 293 vgl. unten N. 12.

2. Die Motive bemerken:

„In den §§. 292 ff. sind die Bestimmungen über unberechtigtes Jagen zusammengefaßt — sie betreffen sowohl den Fall, in welchem der Jagdberechtigte die Jagd über sein Jagdrevier hinaus ausübt, als auch den Fall, in welchem Jemand, ohne überhaupt zur Ausübung der Jagd befugt zu sein, die Jagd betreibt, selbst wenn er der Eigenthümer des Grundstückes ist, auf welchem er das Vergehen verübt. Die Erschwerungsgründe in §. 293 beziehen sich daher auf beide Fälle. Bei der Fassung des §. 292 bedurfte es nicht weiter der Aufzählung der besonderen Fälle, welche in §. 274 des preuß. Gesetzbuchs erwähnt sind."

---

*) Neue Fassung des G. v. 26. Febr. 1876; die alte Fassung lautete:

§. 292. Wer an Orten, an denen zu jagen er nicht berechtigt ist, die Jagd ausübt, wird mit Geldstrafe bis zu Einhundert Thalern oder mit Gefängniß bis zu drei Monaten bestraft.
Die Verfolgung tritt nur auf Antrag ein.

3. Die §§. 292, 293 bestrafen die Verletzung eines fremden Jagdrechts, d. h. des Rechts auf ausschließliche Okkupation jagdbarer Thiere (Berlin 7. Okt. 75, 23. Nov. 77 [St. VI, 27, O.R. XVIII, 738, Goltd. XXV, 561]; München 7. Mai 77 u. 12. Juli 78 [bayr. Entsch. VII, 182; VIII, 392, St. VII, 353].) R.G. 15. März 81 (Ann. III, 369). Die verbotene Handlung ist jedoch nicht bloß die Okkupation, sondern jede auf Okkupation gerichtete Vornahme, mag dieselbe mittels Werkzeuge oder mit der bloßen Hand geschehen. Ein Ergreifen von Wild ist Jagdausübung, wenn dasselbe auch sofort wieder entschlüpft; ebenso aber auch ein gänzlich verfehlter Versuch der Okkupation, wie ein erfolgloses Pirschen, ein Schießen auf Wild, ohne zu treffen, ein jagen lassen von Hunden u. s. w. Daß der Jagende für sich okkupiren wollte, ist nicht erforderlich. R.G. I, 16. Juni 81, E. IV, 262, R. III, 409. München 6. April 87, bayr. Entsch. IV, 459. Der Beginn des Nachstellens ist mithin jagen, so z. B. jagt derjenige, der begonnen hat, eine Schlinge zu legen, R.G. I, 9. Okt. 84, E. XI, 249, oder, mit Schlingen ausgerüstet, die zum Legen passenden Stellen aufsucht. R.G. I, 24. Mai 86, R. VIII, 379. Vgl. über den Begriff der Jagdausübung R.G. II, 17. März 85, R. VII, 184, IV, 29. Jan. 86, R. VIII, 103.

4. Natur und Umfang des Jagdrechts sind nach den einzelnen Landesgesetzen zu beurtheilen, namentlich auch, welche Thiere zu den jagdbaren gehören. Auch die jagdpolizeilichen Vorschriften gehören dem Landesrechte an (s. jedoch §. 368 Ziff. 10, 11) und kann unbefugtes Jagen und Uebertretung jagdpolizeilicher Vorschriften konkurriren. München 27. April 78 (bayr. Entsch. VIII, 214, St. VIII, 275). Die Jagdgesetze der einzelnen deutschen Bundesstaaten sind sehr verschieden, so insbesondere auch bezüglich der Unterscheidung von jagdbaren und dem freien Thierfang unterworfenen Thieren. Dies ist auch nach der preußischen Gesetzgebung der Fall (vgl. allg. preuß. L.R. II 16 § 31), indem sie die hierüber geltenden Provinzialrechte aufrecht erhält. Danach sind in allen Theilen der preuß. Monarchie, in denen das Ges. v. 26. Febr. 1870 Geltung hat, diejenigen Thiere als jagdbar anzusehen, für welche jenes Gesetz eine Schonzeit bestimmt, so der Dachs, R.G. III, 22. Febr. 83, E. VIII, 71, R. V, 135. Ebenso in Schwarzburg, Sondershausen, R.G. III, 3. März 84, E. X, 234. In den 1815 von Sachsen an Preußen übergegangenen Landestheilen gilt das Preuß. Ld.R. und sind wilde Kaninchen jagdbar, R.G. III, 11. Juni 83, E. VIII, 378, R. V, 426, im ehemaligen Herzogthum Magdeburg, dagegen nicht R.G. III, 1. Okt. 81, E. V, 85, R. III, 572. Der Fuchs ist in den früher sächsischen Landestheilen nicht jagdbar. R.G. II, 4. Nov. 84, E. XI, 192, R. VI, 600, wohl aber in Bayern, R.G. I, 24. Juni 89, E. XIX, 349. Lerchen sind im Bereiche des bayrischen Landrechts jagdbar. München 28. Juli 85, bayr. Entsch. III, 584.

5. Auch jagdbare Thiere können im Eigenthum stehen und sind dann dem Okkupationsrechte des Jagdberechtigten entzogen, so insbesondere eingefangene und verwahrte Thiere. Die Wegnahme solcher Thiere ist Diebstahl, unter Umständen Unterschlagung. Zu weit geht Olshausen N. 1, wenn er bei gezähmten Jagdthieren von animus revertendi spricht, also annimmt, daß solche Thiere, wie Hausthiere, im Eigenthume bleiben, wenn sie in die Freiheit gelangen, wenn auch mit der Gewohnheit der Rückkehr. Ein gezähmter Rehbock, der vom Jagdberechtigten im Walde getroffen wird, ist dem Jagdrecht verfallen und man wird dem Besitzer kein Vindikationsrecht einräumen können. Wegen der in Schlingen gefangenen Thiere s. unten N. 8.

6. „Nicht berechtigt" — setzt voraus, daß der Thäter ein Okkupationsrecht überhaupt nicht besitzt. Das Jagen des Berechtigten während der gesetzlichen Schonzeit, mit Schlingen u. s. w. ist im Sinne des §. 292 kein unberechtigtes, enthält jedoch event. einen Verstoß gegen das betreffende Jagdpolizeigesetz. (Berlin 1. Nov. 71, Goltd. XIX, 821, O.R. XII, 549, 24. Jan. 72, O.R. XIII, 79, und 24. Mai 76, St. VI, 321.) — Eine vom Jagdberechtigten ertheilte Erlaubniß zum Jagen schließt zwar die Bestrafung aus §. 292, nicht aber die Anwendung besonderer Jagdpolizeigesetze aus, welche, wie z. B. §. 17 preuß. Ges. v. 7. März 1850, das Mitsichführen einer schriftlichen Jagderlaubniß voraussetzen. Eine solche Erlaubniß wird in der Regel in einer Afterverpachtung zu finden sein, wenn auch, wie es viele Jagdpolizeigesetze (vgl. §. 12 des cit. preuß. Ges., §. 6 der hannoverschen Jagdordnung v. 11. März 1859) vorschreiben, die Genehmigung des Verpächters nicht eingeholt ist. Auch die Erlaubniß des Berechtigten, auf seinem Revier zu jagen, macht die That nicht unbedingt straflos. So ist der Jagdaufseher, der die Erlaubniß hat, für den Berechtigten zu jagen, nicht gegen die Strafe des §. 292 fg. geschützt, wenn er nicht für den Berechtigten, sondern für sich, also unberechtigt, die Jagd ausübt. R.G. I, 19. Jan. 84, E. IX, 431. Aehnliche Verhältnisse bedingter Erlaubniß, welche nur bei Erfüllung der Bedingung das Jagen als berechtigt erscheinen läßt, sind mehrfach denkbar. — Berlin

21. Sept. 76 u. 1. Mai 78 (O.R. XVII, 590, Goltd. XXIV, 600; XXVI, 341) urtheilte, aus einem ohne Beobachtung der gesetzlichen Formen abgeschlossenen Vertrag könne eine Jagdberechtigung nicht abgeleitet werden. Ein hierüber im Irrthum Befindlicher würde aber dennoch wegen Mangels des dolus nicht bestraft werden können.

7. Eine Ausübung der Jagd auf fremdem Revier liegt nicht vor, wenn der Jäger das fremde Revier nur (wenn auch in Jagdausrüstung) betritt, um von dort aus ein auf seinem eigenen Revier stehendes Wild zu erlegen. Berlin 7. Okt. 75 (Goltd. XXIII, 544, O.R. XVI, 640, St. VI, 27). Vgl. Berlin 17. Jan. 72 (Goltd. XX, 115, O.R. XIII, 43, St. I, 203); München 28. April 73 (St. II, 298). R.G. III, 10. Juni 82, E. VI, 375, R. IV, 556.

8. „Jagd ausübt" — hierunter sind alle Handlungen begriffen, welche das Aufsuchen, Einfangen und überhaupt das Nachstellen betreffen. Es wird irgend ein äußerer Akt erfordert, welcher als Nachstellung bezeichnet werden kann. Besondere Vorrichtungen sind nicht erforderlich, München 25. Juli 73, 27. April u. 7. Juni 78, St. III, 29; VIII, 275, bayr. Entsch. VIII, 214, 313; Dresden 14. Febr. 76, St. VI, 365; dagegen Oldenburg 31. Jan. 72, St. I, 206. Es ist also nicht erforderlich, daß schon eine Handlung vorgenommen wurde, welche unmittelbar die Okkupation eines jagdbaren Thieres bezweckte, wie das Schießen auf ein solches. Dresden 14. Juli 76 (S.G.Z. XXI, 187); München 19. Juli 75 (bayr. Entsch. V, 363, St. VI, 26). Das Stehen auf dem Anstande ist Jagdausübung. Berlin 8. Sept. 73 (O.R. XIV, 521). R.G. IV, 29. Jan. 86, R. VIII, 103. Dies selbst dann, wenn festgestellt ist, daß der unbefugt Jagende das Gewehr noch nicht geladen hatte. R.G. I, 24. Okt. 89, E. XX, 4. Eine Besitzergreifung des Thieres ist nicht erforderlich. (Berlin 18. Dez. 72 u. 17. Sept. 73, O.R. XIII, 672; XIV, 534, St. III, 139.) Auch das Schlingenstellen fällt unter den Paragraphen. Berlin 13. Okt. 75, Goltd. XXIII, 485, O.R. XVI, 653, R.G. IV, 5. Mai 91, E. XXII, 113. Ebenso das Vergiften von Wild, wenn auch nur, um Wildschaden abzuwenden. R.G. I, 23. Sept. 86, E. XIV, 419, R. VIII, 555. Auch die Aneignung von Fallwild ist Ausübung der Jagd. Dresden 11. Aug. 71 (St. I, 138). Stuttgart 25. Nov. 74 (St. V, 153); Berlin 23. Nov. 77 (O.R. XVIII, 738, Goltd. XXV, 561), 20. Nov. 78 (O.R. XIX, 543); München 18. Jan. 76 (bayr. Entsch. VIII, 27, St. VIII, 273). R.G. I, 13. Jan. 81 (R. II, 721, E. III, 226). Fallwild, welches schon in Verwesung übergegangen ist (Aas), betrachtete nicht als jagdbares Wild R.G. II, 16. Febr. 83, R. V, 126. Dagegen II, 26. Sept. 86, R. IV, 713. Bestimmungen, welche die kriminelle Bestrafung der Wegnahme von Fallwild ausschließen, bestehen gegenüber §. 292 nicht zu Recht. R.G. III, 4. Febr. 89, E. XIX, 49. Das Verfolgen von angeschossenem Wild in fremdes Jagdrevier (Jagdfolge) ist Jagdausübung. Dresden 5. Febr. 77 (S.G.Z. XXI, 348, St. VII, 348), Berlin 14. Juni 78 (O.R. XIX, 309, Goltd. XXVI, 449, St. VIII, 274). R.G. I, 22. Nov. 88, E. XVIII, 226, R. X, 680. Zur Okkupation von Wild, welches Hunde verfolgen und auf fremdem Reviere fangen, ist nur der Jagdberechtigte des letzteren befugt. Absichtliches Verfolgenlassen durch Hunde ist Verletzung des Jagdrechts. München 7. Mai 77 (bayr. Entsch. VII, 182, St. VII, 353); Stuttgart 31. Dez. 77 (württ. Ger.Bl. XIV, 112). Das Erlegen von Wild, welches auf fremdem Reviere steht, vom eigenen aus zum Zwecke der Okkupation ist unbefugtes Jagen, München 27. April 78 (bayr. Entsch. VIII, 212, St. VIII, 275), ebenso, wenn Jemand sich Wild vom fremden Reviere auf das seinige zutreiben läßt, München 7. Juni 78 (bayr. Entsch. VIII, 313, St. VIII, 274), R.G. 1, 16. Juni 81 (E. IV, 262, R. III, 409), II, 1. Juni 86, R. VIII, 420, 12. Okt. 88, R. X, 565). Auch das bloße Aufscheuchen des Wilds zu diesem Zweck kann als Jagen erscheinen, wenn es, auch ohne Einverständniß mit den Jägern, geschieht, um diesen das Wild zuzutreiben und das Erlegen des Wilds zu bewirken. R.G. III, 25. April 88, R. X, 331; oder wenn Jemand sich auf seinem Reviere anstellt und das fremde durch seinen Hund absuchen läßt. R.G. I, 28. Nov. 89, E. XX, 98, Kassel 2. Aug. 90, Goltd. XXXVIII, 362.

Unter §. 292 fällt es auch, wenn Jemand gefangenes Wild vor erfolgter Okkupation aus der Schlinge nimmt, Berlin 13. Okt. 75 (O.R. XVI, 653, St. VI, 28). Nach erfolgter Okkupation durch den Berechtigten würde Diebstahl vorliegen. Olshausen N. 1 scheint hierüber anderer Ansicht zu sein und nimmt an, die Okkupationshandlung durch einen Unberechtigten erwerbe Eigenthum für den Berechtigten. Dies muß entschieden bestritten werden. Das Fangen in einer Schlinge ist noch nicht Okkupation, so wenig wie das Erlegen durch einen Schuß, sondern nur Gelegenheit, zu okkupiren. Hat der Berechtigte noch nicht okkupirt, so liegt Jagdausübung vor, und zwar für denjenigen Unberechtigten, der die Schlingen nicht selbst legte, dagegen durch Wegnahme von Fallwild, wenn das Thier verendet war. Die Aneignung abgeworfener Hirschstangen ist nicht nach § 292 (sondern nur nach etwaigen Spezialgesetzen) strafbar. Berlin 17. Juni 75 u. 10. Okt. 75 (Goltd. XXIII, 439, O.R. XVI, 455, 664); anders verhält es sich, wenn die Hirschstangen noch mit dem Körper des todten Thieres verbunden sind. R.G. III, 19. Nov. 85, E. XIII, 84, R. VII, 674.

Die Aneignung von Wild, das sich in einem umfriedigten Wildpark befindet, ist als Diebstahl zu strafen. Berlin 17. Febr. 76 (Goltd. XXIV, 136; s. §. 242 N. 15).

9. Zum dolus gehört das Bewußtsein der Widerrechtlichkeit, Fahrlässigkeit, z. B. beim Uebertreten des Reviers, genügt nicht (Stuttgart 26. Febr. 73, St. II, 298; Berlin 24. Jan. 72, 4. Jan. 79, Goltd. XX. 128, O.R. XIII, 71; XX, 8.) Dresden 25. Mai 77 (S.G.Z. XX, 51). Es muß demnach dem Thäter nicht nur bewußt sein, daß er einem Thiere nachstelle, sondern auch, daß dasselbe ein jagdbares Thier sei, durch dessen Okkupation er in das Jagdrecht eines Anderen eingreife. Es genügt jedoch auch Eventualdolus, d. h. das Bewußtsein, daß die That möglicher Weise gegen das Jagdrecht verstoße und der auch für diese Möglichkeit festgehaltene Wille. R.G. III, 3. März 84, E. X, 234. Der gute Glaube, der Jagdberechtigte werde mit der Jagdausübung einverstanden sein und dieselbe nachträglich genehmigen, schließt den dolus nicht aus. München 2. Dez. 85, bayr. Entsch. III, 609. Ergreifung von Wild, um es dem Jagdberechtigten abzuliefern, ist straflos. Dresden 12. März 77 (St. VII, 349). Ebenso Jagdausübung unter der irrigen Annahme der Berechtigung. Berlin 14. Nov. 77 (O.R. XVIII, 709, Goltd. XXV, 563); Dresden 5. Febr. 77 (S.G.Z. XXI, 348, St. VII, 348).

Die Meinung des Jagenden, nicht berechtigt zu sein, ist ohne Belang, wenn nicht auch objektiv die Nichtberechtigung vorliegt. Berlin 1. Mai 79 (Goltd. XXVII, 545).

10. Wie bereits zu N. 3 erwähnt, sind für den Umfang des Jagdrechts (jagdbare Thiere) die Landesgesetze maßgebend. Ebenso bleiben nach §. 2 A. 2 Einf.Ges. die Landes-Polizeigesetze in Kraft. Für Preußen kommen zur Berücksichtigung: §§. 107 ff., I, 9; §§. 30 ff., II, 16 A.L.R.; Ges. v. 31. Okt. 1848 (G.S. S. 343); Jagdpol.-Ges. v. 7. März 1850 (G.S. S. 165); hannoversche Jagdordnung v. 11. März 1879; Wildschon.-Ges. v. 26. Febr. 1870 (G.S. S. 120), sowie für das Verfahren §. 261 der Reichs-Strafprozeßordnung. Auf Grund besonderer Vorbehalte kann auch das Gewohnheitsrecht maßgebend sein, insbesondere für den Begriff der jagdbaren Thiere. Vgl. R.G. III, 5. Nov. 83, E. IX, 299, R. V, 673.

In Bayern wirkt das Ges. v. 30. März 1850, betr. die Ausübung der Jagd, auf den Umfang des Jagdrechts ein. So räumt dasselbe dem Grundeigenthümer das Jagdrecht auf den an die Behausung stoßenden Hofräumen und Hausgärten ein, wenn dieselben durch eine Umfriedung begrenzt oder sonst vollständig abgeschlossen sind. Vgl. R.G. I, 15. März 86, E. XVII, 239, R. X, 248.

In Preußen dagegen steht dem Grundeigenthümer die Jagd auf seinem dauernd und vollständig eingefriedigten Grundstücke zu, jedoch nur, nachdem der Landrath diese Eigenschaft des Grundstücks anerkannt hat. R.G. I, 14. Mai 88, E. XVII, 363, R. X, 391, IV, 5. Mai 91, E. XXII, 113.

11. Wer im Einverständnisse mit Wilderern unrechtmäßig erlegtes Wild vom Orte der That abholt und in Gemeinschaft mit jenen in Sicherheit bringt, kann als Theilnehmer am Jagdvergehen bestraft werden. R.G. II, 13. April 80 (R. I, 589). Wer in einem gemeinschaftlichen Jagdbezirk (in Preußen), für welchen die Gemeindebehörde beschlossen hat, die Jagd ruhen zu lassen, wenn auch mit Genehmigung des Grundeigenthümers jagt, ist aus §. 292, der Eigenthümer, der das erlegte Wild zu gemeinschaftlichem Nutzen verkauft, als Begünstiger strafbar. R.G. II, 10. Mai 81 (R. III, 290, E. IV, 158). S. dagegen R.G. II, 26. Juni 83, E. VIII, 402, R. V, 466. Berlin 8. Nov. 88, Goltd. XXXVII, 370. Die Jagdausübung mit einen Anderen, um diesem zum Besitz angeschossenen Wildes zu verhelfen, ist, wenn unbefugt, Mitthäterschaft. R.G. I, 16. Juni 81 (R. III, 409, E. IV, 262).

12. Zu §. 293. — Zusammenhang und Fassung legt nahe, daß auch hier der Antrag erforderlich ist, sofern der Thäter ein Angehöriger des Jagdberechtigten ist; vgl. die Redaktion im §. 123. (Ebenso: v. Schwarze bei Goltd. XXI, S. 61, Binder G.S. Bd. 25, S. 122, Oppenhoff zu §. 293 N. 6, Puchelt S. 299, H. Meyer S. 688, Leipzig 10. Jan. 73, Entsch. d. R.O.H.G. VIII, 367, Dresden 23. Sept. 72, S.G.Z. XVI, 365, St. II, 125. Darmstadt 5. Mai 73, St. II, 330; dagegen Nissen in d. Strafrechtszeit XIII, 157 und Herzog das. XII, 615, Olshausen N. 5, Binding I, 608, N. 2, Berner S. 603, v. Liszt S. 467. Die Praxis hat dahin entschieden, daß Antragstellung nicht erforderlich sei. Berlin 7. Dez. 71,

1. April, 8. Sept. u. 14. Dez. 73, Goltd. XIX, 822; XXI, 212, O.R. XII, 630; XIV, 140, 244, 520 u. öfter, München 29. April 72 u. 24. Mai 75, 24. April 76, St. I, 300; V, 152, bayr. Entsch. VI, 208, Stuttgart 22. Jan. 73, St. II, 204.) R.G. I, 23. Juni 81 (E. IV, 330, R. III, 428). — Die Straferhöhung steht im Ermessen des Richters.

13. Schonzeit ist diejenige Zeit, während welcher das Jagen und Okkupiren des Wildes verboten ist, meist diejenige Zeit, in welcher die Fortpflanzung des Wildes erfolgt. Ist das Erlegen einer gewissen Wildgattung überhaupt verboten, wie in Bayern das der Rehgeisen (Ricken), so hat diese Wildgattung fortwährende Schonzeit. Diese ist landesrechtlich bestimmt. Unkenntniß der Schonzeit soll entschuldigen nach Leipzig 20. Sept. 72, E. VII, 141. H. Meyer S. 687 N. 16, Olshausen N. 4a. A. M. Oppenhoff N. 3. Man wird unterscheiden müssen: die Unwissenheit über die Schonzeit überhaupt oder die Unkenntniß der Strafbarkeit des Erlegens von Wild zur Schonzeit ist Unkenntniß des Strafgesetzes und entschuldigt nicht. Unkenntniß von Thatsachen, die unterlaufen können, z. B. über den Beginn oder das Ende der Schußzeit, oder Irrthum über den Datum des Tages entschuldigt.

14. Wald ist jede zur Forstnutzung verwendete Grundfläche. Ob der Wald aus niederen Bäumen oder Gebüschen, oder aus solchen besteht, welche den Thäter decken, kann nicht unterschieden werden, da das Gesetz nicht unterscheidet. Auch Blößen im Wald zählen dazu, also auch rings umschlossene Waldwiesen.

15. Nachtzeit ist die Zeit eingetretener Dunkelheit. München 21. Juli 76 (bayr. Entsch. VI, 386, St. VI, 366); Dresden 14. Febr. 76 (S.G.Z. XX, 347, St. VI, 365); Jena 1876 (St. VII, 185). R.G. III, 5. Febr. 81 (R. III, 12, Ann. III, 260); IV, 27. Jan. 85, R. VII, 56. Geyer II, 53, v. Liszt S. 466.

16. Von Mehreren gemeinschaftlich ist die Jagd ausgeübt, wenn mindestens zwei Personen im Verhältniß von Mitthätern stehen. R.G. I, 16. Juni 81 (R. III, 409, E. IV, 262). Wenn zwei Personen gemeinschaftlich jagen, der eine durch Erlaubniß des Jagdberechtigten befugt, der andere unbefugt, so sind beide als Mitthäter nach §. 293 strafbar. R.G. II, 21. Sept. 86, R. VIII, 546. Dagegen ist §. 293 nicht anwendbar auf zwei gemeinschaftlich Jagende, von denen der eine in gutem Glauben handelt, also nicht Mitthäter ist. R.G. III, 16. April 88, E. XVII, 413, R. X, 300.

17. Treiber wurden nicht als Mitthäter, sondern als Gehülfen beurtheilt. Nürnberg 21. Sept. 75 (St. VI, 369). — Berlin 26. Juni 79 (O.R. XX, 314, Goltd. XXVII, 547) nahm die Gemeinschaftlichkeit nicht einmal an in einem Falle, in welchem einer der Jagenden die anderen über die Grenzen getäuscht hatte. Dies dürfte jedenfalls irrig sein. Die Strafbarkeit der Getäuschten steht ohnehin nicht in Frage, der Täuschende hat aber dolos gemeinschaftlich mit Mehreren gejagt; der Irrthum Anderer kann ihm nicht nützen.

18. Auch auf Wegnahme von Fallwild ist §. 293 anwendbar, wenn es zur Nachtzeit oder gemeinschaftlich von Mehreren oder im Walde geschieht. R.G. I, 14. Febr. 87, E. XV, 268, R. IX, 127. München 12. Jan. 87, bayr. Entsch. IV, 441. Dagegen ist das Jagen zur gesetzlichen Schonzeit bei Fallwild ausgeschlossen. R.G. III, 16. Sept. 86, R. VIII, 540. München 15. Juni 89, bayr. Entsch. V, 356.

§. 294. Wer unberechtigtes Jagen gewerbsmäßig betreibt, wird mit Gefängniß nicht unter drei Monaten bestraft; auch kann auf Verlust der bürgerlichen Ehrenrechte, sowie auf Zulässigkeit von Polizei-Aufsicht erkannt werden.

Pr. §. 276; E. I. §. 275; E. II. §. 290; St.B. S. 728.

Vgl. §§. 292, 293, 295, 368 Nr. 10, 11.

1. Gewerbsmäßig vgl. §. 260; Berlin 1. Dez. 71, 16. Jan. 73 u. 1. März 76 (O.R. XII, 601; XIV, 52; XVII, 157, St. I, 103). Gewohnheitsmäßigkeit ist nicht gleichbedeutend mit Gewerbsmäßigkeit, doch läßt jene einen Schluß auf diese zu. Berlin 2. Juni 75 (O.R. XVI, 414). Gewerbsmäßiger Jagdbetrieb ist die fortgesetzte unbefugte Jagdausübung zum Zwecke des Erwerbs. R.G. III, 16. Okt. 80 (R. II, 336), 25. März 82, R. IV, 280.

2. Die Annahme ist nicht bedingt durch den Nachweis mehrerer verübter Einzelhandlungen oder der Rückfälligkeit. Berlin 1. März 76 (O.R. XVII, 157). R.G. 20. Nov. 79 (Ann. I, 155). Sie bedarf auch keiner Gleichmäßigkeit der Ausübung. Berlin 20. Juni 72 (O.R. XIII,

370, St. I, 306). Es kann vielmehr aus der Art der Verübung und des Verkaufs des Wildes u. s. w. von einem einzelnen Falle darauf geschlossen werden, daß die Thätigkeit fortgesetzt und zum Erwerb betrieben worden war. Mannheim 14. Juli 77 und (?) 78 (bad. Ann. Bd. 43 S. 230, Bd. 44 S. 329, St. VIII, 276). R.G. II, 23. Jan. 83, E. VIII, 16. Auch der Verbrauch des Wildes im eigenen Haushalt kann als Gewinnsucht aufgefaßt werden. R.G. 16. Okt. 80; 25. März 82 s. oben. Das letztere spricht auch aus, daß das Jagen nicht bloß aus Leidenschaft nicht schon ein gewerbsmäßiges sei.

3. Das gewerbsmäßige Jagdvergehen ist ein Kollektiv-Reat, in welchem die Einzelhandlungen aufgehen. Die Erschwerungsgründe des §. 293 kommen nur bei der Strafzumessung in Betracht. R.G. III, 18. Juni 81 (R. III, 415). Die Folge hiervon ist, wie bei allen Kollektivdelikten, daß die Strafklage durch Verurtheilung wegen gewerbsmäßiger Jagdausübung für alle Fälle konsumirt ist, welche vor der Verurtheilung liegen, auch wenn sie dem Gerichte nicht bekannt oder nicht zur Aburtheilung gezogen wurden; daß aber auch alle diese Fälle zur Anklage gezogen werden können, auch wenn sie im Eröffnungsbeschluß nicht erwähnt sind. R.G. III, 12. Juli 82, 19. Nov. 85, R. IV, 691; VII, 670, E. VII, 33.

4. Ein Antrag ist im Falle des §. 294 nicht erforderlich. Berlin 20. Juni 52 (O.R. XIII, 370, St. I, 306).

5. Die Verjährung des Vergehens aus §. 294 beginnt nicht, so lange der gewerbsmäßige Betrieb andauert. Dies wird in der Regel dahin führen, daß die Verjährung von dem letzten bekannt gewordenen Fall an gerechnet wird, da für eine Fortsetzung über diesen hinaus der Beweis fehlt.

§. 295. **Neben der durch das Jagdvergehen verwirkten Strafe ist auf Einziehung des Gewehrs, des Jagdgeräths und der Hunde, welche der Thäter bei dem unberechtigten Jagen bei sich geführt hat, ingleichen der Schlingen, Netze, Fallen und anderen Vorrichtungen zu erkennen, ohne Unterschied, ob sie dem Verurtheilten gehören oder nicht**

Pr. §. 277; E. I. §. 276; E. II. §. 291; St.B. S. 728—730.
Vgl. §§. 292—294, 40, 42.

1. Der §. 295 gibt von den allgemein bezüglich der Einziehung (Konfiskation) geltenden Grundsätzen des §. 40 abweichende Vorschriften. Namentlich ist nicht erforderlich, daß die Gegenstände bei dem Jagdvergehen gebraucht oder zu demselben bestimmt waren, — es genügt das Beisichtragen, R.G. III, 6. Dez. 79 (R. I, 119, E. I, 28, Ann. I, 154); I, 16. Juni 81 (R. III, 409, E. IV, 262) — ebenso wenig, daß sie dem Thäter oder einem Theilnehmer gehören. Im Reichstag erhob sich über die Aenderung dieser Bestimmungen eine lebhafte Debatte, deren Resultat die Beibehaltung war. Es kann hiernach — ein Beispiel, welches hervorgehoben wurde — das eigene, von einem Dritten ohne Erlaubniß gebrauchte Gewehr des Jagdberechtigten der Einziehung verfallen*). Die Motive erachten die Ausnahme für nöthig, „weil ohne sie, wie die Erfahrung gelehrt hat, die Vorschrift, namentlich von gewerbsmäßigen Jagdfrevlern, welche sich gegenseitig das Gewehr u. s. w. leihen, umgangen werden würde.“ Endlich unterscheidet sich §. 295 vom §. 40 wesentlich dadurch, daß er die Einziehung gebietet, nicht in das Ermessen des Richters stellt. Es muß also auf Beschwerde jedes Urtheil der Revision unterliegen, in welchem auf Einziehung nicht erkannt ist, obgleich die Voraussetzungen derselben gegeben sind. R.G. II, 19. Juni 85, E. XII, 305, R. VII, 416.

2. Hat der Thäter bei derjenigen Handlung, welche sich als unbefugtes Jagen darstellt, das Gewehr nicht bei sich geführt (z. B. dasselbe bei unberechtigter Jagdfolge zurückgelassen), so fällt die Einziehung weg. Berlin 26. Sept. 73 (Goltd. XXI, 566, O.R. XIV, 583, St. III, 138), 22. Juni 78 (St. VIII, 156). München 26. Juni 74 (bayr. Entsch. IV, 266), 19. Okt.

---

*) Diese Konsequenz, in besonders das Rechtsgefühl verletzender Weise hat R.G. I, 2. Juli 88, E. XVIII, 43, R. X, 457 in einem Falle, in welchem der Thäter dem Jagdberechtigten das Gewehr vor der That gestohlen hatte, dadurch abgelehnt, daß es eine Kollision von Gesetzesvorschriften im Hinblick auf §. 111 St.P.O. annahm und dem materiellen Rechte des Eigenthümers den Vorrang einräumte.

74 (St. IV, 197), 23. Dez. 75 (St. V, 253, bayr. Entsch. V, 564), R.G. II, 15. Okt. 87, R. IX, 502. Breslau 4. Juli 90, Goltd. XXXVIII, 363 erkannte jedoch in einem Fall, in dem der Jäger Wild jenseits der Grenze von seinem Hunde holen ließ, nicht nur Einziehung des Hunds, sondern auch des Gewehrs, weil der Jäger bei seinem Jagdvergehen dieses bei sich geführt habe.

Die Einziehung erfordert die Feststellung, daß der Thäter das eingezogene Jagdgeräth bei Verübung der That bei sich geführt hat. München 27. April 78 (bayr. Entsch. VIII, 213). Unter dieser Voraussetzung verfallen auch die beim Vergehen benutzten Transportmittel der Einziehung. R.G. II, 19. Juni 85 s. oben N. 1; jedoch modifizirte das R.G. II, 22. Mai 91, E. XXII, 15 dahin, daß abgesehen von §. 40 nicht alle Transportmittel, Schlitten nur bei besonderer Bestimmung zur Jagd unter den Begriff des Jagdgeräthes fallen.

3. Thäter ist nicht nur derjenige, welcher mit dem selbständigen Thäterwillen das Vergehen begeht, sondern auch der Gehülfe, welcher an der Jagd theilnimmt und dabei Jagdgeräthe, auch Gewehre, bei sich führt. Gl. M. Olshausen N. 3c. Auch nicht ermittelte Theilnehmer an der Jagd sind Thäter und kann Einziehung der von ihnen geführten Hunde u. s. w. erfolgen.

4. Das Recht der Beschlagnahme bei einem auf Jagdfrevel Betroffenen steht auch dem Privatjagdaufseher zu. Berlin 20. Febr. 73 (O.R. XIV, 153). R.G. II, 31. Mai 81 (R. III, 352). — München 4. Febr. 73 (bayr. Entsch. III, 41, St. II, 205) erkannte, es sei auf Einziehung nicht zu erkennen, wenn das gebrauchte Gewehr nicht ermittelt sei. Dies ist irrig, da die Einziehung ohne Einschränkung vorgeschrieben ist, beim Urtheil die Frage möglicher Exekution ohne Belang ist und die Anhaltspunkte für letztere sich nachträglich ergeben können. R.G. I, 17. Febr. 81 (R. III, 56), 7. Febr. 84, E. X, 139. Die Einziehung des Hundes und sonstigen Jagdgeräths wurde gebilligt bei Verübung des Jagdfrevels lediglich durch Verfolgung des Wildes durch den Hund ohne Betreten des fremden Reviers durch den Jäger. Stuttgart 31. Dez. 77 (württ. Ger.Bl. XIV, 112).

Kann das gebrauchte Gewehr oder das sonstige Jagdgeräthe nicht beigeschafft werden, so kann nicht statt dessen auf Werthersatz erkannt werden. Enthalten die landesgesetzlichen Bestimmungen eine dies gestattende oder gebietende Vorschrift, wie z. B. §. 23 des hess. Jagdges. v. 19. Juli 1858, so sind dieselben durch §. 295 beseitigt. R.G. I, 7. Dez. 82, E. VII, 311, R. IV, 873, 2. Juli 88, E. XVIII, 43, R. X, 457.

4. Die gleichzeitige Anwendung des §. 42 ist zulässig. Berlin 23. Nov. 76 (O.R. XVII, 759, Goltd. XXIV, 537, St. VII, 5). Dieselbe ist jedoch nur dann möglich, wenn alle Vorbedingungen des §. 40 vorliegen, welche also zum Vergehen gebraucht oder bestimmt waren und dem Thäter oder einem Theilnehmer gehören. Hat der Jagende die Sache nur bei sich getragen, ohne daß sie zum Jagen gebraucht oder bestimmt waren, oder ist das Eigenthum des Thäters bezw. Theilnehmers nicht nachgewiesen, so kann die Einziehung nur in Verbindung mit einem Strafurtheil, nicht objektiv erkannt werden. R.G. III, 11. Febr. 89, E. XIX, 45.

5. Kann die Verfolgung nur auf Antrag eintreten (§. 292), so kann auch die Einziehung nicht ohne Antrag erkannt werden, es sei denn, daß sie auf Grund des §. 42 erkannt wird, Berlin 23. Nov. 76. A.M. München 21. März 74 (bayr. Entsch. IV, 167, St. III, 279, 23. Dez. 75, St. V, 253). Die Einziehung des erlegten Wildes kann nicht erkannt werden. München 4. Jan. 78 (bayr. Entsch. VIII, 5). Dasselbe fällt dem Jagdberechtigten zu.

6. Das Recht auf die einzuziehenden Gegenstände steht dem Fiskus als ein bedingtes schon vor Rechtskraft des die Einziehung verfügenden Urtheils zu. Werden dieselben dem Zugriffe entzogen, so ist §. 288 darauf anwendbar. R.G. II, 7. Jan. 87, E. XV, 164, R. IX, 10.

7. Die Einziehung ist Nebenstrafe. Konkurrirt mit dem Jagdvergehen ein schwerer strafbares Delikt, z. B. fahrlässige Körperverletzung, ideell, so daß die Strafe wegen des letzteren erkannt werden muß, so kann nicht auf Einziehung des Gewehrs erkannt werden. R.G. II, 30. April 86, R. VIII, 330. Vgl. auch R.G. I, 7. Dez. 82, E. VII, 311, R. IV, 873, den Charakter der Einziehung als Strafe verneinen: v. Liszt S. 252, Olshausen N. 1.

8. Wegen Vollstreckung der erkannten Einziehung vgl. für Preußen die Just.-Min.-Verf. v. 6. Juli 1854 und 28. Nov. 1860 (J.M.Bl. S. 294 bez. 435).

§. 296*). **Wer zur Nachtzeit, bei Fackellicht oder unter Anwendung schädlicher oder explodirender Stoffe unberechtigt fischt oder krebst, wird mit Geldstrafe bis zu sechshundert Mark oder mit Gefängniß bis zu sechs Monaten bestraft.**

Pr. §. 273; E. I. §. 354 Nr. 12; E. II. §. 292; St.B. S. 730—732.

G. v. 26. Febr. 1876 Art. I; Drucks. (1876) Nr. 54, 145, 150, 157; St.B. S. 828.

Vgl. §§. 370 Nr. 4; St.B. S. 1175 (Drucks. Nr. 182_{43}).

1. Der (vom Reichstag aufgenommene) §. 296 und der mit demselben in Verbindung stehende §. 370 Nr. 4 bestraft den Eingriff in das ausschließliche Okkupationsrecht von Fischen und Krebsen. Das unberechtigte Fischen und Krebsen umfaßt alle diejenigen Handlungen, welche vom Thäter, im Bewußtsein der mangelnden Berechtigung vorgenommen werden, um Fische und Krebse, welche sich als herrenlose Sachen nicht in dem Gewahrsam eines Dritten befinden, in seine Gewalt zu bringen. Von einer wirklichen Besitzergreifung der Thiere hängt auch hier die Anwendbarkeit des Paragraphen nicht. (Vgl. Hälschner preuß. St.R. II, S. 492), Olshausen N. 3. München 8. März 78 (bayr. Entsch. VIII, 103). R.G. II, 7. Febr. 82, III, 7. Nov. 87, R. IV, 132, IX, 563.

Wie beim Jagen giebt der Auftrag, für einen Andern, den Berechtigten, zu fischen, kein Recht, für sich zu fischen. Thut dies der Beauftragte, so ist er wegen unbefugten Fischens strafbar. R.G. III, 10. Dez. 85, E. XIII, 195.

2. Befinden sich die Fische oder Krebse nicht in offenen Gewässern, sondern in Privatteichen, Fischbehältern u. s. w., so liegt Diebstahl vor. Vgl. §. 242 N. 15; früher §. 217 N. 1 preuß. St.G.B.; wegen Perlfischerei §. 242 N. 15.

Nach preußischem Rechte hört ein Privatteich dadurch nicht auf, ein geschlossenes Gewässer zu sein, daß unter außergewöhnlichen Umständen (Hochwasser) eine Unterbrechung der Abschließung eintreten kann. R.G. II, 5. Febr. 84, E. X, 78, R. VI, 82.

3. „Unberechtigt" vgl. zu §. 292 N. 6; bez. der Nachtzeit zu §. 293 N. 15. Mannheim 4. April 76 u. 26. Jan. 78 (bad. Ann. Bd. 42 S. 126, Bd. 44 S. 41, St. VII, 129; VIII, 19, Goltd. XXVII, 230).

4. Ueber die Berechtigung (das Okkupationsrecht) entscheiden auch hier die Landesgesetze, insbesondere auch über den Umfang des Fischereirechts. Demnach muß z. B. entschieden werden, ob das Fischen von Austern, sowie andere Muschelthiere, wie Perlmuscheln und andere Wasserthiere, zum Begriffe des Fischens gehören. Auf Grund des Reichsstrafrechts läßt sich diese viel kontrovertirte Frage nicht entscheiden. R.G. II, 21. Febr. 88, E. XVII, 161, R. X, 173.

5. Als schädliche und explodirende Stoffe bezeichnete der Antragsteller im Reichstag (Graf Münster): ungelöschten Kalk, Fenchelkörner, Dynamit. (St.B. S. 730.) Dahin gehören auch: Kockelskörner und Krähenaugen, sowie die in dem preuß. Fischereigesetz vom 30. Mai 74 §. 21 (G.S. S. 197) erwähnten giftigen Köder und Sprengpatronen (im Allgemeinen) u. s. w. Das R.G. v. 9. Juni 84, betr. den verbrecherischen und gemeingefährlichen Gebrauch von Sprengstoffen, berührt die Anwendung von solchen Sprengstoffen, wie Dynamit, beim Fischen nicht. R.G. IV, 22. Jan. 86, E. XIII, 305, R. VIII, 86.

6. Die in den besonderen Fischereiordnungen (oder sonstigen Landesgesetzen) enthaltenen polizeilichen Strafbestimmungen bleiben bestehen, sofern sie nicht das „unberechtigte Fischen und Krebsen" selbst zum Gegenstande haben; das folgt aus §. 2 A. 2 Einf.Ges. Der §. 273 preuß. St.G.B. sprach solches ausdrücklich aus.

7. Wenn der Angeschuldigte die Einrede der Berechtigung erhebt, so findet §. 261 der Reichs-Strafprozeßordnung Anwendung.

§. 296a. **Ausländer, welche in Deutschen Küstengewässern unbefugt fischen, werden mit Geldstrafe bis zu sechshundert Mark oder mit Gefängniß bis zu sechs Monaten bestraft.**

---

*) Neue Fassung des G. v. 26. Febr. 1876, in der alten Fassung enthielt §. 296 noch den Schlußabsatz:

„Die Verfolgung tritt nur auf Antrag ein."

Neben der Geld- und Gefängnißstrafe ist auf Einziehung der Fanggeräthe, welche der Thäter bei dem unbefugten Fischen bei sich geführt hat, ingleichen der in dem Fahrzeuge enthaltenen Fische zu erkennen, ohne Unterschied ob die Fanggeräte und Fische dem Verurtheilten gehören oder nicht.

G. v. 26. Febr. 1876 Art. II; Drucks. Nr. 54; St.B. S. 1016.

1. Die Motive zu diesem durch die Novelle vom 26. Febr. 1876 aufgenommenen §. bemerken:

„Nach den Grundsätzen des Völkerrechts gehört es unzweifelhaft zu den Befugnissen des Küstenstaates, die Benutzung der Küstengewässer, insbesondere auch in Betreff der Fischerei zu regeln, dieselbe den Inländern vorzubehalten und Ausländer vom Fischen in diesen Gewässern auszuschließen. Heffter, Völkerrecht §. 75. Bluntschli, Völkerrecht §. 210.

Deutsche Fischer haben wiederholt darüber Klage geführt, daß sie durch Uebergriffe ausländischer Fischer innerhalb der deutschen Hoheitsgrenze beeinträchtigt würden. Derartige Klagen haben schon vor mehreren Jahren zu diplomatischen Verhandlungen Veranlassung gegeben und dazu geführt, daß z. B. das großbritannische Board of trade in den Jahren 1868 und 1874 Bekanntmachungen erließ, in welchen die britischen Schiffer davor gewarnt wurden, innerhalb einer näher bestimmten Grenze von der deutschen Küste ab die Fischerei zu betreiben; allein diese Warnungen haben einen durchschlagenden Erfolg nicht gehabt. Es erscheint deshalb eine Strafbestimmung erforderlich, um dem unbefugten Fischen von Ausländern in den deutschen Küstengewässern wirksam entgegentreten zu können.

Die Einziehung der Fanggeräthe und der im Fahrzeuge enthaltenen Fische war in demselben Umfange wie im §. 295 bei unberechtigtem Jagen anzudrohen, um die nach §. 40 eintretende Einschränkung auf die dem Thäter oder Theilnehmer gehörigen Gegenstände auszuschließen."

2. Thäter kann nur ein Ausländer sein, gleichviel, wo er wohnt, selbst in Deuschland. Er muß aber selbst Thäter sein. Ausländer, die Inländern bei deren Fischerei Beihülfe leisten, sind, selbst wenn sie sich gegen Fischerei-Vorschriften verfehlen sollten, nicht nach §. 296a strafbar. Hälschner II, 344, H. Meyer S. 549, Olshausen N. 2, Oppenhoff N. 2, v. Schwarze N. 1. Inländer können bei dem Vergehen eines Ausländers nur Anstifter oder Gehülfen sein.

3. Die That setzt vorsätzliche Verübung, also das Bewußtsein der Verbotswidrigkeit der Handlung voraus. A. M. Oppenhoff N. 6.

4. „Küstengewässer" sind die nach völkerrechtlichen Grundsätzen der deutschen Staatshoheit unterworfenen Wasserflächen. Ueber „Küstenfischerei" vgl. §. 3 des preuß. Fischereigesetzes vom 30. Mai 1874 (G.S. S. 197).

5. „Unbefugt" ist als gleichbedeutend mit „unberechtigt" zu nehmen und setzt nicht ein besonderes Verbot voraus. Vgl. Meves zu §. 296a; a. M. anscheinend Oppenhoff. Merkel in H.H. IV, 462 und Olshausen N. 5 bekämpfen die Identifizirung von „unbefugt" und „unberechtigt", weil kein Fischereirecht als Privatrecht in den Küstengewässern bestehe, allein unberechtigt heißt nicht „gegen ein Privatrecht verstoßend", sondern gegen das Recht verstoßend. Das Recht begründet aber die Staatsgewalt durch Anordnungen über Ausübung der Fischerei in den Küstengewässern. Die Kontroverse ist also nur eine scheinbare.

6. Abs. 2 vgl. die Bemerkungen zu §. 295.

§. 297. Ein Reisender oder Schiffsmann, welcher ohne Vorwissen des Schiffers, ingleichen ein Schiffer, welcher ohne Vorwissen des Rheders Gegenstände an Bord nimmt, welche das Schiff oder die Ladung gefährden, indem sie die Beschlagnahme oder Einziehung des Schiffes oder der Ladung veranlassen können, wird mit Geldstrafe bis zu eintausendfünfhundert Mark oder mit Gefängniß bis zu zwei Jahren bestraft.

Pr. §. 278; E. I. §. 277; E. II. §. 293; St.B. S. 732.

Vgl. Seem.O. v. 27. Dezbr. 1872 §§. 3, 75, 76, 84, 95, 100, 102, 103; H.G.B. Art. 564, 565, 674.

1. „Schiffsmann" begreift auch die Schiffsoffiziere mit Ausschluß des „Schiffers" (Kapitäns), vgl. §. 3 der Seemannsordnung vom 27. Dez. 1872 (R.G.Bl. S. 409). Vgl. A. D. H.G.B. Art. 564, 528 ff., 534, 554, ferner auch sonstige zur Schiffsmannschaft im engeren Sinne nicht gehörige Personen, welche auf dem Schiffe dienen, wie Maschinisten, Heizer, Aufwärter u. s. w. Berlin 27. März 78 (O.R. XIX, 166, Goltd. XXVI, 221, St. VIII, 277).

2. Die im preuß. St.G.B. nicht enthaltenen Worte „oder die Ladung" sind aus dem früheren Lübeck'schen St.G.B. (§. 233) übernommen.

3. Die Gefährdung des Schiffs oder der Ladung besteht in der Herbeiführung der Möglichkeit, daß Schiff oder Ladung beschlagnahmt oder eingezogen werden. Dies kann durch Uebertretung der Zollgesetze oder von Einfuhrverboten oder durch Verladung von Kriegskontrebande auf einem Schiffe geschehen, das nach einem in Blokade- oder Kriegszustande befindlichen Hafen verfrachtet wird. Ob die Beschlagnahme eine dauernde ist oder nicht, begründet keinen Unterschied.

4. Die That kann im Inlande von In- oder Ausländern auf einem in- oder ausländischen Schiffe begangen werden, ohne Rücksicht darauf, ob die drohende Beschlagnahme sich im Inlande oder im Auslande vollziehen mußte. Im Auslande kann die That nur von einem Deutschen als im Inlande verfolgbar begangen werden. (§. 4 Ziff. 3 St.G.B.)

5. Die That setzt vorsätzliche Verübung voraus, d. h. das Bewußtsein, daß das an Bord Nehmen der Gegenstände ohne Wissen des Schiffers bez. des Rheders erfolgt, und daß das Auffinden der Gegenstände an Bord die Beschlagnahme oder Einziehung des Schiffs oder der Ladung zur Folge haben kann. Unwissenheit über die Gefahr schließt Strafe aus, da die Unwissenheit über die Zoll- oder Kriegsgesetze nicht als Unwissenheit über das Strafgesetz erscheint.

6. Die That ist vollendet mit dem an Bord Bringen der Gegenstände, ohne daß es auf einen weiteren Erfolge ankommt.

§. 298. Ein Schiffsmann, welcher mit der Heuer entläuft, oder sich verborgen hält, um sich dem übernommenen Dienste zu entziehen, wird, ohne Unterschied, ob das Vergehen im Inlande oder im Auslande begangen worden ist, mit Gefängniß bis zu Einem Jahre bestraft.

Pr. §. 279; E. I. §§. 248, 349 Nr. 2; E. II. §. 294; St.B. S. 732.
Vgl. §. 4; Seem.O. v. 27. Dezbr. 1872 §§. 3, 29, 61—64, 81—83, 100.

1. Schiffsmann vgl. §. 297 N. 1.

2. Die Motive bemerken:

„Das Entlaufen der Schiffsleute mit der empfangenen Heuer mußte für den Fall, daß das Vergehen im Auslande begangen worden, ausdrücklich mit Strafe bedroht werden, weil diese Handlungen in Amerika und England straffrei sind, und es somit nach den Grundsätzen im §. 4 des Entwurfes im Nordd. Bunde nicht gestraft werden könnte, wenn das Gesetzbuch nicht eine ausdrückliche Ausnahmevorschrift dafür gäbe."

Ob die Ausnahmevorschrift sich nur auf Deutsche bezieht, ist zweifelhaft. Wird das Vergehen im Inlande oder an Bord eines deutschen (d. h. die Reichsflagge führenden) Schiffes („verborgen hält") begangen, so ist der Ausländer jedenfalls nach §. 3 strafbar. (Vgl. §. 3 N. 4.) Daß der Schiffsmann den Dienst angetreten hat, ist nicht erforderlich. Berlin 27. März 78 (O.R. XIX, 166, Goltd. XXVI, 221, St. VIII, 277).

3. Der I. Entwurf hatte im §. 349 Nr. 2 aus dem preuß. Ges. v. 20. März 1854 (G.S. S. 137) eine Strafbestimmung gegen diejenigen Seeleute aufgenommen, welche nach abgeschlossenem Heuervertrage (vor Empfang der Heuer) entlaufen oder sich verborgen halten. Der II. Entwurf strich die Bestimmung, um das Weitere der Deutschen Seemannsordnung zu überlassen. Die letztere (vom 27. Dez. 72, R.G.Bl. S. 409) enthält im §. 81 entsprechende Strafbestimmungen.

4. Es ist kontrovers, ob Abs. 3 §. 81 der Seemannsordnung, welcher gleichlautend mit §. 298 ist, diesen beseitigt hat oder nicht. Für Aufhebung Olshausen N. 1, v. Liszt S. 470 N. 1. Dagegen: Geyer II, 63, Binding I, 349, 355 N. 15. Der Wortlaut des §. 81 Abs. 3 läßt kaum einen Zweifel zu, daß dieser Absatz nur der Vollständigkeit halber auf §. 298 verweist, dieser also formell nicht aufgehoben ist.

5. Die That ist strafbar, wenn sie von einem Deutschen oder auf einem deutschen Schiffe geheuerten Ausländer im In- oder Auslande oder von einem Ausländer im Inlande begangen wird. Daß die Begehung im Auslande erwähnt ist, hat zur Folge, daß die That nicht nach den Gesetzen des Orts mit Strafe bedroht sein muß, um im Inlande verfolgt werden zu können. Dagegen ist §. 5 Ziff. 1 auf die That anwendbar, wenn sie im Auslande begangen ist, abgesehen von Ziff. 2 u. 3, mit denen es sich wie bezüglich des §. 4 Ziff. 3 verhält. Aehnlich Binding I, 442. A. M. Lammasch im G.S. Bd. 41 S. 10 Note.

§. 299. **Wer einen verschlossenen Brief oder eine andere verschlossene Urkunde, die nicht zu seiner Kenntnißnahme bestimmt ist, vorsätzlich und unbefugter Weise eröffnet, wird mit Geldstrafe bis zu dreihundert Mark oder mit Gefängniß bis zu drei Monaten bestraft.**

Die Verfolgung tritt nur auf Antrag ein.

Pr. §. 280; E. I. §. 279; E. II. §. 295; St.B. S. 732.

Vgl. §§. 354, 358; G. v. 28. Oktbr. 1871 §. 5 (Postwesen).

1. Strafbar ist das Eröffnen, so daß die Einsicht des Inhalts nicht erfordert wird (Vgl. Dresden 30. Nov. 74, S.G.Z. XIX, 202, St. V, 153.)

Unter Eröffnen ist jede Manipulation zu verstehen, welche gestattet, von dem Inhalte des verschlossenen Schriftstückes Kenntniß zu nehmen. Also auch ein Herausziehen des Inhalts eines Kouverts aus diesen, wenn dasselbe, trotzdem es herausgenommen werden kann, noch als verschlossen erscheint. R.G. IV, 25. April 90, E. XX, 375.

Zerstörung des Briefs oder der Urkunde fällt nicht unter §. 299. Berlin 20. März 72 (O.R. XIII, 211, Goltd. XX, 207, St. I, 307). — Die Motive des Eröffnens sind gleichgültig; es genügt bloße Neugierde. Die amtlichen Motive bemerken:

„Die unbefugte Eröffnung verschlossener Briefe oder Urkunden enthält, auch wenn sie nicht in gewinnsüchtiger Absicht, sondern nur zu dem Zwecke geschieht, eine unberechtigte Neugier zu befriedigen, immerhin einen Eingriff in die Rechtssphäre des Dritten, der nicht ungeahndet zu lassen ist."

Jedoch muß die Handlung vorsätzlich, d. h. mit dem Bewußtsein der mangelnden Befugniß begangen werden. München 28. Juni 78 (bayr. Entsch. VIII, 348, St. VIII, 281). Geyer II, 39, Merkel in H.H. III, 842.

2. Objekt der That ist jedes Schriftstück, welches in Briefform verschlossen ist. Gelegentlich wurde Brief als die schriftliche Gedankenmittheilung an Andere definirt. Vgl. R.G. III, 15. Okt. 87, E. XVI, 284, R. IX, 506, I, 23/28. Mai 91, E. XXI, 22. Da es sich aber hier um den Schutz verschlossener Schriftstücke gegen unbefugtes Eindringen handelt, so kann hier auf den Inhalt des Briefes keine Rücksicht genommen werden, sondern nur auf den Verschluß. Es ist deshalb sowohl die Bezeichnung: Brief als die Bezeichnung: eine andere Urkunde, da nicht jeder Brief eine Urkunde ist, eine höchst unvollkommene. Wer Waarenmuster, Zeichnungen u. dgl. unter Briefverschluß verschickt, hat ein Recht auf Bewahrung seines Geheimnisses. Aehnlich Hälschner II, 216, 522, v. Liszt S. 418, Olshausen N. 2, v. Schwarze N. 1, H. Meyer S. 778, Binding Normen I, 207.

Die Art des Verschlusses ist ohne Bedeutung, nur muß die Oeffnung ohne Hinderniß unmöglich sein.

3. Die Eröffnung und gesuchte Kenntnißnahme muß eine unbefugte sein. Eine solche liegt nicht vor, wenn das Eindringen in das Geheimniß gesetzlich gestattet ist, wie nach §§. 99, 100, 110 St.P.O., oder, wenn ein Autoritätsverhältniß die Befugniß ertheilt, wie bei Eltern gegenüber unmündigen Kindern.

4. Das preuß. O.Tr. hat angenommen, daß der Ehemann die von der Ehefrau geschriebenen Briefe öffnen und an sich nehmen darf. (Goltdammer VII, 118; Oppenhoff N. 3; vgl. dagegen: Dresden 30. Nov. 74 [S.G.Z. XIX, 202, St. V, 153].) Hälschner II, 216, Merkel in H.H. III, 844.

5. Bezüglich der Postbeamten und des gewährleisteten Briefgeheimnisses vgl. §. 354.

6. Verletzter und Antragsberechtigter ist der Absender des Briefs, auch wenn mittlerweile der eröffnete Brief an die Adresse gelangt ist. Berlin 14. Febr. 78 (O.R. XIX, 71, Goltd. XXVI, 133).

§. 300. Rechtsanwälte, Advokaten, Notare, Vertheidiger in Strafsachen, Aerzte*), Wundärzte, Hebammen, Apotheker, sowie die Gehülfen dieser Personen werden, wenn sie unbefugt Privatgeheimnisse offenbaren, die ihnen kraft ihres Amtes, Standes oder Gewerbes anvertraut sind, mit Geldstrafe bis zu eintausendfünfhundert Mark oder mit Gefängniß bis zu drei Monaten bestraft.

Die Verfolgung tritt nur auf Antrag ein.

Pr. §. 155; E. I. §. 280; E. II. §. 296; St.B. S. 732, 733.

Vgl. §. 139; Reichs-Strafprozeßordnung §. 52.

1. Die entsprechende Bestimmung des preuß. St.G.B. §. 155 befand sich in dem Abschnitt von den Ehrverletzungen. Der Entwurf verwies die Vorschrift in diesen (Sammel-)Abschnitt, da das Motiv der Ehrverletzung nicht immer zutrifft. — Auch im §. 300 ist wie im §. 299 das Motiv gleichgültig, namentlich die Absicht, zu schaden oder Gewinn zu ziehen, nicht erforderlich. Die Bestimmung ist bezüglich der Personen erweitert, worüber die Motive (S. 140) bemerken:

„Die Erweiterung der Personenkategorien wird durch das Verhältniß der betreffenden Personen selbst gerechtfertigt. Unter „Gehülfen" sind hier insbesondere die Gehülfen der Apotheker, Aerzte und Hebammen, so wie die der Rechtsanwälte zu verstehen. Dieselben sind in Folge ihrer, wenngleich nebensächlichen Mitwirkung, häufig in gleichem Maße in die Geheimnisse der hülfesuchenden Personen eingeweiht, wie die Prinzipale selbst, wie andererseits diese selbst nicht selten unbedingt auf die Unterstützung ihrer Gehülfen angewiesen sind und auf ihre Verschwiegenheit sich ebenso wie die Hülfesuchenden selbst verlassen müssen."

2. Der §. 300 behandelt keine strafrechtliche Materie erschöpfend, sondern nur die Verpflichtung bestimmter Berufsklassen zur Geheimhaltung des Erkundeten. Die Folge hiervon ist, daß landesrechtliche Bestimmungen, welche anderen Berufsklassen die Geheimhaltung auferlegt, durch das deutsche St.G.B. nicht beseitigt sind, z. B. Art. 418 Code pen. bezüglich der Bewahrung von Fabrikgeheimnissen, R.G. I, 3. Jan. 87, E. XV, 141. A. M. Hälschner II, 217, v. Liszt S. 420, Olshausen N. 1, Oppenhoff N. 1.

Es bestimmt jedoch das Unfallversicherungsgesetz v. 6. Juli 1884 (R.G.Bl. S. 69 fg.) in §. 107: Die Mitglieder der Vorstände der Genossenschaften, deren Beauftragte (§. 82 u. 83) und die nach §. 83 ernannten Sachverständigen werden, wenn sie unbefugt Betriebsgeheimnisse offenbaren, welche Kraft ihres Amtes oder Auftrages zu ihrer Kenntniß gelangt sind, mit Geldstrafe bis 1500 M. oder mit Gefängniß bis zu 3 Monaten bestraft.

Die Verfolgung tritt nur auf Antrag des Betriebsunternehmers ein.

§. 108. Die Mitglieder der Vorstände der Genossenschaften, die Beauftragten derselben (§§. 82 u. 83) und die nach §. 83 ernannten Sachverständigen werden mit Gefängniß, neben welchem auf Verlust der bürgerlichen Ehrenrechte erkannt werden kann, bestraft, wenn sie absichtlich zum Nachtheile der Betriebsunternehmer Betriebsgeheimnisse, welche kraft ihres Amtes oder Auftrags zu ihrer Kenntniß gelangt sind, offenbaren, oder geheim gehaltene Betriebseinrichtungen oder Betriebsweisen, welche kraft ihres Amtes oder Auftrages zu ihrer Kenntniß gelangt sind, so lange als diese Betriebsgeheimnisse sind, nachahmen.

Thun sie dies, um sich oder einem Andern einen Vermögensvortheil zu verschaffen, so kann neben der Gefängnißstrafe auf Geldstrafe bis zu 3000 M. erkannt werden.

3. Ein im Reichstag gestellter Antrag hinter „unbefugt" noch einzuschalten „und mißbräuchlicherweise" wurde abgelehnt. Motivirt war der Antrag hauptsächlich dadurch, daß Aerzte häufig im wissenschaftlichen Interesse Erfahrungen aus der Praxis mitzutheilen in der Lage sind. Man hielt zur Straflosigkeit berechtigter Fälle dieser Art den Ausdruck „unbefugt" für ausreichend. (St.B. S. 732, 733.)

4. Als das zu bewahrende Privatgeheimniß gilt Alles, was die im §. 300 bezeichneten Personen vermöge ihrer Stellung als Rechtsanwälte u. s. w. von den Personen, welche sie in jener Stellung zugezogen haben, ausdrücklich erfahren haben oder zu beobachten Gelegenheit

*) Vgl. Liebmann, Die Pflicht des Arztes zur Bewachung anvertrauter Geheimnisse. Frankf. a. M. 1886.

hatten, und bezüglich dessen ihnen entweder Stillschweigen ausdrücklich auferlegt oder vermöge der Natur der Sache erwartet wurde. Es begreife sich hierunter also beim Arzte nicht nur die Krankheiten, sondern auch gelegentlich gemachte Mittheilungen oder Beobachtungen. R.G. III, 22. Okt. 85, E. XIII, 60, R. VII, 607.

5. Antragsberechtigt ist nicht nur der direkt Betroffene, also z. B. beim Arzt der Kranke, sondern auch derjenige, welcher dem Thäter die Vertrauensstellung übertragen hat, also z. B. das Familienoberhaupt, der den Arzt, den Anwalt zugezogen hat. Selbstverständlich auch der gesetzliche Vertreter R.G. 22. Okt. 85 s. oben, nicht aber jeder Interessent. Weiter will v. Liszt S. 419 gehen.

6. Subjekt der That können nur die in §. 300 bezeichneten Personen-Kategorien sein, einschlüssig der vielleicht in einzelnen Landestheilen vorkommenden, sachlich übereinstimmenden Kategorien, welche anders benannt werden, so sind die in Bayern vorkommenden Landärzte oder mit geringeren ärztlichen Befugnissen ausgestattete Bader Aerzte u. s. w. Eine analoge Ausdehnung des Gesetzes auf andere Personen, welche sich in ähnlichen Vertrauensstellungen befinden, kann aber nicht stattfinden. Dies schließt jedoch nicht aus, daß für solche Personen eine Pflicht der Verschwiegenheit besteht, deren Bruch mit besonders angeordneten Folgen bedroht ist. Vgl. oben N. 2.

Die in §. 300 bezeichneten Personen sind mit Strafe bedroht, insofern sie faktisch ihren Beruf im Inlande ausüben, oder Deutsche, welche ihn im Auslande ausüben, wo die That gleichfalls unter Strafe steht (§. 4 Ziff. 3).

Auch solche Personen fallen unter die Strafbestimmungen, welche das Amt, den Stand oder das Gewerbe aufgegeben haben, bezüglich der aus der Zeit der Ausübung stammenden Geheimnisse.

7. Die Handlung besteht im Offenbaren des Geheimnisses, d. h. in der unbefugten Mittheilung an einen Anderen, gleichviel, in welcher Absicht. Nicht fällt darunter die Mittheilung in Folge einer Anzeige- oder Warnungspflicht. Daß das wissenschaftliche Interesse die Mittheilung rechtfertigt, ist im Allgemeinen zu verneinen. Geschieht es mit Wahrung vollster Diskretion bezüglich Bezeichnung der Personen, so liegt keine Offenbarung vor. Kann aber die Person auch nur errathen werden, bietet das wissenschaftliche Interesse keine Entschuldigung. Gl. M. Merkel in H.H. III, 845, H. Meyer S. 780, Olshausen N. 9, Oppenhoff N. 7. A. M. v. Schwarze N. 2.

8. Die That muß vorsätzlich geschehen, d. h. mit dem Bewußtsein der mangelnden Befugniß zur Offenbarung. Ob der Betroffene ein Interesse an der Geheimhaltung hat, ist aber objektiv zu beurtheilen. Es kann nicht zugegeben werden, daß der Vertrauensperson ein Recht der Offenbarung zusteht, wenn sie glaubt, dem Berechtigten könne die Mittheilung gleichgültig sein. Vorsatz finden erforderlich: Hälschner II, 218, v. Liszt S. 419, Olshausen N. 10. Wenn Andere wie Meves in H.H. III, 962, Oppenhoff N. 6 auch die leichtsinnige Offenbarung bestraft wissen wollen, so dürfte dies nur insofern richtig sein, als die leichtsinnige Beurtheilung des Geheimnisses nicht entschuldigt.

9. Inwieweit Jemand trotz der Vorschrift des §. 300 zur Ablegung eines Zeugnisses verbunden ist, ist nach den Prozeßgesetzen zu beurtheilen. Vgl. Reichsstrafprozeßordnung §§. 51—54.

§. 301. **Wer in gewinnsüchtiger Absicht und unter Benutzung des Leichtsinns oder der Unerfahrenheit eines Minderjährigen sich von demselben Schuldscheine, Wechsel, Empfangsbekenntnisse, Bürgschaftsinstrumente oder eine andere, eine Verpflichtung enthaltende Urkunde ausstellen oder auch nur mündlich ein Zahlungsversprechen ertheilen läßt, wird mit Gefängniß bis zu sechs Monaten oder mit Geldstrafe bis zu eintausendfünfhundert Mark bestraft.**

Die Verfolgung tritt nur auf Antrag ein.

Pr. (Ges. v. 2. März 1567); E. I. §§. 263, 265; E. II. §§. 297, 299; St.B. S. 733—738 (Drucks. Nr. 92), 1175 (Drucks. Nr. 182_{44}).

§. 302. **Wer in gewinnsüchtiger Absicht und unter Benutzung des Leichtsinns oder der Unerfahrenheit eines Minderjährigen sich von demselben unter Ver-**

pfändung der Ehre, auf Ehrenwort, eidlich oder unter ähnlichen Versicherungen oder Betheuerungen die Zahlung einer Geldsumme oder die Erfüllung einer anderen, auf Gewährung geldwerther Sachen gerichteten Verpflichtung aus einem Rechtsgeschäfte versprechen läßt, wird mit Gefängniß bis zu Einem Jahre oder mit Geldstrafe bis zu dreitausend Mark bestraft.

Neben der Gefängnißstrafe kann auf Verlust der bürgerlichen Ehrenrechte erkannt werden.

Dieselbe Strafe trifft denjenigen, welcher sich eine Forderung, von der er weiß, daß deren Berichtigung ein Minderjähriger in der vorbezeichneten Weise versprochen hat, abtreten läßt.

Die Verfolgung tritt nur auf Antrag ein.

Pr. (Ges. v. 2. März 1857); E. I. §§. 264, 265; E. II. §§. 298, 299; St.B. S. 733—738.

1. Die Paragraphen schließen sich an das preuß. Ges. v. 2. März 1857 (G.S. S. 111) an, haben jedoch im Reichstag wesentliche Abänderungen erlitten. Aehnliche Bestimmungen vgl. code pénal Art. 400, code pénal Belge Art. 493.

2. Der Unterschied der beiden Paragraphen ist durch die Aenderungen des Reichstags unbedeutend geworden. Der §. 302 bezieht sich nur insbesondere auf das Versprechen von Geldsummen oder geldwerthen Sachen und das mit demselben verbundene Bestärkungsmittel der Verpfändung des Ehrenworts, Eides u. s. w. Der Entwurf wollte die Annahme solcher Versprechen bestrafen, ohne Rücksicht auf gewinnsüchtige Absicht und Benutzung des Leichtsinns u. s. w. Die gewinnsüchtige Absicht kann darin gefunden werden, daß der Empfänger der Wechsel eine Sicherung für begründete Ansprüche erlangen will, auf welche er kein Recht hat. R.G. III, 18. Febr. 82, E. VI, 48, R. IV, 171. Diese Absicht muß gegen den Minderjährigen gerichtet, das Rechtsgeschäft also für denselben nachtheilig sein. Gl. M. v. Liszt S. 493, Merkel in H.H. III, 847, Olshausen N. 2. A. M. Hälschner II, 429. Die Theilnahme des Minderjährigen ist deshalb nicht denkbar.

3. Zu den Minderjährigen gehören auch die „Vollmündigen" in Baden. Mannheim 1. März 73 (St. II, 243).

4. Zur Strafbarkeit gehört überall die Kenntniß von der Minderjährigkeit. Ob solche vorhanden gewesen, hat der Richter nach den Umständen zu beurtheilen. (Vgl. §. 59 N. 4, 5.) Der aus dem (zu N. 1 erwähnten) preuß. Gesetze entnommene §. 299 des Entwurfs:

> „Die in den §§. 297 (301) und 298 (302) angedrohten Strafen werden nicht durch den Einwand ausgeschlossen, daß die Minderjährigkeit unbekannt gewesen sei, oder daß der Minderjährige sich für volljährig ausgegeben habe, wohl aber durch den Nachweis solcher Umstände, unter welchen der Minderjährige als Großjähriger betrachtet werden konnte."

wurde vom Reichstag gestrichen. — Auch der Cessionar (Abs. 3) muß jene Kenntniß haben. Berlin 7. Okt. 70, O.R. XI, 505.

5. Als Zahlungsversprechen kann auch die Bitte um Kredit (als Versprechen der Zahlung der zu kontrahirenden Schuld) angesehen werden, Berlin 26. Jan. 76 (O.R. XVII, 61, St. VI, 28); ferner gehören hierher Blankette, welche erst durch Ausfüllung eine urkundliche Form erhalten, Berlin 22. Nov. 76 (O.R. XVII, 753, Goltd. XXIV, 601); jedoch ist die That mit Ausstellung, nicht erst mit Ausfüllung des Blanketts vollendet. R.G. III, 18. Febr. 82, s. oben.

6. Ob das Geschäft für den Minderjährigen rechtsverbindlich ist oder nicht, ist unerheblich. Deshalb wird durch nachträgliche Unterschrift des Vormunds am Thatbestande nichts geändert. R.G. III, 18. Febr. 82 s. oben; insbesondere auch dann, wenn der Vormund Mitschuldiger ist; vgl. Hälschner II, 429 N. 2, v. Schwarze N. 6.

7. Vollendet ist die Handlung mit Ausstellung der Urkunde bez. mit Ertheilung des Zahlungsversprechens. Eine Vernichtung der Urkunde oder Aufhebung des Zahlungsversprechens hebt die Strafbarkeit nicht mehr auf. Berlin 18. März 79 (O.R. XX, 144, Goltd. XXVII, 380).

8. Antragsberechtigter ist der Minderjährige bez. sein gesetzlicher Vertreter. (Vgl. §. 65.) Auch für den in seiner Minderjährigkeit Uebervortheilten läuft die Antragsfrist erst von Kenntniß der Uebervortheilung an. München 19. Febr. 76 (St. VI, 29), R.G. 18. Febr. 82 s. oben.

Allgemeine Bemerkungen zu §. 302a bis d.

1. Die §§. 302a bis 302d sind durch Reichsgesetz vom 24. Mai 1880, betr. den Wucher R.G.Bl. S. 109, dem Strafgesetzbuche eingefügt worden. Das Gesetz wurde durch Anträge aus dem Schooße des Reichstages veranlaßt und in diesem nach sehr eingehenden Debatten genehmigt. Nr. 10 des R.G.Bl., mittels dessen das Gesetz publizirt wurde, ist am 31. Mai 1880 ausgegeben. Nach Art. 2 der Reichsverfassung ist somit das Gesetz am 14. Juni 1880 in Kraft getreten und sind nach diesem Tage diejenigen Geschäfte zu beurtheilen, bei denen es zweifelhaft ist, ob sie unter die Herrschaft des Gesetzes fallen.

2. Das Gesetz hat keine rückwirkende Kraft. Verträge, welche vor 14. Juni 1880 abgeschlossen wurden und seitdem unverändert fortbestanden haben, behalten ihre rechtliche Gültigkeit, und können ihre Wirkungen auch nach 14. Juni 1880 geltend gemacht werden, wenn gleich bei ihrer Entstehung diejenigen Umstände vorliegen, welche den Thatbestand der §§. 302a bis 302d ausmachen. Vgl. v. Schwarze §. 9 S. 33.

Die Motive S. 377 sagen hierüber:

„Die Frage der zeitlichen Anwendung des neuen Gesetzes endlich kann Bedenken nicht unterliegen. Sie bestimmt sich für die Art. 1 und 2 nach dem §. 2 des St.G.B. und dem entsprechend für Art. 3 nach den Regeln des bürgerlichen Rechts."

Ferner enthält der dem Gesetzentwurf als Anlage beigegebene Kommissionsbericht (Nr. 265 der Drucksachen des Reichstags II. Sess. 1879) S. 390 Bd. III der Anlagen zu den St.B. 1880 folgende Stelle:

„Dabei war sie (die Kommission) einstimmig der Ansicht, daß die hier vorgeschlagene Vorschrift nicht auf Forderungen zu erstrecken sei, welche vor dem Tage des verfassungsmäßigen Inkrafttretens des Gesetzes entstanden sind. Die Rechtsbeständigkeit der Forderung kann nur nach dem Zeitpunkte ihrer Entstehung beurtheilt werden. Dieser Satz leidet auch auf die Fälle Anwendung, in denen eine vor dem Inkrafttreten des Gesetzes entstandene Forderung, welche die im §. 302a bezeichneten Merkmale an sich trägt, nach dem Inkrafttreten des Gesetzes von einem Dritten erworben wird und dem Letzteren die Verhältnisse und Umstände, unter denen sie zu Stande gekommen, zur Zeit der Erwerbung völlig bekannt sind. Der Dritte würde daher hier befugt sein, die Forderung ihrem ganzen Inhalte nach geltend zu machen, ohne den Bestimmungen des vorgeschlagenen Gesetzes zu verfallen.

Beschäftigt sich die letzte Stelle auch nur mit §. 302c, so schließt sie doch ohne Unterscheidung eine Rückwirkung des Gesetzes aus, erstreckt sich also auch auf das strafrechtliche Gebiet."

Die vorbezeichneten Stellen erfuhren bei der Berathung des Gesetzes keine Beanstandung, schließen die Annahme also völlig aus, der Gesetzgeber habe eine Rückwirkung gewollt.

Danach begründet also auch der Uebergang der Forderung auf einen Dritten keinen Unterschied. Nur eine Modifikation enthält das Gesetz selbst, nämlich den Fall einer Stundung, auch hier aber nur, wenn die Stundung unter solchen Umständen bewilligt wird, unter denen ein Darlehen als wucherliches erscheinen würde, und wenn bei der Stundung wucherliche Vortheile versprochen oder gewährt werden, seien dies neue, wie Zahlung einer Provision oder Versprechen einer solchen durch Zuschlag zur Schuld, oder seien es die alten, wie das Versprechen fortdauernder Zahlung eines unverhältnißmäßigen Zinses. Auch die Praxis des Reichsgerichts geht davon aus, daß das Gesetz auf Geschäfte, die vor dessen Inkrafttreten gemacht wurden, nicht anzuwenden sei, wenn auch nach jenem Termine die wucherischen Vortheile gefordert, genommen oder gewährt werden. R.G. II, 26. April 81 (R. III, 245, E. IV, 110); III, 25. Mai 81 (R. III, 322, E. IV, 203). Ist vor dem 14. Juni 1880 für die Stundung eines Wechsels ein Vortheil in Aussicht gestellt, nach jenem Tage geleistet, so liegt Zahlung, nicht Gewähren eines Vortheils vor. R.G. II, 30. Dez. 81, R. III, 846.

3. Durch das R.Ges. vom 24. Mai 1880 ist die Materie des Wuchers vollständig geordnet; es sind also die älteren strafrechtlichen Gesetze über den Wucher (Landesrecht) außer Kraft getreten.

4. Die nach §. 302a fg. und die nach §. 301 oder 302 strafbaren Handlungen können ideell miteinander konkurriren. H. Meyer S. 749, Olshausen N. 4. A. M. Binding I, 354, welcher Gesetzeskonkurrenz annimmt.

5. Art. 2 des Gesetzes vom 24. Mai 1880 s. unten §. 360 Ziff. 12. Der wegen seines civilrechtlichen Charakters hier nicht weiter berührte Art. 3 desselben lautet:

„Verträge, welche gegen die Vorschriften der §§. 302a, 302b des Strafgesetzbuchs verstoßen, sind ungültig.

Sämmtliche von dem Schuldner oder für ihn geleisteten Vermögensvortheile (§. 302a) müssen zurückgewährt und vom Tage des Empfanges an verzinst werden. Hierfür sind diejenigen, welche sich des Wuchers schuldig gemacht haben, solidarisch verhaftet, der nach §. 302c des Strafgesetzbuchs Schuldige jedoch nur in Höhe des von ihm oder einem Rechtsnachfolger Empfangenen. Die Verpflichtung eines Dritten, welcher sich des Wuchers nicht schuldig gemacht hat, bestimmt sich nach den Vorschriften des bürgerlichen Rechts.

Das Recht der Rückforderung verjährt in fünf Jahren seit dem Tage, an welchem die Leistung erfolgt ist.

Der Gläubiger ist berechtigt, das aus dem ungültigen Vertrage Geleistete zurückzufordern; für diesen Anspruch haftet die für die vertragsmäßige Forderung bestellte Sicherheit. Die weiter gehenden Rechte eines Gläubigers, welchem nach den Bestimmungen des bürgerlichen Rechts die Ungültigkeit des Vertrages nicht entgegengesetzt werden kann, werden hierdurch nicht berührt."

§. 302a. Wer unter Ausbeutung der Nothlage, des Leichtsinns oder der Unerfahrenheit eines Anderen für ein Darlehen oder im Falle der Stundung einer Geldforderung sich oder einem Dritten Vermögensvortheile versprechen oder gewähren läßt, welche den üblichen Zinsfuß dergestalt überschreiten, daß nach den Umständen des Falles die Vermögensvortheile in auffälligem Mißverhältnisse zu der Leistung stehen, wird wegen Wuchers*) mit Gefängniß bis zu sechs Monaten und zugleich mit Geldstrafe bis zu dreitausend Mark bestraft. Auch kann auf Verlust der bürgerlichen Ehrenrechte erkannt werden.

Entw. St.B. III. Anl. S. 371; Drucks. des R.T. Nr. 116, 124, 136, 189, 196, S. 766, 744, 782, 962, 964; St.B. I. S. 562 ff. II. S. 1212 ff.

1. „Wer". Ein Unterschied nach der Person des Gläubigers ist nicht gemacht. Insbesondere wurde abgelehnt, das Gesetz auf Schuldverpflichtungen von Kaufleuten nicht auszudehnen (Kommissionsbericht S. 391). Auch Korporationen und Geldinstitute können Wucher treiben, wenn auch nur deren Vertreter strafrechtlich haftbar sind. Ferner können auch Pfandleiher Wucher begehen. R.G. III, 5. Jan. 81 (E. III, 176). Es ist nicht erforderlich, daß der Thäter das Geld aus eigenen Mitteln gebe. Auch wenn Jemand fremdes Geld entlehnt, um damit Wuchergeschäfte zu betreiben, ist der Darleiher Thäter und fragt es sich nur, ob der Geldgeber bona fide handelt, oder mit dem Bewußtsein ein Wuchergeschäft zu unterstützen, Mitthäter oder Theilnehmer ist. R.G. II, 20. Sept. 81, E. V, 9. Auch der bloße Vermittler kann deshalb Thäter sein und gehören die für die Vermittelung bewilligten Vortheile unter die Wuchervortheile. R.G. I, 19. Jan. 82, E. V, 366, R. IV, 53; III, 25. Jan. 83, E. VIII, 17.

2. Das Erforderniß der Ausbeutung soll einen Hinweis auf die gewinnsüchtige Absicht des Thäters geben (Kommissionsbericht S. 388), und wurde gewählt, um den Mißbrauch der Lage des Schuldners entschiedener hervorzuheben, als es das Wort „Benutzung" gethan haben würde. R.G. 20. Juni 81 (Ann. IV, 111).

3. Bei der Nothlage des Schuldners ist zwischen verschuldeter und unverschuldeter Nothlage nicht unterschieden. Der Kommissionsbericht S. 388 sagt hierüber:

---

*) Reichsges. betr. den Wucher, erläutert v. Dr. F. O. v. Schwarze, Erlangen 1881, in der Gesetzgebung des Deutschen Reichs mit Erläuterungen und im Separatabdruck erschienen; desgl. von G. Freudenstein, Minden 1882. S. ferner: Der Wucher auf dem Lande, Lilienthal in Z. f. ges. St.R.W. VIII, 157 und der ländliche Wucher von Barre ebendas. XI, 241, v. Miaskowski, Referat über die Wucherfrage, Verh. der Gen. Vers. des Vereins f. Sozialpolitik 1888, Leipzig 1889, Schmoller in Jahrb. f. Gesetzg. XII, 45 fg., Jurist. Blätter, Einige Bemerke z. Wuchergesetz. XII, 17.

„Die Nothlage soll spezifisch die Lage des Schuldners bezeichnen, durch welche er genöthigt wird, die übermäßigen Vortheile für das Darlehen, bez. die Stundung zu bewilligen. Ein Mann, der Geld zu produktiven Zwecken aufnimmt, indem er zur Durchführung derselben wohl die nöthige Intelligenz und Festigkeit, nicht aber die nöthigen Baarmittel besitzt, befindet sich nicht in einer Nothlage, wie sie das Gesetz voraussetzt."

Immerhin kann aber auch bei einem solchen Unternehmer, der die Früchte seines Unternehmens überschätzt und sich zum Sklaven eines Wucherers macht, der sein vielleicht gut angelegtes Unternehmen ausbeutet, der Leichtsinn eine Rolle spielen. Auch sonst ist bei einem solchen Unternehmer die Nothlage nicht ausgeschlossen, wenn z. B. bei Mangel der nöthigen Betriebsmittel der geschäftliche Ruin in Aussicht steht. R.G. III, 13. Juli 81, E. IV, 391.

Als Nothlage erscheint überhaupt jedes dringende Geldbedürfniß, welches so mächtig ist, daß es auf den Darlehenssucher den Zwang ausübt, daß er übermäßige drückende Bedingungen übernimmt, um Geld zu erhalten. Es kommt also nicht auf einen Vermögensverfall des Schuldners an; selbst falsche Scham desselben kann hinreichen. Das Kritische ist, daß der Wucherer eine gewisse Bedrängniß des Darlehenssuchers erkennt, und dasselbe benutzt, um für Hingabe des Darlehens unverhältnißmäßige Vortheile zu erzwingen. Es kann also eine solche Nothlage auch bei Bemittelten vorkommen. R.G. II, 20. Sept. 81, E. V, 9; oder bei Personen, welchen sich noch andere Mittel darbieten würden, ihre Geldbedürfnisse zu befriedigen, welche sie jedoch nicht benutzen wollen. R.G. II, 30. Sept. 81, R. III, 568. Andrerseits kann die Feststellung einer bestehenden Geldverlegenheit nicht die einer bestehenden Nothlage ersetzen. R.G. III, 2. Nov. 81, R. III, 680; es genügt aber, wenn die Geldverlegenheit den Schuldner durch Unerfahrenheit zur Selbsttäuschung über Vorliegen einer Nothlage brachte und der Gläubiger diese Täuschung ausbeutet. R.G. II, 12. Febr. 84, R. VI, 106.

4. Als Leichtsinn wurde nicht sowohl die leichtsinnige Lebensweise des Schuldners, als dessen Unüberlegtheit bei Eingehen von Rechtsgeschäften, bei Annahme des ihm oft ohne Verlangen angebotenen Geldes u. s. w. gedacht (Kommissionsbericht S. 388). Diese Unüberlegtheit muß aber bei dem speziellen Rechtsgeschäft Platz gegriffen haben, so daß der Leichtsinn hauptsächlich durch Gleichgültigkeit gegen die Folgen der eingegangenen harten Bedingungen, trotz anderer Hülfsquellen, sich dokumentirt. R.G. IV, 7. Jan. 87, Goltd. XXXV, 52. Die thatsächliche Feststellung, daß eine Ausbeutung der Nothlage, des Leichtsinns oder der Unerfahrenheit nicht vorliege, schließt jede Bestrafung aus. R.G. 2. Dez. 80 (Ann. III, 30).

5. Unerfahrenheit liegt sowohl in der geschäftlichen Unkenntniß, welche den Darlehennehmer verhindert, die ihm gestellten Bedingungen und ihre Wirkung richtig zu würdigen, als in den Mangel an Kenntniß, wo und wie man sich Geld zu annehmbaren Bedingungen verschaffen könne u. dgl. R.G. III, 2. Nov. 81, R. III, 680.

6. Für ein Darlehen in Geld müssen die wucherlichen Vortheile versprochen oder gewährt werden. Hälschner II, 432, Oppenhoff N. 4, Olshausen N. 8a, v. Schwarze, Wucherges. S. 48. A. M. Freudenstein S. 36. Hierin liegt vor Allem, daß nicht nothwendig mit der Hingabe des Darlehns oder der Bewilligung der Stundung die Stipulation über die Vortheile verbunden sein muß (Kommissionsbericht S. 389), sondern daß die Vereinbarung sich nur auf ein Darlehnsgeschäft beziehen muß, daß ein innerer Zusammenhang besteht.

Ferner muß aber das Rechtsgeschäft ein Darlehen sein (abgesehen von der Stundung). Hierüber sagen die Motive S. 372:

„Die Besorgniß vor zu großer Ausdehnung rechtfertigt zunächst, mit dem Kommissionsvorschlage und den beiden ihm zu Grunde liegenden Anträgen den Thatbestand auf Geldkreditgeschäfte zu beschränken. Zwar kann auch bei Verpflichtung zur Lieferung von Waaren oder anderen Fungibilien, oder zur Uebertragung von Forderungen eine wucherliche Ausbeutung des Schuldners stattfinden. Ein Bedürfniß zu besonderer Strafvorschrift besteht jedoch hier in viel geringerem Maße und nur insofern, als diese Formen gewählt werden, um die beabsichtigte wucherliche Geldnutzung zu verschleiern. Auch die übermäßige Uebervortheilung eines Bedrängten durch Zugumzuggeschäfte findet hinreichenden Schutz in den Vorschriften des bürgerlichen Rechts, in welche einzugreifen zudem mißlich erscheint."

Selbstverständlich und wie in den Motiven angedeutet, darf sich aber der Richter nicht bloß an die äußere Form des Geschäfts halten, sondern muß demselben tiefer auf den Grund gehen. Ist das Darlehen unter verschleierter Form gegeben, so ist es nicht weniger ein Darlehen. Deshalb fallen auch die sog. Rückkaufgeschäfte, welche nur Darlehen mit Faustpfandbestellung sind, unter diesen Begriff. Vgl. R.G. III, 25. Mai 81 (R. III, 322, E. IV, 203) oder die Cession einer Forderung zu unverhältnißmäßig niederer Valuta. Ebenso jene zur Zeit der gesetzlichen Zinsmaxima üblichen Geschäfte des Verkaufs beliebiger Gegenstände auf Kredit unter Rückkauf zu erheblich niederen Preisen gegen baar, wobei die Preisdifferenz den Wuchergewinn ergab. Auch die Hingabe einer Waare oder eines Gegenstands, damit der Nehmer den Erlös derselben als Gelddarlehen behalten, fällt unter den Begriff des Darlehens und wird in der Regel durch Verschreiben einer Geldsumme als Schuld Ausdruck finden. R.G. II, 17. Juni 84, E. X, 432; auch im Diskontiren vom Schuldner ausgestellter Wechsel können Darlehen gefunden werden, R.G. III, 8. Okt. 88, E. XVIII, 181. Dagegegen fallen nicht unter das Gesetz diejenigen Rechtsgeschäfte, welche nur mit einem Darlehnsgeschäft in Verbindung stehen, wobei übertriebene Vortheile nicht für die Hingabe des Darlehnsbetrags beansprucht werden, z. B. bei Auflösung eines Darlehnsvertrags, der dem Schuldner nicht mehr entspricht, und dem Verlangen von Vortheilen für Freigabe von Pfandobjekten. R.G. III, 13. April 81 (R. III, 230, E. IV, 104, Ann. IV, 24). Auch in Vortheilen, welche behufs Wiedererlangung einer auf Rückkauf verkauften Sache gewährt wurden, ist Wucher nicht gefunden worden. R.G. III, 4. Jan. 82, R. IV, 14.

7. Anders ist es bei Stundung von Geldforderungen. Ob diese aus Darlehen oder aus Waaren- oder anderen Geschäften herstammen, ist gleichgültig. Es genügt, daß Jemand eine Geldsumme schuldet, dieselbe nicht zahlen kann oder will, und hierbei der Gläubiger an das Zugeständniß der Stundung unter Ausbeutung der Nothlage u. s. w. des Schuldners die Bedingung der Bewilligung übermäßiger Vortheile knüpft. Zugleich ist aber eine solche Stundung eine Novation eines vor 14. Juni 1880 gegebenen Darlehns, welche dieselbe als ein neues wucherliches Geschäft erscheinen läßt, das, nach jenem Termine abgeschlossen, den Gläubiger der Bestrafung aussetzt. R.G. III, 13. Juli 81, E. IV, 391. Deshalb müssen bei der Stundung dieselben Voraussetzungen vorliegen, wie bei Entnahme eines Darlehns, so daß eine gegenwärtige Nothlage oder der Leichtsinn den Grund zum Eingehen der für die Stundung verlangten übermäßigen Vortheile bildet. Es würde also nicht genügen, wenn nur bezüglich der ersten Darlehnsaufnahme eine Nothlage festgestellt und dann jede Stundung als neue That ohne Weiteres beurtheilt würde, R.G. III, 13. Juli 81, E. IV, 391.

8. „Sich oder einem Dritten." Hiermit schneidet das Gesetz die Umgehungen ab, welche gerade beim Wucher in Aussicht stehen würden. In welcher Form der Dritte betheiligt wird, ist völlig unerheblich. Es können demselben direkt Zinsen oder Provisionen stipulirt werden, etwa einem Angehörigen oder dem angeblichen Geber des Geldes, es kann derselbe durch sofortige Cession hereingezogen werden. Vgl. v. Schwarze a. a. O. S. 54.

9. Vermögensvortheile sind Vortheile aller Art, die Geldwerth haben, also auch Waaren, die der Schuldner liefern oder zu hohen Preisen kaufen muß; ja selbst, wenn dabei dem Schuldner gelegentlich das Risiko des Verkaufs von Waaren überbürdet würde, welche dieser nicht wesentlich über dem wahren Werth übernehmen müßte, so wäre dieses Risiko in die Gesammtleistungen einzurechnen. So wurde von R.G. II, 25. Febr. 90, E. XX, 279 unter die Vortheile, welche der Darlehengeber nahm, auch die Bedingung gerechnet, daß von demselben ein bedeutender Posten Lotterieloose entnommen werden mußte, damit er das Darlehen gebe. Vor Allem gehören aber hierher alle Zinsen, Provisionen, angeblich freiwillige Zuwendungen an Geld, oder Geldeswerth, die Differenz von Darlehen und verschriebener Summe, Konventionalstrafen, angebliche Auslagen, die Vortheile durch vorabgezogene Zinsen u. s. w. Alle diese Vermögensvortheile, welche bei einem Geschäfte vorkommen, sind zu summiren, um deren Verhältniß zur eigenen Leistung des Gläubigers festzustellen. Alles, was aus Anlaß des Darlehensvertrages unmittelbar aus dem Vermögen des Schuldners in das des Gläubigers oder eines Dritten übergeht, gewährt wird, oder was als Schuld versprochen wird, in welcher Form immer, ist in Rechnung zu stellen.

10. Die schwierigste Aufgabe für den Richter ist ohne Zweifel, das zu bestimmen, was ohne Anstand dem Gläubiger als im Verhältniß zu seiner Leistung zugebilligt werden kann. Es muß festgehalten werden, daß als gegebenes Darlehen bez. gestundete Geldforderung nur das anzuschlagen ist, was an Geld oder effektivem Werth in das Vermögen des Schuldners gekommen ist. Nur wenn die Schuld aus der Zeit vor 14. Juni 1880 stammt, wird die Summe zu Grunde zu legen sein, welche an jenem Tage verschrieben war und nachher gestundet wurde. Die ganze Differenz zwischen dem vom Gläubiger Geleisteten und dem vom Schuldner Gewährten und Versprochenen ist als Verzinsung aufgefaßt. Es kann sodann leicht die Prozentziffer des Jahreszinses ermittelt werden, welche der Schuldner geleistet hat oder leisten sollte.

Sodann muß der übliche Zinsfuß festgestellt werden. Dies ist natürlich nicht der für vollständig gesicherte Darlehen übliche, sondern ein nach Verhältniß des Zwecks, der gebotenen Sicherheit oder der durch die Gefährdung der Rückzahlung bedingten Versicherungsprämie zu bestimmender. Dieser vom Richter als nicht unverhältnißmäßig zuzubilligende Zinsfuß muß endlich um ein Erhebliches überschritten sein.

Nicht ohne Gewicht bei der Beurtheilung wird auch die Lage des Schuldners, deren Kenntniß seitens des Wucherers und die Möglichkeit zu bleiben haben, ob der Schuldner, ohne ruinirt zu werden, die gewährten oder versprochenen Vortheile leisten kann, da, wenn der Gläubiger mit dem Bewußtsein, seinen Schuldner zu ruiniren, das Darlehen unter den festgestellten Bedingungen gibt oder die Geldforderung stundet, die gewinnsüchtige Absicht (vgl. N. 2) klar hervortritt.

Der übliche Zinsfuß kann hiernach je nach Zeit, Art, Person des Schuldners, Zweck des Darlehens (Handelsgeschäft, lukratives Unternehmen u. dgl.) sehr verschieden sein. Vgl. Kommissionsbericht S. 386, 387, v. Schwarze S. 64.

Die Entscheidung, ob ein Mißverhältniß zwischen den Leistungen des Gläubigers und den von ihm angestrebten Vortheilen besteht, ist wesentlich eine thatsächliche, da sie nur nach den konkreten Verhältnissen des Einzelfalls getroffen werden kann. III, 13. Juli 81, E. IV, 391. Die vom Schuldner durch das Darlehen empfangenen Vortheile fallen hierbei nicht in das Gewicht, R.G. III, 5. Jan. 85, E. XI, 389. A. M. v. Liszt S. 497, v. Lilienthal S. 208.

Wenn mit dem Wissen der Nichtschuld ein Dritter für die Zahlung des Darlehens eintritt, kann auch bei der Leistung von ungewöhnlichen Vortheilen von einem Mißverhältniß keine Rede sein, R.G. wie vor.

11. Als dolus ist das Bewußtsein von der Nothlage, dem Leichtsinn oder der Unerfahrenheit des Schuldners und das Bewußtsein von der Unverhältnißmäßigkeit seiner Leistungen erforderlich. R.G. I, 10. Jan. 81 (R. II, 706, E. III, 218). In der großen Mehrzahl der Fälle wird beides sofort aus den Umständen des Falles hervorgehen und bedarf, wie überhaupt, der dolus einer ausdrücklichen Feststellung nur dann, wenn er bestritten ist. — R.G. 12. April 81 (Ann. III, 482) sprach aus, daß mit Feststellung der Ausbeutung des Leichtsinns auch die nicht besonders bestrittene Vorsätzlichkeit genügend festgestellt sei. Ausnahmsweise kann der Mangel des dolus aus der Schuld des Schuldners hervorgehen, wenn derselbe z. B. den Gläubiger über den Zweck des Darlehens oder andere solche Umstände getäuscht hat, welche die Angemessenheit seiner Leistungen beeinflussen.

12. Die That ist vollendet mit dem Eingehen einer Verpflichtung von Seite des Schuldners oder der Hingabe eines Vortheils von seiner Seite (verbis versprechen oder gewähren läßt). Nicht entscheidend ist, ob diese Handlung durch die Initiative des Schuldners, dessen Anerbieten, oder durch die des Gläubigers herbeigeführt wird. R.G. I, 10. Jan. 81 (R. II, 706, E. III, 218). Nicht entscheidend ist ferner, ob das Darlehen schon gegeben, die Stundung schon bewilligt ist, da die Annahme gewährter Vortheile immerhin für das (gehoffte) Darlehen für die verlangte Stundung, also im Falle einer Stundung erfolgt wäre, und eine Verpflichtung des Schuldners zu versprochenen Vortheilen nach allgemeinen civilrechtlichen Grundsätzen nicht ohne Acceptation des Gläubigers, wenn auch nur einer stillschweigenden, erfolgen kann. Diese setzt aber auch eine Verpflichtung des Gläubigers zur Gewährung des Darlehens oder der Stundung voraus oder würde eine noch ärgere Bewucherung bilden, oder, bei nicht vorhandener Absicht der Gewährung und Täuschung des Schuldners hierüber, in Betrug übergehen. Ohne die Absicht des Thäters, das Versprochene zu realisiren, kann auch eine Vollendung der That nicht angenommen werden. R.G. IV, 25. Febr. 87, E. XV, 333. Dagegen liegt Vollendung auch dann vor, wenn der abgeschlossene Darlehnsvertrag ohne Realisirung des Darlehens und der Vortheile wieder aufgehoben wird. R.G. I, 27. Okt. 84, R. VI, 654.

13. Der Versuch ist straflos, z. B. Unterhandlung über ein Darlehen, die nicht zum Resultate führte. Die Verjährung beginnt zwar mit der Vollendung, also schon mit dem „sich versprechen Lassen", gleichviel ob eine Leistung wirklich nachfolgt oder nicht. Da jedoch das sich gewähren Lassen eine dem sich versprechen Lassen äquivalente Handlung bildet, so ist jede Annahme eine Vermögensvortheils aus dem im Ganzen als wucherliches erkannten Geschäfte eine neue Handlung des Wuchers, welche die Verjährung unterbricht, bis zur völligen Abwickelung des Geschäftes oder der Bestrafung. Daß das ganze Geschäft, also einschließlich jeder aus einem wucherlichen Vertrage hervorgehenden Leistung, ein strafrechtliches Ganzes bildet, vor dessen Abschluß von Verjährung nicht die Rede sein kann, geht schon daraus hervor, daß nur die Vergleichung der Gesammtheit der Leistungen mit dem üblichen Zinsfuß den wucherlichen Charakter des Geschäfts feststellt. Dennoch liegt kein Widerspruch zwischen dieser Ansicht und dem Satz, daß die Verjährung mit der Vollendung beginne, weil auch die Möglichkeit vorliegt,

daß weitere Handlungen nicht folgen, z. B. wenn der Schuldner sich dem Zugriff des Gläubigers entzieht. Gl. M. Berner S. 606, Hälschner II, 438, H. Meyer S. 747, Olshausen N. 16, Oppenhoff S. 16.

14. Die Stundung ist ein selbständiger wucherlicher Akt. Ob aber Realkonkurrenz derselben mit dem ursprünglichen wucherlichen Vertrag vorliegt, wenn dieser schon unter das Strafgesetz fällt, wird davon abhängen, ob der dolus des Wucherers schon ursprünglich auf eine fortgesetzte Bewucherung gerichtet war oder bei verlangter Stundung ein vollständig neuer Entschluß stattfand. Unbedingt wollen Realkonkurrenz annehmen: Geyer II, 71, Hälschner II, 439, H. Meyer S. 747, N. 23, Olshausen N. 14, Oppenhoff N. 17, v. Schwarze, Wucherges., S. 70. Diese Ansicht steht aber im Widerspruch mit der leider herrschenden Theorie über Fortsetzung der Delikte.

Realkonkurrenz mehrerer Wuchergeschäfte kann nicht nur unter verschiedenen Parteien, sondern sogar durch mehrere selbständige Geschäfte unter den gleichen Parteien stattfinden. Das fortgesetzte Nehmen der Zinsen aus einem wucherischen Geschäfte kann nicht als eine Mehrzahl von Strafthaten aufgefaßt werden. Gl. M. Geyer II, 71, Hälschner II, 439, Olshausen, N, 14, Oppenhoff N. 16.

Auch ideale Konkurrenz z. B. mit Betrug ist denkbar. Ebenso mit polizeilichen Uebertretungen, z. B. der Pfandleiher. R.G. III, 5. Jan. 81 (E. III, 176).

15. Theilnahme findet nach den allgemeinen strafrechtlichen Grundsätzen statt. Dieselbe kann in Anstiftung bestehen, wenn z. B. der eigentliche Darleiher einen physischen Urheber vorschiebt, aber auch in allen Formen der Gehülfenschaft. Auch Mitthäterschaft ist denkbar. Vgl. v. Schwarze S. 70. Wegen Beihülfe kann aber nicht gestraft werden, wenn der Hauptthäter wegen eines Mangels am Thatbestand, z. B. wegen Unkenntniß der Nothlage, freigesprochen ist, wenngleich der Gehülfe jene Kenntniß hatte. R.G. III, 28. Jan. 89, E. XVIII, 419.

16. Die drei Alternativen der Ausbeutung der Nothlage, des Leichtsinns oder der Unerfahrenheit wurden vom R.G. III, 18. Juni 88, E. XVII, 440 als begrifflich nicht verschiedene Thatbestandsmerkmale bezeichnet, welche nur verschiedene mögliche Modalitäten der gleichen Begehungsart bezeichnen und deshalb bei Erweiterung der Anklage keine Belehrung nach § 264 Abs. 1 St.P.O. erfordern, sondern nur geeignet sind, einen Vertagungsantrag nach Abs. 4 a. a. O. zu begründen. Das Gleiche ist der Fall, wenn ein der Beihülfe Angeklagter wegen Thäterschaft verurtheilt wird. R.G. I, 27. Okt. 84, R. VI, 654.

§. 302b. **Wer sich oder einem Dritten die wucherlichen Vermögensvortheile (§. 302a) verschleiert oder wechselmäßig oder unter Verpfändung der Ehre, auf Ehrenwort, eidlich oder unter ähnlichen Versicherungen oder Betheuerungen versprechen läßt, wird mit Gefängniß bis zu Einem Jahre und zugleich mit Geldstrafe bis zu sechstausend Mark bestraft. Auch kann auf Verlust der bürgerlichen Ehrenrechte erkannt werden.**

Verh. des R.T. s. zu §. 302a.

1. Es müssen alle Umstände des §. 302a vorliegen, und sind daher alle zu diesem gemachten Bemerkungen auch hierher zu beziehen.

2. §. 302b bezieht sich ebensowohl auf mündliche, wie auf schriftliche Verträge. Es kommt nur auf deren Inhalt an. Er spricht zwar nur vom versprechen Lassen, nicht auch vom gewähren Lassen, allein dies schließt nicht aus, daß die Vortheile, welche den Vertrag zu einem wucherlichen machen, nicht auch aus gewährten Vortheilen bestehen können. Nur die Bekräftigung künftig zu gewährender Vortheile muß in einer der in §. 302b angegebenen Formen erfolgen. Hierzu gehört auch das Schuldbekenntniß höherer Summen als empfangen, als wirklich der Fall war. Zur Verschleierung ist aber auch jede andere Form des Vertrags zu rechnen, der den wirklichen Vorgang nicht ersehen läßt, gleichviel aus welchen Motiven und zu welchem Zweck die Verschleierung unternommen wurde. Es ist also auch nicht erforderlich, daß die Verschleierung darauf berechnet ist, den Schuldner oder Andere den Umfang seiner Verpflichtungen nicht erkennen zu lassen. In diesem Fall wird häufig Betrug vorliegen. R.G. I, 11. Okt. 88, E. XVIII, 332. Ferner gehören zur Verschleierung die simulirten Kaufverträge (vgl. zu §. 302a N. 6). Auch die durch einen simulirten Prozeß herbeigeführte Verurtheilung des Schuldners, der noch gar kein Darlehen empfangen hat, um ein sofort exigibles Urtheil zu haben, oder den

Eintrag in's Hypothekenbuch zu bewirken, etwa gegen Widerspruch der Ehefrau u. s. w. In der Entgegennahme eines wissentlich gefälschten Wechsels liegt sowohl Verschleierung als Benutzung der Wechselform. Vgl. Kommissionsbericht S. 389, welcher hierüber sagt:

„Es kann der Fall sich z. B. so gestalten, daß der Gläubiger wegen Anstiftung des Schuldners zur Ausstellung eines falschen Wechsels oder wegen Täuschung eines Anderen durch den Gebrauch eines falschen Wechsels die höhere Strafe wegen Urkundenfälschung verwirkt hat."

Als verschleierte Wuchergeschäfte sind anerkannt die Beurkundung von Darlehen, ohne daß der Vorabzug von Zinsen und deren Betrag daraus ersichtlich ist. R.G. III, 26. April 82, R. IV, 385. Der als Bedingung gestellte Ankauf von Lotterieloosen neben einem Darlehen gegen mäßige Zinsen. R.G. II, 25. Febr. 90, 8. Mai 91, E. XX, 279; XXI, 434.

Daß die Kontrahenten über die Verschleierung einverstanden sind, ist nicht erforderlich, sondern nur, daß der Wucherer dem Geschäft eine verschleierte Form giebt. R.G. 8. Mai 91, s. oben.

3. Wechselmäßig ist ein Vortheil nur versprochen, wenn der letztere in der Wechselsumme enthalten ist, der Wechsel also zur Realisirung des Vortheils dient. Dies ist nicht der Fall, wenn über ein wirklich gegebenes Darlehen ein Wechsel ausgestellt wird, die wucherlichen Vortheile dagegen in der Zahlung unverhältnißmäßig hoher Zinsen oder Provisionen bei Prolongation des Wechsels bestehen. R.G. II, 10. Juli 85, R. VII, 486.

4. Die Bekräftigung auf Ehrenwort oder Eid muß nicht nothwendig für das Schuldverhältniß an sich oder auf dessen Bedingungen ertheilt sein. Es genügt, wenn diese Bekräftigungsformeln überhaupt in Verbindung mit dem Wuchergeschäft gebracht sind; z. B. in Bezug auf persönliche Verhältnisse, um ein Pressionsmittel zu haben. A. M. Hälschner II, 440, N. 2, Olshausen N. 2c. Der Kommissionsbericht S. 389 sagt hierüber:

„Wiederholt sind Fälle vorgekommen, in denen der Schuldner durch den Gläubiger veranlaßt worden, unwahre Angaben über seine Familien-, Standes- oder Vermögensverhältnisse in die Schuldverschreibungen oder andere, mit dem Geschäfte zusammenhängende Schriften aufzunehmen und die Wahrheit derselben auf sein Ehrenwort zu versichern. Man war in der Kommission nicht zweifelhaft, daß solche Fälle unter die gegenwärtige Bestimmung zu subsumiren sind. Denn auch hier ist die Versicherung auf Ehrenwort ein Bestandtheil des Geschäfts, und keineswegs soll die vorgeschlagene Bestimmung auf Fälle beschränkt werden, in denen die Abgabe des Ehrenworts nur auf die Rückzahlung sich bezieht. Das Ehrenwort ist vielmehr hier als ein Mittel hervorgehoben worden, dessen die Wucherer vorzugsweise sich bedienen, um dem Schuldner, welchen bei einem Bekanntwerden seiner Erklärung auf Ehrenwort die empfindlichsten Nachtheile treffen können, die Möglichkeit, aus der Fessel des Wuchervertrags sich zu befreien, zu entziehen.

Die übrigen Kategorien, welche im Paragraphen als Erschwerungsgrund behandelt worden, sind aus den verwandten Bestimmungen des §. 302 entnommen. Soviel insbesondere das „eidlich" betrifft, so ist zwar das hauptsächlichste Motiv, aus welchem die älteren Gesetze in der eidlichen Verpflichtung einen Erschwerungsgrund erblickten, nicht mehr recht praktisch. Ebenso kann einem derartigen außergerichtlichen Eide eine civilrechtliche Verpflichtung nicht beigelegt werden. Allein dessen ungeachtet kommt die eidliche Bestärkung noch vor, weil sie wohl geeignet ist, in einem religiösen Gemüthe eine Bedrängniß zu bewirken, welche von dem Schuldner tief empfunden und von dem Gläubiger zu wucherlicher Ausbeutung gemißbraucht wird.

5. Es ist nicht erforderlich, daß die in §. 302b als Qualifikationsmomente aufgeführten Formen und Bekräftigungen dem Schuldner vom Gläubiger auferlegt wurden. Auch wenn jener sie diesem entgegenbringt, werden sie durch Acceptation des Gläubigers zu denjenigen objektiven Merkmalen des Wuchergeschäfts, welche §. 302b allein voraussetzt. Gl. M. Olshausen N. 1.

§. 302c. Dieselben Strafen (§. 302a., §. 302b.) treffen denjenigen, welcher mit Kenntniß des Sachverhalts eine Forderung der vorbezeichneten Art erwirbt und entweder dieselbe weiter veräußert oder die wucherlichen Vermögensvortheile geltend macht.

Verh. des R.T. s. zu §. 302a.

1. Auch bezüglich dieses §. ist Rückwirkung auf eine vor dem 14. Juni 1880 entstandene Forderung ausgeschlossen. Der Erwerber einer vor Wirksamkeit des Gesetzes entstandenen

Forderung, welche den Thatbestand des §. 302a oder §. 302b erfüllen würde, kann, selbst wenn er dieselbe erst nach jenem Termine erworben hat, diese geltend machen. Wenn er dagegen die Forderung unter wucherlichen Bedingungen stundet, begeht er das Delikt des §. 302a. Ueber den Ausschluß der Rückwirkung s. Bemerkungen oben zu §§. 302 a—d N. 2; ferner geht derselbe aus den Worten: „dieselben Strafen treffen" hervor, denn dies setzt voraus, daß die Forderung an sich die Vorbedingungen der Strafbarkeit an sich trägt.

Der Kommissionsbericht S. 390 spricht dies, wie oben N. 2 zu §. 302a—d angeführt ist, mit deutlichen Worten aus. Der Bericht fährt sodann fort:

> „Ferner hat die Kommission beschlossen, daß als das maßgebende Thatmoment, mit welchem das Vergehen vollendet wird, nicht bereits der Erwerb der Forderung, sondern erst die weitere Disposition über dieselbe anzusehen sei. Denn erst mit dieser Handlung wird der Erwerb nach außen hin geltend gemacht und der Wille in das strafbare Verhältniß einzutreten bestimmt bekundet. Der Erwerb allein reicht um so weniger hin, als er auch in wohlwollender Absicht geschehen kann, um den Schuldner aus den Händen seiner Gläubiger zu befreien" u. s. w.

2. Die Kenntniß des Erwerbers muß zur Zeit des Erwerbes vorhanden sein, und der Umfang dieser Kenntniß bestimmt seine Strafbarkeit. Kennt er, wenn der Wucherer nach §. 302b strafbar ist, nur die Umstände des §. 302a, so ist nur diese Bestimmung anzuwenden; dolus superveniens schadet dem Erwerber nicht. Die Strafe bemißt sich danach, ob die erworbene Forderung wissentlich gegen §. 302a oder b verstoßen hatte.

3. Ob die Erwerbung titulo singulari oder universali als Erbe erfolgt; ob sie gegen Entgelt oder unentgeltlich stattfindet; ob im Interesse des Gläubigers oder im eigenen; ob unmittelbar vom Wucherer oder mittelbar, und ob ein gutgläubiger Besitzer in Mitte steht oder nicht — all' dieses ist ohne Bedeutung für den Thatbestand. Gl. M. Olshausen N. 1, Oppenhoff N. 3, v. Schwarze S. 80.

4. Nicht strafbar soll sein, wenn der Inhaber der Forderung sie nur soweit geltend macht, als ihm nicht die Fehlerhaftigkeit des Wuchers anhängt, wenn er z. B. nur die Hauptsumme und mäßige Zinsen einklagt. Auch die Weiterveräußerung in diesem Umfange ist straflos. Kommissionsbericht S. 390. Geyer II, 72, Hälschner II, 441. Dagegen ist die theilweise Veräußerung der wucherischen Forderung strafbar.

5. Auch hier ist Theilnahme denkbar.

§. 302d. Wer den Wucher gewerbs- oder gewohnheitsmäßig betreibt, wird mit Gefängniß nicht unter drei Monaten und zugleich mit Geldstrafe von einhundert fünfzig bis zu fünfzehntausend Mark bestraft. Auch ist auf Verlust der bürgerlichen Ehrenrechte zu erkennen.

Verh. des R.T. s. zu §. 302a.

1. Gewerbsmäßiger Betrieb des Wuchers ist der fortgesetzte Abschluß von wucherischen Geschäften zum Zwecke des Erwerbs; gewohnheitsmäßiger Betrieb der fortgesetzte Abschluß wucherischer Geschäfte, welcher einen eingewurzelten Hang zu solchen Geschäften erkennen läßt. Dagegen ist ein Gewerbe, welches zu wucherischen Geschäften benutzt wird, wie das als Pfandleiher, Bankier, ein zu benutzendes Indicium für die Gewerbsmäßigkeit, nicht aber zusammenfallend mit dem Begriff des gewerbsmäßigen Betriebs des Wuchers. Um den gewerbsmäßigen Betrieb festzustellen, kann auch auf Wucherfälle zurückgegriffen werden, welche vor dem 14. Juni 1880 liegen, also an sich nicht strafbar sind. R.G. III, 13. Juli 81, E. IV, 391, I, 2. Febr. 82, R. IV, 113, III, 26. April 82, R. IV, 385. Aus Darlehensgeschäften, welche unter Herrschaft des Wuchergesetzes geschlossen, nach diesem aber straflos sind, kann auf Gewerbsmäßigkeit nicht geschlossen werden. R.G. III, 30. Juni 84, R. VI, 486. Dagegen kann die Gewohnheitsmäßigkeit nicht aus den vor Wirksamkeit des Gesetzes abgeschlossenen Geschäften geschlossen werden, weil dieselben damals nicht verboten waren, also keine Neigung zu strafbaren Handlungen dokumentiren. R.G. II, 24. Jan. 82, E. V, 370, R. IV, 66. Dagegen läßt R.G. I, 23. Jan. 82, E. V, 397, R. IV, 113 den Rückgriff auf frühere Fälle zu. Dieser Widerspruch ist nur nach der Definition der Gewohnheit zu lösen. Versteht man unter dieser Neigung zu strafbaren Handlungen, so hat der II., versteht man darunter: Neigung zu Geschäften der jetzt mit Strafe bedrohten Art, so hat der I. Senat Recht.

2. Es versteht sich von selbst, daß zur Annahme gewerbs- oder gewohnheitsmäßigen Betriebs einzelne Fälle des Wuchers vorliegen müssen, die dem Thatbestand der §§. 302a—c entsprechen. Dies könnte zweifelhaft sein bei §. 302c. Allein auch hier straft das Gesetz wegen Wucher und ist der Verkehr mit wucherischen Forderungen nichts spezifisch Verschiedenes von dem unmittelbaren Wucher, faktisch auch meist in gleichen Händen und der Erwerber wucherischer Forderungen meist nur ein verkappter Wucherer. R.G. IV, 25. Sept. 88, E. XVIII, 100.

3. Bezüglich der Gewerbs- und Gewohnheitsmäßigkeit wird auf das St.G.B. verwiesen. Nach der bezüglich dieses herrschenden Praxis bilden aber jene Begriffe nicht Qualifikationen der einzelnen Handlungen, sondern sie begründen Kollektivreate, in welchen die einzelnen Reate aufgehen. Dies muß also auch beim Wucher, wie bei der Kuppelei (§. 180), der Hehlerei (§. 260), dem Jagdvergehen (§. 294) angenommen werden. Zwar sagen die Motive S. 375:

„Für den gewerbs- oder gewohnheitsmäßigen Wucher, §. 302d, mußte noch besonders in Betracht kommen, daß zumeist zahlreiche Fälle einfachen oder qualifizirten Wuchers gegen denselben Thäter vorliegen werden und dann eine in Gemäßheit des §. 78 des St.G.B. vorzunehmende Zusammenrechnung der einzelnen in §§. 302 a, b, c vorgeschlagenen Geldstrafen den Betrag von 6000 Mark bei Weitem überschreiten würde."

Es kann dies zwar nur zur Rechtfertigung des erhöhten Strafmaßes angeführt sein, welches mit der Konkurrenzstrafe doch einigermaßen harmoniren muß. Es läßt sich aber diese Stelle auch in dem Sinne auffassen, daß die Gewerbs- und Gewohnheitsmäßigkeit ein Qualifikationsmoment für den einzelnen Wucherfall bilden soll. Sollte aber auch der letztere Sinn gemeint gewesen sein, so könnte doch nicht vom Kollektivreat abgewichen werden, da dies allein mit dem St.G.B. übereinstimmt, nirgends erhellt, daß auch die anderen Gesetzgebungsfaktoren etwas Anderes wollten und der Ausdruck: „Wer den Wucher — betreibt" entschieden auf ein Kollektivreat hinweist. Wie bei anderen Kollektivdelikten hat dies zur Folge, daß die Aburtheilung sich auf Fälle erstrecken kann, welche im Eröffnungsbeschluß nicht erwähnt sind, daß aber auch für alle vor der Aburtheilung liegenden Fälle durch diese die Strafklage konsumirt ist. R.G. II, 23. Febr. 86, R. VIII, 135; endlich daß §. 302d nicht in Idealkonkurrenz mit einem der vorausgehenden §§. gedacht werden kann. R.G. III, 13. Juli 81, E. IV, 391.

4. Die Erschwerungsgründe des §. 302b kommen, wenn unter diesen §. fallende Einzelfälle in dem Kollektivvergehen aufgehen, nur bei der Strafzumessung in Betracht.

5. Auf Verlust der bürgerlichen Ehrenrechte kann auch nach §. 302d nur erkannt werden, wenn die Freiheitsstrafe mindestens drei Monate beträgt (§. 32), also nicht, wenn wegen Beihülfe eine mindere Strafe zugemessen wird. R.G. I, 6. Mai 89, E. XIX, 203.

Sechsundzwanzigster Abschnitt.

Sachbeschädigung.*)

Das St.G.B. hat für dieses Vergehen statt der im preuß. St.G.B. gebrauchten Bezeichnung „Vermögensbeschädigung" die richtigere „Sachbeschädigung" gewählt.

Die Sachbeschädigung ist die allgemeine Form eines Vergehens, welches im St.G.B. verschiedentlich, sei es mit Bezug auf gewisse Gegenstände oder auf die Art, Absicht und den Erfolg der Begehung, besonders qualifizirt ist. In dieser Beziehung sind z. B. die §§. 133, 136, 274 Nr. 1, sowie allgemein die gemeingefährlichen Verbrechen und Vergehen zu vergleichen. Soweit in diesen Fällen der Thatbestand der (einfachen) Sachbeschädigung enthalten ist, bilden dieselben Qualifikationen dieses Vergehens und kommt insoweit die Vorschrift des §. 303 auch nicht in idealer Konkurrenz in Anwendung. (Vgl. §. 73 N. 7.) Dagegen würde ideale Konkurrenz anzunehmen sein, sofern einer der Fälle der §§. 304, 305 vorliegt.

Ebenso kommt §. 303 nicht zur Anwendung, wenn die Beschädigung einer Sache als Qualifikationsgrund eines andern Verbrechens im Gesetz benutzt ist, z. B. Einbruchsdiebstahl §. 243 N. 2) ist nicht (in idealer oder realer Konkurrenz) auch Sachbeschädigung. (Vgl. §. 73 N. 8, 9.) Eine Ausnahme würde dieses jedoch ebenfalls dann erleiden, wenn es sich um die qualifizirten Fälle der Sachbeschädigung (§§. 304, 305) handelt. Hier würde ideale Kon-

*) Ueber Sachbeschädigung vgl. Köstlin, Abhandlungen S. 169, Hälschner, preuß. Str.R. II, S. 543 und besonders die Monographie: Lüder, Die Vermögensbeschädigung, Leipzig 1867.

kurrenz anzunehmen sein. Vgl. den Beschl. des preuß. O.Tr. im J.M.Bl. 1860 (S. 273). R.G. IV, 29. Okt. 86, E. XV, 12, R. VIII, 652 nahm jedoch auch im Falle des Diebstahls, wobei der Einbruch in einer Verletzung des Schutzmittels bestand, ideale Konkurrenz von Diebstahl und Sachbeschädigung an; gab dieser Ansicht jedoch eine praktische Verwerthung nur dann, wenn die Bestrafung des Diebstahls aus irgend einem Grunde unterbleibt, oder wenn der Diebstahl geringer strafbar ist, als die Sachbeschädigung, so bei sg. Mundraub mittels Einbruchs, R.G. II, 29. Mai 88, R. X, 418.

Wo dagegen die Sachbeschädigung lediglich das (vom Gesetz nicht besonders hervorgehobene) Mittel zur Begehung einer anderen strafbaren Handlung war, da liegt, sofern es sich um zusammenhängendes Thun handelt, ideale Konkurrenz vor. Beispiel: Jemand schlägt einer Statue in diebischer Absicht einen Arm ab. (Vgl. z. B. auch §. 125.) Tödtung der Bienen, um den Honig zu stehlen. R.G. III, 27. April 81 (R. III, 251). Vgl. den vorbezeichneten Beschluß des preuß. O.Tr.

Die Materie der Sachbeschädigung ist in St.G.B. erschöpfend geregelt. Strafandrohungen der Landesgesetzgebung wegen vorsätzlicher oder fahrlässiger Sachbeschädigung sind also aufgehoben, insoweit sie nicht im Zusammenhange mit Materien stehen, deren fortdauernde Geltung nach Landesgesetzgebung durch §. 2 des Einf.Ges. gewährleistet ist.

§. 303*). Wer vorsätzlich und rechtswidrig eine fremde Sache beschädigt oder zerstört, wird mit Geldstrafe bis zu eintausend Mark oder mit Gefängniß bis zu zwei Jahren bestraft.

Der Versuch ist strafbar.

Die Verfolgung tritt nur auf Antrag ein.

Ist das Vergehen gegen einen Angehörigen verübt, so ist die Zurücknahme des Antrages zulässig.

Pr. §. 281; E. I. §. 281; E. II. §. 300; St.B. S. 738—740.

G. v. 26. Febr. 1876 Art. I; Drucks. Nr. 145, 155 I; St.B. S. 830.

Vgl. §§. 133, 265, 274 Nr. 1.

1. Vgl. die allg. Bemerkungen zu diesem Abschnitt.

2. Vorsätzlich. — „In subjektiver Beziehung ist erforderlich dolose Beschädigung, d. h. eine vorsätzliche Thätigkeit, welche mit dem Bewußtsein ihrer Rechtswidrigkeit (vgl. N. 3 und Dresden 12. Juli und 2. Dez. 72 und 7. Juli 73 [St. II, 126, 244, S.G.Z. XVII, 216]; München 22. Juli 76 und 14. April 77 [bayr. Entsch. VI, 390; VII, 152, St. VI, 372; VII, 185]), und in der Absicht, durch dieselbe die Beschädigung oder Zerstörung der Sache zu bewirken, verübt wurde. Dagegen ist Motiv und Zweck des Thäters für den Thatbestand des Deliktes gleichgültig, so daß auch die um eines erlaubten Zweckes willen absichtlich verübte Sachbeschädigung nicht aufhört, als solche strafbar zu sein." (Hälschner preuß. St.R. II, 545), München 22. Juli 76 (bayr. Entsch. VI, 390, St. VI, 372). Es genügt die Vorsätzlichkeit der Handlung, verbunden mit dem Bewußtsein, daß die Beschädigung die Folge sein werde; Berlin 5. Dez. 73 u. 6. April 76 (Goltd. XXI, 567; XXIV, 369, O.R. XIV, 567; XVII, 261, St. III, 379), Stuttgart 2. Juni 75 (St. V, 156). R.G. IV, 29. Okt. 86, E. XV, 12, R. VIII, 652. A. M. München 5. März 86, bayr. Entsch. IV, 124, welches einen auf Zerstören oder Beschädigung gerichteten Vorsatz, also Absicht, verlangte.

3. Rechtswidrig — ist jede Beschädigung oder Zerstörung einer fremden Sache, wenn nicht entweder das Gesetz oder die Zustimmung des Eigenthümers ausnahmsweise ein Recht dazu gibt. Nur die allgemeinen Grundsätze über Nothstand oder Nothwehr (§§. 53, 54) können Straflosigkeit begründen. Berlin 6. Sept. 76, 28. Juni u. 19. Dez. 77 (O.R. XVII, 548, XVIII, 490, 803, Goltd. XXIV, 602; XXV, 564, 565, St. VIII, 282). Hamburg**) 30. Juli 84, Goltd. XXXVII, 67. Die Selbsthülfe macht nicht straflos, Berlin 30. Okt. 74 u. 29. April 75 (O.R. XV, 729; XVI, 324), vgl. aber Berlin 6. April 76 (Goltd. XXIV,

---

*) Neue Fassung des Ges. v. 26. Febr. 1876; in der alten Fassung des im Uebrigen unveränderten §. 303 fehlte der jetzige Schlußabsatz (Abs. 4).

**) Dieses Urtheil irrt übrigens darin, daß es Nothwehr als einen Strafausschließungsgrund bei einer an sich rechtswidrigen That bezeichnet.

369, O.R. XVII, 261); dies gilt selbst dann, wenn die Sache zufolge polizeilicher Anordnungen zu beseitigen war. Daß zur Strafbarkeit das Bewußtsein der Rechtswidrigkeit gehört, welches sogar durch einen Rechtsirrthum ausgeschlossen werden kann, ist anerkannt. Vgl. §. 59 N. 6. Vgl. auch oben N. 2. Ueberschreitung einer Berechtigung, um einen Anderen zu schädigen, ist strafbar. Berlin 18. Dez. 77 (O.R. XVIII, 795, Goltd. XXV, 567). So ist Tödtung fremder Thiere strafbar, wenn das Verjagen vom Eigenthum des Thäters zu dessen Schutz genügt hätte. Dresden 23. Okt. 76 (S.G.Z. XXI, 245). Ebenso wenn Hülfe des Staats anzurufen und der drohende Schade kein unwiederbringlicher gewesen wäre. Berlin 19. Dez. 77 (O.R. XVIII, 803, Goltd. XXV, 565, St. VIII, 282).

4. Rechtswidrig ist die Handlung nicht, wenn sie durch eine landesgesetzliche Bestimmung zugelassen ist, wie z. B. das Erschießen fremder Hunde durch den Jagdberechtigten oder Forstbeamten, in dessen Revier sie umherlaufen. Vgl. preuß. Ld.R. II, 16, §. 65. Berlin 30. Dez. 73, 1. Okt. 75, 1. Nov. 76, 19. Dez. 77 u. 15. Mai 79 (Goltd. XXI, 566; XXIII, 545; XXIV, 601; XXV, 565; XXVII, 548, O.R. XIV, 788; XVI, 622; XXII, 708; XVIII, 803; XX, 265, St. VIII, 282). R.G. II, 24. Okt. 82, E. VII, 128. Uebrigens verneinte R.G. III, 17. Dez. 81, R. III, 810 auch die Berechtigung des Jagdberechtigten zur Tödtung eines ungeknüppelten Hundes, wenn derselbe unter unmittelbarer Aufsicht einer Person steht. — Ein Irrthum des Jagdberechtigten über seine Befugniß zur Tödtung entschuldigt. R.G. IV, 26. März 89, E. XIX, 209. Ein bei der Heerde befindlicher Schäferhund darf vom Jagdberechtigten nicht getödtet werden. Berlin 23. März 78 (O.R. XIX, 158, Goltd. XVI, 226). Eine Polizeiverordnung, welche Jedermann ermächtigen würde, herrenlos und ungeknüppelt umherlaufende Hunde zu tödten, würde der rechtlichen Gültigkeit entbehren. Berlin 5. Okt. 77 (O.R. XVIII. 622, Goltd. XXV, 566).

5. Fremde Sache. Der Eigenthümer kann sich des Vergehens nicht schuldig machen, selbst wenn er Rechte Dritter, z. B. des Nutznießers, Pfandgläubigers, Pächters u. s. w. verletzt, Merkel in H.H. III, 853, v. Schwarze N. 5, Hälschner, preuß. St.R. II, 627, Lüder S. 54, R.G. I, 18. Juni 83, E. VIII, 399, Berlin 17. Febr. 90, Goltd. XXXVIII, 216, — wohl aber der Miteigenthümer. Berlin 22. Sept. 76 (St. VI, 36); Stuttgart 5. Juli 76 (württ. Ger.Bl. XII, 202, St. VI, 369). Nur in dem besonderen Falle des §. 137 kann die Handlung des Eigenthümers strafbar sein. (Vgl. Hälschner, preuß. St.R. II, S. 548.) — Der mit seiner Ehefrau in Gütergemeinschaft lebende Ehemann ist wegen Beschädigung der seiner Frau gehörenden Sachen nicht strafbar. München 7. Dez. 74 (St. V, 154).

Jedoch erklärte ihn R.G. II, 25. Sept. 85, E. XII, 376, R. VII, 531 dann für strafbar, wenn seine Absicht auf eine Rechtsverletzung der Ehefrau gerichtet war.

6. Die Sache muß eine körperliche (bewegliche oder unbewegliche) sein; vgl. §. 242 N. 3—6. Auch an Thieren kann Sachbeschädigung verübt werden; überhaupt an Allem, was im Eigenthum steht; auch an zusammengesetzten Sachen als solchen. R.G. IV, 4. März 87, R. IX, 171. Ob die Sache einen Verkaufswerth hat, ist gleichgültig. Auch die Beschädigung von Sachen, die nur Affektionswerth haben, ist strafbar. Auch an Schriften und Urkunden kann Sachbeschädigung verübt werden. Dresden 1. u. 26. April 78 (S.G.Z. XXII, 274, 278, St. VIII, 283). R.G. III, 21. April 80 (R. I, 640, Ann. I, 551); jedoch nicht an gänzlich werthlosem Papier oder werthlosen Schriften. R.G. III, 14. Febr. 84, E. X, 120. Abgraben eines Privatweges ist nach §. 303 strafbar. München 22. Juli 76 (bayr. Entsch. VI, 389, St. VI, 372). Das Abhauen von Bäumen aus Rache oder Bosheit, nicht zur Zueignung, ist Sachbeschädigung. R.G. II, 22. Febr. 81 (R. III, 67).

7. „beschädigt oder zerstört". — Zerstören ist das höhere Maß der Beschädigung. Als Beschädigung ist zunächst jede Einwirkung auf die Sache zu verstehen, wodurch die Brauchbarkeit oder Dienlichkeit derselben zu ihrem eigenthümlichen Zweck verringert oder aufgehoben wird, einerlei, ob diese Einwirkung auf mechanischem, chemischem oder sonstigem Wege erfolgt. (Hälschner, preuß. St.R. II, S. 543.) München 22. Juli 76 (bayr. Entsch. VI, 389, St. VI, 372), Berlin 31. Okt. 76 (Goltd. XXIV, 603) und Dresden 29. Okt. 77 (St. VIII, 285). Die Ausdehnung des Begriffs „Beschädigung" auf solche Fälle, in denen die Einwirkung auf die Sache, ohne die Substanz derselben zu verletzen, dieselbe für den Eigenthümer werthlos macht, entspricht mehr dem Grunde als dem Wortlaut der Vorschrift. Dahin gehört z. B. das Fortwerfen von Sachen in einen Fluß, Fliegenlassen von Vögeln u. s. w. Gl. M. Geyer II, 41, Hälschner II, 387, v. Liszt S. 462, Merkel in H.H. III, 853, H. Meyer S. 625, Olshausen N. 4, Rubo N. 5. Als Beschädigung im Sinne des §. 303 kann das nicht

gelten. Das frühere Badische St.G.B. §. 570 bestimmte in dieser Beziehung zutreffend: „Wer .... fremde Sachen beschädigt oder zerstört, oder auf andere Weise für den Eigenthümer werthlos macht, wird u. s. w." In der Regel ist sowohl zur Zerstörung als zur Beschädigung eine Substanzverletzung erforderlich und genügt eine vorübergehende Verhinderung des Gebrauchs nicht zur Annahme des Begriffs R.G. III, 19. Okt. 85, E. XIII, 27 (Herausnahme der Schutzbretter aus einem Stauwerk ohne deren Verletzung oder Beseitigung). S. auch München 6. März 90, bayr. Entsch. VI, 48. Dennoch wurde in dem Unbrauchbarmachen einer Dampfmaschine durch Einklemmen von Holz 2c. in ein Ventil Sachbeschädigung erblickt. R.G. II, 17. Jan. 90, E. XX, 182. Der Nachweis einer eingetretenen Vermögensbeschädigung ist nicht erforderlich. Berlin 9. Okt. 73 (O.R. XIV, 616, St. III, 231).

In der Zerstörung einer Sache, welche sich der Thäter bereits angeeignet hatte, kann nicht eine neue Strafthat erblickt werden. R.G. F.S. 12. Sept. 88, R. X, 488. In der Wegnahme und Beseitigung einer Kette von einem Wagen wurde eine Beschädigung des Wagens erblickt. Darmstadt 6. Aug. 90, Goltd. XXXIX, 75, ebenso ein Beschmutzen einer Sache München 21. Dez. 86, bayr. Entsch. IV, 263. Gl. M. Oppenhoff N. 8, v. Schwarze N. 6. Zweifelhaft Olshausen N. 4. Bei Einschütten von Koth in einen Brunnen nahm Sachbeschädigung an R.G. IV, 4. März 87, R. IX, 171.

8. Die in den besonderen Landesgesetzen enthaltenen Bestimmungen gegen Feldfrevel u. s. w. bleiben nach §. 2 Einf.Ges. in Kraft. Die Strafe des §. 303 tritt bei diesen kleinen Freveln nur dann ein, wenn die Beschädigung aus Rache oder Bosheit verübt wurde. Ebenso urtheilte für Bayern nach Art. 112 Ziff. 2 u. 114 P.St.G. München 4. Aug. 85, bayr. Entsch. III, 500. Die Strafbestimmungen des badischen P.St.G. v. 31. Okt. 1863 und der auf Grund desselben erlassenen Polizeiverordnungen gegen muthwillige Beschädigung sind jedoch durch das St.G.B. außer Kraft getreten. R.G. I, 9. Nov. 82, E. VII, 396, R. IV, 797.

9. Die Strafbarkeit des Versuchs ist vom Reichstag, jedoch unter mehrfachem Widerspruch aufgenommen.

10. Antragsberechtigt ist nicht nur der Eigenthümer, sondern auch der Gebrauchs- oder Nutzungsberechtigte, dessen Recht unmittelbar verletzt ist. Berlin 18. Dez. 77, 24. Okt. 78 und 5. Febr. 79 (O.R. XVIII, 795; XX, 64, Goltd. XXV, 567; XXVI, 504; XXVII, 216); München 18. Aug. 76 (bayr. Entsch. VI, 433, St. VI, 370); Stuttgart 5. Juli 76 (württ. Ger.Bl. XII, 202, St. VI, 369). So der Miether R.G. II, 12. März 80 (E. I, 306); I, 18. Juni 83, E. VIII, 399 oder der als Leiher der Sache zum Gebrauch Berechtigte R.G. III, 22. Juni 81, E. IV, 326. Auch dem Verwalter kann unter Umständen das Antragsrecht eingeräumt werden. Berlin 8. Jan. 79 (O.R. XX, 18, Goltd. XXVII, 107). Den Bewohnern eines fremden beschädigten Hauses wurde jedoch das Antragsrecht nicht eingeräumt, Berlin 5. Juni 78 (O.R. XIX, 302), dagegen 5. Febr. 79 (O.R. XX, 64, Goltd. XXVII, 216), auch der zur Wiederherstellung der beschädigten Sache Verpflichtete ist nicht antragsberechtigt. R.G. III, 22. Juni 81, E. IV, 326; ebenso wenig der Hypothekgläubiger wegen Beschädigung der verpfändeten Sache München 17. Nov. 86, bayr. Entsch. IV, 299.

§. 304. Wer vorsätzlich und rechtswidrig Gegenstände der Verehrung einer im Staate bestehenden Religionsgesellschaft, oder Sachen, die dem Gottesdienste gewidmet sind, oder Grabmäler, öffentliche Denkmäler, Gegenstände der Kunst, der Wissenschaft oder des Gewerbes, welche in öffentlichen Sammlungen aufbewahrt werden oder öffentlich aufgestellt sind, oder Gegenstände, welche zum öffentlichen Nutzen, oder zur Verschönerung öffentlicher Wege, Plätze oder Anlagen dienen, beschädigt oder zerstört, wird mit Gefängniß bis zu drei Jahren oder mit Geldstrafe bis zu eintausendfünfhundert Mark bestraft.

Neben der Gefängnißstrafe kann auf Verlust der bürgerlichen Ehrenrechte erkannt werden.

Der Versuch ist strafbar.

Pr. §. 282; E. I. §. 282; E. II. §. 301; St.B. S. 740.

Vgl. §§. 133, 168.

1. Vgl. die allg. Bemerkungen zu diesem Abschnitt, sowie die zu §. 303.

2. Die Bestimmung ist unter der Voraussetzung der Rechtswidrigkeit auch auf den Eigenthümer, bez. dessen Vertreter anzuwenden; so auf die Mitglieder eines Kirchenvorstandes, welche die in der Kirche angebrachten Denkmäler, entgegen den Anordnungen der vorgesetzten Kirchenverwaltung, beschädigen. Berlin 8. Dez. 75 (Goltd. XXIII, 546, O.R. XVI, 777, St. VI, 34). München 18. Juli 73 (St. III, 34), 10. Sept. 75 (bayr. Entsch. V, 438), Dresden 4. März 78 (St. VIII, 284). R.G. II, 26. Okt. 88, R. X, 595.

3. Ob und inwieweit dem §. 304 gegenüber die etwa bestehenden besonderen Gesetze über Feldfrevel in Kraft bleiben, ist nach dem Zusammenhang jener Vorschriften mit der allgemeinen Gesetzgebung zu beurtheilen. Das O.Tr. hat angenommen, daß jene Vorschriften rücksichtlich der Beschädigung von Bäumen u. s. w., welche zum öffentlichen Nutzen oder zur Verschönerung öffentlicher Wege u. s. w. dienen, keine Anwendung finden, vielmehr der §. 282 preuß. St.G.B. — also jetzt §. 304 — Platz greife. Vgl. namentlich die weitläufig motivirte Entscheidung vom 19. Dez. 1861 (O.R. II, 164—172); ferner Berlin 26. Nov. 73 (Goltd. XXI, 567, O.R. XIV, 755) und München 22. Nov. 72 (St. II, 129). Doch s. einen Fall, in dem ideale Konkurrenz von §. 304 und Feldfrevel angenommen wurde. Berlin 12. März 79 (O.R. XX, 132, Goltd. XXVII, 380).

4. Die Beschädigung einer Brücke ohne Gefahr für Andere ist aus §. 304 strafbar. München 23. Aug. 75 (bayr. Entsch. V, 422, St. VI, 33). In der Wegnahme einer Brückenbohle, welche sofort wieder an Ort und Stelle gebracht werden konnte, wurde eine Beschädigung nach §. 304 gefunden. R.G. I, 31. März 90, E. XX, 353. Ebenso in Beschädigung einer Telegraphenanstalt ohne Störung des Betriebs. Berlin, 8. März 76, 27. März und 7. Juni 77 (O.R. XVII, 717; XVIII, 250, Goltd. XXIV, 605; XXV, 459, St. VII, 187). Die Beschädigung eines Grabhügels fällt unter §. 168, nicht unter §. 304. Berlin 20. Sept. 76 (O.R. XVII, 581). Das Abpflücken von Blumen auf Gräbern eines Kirchhofs wurde nicht als Beschädigung eines Grabmals, als eine solche öffentlicher Anlagen aber nur unter besonderen Umständen erkannt. R.G. I, 29. Nov. 83, E. IX, 219. Auch Sachengesammtheiten können als beschädigt gelten, z. B. ein zur Verschönerung eines öffentlichen Platzes angelegtes Rosenbeet. München, 9. März 88, bayr. Entsch. V, 49. Die Beschädigung einer zum öffentlichen Nutzen dienenden Sache, z. B. einer öffentlichen Bank, ist, wenn durch die That der Zweck derselben nicht beeinträchtigt wird, wie durch Einschneiden eines Namens, nach §. 303, nicht nach §. 304, strafbar. München 22. Juni 89, bayr. Entsch. V, 352.

5. Die That muß vorsätzlich begangen sein, wie jene des §. 303, dem Thatbestande entsprechend aber mit dem Bewußtsein, daß die beschädigten oder zerstörten Gegenstände den im §. 304 vorausgesetzten Charakter an sich tragen. R.G. III, 10. Dez. 79, R. I, 134, II, 12. März 89, E. XIX, 87.

6. Es ist nicht erforderlich, daß die beschädigten Gegenstände zum öffentlichen Nutzen besonders oder ausschließlich bestimmt waren, es genügt, daß sie faktisch im öffentlichen Nutzen verwendet sind. R.G. III, 10. Dez. 79, R. I, 134, III, 30. Dez. 81, 25. Juni 83, E. V, 318, IX, 26. Ob die Dienlichkeit nur zur Verschönerung oder für sanitäre oder staatliche z. B. militärische Zwecke stattfindet, ist nicht zu unterscheiden.

§. 305. Wer vorsätzlich und rechtswidrig ein Gebäude, ein Schiff, eine Brücke, einen Damm, eine gebaute Straße, eine Eisenbahn oder ein anderes Bauwerk, welche fremdes Eigenthum sind, ganz oder theilweise zerstört, wird mit Gefängniß nicht unter Einem Monat bestraft.

Der Versuch ist strafbar.

Pr. §. 283; E. I. §. 283; E. II. §. 302; St.B. S. 741.

Vgl. §§. 265, 306, 307, 311, 321, 323.

1. Vgl. die allg. Bemerkungen zu diesem Abschnitt und die zu §. 303.

2. Es wird ganze oder theilweise Zerstörung erfordert. Eine solche liegt nur vor, wenn die Gegenstände zu ihrer Bestimmung ganz oder theilweise unbrauchbar gemacht worden; dies trifft — wie angenommen ist — nicht zu beim Durchbrechen des Fußbodens einer Gefängnißzelle zum Zwecke der Flucht. Dresden 3. Aug. 74 (S.G.Z. XIX, 50, St. V, 157). Vgl. über die vorübergehende Beschädigung einer Eisenbahn, Berlin 6. Dez. 71 (O.R. XII,

624). Ueber Beschädigung eines Brückengeländers, ohne die Brücke unbrauchbar zu machen, München 23. Aug. 75 (bayr. Entsch. V, 422, St. VI, 33). Auch Brücken einfachster Konstruktion, welche Bestandtheile eines Privatweges bilden, stehen unter dem Schutz des §. 305, R.G. III, 24. Mai 83, R. V, 383. In dem Wegnehmen des Brückengeländers kann eine theilweise Zerstörung erblickt werden, wenn die Brücke dadurch für gewisse Zwecke untauglich wird. R.G. III, 4. Mai 85, R. VII, 274, s. auch oben zu §. 304 N. 4. Dagegen wurde Abgrabung eines Schutzdammes nach §. 305 bestraft, obwohl derselbe für seinen Zweck nicht unbrauchbar wurde. München 8. Mai 75 (Entsch. V, 195).

3. Unter Schiffen sind hier nur größere, den Immobilien gleich geachtete Schiffe zu verstehen, nicht bloße Kähne. Meves St.R.Ztg. XIII, 395, Olshausen N. 3, Oppenhoff N. 4, v. Schwarze N. 4.

4. Auf Pferdebahnen wurde der Begriff „Eisenbahn" nicht ausgedehnt, der Begriff gebauter Straßen nur dann, wenn sie vollendet und für den öffentlichen Verkehr bestimmt sind. In concreto handelte es sich um eine unvollendete Hülfsbahn zum Transport von Baumaterial. Dresden 4. Jan. 75 (St. VI, 35). Oppenhoff bestreitet N. 5 und Olshausen N. 3e stimmt ihm bei, daß eine gebaute Straße dem öffentlichen Verkehr übergeben sein müsse, letzterer auch, daß die Straße vollendet sein müsse. Es muß beides festgehalten werden, weil außerdem jeder Parkweg unter dem Schutz des §. 305 stehen würde und eine angefangene Straße keine gebaute ist. Nach solchen Erweiterungen der Begriffe würde jede Grenze fehlen.

5. Als Bauwerk wurde anerkannt, eine aus Steinen und Lehm erbaute Gartenmauer. Berlin 31. Okt. 76 (O.R. XVII, 701, Goltd. XXIV, 603). Ebenso ein fest mit dem Boden verbundenes Hofthor. R.G. 30. Juni 80 (R. II, 140). Auch eine durch steinerne Schwellen und Säulen mit eisernem Gitter konstruirte Umfassungsmauer. R.G. 29. Nov. 80 (Ann. III, 30). Und eine zwei Grundstücke trennende Grenzmauer, noch unvollendet. R.G. III, 26. Juni 84, R. VI, 477. Ueberhaupt jedes von Menschenhänden errichtete, mit dem Boden fest verbundene Werk, auch künstlich hergestellte Fischteiche. R.G. IV, 11. Febr. 87, E. XV, 263.

6. Der §. 305 kann leicht mit den §§. 306, 307, 321 ideell konkurriren.

Siebenundzwanzigster Abschnitt.

Gemeingefährliche Verbrechen und Vergehen.*)

Wegen Zulässigkeit der Polizeiaufsicht vgl. §. 325.

1. Die Motive bemerken:

„Die §§. 306—330 enthalten die strafrechtlichen Bestimmungen wegen gemeingefährlicher Verbrechen und Vergehen.

Als strafbare Handlungen dieser Art sind diejenigen aufgeführt, mit deren Begehung die Wahrscheinlichkeit einer allgemeinen Gefahr für Menschen oder Sachen gegeben ist. In der Aufzählung der gemeingefährlichen Verbrechen und Vergehen stimmt der Entwurf mit den im preußischen Strafgesetzbuche (§§. 285—308 des Gesetzbuchs) benannten überein. Es sind dies Brandstiftung (§§. 306 ff.), Verursachung einer Ueberschwemmung (§§. 312 ff.), Gefährdung von Eisenbahn-Transporten (§§. 315 ff.), Beschädigung von Telegraphen-Anstalten (§§. 317 ff.), Zerstörung von Wasserbauten (§. 321), Zerstörung von Schifffahrtszeichen (§. 322), verursachte Strandung von Schiffen (§§. 323 ff.), Brunnenvergiftung (§§. 324 ff.), Verbreitung von Seuchen (§§. 327 ff.), Nichterfüllung öffentlicher Lieferungsverträge bei Kriegsgefahr (§. 329).

Neu hinzugefügt ist in §. 330 das besondere Vergehen dessen, welcher bei Leitung oder Ausführung eines Baues wider die allgemein anerkannten Regeln der Baukunst dergestalt handelt, daß hieraus für Andere Gefahr entsteht. Dieses Vergehen ist in §. 202 des preußischen Gesetzbuchs bereits berücksichtigt, findet aber hier in Hinblick auf die Gemeingefährlichkeit desselben seine richtigere Stellung.

Eine wesentliche Verschiedenheit, welche bei Ausführung der gemeingefährlichen Verbrechen zwischen dem Entwurfe und dem Preußischen Strafgesetzbuche vorhanden ist, zeigt sich in der Androhung der Strafen.

Bei Brandstiftung (§. 285 des Gesetzbuchs), verursachter Ueberschwemmung (§. 290), Gefährdung von Eisenbahn-Transporten (§. 294), Zerstörung von Feuerzeichen (§. 302),

*) Siebenhaar, Der Begriff der Gemeingefährlichkeit und die gemeingefährlichen Delikte i. d. Zeitschr. f. d. g. Str.W. IV, 245.

verursachter Schiffsstrandung (§. 303), Brunnenvergiftung (§. 304) droht das Preußische Strafgesetzbuch ausnahmslos in allen Fällen die Todesstrafe an, in welchen das Verbrechen vorsätzlich begangen worden, und durch dasselbe ein Mensch das Leben verloren hat.

Die Regierungsmotive zu dem Gesetzbuche besagen zur Rechtfertigung dessen: es beruhe dies auf der Erwägung, daß bei derartigen Verbrechen die Gefahr für Menschen offenkundig vorliege, daß der Tod als wahrscheinlich vorausgesehen werden könne, und daß bei einem Thäter, der es auf diesen Erfolg ankommen läßt, auch wenn die Tödtung nicht der eigentliche Zweck der That gewesen, ein unbestimmter dolus vorliege, welcher bei Handlungen, die so schwere Folgen nach sich zögen, die Anwendung der Todesstrafe rechtfertige.

Der Entwurf hat diesen Ausführungen nicht geglaubt beitreten zu können. Er nimmt vielmehr an, daß die Androhung der Todesstrafe weder auf die bloße Vermuthung, der Thäter habe bei Begehung des Verbrechens den Tod von Menschen vorausgesehen, noch auf die Erwägung gestützt werden dürfe, daß der Thäter den Tod von Menschen hätte voraussehen müssen. Nur in den Fällen, in denen der Thäter erweislich mit Vorsatz und Ueberlegung den Tod eines Menschen herbeigeführt hat, wird man die Todesstrafe als unzweifelhaft gerechtfertigt ansehen können; für einen solchen Fall aber ist sie als Strafe des Mordes im Entwurfe allgemein angedroht. Die Annahme, daß der in Folge eines vorsätzlich begangenen gemeingefährlichen Verbrechens herbeigeführte Tod eines Menschen stets mit Vorsatz und Ueberlegung bewirkt sei, ist lediglich eine Fiktion und darum ungerechtfertigt. Der Gesetzentwurf hat für diejenigen Fälle, in denen eines der in Rede stehenden gemeingefährlichen Verbrechen vorsätzlich verübt ist und den Tod eines Menschen verursacht hat, ohne daß Vorsatz und Ueberlegung der Tödtung erwiesen, lebenslängliche Zuchthausstrafe angedroht.

Wie in der Denkschrift über Todesstrafe näher dargelegt worden, hat übrigens praktisch auch die Preußische Gesetzgebung nicht dahin geführt, daß Personen mit dem Tode bestraft worden sind, die sich eines der hier beregten Verbrechen schuldig gemacht haben."

2. Noch weiter ging der Reichstag, welcher, wie bereits früher (S. 22 ff.) allgemein bemerkt worden, der absolut angedrohten lebenslänglichen Zuchthausstrafe die alternative Androhung von zehn Jahren oder lebenslänglicher Zuchthausstrafe substituirte. (Vgl. die §§. 307, 312, 315, 322, 323, 324.)

§. 306. Wegen Brandstiftung*), wird mit Zuchthaus bestraft, wer vorsätzlich in Brand setzt:

1) ein zu gottesdienstlichen Versammlungen bestimmtes Gebäude,
2) ein Gebäude, ein Schiff oder eine Hütte, welche zur Wohnung von Menschen dienen, oder
3) eine Räumlichkeit, welche zeitweise zum Aufenthalt von Menschen dient, und zwar zu einer Zeit, während welcher Menschen in derselben sich aufzuhalten pflegen.

Pr. §. 285; E. I. §. 285; E. II. §. 303; St.B. S. 741.
Vgl. §§. 265, 325, 368 Nr. 4—8.

1. „in Brand setzt" — daraus folgt, daß zur Vollendung gehört, daß der Gegenstand (d. h. einer der unter N. 1—3 aufgezählten) selbst brennt. Dazu genügt nicht ein bloßes Ankohlen, sondern es muß ein Gebäudetheil gebrannt haben, so daß er das Feuer selbständig weiter verbreiten konnte. R.G. I, 3. Mai 80, E. I, 375, R. I, 720; II, 20. Okt. 82, E. VII, 131, R. IV, 752, vgl. auch I, 26. Jan. 82, R. IV, 72; jedoch bedarf es keines Ausbruchs einer Flamme; es genügt eine Weiterverbreitung durch Glimmen. R.G. I, 7. Mai 88, R. X, 383; III, 7. Jan. 89, E. XVIII, 362. Die Motive bemerken hierüber:

„Der Entwurf hat keine ausdrückliche Bestimmung über die Vollendung der Brandstiftung gegeben, sondern geglaubt, daß dem diesfallsigen Bedürfnisse durch die Fassung

---

*) Leonhardt, Komm. II, 117 ff. und derselbe in v. Bothmer's Erörterungen III, 52; Osenbrüggen, Die Brandstiftung, Leipzig 1854; v. Geßler, Gutachten über den Entwurf in den Verhandlungen des 9. deutsch. Juristentages I. 61 ff.; John in v. Holtzendorff's Rechtslexikon I, 159 ff.; Ullmann in G.S. Bd. 30 S. 589; Wanjeck in G.S. XXXI, 1; Pape, Versuch und Vollendung der Brandstiftung, Leipzig 1889.

des §. 306 genügend abgeholfen sei. Der Entwurf verlangt, daß der Gegenstand der Brandstiftung „in Brand gesetzt worden sei"; insbesondere wird also das Anzünden und Anlegen des Zündstoffs selbst zur Vollendung nicht hinreichen. Es wird ein „Brand" erfordert. Ob im einzelnen Falle ein Brand schon durch das bloße „Glühen" und „Glimmen" verursacht sei, wird ebenso aus der Beschaffenheit des Falls zu beantworten sein, als die Frage, ob in dem Ausbruche der Flamme oder in solcher Ausbreitung derselben, daß die gewöhnliche Hülfe des Einzelnen zu ihrer Unterdrückung nicht mehr hinreicht, die That vollendet worden sei. Bei einzelnen Gegenständen der Brandstiftung kann nach der Beschaffenheit derselben auch ein Schwelen und Fortglimmen unzweifelhaft als die Vollendung der That angesehen werden, z. B. Entzündung von Vorräthen von Tuch, Linnen ꝛc., von Steinkohlenlagern. Ebenso kann es bedenklich sein, in jedem Falle, sobald die Flamme den Gegenstand der Brandstiftung zwar ergriffen, aber vielleicht nur von demselben einen ganz geringfügigen Theil (z. B. Holzfasern einer Thür) verzehrt hat, eine Vollendung der Brandstiftung anzunehmen, zumal hier die Unterdrückung des Feuers mit der leichtesten Mühe bewirkt werden kann. Auch führt diese Meinung, welche in jeder Verzehrung eines Theils des Gegenstands durch das Feuer die Vollendung der Brandstiftung erblickt, bei der fahrlässigen Brandstiftung, wie die Erfahrung in den Ländern lehrt, deren Gesetzgebung diese Meinung adoptirt hat, zu Schwierigkeiten in der Anwendung. Der Entwurf hat aus diesen Gründen, in Uebereinstimmung mit mehreren neuen Gesetzbüchern, von jeder Bestimmung über die Vollendung der Brandstiftung abgesehen."

Es erkannte denn auch Dresden 5. Febr. 75 u. 24. Juli 76 (St. VI, 36, S.G.Z. XXI, 179), daß nicht in jedem Falle vollendete Brandstiftung anzunehmen sei, in welchem die Flamme den Gegenstand der Brandstiftung ergriffen, aber nur einen ganz geringen Theil desselben verzehrt hatte und ohne Mühe unterdrückt wurde; jedoch irrig s. obige Urtheile u. R.G. III, 3. Jan. 89, E. XVIII, 355.

2. Ob der in Brand gesetzte Gegenstand (Nr. 1—3) dem Thäter eigenthümlich gehörte oder nicht, ist gleichgültig. (Motive.)

3. Zum dolus gehört nur der Wille, den Gegenstand in Brand zu setzen, verbunden mit der Kenntniß des Thäters, daß der Gegenstand eine der in dem §. 306 erwähnten Eigenschaften habe. v. Liszt S. 513, H. Meyer S. 908, Olshausen N. 10, Wanjeck S. 16 fg.

4. Die Bestimmung des preuß. Ges. vom 4. Juni 1851 über den Belagerungszustand (vgl. Art. 68 R.V.), wonach eine während des Belagerungszustandes erregte Brandstiftung mit dem Tode zu bestrafen ist, ebenso wie der sonstige Inhalt dieses Gesetzes, als Spezialgesetz nicht aufgehoben. Dies folgt aus den Erläuterungen zu §. 2 Einf.Ges. Der §. 4 Einf.Ges. ist gerade aus der Erwägung hervorgegangen, daß jenes Gesetz bestehen bleibe und deshalb, soweit dasselbe bestimmte Vorschriften des preuß. St.G.B. zur Voraussetzung hatte, zu ergänzen sei. Nur wurden nicht alle Fälle der Todesstrafe aus dem preuß. St.G.B. (nämlich die der §§. 74, 178, 179 des preuß. St.G.B. von 1857) beibehalten. Ein Beschluß des O.Tr. vom 1. Febr. 1871 (vgl. Oppenhoff N. 12) hat das Gegentheil angenommen. A. M. F. Meyer, Einf.Ges. §. 4 N. 1, Olshausen N. 1, Oppenhoff N. 12.

5. Nr. 1. „zu gottesdienstlichen Versammlungen" statt „zum Gottesdienst" ist aus dem früheren Oldenburgischen St.G.B. Art. 262a entnommen.

6. Nr. 2. Durch den Eintritt einer Lebensgefahr für Menschen ist die Anwendung der Nr. 2 nicht bedingt. Berlin 7. Dez. 72 (O.R. XIII, 649), es ist nicht einmal erforderlich, daß zur Zeit der Brandstiftung sich Menschen im Gebäude befinden.

Die Bestimmung findet auch Anwendung, wenn die Inbrandsetzung eines unbewohnten Gebäudes das Mittel war, ein bewohntes Gebäude in Brand zu setzen. Berlin 22. Dez. 75 (Goltd. XXIII, 547).

Stallgebäude, in welchen die Dienstleute ihre Schlafstelle haben, sind als Gebäude, welche zur Wohnung von Menschen dienen, anzusehen. Dresden 29. Juli 74 (S.G.Z. XIX, 24, St. V, 161).

7. Nr. 3. Der allgemeine Ausdruck „Räumlichkeit" umfaßt auch Bergwerke, Eisenbahnwagen (— welche beide das preuß. St.G.B. besonders hervorhob —), Wachtbuden, Schäferkarren u. s. w. Es kommt nur darauf an, daß die Brandstiftung zu einer Zeit erfolgte, zu welcher Menschen sich in derselben aufzuhalten pflegten. Dagegen ist es gleichgültig, ob gerade ein Mensch sich dort aufhielt, wie andererseits, wenn jenes „pflegen" nicht vorhanden war, es unerheblich ist, daß sich zufällig ein Mensch zur Zeit der Brandstiftung dort wirklich aufhielt.

§. 307. Die Brandstiftung (§. 306) wird mit Zuchthaus nicht unter zehn Jahren oder mit lebenslänglichem Zuchthaus bestraft, wenn

1) der Brand den Tod eines Menschen dadurch verursacht hat, daß dieser zur Zeit der That in einer der in Brand gesetzten Räumlichkeiten sich befand,
2) die Brandstiftung in der Absicht begangen worden ist, um unter Begünstigung derselben Mord oder Raub zu begehen oder einen Aufruhr zu erregen, oder
3) der Brandstifter, um das Löschen des Feuers zu verhindern oder zu erschweren, Löschgeräthschaften entfernt oder unbrauchbar gemacht hat.

Pr. §. 285; E. I. §. 285; E. II. §. 304; St.B. S. 741 (Druckf. Nr. 92), 1165 (Druckf. Nr. 182_{45}).

Vgl. §. 325; E.G. §. 4.

1. Durch die im Reichstag beschlossene Allegation des §. 306 wird ausdrücklich hervorgehoben, daß der §. 307 nur die Brandstiftung im Sinne des §. 306 im Auge hat.

2. Nr. 1. „verursacht". Es kommt lediglich darauf an, daß zwischen dem Brande und dem eingetretenen Tode ein äußerer Kausalzusammenhang besteht. Die Kenntniß des Thäters von dem Aufenthalt von Menschen in der Räumlichkeit ist gleichgültig. Ob jener Kausalzusammenhang vorliegt, ist Thatfrage. Er liegt vor, wenn z. B. der Mensch, um sich zu retten, aus dem Fenster springt und in Folge dessen oder aus Schrecken stirbt. Gl. M. Hälschner II, 619, v. Liszt S. 513, N. 1, Olshausen N. 4. Vgl. hierüber das zu §§. 59, 222, 224 Gesagte. Namentlich ist hier der Unterschied zwischen Ursache und Veranlassung (vgl. Berner, 8. Aufl. S. 478) zu beachten, sowie die ausdrückliche Bestimmung des Gesetzes:

> „dadurch verursacht hat, daß dieser zur Zeit der That in einer der in Brand gesetzten Räumlichkeiten sich befand."

Diese Fassung ist (an Stelle der des Entwurfs: „wenn durch den Brand der Tod eines Menschen verursacht worden ist, welcher sich u. s. w.") vom Reichstag, nachdem sie in 2. Lesung debattirt, aber nicht angenommen war, in 3. Lesung ohne Debatte aufgenommen. Es sollte durch dieselbe ausgeschlossen werden, daß z. B. Jemand, der beim Retten oder Löschen umkommt, den Thatbestand des §. 307 N. 1 erfüllt. (St.B. S. 741.) Im Einzelnen differiren die Ansichten Hälschner II, 620. Schaper in H.H. III, 885 fordern culpa des Thäters. Die Meisten erklären die Worte zur Zeit der That mit: „von Anfang der Ausführung bis zur Vollendung." H. Meyer S. 910 will hierunter nur die Zeit der Verübung verstehen. Hälschner II, 619, H. Meyer S. 910 N. 34, Rubo N. 6 verlangen Kenntniß des Thäters von der Anwesenheit von Menschen. Letztere Ansicht ist gleichbedeutend mit dem Fordern der Fahrlässigkeit; denn sind Menschen zur Zeit der Brandstiftung im Gebäude, so kann der Thäter sich die Möglichkeit üblen Erfolgs auch des Todes der Menschen vorstellen. Die erste Kontroverse ist ohne Bedeutung; denn wenn der Tod durch den Brand verursacht sein soll, so muß der Mensch zur Zeit des Ausbruchs des Brandes noch im Gebäude gewesen sein. Richtig dürfte nur sein, anzunehmen, daß lediglich der objektive Erfolg gemeint ist. Die Fahrlässigkeit liegt in dem Entfesseln einer elementaren Gewalt, deren Folgen sich nicht berechnen lassen. Entschuldigend könnte man höchstens die Ueberzeugung des Thäters halten, daß Menschen sich nicht im Gebäude oder der Räumlichkeit befinden, welche in Brand gesetzt wird. Allein auch hiervon giebt das Gesetz keine Andeutung. Hiermit steht nicht in Widerspruch, daß R.G. III, 3. Dez. 81, E. V, 202, R. III, 765, den Fall nicht gegeben findet, wenn ein Mensch sich gerettet hatte, aber in das brennende Gebäude (zu Rettungszwecken) zurückkehrt; denn in diesem Fall fehlt es am Kausalzusammenhang zwischen Anwesenheit zur Zeit der That und Tod des Menschen, weil die Zwischenursache der Rückkehr wirkte.

3. Theilt sich das Feuer anderen Gebäuden mit, so kommt der Umstand, daß in diesen, sofern der Thäter nicht auch den Brand derselben beabsichtigte, sich Menschen aufhalten und durch den Brand (die Feuersbrunst) umkommen, nicht in Betracht. Es ist das nur ein Strafzumessungsgrund für §. 306. Hierin liegt ein wesentlicher Unterschied des St.G.B. und des preuß. St.G.B. von 1851, da der §. 287 des letzteren, welcher die mittelbare Brandstiftung der unmittelbaren gleichstellte, im St.G.B. als milderer Fall in den §. 308 aufgenommen ist. —

Hatte der Thäter übrigens den Vorsatz zu tödten, so liegt Mord oder Todtschlag vor; vgl. Motive oben S. 693.

4. „Räumlichkeiten" sind die in §. 306 N. 1—3 bezeichneten.

5. N. 2 und 3 sind die Wiederaufnahme einer im preuß. und bayerischen St.G.B. beseitigten, in den meisten älteren Brandstiftungsgesetzen enthaltenen Antiquität. Vgl. die mecklenb. Verordnung vom 27. Mai 1854, auch Sachsen (Rev. St.G.B. v. 1868) Art. 209, Thüringen Art. 161. Wird Mord oder Raub wirklich begangen oder versucht oder Aufruhr erregt, so liegt Realkonkurrenz vor. Es ist nicht von Idealkonkurrenz die Rede, welche nur dann vorliegen würde, wenn der Mord durch die Brandstiftung, nicht gelegentlich des Brandes in der Absicht des Thäters lag. Gl. M. Hälschner II, 621; Olshausen N. 4; Schaper in H.H. III, 836; Wanjeck G.S. Bd. XXXI, S. 23. Von Idealkonkurrenz spricht Berner S. 620.

6. Die Entfernung oder Unbrauchmachung eines einzelnen Löschgeräthes genügt, wenn sie in der Absicht erfolgt, das Löschen zu verhindern oder zu erschweren. Binding, Normen II, 602; Olshausen N. 6. Erfolg ist nicht erforderlich. Auf Geräthschaften wollen den erschwerenden Umstand beschränken und schließen deshalb andere Erschwerungsmittel, wie Beseitigung von Wasser, aus: v. Liszt S. 514; Olshausen N. 6; Oppenhoff N. 13; v. Schwarze N. 7; Schaper in H.H. III, 886.

7. Versuch des aus §. 307 strafbaren Verbrechens ist möglich und strafbar. Dies ist nur streitig bei Ziff. 1. V. Liszt S. 514 nimmt ihn als möglich an, wenn der Versuch der Brandstiftung den Tod eines Menschen verursacht, z. B. durch Ersticken; er wird auch anzunehmen sein, wenn der Tod des Menschen durch die That beabsichtigt war, und es in beiden konkurrirenden Richtungen beim Versuch bleibt.

§. 308. Wegen Brandstiftung wird mit Zuchthaus bis zu zehn Jahren bestraft, wer vorsätzlich Gebäude, Schiffe, Hütten, Bergwerke, Magazine, Waarenvorräthe, welche auf dazu bestimmten öffentlichen Plätzen lagern, Vorräthe von landwirthschaftlichen Erzeugnissen oder von Bau- oder Brennmaterialien, Früchte auf dem Felde, Waldungen oder Torfmoore in Brand setzt, wenn diese Gegenstände entweder fremdes Eigenthum sind, oder zwar dem Brandstifter eigenthümlich gehören, jedoch ihrer Beschaffenheit und Lage nach geeignet sind, das Feuer einer der im §. 306 Nr. 1 bis 3 bezeichneten Räumlichkeiten oder einem der vorstehend bezeichneten fremden Gegenstände mitzutheilen.

Sind mildernde Umstände vorhanden, so tritt Gefängnißstrafe nicht unter sechs Monaten ein.

Pr. §§. 286, 287; E. I. §§. 286, 287; E. II. §. 305; St.B. S. 741, 742.

Vgl. §§. 325, 265; E.G. §. 4.

1. Während der §. 306 bezüglich der dort erwähnten Gegenstände nicht unterscheidet, ob dieselben fremdes Eigenthum sind oder nicht, tritt dieser Unterschied im §. 308 hervor.

Die Motive bemerken hierüber:

„Bei der Brandstiftung an diesen Gegenständen wird vorausgesetzt, daß sie nicht im Eigenthume des Thäters sich befinden, während bei den in §. 303 (jetzt §. 306) aufgeführten Gegenständen der Brandstiftung es rechtlich gleichgültig ist, ob sie dem Thäter gehören oder nicht. Ausnahmsweise nimmt der Entwurf jedoch auch eine Brandstiftung an den in §. 305 (jetzt §. 308) aufgeführten Gegenständen, wenn sie im Eigenthume des Thäters sich befinden, dann an, wenn der Gegenstand seiner Beschaffenheit und Lage nach geeignet ist, das Feuer einer der in §. 306 aufgeführten Räumlichkeiten oder einem der in §. 308 aufgeführten fremden Gegenstände mitzutheilen, und sonach Gefahr vorhanden ist, daß eine solche Räumlichkeit oder ein solcher Gegenstand, an welchem nach §. 303 (jetzt §. 306) und nach §. 305 (jetzt §. 308) (im Eingange) eine Brandstiftung begangen werden kann, in Brand gerathe. Es liegt in diesem Falle eine so schwere Verschuldung des Brandstifters, wenngleich er nur zunächst seine eigene Sache in Brand gesetzt hat, gegenüber der Gefahr für die bedrohte Sache, vor, daß hierdurch eine Gleichstellung seiner That mit den übrigen Fällen der Brandstiftung gerechtfertigt erscheint.

Die Inbrandsetzung des eigenen Gebäudes, welche weder unter §. 303 (jetzt §. 306) in Folge der Bestimmung des Gebäudes, noch unter §. 305 (jetzt §. 308) in Folge der

Beschaffenheit und Lage des Gebäudes zu stellen sein wird, kann daher, wenn sie in einer rechtswidrigen Absicht begangen wird, als ein besonderes Verbrechen, z. B. als Betrug gegen die Versicherungsgesellschaft, zur Strafe gezogen werden, ist aber nicht als Brandstiftung nach dem gegenwärtigen Abschnitte zu beurtheilen.

Dem eigenen Gebäude waren hierbei die in §. 305 (jetzt § 308) aufgeführten Gegenstände, wenn sie dem Thäter gehören, gleichzustellen.

Ebenso ist die rechtswidrige Zerstörung einer fremden Sache, welche weder unter eine der Kategorien des §. 303 (jetzt §. 306), noch eine des §. 305 (jetzt §. 308) fällt, obschon sie durch Feuer bewirkt worden, nicht als Brandstiftung, sondern nach §. 300 (jetzt §. 303) oder in Hinblick auf die Absicht des Thäters nach der dieser entsprechenden Strafbestimmung zu bestrafen."

Bezüglich des in Brand Setzens vgl. §. 306 N. 1, bezüglich der Räumlichkeiten N. 5—7, bezüglich der Schiffe §. 305 N. 3.

2. Im ersten Theile des §. 308 ist das Moment der Gemeingefährlichkeit unerheblich, im zweiten dagegen dasselbe der Bestimmungsgrund der Vorschrift. Ausgeschlossen ist hierdurch zunächst die Brandstiftung an solchen eigenen Gegenständen, bei denen weder die Momente des §. 306, noch die im 2. Theile des §. 308 bezeichnete Beschaffenheit und Lage (Gemeingefährlichkeit) vorhanden sind. Dieselbe ist nur als Polizeivergehen oder (eventuell) nach §. 265 strafbar. Ob die Gefahr im konkreten Falle vorlag, oder durch Veranstaltungen oder Zufälligkeiten ausgeschlossen war, ist gleichgültig. Es handelt sich um die objektive Gefährdung, das Geeignetsein. Binding, Normen II, 582; Hälschner II, 615; H. Meyer S. 908; Wanjeck G.S. Bd. XXX, S. 595, Bd. XXXI, S. 29; Siebenhaar S. 274.

3. Zu den „Hütten" gehören auch die nur aus Stroh und Holz errichteten Hütten zur Bewachung des Obstes auf Feldern. Stuttgart 31. Dez. 75 (württ. Ger.Bl. XI, 81, St. VI, 373). — R.G. I, 16. Febr. 88, **E. XVII**, 179, **R. X**, 151 definirt die Hütte als ein selbständiges unbewegliches Ganzes, welches eine nicht völlig geringfügige Bodenfläche bedeckt und zum Schutz gegen äußere Einwirkungen in einer dem jeweiligen Zwecke genügenden Dauerhaftigkeit und Festigkeit, durch Wand und Dach abgeschlossen sei.

4. Magazin ist nach der Aufstellung in R.G. III, 11. März 86, **E. XIII**, 407, **R. VIII**, 161 ein Gebäude, eine Baulichkeit oder eine sonstige dauernde Einrichtung, in welchen bestimmungsgemäß größere Vorräthe von Waaren aufgespeichert werden sollen. Der Begriff umfaßt nicht nur das Niederlagegebäude, sondern auch die in demselben gelagerten Vorräthe. Im konkreten Fall stand ein den Erdboden überragendes Bauwerk im Freien in Rede, in welchem 80—100 Ctr. Knochen, dem Objekt der Brandstiftung, lagerten.

5. Als „Vorrath landwirthschaftlicher Erzeugnisse" kann nicht eine in einem Wohnraum aufbewahrte geringe Quantität angesehen werden. Dresden 15. Mai 71 (S.G.Z. XV, 182, St. I, 44). Ein Düngerhaufen ist kein Vorrath landwirthschaftlicher Erzeugnisse. R.G. III, 16. Juni 80 (**R. II**, 82, Ann. II, 138, Goltd. **XXIX**, 216). Dagegen gehören hierher, auf dem Transport befindliche Vorräthe, z. B. das Ernteprodukt. R.G. I, 21. Febr. 84, **E. X**, 186, **R. VI**, 140.

6. Der Begriff von Vorräthen ist nicht darnach zu bestimmen, ob der Eigenthümer sie allmählich aufbrauchen will, und ob dieselben für sein Bedürfniß erheblich sind, sondern lediglich objektiv nach der Masse, deren Grenzen auf thatsächlichem Gebiete gefunden werden müssen. R.G. I, 4. Jan. 86, **E. XVIII**, 218, vgl. auch **I**, 21. Febr. 84, **E. X**, 186, **R. VI**, 140.

7. Zu einer Waldung gehören nicht bloß die stehenden Bäume, sondern auch der Grund und Boden, auf welchem sie wachsen. Ein Waldbrand liegt daher nicht nur vor, wenn die Bäume vom Brande ergriffen wurden, sondern auch wenn andere auf dem Waldboden wachsende Bodenerzeugnisse ergriffen sind und dadurch der Wald in Gefahr gesetzt ist, also die Anzündung von Gras, Büschen u. s. w. Berlin 21. Sept. und 19. Okt. 76 (St. VI, 374, O.R. XVII, 677). R.G. I, 4. Okt. 80 (**E. II**, 314); III. 19. Febr. 81 (**R. III**, 59), 8. Febr. 82 (**E. VI**, 22). In einem Falle, in welchem die That auf einen längere Jahre unbestellten Acker verübt war, auf dem durch Anflug einige Fichtenstämmchen wuchsen, verneinte R.G. I, 3. Jan. 84, **E. IX**, 381 die Eigenschaft als Wald, wobei es nicht die Holznutzung oder die zufällige Entstehung der Bäume als entscheidend anerkannte, aber eine umfangreichere, mit Bäumen oder sonstigen Walderzeugnissen bewachsene zusammenhängende Grundfläche forderte und die Einzelheiten der thatsächlichen Beurtheilung anheimstellte. R.G. 8. Febr. 82, s. oben, verlangt, daß die Absicht auf in Brand Setzung des Ganzen, wenigstens eventuell nicht etwa bloß eines Strauchs, gerichtet war.

8. Zur Vollendung des Verbrechens gehört (im 2. Theil) nicht, daß sich der Brand den anderen Gegenständen mitgetheilt hat. Ist dieses der Fall, so kommt es nur als Strafzumessungsgrund in Betracht. War dagegen die Absicht auf Inbrandsetzung der Gegenstände gerichtet, so liegt, sofern es Gegenstände des §. 306 sind, ein strafbarer Versuch des §. 306 in idealer Konkurrenz mit dem vollendeten Verbrechen des §. 308 oder, falls Gegenstände wirklich in Brand gesetzt sind, die vollendeten Verbrechen §§. 306 und 308 vor. Berlin 22. Dez. 75 (Goltd. XXIII, 547). Der zweite Fall liegt auch dann vor, wenn der Eigenthümer Anstifter der Brandstiftung war, aber die Gegenstände geeignet waren, das Feuer mitzutheilen.

9. Mit Rücksicht auf das maßgebende Moment der Gemeingefährlichkeit (2. Theil) ist, wie Oppenhoff N. 14 mit Recht hervorhebt, die Beschränkung auf die im 1. Theil des §. 308 bezeichneten Gegenstände nicht unbedenklich. Indessen hielt man strafwürdige Fälle weiterer Art durch die Vorschriften über den Versuch, sowie die §§. 303 ff., 265, sowie die betr. Uebertretungsvorschriften, z. B. §§. 368 N. 6, 7, 367 N. 4, 5, genügend gedeckt.

Zu erwähnen ist hierbei, daß die Bundeskommission anfangs in Anlehnung an Bayern Art. 349, 350 einen Paragraphen folgenden Inhalts aufgenommen hatte:

„Wer in der Absicht, eine der in dem §. (306) bezeichneten Räumlichkeiten oder einen der im §. (308) bezeichneten Gegenstände in Brand zu setzen, Sachen in Brand setzt, welche vermöge ihrer Beschaffenheit und Lage geeignet sind, diesen Räumlichkeiten oder Gegenständen das Feuer mitzutheilen, wird ebenso bestraft, wie derjenige, welcher diese Räumlichkeiten oder Gegenstände unmittelbar in Brand setzt."

Dieser Paragraph wurde jedoch in 2. Lesung beseitigt. --

10. Der dolus des Thäters besteht in der vorsätzlichen Inbrandsetzung, verbunden mit der Kenntniß, daß der Gegenstand entweder eine fremde Sache war oder die (im 2. Theil) erwähnte Beschaffenheit und Lage hatte. Das eine oder andere muß dem Thäter bewiesen werden. (Vgl. hierüber die Bemerk. zu §. 59 und R.G. III, 30. März 85, E. XII, 138, R. VII, 207, A. M. Wanjeck G.S. Bd. XXXI, S. 25 ff.)

11. Wegen Brandstiftung zur Zeit des Belagerungs-(Kriegs-)Zustandes vgl. zu §. 306 N. 4.

§. 309. **Wer durch Fahrlässigkeit einen Brand der in den §§. 306 und 308 bezeichneten Art herbeiführt, wird mit Gefängniß bis zu Einem Jahre oder mit Geldstrafe bis zu neunhundert Mark und, wenn durch den Brand der Tod eines Menschen verursacht worden ist, mit Gefängniß von Einem Monat bis zu drei Jahren bestraft.**

Pr. §. 288; E. I. §. 289; E. II. §. 306; St.B. S. 742.

Vgl. §§. 222, 368 Nr. 4—8.

1. „Wer — — herbeiführt" (§. 306 „Wer — in Brand setzt") ist als gleichbedeutend mit „verursacht" zu nehmen. Der Ausdruck „herbeiführt" ist stylistischen Gründen (§. 310 N. 1) und der redaktionellen Rücksicht, daß der andere „verursacht" gleich darauf folgt, zuzuschreiben. Auch der fahrlässiger Weise, jedoch nur mittelbar herbeigeführte Brand ist ein fahrlässig verursachter. Der zwischen dem Hauptfall und der Qualifikation dieses Paragraphen vorhandene Unterschied besteht darin, daß der Brand durch Fahrlässigkeit verursacht sein muß (vgl. R.G. I, 14. März 81, (E. IV, 22) — während der Tod eines Menschen nur in einem äußern Kausalzusammenhange mit dem Brande zu stehen braucht.

Der Begriff der Fahrlässigkeit ist der allgemeine: die Herbeiführung eines rechtswidrigen Erfolgs zwar ohne Vorsatz, jedoch bei Unterlassung der pflichtgemäßen Ueberlegung, vermöge welcher der Erfolg hätte vorausgesehen werden können oder bei Voraussicht der Möglichkeit des Erfolgs vor der Vornahme der Handlung in der Hoffnung, der Erfolg werde nicht eintreten. Hierbei ist nicht erforderlich, daß der Thäter die Wirksamkeit aller kausalen Zwischenglieder zwischen Handlung und Erfolg voraussehen konnte. Es ist nicht einmal erforderlich, daß sich alle wirkenden Zwischenursacheu feststellen lassen. R.G. III, 29. März 82 E. VI, 146. Der Handelnde ist für den Erfolg seiner Handlung verantwortlich und kann sich nicht auf Befolgung eines erhaltenen Auftrags berufen. R.G. I, 4. Mai 82, R. IV, 429.

2. Daß der getödtete Mensch sich im Fall des §. 306 zur Zeit der That in einer der betr. Räumlichkeiten befunden hat, ist — abweichend vom §. 307 N. 1 — nicht erforderlich. Deshalb macht es auch keinen Unterschied, wenn ein Mensch sich bereits gerettet hatte, und bei der Rück-

kehr den Tod findet. R.G. III, 3. Dez. 81, E. V, 102, R. III, 765. Vgl. die Bemerkungen zu §. 307 N. 2 und die dortigen Citate, sowie betreffs der ähnlichen Ausdrucksweise und Redaktion die §§. 312, 314.

Auch hier ist der Tod eines Menschen ausschließlich objektives Merkmal der That und bedarf es weder einer besonderen Fahrlässigkeit noch eines Kausalzusammenhanges zwischen der zur Brandstiftung führenden Fahrlässigkeit und dem Tode des Menschen, mit anderen Worten: selbständig wirkende Zwischenursachen schließen das Vorliegen des straferhöhenden Umstandes nicht aus. Gl. M. Olshausen N. 6. A. M. Hälschner II, 30; Schaper in H.H. III, 888, N. 4. Idealkonkurrenz von fahrlässiger Brandstiftung und Tödtung ist denkbar, wenn letztere voraus zusehen war, z. B. wenn ein Hülfloser in einem Hause liegt, welches durch Fahrlässigkeit in Brand gesetzt wird.

3. Durch die bloße Nichtbeaufsichtigung einer Person, ohne daß hierzu eine Rechtspflicht bestand, kann fahrlässige Brandstiftung nicht verübt werden. R.G. 25. Juni 80 (Ann. II, 228).

4. Ueber den Begriff „Brand" vgl. zu §. 306 N. 1.

5. Die Verjährung der That beginnt mit der Beendigung des fahrlässigen Verhaltens, nicht aber erst mit dem Erfolg, wenn dieser dem Handeln erst längere Zeit nachfolgt, wie z. B. bei fahrlässiger Bauführung der Fall sein kann. R.G. II, 2. Nov. 83, E. IX, 152, R. V, 664.

§. 310. Hat der Thäter den Brand, bevor derselbe entdeckt und ein weiterer als der durch die bloße Inbrandsetzung bewirkte Schade entstanden war, wieder gelöscht, so tritt Straflosigkeit ein.

Pr. —; E. I. —; E. II. §. 307; St.B. S. 742.

Vgl. §. 46 Nr. 2.

1. Der Paragraph bezieht sich — wie die Motive ausdrücklich bestätigen — auf die vorsätzliche (§§. 306—308) und die fahrlässige (§. 309) Brandstiftung. Seine eigentliche Bedeutung hat er nur bei der vorsätzlichen Brandstiftung. Bei den Berathungen der Bundeskommission hatte er deshalb auch seine Stelle vor §. 309 und wurde erst in dritter Lesung hinter denselben gestellt, um die (thatsächlich seltenen) Fälle, daß eine fahrlässige Brandstiftung vor Entstehung eines weitern Schadens vom Thäter entdeckt wird, zu begreifen. Die veränderte Stellung würde auch eine stylistische Aenderung gerechtfertigt haben, da der Ausdruck „Inbrandsetzung" mehr dem vorsätzlichen Handeln entspricht, weshalb §. 309 auch von „Herbeiführung eines Brandes" spricht. (Vgl. auch zu §. 309 N. 1.)

2. Der §. 310 enthält eine Berücksichtigung der thätigen Reue, welche in vielen Gesetzgebungen, jedoch meistens nur mit der Wirkung einer Strafermäßigung vorkommt. Der §. 310 gewährt dagegen Straflosigkeit und erweitert damit den Fall des §. 46 N. 2 vom sog. vollendeten Versuch (conatus proximus) auf die vollendete That. War der Brand noch nicht entstanden (vgl. §. 306 N. 1), so findet §. 46 N. 2 Anwendung.

Die Anwendung des §. wird dadurch nicht ausgeschlossen, daß der Thäter den Brand nicht allein, sondern mit fremder, von ihm herbeigerufener Hülfe gelöscht hat. Berlin 26. Febr. 75 (Goltd. XXIII, 130, O.R. XVI, 162, St. V, 162). Dresden 5. Febr. 75 u. 24. Juli 76 (St. VI, 36, S.G.Z. XXI, 180). Dieser von Oppenhoff N. 3 nicht getheilten Ansicht trat auch bei R.G. I, 3. Mai 80 (R. I, 720, E. I, 375), welches sich noch dahin aussprach, daß unter Entdeckung des Brandes, welche thätige Reue ausschließt, nicht die Wahrnehmung zu Hülfe gerufener Dritter, sondern eine Wahrnehmung gemeint ist, die zur Verhinderung der That (ohne Zustimmung des Thäters) und zur Strafverfolgung zu führen geeignet ist. Der Schaden, welcher thätige Reue ausschließt, muß hiernach so beschaffen gewesen sein, daß noch nach der Vollendung, also nach Inbrandsetzung des Gebäudes u. s. w., eine weitere erhebliche Beschädigung an Personen oder Sachen eingetreten ist. Der durch die That selbst verursachte Schaden genügt hierzu nicht. Bei fahrlässiger Brandstiftung fordert R.G. III, 26. Sept. 89, E. XIX, 394, zur Anwendung des §. 310, daß der Thäter, wenn auch nicht seine Schuld, doch den Brand entdeckt und mit eigenen Händen oder durch in Bewegung gesetzte fremde Hülfe unterdrückt habe. In concr. hatte die fahrlässige Person nur auf den Rauch aufmerksam gemacht und dadurch die Entdeckung des Brandes durch Andere veranlaßt.

3. Nach dem zu §. 50 N. 2, 3 Bemerkten kann, sofern Theilnehmer vorhanden sind, die Straflosigkeit nur eine persönliche Beziehung haben. Das Prinzip des §. 50 findet allerdings

keine direkte Anwendung, da es nur Fälle der Straferhöhung bez. -verminderung im Auge hat. Der §. 210 steht den Strafausschließungsgründen (vgl. §. 50 N. 3) gleich und findet wie diese auf jeden Theilnehmer (Mitthäter, Anstifter, Gehülfen) Anwendung, der etwa die Löschung bewirkt hat. Der Ausdruck „Thäter" bezeichnet hier wie überall im St.G.B. den physischen Urheber. Der redaktionelle Zusammenhang weist mit Nothwendigkeit darauf hin, daß unter „Thäter" im §. 310 zunächst nur der: „Wer u. s. w." der vorhergehenden §§. 306 ff. gemeint ist. Die Anwendbarkeit der für den Thäter geltenden Vorschriften auf die Theilnehmer folgt aber aus den allgemeinen Grundsätzen. (Vgl. §. 47 N. 2; §§. 48 N. 17, 49 N. 14, 51 N. 1.) Gl. M. Binding I, 221, während Olshausen N. 6 zu dem gleichen Resultat durch extensive Interpretation des Wortes „Thäter" gelangt.

4. Ob ein „weiterer" Schaden (die Motive sagen: „ein erheblicher Schaden") entstanden, ist Sache der thatsächlichen Beurtheilung. Hälschner II, 624, Olshausen N. 3.

5. R.G. III, 3. Jan. 89, E. XVIII, 355 verneint die Anwendbarkeit des §. 310 in einem Fall, in welchem Knaben eine Hütte in Brand setzten, jedoch immer wieder zu löschen versuchten, was endlich nicht mehr gelang. Es nahm an, es sei Vollendung eingetreten gewesen, wie bei §. 310 erforderlich; die bloße Absicht des Löschens stehe nicht dem Erfolg gleich, und lasse die Absicht der Brandstiftung zu.

§. 311. Die gänzliche oder theilweise Zerstörung einer Sache durch Gebrauch von Pulver oder anderen explodirenden Stoffen ist der Inbrandsetzung der Sache gleich zu achten.

Pr. §. 289; E. I. §. 291; E. II. §. 308; St.B. S. 742 (Drucks. Nr. 92).
Vgl. §§. 325, 367 Nr. 4, 5; E.G. §. 4.

1. Die Worte: „gänzliche oder theilweise" (ebenso in §. 305) sind eine nicht unbedenkliche Einschaltung des Reichstags. (Kommission, Drucks. N. 82.) Unter Zerstören ist eine solche Veränderung an der Substanz einer Sache zu verstehen, daß sie für ihren Zweck gänzlich unbrauchbar wird. Entsprechend ist als theilweise Zerstörung das Unbrauchbarmachen eines Theils der Sache zu verstehen, nicht bloß eine Beschädigung, also nur eine Beeinträchtigung des Gebrauchs, nicht dessen Unmöglichkeit. Vgl. R.G. II, 9. Febr. 83, E. VIII, 33. Die Entscheidung ist nicht unbedenklich. Es handelte sich um eine, wie es scheint, fahrlässig verursachte Explosion von Benzin im Keller eines Droguisten und ist festgestellt, daß die Kellerfenster geplatzt, die Thüre eingedrückt war. Da Fenster und Thüren Theile des Gebäudes sind, war ein Theil desselben zerstört. Die nur fahrlässige That war aber nicht einmal gegen das Gebäude gerichtet. Thüren und Fenster sind Sachen, die zerstört waren. Wären sie in Brand gesetzt, so läge zweifellos Brandstiftung vor, auch wenn es durch den Explosivstoff geschehen wäre. Vgl. Binding, Normen II, 584; Wanjeck G.S. Bd. XXXI, S. 21.

2. Im Uebrigen ist die gegenwärtige Fassung des Paragraphen in dritter Lesung der Bundeskommission aufgenommen, statt der anfänglichen, mit dem preuß. St.G.B. §. 289 übereinstimmenden (und zur Auslegung dienlichen), welche lautete:

„Die in den §§. . . . (306—309) bestimmten Strafen kommen nach den dort aufgestellten Unterscheidungen auch gegen diejenigen zur Anwendung, welcher durch Gebrauch von Pulver oder anderen explodirenden Stoffen Gebäude, Hütten, Schiffe, Magazine oder andere Räumlichkeiten zerstört."

Der jetzige §. 311 enthält insofern eine Ausdehnung, als er nicht bloß Räumlichkeiten, sondern sämmtliche im §. 308 erwähnten Gegenstände mitumfaßt. Auch alle sonstigen Unterscheidungen, sowie die Strafbestimmungen sind den §§. 306—309 zu entnehmen. Nur §. 310 kann Anwendung nicht finden, weil der durch Explosion bewirkte Schaden nicht mehr beseitigt werden kann; v. Liszt S. 515; Olshausen N. 3; Oppenhoff N. 1; Rubo N. 5. A. M. Geyer II, 114.

3. Zu den explodirenden Stoffen ist auch Gas zu rechnen. Dresden 20. April 74 (S.G.Z. XVIII, 283, St. V, 163. Goltd. XXIV, 42.) Ueberhaupt gehören alle Stoffe hierher, die durch plötzliche Ausdehnung ihres Volumens geeignet sind, Zerstörungen zu bewirken, also nicht bloß Spreng- oder Explosivstoffe im engeren Sinn, sondern z. B. auch Dampf. Der Gebrauch besteht in derjenigen Einwirkung auf den Stoff, welche die Volumensänderung bewirkt.

4. Unter Gebrauch explodirender Stoffe ist nicht nur ein zweckentsprechender Gebrauch des Stoffs, sondern auch ein jeder nicht zweckentsprechender oder sogar zweckwidriger, wie schon aus der Einbeziehung der Fahrlässigkeit und der Analogie der Brandstiftung hervorgeht. Auch die mittel-

bare Verursachung einer Explosion gehört hierher, z. B. durch Betreten eines mit Gasen gefüllten Kellers mit offenem Licht, oder die durch solches verursachte Explosion schlagender Wetter, obgleich hierbei der Explosivstoff vom Thäter nicht angewendet wird. Vgl. R.G. III, 11. März 89, E. XIX, 279.

§. 312. Wer mit gemeiner Gefahr für Menschenleben vorsätzlich eine Ueberschwemmung herbeiführt, wird mit Zuchthaus nicht unter drei Jahren und, wenn durch die Ueberschwemmung der Tod eines Menschen verursacht worden ist, mit Zuchthaus nicht unter zehn Jahren oder mit lebenslänglichem Zuchthaus bestraft.

Pr. §. 290; E. I. §. 291; E. II. §. 309; St.B. S. 742 (Drucks. Nr. 92).

Vgl. §. 325; E.G. §. 4.

§. 313. Wer mit gemeiner Gefahr für das Eigenthum vorsätzlich eine Ueberschwemmung herbeiführt, wird mit Zuchthaus bestraft.

Ist jedoch die Absicht des Thäters nur auf Schutz seines Eigenthums gerichtet gewesen, so ist auf Gefängniß nicht unter Einem Jahre zu erkennen.

Pr. §§. 291, 292; E. I. §. 291; E. II. §. 310; St.B. S. 742 (Drucks. Nr. 92).

Vgl. §. 325.

§. 314. Wer eine Ueberschwemmung mit gemeiner Gefahr für Leben oder Eigenthum durch Fahrlässigkeit herbeiführt, wird mit Gefängniß bis zu einem Jahre und, wenn durch die Ueberschwemmung der Tod eines Menschen verursacht worden ist, mit Gefängniß von Einem Monat bis zu drei Jahren bestraft.

Pr. §. 293; E. I. §. 294; E. II. §. 311; St.B. S. 742.

1. Unter der Herbeiführung einer Ueberschwemmung ist auch die Vergrößerung einer bereits vorhandenen oder aus anderen, insbesondere elementaren Ursachen drohenden Ueberschwemmung begriffen. Stuttgart 16. Sept. 74 (württ. Ger.Bl. VIII, 397). R.G. III, 23. Dez. 81, E. V, 309. Ferner fordert R.G. IV, 13. Okt. 85, R. VII, 577, zum Begriffe der Ueberschwemmung, daß die Menge und die Gewalt des aus seinen durch Natur oder Kunst gezogenen Grenzen austretenden Wassers nicht bloß weiteren Raum überfluthet, sondern auch eine Gefahr für das überströmte Gebiet mit sich bringt.

2. Die wasserpolizeilichen Bestimmungen werden durch die §§. 312—314 nicht berührt. Berlin 6. Juni 74 (Goltd. XXII, 557).

3. Unter gemeiner Gefahr ist die Gefährdung einer größeren Anzahl von Personen in ihrem Leben oder Eigenthum in unbestimmter Ausdehnung zu verstehen. Handelt es sich um Gefährdung individuell bestimmbarer Personen, so liegt keine gemeine Gefahr vor. Dresden 20. Jan. 75 (St. VI, 39). R.G. I, 29. Sept. 83, R. V, 557. Ferner setzt dieselbe nicht bloß Ueberströmung eines sonst wasserfreien Theiles der Erdoberfläche voraus, sondern eine Entfesselung des Elements. Dresden a. a. O. R.G. III, 23. Dez. 81, s. oben, legt das Hauptgewicht darauf, daß der Thäter die Ausdehnung der Gefährdung nicht in seiner Gewalt habe; s. auch R.G. IV, 13. Okt. 85, R. VII, 577. Auch verlangen Olshausen N. 4, Meves in G.S. Bd. XXVI, S. 180, Siebenhaar a. a. O. S. 276, eine Gefahr für Viele, nicht bloß die Möglichkeit.

4. Die Herbeiführung einer gemeinen Gefahr durch Ueberschwemmung bleibt strafbar, auch wenn diejenige Wasserspannung, durch welche sie herbeigeführt wird, eine Berechtigung des Thäters bildet. R.G. II, 8. Juli 81 (R. III, 471).

5. Der durch die Ueberschwemmung herbeigeführte Tod eines Menschen ist wie in den §§. 307, Ziff. 1, und 309 objektives, straferhöhendes Merkmal der That, welche weder einen darauf gerichteten Vorsatz nach §. 312, noch einen besonderen Kausalzusammenhang mit der Fahrlässigkeit nach §. 314, noch in Bezug auf §. 312 eine fahrlässige Herbeiführung des Todes erfordert. A. M. v. Schwarze N. 4; Schaper in H.H. III, 891, N. 5. Es kann jedoch fahrlässige oder vorsätzliche Tödtung ideell konkurriren.

6. Der Vorsatz, welchen die §§. 312, 313 voraussetzen, muß nur die Ueberschwemmung umfassen. Daß auch die Herbeiführung der gemeinen Gefahr für Menschenleben (§. 312) oder für Eigenthum im Willen und Bewußtsein des Thäters liegt, ist nicht erforderlich. v. Buri,

G.S. Bd. 29, Beil. S. 220; Rubo N. 4. A. M. Binding, Normen II, 580; Geyer II, 115; Hälschner II, 638; v. Liszt S. 515; H. Meyer S. 913; F. Meyer N. 2; Oppenhoff N. 2; v. Schwarze N. 3; Wanjeck G.S. Bd. XXXI, S. 32, welche verlangen, daß der Vorsatz auch die Gemeingefahr umfasse, wenigstens mit dolus eventualis. Olshausen N. 5 verhält sich nur referirend.

Die gleiche Kontroverse wiederholt sich bei §. 314 bezüglich der Frage, ob Kausalzusammenhang zwischen der fahrlässigen Handlung und der Gemeingefahr oder vollends mit dem Tode eines Menschen stattfinden müsse.

7. Bezüglich der Möglichkeit des Versuchs s. zu §. 306 N. 1, bezüglich der Idealkonkurrenz der Delikte mit vorsätzlicher oder fahrlässiger Tödtung §. 309 N. 2. Die gleiche Idealkonkurrenz kann zwischen dem Verbrechen des §. 313 und Sachbeschädigung stattfinden. A. M. Binding I, 369; v. Buri G.S. Bd. XXIX, Beil. S. 221. Auch die §§. 312, 313 können in Idealkonkurrenz vorkommen. A. M. Binding, Normen II, 580; v. Buri a. a. O. S. 219; Hälschner II, 639; H. Meyer S. 914, N. 57; Wanjeck G.S. Bd. XXXI, S. 34.

§. 315*). Wer vorsätzlich Eisenbahnanlagen, Beförderungsmittel oder sonstiges Zubehör derselben dergestalt beschädigt, oder auf der Fahrbahn durch falsche Zeichen oder Signale oder auf andere Weise solche Hindernisse bereitet, daß dadurch der Transport in Gefahr gesetzt wird, wird mit Zuchthaus bis zu zehn Jahren bestraft.

Ist durch die Handlung eine schwere Körperverletzung verursacht worden, so tritt Zuchthausstrafe nicht unter fünf Jahren und, wenn der Tod eines Menschen verursacht worden ist, Zuchthausstrafe nicht unter zehn Jahren oder lebenslängliche Zuchthausstrafe ein.

Pr. §. 294; E. I. §. 295; E. II. §. 312; St.B. S. 742 (Druckſ. Nr. 92).

Vgl. §§. 325, 90 Nr. 2, 224; E.G. §. 4; Bahnpolizei-Regl. v. 4. Jan. 1875 (C.Bl. Nr. 2. S. 57).

§. 316. Wer fahrlässigerweise durch eine der vorbezeichneten Handlungen den Transport auf einer Eisenbahn in Gefahr setzt, wird mit Gefängniß bis zu Einem Jahre und, wenn durch die Handlung der Tod eines Menschen verursacht worden ist, mit Gefängniß von einem Monat bis zu drei Jahren bestraft.

Gleiche Strafe trifft die zur Leitung der Eisenbahnfahrten und zur Aufsicht über die Bahn und den Beförderungsbetrieb angestellten Personen, wenn sie durch Vernachlässigung der ihnen obliegenden Pflichten einen Transport in Gefahr setzen.

Pr. §. 295; E. I. §§. 296, 298; E. II. §. 313; St.B. S. 742.

Vgl. §§. 222, 319, 320.

1. Unter „Eisenbahnanlagen" sind nur solche zu verstehen, welche öffentlichen Zwecken dienen, wie dieses bezüglich der Telegraphenanstalten im §. 317 ausdrücklich hervorgehoben ist. Die lediglich zu bestimmten Privatzwecken dienenden Eisenbahnen, z. B. bei Bergwerken, industriellen Etablissements, gehören nicht hierher, wenn die Verschiebung der Wagen nur durch Menschenkräfte oder unter Zuhilfenahme von Zugthieren erfolgt. Industriegeleise, welche mit Lokomotiven befahren werden, oder größere Eisenbahnstrecken, welche mit Dampf betrieben werden, gehören zu den Eisenbahnanlagen im Sinne der §§. 315, 316; auch wenn letztere nur der Industrie dienen. Ueberhaupt muß der Unterschied in der Anwendung elementarer Kräfte gefunden werden, im Gegensatze zu menschlichen oder animalischen Kräften; denn in der schwerer zu zügelnden Elementarkraft liegt die Gemeingefahr der Störungen. Unter §§. 315, 316 fallen also auch Bahnen mit stationären Maschinen, oder solche, welche nur zur Ueberwindung größerer Gefälle streckenweise durch Maschinen oder das Gewicht abwärts gehender Züge betrieben werden; ferner elektrische Bahnen, mit Petroleummaschinen oder ähnlichen Vorrichtungen betriebene. Auch Straßenbahnen mit Lokomotivbetrieb, oder Sekundärbahnen mit solchem Betriebe, sei es auch, daß dieselben nur dem Personentransport oder nur dem Waarentransport dienen, wenn auch

*) Vgl. Meves in G.S. Bd. XXVI, S. 167.

ohne die den Vollbahnen eigenthümlichen Vorrichtungen, gehören hierher. Vgl. R.G. I, 3. Juli 84, E. XI, 33, R. VI, 500, 1. Dez. 84, R. VI, 771, insbesondere auch II, 19. Mai 85, E. XII, 205, R. VII, 306, und bezüglich der elektrischen Bahnen I, 17. Sept. 85, E. XII, 371, R. VII, 508. R.G. II, 9. Dez. 87, Entsch. XVI, 431 verneint auch, daß eine Straßenbahn mit Dampfbetrieb nicht Eisenbahn sei, wenn die Maschine kein eigenes Fahrzeug bildet. Mit Recht dagegen nehmen Berlin (Plen.) 2. Okt. 75 (Entsch. LXXVI, 374, Goltd. XXIII, 408, O.R. XVI, 625) und Dresden 20. April 74, 4. Jan. 75 (S.G.Z. XVIII, 243, St. V, 164; VI, 35) R.G. II, 19. Mai 85, s. oben, an, daß Pferde-Eisenbahnen, selbst wenn sie dem allgemeinen Interesse dienen, nicht unter den §. fallen. — Ein bei den Vorberathungen der Novelle vom 26. Febr. 76 im Schooße des Bundesraths gemachter Vorschlag, unter Eisenbahnen im Sinne des St.G.B. auch die nicht durch Dampfkraft betriebenen zu verstehen, wurde abgelehnt. Der Transport auf Pferdeeisenbahnen genießt somit nur den Schutz der §§. 360 N. 11 und 366 N. 9. Vgl. über das Bedürfniß Hilse, Berlin, 1890. Eine Eisenbahn genießt den Schutz der §§. 315, 316, sobald sie mit Lokomotiven und Bahnzügen befahren wird, wenn sie auch dem öffentlichen Verkehr noch nicht übergeben ist. Dresden 22. Nov. 75 u. 6. April 77 (S.G.Z. XX, 263, St. VI, 375; VII, 355). R.G. II, 4. Dez. 83, E. IX, 233, R. V, 758, 19. Mai 85, s. oben. Gl. M. Oppenhoff N. 3, v. Schwarze N. 3.

2. Das Gesetz läßt es unsicher, ob es unter Transport, der in Gefahr gesetzt sein muß, um den Thatbestand der §§. 315, 316 zu begründen, die abstrakte Transportmöglichkeit, den Eisenbahnbetrieb als solchen versteht, und jede Minderung seiner Sicherheit bestraft wissen will, oder zu transportirende Fahrzeuge in größerem oder geringeren Umfange. Für erstere Alternative spricht in §. 315 der Ausdruck: „der Transport", der sich in §. 316 Abs. 1 wiederholt. Dagegen spricht Abs. 2 von „einen Transport", zeigt also auf die zweite Alternative hin, ohne daß die Materialien entscheidende Anhaltspunkte nach der einen oder andern Richtung oder Gründe für die Annahme ergeben, daß §. 316 Abs. 2 etwas anderes meint, als Abs. 1 und §. 315. Auch die Praxis ist unsicher. Schon die ältere preußische Praxis neigte vorwiegend dahin, konkrete Transporte als Gefährdungsobjekte zu fordern. Auch die Praxis des R.G. schwankt, so erklärte sich R.G. I, 30. Okt. 84, E. XI, 205, R. VI, 663, weniger bestimmt IV, 17. Febr. 85, R. VII, 228, dagegen sehr bestimmt III, 23. Mai 87, R. IX, 334, für die erste Alternative der abstrakten Betriebsfähigkeit. Dennoch stehen diese Urtheile im Widerspruch zur gesammten übrigen Praxis, welche sich fast nur damit beschäftigt, ob bestimmte, auf den Schienen fortbewegte Fahrzeuge inkl. Lokomotive einen Transport bilden, und ob solche konkrete Transporte gefährdet waren. So bekämpft R.G. I, 24. Febr. 81, E. III, 415, R. III, 71, nur die Unterscheidung zwischen Transportmittel und Bewegungskörper, d. h. zwischen Waggons und Lokomotive, und rechnet beide unter den Begriff Transport. Auch die zu transportirenden Güter in diese Streitfrage einzubeziehen, wurde nirgends versucht. Dieser Ansicht schließt sich R.G. IV, 13. Mai 87, E. XVI, 66, R. IX, 319, an und bekämpft, daß ein auf den Schienen behufs Benutzung als solcher fortzubewegender Krahnen, obgleich nicht auf weitere Entfernung zu transportirender Gegenstand, zum Transport nicht gehören sollte, und weist auf die Verwischung der Grenzen durch Lokomotive hin, die, obwohl auf den Schienen laufend, nur Transportgegenstand, nicht Transportmittel sein können. Man wird sich auch entschieden für die Beschränkung auf konkrete Transporte erklären müssen, so daß sich die Ausdrucksweise in §§. 315, 316 Abs. 1 „der Transport" nur als Ungenauigkeit ergiebt. Wie die unwillkürliche Gestaltung der Praxis zeigt, läßt sich nur am konkreten Transport die Gefahr bestimmt ermessen und an Thatsachen anknüpfen. Die abstrakte Betriebsfähigkeit dagegen verliert sich in unbegrenzte Möglichkeiten und würde zwingen, jede Pflichtverletzung eines Beamten beim Betrieb aus §. 316 Abs. 2 zu strafen; denn jede Vorschrift bezweckt die Sicherheit des Betriebs, die Vernachlässigung derselben mindert, d. h. gefährdet diese. Die gesammte in N. 3 und 4 dargestellte Praxis würde auf falscher Fährte sein; denn die Bemessung einer konkreten Gefahr oder dessen, was Transport ist, hat nur Sinn, wenn ein konkreter Transport Gegenstand der Gefährdung sein muß. A. M. und nimmt incorrecten Ausdruck des §. 316 Abs. 2 an Olshausen N. 5.

3. Nach der Praxis aller Gerichte wurde unter Eisenbahntransport nicht nur die organisirten Züge verstanden, welche den Verkehr von Ort zu Ort vermitteln, sondern auch alle auf den Schienen innerhalb der Bahnhöfe sich bewegenden Fahrzeuge, an Lokomotiven und Waggons aller Art, also vor allem alle rangirenden Fahrzeuge. Berlin 13. Sept. 67 u. 23. März 77 (O.G. VIII, 513, XVIII, 247, Goltd. XXV, 341, St. VII, 186), R.G. IV, 13. Mai 87, E. XVI, 66, R. IX, 319, I, 24. Febr. 81, R. III, 71, E. III, 415; aber auch

auf der Strecke oder in Bahnhöfen sich bewegende einzelne Lokomotiven, wie zurückkehrende Vorspann- oder Hilfslokomotiven; einzelne hin- und herfahrende Rangirlokomotiven R.G. I, 24. Febr. 81, E. III, 415, R. III, 71, Ann. III, 369, endlich auch einzelne des Rangirens wartende, beladene oder unbeladene Güterwagen, oder in der Entladung begriffene Waggons, R.G. III, 31. Jan. 84, R. VI, 74, IV, 16. Dez. 84; 13. Mai 87, E. XI, 328, XVI, 66, R. VI, 829, IX, 319. Draisinen oder ähnliche durch Menschenkräfte zu bewegende Fahrzeuge sind keine Transporte. Gl. M. Berner S. 626, H. Meyer S. 915 N. 69, Olshausen N. 8.

Daß der Transport in Bewegung ist, wie Meves im G.S. Bd. XXVI, S. 199, verlangt, ist nicht erforderlich. Gl. M. Hälschner II, 644, Olshausen N. 8.

4. Nur die Gefährdung, nicht die Verhinderung oder die verhinderte Benutzung der Eisenbahn (anders bei Telegraphen, vgl. §. 317) ist unter Strafe gestellt. (Dresden 16. Nov. 74, S.G.Z. XIX, 200, St. V, 164.) Gl. M. Olshausen N. 7, Oppenhoff N. 8, Rotering Gefahr Goltd. XXXI, 275. Gefahr für einen Eisenbahnzug nimmt R.G. III, 7. Febr. 84, R. VI, 99, nur dann an, wenn der Eintritt eines Unglücks wahrscheinlich ist, wenn derselbe auch durch Dazwischentreten von Zufälligkeiten abgewendet wird. Die Entscheidung hierüber liegt auf thatsächlichem Gebiet. Aehnlich R.G. II, 11. März 84, E. X, 173, R. VI, 190, IV, 17. Febr. 85, R. VII, 128. — III, 25. Okt. 88, R. X, 594. Keines Falls genügt die bloße Möglichkeit einer Gefahr. S. auch München 10. Juni 87, bayr. Entsch. IV, 468. Diese Gefährdung kann auch durch ein die Bahn überschreitendes Fuhrwerk bewirkt werden, Dresden 16. Juni 76 (S.G.Z. XXI, 148), oder dadurch, daß Holzklötze entfernt werden, welche das Abrollen von Wagen hindern sollen, Dresden 6. April 77 (St. VII, 355). Auch dann kann Fahrlässigkeit vorliegen, wenn die Absperrung eines benützten Geleises nicht instruktionsgemäß, aber erkennbar erfolgt war. (R.G. 5. Juli 80, Ann. II, 316.)

Der Mangel einer Bestimmung, wie sie

> Bayern (St.G.B. von 1861) Art. 356: „Wer widerrechtlich die Möglichkeit der Benutzung einer zum öffentlichen Gebrauche bestimmten Eisenbahn aufhebt oder beschränkt, oder einen Transport auf derselben ganz oder theilweise verhindert, soll mit Gefängniß nicht unter drei Monaten bestraft werden, womit Geldstrafe bis zu fünfhundert Gulden verbunden werden kann.
>
> Der Versuch dieses Vergehens ist strafbar."

enthält, kann als Lücke empfunden werden. (Vgl. auch Bremische Motive [1868] S. 217 u. Dresden 16. Juni 76, S.G.Z. XXI, 148.)

5. Die Gefährdung durch Bereitung von Hindernissen auf der Fahrbahn hat R.G. I, 9. Dez. 86, E. XV, 82, R. VIII, 732, so eng ausgelegt, daß das Hinderniß auf der Fahrbahn selbst bereitet sein und eine Gefährdung herbeigeführt haben müsse; so daß das leichtsinnige vor einem Zug mit Wagen die Bahn Kreuzen dann nicht unter §. 316 fällt, wenn das Fuhrwerk vor Berührung der Fahrbahn aufgehalten wird, während es nach §. 315 als Versuch bestraft werden könnte.

6. Der Unterschied zwischen §. 315 und 316 Abs. 1 besteht ausschließlich darin, daß der erstere Vorsatz, d. h. das Bewußtsein, daß ein Transport gefährdet werde, erfordert; nicht aber die Absicht, zu gefährden oder Schaden zu verursachen, R.G. III, 10. April 80, R. I, 565, Ann. I, 559; während §. 316 Abs. 1 nur Fahrlässigkeit voraussetzt, d. h. Abwesenheit des Bewußtseins zu gefährden, obwohl dieses Bewußtsein bei pflichtmäßiger Aufmerksamkeit hätte eintreten müssen, oder das Bewußtsein einer Möglichkeit der Gefährdung bei leichtsinniger Annahme, dieselbe werde nicht eintreten.

Der §. 316 Abs. 2 dagegen fordert nur das Bewußtsein des Eisenbahnbeamten, gegen die ihm obliegenden Pflichten zu handeln, wobei die Gefährdung eines Transportes nur objektives Merkmal der That ist und dem Beamten nicht zum Bewußtsein gekommen sein muß. R.G. II, 13. Dez. 81, E. V, 234. Die Unfähigkeit eines Beamten, seine Pflichten zu erkennen oder zu erfüllen, müßte Freisprechung zur Folge haben. R.G. II, 16. Nov. 83, E. IX, 189. Ebenso liegt kein Verschulden vor, wenn eine Kollision von Pflichten eintritt und der Beamte die ihm dringender scheinende erfüllt. R.G. IV, 14. Jan. 80, E. XX, 190. Liegen die Erfordernisse der Fahrlässigkeit neben jenen der Vernachlässigung der Pflichten vor, so fällt dies nur für die Strafzumessung in das Gewicht.

7. Zur Vollendung bedarf es nicht des Eintritts irgend einer Beschädigung, sondern nur der naheliegenden Möglichkeit einer solchen. Berlin (Plen.) 1. Okt. 71 (Goltd. XXII, 629, O.R. XV, 604, St. IV, 200); Mannheim 23. Juni 77 (bad. Ann. Bd. 43 S. 287,

St. VIII, 286). Eine Gefahr für Menschen ist nicht erforderlich, es genügt eine Gefahr für die Transportmittel, die Güter ꝛc. Berlin 27. Sept. 71 (O.R. XII, 465, St. I, 104).

Eine Beschädigung der Eisenbahnanlagen oder Beförderungsmittel, welche keine Gefahr für einen Transport mit sich bringt, fällt nicht unter §. 315 oder §. 316, sondern in der Regel unter den Begriff der Sachbeschädigung.

8. Zu §. 316. Abs. 1. „Fahrlässigerweise" und „verursacht" vgl. zu §. 309 N. 1 und dort die Citate. Fahrlässigkeit kann in Nichtbeachtung der Signale und zu nahem Fahren an die Bahn gefunden werden, wodurch die Pferde des Fahrenden scheu werden. Dresden 15. Juni 77 (S.G.Z. XXII, 81), auch wenn Jemand zu rasch fährt und die Barriere durchbricht, München 9. Juli 85, bayr. Entsch. III, 578.

9. Zu §. 316. Abs. 2. Neben dem Nachweise der Vernachlässigung der obliegenden Pflichten ist der Nachweis einer Fahrlässigkeit nicht erforderlich. Berlin 3. Okt. 72 u. 22. Febr. 74 (Goltd. XX, 561; XXII, 130, O.R. XIII, 500; XV, 110, St. II, 131; III, 280); München 6. Sept. 75 (bayr. Entsch. V, 432, St. VI, 40). R.G. I, 15. Nov. 80 (R. II, 511) u. 20. April 81 (Ann. III, 483). Deshalb ist nicht erforderlich, daß der Angestellte der drohenden Gefahr sich bewußt war, oder daß er den Unfall vorausgesehen hat, oder voraussehen mußte. München 21. Aug. 75 (bayr. Entsch. V, 418). Es schließt sogar den Nachweis der Unvorhersehbarkeit die Strafbarkeit nicht aus, wenn eine Vernachlässigung der Pflichten seitens eines Beamten eine Gefährdung herbeigeführt hat. R.G. I, 18. Mai 85, E. XII, 203. Beruft sich der Angestellte auf spezielle Weisungen eines Vorgesetzten, so muß festgestellt werden, in wie fern sich der Erstere für berechtigt halten konnte, von seiner Dienstinstruktion abzuweichen. R.G. 15. Nov. 80 a. a. O. Zu den Pflichten gehört Kenntniß der Dienstinstruktion. Berlin 11. Juli 72 (Goltd. XX, 406). Diese Instruktionen haben aber nicht den Charakter von rechtlichen Normen, sondern nur den von Beweismitteln über die Pflichten der Eisenbahnangestellten. Auf die Richtigkeit ihrer Interpretation kann daher keine Revision gestützt werden. R.G. III, 17. Dez. 79 (R. I, 161, E. I, 125, Goltd. XXVIII, 49) u. 18. Juni 81 (Ann. III, 112).

10. Alle Beamte, d. h. mit selbständiger Funktion, bei einer Eisenbahn zur Leitung der Fahrten oder zur Aufsicht über die Bahn oder zur Aufsicht über den Beförderungsbetrieb betrauten Personen fallen unter §. 316 Abs. 2, R.G. II, 13. Dez. 81, E. V, 234, 5. Dez. 82, R. IV, 870. Auf definitive Anstellung oder solche durch die höchste Behörde kommt nichts an. Auch Wagenschieber können sich gegen Abs. 2 verfehlen, R.G. II, 17. April 83, R. V, 259, oder Hilfsbremser, R.G. I, 23. Juni 90, E. XXI, 15, Hilfstelegraphisten, R.G. II, 20. Dez. 81, R. III, 816. Auch vorübergehend im Eisenbahndienst verwendete Personen fallen unter Abs. 2. München 21. Aug. 75 (bayr. Entsch. V, 417). Ebensowenig ist eine Unterscheidung nach Art der Verwendung zu machen. München a. a. O.

11. Der Strafrichter hat nur zu prüfen, ob ein Beamter zu einer bestimmten Dienstesaufgabe von der zuständigen Behörde bestellt ist, nicht aber, ob diese die richtige Auswahl getroffen, oder der Beamte die nöthige Vorbildung gehabt hat. R.G. II, 16. Nov. 83, E. IX, 189.

12. Konkurriren bei der Gefährdung Pflichtverletzungen mehrerer Beamten und sind alle diese Pflichtverletzungen kausal zur Gefährdung, so besteht das Verschulden der Beamten selbstständig nebeneinander. Dasjenige, welches nicht kausal ist, ist nicht oder doch nur disziplinär strafbar. R.G. IV, 22. Sept. 85, R. VII, 522.

13. Die nach §. 315 Abs. 2 als Erschwerungsgrund vorgesehene schwere Körperverletzung oder Tödtung ist objektives Merkmal der That, welches weder dolos noch fahrlässig verschuldet sein muß, um die höhere Strafe nach sich zu ziehen. Vgl. zu §. 307 N. 2, §. 309 N. 2, §. 312 N. 5. Ist die Körperverletzung oder Tödtung vorsätzlich begangen oder fahrlässig verschuldet, so findet ideelle Konkurrenz von §. 315 mit §§. 211, 212 oder 224 statt. In gleicher Weise kann, wenn ein Eisenbahnbeamter eine mit nachtheiligen Folgen verknüpfte Pflichtvernachlässigung begeht, deren Erfolg zur Fahrlässigkeit zuzurechnen ist, ideeller Zusammenfluß von §. 316 Abs. 2 mit §§. 222 oder 230 Abs. 2 vorliegen und treten die höheren Strafen der §§. 222 bez. 230 Abs. 2 ein. München 6. Sept. 75 (bayr. Entsch. V, 433, St. VI, 40). R.G. III, 22. Febr. 83, E. VIII, 67, I, 1. Dez. 84, R. VI, 771.

14. Wegen Unfähigkeitserklärung zum Eisenbahndienst vgl. §. 319.

§. 317*). Wer vorsätzlich und rechtswidrig den Betrieb einer zu öffentlichen Zwecken dienenden Telegraphenanlage**) dadurch verhindert oder gefährdet, daß er Theile oder Zubehörungen derselben beschädigt oder Veränderungen daran vornimmt, wird mit Gefängniß von einem Monat bis zu drei Jahren bestraft.

§. 318. Wer fahrlässigerweise durch eine der vorbezeichneten Handlungen den Betrieb einer zu öffentlichen Zwecken dienenden Telegraphenanlage verhindert oder gefährdet, wird mit Gefängniß bis zu einem Jahre oder mit Geldstrafe bis zu neunhundert Mark bestraft.

Gleiche Strafe trifft die zur Beaufsichtigung und Bedienung der Telegraphenanlagen und ihrer Zubehörungen angestellten Personen, wenn sie durch Vernachlässigung der ihnen obliegenden Pflichten den Betrieb verhindern oder gefährden.

§. 318a. Die Vorschriften in den §§. 317 und 318 finden gleichmäßig Anwendung auf die Verhinderung oder Gefährdung des Betriebes der zu öffentlichen Zwecken dienenden Rohrpostanlagen.

Unter Telegraphenanlagen im Sinne der §§. 317 und 318 sind Fernsprechanlagen mitbegriffen.

Pr. §§. 296, 297, 298; E. I. §. 297, 299; E. II. 314, 315, St.B. S. 742.
Vgl. St.B. Art. 68; Preuß. G. v. 4. Juni 1851 §. 10 (Belagerungszustand).
Entw. des Ges. v. 13. Mai 1891 mit Mat. Drucks. 1891 Nr. 36. Kommiss.-Ber. (Drucks. No. 242) Sten. Ber. I. 303, III. 1967, IV. 2233.
Mat. bei Goltd. XXXIX, 29.

1. „Eine zu öffentlichen Zwecken dienende T.-A." ist statt „eine T.-A. des Staates oder einer Eisenbahngesellschaft (preuß. St.G.B. §. 298)" gesagt, weil neben den Staats- und Eisenbahntelegraphen noch andere bestehen, welche dem Publikum dienen. Daß die Errichtung der Anstalt vom Staate genehmigt sein muß, ist nicht unbedingte Voraussetzung, obschon es thatsächlich immer der Fall sein wird. (Vgl. Bremen Entw. [1868] §. 500 und Motive dazu S. 218, sowie Sachsen Ges. v. 11. Aug. 55 Art. 5.) Die Fassung wurde nach einigen Debatten auch in der IX. Kommission des Reichstags 1891 und demnächst vom Reichstag beibehalten. Da die Privattelegraphie kein öffentlicher Zweck ist, mußte einer vom Staate genehmigten Privattelegraphen-Anstalt, welche nur dem Privatverkehre dient, der Schutz der §§. 317, 318 versagt werden, um so mehr reinen Privattelegraphen- oder Telephon-Anlagen. Dagegen fallen nicht nur die elektrischen, sondern auch die pneumatischen oder optischen Telegraphen-Anstalten des Staats, gleichviel welchen öffentlichen Zwecken dieselben und ob sie auch Privatzwecken dienen, unter die öffentlichen T.-A., R.G. II, 20. Sept. 81, E. IV, 406, R. III, 510. Rohrpostanstalten hatten dagegen bisher den Schutz der §§. 317, 318 nicht, was die Beifügung des §. 318a nothwendig machte. Dagegen waren die Fernsprecheinrichtungen schon bis jetzt als Telegraphen-Anstalten anerkannt. R.G. III, 28. Febr. 89, E. XIX, 55.

Mit Recht nimmt die Litteratur an, daß Anstalten, die nur öffentlichen Zwecken dienen, ohne dem Publikum geöffnet zu sein, hierher gehören. So Geyer II, 116, Hälschner II, 649, Meves in H.H. III, 1002, H. Meyer S. 917, Olshausen N. 3, Oppenhoff N. 2, Rubo N. 1. Dazu gehören aber

---

*) Neue Fassung des Ges. v. 13. Mai 1891, die alte Fassung lautete:

§. 317. Wer gegen eine zu öffentlichen Zwecken dienende Telegraphenanstalt vorsätzlich Handlungen begeht, welche die Benutzung dieser Anstalt verhindern oder stören wird mit Gefängniß von Einem Monat bis zu drei Jahren bestraft.

§. 318. Wer gegen eine zu öffentlichen Zwecken dienende Telegraphenanstalt fahrlässiger Weise Handlungen begeht, welche die Benutzung dieser Anstalt verhindern oder stören, wird mit Gefängniß bis zu Einem Jahre oder mit Geldstrafe bis zu neunhundert Mark bestraft.

Gleiche Strafe trifft die zur Beaufsichtigung und Bedienung der Telegraphenanstalten und ihrer Zubehörungen angestellten Personen, wenn sie durch Vernachlässigung der ihnen obliegenden Pflichten die Benutzung der Anstalt verhindern oder stören.

**) Vgl. Fuld in G.S. Bd. XXXVI, S. 202; Scheffler das. S. 481; Meili, Das Telephonrecht. 1885.

auch solche, welche den inneren Dienst vermitteln, abgesehen von elektrischen Klingeln, welche überhaupt keine Telegraphen sind. Zu den öffentlichen Zwecken rechnen mit Unrecht auch dem Publikum geöffnete Privatanlagen Berner S. 627, v. Liszt S. 518, H. Meyer S. 917.

2. Den Betrieb verhindert oder gefährdet. Derselbe ist verhindert, wenn die Telegraphen-Anlage als solche nicht mehr funktionirt, gleichviel ob dies durch eine Beschädigung geschieht, oder durch eine Ableitung des elektrischen Stroms u. s. w. Das bisherige Gesetz sprach von „Handlungen, welche die Benutzung dieser Anstalt verhindern oder stören," traf also die Gefährdung gar nicht, R.G. II, 2. Jan. 85, E. XI, 336, R. VII, 16. Als Handlungen dieser Art führte §. 296 Abs. 2 des preuß. St.G.B. folgende auf, welche jetzt nur noch informativen Werth haben:

> „Handlungen dieser Art sind insbesondere: die Wegnahme, Zerstörung oder Beschädigung der Drahtleitung, der Apparate und sonstigen Zubehörungen der Telegraphenanlagen, die Verbindung fremdartiger Gegenstände mit der Drahtleitung, die Fälschung der durch den Telegraphen gegebenen Zeichen, die Verhinderung der Wiederherstellung einer zerstörten oder beschädigten Telegraphenanlage, die Verhinderung der bei der Telegraphenanlage angestellten Personen in ihrem Dienstberufe."

Die Bremischen Motive zu Art. 157 (S. 219) bemerken in dieser Beziehung mit Recht: „Eine Exemplifizirung in das Gesetz selbst aufzunehmen, schien nicht nöthig, hier auch einigermaßen bedenklich, weil man sich doch auf Beispiele rein mechanischer Einwirkung auf die äußeren Anstalten beschränken muß, während eine dynamische in mancherlei Weise durch eine tiefere wissenschaftliche Erkenntniß der Elektrizität, als man ihrer heutiges Tages sich rühmen kann, festgestellt werden mag."

3. Als Gefährdungen führen die Mot. zum Ges. v. 13. Mai 1891 an: Beschädigung der Telegraphenstangen, der Leitungen, der Isolirvorrichtungen. Entsprechend der Jurisprudenz zu §§. 315, 316 muß unter Gefährdung jede Handlung verstanden werden, welche die Verhinderung des Betriebs mit einer gewissen Wahrscheinlichkeit in Aussicht stellt, ohne daß schon jede Möglichkeit einer Verhinderung genügt.

4. Theile oder Zubehörungen. Hierunter muß Alles verstanden werden, was zur Herstellung und Ausrüstung des Telegraphen gehört. Eine Beschränkung des Begriffs ist unzulässig. Ist die Beschädigung oder Veränderung eine solche, daß der Betrieb nicht einmal gefährdet ist, so ist die That zwar nur als Sachbeschädigung oder gar nicht strafbar, aber nur deshalb, weil das Thatbestandsmerkmal der Beschädigung oder Gefährdung fehlt.

5. Beschädigt oder Veränderungen daran vornimmt. Zur Beschädigung gehört auch die Zerstörung. Jedenfalls ist eine Substanzverletzung erforderlich. Dagegen kann eine Veränderung ohne alle Beschädigung stattfinden, z. B. durch Ableitung des Stroms.

6. Vorsätzlich und rechtswidrig. Die Worte „oder rechtswidrig" wurden überflüssiger Weise in der Kommission beigesetzt, obwohl vorsätzlich nur definirt werden kann: Mit dem Bewußtsein, daß die Handlung geeignet ist, den Betrieb rechtswidrig zu verhindern oder zu gefährden. Daß dieses Bewußtsein erforderlich sei, wurde in der Kommission ausdrücklich anerkannt. Der Begriff der Fahrlässigkeit in §. 318 ist der allgemeine kriminelle, d. h. Handeln ohne Bewußtsein, daß eine Verhinderung oder Gefährdung des Betriebs eintreten werde, wobei eine entsprechende Ueberlegung dieses Bewußtsein herbeigeführt haben würde.

7. Vollendet ist die That, so bald die verhindernde oder gefährdende Handlung vorgenommen ist. Der Versuch ist zwar nicht strafbar; allein eine auf Verhinderung gerichtete Handlung, welche diesen Erfolg nicht hat, wird stets einen gefährdenden Charakter haben, wenn nicht ein Versuch mit untauglichen Mitteln vorgenommen wird, welcher nicht strafbar sein würde.

8. Zu §. 318 Abs. 2 vgl. §§. 315, 316, N. 9—12, bezüglich der Unfähigkeits-Erklärung zum Telegraphendienst §. 319.

§. 319*). Wird einer der in den §§. 316 und 318 erwähnten Angestellten wegen einer der in den §§. 315 bis 318 bezeichneten Handlungen verurtheilt, so kann derselbe zugleich für unfähig zu einer Beschäftigung im Eisenbahn- oder Telegraphendienste oder in bestimmten Zweigen dieser Dienste erklärt werden.

---

*) Neue Fassung des G. v. 26. Febr. 1876, die alte Fassung lautete:

§. 319. „Wird einer der in den §§. 316 und 318 erwähnten Angestellten wegen einer der daselbst bezeichneten Handlungen verurtheilt, so kann derselbe zugleich für unfähig zu einer Beschäftigung im Eisenbahn- oder Telegraphendienste oder in bestimmten Zweigen dieser Dienste erklärt werden."

Pr. §. 299; E. I. §. 300; E. II. §. 316; St.B. S. 742 (Druckf. Nr. 92).
G. v. 26. Febr. 1876 Art. I; Druckf. (1876) Nr. 54; St.B. S. 1004.

1. „Eisenbahn- oder Telegraphendienst." — Das „oder" ist aufgenommen, weil es nicht gerechtfertigt schien, wegen Versehen in dem einen Zweige die Unfähigkeit in dem andern Falle eintreten zu lassen. (Motive.) Der Rtg. (Komm. Druckf. Nr. 92) setzte noch die Worte „oder in bestimmten Zweigen dieser Dienste" hinzu, so daß z. B. die Unfähigkeit zum Bureaudienst ausgeschlossen werden kann.

2. Die gegenwärtige durch die Novelle vom 26. Febr. 1876 gegebene Fassung des §. 319 stellt es außer Zweifel, daß auch die wegen der in den §§. 315 und 317 bezeichneten vorsätzlichen Handlungen Verurtheilten von der Maßregel betroffen werden können.

3. „kann" — die Verhängung der Maßregel ist fakultativ.

§. 320. Die Vorsteher einer Eisenbahngesellschaft, sowie die Vorsteher einer zu öffentlichen Zwecken dienenden Telegraphenanstalt, welche nicht sofort nach Mittheilung des rechtskräftigen Erkenntnisses die Entfernung des Verurtheilten bewirken, werden mit Geldstrafe bis zu dreihundert Mark oder mit Gefängniß bis zu drei Monaten bestraft.

Gleiche Strafe trifft denjenigen, welcher für unfähig zum Eisenbahn- oder Telegraphendienste erklärt worden ist, wenn er sich nachher bei einer Eisenbahn oder Telegraphenanstalt wieder anstellen läßt, sowie diejenigen, welche ihn wieder angestellt haben, obgleich ihnen die erfolgte Unfähigkeitserklärung bekannt war.

Pr. §. 300; E. I. §. 301; E. II. §. 317; St.B. S. 742.

Trotz des einschränkenden Ausdrucks: „Vorsteher einer Eisenbahngesellschaft" dürfte sich die Ausdehnung der Vorschrift auch auf Staatsbeamte, welche eine Staatsbahn leiten, rechtfertigen. A. M. Rubo N. 1, Oppenhoff N. 1. Im Abs. 2 sind die letztern unter den Worten „diejenigen, welche ihn wieder angestellt haben" unzweifelhaft mitbegriffen. Vgl. Schaper in H.H. III, 895; Meves im G.S. Bd. XXVI S. 252.

§. 321*). Wer vorsätzlich Wasserleitungen, Schleusen, Wehre, Deiche, Dämme oder andere Wasserbauten, oder Brücken, Fähren, Wege oder Schutzwehre, oder dem Bergwerksbetriebe dienende Vorrichtungen zur Wasserhaltung, zur Wetterführung oder zum Ein- und Ausfahren der Arbeiter zerstört oder beschädigt, oder in schiffbaren Strömen, Flüssen oder Kanälen das Fahrwasser stört und durch eine dieser Handlungen Gefahr für das Leben oder die Gesundheit Anderer herbeiführt, wird mit Gefängniß nicht unter drei Monaten bestraft.

Ist durch eine dieser Handlungen eine schwere Körperverletzung verursacht worden, so tritt Zuchthausstrafe bis zu fünf Jahren und, wenn der Tod eines Menschen verursacht worden ist, Zuchthausstrafe nicht unter fünf Jahren ein.

Pr. §. 301; E. I. §. 302; E. II. §. 318; St.B. S. 742.
G. v. 26. Febr. 1876 Art. I; Druckf. (1876) Nr. 54; St.B. S. 1004.
Vgl. §§. 325, 326, 222, 224.

1. „Anderer" — es genügt auch Einer. Das St.G.B. gebraucht sonst — abweichend vom preuß. St.G.B. — in der Regel statt des Plural den Singular; vgl. §§. 322, 323 mit preuß. §§. 302, 303.

---

*) Neue Fassung des G. v. 26. Febr. 1876, die alte Fassung lautete:

§. 321. „Wer vorsätzlich Wasserleitungen, Schleusen, Wehre, Deiche, Dämme oder andere Wasserbauten oder Brücken, Fähren, Wege oder Schutzwehre zerstört oder beschädigt, oder in schiffbaren Strömen, Flüssen oder Kanälen das Fahrwasser stört und durch eine diese Handlungen Gefahr für das Leben oder die Gesundheit Anderer heibeiführt, wird mit Gefängniß nicht unter drei Monaten bestraft."

Abs. 2 unverändert.

2. Auch in Betreff der Flüsse und Kanäle gilt das Erforderniß der Schiffbarkeit. Nur floßbare Wasserläufe gehören nicht hierher. Berlin 12. Nov. 75 (Goltd. XXIII, 548, O.R. XVI, 723, St. VI, 44). Meves N. 7, Olshausen N. 4, Oppenhoff N. 6. Eine Störung des Fahrwassers tritt ein, sobald das Fahrwasser, d. h. derjenige Theil der Gewässer, welcher mit Schiffen befahren werden kann, durch Handlungen Unbefugter in denjenigen Beziehungen eine Aenderung erleidet, welche für die Benutzung des Fahrwassers zur Schifffahrt von Bedeutung sind, z. B. in der Ausdehnung oder der Richtung des Stromlaufs, die Behinderung der Schifffahrt durch Bauwerke, Pfähle oder andere Vorrichtungen, durch Einwerfen von Explosivstoffen u. s. w. Die Behinderung oder Störung der Fahrt eines einzelnen Schiffs, wie die Herbeiführung eines Zusammenstoßes mit einem anderen Schiff fällt nicht unter §. 321. R.G. II, 18. Sept. 88, E. XVIII, 85, R. X. 498.

3. Daß die Brücken, Fähren oder Wege öffentliche seien, ist nicht gefordert, da auch die Gefährdung einzelner und bestimmter Personen strafbar ist. Dresden 31. Mai 78, St. VIII, 290. Es bedarf keiner gebauten Straßen zur Verfehlung gegen §. 321. Olshausen N. 2, Oppenhoff N. 3, v. Schwarze N. 2. Auch Wege über die Eisdecke eines Gewässers gehören hierher. Dresden 7. Juni 75, R. VI, 42. Auch Wasserwege sind Wege. Berner S. 629, Olshausen N. 2. Deshalb ist es zu allgemein, wenn Olshausen N. 4 sagt: §. 321 beziehe sich weder auf Binnengewässer, wie Haffe und Landseen, noch auf Hafeneingänge. Auf solche Gewässer bezieht sich §. 321, wenn dieselben nur einen Theil eines Stroms bilden, wie das große Haff einen Theil der Oder, oder wenn Wasserwege durch solche Gewässer führen, wie im Bodensee, der übrigens auch als Erweiterung des Rheins gelten könnte. Zweifelhafter wird die Frage bei Landseen, die von nicht schiffbaren Flüssen gebildet werden, aber selbst schiffbar sind, wie die meisten Gebirgsseen, und nicht ohne Benutzung bestimmter Fahrrinnen befahren werden können.

4. Die Worte „oder dem Bergwerksbetriebe — der Arbeiter" sind durch die Novelle vom 26. Febr. 76 aufgenommen, weil — wie die Motive sagen — Beschädigungen der zum Bergwerksbetriebe dienenden Vorrichtungen große Gefahr hervorrufen und unter Umständen den Charakter von gemeingefährlichen Verbrechen annehmen. Der Versuch des Vergehens aus §. 321 ist zwar nicht mit Strafe bedroht; dies verhindert jedoch nicht, daß derselbe nicht aus §§. 303, 43 bestraft wird. R.G. III, 13. Juli 82, R. IV, 692.

5. Gefahr herbeigeführt ist nur dann, wenn Gefahr für das Leben oder die Gesundheit Anderer nach dem gewöhnlichen Gang der Dinge, also mit gewisser Wahrscheinlichkeit eintritt, nicht, wenn bloß eine Möglichkeit vorliegt, daß unter außergewöhnlichen Verhältnissen Gefahr eintrete. München 23. Aug. 75 (bayr. Entsch. V, 425, St. VI, 32). Gemeingefährlichkeit, d. h. Gefährdung einer unbestimmten Anzahl von Personen, ist nicht Thatbestandsmerkmal. Dresden 29. Jan. u. 7. Juni 75, 31. Mai 78 (St. VI, 39, 42; VIII, 290). A. M. Hälschner II, 653; v. Liszt S. 520; Siebenhaar in Z. f. ges. St.W. IV, 286.

6. Bei der Zerstörung oder Beschädigung der in §. 321 aufgeführten Vorrichtungen, insbesondere der Wege, kommt darauf nichts an, ob die Gefährdeten auf die Benutzung ein Recht hatten oder nicht. Dresden 31. Mai 78 (St. VIII, 290). Zerstörung liegt vor, wenn die Vorrichtung, gegen welche die That gerichtet ist, zu ihrem Zweck völlig unbrauchbar wird; eine Beschädigung dann, wenn die Vorrichtung in Folge der That ihrem Zwecke weniger entspricht, als vorher. Eine Beschädigung, welche die Funktion der Vorrichtung völlig ungestört läßt, kann als Sachbeschädigung strafbar sein, nicht aber nach §. 321, weil in diesem Fall durch die That keine Gefährdung der angegebenen Art herbeigeführt sein kann. Vgl. die §§. 303—305 und die Erläuterungen hierzu.

7. Als Vorsatz ist das Bewußtsein erforderlich, rechtswidrig eine der bezeichneten Handlungen vorzunehmen, durch welche objektiv die Gefährdung herbeigeführt wird. Es ist weder das Bewußtsein, noch weniger selbstverständlich die Absicht der Gefährdung erforderlich. A. M. Binding, Normen II, 480; Hälschner II, 653; v. Liszt S. 520; H. Meyer S. 903. Gl. M. wie oben, Olshausen N. 8, bezüglich des Bewußtseins der Rechtswidrigkeit Binding, Normen II, 487. Wie in vielen anderen Gesetzesstellen ist auch die erfolgte schwere Körperverletzung oder der Tod eines Menschen nur objektives Merkmal und muß weder in den Vorsatz aufgenommen, noch fahrlässig verschuldet sein. Beides würde idealen Zusammenfluß von vorsätzlicher oder fahrlässiger Tödtung bez. Körperverletzung nach sich ziehen.

§. 322. **Wer vorsätzlich ein zur Sicherung der Schifffahrt bestimmtes Feuerzeichen oder ein anderes zu diesem Zwecke aufgestelltes Zeichen zerstört, wegschafft**

oder unbrauchbar macht, oder ein solches Feuerzeichen auslöscht oder seiner Dienstpflicht zuwider nicht aufstellt, oder ein falsches Zeichen, welches geeignet ist, die Schifffahrt unsicher zu machen, aufstellt, insbesondere zur Nachtzeit auf der Strandhöhe Feuer anzündet, welches die Schifffahrt zu gefährden geeignet ist, wird mit Zuchthaus bis zu zehn Jahren bestraft.

Ist durch die Handlung die Strandung einer Schiffes verursacht worden, so tritt Zuchthausstrafe nicht unter fünf Jahren und, wenn der Tod eines Menschen verursacht worden ist, Zuchthausstrafe nicht unter zehn Jahren oder lebenslängliche Zuchthausstrafe ein.

Pr. §. 302; E. I. §. 303; E. II. §. 319; St.B. S. 742 (Drucks. Nr. 92).
Vgl. §§. 325, 326, 265; E.G. §. 4; Strandungsordn. v. 17. Mai 1874.

1. Alle Zeichen, welche die Sicherung der Schifffahrt zum Zweck haben, fallen unter §. 322, auch die schwimmenden, nicht nur die zu Land aufgestellten; auch elektrische oder durch andere Lichtgattungen wirkende. Daß die Zeichen unter öffentlicher Autorität angebracht sind, ist nicht erforderlich. Auch herkömmlich von Privaten aufgestellte Zeichen, welche allgemein beachtet werden, stehen unter dem Schutz des §. 322. Gl. M. Hälschner II, 657, N. 2, H. Meyer S. 919, v. Schwarze N. 3. A. M. Olshausen N. 1. Die Konsequenz ist, daß nicht nur öffentliche, sondern auch Privatbedienstete der Dienstpflicht zuwider handeln können.

Die im preuß. St.G.B. von 1851 nicht enthaltenen Worte „oder seiner Dienstpflicht zuwider nicht aufstellt" sind aus dem Bremischen Entwurf (1868) §. 506 aufgenommen,

2. Auf die Seeschifffahrt ist die Anwendung des Paragraphen nicht beschränkt.

3. Unter Nachtzeit ist die Zeit der Dunkelheit zu verstehen. München 21. Juli 76 (bayr. Entsch. VI, 386), Mannheim 4. April 76 (bad. Ann. Bd. 42, S. 126, St. VII, 129), 26. Jan. 78 (bad. Ann. Bd. 44, S. 41, Goltd. XXVII, 230, St. VIII, 195). Vgl. auch R.G. III, 5. Febr. 81 (R. III, 12, Ann. III, 260).

4. Gemeingefährlichkeit der That ist kein besonderes Erforderniß, diese ist vielmehr vom Gesetz als selbstverständlich mit der That verknüpft vorausgesetzt; v. Liszt S. 520, Olshausen N. 2c, Schaper in H.H. III, 303, Meves in St.R.Z. XIII, 380, Siebenhaar i. Z. f. d. ges. St.W. IV, 277.

5. Der Vorsatz muß auf ein unbefugtes Handeln mit Bewußtsein der Bedeutung derjenigen Zeichen, an welchen der Thäter sich vergreift, oder die er aufstellt, oder pflichtwidrig aufzustellen unterläßt, gerichtet sein. Das Bewußtsein der Gemeingefährlichkeit ist nicht erforderlich.

Der Erfolg der Strandung eines Schiffs oder der Verursachung des Todes eines Menschen, wenn auch nur mittelbar, z. B. durch Strandung, ist objektives, straferhöhendes Merkmal der That.

§. 323. Wer vorsätzlich die Strandung oder das Sinken eines Schiffes bewirkt und dadurch Gefahr für das Leben eines Anderen herbeiführt, wird mit Zuchthaus nicht unter fünf Jahren und, wenn durch die Handlung der Tod eines Menschen verursacht worden ist, mit Zuchthaus nicht unter zehn Jahren oder mit lebenslänglichem Zuchthaus bestraft.

Pr. §. 303; E. I. §. 304; E. II. §. 320; St.B. S. 742 (Drucks. Nr. 92).
Vgl. §§. 325, 326, 265; E.G. §. 4; H.G.B. Art. 702, 708 Nr. 3; Strandungsordnung v. 17. Mai 1874.

1. Absichtliches Strandenlassen zur Rettung aus höchster Lebensgefahr fällt nicht unter den Paragraphen, weil dann die Gefahr bereits bestand und durch das Stranden vermindert werden soll. Das H.G.B. erkennt absichtliches Strandenlassen denn auch als einen Fall der großen Haverei an. (Art. 708 N. 3.) — Auch schließt der Nothstand (§. 54) den Paragraphen aus.

2. Das Sinken eines Schiffes liegt dann nicht vor, wenn dasselbe durch einen Leck sich theilweise mit Wasser füllte, aber unter der Wasserfläche nicht verschwindet, und seine Operationsfähigkeit behält. R.G. II, 4. Juni 80 (E. II, 86, Ann. II, 117). Nach der Größe des Schiffs

ist nicht zu unterscheiden. Es genügt ein von einem Menschen geführter Kahn als Objekt der That, ebenso ein Flußschiff wie ein Seeschiff, R.G. II, 17. April 83, E. VIII, 218.

3. Es ist keine gemeine Gefahr erforderlich, sondern nur die Gefahr für das Leben eines Anderen. Geyer II, 118, Hälschner II, 659, H. Meyer S. 918, Olshausen N. 3. A. M. v. Liszt S. 521, Siebenhaar in Z. f. ges. St.W. IV, 287. Die letztere liegt auch bei mittelbarem Kausalzusammenhang vor. Der Bedrohte muß also nicht sich im gestrandeten oder sinkenden Schiff befunden haben. Gl. M. Hälschner, H. Meyer, Olshausen a. a. O., v. Schwarze N. 4.

4. Als Vorsatz genügt das Bewußtsein der Gefahr, verbunden mit dem Willen, Strandung oder Sinken des Schiffes herbeizuführen. Einer besonderen Rechtswidrigkeit bedarf es nicht. Wenn der Eigenthümer eines Kahnes denselben zum Sinken bringt ohne alle Rechtswidrigkeit, aber mit dem Bewußtsein, daß ein in dem Kahn Befindlicher ertrinken kann, fällt die That unter §. 323. A. M. Olshausen N. 4.

Vorsätzliche oder fahrlässige Tödtung kann ideell konkurriren.

§. 324. Wer vorsätzlich Brunnen- oder Wasserbehälter, welche zum Gebrauche Anderer dienen, oder Gegenstände, welche zum öffentlichen Verkaufe oder Verbrauche bestimmt sind, vergiftet oder denselben Stoffe beimischt, von denen ihm bekannt ist, daß sie die menschliche Gesundheit zu zerstören geeignet sind, ingleichen wer solche vergiftete oder mit gefährlichen Stoffen vermischte Sachen wissentlich und mit Verschweigung dieser Eigenschaft verkauft, feilhält oder sonst in Verkehr bringt, wird mit Zuchthaus bis zu zehn Jahren und, wenn durch die Handlung der Tod eines Menschen verursacht worden ist, mit Zuchthaus nicht unter zehn Jahren oder mit lebenslänglichem Zuchthaus bestraft.

Pr. §. 304; E. I. §. 306; E. II. §. 321; St B. S. 742 (Drucks. Nr. 92).

Vgl. §§. 325, 326, 229, 367 Nr. 7; E.G. §. 4.

1. Das Vergiften eines fremden Thieres, um dasselbe zu tödten, fällt nicht schon aus dem Grunde, weil dasselbe zum Verkaufe bestimmt war, unter §. 324. Dresden 3. April 71 (St. I, 43). S. auch Berlin 6. April 76 (Goltd. XXIV, 369, O.R. XVII, 261). Es bedarf keiner unmittelbaren Vergiftung der Gegenstände, sondern genügt es, wenn bewirkt wird, daß Andere das Gift den Gegenständen beimischen, R.G. I, 29. Sept. 90, E. XXI, 76.

2. Unter „Wasserbehälter" sind solche Vorrichtungen zum Sammeln des Wassers verstanden, bei denen die Benutzung des Wassers zum unmittelbaren oder mittelbaren Genuß für Menschen oder doch eine solche Verwendung des Wassers beabsichtigt ist, bei welcher dasselbe auf den menschlichen Organismus einwirken kann. Die Vergiftung von Fischteichen, deren Wasser nicht zum menschlichen Gebrauche bestimmt ist, fällt deshalb nicht unter §. 324. Dresden 12. April 78 (S.G.Z. XXII, 279, St. VIII, 291, Goltd. XXVI, 555).

3. Einer Gemeingefährlichkeit der That bedarf es nicht. Dieselbe ist Voraussetzung des Gesetzes; v. Liszt S. 523, Siebenhaar a. a. O. S. 280, Olshausen N. 1.

4. In den Verkehr gebracht ist jeder Gegenstand, der Andern überlassen ist zu dem Zwecke, um von diesem selbst oder Anderen in einer Weise verbraucht zu werden, daß durch den Verbrauch Gefahr für die menschliche Gesundheit entsteht. Die Vorbereitung dazu, daß der Gegenstand in den Verkehr gebracht werde, genügt noch nicht.

5. Es fallen nicht nur Nahrungs- oder Genußmittel, sondern Gebrauchsgegenstände des Menschen jeder Art unter §. 324. Bei der Gefahr ist aber ein sachgemäßer, ein vom Thäter vorauszusehender Gebrauch vorausgesetzt Berner S. 630, Hälschner II, 662, v. Liszt S. 523, Olshausen N. 4, Oppenhoff N. 6, v. Schwarze N. 4.

6. Der Vorsatz erfordert das Bewußtsein dessen, was der Thäter thut, verbunden mit dem Bewußtsein der Rechtswidrigkeit, welches nach der Natur der Sache fast nur beim Arzt oder Apotheker fehlen kann.

7. Vgl. R.G. vom 14. Mai 1879, betr. den Verkehr mit Nahrungsmitteln, Genußmitteln und Gebrauchsgegenständen (R.G.Bl. S. 145), insbesondere §§. 12—14. Dieselben lauten:

§. 12. Mit Gefängniß, neben welchem auf Verlust der bürgerlichen Ehrenrechte erkannt werden kann, wird bestraft:

1. wer vorsätzlich Gegenstände, welche bestimmt sind, Anderen als Nahrungs- oder Genußmittel zu dienen, derart herstellt, daß der Genuß derselben die menschliche Gesundheit zu beschädigen geeignet ist, ingleichen wer wissentlich Gegenstände, deren Genuß die menschliche Gesundheit zu schädigen geeignet ist, als Nahrungs- oder Genußmittel verkauft, feilhält oder sonst in Verkehr bringt;

2. wer vorsätzlich Bekleidungsgegenstände, Spielwaaren, Tapeten, Eß-, Trink- oder Kochgeschirr oder Petroleum derart herstellt, daß der bestimmungsgemäße oder vorauszusehende Gebrauch dieser Gegenstände die menschliche Gesundheit zu beschädigen geeignet ist, ingleichen wer wissentlich solche Gegenstände verkauft, feilhält oder sonst in Verkehr bringt.

Der Versuch ist strafbar.

Ist durch die Handlung eine schwere Körperverletzung oder der Tod eines Menschen verursacht worden, so tritt Zuchthaus bis zu fünf Jahren ein.

§. 13. War in den Fällen des §. 12 der Genuß oder Gebrauch des Gegenstandes die menschliche Gesundheit zu zerstören geeignet und war diese Eigenschaft dem Thäter bekannt, so tritt Zuchthaus bis zu zehn Jahren und, wenn durch die Handlung der Tod eines Menschen verursacht worden ist, Zuchthaus nicht unter zehn Jahren oder lebenslängliche Zuchthausstrafe ein. Neben der Strafe kann auf Zulässigkeit von Polizeiaufsicht erkannt werden.

§. 14. Ist eine der in den §§. 12, 13 bezeichneten Handlungen aus Fahrlässigkeit begangen worden, so ist auf Geldstrafe bis zu eintausend Mark oder Gefängnißstrafe bis zu sechs Monaten und, wenn durch die Handlung ein Schaden an der Gesundheit eines Menschen verursacht worden ist, auf Gefängnißstrafe von einem Monat bis zu drei Jahren zu erkennen.

Ueber das Verhältniß dieser Bestimmungen zu §. 324 vgl. R.G. I, 13. Dez. 80 (E. III, 119, R. II, 633).

§. 325. Neben der nach den Vorschriften der §§. 306 bis 308, 311 bis 313, 315, 321 bis 324 erkannten Zuchthausstrafe kann auf Zulässigkeit von Polizei-Aufsicht erkannt werden.

Pr. §. 305; E. I. §. 307; E. II. §. 322; St.B. S. 742.

Vgl. §§. 38, 39.

§. 326. Ist eine der in den §§. 321 bis 324 bezeichneten Handlungen aus Fahrlässigkeit begangen worden, so ist, wenn durch die Handlung ein Schaden verursacht worden ist, auf Gefängniß bis zu Einem Jahre und, wenn der Tod eines Menschen verursacht worden ist, auf Gefängniß von Einem Monat bis zu drei Jahren zu erkennen.

Pr. §§. 301—304; E. I. §§. 302—306; E. II. §. 323; St.B. S. 742.

Vgl. §§. 222, 230, 367 Nr. 7.

1. Zum Thatbestande gehört hier der Eintritt eines Schadens, welcher sich rücksichtlich der §§. 321, 323 und 324 auf Leben oder Gesundheit von Menschen beschränkt, womit in den citirten §§. die Gefährdung dieser Güter den gewöhnlichen Bestimmungsgrund für die Bestrafung der mit Vorsatz begangenen Handlungen bildet. Verläßt man diese Beschränkung, so fehlt es für die Begriffe des „Schadens" an jeder festen Grundlage. Es ist indessen nicht zu leugnen, daß rücksichtlich der Gefährdung des Eigenthums der §. 326 namentlich für die im §. 323 vorgesehenen Handlungen eine Lücke enthält, welche in der Praxis bereits hervorgetreten ist. So erkannte R.G. II, 4. Juni 80 (E. II, 86, Ann. II, 117), daß das fahrlässig bewirkte Stranden oder Sinken von Schiffen nur dann unter §. 326 fällt, wenn zugleich Gefahr für das Leben eines Anderen herbeigeführt wurde, weil das Gesetzbuch fahrlässige Sachbeschädigung grundsätzlich nicht kenne. Dies modifizirte R.G. I, 15. Juni 82, R. IV, 570, dahin, daß zwar zu der fahrlässigen Verübung des Delikts aus §. 323 das mit Gefahr für das Leben eines Andern verursachte Stranden oder das Sinken eines Schiffes erforderlich sei, daß aber der von §. 326 noch außerdem geforderte Schaden sowohl an Sachen, z. B. dem gestrandeten Schiff, als am Leben oder der Gesundheit eines Menschen erfolgt sein könne. Ebenso R.G. II, 17. April 83, E. VIII, 218. S. auch Belmonte in G.S. Bd. XXVIII, S. 499.

2. Bei fahrlässiger Verübung des Delikts des §. 324 (Beimischung von Jauche in einen von Menschen benützten Brunnen), kann weder die Verunreinigung des Brunnens oder der anderen in §. 324 genannten Gegenstände, noch die dadurch entstandene Unbequemlichkeit durch Nichtbenutzung als der im §. 326 geforderte Schaden betrachtet werden. R.G. I, 13. Dez. 86, R. VIII, 750.

3. Zwischen der fahrlässigen Handlung und dem Schaden muß ein Kausalzusammenhang bestehen, aber es ist nicht erforderlich, daß auch der Schaden fahrlässig verursacht ist, d. h. daß derselbe vorhersehbar war. Dies ist nur bezüglich der Gefährdung nothwendig. v. Liszt S. 520, Meves in St.R.Z. XIII, 385, Olshausen N. 4. A. M. Hälschner II, 656, H. Meyer S. 903.

4. „Fahrlässigkeit" und „verursacht" vgl. zu §. 309 N. 1 und dort die Citate.

§. 327. Wer die Absperrungs- oder Aufsichts-Maßregeln oder Einfuhrverbote, welche von der zuständigen Behörde zur Verhütung des Einführens oder Verbreitens einer ansteckenden Krankheit angeordnet worden sind, wissentlich verletzt, wird mit Gefängniß bis zu zwei Jahren bestraft.

Ist in Folge dieser Verletzung ein Mensch von der ansteckenden Krankheit ergriffen worden, so tritt Gefängnißstrafe von drei Monaten bis zu drei Jahren ein.

Pr. §. 306; E. I. §. 308; E. II. §. 324; St.B. S. 742 (Druckf. Nr. 92).

Vgl. §§. 222, 230; V.Zoll.G. v. 1. Juli 1869 §§. 2, 134.

1. Die Maßregeln u. s. w. müssen von der zuständigen Behörde angeordnet sein. Welche Behörde dieses ist, entscheiden die Landesgesetze. In Preußen sind es die Ministerien und die Landespolizeibehörden (Bezirksregierungen, Landdrosteien). Berlin 5. Mai 74 (Goltd. XXII, 272, O.R. XV, 273), 17. u. 19. Sept. 78 (O.R. XIX, 417, 800, Goltd. XXVI, 528). Jedoch entschied R.G. II, 21. Okt. 79 (R. I, 5, E. I, 1, Ann. I, 39, Goltd. XXVIII, 27), daß jetzt auch die Ortspolizeibehörde die Anordnungen des §. 328 treffen könne. Auch die Absperrung eines Hauses, in dem sich Pockenkranke aufhielten, bis zur Beendigung der Desinfektion kann von Ortspolizeibehörde angeordnet werden, mit Strafbarkeit der wissentlichen Uebertretung aus §. 327. R.G. II, 13. Nov. 83, E. IX, 366, R. V, 683; die Festlegung der Hunde bei Ausbruch der Tollwuth. R.G. IV, 30. Jan. 85, R. VII, 66. Die thierärztliche Behandlung erkrankter Thiere, jedoch ohne die Befugniß die Kreisthierärzte zu delegiren. R.G. II, 17. Febr. 85, E. XII, 70, R. VII, 118. Ueberhaupt sind Thierärzte nur zuständig zu Anordnungen zu Protokoll oder mittels schriftlicher Verfügung innerhalb der von den Reichsgesetzen gezogenen Schranken. R.G. III, 8. Okt. 85, E. XII, 437, R. VII, 557. Die zur Verhütung der Verbreitung einer Viehseuche nöthigen Sperrmaßregeln können nur von der Regierung, nicht selbstständig vom Orts-Kommissar angeordnet werden. R.G. II, 14. Nov. 79 (R. I, 71, Ann. I, 156), Auch Einfuhrverbote von Rindvieh oder Schweinen zur Absperrung gegen Einschleppung der Rinderpest sind von den Regierungen zu erlassen. R.G. IV, 10. Febr. 85, E. XII, 38, R. VII, 960. Doch kann die Landespolizeibehörde die Ortspolizeibehörde anweisen, Maßregeln anzuordnen, und sind diese alsdann verbindlich. Berlin 14. Juni u. 12. Sept. 73 (Goltd. XXI, 568, 569. O.R. XIV, 435, 531). Die letzteten Entscheidungen beziehen sich auf die neuen Preuß. Provinzen. Für das ehemalige Kurfürstenthum Hessen ist auch der Landrath zu gewissen Absperrungsmaßregeln befugt. Vgl. Berlin 8. Nov. 71 (O.R. XII, 570). Die von der Militärbehörde in Betreff ihr zugehöriger kranker Thiere getroffenen Schutzmaßregeln sind auch für die Civilbevölkerung bindend. Berlin 17. Sept. 78 (O.R. XIX, 417, Goltd. XXVI, 528).

2. Die Verbindlichkeit der Maßregeln ist nicht von den Bedingungen der Gültigkeit der Polizei-Verordnungen abhängig. Berlin 10. Dez. u. 11. Nov. 74 (Golt. XXII, 631, 636, O.R. XV, 856, 760, St. IV, 165, 202). Ob die Maßregeln, gegen welche die Zuwiderhandlung erfolgt ist, von der zuständigen Behörde getroffen sind, ist von den Gerichten, auch vom Revisionsgericht, zu prüfen, R.G. IV, 20. Dez. 84, R. VI, 835, und ist zu verneinen, wenn eine spezielle Maßregel nicht in der Zuständigkeit liegt. R.G. IV, 14. Jan. 90, E. XX, 177. Die zwischen Begehung und Aburtheilung einer Zuwiderhandlung erfolgte Aufhebung einer von der zuständigen Behörde erlassenen Maßregel hebt die Strafbarkeit nicht auf. R.G. IV, 14. Juni 87, E. VI, 171. Ist der Zweck der Maßregel als ein gesundheitlicher von der zuständigen Behörde erklärt, können die Gerichte diesen Zweck nicht nachprüfen.

3. Der §. 327 und 328 bezieht sich nicht auf dauernde sanitätspolizeiliche Vorschriften, ebensowenig auf allgemeine landesgesetzliche Vorschriften (Berlin 11. Nov. 74, Goltd. XXII, 631, O.R. XV, 760), sondern auf solche vorübergehende Maßregeln, welche auf Grund bestehender allgemeiner Gesetze von den zuständigen Behörden zum Schutz gegen die Verbreitung bestimmter ansteckender Krankheiten (örtlicher Epidemien) erlassen werden. (Vgl. Berlin 8. Nov. 71 u. 1. Juni 72, O.R. XII, 570; XIII, 329, St. I, 104, 209). Doch ist der Erlaß allgemeiner Absperrungs-Maßregeln für künftige Fälle und für alle Orte, an denen die Krankheit auftritt, nicht ausgeschlossen. Berlin 15. Juli u. 11. Nov. 74 (Goltd. XXII, 631, 634, O.R. XV, 505, 760, St. V, 165).

4. Der Erlaß der unter N. 2 erwähnten allgemeinen Gesetze gehört nach Art. 4 N. 15 R.V.:

„Maßregeln der Medizinal- und Veterinärpolizei"

zur Kompetenz der Reichsgesetzgebung. Gebrauch ist hiervon gemacht in dem Gesetz, betr. die Rinderpest, v. 7. April 1869. (Vgl. zu §. 328 N. 2.)

Bis zum Eingreifen der Reichsgesetzgebung gelten die Landesgesetze, soweit nicht die §§. 327 und 328 bereits Bestimmungen enthalten. Für Preußen ist die A. Kab.O. v. 8. Aug. 1835 und das mit derselben publizirte Regulativ (preuß. G.S. S. 240 ff.) maßgebend.

5. Außerdem (N. 3) gelten nach §. 40 R.V. die für den Zollverein erlassenen Bestimmungen der §§. 134 und 2 des Ver.-Zollges. vom 1. Juli 1869 (vgl. Art. 4 A. 2—5 des Zollvereinigungsvertr. v. 8. Juli 1867, B.G.B. S. 81), wonach Gegenstände, welche den aus gesundheitspolizeilichen Rücksichten*) erlassenen Verboten zuwider ein-, durch- oder ansgeführt werden, als Kontrebande erscheinen; dieselben unterliegen der Konfiskation und wird der Schuldige, insofern nicht in besonderen Gesetzen eine höhere Strafe festgesetzt ist, zu einer Geldbuße von mindestens 10 Thlr. verurtheilt. Solche besondere Gesetze sind der vorliegende §. 327 und 328, so daß geeignetenfalls neben der Strafe dieses Paragraphen auch die Konfiskation (Einziehung) eintritt. (Berlin 10. Dez. 74, Goltd. XXII, 636, O.R. XV, 857, St. IV, 202, 9. Jan. 79, O.R. XX, 22, Goltd. XXVII, 114.)

6. Als Kontrebande erscheint die Einfuhr nur dann, wenn sie gänzlich, wenn auch nur zeitweise verboten, nicht auch dann, wenn sie nur an gewisse Beschränkungen geknüpft ist. Berlin 19. Dez. 77 (O.R. XVIII, 799, St. VII, 376). Es kann jedoch das Verbot ein bedingtes sein. Dies war z. B. der Fall bei den Milderungen des gegen Einfuhr von Wiederkäuern aus Oesterreich erlassenen Verbots, bei welchem gestattet war, auf besondere polizeiliche Erlaubniß nach nachgewiesenem wirthschaftlichen Bedürfniß und unter Beibringung von Gesundheitsattesten eine festgesetzte Anzahl von Viehstücken einzuführen. Der Besteller von Thieren, deren Einfuhr verboten ist, welcher sich dieselben vom Verkäufer über die Grenze bringen läßt, wurde nur als Theilnehmer, nicht als Mitthäter der Kontrebande bestraft. Berlin 8. Mai 79 (O.R. XX, 250, Goltd. XXVII, 561).

§. 327 bezieht sich nicht auf Viehseuchen, sollten dieselben auch für Menschen ansteckend und gefährlich sein. Berlin 17. Sept. 78 (O.R. XIX, 417, Goltd. XXVI, 528). A. M. Stuttgart 26. Febr. 79 (württ. Ger.Bl. XVI, 44) (bezüglich der Wuthkrankheit der Hunde).

7. Die Verletzung der §§. 327, 328 kann nur vorsätzlich begangen werden, d. h. mit Kenntniß derjenigen Maßregeln, gegen welche die Zuwiderhandlung stattfindet, mit dem Bewußtsein, daß die Handlung eine Zuwiderhandlung begründet. R.G. II, 21. Okt. 79, I. 13. April 82, E. I, 1, VI, 159, R. I, 5, IV, 319. Dies erstreckt sich nicht auf die Nothwendigkeit der Kenntniß der strafrechtlichen Folgen der That und auch nicht darauf, daß die Maßregel von der zuständigen Behörde getroffen ist. Zweifelt der Thäter daran, oder ist er sogar der Ueberzeugung, die Zuständigkeit liege nicht vor, er weiß aber, daß die Maßregel eine obrigkeitlich angeordnete sei, so treffen den Thäter die Folgen seines Irrthums.

Auch Mißverständniß über den Inhalt der Anordnung entschuldigt. Berlin 29. Nov. 77, 17. Sept. 78 (O.R. XVIII, 749; XIX, 420, Goltd. XXV, 569; XXVI, 528, St. VIII, 293), Dresden 8. April 78 (S.G.Z. XXII, 276, St. VIII, 294). R.G. II, 21. Okt. 79 (R. I, 5, E. I, 1, Ann. I, 39, Goltd. XXVIII, 27), es sei denn, daß dieselbe eine selbständige Strafvorschrift enthielt. R.G. II, 9. Dez. 79 (R. I, 132, Ann. I, 157).

---

*) R.G. III, 18. Okt. 90, E. XXI, 121 hatte anerkannt, daß das jetzt aufgehobene Einfuhrverbot von Schweinefleisch amerikanischen Ursprungs aus Gesundheits-Rücksichten erlassen war.

§. 328. Wer die Absperrungs- oder Aufsichts-Maßregeln oder Einfuhrverbote, welche von der zuständigen Behörde zur Verhütung des Einführens oder Verbreitens von Viehseuchen angeordnet worden sind, wissentlich verletzt, wird mit Gefängniß bis zu Einem Jahre bestraft.

Ist in Folge dieser Verletzung Vieh von der Seuche ergriffen worden, so tritt Gefängnißstrafe von Einem Monat bis zu zwei Jahren ein.

Pr. §. 307; E. I. §. 309; E. II. §. 325; St.B. S. 742.

Vgl. G. betr. die Rinderpest v. 7. April 1869; Instruktion zu diesem G. v. 26. Mai 1869 (B.G.Bl. S. 150) u. Revid. Instrukt. v. 9. Juni 1873 (R.G.Bl. S. 147); Ges. v. 25. Febr. 1876, betr. Beseitigung von Ansteckungsstoffen bei Viehbeförderung auf Eisenbahnen (R.G.Bl. S. 163).

1. Unter Viehseuche ist jede ansteckende Krankheit der Hausthiere (z. B. Tollwuth der Hunde, Rotzkrankheit der Pferde) verstanden, auch wenn die Krankheit auf Menschen übertragen werden kann. Berlin 15. Juli u. 11. Nov. 74 (Goltd. XXII, 631, 634, O.R. XV, 505, 760, St. V, 165). R.G. IV, 30. Jan. 85, R. VII, 66.

2. Unter Aufsichtsmaßregeln sind alle Anordnungen zu verstehen, welche sich auf die Feststellung und Sicherung des Gesundheitszustandes der durch eine Seuche gefährdeten Thiere und auf die Unterdrückung dieser Seuche beziehen. Berlin 17. Sept. 78 (O.R. XIX, 417, Goltd. XXVI, 528); nicht bloß diejenigen Anordnungen, welche die Uebertragung des Krankheitsstoffes zu hindern bezwecken. Berlin 7. Nov. 78 (O.R. XIX, 513).

Dahin gehört die Tödtung von durch wüthende Hunde gebissenen Hunden, Berlin 17. Sept. 78 a. a. O., die Verfügung über den Ort der Abdeckung rotzkranker Pferde, Berlin 19. Sept. 77 (O.R. XVIII, 574, Goltd. XXV, 568), oder das Verbot des Amtsvorstehers, rotzverdächtige Pferde weiter zu transportiren. R.G. II, 2. Dez. 90, Goltd. XXXIX, 53. Auf Verletzung von Maßregeln, welche mit der Absperrung oder Aufsichtsmaßregeln nur mittelbar in Verbindung stehen, wie Instruktion für das Aufsichtspersonal, ist §. 328 nicht anzuwenden. Dresden 14. Mai 77 (St. VII, 356).

3. Transportverbote haben im Zweifel nur die Transportirung von Vieh als befördertes Gut, nicht als Transportmittel im Auge. Das Verbot übertritt auch derjenige, der das Vieh kauft und die Ablieferung veranlaßt. Berlin 20. Febr. 78 (O.R. XIX, 82). Die Weigerung, Aufsichtspersonen den Zutritt in die Ställe zu gestatten, enthält eine Verhinderung oder Erschwerung von Aufsichtsmaßregeln. Berlin 31. Jan. u. 19. März 78 (O.R. XIX, 48, 146, Goltd. XXVI, 71). Ob die angeordnete Maßregel zweckentsprechend ist, hat das Gericht nicht zu prüfen. Berlin 7. Nov. 78 (O.R. XIX, 513).

4. Wer innerhalb eines gesperrten Bezirks an einen auswärtigen, die verbotene Ausfuhr beabsichtigenden Käufer Thiere übergiebt, kann nicht als Thäter, sondern nur als Mitthäter, Anstifter oder Gehilfe aus §. 328 bestraft werden. R.G. 21. Okt. 79, s. oben.

5. Das Bundesgesetz v. 7. April 1869, Maßregeln gegen die Rinderpest betr. (B.G.Bl. 69 S. 105, nebst der dazu erlassenen Instruktion vom 26. Mai 1869, R.G.Bl. S. 150 ff.), ist Reichsgesetz. (Vgl. R.G.Bl. 1871 S. 17, 63, 87, 372, 471.) S. rev. Inst. R.G.Bl. 73 S. 147. — R.G. v. 25. Febr. 1876, betr. die Beseitigung von Ansteckungsstoffen bei Viehbeförderungen auf Eisenbahnen (R.G.Bl. S. 163). — R.G. v. 21. Mai 1878, betr. Zuwiderhandlungen gegen die zur Abwehr der Rinderpest erlassenen Vieheinfuhrverbote (R.G.Bl. S. 95). Die Nichtbefolgung der zum Zweck der Verhütung einer Verbreitung der Rinderpest getroffenen Anordnungen über Führung von Viehregistern fällt nicht unter die Strafbestimmungen des R.G. v. 21. Mai 1878, sondern unter §. 328. R.G. II, 24. Febr. 80 (R. I, 383, E. I, 213). Das Wiederausgraben und Zueignen von verbotswidrig eingeführten, wegen Verdacht der Rinderpest getödteten und verscharrten Thieren ist nach §. 328 strafbar. R.G. II, 29. März 81 (R. III, 174, Ann. III, 307). Jedoch schließt das Ges. v. 21. Mai 1878 als das speziellere und strengere Gesetz bei Vorliegen seiner Voraussetzungen die Anwendbarkeit des §. 328 aus. R.G. IV, 27. Jan. 85, R. V, 57; so ist z. B. die Maßregel, daß für Vieh, welches auf Märkten aufgetrieben wird, Ursprungsatteste beizubringen sind, weil sie keine Beschränkung der Einfuhr enthält, nach §. 328 zu beurtheilen. R.G. I, 2. Juli 83, E. IX, 191.

6. Die auf Grund des §. 8 des Reichsgesetzes gegen die Rinderpest erlassene Instruktion (vgl. N. 4) unterscheidet zwischen vorläufiger, relativer und absoluter Sperre, für deren Handhabung den Behörden verschiedene Anweisungen gegeben werden. Ein Zuwiderhandeln gegen die demgemäß angeordneten Maßregeln bleibt selbst dann strafbar, wenn die Sperre nicht in der nach jener Instruktion als Regel hingestellten Weise zur Ausführung gebracht ist, z. B. die absolute Sperre nicht durch militärische Wachen; vgl. Berlin 23. März 71 (J.M.Bl. S. 130).

7. Vgl. das R.G. betr. die Abwehr und Unterdrückung von Viehseuchen v. 23. Juni 80 (R.G.Bl. S. 153), welches sich jedoch nicht auf die Fälle der wissentlichen Zuwiderhandlungen erstreckt. Diese werden ausschließlich von §. 328 betroffen. R.G. I, 13. April 82, E. VI, 159, R. IV, 319. Das Gesetz ordnet, abgesehen von den Fällen der Rinderpest, für das ganze Reichsgebiet die Befugniß der Polizeibehörden zur Anordnung der Maßregeln des §. 328. Diese bestimmen aber die Zuständigkeit der Polizeibehörden nur für Fälle einer bestimmten, konstatirten Gefahr, nicht zur Ergreifung von Schutzmaßregeln gegen die Möglichkeit der Einführung und Verbreitung von Viehseuchen. R.G. IV, 24. Jan. 88, E. XVII, 72, R. X, 60.

8. Der §. 73 St.G.B. findet auch Anwenduug bei ideellem Zusammenfluß der Strafen des §. 328 mit jenen wegen Kontrebande aus V.Zollges. v. 1. Juli 1869. Bei Anwendbarkeit des §. 146 dieses Gesetzes tritt jedoch Strafenhäufung ein, R.G. II, 2. Nov. 88, E. XVIII, 174, R. X, 620. Ein solcher Zusammenfluß liegt vor bei Uebertretung der Einfuhrverbote von Schweinefleisch wegen Seuchengefahr und ist hierbei unter Schweinefleisch auch Magen und Därme zu verstehen. R.G. III, 11. April 89, E. XIX, 156.

§. 329*). Wer die mit einer Behörde geschlossenen Lieferungsverträge über Bedürfnisse des Heeres oder der Marine zur Zeit eines Krieges, oder über Lebensmittel zur Abwendung oder Beseitigung eines Nothstandes vorsätzlich entweder nicht zur bestimmten Zeit oder nicht in der vorbedungenen Weise erfüllt, wird mit Gefängniß nicht unter sechs Monaten bestraft; auch kann auf Verlust der bürgerlichen Ehrenrechte erkannt werden.

Liegt der Nichterfüllung des Vertrages Fahrlässigkeit zum Grunde, so ist, wenn durch die Handlung ein Schaden verursacht worden ist, auf Gefängniß bis zu zwei Jahren zu erkennen.

Dieselben Strafen finden auch gegen die Unterlieferanten, Vermittler und Bevollmächtigten des Lieferanten Anwendung, welche mit Kenntniß des Zweckes der Lieferung die Nichterfüllung derselben vorsätzlich oder aus Fahrlässigkeit verursachen.

Pr. §. 308; E. I. §. 310; E. II. §. 326; St.B. S. 732 (Drucks. Nr. 105).

1. Nur Verträge stehen unter dem Schutz des §. 329, nicht auch requirirte Lieferungen. Dieselben müssen mit staatlichen Behörden abgeschlossen sein, jedoch ist direkter Abschluß nicht erforderlich, da außerdem Abs. 3 nicht denkbar wäre. Olshausen N. 2c, Laß Vertragsbruch der Armeelieferanten (Marburg 1888) verneinen, daß es staatliche Behörden sein müßten. Allein nur von solchen wird der Ausdruck „Behörde" gebraucht.

2. Unter Nothlage kann nur Noth an Lebensmitteln gemeint sein. Wenn Geyer II, 120, Olshausen N. 3b auch noch Nothlagen durch Epidemien hereinziehen, so ist dies kaum zu konstruiren.

3. In vorbedungener Weise ist auch nicht erfüllt, wenn minderwerthige Waare geliefert wird. H. Meyer S. 925, Olshausen N. 4, Oppenhoff N. 4, Schaper in H.H. III, 910.

4. Schaden s. §. 326 N. 2, 3. Der Begriff des Schadens ist nicht beschränkt. Er liegt vor, wenn die Bedürfnisse nicht rechtzeitig oder in entsprechender Güte beschafft werden können, aber auch wenn die abschließende Behörde pekuniäre Verluste hat, H. Meyer S. 925, Olshausen N. 6. A. M. Geyer II, 120, v. Liszt S. 524, Laß a. a. O. S. 52.

---

*) Vgl. Löber, Ueber strafbare Nichterfüllung von Lieferungsverträgen 1889.

§. 330. Wer bei der Leitung oder Ausführung eines Baues wider die allgemein anerkannten Regeln der Baukunst dergestalt handelt, daß hieraus für Andere Gefahr entsteht, wird mit Geldstrafe bis zu neunhundert Mark oder mit Gefängniß bis zu Einem Jahre bestraft.

Pr. §. 202; E. I. §. 204; E. II. §. 327; St.B. S. 742.

Vgl. §. 367 Nr. 13, 15; Gew.O. §§. 18, 107, 148 Nr. 10.

1. Mit Rücksicht darauf, daß nach der R.Gew.O. das Baugewerbe frei gegeben ist, ist die entsprechende Vorschrift des §. 202 preuß. St.G.B. nicht auf Baumeister und Bauhandwerker beschränkt. Die Motive sagen in Anknüpfung an §. 222 A. 2:

> „Nur gegen die bei Bauten begangenen Fahrlässigkeiten schien eine besondere Strafbestimmung nothwendig. Wer auf Grund der durch die Gewerbeordnung erfolgten Freigebung des Baugewerbes einen Bau ohne die hierzu erforderliche Kenntniß unternimmt, setzt hierdurch Gesundheit und Leben Anderer leicht der erheblichsten Gefahr aus. Dieses trifft für jeden zu, welcher einen Bau unternimmt, mag er denselben für sich oder gewerbsmäßig für Andere ausführen. Das öffentliche Interesse verlangt, daß ein solcher Unternehmer die allgemein anerkannten Regeln der Baukunst nicht aus den Augen setze. Mit Rücksicht darauf aber, daß Fahrlässigkeiten dieser Art nicht bestimmte Personen treffen, sondern eine gemeine Gefahr mit sich führen, ist die Strafbestimmung in dem §. 327 unter die Vorschrift des Abschnitts 27 „Gemeingefährliche Verbrechen" aufgenommen."

2. „Ausführung" — daraus folgt, daß nicht bloß der leitende Baumeister, sondern auch der Arbeiter (namentlich der Werkmeister) gegen den Paragraphen verstoßen können.

Leiter des Baues ist derjenige, dessen Anordnungen die Ausführung des Bauwerkes, als Ganzes, unmittelbar und in wesentlichen Beziehungen zum Gegenstand haben. Dabei ist nicht erforderlich, daß der Leiter alle Einzelheiten anordnet, daß er den Bau während der ganzen Bauzeit leitet, oder daß er nicht nebensächliche Arbeiten Andern überläßt. R.G. III, 13. Nov. 90, Goltd. XXXVIII, 439. Vor Allem ist nicht erforderlich, daß er Bauverständiger sei.

3. Der Ausdruck „Bau" beschränkt sich nicht auf Hochbau. Stuttgart 29. Sept. 75 (württ. Ger.Bl. X, 361, St. VI, 44). Auch die der Ausschachtung der Baugrube und Absteifung des Nachbarhauses nothwendigen Maßregeln gehören hierher. Berlin 7. März 77 (O.R. XVIII, 189, St. VII, 188). Auch die Ausführung des Baugerüstes fällt unter den Begriff des Baues im Sinne des §. 330, R.G. III, 12. März 88, R. X, 242. Dagegen hat R.G. IV, 4. Nov. 80, E. XXI, 142, das Einreißen eines Baues (einer Scheune) nicht als unter den Begriff „Bau" fallend erkannt, jedoch alle Vorbereitungen der Ausführung eines Baues, wie das Ausschachten oder Herstellung des Fundaments zum Bau gerechnet, und unentschieden gelassen, ob unter diesem Gesichtspunkt auch Einreißen einzelner Theile eines Bauwerks dazu zu rechnen sei. Jedenfalls gehören Reparaturbauten zum Bau. Hälschner II, 679, N. 2, Olshausen N. 2, Schaper in H.H. III, 911, v. Schwarze N. 3.

4. Allgemein anerkannte Regeln der Baukunst sind solche, die nicht nur durch die Wissenschaft als richtig nachgewiesen, sondern auch den Technikern bekannt und von ihnen anerkannt sind. R.G. IV, 3. April, 26. Juni 91, Goltd. XXXIX. 208.

handelt bedeutet nicht, daß die That nur mittels aktiver Thätigkeit begangen werden kann, es genügen auch Unterlassungen, insbesondere Unterlassung der pflichtgemäßen Aufsicht. R.G. III, 4. Jan. 83, R. V, 8. S. auch v. Prittwitz in Goltd. XXX, 169.

5. Gefahr für Andere muß, um §. 330 anzuwenden, bereits entstanden gewesen sein. Der Nachweis regelwidrigens Bauens, aus welchem bei der (polizeilich inhibirten) Fortsetzung des Baues Gefahr entstanden sein würde, genügt nicht. R.G. II, 22. Nov. 81, R. III, 726, E. V, 254. Dagegen ist es nicht erforderlich, daß Andere bereits von den Folgen des regelwidrigen Bauens bedroht waren. Ist der gefährliche Bau hergestellt, so ist es nicht erforderlich, daß er auch in allen Einzelheiten fertig gestellt und von Menschen bewohnt ist. R.G. III, 11. Febr. 82, E. VI, 129, R. IV, 160 (In concr. ein feuergefährlich im Rohbau hergestelltes Haus, dessen Plan- und Regelwidrigkeit bei einer polizeilichen Visitation entdeckt wurde.) Gefahr für bestimmte Personen ist nicht erforderlich, es genügt die Möglichkeit von Gefährdung von Menschen. R.G. II, 28. Nov. 90, Goltdt. XXXVIII, 444, auch III, 11. Febr. 82, E. VI, 129, R. IV, 160.

6. Aus der Fassung des Paragraphen (vgl. die Motive zu N. 1) ergiebt sich, daß es einerlei ist, ob Vorsatz oder Fahrlässigkeit vorliegt. R.G. III, 4. Jan. 83, II, 28. Nov. 90, R. V, 8, Goltd. XXXVIII, 444. Unkenntniß der Regeln der Baukunst entschuldigt nicht,

weil das Handeln ohne die erforderliche Kenntniß ein schuldhaftes ist. v. Prittwitz a. a. O., Olshausen N. 1.

7. Ob die Gefahr für Andere (d. h. für Leben oder Gesundheit von Menschen) eine nahe oder entfernte ist, ist gleichgültig. Ist eine Tödtung oder Körperverletzung verursacht, so kommen die §§. 222, 230 zur Anwendung. — Die Gefahr kann auch vom Nachbarhaus drohen, welches durch den Bau in einen gefährlichen Zustand versetzt wurde. Berlin 7. März 77 (O.R. XVIII, 189, St. VII, 188). R.G. IV, 3. April, 26. Juni 91, Goltd. XXXIX, 208. Civilrechtliche Verpflichtungen eines Anderen, Sicherheitsmaßregeln zu treffen, befreien den Bauleiter von der Haftung nicht, wenn dieser, ehe erstere getroffen sind, mit dem Bau beginnt. Berlin a. a. O.

Achtundzwanzigster Abschnitt.*)

Verbrechen und Vergehen im Amte.

1. Die Motive führen in allgemeiner Weise aus, weshalb der Entwurf die strengen Bestimmungen des preuß. St.G.B. gegen Beamte übernommen habe.

2. Wer als Beamter anzusehen, ist im §. 359 angegeben. Der Abschnitt enthält jedoch auch Strafbestimmungen gegen Nichtbeamte in den §§. 333, 334, 336, 337, 338, 352, 355, 356.

Ob der Beamte Inländer oder Ausländer ist, erscheint gleichgültig. Durch die Novelle vom 26. Febr. 1876 ist im §. 4 N. 1 ausgesprochen, daß auch die im Auslande begangenen Amtsverbrechen u. s. w. zu verfolgen sind. Vgl. zu §. 4 N. 8.

3. Rücksichtlich der Theilnehmer an Verbrechen und Vergehen eines Beamten gelten die allgemeinen Grundsätze, worauf bereits früher (§. 50 N. 6) hingewiesen worden ist. Der) II. Entwurf hat aus diesem Grunde die im §. 331 A. 2 des preuß. St.G.B. (I. Entw. §. 336 enthaltene Bestimmung:

> „Nehmen Personen, welche keine Beamte sind, an einem der in diesem Titel bezeichneten Verbrechen oder Vergehen Theil, so sollen, soweit keine Ausnahmen bestimmt sind, die allgemeinen Grundsätze über Theilnahme gelten. Auf den im §. 309 (St.G.B. §. 331) vorgesehenen Fall findet diese Bestimmung keine Anwendung."

als überflüssig gestrichen.

Die Strafbarkeit der Theilnehmer ist also, einerseits mit Rücksicht auf den Begriff des Verbrechens, andererseits nach Maßgabe der allgemeinen Bestimmungen der §§. 47—50 über die Theilnahme zu beurtheilen, wobei namentlich der Grundsatz des §. 50 zu beachten ist. Danach ergeben sich folgende Unterscheidungen:

a) Als Mitthäter können Nichtbeamte begrifflich niemals strafbar werden. Dieses muß selbst bezüglich der Beamten gelten, mit deren besonderen amtlichen Pflichten das Verbrechen (Vergehen) nichts zu thun hat. Hier erscheint auch der Beamte als Dritter.

b) Begrifflich ausgeschlossen ist die Theilnahme (Anstiftung, Beihülfe) bei einzelnen Verbrechen (Vergehen) in Beziehung auf gewisse Personen. So im Falle der Bestechung (§§. 331, 332, 334 A. 1) bezüglich der Geschenkgeber oder Versprechenden. Bezüglich anderer Personen können dagegen die Vorschriften über Anstiftung und Theilnahme zur Anwendung kommen. (Vgl. die Bemerkungen zu diesen Paragraphen.)

c) Der Abschnitt 28 enthält eine größere Zahl von Paragraphen, welche andere, bereits allgemein im St.G.B. unter Strafe gestellte Handlungen mit besonderen Strafen bedrohen, sofern sie von Beamten begangen werden, nämlich in den §§. 340, 341, 343, 347, 348, 349, 350, 351. Hier finden auf den dritten Theilnehmer nach Maßgabe des §. 50 die gewöhnlichen Strafen Anwendung, und bildet die Theilnahme an dem Beamtenverbrechen nur einen Strafzumessungsgrund. (Vgl. §. 50 N. 2 und 6.) S. übrigens auch §§. 174 Nr. 2 u. 3, 128, 129, 316, 318, 319.

d) Im Uebrigen gelten auch bezüglich der Beamtenverbrechen die allgemeinen Grundsätze über die Bestrafung der Anstiftung und Beihülfe (§§. 48, 49).

4. Aus der allgemeinen Ueberschrift „Verbrechen und Vergehen im Amte" ist nicht zu folgern, daß die Landesgesetze, welche noch weitere Handlungen von Beamten unter Strafe stellen, sofern sie nicht als Materien im Sinne des Einf.Ges. §. 2 anzusehen, aufgehoben sind. Dagegen hat namentlich

---

*) Vgl. namentlich: Laband, Das Staatsrecht des Deutschen Reiches. 2. Aufl. Freiburg 1888; Zucker, Amtsverbrechen. Prag 1870; Hecker im G.S. Bd. XXXI, S. 481; Meves im G.S. Bd. 39 S. 216; Oppenheim, Die Rechtsbeugungsverbrechen 1886.

hier die Landesgesetzgebung die Verpflichtung, etwa weiter gehende Bestimmungen der Landesgesetze — abgesehen von der Disziplinargesetzgebung (vgl. N. 5) — jetzt aufzuheben. Vgl. oben S. 50 und die Erläuterungen zu §. 2.

5. Ueber den Fortbestand der Disziplinargesetze ist bereits oben zum Einf.Ges. §. 5 N. 7 das Nöthige bemerkt. Die entgegenstehenden Ausführungen Heinze's Reichsstrafr. u. s. w. S. 100 ff. beruhen auf einer unzutreffenden Auslegung des §. 5 Einf.Ges., welcher sich lediglich auf die nach Einführung des St.G.B. erlassenen Landesgesetze bezieht, so viele Gründe de lege ferenda dem auch entgegenstehen mögen. (Vgl. zu §. 5 N. 5 und zu §. 8 Einf.Ges.)

Vgl. jetzt auch die Disziplinarvorschriften des Reichsbeamten-Gesetzes vom 31. März 1873 (R.G.Bl. 61) §§. 72 ff.

§. 331*). Ein Beamter, welcher für eine in sein Amt einschlagende, an sich nicht pflichtwidrige Handlung Geschenke oder andere Vortheile annimmt, fordert oder sich versprechen läßt, wird mit Geldstrafe bis zu dreihundert Mark oder mit Gefängniß bis zu sechs Monaten bestraft.

Pr. §. 309; E. I. §. 311; E. II. —; St.B. S. 743, 1175 (Drucks. Nr. 182_{46}).
Vgl. §§. 358, 359, 332—335; G. v. 12. Oktbr. 1867 §. 17 (Salzsteuer); G. v. 8. Juli 1868 §. 68 (Branntweinsteuer); G. v. 31. Mai 1872 §. 36 Nr. 1 (Brausteuer); V.Zoll-G. v. 1. Juli 1869 §. 160; M.St.G.B. §. 140.

1. Dieser im Entwurf gestrichene Paragraph ist vom Reichstag in wesentlicher Uebereinstimmung mit Preußen (St.G.B. v. 1851) §. 309 und Bayern (St.G.B. v. 1861) Art. 366 wieder in 2. Lesung aufgenommen. In 3. Lesung wurde der Antrag, auch die im preuß. §. 309 enthaltenen Worte: Vortheile — „zu denen er gesetzlich nicht berechtigt ist" aufzunehmen (Bayern Art. 366 sagte: „unbefugter Weise"), abgelehnt. Der Zusatz ist selbstverständlich. Es ist deshalb die Annahme von Geschenken mit Genehmigung der Amtsvorgesetzten jedenfalls dann gestattet, wenn das Gesetz solches erlaubt. Wird eine solche Genehmigung ertheilt, so wird der Regel nach das Bewußtsein der Rechtswidrigkeit und schon damit die Strafbarkeit ausgeschlossen sein. Ein Minist.-Bescheid vom 15. Juni 1856 (Min.-Bl. f. d. inn. V. S. 219) nimmt für Preußen an, daß die Annahme von Geschenken für Amtshandlungen mit Genehmigung der Ministerial-Instanz zuläßig sei. Die Strafbarkeit wird auch ausgeschlossen sein, wenn die Gewährung von Geschenken an niedere Beamte, z. B. Flurwächter, Polizeidiener, Nachtwächter zu gewissen Zeiten oder bei bestimmten Gelegenheiten, als z. B. der Entdeckung erheblicher Verbrechen, auf einer Observanz beruht, da dann die Genehmigung der vorgesetzten Behörde stillschweigend anzunehmen ist. Vgl. hierüber Weiß II, S. 280. H. Meyer S. 876, Olshausen N. 10, Oppenhoff N. 8, Kronecker S. 371. A. M. Hälschner II, 1042, Rubo N. 8.

2. Handlung bezeichnet, wie überall im St.G.B., auch Unterlassung, was übrigens im Reichstag ausdrücklich anerkannt wurde. (Vgl. zu §. 1 N. 6.) Als eine Handlung in diesem Sinne erscheint auch die Verweigerung der Vornahme einer Amtshandlung, welche dem Beamten pflichtgemäß obliegt; und wurde unter §. 331 der Fall subsumirt, daß ein Beamter die Vornahme von Zahlung einer Privatschuld abhängig machte. R.G. I, 20. Nov. 82, E. VII, 401, R. IV, 821.

Ob eine frühere oder eine künftige Handlung in Frage steht, ist gleichgültig. Berlin 3. Nov. 76 (O.R. XVII, 713, Goltd. XXIV, 606), 3. April 79 (O.R. XX, 195, Goltd. XXVII, 467). R.G. 29. Dez. 80 (Ann. III, 156). Das Geschenk muß als Gegenleistung für konkrete Amtshandlungen oder eine Mehrzahl derselben gegeben sein, wenn auch für bereits geschehene Handlungen. R.G. II, 6. Mai 87, E. XVI, 42, R. IX, 308 (s. jedoch unten N. 3). Der Thatbestand liegt nicht vor, wenn das Geschenk als Anerkennung persönlicher Eigenschaften oder als Bethätigung der Dankbarkeit oder Pietät gegeben wird. R.G. III, 19. Nov. 79 (R. I, 83, E. II, 129, Ann. I, 52, Goltd. XXVII, 462). Dies erklärt jedoch R.G. I, 25. Febr. 89, E. XIX, 19 nur für nicht erschöpfende Beispiele, und fordert einen ausdrücklichen Zusammenhang zwischen Annahme des Vortheils und Amtshandlung, nicht bloß die Annahme ꝛc. eines

---

*) Vgl. Kronecker: Zur Auslegung des §. 331 in Goltd. XXXI, 361, sodann über Bestechung im Allgemeinen: Teichmüller, Berlin 1887, Alkalay, Tübingen 1889.

Vortheils aus Anlaß oder bei Gelegenheit einer Amtshandlung. (Es handelte sich im konkreten Fall um Bewirthung eines Beamten nach beendeter Amtshandlung.)

3. Das Geschenk muß für die Handlung gegeben sein, und zwar muß hierüber Uebereinstimmung des Willens des Gebers und des Empfängers herrschen. (Berlin 4. April 76, Goltd. XXIV, 371, O.R. XVII, 246.) Es ist jedoch nicht erforderlich, daß bestimmte, unter den Parteien ausdrücklich besprochene Handlungen des Beamten in Frage stehen; es genügt das stillschweigende Uebereinkommen und ein allgemein günstiges Verhalten in einer Angelegenheit, z. B. die bessere Behandlung eines Gefangenen in Folge von Geschenken, welche dem Gefängnißwärter gegeben werden. R.G. II, 7. Nov. 84, E. XI, 219, oder wohlwollende Beurtheilung durch einen Beamten, der Lieferungen anzunehmen hat. München 13. Dez. 90, bayr. Entsch. VI, 357. Der Thatbestand liegt aber nicht vor, wenn die amtliche Thätigkeit bereits abgeschlossen war und es sich nur noch um persönlichen, nicht amtlichen Einfluß handelt, z. B. wegen Beschleunigung einer bei einem dem Thäter nicht unterstehenden Amt anhängigen Sache. R.G. IV, 13. März 85, R. VII, 175.

4. Bei den Reichstagsverhandlungen wurde in der Aufnahme des Paragraphen eine bedenkliche Ausdehnung des kriminellen Gebietes gefunden und darauf hingewiesen, daß die Gewährung von Trinkgeldern an Briefboten, Schaffner u. s. w. strafbar sein würde. Hiergegen wurde vom Antragsteller (mit Recht) geltend gemacht, daß von solchen Trinkgeldern, die bei Gelegenheit einer Amtshandlung gegeben würden, nicht anzunehmen sei, daß sie für dieselbe gegeben werden. — Ebenso wenig verstößt die Annahme von Trinkgeldern durch Unterbeamte für kleine, dem Publikum geleistete Gefälligkeiten, welche, wenn auch während der Ausübung des Amtes geleistet, doch in keiner Weise in's Amt einschlagen, gegen den §. 331. Berlin 3. April 79 (O.R. XX, 195, Goltd. XVII, 467). Dieses wurde namentlich bei den Berathungen des Bayerischen St.G.B. v. 1861 Art. 366 anerkannt. Was dagegen die Eigenschaft der Beamten als solche angeht, so stehen unter den Bestimmungen über Bestechung (§§. 331—333) alle, auch die mittelbaren Beamten, so auch die von Privateisenbahnen, welche als Bahnpolizeibeamte verpflichtet sind und im Umfange dieser Verpflichtung, z. B. bei Kontrolle der Fahrkarten. R.G. III, 24. März 84, E. X, 326, R. VI, 215.

5. Das Geschenk kann auch als Ueberschuß einer schuldigen Gebühr gegeben werden. R.G. I, 24. Juni 80 (R. II, 109, Ann. II, 229), oder als Rabatt; so wurde angenommen R.G. IV, 10. Juli 88, Goltd. XXXVI, 244 bei einem Gerichtsvollzieher, der für Insertion amtlicher Bekanntmachungen in einem Blatte von diesem einen bestimmten Rabatt bezog.

6. Aus den Worten für eine in sein Amt einschlagende Handlung folgt, daß die Geschenke nicht gegeben sein müssen, um den Beamten bloß im Allgemeinen für eine Person günstig zu stimmen. Dagegen liegt Strafbarkeit vor, wenn die Annahme oder das Versprechen für eine in einer bestimmten Angelegenheit oder in bestimmten Angelegenheiten jetzt oder später zu entwickelnde amtliche Thätigkeit erfolgt. (Weiß II, S. 279.) Ob diese Beziehung vorhanden, ist Thatfrage. (Vgl. zu §. 332 N. 3.) Ob die Handlung geboten war, oder im Ermessen des Beamten lag, ist gleichgültig; wenn sie nur in den nach Gesetzen und Amtsinstruktion zu bemessenden Geschäftsbereich des Beamten fällt. Berlin 21. Juni 78 (O.R. XIX, 323).

Mit Rücksicht auf das zu N. 3 und 4 Gesagte sei es gestattet, auf die alte württembergische Regimentsordnung von 1498 zu verweisen, welche in naiven Worten das Richtige treffen dürfte:

> „Nachdem Gaben und Schenkungen die Gesicht und Gehör der Menschen verblenden und verstoppen, auch ihre Gemüth und Herzen vom Weg der Gerechtigkeit abwenden, so wollen wir, daß alle Räth', Diener und Knecht von den Unterthanen des Fürstenthums, einem und mehreren, auch von anderen — ganz keine Geschenk nehmen, noch den ihren, wie obsteht, zu empfahen oder zu nehmen gestatten sollen, in kein Weg, es wär denn ein gut Jahr, oder dergleichen Verehrungen oder Ehrung nießender Speiß und Tranks, als ein paar Capaun, Käß, Fisch und desgleichen, das nit überköstlich und ohngefehrlich wäre, darin angesehen und bedacht werden sollen, die Personen der Gebenden und Nehmenden."

7. Geschenke oder andere Vortheile ist nur von materiellen Vortheilen zu verstehen, wenn auch kein Vermögensvortheil, d. h. keine Vermehrung des Vermögens erforderlich ist, wie dies bei allen sofort zu verzehrenden Gegenständen oder reinen Genußmitteln*) der Fall ist.

*) Deshalb rechnet R.G. III, 5. Nov. 83, E. IX, 166, R. V, 670 auch die Beischlafsvollziehung hierher.

Dagegen fällt Befriedigung der Eitelkeit nicht unter obige Begriffe. H. Meyer S. 826, Olshausen N. 3b, v. Schwarze N. 6. A. M. Hälschner II, 1037, Meves in H.H. III, 965, Simonson Vortheil S. 83.

8. Unter Annehmen ist die Ergreifung des Vortheils in der Absicht, denselben für sich zu behalten, zu verstehen. Die Annahme, um ein Beweismittel zu haben, also mit der Absicht der Anzeige ist keine Annahme im Sinne des Gesetzes. Das „Sichversprechenlassen“ erfordert kein Zuthun des Beamten, sondern nur ein aus den Umständen zu entnehmendes Einverständniß desselben. R.G. 29. Dez. 80 (Ann. III, 156, II, 8. Mai 85, R. VII, 285).

9. Der Gebende oder Versprechende ist straflos und nicht als Theilnehmer anzusehen, weil kein von der strafbaren Handlung zu trennender Akt der Anstiftung oder Beihülfe vorliegt. Daß das Gesetz diese Auffassung theilt, folgt aus arg. §§. 333 und 334 A. 2. Im Uebrigen gelten die allgemeinen Bestimmungen über die Anstiftung und Beihülfe. (Vgl. die allg. Bemerkungen zu diesem Abschnitt N. 3 und Tippelskirch in Goltd. XVIII, 804.) Der Theilnahme können sich insbesondere Mittelspersonen schuldig machen, z. B. Angehörige, welche das Geschenk mit Wissen des Beamten annehmen. Hälschner II, 1038, Meves in H.H. III, 964, H. Meyer S. 876, Olshausen N. 5, v. Schwarze N. 7. Der Beamte macht sich hierdurch der mittelbaren Bestechung schuldig. Die Annahme von Geschenken durch Angehörige ohne Wissen des Beamten, z. B. behufs Beeinflussung des Beamten ist, wenn es sich um nicht strafbare Handlungen des letzteren handelt, nicht strafbar; denn zur Theilnahme fehlt die Haupthandlung, zur Bestrafung wegen Thäterschaft eine Strafbestimmung; dagegen würde nachträgliche Kenntniß des Beamten wohl meist einem Annehmen gleichkommen, nämlich, wenn derselbe noch einen Vortheil hat; nicht aber wenn der Vortheil bereits konsumirt ist; denn dann fehlt der Zusammenhang zwischen Vortheil und Amtshandlung oder sogar der Vortheil. Vgl. R.G. III, 30. März 81, R. III, 176, wo bei erfolglosem Anerbieten eines Geschenks an einen Angehörigen strafloser Versuch angenommen wurde; und R.G. I, 8. März 86, E. XIII, 396.

10. Wegen Einziehung (Verfallen) der Geschenke u. s. w. vgl. §. 335 und wegen der Unfähigkeit zu öffentlichen Aemtern §. 358.

11. Besondere Strafbestimmungen gegen die Geber enthält das Vereinszollgesetz vom 1. Juli 1869 §. 160, sowie das Salzsteuerges. vom 12. Okt. 1867 §. 17.

§. 332. Ein Beamter, welcher für eine Handlung, die eine Verletzung einer Amts- oder Dienstpflicht enthält, Geschenke oder andere Vortheile annimmt, fordert oder sich versprechen läßt, wird wegen Bestechung mit Zuchthaus bis zu fünf Jahren bestraft.

Sind mildernde Umstände vorhanden, so tritt Gefängnißstrafe ein.

Pr. §. 310; E. I. §. 312; E. II. §. 328; St.B. S. 744 (Drucks. Nr. 105).
Vgl M.St.G.B. §. 140.

1. Zu §. 332 (passive Bestechung) vgl. die allg. Bemerkungen zu diesem Abschnitt, sowie zu §. 331.

2. Die Motive (S. 146) führen hier aus: es sei einerlei, ob eine künftige oder eine begangene Handlung vorliege, auch sei es hier und für den §. 333 gleichgültig, ob die geforderte oder versprochene Pflichtwidrigkeit wirklich begangen sei. — Doch liegt keine passive Bestechung vor, wenn der Beamte von dem ihm durch Vermittelung eines Dritten zugekommenen Versprechen nicht zu einer Zeit Kenntniß erlangt hat, zu welcher die von ihm begehrte Handlung noch möglich war. (Mannheim 18. Okt. 73, St. III, 232.) Die Geschenknahme für eine bereits vorgenommene pflichtwidrige Handlung fordert, um unter §. 332 zu fallen, nicht, daß die Vornahme in Erwartung des Vortheils erfolgt sei. Hälschner II, 1043, Meves in H.H. III, 967, H. Meyer S. 877, Olshausen N. 3, Oppenhoff N. 2a, Teichmüller a. a. O. S. 54.

3. Auch hier wird eine bestimmte Handlung oder doch eine bestimmt abgegrenzte Anzahl von Handlungen erfordert. R.G. I, 22. Juni 85, R. VII, 424; IV, 14. Mai 86, R. VIII, 360. Unterlassungen stehen den Handlungen gleich. Dresden 5. Jan. 77 (S.G.Z. XXI, 273, St. VII, 189). Es wird keineswegs erfordert, daß die Handlung eine einzelne, von vornherein in der Art ihrer Ausführung bestimmte sei. Es liegt auch dann Bestechung vor, wenn zur Erreichung eines bestimmten Zwecks (Erlangung einer Konzession, eines Amts, — vorausgesetzt, daß die Ertheilung bez. Verleihung eine Pflichtwidrigkeit enthält, in Er-

mangelung deren der §. 331 anwendbar wäre) Geschenke gegeben werden, die Ausführung aber dem Ermessen des Beamten anheimgegeben wird. (Vgl. v. Schwarze, Komm. S. 757; Weiß II, 279. Im Uebrigen vgl. zu §. 331 N. 3—8.) Ebenso liegt Bestechung vor, wenn die Handlung im Ermessen des Beamten liegt, er jedoch glaubt, zur Handlung z. B. einer Anzeige, verpflichtet zu sein, oder wenn er doch nur wegen Bestechung von einer zulässigen Handlung Umgang nahm. R.G. I, 31. Jan. 84, E. X, 64; III, 19. Nov. 83, R. V, 717. Einer Vereinbarung zwischen Bestechenden und Bestochenen bedarf es nicht. Es genügt die einfache Annahme angebotener Vortheile. München 22. Jan. 77 (bayr. Entsch. VII, 41, St. VII, 36).

4. Die pflichtwidrige Handlung muß eine Amtshandlung sein, mit Ausschluß der dienstwidrigen Privathandlungen, wie verbotene Privatgeschäfte, oder Handlungen, welche gegen allgemeine Vorschriften sittlichen Verhaltens, eines des Amtes würdigen Benehmens u. dgl. verstoßen. R.G. II, 6. Mai 87, E. XVI, 42, R. IX, 308, 18. Okt. 87, R. IX, 517. Zu diesen Amtshandlungen gehören aber auch solche, welche der Beamte als solcher vornahm, wenn er zur Vornahme auch nicht verpflichtet war und dieselbe ablehnen konnte. R.G. I, 10. Nov. 87, E. XVI, 300, R. IX, 573.

5. Das Bewußtsein, daß es sich um eine Pflichtwidrigkeit handelt, braucht nur bei dem Beamten vorhanden zu sein. Anders selbstverständlich im Fall des §. 333. Es ist jedoch erforderlich, daß der bestochene Beamte die Handlung für eine pflichtwidrige mindestens hält, wenn sie es auch nicht wirklich ist. Daß er sie beim Fordern eines Vortheils als eine pflichtwidrige darstellt, macht sie noch nicht zu einer solchen. R.G. III, 5. Nov. 83*), E. IX, 166, R. V, 670; und bezüglich eines Irrthums des Beamten R.G. I, 31. Jan. 84, E. X, 64.

6. Gegen den Gebenden und Versprechenden sind besondere Strafbestimmungen im §. 333 (§. 334 A. 2) gegeben. Als Anstifter oder Gehülfe ist er nicht zu bestrafen (vgl. §. 331 N. 9). Um so weniger, wenn er sich der Pflichtwidrigkeit der angesonnenen Handlung nicht bewußt war. R.G. I, 17. Dez. 85, E. XIII, 181. Dieses erleidet aber dann eine Ausnahme, wenn der Beamte die Pflichtwidrigkeit in Folge des Geschenks oder Versprechens begeht und dieselbe eine strafbare Handlung ist. Es konkurrirt alsdann die Bestechung (§. 333) idealiter mit der Anstiftung. (Berlin 21. Febr. 72, O.R. XIII, 159, St. I, 210; Stuttgart 12. Juli 73, St. III, 37.) Auch mit §. 49a können die §§. 332, 333 ideell konkurriren. R.G. I, 3. Dez. 83, E. IX, 261, R. V, 749, 26. Febr. 85, E. XII, 55.

7. Wegen der Einziehung (verfallen) der Geschenke vgl. §. 335 und wegen der Unfähigkeit zu öffentlichen Aemtern §. 358.

§. 333. Wer einem Beamten oder einem Mitgliede der bewaffneten Macht Geschenke oder andere Vortheile anbietet, verspricht oder gewährt, um ihn zu einer Handlung, die eine Verletzung einer Amts- oder Dienstpflicht enthält, zu bestimmen, wird wegen Bestechung mit Gefängniß bestraft; auch kann auf Verlust der bürgerlichen Ehrenrechte erkannt werden.

Sind mildernde Umstände vorhanden, so kann auf Geldstrafe bis zu eintausendfünfhundert Mark erkannt werden.

Pr. §. 311; E. I. §. 313; E. II. §. 329; St.B. S. 744—747 (Drucks. Nr. 105). Vgl. die Citate zu §. 331.

1. Im §. 333, aktive Bestechung, handelt es sich immer um künftige Begehung einer Pflichtwidrigkeit, nicht um eine begangene, bezüglich welcher letztern eine Strafbarkeit nicht besteht. München 3. Juli 76 (bayr. Entsch. VI, 360). Es genügt jedoch, wenn der Thäter glaubt, die Amtshandlung, z. B. eine Anzeige, sei noch nicht vorgenommen. R.G. I, 14. März 89, E. XIX, 206. Ferner ist es nicht erforderlich, daß die angesonnene pflichtwidrige Handlung oder Unterlassung sofort ausführbar sei. Es genügt, daß die Ausführung in Zukunft möglich ist. R.G. III, 10. Juni 82, R. IV, 555.

2. Eine Verletzung der Amtspflicht liegt auch vor, wenn der Beamte in Fällen, in denen er nach pflichtmäßigem Ermessen handeln soll, sich nicht durch dieses allein, sondern durch andere Momente bestimmen läßt. Berlin 8. Okt. 73 (Goltd. XXI, 569, O.R. XIV, 615,

---

*) Olshausen N. 2 dürfte dieses Urtheil mißverstanden haben.

St. II, 232), 15. März 78 (O.R. XIX, 143). München 12. März 84, bayr. Entsch. III, 121, R.G. I, 29. April 80 (R. I, 699, E. I, 404, Ann. I, 560), III, 13. April 81 (E. IV, 102), I, 31. Jan. 84, E. X, 64. Verletzung einer Amtspflicht wurde nicht gefunden in der angesonnenen Unterlassung eines Strafantrags wegen Beleidigung im Dienst. R.G. I, 2. Juni 90, E. XX, 415. Sie wurde angenommen in dem einem Eisenbahnbediensteten angesonnenen, instruktionswidrigen Transport zollpflichtiger Waaren über die Grenze gelegentlich einer Dienstfahrt. R.G. II, 1. Juli 87, R. IX, 393.

3. Ob die Geschenke u. s. w. für eine Handlung u. s. w. gegeben oder versprochen sind? vgl. zu §§. 331 N. 3—8 und 332 N. 3, sowie die Entscheidungen des Obertrib. in Goltd. VII, 414 und O.R. VII, 581; IX, 579, welche namentlich bestätigen, daß die Handlung nicht bestimmt bezeichnet zu sein braucht. (Z. B. der Dieb drückt dem Beamten bei der Haussuchung Geld in die Hand.) Berlin 9. März 77 (O.R. XVIII, 202).

4. Wenn der Beamte die Geschenke u. s. w. annimmt, ist er selbst aus §. 332 zu bestrafen. Der Geber ist in diesem Falle nicht auch als Anstifter anzusehen, sofern es sich nicht um eine strafbare Handlung, nicht eine bloße Pflichtwidrigkeit handelt und der Beamte dieselbe begeht. (Vgl. §§. 331 N. 9 und 332 N. 6 und Berlin 21. Febr. 72, O.R. XIII, 159, St. I, 210 und Stuttgart 12. Juli 73, St. III, 37.)

5. Vollendet wird die Bestechung schon durch das Anbieten, welches nicht bloß einen Versuch darstellt. Berlin 20. Dez. 73 (O.R. XIV, 809, St. III, 381), München 22. Jan. 77 (bayr. Entsch. VII, 38, St. VII, 36).

Wenn Jemand einem Beamten durch einen Angehörigen ein Geschenk anbieten will, um ihn zu einer die Amtspflicht verletzenden Handlung zu bestimmen, aber auf die Weigerung des Angehörigen das Geld wieder an sich nimmt, so kann ohne Rechtsirrthum ein strafloser Versuch der Bestechung angenommen werden. R.G. III, 30. März 81 (R. III, 176).

6. Der Dolus liegt in dem Bewußtsein, daß es sich um eine Verletzung der Amtspflicht handle. Dresden 23. Nov. 74 (St. V, 167), Berlin 5. März 79 (O.R. XX, 123, Goltd. XXVII, 368). R.G. 5. Jan. 80 (Ann. I, 364). Es genügt auch eventueller Dolus, d. h. der Wille die That zu verüben, auch wenn, wie dem Thäter nicht bestimmt bewußt, die dem Beamten angesonnene Handlung eine Pflichtwidrigkeit enthalte. R.G. IV, 14. Mai 86, R. VIII, 360.

7. Die besonderen Gesetze, welche das Gewähren oder Anbieten von Geschenken u. s. w. an gewisse Beamte (oder deren Angehörige), namentlich Zoll- und Steuerbeamte, abgesehen von einer Pflichtwidrigkeit, unter Strafe stellen, bleiben bestehen, z. B. Vereins-Zollgesetz v. 1. Juli 1869 §. 160; preuß. Steuerordnung v. 8. Februar 1819 §. 88.

§. 334*). Ein Richter, Schiedsrichter, Geschworener oder Schöffe, welcher Geschenke oder andere Vortheile fordert, annimmt oder sich versprechen läßt, um eine Rechtssache, deren Leitung oder Entscheidung ihm obliegt, zu Gunsten oder zum Nachtheile eines Betheiligten zu leiten oder zu entscheiden, wird mit Zuchthaus bestraft.

Derjenige, welcher einem Richter, Schiedsrichter, Geschworenen oder Schöffen zu dem vorbezeichneten Zwecke Geschenke oder andere Vortheile anbietet, verspricht oder gewährt, wird mit Zuchthaus bestraft. Sind mildernde Umstände vorhanden, so tritt Gefängnißstrafe ein.

Pr. §§. 312, 313; E. I. §§. 314, 315; E. II. §§. 330, 331; St.B. S. 744—747 (Drucks. Nr. 105), 1175 (Drucks. Nr. 182_{48}).

1. Der Paragraph beruht in seiner jetzigen Fassung auf den Beschlüssen des Reichstags. Derselbe enthält eine Erweiterung und Verschärfung des §. 332 und gewissermaßen einen qualifizirten Fall des §. 331. Sofern nämlich der betr. Beamte ein Richter ist oder zu den gewöhnlichen Organen der Rechtsprechung — Schiedsrichter, Geschworene, Schöffen — gehört, soll es nicht darauf ankommen, ob das Geschenk u. s. w. für eine pflichtwidrige Handlung angenommen (oder Abs. 2 angeboten oder gegeben) ist, ob also die Handlung nach der Ueberzeugung des Richters u. s. w. rechtlich begründet war oder nicht. Es kommt allein darauf an, ob das

---

*) Oppenheim, Die Rechtsbeugungsverbrechen, Leipzig 1886.

Geschenk u. s. w. angenommen oder gegeben war „zu dem Zweck, um eine Rechtssache zu Gunsten oder zum Nachtheile eines Betheiligten zu leiten oder zu entscheiden.“ Die ungerechte Leitung oder Entscheidung selbst ist nach §. 336 als Rechtsbeugung zu strafen. Der Antragsteller bemerkte hierüber u. A. (Dr. Bähr St.B. S. 746):

„— Der Richter ist dann schon der Bestechung schuldig, wenn er überhaupt Geschenke oder Vortheile angenommen hat, welche ihm, um auf seine richterliche Thätigkeit einzuwirken, gegeben werden. Wenn der Richter Geschenke genommen hat, so mag er ausjudiziren, wie er will, er ist ein bestochener Richter. Wir wollen, daß die Anklage nicht mit dem Beweise belastet werde, der Richter habe Geschenke angenommen, die ihn wirklich bestimmt haben, in dieser oder jener Weise zu urtheilen, weil eben dieser Beweis nicht zu führen ist.“

A. M. Olshausen N. 2 und H. Meyer S. 877, welche der Ansicht sind, es müsse eine Pflichtwidrigkeit dabei obwalten. Allein die Annahme der Bestechung, zum Zwecke der Rechtsbeugung ist die Pflichtwidrigkeit, auch dann, wenn der Bestochene beabsichtigt, nur die Bestechung zu nehmen, ohne ihr Folge zu geben. Gl. M. Berner S. 650, Hälschner II, 1070, Merkel S. 412, Meves in H.H. III, 965.

2. Die Leitung oder Entscheidung muß dem Richter obliegen; d. h. er muß entweder Vorsitzender oder Einzelrichter sein oder wenigstens, wenn überhaupt berufen, stimmberechtigt, wenn auch in einem Kollegium.

3. Andere Beamte, denen die Leitung oder Entscheidung von Rechtssachen ausnahmsweise obliegt, sind entweder aus §. 332 oder für den Fall wirklicher Rechtsbeugung aus §. 336 zu strafen. — Als Beamte gelten auch die (preußischen) Schiedsmänner, welche den Richtern nicht gleichstehen, da ihre Thätigkeit wesentlich eine vermittelnde (Vergleich) ist. Motive.) In der Literatur ist mehrfach die Ansicht vertreten, so Hälschner II, 1068, Meves in H.H III, 970, H. Meyer S. 877, Olshausen N. 1a, Oppenheim a. a. O. S. 57, Teichmüller S. 33, daß es beim Begriffe „Richter“ nicht darauf ankomme, daß die treffenden Personen den richterlichen Beamten-Kategorien angehören, sondern darauf, daß ihre Aufgabe im Richten bestehe. Es dürfte dies doch zu unsicher begrenzt und mit den Motiven, wie mit dem Sprachgebrauche im Widerspruch sein. Dagegen dürfte ein Unterschied darnach, ob die Richter bei den ordentlichen oder bei besonderen Gerichten bestellt sind, nicht zu machen sein.

4. Als Geschworene und Schöffen können nur die zum Dienste einberufenen betrachtet werden, nicht die auf der Jahresliste Stehenden. Dagegen kann es keinen Unterschied machen, ob dieselben bei denjenigen Rechtsfall, in Bezug auf welchen die Bestechung erfolgt ist, zum Dienste berufen werden. Gl. M. Meves in H.H. III, 970 N. 3, Olshausen N. 1c. A. M. Hälschner II, 1069, v. Schwarze N. 5, Teichmüller S. 34, welche Berufung zur Rechtssache verlangen. Damit wäre eine eventuelle Bestechung straflos erklärt.

5. Akte der bloßen freiwilligen Gerichtsbarkeit sind nicht zu den hier fraglichen Rechtssachen zu zählen. Gl. M. Hälschner II, 1069, Oppenhoff N. 6, Olshausen N. 3b. A. M. v. Schwarze N. 2, H. Meyer S. 877.

6. Im Uebrigen vgl. die Bemerkungen zu §§. 331—333.

7. Zu Abs. 2. Der Bestechende muß nicht ein Betheiligter sein. Auch findet mittelbare Bestechung statt. Aktiv tritt mittelbare Bestechung als Anstiftung hervor.

8. Versuch der aktiven wie passiven Bestechung ist nicht wohl denkbar, da schon das Anbieten und Fordern oder Sichversprechenlassen vollendete That ist.

§. 335. **In den Fällen der §§. 331 bis 334 ist im Urtheile das Empfangene oder der Werth desselben für dem Staate verfallen zu erklären.**

Pr. §§. 309—313; E. I. §§. 311—315; E. II. §. 332; St.B. S. 747.
Vgl. §§. 40, 42.

1. Das Verfallen-Erklären ist wesentlich eine Einziehung (§. 40), unterscheidet sich von derselben jedoch dadurch, daß sie geboten (nicht fakultativ) ist, daß sie sich auch auf den Werth des Empfangenen erstreckt. Die bloß angebotenen oder versprochenen Geschenke u. s. w. bleiben außer Betracht, — in dieser Beziehung ist das Verfallen der Einziehung analog. R.G. I, 29. Sept. 84, E. XI, 101. Für die Einziehung eines zum Zwecke der Bestechung einem Beamten eingehändigten Geschenkes ist nur die Thatsache entscheidend, daß der Beamte es erhalten hat, ohne Unterscheidung, welche Absicht der Beamte hatte. Auf angebotene Geschenke kann §. 40

angewendet werden. R.G. III, 29. Sept. 80 (R. II, 275), IV, 22. Febr. 87, E. XV, 348, R. IX, 150.

2. Der Werth kann alternativ neben dem Empfangenen genannt werden. Derselbe ist bestimmt zu bezeichnen und steht diese Bestimmung als Theil der Strafverhängung dem Richter (nicht den Geschworenen) zu. Ein Vorbehalt der Werthsermittelung ist, da es sich um keine selbständige Maßregel handelt, unstatthaft.

3. In den früheren Ausgaben wurde angenommen, daß §. 42 auf die Erklärung einer Sache als verfallen nach §. 335 nicht angewendet werden könne, eine Ansicht, der Olshausen N. 6b, Oppenhoff N. 5, v. Schwarze N. 3 beitraten. Diese Ansicht kann nicht festgehalten werden. Insofern ein Vortheil real angeboten oder gegeben ist, wird er zum Verbrechen oder Vergehen gebraucht. Es ist also auch §. 40, und deshalb §. 42 anwendbar. Das gebrauchte Argument, daß es in §. 335 heißt „im Urtheile“ schlägt nicht durch; denn nach §. 479 St.P.O. wird auch im objektiven Verfahren ein Urtheil erlassen und seit Emanation des St.G.Bchs. ist der Strafprozeß verändert und erschwert die Verfolgung Abwesender. Es erhellt nirgends, daß in §. 335 ein Urtheil gegen Anwesende gemeint ist.

§. 336. Ein Beamter oder Schiedsrichter, welcher sich bei der Leitung oder Entscheidung einer Rechtssache vorsätzlich zu Gunsten oder zum Nachtheile einer Partei einer Beugung des Rechtes schuldig macht, wird mit Zuchthaus bis zu fünf Jahren bestraft.

Pr. §. 314; E. I. §. 616; E. II. §. 333; St.B. S. 747.

1. Vgl. die Bemerkungen zu §. 334. — Unter §. 336 fällt insbesondere auch die Administrativ-Justiz, sowie der Schiedsmann, nicht aber Geschworene oder Schöffen.

2. „Beugung des Rechts“ (preuß. §. 314 sagte gleichbedeutend: „Ungerechtigkeit“) ist die bewußte, ungerechte Leitung oder Entscheidung einer Rechtssache. Ungerecht ist eine Entscheidung auch dann, wenn sie nach prozessualischen Grundsätzen und der Ueberzeugung des Richters nicht erfolgen durfte, aus Zufall aber objektiv richtig ist, z. B. der Richter verurtheilt gegen bessere Ueberzeugung einen Schuldigen, gegen den nichts erwiesen ist.

3. Das Verbrechen kann in allen Rechtssachen begangen werden, in welchen Parteien sich streitend gegenüber stehen, und in Strafsachen: In diesen auch zu Ungunsten der Nebenparteien wie Nebenkläger, Einziehungs-Interessenten u. s. w.

4. Die That kann mit Bestechung konkurriren und wird in der Regel Realkonkurrenz vorliegen, da die Bestechung schon mit dem Fordern, Annehmen oder Sichversprechenlassen vollendet ist, ohne daß der Erfolg von Bedeutung ist; dagegen die Rechtsbeugung erst später als selbständige That nachfolgen kann, wie ja häufig eine strafbare Handlung als Vorbereitung einer anderen begangen wird. Gl. M. Oppenhoff N. 5. A. M. Berner S. 653, Meves in H.H. III, 986, N. 13, Olshausen N. 5a, v. Schwarze N. 1.

5. Versuch ist kaum denkbar. Die Vollendung tritt ein mit dem pflichtwidrigen Votum eines Richters im Kollegium, mit dem Urtheil beim Einzelrichter, nicht erst mit Rechtskraft des Urtheils. Der Versuch kann also nicht angenommen werden, wenn ein Richter überstimmt wird, wie Hälschner II, 1075, Olshausen N. 4, Oppenheim S. 227 annehmen.

§. 337*) ist ersetzt durch den §. 67 des Gesetzes über die Beurkundung des Personenstandes und die Eheschließung vom 6. Februar 1875, Reichs-Gesetzbl. S. 23 — welcher lautet:

§. 67. „Ein Geistlicher oder anderer Religionsdiener, welcher zu den religiösen Feierlichkeiten einer Eheschließung schreitet, bevor ihm nachgewiesen worden ist, daß die Ehe vor dem Standesbeamten geschlossen sei, wird mit Geldstrafe bis zu dreihundert Mark oder mit Gefängniß bis zu drei Monaten bestraft.“

---

*) Der durch §. 67 aufgehobene §. 337 des St.G.B. v. 15. Mai 1871 (vgl. Art. V des Ges. v. 26. Febr. 1876) lautete:

§. 337. „Ein Geistlicher oder anderer Religionsdiener, welcher zu den religiösen Feierlichkeiten einer Eheschließung schreitet, bevor ihm nachgewiesen worden ist, daß eine Heirathsurkunde von dem Personenstandsbeamten aufgenommen sei, wird, wenn zur bürgerlichen Gültigkeit der Ehe die Aufnahme einer Heirathsurkunde erforderlich ist, mit Geldstrafe bis zu Einhundert Thalern oder mit Gefängniß bis zu drei Monaten bestraft.“

§. 67 des G. v. 6. Febr. 1875*).

1. Unter Geistlichen sind die Religionsbeamten der privilegirten christlichen Kirchen zu verstehen; vgl. Hinschius S. 37. — Zu den Religionsdienern ist Jeder zu rechnen, der auf Grund dauernder Anstellung nach dem Ritus seiner Religionsgesellschaft die religiösen Feierlichkeiten der Eheschließung mit religiös gültiger Wirkung vollziehen kann, wenn auch die staatlichen Voraussetzungen einer rechtsgültigen Anstellung fehlen; so ein von der Gemeinde ohne Genehmigung des Staats angenommener Rabbiner. Berlin 23. Mai 1873 (Goltd. XXI, 454, St. II, 361).

2. Religiöse Feierlichkeiten vgl. Hinschius S. 194. Dahin gehört auch die Leistung der passiven Assistenz seitens eines katholischen Geistlichen.

3. Der für den Trauungsgeistlichen erforderliche Nachweis der vorhergegangenen bürgerlichen Eheschließung ist nicht auf die von dem Standesbeamten auszustellende Bescheinigung beschränkt, sondern kann auch durch andere Beweismittel erbracht werden; ein Irrthum des in gutem Glauben handelnden Geistlichen hierüber ist ein thatsächlicher (§. 59) und ist fahrlässiges Verschulden nicht strafbar. R.G. 1, 27. Mai 81 (R. III, 336, E. IV, 234).

§. 338. Ein Religionsdiener oder Personenstandsbeamter, welcher, wissend, daß eine Person verheirathet ist, eine neue Ehe derselben schließt, wird mit Zuchthaus bis zu fünf Jahren bestraft.

Pr. §. 139 A. 2; E. I. §. 318; E. II. §. 335; St.B. S. 747.

Vgl. §. 171; E.G. f. Elf.-Lothr. v. 30. Aug. 1871 Art. IX.

1. Vgl. die Bemerkungen zu §. 171 u. §. 67 vorstehend.

§. 339. Ein Beamter, welcher durch Mißbrauch seiner Amtsgewalt oder durch Androhung eines bestimmten Mißbrauchs derselben, Jemand zu einer Handlung, Duldung oder Unterlassung widerrechtlich nöthigt, wird mit Gefängniß bestraft.

Der Versuch ist strafbar.

In den Fällen der §§. 106, 107, 167 und 253 tritt die daselbst angedrohte Strafe ein, wenn die Handlung von einem Beamten, wenn auch ohne Gewalt oder Drohung, aber durch Mißbrauch seiner Amtsgewalt oder Androhung eines bestimmten Mißbrauchs derselben begangen ist.

Pr. §. 315; E. I. §. 319; E. II. §. 336; St.B. S. 747 (Drucks. Nr. 105), 1175 (Drucks. Nr. 182_{47}).

Vgl. §§. 114, 240, 343, 358.

1. Ein Beamter. Hierunter ist nicht ein Beamter zu verstehen, dem vermöge seines Amtes unter gewissen Voraussetzungen die Befugniß zusteht, zu Zwangsmaßregeln zu schreiten, sondern der §. bezieht sich auf alle Beamte, welche in der Lage sind, durch Mißbrauch ihrer Amtsgewalt den gedrohten Erfolg herbeizuführen. R.G. II, 30. Nov. 83, E. IX, 228, R. V, 745. Da ein Mißbrauch der Amtsgewalt in Rede steht, kann auch nicht darnach unterschieden werden, ob die Verwirklichung der Drohung in der Zuständigkeit des Beamten liegt. Olshausen N. 2 nimmt an, dem Beamten müsse eine Amtsgewalt zustehen. Da auch die Anmaßung einer Amtsgewalt zum Delikt des §. 339 führen kann, ist dies nur richtig, wenn es heißen soll, der Beamte muß faktisch in der Lage sein, Amt zu mißbrauchen, oder mit dem Mißbrauch zu drohen. Das ist selbstverständlich. Vgl. Hälschner II, 1047, H. Meyer S. 881, N. 51.

Allerdings wird der Mißbrauch der Amtsgewalt als eine Anwendung der in abstracto zustehenden Zwangsmaßregeln bei Mangel der nothwendigen Voraussetzungen definirt: Hälschner II, 1047, Meves in H.H. III, 974, Olshausen N. 4, Oppenhoff N. 3, v. Schwarze N. 4. Dies ist aber zu eng. Wenn z. B. ein Beamter, der auch in abstracto keine Strafbefugniß hat, mit einer Strafe droht, die er durch seinen Amtsdiener sofort werde vollziehen lassen, trifft obige Definition nicht zu; der Fall ist aber nach §. 339 strafbar.

---

*) Vgl. Hinschius, Das Reichsgesetz über die Beurkundung des Personenstandes und die Eheschließung. Berlin 1875.

2. Die Amtshandlung kann auch in der Unterlassung einer solchen bestehen, zu deren Vornahme eine Verpflichtung besteht. Hälschner II, 1047, v. Schwarze N. 7.

3. Der Paragraph enthält einen besonderen Fall der Nöthigung (vgl. §. 240 und die dortigen Bemerkungen), indem hier „der Mißbrauch der Amtsgewalt oder die Androhung eines bestimmten Mißbrauchs derselben" der „Gewalt oder Bedrohung mit einem Verbrechen oder Vergehen" gleichgestellt wird.

Dieses Mittel und die Eigenschaft des Thäters als Beamter bilden die Begriffsmerkmale, durch welche sich §. 339 von §. 240 unterscheidet. So wenig wie bei diesem kommt es im Thatbestande des §. 339 darauf etwas an, ob der verfolgte Zweck ein rechtswidriger war; vielmehr liegt die Rechtswidrigkeit im Mittel. R.G. III, 10. Mai 83, E. VIII, 302, R. V, 353. Da der Amtsmißbrauch oder die Androhung das Mittel sein muß, dessen der Beamte sich zur Nöthigung bedient, genügt es nicht, wenn die Handlung nur durch die Besorgniß eines wahrscheinlichen oder möglichen Amtsmißbrauchs veranlaßt wird, sollte auch der Beamte zu solcher Besorgniß Anlaß gegeben haben. Berlin 28. Mai 75 (Goltd. XXIII, 345, O.R. XVI, 394).

Der Befehl eines Beamten, etwas zu thun, zu dessen Verlangen kein Recht besteht, unter Androhung der Bestrafung genügt zum Thatbestand. R.G. III, 1. Juli 82, R. IV, 667.

4. Die Androhung kann nicht auf Mißbrauch der Amtsgewalt im Allgemeinen, sondern nur auf Vornahme einer unberechtigten, bestimmt bezeichneten Amtshandlung oder auf Unterlassung einer solchen gerichtet sein.

Der Mißbrauch der Amtsgewalt muß zwingend wirken.

5. Die gegenwärtige Fassung des Paragraphen — A. 2 u. 3 ganz — beruht auf den Beschlüssen des Reichstags (vgl. auch St.B. S. 755, 756 [v. Brauchitsch]). Der Entwurf lautete:

> §. 336. „Ein Beamter, welcher seine Amtsgewalt mißbraucht, um Jemanden zu einer Handlung, Duldung oder Unterlassung widerrechtlich zu nöthigen, wird mit Gefängniß bestraft."

6. Zum dolus gehört Vorsätzlichkeit und das Bewußtsein, daß ein Amtsmißbrauch und eine widerrechtliche Nöthigung vorliege. Die Ansicht Meyer's zu §. 339 N. 3, es genüge Fahrlässigkeit, steht im Widerspruch mit dem im §. 59 ausgesprochenen Grundsatz.

Der Mangel des Bewußtseins der Rechtswidrigkeit darf jedoch nicht verwechselt werden mit dem Mangel des Bewußtseins der Strafbarkeit, welches einen nicht entschuldigenden Rechtsirrthum darstellen würde. Der erstbezeichnete Mangel kann nur angenommen werden, wenn der Beamte aus bestimmten thatsächlichen Gründen an seine amtliche Berechtigung glaubte, so zu handeln, wie er that. Jene Verwechselung scheint aber dem Urtheile Dresden 23. März 77 (St. VII, 357) zu Grunde zu liegen. — Aus §. 339 wurde bestraft ein Polizeibeamter, welcher die Bescheinigung über Anzeige einer beabsichtigten Versammlung widerrechtlich verweigerte und sodann wegen dieses Mangels die Versammlung auflöste, also zur Entfernung nöthigte. Berlin 22. Juni 78 (O.R. XIX, 325, Goltd. XXVI, 450). Mißhandlungen eines Polizeibeamten zur Erpressung eines Geständnisses sind aus §§. 339, 340 strafbar. Dresden 12. Jan. 77 (Goltd. XXVI, 75), s. auch zu §. 343.

4. Unfähigkeit zu öffentlichen Aemtern vgl. §. 358.

§. 340. Ein Beamter, welcher in Ausübung oder in Veranlassung der Ausübung seines Amtes vorsätzlich eine Körperverletzung begeht oder begehen läßt, wird mit Gefängniß nicht unter drei Monaten bestraft. Sind mildernde Umstände vorhanden, so kann die Strafe bis auf Einen Tag Gefängniß ermäßigt oder auf Geldstrafe bis zu neunhundert Mark erkannt werden.

Ist die Körperverletzung eine schwere, so ist auf Zuchthaus nicht unter zwei Jahren zu erkennen. Sind mildernde Umstände vorhanden, so tritt Gefängnißstrafe nicht unter drei Monaten ein.

Pr. §. 316; E. I. §. 320; E. II. §. 337; St.B. S. 747 (Drucks. Nr. 105).

Vgl. §§. 223—225, 358; M.St.G.B. §§. 122, 123, 148.

1. Körperverletzung ist im Sinne der §§. 223 bez. 224 (schwere) zu verstehen. Der Ausdruck umfaßt auch die Mißhandlung. Berlin 15. März 71 (Goltd. XIX, 323), Dresden

21. Aug. 76 (S.G.Z. XXI, 242, St. VII, 193), s. auch §. 339 N. 3. Zu den Mißhandlungen gehören auch Ohrfeigen. Dresden a. a. O., Wolfenbüttel 21. Nov. 76 (St. VII, 194).

2. In Ausübung oder in Veranlassung der Ausübung des Amtes begeht der Beamte die Körperverletzung nicht nur dann, wenn die Mißhandlung eine Amtshandlung ist, sondern auch, wenn sie während der amtlichen Thätigkeit unter Mißbrauch des Amtes begangen wird, oder wenn die Veranlassung derselben im amtlichen Verkehre mit dem Mißhandelten steht. R.G. I, 23. Nov. 85, R. VII, 691; es muß ein innerer Zusammenhang zwischen Amtshandlung und Mißhandlung bestehen; das gelegentlich einer Amtshandlung Begehen genügt nicht. R.G. III, 8. Febr. 82, E. VI, 20, R. IV, 140, ähnlich I, 23. Febr. 88, E. XVII, 165, R. X, 177.

3. Es ist deshalb auch erforderlich, daß der Thäter Beamter ist, daß ihm ein Amt übertragen ist. Es genügt nicht, wenn der Thäter amtliche Pflichten freiwillig in Folge einer Berechtigung, z. B. als Patronatsherr oder Gutsherr, übernommen hat. R.G. I, 17. Nov. 83, E. IX, 205, R. V, 709.

4. Auch die Ueberschreitung eines gesetzlichen Züchtigungsrechts fällt unter den §. Berlin 4. Nov. 75 (Goltd. XXIII, 524), 3. Jan. 77 (O.R. XVIII, 9, Goltd. XXV, 147). Insbesondere auch die der Lehrer R.G. I, 30. Juni 81 (R. III, 451). Die vom Reichsgericht in konstanter Praxis verfolgte Anschauung geht dahin, daß jede körperliche Züchtigung eine Mißhandlung sei, welcher die Eigenschaft der Rechtswidrigkeit nur dann fehlt, wenn sie sich auf eine bestimmte gesetzliche Ermächtigung zu züchtigen stützt und diejenigen Grenzen einhält, welche durch die gesetzliche Ermächtigung gezogen sind. Da §. 340 nur von Beamten spricht und nur wenige Beamtenkategorien ein unmittelbares Züchtigungsrecht haben, beschränkt sich die Frage fast ausschließlich auf das Züchtigungsrecht der Lehrer. Das Reichsgericht erklärt als rechtswidrig jede Züchtigung, wenn die Schulordnung, bezüglich deren Geltung und der Zuständigkeit zum Erlaß derselben die Landesgesetzgebung maßgebend ist, dem einzelnen Lehrer überhaupt ein Züchtigungsrecht nicht einräumt, und jede Ueberschreitung des eingeräumten Züchtigungsrechts in Beziehung auf Maß der Strafe, Strafmittel (Stock u. s. w.) oder Geschlecht und Alter des Gezüchtigten, wenn die Schulordnung hiernach Unterscheidungen trifft. Ist die Ueberschreitung keine wissentliche, so fragt es sich, ob die Unwissenheit keine fahrlässig verschuldete ist. Ist sie dies, so liegt fahrlässige Körperverletzung vor.

Wenn die rechtswidrig zugefügte Züchtigung auch keine Körperverletzung oder Gesundheitsgefährdung zur Folge hat, bleibt sie doch als einfache Mißhandlung strafbar. Die Landesgesetzgebung, welche eine Ueberschreitung des Züchtigungsrechts nur disziplinär geahndet wissen will, ist nicht berechtigt, die Strafgesetzgebung zu beschränken. Vgl. R.G. I, 30. Juni, 29 Sept., 24. Nov. 81, R. III, 451, 557, 733, E. V, 129, 193, II, 18. Dez. 83, E. IX, 302, R. V, 794, 29. März 87, E. XV, 376, R. IX, 205, III, 14. April 80, E. II, 10, R. I, 592, 18. April u. 1. Dez. 87, E. XVI, 34, R. IX, 245, 686, 3. Juni 89, E. XIX, 265, I, 21. Nov. 89, E. XX, 94. Vgl. auch Finger, Wien 1888. Seitz, Magazin f. das deutsche Recht der Gegenwart, VIII, 271. Keßler im G.S. Bd. 41, S. 161. Gegen letzteren Stenglein im G.S. Bd. 42, S. 1.

5. „(vorsätzlich) begehen läßt" ist nicht mit „geschehen läßt" gleichbedeutend, der Beamte muß irgendwie an der Herbeiführung der Körperverletzung Schuld tragen. Eine solche kann möglicherweise in dem passiven Verhalten eines Vorgesetzten gefunden werden. Die bloße Kenntniß reicht nicht aus, selbst wenn der Beamte zur Verhinderung der That amtlich verpflichtet war. Es kann aber §. 357 zur Anwendung kommen. R.G. I, 9. Jan. 82, E. V, 332.

6. Die That erfordert Vorsatz d. h. das Bewußtsein der Rechtswidrigkeit der Mißhandlung und dieses fällt bei Ueberschreitung des Züchtigungsrechtes mit dem Bewußtsein dieser Ueberschreitung zusammen. R.G. III, 1. Dez. 87, R. IX, 686; 2. Jan. 88, Goltd. XXXVI, 154; 3. Juni 89, E. XIX, 265. München 29. Mai 84, bayr. Entsch. V, III, 135.

7. Der §. 231 („Zuerkennung einer Buße") findet auf §. 340 um so weniger Anwendung, als derselbe durch den Zusatz „begehen läßt" den Thatbestand der gewöhnlichen Körperverletzung erweitert. Soweit aber auch — von der Person des Thäters abgesehen — der Thatbestand derselbe ist, läßt sich der §. 231, ohne eine positive Vorschrift, nicht hier anwenden. Ein dahin gehendes Amendement wurde in der Reichstagskommission abgelehnt (Meyer §. 340 N. 4). Allerdings entsteht hierdurch die Inkongruenz, daß, wenn der Beamte wegen bloß fahrlässiger Körperverletzung aus §. 230 bestraft wird, der §. 231 anwendbar wird. Dieses Mißverhältniß ist durch die Ausdehnung des §. 231 auf den §. 230 zufolge der Reichstagsbeschlüsse entstanden.

Gl. M. Meves in H.H. III, 952, Olshausen N. 7a, Oppenhoff N. 10, v. Schwarze N. 5 und in G.S. Bd. XXIV, S. 284. Ebenso R.G. II, 16. Jan. 83, R. V, 35, I, 17. Nov. 83, E. IX, 205 (212), R. V, 709 (716). Dagegen nahm R.G. II, 22. Mai 85, E. XII, 223, R. VII, 321 die Zulässigkeit des Erkennens von Buße auch bei Anwendung des §. 340 an, weil wenigstens die §§. 223 Abs. 2 bis 226 mit §. 340 ideal konkurriren und die Buße keine Strafe, sondern Entschädigung sei. Hierbei wird auch die Inkongruenz mit §. 231 (s. oben) verwerthet.

8. Ebenso wenig sind die §§. 232 und 233 auf den §. 340 anwendbar. S. dagegen bez. der Kompensation Berlin 15. Juni 77 (O.R. XVIII, 434, Goltd. XXV, 538). R.G. II, 4. Juli 82, E. VI, 433, R. IV, 672. Ein Strafantrag ist nicht erforderlich.

9. Idealer Zusammenfluß des §. 340 mit §. 223 oder §. 223a nahm nicht an R.G. I, 20. März 84, R. VI, 212. Dagegen erklärte R.G. II, 22. Mai 85, E. XII, 223, R. VII, 321 nur §. 323 als durch Gesetzeskonkurrenz unanwendbar, nahm dagegen ideellen Zusammenfluß von §. 340 mit §. 323 Abs. 2, §. 223a bis §. 226 St.G.B. als gegeben an.

10. Der §. 340 setzt Widerrechtlichkeit voraus. Die Landesgesetze, welche den Waffengebrauch gestatten, z. B. für Grenz-, Forst-, Jagdbeamte, bleiben bestehen und schließen (event.) die Anwendung des §. 340 aus.

11. Unfähigkeit zu öffentlichen Aemtern vgl. §. 358.

§. 341. Ein Beamter, welcher vorsätzlich, ohne hierzu berechtigt zu sein, eine Verhaftung oder vorläufige Ergreifung und Festnahme oder Zwangsgestellung vornimmt oder vornehmen läßt, oder die Dauer einer Freiheitsentziehung verlängert, wird nach Vorschrift des §. 239, jedoch mindestens mit Gefängniß von drei Monaten bestraft.

Pr. §. 317; E. I. §. 321; E. II. §. 338; St.B. S. 754—757 (Druckf. Nr. 105), 1175.

Vgl. §. 358.

1. Der Paragraph enthält einen qualifizirten Fall des §. 239; vgl. dort die Bemerkungen. Das Delikt kann jeder Beamte begehen, sowohl solche, welche überhaupt kein Recht zur Verhaftung haben, als solche, welche es haben, jedoch wissentlich ohne die gesetzlichen Voraussetzungen zur Verhaftung schreiten. Hälschner II, 1052, Olshausen N. 1. Mannheim, 29. Febr. 72, St. I, 309. Berlin, 17. Mai 76, O.R. XVII, 356.

2. „vorsätzlich, ohne hierzu berechtigt zu sein". — Statt dieser Worte enthält der Entwurf „vorsätzlich und rechtswidrig". Eine sachliche Aenderung enthält die neue vom Reichstag beschlossene Fassung nicht. Die Handlung (Freiheitsberaubung) muß den bestehenden Gesetzen zuwider und durch den Beamten mit dem Bewußtsein hiervon vorgenommen sein. Dresden 8. Nov. 75 u. 28. Dez. 77 (St. VI, 376; VIII, 295). R.G. 20. Dez. 79 (Ann. I, 365), III, 15. Febr. 83, E. VIII, 104, R. V, 102. Geyer II, 196; Hälschner II, 1052. Ein weiter gehender Antrag, auch die fahrlässige Freiheitsberaubung unter Strafe zu stellen, wurde vom Reichstag wiederholt abgelehnt. (St.B. S. 754 bis 757, 1176.)

3. Die Täuschung eines Beamten über die thatsächlichen Voraussetzungen einer Verhaftung ist nicht als Anstiftung zu §. 341, sondern aus §. 239 strafbar. Berlin 3. Nov. 77 (Goltd. XXVI, 51). Der Irrthum eines Beamten über seine Berechtigung zur Verhaftung schließt die Bestrafung aus §. 341 nicht nur dann aus, wenn er sich über die thatsächlichen Vorbedingungen der Verhaftung irrt, sondern auch, wenn er die rechtlichen Bestimmungen über die Verhaftung irrig auffaßt. R.G. III, 15. Febr. 83, E. VIII, 104, R. V, 102.

4. Vornimmt oder vornehmen läßt. Der Befehl, ohne Grund eine Verhaftung vorzunehmen, an einen zum Gehorsam verpflichteten Unterbeamten ertheilt, macht nicht diesen, sondern den Anordnenden zum Thäter. Bei Mitwissen ist der Unterbeamte höchstens Gehilfe. S. auch zu §. 340 N. 5.

5. Verlängert wird die Dauer einer Freiheitsentziehung, wenn der Beamte dieselbe fortdauern läßt, obgleich er sich bewußt ist, daß der Grund weggefallen ist. R.G. II, 23. Sept. 87, R. IX, 455. Auf Fortdauer einer Strafhaft bezieht sich §. 345.

6. Die Terminologie: „Verhaftung oder vorläufige Ergreifung und Festnahme" schließt sich den preuß. Gesetzen an. (Pr. Ges. v. 12. Febr. 1850 u. St.P.O. v. 1867 §§. 123 ff.) — Der Ausdruck „Zwangsgestellung" ist vom Reichstag aufgenommen, um

auch die sog. Sistirungen einzubegreifen. Nunmehr tritt an die Stelle §§. 112—132 der R.St.P.O., welche eine Verhaftung und eine vorläufige Festnahme, und nach §§. 133, 134, 370 eine Vorführung kennt.

7. Die Berechtigung zu einer der fraglichen Maßregeln kann auch nach den Landesgesetzen zu beurtheilen sein, namentlich auch die Frage, ob und in wie weit die niedern (Orts-) Polizeibehörden dazu befugt sind. Für Preußen vgl. namentlich Verordnung v. 26. Sept. 1807 §. 18 (G.S. S. 1582) u. Kreisordnung v. 13. Dez. 1872 §. 79, sowie Berlin 25. März 1870 und 15. April 1874 (O.R. XI, 198, XV, 227).

8. Wegen Unfähigkeit zu öffentlichen Aemtern vgl. §. 358.

§. 342. **Ein Beamter, der in Ausübung oder in Veranlassung der Ausübung seines Amtes einen Hausfriedensbruch (§. 123) begeht, wird mit Gefängniß bis zu Einem Jahre oder mit Geldstrafe bis zu neunhundert Mark bestraft.**

Pr. §. 318; E. I. §. 322; E. II. —; St.B. S. 757 (Drucks. Nr. 105).
Vgl. V.Zoll-G. v. 1. Juli 1869 §. 126.

1. Vgl. die Bemerkungen zu §. 123. Der Unterschied besteht nur in der Eigenschaft des Thäters als Beamten, der unberechtigt in eine fremde Wohnung eindringt, oder in derselben trotz Aufforderung zum Verlassen bleibt. Auch durch Bleiben nach Beendigung einer zum Eintritt berechtigenden Amtshandlung, jedoch gegen den erklärten Willen des Berechtigten kann die That begangen werden. Andere Personen als Beamte können sie nicht begehen; auch in öffentlichen Funktionen Stehende, die nicht Beamte sind, unterliegen gegebenen Falls der Strafe des §. 123. R.G. III, 7. Mai 88, R. X, 385.

2. Widerrechtlichkeit und das Bewußtsein derselben, Berlin 30. u. 31. März 76 (O.R. XVII, 232, 234), ist auch hier die Voraussetzung. (Vgl. Ver.-Zoll-Ges. v. 1. Juli 1869 §. 126 und für Preußen das Ges. v. 12. Febr. 1850). Auch hier gilt die Bemerkung, daß das Bewußtsein der Rechtswidrigkeit nur dann ausgeschlossen ist, wenn die Annahme der Rechtmäßigkeit auf thatsächlichem Irrthum, nicht aber wenn sie auf Rechtsirrthum beruht. Berlin 30. März 76 (O.R. XVII, 232). Die Frage, wann ein Beamter zum Eindringen in eine fremde Wohnung befugt ist, muß hauptsächlich nach der R.St.P.O. §§. 102 ff. und nach den einschlägigen Polizeigesetzen beurtheilt werden.

Ueberschreitung der Grenzen einer amtlichen Befugniß kann die Widerrechtlichkeit begründen. Berlin 31. März u. 7. April 76 (O.R. XVII, 236, 271).

3. Die That des §. 342 kann mit §. 123 Abs. 3 in idealem Zusammenfluß begangen werden. Gl. M. Olshausen N. 4. A. M. Hälschner II, 1053, Oppenhoff N. 8, v. Schwarze N. 4.

§. 343. **Ein Beamter, welcher in einer Untersuchung Zwangsmittel anwendet oder anwenden läßt, um Geständnisse oder Aussagen zu erpressen, wird mit Zuchthaus bis zu fünf Jahren bestraft.**

Pr. §. 319; E. I. §. 323; E. II. §. 339; St.B. S. 757—759.

1. Das preuß. St.G.B. sagte „strafgerichtliche Untersuchung". Jetzt sind alle im Verwaltungs- oder Disziplinarwege erfolgenden Untersuchungen mit unter der Bestimmung begriffen. Immerhin nahm die Einleitung eines förmlichen Verfahrens als Voraussetzung an Dresden 12. Jan. 77 (St. VII, 195, Goltd. XXVI, 75). Dagegen fand R.G. II, 14. März 82, E. VI, 82, R. IV, 244 den §. auch anwendbar auf einen niederen Polizeibeamten, der ohne höheren Auftrag aus eigener Entschließung einer strafbaren Handlung nachforschte (§. 161 St.P.O.) und dabei von einem Verdächtigen durch Zwangsmittel ein Geständniß erpressen wollte, also außerhalb eines förmlichen Verfahrens. Jedenfalls muß es sich aber um Erforschung einer irgendwie strafbaren That handeln. Gl. M. Meves in H.H. III, 988, Oppenhoff N. 1, v. Schwarze N. 1.

2. Ob die Zwangsmittel physischer oder psychischer Art sind, begründet keinen Unterschied. Meves in H.H. III, 984. Olshausen N. 3, Oppenheim Rechtsbeugungsverb. S. 222.

3. „anwendet oder anwenden läßt". Selbstverständlich bezieht sich die zweite Alternative auf die Veranlassung der Anwendung. Hier muß aber auch die bloße Duldung unter die Vorschrift fallen, wenn der Beamte zum Schutz des Verletzten verpflichtet ist, wie z. B. ein Untersuchungsrichter.

4. Die Handlung muß widerrechtlich und mit dem Bewußtsein der Widerrechtlichkeit geschehen. Berechtigte Zwangsmittel, wie Ungehorsamsstrafen gegen Zeugen, fallen unter §. 343 nur, wenn sie bewußt widerrechtlich angewendet werden, z. B. gegen Zeugen, die zur Aussage nicht verpflichtet sind. Daß Aussage oder Geständniß einen bestimmten Inhalt habe, ist nicht erforderlich. Olshausen N. 4b.

5. Vollendung tritt ein mit Anwendung des Zwangsmittels, auch wenn dieses keinen Erfolg hat. Versuch ist deshalb nicht denkbar. Hälschner II, 1077, Olshausen N. 5, Oppenheim S. 229.

§. 344. Ein Beamter, welcher vorsätzlich zum Nachtheile einer Person, deren Unschuld ihm bekannt ist, die Eröffnung oder Fortsetzung einer Untersuchung beantragt oder beschließt, wird mit Zuchthaus bestraft.

Pr. §. 320; E. I. §. 324; E. II. §. 340; St.B. S. 759.

1. Thäter kann nur ein Beamter sein, der mit den in §. 344 bezeichneten Funktionen betraut ist; also im strafgerichtlichen Verfahren, der Staatsanwalt, Untersuchungsrichter oder ein Mitglied der Strafkammer, die über Eröffnung oder Fortsetzung einer Untersuchung zu beschließen hat. Letzterer begeht die That, wenn er sein Votum wissentlich zum Nachtheil eines Unschuldigen abgibt. In anderen, wie in disziplinären Untersuchungen stehen die in analogen Funktionen stehenden Beamten in Frage, denn auch hier sind unter Untersuchung alle auf Strafe abzielenden Verfahren gemeint.

2. Untersuchung. Hierunter kann nur ein förmliches Verfahren gemeint sein, da sonst nicht von Eröffnung und Fortsetzung gesprochen werden könnte. Hälschner II, 1076, Olshausen N. 2a, Oppenheim S. 144, Oppenhoff N. 2, v. Schwarze N. 1. A. M. und zieht auch das Ermittelungsverfahren herein H. Meyer S. 884, N. 11.

3. deren Unschuld ihm bekannt ist kann eigentlich nur auf den von aller Schuld Freien bezogen werden. Es wird aber auch auf solche bezogen, die bei geringerer Schuld wegen einer höheren Verschuldung verfolgt werden. Geyer II, 195, Hälschner II, 1078, v. Liszt S. 598 Meves in H.H. III, 981, H. Meyer S. 885, Olshausen N. 3a, Oppenheim S. 148, Oppenhoff N. 4, Rubo N. 3, v. Schwarze N. 2. Es kann nicht unbedingt zugestimmt werden. Wie anerkannt wird, daß die Veranlassung einer Untersuchung zum Zwecke, die Unschuld klar zu stellen, nicht unter §. 344 fällt, weil die That zum Nachtheil einer Person geschehen muß, so kann auch aus anderen Gründen gegen die Ueberzeugung die Anklage wegen eines schwereren Delikts festgehalten werden. Das Entscheidende ist, ob dies geschieht mit dem Vorsatz, den Angeschuldigten zu benachtheiligen. Die Verurtheilung eines Unschuldigen fällt nicht unter §. 344, sondern unter §. 336.

4. Versuch ist denkbar bei einem Kollegialmitglied, welches ohne Erfolg in der Richtung des §. 344 handelt.

§. 345. Gleiche Strafe trifft den Beamten, welcher vorsätzlich eine Strafe vollstrecken läßt, von der er weiß, daß sie überhaupt nicht oder nicht der Art oder dem Maße nach vollstreckt werden darf.

Ist die Handlung aus Fahrlässigkeit begangen, so tritt Gefängnißstrafe oder Festungshaft bis zu Einem Jahre oder Geldstrafe bis zu neunhundert Mark ein.

Pr. §. 320 A. 2, 3; E. I. §. 224; E. II. §. 341; St.B. S. 759.

1. Der Paragraph bezieht sich auf alle Arten von Strafen, mögen sie im gerichtlichen, Verwaltungs- oder Disziplinarverfahren verhängt, oder auch Ordnungs- (Exekutiv-)strafen sein, durch welche die Befolgung einer polizeilichen Verfügung erzwungen werden soll. Auf den Vollzug von Verfügungen, welche keine Strafe, auch keine Nebenstrafe bilden, wie die Buße, erstreckt sich §. 345 nicht. Hälschner II, 1081, Olshausen N. 5, Oppenhoff N. 4, v. Schwarze N. 2.

Die That ist nicht deshalb straflos, weil die Strafe auch von zuständigen Beamten vollzogen worden sein würde. Berlin 26. Juni 79 (Goltd. XXVII, 549).

2. Alle Beamte, welche beim Vollzug einer Strafe amtlich mitzuwirken haben, und vorsätzlich oder fahrlässig verursachen, daß eine noch nicht vollstreckbare Strafe, sei es auch durch eigene Thätigkeit, vollstreckt wird, oder daß eine vollstreckbare über das verhängte Maß ausgedehnt oder ungesetzlich in einer härteren Form vollzogen wird, sind aus §. 345 strafbar. Es muß

also nicht der entscheidende Beamte sein, sondern kann z. B. durch falsche Anzeigen über Antritt einer Strafe u. dergl. auch ein untergeordneter der Schuldige sein. R.G. I, 9. Jan 82, E. V, 332, R. IV, 25.

§. 345 Abs. 2 ist auch gegen den an sich zuständigen Beamten anzuwenden, wenn er ein Verfahren duldete, in Folge dessen von einem nicht zuständigen Beamten Strafen festgesetzt und vollzogen wurden, und der zuständige fahrlässigerweise entweder die Nichtvollziehbarkeit oder den Vollzug nicht wußte. R.G. III, 13. Okt. 80 (R. II, 329), I, 9. Jan. 82, s. oben.

In gleicher Weise fällt aber unter den Begriff des „vollstrecken Lassens" die Zulassung der Vollstreckung in vorsätzlicher oder fahrlässiger Weise durch einen untergeordneten Beamten, der z. B. selbst vollstreckt, und den Fehler bemerkt oder Einwendungen des Bestraften absichtlich oder fahrlässig unbeachtet läßt, ohne die erforderlichen Anzeigen zu machen. Das „Lassen" hat also, je nach der Stellung des Beamten, verschiedene Bedeutung. Vgl. Binding Normen II, 494, Geyer II, 195, H. Meyer S. 886, Olshausen N. 3, Oppenhoff N. 13. Abweichend: Hälschner II, 1080, v. Liszt S. 598. Meves in H.H. III, 986, Rubo N. 2, v. Schwarze N. 5.

3. Der Absatz 2 findet auch Anwendung, wenn die Strafvollstreckung in Folge einer als Fahrlässigkeit anzusehenden Unkenntniß der Gesetze oder der Grenzen seiner Amtsbefugnisse erfolgt. Berlin 19. Febr. 74 (Goltd. XXII, 274, O.R. XV, 93) u. 4. Febr. 76 (O.R. XVII, 87, Goltd. XXIV, 33, St. VI, 45). Dies bezieht sich jedoch nur auf den Vollzug der Strafe, nicht auch auf das Erkennen. Ein gesetzwidriges Erkennen der Strafe fällt unter §. 336, nicht unter §. 345, ist aber nur bei vorsätzlicher Verübung mit Strafe bedroht. R.G. I, 13. Okt. 87, E. XVI, 221, billigte deshalb die Freisprechung eines Richters, welcher wegen Ungebühr auf eine sofort vollstreckbare Ordnungsstrafe erkannt hatte, welche auch vollstreckt wurde, jedoch der Beschwerde unterlegen wäre.

Ob dagegen die Fahrlässigkeit des Beamten im Stadium der Strafvollstreckung oder in einem vorausgehenden Zeitpunkte stattgefunden hat; z. B. in der Art und Weise, wie die Urtheilsfällung und Protokollirung formell behandelt wurde, begründet keinen Unterschied. R.G. II, 21. Juni 89, E. XIX, 342.

4. Man könnte den Wortlaut des Gesetzes auch auf Fälle anwenden, in welchen ein Beamter einem Strafgefangenen besondere Begünstigungen im Vollzug gewährt, z. B. Aufenthalt in der Privatwohnung des Gefängnißwärters statt in der Zelle. (verb. nicht der Art nach), allein das ganze Gefüge der Bestimmung läßt sich nur auf eine rechtswidrige Benachtheiligung des Bestraften beziehen. Begünstigungen dürften nur disziplinär zu bestrafen sein, wenn sie nicht durch das Motiv (Bestechung) oder durch begleitende Umstände (falscher Eintrag in die Listen) unter eine andere Strafbestimmung fallen. Aehnlich Geyer II, 195, Hälschner II, 1081, Meves in H.H. III, 982, H. Meyer S. 885, Olshausen N. 10, v. Schwarze N. 3.

5. Die Vollendung der That fällt mit dem Beginn der nicht gerechtfertigten Strafvollstreckung zusammen. Als Versuch wurde die ohne Erfolg gebliebene Anordnung einer ungerechten Strafvollstreckung aufgefaßt, s. Olshausen N. 11, allein da die That im Vollstrecken liegt, kann in der Anordnung kein Anfang der Ausführung erblickt werden. Ueberhaupt ist ein solcher nicht wohl zu konstruiren.

§. 346. Ein Beamter, welcher vermöge seines Amtes bei Ausübung der Strafgewalt oder bei Vollstreckung der Strafe mitzuwirken hat, wird mit Zuchthaus bis zu fünf Jahren bestraft, wenn er in der Absicht, Jemand der gesetzlichen Strafe rechtswidrig zu entziehen, die Verfolgung einer strafbaren Handlung unterläßt, oder eine Handlung begeht, welche geeignet ist, eine Freisprechung oder eine dem Gesetze nicht entsprechende Bestrafung zu bewirken, oder die Vollstreckung der ausgesprochenen Strafe nicht betreibt, oder eine gelindere als die erkannte Strafe zur Vollstreckung bringt.

Sind mildernde Umstände vorhanden, so tritt Gefängnißstrafe nicht unter Einem Monat ein.

Pr. §. 321; E. I. §. 525; E. II. §. 342; St.B. S. 759.

Vgl. M.St.G.B. §§. 118, 119.

1. Unter „strafbarer Handlung" sind Verbrechen, Vergehen, Uebertretungen zu verstehen, mag deren Verfolgung durch die gerichtlichen oder (ausnahmsweise) durch die Verwaltungs-Organe erfolgen, auch Gewerbekontraventionen und andere in Reichs- oder landesrechtlichen Nebengesetzen mit Strafe bedrohten Uebertretungen R.G. IV, 1. Mai 85, E. XII, 162, R. VII, 273. Auf die durch Disziplinar- oder Ordnungs-(Exekutiv)strafen zu ahndenden Handlungen (oder Unterlassungen) ist der Paragraph nicht auszudehnen. Berlin 22. Mai 78 (O.R. XIX, 273, Goltd. XXVI, 343, St. VIII, 296) u. 22. Jan. 79 (O.R. XX, 43, Goltd. XXVII, 217), Hälschner II, 1082, v. Schwarze N. 2, Olshausen N. 2a. A. M. Meves in H.H. III, 982, Oppenhoff N. 3. Die strafbare Handlung, um welche es sich handelt, muß nach allen ihren Begriffsmerkmalen (auch im subjektiven Thatbestande) feststehen und genügt es nicht, wenn der Beamte an die Schuld des begünstigten Thäters glaubt. R.G. IV, 13. März 85, R. VII, 175. Dagegen wird in Fällen vermeintlicher Schuld Versuch anzunehmen sein, da nur der volle Thatbestand nicht eintreten kann, die That aber Verbrechen ist.

2. Jeder Beamte, der vermöge seines Amtes bei der Strafverfolgung oder dem Strafvollzug mitzuwirken hat, kann die That begehen. Die letzte Alternative: „Vollstreckung einer gelinderen als der erkannten Strafe" erstreckt sich auch auf das „vollstrecken lassen" und liegt nur vor, wenn es sich um Vollzug einer leichteren Strafgattung, nicht blos um einzelne Begünstigungen handelt. (Vgl. §. 345 N. 4.) Auch untergeordnete Beamte, welche z. B. mit Verhaftung und Vorführung eines zu Bestrafenden beauftragt sind, können die That begehen, z. B. Gemeindevorsteher R.G. II, 24. April 91, E. XXI, 424.

3. Unter den Begriff der Vollstreckung der Strafe fallen alle Maßregeln, welche die Verbüßung der Strafe in's Werk setzen sollen, auch der Auftrag zum Strafantritt, Verhaftung, Vorführung u. s. w. und macht es keinen Unterschied, ob die Absicht des Thäters auf eine zeitweise oder dauernde Entziehung von der gesetzlichen Strafe gerichtet ist. R.G. 24. April 91, s. oben.

4. Unter die auf Strafverfolgung bezüglichen Handlungen des §. 346 gehört auch die Nichtanzeige durch einen Polizeibeamten und die Unterlassung der weiteren Fortsetzung einer eingeleiteten Verfolgung.

5. Subjektiv ist das Bewußtsein der Rechtswidrigkeit erforderlich. Die Ueberzeugung von der Unschuld des einer strafbaren Handlung Verdächtigen würde also die auf die Verfolgung sich beziehende That ausschließen; nicht aber die auf Nichtvollstreckung einer rechtskräftig verhängten Strafe sich beziehende, da in Bezug auf solche das Bewußtsein mangelnder Berechtigung zur materiellen Korrektur durch pflichtwidrige Unterlassung das Bewußtsein der Rechtswidrigkeit ergibt.

6. Die Vollendung erfordert keinen Erfolg. Versuch ist deshalb nicht denkbar. Die Frage, wann eine Unterlassung als geschehen gilt, ist thatsächlich. Sie wird gegen den der That Verdächtigen zu entscheiden sein, sobald die Unterlassung die Absicht erkennen läßt, den Begünstigten der gesetzlichen Strafe wenigstens zeitweise rechtswidrig zu entziehen. Es fällt also z. B. nicht unter §. 346, wenn ein Staatsanwalt, der die Strafe zu vollziehen hat, auf die Bitte um Strafaufschub, Vollstreckungsmaßregeln so lange unterläßt, als er zuständig ist, Strafaufschub zu gewähren (§. 488 St.P.O.). A. M. bezüglich des Versuchs Olshausen N. 4.

§. 347. Ein Beamter, welcher einen Gefangenen, dessen Beaufsichtigung, Begleitung oder Bewachung ihm anvertraut ist, vorsätzlich entweichen läßt oder dessen Befreiung vorsätzlich bewirkt oder befördert, wird mit Zuchthaus bis zu fünf Jahren bestraft. Sind mildernde Umstände vorhanden, so tritt Gefängnißstrafe nicht unter Einem Monat ein.

Ist die Entweichung durch Fahrlässigkeit befördert oder erleichtert worden, so tritt Gefängnißstrafe bis zu sechs Monaten oder Geldstrafe bis zu sechshundert Mark ein.

Pr. §. 322; E. I. §. 326; E. II. §. 343, St.B. S. 759.

Vgl. §§. 120, 121; M.St.G.B. §. 144.

1. Vgl. die Bemerkungen zu §§. 120, 121.

2. Der §. ist auch auf solche Beamte anzuwenden, zu deren regelmäßigen Geschäften die Beaufsichtigung von Gefangenen nicht gehört, wenn ihnen nur in dem vorliegenden Falle eine

solche Aufsicht anvertraut war. Berlin 18. April 73 (Goltd. XXI, 358, O.R. XIV, 289, St. II, 299), München 22. Febr. 78 (bayr. Entsch. VIII, 94, St. VIII, 297). Ferner ist es gleichgültig, ob die Uebergabe an den Beamten durch den hierzu berufenen Beamten oder durch dessen gesetzlichen Stellvertreter erfolgt war. München 6. Nov. 75 (bayr. Entsch. V, 194).

3. Gefangener ist Jeder, dem von Amtswegen die Freiheit entzogen ist; also auch solche, deren Vorführung vor eine Behörde allein in Rede steht. Dresden 5. Jan. 77 (S.G.Z. XXI, 346, St. VII, 195); auch Strafgefangene gehören hierher, deren vorzeitige Entlassung durch einen Beamten vorsätzlich oder fahrlässig bewirkt wird. R.G. I, 2. Jan. 82, E. V, 324, R. IV, 1. Der von einem Privaten Festgenommene ist nicht Gefangener, bis er einem Beamten übergeben ist. R.G. IV, 19. Jan. 86, R. VIII, 64, E. XIII, 254.

4. Anvertraut ist ein Gefangener nicht erst dann, wenn dieser von dem Beamten förmlich übernommen, vielmehr findet das Verhältniß des Anvertrautseins auch dann statt, wenn die Amtspflicht dem Beamten die Beaufsichtigung u. s. w. des Gefangenen auferlegt, also z. B. auch dann, wenn der Beamte selbst die Verhaftung vorgenommen hat, vgl. R.G. III, 19. April 82, R. IV, 356, II, 29. Mai 83, E. VIII, 313.

5. In Freiheit gesetzt oder entwichen ist ein Gefangener, wenn er im faktischen Besitz seiner vollen Freiheit ist. Es ist nicht erforderlich, daß der Beamte den Gefangenen in Freiheit setzen wollte oder daß der Entweichung Hindernisse entgegengesetzt waren; insbesondere bei fahrlässiger Verübung können Mißverständnisse aller Art mitwirken. R.G. III, 2. Juli 83, E. IX, 40.

6. Abs. 2. Die Fahrlässigkeit kann darin liegen, daß der übergebende Beamte sich nicht genügend überzeugt hat, ob die Zahl der Transporteurs, oder die Fesselung genügend war. Berlin 7. Febr. 77 (O.R. XVIII, 97). Wie bei jeder Fahrlässigkeit ist die Voraussichtlichkeit des Erfolgs Erforderniß des Thatbestands, jedoch ist nicht erforderlich, daß gerade die konkrete Form des Erfolgs vorausgesehen werden konnte. R.G. III, 14. Febr. 87, E. XV, 345.

7. Sowohl die vorsätzlich verübte, als die fahrlässige That ist vollendet, sobald der Gefangene sich in Freiheit befindet. Ein Versuch der vorsätzlichen That ist denkbar. Hälschner II, 1056, v. Liszt S. 599, Meves in H.H. III, 955, Olshausen N. 7.

§. 348. Ein Beamter, welcher, zur Aufnahme öffentlicher Urkunden befugt, innerhalb seiner Zuständigkeit vorsätzlich eine rechtlich erhebliche Thatsache falsch beurkundet oder in öffentliche Register oder Bücher falsch einträgt, wird mit Gefängniß nicht unter Einem Monat bestraft.

Dieselbe Strafe trifft einen Beamten, welcher eine ihm amtlich anvertraute oder zugängliche Urkunde vorsätzlich vernichtet, bei Seite schafft, beschädigt oder verfälscht.

Pr. §. 323; E. I. §. 327; E. II. §. 344; St.B. S. 759.

Vgl. §§. 349, 133, 267, 271, 272, 274 Nr. 1, 351.

§. 349. Wird eine der im §. 348 bezeichneten Handlung in der Absicht begangen, sich oder einem Anderen einen Vermögensvortheil zu verschaffen oder einem Anderen Schaden zuzufügen, so ist auf Zuchthaus bis zu zehn Jahren und zugleich auf Geldstrafe von einhundertfünfzig bis zu dreitausend Mark zu erkennen.

Pr. §. 323; E. I. §. 327; E. II. §. 345; St.B. S. 759.

Vgl. §§. 133, 267, 271, 272, 351.

1. Die Motive zu diesen Paragraphen lauten:

„Die einschlägige Vorschrift des preuß. Strafgesetzbuchs (§. 323) ist dahin erweitert worden, daß die Fälschung und Unterdrückung von Urkunden seitens eines Beamten auch dann als ein besonderes „Verbrechen im Amte“ bedroht wird, wenn die Handlung ohne gewinnsüchtige Absicht begangen worden ist. Der Entwurf erachtete diese Ergänzung für angezeigt, weil sie der Systematik in dem allgemeinen Abschnitte über Urkundenfälschung entspricht. Gleichwie übrigens in jenem Abschnitte der §. 274 den Thatbestand der Ur=

kundenvernichtung nicht auf Urkunden bestimmter Art einengt, ziehen auch der Absatz 2 des vorliegenden §. 348 und die entsprechende Vorschrift in §. 349 Urkunden jederlei Art in Betracht."

2. Der Paragraph setzt einen (allgemein) zur Aufnahme öffentlicher Urkunden zuständigen Beamten und (im Besonderen) voraus, daß im Einzelfalle diese Zuständigkeit bezüglich der betreffenden Urkunden vorhanden war. Dresden 3. Juli 71 u. 16. Aug. 75 (S.G.Z. XV, 206; XX, 120), Mannheim 1. Aug. 76 (bad. Ann. Bd. 42 S. 276), München 27. April u. 11. Juni 75 (bayr. Entsch. V, 158, 263), Berlin 9. Jan. 77, 22. Jan. 79 (O.R. XVIII, 17; XX, 43, Goltd. XXV, 149; XXVII, 217; Stuttgart 29. Nov. 76 (württ. Ger.Bl. XII, 410, St. VII, 196); R.G. III, 13. März 80 (R. I, 458, E. I, 312). Daß der Beamte ausschließlich oder vorzugsweise mit Aufnahme öffentlicher Urkunden befaßt ist, ist nicht erforderlich. Dresden 26. Juni 76 (S.G.Z. XXI, 151). Es kann deshalb die Eigenschaft als Urkundsbeamte nicht auf Richter, Notare oder Standesbeamte beschränkt werden, sondern genügt jede Zuständigkeit zur Beurkundung von Thatsachen, welche vor oder durch den Beamten vollzogen wurden, wie Gerichtsvollzieher, Postbeamte u. s. w. Es wird aber dadurch, daß den Zeugnissen gewisser Personen eine amtliche Beweiskraft eingeräumt ist, noch keine amtliche Eigenschaft gegeben. R.G. III, 7. Jan. 84, R. VI, 26.

3. Das Gesetz sagt: „zur Aufnahme öffentlicher Urkunden befugt"; erwähnt aber im Gegensatze zu preuß. St.G.B. §. 323 nicht die Ausstellung von Urkunden. Hieraus folgern viele Autoren eine Beschränkung und rechnen nur solche Beamte hierher, welche die vor ihnen abgegebenen Erklärungen oder von ihnen oder durch dieselben vollzogenen Thatsachen festzustellen haben. Geyer II, 196, Hälschner II, 1064, v. Liszt S. 599, Oppenhoff N. 1, Olshausen N. 2, v. Schwarze N. 1. A. M. Oppenhoff N. 2, welcher die Worte des Gesetzes umschreibt: „berufen, in Betreff einer existent gewordenen (rechtlich erheblichen) Thatsache eine mit voller Beweiskraft ausgestattete Urkunde herzustellen." R.G. III, 13. März 80, E. I, 312, R. I, 458 scheint allerdings auf dem zuerst bezeichneten Standpunkt zu stehen; allein schon III, 8. Nov. 83, E. IX, 240 macht eine Wendung, welche Ausstellung und Aufnahme als ziemlich identisch erscheinen läßt. Seitdem sprechen die reichsgerichtl. Urtheile fast immer nur von Beurkundung. Dies dürfte auch das Richtige und auf den Ausdruck kein allzugroßes Gewicht zu legen sein, da außerdem, um eine merkwürdige Lücke des Gesetzes zu vermeiden, da z. B. die fälschliche Ausfertigung einer von einem Andern aufgenommenen Urkunde nicht darunter fallen würde, nichts übrig bliebe, als „Aufname" so weit zu interpretiren, daß dadurch die Kontroverse verwischt werden würde. Darüber besteht kein Zweifel, daß unter die „Aufnahme" auch das Entwerfen einer Urkunde durch einen Gehilfen und deren Vollziehung durch Unterschrift des Beamten fällt, wenn nur alle einzelnen beurkundeten Thatsachen, wie Erscheinen und Erklären vor dem Beamten, Vorlesen in dessen Gegenwart, Genehmigung der Parteien, Zeit und Ort der Handlung der Wahrheit entspricht.. R.G. I, 3. Dez. 85, E. XIII, 116. Daß ein Beamter seine Unterschrift durch einen Anderen beifügen ließ, wurde nicht unter §. 348, sondern unter §§. 267, 268 subsumirt. R.G. I, 29. Juni 85, R. VII, 438.

4. Wegen Mangels der Zuständigkeit fehlt der Charakter der Urkunde: Beurkundungen preußischer Ortsvorsteher über Strafvollstreckungen, die ihnen nicht vom Amtsvorsteher aufgetragen waren. Berlin 22. Jan. 79 (O.R. XX, 43, Goltd. XXVII, 217); Unterschriftbeglaubigungen durch bayerische Bürgermeister auf die an ein Hypothekenamt gerichteten Gesuche. R.G. I, 14. Okt. 86, R. VIII, 614, E. XV, 19; Beurkundungen des Bureaubeamten eines Amtsanwalts, der zugleich Bürgermeister war. R.G. IV, 22. Okt. 89, E. XIX, 434; ähnlich bei den Bureaubeamten eines badischen Standesbeamten. R.G. I, 8. März 86, R. VIII, 158, E. XIII, 393; den sog. Mahnlisten im Verwaltungszwangsverfahren (Preußen). R.G. III, 2. Okt. 90, E. XXI, 105; Beurkundungen in Jagdpachtverträgen durch Gemeindevorsteher (Preußen). R.G. IV, 16. Jan. 91, E. XX, 297. Urkunden, die ein Beamter aufgenommen hat, obwohl er selbst Partei war. Stuttgart 29. Nov. 76 (württ. Ger.Bl. XII, 410, St. VII, 196). Eine besondere Vorschrift setzt in dieser Beziehung voraus und nimmt deshalb z. B. Postbeamte aus: Mannheim 22. Mai 75 (bad. Ann. Bd. 41 S. 359), überhaupt Urkunden, aus denen sich nicht erkennen läßt, wer sie aufgenommen hat.

5. Der Begriff der Urkunde (Beurkundung), wie ihn §. 267 voraussetzt, erhält hier durch den Zusatz „eine rechtlich erhebliche Thatsache" ihre Beschränkung München 26. Mai 73, St. II, 330. — Daß auch Reisepässe, Legitimationspapiere u. s. w. (vgl. §. 363) hierher ge-

hören, ist in der preuß. Rechtsprechung anerkannt. Berlin 9. Jan. 77 (O.R. XVIII, 17, Goltd. XXV, 150).

6. Anzeigen von Beamten über Ausführung eines ihnen aufgetragenen Geschäfts gehören nicht hierher. Dresden 16. Aug. 75 u. 26. Aug. 76 (S.G.Z. XX, 114; XXI, 152), Mannheim 1. Aug. 76 (bad. Ann. Bd. 42 S. 276). A. M. Berlin 31. Mai 76 (O.R. XVII, 396, Goltd. XXIV, 372), welches die Anzeige eines Exekutors als beweisend für Ausfall der Exekution als Urkunde beurtheilte. — R.G. II, 14. Juni 81 (R. III, 395, E. IV, 283, Ann. IV, 114), 14. Febr. 88, R. X, 145 erklärte zwar die ordnungsgemäß aufgenommenen Protokolle der Gerichtsvollzieher, nicht aber bloße Berichte als öffentliche Urkunden. Auch der Behändigungsschein eines Gerichtsdieners ist es nicht. Dresden 26. Juni 76 (S.G.Z. XXI, 151). Dagegen ist ein Ursprungsattest für Vieh eine unter §. 348 fallende Urkunde. Berlin 4. März 79 (Goltd. XXVI, 376). R.G. I, 17. Juni 80 (R. II, 76). Nicht aber die von Ortsvorstehern zum Zwecke der Erhebung von Brandentschädigungsgeldern über die Ausführung des Wiederaufbaus ausgestellten Atteste. R.G. II, 3. Juni 81 (R. III, 368, E. IV, 246).

Solche Urkunden sind ferner falsche Bescheinigungen, über den erfolgten Aushang eines Eheaufgebots. Berlin 7. Dez. 76 (O.R. XII, 798, Goltd. XXIV, 607, St. VII, 177). R.G. III, 7. Mai 81 (E. IV, 155). Die Beurkundung über einen vom Ortsvorsteher beim Gemeinderechner vorgenommenen Kassasturz und den hierbei gemachten Befund. Stuttgart 19. Jan. 76 (württ. Ger.Bl. XI, 332, St. VI, 376). (Würtemberg) Kassasturz-Protokolle der badischen Bürgermeister über Stiftungskassen, auch wenn der Rechner der Stiftung nicht unterzeichnet ist R.G. I, 10. Jan. 84, E. X, 36. Die in Baden vom Rathschreiber über einen Kassasturz aufgenommenen Protokolle R.G. I, 28. Nov. 81, E. V, 247, R. III, 750. Die Zahlungsanweisungen elsässischer Bürgermeister an die Gemeindekassen für fälschlich als richtig erklärte Leistungen für die Gemeinde R.G. I, 7. April 84, E. X, 275, R. VI, 279. Die vom Pfleger eines Ortsausschusses in Bayern beurkundeten, auf die Vermögensverwaltung der Ortsgemeinde bezüglichen Beschlüsse der letzteren R.G. I, IV. Febr. 89, E. XIX, 391. Leumundszeugnisse der Bürgermeister als Ortspolizeibehörde R.G. I, 21. Nov. 89, E. XX, 129, III, 5. Okt. 91, E. XXII, 151. Die Beurkundung der Anwesenheit von Personen bei Beurkundung eines Rechtsgeschäftes und der gleichzeitigen Unterzeichnung durch dieselben. München 21. Dez. 77 (bayr. Entsch. VII, 525, St. VIII, 298). Die Beurkundung in einem Pfändungsprotokoll, daß ein Pfand mit Einwilligung des Gläubigers im Gewahrsam des Schuldners belassen wurde. R.G. 20. Juni 81 (Ann. IV, 113; II, 18. April 82, E. VI, 184), sowie andere Beurkundungen der Gerichtsvollzieher in ihren bei Pfändungen aufgenommenen Protokollen R.G. I, 11. Okt. 83, R. V, 588; II, 14. Febr. 88, Goltd. XXXVI, 174; IV, 29. Mai u. 24. Nov. 85, R. VII, 338, E. XIII, 123; 23. März 88, R. X, 266, Goltd. XXXVI, 186; 13. Dez. 90, E. XIX, 119; 10. Jan. 90, E. XX, 175. Zustellungsurkunden der Postbeamten St. II, 7. Febr. 82 u. 16. Sept. 84, E. VI, 17; XI, 78, R. IV, 130; VI, 539; I, 14. Jan. 86, R. VIII, 46. Einlieferungsscheine über bei der Post erfolgte Geldeinzahlungen R.G. III, 8. Nov. 83, E. IX, 240; nicht aber Bestellvermerke der Landbriefträger auf Postanweisungen R.G. IV, 12. Dez. 84, E. XI, 291, R. VI, 812. Auch nicht Bescheinigungen eines Gemeindevorstehers über die Entschuldigung eines Gestellungspflichtigen, der die Kontrollversammlung versäumt hat R.G. II, 26. Okt. 86, E. XV, 5, R. VIII, 641.

Unter §. 348 fallen: Die Leichenbeschauscheine der in Bayern angestellten Leichenschauer R.G. I, 3. Mai 88, E. XVII, 406, R. X, 372. Impfscheine der angestellten Impfärzte (Bayern) München 11. Juli 85, bayr. Entsch. III, 580. Die von einem Schöffen in Vertretung des Schulzen ausgestellten Wildscheine (Preußen) R.G. IV, 15. April 90, E. XX, 369. Erinnerungsschreiben vorgesetzter Beamten an untergebene R.G. II, 22. Juni 84, R. VI, 42.

Die Beurkundung thatsächlich unwahrer Erklärungen einer Partei durch einen Notar, vor welchem jene Erklärungen abgegeben waren, fallen nicht unter §. 348, auch wenn der Notar die Unwahrheit weiß und selbst Veranlasser derselben ist. Berlin 19. Juni 79, O.R. XX, 305.

7. Es muß festgestellt sein, daß eine rechtlich erhebliche Thatsache falsch beurkundet ist. Berlin 10. Nov. 76 (O.R. XVII, 729, Goltd. XXIV, 606). Es ist aber nicht erforderlich, daß die Thatsache für den Zweck der Urkunde von wesentlicher Bedeutung war. Berlin 11. Okt. 78 (O.R. XIX, 456, Goltd. XXVI, 452); dagegen muß sie für ein konkretes, nach seiner rechtlichen Natur erkennbares Recht oder Rechtsverhältniß erheblich sein. München 21. Dez. 77 (bayr. Entsch. VII, 527, St. VIII, 298). Als rechtlich erheblich erscheint Alles, worüber der Beamte eine Nachricht oder eine Beurkundung in die Urkunde aufzunehmen durch

die ihm gegebenen gesetzlichen oder instruktionellen Vorschriften verpflichtet ist. Nebstdem alle nach den konkreten thatsächlichen Verhältnissen als rechtlich erheblich erscheinenden Thatsachen. R.G. III, 24. Mai 82, E. VI, 362; II, 6. April 86, R. VIII, 261; IV, 10. Febr. 88, R. X, 136, 21. Febr. 88, E. XVII, 169; 16. Jan. 91, Goltd. XXXIX, 59.

Als rechtserheblich wurde anerkannt der Vermerk in einer standesamtlichen Urkunde, daß dieselbe den Erschienenen vorgelesen sei. R.G. IV, 21. Juni 89, Goltd. XXXVII, 203.

8. Die Register und Bücher müssen für oder gegen dritte Personen beweisende Kraft haben und nicht bloß dazu bestimmt sein, dem Beamten eine Uebersicht über seine Geschäftsführung zu geben. Dresden 4. Aug. 75 (S.G.Z. XX, 218, St. VI, 49); Mannheim 1. Aug. 76 (bad. Ann. Bd. 42 S. 277). Dahin gehören Grund- und Hypothekenbücher, Dresden 21. Juli 76 (S.G.Z. XXI, 175), die vom Vorsteher einer Postbehörde über Gegenstände seines Geschäftskreises aufgenommenen Protokolle, Berlin 23. März 77 (O.R. XVIII, 248, Goltd., XXV, 226), das Postannahmebuch B. geführt durch einen Postagenten R.G. I, 26. Jan. 91, E. XXI, 310, die alphabetische Liste der Gestellungspflichtigen, Berlin 9. Jan. 77 (O.R. XXVIII, 17, Goltd. XXV, 149), die in Bayern über Vornahme der Fleischbeschau und deren Befund vorgeschriebenen Fleischbeschau-Bücher R.G. I, 22. Okt. 83, E. IX, 139, R. V, 621; 26. Jan. 88, E. XVII, 76, hierzu fügt I, 25. April 89, E. XIX, 180 das Erforderniß, daß der Fleischbeschauer erst nach eidlicher Verpflichtung öffentlichen Glauben hat. S. auch München 7. März 87, bayr. Entsch. IV, 451. Register und Bücher, welche nur zur Kontrole des dieselben führenden Beamten (über Einnahmen und Ausgaben), nicht zum Beweise über Thatsachen geführt werden, fallen nicht unter §. 348, wie die Dienstbücher der Postbeamten, R.G. II, 23. Dez. 79 (R. I, 168, E. I, 42, Ann. I, 159, Goltd. XXVIII, 58), die Dienstregister der Gerichtsvollzieher R.G. II, 14. Juni 81 u. 25. Nov. 82, E. IV, 283; VII, 253, R. III, 395; IV, 837; IV, 23. März 88 u. 11. Jan. 89, Goltd. XXXVI, 186; XXXVII, 51.

9. Eine bloße Unterlassung der Beurkundung oder Eintragung kann nicht unter den Paragraphen fallen. Bewirkt die Unterlassung jedoch, daß durch dieselbe die aus den Eintragungen zu beweisende Thatsache falsch dargestellt oder andere richtige Eintragungen dadurch ein unrichtiges Resultat geben, so ist dieselbe strafbar. (Vgl. Meves in H.H. III, 993, Olshausen N. 7, Oppenhoff N. 12, v. Schwarze N. 4 u. die Entscheidung des Obertr. vom 25. April 1860 im preuß. J.M.Bl. S. 362.)

10. Es bedarf im Falle des §. 348 weder des Gebrauchs der falschen Beurkundung oder Eintragung (Abs. 1) oder der verfälschten Urkunde (Abs. 2) R.G. I, 19. Nov. 83, E. IX, 215; II, 14. Febr. 88, Goltd. XXXVI, 174, noch einer gewinnsüchtigen oder auf Schadenszufügung gerichteten Absicht. Ist letztere vorhanden, so findet §. 349 Anwendung. R.G. IV, 9. Juni 87, R. IX, 361. Ebensowenig ist erforderlich, daß die Urkunde rechtliche Folgen nach sich gezogen hat; es genügt die Möglichkeit solcher Folgen. München 21. Dez. 77 (bayr. Entsch. VII, 527, St. VIII, 298).

11. Eines schädigenden Erfolgs bedarf die That nicht. Sie bleibt strafbar, wenn auch die Rechtsfolgen genau dieselben geblieben wären, wenn die Urkunde richtig aufgenommen worden wäre. Ein Beispiel enthält R.G. II, 18. April 82, E. VI, 184, bei welchem ein Gerichtsvollzieher nachträglich unter Vordatirung der die Pfändung konstatirenden Zettel diese an die Pfandobjekte befestigte, welche im Besitze des Schuldners geblieben waren, wobei in der Zwischenzeit keine die Priorität begründende Pfändung erfolgt war, der spätere richtige Vollzug der Pfändung also den gleichen Erfolg gehabt hätte, wie die Vordatirung haben sollte.

12. Die That ist vollendet mit der falschen Beurkundung oder mit dem Eintrag in die öffentlichen Register oder Bücher. Da letztere ihre Beweiskraft in sich tragen, so ist dies ohne Weiteres der Fall. Bei Beurkundungen muß zwischen Entwurf und Urkunde unterschieden werden, und kann letztere nur dann als vorliegend angenommen werden, wenn sie alle vorgeschriebenen Beglaubigungszeichen an sich trägt, in der Regel Unterschrift des Beamten, unter Umständen auch die der Parteien oder das Amtssiegel. Die Beifügnng der Amtseigenschaft ist, wenn sie aus dem Inhalt erkenntlich ist, in der Regel nicht erforderlich. R.G. III, 14. Juni 82, R. IV, 563, Der Versuch aus §. 348 ist mit Strafe nicht bedroht. Ob das Entwerfen einer falschen Urkunde unter den Voraussetzungen des §. 349 als Anfang der Ausführung zu beurtheilen ist, hängt davon ab, ob der Thäter schon den Entschluß gefaßt hatte, die That zu begehen. Jedoch ist auch in anderer Art Versuch denkbar, wie ein gegen den Willen des Thäters unterbrochener Eintrag in ein öffentliches Buch oder Register, so daß er als vollständiger Eintrag nicht betrachtet werden kann.

13. Zum Vorsatz des Beamten genügt das Bewußtsein, widerrechtlich etwas Falsches zu bekunden. München 27. April 75 (bayr. Entsch. V, 154), Dresden 16. Aug. 75 u. 5. Jan. 77 (S.G.Z. XXI, 114, 275), Berlin 6. Sept. 78 (O.R. XIX, 391), R.G. I, 10. Jan. 84, E. X, 36. — München 26. Mai 73, St. II, 330, 21. Dez. 77 (bayr. Entsch. VII, 530, St. VIII, 299), fordert auch noch das Bewußtsein, eine rechtlich erhebliche Thatsache falsch zu beurkunden. Ebenso R.G. I, 17. Jan. 81 (E. III, 324, Ann. III, 150), 9. Juni 81 (R. III, 378, E. IV, 277, Ann. IV, 45), III, 24. Mai 82, E. VI, 362, I, 7. April 84, E. X, 275, R. VI, 279, II, 16. Sept. 82, E. XI, 78, R. VI, 539.

Dieses Bewußtsein ist auch dann nicht ausgeschlossen, wenn ein Beamter im guten Glauben, er werde eine Amtshandlung vornehmen, eine Urkunde anfertigt; die Amtshandlung aber nicht vornehmen kann und dennoch die Urkunde als gültige behandelt. So bei einem Gerichtsvollzieher bezüglich einer Pfändung R.G. II, 14. Juni 82, R. IV, 563, oder eines Postbeamten bezüglich einer Zustellung R.G. I, 14. Jan. 86, R. VIII, 46, 17. Nov. 84, E. XI, 257, R. VI, 736, oder eines Gerichtsvollziehers bezüglich einer Zustellung, wobei die Urkunde ohne sein Wissen und Willen an das Gericht gelangt, der Gebrauch aber von ihm nicht gehindert worden war, R.G. IV, 17. Mai 89, E. XIX, 243, oder eines Standesbeamten, der eine Eheschließungsurkunde behufs der Vorbereitung der kirchlichen Trauung vor wirklichem Abschluß der Ehe abgab. R.G. I, 19. Nov. 83, E. IX, 215.

Es genügt Eventualdolus, kann aber nur bei Zweifel des Thäters über die Rechtserheblichkeit der Fälschung oder die Rechtswidrigkeit der That angenommen werden. R.G. III, 6. Juni 83, E. XII, 297, R. VII, 352, IV, 7. Juni 87, R. XI, 361; 14. Febr. 90, E. XX, 236. Thatsächlicher Irrthum schließt den Vorsatz aus, so der Irrthum über den Begriff einer erwachsenen Person bei Zustellungen. R.R. I, 8. April 86, St. VIII, 266.

14. Eine Konkurrenz von §§. 348 u. 267 findet beim Beamten nicht statt. Berlin 7. Dez. 76 (O.R. XVII, 798, Goltd. XXIV, 607, St. VII, 177), auch keine Anwendung des §. 267 allein, wenn der Beamte durch Aufnahme einer falschen Urkunde nur gegen die vorgesetzte Behörde ein Dienstesvergehen verdecken wollte R.G. I, 17. April 82, R. IV, 343.

Der wissentliche Gebrauch einer falschen Beurkundung (§. 348) seitens eines Dritten ist aus §. 273, nicht aus §. 270 strafbar. Berlin a. a. O.

Gegen einen Beamten findet Konkurrenz aus §§. 348 u. 133 nicht statt. R.G. I, 8. Nov. 80 (R. II, 474, E. II, 425).

Wer bewirkt, daß ein Beamter das Delikt des §. 348 oder 349 vorsätzlich begeht, ist aus §. 348 als Anstifter strafbar; hat der Beamte nicht vorsätzlich gehandelt, so ist jener aus §. 271 strafbar. R.G. III, 19. Okt. 85, E. XIII, 52, R. VII, 591. Vgl. zu §. 271 N. 4.

15. Zu §. 348 Abs. 2. — „Urkunde" ist hier im weitesten Sinne und nicht in der Beschränkung des Abs. 1 zu nehmen. Auch bedarf es hier, soweit es sich um Privaturkunden handelt, nicht des Momentes der Beweiserheblichkeit, wie im §. 267. Berlin 25. März 74, 6. Dez. 77 (Goltd. XXII, 248; XXV, 570, O.R. XV, 186, St. IV, 70) u. 20. Okt. 75 (Goltd. XXIII, 456, O.R. XVI, 673), Mannheim 75 (bad. Ann. Bd. 42, S. 143). R.G. II, 23. Jan. 80 (R. I, 263, E. I, 162, Goltd. XXVIII, 135), I, 8. Nov. 80 (R. II, 474, E. II, 425), II, 13. Okt. 82, R. IV, 745, jedoch ist auch in diesem Falle die Behelflichkeit zum Beweise von Thatsachen Erforderniß, weil dies zum Begriff der Urkunde gehört, ohne daß es nothwendig ist, daß einer Schrift die Bestimmung, als Beweismittel zu dienen, schon ursprünglich anhaftet. Diese Bestimmung kann der Schrift erst nachträglich ertheilt sein. R.G. II u. III, 19. Dez. 87, E. XVII, 103, R. IX, 731.

Die Korrespondenzen des Auswärtigen Amtes mit den diplomatischen Vertretern des Deutschen Reiches können zu den Urkunden gehören. Berlin 20. Okt. 75 (a. a. O.).

Der Begriff ist hier derselbe wie im §. 274 und die dortige Bemerkung bezüglich der Privaturkunden hiernach zu vervollständigen.

Prüfungsarbeiten von Schülern, welche der Examinator in Händen hat, sind keine Urkunden. Stuttgart 22. Dez. 75 (württ. Ger.Bl. XI, 328, St. VI, 218). Ein Akt als Ganzes ist keine Urkunde, es kommt vielmehr auf seinen Inhalt an. Dresden 13. März 76 (St. VI, 219). Es wurde jedoch in einem Falle, in welchem aus einem auf ein bestimmtes Rechtsgeschäft bezüglichen, in sich zusammenhängenden Akt ein einzelnes Protokoll vom verwahrenden Gerichtsschreiber in einer den inneren Zusammenhang störenden Weise herausgeschnitten und vorübergehend für persönliche Zwecke zurückbehalten worden war, Urkundenbeschädigung angenommen. R.G. III, 10. Mai 82, R. IV, 470.

16. Anvertraut ist dem Beamten eine Urkunde dann noch nicht, wenn ihm dieselbe amtlich zu irgend einem Zwecke übergeben ist, sondern es gehört dazu, daß der Beamte sie mit einer bestimmten Vertrauenspflicht zur Aufbewahrung und Erhaltung übernommen hat. R.G. II, 23. Jan. 80, E. I, 162, R. I, 263. 25. Nov. 82, E. VII, 253 (257), R. IV, 837 (840), auch II, 12. Juli 81, E. IV, 386, R. III, 473. Urkunden, die sich in einem verschlossenen, der Post übergebenen Brief befinden, sind dem Postbeamten weder amtlich anvertraut noch zugänglich R.G. I, 15. März 83, E. VIII, 196. Posteinlieferscheine, welche einem Gerichtsvollzieher über eine eingezogene und dem Auftraggeber übersendete Geldsumme von der Postbehörde ausgestellt sind, sind ihm anvertraut und zugänglich. R.G. IV, 2. Juli 89, Goltd. XXXVII, 296. Zugänglich ist überhaupt dem Beamten jede anvertraute Urkunde, nicht aber jede zugängliche anvertraut. Zugänglich ist ihm jede Urkunde, zu welcher er vermöge seines Amtes gelangen kann. R.G. II und III, 19. Dez. 87, s. oben N. 15.

17. Ein Beiseiteschaffen setzt nicht eine dauernde Fortschaffung voraus; sie kann auch in einer zeitweisen Entziehung liegen. Berlin 12. Nov. 74 (O.R. XV, 771, St. IV, 295). R.G. 8. Nov. 80, s. oben. I, 28. Febr. 84, E. X, 189.

Ein Beiseiteschaffen liegt schon darin, wenn ein Beamter die Urkunde in der Absicht, dieselbe zu beseitigen, am Orte der Aufbewahrung in Verschluß nimmt. Mannheim 75 (bad. Ann. Bd. 42 S. 143), Dresden 13. März 75 (St. VI, 219), Berlin 21. Nov. 77 (O.R. XVIII, 725, St. VIII, 114). Jedoch ist die Absicht zu entziehen, wenigstens für gewisse Zeit hierbei erforderlich, und kann in der bloßen, abgesonderten Verwahrung in dem Bureau, ohne Nachweis jener Absicht, wenn auch unter Verzögerung der amtlichen Behandlung, ein Beiseiteschaffen nicht erblickt werden. R.G. 28. Febr. 84, s. oben.

Rasuren sind Verfälschungen, keine Beschädigung der Urkunde. Stuttgart 22. Dez. 76 (St. VI, 218).

Unter Verfälschung ist jede unbefugte Veränderung einer Urkunde zu verstehen, auch wenn sie der Wahrheit entspricht. R.G. I, 17. Jan. 81 (E. III, 324, Ann. III, 150).

18. Zu §. 349. Rücksichtlich der hier erforderten Absicht vgl. die Bemerkungen zu §. 267 N. 3 u. 274 N. 2. Die strengere Bestrafung aus §. 349 tritt nicht nur dann ein, wenn der Beamte den Vermögensvortheil als Folge der Fälschung empfängt oder empfangen will, sondern auch dann, wenn er ihn in Erwartung der durch die Fälschung bewirkte Gegenleistung zur Zeit der That schon empfangen hatte. R.G. III, 8. Dez. 87, R. IX, 713; da es nur auf den Kausalzusammenhang von Leistung und Gegenleistung ankommt.

§. 350. **Ein Beamter, welcher Gelder oder andere Sachen, die er in amtlicher Eigenschaft empfangen oder in Gewahrsam hat, unterschlägt, wird mit Gefängniß nicht unter drei Monaten bestraft; auch kann auf Verlust der bürgerlichen Ehrenrechte erkannt werden.**

Der Versuch ist strafbar.

Pr. §. 324; E. I. §. 327; E. II. §. 346; St.B. S. 759.

Vgl. §§. 246, 50.

1. Unter den „Beamten" ist hier wie überall im St.G.B. ein inländischer zu verstehen, wie §. 359 jetzt unzweideutig ausspricht („Beamter des Reichs oder eines Bundesstaats"). Ausnahmen können in dieser Beziehung durch besondere Gesetze oder Staatsverträge begründet werden. O.R. VI, 265. (Diese Entscheidung vom 13. Juli 1865 betraf einen hannoverschen Eisenbahnbeamten, der in Preußen Geld unterschlagen. Dieselbe stützt sich auf den Staatsvertrag vom 27. Januar 1852.)

Anderseits bezieht sich §. 356 nicht bloß auf Kassenbeamte, sondern auf alle Beamte, welche amtlich Gelder zu empfangen und abzuführen haben. R.G. II, 15. Febr. 84, E. X, 123, R. VI, 114. Auch wenn dies nicht in ihrer Zuständigkeit liegt. R.G. III, 17. Dez. 79, E. I, 124, R. I. 159, Ann. I, 366 oder nicht zu den eigentlichen Amtsgeschäften des Beamten gehört. R.G. I, 22. Dez. 87, E. XVI, 437. Hat aber die Empfangnahme ohne alle amtliche Eigenschaft, nur gelegentlich einer Amtshandlung stattgefunden, um etwa dem Geber eine Gefälligkeit zu erweisen, so kann an dem so Erhaltenen Amtsunterschlagung nicht begangen werden. R.G. I, 7. Juli 90, E. XXI, 51.

Welche Erfordernisse vorliegen müssen, um eine Person als Beamten erscheinen zu lassen, der amtlich Geld oder Sachen einzunehmen oder zu verwahren hat, kann nur nach reichs- oder landesgesetzlichen Bestimmungen, und abgesehen von den Kassenbeamten im Einzelfall entschieden werden. So erkannte R.G. II, 19. Mai 82, E. VI, 305, R. IV, 495, daß ein von einer preuß. Regierung als Steuererheber in einem fiskalischen Gutsbezirke bestellter Förster in dieser Hinsicht die Eigenschaft eines Beamten erst nach der Bestätigung durch den Land- bezw. Provinzialrath habe.

2. Der §. 350 enthält einen lediglich durch die Person des Thäters qualifizirten Fall der Unterschlagung. Deshalb sind die Bemerkungen zu §. 246 zu vergleichen. Die Begriffserfordernisse des §. 246 bedürfen der thatsächlichen Feststellung.

3. Ein dritter Theilnehmer ist nach §. 50 nur aus §. 246 zu strafen; vgl. auch die allg. Bemerkungen zu diesem Abschnitt N. 3 u. Mannheim 5. Okt. 78 (bad. Ann. Bd. 44, S. 251).

4. Neben den Sachen erwähnt der §. 350 in Uebereinstimmung mit Pr. §. 324 der Gelder. (Vgl. hierüber Goltd. Mat. II, S. 694.) Daraus folgt, daß die Absicht der Erstattung, verbunden mit der wohlbegründeten Voraussetzung der Fähigkeit zur Restitution den Beamten nicht entschuldigen kann. (Vgl. zu §. 246 N. 7.) Dagegen ist nicht jeder Gebrauch amtlicher Gelder auch Unterschlagung, zumal den Beamten häufig durch Instruktionen die Umwechselung vorgeschrieben ist. Es geht auch zu weit, wenn man annimmt, daß diese Umwechselung stets vor dem Gebrauch stattfinden müsse. Liegen die Mittel zur Deckung parat, so kann die Absicht rechtswidriger Zueignung (selbst nach Beseitigung der Worte des preuß. St.G.B. „zum Nachtheil des Eigenthümers") nicht (jedenfalls nicht unbedingt) angenommen werden. Es würde dann nur eine disziplinarisch zu ahndende Dienstwidrigkeit vorliegen. Jede Verwendung amtlich empfangener Gelder zum eigenen Nutzen des Beamten, abgesehen von sofortiger Umwechselung, erfüllt aber den Thatbestand der Amtsunterschlagung, gleichviel ob Ersatz beabsichtigt und in Aussicht war oder nicht. R.G. III, 20. Okt. 80 (R. II, 359, E. III, 10), 10. Dez. 81, E. V, 304, München 27. Aug. 88, bayr. Entsch. V, 247 (gegen einen Notar).

Ein Bürgermeister, welcher für ein Gemeindegrundstück den Kaufschilling amtlich eingenommen hat, begeht durch Aneignung Amtsunterschlagung, wenn er denselben auch nicht zu verrechnen, sondern an den Gemeindeverwalter abzuliefern hatte. München 28. Dez. 77 (bayr. Entsch. VII, 542). Ein Gerichtsvollzieher, der Geld für eine Partei vom Beklagten eingenommen hatte, und sich aneignet, ist aus §. 350 und nach Umständen aus §. 351 strafbar, auch wenn er nicht die vorgeschriebene Empfangsvollmacht hatte. München 21. Mai 75 (bayr. Entsch. V, 221). Ebenso der Exekutor, der in Folge amtlichen Auftrags exequirte, selbst wenn er zur Zeit des Empfangs schon Anzeige über fruchtlose Exekution, jedoch ohne Wissen des Zahlenden, erstattet hatte. Berlin 20. Dez. 77 (Goltd. XXV, 570); der Gantrichter, der ohne Ermächtigung zum Verbrauch oder Rückgabe, nur dem Betrage nach, Geld für die Gantmasse empfing. Mannheim 30. Jan. 75 (bad. Ann. Bd. 41 S. 124). Der Kassabeamte, der über Gebühr Beträge empfangen und zur Kasse gebracht hatte. Mannheim 15. Dez. 77 (bad. Ann. Bd. 44, S. 9, St. VIII, 301). Auch Beamte, die Geld gemeinschaftlich mit Anderen in Verwahrung hatten. Berlin 21. Sept. 76 (Goltd. XXIV, 609). Ein Beamter, welcher vor der Kassarevision geliehenes Geld in die Kasse legt, um diese stimmen zu machen, begeht durch Wiederwegnahme des Geldes nach stattgehabter Revision Unterschlagung, wenn er auch nur die bei der Einzahlung gehabte Absicht hiermit ausführt. R.G. II, 24. Okt. 82, E. VII, 123, R. IV, 758.

5. Der Begriff der anderen Sachen, an denen Unterschlagung begangen werden kann, ist so weit, als überhaupt Sachen in amtlicher Eigenschaft empfangen oder in amtlichem Gewahrsam sein können. So begeht der Förster an dem Wild, welches er in Folge von Regie-Jagd amtlich okkupirt hat, durch Aneignung Amtsunterschlagung. München 12. April 78 (bayr. Entsch. VIII, 149, St. VIII, 209). Briefmarken, welche einem Landbriefträger vom Postagenten als eiserner Bestand übergeben werden, unterschlägt derselbe durch Aneignung in amtlicher Eigenschaft. Berlin 8. Juli 79 (Goltd. XXVII, 550). Ein einem amtlich aufgestellten Wasenmeister zur Tödtung übergebenes Thier, welches derselbe verkauft, unterschlägt derselbe im Amt. Mannheim 24. Febr. 78 (St. VIII, 303). Packete, die einem Postbediensteten nur um seine Ehrlichkeit zu prüfen übergeben wurden, sind ihm amtlich anvertraut. R.G. I, 12. Jan. 80 (R. I, 218, E. I, 61). Ueber Brennholz, welches Beamten zum dienstlichen Gebrauche überlassen ist, s. §. 246 N. 10.

6. Die Worte „in amtlicher Eigenschaft" haben in der Praxis zu verschiedener Auslegung geführt. Das preuß. Obertr. hat angenommen, ein Empfang in amtlicher Eigenschaft liege nicht bloß dann vor, wenn der Beamte (objektiv) zu der Empfangnahme vermöge seines Amtes befugt war, sondern auch dann, wenn eine Zahlung aus Irrthum an einen nicht legitimirten Beamten erfolgte, und der Beamte sich bewußt war, daß die Zahlung an ihn in jener (irrigen) Voraussetzung geschah. Diese Auslegung scheint im Wesentlichen richtig. Das Gesetz sagt nur „in amtlicher Eigenschaft", nicht „innerhalb seiner Zuständigkeit". Es muß deshalb als Meinung des Gesetzes angenommen werden, daß es sich um Gelder (Sachen) handele, die dem Beamten vermöge seiner (allgemeinen) Beamtenstellung ausgeantwortet werden. Hierzu ist auf Seiten des Zahlenden mindestens der Glaube erforderlich, er zahle an einen legitimirten Beamten. (Berlin 5. Mai 71, Goltd. XIX, 461, O.R. XII, 249, 3. Juni u. 10. Dez. 74, O.R. XV, 357, 852; München 19. April 73 u. 21. Mai 75, St. II, 331, bayr. Entsch. V, 223.) R.G. III, 17. Dez. 79 (R. I, 159, E. I, 124, Ann. I, 366), I, 19. Jan. 80 (R. I, 247, E. I, 153, Goltd. XXVIII, 132), 21. Febr. 80 (Ann. I, 484), II, 6. Mai 81 (E. IV, 153). Fehlt dieser Glaube, dann kommt es auf die Beamtenqualität des Empfängers an sich nicht an, weil der Zahlende mit ihm dann amtlich nicht verkehrt. Ist jener Glaube aber vorhanden und der Beamte nimmt, mit Bewußtsein dessen, an, so begeht er einen Amtsmißbrauch, dessen verbrecherische Folgen ihn härter, als den gewöhnlichen Verbrecher treffen. Hiernach leuchtet von selbst ein, daß, wenn es sich bloß um einen bei Gelegenheit der Amtsausübung ertheilten Privatauftrag handelt (z. B. man giebt einem Briefträger einen Geldbrief zur Beförderung auf die Post, weil man ihn für zuverlässig hält), der §. 350 nicht anwendbar wird. Dagegen erkannte R.G. II, 4. April 84, R. VI, 271 gestützt auf §. 24 der Postordnung vom 8. März 1879, daß der von einem Landpostboten behufs Einzahlung bei der Post auf Anweisung empfangene Betrag amtlich empfangen sei. (Vgl. Oppenhoff R. 7, 8, v. Schwarze S. 922; a. M. Kirchmann, Meyer); ferner Dresden 4. April 73, S.G.Z. XVII, 119, St. III, 39 u. 19. April 75, St. V, 350; München 7. Juni 72, St. I, 358. R.G. I, 3. Juni 80 (R. II, 22, E. II, 84).

Ein Beamter, der mit Genehmigung der Vorgesetzten die Vertretung eines anderen Beamten während dessen Beurlaubung übernommen hat, empfängt die hierbei übernommenen Gelder amtlich, auch wenn bei der Uebernahme nicht alle Bestimmungen der Geschäftsordnung beobachtet wurden. R.G. III, 14. April 80 (R. I, 591). Ein Beamter, welcher in seiner amtlichen Eigenschaft Geld empfangen, dieses Geld aber zu einer Zeit, wo er nicht mehr Beamter war, sich rechtswidrig zugeeignet hat, begeht einfache Unterschlagung, nicht Amtsunterschlagung. R.G. II, 9. Juli 80 (R. II, 181). Ein Zollbeamter, welcher aus den Diensträumlichkeiten der Zollbehörde Sachen wegnimmt, welche dort zum Zwecke zollamtlicher Revision sich befinden, begeht Diebstahl, nicht Unterschlagung. R.G. II, 18. Jan. 81 (R. II, 743, E. III, 201). Ein preußischer Gutsvorsteher begeht durch Verwendung eingezogener Klassensteuerbeträge in den eigenen Nutzen Amtsunterschlagung, auch wenn ein Anderer die Beträge für ihn eingezahlt hatte. R.G. II, 19. März 81 (E. IV, 25). In dem Zurückbehalten eines Eisenbahnbillets durch einen Schaffner liegt noch keine Unterschlagung. R.G. 26. Mai 80 (Ann. II, 127). In der Zurückbehaltung amtlich zu viel erhobener Gelder, um einen möglichen späteren Abgang dadurch zu decken, liegt noch nicht der Thatbestand des §. 350. R.G. III, 12. April 88, E. XVII, 321. Ein Förster, der zugerichtetes Holz aus dem seiner amtlichen Obhut anvertrauten Walde sich aneignet, begeht Diebstahl, nicht Unterschlagung, wenn nicht aus besonderen Umständen hervorgeht, daß ihm der Gewahrsam übertragen war. R.G. II, 2. Dez. 81, E. V, 180, R. III, 763.

7. Konkurrenz von einfacher und qualifizirter Amtsunterschlagung findet nicht statt. R.G. I, 30. Sept. 80 (R. II, 283, E. II, 279).

8. Bei Anschuldigung aus §. 246 kann eine Verurtheilung aus §. 350 nur nach Belehrung über den veränderten rechtlichen Gesichtspunkt (§. 264 St.P.O.) erfolgen und ebenso umgekehrt. R.G. III, 9. April 88, E. XVII, 294, R. X, 291.

§. 351. Hat der Beamte in Beziehung auf die Unterschlagung die zur Eintragung oder Kontrole der Einnahmen oder Ausgaben bestimmten Rechnungen, Register oder Bücher unrichtig geführt, verfälscht oder unterdrückt, oder unrichtige Abschlüsse oder Auszüge aus diesen Rechnungen, Registern oder Büchern, oder unrichtige Beläge zu denselben vorgelegt, oder ist in Beziehung auf die Unterschlagung

auf Fässern, Beuteln oder Packeten der Geldinhalt fälschlich bezeichnet, so ist auf Zuchthaus bis zu zehn Jahren zu erkennen.

Sind mildernde Umstände vorhanden, so tritt Gefängnißstrafe nicht unter sechs Monaten ein.

Pr. §. 325; E. I. §. 329; E. II. §. 347; St.B. S. 759 (Drucks. Nr. 105).

Vgl. §§. 351, 267, 274 Nr. 1, 348.

1. Aus diesem Paragraphen, welcher lediglich (erschwerende) Qualifikationsmomente des Vergehens im §. 350 gibt und dasselbe beim Vorhandensein eines dieser Momente zum Verbrechen stempelt, ist nicht zu folgern, daß der §. 350 sowohl wie 351 sich nur auf Kassenbeamte bezieht. Abgesehen von dem letzten Falle des §. 351 Abs. 1 wird hier vorausgesetzt, daß der Beamte die Verwaltung von Geldern u. s. w. hat, zu deren Kontrole er Bücher, Register u. s. w. führen muß. Vgl. Entsch. des Obertr. im preuß. J.M.Bl. 1855 S. 355, ferner Berlin 10. Jan. 72 (O.R. XIII, 24), Dresden 20. April 74 (S.G.Z. XVIII, 281, St. V, 173), Mannheim 28. Nov. 74 (St. V, 169), München 26. Jan. 77 (bayr. Entsch. VII, 48, St. VII, 197, Goltd. XXVI, 75). R.G. II, 15. Febr. 84, E. X, 123, R. VI, 114.

Gerichtsvollzieher, welche amtlich vereinnahmte Gelder nicht in das vorgeschriebene Geschäftsjournal eintragen und dieselben unterschlagen, sind nach §. 351 strafbar. München 21. Mai 75 (bayr. Entsch. V, 225).

2. Ob die unrichtige Buchführung sich gerade auf die unterschlagenen Posten bezieht, ist gleichgültig, wenn sie nur zur Vorbereitung, Erleichterung, Vollendung oder Verdeckung der Unterschlagung dient. Dresden 27. Febr. 74 (St. V, 172, Goltd. XXIV, 45). Daß die Rechnungen, Register und Bücher die Eigenschaft von Urkunden haben, wie in §. 350 vorausgesetzt, ist nicht erforderlich; dieselben können auch nur den inneren amtlichen Verkehr betreffen, Dresden 4. Aug. 75 (S.G.Z. XX, 218), so das Abgang-Journal eines Gerichtsamts, Dresden 9. Aug. 75 (St. VI, 380). Die That kann auch durch Unterlassung gebotener Einträge begangen werden. Dagegen fällt das Nichtführen vorgeschriebener Rechnungen nicht unter §. 351, sondern ist an sich nur disziplinär zu behandeln. Hälschner II, 1059, Oppenhoff N. 21, Olshausen N. 5.

3. Die fälschliche Bezeichnung von Fässern u. s. w. kann auch dadurch bewirkt werden, daß auf denselben die Bezeichnung belassen wird, nachdem Geld entnommen ist. Hälschner II, 1060, Olshausen N. 6, Oppenhoff N. 24. Auch das Bezeichnenlassen, gleichviel ob durch Gutgläubige oder durch Gehülfen, fällt unter §. 351, Hälschner a. a. O.

4. Die Fälschung von Rechnungen ꝛc. fällt unter den Paragraph nur dann, wenn dieselben Beläge zu einer dem Thäter selbst obliegenden Buchführung bilden; die Fälschung eines Geldablieferungsscheines durch den Briefträger gehört nicht hierher. Mannheim 28. Nov. 74 (St. V, 169, Goltd. XXIV, 43), München 26. Jan. 77 (bayr. Entsch. VII, 48, St. VII, 197, Goltd. XXVI, 75), Dresden 12. Febr. 75 (St. VI, 51); vgl. aber Dresden 20. April 74 (S.G.Z. XVIII, 281, St. V, 173).

5. Die Ausdrucksweise am Schluß des Abs. 1 „ist — bezeichnet" ist augenscheinlich gewählt, weil die fraglichen Manipulationen in der Regel von niedern Beamten auf Veranlassung des Vorgesetzten vorgenommen werden. Es genügt hier, wenn der (unterschlagende) Beamte die falsche Bezeichnung zur Ausführung oder Verdeckung der Unterschlagung benutzt hat. Aber auch für die ersten Fälle des Abs. 1 („hat der Beamte u. s. w.") genügt es nach allgemeinen Grundsätzen, wenn der Beamte die fraglichen Handlungen durch einen Anderen hat vornehmen lassen.

6. Die unrichtige Buchführung ist nicht bloß straferhöhender Umstand des Delikts aus §. 350, sondern Thatbestands-Erforderniß des §. 351. Die Verjährung beginnt also nicht mit der Unterschlagung, sondern erst mit Abschluß der in §. 351 näher bezeichneten verdeckenden Thätigkeit. R.G. I, 11. Mai 82, E. VI, 294, R. IV, 477.

7. Die mildernden Umstände sind vom Reichstag zugelassen. — S. auch §. 350 N. 6. Konkurrenz von §. 351 und §. 348 kann stattfinden, wenn die gefäschten Belege die Eigenschaft von Urkunden haben, oder der Eintrag in Register und Bücher auch unter §. 348 fällt. Die Konkurrenz kann sowohl eine ideale (§. 73) als eine reale (§. 74) sein, letzteres insbesondere dann, wenn die Fälschung zur Vorbereitung oder Verdeckung der Unterschlagung geschieht. Meves in H.H. III, 996, Olshausen N. 10.

§. 352. **Ein Beamter, Advokat, Anwalt oder sonstiger Rechtsbeistand, welcher Gebühren oder andere Vergütungen für amtliche Verrichtungen zu seinem Vortheile zu erheben hat, wird, wenn er Gebühren oder Vergütungen erhebt, von denen er weiß, daß der Zahlende sie überhaupt nicht oder nur in geringerem Betrage verschuldet, mit Geldstrafe bis zu dreihundert Mark oder mit Gefängniß bis zu Einem Jahre bestraft.**

Der Versuch ist strafbar.

Pr. §. 326; E. I. §. 330; E. II. §. 348; St.B. S. 759.

Vgl. §. 358; Gew.O. §§. 72—80, 148 Nr. 8.

1. Die ausdrückliche Erwähnung der Advokaten u. s. w. erschien hier nothwendig, weil diese Personen nach §. 359 nicht als Beamte im Sinne des Strafgesetzbuchs anzusehen sind. (Motive.) Nur solche Beamte, welche Gebühren für sich selbst und zwar unmittelbar von der Partei zu erheben haben, fallen unter §. 352, z. B. Gerichtsvollzieher, R.G. IV, 21. Febr. 88, E. XVII, 169; I, 10. Jan. 89, E. XVIII, 341. Gebührenüberhebung, auch wenn sie der Beamte unmittelbar, jedoch zu Gunsten einer öffentlichen Kasse erhebt, welcher sie zu verrechnen sind, ist nach §. 353 strafbar; Ueberliquidation gegenüber einer öffentlichen Kasse ist disziplinär oder nach anderen Bestimmungen, nicht aber nach §. 352, wenn überhaupt strafbar; da hierbei stets eine Revision und Feststellung des wirklich zu Fordernden eintritt.

2. Rechtsbeistände sind keine Personen, welche unter diesem Titel zuweilen als Gewerbe die Vertretung und Verbeistandung von Parteien betreiben, da bei diesen von amtlichen Verrichtungen nicht die Rede sein kann. Gl. M. Geyer II, 198, Hälschner II, 1066, Meves in H.H. III, 1000, Olshausen N. 2a, Oppenhoff N. 1.

3. Zu erheben hat oder es erhebt derjenige Gebühren oder Vergütungen, der sich dieselben zahlen läßt, wenn auch durch gerichtlichen Zwang. Für die Zeit der That ist also nicht die Anforderung, sondern die Beitreibung maßgebend, und die bloße Anforderung kann nur als Versuch betrachtet werden; ebenso ein erfolgloser Versuch der Beitreibung. Das Fordern liegt allerdings auch im Begriff des Erhebens, da ein Erhalten ohne Forderung ein freiwilliges Geschenk des Gebenden sein würde. R.G. I, 24. Juni 80, R. II, 109, Ann. II, 229; II, 5. Okt. 86, E. XIV, 364, R. VIII, 583; IV, 17./21. Dez. 86, R. VIII, 771; welch letzteres Urtheil ein Uebereinkommen aus §. 93 der Gebühren-Ordng. f. Rechtsanwälte v. 7. Juli 79 die That nicht ausschließen läßt, wenn der Mandant im Irrthum ist, er zahle in der geforderten Gebühr nur die tarifmäßige, und der Anwalts diesen Irrthum erkennt oder voraussetzt und benützt. Das Urtheil nimmt eine Pflicht des Anwalts an, seinen Mandanten darüber nicht im Zweifel zu lassen, daß er eine über den Tarif hinausgehende Forderung stelle.

4. Unter den Gebühren sind Auslagen, deren Ersatz verlangt werden kann, wie verlegte Portos nicht verstanden. (S. §. 353 N. 1.) R.G. IV, 21. Febr. 88, E. XVII, 169. Den Ersatz von Reisespesen, welchen ein Anwalt von seinen Klienten, nicht aber von dessen Gegner zu fordern hatte, den er aber von letzterem ersetzt verlangte, rechnete R.G. III, 22./26. Nov. 88, E. XIX, 30, R. X, 685 nicht unter die in §. 352 bezeichneten Gebühren, weil nach der Entstehungsgeschichte des Paragraphen nur solche Gebühren unter denselben fallen, welche der Anwalt kraft eigenen Rechts zu fordern hat. Endlich rechnet R.G. I, 4. März 89, E. XIX, 63 solche Vergütungen unter §. 352, welche zwar für Auslagen einen Ersatz bieten sollen, welche aber eine tarifmäßig bestimmte Vergütung präsumtiver Auslagen bilden sollen, wie Schreibgebühren oder Reisekosten der Gerichtsvollzieher. Ebenso bezüglich der Notare. München 22. Jan. 91, bayr. Entsch. VI, 489.

5. Es handelt sich in diesem Paragraphen nicht um Geschenke, sondern um Leistungen, welche in der Voraussetzung einer Verpflichtung geschehen. Das Delikt kann begangen werden durch zweimalige Erhebung derselben Gebühren, oder solcher Gebühren, auf die nie ein Recht bestand oder das Recht vor der Erhebung erloschen war. München 30. Juli 75 (bayr. Entsch. V, 383, St. VI, 53). Ein Anwalt, der sich für die Führung einer Rechtssache von seinem Klienten ein bestimmtes Honorar versprechen und darüber einen Wechsel ausstellen läßt, dann aber die Gebühren und Auslagen besonders berechnet und an einer in seinen Händen befindlichen Baarschaft abzieht, obwohl er weiß, daß sein Klient durch das Honorar Alles gezahlt zu haben glaubt, ist aus §. 352 strafbar. München a. a. O. Wer durch Vorspiegelung falscher Thatsachen eine

Erhöhung von Reisegebühren bewirkt, ist wegen Betrugs und nach §. 352 in ideeller Konkurrenz strafbar. Stuttgart 5. Juni 78 (württ. Ger.Bl. XV, 28). Das Delikt liegt nicht vor, wenn die richtig berechneten Gebühren und die auf falscher Grundlage berechneten gleiche Höhe haben. Berlin 21. Dez. 76 (O.R. XVII, 838).

6. Die That setzt Vorsatz, d. h. das Bewußtsein eines rechtswidrigen Verlangens voraus. Dies wird nicht dadurch erfüllt, daß der Beamte, Anwalt u. s. w. die Dienstgeschäfte, für welche er Gebühren zu erheben hat, in unnöthiger und anfechtbarer Weise steigert; die einzelnen Gebühren hierfür aber vorschriftsmäßig ansetzt. R.G. IV, 8. Juli 84, E. XI, 40, R. VI, 531. Eventualdolus genügt. R.G. I, 24. Nov. 87, E. XVI, 363, R. IX, 638.

7. Das Erforderniß der Rechtswidrigkeit liegt auch dann vor, wenn der Beamte ꝛc. das Geschäft, für welches er Gebühren liquidirt, zwar vorgenommen hat, es aber nicht vornehmen durfte, und er sich dessen bewußt war, z. B. ein Anwalt, der, nachdem er einer Partei Rath ertheilt hat, auch der Gegenpartei Rath ertheilt. Die Rechtswidrigkeit wird auch durch das Wissen der benachtheiligten Partei und deren freiwilliges Zahlen nicht ausgeschlossen und ist vom Strafrichter selbständig, wenn auch im Widerspruch mit dem Civilrichter festzustellen. R.G. II, 5. Okt. 86, s. oben N. 3. Jedoch muß die Wissentlichkeit nicht so beschaffen sein, daß das Geben ein völlig freiwilliges ist, sondern es muß der Betrag als Gebühr, also als Schuld gefordert und bezahlt sein, so daß der Geber nicht ein Geschenk geben, sondern um einen Prozeß ausweichen oder aus sonstigen Motiven sich entschließen muß, wissentlich einem Unrecht sich zu unterwerfen. R.G. I, 25. Febr. 89, E. XIX, 19.

8. Taxüberschreitungen von Gewerbetreibenden (Apotheker, Feldmesser, Auktionatoren, Schornsteinfeger, Lohnbediente u. s. w. [vgl. §§. 72 ff. R.Gew.O.]) werden aus §. 148 Nr. 8 der Gew.O. bestraft.

9. Es kann Idealkonkurrenz von Gebührenüberschreitung und Betrug stattfinden. R.G. 28. April 81 s. oben. Jedoch erfordert die Annahme des Betrugs eine weitere Vorspiegelung als die Aufforderung eines wissentlich zu hohen Gebührenbetrags. R.G. III, 15. Nov. 88, E. XVIII, 219, R. X, 664. Ein Anwalt, der durch Verschweigen des Umstands, daß er zum Offizialvertheidiger bestellt ist, ungesetzliche Gebühren erhebt, ist wegen Betrugs und aus §. 352 in ideeller Konkurrenz strafbar. R.G. I, 28. April 81 (R. III, 254, E. IV, 227).

§. 353. Ein Beamter, welcher Steuern, Gebühren oder andere Abgaben für eine öffentliche Kasse zu erheben hat, wird, wenn er Abgaben, von denen er weiß, daß der Zahlende sie überhaupt nicht oder nur in geringerem Betrage verschuldet, erhebt, und das rechtswidrig Erhobene ganz oder zum Theil nicht zur Kasse bringt, mit Gefängniß nicht unter drei Monaten bestraft.

Gleiche Strafe trifft den Beamten, welcher bei amtlichen Ausgaben an Geld oder Naturalien dem Empfänger vorsätzlich und rechtswidrig Abzüge macht und die Ausgaben als vollständig geleistet in Rechnung stellt.

Pr. §. 327; E. I. §. 331; E. II. §. 349; St.B. S. 759.

Vgl. §§. 358, 35.

1. Gebühren im Sinne des §. 353 sind hauptsächlich solche, die unter den Gesichtspunkt von Abgaben fallen. Aber auch andere Leistungen fallen darunter, welche öffentlich rechtlichen Charakter an sich tragen, so Gegenleistungen für Handlungen und Leistungen des Staats, wie die Gebühren der Postanstalten für Briefbeförderung. R.G. II, 7. Dez. 80 (R. II, 616, E. III, 87).

2. Forderungen von augenscheinlich persönlichen Leistungen, welche sich zur Ablieferung in eine öffentliche Kasse nicht eignen, können unter den Gesichtspunkt von Gebühren nicht gebracht werden, z. B. sofort zu verzehrende Speisen. R.G. III, 9. Okt. 80 (R. II, 306). A. M. Hälschner II, 1086 N. 2, H. Meyer S. 879.

3. Der §. 353 setzt Unterschlagung nicht voraus, sondern es kann §. 350 ideal und real mit §. 353 konkurriren, je nach den thatsächlichen Verhältnissen. So R.G. III, 12. April 88, E. XVII, 321, welchem ein Fall unterlag, in welchem ein Gemeindeeinnehmer Steuerüberhebungen beging und das zu viel Erhobene zur Deckung künftigen Kassamankos zurückbehielt.

§. 353a. Ein Beamter im Dienste des Auswärtigen Amtes des Deutschen Reichs, welcher die Amtsverschwiegenheit dadurch verletzt, daß er ihm amtlich anvertraute oder zugängliche Schriftstücke oder eine ihm von seinem Vorgesetzten ertheilte Anweisung oder deren Inhalt Anderen widerrechtlich mittheilt, wird, sofern nicht nach anderen Bestimmungen eine schwerere Strafe verwirkt ist, mit Gefängniß oder mit Geldstrafe bis zu fünftausend Mark bestraft.

Gleiche Strafe trifft einen mit einer auswärtigen Mission betrauten oder bei einer solchen beschäftigten Beamten, welcher den ihm durch seinen Vorgesetzten amtlich ertheilten Anweisungen vorsätzlich zuwiderhandelt, oder welcher in der Absicht, seinen Vorgesetzten in dessen amtlichen Handlungen irre zu leiten, demselben erdichtete oder entstellte Thatsachen berichtet.

G. v. 26. Febr. 1876; Drucks. Nr. 54, 159, 175, 181; St.B. S. 402, 1016 ff., 1359.

1. Der §. 353a ist durch die Novelle vom 26. Februar 1876 aufgenommen. Der Regierungs-Entwurf (Drucks. Nr. 54) lautete dahin:

„Ein Beamter im Dienste des Auswärtigen Amtes des Deutschen Reichs, welcher

1. eines Ungehorsams gegen die ihm amtlich ertheilten Weisungen sich schuldig macht, oder
2. es unternimmt, durch unwahre Angaben seine Vorgesetzten oder unter Mißbrauch seiner amtlichen Stellung Andere zu täuschen, oder
3. die Amtsverschwiegenheit durch Mittheilung von Dienstgeheimnissen an Unberechtigte verletzt, oder
4. bei der Aufbewahrung amtlicher Schriftstücke ordnungswidrig verfährt,

wird ohne Unterschied, ob das Vergehen im Inlande oder im Auslande begangen worden ist, sofern nicht nach anderen Bestimmungen eine schwerere Strafe verwirkt ist, mit Gefängniß oder mit Geldstrafe bis zu sechstausend Mark, und wenn die Handlung geeignet war, das Wohl des Deutschen Reichs oder eines Bundesstaats zu gefährden, mit Gefängniß nicht unter drei Monaten bestraft."

und die Motive zu demselben sagen:

„Die Reichsregierung hat sich in neuerer Zeit der Wahrnehmung nicht verschließen können, daß die dem Auswärtigen Amte untergebenen Beamten nicht durchgängig von der Erkenntniß durchdrungen sind, daß es ihnen vor Allem obliegt, den ihnen ertheilten Weisungen ihrer vorgesetzten Behörde streng nachzukommen, das Dienstgeheimniß gewissenhaft zu wahren und die ihnen anvertrauten Schriften sorgfältig zu bewahren. Die aus einer solchen Pflichtvergessenheit dem Reiche drohenden Gefahren können die wichtigsten Beziehungen desselben zum Auslande schädigen, Ehre, Ansehen und Sicherheit des Reichs gefährden, mittelbar auf die Ruhe und die Kreditverhältnisse des Inlandes einwirken und somit in vielfacher Richtung dem Reiche Nachtheil und Gefahr bringen.

Dies gilt insbesondere von den diplomatischen Agenten im Auslande. Diese nehmen eine von anderen Beamten des Reichs ganz verschiedene Stellung ein, indem sie der unmittelbar einwirkenden Staatsgewalt und Kontrole entzogen sind. Ihre Unterlassungen und Versäumnisse sind selten wieder gut zu machen, ihre Handlungen der auswärtigen Regierung gegenüber für die Reichsregierung mehr oder weniger bindend, denn selbst, wenn Erklärungen diplomatischer Agenten den ertheilten Instruktionen nicht völlig entsprachen oder gar widersprachen, ist es doch nur in Ausnahmefällen thunlich gewesen, dieselben unter Berufung darauf zu desavouiren, daß der Agent darin seine Vollmacht übertreten hat. Bruch der Amtsverschwiegenheit, absichtliche Täuschung der Vorgesetzten, unwahre oder unvollständige Mittheilung an Fremde oder an die Presse, berechnete Unterlassung einer Pflichterfüllung kommen fast immer erst dann zur Kenntniß der Vorgesetzten, wenn die dem Dienst schädliche Wirkung stattgefunden hat und nicht wieder gut zu machen ist. Aus diesen Gründen ist daher nirgend und nie ein Zweifel darüber gewesen, daß im diplomatischen Dienst angestellte Personen, wie sie auf besondere Ehren- und Annehmlichkeits-Vorzüge in ihrem Amte Anspruch haben, so andererseits in besonderem Maße vertrauenswürdig sein müssen. Diese Sonderstellung der diplomatischen Agenten rechtfertigt eine besondere Strafgesetzgebung für die von ihnen begangenen Uebertretungen.

Das Strafgesetzbuch läßt ein gerichtliches Einschreiten in den vorgedachten Fällen nur dann zu, wenn der Vorsatz, ein Staatsgeschäft zum Nachtheil des Deutschen Reichs oder eines Bundesstaats zu führen, erwiesen ist. Ein solcher Beweis wird fast nie beizubringen sein. Die Beschaffenheit der strafbaren Handlung bringt es mit sich, daß eine Aufklärung der Motive derselben in den meisten Fällen unmöglich sein wird, ohne die Beziehungen zu dem fremden Staate, welcher betheiligt ist, zu berühren. Da dies vom politischen Standpunkte aus zu vermeiden ist, so würde das Delikt straflos bleiben, wenn nicht der Ungehorsam selbst, ohne Rücksicht auf die Folgen desselben, unter Strafe gestellt würde. Eine Analogie bieten die Spezialgesetzgebungen für Militärs und für Seeschiffer.

Die Disziplinarstrafen reichen für solche Fälle nicht aus. Sie gehen nicht weiter als bis zur Dienstentlassung. Es läßt sich nicht annehmen, daß durch eine Rücksicht auf diese Eventualität ein des in ihn gesetzten Vertrauens unwürdiger diplomatischer Agent sich von einer Verletzung seiner Amtspflichten abhalten lassen wird. Von gleicher Gefährlichkeit wie der Ungehorsam sind die übrigen Vergehen, welche unter Strafe gestellt werden sollen. Eine falsche Berichterstattung liefert für die, dem Agenten zu ertheilende Instruktion eine unrichtige Unterlage; die Verletzung des Dienstgeheimnisses, die nachlässige, der Geschäftsordnung zuwiderlaufende Aufbewahrung der Archive einer Mission gewähren dem Auslande die Möglichkeit, Thatsachen und Motive zu erfahren, die selbst dem Inlande gegenüber Staatsgeheimniß bleiben sollten, und deren Bekanntwerden nicht wieder gut zu machende Nachtheile und Gefahren mit sich bringen kann.

In letzterer Hinsicht ist zu keiner Zeit ein Zweifel gewesen und wird ein solcher auch für das Deutsche Reich nicht bestehen.

Die Vermittelung der Instruktion an die Vertreter im Auslande geschieht durch das Auswärtige Amt. Die Gefahren, welche durch Pflichtvergessenheit in den obengedachten Punkten dem Reiche drohen, bestehen daher auch in den meisten Beziehungen in Betreff der Beamten des Auswärtigen Amtes. Es kann auch an diese leichter als an andere Beamte die Versuchung herantreten, zu eigensüchtigen Zwecken die ihnen ertheilten Anweisungen ihrer Vorgesetzten nicht genau auszuführen, Amtsgeheimnisse Unbefugten mitzutheilen, Schriftstücke Unbefugten zugänglich zu machen und in anderer Weise ihre Dienstinstruktion lässig zu erfüllen.

Es rechtfertigt sich daher auch für sie gleiche strafrechtliche Behandlung mit den diplomatischen Agenten im Auslande."

Die gegenwärtige Fassung des §. 253a beruht auf einem Amendement Marquardsen (Drucks. Nr. 175, cf. St.B. S. 1360).

2. Ob der Beamte Inländer oder Ausländer ist, ob er die Handlung im Inlande oder Auslande begeht, ist gleichgültig; vgl. §. 4 N. 1. Der Paragraph trifft alle Beamte, welche zum auswärtigen Amte ressortiren, auch solche, welche den Dienst bereits verlassen haben. Gl. M. Olshausen N. 3, v. Schwarze N. 3. A. M. Geyer II, 200, Hälschner II, 1088, v. Liszt S. 601, Meves in H.H. IV, 344, H. Meyer S. 888, Oppenhoff N. 2.

3. Verletzung der Amtsverschwiegenheit ist die widerrechtliche Mittheilung von amtlich gemachten Erfahrungen an Andere, obwohl die Natur der Sache oder eine besondere Vorschrift die Geheimhaltung fordert. Widerrechtlich ist jede solche Mittheilung, welche nicht in Folge einer Amtspflicht oder unter besonderer Gestattung der vorgesetzten Behörde erfolgt.

4. Alle unter §. 353a fallenden Handlungen erfordern Vorsatz, d. h. bewußt widerrechtliches Handeln. Die Verletzung der Amtsverschwiegenheit in einem Fall, in welchem der Beamte auch nicht einmal mit Zweifel darüber, ob eine Mittheilung gestattet sei, eine solche macht, fällt nicht unter das Gesetz, da fahrlässige Verübung mit Strafe nicht bedroht ist. Die letzte Alternative des Abs. 2 fordert noch die Absicht, den Vorgesetzten zu einer Handlung zu veranlassen, welche er ohne den unwahren Bericht nicht vorgenommen haben würde, und zwar durch bewußt unwahre Darstellung von Thatsachen. Zwischen mündlichen und schriftlichen Bericht ist nicht unterschieden.

Olshausen N. 10 nimmt mit Rücksicht auf die polizeiliche Natur des Delikts an, daß auch die fahrlässige Verletzung der Amtsverschwiegenheit in Abs. 1 bedroht sei. Allein weder jene Natur, noch die Folgerung daraus ist im Gesetz angedeutet und, da widerrechtliches Handeln gefordert ist, auch nicht anzunehmen. A. M. auch Hälschner II, 1089, Meves in H.H. IV, 344. Gl. M. H. Meyer S. 888.

§. 354*). **Ein Postbeamter, welcher die der Post anvertrauten Briefe oder Packete in anderen, als den im Gesetze vorgesehenen Fällen eröffnet oder unter-**

---

*) Dambach, Das Gesetz über das Postwesen des D. R. Berlin 1881, 2. Aufl. Fischer, Die Deutsche Post- und Telegraphengesetzgebung. Berlin 1886, 3. Aufl. Göpfert, Staatspost u. Privatpost.

drückt, oder einem Anderen wissentlich eine solche Handlung gestattet, oder ihm dabei wissentlich Hülfe leistet, wird mit Gefängniß nicht unter drei Monaten bestraft.

Pr. §. 328; E. I. §. 332; E. II. §. 350; St.B. S. 759 (Drucks. Nr. 105).

Vgl. §§. 358, 35, 299 u. Postges. v. 28. Oktbr. 1871 §§. 5, 32, 50 Nr. 3; Postreglement v. 30. Novbr. 1871 §. 41 (Post-Amtsbl. Nr. 62).

1. Diese Strafbestimmung will die Bewahrung des Briefgeheimnisses sicher stellen, worüber das Reichspostgesetz v. 28. Okt. 1871 (in Uebereinstimmung mit dem B.-Postgesetz v. 2. Nov. 1867 §. 58) bestimmt:

§. 5. „Das Briefgeheimniß ist unverletzlich. Die bei strafgerichtlichen Untersuchungen und in konkurs- und civilprozessualischen Fällen nothwendigen Ausnahmen sind durch ein Reichsgesetz festzustellen. Bis zu dem Erlaß eines Reichsgesetzes werden jene Ausnahmen durch die Landesgesetze bestimmt."

Die Bestimmung hat jedoch auch den Zweck, die Pflichttreue der Beamten aufrecht zu erhalten. Mannheim 29. April 76 (bad. Ann. Bd. 42 S. 155, St. VI, 377).

2. Nur ein Postbeamter kann die That begehen, gleichviel ob er mit der Postsendung dienstlich zu thun hat, ob sie ihm persönlich anvertraut ist, oder ob ihm nur gelegentlich des Dienstes die Postsendung zugänglich ist.

3. Eine Postanweisung ist als Brief zu betrachten, R.G. I, 8. Dez. 79 (R. I, 124, E. I, 114), überhaupt jede Postsendung, welche nicht Packet (über 250 gr. schwer) ist, also auch Drucksachen und Muster unter Kreuzband u. s. w. Es kann auch nicht nach dem Inhalte unterschieden werden. Es bedarf also keiner Mittheilung, damit ein Brief als solcher erscheint. Auch eine in Briefform, d. h. in Umschlag und mit Adresse versehene Waarensendung muß, sobald sie zur Post aufgegeben ist, als Brief gelten. R.G. I, 23./28. Mai 91, E. XXII, 22. Auf Mittheilungen wollen Briefe beschränken Geyer II, 200, v. Liszt S. 602, Olshausen N. 2c. Dies beginnt mit der Aufgabe, denn wenn auch auf Grund der Postordnung und der Reglements die Beförderung verweigert werden sollte, ist eine Sendung, welche der Post übergeben, also z. B. in einen Briefkasten eingeworfen ist, bis zur amtlichen Eröffnung oder Rückgabe an den Berechtigten Brief oder Packet. Das Verhältniß endigt mit der Abgabe an den Berechtigten.

4. Der Post anvertraut ist auch ein an den Beamten selbst gerichteter, gegen Zahlung eines darauf lastenden Postvorschusses einzulösender Brief. Berlin 15. Okt. 73 (Goltd. XXI, 571, O.R. XIV, 638, St. III, 233).

Der Post ist ein Brief anvertraut, sobald er in den Briefkasten eingelegt ist. Dresden 22. Jan. 75 (St. VI, 55). Die Uebergabe an einen Postbeamten, im Gegensatz zu Briefträgern und Postboten, verlangt Mannheim 14. April 77 (bad. Ann. Bd. 43 S. 231, St. VII, 290. Packete welche nur aufgegeben sind, um die Ehrlichkeit eines Postbeamten zu prüfen, gelten dennoch als der Post anvertraut. R.G. I, 12. Jan. 80 (R. I, 218, E. I, 61).

5. Eröffnet ist eine Postsendung dann, wenn an der Umhüllung derselben eine Aenderung vorgenommen wird, welche einen Einblick in den Inhalt gestattet, welcher Anderen, auch den Postbeamten entzogen sein sollte. Einer Verletzung der Umhüllung bedarf es hierbei nicht; so kann die Eröffnung durch Abstreifen verschließender Umschnürung, durch Wegschieben von Deckeln (R.G. II, 18. März 90, E. XX, 349), durch Auseinanderbiegen des Umschlags (R.G. IV, 25. April 90, E. XX, 375) geschehen. Kenntnißnahme ist nicht erforderlich, Berlin 10. Juli 73, Hälschner II, 1092, Olshausen N. 3.

6. Ein Brief ist unterdrückt, wenn ein Postbeamter eigenmächtig einen solchen vor der Aushändigung an den Adressaten dem Postverkehr entzieht. Mannheim 29. April 76 (bad. Ann. Bd. 42 S. 154, St. VI, 377). Dies kann ein Postbeamter mit einem von ihm selbst aufgegebenen (mit Vorschuß belasteten) Brief thun. Mannheim a. a. O. Auch zeitweise Entziehung aus dem Postverkehr ist als Unterdrückung strafbar. R.G. 8. Dez. 79 (s. oben). München 16. Juli 87, bayr. Entsch. IV, 565.

7. Die Eröffnung unbestellbarer Briefe fällt nur dann unter den §. 354, wenn sie den dieserhalb bestehenden Reglements zuwider erfolgt. Nach §. 50 N. 3 des Reichspostgesetzes ist der Erlaß von „Vorschriften über die Behandlung unbestellbarer Sendungen" Sache des vom Reichskanzler zu erlassenden Reglements.

8. Der Vorsatz erfordert nur das Bewußtsein mangelnder Befugniß. Das Bewußtsein, das Briefgeheimniß zu verletzen, ist nicht erforderlich. Stuttgart 21. Mai 79 (württ. Ger.Bl.

XVI, 157). Die Motive des Handelns sind gleichgültig. Mannheim 29. April 76 (bad. Ann. Bd. 42 S. 155, St. VI, 377). R.G. 8. Dez. 79 (s. oben).

9. Die Worte „wissentlich eine solche Handlung gestattet" sind vom Reichstag aufgenommen.

10. Kenntnißnahme vom Inhalt oder Mittheilung desselben an Dritte gehört weder zur Absicht noch zur Vollendung. Berlin 10. Juli 73 (O.R. XIV, 499).

11. Vgl. §. 299.

§. 355*). Telegraphenbeamte oder andere mit der Beaufsichtigung und Bedienung einer zu öffentlichen Zwecken dienenden Telegraphenanstalt betraute Personen, welche die einer Telegraphenanstalt anvertrauten Depeschen verfälschen oder in anderen, als in den im Gesetze vorgesehenen Fällen eröffnen oder unterdrücken, oder von ihrem Inhalte Dritte rechtswidrig benachrichtigen, oder einem Anderen wissentlich eine solche Handlung gestatten oder ihm dabei wissentlich Hülfe leisten, werden mit Gefängniß nicht unter drei Monaten bestraft.

Pr. —; E. I. §. 333; E. II. §. 351; St.B. S. 759 (Drucks. Nr. 105).

Vgl. §§. 358, 35; Reichs-Telegr.-Ordn. v. 21. Juni 1872 §. 3 (R.G.Bl. S. 213).

1. Der im preuß. St.G.B. von 1851 nicht enthaltene §. 350 schließt sich an die Bestimmungen anderer Gesetzbücher, wie Bayern (St.G.B. v. 1861) Art. 387 Abs. 3 und den Code pénal Belge v. 1867 Art. 149, 150 an und beruht auf den auch für den §. 354 maßgebend gewesenen Erwägungen; vgl. dort die Bemerkungen und Dambach, das Telegraphen-Strafrecht, im G.S. Bd. XXIII, S. 283 ff. Beaufsichtigung und Bedienung ist offenbar nicht kopulativ, sondern alternativ zu verstehen.

2. Außer den eigentlichen Beamten trifft der Paragraph auch „andere mit der Beaufsichtigung u. s. w. betraute Personen", namentlich also auch die an Privat-Eisenbahnen oder Telegraphenanstalten Angestellten, sofern nur der Telegraph öffentlichen Zwecken oder dem Publikum dient und nicht auf den Privatgeschäftsbetrieb beschränkt ist. Daß der Beamte oder die mit Beaufsichtigung oder Bedienung betraute Person mit der Depesche dienstlich zu thun hat, ist nicht erforderlich. Es genügt, wenn der Dienst die Gelegenheit zur That giebt.

3. Anvertraute Depesche ist ebenso wohl die Urschrift als die telegraphische Uebertragung, wie die zur Zustellung bestimmte Reinschrift. Geyer II, 200, Hälschner II, 1093, Olshausen N. 2, Oppenhoff N. 2, v. Schwarze N. 3.

4. Nachdem die telegraphische Depesche als Urkunde anerkannt ist, wenn sie dies ihrem Inhalte nach sein kann (§. 267 N. 15), aber nicht sein muß, konkurrirt bei Verfälschung eines Telegramms, wenn es Urkunde ist, §. 267 mit §. 355 ideell. Im Uebrigen bietet die Verfälschung eines Telegramms nichts besonderes; es wird jedoch auch unter Verfälschen die fälschliche Anfertigung zu verstehen sein.

5. Alle Formen der That nach §. 355 können nur vorsätzlich begangen werden.

6. Bezüglich der Ausnahmen gelten die (Reichs- oder) Landesgesetze.

§. 356. Ein Advokat, Anwalt oder ein anderer Rechtsbeistand, welcher bei den ihm vermöge seiner amtlichen Eigenschaft anvertrauten Angelegenheiten in derselben Rechtssache beiden Parteien durch Rath oder Beistand pflichtwidrig dient, wird mit Gefängniß nicht unter drei Monaten bestraft.

Handelt derselbe im Einverständnisse mit der Gegenpartei zum Nachtheile seiner Partei, so tritt Zuchthausstrafe bis zu fünf Jahren ein.

Pr. §. 329; E. I. §. 334; E. II. §. 352; St.B. S. 759.

Vgl. §§. 300, 266.

1. Der Paragraph behandelt das Vergehen der sog. Prävarikation. Es wird ein pflichtwidriges Verhalten, ein Vertrauensbruch und auf der Seite des Thäters das Bewußtsein verlangt, daß ein solcher vorliege. Berlin 12. März 75 (Goltd. XXIII, 303, O.R. XVI, 224).

---

*) Dambach: Das Telegraphen-Strafrecht, im G.S. Bd. XXIII, S. 241 ff. (auch im Separatabdruck erschienen). Ludewig: Die Telegraphie. Leipzig. 1872.

Die bloße successive Uebernahme eines Mandats von beiden Parteien in derselben Rechtssache ohne den Nachweis von Umständen, die einen solchen Vertrauensbruch begründen, ist vielleicht disziplinär, aber nach §. 356 nicht zu strafen. l. 1 pr. D. 47, 15. A. M. v. Schwarze N. 6, Hälschner II, 1083.) Insbesondere fällt die nur aus Fahrlässigkeit erfolgte Legalisation von Schriftsätzen beider Parteien nicht unter den §. Berlin 8. Jan. 75 (O.R. XVI, 36). Ebenso wenig eine vermittelnde Thätigkeit im Interesse beider Parteien. R.G. II, 5. Okt. 86, E. XIV, 364, R. VIII, 583. Ueber den Rechtsbeistand, der nicht Anwalt oder als Beistand bestellt ist, vgl. zu §. 352 N. 2.

Die Bestimmung des §. ist auch anwendbar, wenn bei Annahme des zweiten Mandats das erste bereits erloschen war. Dresden 6. Seqt. 72 (St. II, 132).

2. In derselben Rechtssache bedeutet nicht „in demselben Rechtsstreite", sondern in derselben Rechtsangelegenheit, gleichviel ob dieselbe überhaupt und wenn, ob in einem oder mehreren Prozessen streitig wird, oder ob es eine Civil- oder Strafsache ist; wenn nur zwei oder mehrere Parteien mit entgegengesetztem Interesse vorhanden sind. In Strafsachen kann das Delikt nicht bloß im Privat- oder Nebenklageverfahren begangen werden, sondern z. B. auch vom Vertheidiger gegenüber dem Beschädigten oder dem mit entgegengesetzter Vertheidigung auftretenden Mitangeschuldigten. A. M. Meves in H.H. III, 1016. H. Meyer S. 887, Olshausen N. 3a. Dagegen geht Hälschner II, 1083 so weit, Prävarikation Seitens des Vertheidigers sogar der Anklagebehörde gegenüber für möglich zu halten.

3. Es muß Rath gegeben oder Beistand geleistet sein. (Vgl. Dresden 6. Sept. 72, St. II, 132). Bloßer Vertrauensbruch durch Benutzung anvertrauter Geheimnisse unterliegt nur dem Disziplinarverfahren; jedoch ist die Mittheilung jedes sofort gegen den Verletzten verwerthbaren Geheimnisses als Rath zu betrachten.

4. Das Handeln zum Nachtheile der Partei will Meves in H.H. III, 1018, Olshausen N. 6, Oppenhoff N. 9 nur als subjektives Erforderniß, als gleichbedeutend mit: „in der Absicht zu benachtheiligen" auffassen. Es dürfte dies dem Wortlaute nicht entsprechen. Zum Nachtheile handelt derjenige, der eine bewußt nachtheilige Handlung vornimmt. Als Handlung muß auch Unterlassung verstanden werden. Also derjenige begeht das erschwerte Delikt, der z. B. ein nachtheiliges Zugeständniß macht, eine Einrede unterläßt u. dergl. Allerdings muß dies im Einverständniß mit der Gegenpartei, nicht einseitig geschehen. Gl. M. Hälschner II, 1084, v. Schwarze N. 8.

5. Auf Unfähigkeit zur Advokatur, d. h. zu öffentlichen Aemtern im Allgemeinen, kann im Falle des Abs. 1 nicht erkannt werden (vgl. §. 358), dagegen tritt dieselbe mit der Verurtheilung zu Zuchthaus im Fall des Abs. 2 nach dem allgemeinen Grundsatz des §. 31 von Rechtswegen ein.

§. 357. Ein Amtsvorgesetzter, welcher seine Untergebenen zu einer strafbaren Handlung im Amte vorsätzlich verleitet oder zu verleiten unternimmt, oder eine solche strafbare Handlung seiner Untergebenen wissentlich geschehen läßt, hat die auf diese strafbare Handlung angedrohte Strafe verwirkt.

Dieselbe Bestimmung findet auf einen Beamten Anwendung, welchem eine Aufsicht oder Kontrole über die Amtsgeschäfte eines anderen Beamten übertragen ist, sofern die von diesem letzteren Beamten begangene strafbare Handlung die zur Aufsicht oder Kontrole gehörenden Geschäfte betrifft.

Pr. §. 330; E. I. §. 335; E. II. §. 353; St.B. S. 759.

Vgl. §. 48; M.St.G.B. §§. 47, 115, 116.

1. „Strafbare Handlung im Amte" bezeichnet nur eine solche Handlung, welche sich nach den Bestimmungen dieses Abschnitts als ein „Verbrechen oder Vergehen im Amte" darstellt. (Motive.) A. M. Hälschner II, 1063, v. Liszt S. 602, H. Meyer S. 883, Olshausen N. 1.

2. Ueber den Ausdruck „zu verleiten unternimmt" vgl. die Bemerkungen zu §. 159 N. 2. Die Worte „verleitet oder" sind nach dem anderweit beobachteten Sprachgebrauch des St.G.B. überflüssig. Unter Verleiten ist Anstiftung zu verstehen. Geyer II, 201, Hälschner II, 1062, Meves in H.H. III, 1012, Olshausen N. 3a, v. Schwarze N. 4.

3. Vgl. §. 358.

§. 358. Neben der nach Vorschrift der §§. 331, 339 bis 341, 352 bis 355 und 357 erkannten Gefängnißstrafe kann auf Verlust der Fähigkeit zur Bekleidung öffentlicher Aemter auf die Dauer von Einem bis zu fünf Jahren erkannt werden.

Pr. (vgl. die betr. §§.); E. I. (vgl. die betr. §§.); E. II. §. 254; St.B. S. 759. Vgl. §§. 32—35.

1. Vgl. die Bemerkungen S. 129 N. 3, namentlich unter d. Der Verlust der Fähigkeit kann im Falle des §. 358 (ebenso §§. 128, 129) ausgesprochen werden, auch wenn die Gefängnißstrafe das im §. 32 festgesetzte Maß von drei Monaten nicht erreicht. Wenn bei Amtsverbrechen wegen mildernder Umstände Gefängnißstrafe erkannt wird, kommt die Regel der §§. 32 und 35 zur Anwendung. Der Verlust der Fähigkeit darf nicht neben Aberkennung der bürgerlichen Ehrenrechte ausgesprochen werden. Berlin 18. Febr. 74 (Goltd. XXII, 46, O.R. XV, 86) u. 15. Febr. 77 (O.R. XVIII, 130, Goltd. XXV, 58, St. VII, 203).

2. Auf Beamte ist die Maßregel nicht beschränkt, da einmal der Begriff des öffentlichen Amtes weiter ist als der des Beamten, und der §. 358 sowohl auf sämmtliche Nichtbeamte, gegen welche der Abschnitt 28 Strafbestimmungen enthält, als auch auf den dritten Anstifter sich erstreckt.

Dagegen ist der §. 358 beim Versuche und der Beihülfe nicht anwendbar. (Vgl. §. 45 N. 2 und §. 49 Abs. 2.)

§. 359. Unter Beamten im Sinne dieses Strafgesetzes sind zu verstehen alle im Dienste des Reichs oder in unmittelbarem oder mittelbarem Dienste eines Bundesstaats auf Lebenszeit, auf Zeit oder nur vorläufig angestellte Personen, ohne Unterschied, ob sie einen Diensteid geleistet haben oder nicht, ingleichen Notare, nicht aber Advokaten und Anwälte.

Pr. §. 331; E. I. §. 336; E. II. §. 355; St.B. S. 759.
Vgl. §. 31 A. 2; M.St.G.B. §. 145.

1. Vgl. die allgemeinen Bemerkungen zu diesem Abschnitt.

2. Der §. 359 definirt den Begriff des Beamten überhaupt im Sinne dieses Strafgesetzes (d. h. des St.G.B.). Derselbe ist deshalb in allen Beziehungen anwendbar, in denen das St.G.B., auch außerhalb des Abschn. 28, bezüglich des Beamten besondere Vorschriften gibt, z. B. §§. 196, 232. Berlin 1. Nov. 71 (O.R. XII, 555, St. I, 105).

3. Wenngleich hiernach der §. 359 sich äußerlich auf das St.G.B. beschränkt, so enthält derselbe doch einen in den allgemeinen Theil gehörigen Grundsatz. Als solcher ist er nach dem zum Einf.Ges. §. 3 N. 3 Ausgeführten auch auf alle neben dem St.G.B. etwa in Geltung bleibenden, von Beamten im Allgemeinen handelnden Strafbestimmungen anwendbar, sofern nicht bezüglich gewisser Personen spezielle Vorschriften vorliegen, oder sich aus dem Zusammenhang mit dem bisherigen Recht ein anderes Resultat ergibt. Der Begriff „öffentliches Amt" ist weiter, als der des Beamten. (Vgl. §§. 31 Abs. 2 u. 3, 58, sowie S. 152 N. 2.)

4. Nur inländische Beamten sind gemeint, wie aus den Worten „des Reichs" und „Bundesstaats" unzweifelhaft hervorgeht. Ob der Beamte aber Inländer oder Ausländer ist, ob die Handlung im Inlande oder im Auslande begangen wird, ist gleichgültig, vgl. §. 4 N. 1. München 15. April 78 (bayr. Entsch. VIII, 175).

5. Auch die sogenannten mittelbaren Beamten, die Beamten der Gemeinden, Kreise 2c., gehören hierher. Ueberhaupt alle, welche im Dienste einer dem Staate untergeordneten, organisch seiner Verfassung angehörenden Gemeinheit die Zwecke des Staates mittelbar fördern, und zwar unter staatlicher Autorität. Vgl. z. B. München 20. April 75 (bayr. Entsch. V, 152, St. V, 177); Dresden 1. Aug. 73 u. 22. Jan. 75 (S.G.Z. XVI, 89, St. VI, 55); Berlin 12. Nov. 75 u. 21. Febr. 79 (Goltd. XXIII, 549; XXVII, 109, O.R. XVI, 724); Mannheim 3. April 75 (bad. Ann. Bd. 41 S. 125); Wolfenbüttel 8. Febr. 77 (St. VIII, 305).

6. Der §. 359 setzt eine Anstellung als Beamter voraus. Ob eine solche vorhanden ist, ist nach den Landesgesetzen zu beurtheilen, jedoch ist es gleichgültig, ob ein Diensteid geleistet ist oder nicht, wenn dieser nicht gesetzlich Vorbedingung der Beamten-Eigenschaft ist, was besonderer

Feststellung bedarf. Berlin 2. März 77, 29. Jan. u. 2. April 79 (O.R. XVIII, 178; XX, 51, St. VII, 42, 221, Goltd. XXVII, 218, 468). R.G. I, 5. Jan. 84, E. IX, 410 (in Bezug auf öffentliche Diener der bayerischen Landgemeinden) auch 20. Juni 88, E. XVIII, 37. Ebenso ist es gleichgültig, ob und welche Vergütung dem Angestellten für seine Dienste gewährt wird. Dresden 29. Sept. 71, 22. Jan. 75 (S.G.Z. XV, 316, St. I, 105; VI, 55); Berlin 5. Okt. 72 (Goltd. XX, 565, O.R. XIII, 505, St. II, 133). Die Anstellung auf Gebühren steht der Beamtenqualität nicht entgegen. R.G. I, 24. Juni 80 (R. II, 108, Ann. II, 229). Es ist ferner gleichgültig, ob die zur Erlangung eines Amtes in der Regel erforderlichen Voraussetzungen vorlagen, ob der Beamte dauernd angestellt war oder nicht. München 15. April 78 (bayr. Entsch. VIII, 175). S. einen Fall, in welchem ein nach dem Gesetz zu junger Beamter trotzdem zum Forstschutz angestellt worden war und, weil angestellt, als Beamter anerkannt wurde. R.G. I, 3. Juni 80 (R. II, 24, E. II, 82, Ann. II, 115, Goltd. XXIX, 204). Als maßgebendes Prinzip ist dabei zu beachten: ob Jemand nach dem bestehenden Staats- und Verfassungsrecht berufen ist, als Organ der Staatsgewalt unter öffentlicher Autorität für die Herbeiführung der Zwecke des Staats in eigener Verantwortung thätig zu sein. So: zutreffend Oppenhoff N. 2 in Uebereinstimmung mit dem preuß. O.Tr. Berlin 5. Okt. 72 (O.R. XIII, 505) u. 9. Nov. 76 (Goltd. XXIV, 555); München 18. Jan. u. 22. Febr. 73 (St. II, 205, 247), 20. April u. 24. Dez. 75, 12. Jan. u. 11. Mai 77, 15. April 78 (bayr. Entsch. V, 152, 572; VII, 15, 186; VIII, 176, St. VI, 57; VII, 204, 357); Dresden 22. Jan. 75 (St. VI, 55); Mannheim 3. April 75 (bad. Ann. Bd. 41 S. 125). R.G. I, 16. Jan. 82 E. V, 337, R. IV, 47. Daß bei der Annahme des Angestellten die Aufnahme in den Staatsdienst ausdrücklich ausgesprochen worden sei, ist nicht erforderlich. So: (in Betreff der Anstellung von Beamten der unter Staatsverwaltung stehenden Privat-Eisenbahnen) Berlin 3. Nov. 75 (Goltd. XXIII, 551, O.R. XVI, 707). Eine besondere Verwahrung gegen die Anstellung eines in den Dienst Aufgenommenen, als Beamten, ist in der Regel zu beachten, weil es dann an der Anstellung zu fehlen pflegt und kann nur dann trotzdem die Beamten-Eigenschaft des Aufgenommenen angenommen werden, wenn die Dienstverrichtungen solche sind, daß sie zweifellos nur unter der Voraussetzung der Wahrnehmung durch einen öffentlichen Beamten rechtliche Wirkung gewinnen können, und es muß der Beamte sich zweifellos innerhalb der zuständigen Grenzen seiner Amtsausübung bewegt haben, so daß Wille und Absicht der hierfür berufenen staatlichen Organe klar erkennbar ist, dem Betreffenden die in Frage stehende Amtsausübung zu übertragen. So R.G. III, 10. Nov. 87, E. XVI, 378, R. IX, 585.

Ist die Genehmigung der Staatsregierung oder einer staatlichen Behörde zur Anstellung von Gemeindebeamten gesetzlich erforderlich, so erscheint auch ein im Gemeindedienst Angestellter, selbst wenn seine Funktion die eines Beamten ist, vor jener Genehmigung nicht als Beamter. R.G. IV, 5. Juni 91, E. XXI, 39.

7. Dagegen ist es nicht erforderlich, daß alle Staatszwecke durch Beamte verfolgt werden; so kann insbesondere auch die Privatindustrie für Staatszwecke benutzt werden und ist dann entscheidend, ob die verfassungsmäßigen Organe des Staats einem in solch mittelbarer Weise für für den Staat Wirkenden Rechte und Pflichten eines Beamten ertheilt und ihn ermächtigt haben, unmittelbar die öffentliche Autorität zu vertreten. Berlin 7. Okt. 75 (St. VI, 56). Ob dies der Fall ist, geht hauptsächlich aus der Bestallungsurkunde hervor, kann aber in Ermangelung einer solchen, da sie nur Beurkundung, nicht Bedingung der Beamteneigenschaft ist, auch aus den äußern Umständen der Bestellung und aus der Natur der Dienste gefolgert werden. Berlin 11. Okt. 77 u. 29. Jan. 79 (O.R. XVIII, 630; XX, 51, Goltd. XXV, 571; XXVII, 218). Auch ein Vertragsverhältniß auf Kündigung läßt die Beamteneigenschaft zu. Berlin 11. Okt. 77 a. a. O. Welche Personen in den einzelnen Bundesstaaten zu den unmittelbaren oder mittelbaren Staatsbeamten zu rechnen sind, bestimmen die Landesgesetze. Berlin 1., 9. u. 16. Nov. 76 (Goltd. XXIV, 557, 555, 558, O.R. XVII, 743); Wolfenbüttel 8. Febr. 77 (St. VIII, 305); Stuttgart 5. Juni 78 (württ. Ger.Bl. XV, 29). Auch bezüglich der Erlangung der Eigenschaft als mittelbarer Beamte bedarf es in der Regel keiner eidlichen oder sonstigen Verpflichtung, sowie ausdrücklicher Bestallung. Es genügt die Uebertragung eines Amtes, welche aus der Anerkennung und Genehmigung der Dienstleistungen durch Honorirung Seitens der vorgesetzten Behörde aus öffentlichen Mitteln geschlossen werden kann, R.G. I, 7. Mai 83, R. V, 328, s. auch bez. eines Schulkassen-Rendanten R.G. IV, 1. Febr. 87, E. XV, 244.

8. Die Funktion als „Notar" begründet immer, die Funktion als „Advokat oder Anwalt" niemals, selbst bei entgegenstehendem Landesgesetz, die Beamtenqualität im strafrechtlichen

Sinne. Somit sind in Preußen die Rechtsanwälte strafrechtlich nicht mehr Beamte, obschon sie nach §. 31 A. 2 ein „öffentliches Amt" bekleiden.

9. Wegen Theilnahme Dritter an Beamtenverbrechen vgl. die allgemeiuen Bemerkungen zu diesem Abschn. N. 3.

10. Ob Jemand als Beamter, d. h. als eine nach Maßgabe des §. 359 angestellte Person zu achten, ist Sache der thatsächlichen Feststellung (durch die Geschwornen). Vgl. Dresden 24. März 73 (St. III, 40). Es genügt zur Feststellung nicht das Amt zu bezeichnen, in welchem der Angeklagte gehandelt hat, oder anzuführen, der Angeklagte sei in Bekleidung des Amtes Beamter gewesen, wenn das Amt auch als Privatdienst vorkommt. In solchen Fällen muß die Uebertragung des Amts von Seite der zuständigen Staats- oder Gemeindebehörde festgestellt werden. R.G. III, 28. Febr. 84, R. VI, 159.

11. Bezüglich der Beamtenqualität liegen u. A. folgende Entscheidungen*) vor: I. **Gemeindebeamte,** die Angestellten der Gemeinden sind Beamte: München 20. April 74 (St. V, 177), Mannheim 3. April 75 (bad. Ann. Bd. 41 S. 125), so insbesondere der Bürgermeister: München 7. März 73, 27. April 75, 18. Juni 77 (bayr. Entsch. III, 105; V, 158; VII, 246, St. VII, 359), Berlin 28. Jan. 76 (O.R. XVII, 77, Goltd. XXIV, 128), Mannheim 3. Nov. 77. (bad. Ann. Bd. 43 S. 343). Die Mitglieder des Magistrats einer preußischen Stadt: Berlin 28. Jan. 76 (O.R. XVII, 77, Goltd. XXIV, 128) und dessen Deputationen R.G. IV, 12. Okt. 88, R. X, 565, der bayrischen Städte und Märkte: München 18. Juni 77 (bayr. Entsch. VII, 246, St. VII, 359), eines mit der Verwaltung der Ortspolizei betrauten sächsischen Stadtrathes: Dresden 28. Dez. 77 (St. VIII, 295), der Ortsschulz: Berlin 28. Jan. 74, 28. Jan. 76 (Goltd. XXII, 55, XXIV, 128, O.R. XVII, 77), die Mitglieder des Gemeinderaths: München 22. Jan., 20. u. 27. April 75 (bayr. Entsch. V, 151, 157, St. V, 171), Stuttgart 10. Mai 76 (württ. Ger.B. XI, 371), Mannheim 3. Nov. 77 (bad. Ann. Bd. 43 S. 843) und des Gemeindevorstandes: Dresden 1. Aug. 73 S.G.Z. XVIII, 79). Die mit der Verwaltung gemeindlichen Vermögens betrauten Mitglieder der Ausschüsse bayrischer Landgemeinden R.G. I, 1. Febr. 83, E. VIII, 29, R. V, 76. Stadtverordnetenvorsteher: Berlin 5. Jan. 77 (O.R. XVIII, 13), Stadt- und Marktschreiber: München 18. Juni 77 (bayr. Entsch. VII, 246, St. VII, 359), R.G. I, 7. Nov. 81, R. III, 688. Rathsschreiber: Stuttgart 29. Nov. 76 (württ. Ger.Bl. XII, 411). Gemeindeschreiber: München 2. Dez. 87 (bayr. Entsch. IV, 586), Mannheim 3. Nov. 77 (bad. Ann. Bd. 43 S. 343), die bei einer städtischen Sparkasse Angestellten: Berlin 7. Dez. 76 (Goltd. XXIV, 609), der preuß. Stadtsekretär: Berlin 9. Jan. 77 (O.R. XVIII, 17, Goltd. XXV, 150), die gemeindlichen Exekutoren: Berlin 23. April 79 (O.R. XX, 225, Goltd. XXVII, 529), die zur Beaufsichtigung gemeinnütziger städtischer Anstalten, wie Wasserwerke, Gaswerke Angestellten: Berlin 2. März 77 (O.R. XVIII, 178, St. VII, 42). R.G. I, 19. Jan. 80 (R. I, 247, E. I, 153). Beamten wohlthätiger Stiftungen: Mannheim 3. April 75 (bad. Ann. Bd. 41 S. 125). Der Pfleger eines Ortsausschusses (Bayern) R.G. I, 4. Febr. 89, E. XVIII, 391, in städtischen Diensten angestellte Bureauassistenten: R.G. I, 13. Nov. 79 (R. I, 64, Ann. I, 159), städtische Bezirksvorsteher in Preußen: R.G. I, 14. März 81 (E. III, 420), Gemeindefeldhüter: Berlin 27. Jan. 75 (O.R. XVI, 87), Gemeindenachtwächter: Berlin 11. Jan. 74 (Goltd. XXII, 638, O.R. XV, 554). Die beiden letzten Kategorien in Dorfgemeinden unter dem Geltungsbereiche der Kreisordnung für die östlichen Provinzen Preußens nur mit landräthlicher Bestätigung R.G. II, 8. Okt. 86, E. XIV, 350, R. VIII, 604. Gemeindesteuererheber: Berlin 18. Sept. 72 (Goltd. XX, 564, O.R. XIII, 461), R.G. I, 23. März 91, E. XXI, 398, Gemeindewaagemeister: München 13. Sept. 73 (St. III, 38, 12. Okt. 86, bayr. Entsch. IV, 190), s. jedoch R.G. I, 20. Juni 88, E. XVIII, 37, Fleischbeschauer (Baden), R.G. I, 2. Mai 89, E. XIX, 197, (Bayern) R.G. I, 26. Jan. 88, E. XVII, 76, München 17. März 87, bayr. Entsch, IV, 451, (Preußen) Berlin 6. Febr. 77, O.R. XVIII, 96, R.G. I, 24. Juni 80, R. II, 109, Ann. II, 229, II, 20. Sept. 81, E. IV, 421, R. III, 506, Pflasterzolleinnehmer: München 18. Mai 74 (St. IV, 17), Polizeidiener: Dresden 20. Mai 78 (S.G.Z. XXII, 338), Mannheim 2. Nov. 78 (bad. Ann. Bd. 44 S. 298), Armenhausaufseher:

*) In der obigen Zusammenstellung ist die Landesgesetzgebung, auf welche sich die Entscheidung bezieht, in der Regel aus dem Orte derselben zu ersehen, außerdem ist dieselbe angegeben, so in den reichsgerichtl. Entscheidungen.

Dresden 23. Jan. 71 (St. I, 49), die von dem Kreisausschuß angestellten Personen, auch wenn sie nicht zu den in der Kreisordnung ausdrücklich genannten Beamten gehören: Berlin 12. Nov. 75 (Goltd. XXIII, 549, O.R. XVI, 724).

II. **Polizeibeamte,** der Gutsherr als Inhaber der Polizeigewalt: Berlin 28. Jan. 76 (O.R. XVII, 77, Goltd. XXIV, 128), der (nicht vereidete) stellvertretende Polizeiverwalter: Berlin 10. Dez. 73 (Goltd. XXI, 526), die Wegepolizei-Kommissarien: Berlin 9. Mai 73 (Goltd. XXI, 571, O.R. XIV, 356), die Angestellten der Provinzial-Feuersozietäten: Berlin 26. Febr. 73 (Goltd. XXI, 292, O.R. XIV, 168; vgl. 30. April 75, O.R. XVI, 332, und — bezüglich der Taxatoren — 7. April 75, Goltd. XXIII, 443, O.R. XVI, 274). Die Gendarmen: Berlin 4. Okt. 73 (Goltd. XXI, 512, O.R. XIV, 600, St. III, 76) A. M. und zählt die preuß. Gendarmen der bewaffneten Macht zu: Berlin 10. Jan. 78 (O.R. XIX, 17, Goltd. XXVI, 56); die bayr. Gendarmen sind Beamte: München 5. Juni 78 (bayr. Entsch. VII, 551).

III. **Eisenbahnbeamte;** die Bahnpolizeibeamten, sofern sie vereidet sind (vgl. §. 75 des Bahnpol.Regl.): Berlin 5. Febr. 73 (Goltd. XXI, 192, O.R. XIV, 108, St. II, 225), die bei einer Staatsbahn oder bei einer unter Staatsverwaltung stehenden Privatbahn Angestellten, insbesondere die Direktion: Berlin 5. Juli 77 (O.R. XVIII, 506), der Bauführer einer Eisenbahnbausektion (Bayern), München 4. Dez. 74 (bayr. Entsch. IV, 460), der sog. Privatgehülfe bei einer badischen Staatsbahn: Mannheim 30. Juli 72 (St. II, 133), Berlin 3. Nov. 75 (Goltd. XXIII, 552, O.R. XVI, 707) — wogegen die Beamten der Privatbahnen als Beamte nur insoweit anzusehen sind, als sie als vereidete Bahnpolizeibeamte fungiren: Berlin 4. Dez. 73 (Goltd. XXII, 131, O.R. XIV, 775) —, wie die Schaffner, Zugführer und Stationsassistenten von Privatbahnen: Berlin 12. April 77 (O.R. XVIII, 272, Goltd. XXV, 328), versuchsweise bei Staatsbahnen angestellte Zeichner: Mannheim 15. Jan. 76 (bad. Ann. Bd. 42 S. 43), Güterexpeditoren: Mannheim 15. Dez. 77 (bad. Ann. Bd. 44 S. 9, St. VIII, 302), Weichenwärter: Stuttgart 15. Sept. 75 (württ. Ger.Bl. XI, 80), Berlin 8. März 76 (O.R. XVII, 179).

IV. **Postbeamte:** Posteleven: Dresden 22. Jan. 75 (St. VI, 55), Unterbeamten der Post, deren Anstellung den einzelnen Bundesstaaten überlassen ist, oder die von den Oberpostdirektionen angestellt werden: Berlin 22. April 79 (O.R. XX, 221, Goltd. XXVII, 68), Postgehülfen, auch wenn sie unter Haftung des Postexpeditors angestellt sind: R.G. I, 1. Juli 80 (R. II, 144), E. II, 189, Goltd. XXIX, 224), Postagenten in Elsaß-Lothringen, R.G. I, 26. Jan. 91, E. XXI, 310, Briefträger: Mannheim 74 (bad. Ann. Bd. 41 S. 233).

V. **Gerichtliche Beamte:** die Civil-Supernumerarien, soweit ihnen gerichtliche Geschäfte übertragen sind: Berlin 8. Jan. 74 (O.R. XV, 7), Hülfsexpedienten: Dresden 9. Aug. 75 (St. VI, 380), Amtsrevidenten: Mannheim 13. Febr. 75 (bad. Ann. Bd. 41 S. 81), Hülfssekretäre (auch bei rheinischen Gerichten): R.G. I, 18. März 80 (R. I, 494, E. I, 327), die Referendarien: Dresden 3. Juni 72 (S.G.Z. XVII, 27), die gerichtlichen Dolmetscher, jedoch nicht dann, wenn sie bei Notariatsakten fungiren: Berlin 11. März 74 (Goltd. XXII, 122, O.R. XV, 144), die Gerichtsvollzieher und deren Gehülfen: München 7. Mai 72, 14. Aug. 74 u. 21. Mai 75 (bayr. Entsch. V, 221, St. I, 310; IV, 204), Dresden 16. Aug. 75 (S.G.Z. XX, 114).

VI. **Jagd- und Forstbeamte:** Beamte des preuß. Hofjagdamts, auch die auf Grund eines Vertrags mit einer Gemeinde zu Feld- und Forstschutz auf der Gemeindefeldmark bestellten, sind, ohne daß es einer Bestätigung des Landraths bedarf, Beamte, R.G. II, 9. Okt. 85, E. XII, 419, R. VII, 562, ferner die verpflichteten Jagdaufseher: Mannheim 8. März 73 (St. II, 249), die Förster und Forstgehülfen: München 13. Juni 74 u. 12. April 78 (St. IV, 134; VIII, 209, die vom Forstberechtigten bestellten Privataufseher: Berlin 9. Febr. 76 (O.R. XVII, 104), auf den Forstschutz verpflichtete, im Privatdienst stehende Forstwarte nnd Forstaufseher: München 27. April 77 (bayr. Entsch. VII, 169), R.G. II, 1. Okt. 80, E. II, 306, R. II, 288, 3. Juni 81 (E. IV, 214), die in Sachsen vom Eigenthümer eines Rittergutes oder eines anderen vom Gemeindeverbande eximirten Grundstücks bestellten, vereideten Förster R.G. III, 6. Nov. 82, E. VII, 210.

VII. **Beamte verschiedener Kategorien:** Die Feldmesser, welche zu staatlichen Zwecken, wenn auch nur vorübergehend, bestellt sind: Berlin 5. Okt. 72 (Goltd. XX, 565, O.R. XIII, 505), die Lotterie-Kollekteure der Kgl. Sächs. Landeslotterie: Dresden 20. Juni 73, 12. Sept. 89 (S.G.Z. XVII, 188), Goltd. XXXVII, 306, Feldhüter auf einem selbstständigen Gutsbezirke: Berlin 29. Nov. 76 (O.R. XVII, 767, Goltd. XXIV, 609), die bayrischen Brandversicherungs-

Inspektoren: München 15. April 78 (bayr. Entsch. VIII, 172), amtlich bestellte Wasenmeister: Mannheim 24. Febr. 78 (St. VIII, 303); württ. Gerichtsschöffen: Stuttgart 5. Juni 78 (württ. Ger.Bl. XV, 29), die Grund- und Hypothekenbuchführer in Sachsen: Dresden 21. Juli 76 (S.G.Z. XXI, 175), Taxatoren für Steuereinschätzungen: München 12. Jan. 77 (bayr. Entsch. VII, 14), Mitglieder von Steuerausschüssen: München 28. Sept. 77 (bayr. Entsch. VII, 434), Dresden 3. Aug. 77 (S.G.Z. XXII, 171), bayr. Zuchthausverwalter: München 22. Febr. 78 (bayr. Entsch. VIII, 95, St. VIII, 296). Chausseegeldpächter: Berlin 28. Sept. 77 (O.R. XVIII, 615), Chausseewärter auf Kreisstraßen in der Provinz Schlesien, R.G. IV, 7. April 91, Goltd. XXXIX, 209.

12. Nicht Beamte sind Hofbeamte, RG. II, 13. Jan. 91, E XXI, 381: die Mitglieder einer Gemeindevertretung (Stadtverordnete): Berlin 18. Juli 72 (O.R. XIII, 431), Dresden 15. Okt. u. 17. Dez. 77 (S.G.Z. XXII, 209, 240), Wolfenbüttel 8. Febr. 77 (St. VIII, 305), Gefangenen-Transporteurs als solche: Berlin 7. Mai 75 (Goltd. XXIII, 551, O.R. XVI, 356), der Oberschreiber und die Schreiber eines Rentamts und der Bezirksamtsschreiber: München 18. Jan. u. 22. Febr. 73 (St. II, 205, 247), die Lohnschreiber der (sächs.) Justizbehörden: Dresden 17. März 73 (S.G.Z. XVII, 112, St. III, 41), Schreibgehülfen der Staatsanwaltschaft (Preußen) R.G. I, 16. Jan. 82, E. V, 337, R. IV, 47, eines Amtsanwalts R.G. IV, 22. Okt. 89, E. XIX, 434, die Güterbeförderungsgehülfen bei Eisenbahnen: Stuttgart 14. März 74 (württ. Ger.Bl. VIII, 239), die Lotterie-Einnehmer in Preußen: Berlin 7. Okt. 75 (Goltd. XXIII, 552, O.R. XVI, 644, St. VI, 56). Sachverständige, welche zu einem Amtsgeschäft zugezogen sind: München 24. Dez. 75 u. 11. Mai 77 (bayr. Entsch. V, 571; VII, 185, St. VI, 57; VII, 357); die auf dem Güterboden einer Privateisenbahn angestellten Arbeiter: Dresden 5. Mai 76 (S.G.Z. XXI, 55); die Grubensteiger auf preußischen Bergwerken: Berlin 11. Okt. 77 (O.R. XVIII, 630, Goltd. XXV, 572). Die in Sachsen bestellten Trichinenschauer R.G. III, 26. Sept., publ. 3. Okt. 89, E. XX, 70. Eisenbahndienst-Aspiranten: München 24. Febr. 86, bayr. Entsch. IV, 118.

13. Bezüglich der Geistlichen, welche als Beamte nur insoweit anzusehen sind, als sie für staatliche Zwecke thätig sind, vgl. Berlin 30. April 73, 28. Mai, 10. Juni und 12. Nov. 74 und 4. Febr. 76 (Goltd. XXI, 358; XXII, 588, 589, 735; XXIV, 222, O.R. XIV, 318; XV, 335, 375, 768; XVII, 89), Mannheim 1. Juli 73 (St. III, 76), Wolfenbüttel 14. Sept. 75 (St. VI, 58); insbesondere insofern sie zur vermögensrechtlichen Verwaltung der Kirchengemeinden mitwirken, also als Mitglieder des Kirchenvorstandes in Preußen: Berlin 9. u. 16. Nov. 76 (Goltd. XXIV, 555, 558, O.R. XVII, 729, 743). Auch protestantische Pfarrer in Bayern bezüglich Verwaltung des Kirchenvermögens. R.G. I, 11. Okt. 80 (R. II, 313, E. II, 316). Ferner die an Volksschulen als Religionslehrer fungirenden Geistlichen. München 11. Aug. 77 (bayr. Entsch. VII, 376). Auch die Rendanten von Kirchengemeinden sind Beamte (Preußen: R.G. I, 20. Jan. 81 (E. III, 258, Ann. III, 157), IV, 10. Juni 84, R, VI, 418, II, 11. März 90, Goltd. XXXVIII, 58.

Die bei evangelischen Kirchengemeinden in Preußen angestellten Küster sind an sich nicht Beamte; wenn ihnen eine Funktion bei der Verwaltung der Kirchenkasse übertragen ist, nur dann, wenn ihnen dies durch den Kirchenvorstand übertragen ist. R.G. II, 16. März 86, E., XIII, 432, R. VIII, 180.

14. Die an der Schule wirkenden Angestellten sind Beamte, so die Rendanten: Berlin 23. Okt. 78 u. 29. Jan. 79 (O.R. XIX, 475; XX, 51, Goltd. XXVI, 530; XXVII, 218), R.G. II, 5. Juli 81, E. IV, 379. Die Mitglieder des Schulvorstands: Berlin 23. Okt. 78 u. 29. Jan. 79 a. a. O. In Sachsen der Ortschulinspektor, der Schuldirektor, die Mitglieder des Schulvorstands: Dresden 1. Okt. 77 (S.G.Z. XXII, 181). Die Lehrer und Lehrerinnen: Berlin 26. März 76 (O.R. XVII, 222); München 7. April 76 (bayr. Entsch. VI, 184); Wolfenbüttel 9. Juni 76 (St. VI, 379). In Sachsen jedoch als solche nicht: Dresden 1. Okt. 77 (S.G.Z. XXII, 180).

Neunundzwanzigster Abschnitt.

Uebertretungen.

1. In Uebereinstimmung mit den von der Mehrzahl der in dem Vorbereitungsstadium des I. Entw. seitens der verschiedenen Bundesregierungen geäußerten Ansichten hat das St.G.B. auch die Uebertretungen (Polizeiübertretungen) aufgenommen. Die Frage der Kompetenz des Reiches (vgl. S. 44 Note 19) kann für erledigt gelten. Im Uebrigen hat man sich auf die allgemeinen

Grundsätze und im Wesentlichen auf die im preuß. St.G.B. enthaltenen Einzelvorschriften beschränkt, um weitere Vorschriften „der Partikulargesetzgebung oder der autonomischen Bestimmung der Behörden, Kreise und Gemeinden, je nach der Verschiedenartigkeit der politischen Organisation in den verschiedenen Landestheilen zu überlassen.“ Vgl. Anhang I zu den Motiven: „Die Aufnahme der Uebertretungen und deren Behandlung im Entwurf.“ Damit ist selbstverständlich nicht ausgeschlossen, daß auf besonderen Gebieten die Reichsgesetzgebung auch Uebertretungsvorschriften erläßt, wie solches bereits vielfach geschehen ist.

2. Die Vorschriften des Allgemeinen Theils erstrecken sich auch auf die Uebertretungen, wie die Ueberschrift zum Th. I besagt. (Motive.) Vgl. oben S. 29 Ziff. 2 und zu §. 1 N. 4 u. 5. Bezüglich der Uebertretungen sind jedoch bestimmte Ausnahmen gemacht. In dieser Beziehung ist zu beachten, ob das Gesetz von „strafbaren Handlungen“ (d. h. Verbrechen, Vergehen, Uebertretungen) oder bloß von „Verbrechen und Vergehen“ spricht.

Abweichende Vorschriften finden sich in:

§§. 4 u. 6 (im Ausland begangene Uebertretungen sind in der Regel nicht zu verfolgen); §. 27 (Mindestbetrag der Geldstrafe 1 Mark); §§. 28, 29 (Umwandlung der Geldstrafe in Haft); §. 40 (Einziehung bei Uebertretungen nur in den im Gesetz bestimmten Fällen); §§. 43 ff. (Versuch einer Uebertretung ist straflos); §§. 47—50 (Mitthäter und Anstifter sind strafbar, der Gehülfe ist straflos); §. 57 Nr. 4 (gegen jugendliche Personen ist Verweis zulässig); §§. 67 A. 3, 70 Nr. 6 (Verjährung der Verfolgung von Uebertretungen in drei Monaten, — der erkannten Strafe [Haft oder Geld] in zwei Jahren); §. 74, vgl. §§. 77, 78 (die Vorschriften über die Gesammtstrafe bei realer Konkurrenz beziehen sich nicht auf Uebertretungen).

Hieran schließen sich noch einzelne Bestimmungen des besondern Theils: §. 240 (Bedrohung mit einem Verbrechen oder Vergehen); §§. 257, 258 (Begünstigung bezieht sich nur auf Verbrechen und Vergehen), dagegen §. 259 (Hehlerei, d. h. Partirerei, findet auch bei Uebertretungen statt).

3. Aus dem zu N. 2 Gesagten folgt, daß auch bezüglich des erforderlichen strafbaren Willens*) (Vorsatz, Fahrlässigkeit) die allgemeinen Grundsätze gelten. Dem oft gehörten, auch in der Rechtsprechung des preuß. Obertr. (z. B. Berlin 17. Mai 73, Goltd. XXI, 572, O.R. XIV, 381) wiederkehrenden Satz: bei Uebertretungen komme es auf dolus oder culpa nicht, sondern nur auf die That in ihrer äußern Erscheinung an, ist hierdurch der Boden entzogen**). (Vgl. Leipzig 20. Sept. 72, St. II, 17, Goltd. XXI, 102, München 3. Nov. 73, St. III, 237 und Dresden 22. März 78 (S.G.Z. XXII, 271, St. VIII, 309).

Hiernach kommt namentlich auch der im §. 59 enthaltene Grundsatz zur Anwendung (Leipzig 20. Sept. 72, s. oben) und wird auf die zu demselben gemachten Bemerkungen, namentlich N. 1 und 3 verwiesen. Dabei ist für die Uebertretungen zu beachten:

a) Das St.G.B. gibt keine allgemeinen Regeln über Vorsatz und Fahrlässigkeit. Es spricht auch nicht überall bei den besondern strafbaren Handlungen in bestimmt formulirter Weise aus, welcher Art die Willensrichtung, ob vorsätzliche, ob fahrlässige, sein müsse, sondern überläßt dieses vielfach der Auslegung aus dem Grund, Zusammenhang und Zweck des Gesetzes. Namentlich enthält das St.G.B. nicht den Satz, daß Fahrlässigkeit nur in den vom Gesetz ausdücklich hervorgehobenen Fällen strafbar sein solle. Hiernach ist es Sache der Auslegung, bei jeder einzelnen Uebertretung zu prüfen, ob auch ein fahrlässiges Handeln gegen das Strafgesetz verstoße. Letzteres ist namentlich bei Unterlassungen in der Regel anzunehmen. Berlin 31. Mai 77 (Goltd. XXV, 450, 500). — Dresden 20. Nov. 76 (S.G.Z. XXI, 249) stellt als Regel auf, daß bei den Uebertretungen, welche einen rechtsverletzenden Erfolg voraussetzen, Vorsatz erforderlich sei; daß dagegen bei Strafverboten von vorbeugendem polizeilichen Charakter dolus nicht erforderlich sei, insofern das Gesetz nicht selbst Wissentlichkeit oder mangelnde Befugniß voraussetze. München 4. Dez. 76 (bayr. Entsch. VI, 583, St. VII, 11) dagegen nimmt an, daß in der Regel Fahrlässigkeit genüge, wenn nicht aus dem Gesetz selbst hervorgehe, daß Vorsatz erforderlich sei.

---

*) Vgl. hierüber die besonders beachtenswerthen Ausführungen von Binding, Die Normen und ihre Uebertretung, Leipzig 1877, II, 605 ff. und Notering, Die subjektiven Voraussetzungen der Polizeiübertretungen bei Goltd. XXXI, 350.

**) Vgl. Loos in der A. D. St.R.Zeitung (v. Holtzendorff) 1870, Sp. 323—348.

b) Die Frage: ob Vorsatz oder Fahrlässigkeit erfordert werde, ist nicht zu verwechseln mit der Frage: welche Einwirkung die Unkenntniß des Strafgesetzes habe. Letztere entschuldigt nie (Berlin 9. April 75, O.R. XVI, 279). Selbst die Unkenntniß thatsächlicher Momente entschuldigt nur dann, wenn die Unkenntniß nicht selbst durch Fahrlässigkeit verschuldet ist (§. 59 A. 2). Hierbei gilt ein Rechtsirrthum über bürgerliche Rechte strafrechtlich als thatsächlicher Umstand. (Vgl. §. 59 N. 3 u. 6—8.) München 4. Dez. 76 (bayr. Entsch. VI, 183, St. VII, 11). R.G. III, 15. April 87, E. XV, 419, R. IX, 236.

Vgl. auch über die Frage des dolus und der culpa bei Uebertretungen v. Schwarze, Komm. S. 17 ff. Namentlich aber Binding, Die Normen und ihre Uebertretung, Leipzig 1877, II, S. 474 ff. und besonders S. 605 ff.

4. Ueber die Verfolgung der im Auslande begangenen Uebertretungen vgl. §. 6 und die Erläuterungen zu demselben.

5. Der Abschnitt 29 gibt nur bestimmte, in sich begrenzte Thatbestände. Nur diese sind als Materien im Sinne des §. 2 des Einf.=Ges. zu betrachten. Nur insoweit sind deshalb auch die ältern Reichs= (Bundes=) oder Landesgesetze aufgehoben bez. die Kompetenz der Landesgesetzgebung beschränkt. Vgl. zu §. 2 Einf.=Ges. besonders N. 5; sowie das oben unter N. 1 Bemerkte*). Dresden 9. Okt. 76 (S.G.Z. XXI, 221); Leipzig 7. Jan. 76 (Entsch. XIX, 347).

In diesem Umfange bleibt auch die den Behörden gesetzlich beigelegte Befugniß, je nach provinziellen oder lokalen Bedürfnissen allgemein bindende Polizeiverordnungen zu erlassen, unberührt. Für Preußen gelten mithin das Gesetz vom 11. März 1850 bez. (für die neuen Landestheile) die V.O. v. 20. Sept. 1867, sowie die Kreisordnung vom 13. Dez. 1872 §§. 62 ff., sowie die Provinzialordnung vom 29. Juni 1875 §§. 76 ff. Die Rechtsgültigkeit (nicht die Zweckmäßigkeit) dieser Verordnungen hat der Richter nach Maßgabe der in den betreffenden Gesetzen aufgestellten formellen Voraussetzungen zu prüfen. (Vgl. Berlin 14. Nov. 72, O.R. XIII, 594, 23. Sept. 75, 7. Febr. 77 und 26. Juni 78, Goltd. XXIII, 553, O.R. XVI, 601; XVIII, 101; XIX, 335.)

Noch weniger werden die der Exekutive angehörenden Befugnisse der Polizeibehörden berührt, ihre gegen eine bestimmte Person erlassene Verfügung durch Zwangsmaßregeln (Strafandrohungen] durchzusetzen. Vgl. §. 18 des vorcitirten preuß. Gesetzes.

6. Die nach dem oben (N. 2) Bemerkten für Uebertretungen geltenden allgemeinen Grundsätze sind auch für die in den besonderen Reichs=(Bundes=) oder Landes=Gesetzen (bez. Verordnungen) enthaltenen Uebertretungen maßgebend, sofern diese besonderen Gesetze keine abweichenden Bestimmungen enthalten. (Vgl. zum Einf.Ges. §. 3 N. 3 u. 4.) Vgl. namentlich Art. 4 des bayrischen Gesetzes vom 26. Dezember 1871 (s. oben S. 50).

Hierbei ist jedoch der im §. 1 gegebene Eintheilungsmaßstab unbedingt maßgebend, d. h. die Strafe der Haft und Geldstrafe von höchstens 150 Mark macht jede strafbare Handlung zu einer Uebertretung. Zweifel können hierbei darüber entstehen, wie die in älteren bestehenbleibenden Reichs= oder Landesgesetzen enthaltenen Strafarten im Verhältniß zu den vorgedachten Uebertretungsstrafen des St.G.B. anzusehen sind. Die Feststellung dieses Verhältnisses ist nach §. 8 Einf.Ges. mit besonderer Rücksicht darauf, daß nach §. 6 Einf.Ges. die Strafarten des St.G.B. jetzt überall maßgebend sind, der Landesgesetzgebung überlassen. (Vgl. zu Einf.Ges. §§. 6 N. 2 und 8.) Zunächst sind also die bei der Einführung des St.G.B. erlassenen Landesgesetze maßgebend, wie sie z. B. das braunschweigische Ges. v. 22. Dez. 1870 §. 12, Bremen Ges. v. 2. Jan. 1871 §. 5, Hamburg Ges. v. 21. Dez. 1870 II, das thüringische Uebergangs=Ges. (unter versch. Datum für die Thüring. Staaten wesentlich gleichlautend ergangen) §. 1 enthalten. Korrekt bestimmt das mecklenburgische Gesetz vom 22. Dez. 1870 (Schwerin Reg.Bl. N. 134 S. 1053):

§. 4. „Für Handlungen, welche eine neben dem Strafgesetzbuche in Kraft bleibende Vorschrift des Landesstrafrechts mit einer sechs Wochen nicht übersteigenden Freiheitsstrafe

*) Der §. 2 des hessischen Uebergang=Gesetzes vom 30. Dez. 1870:
„Die Polizei=Strafgesetzgebung des Großherzogthums bleibt insoweit in Wirksamkeit, als sie vereinbar mit den die Uebertretungen umfassenden Bestimmungen des Bundesstrafgesetzbuchs und des dazu erlassenen Einführungsgesetzes neben diesen bundesrechtlichen Vorschriften bestehen kann."
ist sonach selbstverständlich.

oder mit einer funfzig Thaler nicht übersteigenden Geldstrafe bedrohet, tritt als Freiheitsstrafe ausschließlich Haft ein."

Bemerkenswerth ist auch Art. 5 des bayrischen Gesetzes vom 26. Dezember 1871, welcher bestimmt:

Art. 5. „Handlungen, welche durch ein neben dem Strafgesetzbuche für das Deutsche Reich in Geltung bleibendes Landesgesetz mit Strafe bedroht sind und bisher die Eigenschaft von Polizeiübertretungen oder Uebertretungen an sich trugen, behalten auch künftig die Eigenschaft von Uebertretungen, wenngleich die hierfür in dem einschlägigen Gesetze angedrohte Strafe dasjenige Strafmaß übersteigt, welches in §. 1 Abs. 3 und §. 18 des Strafgesetzbuches für das Deutsche Reich für Uebertretungen festgesetzt ist.

Statt derjenigen Freiheitsstrafen, welche für diese Uebertretungen angedroht sind, ist Haft in gleicher Dauer, jedoch keinesfalls von mehr als 3 Monaten auszusprechen.

Bei den im Abs. 1 erwähnten höher strafbaren Uebertretungen darf die an die Stelle uneinbringlicher Geldstrafen tretende Haft, soweit nicht in den einschlägigen Gesetzen eigens eine andere Bestimmung getroffen ist, die Dauer von drei Monaten nicht übersteigen."

Wo solche besonderen Gesetze nicht erlassen sind, bleibt nichts übrig, als die älteren Strafarten mit der Haft des St.G.B. ihrer Intensität und Wirkung nach zu vergleichen. In der Regel wird — sofern nicht Zuchthaus, Zwangsarbeit, Festungshaft in Frage sind — die angedrohte Dauer (ob im Höchstbetrag mehr oder weniger als sechs Wochen) entscheiden. Unbedingt ist dieses jedoch nicht, da nach §. 1 St.G.B. die Gefängnißstrafe als Art, ohne Rücksicht auf die Dauer, die strafbare Handlung zu einem Vergehen macht. Für die älteren Reichsgesetze sowohl, wie für Preußen unterliegt es sachlich keinem Bedenken, sämmtliche Strafandrohungen, die auf Gefängniß bis zu sechs Wochen gehen, als Haftstrafen zu behandeln, weil das gegenwärtige Strafsystem dem preuß. wesentlich entspricht und mehr oder weniger auch bei den bis jetzt erlassenen Reichsgesetzen beachtet ist. (Vgl. übrigens auch die preuß. Just.=Min.=Verf. v. 28. Dez. 1870 N. 2 [J.M.Bl. S. 381].) Dieser Grundsatz findet jedoch nicht Anwendung auf die in Preußen vor der Geltung des preuß. St.G.B. ohne Maßbestimmung als „fiskalische" (nicht als „willkürliche") angedrohten Strafen, da diese nicht auf das Maß der Uebertretungsstrafen beschränkt sind. Berlin (Plenum) 8. Juli 72 (Entsch. LXVII, 41*, Goltd. XX, 421, O.R. XIII, 398).

Im Uebrigen sind selbstverständlich die in den kodifizirten Polizeigesetzen (Polizeistrafgesetzbücher) einzelner Staaten enthaltenen allgemeinen Theile nach Maßgabe des S. 39 ff. u. E..G. §. 3 N. 3 Gesagten als solche beseitigt. Dagegen bleiben die in besonderen oder mit Rücksicht auf bestimmte einzelne, im St.G.B. nicht enthaltene, Uebertretungen erlassenen abweichenden Vorschriften in Kraft; — wie sie z. B. in dem Reichspostgesetz (noch mehr in dem Bundespostgesetz von 1867), sowie namentlich in Holzdiebstahlsgesetzen u. s. w. enthalten sind; vgl. Bayern Art. 4.

§. 360. Mit Geldstrafe bis zu einhundertfunfzig Mark oder mit Haft wird bestraft:

1) wer ohne besondere Erlaubniß Risse von Festungen oder einzelnen Festungswerken aufnimmt oder veröffentlicht;

Pr. §. 340_1; E. I. §. 348_1; E. II. §. 356_1; St.B. S. 761.

2) wer außerhalb seines Gewerbebetriebes heimlich oder wider das Verbot der Behörde Vorräthe von Waffen oder Schießbedarf aufsammelt;

Pr. §. 340_2; E. I. §. 348_2; E. II. §. 356_2; St.B. S. 761.

3)*) wer als beurlaubter Reservist oder Wehrmann der Land- oder Seewehr ohne Erlaubniß auswandert, ebenso wer als Ersatzreservist erster Klasse auswandert, ohne von seiner bevorstehenden Auswanderung der Militärbehörde Anzeige erstattet zu haben;

---

*) Neue Fassung des G. v. 26. Febr. 1876; die alte Fassung lautete:

§. 360 Nr. 3. wer als beurlaubter Reservist oder Wehrmann der Land- oder Seewehr ohne Erlaubniß auswandert;

Pr. §. 110; E. I. §. 122 A. 2; E. II. §. 138 A. 2; Drucks. Nr. 105; St.B. S. 468—470, 761.

G. v. 26. Febr. 1876 Art. I; Drucks. Nr. 54, St.B. S. 1005.

Vgl. §§. 140, 141; R.V. Art. 3_1, 57, 59; B.G. v. 9. Novbr. 1867 §. 15; R.Indigen.-Ges. v. 1. Juni 1870 §. 15; M.St.G.B. §§. 6, 65—80; Militär-G. v. 2. Mai 1874 §§. 56, 60 Nr. 1—3, 61, 69 Nr. 5, 8.

4)*) wer ohne schriftlichen Auftrag einer Behörde Stempel, Siegel, Stiche, Platten oder andere Formen, welche zur Anfertigung von Metall- oder Papiergeld, oder von solchen Papieren, welche nach §. 149 dem Papiergelde gleichgeachtet werden, oder von Stempelpapier, Stempelmarken, Stempelblanketten und Stempelabdrücken, Post- oder Telegraphenwerthzeichen, öffentlichen Bescheinigungen oder Beglaubigungen dienen können, anfertigt oder an einen Andern als die Behörde verabfolgt;

G. v. 13. Mai 1891 Art. IV. Materialien s. bei §. 367 und bei Goltd. XXXIX, S. 29.

5) wer ohne schriftlichen Auftrag einer Behörde den Abdruck der in Nr. 4 genannten Stempel, Siegel, Stiche, Platten oder Formen, oder einen Druck von Formularen zu den daselbst bezeichneten öffentlichen Papieren, Beglaubigungen oder Bescheinigungen unternimmt, oder Abdrücke an einen Anderen als die Behörde verabfolgt;

Pr. §. 340_4; E. I. §. 348_4; E. II. §. 356_4; St.B. S. 761.

6) wer Waaren-Empfehlungskarten, Ankündigungen oder andere Drucksachen oder Abbildungen, welche in der Form oder Verzierung dem Papiergelde oder den dem Papiergelde nach §. 149 gleich geachteten Papieren ähnlich sind, anfertigt oder verbreitet, oder wer Stempel, Stiche, Platten oder andere Formen, welche zur Anfertigung von solchen Drucksachen oder Abbildungen dienen können, anfertigt;

Pr. §. 340_5; E. I. §. 348_5; E. II. §. 356_5; St.B. S. 762.

7)**) wer unbefugt die Abbildung des Kaiserlichen Wappens oder von Wappen eines Bundesfürsten oder von Landeswappen gebraucht;

Pr. (A.K.O. v. 16. Oktbr. 1831); E. I. §. 348_6; E. II. §. 356_6; St.B. S. 762.

G. v. 26. Febr. 1876 Art. I; Drucks. Nr. 54; St.B. S. 1006.

Kaiserl. Erl. v. 3. Aug. 1871 (R.G.Bl. S. 318) u. v. 16. März 1872 (R.G.Bl. S. 90); Bekanntm. des Reichskanzlers v. 11. April 1872 (R.G.Bl. S. 93).

---

*) Die ursprüngliche Fassung lautete:

§. 360 Nr. 4. wer ohne schriftlichen Auftrag einer Behörde Stempel, Siegel Stiche, Platten oder andere Formen, welche zur Anfertigung von Metall- oder Papiergeld, oder von solchen Papieren, welche nach §. 149 dem Papiergelde gleich geachtet werden, oder von Stempelpapier, öffentlichen Bescheinigungen oder Beglaubigungen dienen können, anfertigt oder an einen Anderen als die Behörde verabfolgt.

Die Fassung des G. v. 26. Febr. 1876 lautete:

Zu Nr. 4. wer ohne schriftlichen Auftrag einer Behörde Stempel, Siegel, Stiche, Platten oder andere Formen, welche zur Anfertigung von Metall- oder Papiergeld, oder von solchen Papieren, welche nach §. 149 dem Papiergelde gleich geachtet werden, oder von Stempelpapier, Stempelmarken, Stempelblanketten, Stempelabdrücken, öffentlichen Bescheinigungen oder Beglaubigungen dienen können, anfertigt oder an einen Anderen als die Behörde verabfolgt;

Pr. §. 340_3; E. I. §. 348_3; E. II. §. 356_3; St.B. S. 761.

G. v. 26. Febr. 1876 Art. I; Drucks. Nr. 54; St B. S. 1006.

**) Neue Fassung des G. v. 26. Febr. 1876; die alte Fassung lautete:

§. 360 Nr. 7. wer unbefugt die Abbildung von Wappen eines Bundesfürsten zur Bezeichnung von Waaren auf Aushängeschildern oder Etiketten gebraucht;

8) wer unbefugt eine Uniform, eine Amtskleidung, ein Amtszeichen, einen Orden oder ein Ehrenzeichen trägt, oder Titel, Würden oder Adelsprädikate annimmt, ingleichen wer sich eines ihm nicht zukommenden Namens einem zuständigen Beamten gegenüber bedient;

Pr. §. 105; E. I. §. 117; E. II. §. 356_7; St.B. S. 762.

Vgl. Gew.O. §§. 29, 147 Nr. 3.

9) wer gesetzlichen Bestimmungen zuwider ohne Genehmigung der Staatsbehörde Aussteuer-, Sterbe- oder Wittwenkassen, Versicherungsanstalten oder andere dergleichen Gesellschaften oder Anstalten errichtet, welche bestimmt sind, gegen Zahlung eines Einkaufsgeldes oder gegen Leistung von Geldbeiträgen beim Eintritte gewisser Bedingungen oder Fristen, Zahlungen an Kapital oder Rente zu leisten;

Pr. §. 340_8; E. I. §. 348_7; E. II. §. 356_8; St.B. S. 762.

Vgl. Gew.O. §§. 140, 141; G. betr. Aktiengesellschaften v. 11. Juni 1870 §. 1 Art. 249a u. §§. 2, 3 u. G. dess. Betr. v. 18. Juli 1884 §. 249a fg.

10) wer bei Unglücksfällen oder gemeiner Gefahr oder Noth von der Polizeibehörde oder deren Stellvertreter zur Hülfe aufgefordert, keine Folge leistet, obgleich er der Aufforderung ohne erhebliche eigene Gefahr genügen konnte;

Pr. §. 340_7; E. I. —; E. II. —; St.B. S. 762 (Drucks. Nr. 105).

Vgl. Gew.O. §§. 107, 148_{10}; Strandungsord. v. 17. Mai 1874 §. 9.

11) wer ungebührlicherweise ruhestörenden Lärm erregt oder wer groben Unfug verübt;*)

Pr. §. 340_9; E. I. §. 348_9; E. II. §. 356_{10}; St.B. S. 762.

12)**) wer als Pfandleiher oder Rückkaufshändler bei Ausübung seines Gewerbes den darüber erlassenen Anordnungen zuwiderhandelt, insbesondere den durch Landesgesetz oder Anordnung der zuständigen Behörde bestimmten Zinsfuß überschreitet;

Pr. §. 340_6; E. I. §. 348_{10}; E. II. §. 356_{11}; St.B. S. 762.

G. v. 26. Febr. 1876 Art. I; Drucks. (1876) Nr. 54; St.B. S. 1006. R.G. v. 24. Mai 1880 betr. den Wucher Art. 2 s. auch zu §. 302a.

Vgl. §. 290; Gew.O. §§. 35, 38, 148_4.

13) wer öffentlich oder in Aergerniß erregender Weise Thiere boshaft quält oder roh mißhandelt;***)

Pr. §. 340_{10}; E. I. §. 348_{11}; E. II. §. 356_{12}; St.B. S. 762.

---

*) Literatur: Frank bei Goltd. XXXIV, 145; XXXVI, 267; XXXVIII, 413, v. Bar in G.S. Bd. 40, S. 429. Gilischewski bei Goltd. XXXIX, 129. Hacke, Der grobe Unfug. Leipzig 1892.

**) Fassung nach Art. 2 des Ges. v. 24. Mai 1880 betr. den Wucher; die alte Fassung lautete:

§. 360 Nr. 12. wer als Pfandleiher bei Ausübung seines Gewerbes den darüber erlassenen Anordnungen zuwiderhandelt.

Durch das G. v. 26. Febr. 1876 erhielt Nr. 12 sodann folgende Fassung:

§. 360 Nr. 12. wer als Pfandleiher oder Rückkaufshändler bei Ausübung seines Gewerbes den darüber erlassenen Anordnungen zuwiderhandelt.

***) Literatur: Bähr. Dresden. 1883. (Ueber Vivisektion.) Lange in G.S. Bd. 42, S. 43. Opitz, Gedanken über die Vivisektion. Hannover 1888. v. Hippel, Die Thierquälerei. Berlin 1891.

14) wer unbefugt auf einem öffentlichen Wege, einer Straße, einem öffentlichen Platze oder in einem öffentlichen Versammlungsorte Glücksspiele hält.

Pr. §. 340_{11}; E. I. §. 348_{12}; E. II. §. 356_{13}; St.B. S. 762.

Vgl. §§. 284, 285; G. v. 1. Juli 1868 (Spielbanken).

In den Fällen der Nummern 1, 2, 4, 5, 6 und 14 kann neben der Geldstrafe oder der Haft auf Einziehung der Risse von Festungen oder Festungswerken, der Vorräthe von Waffen oder Schießbedarf, der Stempel, Siegel, Stiche, Platten oder anderen Formen, der Abdrücke oder Abbildungen, oder der auf dem Spieltische oder in der Bank befindlichen Gelder erkannt werden, ohne Unterschied, ob sie dem Verurtheilten gehören oder nicht.

Vgl. §§. 40—42; — St.B. S. 761, 762.

1. N. 1. Jede Zeichnung ist unerlaubt, welche ohne Erlaubniß der Militärbehörde angefertigt ist und Festungswerke, sei es auch nur der äußern Kontour nach darstellt. Ob diese Zeichnung militärische Bedeutung hat oder nicht, ist gleichgültig. Leipzig 18. Okt. 78 (Entsch. XXIV, 185). Selbstverständlich sind nur deutsche Festungswerke gemeint. Die Mittheilung an eine einzelne Person steht nicht unter Strafe, sondern nur das Bringen eines solchen Risses in eine Lage, daß eine unbestimmte Menge von Personen Einsicht davon nehmen kann. Irgend ein Erfolg, wie Gefährdung der Festung, ist nicht erforderlich. Die Uebertretung kann nur vorsätzlich begangen werden. Dies ist beim Aufnehmen selbstverständlich; aber auch ein fahrlässiges Veröffentlichen ist nicht denkbar, denn die fahrlässige Mittheilung an einen Anderen, welcher veröffentlicht, ist kein Veröffentlichen. Die Mittheilung zur Veröffentlichung ist mittelbare Veröffentlichung. Das Bewußtsein, eine strafbare Handlung zu begehen, ist nicht erforderlich.

2. Nr. 2. Unter Waffen sind nur solche im technischen Sinne R.G. I, 22. Nov. 88, E. XVIII, 367, R. X, 683, also zu einem Kampf geeignete Waffen zu verstehen; unter Vorrath eine größere Masse. Da aber das Aufsammeln verboten ist, kann schon eine kleine Zahl genügen, wenn die Absicht nachgewiesen ist, einen Vorrath zu sammeln und damit ein Anfang gemacht ist. Die Sammlung eines Liebhabers von Waffen kann nicht als Vorrath gelten. Berner S. 668, Olshausen Nr. 2b.

Heimlich ist ein Aufsammeln, wenn es in einer der Kenntnißnahme aller Behörden entzogenen Weise geschieht. Das Verbot kann ein generelles und spezielles sein und ist nach den Landesgesetzen oder auch im Kriege nach Kriegsgesetzen zu bemessen, welche Behörde die zum Verbot zuständige ist. Die That kann nur vorsätzlich begangen werden.

3. Nr. 3. Vgl. die Bemerkungen zu §. 140. — Durch die Novelle v. 26. Febr. 76 ist der 2. Fall der Nr. 3. („Auswanderung von Ersatzreservisten erster Klasse u. s. w.") aus §. 69 Nr. 8 des Reichsmilitärgesetzes vom 2. Mai 74 hierher übernommen. — Als Auswanderung ist nur das Verlassen des Bundesgebiets mit der Absicht der Domizils-Vorlegung anzusehen, was sowohl aus §. 8 des St.G.B., wie aus den Vorschriften der Reichs-Ges. v. 9. Nov. 1867 und 1. Juni 1870 folgen dürfte. — Wegen der Reservisten und Wehrmänner vgl. §. 56 des Reichsmilitärgesetzes, — und wegen der Ersatzreservisten §. 60 daselbst.

4. Nr. 3. Es ist angenommen, daß die Verjährung erst mit der Rückkehr des Ausgewanderten oder mit dem völligen Aufhören seiner Militairpflichtigkeit beginnt. Berlin 1. Juni und 19. Juli 72, 21. Juni 73 (Goltd. XX, 407, 408; XXI, 456, O.R. XIII, 334, 436; XIV, 455, St. I, 315; III, 42) und 17. Okt. 77 (O.R. XVIII, 656, Goltd. XXV, 507, St. VIII, 306); München 21. März 73 (St. II, 151). Vgl. dagegen: Herbst in Goltd. XXII, 89 ff. Dagegen nimmt Olshausen N. d u. Oppenhoff N. 17 an, daß nur die erstere Alternative Dauerdelikt sei, nicht aber die Auswanderung des Ersatzreserristen erster Klasse, weil diesem die Auswanderung nicht untersagt, sondern nur die Anzeige geboten sei, also nur eine einfache Unterlassung vorliege.

Die That kann nur vorsätzlich begangen werden. Oppenhoff N. 16. Wenn Olshausen N. e die Möglichkeit einer fahrlässigen Verübung insofern annimmt, als ein fahrlässiger Irrthum über die erhaltene Erlaubniß oder erstattete Anzeige bestehen könne, so würde dies kein fahrlässiges Auswandern bilden, sondern nur ein fahrlässiges für straflos Halten der That.

5. Nr. 3. Ueber das Verfahren enthält die Reichsstrafprozeßordnung in den §§. 470 ff. nähere Bestimmungen.

6. Nr. 4, 5. Die durch die Novelle vom 26. Februar 1876 erfolgte Einschaltung der Worte: „Stempelmarken, Stempelblanketten, Stempelabdrücken" entspricht der Fassung der §§. 275, 276 und 364. Auch die unbefugte Bezeichnung von Frachtbriefformularen mit dem Stempel einer Eisenbahn, selbst einer Privateisenbahn, fällt unter Ziff. 4. Berlin 15. Okt. 78 (O.R. XIX, 464, Goltd. XXVI, 531). Das Ges. v. 13. Mai 1891 fügte noch die Worte: „Post- oder Telegraphenwerthzeichen" hinzu, um auch bezüglich dieser einer Nachahmung möglichst vorzubeugen. Nach den Motiven dieses Gesetzes hat die Beobachtung Anlaß zu dieser Erweiterung gegeben, daß häufig Nachbildungen aus illustrirten Briefmarkenkatalogen, Zeitschriften über Briefmarkenkunde und ähnlichen Druckerzeugnissen zur Markirung benutzt wurden. Auch ausländische Postverwaltungen haben diese Beobachtungen mitgetheilt und der Postkongreß von Lissabon 1885 hat beschlossen, daß die Postverwaltungen des Weltpostvereins sich gegenseitig Beistand leisten sollen. Hiernach ist jene Bestimmung auch anwendbar, wenn die Nachahmung oder die Platten und andere Materialien zur Illustration solcher Druckerzeugnisse bestimmt sind und erstreckt sich ihre Wirkung auch auf ausländische Werthzeichen insbesondere des Weltpostvereins. Schwarzdrucke solcher Werthzeichen fallen nicht unter das Gesetz (Kommiss.-Ber.). Als strafbarer Urheber wurde der Unternehmer, nicht der Arbeiter bezeichnet.

Die Thaten der Nr. 4, 5 können fahrlässig begangen werden bei fahrlässiger Unkenntniß über den schriftlichen Auftrag, über den Besteller oder über die Beschaffenheit der Objekte.

7. Auch die Anfertigung solcher Stempel mit kleinen, nur bei besonderer Aufmerksamkeit erkennbaren Abweichungen fällt unter das Gesetz. Die Einziehung der aufgeführten Stempel u. s. w. kann bei Nichtverfolgbarkeit einer bestimmten Person nach §. 42 im objektiven Verfahren stattfinden. München 2. Dez. 90 bayr. Entsch. VI, 293.

8. Finden die Handlungen der Ziff. 4, 5 im Einverständniß mit Fälschern statt, so absorbirt die Strafe wegen Beihülfe zur Fälschung jene wegen der Uebertretung.

9. Nr. 5. „unternimmt" vgl. §§. 114 N. 1, 159 N. 2.

10. Nr. 6. „Abbildungen" sind vom Rtg. aufgenommen, um namentlich photographische Nachbildungen zu treffen. Abbildungen in numismatischen Werken gehören nicht hierher, da sie dem Papiergeld in Format 2c. nicht ähnlich sind. Sind sie dieses, so fallen sie unter das Gesetz, wie oben in Nr. 6 bemerkt. Ueber die Aehnlichkeit vgl. oben N. 7, über Beihülfe N. 8, über Fahrlässigkeit N. 10.

Ob schon in dem Fortgeben eines einzelnen Exemplars eine „Verbreitung" zu finden sei, ist thatsächliche Frage. Berlin 20. Juni 73 (Goltd. XXI, 574, O.R. XIV, 451, St. III, 42).

11. Nr. 7. enthält eine Erweiterung der in der preuß .A.K.O. vom 16. Okt. 1831 (G.S. S. 247) enthaltenen Strafvorschrift.

Die Motive zur Novelle sagen:

> „Die Worte „zur Bezeichnung von Waaren auf Aushängeschildern oder Etiketten" sind gestrichen und die Landeswappen den Wappen der Bundesfürsten gleichgestellt, weil erfahrungsmäßig von den Wappen der Bundesfürsten und den Landeswappen auch auf Geschäftsplänen, Briefumschlägen, Formularen u. s. w. ein Gebrauch gemacht wird, welcher leicht eine Täuschung des Publikums herbeiführen kann."

Landeswappen bezieht sich auf die Bundesstaaten, nicht auf ausländische Staaten. Gl. M. Olshausen, N. c, Rubo, N. 17, v. Schwarze N. 7.

12. Nr. 8. Titel ist eine Benennung, welche auf Verleihung beruht und einen Rang gewährt. Bezeichnungen nach der wissenschaftlichen, künstlerischen oder gewerblichen Thätigkeit sind nicht als Titel zu betrachten, also nicht z. B. Arzt, Wundarzt, Zahnarzt u. s. w. bezüglich deren jedoch die Strafbestimmung des §. 147 Nr. 3 der Reichs-Gew.O. zur Anwendung kommt —, oder Musikdirektor (wohl aber Königl. Musikdirektor). Die Bezeichnung als Maurermeister ist nicht strafbar, Dresden 6. März 76 (S.G.Z. XXI, 43), Hoflieferant ist kein Titel im Sinne der Ziff. 8. Berlin, 20. Jan. 90, Goltd. XXXVII, 447; wohl aber die Bezeichnung als Pfarrer, wenn auch nur Beilegung des Titels vorliegt, Berlin 14. Febr. 77 (O.R. XVIII, 126, Gold. XXV, 59). Ebenso das unwahre sich Ausgeben als Unteroffizier. Berlin 15. Juli 76 (O.R. XVII, 435, St. 6, 328). — Der Doktor- (Licentiaten-) grad ist eine Würde. (Vgl. auch §. 33 N. 4.) Dresden 3. April 76 (S.G.Z. XXI, 90). Wer den Doktortitel wirklich erlangt hat, sei es auch von einer ausländischen Anstalt oder in nicht regelmäßiger Art, kann wegen Führung des Titels nicht bestraft werden. Berlin 29. Nov. 77

u. 15. Juli 78. (O.R XVIII, 745; XIX, 369, Goltd. XXV, 574; XXVI, 458, St. VIII, 307, 350). — Die unmotivirte Annahme der Bezeichnung als „Lehrer" ist nicht strafbar. Jena 3. Mai 74 (St. IV, 213).

13. Uniform ist nicht nur der Dienstanzug von Militärs oder die Galakleidung der Beamten, sondern jeder Anzug, der den Träger als uniformirt erscheinen läßt, wenn es auch eine Phantasie-Uniform ist. Als uniformirt erscheint aber eine Person, wenn der Gesammteindruck, den der Anzug macht, der einer Uniform ist, wenn auch einzelne übliche Uniformstücke fehlen. Olshausen N. b nimmt an, daß nur inländische Einrichtungen geschützt seien, verlangt also scheinbar das Tragen einer inländischen Militär- oder Zivil-Uniform, dazu giebt der Wortlaut des Gesetzes keinen Anlaß; und das Ansehen, welches eine Uniform Unerfahrenen gegenüber giebt, bildet die Gefahr. Das Tragen einzelner Uniformstücke, z. B. von Dienstmützen, fällt nicht unter Ziff. 8. Dresden 3. Aug. 74 (S.G.Z. XIX, 27).

Auch bei Orden kann nicht nur nicht zwischen in- und ausländischen Orden unterschieden werden. Gl. M. Olshausen a. a. O., Oppenhoff N. 38; sondern auch das Tragen von Ordensdekorationen, die in keinem Staate bestehen, ist strafbar.

14. Eine Entscheidung von Jena hat (zu weit gehend) angenommen, daß die Pflicht, dem zuständigen Beamten den richtigen Namen zu nennen, sich auch auf die zur richtigen Bezeichnung der Person erforderliche Angabe von Beruf und Wohnort erstrecke. Jena 3. Mai 74 St. IV, 213). Dagegen erklärte R.G. III, 4. Juni 91, E. XXII, S. 60 die Angabe eines unwahren Wohnsitzes und unrichtiger Elternangaben gegenüber dem Standesbeamten zum Zwecke des Aufgebots als nicht unter Ziff. 8 fallend. Die Unterlassung der Namensnennung gegenüber einem Beamten ist nicht strafbar, auch wenn dieser in Irrthum versetzt wird. Dresden 19. Mai 76 (S.G.Z. XXI, 85). Auch die Aufgabe eines Telegramms unter falschem Namen fällt nicht unter Nr. 8. R.G. III, 15. Mai 80 (R. I, 793, Ann. II, 135); oder die Angabe eines falschen Namens gegenüber einem Briefträger, um sich in den Besitz einer Postsendung zu setzen. R.G. III, 9. Febr. 88, E. XVII, 224, R. X, 123.

Der zuständige Beamte ist (Motive) derjenige, welchem ein Recht auf Erforschung des Namens zukommt. So ist ein Bahnwärter bei Handhabung der Bahnpolizei zuständiger Beamter. R.G. III, 10. April 80 (R. I, 566). Auch Rondeoffiziere, welche Namensnennung fordern, um eine Persönlichkeit festzustellen, wurden als zuständige Beamte anerkannt. Celle 24. Jan. 89, Goltd. XXXVII, 215. Wenn sich eine Frau vor Gericht ihres ursprünglichen Familiennamens bedient, ist sie nach Ziff. 8 strafbar. Das Recht der Genehmigung zu Namensveränderungen steht in Preußen, abgesehen von adligen Namen oder Prädikaten, den Regierungen (Landdrosteien) zu. Allerh. Erlaß v. 12. Juli 1867 (G.S. S. 86). In Bayern ist zur Führung eines Adelsprädikats die Eintragung in die Adelsmatrikel erforderlich. München 2. Sept. 85, bayr. Entsch. III, 511.

15. Die That der Ziff. 9 in allen Formen kann nur vorsätzlich begangen werden.

16. Nr. 9. „gesetzlichen Bestimmungen zuwider" — setzt also Reichs- oder Landesgesetze voraus, welche die Genehmigung der Staatsbehörde vorschreiben. Für Preußen vgl. bezüglich der Aussteuer-, Sterbe- oder Wittwenkassen §. 651, I, 11 A.L.R. und A.K.O. v. 29. Sept. 1833 (G.S. S. 121), und wegen der Versicherungsanstalten Ges. vom 17. Mai 1853 (G.S. S. 293). — Das zum R.G. erhobene Bundesgesetz vom 11. Juni 1870, betr. die Aktiengesellschaften, §. 2 hat diese Gesetze nicht aufgehoben, wie aus dem §. 3 daselbst hervorgeht. (B.G.Bl. S. 385.) Vgl. auch Berlin 19. März 73 (Goltd. XXI, 359. O.R. XIV, 207).

Die Bestimmung ist auch anwendbar auf solche Versicherungsanstalten, die auf Gegenseitigkeit beruhen. Berlin, 19. März 73. (a. a. O.), jedoch nicht auf Krankenvereine, welche für Krankheitskosten aufkommen. Berlin 2. Mai 89, Goltd. XXXVII, 371. Agenten, die für nicht zugelassene Versicherungsanstalten Verträge abschließen, sind nicht aus Ziff. 9 strafbar. München 13. Mai 85, bayr. Entsch. III, 385.

17. Nr. 10. Die Aufforderung muß von der Polizeibehörde ausgehen. Dies setzt eine Zuständigkeit innerhalb des Bezirks voraus, in welchem die Hülfe geleistet werden soll. Diese hat aber auch jeder niedere Polizeibeamte, wie Schutzleute, wenn sie an der Stelle eines Unglücks allein die öffentliche Autorität vertreten und Nothhülfe leisten. Die Pflicht zur Hülfe hat jeder Anwesende, der durch die gemeine Gefahr oder Noth oder den Unglücksfall nicht selbst an Leib oder Leben bedroht ist. Nach anderen Gesetzesstellen dürfte dies auch extensiv dahin zu interpretieren sein: er selbst oder seine Angehörigen. Ob die Hülfe nothwendig war, hat nur

der Vertreter der Polizeibehörde zu entscheiden. Ob die dem Aufgeforderten drohende Gefahr eine erhebliche war, ist Thatfrage, die auch der Richter zu erwägen hat.

18. Die That kann nur vorsätzlich verübt werden. Wenn Olshausen N. 9 annimmt, sie könne auch fahrlässig verübt werden, und als Beispiel irrthümliche Ueberschätzung der eigenen Gefahr aufführt, so setzt dies eine neue Definition der Fahrlässigkeit voraus, da hier der voraussehbare Erfolg mangelt. Ueberdies wäre Irrthum über die Erheblichkeit der Gefahr ein Irrthum über Thatsachen. Der Richter kann erkennen, daß es Vorwand war, um sich der Hülfepflicht zu entziehen, er kann aber nicht für Feigheit oder Kopflosigkeit bei Gefahr strafen.

19. Nr. 11. Mit Recht hat das preußische O.Tr. die entsprechende Vorschrift des preuß. St.G.B. bereits dahin ausgelegt: daß unter dem ruhestörenden Lärm und dem groben Unfug nur ein solcher verstanden werden könne, der die öffentliche Ordnung, die Ruhe und den Frieden der Allgemeinheit, nicht bloß eines Hauses oder gewisser Personen störe. Entsch. Bd. XXXI, S. 290, O.R. IV, 561; ferner Berlin 8. Mai 74 (O.R. XV, 297) u. Mannheim 10. Juli 1875 (St. V, 307); dagegen aber München 8. April 73 (St. II, 300), welches die Bestimmung auf die Störung der Ruhe mehrerer in demselben Hause wohnender Familien für anwendbar erachtet*). Auch der bayr. Kassationshof verließ aber bald die ausdehnende Interpretation und sprach in mehreren Urtheilen aus, daß das Delikt des §. 360 Ziff. 11 nicht eine subsidiäre Strafandrohung für Störung der öffentlichen Ordnung enthalte, sondern es müsse gegen das Publikum als solches, nicht bloß gegen Einzelne oder abgegrenzte Personenkreise gerichtet sein und dessen Ruhe in ungebührlicher Weise verletzen. München 18. Januar und 27. Nov. 75, 27. Okt. 76, 29. Dez. 77, (bayr. Entsch. V, 19, 530; VII, 545, St. VI, 65; VII, 206). Ebenso Dresden 13. Nov. 76 und 22. März 78 (S.G.Z. XXII, 272, St. VII, 205; VIII, 308); Leipzig 24. Okt. 77 (Goltd. XXVI, 81); Mannheim 10. Juli 75 (bad. Ann. Bd. 41, S. 363, Goltd. XXIV, 376). Endlich R.G. I, 27. April 80 (R. I, 677 E. I, 400, Ann. I, 560; II, 27. Sept. 87, R. IX, 471). Dagegen verlangte Berlin 6. Feb. 1878 (O.R. XX, 73) Handlungen, welche geeignet sind, die öffentliche Ordnung zu stören. Vgl. Goltd., Mat. II, S. 722. Ob eine solche Störung vorliegt, ist Thatfrage, wobei es nicht unbedingt auf das Erforderniß der Verübung an einem öffentlichen Orte ankommt. Vielmehr handelt es sich darum, ob, ähnlich wie bei Störung gottesdienstlicher Verrichtungen nach §. 167, die Ruhestörung in die Oeffentlichkeit wirkt, das Publikum in seiner Ruhe, oder in seinen berechtigten Gefühlen von Sitte und Anstand stört, wenn auch von einem der Oeffentlichkeit nicht angehörenden Raum aus. Vgl. z. B. wegen der Haltung eines die öffentliche Ruhe durch nächtliches Bellen störenden Hundes: München 20. April 74 (St. IV, 71) u. Berlin 20. April 76 (Goltd. XXIV, 373, O.R XVII, 276); wegen einer Geräusch erregenden Maschine eines Gewerbetreibenden: Berlin 23. Juni 71 (O.R. XII, 343); Braunschweig 19. Jan. 89, Goltd. XXXVII, 215, Hamburg 6. Nov. 90, Goltd. XXXIX, 175, wegen Mißhandlung Anderer, wodurch Lärm erregt wird: Berlin 14. Juni 76 (O.R. XVII, 476), wegen einer lärmenden Schlägerei bei einer im Wirthshause stattfindenden Tanzbelustigung R.G. III, 10. Mai 82, R. IV, 459, wegen Singens unsittlicher Lieder oder sonstigen gegen Sitte und Anstand verstoßenden Benehmens, sei es auch nur zur Belustigung des in einem Wirthshause versammelten Publikums, München 27. Okt. 76 (St. VII, 206); Berlin 9. Mai 78 (O.R. XIX, 249, Goltd. XXVI, 344); Stuttgart 29. Jan. 77 (württ. Ger.Bl. XIII, 244), wegen einer ungeziemenden Rede an einem Grabe: Dresden 1. Okt. 77 (St. VIII, 308), wegen öffentlicher Beschimpfung eines Anderen: Mannheim 11. Dez. 75 (bad. Ann. Bd. 42, S. 10); Dresden 7. April 76 (S.G.Z. XXI, 54), wegen Umarmung einer fremden Dame auf offener Straße: Wolfenbüttel 78 (G.S. XXX, 530), oder wegen anderer Belästigungen von Frauenspersonen auf öffentlicher Straße wegen des dadurch entstehenden Gefühls der Unsicherheit des Publikums R.G. III, 26. Nov. 81, E. V, 299; wegen Unterbrechung eines in öffentlicher Versammlung auftretenden Redners durch ungeziemende Aeußerungen und Pfeifen: München 13. Aug. 1875 (bayr. Entsch. V, 394), wegen Störung des Schulunterrichts: München 7. April 76 u. 29. Dez. 77 (bayr. Entsch. VI, 181; VII, 543); Dresden 16. Juli 75 (St. VI, 61), wegen lauten Schreiens und Schimpfens bei Nacht: München 18. Jan. 75 (bayr. Entsch. V, 22), nächtlichen Aushebens von Fensterläden: München 27. Nov. 75 (St. VI, 66), Spielen

*) Jedoch billigte auch R.G. I, 22. Febr. 86, E. XIII, 366, R. VIII, 133, die Verurtheilung wegen Lärmens in einem Miethhause, weil die Ruhestörung über einen individuellen Personenkreis hinaus wirkte. Auch R.G. IV, 21. Mai 89, Goltd. XXXVII, 197.

mit dem sog. cri-cri: Dresden 13. Nov. 76 (St. VII, 205), wegen schnellen Fahrens in einer Stadt: Dresden 4. Juni 77 (S.G.Z. XXII, 83), München 18. Aug. 88, bayr. Entsch. III, 505. Bestritten ist die von vielen Gerichtshöfen bejahte Frage, ob Ausschreiben sozialistischer Komitees über das sog. Boykotten bestimmter Gewerbetreibender durch die sozialdemokratische Partei unter §. 360, Ziff. 11, falle. S. Naumburg 30. Okt. 90, Goltd. **XXXIX**, 76.

Selbstverständlich fällt nicht jeder Angriff auf einen Anderen an einem öffentlichen Orte unter diesen §., sondern nur ein die öffentliche Ruhe störender. Berlin 14. Juni 76 (O.R. XVII, 416); München 18. Jan. 75 (bayr. Entsch. V, 19). Auch die mittelbare Erregung von Lärmen kann den Thatbestand begründen, z. B. mittels Lärmens durch Hunde. Dresden 22. März 78 (S.G.Z. XXII, 273, St. VIII, 308), vgl. auch Berlin 20. April u. 14. Juni 76 (O.R. XVII, 275, 416, St. VI, 66, Goltd. XXIV, 609), München 12. Nov. 89, bayr. Entsch. V, 411. Jedoch muß die Erregung des Lärmens oder des das Publikum Beunruhigenden u. s. w. mittelbar geschehen sein, nicht die Beunruhigung dadurch, daß das im individuellen Kreise Geschehene nachträglich bekannt wird (Schießen auf eine Patrouille an einem nicht dem Publikum allgemein zugänglichen Ort), R.G. IV, 17. April 88, **R.** X, 304.

20. Durch Unterlassungen kann grober Unfug nicht verübt werden, Dresden 22. März 78 (S.G.Z. XXII, 272, St. VIII, 308), wie durch freies Laufenlassen eines Hundes wegen der Möglichkeit, Leute zu erschrecken. Jedenfalls muß der Begriff der Unterlassung auf das richtige Maß beschränkt, und darf nicht auf Folgen eigener Thätigkeit ausgedehnt werden, deren Abwendung unterlassen wurde. München 12. April 87, bayr. Entsch. IV, 372 nahm an, daß die Nichtverhinderung ruhestörenden Lärmens, Musizirens und Singens bei Nacht durch einen Wirth an diesem nach §. 360 Ziff. 11 gestraft werden könne.

21. Eine neuerer Zeit stark ventilirte Kontroverse ist, ob grober Unfug durch die Presse begangen werden kann, sei es durch beunruhigende Nachrichten, sei es durch Verletzung allgemein getheilter Gefühle. Die Theorie verneint vorherrschend, jedoch ohne Uebereinstimmung im Einzelnen die Frage. Vgl. v. Bar a. a. O., Frank bei Goltd. XXXVI, 267, v. Liszt S. 638, Berner S. 672 N. 1, Olshausen N. d γ. Dagegen bejahend Berlin 9. Mai 78, O.R. XIX, 249, Goltd. **XXVI**, 344, 29. April 89, Goltd. **XXXVII**, 216, endlich auch R.G. II, 17. Mai 87, **E.** XVI, 98, **R.** IX, 323 u. III, 3. Juni 89, **E.** XIX, 294, IV, 21. Mai 89, Goltd. **XXXVII**, 197. (Vgl. auch Meves hierzu ebendas.) Ferner München 10. April 88, bayr. Entsch. V, 67, so daß im Ganzen gesagt werden kann, die Theorie kämpft mit der Praxis. Hierbei wurden natürlich auch die allgemeinen Vorbedingungen des Thatbestands diskutirt und kann als allgemein anerkanntes Ergebniß festgestellt werden:

a) Daß §. 360 Ziff. 11 keine subsidiäre Strafbestimmung gegen jede vermeintliche, sonst nicht strafbare Ungebühr enthält;

b) daß die Bestimmung das Publikum gegen ungebührliche Beläftigung, Beunruhigung, Verletzung berechtigter Gefühle und Anschauungen schützen soll. Es könnten die letzteren Alternativen noch als bestritten gelten. Jedoch geben auch Vertreter der Beschränkung, z. B. v. Bar zu, daß die Art der Ausstellung eines Preßerzeugnisses, z. B. ein Anschlagen an der Residenz, unter das Gesetz fallen könne, also eine Verletzung monarchischer Gefühle. So billigte München 19. Febr. 84 u. 21. Sept. 88, bayr. Entsch. III, 32; V, 164 die Subsumtion von sozialdemokratischen Demonstrationen, welche geeignet waren, die Gefühle Andersdenkender zu verletzen, unter das Gesetz.

c) Endlich ist allseitig anerkannt, daß die That keines Erfolges bedürfe, sondern jede Handlung, welche nur geeignet ist, Verletzungen der beregten Art hervorzurufen, strafbar sei. München 31. Jan. 85, bayr. Entsch. III, 323. Steht dies fest, so ist allerdings nicht absehbar, weshalb Verletzungen, welche durch die Sinne wirken, wie v. Bar will, allein unter die Ziff. 11 fallen sollen, nicht aber solche, bei welchen der Inhalt von gesprochenen oder geschriebenen oder gedruckten Worten das Verletzende bildet, R.G. 3. Juni 89 s. oben. Das Gesicht vermittelt dies wie bei verletzenden Anschlägen. Der Wortlaut des Gesetzes, wie die Materialien geben nicht den mindesten Anlaß zu solchen Unterscheidungen. Es ist kein legislatorischer Grund denkbar, welcher dahin führen könnte, das sittliche Gefühl zu schützen, wenn es durch das Toben Betrunkener verletzt wird, nicht aber, wenn es durch unzüchtige Worte, Lieder oder Druckschriften verletzt wird; daß das Gefühl der Sicherheit geschützt sein soll, wenn es durch unanständige Angriffe auf der Straße beunruhigt wird, nicht aber, wenn es durch gedruckte Drohungen oder durch frivole Mittheilung erfundener Attentate beunruhigt wird.

Richtig ist, daß die Grenze schwer zu finden ist, welche Gefühl so allgemein getheilt werden, daß sie unter die schutzbedürftigen und des Schutzes würdigen gehören. Darin ist aber die Entscheidung nicht schwieriger, als darin, ob ein wüst Singender das Publikum belästigt, während Manche es noch für Gesang halten. Es muß also festgehalten werden, daß grober Unfug auch durch Worte und Druckschriften begangen werden kann. Der Rest ist Thatfrage.

22. Subjektiv ist nur der Wille erfoderlich, eine die öffentliche Ruhe störende Handlung vorzunehmen. Die Absicht der Ruhestörung ist nicht erforderlich, doch muß dieser Erfolg immerhin zur Fahrlässigkeit zugerechnet werden können, d. h. es mußte der Thäter bei einiger Ueberlegung sich sagen können, daß dies die Folge sein werde. Es hat zwar auch die Ansicht Vertreter gefunden, daß weder Vorsatz noch Fahrlässigkeit Erforderniß sei München 30. Dez. 87, bayr. Entsch. IV, 557, oder daß Fahrlässigkeit auch für Vornahme der Handlung genüge. Berlin 22. Sept. 87, Goltd. XXXVI, 68; Ersteres kann aber überhaupt bei Uebertretungen nicht genügen, und auch letzteres dürfte nicht richtig sein. Das Reichsgericht nimmt an, daß der Thäter die That mit Bewußtsein also vorsätzlich begangen haben muß, daß ihm jedoch nicht nachgewiesen werden muß, daß er sich auch des ruhestörenden Erfolges bewußt war, wenn dieser Erfolg nur dadurch erkennbar war, daß die That geeignet war, ihn hervorzurufen; und der Thäter bezüglich des Erfolgs schuldhaft, d. h. mindestens fahrlässig handelte R.G. II, 17. Mai 87 s. oben. Das Richtige dürfte jedoch sein, anzunehmen, daß der Thäter sich der Eigenschaft der That als einer beunruhigenden, das Sicherheits-, Anstands- oder sonstige Gefühl des Publikums, die Ruhe desselben verletzenden, bewußt gewesen sein muß, daß mithin, da es eines Erfolgs nicht bedarf, von Fahrlässigkeit im gewöhnlichen Sinne also ohnehin nicht gesprochen werden kann, die That eine vorsätzliche sein muß. Gl. M. Frank Goltd. XXXIV, 149, v. Liszt S. 638, N. 4, Olshausen N. a, d, δ, e, δ.

23. Wenn der durch öffentliche Mißhandlung eines Menschen verursachte Auflauf und Lärm als grober Unfug bestraft ist, ist eine Strafverfolgung wegen Körperletzung ausgeschlossen, R.G. II, 27. Mai 81 (R. III, 343), jedoch nur dann, wenn die Bestrafung durch gerichtliches Urtheil, nicht durch Strafmandat erfolgt ist, R.G. III, 2. Juni 80 (R. II, 18, E. II, 212, Ann. II, 152).

24. Nr. 12. Die Motive zur Novelle v. 26. Febr. 76 sagen:

> „Nr. 12. Dieselben Gründe, welche zu Nr. 12 des §. 360 in seiner gegenwärtigen Fassung geführt haben, greifen auch für die Rückkaufshändler Platz. In der Regel werden die Rückkaufsgeschäfte verschleierte Pfandgeschäfte sein. Der Beweis dafür, daß sie dies sind, ist dem Richter schwer zu führen, und deshalb erscheint es als ein Bedürfniß, den §. 360 Nr. 12 in der vorgeschlagenen Weise zu erweitern."

Wie zu §. 302a N. 6 bemerkt wurde, gelten Rückkaufsgeschäfte als Darlehen unter Faustpfandbestellung. Der Rückkaufshändler ist daher nicht nur den Bestimmungen des §. 360 Nr. 12 und den darin erwähnten Anordnungen unterworfen, sondern auch den Bestimmungen über Wucher. R.G. III, 5. Jan. 81 (E. III, 176), 25. Mai 81 (R. III, 322, E. IV, 203).

Das preuß. Gesetz v. 17. März 81 betr. das Pfandleihgewerbe findet nur auf obrigkeitlich konzessionirte Pfandleiher und Rückkaufhändler Anwendung, muß also bei solchen, die das Gewerbe ohne Konzession betreiben, außer Acht bleiben. Diese sind vielmehr nur nach Befund der Sache nach den Bestimmungen über Wucher, nach §. 147 Ziff. 1, Gew.O. und nach den Steuergesetzen strafbar. Zur Bestrafung wegen Wuchers ist aber selbstverständlich der volle Thatbestand der §§. 302a—d für beide Kategorien erforderlich und kann gegen keine von beiden Kategorien Bestrafung wegen Wuchers erfolgen, wenn nur Ueberschreitung des Zinsfußes vorliegt. Gl. M. Olshausen N. c, Hälschner II, 443.

25. Nr. 13. Die Worte „oder in Aergerniß erregender Weise" sind in Folge der mehrfachen Anträge der Thierschutzvereine auf Verschärfung der Strafbestimmungen aufgenommen. Ob das Aergerniß wirklich seitens der Zuschauer genommen ist, ist gleichgültig. (Vgl. §. 183 N. 4.) Gl. M. Bähr a. a. O.

Nach der zu §. 183 bemerkten Praxis des Reichsgerichts wird man jedoch, da der Wortlaut verb. „Aergerniß erregend" der gleiche ist, annehmen müssen, daß das Reichsgericht gegebenen Falls den Nachweis verlangen würde, daß thatsächlich Aergerniß erregt wurde. So that München 16. Nov. 89, bayr. Entsch. V, 429.

Die Thierquälerei muß öffentlich oder in Aergerniß erregender Weise begangen sein, also entweder in einer Art, daß eine unbestimmte Menge von Personen sie wahrnehmen konnten, oder so, daß wenigstens eine an der That nicht betheiligte Person Aergerniß nehmen konnte, bez. Aergerniß nahm (s. oben).

26. Der Begriff des rohen Mißhandelns setzt eine absichtliche und unberechtigte Thätigkeit voraus, nicht bloß eine Unterlassung, wie das Nichttödten eines von Dritten verwundeten Thieres Wolffenbüttel 9. Febr. 77 (St. VII, 207), sondern es muß ein Handeln stattfinden, welches einen vernünftigen Zweck nicht hat (quält) und dem Thiere, aus Freude am Schmerz des Thieres (boshaft) Schmerzen bereitet, oder es muß eine dem Thiere zugefügte Strafe im Uebermaß (roh) angewendet werden. Quälen kann auch durch Unterlassen begangen werden, wie durch Entziehung von Futter, nöthiger Wärme u. s. w., mißhandeln nicht. Beide Begriffe lassen sich nicht scharf trennen, denn zweckloses Mißhandeln ist auch Quälen. Berner S. 676 ff., Olshausen N. 6c, v. Schwarze N. 13.

Die That kann nur vorsätzlich begangen werden; denn eine nicht gewollte, aber schuldhaft (fahrlässig) dem Thiere zugefügte Mißhandlung wäre weder boshaft noch roh. Gl. M. Olshausen N. a.

27. Vivisektion, d. h. das vorsätzliche Verletzen oder Tödten von Thieren, um wissenschaftliche Erfahrungen festzustellen oder wissenschaftliche Versuche zu machen, fallen in der Regel schon wegen Mangels der Oeffentlichkeit und der Aergerniß erregenden Weise nicht unter Ziff. 13, abgesehen davon, daß bei wirklich wissenschaftlicher Arbeit von boshaftem Quälen und roher Mißhandlung nicht gesprochen werden kann. Olshausen N. d, v. Liszt S. 637. Versuche Unberufener könnten vielleicht unter die letzteren, wohl nie unter die erstgenannten Erfordernisse gebracht werden. Durch alberne Darstellungen übersentimentaler Leute, welche die Vorgänge nur nach ihrer Phantasie schildern, den wissenschaftlichen Werth der Thierversuche aber nicht kennen, kann allerdings Aergerniß erregt werden, dies ist aber nicht Folge der That, sondern der Darstellung.

Auch beim Schächten ist durch die religiösen Anschauungen Bosheit oder Rohheit ausgeschlossen. H. Meyer S. 1017, Olshausen N. 6.

28. N. 14. Vgl. §§. 284, 285 und die Bemerkungen zu denselben. Nach R.G. III, 3. Mai 88, E. XVIII, I, R. X, 376 sind die älteren Normen des Landesrechts über Glücksspiele durch das St.G.B. f. d. D. R. außer Wirksamkeit gesetzt. Ist §. 286 anwendbar, so ist die Anwendung des §. 360 Ziff. 14 ausgeschlossen. R.G. III, 25. Sept. 80, I, 9. Febr. 82, R. II, 260, E. V, 432. Nach den Motiven ist vom II. Entwurf in N. 14 das Wort „unbefugt" aus gleichem Grunde eingeschaltet wie in N. 9 die Worte: „gesetzlichen Bestimmungen zuwider". Daraus folgt jedoch nur, daß zum Halten von Glückspielen eine Befugniß oder Erlaubniß gehört, welche entweder durch polizeiliche Verordnung geregelt oder für jeden speziellen Fall ertheilt werden kann.

„Oeffentlich" vgl. §. 110 N. 3. Oeffentlicher Versammlungsort setzt voraus, daß der Ort Jedem (wenn auch gegen Eintrittsgeld u. s. w.) zugänglich war. (Vgl. Jena 1. Febr. 72, St. I, 314). Dadurch, daß der Kreis der zuzulassenden Personen vom Spielhalter enger oder weiter gezogen, oder sogar auf einzelne Personen beschränkt worden ist, wird unter Vorliegen der übrigen Voraussetzungen der Thatbestand nicht ausgeschlossen. Berlin 29. Mai 78 (O.R. XIX, 287, Goltd. XXVI, 345, St. VIII, 311).

29. Besonderer Vorrichtungen bedarf es nicht, auch schließt es das Halten von Glücksspielen nicht aus, wenn das Halten der Bank unter den Spielern wechselt. Berlin a. a. O. Dagegen fordert R.G. III, 25. Sept. 80 (R. II, 261), daß ein bestimmter Unternehmer vorhanden sei und einer unbestimmten Zahl von Personen die Betheiligung gewähre, was auch dem Wortlaute des Gesetzes entsprechender sein dürfte, als die Ansicht des preuß. O.Tr.; denn das Halten des Spiels setzt eine Unternehmung voraus. Dagegen liegt die Möglichkeit vor, daß ein Glücksspiel von einer Person gehalten wird, welche sich an dem Spiel nicht betheiligt, sondern nur die Vorrichtungen zum Spiel zur Disposition stellt, gegen eine gewisse Vergütung und wobei das Bankhalten unter den Spielern wechselt, wie bei manchen Würfel- und Kartenglücksspielen. Gl. M. Geyer II, 74, Hälschner II, 446, Olshausen N. 6. Das Betreiben eines angeblichen Glücksspiels, dessen Entscheidung der Spieler durch eine nur ihm bekannte Manipulation in der Hand hat, ist kein Glücksspiel, kann aber, wenn der Gegenspieler über die Art des Spiels getäuscht ist, als Betrug strafbar sein. R.G. IV, 10. Okt. 90, E. XXI, 107.

Gewerbsmäßigkeit ist nicht erforderlich, Dresden 17. Juni 72 (St. II, 115); auch nicht Gewinnsucht, Berlin 21. Nov. 72 (Goltd. XX, 566, O.R. XIII, 617, St. II, 237).

30. Schlußsatz. — Die Einziehung ist nicht an die Voraussetzungen des §. 40 gebunden, jedoch fakultativ („kann"). Auch kann dieselbe als selbständige Maßregel erkannt werden, sofern die Verfolgung einer bestimmten Person nicht ausführbar ist. Vgl. §. 42 N. 1. (Schluß der Motive), v. Buri G.S. Bd. XXX, S. 268, München 1. Aug. 89, bayr. Entsch. V, 368.

§. 361. Mit Haft wird bestraft:

1) wer, nachdem er unter Polizei-Aufsicht gestellt worden ist, den in Folge derselben ihm auferlegten Beschränkungen zuwiderhandelt;
Pr. §. 116; E. I. §. 129; E. II. §. 357_1; St.B. S. 762.
Vgl. §§. 38, 39.

2) wer, nachdem er des Bundesgebietes oder des Gebietes eines Bundesstaats verwiesen ist, ohne Erlaubniß zurückkehrt;
Pr. §. 115; E. I. §. 128; E. II. §. 357_2; St.B. S. 762.
Vgl. §§. 39 Nr. 2, 284 A. 2, 362 A. 3; R.V. Art. 3; Freizüg.G. v. 1. Novbr. 1867 §§. 1—3, 12; Indigen.G. v. 1. Juni 1870; G. v. 4. Mai 1874 (R.G.Bl. S. 43).

3) wer als Landstreicher umherzieht;*)
Pr. §. 117; E. I. §. 350_3; E. II. §. 357_3; St.B. S. 762.
Vgl. §. 362; Freizügigk.G. v. 1. Novbr. 1867 §§. 3, 12.

4) wer bettelt oder Kinder zum Betteln anleitet oder ausschickt, oder Personen, welche seiner Gewalt und Aufsicht untergeben sind und zu seiner Hausgenossenschaft gehören, vom Betteln abzuhalten unterläßt;
Pr. §§. 118, 341; E. I. §§. 212, 350_2; E. II. §. 357_4; St.B. S. 762.
Vgl. §§. 362, 235; Freizügigk.G. v. 1. Novbr. 1867 §. 3.

5) wer sich dem Spiel, Trunk oder Müßiggang dergestalt hingibt, daß er in einen Zustand geräth, in welchem zu seinem Unterhalte oder zum Unterhalte derjenigen, zu deren Ernährung er verpflichtet ist, durch Vermittelung der Behörde fremde Hülfe in Anspruch genommen werden muß;
Pr. §. 119_1; E. I. §. 350_3; E. II. §. 357_5; St.B. S. 762.
Vgl. §. 362.

6)**) eine Weibsperson, welche wegen gewerbsmäßiger Unzucht***) einer polizeilichen Aufsicht unterstellt ist, wenn sie den in dieser Hinsicht zur Sicherung der Gesundheit, der öffentlichen Ordnung und des öffentlichen Anstandes erlassenen polizeilichen Vorschriften zuwiderhandelt, oder welche, ohne einer solchen Aufsicht unterstellt zu sein, gewerbsmäßig Unzucht treibt;
Pr. §. 146; E. I. §. 156; E. II. §. 357_6; St.B. S. 762.
G. v. 26. Febr. 1876 Art. I; Drucks. (1876) Nr. 54; St.B. S. 1007.
Vgl. §. 362.

7) wer, wenn er aus öffentlichen Armenmitteln eine Unterstützung empfängt, sich aus Arbeitsscheu weigert, die ihm von der Behörde angewiesene, seinen Kräften angemessene Arbeit zu verrichten;

---

*) Rotering, Landfahrer und Landstreicher Goltd. XXXIII, 323; XXXIV, 123.

**) Neue Fassung des G. v. 26. Febr. 1876, die alte Fassung lautete:
§. 361 Nr. 6. eine Weibsperson, welche, polizeilichen Anordnungen zuwider, gewerbsmäßig Unzucht treibt.

***) S. Kühn über die Prostitution, 2. Aufl., v. Reich, Leipzig 1887. Stursberg, Die Prostitution, Düsseldorf 1887.

Pr. §. 119_2; E. I. §. 350_4; E. II. §. 357_7; St.B. S. 762.

Vgl. Freizüg.G. v. 1. Novbr. 1867 §. 4; G. über den Unterstützungswohnsitz v. 6. Juni 1870 §§. 1, 28, 62.

8) wer nach Verlust seines bisherigen Unterkommens binnen der ihm von der zuständigen Behörde bestimmten Frist sich kein anderweitiges Unterkommen verschafft hat und auch nicht nachweisen kann, daß er solches der von ihm angewandten Bemühungen ungeachtet nicht vermocht habe;

Pr. §. 119_3; E. I. §. 350_5; E. II. §. 357_8; St.B. S. 762.

Vgl. Freizüg.G. v. 1. Novbr. 1867 §. 4.

9) wer Kinder oder andere unter seiner Gewalt stehende Personen, welche seiner Aufsicht untergeben sind und zu seiner Hausgenossenschaft gehören, von der Begehung von Diebstählen, sowie von der Begehung strafbarer Verletzungen der Zoll- oder Steuergesetze, oder der Gesetze zum Schutze der Forsten, der Feldfrüchte, der Jagd oder der Fischerei abzuhalten unterläßt. Die Vorschriften dieser Gesetze über die Haftbarkeit für die den Thäter treffenden Geldstrafen oder anderen Geldleistungen werden hierdurch nicht berührt.

In den Fällen der Nr. 9 kann statt der Haft auf Geldstrafe bis zu einhundertfunfzig Mark erkannt werden.

G. v. 26. Febr. 1876 Art. II; Druckf. Nr. 54, 109 (II), 120; St.B. 18$\frac{75}{76}$ S. 1025 ff., 1360 ff.

1. Der Höchstbetrag der zu verhängenden Haft beträgt sechs Wochen. (§. 18.)

2. Nr. 1. — Unter Polizeiaufsicht ist die nach Maßgabe der §§. 38, 39 verhängte zu verstehen. Bei Anwendung der Nr. 1 hat der Richter zu prüfen: ob die Beschränkungen von der zuständigen Behörde und nach Maßgabe des §. 39 auferlegt sind, auch ob dem unter Polizei-Aufsicht Gestellten die Beschränkungen richtig zur Kenntniß gebracht waren. In dieser Beziehung hat im Königr. Sachsen die Bestimmung der Min.-Verordn. vom 14. Dez. 1879 (Ger.- u. Verordn.-Bl. S. 373):

> §. 9. „Die Bestimmung im §. 39, 1 des Bundesstrafgesetzbuchs ist nicht bloß von „Ortschaften" zu verstehen. Es kann daher der Aufenthalt auch in bestimmten Stadttheilen, Gebäuden, Wirthschaften, Schaustellungsorten u. s. w. verboten werden; dagegen ist die Konfinirung auf einen bestimmten Bezirk unzulässig. Im Uebrigen enthält die Befugniß, den Aufenthalt unbeschränkt zu untersagen, auch das Mindere, z. B. die Befugniß, den Aufenthalt zu gewissen Zeiten (zur Nachtzeit ꝛc.) für immer oder bei gewissen Vorgängen (bei Festschießen ꝛc.) zu verbieten."

weder an sich noch als authentische Interpretation Anspruch auf gesetzliche Geltung, vielmehr darf auch der sächsische Richter nur nach seiner Auffassung des St.G.B. entscheiden. Für Preußen vgl. die Instruktionen des Min. des Innern vom 12. April 1871 (J.M.Bl. S. 127). — Uebrigens findet der §. 361 N. 1 auch auf die nach früheren Gesetzen verhängte Polizei-Aufsicht Anwendung, für welche aber bezüglich der Beschränkungen die früheren Gesetze maßgebend sind, sofern nicht landesgesetzlich etwas Anderes bestimmt ist. Vgl. jedoch §. 11 der vorgedachten preuß. Instruktion. Auch fahrlässige Uebertretung der Beschränkungen ist strafbar.

3. Nr. 2. Vgl. die Bemerkungen zu §. 39 N. 4 bis 6. — Die Vorschrift bezieht sich — mit einer gleich zu erwähnenden Ausnahme — nur auf Ausländer, d. h. Nichtdeutsche (§. 8). Die Verweisung derselben aus dem Bundesgebiete kann nur auf Grund eines Reichsgesetzes (§§. 39 N. 2, 284, 362 Abs. 3) erfolgen. Im Uebrigen kann die Landespolizeibehörde vermöge des staatlichen Hoheitsrechts jeden Ausländer, den sie nicht dulden will, aus dem einzelnen Bundesstaat verweisen. In Preußen sind die Ortspolizeibehörden zuständig, Ausländer des Landes zu verweisen. Die Rückkehr ist aus §. 360 Ziff. 2 strafbar. R.G. IV, 21. April 83, E. XII, 154, R. VII, 241. — Die Ausweisung von Inländern (Deutschen) aus einem einzelnen Bundesstaat kann nur unter den Voraussetzungen des §. 3 des zum Reichsgesetz erhobenen Freizügigk.-Ges. vom 1. Nov. 1867 erfolgen. Ob diese Voraus-

setzungen vorliegen, ob also die Ausweisung eines Inländers legal war, hat der Richter bei Anwendung des §. 361 N. 2 zu prüfen. R.G. III, 17. Juni 82, E. VI, 378, R. IV, 576. Die Ausweisung durch richterliches Erkenntniß findet jetzt nicht mehr statt. Dagegen ist §. 361 N. 2 noch auf die früher (vor dem 1. Januar 1871) erkannte Ausweisung anzuwenden.

Ist die Verweigerung des Aufenthalts in einem Bundesstaat gegen einen Deutschen auf Grund des §. 3 des Freizügigkeitsgesetzes v. 1. Nov. 1867 nach wiederholter Bestrafung wegen Bettelns oder Landstreicherei erfolgt, so verliert die Ausweisung ihre Kraft, wenn der Ausgewiesene innerhalb Jahresfrist wegen dieser Uebertretungen nicht mehr bestraft wurde. R.G. vom 17. Juni 82 s. oben.

4. Wie seiner Zeit die Landesverweisung vollzogen war, ist gleichgültig; jedoch muß der Verwiesene das Gebiet, aus dem er verwiesen war, verlassen haben, und ist jedes Betreten in demselben, so lange die Verweisung besteht, strafbar; also auch bei bloßer Durchreise. Colmar 8. Nov. 89, Goltd. XXXVII, 372. Die That kann auch fahrlässig begangen werden durch fahrlässige Annahme, die Rückkehr sei erlaubt.

5. Nr. 3. Wer als Landstreicher zu betrachten, ist der thatsächlichen Würdigung überlassen. Preußen §. 117 sagte: „Wer geschäfts- und arbeitslos umherzieht, ohne sich darüber ausweisen zu können, daß er die Mittel zu seinem Unterhalte besitze, oder doch eine Gelegenheit zu demselben aufsuche, wird als Landstreicher — bestraft." Einen Ausweis kann man jetzt nicht mehr verlangen. Das bayr. Pol.St.G.B. v. 1861 Art. 88 definirte die Landstreicherei dahin: Wer ohne bestimmten Wohnsitz oder mit Verlassung seines Wohnorts geschäfts- und arbeitslos umherzieht, ohne sich darüber ausweisen zu können, daß er die Mittel zu seinem redlichen Unterhalte besitze oder eine Gelegenheit hierzu aufsuche, wird als Landstreicher u. s. w. Vgl. hierzu München 22. April 86, bayr. Entsch. IV, 74. Auch die Praxis verlangt ein Umherziehen ohne Besitz eigener Mittel. Berlin 4. Juli 77 (O.R. XVIII, 498, Goltd. XXV, 575, St. VII, 360). Das Umherziehen in einer Stadt, auch in einer Großstadt, genügt nicht. Vgl. Berner S. 681, Olshausen N. 6, v. Schwarze N. 3, Rotering Goltd. XXXIV, 133. Als gewerbs- oder gewohnheitsmäßiges, also als Kollektivdelikt kann die Landstreicherei nicht angesehen werden, wie Olshausen N. c annimmt. — Wegen der Einsperrung in ein Arbeitshaus vgl. §. 362.

6. Nr. 4. Das Gesetz hat absichtlich vermieden, eine Definition von Bettel zu geben und hat hiermit auf den Sprachgebrauch verwiesen. Es kann nicht jedes Ansprechen um eine freiwillige Gabe, eine Unterstützung als Bettel bezeichnet werden, so z. B. nicht das Erbitten einer üblichen Gabe von Innungsmitgliedern durch Handwerksgehülfen R.G. IV, 6. Juni 90, E. XX, 434. Auch das Sammeln für streikende Arbeiter sogar durch diese selbst, wurde nicht als Bettel aufgefaßt. Hamburg 26. Febr. 91, Goltd. XXXIX, 181. Das Terminiren der Bettelorden ist in katholischen Ländern meist erlaubt. Vgl. München 7. Aug. 85, bayr. Entsch. III, 498. Vgl. Fuld im G.S. Bd. 36 S. 553. Jedenfalls gehört zum Begriff nicht das Erlangen eines Almosens, sondern nur das Angehen eines Andern (nicht eines Angehörigen), um eine Gabe. Dieselbe kann nur vorsätzlich begangen werden; ebenso das Anleiten oder Ausschicken von Kindern zum Bettel. Das Unterlassen des Abhaltens dagegen kann auch fahrlässig begangen werden.

— „abzuhalten unterläßt" bezeichnet einen Mangel an Aufmerksamkeit. Kenntniß von dem Betteln ist nicht — wie v. Schwarze annimmt — unbedingt erforderlich, vielmehr genügt der Mangel jeglicher Aufsicht. München 20. Okt. 85, bayr. Entsch. III, 530. Gl. M. Olshausen N. d, Oppenhoff N. 33, v. Schwarze N. 5. Die bloße Thatsache des Bettelns genügt aber nicht, um hierin schon eine Fahrlässigkeit zu finden. Auch ist es nothwendig, daß die Gewalt dessen, der für das Betteln vom Hausgenossen haftbar gemacht werden soll, rechtlich begründet ist, wie beim Vater, Ehemann, Vormund. München 27. Aug. 75 (bayr. Entsch. V, 430). Dresden 2. Mai 89 Goltd. XXXVII, 307 beurtheilte mit Recht auch das Ausschicken von Kindern, damit dieselben durch Anbieten von Kleinigkeiten Gaben erlangen, als Ausschicken auf Bettel. — Wegen der Nachhaft vgl. §. 362.

7. Nr. 5. Die Anwendung der Nr. 5 wird nicht dadurch beseitigt, daß der Zustand der Hülflosigkeit nachträglich aufgehört hat. Berlin 6. Nov. 74 (O.R. XV, 752). Die bloße Thatsache der Vernachlässigung der Angehörigen, in Folge deren die Behörde Hülfe gewährt, genügt nicht zum Thatbestande der Nr. 5; nicht das nicht Sorgen oder das nicht sorgen Wollen soll bestraft werden, sondern das nicht sorgen Können. R.G. III, 21. Febr. 80, R. I, 366 Anm. I, 484. Zwischen Spiel, Trunk und Müßiggang und der Hülflosigkeit muß ein Kausalzusammenhang bestehen. Wenn andere Gründe, z. B. Krankheit, dabei mitgewirkt haben, so ist zu unter-

suchen, ob nicht auch diese in jenen ihre Quelle haben und welcher der Gründe die Hauptwirkung that. Fahrlässigkeit genügt.

8. Nr. 6. Die Motive zur Novelle vom 26. Febr. 76 bemerken zur Begründung der neuen Fassung (die alte Fassung s. oben):

„Die Vorschrift des §. 361 Nr. 6 hat zu verschiedenartiger Auffassung, ob und inwieweit die Strafbarkeit der gewerbsmäßigen Unzucht von dem Vorhandensein polizeilicher Anordnungen abhängig sei, Veranlassung gegeben. (Vgl. Berner S. 683, v. Schwarze zu Ziff. 6, H. Meyer S. 988, Oppenhoff N. 37, Oppenhoff Rechtspr. XIV, 342.) Diese Kontroverse läßt es geboten erscheinen, der bisherigen Vorschrift eine Fassung zu geben, welche klar ersehen läßt, daß die Strafbarkeit der gewerbsmäßigen Unzucht, als Regel, und ausnahmsweise deren Straflosigkeit nur da eintreten soll, wo die Polizeibehörde spezielle Duldung unter Kontrole gewährt.

Der §. 361 Nr. 6 bestraft ferner nicht das Zuwiderhandeln gegen die dort bezeichneten polizeilichen Anordnungen, sondern nur die Handlung der gewerbsmäßig betriebenen Unzucht und auch diese nur dann, wenn die Unzucht polizeilichen Anordnungen zuwider getrieben ist. Die angezogene Vorschrift setzt daher zu ihrer Anwendbarkeit allemal den Nachweis voraus, daß von der Angeschuldigten eine Handlung der gewerbsmäßig betriebenen Unzucht begangen worden ist, ein Nachweis, welcher, wie es in der Natur des desfallsigen Verhältnisses liegt, nur selten sich führen läßt. Unter diesen Umständen erscheint es erforderlich, das Zuwiderhandeln gegen die fraglichen polizeilichen Anordnungen in dem Strafgesetze als eine besondere selbständige Uebertretung hinzustellen."

Vgl. München 13. Nov. 75 (bayr. Entsch. V, 500), Wolfenbüttel 30. Mai 76 (St. VI, 381, G.S. Bd. XXIX, S. 157).

9. Es wird anzunehmen sein, daß die betr. polizeilichen Vorschriften der Weibsperson bekannt waren oder — ohne ihre Fahrlässigkeit — bekannt sein mußten. Vgl. auch Leipzig 20. Sept. 1872 (St. II, 17), Berlin 8. Febr. 77 (O.R. XVIII, 112, Goltd. XXV, 60, St. VII, 209). Einer Publikation wie bei Polizeiverordnungen bedarf es nicht, sondern es handelt sich hauptsächlich um polizeiliche Vorschriften, welche die Polizeibehörde bei Handhabung der Aufsicht erläßt, wenn auch nur der betreffenden Weibsperson gegenüber. München 30. Dez. 90, bayr. Entsch. VI, 338. Bordelle sind nicht gestattet. Mannheim 11. Mai 78 (bad. Ann. Bd. 44, S. 152, St. VIII, 134), München 13. Nov. 75 (bayr. Entsch. V, 509, St. VI, 68). Daß die Weibsperson bei Uebertretung dieser Anordnungen Unzucht getrieben hat, ist nicht erforderlich, sondern die Uebertretung der Anordnungen an sich ist strafbar, wie das Umherziehen auf den Straßen zu einer verbotenen Zeit, München a. a. O. S. auch München 22. Juli 84, bayr. Entsch. S. 164. Die oben mitgetheilten Motive sind geeignet, die Kontroverse hervorzurufen, ob zur Bestrafung aus §. 361, Ziff. 6, der Nachweis eines vollzogenen Beischlafs erforderlich ist. Es muß hierbei zwischen beiden Formen unterschieden werden: Um wegen Betriebs gewerbsmäßiger Unzucht, d. h. wegen Hingabe an beliebige Männer gegen Entgeld zu strafen, ist vor Allem der Nachweis erforderlich, daß eine Weibsperson aus der Unzucht eine dauernde Erwerbsquelle macht, und es lassen sich deshalb die oben cit. Münchener Urtheile sehr wohl rechtfertigen, welche nur fordern, daß eine Person augenscheinlich diesem Erwerb nachgegangen ist; um so mehr, als es sich hierbei sicher um ein Kollektivdelikt handelt. Das R.G. hat aber bei den gewerbsmäßigen, Kollektivdelikten stets den Nachweis mindestens eines Spezialfalls gefordert; z. B. R.G. III 25. Jan. 83, R. V, 59. Die Konsequenz müßte auch hier dahin führen. — Dagegen straft Ziff. 6 in der ersten Alternative nach dem klaren Wortlaut die Zuwiderhandlung gegen die polizeilichen Vorschriften und ist Ausübung der gewerbsmäßigen Unzucht nur Vorbedingung für die Polizei bei Stellung unter Sittenkontrole, ist aber auch nur von der Polizei festzustellen. Der Richter kann also den Nachweis ausgeübter Unzucht nicht verlangen. Auch über die Fortdauer des Gewerbsbetriebs hat er nicht zu entscheiden und im Zusammenhang mit einer Unzuchtshandlung muß die Zuwiderhandlung gleichfalls nicht stehen, z. B. bei Nichtstellung zur Gesundheits-Kontrole. Leipzig 28. Mai 77. Ob eine Weibsperson mit Recht polizeilicher Aufsicht unterstellt wurde, gehört nicht zur gerichtlichen Kognition, sondern ist im polizeilichen Instanzenzug zu ordnen. Für das Gericht genügt die Thatsache, daß die polizeiliche Aufsicht besteht, München 16. Mai 82, bayr. Entsch. II, 86. Gewerbsmäßig vgl. §. 260. Der Nachweis einer Mehrheit von Fällen ist nicht unbedingt erforderlich, ebensowenig der Nachweis, daß Bezahlung ausbedungen oder angenommen worden ist, wenn nur die Gestattung des Beischlafs in Erwartung einer Belohnung erfolgt ist. Berlin 14. Juni 73 (Goltd. XXI, 457, O.R. XIV, 430, St. II, 263), Wolfenbüttel 1. Juni 78 (St. VIII, 313).

10. Unzucht ist (arg. §. 173) gleichbedeutend mit Beischlaf, jedoch fällt auch ein gewerbsmäßiger Betrieb beischlafähnlicher Unzucht unter das Gesetz. Olshausen N. a α. Oppenhoff N. 41, v. Schwarze N. 6.

11. Das Verhängen polizeilicher Aufsicht ist die Maßregel, durch welche die Polizeibehörde den an sich strafbaren Betrieb g. U. straflos macht. Die Bedingungen, unter welchen dies geschehen soll, sind ihr freigestellt und es kann nur im polizeilichen Beschwerdeweg angefochten werden, ob sie unter die im Gesetze angegebenen Gesichtspunkte fallen. Jede Nichtbefolgung dieser Bedingungen läßt die Strafbarkeit des Unzuchtsbetriebes wieder aufleben. Die Befolgung auch außerhalb des örtlichen Wirkungskreises der Aufsichtsbehörde sah nicht als geboten an R.G. IV, 9. Dez. 84, E. XI, 286. Dagegen ist in einem anderen Bezirk der Betrieb an sich strafbar. Die Unterstellung unter Aufsicht erfordert nicht die Zustimmung der Prostituirten, Köln 18. April 90, Goltd. XXXVIII, 364.

12. Die Zuwiderhandlung gegen polizeiliche Vorschriften kann fahrlässig, der gewerbsmäßige Unzuchtsbetrieb ohne Aufsicht nur vorsätzlich begangen werden.

13. Für die Provinz Hannover sind die §§. 92, 93 des Poliz.-St.G.B. von 1847 in der durch Art. XV Nr. 1 der V.O vom 25. Juni 67 gegebenen Fassung:

„Frauenspersonen, welche sich unzüchtig umhertreiben, sind mit Gefängniß (— Haft —) bis zu 14 Tagen, beim Rückfall bis zu 6 Wochen zu bestrafen."

noch in Geltung.

Wegen der Nachhaft vgl. § 362.

14. Nr. 7 vgl. Freizügigk.-G. vom 8. Novbr. 67 §§. 4 ff.; Ges. über den Unterstützungswohnsitz vom 6. Juni 70 §§. 28, 62, 63, und für Preußen Ges. betr. die Ausführung des Bundesgesetzes über den Unterstützungswohnsitz vom 8. März 71 (G.S. S. 130), insbes. §. 38. — Wegen der Nachhaft vgl. §. 362. Das Weigern kann auch thatsächlich durch Nichtverrichten der angewiesenen Arbeit geschehen; das Motiv muß jedoch Arbeitsscheu sein. Der Nachweis, daß die Arbeit die Kräfte des zur Arbeit Angewiesenen übersteige, befreit von Strafe. Berner S. 684, Olshausen Nr. c. Dieses Motiv weist darauf hin, daß die That nur vorsätzlich begangen werden kann.

15. Nr. 8. Unterkommen im Sinne der Nr. 8 bedeutet nicht bloß Obdach, sondern alle zum Lebensunterhalt nothwendigen Mittel. München 19. Okt. 77 (bayr. Entsch. VII, 462, St. VIII, 314), 7. März 89, bayr. Entsch. V, 282, und zwar nicht bloß für den Betreffenden selbst, sondern auch für seine Familienglieder. Dresden 11. Jan. 75 (St. VI, 69). Die Bemessung der Frist ist Sache der Polizeibehörde. Deren Angemessenheit kann nicht vom Richter geprüft, sondern nur vom Betroffenen durch Beschwerde angegriffen werden. Den Nachweis eines Unterkommens kann auch der Richter prüfen.

9. Nr. 9. — Wegen der Motive der durch die Novelle vom 26. Febr. 76 aufgenommenen, im Reichstag lebhaft debattirten Nr. 9 vgl. §. 55 N. 1. — Der Hauptgrund der Bestimmung ist der Mangel an Aufsicht. Auch hier ist (ebenso wie oben bei Nr. 4) eine nähere Kenntniß von dem verbrecherischen Thun nicht erforderlich. Die Bestimmung trifft denjenigen, welcher als Vorstand der Hausgenossenschaft eine gewisse Disziplinargewalt ausübt, und dem seine Hausangehörigen Gehorsam schuldig sind. München Pl. 20. Febr. 78 (bayr. Entsch. VIII, 91, St. VIII, 315), 27. Juli 78 (St. VIII, 321), auch wenn ihm besondere Zwangsmittel nicht zu Gebote stehen. Ob er die ihm zu Gebote stehenden Mittel gebraucht hat oder ob ihm sonst Entschuldigungsgründe zur Seite stehen, ist Sache thatsächlicher Beurtheilung im einzelnen Fall. Berlin 5. Juli 78 (O.R. XIX, 356, Goltd. XXVI, 453, St. VIII, 319). Die Bestimmung trifft jedoch nicht zu, wenn der Verantwortliche an der strafbaren That selbst betheiligt ist. München 21. Dez. 82, bayr. Entsch. II, 224. Ob der physische Urheber der aufgezählten Delikte strafrechtlich verantwortlich ist oder nicht, begründet keinen Unterschied für das Familienoberhaupt. Berner S. 686, Hälschner I, 220 N. 2, Meves N. 2, Olshausen N. a, v. Schwarze N. 9. Zu den Diebstählen gehören alle unter den Begriff des Diebstahls fallenden Delikte, auch wenn sie durch Spezialbestimmungen getroffen werden, also auch Eß-, Felddiebstähle u. s. w. Berlin 5. Juli 78 (O.R. XIX, 356, Goltd. XXVI, 453, St. VIII, 319), München 10. Mai 78 (bayr. Entsch. VIII, 248, St. VIII, 318). Meves N. 13, Olshausen N. b. α., Oppenhoff N. 65, v. Schwarze N. 9.

§. 362. Die nach Vorschrift des §. 361 Nr. 3 bis 8 Verurtheilten können zu Arbeiten, welche ihren Fähigkeiten und Verhältnissen angemessen sind, innerhalb

und, sofern sie von anderen freien Arbeitern getrennt gehalten werden, auch außerhalb der Strafanstalt angehalten werden.

Bei der Verurtheilung zur Haft kann zugleich erkannt werden, daß die verurtheilte Person nach verbüßter Strafe der Landespolizeibehörde zu überweisen sei. Die Landespolizeibehörde erhält dadurch die Befugniß, die verurtheilte Person entweder bis zu zwei Jahren in ein Arbeitshaus unterzubringen oder zu gemeinnützigen Arbeiten zu verwenden. Im Falle des §. 361 Nr. 4 ist dieses jedoch nur dann zulässig, wenn der Verurtheilte in den letzten drei Jahren wegen dieser Uebertretung mehrmals rechtskräftig verurtheilt worden ist, oder wenn derselbe unter Drohungen oder mit Waffen gebettelt hat.

Ist gegen einen Ausländer auf Ueberweisung an die Landespolizeibehörde erkannt, so kann an Stelle der Unterbringung in ein Arbeitshaus Verweisung aus dem Bundesgebiete eintreten.

Pr. §§. 120, 341 A. 2; E. I. §. 350 A. 2; E. II. §. 358; St.B. S. 762—764. Vgl. §§. 15, 16, 18.

1. Abs. 1 — schärft für die hier fraglichen Uebertretungen die sonst als „einfache Freiheits-Entziehung" bezeichnete Haftstrafe (§. 18 A. 2) durch Zulässigkeit des Arbeitszwangs.

2. Absatz 2. — Ueber die hier behandelte Nachhaft vgl. den längeren Exkurs in den Motiven S. 158—164. — Die Maßregel ist sowohl für den Richter wie für die Polizeibehörde fakultativ und hat nur Verurtheilung zur Haft als Voraussetzung und nur wegen einer der in Abs. 1 bezeichneten Uebertretungen, z. B. gewerbsmäßige Unzucht. München 15. April 85, bayr. Entsch. III, 362.

3. Landespolizeibehörde ist die höhere (Regierung, Landdrostei, vgl. §. 35) im Gegensatz zur Ortspolizeibehörde (vgl. Motive) und zwar ist die Landespolizeibehörde desjenigen Bundesstaates, in welchem die Verurtheilung erfolgt ist, die kompetente. Beschluß des Bundesraths vom 16. Juni 1872 (Preuß. Min.-Bl. d. inn. Verw. 1872 S. 193). — Die zwei Jahre beginnen mit der Verbüßung der Haft. — Wegen der seitens des Richters an die Polizeibehörden zu machenden Mittheilungen behufs Entscheidung über die Anordnung der Maßregel vgl. für Preußen die Just.-Min.-Verf. v. 3. Okt. 1856, 13. Mai 1857 und — für die neuen Landestheile — v. 31. Jan. 1868 N. 20 (J.M.Bl. 1868 S. 49).

4. Der Schlußsatz: Im Falle des §. 361 N. 4 u. s. w. trifft das Gericht, welches über die Zulässigkeit der Ueberweisung zu entscheiden hat, nicht die Landespolizeibehörde, welcher beim Mangel der angegebenen Vorbedingungen der Verurtheilte nicht zu überweisen ist. München 30. Juli 77 (bayr. Entsch. VII, 348). Es müssen mindestens zwei frühere Verurtheilungen vorliegen. Vollzug der Strafen ist nicht erforderlich. München a. a. O. R.G. 11. Dez. 80 (Ann. III, 31). Die Maßregel ist Nebenstrafe und in diesem Fall auch dann zulässig, wenn der Verurtheilte in den letzten drei Jahren nicht nur wegen Bettels mehrmals rechtskräftig verurtheilt, sondern auch die Ueberweisung an die Landesbehörde für zulässig erklärt und derselben Folge gegeben war. Der Berücksichtigung derselben Vorstrafen steht die Rechtsregel: ne bis in idem, nicht entgegen. R.G. III, 23. Dez. 82, E. VII, 431, München 3. Aug. 86, 4. Febr. 87, bayr. Entsch. IV, 169, 332.

5. Die Drohung bedarf keiner besonderen Beschaffenheit, wie mit einer strafbaren Handlung. Waffe ist jedes Werkzeug, mit dessen gewaltsamen Gebrauch gedroht werden kann. Dasselbe muß aber dem Zusammenhang nach in drohender Weise getragen werden; denn, wer ein sorgfältig verborgenes Messer u. dergl. trägt, bettelt nicht mit Waffe, d. h. er gibt dem Betteln keinen Nachdruck durch die Waffe.

6. Abs. 3. Vgl. die Bemerkungen zu §. 39 N. 2 und §. 361 N. 2. — Auch hier ist der Landespolizeibehörde die Befugniß zur Verweisung des Ausländers (Nichtdeutschen) aus dem Einzelstaat aus polizeilichen Gründen unbenommen. Die Verweisung kann zeitlich unbeschränkt verfügt werden. Hamburg 10. Dez. 90, Goltd. XXXIX, 77. A. M. und wollen nur eine zweijährige Wirksamkeit zugeben Hälschner I, 630, Olshausen N. 3, Oppenhoff N. 15.

7. Die sämmtlichen Maßregeln des §. 362 sind Nebenstrafen, welche durch Begnadigung erlassen werden können. A. M. Binding I, 874, Grundr. S. 150 bezüglich der Begnadigung. Berner S. 220, Binding, Grundr. S. 150 bezüglich des Charakters als Nebenstrafe.

§. 363*). Wer, um Behörden oder Privatpersonen zum Zwecke seines besseren Fortkommens oder des besseren Fortkommens eines Anderen zu täuschen, Pässe, Militärabschiede, Wanderbücher oder sonstige Legitimationspapiere, Dienst- oder Arbeitsbücher oder sonstige auf Grund besonderer Vorschriften auszustellende Zeugnisse, sowie Führungs- oder Fähigkeitszeugnisse falsch anfertigt oder verfälscht, oder wissentlich von einer solchen falschen oder verfälschten Urkunde Gebrauch macht, wird mit Haft oder mit Geldstrafe bis zu einhundertfunfzig Mark bestraft.

Gleiche Strafe trifft denjenigen, welcher zu demselben Zwecke von solchen für einen Anderen ausgestellten echten Urkunden, als ob sie für ihn ausgestellt seien, Gebrauch macht, oder welcher solche für ihn ausgestellte Urkunden einem Anderen zu dem gedachten Zwecke überläßt.

Pr. §. 254; E. I. §. 250; E. II. §. 359; St.B. S. 764.

G. v. 26. Febr. 1876 Art. I; Drucks. Nr. 54; St.B. S. 1007.

Vgl. §§. 267, 270.

1. Der §. 363 enthält einen qualifizirten, und zwar milderen Fall der Urkundenfälschung, wie dieses die Motive (s. oben S. 600) ausdrücklich bestätigen. Voraussetzung der Anwendung des Paragraphen ist nur: daß eine der hier speziell genannten Urkunden vorliegt, und daß die Verfälschung oder der Gebrauch zum Zweck des besseren Fortkommens erfolgt. Der Ausdruck „besseres Fortkommen" schließt sich an Sachsen (Rev. St.G.B. von 1868) Art. 313 A. 3 (vgl. Krug, Komm. II, S. 253), im Uebrigen entspricht der Paragraph dem §. 254 preuß. St.G.B. v. 1851. Ein prinzipieller Unterschied zwischen §§. 267, 268 einer- und §. 363 anderseits besteht nicht, weder in Bezug auf die Privat- oder öffentliche Urkunde, welche Gegenstand der Fälschung ist, noch bezüglich der Willensrichtung des Thäters im Allgemeinen, sondern §. 363 nimmt nur durch positive Vorschrift die unter diesen §. fallenden Fälschungsakte von der strengeren Bestrafung nach §§. 267, 268 aus. R.G. III, 15. Febr. 83, 18. Febr. 84, E. VIII, 37, X, 162, R. V, 106, VI, 127, IV, 21. Nov. 85, E. XIII, 65, R. VII, 681, 4. Feb. 90, E. XX, 229.

Die That kann nur vorsätzlich begangen werden, jedoch mit dem besonderen Zwecke des besseren Fortkommens.

Die Worte: „oder des besseren Fortkommens eines Anderen" sind nach den Motiven zur Novelle vom 26. Feb. 1876 aufgenommen, weil erfahrungsmäßig die strafbare Handlung sehr häufig im Interesse eines Anderen vorgenommen wird.

2. Das Gesetz betrachtet die hier aufgezählten Schriftstücke als Urkunden in dem weiteren Sinn des §. 267. Dieselben sind theils öffentliche, theils Privaturkunden, jedoch ist bezüglich der letzteren nicht erforderlich, daß sie zum Beweise von Rechten erheblich sind. Das qualifizirende Moment ist außer der bestimmten Qualität der Urkunde: „Absicht der Täuschung zum Zweck besseren Fortkommens" (Sachs. Art. 311 cit. fügt noch zu „oder Unterkommens"). Ist dieses Moment vorhanden, so ist es gleichgültig, ob der Thäter noch eine andere Absicht, namentlich die: einen Vermögensvortheil zu erwerben, gehabt hat. Letztere Absicht wird in der Regel mit vorliegen. Ideale Konkurrenz mit §. 268 wird dadurch nicht begründet. Vgl. §. 73 N. 7 u. Berlin 14. Nov. 73 u. 23. März 76, Goltd. XXI, 475; XXIV, 232, O.R. XIV, 723; XVII, 215, St. III, 235. Von besserem Fortkommen kann keine Rede sein, wenn die Urkunde geeignet ist, Rechte oder Rechtsverhältnisse zu beweisen, die den Thäter ein Recht auf gewisse Vortheile gewähren; vielmehr können nur Reiselegitimationen, zum Zwecke der Vermeidung von Schwierigkeiten, Zeugnisse, die als Empfehlung zur Erlangung von Stellen oder

---

*) Neue Fassung des Ges. vom 26. Febr. 1876; in der alten Fassung fehlten im Eingange die Worte:
„oder des besseren Fortkommens eines Anderen".

Unterstützungen dienen sollen, als unter §. 363 fallend betrachtet werden. So hat R.G. III, 18. Feb. 84, E. X, 162, R. VI, 127 Zeugnisse über Art und Dauer einer bestimmten Beschäftigung dazu gerechnet, welche gefälscht waren, um die Zulassung zu einer Prüfung als Schiffsmaschinist zu erlangen. R.G. III, 15. Feb. 83, E. VIII, 37, R. V, 106, Arbeitszeugnisse, welche benutzt wurden, um übliche Ortsgeschenke zu erlangen. R.G. II, 29. Sept. 85, E. XII, 385, R. VII, 536 ein Geburtsattest, dessen Fälschung bezweckte Aufnahme beim Militär als Freiwilliger zu erlangen; oder R.G. IV, 21. Nov. 85, E. XIII, 65, R. VII, 681 ein Taufzeugniß, welches eine Braut fälschte, um den Bräutigam über ihr Alter zu täuschen. Legitimationspapiere zum Gewerbebetrieb im Umherziehen. München 9. Nov. 86, bayr. Entsch. IV, 297. Ueberhaupt keine Fälschung lag vor bei einem Arbeitszeugniß, das vom Arbeitgeber deshalb auf einen unrichtigen Namen ausgestellt war, weil unter diesem ein Schreiber in seinen Dienst getreten war. R.G. I, 31. März 84, E. X, 262, R. VI, 255.

3. München 7. März 74 u. 11. März 76, St. III, 373, bayr. Entsch. VI, 105 erachtet die Fälschung eines Attestes über die bestandene Prüfung als praktischer Arzt zum Zwecke der Vereidigung als solcher nach §. 267 strafbar. Vgl. auch Oppenhoff N. 1, welcher die Anwendung des §. 363 dann für ausgeschlossen hält, wenn zur Erlangung einer Stellung gewisse Vorbedingungen zu erfüllen sind, über welche der Angeklagte täuschte. R.G. II, 9. März 88, R. X, 233 nahm die Eigenschaft eines Legitimationspapieres nicht an bei einem gefälschten Jagdschein, und nicht den Zweck besseren Fortkommens bei der Produktion, um eine Strafe abzuwenden. R.G. IV, 4. Febr. 90, E. XX, 229 nicht bei Erlaubnißscheinen zum Beerensuchen in einem fremden Walde, wohl aber bei Legitimationsscheinen zum Leseholzsammeln auf Grund einer Berechtigung. Auch nahm eine Urkunde zum besseren Fortkommen R.G. II, 8. Juli 80, E. XXI, 56 nicht an, bei der Fälschung des Erlaubnißscheines eines Vaters zum Eintritt eines minderjährigen Kindes in Gesindedienst; und R.G. II, 28. Dez. 89, Goltd. XXXVII, 436 einen Legitimationsschein im Sinne des §. 363 nicht bei einem auf Grund des §. 119 Ver.Zollges. ausgestellten Legitimationsschein; endlich Marienwerder nicht bei einem zum Brandbettel angeblich ausgestellten Zeugniß eines Amtsvorstehers über erlittenen Brandschaden Goltd. XXXVII, 351.

Ein Beamter, der unter solchen Umständen fälscht, ist nach §§. 348, 349 strafbar. Berlin 9. Jan 77 (O.R. XVIII, 17, Goltd, XXV, 149).

4. Die Fälschung muß zum Zweck seines Fortkommens geschehen. Ein Dritter wäre als Gehülfe zu einer Uebertretung straflos (§. 49).

5. Ebenso folgt daraus, daß die Schriftstücke für das bessere Fortkommen einer Person (nicht Thiere oder Sachen) dienen sollen. Berlin 6. Nov. 73 (Goltd. XXI, 576, O.R. XIV, 688).

6. Die fälschliche Anfertigung oder Verfälschung ist auch ohne den Nachweis des Gebrauchs strafbar. Berlin 20. April 76 (Goltd. XXIV, 373, O.R. XVII, 277).

7. Im Uebrigen vgl. die Bemerkungen zu §. 267, 268, 270.

8. Der §. 302 des hannoverschen Pol.-St.G.B. von 1847 ist nach Art. XV §. 1 B.O. v. 25. Juni 1867 in Kraft geblieben:

§. 302. „Wer einem Diestboten oder Gesellen, der grobe Pflichtwidrigkeiten begangen, das Gegentheil wider besseres Wissen bezeugt, verfällt in Geldbuße bis zu zehn Thalern."

9. Eine Einziehung der Dokumente §. 40 findet nicht statt. München 16. Febr. 77 (St. VII, 2).

§. 364. Mit Geldstrafe bis zu einhundertfunfzig Mark wird bestraft, wer wissentlich schon einmal verwendetes Stempelpapier nach gänzlicher oder theilweiser Entfernung der darauf gesetzten Schriftzeichen, oder schon einmal verwendete Stempelmarken, Stempelblankette oder ausgeschnittene oder sonst abgetrennte Stempelabdrücke der im §. 276 bezeichneten Art veräußert oder feilhält.

Gleiche Strafe trifft denjenigen, welcher wissentlich schon einmal verwendete Post- oder Telegraphenwerthzeichen nach gänzlicher oder theilweiser Entfernung des Entwerthungszeichens veräußert oder feilhält.

Pr. —; E. I. §. 249; E. II. §. 360; St.B. S. 764.

Vgl. §§. 275, 276; Wechs.-Stempel-G. v. 10. Juni 1869 §. 23.

Abs. 2 ist Art. V des Ges. v. 13. Mai 1891 s. die Mat. bei §. 317, 318, vgl. §. 276.

1. Dieser §. ergänzt den §. 276; auf Brief- und Telegraphenmarken (Markenverkäufer) bezieht sich der neu beigefügte Abs. 2 vgl. die Bemerkungen zu §§. 275, 276.

2. Die in §. 23 A. 2 des Reichs-Ges. vom 10. Juni 1869 bezüglich der Wechselmarken enthaltene besondere Bestimmung ist durch §. 364 aufgehoben. (Vgl. zu §. 276 N. 3.)

3. Durch das Erforderniß der wissentlichen Begehung ist die fahrlässige Verübung der That ausgeschlossen. Es ist nicht erforderlich, daß der Veräußernde oder Feilhaltende die Entfernung der Entwerthungszeichen selbst vorgenommen hat, es ist nur erforderlich, daß er die Entfernung gekannt hat, als er veräußerte oder feilhielt.

§. 365. Wer in einer Schankstube oder an einem öffentlichen Vergnügungsorte über die gebotene Polizeistunde hinaus verweilt, ungeachtet der Wirth, sein Vertreter oder ein Polizeibeamter ihn zum Fortgehen aufgefordert hat, wird mit Geldstrafe bis zu funfzehn Mark bestraft.

Der Wirth, welcher das Verweilen seiner Gäste über die gebotene Polizeistunde hinaus duldet, wird mit Geldstrafe bis zu sechszig Mark oder mit Haft bis zu vierzehn Tagen bestraft.

Pr. §. 342; E. I. §. 351; E. II. §. 361; St.B. S. 764.

1. „Gebotene Polizeistunde" setzt voraus, daß durch Gesetz oder gesetzlich erlassene Polizeiverordnung (Preußen: Ges. v. 11. März 1850 bez. V.O. v. 20. Sept. 1867 §. 6e) eine Polizeistunde bestimmt ist. München 20. Nov. 75 (bayr. Entsch. V, 516). — Von der Beobachtung derselben sind auch Zusammenkünfte zur Besprechung von Wahlen nicht ausgenommen. Berlin 29. Jan. 74 (Goltd. XXII, 56, O.R. XV, 43). Auf eine von dem Ortspolizeibeamten in einem speziellen Falle angeordnete Schließung eines Schänk- oder Vergnügungslokals bezieht sich §. 365 nicht, sondern nur auf eine durch Polizeiverordnung allgemein erlassene Schlußstunde. Berlin 31. Juli 91, Goltd. XXXIX, 182.

2. Ueber den Begriff „Schankstube" vgl. Berlin 24. Sept. 75 (Goltd. XXIII, 553, O.R. XVI, 613). — Unter „Schankstuben" sind die Lokale geschlossener Gesellschaften nicht zu verstehen, sofern keine Simulation zur Umgehung der Polizeistunde vorliegt, Berlin 20. April 76 (O.R. XVII, 277), 14. Okt. 89, Dresden 17. Okt. 89, Goltd. XXXVII, 372 fg., oder wenn das Lokal gleichzeitig als öffentliches Wirthslokal benutzt wird. München 28. Juli 75 (bayr. Entsch. V, 377). Auch Restaurationsräume der Bahnhöfe stehen unter der Polizeistunde für die lediglich des Zechens halber dieselben besuchenden Gäste. München 15. Mai 86 bayr. Entsch. V, 86. Gl. M. Oppenhoff N. 3. A. M. Olshausen N. 3b.

3. „Oeffentliche Vergnügungsorte" vgl. oben S. 284, 285. Oeffentlicher Vergnügungsort ist jede zur Benutzung durch das Publikum behufs geselligen Vergnügens bestimmte Räumlichkeit eines Wirthshauses. München 28. Juli 75 (bayr. Entsch. V, 377.)

4. Es ist eine direkte Aufforderung zum Weggehen erforderlich. Die Erklärung des Wirths, es sei Polizeistunde, genügt nicht. München 20. Nov. 75 (bayr. Entsch. V, 516), 13. Jan., 17. Febr. 88, bayr. Entsch. V, 7, 23.

5. Für Hannover ordnet die Min.-Bekanntm. v. 12. Mai 1841 (Maßregeln gegen den übermäßigen Branntweingenuß) die Schließung aller Branntweinschenken in der Regel um 10 Uhr Abends an. Vgl. Hagemann, Pol.-St.R. d. Prov. Hannover S. 233 ff.

6. Abs. 2. Die eingeladenen Privatgäste des Wirthes sind in Absatz 2 nicht gemeint, Berlin 24. Sept. 75 (Goltd. XXIII, 553, O.R. XVI, 613, St. VI, 71), ebensowenig Gäste, welche bei dem Wirthe logiren, jedoch ist dies nicht auf Gäste zu beziehen, welche bis zur Polizeistunde als Schankgäste anwesend waren und dann vom Wirth zum unentgeltlichen Weiterzechen aufgefordert wurden. Berlin 25. Juni 79 (O.R. XX, 313). Ob der Wirth den noch verweilenen Gästen nach der Polizeistunde noch Speisen und Getränke verabfolgt oder nicht, begründet keinen Unterschied. München 12. April 84, bayr. Entsch. III, 64. Auch dann ist der Wirth strafbar, wenn er seine Schankstube zwar vor Eintritt der Polizeistunde geschlossen hatte, dieselbe aber in demjenigen Theil der Nacht, welcher der Ruhe gewidmet zu sein pflegt, wieder öffnet. München 3. Dez. 85, bayr. Entsch. IV, 251.

7. Ein Gastwirth, welcher seine Gäste öffentlich theils mit, theils ohne Erfolg auffordert, dem Gebote des Polizeibeamten zuwider über die Polizeistunde hinaus im Gastlokale zu bleiben,

verwirkt nur einmal die Strafe des §. 365 Abs. 2 R.G. II, 21. Dez. 80, E. III, 145, R. II, 656, Ann. III, 242.

8. Sowohl nach Abs. 1 als nach Abs. 2 kann nur gestraft werden bei vorsätzlicher Uebertretung. Es dürfte deshalb zu weit gehen, wenn München 11. Nov. 90, bayr. Entsch. VI, 266 die Bestrafung billigte, obgleich der Wirth an eine von der Ortspolizeibehörde genehmigte Verlängerung der Polizeistunde glaubte. Das Urtheil nimmt Irrthum über das Strafgesetz an. Olshausen N. 79 nimmt auch Strafbarkeit aus Fahrlässigkeit an.

§. 366. Mit Geldstrafe bis zu sechszig Mark oder mit Haft bis zu vierzehn Tagen wird bestraft:

1) wer den gegen die Störung der Feier der Sonn- und Festtage erlassenen Anordnungen zuwiderhandelt;

Pr. §. 340_8; E. I. §. 348_8; E. II. §. 356_9; St.B. S. 764 (Drucks. Nr. 105). Vgl. Gew.O. §§. 136 Abs. 3, 146 Nr. 2.

2) wer in Städten oder Dörfern übermäßig schnell fährt oder reitet, oder auf öffentlichen Straßen oder Plätzen der Städte oder Dörfer mit gemeiner Gefahr Pferde einfährt oder zureitet;

Pr. §. 344_1; E. I. §. 352_3; E. II. §. 362_1; St.B. S. 764.

3)*) wer auf öffentlichen Wegen, Straßen, Plätzen oder Wasserstraßen das Vorbeifahren Anderer muthwillig verhindert;

Pr. §. 344_2; E. I. §. 352_4; E. II. §. 362_2; St.B. S. 764.
G. v. 26. Febr. 1876 Art. I; Drucks. (1876) Nr. 54; St.B. S. 1007.

4) wer in Städten mit Schlitten ohne feste Deichsel oder ohne Geläute oder Schelle fährt;

Pr. §. 344_3; E. I. §. 352_5; E. II. §. 362_3; St. B. S. 764.

5) wer Thiere in Städten oder Dörfern, auf öffentlichen Wegen, Straßen oder Plätzen, oder an anderen Orten, wo sie durch Ausreißen, Schlagen oder auf andere Weise Schaden anrichten können, mit Vernachlässigung der erforderlichen Sicherheitsmaßregeln stehen läßt oder führt;

Pr. §. 344_4; E. I. §. 352_6; E. II. §. 362_4; St.B. S. 764.

6) wer Hunde auf Menschen hetzt;

Pr. §. 346_2; E. I. §. 352_1; E. II. §. 372_5; St.B. S. 764.

7) wer Steine oder andere harte Körper oder Unrath auf Menschen, auf Pferde oder andere Zug- oder Lastthiere, gegen fremde Häuser, Gebäude oder Einschließungen, oder in Gärten oder eingeschlossene Räume wirft;

Pr. §§. 344_5, 346_3; E. I. §. 357_2 u. $_7$; E. II. §. 362_6; St.B. S. 464.

8)**) wer nach einer öffentlichen Straße oder Wasserstraße, oder nach Orten hinaus, wo Menschen zu verkehren pflegen, Sachen, durch deren Umstürzen oder Herabfallen Jemand beschädigt werden kann, ohne gehörige Befestigung aufstellt oder aufhängt, oder Sachen auf eine Weise ausgießt oder auswirft, daß dadurch Jemand beschädigt oder verunreinigt werden kann;

---

*) Neue Fassung des Ges. v. 26. Febr. 1876; in der alten Fassung fehlte das Wort „Wasserstraßen".

**) Neue Fassung des G. v. 26. Febr. 1876: die alte Fassung lautete:

§. 366 Nr. 8: wer nach einer öffentlichen Straße oder nach Orten hinaus, wo Menschen zu verkehren pflegen, Sachen, durch deren Umstürzen oder Herabfallen Jemand beschädigt werden kann, ohne gehörige Befestigung aufstellt oder aufhängt, oder Sachen auf eine Weise ausgießt oder auswirft, daß dadurch die Vorübergehenden beschädigt oder verunreinigt werden können.

Pr. §. 344_6; E. I. §. 352_8; E. II. §. 362_7; St.B. S. 764.

G. v. 26. Febr. 1876 Art. I; Druckf. (1876) Nr. 54; St.B. S. 1007.

9)*) wer auf öffentlichen Wegen, Straßen, Plätzen oder Wasserstraßen Gegenstände, durch welche der freie Verkehr gehindert wird, aufstellt, hinlegt oder liegen läßt;

Pr. §. 344_7; E. I. §. 352_9; E. II. §. 362_8; St.B. S. 764.

10)*) wer die zur Erhaltung der Sicherheit, Bequemlichkeit, Reinlichkeit und Ruhe auf den öffentlichen Wegen, Straßen, Plätzen oder Wasserstraßen erlassenen Polizei-Verordnungen übertritt.

Pr. §. 344_8; E. I. §. 352_{10}; E. II. §. 362_9; St.B. S. 764.

1. Nr. 1. — Unter „Anordnungen" sind generell erlassene Vorschriften zu verstehen, mögen dieselben bereits bestehen oder künftig erlassen werden. Die Rechtsgültigkeit derselben, die Art der Verkündung u. s. w. ist nach den Landesgesetzen, denen auch die Festsetzung der Festtage überlassen ist, zu beurtheilen. Für Preußen (ält. Landesth.) überträgt die A.K.O. v. 7. Febr. 1837 (preuß. Ges.-S. S. 119) den Erlaß der Anordnungen, für welchen das Ges. v. 11. März 1850 maßgebend ist, den Bezirksregierungen. Für Hannover vgl. V.O. v. 25. Jan. 1822. (Hagemann S. 51.) Für Bayern gilt eine auf Grund des Pol.-St.G.B. v. 1861 erlassene Allerh. Verord. v. 30. Juli 1862. Für Sachsen gebietet ein Ges. v. 10. Sept. 1870 die Vermeidung von Allem, was an Sonn-, Fest- und Bußtagen die Ruhe oder die Feier des öffentlichen Gottesdienstes beeinträchtigen könne, und in §. 4 alle landwirthschaftliche und gewerbliche Arbeit außerhalb der Gebäude, alle Arbeit in Fabriketablissements und solche, die durch Geräusch nach außen hin bemerkbar wird. Der §. 105 Gew.-O. hat diese Vorschriften nicht beseitigt und fallen dieselben unter die Anordnungen im Sinne der Ziff. 1 R.G. III, 24./30. Okt. 89, E. XX, 82.

Braunschweig 7. April 91, Goltd. XXXIX, 80 hat angenommen, daß §. 56 Abs. 3 des Betriebs-Regl. f. d. Eisenbahnen Deutschlands, wonach Eilgut auch an Sonn- und Feiertagen zu bestimmten Tageszeiten angenommen und ausgeliefert wird, die Bestimmungen über Feier der Sonn- und Festtage nicht beeinflusse.

2. Unter Feier ist nicht nur die gottesdienstliche Feier zu verstehen, sondern auch die Sonntags-Ruhe. Jedoch muß auch diese durch die Anordnungen vorgeschrieben und bestimmt sein, in welcher Art die Ruhe zu beobachten sei.

Eine Polizei-Verordnung, welche das Abhalten von Jagden an Sonntagen gänzlich und ohne Rücksicht darauf, ob dadurch die Sonntagsfeier gestört wird, verbietet, ist unverbindlich. Berlin 23. Sept. 75 (Goltd. XXIII, 553, O.R. XVI, 601). S. dagegen Berlin 15. Febr. 77 (O.R. XVIII, 132, Goltd. XXV, 227), Dresden 27. Nov. 77 (S.G.Z. XXI, 282). Polizeiverordnungen, welche die Verabreichung von Speisen und geistigen Getränken in Wirthshäusern und Schankstätten an Sonntagen während der Dauer des Gottesdienstes (außer an Reisende) verbieten, stehen mit dem Gesetze nicht in Widerspruch. Berlin 3. Okt. 76 u. 6. April 77 (O.R. XVII, 635, Goltd. XXIV, 610; XXV, 341). Ebensowenig Polizeiverbote gegen das Offenhalten der Läden, Waarenlager und Buden während des sonntäglichen Gottesdienstes, Berlin 26. April 77 (O.R. XVIII, 289, Goltd. XXV, 576), oder gegen die öffentliche Vornahme landwirthschaftlicher oder gewerblicher Arbeiten an Sonntagen, München 12. Juli 75 (bayr. Entsch. V, 356, St. VI, 72), oder gegen das Treiben von Vieh durch die Ortschaften, Darmstadt 9. Okt. 76 (hess. Entsch. 1878 S. 120), oder gegen das Zufahren von Futter auch für das eigene Vieh, Dresden 23. Okt. 76 (S.G.Z. XXI, 224).

3. Das Geben von Aergerniß ist nicht erforderlich, es genügt die Vornahme der verbotenen Handlungen; doch erstreckt sich das Verbot auf die im Innern der Wohnung vorgenommenen nach außen nicht bemerkbaren Handlungen nicht. München 19. Mai 77 (bayr. Entsch. VII, 197, St. VII, 361), Berlin 3. Okt. 76, 15. Febr., 6. u. 26. April 77 (O.R. XVII, 635; XVIII, 132, 289, Goltd. XXIV, 610; XXV, 227, 341, 576). Es kommt nichts darauf an, ob, wenn die Verbote gegen Handlungen zur Zeit des gewöhnlichen Gottesdienstes gerichtet

*) Neue Fassung des G. v. 26. Febr. 1876; in der alten Fassung fehlte in §. 366 Nr. 9 u. 10 das Wort: „Wasserstraßen".

sind, auch wirklich Gottesdienst gehalten wurde. Berlin 5. Febr. 79 (O.R. XX, 65, Goltd. XXVII, 116). Betheiligen sich Mehrere an einer verbotenen Arbeit, so ist Jeder wegen der Uebertretung zu strafen. München 12. Juli 75 (bayr. Entsch. V, 356, St. VI, 72).

4. Vorsätzliches Handeln ist nicht erforderlich. Dresden 15. Juli 78 (S.G.Z. XXIII, 31). Der gute Glaube, nicht rechtswidrig zu handeln, schließt die Strafbarkeit nicht aus, München 26. März 89, bayr. Entsch. V, 292; jedoch muß der Thäter Kenntniß von der störenden Handlung haben, und ist das Familienhaupt nicht verantwortlich für Handlungen von Familienangehörigen und Bediensteten, die ohne sein Wissen vorgenommen sind. München 28. Dez. 89, bayr. Entsch. V, 474. Jedoch dürfte letztere Ansicht zu weit gehen, wenn darunter zu verstehen sein sollte, daß auch fahrlässiges Verschulden nicht strafbar machen würde.

5. Nr. 2, 3, 5. „Oeffentlich" vgl. S. 285 ff.

6. Nr. 2. Uebermäßig schnelles Fahren außerhalb einer Stadt oder eines Dorfes ist aus §. 366 Nr. 2 nicht strafbar. Dresden 4. Juni 74 (S.G.Z. XXI, 93). Mit Recht nimmt Olshausen N. a an, es sei gleichgültig, mit welchen Thieren gefahren werde, auch mit Hunden. Nur dürfte noch weiter zu gehen sein und auch Karren von Menschen bewegt einzubeziehen sein, wenn dieselben z. B. auf geneigten Straßen in so schnelles Fahren kommen, daß sie Andere gefährden. Auch das Durchgehen von Zugthieren fällt unter Strafe, wenn ihm Fahrlässigkeit zu Grund liegt; die überhaupt zur That genügt. Die That kann mit fahrlässiger Tödtung oder Körperverletzung ideell konkurriren. R.G. I, 13. Okt. 83, R. V, 604.

7. Nr. 3. Die Verhinderung muß eine erfolgreiche sein. Sie kann durch ein Fuhrwerk, Unterlassen des auf die Seite Fahrens, oder durch andere Hindernisse geschehen. Das Verhindern muß, weil nur ein muthwilliges, d. h. durch keinen vernünftigen Zweck gerechtfertigtes, strafbar ist, vorsätzlich geschehen. Gl. M. Olshausen.

8. Nr. 4. Auch die fahrlässige Verübung ist strafbar.

9. Nr. 5. — Welche Sicherheitsmaßregeln als erforderlich anzusehen, ist Thatfrage. Bestehen besondere Vorschriften für spezielle Verhältnisse, so gelten diese. — Auch Fahrlässigkeit ist strafbar. Die Ortspolizeibehörden sind befugt, durch örtliches Bedürfniß gebotene Vorschriften über die erforderlichen Sicherheitsmaßregeln zu geben. Leipzig 7. Jan. 76 (Entsch. XIX, 348). Die Ueberlassung eines Thieres an Andere schützt nicht unbedingt vor Strafe. München 11. Jan. 75 (bayr. Entsch. V, 7). Es ist kein Schaden durch Krankheiten, sondern eine Beschädigung von Personen oder Sachen durch körperliche Gewalt gemeint. Haftbar ist derjenige, der das Thier unter seiner Obhut hat oder es unter die Obhut Anderer stellt, mit schuldhafter Unterlassung der nach den obwaltenden Umständen erforderlichen Vorkehrungen, z. B. bei bissigen Thieren, bei welchen derjenige der Beschädigte sein kann, dem das Thier überlassen ist.

10. Nr. 6. Erfolgt eine Verletzung, so kommt §. 223 oder §. 230 zur Anwendung, — und zwar in idealer Konkurrenz mit Nr. 6. Gl. M. Hälschner II, 89, H. Meyer S. 491 N. 26, Olshausen N. a, R.G. II. Juni 83, E. VIII, 315, R. V, 393. Die That kann nur vorsätzlich begangen werden und bedarf keines Erfolgs. Auf die Größe des Hundes kommt so wenig an, wie auf dessen Gefährlichkeit. Die Absicht zu verletzen schließt die Anwendung der Ziff. 6 nicht aus. Berner S. 692, Hälschner II, 89, Olshausen N. a.

11. Nr. 7. Aus den Worten „auf", „gegen", „in" folgt nicht, daß die Menschen, die Thiere oder Gegenstände getroffen sein müssen. Es kann aber ideale Konkurrenz mit Körperverletzung oder Sachbeschädigung vorliegen. München 22. Dez. 76 (bayr. Entsch. VI, 606, St. VII, 210), 5. Febr. 89, bayr. Entsch. IV, 228, V, 278. Berlin 5. Dez. 77 (O.R. XVIII, 769, Goltd. XXV, 576, St. VIII, 326). R.G. I, 31. Jan. 1881 (R. II, 773, E. III, 306, Ann. III, 261) entschied, zunächst allerdings für Werfen auf Menschen, daß ein Treffen überhaupt nicht erforderlich sei, weil sowohl „auf" als „gegen" nur die Richtung des Wurfes im Auge habe und beim Treffen von Menschen eine Mißhandlnng gegeben sei. — Die Handlung setzt Vorsatz voraus. Berlin 20. Sept. 76 (O.R. XVII, 575).

12. Beim Werfen auf Pferde u. s. w. kommt nichts darauf an ob sie fremde sind oder nicht. Es wird dies zwar bestritten. Da aber eine Gefahr für Andere vorausgesetzt ist, ist dies gleichgültig. Man kann durch Werfen auf eigene Thiere den Reiter schädigen oder das Thier zum Ausschlagen bringen wollen. Das Gleiche ist bei Gärten oder eingeschlossenen Räumen der Fall, weil hierbei eine unbestimmte Gefahr des Treffens vorliegt. Dies kann auch bei eigenen Gärten ꝛc. der Fall sein.

13. Olshausen N. c. α folgert aus „Zug= oder Lastthiere", daß die Bestimmung den Verkehr auf öffentlichen Straßen im Auge habe. Allein hiervon enthält das Gesetz keine Andeutung, und das Werfen auf Thiere im geschlossenen Raum, z. B. in einer Schmiede, kann Gefährdungen mit sich bringen.

14. Der Begriff „Unrath" enthält nur den des Beschmutzens, nicht den des Ekelerregenden. R.G. I, 5. Febr. 1891, E. XXI, 314 hat deshalb auch frisch gemischten Kalk als Unrath angesehen, durch den eine ideal konkurrirende Körperverletzung begangen wurde.

15. Ein Werfen in eingeschlossene Räume ist auch ein Werfen in Häuser. Da das Gesetz die Häuser, Gebäude, oder Einschließungen ausdrücklich als fremde bezeichnet, kann die That gegen eigene verübt nicht bestraft werden. Dies Kriterium fehlt aber bei eingeschlossenen Räumen, also auch Höfe, so daß ein Werfen in vermiethete Räume unter das Gesetz fällt.

16. Nr. 8. Es muß dem Thäter bewußt sein, daß eine öffentliche Straße oder Orte, wo Menschen zu verkehren pflegen, in Frage stehen. Im Uebrigen genügt fahrlässiges Handeln. Dagegen erklärt R.G. IV, 17. April 88, E. XVII, 303 schon das objektiv gefährliche Thun, ohne Rücksicht auf Fahrlässigkeit für strafbar. Dies kann überhaupt nicht als richtig anerkannt werden. München 19. Okt. 77 (bayr. Entsch. VII, 460, St. VIII, 327) hält für erforderlich, daß die That so geschehen sei, daß Menschen getroffen werden konnten, weil die Bestimmung zum Schutz von Menschen, nicht der Reinlichkeit gegeben sei. Dieser Gesichtspunkt tritt aber im Gesetz nicht hervor, dasselbe kann auch verschiedene Zwecke verfolgen, die Verunreinigung ist sogar ausdrücklich hervorgehoben, es entbehrt also eine einengende Interpretation jeder Unterlage. Die Uebertretung aus Ziff. 8 und fahrl. Körperverletzung oder Tödtung können ideell konkurriren. R.G. 17. April 88 s. oben. Berner S. 693, Olshausen N. c.

17. Nr. 9. „liegen lassen" kann auch aus Vergeßlichkeit (Fahrlässigkeit) geschehen. Darmstadt 28. Nov. 89, Goltd. XXXVIII, 77. Ob der Verkehr wirklich gehindert wurde oder nicht, und ob ein gewöhnlicher oder außergewöhnlicher Verkehr gehindert wird, macht keinen Unterschied, wenn nur ein Hinderniß für möglichen Verkehr besteht. München 10 Okt. 84, 20. Mai 87, 30. Dez. 89, bayr. Entsch. III, 223, IV, 416, V, 477. Auch theilweise Hinderung des Verkehrs genügt. München 3. Juli 90, bayr. Entsch. VI, 180. Hierher gehört Lagern von Holz, so daß es auf einen öffentlichen Weg hinüberragt. München 28. Jan. 76 (bayr. Entsch. VI, 18, St. VI, 72). Das Stehenlassen von Pferdekrippen vor Wirthshäusern. Dresden 24. Juni 75 (St. VII, 210). Nachweis einer Berechtigung, z. B. durch Servitut= oder polizeiliche Erlaubniß macht straflos. München 28. Jan. 76 und 13. Jan. 77 (bayr. Entsch. VI, 17; VII, 19, St. VI, 72; VII, 211). Auch durch Hereinragen von Gegenständen aus Privatgrundstücken auf den Verkehrsweg, kann der Verkehr gestört werden. München 28. Jan. 76 s. oben.

18. Nr. 10. Unter „Polizeiverordnungen" sind gesetzlich, mit allgemein verbindlicher Kraft erlassene Verordnungen polizeilichen Inhalts (nicht bloß der Polizeibehörden) zu verstehen. Vgl. Förtsch und Leoni, Sammlung der franz. Strafgesetze. Straßburg 1876 II, S. 5 ff. Auch Polizeierlasse lokaler Natur rechnet hierher Dresden 23. April 75 (St. VI, 73), München 6. März 75 (bayr. Entsch. V, 74). Die Erfordernisse der Strafbarkeit sind nach diesen besonderen Vorschriften zu beurtheilen. Die Strafandrohung dagegen ist aus Nr. 10 zu entnehmen, bez. sind die älteren Strafandrohungen hierdurch ersetzt, letzteres jedoch nur insofern, als jene Verordnungen nicht besondere, unter die Kategorien der Nr. 10 nicht zu subsumirende Qualifikationsmomente enthalten. Es ist auch zulässig, daß die Polizeiverordnung die Befolgung spezieller, zur Erhaltung der Sicherheit ergehender Anordnungen von Aufsichtsbeamten vorschreibt. Zuwiderhandlung dagegen fällt unter §. 366 Ziff. 10, R.G. II, 7. Juni 87, R. IX, 359.

19. Oeffentliche Wege sind alle dem allgemeinen Verkehr dienende Wege, ohne Rücksicht darauf, wer Eigenthümer derselben ist. München 25. Mai 88; 21. Juni 89, bayr. Entsch. V, 96; VI, 167.

20. Unter die in Ziff. 10 verstandenen Polizeiverordnungen gehören die über das Auslichten der Wälder längs öffentlicher Straßen, München 28. Juli 76 (bayr. Entsch. VI, 398), über Herstellung von Trottoirs, München 6. März 75 (bayr. Entsch. V, 74), 14. Mai 86, bayr. Entsch. IV, 81, über Belästigung Vorübergehender durch Aufforderung zum Eintritt in Läden, Schaubuden u. dgl., Dresden 31. März 75 (St. VI, 74), Einhalten einer Fahrordnung (auch durch Handkarren) München 5. Nov. 75 (bayr. Entsch. V, 490, St. VI, 75), Anlage

von Düngerstätten an öffentlichen Wegen, München 21. Juni 78 (bayr. Entsch. VIII, 331, St. VIII, 328). Auch das Befahren verbotener oder gesperrter Wege fällt unter Ziff. 10. München 5. Jan. 85, bayr. Entsch. III, 313. Die Strafbarkeit ist dadurch nicht ausgeschlossen, daß die Befolgung der Vorschrift die Vornahme mit Kosten verbundener baulicher Veränderungen nothwendig macht. München 17. Juli 85, bayr. Entsch. III, 415.

21. Wenn Dresden 6. Dez. 75 (S.G.Z. XX, 275) eine Präsumtion der Schuld gegen Hundebesitzer bis zu erbrachtem Gegenbeweis statuirt, wenn Hunde gegen Verbot ohne Maulkorb betroffen werden, so geht dies auf das prozessuale Gebiet über, und ist auf diesem nicht haltbar. Doch genügt zur Anwendung der Nr. 10 jedenfalls Fahrlässigkeit. München 7. Nov. 89, bayr. Entsch. V, 416 nahm an, auch der gute Glaube ein Recht auszuüben, entschuldige nicht die Uebertretung von Polizeivorschriften der in Ziff. 10 angegebenen Art. Richtiger dürfte zu unterscheiden sein, ob der gute Glaube ein entschuldigter oder fahrlässig begründeter war.

22. Der Erfolg, daß eine Verkehrs-Störung oder Gefährdung durch die Uebertretung eingetreten sei, ist nicht erforderlich.

§. 366a. **Wer die zum Schutze der Dünen und der Fluß- und Meeresufer, sowie der auf denselben vorhandenen Anpflanzungen und Anlagen erlassenen Polizei-Verordnungen übertritt, wird mit Geldstrafe bis zu einhundertfunfzig Mark oder mit Haft bestraft.**

G. v. 26. Febr. 1876 Art. II; Drucks. Nr. 54; St.B. S. 1029, 1363.

1. Die Motive dieser durch die Novelle v. 26. Febr. 1876 aufgenommenen Bestimmung sagen:

> „Die natürlichen Schutzwehre der Gewässer bedürfen zur Verhütung gemeiner Gefahr des Schutzes, den die im §. 321 gedachten künstlichen Wehre genießen. Zu den letzteren gehören aber nicht bloß Bauwerke, sondern auch Pflanzungen, Zäune, Flechtwerke und ähnliche Anlagen. Dem entspricht die Fassung des Vorschlages."

2. Auch von selbst entstandener Pflanzenwuchs oder angesäte Vegetation kann durch Polizei-Verordnung geschützt werden. Berner S. 694. Olshausen N. 1.

3. Fahrlässige Zuwiderhandlung ist strafbar, wenn die Polizeiverordnung nicht vorsätzliches Handeln voraussetzt.

§. 367. **Mit Geldstrafe bis zu einhundertfunfzig Mark oder mit Haft wird bestraft:**

1) **wer ohne Vorwissen der Behörde einen Leichnam beerdigt oder bei Seite schafft, oder wer unbefugt einen Theil einer Leiche aus dem Gewahrsam der dazu berechtigten Personen wegnimmt;**

Pr. §§. 137, 186; E. I. §. 353_1; E. II. §§. 166, 363_9; St.B. S. 641, 765.
Vgl. §. 168.

2) **wer den polizeilichen Anordnungen über vorzeitige Beerdigungen entgegenhandelt;**

Pr. §. 345_1; E. I. §. 353_2; E. II. §. 363_2; St.B. S. 765.
Vgl. §. 168.

3) **wer ohne polizeiliche Erlaubniß Gift oder Arzeneien, soweit der Handel mit denselben nicht freigegeben ist, zubereitet, feilhält, verkauft oder sonst an Andere überläßt;**

Pr. §. 345_2; E. I. §. 353_3; E. II. §. 363_3; St.B. S. 765.
Vgl. §§. 229, 367_5; Gew.O. §§. 6, 29, 34 Abs. 3, 53, 56_5, 80, 144, 147_1; Kaiserl. V.O. v. 25. März 1872 (R.G.Bl. S. 85, 136) u. 4. Jan. 1875 (R.G.Bl. S. 5).

4) wer ohne die vorgeschriebene Erlaubniß Schießpulver oder andere explodirende Stoffe oder Feuerwerke zubereitet;

Pr. §. 345_3; E. I. §. 353_4; E. II. §. 363_4; St.B. S. 765, 1136 (Drucks. Nr. 182_{49a}). Vgl. §. 367_5; Gew.O. §§. 16, 147_2.

5)*) wer bei der Aufbewahrung oder bei der Beförderung von Giftwaaren, Schießpulver oder Feuerwerken, oder bei der Aufbewahrung, Beförderung, Verausgabung oder Verwendung von Sprengstoffen oder anderen explodirenden Stoffen, oder bei Ausübung der Befugniß zur Zubereitung oder Feilhaltung dieser Gegenstände, sowie der Arzeneien die deshalb ergangenen Verordnungen nicht befolgt;

Pr. §. 345_4; E. I. §. 353_5; E. II. §. 363_5; St.B. S. 765.
G. v. 26. Febr. 1876 Art. I; Drucks. Nr. 54, 196 (II, 3); St.B. S. 1007, 1349.
Vgl. Gew.O. §. 34 Abs. 3, 56. 147_2; Eisenb.-Betriebsreglem. v. 11. Mai 1874 §. 48 I. Nr. 3, 50, Nr. 4 (R.G.Bl. S. 84 u. Centr.Bl.).

5a) wer bei Versendung oder Beförderung von leicht entzündlichen oder ätzenden Gegenständen durch die Post die deshalb ergangenen Verordnungen nicht befolgt;

Art. VI des R.Ges. v. 13. Mai 1891, Mater. s. bei §. 317 fg.

6) wer Waaren, Materialien oder andere Vorräthe, welche sich leicht von selbst entzünden oder leicht Feuer fangen, an Orten oder in Behältnissen aufbewahrt, wo ihre Entzündung gefährlich werden kann, oder wer Stoffe, die nicht ohne Gefahr einer Entzündung bei einander liegen können, ohne Absonderung aufbewahrt;

Pr. §. 347_5; E. I. §. 354_6; E. II. §. 363_6; St.B. S. 765.

7) wer verfälschte oder verdorbene Getränke oder Eßwaaren, insbesondere trichinenhaltiges Fleisch feilhält oder verkauft;

Pr. §. 345_5; E. I. §. 353_6; E. II. §. 363_7; St.B. S. 765.
Vgl. §. 324.

8)**) wer ohne polizeiliche Erlaubniß an bewohnten oder von Menschen besuchten Orten Selbstgeschosse, Schlageisen oder Fußangeln legt, oder an solchen Orten mit Feuergewehr oder anderem Schießwerkzeuge schießt, oder Feuerwerkskörper abbrennt;

Pr. §. 345_6; E. I. §. 353_7; E. II. §. 363_8; St.B. S. 765.
G. v. 26. Febr. 1876 Art. I; Drucks. (1876) Nr. 54; St.B. S. 1007.

9) wer einem gesetzlichen Verbot zuwider Stoß-, Hieb- oder Schußwaffen, welche in Stöcken oder Röhren oder in ähnlicher Weise verborgen sind, feilhält oder mit sich führt;

Pr. §. 345_7; E. I. §. 353_8; E. II. §. 363_9; St.B. S. 765.

---

*) Neue Fassung des. G. v. 26. Febr. 1876; die alte Fassung lautete;

§. 367 Nr. 5: wer bei der Aufbewahrung oder bei der Beförderung von Giftwaaren, Schießpulver oder anderen explodirenden Stoffen oder Feuerwerken, oder bei Ausübung der Befugniß zur Zubereitung oder Feilhaltung dieser Gegenstände, sowie der Arzeneien die deshalb ergangenen Verordnungen nicht befolgt;

**) Neue Fassung des Ges. v. 26. Febr. 1876; in der alten Fassung fehlten im §. 367 Nr. 8 die Schlußworte: „oder Feuerwerkskörper abbrennt".

10)*) wer bei einer Schlägerei, in welche er nicht ohne sein Verschulden hineingezogen worden ist, oder bei einem Angriff sich einer Waffe, insbesondere eines Messers oder eines anderen gefährlichen Werkzeuges bedient;
Pr. —; E. I. —; E. II. —; St.B. S. 667, 668, 1173 (Drucks. Nr. 182_{33a}).
Vgl. §§. 223a, 227.

11) wer ohne polizeiliche Erlaubniß gefährliche wilde Thiere hält, oder wilde oder bösartige Thiere frei umherlaufen läßt, oder in Ansehung ihrer die erforderlichen Vorsichtsmaßregeln zur Verhütung von Beschädigungen unterläßt;
Pr. §. 345_8; E. I. §. 353_9; E. II. §. 363_{10}; St.B. S. 765.

12) wer auf öffentlichen Straßen, Wegen oder Plätzen, auf Höfen, in Häusern und überhaupt an Orten, an welchen Menschen verkehren, Brunnen, Keller, Gruben, Oeffnungen oder Abhänge dergestalt unverdeckt oder unverwahrt läßt, daß daraus Gefahr für Andere entstehen kann;
Pr. §. 345_9; E. I. §. 353_{10}; E. II. §. 363_{11}; St.B. S. 765.

13) wer trotz der polizeilichen Aufforderung es unterläßt, Gebäude, welche den Einsturz drohen, auszubessern oder niederzureißen;
Pr. §. 345_{10}; E. I. §. 353_{11}; E. II. §. 363_{12}; St.B. S. 765, 1176 (Drucks. Nr. 182_{49b}).

14) wer Bauten oder Ausbesserungen von Gebäuden, Brunnen, Brücken, Schleusen oder anderen Bauwerken vornimmt, ohne die von der Polizei angeordneten oder sonst erforderlichen Sicherungsmaßregeln zu treffen;
Pr. §. 345_{11}; E. I. §. 353_{12}; E. II. §. 363_{13}; St.B. S. 765.
Vgl. §. 330; Gew.O. §. 120 Abs. 3, §. 147_4.

15) wer als Bauherr, Baumeister oder Bauhandwerker einen Bau oder eine Ausbesserung, wozu die polizeiliche Genehmigung erforderlich ist, ohne diese Genehmigung oder mit eigenmächtiger Abweichung von dem durch die Behörde genehmigten Bauplane ausführt oder ausführen läßt.
Pr. §. 345_{12}; E. I. §. 353_{13}; E. II. §. 363_{14}; St.B. S. 765.
Vgl. die Citate zu Nr. 14.

In den Fällen der Nr. 7 bis 9 kann neben der Geldstrafe oder der Haft auf die Einziehung der verfälschten oder verdorbenen Getränke oder Eßwaaren, ingleichen der Selbstgeschosse, Schlageisen oder Fußangeln, sowie der verbotenen Waffen erkannt werden, ohne Unterschied, ob sie dem Verurtheilten gehören oder nicht.
Vgl. §§. 40—42; St.B. S. 765, 766.

1. Der Höchstbetrag der Haft beträgt 6 Wochen (§. 18).

2. Nr. 1 — ersetzt in seinem ersten Theile die Vorschrift des §. 186 preuß. St.G.B. und bezieht sich insbesondere auch auf die Beseitigung der Leichen neugeborner Kinder durch unverehelichte Frauenspersonen. (Vgl. Motive.) Dabei ist nicht Lebensfähigkeit, wohl aber die Reife vorausgesetzt, daß das Kind außerhalb des Mutterleibes hätte leben können. Berlin 9. Juni 71 (O.R. XII, 317).

3. Wer die „Behörde" ist, muß nach den Landesgesetzen beurtheilt werden. In der Regel sind es die Beamten, welche die Civilstandsregister führen, oder die Ortspolizeibehörden. — Der zweite Theil — unbefugte Wegnahme von Leichentheilen — ist aus §. 168 (E. II.

---

*) Neue Fassung des G. v. 26. Febr. 1876; die alte Fassung lautete:

§. 367 Nr. 10: wer bei einer Schlägerei, in welche er nicht ohne sein Verschulden hineingezogen worden ist, oder beim Angriff sich einer Schuß-, Stich- oder Hiebwaffe oder eines anderen gefährlichen Instruments bedient;

§. 166) vom Rtg. hierher übertragen und hat u. A. auch die unbefugte Verschleppung von Leichentheilen aus Anatomien im Auge. (Vgl. zu §. 168 N. 1.) Die Beerdigung einer Leiche vor Eintragung in das Sterberegister ist nicht aus Nr. 1, sondern aus Nr. 2 strafbar, und findet diese auch auf den Todtengräber Anwendung, wenn er die Beerdigung angeordnet oder gestattet hat. Berlin 6. März 79 (O.R. XX, 127, Goltd. XXVII, 381), München 23. Sept. 76, (bayr. Entsch. VI, 466, St. VII, 225).

4. Unter beerdigen ist nicht bloß die Beerdigung unter den herkömmlichen Ceremonien, sondern auch ein bloßes Verscharren, oder auch die sg. Feuerbestattung zu verstehen. Berner S. 696, Olshausen N. 6, β, unter beiseite schaffen ist eine örtliche Entfernung, welche die Leiche der ordnungsgemäßen Behandlung entzieht, zu verstehen; es genügt jedoch auch ein Verbergen an Ort und Stelle. Es muß nicht ein dauerndes Beseitigen bezweckt sein.

5. Es genügt fahrlässige Verübung. Es ist Idealkonkurrenz mit Begünstigung von Tödtung möglich.

6. Nr. 2. Diese Vorschrift setzt besondere Gesetze oder gesetzlich erlassene Polizeiverordnungen voraus, welche sich auf vorzeitige Beerdigungen beziehen. (Vgl. Code civil Art. 77), s. auch zu Nr. 1, N. 2 am Schluß. Es fällt hierunter die Beerdigung vor Ablauf einer bestimmten, polizeilich angeordneten Frist, oder vor Beschau der Leiche, oder vor bestimmten Anzeigen des Ablebens. Auch spezielle Anordnungen, welche die Beerdigung zu verzögern bestimmt sind, dürften unter die Ziff. 2 fallen. Thäter ist Jeder, der die Beerdigung veranlaßt, ohne daß den polizeilichen Anordnungen genügt ist; nicht derjenige, dem die polizeiliche Anordnung eine bestimmte Pflicht, z. B. die der Anzeige auferlegt, wenn er nicht zugleich derjenige ist, der für die Beerdigung haftbar ist. Die That kann fahrlässig begangen werden.

7. Nr. 3. Vgl. Reichs-Gew.O. §§. 6, 29, 34, 53, 147 Nr. 1 und für Preußen Gew.O. v. 1845 §§. 42, 49, nebst dem Ges. v. 22. Juni 1861 Art. I, sowie das Reglement, betr. den Debit der Arzneiwaaren v. 16. Sept. 1836 (G.S. S. 41), modifizirt durch die Min.-Bek. vom 29. Juli 1857 (G.S. S. 654); Hannover vgl. Apothekerordnung v. 19. Dez. 1820.

Der Verkauf von Gift darf nach der Gew.O. nicht unbedingt verboten werden. München 13. März 73 (bayr. Entsch. III, 111).

8. Der Begriff der „Arzenei" war zur Zeit der Geltung der Kais. V. v. 25. März 1872 dahin definirt, daß darunter jede Zubereitung zu verstehen sei, welche in einer dem Verzeichniß A jener V. entsprechenden Erscheinungsform als zu Heilzwecken bestimmt dargeboten wird, gleichviel ob sie wirklich Stoffe enthält, welche medizinisch als zu Heilzwecken dienende anerkannt sind, oder nicht, und diese Auffassung ist durch §. 1 der Kais. V. v. 4. Jan. 1875 bestätigt. Vgl. dagegen München (Plen.) 28. Okt. 1874 (St. V, 182). Es kommt also lediglich auf die Form des Stoffs, welcher als Heilmittel bezeichnet wird, nicht darauf, daß derselbe einvon der Wissenschaft anerkanntes Heilmittel gegen bestimmte Krankheiten ist. R.G. I, 15. Dez. 81, E. V, 416.

9. Unter Nr. 3 fällt auch die Fertigung und der Verkauf von Heilmitteln, deren Bestandtheile dem freien Verkehr überlassen sind, wenn sie in der Form von Arzneimitteln in den Verkehr gebracht werden (Zimmttinktur, Königstrank, Nervenbalsam, Kräuterthee, Lebensessenz u. s. w.). München 7. Aug. u. 6. Sept. 75, 18. Aug. 77 (bayr. Entsch. V, 387, 435; VII, 391, St. VI, 81, 83; VIII, 329), Berlin 31. Mai 77 (Goltd. XXV, 342). Werden sie als Genußmittel in den Verkehr gebracht, so schlägt Nr. 3 nicht an. Verkauf auf Rechnung eines Anderen entschuldigt nicht, München 6. Sept. 75 (bayr. Entsch. V, 435, St. VI, 82), es sei denn, daß derjenige, für dessen Rechnung verkauft wird, die polizeiliche Genehmigung erlangt hat, München 10. Dez. 77 (bayr. Entsch. VII, 514). Eine erlangte polizeiliche Genehmigung, sei es auch, daß dieselbe vor dem Inkrafttreten der Reichs-Gew.O. erlangt wurde, wirkt bis zu deren Widerruf. München 14. Juli 76 (bayr. Entsch. VI, 374).

10. Die Bestimmung wirkt auch gegen Aerzte, insbesondere auch gegen homöopathische, selbst wenn dieselben alle Vorbedingungen zur Ausübung der Praxis erfüllt haben, München 18. Aug. 77 (bayr. Entsch. VII, 386, St. VIII, 329), 9. Aug. 84, bayr. Entsch. III, 193, auch gegen Hebammen, welche Arznei-Abkochungen abgeben, München 8. Jan. 86, bayr. Entsch. IV, 10, und unterscheidet das Gesetz nicht zwischen entgeltlicher und unentgeltlicher Ueberlassung von Arzeneien an Andere. Berlin 8. Okt. 75 (St. VI, 84), München 16. März 82, bayr. Entsch. II, 48, vgl. R.G. I, 13. Dez. 80 (R. II, 633, E. III, 119). Auch der Verkauf von Geheimmittel fällt unter die Strafbestimmung der Ziff. 3 und sind dadurch landesgesetzliche Bestimmungen aufgehoben R.G. I, 21./28. Nov. 87, E. XVI, 359, R. IX, 625. Die franz.

Ges. v. 21. germ. XI u. 29. pluv. XIII bestehen nur noch bezüglich der öffentlichen Ankündigung von Geheimmitteln. Als Geheimmittel haben nicht nur solche Mittel zu gelten, deren Bestandtheile überhaupt geheim gehalten werden, als solche, deren qualitative Zusammensetzung bekannt gegeben ist, nicht aber die quantitative. Berlin 4. Dez. 90, Goltd. XXXVIII, 454, Stettin 13. Febr. 91 u. Dresden 27. Okt. 90, Goltd. XXXIX, 83, sächs. Ann. XII, 128, subsumirten auch Arzeneien für Thiere unter Ziff. 3.

Ein Ueberlassen fand München 15. Nov. 87, bayr. Entsch. IV, 530 in der Anwendung eines Mittels auf den Körper Anderer durch Einpinseln.

11. Sämmtliche unter Ziff. 3 fallenden Handlungen sind auch bei fahrlässiger Verübung strafbar.

12. Nr. 4 — betrifft lediglich die Zubereitung von Schießpulver u. s. w. Die noch im II. Entwurf enthaltenen Worte „oder feilhält" sind im Reichstag gestrichen, weil der Handel mit Schießpulver (in Preußen durch Ges. v. 22. Juni 1861 Art. III) freigegeben war. Der Entwurf enthielt in Uebereinstimmung mit dem preuß. St.G.B. statt der Worte „die vorgeschriebene" das Wort: „besondere". Durch diese Aenderung hat die Nr. 4 jede Bedeutung verloren, da die gewerbsmäßige **Zubereitung** von Schießpulver nur durch ein Reichsgesetz beschränkt werden kann, — welches bis jetzt nicht existirt —; — für die Zubereitung von kleinen Quantitäten zum Privatgebrauch aber schwerlich irgendwo die Einholung einer Erlaubniß vorgeschrieben ist. Neben den §§. 16 u. 147 Nr. 2 der Reichs-Gew.O., welche für die Herstellung von Fabriken und Anlagen zum Zweck der Zubereitung von Schießpulver u. s. w. die Einholung einer Genehmigung vorschreiben, hatte die Nr. 4 von vorn herein nur geringe Bedeutung. Daß der §. 147 Nr. 2 durch die Nr. 4 modifizirt sei, nimmt Oppenhoff N. 29 ohne jeden Grund an. Vgl. auch Berger, deutsche Gew.Ordn. 4. Aufl. Bemerkung zu §. 147. Bei der Aufnahme dieser und ähnlicher Vorschriften in den Entwurf ist man im Gegentheil von der Auffassung ausgegangen, die Strafvorschriften der Reichs-Gew.O. unverändert stehen zu lassen und dieselben nur, soweit es nöthig schien, zu ergänzen. Unter das Schießpulver sind auch alle neuerfundenen zum Schießen verwendete Stoffe zu rechnen und überdies gehören dieselben jedenfalls zu den explodirenden Stoffen. Die That kann auch fahrlässig begangen werden.

13. Nr. 5. Die durch die Novelle vom 26. Febr. 1876 bewirkten Fassungsänderungen (s. zu Nr. 4) haben vorzugsweise die Nytroglycerin-Sprengstoffe (Dynamit u. s. w.) im Auge. — Bezüglich der „Verordnungen" vgl. §. 366 Nr. 10 und die Bemerkungen hinzu. Auch die Zuwiderhandlung gegen Bestimmungen des Eisenbahnbetriebs-Reglements über Beförderung der in Ziff. 5 genannten Gegenstände fällt unter die Strafe dieser Ziffer. In Bezug auf Sprengstoffe konkurriren ausschließend die strengeren Bestimmungen des sg. Sprengstoffgesetzes v. 9. Juni 1884, vgl. R.G. IV, 29. Nov. 87, R. IX, 681. Die Handlungen der Ziff. 5 können fahrlässig begangen werden.

14. Die Bestimmung der Ziff. 5a wurde durch das R.Ges. v. 13. Mai 1891 mit Rücksicht auf §. 10 N. 1 der Postordnung v. 8. März 1879 (vgl. §. 66 Nr. Ib der bayr. Postordnung v. 1. Mai 1889 u. §. 11 Nr. I der württ. Postordnung v. 14. März 1881) beigefügt, welche von der Aufgabe bei der Post: „leicht entzündliche Sachen, sowie ätzende Flüssigkeiten" ausschließt, ohne daß die Zuwiderhandlung mit Strafe bedroht war. Die Aufgabe von Sprengstoffen ist durch Ziff. 5 getroffen; vgl. die Bemerkungen hierzu.

15. Nr. 6. Rücksichtlich der Aufbewahrung kann auch Fahrlässigkeit strafbar sein. Es ist nicht erforderlich, daß Gefahr für fremdes Eigenthum besteht.

16. Nr. 7. Mit Rücksicht auf den Zweck der Bestimmung mnß angenommen werden, daß auch Fahrlässigkeit strafbar ist. (Vgl. die allg. Bemerkungen zu diesem Abschnit N. 3) u. R.G. IV, 20. Mai 90, Goltd. XXXVIII, 191. — Namentlich entschuldigt Unkenntniß (§. 59 A. 2) nur dann, wenn ihr keine Fahrlässigkeit zu Grunde liegt. (Berlin 15. Dez. 75, Goltd. XXIII, 556, O.R. XVI, 797, St. V, 377; München 3. Nov. 73, St. III, 237.) Besonders gilt dieses von trichinenhaltigem Fleisch. Aus der ganzen Bedeutung dieser Strafbestimmung ergibt sich ohne Weiteres, daß hier der Verkäufer die Pflicht ordnungsmäßiger Untersuchung hat, da ohne eine solche (Mikroskopiren) die Feststellung des Vorhandenseins von Trichinen überhaupt unmöglich ist. Fahrlässigkeit ist um so mehr anzunehmen, wenn Polizeiverordnungen den Schweineschlächtern die vorherige Untersuchung bei Strafe vorschreiben, wie dies jetzt meist der Fall ist. (Vgl. Berlin 15, Jan. 74, Goltd. XXII, 57, O.R. XV, 30, ferner 20. Mai 74 u. 3. Nov. 75, Goltd. XXII, 613; XXIII, 523, O.R. XVI, 708.) Hat eine ordnungsmäßige Untersuchung stattgefunden, dann kann allerdings §. 367 N. 7 nicht Anwendung finden. Die

entgegengesetzte Ansicht Blum's S. 488, welcher eine vorgängige Untersuchung für gleichgültig hält, würde aus N. 7 eine indirektes Verbot des Schweinefleisches machen. Inwieweit bei Weiterverkäufern im Handel mit Fleischwaaren eine Pflicht zur Untersuchung anzunehmen, ist nach Lage des speziellen Falles zu beurtheilen. — Wegen der Einziehung vgl. den Schlußsatz.

17. Unter Verfälschung von Eßwaaren oder Getränken ist jeder Zusatz fremder Stoffe zu verstehen, welcher naturgemäß nicht dazu gehört, oder die Verwendung von anderen Stoffen zur Zubereitung, als ordnungsgemäß erforderlich ist. München 14. Jan. 76, 10. Febr. u. 26. März 77 (bayr. Entsch. VI, 13; VII, 108, St. VI, 85; VII, 217). Es entscheidet hierüber der in Handel und Wandel herrschende Brauch, sowie Natur und Bestimmung der Waare, R.G. II, 30. Okt. 79 (R. I, 26, Ann. I, 38). Beimischung schädlicher Stoffe ist nicht erforderlich, erscheint aber als Fälschung. Verfälscht ist insbesondere jede Waare, deren natürliche Beschaffenheit verschlechtert ist, wobei ihr der Anschein der natürlichen Beschaffenheit erhalten bleibt oder welcher durch eine Veränderung der Anschein besserer Beschaffenheit gegeben ist, als ihr zukommt. R.G. II, 2. Dez. 81, 26. Mai 82, E. V, 178, R. III, 761, IV, 519, z. B. durch Färben von Fleisch oder der Kiemen der Fische oder durch Zusatz von Schweinefett zu Butterschmalz, München 10. Febr. 77 (St. VII, 217).

Eine Verminderung der Substanz ist nicht erforderlich. Berlin 21. Feb. 78 (O.R. XIX, 89, Goltd. XXVI, 136, St. VIII, 331).

18. Verdorben ist nicht gleichbedeutend mit gesundheitsgefährlich, sondern bedeutet jeden Zustand, welcher nicht mehr der normale ist, in welchem die Eßwaaren oder Getränke genossen zu werden pflegen. Berlin 5. Juli 76 (O.R. XVII, 487, Goltd. XXIV, 611, St. VI, 383), München 26. Jan 77 (bayr. Entsch. VII, 216). So erklärte R.G. IV, 27. Mai 87, R. IX, 355 Fleisch, in welches mit dem Mund Luft eingeblasen ist, als verdorben. Das Verdorbensein muß zur Zeit des Feilhaltens oder Verkaufs vorliegen; ein nachträgliches Verderben, wenn auch aus Gründen, die in der Beschaffenheit der Waare liegen, fällt nicht unter das Gesetz. Es entscheidet auch nicht unbedingt, ob das Publikum eine Eßwaare als verdorben ansieht, sondern es muß die objektive Beschaffenheit eine Veränderung erlitten haben. R.G. III, 28. Sept. 85, E. XII, 107. Die Beseitigung der Folgen des Verdorbenseins durch Kochen oder chemische Mittel ändert nichts am Thatbestand. R.G. II, 9. Mai 82, E. VI, 268, R. IV, 449. Jedoch wurden auch als verdorben erklärt Eßwaaren, welche durch ihre natürliche Entwickelung eine anormale oder sogar schädliche Beschaffenheit angenommen haben, wie finnen- oder in Ziff. 7 besonders hervorgehoben trichinenhaltiges Fleisch, RG. III, 5. Okt. 81, E. V, 290, R. III, 594, oder welche in ihrer Entwickelung zu normaler Beschaffenheit gehemmt waren, wie ungeborene Kälber, R.G. II, 3. Jan. 82, E. V, 278, R. IV, 8. Ungenießbarkeit kann nicht verlangt werden, insbesondere schließt der Umstand, daß Personen mit abgestumpfter Empfindlichkeit eine Eßwaare oder ein Getränk zu genießen im Stande sind, das Verdorbensein nicht aus.

19. Unter Getränken ist jede Flüssigkeit zu verstehen, welche Menschen trinken, also nicht nur die herkömmlichen, zum Trinken geeigneten Genußmittel, wie Bier, Weine, sondern auch Molke, Mineralwasser, auch künstliche u. s. w. München 14. Jan. 76 (bayr. Entsch. VI, 12, St. VI, 85). Hiernach ist Zusatz von Biercouleur (gebranntem Zucker) zu Bier da, wo solche Surrogate verboten oder nicht üblich sind, Fälschung. München 26. März 77 (bayr. Entsch. VII, 108). Auch Zusatz von Neigebier. R.G. I, 1. Okt. 85, E. XII, 400, R. VII, 546. Ebenso Zusatz von Wasser oder Sprit zu Wein, München 26. Jan. 77 (bayr. Entsch. VII, 54, St. VII, 216), Zusatz von Wasser zur Milch, Berlin 21. Febr. 78 (O.R. XIX, 89, Goltd. XXVI, 136, St. VIII, 331), von Kuhmilch zu angeblicher Ziegenmilch, München 14. Jan. 76 (bayr. Entsch. VI, 13, St. VI, 85). Ob der Zusatz von Zucker zu Wein (Gallisiren, Chaptalisiren) als Fälschung erscheint, ist eine noch unentschiedene Thatfrage. Würde eine vollständig reine, auch von solchen Behandlungsarten freie Beschaffenheit des Weines garantirt, so würde bei Unwahrheit der Zusicherung Betrug in Frage kommen. Spezielle Vorschriften über die Behandlung des Weines und dessen Verfälschung sind bis jetzt trotz mannigfacher Bemühungen nicht zu Stande gekommen.

Der Zusatz von üblichen Ingredienzen kann die Fälschung ausschließen, so der Zusatz von Kuhmilch zu Ziegenmolke, München 14. Jan. 76 (bayr. Entsch. VI, 13, St. VI, 85), von Spiritus zu Cider (Obstwein), R.G. II, 30. Okt. 79 (R. I, 26, Ann. I, 38).

20. Daß der Erwerber die Fälschung oder das Verdorbensein kannte, schließt die Bestrafung nicht aus, da dieselbe Täuschung nicht zur Voraussetzung hat. Berlin 5. Juli 76 u. 21. Feb. 78 (O.R. XVII, 487; XIX, 89, Goltd. XXIV, 611; XXVI, 136, St. VI, 383; VIII, 331).

Daß der Feilhaltende oder Verkäufer die Fälschung selbst bewirkte, ist nicht erforderlich. Es genügt, wenn er die Fälschung oder das Verdorbensein kannte, oder ihm die Unkenntniß zur Fahrlässigkeit zuzurechnen ist. München 26. Jan., 10. Feb. u. 27. Juli 77 (bayr. Entsch. VII, 54, 331, St. VII, 216, 217; VIII, 217), Dresden 20. Nov. 76 (S.G.Z. XXI, 249, St. VII, 215).

21. Die Absicht, sich einen Vermögensvortheil zu verschaffen oder einen Anderen zu beschädigen, ist nicht erforderlich. Mannheim 6. Mai 76 (bad. Ann. Bd. 42 S. 342).

Verkauf ist zur Vollendung nicht erforderlich, da schon das Feilhalten genügt. Berlin 21. Feb. 78 (O.R. XIX, 90, Goltd. XXVI, 136, St. VIII, 331).

22. Fraglich ist das Verhältniß des §. 367 N. 7 zum R.G. v. 14. Mai 79, betr. den Verkehr mit Nahrungsmitteln, Genußmitteln und Gebrauchsgegenständen (R.G.Bl. S. 145). Abgesehen von einer Reihe von Bestimmungen, welche sich in keiner Weise mit §. 367 N. 7 decken, enthält dasselbe:

§. 10. Mit Gefängniß bis zu sechs Monaten und mit Geldstrafe bis zu eintausendfünfhundert Mark oder mit einer diesen Strafen wird bestraft:

2) wer wissentlich Nahrungs- oder Genußmittel, welche verdorben oder nachgemacht oder verfälscht sind, unter Verschweigung dieses Umstandes verkauft oder unter einer zur Täuschung geeigneten Bezeichnung feilhält.

§. 11. Ist die in §. 10 N. 2 bezeichnete Handlung aus Fahrlässigkeit begangen worden, so tritt Geldstrafe bis zu einhundertfünfzig Mark oder Haft ein.

§. 12. Mit Gefängniß, neben welchem auf Verlust der bürgerlichen Ehrenrechte erkannt werden kann, wird bestraft:

1) . . . . wer wissentlich Gegenstände, deren Genuß die menschliche Gesundheit zu beschädigen geeignet ist, als Nahrungs- oder Genußmittel verkauft, feilhält oder sonst in Verkehr bringt.

Es kann wohl keinem Zweifel unterliegen, daß häufig die Handlung unter beide Strafbestimmungen fallen wird. Da aber in dem Spezialgesetz die vorsätzlichen Handlungen mit weit höheren Strafen belegt sind, kann nur dieses zur Anwendung kommen. Strafe und Thatbestand sind aber gleich bei dem fahrlässigen Verkaufen oder Feilhalten verdorbener oder verfälschter Genußmittel unter Verschweigung dieses Umstands. In diesem Fall liegt ideale Konkurrenz vor und erscheint das Gesetz vom 14. Mai 1879 in dieser Beziehung als eine Erweiterung und Fortbildung des §. 367 N. 7; beide Bestimmungen bestehen aber neben einander. Vgl. R.G. 10. Mai 81 (Ann. III, 588), III, 11. Febr. 82, E. VI, 34, R. IV, 149; II, 9. Mai 82, E. VI, 269, R. IV, 449.

23. Nr. 8. Das Schießen ist strafbar, gleichviel ob blind oder scharf geladen war. München 19. Juni 76 (St. VII, 217). Als von Menschen besuchte Orte erscheinen nicht nur die Orte, wo die Selbstgeschosse u. s. w. liegen, oder wo geschossen wird u. s. w., sondern der ganze Umkreis, der bedroht ist und thatsächlich von Menschen betreten wird, wenn auch das Betreten nicht gestattet ist; wie die Rasenplätze einer als Spaziergang benützten Plantage, R.G. III, 11. Okt. 83, E. IX, 125, R. V, 596, s. auch München 11. Nov. 90, bayr. Entsch. VI, 262. Die Nichtstrafbarkeit der in Ziff. 8 bezeichneten Handlungen wird nur durch eine spezielle polizeiliche Erlaubniß beseitigt. Diese unterliegt der richterlichen Kognition so wenig wie die Verweigerung; jedoch schließt die Erlaubniß nicht die Straflosigkeit einer durch eine solche That bewirkten Körperverletzung oder Tödtung in sich. Die Uebertretung erfordert keine Gefährdung, wohl aber ein Verschulden, d. h. der Thäter muß mit Bewußtsein das thun, was er thut. Daß an einem bewohnten Orte ohne alles Verschulden einer Person ein Schießgewehr oder ein Feuerwerkskörper losgeht, kann nicht bestraft werden. A. M. R.G. I, 2. Juni 81, E. IV, 243, R. III, 367.

24. Nr. 9. Statt der vom Rtg. aufgenommenen Worte: „einem gesetzlichen Verbot zuwider" hatte der II. Entwurf (inkorrekt) das Wort „unbefugt" in den sonst gleichlautenden §. 345 N. 7 des preuß. St.G.B. eingeschoben, „weil in einzelnen Bundesstaaten einschlägige Verbote nicht bestehen". (Motive.) Es wird also zur Anwendung der N. 9 jetzt ein Gesetz oder eine gesetzlich erlassene Polizei-Verordn. vorausgesetzt, welche ein solches Verbot enthält, wie dieses auch der verwandte Art. 314 Code pén. voraussetzt. Berlin 28. Febr. 79 (Goltd. XXVII, 102), O.R. XX, 110, ist der Ansicht, das Verbot des §. 345 N. 7 des preuß. St.G.B. wegen Feilhalten und Mitsichführen verbotener Waffen bestehe fort. Auch Berlin 24. März 87, Goltd. XXXV, 158. Gl. M. Binding I, 323, Olshausen N. a. R.G. I, 14. Nov. 89, E.

XX, 43 führt aus, daß in Preußen ein allgemeines Recht Waffen zu tragen nicht bestehe. Wegen der Einziehung vgl. Schlußsatz.

25. Auf Grund des §. 367 Ziff. 9 kann durch ein (nicht existirendes) Reichs- oder durch ein Landesgesetz oder durch eine auf Landesgesetz beruhende Verordnung der hierzu zuständigen Polizeibehörde nur das verborgene Führen eigentlicher Stoß-, Hieb- oder Schußwaffen verboten werden, aber weder das in der Tasche führen (verb. in Stöcken, Röhren oder in ähnlicher Weise) noch das offene Führen, oder das Führen in einer Umhüllung, welche die Waffe erkennen läßt. Dies schließt jedoch nicht aus, daß auf Grund landesgesetzlicher Normen ein weitergehendes Verbot des Waffenführens besteht. Vgl. R.G. 14. Nov. 89 s. oben. Die Reichsgesetzgebung hat die Materie nicht erschöpfend behandelt.

26. Nr. 10 — ein zuerst von der Reichstagskommission zu §. 227 beschlossener Zusatz, der jedoch nur das Zücken von Messern enthielt, aber im Plenum in der vorliegenden Weise erweitert wurde. (Vgl. die Bemerkungen zu §. 227.) Als gefährliche Instrumente wurden im Rtg. u. A. Bierkrüge, Schlagringe, Hausschlüssel (?) bezeichnet. — Die jetzige durch die Novelle vom 26. Febr. 76 aufgenommene Fassung lehnt sich an den neuen §. 223a; vgl. denselben. — Wegen der Einziehung vgl. den Schlußsatz.

27. Unter Schlägerei ist die gegenseitige Thätlichkeit Mehrerer gegen einander, d. h. mindestens zweier Personen zu verstehen. Berlin 22. Febr. 77 (O.R. XVIII, 159, Goltd. XXV, 61, St. VII, 218). Wenn Wolfenbüttel 1. Okt. 78 (G.S. Bd. XXX, S. 527) zum „hineingezogenwerden in eine Schlägerei" verlangt, daß eine Schlägerei bereits vorhanden gewesen sei, in die ein Dritter hineingezogen wird, so verstößt dies gegen den Sprachgebrauch. In eine Schlägerei wird auch derjenige hineingezogen, der durch den unverschuldeten Angriff eines Anderen zur Gegenwehr veranlaßt wird, so daß hierdurch eine Schlägerei entsteht. Berlin a. a. O. §. 227 und die Bemerkungen hierzu.

28. Unter einem „Angriff" ist auch ein von einem Einzelnen ausgehender Angriff verstanden. Leipzig 29. Nov. 72 (Entsch. VIII, 121), Wolfenbüttel 1. Okt. 78 (G.S. Bd. XXX, S. 527). R.G. IV, 6. Okt. 85, E. XIII, 3, R. VII, 555; III, 19. Jan. 88, R. X, 46. Ein Schreckschuß, absichtlich in die Luft abgefeuert, wurde nicht als Angriff anerkannt, R.G. II, 21. Sept. 88, R. X, 505. Auch ein mittels Messers gemachter Angriff, der sonst ohne Erfolg ist, fällt unter Ziff. 10. R.G. IV, 27. Juni 90, Goltd. XXXVIII, 331. Also ein bloßes Bedrohen. Ist bei einem Angriff eine Mißhandlung verübt, so ist nicht mehr §. 367 Ziff. 10, sondern §. 223 fg. anwendbar. Berner S. 699, Olshausen N. b, Oppenhoff N. 63, v. Schwarze N. 10. Auch derjenige bedient sich einer Waffe, der dieselbe in der Absicht, davon Gebrauch zu machen, zur Hand nimmt, auch wenn er damit nicht eine Mißhandlung verübt, sei es, daß es beim Versuch bleibt, sei es, daß er vom Gebrauch rechtzeitig abgehalten wird. Berlin 10. Nov. 76 (O.R. XVII, 732, St. VII, 218). Ein wegen Nothwehr Freigesprochener kann auch nicht aus §. 367 N. 10 bestraft werden. Wolfenbüttel a. a. O.

29. Bei Idealkonkurrenz mit einer Körperverletzung kann, wenn wegen dieser kein Antrag gestellt ist, die Uebertretung des §. 367 N. 10 selbständig, ohne Antrag verfolgt werden. Berlin 6. Juni 72 (Goltd. XX, 409, O.R. XIII, 339, St. II, 61); München 8. Okt. 73 (St. III, 247).

30. N. 11. „bösartig" bezeichnet nicht bloß das genus, sondern auch die species, z. B. ein bissiger Hund, München 18. Nov. 87, bayr. Entsch. IV, 534.

Gl. M. Berner S. 700, welcher beifügt, daß ausnahmsweise schädigende Thiere nicht hierher gehören, und Oppenhoff N. 66. Dagegen bezieht v. Schwarze die Bestimmung nur auf zahme Thiere mit gefährlichen Eigenschaften und Olshausen N. a scheint ihm beizustimmen. Die Differenz ist nicht groß, aber doch geeignet, eine Lücke zu lassen. Bullen sind nicht wilde Thiere, aber von Natur bösartig; ferner sind gezähmte wilde Thiere, wie Wölfe, Füchse nicht mehr wild, aber leicht bösartig.

Das Nichtbeachten der Symptome der Hundswuth an dem eigenen Thiere rechtfertigt an sich noch nicht die Anwendung des §. 367 N. 11. München 15. Nov. 75 (bayr. Entsch. V, 509). Die Ortspolizeibehörden können weitergehende Vorschriften geben. Leipzig 7. Jan. 76 (Entsch. XIX, 348). Die That kann auch fahrlässig begangen werden.

31. Nr. 12. — Wer die verpflichtete Person ist, ist Thatfrage. In der Regel trifft die Verantwortung den Besitzer oder dessen Stellvertreter. Dies gilt auch in Betreff der Gruben, ohne daß die berggesetzlichen Bestimmungen an der Verpflichtung etwas ändern. Berlin 1. Juli 75 (Goltd. XXIII, 444, O.R. XVI, 508). Jedoch ist die Bestimmung auch auf

solche anzuwenden, welche nicht für die regelmäßige Sicherung haftbar sind, sondern verschulden, daß die regelmäßige Sicherung zeitweise entfernt ist.

R.G. IV, 23. Nov. 86, E. XV, 58, R. VIII, 717 erkennt an, daß abgesehen von besonders auferlegten Pflichten das Eigenthum an sich die Pflicht zur Verwahrung (in concr. eines Steinbruchs, dessen Ausbeutung verpachtet war) nicht auferlege. Vgl. auch R.G. I, 23. Febr. 82, E. VI, 64, R. IV, 188.

32. Der Begriff von öffentlichen Wegen und Orten, an welchen Menschen verkehren, ist ein thatsächlicher, von einer Berechtigung zum gehen oder verkehren unabhängiger. Jedoch ist auch Ziff. 12 nur bei Fahrlässigkeit anwendbar. Der zur Sicherung Verpflichtete ist also nicht strafbar, wenn er von dem Gehen oder Verkehren nichts weiß, oder insofern dasselbe unberechtigt ist, durch Verbote, Barrieren u. dgl. in berechtigter Weise zu hindern sucht. R.G. IV, 18. Juni 89, Goltd. XXXVII, 202.

33. Gefahr für Andere besteht auch dann, wenn sie für Personen besteht, die in Folge Alters oder Gebrechlichkeit unbehilflich und dadurch gefährdet sind. R.G. IV, 14. Juni 90. Goltd. XXXVII, 441.

34. Nr. 13. Vgl. §. 120 Abs. 3 u. §. 147 Nr. 4 der Reichs=Gew.O. Unter polizeilicher Aufforderung ist hier eine speziell an den Pflichtigen gerichtete gemeint. Ueber die Nothwendigkeit der Reparatur oder des Niederreißens steht dem Richter keine Kognition zu, sondern ist diese Frage auf administrativem Wege auszutragen. München 19. Febr. 76 (bayr. Entsch. VI, 70). A. M. Olshausen N. b.

Eine konkrete Gefährdung sieht Ziff. 13 nicht vor. Es ist also lediglich der Ungehorsam gegen das polizeiliche Gebot, die Unterlassung mit Strafe bedroht. Eine besondere Absicht ist nicht erforderlich, dabei aber eine Fahrlässigkeit kaum zu konstruiren, da die Vergeßlichkeit trotz Empfang des Gebots kaum als Fahrlässigkeit bezeichnet werden kann.

35. Nr. 14. War die Unterlassung der Sicherungsmaßregel Ursache einer fahrlässigen Verletzung oder Tödtung, so tritt nicht auch noch Strafe aus §. 367 N. 14 ein. Dresden 26. Juli 75 (S.G.Z. XX, 92). Mit Recht wurde dort ideale Konkurrenz angenommen. Die polizeilichen Anordnungen können generelle oder spezielle sein. Berner S. 701, Olshausen N. a, v. Schwarze N. 14, A. 7. Sie können auch in dem Gebot völliger Einstellung von Arbeiten bestehen, z. B. bezüglich des Fortbetriebs eines Steinbruchs, durch welchen Menschen und Gebäuden Gefahr droht. München 12. Juni 85, bayr. Entsch. III, 408.

Sonst erforderliche Sicherungsmaßregeln sind solche, bei deren Unterlassung sich ein vernünftiger Mensch sagen muß, daß eine Gefahr für Personen oder Eigenthum entsteht. Es ist also eine Fahrlässigkeit mit Strafe bedroht. Bei der Verfolgung kann der Nachweis der Gefahr nicht umgangen werden. Bezüglich der ersten Alternative ersetzt ihn die Anordnung der Polizei, deren Begründung der Richter nicht zur Kognition zu ziehen hat. A. M. Olshausen N. a, welcher keine konkrete Gefährdung fordert, wie es scheint auch in Bezug auf die zweite Alternative.

36. Nr. 15. Die Bestimmung, in welchen Fällen polizeiliche Genehmigung erforderlich, welche Behörde zu derselben zuständig und von welchen Vorbedingungen die Genehmigung abhängig ist, ist Sache polizeilicher Verordnungen (Bauordnung), zu deren Erlassung die nach der Verfassung jedes Landes zuständigen Behörden berufen sind. Berlin 15. März 77 (O.R. XVIII, 211, Goltd. XXV, 344). Diese Verordnungen können sich auch auf Bauwerke erstrecken, welche nicht durch Fundirung mit dem Grund und Boden verbunden sind. München 2. Juni 1876 (bayr. Entsch. VI, 281, St. VI, 384). Die baupolizeiliche Genehmigung berührt die nach den Bestimmungen der Gewerbeordnung erforderliche besondere Genehmigung nicht. München 27. März 76 (bayr. Entsch. VI, 130).

37. Die Abweichung von dem genehmigten Bauplan ist auch dann strafbar, wenn dieser einen Irrthum enthielt. Der Bauplan ist nur auf administrativem Wege festzustellen, ohne daß hierüber dem Richter eine Entscheidung zusteht. München 10. März 73 St. III, 252; 25. April 87, bayr. Entsch. IV, 388.

38. Vorsatz ist zu dieser Uebertretung nicht erforderlich, es genügt jedes bewußte, vorsätzliche oder fahrlässige Thun oder Unterlassen. München 27. März 76 (bayr. Entsch. VI, 141). Die Uebergabe eines Baues an einen Bauleiter entschuldigt nicht den Bauherrn wegen wissentlicher Duldung polizeiwidrigen Verfahrens des Leiters. Berlin 9. Mai 89, Goltd. XXXVII, 219. Die Uebertretung der Vornahme eines Baues ohne die erforderliche Genehmigung ist erst mit Herstellung des Gebäudes vollendet. Berlin 5. Mai 76 (O.R.

XVII, 332, Goltd. XXIV, 342). Die Strafbarkeit beginnt jedoch mit Beginn der Bauarbeiten. München 19. April 84, bayr. Entsch. III, 66. Ebenso die Nichtausführung planmäßiger Baubedingungen. München 7. Aug. 75 u. 8. Juni 77 (bayr. Entsch. V, 391; VII, 227, St. V, 267; VII, 362). Abweichungen vom Bauplan sind mit Herstellung des betreffenden Bautheiles vollendet. München 8. Juni 77 (bayr. Entsch. VII, 227, St. VII, 362).

39. Die Verjährung beginnt jedoch stets erst mit Vollendung des Baues, da die Handlung sich bis dahin fortsetzt. München 8. Juni 77 a. a. O., 31. Dez. 84, bayr. Entsch. III, 286, München 25. Jan. 84, 4. Juni 86, bayr. Entsch. III, 12, IV, 96 nahm sogar an, die Verjährung beginne erst mit Beendigung des gesetzwidrigen Zustands. München 7. Juli 88 bayr. Entsch. V, 140 dagegen mit Beendigung des Baues, wenn nicht ein gefährlicher Zustand geschaffen sei.

40. Schlußsatz. — Der Entw. schrieb auch die Einziehung bei den Gegenständen unter N. 3—5 vor. Dieses strich der Reichstag, der überdies die Einziehung fakultativ machte. Die Schießwerkzeuge in N. 7 sind nicht aufgeführt, also auch von der Einziehung ausgeschlossen. Vgl. v. Buri G.S. Bd. XXX, S. 268.

Die Beschlagnahme verdorbener Eßwaaren findet auch statt, wenn eine Verfolgung einer Person wegen Feilbietens derselben nicht ausführbar ist. München 6. Jan. 74 (St. IV, 72).

§. 368. Mit Geldstrafe bis zu sechszig Mark oder mit Haft bis zu vierzehn Tagen wird bestraft:

1) wer den polizeilichen Anordnungen über die Schließung der Weinberge zuwiderhandelt;
Pr. §. 347_2; E. I. §. 354_2; E. II. §. 364_1; St.B. S. 766.

2) wer das durch gesetzliche oder polizeiliche Anordnungen gebotene Raupen unterläßt;
Pr. §. 347_1; E. I. §. 354_1; E. II. §. 364_2; St.B. S. 766.

3) wer ohne polizeiliche Erlaubniß eine neue Feuerstätte errichtet oder eine bereits vorhandene an einen anderen Ort verlegt;
Pr. §. 347_3; E. I. §. 354_3; E. II. §. 364_3; St.B. S. 766.

4) wer es unterläßt, dafür zu sorgen, daß die Feuerstätten in seinem Hause in baulichem und brandsicherem Zustande unterhalten, oder daß die Schornsteine zur rechten Zeit gereinigt werden;
Pr. §. 347_4; E. I. §. 354_4; E. II. §. 364_4; St.B. S. 766.

5) wer Scheunen, Ställe, Böden oder andere Räume, welche zur Aufbewahrung feuerfangender Sachen dienen, mit unverwahrtem Feuer oder Licht betritt, oder sich denselben mit unverwahrtem Feuer oder Licht nähert;
Pr. §. 347_6; E. I. §. 354_6; E. II. §. 364_5; St.B. S. 766.

6) wer an gefährlichen Stellen in Wäldern oder Haiden, oder in gefährlicher Nähe von Gebäuden oder feuerfangenden Sachen Feuer anzündet;
Pr. §. 347_7; E. I. §. 354_7; E. II. §. 364_6; St.B. S. 766.

7) wer in gefährlicher Nähe von Gebäuden oder feuerfangenden Sachen mit Feuergewehr schießt oder Feuerwerke abbrennt;
Pr. §. 347_8; E. I. §. 354_8; E. II. §. 364_7; St.B. S. 766.

8) wer die polizeilich vorgeschriebenen Feuerlöschgeräthschaften überhaupt nicht oder nicht in brauchbarem Zustande hält oder andere feuerpolizeiliche Anordnungen nicht befolgt;
Pr. §. 347_9; E. I. §. 354_9; E. II. §. 364_8; St.B. S. 766.

9) wer unbefugt über Gärten oder Weinberge, oder vor beendeter Ernte über Wiesen oder bestellte Aecker, oder über solche Aecker, Wiesen, Weiden oder Schonungen, welche mit einer Einfriedigung versehen sind, oder deren Betreten durch Warnungszeichen untersagt ist, oder auf einem durch Warnungszeichen geschlossenen Privatwege geht, fährt, reitet oder Vieh treibt;

Pr. §. 347_{10}; E. I. §. 354_{10}; E. II. §. 364_{9}; St.B. S. 766.

Vgl. Post-G. v. 28. Okt. 1871 §. 17.

10) wer ohne Genehmigung des Jagdberechtigten oder ohne sonstige Befugniß auf einem fremden Jagdgebiete außerhalb des öffentlichen, zum gemeinen Gebrauche bestimmten Weges, wenn auch nicht jagend, doch zur Jagd ausgerüstet, betroffen wird;

Pr. §. 347_{11}; E. I. §. 354_{11}; E. II. §. 364_{10}; St.B. S. 766.

Vgl. §§. 292—295, 368_{11}.

11) wer unbefugt Eier oder Junge von jagdbarem Federwild oder von Singvögeln ausnimmt.

Pr. §. 347_{12}; E. I. §. 354_{13}; E. II. §. 364_{11}; St.B. S. 766—768. (Drucks. Nr. 105.)

Vgl. §§. 292—295.

1. Nr. 1. Die polizeilichen Anordnungen sind allgemein verbindliche, welche zur Sicherung der Weinernte in Weingegenden erlassen werden. Sie können ebensowohl von den Eigenthümern, wie von Dritten, auch fahrlässig verletzt werden.

2. Nr. 2. Unter polizeilichen Anordnungen sind nicht nur die allgemein verbindlichen, in gesetzlicher Weise publizirten Polizeiverordnungen zu verstehen, sondern auch spezielle Weisungen der zuständigen Polizeibehörde. Berlin 21. Febr. 77 (O.R. XVIII, 147, Goltd. XXV, 62).

3. Nr. 3—8. Durch diese Bestimmungen sind, wie Oppenhoff mit Recht hervorhebt, andere (ältere) auf Anwendung der Feuersgefahr berechnete feuerpolizeiliche Vorschriften, sofern sie nicht denselben Thatbestand umfassen, nicht aufgehoben. (Berlin 26. Okt. 75, O.R. XVI, 690; vgl. München 14. Nov. 73 u. 21. Aug. 74, St. III, 249; IV, 219). Gl. M. Berner S. 703, Olshausen N. b. Die fahrlässige Zuwiderhandlung gegen alle diese Vorschriften ist strafbar.

4. Nr. 3. u. 4. Unter Feuerstätte ist nicht bloß die Feuerstelle, d. h. die Vorrichtung zur Aufnahme des Feuers, sondern die ganze bauliche und brandsichere Konstruktion der Herde, Oefen, Rauchrohre, Kamine u. s. w. zu verstehen; z. B. das Fehlen von Bodenblechen vor Ofenthüren, Lattenwände in gefährlicher Nähe von Oefen, Rauchrohre ohne feuerfeste Isolirung sind nach Nr. 4 strafbar. München 3. Febr. 77 (bayr. Entsch. VII, 58, St. VII, 220). Auch der Fortbestand der Anlage oder einer Abänderung von Feuerstätten, welche feuergefährlich sind, fällt unter Ziff. 4, weil derselbe überhaupt den feuersicheren Bestand der betreffenden Baulichkeiten im Auge hat. R.G. I, 26. Juni 82, R. IV, 621. Nicht nur der Eigenthümer, sondern jeder Dispositionsberechtigte, Vormünder, mit Generalvollmacht versehene Verwalter, im Besitz befindliche Nutznießer können die That begehen. Wegen der polizeilichen Erlaubniß zu N. 3 vgl. §. 367 N. 15.

5. Nr. 5. Auch das feuergefährliche Tabackrauchen gehört hierher. Berlin 27. Sept. 77 (O.R. XVIII, 603, Goltd. XXV, 578) erklärte eine Palizeiverordnung, welche das Tabackrauchen in den in Nr. 5 aufgeführten Räumlichkeiten unbedingt, d. h. ohne Unterscheidung, ob das Feuer verwahrt ist oder nicht, verbot, für ungültig. Ein höchst unpraktischer Doktrinarismus, da doch wohl die Polizeibehörde befinden kann, daß Tabackspfeifen oder Cigarren sich nicht genügend verwahren lassen, zumal dasselbe Urtheil erklärte, der Begriff verwahrten Feuers lasse sich nicht absolut bestimmen, sondern müsse nach den Umständen des einzelnen Falles entschieden werden, d. h. Jeder, der eine Scheune 2c. mit einer Tabackspfeife betritt, handelt auf eigene Wag und Gefahr, ob der Richter die Verwahrung genügend findet. Nach Berlin

21. Sept. 76 (O.R. XVII, 584, Goltd. XXIV, 612) sollen ältere Strafvorschriften dieses Betreffs außer Wirksamkeit gesetzt und nur §. 368 N. 5 anwendbar sein. Dies läßt sich doch wohl nur von den Strafandrohungen behaupten. R.G. I, 2. Nov. 82, E. VII, 202, R. IV, 780 erklärt denn auch alle weitergehenden landesgesetzlichen Strafpolizeivorschriften (Rauchen in Ställen) für fortbestehend und gültig neuerlassene für zulässig. Der Nachweis einer konkreten Gefahr ist nicht erforderlich, fahrlässige Verübung strafbar.

6. Nr. 6 u. 7. Vgl. für Hannover (Ostfriesland) die nach Art XV jener Verordn. in Kraft bleibenden Vorschriften des Pol.St.G. von 1847 §§. 153—157, betr. das Moor- und Haidbrennen. (Hagemann S. 76.)

Bestrafung aus §. 368 N. 6 tritt nur dann ein, wenn die Handlung keine Folgen hatte, welche sie wegen fahrlässiger Brandstiftung strafbar erscheinen läßt. Darmstadt 20. Sept. 75 (hessische Entsch. 1876 II, 40). Streitig ist, ob das Anstreichen eines Zündholzes, z. B. zum Zweck eine Pfeife oder Cigarre anzuzünden, unter den Begriff des Feuer Anzündens fällt. Die Frage wird zu bejahen sein, wenn es an gefährlichen Stellen geschieht, also z. B. an solchen, wo durch heiße Sommertage alles leicht entzündlich ist oder in Nähe von trockenen Torfvorräthen.

7. Nr. 8. Unter diese Nr. fallen auch die Feuerlöschordnungen, und in diesen Bestimmungen über Eintritt in eine Pflichtfeuerwehr, deren Eintheilung und Uebungen. Der Richter hat diese Ordnungen nur auf das gesetzmäßige Zustandekommen zu prüfen. München 17. Sept. 75, 19. April 76, 29. März 77 und 16. Febr. 78 (bayr. Entsch. V, 413; VI, 189; VII, 121; VIII, 85). Auch darüber hat der Richter nicht zu befinden, ob Uebungen der Feuerwehr, welche auf Grund einer bestehenden Feuerlöschordnung anberaumt waren, gerechtfertigt sind. München 5. Febr. 89, bayr. Entsch. V, 275. Unter den feuerpolizeilichen Anordnungen sind nur allgemein verbindliche Polizeiverordnungen für den Fall von Bränden zu verstehen, nicht die Anordnung eines das Löschen leitenden Beamten. A. M. Olshausen N. a. Jedoch kann die Verbindlichkeit solcher spezieller Anordnungen in der Feuerlöschordnung enthalten sein. Vgl. Berlin 3. Okt. 89, Colmar 10. Feb. 90, Goltd. XXXVII, 308, 449.

7. Nr. 9. „Unbefugt" vgl. §. 17 des Reichspostgesetzes. Die besonderen Vorschriften der Polizeigesetze über Pfändungen sowie über Waldfrevel (Einf. Ges. §. 2 A. 2) sind nicht aufgehoben. Ein dieses ausdrücklich bestimmender Zusatz zu §. 347 N. 10 des preuß. St.G.B. ist als selbstverständlich gestrichen. — Ueber die Einrede der Berechtigung vgl. §. 261 R.St.P.O. Ein wirklicher Irrthum über die Berechtigung schließt die Strafbarkeit aus. (§. 59.) München 13. Febr. 88, (bayr. Entsch. V, 21).

9. Zur Anwendung der N. 9 ist nicht erforderlich, daß der Thäter das fremde Grundstück als Weg benutzt habe. Jena 17. Dez. 73 (St. IV, 219).

Ueber die Straflosigkeit der Benutzung solcher fremder Grundstücke, von denen das eigene ganz eingeschlossen ist, vgl. Code civil art. 682, 685 und Leipzig 12. Sept. 73 (Entsch. XI, 28). Nach Code civ. kann der Eigenthümer eines eingeschlossenen Grundstücks zwar einen Zugang vom Nachbar verlangen, aber nur nach Einigung der Parteien oder richterlicher Festsetzung benützen. Cöln 26. April 89, Goltd XXXVII, 220.

Der Jagdpächter ist auch innerhalb der Schonzeit zum Gehen über verpachtete Grundstücke zum Zwecke der Jagdausübung oder Aufsicht berechtigt. Dresden 1. Okt. 77 (S.G.Z. XXII, 179), jedoch kommt es auf die Jagdordnungen an, ob das Gehen über nicht abgeerntete oder bestellte Felder strafbar ist. München 6. Juli 86, 1. Febr. 87, bayr. Entsch. IV, 147, 329. Nach dem bayr. Ges. vom 30. März 1850 die Ausübung der Jagd betr. ist dies der Fall. Unbefugtes Fahren auf Waldwegen fällt unter N. 9. München 7. Juli 76 und 5. Jan. 78 (bayr. Entsch. VI, 369; VIII, 8).

Nr. 9 ist nicht anwendbar auf das Treiben einer Schafheerde auf einem nicht eingefriedigten oder mit Warnungszeichen versehenen Gemeindeweg. Leipzig 27. Febr. 74. Warnungszeichen haben nur Bedeutung, wenn sie von Berechtigten angebracht wurden. Berlin 27. April 76 (Goltd. XXIV, 470).

10. Die That kann nur vorsätzlich begangen werden mit dem Bewußtsein der Unbefugtheit, jedoch genügt bei Zweifel über die Berechtigung auch Eventualdolus.

11. Nr. 10. „ohne sonstige Befugniß" ist ein Zusatz der Bundeskommission, so daß überhaupt ein unbefugtes Betreten fremder Jagdreviere bestraft wird. Ein Königl. Forstaufseher,

der einen Kontravenienten auf ein fremdes Revier mit unverbundenem Gewehr verfolgt, ist nicht aus §. 368 N. 10 zu strafen. Vgl. Entsch. des preuß. Kompet.Ger.Hofes v. 12. Juni 1875 (M.Bl. f. d. inn. V. S. 240). Ebenso wenig ein Forstbeamter, der bei dienstlichen Gängen von einem Theil seines Aufsichtsbezirks zum andern ein fremdes Jagdgebiet bewaffnet betritt (Elsaß-Lothringen) R.G. I, 26. Sept. 87, E. XVI, 197. Das Begleiten eines Forstbeamten in Jagdausrüstung ist unbefugt. München 25. April 84, bayr. Entsch. III, 68.

Die Worte „zur Jagd ausgerüstet" haben die Kasuistik des preuß. §. 347 N. 11 „mit Schießgewehr, Windhunden oder zum Einfangen des Wildes gebräuchlichen Werkzeugen" ersetzt. Ob solche Ausrüstung vorliegt oder z. B. durch Verbinden des Gewehrschlosses ausgeschlossen wird, ist Thatfrage. (Vgl. preuß. Jagd-Pol.Ges. v. 7. März 1850; Hannover Jagdordnung v. 11. März 1859 §. 36.) Die Entladung des Gewehrs vor Betreten des fremden Jagdreviers genügt keinesfalls. R.G. I, 7. Jan. 84, E. IX, 412, und nach R.G. II, 4. Nov. 87, R. IX, 556, auch nicht das Umbinden. — Irrthum über die Jagdgrenzen entschuldigt nach §. 59. Die Straßengräben gehören nicht zu den öffentlichen, zum gemeinen Gebrauche bestimmten Wegen, wenn sie auch Zubehör des Weges sind. R.G. III, 12. Juli 87, E. XVI, 203. Dagegen sind Gewässer, welche zum Zweck der Verbindung mit Kähnen befahren werden, auch wenn fremdes Jagdrecht auf denselben besteht, Wasserwege. Colmar 22. Sept. 90, Goltd. XXXIX, 183.

12. Das Betreffen auf fremdem Jagdgebiete ist nicht im Wortsinne zu verstehen, sondern es genügt jeder Nachweis, daß der Thäter in Jagdausrüstung unbefugt fremdes Jagdgebiet betreten hat, auch wenn kein Berechtigter oder Anderer ihn bei der That betroffen hat, R.G. II, 31. Mai 81, R. III, 352; III, 19. Okt. 85, R. VII, 594.

13. Ein Förster, welcher in dem ihm unterstellten Jagdrevier (in Preußen) außerhalb eines öffentliches Weges einen des unberechtigten Jagens Verdächtigten mit Jagdgewehr wahrnimmt, ist zur Pfändung des Gewehrs berechtigt, sollte auch durch die strafbare Handlung die Einziehung des Gewehrs nicht verwirkt sein. R.G. II, 31. Mai 81 (R. III, 352).

14. Die That kann auch fahrlässig geschehen, z. B. bei Ueberschreitung der Grenze. A. M. Berner, S. 707, F. Meyer N. 10, Oppenhoff N. 36, welche darin eine Verletzung des Jagdrechts finden. Dies ist aber irrig und befreit der Nachweis mangelnder Absicht zu jagen nicht von der Strafe. Es kann nicht Idealkonkurrenz von der Uebertretung aus Ziff. 10 und Jagdvergehen stattfinden, weil beide sich durch die Willensrichtung unterscheiden, wenn auch die Uebertretung Vorbereitung des Vergehens sein kann. Ziff. 10 kann nur zur Anwendung kommen, wenn noch kein Nachstellen stattgefunden hat. R.G. I, 24. Mai 86, R. VIII, 379, III, 15. Jan. 85, E. XI, 422.

9. Nr. 11. „unbefugt" ist ein Zusatz des Rtg. (Plenum), dessen Debatten zu manchen Zweifeln Veranlassung geben. Das Wort wurde namentlich mit Rücksicht auf §. 6 des preuß. Wildschongesetzes v. 26. Febr. 1870:

> „Das Ausnehmen der Eier oder Jungen von jagdbarem Federwilde ist auch für die zur Jagd berechtigten Personen verboten. Doch sind dieselben (namentlich die Besitzer von Fasanerien) befugt, die Eier, welche im Freien gelegt sind, in Besitz zu nehmen, um sie ausbrüten zu lassen."

aufgenommen. Dasselbe ist gleichbedeutend mit „ohne besondere gesetzliche Befugniß" zu nehmen und sind deshalb auch die Jagdberechtigten strafbar, sofern nicht die Jagdpolizeigesetze der einzelnen Staaten Ausnahmen statuiren. (Vgl. den Abg. v. Bethmann-Hollweg und den Referenten Hosius St.B. S. 767, 768; vgl. auch Meyer zu Nr. 11.) Keinesfalls ist das Wort als gleichbedeutend mit „einem gesetzlichen Verbot zuwider" zu nehmen. — Das Ausnehmen von Jungen von jagdbarem Federwild würde für den Nichtjagdberechtigten unter §. 292 fallen; jedoch findet Ziff. 11 als das speziellere Gesetz Anwendung. Die Uebertretung kann nur vorsätzlich begangen werden. — Auf Singvögel findet nunmehr das R.G. v. 22. März 1888 betr. den Schutz von Vögeln (G.Bl. S. 111) §§. 1, 6, 7 Anwendung.

§. 369*). Mit Geldstrafe bis zu einhundert Mark oder mit Haft bis zu vier Wochen werden bestraft:

---

*) Neue Fassung des G. v. 26. Febr. 1876; die alte Fassung lautete:

§. 369. Mit Geldstrafe bis zu dreißig Thalern oder mit Haft bis zu vier Wochen werden bestraft:
1) (unverändert);

1) Schlosser, welche ohne obrigkeitliche Anweisung oder ohne Genehmigung des Inhabers einer Wohnung Schlüssel zu Zimmern oder Behältnissen in der letzteren anfertigen oder Schlösser an denselben öffnen, ohne Genehmigung des Hausbesitzers oder seines Stellvertreters einen Hausschlüssel anfertigen, oder ohne Erlaubniß der Polizeibehörde Nachschlüssel oder Dietriche verabfolgen;
Pr. §. 348_1; E. I. §. 355_1; E. II. §. 365_1; St.B. S. 768.

2) Gewerbtreibende, bei denen zum Gebrauche in ihrem Gewerbe geeignete, mit dem gesetzlichen Eichungsstempel nicht versehene oder unrichtige Maße, Gewichte oder Waagen vorgefunden werden, oder welche sich einer anderen Verletzung der Vorschriften über die Maß- und Gewichtspolizei schuldig machen;
Pr. §. 348_2; E. I. §. 355_2; E. II. §. 365_2; St.B. S. 768.
Vgl. Maß- und Gewichtsordnung für den Nordd. Bund (jetzt Reichsgesetz) v. 17. Aug. 1868 (B.G.Bl. S. 473) und Nachtrags-Ges. v. 10. März 1870 (B.G.Bl. S. 46), sowie v. 7. Dezbr. 1873 (R.G.Bl. S. 377).

3) Gewerbtreibende, welche in Feuer arbeiten, wenn sie die Vorschriften nicht befolgen, welche von der Polizeibehörde wegen Anlegung und Verwahrung ihrer Feuerstätten, sowie wegen der Art und der Zeit, sich des Feuers zu bedienen, erlassen sind.
Pr. §. 348_3; E. I. §. 355_3; E. II. §. 365_3; St B. S. 768.

Im Falle der Nr. 2 ist neben der Geldstrafe oder der Haft auf die Einziehung der vorschriftswidrigen Maße, Gewichte, Waagen oder sonstigen Meßwerkzeuge zu erkennen.
G. v. 26. Febr. 1876 Art. I; Drucks. (1876) Nr. 54; St.B. S. 1008.

1. Nr. 1. Nur solche, welche die Schlosserei gewerbsmäßig betreiben, können die That nach Ziff. 1 begehen.

Der Hausbesitzer muß nicht civilrechtlicher Eigenthümer sein, z. B. Nutznießer. Ob Miether als Stellvertreter des Hausbesitzers erscheinen, ist thatsächlich zu prüfen. Die fahrlässige Begehung ist strafbar.

2. Nr. 2 (und Schlußsatz). Ueber die durch die Novelle vom 26. Febr. 1876 bewirkten Fassungsänderungen (s. oben) bemerken die Motive:

„Die Maß- und Gewichtsordnung vom 17. Aug. 1868 Artikel 10 (Bundes-Gesetzbl. S. 473) erfordert die Stempelung nicht bloß für die Maße und Gewichte, sondern auch für die Waagen, es muß daher auch der Besitz ungestempelter Waagen, wenn sie zum Gebrauche im Gewerbe des Besitzers geeignet sind, bestraft werden. Andererseits muß der Besitz unrichtiger Maße oder Gewichte ebenso unter Strafe gestellt werden, wie der Besitz unrichtiger Waagen, wenn die Unrichtigkeit das Maß der geduldeten Abweichungen überschreitet.

Dementsprechend muß auch der Schlußsatz des Paragraphen:

„Im Falle der Nr. 2 ist neben der Geldstrafe oder der Haft auf die Einziehung des ungeeichten Maßes und Gewichts, sowie der unrichtigen Waage zu erkennen",

umgestaltet werden.

Außerdem erscheint es wünschenswerth, die Einziehung auch dann eintreten zu lassen, wenn ein Strafurtheil nicht wegen des Besitzes ungestempelten Maßes u. s. w., sondern wegen einer anderen Verletzung der Vorschriften über die Maß- und Gewichtspolizei ergeht. Denn für die Aufrechterhaltung eines geordneten Maß- und Gewichtswesens ist die durch die Einziehung gegebene Möglichkeit, vorschriftswidrige Maße u. s. w. aus dem

---

2) Gewerbtreibende, bei denen ein zum Gebrauche in ihrem Gewerbe geeignetes, mit dem gesetzlichen Eichungsstempel nicht versehenes Maß oder Gewicht, oder eine unrichtige Waage vorgefunden wird, oder welche sich einer anderen Verletzung der Vorschriften über die Maß- und Gewichtspolizei schuldig machen;
3) (unverändert).
Im Falle der Nr. 2 ist neben der Geldstrafe oder der Haft auf die Einziehung des ungeeichten Maßes und Gewichtes, sowie der unrichtigen Waage zu erkennen.

Verkehr zu entfernen, ungleich wichtiger als die Bestrafung der zuwiderhandelnden Personen. Die Einziehung ist insbesondere von Wichtigkeit in Bezug auf unrichtige Maße u. s. w., welche dem erwähnten Artikel 10 Absatz 2 der Maß- und Gewichtsordnung zuwider gebraucht und in Bezug auf Alkoholometer und die dazu gehörigen Thermometer, ingleichen Gasmesser, welche entgegen den Vorschriften in den Art. 11 und 13 daselbst ohne gehörige Stempelung in Anwendung gebracht worden sind. Um diese letzteren Werkzeuge zu treffen, bedarf auch die Bezeichnung der der Einziehung unterliegenden Gegenstände einer Erweiterung."

3. Nr. 2. — Die Maß- und Gew.O. vom 17. Aug. 1868 ist nach Art. 80 Nr. 11 der Verf. des Deutschen Bundes (B.G.Bl. 1870 S. 647) und §. 2 des Ges., betr. die Verf. des Deutschen Reiches vom 16. April 1871 (B.G.Bl. S. 63) Reichsgesetz und gilt, nachdem durch Reichsgesetz vom 26. Nov. 1871 (R.G.Bl. S. 397) mit einigen Abänderungen die Ausdehnung auf Bayern erfolgt war, seit dem 1. Jan. 1872. In Elsaß-Lothringen ist dieselbe zufolge Reichsgesetzes vom 19. Dez. 1874 (R.G.Bl. 1875 S. 1) seit dem 1. Juli 1875 in Kraft getreten.

4. Nr. 2. Ist ein der Form nach unzulässiges Gewicht gleichwohl vorschriftsmäßig geeicht worden, so ist der Gebrauch desselben nicht strafbar. Berlin 7. Jan. 75 (Goltd. XXIII, 131, O.R. XVI, 33). A. M. bezüglich der nicht mehr zugelassenen Maße, z. B. der alten badischen Schoppen = 3/8 Liter, München 3. Nov. 77 (bayr. Entsch. VII, 469, St. VIII, 322).

Voraussetzung der Strafbarkeit ist, daß das Maß 2c. zum Zumessen 2c. im öffentlichen Verkehr geeignet sei. Berlin 17. Mai 73 (O.R. XIV, 370, St. II, 365). Als geeignet zum Gebrauch ist nicht die Geeignetheit zum Gebrauch bei irgend einer mit dem Gewerbe in Beziehung stehenden Handlung verstanden, sondern nur zum Gebrauche zum Zumessen oder Zuwägen in dem mit dem Gewerbe verbundenen öffentlichen Verkehr. Berlin 31. Okt. 78 (O.R. XIX, 496). Dahin gehört bei Fabriken der Ankauf des Rohmaterials. Berlin a. a. O.

Unrichtig ist eine Waage dann, wenn sie nicht schon ihrer Konstruktion nach das Gewicht richtig angibt, vielmehr durch besondere Mittel (Anhängen von Gegenständen) die Richtigkeit hergestellt werden muß. Berlin 15. Juli 74 (Goltd. XXII, 641, O.R. XV, 509, St. IV, 220).

5. Den Bestimmungen der Maß- und Gewichtsordnung sind die Inhaber aller öffentlich betriebenen Erwerbsgeschäfte unterworfen, welche zu ihrem Betriebe eine polizeiliche Genehmigung nothwendig haben, z. B. Pensionshalter und Hôtelwirthe, deren Geschäftsbetrieb die Merkmale einer Gast- und Schankwirthschaft an sich tragen; selbst wenn sie ihr Geschäft nicht ununterbrochen ausüben. München 15. Febr. 76 (bayr. Entsch. VI, 67, St. VI, 87). Müller, auch wenn sie nicht mit Mehl handeln. München 23. Sept. 76 (bayr. Entsch. VI, 471).

Soweit das Reichsgesetz nicht entgegensteht, sind die Landesgesetze in Kraft verblieben. Vgl. München 26. April 75 (St. V, 184).

6. Die Strafe trifft nur ein Verschulden, also ein vorsätzliches oder fahrlässiges Verhalten des Gewerbtreibenden. Dies trifft sowohl das Vorfinden von Maßen, Gewichten oder Waagen, als die sonstigen Verletzungen. A. M. Meves N. 17, Oppenhoff N. 18, welche kein Verschulden, und v. Schwarze N. 2, welcher Kenntniß des Gewerbtreibenden von der Unrichtigkeit, also Vorsatz verlangt.

7. Die Verwendung der unrichtigen Maße u. s. w. im Gewerbe bedarf keines Nachweises, schon der Besitz ist strafbar; jedoch genügt nicht das Vorfinden in der Privatwohnung des Gewerbetreibenden, insofern dieselbe von den gewerblichen Räumen getrennt ist, sondern sie müssen sich in den für den Gewerbebetrieb benützten Räumen befinden.

8. Die unrichtigen Meßwerkzeuge müssen zum Gebrauche in dem Gewerbe geeignet sein. Es schadet also nicht das Vorfinden eines unrichtigen Längenmaßes bei einem Gewerbtreibenden, der nur nach Hohlmaß oder Gewicht kauft und verkauft u. dgl. mehr.

9. Nr. 3. Es handelt sich um Befolgung spezieller feuerpolizeilicher Anordnungen, jedoch dürfte Erlaß genereller Vorschriften für Feuergewerbe oder einzelne derselben, wie Schmiede, bezüglich der von denselben benützten Feuerstätten nicht ausgeschlossen sein. Berner S. 711, Meves N. 22, Olshausen Na. Die fahrlässige Nichtbefolgung der Vorschriften ist strafbar.

10. Schlußsatz. Die Einziehung der vorschriftswidrigen Maße, Gewichte, Waagen und sonstigen Meßwerkzeuge ist vorgeschrieben, nicht fakultativ und zwar ohne Rücksicht auf das Eigenthum derselben. Celle 10. Dez. 87, Goltd. XXXVII, 308. Das objektive Verfahren ist nicht zulässig. Streitig ist, ob die Einziehung auch zu erfolgen hat, wenn bis zur Urtheilsfüllung die Vorschriftswidrigkeit beseitigt ist, z. B. durch Eichung. Verneinend Berner S. 710. Bejahend: München 28. Jan. 87, bayr. Entsch. IV, 324. Meves N. 25, Oppenhoff N. 26.

Da in der Einziehung nur eine polizeiliche Vorbeugung liegt, so ist die Frage zu verneinen. Als Vermögensstrafe wäre die Maßnahme kleinlich.

§. 370*). Mit Geldstrafe bis zu einhundertfunfzig Mark oder mit Haft wird bestraft:

1) wer unbefugt ein fremdes Grundstück, einen öffentlichen oder Privatweg oder einen Grenzrain durch Abgraben oder Abpflügen verringert;
   Pr. §. 349_1; E. I. §. 356_1; E. II. §. 366_1; St.B. S. 768.
   Vgl. §. 274_2.
2) wer unbefugt von öffentlichen oder Privatwegen Erde, Steine oder Rasen, oder aus Grundstücken, welche einem Anderen gehören, Erde, Lehm, Sand, Grand oder Mergel gräbt, Plaggen oder Bülten haut, Rasen, Steine, Mineralien, zu deren Gewinnung es einer Verleihung, einer Konzession oder einer Erlaubniß der Behörde nicht bedarf, oder ähnliche Gegenstände wegnimmt;
   Pr. §. 349_2; E. I. §. 356_2; E. II. §. 366_2; St.B. S. 768.
3) wer von einem zum Dienststande gehörenden Unteroffizier oder Gemeinen des Heeres oder der Marine ohne die schriftliche Erlaubniß des vorgesetzten Kommandeurs Montirungs- oder Armaturstücke kauft oder zum Pfande nimmt;
   Pr. §. 349_4; E. I. §. 356_4; E. II. §. 366_4; St.B. S. 768.
4) wer unberechtigt fischt oder krebst;
   Pr. §. 273; E. I. §. 354_{12}; E. II. §. 292; St.B. S. 730—732, 1175 (Drucks. Nr. 18_{43}).
   Vgl. §. 296.
5) wer Nahrungs- oder Genußmittel von unbedeutendem Werthe oder in geringer Menge zum alsbaldigen Verbrauche entwendet.**)
   Eine Entwendung, welche von Verwandten aufsteigender Linie gegen Verwandte absteigender Linie oder von einem Ehegatten gegen den anderen begangen worden ist, bleibt straflos;
   Pr. §. 349_3; E. I. §. 356_3; E. II. §. 366_3; St.B. S. 768—770 (Drucks. Nr. 105).
   Vgl. §§. 242, 243, 247.
6) wer Getreide oder andere zur Fütterung des Viehes bestimmte oder geeignete Gegenstände wider Willen des Eigenthümers wegnimmt, um dessen Vieh damit zu füttern.
   Pr. §. 349_7; E. I. §. 356_5; E. II. §. 366_5; St.B. S. 768.

In den Fällen der Nr. 5 und 6 tritt die Verfolgung nur auf Antrag ein. Die Zurücknahme des Antrages ist zulässig.

G. v. 26. Febr. 1876 Art. I; Drucks. Nr. 54, 145, 155; St.B. S. 833.

1. Nr. 1. Die That wird meistens zum Zweck unberechtigter Aneignung des abgegrabenen oder abgepflügten Grundes geschehen, doch ist dies nicht Begriffserforderniß. Das Abgraben von eigenem Grund und Boden zum Zwecke der Beeinträchtigung einer Wegeservitut ist nach §. 370

---

*) Neue Fassung des G. v. 26. Febr. 1876; in der alten Fassung lautete der Schlußabsatz des §. 370:
In den Fällen der Nr. 4, 5 und 6 tritt die Verfolgung nur auf Antrag ein.

**) S. Geyer in Z. f. ges. St.W. II, 299; Fuld im Arch. für prakt. Rechtswissensch. XIV, 70 fg. 169 fg.; Friedländer in Z. f. ges. St.W. XI, 368.

N. 1 nicht strafbar. Dresden 2. Nov. 74 (St. V, 139). Es ist denkbar, daß die That von einem Dritten im Interesse des Grundeigenthümers geschieht. Die That kann nur vorsätzlich geschehen und unterscheidet sich von §. 274 Ziff. 2 dadurch, daß dort ein Grenzzeichen verletzt sein muß, hier nur eine faktische Verringerung der Fläche ohne jene Verletzung eintritt.

2. Nr. 2. Es handelt sich um unbefugte Wegnahme, auf welche die Strafen des §. 242 nicht Anwendung finden. Es muß eine Zueignung vorliegen. Voraussetzung ist, daß die Substanz des Grund und Bodens verletzt worden sei; die Wegnahme von Erzeugnissen des Bodens fällt unter andere Strafbestimmungen; die Wegnahme der zur Reparatur ꝛc. aufgeschichteten Steine ist Diebstahl. Berlin 10. März 75 (Goltd. XXIII, 205, O.R. XVI, 213); Stuttgart 31. Mai 76 (württ. Ger.Bl. XI, 398, St. VII, 220); Darmstadt 18. Sept. 76 (hess. Entsch. 1878 S. 112), R.G. II, 13. Mai 87, R. IX, 313. Das Graben von Torf aus einem fremden Grundstück unter Aneignung (nicht nothwendig Wegschaffung) des Torfs fällt unter N. 2. Berlin 16. Okt. 78 (O.R. XIX, 467, Goltd. XXVI, 533), R.G. II, 27. Juni 90, E. XXI, 27. Es setzt dies jedoch voraus, daß der Wegnehmende den Torf, die Steine u. s. w. dem Boden entnimmt. Ist der Torf, die Steine u. s. w. bereits als Feuerungsmaterial gegraben, bez. sind die Steine gesammelt, gegraben u. s. w., um verwendet zu werden, so liegt Diebstahl vor. Dies ist auch der Fall beim Abführen bereits gegrabenen Sandes, München 27. Okt. 76 (bayr. Ensch. VI, 597). Jedoch erkannte Königsberg 18. Febr. 89, Goltd. XXXVII, 222, daß das Meeresufer, d. h. die Linie, bis wohin die höchste Woge spüle, res publica sei, auch wenn die früher nicht bespülte Fläche früher in Privateigenthum gestanden habe. Es könne dort Jeder Sand nehmen. Die Wegnahme von Tropfsteinen aus einer im Grundstücke eines Anderen befindlichen Höhle fällt unter Ziff. 2, München 30. Nov. 88, bayr. Entsch. V, 259.

Der auf den Wegen ausgebreitete Steinschotter ist Bestandtheil des Weges, der in Haufen vorräthig gehaltene ist bei Wegnahme Gegenstand des Diebstahls. Rasen ist ein Stück des mit Grasnarbe bedeckten Bodens. Gras ist als Bodenerzeugniß Gegenstand des Felddiebstahls. Dünger ist Bestandtheil des Bodens nicht schon wenn er ausgebreitet, sondern erst wenn er mit dem Boden vermengt ist. A. M. Oppenhoff N. 6. Bezüglich der Mineralien kommen für Preußen (einschl. der neuen Landestheile) das Gesetz v. 26. März 1856 und bezüglich des Bernsteins insbes. das Gesetz v. 22. Febr. 1867 in Betracht.

3. Die That muß vorsätzlich und zwar mit der Absicht der Zueignung fremder Bodenbestandtheile und dem Bewußtsein der Rechtswidrigkeit geschehen. Berlin 16. Okt. 78 (O.R. XIX, 467, Goltd. XXVI, 533); München 27. Okt. 76 (bayr. Entsch. VI, 506); Königsberg 19. Nov. 84, Goltd. XXXVII, 73.

4. Die nach Ziff. 3 strafbare Handlung ist eine der Hehlerei ähnliche, unterscheidet sich aber wesentlich von dieser dadurch, daß sie auch strafbar ist, wenn die verkaufende oder verpfändende Militärperson Eigenthümer des Objektes ist. Es ist streitig, ob die Bestimmung auch darauf anzuwenden ist, wenn es sich um fiskalisches Eigenthum handelt. Verneinend Meves N. 21. Bejahend Olshausen N. a, Oppenhoff N. 12, Puchelt N. 3. Es wird zu unterscheiden sein. Ist der angekaufte Gegenstand Eigenthum der Militärperson, der Ankauf mag mit dem Bewußtsein geschehen sein, von einer solchen zu kaufen, also vorsätzlich, oder mit Eventualdolus oder fahrlässig, so fällt stets die That unter §. 370 Ziff. 3. Ist die Sache fiskalisches Eigenthum, so liegt eine strafbare Handlung der Militärperson nothwendig vor, dann fragt es sich, ob der Käufer wußte oder annehmen mußte, daß die Sache mittels einer strafbaren Handlung erlangt sei, dann liegt nach den sonstigen Umständen Begünstigung oder Hehlerei vor. Ist ein solcher Thatbestand nicht begründet, aber der Käufer kaufte wissentlich oder fahrlässig von der Militärperson, so kann er aus §. 370 Ziff. 3 gestraft werden. Eine andere Fahrlässigkeit, als die bezüglich der Eigenschaft des Verkäufers oder Verpfänders ist kaum konstruirbar. Jedenfalls genügt zur Anwendung des §. 370 Ziff. 3 Fahrlässigkeit.

5. Nr. 4. Das Erforderniß des Antrags ist durch die Novelle v. 26. Febr. 1876 beseitigt, vgl. den Schlußsatz.

Es ist ein Eingriff in das Fischereirecht eines Andern mit Strafe bedroht, und hat die That durch die Okkupation an sich herrenloser Thiere gegen das ausschließliche Okkupationsrecht eines Andern eine Verwandtschaft mit den Jagdvergehen. Vgl. deshalb die Bemerkungen zu §. 292. Die qualifizirten Handlungen dieser Art finden sich in §. 296. Vgl. die Bemerkungen hierzu.

Die Nr. 4 findet auch Anwendung auf das unberechtigte Herausnehmen von Perlmuscheln aus einem Bach, München 12. Febr. 75 (St. V, 187) u. 6. Juli 77 (bayr. Entsch. VII,

281, St. VII, 309, Goltd. XXVI, 234), überhaupt auch auf das Fangen von Wasserthieren, so von Schalenthieren aller Art, insoweit das Fischereirecht darauf Anwendung findet, R.G. II, 21. Febr. 88, E. XVII, 161, R. X, 173. Die That kann nur vorsätzlich begangen werden. Auf polizeiliche Verbote, wie Fischen zur Schonzeit, kann Ziff. 4 nicht bezogen werden.

6. Nr. 5 — behandelt gleichfalls einen milderen Fall des Diebstahls, den sog. Mundraub, der alle Thatbestandserfordernisse des Diebstahls hat und nur durch die Beschaffenheit des Objekts und den den Thäter beherrschenden Zweck der That sich von dem nach §. 242 fg. St.G.B. strafbaren Diebstahl unterscheidet. Vgl. §. 242 N. 32 ferner R.G. Pl. 7. Juli 86, E. XIV, 312, R. VIII, 525; III, 19. März 81, E. III, 423, R. III, 145, Ann. III, 362; I, 8. Mai 82, E. VI, 325, R. IV, 449; III, 20. Dez. 83, E. IX, 297; II, 13. Febr. 85, E. XII, 8, R. VII, 102. Die Motive sagen:

„Hervorzuheben ist, daß es in §. 370 Nr. 5 angemessen erschien, die Bestimmung auf „Nahrungs- oder Genußmittel" auszudehnen, da die Beschränkung auf „Früchte, Eßwaaren oder Getränke" Fälle ausschließt, in denen dieselbe milde Beurtheilung geboten erscheint, so wie auch den Fall mit aufzunehmen, in welchem derartige Gegenstände nur „in geringer Menge" entwendet worden sind, zumal es wohl vorkommen kann, daß der Thäter sich über den „Werth" derselben irrt und ihn keineswegs für so bedeutend hält, als es wirklich der Fall ist.

Noch ist zu erwähnen, daß diese Entwendungen, selbst wenn sie unter erschwerenden Umständen begangen sind, nur nach den Vorschriften dieses Paragraphen zu beurtheilen sind und daß die Verfolgung derselben nur auf Antrag eintreten soll."

Ein von der Rtg.-Komm. beschlossener Zusatz: „oder Sachen, welche nach allgemeiner Meinung als werthlos angesehen werden", ward vom Plenum nach längerer Debatte abgelehnt.

7. Ob die Nahrungs- oder Genußmittel noch einer Zubereitung bedürfen, ist gleichgültig. München 3. Juni 73 u. 27. August 74 (St. II, 379; IV, 221, bayr. Entsch. III, 267; IV, 370), Dresden 1. März 75 (St. VI, 88). R.G. II, 24. Febr. 80 (R. I, 385, E. I, 223, Ann. I, 485, Goltd. XXVIII, 246). A. M. v. Schwarze. Auch der Diebstahl an lebenden Thieren von unbedeutendem Werthe zum alsbaldigen Zubereiten und Verzehren fällt unter Ziff. 5, R.G. II, 1. Juli 84, R. VI, 488.

8. Es genügt der Zweck des alsbaldigen Verbrauchs; ob letzterer wirklich stattfindet, ist unerheblich, insbesondere, wenn der Verbrauch erst in einigen Tagen erfolgt und mit der Familie. R.G. 24. Febr. 80, s. oben. München 27. Aug. 74 (St. IV, 221); Dresden 1. März 75 (St. VI, 88). Der Absicht des alsbaldigen Gebrauchs entspricht es jedoch nicht, wenn die Feststellung dahin erfolgt, die Entwendung sei zum allmählichen Verbrauche erfolgt. R.G. 6. Dez. 80 (Ann. III, 31). Das Erforderniß „zum alsbaldigen Verbrauch" läßt nicht zu, daß der Thäter sich einen Vorrath für künftige Gelüste oder Bedürfnisse anlegt, sondern der Diebstahl muß aus einem augenblicklichen Gelüste oder Bedürfnisse hervorgehen, und nur die Befriedigung dieses vom Dieb beabsichtigt sein. Stiehlt er mehr, als er zunächst verbrauchen kann, liegt der Thatbestand der Ziff. 5 nicht vor, R.G. II, 25. April 84, E. X, 308, R. VI, 303, München 3. Juli 90, bayr. Entsch. VI, 343; jedoch wurde auch das Verzehren in einer Mahlzeit nicht erforderlich befunden, R.G. III, 15. Okt. 85, R. VII, 582.

9. Die Entwendung kann für einen Anderen als den Thäter erfolgen. (München 27. April 74, St. IV, 78, R.G. II, 26. Febr. 86, E. XIII, 371, R. VIII, 139.) Im Widerspruch hiermit nahm R.G. II, 13. Febr. 85, E. XII, 8, R. VII, 102 an, daß Diebstahl zum alsbaldigen Verbrauch durch einen Anderen den Thatbestand des §. 370 Ziffer 5 ausschließe. Es beeinflußt auch nicht die Anwendung der Ziff. 5, wenn der Dieb unter den Merkmalen derselben entwendet hatte, dann aber vom Genommenen verschenkte, R.G. III, 31. Dez. 81, E. V, 289, R. III, 848.

10. Nach der herrschenden Praxis gehört zu den Genußmitteln auch Taback, München 17. April 75 (St. V, 187), R.G. III, 31. Dez. 81, E. V, 289, R. III, 848, München 3. Juli 90, bayr. Entsch. VI, 343; ferner ausgesteckte Saatkartoffeln, so lange sie noch als Nahrungsmittel dienen können. R.G. 24. Febr. 80, s. oben, nicht aber Brennholz. Berlin 3. Jan. 78 (O.R. XIX, 5, Goltd. XXVI, 63); Dresden 8. Nov. 72 (St. II, 207); München 17. u. 26. April 75 (St. V, 187, 188, bayr. Entsch. V, 146), 3. Dez. 75 (bayr. Entsch. V, 538, St. VI, 89); Mannheim 10. Juli 75 (bad. Ann. Bd. 41, S. 302); auch nicht gestochener Torf, München 3. Juli 74 (bayr. Entsch. IV, 388); R.G. I, 12. Juli 83, E. IX, 47, R. V, 514; auch nicht Vieh-

futter, R.G. III, 2. Okt. 80 (R. II, 294), oder Blumen, R.G. III, 9. April 81 (R. III, 220, E. IV, 72, Ann. III, 484).

11. „Entwendet" bezeichnet den Diebstahl. Auf betrügerische Aneignung und Unterschlagung bezieht sich Nr. 5 nicht, wie solches in dem analogen Art. 303 des rev. sächs. St.G.B. von 1868 der Fall war. Berlin 15. März 72 (Goltd. XX, 207, O.R. XIII, 210, St. I, 317); Stuttgart 27. Febr. 78 (St. VIII, 334). Insbesondere kann der Thatbestand nicht auf Wegnahme solcher Gegenstände aus Postsendungen durch Postbeamte ausgedehnt werden.

12. Statt „geringer Menge" sagte der sächs. Art. 303 zutreffend: „in einer auf Befriedigung der Lüsternheit oder des augenblicklichen Bedürfnisses berechneten Menge." Die Absicht muß auf Zueignung gerichtet sein, wie bei Diebstahl. Die Absicht, sich zu bereichern, einen Gewinn aus der Entwendung zu ziehen, wird jedoch dadurch ausgeschlossen, daß der Wille des Thäters auf alsbaldigen Verbrauch gerichtet sein muß, also nicht auf Verkauf des Entwendeten. München 27. Aug. 74 (bayr. Entsch. IV, 370, St. IV, 221). Ein Irrthum des Thäters über die entwendeten Sachen überhaupt, oder über deren Werth oder Menge schadet dem Thäter nicht, wenn anzunehmen ist, daß er nur in einer der Nr. 5 entsprechenden Weise entwenden wollte und das Andere zurückgegeben haben würde. R.G. III, 4. Dez. 80 (R. II, 600, E. III, 165). Dies schlägt nicht an, wenn er auch die anderen Gegenstände oder das Mehr behalten hat, da auch die Entwendung an sich Diebstahl ist und in diesem Falle ein objektives Merkmal des §. 370 Nr. 5 fehlt. Auch dann ist Ziff. 5 nicht anzuwenden, wenn feststeht, daß der Thäters Anderes stehlen wollte, und nur in Ermanglung anderer Sachen Nahrung- oder Genußmittel von geringem Werthe oder in geringer Menge stahl. München 9. Aug. 87, bayr. Entsch. IV, 570.

13. Die Qualifikationsmomente des §. 243 schließen den Thatbestand des §. 370 Nr. 5 nicht aus. Dresden 10. Dez. 75 (S.G.Z. XX, 254). R.G. 17 Sept. 80 (Ann. II, 317), III, 19. März 81, E. III, 423, R. III, 145; 9. Nov. 81 u. 28. Jan. 82, R. III, 701; IV, 83, E. V, 404; I, 9. April 85, R. VII, 218. Anderes jedoch, wenn die That dadurch in eine andere Deliktsform überging, z. B. Raub. Auch dann liegt erschwerter Diebstahl vor, wenn der Thäter unter den Merkmalen der Nr. 5 stehlen wollte, sodann aber auch Anderes stahl. Wolfenbüttel 14. Nov. 76 (G.S. XXIX, 317, St. VII, 120); München 10. Mai 78 (bayr. Entsch. VIII, 249). R.G. III, 19. März 81 (R. III, 145, E. III, 423, Ann. III, 362). A. M. Dresden 10. Dez. 75 (S.G.Z. XX, 254). In Bezug auf diesen Fall faßten die ver. Strafsen. R.G. 7. Juli 86, E. XIV, 312, R. VIII, 525 folgenden Beschluß:

„Derjenige, welcher in der Absicht lediglich Nahrungs- oder Genußmittel von unbedeutendem Werthe oder in geringer Menge zum alsbaldigen Verbrauche zu entwenden, in einem Gebäude ein Behältniß erbricht, demnächst aber infolge eines nach dem Erbrechen gefaßten neuen Entschlusses Sachen anderer Art aus diesem Behältnisse stiehlt, begeht in dem Falle, wenn eine einheitliche That vorliegt, einen schweren Diebstahl; dagegen in dem Falle, wenn mehrere selbständige Thaten vorliegen, einen einfachen Diebstahl." Die Begründung läßt entnehmen, daß das R.G. in der Regel eine einheitliche That annimmt, wenn nämlich der Dieb die Sachen anderer Art in Folge des nicht aufgegebenen Diebstahls-Entschlusses sich aneignete, daß es dagegen mehrere selbständige Thaten dann annahm, wenn der Dieb den Diebstahlsentschluß nach dem Einbruch völlig aufgegeben, dann aber von Neuem gefaßt hat. Vgl. R.G. I, 9. April 85, R. VII, 218. Durch die gleichzeitige Wegnahme bloßer Umhüllungen, wie Gefäße, Flaschen, Körbe, welche selbst von unbedeutendem Werthe sind, und nur mitgenommen werden, weil sonst die Verbrauchsgegenstände nicht entwendet werden könnten, ohne daß eine selbständige Zueignungsabsicht darauf gerichtet war, wird der Thatbestand des §. 370 Nr. 5 nicht ausgeschlossen. Berlin 6. Juni 79 (O.R. XX, 287), R.G. III, 21. Dez. 81, R. III, 516.

14. Haben mehrere Mitthäter einen Diebstahl an Nahrungs- und Genußmitteln begangen, so ist bei der Beurtheilung, ob dieselben von unbedeutendem Werthe oder geringer Menge waren, nicht der Jeden treffende Antheil, sondern die entwendete Gesammtmenge zu Grunde zu legen. R.G. I, 10. Mai 83, E. VIII, 406, R. V, 352. Hat ein und derselbe Thäter unmittelbar nach einander verschiedene Diebstähle begangen, welche sich einzeln unter §. 370, Ziff. 5 subsumiren ließen, so kann der Richter doch aus dem Ergebniß aller Diebstähle verneinen, daß der Dieb zum alsbaldigen Verbrauch entwendete. R.G. II, 25. Sept. 83, R. V, 545. Liegen fortgesetzte Entwendungen vor, welche einzeln unter die Ziff. 5 fallen würden, so muß der Beurtheilung, ob das Objekt unbedeutenden Werth hat oder von geringer Menge ist,

die Gesammtmasse des fortgesetzt entwendeten zu Grund gelegt werden. (R.G. I, 26. April 88, E. XVII, 332, R. X, 333.)

15. Der Abs. 2 kommt dem Mitthäter oder Anstifter nicht zu Statten, wenngleich dieses nicht wie im §. 247 A. 3 ausdrücklich ausgesprochen ist. Vgl. §. 50, dessen Prinzip auch hier zutrifft. Bemerkungen zu §. 247 Abs. 2.

16. Zur Verfolgung ist ein Antrag erforderlich (Schlußsatz). Vgl. §. 63.

17. Die besonderen Vorschriften der Feldpolizeigesetze über die Entwendung von Feldfrüchten u. s. w. bleiben neben Nr. 5 in Kraft. (Einf.Ges. §. 2. A. 2). Vgl. München 24. März 77 (bayr. Entsch. VII, 111). Nach dem preuß. Feld- u. Forstpolizeiges. v. 1. April 1880 erfolgt die Bestrafung der an sich nach jenem Gesetze strafbaren Entwendungen, wenn die Voraussetzungen des §. 370 Ziff. 5 vorliegen, nur auf Antrag des Verletzten. — R.G. IV, 13. Mai 87, E. XVI, 63, R. IX, 316.

18. Hat eine nach Ziff. 5 strafbare Entwendung mittels Sachbeschädigung durch Einbruch und mittels widerrechtlichen Eindringens in eine fremde Behausung stattgefunden, so konkurriren die sämmtlichen Delikte real. R.G. II, 29. Mai 88, R. X, 418.

19. Bei Begehen eines Mundraubs an einem der Eisenbahn zum Transport übergebenen Gegenstand durch einen Eisenbahnbediensteten, ist dasjenige Betriebsamt antragsberechtigt, auf dessen Strecke die Entwendung erfolgte, aber auch jenes, dem der Eisenbahnbeamte dienstlich untergeben ist. R.G. I, 23. Sept. 89, E. XIX, 378.

20. Als Vorstrafe zur Begründung des Rückfalls gemäß §. 244 ist eine Verurtheilung aus §. 372 Ziff. 5 nicht geeignet.

Die Begründung des Urtheils muß alle Thatbestandsmomente der Ziff. 5 ersehen lassen und die Prüfung der Richtigkeit der rechtlichen Auffassung ermöglichen. Fehlt es hieran, so muß das Urtheil auf Beschwerde aufgehoben werden, und zwar ebensowohl wenn wegen Diebstahls verurtheilt, also die Anwendbarkeit der Ziff. 5 verneint, als wenn letztere angenommen, aber die Richtigkeit der Annahme zweifelhaft ist. R.G. II, 13. Juni 84, R. VI, 423.

21. Nr. 6. Der hier behandelte sog. Futterdiebstahl ist kein eigentlicher Diebstahl, da die Absicht rechtswidriger Zueignung fehlt. — Entscheidend ist die Absicht: der Verfütterung an das Vieh des Eigenthümers. Ob die Absicht hinterdrein ausgeführt wurde, ist unerheblich. Berner S. 713, v. Liszt S. 453, Merkel in H.H. III, 652, N. 11, Meves N. 41, Olshausen N. a, Oppenhoff N. 29, v. Schwarze N. 6.

22. Unter dem Eigenthümer ist auch der gutgläubige Besitzer und dessen Vertreter zu verstehen; es dürfte die That sogar anzunehmen sein, wenn die That nur begangen wird gegen eine Person, die sich als Eigenthümer gerirt; denn auch eine solche genießt Rechtsschutz. Derjenige, dem das Futter genommen wird und der Besitzer des zu fütternden Viehs müssen identisch sein. Unter Vieh ist solches jeder Gattung, auch Federvieh zu verstehen.

23. In welcher Stellung der Thäter zum Eigenthümer steht, thut nichts zur Sache; in der Regel sind es allerdings Dienstboten des Eigenthümers. Das Motiv des Thäters ist ohne Belang.

24. Auch hier ist nach dem Schlußsatz zur Verfolgung der Antrag des Verletzten erforderlich. Vgl. die §§. 62—65.

Sach-Register.

Die Zahlen bedeuten die Seiten.

A.

G.

H.

N.

O.

P.

T.

U.

Z.

Druck von C. H. Schulze & Co. in Gräfenhainichen.

FSC
www.fsc.org
MIX
Papier | Fördert
gute Waldnutzung
FSC® C083411

Kolibri 360 GmbH
Ferdinand-Jühlke-Straße 7
99095 Erfurt, Deutschland
produktsicherheit@kolibri360.de